espagnol
maxi

Le Robert & Collins

espagnol maxi

français-espagnol / espagnol-français

Le Robert Collins

HarperCollins Publishers
Westerhill Road
Bishopbriggs
Glasgow
G64 2QT
Great Britain

Sixième édition/Sexta edición 2015

ISBN 978-0-00-754643-5

www.collinslanguage.com

Dictionnaires Le Robert
25, avenue Pierre-de-Coubertin
75211 Paris cedex 13
France

www.lerobert.com

ISBN Maxi+ 978-2-32100-633-6
ISBN Maxi 978-2-32100-625-1

Dépôt légal mars 2015
Achevé d'imprimer en mars 2015

Photocomposition/Fotocomposición
Davidson Pre-Press, Glasgow
RefineCatch Ltd, Bungay, Suffolk

Imprimé en Italie par/
Impreso en Italia por Legoprint

DIRECTION ÉDITORIALE/
DIRECCIÓN EDITORIAL
Catherine Love
Helen Newstead

CHEF DE PROJET/JEFE DE PROYECTO
Teresa Álvarez

COLLABORATEURS/COLABORADORES
Lola Busuttil
Xavier Carulla
Bérangère Chevallier

Arielle Bitton
Laurence Larroche
Val McNulty
Christian Salzédo
Vicky Santolaria
Eduardo Vallejo

INFORMATIQUE ÉDITORIALE/
INFORMÁTICA EDITORIAL
Thomas Callan
Agnieszka Urbanowicz

POUR LA MAISON D'ÉDITION/
PARA LA EDITORIAL
Gerry Breslin
Kerry Ferguson

Table des matières

Índice

Introduction

Vous désirez apprendre l'espagnol ou approfondir des connaissances déjà solides. Vous voulez vous exprimer dans la langue de Cervantès, lire ou rédiger des textes en espagnol ou converser avec des interlocuteurs de langue espagnole. Que vous soyez lycéen, étudiant, touriste, secrétaire ou chef d'entreprise, vous venez de choisir le compagnon de travail idéal pour vous exprimer et communiquer en espagnol, à l'oral comme à l'écrit. Résolument pratique et moderne, ce dictionnaire fait une large place au vocabulaire de tous les jours, aux domaines de l'actualité, des affaires, de la bureautique et du tourisme. Comme dans tous nos dictionnaires, nous avons mis l'accent sur la langue contemporaine et les expressions idiomatiques.

Mode d'emploi

Vous trouverez ci-après quelques explications sur la manière dont les informations sont présentées dans ce dictionnaire.

Les articles

Voici les différents éléments dont se compose une entrée ou un article type du dictionnaire :

Transcription phonétique

La prononciation de tous les mots figure, entre crochets, immédiatement après l'entrée qui est en caractères gras. Comme la plupart des dictionnaires modernes, nous avons opté pour le système dit « alphabet phonétique international ». Vous trouverez ci-après, aux pages xiv et xv, une liste complète des caractères utilisés.

Données grammaticales

Les mots appartiennent tous à une catégorie grammaticale donnée : substantif, verbe, adjectif, adverbe, pronom, article, conjonction, abréviation. Les substantifs peuvent être masculins ou féminins, singuliers ou pluriels. Les verbes peuvent être transitifs, intransitifs, pronominaux (ou réfléchis) ou encore impersonnels. La catégorie grammaticale des mots est indiquée en *italique*, immédiatement après le mot.

Souvent un mot se subdivise en plusieurs catégories grammaticales. Ainsi le français **creux** peut-il être un adjectif ou un nom masculin, et l'espagnol **conocido** un adjectif, « connu », ou un substantif, « connaissance ». De même le verbe **fumer** est parfois transitif (« fumer un cigare »), parfois intransitif (« défense de fumer »). Pour vous permettre de trouver plus rapidement le sens que vous cherchez, et pour aérer la présentation, nous avons séparé les différentes catégories grammaticales par un petit triangle bleu ▸.

Subdivisions sémantiques

La plupart des mots ont plus d'un sens ; ainsi, **bouchon** peut être un objet en liège servant à boucher une bouteille, ou un embouteillage. D'autres mots se traduisent différemment selon le contexte dans lequel ils sont employés. Par exemple, le verbe

ronfler se traduit en espagnol par « roncar » s'il s'agit d'une personne, mais par « zumbar » s'il s'agit d'un poêle ou d'un moteur. Pour vous permettre de choisir la bonne traduction dans tous les contextes, nous avons subdivisé les articles en catégories de sens : chaque catégorie est introduite par une « indication d'emploi » entre parenthèses et en *italique*. Pour les exemples qui précèdent, les articles se présenteront donc comme suit :

> **bouchon** [buʃɔ̃] *nm (en liège)* corcho; *(autre matière)* tapón *m*; *(embouteillage)* atasco; [...]
>
> **ronfler** [ʀɔ̃fle] *vi (personne)* roncar; *(moteur, poêle)* zumbar

De même, certains mots changent de sens lorsqu'ils sont employés dans un domaine spécifique, comme par exemple **charme** que nous employons tous les jours dans son acception d'« attrait », mais qui peut également désigner un arbre. Pour montrer à l'utilisateur quelle traduction choisir, nous avons donc ajouté, en *italique* et entre parenthèses, une indication de domaine, dans ce cas *(Botanique)*, que nous avons abrégée pour gagner de la place en *(Bot)* :

> **charme** [ʃaʀm] *nm* encanto; *(Bot)* carpe *m*

Une liste complète des abréviations utilisées dans ce dictionnaire figure aux pages xii à xiii.

Traductions

La plupart des mots français se traduisent par un seul mot espagnol, et vice-versa, comme dans les exemples précédents. Parfois cependant, il arrive qu'il n'y ait pas d'équivalent exact dans la langue d'arrivée, auquel cas nous avons donné un équivalent approximatif, indiqué par le signe ≈. C'est le cas par exemple du mot composé **brevet (des collèges)**, dont l'équivalent espagnol est « Graduado Escolar » : il ne s'agit pas d'une traduction à proprement parler puisque les deux systèmes scolaires sont différents :

> **brevet** [bʀəvɛ] *nm* certificado; [...]
> ~ **(des collèges)** ≈ Graduado Escolar

Parfois, il est même impossible de trouver un équivalent approximatif. C'est le cas par exemple pour les noms de plats régionaux, comme ce plat des Asturies :

> **fabada** *nf potage mijoté avec des haricots et du chorizo*

L'explication remplace ici une traduction (qui n'existe pas) ; pour plus de clarté, cette explication, ou glose, est donnée en *italique*.

Souvent aussi, on ne peut traduire isolément un mot ou une acception particulière d'un mot. La traduction espagnole de **malin**, par exemple, est « astuto », « pícaro » ;

cependant **faire le malin** se traduit par « dárselas de listo ». Même une expression toute simple comme **machine à laver** nécessite une traduction séparée, en l'occurrence « lavadora » (et non « máquina de lavar »). C'est là que votre dictionnaire se révélera particulièrement utile et complet, car il contient un maximum de mots composés, de phrases et d'expressions idiomatiques.

Registre

En français, vous saurez instinctivement quand dire **j'en ai assez** et quand dire **j'en ai marre** ou **j'en ai ras le bol**. Mais lorsque vous essayez de comprendre quelqu'un qui s'exprime en espagnol, ou de vous exprimer vous-même en espagnol, il est très important de savoir ce qui est poli et ce qui l'est moins. Nous avons donc ajouté l'indication (*fam*) aux expressions de langue familière ; les expressions particulièrement grossières se voient dotées d'un point d'exclamation supplémentaire (*fam!*) (dans la langue de départ comme dans la langue d'arrivée), vous incitant à une prudence accrue.

Mots-clés

Vous constaterez que certains mots apparaissent dans des encadrés. Il s'agit de certains des mots les plus courants, comme **avoir** et **faire** ou leurs équivalents espagnols **tener** et **hacer**, que nous avons traités d'une manière plus approfondie parce que ce sont des éléments de base de la langue.

Notes culturelles

Les informations présentées sous forme de notices en-dessous de l'entrée expliquent certains aspects intéressants de la culture des pays de langue espagnole et française, comme la politique, l'éducation et les fêtes nationales.

Notes linguistiques

De nombreuses notes sur la langue espagnole ont été introduites pour compléter l'information donnée dans les entrées. Ces notes d'usage permettent d'éviter un certain nombre d'erreurs courantes en espagnol et d'expliquer plus en détail certaines différences entre les deux langues.

Introducción

Si quieres aprender francés o profundizar en los conocimientos ya adquiridos, si quieres ser capaz de explicarte en la lengua de Balzac, leer o estudiar textos franceses o conversar con personas de habla francesa, acabas de escoger el compañero de trabajo ideal para poder hacerlo, ya estés en el instituto o en la universidad, seas turista, administrativo/a o empresario/a. Este diccionario, totalmente práctico y al día, abarca gran parte del vocabulario cotidiano, del relacionado con el mundo de los negocios, de la actualidad, de la administración y del turismo.

Cómo usar el diccionario

Más abajo tienes las explicaciones necesarias para entender cómo está presentada la información en este diccionario.

Los artículos

Estos son los elementos que pueden componer una entrada o un artículo cualquiera del diccionario:

Transcripción fonética

Esta va inmediatamente después del lema (así denominamos a la palabra cabeza del artículo que aparece en **negrita**) y entre corchetes. Al igual que la mayor parte de los diccionarios actuales, hemos optado por el sistema denominado "alfabeto fonético internacional". En las páginas xiv y xv encontrarás una lista completa de los símbolos fonéticos utilizados.

Información gramatical

Todas las voces incluidas en el diccionario pertenecen a una determinada categoría gramatical: sustantivo, verbo, adjetivo, pronombre, artículo, conjunción, abreviatura. Los sustantivos pueden ser masculinos o femeninos, ir en singular o en plural. Los verbos pueden ser transitivos, intransitivos, pronominales (o reflexivos) y también impersonales. La categoría gramatical de cada voz aparece en *cursiva*, inmediatamente después de la transcripción fonética.

A menudo una misma palabra puede funcionar con distintas categorías gramaticales. Por ejemplo **deber** puede ser verbo o sustantivo, el término francés **expert** puede ser sustantivo o adjetivo. Incluso un mismo verbo como **importer** a veces será transitivo y a veces intransitivo, dependiendo de su significado. Para que resulte más fácil encontrar la categoría gramatical buscada (en el caso de que haya varias dentro de un mismo artículo) y para que la presentación sea más clara, aquellas aparecen separadas por pequeños triángulos azules ▸.

Acepciones

La mayor parte de las palabras tienen más de un sentido. Así por ejemplo **crucero** puede ser, entre otros, un tipo de barco o un tipo de viaje turístico, y según la acepción que busquemos la traducción varía: "croiseur" en el primer caso y "croisière" en el segundo. Otras palabras se traducen de forma distinta según el contexto: **crecer** puede ser "grandir", pero también "pousser" si estamos hablando del pelo, "s'agrandir" si de una ciudad, "grossir" si de un río, etc. Para que se pueda escoger la traducción más indicada para cada acepción o contexto hemos incorporado indicaciones de uso o significado, que aparecen entre paréntesis y en *cursiva*. Así figuran los anteriores ejemplos en el diccionario:

> **crucero** *nm* (*barco*) croiseur *m* ; (*viaje*) croisière *f*
>
> **crecer** *vi* grandir ; (*planta, pelo*) pousser ; (*ciudad*) s'agrandir ; (*río*) grossir ; [...]

De la misma forma, muchas voces tienen un sentido distinto según el contexto en el que se usen. Así por ejemplo, **giro** puede ser un movimiento, pero tiene un significado específico en gramática y finanzas. Con la incorporación de indicaciones de campo semántico (tales como *Comercio* en este caso), resulta más fácil saber cuál es la acepción que necesitamos. La mayoría de dichas acepciones aparecen abreviadas para ganar espacio:

> **giro** *nm* tour *m* ; (*Com*) virement *m* ; [...]

Puede verse la lista completa de las abreviaturas que hemos utilizado en las páginas xii y xiii.

Traducciones

La mayor parte de las palabras españolas tienen su traducción al francés y viceversa, como en los ejemplos que acabamos de ver. Sin embargo hay ocasiones en las que no hay un equivalente exacto en la lengua término, fundamentalmente por razones socioculturales. En este caso hemos dado una traducción aproximada (que suele ser en realidad un equivalente cultural) y lo indicamos con el signo ≈. Este es el caso de **département**, cuyo equivalente en español peninsular es "provincia", o de **sobresaliente**, que equivale a "mention très bien": no se trata de traducciones propiamente dichas, puesto que ambos sistemas administrativos y educativos son diferentes.

> **département** [depaʀtəmɑ̃] *nm* ≈ provincia
>
> **sobresaliente** *adj* excellent(e) ▶ *nm* (*Escol*) ≈ mention *f* « très bien »

A veces es imposible encontrar incluso un equivalente aproximado, como en el caso de los platos o tradiciones regionales, por lo que se hace necesario dar una explicación en lugar de la traducción. Así ocurre, por ejemplo, con:

novillada *nf course de jeunes taureaux*

Como puede verse, la explicación o glosa aparece en *cursiva*, para mayor claridad. Así mismo, a menudo no se puede traducir una palabra aislada, o una acepción determinada de una voz. La traducción al francés de **comer** es “manger”, pero en la expresión **comerse el coco** la traducción será “se faire du mouron”. De la misma forma, aunque **machine** se traduce normalmente por “máquina”, **machine à laver** es en realidad “lavadora”. Es en este tipo de situaciones en las que el diccionario te será más útil, pues es muy completo en compuestos nominales, frases y expresiones idiomáticas.

Niveles lingüísticos

En español, sabemos instintivamente cuándo usar **estoy muy cansando** y cuándo **estoy hecho polvo**. Sin embargo, a la hora de intentar comprender a alguien que está hablando en francés o bien de expresarnos nosotros mismos en esa lengua, adquiere una importancia especial saber si una palabra es coloquial o no. Así pues, hemos marcado las palabras o expresiones que no suelen utilizarse más que en una situación familiar con la indicación (*fam*) y aquellas con las que hay que tener especial cuidado (pues pueden sonar muy vulgares a los oídos de mucha gente) con la indicación (*fam!*).

Palabras clave

Algunas de las palabras más básicas en ambas lenguas requieren un tratamiento especial dentro del diccionario: verbos como **hacer** o **estar** en español, o **avoir** o **faire** en francés. Por ello, aparecen indicadas como "palabra clave", y se ha hecho un análisis más profundo de ellas, pues son elementos básicos de la lengua.

Información de tipo cultural

La información que aparece en la nota cultural explica diversos aspectos de la cultura en países de habla española y francesa, como la política, la educación, medios de comunicación y fiestas nacionales.

Notas lingüísticas

Hemos añadido numerosas notas con información lingüística que complementan la información dada en las entradas. Con estas notas pretendemos avisar sobre posibles errores cometidos con frecuencia por el estudiante a la hora de hablar o escribir en francés o explicar más claramente diferencias entre ambas lenguas.

Abréviations		Abreviaturas
abréviation	*abr*	abreviatura
adjectif	*adj*	adjetivo
administration	*Admin*	administración
adverbe	*adv*	adverbio
agriculture	*Agr*	agricultura
quelqu'un	*algn*	alguien
Amérique latine	*Am*	América Latina
anatomie	*Anat*	anatomía
Andes	*And*	Andes
architecture	*Archit*	arquitectura
Argentine	*Arg*	Argentina
architecture	*Arq*	arquitectura
article	*art*	artículo
astrologie	*Astrol*	astrología
astronomie	*Astron*	astronomía
automobile	*Auto*	automóvil
auxiliaire	*aux*	auxiliar
aviation	*Aviat*	aviación
biologie	*Biol, Bio*	biología
botanique	*Bot*	botánica
Amérique centrale	*CAm*	Centroamérica
Caraïbes	*Carib*	Caribe
Chili	*Chi*	Chile
chimie	*Chim*	química
cinéma	*Ciné*	cine
Colombie	*Col*	Colombia
commerce	*Comm, Com*	comercio
conjonction	*conj*	conjunción
construction	*Constr*	construcción
Argentine, Chili et Uruguay	*CSur*	Cono Sur
Cuba	*Cu*	Cuba
cuisine	*Culin*	cocina
défini	*déf, def*	definido
démonstratif	*dém, demos*	demostrativo
déterminant	*dét, det*	determinante
économie	*Écon, Econ*	economía
électricité, électronique	*Élec, Elec*	eletricidad, electrónica
Le Salvador	*ElS*	El Salvador
enseignement	*Escol*	escolar
Espagne	*Esp*	España
surtout	*esp*	especialmente
et cetera	*etc*	etcétera
euphémisme	*euf*	eufemismo
exclamation	*excl*	exclamación
féminin	*f*	femenino
familier	*fam*	lengua familiar
vulgaire	*fam!*	vulgar
chemins de fer	*Ferro*	ferrocarril
figuré	*fig*	figurado
philosophie	*Filos*	filosofía
finance	*Fin*	finanzas
physique	*Fís*	física
physiologie	*Fisiol*	fisiología
photographie	*Foto*	fotografía
en général, généralement	*gén, gen*	generalmente
géographie	*Géo, Geo*	geografía
géométrie	*Géom, Geom*	geometría
Guatemala	*Guat*	Guatemala
histoire	*Hist*	historia
humoristique	*hum*	humorístico
impersonnel	*impers*	impersonal
indéfini	*indéf, indef*	indefinido

indirect	*indir*	indirecto
industrie	*Indus*	industria
informatique	*Inform*	informática
interrogatif	*interrog*	interrogativo
invariable	*inv*	invariable
ironique	*iron, irón*	irónico
juridique	*Jur*	jurídico
linguistique	*Ling*	lingüística
littérature	*Litt, Lit*	literatura
littéraire	*littér, liter*	literario
masculin	*m*	masculino
mathématiques	*Math, Mat*	matemáticas
masculin/féminin	*m/f*	masculino/femenino
médecine	*Méd, Med*	medicina
météorologie	*Météo*	meteorología
Mexique	*Mex, Méx*	México
militaire	*Mil*	militar
musique	*Mus, Mús*	música
nom	*n*	nombre
nautisme	*Naut, Náut*	náutica
Nicaragua	*Nic*	Nicaragua
numéral	*num*	numeral
Panama	*Pan*	Panamá
péjoratif	*péj, pey*	peyorativo
personnel	*pers*	personal
philosophie	*Philos*	filosofía
photographie	*Photo*	fotografía
physique	*Phys*	física
physiologie	*Physiol*	fisiología
pluriel	*pl*	plural
politique	*Pol*	política
possessif	*poss*	posesivo
participe passé	*pp*	participio de pasado
préfixe	*préf, pref*	prefijo
préposition	*prép, prep*	preposición
pronom	*pron*	pronombre
psychologie	*Psych, Psico*	psicología
quelque chose	*qch*	algo
quelqu'un	*qn*	alguien
chimie	*Quím*	química
chemins de fer	*Rail*	ferrocarril
religion	*Rel*	religión
relatif	*rel*	relativo
enseignement	*Scol*	escolar
singulier	*sg*	singular
subjonctif	*subj*	subjuntivo
suffixe	*suf*	sufijo
sujet	*suj*	sujeto
superlatif	*superl*	superlativo
aussi	*tb*	también
tauromachie	*Taur*	tauromaquia
technique	*Tech, Tec*	técnica, tecnología
télécommunications	*Tél, Telec*	telecomunicaciones
typographie	*Tip*	tipografía
télévision	*TV*	televisión
typographie	*Typo*	tipografía
université	*Univ*	universidad
verbe	*vb*	verbo
Venezuela	*Ven*	Venezuela
verbe intransitif	*vi*	verbo intransitivo
verbe pronominal	*vpr*	verbo pronominal
verbe transitif	*vt*	verbo transitivo
zoologie	*Zool*	zoología
marque déposée	®	marca registrada
indique une équivalence culturelle	≈	indica un equivalente cultural

Transcription phonétique

Consonnes		Consonantes
poupée	p	*papel*
bombe	b	*boda*
	β	*labor uva*
tente thermal	t	*tinto*
dinde	d	*dama*
coq qui képi	k	*casa que kilo*
gag bague	g	*goma*
	ɣ	*pagar*
sale ce nation	s	*quizás*
zéro rose	z	
tache chat	ʃ	
gilet juge	ʒ	
tchao	tʃ	*chiste*
fer phare	f	*fin*
valve	v	
	θ	*tenaz cena*[1]
	ð	*cuidad*
lent salle	l	*lejos*
million	ʎ	*talle*[2]
rare rentrer	ʀ	
	r	*caro quitar*
	rr	*garra*
maman femme	m	*madre*
non nonne	n	*naranja*
agneau vigne	ɲ	*niño*
parking	ŋ	
hop!	h	
yaourt paille	j	*yunta*
	x	*jugar*

[1] se prononce parfois [s] [2] se prononce parfois [j] ou [ʒ]

Semi-consonnes		Semiconsonantes
	ja	*viaje*
pied	je	*viene*
	jo	*radio*
	ju	*viuda*
	wa	*cuanto*
nouer	we	*sueño*
oui	wi	*ruido*
	wo	*cuota*
huile lui	ɥ	

Transcripción fonética

Voyelles		Vocales
ici vie lyrique	i	pino
jouer été	e	me
lait jouet merci	ɛ	
plat amour	a	pata
bas pâte	ɑ	
le premier	ə	
beurre peur	œ	
peu deux	ø	
or homme	ɔ	
mot eau gauche	o	loco
genou roue	u	lunes
rue urne	y	

Diphtongues		Diptongos
	ai	baile
	au	auto
	ei	veinte
	eu	deuda
	oi	hoy

Voyelles nasales		Nasales
matin plein	ɛ̃	
brun	œ̃	
gens jambe dans	ɑ̃	
non pont pompe	ɔ̃	

Divers		Diversos
dans la transcription phonétique de l'espagnol : précède la syllabe accentuée	ˈ	en la transcripción fonética del francés: indica que la h impide el enlace entre dos palabras sucesivas

Verbes espagnols

1 gerundio **2** imperativo **3** presente **4** pretérito **5** futuro **6** presente de subjuntivo **7** imperfecto de subjuntivo **8** participio pasado **9** imperfecto

acertar **2** acierta **3** acierto, aciertas, acierta, aciertan **6** acierte, aciertes, acierte, acierten
acordar **2** acuerda **3** acuerdo, acuerdas, acuerda, acuerdan **6** acuerde, acuerdes, acuerde, acuerden
advertir **1** advirtiendo **2** advierte **3** advierto, adviertes, advierte, advierten **4** advirtió, advirtieron **6** advierta, adviertas, advierta, advirtamos, advirtáis, adviertan **7** advirtiera *etc*
agradecer **3** agradezco **6** agradezca *etc*
andar **4** anduve, anduviste, anduvo, anduvimos, anduvisteis, anduvieron **7** anduviera *ou* anduviese *etc*
aparecer **3** aparezco **6** aparezca *etc*
aprobar **2** aprueba **3** apruebo, apruebas, aprueba, aprueban **6** apruebe, apruebes, apruebe, aprueben
atravesar **2** atraviesa **3** atravieso, atraviesas, atraviesa, atraviesan **6** atraviese, atravieses, atraviese, atraviesen
caber **3** quepo **4** cupe, cupiste, cupo, cupimos, cupisteis, cupieron **5** cabré *etc* **6** quepa *etc* **7** cupiera *etc*
caer **1** cayendo **3** caigo **4** cayó, cayeron **6** caiga *etc* **7** cayera *etc*
calentar **2** calienta **3** caliento, calientas, calienta, calientan **6** caliente, calientes, caliente, calienten
cerrar **2** cierra **3** cierro, cierras, cierra, cierran **6** cierre, cierres, cierre, cierren
COMER **1** comiendo **2** come, comed **3** como, comes, come, comemos, coméis, comen **4** comí, comiste, comió, comimos, comisteis, comieron **5** comeré, comerás, comerá, comeremos, comeréis, comerán **6** coma, comas, coma, comamos, comáis, coman **7** comiera, comieras, comiera, comiéramos, comierais, comieran **8** comido **9** comía, comías, comía, comíamos, comíais, comían
conocer **3** conozco **6** conozca *etc*
contar **2** cuenta **3** cuento, cuentas, cuenta, cuentan **6** cuente, cuentes, cuente, cuenten
costar **2** cuesta **3** cuesto, cuestas, cuesta, cuestan **6** cueste, cuestes, cueste, cuesten
dar **3** doy **4** di, diste, dio, dimos, disteis, dieron **7** diera *etc*
decir **2** di **3** digo **4** dije, dijiste, dijo, dijimos, dijisteis, dijeron **5** diré *etc* **6** diga *etc* **7** dijera *etc* **8** dicho
despertar **2** despierta **3** despierto, despiertas, despierta, despiertan **6** despierte, despiertes, despierte, despierten
divertir **1** divirtiendo **2** divierte **3** divierto, diviertes, divierte, divierten **4** divirtió, divirtieron **6** divierta, diviertas, divierta, divirtamos, divirtáis, diviertan **7** divirtiera *etc*
dormir **1** durmiendo **2** duerme **3** duermo, duermes, duerme, duermen **4** durmió, durmieron **6** duerma, duermas, duerma, durmamos, durmáis, duerman **7** durmiera *etc*
empezar **2** empieza, empiece, empecemos, empiecen **3** empiezo, empiezas, empieza, empiezan **4** empecé **6** empiece, empieces, empiece, empecemos, empecéis, empiecen
entender **2** entiende **3** entiendo, entiendes, entiende, entienden **6** entienda, entiendas, entienda, entiendan
ESTAR **2** está **3** estoy, estás, está, están **4** estuve, estuviste, estuvo, estuvimos, estuvisteis, estuvieron **6** esté, estés, esté, estén **7** estuviera *etc*
HABER **3** he, has, ha, hemos, habéis, han **4** hube, hubiste, hubo, hubimos, hubisteis, hubieron **5** habré *etc* **6** haya *etc* **7** hubiera *etc*
HABLAR **1** hablando **2** habla, hable, hablemos, hablad, hablen **3** hablo, hablas, habla, hablamos, habláis, hablan **4** hablé, hablaste, habló, hablamos, hablasteis, hablaron **5** hablaré, hablarás, hablará, hablaremos, hablaréis, hablarán **6** hable, hables, hable, hablemos, habléis, hablen **7** hablara *ou* hablase, hablaras *ou* hablases, habláramos *ou* hablásemos, hablarais *ou* hablaseis, hablaran *ou* hablasen **8** hablado **9** hablaba, hablabas, hablaba, hablábamos, hablabais, hablaban **10** hablaría, hablarías, hablaría, hablaríamos, hablaríais, hablarían
hacer **2** haz **3** hago **4** hice, hiciste, hizo, hicimos, hicisteis, hicieron **5** haré *etc* **6** haga *etc* **7** hiciera *etc* **8** hecho
instruir **1** instruyendo **2** instruye **3** instruyo, instruyes, instruye, instruyen **4** instruyó, instruyeron **6** instruya *etc* **7** instruyera *etc*
ir **1** yendo **2** ve **3** voy, vas, va, vamos, vais,

van 4 fui, fuiste, fue, fuimos, fuisteis, fueron 6 vaya, vayas, vaya, vayamos, vayáis, vayan 7 fuera *etc* 9 iba, ibas, iba, íbamos, ibais, iban

jugar 2 juega 3 juego, juegas, juega, juegan 4 jugué 6 juegue *etc*

leer 1 leyendo 4 leyó, leyeron 7 leyera *etc*

morir 1 muriendo 2 muere 3 muero, mueres, muere, mueren 4 murió, murieron 6 muera, mueras, muera, muramos, muráis, mueran 7 muriera *etc* 8 muerto

mostrar 2 muestra 3 muestro, muestras, muestra, muestran 6 muestre, muestres, muestre, muestren

mover 2 mueve 3 muevo, mueves, mueve, mueven 6 mueva, muevas, mueva, muevan

negar 2 niega 3 niego, niegas, niega, niegan 4 negué 6 niegue, niegues, niegue, neguemos, neguéis, nieguen

ofrecer 3 ofrezco 6 ofrezca *etc*

oír 1 oyendo 2 oye 3 oigo, oyes, oye, oyen 4 oyó, oyeron 6 oiga *etc* 7 oyera *etc*

oler 2 huele 3 huelo, hueles, huele, huelen 6 huela, huelas, huela, huelan

parecer 3 parezco 6 parezca *etc*

pedir 1 pidiendo 2 pide 3 pido, pides, pide, piden 4 pidió, pidieron 6 pida *etc* 7 pidiera *etc*

pensar 2 piensa 3 pienso, piensas, piensa, piensan 6 piense, pienses, piense, piensen

perder 2 pierde 3 pierdo, pierdes, pierde, pierden 6 pierda, pierdas, pierda, pierdan

poder 1 pudiendo 2 puede 3 puedo, puedes, puede, pueden 4 pude, pudiste, pudo, pudimos, pudisteis, pudieron 5 podré *etc* 6 pueda, puedas, pueda, puedan 7 pudiera *etc*

poner 2 pon 3 pongo 4 puse, pusiste, puso, pusimos, pusisteis, pusieron 5 pondré *etc* 6 ponga *etc* 7 pusiera *etc* 8 puesto

preferir 1 prefiriendo 2 prefiere 3 prefiero, prefieres, prefiere, prefieren 4 prefirió, prefirieron 6 prefiera, prefieras, prefiera, prefiramos, prefiráis, prefieran 7 prefiriera *etc*

querer 2 quiere 3 quiero, quieres, quiere, quieren 4 quise, quisiste, quiso, quisimos, quisisteis, quisieron 5 querré *etc* 6 quiera, quieras, quiera, quieran 7 quisiera *etc*

reír 2 ríe 3 río, ríes, ríe, ríen 4 reí, rieron 6 ría, rías, ría, riamos, riáis, rían 7 riera *etc*

repetir 1 repitiendo 2 repite 3 repito, repites, repite, repiten 4 repitió, repitieron 6 repita *etc* 7 repitiera *etc*

rogar 2 ruega 3 ruego, ruegas, ruega, ruegan 4 rogué 6 ruegue, ruegues, ruegue, roguemos, roguéis, rueguen

saber 3 sé 4 supe, supiste, supo, supimos, supisteis, supieron 5 sabré *etc* 6 sepa *etc* 7 supiera *etc*

salir 2 sal 3 salgo 5 saldré *etc* 6 salga *etc*

seguir 1 siguiendo 2 sigue 3 sigo, sigues, sigue, siguen 4 siguió, siguieron 6 siga *etc* 7 siguiera *etc*

sentar 2 sienta 3 siento, sientas, sienta, sientan 6 siente, sientes, siente, sienten

sentir 1 sintiendo 2 siente 3 siento, sientes, siente, sienten 4 sintió, sintieron 6 sienta, sientas, sienta, sintamos, sintáis, sientan 7 sintiera *etc*

SER 2 sé 3 soy, eres, es, somos, sois, son 4 fui, fuiste, fue, fuimos, fuisteis, fueron 6 sea *etc* 7 fuera *etc* 9 era, eras, era, éramos, erais, eran

servir 1 sirviendo 2 sirve 3 sirvo, sirves, sirve, sirven 4 sirvió, sirvieron 6 sirva *etc* 7 sirviera *etc*

soñar 2 sueña 3 sueño, sueñas, sueña, sueñan 6 sueñe, sueñes, sueñe, sueñen

tener 2 ten 3 tengo, tienes, tiene, tienen 4 tuve, tuviste, tuvo, tuvimos, tuvisteis, tuvieron 5 tendré *etc* 6 tenga *etc* 7 tuviera *etc*

traer 1 trayendo 3 traigo 4 traje, trajiste, trajo, trajimos, trajisteis, trajeron 6 traiga *etc* 7 trajera *etc*

valer 2 vale 3 valgo 5 valdré *etc* 6 valga *etc*

venir 2 ven 3 vengo, vienes, viene, vienen 4 vine, viniste, vino, vinimos, vinisteis, vinieron 5 vendré *etc* 6 venga *etc* 7 viniera *etc*

ver 3 veo 6 vea *etc* 8 visto 9 veía *etc*

vestir 1 vistiendo 2 viste 3 visto, vistes, viste, visten 4 vistió, vistieron 6 vista *etc* 7 vistiera *etc*

VIVIR 1 viviendo 2 vive, viva, vivamos, vivid, vivan 3 vivo, vives, vive, vivimos, vivís, viven 4 viví, viviste, vivió, vivimos, vivisteis, vivieron 5 viviré, vivirás, vivirá, viviremos, viviréis, vivirán 6 viva, vivas, viva, vivamos, viváis, vivan 7 viviera *ou* viviese, vivieras *ou* vivieses, viviera *ou* viviese, viviéramos *ou* viviésemos, vivierais *ou* vivieseis, vivieran *ou* viviesen 8 vivido 9 vivía, vivías, vivía, vivíamos, vivíais, vivían 10 viviría, vivirías, viviría, viviríamos, viviríais, vivirían

volcar 2 vuelca, vuelque, volquemos, vuelquen 3 vuelco, vuelcas, vuelca, vuelcan 4 volqué 6 vuelque, vuelques, vuelque, volquemos, volquéis, vuelquen

volver 2 vuelve 3 vuelvo, vuelves, vuelve, vuelven 6 vuelva, vuelvas, vuelva, vuelvan 8 vuelto

Los verbos franceses

1 Participe présent **2** Participe passé **3** Présent **4** Imparfait **5** Futur **6** Conditionnel **7** Subjonctif présent **8** Impératif

acquérir **1** acquérant **2** acquis **3** acquiers, acquérons, acquièrent **4** acquérais **5** acquerrai **7** acquière

ALLER **1** allant **2** allé **3** vais, vas, va, allons, allez, vont **4** allais **5** irai **6** irais **7** aille

asseoir **1** asseyant **2** assis **3** assieds, asseyons, asseyez, asseyent **4** asseyais **5** assiérai **7** asseye

atteindre **1** atteignant **2** atteint **3** atteins, atteignons **4** atteignais **7** atteigne

AVOIR **1** ayant **2** eu **3** ai, as, a, avons, avez, ont **4** avais **5** aurai **6** aurais **7** aie, aies, ait, ayons, ayez, aient

battre **1** battant **2** battu **3** bats, bat, battons **4** battais **7** batte

boire **1** buvant **2** bu **3** bois, buvons, boivent **4** buvais **7** boive

bouillir **1** bouillant **2** bouilli **3** bous, bouillons **4** bouillais **7** bouille

conclure **1** concluant **2** conclu **3** conclus, concluons **4** concluais **7** conclue

conduire **1** conduisant **2** conduit **3** conduis, conduisons **4** conduisais **7** conduise

connaître **1** connaissant **2** connu **3** connais, connaît, connaissons **4** connaissais **7** connaisse

coudre **1** cousant **2** cousu **3** couds, cousons, cousez, cousent **4** cousais **7** couse

courir **1** courant **2** couru **3** cours, courons **4** courais **5** courrai **7** coure

couvrir **1** couvrant **2** couvert **3** couvre, couvrons **4** couvrais **7** couvre

craindre **1** craignant **2** craint **3** crains, craignons **4** craignais **7** craigne

croire **1** croyant **2** cru **3** crois, croyons, croient **4** croyais **7** croie

croître **1** croissant **2** crû, crue, crus, crues **3** croîs, croissons **4** croissais **7** croisse

cueillir **1** cueillant **2** cueilli **3** cueille, cueillons **4** cueillais **5** cueillerai **7** cueille

devoir **1** devant **2** dû , due, dus, dues **3** dois, devons, doivent **4** devais **5** devrai **7** doive

dire **1** disant **2** dit **3** dis, disons, dites, disent **4** disais **7** dise

dormir **1** dormant **2** dormi **3** dors, dormons **4** dormais **7** dorme

écrire **1** écrivant **2** écrit **3** écris, écrivons **4** écrivais **7** écrive

ÊTRE **1** étant **2** été **3** suis, es, est, sommes, êtes, sont **4** étais **5** serai **6** serais **7** sois, sois, soit, soyons, soyez, soient

FAIRE **1** faisant **2** fait **3** fais, fais, fait, faisons, faites, font **4** faisais **5** ferai **6** ferais **7** fasse

falloir **2** fallu **3** faut **4** fallait **5** faudra **7** faille

FINIR **1** finissant **2** fini **3** finis, finis, finit, finissons, finissez, finissent **4** finissais **5** finirai **6** finirais **7** finisse

fuir **1** fuyant **2** fui **3** fuis, fuyons, fuient **4** fuyais **7** fuie, fuyions

joindre **1** joignant **2** joint **3** joins, joignons **4** joignais **7** joigne

lire **1** lisant **2** lu **3** lis, lisons **4** lisais **7** lise

luire **1** luisant **2** lui **3** luis, luisons **4** luisais **7** luise

maudire **1** maudissant **2** maudit **3** maudis, maudissons **4** maudissait **7** maudisse

mentir **1** mentant **2** menti **3** mens, mentons **4** mentais **7** mente

mettre **1** mettant **2** mis **3** mets, mettons **4** mettais **7** mette

mourir **1** mourant **2** mort **3** meurs, mourons, meurent **4** mourais **5** mourrai **7** meure

naître **1** naissant **2** né **3** nais, naît, naissons **4** naissais **7** naisse

offrir **1** offrant **2** offert **3** offre, offrons **4** offrais **7** offre

PARLER **1** parlant **2** parlé **3** parle, parles, parle, parlons, parlez, parlent **4** parlais, parlais, parlait, parlions, parliez, parlaient **5** parlerai, parleras, parlera, parlerons, parlerez, parleront **6** parlerais, parlerais, parlerait, parlerions, parleriez, parleraient **7** parle, parles, parle, parlions, parliez, parlent **8** parle, parlons, parlez

partir **1** partant **2** parti **3** pars, partons **4** partais **7** parte

plaire **1** plaisant **2** plu **3** plais, plaît, plaisons **4** plaisais **7** plaise

pleuvoir **1** pleuvant **2** plu **3** pleut, pleuvent **4** pleuvait **5** pleuvra **7** pleuve

pourvoir **1** pourvoyant **2** pourvu **3** pourvois, pourvoyons, pourvoient **4** pourvoyais **7** pourvoie

pouvoir **1** pouvant **2** pu **3** peux, peut, pouvons, peuvent **4** pouvais **5** pourrai **7** puisse

prendre **1** prenant **2** pris **3** prends, prenons, prennent **4** prenais **7** prenne

prévoir *como* **voir** **5** prévoirai

RECEVOIR **1** recevant **2** reçu **3** reçois, reçois, reçoit, recevons, recevez, reçoivent **4** recevais **5** recevrai **6** recevrais **7** reçoive

RENDRE **1** rendant **2** rendu **3** rends, rends, rend, rendons, rendez, rendent **4** rendais **5** rendrai **6** rendrais **7** rende
résoudre **1** résolvant **2** résolu **3** résous, résout, résolvons **4** résolvais **7** résolve
rire **1** riant **2** ri **3** ris, rions **4** riais **7** rie
savoir **1** sachant **2** su **3** sais, savons, savent **4** savais **5** saurai **7** sache **8** sache, sachons, sachez
servir **1** servant **2** servi **3** sers, servons **4** servais **7** serve
sortir **1** sortant **2** sorti **3** sors, sortons **4** sortais **7** sorte
souffrir **1** souffrant **2** souffert **3** souffre, souffrons **4** souffrais **7** souffre
suffire **1** suffisant **2** suffi **3** suffis, suffisons **4** suffisais **7** suffise
suivre **1** suivant **2** suivi **3** suis, suivons **4** suivais **7** suive
taire **1** taisant **2** tu **3** tais, taisons **4** taisais **7** taise
tenir **1** tenant **2** tenu **3** tiens, tenons, tiennent **4** tenais **5** tiendrai **7** tienne
vaincre **1** vainquant **2** vaincu **3** vaincs, vainc, vainquons **4** vainquais **7** vainque
valoir **1** valant **2** valu **3** vaux, vaut, valons **4** valais **5** vaudrai **6** vaudrais **7** vaille
venir **1** venant **2** venu **3** viens, venons, viennent **4** venais **5** viendrai **7** vienne
vivre **1** vivant **2** vécu **3** vis, vivons **4** vivais **7** vive
voir **1** voyant **2** vu **3** vois, voyons, voient **4** voyais **5** verrai **6** verrais **7** voie
vouloir **1** voulant **2** voulu **3** veux, veut, voulons, veulent **4** voulais **5** voudrai **7** veuille **8** veuillez

Les nombres		Los números
un(e)	**1**	un(o)(-a)
deux	**2**	dos
trois	**3**	tres
quatre	**4**	cuatro
cinq	**5**	cinco
six	**6**	seis
sept	**7**	siete
huit	**8**	ocho
neuf	**9**	nueve
dix	**10**	diez
onze	**11**	once
douze	**12**	doce
treize	**13**	trece
quatorze	**14**	catorce
quinze	**15**	quince
seize	**16**	dieciséis
dix-sept	**17**	diecisiete
dix-huit	**18**	dieciocho
dix-neuf	**19**	diecinueve
vingt	**20**	veinte
vingt et un(e)	**21**	veintiun(o)(-a)
vingt-deux	**22**	veintidós
trente	**30**	treinta
trente et un(e)	**31**	treinta y uno(-a)
trente-deux	**32**	treinta y dos
quarante	**40**	cuarenta
cinquante	**50**	cincuenta
soixante	**60**	sesenta
soixante-dix	**70**	setenta
soixante et onze	**71**	setenta y uno(-a)
soixante-douze	**72**	setenta y dos
quatre-vingts	**80**	ochenta
quatre-vingt-un(e)	**81**	ochenta y uno(-a)
quatre-vingt-dix	**90**	noventa
quatre-vingt-onze	**91**	noventa y uno(-a)
cent	**100**	cien(to)
cent un(e)	**101**	ciento un(o)(-a)
cent cinquante-six	**156**	ciento cincuenta y seis
deux cents	**200**	doscientos(-as)
trois cent un(e)	**301**	trescientos(-as) uno(-a)
cinq cents	**500**	quinientos(-as)
mille	**1 000**	mil
cinq mille	**5 000**	cinco mil
un million	**1 000 000**	un millón

Les nombres

premier (première), 1er ($1^{\text{ère}}$)
deuxième, 2e, $2^{\text{ème}}$
troisième, 3e, $3^{\text{ème}}$
quatrième
cinquième
sixième
septième
huitième
neuvième
dixième
onzième
douzième
treizième
quatorzième
quinzième
seizième
dix-septième
dix-huitième
dix-neuvième
vingtième
vingt et unième
vingt-deuxième
trentième
centième
cent-unième
millième

Los números

primer(o)(-a), 1° (1^{a})
segundo(-a), 2° (2^{a})
tercer(o)(-a), 3° (3^{a})
cuarto(-a)
quinto(-a)
sexto(-a)
séptimo(-a)
octavo(-a)
noveno(-a)
décimo(-a)
undécimo(-a)
duodécimo(-a)
decimotercero(-a)
decimocuarto(-a)
decimoquinto(-a)
decimosexto(-a)
decimoséptimo(-a)
decimoctavo(-a)
decimonoveno(-a)
vigésimo(-a)
vigesimoprimero(-a)
vigesimosegundo(-a)
trigésimo(-a)
centésimo(-a)
centésimo(-a) primero(-a)
milésimo(-a)

## L'heure	## La hora
quelle heure est-il ?	*¿qué hora es?*
il est ...	*es/son ...*
il est une heure	es la una
il est quatre heures	son las cuatro
il est midi	es mediodía/son las doce (de la mañana)
il est minuit	es la medianoche/son las doce de la noche
une heure (du matin)	la una (de la madrugada)
une heure cinq	la una y cinco
une heure dix	la una y diez
une heure et quart	la una y cuarto
une heure vingt-cinq	la una y veinticinco
une heure et demie, une heure trente	la una y media, la una y treinta
deux heures moins vingt-cinq	las dos menos veinticinco
deux heures moins vingt, une heure quarante	las dos menos veinte
deux heures moins le quart, une heure quarante-cinq	las dos menos cuarto
deux heures moins dix	las dos menos diez
deux heures (de l'après-midi)	las dos (de la tarde)
sept heures (du soir)	las siete (de la tarde)
à quelle heure ?	*¿a qué hora?*
à minuit	a medianoche
à sept heures	a las siete
à une heure	a la una
dans vingt minutes	dentro de veinte minutos
il y a dix minutes	hace diez minutos

## La date	## La fecha
aujourd'hui	hoy
demain	mañana
après-demain	pasado mañana
hier	ayer
avant-hier	antes de ayer, anteayer
la veille	la víspera
le lendemain	el día siguiente
le matin	por la mañana
l'après-midi/le soir	por la tarde
ce matin	esta mañana
cet après-midi/ce soir	esta tarde
hier matin	ayer por la mañana
hier après-midi/soir	ayer por la tarde

demain matin	mañana por la mañana
demain après-midi/soir	mañana por la tarde
dans la nuit de samedi à dimanche	en la noche del sábado al domingo
il viendra samedi	vendrá el sábado
le samedi	los sábados
tous les samedis	todos los sábados
samedi dernier	el sábado pasado
samedi prochain	el sábado que viene, el próximo sábado
samedi en huit	del sábado en ocho días
samedi en quinze	del sábado en quince días
du lundi au samedi	de lunes a sábado
tous les jours	todos los días
une fois par semaine	una vez a la semana
une fois par mois	una vez al mes
deux fois par semaine	dos veces a la semana
il y a une semaine *ou* huit jours	hace una semana *o* ocho días
il y a quinze jours	hace quince días
l'année dernière	el año pasado
dans deux jours	dentro de dos días
dans huit jours *ou* une semaine	dentro de ocho días *o* una semana
dans quinze jours	dentro de quince días
le mois prochain	el mes que viene, el próximo mes
l'année prochaine	el año que viene, el próximo año
quel jour sommes-nous ?	*¿a qué o a cuántos estamos?*
le 1er/24 octobre 2015	el 1/24 de octubre de 2015
je suis né le 22 octobre 1987	nací el 22 de octubre de 1987
Barcelone, le 24 octobre 2015 (*lettre*)	Barcelona, a 24 octubre de 2015 (*carta*)
en 2015	en 2015
mille neuf cent quatre-vingt-seize	mil novecientos noventa y seis
deux mille quinze	dos mil quince
44 av. J.-C.	44 a. de J.C.
14 apr. J.-C.	14 d. de J.C.
au XIXe (siècle)	en el (siglo) XIX
dans les années trente	en los años treinta
il était une fois ...	érase una vez ...

Aa

A[1], a[1] [a] *nm inv (lettre)* A, a *f*; **A comme Anatole** ≈ A de Antonio; **de A à Z** de cabo a rabo; **prouver qch par A plus B** demostrar algo de manera concluyente

A[2] [ɑ] *abr (= ampère(s))* A *(= amperio(s))* ▸ *sigle f (= autoroute)* A *f (= autopista)*

a[2] [a] *vb voir* **avoir**

MOT-CLÉ

à [a] *(à + le =* **au**, *à + les =* **aux**) *prép* **1** *(endroit, situation)* en; **être à Paris/au Portugal** estar en París/en Portugal; **être à la maison/à l'école/au bureau** estar en casa/en el colegio/en la oficina; **être à la campagne** estar en el campo; **c'est à 10 km/à 20 minutes (d'ici)** está a 10 km/a 20 minutos (de aquí); **à la radio/télévision** en la radio/televisión

2 *(direction)* a; **aller à Paris/au Portugal** ir a París/a Portugal; **aller à la maison/à l'école/au bureau** ir a casa/al colegio/a la oficina; **aller à la campagne** ir al campo

3 *(temps)* a; **à trois heures/à minuit** a las tres/a medianoche; **à demain/lundi/la semaine prochaine !** ¡hasta mañana/el lunes/la semana que viene!; **au printemps/au mois de juin** en primavera/el mes de junio; **à cette époque-là** en aquella época; **nous nous verrons à Noël** nos veremos por Navidad; **visites de cinq heures à six heures** visitas de cinco a seis

4 *(attribution, appartenance)* de; **le livre est à lui/à nous/à Paul** el libro es suyo/nuestro/de Pablo; **un ami à moi** un amigo mío; **donner qch à qn** dar algo a algn

5 *(moyen)* : **se chauffer au gaz/à l'électricité** calentarse con gas/con electricidad; **à bicyclette** en bicicleta; **à pied** a pie; **à la main/machine** a mano/máquina; **pêcher à la ligne** pescar con caña

6 *(provenance)* de; **boire à la bouteille** beber de la botella; **prendre de l'eau à la fontaine** coger *ou* (AM) tomar agua de la fuente

7 *(caractérisation, manière)* : **l'homme aux yeux bleus/à la veste rouge** el hombre de ojos azules/de la chaqueta roja; **café au lait** café con leche; **à sa grande surprise** para su gran sorpresa; **à ce qu'il prétend** según pretende (él); **à l'européenne/la russe** a la europea/la rusa; **à nous trois nous n'avons pas su le faire** no hemos sabido hacerlo entre los tres

8 *(but, destination : de choses ou personnes)* : **tasse à café** taza de café; **« à vendre »** « se vende »; **à bien y réfléchir** pensándolo bien; **problèmes à régler** problemas *mpl* por solucionar

9 *(rapport, évaluation, distribution)* : **100 km/unités à l'heure** 100 km/unidades por hora; **payé au mois/à l'heure** pagado por mes/por hora; **cinq à six** cinco a seis; **ils sont arrivés à quatre** llegaron cuatro

AB [ɑbe] *abr* = **assez bien**

abaissement [abɛsmɑ̃] *nm (de température)* descenso; *(de l'âge de la retraite)* reducción *f*

abaisser [abese] *vt* bajar; *(fig)* rebajar; **s'abaisser** *vpr (aussi fig)* rebajarse; **s'~ à faire/à qch** rebajarse a hacer/a algo

abandon [abɑ̃dɔ̃] *nm* abandono; **être à l'~** estar abandonado(-a); **laisser à l'~** dejar abandonado(-a); **dans un moment d'~** en un momento de abandono

abandonné, e [abɑdɔne] *adj* abandonado(-a)

abandonner [abɑ̃dɔne] *vt* abandonar; **~ qch à qn** entregar algo a algn ▸ *vi (Sport)* abandonar; *(Inform)* salir; **s'abandonner** *vpr* abandonarse; **s'~ à** abandonarse a

abaque [abak] *nm* ábaco

abasourdi, e [abazuʀdi] *adj* estupefacto(-a)

abasourdir [abazuʀdiʀ] *vt* dejar estupefacto(-a)

abat [aba] *vb voir* **abattre**

abâtardi, e [abɑtaʀdi] *adj (style, langue)* bastardeado(-a)

abat-jour [abaʒuʀ] *(pl* **~(s)**) *nm* pantalla

abats [aba] *vb voir* **abattre** ▸ *nmpl (Culin)* menudos *mpl*

abattage [abataʒ] *nm (du bois)* tala; *(d'un animal)* matanza; *(entrain)* brío

abattant [abatɑ̃] *vb voir* **abattre** ▸ *nm (d'un meuble)* tapa

abattement [abatmɑ̃] *nm (physique, moral)* abatimiento; *(déduction)* deducción *f*; **~ fiscal** deducción fiscal

abattis [abati] *vb voir* **abattre** ▸ *nmpl* menudos *mpl*
abattoir [abatwaʀ] *nm* matadero
abattre [abatʀ] *vt* (*arbre*) talar; (*mur, maison, avion*) derribar; (*tuer*) abatir; (*épuiser*) postrar; (*déprimer*) desanimar; ~ **du travail** (*ou* **de la besogne**) trabajar duro; ~ **ses cartes** (*aussi fig*) enseñar las cartas; **s'abattre** *vpr* (*mât, malheur*) caerse; **s'~ sur** (*aussi fig*) caer sobre
abattu, e [abaty] *pp de* **abattre** ▸ *adj* (*déprimé*) abatido(-a); (*fatigué*) postrado(-a); **à bride abattue** como un rayo
abbatiale [abasjal] *nf* iglesia abacial
abbaye [abei] *nf* abadía
abbé [abe] *nm* (*d'une abbaye*) abad *m*; (*de paroisse*) cura *m*; **M. l'~** señor cura
abbesse [abɛs] *nf* abadesa
abc, ABC [ɑbese] *nm* abecé *m*
abcès [apsɛ] *nm* absceso
abdication [abdikasjɔ̃] *nf* abdicación *f*
abdiquer [abdike] *vi* abdicar ▸ *vt* (*pouvoir, dignité*) renunciar a
abdomen [abdɔmɛn] *nm* abdomen *m*
abdominal, e, -aux [abdɔminal, o] *adj* abdominal; **abdominaux** *nmpl* (*muscles, exercices*) abdominales *mpl*; **faire des abdominaux** hacer abdominales
abdos [abdo] (*fam*) *nmpl* (*muscles, exercices*) abdominales *mpl*; **faire des ~** hacer abdominales
abécédaire [ɑbesedɛʀ] *nm* abecedario
abeille [abɛj] *nf* abeja
aberrant, e [abeʀɑ̃, ɑ̃t] *adj* aberrante
aberration [abeʀasjɔ̃] *nf* aberración *f*
abêtir [abetiʀ] *vt* embrutecer; **s'abêtir** *vpr* embrutecerse
abêtissant, e [abetisɑ̃, ɑ̃t] *adj* embrutecedor(a)
abhorrer [abɔʀe] *vt* aborrecer
abîme [abim] *nm* (*aussi fig*) abismo
abîmé, e [abime] *adj* estropeado(-a); (*fig*) : ~ **dans la prière** sumido en la oración
abîmer [abime] *vt* estropear; **s'abîmer** *vpr* estropearse; (*fig*) abismarse, sumirse; **s'~ les yeux** dañarse *ou* estropearse la vista
abject, e [abʒɛkt] *adj* abyecto(-a)
abjection [abʒɛksjɔ̃] *nf* abyección *f*
abjurer [abʒyʀe] *vt* abjurar
ablatif [ablatif] *nm* ablativo
ablation [ablasjɔ̃] *nf* ablación *f*
ablutions [ablysjɔ̃] *nfpl* : **faire ses ~** hacer sus abluciones
abnégation [abnegasjɔ̃] *nf* abnegación *f*
aboie [abwa] *vb voir* **aboyer**
aboiement [abwamɑ̃] *nm* ladrido
abois [abwa] *nmpl* : **être aux ~** estar acorralado(-a)
abolir [abɔliʀ] *vt* abolir
abolition [abɔlisjɔ̃] *nf* abolición *f*
abolitionniste [abɔlisjɔnist] *adj, nmf* abolicionista *mf*
abominable [abɔminabl] *adj* abominable
abomination [abɔminasjɔ̃] *nf* abominación *f*
abondamment [abɔ̃damɑ̃] *adv* en abundancia
abondance [abɔ̃dɑ̃s] *nf* abundancia; **société d'~** sociedad *f* de consumo
abondant, e [abɔ̃dɑ̃, ɑ̃t] *adj* abundante
abonder [abɔ̃de] *vi* abundar; ~ **en** abundar en; ~ **dans le sens de qn** abundar en la opinión de algn
abonné, e [abɔne] *adj* (*à un journal*) suscrito(-a); (*au téléphone*) abonado(-a) ▸ *nm/f* suscriptor(-a), abonado(-a)
abonnement [abɔnmɑ̃] *nm* (*à un journal*) suscripción *f*; (*transports en commun, théâtre*) abono
abonner [abɔne] *vt* : ~ **qn à** (*revue*) suscribir a algn a; **s'abonner** *vpr* : **s'~ à** (*revue, compte Twitter*) suscribirse a; (*téléphone*) abonarse a
abord [abɔʀ] *nm* : **être d'un ~ facile/difficile** ser de fácil/difícil acceso; **d'~** primero, en primer lugar; **tout d'~** antes de nada; **de prime ~, au premier ~** a primera vista; **abords** *nmpl* (*d'un lieu*) alrededores *mpl*
abordable [abɔʀdabl] *adj* (*personne*) accesible; (*prix, marchandise*) asequible
abordage [abɔʀdaʒ] *nm* abordaje *m*
aborder [abɔʀde] *vi* abordar ▸ *vt* (*aussi fig*) abordar; (*virage, vie*) tomar
aborigène [abɔʀiʒɛn] *nmf* aborigen *mf*
Abou Dhabi [abudabi] *nm* Abu Dabi
abouler [abule] (*fam*) *vt* (*payer*) aflojar (*fam*); ~ **le fric** aflojar la mosca *ou* la pasta (*fam*) ▸ *vi* (*arriver, venir*) venirse (*fam*)
aboulique [abulik] *adj* abúlico(-a)
abouti, e [abuti] *adj* acabado(-a)
aboutir [abutiʀ] *vi* tener éxito; ~ **à** (*lieu*) dar a; (*fig*) conducir a
aboutissants [abutisɑ̃] *nmpl voir* **tenant**
aboutissement [abutismɑ̃] *nm* logro
aboyer [abwaje] *vi* ladrar
abracadabrant, e [abʀakadabʀɑ̃, ɑ̃t] *adj* estrambótico(-a)
abrasif, -ive [abʀɑzif, iv] *adj* abrasivo(-a)
abrasion [abʀɑzjɔ̃] *nf* abrasión *f*
abrégé [abʀeʒe] *nm* resumen *m*; (*livre*) compendio; **en ~** en resumen
abréger [abʀeʒe] *vt* acortar
abreuver [abʀœve] *vt* abrevar; (*fig*) : ~ **qn de** (*injures*) colmar a algn de; **s'abreuver** *vpr* (*animal*) abrevar; (*fam*) privar, mamar
abreuvoir [abʀœvwaʀ] *nm* abrevadero
abréviation [abʀevjasjɔ̃] *nf* abreviatura
abri [abʀi] *nm* refugio; **à l'~** (*des intempéries, financièrement*) a cubierto; (*de l'ennemi*) a salvo; **à l'~ de** (*fig : erreur*) al abrigo de
abribus [abʀibys] *nm* marquesina
abricot [abʀiko] *nm* albaricoque *m*, damasco (*AM*)
abricotier [abʀikɔtje] *nm* albaricoquero, damasco (*AM*)

abrité, e [abʀite] *adj* resguardado(-a)
abriter [abʀite] *vt* (*lieu*) resguardar; (*personne*) albergar; (*recevoir, loger*) alojar; **s'abriter** *vpr* resguardarse; (*fig*) ampararse
abrogation [abʀɔgasjɔ̃] *nf* abrogación *f*
abroger [abʀɔʒe] *vt* abrogar
abrupt, e [abʀypt] *adj* abrupto(-a); (*personne, ton*) rudo(-a)
abruti, e [abʀyti] (*fam*) *nm/f* tonto(-a)
abrutir [abʀytiʀ] *vt* (*abêtir*) embrutecer; (*étourdir*) aturdir; **s'abrutir** *vpr* (*s'abêtir*) atontarse; **rester à s'~ devant la télé** quedarse atontado(-a) delante de la tele; **s'~ de travail** matarse a trabajar
abrutissant, e [abʀytisɑ̃, ɑ̃t] *adj* embrutecedor(a)
abscisse [apsis] *nf* abscisa
abscons, e [apskɔ̃, ɔ̃s] *adj* abstruso(-a)
absence [apsɑ̃s] *nf* ausencia; **en l'~ de** en ausencia de
absent, e [apsɑ̃, ɑ̃t] *adj, nm/f* ausente *mf*
absentéisme [apsɑ̃teism] *nm* absentismo
absenter [apsɑ̃te] : **s'absenter** *vpr* ausentarse
abside [apsid] *nf* ábside *m*
absinthe [apsɛ̃t] *nf* ajenjo
absolu, e [apsɔly] *adj* absoluto(-a) ▸ *nm* (*Philos*) : **l'~** el absoluto; **dans l'~** en abstracto
absolument [apsɔlymɑ̃] *adv* (*oui*) sí, por supuesto; (*sans faute, à tout prix*) absolutamente; **~ pas** en absoluto
absolution [apsɔlysjɔ̃] *nf* absolución *f*
absolutisme [apsɔlytism] *nm* absolutismo
absolvais [apsɔlvɛ] *vb voir* **absoudre**
absolve *etc* [apsɔlv] *vb voir* **absoudre**
absorbant, e [apsɔʀbɑ̃, ɑ̃t] *adj* absorbente
absorbé, e [apsɔʀbe] *adj* absorto(-a)
absorber [apsɔʀbe] *vt* absorber; (*manger, boire*) tomar; **s'absorber** *vpr* (*dans un travail, une activité*) : **s'~ dans** sumergirse en
absorption [apsɔʀpsjɔ̃] *nf* absorción *f*
absoudre [apsudʀ] *vt* absolver
absous, -oute [apsu, ut] *pp de* **absoudre**
abstenir [apstəniʀ] : **s'abstenir** *vpr* abstenerse; **s'~ de faire** abstenerse de hacer
abstention [apstɑ̃sjɔ̃] *nf* abstención *f*
abstentionnisme [apstɑ̃sjɔnism] *nm* abstencionismo
abstentionniste [apstɑ̃sjɔnist] *nmf* abstencionista *mf*
abstenu, e [apstəny] *pp de* **abstenir**
abstiendrai *etc* [apstjɛ̃dʀe] *vb voir* **abstenir**
abstiens *etc* [apstjɛ̃] *vb voir* **abstenir**
abstinence [apstinɑ̃s] *nf* abstinencia; **faire ~** hacer abstinencia
abstint [apstɛ̃] *vb voir* **abstenir**
abstraction [apstʀaksjɔ̃] *nf* abstracción *f*; **faire ~ de** hacer caso omiso de; **~ faite de ...** dejando de lado ...
abstraire [apstʀɛʀ] *vt* abstraer; **s'abstraire** *vpr* : **s'~ (de)** abstraerse (de)
abstrait, e [apstʀɛ, ɛt] *pp de* **abstraire** ▸ *adj* abstracto(-a); **art ~** arte *m* abstracto ▸ *nm* : **dans l'~** en abstracto
abstrayais *etc* [apstʀɛjɛ] *vb voir* **abstraire**
absurde [apsyʀd] *adj* absurdo(-a) ▸ *nm* : **l'~** el absurdo; **raisonnement par l'~** razonamiento por reducción al absurdo
absurdité [apsyʀdite] *nf* absurdidad *f*
Abu Dhabî [abudabi] *nm* = **Abou Dhabi**
abus [aby] *nm* abuso; **il y a de l'~** (*fam*) es un abuso; **~ de confiance** abuso de confianza; (*détournement de fonds*) desfalco; **~ de faiblesse** abuso de debilidad; **~ de pouvoir** abuso de poder
abuser [abyze] *vi* abusar; **~ de** abusar de; **~ de la patience de qn** abusar de la paciencia de algn ▸ *vt* engañar; **s'abuser** *vpr* equivocarse; **si je ne m'abuse** si no me equivoco
abusif, -ive [abyzif, iv] *adj* abusivo(-a)
abusivement [abyzivmɑ̃] *adv* con abuso
abyssal, e, -aux [abisal, o] *adj* (*Géo : milieu, fosse*) abisal; (*fig : déficit, décalage*) abismal
abysse [abis] *nm* (*fonds marin*) abismo; **abysses** *nmpl* : **les abysses** el abismo, los abismos
AC *abr, sigle f* (= *appellation contrôlée*) ≈ denominación *f* de origen
acabit [akabi] *nm* : **de cet/du même ~** de esta/de la misma calaña
acacia [akasja] *nm* acacia
académicien, ne [akademisjɛ̃, jɛn] *nm/f* académico(-a)
académie [akademi] *nf* academia; (*Art*) desnudo; (*Scol*) *circunscripción administrativa de la enseñanza en Francia*; **l'A~ (française)** la Academia Francesa; *ver nota*

ACADÉMIE FRANÇAISE

La **Académie française**, (a veces llamada *la Coupole*), fue fundada por el cardenal Richelieu en 1635 durante el reinado de Luis XIII. La forman cuarenta eruditos y escritores electos a los que se conoce como *les Quarante* o *les Immortels*. Una de las funciones de la Academia es regular la evolución de la lengua francesa y sus recomendaciones son con frecuencia objeto de encendido debate. Ha publicado varias ediciones de su conocido diccionario y concede diversos premios literarios.

académique [akademik] *adj* académico(-a); (*Univ*) universitario(-a)
Acadie [akadi] *nf* Acadia
acadien, ne [akadjɛ̃, jɛn] *adj* acadiense
acajou [akaʒu] *nm* caoba
acariâtre [akaʀjɑtʀ] *adj* desabrido(-a)
acarien [akaʀjɛ̃] *nm* ácaro *m*
accablant, e [akɑblɑ̃, ɑ̃t] *adj* (*témoignage, preuve*) abrumador(a); (*chaleur, poids*) agobiante

a

accablé, e [akable] *adj* (*physiquement*) agobiado(-a), abrumado(-a); (*moralement*) abatido(-a); **avoir l'air ~** parecer agobiado
accablement [akɑbləmɑ̃] *nm* (*physiquement*) agobio; (*moralement*) abatimiento
accabler [akɑble] *vt* (*physiquement*) agobiar; (*moralement*) abatir; (*preuves, témoignage*) inculpar; **~ qn d'injures/de travail** colmar a algn de injurias/de trabajo; **accablé de dettes/soucis** cargado de deudas/ preocupaciones; **accablé de chagrin** abrumado por la pena, afligido
accalmie [akalmi] *nf* (*aussi fig*) calma, tregua
accaparant, e [akapaʀɑ̃, ɑ̃t] *adj* acaparador(a)
accaparer [akapaʀe] *vt* acaparar
accéder [aksede] *vt* : **~ à** (*lieu*) tener acceso a; (*fig*) acceder a; (*indépendance*) lograr
accélérateur [akseleʀatœʀ] *nm* acelerador *m*
accélération [akseleʀasjɔ̃] *nf* aceleración *f*
accéléré [akseleʀe] *nm* (*Ciné*) : **en ~** a cámara rápida
accélérer [akseleʀe] *vt, vi* acelerar; **s'accélérer** *vpr* (*processus, rythme*) acelerarse
accent [aksɑ̃] *nm* acento; **aux accents de** (*musique*) a los acordes de; **mettre l'~ sur** (*fig*) hacer hincapié en; **~ aigu/circonflexe/ grave** acento agudo/circunflejo/grave
accentuation [aksɑ̃tɥasjɔ̃] *nf* (*d'un mot*) acentuación *f*; (*de l'inflation*) agravación *f*
accentué, e [aksɑ̃tɥe] *adj* acentuado(-a)
accentuer [aksɑ̃tɥe] *vt* (*aussi fig*) acentuar; **s'accentuer** *vpr* acentuarse
acceptable [aksɛptabl] *adj* aceptable
acceptation [aksɛptasjɔ̃] *nf* aceptación *f*
accepter [aksɛpte] *vt* aceptar; (*admettre*) aceptar, admitir; **~ de faire** aceptar hacer; **~ que qn fasse** aceptar que algn haga; **~ que** admitir que; **accepteriez-vous que je m'en aille ?** ¿le importaría que me fuese?; **j'accepte !** ¡vale!; **je n'accepterai pas cela** eso no lo admitiré
acception [aksɛpsjɔ̃] *nf* acepción *f*; **dans toute l'~ du terme** en toda la acepción de la palabra
accès [aksɛ] *nm* acceso; **d'~ facile/malaisé** de fácil/difícil acceso; **l'~ aux quais est interdit** el acceso a los andenes está prohibido; **donner ~ à** dar acceso a; **avoir ~ auprès de qn** tener entrada con algn; **~ de colère** arrebato; **~ de fièvre** acceso de fiebre; **~ de toux** ataque *m* de tos ▸ *nmpl* (*routes, entrées*) accesos *mpl*
accessible [aksesibl] *adj* accesible; (*prix, objet*) asequible; **~ (à qn)** (*livre, sujet*) accesible (a algn); **être ~ à la pitié/à l'amour** ser capaz de compasión/de amor
accession [aksesjɔ̃] *nf* acceso; **~ à la propriété** acceso a la propiedad
accessit [aksesit] *nm* accésit *m*
accessoire [akseswaʀ] *adj* secundario(-a) ▸ *nm* accesorio
accessoirement [akseswaʀmɑ̃] *adv* ocasionalmente
accessoiriste [akseswaʀist] *nmf* accesorista *mf*, attrezzista *mf*
accident [aksidɑ̃] *nm* accidente *m*; (*événement fortuit*) incidente *m*; **par ~** por accidente; **~ de la route/du travail** accidente de carretera/ de trabajo; **~ de parcours** desliz *msg*; **accidents de terrain** accidentes *mpl* del terreno
accidenté, e [aksidɑ̃te] *adj* accidentado(-a); (*voiture*) accidentado(-a), siniestrado(-a) ▸ *nm/f* herido(-a); **un ~ de la route** un herido de la carretera
accidentel, le [aksidɑ̃tɛl] *adj* accidental; (*fortuit*) casual
accidentellement [aksidɑ̃tɛlmɑ̃] *adv* accidentalmente; (*par hasard*) casualmente
accidenter [aksidɑ̃te] *vt* (*personne*) atropellar; (*véhicule*) colisionar con
accise [aksiz] *nf* sisa
acclamation [aklamasjɔ̃] *nf* : **par ~** por aclamación; **acclamations** *nfpl* vítores *mpl*
acclamer [aklame] *vt* aclamar
acclimatation [aklimatasjɔ̃] *nf* aclimatación *f*
acclimater [aklimate] *vt* aclimatar; (*personne*) acostumbrar; **s'acclimater** *vpr* aclimatarse
accointances [akwɛ̃tɑ̃s] *nfpl* : **avoir des ~ avec** tener relaciones con
accolade [akɔlad] *nf* abrazo; (*signe typographique*) llave *f*; **donner l'~ à qn** (*entre amis*) dar un abrazo a algn; (*dans une cérémonie*) dar el espaldarazo a algn
accoler [akɔle] *vt* juntar
accommodant, e [akɔmɔdɑ̃, ɑ̃t] *adj* condescendiente
accommodement [akɔmɔdmɑ̃] *nm* acomodo
accommoder [akɔmɔde] *vt* (*Culin*) aliñar; **~ qch à** adaptar algo a ▸ *vi* adaptar; **s'accommoder** *vpr* : **s'~ à** adaptarse a; **s'~ de** contentarse con
accompagnateur, -trice [akɔ̃paɲatœʀ, tʀis] *nm/f* acompañante *mf*
accompagnement [akɔ̃paɲmɑ̃] *nm* (*Mus*) acompañamiento; (*Culin*) aderezo; (*Mil*) escolta
accompagner [akɔ̃paɲe] *vt* acompañar; **vous permettez que je vous accompagne ?** ¿me permite que le acompañe?; **s'accompagner** *vpr* acompañarse; **s'~ de** ir acompañado(-a) de
accompli, e [akɔ̃pli] *adj* (*fait*) consumado(-a); (*devoir*) cumplido(-a)
accomplir [akɔ̃pliʀ] *vt* cumplir; **s'accomplir** *vpr* cumplirse

accomplissement [akɔ̃plismɑ̃] *nm* realización *f*
accord [akɔʀ] *nm* (*entente*) acuerdo; (*Ling*) concordancia; (*consentement, autorisation*) consentimiento; (*Mus*) acorde *m*; **mettre deux personnes d'~** poner a dos personas de acuerdo; **se mettre d'~** ponerse de acuerdo; **être d'~ (avec qn)** estar de acuerdo (con algn); **être d'~ (pour faire/que)** estar de acuerdo (en hacer/en que); **d'~ !** ¡de acuerdo!; **d'un commun ~** de común acuerdo; **en ~ avec qn** de acuerdo con algn; **donner son ~** dar su consentimiento; **~ en genre et en nombre** concordancia en género y número; **~ parfait** (*Mus*) acorde perfecto
accord-cadre [akɔʀkɑdʀ] (*pl* **accords-cadres**) *nm* acuerdo marco *inv*
accordéon [akɔʀdeɔ̃] *nm* acordeón *m*; **en ~** en acordeón
accordéoniste [akɔʀdeɔnist] *nmf* acordeonista *mf*
accorder [akɔʀde] *vt* (*faveur, délai*) conceder; (*harmoniser*) conciliar; (*Mus*) afinar; (*Ling*) concordar; **~ de l'importance/de la valeur à qch** dar importancia/valor a algo; **je vous accorde que ...** le concedo que ...; **s'accorder** *vpr* (*être d'accord*) estar de acuerdo; (*se mettre d'accord*) ponerse de acuerdo; (*couleurs, caractères*) casar; (*Ling*) concordar; (*un moment de répit*) darse
accordeur, -euse [akɔʀdœʀ, øz] *nm/f* afinador(a)
accoster [akɔste] *vt* (*Naut*) acostar; (*personne*) abordar ▸ *vi* acostar
accotement [akɔtmɑ̃] *nm* arcén *m*; **~ stabilisé/non stabilisé** arcén pavimentado/no pavimentado
accoter [akɔte] *vt* : **~ qch contre/à** apoyar algo contra/en; **s'accoter** *vpr* : **s'~ contre/à** apoyarse contra/en
accouchement [akuʃmɑ̃] *nm* parto; **~ à terme/sans douleur** parto a término/sin dolor
accoucher [akuʃe] *vi, vt* dar a luz; **~ d'une fille** dar a luz una niña
accoucheur [akuʃœʀ] *nm* : **(médecin) ~** tocólogo
accoucheuse [akuʃøz] *nf* comadrona
accouder [akude] : **s'accouder** *vpr* : **s'~ à/contre/sur** acodarse en/sobre; **accoudé à la fenêtre** acodado en la ventana
accoudoir [akudwaʀ] *nm* brazo
accouplement [akupləmɑ̃] *nm* apareamiento; (*Tech*) acoplamiento
accoupler [akuple] *vt* (*moteurs*) conectar; (*bœufs*) uncir; (*animaux*) aparear; **s'accoupler** *vpr* aparearse
accourir [akuʀiʀ] *vi* precipitarse
accoutrement [akutʀəmɑ̃] (*péj*) *nm* atavío
accoutrer [akutʀe] (*péj*) *vt* ataviar; **s'accoutrer** *vpr* ataviarse
accoutumance [akutymɑ̃s] *nf* (*au climat*) adaptación *f*; (*drogue*) adicción *f*
accoutumé, e [akutyme] *adj* acostumbrado(-a); **être ~ à qch/à faire** estar acostumbrado(-a) a algo/a hacer; **comme à l'accoutumée** como de costumbre
accoutumer [akutyme] *vt* : **~ qn à qch/à faire** acostumbrar a algn a algo/a hacer; **s'accoutumer** *vpr* : **s'~ à qch/à faire** acostumbrarse a algo/a hacer
accréditer [akʀedite] *vt* (*personne*) acreditar; (*nouvelle*) dar crédito a; **~ qn (auprès de)** acreditar a algn (ante)
accro [akʀo] (*fam*) *nmf* yonqui *mf*
accroc [akʀo] *nm* (*déchirure*) desgarrón *m*; **sans accrocs** (*fig*) sin contratiempos; **faire un ~ à** (*vêtement*) hacer un desgarrón en; (*fig*) atentar contra
accrochage [akʀɔʃaʒ] *nm* (*d'un tableau*) colgamiento; (*d'une remorque*) enganche *m*; (*accident*) choque *m*; (*escarmouche*) escaramuza; (*dispute*) pelea
accroche-cœur [akʀɔʃkœʀ] (*pl* **accroche-cœurs**) *nm* caracol *m*
accrocher [akʀɔʃe] *vt* (*vêtement, tableau*) colgar; (*wagon, remorque*) enganchar; (*véhicule*) chocar con; (*déchirer : robe, pull*) rasgar; (*Mil*) entablar combate con; (*fig : regard, client*) atraer ▸ *vi* (*fermeture éclair*) engancharse; (*pourparlers*) atascarse; (*plaire : disque*) pegar (*fam*); **s'accrocher** *vpr* (*se disputer*) pelearse; (*ne pas céder*) resistir; **s'~ à** (*rester pris à*) engancharse en; (*agripper*) agarrarse a; (*personne*) pegarse a; (*espoir, idée*) aferrarse a; **il faut s'~** (*fam*) hay que seguir
accrocheur, -euse [akʀɔʃœʀ, øz] *adj* (*vendeur*) tenaz; (*publicité, titre*) llamativo(-a)
accroire [akʀwaʀ] *vt* : **faire** *ou* **laisser ~ à qn qch/que** hacer creer a algn algo/que
accrois *etc* [akʀwa] *vb voir* **accroître**
accroissais *etc* [akʀwasɛ] *vb voir* **accroître**
accroissement [akʀwasmɑ̃] *nm* aumento
accroître [akʀwatʀ] *vt* acrecentar; **s'accroître** *vpr* acrecentarse
accroupi, e [akʀupi] *adj* en cuclillas
accroupir [akʀupiʀ] : **s'accroupir** *vpr* ponerse en cuclillas
accru, e [akʀy] *pp de* **accroître**
accu [aky] (*fam*) *nm* = **accumulateur**
accueil [akœj] *nm* acogida; (*endroit*) recepción *f*; **centre/comité d'~** centro/comité *m* de recepción
accueillant, e [akœjɑ̃, ɑ̃t] *adj* acogedor(a)
accueillir [akœjiʀ] *vt* (*recevoir, saluer*) acoger; (*loger*) alojar; (*fig*) recibir
acculer [akyle] *vt* : **~ qn à** *ou* **contre/dans** acorralar a algn contra/en; **~ qn à** (*faillite, suicide*) conducir a algn a
acculturation [akyltyʀasjɔ̃] *nf* aculturación *f*

a

accumulateur [akymylatœʀ] *nm* acumulador *m*
accumulation [akymylasjɔ̃] *nf* acumulación *f*; **une ~ de ...** un montón de ...; **chauffage/ radiateur à ~** calefacción *f*/radiador *m* por acumulación
accumuler [akymyle] *vt* acumular; **s'accumuler** *vpr* acumularse
accusateur, -trice [akyzatœʀ, tʀis] *adj, nm/f* acusador(a)
accusatif [akyzatif] *nm* acusativo
accusation [akyzasjɔ̃] *nf* acusación *f*; **l'~** (*Jur*) la acusación; **mettre qn en ~** iniciar causa en contra de algn; **acte d'~** acta de acusación
accusé, e [akyze] *adj, nm/f* acusado(-a) ▸ *nm* : **~ de réception** acuse *m* de recibo
accuser [akyze] *vt* (*aussi fig*) acusar; (*fig : souligner*) acentuar; **~ qn de qch** acusar a algn de algo; **~ qch de qch** culpar a algo de algo; **~ réception de** acusar recibo de; **~ le coup** (*fig, fam*) acusar el golpe; **s'accuser** *vpr* (*s'accentuer*) acentuarse; **s'~ de qch/d'avoir fait qch** culparse de algo/de haber hecho algo
acerbe [asɛʀb] *adj* acerbo(-a)
acéré, e [aseʀe] *adj* acerado(-a); (*fig*) mordaz
acétate [asetat] *nm* acetato
acétique [asetik] *adj* : **acide ~** ácido acético
acétone [asetɔn] *nf* acetona
acétylène [asetilɛn] *nm* acetileno
achalandé, e [aʃalɑ̃de] *adj* : **bien/mal ~** bien/ mal surtido(-a)
acharné, e [aʃaʀne] *adj* (*combat, lutte*) encarnizado(-a)
acharnement [aʃaʀnəmɑ̃] *nm* encarnizamiento
acharner [aʃaʀne] : **s'acharner** *vpr* : **s'~ contre/sur** ensañarse con; **s'~ à faire** empeñarse en hacer
achat [aʃa] *nm* compra; **faire l'~ de** comprar; **faire des achats** ir de compras
acheminement [aʃ(ə)minmɑ̃] *nm* envío
acheminer [aʃ(ə)mine] *vt* (*courrier, troupes, train*) enviar; **s'~ vers** (*aussi fig*) encaminarse hacia
acheter [aʃ(ə)te] *vt* comprar; **~ à crédit** comprar a crédito; **~ qch à qn** comprar algo a algn
acheteur, -euse [aʃ(ə)tœʀ, øz] *nm/f* comprador(a); **l'~ et le vendeur** el comprador y el vendedor
achevé, e [aʃ(ə)ve] *adj* : **d'un ridicule/ comique ~** de un ridículo/cómico espantoso
achèvement [aʃɛvmɑ̃] *nm* finalización *f*
achever [aʃ(ə)ve] *vt* acabar, finalizar; (*blessé*) rematar; **~ de faire qch** (*aussi fig*) acabar de hacer algo; **s'achever** *vpr* acabarse
achoppement [aʃɔpmɑ̃] *nm* : **pierre d'~** traba
achopper [aʃɔpe] *vi* tropezar; **~ sur** (*problème*) tropezar con
acide [asid] *adj* ácido(-a); (*ton*) áspero(-a) ▸ *nm* ácido
acidifiant [asidifjɑ̃] *nm* acidificante *m*
acidifier [asidifje] *vt* acidificar; **s'acidifier** *vpr* acidificarse
acidité [asidite] *nf* acidez *f*
acidulé [asidyle] *adj* ácido(-a); **bonbons acidulés** caramelos *mpl* ácidos
acier [asje] *nm* acero; **~ inoxydable** acero inoxidable
aciérie [asjeʀi] *nf* acería
acné [akne] *nf* acné *f*; **~ juvénile** acné juvenil
acolyte [akɔlit] (*péj*) *nm* compinche *m*
acompte [akɔ̃t] *nm* (*arrhes*) señal *f*; (*sur somme due*) adelanto; (*sur salaire*) anticipo
acoquiner [akɔkine] : **s'acoquiner avec** *vpr* compincharse con
Açores [asɔʀ] *nfpl* : **les ~** las Azores
à-côté [akote] *nm* (*point accessoire*) cuestión *f* secundaria; (*argent : aussi pl*) dinero extra *inv*
à-coup [aku] (*pl* **à-coups**) *nm* (*du moteur*) sacudidas *fpl*; (*du commerce, de l'économie*) altibajos *mpl*; **sans à-coups** sin interrupción; **par à-coups** a tirones
acouphène [akufɛn] *nm* (*Méd*) acúfeno; **souffrir d'acouphènes** sufrir acúfenos
acoustique [akustik] *nf* acústica ▸ *adj* acústico(-a)
acquéreur [akeʀœʀ] *nm* comprador(a); **se porter ~ de qch** ofrecerse como comprador de algo; **se rendre ~ de qch** adquirir algo
acquérir [akeʀiʀ] *vt* adquirir; (*résultats*) obtener
acquiers *etc* [akjɛʀ] *vb voir* **acquérir**
acquiescement [akjɛsmɑ̃] *nm* consentimiento; **en signe d'~** en señal de conformidad
acquiescer [akjese] *vi* asentir; **~ (à qch)** consentir (en algo)
acquis, e [aki, iz] *pp de* **acquérir** ▸ *nm* (*savoir, expérience*) conocimientos *mpl*; **acquis** *nmpl* : **les ~ sociaux** los logros sociales ▸ *adj* adquirido(-a); (*résultats*) obtenido(-a); **tenir qch pour ~** (*comme allant de soi*) dar algo por sabido; (*comme décidé*) dar algo por hecho; **être ~ à** ser adicto(-a) a; **caractère ~** carácter *m* adquirido; **vitesse acquise** velocidad *f* adquirida
acquisition [akizisjɔ̃] *nf* (*action d'acquérir*) adquisición *f*; (*objet acquis*) compra; **faire l'~ de** comprar
acquit [aki] *vb voir* **acquérir** ▸ *nm* recibo; **pour ~** recibí *m*; **par ~ de conscience** para quedarse *etc* más tranquilo
acquittement [akitmɑ̃] *nm* (*d'un accusé*) absolución *f*; (*d'une dette*) pago, satisfacción *f*
acquitter [akite] *vt* (*accusé*) absolver; (*payer*) abonar, pagar; **s'acquitter de** *vpr* (*promesse, tâche*) cumplir con; (*dette*) satisfacer
âcre [ɑkʀ] *adj* acre

âcreté [akʀəte] *nf* acritud *f*
acrimonie [akʀimɔni] *nf* acrimonia
acrimonieux, -euse [akʀimɔnjø, jøz] *adj* agrio(-a)
acrobate [akʀɔbat] *nmf* acróbata *mf*
acrobatie [akʀɔbasi] *nf* (*aussi fig*) acrobacia; **~ aérienne** acrobacia aérea
acrobatique [akʀɔbatik] *adj* acrobático(-a)
acronyme [akʀɔnim] *nm* acrónimo
Acropole [akʀɔpɔl] *nf* Acrópolis *fsg*
acrosport [akʀospɔʀ] *nm* gimnasia acrobática, acrosport *m*
acrostiche [akʀɔstiʃ] *nm* (*poème*) acróstico
acrylique [akʀilik] *nm* acrílico
acte [akt] *nm* (*Théâtre, action*) acto; (*document*) acta; **prendre ~ de** tomar nota de; **faire ~ de présence** hacer acto de presencia; **faire ~ de candidature** presentar una candidatura; **~ d'accusation** acta de acusación; **~ de baptême** fe *f* de bautismo; **~ de mariage/de naissance** partida de matrimonio/de nacimiento; **~ de vente** escritura; **actes** *nmpl* (*compte-rendu*) actas *fpl*
acteur, -trice [aktœʀ, tʀis] *nm/f* actor (actriz)
actif, -ive [aktif, iv] *adj* activo(-a); (*remède*) eficaz; **prendre une part active à qch** tomar parte activa en algo ▸ *nm* activo; **l'~ et le passif** el activo y el pasivo; **~ toxique** activo tóxico
action [aksjɔ̃] *nf* acción *f*; (*déploiement d'énergie*) actividad *f*; **une bonne/mauvaise ~** una buena/mala acción; **mettre en ~** poner en práctica; **passer à l'~** pasar a la acción; **un homme d'~** un hombre de acción; **sous l'~ de** bajo el efecto de; **un film d'~** una película de acción; **~ de grâce(s)** acción de gracias; **~ en diffamation** demanda por difamación
actionnaire [aksjɔnɛʀ] *nmf* accionista *mf*
actionnariat [aksjɔnaʀja] *nm* (*statut, actionnaires*) accionariado
actionner [aksjɔne] *vt* accionar
activation [aktivasjɔ̃] *nf* activación *f*
active [aktiv] *adj voir* **actif**
activement [aktivmɑ̃] *adv* activamente
activer [aktive] *vt* activar; **s'activer** *vpr* (*se presser*) apresurarse; (*s'affairer*) trajinar
activisme [aktivism] *nm* activismo
activiste [aktivist] *nmf* activista *mf*
activité [aktivite] *nf* actividad *f*; **cesser toute ~** abandonar toda actividad; **en ~** (*fonctionnaire, militaire*) en activo; (*volcan, industrie*) en actividad; **activités subversives** actividades subversivas
actrice [aktʀis] *nf voir* **acteur**
actualisation [aktɥalizasjɔ̃] *nf* actualización *f*
actualiser [aktɥalize] *vt* actualizar
actualité [aktɥalite] *nf* actualidad *f*; **l'~ politique/sportive** la actualidad política/deportiva; **d'~** de actualidad; **actualités** *nfpl* : **les actualités** las noticias
actuariel, le [aktɥaʀjɛl] *adj* : **taux ~** interés *m* actuarial
actuel, le [aktɥɛl] *adj* actual; **à l'heure actuelle** hoy en día, en el momento actual
actuellement [aktɥɛlmɑ̃] *adv* actualmente
acuité [akɥite] *nf* (*des sens*) agudeza; (*d'une crise, douleur*) intensidad *f*
acuponcteur, -trice [akypɔ̃ktœʀ, tʀis], **acupuncteur, -trice** [akypɔ̃ktœʀ, tʀis] *nm/f* acupuntor(a)
acuponcture [akypɔ̃ktyʀ], **acupuncture** [akypɔ̃ktyʀ] *nf* acupuntura
adage [adaʒ] *nm* adagio
adagio [ada(d)ʒjo] *nm* adagio
adaptable [adaptabl] *adj* adaptable
adaptateur, -trice [adaptatœʀ, tʀis] *nm/f* (*Théâtre*) adaptador(a) ▸ *nm* (*Élec*) adaptador *m*
adaptation [adaptasjɔ̃] *nf* adaptación *f*
adapter [adapte] *vt* : **~ à** adaptar a; **~ qch sur/dans/à** ajustar algo sobre/en/a; **s'adapter** *vpr* : **s'~ (à)** (*personne*) adaptarse (a); (*objet, prise etc*) ajustarse (a)
addenda [adɛ̃da] *nm* addenda *m*
addictologie [adiktɔlɔʒi] *nf* adictología
Addis-Ababa [adisababa], **Addis-Abeba** [adisabəba] *n* Addis Abeba
additif [aditif] *nm* aditivo; (*note, clause*) nota; **~ alimentaire** aditivo alimenticio
addition [adisjɔ̃] *nf* (*Math*) adición *f*; (*au restaurant*) cuenta; (*d'une clause*) inclusión *f*
additionnel, le [adisjɔnɛl] *adj* adicional
additionner [adisjɔne] *vt* sumar; **~ un vin d'eau** añadir agua al vino; **s'additionner** *vpr* sumarse
adduction [adyksjɔ̃] *nf* canalización *f*
adepte [adɛpt] *nmf* (*d'une religion*) adepto(-a); (*d'un sport*) partidario(-a)
adéquat, e [adekwa(t), at] *adj* adecuado(-a)
adéquation [adekwasjɔ̃] *nf* adecuación *f*
adhérence [adeʀɑ̃s] *nf* adherencia; **assurer une bonne ~** asegurar una buena adherencia
adhérent, e [adeʀɑ̃, ɑ̃t] *adj* adherente ▸ *nm/f* miembro *mf*
adhérer [adeʀe] *vi* adherirse ▸ *vt* : **~ à** (*coller*) adherir a; (*se rallier à*) adherirse a; (*devenir membre de*) afiliarse a; (*être membre de*) estar afiliado(-a) a
adhésif, -ive [adezif, iv] *adj* adhesivo(-a) ▸ *nm* adhesivo
adhésion [adezjɔ̃] *nf* (*à un club*) afiliación *f*; (*à une opinion*) adscripción *f*
ad hoc [adɔk] *adj inv* ad hoc *inv*
adieu [adjø] *excl* ¡adiós! ▸ *nm* adiós *msg*; **dire ~ à qn** decir adiós a algn; **dire ~ à qch** decir adiós a algo; **adieux** *nmpl* : **faire ses adieux à qn** despedirse de algn
adipeux, -euse [adipø, øz] *adj* adiposo(-a)
adiposité [adipozite] *nf* adiposidad *f*

a

adjacent, e [adʒasɑ̃, ɑ̃t] *adj* : ~ **(à)** adyacente (a); **angles adjacents** ángulos *mpl* adyacentes
adjectif, -ive [adʒɛktif, iv] *adj* adjetivo(-a) ▶ *nm* adjetivo; ~ **attribut/démonstratif/épithète** adjetivo atributo/demostrativo/epíteto; ~ **numéral/possessif/qualificatif** adjetivo numeral/posesivo/calificativo
adjectival, e, -aux [adʒɛktival, o] *adj* adjetival
adjoignais *etc* [adʒwaɲɛ] *vb voir* **adjoindre**
adjoindre [adʒwɛ̃dʀ] *vt* : ~ **qch à qch** agregar algo a algo; (*ajouter*) añadir algo a algo; ~ **qn à** asociar a algn a; **s'~ un collaborateur** tomar un colaborador
adjoint, e [adʒwɛ̃, wɛ̃t] *nm/f* adjunto(-a); ~ **au maire** teniente *mf* de alcalde ▶ *adj* adjunto(-a); **directeur** ~ director(a) adjunto(-a)
adjonction [adʒɔ̃ksjɔ̃] *nf* añadido; **sans ~ de sucre/conservateur** sin azúcar/conservante
adjudant [adʒydɑ̃] *nm* brigada *m*
adjudant-chef [adʒydɑ̃ʃɛf] (*pl* **adjudants-chefs**) *nm* ≈ subteniente *m*
adjudicataire [adʒydikatɛʀ] *nmf* adjudicatario(-a)
adjudicateur, -trice [adʒydikatœʀ, tʀis] *nm/f* adjudicador(a)
adjudication [adʒydikasjɔ̃] *nf* adjudicación *f*
adjuger [adʒyʒe] *vt* adjudicar; **adjugé !** ¡adjudicado!; **s'adjuger** *vpr* adjudicarse
adjurer [adʒyʀe] *vt* : ~ **qn de faire** implorar a algn que haga
adjuvant [adʒyvɑ̃] *nm* coadyuvante *m*
ad libitum [adlibitɔm] *adv* ad libitum
admettre [admɛtʀ] *vt* admitir; (*candidat*) admitir, aprobar; ~ **que** admitir que; **j'admets que** admito que; **je n'admets pas ce genre de conduite** no admito este tipo de comportamiento; **je n'admets pas que tu fasses cela** no admito que hagas esto; **admettons** admitamos; **admettons que ...** admitamos que ...
administrateur, -trice [administʀatœʀ, tʀis] *nm/f* administrador(a); ~ **délégué(e)** consejero(-a) delegado(-a); ~ **judiciaire** interventor(a)
administratif, -ive [administʀatif, iv] *adj* administrativo(-a)
administration [administʀasjɔ̃] *nf* administración *f*; **l'A~** la Administración
administrativement [administʀativmɑ̃] *adv* administrativamente
administré, e [administʀe] *nm/f* : **ses administrés** sus administrados
administrer [administʀe] *vt* administrar
admirable [admiʀabl] *adj* admirable
admirablement [admiʀabləmɑ̃] *adv* admirablemente
admirateur, -trice [admiʀatœʀ, tʀis] *nm/f* admirador(a)
admiratif, -ive [admiʀatif, iv] *adj* admirativo(-a)
admiration [admiʀasjɔ̃] *nf* admiración *f*; **être en ~ devant** estar boquiabierto(-a) ante
admirativement [admiʀativmɑ̃] *adv* admirativamente, con admiración
admirer [admiʀe] *vt* admirar
admis, e [admi, iz] *pp de* **admettre**
admissibilité [admisibilite] *nf* admisibilidad *f*
admissible [admisibl] *adj* (*candidat*) admitido(-a); (*comportement : gén nég*) admisible
admission [admisjɔ̃] *nf* admisión *f*; **tuyau** *etc* **d'~** tubo *etc* de admisión; **demande d'~** solicitud *f* de admisión; **le service des admissions** el servicio de admisiones
admonester [admɔnɛste] *vt* amonestar
ADN [ɑdeɛn] *sigle m* (= *acide désoxyribonucléique*) ADN *m*
ado [ado] (*fam*) *nmf* adolescente *mf*
adolescence [adɔlesɑ̃s] *nf* adolescencia
adolescent, e [adɔlesɑ̃, ɑ̃t] *nm/f* adolescente *mf*
adonner [adɔne] : **s'adonner** *vpr* : **s'~ à** entregarse a
adopter [adɔpte] *vt* (*enfant, politique*) adoptar; (*projet de loi*) aprobar
adoptif, -ive [adɔptif, iv] *adj* adoptivo(-a)
adoption [adɔpsjɔ̃] *nf* (*d'un projet*) aprobación *f*; (*d'un enfant*) adopción *f*; **son pays/sa ville d'~** su país/su ciudad de adopción
adorable [adɔʀabl] *adj* adorable
adoration [adɔʀasjɔ̃] *nf* adoración *f*; **être en ~ devant** sentir adoración por
adorer [adɔʀe] *vt* adorar
adossé, e [adose] *adj* : ~ **à** (*mur, contreforts : personne*) apoyado en *ou* contra; (: *maison*) adosado a
adosser [adose] *vt* : ~ **qch à/contre** adosar algo a/contra; **être adossé à/contre** (*personne*) estar apoyado en *ou* contra; (*maison*) estar adosado a; **s'adosser** *vpr* : **s'~ à/contre** apoyarse en/contra
adouber [adube] *vt* (*Hist : vassal*) armar caballero a; (*nommer : successeur, ministre*) nombrar
adoucir [adusiʀ] *vt* (*aussi fig*) suavizar; (*avec du sucre*) endulzar; (*peine, douleur*) aliviar; (*eau*) descalcificar; **s'adoucir** *vpr* suavizarse
adoucissant [adusisɑ̃] *nm* (*pour le linge*) suavizante *m*
adoucissement [adusismɑ̃] *nm* mejoría
adoucisseur [adusisœʀ] *nm* : ~ **(d'eau)** descalcificador *m* (de agua)
adr. *abr* (= *adresse*) Dir. (= *dirección*)
adrénaline [adʀenalin] *nf* adrenalina
adresse [adʀɛs] *nf* (*habileté*) habilidad *f*; (*domicile*) dirección *f*; **à l'~ de** a la atención de; **partir sans laisser d'~** marchar sin dejar la dirección; ~ **Web** dirección *f* de Internet

adresser [adʀese] *vt* (*expédier*) enviar; (*écrire l'adresse sur*) poner la dirección en; (*injure, compliments*) dirigir; **~ qn à un docteur/un bureau** enviar a algn a un médico/una oficina; **~ la parole à qn** dirigir la palabra a algn; **s'adresser** *vpr* : **s'~ à** dirigirse a; (*suj : livre, conseil*) estar dirigido(-a) a
Adriatique [adʀijatik] *nf* : **l'~, la mer ~** el (mar) Adriático
adroit, e [adʀwa, wat] *adj* hábil; (*rusé*) astuto(-a)
adroitement [adʀwatmɑ̃] *adv* hábilmente; (*fig*) astutamente
ADSL [adeɛsɛl] *sigle m* (= *asymmetrical digital subscriber line*) ADSL *m ou f*
adulation [adylasjɔ̃] *nf* adulación *f*
aduler [adyle] *vt* adular
adulte [adylt] *nmf* adulto(-a); **film pour adultes** película para adultos; **formation des/pour adultes** formación *f* de/para adultos ▸ *adj* adulto(-a); (*attitude*) maduro(-a); **l'âge ~** la edad adulta
adultère [adyltɛʀ] *adj* adúltero(-a) ▸ *nm* adulterio
adultérin, e [adylteʀɛ̃, in] *adj* adulterino(-a)
advenir [advəniʀ] *vi* ocurrir; **qu'adviendra-t-il/qu'est-il advenu de … ?** ¿qué ocurrirá?/¿qué ha ocurrido con …?; **quoi qu'il advienne** pase lo que pase
adventice [advɑ̃tis] *adj* adventicio(-a)
adventiste [advɑ̃tist] *nmf* adventista *mf*
adverbe [advɛʀb] *nm* adverbio; **~ de manière** adverbio de modo
adverbial, e, -aux [advɛʀbjal, jo] *adj* adverbial
adversaire [advɛʀsɛʀ] *nmf* adversario(-a); **~ de qch** adversario(-a) de algo
adverse [advɛʀs] *adj* adverso(-a); **la partie ~** (*Jur*) la parte contraria
adversité [advɛʀsite] *nf* adversidad *f*
AELE [aəɛlə] *sigle f* (= *Association européenne de libre-échange*) EFTA
aérateur [aeʀatœʀ] *nm* ventilador *m*
aération [aeʀasjɔ̃] *nf* (*action d'aérer*) aeración *f*; (*circulation de l'air*) ventilación *f*; **bouche/conduit d'~** boca/conducto de ventilación
aéré, e [aeʀe] *adj* ventilado(-a); (*tissu*) vaporoso(-a); **centre ~** *centro de ocio infantil al aire libre*
aérer [aeʀe] *vt* (*pièce, literie*) ventilar; (*style*) aligerar; **s'aérer** *vpr* airearse, tomar el aire
aérien, ne [aeʀjɛ̃, jɛn] *adj* (*aussi fig*) aéreo(-a); **compagnie aérienne** compañía aérea; **ligne aérienne** línea aérea
aérobic [aeʀɔbik] *nf* aerobic *m inv*
aérobie [aeʀɔbi] *adj* aerobio(-a)
aéro-club [aeʀoklœb] (*pl* **aéro-clubs**) *nm* aeroclub *m*
aérodrome [aeʀodʀom] *nm* aeródromo
aérodynamique [aeʀodinamik] *adj* aerodinámico(-a) ▸ *nf* aerodinámica
aérofrein [aeʀofʀɛ̃] *nm* freno aerodinámico
aérogare [aeʀogaʀ] *nf* terminal *f*; (*en ville*) estación *f* terminal
aéroglisseur [aeʀoglisœʀ] *nm* aerodeslizador *m*
aérogramme [aeʀɔgʀam] *nm* carta por avión
aéromodélisme [aeʀomɔdelism] *nm* aeromodelismo
aéronaute [aeʀonot] *nm* aeronauta *mf*
aéronautique [aeʀonotik] *adj* aeronáutico(-a) ▸ *nf* aeronáutica
aéronaval, e [aeʀonaval] *adj* aeronaval ▸ *nf* : **l'Aéronavale** las Fuerzas aeronavales
aéronef [aeʀɔnɛf] *nm* aeronave *f*
aérophagie [aeʀɔfaʒi] *nf* aerofagia
aéroport [aeʀɔpɔʀ] *nm* aeropuerto; **~ d'embarquement** aeropuerto de embarque
aéroporté, e [aeʀopɔʀte] *adj* aerotransportado(-a)
aéroportuaire [aeʀopɔʀtɥɛʀ] *adj* del aeropuerto
aéropostal, e, -aux [aeʀopɔstal, o] *adj* aeropostal
aérosol [aeʀɔsɔl] *nm* aerosol *m*
aérospatial, e, -aux [aeʀospasjal, jo] *adj* aeroespacial
aérospatiale [aeʀɔspasjal] *nf* (*science*) ciencia aeroespacial; (*industrie*) industria aeroespacial
aérostat [aeʀɔsta] *nm* aerostato
aérotrain [aeʀotʀɛ̃] *nm* aerotren *m*
AF *sigle fpl* (= *allocations familiales*) *voir* **allocation**
AFAT [afat] *sigle f* = **auxiliaire féminin de l'armée de terre**
affabilité [afabilite] *nf* afabilidad *f*
affable [afabl] *adj* afable
affabulateur, -trice [afabylatœʀ, tʀis] *nm/f* fabulador(a)
affabulation [afabylasjɔ̃] *nf* fábula
affabuler [afabyle] *vi* fabular
affacturage [afaktyʀaʒ] *nm* cobro de facturas
affadir [afadiʀ] *vt* (*plat*) volver soso(-a); (*texte, style*) quitar gracia a; **s'affadir** *vpr* (*plat*) volverse soso(-a); (*texte, style*) quedarse sin gracia
affaibli, e [afebli] *adj* debilitado(-a)
affaiblir [afebliʀ] *vt* debilitar; **s'affaiblir** *vpr* debilitarse
affaiblissement [afeblismɑ̃] *nm* debilitamiento
affaire [afɛʀ] *nf* (*problème, question*) asunto; (*criminelle, judiciaire*) caso; (*entreprise, magasin*) negocio, empresa; (*marché, transaction*) negocio; (*occasion intéressante*) ganga; **tirer qn/se tirer d'~** sacar a algn/salir de un apuro; **en faire son ~** encargarse de ello;

a

n'en fais pas une ~ ! ¡no hagas una montaña de eso!; **avoir ~ à qn/qch** (*comme adversaire*) tener que vérselas con algn/algo; (*comme contact*) estar en relación con algn/algo; **tu auras ~ à moi !** ¡te las verás conmigo!; **cela fera l'~** eso bastará; **c'est une ~ de goût/d'argent** es una cuestión de gusto/dinero; **c'est l'~ d'une minute/heure** es cosa de un minuto/una hora; **affaires** *nfpl* negocios *mpl*; (*objets, effets personnels*) cosas *fpl*; **ce sont mes/tes affaires** (*cela me/te concerne*) es asunto mío/tuyo; **occupe-toi de tes affaires !** ¡ocúpate de tus asuntos!; **les Affaires étrangères** Asuntos Exteriores; **toutes affaires cessantes** dejándolo todo

affairé, e [afeʀe] *adj* ocupado(-a)

affairer [afeʀe] : **s'affairer** *vpr* afanarse

affairisme [afeʀism] *nm* especulación *f*

affairiste [afeʀist] *nmf* especulador(a)

affaissé, e [afese] *adj* (*terrain, immeuble*) hundido(-a); (*épaules, seins*) caído(-a); (*traits*) flácido(-a)

affaissement [afɛsmɑ̃] *nm* (*de terrain, immeuble*) hundimiento; (*de traits*) flacidez *f*

affaisser [afese] : **s'affaisser** *vpr* (*terrain, immeuble*) hundirse; (*personne*) desplomarse

affalé, e [afale] *adj* : **~ dans un fauteuil** repantingado(-a) en un sillón; **~ sur un banc** repantingado(-a) sobre un banco

affaler [afale] : **s'affaler** *vpr* : **s'~ dans/sur** dejarse caer en/sobre

affamé, e [afame] *adj* hambriento(-a)

affamer [afame] *vt* hacer padecer hambre

affectation [afɛktasjɔ̃] *nf* (*de crédits, à un poste*) asignación *f*; (*prétention*) afectación *f*; (*feinte*) fingimiento

affecté, e [afɛkte] *adj* (*prétentieux*) afectado(-a); (*feint*) fingido(-a)

affecter [afɛkte] *vt* (*toucher, émouvoir*) afectar; (*feindre*) fingir; (*telle ou telle forme*) presentar; **~ qch/qn à** destinar algo/a algn a; **~ qch d'un coefficient/indice** asignar a algo un coeficiente/índice

affectif, -ive [afɛktif, iv] *adj* afectivo(-a)

affection [afɛksjɔ̃] *nf* afecto, cariño; (*Méd*) afectación *f*; **avoir de l'~ pour** tener cariño a; **prendre en ~** tomar cariño a

affectionner [afɛksjɔne] *vt* tener afecto a, tener cariño a

affectueusement [afɛktɥøzmɑ̃] *adv* afectuosamente

affectueux, -euse [afɛktɥø, øz] *adj* afectuoso(-a)

afférent, e [afeʀɑ̃, ɑ̃t] *adj* : **~ à** inherente a

affermir [afɛʀmiʀ] *vt* (*sol*) afirmar; (*muscles*) fortalecer; (*peau*) dar firmeza a; (*position, pouvoir*) consolidar; **s'affermir** *vpr* (*muscles*) fortalecerse; (*peau*) adquirir firmeza; (*position, pouvoir*) consolidarse

affichage [afiʃaʒ] *nm* anuncio; (*électronique*) marcador *m*; **« ~ interdit »** « se prohibe fijar carteles »; **panneau/tableau d'~** panel *m*/tablón *m* de anuncios; **~ à cristaux liquides** marcador de cristales líquidos; **~ digital/numérique** marcador digital/numérico

affiche [afiʃ] *nf* cartel *m*, afiche *m* (*Am*); (*officielle*) anuncio; **être à l'~** estar en cartelera; **tenir l'~** mantenerse en cartelera

affiché, e [afiʃe] *adj* (*ambition, volonté, optimisme*) manifiesto(-a)

afficher [afiʃe] *vt* anunciar, mostrar; (*Inform*) visualizar; (*fig, péj*) hacer alarde de; **« défense d'~ »** « prohibido fijar carteles »; **s'afficher** *vpr* (*s'exhiber*) dejarse ver; (*Inform*) aparecer, visualizarse

affichette [afiʃɛt] *nf* cartel *m* pequeño

affilé, e [afile] *adj* afilado(-a)

affilée [afile] : **d'~** *adv* de un tirón

affiler [afile] *vt* afilar

affiliation [afiljasjɔ̃] *nf* afiliación *f*

affilié, e [afilje] *adj* : **être ~ à** estar afiliado(-a) a ▸ *nm/f* afiliado(-a)

affilier [afilje] : **s'affilier à** *vpr* afiliarse a

affinage [afinaʒ] *nm* (*de fromages*) maduración *f*; (*de métaux*) afino

affiner [afine] *vt* (*fromage*) madurar; (*métal*) afinar, purificar; (*analyse*) afinar; (*goût, esprit*) refinar; **s'affiner** *vpr* (*fromage*) madurar; (*manières*) refinarse

affinité [afinite] *nf* (*aussi fig*) afinidad *f*

affirmatif, -ive [afiʀmatif, iv] *adj* (*réponse*) afirmativo(-a); (*personne*) seguro(-a) de sí mismo(-a) ▸ *nf* : **répondre par l'affirmative** responder afirmativamente; **dans l'affirmative** en caso afirmativo

affirmation [afiʀmasjɔ̃] *nf* afirmación *f*

affirmativement [afiʀmativmɑ̃] *adv* afirmativamente

affirmé, e [afiʀme] *adj* (*volonté*) expreso(-a), manifiesto(-a); (*personnalité*) acusado(-a)

affirmer [afiʀme] *vt* afirmar; **s'affirmer** *vpr* afirmarse

affleurer [aflœʀe] *vi* emerger

affliction [afliksjɔ̃] *nf* aflicción *f*

affligé, e [afliʒe] *adj* afligido(-a); **~ d'une maladie/tare** aquejado(-a) por una enfermedad/tara

affligeant, e [afliʒɑ̃, ɑ̃t] *adj* desolador(a)

affliger [afliʒe] *vt* (*accabler*) afectar; (*attrister*) afligir; **s'affliger** *vpr* : **s'~ de** afligirse por

affluence [aflyɑ̃s] *nf* afluencia; **heure/jour d'~** hora/día *m* de afluencia

affluent [aflyɑ̃] *nm* afluente *m*

affluer [aflye] *vi* afluir

afflux [afly] *nm* (*de gens, capitaux*) afluencia; (*de sang*) flujo

affolant, e [afɔlɑ̃, ɑ̃t] *adj* enloquecedor(a)

affolé, e [afɔle] *adj* enloquecido(-a)

affolement [afɔlmɑ̃] *nm* pánico

affoler [afɔle] *vt* asustar; **s'affoler** *vpr* asustarse
affranchi, e [afʀɑ̃ʃi] *adj* (*lettre*) franqueado(-a); (*esclave*) liberto(-a); **~ de qch** (*conventions, entraves, chaînes*) libre de algo, liberado de algo; **esprit ~** espíritu *m* libre
affranchir [afʀɑ̃ʃiʀ] *vt* (*lettre*) franquear; (*esclave*) libertar; (*d'une contrainte, menace*) liberar; **s'affranchir** *vpr* : **s'~ de** liberarse de
affranchissement [afʀɑ̃ʃismɑ̃] *nm* (*d'une lettre*) franqueo; (*d'un esclave*) liberación *f*; **tarifs d'~** tarifas *fpl* de franqueo; **~ insuffisant** franqueo insuficiente
affres [ɑfʀ] *nfpl* : **dans les ~ de** en las angustias de
affréter [afʀete] *vt* fletar
affreusement [afʀøzmɑ̃] *adv* horriblemente
affreux, -euse [afʀø, øz] *adj* horrible
affriolant, e [afʀijɔlɑ̃, ɑ̃t] *adj* seductor(a)
affront [afʀɔ̃] *nm* afrenta
affrontement [afʀɔ̃tmɑ̃] *nm* enfrentamiento
affronter [afʀɔ̃te] *vt* (*adversaire*) afrontar, hacer frente a; (*tempête, critiques*) afrontar; **s'affronter** *vpr* confrontarse
affubler [afyble] (*péj*) *vt* : **~ qn de** (*accoutrement*) disfrazar a algn de; **~ qn du surnom de** poner a algn el mote de
affût [afy] *nm* (*de canon*) cureña; **à l'~ (de)** (*aussi fig*) al acecho (de)
affûter [afyte] *vt* afilar
afghan, e [afgɑ̃, an] *adj* afgano(-a)
Afghanistan [afganistɑ̃] *nm* Afganistán *m*
afin [afɛ̃] : **~ que** *conj* a fin de que; **~ de faire** a fin de hacer, con el fin de hacer
AFNOR [afnɔʀ] *sigle f* (= *Association française de normalisation*) ≈ Oficina Nacional de Normalización
a fortiori *adv* a fortiori
AFP [aɛfpe] *sigle f* = **Agence France-Presse**
AFPA [afpa] *sigle f* = **Association pour la formation professionnelle des adultes**
africain, e [afʀikɛ̃, ɛn] *adj* africano(-a) ▶ *nm/f* : **Africain, e** africano(-a)
afrikaans [afʀikɑ̃s] *adj inv, nm* afrikaans *m inv*
afrikaner [afʀikanɛʀ], **Afrikander** [afʀikɑ̃dɛʀ] *nmf* afrikaner *mf*
Afrique [afʀik] *nf* África; **~ australe/du Nord/du Sud** África austral/del Norte/del Sur
afro [afʀo] *adj* : **coiffure ~** peinado afro
afro-américain, e [afʀoameʀikɛ̃, ɛn] (*pl* **afro-américains, -es**) *adj* afroamericano(-a)
AG [aʒe] *sigle f* = **assemblée générale**
agaçant, e [agasɑ̃, ɑ̃t] *adj* irritante, pesado(-a)
agacement [agasmɑ̃] *nm* irritación *f*
agacer [agase] *vt* irritar; (*aguicher*) provocar
agapes [agap] *nfpl* (*festin*) ágape *m*
agate [agat] *nf* ágata
agave [agav] *nm* agave *mf*, pita
AGE [aʒeə] *sigle f* = **assemblée générale extraordinaire**
âge [ɑʒ] *nm* edad *f*; **quel ~ as-tu ?** ¿qué edad tienes?; **une femme d'un certain ~** una mujer de cierta edad; **bien porter son ~** llevar bien los años; **prendre de l'~** envejecer; **limite/dispense d'~** límite *m*/dispensa de edad; **troisième ~** tercera edad; **avoir l'~ de raison** tener uso de razón; **l'~ ingrat** la edad del pavo; **~ légal/mental** edad legal/mental; **l'~ mûr** la edad madura
âgé, e [ɑʒe] *adj* de edad; **~ de 10 ans** de 10 años de edad; **les personnes âgées** los ancianos, la gente mayor
agence [aʒɑ̃s] *nf* agencia; (*succursale*) sucursal *f*; **~ immobilière/matrimoniale** agencia inmobiliaria/matrimonial; **~ de placement/de publicité/de voyages** oficina de empleo/de publicidad/de viajes
agencé, e [aʒɑ̃se] *adj* : **bien/mal ~** bien/mal dispuesto(-a)
agencement [aʒɑ̃smɑ̃] *nm* disposición *f*
agencer [aʒɑ̃se] *vt* (*éléments, appartement*) disponer; (*texte*) componer
agenda [aʒɛ̃da] *nm* agenda
agenouillé, e [aʒ(ə)nuje] *adj* arrodillado(-a)
agenouiller [aʒ(ə)nuje] : **s'agenouiller** *vpr* arrodillarse
agent, e [aʒɑ̃, ɑ̃t] *nm/f* (*Admin*) agente *mf*; **~ commercial(e)** agente comercial; **~ d'assurances/de change** agente de seguros/de cambio; **~ (de police)** policía *mf*, agente *mf* (*Am*); **~ immobilier(-ère)** agente inmobiliario(-a); **~ secret(-ète)** agente secreto(-a) ▶ *nm* (*élément, facteur*) agente *m*, factor *m*; **complément d'~** (*Ling*) complemento agente
agglo [aglo] *nm* = **aggloméré**
agglomérat [aglɔmeʀa] *nm* aglomerado
agglomération [aglɔmeʀasjɔ̃] *nf* aglomeración *f*; (*de huttes*) poblado; **l'~ parisienne** el área metropolitana de París
aggloméré [aglɔmeʀe] *nm* aglomerado
agglomérer [aglɔmeʀe] *vt* aglomerar; **s'agglomérer** *vpr* aglomerarse
agglutiner [aglytine] *vt* aglutinar; **s'agglutiner** *vpr* aglutinarse
aggravant, e [agʀavɑ̃, ɑ̃t] *adj* : **circonstance aggravante** circunstancia agravante
aggravation [agʀavasjɔ̃] *nf* agravamiento, empeoramiento
aggraver [agʀave] *vt* agravar, empeorar; (*Jur*) agravar; **~ son cas** agravar su caso; **s'aggraver** *vpr* agravarse
agile [aʒil] *adj* ágil
agilement [aʒilmɑ̃] *adv* ágilmente
agilité [aʒilite] *nf* agilidad *f*
agio [aʒjo] *nm* agio
agios [aʒjo] *nmpl* gastos *mpl* bancarios

a

agir [aʒiʀ] *vi* actuar; (*avoir de l'effet*) hacer *ou* surtir efecto; **~ sur qch** (*sujet médicament, substance*) actuar sobre algo; **s'agir** *vpr* **il s'agit de** se trata de; **il s'agit de faire** se trata de hacer; **de quoi s'agit-il ?** ¿de qué se trata?; **s'agissant de** tratándose de
agissements [aʒismɑ̃] *nmpl* (*gén péj*) manejos *mpl*
agitateur, -trice [aʒitatœʀ, tʀis] *nm/f* agitador(a)
agitation [aʒitasjɔ̃] *nf* agitación *f*
agité, e [aʒite] *adj* (*personne*) inquieto(-a); (*vie, voyage*) agitado(-a); **une mer agitée** un mar agitado *ou* revuelto; **un sommeil ~** un sueño intranquilo
agiter [aʒite] *vt* agitar; (*question, problème*) discutir; (*personne*) inquietar; **« ~ avant l'emploi »** « agitar antes de usar »; **s'agiter** *vpr* (*aussi fig*) agitarse
agneau [aɲo] *nm* cordero
agnelet [aɲ(ə)lɛ] *nm* corderillo
agnostique [agnɔstik] *adj, nmf* agnóstico(-a)
agonie [agɔni] *nf* (*aussi fig*) agonía
agonir [agɔniʀ] *vt* : **~ qn d'injures** colmar a algn de injurias
agoniser [agɔnize] *vi* agonizar
agoraphobe [agɔʀafɔb] *adj* agorafóbico(-a)
agoraphobie [agɔʀafɔbi] *nf* agorafobia
agrafe [agʀaf] *nf* (*de bureau, Méd*) grapa; (*de vêtement*) corchete *m*
agrafer [agʀafe] *vt* (*des feuilles de papier*) grapar; (*vêtement*) abrochar
agrafeuse [agʀaføz] *nf* grapadora
agraire [agʀɛʀ] *adj* agrario(-a)
agrandir [agʀɑ̃diʀ] *vt* agrandar, ampliar; **(faire) ~ sa maison** (hacer) ampliar su casa; **s'agrandir** *vpr* agrandarse
agrandissement [agʀɑ̃dismɑ̃] *nm* ampliación *f*, ensanche *m*; (*Photo*) ampliación
agrandisseur [agʀɑ̃disœʀ] *nm* ampliadora
agréable [agʀeabl] *adj* agradable
agréablement [agʀeabləmɑ̃] *adv* agradablemente
agréé, e [agʀee] *adj* autorizado(-a); **magasin/concessionnaire ~** establecimiento/concesionario autorizado
agréer [agʀee] *vt* acceder; **~ à** acceder a; **se faire ~** hacerse admitir; **veuillez ~ ...** le saluda ...
agrég [agʀɛg] (*fam*) *nf* = **agrégation**
agrégateur [agʀegatœʀ] *nm* (*Inform*) agregador *m* (de noticias)
agrégation [agʀegasjɔ̃] *nf* oposición *f*; *ver nota*

AGRÉGATION

La **agrégation**, que se conoce familiarmente como *agrég*, es un examen de oposición para profesores de enseñanza secundaria. El número de opositores siempre excede en mucho al número de plazas. La mayor parte del profesorado de las *classes préparatoires* y del profesorado universitario ha aprobado la **agrégation**.

agrégé, e [agʀeʒe] *nm/f* catedrático(-a)
agréger [agʀeʒe] : **s'agréger** *vpr* asociarse
agrément [agʀemɑ̃] *nm* (*accord*) consentimiento; (*attraits*) atractivo; (*plaisir*) agrado; **jardin d'~** jardín *m* de recreo; **voyage d'~** viaje *m* de placer
agrémenter [agʀemɑ̃te] *vt* amenizar; **~ qch de** embellecer algo con
agrès [agʀɛ] *nmpl* aparatos *mpl*
agresser [agʀese] *vt* agredir
agresseur, -euse [agʀesœʀ, øz] *nm/f* agresor(a)
agressif, -ive [agʀesif, iv] *adj* agresivo(-a); (*couleur, toilette*) provocador(a)
agression [agʀesjɔ̃] *nf* agresión *f*
agressivement [agʀesivmɑ̃] *adv* agresivamente
agressivité [agʀesivite] *nf* agresividad *f*
agreste [agʀɛst] *adj* agreste
agricole [agʀikɔl] *adj* agrícola
agriculteur, -trice [agʀikyltœʀ, tʀis] *nm/f* agricultor(a)
agriculture [agʀikyltyʀ] *nf* agricultura
agripper [agʀipe] *vt* agarrar; **s'agripper** *vpr* : **s'~ à** agarrarse a, aferrarse a
agritourisme [agʀituʀism] *nm* agroturismo
agro-alimentaire [agʀoalimɑ̃tɛʀ] (*pl* **agro-alimentaires**) *adj* agroalimenticio(-a)
agrocarburant [agʀokaʀbyʀɑ̃] *nm* agrocarburante *m*, agrocombustible *m*
agro-industrie [agʀoɛ̃dystʀi] (*pl* **agro-industries**) *nf* agroindustria, industria agrícola; **les agro-industries** las agroindustrias, el sector agroindustrial
agronome [agʀɔnɔm] *nmf* agrónomo(-a)
agronomie [agʀɔnɔmi] *nf* agronomía
agronomique [agʀɔnɔmik] *adj* agronómico(-a)
agrumes [agʀym] *nmpl* cítricos *mpl*, agrios *mpl*
aguerri, e [ageʀi] *adj* aguerrido(-a), curtido(-a)
aguerrir [ageʀiʀ] *vt* curtir; **s'aguerrir** *vpr* : **s'~ (contre)** endurecerse (contra)
aguets [agɛ] : **aux ~** *adv* : **être aux ~** estar al acecho
aguichant, e [agiʃɑ̃, ɑ̃t] *adj* excitante
aguicher [agiʃe] *vt* excitar
aguicheur, -euse [agiʃœʀ, øz] *adj* incitador(a)
ah ['ɑ] *excl* ¡ah!; **ah bon ?** ¿ah sí?; **ah mais ... !** ¡ah pero ...!; **ah non !** ¡ni hablar!
ahuri, e [ayʀi] *adj* (*stupéfait*) estupefacto(-a); (*stupide*) atontado(-a)
ahurir [ayʀiʀ] *vt* asombrar

ahurissant, e [ayʀisɑ̃, ɑ̃t] *adj* sorprendente
ai [ɛ] *vb voir* **avoir**
aide [ɛd] *nf* ayuda; **à l'~ de** con (la) ayuda de; **à l'~ !** ¡socorro!; **appeler (qn) à l'~** pedir ayuda (a algn); **venir en ~ à qn** ayudar a algn; **il est venu à mon ~** vino en mi ayuda; **~ familiale** ayuda familiar; **~ judiciaire** ayuda judicial; **~ ménagère** ayuda doméstica; **~ sociale** (*assistance*) asistencia social ▸ *nmf* ayudante *mf*; **~ de camp** ayudante de campo; **~ de laboratoire** auxiliar *mf* de laboratorio; **~ technique** asistente *mf* técnico(-a)
aide-comptable [ɛdkɔ̃tabl(ə)] (*pl* **aides-comptables**) *nmf* auxiliar *mf* de contabilidad
aide-éducateur, -trice [ɛdedykatœʀ, tʀis] (*pl* **aides-éducateurs, aides-éducatrices**) *nm/f* ayudante *mf* de clase
aide-électricien [ɛdeleltʀisjɛ̃] (*pl* **aides-électriciens**) *nm* auxiliar *mf* electricista
aide-mémoire [ɛdmemwaʀ] (*pl* **~(s)**) *nm* memorándum *m*
aider [ede] *vt* ayudar; **~ qn à faire qch** ayudar a algn a hacer algo; **~ à** (*faciliter, favoriser*) ayudar a; **s'aider de** *vpr* ayudarse de, servirse de
aide-soignant, e [ɛdswaɲɑ̃, ɑ̃t] (*pl* **aides-soignants, -es**) *nm/f* auxiliar *mf* de enfermería
aie *etc* [ɛ] *vb voir* **avoir**
aïe [aj] *excl* ¡ay!
aïeul, e [ajœl] (*pl* **aïeuls, aïeules**) *nm/f* abuelo(-a); **aïeux** *nmpl* (*ancêtres*) antepasados *mpl*
aigle [ɛgl] *nm* águila
aiglefin [egləfɛ̃] *nm* = **églefin**
aigre [ɛgʀ] *adj* (*aussi fig*) agrio(-a); **tourner à l'~** agriarse
aigre-doux, -douce [ɛgʀədu, dus] (*pl* **aigres-doux, -douces**) *adj* agridulce
aigrefin [ɛgʀəfɛ̃] *nm* estafador(a)
aigrelet, te [ɛgʀəlɛ, ɛt] *adj* (*goût, voix*) ligeramente agrio(-a); (*pomme etc*) ácido(-a); (*vin*) picado(-a)
aigrette [ɛgʀɛt] *nf* (*plume*) copete *m*
aigreur [ɛgʀœʀ] *nf* acidez *f*; (*d'un propos*) acritud *f*; **aigreurs d'estomac** acidez de estómago
aigri, e [egʀi] *adj* amargado(-a)
aigrir [egʀiʀ] *vt* agriar; **s'aigrir** *vpr* agriarse
aigu, ë [egy] *adj* (*voix, note, douleur*) agudo(-a); (*objet, arête*) afilado(-a)
aigue-marine [ɛgmaʀin] (*pl* **aigues-marines**) *nf* aguamarina
aiguillage [egɥijaʒ] *nm* agujas *fpl*; (*manœuvre*) cambio de agujas
aiguille [egɥij] *nf* aguja; (*montagne*) picacho; **~ à tricoter** aguja de tejer
aiguiller [egɥije] *vt* orientar; (*Rail*) cambiar las agujas
aiguillette [egɥijɛt] *nf* (*Culin*) tajada
aiguilleur [egɥijœʀ] *nm* guardagujas *msg*; **~ du ciel** controlador *m* aéreo
aiguillon [egɥijɔ̃] *nm* (*d'abeille*) aguijón *m*; (*de la peur, du désir*) acicate *m*
aiguillonner [egɥijɔne] *vt* (*fig*) acuciar
aiguiser [egize] *vt* afilar; (*fig*) aguzar
aiguisoir [egizwaʀ] *nm* afilador *m*
aïkido [aikido] *nm* aikido
ail (*pl* **aulx**) [aj, o] *nm* ajo
aile [ɛl] *nf* ala; (*de voiture*) aleta; **battre de l'~** estar alicaído(-a); **voler de ses propres ailes** volar solo(-a); **~ libre** vuelo libre
ailé, e [ele] *adj* alado(-a)
aileron [ɛlʀɔ̃] *nm* (*de requin*) aleta; (*d'avion, de voiture*) alerón *m*
ailette [ɛlɛt] *nf* aleta
ailier, -ière [elje, jɛʀ] *nm/f* extremo *mf*; **~ droit(e)/gauche** extremo derecho/izquierdo
aille *etc* [aj] *vb voir* **aller**
aillé, e [aje] *adj* (*beurre, pain, sauce*) de ajo
ailleurs [ajœʀ] *adv* en otra parte; **partout/nulle part ~** en cualquier/en ninguna otra parte; **d'~** además; **par ~** por otra parte
ailloli [ajɔli] *nm* alioli *m*
aimable [ɛmabl] *adj* amable; **vous êtes bien ~** es usted muy amable
aimablement [ɛmabləmɑ̃] *adv* amablemente
aimant, e [ɛmɑ̃] *adj* amoroso(-a) ▸ *nm* imán *m*
aimanté, e [ɛmɑ̃te] *adj* imantado(-a)
aimanter [ɛmɑ̃te] *vt* imantar
aimer [eme] *vt* (*d'amour*) querer, amar; (*d'amitié, affection*) querer; (*chose, activité*) gustar; **bien ~ qn/qch, j'aime le cinéma/faire du sport** me gusta el cine/hacer deporte; **j'aime bien l'anglais** me gusta el inglés; **j'aime bien Pierre** me cae bien Pedro; **aimeriez-vous que je vous accompagne ?** ¿le gustaría que le acompañase?; **j'aimerais (bien) m'en aller** me gustaría (mucho) irme; **j'aimerais te demander si ...** quisiera preguntarte si ...; **j'aimerais que la porte soit fermée** me gustaría que la puerta estuviese cerrada; **tu aimerais que je fasse qch pour toi ?** ¿te gustaría que hiciese algo por ti?; **j'aime mieux** *ou* **autant vous dire que** prefiero decirle que; **j'aimerais autant** *ou* **mieux y aller maintenant** preferiría ir ahora; **j'aimerais avoir ton avis/opinion** me gustaría conocer tu opinión; **j'aime mieux Paul que Pierre** prefiero a Paul antes que a Pierre; **s'aimer** *vpr* amarse

> **Aimer** a plusieurs traductions en espagnol : pour exprimer l'amour pour quelqu'un, on emploie *amar* ou *querer*. Pour exprimer l'affection pour quelqu'un, on emploie *querer*. Pour exprimer un goût ou

une préférence pour quelque chose, on emploie la construction avec *gustar* :
Je t'aime. Te amo./Te quiero.
Elle aime beaucoup sa sœur. Quiere mucho a su hermana.
Je n'aime pas parler en public. No me gusta hablar en público.

aine [ɛn] *nf* ingle *f*
aîné, e [ene] *adj* mayor ▸ *nm/f* primogénito(-a); **il est mon ~ (de deux ans)** es (dos años) mayor que yo; **aînés** *nmpl* (*fig* : *anciens*) antepasados *mpl*
aînesse [ɛnɛs] *nf* : **droit d'~** primogenitura
ainsi [ɛ̃si] *adv* (*de cette façon, ce faisant*) así; (*introduisant une question*) así que; **~ que** (*comme*) (así) como; (*et aussi*) así como; **pour ~ dire** por así decirlo; **~ donc** así pues; **~ soit-il** así sea; **et ~ de suite** y así sucesivamente
aïoli [ajɔli] *nm* = **ailloli**
air [ɛʀ] *nm* aire *m*; (*expression, attitude*) aspecto, aire; **dans l'~** (*atmosphère, ambiance*) en el aire; **tout mettre en l'~ dans une pièce** poner una habitación patas arriba; **regarder en l'~** mirar hacia arriba; **tirer en l'~** disparar al aire; **parole/menace en l'~** palabra/amenaza al aire; **prendre l'~** tomar el aire; **avoir l'~** parecer, verse (*Am*); **il a l'~ de manger/dormir/faire** parece que está comiendo/durmiendo/haciendo; **avoir l'~ d'un homme/clown** parecer un hombre/payaso; **prendre de grands airs (avec qn)** darse aires de grandeza (con algn); **avoir l'~ triste** parecer triste; **ils ont un ~ de famille** se dan un aire de familia; **courant d'~** corriente *f* de aire; **le grand ~** el aire libre; **mal de l'~** mareo; **tête en l'~** despistado(-a); **~ comprimé/conditionné/liquide** aire comprimido/acondicionado/líquido
airbag [ɛʀbag] *nm* airbag *m*
aire [ɛʀ] *nf* área; (*domaine, zone*) campo; (*nid*) aguilera; **~ d'atterrissage** pista de aterrizaje; **~ de jeu/de lancement** área de juego/de lanzamiento; **~ de stationnement** área de estacionamiento; (*d'autoroute*) área de descanso
airelle [ɛʀɛl] *nf* arándano
aisance [ɛzɑ̃s] *nf* (*facilité*) facilidad *f*; (*grâce, adresse*) desenvoltura; (*richesse*) bienestar *m*; (*Couture*) holgura; **être dans l'~** estar desahogado(-a)
aise [ɛz] *nf* (*confort*) comodidad *f*; (*financière*) desahogo; **soupirer/frémir d'~** suspirar/temblar de gozo; **être à l'~** estar a gusto; (*pas embarrassé*) estar a sus anchas; (*financièrement*) estar desahogado(-a); **se mettre à l'~** ponerse a gusto; **être mal à l'~** estar a disgusto; (*gêné*) estar molesto(-a); **mettre qn à l'~/mal à l'~** hacer que algn se sienta cómodo(-a)/incómodo(-a); **à votre ~** como usted guste; **en faire à son ~** hacer lo que a uno le plazca; **en prendre à son ~ avec qch** tomarse algo con calma; **aises** *nfpl* : **prendre ses aises** instalarse a sus anchas; **il aime ses aises** le gusta la comodidad ▸ *adj* : **être bien ~ de/que** estar encantado(-a) de/de que
aisé, e [eze] *adj* (*facile*) fácil; (*naturel*) desenvuelto(-a); (*assez riche*) acomodado(-a)
aisément [ezemɑ̃] *adv* (*sans peine*) fácilmente; (*dans la richesse*) holgadamente
aisselle [ɛsɛl] *nf* axila
ait [ɛ] *vb voir* **avoir**
ajonc [aʒɔ̃] *nm* aulaga
ajouré, e [aʒuʀe] *adj* calado(-a)
ajournement [aʒuʀnəmɑ̃] *nm* aplazamiento
ajourner [aʒuʀne] *vt* (*débat, décision*) aplazar, postergar (*Am*); (*candidat*) suspender; (*conscrit*) reemplazar
ajout [aʒu] *nm* añadido
ajouter [aʒute] *vt* añadir, agregar (*surtout Am*); (*Inform*) juntar, añadir; **~ que** añadir que; **~ foi à** dar crédito a; **~ à** añadir a; **s'~ à** añadirse a
ajustage [aʒystaʒ] *nm* ajuste *m*
ajusté, e [aʒyste] *adj* : **bien ~** ajustado(-a)
ajustement [aʒystəmɑ̃] *nm* ajuste *m*
ajuster [aʒyste] *vt* (*Tech*) ajustar; (*vêtement*) adaptar; (*cravate*) anudar; (*viser*) apuntar; **~ qch à** adaptar algo a
ajusteur [aʒystœʀ] *nm* ajustador *m*
alaise [alɛz] *nf* = **alèse**
alambic [alɑ̃bik] *nm* alambique *m*
alambiqué, e [alɑ̃bike] *adj* alambicado(-a)
alangui, e [alɑ̃gi] *adj* lánguido(-a)
alanguir [alɑ̃giʀ] *vt* languidecer; **s'alanguir** *vpr* languidecer
alarmant, e [alaʀmɑ̃, ɑ̃t] *adj* alarmante
alarme [alaʀm] *nf* (*signal*) alarma; (*inquiétude*) inquietud *f*; **donner l'~** dar la alarma; **jeter l'~** sembrar la alarma; **à la première ~** al primer toque de alarma
alarmer [alaʀme] *vt* alarmar; **s'alarmer** *vpr* alarmarse
alarmiste [alaʀmist] *adj* alarmista
Alaska [alaska] *nm* Alaska
albanais, e [albanɛ, ɛz] *adj* albanés(-esa) ▸ *nm* (*Ling*) albanés *m* ▸ *nm/f* : **Albanais, e** albanés(-esa)
Albanie [albani] *nf* Albania
albâtre [albɑtʀ] *nm* alabastro
albatros [albatʀos] *nm* albatros *m*
albigeois, e [albiʒwa, waz] *adj* albigense
albinos [albinos] *nmf* albino(-a)
album [albɔm] *nm* álbum *m*; **~ à colorier/de timbres** álbum para colorear/de sellos
albumen [albymɛn] *nm* clara
albumine [albymin] *nf* albúmina; **avoir** *ou* **faire de l'~** tener albúmina
alcalin, e [alkalɛ̃, in] *adj* alcalino(-a)
alchimie [alʃimi] *nf* alquimia
alchimiste [alʃimist] *nmf* alquimista *mf*

alcool [alkɔl] *nm* : **l'~** el alcohol; **un ~** un aguardiente; **~ à 90°** alcohol de 90°; **~ à brûler** alcohol de quemar; **~ camphré** alcohol alcanforado; **~ de poire/de prune** aguardiente de pera/de ciruela
alcoolémie [alkɔlemi] *nf* : **taux d'~** tasa de alcoholemia
alcoolique [alkɔlik] *adj, nmf* alcohólico(-a)
alcoolisé, e [alkɔlize] *adj* alcoholizado(-a); **fortement/peu ~** muy/poco alcoholizado(-a)
alcoolisme [alkɔlism] *nm* alcoholismo
alcoolo [alkɔlo] (*fam*) *adj, nmf* alcohólico(-a)
alcootest® [alkɔtɛst] *nm* (*objet*) alcohómetro; (*épreuve*) prueba del alcohol; **faire subir l'~ à qn** hacer la prueba del alcohol a algn
alcopop [alkopɔp] *nm* alcopop *m*, *combinado de refresco y alcohol que se vende embotellado*
alcôve [alkov] *nf* alcoba
aléas [alea] *nmpl* riesgos *mpl*
aléatoire [aleatwaʀ] *adj* aleatorio(-a)
alémanique [alemanik] *adj* alemánico(-a)
alentour [alɑ̃tuʀ] *adv* alrededor; **alentours** *nmpl* alrededores *mpl*; **aux alentours de** en los alrededores de
alerte [alɛʀt] *adj* vivo(-a) ▸ *nf* (*menace*) alerta; (*signal, inquiétude*) alarma; **donner l'~** dar la alerta; **à la première ~** al primer toque de alarma; **~ rouge** alerta roja
alerter [alɛʀte] *vt* alertar
alésage [alezaʒ] *nm* (*opération*) calibrado; (*diamètre intérieur*) calibre *m*
alèse [alɛz] *nf* funda impermeable
aléser [aleze] *vt* calibrar, fresar
alevin [alvɛ̃] *nm* alevín *m*
alevinage [alvinaʒ] *nm* repoblación *f* de los ríos y estanques
Alexandrie [alɛksɑ̃dʀi] *n* Alejandría
alexandrin [alɛksɑ̃dʀɛ̃] *nm* alejandrino
alezan, e [alzɑ̃, an] *adj, nm/f* alazán(-ana); **~ clair(e)** alazán(-ana) claro(-a)
algarade [algaʀad] *nf* altercado
algèbre [alʒɛbʀ] *nf* álgebra
algébrique [alʒebʀik] *adj* algebraico(-a)
Alger [alʒe] *n* Argel
Algérie [alʒeʀi] *nf* Argelia
algérien, ne [alʒeʀjɛ̃, jɛn] *adj* argelino(-a) ▸ *nm/f* : **Algérien, ne** argelino(-a)
algérois, e [alʒeʀwa, waz] *nm/f* argelino(-a) ▸ *nm* : **l'A~** la provincia de Argel
algorithme [algɔʀitm] *nm* algoritmo
algue [alg] *nf* alga; **algues vertes** algas verdes
alias [aljas] *adv* alias
alibi [alibi] *nm* coartada
aliénation [aljenasjɔ̃] *nf* alienación *f*; **~ mentale** enajenación *f* mental
aliéné, e [aljene] *nm/f* enajenado(-a)
aliéner [aljene] *vt* alienar; **s'aliéner** *vpr* perder
aligné, e [aliɲe] *adj* alineado(-a); **pays non alignés** países *mpl* no alineados
alignement [aliɲ(ə)mɑ̃] *nm* alineación *f*; **à l'~** en fila
aligner [aliɲe] *vt* alinear; **~ qch sur** poner algo en línea con; **s'aligner** *vpr* alinearse; **s'~ (sur)** (*Pol*) estar alineado(-a) (con)
aliment [alimɑ̃] *nm* (*aussi fig*) alimento; **~ complet** alimento completo
alimentaire [alimɑ̃tɛʀ] *adj* alimenticio(-a); (*péj : besogne*) para poder comer; **produits** *ou* **denrées alimentaires** productos *mpl* alimenticios
alimentation [alimɑ̃tasjɔ̃] *nf* alimentación *f*; (*en eau, en électricité*) provisión *f*; **~ à feuille** alimentación de hojas; **~ de base** alimentación básica; **~ en continu** alimentación continua; **~ en papier** alimentación de papel; **~ générale** alimentación
alimenter [alimɑ̃te] *vt* alimentar; (*conversation*) sostener; (*en eau, électricité*) : **~ (en)** alimentar (con), abastecer (con); **s'alimenter** *vpr* alimentarse
alinéa [alinea] *nm* párrafo; « **nouvel ~** » « punto y aparte », « nuevo párrafo »
alité, e [alite] *adj* (*malade*) encamado(-a), en cama
aliter [alite] : **s'aliter** *vpr* encamarse, guardar cama; **infirme alité** enfermo encamado
alizé [alize] *adj, nm* : **(vent) ~** (viento) alisio
allaitement [alɛtmɑ̃] *nm* lactancia; **~ au biberon/maternel/mixte** lactancia con biberón/materna/mixta
allaiter [alete] *vt* (*femme*) dar el pecho a; (*animal*) amamantar
allant [alɑ̃] *nm* energía
alléchant, e [aleʃɑ̃, ɑ̃t] *adj* (*odeur*) atrayente; (*proposition*) tentador(a)
allécher [aleʃe] *vt* (*suj : proposition, odeur*) tentar
allée [ale] *nf* (*de jardin, parc*) paseo, sendero; (*en ville*) avenida; **allées** *nfpl* : **allées et venues** idas *fpl* y venidas *fpl*
allégation [a(l)legasjɔ̃] *nf* alegación *f*
allégé, e [aleʒe] *adj* (*yaourt etc*) bajo(-a) en grasas
allégeance [aleʒɑ̃s] *nf* juramento
allègement [alɛʒmɑ̃] *nm* (*des programmes scolaires, impôts*) reducción *f*
alléger [aleʒe] *vt* aligerar; (*programmes scolaires, impôts, souffrance*) reducir
allégorie [a(l)legɔʀi] *nf* alegoría
allégorique [a(l)legɔʀik] *adj* alegórico(-a)
allègre [a(l)lɛgʀ] *adj* (*vif*) resuelto(-a); (*joyeux*) alegre
allègrement [a(l)lɛgʀəmɑ̃] *adv* (*aussi péj*) alegremente
allégresse [a(l)legʀɛs] *nf* alegría
allegretto [al(l)egʀɛ(t)to] *nm, adv* allegretto
allegro [a(l)legʀo] *nm, adv* allegro
alléguer [a(l)lege] *vt* alegar

Allemagne [almaɲ] *nf* Alemania; **l'~ de l'Est/de l'Ouest/fédérale** (*Hist*) Alemania del este/del oeste/federal

allemand, e [almɑ̃, ɑ̃d] *adj* alemán(-ana) ▸ *nm/f* : **Allemand, e** alemán(-ana); **A~ de l'Est/de l'Ouest** (*Hist*) alemán(-ana) del este/del oeste ▸ *nm* (*Ling*) alemán *m*

MOT-CLÉ

aller [ale] *nm* ida

▸ *vi* **1** ir; **aller à la chasse/pêche** ir a cazar/pescar, ir de caza/pesca; **aller au théâtre/au concert/au cinéma** ir al teatro/a conciertos/al cine; **aller à l'école** ir al colegio

2 (*état, santé*) andar, estar; **comment allez-vous ?** ¿qué tal está usted?; **comment ça va ?** ¿qué tal?; **ça va ? — oui, ça va/non, ça ne va pas** ¿qué tal? — bien/mal; **comment ça va les affaires ?** ¿qué tal van las cosas?; **ça ne va pas très bien (au bureau)** las cosas no van muy bien (en la oficina); **ça va bien/mal** anda bien/mal; **ça va** (*approbation*) bien; **tout va bien** todo va bien; **il va bien/mal** está bien/mal; **il y va de leur vie** les va en ello la vida; **il n'y est pas allé par quatre chemins** (*fig*) no se anduvo con rodeos; **tu y vas un peu fort** exageras un poco; **aller à qn** (*suj : forme, pointure*) sentar *ou* quedar bien a algn; **cette robe te va très bien** este vestido te sienta *ou* queda muy bien; **cela me va** (*couleur, vêtement*) esto me sienta *ou* va bien; **aller avec** (*couleurs, style etc*) pegar con; **ça ne va pas sans difficultés** esto conlleva dificultades; **aller sur** (*âge*) acercarse a; **ça ira** (*comme ça*) está bien así; **se laisser aller** (*se négliger*) abandonarse, dejarse; **aller jusqu'à Paris/10 euros** (*limite*) llegar hasta París/10 euros; **ça va de soi** se cae por su propio peso; **ça va sans dire** ni qué decir tiene; **il va sans dire que ...** ni qué decir tiene que ...

3 (*fonction d'auxiliaire*) : **je vais me fâcher/le faire** voy a enfadarme/hacerlo; **aller chercher/voir qn** ir a buscar/a ver a algn; **je vais m'en occuper demain** voy a ocuparme de ello mañana

4 : **allons-y !** ¡vamos!; **allez !** ¡venga!; **allons donc !** ¡anda ya!; **aller mieux** ir mejor; **aller en empirant** ir empeorando; **allez, fais un effort** vamos, haz un esfuerzo; **allez, je m'en vais** bueno, me voy; **s'en aller** irse; **aller (simple)** ida; **aller (et) retour** viaje *m* de ida y vuelta

allergène [alɛʀʒɛn] *nm* alérgeno

allergie [alɛʀʒi] *nf* alergia

allergique [alɛʀʒik] *adj* (*aussi fig*) alérgico(-a); **~ à** alérgico(-a) a

allergologue [alɛʀgɔlɔg] *nmf* alergista *mf*, alergólogo(-a)

allez [ale] *vb voir* **aller**

alliage [aljaʒ] *nm* aleación *f*

alliance [aljɑ̃s] *nf* alianza; (*mariage*) matrimonio; **neveu par ~** sobrino político

allié, e [alje] *adj, nm/f* aliado(-a); **les Alliés** los Aliados; **parents et alliés** parientes *mpl* y allegados *mpl*

allier [alje] *vt* aliar; (*métaux*) alear; (*fig*) unir; **s'allier** *vpr* aliarse; **s'~ à** aliarse con

alligator [aligatɔʀ] *nm* aligator *m*

allitération [a(l)liteʀasjɔ̃] *nf* aliteración *f*

allô [alo] *excl* dígame, aló (*AM*)

allocataire [alɔkatɛʀ] *nmf* beneficiario(-a)

allocation [alɔkasjɔ̃] *nf* subsidio, prestación *f*; **~ (de) chômage** subsidio de desempleo; **~ (de) logement/de maternité** prestación *f* para alojamiento/por maternidad; **allocations familiales** ayuda *fsg* familiar

allocs [alɔk] (*fam*) *nfpl* (*allocations familiales*) ayuda *fsg* familiar

allocution [a(l)lɔkysjɔ̃] *nf* alocución *f*; **~ télévisée** alocución televisada

allongé, e [alɔ̃ʒe] *adj* (*long*) alargado(-a); (*étendu*) tumbado(-a); **être ~** (*étendu*) estar tumbado(-a); **café ~** café largo; **mine allongée** cara larga

allongement [alɔ̃ʒmɑ̃] *nm* (*de jours*) alargamiento; (*de durée de travail*) extensión *f*

allonger [alɔ̃ʒe] *vt* (*personne*) tumbar; (*objet, durée*) alargar; (*bras*) estirar; (*sauce*) extender; (*fam : coup, argent*) largar; **~ le pas** aligerar el paso; **s'allonger** *vpr* (*personne*) tumbarse; (*jours*) alargarse; (*durée de travail*) extenderse

allouer [alwe] *vt* : **~ qch à** asignar algo a

allumage [alymaʒ] *nm* encendido

allume-cigare [alymsigaʀ] (*pl* **allume-cigares**) *nm* (*Auto*) encendedor *m* (*de coche*)

allume-gaz [alymgɑz] *nm inv* encendedor *m*

allumer [alyme] *vt* encender, prender (*AM*); **~ (la lumière** *ou* **l'électricité)** encender (la luz *ou* la electricidad); **~ la radio/la télévision** encender la radio/la televisión; **~ le/un feu** encender el/un fuego; **s'allumer** *vpr* encenderse

allumette [alymɛt] *nf* cerilla, fósforo; **~ au fromage** empanadilla de queso

allumeur [alymœʀ] *nm* delco

allumeuse [alymøz] (*péj*) *nf* provocadora

allure [alyʀ] *nf* (*d'un véhicule*) velocidad *f*; (*d'un piéton*) paso; (*démarche, maintien*) presencia; (*aspect, air*) aspecto; **avoir de l'~** tener buena presencia; **à toute ~** a toda velocidad

allusion [a(l)lyzjɔ̃] *nf* (*référence*) referencia; (*sous-entendu*) alusión *f*; **faire ~ à** hacer referencia a; (*avec sous-entendu*) hacer alusión a

alluvions [a(l)lyvjɔ̃] *nfpl* aluvión *msg*

almanach [almana] *nm* almanaque *m*

aloès [alɔɛs] *nm* áloe *m*

aloi [alwa] *nm* : **de bon/mauvais ~** de buen/mal gusto

MOT-CLÉ

alors [alɔʀ] *adv* (*à ce moment-là*) entonces; **il habitait alors à Paris** vivía entonces en París ▸ *conj* (*par conséquent*) entonces; **tu as fini ? alors je m'en vais** ¿has acabado? entonces, me voy; **et alors ?** (*pour en savoir plus*) ¿entonces?; (*indifférence*) ¿y qué?
alors que *conj* **1** (*au moment où*) cuando; **il est arrivé alors que je partais** llegó cuando me iba
2 (*pendant que*) cuando, mientras; **alors qu'il était à Paris, il a visité ...** mientras estaba en París, visitó ...
3 (*tandis que, opposition*) mientras que; **alors que son frère travaillait dur, lui se reposait** mientras que su hermano trabajaba duro, él descansaba

alouette [alwɛt] *nf* alondra
alourdir [aluʀdiʀ] *vt* hacer pesado(-a); (*fig*) entorpecer; **s'alourdir** *vpr* ponerse pesado(-a)
aloyau [alwajo] *nm* solomillo
alpaga [alpaga] *nm* alpaca
alpage [alpaʒ] *nm* pasto de montaña
Alpes [alp] *nfpl* : **les ~** los Alpes
alpestre [alpɛstʀ] *adj* alpino(-a)
alphabet [alfabɛ] *nm* alfabeto
alphabétique [alfabetik] *adj* alfabético(-a); **par ordre ~** por orden alfabético
alphabétisation [alfabetizasjɔ̃] *nf* alfabetización *f*
alphabétiser [alfabetize] *vt* alfabetizar
alphanumérique [alfanymeʀik] *adj* alfanumérico(-a)
alpin, e [alpɛ̃, in] *adj* alpino(-a); (*club*) de alpinismo
alpinisme [alpinism] *nm* alpinismo, andinismo (*AM*)
alpiniste [alpinist] *nmf* alpinista *mf*, andinista *mf* (*AM*)
Alsace [alzas] *nf* Alsacia
alsacien, ne [alzasjɛ̃, jɛn] *adj* alsaciano(-a) ▸ *nm/f* : **Alsacien, ne** alsaciano(-a)
altercation [altɛʀkasjɔ̃] *nf* altercado
alter ego [altɛʀego] *nm* alter ego *m*
altérer [alteʀe] *vt* (*falsifier*) falsificar; (*abîmer*) adulterar; (*Inform*) alterar; (*donner soif à*) dar sed a; **s'altérer** *vpr* (*s'abîmer*) estropearse
altermondialisation [altɛʀmɔ̃djalizasjɔ̃] *nf* antiglobalización *f*
altermondialisme [altɛʀmɔ̃djalism] *nm* antiglobalización *f*
altermondialiste [altɛʀmɔ̃djalist] *adj, nmf* antiglobalizador(a)
alternance [altɛʀnɑ̃s] *nf* alternancia; **en ~** alternativamente; **formation en ~** formación *f* en alternancia
alternateur [altɛʀnatœʀ] *nm* alternador *m*
alternatif, -ive [altɛʀnatif, iv] *adj* alternativo(-a)
alternative [altɛʀnativ] *nf* alternativa
alternativement [altɛʀnativmɑ̃] *adv* alternativamente
alterner [altɛʀne] *vt* (*choses*) alternar; (*cultures*) rotar; **~ avec qch** alternar con algo; **(faire) ~ qch avec qch** alternar algo con algo ▸ *vi* alternar
Altesse [altɛs] *nf* : **son ~ le ...** su Alteza el ...
altier, -ière [altje, jɛʀ] *adj* altivo(-a)
altimètre [altimɛtʀ] *nm* altímetro
altiport [altipɔʀ] *nm* altipuerto
altiste [altist] *nmf* viola *mf*
altitude [altityd] *nf* (*par rapport à la mer*) altitud *f*; (*par rapport au sol*) altura; **à 500 m d'~** a 500 m de altitud; **en ~** en las alturas; **perdre/prendre de l'~** perder/coger altura; **voler à haute/basse ~** volar alto/bajo
alto [alto] *nm* (*instrument à cordes*) viola; (*saxophone*) saxo alto ▸ *nf* (*chanteuse*) contralto *f*
altruisme [altʀɥism] *nm* altruismo
altruiste [altʀɥist] *adj, nmf* altruista *mf*
alu [aly] (*fam*) *nm* (*aluminium*) aluminio; **en ~** de aluminio
aluminium [alyminjɔm] *nm* aluminio; **en ~** de aluminio
alun [alœ̃] *nm* alumbre *m*
alunir [alyniʀ] *vi* alunizar
alunissage [alynisaʒ] *nm* alunizaje *m*
alvéole [alveɔl] *nf ou m* celdilla, alveolo
alvéolé, e [alveɔle] *adj* alveolado(-a)
amabilité [amabilite] *nf* amabilidad *f*; **il a eu l'~ de ...** ha tenido la amabilidad de ...
amadou [amadu] *nm* yesca
amadouer [amadwe] *vt* (*enjôler*) engatusar; (*adoucir*) ablandar
amaigri, e [amegʀi] *adj* (*visage, personne*) enflaquecido(-a)
amaigrir [amegʀiʀ] *vt* enflaquecer, **s'amaigrir** *vpr* enflaquecerse
amaigrissant, e [amegʀisɑ̃, ɑ̃t] *adj* : **régime ~** régimen *m* de adelgazamiento
amalgame [amalgam] *nm* amalgama; **pratiquer l'~** practicar la amalgama
amalgamer [amalgame] *vt* amalgamar
amande [amɑ̃d] *nf* almendra; (*de noyau de fruit*) pepita; **en ~** (*yeux*) con forma de almendra, almendrado(-a)
amandier [amɑ̃dje] *nm* almendro
amanite [amanit] *nf* amanita
amant, e [amɑ̃, ɑ̃t] *nm/f* amante *mf*
amarre [amaʀ] *nf* amarra; **amarres** *nfpl* amarras *fpl*
amarrer [amaʀe] *vt* (*Naut*) amarrar; (*gén*) amarrar, atar
amaryllis [amaʀilis] *nf* amarilis *f*
amas [amɑ] *nm* montón *m*
amasser [amɑse] *vt* amontonar; **s'amasser** *vpr* amontonarse
amateur, -trice [amatœʀ, tʀis] *nm/f* aficionado(-a); **en ~** como aficionado(-a);

a

~ **de musique/de sport** aficionado(-a) a la música/al deporte ▶ *adj* aficionado(-a); **musicien/sportif** ~ músico/deportista aficionado; **le sport** ~ el deporte amateur *ou* aficionado
amateurisme [amatœʀism] *nm* calidad *f* de aficionado; (*péj*) diletantismo
Amazone [amazon] *nf* : **l'**~ el Amazonas
amazone [amazon] *nf* : **en** ~ a la amazona
Amazonie [amazɔni] *nf* Amazonia
ambages [ɑ̃baʒ] : **sans** ~ *adv* sin ambages
ambassade [ɑ̃basad] *nf* embajada; **en** ~ (*mission*) como embajada; **secrétaire/attaché(e) d'**~ secretario(-a)/agregado(-a) de embajada
ambassadeur, -drice [ɑ̃basadœʀ, dʀis] *nm/f* (*Pol, fig*) embajador(a)
ambiance [ɑ̃bjɑ̃s] *nf* ambiente *m*; **il y a de l'**~ hay animación
ambiant, e [ɑ̃bjɑ̃, jɑ̃t] *adj* ambiente
ambidextre [ɑ̃bidɛkstʀ] *adj* ambidiestro(-a)
ambigu, -uë [ɑ̃bigy] *adj* ambiguo(-a)
ambiguïté [ɑ̃bigɥite] *nf* ambigüedad *f*
ambitieux, -euse [ɑ̃bisjø, jøz] *adj, nm/f* ambicioso(-a)
ambition [ɑ̃bisjɔ̃] *nf* ambición *f*; **une** ~ (*but, visée*) una aspiración
ambitionner [ɑ̃bisjɔne] *vt* ambicionar
ambivalence [ɑ̃bivalɑ̃s] *nf* ambivalencia
ambivalent, e [ɑ̃bivalɑ̃, ɑ̃t] *adj* ambivalente
amble [ɑ̃bl] *nm* : **aller l'**~ amblar
ambre [ɑ̃bʀ] *nm* : ~ **jaune/gris** ámbar *m* amarillo/gris
ambré, e [ɑ̃bʀe] *adj* (*couleur*) ambarino(-a); (*parfum*) con olor a ámbar
ambulance [ɑ̃bylɑ̃s] *nf* ambulancia
ambulancier, -ière [ɑ̃bylɑ̃sje, jɛʀ] *nm/f* conductor(a) de una ambulancia
ambulant, e [ɑ̃bylɑ̃, ɑ̃t] *adj* ambulante
âme [ɑm] *nf* alma; **village de 200 âmes** pueblo de 200 almas; **rendre l'**~ entregar el alma; **joueur/tricheur dans l'**~ jugador/tramposo empedernido; **bonne** ~ (*aussi iron*) alma caritativa; **en mon** ~ **et conscience** en conciencia; ~ **sœur** alma gemela
amélioration [ameljɔʀasjɔ̃] *nf* mejoría
améliorer [ameljɔʀe] *vt* mejorar; **s'améliorer** *vpr* mejorarse
aménagé, e [amenaʒe] *adj* (*ferme, local*) acondicionado(-a)
aménagement [amenaʒmɑ̃] *nm* (*de ferme, local*) acondicionamiento; (*de cuisine, rangements*) instalación *f*; **l'**~ **du territoire** *el fomento de los recursos de un país*; **aménagements fiscaux** desgravaciones *fpl* fiscales
aménager [amenaʒe] *vt* (*ferme, local*) acondicionar; (*cuisine, rangements*) habilitar
amende [amɑ̃d] *nf* multa; **mettre à l'**~ reprender; **faire** ~ **honorable** retractarse
amendement [amɑ̃dmɑ̃] *nm* (*Jur*) enmienda
amender [amɑ̃de] *vt* (*loi*) enmendar; (*terre*) abonar; **s'amender** *vpr* enmendarse
amène [amɛn] *adj* : **peu** ~ poco ameno(-a)
amener [am(ə)ne] *vt* llevar; (*occasionner*) provocar; (*baisser : voiles*) arriar; ~ **qn à qch/à faire** llevar a algn a algo/a hacer; **s'amener** *vpr* (*fam*) venirse
amenuiser [amənɥize] : **s'amenuiser** *vpr* disminuir
amer, amère [amɛʀ] *adj* amargo(-a); (*personne*) amargado(-a)
amèrement [amɛʀmɑ̃] *adv* amargamente
américain, e [ameʀikɛ̃, ɛn] *adj* americano(-a); **en vedette américaine** en segundo plano ▶ *nm* (*Ling*) americano ▶ *nm/f* : **Américain, e** americano(-a)
américaniser [ameʀikanize] *vt* americanizar
américanisme [ameʀikanism] *nm* americanismo
amérindien, ne [ameʀɛ̃djɛ̃, jɛn] *adj* amerindio(-a)
Amérique [ameʀik] *nf* América; ~ **centrale/du Nord/du Sud/latine** América central/del Norte/del Sur/latina
Amerloque [amɛʀlɔk] (*péj*) *nmf* yanqui *mf*
amerrir [ameʀiʀ] *vi* amarar
amerrissage [ameʀisaʒ] *nm* amaraje *m*
amertume [amɛʀtym] *nf* amargura
améthyste [ametist] *nf* amatista
ameublement [amœbləmɑ̃] *nm* mobiliario; **articles d'**~ muebles *mpl*; **tissu d'**~ género de tapicería
ameublir [amœbliʀ] *vt* mullir
ameuter [amøte] *vt* (*badauds*) alborotar; (*peuple*) amotinar
ami, e [ami] *nm/f* amigo(-a); **un** ~ **des arts/des chiens** un amigo de las artes/de los perros; **petit ~/petite amie** (*fam*) novio/novia, pololo/polola (*CHI fam*) ▶ *adj* amigo(-a); **être (très)** ~ **avec qn** ser (muy) amigo de algn; **être** ~ **de l'ordre/de la précision** ser amigo del orden/de la precisión; **famille amie** familia amiga; **pays/groupe** ~ país *m*/grupo aliado
amiable [amjabl] *adj* amistoso(-a); **à l'**~ amistosamente
amiante [amjɑ̃t] *nm* amianto
amibe [amib] *nf* ameba
amical, e, -aux [amikal, o] *adj* amistoso(-a)
amicale [amikal] *nf* círculo
amicalement [amikalmɑ̃] *adv* amistosamente; (*formule épistolaire*) cordialmente
amidon [amidɔ̃] *nm* almidón *m*
amidonner [amidɔne] *vt* almidonar
amincir [amɛ̃siʀ] *vt* (*suj : vêtement*) hacer más delgado(-a); (*objet*) rebajar; **s'amincir** *vpr* (*objet*) disminuir; (*personne*) adelgazar

amincissant, e [amɛ̃sisɑ̃, ɑ̃t] *adj* adelgazante
aminé, e [amine] *adj* : **acide ~** ácido aminado
amiral, e, -aux [amiʀal, o] *nm/f* almirante *mf*
amirauté [amiʀote] *nf* almirantazgo
amitié [amitje] *nf* amistad *f*; **prendre en ~** tomar afecto a; **avoir de l'~ pour qn** sentir afecto por algn; **faire** *ou* **présenter ses amitiés à qn** dar *ou* enviar recuerdos a algn; **amitiés** (*formule épistolaire*) cordialmente
ammoniac [amɔnjak] *nm* : **(gaz) ~** amoníaco
ammoniaque [amɔnjak] *nf* amoníaco
amnésie [amnezi] *nf* amnesia
amnésique [amnezik] *adj* amnésico(-a)
amniocentèse [amnjosɛ̃tɛz] *nf* amniocentesis *f*
amnistie [amnisti] *nf* amnistía
amnistier [amnistje] *vt* amnistiar
amocher [amɔʃe] (*fam*) *vt* (*paysage, objet*) estropear; (*qn en le frappant*) desfigurar
amoindrir [amwɛ̃dʀiʀ] *vt* reducir
amollir [amɔliʀ] *vt* ablandar
amonceler [amɔ̃s(ə)le] *vt* (*objets*) amontonar; (*travail, fortune*) acumular; **s'amonceler** *vpr* amontonarse; (*fig*) acumularse
amoncellement [amɔ̃sɛlmɑ̃] *nm* montón *m*
amont [amɔ̃] *adv* : **en ~** (*d'un cours d'eau*) río arriba; (*d'une pente*) arriba; (*d'un processus*) precedente; **en ~ de** más arriba de
amoral, e, -aux [amɔʀal, o] *adj* amoral
amorce [amɔʀs] *nf* (*sur un hameçon*) cebo; (*explosif*) fulminante *m*; (*tube*) pistón *m*; (*de pistolet d'enfant*) mixto; (*fig*) principio
amorcer [amɔʀse] *vt* (*hameçon, munition*) cebar; (*fig : négociations*) emprender; (*geste*) esbozar; (*virage*) coger
amorphe [amɔʀf] *adj* amorfo(-a)
amortir [amɔʀtiʀ] *vt* (*choc, bruit*) amortiguar; (*douleur*) atenuar; (*Comm*) amortizar; **~ un abonnement** amortizar un abono
amortissable [amɔʀtisabl] *adj* (*Comm*) amortizable
amortissement [amɔʀtismɑ̃] *nm* amortización *f*
amortisseur [amɔʀtisœʀ] *nm* amortiguador *m*
amour [amuʀ] *nm* (*sentiment, goût*) amor *m*; (*statuette*) amorcillo; **faire l'~** hacer el amor; **filer le parfait ~** vivir una historia de amor; **un ~ de** un encanto de; **l'~ libre** el amor libre; **~ platonique** amor platónico
amouracher [amuʀaʃe] : **s'amouracher** *vpr* (*péj*) : **s'~ de** encapricharse con
amourette [amuʀɛt] *nf* amorío
amoureusement [amuʀøzmɑ̃] *adv* amorosamente
amoureux, -euse [amuʀø, øz] *adj* amoroso(-a); **être ~ de qch/qn** estar enamorado(-a) de algo/algn; **tomber ~ (de qn)** enamorarse (de algn) ▸ *nm/f* enamorado(-a); **un ~ des bêtes/de la nature** un enamorado de los animales/de la naturaleza ▸ *nmpl* enamorados *mpl*
amour-propre [amuʀpʀɔpʀ] (*pl* **amours-propres**) *nm* amor *m* propio
amovible [amɔvibl] *adj* amovible
ampère [ɑ̃pɛʀ] *nm* amperio
ampèremètre [ɑ̃pɛʀmɛtʀ] *nm* amperímetro
amphétamine [ɑ̃fetamin] *nf* anfetamina
amphi [ɑ̃fi] (*fam*) *nm* (*Scol*) = **amphithéâtre**
amphibie [ɑ̃fibi] *adj* anfibio(-a)
amphibien [ɑ̃fibjɛ̃] *nm* anfibio
amphithéâtre [ɑ̃fiteɑtʀ] *nm* anfiteatro
amphore [ɑ̃fɔʀ] *nf* ánfora
ample [ɑ̃pl] *adj* amplio(-a); (*ressources*) abundante
amplement [ɑ̃pləmɑ̃] *adv* ampliamente; **~ suffisant** más que suficiente
ampleur [ɑ̃plœʀ] *nf* amplitud *f*; (*de vêtement*) anchura; **prendre de l'~** extenderse
ampli [ɑ̃pli] (*fam*) *nm* = **amplificateur**
amplificateur [ɑ̃plifikatœʀ] *nm* amplificador *m*
amplification [ɑ̃plifikasjɔ̃] *nf* amplificación *f*; (*d'image*) ampliación *f*
amplifier [ɑ̃plifje] *vt* amplificar; (*image*) ampliar; **s'amplifier** *vpr* amplificarse
ampliforme [ɑ̃plifɔʀm] *adj* (*soutien-gorge*) con relleno
amplitude [ɑ̃plityd] *nf* amplitud *f*; (*des températures*) variación *f*
ampoule [ɑ̃pul] *nf* (*Élec*) bombilla, foco (*Am*), bombillo (*Am*); (*de médicament, aux mains*) ampolla
ampoulé, e [ɑ̃pule] (*péj*) *adj* ampuloso(-a)
amputation [ɑ̃pytasjɔ̃] *nf* amputación *f*; (*crédits*) recorte *m*
amputer [ɑ̃pyte] *vt* amputar; (*fig*) recortar; **~ qn d'un bras/pied** amputar un brazo/pie a algn
Amsterdam [amstɛʀdam] *n* Amsterdam
amulette [amylɛt] *nf* amuleto
amusant, e [amyzɑ̃, ɑ̃t] *adj* divertido(-a)
amusé, e [amyze] *adj* divertido(-a)
amuse-gueule [amyzgœl] (*pl* **amuse-gueules**) *nm* tapa
amusement [amyzmɑ̃] *nm* diversión *f*
amuser [amyze] *vt* divertir; (*détourner l'attention de*) distraer; **s'amuser** *vpr* divertirse; **s'~ de qch** divertirse con algo; **s'~ de qn** burlarse de algn
amusette [amyzɛt] *nf* pasatiempo
amuseur, -euse [amyzœʀ, øz] *nm/f* bromista *mf*; (*péj*) bufón *m*
amygdale [amidal] *nf* amígdala; **opérer qn des amygdales** operar a algn de las amígdalas
amygdalite [amidalit] *nf* amigdalitis *f*
AN *sigle f* (= *Assemblée nationale*) voir **assemblée**
an [ɑ̃] *nm* año; **être âgé de** *ou* **avoir trois ans** tener tres años de edad; **en l'an 2007** en el

a

año 2007; **le jour de l'an, le premier de l'an** el día de año nuevo; **le nouvel an** el año nuevo
anabolisant [anabɔlizɑ̃] *nm* anabolizante *m*
anachronique [anakʀɔnik] *(péj) adj* anacrónico(-a)
anachronisme [anakʀɔnism] *nm (aussi péj)* anacronismo
anaconda [anakɔ̃da] *nm* anaconda
anaérobie [anaeʀɔbi] *adj* anaerobio(-a)
anagramme [anagʀam] *nf* anagrama *m*
anal, e, -aux [anal, o] *adj* anal
analgésique [analʒezik] *nm* analgésico
anallergique [analɛʀʒik] *adj* antialérgico(-a)
analogie [analɔʒi] *nf* analogía
analogique [analɔʒik] *adj* analógico(-a)
analogiquement [analɔʒikmɑ̃] *adv* analógicamente
analogue [analɔg] *adj* análogo(-a); **~ à** análogo(-a) a
analphabète [analfabɛt] *adj, nmf* analfabeto(-a)
analphabétisme [analfabetism] *nm* analfabetismo
analyse [analiz] *nf* análisis *m inv*; **faire l'~ de** hacer el análisis de; **une ~ approfondie** un análisis minucioso; **en dernière ~** en última instancia; **avoir l'esprit d'~** tener una mente analítica; **~ grammaticale/logique** análisis gramatical/lógico
analyser [analize] *vt* analizar
analyste [analist] *nmf* analista *mf*
analyste-programmeur, -euse [analistpʀɔgʀamœʀ, øz] *(pl* **analystes-programmeurs, -euses***) nm/f* analista-programador(a)
analytique [analitik] *adj* analítico(-a)
analytiquement [analitikmɑ̃] *adv* analíticamente
ananas [anana(s)] *nm* piña, ananá(s) *m (Am)*
anarchie [anaʀʃi] *nf* anarquía
anarchique [anaʀʃik] *adj* anárquico(-a)
anarchisme [anaʀʃism] *nm* anarquismo
anarchiste [anaʀʃist] *adj, nmf* anarquista *mf*
anathème [anatɛm] *nm* : **jeter l'~ sur** anatemizar a
anatomie [anatɔmi] *nf* anatomía
anatomique [anatɔmik] *adj* anatómico(-a)
ancestral, e, -aux [ɑ̃sɛstʀal, o] *adj* ancestral
ancêtre [ɑ̃sɛtʀ] *nmf (parent)* antepasado(-a); **l'~ de** *(fig)* el precursor de; **ancêtres** *nmpl (aïeux)* antepasados *mpl*
anche [ɑ̃ʃ] *nf* lengüeta
anchois [ɑ̃ʃwa] *nm (poisson)* boquerón *m*; *(conservé dans du sel ou de l'huile)* anchoa
ancien, ne [ɑ̃sjɛ̃, jɛn] *adj* antiguo(-a), viejo(-a); *(de jadis, de l'antiquité)* antiguo(-a); *(précédent, ex-)* antiguo(-a), ex; **un ~ ministre** un antiguo ministro; **mon ancienne voiture** mi antiguo coche; **être plus ~ que qn** *(dans la hiérarchie)* tener más antigüedad que algn; *(par l'expérience)* tener más experiencia que algn; **~ combattant** ex combatiente; **~ élève** ex alumno(-a) ▸ *nm* : **l'~** *(l'immobilier)* vivienda antigua; *(mobilier)* antigüedades *fpl* ▸ *nm/f* anciano(-a)
anciennement [ɑ̃sjɛnmɑ̃] *adv* antiguamente
ancienneté [ɑ̃sjɛnte] *nf* antigüedad *f*
ancrage [ɑ̃kʀaʒ] *nm (d'un câble)* fijación *f*; *(Naut)* fondeadero; *(Constr)* anclaje *m*
ancre [ɑ̃kʀ] *nf* ancla; **jeter/lever l'~** echar/levar anclas; **à l'~** anclado(-a)
ancrer [ɑ̃kʀe] *vt (câble)* fijar; *(idée)* afianzar, anclar; **s'ancrer** *vpr (Naut, fig)* anclarse
andalou, -ouse [ɑ̃dalu, uz] *adj* andaluz(a)
Andalousie [ɑ̃daluzi] *nf* Andalucía
andante [ɑ̃dɑ̃t] *adv* andante ▸ *nm* andante *m*
Andes [ɑ̃d] *nfpl* : **les ~** los Andes
andin, e [ɑ̃dɛ̃, in] *adj* andino(-a)
Andorre [ɑ̃dɔʀ] *nf* Andorra
andouille [ɑ̃duj] *nf embutido a base de tripas de cerdo*; *(fam)* imbécil *mf*
andouiller [ɑ̃duje] *nm* cornamenta
andouillette [ɑ̃dujɛt] *nf especie de embutido*
androgyne [ɑ̃dʀɔʒin] *adj, nmf* andrógino(-a)
âne [ɑn] *(aussi péj) nm* burro
anéantir [aneɑ̃tiʀ] *vt (détruire)* aniquilar; *(accabler)* abatir
anéantissement [aneɑ̃tismɑ̃] *nm (destruction)* aniquilamiento; *(accablement)* abatimiento
anecdote [anɛkdɔt] *nf* anécdota
anecdotique [anɛkdɔtik] *adj* anecdótico(-a)
anémie [anemi] *nf* anemia
anémié, e [anemje] *adj (aussi fig)* anémico(-a)
anémique [anemik] *adj* anémico(-a)
anémone [anemɔn] *nf* anémona; **~ de mer** anémona de mar
ânerie [ɑnʀi] *nf* tontería
anéroïde [aneʀɔid] *adj voir* **baromètre**
ânesse [ɑnɛs] *nf* burra
anesthésiant, e [anɛstezjɑ̃, ɑ̃t] *adj (produit)* anestésico(-a) ▸ *nm* anestésico
anesthésie [anɛstezi] *nf* anestesia; **sous ~** bajo anestesia; **~ générale/locale** anestesia general/local
anesthésier [anɛstezje] *vt* anestesiar; *(fig)* adormecer
anesthésique [anɛstezik] *adj (produit)* anestésico(-a) ▸ *nm* anestésico
anesthésiste [anɛstezist] *nmf* anestesista *mf*
aneth [anɛt] *nm* eneldo
anévrisme [anevʀism] *nm* : **rupture d'~** rotura de aneurisma
anfractuosité [ɑ̃fʀaktɥozite] *nf* fisura
ange [ɑ̃ʒ] *nm (aussi fig)* ángel *m*; **être aux anges** estar en la gloria; **~ gardien** *(aussi fig)* ángel de la guarda
angélique [ɑ̃ʒelik] *adj* angelical ▸ *nf* angélica
angelot [ɑ̃ʒ(ə)lo] *nm* angelote *m*

angélus [ɑ̃ʒelys] *nm* ángelus *m*
angevin, e [ɑ̃ʒ(ə)vɛ̃, in] *adj* angevino(-a) ▸ *nm/f* : **Angevin, e** angevino(-a)
angine [ɑ̃ʒin] *nf* angina; **~ de poitrine** angina de pecho
angiome [ɑ̃ʒjom] *nm* angioma *m*
anglais, e [ɑ̃glɛ, ɛz] *adj* inglés(-esa); **filer à l'anglaise** tomar las de Villadiego, despedirse a la francesa; **à l'anglaise** (*Culin*) al vapor ▸ *nm* (*Ling*) inglés *m* ▸ *nm/f* : **Anglais, e** inglés(-esa); **les A~** los ingleses; **anglaises** *nfpl* (*cheveux*) tirabuzones *mpl*
angle [ɑ̃gl] *nm* (*coin*) esquina; (*Géom, fig*) ángulo; **~ aigu** ángulo agudo; **~ droit** ángulo recto; **~ mort/obtus** ángulo muerto/obtuso
Angleterre [ɑ̃glətɛʀ] *nf* Inglaterra
anglican, e [ɑ̃glikɑ̃, an] *adj, nm/f* anglicano(-a)
anglicanisme [ɑ̃glikanism] *nm* anglicanismo
anglicisme [ɑ̃glisism] *nm* anglicismo
angliciste [ɑ̃glisist] *nmf* anglicista *mf*
anglo... [ɑ̃glɔ] *préf* anglo...
anglo-américain, e [ɑ̃gloameʀikɛ̃] (*pl* **anglo-américains, -es**) *adj* angloamericano(-a) ▸ *nm* (*Ling*) angloamericano
anglo-arabe [ɑ̃gloaʀab] (*pl* **anglo-arabes**) *adj* angloárabe
anglo-canadien, ne [ɑ̃glokanadjɛ̃, jɛn] (*pl* **anglo-canadiens, -nes**) *adj* anglocanadiense ▸ *nm* (*Ling*) anglocanadiense *m*
anglo-normand, e [ɑ̃glonɔʀmɑ̃, ɑ̃d] (*pl* **anglo-normands, -es**) *adj* anglonormando(-a); **les îles anglo-normandes** las islas anglonormandas
anglophile [ɑ̃glɔfil] *adj, nmf* anglófilo(-a)
anglophobe [ɑ̃glɔfɔb] *adj, nmf* anglófobo(-a)
anglophone [ɑ̃glɔfɔn] *adj, nmf* anglófono(-a)
anglo-saxon, ne [ɑ̃glosaksɔ̃, ɔn] (*pl* **anglo-saxons, -nes**) *adj, nm/f* anglosajón(-ona)
angoissant, e [ɑ̃gwasɑ̃, ɑ̃t] *adj* angustioso(-a)
angoisse [ɑ̃gwas] *nf* angustia; **avoir des angoisses** estar angustiado(-a)
angoissé, e [ɑ̃gwase] *adj* angustiado(-a)
angoisser [ɑ̃gwase] *vt* angustiar
Angola [ɑ̃gɔla] *nm* Angola
angolais, e [ɑ̃gɔlɛ, ɛz] *adj, nm/f* angoleño(-a)
angora [ɑ̃gɔʀa] *adj* angora ▸ *nm* angora *f*
anguille [ɑ̃gij] *nf* anguila; **il y a ~ sous roche** hay gato encerrado; **~ de mer** congrio
angulaire [ɑ̃gylɛʀ] *adj* angular
anguleux, -euse [ɑ̃gylø, øz] *adj* anguloso(-a)
anhydride [anidʀid] *nm* anhídrido
anicroche [anikʀɔʃ] *nf* inconveniente *m*
animal, e, -aux [animal, o] *adj* animal ▸ *nm* (*aussi fig*) animal *m*; **~ domestique/sauvage** animal doméstico/salvaje
animalerie [animalʀi] *nf* (*magasin*) tienda de animales
animalier [animalje] *adj* : **peintre ~** pintor(a) de animales
animalité [animalite] *nf* animalidad *f*
animateur, -trice [animatœʀ, tʀis] *nm/f* animador(a); (*de spectacle*) presentador(a)
animation [animasjɔ̃] *nf* animación *f*; **animations** *nfpl* (*activités*) animación *fsg*
animé, e [anime] *adj* (*rue, lieu*) animado(-a)
animer [anime] *vt* animar; **s'animer** *vpr* animarse
animisme [animism] *nm* animismo
animiste [animist] *adj* animista
animosité [animozite] *nf* animosidad *f*
anis [ani(s)] *nm* anís *m*
anisé, e [anize] *adj* anisado(-a)
anisette [anizɛt] *nf* anisete *m*
Ankara [ɑ̃kaʀa] *n* Ankara
ankyloser [ɑ̃kiloze] : **s'ankyloser** *vpr* anquilosarse
annales [anal] *nfpl* anales *mpl*
anneau, x [ano] *nm* (*de rideau*) anilla; (*de chaîne*) eslabón *m*; (*bague*) anillo; **anneaux** *nmpl* (*Sport*) anillas *fpl*; **exercices aux anneaux** ejercicios *mpl* de anillas
année [ane] *nf* año; **souhaiter la bonne ~ à qn** felicitar el año a algn; **tout au long de l'~** a lo largo del año; **d'une ~ à l'autre** de un año a otro; **d'~ en ~** de año en año; **l'~ scolaire** el curso escolar; **l'~ fiscale** el año fiscal
année-lumière [anelymjɛʀ] (*pl* **années-lumière**) *nf* año luz
annexe [anɛks] *adj* (*problème*) anexo(-a); (*document*) adjunto(-a); (*salle*) contiguo(-a) ▸ *nf* anexo
annexer [anɛkse] *vt* (*pays, biens*) anexionar; (*joindre*) : **~ qch à** adjuntar algo a; **s'annexer** *vpr* (*s'approprier*) anexionarse
annexion [anɛksjɔ̃] *nf* anexión *f*
annihiler [aniile] *vt* aniquilar
anniversaire [anivɛʀsɛʀ] *adj* : **jour ~** aniversario ▸ *nm* (*d'une personne*) cumpleaños *m inv*; (*d'un événement, bâtiment*) aniversario
annonce [anɔ̃s] *nf* anuncio; (*Cartes, avis*) aviso; **les petites annonces** anuncios *mpl* por palabras
annoncer [anɔ̃se] *vt* anunciar; (*Cartes*) cantar; **~ la couleur** (*fig*) poner las cartas boca arriba; **je vous annonce que** le anuncio que; **s'annoncer** *vpr* : **s'~ bien/difficile** presentarse bien/difícil
annonceur, -euse [anɔ̃sœʀ, øz] *nm/f* (*TV, Radio*) locutor(a); (*publicitaire*) anunciador(a)
annonciateur, -trice [anɔ̃sjatœʀ, tʀis] *adj* : **~ d'un événement** anunciador(a) de un acontecimiento
Annonciation [anɔ̃sjasjɔ̃] *nf* (*Rel*) Anunciación *f*
annotation [anɔtasjɔ̃] *nf* anotación *f*
annoter [anɔte] *vt* anotar

a

annuaire [anɥɛʀ] *nm* anuario; ~ **électronique** anuario electrónico; ~ **téléphonique** guía telefónica
annuel, le [anɥɛl] *adj* anual
annuellement [anɥɛlmɑ̃] *adv* anualmente
annuité [anɥite] *nf* anualidad *f*
annulaire [anylɛʀ] *nm* anular *m*
annulation [anylasjɔ̃] *nf* anulación *f*
annuler [anyle] *vt* anular; **s'annuler** *vpr* anularse
anoblir [anɔbliʀ] *vt* (*aussi fig*) ennoblecer
anoblissement [anɔblismɑ̃] *nm* ennoblecimiento
anode [anɔd] *nf* ánodo
anodin, e [anɔdɛ̃, in] *adj* anodino(-a)
anomalie [anɔmali] *nf* anomalía
ânon [ɑnɔ̃] *nm* borriquillo
ânonner [anɔne] *vi, vt* balbucear
anonymat [anɔnima] *nm* anonimato; **garder l'**~ mantener el anonimato
anonyme [anɔnim] *adj* (*aussi fig*) anónimo(-a)
anonymement [anɔnimmɑ̃] *adv* anónimamente
anorak [anɔʀak] *nm* anorak *m*
anorexie [anɔʀɛksi] *nf* anorexia
anorexique [anɔʀɛksik] *adj, nmf* anoréxico(-a)
anormal, e, -aux [anɔʀmal, o] *adj* (*exceptionnel, inhabituel*) anormal; (*injuste*) injusto(-a); (*personne*) subnormal ▸ *nm/f* subnormal *mf*
anormalement [anɔʀmalmɑ̃] *adv* anormalmente
anse [ɑ̃s] *nf* asa; (*Géo*) ensenada
antagonisme [ɑ̃tagɔnism] *nm* antagonismo
antagoniste [ɑ̃tagɔnist] *adj* antagonista ▸ *nmf* adversario(-a)
antalgique [ɑ̃talʒik] *adj* analgésico(-a), antiálgico(-a) ▸ *nm* analgésico
antan [ɑ̃tɑ̃] : **d'**~ *adj* de antaño
antarctique [ɑ̃taʀktik] *adj* antártico(-a); **le cercle/l'océan** ~ el círculo polar antártico/el océano Antártico ▸ *nm* : **l'A**~ la Antártida
antécédent [ɑ̃tesedɑ̃] *nm* (*Ling*) antecedente *m*; **antécédents** *nmpl* (*Méd, affaire*) antecedentes *mpl*; **antécédents professionnels** informes *mpl* profesionales
antédiluvien, ne [ɑ̃tedilyvjɛ̃, jɛn] *adj* antediluviano(-a)
anténatal, e [ɑ̃tenatal] *adj* antenatal
antenne [ɑ̃tɛn] *nf* antena; (*poste avancé, succursale, agence*) unidad *f*; **à l'**~ en antena; **passer à l'**~ salir en la televisión; **avoir l'**~ estar en conexión; **prendre l'**~ salir en antena; **deux heures d'**~ un espacio de dos horas; **hors** ~ fuera de antena; ~ **chirurgicale** (*Mil*) unidad *f* quirúrgica; ~ **parabolique** antena parabólica
antenne-relais [ɑ̃tɛnʀəlɛ] (*pl* **antennes-relais**) *nf* antena repetidora
antépénultième [ɑ̃tepenyltjɛm] *adj* antepenúltimo(-a)
antérieur, e [ɑ̃teʀjœʀ] *adj* anterior; ~ **à** anterior a; **passé/futur** ~ pasado/futuro anterior
antérieurement [ɑ̃teʀjœʀmɑ̃] *adv* anteriormente; ~ **à** antes de
antériorité [ɑ̃teʀjɔʀite] *nf* anterioridad *f*
anthologie [ɑ̃tɔlɔʒi] *nf* antología
anthracite [ɑ̃tʀasit] *nm* antracita ▸ *adj* : **(gris)** ~ (gris) antracita
anthropocentrisme [ɑ̃tʀɔpɔsɑ̃tʀism] *nm* antropocentrismo
anthropologie [ɑ̃tʀɔpɔlɔʒi] *nf* antropología
anthropologique [ɑ̃tʀɔpɔlɔʒik] *adj* antropológico(-a)
anthropologue [ɑ̃tʀɔpɔlɔg] *nmf* antropólogo(-a)
anthropométrie [ɑ̃tʀɔpɔmetʀi] *nf* antropometría
anthropométrique [ɑ̃tʀɔpɔmetʀik] *adj* : **fiche/signalement** ~ ficha/descripción *f* antropométrica
anthropomorphisme [ɑ̃tʀɔpɔmɔʀfism] *nm* antropomorfismo
anthropophage [ɑ̃tʀɔpɔfaʒ] *adj, nmf* antropófago(-a)
anthropophagie [ɑ̃tʀɔpɔfaʒi] *nf* antropofagia
anti... [ɑ̃ti] *préf* anti...
antiaérien, ne [ɑ̃tiaeʀjɛ̃, jɛn] *adj* antiaéreo(-a); **abri** ~ refugio antiaéreo
antialcoolique [ɑ̃tialkɔlik] *adj* antialcohólico(-a); **ligue** ~ liga antialcohólica
antiatomique [ɑ̃tiatɔmik] *adj* : **abri** ~ refugio atómico
antibactérien, ne [ɑ̃tibakteʀjɛ̃, jɛn] *adj* (*gel, savon, lingettes*) antibacteriano(-a)
antibiotique [ɑ̃tibjɔtik] *nm* antibiótico ▸ *adj* antibiótico(-a)
antibrouillard [ɑ̃tibʀujaʀ] *adj* : **phare** ~ faro antiniebla
antibruit [ɑ̃tibʀɥi] (*pl* **~(s)**) *adj* : **mur** ~ muro antirruido
antibuée [ɑ̃tibɥe] *adj inv* : **dispositif** ~ dispositivo antivaho
anticalcaire [ɑ̃tikalkɛʀ] *adj inv* anticalcáreo(-a), antical *inv*
anticancéreux, -euse [ɑ̃tikɑ̃seʀø, øz] *adj* anticancerígeno(-a); **centre** ~ centro contra el cáncer
anticapitaliste [ɑ̃tikapitalist] *adj* anticapitalista
anticasseur [ɑ̃tikasœʀ] *adj* : **loi/mesure ~(s)** ley *f*/medida antidisturbios
antichambre [ɑ̃tiʃɑ̃bʀ] *nf* antecámara; **faire** ~ esperar
antichar [ɑ̃tiʃaʀ] *adj* anticarro
antichoc [ɑ̃tiʃɔk] *adj* antichoque

anticipation [ɑ̃tisipasjɔ̃] *nf* anticipación *f*, previsión *f*; **par ~** (*Comm*) por adelantado; **livre/film d'~** libro/película de anticipación
anticipé, e [ɑ̃tisipe] *adj* (*règlement, paiement*) por adelantado; (*joie*) anticipado(-a); (*retraite*) anticipado(-a); **avec mes remerciements anticipés** agradeciéndole de antemano
anticiper [ɑ̃tisipe] *vt* (*événement, coup*) anticipar; (*en imaginant*) prever; (*paiement*) adelantar; **~ sur** anticiparse a ▸ *vi* : **n'anticipons pas** no nos adelantemos
anticlérical, e, -aux [ɑ̃tiklerikal, o] *adj* anticlerical
anticléricalisme [ɑ̃tiklerikalism] *nm* anticlericalismo
anticoagulant, e [ɑ̃tikɔagylɑ̃, ɑ̃t] *adj* anticoagulante ▸ *nm* anticoagulante *m*
anticolonialisme [ɑ̃tikɔlɔnjalism] *nm* anticolonialismo
anticonceptionnel, le [ɑ̃tikɔ̃sɛpsjɔnɛl] *adj* anticonceptivo(-a)
anticonformisme [ɑ̃tikɔ̃fɔrmism] *nm* anticonformismo
anticonformiste [ɑ̃tikɔ̃fɔrmist] *adj, nmf* anticonformista *mf*
anticonstitutionnel, le [ɑ̃tikɔ̃stitysjɔnɛl] *adj* anticonstitucional
anticorps [ɑ̃tikɔr] *nm* anticuerpo
anticyclone [ɑ̃tisiklon] *nm* anticiclón *m*
antidater [ɑ̃tidate] *vt* antedatar
antidémocratique [ɑ̃tidemɔkratik] *adj* antidemocrático(-a); (*peu démocratique*) antidemócrata
antidérapant, e [ɑ̃tiderapɑ̃, ɑ̃t] *adj* antideslizante
antidopage [ɑ̃tidɔpaʒ] *adj* antidoping
antidote [ɑ̃tidɔt] *nm* antídoto
antiémeute [ɑ̃tiemøt] *adj* antidisturbios *inv*
antienne [ɑ̃tjɛn] *nf* antífona; (*fig*) estribillo
antigang [ɑ̃tigɑ̃g] *adj* : **brigade ~** brigada contra bandas
antigel [ɑ̃tiʒɛl] *nm* anticongelante *m*
antigène [ɑ̃tiʒɛn] *nm* antígeno
antigouvernemental, e, -aux [ɑ̃tiguvɛrnəmɑ̃tal, o] *adj* antigubernamental
antihéros [ɑ̃tiero] *nm* antihéroe *m*
antihistaminique [ɑ̃tiistaminik] *nm* antihistamínico
anti-inflammatoire [ɑ̃tiɛ̃flamatwar] (*pl* **anti-inflammatoires**) *adj* antiinflamatorio(-a) ▸ *nm* antiinflamatorio
anti-inflationniste [ɑ̃tiɛ̃flasjɔnist] (*pl* **anti-inflationnistes**) *adj* antiinflacionista
antillais, e [ɑ̃tijɛ, ɛz] *adj* antillano(-a) ▸ *nm/f* : **Antillais, e** antillano(-a)
Antilles [ɑ̃tij] *nfpl* : **les ~** las Antillas; **les grandes/petites ~** las grandes/pequeñas Antillas
antilope [ɑ̃tilɔp] *nf* antílope *m*
antimatière [ɑ̃timatjɛr] *nf* antimateria
antimilitarisme [ɑ̃timilitarism] *nm* antimilitarismo
antimilitariste [ɑ̃timilitarist] *adj* antimilitarista
antimissile [ɑ̃timisil] *adj* antimisil
antimite [ɑ̃timit] *adj, nm* antipolillas *m inv*
antimondialisation [ɑ̃timɔ̃djalizasjɔ̃] *nf* antiglobalización
antinomique [ɑ̃tinɔmik] *adj* antinómico(-a)
antioxydant [ɑ̃tiɔksidɑ̃] *nm* antioxidante *m*
antiparasite [ɑ̃tiparazit] *adj* (*Radio, TV*) antiparásitos; **dispositif ~** dispositivo antiparasitario
antipathie [ɑ̃tipati] *nf* antipatía
antipathique [ɑ̃tipatik] *adj* antipático(-a)
antipelliculaire [ɑ̃tipelikylɛr] *adj* anticaspa
antipersonnel [ɑ̃tipɛrsɔnɛl] *adj inv* (*mines*) antipersona, antipersonal
antiphrase [ɑ̃tifrɑz] *nf* : **par ~** por antífrasis
antipodes [ɑ̃tipɔd] *nmpl* : **les ~** las antípodas; **être aux ~ de** (*fig*) estar en las antípodas de
antipoison [ɑ̃tipwazɔ̃] *adj* : **centre ~** servicio de antídotos
antipoliomyélitique [ɑ̃tipɔljɔmjelitik] *adj* antipoliomielítico(-a)
antiquaire [ɑ̃tikɛr] *nmf* anticuario(-a)
antique [ɑ̃tik] *adj* (*gréco-romain, très vieux*) antiguo(-a); (*démodé*) anticuado(-a)
antiquité [ɑ̃tikite] *nf* (*objet ancien*) antigüedad *f*; (*péj*) antigualla; **l'A~** la Antigüedad; **magasin d'antiquités** tienda de antigüedades
antirabique [ɑ̃tirabik] *adj* antirrábico(-a)
antiracisme [ɑ̃tirasism] *nm* antirracismo
antiraciste [ɑ̃tirasist] *adj, nmf* antirracista
antireflet [ɑ̃tirəflɛ] *adj* : **verre ~** cristal *m* antirreflejo
antirépublicain, e [ɑ̃tirepyblikɛ̃, ɛn] *adj* antirrepublicano(-a)
antirides [ɑ̃tirid] *adj* antiarrugas
antirouille [ɑ̃tiruj] *adj* : **peinture/produit ~** pintura/producto antioxidante; **traitement ~** tratamiento antioxidante
antisémite [ɑ̃tisemit] *adj, nmf* antisemita *mf*
antisémitisme [ɑ̃tisemitism] *nm* antisemitismo
antiseptique [ɑ̃tisɛptik] *adj* antiséptico(-a) ▸ *nm* antiséptico
antisismique [ɑ̃tisismik] *adj* antisísmico(-a)
antisocial, e, -aux [ɑ̃tisɔsjal, jo] *adj* antisocial
antispasmodique [ɑ̃tispasmɔdik] *adj* antiespasmódico(-a)
antisportif, -ive [ɑ̃tispɔrtif, iv] *adj* antideportivo(-a)
antitabac [ɑ̃titaba] *adj inv* antitabaco *inv*
antiterroriste [ɑ̃titerɔrist] *adj* antiterrorista
antitétanique [ɑ̃titetanik] *adj* antitetánico(-a)

a

antithèse [ɑ̃titɛz] *nf* antítesis *f inv*
antitrust [ɑ̃titʀœst] *adj* antitrust
antituberculeux, -euse [ɑ̃titybɛʀkylø, øz] *adj* antituberculoso(-a)
antitussif, -ive [ɑ̃titysif, iv] *adj* antitusígeno(-a)
antivariolique [ɑ̃tivaʀjɔlik] *adj* antivariólico(-a)
antiviral, e, --aux [ɑ̃tiviʀal, -o] *adj* (*Méd*) antiviral
antivirus [antiviʀys] *nm* (*Inform*) antivirus *m inv*
antivol [ɑ̃tivɔl] *adj* : **(dispositif) ~** (dispositivo) antirrobo ▸ *nm* antirrobo
antonyme [ɑ̃tɔnim] *nm* antónimo
antre [ɑ̃tʀ] *nm* (*aussi fig*) antro
anus [anys] *nm* ano
anxiété [ɑ̃ksjete] *nf* ansiedad *f*
anxieusement [ɑ̃ksjøzmɑ̃] *adv* ansiosamente
anxieux, -euse [ɑ̃ksjø, jøz] *adj* ansioso(-a); **être ~ de faire** estar ansioso(-a) por hacer
anxiogène [ɑ̃ksjɔʒɛn] *adj* (*situation, climat*) ansiógeno(-a)
anxiolytique [ɑ̃ksjɔlitik] *nm* ansiólitico
AOC *sigle f* (= *appellation d'origine contrôlée*) ≈ DO *f* (= *denominación de origen*); *voir aussi* **appellation**

AOC

AOC es la certificación francesa que garantiza que vinos y otros productos agrícolas son de mayor calidad y han sido elaborados siguiendo unos criterios estrictos.

aorte [aɔʀt] *nf* aorta
août [u(t)] *nm* agosto; *voir aussi* **juillet**
aoûtien, ne [ausjɛ̃, jɛn] *nm/f* veraneante *mf* de agosto
AP *sigle f* (= *Assistance publique*) *voir* **assistance**
apaisant, e [apɛzɑ̃, ɑ̃t] *adj* apaciguador(a)
apaisement [apɛzmɑ̃] *nm* (*aussi Pol*) apaciguamiento; **apaisements** *nmpl* : **donner des apaisements à qn** tranquilizar a algn
apaiser [apeze] *vt* tranquilizar; **s'apaiser** *vpr* tranquilizarse
apanage [apanaʒ] *nm* : **être l'~ de** ser el privilegio de
aparté [apaʀte] *nm* aparte *m*; **en ~** (*dire*) confidencialmente
apartheid [apaʀtɛd] *nm* apartheid *m*
apathie [apati] *nf* apatía
apathique [apatik] *adj* apático(-a)
apatride [apatʀid] *adj, nmf* apátrida *mf*
APCE [apeceə] *sigle f* (= *Agence pour la création d'entreprises*) *agencia de ayuda a la creación de empresas*
apercevoir [apɛʀsəvwaʀ] *vt* (*voir*) distinguir; (*constater, percevoir*) percibir; **s'~ de/que** darse cuenta de/de que; **sans s'en ~** sin darse cuenta
aperçu [apɛʀsy] *pp de* **apercevoir** ▸ *nm* visión *f* de conjunto; (*gén pl : intuition*) idea
apéritif, -ive [apeʀitif, iv] *adj* aperitivo(-a) ▸ *nm* aperitivo; **prendre l'~** tomar el aperitivo
apéro [apeʀo] (*fam*) *nm* (*apéritif*) aperitivo; **prendre l'~** tomar el aperitivo
apesanteur [apəzɑ̃tœʀ] *nf* ingravidez *f*
à-peu-près [apøpʀɛ] (*péj*) *nm inv* aproximación *f*
apeuré, e [apœʀe] *adj* atemorizado(-a)
aphasie [afazi] *nf* afasia
aphone [afɔn] *adj* afónico(-a)
aphorisme [afɔʀism] *nm* aforismo
aphrodisiaque [afʀɔdizjak] *adj* afrodisíaco(-a) ▸ *nm* afrodisíaco
aphte [aft] *nm* afta
aphteux, -euse [aftø, øz] *adj* : **fièvre aphteuse** fiebre *f* aftosa
à-pic [apik] *nm* (*d'une falaise*) caída
apicole [apikɔl] *adj* apícola
apiculteur, -trice [apikyltœʀ, tʀis] *nm/f* apicultor(a)
apiculture [apikyltyʀ] *nf* apicultura
apitoiement [apitwamɑ̃] *nm* compasión *f*
apitoyer [apitwaje] *vt* apiadar; **~ qn sur qch** enternecer a algn con algo; **s'apitoyer** *vpr* apiadarse; **s'~ sur qn** apiadarse de algn; **s'~ sur le sort de qn** apiadarse de la suerte de algn
ap. J.-C. [apʀɛʒise] *abr* (= *après Jésus-Christ*) d. C.
APL [apeɛl] *sigle f* (= *aide personnalisée au logement*) *ayuda personalizada para el acceso a la vivienda*
aplanir [aplaniʀ] *vt* (*surface*) aplanar; (*difficultés*) allanar
aplati, e [aplati] *adj* achatado(-a)
aplatir [aplatiʀ] *vt* aplastar; **s'aplatir** *vpr* aplastarse; (*fig*) tumbarse; (*fam : tomber*) caerse; (*péj : s'humilier*) rebajarse; **s'~ contre** (*fam*) aplastarse contra
aplomb [aplɔ̃] *nm* (*équilibre*) equilibrio; (*sang-froid, Constr*) aplomo; (*péj*) desfachatez *f*; **d'~** (*en équilibre*) derecho(-a); **remettre qch d'~** poner algo derecho; **remettre qn d'~** (*fig*) dejar a algn como nuevo; **(ne pas) se sentir d'~** (no) sentirse con fuerzas
APN *sigle m* (= *appareil photo(graphique) numérique*) cámara *f* digital
apnée [apne] *nf* apnea; **apnées du sommeil** apneas del sueño; **en ~** en apnea
apocalypse [apɔkalips] *nf* apocalipsis *m*
apocalyptique [apɔkaliptik] *adj* (*fig*) apocalíptico(-a)
apocryphe [apɔkʀif] *adj* apócrifo(-a)
apogée [apɔʒe] *nm* apogeo
apolitique [apɔlitik] *adj* apolítico(-a)

apologie [apɔlɔʒi] *nf* apología; (*Jur*) defensa
apoplexie [apɔplɛksi] *nf* apoplejía
a posteriori *adv* a posteriori
apostolat [apɔstɔla] *nm* apostolado
apostolique [apɔstɔlik] *adj* apostólico(-a)
apostrophe [apɔstʀɔf] *nf* (*signe*) apóstrofe *m*; (*interpellation*) improperio
apostropher [apɔstʀɔfe] *vt* increpar
apothéose [apɔteoz] *nf* apoteosis *f*
apothicaire [apɔtikɛʀ] *nm* boticario(-a)
apôtre [apotʀ] *nm* apóstol *m*; **se faire l'~ de** (*fig*) ser el apóstol de
apparaître [apaʀɛtʀ] *vi* aparecer; (*avec attribut*) parecer; **il apparaît que** es evidente que; **il m'apparaît que** me parece que
apparat [apaʀa] *nm* : **tenue/dîner d'~** traje *m*/cena de etiqueta
appareil [apaʀɛj] *nm* aparato; **~ digestif/reproducteur** aparato digestivo/reproductor; **qui est à l'~ ?** ¿quién está al aparato?; **dans le plus simple ~** como Dios lo(-a) trajo al mundo; **~ numérique** cámara digital; **~ photographique, ~ photo** cámara de fotos; **~ productif** aparato productivo; **~ 24x36** *ou* **petit format** cámara de 24 por 36
appareillage [apaʀɛjaʒ] *nm* (*appareils, installation*) equipo; (*Naut*) partida
appareiller [apaʀeje] *vi* zarpar ▸ *vt* (*assortir*) emparejar; (*Méd*) poner una prótesis a
apparemment [apaʀamɑ̃] *adv* aparentemente, dizque (*Am*)
apparence [apaʀɑ̃s] *nf* apariencia; **malgré les apparences** a pesar de las apariencias; **en ~** en apariencia
apparent, e [apaʀɑ̃, ɑ̃t] *adj* (*visible*) aparente; (*évident*) evidente; (*illusoire, superficiel*) ilusorio(-a); **coutures apparentes** costuras *fpl* visibles; **poutres apparentes** vigas *fpl* al descubierto
apparenté, e [apaʀɑ̃te] *adj* : **~ à** (*aussi fig*) emparentado(-a) con
apparenter [apaʀɑ̃te] : **s'apparenter** *vpr* : **s'~ à** parecerse a
apparier [apaʀje] *vt* emparejar
appariteur, -trice [apaʀitœʀ, tʀis] *nm/f* bedel(a)
apparition [apaʀisjɔ̃] *nf* aparición *f*; **faire une ~** aparecer brevemente; **faire son ~** hacer su aparición
appartement [apaʀtəmɑ̃] *nm* piso, departamento (*Am*)
appartenance [apaʀtənɑ̃s] *nf* : **~ à** pertenencia a
appartenir [apaʀtəniʀ] : **~ à** *vt* pertenecer a; **il lui appartient de** (*c'est son rôle*) le corresponde; **il ne m'appartient pas de (faire)** no me corresponde (hacer)
appartiendrai *etc* [apaʀtjɛ̃dʀe] *vb voir* **appartenir**
appartiens *etc* [apaʀtjɛ̃] *vb voir* **appartenir**
apparu, e [apaʀy] *pp de* **apparaître**
appas [apɑ] *nmpl* encantos *mpl*
appât [apɑ] *nm* (*aussi fig*) cebo
appâter [apɑte] *vt* (*canne à pêche, hameçon*) colocar el cebo a; (*gibier, poisson, fig*) atraer
appauvrir [apovʀiʀ] *vt* (*aussi fig*) empobrecer; **s'appauvrir** *vpr* empobrecerse
appauvrissement [apovʀismɑ̃] *nm* empobrecimiento
appeau [apo] *nm* reclamo
appel [apɛl] *nm* llamada, llamado (*Am*); (*attirance*) reclamo; (*nominal*) lista; (*Mil*) alistamiento a filas; (*Jur*) apelación *f*, llamado (*Am*); **faire ~ à** (*invoquer*) apelar a; (*avoir recours à*) recurrir a; (*nécessiter*) necesitar; **faire** *ou* **interjeter ~** (*Jur*) apelar; **faire l'~** pasar lista; **sans ~** (*fig*) sin apelación; **faire un ~ de phares** hacer señales con los faros; **indicatif d'~** señal *f* distintiva; **numéro d'~** número telefónico; **~ d'air** aspiración *f* de aire; **~ d'offres** llamada a licitación; **~ (téléphonique)** llamada (telefónica)
appelé [ap(ə)le] *nm* (*Mil*) recluta *m*
appeler [ap(ə)le] *vt* llamar; (*en faisant l'appel*) pasar lista; (*nommer : avec attribut ou complément*) nombrar; (*nécessiter*) requerir; **~ au secours** *ou* **à l'aide** pedir ayuda; (*en cas de danger*) pedir socorro *ou* auxilio; **~ qn à un poste/à des fonctions** destinar a algn a un puesto/a unas funciones; **être appelé à** (*fig*) ser llamado a; **~ qn à comparaître** (*Jur*) citar a algn; **en ~ à qn/qch** apelar a algn/algo; **~ police-secours** llamar al 091; **s'appeler** *vpr* llamarse; **il s'appelle** se llama; **comment ça s'appelle ?** ¿cómo se llama esto?; **je m'appelle** me llamo; **ça s'appelle un(e) ...** se llama un(a) ...
appellation [apelasjɔ̃] *nf* (*d'un produit*) denominación *f*; **vin d'~ contrôlée** vino con denominación de origen
appelle [apɛl] *vb voir* **appeler**
appendice [apɛ̃dis] *nm* apéndice *m*
appendicectomie [apɛ̃disɛktɔmi] *nf* apendicectomía
appendicite [apɛ̃disit] *nf* apendicitis *f*
appentis [apɑ̃ti] *nm* cobertizo
appert [apɛʀ] *vb* : **il ~ que** es evidente que
appesantir [apəzɑ̃tiʀ] : **s'appesantir** *vpr* hacerse más pesado; **s'~ sur** (*fig*) insistir en
appétissant, e [apetisɑ̃, ɑ̃t] *adj* apetitoso(-a)
appétit [apeti] *nm* apetito; **avoir un gros/petit ~** tener mucho/poco apetito; **couper l'~ de qn** quitar las ganas a algn; **bon ~ !** ¡buen provecho!
applaudimètre [aplodimɛtʀ] *nm* aplaudímetro
applaudir [aplodiʀ] *vt, vi* aplaudir; **~ à** (*décision, projet*) aprobar; **~ à tout rompre** aplaudir a rabiar

a

applaudissements [aplodismɑ̃] *nmpl* aplausos *mpl*
appli [apli] *nf* aplicación *f*
applicable [aplikabl] *adj* aplicable
applicateur [aplikatœʀ] *nm* aplicador *m*
application [aplikasjɔ̃] *nf* aplicación *f*; **mettre en ~** poner en aplicación; **avec ~** aplicadamente; **applications** *nfpl* (*d'une théorie, méthode*) aplicación *fsg*
applique [aplik] *nf* aplique *m*
appliqué, e [aplike] *adj* aplicado(-a)
appliquer [aplike] *vt* aplicar; **s'appliquer** *vpr* aplicarse; **s'~ à** aplicarse a; **s'~ à faire qch** esmerarse en hacer algo; **s'~ sur** (*coïncider avec*) encajar con; **il s'est (beaucoup) appliqué** se ha esmerado (mucho)
appoggiature [apɔ(d)ʒjatyʀ] *nm* apoyatura
appoint [apwɛ̃] *nm* (*fig*) ayuda; **avoir/faire l'~** (*en payant*) tener/dar suelto; **chauffage/lampe d'~** calefacción *f*/lámpara suplementaria
appointements [apwɛ̃tmɑ̃] *nmpl* honorarios *mpl*
appontage [apɔ̃taʒ] *nm* aterrizaje *m* en un portaaviones
appontement [apɔ̃tmɑ̃] *nm* muelle *m*
apponter [apɔ̃te] *vi* aterrizar en un portaaviones
apport [apɔʀ] *nm* aportación *f*
apporter [apɔʀte] *vt* (*fleurs, bonbons*) traer; (*soutien, preuve*) aportar; (*soulagement*) procurar; (*suj : remarque*) añadir

> Il faut faire la distinction en espagnol entre *llevar* (qui implique un mouvement d'éloignement) et *traer* (qui implique un mouvement de rapprochement) :
> **Qu'est-ce que j'apporte pour le pique-nique ? À manger ou à boire ? — Apporte du vin.** ¿Qué llevo para el picnic?, ¿Comida o bebida? — Trae vino.

apposer [apoze] *vt* aplicar
apposition [apozisjɔ̃] *nf* aposición *f*; **en ~** en aposición
appréciable [apʀesjabl] *adj* apreciable
appréciation [apʀesjasjɔ̃] *nf* apreciación *f*; **appréciations** *nfpl* (*commentaire, avis*) observaciones *fpl*
apprécier [apʀesje] *vt* apreciar; **s'apprécier** *vpr* (*monnaie*) apreciarse
appréhender [apʀeɑ̃de] *vt* (*craindre*) temer; (*aborder*) aprehender; (*suj : police*) detener; **~ que/de faire** temer que/hacer
appréhension [apʀeɑ̃sjɔ̃] *nf* aprehensión *f*
apprendre [apʀɑ̃dʀ] *vt* aprender; (*nouvelle, résultat*) enterarse de; **~ qch à qn** (*informer*) informar de algo a algn; (*enseigner*) enseñar algo a algn; **~ à faire qch** aprender a hacer algo; **~ à qn à faire qch** enseñar a algn a hacer algo; **tu me l'apprends !** ¡qué noticia!

> **Apprendre** ne se traduit par *aprender* que dans le sens de « s'initier à ». Dans le sens d'« enseigner », on emploiera toujours *enseñar* :
> **J'ai appris à nager l'été dernier.** Aprendí a nadar el verano pasado.
> **C'est lui qui m'a appris à nager.** Él me enseñó a nadar.

apprenti, e [apʀɑ̃ti] *nm/f* (*aussi fig*) aprendiz(a)
apprentissage [apʀɑ̃tisaʒ] *nm* aprendizaje *m*; **faire l'~ de qch** iniciarse en algo; **école** *ou* **centre d'~** escuela *ou* centro de aprendizaje
apprêt [apʀɛ] *nm* (*sur un cuir*) adobo; (*sur une étoffe, un papier*) apresto; (*sur un mur*) aparejo; **sans ~** (*fig*) sin artificio
apprêté, e [apʀete] *adj* (*fig*) amanerado(-a), rebuscado(-a)
apprêter [apʀete] *vt* (*voir nm*) adobar; aprestar; **s'apprêter** *vpr* : **s'~ à qch/à faire qch** disponerse a algo/a hacer algo
appris, e [apʀi, iz] *pp de* **apprendre**
apprivoisé, e [apʀivwaze] *adj* domesticado(-a)
apprivoiser [apʀivwaze] *vt* domesticar
approbateur, -trice [apʀɔbatœʀ, tʀis] *adj* de aprobación
approbatif, -ive [apʀɔbatif, iv] *adj* aprobativo(-a)
approbation [apʀɔbasjɔ̃] *nf* (*autorisation*) aprobación *f*, conformidad *f*; (*jugement favorable*) aprobación, asentimiento; **digne d'~** digno de aprobación
approchant, e [apʀɔʃɑ̃, ɑ̃t] *adj* (*résultat, genre*) parecido(-a), semejante; **quelque chose d'~** algo parecido
approche [apʀɔʃ] *nf* (*d'une date*) proximidad *f*; (*arrivée*) acercamiento; (*d'un problème*) enfoque *m*; **à l'~ de** (*Noël, anniversaire*) al acercarse; **à l'~ du bateau/de l'ennemi** al acercarse el barco/el enemigo; **travaux d'~** (*fig*) trabajos *mpl* de zapa; **approches** *nfpl* (*abords*) acceso *msg*, cercanías *fpl*
approché, e [apʀɔʃe] *adj* aproximativo(-a), aproximado(-a)
approcher [apʀɔʃe] *vi* acercarse, aproximarse ▸ *vt* (*vedette, artiste*) relacionarse con; (*rapprocher*) : **~ qch (de qch)** acercar algo (a algo); **~ de** (*but, moment*) acercarse a, estar más cerca de; (*nombre, quantité*) rozar; **s'approcher de** *vpr* acercarse a; **approchez-vous** acérquese
approfondi, e [apʀɔfɔ̃di] *adj* ahondado(-a); (*connaissance, étude*) profundo(-a)
approfondir [apʀɔfɔ̃diʀ] *vt* (*sujet, question*) profundizar (en); **sans ~** sin profundizar
approfondissement [apʀɔfɔ̃dismɑ̃] *nm* (*de connaissances*) profundización *f*
appropriation [apʀɔpʀijasjɔ̃] *nf* apropiación *f*

approprié, e [apʀɔpʀije] *adj* apropiado(-a), adecuado(-a); **~ à** adecuado(-a) a, conforme a
approprier [apʀɔpʀije] *vt* adaptar; **s'approprier** *vpr* apropiarse de, adueñarse de
approuver [apʀuve] *vt* (*autoriser*) aprobar; (*être d'accord avec*) estar de acuerdo con; **je vous approuve entièrement** estoy completamente de acuerdo con usted; **je ne vous approuve pas** no estoy de acuerdo con usted; **lu et approuvé** leído y conforme
approvisionnement [apʀɔvizjɔnmɑ̃] *nm* (*d'une ville, d'un magasin*) abastecimiento; (*provisions*) provisiones *fpl*
approvisionner [apʀɔvizjɔne] *vt* (*magasin, personne*) abastecer, proveer; (*compte bancaire*) cubrir; **~ qn en** abastecer *ou* proveer a algn de; **s'~ dans un magasin/au marché** comprar en una tienda/en el mercado; **s'~ en** proveerse de
approximatif, -ive [apʀɔksimatif, iv] *adj* aproximativo(-a); (*idée*) aproximado(-a)
approximation [apʀɔksimasjɔ̃] *nf* aproximación *f*
approximativement [apʀɔksimativmɑ̃] *adv* aproximadamente
appt *abr* = **appartement**
appui [apɥi] *nm* apoyo; (*de fenêtre*) antepecho; (*d'escalier etc*) soporte *m*; (*soutien, aide*) apoyo, sostén *m*; **prendre ~ sur** apoyarse en; **point d'~** punto de apoyo; **à l'~ de** (*pour prouver*) en prueba de; **à l'~** como prueba
appuie [apɥi] *vb voir* **appuyer**
appuie-tête [apɥitɛt] (*pl* **appuie-têtes**) *nm* cabezal *m*
appuyé, e [apɥije] *adj* (*regard*) insistente; (*politesse, compliment*) excesivo(-a)
appuyer [apɥije] *vt* (*personne, demande*) apoyar, respaldar; **~ qch sur/contre/à** apoyar algo en/contra/en; **~ contre** (*mur, porte*) apoyar contra; **~ sur** (*bouton*) apretar; (*frein*) pisar; (*insister sur*) recalcar, insistir en; (*peser sur*) descansar sobre; **~ à droite** *ou* **sur sa droite** dirigirse a la derecha; **~ sur le champignon** (*fam*) apretar el acelerador; **s'~ sur** (*s'accouder à*) apoyarse contra; (*se baser sur*) basarse en; (*compter sur*) contar con; **s'~ sur qn** (*fig*) apoyarse en algn
âpre [ɑpʀ] *adj* (*goût, vin*) áspero(-a); (*voix*) áspero(-a), duro(-a); (*hiver, froid*) riguroso(-a); (*discussion*) duro(-a), violento(-a); (*lutte, bataille*) encarnizado(-a); **~ au gain** ávido(-a) de lucro
après [apʀɛ] *prép* después de; **~ qu'il est parti/avoir fait** después de que se fuera/de haber hecho; **courir ~ qn** correr detrás de algn; **crier ~ qn** reñir a algn; **être toujours ~ qn** (*critiquer*) meterse con algn; **~ quoi** después, a continuación; **d'~ lui/moi** según él/yo; **~ coup** posteriormente; **~ tout** después de todo ▶ *adv* después; **deux heures ~** dos horas después; **et (puis) ~ !** ¿y qué?
après-demain [apʀɛdmɛ̃] *adv* pasado mañana
après-guerre [apʀɛgɛʀ] (*pl* **après-guerres**) *nm* posguerra; **d'~** de posguerra
après-midi [apʀɛmidi] (*pl* **~(s)**) *nm ou f* tarde *f*
après-rasage [apʀɛʀazaʒ] (*pl* **après-rasages**) *nm* : **lotion ~** loción *f* para después del afeitado
après-shampooing [apʀɛʃɑ̃pwɛ̃] (*pl* **après-shampooings**) *nm* acondicionador *m*
après-ski [apʀɛski] (*pl* **après-skis**) *nm* bota *f* « après-ski »
après-soleil [apʀɛsɔlɛj] *adj inv* after-sun *inv* ▶ *nm* after-sun *m inv*
après-vente [apʀɛvɑ̃t] (*pl* **~(s)**) *adj* posventa
âpreté [ɑpʀəte] *nf* aspereza; rigor *m*; dureza
a priori *adv* a priori
à-propos [apʀɔpo] *nm inv* ocurrencia; **faire preuve d'~** mostrar ingenio; **avec ~** con oportunidad
apte [apt] *adj* : **~ à qch/à faire qch** apto(-a) para algo/para hacer algo; **~ (au service)** (*Mil*) apto (para el servicio)
aptitude [aptityd] *nf* aptitud *f*; **avoir des aptitudes pour** tener aptitudes para
apurer [apyʀe] *vt* (*Comm*) comprobar
aquaculture [akwakyltyʀ] *nf* acuicultura
aquagym® [akwaʒim] *nf* aquagym *m*
aquaplanage [akwaplanaʒ] *nm* (*Auto*) acuaplaning *m*
aquaplane [akwaplan] *nm* acuaplano
aquaplaning [akwaplaniŋ] *nm* (*Auto*) = **aquaplanage**
aquarelle [akwaʀɛl] *nf* acuarela
aquarelliste [akwaʀelist] *nmf* acuarelista *mf*
aquarium [akwaʀjɔm] *nm* acuario
aquatique [akwatik] *adj* acuático(-a)
aqueduc [ak(ə)dyk] *nm* acueducto
aqueux, -euse [akø, øz] *adj* acuoso(-a)
aquilin [akilɛ̃] *adj m* : **nez ~** nariz *f* aguileña
Aquitaine [akitɛn] *nf* Aquitania
AR [aɛʀ] *sigle m* (*Aviat, Rail etc*) = **aller (et) retour**
arabe [aʀab] *adj* árabe ▶ *nm* (*Ling*) árabe *m* ▶ *nmf* : **Arabe** árabe *mf*
arabesque [aʀabɛsk] *nf* arabesco
Arabie [aʀabi] *nf* Arabia; **l'~ saoudite** Arabia Saudita
arable [aʀabl] *adj* arable
arachide [aʀaʃid] *nf* (*plante*) cacahuete *m*; (*graine*) cacahuete, maní *m*
Aragon [aʀagɔ̃] *nm* Aragón *m*
araignée [aʀeɲe] *nf* araña; **~ de mer** centollo
araser [aʀɑze] *vt* (*mur*) enrasar; (*menuiserie*) cepillar
aratoire [aʀatwaʀ] *adj* : **instrument ~** instrumento de labranza
arbalète [aʀbalɛt] *nf* ballesta
arbitrage [aʀbitʀaʒ] *nm* (*voir vb*) arbitraje *m*; moderación *f*

arbitraire [aʀbitʀɛʀ] *adj* arbitrario(-a)
arbitrairement [aʀbitʀɛʀmɑ̃] *adv* arbitrariamente
arbitre [aʀbitʀ] *nmf* (*Sport, aussi fig*) árbitro(-a); (*Jur, Tennis, Cricket*) juez *mf*
arbitrer [aʀbitʀe] *vt* (*Sport*) arbitrar; (*fig*) moderar
arboré, e [aʀbɔʀe] *adj* arbolado(-a)
arborer [aʀbɔʀe] *vt* (*drapeau, enseigne*) izar, enarbolar; (*vêtement, chapeau*) lucir; (*attitude, sourire*) ostentar, mostrar
arborescence [aʀbɔʀesɑ̃s] *nf* arborescencia
arboricole [aʀbɔʀikɔl] *adj* arborícola
arboriculture [aʀbɔʀikyltyʀ] *nf* arboricultura; **~ fruitière** arboricultura frutal
arbre [aʀbʀ] *nm* árbol *m*; **~ à cames** árbol de levas; **~ de Noël** árbol de navidad; **~ de transmission** árbol de transmisión; **~ fruitier** árbol frutal; **~ généalogique** árbol genealógico
arbrisseau [aʀbʀiso] *nm* arbusto
arbuste [aʀbyst] *nm* arbusto
arc [aʀk] *nm* arco; **en ~ de cercle** en arco de círculo; **~ de triomphe** arco de triunfo
arcade [aʀkad] *nf* (*Archit*) arcada; **~ sourcilière** arco superciliar; **arcades** *nfpl* (*d'un pont*) arcadas *fpl*; (*d'une rue*) soportales *mpl*
arcanes [aʀkan] *nmpl* arcanos *mpl*
arc-boutant [aʀkbutɑ̃] (*pl* **arcs-boutants**) *nm* arbotante *m*
arc-bouter [aʀkbute] : **s'arc-bouter** *vpr* apoyarse, apuntalarse; **s'~ contre** apoyarse en, afianzarse en
arceau [aʀso] *nm* arco
arc-en-ciel [aʀkɑ̃sjɛl] (*pl* **arcs-en-ciel**) *nm* arco iris *m*
archaïque [aʀkaik] *adj* arcaico(-a)
archaïsme [aʀkaism] *nm* arcaismo
archange [aʀkɑ̃ʒ] *nm* arcángel *m*
arche [aʀʃ] *nf* arco; **~ de Noé** arca de Noe
archéologie [aʀkeɔlɔʒi] *nf* arqueología
archéologique [aʀkeɔlɔʒik] *adj* arqueológico(-a)
archéologue [aʀkeɔlɔg] *nmf* arqueólogo(-a)
archer [aʀʃe] *nm* arquero
archet [aʀʃɛ] *nm* arco
archétype [aʀketip] *nm* arquetipo
archevêché [aʀʃəveʃe] *nm* arzobispado
archevêque [aʀʃəvɛk] *nm* arzobispo
archi... [aʀʃi] *préf* archi...
archibondé, e [aʀʃibɔ̃de] *adj* archirrepleto(-a)
archiduc [aʀʃidyk] *nm* archiduque *m*
archiduchesse [aʀʃidyʃɛs] *nf* archiduquesa
archipel [aʀʃipɛl] *nm* archipiélago
archisimple [aʀʃisɛ̃pl] *adj* sencillísimo(-a)
architecte [aʀʃitɛkt] *nmf* arquitecto(-a); (*fig : de la réussite*) artífice *mf*
architectural, e, -aux [aʀʃitɛktyʀal, o] *adj* arquitectural, arquitectónico(-a)
architecture [aʀʃitɛktyʀ] *nf* arquitectura; (*structure, agencement*) arquitectura, estructura
architrave [aʀʃitʀav] *nf* (*Archit*) arquitrabe *m*
archivage [aʀʃivaʒ] *nm* archivo (*acción*)
archiver [aʀʃive] *vt* archivar
archives [aʀʃiv] *nfpl* (*documents*) archivos *mpl*; (*local*) archivo *msg*
archiviste [aʀʃivist] *nmf* archivero(-a)
arçon [aʀsɔ̃] *nm voir* **cheval**
arctique [aʀktik] *adj* ártico(-a); **le cercle ~** el círculo polar ártico; **l'océan A~** el océano Ártico ▸ *nm* : **l'A~** el Ártico
ardemment [aʀdamɑ̃] *adv* ardientemente
Ardennes [aʀdɛn] *nfpl* Ardenas *fpl*
ardent, e [aʀdɑ̃, ɑ̃t] *adj* ardiente; (*feu, soleil*) ardiente, abrasador(a); (*prière*) fervoroso(-a)
ardeur [aʀdœʀ] *nf* (*du soleil, feu*) ardor *m*, calor *m*; (*fig*) ardor, vehemencia; **~ au travail** entusiasmo con el que trabaja
ardoise [aʀdwaz] *nf* pizarra; **un toit en ~** un techo de pizarra; **avoir une ~** (*fig*) tener cuenta
ardu, e [aʀdy] *adj* arduo(-a); (*pente*) empinado(-a)
are [aʀ] *nm* área
arène [aʀɛn] *nf* arena; **l'~ politique/ littéraire** la palestra política/literaria; **arènes** *nfpl* (*de corrida*) ruedo; (*bâtiment*) plaza *fsg* de toros
arête [aʀɛt] *nf* (*de poisson*) espina; (*d'une montagne*) cresta; (*d'un solide*) arista; (*d'une poutre, d'un toit*) cumbrera
argent [aʀʒɑ̃] *nm* (*métal, couleur*) plata; (*monnaie*) dinero; **en avoir pour son ~** lo comido por lo servido; **gagner beaucoup d'~** ganar mucho dinero; **changer de l'~** cambiar dinero; **~ comptant** dinero en efectivo; **~ de poche** dinero para gastos menudos; **~ liquide** dinero líquido
argenté, e [aʀʒɑ̃te] *adj* plateado(-a)
argenter [aʀʒɑ̃te] *vt* platear
argenterie [aʀʒɑ̃tʀi] *nf* plata
argentin, e [aʀʒɑ̃tɛ̃, in] *adj* argentino(-a) ▸ *nm/f* : **Argentin, e** argentino(-a)
Argentine [aʀʒɑ̃tin] *nf* Argentina
argentique [aʀʒɑ̃tik] *adj* (*appareil-photo*) analógico(-a), no digital
argile [aʀʒil] *nf* arcilla
argileux, -euse [aʀʒilø, øz] *adj* arcilloso(-a)
argot [aʀgo] *nm* argot *m*, jerga
argotique [aʀgɔtik] *adj* argótico(-a)
arguer [aʀgɥe] : **~ de** *vt* argüir, alegar; **~ que** argüir que
argument [aʀgymɑ̃] *nm* argumento
argumentaire [aʀgymɑ̃tɛʀ] *nm* lista de argumentos de venta; (*brochure*) folleto publicitario
argumentation [aʀgymɑ̃tasjɔ̃] *nf* argumentación *f*
argumenter [aʀgymɑ̃te] *vi* argumentar

argus [aʀgys] *nm* (*Auto*) *revista especializada en el mercado de los coches de ocasión*
arguties [aʀgysi] (*péj*) *nfpl* argucias *fpl*
aride [aʀid] *adj* (*sol, pays*) árido(-a); (*texte, sujet*) árido(-a)
aridité [aʀidite] *nf* (*voir adj*) aridez *f*; dureza
arien, ne [aʀjɛ̃, ɛn] *adj* arriano(-a)
aristocrate [aʀistɔkʀat] *nmf* aristócrata *mf*
aristocratie [aʀistɔkʀasi] *nf* aristocracia
aristocratique [aʀistɔkʀatik] *adj* aristocrático(-a)
arithmétique [aʀitmetik] *adj* aritmético(-a) ▶ *nf* aritmética
armada [aʀmada] *nf* armada
armagnac [aʀmaɲak] *nm* aguardiente *m* de Armagnac
armateur [aʀmatœʀ] *nm* armador *m*, naviero
armature [aʀmatyʀ] *nf* armazón *m*; (*Constr, fig*) armazón, estructura; (*Mus*) armadura
arme [aʀm] *nf* arma; **à armes égales** en igualdad de condiciones; **ville/peuple en armes** ciudad *f*/pueblo en armas; **passer par les armes** pasar por las armas; **prendre les armes** tomar las armas; **armes de destruction massive** armas de destrucción masiva; **~ à feu/blanche** arma de fuego/ blanca; **armes** *nfpl* (*blason*) armas *fpl*; (*profession*) : **les armes** las armas; **présenter les armes** presentar armas
armé, e [aʀme] *adj* armado(-a); **~ de** equipado(-a) con, armado(-a) con
armée [aʀme] *nf* ejército; (*fig*) nube *f*, ejército; **~ de l'air/de terre** ejército del aire/ de tierra; **~ du Salut** ejército de Salvación
armement [aʀməmɑ̃] *nm* armamento; **course aux armements** carrera de armamentos; **armements nucléaires** armamentos *mpl* nucleares
Arménie [aʀmeni] *nf* Armenia
arménien, ne [aʀmenjɛ̃, jɛn] *adj* armenio(-a) ▶ *nm* (*Ling*) armenio ▶ *nm/f* : **Arménien, ne** armenio(-a)
armer [aʀme] *vt* armar; (*d'une pointe, d'un blindage*) proveer, equipar; (*de pouvoirs etc*) dotar; (*arme à feu, appareil photo*) montar; **~ qch de** armar algo con; **~ qn de** armar a algn con; **s'~ de** (*courage, patience*) armarse de; (*bâton, fusil*) armarse con
armistice [aʀmistis] *nm* armisticio; **l'A~** el armisticio
armoire [aʀmwaʀ] *nf* armario, closet *ou* clóset (*Am*); (*penderie*) ropero; **~ à glace** (*fig*) mole *f*; **~ à pharmacie** botiquín *m*
armoiries [aʀmwaʀi] *nfpl* escudo *msg* de armas
armure [aʀmyʀ] *nf* armadura
armurerie [aʀmyʀʀi] *nf* (*fabrique*) fábrica de armas; (*magasin*) armería
armurier [aʀmyʀje] *nm* armero

ARN [aɛʀɛn] *sigle m* (= *acide ribonucléique*) ARN *m*
arnaque [aʀnak] (*fam*) *nf* : **de l'~** un timo
arnaquer [aʀnake] (*fam*) *vt* timar; **tu t'es fait ~** te han timado
arnaqueur, -euse [aʀnakœʀ, øz] (*fam*) *nm/f* timador(a)

a

arnica [aʀnika] *nm* : **(teinture d')~** (tintura de) árnica
arobase [aʀobaz] *nf* arroba
aromates [aʀɔmat] *nmpl* hierbas *fpl* aromáticas
aromathérapie [aʀɔmateʀapi] *nf* aromaterapia
aromatique [aʀɔmatik] *adj* aromático(-a)
aromatisé, e [aʀɔmatize] *adj* aromatizado(-a)
aromatiser [aʀɔmatize] *vt* aromatizar
arôme [aʀom] *nm* aroma *m*
arpège [aʀpɛʒ] *nm* arpegio
arpentage [aʀpɑ̃taʒ] *nm* agrimensura
arpenter [aʀpɑ̃te] *vt* recorrer a grandes pasos
arpenteur [aʀpɑ̃tœʀ] *nm* agrimensor(a)
arqué, e [aʀke] *adj* arqueado(-a)
arr., arrt *abr* = **arrondissement**
arrachage [aʀaʃaʒ] *nm* : **~ des mauvaises herbes** arranque *m* de malas hierbas
arraché [aʀaʃe] *nm* (*haltérophilie*) arrancada; **obtenir à l'~** (*fig*) obtener con gran esfuerzo
arrachement [aʀaʃmɑ̃] *nm* (*affectif*) desgarramiento
arrache-pied [aʀaʃpje] *adv* : **d'~** (*combattre*) a brazo partido; (*talonner*) sin desmayo
arracher [aʀaʃe] *vt* arrancar; (*clou, dent*) sacar, extraer; (*par explosion, accident*) desgarrar; (*fig*) sacar, arrancar; **~ qch à qn** arrebatar algo a algn; (*fig*) sonsacar algo a algn; **~ qn à** (*solitude, rêverie*) sacar a algn de, arrancar a algn de; (*famille*) arrancar a algn de; **s'arracher** *vpr* (*personne, article très recherché*) rifarse; **s'~ de** desprenderse de; (*lieu*) alejarse de, separarse de
arraisonner [aʀɛzɔne] *vt* inspeccionar, registrar
arrangeant, e [aʀɑ̃ʒɑ̃, ɑ̃t] *adj* acomodaticio(-a)
arrangement [aʀɑ̃ʒmɑ̃] *nm* (*agencement*) arreglo, disposición *f*; (*compromis*) acuerdo; (*Mus*) arreglo
arranger [aʀɑ̃ʒe] *vt* (*appartement*) arreglar, disponer; (*voyage*) organizar; (*rendez-vous*) concertar; (*montre, voiture*) arreglar; (*problème, difficulté*) arreglar, solucionar; (*Mus*) adaptar; **cela m'arrange** eso me conviene; **si cela peut vous ~** si esto le puede servir; **s'arranger** *vpr* (*se mettre d'accord*) ponerse de acuerdo; (*querelle, situation*) arreglarse; (*se débrouiller*) : **s'~ pour que** arreglárselas para que; **je vais m'~** voy a arreglarme; **ça va s'~** eso va a solucionarse; **s'~ pour faire** componérselas para hacer

arrangeur, -euse [aʀɑ̃ʒœʀ, øz] *nm/f* (*Mus*) arreglista *mf*
arrestation [aʀɛstasjɔ̃] *nf* detención *f*
arrêt [aʀɛ] *nm* (*de movimiento*) parada, detención *f*; (*de proceso, servicio*) interrupción *f*; (*Jur*) fallo; **être à l'~** estar parado(-a); **rester** *ou* **tomber en ~ devant ...** quedarse atónito(-a) ante ...; **sans ~** (*sans interruption*) sin parar; (*très fréquemment*) continuamente; **~ d'autobus** parada de autobús, paradero (*Am*); **~ de mort** sentencia de muerte; **~ de travail** (*grève*) huelga; (*congé*) baja; **~ facultatif** paro facultativo; **arrêts** *nmpl* (*Mil*) arresto *msg*
arrêté, e [aʀete] *adj* firme ▸ *nm* decreto; **~ municipal** decreto municipal
arrêter [aʀete] *vt* (*projet, maladie*) parar, interrumpir; (*voiture, personne*) detener, parar; (*compte*) liquidar; (*point*) sacar; (*date, choix*) fijar, decidir; (*suspect, criminel*) detener; **~ de faire (qch)** dejar de hacer (algo); **arrête de te plaindre** para de quejarte; **ne pas ~ de faire** no parar de hacer; **~ son choix sur** decidirse por; **s'arrêter** *vpr* pararse; (*pluie, bruit*) cesar; **s'~ sur** (*yeux*) fijarse en; **s'~ net** parar en seco
arrhes [aʀ] *nfpl* arras *fpl*, señal *f*; **verser des ~** pagar una señal
arrière [aʀjɛʀ] *adj inv* (*Auto*) trasero(-a); **siège ~** asiento trasero ▸ *nm* (*d'une voiture, maison*) parte *f* trasera; (*Sport*) defensa; **à l'~** detrás; **en ~** hacia atrás; **en ~ de** detrás de; **arrières** *nmpl* : **protéger ses arrières** (*fig*) proteger sus espaldas
arriéré, e [aʀjeʀe] (*péj*) *adj* retrasado(-a) ▸ *nm* (*d'argent*) atraso
arrière-boutique [aʀjɛʀbutik] (*pl* **arrière-boutiques**) *nf* trastienda
arrière-cour [aʀjɛʀkuʀ] (*pl* **arrière-cours**) *nf* traspatio
arrière-cuisine [aʀjɛʀkɥizin] (*pl* **arrière-cuisines**) *nf* trascocina
arrière-garde [aʀjɛʀgaʀd] (*pl* **arrière-gardes**) *nf* retaguardia
arrière-goût [aʀjɛʀgu] (*pl* **arrière-goûts**) *nm* regusto
arrière-grand-mère [aʀjɛʀgʀɑ̃mɛʀ] (*pl* **arrière-grands-mères**) *nf* bisabuela
arrière-grand-père [aʀjɛʀgʀɑ̃pɛʀ] (*pl* **arrière-grands-pères**) *nm* bisabuelo
arrière-grands-parents [aʀjɛʀgʀɑ̃paʀɑ̃] *nmpl* bisabuelos *mpl*
arrière-pays [aʀjɛʀpei] *nm inv* interior *m*, tierra adentro
arrière-pensée [aʀjɛʀpɑ̃se] (*pl* **arrière-pensées**) *nf* segunda intención *f*; (*réserves, doute*) reserva
arrière-petite-fille [aʀjɛʀpətitfij] (*pl* **arrière-petites-filles**) *nf* bisnieta
arrière-petit-fils [aʀjɛʀpətifis] (*pl* **arrière-petits-fils**) *nm* bisnieto
arrière-petits-enfants [aʀjɛʀpətizɑ̃fɑ̃] *nmpl* bisnietos *mpl*
arrière-plan [aʀjɛʀplɑ̃] (*pl* **arrière-plans**) *nm* segundo plano; **à l'~** en segundo plano
arrière-saison [aʀjɛʀsɛzɔ̃] (*pl* **arrière-saisons**) *nf* final *m* del otoño
arrière-salle [aʀjɛʀsal] (*pl* **arrière-salles**) *nf* sala posterior
arrière-train [aʀjɛʀtʀɛ̃] (*pl* **arrière-trains**) *nm* cuarto trasero
arrimer [aʀime] *vt* estibar
arrivage [aʀivaʒ] *nm* arribada
arrivant, e [aʀivɑ̃, ɑ̃t] *nm/f* recién llegado(-a)
arrivée [aʀive] *nf* (*de bateau*) arribada; (*concurrent, visites*) llegada, arribo (*surtout Am*); (*ligne d'arrivée*) línea de llegada; **à mon ~** a mi llegada; **courrier à l'~** correo en mano; **~ d'air/de gaz** entrada de aire/de gas
arriver [aʀive] *vi* (*événement, fait*) ocurrir, suceder; **~ à qch/faire qch** lograr algo/hacer algo; **j'arrive !** ¡ya voy!; **il arrive à Paris à 8 h** llega a París a las 8; **~ à destination** llegar a destino; **j'arrive de Strasbourg** llego de Estrasburgo; **il arrive que** ocurre que; **il lui arrive de faire** suele hacer; **je n'y arrive pas** no lo consigo; **~ à échéance** vencer; **en ~ à faire** llegar a hacer
arrivisme [aʀivism] *nm* arribismo
arriviste [aʀivist] *adj*, *nmf* arribista *mf*
arrogance [aʀɔgɑ̃s] *nf* arrogancia, prepotencia (*surtout Am*)
arrogant, e [aʀɔgɑ̃, ɑ̃t] *adj* arrogante, prepotente (*surtout Am*)
arroger [aʀɔʒe] : **s'arroger** *vpr* arrogarse; **s'~ le droit de ...** arrogarse el derecho de ...
arrondi, e [aʀɔ̃di] *adj* redondeado(-a) ▸ *nm* redondeo
arrondir [aʀɔ̃diʀ] *vt* redondear; **~ ses fins de mois** aumentar sus ingresos; **s'arrondir** *vpr* (*dos*) encorvarse; (*ventre*) engordar
arrondissement [aʀɔ̃dismɑ̃] *nm* distrito

ARRONDISSEMENT

Un **arrondissement** municipal es una subdivisión administrativa de las ciudades de París, Lyon y Marsella (las cuales cuentan con 20, 9 y 16 **arrondissements** respectivamente). Cada uno de ellos tiene un consejo electo que, a su vez, elige un alcalde. No debe confundirse con el *arrondissement départemental*, que es una subdivisión de un departamento formada por varios cantones.

arrosage [aʀozaʒ] *nm* riego; **tuyau d'~** manguera
arroser [aʀoze] *vt* regar; (*fig*) mojar; (*Culin*) rociar; (*suj : fleuve, rivière*) bañar
arroseur [aʀozœʀ] *nm* (*tourniquet*) aspersor *m*
arroseuse [aʀozøz] *nf* camión *m* de riego

arrosoir [aʀozwaʀ] *nm* regadera
arsenal, -aux [aʀsənal, o] *nm (aussi fig)* arsenal *m*; *(Naut)* arsenal, astillero
arsenic [aʀsənik] *nm* arsénico
art [aʀ] *nm* arte *m*; *(expression artistique)*: **l'~** el arte; **avoir l'~ de faire** tener la habilidad de hacer; **les arts** las artes; **livre/critique d'~** libro/crítica de arte; **les arts et métiers** artes y oficios; **~ dramatique** arte dramático; **arts ménagers** artes domésticas; **arts plastiques** artes plásticas
art. *abr* = **article**
artère [aʀtɛʀ] *nf* arteria
artériel, le [aʀteʀjɛl] *adj* arterial
artériosclérose [aʀteʀjoskleʀoz] *nf* arterioesclerosis *f*
arthrite [aʀtʀit] *nf* artritis *f*
arthropode [aʀtʀɔpɔd] *nm* artrópodo
arthroscopie [aʀtʀɔskɔpi] *nf* artroscopia
arthrose [aʀtʀoz] *nf* artrosis *f*
artichaut [aʀtiʃo] *nm* alcachofa
article [aʀtikl] *nm* artículo; **faire l'~** *(Comm, aussi fig)* hacer el artículo; **à l'~ de la mort** in articulo mortis, en el artículo de la muerte; **~ défini** artículo determinado; **~ de fond** *(Presse)* artículo de fondo; **~ indéfini** artículo indeterminado; **articles de bureau** artículos *mpl* de despacho; **articles de voyage** artículos de viaje
articulaire [aʀtikylɛʀ] *adj* articular
articulation [aʀtikylasjɔ̃] *nf (aussi fig)* articulación *f*
articulé, e [aʀtikyle] *adj* articulado(-a)
articuler [aʀtikyle] *vt* articular; **s'articuler** *vpr*: **s'~ (sur)** articularse (con); **s'~ autour de** *(fig)* articularse en torno a
artifice [aʀtifis] *nm* artificio
artificiel, le [aʀtifisjɛl] *adj* artificial; *(jambe)* ortopédico(-a); *(péj)* artificial, fingido(-a)
artificiellement [aʀtifisjɛlmɑ̃] *adv* artificialmente
artificier [aʀtifisje] *nm* pirotécnico
artificieux, -euse [aʀtifisjø, jøz] *adj* artificioso(-a), falso(-a)
artillerie [aʀtijʀi] *nf* artillería
artilleur [aʀtijœʀ] *nm* artillero
artimon [aʀtimɔ̃] *nm* albero di mesana
artisan, e [aʀtizɑ̃, an] *nm/f* artesano(-a); *(fig)* artífice *mf*; **l'~ de la victoire/du malheur** el/la artífice de la victoria/de la desgracia
artisanal, e, -aux [aʀtizanal, o] *adj* artesanal
artisanalement [aʀtizanalmɑ̃] *adv* artesanalmente
artisanat [aʀtizana] *nm* artesanía
artiste [aʀtist] *adj* artista ▸ *nmf* artista *mf*
artistique [aʀtistik] *adj* artístico(-a)
ARTT [aɛʀtete] *nm (= accord sur la réduction du temps de travail) acuerdo para la reducción de las horas de trabajo*
arum [aʀɔm] *nm* aro, yaro
aryen, ne [aʀjɛ̃, jɛn] *adj* ario(-a)
AS [aɛs] *sigle fpl* = **assurances sociales** ▸ *sigle f* = **Association sportive**
as¹ [a] *vb voir* **avoir**
as² [ɑs] *nm* as *m*; **fagoté comme l'as de pique** hecho un fantoche
ascendance [asɑ̃dɑ̃s] *nf* ascendencia
ascendant, e [asɑ̃dɑ̃, ɑ̃t] *adj* ascendente ▸ *nm* ascendiente *m*; **ascendants** *nmpl (parents)* ascendientes *mpl*
ascenseur [asɑ̃sœʀ] *nm* ascensor *m*, elevador *m* *(Am)*
ascension [asɑ̃sjɔ̃] *nf* ascensión *f*; **l'A~** *(Rel)* la Ascensión; *ver nota*

Ascension

El día de **l'Ascension**, que suele caer en mayo, es festivo en Francia. Como se celebra en jueves, en muchas empresas se suele hacer puente.

ascète [asɛt] *nmf* asceta *mf*
ascétique [asetik] *adj* ascético(-a)
ascétisme [asetism] *nm* ascetismo
ascorbique [askɔʀbik] *adj*: **acide ~** ácido ascórbico
ASE [aɛsə] *sigle f (= Agence spatiale européenne)* ESA
asepsie [asɛpsi] *nf* asepsia
aseptique [asɛptik] *adj* aséptico(-a)
aseptisé, e [asɛptize] *adj* esterilizado(-a)
aseptiser [asɛptize] *vt* esterilizar
asexué, e [asɛksɥe] *adj* asexuado(-a)
ashkénaze [aʃkenɑz] *adj* asquenazí, askenazí ▸ *nmf*: **Ashkénaze** asquenazí *mf*, askenazí *mf*
Asiate [azjat] *nmf (péj)* asiático(-a)
asiatique [azjatik] *adj* asiático(-a) ▸ *nmf*: **Asiatique** asiático(-a)
Asie [azi] *nf* Asia
asile [azil] *nm* asilo; *(refuge, abri)* refugio; **droit d'~** derecho de asilo; **accorder l'~ politique à qn** conceder asilo político a algn; **chercher/trouver ~ quelque part** buscar/encontrar asilo en alguna parte
asocial, e, -aux [asɔsjal, jo] *adj* asocial
aspartame [aspaʀtam] *nm* aspartamo
aspect [aspɛ] *nm* aspecto, apariencia; *(fig)* aspecto; **à l'~ de ...** a la vista de ...
asperge [aspɛʀʒ] *nf* espárrago
asperger [aspɛʀʒe] *vt* rociar
aspérité [aspeʀite] *nf* aspereza
aspersion [aspɛʀsjɔ̃] *nf* aspersión *f*
asphalte [asfalt] *nm* asfalto
asphalter [asfalte] *vt* asfaltar
asphyxiant, e [asfiksjɑ̃, jɑ̃t] *adj* asfixiante
asphyxie [asfiksi] *nf (aussi fig)* asfixia
asphyxier [asfiksje] *vt* asfixiar; **mourir asphyxié** morir asfixiado
aspic [aspik] *nm (Zool)* áspid *m*; *(Culin) fiambre o pescado etc con gelatina*

aspirant, e [aspiʀɑ̃, ɑ̃t] *adj* : **pompe aspirante** bomba aspirante ▸ *nm* (*Naut*) guardiamarina *m*
aspirateur [aspiʀatœʀ] *nm* aspiradora
aspiration [aspiʀasjɔ̃] *nf* aspiración *f*, absorción *f*; (*gén pl : ambitions*) aspiraciones *fpl*
aspirer [aspiʀe] *vt* aspirar; (*liquide*) absorber; **~ à qch** aspirar a algo; **~ à faire** aspirar a hacer
aspirine [aspiʀin] *nf* aspirina
assagir [asaʒiʀ] *vt* sosegar; **s'assagir** *vpr* sosegarse, aplacarse
assaillant, e [asajɑ̃, ɑ̃t] *nm/f* agresor(a), asaltante *mf*
assaillir [asajiʀ] *vt* atacar, asaltar; (*de questions, reproches*) asediar, acosar
assainir [aseniʀ] *vt* (*quartier, logement, aussi fig*) sanear; (*air, eau*) depurar
assainissement [asenismɑ̃] *nm* (*voir vb*) saneamiento; depuración *f*
assaisonnement [asɛzɔnmɑ̃] *nm* aliño; (*ingrédient*) condimento
assaisonner [asɛzɔne] *vt* aliñar, condimentar; **bien assaisonné** bien aliñado, bien condimentado
assassin [asasɛ̃] *nm* asesino(-a)
assassinat [asasina] *nm* asesinato
assassiner [asasine] *vt* asesinar
assaut [aso] *nm* asalto; (*fig*) embestida; **prendre d'~** tomar por asalto; **donner l'~ (à)** asaltar; **faire ~ de** rivalizar en
assèchement [asɛʃmɑ̃] *nm* desecación *f*
assécher [aseʃe] *vt* desecar
ASSEDIC [asedik] *sigle f* (= *Association pour l'emploi dans l'industrie et le commerce*) *fondo de seguro de desempleo*
assemblage [asɑ̃blaʒ] *nm* (*action d'assembler*) ensamblaje *m*, montaje *m*; (*Menuiserie*) ensamblaje; **un ~ de** una mezcla de; **langage d'~** (*Inform*) lenguaje *m* de compilación
assemblée [asɑ̃ble] *nf* asamblea; **~ des fidèles** asamblea de los fieles; **l'A~ nationale** la Asamblea nacional; *ver nota*

ASSEMBLÉE NATIONALE

La **Assemblée nationale** es la cámara baja del parlamento francés (la cámara alta recibe el nombre de *Sénat*) y se reúne en el Palais Bourbon de París. Sus miembros, o *députés*, son elegidos cada cinco años.

assembler [asɑ̃ble] *vt* (*Tech, gén*) ensamblar, juntar; (*mots, idées*) ensamblar, unir; (*amasser*) reunir; **s'assembler** *vpr* congregarse
assembleur [asɑ̃blœʀ] *nm* (*Inform*) compilador *m*
assener, asséner [asene] *vt* : **~ un coup à qn** asestar un golpe a algn; **~ la vérité à qn** espetar la verdad a algn
assentiment [asɑ̃timɑ̃] *nm* asentimiento
asseoir [aswaʀ] *vt* sentar; (*autorité, réputation*) asentar; **faire ~ qn** hacer sentarse a algn; **~ qch sur** asentar algo sobre; (*appuyer*) fundar algo en, basar algo en; **s'asseoir** *vpr* sentarse
assermenté, e [asɛʀmɑ̃te] *adj* juramentado(-a)
assertion [asɛʀsjɔ̃] *nf* aserción *f*
asservir [asɛʀviʀ] *vt* esclavizar
asservissement [asɛʀvismɑ̃] *nm* (*action*) avasallamiento; (*état*) esclavitud *f*
assesseur [asesœʀ] *nm* asesor(a)
asseyais [asɛjɛ] *vb voir* **asseoir**
assez [ase] *adv* (*suffisamment*) bastante; (*passablement*) suficientemente, bastante; **~ !** ¡basta!; **~/pas ~ cuit** bastante/no muy hecho; **est-il ~ fort/rapide ?** ¿es bastante fuerte/rápido?; **il est passé ~ vite** pasó bastante rápido; **~ de pain** bastante pan; **~ de livres** bastantes libros; **vous en avez ~** tiene bastante; **en avoir ~ de qch** estar harto(-a) de algo; **~ … pour …** bastante … para …

Dans le sens de « plutôt », **assez** se traduit par *bastante*. Dans le sens de « suffisamment », il se traduit par *suficiente* ou *bastante*. **Assez de** se traduit par *suficiente(s)* ou *bastante(s)*, sans *de* :
Elle est assez douée en dessin. Está bastante dotada para el dibujo.
Il n'a pas assez de travail. No tiene suficiente/bastante trabajo.
Il y a assez de verres pour tout le monde. Hay suficientes vasos para todos.

assidu, e [asidy] *adj* asiduo(-a); (*zélé*) aplicado(-a); **~ auprès de qn** solícito(-a) con algn
assiduité [asidɥite] *nf* asiduidad *f*; **assiduités** *nfpl* (*attentions inlassables*) cortesías *fpl*
assidûment [asidymɑ̃] *adv* asiduamente
assied *etc* [asje] *vb voir* **asseoir**
assiégé, e [asjeʒe] *adj* sitiado(-a)
assiéger [asjeʒe] *vt* sitiar; (*fig*) asediar
assiérai *etc* [asjeʀe] *vb voir* **asseoir**
assiette [asjɛt] *nf* plato; (*stabilité, équilibre*) equilibrio; **~ à dessert** plato de postre; **~ anglaise** plato de fiambres variados; **~ creuse** plato hondo; **~ de l'impôt** estimación *f* de la base imponible; **~ plate** plato llano
assiettée [asjete] *nf* plato
assignation [asiɲasjɔ̃] *nf* asignación *f*; (*Jur*) citación *f*; **~ à résidence** arresto domiciliario
assigner [asiɲe] *vt* asignar; (*valeur, importance*) atribuir; (*limites*) imponer, establecer; **~ un rôle à qn** asignar un papel a algn; **~ qn à résidence** imponer un arresto domiciliario a algn
assimilable [asimilabl] *adj* asimilable

assimilation [asimilasjɔ̃] *nf* asimilación *f*; (*d'immigrant*) integración *f*; (*identification*) equiparación *f*
assimilé, e [asimile] *adj* (*semblable*) similar, semejante ▸ *nm* asimilado(-a); **cadres et assimilés** ejecutivos y asimilados
assimiler [asimile] *vt* asimilar; (*immigrant*) integrar; (*identifier*) : ~ **qch/qn à** equiparar algo/a algn con; **ils sont assimilés aux infirmiers** están equiparados con los enfermeros; **s'assimiler** *vpr* integrarse
assis, e [asi, iz] *pp de* **asseoir** ▸ *adj* sentado(-a); ~ **en tailleur** sentado(-a) a la turca
assise [asiz] *nf* (*Constr*) hilada; (*Géo*) capa, lecho; (*fig*) base *f*, cimientos *mpl*; **assises** *nfpl* (*Jur*) sala *fsg* de lo criminal; (*congrès*) sesión *fsg*, congreso *msg*
assistanat [asistana] *nm* ayudantía
assistance [asistɑ̃s] *nf* (*public*) asistencia, público; (*aide*) asistencia; **porter/prêter ~ à qn** llevar/prestar ayuda a algn; **enfant de l'A~ (publique)** niño(-a) del hospicio; **A~ (publique)** hospicio; ~ **technique** asistencia técnica
assistant, e [asistɑ̃, ɑ̃t] *nm/f* (*Scol*) lector(a); (*d'un professeur, cinéaste*) ayudante *mf*; ~ **social(e)** asistente(-a) social; **assistants** *nmpl* (*auditeurs*) asistentes *mfpl*
assisté, e [asiste] *adj* (*Auto*) asistido(-a) ▸ *nm/f* (*péj*) parásito(-a)
assister [asiste] *vt* ayudar ▸ *vi* : ~ **à** asistir a
associatif, -ive [asɔsjatif, iv] *adj* : **le mouvement** ~ el movimiento asociativo
association [asɔsjasjɔ̃] *nf* asociación *f*; (*musicale, sportive*) grupo, asociación; ~ **d'idées** asociación de ideas
associé, e [asɔsje] *adj* asociado(-a) ▸ *nm/f* socio(-a); (*Comm*) asociado(-a)
associer [asɔsje] *vt* asociar; ~ **qn à** asociar a algn a; (*joie, triomphe*) hacer partícipe a algn de; ~ **qch à** unir algo a; **s'associer** *vpr* asociarse; (*un collaborateur*) asociarse con; **s'~ à** (*couleurs*) combinar con; (*opinions, joie de qn*) hacerse partícipe de
assoie [aswa] *vb voir* **asseoir**
assoiffé, e [aswafe] *adj* sediento(-a); ~ **de** (*fig*) sediento de
assoirai *etc* [asware] *vb voir* **asseoir**
assois *etc* [aswa] *vb voir* **asseoir**
assolement [asɔlmɑ̃] *nm* rotación *f* de cultivos
assombrir [asɔ̃bʀiʀ] *vt* oscurecer; (*fig*) ensombrecer; **s'assombrir** *vpr* (*ciel*) oscurecerse, ensombrecerse; (*fig*) ensombrecerse
assommant, e [asɔmɑ̃, ɑ̃t] *adj* (*ennuyeux, fatigant*) pesado(-a)
assommer [asɔme] *vt* (*tuer*) acogotar; (*étourdir*) dejar inconsciente de un golpe; (*étourdir, abrutir : médicament*) aturdir, atontar; (*fam : importuner*) fastidiar
Assomption [asɔ̃psjɔ̃] *nf* : **l'~** la Asunción
assorti, e [asɔʀti] *adj* (*en harmonie*) combinado(-a); **fromages assortis** quesos *mpl* surtidos; ~ **à** a juego con; ~ **de** (*conditions, conseils*) acompañado(-a) de; **bien/mal ~** bien/mal surtido(-a)
assortiment [asɔʀtimɑ̃] *nm* (*aussi Comm*) surtido; (*harmonie de couleurs, formes*) combinación *f*
assortir [asɔʀtiʀ] *vt* combinar; ~ **qch à** combinar algo con; ~ **qch de** acompañar algo con; **s'assortir** *vpr* hacer juego; **s'~ de** estar acompañado(-a) de *ou* por
assoupi, e [asupi] *adj* (*aussi fig*) adormecido(-a)
assoupir [asupiʀ] *vpr* : **s'~** adormecerse
assoupissement [asupismɑ̃] *nm* (*aussi fig*) adormecimiento
assouplir [asupliʀ] *vt* (*cuir*) ablandar; (*membres, corps, aussi fig*) flexibilizar; (*caractère*) suavizar; **s'assouplir** *vpr* (*cuir*) ablandarse; (*lois, réglementation*) hacerse más flexible; suavizarse
assouplissant [asuplisɑ̃] *nm* suavizante *m*
assouplissement [asuplismɑ̃] *nm* (*voir vt*) ablandamiento; suavización *f*; flexibilización *f*; **exercices d'~** ejercicios *mpl* de flexibilidad
assourdir [asuʀdiʀ] *vt* (*étouffer*) atenuar, amortiguar; (*suj : bruit*) ensordecer
assourdissant, e [asuʀdisɑ̃, ɑ̃t] *adj* ensordecedor(a)
assouvir [asuviʀ] *vt* saciar
assouvissement [asuvismɑ̃] *nm* satisfacción *f*
assoyais [aswajɛ] *vb voir* **asseoir**
assujetti, e [asyʒeti] *adj* sometido(-a); ~ **(à)** sometido(-a) (a); ~ **à l'impôt** sujeto(-a) a impuestos
assujettir [asyʒetiʀ] *vt* (*peuple, pays*) someter; (*fixer*) sujetar; ~ **qn à** someter a algn a
assujettissement [asyʒetismɑ̃] *nm* sujeción *f*
assumer [asyme] *vt* asumir; (*poste, rôle*) desempeñar; **s'assumer** *vpr* asumirse
assurance [asyʀɑ̃s] *nf* (*certitude*) certeza; (*confiance en soi*) seguridad *f*; (*contrat, secteur commercial*) seguro; **prendre une ~ contre** hacer un seguro contra; ~ **contre l'incendie/le vol** seguro contra incendios/robos; **société d'~** sociedad *f* de seguros; **compagnie d'assurances** compañía de seguros; ~ **au tiers** seguro contra terceros; ~ **maladie** seguro de enfermedad; ~ **tous risques** seguro a todo riesgo; **assurances sociales** seguros *mpl* sociales
assurance-vie [asyʀɑ̃svi] (*pl* **assurances-vie**) *nf* seguro de vida
assurance-vol [asyʀɑ̃svɔl] (*pl* **assurances-vol**) *nf* seguro contra robo

assuré, e [asyʀe] *adj* : **~ de** seguro(-a) de; **être ~** (*assurance*) estar asegurado(-a) ▶ *nm/f* asegurado(-a); **~ social** asegurado(-a) social
assurément [asyʀemɑ̃] *adv* seguramente
assurer [asyʀe] *vt* asegurar; (*succès, victoire*) asegurar, garantizar; **~ qch à qn** (*emploi, revenu*) garantizar algo a algn; (*fait etc*) asegurar algo a algn; **~ (à qn) que** asegurar (a algn) que; **je vous assure que non/si** le aseguro que no/sí; **~ qn de son amitié** garantizar a algn su amistad; **~ ses arrières** guardarse las espaldas; **s'assurer** *vpr* : **s'~ (contre)** asegurarse (contra); **s'~ de/que** asegurarse de/de que; **s'~ sur la vie** hacer un seguro de vida; **s'~ le concours/la collaboration de qn** asegurarse la ayuda/la colaboración de algn
assureur [asyʀœʀ] *nm* asegurador(a)
astérisque [asteʀisk] *nm* asterisco
astéroïde [asteʀɔid] *nm* asteroide *m*
asthénie [asteni] *nf* astenia
asthénique [astenik] *adj* asténico(-a)
asthmatique [asmatik] *adj* asmático(-a)
asthme [asm] *nm* asma
asticot [astiko] *nm* cresa
asticoter [astikɔte] *vt* fastidiar
astigmate [astigmat] *adj, nmf* astigmático(-a)
astiquer [astike] *vt* abrillantar
astrakan [astʀakɑ̃] *nm* astracán *m*
astral, e, -aux [astʀal, o] *adj* astral
astre [astʀ] *nm* astro
astreignant, e [astʀɛɲɑ̃, ɑ̃t] *adj* esclavizante
astreindre [astʀɛ̃dʀ] *vt* : **~ qn à qch/à faire** forzar a algn a algo/a hacer; **s'~ à** obligarse a, forzarse a
astreinte [astʀɛ̃t] *nf* disponibilidad *f*; **être d'~** estar en disponibilidad
astringent, e [astʀɛ̃ʒɑ̃, ɑ̃t] *adj, nm* astringente *m*
astrologie [astʀɔlɔʒi] *nf* astrología
astrologique [astʀɔlɔʒik] *adj* astrológico(-a)
astrologue [astʀɔlɔg] *nmf* astrólogo(-a)
astronaute [astʀonot] *nmf* astronauta *mf*
astronautique [astʀonotik] *nf* astronáutica
astronef [astʀɔnɛf] *nm* astronave *f*
astronome [astʀɔnɔm] *nmf* astrónomo(-a)
astronomie [astʀɔnɔmi] *nf* astronomía
astronomique [astʀɔnɔmik] *adj* astronómico(-a)
astrophysicien, ne [astʀofizisjɛ̃, jɛn] *nm/f* astrofísico(-a)
astrophysique [astʀofizik] *nf* astrofísica
astuce [astys] *nf* astucia; (*truc*) truco; (*plaisanterie*) picardía, broma
astucieusement [astysjøzmɑ̃] *adv* ingeniosamente
astucieux, -euse [astysjø, jøz] *adj* ingenioso(-a)
Asturies [astyʀi] *nfpl* Asturias *fpl*
asymétrie [asimetʀi] *nf* asimetría
asymétrique [asimetʀik] *adj* asimétrico(-a)
asymptomatique [asɛ̃ptɔmatik] *adj* asintomático(-a)
AT *abr* (= *Ancien Testament*) A.T.
atavique [atavik] *adj* atávico(-a)
atavisme [atavism] *nm* atavismo
ataxie [ataksi] *nf* ataxia
atelier [atəlje] *nm* taller *m*; (*de peintre*) estudio; **~ de musique/poterie** taller de música/cerámica
atermoiements [atɛʀmwamɑ̃] *nmpl* dilaciones *fpl*
atermoyer [atɛʀmwaje] *vi* andar con dilaciones
athée [ate] *adj, nmf* ateo(-a)
athéisme [ateism] *nm* ateísmo
Athènes [atɛn] *n* Atenas
athénien, ne [atenjɛ̃, jɛn] *adj* ateniense ▶ *nm/f* : **Athénien, ne** ateniense *mf*
athlète [atlɛt] *nmf* atleta *mf*
athlétique [atletik] *adj* atlético(-a)
athlétisme [atletism] *nm* atletismo; **tournoi d'~** torneo de atletismo; **faire de l'~** hacer atletismo
atlantique [atlɑ̃tik] *adj* atlántico(-a) ▶ *nm* : **l'(océan) A~** el (océano) Atlántico
atlantiste [atlɑ̃tist] *adj, nmf* atlantista *mf*
Atlas [atlɑs] *nm* : **l'~** el Atlas
atlas [atlɑs] *nm* atlas *m*
atmosphère [atmɔsfɛʀ] *nf* atmósfera; (*fig*) ambiente *m*
atmosphérique [atmɔsfeʀik] *adj* atmosférico(-a)
atoll [atɔl] *nm* atolón *m*
atome [atom] *nm* átomo
atomique [atɔmik] *adj* atómico(-a)
atomiser [atɔmize] *vt* (*vaporiser*) atomizar
atomiseur [atɔmizœʀ] *nm* atomizador *m*
atomiste [atɔmist] *nmf* atomista *mf*
atone [atɔn] *adj* (*personne*) indolente; (*regard*) inexpresivo(-a); (*Ling*) átono(-a)
atours [atuʀ] *nmpl* adornos *mpl*
atout [atu] *nm* (*aussi fig*) triunfo; **~ pique/trèfle** triunfo de picas/de trébol
âtre [ɑtʀ] *nm* hogar *m*
atroce [atʀɔs] *adj* atroz; (*très désagréable, pénible*) atroz, terrible
atrocement [atʀɔsmɑ̃] *adv* (*cruellement*) atrozmente; (*excessivement*) terriblemente
atrocité [atʀɔsite] *nf* atrocidad *f*; (*gén pl : actes atroces*) atrocidades *fpl*; (*: calomnies*) barbaridades *fpl*
atrophie [atʀɔfi] *nf* atrofia
atrophier [atʀɔfje] : **s'atrophier** *vpr* atrofiarse
atropine [atʀɔpin] *nf* atropina
attabler [atable] : **s'attabler** *vpr* sentarse a la mesa; **s'~ à la terrasse** sentarse en la terraza
ATTAC *sigle f* (= *Association pour la taxation des transactions pour l'aide aux citoyens*) ATTAC *f*

(= *Asociación por una tasa sobre las transacciones especulativas para ayuda a los ciudadanos*)
attachant, e [ataʃɑ̃, ɑ̃t] *adj* encantador(a)
attache [ataʃ] *nf* grapa; (*fig*) lazo; **à l'~** (*chien*) atado(-a); **attaches** *nfpl* (*relations*) relaciones *fpl*
attaché, e [ataʃe] *adj* atado(-a); **être ~ à** (*aimer*) estar encariñado(-a) con ▸ *nm, nf* agregado(-a); **~ commercial/d'ambassade** agregado(-a) comercial/de embajada; **~ de presse** agregado(-a) de prensa
attaché-case [ataʃekɛz] (*pl* **attachés-cases**) *nm* maletín *m*
attachement [ataʃmɑ̃] *nm* cariño, afecto
attacher [ataʃe] *vt* atar; (*bateau*) amarrar; (*étiquette à qch*) pegar, fijar; **~ qch à** atar algo a; **~ qn à** (*fig*) vincular a algn a; **~ du prix/de l'importance à** atribuir valor/importancia a; **~ son regard/ses yeux sur** fijar la mirada/los ojos en ▸ *vi* (*poêle*) pegar; (*riz, sucre*) pegarse; **s'attacher** *vpr* abrocharse; **s'~ à** encariñarse con; **s'~ à faire qch** consagrarse a hacer algo
attaquant [atakɑ̃] *nm* (*Mil*) agresor *m*; (*Sport*) atacante *mf*
attaque [atak] *nf* ataque *m*; (*Sport*) ofensiva; **être/se sentir d'~** sentirse con fuerzas; **~ à main armée** ataque a mano armada
attaquer [atake] *vt* (*aussi fig*) atacar; (*entreprendre*) acometer; **~ qn en justice** entablar una acción judicial contra algn ▸ *vi* atacar; **s'attaquer à** *vpr* enfrentarse con; (*épidémie, misère*) luchar contra
attardé, e [ataʀde] *adj* retrasado(-a); (*péj*) atrasado(-a), retrógrado(-a)
attarder [ataʀde] : **s'attarder** *vpr* (*sur qch, en chemin*) demorarse; (*chez qn*) entretenerse
atteignais *etc* [ateɲɛ] *vb voir* **atteindre**
atteindre [atɛ̃dʀ] *vt* alcanzar; (*cible, fig*) conseguir; (*blesser*) alcanzar, herir; (*émouvoir*) afectar
atteint, e [atɛ̃, ɛ̃t] *pp de* **atteindre** ▸ *adj* : **être ~ de** estar aquejado(-a) de
atteinte [atɛ̃t] *nf* (*à l'honneur, au prestige*) ofensa; (*gén pl : d'un mal*) ataque *m*; **hors d'~** (*aussi fig*) fuera del alcance; **porter ~ à** atentar contra
attelage [at(ə)laʒ] *nm* (*de remorque*) enganche *m*; (*chevaux*) tiro; (*bœufs*) yunta
atteler [at(ə)le] *vt* (*cheval, wagons*) enganchar; (*bœufs*) uncir; **s'~ à** (*fig*) consagrarse a
attelle [atɛl] *nf* tablilla
attenant, e [at(ə)nɑ̃, ɑ̃t] *adj* contiguo(-a), lindante; **~ à** contiguo a, lindante con
attendant [atɑ̃dɑ̃] : **en ~** *adv* (*dans l'intervalle*) entretanto, mientras tanto; (*quoi qu'il en soit*) de todos modos
attendre [atɑ̃dʀ] *vt* esperar; **~ un enfant** esperar un niño; **je n'attends plus rien (de la vie)** no espero nada más (de la vida); **~ qn de pied ferme** esperar a algn con pie firme; **~ de faire/d'être** esperar hacer/ser; **~ qch de qn** *ou* **qch** esperar algo de algn *ou* algo; **~ que** esperar que; **faire ~ qn** hacer esperar a algn; **j'attends vos excuses** espero sus disculpas; **se faire ~** hacerse esperar ▸ *vi* esperar; **attendez que je réfléchisse** espere a que reflexione; **s'attendre** *vpr* : **s'~ à (ce que)** esperarse (que); **je ne m'y attendais pas** no me lo esperaba; **ce n'est pas ce à quoi je m'attendais** no es lo que yo me esperaba
attendri, e [atɑ̃dʀi] *adj* tierno(-a)
attendrir [atɑ̃dʀiʀ] *vt* (*personne*) enternecer; (*viande*) ablandar; **s'attendrir** *vpr* : **s'~ (sur)** enternecerse (con)
attendrissant, e [atɑ̃dʀisɑ̃, ɑ̃t] *adj* enternecedor(a)
attendrissement [atɑ̃dʀismɑ̃] *nm* (*tendre*) ternura, enternecimiento; (*apitoyé*) enternecimiento
attendrisseur [atɑ̃dʀisœʀ] *nm máquina para ablandar la carne*
attendu, e [atɑ̃dy] *pp de* **attendre** ▸ *adj* esperado(-a); **tant ~** tan esperado(-a); **~ que** puesto que; **attendus** *nmpl* (*Jur*) considerandos *mpl*
attentat [atɑ̃ta] *nm* atentado; **~ à la bombe/à la pudeur** atentado con bomba/contra el pudor; **~ suicide** atentado *m* suicida *inv*
attente [atɑ̃t] *nf* espera; (*espérance*) espera, expectativa; **contre toute ~** contra toda previsión
attenter [atɑ̃te] : **~ à** *vt* atentar contra; **~ à la vie de qn** atentar contra la vida de algn; **~ à ses jours** atentar contra su propia vida
attentif, -ive [atɑ̃tif, iv] *adj* (*auditeur, élève*) atento(-a); (*soins*) cuidadoso(-a); (*travail*) cuidadoso(-a), concienzudo(-a); **~ à** (*scrupuleux*) escrupuloso(-a) con; (*ses devoirs*) cuidadoso(-a) con
attention [atɑ̃sjɔ̃] *nf* atención *f*; **à l'~ de** (*pour*) a la atención de; **porter qch à l'~ de qn** presentar algo a la consideración de algn; **attirer l'~ de qn sur qch** llamar la atención de algn sobre algo; **faire ~ à** (*remarquer, noter*) prestar atención a; (*prendre garde à*) tener cuidado con; **faire ~ que/à ce que** tener cuidado que; **~ !** ¡cuidado!; **~, si vous ouvrez cette lettre** (*sanction*) ojo, si abre esta carta; **~, respectez les consignes de sécurité** atención, respeten las consignas de seguridad; **mériter ~** merecer atención; **attentions** *nfpl* atenciones *fpl*
attentionné, e [atɑ̃sjɔne] *adj* atento(-a), solícito(-a)
attentisme [atɑ̃tism] *nm* política de espera
attentiste [atɑ̃tist] *adj* (*politique*) que practica la política de espera ▸ *nmf* partidario(-a) de la política de espera
attentivement [atɑ̃tivmɑ̃] *adv* atentamente

atténuant, e [atenɥɑ̃, ɑ̃t] *adj* : **circonstances atténuantes** circunstancias *fpl* atenuantes
atténuer [atenɥe] *vt* atenuar; (*douleur*) aliviar; **s'atténuer** *vpr* atenuarse
atterrant, e [ateʀɑ̃, ɑ̃t] *adj* aterrador(a)
atterrer [ateʀe] *vt* aterrar
atterrir [ateʀiʀ] *vi* aterrizar
atterrissage [ateʀisaʒ] *nm* aterrizaje *m*; **~ forcé/sans visibilité/sur le ventre** aterrizaje forzoso/sin visibilidad/de panza
attestation [atɛstasjɔ̃] *nf* certificado; **~ de paiement** comprobante *m* de pago
attesté, e [atɛste] *adj* (*mot, emploi*) documentado(-a)
attester [atɛste] *vt* (*vérité, fait*) testimoniar, atestiguar; (*suj : chose*) atestiguar; **~ que** atestiguar que
attiédir [atjediʀ] *vt* templar, entibiar; (*fig*) entibiar, enfriar
attifé, e [atife] (*fam*) *adj* emperifollado(-a)
attifer [atife] *vt* emperifollar
attique [atik] *nm* : **appartement en ~** ático
attirail [atiʀaj] *nm* (*de pêche*) aparejos *mpl*; (*photo, camping*) cosas *fpl*; (*péj*) bártulos *mpl*
attirance [atiʀɑ̃s] *nf* (*de qch*) atractivo; (*vers qch*) atracción *f*
attirant, e [atiʀɑ̃, ɑ̃t] *adj* atractivo(-a)
attirer [atiʀe] *vt* atraer; **~ qn dans un coin/vers soi** llevar a algn a un rincón/hacia sí; **~ l'attention de qn sur qch** llamar la atención de algn sobre algo; **~ des louanges à qn** granjear elogios a algn; **~ des ennuis à qn** acarrear problemas a algn; **s'~ des ennuis** acarrearse problemas
attiser [atize] *vt* atizar; (*fig*) avivar
attitré, e [atitʀe] *adj* titulado(-a)
attitude [atityd] *nf* (*comportement*) actitud *f*, conducta; (*position du corps*) postura; (*état d'esprit*) actitud, disposición *f*
attouchements [atuʃmɑ̃] *nmpl* toques *mpl*; (*sexuels*) caricias *fpl*
attractif, -ive [atʀaktif, iv] *adj* atractivo(-a)
attraction [atʀaksjɔ̃] *nf* atracción *f*; (*de cabaret, cirque*) atracción, número
attrait [atʀɛ] *nm* (*de l'argent, de la gloire*) atractivo, incentivo; (*d'un lieu, d'une personne*) atractivo; **éprouver de l'~ pour** sentirse atraído(-a) por; **attraits** *nmpl* (*d'une femme*) encantos *mpl*
attrape [atʀap] *nf voir* **farce** ▸ *préf* : **~...** engaña...
attrape-nigaud [atʀapnigo] (*pl* **attrape-nigauds**) *nm* engañabobos *m inv*
attraper [atʀape] *vt* (*saisir*) atrapar, coger, agarrar (*Am*); (*voleur, animal*) atrapar, agarrar; (*train, maladie, amende*) pillar; (*fam : réprimander*) reñir; (*duper*) engañar
attrayant, e [atʀɛjɑ̃, ɑ̃t] *adj* atrayente
attribuer [atʀibɥe] *vt* (*prix*) otorgar; (*rôle, tâche*) asignar; (*conséquence, fait, qualité*) atribuir; (*échec*) achacar; (*importance*) conceder, dar; **s'attribuer** *vpr* atribuirse
attribut [atʀiby] *nm* atributo
attribution [atʀibysjɔ̃] *nf* atribución *f*; **complément d'~** complemento de atribución; **attributions** *nfpl* (*Admin*) atribuciones *fpl*
attristant, e [atʀistɑ̃, ɑ̃t] *adj* entristecedor(a)
attrister [atʀiste] *vt* entristecer; **s'attrister** *vpr* : **s'~ de qch** entristecerse por algo
attroupement [atʀupmɑ̃] *nm* aglomeración *f*
attrouper [atʀupe] : **s'attrouper** *vpr* aglomerarse, agolparse
atypique [atipik] *adj* (*Méd, fig*) atípico(-a)
au [o] *voir* **à**
aubade [obad] *nf* serenata, alborada
aubaine [obɛn] *nf* (*avantage inattendu*) suerte *f*; (*Comm*) ganga
aube [ob] *nf* alba, amanecer *m*; (*de communiant*) alba; **l'~ de** (*fig*) los albores de, el amanecer de; **à l'~** al alba, al amanecer
aubépine [obepin] *nf* espino
auberge [obɛʀʒ] *nf* posada, mesón *m*; **~ de jeunesse** albergue *m* de juventud
aubergine [obɛʀʒin] *nf* berenjena
aubergiste [obɛʀʒist] *nmf* mesonero(-a)
auburn [obœʀn] *adj inv* color caoba
aucun, e [okœ̃, yn] *adj* ningún(-una); **cela n'a ~ sens** eso no tiene ningún sentido, eso no tiene sentido alguno ▸ *pron* ninguno(-a), nadie
aucunement [okynmɑ̃] *adv* de ninguna manera
audace [odas] *nf* audacia; (*péj*) atrevimiento; **payer d'~** manifestar audacia; **il a eu l'~ de** tuvo el atrevimiento de; **vous ne manquez pas d'~ !** ¡no le falta atrevimiento!
audacieusement [odasjøzmɑ̃] *adv* audazmente, con audacia
audacieux, -euse [odasjø, jøz] *adj* audaz
au-dedans [odədɑ̃] *adv* dentro ▸ *prép* : **~ de** dentro de
au-dehors [odəɔʀ] *adv* fuera ▸ *prép* : **~ de** fuera de
au-delà [od(ə)la] *adv* más allá; **~ de** más allá de ▸ *nm* : **l'~** el más allá
au-dessous [odsu] *prép* abajo, debajo; **~ de** (*dans l'espace*) debajo de; (*dignité, condition, somme*) por debajo de; **~ de tout** incalificable
au-dessus [odsy] *adv* arriba, encima; **~ de** (*dans l'espace*) arriba de, encima de; (*limite, somme, loi*) por encima de
au-devant [od(ə)vɑ̃] : **~ de** *prép* al encuentro de; **aller ~ de** (*personne, danger*) ir al encuentro de; (*désirs de qn*) adelantarse a; (*ennuis, difficultés*) buscarse
audible [odibl] *adj* audible
audience [odjɑ̃s] *nf* (*attention*) atención *f*, interés *m*; (*auditeurs, lecteurs*) auditorio,

público; (*entrevue, séance*) audiencia; **trouver ~ auprès de** encontrar buena acogida en; **~ télévisée** audiencia televisiva
audimat® [odimat] *nm* (*taux d'écoute*) (índice *m* de) audiencia
audio [odjo] *adj inv* (*fichier, enregistrement, matériel*) audio *inv*
audioguide [odjogid] *nm* audioguía
audiométrie [odjometʀi] *nf* audiometría
audiovisuel, le [odjovizɥɛl] *adj* audiovisual ▸ *nm* (*techniques*) técnicas *fpl* audiovisuales; (*méthodes*) métodos *mpl* audiovisuales; **l'~** los medios audiovisuales
audit [odit] *nm* auditoría
auditeur, -trice [oditœʀ, tʀis] *nm/f* (*à la radio*) oyente *mf*; (*à une conférence*) asistente *mf*; **~ libre** oyente libre
auditif, -ive [oditif, iv] *adj* auditivo(-a); **appareil ~** aparato auditivo
audition [odisjɔ̃] *nf* audición *f*; (*Jur*) audiencia; (*Mus, Théâtre*) prueba, audición
auditionner [odisjɔne] *vt* hacer una audición ▸ *vi* dar una audición
auditoire [oditwaʀ] *nm* auditorio
auditorium [oditɔʀjɔm] *nm* auditorio, auditorium *m*
auge [oʒ] *nf* (*abreuvoir*) bebedero; (*mangeoire*) pesebre *m*
augmentation [ɔgmɑ̃tasjɔ̃] *nf* (*action, résultat*) aumento; (*prix*) subida; **~ (de salaire)** aumento (del salario)
augmenter [ɔgmɑ̃te] *vt* aumentar; (*prix*) subir; (*employé, salarié*) subir el sueldo a ▸ *vi* aumentar; **~ de poids/volume** aumentar de peso/volumen
augure [ogyʀ] *nm* agorero; (*Hist*) augur *m*; **de bon/mauvais ~** de buen/mal augurio
augurer [ogyʀe] *vt* : **~ qch de qch** augurar algo de algo; **cela augure bien de l'avenir** eso augura un buen futuro
auguste [ogyst] *adj* augusto(-a)
aujourd'hui [oʒuʀdɥi] *adv* hoy; (*de nos jours*) hoy en día; **~ en huit/en quinze** de hoy en ocho días/en quince días; **à dater** *ou* **partir d'~** a partir de hoy
aulne [o(l)n] *nm* aliso
aumône [omon] *nf* limosna; **faire l'~ (à qn)** dar limosna (a algn); **faire l'~ de qch à qn** (*fig*) conceder la gracia de algo a algn
aumônerie [omonʀi] *nf* capellanía
aumônier [omonje] *nm* capellán *m*
aune [on] *nf* : **à l'~ de** según el rasero de
auparavant [opaʀavɑ̃] *adv* antes
auprès [opʀɛ] : **~ de** *prép* al lado de, cerca de; (*du tribunal*) ante; (*en comparaison de*) comparado(-a) con; (*dans l'opinion de*) según
auquel [okɛl] *prép + pron voir* **lequel**
aura [ɔʀa] *nf* (*halo, atmosphère*) aura ▸ *vb voir* **avoir**
aurai *etc* [ɔʀe] *vb voir* **avoir**
auréole [ɔʀeɔl] *nf* (*de saint, fig*) aureola; (*tache*) marca
auréolé, e [ɔ(o)ʀeɔle] *adj* : **~ de gloire** rodeado(-a) de una aureola de gloria
auriculaire [ɔʀikylɛʀ] *nm* auricular *m*
aurifère [ɔʀifɛʀ] *adj* aurífero(-a)
aurons *etc* [ɔʀɔ̃] *vb voir* **avoir**
aurore [ɔʀɔʀ] *nf* aurora; **~ boréale** aurora boreal
auscultation [ɔskyltasjɔ̃] *nf* auscultación *f*
ausculter [ɔskylte] *vt* auscultar
auspices [ɔspis] *nmpl* : **sous les ~ de** bajo los auspicios de; **sous de bons/mauvais ~** con buenos/malos auspicios
aussi [osi] *adv* también; (*de comparaison : avec adj, adv*) tan; (*si, tellement*) tan; **~ fort/rapidement que** tan fuerte/rápidamente como; **lui ~** él también; **~ bien que** (*de même que*) lo mismo que; **il l'a fait/va y aller — moi ~** lo hizo/va a ir — yo también; **je le pense ~** yo también lo pienso *ou* creo ▸ *conj* (*par conséquent*) por lo tanto
aussitôt [osito] *adv* enseguida, inmediatamente; **~ que** tan pronto como; **~ fait** ni bien hecho; **~ envoyé** ni bien enviado
austère [ostɛʀ] *adj* austero(-a)
austérité [osteʀite] *nf* austeridad *f*; **plan/budget d'~** plan *m*/presupuesto de austeridad
austral, e [ɔstʀal] *adj* austral; **l'océan ~** el océano austral; **les terres australes** las tierras australes
Australie [ɔstʀali] *nf* Australia
australien, ne [ɔstʀaljɛ̃, jɛn] *adj* australiano(-a) ▸ *nm/f* : **Australien, ne** australiano(-a)
autant [otɑ̃] *adv* (*tant, tellement*) tanto; (*comparatif*) : **~ (que)** tanto (como), tan (como); **~ (de)** tanto(-a), tantos(-as); **n'importe qui aurait pu en faire ~** cualquiera hubiera hecho lo mismo; **~ partir/ne rien dire** mejor marchar/no decir nada; **~ dire que …** eso es tanto como decir que …; **fort ~ que courageux** tan fuerte como valeroso; **il n'est pas découragé pour ~** no se ha desanimado por eso; **pour ~ que** en la medida en que; **d'~** (*à proportion*) otro tanto; **d'~ plus/moins/mieux (que)** tanto más/menos/mejor (cuanto que); **~ … ~ …** tanto … tanto …; **tout ~** tanto; **ce sont ~ d'erreurs/d'échecs** son otros tantos errores/fracasos; **y en a-t-il ~ (qu'avant) ?** ¿queda tanto (como antes)?; **il y a ~ de garçons que de filles** hay tantos niños como niñas
autarcie [otaʀsi] *nf* autarquía
autarcique [otaʀsik] *adj* autárquico(-a)
autel [otɛl] *nm* altar *m*
auteur, e [otœʀ] *nm/f* autor(a); **droit d'~** derecho de autor

auteur-compositeur [otœʀkɔ̃pozitœʀ] (*pl* **auteurs-compositeurs**) *nm* cantautor(a)
authenticité [otɑ̃tisite] *nf* autenticidad *f*
authentification [otɑ̃tifikasjɔ̃] *nf* autentificación *f*
authentifier [otɑ̃tifje] *vt* autentificar
authentique [otɑ̃tik] *adj* auténtico(-a); (*récit, histoire*) auténtico(-a), cierto(-a); (*réel, sincère*) auténtico(-a), verdadero(-a)
authentiquement [otɑ̃tikmɑ̃] *adv* auténticamente
autisme [otism] *nm* autismo
autiste [otist] *adj, nmf* autista *mf*
auto [oto] *nf* coche *m*, carro (*Am*), auto (*surtout Am*); **autos tamponneuses** coches *mpl* de choque
auto... [oto] *préf* auto...
autobiographie [otobjɔgʀafi] *nf* autobiografía
autobiographique [otobjɔgʀafik] *adj* autobiográfico(-a)
autobus [otobys] *nm* autobús *m*, camión *m* (*Mex*); **ligne d'~** línea de autobús
autocar [otokaʀ] *nm* autocar *m*
autocensure [otosɑ̃syʀ] *nf* autocensura
autochtone [otoktɔn] *adj, nmf* autóctono(-a)
autoclave [otoklav] *adj* autoclave
autocollant, e [otokɔlɑ̃, ɑ̃t] *adj* autoadhesivo(-a) ▸ *nm* autoadhesivo
autocouchette [otokuʃɛt] (*pl* **autocouchettes**), **auto-couchettes** [otokuʃɛt] (*pl* **autos-couchettes**) *adj* : **train ~** coche *m* cama
autocratie [otokʀasi] *nf* autocracia
autocratique [otokʀatik] *adj* autocrático(-a)
autocritique [otokʀitik] *nf* autocrítica
autocuiseur [otokɥizœʀ] *nm* olla a presión
autodafé [otodafe] *nm* auto de fe
autodéfense [otodefɑ̃s] *nf* autodefensa; **groupe d'~** grupo de autodefensa
autodérision [otodeʀizjɔ̃] *nf* autoburla, burla de uno(-a) mismo(-a)
autodestruction [otodɛstʀyksjɔ̃] *nf* autodestrucción *f*
autodétermination [otodetɛʀminasjɔ̃] *nf* autodeterminación *f*
autodidacte [otodidakt] *nmf* autodidacta *mf*
autodiscipline [otodisiplin] *nf* autodisciplina
autodrome [otodʀom] *nm* autódromo
auto-école [otoekɔl] (*pl* **auto-écoles**) *nf* autoescuela
auto-entrepreneur, -euse [otoɑ̃tʀəpʀənœʀ, øz] (*pl* **~, -euses**) *nm/f* autoemprendedor(a)
autofinancement [otofinɑ̃smɑ̃] *nm* autofinanciamiento
autogéré, e [otoʒeʀe] *adj* autogestionado(-a)
autogestion [otoʒɛstjɔ̃] *nf* autogestión *f*
autographe [ɔtɔgʀaf] *nm* autógrafo
autoguidé, e [otogide] *adj* autodirigido(-a)
automate [ɔtɔmat] *nm* (*aussi fig*) autómata *m*
automatique [ɔtɔmatik] *adj* automático(-a); (*réflexe, geste*) automático(-a), mecánico(-a) ▸ *nm* (*pistolet*) automática
automatiquement [ɔtɔmatikmɑ̃] *adv* automáticamente
automatisation [ɔtɔmatizasjɔ̃] *nf* automatización *f*
automatiser [ɔtɔmatize] *vt* automatizar
automatisme [ɔtɔmatism] *nm* automatismo
automédication [otomedikasjɔ̃] *nf* automedicación *f*
automitrailleuse [otomitʀajøz] *nf* autoametralladora
automnal, e, -aux [otɔnal, o] *adj* otoñal
automne [otɔn] *nm* otoño
automobile [otomɔbil] *nf* coche *m*, automóvil *m*; **l'~** la industria automovilística ▸ *adj* automóvil
automobiliste [otomɔbilist] *nmf* automovilista *mf*
automutilation [otomytilasjɔ̃] *nf* automutilación *f*
automutiler [otomytile] : **s'automutiler** *vpr* automutilarse
autonettoyant, e [otonetwajɑ̃, ɑ̃t] *adj* : **four ~** horno de autolimpieza
autonome [otonom] *adj* autónomo(-a)
autonomie [otonomi] *nf* autonomía; **~ de vol** autonomía de vuelo
autonomiste [otonomist] *adj, nmf* autonomista *mf*
autoportrait [otopɔʀtʀɛ] *nm* autorretrato
autoproclamé, e [otopʀɔklame] *adj* autoproclamado(-a); **le président ~** el autoproclamado presidente
autoproclamer [otopʀɔklame] : **s'autoproclamer** *vpr* autoproclamarse
autopsie [otɔpsi] *nf* autopsia
autopsier [otɔpsje] *vt* hacer la autopsia a
autoradio [otoʀadjo] *nm* autorradio
autorail [otoʀaj] *nm* autovía *m*
autorisation [ɔtɔʀizasjɔ̃] *nf* (*permission*) autorización *f*, permiso; (*papiers*) licencia, permiso; **donner à qn l'~ de** dar a algn la autorización para; **avoir l'~ de faire** tener permiso para hacer
autorisé, e [ɔtɔʀize] *adj* autorizado(-a); **~ (à faire)** autorizado(-a) (para hacer); **dans les milieux autorisés** en medios oficiales
autoriser [ɔtɔʀize] *vt* (*donner la permission*) autorizar, permitir; (*rendre possible*) permitir; **~ qn à faire** autorizar a algn a hacer; **s'autoriser** *vpr* permitirse; **s'~ à faire** permitirse hacer
autoritaire [ɔtɔʀitɛʀ] *adj* autoritario(-a)
autoritairement [ɔtɔʀitɛʀmɑ̃] *adv* autoritariamente

autoritarisme [ɔtɔʀitaʀism] *nm* autoritarismo
autorité [ɔtɔʀite] *nf* autoridad *f*; (*prestige, réputation*) autoridad, fama; **les autorités** las autoridades; **faire ~** ser una autoridad; **d'~** (*de façon impérative*) autoritariamente; (*sans réflexion*) directamente; **autorités administratives** autoridades administrativas
autoroute [otoʀut] *nf* autopista
autoroutier, -ière [otoʀutje, jɛʀ] *adj* (*réseau*) de autopista; (*trafic*) en las autopistas
autosatisfaction [otosatisfaksjɔ̃] *nf* autosatisfacción *f*
auto-stop [otostɔp] (*pl* **autos-stops**) *nm* : **l'~** el autostop; **faire de l'~** hacer autostop; **prendre qn en ~** coger a algn en autostop
auto-stoppeur, -euse [otostɔpœʀ, øz] (*pl* **auto-stoppeurs, -euses**) *nm/f* autostopista *mf*
autosuffisance [otosyfizɑ̃s] *nf* autosuficiencia
autosuffisant, e [otosyfizɑ̃, ɑ̃t] *adj* autosuficiente
autosuggestion [otosygʒɛstjɔ̃] *nf* autosugestión *f*
autour [otuʀ] *adv* alrededor, en torno; **~ de** (*en cercle*) alrededor de, en torno de *ou* a; (*près de*) cerca de; (*environ, à peu près*) aproximadamente, alrededor de; **tout ~** por todas partes

MOT-CLÉ

autre [otʀ] *adj* **1** (*différent*) otro(-a); **je préférerais un autre verre** preferiría otro vaso
2 (*supplémentaire*) : **je voudrais un autre verre d'eau** querría otro vaso de agua
3 (*d'une paire, dans une dualité*) otro(-a); **autre chose** otra cosa; **penser à autre chose** pensar en otra cosa; **autre part** (*aller*) a otra parte; (*se trouver*) en otra parte; **d'autre part** (*en outre*) además; **d'une part ..., d'autre part ...** por una parte ..., por otra parte ...
▶ *pron* : **un autre** otro; **nous autres** nosotros(-as); **vous autres** vosotros(-as); (*politesse*) ustedes; **d'autres** otros(-as); **les autres** los (las) otros(-as); (*autrui*) los demás; **l'un et l'autre** uno y otro; **se détester l'un l'autre/les uns les autres** detestarse uno a otro/unos a otros; **la difficulté est autre** la dificultad es otra; **d'une minute à l'autre** de un momento a otro; **entre autres** entre otros(-as); **j'en ai vu d'autres** (*indifférence*) estoy curado de espanto; **à d'autres !** ¡cuéntaselo a otro!; **ni l'un ni l'autre** ni uno ni otro; **donnez-m'en un autre** deme otro; **de temps à autre** de vez en cuando; **se sentir autre** sentirse otro; *voir aussi* **part** ; **temps** ; **un**

autrefois [otʀəfwa] *adv* antaño, en otro tiempo
autrement [otʀəmɑ̃] *adv* (*d'une manière différente*) de otro modo; (*sinon*) si no, de lo contrario; **je n'ai pas pu faire ~** no he podido hacer otra cosa; **~ dit** en otras palabras; (*c'est-à-dire*) es decir
Autriche [otʀiʃ] *nf* Austria
autrichien, ne [otʀiʃjɛ̃, jɛn] *adj* austríaco(-a) ▶ *nm/f* : **Autrichien, ne** austríaco(-a)
autruche [otʀyʃ] *nf* avestruz *m*; **faire l'~** meter la cabeza debajo del ala
autrui [otʀɥi] *pron* el prójimo, los demás
auvent [ovɑ̃] *nm* (*de maison*) alero, tejadillo; (*de tente*) alero
auvergnat, e [ovɛʀɲa, at] *adj* auvernés(-esa)
Auvergne [ovɛʀɲ] *nf* Auvernia
aux [o] *voir* **à**
auxiliaire [ɔksiljɛʀ] *adj* auxiliar ▶ *nmf* auxiliar *mf*; (*aide, adjoint*) ayudante *mf*; (*Ling*) auxiliar *m*
auxquelles [okɛl] *prép + pron voir* **lequel**
auxquels [okɛl] *prép + pron voir* **lequel**
av. *abr* (= *avenue*) Av., Avda. (= *Avenida*)
avachi, e [avaʃi] *adj* (*chaussure, vêtement*) deformado(-a); **~ sur qch** apoltronado(-a) sobre algo
avais *etc* [avɛ] *vb voir* **avoir**
aval [aval] *nm* visto bueno; **en ~** (*d'un cours d'eau*) río abajo; (*d'une pente*) más abajo; **en ~ de** más abajo de; (*fig*) después de
avalanche [avalɑ̃ʃ] *nf* (*aussi fig*) avalancha
avaler [avale] *vt* tragar; (*fig*) devorar; (*croire*) tragarse
avaliser [avalize] *vt* avalar
avance [avɑ̃s] *nf* avance *m*; (*d'argent*) adelanto, anticipo; (*opposé à retard*) adelanto; (*Inform*) : **~ (du) papier** avance del papel; **une ~ de 300 m/4 h** una ventaja de 300 m/4 h; **(être) en ~** (*sur l'heure fixée*) (estar) adelantado(-a); (*sur un programme*) (ir) adelantado(-a); **on n'est pas en ~ !** ¡no adelantamos nada!; **être en ~ sur qn** (*pendant une action*) ir delante de algn; (*résultat*) llegar antes que algn; **il est très en ~ pour son âge** está muy adelantado para su edad; **à l'~, par ~** de antemano; **d'~** por anticipado; **payer d'~** pagar por adelantado; **avances** *nfpl* (*ouvertures, aussi amoureuses*) proposiciones *fpl*
avancé, e [avɑ̃se] *adj* avanzado(-a); (*travail*) adelantado(-a); **d'un âge ~** de edad avanzada
avancée [avɑ̃se] *nf* (*progrès*) avance *m*; (*sur une construction*) saliente *m*
avancement [avɑ̃smɑ̃] *nm* (*professionnel*) ascenso; (*de travaux*) progreso
avancer [avɑ̃se] *vi* avanzar; (*travail, montre, réveil*) adelantar; (*être en saillie, surplomb*) avanzar, sobresalir; **j'avance (d'une heure)** estoy adelantado(-a) (una hora) ▶ *vt* adelantar; (*troupes*) hacer avanzar;

(hypothèse, idée) proponer, sugerir; **s'avancer** *vpr (s'approcher)* adelantarse, acercarse; *(se hasarder)* aventurarse; *(être en saillie, surplomb)* sobresalir

avanies [avani] *nfpl* agravios *mpl*

avant [avɑ̃] *prép* antes de; **~ qu'il (ne) parte/de faire** antes de que marche/de hacer; **en ~ de** *(en tête de, devant)* delante de; **~ tout** ante todo ▸ *adv* : **en ~** *(marcher, regarder)* hacia adelante; **trop/plus ~** demasiado/más lejos ▸ *adj inv* : **siège ~** asiento delantero ▸ *nm (d'un véhicule, bâtiment)* delantera, frente *m*; *(Sport)* delantero; **à l'~** *(dans un véhicule)* en la delantera; **aller de l'~** marchar bien

avantage [avɑ̃taʒ] *nm (supériorité)* ventaja; *(intérêt, bénéfice)* ventaja, beneficio; **à l'~ de qn** en beneficio de algn; **être à son ~** estar favorecido(-a); **tirer ~ de** sacar provecho de; **vous auriez ~ à faire** sería mejor que hiciese; **avantages en nature** retribución *f* en especies; **avantages sociaux** beneficios *mpl* sociales

avantager [avɑ̃taʒe] *vt* favorecer

avantageusement [avɑ̃taʒøzmɑ̃] *adv* : **remplacer ~ qch** ser una mejor alternativa a algo

avantageux, -euse [avɑ̃taʒø, øz] *adj* ventajoso(-a); *(portrait, coiffure)* favorecedor(a); **conditions avantageuses** condiciones *fpl* ventajosas

avant-bras [avɑ̃bʀa] *nm inv* antebrazo

avant-centre [avɑ̃sɑ̃tʀ] *(pl* **avant-centres***)* *nm* delantero centro

avant-coureur [avɑ̃kuʀœʀ] *(pl* **avant-coureurs***)* *adj* premonitorio(-a), anunciador(a); **signe ~** signo anunciador

avant-dernier, -ière [avɑ̃dɛʀnje, jɛʀ] *(pl* **avant-derniers, -ières***)* *adj, nm/f* penúltimo(-a)

avant-garde [avɑ̃gaʀd] *(pl* **avant-gardes***)* *nf (aussi fig)* vanguardia; **d'~** de vanguardia

avant-goût [avɑ̃gu] *(pl* **avant-goûts***)* *nm* anticipo

avant-hier [avɑ̃tjɛʀ] *adv* anteayer

avant-poste [avɑ̃pɔst] *(pl* **avant-postes***)* *nm* puesto avanzado

avant-première [avɑ̃pʀəmjɛʀ] *(pl* **avant-premières***)* *nf* preestreno; **en ~** antes de la presentación oficial

avant-projet [avɑ̃pʀɔʒɛ] *(pl* **avant-projets***)* *nm* anteproyecto

avant-propos [avɑ̃pʀɔpo] *nm inv* prólogo, prefacio

avant-veille [avɑ̃vɛj] *(pl* **avant-veilles***)* *nf* : **l'~** la antevíspera

avare [avaʀ] *adj, nmf* avaro(-a); **~ de compliments/caresses** parco(-a) en cumplidos/caricias

avarice [avaʀis] *nf* avaricia

avarie [avaʀi] *nf (Naut)* avería; **en cas d'~** en caso de avería

avarié, e [avaʀje] *adj (viande, fruits)* pasado(-a), estropeado(-a); *(navire)* averiado(-a)

avaries [avaʀi] *nfpl* averías *fpl*

avatar [avataʀ] *nm* avatar *m*; *(malheur)* avatar, vicisitud *f*

avec [avɛk] *prép* con; *(contre : se battre)* con, contra; *(en plus de, en sus de)* además de; **~ habileté/lenteur** con habilidad/lentitud; **~ eux/ces maladies** *(en ce qui concerne)* con ellos/estas enfermedades; **~ ça** *(malgré ça)* a pesar de eso; **et ~ ça ?** ¿algo más?; **~ l'été les noyades se multiplient** en verano se ahoga mucha más gente; **~ cela que ...** además de que ...

avenant, e [av(ə)nɑ̃, ɑ̃t] *adj* afable, cordial ▸ *nm (assurance)* póliza adicional; **à l'~** por el estilo

avènement [avɛnmɑ̃] *nm* llegada; *(d'un roi)* llegada, advenimiento

avenir [avniʀ] *nm* : **l'~** el porvenir, el futuro; **l'~ du monde/de l'automobile** el porvenir del mundo/del automóvil; **à l'~** en el futuro; **sans ~** sin futuro; **c'est une idée sans ~** es una idea sin futuro; **métier/politicien d'~** trabajo/político con futuro

Avent [avɑ̃] *nm* : **l'~** Adviento

aventure [avɑ̃tyʀ] *nf* aventura; **partir à l'~** marchar a la aventura; **roman/film d'~** novela/película de aventuras

aventurer [avɑ̃tyʀe] *vt* aventurar, arriesgar; *(remarque, opinion)* aventurar; **s'aventurer** *vpr* aventurarse; **s'~ à faire qch** arriesgarse a hacer algo

aventureux, -euse [avɑ̃tyʀø, øz] *adj (personne)* aventurado(-a), arriesgado(-a); *(projet)* arriesgado(-a); *(vie)* azaroso(-a)

aventurier, -ière [avɑ̃tyʀje, jɛʀ] *nm/f (aussi péj)* aventurero(-a)

avenu, e [av(ə)ny] *adj* : **nul et non ~** nulo y sin efecto

avenue [avny] *nf* avenida

avéré, e [aveʀe] *adj* probado(-a); **il est ~ que** está probado que

avérer [aveʀe] : **s'avérer** *vpr (avec attribut)* : **s'~ faux/coûteux** revelarse falso/costoso

averse [avɛʀs] *nf* aguacero, chaparrón *m*; *(de pierres, flèches)* chaparrón, lluvia

aversion [avɛʀsjɔ̃] *nf* aversión *f*

averti, e [avɛʀti] *adj* entendido(-a)

avertir [avɛʀtiʀ] *vt* : **~ qn de qch/que** prevenir a algn de algo/de que; *(renseigner)* advertir a algn de algo/de que

avertissement [avɛʀtismɑ̃] *nm* advertencia; *(blâme)* amonestación *f*; *(d'un livre)* aviso

avertisseur [avɛʀtisœʀ] *nm* bocina; *(d'incendie)* alarma de incendio

aveu [avø] *nm* confesión *f*, declaración *f*; **passer aux aveux** confesar; **de l'~ de** según la opinión de

aveuglant, e [avœglɑ̃, ɑ̃t] *adj* deslumbrador(a)

aveugle [avœgl] *adj, nmf* (*aussi fig*) ciego(-a); **les aveugles** los ciegos; **mur ~** pared *f* ciega; **test en double ~** ensayo a doble ciego
aveuglement [avœgləmɑ̃] *nm* (*aussi fig*) ceguera, obcecación *f*
aveuglément [avœglemɑ̃] *adv* ciegamente
aveugler [avœgle] *vt* cegar
aveuglette [avœglɛt] : **à l'~** *adv* a ciegas; (*fig*) al tuntún
avez [ave] *vb voir* **avoir**
aviaire [avjɛʀ] *adj* aviario(-a), aviar
aviateur, -trice [avjatœʀ, tʀis] *nm/f* aviador(a)
aviation [avjasjɔ̃] *nf* (*aussi Mil*) aviación *f*; **terrain d'~** campo de aviación; **~ de chasse** aviones *mpl* de caza
avicole [avikɔl] *adj* avícola
aviculteur, -trice [avikyltœʀ, tʀis] *nm/f* avicultor(a)
aviculture [avikyltyʀ] *nf* avicultura
avide [avid] *adj* ávido(-a); (*péj*) codicioso(-a); **~ d'honneurs/d'argent/de sang** ávido(-a) de honores/de dinero/de sangre; **~ de connaître/d'apprendre** ávido(-a) de conocer/de aprender
avidement [avidmɑ̃] *adv* ávidamente
avidité [avidite] *nf* avidez *f*, ansia
avilir [aviliʀ] *vt* envilecer
avilissant, e [avilisɑ̃, ɑ̃t] *adj* envilecedor(a)
avilissement [avilismɑ̃] *nm* envilecimiento
aviné, e [avine] *adj* ebrio(-a)
avion [avjɔ̃] *nm* avión *m*; **par ~** por avión; **aller (quelque part) en ~** ir (a algún sitio) en avión; **~ à réaction** avión de *ou* a reacción; **~ de chasse/de ligne/supersonique** avión de caza/de línea/supersónico
avion-cargo [avjɔ̃kaʀgo] (*pl* **avions-cargos**) *nm* avión *m* de carga
avion-citerne [avjɔ̃sitɛʀn] (*pl* **avions-citernes**) *nm* avión *m* cisterna
aviron [aviʀɔ̃] *nm* remo; (*sport*) : **l'~** el remo
avis [avi] *nm* (*point de vue*) opinión *f*; (*conseil*) opinión, consejo; (*notification*) aviso; **à mon ~** en mi opinión; **j'aimerais avoir l'~ de Paul** me gustaría conocer la opinión de Paul; **je suis de votre ~** estoy de acuerdo con usted; **vous ne me ferez pas changer d'~** no me hará cambiar de opinión; **être d'~ que** ser del parecer que; **changer d'~** cambiar de opinión; **sauf ~ contraire** salvo aviso contrario; **sans ~ préalable** sin previo aviso; **jusqu'à nouvel ~** hasta nuevo aviso; **~ de crédit/débit** nota de crédito/débito; **~ de décès** esquela (mortuoria)
avisé, e [avize] *adj* sensato(-a); **être bien/mal ~ de faire** ser muy/poco sensato(-a) hacer
aviser [avize] *vt* (*informer*) avisar; (*voir*) divisar, advertir; **~ qn de qch/que** avisar a algn de algo/de que ▸ *vi* decidir; **s'aviser** *vpr* : **s'~ de qch/que** darse cuenta de algo/de que; (*s'aventurer à*) : **s'~ de faire qch** ocurrírsele hacer algo
aviver [avive] *vt* avivar
av. J.-C. [avɑ̃ʒise] *abr* (= *avant Jésus-Christ*) a. C.
avocat, e [avɔka, at] *nm/f* (*aussi fig*) abogado(-a); **se faire l'~ du diable** ser el abogado del diablo; **l'~ de la défense/de la partie civile** el (la) abogado(-a) defensor(a)/de la acusación particular; **~ d'affaires** abogado(-a) de empresa; **~ général(e)** fiscal *mf* ▸ *nm* (*Bot, Culin*) aguacate *m*, palta (And, CSur)
avocat-conseil [avɔkakɔ̃sɛj] (*pl* **avocats-conseils**) *nm* abogado asesor
avocat-stagiaire [avɔkastaʒjɛʀ] (*pl* **avocats-stagiaires**) *nm* pasante *mf* (de abogado)
avoine [avwan] *nf* avena

MOT-CLÉ

avoir [avwaʀ] *vt* **1** (*posséder*) tener; **elle a deux enfants/une belle maison** tiene dos niños/una casa bonita; **il a les yeux gris** tiene los ojos grises; **vous avez du sel ?** ¿tiene sal?; **avoir du courage/de la patience** tener valor/paciencia; **avoir du goût** tener gusto; **avoir horreur de** tener horror a; **avoir rendez-vous** tener una cita
2 (*âge, dimensions*) tener; **il a trois ans** tiene tres años; **le mur a trois mètres de haut** la pared tiene tres metros de alto; *voir aussi* **faim** ; **peur** *etc*
3 (*fam : duper*) quedarse con; **on t'a bien eu !** ¡cómo nos hemos quedado contigo!
4 : **en avoir après** *ou* **contre qn** estar enojado(-a) con algn; **en avoir assez** estar harto; **j'en ai pour une demi-heure** tengo para media hora
5 (*obtenir : train, tickets*) coger, agarrar (Am)
▸ *vb aux* **1** haber; **avoir mangé/dormi** haber comido/dormido; **hier, je n'ai pas mangé** ayer no comí
2 (*avoir + à + infinitif*) : **avoir à faire qch** tener que hacer algo; **vous n'avez qu'à lui demander** no tiene más que preguntarle; (*en colère*) pregúntele a él; **tu n'as pas à me poser de questions** no tienes porqué hacerme preguntas; **tu n'as pas à le savoir** no tienes porqué saberlo
▸ *vb impers* **1** : **il y a** (+ *sing, pl*) hay; **qu'y a-t-il ?** ¿qué ocurre?; **qu'est-ce qu'il y a ?** ¿qué pasa?; **il n'y a rien** no pasa nada; **qu'as-tu ?** ¿qué tienes?; **qu'est-ce que tu as ?** ¿qué te pasa?; **il doit y avoir une explication** tiene que haber una explicación; **il n'y a qu'à recommencer ...** no hay más que volver a empezar ...; **il ne peut y en avoir qu'un** no puede haber más que uno; **il n'y a pas de quoi** no hay de qué

a

2 (*temporel*) : **il y a 10 ans** hace 10 años; **il y a 10 ans/longtemps que je le sais** hace 10 años/ mucho tiempo que lo sé; **il y a 10 ans qu'il est arrivé** hace 10 años que llegó
▸ *nm* haber *m*; **avoir fiscal** (*Fin*) crédito fiscal

avoisinant, e [avwazinɑ̃, ɑ̃t] *adj* cercano(-a)
avoisiner [avwazine] *vt* estar cerca de; (*fig* : *limite, nombre*) acercarse a; (: *l'indifférence, l'insolence*) rayar en
avons [avɔ̃] *vb voir* **avoir**
avorté, e [avɔʀte] *adj* (*fig*) fallido(-a)
avortement [avɔʀtəmɑ̃] *nm* aborto
avorter [avɔʀte] *vi* abortar; (*fig*) abortar, malograrse; **faire ~** abortar; **se faire ~** abortar
avorton [avɔʀtɔ̃] (*péj*) *nm* aborto, feto
avouable [avwabl] *adj* confesable
avoué, e [avwe] *adj* confesado(-a), reconocido(-a) ▸ *nm* procurador *m* judicial
avouer [avwe] *vt* confesar, declarar; (*admettre*) confesar, reconocer; **~ avoir fait/ être/que** confesar haber hecho/ser/que; **~ que oui/non** confesar que sí/no ▸ *vi* confesar; **s'avouer** *vpr* : **s'~ vaincu/ incompétent** declararse vencido(-a)/ incompetente
avril [avʀil] *nm* abril *m*; *voir aussi* **juillet**
axe [aks] *nm* eje *m*; (*fig*) orientación *f*; **dans l'~ de** en la línea de; **~ de symétrie** eje de simetría; **~ routier** carretera general
axer [akse] *vt* (*fig*) : **~ qch sur** centrar algo en
axial, e, -aux [aksjal, jo] *adj* axial
axiome [aksjom] *nm* axioma *m*
ayant [ɛjɑ̃] *vb voir* **avoir**
ayant droit (*pl* **ayants droit**) *nm* derechohabiente *mf*
ayatollah [ajatɔla] *nm* ayatolá *m*
ayons *etc* [ɛjɔ̃] *vb voir* **avoir**
azalée [azale] *nf* azalea
azimut [azimyt] *nm* acimut *m*; **tous azimuts** *adj, adv* (*fig*) en todas las direcciones
azote [azɔt] *nm* nitrógeno
azoté, e [azɔte] *adj* nitrogenado(-a)
aztèque [astɛk] *adj* azteca
azur [azyʀ] *nm* (*couleur*) azul *m*; (*ciel*) cielo
azyme [azim] *adj* : **pain ~** pan *m* ácimo

Bb

B¹, b [be] *nm inv* B, b *f*; **B comme Berthe** ≈ B de Barcelona
B² [be] *abr* (= *bien*) B (= *bien*)
BA [bea] *sigle f* = **bonne action**
baba¹ [baba], **baba cool** [kul] (*fam*) *adj inv*, *nmf* jipi *mf*, hippie *mf*
baba² [baba] *adj inv* : **en être ~** (*fam*) quedarse pasmado(-a) ▸ *nm* : **~ au rhum** bizcocho de ron
B.A.-BA [beaba] *nmsg* abecé *m*; **le ~ de qch** el abecé de algo
babil [babil] *nm* balbuceo
babillage [babijaʒ] *nm* parloteo
babiller [babije] *vi* parlotear; (*bébé*) balbucear
babines [babin] *nfpl* morros *mpl*
babiole [babjɔl] *nf* chuchería; (*vétille*) bagatela
bâbord [bɑbɔʀ] *nm* : **à** *ou* **par ~** a babor
babouin [babwɛ̃] *nm* babuino
baby-foot [babifut] (*pl* **baby-foots**) *nm* futbolín *m*
Babylone [babilɔn] *n* Babilonia
babylonien, ne [babilɔnjɛ̃, jɛn] *adj* babilónico(-a)
baby-sitter [babisitœʀ] (*pl* **baby-sitters**) *nmf* canguro *mf*
baby-sitting [babisitiŋ] (*pl* **baby-sittings**) *nm* : **faire du ~** hacer de canguro
bac¹ [bak] *nm* (*bateau*) transbordador *m*; (*récipient*) cubeta; **~ à litière** caja de arena para gatos; **~ à glace** bandeja para el hielo; **~ à légumes** compartimento para las verduras
bac² [bak] (*fam*) *nm* = **baccalauréat**
baccalauréat [bakalɔʀea] *nm título de enseñanza secundaria*, ≈ selectividad *f*; *ver nota*

BACCALAURÉAT

En Francia el **baccalauréat** o *bac* es un título que se obtiene al terminar los estudios de enseñanza secundaria superior a la edad de dieciocho años y que permite el ingreso en la universidad. Se pueden escoger distintas combinaciones de asignaturas dentro de cada una de las tres modalidades principales: general, profesional y tecnológico.

bâche [bɑʃ] *nf* toldo
bachelier, -ière [baʃəlje, jɛʀ] *nm/f* bachiller *mf*
bâcher [bɑʃe] *vt* entoldar
bachotage [baʃɔtaʒ] *nm* empolle *m*
bachoter [baʃɔte] (*fam*) *vi* empollar
bacille [basil] *nm* bacilo
bâcler [bɑkle] *vt* hacer de prisa y corriendo
bacon [bekɔn] *nm* bacon *m ou* beicon *m*
bactéricide [bakteʀisid] *nm* bactericida *m*
bactérie [bakteʀi] *nf* bacteria
bactérien, ne [bakteʀjɛ̃, jɛn] *adj* bacteriano(-a)
bactériologie [bakteʀjɔlɔʒi] *nf* bacteriología
bactériologique [bakteʀjɔlɔʒik] *adj* bacteriológico(-a)
bactériologiste [bakteʀjɔlɔʒist] *nmf* bacteriólogo(-a)
badaud, e [bado, od] *nm/f* curioso(-a), mirón(-ona)
baderne [badɛʀn] (*péj*) *nf* : **vieille ~** vejestorio
badge [badʒ] *nm* chapa
badger [badʒe] *vi* fichar (*en el trabajo*)
badigeon [badiʒɔ̃] *nm* (*peinture*) enlucido
badigeonner [badiʒɔne] *vt* enlucir, encalar; (*Méd*) untar
badin, e [badɛ̃, in] *adj* animado(-a)
badinage [badinaʒ] *nm* broma
badine [badin] *nf* bastoncillo
badiner [badine] *vi* bromear; **~/ne pas ~ avec qch** bromear/no bromear con algo
badminton [badmintɔn] *nm* bádminton *m*
BAFA [bafa] *sigle m* (= *Brevet d'aptitude aux fonctions d'animation*) *en Francia, diploma para ejercer de animador*
baffe [baf] (*fam*) *nf* bofetada, torta
baffle [bafl] *nm* baf(f)le *m*
bafouer [bafwe] *vt* mofarse de, escarnecer
bafouillage [bafujaʒ] *nm* farfulla
bafouiller [bafuje] *vi, vt* farfullar
bâfrer [bɑfʀe] (*fam*) *vi* engullir
bagage [bagaʒ] *nm* (*fig*) bagaje *m*; **un (seul) ~ à main** un (solo) bulto de mano; **~ littéraire** (*fig*) bagaje *m* literario; **bagages** *nmpl* equipaje *msg*; **bagages à main** equipaje de mano
bagagiste [bagaʒist] *nmf* mozo(-a) de equipajes

bagarre [bagaʀ] *nf* pelea; **il aime la ~** le gusta la pelea
bagarrer [bagaʀe] : **se bagarrer** *vpr* pelearse
bagarreur, -euse [bagaʀœʀ, øz] *adj* peleón(-ona); **il est ~** es un camorrista ▸ *nm/f* camorrista *mf*
bagatelle [bagatɛl] *nf* bagatela
Bagdad [bagdad] *n* Bagdad
bagnard [baɲaʀ] *nm* presidiario
bagne [baɲ] *nm* presidio; **c'est le ~** (*fig*) es como los trabajos forzados
bagnole [baɲɔl] (*fam*) *nf* coche *m*; (*vieille*) cacharro
bagout [bagu] *nm* labia; **avoir du ~** tener labia
bague [bag] *nf* anillo, sortija; (*d'identification*) anilla; **~ de fiançailles** anillo de compromiso; **~ de serrage** casquillo
baguenauder [bagnode] *vi* callejear
baguer [bage] *vt* (*oiseau*) anillar
baguette [bagɛt] *nf* (*bâton*) varilla; (*chinoise*) palillo; (*de chef d'orchestre*) batuta; (*pain*) barra; (*Constr*) junquillo; **mener qn à la ~** tratar a algn a la baqueta; **~ de sourcier** varilla de zahorí; **~ de tambour** palillo; **~ magique** varita mágica
Bahamas [baamas] *nfpl* : **les (îles) ~** las Bahamas
Bahreïn [baʀɛn] *nm* Bahrein *m*
bahut [bay] *nm* arcón *m*; (*fam : lycée*) insti *m*
bai, e [bɛ] *adj* bayo(-a)
baie [bɛ] *nf* bahía; (*fruit*) baya; **~ vitrée** ventanal *m*
baignade [bɛɲad] *nf* baño; **« ~ interdite »** « prohibido bañarse »
baigné, e [beɲe] *adj* : **~ de** (*lumière*) bañado(-a) de, inundado(-a) de; (*sang, sueur, larmes*) bañado(-a) en, anegado(-a) en
baigner [beɲe] *vt* bañar ▸ *vi* : **il baignait dans son sang** estaba bañado *ou* anegado en sangre; **~ dans la brume** estar rodeado(-a) de bruma; **« ça baigne ! »** (*fam*) « ¡todo marcha bien! »; **se baigner** *vpr* bañarse
baigneur, -euse [bɛɲœʀ, øz] *nm/f* bañista *mf* ▸ *nm* (*poupée*) muñequilla
baignoire [bɛɲwaʀ] *nf* bañera, tina (*Am*); (*Théâtre*) palco de platea
bail [baj] (*pl* **baux**) *nm* (contrato de) arrendamiento; **donner** *ou* **prendre qch à ~** arrendar algo, alquilar algo; **~ commercial** traspaso
bâillement [bɑjmɑ̃] *nm* bostezo
bâiller [bɑje] *vi* bostezar; (*être ouvert*) estar entreabierto(-a), estar entornado(-a)
bailleur [bajœʀ] *nm* arrendador(a); **~ de fonds** socio capitalista
bâillon [bɑjɔ̃] *nm* mordaza
bâillonner [bɑjɔne] *vt* amordazar; (*fig*) amordazar, cohibir
bain [bɛ̃] *nm* baño; **se mettre dans le ~** (*fig*) meterse en el asunto; **prendre un ~** tomar un baño; **prendre un ~ de foule** meterse entre la multitud; **prendre un ~ de pieds** darse un baño de pies; **~ de bouche** elixir *m* (para enjuagarse la boca); **~ de siège** baño de asiento; **~ de soleil** baño de sol; **~ moussant** baño de espuma; **bains de mer** baños *mpl* de mar; **bains(-douches) municipaux** baños públicos
bain-marie [bɛ̃maʀi] (*pl* **bains-marie**) *nm* baño (de) María; **faire chauffer au ~** calentar al baño (de) María
baïonnette [bajɔnɛt] *nf* bayoneta; **douille/ampoule à ~** casquillo/bombilla de bayoneta
baisemain [bɛzmɛ̃] *nm* besamanos *m inv*
baiser [beze] *nm* beso ▸ *vt* besar; (*fam !*) tirarse a (*fam !*), coger (*fam ! : Am*)
baisse [bɛs] *nf* (*de température, des prix*) descenso, bajada; **la ~ des prix de l'essence** el abaratamiento de la gasolina, la bajada del precio de la gasolina; **la ~ de la TVA** la bajada del IVA; **« ~ sur la viande »** « abaratamiento de la carne »; **en ~** en baja; **à la ~** a la baja
baisser [bese] *vt* bajar ▸ *vi* (*niveau, température*) bajar, descender; (*jour, lumière*) disminuir; **sa vue baisse** está perdiendo vista; **ses facultés baissent** está perdiendo facultades; **se baisser** *vpr* inclinarse, agacharse
baissier, -ière [besje, jɛʀ] *adj* (*Fin : marché, cycle, tendance*) bajista; **une spirale baissière** una espiral bajista
bajoues [baʒu] *nfpl* carrillos *mpl*; (*péj*) mofletes *mpl*
bakchich [bakʃiʃ] (*fam*) *nm* propina
bal [bal] *nm* baile *m*; **~ costumé** baile de disfraces; **~ masqué** baile de máscaras; **~ musette** *baile popular en el que el acordeón es el instrumento principal*
balade [balad] *nf* (*à pied*) paseo, vuelta; (*en voiture*) vuelta; **faire une ~** dar una vuelta
balader [balade] *vt* pasear; **se balader** *vpr* pasear; **aller se ~** ir a pasear
baladeur [baladœʀ] *nm* : **~ MP3** reproductor *m* de MP3
baladeuse [baladøz] *nf* bombilla portátil
baladin [baladɛ̃] *nm* juglar *m*
baladodiffusion [baladodifyzjɔ̃] *nf* podcasting *m*
balafre [balɑfʀ] *nf* (*coupure, cicatrice*) tajo, chirlo; (*: avec un couteau*) cuchillada
balafrer [balɑfʀe] *vt* dar un tajo; (*avec un couteau*) acuchillar
balai [balɛ] *nm* escoba; (*Auto, Mus*) escobilla; **donner un coup de ~** dar un barrido
balai-brosse [balɛbʀɔs] (*pl* **balais-brosses**) *nm* cepillo

balance [balɑ̃s] *nf* balanza; (*Astrol*) : **B~** Libra; **être B~** ser Libra; **~ commerciale** balanza comercial; **~ des paiements** balanza de pagos; **~ romaine** romana
balancelle [balɑ̃sɛl] *nf* balancín *m*
balancer [balɑ̃se] *vt* balancear; (*fam : lancer*) arrojar; (*renvoyer, jeter*) despedir; **~ qch à la poubelle** (*fam*) tirar algo a la basura ▸ *vi* (*hésiter*) oscilar; **se balancer** *vpr* balancearse, mecerse; (*branche*) mecerse; (*sur une balançoire*) columpiarse; **je m'en balance** (*fam*) me importa un pito
balancier [balɑ̃sje] *nm* (*de pendule*) péndulo; (*perche, montre*) balancín *m*
balançoire [balɑ̃swaʀ] *nf* (*suspendue*) columpio; (*sur pivot*) balancín *m*, subibaja *m*
balayage [balɛjaʒ] *nm* barrido; (*électronique*) exploración *f*
balayer [baleje] *vt* barrer; (*suj : radar, phares*) explorar
balayette [balɛjɛt] *nf* escobilla
balayeur, -euse [balɛjœʀ, øz] *nm/f* barrendero(-a)
balayeuse [balɛjøz] *nf* (*engin*) barredora
balayures [balejyʀ] *nfpl* barreduras *fpl*
balbutiement [balbysimɑ̃] *nm* balbuceo; **balbutiements** *nmpl* (*débuts*) balbuceos *mpl*
balbutier [balbysje] *vi, vt* balbucear
balcon [balkɔ̃] *nm* balcón *m*
balconnet [balkɔnɛ] *nm* sujetador *m* de media copa
baldaquin [baldakɛ̃] *nm* baldaquino
Bâle [bɑl] *n* Basilea
Baléares [baleaʀ] *nfpl* : **les (îles) ~** las (islas) Baleares
baleine [balɛn] *nf* (*Zool, de parapluie*) ballena
baleinier [balenje] *nm* ballenero
baleinière [balɛnjɛʀ] *nf* ballenera
balisage [balizaʒ] *nm* balizaje *m*
balise [baliz] *nf* baliza
baliser [balize] *vt* balizar ▸ *vi* (*fam*) tener canguelo
balistique [balistik] *adj* balístico(-a) ▸ *nf* : **la ~** la balística
balivernes [balivɛʀn] *nfpl* pamplinas *fpl*
balkanique [balkanik] *adj* balcánico(-a)
Balkans [balkɑ̃] *nmpl* : **les ~** los Balcanes
ballade [balad] *nf* balada
ballant, e [balɑ̃, ɑ̃t] *adj* : **les bras ballants** los brazos colgando; **les jambes ballantes** las piernas colgando
ballast [balast] *nm* lastre *m*; (*Rail*) balasto
balle [bal] *nf* (*de fusil*) bala; (*de tennis, golf*) pelota; (*du blé*) cascarilla, cascabillo; (*paquet*) fardo; **~ perdue** bala perdida; **balles** *nfpl* (*fam : franc*) francos *mpl*
ballerine [bal(ə)ʀin] *nf* bailarina; (*chaussure*) zapatilla
ballet [balɛ] *nm* ballet *m*; **~ diplomatique** actividad *f* diplomática
ballon [balɔ̃] *nm* (*de sport*) balón *m*; (*aéronautique, jouet*) globo; (*de vin*) copa; **~ d'essai** (*aussi fig*) globo *m* sonda *inv*; **~ de football** balón de fútbol; **~ d'oxygène** globo de oxígeno
ballonné, e [balɔne] *adj* hinchado(-a); **se sentir ~** sentirse hinchado; **j'ai le ventre ~** tengo el vientre hinchado
ballonner [balɔne] *vt* hinchar
ballon-sonde [balɔ̃sɔ̃d] (*pl* **ballons-sondes**) *nm* globo *m* sonda *inv*
ballot [balo] *nm* fardo, bulto; (*péj*) ceporro
ballottage [balɔtaʒ] *nm* : **il y a ~** no hay un resultado mayoritario
ballotter [balɔte] *vi* bambolearse ▸ *vt* bambolear; **être ballotté entre …** dudar entre …
ballottine [balɔtin] *nf* : **~ de volaille** balotina de ave
ball-trap [baltʀap] (*pl* **ball-traps**) *nm* (*appareil*) proyector *m*; (*tir*) tiro al plato
balluchon [balyʃɔ̃] *nm* hatillo
balnéaire [balneɛʀ] *adj* (*station, centre*) de costa, costero(-a); (*tourisme*) de sol y playa, costero(-a)
balnéothérapie [balneoteʀapi] *nf* balneoterapia
balourd, e [baluʀ, uʀd] *adj, nm/f* palurdo(-a)
balourdise [baluʀdiz] *nf* torpeza
balsamique [balsamik] *adj* balsámico(-a); **vinaigre ~** vinagre *m* balsámico
balte [balt] *adj* báltico(-a) ▸ *nmf* : **Balte** báltico(-a)
baltique [baltik] *adj* báltico(-a) ▸ *nf* : **la (mer) B~** el (mar) Báltico
baluchon [balyʃɔ̃] *nm* = **balluchon**
balustrade [balystʀad] *nf* balaustrada
bambin [bɑ̃bɛ̃] *nm* niño(-a), chiquillo(-a)
bambou [bɑ̃bu] *nm* bambú *m*
ban [bɑ̃] *nm* : **ouvrir/fermer le ~** abrir/cerrar una ceremonia militar con un toque; **être/mettre au ~ de** estar/poner al margen de; **le ~ et l'arrière-~ de sa famille** todos los miembros de su familia; **bans** *nmpl* (*de mariage*) amonestaciones *fpl* matrimoniales
banal¹, e [banal] *adj* (*aussi péj*) banal
banal², e [banal] *adj* (*pl* **banaux**) : **four ~** (*Hist*) molino comunal
banalement [banalmɑ̃] *adv* banalmente
banalisé, e [banalize] *adj* banalizado(-a); (*voiture de police*) camuflado(-a)
banaliser [banalize] *vt* banalizar
banalité [banalite] *nf* banalidad *f*; **dire des banalités** decir banalidades
banane [banan] *nf* plátano, banana (*surtout AM*)
bananeraie [bananʀɛ] *nf* platanar *m*
bananier [bananje] *nm* plátano; (*cargo*) barco bananero
banc [bɑ̃] *nm* banco; **~ d'essai** (*fig*) banco de prueba; **~ de sable** banco de arena; **~ des**

b

accusés/témoins banquillo de los acusados/ testigos; **~ de poissons** banco de peces
bancaire [bɑ̃kɛʀ] *adj* bancario(-a)
bancal, e [bɑ̃kal] *adj* cojo(-a); (*fig*) defectuoso(-a)
bandage [bɑ̃daʒ] *nm* vendaje *m*
bande [bɑ̃d] *nf* banda; (*de tissu*) faja; (*pour panser*) venda; (*motif, dessin*) banda, franja; **une ~ de ...** (*copains, voyous*) una pandilla de ...; **donner de la ~** (*Naut*) dar a la banda, escorar; **par la ~** (*fig*) indirectamente; **faire ~ à part** hacer rancho aparte; **~ de roulement** banda de rodadura; **~ de terre** faja de tierra; **~ dessinée** (*dans un journal*) tira cómica, historieta; *ver nota*; (*livre*) cómic *m*; **~ magnétique** cinta magnética; **~ perforée** banda perforada; **~ sonore** banda sonora; **~ Velpeau®** venda; **~ vidéo** cinta de vídeo

BANDE DESSINÉE

La **bande dessinée** o *BD* goza de gran popularidad en Francia tanto entre los niños, como entre los adultos. Cada mes de enero se celebra en Angulema el Salón Internacional del Cómic. Astérix, Tintín, Tinteuf, Lucky Luke y Gaston Lagaffe son algunos de los personajes de tebeo más famosos que acuden al certamen.

bandé, e [bɑ̃de] *adj* : **les yeux bandés** los ojos vendados; **la main bandée** la mano vendada
bande-annonce [bɑ̃danɔ̃s] (*pl* **bandes-annonces**) *nf* tráiler *m*
bandeau [bɑ̃do] *nm* venda; (*autour du front*) cinta, venda, vincha (AND, CSUR)
bandelette [bɑ̃dlɛt] *nf* venda
bander [bɑ̃de] *vt* (*blessure*) vendar; (*muscle, arc*) tensar; **~ les yeux à qn** vendar los ojos a algn ▸ *vi* (*fam !*) empalmarse (*fam !*)
banderille [bɑ̃dʀij] *nf* banderilla
banderole [bɑ̃dʀɔl] *nf* banderola
bande-son [bɑ̃dsɔ̃] (*pl* **bandes-son**) *nf* banda sonora
bandit [bɑ̃di] *nm* bandido; (*fig*) estafador *m*
banditisme [bɑ̃ditism] *nm* bandidaje *m*
bandoulière [bɑ̃duljɛʀ] *nf* : **en ~** en bandolera
Bangkok [bɑ̃ŋkɔk] *n* Bangkok
Bangladesh [bɑ̃gladɛʃ] *nm* Bangladesh *m*
banjo [bɑ̃(d)ʒo] *nm* banjo
banlieue [bɑ̃ljø] *nf* suburbio; **quartier de ~** barrio suburbano; **lignes/trains de ~** líneas *fpl*/trenes *mpl* de cercanías
banlieusard, e [bɑ̃ljøzaʀ, aʀd] *nm/f* habitante *mf* de los suburbios
bannière [banjɛʀ] *nf* estandarte *m*
bannir [baniʀ] *vt* desterrar
banque [bɑ̃k] *nf* banco; (*activités*) banca; **~ d'affaires** banco de negocios; **~ de dépôt** banco de depósito; **~ de données** (*Inform*) banco de datos; **~ d'émission** banca central; **~ des yeux/du sang** banco de ojos/de sangre
banqueroute [bɑ̃kʀut] *nf* bancarrota
banquet [bɑ̃kɛ] *nm* banquete *m*
banquette [bɑ̃kɛt] *nf* banqueta; (*d'auto*) asiento corrido
banquier, -ière [bɑ̃kje, jɛʀ] *nm/f* banquero(-a)
banquise [bɑ̃kiz] *nf* banco de hielo, banquisa
bantou, e [bɑ̃tu] *adj* bantú
baobab [baɔbab] *nm* (*Bot*) baobab *m*
baptême [batɛm] *nm* (*sacrement*) bautismo; (*cérémonie*) bautizo; **~ de l'air** bautismo del aire
baptiser [batize] *vt* bautizar
baptiste [batist] *adj* bautista
baquer [bake] (*fam*) : **se baquer** *vpr* bañarse
baquet [bakɛ] *nm* cubeta
bar [baʀ] *nm* bar *m*, cantina (*surtout* AM); (*comptoir*) barra, mostrador *m*; (*poisson*) lubina
baragouin [baʀagwɛ̃] *nm* jerigonza; (*à l'étranger*) chapurreo
baragouiner [baʀagwine] *vi, vt* chapurrear
baraque [baʀak] *nf* barraca; (*cabane, hutte*) caseta; (*fam*) casucha; **~ foraine** barraca de feria
baraqué, e [baʀake] (*fam*) *adj* cachas *inv*
baraquements [baʀakmɑ̃] *nmpl* campamento de barracas
baratin [baʀatɛ̃] (*fam*) *nm* (*pour vendre*) charlatanería; (*pour séduire*) camelo
baratiner [baʀatine] (*fam*) *vt* (*pour vendre*) charlatanear; (*pour séduire*) camelar
baratineur, -euse [baʀatinœʀ, øz] (*fam*) *nm/f* (*vendeur*) charlatán(-ana); (*séducteur*) camelista *mf*
baratte [baʀat] *nf* mantequera
barbant, e [baʀbɑ̃, ɑ̃t] (*fam*) *adj* pesado(-a)
barbare [baʀbaʀ] *adj, nmf* bárbaro(-a)
barbarie [baʀbaʀi] *nf* barbarie *f*
barbarisme [baʀbaʀism] *nm* barbarismo
barbe [baʀb] *nf* barba; **au nez et à la ~ de qn** en las barbas de algn; **quelle ~ !** (*fam*) ¡qué lata!; **~ à papa** algodón *m* de azúcar
barbecue [baʀbəkju] *nm* barbacoa, asado (AM)
barbelé [baʀbəle] *nm* alambre *m* de púas
barber [baʀbe] (*fam*) *vt* dar la lata a; **se barber** *vpr* (*fam*) aburrirse
barbiche [baʀbiʃ] *nf* perilla
barbichette [baʀbiʃɛt] *nf* perilla
barbiturique [baʀbityʀik] *nm* barbitúrico
barboter [baʀbɔte] *vi* chapotear ▸ *vt* (*voler*) birlar, mangar
barboteuse [baʀbɔtøz] *nf* pelele *m*
barbouillé, e [baʀbuje] *adj* : **avoir l'estomac ~** tener el estómago revuelto
barbouiller [baʀbuje] *vt* (*couvrir, salir*) embadurnar; (*péj : mur, toile*) pintarrajear; (*: écrire, dessiner*) emborronar
barbu, e [baʀby] *adj* barbudo(-a)

barbue [baʀby] *nf* rodaballo menor

Barcelone [baʀsəlɔn] *n* Barcelona

barda [baʀda] (*fam*) *nm* bártulos *mpl*

barde [baʀd] *nf* albardilla ▸ *nm* (*poète*) bardo

bardé, e [baʀde] *adj* : **~ de médailles** abarrotado(-a) de medallas

bardeaux [baʀdo] *nmpl* ripias *fpl*

barder [baʀde] *vi* (*fam*) : **ça va ~** se va a armar la gorda ▸ *vt* enalbardar

barème [baʀɛm] *nm* (*des prix, des tarifs*) baremo, tabla; (*cotisations, notes*) baremo; **~ des salaires** tabla de salarios

barge [baʀʒ] *nf* pontón *m*

barguigner [baʀgiɲe] *vi* : **sans ~** sin vacilar

baril [baʀi(l)] *nm* barril *m*

barillet [baʀijɛ] *nm* (*de revolver*) tambor *m*

bariolé, e [baʀjɔle] *adj* abigarrado(-a)

barman [baʀman] *nm* barman *m inv*

baromètre [baʀɔmɛtʀ] *nm* (*aussi fig*) barómetro; **~ anéroïde** barómetro aneroide

baron, ne [baʀɔ̃, ɔn] *nm/f* barón(-onesa); (*fig*) magnate

baroque [baʀɔk] *adj* (*Art*) barroco(-a); (*fig*) estrambótico(-a)

baroud [baʀud] *nm* : **faire un ~ d'honneur** quemar el último cartucho

baroudeur [baʀudœʀ] (*fam*) *nm* pendenciero

barque [baʀk] *nf* barca

barquette [baʀkɛt] *nf* (*en aluminium*) envase *m*; (*en bois*) caja; (*tartelette*) tartaleta

barracuda [baʀakyda] *nm* barracuda

barrage [baʀaʒ] *nm* pantano, embalse *m*; (*sur route*) barrera; **~ de police** cordón *m* policial, retén *m* (*Am*)

barre [baʀ] *nf* barra; (*Naut*) timón *m*; (*écrite*) raya; **comparaître à la ~** comparecer ante el juez; **être à** *ou* **tenir la ~** llevar el timón; **~ à mine** barrena; **~ de mesure** (*Mus*) barra de compás; **~ d'outils** barra de herramientas; **~ fixe** (*Gymnastique*) barra fija; **barres parallèles** barras paralelas

barreau, x [baʀo] *nm* barrote *m*; (*Jur*) : **le ~** el foro, la abogacía

barrer [baʀe] *vt* (*route*) obstruir; (*mot*) tachar; (*chèque*) cruzar; (*Naut*) timonear; **~ le passage** *ou* **la route à qn** cerrar el paso a algn; **se barrer** *vpr* (*fam*) largarse, pirarse

barrette [baʀɛt] *nf* (*pour les cheveux*) pasador *m*; (*Rel*) birrete *m*; (*broche*) broche *m*

barreur [baʀœʀ] *nm* timonel *m*

barricade [baʀikad] *nf* barricada

barricader [baʀikade] *vt* (*rue*) levantar barricadas en; (*porte, fenêtre*) atrancar; **se ~ chez soi** (*fig*) encerrarse en su casa

barrière [baʀjɛʀ] *nf* (*aussi fig*) barrera; **~ de dégel** (*Admin, Auto*) *circulación de vehículos pesados prohibida a causa del deshielo*; **barrières douanières** barreras *fpl* aduaneras

barrique [baʀik] *nf* barrica, tonel *m*

barrir [baʀiʀ] *vi* bramar

bar-tabac [baʀtaba] (*pl* **bars-tabacs**) *nm* bar *m* (*donde se venden tabaco y sellos*)

baryton [baʀitɔ̃] *nm* barítono

bas, basse [bɑ, bɑs] *adj* bajo(-a); (*vue*) corto(-a); (*action*) bajo(-a), vil; **la tête basse** cabizbajo; **avoir la vue basse** ser corto(-a) de vista; **au ~ mot** por lo menos, por lo bajo; **enfant en ~ âge** niño de corta edad; **~ morceaux** despojos *mpl* ▸ *nm* (*chaussette*) calcetín *m*; (*de femme*) media; (*partie inférieure*) : **le ~ de ...** la parte de abajo de ...; **un ~ de laine** ahorros *mpl*; **de ~ en haut** de abajo arriba; **des hauts et des ~** altibajos *mpl* ▸ *adv* bajo; **plus ~** más bajo, más abajo; **parler plus ~** hablar más bajo; **en ~** abajo; **en ~ de** debajo de, en la parte baja de; **mettre ~** parir; **« à ~ la dictature/l'école ! »** « ¡abajo la dictadura/la escuela! »

basalte [bazalt] *nm* basalto

basané, e [bazane] *adj* curtido(-a); (*immigré*) moro(-a)

bas-côté [bakote] (*pl* **bas-côtés**) *nm* (*de route*) arcén *m*; (*d'église*) nave *f* lateral

bascule [baskyl] *nf* : **(jeu de) ~** subibaja *m*; **(balance à) ~** báscula; **fauteuil à ~** mecedora

basculer [baskyle] *vi* (*tomber*) volcar; (*benne*) bascular ▸ *vt* (*gén : faire basculer*) volcar

base [bɑz] *nf* base *f*; (*Pol*) : **la ~** la(s) base(s); **jeter les bases de** sentar las bases de; **à la ~ de** (*fig*) en el origen de; **sur la ~ de** (*fig*) tomando como base; **principe/produit de ~** principio/producto de base; **à ~ de café** a base de café; **~ de données** (*Inform*) base de datos; **~ de lancement** base de lanzamiento

base-ball [bɛzbol] (*pl* **base-balls**) *nm* béisbol *m*

baser [bɑze] *vt* : **~ qch sur** basar algo en; **se ~ sur** basarse en; **basé à/dans** (*Mil*) con base en

bas-fond [bɑfɔ̃] (*pl* **bas-fonds**) *nm* (*Naut*) bajío; **bas-fonds** *nmpl* (*fig*) bajos fondos *mpl*, hampa *fsg*

basilic [bazilik] *nm* albahaca

basilique [bazilik] *nf* basílica

basket [baskɛt] *nm* = **basket-ball**

basket-ball [baskɛtbol] (*pl* **basket-balls**) *nm* baloncesto

baskets [baskɛt] *nfpl* (*chaussures*) playeras *fpl*, zapatillas *fpl* de deporte

basketteur, -euse [basketœʀ, øz] *nm/f* baloncestista *mf*

basquaise [baskɛz] *adj f* vasca ▸ *nf* : **B~** vasca

basque [bask] *adj, nmf* vasco(-a); **le Pays ~** el País vasco ▸ *nm* (*Ling*) vasco, vascuence *m*

basques [bask] *nfpl* faldones *mpl*; **pendu aux ~ de qn** pegado a las faldas de algn

bas-relief [bɑʀəljɛf] (*pl* **bas-reliefs**) *nm* bajorrelieve *m*

basse [bɑs] *adj f voir* **bas** ▸ *nf* bajo

basse-cour [bɑskuʀ] (*pl* **basses-cours**) *nf* (*cour*) corral *m*; (*animaux*) aves *fpl* de corral

b

bassement [basmɑ̃] *adv* bajamente, vilmente
bassesse [basɛs] *nf* bajeza
basset [basɛ] *nm* basset *m*
bassin [basɛ̃] *nm (cuvette)* palangana, cubeta; *(pièce d'eau)* estanque *m*; *(de fontaine)* pila; *(Géo)* cuenca; *(Anat)* pelvis *f*; *(portuaire)* dársena; **~ houiller** cuenca hullera
bassine [basin] *nf* balde *m*
bassiner [basine] *vt (plaie)* humedecer; *(lit)* calentar; *(fam)* dar el tostón a
bassiste [basist] *nmf* bajista *mf*, bajo
basson [basɔ̃] *nm (instrument)* fagot *m*; *(musicien)* fagotista *mf*, fagot *m*
bastide [bastid] *nf (maison)* quinta; *(ville)* bastida
bastingage [bastɛ̃gaʒ] *nm* borda
bastion [bastjɔ̃] *nm* bastión *m*; *(fig)* baluarte *m*
baston [bastɔ̃] *(fam !) nm ou f* bronca, pelotera *(fam)*
bastonner [bastɔne] *(fam)* : **se bastonner** *vpr* pegarse
bas-ventre [bavɑ̃tʀ] *(pl* **bas-ventres***) nm* bajo-vientre *m*
bat [ba] *vb voir* **battre**
bât [bɑ] *nm* albarda
bataille [bataj] *nf (aussi fig)* batalla; **en ~** *(cheveux)* desgreñado(-a); **~ rangée** batalla campal
bataillon [batajɔ̃] *nm* batallón *m*
bâtard, e [bɑtaʀ, aʀd] *adj (solution)* espurio(-a); *(fig)* híbrido(-a); **chien ~** perro bastardo ▸ *nm/f (enfant)* bastardo(-a) ▸ *nm (boulangerie)* barra
batavia [batavja] *nf lechuga de hojas anchas y rizadas*
bateau, x [bato] *nm* barco; *(grand)* navío, buque *m*; *(abaissement du trottoir)* vado; **~ à moteur/de pêche** barco de motor/de pesca ▸ *adj (banal, rebattu)* típico(-a)
bateau-citerne [batositɛʀn] *(pl* **bateaux-citernes***) nm* barco cisterna *inv*
bateau-mouche [batomuʃ] *(pl* **bateaux-mouches***) nm* golondrina
bateau-pilote [batopilɔt] *(pl* **bateaux-pilotes***) nm* barco piloto *inv*
bateleur, -euse [batlœʀ, øz] *nm/f* titiritero(-a), cómico(-a)
batelier, -ière [batəlje] *nm/f* barquero(-a)
bat-flanc [baflɑ̃] *nm (pour dormir)* mampara
bâti, e [bɑti] *adj (terrain)* edificado(-a); **bien ~** *(personne)* bien hecho(-a), fornido(-a) ▸ *nm (armature)* armazón *m*; *(Couture)* hilván *m*
batifoler [batifɔle] *vi* retozar
batik [batik] *nm* batik *m*
bâtiment [bɑtimɑ̃] *nm* edificio; *(Naut)* navío; **le ~** *(industrie)* la construcción
bâtir [bɑtiʀ] *vt* edificar, construir; *(fig)* edificar; *(Couture)* hilvanar; **fil à ~** *(Couture)* hilo de hilvanar
bâtisse [bɑtis] *nf* construcción *f*
bâtisseur, -euse [bɑtisœʀ, øz] *nm/f* constructor(a), fundador(a)
batiste [batist] *nf* batista
bâton [bɑtɔ̃] *nm* palo, vara; *(d'agent de police)* porra; **mettre des bâtons dans les roues à qn** poner trabas a algn; **à bâtons rompus** sin orden ni concierto; **~ de rouge (à lèvres)** barra (de labios); **~ de ski** bastón *m* de esquiar
bâtonnet [bɑtɔnɛ] *nm* palo pequeño
bâtonnier [bɑtɔnje] *nm (Jur)* decano del colegio de abogados
batraciens [batʀasjɛ̃] *nmpl* batracios *mpl*
bats [ba] *vb voir* **battre**
battage [bataʒ] *nm* propaganda exagerada
battant, e [batɑ̃, ɑ̃t] *vb voir* **battre** ▸ *adj* : **pluie battante** aguacero, lluvia recia; **tambour ~** *(fig)* con firmeza ▸ *nm (de cloche)* badajo; *(de volet, de porte)* hoja, batiente *m*; **porte à double ~** puerta de doble batiente ▸ *nm, nf (personne)* persona combativa
batte [bat] *nf* pala, bate *m*
battement [batmɑ̃] *nm (de cœur)* latido, palpitación *f*; *(intervalle)* intervalo; **10 minutes de ~** 10 minutos de intervalo; **~ de paupières** parpadeo
batterie [batʀi] *nf (aussi Mus)* batería; **~ de tests** batería de tests; **~ de cuisine** batería de cocina
batteur, -euse [batœʀ, øz] *nm/f (Mus)* batería *mf* ▸ *nm (appareil)* batidora ▸ *nf (machine agricole)* trilladora
battoir [batwaʀ] *nm (à linge, tapis)* pala, paleta
battre [batʀ] *vt* pegar; *(suj : pluie, vagues)* golpear, azotar; *(vaincre)* vencer, derrotar; *(œufs)* batir; *(blé)* trillar; *(tapis)* sacudir; *(cartes)* barajar; *(passer au peigne fin)* rastrear; **~ froid à qn** tratar a algn con frialdad; **~ la mesure** llevar el compás; **~ en brèche** batir en brecha; **~ son plein** estar en su apogeo; **~ pavillon espagnol** enarbolar bandera española; **~ la semelle** zapatear (para calentarse) ▸ *vi (cœur)* latir; *(volets)* golpear, batir; **~ en retraite** batirse en retirada; **~ de l'aile** *(fig)* estar alicaído(-a); **~ des ailes** aletear; **~ des mains** dar palmas; **se battre** *vpr* pelearse, luchar; *(fig)* esforzarse
battu, e [baty] *pp de* **battre**
battue [baty] *nf* batida
baud [bo] *nm* baudio
baudruche [bodʀyʃ] *nf* : **ballon de ~** globo de goma; *(fig)* botarate *m*
baume [bom] *nm* bálsamo; *(fig)* bálsamo, consuelo; **mettre du ~ au cœur (à qn)** servir de consuelo (a algn)
bauxite [boksit] *nf* bauxita
bavard, e [bavaʀ, aʀd] *adj* parlanchín(-ina)
bavardage [bavaʀdaʒ] *nm* charla

bavarder [bavaʀde] *vi* charlar, platicar (*Mex*); (*indiscrètement*) charlatanear, irse de la lengua
bavarois, e [bavaʀwa, waz] *adj* bávaro(-a) ▸ *nm* (*Culin*) crema bávara, bavarois *m*
bave [bav] *nf* baba
baver [bave] *vi* babear; (*encre, couleur*) chorrear; **en ~** (*fam*) pasar las de Caín, pasarlas negras
bavette [bavɛt] *nf* (*de bébé*) babero; (*de tablier, salopette*) peto
baveux, -euse [bavø, øz] *adj* baboso(-a); **omelette baveuse** tortilla babosa
Bavière [bavjɛʀ] *nf*: **la ~** Baviera
bavoir [bavwaʀ] *nm* babero
bavure [bavyʀ] *nf* rebaba, mancha; (*fig*) error *m*; **~ policière** atropello policial
bayadère [bajadɛʀ] *adj* bayadera
bayer [baje] *vi*: **~ aux corneilles** estar en Babia
bazar [bazaʀ] *nm* bazar *m*; (*fam*) leonera
bazarder [bazaʀde] (*fam*) *vt* liquidar
BCBG [besebeʒe] *sigle adj* = **bon chic bon genre**; **une fille ~** ≈ una chica bien vestida
BCG [beseʒe] *sigle m* (= *bacille Calmette-Guérin*) *vacuna de la tuberculosis*
bcp *abr* = **beaucoup**
BD *sigle f* (= *bande dessinée*) *voir* **bande**; (= *base de données*) base *f* de datos
bd *abr* (= *boulevard*) Blvr. (= *bulevar*)
b.d.c. *abr* (= *bas de casse*) c.b. (= *caja baja*)
béant, e [beɑ̃, ɑ̃t] *adj* abierto(-a)
béarnais, e [bearnɛ, ɛz] *adj* bearnés(-esa) ▸ *nm/f*: **Béarnais, e** bearnés(-esa)
béat, e [bea, at] *adj* beato(-a); (*sourire etc*) plácido(-a)
béatitude [beatityd] *nf* beatitud *f*
beau, belle [bo, bɛl] (*devant nm commençant par voyelle ou h muet* **bel**) (*mpl* **beaux**, *fpl* **belles**) *adj* (*gén*) bonito(-a); (*plus formel*) hermoso(-a), bello(-a), lindo(-a) (*surtout Am fam*); (*personne*) guapo(-a); **il a ~ jeu de protester** *etc* le es fácil protestar *etc*; **un bel homme** un hombre guapo; **un ~ geste** un gesto noble; **un ~ salaire** un buen salario; **un ~ gâchis/ rhume** (*iron*) un buen despilfarro/resfriado; **le ~ monde** la buena sociedad; **un ~ jour ...** un buen día ...; **~ parleur** hombre *m* de labia ▸ *nm*: **avoir le sens du ~** tener sentido estético; **le plus ~ c'est que ...** lo mejor es que ...; **« c'est du ~ ! »** « ¡qué bonito! »; **faire le ~** (*chien*) ponerse en dos patas ▸ *adv*: **il fait ~** hace buen tiempo; **on a ~ essayer ...** por más que se intente ...; **de plus belle** más y mejor; **bel et bien** de verdad
beauceron, ne [bosʀɔ̃, ɔn] *adj* de la Beauce ▸ *nm/f*: **Beauceron, ne** nativo(-a) *ou* habitante *mf* de la Beauce
beaucoup [boku] *adv* mucho; **il boit ~** bebe mucho; **il ne rit pas ~** no ríe mucho; **il est ~ plus grand** es mucho más grande; **il en a ~** tiene mucho(s)(-a(s)); **~ trop de** demasiado(s)(-a(s)); **(pas) ~ de** (no) mucho(s)(-a(s)); **~ d'étudiants/de touristes** muchos estudiantes/turistas; **~ de courage** mucho valor; **il n'a pas ~ d'argent** no tiene mucho dinero; **de ~** *adv* con mucho; **~ le savent** (*emploi nominal*) muchos lo saben
beau-fils [bofis] (*pl* **beaux-fils**) *nm* yerno; (*remariage*) hijastro
beau-frère [bofʀɛʀ] (*pl* **beaux-frères**) *nm* cuñado
beau-père [bopɛʀ] (*pl* **beaux-pères**) *nm* suegro; (*remariage*) padrastro
beauté [bote] *nf* belleza; **de toute ~** de gran belleza; **en ~** : **finir en ~** terminar brillantemente
beaux-arts [bozaʀ] *nmpl* bellas artes *fpl*
beaux-parents [bopaʀɑ̃] *nmpl* suegros *mpl*
bébé [bebe] *nm* bebé *m*
bébé-éprouvette [bebeepʀuvɛt] (*pl* **bébés-éprouvette**) *nm* bebé-probeta *m*
bec [bɛk] *nm* pico; (*de plume*) punta; (*d'une clarinette etc*) boquilla; **clouer le ~ à qn** (*fam*) cerrar el pico a algn; **~ de gaz** farola; **~ verseur** pico
bécane [bekan] (*fam*) *nf* bici *f*
bécarre [bekaʀ] *nm* becuadro
bécasse [bekas] *nf* becada; (*fam*) tonta
bec-de-cane [bɛkdəkan] (*pl* **becs-de-cane**) *nm* picaporte *m*
bec-de-lièvre [bɛkdəljɛvʀ] (*pl* **becs-de-lièvre**) *nm* labio leporino
béchamel [beʃamɛl] *nf*: **(sauce) ~** (salsa) bechamel *f*
bêche [bɛʃ] *nf* pala
bêcher [beʃe] *vt* (*terre*) cavar
bêcheur, -euse [bɛʃœʀ, øz] (*fam*) *adj* criticón(-ona) ▸ *nm/f* criticón(-ona); (*snob*) engreído(-a)
bécoter [bekɔte]: **se bécoter** *vpr* besuquearse
becquée [beke] *nf*: **donner la ~ à** dar de comer a
becqueter [bɛkte] (*fam*) *vi* papear
bedaine [bədɛn] *nf* barriga
bédé [bede] (*fam*) *nf* (= *bande dessinée*) *voir* **bande**
bedeau, x [bədo] *nm* sacristán *m*
bedonnant, e [bədɔnɑ̃, ɑ̃t] *adj* barrigudo(-a)
bée [be] *adj*: **bouche ~** boquiabierto(-a)
beffroi [befʀwa] *nm* campanario
bégaiement [begɛmɑ̃] *nm* tartamudeo
bégayer [begeje] *vi, vt* tartamudear
bégonia [begɔnja] *nm* begonia
bègue [bɛg] *nmf* tartamudo(-a)
bégueule [begœl] *adj* mojigato(-a)
béguin [begɛ̃] *nm*: **avoir le ~ pour** estar encaprichado(-a) con
beige [bɛʒ] *adj* beige
beignet [bɛɲɛ] *nm* buñuelo
bel [bɛl] *adj m voir* **beau**
bêler [bele] *vi* balar
belette [bəlɛt] *nf* comadreja

b

belge [bɛlʒ] *adj* belga ▸ *nmf* : **Belge** belga *mf*; *ver nota*

FÊTE NATIONALE BELGE

La **fête nationale belge**, que se celebra el 21 de julio, conmemora la coronación de Leopold de Saxe-Coburg Gotha como Rey Leopold I, que tuvo lugar en 1831.

Belgique [bɛlʒik] *nf* Bélgica
Belgrade [bɛlgʀad] *n* Belgrado
bélier [belje] *nm* (*Zool*) carnero; (*engin*) ariete *m*; (*Astrol*) : **B~** Aries *m*; **être B~** ser Aries
Bélize [beliz] *nm* Belice *m*
bellâtre [bɛlɑtʀ] *nm* niño bonito
belle [bɛl] *adj f voir* **beau** ▸ *nf* (*Sport*) : **la ~** el desempate; **belles** *nfpl* : **en faire/dire de belles** hacerlas/decirlas buenas
belle-famille [bɛlfamij] (*pl* **belles-familles**) (*fam*) *nf* familia política
belle-fille [bɛlfij] (*pl* **belles-filles**) *nf* nuera; (*remariage*) hijastra
belle-mère [bɛlmɛʀ] (*pl* **belles-mères**) *nf* suegra; (*remariage*) madrastra
belle-sœur [bɛlsœʀ] (*pl* **belles-sœurs**) *nf* cuñada
belliciste [belisist] *adj* belicista
belligérant, e [beliʒeʀɑ̃, ɑ̃t] *nm/f* beligerante *mf*
belliqueux, -euse [belikø, øz] *adj* belicoso(-a)
belote [bəlɔt] *nf* ≈ tute *m*
belvédère [bɛlvedɛʀ] *nm* mirador *m*
bémol [bemɔl] *nm* bemol *m*
ben [bɛ̃] (*fam*) *excl* pues
bénédiction [benediksjɔ̃] *nf* bendición *f*
bénéfice [benefis] *nm* (*Comm*) beneficio; (*avantage*) beneficio, provecho; **au ~ de** a favor de
bénéficiaire [benefisjɛʀ] *nm* beneficiario(-a)
bénéficier [benefisje] *vi* : **~ de** (*jouir de, avoir, obtenir*) disfrutar de; (*tirer profit de*) beneficiarse de
bénéfique [benefik] *adj* benéfico(-a)
Bénélux [benelyks] *nm* Benelux *m*
benêt [bənɛ] *adj, nm* pánfilo(-a)
bénévolat [benevɔla] *nm* voluntariado
bénévole [benevɔl] *adj* (*personne*) benévolo(-a); (*aide*) voluntario(-a) ▸ *nmf* voluntario(-a)
bénévolement [benevɔlmɑ̃] *adv* voluntariamente
Bengale [bɛ̃gal] *nm* Bengala; **le golfe du ~** el golfo de Bengala
bengali [bɛ̃gali] *adj, nm* bengalí *m*
Bénin [benɛ̃] *nm* Benin *m*
bénin, -igne [benɛ̃, iɲ] *adj* benigno(-a)
béninois, e [beninwa, waz] *adj* de Benin ▸ *nm/f* : **Béninois, e** nativo(-a) *ou* habitante *mf* de Benin
bénir [beniʀ] *vt* bendecir
bénit, e [beni, it] *adj* bendito(-a); **eau bénite** agua bendita
bénitier [benitje] *nm* pila de agua bendita
benjamin, e [bɛ̃ʒamɛ̃, in] *nm/f* benjamín(-ina); (*Sport*) alevín *mf*
benne [bɛn] *nf* (*de camion*) volquete *m*; (*de téléphérique*) cabina; **~ basculante** volquete
benzine [bɛ̃zin] *nf* bencina
béotien, ne [beɔsjɛ̃, jɛn] *nm/f* tosco(-a)
BEP [beøpe] *sigle m* (= *brevet d'études professionnelles*) *certificado de estudios profesionales*
BEPC [beəpese] *sigle m* (= *brevet d'études du premier cycle*) ≈ Graduado Escolar
béquille [bekij] *nf* muleta; (*de bicyclette*) soporte *m*
berbère [bɛʀbɛʀ] *adj* berberisco(-a) ▸ *nm* (*Ling*) bereber *m* ▸ *nmf* : **Berbère** bereber *mf*
bercail [bɛʀkaj] *nm* redil *m*
berceau, x [bɛʀso] *nm* (*aussi fig*) cuna
bercer [bɛʀse] *vt* acunar, mecer; (*suj : musique*) mecer; **~ qn de promesses** engañar a algn con promesas; **se bercer** *vpr* : **se ~ d'illusions** hacerse ilusiones
berceur, -euse [bɛʀsœʀ, øz] *adj* mecedor(a)
berceuse [bɛʀsøz] *nf* (*chanson*) canción *f* de cuna, nana
Bercy [bɛʀsi] *n sede del Ministerio de Economía y Finanzas francés*
béret [beʀɛ] *nm* : **~ (basque)** boina
bergamote [bɛʀgamɔt] *nf* bergamota
berge [bɛʀʒ] *nf* orilla; (*fam : an*) taco (*fam*)
berger, -ère [bɛʀʒe, ʒɛʀ] *nm/f* pastor(a) ▸ *nm* : **~ allemand** pastor *m* alemán
bergerie [bɛʀʒəʀi] *nf* aprisco
bergeronnette [bɛʀʒəʀɔnɛt] *nf* aguzanieves *f inv*
béribéri [beʀibeʀi] *nm* beriberi *m*
Berlin [bɛʀlɛ̃] *n* Berlín; **~ Est/Ouest** (*Hist*) Berlín este/oeste
berline [bɛʀlin] *nf* berlina
berlingot [bɛʀlɛ̃go] *nm* (*emballage*) envase *m* de cartón; (*bonbon*) *caramelo con forma de rombo*
berlinois, e [bɛʀlinwa, waz] *adj* berlinés(-esa)
berlue [bɛʀly] *nf* : **avoir la ~** ver visiones
bermuda [bɛʀmyda] *nm* bermudas *mpl ou fpl*
Bermudes [bɛʀmyd] *nfpl* : **les (îles) ~** las (islas) Bermudas
Berne [bɛʀn] *nf* Berna
berne [bɛʀn] *nf* : **en ~** a media asta; **mettre en ~** izar a media asta
berner [bɛʀne] *vt* estafar
bernois, e [bɛʀnwa, waz] *adj* bernés(-esa) ▸ *nm/f* : **Bernois, e** bernés(-esa)
berrichon, ne [bɛʀiʃɔ̃, ɔn] *adj* de Berry ▸ *nm/f* : **Berrichon, ne** nativo(-a) *ou* habitante *mf* de Berry
Berry [bɛʀi] *nm* Berry *m*
besace [bəzas] *nf* alforjas *fpl*
besogne [bəzɔɲ] *nf* tarea, faena
besogneux, -euse [bəzɔɲø, øz] *adj* tedioso(-a)

besoin [bəzwɛ̃] *nm* necesidad *f*; (*pauvreté*) : **le ~** la necesidad, la estrechez; **le ~ d'argent** la necesidad de dinero; **être dans le ~** pasar necesidad; **il n'y a pas ~ de (faire)** no hay necesidad de (hacer); **avoir ~ de qch/de faire qch** tener necesidad de algo/de hacer algo; **au ~** si es menester; **les besoins (naturels)** las necesidades; **faire ses besoins** hacer sus necesidades; **pour les besoins de la cause** por exigencias del objetivo
bestial, e, -aux [bɛstjal, jo] *adj* bestial
bestiaux [bɛstjo] *nmpl* ganado, reses *fpl*
bestiole [bɛstjɔl] *nf* bicho
bêta [beta] (*Inform*) *adj inv* beta *inv*
bétail [betaj] *nm* ganado
bétaillère [betajɛʀ] *nf* remolque *m* para transportar ganado
bête [bɛt] *nf* (*gén*) animal *m*; (*insecte, bestiole*) bicho; **chercher la petite ~** buscarle tres pies al gato; **les bêtes** (*bétail*) el ganado; **~ de somme** bestia de carga; **~ noire** pesadilla, bestia negra; **bêtes sauvages** fieras *fpl*, animales *mpl* salvajes ▸ *adj* (*stupide*) tonto(-a), bobo(-a)
bêtement [bɛtmɑ̃] *adv* tontamente; **tout ~** simplemente, sin rodeos
Bethléem [bɛtleɛm] *n* Belén
bêtifier [betifje] *vi* decir tonterías
bêtise [betiz] *nf* (*défaut d'intelligence*) estupidez *f*, tontería; (*action, remarque*) tontería; (*bonbon*) caramelo de menta; **faire/dire une ~** hacer/decir una tontería
bêtisier [betizje] *nm* antología de disparates
béton [betɔ̃] *nm* hormigón *m*; **en ~** (*fam* : *alibi, argument*) irrefutable, de peso; **~ armé/précontraint** hormigón armado/pretensado
bétonner [betɔne] *vt* construir con hormigón
bétonnière [betɔnjɛʀ] *nf* hormigonera
bette [bɛt] *nf* acelga
betterave [bɛtʀav] *nf* remolacha, betarraga (Chi); **~ fourragère/sucrière** remolacha forrajera/azucarera
beuglement [bøgləmɑ̃] *nm* mugido, bramido; (*personne, radio*) berridos *mpl*
beugler [bøgle] *vi* (*bovin*) mugir, bramar; (*personne, radio*) berrear ▸ *vt* (*péj* : *chanson*) berrear
Beur [bœʀ] *nmf joven árabe nacido en Francia de padres emigrantes*; *ver nota*

> **Beur**
>
> **Beur** es el término que se utiliza para referirse a una persona nacida en Francia de padres emigrantes norteafricanos. No es un término racista: los medios de comunicación, los grupos antiracistas y la segunda generación misma de norteafricanos lo usan con frecuencia. La palabra proviene de un tipo de argot llamado *verlan*.

beurre [bœʀ] *nm* mantequilla, manteca (Am); **mettre du ~ dans les épinards** (*fig*) hacer el agosto; **~ de cacao** manteca de cacao; **~ noir** mantequilla requemada
beurré, e [bœʀe] *adj* (*avec du beurre*) con mantequilla; (*fam* : *ivre*) pedo (*fam*), trompa (*fam*)
beurrer [bœʀe] *vt* untar con mantequilla
beurrier [bœʀje] *nm* mantequera
beuverie [bøvʀi] *nf* sesión *f* de borrachos
bévue [bevy] *nf* patinazo
Beyrouth [beʀut] *n* Beirut
bi... [bi] *préf* bi...
Biafra [bjafʀa] *nm* Biafra
biafrais, e [bjafʀɛ, ɛz] *adj* biafreño(-a) ▸ *nm/f* : **Biafrais, e** biafreño(-a)
biais [bjɛ] *nm* (*d'un tissu*) sesgo; (*bande de tissu*) bies *m*; (*moyen*) rodeo, vuelta; **en ~, de ~** (*obliquement*) al sesgo
biaiser [bjeze] *vi* andarse con rodeos
biathlon [biatlɔ̃] *nm* biatlón *m*
bibelot [biblo] *nm* chuchería
biberon [bibʀɔ̃] *nm* biberón *m*; **nourrir au ~** alimentar con biberón
bible [bibl] *nf* biblia
biblio... [biblijɔ] *préf* biblio...
bibliobus [biblijobys] *nm* biblioteca ambulante, bibliobús *m*
bibliographie [biblijɔgʀafi] *nf* bibliografía
bibliophile [biblijɔfil] *nmf* bibliófilo(-a)
bibliothécaire [biblijɔtekɛʀ] *nmf* bibliotecario(-a)
bibliothèque [biblijɔtɛk] *nf* biblioteca; **~ municipale** biblioteca municipal
biblique [biblik] *adj* bíblico(-a)
bibliquement [biblikmɑ̃] *adv* : **connaître qn ~** conocer a algn en el sentido bíblico
bic® [bik] *nm* boli *m*
bicarbonate [bikaʀbɔnat] *nm* : **~ (de soude)** bicarbonato (sódico)
bicentenaire [bisɑ̃t(ə)nɛʀ] *nm* bicentenario
biceps [bisɛps] *nm* bíceps *m inv*
biche [biʃ] *nf* cierva
bichonner [biʃɔne] *vt* acicalar; (*personne*) mimar
bicolore [bikɔlɔʀ] *adj* bicolor
bicoque [bikɔk] (*péj*) *nf* casucha
bicorne [bikɔʀn] *nm* bicornio
bicross [bikʀɔs] *nm* bicicross *m*
bicyclette [bisiklɛt] *nf* bicicleta
bidasse [bidas] (*fam*) *nm* recluta *m*
bide [bid] (*fam*) *nm* (*ventre*) panza; (*Théâtre*) fracaso
bidet [bidɛ] *nm* bidé *m*
bidoche [bidɔʃ] (*fam*) *nf* carne *f*
bidon [bidɔ̃] *nm* (*récipient*) bidón *m* ▸ *adj inv* (*fam*) amañado(-a)
bidonnant, e [bidɔnɑ̃, ɑ̃t] (*fam*) *adj* desternillante
bidonville [bidɔ̃vil] *nm* chabolas *fpl*

b

bidule [bidyl] *nm* trasto, chisme *m*
bielle [bjɛl] *nf* biela
biélorusse [bjelɔʀys] *adj* bieloruso(-a) ▸ *nm* (*Ling*) bieloruso ▸ *nmf* : **Biélorusse** bieloruso(-a)
Biélorussie [bjelɔʀysi] *nf* Bielorrusia

MOT-CLÉ

bien [bjɛ̃] *nm* **1** (*avantage, profit, moral*) bien *m*; **faire du bien à qn** hacer bien a algn; **faire le bien** hacer el bien; **dire du bien de qn/qch** hablar bien de algn/algo; **c'est pour son bien** es por su bien; **changer en bien** cambiar para bien; **mener à bien** llevar a buen término; **je te veux du bien** te quiero bien; **le bien public** el bien público
2 (*possession, patrimoine*) bien; **son bien le plus précieux** su bien más preciado; **avoir du bien** tener fortuna; **biens de consommation** bienes *mpl* de consumo
▸ *adv* **1** (*de façon satisfaisante*) bien; **elle travaille/mange bien** trabaja/come bien; **vite fait, bien fait** pronto y bien; **croyant bien faire, je ...** creyendo hacer bien, yo ...
2 (*valeur intensive*) muy, mucho; **bien jeune** muy joven; **j'en ai bien assez** tengo más que suficiente; **bien mieux** mucho mejor; **bien souvent** muy a menudo; **c'est bien fait !** ¡te está bien empleado!; **j'espère bien y aller** sí espero poder ir; **je veux bien le faire** (*concession*) lo haré aunque me duela; **il faut bien le faire** hay que hacerlo; **il faut bien l'admettre** hay que admitirlo; **il y a bien deux ans** hace dos años largos; **Paul est bien venu, n'est-ce pas ?** Paul sí ha venido, ¿verdad?; **tu as eu bien raison de dire cela** hiciste muy bien en decir eso; **j'ai bien téléphoné** sí llamé por teléfono; **se donner bien du mal** molestarse mucho; **où peut-il bien être passé ?** ¿dónde se habrá metido?; **on verra bien** ya veremos
3 (*beaucoup*) : **bien du temps/des gens** mucho tiempo/mucha gente
▸ *excl* : **eh bien ?** bueno, ¿qué?
▸ *adj inv* **1** (*en bonne forme, à l'aise*) : **être/se sentir bien** estar/sentirse bien; **je ne me sens pas bien** no me siento bien; **on est bien dans ce fauteuil** se está bien en este sillón
2 (*joli, beau*) bien; **tu es bien dans cette robe** estás bien con este vestido; **elle est bien, cette femme** está bien esa mujer
3 (*satisfaisant, adéquat*) bien; **elle est bien, cette maison** está bien esta casa; **elle est bien, cette secrétaire** es buena esta secretaria; **c'est bien ?** ¿está bien?; **mais non, c'est très bien** que no, está muy bien; **c'est très bien (comme ça)** está muy bien (así)
4 (*juste, moral, respectable*) bien *inv*; **ce n'est pas bien de ...** no está bien ...; **des gens biens** gente bien
5 (*en bons termes*) : **être bien avec qn** estar a bien con algn; **si bien que** (*résultat*) de tal manera que; **tant bien que mal** así, así
6 : **bien que** *conj* aunque
7 : **bien sûr** *adv* desde luego

bien-aimé, e [bjɛ̃neme] (*pl* ~, **-es**) *adj, nm/f* bienamado(-a)
bien-être [bjɛ̃nɛtʀ] *nm inv* bienestar *m*
bienfaisance [bjɛ̃fəzɑ̃s] *nf* beneficencia
bienfaisant, e [bjɛ̃fəzɑ̃, ɑ̃t] *adj* beneficioso(-a)
bienfait [bjɛ̃fɛ] *nm* favor *m*; (*de la science*) beneficio; **bienfaits** *nmpl* beneficios *mpl*
bienfaiteur, -trice [bjɛ̃fɛtœʀ, tʀis] *nm/f* bienhechor(a)
bien-fondé [bjɛ̃fɔ̃de] (*pl* **bien-fondés**) *nm* pertinencia; **reconnaître le ~ de** reconocer la pertinencia de
bien-fonds [bjɛ̃fɔ̃] (*pl* **biens-fonds**) *nm* bienes *mpl* raíces
bienheureux, -euse [bjɛ̃nœʀø, øz] *adj* bienaventurado(-a)
biennal, e, -aux [bjenal, o] *adj* bienal
bien-pensance [bjɛ̃pɑ̃sɑ̃s] (*pl* **bien-pensances**) *nf* buenismo
bien-pensant, e [bjɛ̃pɑ̃sɑ̃, ɑ̃t] (*pl* **bien-pensants, -es**) (*péj*) *adj* biempensante ▸ *nm/f* : **les bien-pensants** la gente de orden
bienséance [bjɛ̃seɑ̃s] *nf* decoro, decencia; **bienséances** *nfpl* (*convenances*) conveniencias *fpl*
bienséant, e [bjɛ̃seɑ̃, ɑ̃t] *adj* decoroso(-a), decente
bientôt [bjɛ̃to] *adv* pronto, luego; **à ~** hasta pronto
bienveillance [bjɛ̃vɛjɑ̃s] *nf* benevolencia
bienveillant, e [bjɛ̃vɛjɑ̃, ɑ̃t] *adj* benévolo(-a)
bienvenu, e [bjɛ̃vny] *adj* bienvenido(-a) ▸ *nm/f* : **être le ~/la bienvenue** ser bienvenido/bienvenida
bienvenue [bjɛ̃vny] *nf* : **souhaiter la ~ à** desear la bienvenida a; **~ à** bienvenido(-a) a

> À la différence de l'exclamation française **Bienvenue !**, l'équivalent en espagnol s'accorde en genre et en nombre en fonction de si l'on s'adresse à une ou plusieurs personnes, de sexe masculin ou féminin :
> **Mes chers amis, bienvenue !** Queridos amigos, ¡bienvenidos !

bière [bjɛʀ] *nf* cerveza; (*cercueil*) ataúd *m*; **~ blonde/brune** cerveza rubia/negra; **~ (à la) pression** cerveza de barril
biffer [bife] *vt* tachar, rayar
bifteck [biftɛk] *nm* bistec *m*, bisté *m*, bife *m* (Arg); **défendre son ~** (*fam*) mirar por lo suyo

bifurcation [bifyʀkasjɔ̃] *nf* bifurcación *f*; (*fig*) bifurcación, desvío

bifurquer [bifyʀke] *vi* (*route*) bifurcarse; (*véhicule, aussi fig*) desviarse

bigame [bigam] *adj* bígamo(-a)

bigamie [bigami] *nf* bigamia

bigarré, e [bigaʀe] *adj* (*bariolé*) abigarrado(-a); (*disparate*) heterogéneo(-a)

bigarreau, x [bigaʀo] *nm* cereza rosa

bigleux, -euse [biglø, øz] *adj* bizco(-a)

bigorneau, x [bigɔʀno] *nm* bígaro

bigot, e [bigo, ɔt] (*péj*) *adj* santurrón(-ona), beato(-a) ▸ *nm/f* beato(-a)

bigoterie [bigɔtʀi] *nf* beatería

bigoudi [bigudi] *nm* bigudí *m*

bigrement [bigʀəmɑ̃] (*fam*) *adv* : **elle est ~ jolie** está la mar de guapa

bijou, x [biʒu] *nm* (*aussi fig*) joya, alhaja

bijouterie [biʒutʀi] *nf* (*bijoux*) joyas *fpl*; (*magasin*) joyería

bijoutier, -ière [biʒutje, jɛʀ] *nm/f* joyero(-a)

bikini [bikini] *nm* biquini *m*

bilan [bilɑ̃] *nm* balance *m*; **faire le ~ de** hacer el balance de; **déposer son ~** declararse en quiebra; **~ carbone** método utilizado para calcular las emisiones de gases de efecto invernadero; **~ de santé** chequeo

bilatéral, e, -aux [bilateʀal, o] *adj* bilateral

bilboquet [bilbɔkɛ] *nm* boliche *m*

bile [bil] *nf* bilis *f*; **se faire de la ~** (*fam*) hacerse mala sangre

biler [bile] (*fam*) : **se biler** *vpr* preocuparse

biliaire [biljɛʀ] *adj* biliar

bilieux, -euse [biljø, jøz] *adj* bilioso(-a); (*fig*) bilioso(-a), colérico(-a)

bilingue [bilɛ̃g] *adj* bilingüe

bilinguisme [bilɛ̃gɥism] *nm* bilingüismo

billard [bijaʀ] *nm* billar *m*; **c'est du ~** (*fam*) está tirado, es pan comido; **passer sur le ~** (*fam*) pasar por el quirófano; **~ électrique** billar automático

bille [bij] *nf* bola; (*du jeu de billes*) canica; **jouer aux billes** jugar a las canicas

billet [bijɛ] *nm* billete *m*; (*de cinéma*) entrada; (*courte lettre*) billete, esquela; **~ à ordre** pagaré *m*; **~ aller retour** billete de ida y vuelta; **~ d'avion** billete de avión; **~ de commerce** letra de cambio; **~ de faveur** pase *m* de favor; **~ de loterie** billete de lotería; **~ de train** billete de tren; **~ doux** carta de amor; **~ électronique** billete electrónico

billetterie [bijɛtʀi] *nf* emisión *f* y venta de billetes; (*distributeur*) taquilla; (*Banque*) cajero (automático)

billion [biljɔ̃] *nm* billón *m*

billot [bijo] *nm* tajo

bimbeloterie [bɛ̃blɔtʀi] *nf* comercio de baratijas

bimensuel, le [bimɑ̃sɥɛl] *adj* bimensual, quincenal

bimestriel, le [bimɛstʀijɛl] *adj* bimestral

bimoteur [bimɔtœʀ] *adj* bimotor

binaire [binɛʀ] *adj* binario(-a)

biner [bine] *vt* binar

binette [binɛt] *nf* azada

binoclard, e [binɔklaʀ, aʀd] (*fam*) *adj, nm/f* gafudo(-a)

binocle [binɔkl] *nm* quevedos *mpl*; **binocles** *nmpl* (*fam*) gafas *fpl*

binoculaire [binɔkylɛʀ] *nf* binoculares *mpl*

binôme [binom] *nm* binomio

bio [bjo] *adj* bio, biológico(-a)

bio... [bjɔ] *préf* bio...

biocarburant [bjokaʀbyʀɑ̃] *nm* biocarburante *m*

biochimie [bjoʃimi] *nf* bioquímica

biochimique [bjoʃimik] *adj* bioquímico(-a)

biochimiste [bjoʃimist] *nmf* bioquímico(-a)

biocompatible [bjokɔ̃patibl] *adj* biocompatible

biodégradable [bjodegʀadabl] *adj* biodegradable

biodiesel [bjodjezɛl] *nm* biodiésel *m*

biodiversité [bjodivɛʀsite] *nf* biodiversidad *f*

bioéthique [bjoetik] *nf* bioética

biographe [bjɔgʀaf] *nmf* biógrafo(-a)

biographie [bjɔgʀafi] *nf* biografía

biographique [bjɔgʀafik] *adj* biográfico(-a)

biologie [bjɔlɔʒi] *nf* biología

biologique [bjɔlɔʒik] *adj* biológico(-a)

biologiste [bjɔlɔʒist] *nmf* biólogo(-a)

biomasse [bjomas] *nf* biomasa

biométrique [bjometʀik] *adj* biométrico(-a)

biopsie [bjɔpsi] *nf* biopsia

biosphère [bjɔsfɛʀ] *nf* biosfera

biotechnologie [bjotɛknɔlɔʒi] *nf* biotecnología; **les biotechnologies** las biotecnologías

bioterrorisme [bjotɛʀɔʀism] *nm* bioterrorismo

bioterroriste [bjotɛʀɔʀist] *nmf* bioterrorista *mf*

biotope [bjɔtɔp] *nm* biotopo

bipartisme [bipaʀtism] *nm* bipartidismo

bipartite [bipaʀtit] *adj* bipartidista

bipède [bipɛd] *nm* bípedo

biphasé [bifɑze] *adj* bifásico(-a)

biplace [biplas] *adj, nm* dos plazas

biplan [biplɑ̃] *nm* biplano

bipolaire [bipɔlɛʀ] *adj* bipolar

bique [bik] *nf* cabra; **vieille ~** (*péj*) bruja

biquet, te [bikɛ, ɛt] *nm/f* cabrito; **mon ~** pichoncito mío

biréacteur [biʀeaktœʀ] *nm* birreactor *m*

birman, e [biʀmɑ̃, an] *adj* birmano(-a) ▸ *nm* (*Ling*) birmano ▸ *nm/f* : **Birman, e** birmano(-a)

Birmanie [biʀmani] *nf* Birmania

bis, e [(adj) bi, biz, (adv, excl, nm) bis] *adj* pardo(-a) ▸ *adv* : **12 ~** 12 bis ▸ *excl* ¡otra! ▸ *nm* bis *m*

b

bisaïeul, e [bizajœl] *nm/f* bisabuelo(-a)
bisannuel, le [bizanɥɛl] *adj* bienal
bisbille [bisbij] *nf* : **être en ~ avec qn** estar de pique con algn
Biscaye [biske] *nf* : **le golfe de ~** el golfo de Vizcaya
biscornu, e [biskɔʀny] *adj* deforme; (*bizarre, aussi péj*) estrafalario(-a)
biscotte [biskɔt] *nf* biscote *m*
biscuit [biskɥi] *nm* (*gâteau sec*) galleta; (*gâteau, porcelaine*) bizcocho; **~ à la cuiller** bizcocho
biscuiterie [biskɥitʀi] *nf* (*fabrication*) fábrica de galletas; (*commerce*) tienda de galletas
bise [biz] *adj f voir* **bis** ▸ *nf* (*baiser*) beso; (*vent*) cierzo
biseau, x [bizo] *nm* bisel *m*; **en ~** biselado(-a)
biseauter [bizote] *vt* biselar
bisexué, e [bisɛksɥe] *adj* bisexual
bisexuel, le [bisɛksɥɛl] *adj* bisexual
bismuth [bismyt] *nm* bismuto
bison [bizɔ̃] *nm* bisonte *m*
bisou [bizu] (*fam*) *nm* besito
bisque [bisk] *nf* : **~ d'écrevisses** *etc* sopa de cangrejos *etc*
bissectrice [bisɛktʀis] *nf* bisectriz *f*
bisser [bise] *vt* (*faire rejouer*) hacer repetir; (*rejouer*) repetir
bissextile [bisɛkstil] *adj* : **année ~** año bisiesto
bistouri [bistuʀi] *nm* bisturí *m*
bistre [bistʀ] *adj* (*couleur*) tostado(-a); (*peau, teint*) moreno(-a)
bistro, bistrot [bistʀo] *nm* bar *m*, café *m*, cantina (*surtout* Am)
BIT *sigle m* (= *Bureau international du travail*) OIT *f* (= *Organización Internacional del Trabajo*)
bit [bit] *nm* bit *m*
bite [bit] (*fam !*) *nf* (*pénis*) polla (*fam !*), picha (*fam*)
biterrois, e [bitɛʀwa, waz] *adj* de Béziers ▸ *nm/f* : **Biterrois, e** nativo(-a) *ou* habitante *mf* de Béziers
bitte [bit] *nf* : **~ d'amarrage** bita; (*fam ! : pénis*) polla (*fam !*), picha (*fam*)
bitume [bitym] *nm* asfalto
bitumer [bityme] *vt* asfaltar
bivalent, e [bivalɑ̃, ɑ̃t] *adj* bivalente
bivouac [bivwak] *nm* vivac *m*, vivaque *m*
bivouaquer [bivwake] *vi* vivaquear, acampar
bizarre [bizaʀ] *adj* raro(-a)
bizarrement [bizaʀmɑ̃] *adv* extrañamente
bizarrerie [bizaʀʀi] *nf* rareza
blackbouler [blakbule] *vt* derrotar
blafard, e [blafaʀ, aʀd] *adj* pálido(-a)
blague [blag] *nf* (*propos*) chiste *m*; (*farce*) broma; **« sans ~ ! »** (*fam*) « ¡no me digas! »; **~ à tabac** petaca
blaguer [blage] *vi* bromear ▸ *vt* embromar
blagueur, -euse [blagœʀ, øz] *adj*, *nm/f* bromista *mf*
blair [blɛʀ] (*fam*) *nm* napias *fpl*
blaireau, x [blɛʀo] *nm* (*Zool*) tejón *m*; (*brosse*) brocha de afeitar
blairer [bleʀe] (*fam*) *vt* : **je ne peux pas le ~** no lo trago
blâmable [blɑmabl] *adj* censurable
blâme [blɑm] *nm* (*jugement*) reprobación *f*; (*sanction*) sanción *f*
blâmer [blɑme] *vt* (*réprouver*) reprobar; (*réprimander*) sancionar; **~ qn pour qch** censurar a algn por algo
blanc, blanche [blɑ̃, blɑ̃ʃ] *adj* blanco(-a); **d'une voix blanche** con una voz opaca; **aux cheveux blancs** de pelo blanco ▸ *nm/f* blanco(-a) ▸ *nm* blanco; (*linge*) : **le ~** la ropa blanca; (*aussi* : **blanc d'œuf**) clara; (*aussi* : **blanc de poulet**) pechuga; **le ~ de l'œil** el blanco del ojo; **laisser en ~** dejar en blanco; **chèque en ~** cheque *m* en blanco; **à ~** *adv* (*chauffer*) al rojo vivo; (*tirer, charger*) con munición de fogueo; **saigner à ~** desangrar; **~ cassé** color *m* hueso
blanc-bec [blɑ̃bɛk] (*pl* **blancs-becs**) *nm* mocoso
blanchâtre [blɑ̃ʃatʀ] *adj* (*teint, lumière*) blanquecino(-a); (*péj*) blancuzco(-a)
blanche [blɑ̃ʃ] *adj f voir* **blanc** ▸ *nf* (*Mus*) blanca
blancheur [blɑ̃ʃœʀ] *nf* blancura
blanchiment [blɑ̃ʃimɑ̃] *nm* : **~ d'argent sale** blanqueo de dinero (negro)
blanchir [blɑ̃ʃiʀ] *vt* (*gén, argent, linge*) blanquear; (*Culin*) escaldar; (*disculper*) rehabilitar; **blanchi à la chaux** encalado ▸ *vi* blanquear; (*cheveux*) blanquear, encanecer
blanchissage [blɑ̃ʃisaʒ] *nm* lavado
blanchisserie [blɑ̃ʃisʀi] *nf* lavandería
blanchisseur, -euse [blɑ̃ʃisœʀ, øz] *nm/f* lavandero(-a)
blanc-seing [blɑ̃sɛ̃] (*pl* **blancs-seings**) *nm* firma en blanco
blanquette [blɑ̃kɛt] *nf* : **~ de veau** estofado de ternera
blasé, e [blɑze] *adj* hastiado(-a)
blaser [blɑze] *vt* hastiar
blason [blɑzɔ̃] *nm* blasón *m*
blasphématoire [blasfematwaʀ] *adj* blasfemo(-a)
blasphème [blasfɛm] *nm* blasfemia
blasphémer [blasfeme] *vi* blasfemar ▸ *vt* blasfemar contra
blatte [blat] *nf* cucaracha
blazer [blazɛʀ] *nm* blázer *m*
blé [ble] *nm* trigo; (*fam : argent*) pasta; **~ en herbe** trigo en ciernes; **~ noir** trigo sarraceno
bled [blɛd] *nm* (*péj*) poblacho; (*en Afrique du nord*) : **le ~** el interior
blême [blɛm] *adj* pálido(-a)

blêmir [blemiʀ] *vi* palidecer
blennorragie [blenɔʀaʒi] *nf* blenorragia
blessant, e [blesɑ̃, ɑ̃t] *adj* hiriente
blessé, e [blese] *adj (aussi fig)* herido(-a); **~ dans son orgueil** herido en su orgullo ▸ *nm/f* herido(-a); **un ~ grave** un herido grave
blesser [blese] *vt* herir; **se blesser** *vpr* herirse; **se ~ au pied** *etc* lastimarse el pie *etc*
blessure [blesyʀ] *nf* herida; *(fig)* herida, ofensa
blet, te [blɛ, blɛt] *adj* pasado(-a)
blette [blɛt] *nf (Bot)* = **bette**
bleu, e [blø] *adj* azul; *(bifteck)* poco hecho; **une peur bleue** un miedo cerval; **zone bleue** zona azul; **fromage ~** queso azul ▸ *nm* azul *m*; *(novice)* bisoño; *(contusion)* cardenal *m*; *(vêtement)* mono, overol *m* (Am); *(Culin)* : **au ~** *forma de cocer el pescado*; **~ (de lessive)** azulete *m*; **~ de méthylène** azul de metileno; **~ marine** azul marino; **~ nuit** azul oscuro; **~ roi** azulón *m*
bleuâtre [bløɑtʀ] *adj* azulado(-a)
bleuet [bløɛ] *nm* aciano
bleuir [bløiʀ] *vt* azular ▸ *vi* ponerse azul, azulear
bleuté, e [bløte] *adj* azulado(-a)
blindage [blɛ̃daʒ] *nm* blindaje *m*
blindé, e [blɛ̃de] *adj* blindado(-a); *(fig)* blindado(-a), inmunizado(-a) ▸ *nm* tanque *m*, carro de combate; **les blindés** los vehículos blindados
blinder [blɛ̃de] *vt* blindar; *(fig)* inmunizar
bling-bling [bliŋbliŋ] *(fam) adj inv (clinquant, voyant)* de oropel; *(design, ensemble, cadeau)* ostentoso(-a) ▸ *nmsg* bling bling *m*
blizzard [blizaʀ] *nm* ventisca
bloc [blɔk] *nm* bloque *m*; *(de papier à lettres)* bloc *m*; *(ensemble)* montón *m*; **serré à ~** apretado a fondo; **en ~** en bloque; **faire ~** aliarse; **~ opératoire** quirófano
blocage [blɔkaʒ] *nm (aussi Psych)* bloqueo
bloc-cuisine [blɔkkɥizin] *(pl* **blocs-cuisines**) *nm* módulo de cocina
bloc-cylindres [blɔksilɛ̃dʀ] *(pl* **blocs-cylindres**) *nm* bloque *m* de cilindros
bloc-évier [blɔkevje] *(pl* **blocs-éviers**) *nm* fregadero
bloc-moteur [blɔkmɔtœʀ] *(pl* **blocs-moteurs**) *nm* bloque *m* del motor
bloc-notes [blɔknɔt] *(pl* **blocs-notes**) *nm* bloc *m* de notas
blocus [blɔkys] *nm* bloqueo
blog, blogue [blɔg] *nm (Internet)* blog *m*
blogging [blogiŋ] *nm (Internet)* blogging *m*
blogosphère [blɔgɔsfɛʀ] *nf (Internet)* blogosfera
bloguer [blɔge] *vi (Internet)* bloguear
blond, e [blɔ̃, blɔ̃d] *adj* rubio(-a); *(sable, blés)* dorado(-a); **~ cendré** rubio ceniciento ▸ *nm/f* rubio(-a)
blondeur [blɔ̃dœʀ] *nf* color *m* rubio
blondinet, te [blɔ̃dinɛ, ɛt] *nm/f* rubito(-a)
blondir [blɔ̃diʀ] *vi* volverse rubio(-a)
bloquer [blɔke] *vt* bloquear; *(jours de congé)* agrupar; **~ les freins** frenar bruscamente; **se bloquer** *vpr* atascarse
blottir [blɔtiʀ] *vt* resguardar; **se blottir** *vpr* acurrucarse
blousant, e [bluzɑ̃, ɑ̃t] *adj* ablusado(-a)
blouse [bluz] *nf* bata
blouser [bluze] *vi* ablusar
blouson [bluzɔ̃] *nm* cazadora; **~ noir** *(fig)* gamberro
blue-jean [bludʒin] *nm*, **blue-jeans** [bludʒins] *nm inv (pl* **blue-jeans**) vaqueros *mpl*, blue-jean(s) *m(pl) (surtout* Am)
blues [bluz] *nm* blues *m inv*
bluet [blyɛ] *nm* = **bleuet**
bluff [blœf] *nm* farol *m*
bluffer [blœfe] *vi* ir de farol, tirarse un farol ▸ *vt (fam)* engañar
BNF [beɛnɛf] *sigle f* = **Bibliothèque nationale de France**
boa [bɔa] *nm* boa
bob [bɔb] *nm* = **bobsleigh**
bobard [bɔbaʀ] *(fam) nm* patraña
bobèche [bɔbɛʃ] *nf* arandela
bobine [bɔbin] *nf (de fil)* carrete *m*; *(de film)* carrete, rollo; *(Élec)* bobina; **~ (d'allumage)** bobina (de encendido); **~ de pellicule** carrete de película
bobo[1] [bobo] *nm (langage enfantin)* pupa
bobo[2] [bobo] *nmf (bourgeois-bohème)* pijoprogre (pijaprogre) *(fam)*
boboïsation [boboizasjɔ̃] *nf (d'un quartier, d'une ville)* aburguesamiento
boboïser [boboize] : **se boboïser** *vpr (quartier, ville)* aburguesarse
bobonne [bɔbɔn] *(fam, péj) nf* parienta *(fam)*
bobsleigh [bɔbslɛg] *nm* bobsleigh *m*
bocage [bɔkaʒ] *nm (Géo) prados cercados con setos o árboles*; *(bois)* boscaje *m*
bocal, -aux [bɔkal, o] *nm* tarro (de vidrio)
bock [bɔk] *nm* jarra (de cerveza)
body [bɔdi] *nm* body *m*; *(Sport)* malla
bœuf [bœf] *nm* buey *m*; *(Culin)* carne *f* de vaca
bof [bɔf] *(fam) excl* ¡bah!; **tu aimes ça ? - ~ ...** ¿te gusta? - pche...; **comment ça va ? - ~ ! pas terrible** ¿qué tal te va? - ¡bah!, voy tirando
Bogota [bɔgɔta] *n* Bogotá
bogue [bɔg] *nf (Bot)* erizo *(de castaña)* ▸ *nm (Inform)* fallo *ou* error *m* (de software), bug *m*
Bohême [bɔɛm] *nf* Bohemia
bohème [bɔɛm] *adj* bohemio(-a)
bohémien, ne [bɔemjɛ̃, jɛn] *nm/f* bohemio(-a)
boire [bwaʀ] *vt* beber, tomar (Am); *(s'imprégner de)* chupar; **~ un coup** echar un trago ▸ *vi* beber

bois [bwa] *vb voir* **boire** ▸ *nm* (*matière*) madera; (*forêt*) bosque *m*; **les ~** (*Mus*) la madera; (*Zool*) la cornamenta; **de ~, en ~** de madera; **poêle/cuisinière à ~** estufa/cocina de leña; **~ de chauffage** leña; **~ de lit** armazón *m* de la cama; **~ mort/vert** madera seca/verde
boisé, e [bwaze] *adj* arbolado(-a); (*goût*) a madera
boiser [bwaze] *vt* (*chambre*) enmaderar, revestir de madera; (*galerie de mine*) entibar; (*terrain*) cubrir de árboles
boiseries [bwazʀi] *nfpl* artesonado *msg*
boisson [bwasɔ̃] *nf* bebida; **pris de ~** (*ivre*) bebido; **boissons alcoolisées/gazeuses** bebidas *fpl* alcohólicas/gaseosas
boit [bwa] *vb voir* **boire**
boîte [bwat] *nf* caja; (*de fer*) lata; **il a quitté sa ~** (*fam : entreprise*) ha dejado el curro (*fam*); **aliments en ~** alimentos *mpl* en lata; **mettre qn en ~** (*fam*) tomar el pelo a algn; **~ à gants** guantera; **~ à musique** caja de música; **~ à ordures** cubo de basura; **~ aux lettres** buzón *m*; **~ crânienne** caja craneana; **~ d'allumettes** caja de cerillas; **~ de conserve** lata de conservas; **~ (de nuit)** discoteca; **~ de petits pois/de sardines** lata de guisantes/de sardinas; **~ de vitesses** caja de cambios; **~ noire** caja negra; **~ postale** apartado de correos; **~ vocale** (*Tél*) buzón *m* de voz
boiter [bwate] *vi* (*aussi fig*) cojear, renguear (*Am*)
boiteux, -euse [bwatø, øz] *adj* (*aussi fig*) cojo(-a), rengo(-a) (*Am*)
boîtier [bwatje] *nm* (*d'appareil-photo*) cuerpo; **~ de montre** caja de reloj
boitiller [bwatije] *vi* cojear ligeramente
boive *etc* [bwav] *vb voir* **boire**
bol [bɔl] *nm* tazón *m*; (*contenu*) : **un ~ de café** un tazón de café; **un ~ d'air** una bocanada de aire; **en avoir ras le ~** (*fam*) estar hasta la coronilla; **un coup de ~** (*fam*) un golpe de suerte
bolée [bɔle] *nf* tazón *m*
boléro [bɔleʀo] *nm* torera
bolet [bɔlɛ] *nm* boleto
bolide [bɔlid] *nm* bólido; **comme un ~** como un bólido
Bolivie [bɔlivi] *nf* Bolivia
bolivien, ne [bɔlivjɛ̃, jɛn] *adj* boliviano(-a) ▸ *nm/f* : **Bolivien, ne** boliviano(-a)
bollos [bɔlɔs] (*fam*) *nmf* = **bolos**
bolognais, e [bɔlɔɲɛ, ɛz] *adj* boloñés(-esa)
bolos, boloss, bollos [bɔlɔs] (*fam*) *nmf* (*nase, nul*) pringado(-a) (*fam*)
bombance [bɔ̃bɑ̃s] *nf* : **faire ~** estar de francachela
bombardement [bɔ̃baʀdəmɑ̃] *nm* bombardeo
bombarder [bɔ̃baʀde] *vt* (*Mil*) bombardear; **~ qn de** bombardear a algn con, acosar a algn con; **~ qn directeur** *etc* nombrar a algn director *etc* de sopetón
bombardier [bɔ̃baʀdje] *nm* bombardero
bombe [bɔ̃b] *nf* bomba; (*atomiseur*) atomizador *m*; (*Équitation*) visera; **faire la ~** (*fam*) ir de juerga; **~ à retardement** bomba de efecto retardado; **~ atomique** bomba atómica
bombé, e [bɔ̃be] *adj* abombado(-a); (*mur*) pandeado(-a)
bomber [bɔ̃be] *vi* pandearse, curvarse ▸ *vt* (*couvrir de graffiti*) hacer pintadas en; **~ le torse** sacar el pecho

MOT-CLÉ

bon, bonne [bɔ̃, bɔn] *adj* **1** (*agréable, satisfaisant*) bueno(-a); (*avant un nom masculin*) buen; **un bon repas/restaurant** una buena comida/ un buen restaurante; **vous êtes trop bon** es usted demasiado bueno; **avoir bon goût** tener buen gusto; **elle est bonne en maths** se le dan bien las matemáticas
2 (*bienveillant, charitable*) : **être bon (envers)** ser bueno(-a) (con)
3 (*correct*) correcto(-a); **le bon numéro** el número correcto; **le bon moment** el momento oportuno
4 (*souhaits*) : **bon anniversaire !** ¡feliz cumpleaños!; **bon voyage !** ¡buen viaje!; **bonne chance !** ¡(buena) suerte!; **bonne année !** ¡feliz año nuevo!; **bonne nuit !** ¡buenas noches!
5 (*approprié, apte*) : **bon à/pour** bueno(-a) para; **ces chaussures sont bonnes à jeter** estos zapatos están para tirarlos; **c'est bon à savoir** está bien saberlo; **bon à tirer** listo para imprimir
6 : **bon enfant** bonachón(-ona); **de bonne heure** temprano; **bon marché** barato(-a)
7 (*valeur intensive*) largo(-a); **ça m'a pris deux bonnes heures** me llevó dos horas largas
▸ *nm* **1** (*billet*) bono, vale *m*; **bon cadeau** vale regalo; **c'est un bon vivant** le gusta la buena vida; **bon à rien** inútil *mf*; **bon d'essence** vale de gasolina; **bon de caisse/ du Trésor** bono de caja/del tesoro; **bon mot** ocurrencia; **bon sens** sentido común
2 : **avoir du bon** tener ventajas; **pour de bon** de verdad, en serio; **il y a du bon dans ce qu'il dit** lo que dice tiene sentido
▸ *adv* : **il fait bon** hace bueno; **sentir bon** oler bien; **tenir bon** resistir; **à quoi bon ?** ¿para qué?; **juger bon de faire ...** juzgar oportuno hacer ...; **pour faire bon poids** para compensar; **le bus/ton frère a bon dos** (*fig*) siempre es el autobús/tu hermano
▸ *excl* : **bon !** ¡bueno!; **ah bon ?** ¿ah, sí?; **bon, je reste** bueno, me quedo; *voir aussi* **bonne**

bonasse [bɔnas] *adj* buenazo(-a)
bonbon [bɔ̃bɔ̃] *nm* caramelo
bonbonne [bɔ̃bɔn] *nf* bombona, damajuana; ~ **de gaz** bombona de gas
bonbonnière [bɔ̃bɔnjɛʀ] *nf* bombonera
bond [bɔ̃] *nm* (*saut*) salto; (*fig*) salto, avance *m*; **faire un** ~ dar un salto; **d'un seul** ~ de un salto; ~ **en avant** (*fig*) salto hacia delante
bonde [bɔ̃d] *nf* (*d'évier*) tapón *m*; (*trou*) desagüe *m*; (*de tonneau*) piquera, canillero
bondé, e [bɔ̃de] *adj* abarrotado(-a)
bondieuserie [bɔ̃djøzʀi] (*péj*) *nf* baratija religiosa
bondir [bɔ̃diʀ] *vi* saltar, brincar; ~ **de joie** (*fig*) saltar de alegría
bonheur [bɔnœʀ] *nm* felicidad *f*; **avoir le** ~ **de** tener el placer de; **porter** ~ **(à qn)** dar buena suerte (a algn); **au petit** ~ a la buena de Dios; **par** ~ por fortuna
bonhomie [bɔnɔmi] *nf* sencillez *f*
bonhomme [bɔnɔm] (*pl* **bonshommes**) *nm* hombre *m*; **un vieux** ~ un viejo; **aller son** ~ **de chemin** ir paso a paso; ~ **de neige** muñeco de nieve ▸ *adj* bonachón(-ona)
boni [bɔni] *nm* sobrante *m*, beneficio
bonification [bɔnifikasjɔ̃] *nf* bonificación *f*
bonifier [bɔnifje] *vt* bonificar; **se bonifier** *vpr* mejorar
boniment [bɔnimɑ̃] *nm* cameleo, charlatanería
bonjour [bɔ̃ʒuʀ] *excl, nm* buenos días *mpl*; **donner** *ou* **souhaiter le** ~ **à qn** dar los buenos días a algn; ~ **Monsieur** buenos días, señor; **dire** ~ **à qn** saludar a algn
Bonn [bɔn] *n* Bonn
bonne [bɔn] *adj f voir* **bon** ▸ *nf* criada, mucama (CSᴜʀ), recamarera (Mᴇx)
bonne-maman [bɔnmamɑ̃] (*pl* **bonnes-mamans**) *nf* abuelita
bonnement [bɔnmɑ̃] *adv* : **tout** ~ lisa y llanamente
bonnet [bɔnɛ] *nm* gorro; (*de soutien-gorge*) copa; ~ **d'âne** ≈ orejas *fpl* de burro; ~ **de bain** gorro de baño
bonneterie [bɔnɛtʀi] *nf* tienda de artículos de punto
bon-papa [bɔ̃papa] (*pl* **bons-papas**) *nm* abuelito
bonshommes [bɔ̃zɔm] *nmpl de* **bonhomme**
bonsoir [bɔ̃swaʀ] *excl, nm* buenas tardes; (*plus tard*) buenas noches; *voir aussi* **bonjour**
bonté [bɔ̃te] *nf* bondad *f*; (*gén pl : attention, gentillesse*) bondad, amabilidad *f*; **avoir la** ~ **de ...** tener la bondad de ...
bonus [bɔnys] *nm inv* (*Assurance*) *descuento en la prima por poca siniestralidad*
bonze [bɔ̃z] *nm* bonzo
boomerang [bumʀɑ̃g] *nm* bumerang *m*
booster [buste] (*fam*) *vt* estimular; ~ **les ventes** estimular las ventas
boots [buts] *nmpl* botas *fpl*
borborygme [bɔʀbɔʀigm] *nm* borborigmo
bord [bɔʀ] *nm* (*de table, verre, falaise*) borde *m*; (*de lac, route*) orilla, borde; (*de vêtement*) ribete *m*; (*de chapeau*) ala; (*Naut*) : **à** ~ a bordo; **monter à** ~ subir a bordo; **jeter par-dessus** ~ arrojar por la borda; **le commandant/les hommes du** ~ el comandante/los hombres de a bordo; **du même** ~ (*fig*) de la misma opinión; **au** ~ **de la mer/de la route** a orillas del mar/de la carretera; **être au** ~ **des larmes** estar a punto de llorar; **être au** ~ **de la crise de nerfs** estar al borde de un ataque de nervios; **sur les bords** (*fam : fig*) un poco, ligeramente; **de tous bords** de todas clases; **le** ~ **du trottoir** el bordillo
bordages [bɔʀdaʒ] *nmpl* (*Naut*) borda, tablazón *m*
bordeaux [bɔʀdo] *nm inv* (*vin*) burdeos *m inv* ▸ *adj inv* (*couleur*) burdeos *inv*, rojo violáceo *inv*
bordée [bɔʀde] *nf* (*salve*) andanada; **tirer une** ~ (*fig*) correrse una juerga; **une** ~ **d'injures** una sarta de injurias
bordel [bɔʀdɛl] (*fam*) *nm* burdel *m*; (*fig*) follón *m*; **mettre le** ~ (*dans une chambre*) crear un desbarajuste; (*dans un lieu public*) montar un follón ▸ *excl* ¡joder! (*fam !*)
bordelais, e [bɔʀdəlɛ, ɛz] *adj* bordelés(-esa) ▸ *nm/f* : **Bordelais, e** bordelés(-esa)
bordélique [bɔʀdelik] (*fam*) *adj* desordenado(-a)
border [bɔʀde] *vt* (*être le long de*) orillar, bordear; (*personne, lit*) arropar; ~ **qch de** (*garnir*) ribetear algo de
bordereau, x [bɔʀdəʀo] *nm* (*formulaire*) impreso; (*relevé*) lista; (*facture*) factura
bordure [bɔʀdyʀ] *nf* borde *m*; (*sur un vêtement*) ribete *m*; **en** ~ **de** a orillas de; ~ **de trottoir** bordillo
boréal, e *ou* **aux** [bɔʀeal, o] *adj* boreal
borgne [bɔʀɲ] *adj* tuerto(-a); (*fenêtre*) tragaluz *m*; **hôtel** ~ hotel *m* de mala fama
bornage [bɔʀnaʒ] *nm* deslinde *m*
borne [bɔʀn] *nf* (*pour délimiter, kilométrique*) mojón *m*; **bornes** *nfpl* (*fig*) límites *mpl*; **dépasser les bornes** pasarse de la raya; **sans** ~**(s)** sin límites
borné, e [bɔʀne] *adj* limitado(-a); (*personne*) corto(-a) (de luces)
Bornéo [bɔʀneo] *nm* Borneo
borner [bɔʀne] *vt* (*horizon, aussi fig*) limitar; (*terrain*) acotar; **se** ~ **à faire** limitarse a hacer
bosniaque [bɔznjak] *adj* bosnio(-a) ▸ *nmf* : **Bosniaque** bosnio(-a)
Bosnie-Herzégovine [bɔsniɛʀzegɔvin] *nf* Bosnia-Herzegovina
Bosphore [bɔsfɔʀ] *nm* Bósforo
bosquet [bɔskɛ] *nm* bosquecillo
bosse [bɔs] *nf* (*de terrain*) montículo; (*sur un objet*) protuberancia; (*enflure*) bulto; (*du bossu,*

b

du chameau) joroba; **avoir la ~ des maths** *(fam)* ser un hacha en matemáticas; **rouler sa ~** *(fam)* ver mundo

bosseler [bɔsle] *vt (ouvrer)* repujar; *(abîmer)* abollar

bosser [bɔse] *(fam) vt (étudier)* empollar; *(travailler)* currar

bosseur, -euse [bɔsœʀ, øz] *(fam) nm/f* currante *mf*

bossu, e [bɔsy] *adj, nm/f* jorobado(-a)

bot [bo] *adj m* : **pied ~** pie *m* zopo

botanique [bɔtanik] *nf* botánica ▸ *adj* botánico(-a)

botaniste [bɔtanist] *nmf* botánico(-a)

Botswana [bɔtswana] *nm* Botswana

botte [bɔt] *nf (chaussure)* bota; *(de carottes)* manojo; *(Escrime)* estocada; **~ de paille** haz *m* de paja; **~ d'asperges/de radis** manojo de espárragos/rábanos; **bottes de caoutchouc** botas *fpl* de goma

botter [bɔte] *vt (chausser de bottes)* poner las botas a; *(ballon, balle)* patear; **ça me botte** *(fam)* eso me chifla ▸ *vi (Rugby)* patear

bottier [bɔtje] *nm* zapatero(-a) a la medida

bottillon [bɔtijɔ̃] *nm* botín *m*

bottin [bɔtɛ̃] *nm* guía telefónica

bottine [bɔtin] *nf* botina

botulisme [bɔtylism] *nm* botulismo

bouc [buk] *nm (animal)* macho cabrío; *(barbe)* perilla; **~ émissaire** chivo expiatorio

boucan [bukɑ̃] *(fam) nm* jaleo

bouche [buʃ] *nf* boca; **les bouches inutiles** los holgazanes; **une ~ à nourrir** una boca que mantener; **de ~ à oreille** confidencialmente; **pour la bonne ~** para el final; **faire du ~(-)à(-)~ à qn** hacer el boca a boca a algn; **faire venir l'eau à la ~** hacérsele a algn la boca agua; **« ~ cousue ! »** « ¡punto en boca! »; **~ d'aération** respiradero; **~ de chaleur** entrada de aire caliente; **~ d'égout** sumidero, alcantarilla; **~ de métro/d'incendie** boca de metro/de incendios

bouché, e [buʃe] *adj (flacon)* tapado(-a); *(tuyau, égout)* atascado(-a); *(cidre)* espumoso(-a); *(temps, ciel)* encapotado(-a); *(fig : secteur, avenir)* sin salida(-a); *(trompette)* con sordina; **avoir le nez ~** tener la nariz tapada; **t'es ~ ou quoi ?** *(fam)* ¿tú eres sordo o qué?

bouchée [buʃe] *nf* bocado; **ne faire qu'une ~ de qn** hacer picadillo a algn; **pour une ~ de pain** por una bicoca; **~ à la reine** *pastel de hojaldre de pollo*

boucher [buʃe] *nm* carnicero ▸ *vt (mettre un bouchon)* taponar; *(colmater)* rellenar; *(passage)* cerrar; *(porte)* obstruir; **se boucher** *vpr (tuyau)* taponarse; **se ~ le nez** taparse la nariz

bouchère [buʃɛʀ] *nf* carnicera

boucherie [buʃʀi] *nf (aussi fig)* carnicería

bouche-trou [buʃtʀu] *(pl* **bouche-trous***) nm* comodín *m*

bouchon [buʃɔ̃] *nm (en liège)* corcho; *(autre matière)* tapón *m*; *(embouteillage)* atasco; *(Pêche)* flotador *m*; **~ doseur** tapón dosificador; **~ verseur** pico

bouchonner [buʃɔne] *vt (frotter)* restregar; *(fam : caresser)* acariciar ▸ *vi* : **ça commence à ~** se ha formado un atasco

bouchot [buʃo] *nm* vivero para mariscos

bouclage [buklaʒ] *nm (d'un quartier)* acordonamiento; *(d'un journal)* cierre *m*

boucle [bukl] *nf (de cheveux)* rizo; *(de ceinture)* hebilla; *(d'un fleuve)* meandro; *(Inform)* bucle *m*; **en ~** *(écouter, passer)* en continuo; **~ (de cheveux)** bucle; **boucles d'oreilles** pendientes *mpl*, aretes *mpl (surtout Am)*

bouclé, e [bukle] *adj (cheveux)* rizado(-a)

boucler [bukle] *vt (ceinture)* abrochar; *(valise, magasin, circuit)* cerrar; *(affaire)* concluir; *(budget)* equilibrar; *(fam : enfermer)* encerrar; *(: mettre en prison)* meter en chirona; *(quartier)* acordonar; **~ la boucle** *(Aviat, fig)* rizar el rizo; **arriver à ~ ses fins de mois** llegar a fin de mes ▸ *vi* : **faire ~** rizar

bouclette [buklɛt] *nf* tirabuzón *m*

bouclier [buklije] *nm* escudo; **~ fiscal** *disposición fiscal que limita la imposición máxima de los contribuyentes por muy altos que sean sus ingresos*

bouddha [buda] *nm* buda *m*

bouddhisme [budism] *nm* budismo

bouddhiste [budist] *nmf* budista *mf*

bouder [bude] *vi* enojarse ▸ *vt (suj : personne : cadeaux, chose)* poner mala cara a

bouderie [budʀi] *nf* enojo

boudeur, -euse [budœʀ, øz] *adj* enojadizo(-a)

boudin [budɛ̃] *nm (Culin)* morcilla; *(Tech)* pestaña; **~ blanc** morcilla blanca

boudiné, e [budine] *adj (doigt)* amorcillado(-a); **~ dans** *(vêtement)* embutido(-a) en

boudoir [budwaʀ] *nm (salon)* tocador *m*; *(biscuit)* soletilla

boue [bu] *nf* barro, fango; **boues industrielles** vertidos *mpl* industriales

bouée [bwe] *nf (balise)* boya; *(de baigneur)* flotador *m*; **~ (de sauvetage)** *(aussi fig)* salvavidas *m inv*

boueux, -euse [bwø, øz] *adj* fangoso(-a) ▸ *nm* basurero

bouffant, e [bufɑ̃, ɑ̃t] *adj* bufado(-a)

bouffarde [bufaʀd] *(fam) nf* pipa

bouffe [buf] *(fam) nf (repas)* comilona; *(nourriture)* papeo

bouffée [bufe] *nf* bocanada; **~ de chaleur** sofoco; **~ de fièvre** calenturón *m* breve; **~ de honte** sofoco; **~ d'orgueil** arranque *m* de orgullo

bouffer [bufe] *vi (fam)* jalar; *(Couture)* abullonar ▸ *vt (fam)* jalar

bouffi, e [bufi] *adj* hinchado(-a)

bouffon, ne [bufɔ̃, ɔn] *adj* bufón(-ona) ▶ *nm* bufón *m*
bouge [buʒ] *nm* tugurio
bougeoir [buʒwaʀ] *nm* palmatoria
bougeotte [buʒɔt] (*fam*) *nf* : **avoir la ~** ser un culo inquieto *ou* un culo de mal asiento
bouger [buʒe] *vi* moverse; (*changer*) alterarse; (*agir*) agitarse ▶ *vt* mover; **se bouger** *vpr* (*fam*) moverse, menearse
bougie [buʒi] *nf* vela; (*Auto*) bujía
bougon, ne [bugɔ̃, ɔn] *adj* gruñón(-ona)
bougonner [bugɔne] *vi* refunfuñar, gruñir
bougre [bugʀ] *nm* tipo; **ce ~ de …** (*fam*) este bribón de …
boui-boui [bwibwi] (*pl* **bouis-bouis**) (*fam*) *nm* cafetucho
bouillabaisse [bujabɛs] *nf* sopa de pescado
bouillant, e [bujɑ̃, ɑ̃t] *adj* hirviendo; (*fig*) ardiente; **~ de colère** *etc* lleno(-a) de cólera *etc*
bouille [buj] (*fam*) *nf* cara; (*sens négatif*) jeta
bouilleur [bujœʀ] *nm* : **~ de cru** cosechero destilador
bouillie [buji] *nf* gachas *fpl*; (*de bébé*) papilla; **en ~** (*fig*) en papilla
bouillir [bujiʀ] *vi* hervir; (*fig*) hervir, arder; **faire ~** hervir; **~ de colère/d'impatience/d'indignation** arder de ira/de impaciencia/de indignación
bouilloire [bujwaʀ] *nf* hervidor *m*
bouillon [bujɔ̃] *nm* (*Culin*) caldo; (*bulles, écume*) borbotón *m*, burbuja; **~ de culture** caldo de cultivo
bouillonnement [bujɔnmɑ̃] *nm* (*d'un liquide*) hervor *m*; (*des idées*) efervescencia
bouillonner [bujɔne] *vi* borbotear; (*fig*) arder
bouillotte [bujɔt] *nf* calentador *m*, bolsa de agua caliente
boulanger, -ère [bulɑ̃ʒe, ʒɛʀ] *nm/f* panadero(-a)
boulangerie [bulɑ̃ʒʀi] *nf* panadería
boulangerie-pâtisserie [bulɑ̃ʒʀipɑtisʀi] (*pl* **boulangeries-pâtisseries**) *nf* panadería-pastelería
boule [bul] *nf* bola; (*pour jouer*) bolo; **roulé en ~** hecho un ovillo; **se mettre en ~** cabrearse; **perdre la ~** (*fam*) perder la chaveta; **faire ~ de neige** (*nouvelle, information*) aumentar como una bola de nieve; **~ de gomme** gominola; **~ de neige** bola de nieve
bouleau, x [bulo] *nm* abedul *m*
bouledogue [buldɔg] *nm* buldog *m*
bouler [bule] *vt* : **envoyer ~ qn** mandar a algn a paseo
boulet [bulɛ] *nm* (*aussi* : **boulet de canon**) bala de cañón; (*de bagnard*) bola de hierro; (*charbon*) bola
boulette [bulɛt] *nf* (*petite boule*) bolita; (*fam* : *gaffe*) torpeza
boulevard [bulvaʀ] *nm* bulevar *m*
bouleversant, e [bulvɛʀsɑ̃, ɑ̃t] *adj* (*émouvant*) conmovedor(a)
bouleversé, e [bulvɛʀse] *adj* trastornado(-a), alterado(-a)
bouleversement [bulvɛʀsəmɑ̃] *nm* trastorno, alteración *f*
bouleverser [bulvɛʀse] *vt* (*papiers, objets*) revolver; (*changer, troubler*) trastornar; (*émouvoir*) emocionar
boulier [bulje] *nm* ábaco
boulimie [bulimi] *nf* bulimia
boulimique [bulimik] *adj* bulímico(-a)
bouliste [bulist] *nmf* jugador(a) de bolos
boulocher [bulɔʃe] *vi* formar bolas
boulodrome [bulodʀom] *nm* bolera
boulon [bulɔ̃] *nm* perno
boulonner [bulɔne] *vt* empernar
boulot, te [bulo, ɔt] (*fam*) *adj* rechoncho(-a) ▶ *nm* trabajo, curro
boum [bum] *nm* bum *m* ▶ *nf* fiesta
bouquet [bukɛ] *nm* (*de fleurs*) ramo, ramillete *m*; (*de persil*) manojo; (*parfum*) aroma *m*; **« c'est le ~ ! »** (*fig*) « ¡es el colmo! »; **~ garni** hierbas *fpl* finas
bouquetin [buk(ə)tɛ̃] *nm* cabra *f* montés *inv*
bouquin [bukɛ̃] (*fam*) *nm* libro
bouquiner [bukine] (*fam*) *vi* leer
bouquiniste [bukinist] *nmf* librero de viejo
bourbeux, -euse [buʀbø, øz] *adj* cenagoso(-a)
bourbier [buʀbje] *nm* cenagal *m*
bourde [buʀd] *nf* (*erreur*) fallo; (*gaffe*) metedura de pata
bourdon [buʀdɔ̃] *nm* abejorro; **avoir le ~** (*fam*) tener morriña
bourdonnement [buʀdɔnmɑ̃] *nm* zumbido; **avoir des bourdonnements d'oreilles** tener zumbidos en los oídos
bourdonner [buʀdɔne] *vi* zumbar
bourg [buʀ] *nm* burgo
bourgade [buʀgad] *nf* aldea
bourgeois, e [buʀʒwa, waz] *adj* (*souvent péj*) burgués(-esa); (*maison etc*) acomodado(-a) ▶ *nm/f* burgués(-esa)
bourgeoisie [buʀʒwazi] *nf* burguesía; **petite ~** pequeña burguesía
bourgeon [buʀʒɔ̃] *nm* brote *m*, yema
bourgeonner [buʀʒɔne] *vi* brotar
bourgmestre [buʀgmɛstʀ] *nm* burgomaestre *m*
Bourgogne [buʀgɔɲ] *nf* Borgoña ▶ *nm* : **bourgogne** (*vin*) vino de borgoña
bourguignon, ne [buʀgiɲɔ̃, ɔn] *adj* borgoñón(-ona); **(bœuf) ~** *guiso de buey al vino tinto* ▶ *nm/f* : **Bourguignon, ne** borgoñón(-ona)
bourlinguer [buʀlɛ̃ge] *vi* correr mundo
bourrade [buʀad] *nf* empellón *m*
bourrage [buʀaʒ] *nm* (*papier*) relleno; **~ de crâne** lavado de cerebro; (*Scol*) empolle *m*
bourrasque [buʀask] *nf* borrasca

b

bourratif, -ive [buʀatif, iv] *adj* pesado(-a)
bourre [buʀ] *nf* (*de coussin, matelas*) borra; **être à la ~** (*fam*) ir mal de tiempo
bourré, e [buʀe] *adj* (*fam*) trompa *inv*; **~ de** (*rempli*) cargado(-a) de
bourreau [buʀo] *nm* (*aussi fig*) verdugo; **~ de travail** fiera para el trabajo
bourreler [buʀle] *vt* : **être bourrelé de remords** estar torturado por los remordimientos
bourrelet [buʀlɛ] *nm* (*isolant*) burlete *m*; (*de peau*) papada
bourrer [buʀe] *vt* (*pipe*) cargar; (*valise, poêle*) rellenar; **~ de** (*de nourriture*) atiborrar de; **~ qn de coups** moler a golpes a algn; **~ le crâne à qn** calentar la cabeza a algn; (*endoctriner*) lavar el cerebro a algn
bourrichon [buʀiʃɔ̃] (*fam*) *nm* : **se monter le ~** hacerse ilusiones
bourricot [buʀiko] *nm* borriquillo
bourrique [buʀik] *nf* borrico
bourru, e [buʀy] *adj* rudo(-a)
bourse [buʀs] *nf* (*subvention*) beca; (*porte-monnaie*) bolsa; **la B~** la Bolsa; **sans ~ délier** sin soltar un céntimo; **B~ du travail** bolsa del trabajo; **bourses** *nfpl* (*Anat*) bolsas *fpl*
boursicoter [buʀsikɔte] *vi* jugar flojo a la Bolsa
boursier, -ière [buʀsje, jɛʀ] *adj* (*élève*) becario(-a); (*Comm*) bursátil ▸ *nm/f* becario(-a)
boursouflé, e [buʀsufle] *adj* (*visage*) abotargado(-a); (*style*) ampuloso(-a)
boursoufler [buʀsufle] *vt* hinchar; **se boursoufler** *vpr* (*visage*) abotargarse; (*peinture*) ampollarse
boursouflure [buʀsuflyʀ] *nf* (*du visage*) abotargamiento; (*de la peinture*) ampolla; (*du style*) ampulosidad *f*
bous [bu] *vb voir* **bouillir**
bousculade [buskylad] *nf* (*mouvements de foule*) aglomeración *f*; (*précipitation*) ajetreo, prisa
bousculer [buskyle] *vt* empujar; (*presser*) meter prisa a; **se bousculer** *vpr* empujarse; (*idées*) agolparse
bouse [buz] *nf* : **~ (de vache)** boñiga (de vaca)
bousiller [buzije] (*fam*) *vt* hacer polvo
boussole [busɔl] *nf* brújula
bout [bu] *vb voir* **bouillir** ▸ *nm* (*morceau*) trozo; (*extrémité*) punta; (*de table*) extremo; (*fin, rue*) final *m*; **au ~ de** (*après*) al cabo de, al final de; **au ~ du compte** a fin de cuentas; **être à ~** no poder más; **pousser qn à ~** poner a algn al límite; **venir à ~ de qch** terminar algo; **venir à ~ de qn** poder con algn; **~ à ~** uno tras otro; **à tout ~ de champ** a cada paso; **d'un ~ à l'autre, de ~ en ~** de cabo a rabo; **à ~ portant** a quemarropa; **un ~ de chou** (*enfant*) un angelito; **~ filtre** emboquillado
boutade [butad] *nf* ocurrencia
boute-en-train [butɑ̃tʀɛ̃] *nm inv* animador(a)
bouteille [butɛj] *nf* botella; (*de gaz*) bombona; **prendre de la ~** (*fam*) envejecer
boutique [butik] *nf* tienda; (*de mode, de grand couturier*) tienda, boutique *f*
boutoir [butwaʀ] *nm* : **coup de ~** golpe *m* violento; (*fig*) puñalada
bouton [butɔ̃] *nm* botón *m*; (*sur la peau*) grano; (*de porte*) pomo; **~ de manchette** gemelo; **~ d'or** (*Bot*) botón de oro
boutonnage [butɔnaʒ] *nm* abotonamiento
boutonner [butɔne] *vt* abotonar; **se boutonner** *vpr* abotonarse
boutonneux, -euse [butɔnø, øz] *adj* lleno(-a) de granos
boutonnière [butɔnjɛʀ] *nf* ojal *m*
bouton-poussoir [butɔ̃puswaʀ] (*pl* **boutons-poussoirs**) *nm* pulsador *m*
bouton-pression [butɔ̃pʀesjɔ̃] (*pl* **boutons-pressions**) *nm* automático
bouture [butyʀ] *nf* esqueje *m*; **faire des boutures** desquejar
bouvreuil [buvʀœj] *nm* pardillo
bovidé [bɔvide] *nm* (*gén pl*) bóvido
bovin, e [bɔvɛ̃, in] *adj* (*aussi fig*) bovino(-a); **bovins** *nmpl* ganado *msg* bovino
bowling [buliŋ] *nm* juego de bolos; (*salle*) bolera
box [bɔks] *nm* (*de garage*) plaza de garaje; (*de salle, dortoir*) compartimento; (*d'écurie*) box *m*; (*aussi* : **box-calf**) box-calf *f*; **le ~ des accusés** el banquillo de los acusados
box-calf [bɔkskalf] *nm inv* box-calf *f*
boxe [bɔks] *nf* boxeo, box *m* (*Am*)
boxer [bɔkse] *vi* boxear ▸ *nm* [bɔksɛʀ] (*chien*) bóxer *m*
boxeur, -euse [bɔksœʀ, øz] *nm/f* boxeador(a)
boyau, x [bwajo] *nm* (*corde de raquette*) cuerda de tripa; (*galerie*) pasadizo; (*pneu de bicyclette*) tubular *m*; **boyaux** *nmpl* (*viscères*) tripas *fpl*
boycottage [bɔjkɔtaʒ] *nm* boicoteo
boycotter [bɔjkɔte] *vt* boicotear
BP [bepe] *sigle f* (= *boîte postale*) Apdo. (= *Apartado de correos*), C.P. *f* (*Am*) (= *Casilla Postal*)
brabançon, ne [bʀabɑ̃sɔ̃, ɔn] *adj* brabanzón(-ona) ▸ *nm/f* : **Brabançon, ne** brabanzón(-ona)
bracelet [bʀaslɛ] *nm* pulsera
bracelet-montre [bʀaslɛmɔ̃tʀ] (*pl* **bracelets-montres**) *nm* reloj *m* de pulsera
braconnage [bʀakɔnaʒ] *nm* caza/pesca furtiva
braconner [bʀakɔne] *vt* cazar/pescar furtivamente
braconnier, -ière [bʀakɔnje, jɛʀ] *nm/f* cazador(a)/pescador(a) furtivo(-a)
brader [bʀade] *vt* vender a precio de saldo
braderie [bʀadʀi] *nf* (*marché*) mercadillo
braguette [bʀagɛt] *nf* bragueta

braillard, e [bRɑjaR, aRd] *adj* gritón(-ona), chillón(-ona)
braille [bRɑj] *nm* braille *m*
braillement [bRɑjmɑ̃] *nm* grito, chillido
brailler [bRɑje] *vi, vt* gritar, chillar
braire [bRɛR] *vi* rebuznar
braise [bRɛz] *nf* brasas *fpl*
braiser [bReze] *vt* estofar; **bœuf braisé** carne *f* de vaca estofada
bramer [bRɑme] *vi* bramar; (*fig*) lamentarse
brancard [bRɑ̃kaR] *nm* (*civière*) camilla; (*bras, perche*) varal *m*
brancardier, -ière [bRɑ̃kaRdje, jɛR] *nm/f* camillero(-a)
branchages [bRɑ̃ʃaʒ] *nmpl* ramajes *mpl*
branche [bRɑ̃ʃ] *nf* rama; (*de lunettes*) patilla
branché, e [bRɑ̃ʃe] (*fam*) *adj* (*personne*) a la última; (*boîte de nuit*) de moda; **un mec ~** un chico que va a la última
branchement [bRɑ̃ʃmɑ̃] *nm* empalme *m*
brancher [bRɑ̃ʃe] *vt* enchufar; (*téléphone*) conectar; **~ qch/qn sur** (*fig*) orientar algo/a algn hacia
branchies [bRɑ̃ʃi] *nfpl* branquias *fpl*
brandade [bRɑ̃dad] *nf* bacalao a la provenzal
brandebourgeois, e [bRɑ̃dbuRʒwa, waz] *adj* brandeburgués(-esa)
brandir [bRɑ̃diR] *vt* (*arme*) blandir; (*document*) esgrimir
brandon [bRɑ̃dɔ̃] *nm* tea
branlant, e [bRɑ̃lɑ̃, ɑ̃t] *adj* oscilante
branle [bRɑ̃l] *nm* : **mettre en ~** poner en movimiento; **donner le ~ à** poner en marcha
branle-bas [bRɑ̃lbɑ] *nm inv* zafarrancho
branler [bRɑ̃le] *vi* moverse ▸ *vt* : **~ la tête** menear la cabeza; **se branler** *vpr* (*fam ! : se masturber*) pelársela (*fam !*), hacerse una paja (*fam !*)
braquage [bRakaʒ] *nm* (*fam*) atraco (a mano armada); **rayon de ~** (*Auto*) ángulo de giro
braque [bRak] *nm* perro perdiguero
braquer [bRake] *vi* (*Auto*) girar ▸ *vt* (*regard*) clavar; (*fam : banque*) atracar a mano armada; **~ qn** enfurecer a algn; **~ qch sur qn** (*revolver*) apuntar a algn con algo; **se braquer** *vpr* cerrarse en banda; **se ~ (contre)** rebelarse (contra)
bras [bRɑ] *nm* brazo; **~ dessus ~ dessous** cogidos(-as) del brazo; **avoir le ~ long** tener mucha influencia; **à ~ raccourcis** a brazo partido; **à tour de ~** con toda la fuerza; **baisser les ~** tirar la toalla; **une partie de ~ de fer** (*fig*) una prueba de fuerza; **~ de levier/de mer** brazo de palanca/de mar; **~ droit** (*fig*) brazo derecho; **~ de fer** brazo de hierro ▸ *nmpl* (*travailleurs*) brazos *mpl*
brasero [bRɑzeRo] *nm* brasero
brasier [bRɑzje] *nm* (*aussi fig*) hoguera
Brasilia [bRazilja] *n* Brasilia
bras-le-corps [bRalkɔR] *adv* : **à ~** por la cintura
brassage [bRasaʒ] *nm* (*de la bière*) elaboración *f*; (*fig*) mezcla
brassard [bRasaR] *nm* brazalete *m*
brasse [bRas] *nf* braza; **~ papillon** braza mariposa
brassée [bRase] *nf* brazada
brasser [bRase] *vt* (*bière*) fabricar; (*remuer*) mezclar; **~ de l'argent/des affaires** manejar dinero/negocios
brasserie [bRasRi] *nf* (*restaurant*) cervecería; (*usine*) fábrica de cerveza
brasseur [bRasœR] *nm* (*de bière*) cervecero; **~ d'affaires** hombre *m* de negocios
brassière [bRasjɛR] *nf* (*de bébé*) camisita; (*de sauvetage*) chaleco
bravache [bRavaʃ] *nmf* fanfarrón(-ona)
bravade [bRavad] *nf* : **par ~** por fanfarronería
brave [bRav] *adj* valiente; (*bon, gentil*) bueno(-a); **c'est une ~ femme** es una buena mujer
bravement [bRavmɑ̃] *adv* valientemente; (*résolument*) decididamente
braver [bRave] *vt* (*ordre*) desafiar; (*danger*) afrontar
bravo [bRavo] *excl, nm* bravo
bravoure [bRavuR] *nf* bravura
break [bRɛk] *nm* (*Auto*) ranchera
brebis [bRəbi] *nf* oveja; **~ galeuse** oveja negra
brèche [bRɛʃ] *nf* brecha; **être sur la ~** (*fig*) estar en la brecha; **battre en ~** batir en brecha
bredouille [bRəduj] *adj* : **revenir ~** volver con las manos vacías
bredouiller [bRəduje] *vi, vt* farfullar
bref, brève [bRɛf, bRɛv] *adj* breve; **d'un ton ~** con un tono tajante; **à ~ délai** en breve plazo; **en ~** en resumen ▸ *adv* total
brelan [bRəlɑ̃] *nm* : **un ~** un trío; **un ~ d'as** un trío de ases
breloque [bRəlɔk] *nf* dije *m*
brème [bRɛm] *nf* brema
Brésil [bRezil] *nm* Brasil *m*
brésilien, ne [bReziljɛ̃, jɛn] *adj* brasileño(-a) ▸ *nm/f* : **Brésilien, ne** brasileño(-a)
bressan, e [bRɛsɑ̃, an] *adj* de la Bresse ▸ *nm/f* : **Bressan, e** nativo(-a) *ou* habitante *mf* de la Bresse
Bretagne [bRətaɲ] *nf* Bretaña
bretelle [bRətɛl] *nf* (*de fusil*) correa; (*de vêtement*) tirante *m*; (*d'autoroute*) enlace *m*; **~ de contournement** carretera de circunvalación; **~ de raccordement** carretera *ou* vía de acceso; **bretelles** *nfpl* (*pour pantalons*) tirantes *mpl*, suspensores *mpl* (*AM*)
breton, ne [bRətɔ̃, ɔn] *adj* bretón(-ona) ▸ *nm* (*Ling*) bretón *m* ▸ *nm/f* : **Breton, ne** bretón(-ona)
breuvage [bRœvaʒ] *nm* brebaje *m*

brève [bʀɛv] *adj f voir* **bref** ▸ *nf (nouvelle)* breve *f*; **(voyelle)** ~ vocal *f* breve
brevet [bʀəvɛ] *nm* certificado; ~ **(d'invention)** patente *f*; ~ **d'apprentissage** certificado de idoneidad; ~ **(des collèges)** ≈ Graduado Escolar; ~ **d'études du premier cycle** bachillerato elemental
breveté, e [bʀəv(ə)te] *adj (invention)* patentado(-a); *(diplômé)* cualificado(-a)
breveter [bʀəv(ə)te] *vt* patentar
bréviaire [bʀevjɛʀ] *nm* breviario
briard, e [bʀijaʀ, aʀd] *adj* de Brie ▸ *nm/f* : **Briard, e** nativo(-a) *ou* habitante *mf* de Brie ▸ *nm (chien)* mastín *m*
bribe [bʀib] *nf* : **bribes de conversation** fragmentos *mpl ou* retazos *mpl* de conversación
bribes [bʀib] *nfpl (de conversation)* fragmentos *mpl*; **par** ~ por retazos
bric [bʀik] *adv* : **un ameublement de ~ et de broc** muebles *mpl* de aquí y de allí
bric-à-brac [bʀikabʀak] *nm inv* baratillo
bricolage [bʀikɔlaʒ] *nm* bricolaje *m*; *(péj)* chapuza
bricole [bʀikɔl] *nf (babiole)* menudencia; *(chose insignifiante)* nadería; *(petit travail)* chapuza
bricoler [bʀikɔle] *vi* hacer chapuzas; *(passe-temps)* hacer bricolaje ▸ *vt (réparer)* arreglar; *(mal réparer)* hacer una chapuza con; *(trafiquer)* amañar
bricoleur, -euse [bʀikɔlœʀ, ɔz] *nm/f* mañoso(-a), manitas *mf inv* ▸ *adj* mañoso(-a)
bridage [bʀidaʒ] *nm (Auto)* limitación *f (de la potencia o velocidad de un motor)*
bride [bʀid] *nf* brida; *(d'un bonnet)* cinta; **à ~ abattue** a rienda suelta; **tenir en ~** sujetar; **lâcher la ~ à, laisser la ~ sur le cou à** dar rienda suelta a
bridé, e [bʀide] *adj* : **yeux bridés** ojos *mpl* oblicuos
brider [bʀide] *vt (réprimer)* sujetar; *(cheval)* embridar; *(Culin)* atar
bridge [bʀidʒ] *nm (jeu)* bridge *m*; *(dentaire)* puente *m*
bridger [bʀidʒe] *vi* jugar al bridge
brie [bʀi] *nm* queso de Brie
briefer [bʀife] *vt* poner al tanto, informar
brièvement [bʀijɛvmɑ̃] *adv* brevemente
brièveté [bʀijɛvte] *nf* brevedad *f*
brigade [bʀigad] *nf (gén)* cuadrilla; *(Police, Mil)* brigada
brigadier, -ière [bʀigadje, jɛʀ] *nm/f (Mil)* cabo *mf*; *(Police)* jefe(-a)
brigadier-chef [bʀigadjeʃɛf] *(pl* **brigadiers-chefs**) *nm* cabo *m* primera *inv*
brigand [bʀigɑ̃] *nm* salteador *m*, bandolero
brigandage [bʀigɑ̃daʒ] *nm* bandolerismo
briguer [bʀige] *vt (poste)* pretender; *(suffrages)* solicitar
brillamment [bʀijamɑ̃] *adv* estupendamente
brillant, e [bʀijɑ̃, ɑ̃t] *adj* brillante; *(luisant)* reluciente ▸ *nm* brillante *m*
briller [bʀije] *vi (aussi fig)* brillar
brimade [bʀimad] *nf (vexation)* incordio
brimbaler [bʀɛ̃bale] *vb* = **bringuebaler**
brimer [bʀime] *vt* incordiar
brin [bʀɛ̃] *nm* hebra; **un ~ de** *(fig)* una pizca de; **un ~ mystérieux** *etc (fam)* un poquito misterioso *etc*; ~ **d'herbe** brizna de hierba; ~ **de muguet** ramita de muguete; ~ **de paille** brizna de paja
brindille [bʀɛ̃dij] *nf* ramita
bringue [bʀɛ̃g] *(fam) nf* : **faire la ~** irse de juerga, ir de farra *(Am fam)*
bringuebaler [bʀɛ̃g(ə)bale] *vi* bambolearse ▸ *vt* bambolear
brio [bʀijo] *nm* brío; **avec ~** con brío
brioche [bʀijɔʃ] *nf* bollo, queque *m (Am)*; *(fam : ventre)* barriga
brioché, e [bʀijɔʃe] *adj que tiene la consistencia o el sabor de un bollo*
brique [bʀik] *nf* ladrillo ▸ *adj inv (couleur)* de color teja
briquer [bʀike] *(fam) vt* frotar
briquet [bʀikɛ] *nm* mechero, encendedor *m*
briqueterie [bʀik(ə)tʀi] *nf* fábrica de ladrillos
bris [bʀi] *nm* : ~ **de clôture** *(Jur)* allanamiento; ~ **de glaces** *(Auto)* rotura de cristales
brisant [bʀizɑ̃] *nm (rocher)* rompiente *m*; *(vague)* rompeolas *m inv*
brise [bʀiz] *nf* brisa
brisé, e [bʀize] *adj* quebrado(-a); **d'une voix brisée** con voz quebrada; ~ **(de fatigue)** molido(-a); **pâte brisée** pasta quebrada
brisées [bʀize] *nfpl* : **aller** *ou* **marcher sur les ~ de qn** pisar el terreno a algn; **suivre les ~ de qn** seguir las huellas de algn
brise-glace *nm*, **brise-glaces** *nm inv* [bʀizglas] *(pl* **brise-glaces**) rompehielos *m inv*
brise-jet [bʀizʒɛ] *nm* tubo amortiguador
brise-lames [bʀizlam] *nm inv* rompeolas *m inv*
briser [bʀize] *vt (casser)* romper; *(fig)* arruinar, destrozar; *(volonté)* quebrantar; *(grève)* romper; *(résistance)* vencer; *(personne)* destrozar; *(fatiguer)* moler; **se briser** *vpr* romperse; *(fig)* venirse abajo
brise-tout [bʀiztu] *nm inv* destrozón *m*
briseur, -euse [bʀizœʀ, øz] *nm/f* : ~ **de grève** esquirol *mf*
brise-vent [bʀizvɑ̃] *(pl* **~(s)**) *nm* abrigaño
bristol [bʀistɔl] *nm (carte de visite)* tarjeta de visita
britannique [bʀitanik] *adj* británico(-a) ▸ *nmf* : **Britannique** británico(-a); **les Britanniques** los británicos
broc [bʀo] *nm* jarra
brocante [bʀɔkɑ̃t] *nf (marché)* baratillo; *(commerce)* chamarileo

brocanteur, -euse [bRɔkɑ̃tœR, øz] *nm/f* chamarilero(-a)
brocart [bRɔkaR] *nm* brocado
broche [bRɔʃ] *nf* (*bijou*) broche *m*; (*Culin*) espetón *m*; (*fiche*) clavija; (*Méd*) alambre *m*; **à la ~** (*Culin*) al asador
broché, e [bRɔʃe] *adj* (*livre*) en rústica; (*tissu*) brochado(-a), briscado(-a)
brochet [bRɔʃɛ] *nm* lucio
brochette [bRɔʃɛt] *nf* pincho, brocheta
brochure [bRɔʃyR] *nf* folleto
brocoli [bRɔkɔli] *nm* brécol *m*
brodequins [bRɔdkɛ̃] *nmpl* borceguíes *mpl*
broder [bRɔde] *vt* bordar ▸ *vi* : **~ (sur des faits/une histoire)** adornar (hechos/una historia)
broderie [bRɔdRi] *nf* bordado
bromure [bRɔmyR] *nm* bromuro
broncher [bRɔ̃ʃe] *vi* : **sans ~** sin protestar
bronches [bRɔ̃ʃ] *nfpl* bronquios *mpl*
bronchite [bRɔ̃ʃit] *nf* bronquitis *f inv*
bronchodilatateur [bRɔ̃kodilatatœR] *nm* broncodilatador *m*
broncho-pneumonie [bRɔ̃kopnømɔni] (*pl* **broncho-pneumonies**) *nf* bronconeumonía
bronzage [bRɔ̃zaʒ] *nm* bronceado
bronze [bRɔ̃z] *nm* bronce *m*
bronzé, e [bRɔ̃ze] *adj* bronceado(-a)
bronzer [bRɔ̃ze] *vt* (*peau*) broncear; (*métal*) pavonar ▸ *vi* broncearse; **se bronzer** *vpr* broncearse
brosse [bRɔs] *nf* cepillo, escobilla (*AM*); **donner un coup de ~ à qch** cepillar algo; **coiffé en ~** peinado al cepillo; **~ à cheveux** cepillo para el pelo; **~ à dents/à habits** cepillo de dientes/de (la) ropa
brosser [bRɔse] *vt* (*nettoyer*) cepillar; (*fig*) bosquejar; **se brosser** *vpr* cepillarse; **se ~ les dents** cepillarse los dientes; **« tu peux te ~ ! »** (*fam*) « ¡espérate sentado! »
brou de noix [bRud(ə)nwa] *nm* (*pour bois*) nogalina; (*liqueur*) licor *m* de nuez
brouette [bRuɛt] *nf* carretilla
brouhaha [bRuaa] *nm* alboroto
brouillage [bRujaʒ] *nm* interferencia
brouillard [bRujaR] *nm* niebla; **être dans le ~** (*fig*) no enterarse
brouille [bRuj] *nf* desavenencia
brouillé, e [bRuje] *adj* : **il est ~ avec ses parents** está reñido con sus padres; (*teint*) alterado(-a)
brouiller [bRuje] *vt* mezclar; (*embrouiller*) embarullar, enredar; (*Radio*) interferir; (*rendre trouble, confus*) enturbiar; (*amis*) enemistar; **~ les pistes** (*fig*) borrar el rastro; **se brouiller** *vpr* (*ciel, temps*) cubrirse, nublarse; (*vue*) nublarse; (*détails*) confundirse; **se ~ (avec)** enfadarse (con)
brouillon, ne [bRujɔ̃, ɔn] *adj* desordenado(-a) ▸ *nm* (*écrit*) borrador *m*, copia en sucio; **cahier de ~** cuaderno para trabajos en sucio
broussailles [bRusaj] *nfpl* maleza *fsg*
broussailleux, -euse [bRusajø, øz] *adj* (*sourcils*) enmarañado(-a); (*terrain*) cubierto(-a) de maleza
brousse [bRus] *nf* monte *m* bajo
brouter [bRute] *vt* pacer ▸ *vi* vibrar
broutille [bRutij] *nf* fruslería
broyer [bRwaje] *vt* triturar; **~ du noir** verlo todo negro
bru [bRy] *nf* nuera
brugnon [bRyɲɔ̃] *nm* griñón *m*
bruine [bRɥin] *nf* llovizna, garúa (*AM*)
bruiner [bRɥine] *vi* : **il bruine** llovizna
bruire [bRɥiR] *vi* (*eau*) murmurar; (*feuilles, étoffe*) crujir
bruissement [bRɥismɑ̃] *nm* (*eau*) murmullo; (*feuilles, étoffe*) crujido
bruit [bRɥi] *nm* ruido; (*rumeur*) rumor *m*; **pas/trop de ~** nada/demasiado ruido; **sans ~** sin ruido; **faire du ~** hacer ruido; **faire grand ~ de** hablar mucho de; **le ~ court que** corre el rumor de que...; **~ de fond** ruido de fondo
bruitage [bRɥitaʒ] *nm* efectos *mpl* sonoros
bruiter [bRɥite] *vt* (*film*) producir efectos sonoros para
bruiteur [bRɥitœR] *nm* especialista *mf* en efectos sonoros
brûlant, e [bRylɑ̃, ɑ̃t] *adj* ardiente; (*liquide*) hirviendo; (*fiévreux*) caliente; (*sujet*) candente
brûlé, e [bRyle] *adj* quemado(-a) ▸ *nm* : **odeur de ~** olor *m* a quemado; **les grands brûlés** los grandes quemados
brûle-pourpoint [bRylpuRpwɛ̃] *adv* : **à ~** a quemarropa
brûler [bRyle] *vt* quemar; (*consumer, consommer*) consumir; (*suj : eau bouillante*) escaldar; (*enfiévrer*) arder; (*feu rouge*) saltarse; **~ les étapes** quemar etapas ▸ *vi* (*se consumer*) consumirse; (*feu*) arder; (*lampe, bougie*) lucir; (*être brûlant, ardent*) estar caliente; (*jeu*) : **tu brûles** caliente-caliente; **~ (d'impatience) de faire qch** consumirse (de impaciencia) por hacer algo; **se brûler** *vpr* (*accidentellement*) quemarse; **se ~ la cervelle** pegarse un tiro
brûleur [bRylœR] *nm* (*Tech*) quemador *m*
brûlot [bRylo] *nm* (*Culin*) *aguardiente destilado con azúcar*
brûlure [bRylyR] *nf* (*lésion*) quemadura; (*sensation*) ardor *m*; **brûlures d'estomac** ardores *mpl* de estómago
brume [bRym] *nf* bruma
brumeux, -euse [bRymø, øz] *adj* brumoso(-a); (*fig*) confuso(-a)
brumisateur [bRymizatœR] *nm* vaporizador *m*
brun, e [bRœ̃, bRyn] *adj* moreno(-a) ▸ *nm* pardo
brunâtre [bRynatR] *adj* parduzco(-a)
brunch [bRœntʃ] *nm* desayuno-almuerzo
brune [bRyn] *nf* anochecer *m*

b

Brunei [bʀunɛi] *nm* Brunei *m*
brunette [bʀynɛt] *nf* morena, morocha (*Am*), prieta (*Mex*)
brunir [bʀyniʀ] *vi* ponerse moreno ▸ *vt* tostar
brushing [bʀœʃiŋ] *nm* marcado; **faire un ~** lavar y marcar
brusque [bʀysk] *adj* (*soudain*) repentino(-a); (*rude*) brusco(-a)
brusquement [bʀyskəmɑ̃] *adv* (*soudainement*) repentinamente
brusquer [bʀyske] *vt* (*personne*) apremiar; (*événements, affaire*) precipitar; **ne rien ~** no precipitarse
brusquerie [bʀyskəʀi] *nf* brusquedad *f*
brut, e [bʀyt] *adj* bruto(-a); (*diamant*) en bruto ▸ *nm* : **(champagne) ~** champán *m ou* cava *m* seco; **(pétrole) ~** crudo
brutal, e, -aux [bʀytal, o] *adj* brutal; (*franchise*) rudo(-a)
brutalement [bʀytalmɑ̃] *adv* brutalmente
brutaliser [bʀytalize] *vt* maltratar
brutalité [bʀytalite] *nf* (*voir adj*) brutalidad *f*; **brutalités** *nfpl* (*violences*) malos tratos *mpl*
brute [bʀyt] *adj f voir* **brut** ▸ *nf* bruto
Bruxelles [bʀysɛl] *n* Bruselas
bruxellois, e [bʀysɛlwa, waz] *adj* bruselense ▸ *nm/f* : **Bruxellois, e** bruselense *mf*
bruyamment [bʀɥijamɑ̃] *adv* ruidosamente
bruyant, e [bʀɥijɑ̃, ɑ̃t] *adj* ruidoso(-a)
bruyère [bʀyjɛʀ] *nf* brezo
BT [bete] *sigle m* (= *brevet de Technicien*) ≈ título de bachillerato técnico
BTA [betea] *sigle m* (= *brevet de technicien agricole*) ≈ título de bachillerato técnico agrícola
BTP [betepe] *sigle mpl* (= *Bâtiments et travaux publics*) *sector de la construcción y obras públicas*
BTS [beteɛs] *sigle m* (= *brevet de technicien supérieur*) *diploma de enseñanza técnica*
BU [bey] *sigle f* = **bibliothèque universitaire**
bu, e [by] *pp de* **boire**
buanderie [bɥɑ̃dʀi] *nf* lavadero
Bucarest [bykaʀɛst] *n* Bucarest
buccal, e, -aux [bykal, o] *adj* : **par voie buccale** por vía oral
bûche [byʃ] *nf* leño; **prendre une ~** (*fam*) pegarse un batacazo; **~ de Noël** bizcocho de navidad
bûcher [byʃe] *nm* hoguera ▸ *vi, vt* (*fam*) empollar
bûcheron, ne [byʃʀɔ̃, ɔn] *nm/f* leñador(a)
bûchette [byʃɛt] *nf* astilla
bûcheur, -euse [byʃœʀ, øz] (*fam*) *adj, nm/f* empollón(-ona)
bucolique [bykɔlik] *adj* bucólico(-a)
Budapest [bydapɛst] *n* Budapest
budget [bydʒɛ] *nm* presupuesto
budgétaire [bydʒetɛʀ] *adj* presupuestario(-a)
budgéter [bydʒete], **budgétiser** [bydʒetize] *vt* presupuestar
budgétiser [bydʒetize] *vt* presupuestar
buée [bɥe] *nf* vaho
Buenos Aires [bwenɔzɛʀ] *n* Buenos Aires
buffet [byfɛ] *nm* (*meuble*) aparador *m*; (*de réception*) buffet *m*; **~ (de gare)** cantina (de estación)
buffle [byfl] *nm* búfalo
buis [bɥi] *nm* boj *m*
buisson [bɥisɔ̃] *nm* matorral *m*
buissonnière [bɥisɔnjɛʀ] *adj f* : **faire l'école ~** hacer novillos
bulbe [bylb] *nm* bulbo
bulgare [bylgaʀ] *adj* búlgaro(-a) ▸ *nm* (*Ling*) búlgaro ▸ *nmf* : **Bulgare** búlgaro(-a)
Bulgarie [bylgaʀi] *nf* Bulgaria
bulldozer [buldozɛʀ] *nm* bul(l)dozer *m*
bulle [byl] *adj, nm* : **(papier) ~** papel *m* en estraza ▸ *nf* burbuja; (*de bande dessinée*) bocadillo; (*papale*) bula; **~ de savon** pompa de jabón
bulletin [byltɛ̃] *nm* boletín *m*; (*papier*) folleto; (*de bagages*) recibo; **~ d'informations** boletín informativo; **~ de naissance** partida de nacimiento; **~ de salaire** nómina; **~ de santé** parte médico; **~ (de vote)** papeleta; **~ météorologique** boletín *ou* parte *m* meteorológico; **~ réponse** bono de respuesta; **~ scolaire** notas *fpl*
buraliste [byʀalist] *nmf* (*de bureau de tabac*) estanquero(-a); (*de poste*) empleado(-a) de correos
bure [byʀ] *nf* sayal *m*
bureau, x [byʀo] *nm* (*meuble*) escritorio; (*pièce*) despacho; **~ de change/de poste** oficina de cambio/de correos; **~ d'embauche/de placement** oficina de empleo/de colocación; **~ de location** agencia de alquiler; **~ de tabac** estanco; **~ de vote** colegio electoral; **bureaux** *nmpl* (*d'une entreprise*) oficinas *fpl*
bureaucrate [byʀokʀat] *nm* burócrata *mf*
bureaucratie [byʀokʀasi] *nf* burocracia
bureaucratique [byʀokʀatik] *adj* burocrático(-a)
bureautique [byʀotik] *nf* ofimática
burette [byʀɛt] *nf* (*de mécanicien*) aceitera; (*de chimiste*) bureta
burin [byʀɛ̃] *nm* escoplo; (*Art*) buril *m*
buriné, e [byʀine] *adj* (*visage*) marcado(-a), ajado(-a)
Burkina [byʀkina] *nm* Burkina Faso
burkinabé, e [byʀkinabe] *adj* burkinés(-esa) ▸ *nmf* : **Burkinabé, e** burkinés(-esa)
Burkina-Faso [byʀkinafaso] *nm* Burkina Faso
burlesque [byʀlɛsk] *adj* burlesco(-a)
burnous [byʀnu(s)] *nm* albornoz *m*
Burundi [buʀundi] *nm* Burundi *m*
bus [(vb) by, (nm) bys] *vb voir* **boire** ▸ *nm* autobús *m*, bus *m* (*surtout Am*), camión *m* (*Mex*); (*Inform*) bus *m*
busard [byzaʀ] *nm* dardabasí *m*

buse [byz] *nf* cernícalo, gallinazo (*AM*), zopilote *m* (*CAM, MEX*)
busqué, e [byske] *adj* : **nez ~** nariz *f* aguileña
buste [byst] *nm* busto; (*de femme*) pecho
bustier [bystje] *nm* (*soutien-gorge*) sujetador *m* con cuerpo
but [(vb) by, (nm) byt] *vb voir* **boire** ▸ *nm* (*cible*) meta; (*d'un voyage*) destino; (*d'une entreprise, d'une action*) objetivo; (*Football : limites*) portería, arco (*AM*); (*Sport : point*) gol *m*, tanto; **de ~ en blanc** de buenas a primeras; **avoir pour ~ de faire** tener como objetivo hacer; **dans le ~ de** con el propósito de; **gagner par trois buts à deux** ganar por tres tantos a dos
butane [bytan] *nm* butano; (*domestique*) gas *m* butano
buté, e [byte] *adj* terco(-a)
butée [byte] *nf* (*Tech*) tope *m*; (*Archit*) contrafuerte *m*
buter [byte] *vi* : **~ contre** *ou* **sur qch** tropezar con algo ▸ *vt* (*mur etc*) apuntalar; (*fam : personne*) cargarse a; **se buter** *vpr* obstinarse
buteur [bytœʀ] *nm* goleador *m*
butin [bytɛ̃] *nm* botín *m*
butiner [bytine] *vt, vi* libar
butor [bytɔʀ] *nm* (*fig*) bruto
butte [byt] *nf* (*éminence*) loma; **être en ~ à** estar expuesto(-a) a
buvable [byvabl] *adj* bebible; (*roman etc*) pasable
buvais *etc* [byvɛ] *vb voir* **boire**
buvard [byvaʀ] *nm* secante *m*
buvette [byvɛt] *nf* puesto de bebidas
buveur, -euse [byvœʀ, øz] *nm/f* (*péj*) borracho(-a); (*consommateur*) bebedor(a); **~ de cidre/de vin** bebedor(a) de sidra/de vino
buvons [byvɔ̃] *vb voir* **boire**
buzz [bœz] *nm* marketing *m* boca a boca
BVP [bevepe] *sigle m* (= *Bureau de vérification de la publicité*) *centro de control publicitario*
byzantin, e [bizɑ̃tɛ̃, in] *adj* bizantino(-a)
BZH *abr* (= *Breizh*) Bretaña

b

Cc

C[1], c[1] [se] *nm inv* C, c *f*; **C comme Célestin** ≈ C de Carmen
C[2] [se] *abr* (= *Celsius*) C
c[2] [se] *abr* (= *centime*) cént (= *céntimo*)
c' [s] *voir* **ce**
CA *sigle m* (= *chiffre d'affaires*) *voir* **chiffre**; (= *conseil d'administration*) *voir* **conseil**
ça [sa] *pron* (*proche*) esto; (*pour désigner*) eso; (*plus loin*) aquello; **ça m'étonne que** me sorprende que; **ça va ?** ¿qué tal?; (*d'accord ?*) ¿vale?; **ça alors !** (*désapprobation*) ¡pero bueno!; (*étonnement*) ¡anda!; **c'est ça** eso es; **ça fait une heure que j'attends** hace una hora que espero
çà [sa] *adv* : **çà et là** aquí y allá
cabale [kabal] *nf* cábala
cabalistique [kabalistik] *adj* : **signe ~** signo cabalístico
caban [kabɑ̃] *nm* chaquetón *m*
cabane [kaban] *nf* cabaña; (*de skieurs, de montagne*) cabaña, refugio
cabanon [kabanɔ̃] *nm* cabañuela; (*en Provence*) casita de campo; (*remise*) cobertizo
cabaret [kabaʀɛ] *nm* cabaret *m*
cabas [kabɑ] *nm* cabás *m*, capazo
cabestan [kabɛstɑ̃] *nm* cabrestante *m*
cabillaud [kabijo] *nm* bacalao fresco
cabine [kabin] *nf* cabina; (*de bateau*) camarote *m*; (*de plage*) caseta; (*de piscine etc*) cabina, vestuario; **~ (d'ascenseur)** caja (de ascensor); **~ de douche** cabina de ducha; **~ d'essayage** probador *m*; **~ de projection** cabina de proyección; **~ spatiale** cabina de nave espacial; **~ (téléphonique)** cabina (telefónica), locutorio
cabinet [kabinɛ] *nm* (*aussi Pol*) gabinete *m*; (*de médecin*) gabinete, consulta; (*d'avocat, de notaire*) gabinete, despacho; (*clientèle*) clientela; **~ d'affaires** gestoría; **~ de toilette** cuarto de aseo; **~ de travail** gabinete de trabajo, despacho; **cabinets** *nmpl* servicios *mpl*
câble [kɑbl] *nm* cable *m*; (*télégramme*) cable, cablegrama *m*
câblé, e [kable] *adj* (*Tech*) cableado(-a); (*fam*) enterado(-a)
câbler [kɑble] *vt* (*nouvelle*) cablegrafiar; (*quartier : TV*) cablear
câblo-opérateur [kɑblooperatœʀ] (*pl* **câblo-opérateurs**) *nm* operador *m* de cable
cabossé, e [kabɔse] *adj* abollado(-a)
cabosser [kabɔse] *vt* abollar
cabot [kabo] (*péj*) *nm* chucho
cabotage [kabɔtaʒ] *nm* cabotaje *m*
caboteur [kabɔtœʀ] *nm* barco de cabotaje
cabotin, e [kabɔtɛ̃, in] (*péj*) *nm/f* (*personne maniérée*) comediante *mf*; (*acteur*) comicastro(-a)
cabotinage [kabɔtinaʒ] *nm* comedia
cabrer [kɑbʀe] *vt* encabritar; **se cabrer** *vpr* (*aussi fig*) encabritarse
cabri [kabʀi] *nm* cabrito
cabriole [kabʀijɔl] *nf* (*d'un enfant*) cabriola; (*d'un clown, gymnaste*) voltereta, cabriola
cabriolet [kabʀijɔlɛ] *nm* (*aussi* : **voiture cabriolet**) descapotable *m*
CAC [kak] *sigle f* = **Compagnie des agents de change**; **indice ~** ≈ índice *m* de valores
caca [kaka] *nm* caca; **faire ~** hacer caca; **~ d'oie** (*couleur*) de color verdoso
cacahuète [kakaɥɛt] *nf* cacahuete *m*, maní *m* (*Am*), cacahuate *m* (*Am*)
cacao [kakao] *nm* cacao
cachalot [kaʃalo] *nm* cachalote *m*
cache [kaʃ] *nm* (*pour texte, photo, diapositive*) ocultador *m*; (*pour protéger l'objectif*) tapa ▸ *nf* (*cachette*) escondite *m*; **~ d'armes** zulo de armas
caché, e [kaʃe] *adj* oculto(-a), escondido(-a)
cache-cache [kaʃkaʃ] *nm inv* : **jouer à ~** jugar al escondite
cache-col [kaʃkɔl] *nm* bufanda
cachemire [kaʃmiʀ] *nm* cachemira, cachemir *m*; **C~** Cachemira ▸ *adj* de cachemira
cache-nez [kaʃne] *nm inv* bufanda
cache-pot [kaʃpo] *nm* macetero
cache-prise [kaʃpʀiz] *nm* tapa protectora de enchufe
cacher [kaʃe] *vt* ocultar, esconder; **je ne vous cache pas que** no le oculto que; **~ qch à qn** ocultar algo a algn; **~ son jeu** ocultar sus intenciones; **se cacher** *vpr* esconderse, ocultarse; **il se cache d'elle pour fumer** fuma a escondidas de ella; **il ne s'en cache pas** no lo oculta

cache-sexe [kaʃsɛks] *nm* taparrabo
cachet [kaʃɛ] *nm* (*comprimé*) pastilla; (*sceau*) sello; (*rétribution*) caché *m*; (*caractère*) carácter *m*
cacheter [kaʃte] *vt* cerrar, sellar; **vin cacheté** vino en botellas lacradas
cachette [kaʃɛt] *nf* escondite *m*; **en ~** a escondidas
cachot [kaʃo] *nm* calabozo
cachotteries [kaʃɔtʀi] *nfpl* misterios; **faire des ~** andar con misterios
cachottier, -ière [kaʃɔtje, jɛʀ] *adj* misterioso(-a)
cachou [kaʃu] *nm* : **pastilles de ~** pastillas *fpl* Juanolas
cacophonie [kakɔfɔni] *nf* cacofonía
cacophonique [kakɔfɔnik] *adj* cacofónico(-a)
cactus [kaktys] *nm inv* cactus *m inv*
c.-à-d. *abr* (= *c'est-à-dire*) es decir
cadastral, e, -aux [kadastʀal, o] *adj* catastral
cadastre [kadastʀ] *nm* catastro
cadavéreux, -euse [kadaveʀø, øz] *adj* (*teint*) cadavérico(-a)
cadavérique [kadaveʀik] *adj* cadavérico(-a)
cadavre [kadɑvʀ] *nm* cadáver *m*
caddie [kadi] *nm* (*au supermarché*) carrito
caddy [kadi] *nm* = **caddie**
cadeau, x [kado] *nm* regalo; **faire un ~ à qn** hacer un regalo a algn; **ne pas faire de ~ à qn** (*fig*) no ponérselo fácil a algn; **faire ~ de qch à qn** regalar algo a algn
cadenas [kadna] *nm* candado
cadenasser [kadnɑse] *vt* cerrar con candado
cadence [kadɑ̃s] *nf* cadencia; (*rythme*) compás *m*; (*de travail*) ritmo; **en ~** (*régulièrement*) rítmicamente; (*ensemble, en mesure*) al compás; **à la ~ de 10 par jour** a un ritmo de 10 diarios
cadencé, e [kadɑ̃se] *adj* cadencioso(-a), acompasado(-a); **au pas ~** a paso acompasado
cadet, te [kadɛ, ɛt] *adj* (*plus jeune*) menor; (*le plus jeune*) menor, más pequeño(-a) ▶ *nm/f* (*de la famille*) benjamín(-ina); **le ~/la cadette** el/la menor; **il est mon ~ (de deux ans)** (*rapports non familiaux*) él es (dos años) menor que yo; **les cadets** (*Sport*) los juveniles; **le ~ de mes soucis** lo que menos me preocupa
cadrage [kɑdʀaʒ] *nm* enfoque *m*, encuadre *m*
cadran [kadʀɑ̃] *nm* (*de pendule, montre*) esfera; (*du téléphone*) disco; **~ solaire** reloj *m* de sol
cadre [kɑdʀ] *nm* (*aussi Inform*) marco; (*de vélo*) cuadro; (*sur formulaire*) recuadro; (*limites*) límite *m*; **rayer qn des cadres** (*Mil, Admin*) dar de baja a algn; **dans le ~ de** (*fig*) en el marco de ▶ *nmf* (*responsable*) ejecutivo(-a), cuadro; **~ moyen/supérieur** cuadro medio/superior
cadré, e [kadʀe] *adj* (*Photo*) encuadrado(-a); (*Inform*) situado(-a); **~ à gauche/droite** situado a la izquierda/derecha
cadrer [kɑdʀe] *vi* : **~ avec qch** cuadrar con algo ▶ *vt* (*Photo*) encuadrar; (*Inform*) situar
cadreur, -euse [kɑdʀœʀ, øz] *nm/f* encuadrador(a)
caduc, -uque [kadyk] *adj* caduco(-a)
CAF [seaɛf] *sigle f* (= *Caisse d'allocations familiales*) *servicio de ayuda familiar* ▶ *abr* (= *coût, assurance, fret*) c.s.f. (= *coste, seguro y flete*)
cafard [kafaʀ] *nm* cucaracha; **avoir le ~** (*fam*) estar depre
cafardeux, -euse [kafaʀdø, øz] *adj* triste
café [kafe] *nm* café *m*; **~ au lait** café con leche; **~ crème** café cortado; **~ en grains/en poudre** café en grano/molido; **~ liégeois** helado de café con nata; **~ noir** café solo ▶ *adj* café
café-concert [kafekɔ̃sɛʀ] (*pl* **cafés-concerts**) *nm* (*aussi* : **caf' conc'**) café *m* concierto
caféine [kafein] *nf* cafeína
café-tabac [kafetaba] (*pl* **cafés-tabacs**) *nm* café-estanco
cafétéria [kafeteʀja] *nf* cafetería
café-théâtre [kafeteɑtʀ] (*pl* **cafés-théâtres**) *nm* café *m* teatro
cafetier, -ière [kaftje, jɛʀ] *nm/f* cafetero(-a)
cafetière [kaftjɛʀ] *nf* cafetera
cafouillage [kafujaʒ] (*fam*) *nm* (*paroles confuses*) farfulla; (*actions confuses*) enredo
cafouiller [kafuje] *vi* (*dans ses paroles*) farfullar; (*dans ses actions*) no dar pie con bola; (*appareil, projet*) fallar
cage [kaʒ] *nf* jaula; **en ~** enjaulado(-a); **~ d'ascenseur** caja del ascensor; **~ (des buts)** portería; **~ d'escalier** caja de la escalera; **~ thoracique** caja torácica
cageot [kaʒo] *nm* caja
cagibi [kaʒibi] *nm* trastero
cagneux, -euse [kaɲø, øz] *adj* patizambo(-a), zambo(-a)
cagnotte [kaɲɔt] *nf* (*aussi fig*) hucha
cagoule [kagul] *nf* (*de moine*) capucha; (*de bandit*) pasamontañas *m inv*; (*ski etc*) gorro; (*d'enfant*) verdugo
cahier [kaje] *nm* (*de classe*) cuaderno, libreta; (*Typo*) cuadernillo, pliego; **~ d'exercices** cuaderno de ejercicios; **~ de brouillon** cuaderno de sucio; **~ de doléances** libro de quejas; **~ de revendications** pliego de reivindicaciones; **~ des charges** pliego de condiciones; **cahiers** *nmpl* (*revue*) cuadernos *mpl*
cahin-caha [kaɛ̃kaa] *adv* (*fig*) a trompicones
cahot [kao] *nm* traqueteo
cahoter [kaɔte] *vi* traquetear, dar sacudidas ▶ *vt* sacudir
cahoteux, -euse [kaɔtø, øz] *adj* lleno(-a) de baches
cahute [kayt] *nf* chabola, choza
caïd [kaid] *nm* cabecilla *m*
caillasse [kajas] *nf* guijarros *mpl*

caille [kaj] *nf* codorniz *f*
caillé, e [kaje] *adj* : **lait** ~ leche *f* cuajada
caillebotis [kajbɔti] *nm* enrejado
cailler [kaje] *vi* (*lait*) cuajar; (*sang*) coagular; (*fam : avoir froid*) tener pelete; (*: faire froid*) hacer pelete
caillot [kajo] *nm* coágulo
caillou, x [kaju] *nm* guijarro, piedra; **le C~** *denominación familiar de Grande Terre, la isla más grande del archipiélago de Nueva Caledonia*
caillouter [kajute] *vt* empedrar
caillouteux, -euse [kajutø, øz] *adj* pedregoso(-a)
cailloutis [kajuti] *nm* guijo, grava
caïman [kaimɑ̃] *nm* caimán *m*
Caire [kɛʀ] *nm* : **le** ~ el Cairo
caisse [kɛs] *nf* caja; (*recettes*) caja, recaudación *f*; **faire sa** ~ (*Comm*) hacer caja; ~ **claire** tambor *m* pequeño; ~ **d'épargne/de retraite** caja de ahorros/de jubilaciones; ~ **enregistreuse** caja registradora; ~ **noire** caja negra
caissier, -ière [kesje, jɛʀ] *nm/f* cajero(-a)
caisson [kɛsɔ̃] *nm* arcón *m*; (*de décompression*) campana
cajoler [kaʒɔle] *vt* mimar
cajoleries [kaʒɔlʀi] *nfpl* mimos *mpl*, arrumacos *mpl*
cajou [kaʒu] *nm* anacardo
cake [kɛk] *nm* plum-cake *m*
CAL [seaɛl] *sigle m* (= *Comité d'action lycéen*) *grupo estudiantil para la reforma de los colegios*
cal[1] [kal] *nm* callo
cal[2] *abr* (= *calorie(s)*) cal. (= *caloría(s)*)
calamar [kalamaʀ] *nm* = **calmar**
calaminé, e [kalamine] *adj* (*Auto*) *cubierto de sustancia carbonosa*
calamité [kalamite] *nf* calamidad *f*
calandre [kalɑ̃dʀ] *nf* (*Auto*) rejilla del radiador, calandra; (*machine*) calandria
calanque [kalɑ̃k] *nf* cala
calcaire [kalkɛʀ] *nm* caliza ▸ *adj* calcáreo(-a); (*Géo*) calcáreo(-a), calizo(-a)
calciné, e [kalsine] *adj* calcinado(-a)
calcium [kalsjɔm] *nm* calcio
calcul [kalkyl] *nm* (*aussi fig*) cálculo; **le** ~ el cálculo; **d'après mes calculs** según mis cálculos; ~ **biliaire** cálculo biliar; ~ **différentiel/intégral/mental** cálculo diferencial/integral/mental; ~ **rénal** (*Méd*) cálculo renal
calculateur [kalkylatœʀ] *nm* calculadora
calculatrice [kalkylatʀis] *nf* calculadora
calculé, e [kalkyle] *adj* : **risque** ~ riesgo calculado
calculer [kalkyle] *vt* calcular; ~ **qch de tête** calcular algo de memoria ▸ *vi* calcular; (*péj : combiner*) maquinar
calculette [kalkylɛt] *nf* calculadora de bolsillo
cale [kal] *nf* (*de bateau*) bodega; (*en bois*) cuña; ~ **de construction** grada; ~ **de radoub** dique *m* de carena; ~ **sèche** dique seco
calé, e [kale] *adj* (*fixé*) fijo(-a); (*voiture*) calado(-a); (*fam : personne*) empollado(-a); (*: problème*) difícil
calebasse [kalbɑs] *nf* calabaza
calèche [kalɛʃ] *nf* calesa
caleçon [kalsɔ̃] *nm* calzoncillos *mpl*
calembour [kalɑ̃buʀ] *nm* retruécano, calambur *m*
calendes [kalɑ̃d] *nfpl* : **renvoyer qch aux ~ grecques** dejar algo para el día del juicio final
calendrier [kalɑ̃dʀije] *nm* calendario; (*programme*) calendario, programa *m*
cale-pied [kalpje] *nm* rastral *m*
calepin [kalpɛ̃] *nm* bloc *m* de notas
caler [kale] *vt* (*fixer*) calzar, fijar; (*malade*) acomodar; (*avec une pile de livres etc*) arrellanar; ~ **(son moteur/véhicule)** calar (el motor/vehículo) ▸ *vi* (*fig : ne plus pouvoir continuer*) rendirse; **se caler** *vpr* : **se ~ dans un fauteuil** arrellanarse en un sillón
calfater [kalfate] *vt* calafatear
calfeutrage [kalføtʀaʒ] *nm acción de tapar con burletes*
calfeutrer [kalføtʀe] *vt* tapar con burletes; **se calfeutrer** *vpr* encerrarse en casa
calibre [kalibʀ] *nm* (*d'un fruit*) diámetro; (*d'une arme*) calibre *m*; (*fig*) calibre, envergadura
calibrer [kalibʀe] *vt* clasificar
calice [kalis] *nm* cáliz *m*; **boire le ~ jusqu'à la lie** apurar el cáliz hasta las heces
calicot [kaliko] *nm* calicó
calife [kalif] *nm* califa *m*
Californie [kalifɔʀni] *nf* California
californien, ne [kalifɔʀnjɛ̃, jɛn] *adj* californiano(-a) ▸ *nm/f* : **Californien, ne** californiano(-a)
califourchon [kalifuʀʃɔ̃] : **à** ~ *adv* a horcajadas; **à ~ sur** a horcajadas en *ou* sobre
câlin, e [kɑlɛ̃, in] *adj* mimoso(-a)
câliner [kɑline] *vt* mimar
câlineries [kɑlinʀi] *nfpl* mimos *mpl*
calisson [kalisɔ̃] *nm* pastelillo de turrón
calleux, -euse [kalø, øz] *adj* calloso(-a), encallecido(-a)
calligraphie [ka(l)ligʀafi] *nf* caligrafía
calligraphier [ka(l)ligʀafje] *vt* caligrafiar
callosité [kalozite] *nf* callosidad *f*
calmant, e [kalmɑ̃, ɑ̃t] *adj, nm* calmante *m*
calmar [kalmaʀ] *nm* calamar *m*
calme [kalm] *adj* tranquilo(-a); (*ville, mer, endroit*) tranquilo(-a), apacible ▸ *nm* (*d'un lieu*) tranquilidad *f*; (*d'une personne*) tranquilidad, calma; **sans perdre son** ~ sin perder la calma; ~ **plat** (*Naut, aussi fig*) calma chicha
calmement [kalməmɑ̃] *adv* tranquilamente

calmer [kalme] *vt* tranquilizar, calmar; (*douleur, colère*) calmar, sosegar; **se calmer** *vpr* calmarse; (*personne*) calmarse, tranquilizarse
calomniateur, -trice [kalɔmnjatœʀ, tʀis] *nm/f* calumniador(a)
calomnie [kalɔmni] *nf* calumnia
calomnier [kalɔmnje] *vt* calumniar
calomnieux, -euse [kalɔmnjø, jøz] *adj* calumnioso(-a)
calorie [kalɔʀi] *nf* caloría
calorifère [kalɔʀifɛʀ] *nm* estufa
calorifique [kalɔʀifik] *adj* calorífico(-a)
calorifuge [kalɔʀifyʒ] *adj* calorífugo(-a) ▸ *nm* aislante *m*
calot [kalo] *nm* gorra
calotte [kalɔt] *nf* (*coiffure*) birreta; (*gifle*) bofetada; **la ~** (*péj : clergé*) los curas, el clero; **~ glaciaire** casquete *m* glaciar
calque [kalk] *nm* (*aussi* : **papier calque**) calco, papel *m* de calco; (*dessin*) calco
calquer [kalke] *vt* (*aussi fig*) calcar
calvados [kalvados] *nm* calvados *m inv*
calvaire [kalvɛʀ] *nm* calvario
calvitie [kalvisi] *nf* calvicie *f*
camaïeu [kamajø] *nm* monocromía; **en ~** en diferentes tonalidades de un mismo color
camarade [kamaʀad] *nmf* compañero(-a); (*Pol*) camarada *mf*; **~ d'école/de jeu** compañero(-a) de escuela/de juegos
camaraderie [kamaʀadʀi] *nf* amistad *f*, camaradería
camarguais, e [kamaʀgɛ, ɛz] *adj* de Camarga ▸ *nm/f* : **Camarguais, e** nativo(-a) *ou* habitante *mf* de Camarga
Camargue [kamaʀg] *nf* Camarga
cambiste [kɑ̃bist] *nm* cambista *m*
Cambodge [kɑ̃bɔdʒ] *nm* Camboya
cambodgien, ne [kɑ̃bɔdʒjɛ̃, jɛn] *adj* camboyano(-a) ▸ *nm/f* : **Cambodgien, ne** camboyano(-a)
cambouis [kɑ̃bwi] *nm* grasa (sucia)
cambré, e [kɑ̃bʀe] *adj* : **avoir les reins cambrés, être ~** tener la espalda arqueada; **avoir le pied très ~** tener el pie muy combado *ou* arqueado
cambrer [kɑ̃bʀe] *vt* combar; **~ la taille** *ou* **les reins** arquear la espalda; **se cambrer** *vpr* arquearse
cambriolage [kɑ̃bʀijɔlaʒ] *nm* robo (con efracción)
cambrioler [kɑ̃bʀijɔle] *vt* robar (con efracción)
cambrioleur, -euse [kɑ̃bʀijɔlœʀ, øz] *nm/f* atracador(a), ladrón(-ona)
cambrure [kɑ̃bʀyʀ] *nf* (*du pied*) combadura, arqueo; (*de la route*) combadura, alabeo; **~ des reins** arqueo de la espalda
cambuse [kɑ̃byz] *nf* (*Naut*) pañol *m*; (*péj : chambre*) cuchitril *m*
came [kam] *nf* (*fam : drogue*) droga; **arbre à cames (en tête)** árbol *m* de levas (en cabeza)
camée [kame] *nm* camafeo
caméléon [kameleɔ̃] *nm* (*aussi fig*) camaleón *m*
camélia [kamelja] *nm* camelia
camelot [kamlo] *nm* vendedor *m* ambulante
camelote [kamlɔt] (*fam*) *nf* baratija
camembert [kamɑ̃bɛʀ] *nm* camembert *m*
caméra [kameʀa] *nf* cámara
caméraman [kameʀaman] *nm* cameraman *m*, operador *m*
Cameroun [kamʀun] *nm* Camerún *m*
camerounais, e [kamʀunɛ, ɛz] *adj* del Camerún ▸ *nm/f* : **Camerounais, e** nativo(-a) *ou* habitante *mf* del Camerún
caméscope [kameskɔp] *nm* cámara de vídeo
camion [kamjɔ̃] *nm* camión *m*; **~ de sable/cailloux** (*charge*) camión de arena/de grava
camion-citerne [kamjɔ̃sitɛʀn] (*pl* **camions-citernes**) *nm* camión *m* cisterna
camionnage [kamjɔnaʒ] *nm* : **frais/entreprise de ~** gastos *mpl*/empresa de camionaje
camionnette [kamjɔnɛt] *nf* camioneta
camionneur, -euse [kamjɔnœʀ, øz] *nm/f* (*chauffeur*) camionero(-a); (*entrepreneur*) transportista *mf*
camisole [kamizɔl] *nf* : **~ (de force)** camisa (de fuerza)
camomille [kamɔmij] *nf* manzanilla
camouflage [kamuflaʒ] *nm* camuflaje *m*
camoufler [kamufle] *vt* camuflar; (*fig*) camuflar, disimular
camouflet [kamuflɛ] (*fam*) *nm* desaire *m*, feo
camp [kɑ̃] *nm* (*militaire, d'expédition*) campo, campamento; (*réfugiés, prisonniers*) campamento; (*fig*) campo; **~ de concentration** campo de concentración; **~ de nudistes/de vacances** colonia nudista/de vacaciones
campagnard, e [kɑ̃paɲaʀ, aʀd] *adj, nm/f* campesino(-a)
campagne [kɑ̃paɲ] *nf* campo; (*Mil, Pol, Comm*) campaña; **en ~** (*Mil*) de campaña; **à la ~** en el campo; **faire ~ pour** hacer campaña por; **~ de publicité** campaña de publicidad; **~ électorale** campaña electoral
campanile [kɑ̃panil] *nm* campanario; (*séparé*) campanilo
campé, e [kɑ̃pe] *adj* : **bien ~** (*fig : personnage, tableau*) bien logrado(-a)
campement [kɑ̃pmɑ̃] *nm* campamento
camper [kɑ̃pe] *vi* acampar ▸ *vt* (*chapeau, casquette*) plantarse; (*personnage*) representar; **se camper** *vpr* : **se ~ devant qn/qch** plantarse delante de algn/algo
campeur, -euse [kɑ̃pœʀ, øz] *nm/f* campista *mf*
camphre [kɑ̃fʀ] *nm* alcanfor *m*
camphré, e [kɑ̃fʀe] *adj* alcanforado(-a)

camping [kɑ̃piŋ] *nm* camping *m*; **(terrain de) ~** (terreno de) camping; **faire du ~** hacer camping; **faire du ~ sauvage** hacer camping salvaje
camping-car [kɑ̃piŋkaʀ] (*pl* **camping-cars**) *nm* coche caravana *m*
camping-gaz® [kɑ̃piŋgaz] *nm inv* camping gas *m inv*
campus [kɑ̃pys] *nm inv* campus *m inv*
camus, e [kamy, yz] *adj* : **nez ~** nariz *f* chata
Canada [kanada] *nm* Canadá *m*
canadair® [kanadɛʀ] *nm avión apaga incendios*
canadien, ne [kanadjɛ̃, jɛn] *adj* canadiense ▸ *nm/f* : **Canadien, ne** canadiense *mf*
canadienne [kanadjɛn] *nf* (*veste*) cazadora
canaille [kanɑj] *nf* (*crapule*) canalla *mf* ▸ *adj* (*air, sourire*) picarón(-ona), pillín(-ina)
canal, -aux [kanal, o] *nm* canal *m*; (*Anat*) conducto; **par le ~ de** (*Admin*) por medio de; **~ de distribution** canal de distribución; **~ de Panama/de Suez** canal de Panamá/ de Suez; **~ de télévision** canal de televisión
canalisation [kanalizasjɔ̃] *nf* (*tuyau*) canalización *f*, cañería; (*d'un cours d'eau*) canalización
canaliser [kanalize] *vt* canalizar; (*fig*) canalizar, encauzar
canapé [kanape] *nm* (*siège*) canapé *m*, sofá *m*; (*Culin*) canapé
canapé-lit [kanapeli] (*pl* **canapés-lits**) *nm* sofá-cama *m*
canaque [kanak] *adj* canaco(-a) ▸ *nmf* : **canaque** canaco(-a)
canard [kanaʀ] *nm* pato; (*fam* : *journal*) periódico
canari [kanaʀi] *nm* canario
Canaries [kanaʀi] *nfpl* : **les (îles) ~** las (islas) Canarias
cancaner [kɑ̃kane] *vi* chismorrear, cotillear; (*canard*) parpar
cancanier, -ière [kɑ̃kanje, jɛʀ] *adj* chismoso(-a), cotilla
cancans [kɑ̃kɑ̃] *nmpl* chismes *mpl*
cancer [kɑ̃sɛʀ] *nm* (*aussi fig*) cáncer *m*; (*Astrol*) : **C~** Cáncer *m*; **il a un ~** tiene un cáncer; **être C~** ser Cáncer
cancéreux, -euse [kɑ̃seʀø, øz] *adj, nm/f* canceroso(-a)
cancérigène [kɑ̃seʀiʒɛn] *adj* cancerígeno(-a)
cancérologue [kɑ̃seʀɔlɔg] *nmf* cancerólogo(-a)
cancre [kɑ̃kʀ] *nm* holgazán(ana)
cancrelat [kɑ̃kʀəla] *nm* cucaracha
candélabre [kɑ̃delɑbʀ] *nm* candelabro
candeur [kɑ̃dœʀ] *nf* candor *m*
candi [kɑ̃di] *adj* : **sucre ~** azúcar *m* cande
candidat, e [kɑ̃dida, at] *nm/f* (*examen, Pol*) candidato(-a); (*à un poste*) candidato(-a), aspirante *mf*; **être ~ à** ser candidato(-a) a
candidature [kɑ̃didatyʀ] *nf* candidatura; **poser sa ~** presentar su candidatura
candide [kɑ̃did] *adj* cándido(-a)
cane [kan] *nf* pata
caneton [kantɔ̃] *nm* patito
canette [kanɛt] *nf* (*de bière*) botellín *m*; (*de machine à coudre*) canilla
canevas [kanvɑ] *nm* (*Couture*) cañamazo; (*d'un texte, récit*) bosquejo
caniche [kaniʃ] *nm* caniche *m*
caniculaire [kanikylɛʀ] *adj* de canícula
canicule [kanikyl] *nf* canícula
canif [kanif] *nm* navaja
canin, e [kanɛ̃, in] *adj* canino(-a); **exposition canine** exposición *f* canina
canine [kanin] *nf* canino
caniveau [kanivo] *nm* cuneta
cannabis [kanabis] *nm* can(n)abis *m*
canne [kan] *nf* bastón *m*; **~ à pêche** caña de pescar; **~ à sucre** caña de azúcar
canné, e [kane] *adj* de rejilla
cannelé, e [kanle] *adj* acanalado(-a)
cannelle [kanɛl] *nf* canela
cannelure [kan(ə)lyʀ] *nf* acanaladura
canner [kane] *vt* poner asiento de rejilla a
cannibale [kanibal] *adj, nmf* caníbal *mf*
cannibalisme [kanibalism] *nm* canibalismo
canoë [kanɔe] *nm* canoa; **~ (kayak)** (*Sport*) piragüismo
canon [kanɔ̃] *nm* cañón *m*; (*Mus*) canon *m*; (*fam* : *de vin*) chato; **~ rayé** cañón rayado ▸ *adj* (*fam* : *très beau*) bueno(-a); (: *très bien*) genial; **droit ~** derecho canónico; **une fille ~** (*fam*) una tía buena
cañon [kaɲɔ̃] *nm* cañón *m*
canonique [kanɔnik] *adj* : **âge ~** edad *f* canónica
canoniser [kanɔnize] *vt* canonizar
canonnade [kanɔnad] *nf* cañoneo
canonnier [kanɔnje] *nm* artillero
canonnière [kanɔnjɛʀ] *nf* lancha cañonera
canopée [kanɔope] *nf* dosel *m* arbóreo
canot [kano] *nm* (*bateau*) bote *m*, lancha; **~ de sauvetage** bote salvavidas; **~ pneumatique** bote neumático
canotage [kanɔtaʒ] *nm* pasear *m* en bote
canoter [kanɔte] *vi* pasear en bote
canotier [kanɔtje] *nm* canotié *m*
Canson® [kɑ̃sɔ̃] *nm* : **papier ~** papel *m* Canson
Cantal [kɑ̃tal] *nm* Cantal *m*
cantate [kɑ̃tat] *nf* cantata
cantatrice [kɑ̃tatʀis] *nf* cantante *f*
cantilène [kɑ̃tilɛn] *nf* cantilena
cantine [kɑ̃tin] *nf* (*réfectoire*) comedor *m*, cantina; (*malle*) baúl *m*; **manger à la ~** comer en comedor
cantique [kɑ̃tik] *nm* cántico
canton [kɑ̃tɔ̃] *nm* (*en France*) distrito; *ver nota*; (*en Suisse*) cantón *m*

CANTON

En Francia un **canton** es una división administrativa de un *arrondissement*, que es a su vez una división de un *département*. Cada **canton** está representado por un concejal en el *Conseil départemental*.

cantonade [kɑ̃tɔnad] : **à la ~** *adv* por los cuatro vientos

cantonais, e [kɑ̃tɔnɛ, ɛz] *adj* cantonés(-esa) ▶ *nm (Ling)* cantonés *m* ▶ *nm/f* : **Cantonais, e** cantonés(-esa)

cantonal, e, -aux [kɑ̃tɔnal, o] *adj (en Suisse)* cantonal; *(en France : élections)* por distritos

cantonnement [kɑ̃tɔnmɑ̃] *nf (Mil)* acantonamiento

cantonner [kɑ̃tɔne] *vt (Mil)* acantonar; **se cantonner** *vpr* : **se ~ à qch** limitarse a algo; **se ~ dans** *(maison, attitude)* encerrarse en; *(études)* aislarse en

cantonnier [kɑ̃tɔnje] *nm* peón *m* caminero

canular [kanylaʀ] *nm* inocentada

canule [kanyl] *nf (Méd)* cánula

CAO [seao] *sigle f (= conception assistée par ordinateur)* CAO *f (= concepción asistida por ordenador)*

caoutchouc [kautʃu] *nm* caucho; *(bande élastique)* goma; **en ~** de goma, de caucho; **~ mousse®** gomaespuma

caoutchouté, e [kautʃute] *adj* impermeabilizado(-a)

caoutchouteux, -euse [kautʃutø, øz] *adj* gomoso(-a), correoso(-a)

CAP [seape] *sigle m (= certificat d'aptitude professionnelle)* ≈ título de FP1

cap [kap] *nm (Géo)* cabo; **changer de ~** *(Naut)* cambiar de rumbo; **passer le ~ de** *(fig)* superar la barrera de; **mettre le ~ sur** poner rumbo a; **le C~** el Cabo; **le ~ de Bonne Espérance** el cabo de Buena Esperanza; **le ~ Horn** el cabo de Hornos

capable [kapabl] *adj (compétent)* competente; **~ de faire** capaz de hacer; **~ de dévouement/d'un effort** capaz de dedicación/de un esfuerzo; **il est ~ d'oublier** es capaz de olvidar; **spectacle/livre ~ d'intéresser** espectáculo/libro susceptible de interesar

capacité [kapasite] *nf* capacidad *f*; **~ à faire qch** capacidad de hacer algo; **~ (en droit)** capacitación *f* (en derecho); **capacités** *nfpl (physiques, intellectuelles)* capacidades *fpl*

caparaçonner [kapaʀasɔne] *vt (fig)* cubrir a

cape [kap] *nf* capa; **rire sous ~** reír para sus adentros

capé [kape] *adj (Sport)* : **le joueur le plus ~** el jugador con más internacionalidades, el jugador que más veces ha sido internacional

capeline [kaplin] *nf* capelina

CAPES [kapes] *sigle m (= certificat d'aptitude au professorat de l'enseignement du second degré)* título de profesor de enseñanza secundaria

capésien, ne [kapesjɛ̃, jɛn] *nm/f* capesiano(-a)

CAPET [kapɛt] *sigle m (= certificat d'aptitude au professorat de l'enseignement technique)* título de profesor de formación profesional

capharnaüm [kafaʀnaɔm] *nf* leonera

capillaire [kapilɛʀ] *adj* capilar ▶ *nm* culantrillo

capillarité [kapilaʀite] *nf* capilaridad *f*

capilotade [kapilɔtad] : **en ~** *adv* en papilla

capitaine [kapitɛn] *nmf* capitán *mf*; **~ au long cours** capitán de altura

capitainerie [kapitɛnʀi] *nf* capitanía

capital, e, -aux [kapital, o] *adj, nm (aussi fig)* capital *m*; **les sept péchés capitaux** los siete pecados capitales; **exécution/peine capitale** ejecución *f*/pena capital; **~ confiance** *(Pol)* capital de confianza; **~ d'exploitation** capital de explotación; **~ social** capital social; **capitaux** *nmpl (fonds)* capitales *mpl*

capitale [kapital] *nf (ville)* capital *f*; *(lettre)* mayúscula

capitalisation [kapitalizasjɔ̃] *nf (aussi fig)* capitalización *f*

capitaliser [kapitalize] *vt (aussi fig)* capitalizar

capitalisme [kapitalism] *nm* capitalismo

capitaliste [kapitalist] *adj, nmf* capitalista *mf*

capital-risque [kapitalʀisk] *(pl* **capitaux-risques***) nm* capital *m* (de) riesgo

capiteux, -euse [kapitø, øz] *adj (parfum, vin)* embriagador(a)

capitonnage [kapitɔnaʒ] *nm* acolchado

capitonné, e [kapitɔne] *adj* acolchado(-a)

capitonner [kapitɔne] *vt* acolchar

capitulation [kapitylasjɔ̃] *nf* capitulación *f*

capituler [kapityle] *vi* capitular

caporal, e, -aux [kapɔʀal, o] *nm/f* cabo *mf*

caporal-chef [kapɔʀalʃɛf] *(pl* **caporaux-chefs***) nm* cabo primero

capot [kapo] *nm* capó ▶ *adj inv (Cartes)* : **être ~** quedarse zapatero(-a)

capote [kapɔt] *nf (de voiture)* capota; *(de soldat)* capote *m*; **~ (anglaise)** *(fam)* condón *m*

capoter [kapɔte] *vi (voiture)* volcar; *(négociations)* fracasar

câpre [kɑpʀ] *nf* alcaparra

caprice [kapʀis] *nm* capricho, antojo; *(toquade amoureuse)* capricho; **faire un ~** coger una rabieta; **faire des caprices** tener caprichos; **caprices** *nmpl (de la mode etc)* caprichos *mpl*

capricieux, -euse [kapʀisjø, jøz] *adj (aussi fig)* caprichoso(-a)

Capricorne [kapʀikɔʀn] *nm (Astrol)* Capricornio; **être ~** ser Capricornio

capsule [kapsyl] *nf* cápsula; (*de bouteille*) cápsula, chapa
captage [kaptaʒ] *nm* captación *f*
capter [kapte] *vt* captar; (*fam : comprendre*) captar, entender
capteur [kaptœʀ] *nm* : ~ **solaire** captador *m* solar
captieux, -euse [kapsjø, jøz] *adj* capcioso(-a)
captif, -ive [kaptif, iv] *adj, nm/f* cautivo(-a)
captivant, e [kaptivɑ̃, ɑ̃t] *adj* cautivador(-a)
captiver [kaptive] *vt* cautivar
captivité [kaptivite] *nf* cautiverio; **en ~** en cautiverio
capture [kaptyʀ] *nf* captura; **~ d'écran** (*Inform*) captura de pantalla
capturer [kaptyʀe] *vt* capturar, apresar
capuche [kapyʃ] *nf* capucha
capuchon [kapyʃɔ̃] *nm* (*de vêtement*) capucha, capuchón *m*; (*de stylo*) capuchón
capucin [kapysɛ̃] *nm* capuchino
capucine [kapysin] *nf* capuchina
capverdien, ne, cap-verdien, ne [kapvɛʀdjɛ̃, jɛn] *adj* caboverdiano(-a) ▸ *nm* (*Ling*) criollo caboverdiano ▸ *nm/f* : **Cap(-)verdien, e** caboverdiano(-a)
Cap-Vert [kapvɛʀ] *nm* : **le ~** Cabo Verde; **les îles du ~** las islas de Cabo Verde
caquelon [kaklɔ̃] *nm cacerola para la fondue*
caquet [kakɛ] *nm* : **rabattre le ~ à qn** bajar los humos a algn
caqueter [kakte] *vi* cacarear
car [kaʀ] *nm* autocar *m*; **~ de police/de reportage** furgoneta de policía/de reportaje ▸ *conj* pues, porque
carabine [kaʀabin] *nf* carabina; **~ à air comprimé** carabina de aire comprimido
carabiné, e [kaʀabine] *adj* endiablado(-a)
Caracas [kaʀakas] *n* Caracas
caraco [kaʀako] *nm* chambra
caracoler [kaʀakɔle] *vi* (*cheval*) caracolear; (*gambader*) cabriolar
caractère [kaʀaktɛʀ] *nm* (*humeur, tempérament*) carácter *m*; (*de choses*) naturaleza; (*cachet*) carácter, personalidad *f*; **avoir bon/mauvais ~** tener buen/mal carácter; **caractères/seconde** pulsaciones *fpl*/segundo; **en caractères gras** en negrita; **en petits caractères** en minúsculas; **en caractères d'imprimerie** en letras mayúsculas; **avoir du ~** tener carácter
caractériel, le [kaʀakteʀjɛl] *adj, nm/f* inadaptado(-a); **troubles caractériels** trastornos *mpl* de carácter
caractérisé, e [kaʀakteʀize] *adj* : **c'est une grippe caractérisée** es una gripe característica; **c'est de l'insubordination caractérisée** es una clara insubordinación
caractériser [kaʀakteʀize] *vt* caracterizar; **se caractériser par** *vpr* caracterizarse por
caractéristique [kaʀakteʀistik] *adj* característico(-a) ▸ *nf* característica
caractérologie [kaʀakteʀɔlɔʒi] *nf* caracterología
carafe [kaʀaf] *nf* (*pot*) jarra, garrafa; (*d'eau, de vin*) jarra
carafon [kaʀafɔ̃] *nm voir* **carafe**
caraïbe [kaʀaib] *adj* caribeño(-a); **les Caraïbes** *nfpl* el Caribe; **la mer des Caraïbes** el mar (del) Caribe
carambolage [kaʀɑ̃bɔlaʒ] *nm* colisiones *fpl* en serie
caramel [kaʀamɛl] *nm* caramelo; (*bonbon*) caramelo blando ▸ *adj inv* caramelo *inv*
caraméliser [kaʀamelize] *vt* caramelizar
carapace [kaʀapas] *nf* (*d'animal, fig*) caparazón *m*; (*de crabe*) concha
carapater [kaʀapate] (*fam*) *vi* : **se ~** pirarse
carat [kaʀa] *nm* quilate *m*; **or à 18 carats** oro de 18 quilates; **pierre de 12 carats** piedra de 12 quilates
caravane [kaʀavan] *nf* caravana
caravanier [kaʀavanje] *nm* (*camping*) campista *mf* con caravana
caravaning [kaʀavaniŋ] *nm* (*camping*) camping *m* en caravana; (*terrain*) camping para caravanas
caravelle [kaʀavɛl] *nf* carabela
carbonate [kaʀbɔnat] *nm* : **~ de soude** carbonato de sosa
carbone [kaʀbɔn] *nm* carbono; (*aussi* : **papier carbone**) papel *m* carbón; (*document*) copia
carbonique [kaʀbɔnik] *adj* carbónico(-a); **gaz ~** gas *m* carbónico; **neige ~** nieve *f* carbónica
carbonisé, e [kaʀbɔnize] *adj* carbonizado(-a); **mourir ~** morir carbonizado(-a)
carboniser [kaʀbɔnize] *vt* carbonizar
carburant [kaʀbyʀɑ̃] *nm* carburante *m*
carburateur [kaʀbyʀatœʀ] *nm* carburador *m*
carburation [kaʀbyʀasjɔ̃] *nf* carburación *f*
carburer [kaʀbyʀe] *vi* : **bien/mal ~** carburar bien/mal
carcan [kaʀkɑ̃] *nm* (*fig*) yugo
carcasse [kaʀkas] *nf* (*d'un animal mort*) huesos *mpl*; (*de voiture*) carcasa
carcéral, e, -aux [kaʀseʀal, o] *adj* carcelario(-a)
carcinogène [kaʀsinɔʒɛn] *adj* carcinógeno(-a)
cardan [kaʀdɑ̃] *nm* cardán *m*
carder [kaʀde] *vt* cardar
cardiaque [kaʀdjak] *adj, nmf* cardíaco(-a); **être ~** estar cardíaco(-a)
cardigan [kaʀdigɑ̃] *nm* rebeca
cardinal, e, -aux [kaʀdinal, o] *adj* cardinal ▸ *nm* cardenal *m*
cardiologie [kaʀdjɔlɔʒi] *nf* cardiología
cardiologue [kaʀdjɔlɔg] *nmf* cardiólogo(-a)

cardio-vasculaire [kaʀdjovaskylɛʀ] (*pl* **cardio-vasculaires**) *adj* cardiovascular
cardon [kaʀdɔ̃] *nm* cardo
carême [kaʀɛm] *nm* : **le C~** Cuaresma
carénage [kaʀenaʒ] *nm* carenadura
carence [kaʀɑ̃s] *nf* ineptitud *f*; (*manque*) carencia; (*fig*) insuficiencia; **~ vitaminique** carencia vitamínica
carène [kaʀɛn] *nf* carena, obra viva
caréner [kaʀene] *vt* carenar
caressant, e [kaʀesɑ̃, ɑ̃t] *adj* (*enfant, animal*) cariñoso(-a); (*voix, regard*) tierno(-a)
caresse [kaʀɛs] *nf* caricia
caresser [kaʀese] *vt* (*aussi fig*) acariciar
cargaison [kaʀgɛzɔ̃] *nf* carga, cargamento
cargo [kaʀgo] *nm* carguero, buque *m* de carga; **~ mixte** carguero mixto
cari [kaʀi] *nm* = **curry**
caricatural, e, -aux [kaʀikatyʀal, o] *adj* caricaturesco(-a)
caricature [kaʀikatyʀ] *nf* caricatura
caricaturer [kaʀikatyʀe] *vt* caricaturizar
caricaturiste [kaʀikatyʀist] *nmf* caricaturista *mf*
carie [kaʀi] *nf* caries *f inv*; **la ~ (dentaire)** la caries (dental)
carié, e [kaʀje] *adj* : **dent cariée** diente *m* cariado
carillon [kaʀijɔ̃] *nm* (*d'église*) carillón *m*; (*pendule*) reloj *m* de pared con carillón; **~ (électrique)** timbre *m*
carillonner [kaʀijɔne] *vi* (*cloches*) repicar; (*à la porte*) dar timbrazos ▸ *vt* (*heure*) dar; (*nouvelle*) pregonar
caritatif, -ive [kaʀitatif, iv] *adj* caritativo(-a)
carlingue [kaʀlɛ̃g] *nf* carlinga
carmélite [kaʀmelit] *nf* carmelita
carmin [kaʀmɛ̃] *adj inv* carmín *inv*
carnage [kaʀnaʒ] *nm* carnicería, matanza
carnassier, -ière [kaʀnasje, jɛʀ] *adj* carnicero(-a) ▸ *nm* carnicero
carnation [kaʀnasjɔ̃] *nf* encarnación *f*
carnaval [kaʀnaval] *nm* carnaval *m*
carné, e [kaʀne] *adj* a base de carne
carnet [kaʀnɛ] *nm* libreta; (*de loterie etc*) taco; (*de timbres*) cuadernillo; **~ à souches** taco de matrices; **~ d'adresses** agenda de direcciones; **~ de chèques** talonario de cheques; **~ de commandes** talonario *ou* libreta de pedidos; **~ de notes** boletín *m* de notas
carnier [kaʀnje] *nm* morral *m*
carnivore [kaʀnivɔʀ] *adj* carnívoro(-a) ▸ *nm* carnívoro
carotide [kaʀɔtid] *nf* carótida
carotte [kaʀɔt] *nf* zanahoria
carpe [kaʀp] *nf* carpa
carpette [kaʀpɛt] *nf* alfombrilla
carquois [kaʀkwa] *nm* carcaj *m*
carre [kaʀ] *nf* (*de ski*) ángulo
carré, e [kaʀe] *adj* cuadrado(-a); (*franc*) directo(-a); **mètre/kilomètre ~** metro/kilómetro cuadrado ▸ *nm* (*Géom*) cuadrado; (*de jardin*) cuadro; (*Naut*) cámara de oficiales; **le ~ (d'un nombre)** el cuadrado (de un número); **élever un nombre au ~** elevar un número al cuadrado; **~ d'agneau** brazuelo de cordero; **~ d'as/de rois** (*Cartes*) póker *m* de ases/de reyes; **~ de soie** pañuelo de seda
carreau, x [kaʀo] *nm* (*par terre*) baldosa; (*au mur*) azulejo; (*de fenêtre*) cristal *m*; (*dessin*) cuadro; (*Cartes : couleur*) diamantes *mpl*; (*: carte*) diamante *m*; **papier/tissu à carreaux** papel *m*/tela de cuadros
carrefour [kaʀfuʀ] *nm* (*aussi fig*) encrucijada
carrelage [kaʀlaʒ] *nm* (*sol*) embaldosado; (*mur*) alicatado
carreler [kaʀle] *vt* (*sol*) embaldosar; (*mur*) alicatar
carrelet [kaʀlɛ] *nm* (*filet*) red *f* cuadrada; (*poisson*) platija, acedía
carreleur [kaʀlœʀ] *nm* embaldosador *m*, alicatador *m*
carrément [kaʀemɑ̃] (*fam*) *adv* (*franchement*) francamente; (*sans détours, sans hésiter*) directamente; (*nettement*) verdaderamente; **il l'a ~ mis à la porte** lo puso directamente de patitas en la calle
carrer [kaʀe] : **se carrer** *vpr* : **se ~ dans un fauteuil** arrellanarse en un sillón
carrier [kaʀje] *nm* : **(ouvrier) ~** cantero
carrière [kaʀjɛʀ] *nf* (*de craie, sable*) cantera; (*métier*) carrera; **militaire de ~** militar *m* de carrera; **faire ~ dans** hacer carrera en
carriériste [kaʀjeʀist] *nmf* arribista *mf*
carriole [kaʀjɔl] *nf* (*charrette*) carreta; (*péj*) cacharro
carrossable [kaʀɔsabl] *adj* transitable
carrosse [kaʀɔs] *nm* carroza
carrosserie [kaʀɔsʀi] *nf* carrocería; **atelier de ~** taller *m* de carrocería
carrossier [kaʀɔsje] *nm* (*ouvrier*) carrocero; (*dessinateur*) diseñador *m* de carrocerías
carrousel [kaʀuzɛl] *nm* (*aussi fig*) carrusel *m*
carrure [kaʀyʀ] *nf* (*d'une personne*) anchura de espalda; (*d'un vêtement*) espalda; (*fig*) clase *f*; **de ~ athlétique** de complexión atlética
cartable [kaʀtabl] *nm* cartera
carte [kaʀt] *nf* (*Géo*) mapa *m*; (*au restaurant*) carta; (*Cartes*) carta, naipe *m*; (*de parti*) carné *m*; (*d'électeur*) tarjeta; (*d'abonnement*) abono; (*aussi* : **carte postale**) postal *f*; (*aussi* : **carte de visite**) tarjeta; **avoir/donner ~ blanche** tener/dar carta blanca; **jouer aux cartes** jugar a las cartas; **jouer cartes sur table** (*fig*) poner las cartas boca arriba; **tirer les cartes à qn** echar las cartas a algn; **à la ~** a la carta; **~ à puce** tarjeta inteligente; **~ bancaire/de crédit** tarjeta bancaria/de crédito; **C~ Bleue**® tarjeta de débito; **~ de**

C

séjour permiso de residencia; ~ **des vins** carta de vinos; ~ **d'état-major** mapa de Estado Mayor; ~ **d'identité** carnet de identidad, documento nacional de identidad, cédula (de identidad) (*AM*); ~ **grise** documentación *f* de un automóvil; ~ **mémoire** (*d'appareil photo numérique*) tarjeta de memoria; ~ **perforée** ficha perforada; ~ **routière** mapa de carreteras; ~ **SIM** tarjeta SIM; ~ **téléphonique** tarjeta de teléfono; ~ **vermeil** abono de transporte para jubilados; ~ **verte** (*Auto*) carta verde; ~ **vitale** (*Méd*) *tarjeta sanitaria*

CARTE VITALE

El sistema sanitario nacional francés expide una **carte vitale** a todas las personas mayores de 16 años. Esta tarjeta inteligente está provista de una fotografía y un chip, y contiene todos los detalles del seguro médico del paciente en su interior. Los médicos y el resto de personal sanitario utilizan un lector de tarjetas para informar directamente de los gastos contraídos a las compañías de seguros de modo que el paciente pueda así ser reembolsado posteriormente.

cartel [kaʀtɛl] *nm* cartel *m*
carte-lettre [kaʀtəlɛtʀ] (*pl* **cartes-lettres**) *nf* aerograma *m*
carte-mère [kaʀtəmɛʀ] (*pl* **cartes-mères**) *nf* (*Inform*) placa madre
carter [kaʀtɛʀ] *nm* cárter *m*
carte-réponse [kaʀt(ə)ʀepɔ̃s] (*pl* **cartes-réponses**) *nf* cupón *m* de respuesta
cartésien, ne [kaʀtezjɛ̃, jɛn] *adj* cartesiano(-a)
carthaginois, e [kaʀtaʒinwa, waz] *adj* cartaginés(-esa)
cartilage [kaʀtilaʒ] *nm* cartílago
cartilagineux, -euse [kaʀtilaʒinø, øz] *adj* cartilaginoso(-a)
cartographe [kaʀtɔgʀaf] *nm* cartógrafo(-a)
cartographie [kaʀtɔgʀafi] *nf* cartografía
cartographier [kaʀtɔgʀafje] *vt* cartografiar
cartomancie [kaʀtɔmɑ̃si] *nf* cartomancia
cartomancien, ne [kaʀtɔmɑ̃sjɛ̃, jɛn] *nm/f* cartomántico(-a)
carton [kaʀtɔ̃] *nm* (*Art, matériau*) cartón *m*; (*boîte*) caja (de cartón); (*d'invitation*) tarjeta; **en** ~ de cartón; **faire un** ~ (*au tir*) tirar al blanco; (*suj : film*) arrasar; ~ **à dessin** cartapacio
cartonnage [kaʀtɔnaʒ] *nm* embalaje *m* de cartón
cartonné, e [kaʀtɔne] *adj* de tapa dura
carton-pâte [kaʀtɔ̃pɑt] (*pl* **cartons-pâtes**) *nm* cartón piedra *m*; **de** ~ (*fig*) de cartón piedra
cartouche [kaʀtuʃ] *nf* (*de fusil*) cartucho; (*de stylo*) cartucho, recambio; (*de cigarettes*) cartón *m*; (*de film, de ruban encreur*) carrete *m*
cartouchière [kaʀtuʃjɛʀ] *nf* (*ceinture*) cartuchera, canana; (*sac*) cartuchera
cas [kɑ] *nm* caso; **faire peu de ~/grand ~ de** hacer poco/mucho caso a; **le ~ échéant** llegado el caso; **en aucun** ~ en ningún caso, bajo ningún concepto; **au ~ où** (*+ conditionnel*) en caso de que *+ subj*, por si acaso *+ indicatif*; **dans** *ou* **en ce** ~ en ese caso; **en ~ de** en caso de; **en ~ de besoin** en caso de necesidad; **en ~ d'urgence** en caso de urgencia; **en tout** ~ de todas maneras; ~ **de conscience** caso de conciencia; ~ **de force majeure** caso de fuerza mayor; ~ **limite** caso extremo; ~ **social** caso social
Casablanca [kazablɑ̃ka] *n* Casablanca
casanier, -ière [kazanje, jɛʀ] *adj* hogareño(-a)
casaque [kazak] *nf* casaca
cascade [kaskad] *nf* cascada; (*fig*) lluvia; (*Ciné*) escena de riesgo
cascadeur, -euse [kaskadœʀ, øz] *nm/f* (*Ciné*) doble *mf*
case [kɑz] *nf* casilla; (*hutte*) choza; (*pour le courrier*) casillero; **cochez la ~ correspondante** marque la casilla correspondiente
caséine [kazein] *nf* caseína
casemate [kazmat] *nf* casamata
caser [kɑze] *vt* (*aussi péj*) colocar; **se caser** *vpr* (*personne*) colocarse; (*péj*) conseguir casarse
caserne [kazɛʀn] *nf* cuartel *m*
casernement [kazɛʀnəmɑ̃] *nm* acuartelamiento
cash [kaʃ] *adv* : **payer** ~ pagar al contado
casier [kɑzje] *nm* casillero; (*à journaux*) revistero; (*de bureau*) fichero; (*à clé*) taquilla; (*Pêche*) nasa; ~ **à bouteilles** botellero; ~ **judiciaire** antecedentes *mpl* penales
casino [kazino] *nm* casino
casque [kask] *nm* casco; (*chez le coiffeur*) secador *m*; (*pour audition*) casco, auricular *m*; **les Casques bleus** los cascos azules
casquer [kaske] (*fam*) *vi* apoquinar, soltar la mosca
casquette [kaskɛt] *nf* gorra
cassable [kɑsabl] *adj* (*fragile*) quebradizo(-a)
cassant, e [kɑsɑ̃, ɑ̃t] *adj* quebradizo(-a); (*personne, voix*) áspero(-a)
cassate [kasat] *nf* : **(glace)** ~ helado de tutti frutti
cassation [kɑsasjɔ̃] *nf* : **se pourvoir en** ~ apelar al Tribunal Supremo; **recours en** ~ recurso de casación; **cour de** ~ tribunal supremo
casse [kɑs] *nf* : **mettre à la** ~ dar *ou* vender como chatarra; (*dégâts*) : **il y a eu de la** ~ hubo unos destrozos; **haut/bas de** ~ (*Typo*) caja alta/baja

cassé, e [kase] *adj* (*voix*) cascado(-a); (*vieillard*) achacoso(-a); **blanc ~** color hueso *inv*
casse-cou [kasku] (*pl* **~(s)**) *adj* (*dangereux*) superpeligroso(-a); (*imprudent*) alocado(-a) ▸ *nmf* (*personne*) cabeza loca
casse-croûte [kaskʀut] (*pl* **~(s)**) *nm* tentempié *m*
casse-noisette *nm*, **casse-noisettes** *nm inv* [kasnwazɛt] (*pl* **casse-noisettes**) cascanueces *m inv*
casse-noix [kasnwa] *nm inv* cascanueces *m inv*
casse-pied [kaspje] (*pl* **casse-pieds**) (*fam*) *adj, nmf* pesado(-a)
casser [kase] *vt* (*verre*) romper; (*montre, moteur*) estropear; (*gradé*) cesar; (*Jur*) anular; **~ les prix** romper los precios; **à tout ~** (*extraordinaire*) fenomenal, formidable; (*fam : tout au plus*) a lo más ▸ *vi* (*corde*) romperse; **se casser** *vpr* romperse; (*fam*) largarse; (*être fragile*) romperse, quebrarse; **se ~ la jambe** romperse la pierna; **se ~ net** romperse de un golpe
casserole [kasʀɔl] *nf* cacerola, cazuela; **à la ~** a la cazuela
casse-tête [kastɛt] (*pl* **casse-têtes**) *nm* (*fig*) quebradero de cabeza; (*jeu*) rompecabezas *m inv*
cassette [kasɛt] *nf* (*bande magnétique*) cassette *f*, casete *f*; (*coffret*) joyero
casseur [kasœʀ] *nm* (*Pol*) provocador *m*
cassis [kasis] *nm* (*fruit*) grosella negra; (*liqueur*) licor *m* de grosella negra; (*de la route*) badén *m*
cassonade [kasɔnad] *nf* azúcar *m* moreno
cassoulet [kasulɛ] *nm* *guiso de alubias y carne típico del suroeste de Francia*
cassure [kasyʀ] *nf* rotura
castagnettes [kastaɲɛt] *nfpl* castañuelas *fpl*
caste [kast] *nf* casta
castillan, e [kastijɑ̃, an] *adj* castellano(-a) ▸ *nm* (*Ling*) castellano ▸ *nm/f* : **Castillan, e** castellano(-a)
Castille [kastij] *nf* Castilla
castor [kastɔʀ] *nm* castor *m*
castrer [kastʀe] *vt* (*animal mâle, homme*) castrar, capar; (*femelle*) castrar
cataclysme [kataklism] *nm* cataclismo
catacombes [katakɔ̃b] *nfpl* catacumbas *fpl*
catadioptre [katadjɔptʀ] *nm* = **cataphote**
catafalque [katafalk] *nm* catafalco
catalan, e [katalɑ̃, an] *adj* catalán(-ana) ▸ *nm* (*Ling*) catalán *m* ▸ *nm/f* : **Catalan, e** catalán(-ana)
catalepsie [katalɛpsi] *nf* catalepsia
Catalogne [katalɔɲ] *nf* Cataluña
catalogue [katalɔg] *nm* (*aussi fig*) catálogo
cataloguer [katalɔge] *vt* catalogar; **~ qn** (*péj*) tener fichado a algn
catalyse [kataliz] *nf* catálisis *f*
catalyser [katalize] *vt* catalizar
catalyseur [katalizœʀ] *nm* catalizador *m*
catalytique [katalitik] *adj* : **pot ~** catalizador *m*
catamaran [katamaʀɑ̃] *nm* catamarán *m*
cataphote [katafɔt] *nm* reflectante *m*, catadióptrico
cataplasme [kataplasm] *nm* cataplasma
catapulte [katapylt] *nf* catapulta
catapulter [katapylte] *vt* catapultar
cataracte [kataʀakt] *nf* catarata; **opérer qn de la ~** operar a algn de cataratas
catarrhe [kataʀ] *nm* catarro
catarrheux, -euse [kataʀø, øz] *adj* catarroso(-a)
catastrophe [katastʀɔf] *nf* catástrofe *f*; **atterrir en ~** aterrizar por emergencia; **partir en ~** salir a escape
catastrophé, e [katastʀɔfe] (*fam*) *adj* desalentado(-a)
catastrophique [katastʀɔfik] *adj* catastrófico(-a)
catch [katʃ] *nm* (*Sport*) lucha libre, catch *m*
catcheur, -euse [katʃœʀ, øz] *nm/f* luchador(a) de catch
catéchiser [kateʃize] *vt* catequizar; (*fig*) adoctrinar
catéchisme [kateʃism] *nm* catecismo
catéchumène [katekymɛn] *nmf* catecúmeno(-a)
catégorie [kategɔʀi] *nf* categoría; **de première/deuxième ~** de primera/segunda categoría
catégorique [kategɔʀik] *adj* categórico(-a)
catégoriquement [kategɔʀikmɑ̃] *adv* tajantemente
catégoriser [kategɔʀize] *vt* categorizar
caténaire [katenɛʀ] *nf* catenaria
cathédrale [katedʀal] *nf* catedral *f*
cathéter [kateteʀ] *nm* catéter *m*
cathode [katɔd] *nf* cátodo
cathodique [katɔdik] *adj* catódico(-a)
catholicisme [katɔlisism] *nm* catolicismo
catholique [katɔlik] *adj, nmf* católico(-a); **pas très ~** (*fig*) no muy católico(-a)
catimini [katimini] : **en ~** *adv* a escondidas
catogan [katɔgɑ̃] *nm* lazo para el pelo
cauchemar [koʃmaʀ] *nm* pesadilla
cauchemardesque [koʃmaʀdɛsk] *adj* de pesadilla
caudal, e, -aux [kodal, o] *adj* caudal; **la nageoire caudale** la aleta caudal
causal, e [kozal] (*pl* **-als** *ou* **-aux**) *adj* (*Ling*) causal
causalité [kozalite] *nf* causalidad *f*
causant, e [kozɑ̃, ɑ̃t] (*fam*) *adj* hablador(a)
cause [koz] *nf* causa; (*accident*) causa, motivo; (*Jur*) caso; (*intérêts*) causa; **faire ~ commune avec qn** hacer causa común con algn; **être ~ de** ser causa de; **à ~ de** debido a; (*par la faute de*) por culpa de; **pour ~ de** por causa de, por;

(et) pour ~ claro está; **être en** ~ (*personne*) tener parte de culpa; (*qualité, intérêts*) estar en juego; **mettre en** ~ culpar; **remettre en** ~ poner en tela de juicio; **être hors de** ~ quedar fuera de sospecha; **en tout état de** ~ de todas formas

causer [koze] *vt* causar ▸ *vi* charlar; (*jaser*) chismorrear

causerie [kozʀi] *nf* charla, plática (MEX)

causette [kozɛt] *nf* : **faire la ~ à qn** dar conversación a algn; **faire un brin de** ~ darle a la lengua

caustique [kostik] *adj* (*aussi fig*) cáustico(-a)

cauteleux, -euse [kotlø, øz] *adj* (*personne, air*) taimado(-a)

cautère [kɔtɛʀ] *nm* : **c'est un ~ sur une jambe de bois** es la carabina de Ambrosio

cautériser [kɔteʀize] *vt* cauterizar

caution [kosjɔ̃] *nf* (*argent, Jur*) fianza; (*fig*) garantía, aval *m*; **payer la ~ de qn** pagar la fianza de algn; **se porter ~ pour qn** ser aval de algn; **libéré sous** ~ libre bajo fianza; **sujet à** ~ en tela de juicio

cautionnement [kosjɔnmɑ̃] *nm* (*contrat*) contrato de garantía; (*somme*) fianza

cautionner [kosjɔne] *vt* (*moralement*) responder por; (*financièrement*) ser aval de; (*fig*) apoyar

cavalcade [kavalkad] *nf* (*fig*) correteo

cavale [kaval] *nf* : **être en** ~ ser un(a) fugado(-a)

cavalerie [kavalʀi] *nf* caballería

cavalier, -ière [kavalje, jɛʀ] *adj* brusco(-a); **allée** *ou* **piste cavalière** camino de herradura ▸ *nm/f* (*à cheval*) jinete *mf*; (*au bal*) pareja; **faire ~ seul** hacer rancho aparte ▸ *nm* (*Échecs*) caballo

cavalièrement [kavaljɛʀmɑ̃] *adv* bruscamente

cave [kav] *nf* sótano; (*réserve de vins*) bodega; (*cabaret*) cabaret *m* ▸ *adj* : **yeux caves** ojos *mpl* hundidos; **joues caves** mejillas *fpl* chupadas

caveau, x [kavo] *nm* cripta

caverne [kavɛʀn] *nf* caverna

caverneux, -euse [kavɛʀnø, øz] *adj* : **voix caverneuse** voz *f* cavernosa

caviar [kavjaʀ] *nm* caviar *m*

caviste [kavist] *nmf* bodeguero(-a); (*dans un restaurant*) sumiller *mf*

cavité [kavite] *nf* cavidad *f*

Cayenne [kajɛn] *n* Cayena

CB [sibi] *sigle f* (*= citizens' band, canaux banalisés*) BC (*= Banda Ciudadana*); = **carte bancaire**

CC [sese] *abr* (*= corps consulaire*) CC (*= Cuerpo Consular*); (*= compte courant*) c/c (*= cuenta corriente*)

CCI [sesei] *sigle f* (*= Chambre de commerce et d'industrie*) *voir* **chambre**; (*= Chambre de commerce international*) CCI *f* (*= Cámara de Comercio Internacional*)

CCP [sesepe] *sigle m* (*= compte chèque postal*) *voir* **compte**

CD [sede] *sigle m* (*= compact disc*) CD *m* (*= compact disc*); (*= corps diplomatique*) CD *m* (*= Cuerpo Diplomático*)

CDD [sedede] *sigle m* (*= contrat à durée déterminée*) contrato temporal

CDI [sedei] *sigle m* (*= centre de documentation et d'information*) *biblioteca escolar*; (*= contrat à durée indéterminée*) contrato indefinido

CDIsation, cédéisation [sedeizasjɔ̃] *nf* (*des contractuels etc*) *concesión de CDI o contratos indefinidos a trabajadores temporales*

CDIser, cédéiser [sedeize] *vt* (*contractuels*) hacer un contrato indefinido a

CD-Rom [sedeʀɔm] *sigle m* CD-Rom

CDS [sedeɛs] *sigle m* (*= Centre des démocrates sociaux*) *partido político*

CE [seə] *sigle f* (*= Communauté européenne*) CE *f* ▸ *sigle m* (*= comité d'entreprise*) *voir* **comité**; (*= cours élémentaire*) *voir* **cours**

MOT-CLÉ

ce, c', cette [sə, s, sɛt] (*devant nm commençant par voyelle ou h aspiré* **cet**, *pl* **ces**) *adj dém* (*proche*) este (esta); (*intermédiaire*) ese (esa); (*plus loin*) aquel(la); **cette maison(-ci/là)** esta casa/esa *ou* aquella casa; **cette nuit** esta noche

▸ *pron* **1** : **c'est** es; **c'est un peintre/ce sont des peintres** (*métier*) es un pintor/son pintores; (*en désignant*) es un pintor/son unos pintores; **c'est le facteur** es el cartero; **qui est-ce ?** ¿quién es?; **qu'est-ce ?** ¿sí?; **c'est toi qui le dis** lo dices tú; **c'est toi qui lui as parlé** eres tú quien le hablaste; **sur ce** tras esto; **c'est qu'il est lent/a faim** es que es lento/tiene hambre; **c'est petit/grand** es pequeño/grande

2 : **ce qui, ce que** lo que; (*chose qui*) : **il est bête, ce qui me chagrine** es tonto, lo cual me apena; **tout ce qui bouge** todo lo que se mueve; **tout ce que je sais** todo lo que sé; **ce dont j'ai parlé** eso de lo que hablé; **ce que c'est grand !** ¡qué grande es!; **veiller à ce que ...** procurar que ...; *voir aussi* **ci**; **est-ce que**; **n'est-ce pas**; **c'est-à-dire**

CEA [seəa] *sigle m* (*= Commissariat à l'énergie atomique*) ≈ Consejo de Energía Nuclear

ceci [səsi] *pron* esto

cécité [sesite] *nf* ceguera

cédéiser [sedeize] *vt* = **CDIser**

céder [sede] *vt* (*maison, droit*) ceder, traspasar ▸ *vi* ceder; **~ à** (*tentation etc*) ceder a; **~ à qn** (*se soumettre*) someterse a algn

cédérom [sedeʀɔm] *nm* cederrón *m*

CEDEX [sedɛks] *sigle m* (*= courrier d'entreprise à distribution exceptionnelle*) *correo especial para empresas*

cédille [sedij] *nf* cedilla

cédrat [sedʀa] *nm* cidro
cèdre [sɛdʀ] *nm* cedro
CEE [seəə] *sigle f* (= *Communauté économique européenne*) CEE *f* (= *Comunidad Económica Europea*)
CEI [seəi] *sigle f* (= *Communauté des États indépendants*) CEI *f* (= *Comunidad de los Estados Independientes*)
ceindre [sɛ̃dʀ] *vt* ceñir; **~ qch de qch** (*entourer*) ceñir algo con *ou* de algo
ceinture [sɛ̃tyʀ] *nf* cinturón *m*; (*taille*) cintura; (*d'un pantalon, d'une jupe*) cintura, cinturilla; **~ de sauvetage** cinturón salvavidas; **~ de sécurité** cinturón de seguridad; **~ (de sécurité) à enrouleur** cinturón (de seguridad) retráctil; **~ noire/verte** (*Judo*) cinturón negro/verde
ceinturer [sɛ̃tyʀe] *vt* (*saisir*) agarrar por la cintura a; (*entourer*) rodear
ceinturon [sɛ̃tyʀɔ̃] *nm* cinto, cinturón *m*
cela [s(ə)la] *pron* eso; (*plus loin*) aquello; **~ m'étonne que** me extraña que; **quand ~ ?** ¿cuándo?
célébrant [selebʀɑ̃] *nm* (*Rel*) celebrante *m*
célébration [selebʀasjɔ̃] *nf* celebración *f*
célèbre [selɛbʀ] *adj* famoso(-a), célebre
célébrer [selebʀe] *vt* celebrar; (*louer*) celebrar, encomiar
célébrité [selebʀite] *nf* (*gloire, star*) celebridad *f*
céleri [sɛlʀi] *nm* : **~(-rave)** apio (nabo); **~ en branche** apio
célérité [seleʀite] *nf* celeridad *f*
céleste [selɛst] *adj* celeste
célibat [seliba] *nm* (*prêtre*) celibato; (*d'homme, de femme*) soltería
célibataire [selibatɛʀ] *adj* soltero(-a); **mère ~** madre *f* soltera ▸ *nmf* soltero(-a)
celle, celles [sɛl] *pron voir* **celui**
cellier [selje] *nm* bodega
cellophane® [selɔfan] *nf* celofán *m*
cellulaire [selylɛʀ] *adj* celular; **voiture** *ou* **fourgon ~** coche *m ou* furgón *m* celular; **régime ~** régimen *m* celular
cellule [selyl] *nf* (*aussi fig*) célula; (*de prisonnier, moine*) celda; **~ (photo-électrique)** célula (fotoeléctrica); **~ souche** célula madre
cellulite [selylit] *nf* celulitis *f inv*
celluloïd® [selylɔid] *nm* celuloide *m*
cellulose [selyloz] *nf* celulosa
celte [sɛlt] *adj* celta
celtique [sɛltik] *adj voir* **celte**
celui, celle [səlɥi, sɛl] (*mpl* **ceux**, *fpl* **celles**) *pron* : **~-ci** este/ese; **celle-ci** esta/esa; **~-là/celle-là** aquel/aquella; **ceux-ci/celles-ci** estos/estas; **ceux-là/celles-là** esos *ou* aquellos/esas *ou* aquellas; **~ de mon frère** el de mi hermano; **~ du salon/du dessous** el del salón/de abajo; **~ qui bouge** (*pour désigner*) el que se mueve; **~ que je vois** el que veo; **~ dont je parle** (*personne*) ese del que hablo; (*chose*) eso de lo que hablo; **~ qui veut** (*valeur indéfinie*) el que quiera
cénacle [senakl] *nm* cenáculo
cendre [sɑ̃dʀ] *nf* ceniza; **sous la ~** (*Culin*) en las cenizas; **cendres** *nfpl* cenizas *fpl*
cendré, e [sɑ̃dʀe] *adj* ceniciento(-a); **(piste) cendrée** pista de ceniza
cendrier [sɑ̃dʀije] *nm* cenicero
cène [sɛn] *nf* cena
censé, e [sɑ̃se] *adj* : **je suis ~ faire sept heures par jour** se supone que hago siete horas diarias
censément [sɑ̃semɑ̃] *adv* aparentemente
censeur, e [sɑ̃sœʀ] *nm/f* (*du lycée*) subdirector(a); (*Pol, Presse, Ciné*) censor(a)
censure [sɑ̃syʀ] *nf* censura
censurer [sɑ̃syʀe] *vt* censurar
cent [sɑ̃] *adj* (*avant un nombre*) ciento; (*avant un substantif*) cien; **~ cinquante** ciento cincuenta; **~ euros** cien euros; **faire les ~ pas** ir y venir, ir de un lado para otro ▸ *nm* ciento; (*Math*) cien *m inv*; **pour ~** por ciento; **un ~ de** un centenar de
centaine [sɑ̃tɛn] *nf* centena; **une ~ (de)** un centenar (de); **plusieurs centaines (de)** varios centenares (de); **des centaines (de)** centenares (de)
centenaire [sɑ̃t(ə)nɛʀ] *adj, nmf* centenario(-a) ▸ *nm* (*anniversaire*) centenario
centième [sɑ̃tjɛm] *adj, nmf* centésimo(-a) ▸ *nm* (*fraction, de seconde*) centésima; *voir aussi* **cinquantième**
centigrade [sɑ̃tigʀad] *nm* centígrado
centigramme [sɑ̃tigʀam] *nm* centigramo
centilitre [sɑ̃tilitʀ] *nm* centilitro
centime [sɑ̃tim] *nm* céntimo; **~ d'euro** céntimo de euro
centimètre [sɑ̃timɛtʀ] *nm* centímetro; (*ruban*) cinta métrica
centrafricain, e [sɑ̃tʀafʀikɛ̃, ɛn] *adj* centroafricano(-a)
central, e, -aux [sɑ̃tʀal, o] *adj* (*aussi fig*) central ▸ *nm* : **~ (téléphonique)** central *f* (telefónica)
centrale [sɑ̃tʀal] *nf* (*prison*) central *f*; **~ d'achat** centro de compras; **~ électrique/nucléaire** central eléctrica/nuclear; **~ syndicale** central sindical
centralisation [sɑ̃tʀalizasjɔ̃] *nf* centralización *f*
centraliser [sɑ̃tʀalize] *vt* centralizar
centralisme [sɑ̃tʀalism] *nm* centralismo
centraméricain, e [sɑ̃tʀameʀikɛ̃, ɛn] *adj* centroamericano(-a)
centre [sɑ̃tʀ] *nm* centro; (*Football : joueur*) centrocampista; **le ~** (*Pol*) el centro; **~ aéré** *centro de ocio infantil al aire libre*; **~ commercial/culturel** centro comercial/cultural; **~ d'appels** centro de llamadas;

C

~ **d'apprentissage** centro de formación profesional; ~ **d'attraction** centro de atracción; ~ **d'éducation surveillée** centro de enseñanza vigilada; ~ **de détention** centro penitenciario; ~ **de gravité** centro de gravedad; ~ **de loisirs** centro de recreo; ~ **de semi-liberté** centro de reclusión en régimen abierto; ~ **de tri** centro de correos; ~ **hospitalier/sportif** centro hospitalario/ deportivo; **centres nerveux** (*Anat*) centros *mpl* nerviosos

centrer [sɑ̃tʀe] *vt, vi* centrar; ~ **sur** (*débat*) centrar en

centre-ville [sɑ̃tʀəvil] (*pl* **centres-villes**) *nm* centro de la ciudad

centrifuge [sɑ̃tʀifyʒ] *adj* : **force** ~ fuerza centrífuga

centrifuger [sɑ̃tʀifyʒe] *vt* centrifugar

centrifugeuse [sɑ̃tʀifyʒøz] *nf* centrifugadora

centripète [sɑ̃tʀipɛt] *adj* : **force** ~ fuerza centrípeta

centrisme [sɑ̃tʀism] *nm* centrismo

centriste [sɑ̃tʀist] *adj, nmf* centrista *mf*

centuple [sɑ̃typl] *nm* : **le ~ de qch** el céntuplo de algo; **au** ~ con creces

centupler [sɑ̃typle] *vi, vt* centuplicar

CEP [seəpe] *sigle m* (= *certificat d'études primaires*) *voir* **certificat**

cep [sɛp] *nm* cepa

cépage [sepaʒ] *nm* cepa

cèpe [sɛp] *nm* boleto

cependant [s(ə)pɑ̃dɑ̃] *conj* sin embargo, no obstante

céramique [seʀamik] *nf* cerámica

céramiste [seʀamist] *nmf* ceramista *mf*

cerbère [sɛʀbɛʀ] (*péj*) *nm* cancerbero

cerceau, x [sɛʀso] *nm* aro

cercle [sɛʀkl] *nm* (*Géom*) círculo; (*objet circulaire*) círculo, aro; (*de jeu, bridge*) club *m*; **décrire un** ~ describir un círculo; ~ **d'amis** círculo de amigos; ~ **de famille** entorno familiar; ~ **vertueux** círculo virtuoso; ~ **vicieux** círculo vicioso

cercler [sɛʀkle] *vt* : **lunettes cerclées d'or** gafas *fpl* con montura de oro

cercueil [sɛʀkœj] *nm* ataúd *m*, féretro

céréale [seʀeal] *nf* cereal *m*; **céréales** *nfpl* (*du petit déjeuner*) cereales *mpl*

céréalier, -ière [seʀealje, jɛʀ] *adj* cerealista

cérébral, e, -aux [seʀebʀal, o] *adj* cerebral; (*fig*) cerebral, analizador(a)

cérémonial [seʀemɔnjal] *nm* ceremonial *m*

cérémonie [seʀemɔni] *nf* ceremonia; **cérémonies** *nfpl* (*péj : façons, chichis*) formalidades *fpl*

cérémonieux, -euse [seʀemɔnjø, jøz] (*péj*) *adj* ceremonioso(-a)

cerf [sɛʀ] *nm* ciervo

cerfeuil [sɛʀfœj] *nm* perifollo

cerf-volant [sɛʀvɔlɑ̃] (*pl* **cerfs-volants**) *nm* cometa; **jouer au** ~ jugar a la cometa

cerisaie [s(ə)ʀizɛ] *nf* cerezal *m*

cerise [s(ə)ʀiz] *nf, adj inv* cereza; **la ~ sur le gâteau** (*fig*) la guinda (del pastel)

cerisier [s(ə)ʀizje] *nm* cerezo

CERN [sɛʀn] *sigle m* (= *Conseil européen pour la recherche nucléaire*) CERN *m* (= *Consejo Europeo para la Investigación Nuclear*)

cerné, e [sɛʀne] *adj* (*ville, armée*) cercado(-a); (*yeux*) ojeroso(-a)

cerner [sɛʀne] *vt* (*armée, ville*) cercar; (*problème*) delimitar; (*être autour*) rodear

cernes [sɛʀn] *nmpl* (*des yeux*) ojeras *fpl*

certain, e [sɛʀtɛ̃, ɛn] *adj* (*indéniable*) cierto(-a), seguro(-a); (*personne*) : ~ **(de/que)** seguro(-a) (de/de que), convencido(-a) (de/de que); (*plus ou moins défini*) : **un ~ Georges** un tal Georges; **un ~ courage** (*non négligeable*) mucho valor; **certains cas** algunos casos; **d'un ~ âge** de cierta edad; **un ~ temps** cierto tiempo; **sûr et** ~ completamente seguro

certainement [sɛʀtɛnmɑ̃] *adv* (*probablement*) probablemente; (*bien sûr*) sin duda, por supuesto

certains [sɛʀtɛ̃] *pron pl* algunos

certes [sɛʀt] *adv* (*bien sûr*) por supuesto; (*sans doute*) sin duda alguna; (*en réponse*) ciertamente

certificat [sɛʀtifika] *nm* certificado; ~ **de fin d'études secondaires** *certificado de fin de estudios secundarios*; ~ **médical/de vaccination** certificado médico/de vacunación

certifié, e [sɛʀtifje] *adj* : **professeur** ~ profesor *m* diplomado; **copie certifiée conforme (à l'original)** copia compulsada

certifier [sɛʀtifje] *vt* asegurar; (*document, signature*) certificar; ~ **à qn que** asegurar a algn que

certitude [sɛʀtityd] *nf* certeza

cérumen [seʀymɛn] *nm* cerumen *m*

cerveau, x [sɛʀvo] *nm* (*aussi fig*) cerebro

cervelas [sɛʀvəlɑ] *nm* *salchicha corta y gruesa de carne y sesos*

cervelle [sɛʀvɛl] *nf* (*d'un animal*) cerebro; (*Culin*) sesos *mpl*; **se creuser la** ~ romperse la cabeza, devanarse los sesos

cervical, e, -aux [sɛʀvikal, o] *adj* cervical

cervidés [sɛʀvide] *nmpl* cérvidos *mpl*

CES [seəɛs] *sigle m* (= *collège d'enseignement secondaire*) ≈ Instituto de Enseñanza Media

ces [se] *adj dém voir* **ce**

césarienne [sezaʀjɛn] *nf* cesárea

cessantes [sɛsɑ̃t] *adj fpl* : **toutes affaires** ~ con prioridad

cessation [sesasjɔ̃] *nf* cese *m*; ~ **de commerce** cese de comercio; ~ **de paiements** suspensión *f* de pagos; ~ **des hostilités** cese de hostilidades

cesse [sɛs] : **sans ~** *adv* sin parar; **n'avoir de ~ que** no descansar hasta que
cesser [sese] *vt* cesar ▸ *vi* parar, cesar; **~ de faire** dejar de hacer; **faire ~** (*bruit, scandale*) acabar con
cessez-le-feu [sesel(ə)fø] *nm inv* alto el fuego
cession [sesjɔ̃] *nf* cese *m*
c'est [sɛ] *voir* **ce**
c'est-à-dire [sɛtadiʀ] *adv* es decir; **~ ?** (*demander de préciser*) ¿es decir?, ¿y?; **~ que** (*en conséquence*) es decir que, o sea que; (*manière d'excuse*) es decir que
CET [seəte] *sigle m* (= *collège d'enseignement technique*) ≈ centro de FP
cet [sɛt] *adj dém voir* **ce**
cétacé [setase] *nm* cetáceo
cette [sɛt] *adj dém voir* **ce**
ceux [sø] *pron voir* **celui**
cévenol, e [sevnɔl] *adj* de Cévennes ▸ *nm/f* : **Cévenol, e** nativo(-a) *ou* habitante *mf* de Cévennes
cf. [seɛf] *abr* (= *confer*) cfr. (= *confróntese*)
CFAO [seɛfao] *sigle f* = **conception et fabrication assistées par ordinateur**
CFC [seɛfse] *sigle m* (= *chlorofluorocarbone*) CFC *m* (= *clorofluorocarbono*)
CFF [seɛfɛf] (Suisse) *sigle m* (= *Chemins de fer fédéraux*) ≈ RENFE *ou* Renfe *f* (= *Red Nacional de los Ferrocarriles Españoles*)
CFP [seɛfpe] *sigle m* (= *Centre de formation professionnelle*) ≈ centro de formación profesional para adultos
CFTC [seɛftese] *sigle f* (= *Confédération française des travailleurs chrétiens*) *sindicato obrero*
CGC [segese] *sigle f* (= *Confédération générale des cadres*) *sindicato de cuadros*
CGT [seʒete] *sigle f* (= *Confédération générale du travail*) *sindicato obrero*
CH *abr* = **Confédération helvétique**
ch. *abr* = **charge** ; **chauffage**; = **cherche**
chacal [ʃakal] *nm* chacal *m*
chacun, e [ʃakœ̃, yn] *pron* cada uno(-a); (*indéfini*) todos(-as)
chagrin, e [ʃagʀɛ̃, in] *adj* triste, taciturno(-a) ▸ *nm* pena; **avoir du ~** sentir pena
chagriner [ʃagʀine] *vt* apenar; (*contrarier*) enojar
chahut [ʃay] *nm* jaleo; (*Scol*) alboroto
chahuter [ʃayte] *vt* incordiar ▸ *vi* alborotar
chahuteur, -euse [ʃaytœʀ, øz] *nm/f* alborotador(a)
chai [ʃɛ] *nm* bodega
chaîne [ʃɛn] *nf* cadena; (*TV*) cadena, canal *m*; **travail à la ~** trabajo en cadena; **réactions en ~** reacciones *fpl* en cadena; **faire la ~** hacer una cadena; **~ audio** equipo *ou* cadena audio; **~ de fabrication/de montage** cadena de fabricación/de montaje; **~ de montagnes** cadena de montañas, cordillera; **~ de solidarité** cadena de solidaridad; **~ hi-fi** equipo de alta fidelidad; **~ stéréo** equipo estéreo; **chaînes** *nfpl* (*liens, asservissement*) lazos *mpl*; (*pour pneus*) cadenas *fpl*
chaînette [ʃɛnɛt] *nf* cadenita, esclava
chaînon [ʃɛnɔ̃] *nm* (*fig*) eslabón *m*; **le ~ manquant** el eslabón perdido
chair [ʃɛʀ] *nf* carne *f*; **la ~** (*Rel*) la carne; **avoir la ~ de poule** tener la carne *ou* piel de gallina; **être bien en ~** estar entrado(-a) en carnes; **en ~ et en os** de carne y hueso; **~ à saucisses** carne picada de cerdo ▸ *adj inv* : **(couleur) ~** (color) carne *inv*
chaire [ʃɛʀ] *nf* (*d'église*) púlpito; (*Univ*) cátedra
chaise [ʃɛz] *nf* silla; **~ de bébé** silla de bebé; **~ électrique** silla eléctrica; **~ longue** tumbona, hamaca
chaland [ʃalɑ̃] *nm* chalana, gabarra
châle [ʃɑl] *nm* chal *m*
chalet [ʃalɛ] *nm* chalet *m*, chalé *m*
chaleur [ʃalœʀ] *nf* (*aussi fig*) calor *m*; (*ardeur, emportement*) ardor *m*; **en ~** en celo
chaleureusement [ʃalœʀøzmɑ̃] *adv* calurosamente
chaleureux, -euse [ʃalœʀø, øz] *adj* (*accueil, gens*) caluroso(-a)
challenge [ʃalɑ̃ʒ] *nm* (*Sport*) trofeo
challenger [ʃalɑ̃ʒɛʀ] *nm* (*Sport*) aspirante *mf*
chaloupe [ʃalup] *nf* (*de sauvetage*) bote *m* salvavidas
chalumeau, x [ʃalymo] *nm* soplete *m*
chalut [ʃaly] *nm* red *f*; **pêcher au ~** pescar con redes *ou* traínas
chalutier [ʃalytje] *nm* trainera; (*pêcheur*) pescador *m*
chamade [ʃamad] *nf* : **battre la ~** retumbar
chamailler [ʃamɑje] (*fam*) : **se chamailler** *vpr* reñir
chamarré, e [ʃamaʀe] *adj* recargado(-a)
chambard [ʃɑ̃baʀ] (*fam*) *nm* jaleo, alboroto
chambardement [ʃɑ̃baʀdəmɑ̃] (*fam*) *nm* : **c'est le grand ~** es el gran desbarajuste
chambarder [ʃɑ̃baʀde] (*fam*) *vt* (*objets*) revolver; (*projets*) cambiar
chamboulé, e [ʃɑ̃bule] (*fam*) *adj* alterado(-a), trastocado(-a); **se trouver ~** trastocarse, verse alterado
chamboulement [ʃɑ̃bulmɑ̃] (*fam*) *nm* desbarajuste *m*, desorden *m*; (*bouleversement*) alteración *f*
chambouler [ʃɑ̃bule] (*fam*) *vt* (*objets*) revolver; (*projets*) alterar, trastocar
chambranle [ʃɑ̃bʀɑ̃l] *nm* chambrana, marco
chambre [ʃɑ̃bʀ] *nf* (*d'un logement*) habitación *f*, cuarto; (*Tech, Pol, Comm*) cámara; (*Jur*) sala; **faire ~ à part** dormir en habitaciones separadas; **stratège/alpiniste en ~** estratega *mf*/alpinista *mf* de tres al cuarto; **~ à air** cámara de aire; **~ à coucher** dormitorio; **~ à gaz** cámara de gas; **~ à un lit/deux lits** (*à l'hôtel*) habitación individual/

doble; **~ d'accusation** sala de acusación; **~ d'agriculture** cámara agrícola; **~ d'amis** cuarto de invitados; **~ de combustion** cámara de combustión; **C~ de commerce et d'industrie** cámara de comercio y de industria; **C~ des députés** Cámara de los diputados; **~ des machines** sala de máquinas; **C~ des métiers** Cámara de oficios; **~ d'hôte** habitación de huéspedes; **~ forte** cámara acorazada; **~ froide** cámara frigorífica; **~ meublée** habitación amueblada; **~ noire** (*Photo*) cámara oscura; **~ pour une/deux personne(s)** habitación para una/dos persona(s)

chambrée [ʃɑ̃bʀe] *nf* dormitorio

chambrer [ʃɑ̃bʀe] *vt* (*vin*) poner a temperatura ambiente

chameau, x [ʃamo] *nm* camello

chamois [ʃamwa] *nm* gamuza ▸ *adj inv* : **(couleur) ~** (color) gamuza

champ [ʃɑ̃] *nm* (*aussi fig*) campo; **dans le ~** (*Photo*) en el campo visual; **prendre du ~** alejarse, tomar distancia; **laisser le ~ libre à qn** dejar el campo libre a algn; **~ d'action** campo de acción; **~ de bataille** campo de batalla; **~ de courses** hipódromo; **~ de manœuvre/de mines/de tir** campo de maniobras/de minas/de tiro; **~ d'honneur** campo de honor; **~ visuel** campo visual; **les champs** *nmpl* (*la campagne*) el campo

Champagne [ʃɑ̃paɲ] *nf* Champaña

champagne [ʃɑ̃paɲ] *nm* champán *m*; **fine ~** coñac *m*

champenois, e [ʃɑ̃pənwa, waz] *adj* de Champaña ▸ *nm/f* : **Champenois, e** nativo(-a) *ou* habitante *mf* de Champaña

champêtre [ʃɑ̃pɛtʀ] *adj* campestre

champignon [ʃɑ̃piɲɔ̃] *nm* seta; (*Bot*) hongo; (*fam : accélérateur*) acelerador *m*; **~ de couche** *ou* **de Paris** champiñón; **~ vénéneux** seta venenosa

champion, ne [ʃɑ̃pjɔ̃, jɔn] *adj* campeón(-ona) ▸ *nm/f* (*Sport*) campeón(-ona); (*d'une cause*) paladín *m*; **~ du monde** campeón(-ona) del mundo

championnat [ʃɑ̃pjɔna] *nm* campeonato

chance [ʃɑ̃s] *nf* suerte *f*; (*occasion*) oportunidad *f*; **bonne ~ !** ¡buena suerte!; **avoir de la ~** tener suerte; **je n'ai pas de ~** no tengo suerte; **encore une ~ que tu viennes !** ¡qué suerte *ou* bien que vengas!; **donner sa ~ à qn** dar una oportunidad a algn; **chances** *nfpl* (*probabilités*) posibilidades *fpl*; **il y a de fortes chances pour que Paul soit malade** es muy posible que Paul esté enfermo; **il a des chances de gagner** tiene probabilidades de ganar

chancelant, e [ʃɑ̃s(ə)lɑ̃, ɑ̃t] *adj* (*personne, pas*) tambaleante; (*santé*) delicado(-a)

chanceler [ʃɑ̃s(ə)le] *vi* tambalearse

chancelier [ʃɑ̃səlje] *nm* canciller *m*

chancellerie [ʃɑ̃sɛlʀi] *nf* cancillería

chanceux, -euse [ʃɑ̃sø, øz] *adj* afortunado(-a)

chancre [ʃɑ̃kʀ] *nm* chancro

chandail [ʃɑ̃daj] *nm* jersey *m*

Chandeleur [ʃɑ̃dlœʀ] *nf* : **la ~** la Candelaria

chandelier [ʃɑ̃dəlje] *nm* candelabro

chandelle [ʃɑ̃dɛl] *nf* vela; **faire une ~** (*Sport*) hacer un voleo; **monter en ~** (*Aviat*) elevarse verticalmente; **dîner aux chandelles** cenar a la luz de las velas; **tenir la ~** llevar el cesto, ir de carabina

change [ʃɑ̃ʒ] *nm* cambio; **opérations de ~** operaciones *fpl* de cambio; **le contrôle des changes** el control de cambio; **gagner/perdre au ~** ganar/perder en *ou* con el cambio; **donner le ~ à qn** (*fig*) dar gato por liebre a algn

changeant, e [ʃɑ̃ʒɑ̃, ɑ̃t] *adj* variable

changement [ʃɑ̃ʒmɑ̃] *nm* cambio; **~ climatique** cambio climático; **~ de vitesse** cambio de velocidades *ou* marchas

changer [ʃɑ̃ʒe] *vt* cambiar; **~ qn/qch de place** cambiar a algo/algn de lugar; **~ qch en** convertir algo en; **cela me change** esto es un cambio para mí; **~ de** cambiar de; **~ d'air** cambiar de aires; **~ de vêtements** cambiarse de ropa; **~ de place avec qn** cambiar de sitio con algn; **~ de vitesse** (*Auto*) cambiar de velocidad *ou* de marcha ▸ *vi* cambiar; **il faut ~ à Lyon** hay que cambiar en Lyon; **se changer** *vpr* cambiarse

changeur [ʃɑ̃ʒœʀ] *nm* cambista *mf*; **~ automatique** máquina (automática) para (dar) cambio

chanoine [ʃanwan] *nm* canónigo

chanson [ʃɑ̃sɔ̃] *nf* canción *f*; **c'est toujours la même ~** (*fig*) siempre con la misma cantinela

chansonnette [ʃɑ̃sɔnɛt] *nf* cancioncilla

chansonnier [ʃɑ̃sɔnje] *nm* (*de cabaret*) tonadillero(-a); (*livre*) cancionero

chant [ʃɑ̃] *nm* canto; **posé de** *ou* **sur ~** (*Tech*) colocado de canto; **~ de Noël** villancico

chantage [ʃɑ̃taʒ] *nm* chantaje *m*; **faire du ~** chantajear *ou* hacer chantaje

chantant, e [ʃɑ̃tɑ̃, ɑ̃t] *adj* melodioso(-a)

chanter [ʃɑ̃te] *vt* cantar; (*louer*) alabar ▸ *vi* cantar; **~ juste** cantar sin desafinar; **~ faux** desafinar; **si cela lui chante** (*fam*) si le apetece; **faire ~ qn** chantajear *ou* hacer chantaje a algn

chanterelle [ʃɑ̃tʀɛl] *nf* cantarela

chanteur, -euse [ʃɑ̃tœʀ, øz] *nm/f* cantante *mf*; **~ de charme** cantante de melodías sentimentales

chantier [ʃɑ̃tje] *nm* obra; **être/mettre en ~** estar/poner en obras; **~ naval** astillero

chantilly [ʃɑ̃tiji] *nf voir* **crème**

chantonner [ʃɑ̃tɔne] *vi, vt* canturrear

chantre [ʃɑ̃tʀ] *nm (fig)* poeta cantor *m*
chanvre [ʃɑ̃vʀ] *nm* cáñamo
chaos [kao] *nm* caos *m inv*
chaotique [kaɔtik] *adj* caótico(-a)
chapardage [ʃapaʀdaʒ] *nm* sisa, hurto
chaparder [ʃapaʀde] *vt* sisar, hurtar
chapeau, x [ʃapo] *nm* sombrero; *(Presse)* entradilla; **~ !** *excl* ¡bravo!; **partir sur les chapeaux de roues** arrancar a toda velocidad; **~ melon** bombín *m*; **~ mou** sombrero flexible
chapeauter [ʃapote] *vt (Admin)* tener bajo su mando
chapelain [ʃaplɛ̃] *nm* capellán *m*
chapelet [ʃaplɛ] *nm (Rel, fig)* rosario; *(d'ail)* ristra; **dire son ~** rezar el rosario
chapelier, -ière [ʃapəlje, jɛʀ] *nm/f* sombrerero(-a)
chapelle [ʃapɛl] *nf* capilla; **~ ardente** capilla ardiente
chapellerie [ʃapɛlʀi] *nf* sombrerería
chapelure [ʃaplyʀ] *nf* pan rallado
chaperon [ʃapʀɔ̃] *nm* carabina
chaperonner [ʃapʀɔne] *vt* hacer de carabina, acompañar
chapiteau, x [ʃapito] *nm (Archit)* capitel *m*; *(de cirque)* carpa
chapitrage [ʃapitʀaʒ] *nm* división *f* en capítulos *(de un DVD)*
chapitre [ʃapitʀ] *nm* capítulo; *(sujet)* tema; *(Rel)* cabildo; **avoir voix au ~** tener voz y voto
chapitrer [ʃapitʀe] *vt* reprender, echar una bronca
chapon [ʃapɔ̃] *nm* capón *m*
chaque [ʃak] *adj* cada; **c'est deux euros ~** son dos euros cada uno(-a); **~ fois que** cada vez que
char [ʃaʀ] *nm* carro; *(Mil : aussi :* **char d'assaut***)* carro de combate; *(de carnaval)* carroza
charabia [ʃaʀabja] *(péj) nm* galimatías *msg*
charade [ʃaʀad] *nf* charada
charbon [ʃaʀbɔ̃] *nm* carbón *m*; **~ de bois** carbón de leña
charbonnage [ʃaʀbɔnaʒ] *nm* : **Charbonnages de France** *(compagnie) explotaciones hulleras francesas*
charbonnier, -ière [ʃaʀbɔnje, jɛʀ] *adj, nm/f* carbonero(-a)
charcuterie [ʃaʀkytʀi] *nf (magasin)* charcutería; *(produits)* embutidos *mpl*
charcutier, -ière [ʃaʀkytje, jɛʀ] *nm/f* chacinero(-a)
chardon [ʃaʀdɔ̃] *nm* cardo
chardonneret [ʃaʀdɔnʀɛ] *nm* jilguero
charentais, e [ʃaʀɑ̃tɛ, ɛz] *adj* de Charente ▸ *nm/f* : **Charentais, e** nativo(-a) *ou* habitante *mf* de Charente
charentaise [ʃaʀɑ̃tɛz] *nf (pantoufle)* zapatilla
Charentes [ʃaʀɑ̃t] *nfpl* Charentes *mpl*

charge [ʃaʀʒ] *nf* carga; *(rôle)* misión *f*, responsabilidad *f*; *(Mil)* ataque *m*; *(travail, Jur)* cargo; **à la ~ de** a cargo de; **prise en ~ (par la Sécurité Sociale)** gastos cubiertos por la Seguridad Social; **à ~ de revanche** en desquite; **prendre en ~** hacerse cargo de; **revenir à la ~** volver a la carga; **~ utile** carga máxima; *(Comm)* carga rentable; **charges sociales** cargas sociales; **charges** *nfpl (du loyer)* facturas *fpl*; *(d'un commerçant)* gastos *mpl*
chargé, e [ʃaʀʒe] *adj* cargado(-a); *(journée)* ocupado(-a); *(estomac)* pesado(-a); **~ de** encargado(-a) de ▸ *nm/f* : **~ d'affaires** encargado(-a) de negocios; **~ de cours** *(Univ)* profesor(-a) adjunto(-a)
chargement [ʃaʀʒəmɑ̃] *nm (marchandises)* cargamento; *(action)* carga
charger [ʃaʀʒe] *vt* cargar; *(Jur)* declarar en contra de; *(un portrait, une description)* recargar; **~ qn de qch/faire qch** encargar a algn de algo/que haga algo ▸ *vi* cargar; **se charger** *vpr* : **se ~ de** encargarse de; **se ~ de faire qch** encargarse de hacer algo
chargeur [ʃaʀʒœʀ] *nm* cargador *m*; **~ de batterie** cargador de batería
chariot [ʃaʀjo] *nm* carretilla; *(à bagages, provisions)* carro; *(charrette)* carreta; *(de machine à écrire)* rodillo; **~ élévateur** carretilla elevadora
charisme [kaʀism] *nm* carisma *m*
charitable [ʃaʀitabl] *adj* caritativo(-a); *(gentil)* amable
charité [ʃaʀite] *nf* caridad *f*; *(aumône)* limosna; **faire la ~ à** dar limosna a; **fête/vente de ~** fiesta/venta benéfica
charivari [ʃaʀivaʀi] *nm* cencerrada, jaleo
charlatan [ʃaʀlatɑ̃] *nm* charlatán *m*
charlotte [ʃaʀlɔt] *nf tarta de frutas recubierta con bizcochos de azúcar*
charmant, e [ʃaʀmɑ̃, ɑ̃t] *adj* encantador(a)
charme [ʃaʀm] *nm* encanto; *(Bot)* carpe *m*; *(envoûtement)* encanto, hechizo; **c'est ce qui fait son ~** es lo que le da encanto; **faire du ~ (à qn)** coquetear (con algn); **aller** *ou* **se porter comme un ~** estar más sano que una manzana; **charmes** *nmpl (appas)* encanto *msg*
charmer [ʃaʀme] *vt (plaire)* fascinar; *(envoûter)* encantar, hechizar; **je suis charmé de** *(enchanté)* estoy encantado de
charmeur, -euse [ʃaʀmœʀ, øz] *adj, nm/f* seductor(a); **~ de serpents** encantador(a) de serpientes
charnel, le [ʃaʀnɛl] *adj* carnal
charnier [ʃaʀnje] *nm* osario
charnière [ʃaʀnjɛʀ] *nf (de porte)* bisagra, gozne *m*; *(fig : du siècle)* punto decisivo; *(: du texte)* punto de inflexión
charnu, e [ʃaʀny] *adj* carnoso(-a)
charogne [ʃaʀɔɲ] *nf* carroña; *(fam !)* ruin *m*

charolais, e [ʃaʀɔlɛ, ɛz] *adj* charolés(-esa) ▸ *nm* : **le C~** el Charolais ▸ *nm/f* : **Charolais, e** charolés(-esa)
charpente [ʃaʀpɑ̃t] *nf* (*d'un bâtiment*) armazón *m*; (*fig*) estructura; (*carrure*) estructura, constitución *f*
charpenté, e [ʃaʀpɑ̃te] *adj* : **bien** *ou* **solidement ~** (*personne*) de constitución fuerte; (*texte*) bien estructurado(-a)
charpenterie [ʃaʀpɑ̃tʀi] *nf* carpintería de armar
charpentier, -ière [ʃaʀpɑ̃tje, jɛʀ] *nm/f* carpintero(a) de armar
charpie [ʃaʀpi] *nf* : **en ~** hecho(-a) trizas *ou* picadillo
charretier [ʃaʀtje] *nm* carretero; **de ~** (*péj : langage etc*) de carretero
charrette [ʃaʀɛt] *nf* carreta
charrier [ʃaʀje] *vt* transportar; (*fleuve*) arrastrar ▸ *vi* (*fam*) pasarse de la raya
charroyer [ʃaʀwaje] *vt* acarrear
charrue [ʃaʀy] *nf* arado
charte [ʃaʀt] *nf* carta
charter [ʃaʀtɛʀ] *nm* chárter *m*
chas [ʃɑ] *nm* ojo
chasse [ʃas] *nf* caza; (*aussi* : **chasse d'eau**) cisterna; **la ~ est ouverte/fermée** la veda está levantada/cerrada; **aller à la ~** ir de caza; **prendre en ~** perseguir, dar caza a; **donner la ~ à** (*fugitif*) dar caza a; **tirer la ~ (d'eau)** tirar de la cadena; **~ à courre** caza a caballo; **~ à l'homme** cacería humana; **~ aérienne** caza aérea; **~ gardée** (*aussi fig*) coto vedado; **~ sous-marine** caza submarina
châsse [ʃɑs] *nf* relicario
chassé-croisé [ʃasekʀwaze] (*pl* **chassés-croisés**) *nm* (*Danse*) cruzado; (*fig*) cruce *m*
chasse-neige [ʃasnɛʒ] (*pl* **~(s)**) *nm* quitanieves *m inv*
chasser [ʃase] *vt* cazar; (*expulser*) echar; (*idée*) desechar; (*dissiper*) disipar ▸ *vi* cazar; (*Auto*) patinar, derrapar
chasseur, -euse [ʃasœʀ, øz] *nm/f* (*de gibier*) cazador(a); **~ de têtes** (*fig*) cazatalentos *m inv*; **~ d'images** cazador(a) de imágenes; **chasseurs alpins** (*Mil*) *cazadores de montaña del ejército francés* ▸ *nm* (*avion*) (avión de) caza *m*; (*domestique*) botones *m inv*
chassieux, -euse [ʃasjø, jøz] *adj* legañoso(-a)
châssis [ʃɑsi] *nm* (*de voiture*) chasis *m inv*; (*cadre : en bois, métal*) bastidor *m*; (*de jardin*) vivero
chaste [ʃast] *adj* casto(-a)
chasteté [ʃastəte] *nf* castidad *f*
chasuble [ʃazybl] *nf* casulla; **robe ~** casulla
chat¹ [ʃa] *nm* gato; **avoir un ~ dans la gorge** tener carraspera; **avoir d'autres chats à fouetter** tener cosas más importantes; **~ sauvage** gato montés
chat² [tʃat] *nm* (*Internet*) chat *m*
châtaigne [ʃɑtɛɲ] *nf* castaña
châtaignier [ʃɑteɲe] *nm* castaño
châtain [ʃɑtɛ̃] *adj* castaño(-a)
château, x [ʃɑto] *nm* castillo; **~ d'eau** arca de agua; **~ de sable** castillo de arena; **~ fort** fortaleza, alcázar *m*
châtelain, e [ʃɑt(ə)lɛ̃, ɛn] *nm/f* castellano(-a) ▸ *nf* (*ceinture*) *cadena con dijes*
châtié, e [ʃɑtje] *adj* (*langage, style*) pulido(-a)
châtier [ʃɑtje] *vt* castigar; (*langage, style*) pulir
chatière [ʃatjɛʀ] *nf* gatera
châtiment [ʃɑtimɑ̃] *nm* castigo; **~ corporel** castigo corporal
chatoiement [ʃatwamɑ̃] *nm* viso
chaton [ʃatɔ̃] *nm* (*Zool*) gatito; (*Bot*) candelilla; (*de bague*) engaste *m*
chatouillement [ʃatujmɑ̃] *nm* cosquilleo; (*chatouilles*) cosquillas *fpl*
chatouiller [ʃatuje] *vt* hacer cosquillas a; **~ l'odorat** abrir el olfato; **~ le palais** estimular el paladar; **ça chatouille !** ¡qué cosquillas!
chatouilleux, -euse [ʃatujø, øz] *adj* (*aussi fig*) cosquilloso(-a)
chatoyant, e [ʃatwajɑ̃, ɑ̃t] *adj* tornasolado(-a)
chatoyer [ʃatwaje] *vi* tornasolar
châtrer [ʃɑtʀe] *vt* (*aussi fig*) castrar, capar
chatte [ʃat] *nf* gata
chatter [tʃate] *vi* (*Internet*) chatear
chatterton [ʃatɛʀtɔn] *nm* (*Élec*) cinta aislante
chaud, e [ʃo, ʃod] *adj* caliente; (*très chaud*) ardiente; (*vêtement*) abrigado(-a); (*couleur*) cálido(-a); (*félicitations*) ardiente, cálido(-a); (*discussion*) acalorado(-a); **il fait ~** hace calor; **tenir ~** abrigar; **ça me tient ~** eso me abriga; **ça me donne ~** eso me da calor ▸ *nm* calor *m*; **avoir ~** tener calor; **rester au ~** permanecer abrigado(-a); **tenir au ~** mantener caliente; **~ et froid** *nm* (*Méd*) enfriamiento ▸ *adv* : **manger/boire ~** comer/beber caliente
chaudement [ʃodmɑ̃] *adv* (*s'habiller*) con ropa de abrigo; (*féliciter, défendre etc*) ardientemente
chaudière [ʃodjɛʀ] *nf* caldera
chaudron [ʃodʀɔ̃] *nm* caldero
chaudronnerie [ʃodʀɔnʀi] *nf* calderería
chauffage [ʃofaʒ] *nm* calentamiento, calefacción *f*; (*appareils*) calefacción; **arrêter le ~** apagar la calefacción; **~ électrique** calefacción eléctrica; **~ au charbon/au gaz** calefacción de carbón/de gas; **~ central** calefacción central; **~ par le sol** calefacción por suelo
chauffagiste [ʃofaʒist] *nm* calefactor *m*
chauffant, e [ʃofɑ̃, ɑ̃t] *adj* : **couverture/plaque chauffante** manta/placa térmica
chauffard [ʃofaʀ] (*péj*) *nm* loco(-a) del volante
chauffe-bain [ʃofbɛ̃] (*pl* **chauffe-bains**) *nm* = **chauffe-eau**
chauffe-biberon [ʃofbibʀɔ̃] *nm inv* calientabiberones *m inv*

chauffe-eau [ʃofo] *nm inv* calentador *m* de agua
chauffe-plats [ʃofpla] *nm inv* calientaplatos *m inv*
chauffer [ʃofe] *vt* calentar ▸ *vi* calentar; (*suj : moteur*) calentarse; **se chauffer** *vpr* calentarse
chaufferie [ʃofʀi] *nf* sala de máquinas
chauffeur, -euse [ʃofœʀ, øz] *nm/f* chófer *mf*, chofer *mf* (*Am*); **voiture avec/sans ~** coche *m* con/sin conductor
chauffeuse [ʃoføz] *nf sillita para sentarse junto al fuego*
chauler [ʃole] *vt* (*mur*) encalar; (*terre*) abonar con cal
chaume [ʃom] *nm* (*du toit*) paja; (*tiges*) caña
chaumière [ʃomjɛʀ] *nf* choza
chaussée [ʃose] *nf* calzada; (*digue*) terraplén *m*
chausse-pied [ʃospje] (*pl* **chausse-pieds**) *nm* calzador *m*
chausser [ʃose] *vt* calzar; **~ du 38/42** calzar el 38/42; **~ grand** (*suj : soulier*) dar mucho número; **se chausser** *vpr* calzarse
chausse-trappe [ʃostʀap] (*pl* **chausse-trappes**) *nf* trampa para alimañas
chaussette [ʃosɛt] *nf* calcetín *m*, media (*Am*)
chausseur [ʃosœʀ] *nm* zapatero
chausson [ʃosɔ̃] *nm* zapatilla; (*de bébé*) patuco; **~ aux pommes** pastel *m* de manzana
chaussure [ʃosyʀ] *nf* zapato; **la ~** (*Comm*) el calzado; **chaussures basses** zapatos *mpl* bajos; **chaussures de ski** botas *fpl* de esquí; **chaussures montantes** botas
chaut [ʃo] *vt* **: peu me ~** poco me atañe
chauve [ʃov] *adj* calvo(-a)
chauve-souris [ʃovsuʀi] (*pl* **chauves-souris**) *nf* murciélago
chauvin, e [ʃovɛ̃, in] *adj, nm/f* chovinista *mf*
chauvinisme [ʃovinism] *nm* patriotería
chaux [ʃo] *nf* cal *f*; **blanchi à la ~** encalado
chavirer [ʃaviʀe] *vi* (*bateau*) zozobrar
chef [ʃɛf] *nmf* jefe(-a); **au premier ~** ante todo; **coupable au premier ~** culpable en el más alto grado; **de son propre ~** por su propia iniciativa; **général/commandant en ~** general *mf*/comandante *mf* en jefe; **~ d'accusation** base *f* de acusación; **~ d'atelier** jefe(-a) de taller; **~ d'entreprise** empresario(-a); **~ d'équipe** capataz(a), capataz *mf*; **~ d'État** jefe(-a) de Estado; **~ d'orchestre** director(a) de orquesta; **~ de bureau** jefe(-a) de oficina; **~ de clinique** director(a) de clínica; **~ de famille** cabeza de familia; **~ de file** (*de parti etc*) jefe(-a) de fila(s); **~ de gare** jefe(-a) de estación; **~ de rayon/de service** jefe(-a) de sección/de departamento
chef-d'œuvre [ʃɛdœvʀ] (*pl* **chefs-d'œuvre**) *nm* obra maestra
chef-lieu [ʃɛfljø] (*pl* **chefs-lieux**) *nm* cabeza de distrito
cheftaine [ʃɛftɛn] *nf* jefa de scouts
cheikh [ʃɛk] *nm* jeque *m*
chelou, e [ʃəlu] (*fam*) *adj* sospechoso(-a); **il est ~, ce mec, faut s'en méfier** ese tipo tiene un aspecto sospechoso, cuidado con él
chemin [ʃ(ə)mɛ̃] *nm* (*aussi fig*) camino; **en ~** por el camino; **~ faisant** de camino; **les chemins de fer** los ferrocarriles *mpl*; **~ de terre** camino de tierra
cheminée [ʃ(ə)mine] *nf* chimenea
cheminement [ʃ(ə)minmɑ̃] *nm* evolución *f*
cheminer [ʃ(ə)mine] *vi* caminar; (*fig*) evolucionar, progresar
cheminot [ʃ(ə)mino] *nm* ferroviario
chemise [ʃ(ə)miz] *nf* (*vêtement*) camisa; (*dossier*) carpeta; **~ de nuit** camisón *m*
chemiserie [ʃ(ə)mizʀi] *nf* camisería
chemisette [ʃ(ə)mizɛt] *nf* camiseta
chemisier [ʃ(ə)mizje] *nm* blusa
chenal, -aux [ʃənal, o] *nm* canal *m*
chenapan [ʃ(ə)napɑ̃] *nm* (*garnement*) pillín *m*; (*péj : vaurien*) granuja *m*
chêne [ʃɛn] *nm* roble *m*
chenet [ʃ(ə)nɛ] *nm* morillo
chenil [ʃ(ə)nil] *nm* perrera; (*élevage*) criadero de perros
chenille [ʃ(ə)nij] *nf* oruga; **véhicule à chenilles** coche *m* oruga
chenillette [ʃ(ə)nijɛt] *nf* automóvil *m* oruga
cheptel [ʃɛptɛl] *nm* ganado
chèque [ʃɛk] *nm* cheque *m*, talón *m*; **faire/toucher un ~** extender/cobrar un cheque; **par ~** con cheque; **~ au porteur** cheque al portador; **~ barré** cheque cruzado; **~ de voyage** cheque de viaje; **~ en blanc** cheque en blanco; **~ postal** cheque postal; **~ sans provision** cheque sin fondos
chèque-cadeau [ʃɛkkado] (*pl* **chèques-cadeaux**) *nm* cheque *m* regalo
chèque-repas [ʃɛkʀəpɑ] (*pl* **chèques-repas**) *nm* cheque *m* de comida
chèque-restaurant [ʃɛkʀɛstɔʀɑ̃] (*pl* **chèques-restaurant**) *nm* cheque *m* de comida
chéquier [ʃekje] *nm* talonario de cheques
cher, chère [ʃɛʀ] *adj* (*aimé*) querido(-a); (*coûteux*) caro(-a); **mon ~, ma chère** querido(-a) ▸ *adv* **: coûter ~** costar caro; **cela coûte ~** esto cuesta caro; **payer ~** pagar mucho dinero
chercher [ʃɛʀʃe] *vt* buscar; **~ des ennuis** buscarse problemas; **~ la bagarre** buscar pelea; **aller ~** ir a buscar; **~ à faire** tratar de hacer
chercheur, -euse [ʃɛʀʃœʀ, øz] *nm/f* investigador(a); **~ d'or** buscador(a) de oro
chère [ʃɛʀ] *nf* **: la bonne ~** la buena mesa; *voir aussi* **cher**
chèrement [ʃɛʀmɑ̃] *adv* cariñosamente
chéri, e [ʃeʀi] *adj* querido(-a); **(mon) ~** querido (mío)

C

chérir [ʃeRiR] *vt* querer
cherté [ʃɛRte] *nf* : **la ~ de la vie** la carestía de la vida
chérubin [ʃeRybɛ̃] *nm* querubín *m*
chétif, -ive [ʃetif, iv] *adj* enclenque
cheval, -aux [ʃ(ə)val, o] *nm* caballo; **~ vapeur** caballo de vapor; **10 chevaux** 10 caballos; **faire du ~** practicar equitación; **à ~** a caballo; **à ~ sur** (*mur etc*) a horcajadas en *ou* sobre; (*périodes*) a caballo entre; **être à ~ sur** (*domaines*) emanar de; **être à ~ sur le règlement** ser muy estricto(-a) con el reglamento; **monter sur ses grands chevaux** subirse a la parra; **~ à bascule** caballito de balancín; **~ d'arçons** potro; **~ de bataille** (*fig*) caballo de batalla; **~ de course** caballo de carreras; **chevaux de bois** (*des manèges*) caballitos *mpl*; (*manège*) tiovivo; **chevaux de frise** alambradas *fpl*
chevaleresque [ʃ(ə)valRɛsk] *adj* caballeresco(-a)
chevalerie [ʃ(ə)valRi] *nf* caballería
chevalet [ʃ(ə)valɛ] *nm* caballete *m*
chevalier [ʃ(ə)valje] *nm* caballero; **~ servant** galán *m*
chevalière [ʃ(ə)valjɛR] *nf* (sortija de) sello
chevalin, e [ʃ(ə)valɛ̃, in] *adj* (*air, profil*) caballuno(-a); (*race*) caballar; **boucherie chevaline** carnicería de carne de caballo
cheval-vapeur [ʃəvalvapœR] (*pl* **chevaux-vapeur**) *nm voir* **cheval**
chevauchée [ʃ(ə)voʃe] *nf* cabalgada
chevauchement [ʃ(ə)voʃmɑ̃] *nm* coincidencia
chevaucher [ʃ(ə)voʃe] *vi* (*aussi* : **se chevaucher**) montar ▸ *vt* montar
chevaux [ʃəvo] *nmpl voir* **cheval**
chevelu, e [ʃəv(ə)ly] *adj* cabelludo(-a); (*péj*) melenudo(-a)
chevelure [ʃəv(ə)lyR] *nf* cabello
chevet [ʃ(ə)vɛ] *nm* presbiterio; **au ~ de qn** al lecho de algn; **lampe de ~** lámpara de noche; **livre de ~** libro que se lee antes de dormir; **table de ~** mesilla de noche
cheveu, x [ʃ(ə)vø] *nm* pelo, cabello; **cheveux** *nmpl* pelo *msg*; **se faire couper les cheveux** cortarse el pelo; **avoir les cheveux courts/en brosse** tener el pelo corto/de punta; **tiré par les cheveux** (*histoire*) inverosímil; **cheveux d'ange** (*vermicelles*) cabello *msg* de ángel; (*décoration*) *pelusa plateada para árboles de Navidad*
cheville [ʃ(ə)vij] *nf* (*Anat*) tobillo; (*de bois*) clavija, tarugo; (*pour enfoncer une vis*) clavija; **être en ~ avec qn** tener relación con algn; **~ ouvrière** (*Auto*) clavija maestra; (*fig*) alma
chèvre [ʃɛvR] *nf* cabra; **ménager la ~ et le chou** saber nadar y guardar la ropa ▸ *nm* queso de cabra
chevreau, x [ʃəvRo] *nm* (*Zool*) cabrito, chivo; (*peau*) cabritilla
chèvrefeuille [ʃɛvRəfœj] *nm* madreselva
chevreuil [ʃəvRœj] *nm* corzo
chevron [ʃəvRɔ̃] *nm* (*poutre*) cabrio; (*galon*) galón *m*; (*motif*) espiga, espiguilla; **à chevrons** de espiguilla
chevronné, e [ʃəvRɔne] *adj* veterano(-a)
chevrotant, e [ʃəvRɔtɑ̃, ɑ̃t] *adj* trémulo(-a)
chevroter [ʃəvRɔte] *vi* (*personne*) hablar con voz temblorosa; (*voix*) temblar
chevrotine [ʃəvRɔtin] *nf* perdigón *m*
chewing-gum [ʃwiŋgɔm] (*pl* **chewing-gums**) *nm* chicle *m*
chez [ʃe] *prép* (*à la demeure de*) en casa de; (*direction*) a casa de; (*auprès de, parmi*) entre; **~-moi/~-soi/~-toi** casa; **~ qn** en casa de algn; **~ moi** (*à la maison*) en mi casa; (*direction*) a mi casa; **~ Racine** en Racine; **~ ce poète** en este poeta; **~ les Français/les renards** entre los franceses/los zorros; **~ lui c'est un devoir** es un deber en él; **aller ~ le boulanger/le dentiste** ir a la panadería/al dentista; **il travaille ~ Renault** trabaja en la Renault
chf. cent. *abr* (= *chauffage central*) cal. cen. (= *calefacción central*)
chiader [ʃjade] (*fam*) *vt* : **tu l'as chiadé, ton dessin** el dibujo te ha quedado hecho una virguería
chialer [ʃjale] (*fam*) *vi* lloriquear
chiant, e [ʃjɑ̃, ʃjɑ̃t] (*fam*) *adj* : **c'est ~ !** ¡qué paliza!; **t'es ~ !** ¡qué paliza eres!
chic [ʃik] *adj* (*élégant*) elegante; (*de la bonne société*) distinguido(-a); (*généreux*) amable; **faire qch de ~** ser generoso(-a) al hacer algo; **c'était ~ de sa part** ha sido muy amable de su parte ▸ *nm* (*élégance*) elegancia; **avoir le ~ pour** tener el don de; **~ !** ¡estupendo!
chicane [ʃikan] *nf* (*obstacle*) : **chicanes** obstáculos *mpl* en zigzag; (*querelle*) pleito
chicaner [ʃikane] *vi* : **~ sur** ser quisquilloso(-a) con
chiche[1] [ʃiʃ] *adj* tacaño(-a)
chiche[2] [ʃiʃ] *excl* (*en réponse à un défi*) ¡a que sí!; **tu n'es pas ~ de lui parler !** ¡a que no te atreves a hablarle!
chichement [ʃiʃmɑ̃] *adv* miserablemente; (*mesquinement*) con tacañería
chichis [ʃiʃi] *nmpl* : **faire des ~** hacer cursilerías
chicorée [ʃikɔRe] *nf* achicoria; **~ frisée** escarola
chicot [ʃiko] *nm* raigón *m*
chien [ʃjɛ̃] *nm* perro; (*de pistolet*) gatillo; **temps de ~** tiempo de perros; **vie de ~** vida perra; **en ~ de fusil** hecho(-a) un ovillo; **entre ~ et loup** entre dos luces; **~ d'aveugle** perro lazarillo; **~ de chasse/de garde** perro de caza/guardián; **~ de traîneau/de race** perro esquimal/de raza; **~ policier** perro policía
chiendent [ʃjɛ̃dɑ̃] *nm* grama

chien-loup [ʃjɛ̃lu] (*pl* **chiens-loups**) *nm* perro lobo
chienne [ʃjɛn] *nf* perra
chier [ʃje] (*fam !*) *vi* cagar (*fam !*); **faire ~ qn** (*importuner*) dar el coñazo a algn (*fam !*); (*causer des ennuis à*) joder a algn (*fam !*); **se faire ~** (*s'ennuyer*) amuermarse
chiffe [ʃif] *nf* : **il est mou comme une ~, c'est une ~ molle** (*fig*) es débil de carácter, no tiene personalidad
chiffon [ʃifɔ̃] *nm* trapo
chiffonné, e [ʃifɔne] *adj* (*visage*) cansado(-a)
chiffonner [ʃifɔne] *vt* arrugar; (*tracasser*) inquietar
chiffonnier [ʃifɔnje] *nm* trapero; (*meuble*) *mueble con cajones para guardar trapos, joyas etc*
chiffrable [ʃifʀabl] *adj* calculable
chiffre [ʃifʀ] *nm* cifra; (*montant, total*) total *m*; **en chiffres ronds** en números redondos; **écrire un nombre en chiffres** escribir un número en cifras; **chiffres arabes/romains** números *mpl* arábigos/romanos; **~ d'affaires** cifra de negocios; **~ de ventes** cifra de ventas
chiffrer [ʃifʀe] *vt* (*dépense*) calcular; (*message*) cifrar ▸ *vi* : **~ à** ascender a; **se chiffrer à** *vpr* ascender a
chignole [ʃiɲɔl] *nf* taladradora de mano
chignon [ʃiɲɔ̃] *nm* moño
chiite [ʃiit] *adj* chiíta
Chili [ʃili] *nm* Chile *m*
chilien, ne [ʃiljɛ̃, jɛn] *adj* chileno(-a) ▸ *nm/f* : **Chilien, ne** chileno(-a)
chimère [ʃimɛʀ] *nf* quimera
chimérique [ʃimeʀik] *adj* quimérico(-a)
chimie [ʃimi] *nf* química
chimio [ʃimjɔ] *nf voir* **chimiothérapie**
chimiothérapie [ʃimjoteʀapi] *nf* quimioterapia
chimique [ʃimik] *adj* químico(-a); **produits chimiques** productos *mpl* químicos
chimiste [ʃimist] *nmf* químico(-a)
chimpanzé [ʃɛ̃pɑ̃ze] *nm* chimpancé *m*
chinchilla [ʃɛ̃ʃila] *nm* chinchilla
Chine [ʃin] *nf* China; **la République populaire de ~** la República Popular de China
chine [ʃin] *nm* papel *m* de China; (*porcelaine*) porcelana china ▸ *nf* (*brocante*) chamarileo
chiné, e [ʃine] *adj* de varios colores
chiner [ʃine] *vt* teñir de varios colores ▸ *vi* chamarilear
chinois, e [ʃinwa, waz] *adj* chino(-a) ▸ *nm* (*Ling*) chino ▸ *nm/f* : **Chinois, e** chino(-a)
chinoiserie, chinoiseries [ʃinwazʀi] (*péj*) *nf* (*gén pl*) tabarra
chiot [ʃjo] *nm* cachorro (de perro)
chiper [ʃipe] (*fam*) *vt* birlar, mangar
chipie [ʃipi] *nf* bruja
chipolata [ʃipɔlata] *nf* chipolata
chipoter [ʃipɔte] *vi* (*manger*) comiscar, picotear; (*ergoter*) discutir por nimiedades; (*marchander*) regatear
chips [ʃips] *nfpl* (*aussi* : **pommes chips**) patatas *fpl* fritas *ou* chips
chique [ʃik] *nf* mascada
chiquenaude [ʃiknod] *nf* papirotazo, papirotada
chiquer [ʃike] *vi, vt* mascar
chiromancie [kiʀɔmɑ̃si] *nf* quiromancia
chiromancien, ne [kiʀɔmɑ̃sjɛ̃, jɛn] *nm/f* quiromántico(-a)
chiropracteur [kiʀɔpʀaktœʀ] *nm voir* **chiropraticien**
chiropraticien, ne [kiʀɔpʀatisjɛ̃, jɛn] *nm/f* quiropráctico(-a)
chirurgical, e, -aux [ʃiʀyʀʒikal, o] *adj* quirúrgico(-a)
chirurgie [ʃiʀyʀʒi] *nf* cirugía; **~ esthétique** cirugía estética
chirurgien, ne [ʃiʀyʀʒjɛ̃, jɛn] *nm/f* cirujano(-a); **~ dentiste** dentista *mf*, odontólogo(-a)
chiure [ʃjyʀ] *nf* : **chiures de mouche** cagadas *fpl* de mosca
ch.-l. *abr* = **chef-lieu**
chlore [klɔʀ] *nm* cloro
chloroforme [klɔʀɔfɔʀm] *nm* cloroformo
chlorophylle [klɔʀɔfil] *nf* clorofila
chlorure [klɔʀyʀ] *nm* cloruro
choc [ʃɔk] *nm* choque *m*; **de ~** de choque; **en état de ~** en estado de choque; **~ en retour** (*fig*) choque de rechazo; **~ nerveux** ataque *m* de nervios; **~ opératoire** choque operatorio ▸ *adj* : **prix ~** precio de ganga
chocolat [ʃɔkɔla] *nm* chocolate *m*; (*bonbon*) bombón *m*; **~ à croquer** chocolate negro; **~ à cuire** chocolate a la taza; **~ au lait** chocolate con leche; **~ en poudre** chocolate en polvo
chocolaté, e [ʃɔkɔlate] *adj* con chocolate
chocolaterie [ʃɔkɔlatʀi] *nf* chocolatería
chocolatier, -ière [ʃɔkɔlatje, jɛʀ] *nm/f* chocolatero(-a)
chœur [kœʀ] *nm* coro; **en ~** a coro
choir [ʃwaʀ] *vi* : **laisser ~** abandonar
choisi, e [ʃwazi] *adj* (*de premier choix*) escogido(-a), selecto(-a); **textes choisis** (*d'anthologie*) textos *mpl* escogidos
choisir [ʃwaziʀ] *vt* escoger, elegir; (*candidat*) elegir; **~ de faire qch** elegir hacer algo
choix [ʃwa] *nm* elección *f*; (*assortiment*) selección *f*, surtido; **avoir le ~ de/entre** tener la opción de/entre; **de premier ~** (*Comm*) de primera calidad; **je n'avais pas le ~** no tenía opción; **de ~** escogido(-a), de calidad; **au ~** a escoger; **de mon/son ~** por mi/su gusto; **tu peux partir ou rester, tu as le ~** te vas o te quedas, tú eliges
choléra [kɔleʀa] *nm* cólera *m*
cholestérol [kɔlɛsteʀɔl] *nm* colesterol *m*

C

chômage [ʃomaʒ] *nm* paro, cesantía (*Am*); **mettre au ~** dejar en el paro; **être au ~** estar en paro; **~ partiel/structurel/technique** paro parcial/estructural/técnico
chômé, e [ʃome] *adj* : **jour ~** día *m* festivo
chômer [ʃome] *vi* (*travailleur, équipements*) estar en paro forzoso
chômeur, -euse [ʃomœʀ, øz] *nm/f* parado(-a)
chope [ʃɔp] *nf* jarra
choper [ʃɔpe] (*fam*) *vt* (*attraper : maladie*) pillar (*fam*); (*dérober*) mangar (*fam*)
choquant, e [ʃɔkɑ̃, ɑ̃t] *adj* chocante
choquer [ʃɔke] *vt* chocar; (*commotionner*) conmocionar
choral, e [kɔʀal] (*pl* **-als** *ou* **-aux**) *adj* coral ▸ *nm* coral *m*
chorale [kɔʀal] *nf* coral *f*
chorégraphe [kɔʀegʀaf] *nmf* coreógrafo(-a)
chorégraphie [kɔʀegʀafi] *nf* coreografía
choriste [kɔʀist] *nmf* corista *mf*
chorus [kɔʀys] *nm* : **faire ~ (avec)** hacer coro (con)
chose [ʃoz] *nf* cosa; **dire bien des choses à qn** dar muchos recuerdos a algn; **faire bien les choses** hacer las cosas bien; **parler de choses et d'autres** hablar un poco de todo; **c'est peu de ~** es poca cosa ▸ *nm* (*fam : machin*) cosa; **choses** *nfpl* (*situation*) cosas *fpl* ▸ *adj inv* : **être/se sentir tout ~** (*fam : bizarre*) estar/sentirse raro(-a); (*malade*) estar/sentirse mal
chou, x [ʃu] *nm* col *f*, berza; **mon petit ~** tesoro mío, amor mío, mi negro (*Am*); **faire ~ blanc** errar el tiro; **bout de ~** niñito(-a); **~ (à la crème)** pastelillo (de crema); **~ de Bruxelles** col de Bruselas ▸ *adj inv* mono(-a), encantador(a)
choucas [ʃuka] *nm* chova
chouchou, te [ʃuʃu, ut] (*fam*) *nm/f* preferido(-a)
chouchouter [ʃuʃute] (*fam*) *vt* mimar
choucroute [ʃukʀut] *nf* chucrut *m*
chouette [ʃwɛt] *nf* lechuza ▸ *adj* (*fam*) guay, estupendo(-a); **~ !** ¡qué guay!
chou-fleur [ʃuflœʀ] (*pl* **choux-fleurs**) *nm* coliflor *f*
chou-rave [ʃuʀav] (*pl* **choux-raves**) *nm* colinabo
chouraver [ʃuʀave] (*fam*) *vt* mangar (*fam*)
choyer [ʃwaje] *vt* mimar
CHR [seaʃɛʀ] *sigle m* = **Centre hospitalier régional**
chrétien, ne [kʀetjɛ̃, jɛn] *adj, nm/f* cristiano(-a)
chrétiennement [kʀetjɛnmɑ̃] *adv* cristianamente
chrétienté [kʀetjɛ̃te] *nf* cristiandad *f*
Christ [kʀist] *nm* : **le ~** el Cristo; **un christ** (*crucifix, peinture*) un cristo; **Jésus ~** Jesucristo
christianiser [kʀistjanize] *vt* cristianizar
christianisme [kʀistjanism] *nm* cristianismo
chromatique [kʀɔmatik] *adj* cromático(-a)
chrome [kʀom] *nm* cromo
chromé, e [kʀome] *adj* cromado(-a)
chromosome [kʀomozom] *nm* cromosoma *m*
chronique [kʀɔnik] *adj* crónico(-a) ▸ *nf* crónica; **la ~ locale** la crónica local; **la ~ sportive/théâtrale** la crónica deportiva/teatral
chroniqueur [kʀɔnikœʀ] *nm* cronista *mf*
chrono [kʀɔnɔ] *nm* = **chronomètre**
chronologie [kʀɔnɔlɔʒi] *nf* cronología
chronologique [kʀɔnɔlɔʒik] *adj* cronológico(-a); **tableau ~** cuadro cronológico
chronologiquement [kʀɔnɔlɔʒikmɑ̃] *adv* cronológicamente
chronomètre [kʀɔnɔmɛtʀ] *nm* cronómetro
chronométrer [kʀɔnɔmetʀe] *vt* cronometrar
chronométreur [kʀɔnɔmetʀœʀ] *nm* cronometrador *m*
chrysalide [kʀizalid] *nf* crisálida
chrysanthème [kʀizɑ̃tɛm] *nm* crisantemo
chtarbé, e [ʃtaʀbe] (*fam*) *adj* chalado(-a) (*fam*)
CHU [seaʃy] *sigle m* (= *centre hospitalo-universitaire*) *hospital universitario*
chuchotement [ʃyʃɔtmɑ̃] *nm* cuchicheo
chuchoter [ʃyʃɔte] *vt, vi* cuchichear
chuintement [ʃɥɛ̃tmɑ̃] *nm* sonido silbante
chuinter [ʃɥɛ̃te] *vi* silbar
chut [ʃyt] *excl* ¡chitón!
chute [ʃyt] *nf* (*aussi fig*) caída; (*de papier*) recorte *m*; (*de tissu*) retal *m*; **la ~ des cheveux** la caída del cabello; **faire une ~ (de 10 mètres)** caerse (10 metros); **~ (d'eau)** salto de agua; **~ de reins** rabadilla; **~ libre** caída libre; **chutes de neige** nevadas *fpl*
chuter [ʃyte] *vi* (*ventes, croissance, popularité*) caer; (*tomber par terre*) caer(se); **faire ~** (*gouvernement*) derrocar, derribar; (*équipe championne*) destronar; **faire ~ les cours** hacer caer los precios; **~ dans les sondages** caer en las encuestas
Chypre [ʃipʀ] *n* Chipre *f*
chypriote [ʃipʀiɔt] *adj, nmf* = **cypriote**
ci [si] *adv* : **ce garçon/cet homme-ci** este chico/este hombre; **ces hommes/femmes-ci** estos hombres/estas mujeres; *voir aussi* **par** ; **comme** ; **ci-contre** *etc*
CIA [seia] *sigle f* CIA *f*
ciao [tʃao] (*fam*) *excl* ¡chao!
ci-après [siapʀɛ] *adv* a continuación
cibiste [sibist] *nm* radioaficionado
cible [sibl] *nf* (*aussi fig*) blanco; **atteindre sa ~** (*sujet missile, tireur*) dar en el blanco; (*fig*) alcanzar su objetivo
cibler [sible] *vt* dirigirse a, poner la mira en

ciboire [sibwaʀ] *nm* copón *m*
ciboule [sibul] *nf* cebollino
ciboulette [sibulɛt] *nf* cebolleta
ciboulot [sibulo] (*fam*) *nm* chola
cicatrice [sikatʀis] *nf* cicatriz *f*
cicatriser [sikatʀize] *vi, vt* cicatrizar; **se cicatriser** *vpr* cicatrizarse
ci-contre [sikɔ̃tʀ] *adv* al lado
ci-dessous [sidəsu] *adv* más abajo
ci-dessus [sidəsy] *adv* arriba
ci-devant [sidəvɑ̃] *nmf inv* (*Hist*) noble *mf* (*nombre que recibían durante la revolución francesa*)
CIDJ [seideʒi] *sigle m* (= *centre d'information et de documentation de la jeunesse*) Centro de Información y Documentación Juvenil
cidre [sidʀ] *nm* sidra
cidrerie [sidʀəʀi] *nf* sidrería
Cie *abr* (= *compagnie*) Cía (= *compañía*)
ciel [sjɛl] (*pl* **ciels** *ou littér* **cieux**) *nm* cielo; **à ~ ouvert** a cielo abierto; **tomber du ~** (*arriver à l'improviste*) venir como caído del cielo; (*être stupéfait*) caer de las nubes; **~ !** ¡cielos!; **~ de lit** dosel *m*; **cieux** *nmpl* cielos *mpl*; **sous d'autres cieux** en otros lugares
cierge [sjɛʀʒ] *nm* cirio; **~ pascal** cirio pascual
cieux [sjø] *nmpl voir* **ciel**
cigale [sigal] *nf* cigarra
cigare [sigaʀ] *nm* cigarro, puro
cigarette [sigaʀɛt] *nf* cigarrillo; **~ (à) bout filtre** cigarrillo con filtro; **~ électronique** cigarrillo electrónico
ci-gît [siʒi] *adv + vb* aquí yace
cigogne [sigɔɲ] *nf* cigüeña
ciguë [sigy] *nf* cicuta
ci-inclus, e [siɛ̃kly, yz] *adj* incluso(-a) ▸ *adv* incluso
ci-joint, e [siʒwɛ̃, ɛ̃t] *adj* adjunto(-a) ▸ *adv* adjunto; **veuillez trouver ~ ...** encontrará adjunto ...
cil [sil] *nm* pestaña
ciller [sije] *vi* pestañear, parpadear
cimaise [simɛz] *nf* gola, cimacio
cime [sim] *nf* cima
ciment [simɑ̃] *nm* cemento; **~ armé** cemento armado
cimenter [simɑ̃te] *vt* cimentar; (*fig*) cimentar, afirmar
cimenterie [simɑ̃tʀi] *nf* fábrica de cemento
cimetière [simtjɛʀ] *nm* cementerio, camposanto; **~ de voitures** cementerio de coches
cinéaste [sineast] *nmf* cineasta *mf*
ciné-club [sineklœb] (*pl* **ciné-clubs**) *nm* cineclub *m*
cinéma [sinema] *nm* cine *m*; **aller au ~** ir al cine; **~ d'animation** cine de animación
cinémascope® [sinemaskɔp] *nm* cinemascope® *m*
cinémathèque [sinematɛk] *nf* cinemateca
cinématographie [sinematɔgʀafi] *nf* cinematografía
cinématographique [sinematɔgʀafik] *adj* cinematográfico(-a)
cinéphile [sinefil] *nmf* cinéfilo(-a)
cinétique [sinetik] *adj* cinético(-a)
cingalais, e, cinghalais, e [sɛ̃galɛ, ɛz] *adj* cingalés(-esa) ▸ *nm* (*Ling*) cingalés *m* ▸ *nm/f* : **Cing(h)alais, e** cingalés(-esa)
cinglant, e [sɛ̃glɑ̃, ɑ̃t] *adj* (*froid, vent*) azotador(a); (*propos, ironie*) mordaz; (*échec*) estrepitoso(-a)
cinglé, e [sɛ̃gle] (*fam*) *adj* chiflado(-a)
cingler [sɛ̃gle] *vt* azotar; (*suj : insulte etc*) fustigar ▸ *vi* (*Naut*) : **~ vers** singlar hacia
cinq [sɛ̃k] *adj inv, nm inv* cinco *inv*; **avoir ~ ans** tener cinco años; **le ~ décembre** el cinco de diciembre; **à ~ heures** a las cinco; **nous sommes ~** somos cinco
cinquantaine [sɛ̃kɑ̃tɛn] *nf* : **une ~ (de)** una cincuentena (de); **avoir la ~** estar en la cincuentena
cinquante [sɛ̃kɑ̃t] *adj inv, nm inv* cincuenta *inv*; *voir aussi* **cinq**
cinquantenaire [sɛ̃kɑ̃tnɛʀ] *adj* cincuentenario(-a) ▸ *nm* (*anniversaire*) cincuentenario
cinquantième [sɛ̃kɑ̃tjɛm] *adj, nmf* quincuagésimo(-a); **son ~ anniversaire** su cincuenta cumpleaños ▸ *nm* (*partitif*) cincuentavo; **vous êtes le ~** Usted es el (número) cincuenta
cinquième [sɛ̃kjɛm] *adj, nmf* quinto(-a); **trois cinquièmes** tres quintos; **un ~ de la population** un quinto de la población ▸ *nm* quinto ▸ *nf* (*Auto*) quinta; (*Scol*) *segundo año de educación secundaria en el sistema francés*
cinquièmement [sɛ̃kjɛmmɑ̃] *adv* en quinto lugar
cintre [sɛ̃tʀ] *nm* percha; **plein ~** (*Archit*) medio punto
cintré, e [sɛ̃tʀe] *adj* (*chemise*) entallado(-a); (*porte, fenêtre*) con cimbra
CIO [seio] *sigle m* (= *centre d'information et d'orientation*) centro de orientación profesional; (= *Comité international olympique*) COI *m* (= *Comité Olímpico Internacional*)
cirage [siʀaʒ] *nm* betún *m*
circoncire [siʀkɔ̃siʀ] *vt* circuncidar
circoncis [siʀkɔ̃si] *adj m* circunciso
circoncision [siʀkɔ̃sizjɔ̃] *nf* circuncisión *f*
circonférence [siʀkɔ̃feʀɑ̃s] *nf* circunferencia
circonflexe [siʀkɔ̃flɛks] *adj* : **accent ~** acento circunflejo
circonlocution [siʀkɔ̃lɔkysjɔ̃] *nf* (*gén pl*) circunloquio
circonscription [siʀkɔ̃skʀipsjɔ̃] *nf* : **~ électorale** circunscripción *f* electoral
circonscrire [siʀkɔ̃skʀiʀ] *vt* (*incendie*) circunscribir; (*propriété*) delimitar

circonspect, e [sirkɔ̃spɛ(kt), ɛkt] *adj* circunspecto(-a)
circonspection [sirkɔ̃spɛksjɔ̃] *nf* circunspección *f*
circonstance [sirkɔ̃stɑ̃s] *nf* circunstancia; **œuvre/air/tête de ~** obra/aspecto/cara de circunstancias; **circonstances atténuantes** circunstancias *fpl* atenuantes
circonstancié, e [sirkɔ̃stɑ̃sje] *adj* detallado(-a)
circonstanciel, le [sirkɔ̃stɑ̃sjɛl] *adj* (*Ling*) circunstancial
circonvenir [sirkɔ̃v(ə)nir] *vt* embaucar
circonvolutions [sirkɔ̃vɔlysjɔ̃] *nfpl* circunvoluciones *fpl*
circuit [sirkɥi] *nm* circuito; **~ automobile** circuito automovilístico; **~ de distribution** circuito de distribución; **~ fermé/intégré** circuito cerrado/integrado
circulaire [sirkylɛr] *adj, nf* circular *f*
circulation [sirkylasjɔ̃] *nf* circulación *f*; **bonne/mauvaise ~** (*du sang*) buena/mala circulación; **la ~** (*Auto*) la circulación, el tráfico; **il y a beaucoup de ~** hay mucho tráfico; **mettre en ~** poner en circulación
circulatoire [sirkylatwar] *adj* : **avoir des troubles circulatoires** tener problemas circulatorios
circuler [sirkyle] *vi* circular; **faire ~** hacer circular
cire [sir] *nf* cera; **~ à cacheter** lacre *m*
ciré, e [sire] *adj* encerado(-a) ▸ *nm* impermeable *m*
cirer [sire] *vt* (*chaussures*) embetunar; (*parquet*) encerar
cireur, -euse [sirœr, øz] *nm/f* limpiabotas *mf inv*
cireuse [sirøz] *nf* (*appareil*) enceradora
cireux, -euse [sirø, øz] *adj* (*teint*) ceroso(-a)
cirque [sirk] *nm* circo; (*désordre*) desbarajuste *m*
cirrhose [siroz] *nf* : **~ du foie** cirrosis *f* (hepática)
cisaille [sizɑj] *nf* cizalla
cisailler [sizɑje] *vt* cizallar
cisailles [sizɑj] *nfpl* cizalla
ciseau, x [sizo] *nm* : **~ (à bois)** escoplo; **ciseaux** *nmpl* (*gén, de tailleur*) tijeras *fpl*; **saut en ciseaux** salto de tijeras
ciseler [siz(ə)le] *vt* cincelar
ciselure [siz(ə)lyr] *nf* cinceladura, cincelado
Cisjordanie [sisʒɔrdani] *nf* Cisjordania
citadelle [sitadɛl] *nf* (*aussi fig*) ciudadela
citadin, e [sitadɛ̃, in] *nm/f, adj* ciudadano(-a)
citation [sitasjɔ̃] *nf* (*d'auteur*) cita; (*Jur*) citación *f*; (*Mil*) mención *f*
cité [site] *nf* ciudad *f*; **~ ouvrière** ciudad obrera; **~ universitaire** ciudad universitaria
cité-dortoir [sitedɔrtwar] (*pl* **cités-dortoirs**) *nf* ciudad *f* dormitorio
cité-jardin [siteʒardɛ̃] (*pl* **cités-jardins**) *nf* ciudad *f* jardín
citer [site] *vt* citar; (*nommer*) citar, mencionar; **~ en exemple** (*personne*) poner como ejemplo; **je ne veux ~ personne** no quiero nombrar a nadie
citerne [sitɛrn] *nf* cisterna
cithare [sitar] *nf* cítara
citoyen, ne [sitwajɛ̃, jɛn] *nm/f* ciudadano(-a)
citoyenneté [sitwajɛnte] *nf* ciudadanía
citrique [sitrik] *adj* : **acide ~** ácido cítrico
citron [sitrɔ̃] *nm* limón *m*; **~ pressé** (*boisson*) limonada; **~ vert** lima
citronnade [sitrɔnad] *nf* limonada
citronné, e [sitrɔne] *adj* (*boisson*) con limón; (*eau de toilette*) al limón
citronnelle [sitrɔnɛl] *nf* toronjil *m*
citronnier [sitrɔnje] *nm* limonero
citrouille [sitruj] *nf* calabaza
cive [siv] *nf* cebolleta
civet [sivɛ] *nm* (*de lièvre, de chevreuil*) civet *m*; **~ de lièvre** civet de liebre
civette [sivɛt] *nf* (*Bot, Culin*) = **cive(s)**; (*Zool*) gato de algalia
civière [sivjɛr] *nf* camilla
civil, e [sivil] *adj* civil; (*poli*) cortés; **habillé en ~** vestido de paisano *ou* de civil; **mariage/enterrement ~** matrimonio/entierro civil ▸ *nm* civil *m*; **dans le ~** en la vida civil
civilement [sivilmɑ̃] *adv* cortésmente; **se marier ~** casarse por lo civil
civilisation [sivilizasjɔ̃] *nf* civilización *f*
civilisé, e [sivilize] *adj* civilizado(-a)
civiliser [sivilize] *vt* civilizar
civilité [sivilite] *nf* cortesía; **présenter ses civilités** presentar sus respetos
civique [sivik] *adj* cívico(-a); **instruction ~** educación *f* cívica
civisme [sivism] *nm* civismo
cl *abr* (= *centilitre(s)*) cl. (= *centilitro(s)*)
clafoutis [klafuti] *nm* pastel *m* de cerezas
claie [klɛ] *nf* (*de fruit, fromage*) enrejado, encañizado; (*crible*) rejilla de tamizar
clair, e [klɛr] *adj* (*aussi fig*) claro(-a); (*sauce, soupe*) flojo(-a); **pour être ~** para ser claro(-a); **bleu/rouge ~** azul/rojo claro; **par temps ~** en un día claro ▸ *adv* : **voir ~** ver claro; **y voir ~** (*comprendre*) verlo claro; **tirer qch au ~** sacar algo en claro; **il ne voit plus très ~** ya no ve con mucha claridad; **mettre au ~** (*notes etc*) poner en limpio, pasar a limpio ▸ *nm* : **~ de lune** claro de luna; **le plus ~ de son temps/argent** la mayor parte de su tiempo/dinero; **en ~** (*TV : non crypté*) en abierto; (*c'est-à-dire*) claramente, es decir
claire [klɛr] *nf* : **(huître de) ~** ostra de criadero
clairement [klɛrmɑ̃] *adv* claramente
claire-voie [klɛrvwa] (*pl* **claires-voies**) *nf* : **à ~** (*porte, fenêtre*) enrejado(-a); (*volets, caisse*) con aberturas

clairière [klɛʀjɛʀ] *nf* claro, calvero
clair-obscur [klɛʀɔpskyʀ] (*pl* **clairs-obscurs**) *nm* claroscuro
clairon [klɛʀɔ̃] *nm* clarín *m*
claironner [klɛʀɔne] *vt* (*fig*) pregonar, vocear
clairsemé, e [klɛʀsəme] *adj* (*cheveux, herbe*) ralo(-a), escaso(-a); (*maisons*) esparcido(-a)
clairvoyance [klɛʀvwajɑ̃s] *nf* clarividencia
clairvoyant, e [klɛʀvwajɑ̃, ɑ̃t] *adj* (*perspicace*) clarividente; (*doué de vision*) vidente
clam [klam] *nm especie de almeja grande*
clamer [klame] *vt* clamar
clameur [klamœʀ] *nf* clamor *m*
clan [klɑ̃] *nm* clan *m*
clandestin, e [klɑ̃dɛstɛ̃, in] *adj* clandestino(-a); **passager ~** polizón *m*; **immigration clandestine** inmigración *f* clandestina
clandestinement [klɑ̃dɛstinmɑ̃] *adv* clandestinamente
clandestinité [klɑ̃dɛstinite] *nf* : **dans la ~** en la clandestinidad; **entrer dans la ~** entrar en la clandestinidad
clapet [klapɛ] *nm* válvula
clapier [klapje] *nm* conejera, madriguera
clapotement [klapɔtmɑ̃] *nm* chapoteo
clapoter [klapɔte] *vi* chapotear
clapotis [klapɔti] *nm* chapoteo
claquage [klakaʒ] *nm* distensión *f*, tirón *m*
claque [klak] *nf* bofetada; **la ~** (*Théâtre*) la claque ▸ *nm* (*chapeau*) clac *m*
claqué, e [klake] (*fam*) *adj* (*épuisé*) reventado(-a), molido(-a)
claquement [klakmɑ̃] *nm* (*de porte*) portazo
claquemurer [klakmyʀe] : **se claquemurer** *vpr* encerrarse en casa
claquer [klake] *vi* (*coup de feu*) sonar; (*porte*) golpear; **elle claquait des dents** le castañeteaban los dientes; **~ des doigts** chasquear los dedos ▸ *vt* (*gifler*) abofetear; (*fam : épuiser*) reventar; **~ la porte** dar un portazo; **se claquer** *vpr* : **se ~ un muscle** distenderse un músculo
claquettes [klakɛt] *nfpl* claquetas *fpl*
clarification [klaʀifikasjɔ̃] *nf* (*fig*) aclaración *f*
clarifier [klaʀifje] *vt* (*fig*) aclarar
clarinette [klaʀinɛt] *nf* clarinete *m*
clarinettiste [klaʀinetist] *nmf* clarinetista *mf*
clarté [klaʀte] *nf* claridad *f*; **manquer de ~** ser confuso(-a)
clash [klaʃ] *nm* enfrentamiento, disputa
clasher [klaʃe] (*fam*) *vt* despotricar de; **il n'a pas résisté à ~ son ex-copine via Twitter** no ha podido evitar despotricar de su ex novia en Twitter ▸ *vi* : **ça va ~** se va a liar (una buena); (*personnes*) enfrentarse, pelearse
classe [klɑs] *nf* (*aussi fig*) clase *f*; (*local*) clase, aula; **un (soldat de) deuxième ~** un soldado raso; **1re/2e ~** 1ª/2ª clase; **de ~** (*de qualité*) de clase, de calidad; **faire la ~** dar clase; **aller en ~** ir a clase; **faire ses classes** (*Mil*) hacer la instrucción; **aller en ~ verte/de neige/de mer** ir al campo/a la nieve/a la playa con la escuela; **~ dirigeante** clase dirigente; **~ grammaticale** clase *ou* categoría gramatical; **~ ouvrière/sociale/touriste** clase obrera/social/turista; **classes préparatoires** *ver nota*

CLASSES PRÉPARATOIRES

Las **classes préparatoires** consisten en dos años de estudios intensivos en los que los estudiantes se preparan para los exámenes de acceso a las *grandes écoles*. Estos cursos, que presentan gran dificultad, son una continuación del *baccalauréat* y se hacen normalmente en un *lycée*. Se considera que los colegios que imparten estas clases son más prestigiosos que el resto.

classement [klɑsmɑ̃] *nm* clasificación *f*; **premier au ~ général** primero en la clasificación general
classer [klɑse] *vt* clasificar; (*personne : péj*) encasillar; (*Jur*) archivar, cerrar; **se ~ premier/dernier** clasificarse el primero/el último
classeur [klɑsœʀ] *nm* (*cahier*) clasificador *m*; (*meuble*) archivador *m*; **~ (à anneaux)** carpeta (de anillas)
classification [klasifikasjɔ̃] *nf* clasificación *f*
classifier [klasifje] *vt* clasificar
classique [klasik] *adj* clásico(-a); (*habituel*) típico(-a); **études classiques** estudios *mpl* clásicos ▸ *nm* (*œuvre, auteur*) clásico
claudication [klodikasjɔ̃] *nf* claudicación *f*
clause [kloz] *nf* cláusula
claustrer [klostʀe] *vt* enclaustrar
claustrophobie [klostʀɔfɔbi] *nf* claustrofobia
clavecin [klav(ə)sɛ̃] *nm* clavicordio, clavecín *m*
claveciniste [klav(ə)sinist] *nmf* clavicordista *mf*
clavicule [klavikyl] *nf* clavícula
clavier [klavje] *nm* teclado
clé [kle] *nf* llave *f*; (*de boîte de conserves*) abrelatas *m inv*, abridor *m*; (*fig*) clave *f*; **mettre sous ~** poner bajo llave; **prendre la ~ des champs** tomar las de Villadiego; **roman à ~** *novela en la que personas reales aparecen como personajes de ficción*; **à la ~** (*à la fin*) al final; **prix clés en main** precio llave en mano; **~ à molette** *ou* **~ anglaise** llave inglesa; **~ d'ut/de fa/de sol** clave de do/de fa/de sol; **~ de contact** llave de contacto; **~ de voûte** piedra angular; **~ USB** memoria USB, llave USB ▸ *adj* : **problème/position ~** problema *m*/posición *f* clave
clef [kle] *nf* = **clé**

clématite [klematit] *nf* clemátide *f*
clémence [klemɑ̃s] *nf* clemencia
clément, e [klemɑ̃, ɑ̃t] *adj* (*temps*) suave; (*personne*) clemente
clémentine [klemɑ̃tin] *nf* clementina
cleptomane [klɛptɔman] *nmf* = **kleptomane**
clerc [klɛʀ] *nm* : **~ de notaire** *ou* **d'avoué** pasante *mf* de notario *ou* de abogado
clergé [klɛʀʒe] *nm* clero
clérical, e, -aux [kleʀikal, o] *adj* clerical
clic [klik] *nm* clic *m*; **en un ~** en un solo clic
cliché [kliʃe] *nm* cliché *m*; (*Ling*) tópico, cliché
client, e [klijɑ̃, klijɑ̃t] *nm/f* cliente(-a)
clientèle [klijɑ̃tɛl] *nf* clientela; **accorder/retirer sa ~ à** hacerse/dejar de ser cliente(-a) de
cligner [kliɲe] *vi* : **~ des yeux** (*rapidement*) parpadear; (*fermer à demi*) entornar los ojos; **~ de l'œil** guiñar (el ojo)
clignotant, e [kliɲɔtɑ̃, ɑ̃t] *adj* intermitente ▸ *nm* (*Auto*) intermitente *m*, direccional *m* (AM); (*indice de danger*) señal *f* de peligro
clignoter [kliɲɔte] *vi* (*lumière*) parpadear; (*yeux*) parpadear, pestañear
climat [klima] *nm* clima *m*; (*fig*) clima, ambiente *m*
climatique [klimatik] *adj* climático(-a)
climatisation [klimatizasjɔ̃] *nf* climatización *f*
climatisé, e [klimatize] *adj* climatizado(-a)
climatiser [klimatize] *vt* climatizar
climatiseur [klimatizœʀ] *nm* climatizador *m*
clin d'œil [klɛ̃dœj] *nm* guiño; **en un ~** en un abrir y cerrar de ojos
clinique [klinik] *adj* clínico(-a) ▸ *nf* clínica
cliniquement [klinikmɑ̃] *adv* clínicamente
clinquant, e [klɛ̃kɑ̃, ɑ̃t] *adj* chillón(-ona), de relumbrón
clip [klip] *nm* clip *m*
clique [klik] *nf* (*péj : bande*) pandilla; **prendre ses cliques et ses claques** (*fam*) liar el petate
cliquer [klike] *vi* (*Inform*) clicar; **~ deux fois** clicar dos veces
cliquet [klikɛ] *nm* trinquete *m*
cliqueter [klik(ə)te] *vi* tintinear; (*Auto*) picar
cliquetis [klik(ə)ti] *nm* tintineo
clitoris [klitɔʀis] *nm* clítoris *m inv*
clivage [klivaʒ] *nm* (*Géo*) crucero; (*fig*) divergencia, discrepancia
clivant, e [klivɑ̃, ɑ̃t] *adj* (*sujet, personnalité*) controvertido(-a)
cloaque [klɔak] *nm* cloaca
clochard, e [klɔʃaʀ, aʀd] *nm/f* mendigo(-a)
cloche [klɔʃ] *nf* (*d'église*) campana; (*fam : niais*) tonto(-a); (*: les clochards*) los mendigos; (*chapeau*) sombrero de campana; **se faire sonner les cloches** (*fam*) recibir un rapapolvo; **~ à fromage** quesera
cloche-pied [klɔʃpje] : **à ~** *adv* a la pata coja
clocher [klɔʃe] *nm* campanario; **de ~** (*péj*) de pueblo ▸ *vi* (*fam*) fallar, no andar bien
clocheton [klɔʃtɔ̃] *nm* pináculo
clochette [klɔʃɛt] *nf* campanilla; (*de vache*) esquila
clodo [klodo] (*fam*) *nm* = **clochard**
cloison [klwazɔ̃] *nf* tabique *m*; (*fig*) separación *f*, barrera; **~ étanche** (*fig*) compartimento estanco
cloisonner [klwazɔne] *vt* (*Tech*) tabicar; (*fig*) compartimentar
cloître [klwatʀ] *nm* claustro
cloîtrer [klwatʀe] *vt* : **se cloîtrer** (*aussi Rel*) enclaustrarse
clonage [klonaʒ] *nm* clonación *f*
clone [klon] *nm* clon *m*
cloner [klone] *vt* clonar
clope [klɔp] (*fam*) *nm ou f* pitillo, pito
clopin-clopant [klɔpɛ̃klɔpɑ̃] *adv* cojeando, renqueando; (*fig*) renqueando
clopiner [klɔpine] *vi* cojear, renquear
cloporte [klɔpɔʀt] *nm* cochinilla
cloque [klɔk] *nf* ampolla
cloqué, e [klɔke] *adj* : **étoffe cloquée** tejido de cloqué
cloquer [klɔke] *vi* formar ampollas
clore [klɔʀ] *vt* (*séance, inscriptions*) cerrar, clausurar; **~ une session** (*Inform*) cerrar una sesión; **la séance est close** se cierra la sesión
clos, e [klo, kloz] *adj* (*fermé*) cerrado(-a) ▸ *nm* cercado
clôt [klo] *vb voir* **clore**
clôture [klotyʀ] *nf* (*barrière*) cercado, valla; (*des débats, d'un festival*) clausura; (*des portes*) cierre *m*; (*des inscriptions*) cierre del plazo; (*d'une manifestation*) cierre, final *m*
clôturer [klotyʀe] *vt* (*terrain*) cercar; (*festival, débats*) clausurar
clou [klu] *nm* clavo; (*Méd*) divieso; **le ~ du spectacle** (*fig*) la principal atracción del espectáculo; **~ de girofle** clavo de especia; **clous** *nmpl* (*passage clouté*) paso *msg* de peatones; **pneus à clous** neumáticos *mpl* para nieve *ou* montaña
clouer [klue] *vt* clavar; (*de surprise*) dejar clavado(-a); (*suj : coup, maladie*) inmovilizar
clouté, e [klute] *adj* claveteado(-a), tachonado(-a)
clown [klun] *nm* payaso, clown *m*; **faire le ~** hacer el payaso *ou* el tonto
clownerie [klunʀi] *nf* : **faire des clowneries** hacer payasadas
club [klœb] *nm* club *m*
CM *sigle m* (*Scol : = cours moyen*) *voir* **cours**
cm *abr* (*= centimètre(s)*) cm. (*= centímetro(s)*)
CMU [seɛmy] *nf* (*= couverture maladie universelle*) *seguro de enfermedad para personas sin recursos económicos*
CNC [seɛnse] *sigle m* (*= Conseil national de la consommation*) *oficina nacional del consumidor*
CNDP [seɛndepe] *sigle m* = **Centre national de documentation pédagogique**

CNED [knɛd] *sigle m* (= *Centre national d'enseignement à distance*) UNED *f* (= *Universidad Nacional de Educación a Distancia*)
CNIL [knil] *sigle f* (= *Commission nationale de l'informatique et des libertés*) *Comisión Nacional de Libertades e Informática*
CNIT [knit] *sigle m* (= *Centre national des industries et des techniques*) *centro de exposiciones en Paris*
CNRS [seɛnɛʀɛs] *sigle m* (= *Centre national de la recherche scientifique*) ≈ CSIC *m* (= *Consejo Superior de Investigaciones Científicas*)
c/o *abr* (= *care of*) a/c (= *al cuidado de*)
coagulant [kɔagylɑ̃] *nm* coagulante *m*
coaguler [kɔagyle] *vi* (*aussi* : **se coaguler**) coagularse
coaliser [kɔalize] *vi* : **se ~** agruparse
coalition [kɔalisjɔ̃] *nf* coalición *f*
coasser [kɔase] *vi* croar
coauteur [kootœʀ] *nm* coautor *m*
coaxial, e, -aux [koaksjal, jo] *adj* coaxial
cobalt [kɔbalt] *nm* cobalto
cobaye [kɔbaj] *nm* (*aussi fig*) cobaya *m ou f*, conejillo de Indias
COBOL, cobol [kɔbɔl] *nm* COBOL *m*, lenguaje *m* común a los problemas de gestión
cobra [kɔbʀa] *nm* cobra
coca [kɔka] *nf* coca
cocagne [kɔkaɲ] *nf* : **pays de ~** Jauja; **mât de ~** cucaña
cocaïne [kɔkain] *nf* cocaína
cocarde [kɔkaʀd] *nf* escarapela
cocardier, -ière [kɔkaʀdje, jɛʀ] *adj* patriotero(-a)
cocasse [kɔkas] *adj* chistoso(-a)
coccinelle [kɔksinɛl] *nf* mariquita
coccyx [kɔksis] *nm* coxis *m*
coche [kɔʃ] *nm* : **manquer** *ou* **louper le ~** perder la oportunidad
cocher [kɔʃe] *nm* cochero ▸ *vt* marcar (*con una cruz*)
cochère [kɔʃɛʀ] *adj f* : **porte ~** puerta cochera
cochon, ne [kɔʃɔ̃, ɔn] *nm* cerdo(-a), chancho(-a) (*Am*); **~ d'Inde** conejillo de Indias, cobaya *m ou f*; **~ de lait** cochinillo, lechón *m* ▸ *nm/f* (*péj*) cerdo(-a) ▸ *adj* (*fam* : *livre, histoire, propos*) verde
cochonnaille [kɔʃɔnaj] (*péj*) *nf* charcutería
cochonnerie [kɔʃɔnʀi] (*fam*) *nf* porquería; (*grivoiserie*) cochinada
cochonnet [kɔʃɔnɛ] *nm* bolín *m*
cocker [kɔkɛʀ] *nm* cocker *m*
cocktail [kɔktɛl] *nm* cóctel *m*, highball *ou* jaibol *m* (*Am*), daiquiri *ou* daiquirí *m* (*Am*)
coco [koko] *nm voir* **noix**; (*fam*) tipo ▸ *nf* (*fam* : *cocaïne*) coca
cocon [kɔkɔ̃] *nm* capullo
cocorico [kɔkɔʀiko] *excl* ¡quiquiriquí! ▸ *nm* quiquiriquí *m*
cocotier [kɔkɔtje] *nm* cocotero
cocotte [kɔkɔt] *nf* olla, cacerola; **ma ~** (*fam*) guapa; **~ en papier** pajarita de papel; **~ minute**® olla a presión
cocu, e [kɔky] (*fam*) *adj* cornudo(-a) ▸ *nm* cornudo
cocufier [kɔkyfje] (*fam*) *vt* poner los cuernos a
codage [kɔdaʒ] *nm* codificación *f*
code [kɔd] *nm* código; (*conventions*) reglas *fpl*; **se mettre en ~(s)** (*Auto*) poner las luces de cruce; **éclairage** *ou* **phares ~(s)** luz *f* de cruce; **~ barres** código de barras; **~ civil** código civil; **~ de caractère** código de carácter; **~ de conduite** código de conducta; **~ de la route** código de la circulación; **~ machine** código máquina; **~ pénal** código penal; **~ postal** código postal; **~ secret** código secreto
code-barres [kɔdbaʀ] (*pl* **codes-barres**) *nm* código de barras
codéine [kɔdein] *nf* codeína
coder [kɔde] *vt* codificar
codétenu, e [kodet(ə)ny] *nm/f* compañero(-a) de cárcel
codicille [kɔdisil] *nm* codicilo
codifier [kɔdifje] *vt* codificar
codirecteur, -trice [kodiʀɛktœʀ, tʀis] *nm/f* codirector(a)
coéditeur, -trice [koeditœʀ, tʀis] *nm/f* co-editor(a); (*rédacteur*) corredactor(a)
coefficient [kɔefisjɑ̃] *nm* coeficiente *m*; **~ d'erreur** coeficiente de error
coéquipier, -ière [koekipje, jɛʀ] *nm/f* compañero(-a) de equipo
coercition [kɔɛʀsisjɔ̃] *nf* coerción *f*
cœur [kœʀ] *nm* corazón *m*; (*Cartes* : *couleur*) corazones *mpl*; (*carte*) corazón; **affaire de ~** asunto del corazón, asunto sentimental; **avoir bon/du ~** tener buen corazón; **avoir mal au ~** tener náuseas; **contre son ~** contra su pecho; **opérer qn à ~ ouvert** operar a algn a corazón abierto; **recevoir qn à ~ ouvert** recibir a algn con las manos llenas; **parler à ~ ouvert** hablar con el corazón en la mano; **de tout son ~** de todo corazón; **avoir le ~ gros** *ou* **serré** estar acongojado; **en avoir le ~ net** saber a qué atenerse; **avoir le ~ sur la main** ser muy generoso; **par ~** de memoria; **de bon ~** de corazón; **avoir à ~ de faire** empeñarse en hacer; **cela lui tient à ~** esto le apasiona; **prendre les choses à ~** tomar las cosas a pecho; **s'en donner à ~ joie** gozar; **être de tout ~ avec qn** estar de todo corazón con algn; **~ d'artichaut** corazón de alcachofa; **~ de la forêt** corazón del bosque; **~ de laitue** cogollo de lechuga; **~ de l'été** pleno verano; **~ du débat** (*fig*) centro del debate, meollo del debate
coexistence [kɔɛgzistɑ̃s] *nf* coexistencia; **~ pacifique** coexistencia pacífica
coexister [kɔɛgziste] *vi* coexistir
coffrage [kɔfʀaʒ] *nm* (*Constr*) encofrado

C

coffre [kɔfʀ] *nm (meuble)* arca; *(coffre-fort)* cofre *m*; *(d'auto)* maletero, baúl *m (AM)*, maletera *(AND, CSUR)*; **avoir du ~** *(fam)* tener mucho fuelle
coffre-fort [kɔfʀəfɔʀ] *(pl* **coffres-forts***) nm* caja fuerte
coffrer [kɔfʀe] *(fam) vt* meter en chirona
coffret [kɔfʀɛ] *nm* cofrecito; **~ à bijoux** joyero
cogérant, e [koʒeʀɑ̃, ɑ̃t] *nm/f* cogerente *mf*
cogestion [koʒɛstjɔ̃] *nf* cogestión *f*
cogiter [kɔʒite] *vi, vt* cavilar
cognac [kɔɲak] *nm* coñac *m*
cognement [kɔɲmɑ̃] *nm* golpeteo
cogner [kɔɲe] *vt, vi* golpear; **~ sur/contre** golpear en/contra; **~ à la porte/fenêtre** golpear a la puerta/ventana; **se cogner** *vpr* darse un golpe
cohabitation [kɔabitasjɔ̃] *nf* cohabitación *f*
cohabiter [kɔabite] *vi* cohabitar
cohérence [kɔeʀɑ̃s] *nf* coherencia
cohérent, e [kɔeʀɑ̃, ɑ̃t] *adj* coherente
cohésion [kɔezjɔ̃] *nf* cohesión *f*
cohorte [kɔɔʀt] *nf* cohorte *f*
cohue [kɔy] *nf* tropel *m*
coi, coite [kwa, kwat] *adj* : **rester ~** no decir esta boca es mía
coiffe [kwaf] *nf* cofia
coiffé, e [kwafe] *adj* : **bien/mal ~** bien/mal peinado(-a); **~ d'un béret/d'un chapeau** cubierto(-a) con una boina/un sombrero; **~ en arrière** peinado(-a) hacia atrás; **~ en brosse** peinado(-a) con el cepillo
coiffer [kwafe] *vt* peinar; *(colline, sommet)* coronar; *(Admin)* estar al frente de; *(dépasser)* ganar, sobrepasar; **~ qn d'un béret** cubrir la cabeza de algn con una boina; **~ qn sur le fil** *ou* **sur le poteau** adelantar a algn en los últimos metros; **se coiffer** *vpr* peinarse; *(se couvrir)* tocarse
coiffeur, -euse [kwafœʀ, øz] *nm/f* peluquero(-a)
coiffeuse [kwaføz] *nf (table)* tocador *m*, coqueta
coiffure [kwafyʀ] *nf (cheveux)* peinado; *(chapeau)* tocado; **la ~** la peluquería
coin [kwɛ̃] *nm (gén, d'une table, d'une rue)* esquina; *(pour caler)* calzo; *(pour fendre le bois)* cuña; *(d'une pièce etc)* rincón *m*; *(poinçon)* troquel *m*; **l'épicerie du ~** el ultramarinos de la esquina; **dans le ~** por aquí; **au ~ du feu** al amor de la lumbre; **du ~ de l'œil** de reojo; **regard/sourire en ~** mirada/sonrisa de soslayo
coincé, e [kwɛ̃se] *adj (tiroir, pièce mobile)* atascado(-a); *(fig)* corto(-a)
coincer [kwɛ̃se] *vt* calzar; *(fam : par une question, une manœuvre)* pillar; **se coincer** *vpr* atascarse
coïncidence [kɔɛ̃sidɑ̃s] *nf* coincidencia
coïncider [kɔɛ̃side] *vi* : **~ avec** coincidir con
coin-coin [kwɛ̃kwɛ̃] *nm inv* cuac cuac *m*
coing [kwɛ̃] *nm* membrillo; **pâte de ~** carne *f* de membrillo
coït [kɔit] *nm* coito
coite [kwat] *adj f voir* **coi**
coke¹ [kɔk] *nm (charbon)* cok *m*, coque *m*
coke² [kok] *(fam) nf (cocaïne)* coca
col¹ [kɔl] *nm* cuello; *(de montagne)* puerto; **~ de l'utérus** cuello del útero; **~ du fémur** cuello del fémur; **~ roulé** cuello vuelto
col² [kɔl] *abr (= colonne)* col., col.ª *(= columna)*
coléoptère [kɔleɔptɛʀ] *nm* coleóptero
colère [kɔlɛʀ] *nf* ira, cólera, enojo *(surtout AM)*; **être en ~ (contre qn)** estar enfadado(-a) *ou* enojado(-a) *(surtout AM)* (con algn); **mettre qn en ~** hacer enfadar a algn, enojar a algn *(surtout AM)*; **se mettre en ~** enfadarse, enojarse *(surtout AM)*; **piquer une ~** *(fam)* ponerse hecho una furia
coléreux, -euse [kɔleʀø, øz] *adj* colérico(-a)
colérique [kɔleʀik] *adj* colérico(-a)
colibacille [kɔlibasil] *nm* colibacilo
colibacillose [kɔlibasiloz] *nf* colibacilosis *f*
colifichet [kɔlifiʃɛ] *nm* baratija, bagatela
colimaçon [kɔlimasɔ̃] *nm* caracol *m*; **escalier en ~** escalera de caracol
colin [kɔlɛ̃] *nm* merluza
colin-maillard [kɔlɛ̃majaʀ] *(pl* **colin-maillards***) nm* gallina ciega
colique [kɔlik] *nf* cólico; *(fig)* tostón *m*; **~ néphrétique** cólico nefrítico
colis [kɔli] *nm* paquete *m*; **par ~ postal** por paquete postal
colistier [kolistje] *nm miembro de una misma candidatura*
colite [kɔlit] *nf* colitis *f inv*
collaborateur, -trice [kɔ(l)labɔʀatœʀ, tʀis] *nm/f* colaborador(a); *(Pol)* colaboracionista *mf*
collaboration [kɔ(l)labɔʀasjɔ̃] *nf* colaboración *f*; *(Hist)* colaboracionismo; **en ~ avec** en colaboración con
collaborer [kɔ(l)labɔʀe] *vi (aussi Hist)* colaborar; **~ à** colaborar en
collage [kɔlaʒ] *nm* collage *m*
collagène [kɔlaʒɛn] *nm* colágeno
collant, e [kɔlɑ̃, ɑ̃t] *adj* adherente; *(robe)* ajustado(-a); *(péj : personne)* pegajoso(-a) ▸ *nm (bas)* pantis *mpl*; *(de danseur)* malla
collatéral, e, -aux [kɔ(l)lateʀal, o] *adj* : **les collatéraux** los familiares colaterales
collation [kɔlasjɔ̃] *nf* colación *f*
colle [kɔl] *nf (à papier)* pegamento; *(à papiers peints)* cola; *(devinette)* pega; **avoir une ~** *(Scol)* quedarse castigado; **~ de bureau** goma de pegar; **~ forte** cola fuerte
collecte [kɔlɛkt] *nf* colecta; **faire une ~** hacer una colecta
collecter [kɔlɛkte] *vt* colectar
collecteur [kɔlɛktœʀ] *nm (égout)* colector *m*

collectif, -ive [kɔlɛktif, iv] *adj* colectivo(-a); **immeuble ~** edificio social ▸ *nm* colectivo; **~ budgétaire** ley *f* de presupuestos adicional
collection [kɔlɛksjɔ̃] *nf* colección *f*; (*Comm*) muestrario; **pièce de ~** pieza de colección; **faire (la) ~ de** coleccionar, hacer (una) colección de; **(toute) une ~ de** (*fig*) (toda) una colección de; **~ (de mode)** colección (de moda)
collectionner [kɔlɛksjɔne] *vt* coleccionar
collectionneur, -euse [kɔlɛksjɔnœʀ, øz] *nm/f* coleccionista *mf*
collectivement [kɔlɛktivmɑ̃] *adv* colectivamente
collectiviser [kɔlɛktivize] *vt* colectivizar
collectivisme [kɔlɛktivism] *nm* colectivismo
collectivité [kɔlɛktivite] *nf* colectivo; **la ~** la colectividad; **collectivités locales** administraciones *fpl* locales
collège [kɔlɛʒ] *nm* colegio; *ver nota*; **~ d'enseignement secondaire** colegio de enseñanza media; **~ électoral** colegio electoral

COLLÈGE

El **collège** es un centro público de educación secundaria para estudiantes de entre once y quince años. Los alumnos siguen un plan de estudios que consta de una serie de asignaturas comunes y varias optativas. Los **collèges** tienen libertad para elaborar sus propios horarios y escoger su propia metodología. Antes de que dejen el **collège**, los alumnos son evaluados mediante un examen con el que obtienen el denominado *brevet des collèges*.

collégial, e, -aux [kɔleʒjal, jo] *adj* colegiado(-a)
collégien, ne [kɔleʒjɛ̃, jɛn] *nm/f* colegial *mf*
collègue [kɔ(l)lɛg] *nmf* colega *mf*
coller [kɔle] *vt* pegar; (*papier peint*) encolar; (*fam : mettre*) meter; (*par une devinette*) pillar; (*Scol : fam*) catear; **~ son front à la vitre** pegar la frente contra el cristal; **~ qch sur** pegar algo en ▸ *vi* (*être collant*) pegarse; (*adhérer*) pegar; **~ à** adherir a; (*fig*) cuadrar con
collerette [kɔlʀɛt] *nf* cuello de encaje; (*Tech*) collar
collet [kɔlɛ] *nm* lazo; **prendre qn au ~** (*cou*) agarrar a algn por el cuello; **~ monté** encopetado(-a)
colleter [kɔlte] *vt* coger por el cuello; **se ~ avec** agarrarse con
colleur, -euse [kɔlœʀ, øz] *nm/f* : **~ d'affiches** cartelero, pegador(a) de carteles
collier [kɔlje] *nm* collar *m*; (*Tech*) collar *m*, abrazadera; **~ (de barbe), barbe en ~** sotabarba; **~ de serrage** brida de apriete
collimateur [kɔlimatœʀ] *nm* : **être dans le ~** (*fig*) ser el punto de mira; **avoir qn/qch dans le ~** (*fig*) tener a algn/a algo en el punto de mira
colline [kɔlin] *nf* colina
collision [kɔlizjɔ̃] *nf* colisión *f*; (*fig*) choque *m*; **entrer en ~ (avec)** chocar (con)
colloque [kɔ(l)lɔk] *nm* coloquio
collusion [kɔlyzjɔ̃] *nf* colusión *f*
collutoire [kɔlytwaʀ] *nm* colutorio
collyre [kɔliʀ] *nm* colirio
colmater [kɔlmate] *vt* taponar
coloc [kolɔk] (*fam*) *nmf* compañero(-a) de piso
colocation [kolɔkasjɔ̃] *nf* : **être en ~** compartir piso
colombage [kɔlɔ̃baʒ] *nm* entramado
colombe [kɔlɔ̃b] *nf* paloma
Colombie [kɔlɔ̃bi] *nf* Colombia
colombien, ne [kɔlɔ̃bjɛ̃, jɛn] *adj* colombiano(-a) ▸ *nm/f* : **Colombien, ne** colombiano(-a)
colon [kɔlɔ̃] *nm* colono; (*enfant*) *niño de una colonia de vacaciones*
côlon [kolɔ̃] *nm* colon *m*
colonel [kɔlɔnɛl] *nm* coronel *m*
colonial, e, -aux [kɔlɔnjal, jo] *adj* colonial
colonialisme [kɔlɔnjalism] *nm* colonialismo
colonialiste [kɔlɔnjalist] *adj, nmf* colonialista
colonie [kɔlɔni] *nf* colonia; **~ (de vacances)** colonia (de vacaciones)
colonisation [kɔlɔnizasjɔ̃] *nf* colonización *f*
coloniser [kɔlɔnize] *vt* colonizar
colonnade [kɔlɔnad] *nf* columnata
colonne [kɔlɔn] *nf* columna; **se mettre en ~ par deux/quatre** formar columna de a dos/cuatro; **en ~ par deux** en columna de a dos; **~ de secours** columna de socorro; **~ (vertébrale)** columna vertebral
colophane [kɔlɔfan] *nf* colofonía
colorant, e [kɔlɔʀɑ̃, ɑ̃t] *adj* colorante ▸ *nm* colorante *m*
coloration [kɔlɔʀasjɔ̃] *nf* (*couleur*) color *m*; **se faire faire une ~** teñirse
coloré, e [kɔlɔʀe] *adj* (*style*) florido(-a)
colorer [kɔlɔʀe] *vt* colorear; **se colorer** *vpr* (*ciel*) colorearse; (*joues*) sonrojarse; (*tomates, raisins*) coger color
coloriage [kɔlɔʀjaʒ] *nm* coloreado
colorier [kɔlɔʀje] *vt* colorear, pintar; **album à ~** álbum *m* de colorear
coloris [kɔlɔʀi] *nm* colorido
coloriste [kɔlɔʀist] *nmf* colorista *mf*
colossal, e, -aux [kɔlɔsal, o] *adj* colosal
colosse [kɔlɔs] *nm* coloso
colostrum [kɔlɔstʀɔm] *nm* calostro
colporter [kɔlpɔʀte] *vt* (*marchandises*) vender de forma ambulante; (*nouvelle*) propagar
colporteur, -euse [kɔlpɔʀtœʀ, øz] *nm/f* vendedor(a) ambulante

colt [kɔlt] *nm* colt *m*
coltiner [kɔltine] *vt* llevar a hombros; **se coltiner** *vpr* cargar con
colza [kɔlza] *nm* colza
coma [kɔma] *nm* coma *m*; **être dans le ~** estar en coma
comateux, -euse [kɔmatø, øz] *adj* comatoso(-a)
combat [kɔ̃ba] *vb voir* **combattre** ▸ *nm* (*Mil*) combate *m*; (*fig*) lucha; **~ de boxe** combate de boxeo; **~ de rues** pelea callejera
combatif, -ive [kɔ̃batif, iv] *adj* combativo(-a)
combativité [kɔ̃bativite] *nf* combatividad *f*
combattant, e [kɔ̃batɑ̃, ɑ̃t] *vb voir* **combattre** ▸ *adj* combatiente ▸ *nm* combatiente *m*; (*d'une rixe*) contendiente *m*; **ancien ~** antiguo combatiente
combattre [kɔ̃batʀ] *vt, vi* combatir
combien [kɔ̃bjɛ̃] *adv* (*interrogatif*) cuánto(-a); (*nombre*) cuántos(-as); (*exclamatif : comme, que*) cómo, qué; **~ de** cuántos(-as); **~ de temps** cuánto tiempo; **~ coûte/pèse ceci ?** ¿cuánto cuesta/pesa esto?; **vous mesurez ~ ?** ¿cuánto mide usted?; **ça fait ~ ?** ¿cuánto es?; **ça fait ~ en largeur ?** ¿cuánto mide de ancho?
combinaison [kɔ̃binɛzɔ̃] *nf* combinación *f*; (*astuce*) plan *m*; (*vêtement, Sport*) traje *m*; (*bleu de travail*) mono, overol *m* (*AM*)
combine [kɔ̃bin] *nf* truco, artimaña
combiné [kɔ̃bine] *nm* (*aussi :* **combiné téléphonique**) auricular *m*; (*Ski*) combinada; (*vêtement*) conjunto (de lencería); **~ nordique** combinada nórdica
combiner [kɔ̃bine] *vt* combinar; (*organiser*) organizar
comble [kɔ̃bl] *adj* abarrotado(-a); **faire salle ~** (*spectacle, chanteur*) llenar ▸ *nm* (*du bonheur, plaisir*) colmo; **de fond en ~** de arriba abajo; **pour ~ de malchance** para colmo de desgracia; **c'est le ~ !** ¡es el colmo!; **combles** *nmpl* (*Constr*) armazón *msg* del tejado; **sous les combles** en el desván
combler [kɔ̃ble] *vt* (*trou*) llenar; (*fig*) llenar, cubrir; (*satisfaire*) colmar; **~ qn de joie/d'honneurs** colmar a algn de alegría/de honores
combustible [kɔ̃bystibl] *adj, nm* combustible *m*
combustion [kɔ̃bystjɔ̃] *nf* combustión *f*
comédie [kɔmedi] *nf* comedia; **jouer la ~** (*fig*) hacer la comedia; **C~ française** *ver nota*; **~ musicale** comedia musical

Comédie française

La **Comédie française**, fundada en 1680 por Luis XIV, es el teatro nacional de Francia. Financiada con fondos públicos, la compañía actúa principalmente en el Palais Royal de París y fundamentalmente pone en escena obras del teatro clásico francés.

comédien, ne [kɔmedjɛ̃, jɛn] *nm/f* (*Théâtre, fig*) comediante(-a); (*comique*) cómico(-a)
comédon [kɔmedɔ̃] *nm* comedón *m*
comestible [kɔmɛstibl] *adj* comestible; **comestibles** *nmpl* comestibles *mpl*
comète [kɔmɛt] *nf* cometa *m*
comice [kɔmis] *nm* : **comices agricoles** círculos *mpl* de labradores
comique [kɔmik] *adj* cómico(-a) ▸ *nmf* cómico(-a); **le ~ de qch** lo gracioso de algo
comité [kɔmite] *nm* comité *m*; **petit ~** reunión *f* íntima; **~ d'entreprise** comité de empresa; **~ des fêtes** comité de las fiestas; **~ directeur** junta directiva
commandant, e [kɔmɑ̃dɑ̃, ɑ̃t] *nm/f* comandante *mf*; **~ (de bord)** comandante (de a bordo)
commande [kɔmɑ̃d] *nf* (*Comm*) pedido; (*Inform*) mando; **passer une ~ (de)** hacer un pedido (de); **sur ~** de encargo; **véhicule à double ~** vehículo de doble mando; **~ à distance** mando a distancia; **commandes** *nfpl* mandos *mpl*; **prendre les commandes** (*d'un avion, d'un parti*) tomar los mandos; (*fig : d'un mouvement*) tomar las riendas
commandement [kɔmɑ̃dmɑ̃] *nm* (*d'une armée*) mando; (*ordre*) mandato; (*Rel*) mandamiento
commander [kɔmɑ̃de] *vt* (*Comm*) encargar, pedir; (*diriger, ordonner*) mandar; (*contrôler*) regular, controlar; (*imposer*) exigir; **~ à** (*Mil*) mandar a; (*fig*) dominar a; **~ à qn de faire qch** ordenar a algn que haga algo; **c'est moi qui commande ici !** ¡aquí mando yo!
commanditaire [kɔmɑ̃ditɛʀ] *nm* socio comanditario
commandite [kɔmɑ̃dit] *nf* : **(société en) ~** (sociedad *f* en) comandita
commanditer [kɔmɑ̃dite] *vt* comanditar
commando [kɔmɑ̃do] *nm* comando

MOT-CLÉ

comme [kɔm] *prép* **1** (*comparaison*) como; **tout comme son père** igual que su padre; **fort comme un bœuf** fuerte como un toro; **il est petit comme tout** es muy pequeño; **il est rond comme une bille** (*fam*) está como una cuba; **comme c'est pas permis** (*fam*) como él (ella) solo(-a)
2 (*manière*) : **comme ça** así; **comment ça va ? — comme ça** ¿qué tal? — así, así; **comme ci, comme ça** así, así; **faites comme cela** hágalo así; **on ne parle pas comme ça à ...** no se habla así a ...
3 (*en tant que*) : **donner comme prix/heure** dar como precio/hora; **travailler comme secrétaire** trabajar de secretaria
▸ *conj* **1** (*ainsi que*) como; **elle écrit comme elle parle** escribe como habla; **comme on dit** como se dice; **comme si** como si;

comme quoi ... (*disant que*) en el/la/los/las que dice *etc* que ...; (*d'où il s'ensuit que*) lo que demuestra que ...; **comme de juste** como es natural; **comme il faut** como es debido
2 (*au moment où, alors que*) cuando; **il est parti comme j'arrivais** se marchó cuando yo llegaba
3 (*parce que, puisque*) como; **comme il était en retard, ...** como se retrasaba, ...
▸ *adv* (*exclamation*) : **comme c'est bon/il est fort !** ¡qué bueno está!/¡qué fuerte es!

commémoratif, -ive [kɔmemɔʀatif, iv] *adj* conmemorativo(-a)
commémoration [kɔmemɔʀasjɔ̃] *nf* conmemoración *f*
commémorer [kɔmemɔʀe] *vt* conmemorar
commencement [kɔmɑ̃smɑ̃] *nm* comienzo; **au ~** al principio; **commencements** comienzos *mpl*
commencer [kɔmɑ̃se] *vt, vi* comenzar, empezar; (*être placé au début de*) iniciar; **~ à faire** comenzar *ou* empezar a hacer; **~ par qch** comenzar *ou* empezar por algo; **~ par faire qch** comenzar *ou* empezar por hacer algo
commensal, e, -aux [kɔmɑ̃sal, o] *nm/f* comensal *mf*
comment [kɔmɑ̃] *adv* (*interrogatif*) cómo; **~ ?** ¿cómo?, ¿mande (usted)?; **~ !** (*affirmatif : de quelle façon*) ¡claro!; **et ~ !** ¡pero cómo!; **~ donc !** (*bien sûr*) ¡por supuesto!, ¡pues claro!; **~ aurais-tu fait ?** ¿cómo habrías hecho?; **~ tu t'y serais pris ?** ¿qué habrías hecho tú?; **~ faire ?** ¿cómo hacemos?; **~ se fait-il que ?** ¿cómo es que ...?; **~ est-ce que ça s'appelle ?** ¿cómo se llama eso?; **~ est-ce qu'on ... ?** ¿cómo se ...?; **le ~ et le pourquoi** el cómo y el por qué
commentaire [kɔmɑ̃tɛʀ] *nm* (*gén pl*) comentario; **~ (de texte)** comentario (de textos); **~ sur image** comentario con soporte gráfico
commentateur, -trice [kɔmɑ̃tatœʀ, tʀis] *nm/f* comentarista *mf*; **~ sportif(-ive)** comentarista deportivo(-a)
commenter [kɔmɑ̃te] *vt* comentar
commérages [kɔmeʀaʒ] *nmpl* chismes *mpl*
commerçant, e [kɔmɛʀsɑ̃, ɑ̃t] *adj* (*rue, ville*) comercial; (*personne*) comerciante ▸ *nm/f* comerciante *mf*
commerce [kɔmɛʀs] *nm* (*activité*) comercio, negocio; (*boutique*) comercio, tienda; (*fig : rapports*) trato; **le petit ~** el pequeño comercio; **faire ~ de** comerciar *ou* negociar en; (*fig : péj*) comerciar en; **chambre de ~** cámara de comercio; **livres de ~** libros de comercio; **vendu dans le ~** de venta en comercios; **vendu hors-~** de venta fuera de comercio; **~ en** *ou* **de gros** comercio al por mayor; **~ équitable** comercio justo; **~ extérieur** comercio exterior; **~ intérieur** comercio interior
commercer [kɔmɛʀse] *vi* : **~ avec** comerciar *ou* negociar con
commercial, e, -aux [kɔmɛʀsjal, jo] *adj* (*aussi péj*) comercial ▸ *nm/f* comercial *mf*; **les commerciaux** los comerciales
commerciale [kɔmɛʀsjal] *nf* (*véhicule*) furgoneta
commercialisable [kɔmɛʀsjalizabl] *adj* comercializable
commercialisation [kɔmɛʀsjalizasjɔ̃] *nf* comercialización *f*
commercialiser [kɔmɛʀsjalize] *vt* comercializar
commère [kɔmɛʀ] *nf* comadre *f*
commettant [kɔmetɑ̃] *vb voir* **commettre** ▸ *nm* (*Jur*) comitente *m*
commettre [kɔmɛtʀ] *vt* cometer; **avocat commis d'office** abogado (nombrado) de oficio; **se commettre** *vpr* comprometerse
commis [kɔmi] *vb voir* **commettre** ▸ *nm* empleado; **~ voyageur** viajante *m*
commisération [kɔmizeʀasjɔ̃] *nf* conmiseración *f*
commissaire [kɔmisɛʀ] *nmf* comisario(-a); **~ aux comptes** interventor(a) *ou* censor(a) de cuentas; **~ du bord** sobrecargo *mf*
commissaire-priseur [kɔmisɛʀpʀizœʀ] (*pl* **commissaires-priseurs**) *nm* perito tasador
commissariat [kɔmisaʀja] *nm* comisaría; (*Admin*) comisariado
commission [kɔmisjɔ̃] *nf* comisión *f*; (*message*) recado; (*course*) encargo, recado; **~ d'examen** comisión de examen, tribunal *m*; **commissions** *nfpl* compras *fpl*
commissionnaire [kɔmisjɔnɛʀ] *nm* (*livreur*) repartidor *m*; (*messager*) intermediario; (*Transport*) transportista *m*
commissure [kɔmisyʀ] *nf* : **la ~ des lèvres** la comisura de los labios
commode [kɔmɔd] *adj* cómodo(-a); (*air, personne*) amable; **pas ~** difícil ▸ *nf* cómoda
commodément [kɔmɔdemɑ̃] *adv* cómodamente
commodité [kɔmɔdite] *nf* comodidad *f*; **commodités** *nfpl* comodidades *fpl*
commotion [komosjɔ̃] *nf* conmoción *f*; **~ (cérébrale)** conmoción (cerebral)
commotionné, e [kɔmosjɔne] *adj* conmocionado(-a)
commuer [kɔmɥe] *vt* conmutar
commun, e [kɔmœ̃, yn] *adj* común, colectivo(-a); **sans commune mesure** sin comparación; **bien ~** bien *m* común; **être ~ à** ser propio(-a) de; **peu ~** poco común; **d'un ~ accord** de común acuerdo ▸ *nm* : **cela sort du ~** eso sale de lo común; **le ~ des mortels** el común de las gentes; **en ~** en común; **communs** *nmpl* dependencias *fpl*

communal, e, -aux [kɔmynal, o] *adj* municipal
communard, e [kɔmynaʀ, aʀd] *nm/f* *partidario de la Comuna*
communautaire [kɔmynotɛʀ] *adj* comunitario(-a)
communauté [kɔmynote] *nf* comunidad *f*; (*Jur*) : **régime de la ~** régimen *m* de la comunidad
commune [kɔmyn] *adj f voir* **commun** ▸ *nf* municipio
communément [kɔmynemɑ̃] *adv* comúnmente
communiant, e [kɔmynjɑ̃, jɑ̃t] *nm/f* comulgante *mf*; **premier ~** *niño que hace la Primera Comunión*
communicant, e [kɔmynikɑ̃, ɑ̃t] *adj* comunicante
communicatif, -ive [kɔmynikatif, iv] *adj* (*personne*) comunicativo(-a); (*rire*) contagioso(-a)
communication [kɔmynikasjɔ̃] *nf* comunicación *f*; **vous avez la ~** ya tiene la llamada; **donnez-moi la ~ avec** páseme la llamada con; **avoir la ~ (avec)** recibir la llamada (de); **mettre qn en ~ avec qn** (*en contact*) poner a algn en contacto con algn; (*au téléphone*) poner a algn en comunicación con; **travailler dans la ~** trabajar en una empresa de comunicación; **faire des études de ~** estudiar ciencias de la comunicación; **~ avec préavis** aviso de conferencia; **~ d'entreprise** comunicación de empresa; **~ interurbaine** llamada interurbana; **communications** *nfpl* comunicaciones *fpl*
communier [kɔmynje] *vi* comulgar
communion [kɔmynjɔ̃] *nf* comunión *f*; **première ~** primera comunión; **~ solennelle** comunión solemne
communiqué [kɔmynike] *nm* comunicado; **~ de presse** comunicado de prensa
communiquer [kɔmynike] *vt* comunicar; (*demande, dossier*) presentar; (*maladie, chaleur*) transmitir; **~ avec** comunicar con ▸ *vi* comunicarse; **se communiquer à** *vpr* tra(n)smitirse a
communisme [kɔmynism] *nm* comunismo
communiste [kɔmynist] *adj, nmf* comunista *mf*
commutateur [kɔmytatœʀ] *nm* conmutador *m*
commutation [kɔmytasjɔ̃] *nf* (*Inform*) conmutación *f*; **~ de messages** conmutación de mensajes; **~ de paquets** conmutación de paquetes
Comores [kɔmɔʀ] *nmpl* : **les (îles) ~** las (islas) Comores
comorien, ne [kɔmɔʀɛ̃, jɛn] *adj* de Comores ▸ *nm/f* : **Comorien, ne** nativo(-a) *ou* habitante *mf* de Comores
compact, e [kɔ̃pakt] *adj* compacto(-a); (*foule*) denso(-a)
compagne [kɔ̃paɲ] *nf* compañera
compagnie [kɔ̃paɲi] *nf* compañía; **la ~ de qn** la compañía de algn; **homme/femme de ~** hombre *m*/mujer *f* de compañía; **tenir ~ à qn** hacer compañía a algn; **fausser ~ à qn** plantar a algn; **en ~ de** en compañía de; **Dupont et ~, Dupont et Cie** Dupont y compañía, Dupont y Cía; **~ aérienne** compañía aérea
compagnon, ne [kɔ̃paɲɔ̃, ɔn] *nm* (*conjoint, concubin*) compañero ▸ *nm/f* (*personne*) compañero(-a); (*ouvrier*) obrero
comparable [kɔ̃paʀabl] *adj* : **~ (à)** comparable (a)
comparaison [kɔ̃paʀɛzɔ̃] *nf* comparación *f*; **en ~ (de)** en comparación (con); **par ~ (à)** comparado(-a) (a); **sans ~** sin comparación
comparaître [kɔ̃paʀɛtʀ] *vi* : **~ (devant)** comparecer (ante)
comparatif, -ive [kɔ̃paʀatif, iv] *adj* comparativo(-a) ▸ *nm* (*Ling*) comparativo
comparativement [kɔ̃paʀativmɑ̃] *adv* comparativamente; **~ à** en comparación con
comparé, e [kɔ̃paʀe] *adj* : **littérature/grammaire comparée** literatura/gramática comparada
comparer [kɔ̃paʀe] *vt* comparar; **~ qch/qn à** *ou* **et** comparar algo/algn a *ou* con
comparse [kɔ̃paʀs] (*péj*) *nmf* comparsa *mf*
compartiment [kɔ̃paʀtimɑ̃] *nm* (*de train*) compartim(i)ento; (*case*) casilla
compartimenté, e [kɔ̃paʀtimɑ̃te] *adj* con compartimientos; (*fig*) dividido(-a)
comparu [kɔ̃paʀy] *pp de* **comparaître**
comparution [kɔ̃paʀysjɔ̃] *nf* comparecencia
compas [kɔ̃pɑ] *nm* compás *m*
compassé, e [kɔ̃pɑse] *adj* afectado(-a)
compassion [kɔ̃pasjɔ̃] *nf* compasión *f*
compatibilité [kɔ̃patibilite] *nf* compatibilidad *f*
compatible [kɔ̃patibl] *adj* : **~ (avec)** compatible (con)
compatir [kɔ̃patiʀ] *vi* : **~ (à)** compadecerse (de)
compatissant, e [kɔ̃patisɑ̃, ɑ̃t] *adj* compasivo(-a)
compatriote [kɔ̃patʀijɔt] *nmf* compatriota *mf*
compensateur, -trice [kɔ̃pɑ̃satœʀ, tʀis] *adj* compensador(a)
compensation [kɔ̃pɑ̃sasjɔ̃] *nf* (*dédommagement*) compensación *f*; **en ~** en compensación
compensé, e [kɔ̃pɑ̃se] *adj* : **semelle compensée** plataforma
compenser [kɔ̃pɑ̃se] *vt* compensar
compère [kɔ̃pɛʀ] *nm* compinche *m*
compétence [kɔ̃petɑ̃s] *nf* (*aussi Jur*) competencia

compétent, e [kɔ̃petɑ̃, ɑ̃t] *adj* competente
compétitif, -ive [kɔ̃petitif, iv] *adj* (*Comm*) competitivo(-a)
compétition [kɔ̃petisjɔ̃] *nf* competencia; (*Sport*) competición *f*; **la ~** la competición; **être en ~ avec** estar en competencia con; **~ automobile** competición automovilística
compétitivité [kɔ̃petitivite] *nf* competitividad *f*
compilateur [kɔ̃pilatœʀ] *nm* compilador *m*
compiler [kɔ̃pile] *vt* compilar
complainte [kɔ̃plɛ̃t] *nf* endecha
complaire [kɔ̃plɛʀ] : **se complaire** *vpr* : **se ~ dans/parmi** disfrutar con/entre
complaisais [kɔ̃plɛzɛ] *vb voir* **complaire**
complaisamment [kɔ̃plɛzamɑ̃] *adv* amablemente; (*péj*) con suficiencia
complaisance [kɔ̃plɛzɑ̃s] *nf* (*amabilité*) amabilidad *f*; (*péj*) suficiencia; **attestation de ~** certificado expedido con benevolencia; **pavillon de ~** pabellón *m* de conveniencia
complaisant, e [kɔ̃plɛzɑ̃, ɑ̃t] *vb voir* **complaire** ▸ *adj* (*aimable*) complaciente; (*péj*) suficiente
complaît [kɔ̃plɛ] *vb voir* **complaire**
complément [kɔ̃plemɑ̃] *nm* (*gén, aussi Ling*) complemento; (*reste*) resto; **~ (circonstanciel) de lieu** complemento (circunstancial) de lugar; **~ d'agent** complemento agente; **~ d'information** (*Admin*) suplemento (informativo); **~ (d'objet) direct/indirect** complemento directo/indirecto; **~ de nom** complemento del nombre
complémentaire [kɔ̃plemɑ̃tɛʀ] *adj* complementario(-a)
complet, -ète [kɔ̃plɛ, ɛt] *adj* completo(-a) ▸ *nm* (*aussi* : **complet-veston**) traje *m*; **au (grand) ~** al completo
complètement [kɔ̃plɛtmɑ̃] *adv* completamente; (*étudier*) a fondo; **~ nu** completamente desnudo
compléter [kɔ̃plete] *vt* completar; **se compléter** *vpr* complementarse
complexe [kɔ̃plɛks] *adj* complejo(-a) ▸ *nm* complejo; **faire un ~** tener complejo; **~ d'infériorité** complejo de inferioridad; **~ industriel/portuaire/hospitalier** complejo industrial/portuario/hospitalario
complexé, e [kɔ̃plɛkse] *adj* acomplejado(-a)
complexité [kɔ̃plɛksite] *nf* complejidad *f*
complication [kɔ̃plikasjɔ̃] *nf* complicación *f*; **complications** *nfpl* (*Méd*) complicaciones *fpl*
complice [kɔ̃plis] *nmf* cómplice *mf*
complicité [kɔ̃plisite] *nf* complicidad *f*
compliment [kɔ̃plimɑ̃] *nm* cumplido; **compliments** *nmpl* (*félicitations*) enhorabuena *fsg*; **tous mes compliments !** ¡mi enhorabuena!
complimenter [kɔ̃plimɑ̃te] *vt* felicitar
compliqué, e [kɔ̃plike] *adj* complicado(-a)
compliquer [kɔ̃plike] *vt* complicar; **se ~ la vie** complicarse la vida; **se compliquer** *vpr* complicarse
complot [kɔ̃plo] *nm* complot *m*
comploter [kɔ̃plɔte] *vi* complotar ▸ *vt* tramar
complu [kɔ̃ply] *pp de* **complaire**
comportement [kɔ̃pɔʀtəmɑ̃] *nm* comportamiento
comporter [kɔ̃pɔʀte] *vt* constar de; (*impliquer*) conllevar; **se comporter** *vpr* comportarse
composant [kɔ̃pozɑ̃] *nm* componente *m*
composante [kɔ̃pozɑ̃t] *nf* componente *m*
composé, e [kɔ̃poze] *adj* compuesto(-a); (*visage, air*) de circunstancia; **~ de** compuesto(-a) por ▸ *nm* (*Chim*) compuesto; (*Ling*) nombre *m* compuesto
composer [kɔ̃poze] *vt* componer; **~ un numéro** marcar *ou* discar (*AM*) un número ▸ *vi* (*Scol*) redactar; (*transiger*) transigir; **se composer** *vpr* : **se ~ de** componerse de
composite [kɔ̃pozit] *adj* variado(-a)
compositeur, -trice [kɔ̃pozitœʀ, tʀis] *nm/f* (*Mus*) compositor(a); (*Typo*) cajista *mf*
composition [kɔ̃pozisjɔ̃] *nf* composición *f*; (*Scol : d'histoire, de math*) prueba; **de bonne ~** acomodadizo(-a); **~ française** redacción *f* de francés
compost [kɔ̃pɔst] *nm* compost *m*, abono
composter [kɔ̃pɔste] *vt* (*dater*) fechar; (*poinçonner*) picar, cancelar; (*déchets*) compostar
composteur [kɔ̃pɔstœʀ] *nm* (*timbre dateur*) sello de caracteres móviles; (*poinçon*) cuño
compote [kɔ̃pɔt] *nf* compota; **~ de pommes** compota de manzana
compotier [kɔ̃pɔtje] *nm* frutero
compréhensible [kɔ̃pʀeɑ̃sibl] *adj* comprensible
compréhensif, -ive [kɔ̃pʀeɑ̃sif, iv] *adj* comprensivo(-a)
compréhension [kɔ̃pʀeɑ̃sjɔ̃] *nf* comprensión *f*
comprendre [kɔ̃pʀɑ̃dʀ] *vt* (*se composer de, être muni de*) comprender, constar de; (*sens, problème*) comprender, entender; (*sympathiser avec*) comprender; (*point de vue*) entender; **se faire ~** hacerse entender; **je me fais ~ ?** ¿me explico?
compresse [kɔ̃pʀɛs] *nf* compresa
compresser [kɔ̃pʀese] *vt* (*Inform*) comprimir
compresseur [kɔ̃pʀesœʀ] *adj m voir* **rouleau** ▸ *nm* (*Tech*) compresor *m*
compressible [kɔ̃pʀesibl] *adj* (*Phys*) compresible; (*dépenses*) reducible
compression [kɔ̃pʀesjɔ̃] *nf* (*d'un gaz*) compresión *f*; (*d'un crédit, des effectifs*) reducción *f*
comprimé, e [kɔ̃pʀime] *adj* : **air ~** aire *m* comprimido ▸ *nm* comprimido, pastilla

C

comprimer [kɔ̃pʀime] *vt* (*substance, air*) comprimir; (*crédit, effectifs*) reducir; (*larmes, colère*) reprimir

compris, e [kɔ̃pʀi, iz] *pp de* **comprendre**; **~ ?** ¿entendido? ▸ *adj* (*inclus*) incluido(-a); **~ entre …** (*situé*) situado(-a) entre …; **livraison comprise/non comprise** entrega a domicilio incluida/no incluida; **y/non ~ la maison** inclusive la casa/sin incluir la casa; **service ~** servicio incluido; **20 euros tout ~** 20 euros con todo incluido

compromettant, e [kɔ̃pʀɔmetɑ̃, ɑ̃t] *adj* comprometedor(a)

compromettre [kɔ̃pʀɔmɛtʀ] *vt* comprometer

compromis [kɔ̃pʀɔmi] *vb voir* **compromettre** ▸ *nm* arreglo

compromission [kɔ̃pʀɔmisjɔ̃] *nf* compromiso

comptabiliser [kɔ̃tabilize] *vt* contabilizar

comptabilité [kɔ̃tabilite] *nf* contabilidad *f*; **~ en partie double** contabilidad por partida doble

comptable [kɔ̃tabl] *nmf, adj* contable *mf*, contador *m* (*Am*); **~ de** responsable de

comptant [kɔ̃tɑ̃] *adv* : **payer/acheter ~** pagar/comprar al contado

compte [kɔ̃t] *nm* cuenta; **ouvrir un ~** abrir una cuenta; **rendre des comptes à qn** (*fig*) dar cuentas a algn; **faire le ~ de** hacer la cuenta de; **tout ~ fait, au bout du ~** después de todo; **à ce ~-là** (*dans ce cas*) en este caso; (*à ce train-là*) a este paso; **en fin de ~** (*fig*) a fin de cuentas; **à bon ~** a buen precio; **avoir son ~** (*fig : fam*) tener su merecido; **pour le ~ de qn** por cuenta de algn; **pour son propre ~** por su propia cuenta; **sur le ~ de qn** (*à son sujet*) acerca de algn; **travailler à son ~** trabajar por su cuenta; **mettre qch sur le ~ de qn** echar la culpa de algo a algn; **prendre qch à son ~** hacerse cargo de algo; **trouver son ~ à** sacar provecho a, tener interés en; **régler un ~** ajustar cuentas; **rendre ~ (à qn) de qch** dar cuenta de algo (a algn); **tenir ~ de qch/que** tener en cuenta algo/que; **~ tenu de** teniendo en cuenta, habida cuenta de; **il a fait cela sans avoir tenu ~ de …** hizo eso sin haber tenido en cuenta …; **~ à rebours** cuenta atrás; **~ chèque postal, ~ chèques postaux** cuenta de cheques postales; **~ chèques** cuenta corriente con cheques; **~ client** cuentas por cobrar; **~ courant** cuenta corriente; **~ de dépôt/d'exploitation** cuenta de depósito/de explotación; **~ fournisseur** cuentas por pagar; **~ rendu** informe *m*; (*de film, livre*) reseña; **comptes** *nmpl* (*comptabilité*) cuentas *fpl*

compte-goutte *nm*, **compte-gouttes** *nm inv* [kɔ̃tgut] (*pl* **compte-gouttes**) cuentagotas *m inv*; **au ~** (*fig*) con cuentagotas

compter [kɔ̃te] *vt* contar; (*facturer*) cobrar; (*comporter*) constar de; **~ réussir/revenir** esperar aprobar/volver; **sans ~ que** sin contar con que; **je compte bien que** espero que ▸ *vi* contar; (*être économe*) hacer números; **~ pour** (*valoir*) servir para, contar para; **~ parmi** figurar entre; **~ sur** contar con; **~ avec/sans qch/qn** contar con/sin algo/algn; **à ~ du 10 janvier** a partir del 10 de enero; **ça compte beaucoup pour moi** esto tiene mucha importancia para mí

compte-tours [kɔ̃ttuʀ] *nm inv* cuentarrevoluciones *m inv*

compteur [kɔ̃tœʀ] *nm* (*d'auto*) cuentakilómetros *m inv*; (*à gaz, électrique*) contador *m*; **~ de vitesse** velocímetro

comptine [kɔ̃tin] *nf* canción *f* infantil

comptoir [kɔ̃twaʀ] *nm* (*de magasin*) mostrador *m*; (*de café*) barra; (*ville coloniale*) factoría; **prendre un café au ~** tomar un café en la barra

compulser [kɔ̃pylse] *vt* compulsar

comte, comtesse [kɔ̃t, kɔ̃tɛs] *nm/f* conde (condesa)

con, ne [kɔ̃, kɔn] (*fam !*) *adj, nm/f* gilipollas *mf inv* (*fam !*)

concasser [kɔ̃kɑse] *vt* machacar

concave [kɔ̃kav] *adj* cóncavo(-a)

concéder [kɔ̃sede] *vt* (*défaite, point*) reconocer, admitir; (*avantage, droit*) conceder; **~ que** admitir que

concélébrer [kɔ̃selebʀe] *vt* concelebrar

concentration [kɔ̃sɑ̃tʀasjɔ̃] *nf* concentración *f*

concentrationnaire [kɔ̃sɑ̃tʀasjɔnɛʀ] *adj* de campo de concentración

concentré, e [kɔ̃sɑ̃tʀe] *adj* concentrado(-a) ▸ *nm* concentrado; **~ de tomate(s)** concentrado de tomate

concentrer [kɔ̃sɑ̃tʀe] *vt* concentrar; **se concentrer** *vpr* concentrarse

concentrique [kɔ̃sɑ̃tʀik] *adj* concéntrico(-a)

concept [kɔ̃sɛpt] *nm* concepto

concepteur [kɔ̃sɛptœʀ] *nm* diseñador *m*

conception [kɔ̃sɛpsjɔ̃] *nf* (*d'un projet, d'un enfant*) concepción *f*; (*d'une machine etc*) diseño

concernant [kɔ̃sɛʀnɑ̃] *prép* (*se rapportant à*) referente a, relativo(-a) a; (*en ce qui concerne*) en lo concerniente a

concerner [kɔ̃sɛʀne] *vt* concernir a; **en ce qui me concerne** en lo que a mí respecta; **en ce qui concerne ceci** en lo que concierne a esto, en lo referente a esto

concert [kɔ̃sɛʀ] *nm* (*Mus*) concierto; (*fig*) coro; **de ~** de concierto

concertation [kɔ̃sɛʀtasjɔ̃] *nf* (*échange de vues*) concertación *f*; (*rencontre*) encuentro

concerter [kɔ̃sɛʀte] *vt* concertar; **se concerter** *vpr* ponerse de acuerdo, concertarse

concertiste [kɔ̃sɛʀtist] *nmf* concertista *mf*
concerto [kɔ̃sɛʀto] *nm* concierto
concession [kɔ̃sesjɔ̃] *nf* concesión *f*
concessionnaire [kɔ̃sesjɔnɛʀ] *nmf* concesionario(-a)
concevable [kɔ̃s(ə)vabl] *adj* concebible
concevoir [kɔ̃s(ə)vwaʀ] *vt* concebir; (*imaginer*) imaginar; (*machine*) diseñar; (*éprouver*) sentir; (*comprendre*) comprender; **appartement bien/mal conçu** piso bien/mal diseñado; **se concevoir** *vpr* (*être imaginable*) concebirse; (*être compréhensible*) : **ça se conçoit** se entiende
concierge [kɔ̃sjɛʀʒ] *nmf* portero(-a); (*d'hôtel*) conserje *m*
conciergerie [kɔ̃sjɛʀʒəʀi] *nf* portería
concile [kɔ̃sil] *nm* concilio
conciliable [kɔ̃siljabl] *adj* conciliable
conciliabules [kɔ̃siljabyl] *nmpl* conciliábulos *mpl*
conciliant, e [kɔ̃siljɑ̃, jɑ̃t] *adj* conciliador(a)
conciliateur, -trice [kɔ̃siljatœʀ, tʀis] *nm/f* conciliador(a)
conciliation [kɔ̃siljasjɔ̃] *nf* conciliación *f*
concilier [kɔ̃silje] *vt* conciliar; **se ~ qn/l'appui de qn** ganarse a algn/el apoyo de algn
concis, e [kɔ̃si, iz] *adj* conciso(-a)
concision [kɔ̃sizjɔ̃] *nf* concisión *f*
concitoyen, ne [kɔ̃sitwajɛ̃, jɛn] *nm/f* conciudadano(-a)
conclave [kɔ̃klav] *nm* cónclave *m*
concluant, e [kɔ̃klyɑ̃, ɑ̃t] *vb voir* **conclure** ▸ *adj* concluyente
conclure [kɔ̃klyʀ] *vt* (*accord, pacte*) concluir; (*terminer*) concluir, terminar; **~ qch de qch** deducir algo de algo; **~ à** (*Jur, gén*) : **~ au suicide** decidirse *ou* pronunciarse por un suicidio; **~ à l'acquittement** pronunciarse por la absolución, dictar la libre absolución; **~ un marché** cerrar un trato; **j'en conclus que** deduzco que
conclusion [kɔ̃klyzjɔ̃] *nf* conclusión *f*; **en ~** en conclusión; **conclusions** *nfpl* (*Jur*) conclusiones *fpl*
concocter [kɔ̃kɔkte] *vt* tramar
conçois *etc* [kɔ̃swa] *vb voir* **concevoir**
conçoive *etc* [kɔ̃swav] *vb voir* **concevoir**
concombre [kɔ̃kɔ̃bʀ] *nm* pepino
concomitant, e [kɔ̃kɔmitɑ̃, ɑ̃t] *adj* concomitante
concordance [kɔ̃kɔʀdɑ̃s] *nf* concordancia; **la ~ des temps** la concordancia de los tiempos
concordant, e [kɔ̃kɔʀdɑ̃, ɑ̃t] *adj* concordante
concorde [kɔ̃kɔʀd] *nf* concordia
concorder [kɔ̃kɔʀde] *vi* concordar
concourir [kɔ̃kuʀiʀ] *vi* (*en sport*) competir; **~ à** contribuir a
concours [kɔ̃kuʀ] *vb voir* **concourir** ▸ *nm* concurso; (*Scol*) examen *m* eliminatorio; **recrutement par voie de ~** (*Admin*) incorporación *f* mediante oposición; (*Scol*) incorporación mediante examen eliminatorio; **apporter son ~ à** ayudar a; **~ de circonstances** cúmulo de circunstancias; **~ hippique** concurso hípico
concret, -ète [kɔ̃kʀɛ, ɛt] *adj* concreto(-a); **musique concrète** música concreta
concrètement [kɔ̃kʀɛtmɑ̃] *adv* concretamente
concrétisation [kɔ̃kʀetizasjɔ̃] *nf* concreción *f*
concrétiser [kɔ̃kʀetize] *vt* concretar; **se concrétiser** *vpr* concretarse
conçu, e [kɔ̃sy] *pp de* **concevoir**
concubin, e [kɔ̃kybɛ̃, in] *nm/f* (*Jur*) compañero(-a)
concubinage [kɔ̃kybinaʒ] *nm* concubinato
concubine [kɔ̃kybin] *nf* (*maîtresse*) concubina; *voir aussi* **concubin**
concupiscence [kɔ̃kypisɑ̃s] *nf* concupiscencia
concurremment [kɔ̃kyʀamɑ̃] *adv* (*conjointement*) conjuntamente; (*en même temps*) simultáneamente
concurrence [kɔ̃kyʀɑ̃s] *nf* competencia; **en ~ avec** en competencia con; **jusqu'à ~ de** hasta un total de; **~ déloyale** competencia desleal
concurrencer [kɔ̃kyʀɑ̃se] *vt* hacer la competencia a
concurrent, e [kɔ̃kyʀɑ̃, ɑ̃t] *adj* (*société*) competidor(a); (*parti*) opositor(a) ▸ *nm/f* (*Sport, Écon*) competidor(a); (*Scol*) candidato(-a)
concurrentiel, le [kɔ̃kyʀɑ̃sjɛl] *adj* competitivo(-a)
conçus [kɔ̃sy] *vb voir* **concevoir**
condamnable [kɔ̃danabl] *adj* condenable
condamnation [kɔ̃danasjɔ̃] *nf* condena; **~ à mort** condena de muerte
condamné, e [kɔ̃dane] *nm/f* condenado(-a)
condamner [kɔ̃dane] *vt* condenar; (*malade*) desahuciar; (*fig*) invalidar; **~ qn à qch/à faire** (*obliger*) condenar a algn a algo/a hacer; **~ qn à deux ans de prison** condenar a algn a dos años de prisión; **~ qn à une amende** imponer una multa a algn
condensateur [kɔ̃dɑ̃satœʀ] *nm* condensador *m*
condensation [kɔ̃dɑ̃sasjɔ̃] *nf* condensación *f*
condensé, e [kɔ̃dɑ̃se] *adj* condensado(-a) ▸ *nm* extracto
condenser [kɔ̃dɑ̃se] *vt* (*texte*) resumir, condensar; (*gaz*) condensar; **se condenser** *vpr* (*matière*) condensarse
condescendance [kɔ̃desɑ̃dɑ̃s] *nf* condescendencia
condescendant, e [kɔ̃desɑ̃dɑ̃, ɑ̃t] *adj* condescendiente

C

condescendre [kɔ̃desɑ̃dʀ] *vi* : **~ à qch/à faire qch** condescender a algo/a hacer algo
condiment [kɔ̃dimɑ̃] *nm* condimento
condisciple [kɔ̃disipl] *nmf* condiscípulo(-a)
condition [kɔ̃disjɔ̃] *nf* condición *f*; **sans ~** sin condiciones; **à/sous ~ de/que** a/con la condición de/de que; **en bonne ~** (*aliments, envoi*) en buenas condiciones; **mettre en ~** (*Sport*) entrenar; (*Psych*) condicionar; **conditions** *nfpl* (*tarif, prix, circonstances*) condiciones *fpl*; **conditions atmosphériques** condiciones atmosféricas; **conditions de vie** condiciones de vida
conditionné, e [kɔ̃disjɔne] *adj* (*produit*) envasado(-a); **air ~** aire *m* acondicionado; **réflexe ~** reflejo condicionado
conditionnel, le [kɔ̃disjɔnɛl] *adj* condicional ▸ *nm* (*Ling*) condicional *m*
conditionnement [kɔ̃disjɔnmɑ̃] *nm* acondicionamiento; (*emballage*) embalaje *m*, envasado; (*fig*) condicionamiento
conditionner [kɔ̃disjɔne] *vt* (*aussi fig*) condicionar; (*produit*) envasar, acondicionar
condoléances [kɔ̃dɔleɑ̃s] *nfpl* pésame *m*
conducteur, -trice [kɔ̃dyktœʀ, tʀis] *adj* conductor(a) ▸ *nm* (*Élec*) conductor *m* ▸ *nm/f* conductor(a)
conduire [kɔ̃dɥiʀ] *vt* conducir; (*passager*) llevar; (*diriger*) dirigir; **~ vers/à** (*suj : route*) conducir a, llevar hacia/a; **~ à** (*suj : attitude, erreur*) llevar a; **~ qn quelque part** llevar a algn a algún sitio; **se conduire** *vpr* comportarse, portarse; **se ~ bien/mal** portarse bien/mal
conduit [kɔ̃dɥi] *pp de* **conduire** ▸ *nm* conducto
conduite [kɔ̃dɥit] *nf* (*en auto*) conducción *f*, manejo (*AM*); (*comportement*) conducta; (*d'eau, gaz*) conducto; **sous la ~ de** bajo la dirección de; **~ à gauche** conducción *f* por la izquierda; **~ forcée** tubería *ou* conducción *f* forzada; **~ intérieure** coche *m* cerrado, limusina
cône [kon] *nm* cono; **en forme de ~** en forma de cono; **~ d'avalanche** cono de avalancha; **~ de déjection** cono de deyección
confection [kɔ̃fɛksjɔ̃] *nf* confección *f*; **la ~** (*Couture*) la confección; **vêtement de ~** ropa de confección
confectionner [kɔ̃fɛksjɔne] *vt* confeccionar
confédération [kɔ̃fedeʀasjɔ̃] *nf* confederación *f*
conférence [kɔ̃feʀɑ̃s] *nf* conferencia; **~ au sommet** conferencia cumbre; **~ de presse** conferencia de prensa
conférencier, -ière [kɔ̃feʀɑ̃sje, jɛʀ] *nm/f* conferenciante *mf*
conférer [kɔ̃feʀe] *vt* : **~ à qn** (*titre, grade*) otorgar *ou* conferir a algn; **~ à qn/qch** (*attitude, aspect*) conferir a algn/algo
confesser [kɔ̃fese] *vt* confesar; **se confesser** *vpr* confesarse
confesseur [kɔ̃fesœʀ] *nm* confesor *m*
confession [kɔ̃fesjɔ̃] *nf* confesión *f*
confessionnal, -aux [kɔ̃fesjɔnal, o] *nm* confesionario
confessionnel, le [kɔ̃fesjɔnɛl] *adj* confesional
confetti [kɔ̃feti] *nm* confetis *mpl*
confiance [kɔ̃fjɑ̃s] *nf* confianza; **avoir ~ en** tener confianza en; **faire ~ à** confiar en; **en toute ~** con toda confianza; **mettre qn en ~** dar confianza a algn; **de ~** de confianza; **question/vote de ~** moción *f*/voto de confianza; **inspirer ~ à** inspirar confianza a; **digne de ~** digno de confianza; **~ en soi** confianza en sí mismo
confiant, e [kɔ̃fjɑ̃, jɑ̃t] *adj* confiado(-a)
confidence [kɔ̃fidɑ̃s] *nf* confidencia
confident, e [kɔ̃fidɑ̃, ɑ̃t] *nm/f* confidente *mf*
confidentiel, le [kɔ̃fidɑ̃sjɛl] *adj* confidencial
confidentiellement [kɔ̃fidɑ̃sjɛlmɑ̃] *adv* confidencialmente
confier [kɔ̃fje] *vt* confiar; **~ qch à qn** (*en dépôt, garde*) confiar algo a algn; **se ~ à qn** confiarse a algn
configuration [kɔ̃figyʀasjɔ̃] *nf* configuración *f*
configurer [kɔ̃figyʀe] *vt* configurar
confiné, e [kɔ̃fine] *adj* (*air*) viciado(-a); (*chez soi*) recluido(-a)
confiner [kɔ̃fine] *vt* : **~ à** limitar con; (*toucher*) lindar con; **la maladie le confine chez lui** la enfermedad lo tiene recluido en casa; **se confiner dans** *ou* **à** *vpr* (*se restreindre*) encerrarse en; (*dans un lieu*) confinarse en, encerrarse en
confins [kɔ̃fɛ̃] *nmpl* : **aux ~ de** en los confines de
confire [kɔ̃fiʀ] *vt* (*au sucre*) confitar; (*au vinaigre*) encurtir
confirmation [kɔ̃fiʀmasjɔ̃] *nf* confirmación *f*
confirmer [kɔ̃fiʀme] *vt* confirmar; **~ qn dans une croyance** reafirmar a algn en sus creencias; **~ qn dans ses fonctions** ratificar a algn en sus funciones; **~ qch à qn** confirmar algo a algn
confiscation [kɔ̃fiskasjɔ̃] *nf* confiscación *f*
confiserie [kɔ̃fizʀi] *nf* confitería; **confiseries** *nfpl* golosinas *fpl*
confiseur, -euse [kɔ̃fizœʀ, øz] *nm/f* confitero(-a)
confisquer [kɔ̃fiske] *vt* (*Jur*) confiscar; (*à un enfant*) quitar
confit, e [kɔ̃fi, it] *adj* : **fruits confits** frutas *fpl* confitadas; **~ d'oie** *nm* conserva de oca en su grasa
confiture [kɔ̃fityʀ] *nf* confitura, mermelada; **~ d'oranges** mermelada de naranja
conflagration [kɔ̃flagʀasjɔ̃] *nf* conflagración *f*

conflictuel, le [kɔ̃fliktɥɛl] *adj* conflictivo(-a)
conflit [kɔ̃fli] *nm* conflicto; (*fig*) choque *m*, conflicto; **~ armé** conflicto armado
confluent [kɔ̃flyɑ̃] *nm* confluencia
confondre [kɔ̃fɔ̃dʀ] *vt* confundir; **~ qch/qn avec qch/qn d'autre** confundir algo/a algn con algo/con algn; **se confondre** *vpr* confundirse; **se ~ en excuses/ remerciements** deshacerse en disculpas/ agradecimientos
confondu, e [kɔ̃fɔ̃dy] *pp de* **confondre** ▸ *adj* (*stupéfait*) confuso(-a), perplejo(-a); **toutes catégories confondues** para todas las categorías
conformation [kɔ̃fɔʀmasjɔ̃] *nf* conformación *f*
conforme [kɔ̃fɔʀm] *adj* : **~ à** conforme a; **copie certifiée ~ (à l'original)** copia compulsada; **~ à la commande** según el pedido, conforme con el pedido
conformé, e [kɔ̃fɔʀme] *adj* : **bien ~** bien formado(-a)
conformément [kɔ̃fɔʀmemɑ̃] *adv* : **~ à** conforme a, según
conformer [kɔ̃fɔʀme] *vt* : **~ qch à** adecuar algo a; **se conformer à** *vpr* adecuarse a, adaptarse a
conformisme [kɔ̃fɔʀmism] *nm* conformismo
conformiste [kɔ̃fɔʀmist] *adj, nmf* conformista *mf*
conformité [kɔ̃fɔʀmite] *nf* conformidad *f*; **en ~ avec** (*un modèle, une règle*) en conformidad con; (*idées*) de acuerdo con
confort [kɔ̃fɔʀ] *nm* confort *m*; **tout ~** con todas las comodidades
confortable [kɔ̃fɔʀtabl] *adj* confortable, cómodo(-a); (*avance*) holgado(-a)
confortablement [kɔ̃fɔʀtabləmɑ̃] *adv* (*dans le confort*) cómodamente; (*dans la richesse*) holgadamente; (*dans une association*) generosamente
conforter [kɔ̃fɔʀte] *vt* confortar
confrère [kɔ̃fʀɛʀ] *nm* colega *m*
confrérie [kɔ̃fʀeʀi] *nf* cofradía
confrontation [kɔ̃fʀɔ̃tasjɔ̃] *nf* confrontación *f*; (*Jur*) careo
confronté, e [kɔ̃fʀɔ̃te] *adj* : **~ à** enfrentado(-a) a
confronter [kɔ̃fʀɔ̃te] *vt* confrontar; (*textes*) cotejar, confrontar; (*Jur*) confrontar, hacer un careo entre
confus, e [kɔ̃fy, yz] *adj* confuso(-a)
confusément [kɔ̃fyzemɑ̃] *adv* (*distinguer*) confusamente; (*parler*) de forma ininteligible
confusion [kɔ̃fyzjɔ̃] *nf* confusión *f*; **~ des peines** confusión de las penas
congé [kɔ̃ʒe] *nm* (*vacances*) vacaciones *fpl*; (*arrêt de travail*) descanso; (*Mil*) permiso; (*avis de départ*) baja; **en ~** de vacaciones; (*en arrêt de travail*) de descanso; (*soldat*) de licencia; **semaine/jour de ~** semana/día *m* de vacaciones; **prendre ~ de qn** despedirse de algn; **donner son ~ à** despedir a; **~ de maladie** baja por enfermedad; **~ de maternité** baja maternal; **congés payés** vacaciones pagadas
congédier [kɔ̃ʒedje] *vt* despedir
congélateur [kɔ̃ʒelatœʀ] *nm* congelador *m*
congélation [kɔ̃ʒelasjɔ̃] *nf* congelación *f*
congeler [kɔ̃ʒ(ə)le] *vt* congelar; **se congeler** *vpr* congelarse
congénère [kɔ̃ʒenɛʀ] *nmf* congénere *mf*
congénital, e, -aux [kɔ̃ʒenital, o] *adj* congénito(-a)
congère [kɔ̃ʒɛʀ] *nf* montón *m* de nieve
congestion [kɔ̃ʒɛstjɔ̃] *nf* (*routière, postale*) congestión *f*; **~ cérébrale** derrame *m* cerebral; **~ pulmonaire** congestión pulmonar
congestionner [kɔ̃ʒɛstjɔne] *vt* congestionar
conglomérat [kɔ̃glɔmeʀa] *nm* conglomerado
Congo [kɔ̃go] *nm* : **le ~** (*pays, fleuve*) el Congo
congolais, e [kɔ̃gɔlɛ, ɛz] *adj* congolés(-esa) ▸ *nm/f* : **Congolais, e** congolés(-esa)
congratuler [kɔ̃gʀatyle] *vt* congratular
congre [kɔ̃gʀ] *nm* congrio
congrégation [kɔ̃gʀegasjɔ̃] *nf* congregación *f*
congrès [kɔ̃gʀɛ] *nm* congreso
congressiste [kɔ̃gʀesist] *nmf* congresista *mf*
congru, e [kɔ̃gʀy] *adj* : **portion congrue** porción *f* congrua
conifère [kɔnifɛʀ] *nm* conífera
conique [kɔnik] *adj* cónico(-a)
conjecture [kɔ̃ʒɛktyʀ] *nf* conjetura
conjecturer [kɔ̃ʒɛktyʀe] *vt* conjeturar ▸ *vi* hacer conjeturas
conjoint, e [kɔ̃ʒwɛ̃, wɛ̃t] *adj* conjunto(-a) ▸ *nm/f* (*époux*) cónyuge *mf*
conjointement [kɔ̃ʒwɛ̃tmɑ̃] *adv* conjuntamente
conjonctif, -ive [kɔ̃ʒɔ̃ktif, iv] *adj* : **tissu ~** tejido conjuntivo
conjonction [kɔ̃ʒɔ̃ksjɔ̃] *nf* conjunción *f*
conjonctivite [kɔ̃ʒɔ̃ktivit] *nf* conjuntivitis *f inv*
conjoncture [kɔ̃ʒɔ̃ktyʀ] *nf* coyuntura; **la ~ économique** la coyuntura económica
conjoncturel, le [kɔ̃ʒɔ̃ktyʀɛl] *adj* coyuntural
conjugaison [kɔ̃ʒygɛzɔ̃] *nf* conjugación *f*
conjugal, e, -aux [kɔ̃ʒygal, o] *adj* conyugal
conjugué, e [kɔ̃ʒyge] *adj* conjugado(-a)
conjuguer [kɔ̃ʒyge] *vt* (*Ling*) conjugar; (*efforts*) conjugar, aunar
conjuration [kɔ̃ʒyʀasjɔ̃] *nf* conjuración *f*
conjuré, e [kɔ̃ʒyʀe] *nm/f* conjurado(-a)
conjurer [kɔ̃ʒyʀe] *vt* conjurar; **~ qn de faire qch** (*supplier*) rogar *ou* suplicar a algn que haga algo

C

connais [kɔnɛ] *vb voir* **connaître**
connaissais [kɔnɛsɛ] *vb voir* **connaître**
connaissance [kɔnɛsɑ̃s] *nf* (*savoir*) conocimiento; (*personne connue*) conocido(-a); (*conscience, perception*) conocimiento, sentido; **être sans ~** (*Méd*) estar sin conocimiento; **perdre/reprendre ~** perder/recobrar el conocimiento; **à ma/sa ~** por lo que sé/sabe; **faire ~ avec qn** *ou* **la ~ de qn** (*rencontrer*) conocer a algn; (*apprendre à connaître*) llegar a conocer a algn; **avoir ~ de** (*document, fait*) tener conocimiento de; **j'ai pris ~ de ...** ha llegado a mi conocimiento ...; **en ~ de cause** con conocimiento de causa; **de ~** conocido(-a); **connaissances** *nfpl* (*savoir*) conocimientos *mpl*
connaissant [kɔnɛsɑ̃] *vb voir* **connaître**
connaissement [kɔnɛsmɑ̃] *nm* conocimiento
connaisseur, -euse [kɔnɛsœʀ, øz] *nm/f* conocedor(a), entendido(-a) ▸ *adj* de entendido(-a)
connaître [kɔnɛtʀ] *vt* conocer; (*adresse*) conocer, saber; **~ qn de nom/vue** conocer a algn de nombre/vista; **s'y ~ en qch** entender mucho de algo; **se connaître** *vpr* conocerse; (*se rencontrer*) conocerse, encontrarse; **ils se sont connus à Genève** se conocieron en Ginebra
connasse [kɔnas] (*fam !*) *nf* gilipollas *mf inv* (*fam !*)
connecté, e [kɔnɛkte] *adj* (*Inform*) conectado(-a), en línea
connecter [kɔnɛkte] *vt* conectar; **se connecter** *vpr* : **se ~ à Internet** conectarse a Internet
connectivité [kɔnɛktivite] *nf* (*Inform*) conectividad *f*
connerie [kɔnʀi] (*fam !*) *nf* gilipollez *f*
connexe [kɔnɛks] *adj* conexo(-a)
connexion [kɔnɛksjɔ̃] *nf* conexión *f*
connivence [kɔnivɑ̃s] *nf* connivencia
connotation [kɔ(n)nɔtasjɔ̃] *nf* connotación *f*
connu, e [kɔny] *pp de* **connaître** ▸ *adj* conocido(-a)
conque [kɔ̃k] *nf* caracola
conquérant, e [kɔ̃keʀɑ̃, ɑ̃t] *adj* conquistador(a)
conquérir [kɔ̃keʀiʀ] *vt* (*en luttant*) conquistar; (*en séduisant*) conquistar, cautivar
conquerrai [kɔ̃kɛʀʀe] *vb voir* **conquérir**
conquête [kɔ̃kɛt] *nf* conquista
conquière *etc* [kɔ̃kjɛʀ] *vb voir* **conquérir**
conquiers *etc* [kɔ̃kjɛʀ] *vb voir* **conquérir**
conquis, e [kɔ̃ki, iz] *pp de* **conquérir**
consacré, e [kɔ̃sakʀe] *adj* consagrado(-a); **~ à** (*destiné à*) destinado(-a) a
consacrer [kɔ̃sakʀe] *vt* (*Rel*) : **~ qch (à)** consagrar algo (a); (*fig*) consagrar; **~ son temps/argent à faire** dedicar su tiempo/dinero a hacer; **~ qch à** (*employer*) dedicar algo a; **se consacrer** *vpr* : **se ~ à qch/à faire** dedicarse a algo/a hacer
consanguin, e [kɔ̃sɑ̃gɛ̃, in] *adj* : **frère ~** hermano consanguíneo; **mariage ~** matrimonio consanguíneo
consciemment [kɔ̃sjamɑ̃] *adv* conscientemente
conscience [kɔ̃sjɑ̃s] *nf* conciencia; **avoir ~ de** ser consciente de; **prendre ~ de** (*situation, responsabilité*) tomar conciencia de; **avoir qch sur la ~** tener el peso de algo en la conciencia; **perdre/reprendre ~** perder/recuperar el conocimiento; **avoir bonne/mauvaise ~** tener buena/mala conciencia; **en (toute) ~** en conciencia; **~ professionnelle** conciencia profesional
consciencieux, -euse [kɔ̃sjɑ̃sjø, jøz] *adj* concienzudo(-a)
conscient, e [kɔ̃sjɑ̃, jɑ̃t] *adj* consciente; **~ de** consciente de
conscription [kɔ̃skʀipsjɔ̃] *nf* quinta, reclutamiento
conscrit [kɔ̃skʀi] *nm* recluta *m*
consécration [kɔ̃sekʀasjɔ̃] *nf* consagración *f*
consécutif, -ive [kɔ̃sekytif, iv] *adj* consecutivo(-a); **~ à** debido(-a) a
consécutivement [kɔ̃sekytivmɑ̃] *adv* consecutivamente; **~ à** a consecuencia de
conseil [kɔ̃sɛj] *nm* consejo; **~ en recrutement** (*expert*) asesor *m* de contratación; **tenir ~** celebrar consejo; **je n'ai pas de ~ à recevoir de vous** no necesito recibir consejo de usted; **donner un ~/des conseils à qn** dar un consejo/consejos a algn; **demander ~ à qn** pedir consejo a algn; **prendre ~ (auprès de qn)** consultar (a algn); **~ d'administration** consejo de administración; **~ de classe/de discipline** (*Scol*) consejo escolar/disciplinario; **~ de guerre** consejo de guerra; **~ départemental** consejo departamental; *ver nota*; **~ de révision** junta de clasificación *ou* de revisión; **~ des ministres** consejo de ministros; **~ municipal** concejo, pleno municipal; **~ régional** consejo regional ▸ *adj* : **ingénieur(-)~** ingeniero consultor

Conseil départemental

En Francia, el **Conseil départemental** se ocupa de las ayudas sociales, las infraestructuras de transportes, el turismo, el servicio de bomberos, ciertos aspectos de la cultura y la educación a nivel de cada *département*. Forman el consejo los *conseillers départementaux*, cada uno de los cuales representa a un *canton* y es elegido por un período de seis años. La mitad de los miembros del consejo son elegidos cada tres años.

conseiller[1] [kɔ̃seje] *vt* aconsejar a; **~ qch à qn** aconsejar algo a algn; **~ à qn de faire qch** aconsejar a algn hacer algo

> Pour traduire **conseiller de**, on n'emploie pas de préposition en espagnol :
> **Il m'a conseillé d'utiliser un dictionnaire.**
> Me aconsejó utilizar un diccionario.

conseiller[2]**, -ère** [kɔ̃seje, ɛʀ] *nm/f* consejero(-a); **~ d'orientation** (*Scol*) asesor(a) de orientación profesional; **~ matrimonial(e)** asesor(a) matrimonial; **~ municipal(e)** concejal(a)

consensuel, le [kɔ̃sɑ̃sɥɛl] *adj* consensuado(-a); (*Jur*) consensual

consensus [kɔ̃sɛ̃sys] *nm* consenso

consentement [kɔ̃sɑ̃tmɑ̃] *nm* consentimiento

consentir [kɔ̃sɑ̃tiʀ] *vt* : **~ (à qch/à faire)** consentir (en algo/en hacer); **~ qch à qn** consentir algo a algn

conséquence [kɔ̃sekɑ̃s] *nf* consecuencia; **en ~** (*donc*) en consecuencia, por consiguiente; (*de façon appropriée*) en consecuencia; **ne pas tirer à ~** no traer consecuencias; **sans ~** sin consecuencia; **lourd de ~** lleno de consecuencias; **conséquences** *nfpl* (*effet, répercussion*) consecuencias *fpl*

conséquent, e [kɔ̃sekɑ̃, ɑ̃t] *adj* (*personne, attitude*) consecuente; (*fam : important*) importante; **par ~** por consiguiente, por lo tanto

conservateur, -trice [kɔ̃sɛʀvatœʀ, tʀis] *adj* conservador(a) ▸ *nm/f* conservador(a) ▸ *nm* (*Biol, Chim : produit*) conservante *m*

conservation [kɔ̃sɛʀvasjɔ̃] *nf* conservación *f*

conservatisme [kɔ̃sɛʀvatism] *nm* conservadurismo

conservatoire [kɔ̃sɛʀvatwaʀ] *nm* (*de musique*) conservatorio; (*de comédiens*) escuela de arte dramático

conserve [kɔ̃sɛʀv] *nf* (*gén pl : aliments*) conserva; **en ~** en conserva; **de ~** (*ensemble*) juntos(-as); (*naviguer*) en conserva; **conserves de poisson** conservas de pescado

conservé, e [kɔ̃sɛʀve] *adj* : **bien ~** (*personne*) bien conservado(-a)

conserver [kɔ̃sɛʀve] *vt* conservar; (*habitude*) mantener, conservar; **« ~ au frais »** « conservar en frío »; **se conserver** *vpr* conservarse

conserverie [kɔ̃sɛʀvəʀi] *nf* fábrica de conservas, conservería

considérable [kɔ̃sideʀabl] *adj* considerable

considérablement [kɔ̃sideʀabləmɑ̃] *adv* considerablemente

considération [kɔ̃sideʀasjɔ̃] *nf* consideración *f*; (*raison*) razonamiento, consideración; **prendre en ~** tomar en consideración; **cela mérite ~** eso merece ser considerado; **en ~ de** en consideración a; **considérations** *nfpl* (*remarques, réflexions*) consideraciones *fpl*

considéré, e [kɔ̃sideʀe] *adj* considerado(-a); **tout bien ~** considerándolo mejor

considérer [kɔ̃sideʀe] *vt* considerar; (*regarder*) examinar; **~ que** considerar que; **~ qch comme** considerar algo como

consigne [kɔ̃siɲ] *nf* (*ordre, instruction, de gare*) consigna; (*de bouteilles*) importe *m* (del envase); (*retenue*) castigo; (*Mil*) arresto; **~ automatique** consigna automática; **consignes de sécurité** consignas de seguridad

consigné, e [kɔ̃siɲe] *adj* : **~/non ~** retornable/no retornable

consigner [kɔ̃siɲe] *vt* (*note, pensée*) consignar, anotar; (*marchandises*) consignar; (*Mil*) arrestar; (*élève*) castigar; (*emballage*) cobrar el envase

consistance [kɔ̃sistɑ̃s] *nf* (*d'une substance*) consistencia; (*fig*) solidez *f*

consistant, e [kɔ̃sistɑ̃, ɑ̃t] *adj* consistente; (*argument*) consistente, de peso

consister [kɔ̃siste] *vi* : **~ en** *ou* **dans** consistir en; **~ à faire** consistir en hacer

consœur [kɔ̃sœʀ] *nf* colega

consolation [kɔ̃sɔlasjɔ̃] *nf* : **avoir la ~ de** tener el consuelo de; **lot/prix de ~** lote *m*/premio de consolación

console [kɔ̃sɔl] *nf* (*table*) consola; (*Constr*) ménsula; (*Inform*) tablero; (*d'enregistrement*) mesa de grabación; **~ de jeu** consola (de videojuegos); **~ de visualisation** consola de visualización; **~ graphique** mesa de trazador

consoler [kɔ̃sɔle] *vt* consolar; **se ~ (de qch)** consolarse (de algo)

consolider [kɔ̃sɔlide] *vt* (*aussi fig*) consolidar; (*meuble*) reforzar; **bilan consolidé** balance *m* consolidado

consommateur, -trice [kɔ̃sɔmatœʀ, tʀis] *nm/f* (*Écon*) consumidor(a); (*dans un café*) cliente *mf*

consommation [kɔ̃sɔmasjɔ̃] *nf* consumo; (*au café*) consumición *f*; **la ~** (*Écon*) el consumo; **de ~** (*biens*) de consumo; **~ aux 100 km** (*Auto*) consumo cada 100 km

consommé, e [kɔ̃sɔme] *adj* consumado(-a) ▸ *nm* consomé *m*

consommer [kɔ̃sɔme] *vt* consumir; (*mariage*) consumar ▸ *vi* (*dans un café*) consumir, tomar

consonance [kɔ̃sɔnɑ̃s] *nf* consonancia; **nom à ~ étrangère** nombre *m* que suena extranjero

consonne [kɔ̃sɔn] *nf* consonante *f*

consortium [kɔ̃sɔʀsjɔm] *nm* consorcio

consorts [kɔ̃sɔʀ] (*péj*) *nmpl* : **et ~** y secuaces

conspirateur, -trice [kɔ̃spiʀatœʀ, tʀis] *nm/f* conspirador(a)

C

conspiration [kɔ̃spiʀasjɔ̃] *nf* conspiración *f*
conspirer [kɔ̃spiʀe] *vi* conspirar; **~ à** (*tendre à*) contribuir a; (*qch de négatif*) conspirar a
conspuer [kɔ̃spɥe] *vt* abuchear
constamment [kɔ̃stamɑ̃] *adv* constantemente
constance [kɔ̃stɑ̃s] *nf* constancia
constant, e [kɔ̃stɑ̃, ɑ̃t] *adj* constante
constante [kɔ̃stɑ̃t] *nf* constante *f*
constat [kɔ̃sta] *nm* (*d'huissier*) acta; (*après un accident*) atestado; **faire un ~ démoralisant** llegar a una conclusión desmoralizante; **faire un ~ d'échec** reconocer su *etc* fracaso; **~ (à l'amiable)** (*Auto*) parte *m* amistoso
constatation [kɔ̃statasjɔ̃] *nf* (*d'un fait*) constatación *f*; (*remarque*) constatación, observación *f*
constater [kɔ̃state] *vt* (*remarquer*) advertir, observar; (*Admin, Jur*) testificar; (*dégâts*) constatar; **~ que** (*remarquer*) notar que; (*faire observer, dire*) advertir que
constellation [kɔ̃stelasjɔ̃] *nf* constelación *f*
constellé, e [kɔ̃stele] *adj* : **~ de** (*joyaux, lumières*) cuajado(-a) de; (*taches*) salpicado(-a) de
consternant, e [kɔ̃stɛʀnɑ̃, ɑ̃t] *adj* desolador(a)
consternation [kɔ̃stɛʀnasjɔ̃] *nf* consternación *f*
consterner [kɔ̃stɛʀne] *vt* consternar
constipation [kɔ̃stipasjɔ̃] *nf* estreñimiento
constipé, e [kɔ̃stipe] *adj* estreñido(-a); (*fig*) crispado(-a)
constiper [kɔ̃stipe] *vt* estreñir
constituant, e [kɔ̃stitɥɑ̃, ɑ̃t] *adj* constituyente; **assemblée constituante** asamblea constituyente
constitué, e [kɔ̃stitɥe] *adj* : **~ de** constituido(-a) por, integrado(-a) por; **bien/mal ~** bien/mal constituido(-a) *ou* formado(-a)
constituer [kɔ̃stitɥe] *vt* constituir; (*dossier*) elaborar; (*collection*) reunir; **se ~ partie civile** constituirse en parte civil; **se ~ prisonnier** entregarse a la justicia
constitution [kɔ̃stitysjɔ̃] *nf* constitución *f*; (*d'un dossier*) elaboración *f*; (*composition*) composición *f*
constitutionnel, le [kɔ̃stitysjɔnɛl] *adj* constitucional
constructeur [kɔ̃stʀyktœʀ] *nm* constructor *m*; **~ automobile** fabricante *m* de coches
constructible [kɔ̃stʀyktibl] *adj* edificable
constructif, -ive [kɔ̃stʀyktif, iv] *adj* constructivo(-a)
construction [kɔ̃stʀyksjɔ̃] *nf* construcción *f*
construire [kɔ̃stʀɥiʀ] *vt* construir; **se construire** *vpr* : **ça s'est beaucoup construit dans la région** se edificó mucho en la región
consul [kɔ̃syl] *nmf* cónsul *mf*
consulaire [kɔ̃sylɛʀ] *adj* consular
consulat [kɔ̃syla] *nm* consulado
consultant, e [kɔ̃syltɑ̃, ɑ̃t] *adj* consultor(a)
consultatif, -ive [kɔ̃syltatif, iv] *adj* consultivo(-a)
consultation [kɔ̃syltasjɔ̃] *nf* consulta; **être en ~** (*délibération*) estar en deliberación; (*Méd*) estar pasando consulta; **aller à la ~** (*Méd*) ir a la consulta; **heures de ~** (*Méd*) horas *fpl* de consulta; **consultations** *nfpl* (*pourparlers*) deliberaciones *fpl*
consulter [kɔ̃sylte] *vt* consultar ▸ *vi* (*médecin*) examinar; **se consulter** *vpr* consultarse
consumer [kɔ̃syme] *vt* consumir; **se consumer** *vpr* consumirse; **se ~ de chagrin/douleur** consumirse de pena/dolor
consumérisme [kɔ̃symeʀism] *nm protección de los intereses de los consumidores*
contact [kɔ̃takt] *nm* contacto; **au ~ de** al contacto con; **mettre/couper le ~** (*Auto*) encender *ou* poner/apagar *ou* quitar el contacto; **entrer en ~** (*fils, objets*) hacer contacto; **se mettre en ~ avec qn** ponerse en contacto con algn; **prendre ~ avec** ponerse en contacto con
contacter [kɔ̃takte] *vt* contactar con
contagieux, -euse [kɔ̃taʒjø, jøz] *adj* contagioso(-a)
contagion [kɔ̃taʒjɔ̃] *nf* contagio
container [kɔ̃tɛnɛʀ] *nm* contenedor *m*, container *m*
contamination [kɔ̃taminasjɔ̃] *nf* contaminación *f*
contaminer [kɔ̃tamine] *vt* contaminar
conte [kɔ̃t] *nm* cuento; **~ de fées** cuento de hadas
contemplatif, -ive [kɔ̃tɑ̃platif, iv] *adj* contemplativo(-a)
contemplation [kɔ̃tɑ̃plasjɔ̃] *nf* (*aussi Rel, Philos*) contemplación *f*; **être en ~ devant** estar ensimismado(-a) delante de
contempler [kɔ̃tɑ̃ple] *vt* contemplar
contemporain, e [kɔ̃tɑ̃pɔʀɛ̃, ɛn] *adj, nm/f* contemporáneo(-a)
contenance [kɔ̃t(ə)nɑ̃s] *nf* (*d'un récipient*) capacidad *f*, cabida; (*attitude*) compostura, actitud *f*; **perdre ~** (*se mettre en colère*) perder los estribos; (*être embarrassé*) perder el aplomo; **se donner une ~** fingir serenidad, disimular; **faire bonne ~ devant** mostrar aplomo ante
conteneur [kɔ̃t(ə)nœʀ] *nm* contenedor *m*
conteneurisation [kɔ̃tnœʀizasjɔ̃] *nf* contenerización *f*
contenir [kɔ̃t(ə)niʀ] *vt* (*aussi fig*) contener; (*local*) tener una capacidad de *ou* para; **se contenir** *vpr* contenerse
content, e [kɔ̃tɑ̃, ɑ̃t] *adj* contento(-a); **~ de qn/qch** contento(-a) con algn/algo; **~ de soi** contento(-a) de sí mismo(-a), satisfecho(-a) de sí mismo(-a); **je serais ~ que tu ...** me alegraría que tú ...

Pour dire que l'on est content de quelque chose, on emploie le plus souvent la construction *alegrarse de* suivie du subjonctif :
Je suis content que tu sois venu. Me alegro de que hayas venido.

contentement [kɔ̃tɑ̃tmɑ̃] *nm* satisfacción *f*
contenter [kɔ̃tɑ̃te] *vt* (*personne*) contentar; (*envie, caprice*) satisfacer; **se contenter de** *vpr* contentarse con
contentieux [kɔ̃tɑ̃sjø] *nm* (*litiges*) contencioso; **le ~** (*service*) lo contencioso
contenu, e [kɔ̃t(ə)ny] *pp de* **contenir** ▸ *adj* (*colère, sentiments*) contenido(-a) ▸ *nm* contenido; **les créateurs de contenus** (*Internet*) los creadores de contenido
conter [kɔ̃te] *vt* contar, relatar; **il m'en a conté de belles !** ¡lo que me ha contado!
contestable [kɔ̃tɛstabl] *adj* discutible
contestataire [kɔ̃tɛstatɛʀ] *adj, nmf* contestatario(-a)
contestation [kɔ̃tɛstasjɔ̃] *nf* (*d'un résultat*) cuestionamiento; (*discussion*) polémica; **la ~** (*Pol*) la oposición
conteste [kɔ̃tɛst] : **sans ~** *adv* sin discusión
contesté, e [kɔ̃tɛste] *adj* controvertido(-a)
contester [kɔ̃tɛste] *vt* discutir, cuestionar ▸ *vi* discutir
conteur, -euse [kɔ̃tœʀ, øz] *nm/f* (*écrivain*) cuentista *mf*; (*narrateur*) narrador(a)
contexte [kɔ̃tɛkst] *nm* (*aussi fig*) contexto
contiendrai *etc* [kɔ̃tjɛ̃dʀe] *vb voir* **contenir**
contiens *etc* [kɔ̃tjɛ̃] *vb voir* **contenir**
contigu, -uë [kɔ̃tigy] *adj* (*choses*) contiguo(-a); (*domaines*) afín; **~ à** contiguo(-a) a
continent [kɔ̃tinɑ̃] *nm* continente *m*
continental, e, -aux [kɔ̃tinɑ̃tal, o] *adj* continental
contingences [kɔ̃tɛ̃ʒɑ̃s] *nfpl* contingencias *fpl*; (*de la vie quotidienne*) hechos *mpl* intrascendentes
contingent [kɔ̃tɛ̃ʒɑ̃] *nm* (*Mil*) contingente *m*; (*Comm*) provisión *f*, abastecimiento ▸ *adj* (*sans importance*) intrascendente
contingenter [kɔ̃tɛ̃ʒɑ̃te] *vt* (*Comm*) contingentar, fijar un contingente sobre
contins *etc* [kɔ̃tɛ̃] *vb voir* **contenir**
continu, e [kɔ̃tiny] *adj* continuo(-a); **courant ~** corriente *f* continua
continuation [kɔ̃tinɥasjɔ̃] *nf* continuación *f*
continuel, e [kɔ̃tinɥɛl] *adj* (*qui se répète*) constante; (*continu : pluie etc*) continuo(-a)
continuellement [kɔ̃tinɥɛlmɑ̃] *adv* continuamente
continuer [kɔ̃tinɥe] *vt* continuar; (*voyage, études etc*) continuar, proseguir; (*suj : allée, rue*) seguir a continuación de; **~ à** *ou* **de faire** seguir haciendo ▸ *vi* continuar; (*voyageur*) continuar, seguir; **vous continuez tout droit** siga todo derecho; **se continuer** *vpr* continuar
continuité [kɔ̃tinɥite] *nf* continuidad *f*
contondant, e [kɔ̃tɔ̃dɑ̃, ɑ̃t] *adj* : **arme contondante** arma contundente
contorsion [kɔ̃tɔʀsjɔ̃] *nf* (*gén pl*) contorsión *f*
contorsionner [kɔ̃tɔʀsjɔne] : **se contorsionner** *vpr* (*aussi péj*) contorsionarse
contorsionniste [kɔ̃tɔʀsjɔnist] *nmf* contorsionista *mf*
contour [kɔ̃tuʀ] *nm* (*d'un objet*) contorno; (*d'un visage*) perfil *m*; **contours** *nmpl* (*d'une rivière etc*) meandros *mpl*
contourner [kɔ̃tuʀne] *vt* (*aussi fig*) rodear, evitar
contraceptif, -ive [kɔ̃tʀasɛptif, iv] *adj* anticonceptivo(-a) ▸ *nm* anticonceptivo
contraception [kɔ̃tʀasɛpsjɔ̃] *nf* contracepción *f*
contracté, e [kɔ̃tʀakte] *adj* (*muscle*) contraído(-a); (*personne*) tenso(-a); **article ~** (*Ling*) artículo contracto
contracter [kɔ̃tʀakte] *vt* (*muscles, maladie, aussi fig*) contraer; (*assurance*) contratar; **se contracter** *vpr* (*métal, muscles*) contraerse; (*fig : personne*) crisparse
contraction [kɔ̃tʀaksjɔ̃] *nf* contracción *f*; **contractions** *nfpl* (*de l'accouchement*) contracciones *fpl*
contractuel, le [kɔ̃tʀaktɥɛl] *adj* contractual ▸ *nm/f* (*agent*) controlador(a) del estacionamiento; (*employé*) empleado(-a) eventual del estado
contradicteur, -trice [kɔ̃tʀadiktœʀ, tʀis] *nm/f* contradictor(a)
contradiction [kɔ̃tʀadiksjɔ̃] *nf* contradicción *f*; **en ~ avec** en contradicción con
contradictoire [kɔ̃tʀadiktwaʀ] *adj* contradictorio(-a); **débat ~** debate *m* contradictorio
contraignant, e [kɔ̃tʀɛɲɑ̃, ɑ̃t] *vb voir* **contraindre** ▸ *adj* apremiante
contraindre [kɔ̃tʀɛ̃dʀ] *vt* : **~ qn à qch/à faire qch** forzar a algn a algo/a hacer algo
contraint, e [kɔ̃tʀɛ̃, ɛ̃t] *pp de* **contraindre** ▸ *adj* (*air*) afectado(-a); (*geste, sourire, mine*) forzado(-a)
contrainte [kɔ̃tʀɛ̃t] *nf* coacción *f*; **sans ~** sin coacción
contraire [kɔ̃tʀɛʀ] *adj* contrario(-a), opuesto(-a); **~ à** contrario(-a) a, opuesto(-a) a; **au ~** al contrario ▸ *nm* contrario; **je ne peux pas dire le ~** no puedo decir lo contrario; **le ~ de** lo contrario de
contrairement [kɔ̃tʀɛʀmɑ̃] *adv* : **~ à** contrariamente a; (*dans une comparaison*) al contrario de
contralto [kɔ̃tʀalto] *nm* contralto
contrariant, e [kɔ̃tʀaʀjɑ̃, jɑ̃t] *adj* : **être ~** (*personne*) llevar siempre la contraria; (*incident*) ser una contrariedad

C

contrarier [kɔ̃tʀaʀje] *vt* (*irriter*) contrariar; (*mouvement, action*) dificultar
contrariété [kɔ̃tʀaʀjete] *nf* contrariedad *f*
contraste [kɔ̃tʀast] *nm* contraste *m*
contraster [kɔ̃tʀaste] *vi* : ~ **(avec)** contrastar (con)
contrat [kɔ̃tʀa] *nm* contrato; (*accord*) acuerdo; ~ **de mariage/travail** contrato de matrimonio/trabajo
contravention [kɔ̃tʀavɑ̃sjɔ̃] *nf* (*infraction*) contravención *f*; (*amende*) multa; **dresser ~ à** poner una multa a
contre [kɔ̃tʀ] *prép* contra; (*en échange*) por; **par ~** en cambio
contre-amiral [kɔ̃tʀamiʀal] (*pl* **contre-amiraux**) *nm* contra(a)lmirante *m*
contre-attaque [kɔ̃tʀatak] (*pl* **contre-attaques**) *nf* contraataque *m*
contre-attaquer [kɔ̃tʀatake] *vi* contraatacar
contrebalancer [kɔ̃tʀəbalɑ̃se] *vt* contrapesar; (*fig*) contrarrestar
contrebande [kɔ̃tʀəbɑ̃d] *nf* contrabando; **faire la ~ de** hacer contrabando de
contrebandier, -ière [kɔ̃tʀəbɑ̃dje, jɛʀ] *nm/f* contrabandista *mf*
contrebas [kɔ̃tʀəbɑ] : **en ~** *adv* más abajo
contrebasse [kɔ̃tʀəbɑs] *nf* contrabajo
contrebassiste [kɔ̃tʀəbɑsist] *nmf* contrabajo *mf*
contre-braquer [kɔ̃tʀəbʀake] *vi* virar en sentido contrario
contrecarrer [kɔ̃tʀəkaʀe] *vt* oponerse a
contrechamp [kɔ̃tʀəʃɑ̃] *nm* (*Ciné*) toma desde el ángulo opuesto
contrecœur [kɔ̃tʀəkœʀ] : **à ~** *adv* de mala gana, a regañadientes
contrecoup [kɔ̃tʀəku] *nm* rebote *m*; **par ~** de rebote
contre-courant [kɔ̃tʀəkuʀɑ̃] (*pl* **contre-courants**) *nm* contracorriente *f*; **à ~** (*Naut*) contra la corriente
contredire [kɔ̃tʀədiʀ] *vt* contradecir; **se contredire** *vpr* contradecirse
contredit, e [kɔ̃tʀədi] *pp de* **contredire** ▸ *nm* : **sans ~** indiscutiblemente
contrée [kɔ̃tʀe] *nf* comarca
contre-écrou [kɔ̃tʀekʀu] (*pl* **contre-écrous**) *nm* contratuerca
contre-enquête [kɔ̃tʀɑ̃kɛt] (*pl* **contre-enquêtes**) *nf* investigación *f* de comprobación
contre-espionnage [kɔ̃tʀɛspjɔnaʒ] (*pl* **contre-espionnages**) *nm* contraespionaje *m*
contre-exemple [kɔ̃tʀɛgzɑ̃pl(ə)] (*pl* **contre-exemples**) *nm* ejemplo contrario
contre-expertise [kɔ̃tʀɛkspɛʀtiz] (*pl* **contre-expertises**) *nf* peritaje *m* de comprobación
contrefaçon [kɔ̃tʀəfasɔ̃] *nf* falsificación *f*; ~ **de brevet** falsificación de la patente
contrefaire [kɔ̃tʀəfɛʀ] *vt* (*document*) falsificar; (*personne, démarche*) imitar; (*sa voix, son écriture*) desfigurar
contrefait, e [kɔ̃tʀəfɛ, ɛt] *pp de* **contrefaire** ▸ *adj* (*difforme*) contrahecho(-a)
contrefasse *etc* [kɔ̃tʀəfas] *vb voir* **contrefaire**
contreferai *etc* [kɔ̃tʀəfəʀe] *vb voir* **contrefaire**
contre-filet [kɔ̃tʀəfilɛ] (*pl* **contre-filets**) *nm* solomillo
contreforts [kɔ̃tʀəfɔʀ] *nmpl* estribaciones *fpl*
contre-haut [kɔ̃tʀəo] : **en ~** *adv* más arriba; (*regarder*) de abajo arriba
contre-indication [kɔ̃tʀɛ̃dikasjɔ̃] (*pl* **contre-indications**) *nf* contraindicación *f*
contre-indiqué, e [kɔ̃tʀɛ̃dike] (*pl* **contre-indiqués, -es**) *adj* contraindicado(-a)
contre-indiquer [kɔ̃tʀɛ̃dike] *vt* contraindicar
contre-interrogatoire [kɔ̃tʀɛ̃teʀɔgatwaʀ] (*pl* **contre-interrogatoires**) *nm* segundo interrogatorio; (*au tribunal*) interrogatorio realizado por la parte adversa
contre-jour [kɔ̃tʀəʒuʀ] : **à ~** *adv* a contraluz
contremaître [kɔ̃tʀəmɛtʀ] *nmf* contramaestre *m*, capataz *mf*
contre-manifestant, e [kɔ̃tʀəmanifɛstɑ̃, ɑ̃t] (*pl* **contre-manifestants, -es**) *nm/f* contramanifestante *mf*
contre-manifestation [kɔ̃tʀəmanifɛstasjɔ̃] (*pl* **contre-manifestations**) *nf* contramanifestación *f*
contremarque [kɔ̃tʀəmaʀk] *nf* contraseña
contre-offensive [kɔ̃tʀɔfɑ̃siv] (*pl* **contre-offensives**) *nf* contraofensiva
contre-ordre [kɔ̃tʀɔʀdʀ] (*pl* **contre-ordres**) *nm* = **contrordre**
contrepartie [kɔ̃tʀəpaʀti] *nf* (*compensation*) contrapartida; **en ~** como contrapartida
contre-performance [kɔ̃tʀəpɛʀfɔʀmɑ̃s] (*pl* **contre-performances**) *nf* (*Sport*) actuación *f* desfavorable
contrepèterie [kɔ̃tʀəpetʀi] *nf* trastocamiento de letras (*como juego de palabras*)
contre-pied [kɔ̃tʀəpje] (*pl* **contre-pieds**) *nm* : **le ~ de …** lo contrario de …; **prendre le ~ de qn** llevar la contraria a algn; **prendre qn à ~** (*Sport*) despistar a algn
contreplaqué [kɔ̃tʀəplake] *nm* contrachapado
contre-plongée [kɔ̃tʀəplɔ̃ʒe] (*pl* **contre-plongées**) *nf* (*Ciné*) contrapicado
contrepoids [kɔ̃tʀəpwɑ] *nm* contrapeso; **faire ~** hacer contrapeso
contre-poil [kɔ̃tʀəpwal] : **à ~** *adv* (*aussi fig*) a contra pelo
contrepoint [kɔ̃tʀəpwɛ̃] *nm* contrapunto
contrepoison [kɔ̃tʀəpwazɔ̃] *nm* contraveneno, antídoto
contrer [kɔ̃tʀe] *vt* (*Sport*) parar; (*adversaire, gén*) oponerse a

contre-révolution [kɔ̃tʀəʀevɔlysjɔ̃] (*pl* **contre-révolutions**) *nf* contrarrevolución *f*
contre-révolutionnaire [kɔ̃tʀəʀevɔlysjɔnɛʀ] (*pl* **contre-révolutionnaires**) *adj, nmf* contrarrevolucionario(-a)
contresens [kɔ̃tʀəsɑ̃s] *nm* contrasentido; **à ~** en sentido contrario
contresigner [kɔ̃tʀəsiɲe] *vt* refrendar
contretemps [kɔ̃tʀətɑ̃] *nm* contratiempo; **à ~** (*Mus*) a contratiempo; (*fig*) a destiempo
contre-terrorisme [kɔ̃tʀətɛʀɔʀism] (*pl* **contre-terrorismes**) *nm* contraterrorismo
contre-terroriste [kɔ̃tʀətɛʀɔʀist(ə)] (*pl* **contre-terroristes**) *nmf* contraterrorista *mf*
contre-torpilleur [kɔ̃tʀətɔʀpijœʀ] (*pl* **contre-torpilleurs**) *nm* contratorpedo
contrevenant, e [kɔ̃tʀəv(ə)nɑ̃, ɑ̃t] *vb voir* **contrevenir** ▶ *nm/f* contraventor(a)
contrevenir [kɔ̃tʀəv(ə)niʀ] : **~ à** *vt* contravenir, transgredir
contre-voie [kɔ̃tʀəvwa] : **à ~** *adv* (*en sens inverse*) por la vía contraria; (*du mauvais côté*) por el lado contrario
contribuable [kɔ̃tʀibɥabl] *nmf* contribuyente *mf*
contribuer [kɔ̃tʀibɥe] : **~ à** *vt* contribuir a
contribution [kɔ̃tʀibysjɔ̃] *nf* contribución *f*; **mettre à ~** utilizar los servicios de; **contributions directes/indirectes** impuestos *mpl* directos/indirectos; **les contributions** *nfpl* (*Admin*) la oficina de recaudación
contrit, e [kɔ̃tʀi, it] *adj* contrito(-a)
contrôlable [kɔ̃tʀolabl] *adj* controlable
contrôle [kɔ̃tʀol] *nm* (*Scol, d'un véhicule, gén*) control *m*; (*vérification*) control, comprobación *f*; (*maîtrise : de soi*) control, dominio; **~ continu** (*Scol*) evaluación *f* continua; **~ d'identité** control de identidad; **~ des changes/des prix** control de cambios/de precios; **~ des naissances** control de natalidad; **~ judiciaire** control judicial
contrôler [kɔ̃tʀole] *vt* controlar; (*vérifier*) comprobar; (*maîtriser*) dominar, controlar; **~ ses émotions** controlar sus emociones; **se contrôler** *vpr* (*personne*) controlarse, dominarse
contrôleur, -euse [kɔ̃tʀolœʀ, øz] *nm/f* revisor(a), inspector(a) de boletos (Aᴍ); **~ aérien(ne)** controlador(a) aéreo(-a); **~ de la navigation aérienne** controlador(a) del tráfico aéreo; **~ des postes** inspector(a) de correos; **~ financier(-ière)** interventor(a)
contrordre [kɔ̃tʀɔʀdʀ] *nm* contraorden *f*; **sauf ~** salvo contraorden
controverse [kɔ̃tʀɔvɛʀs] *nf* controversia
controversé, e [kɔ̃tʀɔvɛʀse] *adj* controvertido(-a)
contumace [kɔ̃tymas] : **par ~** *adv* (*Jur*) en rebeldía
contusion [kɔ̃tyzjɔ̃] *nf* contusión *f*
contusionné, e [kɔ̃tyzjɔne] *adj* contusionado(-a)
conurbation [kɔnyʀbasjɔ̃] *nf* conurbación *f*
convaincant, e [kɔ̃vɛ̃kɑ̃, ɑ̃t] *vb voir* **convaincre** ▶ *adj* convincente
convaincre [kɔ̃vɛ̃kʀ] *vt* : **~ qn (de qch/de faire)** convencer a algn (de algo/para que haga); **~ qn de** (*Jur*) inculpar a algn de
convaincu, e [kɔ̃vɛ̃ky] *pp de* **convaincre** ▶ *adj* convencido(-a); **d'un ton ~** con un tono seguro *ou* convencido; **~ de** convencido(-a) de
convainquais [kɔ̃vɛ̃kɛ] *vb voir* **convaincre**
convalescence [kɔ̃valesɑ̃s] *nf* convalecencia; **maison de ~** casa de reposo
convalescent, e [kɔ̃valesɑ̃, ɑ̃t] *adj, nm/f* convaleciente *mf*
convecteur [kɔ̃vɛktœʀ] *nm* convector *m*
convenable [kɔ̃vnabl] *adj* (*personne, manières*) decente, correcto(-a); (*moment, endroit*) adecuado(-a); (*salaire, travail*) aceptable
convenablement [kɔ̃vnabləmɑ̃] *adv* (*placé, choisi*) adecuadamente; (*s'habiller, s'exprimer*) correctamente; **il est ~ payé/logé** tiene un sueldo/alojamiento aceptable
convenance [kɔ̃vnɑ̃s] *nf* : **à ma/votre ~** a mi/su conveniencia; **pour convenances personnelles** por motivos personales; **convenances** *nfpl* (*bienséance*) conveniencias *fpl*
convenir [kɔ̃vniʀ] *vi* convenir; **~ à** (*être approprié à*) ser apropiado(-a) para; (*être utile à*) venir bien a; (*arranger, plaire à*) convenir a; **il convient de** es conveniente; **~ de** (*admettre*) admitir, reconocer; (*fixer*) convenir, acordar; **~ que** (*admettre*) admitir que; **~ de faire qch** acordar hacer algo; **il a été convenu que/de faire ...** se ha acordado que/hacer ...; **comme convenu** como estaba acordado
convention [kɔ̃vɑ̃sjɔ̃] *nf* (*accord*) convenio; (*Art, Théâtre*) reglas *fpl*; (*Pol*) convención *f*; **de ~** convencional; (*péj*) de cumplido; **~ collective** convenio colectivo; **conventions** *nfpl* (*règles, convenances*) convenciones *fpl*
conventionnalisme [kɔ̃vɑ̃sjɔnalism(ə)] *nm* convencionalismo
conventionné, e [kɔ̃vɑ̃sjɔne] *adj* (*clinique*) concertado(-a); (*médecin, pharmacie*) *que tiene un acuerdo con la Seguridad Social*
conventionnel, le [kɔ̃vɑ̃sjɔnɛl] *adj* convencional
conventionnellement [kɔ̃vɑ̃sjɔnɛlmɑ̃] *adv* convencionalmente
conventuel, le [kɔ̃vɑ̃tɥɛl] *adj* conventual
convenu, e [kɔ̃vny] *pp de* **convenir** ▶ *adj* (*heure*) acordado(-a)
convergence [kɔ̃vɛʀʒɑ̃s] *nf* convergencia
convergent, e [kɔ̃vɛʀʒɑ̃, ɑ̃t] *adj* convergente
converger [kɔ̃vɛʀʒe] *vi* converger, convergir; **~ vers** *ou* **sur** converger *ou* convergir hacia *ou* en

conversation [kɔ̃vɛʀsasjɔ̃] *nf* conversación *f*; **avoir de la ~** tener conversación
converser [kɔ̃vɛʀse] *vi* conversar
conversion [kɔ̃vɛʀsjɔ̃] *nf* conversión *f*; (*Ski*) viraje *m*
convertible [kɔ̃vɛʀtibl] *adj* (*Écon*) canjeable ▸ *nm* (*aussi* : **canapé convertible**) sofá cama *m*
convertir [kɔ̃vɛʀtiʀ] *vt* : **~ qn (à)** convertir a algn (a); **~ qch en** convertir algo en; **se convertir (à)** *vpr* convertirse (a)
convertisseur [kɔ̃vɛʀtisœʀ] *nm* (*Élec*) transformador *m*
convexe [kɔ̃vɛks] *adj* convexo(-a)
conviction [kɔ̃viksjɔ̃] *nf* convicción *f*; **sans ~** sin convicción
conviendrai *etc* [kɔ̃vjɛ̃dʀe] *vb voir* **convenir**
convienne *etc* [kɔ̃vjɛn] *vb voir* **convenir**
conviens *etc* [kɔ̃vjɛ̃] *vb voir* **convenir**
convier [kɔ̃vje] *vt* : **~ qn à** invitar a algn a
convint [kɔ̃vɛ̃] *vb voir* **convenir**
convive [kɔ̃viv] *nmf* convidado(-a)
convivial, e, -aux [kɔ̃vivjal, jo] *adj* sociable; (*Inform*) fácil de usar
convocation [kɔ̃vɔkasjɔ̃] *nf* convocatoria
convoi [kɔ̃vwa] *nm* convoy *m*; **~ (funèbre)** cortejo (fúnebre)
convoité, e [kɔ̃vwate] *pp de* **convoiter** ▸ *adj* codiciado(-a)
convoiter [kɔ̃vwate] *vt* codiciar
convoitise [kɔ̃vwatiz] *nf* codicia; (*sexuelle*) concupiscencia
convoler [kɔ̃vɔle] *vi* : **~ en justes noces** pasar por la vicaría
convoquer [kɔ̃vɔke] *vt* (*assemblée, candidat*) convocar; (*subordonné, témoin*) convocar, citar; (*patient*) citar; **~ qn (à)** convocar a algn (a)
convoyer [kɔ̃vwaje] *vt* escoltar
convoyeur [kɔ̃vwajœʀ] *nm* (*Naut*) buque *m* de escolta; (*bande de transport*) cinta transportadora; **~ de fonds** guarda jurado
convulsé, e [kɔ̃vylse] *adj* convulso(-a)
convulsif, -ive [kɔ̃vylsif, iv] *adj* convulsivo(-a)
convulsions [kɔ̃vylsjɔ̃] *nfpl* (*Méd*) convulsiones *fpl*
cookie [kuki] *nm* (*Inform*) cookie *f*
coopérant, e [kɔɔpeʀɑ̃, ɑ̃t] *nm/f* cooperante *mf*
coopératif, -ive [kɔɔpeʀatif, iv] *adj* cooperativo(-a)
coopération [kɔɔpeʀasjɔ̃] *nf* cooperación *f*; **la C~ militaire/technique** la cooperación militar/técnica
coopérative [kɔɔpeʀativ] *nf* cooperativa
coopérer [kɔɔpeʀe] *vi* : **~ (à)** cooperar (en)
coordination [kɔɔʀdinasjɔ̃] *nf* coordinación *f*
coordonnateur, -trice [kɔɔʀdɔnatœʀ, tʀis] *nm/f* coordinador(a)
coordonné, e [kɔɔʀdɔne] *adj* coordinado(-a); **coordonnés** *nmpl* (*vêtements*) coordinados *mpl*
coordonnée [kɔɔʀdɔne] *nf* (*Ling*) oración *f* coordinada; **coordonnées** *nfpl* (*Math, gén*) coordenadas *fpl*; (*détails personnels*) complementos *mpl*
coordonner [kɔɔʀdɔne] *vt* coordinar
copain, copine [kɔpɛ̃, kɔpin] (*fam*) *nm/f* (*ami*) amigo(-a), colega *mf*; (*de classe, de régiment*) compañero(-a); **petit(e) ~** novio(-a) ▸ *adj* : **être ~ avec** ser amigo(-a) de
copeau, x [kɔpo] *nm* viruta
Copenhague [kɔpənag] *n* Copenhague
copie [kɔpi] *nf* copia; (*feuille d'examen*) hoja de examen; (*devoir*) examen *m*; (*Journalisme*) ejemplar *m*; **~ certifiée conforme** copia compulsada; **~ d'écran** (*Inform*) captura de pantalla; **~ papier** copia impresa
copier [kɔpje] *vt* copiar; **~ coller** (*Inform*) copiar y pegar ▸ *vi* (*tricher*) copiar; **~ sur** copiar a
copier-coller [kɔpjekɔle] *nm inv* operación *f* de copiar y pegar ▸ *vt* copiar y pegar
copieur [kɔpjœʀ] *nm* copiadora
copieusement [kɔpjøzmɑ̃] *adv* abundantemente, copiosamente
copieux, -euse [kɔpjø, jøz] *adj* (*repas*) copioso(-a), abundante; (*portion, notes, exemples*) abundante
copilote [kopilɔt] *nm* copiloto
copinage [kɔpinaʒ] (*péj*) *nm* amiguismo
copine [kɔpin] *nf voir* **copain**
copiste [kɔpist] *nmf* copista *mf*
coproduction [kopʀɔdyksjɔ̃] *nf* coproducción *f*
copropriétaire [kopʀɔpʀijetɛʀ] *nmf* copropietario(-a)
copropriété [kopʀɔpʀijete] *nf* copropiedad *f*; **acheter un appartement en ~** comprar un apartamento en copropiedad
copulation [kɔpylasjɔ̃] *nf* cópula
copuler [kɔpyle] *vi* copular
copyright [kɔpiʀajt] *nm* copyright *m*
coq [kɔk] *nm* gallo; **~ au vin** gallo al vino; **~ de bruyère** urogallo; **le ~ du village** (*fig, péj*) el Don Juan del pueblo ▸ *adj inv* : **poids ~** (*Boxe*) peso gallo
coq-à-l'âne [kɔkalɑn] *nm inv* : **passer du ~** saltar de una cosa a otra
coque [kɔk] *nf* (*de noix*) cáscara; (*de bateau, d'avion*) casco; (*mollusque*) berberecho; **à la ~** (*Culin*) pasado por agua
coquelet [kɔklɛ] *nm* gallo joven
coquelicot [kɔkliko] *nm* amapola
coqueluche [kɔklyʃ] *nf* (*Méd*) tos *f* ferina; **être la ~ de** (*fig*) ser el (la) preferido(-a) de
coquet, te [kɔkɛ, ɛt] *adj* (*qui veut plaire*) coqueto(-a); (*bien habillé*) elegante; (*robe, appartement*) coquetón(-ona); (*salaire*) considerable; (*somme*) bonito(-a)
coquetier [kɔk(ə)tje] *nm* huevera
coquettement [kɔkɛtmɑ̃] *adv* (*sourire, regarder*) con coquetería; (*s'habiller, meubler*) con gusto

coquetterie [kɔkɛtʀi] *nf* coquetería
coquillage [kɔkijaʒ] *nm* (*mollusque*) marisco; (*coquille*) concha
coquille [kɔkij] *nf* (*de mollusque*) concha; (*de noix, d'œuf*) cáscara; (*Typo*) errata; **~ de noix** (*Naut*) barquita; **~ d'œuf** *adj inv* (*couleur*) blanquecino(-a); **~ St Jacques** vieira
coquillettes [kɔkijɛt] *nfpl* conchas *fpl* pequeñas (de pasta)
coquin, e [kɔkɛ̃, in] *adj* (*enfant, sourire, regard*) pícaro(-a); (*histoire*) picarón(-ona) ▸ *nm/f* pícaro(-a)
cor [kɔʀ] *nm* (*Mus*) trompa; (*au pied*) callo; **réclamer à ~ et à cri** reclamar a grito pelado; **~ anglais** corno inglés; **~ de chasse** cuerno de caza
corail, -aux [kɔʀaj, o] *nm* coral *m*
Coran [kɔʀɑ̃] *nm* : **le ~** el Corán
coraux [kɔʀo] *npl de* **corail**
corbeau, x [kɔʀbo] *nm* cuervo
corbeille [kɔʀbɛj] *nf* cesta; (*Inform*) papelera de reciclaje; (*Théâtre*) piso principal; **la ~** (*à la Bourse*) el corro; **~ à ouvrage** costurero; **~ à pain** cesta del pan; **~ à papiers** cesto de los papeles; **~ de mariage** regalos *mpl* de boda
corbillard [kɔʀbijaʀ] *nm* coche *m* fúnebre
cordage [kɔʀdaʒ] *nm* cordaje *m*, jarcia; **cordages** *nmpl* (*de voilure*) jarcias *fpl*
corde [kɔʀd] *nf* (*gén*) cuerda; (*de violon, raquette*) cuerda; **la ~** (*trame de tissu*) la trama; (*Athlétisme, Auto*) cuerda; **les cordes** (*Boxe*) las cuerdas; **la ~ sensible** la vena sensible; **les (instruments à) cordes** los instrumentos de cuerda; **tapis/semelles de ~** alfombra/suelas *fpl* de esparto; **tenir la ~** (*Athlétisme, Auto*) llevar la cuerda; **tomber des cordes** llover a cántaros; **tirer sur la ~** tirar de la cuerda; **usé jusqu'à la ~** raído; **~ à linge** tendedero; **~ à nœuds** cuerda de nudos; **~ à sauter** comba; **~ lisse/raide** cuerda lisa/floja; **cordes vocales** cuerdas *fpl* vocales
cordeau, x [kɔʀdo] *nm* cordel *m*; **tracé au ~** trazado a cordel
cordée [kɔʀde] *nf* cordada
cordelette [kɔʀdəlɛt] *nf* cuerdecilla
cordelière [kɔʀdəljɛʀ] *nf* cordón *m*
cordial, e, -aux [kɔʀdjal, jo] *adj, nm* cordial *m*
cordialement [kɔʀdjalmɑ̃] *adv* cordialmente
cordialité [kɔʀdjalite] *nf* cordialidad *f*
cordillère [kɔʀdijɛʀ] *nf* : **la ~ des Andes** la cordillera de los Andes
cordon [kɔʀdɔ̃] *nm* cordón *m*; **~ littoral** cordón litoral; **~ ombilical** cordón umbilical; **~ sanitaire/de police** cordón sanitario/policial
cordon-bleu [kɔʀdɔ̃blø] (*pl* **cordons-bleus**) *nm* gran cocinero(-a)
cordonnerie [kɔʀdɔnʀi] *nf* zapatería
cordonnet [kɔʀdɔnɛ] *nm* cordoncillo
cordonnier, -ière [kɔʀdɔnje, ijɛʀ] *nm/f* zapatero(-a)
Cordoue [kɔʀdu] *n* Córdoba
Corée [kɔʀe] *nf* Corea; **la ~ du Sud/du Nord** Corea del Sur/del Norte; **la République (démocratique populaire) de ~** la República (democrática popular) de Corea
coréen, ne [kɔʀeɛ̃, ɛn] *adj* coreano(-a) ▸ *nm* (*Ling*) coreano ▸ *nm/f* : **Coréen, ne** coreano(-a)
coreligionnaire [kɔʀ(ə)lijɔnɛʀ] *nmf* correligionario(-a)
coriace [kɔʀjas] *adj* correoso(-a)
coriandre [kɔʀjɑ̃dʀ] *nf* cilantro
cormoran [kɔʀmɔʀɑ̃] *nm* cormorán *m*
cornac [kɔʀnak] *nm* cornaca *m*
corne [kɔʀn] *nf* cuerno; **~ d'abondance** cuerno de la abundancia; **~ de brume** sirena de bruma
cornée [kɔʀne] *nf* córnea
corneille [kɔʀnɛj] *nf* corneja
cornélien, ne [kɔʀneljɛ̃, jɛn] *adj* corneliano(-a)
cornemuse [kɔʀnəmyz] *nf* cornamusa, gaita; **joueur de ~** gaitero
corner [(n) kɔʀnɛʀ, (vb) kɔʀne] *nm* (*Football*) córner *m*, saque *m* de banda ▸ *vt* (*pages*) doblar la esquina de ▸ *vi* (*klaxonner*) tocar la bocina
cornet [kɔʀnɛ] *nm* (*de frites, glace*) cucurucho; **~ à piston** cornetín *m*
cornette [kɔʀnɛt] *nf* toca, cofia
corniaud [kɔʀnjo] *nm* (*chien*) perro de cruce; (*péj*) gilipollas *m inv* (*fam !*)
corniche [kɔʀniʃ] *nf* (*d'armoire*) cornisa; (*route*) carretera de cornisa
cornichon [kɔʀniʃɔ̃] *nm* pepinillo
cornue [kɔʀny] *nf* retorta
corollaire [kɔʀɔlɛʀ] *nm* corolario
corolle [kɔʀɔl] *nf* corola
coron [kɔʀɔ̃] *nm* (*maison*) casa de mineros; (*quartier*) barrio minero
coronaire [kɔʀɔnɛʀ] *adj* coronario(-a)
corporation [kɔʀpɔʀasjɔ̃] *nf* (*d'artisans*) gremio
corporel, le [kɔʀpɔʀɛl] *adj* corporal; **soins corporels** cuidados *mpl* corporales
corps [kɔʀ] *nm* (*aussi fig*) cuerpo; **à son ~ défendant** a pesar suyo; **à ~ perdu** en cuerpo y alma; **le ~ diplomatique** el cuerpo diplomático; **perdu ~ et biens** (*Naut*) perdido con toda su carga; **prendre ~** tomar cuerpo; **faire ~ avec** formar cuerpo con, confundirse con; **~ et âme** cuerpo y alma; **~ à ~** *nm, adv* cuerpo a cuerpo; **~ constitués** (*Pol*) instituciones *fpl*; **~ consulaire/législatif** cuerpo consular/legal; **~ de ballet/de garde** cuerpo de ballet/de guardia; **~ du délit** (*Jur*) cuerpo del delito; **~ électoral** censo electoral; **~ enseignant** cuerpo docente; **~ étranger** (*Méd, Biol*) cuerpo extraño; **~ expéditionnaire/d'armée** cuerpo expedicionario/de ejército; **~ médical** clase *f* médica

C

corpulence [kɔʀpylɑ̃s] *nf* corpulencia; **de forte ~** de gran complexión
corpulent, e [kɔʀpylɑ̃, ɑ̃t] *adj* corpulento(-a)
corpus [kɔʀpys] *nm* corpus *m inv*
corpusculaire [kɔʀpyskylɛʀ] *adj* corpuscular
correct, e [kɔʀɛkt] *adj* (*exact, bienséant*) correcto(-a); (*passable*) correcto(-a), aceptable
correctement [kɔʀɛktəmɑ̃] *adv* correctamente
correcteur, -trice [kɔʀɛktœʀ, tʀis] *nm/f* (*d'examen*) examinador(a); (*Typo*) corrector(a)
correctif, -ive [kɔʀɛktif, iv] *adj* correctivo(-a) ▸ *nm* (*mise au point*) correctivo
correction [kɔʀɛksjɔ̃] *nf* corrección *f*; (*idée, trajectoire*) modificación *f*; (*coups*) paliza, golpiza (*Am*); **~ (des épreuves)** corrección (de pruebas); **~ sur écran** corrección en pantalla
correctionnel, le [kɔʀɛksjɔnɛl] *adj* : **tribunal ~** tribunal *m* correccional
corrélation [kɔʀelasjɔ̃] *nf* correlación *f*
correspondance [kɔʀɛspɔ̃dɑ̃s] *nf* correspondencia; (*de train, d'avion*) empalme *m*; **ce train assure la ~ avec l'avion de 10 heures** este tren enlaza con el vuelo de las 10; **cours par ~** curso por correspondencia; **vente par ~** venta por correo
correspondancier, -ière [kɔʀɛspɔ̃dɑ̃sje, jɛʀ] *nm/f* corresponsal *mf*
correspondant, e [kɔʀɛspɔ̃dɑ̃, ɑ̃t] *adj* correspondiente ▸ *nm/f* corresponsal *mf*; (*au téléphone*) interlocutor(a)
correspondre [kɔʀɛspɔ̃dʀ] *vi* corresponder; (*chambres*) corresponderse; **~ à** corresponder a; (*se rapporter à*) corresponderse con; **~ avec qn** cartearse con algn
Corrèze [kɔʀɛz] *nf* Corrèze *f*
corrida [kɔʀida] *nf* corrida
corridor [kɔʀidɔʀ] *nm* pasillo
corrigé [kɔʀiʒe] *nm* (*Scol*) solución *f*
corriger [kɔʀiʒe] *vt* (*aussi Méd*) corregir; (*idée, trajectoire*) rectificar; (*punir*) castigar; **~ qn de qch** (*défaut*) corregir (algo) a algn; **il l'a corrigé** le dio una paliza; **se ~ de** corregirse de
corroborer [kɔʀɔbɔʀe] *vt* corroborar
corroder [kɔʀɔde] *vt* corroer
corrompre [kɔʀɔ̃pʀ] *vt* corromper
corrompu, e [kɔʀɔ̃py] *adj* corrompido(-a)
corrosif, -ive [kɔʀozif, iv] *adj* corrosivo(-a)
corrosion [kɔʀozjɔ̃] *nf* corrosión *f*
corruption [kɔʀypsjɔ̃] *nf* corrupción *f*
corsage [kɔʀsaʒ] *nm* (*d'une robe*) cuerpo; (*chemisier*) blusa
corsaire [kɔʀsɛʀ] *nm* corsario
corse [kɔʀs] *adj* corso(-a) ▸ *nf* : **C~** Córcega ▸ *nmf* : **Corse** corso(-a)
corsé, e [kɔʀse] *adj* (*café etc*) fuerte; (*problème*) arduo(-a); (*histoire*) escabroso(-a)
corselet [kɔʀsəlɛ] *nm* (*vêtement*) corpiño; (*Zool*) coselete *m*
corser [kɔʀse] *vt* (*difficulté*) incrementar; (*histoire, intrigue, récit*) complicar, dar interés a; (*sauce*) salpimentar
corset [kɔʀsɛ] *nm* corsé *m*; (*d'une robe*) corpiño; **~ orthopédique** corsé ortopédico
corso [kɔʀso] *nm* : **~ fleuri** desfile *m* de carrozas de flores
cortège [kɔʀtɛʒ] *nm* (*funèbre*) comitiva; (*de manifestants*) desfile *m*
corticostéroïde [kɔʀtikosteʀɔid] *nm* corticosterona
cortisone [kɔʀtizɔn] *nf* cortisona
corvée [kɔʀve] *nf* (*aussi Mil*) faena
cosaque [kɔzak] *nm* cosaco
cosignataire [kosiɲatɛʀ] *adj, nmf* cofirmante *mf*
cosinus [kɔsinys] *nm* coseno
cosmétique [kɔsmetik] *nm* (*pour les cheveux*) fijador *m*; (*produit de beauté*) cosmético ▸ *adj* cosmético(-a)
cosmétologie [kɔsmetɔlɔʒi] *nf* cosmética
cosmique [kɔsmik] *adj* cósmico(-a)
cosmonaute [kɔsmɔnot] *nmf* cosmonauta *mf*
cosmopolite [kɔsmɔpɔlit] *adj* cosmopolita
cosmos [kɔsmos] *nm* cosmos *m*
cosse [kɔs] *nf* (*Bot*) vaina; (*Élec*) guardacabos *m inv*
cossu, e [kɔsy] *adj* señorial
Costa Rica [kɔstaʀika] *nm* Costa Rica
costaricien, ne [kɔstaʀisjɛ̃, jɛn] *adj* costarricense, costarriqueño(-a) ▸ *nm/f* : **Costaricien, ne** costarricense *mf*, costarriqueño(-a)
costaud, e [kɔsto, od] *adj* robusto(-a)
costume [kɔstym] *nm* traje *m*; (*de théâtre*) vestuario
costumé, e [kɔstyme] *adj* disfrazado(-a)
costumer [kɔstyme] *vt* vestir; **se costumer** *vpr* disfrazarse; (*acteur*) vestirse; **se ~ en qn/qch** disfrazarse de algn/algo
costumier, -ière [kɔstymje, jɛʀ] *nm/f* (*fabricant*) sastre(-a); (*loueur*) dueño(-a) de una tienda de trajes de alquiler; (*Théâtre*) guardarropa *mf*
cotangente [kotɑ̃ʒɑ̃t] *nf* cotangente *f*
cotation [kɔtasjɔ̃] *nf* cotización *f*
cote [kɔt] *nf* (*d'une valeur boursière*) cotización *f*; (*d'une voiture, d'un timbre*) valoración *f*; (*d'un cheval*) clasificación *f*; (*d'un candidat etc*) popularidad *f*; (*mesure*) cota; (*de classement, d'un document*) signatura; **avoir la ~** (*fam*) estar muy cotizado(-a); **inscrit à la ~** registrado; **~ d'alerte** nivel *m* de alarma; **~ de popularité** cota de popularidad; **~ mal taillée** (*fig*) cuenta aproximada
coté, e [kɔte] *adj* : **être ~ en Bourse** cotizarse en Bolsa; **être bien/mal ~** estar bien/mal considerado(-a)

côte [kot] *nf* (*rivage*) costa; (*pente*) cuesta; (*Anat, Boucherie*) costilla; (*d'un tricot, tissu*) canalé *m*; **point de côtes** (*Tricot*) punto de canalé; **~ à ~** uno al lado de otro; **la C~ (d'Azur)** la Costa Azul; **la C~ d'Ivoire** Costa de Marfil

côté [kote] *nm* (*Géom, gén*) lado; (*du corps*) costado; (*feuille*) cara; (*de la rivière*) orilla; **de 10 m de ~** de 10 m. de lado; **des deux côtés de la route/frontière** en ambos lados de la carretera/frontera; **de tous (les) côtés** por todos lados, por todas partes; **de quel ~ est-il parti ?** ¿en qué dirección salió?; **de ce/de l'autre ~** de este/del otro lado; **d'un ~ ... d'un autre ~** por una parte ... por otra; **du ~ de** (*direction*) en dirección a, de camino a; (*proximité*) cerca de, por; **il habite du ~ de Lyon** vive cerca de Lyon; **de ~** (*marcher*) de lado; (*être, se tenir*) a un lado; **laisser de ~** dejar de lado; **mettre de ~** poner a un lado; **sur le ~ de** por el lado de; **de chaque ~ (de)** a cada lado (de), a ambos lados (de); **du ~ gauche** por la izquierda; **de mon ~** por mi parte; **regarder de ~** mirar de soslayo; **à ~** al lado; **à ~ de** al lado de; **tirer à ~ (de la cible, des buts)** (*manquer*) errar el tiro; **être aux côtés de** estar al/del lado de

coteau [kɔto] *nm* colina

côtelé, e [kot(ə)le] *adj* de canalé; **pantalons en velours ~** pantalones *mpl* de pana

côtelette [kotlɛt] *nf* chuleta

coter [kɔte] *vt* cotizar

coterie [kɔtʀi] *nf* clan *m*

côtier, -ière [kotje, jɛʀ] *adj* costero(-a)

cotillons [kɔtijɔ̃] *nmpl* objetos *mpl* de fiesta

cotisation [kɔtizasjɔ̃] *nf* (*à un club, syndicat*) cuota; (*pour une pension, sécurité sociale*) cotización *f*

cotiser [kɔtize] *vi* (*à une assurance etc*) : **~ (à)** cotizar; (*à une association*) pagar la cuota (de); **se cotiser** *vpr* pagar a escote

coton [kɔtɔ̃] *nm* algodón *m*; **drap/robe de ~** sábana/vestido de algodón; **c'est ~ !** (*fam : ardu, complexe*) ¡no es moco de pavo!; **~ hydrophile** algodón hidrófilo

cotonnade [kɔtɔnad] *nf* cotonada

Coton-Tige® [kɔtɔ̃tiʒ] (*pl* **Cotons-Tiges**) *nm* bastoncillo

côtoyer [kotwaje] *vt* (*rencontrer*) codearse con; (*précipice, rivière*) bordear; (*fig*) rayar en

cotte [kɔt] *nf* : **~ de mailles** cota de mallas

cou [ku] *nm* cuello

couac [kwak] (*fam*) *nm* gallo

couard, e [kwaʀ, kwaʀd] *adj* cobarde

couchage [kuʃaʒ] *nm* ropa de cama; **~ pour six personnes** cama para seis personas

couchant [kuʃɑ̃] *adj* : **soleil ~** sol *m* poniente

couche [kuʃ] *nf* (*de bébé*) pañal *m*; (*gén, Géologie*) capa; **couches sociales** capas *fpl* sociales; **couches** *nfpl* (*Méd*) parto *msg*; **elle est morte en couches** murió en el parto

couché, e [kuʃe] *adj* tumbado(-a), tendido(-a); (*au lit*) acostado(-a); **~ sur l'herbe** tumbado(-a) sobre la hierba

couche-culotte [kuʃkylɔt] (*pl* **couches-culottes**) *nf* pañal braguita *m*

coucher [kuʃe] *nm* (*du soleil*) puesta; **~ de soleil** puesta de sol; **à prendre avant le ~** (*Méd*) tomar antes de acostarse ▸ *vt* (*mettre au lit*) acostar; (*étendre*) tumbar, tender; (*loger*) alojar; (*idées*) anotar ▸ *vi* dormir; (*fam*) : **~ avec qn** acostarse con algn; **se coucher** *vpr* (*pour dormir*) acostarse; (*pour se reposer*) tumbarse, acostarse; (*se pencher*) inclinarse; (*soleil*) ponerse

couchette [kuʃɛt] *nf* litera

coucheur [kuʃœʀ] *nm* : **mauvais ~** individuo de malas pulgas

couci-couça [kusikusa] (*fam*) *adv* así así

coucou [kuku] *nm* cuclillo ▸ *excl* ¡hola!

coude [kud] *nm* codo; (*de la route*) recodo; **~ à ~** codo a codo

coudée [kude] *nf* : **avoir les coudées franches** tener campo libre, tener carta blanca

cou-de-pied [kudpje] (*pl* **cous-de-pied**) *nm* empeine *m*

coudoyer [kudwaje] *vt* (*frôler*) rozar al pasar; (*fig*) codearse

coudre [kudʀ] *vt, vi* coser

couenne [kwan] *nf* tocino

couette [kwɛt] *nf* (*édredon*) edredón *m*; **couettes** *nfpl* (*cheveux*) coletas *fpl*

couffin [kufɛ̃] *nm* (*de bébé*) moisés *m*

couilles [kuj] (*fam !*) *nfpl* cojones *mpl* (*fam !*)

couillu, e [kujy] (*fam*) *adj* (*courageux : personne*) con un par de huevos (*fam !*); **c'est ~ ce que tu as fait !** ¡hay que tener un par de huevos para hacer lo que has hecho! (*fam !*)

couiner [kwine] *vi* chillar

coulage [kulaʒ] *nm* (*Comm*) pérdida

coulant, e [kulɑ̃, ɑ̃t] *adj* (*indulgent*) tolerante; (*fromage etc*) derretido(-a); (*style*) fluido(-a)

coulée [kule] *nf* (*de métal*) colada; **~ de lave** río de lava; **~ de boue** corriente *f* de barro

couler [kule] *vi* (*fleuve*) fluir; (*liquide*) correr; (*stylo*) perder tinta; (*robinet*) gotear; (*bateau*) hundirse; **avoir le nez qui coule** moquear; **~ de source** caer por su peso; **~ à pic** irse a pique; **faire ~ un bain** preparar un baño; **laisser ~** dejar correr ▸ *vt* colar; (*bateau*) hundir; (*entreprise*) hundir, arruinar; **~ une vie heureuse** llevar una vida feliz; **~ une bielle** (*Auto*) fundir una biela; **se couler** *vpr* (*se glisser*) : **se ~ dans** (*interstice, ouverture*) colarse en; (*fig*) : **se ~ dans le moule** fundirse en la masa; **se ~ dans le moule de qch** amoldarse a algo

couleur [kulœʀ] *nf* (*aussi fig*) color *m*; (*Cartes*) palo; **de ~** de color; **sous ~ de faire** con el pretexto de hacer; **film/télévision en**

C

couleurs película/televisión *f* en color; **couleurs** *nfpl* (*du teint, dans un tableau*) colores *mpl*, colorido; (*Mil*) bandera

couleuvre [kulœvʀ] *nf* culebra

coulissant, e [kulisɑ̃, ɑ̃t] *adj* corredizo(-a)

coulisse [kulis] *nf* (*Tech*) ranura; **porte à ~** puerta de corredera; **coulisses** *nfpl* (*Théâtre*) bastidores *mpl*; **dans les coulisses** (*fig*) entre bastidores

coulisser [kulise] *vi* deslizarse

couloir [kulwaʀ] *nm* pasillo; (*Sport, route*) calle *f*; (*ravin*) garganta; **~ aérien** pasillo aéreo; **~ d'avalanche** corredor *m* de aludes; **~ de navigation** ruta de navegación

coulpe [kulp] *nf* : **battre sa ~** llorar con lágrimas de sangre

coup [ku] *nm* golpe *m*; (*avec arme à feu*) disparo; (*frappé par une horloge*) campanada; (*fam : fois*) vez *f*; (*Échecs*) jugada; **à coups de hache** a hachazos; **à coups de marteau** a martillazos; **être sur un ~** (*fam*) tener un asuntillo entre manos; **en ~ de vent** como un rayo; **donner un ~ de corne à qn** dar una cornada a algn; **donner** *ou* **passer un ~ de balai (dans)** dar un barrido (a), pasar la escoba (por); **boire un ~** (*fam*) echar un trago; **à tous les coups** todas las veces; **à tous les coups il a oublié** seguro que se le ha olvidado; **être dans le/hors du ~** estar/no estar en el ajo; **il a raté son ~** le falló la jugada; **du ~** así que; **pour le ~** por una vez; **d'un seul ~** (*subitement*) de repente; (*à la fois*) de un solo golpe; **du premier ~** al primer intento; **faire un ~ bas à qn** dar un golpe bajo a algn; **du même ~** al mismo tiempo; **à ~ sûr ...** seguro que ...; **après ~** después; **~ sur ~** uno(-a) tras otro(-a); **sur le ~** en el acto; **sous le ~ de** (*surprise etc*) afectado(-a) por; **tomber sous le ~ de la loi** (*Jur*) caer bajo el peso de la ley; **~ d'éclat** proeza; **~ d'envoi** (*Sport*) saque *m* de centro; (*fig*) pistoletazo de salida; **~ d'essai** ensayo; **~ d'État** golpe de estado; **~ d'œil** vistazo, ojeada; **~ de chance** golpe de suerte; **~ de chapeau** sombrerazo; **~ de coude** codazo; **~ de couteau** cuchillada; **~ de crayon** trazo; **~ de feu** disparo; **~ de fil** (*fam*) llamada; **~ de filet** redada; **~ de foudre** flechazo; **~ de fouet** latigazo; **~ de frein** (*Auto*) frenazo; **~ de fusil** clavada; **~ de genou** rodillazo; **~ de grâce** golpe de suerte; **~ de main** : **donner un ~ de main à qn** echar una mano a algn; **~ de maître** acción *f* magistral; **~ de pied** patada; **~ de pinceau** pincelada; **~ de poing** puñetazo; **~ de soleil** insolación *f*; **~ de sonnette** timbrazo; **~ de téléphone** telefonazo, llamado (*Am*); **~ de tête** (*fig*) cabezonada; **~ de théâtre** (*fig*) hecho imprevisto; **~ de tonnerre** trueno; **~ de vent** ráfaga de viento; **~ du lapin** golpe en la nuca; **~ dur** golpe duro; **~ fourré** mala jugada; **~ franc** golpe franco; **~ sec** golpe seco

coupable [kupabl] *adj, nmf* culpable *mf*

coupant, e [kupɑ̃, ɑ̃t] *adj* cortante

coupe [kup] *nf* corte *f*; (*verre, Sport*) copa; (*à fruits*) frutero; **vue en ~** corte transversal; **être sous la ~ de** estar bajo la férula de; **faire des coupes sombres dans** hacer un recorte drástico en

coupé, e [kupe] *adj* cortado(-a); (*vêtement*) : **bien/mal ~** bien/mal cortado(-a) ▸ *nm* (*Auto*) cupé *m*

coupe-circuit [kupsiʀkɥi] *nm inv* cortacircuitos *m inv*

coupe-faim [kupfɛ̃] (*pl* **~(s)**) *nm* (*anorexigène*) supresor *m* del apetito

coupe-feu [kupfø] *nm* cortafuego

coupe-gorge [kupgɔʀʒ] *nm* sitio peligroso

coupelle [kupɛl] *nf* copela

coupe-ongles [kupɔ̃gl] *nm inv* cortaúñas *m inv*

coupe-papier [kuppapje] *nm inv* cortapapeles *m inv*

couper [kupe] *vt* cortar; (*retrancher*) suprimir; (*eau, courant*) cortar, quitar; (*appétit, fièvre*) quitar; (*vin, liquide*) aguar; (*Tennis etc*) volear; **se faire ~ les cheveux** cortarse el pelo; **~ l'appétit à qn** quitar el apetito a algn; **~ la parole à qn** quitar la palabra a algn, interrumpir a algn; **~ les vivres à qn** suprimir los subsidios a algn; **~ le contact** *ou* **l'allumage** (*Auto*) quitar el contacto *ou* el encendido; **~ les ponts (avec qn)** cortar el contacto (con algn) ▸ *vi* cortar; (*prendre un raccourci*) atajar; (*Cartes*) cortar; (: *avec l'atout*) cortar triunfo; **se couper** *vpr* cortarse; (*en témoignant etc*) contradecirse

couperet [kupʀɛ] *nm* machete *m*

couperosé, e [kupʀoze] *adj* congestionado(-a)

couple [kupl] *nm* pareja; **~ de torsion** par *m* de torsión

> Le terme espagnol de *pareja* peut désigner un couple ou seulement l'un des membres d'un couple :
> **Mes voisins sont un couple de Français.** Mis vecinos son una pareja de franceses.
> **Mon compagnon est architecte.** Mi pareja es arquitecto.

coupler [kuple] *vt* acoplar

couplet [kuplɛ] *nm* (*Mus*) copla, estrofa; (*péj*) cantilena

coupleur [kuplœʀ] *nm* : **~ acoustique** acoplador *m* acústico

coupole [kupɔl] *nf* cúpula; **la C~** la Academia Francesa; *ver nota*

coupon [kupɔ̃] *nm* (*ticket*) cupón *m*, bono; (*tissu : rouleau*) pieza; (: *reste*) retal *m*

coupon-réponse [kupɔ̃ʀepɔ̃s] (*pl* **coupons-réponses**) *nm* cupón *m* de respuesta

coupure [kupyʀ] *nf* corte *m*; (*billet de banque*) billete *m*; (*de presse*) recorte *m*; **~ de courant/d'eau** corte de corriente/de agua
cour [kuʀ] *nf* (*de ferme*) corral *m*; (*de jardin, immeuble*) patio; (*Jur*) tribunal *m*; (*royale*) corte *f*; **faire la ~ à qn** hacer la corte a algn; **~ d'appel** tribunal de apelación; **~ d'assises** sala de lo criminal; **~ de cassation** ≈ tribunal supremo; **~ de récréation** patio; **~ des comptes** (*Admin*) tribunal de cuentas; **~ martiale** consejo de guerra
courage [kuʀaʒ] *nm* valor *m*; (*ardeur, énergie*) coraje *m*; **un peu de ~** ánimo; **bon ~ !** ¡ánimo!
courageusement [kuʀaʒøzmɑ̃] *adv* valientemente
courageux, -euse [kuʀaʒø, øz] *adj* valiente, valeroso(-a)
couramment [kuʀamɑ̃] *adv* (*souvent*) frecuentemente; (*parler*) con soltura
courant, e [kuʀɑ̃, ɑ̃t] *adj* (*fréquent*) corriente, común; (*gén, Comm*) corriente; (*en cours*) en curso; **« anglais ~ »** « inglés fluido » ▸ *nm* (*aussi fig*) corriente *f*; **être au ~ (de)** estar al corriente (de); **mettre qn au ~ (de)** poner a algn al corriente (de); **se tenir au ~ (de)** mantenerse al corriente (de); **dans le ~ de** durante; **~ octobre** a lo largo de octubre; **le 10 ~** el 10 del corriente; **~ d'air** corriente de aire; **~ électrique** corriente eléctrica
courbature [kuʀbatyʀ] *nf* agotamiento; **courbatures** (*Sport*) agujetas *fpl*
courbaturé, e [kuʀbatyʀe] *adj* derrengado(-a); (*Sport*) : **je suis tout ~** tengo agujetas por todas partes
courbe [kuʀb] *adj* curvo(-a) ▸ *nf* curva; **~ de niveau** curva de nivel
courber [kuʀbe] *vt* doblar; **~ la tête** inclinar la cabeza; **se courber** *vpr* (*branche etc*) doblarse; (*personne*) inclinarse
courbette [kuʀbɛt] *nf* corveta, reverencia
coure [kuʀ] *vb voir* **courir**
coureur, -euse [kuʀœʀ, øz] *nm/f* corredor(a); **~ automobile** corredor automovilístico; **~ cycliste** ciclista *mf* ▸ *adj m, nm* (*péj*) mujeriego ▸ *adj f, nf* (*péj*) pendón *m*
courge [kuʀʒ] *nf* calabaza
courgette [kuʀʒɛt] *nf* calabacín *m*
courir [kuʀiʀ] *vi* (*aussi fig*) correr; **le bruit court que ...** corre la voz de que ...; **par les temps qui courent** en los tiempos que corren, en estos tiempos; **~ après qn** correr detrás de algn; (*péj*) andar detrás de algn; **laisser ~ qch/qn** dejar en paz algo/a algn; **faire ~ qn** llevar a algn al retortero; **tu peux (toujours) ~ !** ¡espera sentado! ▸ *vt* (*Sport*) disputar; (*danger, risque*) correr; **~ les cafés/bals** frecuentar los cafés/bailes; **~ les magasins** ir de compras, ir de tiendas
couronne [kuʀɔn] *nf* (*aussi fig*) corona; **~ (funéraire** *ou* **mortuaire)** corona (mortuoria)
couronnement [kuʀɔnmɑ̃] *nm* coronación *f*
couronner [kuʀɔne] *vt* (*roi*) coronar; (*lauréat, livre, ouvrage*) galardonar; (*carrière, efforts*) coronar
courons *etc* [kuʀɔ̃] *vb voir* **courir**
courrai *etc* [kuʀe] *vb voir* **courir**
courre [kuʀ] *vb voir* **chasse**
courriel [kuʀjɛl] *nm* mail *m*, email *m*, correo electrónico; **envoyer qch par ~** enviar algo por mail *ou* email *ou* correo electrónico
courrier [kuʀje] *nm* correo; (*rubrique*) prensa; **qualité ~** calidad *f* de correspondencia; **long/moyen ~** (*Aviat*) avión *m* de distancias largas/medias; **~ du cœur** prensa del corazón; **~ électronique** correo electrónico
courroie [kuʀwa] *nf* correa; **~ de transmission/de ventilateur** correa de transmisión/del ventilador
courrons *etc* [kuʀɔ̃] *vb voir* **courir**
courroucé, e [kuʀuse] *adj* encolerizado(-a)
cours [kuʀ] *vb voir* **courir** ▸ *nm* clase *f*; (*série de leçons*) clases *fpl*, curso; (*établissement*) academia; (*des événements, d'une rivière*) curso; (*avenue*) avenida, paseo; (*Comm*) valor *m*, precio; (*Bourse*) cotización *f*; (*des matières premières*) valor; (*déroulement*) transcurso; **donner libre ~ à** dar rienda suelta a; **avoir ~** (*monnaie*) estar en circulación; (*fig*) estilarse; (*Scol*) tener clase; **en ~** (*année*) en curso; (*travaux*) en curso, pendiente; **en ~ de route** en el camino; **au ~ de** durante, en el transcurso de; **le ~ du change** el cambio; **~ d'eau** río; **~ du soir** (*Scol*) clase nocturna; **~ élémentaire** (*Scol*) *ciclo inicial de educación primaria en el sistema francés*; **~ moyen** (*Scol*) *ciclo medio de educación primaria en el sistema francés*; **~ préparatoire** (*Scol*) *año preparatorio de educación primaria en el sistema francés*
course [kuʀs] *nf* (*gén, d'un taxi, du soleil*) carrera; (*d'un projectile*) trayectoria; (*d'une pièce mécanique*) recorrido; (*excursion en montagne*) marcha, excursión *f*; (*autocar*) recorrido; (*petite mission*) recado; **à bout de ~** reventado(-a); **~ à pied/automobile** carrera a pie/automovilística; **~ de côte** (*Auto*) carrera de ascensión; **~ d'obstacles/de vitesse/par étapes** carrera de obstáculos/de velocidad/por etapas; **courses** *nfpl* (*achats*) compras *fpl*; (*Hippisme*) carreras *fpl* (hípicas); **faire les** *ou* **ses courses** ir de compras; **jouer aux courses** apostar en las carreras; **courses de chevaux** carreras de caballos
coursier, -ière [kuʀsje, jɛʀ] *nm/f* recadero(-a)
coursive [kuʀsiv] *nf* (*Naut*) pasillo
court, e [kuʀ, kuʀt] *adj* (*temps*) corto(-a), breve; (*en longueur, distance*) corto(-a); (*en hauteur*) bajo(-a); **ça fait ~** es un poco escaso;

avoir le souffle ~ quedarse en seguida sin aliento; **tirer à la courte paille** echar pajas; **faire la courte échelle à qn** aupar a algn; ~ **métrage** (*Ciné*) cortometraje *m* ▸ *adv* corto; **tourner** ~ acabarse de golpe; **couper** ~ **à ...** acabar con ...; **pour faire** ~ para abreviar ▸ *nm* (*de tennis*) pista, cancha; **à** ~ **de** escaso de; **prendre qn de** ~ pillar a algn de imprevisto

courtage [kuʀtaʒ] *nm* (*Comm*) corretaje *m*

court-bouillon [kuʀbujɔ̃] (*pl* **courts-bouillons**) *nm* caldo de pescado

court-circuit [kuʀsiʀkɥi] (*pl* **courts-circuits**) *nm* cortocircuito

court-circuiter [kuʀsiʀkɥite] *vt* (*fig*) saltarse

courtier, -ière [kuʀtje, jɛʀ] *nm/f* corredor(a)

courtisan [kuʀtizɑ̃] *nm* cortesano; (*fig*) adulador *m*

courtisane [kuʀtizan] *nf* cortesana

courtiser [kuʀtize] *vt* cortejar

courtois, e [kuʀtwa, waz] *adj* cortés

courtoisement [kuʀtwazmɑ̃] *adv* cortésmente

courtoisie [kuʀtwazi] *nf* cortesía

couru, e [kuʀy] *pp de* **courir** ▸ *adj* (*spectacle*) concurrido(-a); **c'est** ~ **(d'avance) !** (*fam*) ¡está claro!

cousais *etc* [kuzɛ] *vb voir* **coudre**

couscous [kuskus] *nm* cuscús *m*, alcuzcuz *m*

cousin, e [kuzɛ̃, in] *nm/f* primo(-a); ~ **germain(e)** primo(-a) hermano(-a) *ou* carnal; ~ **issu de germain(e)** primo(-a) segundo(-a) ▸ *nm* (*Zool*) típula

cousons [kuzɔ̃] *vb voir* **coudre**

coussin [kusɛ̃] *nm* cojín *m*; (*Tech*) almohadilla; ~ **d'air** (*Tech*) almohadilla neumática

cousu, e [kuzy] *pp de* **coudre** ▸ *adj* : ~ **d'or** forrado(-a) de dinero

coût [ku] *nm* (*d'un travail, objet*) coste *m*, precio; **le** ~ **de la vie** el coste de la vida

coûtant [kutɑ̃] *adj m* : **au prix** ~ a precio de coste

couteau, x [kuto] *nm* cuchillo; (*mollusque*) navaja; ~ **à cran d'arrêt** navaja de resorte; ~ **à pain/de cuisine** cuchillo del pan/de cocina; ~ **de poche** navaja de bolsillo

couteau-scie [kutosi] (*pl* **couteaux-scies**) *nm* cuchillo de sierra

coutelier, -ière [kutəlje, jɛʀ] *nm/f* cuchillero(-a)

coutellerie [kutɛlʀi] *nf* cuchillería

coûter [kute] *vt* (*aussi fig*) costar ▸ *vi* : ~ **à qn** costarle a algn; ~ **cher** costar caro; **ça va lui** ~ **cher** (*fig*) va a pagarlo caro; **combien ça coûte ?** ¿cuánto cuesta?, ¿cuánto vale?; **coûte que coûte** a toda costa

coûteusement [kutøzmɑ̃] *adv* a alto precio

coûteux, -euse [kutø, øz] *adj* costoso(-a); (*fig*) sacrificado(-a)

coutume [kutym] *nf* costumbre *f*; (*Jur*) : **la** ~ el derecho consuetudinario; **de** ~ de costumbre, de ordinario

coutumier, -ière [kutymje, jɛʀ] *adj* habitual; **être** ~ **de** (*péj*) : **elle est coutumière du fait** es habitual en ella

couture [kutyʀ] *nf* costura

couturier, -ière [kutyʀje, jɛʀ] *nm/f* costurero(a) ▸ *nm* modisto(a) *mf*

couvade [kuvad] *nf* síndrome *m* de la covada, embarazo simpatético

couvée [kuve] *nf* (*de poussins*) pollada

couvent [kuvɑ̃] *nm* convento

couver [kuve] *vt* (*œufs, maladie*) incubar; (*personne*) mimar; ~ **qch/qn des yeux** no quitar los ojos de algo/de algn; (*convoiter*) comerse con los ojos algo/a algn ▸ *vi* (*feu*) mantenerse; (*révolte*) incubarse, prepararse

couvercle [kuvɛʀkl] *nm* tapa

couvert, e [kuvɛʀ, ɛʀt] *pp de* **couvrir** ▸ *adj* (*ciel, coiffé d'un chapeau*) cubierto(-a); (*protégé*) protegido(-a), resguardado(-a); ~ **de** cubierto(-a) por; **bien** ~ bien abrigado(-a) ▸ *nm* cubierto; **mettre le** ~ poner la mesa; **service de 12 couverts en argent** juego de 12 cubiertos de plata; **à** ~ a cubierto, a resguardo; **sous (le)** ~ **de** bajo la apariencia de; **couverts** *nmpl* cubiertos *mpl*

couverture [kuvɛʀtyʀ] *nf* (*de lit*) manta, frazada (*Am*), cobija (*Am*); (*de bâtiment*) cubierta; (*de livre, cahier*) forro; (*d'un espion*) máscara; (*Assurance, Presse*) cobertura; **de** ~ (*lettre etc*) de garantía; ~ **chauffante** manta térmica

couveuse [kuvøz] *nf* incubadora

couvre [kuvʀ] *vb voir* **couvrir**

couvre-chef [kuvʀəʃɛf] (*pl* **couvre-chefs**) *nm* sombrero

couvre-feu [kuvʀəfø] (*pl* **couvre-feux**) *nm* toque *m* de queda

couvre-lit [kuvʀəli] (*pl* **couvre-lits**) *nm* colcha

couvre-pieds [kuvʀəpje] *nm inv* cubrepiés *m inv*

couvreur [kuvʀœʀ] *nm* techador *m*

couvrir [kuvʀiʀ] *vt* cubrir; (*supérieur hiérarchique*) proteger; (*voix, pas*) cubrir, tapar; (*erreur*) ocultar; (*distance*) recorrer; (*Zool*) cubrir; (*d'ornements, d'éloges*) : ~ **qch/qn de** cubrir a algo/algn de; **se couvrir** *vpr* cubrirse; **se** ~ **de** (*fleurs, boutons*) llenarse de

cover-girl [kɔvœʀgœʀl] (*pl* **cover-girls**) *nf* modelo *f*

cow-boy [kobɔj] (*pl* **cow-boys**) *nm* vaquero

coyote [kɔjɔt] *nm* coyote *m*

CP *sigle m* (= *cours préparatoire*) *voir* **cours**

CPAM [sepeaɛm] *sigle f* (= *Caisse primaire d'assurances maladie*) *organismo que gestiona las cotizaciones de la Seguridad Social*

CQFD [sekyɛfde] *abr* (= *ce qu'il fallait démontrer*) QED

crabe [kʀɑb] *nm* cangrejo (de mar)
crachat [kʀaʃa] *nm* escupitajo
craché, e [kʀaʃe] *adj* : **son père tout ~** el retrato vivo de su padre
cracher [kʀaʃe] *vi, vt* escupir; (*lave, injures*) escupir, arrojar; **~ du sang** escupir sangre
crachin [kʀaʃɛ̃] *nm* llovizna, garúa (*Am*)
crachiner [kʀaʃine] *vi* lloviznar
crachoir [kʀaʃwaʀ] *nm* escupidera
crachotement [kʀaʃɔtmɑ̃] *nm* escupitajo, parásitos *mpl*
crachoter [kʀaʃɔte] *vi* tener parásitos
crack [kʀak] *nm* (*intellectuel*) hacha, as *m*; (*sportif*) as; (*poulain*) potro favorito
Cracovie [kʀakɔvi] *n* Cracovia
cradingue [kʀadɛ̃g] (*fam*) *adj* guarro(-a)
craie [kʀɛ] *nf* (*substance*) greda; (*morceau*) tiza, gis *m* (*Mex*)
craignais [kʀɛɲɛ] *vb voir* **craindre**
craindre [kʀɛ̃dʀ] *vt* temer; (*être sensible à*) no tolerar; **je crains que vous (ne) fassiez erreur** (me) temo que se equivoca; **~ de/que** temer/temer que; **crains-tu de … ?** ¿temes …?
crainte [kʀɛ̃t] *nf* temor *m*; **soyez sans ~** no tema nada; **(de) ~ de/que** por temor a/a que
craintif, -ive [kʀɛ̃tif, iv] *adj* temeroso(-a)
craintivement [kʀɛ̃tivmɑ̃] *adv* temerosamente
cramer [kʀame] (*fam*) *vi* chamuscarse
cramoisi, e [kʀamwazi] *adj* carmesí
crampe [kʀɑ̃p] *nf* calambre *m*; **~ d'estomac** cólico de estómago
crampon [kʀɑ̃pɔ̃] *nm* (*de semelle*) taco; (*Alpinisme*) crampón *m*; **raccrocher les crampons** (*fig*) colgar las botas
cramponner [kʀɑ̃pɔne] : **se cramponner (à)** *vpr* agarrarse (a)
cran [kʀɑ̃] *nm* (*entaille, trou*) muesca; (*de courroie*) ojete *m*; (*courage*) agallas *fpl*; **être à ~** estar que se lo llevan los demonios; **~ d'arrêt** muelle *m*; **~ de sûreté** seguro
crâne [kʀɑn] *nm* cráneo
crânement [kʀɑnmɑ̃] *adv* con orgullo
crâner [kʀɑne] (*fam*) *vi* farolear, fanfarronear
crânien, ne [kʀɑnjɛ̃, jɛn] *adj* craneal, craneano(-a)
crapaud [kʀapo] *nm* sapo
crapule [kʀapyl] *nf* depravado(-a)
crapuleux, -euse [kʀapylø, øz] *adj* : **crime ~** crimen *m* depravado
craquelure [kʀaklyʀ] *nf* desconchón *m*
craquement [kʀakmɑ̃] *nm* crujido
craquer [kʀake] *vi* (*bois, plancher*) crujir; (*fil, branche*) romperse; (*couture*) estallar; (*s'effondrer*) derrumbarse; **je craque** (*fam*) me vuelvo loco(-a); **~ pour qch** (*fam*) sucumbir al encanto de algo ▸ *vt* : **~ une allumette** frotar una cerilla
crash [kʀaʃ] (*pl* **crashs** *ou* **crashes**) *nm* accidente *m* aéreo; **~ boursier** crac *m* bursátil
crasher [kʀaʃe] : **se crasher** *vpr* (*avion*) estrellarse; (*fam*) emborracharse, pillar una turca (*fam*)
crasse [kʀas] *nf* mugre *f* ▸ *adj* (*ignorance*) craso(-a)
crasseux, -euse [kʀasø, øz] *adj* mugriento(-a), mugroso(-a) (*Am*)
crassier [kʀasje] *nm* escorial *m*
cratère [kʀatɛʀ] *nm* cráter *m*
cravache [kʀavaʃ] *nf* fusta
cravacher [kʀavaʃe] *vt* azotar con la fusta
cravate [kʀavat] *nf* corbata
cravater [kʀavate] *vt* poner la corbata a; (*fig*) tirarse al cuello de
crawl [kʀol] *nm* crol *m*
crawlé, e [kʀole] *adj* : **dos ~** crol *m* de espaldas
crayeux, -euse [kʀɛjø, øz] *adj* gredoso(-a); (*fig*) pálido(-a)
crayon [kʀɛjɔ̃] *nm* lápiz *m*; (*de rouge à lèvres etc*) perfilador *m*, lápiz; **écrire au ~** escribir con lápiz; **~ à bille** bolígrafo; **~ de couleur** lápiz de color; **~ optique** lápiz óptico
crayon-feutre [kʀɛjɔ̃føtʀ] (*pl* **crayons-feutres**) *nm* rotulador *m*
crayonnage [kʀɛjɔnaʒ] *nm* bosquejo
crayonner [kʀɛjɔne] *vt* bosquejar
CRDP [seɛʀdepe] *sigle m* = **Centre régional de documentation pédagogique**
créance [kʀeɑ̃s] *nf* (*Comm*) crédito; **donner ~ à qch** dar crédito a algo
créancier, -ière [kʀeɑ̃sje, jɛʀ] *nm/f* acreedor(a)
créateur, -trice [kʀeatœʀ, tʀis] *adj* creador(a) ▸ *nm/f* (*gén*) creador(a); (*de mode etc*) diseñador(a); **le C~** (*Rel*) el Creador
créatif, -ive [kʀeatif, iv] *adj* (*personne*) creativo(-a)
création [kʀeasjɔ̃] *nf* creación *f*; (*nouvelle robe, voiture etc*) creación, diseño
créativité [kʀeativite] *nf* creatividad *f*
créature [kʀeatyʀ] *nf* criatura
crécelle [kʀesɛl] *nf* carraca
crèche [kʀɛʃ] *nf* (*de Noël*) nacimiento, belén *m*; (*garderie*) guardería
crédence [kʀedɑ̃s] *nf* aparador *m*
crédibilité [kʀedibilite] *nf* credibilidad *f*
crédible [kʀedibl] *adj* creíble
crédit [kʀedi] *nm* (*confiance, autorité, Écon*) crédito; (*d'un compte bancaire*) crédito, haber *m*; **payer/acheter à ~** pagar/comprar a plazos; **faire ~ à qn** tener confianza en algn; **crédits** *nmpl* fondos *mpl*
crédit-bail [kʀedibaj] (*pl* **crédits-bails**) *nm* arrendamiento financiero, leasing *m*
créditer [kʀedite] *vt* : **~ un compte (de)** abonar en cuenta
créditeur, -trice [kʀeditœʀ, tʀis] *adj, nm/f* acreedor(-a)

C

credo [kʀedo] *nm* credo
crédule [kʀedyl] *adj* crédulo(-a)
crédulité [kʀedylite] *nf* credulidad *f*
créer [kʀee] *vt* crear; (*spectacle*) montar; (*rôle*) crear
crémaillère [kʀemajɛʀ] *nf* cremallera; **direction à ~** (*Auto*) dirección *f* de cremallera; **pendre la ~** festejar el estreno de una casa
crémation [kʀemasjɔ̃] *nf* cremación *f*
crématoire [kʀematwaʀ] *adj* : **four ~** horno crematorio
crématorium [kʀematɔʀjɔm] *nm* crematorio
crème [kʀɛm] *nf* crema; (*du lait*) nata, crema; (*Pharmacie*) crema, pomada; **un (café) ~** un café con leche; **~ à raser** crema de afeitar; **~ Chantilly** nata Chantilly; **~ fouettée** nata batida; **~ glacée** helado ▸ *adj inv* crema
crémerie [kʀɛmʀi] *nf* lechería
crémeux, -euse [kʀemø, øz] *adj* cremoso(-a)
crémier, -ière [kʀemje, jɛʀ] *nm/f* lechero(-a)
créneau, x [kʀeno] *nm* (*de fortification*) almena; (*fig*) hueco; (*Comm*) segmento de mercado; **faire un ~** (*Auto*) aparcar hacia atrás
créole [kʀeɔl] *adj* criollo(-a) ▸ *nm* (*Ling*) criollo ▸ *nmf* : **Créole** criollo(-a)
créosote [kʀeɔzɔt] *nf* creosota
crêpe [kʀɛp] *nf* crêpe *f*, panqueque *m* (*Am*) ▸ *nm* (*tissu*) crespón *m*; (*de deuil*) crespón, gasa negra; **semelle (de) ~** suela de crepé; **~ de Chine** crespón de China
crêpé, e [kʀepe] *adj* encrespado(-a)
crêperie [kʀɛpʀi] *nf* crepería
crépi [kʀepi] *nm* enlucido
crépir [kʀepiʀ] *vt* enlucir
crépitement [kʀepitmɑ̃] *nm* (*du feu*) chasquido; (*d'une mitrailleuse*) tableteo
crépiter [kʀepite] *vi* crepitar; (*mitrailleuse*) tabletear
crépon [kʀepɔ̃] *nm* crespón *m*; **papier ~** papel *m* crespón
crépu, e [kʀepy] *adj* crespo(-a)
crépuscule [kʀepyskyl] *nm* crepúsculo
crescendo [kʀeʃɛndo] *nm, adv* (*Mus*) crescendo; (*fig*) : **aller ~** ir en crescendo
cresson [kʀesɔ̃] *nm* berro
Crète [kʀɛt] *nf* Creta
crête [kʀɛt] *nf* cresta; (*montagne*) cumbre *f*, cresta
crétin, e [kʀetɛ̃, in] *nm/f* (*aussi péj*) cretino(-a)
crétois, e [kʀetwa, waz] *adj* cretense ▸ *nm/f* : **Crétois, e** cretense *mf*
cretonne [kʀətɔn] *nf* cretona
Creuse [kʀøz] *nf* : **la ~** la Creuse
creuser [kʀøze] *vt* cavar; (*bois*) vaciar; (*problème, idée*) profundizar en; **ça creuse** (*fam*) eso abre el apetito; **se ~ la cervelle** *ou* **la tête** romperse la cabeza
creuset [kʀøzɛ] *nm* crisol *m*
creusois, e [kʀøzwa, waz] *adj* de la Creuse ▸ *nm/f* : **Creusois, e** nativo(-a) *ou* habitante *mf* de la Creuse
creux, creuse [kʀø, kʀøz] *adj* hueco(-a); **heures creuses** (*transports*) horas *fpl* de menos tráfico; (*travail*) horas muertas; (*pour électricité, téléphone*) horas de tarifa baja; **mois/jours ~** meses *mpl*/días *mpl* muertos ▸ *nm* hueco; (*fig*) vacío; **le ~ de l'estomac** la boca del estómago
crevaison [kʀəvɛzɔ̃] *nf* pinchazo
crevant, e [kʀəvɑ̃, ɑ̃t] *adj* agotador(a); (*amusant*) para desternillarse de risa
crevasse [kʀəvas] *nf* grieta
crevé, e [kʀəve] *adj* (*pneu*) pinchado(-a); (*fam*) : **je suis ~** estoy reventado(-a)
crève-cœur [kʀɛvkœʀ] *nm* pesadumbre *f*
crever [kʀəve] *vt* estallar, explotar; **~ l'écran** barrer; **cela lui a crevé un œil** esto le dejó tuerto; **~ l'abcès** (*fig*) cortar por lo sano ▸ *vi* (*pneu, automobiliste*) pinchar; (*abcès, outre*) reventar; (*nuage*) descargar; (*fam : mourir*) palmarla; **~ d'envie/de peur** morirse de ganas/de miedo; **~ de faim/de soif/de froid** morirse de hambre/de sed/de frío
crevette [kʀəvɛt] *nf* : **~ rose** gamba; **~ grise** quisquilla, camarón *m*
cri [kʀi] *nm* grito; **à grands cris** a grito pelado; **cris d'enthousiasme** gritos *mpl* de entusiasmo; **c'est le dernier ~** es el último grito; **cris de protestation** gritos de protesta
criant, e [kʀijɑ̃, kʀijɑ̃t] *adj* (*injustice*) escandaloso(-a)
criard, e [kʀijaʀ, kʀijaʀd] *adj* (*couleur*) chillón(-ona)
crible [kʀibl] *nm* criba; **passer qch au ~** cribar algo; (*fig*) mirar algo con lupa
criblé, e [kʀible] *adj* : **~ de** acribillado(-a) de
cric [kʀik] *nm* (*Auto*) gato
cricket [kʀikɛt] *nm* cricket *m*
criée [kʀije] *nf* : **(vente à la) ~** (venta en) pública subasta
crier [kʀije] *vi* gritar; (*grincer*) chirriar; **~ au secours** pedir socorro; **~ au scandale** poner el grito en el cielo; **~ au meurtre** clamar contra el asesinato ▸ *vt* (*ordre*) dar a gritos; (*injure*) lanzar; **sans ~ gare** sin avisar; **~ famine** quejarse de hambre; **~ grâce** pedir merced
crieur [kʀijœʀ] *nm* : **~ de journaux** vendedor *m* de periódicos
crime [kʀim] *nm* crimen *m*; **le ~ organisé** el crimen organizado
Crimée [kʀime] *nf* Crimea
criminalité [kʀiminalite] *nf* criminalidad *f*
criminel, le [kʀiminɛl] *adj* (*acte*) criminal; (*poursuites, droit*) penal; (*fig*) abominable ▸ *nm/f* criminal *mf*; **~ de guerre** criminal de guerra
criminologie [kʀiminɔlɔʒi] *nf* criminología

criminologue [kriminɔlɔg] *nmf* criminologista *mf*
crin [kʀɛ̃] *nm* crin *f*; (*comme fibre*) crin, cerda; **à tous crins, à tout ~** de tomo y lomo
crinière [kʀinjɛʀ] *nf* (*de cheval*) crines *fpl*; (*de lion*) melena
crique [kʀik] *nf* cala
criquet [kʀikɛ] *nm* langosta
crise [kʀiz] *nf* crisis *f inv*; **~ cardiaque** ataque *m* cardíaco; **~ de foie** cólico biliar; **~ de la foi** crisis de (la) fe; **~ de nerfs** ataque de nervios, crisis nerviosa
crispant, e [kʀispɑ̃, ɑ̃t] *adj* irritante
crispation [kʀispasjɔ̃] *nf* crispación *f*
crispé, e [kʀispe] *adj* crispado(-a)
crisper [kʀispe] *vt* crispar; **se crisper** *vpr* crisparse
crissement [kʀismɑ̃] *nm* (*des pneus*) rechinamiento
crisser [kʀise] *vi* crujir; (*pneu*) rechinar
cristal, -aux [kʀistal, o] *nm* cristal *m*; (*neige*) cristal, copo; **~ de plomb** vidrio de plomo, cristal de plomo; **~ de roche** cristal de roca; **cristaux** *nmpl* (*objets de verre*) cristalería *fsg*; **cristaux de soude** sosa *fsg* en polvo
cristallin, e [kʀistalɛ̃, in] *adj* cristalino(-a) ▸ *nm* (*Anat*) cristalino
cristalliser [kʀistalize] *vi, vt* (*aussi* : **se cristalliser**) cristalizar
critère [kʀitɛʀ] *nm* criterio
critérium [kʀiteʀjɔm] *nm* (*Sport*) prueba de clasificación
critiquable [kʀitikabl] *adj* discutible
critique [kʀitik] *adj* crítico(-a) ▸ *nf* (*aussi article*) crítica; **la ~** (*activité, personnes*) la crítica ▸ *nmf* (*personne*) crítico(-a)
critiquer [kʀitike] *vt* criticar
croasser [kʀɔase] *vi* graznar
croate [kʀɔat] *adj* croata ▸ *nm* (*Ling*) croata *m* ▸ *nmf* : **Croate** croata *mf*
Croatie [kʀɔasi] *nf* Croacia
croc [kʀo] *nm* (*dent*) colmillo; (*de boucher*) gancho
croc-en-jambe [kʀɔkɑ̃ʒɑ̃b] (*pl* **crocs-en-jambe**) *nm* : **faire un ~ à qn** poner *ou* echar una zancadilla a algn
croche [kʀɔʃ] *nf* corchea; **double ~** semicorchea; **triple ~** fusa
croche-pied [kʀɔʃpje] (*pl* **croche-pieds**) *nm* = **croc-en-jambe**
crochet [kʀɔʃɛ] *nm* gancho; (*tige, clef*) ganzúa; (*détour*) desvío, rodeo; (*Tricot*) ganchillo; (*Boxe*) : **~ du gauche** gancho de izquierda; **crochets** *nmpl* (*Typo*) corchetes *mpl*; **vivre aux crochets de qn** vivir a expensas de algn
crocheter [kʀɔʃte] *vt* (*serrure*) abrir con una ganzúa
crochu, e [kʀɔʃy] *adj* corvo(-a); (*mains, doigts*) ganchudo(-a)
crocodile [kʀɔkɔdil] *nm* cocodrilo
crocus [kʀɔkys] *nm* croco
croire [kʀwaʀ] *vt* creer; **~ qn honnête** creer en la honestidad de algn; **se ~ fort** considerarse fuerte; **~ que** creer que; **j'aurais cru que si** hubiera creído que sí; **je n'aurais pas cru cela (de lui)** nunca lo hubiera pensado (de él); **vous croyez ?** ¿lo cree usted?, ¿lo piensa usted?; **vous ne croyez pas ?** ¿no lo cree así?; **~ à** *ou* **en** creer en; **~ (en Dieu)** creer (en Dios)
croîs [kʀwa] *vb voir* **croître**
croisade [kʀwazad] *nf* cruzada
croisé, e [kʀwaze] *adj* cruzado(-a) ▸ *nm* (*guerrier*) cruzado
croisée [kʀwaze] *nf* ventana; **à la ~ des chemins** en el cruce de (los) caminos; **~ d'ogives** bóveda de crucería
croisement [kʀwazmɑ̃] *nm* (*carrefour, Biol*) cruce *m*
croiser [kʀwaze] *vt* cruzar; (*personne, voiture*) cruzarse con, encontrar; **~ les jambes/les bras** cruzar las piernas/los brazos ▸ *vi* navegar; **se croiser** *vpr* cruzarse; **se ~ les bras** (*fig*) cruzarse de brazos
croiseur [kʀwazœʀ] *nm* crucero
croisière [kʀwazjɛʀ] *nf* crucero; **vitesse de ~** velocidad *f* de crucero
croisillon [kʀwazijɔ̃] *nm* : **motif/fenêtre à croisillons** enrejado
croissais [kʀwasɛ] *vb voir* **croître**
croissance [kʀwasɑ̃s] *nf* crecimiento; **troubles de la/maladie de ~** trastornos *mpl*/enfermedad *f* del crecimiento; **~ économique** crecimiento económico
croissant, e [kʀwasɑ̃, ɑ̃t] *vb voir* **croître** ▸ *adj* creciente ▸ *nm* (*pâtisserie*) croissant *m*; (*motif*) media luna; **~ de lune** media luna
croître [kʀwatʀ] *vi* crecer
croix [kʀwa] *nf* cruz *f*; **la C~-Rouge** la Cruz Roja; **en ~** *adj* en cruz; *adv* en forma de cruz, en cruz
croquant, e [kʀɔkɑ̃, ɑ̃t] *adj* crujiente ▸ *nm* (*péj*) campesino
croque-madame [kʀɔkmadam] *nm inv* *sandwich de jamón, queso (tostado) con un huevo frito encima*
croque-mitaine [kʀɔkmitɛn] (*pl* **croque-mitaines**) *nm* coco
croque-monsieur [kʀɔkməsjø] *nm inv* *sandwich de jamón y queso (tostado)*
croque-mort [kʀɔkmɔʀ] (*pl* **croque-morts**) (*péj*) *nm* enterrador *m*
croquer [kʀɔke] *vt* (*manger, fruit*) comer; (*dessiner*) bosquejar; **chocolat à ~** chocolate *m* negro; **~ la vie à belles dents** (*fig*) vivir la vida a tope; **être à ~** (*fig : enfant, personne*) estar para comérselo(-a); (: *vêtement, objet*) ser monísimo(-a) ▸ *vi* crujir
croquet [kʀɔkɛ] *nm* croquet *m*
croquette [kʀɔkɛt] *nf* croqueta

croquis [kʀɔki] *nm* croquis *m inv*, boceto; (*description*) bosquejo
cross [kʀɔs], **cross-country** [kʀɔskuntʀi] (*pl* **~-countries**) *nm* (*Sport*) cross *m*; (*course*) carrera campo a través *ou* a campo traviesa
crosse [kʀɔs] *nf* (*d'arme à feu*) culata; (*d'évêque*) báculo; (*de hockey*) palo
crotale [kʀɔtal] *nm* crótalo
crotte [kʀɔt] *nf* caca; **~ !** (*fam*) ¡córcholis!, ¡concho!
crotté, e [kʀɔte] *adj* (*sale*) embarrado(-a)
crottin [kʀɔtɛ̃] *nm* : **~ (de cheval)** excremento (de caballo); (*petit fromage de chèvre*) *quesito redondo de cabra*
croulant, e [kʀulɑ̃, ɑ̃t] (*fam*) *nm/f* vejestorio(-a)
crouler [kʀule] *vi* (*s'effondrer*) derrumbarse; (*être délabré*) venirse abajo, hundirse; **~ sous (le poids de) qch** hundirse bajo (el peso de) algo
croupe [kʀup] *nf* grupa; **en ~** a la grupa
croupi, e [kʀupi] *adj* estancado(-a)
croupier [kʀupje] *nm* crupier *m*
croupières [kʀupjɛʀ] *nfpl* : **tailler des ~ à** (*faire concurrence à*) competir; (*Écon, Comm*) robar mercado a
croupion [kʀupjɔ̃] *nm* rabadilla
croupir [kʀupiʀ] *vi* (*eau*) estancarse; (*personne*) pudrirse
CROUS [kʀus] *sigle m* (= *Centre régional des œuvres universitaires et scolaires*) *organización estudiantil*
croustade [kʀustad] *nf* empanada de paté
croustillant, e [kʀustijɑ̃, ɑ̃t] *adj* crujiente; (*histoire*) picante
croustiller [kʀustije] *vi* crujir
croûte [kʀut] *nf* (*du fromage, pain*) corteza; (*de vol-au-vent*) hojaldre *m*; (*de glace*) capa; (*Méd*) costra, postilla; (*de tartre, peinture*) costra; (*péj : peinture*) mamarracho; **en ~** (*Culin*) en costra; **~ au fromage/aux champignons** rebanada de pan tostado con queso/con champiñones; **~ de pain** (*morceau*) mendrugo; **~ terrestre** corteza terrestre
croûton [kʀutɔ̃] *nm* (*Culin*) picatoste *m*; (*extrémité : du pain*) cuscurro
croyable [kʀwajabl] *adj* creíble
croyais [kʀwajɛ] *vb voir* **croire**
croyance [kʀwajɑ̃s] *nf* creencia
croyant, e [kʀwajɑ̃, ɑ̃t] *vb voir* **croire** ▸ *adj* (*Rel*) : **être/ne pas être ~** ser/no ser creyente ▸ *nm/f* (*Rel*) creyente *mf*
Crozet [kʀɔzɛ] *n* : **les îles ~** las islas Crozet
CRS [seɛʀɛs] = **Compagnies républicaines de sécurité** ▸ *sigle fpl* (*corps de la police*) brigada antidisturbios ▸ *sigle mf* (*policier*) (agente *mf*) antidisturbios *mf inv*
cru, e [kʀy] *pp de* **croire** ▸ *adj* (*non cuit*) crudo(-a); (*lumière, couleur*) fuerte, vivo(-a); (*description, langage*) crudo(-a) ▸ *nm* (*vignoble*) viñedo; (*vin*) caldo; **monter à ~** (*cheval*) montar a pelo; **de son (propre) ~** (*fig*) de su (propia) cosecha; **du ~** de la región
crû, e [kʀy] *pp de* **croître**
cruauté [kʀyote] *nf* crueldad *f*
cruche [kʀyʃ] *nf* cántaro
crucial, e, -aux [kʀysjal, jo] *adj* crucial
crucifier [kʀysifje] *vt* crucificar
crucifix [kʀysifi] *nm* crucifijo
crucifixion [kʀysifiksjɔ̃] *nf* crucifixión *f*
cruciforme [kʀysifɔʀm] *adj* cruciforme
cruciverbiste [kʀysivɛʀbist] *nmf* aficionado(-a) a los crucigramas
crudité [kʀydite] *nf* (*d'un éclairage, d'une couleur*) viveza; **crudités** *nfpl* (*Culin*) verduras *fpl* y hortalizas crudas
crue [kʀy] *pp de* **croire** ; **croître** ▸ *adj f voir* **cru** ▸ *nf* crecida; **en ~** con crecida
cruel, le [kʀyɛl] *adj* (*personne, sort*) cruel; (*froid*) despiadado(-a)
cruellement [kʀyɛlmɑ̃] *adv* cruelmente
crûment [kʀymɑ̃] *adv* crudamente
crus *etc* [kʀy] *vb voir* **croire**
crûs *etc* [kʀy] *vb voir* **croître**
crustacés [kʀystase] *nmpl* crustáceos *mpl*
cryptage [kʀiptaʒ] *nm* codificación *f*
crypte [kʀipt] *nf* cripta
crypté, e [kʀipte] *adj* codificado(-a)
crypter [kʀipte] *vt* codificar
CSA [seɛsa] *sigle m* = **Conseil supérieur de l'audiovisuel**
CSG [seɛsʒe] *sigle f* (= *contribution sociale généralisée*) *contribución suplementaria para ayudar al desfavorecido*
CSM [seɛsɛm] *sigle m* (= *Conseil supérieur de la magistrature*) CSM *m*
Cuba [kyba] *nf ou m* Cuba
cubage [kybaʒ] *nm* volumen *m*
cubain, e [kybɛ̃, ɛn] *adj* cubano(-a) ▸ *nm/f* : **Cubain, e** cubano(-a)
cube [kyb] *nm* cubo; (*Math*) : **2 au ~ = 8** 2 al cubo = 8; **gros ~** cubo grande; **mètre ~** metro cúbico; **élever au ~** (*Math*) elevar al cubo
cubique [kybik] *adj* cúbico(-a)
cubisme [kybism] *nm* cubismo
cubiste [kybist] *nmf* cubista *mf*
cubitus [kybitys] *nm* cúbito
cueillette [kœjɛt] *nf* recolección *f*; (*récolte*) cosecha; **la ~ des fraises** la recolección *ou* recogida de la fresa
cueillir [kœjiʀ] *vt* recoger; (*fam : attraper*) pillar
cuiller [kɥijɛʀ] *nf* cuchara; **~ à café** cucharilla; **~ à soupe** cuchara sopera
cuillère [kɥijɛʀ] *nf* = **cuiller**
cuillerée [kɥijʀe] *nf* cucharada; **~ à soupe/café** cucharada sopera/cucharadita
cuir [kɥiʀ] *nm* cuero
cuirasse [kɥiʀas] *nf* coraza
cuirassé [kɥiʀase] *nm* acorazado

cuire [kɥiʀ] *vt (aliments, poterie)* cocer; *(au four)* asar ▸ *vi* cocerse; *(picoter)* escocer
cuisant, e [kɥizɑ̃, ɑ̃t] *vb voir* **cuire** ▸ *adj (douleur)* punzante; *(souvenir, échec)* doloroso(-a)
cuisine [kɥizin] *nf* cocina; **faire la ~** preparar la comida; **la ~ française/espagnole** la cocina francesa/española
cuisiné, e [kɥizine] *adj* : **plat ~** plato cocinado
cuisiner [kɥizine] *vt* cocinar; *(fam)* acribillar a preguntas a ▸ *vi* cocinar
cuisinette [kɥizinɛt] *nf* cocina pequeña
cuisinier, -ière [kɥizinje, jɛʀ] *nm/f* cocinero(-a)
cuisinière [kɥizinjɛʀ] *nf (poêle)* cocina
cuissardes [kɥisaʀd] *nfpl* botas *fpl*
cuisse [kɥis] *nf (Anat)* muslo; *(de poulet)* muslo; *(de mouton)* pierna
cuisson [kɥisɔ̃] *nf* cocción *f*
cuissot [kɥiso] *nm* pernil *m*
cuistre [kɥistʀ] *nm* sabihondo(-a)
cuit, e [kɥi, kɥit] *pp de* **cuire** ▸ *adj* cocido(-a); *(viande)* hecho(-a); **bien ~** bien hecho *ou* pasado; **trop ~** demasiado hecho *ou* pasado; **pas assez ~** no muy hecho *ou* pasado; **~ à point** hecho en su punto
cuite [kɥit] *(fam) nf* moña, cogorza
cuiter [kɥite] *(fam)* : **se cuiter** *vpr* emborracharse, pillar una turca *(fam)*
cuivre [kɥivʀ] *nm* cobre *m*; **les cuivres** *(Mus)* los cobres; **~ jaune** latón *m*; **~ (rouge)** cobre (rojizo)
cuivré, e [kɥivʀe] *adj* cobrizo(-a)
cul [ky] *nm (fam ! : derrière)* culo *(fam !)*; **~ de bouteille** culo de botella
culasse [kylas] *nf* culata
culbute [kylbyt] *nf (en jouant)* voltereta; *(accidentelle)* batacazo; **faire la ~** *(fig)* dar el pelotazo
culbuter [kylbyte] *vi* darse un batacazo
culbuteur [kylbytœʀ] *nm (Auto)* balancín *m*
cul-de-jatte [kydʒat] *(pl* **culs-de-jatte***) nm* lisiado sin piernas
cul-de-sac [kydsak] *(pl* **culs-de-sac***) nm* callejón *m* sin salida
culinaire [kylinɛʀ] *adj* culinario(-a)
culminant [kylminɑ̃] *adj* : **point ~** punto culminante
culminer [kylmine] *vi* : **~ (à)** culminar (en)
culot [kylo] *nm (d'ampoule)* casquillo; *(fam : effronterie)* cara, desfachatez *f*; **il a du ~** tiene cara
culotte [kylɔt] *nf (pantalon)* pantalón *m* corto; *(d'homme)* calzoncillos *mpl*, calzones *mpl (Am)*; *(de femme)* : **(petite) ~** bragas *fpl*, calzones *mpl (Am)*; **~ de cheval** pantalón de montar; *(chez les femmes)* celulitis *f inv*
culotté, e [kylɔte] *adj (pipe)* curado(-a); *(cuir)* usado(-a); *(effronté)* descarado(-a)
culpabiliser [kylpabilize] *vt* : **~ qn** culpabilizar a algn
culpabilité [kylpabilite] *nf* culpabilidad *f*
culte [kylt] *nm* culto; *(en apposition)* de culto; **un film ~** una película de culto
cultivable [kyltivabl] *adj* cultivable
cultivateur, -trice [kyltivatœʀ, tʀis] *nm/f* cultivador(a)
cultivé, e [kyltive] *adj (terre)* cultivado(-a); *(personne)* culto(-a)
cultiver [kyltive] *vt* cultivar; **se cultiver** *vpr* cultivarse
culture [kyltyʀ] *nf (de plantes)* cultivo; *(connaissances)* cultura; **~ physique** cultura física; **cultures** *nfpl* cultivos *mpl*; **champs de cultures** campos *mpl* de cultivo
culturel, le [kyltyʀɛl] *adj* cultural
culturisme [kyltyʀism] *nm* culturismo
culturiste [kyltyʀist] *nmf* culturista *mf*
cumin [kymɛ̃] *nm* comino
cumul [kymyl] *nm* cúmulo, acumulación *f*; **~ de peines** acumulación de penas
cumulable [kymylabl] *adj* acumulable
cumuler [kymyle] *vt* acumular
cupide [kypid] *adj* codicioso(-a)
cupidité [kypidite] *nf* codicia
curable [kyʀabl] *adj* curable
Curaçao [kyʀaso] *n* Curasao, Curaçao
curaçao [kyʀaso] *nm* curasao
curare [kyʀaʀ] *nm* curare *m*
curatif, -ive [kyʀatif, iv] *adj* curativo(-a)
cure [kyʀ] *nf (Méd)* cura; *(Rel : fonction)* curato; *(: maison)* casa del cura; **faire une ~ de fruits** hacer una cura de frutas; **n'avoir ~ de** traerle a uno sin cuidado; **faire une ~ thermale** hacer una cura de aguas termales; **~ d'amaigrissement** régimen *m* de adelgazamiento; **~ de repos** cura de reposo; **~ de sommeil** cura de sueño
curé [kyʀe] *nm* cura *m*, párroco; **M. le ~** el Señor cura
cure-dent [kyʀdɑ̃] *(pl* **cure-dents***) nm* palillo, mondadientes *m inv*
curée [kyʀe] *nf (fig)* forcejeo
cure-ongles [kyʀɔ̃gl] *nm inv* limpiaúñas *m inv*
cure-pipe [kyʀpip] *(pl* **cure-pipes***) nm* limpiapipas *m inv*
curer [kyʀe] *vt* limpiar; **se curer** *vpr* : **se ~ les dents** limpiarse los dientes con un palillo
curetage [kyʀtaʒ] *nm (Méd)* raspado, legrado
curieusement [kyʀjøzmɑ̃] *adv* curiosamente
curieux, -euse [kyʀjø, jøz] *adj* curioso(-a) ▸ *nmpl* curiosos *mpl*, mirones *mpl*
curiosité [kyʀjozite] *nf* curiosidad *f*; *(objet, site)* singularidad *f*
curiste [kyʀist] *nmf* agüista *mf*
curriculum vitae [kyʀikylɔmvite] *(pl* **curriculum(s)-vitae***) nm* curriculum vitae *m*
curry [kyʀi] *nm* curry *m*; **poulet au ~** pollo al curry
curseur [kyʀsœʀ] *nm* cursor *m*

C

cursif, -ive [kyʀsif, iv] *adj* : **écriture cursive** escritura cursiva
cursus [kyʀsys] *nm* carrera
curviligne [kyʀviliɲ] *adj* curvilíneo(-a)
cutané, e [kytane] *adj* cutáneo(-a)
cuti-réaction [kytiʀeaksjɔ̃] (*pl* **cuti-réactions**) *nf* reacción *f* cutánea
cuve [kyv] *nf* cuba; (*à mazout etc*) depósito, tanque *m*
cuvée [kyve] *nf* cuba, cosecha
cuvette [kyvɛt] *nf* (*récipient*) palangana; (*du lavabo*) pila; (*des w-c*) taza; (*Géo*) hondonada
CV [seve] *sigle m* (= *cheval vapeur*) C.V. (= *caballos de vapor*); (= *curriculum vitae*) CV (= *currículum vítae*)
cyanure [sjanyʀ] *nm* cianuro
cybercafé [sibɛʀkafe] *nm* cibercafé *m*
cyberculture [sibɛʀkyltyʀ] *nf* cybercultura
cyberespace [sibɛʀɛspas] *nm* ciberespacio
cybernaute [sibɛʀnot] *nmf* internauta *mf*
cybernétique [sibɛʀnetik] *nf* cibernética
cyclable [siklabl] *adj* : **piste ~** pista para ciclistas
cyclamen [siklamɛn] *nm* ciclamen *m*
cycle [sikl] *nm* (*vélo*) velocípedo; (*naturel, biologique*) ciclo; **1er ~** (*Scol*) ≈ segunda etapa de educación primaria; **2e ~** ≈ educación secundaria
cyclique [siklik] *adj* cíclico(-a)
cyclisme [siklism] *nm* ciclismo
cycliste [siklist] *nmf* ciclista *mf* ▸ *adj* : **coureur ~** corredor *m* ciclista
cyclo-cross [siklokʀɔs] *nm inv* (*Sport*) ciclocross *m*; (*épreuve*) carrera de ciclocross
cyclomoteur [siklomɔtœʀ] *nm* ciclomotor *m*
cyclomotoriste [siklomɔtɔʀist] *nmf* ciclomotorista *mf*
cyclone [siklon] *nm* ciclón *m*
cyclotourisme [sikloturism(ə)] *nm* cicloturismo
cygne [siɲ] *nm* cisne *m*
cylindre [silɛ̃dʀ] *nm* cilindro; **moteur à quatre cylindres en ligne** motor *m* de cuatro cilindros en línea
cylindrée [silɛ̃dʀe] *nf* cilindrada; **une (voiture de) grosse ~** un coche de gran cilindrada
cylindrique [silɛ̃dʀik] *adj* cilíndrico(-a)
cymbale [sɛ̃bal] *nf* platillo
cynique [sinik] *adj* cínico(-a)
cyniquement [sinikmɑ̃] *adv* cínicamente
cynisme [sinism] *nm* cinismo
cyprès [sipʀɛ] *nm* ciprés *m*
cypriote [sipʀijɔt] *adj* chipriota ▸ *nmf* : **Cypriote** chipriota *mf*
cyrillique [siʀilik] *adj* cirílico(-a)
cystite [sistit] *nf* cistitis *f inv*
cytise [sitiz] *nm* cítiso, codeso
cytologie [sitɔlɔʒi] *nf* citología

Dd

D, d [de] *nm inv* (*lettre*) D, d *f*; **D comme Désiré** ≈ D de Dinamarca
d' [d] *prép voir* **de**
D1 *nf* (*ligue 1* : = *première division*) primera (división *f*)
D2 *nf* (*ligue 2* : = *deuxième division*) segunda (división *f*)
DAB [dab] *sigle m* (= *distributeur automatique de billets*) cajero automático
Dacca [dəkə] *n* Dacca
dactylographier [daktilɔgʀafje] *vt* mecanografiar
dada [dada] *nm* tema *m* de siempre
dadais [dadɛ] *nm* bobo
dague [dag] *nf* daga
dahlia [dalja] *nm* dalia
daigner [deɲe] *vt* dignarse
daim [dɛ̃] *nm* (*Zool*) gamo; (*peau*) ante *m*; (*imitation*) piel *f* vuelta
dais [dɛ] *nm* dosel *m*
Dakar [dəkəʀ] *n* Dakar
dallage [dalaʒ] *nm* enlosado
dalle [dal] *nf* losa
daller [dale] *vt* enlosar
dalmatien [dalmasjɛ̃] *nm* dálmata *mf*
daltonien, ne [daltɔnjɛ̃, jɛn] *adj, nm/f* daltónico(-a)
daltonisme [daltɔnism] *nm* daltonismo
dam [dɑ̃] *nm* : **au grand ~ de** con gran perjuicio de
damas [dama(s)] *nm* damasco
damassé, e [damase] *adj* adamascado(-a)
dame [dam] *nf* señora; (*femme du monde*) dama; (*Cartes, Échecs*) reina; **les (toilettes des) dames** los servicios de señoras; **~ de charité** dama de la caridad; **~ de compagnie** señora de compañía; **dames** *fpl* (*jeu*) damas *nfpl*
dame-jeanne [damʒɑn] (*pl* **dames-jeannes**) *nf* damajuana
damer [dame] *vt* apisonar; **~ le pion à qn** ganar la partida a algn
damier [damje] *nm* (*échiquier*) damero; **en ~** (*dessin*) de cuadros
damner [dɑne] *vt* condenar; **se damner** *vpr* condenarse; **être à se ~** estar de muerte; **belle à se ~** guapa a rabiar
dancing [dɑ̃siŋ] *nm* sala de baile
dandinement [dɑ̃dinmɑ̃] *nm* contoneo
dandiner [dɑ̃dine] : **se dandiner** *vpr* bambolearse; (*en marchant*) contonearse
dandy [dɑ̃di] *nm* dandi *m*
Danemark [danmaʀk] *nm* Dinamarca
danger [dɑ̃ʒe] *nm* peligro; **être/mettre en ~** estar/poner en peligro; **être en ~ de mort** estar en peligro de muerte; **être hors de ~** estar fuera de peligro
dangereusement [dɑ̃ʒʀøzmɑ̃] *adv* (*blessé, malade*) gravemente; (*vivre*) peligrosamente
dangereux, -euse [dɑ̃ʒʀø, øz] *adj* peligroso(-a)
danois, e [danwa, waz] *adj* danés(-esa) ▶ *nm* (*Ling, chien*) danés *msg* ▶ *nm/f* : **Danois, e** danés(-esa)

MOT-CLÉ

dans [dɑ̃] *prép* **1** (*position*) en; **dans le tiroir/le salon** en el cajón/el salón; **marcher dans la ville** andar por la ciudad; **je l'ai lu dans un journal** lo leí en un periódico; **monter dans une voiture/le bus** subir a un coche/al autobús; **dans la rue** en la calle; **être dans les premiers** ser de los primeros
2 (*direction*) a; **elle a couru dans le salon** corrió al salón
3 (*provenance*) de; **je l'ai pris dans le tiroir/salon** lo saqué del cajón/salón; **boire dans un verre** beber en un vaso
4 (*temps*) dentro de; **dans deux mois** dentro de dos meses; **dans quelques instants** dentro de unos momentos; **dans quelques jours** dentro de unos días; **il part dans quinze jours** se marcha dentro de quince días; **je serai là dans la matinée** estaré allí por la mañana
5 (*approximation*) alrededor de; **dans les 20 euros/quatre mois** alrededor de 20 euros/cuatro meses
6 (*intention*) con; **dans le but de faire qch** con objeto de hacer algo

dansant, e [dɑ̃sɑ̃, ɑ̃t] *adj* : **soirée dansante** velada con baile; (*bal*) bailable *m*
danse [dɑ̃s] *nf* danza; **une ~** un baile; **~ du ventre** danza del vientre; **~ moderne** danza moderna
danser [dɑ̃se] *vt, vi* bailar, danzar

danseur, -euse [dãsœʀ, øz] *nm/f (gen, de ballet)* bailarín(-ina); *(cavalier)* pareja; **en danseuse** *(cyclisme)* de pie sobre los pedales; **~ de claquettes** bailarín(-ina) de claqué; **~ de flamenco** bailaor (a)

> On emploie *bailarín(-ina)* pour désigner un danseur en général, mais *bailador(a)* pour un danseur de danse populaire de type andalou, et *bailaor(a)* pour un danseur de flamenco.

DAO [deao] *sigle m (= dessin assisté par ordinateur)* DAO *m (= diseño asistido por ordenador)*
dard [daʀ] *nm* aguijón *m*
darder [daʀde] *vt* lanzar
dare-dare [daʀdaʀ] *adv* volando
Dar-es-Salaam, Dar-es-Salam [daʀɛsalam] *n* Dar es Salam
darne [daʀn] *nf* rodaja
darse [daʀs] *nf* dársena
dartre [daʀtʀ] *nf (Méd)* descamación *f*
datation [datasjɔ̃] *nf* datación *f*
date [dat] *nf (jour)* fecha; **de longue ~** *(ami)* viejo(-a); *(anticipé, planifié)* desde hace mucho tiempo; **de fraîche ~** reciente; *(arrivé, élu)* recientemente; **premier/dernier en ~** más antiguo/reciente; **prendre ~ (avec qn)** fijar fecha (con algn); **faire ~** hacer época; **~ limite** fecha límite; **~ limite de vente** fecha de caducidad; **~ de naissance** fecha de nacimiento
dater [date] *vt* fechar ▸ *vi* estar anticuado(-a); **~ de** *(remonter à)* datar de; **à ~ de** a partir de
dateur [datœʀ] *nm (timbre)* fechador *m*; *(de montre)* calendario
datif [datif] *nm* dativo
datte [dat] *nf* dátil *m*
dattier [datje] *nm* datilera
daube [dob] *nf*: **bœuf en ~** (carne *f* de) vaca estofada
dauber [dobe] *(fam) vi (puer)* apestar
dauphin, e [dofɛ̃, dofin] *nm (cétacé)* delfín *m* ▸ *nm/f* (Hist, *fig*) delfín(-ina)
Dauphiné [dofine] *nm* Delfinado
dauphinois, e [dofinwa, waz] *adj* de Delfinado
daurade [dɔʀad] *nf* besugo
davantage [davɑ̃taʒ] *adv* más; *(plus longtemps)* más tiempo; **~ de** más; **~ que** más que
DCA [desea] *sigle f (= défense contre avions) defensa antiaérea*
DDASS [das] *sigle f (= Direction départementale de l'action sanitaire et sociale) delegación provincial de sanidad y seguridad social*
DDT [dedete] *sigle m (= dichloro-diphénol-trichloréthane)* DDT *m (= diclorodifeniltricloroetano)*

MOT-CLÉ

de, d' [də, d] *(de + le =* **du**, *de + les =* **des**) *prép*
1 *(appartenance)* de; **le toit de la maison** el tejado de la casa; **la voiture d'Élisabeth/de mes parents** el coche de Elisabeth/de mis padres
2 *(moyen)* con; **suivre des yeux** seguir con la mirada; **nier de la tête** negar con la cabeza; **estimé de ses collègues** estimado por sus colegas
3 *(provenance)* de; **il vient de Londres** viene de Londres; **elle est sortie du cinéma** salió del cine
4 *(caractérisation, mesure)* : **un mur de brique** un muro de ladrillo; **un verre d'eau** un vaso de agua; **un billet de 100 €** un billete de 100 euros; **une pièce de 2 m de large** *ou* **large de 2 m** una habitación de 2 m de ancho; **un bébé de 10 mois** un bebé de 10 meses; **12 mois de crédit/travail** 12 meses de crédito/trabajo; **augmenter** *etc* **de 10 €** aumentar *etc* 10 euros; **trois jours de libres** tres días libres; **de nos jours** en nuestros días; **être payé 10 € de l'heure** cobrar 10 € por hora
5 *(rapport)* : **de 14 à 18** de 14 a 18; **de Madrid à Paris** de Madrid a París; **voyager de pays en pays** viajar de país en país
6 *(cause)* de; **mourir de faim** morir(se) de hambre; **rouge de colère** rojo(-a) de ira
7 *(vb + de + infinitif)* : **je vous prie de venir** le ruego que venga; **il m'a dit de rester** me dijo que me quedara
8 : **cet imbécile de Pierre** el tonto de Pierre
▸ *art* : **du vin/de l'eau/des pommes** vino/agua/manzanas; **des enfants sont venus** vinieron unos niños; **pendant des mois** durante meses; **il mange de tout** come de todo; **y a-t-il du vin ?** ¿hay vino?; **il n'a pas de chance/d'enfants** no tiene suerte/niños

dé [de] *nm* dado; *(aussi :* **dé à coudre***)* dedal *m*; *(Culin)* : **couper en dés** cortar en dados; **dés** *nmpl (jeu)* dados *mpl*; **un coup de dés** una tirada de dados
DEA [deəɑ] *sigle m (= diplôme d'études approfondies) diploma de pos(t)grado*
dealer [dilœʀ] *nm* camello(-a)
déambulateur [deɑ̃bylatœʀ] *nm* andador *m*
déambuler [deɑ̃byle] *vi* deambular
débâcle [debɑkl] *nf (dégel)* deshielo; *(armée)* desbandada
déballage [debalaʒ] *nm* desembalaje *m*; *(fig)* revoltijo
déballer [debale] *vt* desembalar; *(fam : savoir, connaissance)* desembuchar
débandade [debɑ̃dad] *nf* desbandada
débander [debɑ̃de] *vt* desvendar
débaptiser [debatize] *vt (rue)* cambiar el nombre de
débarbouillage [debaʀbujaʒ] *nm* aseo
débarbouiller [debaʀbuje] *vt* lavar la cara a; **se débarbouiller** *vpr* lavarse la cara
débarcadère [debaʀkadɛʀ] *nm* desembarcadero

débardeur, -euse [debaʀdœʀ, øz] *nm/f* (*forestier*) transportista *mf* de madera ▸ *nm* (*maillot*) camiseta de tirantes; (*docker*) estibador *m*
débarquement [debaʀkəmɑ̃] *nm* desembarco
débarquer [debaʀke] *vt* desembarcar ▸ *vi* desembarcar; (*fam*) plantarse
débarras [debaʀɑ] *nm* trastero; (*placard*) armario trastero; **« bon ~ ! »** « ¡adiós, muy buenas! »
débarrasser [debaʀɑse] *vt* despejar; **~ la table** quitar la mesa; **~ qn de qch** (*vêtements*) recogerle algo a algn; (*paquets*) ayudar a algn con algo; **~ qch de** despejar algo de ▸ *vi* quitar la mesa; **se débarrasser** *vpr* : **se ~ de** desembarazarse de; (*vêtement*) quitarse; (*habitude*) librarse de
débat [deba] *nm* debate *m*; **débats** *nmpl* (*Pol*) debate *msg*
débattre [debatʀ] *vt* (*question, prix*) debatir, discutir; **se débattre** *vpr* debatirse
débauchage [deboʃaʒ] *nm* (*de personnel*) despido
débauche [deboʃ] *nf* (*libertinage*) vicio; (*profusion*) derroche *m*; **une ~ de** (*fig*) un derroche de
débauché, e [deboʃe] *adj, nm/f* vicioso(-a)
débaucher [deboʃe] *vt* (*licencier*) despedir; (*entraîner*) corromper; (*inciter à la grève*) instigar
débile [debil] *adj* débil; (*fam : idiot*) imbécil ▸ *nmf* : **~ mental** retrasado(-a) mental
débilitant, e [debilitɑ̃, ɑ̃t] *adj* (*climat*) agotador(a); (*atmosphère*) desmoralizador(a)
débilité [debilite] *nf* debilidad *f*; (*fam*) estupidez *f*; **~ mentale** debilidad mental
débiner [debine] *vt* (*dénigrer*) despellejar; **se débiner** *vpr* (*fam*) pirarse (*fam*), pirárselas (*fam*)
débit [debi] *nm* (*d'un robinet*) presión *f*, (*d'un fleuve, rivière*) caudal *m*; (*élocution*) cadencia; (*d'un magasin*) ventas *fpl*; (*du trafic*) fluidez *f*; (*bancaire*) débito; **avoir un ~ de 10 euros** tener un débito de 10 euros; **gros/faible ~** mucha/poca presión; **haut ~** (*Internet*) de banda ancha; **~ de boissons** establecimiento de bebidas; **~ de données** (*Inform*) velocidad *f* de datos; **~ de tabac** estanco
débiter [debite] *vt* (*compte*) cargar (en cuenta); (*liquide, gaz*) suministrar; (*bois, viande*) cortar; (*vendre*) despachar; (*péj : discours*) soltar
débiteur, -trice [debitœʀ, tʀis] *adj, nm/f* deudor(a)
déblai [deblɛ] *nm* desmonte *m*
déblaiement [deblɛmɑ̃] *nm* desmonte *m*; **travaux de ~** trabajos *mpl* de desmonte
déblatérer [deblateʀe] *vi* : **~ contre** despotricar contra
déblayage [deblɛjaʒ] *nm* despejo, despeje *m*
déblayer [debleje] *vt* despejar
déblocage [deblɔkaʒ] *nm* desbloqueo
débloquer [deblɔke] *vt* desbloquear; (*crédits*) descongelar ▸ *vi* (*fam*) disparatar
débobiner [debɔbine] *vt* desbobinar
déboires [debwaʀ] *nmpl* sinsabores *mpl*; **avoir/essuyer des ~** tener/recibir sinsabores
déboisement [debwazmɑ̃] *nm* desmonte *m*
déboiser [debwaze] *vt* desmontar; **se déboiser** *vpr* deforestarse
déboîter [debwate] *vi* (*Auto*) salirse de la fila; **se déboîter** *vpr* dislocarse
débonnaire [debɔnɛʀ] *adj* bonachón(-ona)
débordant, e [debɔʀdɑ̃, ɑ̃t] *adj* desbordante
débordé, e [debɔʀde] *adj* : **être ~** estar desbordado(-a)
débordement [debɔʀdəmɑ̃] *nm* (*rivière*) desbordamiento; (*eau, lait*) derramamiento; (*Mil, Sport*) adelantamiento; **~ d'enthousiasme/de vitalité** exceso de entusiasmo/de vitalidad
déborder [debɔʀde] *vi* (*rivière*) desbordarse; (*eau, lait*) derramarse; (*dépasser*) : **~ (de) qch** rebosar de algo; **~ de joie/zèle** (*fig*) rebosar de alegría/fervor ▸ *vt* (*Mil, Sport*) adelantar
débouché [debuʃe] *nm* (*gén pl : pour vendre un produit*) mercado; (*perspectives d'emploi*) salida; **au ~ de la vallée** a la salida del valle
déboucher [debuʃe] *vt* (*évier, tuyau*) desatascar; (*bouteille*) descorchar ▸ *vi* desembocar; **~ sur** desembocar en; (*fig*) conducir a; **~ de** salir de
débouler [debule] *vi* caer rodando ▸ *vt* : **~ l'escalier** rodar escaleras abajo
déboulonner [debulɔne] *vt* desmontar; (*renvoyer*) despedir; (*détruire le prestige de*) desacreditar
débours [debuʀ] *nmpl* desembolso *m*
débourser [debuʀse] *vt* desembolsar
déboussoler [debusɔle] *vt* despistar
debout [d(ə)bu] *adv* (*personne, chose*) de pie; (*levé, éveillé*) levantado(-a); **être encore ~** (*fig*) estar todavía en pie; **mettre qch/qn ~** poner algo/a algn de pie; **se mettre ~** ponerse de pie; **se tenir ~** mantenerse en pie; **« ~ ! »** « ¡de pie! »; (*du lit*) « ¡arriba! »; **cette histoire/ça ne tient pas ~** esta historia/eso no se tiene en pie
débouter [debute] *vt* (*Jur*) : **~ qn de sa demande** desestimar la demanda de algn
déboutonner [debutɔne] *vt* desabrochar, desabotonar; **se déboutonner** *vpr* desabrocharse, desabotonarse; (*fig*) desahogarse
débraillé, e [debʀɑje] *adj* (*tenue*) desaliñado(-a); (*manières*) descuidado(-a)
débrancher [debʀɑ̃ʃe] *vt* (*appareil électrique*) desenchufar; (*téléphone*) desconectar
débrayage [debʀɛjaʒ] *nm* (*Auto : aussi action*) desembrague *m*; (*grève*) paro
débrayer [debʀeje] *vi* (*Auto*) desembragar; (*cesser le travail*) hacer paro
débridé, e [debʀide] *adj* desenfrenado(-a)
débrider [debʀide] *vt* (*cheval*) desembridar; (*volaille*) quitar los hilos a; **sans ~** de un tirón

d

débriefer [debʀife] *vt* poner al corriente, informar
débris [debʀi] *nm* trozo ▸ *nmpl* restos *mpl*
débrouillard, e [debʀujaʀ, aʀd] *adj* avispado(-a)
débrouillardise [debʀujaʀdiz] *nf* ingenio
débrouiller [debʀuje] *vt* (*affaire, cas*) desembrollar; (*écheveau*) desenredar; **se débrouiller** *vpr* arreglárselas
débroussailler [debʀusaje] *vt* desbrozar
débroussailleuse [debʀusajøz] *nf* desbrozadora
débusquer [debyske] *vt* desemboscar
début [deby] *nm* comienzo, principio; **un bon/mauvais ~** un buen/mal comienzo; **au ~** al principio; **dès le ~** desde el principio; **débuts** *nmpl* (*Ciné, Sport etc*) debut *msg*; (*carrière*) comienzos *mpl*; **faire ses débuts** debutar
débutant, e [debytã, ãt] *nm/f, adj* principiante *mf*
débuter [debyte] *vi* comenzar; (*personne*) debutar
deçà [dəsa] *prép* : **en ~ de** de este lado de; **être en ~ de** (*vérité, réalité*) no alcanzar ▸ *adv* : **en ~** de este lado
décacheter [dekaʃ(ə)te] *vt* desellar, abrir
décade [dekad] *nf* década
décadence [dekadɑ̃s] *nf* decadencia
décadent, e [dekadã, ãt] *adj* decadente
décaféiné, e [dekafeine] *adj* descafeinado(-a)
décalage [dekalaʒ] *nm* desfase *m*; (*écart*) separación *f*; (*désaccord*) desacuerdo; **un ~** (*de position*) un desplazamiento; (*temporel*) una diferencia; (*fig*) un desfase; **le ~ entre …** el desfase entre …; **~ horaire** diferencia de horario
décalaminer [dekalamine] *vt* descalaminar
décalcifiant, e [dekalsifjã, ãt] *adj* descalcificador(a)
décalcification [dekalsifikasjɔ̃] *nf* descalcificación *f*
décalcifier [dekalsifje] *vt* descalcificar; **se décalcifier** *vpr* descalcificarse
décalcomanie [dekalkɔmani] *nf* calcomanía
décalé, e [dekale] *adj* (*style, humour*) poco convencional
décaler [dekale] *vt* (*changer de position*) desplazar; (*dans le temps : retarder*) aplazar; (*: avancer*) adelantar; **~ de 10 cm** desplazar 10 cm; **~ de deux heures la réunion** (*retarder*) aplazar dos horas la reunión; (*avancer*) adelantar dos horas la reunión; **se décaler** *vpr* (*personne*) correrse, desplazarse; **se ~ d'une place** moverse un sitio, desplazarse un sitio
décalitre [dekalitʀ] *nm* decalitro
décalogue [dekalɔg] *nm* decálogo
décalque [dekalk] *nm* calco
décalquer [dekalke] *vt* calcar
décamètre [dekamɛtʀ] *nm* decámetro
décamper [dekɑ̃pe] *vi* largarse, rajarse (Am)
décan [dekã] *nm* decanato
décanter [dekɑ̃te] *vt* clarificar; **se décanter** *vpr* clarificarse; (*fig*) aclararse
décapage [dekapaʒ] *nm* decapado
décapant [dekapã] *adj* corrosivo(-a) ▸ *nm* decapante *m*
décaper [dekape] *vt* decapar
décapiter [dekapite] *vt* (*par accident*) decapitar; (*arbres etc*) descabezar; (*une organisation*) decapitar, eliminar la cúpula de
décapotable [dekapɔtabl] *adj* descapotable
décapoter [dekapɔte] *vt* descapotar
décapsuler [dekapsyle] *vt* abrir
décapsuleur [dekapsylœʀ] *nm* abrebotellas *m inv*
décarcasser [dekaʀkase] : **se décarcasser** *vpr* partirse el pecho
décathlon [dekatlɔ̃] *nm* decatlón *m*
décati, e [dekati] *adj* (*tissu*) deslustrado(-a); (*personne*) ajado(-a)
décatir [dekatiʀ] : **se décatir** *vpr* ajarse
décédé, e [desede] *adj* fallecido(-a); **~ le 10 janvier** fallecido(-a) el 10 de enero
décéder [desede] *vi* fallecer
décelable [des(ə)labl] *adj* detectable
déceler [des(ə)le] *vt* detectar; (*révéler*) revelar
décélération [deseleʀasjɔ̃] *nf* desaceleración *f*
décélérer [deseleʀe] *vi* desacelerar
décembre [desɑ̃bʀ] *nm* diciembre *m*; *voir aussi* **juillet**
décemment [desamã] *adv* decentemente
décence [desɑ̃s] *nf* decencia
décennal, e, -aux [desenal, o] *adj* decenal
décennie [deseni] *nf* decenio
décent, e [desã, ãt] *adj* decente
décentralisation [desɑ̃tʀalizasjɔ̃] *nf* descentralización *f*
décentraliser [desɑ̃tʀalize] *vt* descentralizar
décentrer [desɑ̃tʀe] *vt* descentrar; **se décentrer** *vpr* descentrarse
déception [desɛpsjɔ̃] *nf* decepción *f*
décerner [desɛʀne] *vt* (*prix*) otorgar; (*compliment*) presentar
décès [desɛ] *nm* fallecimiento; **acte de ~** partida de defunción
décevant, e [des(ə)vã, ãt] *adj* decepcionante
décevoir [des(ə)vwaʀ] *vt* decepcionar; (*espérances, confiance*) defraudar
déchaîné, e [deʃene] *adj* (*mer*) encrespado(-a); (*personne, foule, passions*) desenfrenado(-a); (*opinion publique*) encolerizado(-a)
déchaînement [deʃɛnmã] *nm* (*passions, colère*) desencadenamiento
déchaîner [deʃene] *vt* desencadenar; **se déchaîner** *vpr* (*tempête*) desencadenarse; (*mer, passions, colère*) desatarse; (*se mettre en colère*) encolerizarse; **se ~ contre qn** enfurecerse contra algn
déchanter [deʃɑ̃te] *vi* desengañarse

décharge [deʃaʀʒ] *nf* (*dépôt d'ordures*) vertedero; (*Jur*) descargo; (*salve, électrique*) descarga; **à la ~ de** en descargo de
déchargement [deʃaʀʒəmɑ̃] *nm* descargo
décharger [deʃaʀʒe] *vt* descargar; **~ qn de** dispensar a algn de; **~ sa colère (sur)** (*fig*) descargar su cólera (en); **~ sa conscience** (*fig*) descargar la conciencia; **se ~ dans** (*se déverser*) derramarse en; **se ~ d'une affaire sur qn** delegar un asunto en algn
décharné, e [deʃaʀne] *adj* descarnado(-a), demacrado(-a); (*arbre etc*) seco(-a)
déchaussé, e [deʃose] *adj* (*dent*) descarnado(-a)
déchausser [deʃose] *vt* descalzar; (*skis*) quitar; **se déchausser** *vpr* (*personne*) descalzarse; (*dent*) descarnarse
dèche [dɛʃ] (*fam*) *nf* : **être dans la ~** no tener un duro (*fam*)
déchéance [deʃeɑ̃s] *nf* decadencia
déchet [deʃɛ] *nm* desecho; (*perte*) pérdida; **déchets** *nmpl* (*ordures*) restos *mpl*, residuos *mpl*; **déchets radioactifs** residuos radiactivos; **déchets verts** residuos vegetales
déchiffrage [deʃifʀaʒ] *nm* descifrado, ejecución *f* por primera vez
déchiffrement [deʃifʀəmɑ̃] *nm* desciframiento, descifre *m*
déchiffrer [deʃifʀe] *vt* descifrar; (*partition*) leer, descifrar
déchiqueté, e [deʃik(ə)te] *adj* despedazado(-a)
déchiqueter [deʃik(ə)te] *vt* despedazar
déchirant, e [deʃiʀɑ̃, ɑ̃t] *adj* desgarrador(a)
déchiré, e [deʃiʀe] *adj* roto(-a); (*muscle*) desgarrado(-a); (*fig*) destrozado(-a)
déchirement [deʃiʀmɑ̃] *nm* desgarrón *m*; (*chagrin*) desgarramiento; (*gén pl : conflit*) conflictividad *f*
déchirer [deʃiʀe] *vt* (*vêtement, livre*) desgarrar; (*mettre en morceaux*) rasgar; (*pour ouvrir*) rasgar; (*arracher*) arrancar; (*fig*) destrozar; **se déchirer** *vpr* desgarrarse; (*fig*) destrozarse; **se ~ un muscle/tendon** desgarrarse un músculo/tendón
déchirure [deʃiʀyʀ] *nf* desgarrón *m*; **~ musculaire** desgarrón muscular
déchoir [deʃwaʀ] *vi* (*personne*) venir a menos; **~ de** perder
déchu, e [deʃy] *pp de* **déchoir** ▶ *adj* venido(-a) a menos
décibel [desibɛl] *nm* decibelio, decibel *m*
décidé, e [deside] *adj* decidido(-a); **c'est ~** está decidido; **être ~ à faire** estar resuelto(-a) a hacer
décidément [desidemɑ̃] *adv* decididamente
décider [deside] *vt* : **~ qch** decidir algo; **~ que** decidir que; **~ qn (à faire qch)** animar a algn (a hacer algo); **~ de faire** decidir hacer; **~ de qch** decidir algo; **se décider** *vpr* (*personne*) decidirse; (*problème, affaire*) resolverse; **se ~ à faire qch** decidirse a hacer algo; **se ~ pour qch** decidirse por algo; **« décide-toi ! »** « ¡decídete! »
décideur [desidœʀ] *nm* apoderado
décilitre [desilitʀ] *nm* decilitro
décimal, e, -aux [desimal, o] *adj* decimal
décimale [desimal] *nf* decimal *m*
décimaliser [desimalize] *vt* reducir al sistema decimal
décimer [desime] *vt* diezmar
décimètre [desimɛtʀ] *nm* decímetro; **double ~** doble decímetro
décisif, -ive [desizif, iv] *adj* decisivo(-a)
décision [desizjɔ̃] *nf* decisión *f*; (*Admin, Jur*) resolución *f*; **prendre la ~ de faire** tomar la decisión de hacer; **emporter** *ou* **faire la ~** zanjar la cuestión; **~ de justice** resolución judicial
déclamation [deklamasjɔ̃] *nf* declamación *f*; (*péj*) perorata
déclamatoire [deklamatwaʀ] *adj* declamatorio(-a)
déclamer [deklame] *vt* declamar; (*péj*) perorar
déclarable [deklaʀabl] *adj* declarable
déclaration [deklaʀasjɔ̃] *nf* declaración *f*; **~ (d'amour)** declaración (de amor); **~ (de changement de domicile)** certificado (de cambio de domicilio); **~ de décès** certificación *f* de fallecimiento; **~ de guerre** declaración de guerra; **~ d'impôts** declaración de la renta; **~ de naissance** partida de nacimiento; **~ de perte** denuncia de pérdida; **~ de revenus** declaración de la renta; **~ de sinistre** declaración de siniestro; **~ de vol** denuncia de robo
déclaré, e [deklaʀe] *adj* declarado(-a)
déclarer [deklaʀe] *vt* declarar; (*vol : à la police*) denunciar; (*décès, naissance*) certificar; **~ que** declarar que; **~ qch/qn inutile** *etc* declarar algo/a algn inútil *etc*; **~ la guerre** declarar la guerra; **se déclarer** *vpr* declararse; **se ~ favorable/prêt à** declararse favorable/dispuesto a
déclassé, e [deklɑse] *adj* desclasado(-a); (*matériel*) anticuado(-a)
déclassement [deklɑsmɑ̃] *nm* (*Rail etc*) cambio de clase
déclasser [deklɑse] *vt* (*sportif, cheval*) descalificar; (*hôtel*) rebajar de categoría; (*déranger*) desordenar
déclenchant, e [deklɑ̃ʃɑ̃, ɑ̃t] *adj* (*facteur*) desencadenante
déclenchement [deklɑ̃ʃmɑ̃] *nm* detonante *m*; (*d'un mécanisme etc*) puesta en marcha
déclencher [deklɑ̃ʃe] *vt* activar; (*attaque*) lanzar; (*grève*) poner en marcha; (*fig*) provocar; **se déclencher** *vpr* desencadenarse
déclencheur [deklɑ̃ʃœʀ] *nm* disparador *m*

d

déclic [deklik] *nm* (*mécanisme*) trinquete *m*; (*bruit*) chasquido
déclin [deklɛ̃] *nm* decadencia
déclinable [deklinabl] *adj* (*modèle*) : **~ en qch** disponible en algo; **~ à l'infini** que permite infinitas combinaciones
déclinaison [deklinɛzɔ̃] *nf* (*Ling*) declinación *f*
décliner [dekline] *vi* (*empire, acteur*) decaer; (*jour, soleil, santé*) declinar ▸ *vt* (*Ling*) declinar; (*identité*) dar a conocer; **se décliner** *vpr* (*Ling*) declinarse
déclivité [deklivite] *nf* declive *m*; **en ~** en declive
décloisonner [deklwazɔne] *vt* (*fig*) descompartimentalizar
déclouer [deklue] *vt* desclavar
décocher [dekɔʃe] *vt* arrojar; (*regard*) lanzar
décoction [dekɔksjɔ̃] *nf* decocción *f*
décodage [dekɔdaʒ] *nm* descodificación *f*
décoder [dekɔde] *vt* descodificar
décodeur [dekɔdœʀ] *nm* (TV) descodificador *m*
décoiffant, e [dekwafɑ̃, ɑ̃t] *adj* (*fig*) alucinante
décoiffé, e [dekwafe] *adj* : **elle est toute décoiffée** está completamente despeinada
décoiffer [dekwafe] *vt* despeinar; **se décoiffer** *vpr* despeinarse
décoincer [dekwɛ̃se] *vt* (*objet*) desbloquear; (*fig* : *fam* : *personne*) relajar; **se décoincer** *vpr* (*objet*) desbloquearse; (*fig* : *fam* : *personne*) relajarse
déçois *etc* [deswa] *vb voir* **décevoir**
déçoive *etc* [deswav] *vb voir* **décevoir**
décolérer [dekɔleʀe] *vi* : **il ne décolère pas** sigue enfadado
décollage [dekɔlaʒ] *nm* despegue *m*, decolaje *m* (*Am*); (*fig* : *de la croissance, des ventes*) despegue *m*
décollé, e [dekɔle] *adj* : **oreilles décollées** orejas *fpl* de soplillo
décollement [dekɔlmɑ̃] *nm* : **~ de la rétine** desprendimiento de retina
décoller [dekɔle] *vt, vi* despegar, decolar (*Am*); (*fig* : *croissance, ventes*) despegar; **se décoller** *vpr* despegarse
décolletage [dekɔltaʒ] *nm* (*Tech*) torneado
décolleté, e [dekɔlte] *adj* escotado(-a) ▸ *nm* escote *m*
décolleter [dekɔlte] *vt* (*vêtement*) escotar; (*Tech*) desmochar
décolonisation [dekɔlɔnizasjɔ̃] *nf* descolonización *f*
décoloniser [dekɔlɔnize] *vt* descolonizar
décolorant, e [dekɔlɔʀɑ̃, ɑ̃t] *adj, nm* decolorante *m*
décoloration [dekɔlɔʀasjɔ̃] *nf* decoloración *f*; **se faire faire une ~** (*chez le coiffeur*) decolorarse (el pelo)
décoloré, e [dekɔlɔʀe] *adj* (*vêtement, cheveux*) decolorado(-a); (: *avec l'âge*) descolorido(-a)
décolorer [dekɔlɔʀe] *vt* decolorar; (*suj* : *âge, lumière*) descolorar; **se décolorer** *vpr* descolorarse
décombres [dekɔ̃bʀ] *nmpl* escombros *mpl*
décommander [dekɔmɑ̃de] *vt* (*marchandise*) anular; (*réception*) cancelar; **il faut ~ les invités** tenemos que avisar a los invitados de que no vengan; **se décommander** *vpr* (*invité*) excusarse
décomplexé, e [dekɔ̃plɛkse] *adj* desacomplejado(-a)
décomposable [dekɔ̃pozabl] *adj* descomponible
décomposé, e [dekɔ̃poze] *adj* descompuesto(-a)
décomposer [dekɔ̃poze] *vt* descomponer; **se décomposer** *vpr* descomponerse
décomposition [dekɔ̃pozisjɔ̃] *nf* descomposición *f*; **en ~** en descomposición
décompresser [dekɔ̃pʀese] *vt* distenderse
décompresseur [dekɔ̃pʀesœʀ] *nm* descompresor *m*
décompression [dekɔ̃pʀesjɔ̃] *nf* descompresión *f*
décomprimer [dekɔ̃pʀime] *vt* descomprimir
décompte [dekɔ̃t] *nm* descuento; (*facture détaillée*) desglose *m*
décompter [dekɔ̃te] *vt* descontar
déconcentration [dekɔ̃sɑ̃tʀasjɔ̃] *nf* (*d'une entreprise, d'une administration*) descentralización *f*; **~ des pouvoirs** descentralización de poderes
déconcentré, e [dekɔ̃sɑ̃tʀe] *adj* desconcentrado(-a)
déconcentrer [dekɔ̃sɑ̃tʀe] *vt* (*Admin*) descentralizar; **se déconcentrer** *vpr* desconcentrarse
déconcertant, e [dekɔ̃sɛʀtɑ̃, ɑ̃t] *adj* desconcertante
déconcerter [dekɔ̃sɛʀte] *vt* desconcertar
déconditionner [dekɔ̃disjɔne] *vt* desintoxicar
déconfit, e [dekɔ̃fi, it] *adj* decepcionado(-a)
déconfiture [dekɔ̃fityʀ] *nf* derrota; (*morale*) decepción *f*; (*financière*) quiebra
décongélation [dekɔ̃ʒelasjɔ̃] *nf* descongelación *f*
décongelé, e [dekɔ̃ʒle] *adj* descongelado(-a)
décongeler [dekɔ̃ʒ(ə)le] *vt* descongelar
décongestionner [dekɔ̃ʒɛstjɔne] *vt* (*Méd, circulation*) descongestionar
déconnecté, e [dekɔnɛkte] *adj* desconectado(-a); (*fig*) : **~ de la réalité** *ou* **des réalités** desconectado(-a) de la realidad
déconnecter [dekɔnɛkte] *vt* (*aussi fig*) desconectar
déconner [dekɔne] (*fam*) *vi* (*en parlant*) decir chorradas (*fam*); (*faire des bêtises*) hacer pijadas (*fam*); **sans ~** en serio
déconseillé, e [dekɔ̃seje] *adj* desaconsejable; **c'est ~** no es aconsejable, es desaconsejable

déconseiller [dekɔ̃seje] *vt* : **~ qch (à qn)** desaconsejar algo (a algn); **~ à qn de faire** desaconsejar a algn hacer
déconsidérer [dekɔ̃sideʀe] *vt* desacreditar
déconsigner [dekɔ̃siɲe] *vt* (*valise*) retirar de la consigna; (*bouteille*) devolver el dinero del/el casco de
décontamination [dekɔ̃taminasjɔ̃] *nf* descontaminación *f*
décontaminer [dekɔ̃tamine] *vt* descontaminar
décontenancé, e [dekɔ̃tnɑ̃se] *adj* desconcertado(-a)
décontenancer [dekɔ̃t(ə)nɑ̃se] *vt* desconcertar
décontracté, e [dekɔ̃tʀakte] *adj* (*personne*) relajado(-a); (*ambiance*) distendido(-a)
décontracter [dekɔ̃tʀakte] *vt* relajar; **se décontracter** *vpr* (*personne*) relajarse
décontraction [dekɔ̃tʀaksjɔ̃] *nf* relajación *f*
déconventionnement [dekɔ̃vɑ̃sjɔnmɑ̃] *nm* (*de médecins*) *suspensión del acuerdo con la Seguridad Social motivada por una infracción*; (*de logements sociaux*) *pérdida de la subvención pública*
déconventionner [dekɔ̃vɑ̃sjɔne] *vt* (*médecins : pour faute*) *suspender el acuerdo con la Seguridad Social de*
déconvenue [dekɔ̃v(ə)ny] *nf* decepción *f*
décor [dekɔʀ] *nm* (*d'un palais etc*) decoración *f*; (*paysage*) panorama *m*; (*gén pl : Théâtre, Ciné*) decorado; **changement de ~** (*fig*) cambio de situación; **entrer dans le ~** (*fig*) salirse de la carretera; **en ~ naturel** (*Ciné*) en exteriores
décorateur, -trice [dekɔʀatœʀ, tʀis] *nm/f* decorador(a); (*Ciné*) escenógrafo(-a)
décoratif, -ive [dekɔʀatif, iv] *adj* decorativo(-a); **arts décoratifs** artes *fpl* decorativas
décoration [dekɔʀasjɔ̃] *nf* decoración *f*; (*médaille*) condecoración *f*
décorer [dekɔʀe] *vt* decorar; (*médailler*) condecorar
décortiqué, e [dekɔʀtike] *adj* pelado(-a)
décortiquer [dekɔʀtike] *vt* (*riz*) descascarillar; (*amandes, crevettes*) pelar; (*fig*) desmenuzar
décorum [dekɔʀɔm] *nm* protocolo
décote [dekɔt] *nf* exoneración *f*
découcher [dekuʃe] *vi* dormir fuera de casa
découdre [dekudʀ] *vt* descoser; **en ~** (*fig*) pelearse; **se découdre** *vpr* descoserse
découler [dekule] *vi* : **~ de** derivarse de
découpage [dekupaʒ] *nm* recorte *m*; (*de viande*) corte *m*; (*gén pl : image*) recortable *m*; **~ électoral** establecimiento de las circunscripciones electorales
découpe [dekup] *nf* (*de viande*) corte *m*; (*Tech : découpage : de pièces, documents*) recorte *m*; (*forme*) corte *m*
découper [dekupe] *vt* recortar; (*fig*) fragmentar; **se ~ sur** (*le ciel, fond*) perfilarse en
découplé, e [dekuple] *adj* : **bien ~** bien plantado(-a)
découpure [dekupyʀ] *nf* : **découpures** recortes *mpl*; (*d'une côte, arête*) sinuosidades *fpl*
décourageant, e [dekuʀaʒɑ̃, ɑ̃t] *adj* desalentador(a)
découragement [dekuʀaʒmɑ̃] *nm* desánimo, desaliento
décourager [dekuʀaʒe] *vt* desanimar, desalentar; **~ qn de faire/de qch** desalentar *ou* desanimar a algn de hacer/de algo; **se décourager** *vpr* desanimarse
décousu, e [dekuzy] *pp de* **découdre** ▸ *adj* descosido(-a); (*fig*) deshilvanado(-a)
découvert, e [dekuvɛʀ, ɛʀt] *pp de* **découvrir** ▸ *adj* (*tête*) descubierto(-a); (*lieu*) pelado(-a); **à visage ~** a cara descubierta ▸ *nm* (*bancaire*) descubierto; **à ~** (*Mil*) al descubierto; (*ouvertement*) abiertamente; (*compte*) en descubierto
découverte [dekuvɛʀt(ə)] *nf* descubrimiento; **aller à la ~ (de)** ir en busca (de)
découvrir [dekuvʀiʀ] *vt* descubrir; (*casserole*) destapar; (*apercevoir*) divisar; (*voiture*) descapotar; **~ que** descubrir que ▸ *vi* (*mer*) descubrirse; **se découvrir** *vpr* (*ôter le chapeau*) descubrirse; (*se déshabiller*) desvestirse; (*au lit*) destaparse; (*ciel*) despejarse; **se ~ des talents de** descubrir que se tiene talento para
décrassage [dekʀasaʒ] *nm* limpieza a fondo; (*Sport*) recuperación *f*; **une séance de ~** una sesión de recuperación
décrasser [dekʀase] *vt* limpiar a fondo
décrêper [dekʀepe] *vt* alisar
décrépi, e [dekʀepi] *adj* desconchado(-a)
décrépit, e [dekʀepi, it] *adj* decrépito(-a)
décrépitude [dekʀepityd] *nf* decrepitud *f*
decrescendo [dekʀeʃɛndo] *nm* (*Mus*) decrescendo; **aller ~** (*fig*) ir decreciendo
décret [dekʀɛ] *nm* decreto
décréter [dekʀete] *vt* decretar; **~ que** decretar que
décret-loi [dekʀɛlwa] (*pl* **décrets-lois**) *nm* decreto-ley *m*
décrié, e [dekʀije] *adj* desprestigiado(-a)
décrire [dekʀiʀ] *vt* describir
décrisper [dekʀispe] *vt* (*relations, atmosphère*) distender; (*personne*) relajar; **se décrisper** *vpr* (*relations, atmosphère*) distenderse; (*personne, visage*) relajarse
décrochage [dekʀɔʃaʒ] *nm* (*d'un tableau, rideau*) descolgado; (*Scol : d'élève*) abandono; (*Écon : de Bourse, marché, salaires*) caída; **~ scolaire** abandono escolar
décrochement [dekʀɔʃmɑ̃] *nm* desenganche *m*; (*d'un mur etc*) retranqueo
décrocher [dekʀɔʃe] *vt* descolgar; (*contrat, poste*) conseguir ▸ *vi* (*pour répondre au téléphone*) descolgar; (*abandonner*) retirarse; (*Scol*)

abandonar los estudios; (*perdre sa concentration*) desconectar; **se décrocher** *vpr* (*tableau, rideau*) descolgarse
décrois *etc* [dekʀwa] *vb voir* **décroître**
décroisé, e [dekʀwaze] *adj* (*Football : tir, tête*) al palo corto; (*Tennis : revers, coup droit, smash*) a contrapié
décroiser [dekʀwɑze] *vt* descruzar
décroissant, e [dekʀwɑsɑ̃, ɑ̃t] *vb voir* **décroître** ▸ *adj* decreciente; **par ordre ~** por orden decreciente
décroître [dekʀwɑtʀ] *vi* decrecer
décrotter [dekʀɔte] *vt* limpiar; **se ~ le nez** limpiarse la nariz
décru [dekʀy] *pp de* **décroître**
décrue [dekʀy] *nf* decrecida
décryptage [dekʀiptaʒ] *nm* desciframiento; (*Inform*) descodificación *f*; **le ~ du génome humain** el desciframiento del genoma humano
décrypter [dekʀipte] *vt* descifrar; (*Inform*) descodificar
déçu, e [desy] *pp de* **décevoir** ▸ *adj* (*personne*) decepcionado(-a); (*espoir*) frustrado(-a)
déculotter [dekylɔte] *vt* : **~ qn** quitar los pantalones *ou* los calzoncillos a algn; **se déculotter** *vpr* quitarse los pantalones *ou* los calzoncillos
déculpabiliser [dekylpabilize] *vt* librar del sentimiento de culpa a; **se déculpabiliser** *vpr* librarse del sentimiento de culpa
décuple [dekypl] *nm* : **le ~ de** el décuplo de; **au ~** diez veces más
décupler [dekyple] *vt* decuplicar ▸ *vi* decuplicarse
déçut *etc* [desy] *vb voir* **décevoir**
dédaignable [dedɛɲabl] *adj* : **pas ~** nada despreciable
dédaigner [dedeɲe] *vt* desdeñar; **~ de faire** desdeñar hacer
dédaigneusement [dedɛɲøzmɑ̃] *adv* desdeñosamente
dédaigneux, -euse [dedɛɲø, øz] *adj* desdeñoso(-a)
dédain [dedɛ̃] *nm* desdén *m*
dédale [dedal] *nm* dédalo
dedans [dədɑ̃] *adv* dentro, adentro (*surtout AM*) ▸ *nm* interior *m*; **là-~** ahí dentro; **au ~** (por) dentro; **en ~** por dentro
dédiaboliser [dedjabɔlize] *vt* (*parti, image*) desdemonizar
dédicace [dedikas] *nf* dedicatoria
dédicacer [dedikase] *vt* dedicar
dédié, e [dedje] *adj* : **ordinateur ~** ordenador *m* dedicado *ou* especializado
dédier [dedje] *vt* : **~ à** (*livre*) dedicar a; (*efforts*) consagrar a; **se dédier** *vpr* (*se consacrer*) : **se ~ à qn/qch** dedicarse a algn/algo, consagrarse a algn/algo
dédire [dediʀ] : **se dédire** *vpr* desdecirse
dédit [dedi] *pp de* **dédire** ▸ *nm* indemnización *f*; (*Comm*) retracto
dédommagement [dedɔmaʒmɑ̃] *nm* (*indemnité*) indemnización *f*
dédommager [dedɔmaʒe] *vt* : **~ qn (de)** indemnizar a algn (por); (*remercier*) recompensar a algn (por)
dédouaner [dedwane] *vt* aduanar; **se dédouaner** *vpr* restaurar su buen nombre; **se ~ de qch** (*responsabilités, accusation*) inhibirse de algo
dédoublement [dedubləmɑ̃] *nm* desdoblamiento; (*d'un train*) servicio complementario; **~ de la personnalité** (*Psych*) desdoblamiento de la personalidad
dédoubler [deduble] *vt* desdoblar; (*couverture etc*) desplegar; **~ un train/les trains** poner un tren/trenes complementario(s); **se dédoubler** *vpr* (*Psych*) desdoblarse
dédramatiser [dedʀamatize] *vt* (*situation, événement*) desdramatizar
déductible [dedyktibl] *adj* deducible
déduction [dedyksjɔ̃] *nf* (*d'argent*) descuento; (*raisonnement*) deducción *f*
déduire [dedɥiʀ] *vt* : **~ qch (de)** deducir algo (de)
déesse [deɛs] *nf* diosa
défaillance [defajɑ̃s] *nf* desfallecimiento; (*technique*) fallo; (*morale*) debilidad *f*; **~ cardiaque** fallo cardíaco
défaillant, e [defajɑ̃, ɑ̃t] *adj* (*mémoire*) que falla; (*personne*) desfalleciente; (*témoin*) contumaz
défaillir [defajiʀ] *vi* desfallecer; (*mémoire etc*) fallar
défaire [defɛʀ] *vt* (*installation, échafaudage*) desmontar; (*paquet etc*) abrir; (*nœud*) desatar; (*vêtement*) descoser; (*déranger*) deshacer; (*cheveux*) despeinar; **~ ses bagages** deshacer las maletas; **~ le lit** (*pour changer les draps*) deshacer la cama; (*pour se coucher*) abrir la cama; **se défaire** *vpr* (*cheveux, nœud*) deshacerse; **se ~ de** deshacerse de
défait, e [defɛ, ɛt] *pp de* **défaire** ▸ *adj* deshecho(-a); (*nœud*) desatado(-a); (*visage*) descompuesto(-a)
défaite [defɛt] *nf* (*aussi Mil*) derrota
défaites [defɛt] *vb voir* **défaire**
défaitisme [defetism] *nm* derrotismo
défaitiste [defetist] *adj, nmf* derrotista *mf*
défalcation [defalkasjɔ̃] *nf* desfalco
défalquer [defalke] *vt* desfalcar
défasse [defas] *vb voir* **défaire**
défausser [defose] *vt* rectificar; **se défausser** *vpr* (*Cartes*) descartarse
défaut [defo] *nm* defecto; (*d'étoffe, métal*) falla; (*Inform*) fallo; **~ de** (*manque, carence*) falto de; **~ de la cuirasse** (*fig*) punto débil; **en ~** en falta; **faire ~** faltar; **à ~** al menos; **à ~ de** a falta de; **par ~** (*Jur*) en rebeldía; (*Inform*) por defecto

défaveur [defavœʀ] *nf* descrédito
défavorable [defavɔʀabl] *adj* desfavorable
défavorablement [defavɔʀabləmɑ̃] *adv* desfavorablemente
défavoriser [defavɔʀize] *vt* desfavorecer
défécation [defekasjɔ̃] *nf* defecación *f*
défectif, -ive [defɛktif, iv] *adj* : **verbe ~** verbo defectivo
défection [defɛksjɔ̃] *nf* defección *f*; **faire ~** desertar
défectueux, -euse [defɛktɥø, øz] *adj* defectuoso(-a)
défectuosité [defɛktɥozite] *nf* imperfección *f*; (*défaut*) defecto
défendable [defɑ̃dabl] *adj* defendible
défendeur, -eresse [defɑ̃dœʀ, dʀɛs] *nm/f* (*Jur*) demandado(-a)
défendre [defɑ̃dʀ] *vt* defender; (*interdire*) prohibir; **~ à qn qch/de faire** prohibir a algn algo/hacer; **il est défendu de cracher** está prohibido escupir; **c'est défendu** está prohibido; **se défendre** *vpr* defenderse; (*se justifier*) justificarse; **il se défend** (*fig*) va defendiéndose; **ça se défend** (*fig*) esto se sostiene; **se ~ de/contre** (*se protéger*) protegerse de/contra; **se ~ de** (*se garder de*) evitar; (*nier*) negar; **se ~ de vouloir** no tener la intención de
défendu, e [defɑ̃dy] *adj voir* **défendre**
défenestrer [defənɛstʀe] *vt* defenestrar; **se défenestrer** *vpr* tirarse por la ventana
défense [defɑ̃s] *nf* defensa; **ministre de la ~** ministro de defensa; **la ~ nationale** la defensa nacional; **la ~ contre avions** la defensa aérea; **« ~ de fumer/cracher »** « prohibido fumar/escupir »; **prendre la ~ de qn** defender a algn; **~ des consommateurs** defensa de los consumidores
défenseur [defɑ̃sœʀ] *nm* defensor(a)
défensif, -ive [defɑ̃sif, iv] *adj* defensivo(-a) ▸ *nf* : **être sur la défensive** estar a la defensiva
déféquer [defeke] *vi* defecar
déferai [defʀe] *vb voir* **défaire**
déférence [defeʀɑ̃s] *nf* deferencia; **par ~ pour** por deferencia a
déférent, e [defeʀɑ̃, ɑ̃t] *adj* deferente
déférer [defeʀe] *vt* (*Jur*) deferir; **~ à** deferir a; **~ qn à la justice** hacer comparecer a algn ante la justicia
déferlant, e [defɛʀlɑ̃, ɑ̃t] *adj* : **vague déferlante** ola que se rompe
déferlement [defɛʀləmɑ̃] *nm* (*vagues*) rompimiento; (*foule*) oleada
déferler [defɛʀle] *vi* (*vagues*) romper; (*foule*) desplegarse
défi [defi] *nm* desafío, reto; **mettre qn au ~ de faire qch** desafiar *ou* retar a algn a hacer algo; **relever un ~** aceptar un desafío
défiance [defjɑ̃s] *nf* desconfianza
déficeler [defis(ə)le] *vt* desatar
déficience [defisjɑ̃s] *nf* deficiencia
déficient, e [defisjɑ̃, jɑ̃t] *adj* deficiente
déficit [defisit] *nm* (*Comm*) déficit *m*; (*Psych etc*) deficiencia; **être en ~** tener déficit; **~ budgétaire** déficit presupuestario
déficitaire [defisitɛʀ] *adj* deficitario(-a)
défier [defje] *vt* desafiar; **~ qn de faire qch** desafiar a algn a hacer algo; **~ qn à** desafiar a algn a; **~ toute comparaison/concurrence** excluir toda comparación/competencia; **se défier de** *vpr* desconfiar de
défigurer [defigyʀe] *vt* desfigurar
défilé [defile] *nm* (*Géo*) desfiladero; (*soldats, manifestants*) desfile *m*; **un ~ de** (*voitures, visiteurs*) un desfile de
défiler [defile] *vi* desfilar; **faire ~** (*bande, film*) proyectar; (*Inform*) hacer un scroll; **se défiler** *vpr* escaquearse
défini, e [defini] *adj* definido(-a)
définir [definiʀ] *vt* definir
définissable [definisabl] *adj* definible
définitif, -ive [definitif, iv] *adj* definitivo(-a)
définition [definisjɔ̃] *nf* definición *f*
définitive [definitiv] *nf* : **en ~** en definitiva
définitivement [definitivmɑ̃] *adv* definitivamente
défiscaliser [defiskalize] *vt* eximir de impuestos
déflagration [deflagʀasjɔ̃] *nf* deflagración *f*
déflation [deflasjɔ̃] *nf* (*Écon*) deflación *f*
déflationniste [deflasjɔnist] *adj* deflacionista
déflecteur [deflɛktœʀ] *nm* (*Auto*) deflector *m*
déflorer [deflɔʀe] *vt* desflorar
défoncé, e [defɔ̃se] *adj* hundido(-a); (*sous l'effet d'une drogue*) colgado(-a) (*fam*)
défoncer [defɔ̃se] *vt* hundir; (*caisse*) desfondar; **se défoncer** *vpr* (*fam : se donner à fond*) desmadrarse; (*se droguer*) colocarse (*fam*)
défont [defɔ̃] *vb voir* **défaire**
déformant, e [defɔʀmɑ̃, ɑ̃t] *adj* : **glace** *ou* **miroir ~(e)** cristal *m ou* espejo deformante
déformation [defɔʀmasjɔ̃] *nf* deformación *f*; **~ professionnelle** deformación profesional
déformer [defɔʀme] *vt* deformar; **se déformer** *vpr* deformarse
défoulement [defulmɑ̃] *nm* (*gén*) desahogo; (*Psych*) liberación *f*
défouler [defule] : **se défouler** *vpr* (*gén*) desahogarse; (*Psych*) liberarse
défraîchi, e [defʀeʃi] *adj* (*peinture*) deslucido(-a); (*article à vendre*) pasado(-a)
défraîchir [defʀeʃiʀ] : **se défraîchir** *vpr* deslucirse
défrayer [defʀeje] *vt* : **~ qn (de)** resarcir a algn (de); **~ la chronique** (*fig*) saltar a los titulares
défrichement [defʀiʃmɑ̃] *nm* desbrozo

défricher [defʀiʃe] *vt* desbrozar
défriser [defʀize] *vt* (*cheveux*) desrizar; (*fig*) fastidiar
défroisser [defʀwase] *vt* desarrugar
défroque [defʀɔk] *nf* harapo
défroqué [defʀɔke] *nm* exclaustrado
défroquer [defʀɔke] *vt* exclaustrar ▸ *vi* colgar los hábitos
défunt, e [defœ̃, œ̃t] *adj* : **son ~ père** su difunto padre ▸ *nm/f* difunto(-a)
dégagé, e [degaʒe] *adj* (*ciel, vue*) despejado(-a); (*ton, air*) desenvuelto(-a)
dégagement [degaʒmɑ̃] *nm* despejo; (*espace libre*) espacio despejado; (*couloir*) pasillo; (*Football*) saque *m*; (*Mil*) levantamiento del cerco; **voie de ~** vía muerta; **itinéraire de ~** carretera de circunvalación
dégager [degaʒe] *vt* liberar; (*exhaler*) desprender; (*désencombrer*) despejar; (*idée, aspect*) extraer; (*crédits*) desbloquear; **~ qn de** liberar a algn de; **dégagé des obligations militaires** exento de las obligaciones militares; **se dégager** *vpr* (*odeur*) desprenderse; (*passage, ciel*) despejarse; **se ~ de** liberarse de
dégaine [degɛn] *nf* facha
dégainer [degene] *vt* (*revolver*) desenfundar; (*épée*) desenvainar
dégarni, e [degaʀni] *adj* : **il a le crâne ~** se está quedando calvo; **il a les tempes dégarnies** cada vez tiene más entradas
dégarnir [degaʀniʀ] *vt* vaciar; **se dégarnir** *vpr* vaciarse; (*tempes, crâne*) despoblarse
dégâts [degɑ] *nmpl* : **faire des ~** causar daños
dégauchir [degoʃiʀ] *vt* (*Tech*) desalabear
dégazage [degɑzaʒ] *nm* desgasificación *f*
dégazer [degɑze] *vt* desgasificar
dégel [deʒɛl] *nm* deshielo; (*des prix etc*) descongelación *f*
dégeler [deʒ(ə)le] *vt* (*fig*) descongelar; **~ l'atmosphère** romper el hielo ▸ *vi* deshelarse; **se dégeler** *vpr* (*atmosphère, relations*) animarse
dégénéré, e [deʒeneʀe] *adj, nm/f* degenerado(-a)
dégénérer [deʒeneʀe] *vi* degenerar; **~ en** degenerar en
dégénérescence [deʒeneʀesɑ̃s] *nf* degeneración *f*
dégingandé, e [deʒɛ̃gɑ̃de] *adj* desgarbado(-a)
dégivrage [deʒivʀaʒ] *nm* (*frigo*) descongelación *f*; (*vitres*) deshielo
dégivrer [deʒivʀe] *vt* (*frigo*) descongelar; (*vitres*) deshelar
dégivreur [deʒivʀœʀ] *nm* descongelador *m*
déglinguer [deglɛ̃ge] *vt* descuajaringar
déglutir [deglytiʀ] *vi* deglutir
déglutition [deglytisjɔ̃] *nf* deglución *f*
dégonflé, e [degɔ̃fle] *adj* (*pneu*) desinflado(-a), deshinchado(-a) ▸ *nm/f* (*fam*) rajado(-a)
dégonfler [degɔ̃fle] *vt* desinflar, deshinchar ▸ *vi* deshincharse; **se dégonfler** *vpr* (*fam*) rajarse (*fam*)
dégorger [degɔʀʒe] *vi* (*Culin*) : **faire ~ les concombres/escargots** dejar que suelten el agua los pepinos/caracoles; (*rivière*) : **~ dans** desembocar en ▸ *vt* desaguar; **se dégorger** *vpr* desembocar
dégoter [degɔte] *vt* encontrar
dégouliner [deguline] *vi* chorrear; **~ de** chorrear
dégoupiller [degupije] *vt* (*grenade*) quitar el pasador a
dégourdi, e [deguʀdi] *adj* espabilado(-a)
dégourdir [deguʀdiʀ] *vt* (*sortir de l'engourdissement*) desentumecer; (*faire tiédir*) templar; (*personne*) despabilar, espabilar; **se dégourdir** *vpr* : **se ~ les jambes** estirar las piernas
dégoût [degu] *nm* asco; (*aversion*) repugnancia
dégoûtant, e [degutɑ̃, ɑ̃t] *adj* asqueroso(-a); **c'est ~ !** (*injuste*) ¡no hay derecho!
dégoûté, e [degute] *adj* asqueado(-a); (*fig*) melindroso(-a); **~ de** asqueado(-a) de
dégoûter [degute] *vt* asquear; **~ qn de faire qch** (*aussi fig*) quitarle a algn las ganas de hacer algo; **se ~ de** (*se lasser de*) hartarse de
dégoutter [degute] *vi* gotear; **~ de** gotear de
dégradant, e [degʀadɑ̃, ɑ̃t] *adj* degradante
dégradation [degʀadasjɔ̃] *nf* degradación *f*; (*gén pl* : *dégâts*) deterioro
dégradé, e [degʀade] *adj* (*couleur, teinte*) en gradación; (*cheveux*) en capas ▸ *nm* gradación *f*
dégrader [degʀade] *vt* (*Mil, fig*) degradar; (*abîmer*) deteriorar; **se dégrader** *vpr* deteriorarse; (*roche*) erosionarse; (*Phys*) degradarse
dégrafer [degʀafe] *vt* desabrochar
dégraissage [degʀɛsaʒ] *nm* desengrase *m*; (*Écon*) reducción *f* de plantilla
dégraissant [degʀɛsɑ̃] *nm* desengrasante *m*
dégraisser [degʀese] *vt* (*soupe*) desengrasar; (*vêtement*) quitar las manchas de grasa de; (*Écon*) reducir la plantilla de
degré [dəgʀe] *nm* grado; (*escalier*) peldaño; (*niveau, taux*) punto; **brûlure/équation au 1er/2ème ~** quemadura/ecuación *f* de 1er/2º grado; **le premier ~** (*Scol*) el primer grado; **alcool à 90 degrés** alcohol *m* de 90 grados; **vin de 10 degrés** vino de 10 grados; **par ~(s)** gradualmente
dégressif, -ive [degʀesif, iv] *adj* decreciente; **tarif ~** tarifa decreciente
dégrèvement [degʀɛvmɑ̃] *nm* desgravación *f*
dégrever [degʀəve] *vt* desgravar
dégriffé, e [degʀife] *adj* (*vêtement*) *rebajado por no llevar la etiqueta del diseñador*
dégringolade [degʀɛ̃gɔlad] *nf* caída

dégringoler [degʀɛ̃gɔle] *vi* caer rodando; (*prix, Bourse*) hundirse ▶ *vt* (*escalier*) bajar corriendo
dégriser [degʀize] *vt* desembriagar
dégrossir [degʀosiʀ] *vt* (*bois, personne*) desbastar; (*ébaucher*) bosquejar
dégroupage [degʀupaʒ] *nm* (*Internet*) desagregación *f*
dégroupé, e [degʀupe] *adj* (*Internet*) desagregado(-a)
déguenillé, e [deg(ə)nije] *adj* harapiento(-a)
déguerpir [degɛʀpiʀ] *vi* largarse
dégueulasse [degœlas] (*fam*) *adj* asqueroso(-a)
dégueuler [degœle] (*fam*) *vi* echar las tripas
déguisé, e [degize] *adj* disfrazado(-a); **~ en** disfrazado(-a) de
déguisement [degizmɑ̃] *nm* disfraz *m*
déguiser [degize] *vt* disfrazar; **se déguiser** *vpr* disfrazarse; **se ~ en** disfrazarse de
dégustation [degystasjɔ̃] *nf* degustación *f*; (*vin*) cata
déguster [degyste] *vt* degustar; (*vin*) catar; (*fig*) saborear ▶ *vi* (*fam*) pasarlas moradas (*fam*)
déhancher [deɑ̃ʃe] : **se déhancher** *vpr* contonearse
dehors [dəɔʀ] *adv* fuera, afuera (*surtout* AM); **mettre** *ou* **jeter ~** echar fuera; **au ~** (por) fuera; (*en apparence*) por fuera; **au ~ de** fuera de; **de ~** desde afuera; **en ~** (*vers l'extérieur*) hacia afuera; **en ~ de** (*hormis*) fuera de ▶ *nm* exterior *m* ▶ *nmpl* (*apparences*) apariencias *fpl*
déifier [deifje] *vt* deificar
déiste [deist] *adj* deista
déjà [deʒa] *adv* ya; **quel nom, ~ ?** (*interrogatif*) entonces, ¿qué nombre?; **c'est ~ pas mal** (*intensif*) no está nada mal; **as-tu ~ été en France ?** ¿ya has estado en Francia?; **c'est ~ quelque chose** ya es algo
déjanté, e [deʒɑ̃te] (*fam*) *adj* (*personne, spectacle*) extravagante
déjanter [deʒɑ̃te] : **se déjanter** *vpr* (*pneu*) salirse de la llanta
déjà-vu [deʒavy] *nm inv* : **c'est du ~** no es nada nuevo
déjeuner [deʒœne] *vi* (*matin*) desayunar; (*à midi*) almorzar, comer ▶ *nm* (*petit déjeuner*) desayuno; (*à midi*) almuerzo, comida; **~ d'affaires** comida de negocios
déjouer [deʒwe] *vt* (*personne, attention*) burlar; (*complot*) hacer fracasar
déjuger [deʒyʒe] : **se déjuger** *vpr* retractarse
delà [dəla] *prép, adv* : **par-~** (*plus loin que*) más allá de; (*de l'autre côté de*) al otro lado de; **au-~ (de)** más allá (de)
délabré, e [delɑbʀe] *adj* deteriorado(-a)
délabrement [delɑbʀəmɑ̃] *nm* deterioro
délabrer [delɑbʀe] : **se délabrer** *vpr* deteriorarse
délacer [delase] *vt* desatar
délai [delɛ] *nm* plazo; (*sursis*) prórroga; **sans ~** sin demora; **à bref ~** en breve plazo; **dans les délais** dentro de los plazos; **un ~ de 30 jours** un plazo de 30 días; **compter un ~ de livraison de 10 jours** contar un plazo de entrega de 10 días; **~ de livraison** plazo de entrega
délaissé, e [delese] *adj* abandonado(-a)
délaisser [delese] *vt* abandonar
délassant, e [delɑsɑ̃, ɑ̃t] *adj* relajante
délassement [delɑsmɑ̃] *nm* recreo
délasser [delɑse] *vt* (*membres*) descansar; (*personne*) recrear; **se délasser** *vpr* recrearse
délateur, -trice [delatœʀ, tʀis] *nm/f* delator(a)
délation [delasjɔ̃] *nf* delación *f*
délavé, e [delave] *adj* descolorido(-a)
délayage [delɛjaʒ] *nm* desleimiento, dilución *f*
délayer [deleje] *vt* diluir; (*discours, devoir*) alargar
delco® [dɛlko] *nm* (*Auto*) delco
délectation [delɛktasjɔ̃] *nf* deleite *m*
délecter [delɛkte] : **se délecter** *vpr* : **se ~ de** deleitarse con
délégation [delegasjɔ̃] *nf* delegación *f*; **~ de pouvoir** (*document*) poder *m*
délégué, e [delege] *adj* delegado(-a); **ministre ~ à** ministro(-a) delegado(-a) de ▶ *nm/f* delegado(-a); (*syndical*) enlace *mf*; **~ médical(e)** delegado(-a) médico(-a)
déléguer [delege] *vt* delegar
délestage [delɛstaʒ] *nm* deslastre *m*; **itinéraire de ~** desviación *f*
délester [delɛste] *vt* deslastrar; **~ une route** descongestionar una carretera
délétère [deletɛʀ] *adj* deletéreo(-a); (*fig* : *climat*) nocivo(-a), pernicioso(-a)
Delhi [dɛli] *n* Delhi
délibérant, e [delibeʀɑ̃, ɑ̃t] *adj* : **assemblée délibérante** asamblea deliberativa
délibératif, -ive [delibeʀatif, iv] *adj* : **avoir voix délibérative** tener voz deliberativa
délibération [delibeʀasjɔ̃] *nf* deliberación *f*; **délibérations** *nfpl* (*décisions*) deliberaciones *fpl*
délibéré, e [delibeʀe] *adj* deliberado(-a); (*déterminé*) resuelto(-a); **de propos ~** adrede
délibérément [delibeʀemɑ̃] *adv* deliberadamente; (*résolument*) resueltamente
délibérer [delibeʀe] *vi* deliberar; **~ de** (*décider*) deliberar sobre
délicat, e [delika, at] *adj* delicado(-a); (*attentionné*) atento(-a); **procédés peu délicats** procedimientos *mpl* poco limpios
délicatement [delikatmɑ̃] *adv* delicadamente; (*subtilement*) con delicadeza
délicatesse [delikatɛs] *nf* delicadeza; (*gén pl* : *attentions*) atenciones *fpl*
délice [delis] *nm* delicia; **délices** *nfpl* (*plaisirs*) placeres *mpl*

d

délicieusement [delisjøzmɑ̃] *adv* deliciosamente
délicieux, -euse [delisjø, jøz] *adj* (*goût, femme*) delicioso(-a); (*sensation*) placentero(-a); (*robe*) precioso(-a)
délictueux, -euse [deliktɥø, øz] *adj* delictivo(-a)
délié, e [delje] *adj* (*mince*) delgado(-a); (*doigts etc*) ágil ▶ *nm* : **les déliés** los trazos finos
délier [delje] *vt* desatar; **~ qn d'un serment/vœu** liberar a algn de su juramento/promesa
délimitation [delimitasjɔ̃] *nf* delimitación *f*; **délimitations** *nfpl* (*d'un terrain*) deslinde *msg*
délimiter [delimite] *vt* delimitar
délinquance [delɛ̃kɑ̃s] *nf* delincuencia; **~ juvénile** delincuencia juvenil
délinquant, e [delɛ̃kɑ̃, ɑ̃t] *adj, nm/f* delincuente *mf*
déliquescence [delikesɑ̃s] *nf* : **en ~** en decadencia
déliquescent, e [delikesɑ̃, ɑ̃t] *adj* decadente
délirant, e [delirɑ̃, ɑ̃t] *adj* (*Méd, imagination*) delirante; (*fam : déraisonnable*) loco(-a)
délire [delir] *nm* (*fièvre, fig*) delirio; (*folie*) locura
délirer [delire] *vi* delirar
delirium tremens [delirjɔmtremɛ̃s] *nm* delirium *m* tremens
délit [deli] *nm* (*Jur, gén*) delito; **commettre un ~** cometer un delito; **~ de droit commun** delito común; **~ de fuite** delito de fuga; **~ de presse** delito de prensa; **~ politique** delito político
délivrance [delivrɑ̃s] *nf* liberación *f*; (*sentiment*) alivio
délivrer [delivre] *vt* (*prisonnier*) liberar; (*passeport, certificat*) expedir; **~ qn de** (*ennemis, responsabilité*) liberar a algn de; (*maladie*) curar a algn de; **se délivrer** *vpr* : **se ~ de** liberarse de
délocalisation [delɔkalizasjɔ̃] *nf* (*de société*) traslado; (*d'emplois*) reubicación *f*
délocaliser [delɔkalize] *vt* (*société*) trasladar; (*emplois*) reubicar
déloger [delɔʒe] *vt* (*locataire, ennemi*) desalojar; (*objet coincé*) desenganchar
déloyal, e, -aux [delwajal, o] *adj* desleal; **concurrence déloyale** (*Comm*) competencia desleal
delta [dɛlta] *nm* (*Géo*) delta *m*
deltaplane® [dɛltaplan] *nm* ala delta
déluge [delyʒ] *nm* diluvio; **~ de** (*grand nombre*) avalancha de
déluré, e [delyre] *adj* avispado(-a); (*péj*) descarado(-a)
démagnétiser [demaɲetize] *vt* desmagnetizar
démagogie [demagɔʒi] *nf* demagogia
démagogique [demagɔʒik] *adj* demagógico(-a)
démagogue [demagɔg] *adj, nmf* demagogo(-a)
démaillé, e [demaje] *adj* (*bas*) desmallado(-a)
démailloter [demajɔte] *vt* (*enfant*) quitar los pañales a
demain [d(ə)mɛ̃] *adv* mañana; **~ matin/soir** mañana por la mañana/tarde; **~ midi** mañana a mediodía; **à ~** hasta mañana
demande [d(ə)mɑ̃d] *nf* petición *f*; (*Admin, formulaire*) instancia, solicitud *f*; **la ~** (*Écon*) la demanda; **à la ~ générale** a petición general; **faire sa ~ (en mariage)** pedir la mano; **« demandes d'emploi »** « demandas *fpl* de empleo »; **~ de naturalisation/poste** solicitud de nacionalidad/empleo; **~ d'emploi** solicitud de empleo
demandé, e [d(ə)mɑ̃de] *adj* : **très ~** muy solicitado(-a)
demander [d(ə)mɑ̃de] *vt* pedir; (*question*) preguntar; (*autorisation*) solicitar; (*médecin, plombier, infirmier*) necesitar; (*de l'habileté, du courage, aussi Jur*) requerir; (*personnel*) precisar; **~ de la ponctualité** *etc* **de qn** (*suj : personne*) exigir puntualidad *etc* a algn; **~ qch à qn** preguntar algo a algn; **~ l'heure/son chemin** preguntar la hora/el camino; **~ la main de qn** (*fig*) pedir la mano de algn; **~ des nouvelles de qn** pedir noticias de algn; **~ pardon à qn** pedir perdón a algn; **~ à** *ou* **de voir/faire** solicitar ver/hacer; **cela demande de la patience/beaucoup de temps** eso requiere paciencia/mucho tiempo; **~ à qn de faire** pedir a algn que haga; **~ que** pedir *ou* solicitar que; **il a demandé 300 € par mois** pidió 300 euros al mes; **ils demandent deux secrétaires et un ingénieur** solicitan dos secretarias y un ingeniero; **~ la parole** pedir la palabra; **~ la permission de** pedir permiso para; **on vous demande au téléphone** le llaman por teléfono; **je n'en demandais pas davantage** no necesitaba más; **je me demande comment tu as pu …** me pregunto cómo has podido …; **je me le demande** me lo pregunto; **je me demande vraiment pourquoi** es que no entiendo por qué; **se ~ si/pourquoi** *etc* preguntarse si/por qué *etc*; **il ne demande que ça/qu'à faire …** (*iro*) justo lo que quería/lo que quería hacer …; **je ne demande pas mieux que …** no deseo otra cosa más que …

Ne confondez pas *preguntar* (dans le sens d'« interroger ») et *pedir* (dans le sens de « réclamer ») :
Elle m'a demandé si je connaissais cet acteur. Me preguntó si conocía a ese actor.
Elle m'a demandé son numéro de téléphone. Me pidió su número de teléfono.

demandeur, -euse [dəmɑ̃dœr, øz] *nm/f* : **~ d'emploi** demandante *mf* de empleo

démangeaison [demɑ̃ʒɛzɔ̃] *nf* picor *m*
démanger [demɑ̃ʒe] *vi* picar; **la main me démange** pegaría a alguien; **l'envie** *ou* **ça le démange de faire …** *(fig)* tiene muchas ganas de hacer …
démantèlement [demɑ̃tɛlmɑ̃] *nm* desmantelamiento
démanteler [demɑ̃t(ə)le] *vt* desmantelar
démaquillant, e [demakijɑ̃, ɑ̃t] *adj* desmaquillador(a) ▸ *nm* desmaquillador *m*
démaquiller [demakije] *vt* desmaquillar; **se démaquiller** *vpr* desmaquillarse
démarcage [demaʀkaʒ] *nm* = **démarquage**
démarcation [demaʀkasjɔ̃] *nf* demarcación *f*; *(fig)* frontera; **ligne de ~** línea de demarcación
démarchage [demaʀʃaʒ] *nm (Comm)* venta domiciliaria
démarche [demaʀʃ] *nf (allure)* paso; *(intervention)* trámite *m*; *(intellectuelle etc)* proceso; *(requête, tractation)* gestión *f*; **faire** *ou* **entreprendre des démarches (auprès de qn)** hacer *ou* iniciar gestiones (ante algn)
démarcheur, -euse [demaʀʃœʀ, øz] *nm/f (Comm)* vendedor(a) a domicilio; *(Pol etc)* gestor(a)
démarquage [demaʀkaʒ] *nm (Sport)* desmarque *m*
démarque [demaʀk] *nf (Comm)* saldo, rebaja
démarqué, e [demaʀke] *adj (Football)* desmarcado(-a); **prix démarqués** *(Comm)* precios *mpl* rebajados
démarquer [demaʀke] *vt (prix)* rebajar, saldar; *(Sport)* desmarcar; **se démarquer** *vpr (Sport)* desmarcarse
démarrage [demaʀaʒ] *nm (d'une voiture, d'une machine)* arranque *m*; *(fig)* arranque, comienzo; *(Sport)* arrancada; **~ en côte** arranque en pendiente
démarrer [demaʀe] *vi* arrancar; *(coureur)* acelerar; *(travaux, affaire)* ponerse en marcha ▸ *vt (voiture)* arrancar; *(travail)* poner en marcha
démarreur [demaʀœʀ] *nm (Auto)* arranque *m (dispositivo)*
démasquer [demaske] *vt* desenmascarar; **se démasquer** *vpr (fig)* desenmascararse
démâter [demɑte] *vt* desarbolar ▸ *vi* desarbolarse
démêlant, e [demɛlɑ̃, ɑ̃t] *adj* : **crème démêlante** *ou* **baume ~** crema suavizante
démêler [demele] *vt (fil, cheveux)* desenredar; *(problèmes)* desembrollar
démêlés [demele] *nmpl* diferencias *fpl*; **avoir des ~ avec la justice** tener problemas con la justicia
démembrement [demɑ̃bʀəmɑ̃] *nm* desmembramiento
démembrer [demɑ̃bʀe] *vt (fig)* desmembrar
déménagement [demenaʒmɑ̃] *nm* mudanza; **entreprise/camion de ~** empresa/camión *m* de mudanzas
déménager [demenaʒe] *vt* mudar ▸ *vi* mudarse
déménageur, -euse [demenaʒœʀ, øz] *nm/f* encargado(-a) de mudanzas; *(entrepreneur)* empresario(-a) de mudanzas
démence [demɑ̃s] *nf (Méd)* demencia; *(extravagance)* locura; **~ sénile** demencia senil
démener [dem(ə)ne] : **se démener** *vpr* agitarse; *(fig)* bregar
dément[1], e [demɑ̃, ɑ̃t] *vb voir* **démentir**
dément[2], e [demɑ̃, ɑ̃t] *adj (fou)* demente; *(fam)* loco(-a)
démenti [demɑ̃ti] *nm* desmentido
démentiel, le [demɑ̃sjɛl] *adj* demencial
démentir [demɑ̃tiʀ] *vt* desmentir; **ne pas se ~** no cesar
démerder [demɛʀde] *(fam !)* : **se démerder** *vpr* arreglárselas; **démerde-toi tout seul !** ¡búscate la vida!
démériter [demeʀite] *vi* : **~ (auprès de qn)** desmerecer (ante algn)
démesure [dem(ə)zyʀ] *nf* desmesura
démesuré, e [dem(ə)zyʀe] *adj* desmesurado(-a)
démesurément [dem(ə)zyʀemɑ̃] *adv* desmesuradamente
démettre [demɛtʀ] *vt* : **~ qn de** destituir a algn de; **se démettre** *vpr (épaule etc)* dislocarse; *(démissionner)* dimitir; **se ~ de ses fonctions** dimitir de sus funciones
demeurant [d(ə)mœʀɑ̃] : **au ~** *adv* por lo demás, después de todo
demeure [d(ə)mœʀ] *nf* residencia; **dernière ~** *(fig)* tumba; **mettre qn en ~ de faire …** intimar a algn a hacer …; **à ~** de forma permanente
demeuré, e [d(ə)mœʀe] *adj, nm/f* retrasado(-a)
demeurer [d(ə)mœʀe] *vi (habiter)* residir, vivir; *(séjourner)* permanecer; *(rester)* quedar, permanecer; **en ~ là** quedarse así
demi, e [dəmi] *adj* medio(-a); **~-rempli** medio lleno; **trois bouteilles et demie** tres botellas y media; **il est deux heures/midi et demie** son las dos/doce y media; **à ~** a medias; *(presque : sourd, idiot)* medio(-a); *(: fini, corrigé)* a medio ▸ *nm (bière)* caña; *(Football)* medio; **~ de mêlée/d'ouverture** *(Rugby)* medio de melé/de apertura ▸ *nf* : **à la demie** *(heure)* a la media
demi… [dəmi] *préf voir* **demi**
demi-bas [dəmibɑ] *nm inv (chaussette)* medias *fpl* de media pierna
demi-bouteille [dəmibutɛj] *(pl* **demi-bouteilles***)* *nf* media botella
demi-cercle [dəmisɛʀkl] *(pl* **demi-cercles***)* *nm* semicírculo; **en ~** *adj, adv* en semicírculo
demi-douzaine [dəmiduzɛn] *(pl* **demi-douzaines***)* *nf* media docena
demi-finale [dəmifinal] *(pl* **demi-finales***)* *nf* semifinal *f*

d

demi-finaliste [dəmifinalist] (*pl* **demi-finalistes**) *nmf* semifinalista *mf*
demi-fond [dəmifɔ̃] *nm* mediofondo
demi-frère [dəmifʀɛʀ] (*pl* **demi-frères**) *nm* medio hermano, hermanastro
demi-gros [dəmigʀo] *nm inv comercio intermedio entre el por mayor y el por menor*
demi-heure [dəmijœʀ] (*pl* **demi-heures**) *nf* media hora
demi-jour [dəmiʒuʀ] (*pl* **~(s)**) *nm* media luz
demi-journée [dəmiʒuʀne] (*pl* **demi-journées**) *nf* media jornada
démilitariser [demilitaʀize] *vt* desmilitarizar
demi-litre [dəmilitʀ] (*pl* **demi-litres**) *nm* medio litro
demi-livre [dəmilivʀ] (*pl* **demi-livres**) *nf* media libra
demi-longueur [dəmilɔ̃gœʀ] (*pl* **demi-longueurs**) *nf* medio cuerpo
demi-lune [dəmilyn] : **en ~** *adj inv* en media luna *inv*
demi-mal [dəmimal] (*pl* **demi-maux**) *nm* : **il n'y a que ~** el daño es poco
demi-mesure [dəmimzyʀ] (*pl* **demi-mesures**) *nf* medida insuficiente
demi-mot [dəmimo] : **à ~** *adv* (*se comprendre*) sin necesidad de palabras
déminer [demine] *vt* levantar las minas
démineur [deminœʀ] *nm técnico que levanta las minas*
demi-pension [dəmipɑ̃sjɔ̃] (*pl* **demi-pensions**) *nf* media pensión *f*; **être en ~** estar de media pensión
demi-pensionnaire [dəmipɑ̃sjɔnɛʀ] (*pl* **demi-pensionnaires**) *nmf* (*lycée*) mediopensionista *mf*
demi-place [dəmiplas] (*pl* **demi-places**) *nf* medio billete *m*
démis, e [demi, iz] *pp de* **démettre** ▸ *adj* (*épaule etc*) dislocado(-a)
demi-saison [dəmisɛzɔ̃] (*pl* **demi-saisons**) *nf* : **vêtements de ~** ropa de entretiempo
demi-sel [dəmisɛl] *adj inv* semisalado(-a)
demi-sœur [dəmisœʀ] (*pl* **demi-sœurs**) *nf* media hermana, hermanastra
demi-sommeil [dəmisɔmɛj] (*pl* **demi-sommeils**) *nm* somnolencia
demi-soupir [dəmisupiʀ] (*pl* **demi-soupirs**) *nm* (*Mus*) silencio de corchea
démission [demisjɔ̃] *nf* dimisión *f*; **donner sa ~** presentar la dimisión
démissionnaire [demisjɔnɛʀ] *adj, nmf* demisionario(-a)
démissionner [demisjɔne] *vi* dimitir
demi-tarif [dəmitaʀif] (*pl* **demi-tarifs**) *nm* media tarifa; **voyager à ~** viajar con media tarifa
demi-teinte [d(ə)mitɛ̃t] (*pl* **demi-teintes**) *nf* : **en demi teinte** (*bilan, rentrée*) con luces y sombras
demi-ton [dəmitɔ̃] (*pl* **demi-tons**) *nm* (*Mus*) semitono
demi-tour [dəmituʀ] (*pl* **demi-tours**) *nm* media vuelta; **faire un ~** dar media vuelta; **faire ~** dar la vuelta
démobilisation [demɔbilizasjɔ̃] *nf* desmovilización *f*
démobiliser [demɔbilize] *vt* (*Mil*) desmovilizar
démocrate [demɔkʀat] *adj, nmf* demócrata *mf*
démocrate-chrétien, ne [demɔkʀatkʀetjɛ̃, jɛn] (*pl* **démocrates-chrétiens, -nes**) *adj, nm/f* democristiano(-a)
démocratie [demɔkʀasi] *nf* democracia; **~ libérale/populaire** democracia liberal/popular
démocratique [demɔkʀatik] *adj* democrático(-a); (*sport, moyen de transport etc*) popular
démocratiquement [demɔkʀatikmɑ̃] *adv* democráticamente
démocratisation [demɔkʀatizasjɔ̃] *nf* democratización *f*
démocratiser [demɔkʀatize] *vt* democratizar; **se démocratiser** *vpr* democratizarse
démodé, e [demɔde] *adj* pasado(-a) de moda
démoder [demɔde] : **se démoder** *vpr* pasarse de moda
démographe [demɔgʀaf] *nmf* demógrafo(-a)
démographie [demɔgʀafi] *nf* demografía
démographique [demɔgʀafik] *adj* demográfico(-a); **poussée ~** alza demográfica
demoiselle [d(ə)mwazɛl] *nf* señorita; **~ d'honneur** dama de honor
démolir [demɔliʀ] *vt* (*bâtiment*) demoler; (*théorie, système*) echar abajo; (*personne*) arruinar
démolisseur [demɔlisœʀ] *nm* (*ouvrier*) obrero demoledor
démolition [demɔlisjɔ̃] *nf* demolición *f*; **entreprise de ~** empresa de demolición
démon [demɔ̃] *nm* demonio; **le ~ du jeu** el demonio del juego; **le D~** el demonio
démonétiser [demɔnetize] *vt* desmonetizar
démoniaque [demɔnjak] *adj* demoníaco(-a)
démonstrateur, -trice [demɔ̃stʀatœʀ, tʀis] *nm/f* (*dans un magasin, à domicile*) demostrador(a)
démonstratif, -ive [demɔ̃stʀatif, iv] *adj* (*affectueux*) expresivo(-a); (*Ling*) demostrativo(-a) ▸ *nm* demostrativo
démonstration [demɔ̃stʀasjɔ̃] *nf* demostración *f*; (*aérienne, navale*) exhibición *f*
démontable [demɔ̃tabl] *adj* desmontable
démontage [demɔ̃taʒ] *nm* desmonte *m*
démonté, e [demɔ̃te] *adj* encrespado(-a)
démonte-pneu [demɔ̃t(ə)pnø] (*pl* **démonte-pneus**) *nm* desmontable *m*

démonter [demɔ̃te] *vt* desmontar; (*discours, théorie*) desmoronar; (*personne*) desconcertar; **se démonter** *vpr* desconcertarse
démontrable [demɔ̃tʀabl] *adj* demostrable
démontrer [demɔ̃tʀe] *vt* demostrar; (*des talents, du courage*) mostrar
démoralisant, e [demɔʀalizɑ̃, ɑ̃t] *adj* desmoralizante
démoralisateur, -trice [demɔʀalizatœʀ, tʀis] *adj* desmoralizador(a)
démoraliser [demɔʀalize] *vt* desmoralizar; **se démoraliser** *vpr* desmoralizarse
démordre [demɔʀdʀ] *vi* : **ne pas ~ de** no ceder en
démotiver [demɔtive] *vt* desmotivar; **se démotiver** *vpr* desmotivarse
démoulage [demulaʒ] *nm* extracción *f* del molde
démouler [demule] *vt* (*gâteau*) extraer del molde
démultiplicateur, -trice [demyltiplikatœʀ, tʀis] *adj* decelerador(a)
démultiplication [demyltiplikasjɔ̃] *nf* desmultiplicación *f*
démuni, e [demyni] *adj* (*population*) necesitado(-a), desfavorecido(-a); **~ de** desprovisto(-a) de; **les plus démunis** los más necesitados, los más desfavorecidos
démunir [demyniʀ] *vt* desproveer; **se ~ de** desprenderse de
démuseler [demyzle] *vt* quitar el bozal a
démystifier [demistifje] *vt* desengañar
démythifier [demitifje] *vt* desmitificar
dénatalité [denatalite] *nf* disminución *f* de la natalidad
dénationalisation [denasjɔnalizasjɔ̃] *nf* desnacionalización *f*
dénationaliser [denasjɔnalize] *vt* desnacionalizar
dénaturé, e [denatyʀe] *adj* desnaturalizado(-a)
dénaturer [denatyʀe] *vt* (*goût*) desnaturalizar; (*pensée, fait*) desvirtuar
dénégations [denegasjɔ̃] *nfpl* negativas *fpl*
déneigement [denɛʒmɑ̃] *nm* retirada de la nieve
déneiger [deneʒe] *vt* quitar la nieve de
dengue [dɛ̃g] *nf* dengue *m*
déni [deni] *nm* : **~ (de justice)** denegación *f* (de justicia)
déniaiser [denjeze] *vt* : **~ qn** espabilar a algn
dénicher [deniʃe] *vt* encontrar
dénicotinisé, e [denikɔtinize] *adj* : **cigarette dénicotinisée** cigarrillo bajo en nicotina
denier [dənje] *nm* (*monnaie*) denario; (*de bas*) denier *m*; **de ses (propres) deniers** de su (propio) bolsillo; **~ du culte** ofrenda para el culto; **deniers publics** erario *msg* público
dénier [denje] *vt* negar; **~ qch à qn** denegar algo a algn
dénigrement [denigʀəmɑ̃] *nm* denigración *f*; **campagne de ~** campaña de denigración
dénigrer [denigʀe] *vt* denigrar
dénivelé, e [denivle] *adj* desnivelado(-a) ▸ *nm* desnivel *m*
déniveler [deniv(ə)le] *vt* desnivelar
dénivellation [denivelasjɔ̃] *nf* desnivel *m*
dénivellement [denivɛlmɑ̃] *nm* = **dénivellation**
dénombrer [denɔ̃bʀe] *vt* (*compter*) contar; (*énumérer*) enumerar
dénominateur [denɔminatœʀ] *nm* (*Math*) denominador *m*; **~ commun** común denominador
dénomination [denɔminasjɔ̃] *nf* (*nom*) denominación *f*
dénommé, e [denɔme] *adj* : **le ~ Dupont** el tal *ou* llamado Dupont
dénommer [denɔme] *vt* denominar
dénoncer [denɔ̃se] *vt* denunciar; **se dénoncer** *vpr* denunciarse
dénonciateur, -trice [denɔ̃sjatœʀ, tʀis] *nm/f* denunciante *mf*
dénonciation [denɔ̃sjasjɔ̃] *nf* denuncia
dénoter [denɔte] *vt* denotar
dénouement [denumɑ̃] *nm* desenlace *m*
dénouer [denwe] *vt* desatar; (*intrigue, affaire*) aclarar
dénoyauter [denwajote] *vt* deshuesar, despepitar; **appareil à ~** deshuesadora
dénoyauteur [denwajotœʀ] *nm* deshuesadora
denrée [dɑ̃ʀe] *nf* producto; **denrées alimentaires** productos *mpl* alimenticios
dense [dɑ̃s] *adj* denso(-a)
densité [dɑ̃site] *nf* densidad *f*
dent [dɑ̃] *nf* diente *m*; **avoir une ~ contre qn** tener manía a algn; **avoir les dents longues** (*fig*) ser muy ambicioso(-a); **se mettre quelque chose sous la ~** tener algo que llevarse a la boca; **être sur les dents** estar en guardia; **faire ses dents** salirle los dientes; **à belles dents** con ganas; **en dents de scie** (*fig*) con altibajos; **ne pas desserrer les dents** no despegar los labios; **~ de lait** diente de leche; **~ de sagesse** muela del juicio
dentaire [dɑ̃tɛʀ] *adj* dental; **cabinet ~** clínica dental; **école ~** escuela de odontología
denté, e [dɑ̃te] *adj* : **roue dentée** rueda dentada
dentelé, e [dɑ̃t(ə)le] *adj* dentado(-a)
dentelle [dɑ̃tɛl] *nf* encaje *m*; **ne pas faire dans la ~** (*fam*) no andarse con miramientos
dentelure [dɑ̃t(ə)lyʀ] *nf* (*gén pl*) perfil *m* dentado
dentier [dɑ̃tje] *nm* dentadura
dentifrice [dɑ̃tifʀis] *adj* : **pâte/eau ~** pasta/agua dentífrica ▸ *nm* dentífrico
dentiste [dɑ̃tist] *nmf* dentista *mf*

d

dentition [dɑ̃tisjɔ̃] *nf* (*dents*) dentadura; (*formation*) dentición *f*
dénucléariser [denykleaʀize] *vt* desnuclearizar
dénudé, e [denyde] *adj* pelado(-a)
dénuder [denyde] *vt* (*corps*) desnudar; (*sol*) pelar; (*fil électrique*) quitar la funda a; **se dénuder** *vpr* desnudarse
dénué, e [denɥe] *adj* : ~ **de** desprovisto(-a) de; (*intérêt*) falto(-a) de
dénuement [denymɑ̃] *nm* indigencia
dénutrition [denytʀisjɔ̃] *nf* desnutrición *f*
déodorant [deɔdɔʀɑ̃] *nm* desodorante *m*
déontologie [deɔ̃tɔlɔʒi] *nf* deontología
déontologique [deɔ̃tɔlɔʒik] *adj* deontológico(-a)
dép. *abr* = **département** ; **départ**
dépannage [depanaʒ] *nm* reparación *f*; **service de** ~ (*Auto*) servicio de reparaciones; **camion de** ~ (*Auto*) camión *m* grúa *inv*
dépanner [depane] *vt* reparar; (*fig*) sacar de apuros
dépanneur [depanœʀ] *nm* (*Auto*) mecánico; (*TV*) técnico
dépanneuse [depanøz] *nf* grúa
dépareillé, e [depaʀeje] *adj* (*collection, service*) descabalado(-a); (*gant, volume, objet*) desparejado(-a)
déparer [depaʀe] *vt* afear
départ [depaʀ] *nm* partida, marcha; (*d'un employé*) despido; (*Sport, sur un horaire : du train*) salida; **à son** ~ a su marcha; **au** ~ al principio; **courrier au** ~ correo saliente; **consulter le tableau des départs** consultar el panel de salidas
départager [depaʀtaʒe] *vt* desempatar
département [depaʀtəmɑ̃] *nm* ≈ provincia; *ver nota*; (*de ministère*) ministerio; (*d'université*) departamento; (*de magasin*) sección *f*; ~ **d'outre-mer** provincia de ultramar

DÉPARTEMENT

Francia se halla dividida en 96 unidades administrativas denominadas **départements**. Al frente de estas divisiones de la administración local se encuentra el *préfet*, nombrado por el gobierno, y su administración corre a cargo de un *Conseil départemental* electo. Los **départements** por lo general deben su nombre a algún accidente geográfico importante, como un río o una cordillera; véase también *DOM-TOM*, *ROM* et *COM*.

départemental, e, -aux [depaʀtəmɑ̃tal, o] *adj* (*Admin*) ≈ provincial
départementaliser [depaʀtəmɑ̃talize] *vt* descentralizar
départir [depaʀtiʀ] : **se départir de** *vpr* abandonar
dépassé, e [depɑse] *adj* pasado(-a) de moda; (*fig*) desbordado(-a)
dépassement [depɑsmɑ̃] *nm* rebasamiento; (*Auto*) adelantamiento; (*Psych*) superación *f*
dépasser [depɑse] *vt* (*véhicule, concurrent*) adelantar; (*endroit*) dejar atrás; (*somme, limite fixée, prévisions*) rebasar; (*fig*) superar; (*être en saillie sur*) sobresalir de; **cela me dépasse** esto no me cabe en la cabeza ▸ *vi* (*Auto*) adelantarse; (*ourlet, jupon*) sobresalir; **être dépassé** estar desbordado; **se dépasser** *vpr* (*se surpasser*) superarse
dépassionner [depasjɔne] *vt* moderar
dépaver [depave] *vt* levantar el pavimento de
dépaysé, e [depeize] *adj* extrañado(-a)
dépaysement [depeizmɑ̃] *nm* extrañamiento
dépayser [depeize] *vt* (*désorienter*) extrañar; (*changer agréablement*) cambiar de aires
dépecer [depəse] *vt* descuartizar
dépêche [depɛʃ] *nf* despacho; ~ **(télégraphique)** despacho (telegráfico)
dépêcher [depeʃe] *vt* despachar; **se dépêcher** *vpr* darse prisa, apresurarse, apurarse (*AM*); **se ~ de faire qch** darse prisa *ou* apurarse (*AM*) en hacer algo
dépeindre [depɛ̃dʀ] *vt* describir
dépénalisation [depenalizasjɔ̃] *nf* despenalización *f*
dépendance [depɑ̃dɑ̃s] *nf* dependencia; (*Méd*) adicción *f*
dépendant, e [depɑ̃dɑ̃, ɑ̃t] *vb voir* **dépendre** ▸ *adj* dependiente
dépendre [depɑ̃dʀ] *vi* descolgar; ~ **de** depender de; **ça dépend** depende
dépens [depɑ̃] *nmpl* : **aux ~ de** a expensas de
dépense [depɑ̃s] *nf* gasto; (*comptabilité*) desembolso; (*fig*) consumo; **une ~ de 100 euros** un gasto de 100 euros; **pousser qn à la** ~ incitar a algn al consumo; **dépenses de fonctionnement** gastos *mpl* de funcionamiento; ~ **de temps** consumo *ou* gasto de tiempo; **dépenses d'investissement** gastos de inversión; ~ **physique** consumo *ou* gasto físico; **dépenses publiques** gastos públicos
dépenser [depɑ̃se] *vt* gastar; (*fig*) consumir; **se dépenser** *vpr* fatigarse
dépensier, -ière [depɑ̃sje, jɛʀ] *adj* : **il est** ~ es un derrochador
déperdition [depɛʀdisjɔ̃] *nf* pérdida
dépérir [depeʀiʀ] *vi* (*personne, animal*) debilitarse; (*plante*) marchitarse
dépersonnaliser [depɛʀsɔnalize] *vt* despersonalizar
dépêtrer [depetʀe] : **se dépêtrer de** *vpr* librarse de
dépeuplé, e [depœple] *adj* despoblado(-a)
dépeuplement [depœpləmɑ̃] *nm* despoblamiento

dépeupler [depœple] *vt* despoblar; **se dépeupler** *vpr* despoblarse
déphasage [defɑzaʒ] *nm* (*fig*) desfase *m*
déphasé, e [defɑze] *adj* desfasado(-a)
déphaser [defɑze] *vt* (*fig*) desfasar
dépiauter [depjote] *vt* (*lapin*) despellejar; (*fruit*) pelar; (*bonbon*) pelar, abrir; (*fig : revue, site*) desmenuzar
dépilation [depilasjɔ̃] *nf* depilación *f*
dépilatoire [depilatwaʀ] *adj* depilatorio(-a)
dépistage [depistaʒ] *nm* (*Méd*) reconocimiento; **~ du sida** prueba del sida
dépister [depiste] *vt* (*Méd*) detectar; (*voleur*) descubrir el rastro de; (*semer, déjouer*) despistar
dépit [depi] *nm* despecho; **en ~ de** a pesar de; **en ~ du bon sens** sin sentido común
dépité, e [depite] *adj* contrariado(-a)
dépiter [depite] *vt* contrariar
déplacé, e [deplase] *adj* fuera de lugar *inv*; **personne déplacée** persona desplazada
déplacement [deplasmɑ̃] *nm* traslado; (*voyage*) viaje *m*; **en ~** de viaje; **~ d'air** corriente *f* de aire; **~ de vertèbre** vértebra dislocada
déplacer [deplase] *vt* mover; (*employé*) trasladar; (*conversation, sujet*) cambiar; **se déplacer** *vpr* (*objet, personne*) moverse; (*voyager*) desplazarse, viajar; (*vertèbre etc*) desplazarse; **se ~ en voiture/avion** desplazarse en coche/avión
déplafonnement [deplafɔnmɑ̃] *nm* (*de cotisations, allocations*) supresión *f* del tope máximo
déplafonner [deplafɔne] *vt* (*cotisations, allocations*) suprimir el tope máximo de
déplaire [deplɛʀ] *vi* desagradar; **~ à qn** desagradar a algn; **ceci me déplaît** esto me desagrada; **il cherche à nous ~** intenta molestarnos; **se déplaire** *vpr* hallarse a disgusto
déplaisant, e [deplɛzɑ̃, ɑ̃t] *vb voir* **déplaire** ▸ *adj* desagradable
déplaisir [deplezіʀ] *nm* disgusto
déplaît [deplɛ] *vb voir* **déplaire**
dépliant [deplijɑ̃] *nm* folleto
déplier [deplije] *vt* desplegar; **se déplier** *vpr* desplegarse
déplisser [deplise] *vt* quitar los pliegues a
déploiement [deplwamɑ̃] *nm* despliegue *m*
déplomber [deplɔ̃be] *vt* (*caisse, compteur*) quitar el precinto a; (*Inform*) romper el precinto de
déplorable [deplɔʀabl] *adj* deplorable; (*blâmable*) lamentable
déplorer [deplɔʀe] *vt* deplorar
déployer [deplwaje] *vt* desplegar; **se déployer** *vpr* desplegarse
déplu [deply] *pp de* **déplaire**
déplumé, e [deplyme] *adj* (*oiseau*) desplumado(-a); (*fam : personne, crâne*) pelón(-ona) (*fam*)
déplumer [deplyme] : **se déplumer** *vpr* (*fam : perdre ses cheveux*) quedarse calvo(-a); (*oiseau, poule*) desplumarse; (*arbre, plante*) perder las hojas
dépointer [depwɛ̃te] *vi* desapuntar
dépoli, e [depɔli] *adj* : **verre ~** vidrio esmerilado
dépolitiser [depɔlitize] *vt* despolitizar
dépopulation [depɔpylasjɔ̃] *nf* despoblamiento
déportation [depɔʀtasjɔ̃] *nf* deportación *f*
déporté, e [depɔʀte] *nm/f* (*Pol : 1939–1945*) deportado(-a)
déporter [depɔʀte] *vt* (*Pol*) deportar; (*voiture*) desviar; **se déporter** *vpr* (*voiture*) desviarse
déposant, e [depozɑ̃, ɑ̃t] *nm/f* (*épargnant*) depositante *mf*
dépose [depoz] *nf* desmonte *m*
déposé, e [depoze] *adj* depositado(-a); (*marque*) registrado(-a)
déposer [depoze] *vt* poner, dejar; (*à la banque*) ingresar; (*caution*) prestar; (*serrure, moteur*) desmontar; (*rideau*) descolgar; (*roi*) deponer; (*Admin, Jur*) presentar; **~ son bilan** (*Comm*) declararse en quiebra; **~ de l'argent** ingresar dinero ▸ *vi* (*vin etc*) sedimentar; (*Jur*) : **~ (contre)** declarar (contra); **se déposer** *vpr* depositarse
dépositaire [depozitɛʀ] *nmf* (*d'un secret*) confidente *mf*; (*Comm*) concesionario(-a); **~ agréé** concesionario autorizado
déposition [depozisjɔ̃] *nf* (*Jur*) deposición *f*
déposséder [depɔsede] *vt* desposeer
dépôt [depo] *nm* (*d'argent*) ingreso; (*de sable*) sedimento; (*de poussière*) acumulación *f*; (*de candidature*) presentación *f*; (*entrepôt*) depósito; (*gare*) cochera; (*prison*) cárcel *f* transitoria; **~ bancaire** depósito bancario; **~ de bilan** declaración *f* de suspensión de pagos; **~ d'ordures** basurero, vertedero; **~ légal** depósito legal
dépoter [depɔte] *vt* transplantar
dépotoir [depɔtwaʀ] *nm* vertedero
dépouille [depuj] *nf* (*d'animal*) piel *f*; **~ (mortelle)** (*humaine*) despojos *mpl*
dépouillé, e [depuje] *adj* (*style*) sobrio(-a); **~ de** despojado(-a) de
dépouillement [depujmɑ̃] *nm* (*de scrutin*) escrutinio
dépouiller [depuje] *vt* (*animal*) desollar; (*personne*) despojar; (*résultats, documents*) analizar; **~ qch/qn de** despojar algo/a algn de; **~ le scrutin** hacer el escrutinio
dépourvu, e [depuʀvy] *adj* : **~ de** desprovisto(-a) de; **au ~** : **prendre qn au ~** coger a algn desprevenido(-a)
dépoussiérer [depusjeʀe] *vt* quitar el polvo de
dépravation [depʀavasjɔ̃] *nf* depravación *f*
dépravé, e [depʀave] *adj* depravado(-a)

d

dépraver [depʀave] *vt* depravar
dépréciation [depʀesjasjɔ̃] *nf* (*d'un bien*) depreciación *f*
déprécier [depʀesje] *vt* (*personne*) menospreciar; (*chose*) depreciar; **se déprécier** *vpr* depreciarse
déprédations [depʀedasjɔ̃] *nfpl* (*dégâts*) daños *mpl*; (*Mil*) depredaciones *fpl*
dépressif, -ive [depʀesif, iv] *adj* depresivo(-a)
dépression [depʀesjɔ̃] *nf* depresión *f*; ~ **(nerveuse)** depresión (nerviosa)
déprimant, e [depʀimɑ̃, ɑ̃t] *adj* deprimente
déprime [depʀim] (*fam*) *nf* depre *f*
déprimé, e [depʀime] *adj* deprimido(-a)
déprimer [depʀime] *vt* deprimir
déprogrammer [depʀɔgʀame] *vt* suspender
dépt *abr* = **département**
dépuceler [depys(ə)le] (*fam*) *vt* desvirgar
depuis [dəpɥi] *prép* desde; ~ **qu'il m'a dit ça** desde que me dijo eso; ~ **combien de temps ?** ¿cuánto tiempo hace?; **il habite Paris ~ cinq ans** vive en París desde hace cinco años, lleva cinco años viviendo en París; ~ **quand le connaissez-vous ?** ¿desde cuándo lo conoce usted?; **je le connais ~ neuf ans** lo conozco desde hace nueve años; ~ **quand ?** (*excl*) ¿desde cuándo?; **il a plu ~ Metz** ha estado lloviendo desde Metz; **elle a téléphoné ~ Valence** llamó por teléfono desde Valencia; ~ **les plus petits jusqu'aux plus grands** desde los más pequeños hasta los más grandes; ~ **lors** desde entonces; ~ **que** desde que ▸ *adv* (*temps*) desde entonces; **je ne lui ai pas parlé ~** no he vuelto a hablar con él *ou* ella

> La traduction la plus courante de **depuis** est rendue à l'aide de la construction *desde hace* ou à l'aide du verbe *llevar* (+ gérondif) : **Je travaille dans cette entreprise depuis deux ans.** Trabajo en esta empresa desde hace dos años./Llevo dos años (trabajando) en esta empresa.

> ⚠ No debe traducirse por *después*, que en francés corresponde a **après**.

dépuratif, -ive [depyʀatif, iv] *adj* depurativo(-a)
députation [depytasjɔ̃] *nf* (*groupe*) delegación *f*; (*fonction*) diputación *f*
député, e [depyte] *nm/f* (*Pol*) diputado(-a)
députer [depyte] *vt* delegar; ~ **qn auprès de** enviar a algn como delegado de
déraciné, e [deʀasine] *adj* desarraigado(-a)
déracinement [deʀasinmɑ̃] *nm* desarraigo
déraciner [deʀasine] *vt* desarraigar
déraillement [deʀɑjmɑ̃] *nm* descarrilamiento
dérailler [deʀɑje] *vi* (*train*) descarrilar; (*fam*) desvariar; **faire ~** hacer descarrilar
dérailleur [deʀɑjœʀ] *nm* cambio de velocidades
déraison [deʀɛzɔ̃] *nf* desatino
déraisonnable [deʀɛzɔnabl] *adj* desatinado(-a)
déraisonner [deʀɛzɔne] *vi* desatinar, disparatar
dérangeant, e [deʀɑ̃ʒɑ̃, ɑ̃t] *adj* (*question, scène*) inquietante
dérangement [deʀɑ̃ʒmɑ̃] *nm* molestia; **en ~** averiado(-a)
déranger [deʀɑ̃ʒe] *vt* desordenar; (*personne*) molestar; **est-ce que cela vous dérange si ... ?** ¿le molesta si ...?; **ça te dérangerait de faire ... ?** ¿te importaría hacer ...?; **excusez-moi de vous ~** perdone que le moleste; **se déranger** *vpr* molestarse; (*changer de place*) cambiar de sitio; **ne vous dérangez pas** no se moleste
dérapage [deʀapaʒ] *nm* patinazo, derrape *m*; (*des prix*) descontrol *m*; (*fig : verbal*) salida de tono; ~ **contrôlé** (*Auto*) derrape controlado
déraper [deʀape] *vi* (*voiture*) derrapar, patinar; (*personne, couteau*) resbalar; (*déficit*) descontrolarse
dératé, e [deʀate] *nm/f* : **courir comme un ~** correr como un desesperado
dératiser [deʀatize] *vt* desratizar
derby [dɛʀbi] *nm* (*sportif*) derby *m*
déréglé, e [deʀegle] *adj* (*mécanisme*) estropeado(-a); (*estomac*) revuelto(-a); (*mœurs, vie*) desordenado(-a)
dérèglement [deʀɛgləmɑ̃] *nm* (*mécanisme*) desarreglo; (*estomac*) indisposición *f*; (*mœurs, vie*) desorden *m*
déréglementation [deʀɛgləmɑ̃tasjɔ̃] *nf* desregulación *f*
déréglementer [deʀɛgləmɑ̃te] *vt* desregular
dérégler [deʀegle] *vt* (*mécanisme*) estropear; (*estomac*) indisponer; (*mœurs, vie*) desordenar; **se dérégler** *vpr* (*mécanisme*) estropearse; (*estomac*) indisponerse; (*mœurs, vie*) descarriarse
dérégulation [deʀegylasjɔ̃] *nf* desregulación *f*
déréguler [deʀegyle] *vt* desregular
déremboursement [deʀɑ̃buʀs(ə)mɑ̃] *nm* (*de médicaments*) *supresión del reembolso de un medicamento por parte de la Seguridad Social francesa*
dérider [deʀide] *vt* alegrar; **se dérider** *vpr* sonreír
dérision [deʀizjɔ̃] *nf* burla; **par ~** en broma; **tourner en ~** burlarse de
dérisoire [deʀizwaʀ] *adj* irrisorio(-a)
dérivatif [deʀivatif] *nm* distracción *f*
dérivation [deʀivasjɔ̃] *nf* (*d'un cours d'eau*) desviación *f*; (*Ling*) derivación *f*
dérive [deʀiv] *nf* (*Naut*) orza de quilla; **aller à la ~** (*Naut, fig*) ir a la deriva; ~ **des continents** (*Géologie*) deriva de los continentes

dérivé, e [deʀive] *adj* derivado(-a) ▸ *nm* derivado
dérivée [deʀive] *nf* (*Math*) derivada
dériver [deʀive] *vt* (*Math, Élec*) derivar; (*cours d'eau etc*) desviar ▸ *vi* (*bateau, avion*) desviarse; **~ de** (*Ling*) derivar de; (*Chim, gén*) derivarse de
dériveur [deʀivœʀ] *nm* (*Naut*) balandro
dermatite [dɛʀmatit] *nf* dermatitis *f inv*
dermato [dɛʀmato] (*fam*) *nmf* = **dermatologue**
dermatologie [dɛʀmatɔlɔʒi] *nf* dermatología
dermatologue [dɛʀmatɔlɔg] *nmf* dermatólogo(-a)
dermatose [dɛʀmatoz] *nf* dermatosis *f inv*
dermite [dɛʀmit] *nf* = **dermatite**
dernier, -ière [dɛʀnje, jɛʀ] *adj* último(-a); **lundi/le mois ~** el lunes/el mes pasado; **du ~ chic** de última moda; **le ~ cri** (*Mode*) el último grito; **les derniers honneurs** los últimos honores; **rendre le ~ soupir** exhalar el último suspiro; **en ~ ressort** en última instancia; **avoir le ~ mot** tener la última palabra ▸ *nm/f* último(-a); **ce ~/cette dernière** este último/esta última ▸ *nm* (*étage*) último piso; **en ~** al final, por último
dernièrement [dɛʀnjɛʀmɑ̃] *adv* últimamente
dernier-né, dernière-née [dɛʀnjene, dɛʀnjɛʀne] (*pl* **derniers-nés, dernières-nées**) *nm/f* (*enfant*) último(-a) hijo(-a); (*voiture*) último modelo
dérobade [deʀɔbad] *nf* escapatoria
dérobé, e [deʀɔbe] *adj* (*porte, escalier*) falso(-a); **à la dérobée** a hurtadillas
dérober [deʀɔbe] *vt* hurtar; **~ qch à (la vue de) qn** ocultar algo a (a la vista de) algn; **se dérober** *vpr* escabullirse; **se ~ sous** (*s'effondrer*) hundirse bajo; **se ~ à** eludir
dérogation [deʀɔgasjɔ̃] *nf* derogación *f*
déroger [deʀɔʒe] *vi* : **~ à** faltar a; (*Jur*) infringir
dérouiller [deʀuje] *vt* : **se ~ les jambes** estirar las piernas
déroulant, e [deʀulɑ̃, ɑ̃t] *adj* (*menu*) desplegable
déroulement [deʀulmɑ̃] *nm* desenrollamiento; (*d'une opération*) desarrollo; **le ~ des faits** el desarrollo de los hechos
dérouler [deʀule] *vt* (*ficelle, papier*) desenrollar; **se dérouler** *vpr* (*avoir lieu*) desarrollarse
déroutant, e [deʀutɑ̃, ɑ̃t] *adj* desconcertante
déroute [deʀut] *nf* desbandada; (*d'une entreprise, d'un parti*) hundimiento; **mettre en ~** poner en desbandada; **en ~** en desbandada
dérouter [deʀute] *vt* (*avion, train*) desviar; (*fig*) despistar
derrick [deʀik] *nm* torre *f* de perforación
derrière [dɛʀjɛʀ] *prép* detrás de; (*fig*) tras, más allá de ▸ *adv* detrás, atrás ▸ *nm* (*d'une maison*) trasera; (*postérieur*) trasero; **les pattes/roues de ~** las patas/ruedas traseras; **par ~** por detrás
derviche [dɛʀviʃ] *nm* derviche *m*
DES [deəɛs] *sigle m* (= *diplôme d'études supérieures*) *diploma de pos(t)grado*
des [de] *voir* **de**
dès [dɛ] *prép* desde; **~ que** tan pronto como; **~ à présent** desde ahora; **~ réception** en cuanto se reciba; **~ son retour** en cuanto vuelva; **~ lors** desde entonces; (*en conséquence*) por lo tanto; **~ lors que** en cuanto; (*puisque, étant donné que*) ya que
désabusé, e [dezabyze] *adj* desengañado(-a)
désaccord [dezakɔʀ] *nm* desacuerdo; (*contraste*) discordancia; **en ~ avec** en desacuerdo con
désaccordé, e [dezakɔʀde] *adj* desafinado(-a)
désacraliser [desakʀalize] *vt* desacralizar
désaffecté, e [dezafɛkte] *adj* en desuso
désaffection [dezafɛksjɔ̃] *nf* : **~ pour** desafecto por
désagréable [dezagʀeabl] *adj* desagradable
désagréablement [dezagʀeabləmɑ̃] *adv* desagradablemente
désagrégation [dezagʀegasjɔ̃] *nf* disgregación *f*
désagréger [dezagʀeʒe] : **se désagréger** *vpr* disgregarse
désagrément [dezagʀemɑ̃] *nm* desagrado
désaltérant, e [dezalteʀɑ̃, ɑ̃t] *adj* refrescante
désaltérer [dezalteʀe] *vt* quitar la sed a ▸ *vi* refrescar; **ça désaltère** esto refresca; **se désaltérer** *vpr* beber
désamorcer [dezamɔʀse] *vt* (*bombe*) desactivar; (*fig*) neutralizar
désappointé, e [dezapwɛ̃te] *adj* decepcionado(-a)
désappointement [dezapwɛ̃tmɑ̃] *nm* decepción *f*
désappointer [dezapwɛ̃te] *vt* decepcionar
désapprobateur, -trice [dezapʀɔbatœʀ, tʀis] *adj* desaprobatorio(-a)
désapprobation [dezapʀɔbasjɔ̃] *nf* desaprobación *f*
désapprouver [dezapʀuve] *vt* desaprobar
désarçonner [dezaʀsɔne] *vt* desarzonar; (*fig*) desconcertar
désargenté, e [dezaʀʒɑ̃te] *adj* sin un duro (*fam*)
désarmant, e [dezaʀmɑ̃, ɑ̃t] *adj* conmovedor(a)
désarmé, e [dezaʀme] *adj* (*fig*) conmovido(-a)
désarmement [dezaʀməmɑ̃] *nm* desarme *m*
désarmer [dezaʀme] *vt* (*aussi fig*) desarmar; (*fusil*) descargar; (: *mettre le cran de sûreté*) desmontar ▸ *vi* (*pays*) desarmarse; (*haine*) cesar; (*personne*) rendirse
désarroi [dezaʀwa] *nm* desasosiego
désarticulé, e [dezaʀtikyle] *adj* desarticulado(-a)

désarticuler [dezaʀtikyle] : **se désarticuler** *vpr* desarticularse
désassorti, e [dezasɔʀti] *adj* (*incomplet*) desemparejado(-a); (*magasin, marchand*) desprovisto(-a); (*mal assorti*) desavenido(-a)
désastre [dezastʀ] *nm* desastre *m*
désastreux, -euse [dezastʀø, øz] *adj* desastroso(-a)
désavantage [dezavɑ̃taʒ] *nm* (*handicap*) inferioridad *f*; (*inconvénient*) desventaja
désavantager [dezavɑ̃taʒe] *vt* desfavorecer
désavantageux, -euse [dezavɑ̃taʒø, øz] *adj* desventajoso(-a)
désaveu [dezavø] *nm* desaprobación *f*
désavouer [dezavwe] *vt* desaprobar
désaxé, e [dezakse] *adj, nm/f* (*fig*) desequilibrado(-a)
désaxer [dezakse] *vt* (*roue*) descentrar; (*personne*) desequilibrar
desceller [desele] *vt* (*pierre*) arrancar
descendance [desɑ̃dɑ̃s] *nf* descendencia
descendant, e [desɑ̃dɑ̃, ɑ̃t] *vb voir* **descendre** ▸ *adj voir* **marée** ▸ *nm/f* descendiente *mf*
descendeur, -euse [desɑ̃dœʀ, øz] *nm/f* (*cycliste, skieur*) especialista *mf* en descensos
descendre [desɑ̃dʀ] *vt* bajar; (*fam : abattre*) cargarse (*fam*); (*fam : boire*) pimplarse (*fam*); ~ **la rue/rivière** ir calle/río abajo ▸ *vi* bajar, descender; (*passager*) bajar(se); (*avion, chemin, marée*) bajar; (*nuit*) caer; ~ **à pied/en voiture** bajar a pie/en coche; ~ **de** (*famille*) descender de; ~ **du train/d'un arbre/de cheval** bajar(se) del tren/de un árbol/del caballo; ~ **à l'hôtel** alojarse en un hotel; ~ **dans l'estime de qn** bajar en la estima de algn; ~ **dans la rue** (*manifester*) salir a la calle; ~ **dans le Midi** bajar al Sur de Francia; ~ **en ville** ir al centro
descente [desɑ̃t] *nf* bajada, descenso; (*route*) pendiente *f*; (*Ski*) descenso; **au milieu de la** ~ en medio de la bajada; ~ **de lit** alfombra de cama; ~ **(de police)** redada (de la policía), allanamiento (*Am*)
descriptif, -ive [dɛskʀiptif, iv] *adj* descriptivo(-a); **linguistique/mathématique descriptive** lingüística/matemática descriptiva ▸ *nm* descripción *f*
description [dɛskʀipsjɔ̃] *nf* descripción *f*
désembourber [dezɑ̃buʀbe] *vt* desatollar
désembuer [dezɑ̃bɥe] *vt* desempañar
désemparé, e [dezɑ̃paʀe] *adj* desamparado(-a); (*bateau, avion*) averiado(-a)
désemparer [dezɑ̃paʀe] *vi* : **sans** ~ sin parar
désemplir [dezɑ̃pliʀ] *vi* : **ne pas** ~ (*fig*) estar siempre lleno(-a)
désenchanté, e [dezɑ̃ʃɑ̃te] *adj* desencantado(-a)
désenchantement [dezɑ̃ʃɑ̃tmɑ̃] *nm* desencanto
désenclaver [dezɑ̃klave] *vt* acabar con el aislamiento de
désencombrer [dezɑ̃kɔ̃bʀe] *vt* despejar
désenfler [dezɑ̃fle] *vi* deshincharse
désengagement [dezɑ̃gaʒmɑ̃] *nm* (*Pol*) ruptura del compromiso
désensabler [dezɑ̃sɑble] *vt* desencallar
désensibiliser [desɑ̃sibilize] *vt* insensibilizar
désenvenimer [dezɑ̃vnime] *vt* (*plaie*) desinfectar; (*fig*) suavizar
désépaissir [dezepesiʀ] *vt* desmontar
déséquilibre [dezekilibʀ] *nm* desequilibrio; **en** ~ desequilibrado(-a)
déséquilibré, e [dezekilibʀe] *nm/f* (*Psych*) desequilibrado(-a)
déséquilibrer [dezekilibʀe] *vt* desequilibrar
désert, e [dezɛʀ, ɛʀt] *adj* desierto(-a) ▸ *nm* desierto
déserter [dezɛʀte] *vi* (*Mil*) desertar ▸ *vt* (*salle*) abandonar; (*école*) dejar desierto(-a)
déserteur, -euse [dezɛʀtœʀ, øz] *nm/f* desertor(a)
désertion [dezɛʀsjɔ̃] *nf* deserción *f*
désertique [dezɛʀtik] *adj* desértico(-a)
désescalade [dezɛskalad] *nf* (*Mil*) reducción *f* del dispositivo militar; (*sociale*) descenso de tensión
désespérant, e [dezɛspeʀɑ̃, ɑ̃t] *adj* desesperante
désespéré, e [dezɛspeʀe] *adj, nm/f* desesperado(-a); **état** ~ (*Méd*) estado desesperado
désespérément [dezɛspeʀemɑ̃] *adv* desesperadamente; (*avec acharnement*) encarnizadamente
désespérer [dezɛspeʀe] *vi* desesperar; ~ **de qn/qch** perder la esperanza en algn/algo; ~ **de (pouvoir) faire qch** desesperar de (poder) hacer algo; **se désespérer** *vpr* desesperarse
désespoir [dezɛspwaʀ] *nm* desesperación *f*, desesperanza; **être** *ou* **faire le** ~ **de qn** ser la desesperación de algn; **en** ~ **de cause** como último recurso
déshabillé, e [dezabije] *adj* desvestido(-a) ▸ *nm* salto de cama
déshabiller [dezabije] *vt* desvestir; **se déshabiller** *vpr* desnudarse, desvestirse (*surtout Am*)
déshabituer [dezabitɥe] : **se déshabituer** *vpr* : **se** ~ **de** desacostumbrarse de
désherbant [dezɛʀbɑ̃] *nm* herbicida *m*
désherber [dezɛʀbe] *vt* desherbar
déshérité, e [dezeʀite] *adj* desheredado(-a) ▸ *nm/f* (*gén pl : pauvre*) desheredado(-a)
déshériter [dezeʀite] *vt* desheredar
déshonneur [dezɔnœʀ] *nm* deshonor *m*
déshonorant, e [dezɔnɔʀɑ̃, ɑ̃t] *adj* deshonroso(-a)
déshonorer [dezɔnɔʀe] *vt* deshonrar (a); **se déshonorer** *vpr* deshonrarse

déshumaniser [dezymanize] *vt* deshumanizar
déshydratation [dezidʀatasjɔ̃] *nf* deshidratación *f*
déshydraté, e [dezidʀate] *adj* deshidratado(-a)
déshydrater [dezidʀate] *vt* deshidratar
desiderata [dezideʀata] *nmpl* desiderata *fsg*
design [dizajn] *nm* diseño ▸ *adj* de diseño
désignation [deziɲasjɔ̃] *nf* (*à un poste*) nombramiento; (*signe, mot*) designación *f*
designer [dizajnœʀ] *nmf* diseñador(a)
désigner [deziɲe] *vt* (*montrer*) enseñar; (*dénommer*) designar; (*représentant*) nombrar
désillusion [dezi(l)lyzjɔ̃] *nf* desilusión *f*
désillusionner [dezi(l)lyzjɔne] *vt* desilusionar
désincarné, e [dezɛ̃kaʀne] *adj* desencarnado(-a)
désinence [dezinɑ̃s] *nf* (*Ling*) desinencia
désinfectant, e [dezɛ̃fɛktɑ̃, ɑ̃t] *adj* desinfectante ▸ *nm* desinfectante *m*
désinfecter [dezɛ̃fɛkte] *vt* desinfectar
désinfection [dezɛ̃fɛksjɔ̃] *nf* desinfección *f*
désinformation [dezɛ̃fɔʀmasjɔ̃] *nf* desinformación *f*
désintégration [dezɛ̃tegʀasjɔ̃] *nf* desintegración *f*
désintégrer [dezɛ̃tegʀe] *vt* desintegrar; **se désintégrer** *vpr* desintegrarse
désintéressé, e [dezɛ̃teʀese] *adj* desinteresado(-a)
désintéressement [dezɛ̃teʀɛsmɑ̃] *nm* desinterés *msg*
désintéresser [dezɛ̃teʀese] : **se désintéresser** *vpr* : **se ~ (de qn/qch)** desinteresarse (por algn/algo), perder el interés (por algn/algo)
désintérêt [dezɛ̃teʀɛ] *nm* desinterés *msg*
désintoxication [dezɛ̃tɔksikasjɔ̃] *nf* desintoxicación *f*; **faire une cure de ~** hacer una cura de desintoxicación
désintoxiquer [dezɛ̃tɔksike] *vt* desintoxicar; **se désintoxiquer** *vpr* desintoxicarse
désinvolte [dezɛ̃vɔlt] *adj* desenvuelto(-a)
désinvolture [dezɛ̃vɔltyʀ] *nf* desparpajo, desenvoltura
désir [deziʀ] *nm* deseo; **exprimer le ~ de** (*politesse*) expresar el deseo de
désirable [deziʀabl] *adj* (*femme*) deseable
désirer [deziʀe] *vt* desear; **je désire ...** (*formule de politesse*) desearía ...; **~ que** desear que; **il désire que tu l'aides** desea que le ayudes; **~ faire qch** desear hacer algo; **ça laisse à ~** deja mucho que desear
désireux, -euse [deziʀø, øz] *adj* : **~ de** deseoso(-a) de
désistement [dezistəmɑ̃] *nm* desistimiento; (*Pol*) abandono
désister [deziste] : **se désister** *vpr* renunciar; **se ~ en faveur de** renunciar en favor de
désobéir [dezɔbeiʀ] *vi* : **~ (à qn/qch)** desobedecer (a algn/algo)
désobéissance [dezɔbeisɑ̃s] *nf* desobediencia; **~ civile** desobediencia civil
désobéissant, e [dezɔbeisɑ̃, ɑ̃t] *adj* desobediente
désobligeant, e [dezɔbliʒɑ̃, ɑ̃t] *adj* desagradable
désobliger [dezɔbliʒe] *vt* disgustar
désodorisant, e [dezɔdɔʀizɑ̃, ɑ̃t] *adj* desodorante ▸ *nm* desodorante *m*; (*d'appartement*) ambientador *m*
désodorisé, e [dezɔdɔʀize] *adj* inodoro(-a)
désodoriser [dezɔdɔʀize] *vt* desodorizar
désœuvré, e [dezœvʀe] *adj, nm/f* desocupado(-a), ocioso(-a)
désœuvrement [dezœvʀəmɑ̃] *nm* desocupación *f*, ocio
désolant, e [dezɔlɑ̃, ɑ̃t] *adj* (*affligeant*) desolador(a); **« c'est ~ ! »** « ¡es lamentable! »
désolation [dezɔlasjɔ̃] *nf* desolación *f*; **scène/paysage de ~** escena desolada/paisaje *m* desolado
désolé, e [dezɔle] *adj* desolado(-a); **je suis ~, il n'y en a plus** lo siento, ya no hay más
désoler [dezɔle] *vt* entristecer; **se désoler** *vpr* entristecerse
désolidariser [desɔlidaʀize] : **se désolidariser** *vpr* : **se ~ de** *ou* **d'avec** desolidarizarse de
désopilant, e [dezɔpilɑ̃, ɑ̃t] *adj* hilarante
désordonné, e [dezɔʀdɔne] *adj* desordenado(-a)
désordre [dezɔʀdʀ] *nm* desorden *m*; **en ~** en desorden; **dans le ~** (*tiercé*) sin dar el orden; **désordres** *nmpl* (*Pol*) disturbios *mpl*
désorganisation [dezɔʀganizasjɔ̃] *nf* desorganización *f*
désorganisé, e [dezɔʀganize] *adj* desorganizado(-a)
désorganiser [dezɔʀganize] *vt* desorganizar
désorienté, e [dezɔʀjɑ̃te] *adj* desorientado(-a)
désorienter [dezɔʀjɑ̃te] *vt* desorientar
désormais [dezɔʀmɛ] *adv* (de ahora) en adelante
désosser [dezɔse] *vt* (*viande*) deshuesar; **côtelette désossée** costilla deshuesada
désoxyder [dezɔkside] *vt* desoxidar
despote [dɛspɔt] *nm* déspota *mf*
despotique [dɛspɔtik] *adj* despótico(-a)
despotisme [dɛspɔtism] *nm* despotismo
desquamer [dɛskwame] : **se desquamer** *vpr* descamarse
desquelles [dekɛl] *prép + pron voir* **lequel**
desquels [dekɛl] *prép + pron voir* **lequel**
DESS [deəɛsɛs] *sigle m* (= *diplôme d'études supérieures spécialisées*) *diploma de pos(t)grado*
dessaisir [desezìʀ] *vt* : **~ un tribunal d'une affaire** declarar a un tribunal incompetente sobre un caso; **se dessaisir** *vpr* : **se ~ de** desprenderse de

d

dessaler [desale] *vt* desalar; (*fig, fam*) : **~ qn** espabilar a algn ▸ *vi* (*voilier*) capotar
desséché, e [deseʃe] *adj* seco(-a)
dessèchement [desɛʃmɑ̃] *nm* (*de la peau*) deshidratación *f*
dessécher [deseʃe] *vt* desecar; (*cœur*) endurecer; **se dessécher** *vpr* secarse; (*peau, lèvres*) secarse, resecarse
dessein [desɛ̃] *nm* intención *f*, propósito; **dans le ~ de** con la intención de, con el propósito de; **à ~** a propósito
desseller [desele] *vt* desensillar
desserrer [deseʀe] *vt* aflojar; (*poings*) abrir; (*objets alignés*) espaciar; (*crédit*) reabrir; **ne pas ~ les dents** no despegar los labios; **se desserrer** *vpr* (*aussi fig*) aflojarse; (*fig*) : **l'étau se desserre** el cerco se abre
dessert [desɛʀ] *vb voir* **desservir** ▸ *nm* (*moment du repas*) postres *mpl*; (*mets*) postre *m*
desserte [desɛʀt] *nf* (*table*) mesa de servicio; **le bus assure la ~ du village** el autobús cubre el servicio de comunicación del pueblo; **chemin** *ou* **voie de ~** camino vecinal
desservir [desɛʀviʀ] *vt* (*suj : moyen de transport*) cubrir el servicio de; (*: voie de communication*) comunicar con; (*: vicaire : paroisse*) atender; (*personne*) perjudicar a; **~ la table** quitar la mesa
dessiccation [desikasjɔ̃] *nf* desecación *f*
dessiller [desije] *vt* (*fig*) : **~ les yeux à qn** abrir los ojos a algn
dessin [desɛ̃] *nm* dibujo; **~ animé** dibujos *mpl* animados; **~ humoristique** dibujo humorístico, viñeta; **~ industriel** diseño industrial
dessinateur, -trice [desinatœʀ, tʀis] *nm/f* dibujante *mf*; **~ de mode** diseñador(a) de moda; **~ industriel(le)** diseñador(a) industrial
dessiner [desine] *vt* dibujar; (*concevoir*) diseñar; (*suj : robe : taille*) resaltar; **se dessiner** *vpr* perfilarse
dessoûler [desule] *vt* quitar la borrachera a ▸ *vi* pasársele a algn la borrachera
dessous [d(ə)su] *adv* debajo, abajo; **en ~** (*sous*) debajo; (*plus bas*) por debajo; (*fig : en catimini*) a hurtadillas; **de ~** de abajo; **de ~ le lit** debajo de la cama ▸ *nm* parte *f* inferior; (*de voiture*) bajos *mpl*; (*étage inférieur*) : **les voisins/l'appartement du ~** los vecinos/el piso de abajo; **avoir le ~** tener *ou* llevar la peor parte; **dessous** *nmpl* (*fig*) secretos *mpl*; (*sous-vêtements*) ropa interior *fsg*; *voir aussi* **au-dessous** ; **par-dessous**
dessous-de-bouteille [dəsudbutɛj] *nm inv* posavasos *m inv*
dessous-de-plat [dəsudpla] *nm inv* salvamanteles *m inv*
dessous-de-table [dəsudtabl] *nm inv* (dinero de) soborno
dessus [d(ə)sy] *adv* encima, arriba; **c'est écrit ~** está ahí; **bras ~ bras dessous** cogidos(-as) del brazo; **sens ~ dessous** patas arriba; **en ~** encima, arriba; **de ~** de arriba, de encima ▸ *nm* parte *f* superior; (*étage supérieur*) : **les voisins/l'appartement du ~** los vecinos/el piso de arriba; **avoir/prendre le ~** ir ganando; **reprendre le ~** recobrarse; *voir aussi* **au-dessus** ; **par-dessus**
dessus-de-lit [dəsydli] *nm inv* colcha
déstabilisation [destabilizasjɔ̃] *nf* desestabilización *f*
déstabiliser [destabilize] *vt* desestabilizar
destin [dɛstɛ̃] *nm* destino
destinataire [dɛstinatɛʀ] *nmf* destinatario(-a); **aux risques et périls du ~** a cuenta y riesgo del destinatario
destination [dɛstinasjɔ̃] *nf* destino; (*usage*) función *f*; **à ~ de** con destino a
destiné, e [dɛstine] *adj* : **être ~ à** (*personne*) estar destinado(-a) a; (*outil, objet*) servir para; **des mesures destinées à** medidas destinadas a
destinée [dɛstine] *nf* destino
destiner [dɛstine] *vt* : **~ qn à** destinar a algn a/para; **~ qch à** destinar algo a; **~ qch à qn** destinar a algn para algo; **se ~ à l'enseignement** pensar dedicarse a la enseñanza
destituer [dɛstitɥe] *vt* destituir; **~ qn de ses fonctions** destituir a algn de su cargo
destitution [dɛstitysjɔ̃] *nf* destitución *f*
déstresser [destʀɛse] (*fam*) *vi* relajarse
destroyer [dɛstʀwaje] *nm* destructor *m*
destructeur, -trice [dɛstʀyktœʀ, tʀis] *adj* destructor(a)
destructif, -ive [dɛstʀyktif, iv] *adj* destructivo(-a)
destruction [dɛstʀyksjɔ̃] *nf* destrucción *f*
déstructuré, e [destʀyktyʀe] *adj* : **vêtements déstructurés** ropa desestructurada
déstructurer [destʀyktyʀe] *vt* desestructurar
désuet, -ète [dezɥɛ, ɛt] *adj* (*technologies, règlement*) desusado(-a); (*démodé*) anticuado(-a)
désuétude [desɥetyd] *nf* : **tomber en ~** caer en desuso
désuni, e [dezyni] *adj* desunido(-a)
désunion [dezynjɔ̃] *nf* desunión *f*
désunir [dezyniʀ] *vt* desunir; **se désunir** *vpr* (*athlète*) perder el ritmo
détachable [detaʃabl] *adj* separable; (*capuche*) de quita y pon
détachant [detaʃɑ̃] *nm* quitamanchas *m inv*
détaché, e [detaʃe] *adj* (*air, ton*) indiferente
détachement [detaʃmɑ̃] *nm* (*action*) desprendimiento; (*désintéressement*) desapego; (*Mil*) destacamento; **être en ~** tener un destino temporal

détacher [detaʃe] *vt* (*ôter*) desprender; (*délier*) desatar, soltar; (*Mil*) destacar; (*vêtement*) limpiar; **~ qn (auprès de** *ou* **à)** (*Admin*) enviar a algn (a); **se détacher** *vpr* (*Sport*) descolgarse; (*prisonnier etc*) desatarse; (*tomber, se défaire*) desprenderse; **se ~ (de qn/qch)** (*se désintéresser*) perder interés (por algn/algo); **se ~ sur** (*se dessiner*) destacarse en
détail [detaj] *nm* detalle *m*; **le ~** (*Comm*) la venta al por menor; **prix de ~** precio al por menor; **au ~** (*Comm*) al por menor; (*individuellement*) por unidades; **faire/donner le ~ de** detallar; (*compte, facture*) desglosar; **en ~** en detalle
détaillant, e [detajɑ̃, ɑ̃t] *nm/f* minorista *mf*
détaillé, e [detaje] *adj* detallado(-a)
détailler [detaje] *vt* detallar; (*personne*) examinar
détaler [detale] *vi* salir corriendo
détartrage [detaʀtʀaʒ] *nm* desincrustación *f*, eliminación *f* de la cal; (*de dents*) limpieza bucal
détartrant [detaʀtʀɑ̃] *nm* antical *m*
détartrer [detaʀtʀe] *vt* (*radiateur*) desincrustar, eliminar la cal de; (*dents*) limpiar el sarro de
détaxe [detaks] *nf* (*réduction*) descuento; (*suppression*) exoneración *f* de impuestos; (*remboursement*) devolución *f* de impuestos
détaxé, e [detakse] *adj* (*produits*) libre *ou* extento(-a) de impuestos
détaxer [detakse] *vt* (*réduire*) desgravar; (*supprimer*) exonerar impuestos de
détecter [detɛkte] *vt* detectar
détecteur [detɛktœʀ] *nm* (*Tech*) detector *m*; **~ de mensonges** detector de mentiras; **~ (de mines)** detector (de minas)
détection [detɛksjɔ̃] *nf* detección *f*
détective [detɛktiv] *nmf* (*en Grande Bretagne : policier*) inspector(a); **~ privé(e)** detective *mf* privado(-a)
déteindre [detɛ̃dʀ] *vi* desteñir; (*suj : soleil*) decolorar; **~ sur** teñir; (*influencer*) influir sobre
déteint, e [detɛ̃, ɛ̃t] *pp de* **déteindre**
dételer [det(ə)le] *vt* desenganchar ▸ *vi* pararse
détendeur [detɑ̃dœʀ] *nm* (*de bouteille à gaz*) descompresor *m*
détendre [detɑ̃dʀ] *vt* (*fil, corde*) aflojar; (*atmosphère, relations*) relajar; (*lessive, linge*) recoger; (*gaz*) descomprimir; **se détendre** *vpr* (*personne*) relajarse; (*ressort*) aflojarse; (*se reposer*) descansar
détendu, e [detɑ̃dy] *adj* (*personne, atmosphère*) distendido(-a), relajado(-a)
détenir [det(ə)niʀ] *vt* poseer; (*otage*) retener; (*prisonnier*) tener preso a; (*record*) ostentar; **~ le pouvoir** (*Pol*) ostentar el poder
détente [detɑ̃t] *nf* distensión *f*, relajación *f*; (*politique, sociale*) distensión; (*loisirs*) esparcimiento, descanso; (*d'une arme*) disparador *m*, gatillo; (*d'un athlète qui saute*) resorte *m*
détenteur, -trice [detɑ̃tœʀ, tʀis] *nm/f* (*d'un record*) poseedor(a); (*d'un prix*) ganador(a); **le ~ du pouvoir** el que ostenta el poder
détention [detɑ̃sjɔ̃] *nf* posesión *f*; (*d'un otage*) retención *f*; (*d'un prisonnier*) encarcelamiento; **la ~ du pouvoir par ...** el hecho de que el poder fuera ostentado por ...; **~ préventive** *ou* **provisoire** prisión *f* preventiva
détenu, e [det(ə)ny] *pp de* **détenir** ▸ *nm/f* (*prisonnier*) preso(-a)
détergent [detɛʀʒɑ̃] *nm* detergente *m*
détérioration [deteʀjɔʀasjɔ̃] *nf* deterioro
détériorer [deteʀjɔʀe] *vt* deteriorar; **se détériorer** *vpr* deteriorarse
déterminant, e [detɛʀminɑ̃, ɑ̃t] *adj* determinante; **un facteur ~** un factor determinante ▸ *nm* (*Ling*) determinante *m*
détermination [detɛʀminasjɔ̃] *nf* determinación *f*
déterminé, e [detɛʀmine] *adj* (*personne, air*) decidido(-a); (*but, intentions*) claro(-a); (*fixé : quantité, periode*) determinado(-a); **être ~ à faire qch** estar decidido(-a) a hacer algo
déterminer [detɛʀmine] *vt* (*date, quantité*) determinar; **~ qn à faire qch** decidir a algn a hacer algo; **se ~ à faire qch** determinarse a hacer algo
déterminisme [detɛʀminism] *nm* determinismo
déterministe [detɛʀminist] *adj, nmf* determinista *mf*
déterré, e [deteʀe] *nm/f* : **avoir une mine de ~** tener cara de muerto(-a)
déterrer [deteʀe] *vt* desenterrar
détersif, -ive [detɛʀsif, iv] *adj* detersivo(-a), detergente ▸ *nm* detergente *m*
détestable [detɛstabl] *adj* detestable
détester [detɛste] *vt* (*haïr*) detestar, odiar; (*sens affaibli*) detestar; **elle déteste les épinards** detesta las espinacas
détiendrai *etc* [detjɛ̃dʀe] *vb voir* **détenir**
détiens *etc* [detjɛ̃] *vb voir* **détenir**
détonant, e [detɔnɑ̃, ɑ̃t] *adj* : **mélange ~** mezcla explosiva
détonateur [detɔnatœʀ] *nm* detonador *m*
détonation [detɔnasjɔ̃] *nf* detonación *f*
détoner [detɔne] *vi* detonar
détonner [detɔne] *vi* (*Mus, aussi fig*) desentonar
détortiller [detɔʀtije] *vt* destorcer
détour [detuʀ] *nm* rodeo; (*tournant, courbe*) curva, recodo; (*subterfuge*) subterfugio; **au ~ du chemin** a la vuelta del camino; **sans ~** (*parler*) sin rodeos
détourné, e [detuʀne] *adj* (*sentier, chemin*) indirecto(-a); (*moyen*) dudoso(-a)
détournement [detuʀnəmɑ̃] *nm* desvío; **~ d'avion** secuestro aéreo; **~ de fonds**

d

malversación *f* de fondos; **~ de mineur** corrupción *f* de menores

détourner [deturne] *vt* desviar; (*avion : par la force*) secuestrar; (*yeux*) apartar; (*tête*) volver; (*de l'argent*) malversar; **~ la conversation/l'attention (de qn)** desviar la conversación/la atención (de algn); **~ qn de son devoir/travail** apartar a algn de su deber/trabajo; **se détourner** *vpr* (*tourner la tête*) apartar la cara

détracteur, -trice [detraktœr, tris] *nm/f* detractor(a)

détraqué, e [detrake] *adj* fastidiado(-a) ▸ *nm/f* majara *mf*

détraquer [detrake] *vt* fastidiar, cargarse; (*santé, estomac*) estropear; **se détraquer** *vpr* : **ma montre s'est détraquée** se me ha fastidiado el reloj

détrempe [detrɑ̃p] *nf* (*Art*) temple *m*

détrempé, e [detrɑ̃pe] *adj* (*sol*) empapado(-a)

détremper [detrɑ̃pe] *vt* (*peinture*) desleír

détresse [detrɛs] *nf* angustia; (*misère*) desamparo; **en ~** en peligro; **appel/signal de ~** llamada/señal *f* de socorro; **~ respiratoire** insuficiencia respiratoria

détriment [detrimɑ̃] *nm* : **au ~ de** en detrimento de; **à mon/son ~** en mi/su perjuicio

détritus [detrity(s)] *nmpl* detritus *msg*

détroit [detrwa] *nm* estrecho; **le ~ de Be(h)ring/de Gibraltar/de Magellan/du Bosphore** el estrecho de Bering/de Gibraltar/de Magallanes/del Bósforo

détromper [detrɔ̃pe] *vt* desengañar; **se détromper** *vpr* desengañarse

détrôner [detrone] *vt* destronar

détrousser [detruse] *vt* atracar

détruire [detrɥir] *vt* destruir; (*population*) acabar con; (*hypothèse*) echar abajo; (*espoir*) romper; (*santé*) perjudicar

détruit, e [detrɥi, it] *pp de* **détruire**

dette [dɛt] *nf* deuda; **~ de l'État** *ou* **publique** deuda pública

DEUG [døg] *sigle m* (= *diplôme d'études universitaires générales*) *título universitario que se obtenía tras los dos primeros años de estudio en Francia*

deuil [dœj] *nm* luto; **porter le ~** llevar luto; **être en/prendre le ~** estar/ponerse de luto

DEUST [døst] *sigle m* (= *diplôme d'études universitaires scientifiques et techniques*) *diplomatura*

deutérium [døterjɔm] *nm* deuterio

deux [dø] *adj inv, nm inv* dos *m inv*; **les ~** los (las) dos, ambos(-as); **les ~ mains** las dos manos; **tous les ~ jours/mois** cada dos días/meses; **à ~ pas** a dos pasos; **~ points** (*ponctuation*) dos puntos *mpl*; *voir aussi* **cinq**

deuxième [døzjɛm] *adj, nmf* segundo(-a); **~ classe** segunda clase *f*; *voir aussi* **cinquième**

deuxièmement [døzjɛmmɑ̃] *adv* en segundo lugar

deux-pièces [døpjɛs] *nm inv* (*maillot de bain*) biquini *m*; (*appartement*) apartamento de dos habitaciones

deux-roues [døru] *nm inv* vehículo de dos ruedas

deux-temps [døtɑ̃] *adj inv* (*moteur*) de dos tiempos ▸ *nm inv* (*moteur*) motor *m* de dos tiempos

devais [dəvɛ] *vb voir* **devoir**

dévaler [devale] *vt* (*escalier*) bajar corriendo; **~ la piste** lanzarse pista abajo

dévaliser [devalize] *vt* desvalijar

dévalorisant, e [devalɔrizɑ̃, ɑ̃t] *adj* que desvaloriza

dévalorisation [devalɔrizasjɔ̃] *nf* desvalorización *f*

dévaloriser [devalɔrize] *vt* desvalorizar; **se dévaloriser** *vpr* desvalorizarse

dévaluation [devalɥasjɔ̃] *nf* devaluación *f*

dévaluer [devalɥe] *vt* devaluar; **se dévaluer** *vpr* devaluarse

devancer [d(ə)vɑ̃se] *vt* adelantar; (*arriver avant, aussi fig*) adelantarse a; **~ l'appel** (*Mil*) alistarse como voluntario

devancier, -ière [d(ə)vɑ̃sje, jɛr] *nm/f* antecesor(a)

devant [d(ə)vɑ̃] *vb voir* **devoir** ▸ *adv* delante, adelante ▸ *prép* (*en face de*) delante de, frente a; (*passer, être*) delante de; (*en présence de*) ante; (*face à*) ante, delante de; (*étant donné*) ante ▸ *nm* (*de maison*) fachada; (*de vêtement, voiture*) delantera; **prendre les devants** adelantarse; **de ~** delantero(-a); **par ~** por delante

devanture [d(ə)vɑ̃tyr] *nf* (*étalage, vitrine*) escaparate *m*, vidriera (*AM*)

dévastateur, -trice [devastatœr, tris] *adj* devastador(a)

dévastation [devastasjɔ̃] *nf* devastación *f*

dévasté, e [devaste] *adj* devastado(-a)

dévaster [devaste] *vt* devastar

déveine [devɛn] (*fam*) *nf* mala suerte *f*

développement [dev(ə)lɔpmɑ̃] *nm* desarrollo; (*photo*) revelado; (*exposé*) exposición *f*; (*Géom*) proyección *f*; (*gén pl*) evolución *f*; **~ durable** desarrollo sostenible; **développements** *nmpl* desarrollos *mpl*; **les derniers/les récents développements en matière de** los últimos/los recientes desarrollos en materia de

développer [dev(ə)lɔpe] *vt* desarrollar; (*Photo*) revelar; (*Géom*) proyectar; **se développer** *vpr* desarrollarse; (*affaire*) evolucionar

développeur, -euse [dev(ə)lɔpœr, øz] *nm/f* (*Inform*) desarrollador(a)

devenir [dəv(ə)nir] *vi* volverse; **~ fou** volverse loco; **~ vieux/grand** hacerse viejo/mayor;

~ **médecin** hacerse médico; **que sont-ils devenus ?** ¿qué ha sido de ellos? ▸ *nm* : **le ~ de qch** el futuro de algo

devenu [dəvny] *pp de* **devenir**

dévergondé, e [devɛʀgɔ̃de] *adj* desvergonzado(-a)

dévergonder [devɛʀgɔ̃de] : **se dévergonder** *vpr* espabilarse

déverrouiller [deveʀuje] *vt* abrir el cerrojo de

devers [dəvɛʀ] *adv* : **par-~ soi** para sí, en su poder

déverser [devɛʀse] *vt* verter, derramar; (*injures, colère*) descargar; **se ~ dans** verterse en

déversoir [devɛʀswaʀ] *nm* vertedero

dévêtir [devetiʀ] *vt* desvestir; **se dévêtir** *vpr* desvestirse

devez [dəve] *vb voir* **devoir**

déviation [devjasjɔ̃] *nf* desviación *f*; (*Auto*) desvío; **~ de la colonne (vertébrale)** desviación de la columna vertebral

déviationnisme [devjasjɔnism] *nm* desviacionismo

déviationniste [devjasjɔnist] *nmf* desviacionista *mf*

dévider [devide] *vt* devanar

dévidoir [devidwaʀ] *nm* devanadera

deviendrai *etc* [dəvjɛ̃dʀe] *vb voir* **devenir**

devienne *etc* [dəvjɛn] *vb voir* **devenir**

deviens *etc* [dəvjɛ̃] *vb voir* **devenir**

dévier [devje] *vt* desviar ▸ *vi* desviarse

devin [dəvɛ̃] *nm* adivino

deviner [d(ə)vine] *vt* adivinar; (*apercevoir*) atisbar

devinette [d(ə)vinɛt] *nf* adivinanza

devint *etc* [dəvɛ̃] *vb voir* **devenir**

devis [d(ə)vi] *nm* presupuesto; **~ descriptif/estimatif** presupuesto detallado/aproximado

dévisager [devizaʒe] *vt* mirar de arriba abajo

devise [dəviz] *nf* (*formule*) lema *m*, divisa; (*Écon*) divisa

deviser [dəvize] *vi* platicar

dévisser [devise] *vt* desatornillar; **se dévisser** *vpr* desatornillarse

de visu [devizy] *adv* en persona

dévitaliser [devitalize] *vt* (*dent*) matar el nervio de

dévoiler [devwale] *vt* (*statue*) descubrir; (*secret*) desvelar, revelar; **se dévoiler** *vpr* (*secret*) desvelarse, revelarse

devoir [d(ə)vwaʀ] *nm* deber *m*; (*Scol*) deberes *mpl*; **se faire un ~ de faire** creerse en la obligación de hacer; **se mettre en ~ de faire qch** empezar a hacer algo; **faire ses devoirs** hacer los deberes; **derniers devoirs** honras *fpl* fúnebres; **~ sur table** examen (escrito); **devoirs de vacances** deberes *mpl* de vacaciones ▸ *vt* deber; **il doit le faire** (*obligation*) debe hacerlo, tiene que hacerlo; **il doit partir demain** (*intention*) se va mañana; **il doit être tard** (*probabilité*) debe (de) ser tarde; **cela devait arriver** (*fatalité*) tenía que ocurrir (un día); **je devrais faire** tendría que hacer; **tu n'aurais pas dû** no deberías haberlo hecho; (*politesse*) no tendrías que haberlo hecho; **je lui dois beaucoup** le debo mucho; **se devoir** *vpr* deberse; **comme il se doit** (*comme il faut*) como debe ser

dévolu, e [devɔly] *adj* (*temps, part*) destinado(-a), atribuido(-a) ▸ *nm* : **jeter son ~ sur** poner sus miras en

devons [dəvɔ̃] *vb voir* **devoir**

dévorant, e [devɔʀɑ̃, ɑ̃t] *adj* (*faim*) voraz; (*feu, passion*) devastador(a)

dévorer [devɔʀe] *vt* devorar; **~ qch/qn des yeux** *ou* **du regard** devorar algo/a algn con la mirada

dévot, e [devo, ɔt] *adj, nm/f* devoto(-a); **un faux ~** un mojigato

dévotion [devosjɔ̃] *nf* devoción *f*; **être à la ~ de qn** estar dedicado(-a) a algn; **avoir une ~ pour qn** querer a algn con devoción

dévoué, e [devwe] *adj* servicial

dévouement [devumɑ̃] *nm* dedicación *f*

dévouer [devwe] : **se dévouer** *vpr* : **se ~ (pour)** sacrificarse (por); **se ~ à** dedicarse a

dévoyé, e [devwaje] *adj* descarriado(-a) ▸ *nm/f* descarriado(-a)

dévoyer [devwaje] *vt* descarriar; **~ l'opinion publique** engañar a la opinión pública; **se dévoyer** *vpr* descarriarse

devrai [dəvʀe] *vb voir* **devoir**

dextérité [dɛksteʀite] *nf* destreza

dextrose [dɛkstʀoz] *nm* dextrosa

dézipper [dezipe] *vt* (*Inform*) descomprimir

DG [deʒe] *sigle m* (= *directeur général*) *voir* **directeur**

DGE [deʒeə] *sigle f* (= *dotation globale d'équipement*) *contribución del Estado al presupuesto municipal*

DGSE [deʒeɛsə] *sigle f* (= *Direction générale de la sécurité extérieure*) *servicio de inteligencia francés*

dia [dja] *abr* = **diapositive**

diabète [djabɛt] *nm* (*Méd*) diabetes *f inv*

diabétique [djabetik] *adj, nmf* diabético(-a)

diable [djɑbl] *nm* diablo; (*chariot à deux roues*) carretilla; **petit ~** (*enfant*) diablillo; **pauvre ~** pobre diablo; **une musique du ~** una música infernal; **il fait une chaleur du ~** hace un calor infernal; **avoir le ~ au corps** tener el diablo en el cuerpo; **habiter/être situé au ~** vivir/estar en el quinto infierno

diablement [djɑbləmɑ̃] *adv* endiabladamente

diableries [djɑbləʀi] *nfpl* (*d'enfant*) diabluras *fpl*, travesuras *fpl*

diablesse [djɑblɛs] *nf* (*petite fille*) diablillo

diablotin [djɑblɔtɛ̃] *nm* diablillo; (*pétard*) petardo

diabolique [djabɔlik] *adj* diabólico(-a)
diaboliser [djabɔlize] *vt* demonizar
diabolo [djabɔlo] *nm (jeu)* diábolo; *(boisson) mezcla de gaseosa y almíbar*; ~ **menthe** menta con gas
diacre [djakʀ] *nm* diácono
diadème [djadɛm] *nm* diadema
diagnostic [djagnɔstik] *nm* diagnóstico
diagnostiquer [djagnɔstike] *vt* diagnosticar
diagonal, e, -aux [djagɔnal, o] *adj* diagonal
diagonale [djagɔnal] *nf* diagonal *f*; **en ~** en diagonal; *(fig)* : **lire en ~** leer por encima
diagramme [djagʀam] *nm* diagrama *m*
dialecte [djalɛkt] *nm* dialecto
dialectique [djalɛktik] *adj* dialéctico(-a)
dialogue [djalɔg] *nm* diálogo; **cesser/reprendre le ~** interrumpir/reanudar el diálogo; **~ de sourds** diálogo de besugos
dialoguer [djalɔge] *vi* dialogar
dialoguiste [djalɔgist] *nmf* dialoguista *mf*
dialyse [djaliz] *nf* diálisis *f inv*
diamant [djamɑ̃] *nm* diamante *m*
diamantaire [djamɑ̃tɛʀ] *nm* diamantista *mf*
diamantifère [djamɑ̃tifɛʀ] *adj* diamantífero(-a)
diamétralement [djametʀalmɑ̃] *adv* diametralmente; **~ opposés** totalmente opuestos
diamètre [djamɛtʀ] *nm* diámetro
diapason [djapazɔ̃] *nm* diapasón *m*; **être/se mettre au ~ (de)** *(fig)* estar/ponerse al nivel (de)
diaphane [djafan] *adj* diáfano(-a)
diaphragme [djafʀagm] *nm* diafragma *m*
diapo [djapo] *nf* diapositiva
diaporama [djapɔʀama] *nm* montaje *m* audiovisual
diapositive [djapozitiv] *nf* diapositiva
diapré, e [djapʀe] *adj* tornasolado(-a)
diarrhée [djaʀe] *nf* diarrea
diaspora [djaspɔʀa] *nf* diáspora
diatribe [djatʀib] *nf* diatriba
dichotomie [dikɔtɔmi] *nf* dicotomía
dico [diko] *(fam) nm* diccionario
dictaphone® [diktafɔn] *nm* dictáfono
dictateur [diktatœʀ] *nm* dictador *m*
dictatorial, e, -aux [diktatɔʀjal, jo] *adj* dictatorial
dictature [diktatyʀ] *nf* dictadura
dictée [dikte] *nf* dictado; **prendre sous ~** tomar al dictado
dicter [dikte] *vt (aussi fig)* dictar
diction [diksjɔ̃] *nf* dicción *f*; **cours de ~** curso de dicción
dictionnaire [diksjɔnɛʀ] *nm* diccionario; **~ bilingue** diccionario bilingüe; **~ encyclopédique/de langue** diccionario enciclopédico/de la lengua
dicton [diktɔ̃] *nm* refrán *m*, dicho
didacticiel [didaktisjɛl] *nm* programa *m* educativo
didactique [didaktik] *adj* didáctico(-a)
dièse [djɛz] *nm* almohadilla; *(Mus)* sostenido; **appuyez sur la touche ~** pulse (la tecla) almohadilla
diesel [djezɛl] *nm* diesel *m*; **un (véhicule/moteur) ~** un (vehículo/motor) diesel
diète [djɛt] *nf* dieta; **être à la ~** estar a dieta
diététicien, ne [djetetisjɛ̃, jɛn] *nm/f* dietista *mf*
diététique [djetetik] *adj* dietético(-a); **magasin ~** tienda de dietética ▸ *nf* dietética
dieu, x [djø] *nm (aussi fig)* dios *msg*; **D~** Dios; **le bon D~** Dios; **mon D~ !** ¡Dios mío!
diffamant, e [difamɑ̃, ɑ̃t] *adj* difamatorio(-a)
diffamateur, -trice [difamatœʀ, tʀis] *adj, nm/f* difamador(a)
diffamation [difamasjɔ̃] *nf* difamación *f*; **attaquer qn en ~** atacar a algn por difamación
diffamatoire [difamatwaʀ] *adj* difamatorio(-a)
diffamer [difame] *vt* difamar
différé, e [difeʀe] *adj (Inform)* : **traitement ~** procesamiento por lotes; **crédit ~** crédito con carencia ▸ *nm (TV)* : **en ~** en diferido
différemment [difeʀamɑ̃] *adv* de forma diferente
différence [difeʀɑ̃s] *nf* diferencia; **à la ~ de** a diferencia de
différenciation [difeʀɑ̃sjasjɔ̃] *nf* diferenciación *f*
différencier [difeʀɑ̃sje] *vt* diferenciar; **se différencier** *vpr* : **se ~ (de)** diferenciarse (de)
différend [difeʀɑ̃] *nm* discrepancia
différent, e [difeʀɑ̃, ɑ̃t] *adj* : **~ (de)** distinto(-a) (de), diferente (de); **différents objets/personnages** varios objetos/personajes; **à différentes reprises** en varias ocasiones; **pour différentes raisons** por distintas razones
différentiel, le [difeʀɑ̃sjɛl] *adj* diferencial ▸ *nm* diferencial *m*
différer [difeʀe] *vt* diferir, postergar *(Am)* ▸ *vi* : **~ (de)** diferir (de)
difficile [difisil] *adj* difícil; **faire le** *ou* **la ~** hacer remilgos
difficilement [difisilmɑ̃] *adv* difícilmente; **~ compréhensible/lisible** difícil de comprender/leer
difficulté [difikylte] *nf* dificultad *f*; **faire des difficultés (pour)** poner dificultades (para); **en ~** en apuros; **avoir de la ~ à faire qch** tener dificultad en hacer algo; **avoir des difficultés pour faire qch** tener dificultades para hacer algo; **rencontrer des difficultés** tropezar con dificultades
difforme [difɔʀm] *adj* deforme
difformité [difɔʀmite] *nf* deformidad *f*
diffracter [difʀakte] *vt* difractar
diffus, e [dify, yz] *adj* difuso(-a)

diffuser [difyze] *vt* emitir; (*nouvelle, idée*) difundir; (*Comm*) distribuir
diffuseur [difyzœʀ] *nm* emisor *m*; (*de chaleur*) difusor *m*; (*Comm*) distribuidor *m*
diffusion [difyzjɔ̃] *nf* emisión *f*; (*de journaux*) distribución *f*; **journal/magazine à grande ~** periódico/revista de gran difusión
digérer [diʒeʀe] *vt* (*aussi fig*) digerir
digeste [diʒɛst] *adj* digestible
digestible [diʒɛstibl] *adj* digestible
digestif, -ive [diʒɛstif, iv] *adj* digestivo(-a) ▸ *nm* licor *m*
digestion [diʒɛstjɔ̃] *nf* digestión *f*; **bonne/mauvaise ~** buena/mala digestión
Digicode® [diʒikɔd] *nm sistema de acceso a los edificios basado en un código numérico*
digit [didʒit] *nm* dígito; **~ binaire** dígito binario
digital, e, -aux [diʒital, o] *adj* digital; (*empreintes*) dactilar
digitale [diʒital] *nf* (*Bot*) digital *f*, dedalera
digitaline [diʒitalin] *nf* digitalina
digne [diɲ] *adj* (*respectable*) digno(-a); **~ d'intérêt/d'admiration** digno(-a) de interés/de admiración; **~ de foi** digno(-a) de fe; **~ de qn/qch** digno(-a) de algn/algo
dignement [diɲ(ə)mɑ̃] *adv* (*dans la dignité*) dignamente; (*comme il se doit*) debidamente, como corresponde
dignitaire [diɲitɛʀ] *nm* dignatario
dignité [diɲite] *nf* dignidad *f*
digresser [digʀese] *vi* divagar
digression [digʀesjɔ̃] *nf* digresión *f*
digue [dig] *nf* dique *m*; (*pour protéger la côte*) rompeolas *m inv*
dijonnais, e [diʒɔnɛ, ɛz] *adj* de Dijon ▸ *nm/f* : **Dijonnais, e** nativo(-a) *ou* habitante *mf* de Dijon
diktat [diktat] *nm* imposición *f*
dilapidation [dilapidasjɔ̃] *nf* dilapidación *f*
dilapider [dilapide] *vt* dilapidar
dilatation [dilatasjɔ̃] *nf* dilatación *f*
dilater [dilate] *vt* dilatar; **se dilater** *vpr* dilatarse
dilatoire [dilatwaʀ] *adj* dilatorio(-a)
dilemme [dilɛm] *nm* dilema *m*
dilettante [diletɑ̃t] *nmf* diletante *mf*, aficionado(-a); **en ~** como aficionado(-a)
dilettantisme [diletɑ̃tism] *nm* diletantismo
diligence [diliʒɑ̃s] *nf* diligencia; **faire ~** apresurarse
diligent, e [diliʒɑ̃, ɑ̃t] *adj* diligente
diluant [dilɥɑ̃] *nm* disolvente *m*
diluer [dilɥe] *vt* diluir; (*péj* : *discours etc*) meter paja en
dilution [dilysjɔ̃] *nf* dilución *f*
diluvien, ne [dilyvjɛ̃, jɛn] *adj* : **pluie diluvienne** lluvia torrencial
dimanche [dimɑ̃ʃ] *nm* domingo; **le ~ des Rameaux/de Pâques** el domingo de Ramos/de Pascua; *voir aussi* **lundi**
dîme [dim] *nf* diezmo
dimension [dimɑ̃sjɔ̃] *nf* dimensión *f*; **dimensions** *fpl* (*cotes, coordonnées*) dimensiones *fpl*
diminué, e [diminɥe] *adj* (*personne*) disminuido(-a)
diminuer [diminɥe] *vt* disminuir; (*dénigrer*) desacreditar; (*tricot*) menguar ▸ *vi* disminuir
diminutif [diminytif] *nm* (*Ling*) diminutivo; (*surnom*) diminutivo cariñoso
diminution [diminysjɔ̃] *nf* disminución *f*; (*morale*) descrédito; (*tricot*) menguado
dînatoire [dinatwaʀ] *adj* : **goûter ~** merienda y cena
dinde [dɛ̃d] *nf* pava
dindon [dɛ̃dɔ̃] *nm* pavo
dindonneau [dɛ̃dɔno] *nm* pavipollo, pavezno
dîner [dine] *nm* cena, comida (*Am*); **~ de famille/d'affaires** cena familiar/de negocios ▸ *vi* cenar
dînette [dinɛt] *nf* : **jouer à la ~** jugar a los cacharritos; **~ de poupée** cacharritos *mpl*
dîneur, -euse [dinœʀ, øz] *nm/f* comensal *mf*
dinghy [dingi] *nm* bote *m* neumático de salvamento
dingue [dɛ̃g] (*fam*) *adj* chalado(-a) (*fam*)
dinosaure [dinɔzɔʀ] *nm* dinosaurio
diocèse [djɔsɛz] *nm* diócesis *f inv*
diode [djɔd] *nf* diodo
dioxine [diɔksin] *nf* dioxina
dioxyde [diɔksid] *nm* dioxido
diphasé, e [difɑze] *adj* (*Élec*) difásico(-a)
diphtérie [difteʀi] *nf* difteria
diphtongue [diftɔ̃g] *nf* diptongo
diplodocus [diplɔdɔkys] *nm* diplodocus *m inv*
diplomate [diplɔmat] *adj* diplomático(-a) ▸ *nmf* diplomático(-a) ▸ *nm* (*Culin*) bizcocho (*con licor, frutas confitadas y crema*)
diplomatie [diplɔmasi] *nf* diplomacia
diplomatique [diplɔmatik] *adj* diplomático(-a)
diplomatiquement [diplɔmatikmɑ̃] *adv* diplomáticamente
diplôme [diplom] *nm* diploma *m*, título; (*examen*) examen *m* de diplomatura; **avoir des diplômes** tener títulos; **un ~ d'ingénieur** un título de ingeniero
diplômé, e [diplome] *adj, nm/f* titulado(-a), diplomado(-a)
diptère [diptɛʀ] *nm* diptero
diptyque [diptik] *nm* díptico
dire [diʀ] *nm* : **au ~ de** al decir de, en la opinión de; **dires** *nmpl* opiniones *fpl* ▸ *vt* decir; (*suj* : *horloge etc*) decir, marcar; (*ordre, invitation*) : **~ à qn qu'il fasse** *ou* **de faire qch** decir a algn que haga algo; (*objecter*) : **n'avoir rien à ~ (à)** no tener nada que decir (a); (*signifier*) : **vouloir ~ que** querer decir que; (*plaire*) : **cela me/lui dit de faire** me/le apetece hacer; (*penser*) : **que dites-vous**

de … ? ¿qué opina usted de …?; **ça ne me dit rien** no me apetece; *(rappeler qch)* no me suena; **à vrai ~** a decir verdad; **pour ainsi ~** por decirlo así; **cela va sans ~** ni qué decir tiene; **dis donc !/dites donc !** *(pour attirer attention)* ¡oye!/¡oiga!; *(au fait)* ¡a propósito!; *(agressif)* ¡oye!/¡oiga Vd!; **et ~ que …** y pensar que …; **ceci** *ou* **cela dit** a pesar de todo; *(à ces mots)* dicho esto; **c'est dit, voilà qui est dit** está dicho; **il n'y a pas à ~** realmente; **c'est ~ si** muestra hasta qué punto; **c'est beaucoup/peu ~** es mucho/poco decir; **c'est toi qui le dis** lo dices tú; **je ne vous le fais pas ~** estoy muy de acuerdo; **je te l'avais dit** te lo había dicho; **je ne peux pas ~ le contraire** no puedo decir lo contrario; **tu peux le ~, à qui le dis-tu** y que lo digas; **~ quelque chose/ce qu'on pense** decir algo/lo que uno piensa; **~ la vérité/l'heure** decir la verdad/la hora; **dis pardon** pide perdón; **dis merci** da las gracias; **on dit que** dicen que; **comme on dit** como se dice; **on dirait que** parece que; **on dirait du vin** *etc* parece vino *etc*; **se dire** *vpr* decirse; *(se prétendre)* : **se ~ malade** *etc* pretenderse enfermo(-a) *etc*; **ça se dit … en anglais** se dice … en inglés; **cela ne se dit pas comme ça** no se dice así; **se ~ au revoir** decirse adiós

direct, e [diʀɛkt] *adj* directo(-a); **train/bus ~** tren *m*/autobús *msg* directo ▸ *nm (train, Boxe)* directo; **en ~** en directo; **~ du gauche/du droit** directo con la izquierda/derecha

directement [diʀɛktəmɑ̃] *adv* directamente

directeur, -trice [diʀɛktœʀ, tʀis] *adj (principe, fil)* rector(a); **comité ~** comité *m* directivo ▸ *nm/f* director(a); **~ général(e)/commercial(e)/du personnel** director(a) general/comercial/de personal; **~ de thèse** director(a) de tesis

direction [diʀɛksjɔ̃] *nf* dirección *f*; **sous la ~ de** bajo la dirección de; **en ~ de** en dirección a; **« toutes directions »** *(Auto)* « todas las direcciones »

directionnel, le [diʀɛksjɔnɛl] *adj* direccional

directive [diʀɛktiv] *nf (gén pl)* directriz *f*

directoire [diʀɛktwaʀ] *nm* directorio

directorial, e, -aux [diʀɛktɔʀjal, jo] *adj* de director

directrice [diʀɛktʀis] *adj, nf voir* **directeur**

dirent [diʀ] *vb voir* **dire**

dirigeable [diʀiʒabl] *adj* dirigible ▸ *nm* : **(ballon) ~** (globo) dirigible *m*

dirigeant, e [diʀiʒɑ̃, ɑ̃t] *adj, nm/f* dirigente *mf*

diriger [diʀiʒe] *vt* dirigir; **~ sur** *(regard)* dirigir hacia; **~ son arme sur qn** apuntar a algn con un arma; **~ contre** *(critiques, plaisanteries)* dirigir contra; **se diriger** *vpr* dirigirse; **se ~ vers** *ou* **sur** dirigirse hacia

dirigisme [diʀiʒism] *nm (Écon)* dirigismo

dirigiste [diʀiʒist] *adj* dirigista

dirlo [diʀlo] *(fam) nmf* dire *mf (fam)*

dis [di] *vb voir* **dire**

disais [dizɛ] *vb voir* **dire**

discal, e, -aux [diskal, o] *adj* : **hernie discale** hernia discal

discernable [disɛʀnabl] *adj* detectable

discernement [disɛʀnəmɑ̃] *nm* discernimiento

discerner [disɛʀne] *vt (apercevoir)* divisar; *(motif, cause)* discernir

disciple [disipl] *nmf (Rel, aussi fig)* discípulo(-a)

disciplinaire [disiplinɛʀ] *adj* disciplinario(-a); **bataillon ~** *(Mil)* batallón *m* disciplinario

discipline [disiplin] *nf* disciplina

discipliné, e [disipline] *adj* disciplinado(-a)

discipliner [disipline] *vt* disciplinar; *(cheveux)* mantener

disco [disko] *adj inv* disco *inv* ▸ *nm* música disco

discobole [diskɔbɔl] *nm* discóbolo

discographie [diskɔgʀafi] *nf* discografía

discontinu, e [diskɔ̃tiny] *adj* discontinuo(-a)

discontinuer [diskɔ̃tinɥe] *vi* : **sans ~** sin interrupción

disconvenir [diskɔ̃v(ə)niʀ] *vi* : **ne pas ~ de qch/que** no negar algo/que

discordance [diskɔʀdɑ̃s] *nf* discordancia

discordant, e [diskɔʀdɑ̃, ɑ̃t] *adj* discordante

discorde [diskɔʀd] *nf* discordia

discothèque [diskɔtɛk] *nf* discoteca

discourais [diskuʀɛ] *vb voir* **discourir**

discourir [diskuʀiʀ] *vi* disertar

discours [diskuʀ] *vb voir* **discourir** ▸ *nm* discurso; **le ~** *(Ling)* el enunciado; **~ direct/indirect** discurso directo/indirecto ▸ *nmpl (bavardages)* palabrería *fsg*

discourtois, e [diskuʀtwa, waz] *adj* descortés

discrédit [diskʀedi] *nm* : **jeter le ~ sur** desacreditar

discréditer [diskʀedite] *vt* desacreditar; **se discréditer** *vpr* : **se ~ aux yeux de** *ou* **auprès de qn** desacreditarse a los ojos de algn

discret, -ète [diskʀɛ, ɛt] *adj* discreto(-a); **un endroit ~** un lugar tranquilo

discrètement [diskʀɛtmɑ̃] *adv* discretamente

discrétion [diskʀesjɔ̃] *nf* discreción *f*; **à ~** *(boisson etc)* a discreción; **à la ~ de qn** según la voluntad de algn

discrétionnaire [diskʀesjɔnɛʀ] *adj* discrecional

discrimination [diskʀiminasjɔ̃] *nf* discriminación *f*; **sans ~** sin discriminación

discriminatoire [diskʀiminatwaʀ] *adj* discriminatorio(-a)

disculper [diskylpe] *vt (Jur)* absolver; **se disculper** *vpr* disculparse

discussion [diskysjɔ̃] *nf* discusión *f*; **discussions** *nfpl* negociaciones *fpl*

discutable [diskytabl] *adj* discutible
discutailler [diskytɑje] *vi* discutir por nimiedades
discuté, e [diskyte] *adj* controvertido(-a)
discuter [diskyte] *vt* (*débattre*) debatir; (*contester*) discutir; **~ le prix** discutir el precio ▸ *vi* (*parler*) hablar; **~ de qch** hablar de algo; **se discuter** *vpr* (*exprime le doute*) ser discutible; **ça se discute** es discutible

⚠ El uso más frecuente de *discutir* en español corresponde en francés a **se disputer**.

dise [diz] *vb voir* **dire**
disert, e [dizɛʀ, ɛʀt] *adj* elocuente
disette [dizɛt] *nf* hambruna
diseur, -euse [dizœʀ, øz] *nm/f* recitador(a); **diseuse de bonne aventure** echadora de buenaventura
disgrâce [disgʀɑs] *nf* desgracia; **être en ~** estar en desgracia
disgracié, e [disgʀasje] *adj* caído(-a) en desgracia
disgracieux, -euse [disgʀasjø, jøz] *adj* desagradable
disjoindre [disʒwɛ̃dʀ] *vt* desunir; **se disjoindre** *vpr* separarse
disjoint, e [disʒwɛ̃, wɛ̃t] *pp de* **disjoindre** ▸ *adj* separado(-a), desunido(-a)
disjoncter [disʒɔ̃kte] *vi* (*Élec*) desconectarse; (*fam : personne*) írsele la olla (*fam*); **tu disjonctes ou quoi ?** ¿se te va la olla o qué?
disjoncteur [disʒɔ̃ktœʀ] *nm* (*Élec*) disyuntor *m*
dislocation [dislɔkasjɔ̃] *nf* (*d'une articulation*) dislocación *f*; (*d'une empire*) desmembramiento
disloquer [dislɔke] *vt* (*membre*) dislocar; (*chaise*) desencajar; (*manifestation, cortège*) disolver; **se disloquer** *vpr* (*manifestation, cortège*) disolverse; (*parti*) desmembrarse, disgregarse; (*empire*) desmembrarse; **se ~ l'épaule** dislocarse el hombro
disons [dizɔ̃] *vb voir* **dire**
disparaître [dispaʀɛtʀ] *vi* desaparecer; **faire ~ qch/qn** hacer desaparecer algo/a algn
disparate [dispaʀat] *adj* discordante
disparité [dispaʀite] *nf* disparidad *f*
disparition [dispaʀisjɔ̃] *nf* desaparición *f*
disparu, e [dispaʀy] *pp de* **disparaître** ▸ *adj* : **être porté ~** ser dado por desaparecido ▸ *nm/f* (*dont on a perdu la trace*) desaparecido(-a); (*défunt*) fallecido(-a)
dispendieux, -euse [dispɑ̃djø, jøz] *adj* dispendioso(-a)
dispensaire [dispɑ̃sɛʀ] *nm* dispensario
dispense [dispɑ̃s] *nf* dispensa; **~ d'âge** dispensa de edad
dispenser [dispɑ̃se] *vt* (*soins etc*) prestar; (*exempter*) : **~ qn de qch/faire qch** dispensar a algn de algo/hacer algo; **se ~ de qch/faire qch** librarse de algo/hacer algo; **se faire ~ de qch** lograr eximirse de algo
dispersant [dispɛʀsɑ̃] *nm* dispersante *m*
dispersé, e [dispɛʀse] *adj* disperso(-a)
disperser [dispɛʀse] *vt* dispersar; (*efforts*) dividir; **se disperser** *vpr* (*foule*) dispersarse; (*fig*) dividirse
dispersion [dispɛʀsjɔ̃] *nf* dispersión *f*; (*fig*) división *f*
disponibilité [dispɔnibilite] *nf* disponibilidad *f*; (*Admin*) : **être/se mettre en ~** estar/ponerse en excedencia; **en fonction de vos/leurs disponibilités** en función de su disponibilidad (horaria); **disponibilités** *nfpl* (*Comm*) fondos *mpl* disponibles
disponible [dispɔnibl] *adj* disponible
dispos [dispo] *adj m* : **(frais et) ~** fresco(-a)
disposé, e [dispoze] *adj* dispuesto(-a); **bien/mal ~** de buen/mal humor; **être bien/mal ~ envers qn** tener buena/mala disposición hacia algn; **~ à** dispuesto(-a) a; **pièces bien/mal disposées** habitaciones *fpl* bien/mal distribuidas
disposer [dispoze] *vt* (*objets*) disponer; (*préparer, inciter*) : **~ qn à qch/faire qch** predisponer a algn para algo/hacer algo ▸ *vi* : **vous pouvez ~** puede retirarse; **~ de** disponer de; **se disposer** *vpr* : **se ~ à faire qch** disponerse a hacer algo
dispositif [dispozitif] *nm* dispositivo; (*d'un texte de loi*) parte *f* resolutiva; **~ de sûreté** dispositivo de seguridad
disposition [dispozisjɔ̃] *nf* disposición *f*; (*arrangement*) distribución *f*, disposición *f*; **à la ~ de qn** a disposición de algn; **dispositions** *nfpl* (*aptitudes*) disposición *fsg*; (*préparatifs*) preparativos *mpl*; **(être) dans de bonnes dispositions** (estar) en buenas condiciones; **prendre ses dispositions pour qch/pour faire qch** tomar medidas para algo/para hacer algo
disproportion [dispʀɔpɔʀsjɔ̃] *nf* desproporción *f*
disproportionné, e [dispʀɔpɔʀsjɔne] *adj* desproporcionado(-a)
dispute [dispyt] *nf* riña, disputa
disputer [dispyte] *vt* (*match, épreuve*) disputar; **~ qch à qn** disputar algo a algn; **se disputer** *vpr* (*réciproque*) reñir, discutir; (*match, épreuve*) disputarse; **se ~ avec qn** pelearse con algn; **ils se disputent sans cesse** se están peleando todo el rato
disquaire [diskɛʀ] *nmf* vendedor(-a) de discos
disqualification [diskalifikasjɔ̃] *nf* descalificación *f*
disqualifier [diskalifje] *vt* descalificar; **se disqualifier** *vpr* descalificarse
disque [disk] *nm* disco; **le lancement du ~** el lanzamiento de disco; **l'industrie du ~**

d

la industria discográfica; ~ **compact** disco compacto; ~ **d'embrayage** *(Auto)* disco de embrague; ~ **de stationnement** disco de estacionamiento; ~ **dur** *(Inform)* disco duro; ~ **laser** disco láser; ~ **système** sistema *m* de disco

disquette [diskɛt] *nf (Inform)* diskette *m*

dissection [disɛksjɔ̃] *nf* disección *f*

dissemblable [disɑ̃blabl] *adj* desemejante

dissemblance [disɑ̃blɑ̃s] *nf* desemejanza

dissémination [diseminasjɔ̃] *nf* diseminación *f*

disséminer [disemine] *vt* diseminar; **se disséminer** *vpr* diseminarse

dissension [disɑ̃sjɔ̃] *nf (gén pl : familiales)* desavenencias *fpl*; *(politiques)* disensiones *fpl*

disséquer [diseke] *vt* disecar; *(fig)* analizar minuciosamente

dissertation [disɛʀtasjɔ̃] *nf (Scol)* redacción *f*

disserter [disɛʀte] *vi* disertar; *(gén, Scol)* redactar; ~ **sur** disertar sobre

dissidence [disidɑ̃s] *nf* disidencia

dissident, e [disidɑ̃, ɑ̃t] *adj, nm/f* disidente *mf*

dissimilitude [disimilityd] *nf* disimilitud *f*

dissimulateur, -trice [disimylatœʀ, tʀis] *adj, nm/f* disimulador(a)

dissimulation [disimylasjɔ̃] *nf* disimulación *f*, ocultación *f*; *(duplicité)* disimulo; ~ **de bénéfices/revenus** ocultación de beneficios/rentas

dissimulé, e [disimyle] *adj* hipócrita

dissimuler [disimyle] *vt* disimular, ocultar; **se dissimuler** *vpr* cubrirse; *(être masqué, caché)* ocultarse

dissipation [disipasjɔ̃] *nf* disipación *f*; *(indiscipline)* distracción *f*

dissipé, e [disipe] *adj (indiscipliné)* distraído(-a)

dissiper [disipe] *vt* disipar; *(fortune)* derrochar; **se dissiper** *vpr* disiparse; *(élève)* distraerse

dissociable [disɔsjabl] *adj* disociable

dissocier [disɔsje] *vt* disociar; **se dissocier** *vpr (éléments, groupe)* desunirse; **se ~ de** *(point de vue)* disociarse de; *(groupe)* separarse de

dissolu, e [disɔly] *adj* disoluto(-a)

dissolution [disɔlysjɔ̃] *nf (aussi Pol, Jur)* disolución *f*

dissolvant, e [disɔlvɑ̃, ɑ̃t] *vb voir* **dissoudre** ▶ *nm (Chim)* disolvente *m*

dissonant, e [disɔnɑ̃, ɑ̃t] *adj* disonante

dissoudre [disudʀ] *vt (substance, parlement)* disolver; **se dissoudre** *vpr* disolverse

dissous [disu] *pp de* **dissoudre**

dissuader [disɥade] *vt* : ~ **qn de faire qch/de qch** disuadir a algn de hacer algo/de algo

dissuasif, -ive [disɥazif, iv] *adj* disuasivo(-a)

dissuasion [disɥazjɔ̃] *nf* disuasión *f*; **force de ~** fuerza de disuasión

dissymétrie [disimetʀi] *nf* disimetría

dissymétrique [disimetʀik] *adj* disimétrico(-a)

distance [distɑ̃s] *nf* distancia; *(de temps)* diferencia; **à ~** a distancia; **avec la ~** con el tiempo; **(situé) à ~** *(Inform)* (situado) a distancia; **tenir qn à ~** tener a algn a raya; **se tenir à ~** mantenerse a distancia; **une ~ de 10 km** una distancia de 10 km; **à 10 km de ~** a 10 km de distancia; **à deux ans de ~** con dos años de diferencia; **prendre ses distances** tomar las distancias; **garder ses distances** guardar las distancias; **tenir la ~** resistir el recorrido; ~ **de sécurité** *(Auto)* distancia de seguridad; ~ **focale** *(Photo)* distancia focal

distancer [distɑ̃se] *vt (concurrent)* distanciarse de; **se laisser ~** quedarse atrás

distanciation [distɑ̃sjasjɔ̃] *nf* distanciamiento

distancier [distɑ̃sje] : **se distancier** *vpr* distanciarse

distant, e [distɑ̃, ɑ̃t] *adj (aussi fig)* distante; **être ~ de 5 km** distar 5 km

distendre [distɑ̃dʀ] *vt* distender, aflojar; **se distendre** *vpr (aussi fig)* distenderse

distillation [distilasjɔ̃] *nf* destilación *f*

distillé, e [distile] *adj* : **eau distillée** agua destilada

distiller [distile] *vt (aussi fig)* destilar

distillerie [distilʀi] *nf* destilería

distinct, e [distɛ̃(kt), ɛ̃kt] *adj* distinto(-a); *(net)* claro(-a)

distinctement [distɛ̃ktəmɑ̃] *adv (voir)* con nitidez; *(parler)* con claridad

distinctif, -ive [distɛ̃ktif, iv] *adj* distintivo(-a)

distinction [distɛ̃ksjɔ̃] *nf* distinción *f*; **sans ~** sin distinción

distingué, e [distɛ̃ge] *adj* distinguido(-a)

distinguer [distɛ̃ge] *vt* distinguir; ~ **qch/qn de** *(suj : caractéristique, trait)* distinguir algo/a algn de; **se distinguer** *vpr* : **se ~ (de)** distinguirse (de)

distinguo [distɛ̃go] *nm* distingo

distorsion [distɔʀsjɔ̃] *nf (fig)* distorsión *f*

distraction [distʀaksjɔ̃] *nf* distracción *f*

distraire [distʀɛʀ] *vt* distraer; *(amuser)* distraer, entretener; *(somme d'argent)* distraer; ~ **qn de qch** distraer a algn de algo; ~ **l'attention** distraer la atención ▶ *vi* distraer; **se distraire** *vpr* distraerse

distrait, e [distʀɛ, ɛt] *pp de* **distraire** ▶ *adj* distraído(-a)

distraitement [distʀɛtmɑ̃] *adv* distraídamente

distrayant, e [distʀɛjɑ̃, ɑ̃t] *vb voir* **distraire** ▶ *adj* distraído(-a), entretenido(-a)

distribuer [distʀibɥe] *vt* repartir; *(hum : gifles, coups)* propinar; *(rôles)* repartir; *(Cartes)* dar; *(Comm)* distribuir

distributeur, -trice [distʀibytœʀ, tʀis] *nm/f (Comm)* distribuidor(a) ▶ *nm (Auto)* delco; *(aussi :* **distributeur automatique***)* máquina

expendedora; ~ **automatique de billets** (*Banque*) cajero automático
distribution [distʀibysjɔ̃] *nf* reparto; (*livres, ordonnance, répartition*) distribución *f*; **circuits de ~** circuitos *mpl* de distribución; ~ **des prix** reparto de premios
district [distʀikt] *nm* distrito
dit, e [di, it] *pp de* **dire**; **X, ~ Pierrot** X, llamado Pierrot ▸ *adj* : **le jour** ~ el día fijado
dites [dit] *vb voir* **dire**
dithyrambique [ditiʀɑ̃bik] *adj* elogioso(-a)
diurétique [djyʀetik] *adj* diurético(-a) ▸ *nm* diurético
diurne [djyʀn] *adj* diurno(-a)
divagations [divagasjɔ̃] *nfpl* divagaciones *fpl*
divaguer [divage] *vi* divagar; (*malade*) delirar
divan [divɑ̃] *nm* sofá *m*
divan-lit [divɑ̃li] (*pl* **divans-lits**) *nm* sofá cama *m*
divergence [divɛʀʒɑ̃s] *nf* (*gén pl : d'opinion*) discrepancia; (*Géom, Optique*) divergencia
divergent, e [divɛʀʒɑ̃, ɑ̃t] *adj* (*lignes*) divergente; (*opinions, interprétations*) discrepante
diverger [divɛʀʒe] *vi* (*personnes, idées*) discrepar; (*rayons, lignes*) divergir
divers, e [divɛʀ, ɛʀs] *adj* (*varié*) diverso(-a), vario(-a); (*différent*) variado(-a); (*plusieurs*) varios(-as), diversos(-as); « ~ » « varios »; **frais** ~ gastos *mpl* varios; **un fait** ~ un suceso; ~ **et variés/diverses et variées** surtidos y variados/surtidas y variadas
diversement [divɛʀsəmɑ̃] *adv* de forma diversa, desigualmente; **être ~ accueilli** despertar reacciones diversas
diversification [divɛʀsifikasjɔ̃] *nf* diversificación *f*
diversifier [divɛʀsifje] *vt* diversificar; **se diversifier** *vpr* diversificarse
diversion [divɛʀsjɔ̃] *nf* (*dérivatif*) distracción *f*; (*Mil etc*) diversión *f*
diversité [divɛʀsite] *nf* diversidad *f*
divertir [divɛʀtiʀ] *vt* divertir; **se divertir** *vpr* divertirse
divertissant, e [divɛʀtisɑ̃, ɑ̃t] *adj* entretenido(-a)
divertissement [divɛʀtismɑ̃] *nm* diversión *f*; (*Mus*) divertimento
dividende [dividɑ̃d] *nm* (*Math, Comm*) dividendo
divin, e [divɛ̃, in] *adj* (*aussi fig*) divino(-a)
divinateur, -trice [divinatœʀ, tʀis] *adj* adivinador(-a)
divination [divinasjɔ̃] *nf* adivinación *f*
divinatoire [divinatwaʀ] *adj* adivinatorio(-a); **baguette** ~ varilla de zahorí
divinement [divinmɑ̃] *adv* divinamente
divinisation [divinizasjɔ̃] *nf* divinización *f*
diviniser [divinize] *vt* divinizar
divinité [divinite] *nf* divinidad *f*
divisé, e [divize] *adj* (*opinions*) dividido(-a)
diviser [divize] *vt* dividir; ~ **par** dividir por; ~ **un nombre par un autre** dividir un número entre otro; **se diviser** *vpr* : **se ~ en** dividirse en
diviseur [divizœʀ] *nm* (*Math*) divisor *m*
divisible [divizibl] *adj* divisible
division [divizjɔ̃] *nf* división *f*; **1ère/2ème ~** (*Sport*) 1a/2a división; ~ **du travail** (*Écon*) división del trabajo
divisionnaire [divizjɔnɛʀ] *adj* : **commissaire** ~ inspector(a) de división
divorce [divɔʀs] *nm* (*aussi fig*) divorcio
divorcé, e [divɔʀse] *adj, nm/f* divorciado(-a)
divorcer [divɔʀse] *vi* divorciarse; ~ **de** *ou* **d'avec qn** divorciarse de algn
divulgation [divylgasjɔ̃] *nf* divulgación *f*
divulguer [divylge] *vt* divulgar
dix [dis] *adj inv, nm inv* diez *m inv*; *voir aussi* **cinq**
dix-huit [dizɥit] *adj inv, nm inv* dieciocho *m inv*; *voir aussi* **cinq**
dix-huitième [dizɥitjɛm] (*pl* **dix-huitièmes**) *adj, nmf* decimoctavo(-a) ▸ *nm* (*partitif*) dieciochoavo; *voir aussi* **cinquantième**
dixième [dizjɛm] *adj, nmf* décimo(-a) ▸ *nm* décimo; *voir aussi* **cinquième**
dixièmement [dizjɛmmɑ̃] *adv* en décimo lugar
dix-neuf [diznœf] *adj inv, nm inv* diecinueve *m inv*; *voir aussi* **cinq**
dix-neuvième [diznœvjɛm] (*pl* **dix-neuvièmes**) *adj, nmf* decimonoveno(-a) ▸ *nm* (*partitif*) diecinueveavo; *voir aussi* **cinquantième**
dix-sept [disɛt] *adj inv, nm inv* diecisiete *m inv*; *voir aussi* **cinq**
dix-septième [disɛtjɛm] (*pl* **dix-septièmes**) *adj, nmf* decimoséptimo(-a) ▸ *nm* (*partitif*) diecisieteavo; *voir aussi* **cinquantième**
dizaine [dizɛn] *nf* (*unité*) decena; **une ~ de ...** unos(-as) diez ...; **dire une ~ de chapelet** rezar una decena del rosario
Djakarta [dʒakaʀta] *n* Yakarta
Djibouti [dʒibuti] *n* Yibuti
DM *abr* (*= deutschmark*) *marco alemán*
dm *abr* (*= décimètre(s)*) dm.
do [do] *nm inv* (*Mus*) do
doberman [dɔbɛʀman] *nm* dóberman *m*
docile [dɔsil] *adj* dócil
docilement [dɔsilmɑ̃] *adv* dócilmente
docilité [dɔsilite] *nf* docilidad *f*
dock [dɔk] *nm* dique *m*; (*hangar, bâtiment*) depósito, almacén *m*; ~ **flottant** dique flotante
docker [dɔkɛʀ] *nm* estibador *m*
docte [dɔkt] (*péj*) *adj* docto(-a)
docteur, e [dɔktœʀ] *nm/f* (*médecin*) médico(-a), doctor(a); (*d'Université*) doctor(a); ~ **en médecine** doctor(a) en medicina

d

doctoral, e, -aux [dɔktɔʀal, o] *adj* doctoral
doctorat [dɔktɔʀa] *nm* (*aussi* : **doctorat d'État**) doctorado
doctoresse [dɔktɔʀɛs] *nf* médica, doctora
doctrinaire [dɔktʀinɛʀ] *adj* doctrinal; (*péj* : *ton, personne*) sentencioso(-a)
doctrinal, e, -aux [dɔktʀinal, o] *adj* doctrinal
doctrine [dɔktʀin] *nf* doctrina
document [dɔkymɑ̃] *nm* documento
documentaire [dɔkymɑ̃tɛʀ] *adj* documental ▸ *nm* documental *m*
documentaliste [dɔkymɑ̃talist] *nmf* documentalista *mf*
documentation [dɔkymɑ̃tasjɔ̃] *nf* documentación *f*
documenté, e [dɔkymɑ̃te] *adj* documentado(-a)
documenter [dɔkymɑ̃te] *vt* documentar; **se documenter** *vpr* documentarse
dodelinement [dɔd(ə)linmɑ̃] *nm* cabezada
dodeliner [dɔd(ə)line] *vi* : **~ de la tête** cabecear, dar cabezadas
dodo [dɔdo] *nm* : **aller faire ~** ir a la camita
dodu, e [dɔdy] *adj* rollizo(-a)
dogmatique [dɔgmatik] *adj* dogmático(-a)
dogmatiquement [dɔgmatikmɑ̃] *adv* dogmáticamente
dogmatisme [dɔgmatism] *nm* dogmatismo
dogme [dɔgm] *nm* dogma *m*
dogue [dɔg] *nm* (perro) dogo
doigt [dwa] *nm* dedo; **être à deux doigts de** estar a dos dedos de; **un ~ de** (*fig* : *whisky*) un dedo de; **le petit ~** el (dedo) meñique; **au ~ et à l'œil** (*obéir*) puntualmente; **compter sur ses doigts** contar con los dedos de la *ou* una mano; **lever le ~** (*Scol*) levantar la mano; **montrer du ~** señalar con el dedo; **connaître qch sur le bout des doigts** saber algo al dedillo; **mettre le ~ sur la plaie** poner el dedo en la llaga; **les doigts dans le nez** (*fam* : *très facilement*) con la gorra; **~ de pied** dedo del pie
doigté [dwate] *nm* (*Mus*) digitación *f*; (*fig*) tiento
doigtier [dwatje] *nm* dedil *m*
dois *etc* [dwa] *vb voir* **devoir**
doit *etc* [dwa] *vb voir* **devoir**
doive *etc* [dwav] *vb voir* **devoir**
doléances [dɔleɑ̃s] *nfpl* quejas *fpl*
dolent, e [dɔlɑ̃, ɑ̃t] *adj* penoso(-a)
dollar [dɔlaʀ] *nm* dólar *m*
dolmen [dɔlmɛn] *nm* dolmen *m*
DOM [dɔm] *sigle m ou mpl* (= *département(s) d'outre-mer*) *provincias de ultramar*
domaine [dɔmɛn] *nm* (*aussi fig*) dominio; (*Jur*) : **tomber dans le ~ public** pasar al dominio público; **dans tous les domaines** en todos los órdenes
domanial, e, -aux [dɔmanjal, jo] *adj* público(-a)
dôme [dom] *nm* cúpula
domestication [dɔmɛstikasjɔ̃] *nf* (*animaux*) domesticación *f*; (*peuple*) sometimiento; (*vent, marées*) aprovechamiento
domesticité [dɔmɛstisite] *nf* domesticidad *f*
domestique [dɔmɛstik] *adj* doméstico(-a) ▸ *nmf* sirviente(-a), criado(-a)
domestiquer [dɔmɛstike] *vt* (*animal*) domesticar; (*peuple*) someter; (*vent, marées*) aprovechar
domicile [dɔmisil] *nm* domicilio; **à ~** a domicilio; **élire ~ à** fijar el domicilio en; **sans ~ fixe** sin domicilio fijo; **~ conjugal/légal** domicilio conyugal/legal
domiciliation [dɔmisiljasjɔ̃] *nf* domiciliación *f*
domicilié, e [dɔmisilje] *adj* : **être ~ à** estar domiciliado(-a) en
dominant, e [dɔminɑ̃, ɑ̃t] *adj* dominante
dominante [dɔminɑ̃t] *nf* (*trait*) rasgo dominante; (*couleur*) color *m* dominante
dominateur, -trice [dɔminatœʀ, tʀis] *adj* dominante
domination [dɔminasjɔ̃] *nf* dominación *f*; (*influence*) dominio
dominer [dɔmine] *vt* dominar; (*passions*) dominar, controlar; (*surpasser*) sobrepasar a ▸ *vi* dominar; (*être le plus nombreux*) predominar; **se dominer** *vpr* dominarse, controlarse
dominicain, e [dɔminikɛ̃, ɛn] *adj* (*Géo*) dominicano(-a); (*Rel*) dominico(-a) ▸ *nm/f* : **Dominicain, e** (*Géo*) dominicano(-a); (*Rel*) dominico(-a)
dominical, e, -aux [dɔminikal, o] *adj* dominical
Dominique [dɔminik] *nf* Dominica
domino [dɔmino] *nm* dominó *m*; **dominos** *nmpl* (*jeu*) dominó *msg*; **jouer aux dominos** jugar al dominó
dommage [dɔmaʒ] *nm* daño, perjuicio; **quel ~ !** ¡qué pena!; **c'est ~ de faire/que ...** es una lástima *ou* pena hacer/que ...; **dommages** *nmpl* (*dégâts, pertes*) daños *mpl*, pérdidas *fpl*; **dommages corporels** daños físicos; **dommages et intérêts** daños y perjuicios; **dommages matériels** daños materiales

> L'expression **c'est dommage de ...** se traduit par *es una pena* (ou *lástima*) sans préposition, et **c'est dommage que** + *subjonctif* par *es una pena* (ou *lástima*) *que* + *subjonctif* :
> **C'est dommage de le jeter.** Es una pena tirarlo.
> **C'est dommage que tu ne l'aies pas vue.** Es una lástima que no la hayas visto.

dommageable [dɔmaʒabl] *adj* perjudicial; **~ pour qch/qn** perjudicial para algo/algn
dommages-intérêts [dɔmaʒ(əz)ɛ̃teʀɛ] *nmpl* daños y perjuicios *mpl*

dompter [dɔ̃(p)te] *vt* domar; *(passions)* dominar
dompteur, -euse [dɔ̃(p)tœʀ, øz] *nm/f* domador(a)
DOM-TOM [dɔmtɔm], **DOM-ROM** [dɔmʀɔm] *sigle m ou mpl (= département(s) et territoire(s)/régions d'outre-mer) provincias y territorios franceses de ultramar; ver nota*

DOM-TOM, ROM ET COM

Francia tiene cinco *départements d'outre-mer* o **DOM**: Guadalupe, Martinica, Reunión, Mayotte y la Guayana francesa. Su forma de gobierno es similar a la de los *départements* de la Francia metropolitana y sus habitantes tienen ciudadanía francesa. En lo que se refiere a la administración, también son *régions* y por eso se les conoce también como **ROM** (*Régions d'outre-mer*). El término **DOM-TOM** se usa todavía con frecuencia, pero el término *Territoire d'outre-mer* ha sido sustituido por el de *Collectivité d'outre-mer* (**COM**). Entre los **COM** destacan la Polinesia francesa, Nueva Caledonia y Wallis y Futuna, así como los asentamientos polares. Aunque son independientes, cada territorio está supervisado por un representante del gobierno francés.

don [dɔ̃] *nm (charité)* donativo; *(aptitude)* don *m*; **faire ~ de** donar; **avoir des dons pour** tener don *ou* tener gracia para; **~ d'organes** donación *f* de órganos; **~ en argent** donativo en metálico
donateur, -trice [dɔnatœʀ, tʀis] *nm/f* donante *mf*
donation [dɔnasjɔ̃] *nf* donación *f*
donc [dɔ̃k] *conj (en conséquence)* por tanto; *(après une digression)* así pues; **voilà ~ la solution** *(intensif)* aquí está la solución; **je disais ~ que** como decía; **c'est ~ que** así que; **c'est ~ que j'avais raison** entonces yo tenía razón; **venez ~ dîner à la maison** venid por favor a cenar a casa; **faites ~ !** ¡adelante!; **« allons ~ ! »** « ¡no me digas! », « ¡anda, vamos! »
dongle [dɔ̃gl] *nm* pincho
donjon [dɔ̃ʒɔ̃] *nm* torreón *m*
don Juan [dɔ̃ʒɥɑ̃] *nm (séducteur)* don Juan *m*
donnant, e [dɔnɑ̃, ɑ̃t] *adj* : **~, ~** a toma y daca
donne [dɔn] *nf (Cartes)* reparto; *(fig)* : **une nouvelle ~** un nuevo escenario; **changer la ~** cambiar el escenario; **il y a mauvaise** *ou* **fausse ~** (las cartas) están mal dadas
donné, e [dɔne] *adj (convenu)* : **prix/jour ~** precio/día *m* determinado; **c'est ~** es tirado, está regalado; **étant ~ que ...** puesto *ou* dado que ...
donnée [dɔne] *nf* dato
donner [dɔne] *vt* dar; *(offrir)* regalar; *(maladie)* pegar; *(film, spectacle)* echar, poner; **~ qch à qn** dar algo a algn; **~ l'heure à qn** decir la hora a algn; **~ le ton** *(fig)* marcar la tónica ▸ *vi* : **~ à penser/entendre que ...** parecer indicar que ...; **~ sur** *(fenêtre, chambre)* dar a; **~ dans** *(piège etc)* caer en; **faire ~ l'infanterie** hacer cargar a la infantería; **se donner** *vpr* : **se ~ à fond** entregarse a fondo; **se ~ du mal** *ou* **de la peine (pour faire qch)** afanarse (por hacer algo); **s'en ~ (à cœur joie)** *(fam)* pasarlo bomba *(fam)*
donneur, -euse [dɔnœʀ, øz] *nm/f (Méd)* donante *mf*; *(Cartes)* repartidor(a); **~ de sang** donante de sangre; **~ d'ordre** ordenante *mf*

MOT-CLÉ

dont [dɔ̃] *pron relatif* **1** *(complément d'un nom sujet)* cuyo(-a), cuyos(-as); **une méthode dont je ne connais pas les résultats** un método cuyos resultados desconozco; **c'est le chien dont le maître habite en face** es el perro cuyo dueño vive enfrente
2 *(complément de verbe ou adjectif)* : **le voyage dont je t'ai parlé** el viaje del que te hablé; **le pays dont il est originaire** el país del que es originario; **la façon dont il l'a fait** la forma en que lo hizo
3 *(parmi lesquel(le)s)* : **deux livres, dont l'un est gros** dos libros, uno de los cuales es gordo; **il y avait plusieurs personnes, dont Gabrielle** había varias personas, entre ellas Gabriela; **dix blessés, dont deux grièvement** diez heridos, dos de ellos de gravedad

donzelle [dɔ̃zɛl] *(péj) nf* mocita
dopage [dɔpaʒ] *nm* doping *m*
dopant, e [dɔpɑ̃, ɑ̃t] *adj* dopante ▸ *nm* dopante *m*
doper [dɔpe] *vt* dopar; *(fig : croissance, investissements)* estimular; **se doper** *vpr* doparse
doping [dɔpiŋ] *nm* doping *m*
dorade [dɔʀad] *nf* = **daurade**
doré, e [dɔʀe] *adj* dorado(-a)
dorénavant [dɔʀenavɑ̃] *adv* en adelante, en lo sucesivo
dorer [dɔʀe] *vt* dorar; **~ la pilule à qn** dorar la píldora a algn ▸ *vi (Culin : poulet)* : **(faire) ~** dorar; *(gâteau)* bañar en yema; **se dorer** *vpr* : **se ~ au soleil** tostarse al sol
dorloter [dɔʀlɔte] *vt* mimar; **se faire ~** dejarse mimar
dormant, e [dɔʀmɑ̃, ɑ̃t] *adj* : **eau dormante** agua estancada ▸ *nm (de porte)* durmiente *m*
dorme [dɔʀm] *vb voir* **dormir**
dormeur, -euse [dɔʀmœʀ, øz] *nm/f* durmiente *mf*; **je suis un grand ~** me gusta mucho dormir
dormir [dɔʀmiʀ] *vi (aussi fig)* dormir; *(être endormi)* dormir, estar dormido(-a); **il dort**

bien/mal duerme bien/mal; **ne fais pas de bruit, il dort** no hagas ruido, está durmiendo; **~ à poings fermés** dormir a pierna suelta

dorsal, e, -aux [dɔʀsal, o] *adj* dorsal

dortoir [dɔʀtwaʀ] *nm* dormitorio; **cité ~** ciudad *f* dormitorio

dorure [dɔʀyʀ] *nf* dorado

doryphore [dɔʀifɔʀ] *nm* (*Zool*) dorífora, escarabajo de la patata

dos [do] *nm* espalda; (*d'un animal, d'un livre*) lomo; (*d'un chèque etc*) dorso; (*de la main*) dorso; **voir au ~** véase al dorso; **robe décolletée dans le ~** vestido escotado de espalda; **de ~** de espaldas; **~ à ~** de espaldas uno a otro; **sur le ~** (*s'allonger*) boca arriba; **à ~ de** (*chameau*) a lomo de; **elle a bon ~, ta mère !** ¡qué fácil es echarle la culpa a tu madre!; **se mettre qn à ~** enemistarse con algn

dosage [dozaʒ] *nm* dosificación *f*

dos-d'âne [dodɑn] *nm inv* badén *m*; **pont en ~** puente *m* en escarpe

dose [doz] *nf* dosis *f inv*; **forcer la ~** (*fig*) exagerar

doser [doze] *vt* (*aussi fig*) dosificar

doseur [dozœʀ] *nm* dosificador *m*; **bouchon ~** tapón *m* dosificador

dossard [dosaʀ] *nm* dorsal *m*

dossier [dosje] *nm* expediente *m*; (*chemise, enveloppe, Inform*) carpeta; (*de chaise*) respaldo; (*Presse*) dossier *m*; **le ~ social/monétaire** (*fig*) la cuestión social/monetaria; **~ suspendu** expediente archivado

dot [dɔt] *nf* dote *f*

dotation [dɔtasjɔ̃] *nf* dotación *f*

doté, e [dɔte] *adj* : **~ de** dotado(-a) de

doter [dɔte] *vt* (*équiper*) : **~ qch/qn de** dotar algo/a algn de

douairière [dwɛʀjɛʀ] *nf* señora anciana

douane [dwan] *nf* aduana; (*taxes*) arancel *m*; **passer la ~** pasar la aduana; **en ~** en la aduana

douanier, -ière [dwanje, jɛʀ] *adj, nm/f* aduanero(-a)

doublage [dublaʒ] *nm* (*film*) doblaje *m*

double [dubl] *adj* doble; **à ~ sens** con doble sentido; **à ~ tranchant** de doble filo; **faire ~ emploi** sobrar; **à doubles commandes** de doble mando; **en ~** por duplicado; **~ carburateur** doble carburador *m*; **~ toit** (*tente*) doble techo; **~ vue** doble vista ▸ *adv* : **voir ~** ver doble ▸ *nm* (*autre exemplaire*) copia; (*sosie*) doble; **le ~ (de)** el doble (de); **~ messieurs/mixte** (*Tennis*) dobles *mpl* masculinos/mixtos

doublé, e [duble] *adj* (*lettre*) doble; (*voyelle*) geminado(-a); (*vêtement*) forrado(-a); (*film*) doblado(-a); **~ de** forrado(-a) de; (*fig*) además de

double-clic [dubləklik] (*pl* **doubles-clics**) *nm* doble clic *m*

double-cliquer [dubl(ə)klike] *vi* (*Inform*) hacer doble clic

doublement [dubləmɑ̃] *nm* duplicación *f* ▸ *adv* doblemente

doubler [duble] *vt* duplicar; (*vêtement, chaussures*) forrar; (*voiture etc*) adelantar; (*film*) doblar; (*acteur*) doblar a; (*Scol*) : **~ (la classe)** repetir (curso); **~ un cap** (*Naut*) doblar un cabo; (*fig*) pasar una etapa ▸ *vi* duplicarse; **se doubler** *vpr* : **se ~ de** (*fig*) complicarse con

doublure [dublyʀ] *nf* (*de vêtement*) forro; (*acteur*) doble *m*

douce [dus] *adj voir* **doux**

douceâtre [dusɑtʀ] *adj* dulzón(-ona)

doucement [dusmɑ̃] *adv* (*délicatement*) con cuidado; (*à voix basse*) bajo; (*lentement*) despacio; (*graduellement*) poco a poco

doucereux, -euse [dus(ə)ʀø, øz] (*péj*) *adj* empalagoso(-a)

douceur [dusœʀ] *nf* suavidad *f*; (*d'une personne, saveur etc*) dulzura; (*de gestes*) delicadeza; **en ~** con suavidad; **douceurs** *nfpl* golosinas *fpl*

douche [duʃ] *nf* ducha; **prendre une ~** ducharse; **~ froide** (*fig*) jarro de agua fría; **douches** *nfpl* (*salle*) duchas *fpl*

doucher [duʃe] *vt* : **~ qn** duchar a algn; (*fig*) echar un jarro de agua fría a algn; **se doucher** *vpr* ducharse

doudou [dudu] (*fam*) *nm peluche, mantita o pedazo de tela preferido de un bebé, que le reconforta y con el que suele dormir*

doudoune [dudun] *nf* anorak *m*

doué, e [dwe] *adj* dotado(-a); **~ de** (*possédant*) dotado(-a) de; **être ~ pour** tener facilidad para

douille [duj] *nf* (*Élec*) casquillo; (*de projectile*) casquete *m*

douillet, te [dujɛ, ɛt] *adj* (*personne*) delicado(-a); (*lit*) mullido(-a); (*maison*) confortable

douleur [dulœʀ] *nf* dolor *m*; **ressentir des douleurs** sentir dolores; **il a eu la ~ de perdre son père** tuvo la desgracia de perder a su padre

douloureux, -euse [duluʀø, øz] *adj* doloroso(-a); (*membre*) dolido(-a)

doute [dut] *nm* duda; **sans ~** seguramente; **sans nul** *ou* **aucun ~** sin ninguna duda; **hors de ~** fuera de duda; **nul ~ que** no hay ninguna duda de que; **mettre en ~** poner en duda; **mettre en ~ que** dudar que

douter [dute] *vt* dudar; **~ de** dudar de; **~ que** dudar que; **j'en doute** lo dudo; **se ~ de qch/que** sospechar algo/que; **je m'en doutais** me lo figuraba; **ne ~ de rien** estar muy seguro(-a)

douteux, -euse [dutø, øz] *adj* dudoso(-a); (*discutable*) discutible; (*péj*) de aspecto dudoso

douve [duv] *nf* (*de château*) foso; (*de tonneau, du foie*) duela

doux, douce [du, dus] *adj* suave; (*personne, saveur, eau*) dulce; (*gestes*) delicado(-a); (*climat*) templado(-a); **en douce** (*partir etc*) a la chita callando; **tout ~** despacio
douzaine [duzɛn] *nf* docena; **une ~ (de)** (*environ douze*) una docena (de)
douze [duz] *adj inv, nm inv* doce *m inv*; *voir aussi* **cinq**
douzième [duzjɛm] *adj, nmf* duodécimo(-a) ▸ *nm* duodécimo; *voir aussi* **cinquième**
doyen, ne [dwajɛ̃, jɛn] *nm/f* (*en âge*) mayor *mf*; (*de faculté*) decano(-a); **le ~ de ...** (*en ancienneté*) el más antiguo de ...
DPLG [depeɛlʒe] *abr* (= *diplômé par le gouvernement*) *con un título especial del Estado*
Dr *abr* (= *docteur*) Dr(a). (= *doctor(a)*)
dr. *abr* (= *droit*) der.; (= *droite*) dcha.
draconien, ne [dʀakɔnjɛ̃, jɛn] *adj* draconiano(-a); (*mesure*) drástico(-a)
dragée [dʀaʒe] *nf* peladilla; (*Méd*) gragea
dragéifié, e [dʀaʒeifje] *adj* : **comprimé ~** gragea
dragon [dʀagɔ̃] *nm* dragón *m*
drague [dʀag] *nf* (*filet*) red *f* barredera; (*bateau*) draga
draguer [dʀage] *vt* (*rivière*) dragar; (*fam : filles*) ligar con (*fam*) ▸ *vi* (*fam*) ligar (*fam*)
dragueur [dʀagœʀ] *nm* dragaminas *m inv*; **quel ~ !** (*péj : séducteur*) ¡menudo ligón!
drain [dʀɛ̃] *nm* (*Méd*) cánula
drainage [dʀɛnaʒ] *nm* drenaje *m*; (*des capitaux*) atracción *f*
drainer [dʀene] *vt* drenar; (*visiteurs, capitaux*) atraer
dramatique [dʀamatik] *adj* dramático(-a) ▸ *nf* (*TV*) teledrama *m*
dramatiquement [dʀamatikmɑ̃] *adv* dramáticamente
dramatisation [dʀamatizasjɔ̃] *nf* dramatización *f*
dramatiser [dʀamatize] *vt* (*exagérer*) dramatizar
dramaturge [dʀamatyʀʒ] *nmf* dramaturgo(-a)
drame [dʀam] *nm* drama *m*; **le ~ de l'alcoolisme** el drama del alcoholismo; **~ familial** drama familiar
drap [dʀa] *nm* sábana; (*tissu*) paño; **être dans de beaux draps** (*fam*) estar apañado(-a) (*fam*); **~ de dessous/de dessus** (sábana) bajera/encimera; **~ de plage** toalla de playa
drapé [dʀape] *nm* (*d'un vêtement*) pliegues *mpl*
drapeau, x [dʀapo] *nm* bandera; **sous les drapeaux** en filas; **le ~ blanc** la bandera blanca
draper [dʀape] *vt* (*personne, statue*) vestir; (*robe, jupe*) colocar los pliegues de
draperies [dʀapʀi] *nfpl* colgaduras *fpl*
drap-housse [dʀaus] (*pl* **draps-housses**) *nm* sábana ajustable
drapier [dʀapje] *nm* pañero(-a)
drastique [dʀastik] *adj* drástico(-a)
drépanocytose [dʀepanositoz] *nf* drepanocitosis *f*
dressage [dʀesaʒ] *nm* (*d'un animal domestique*) entrenamiento; (*d'un animal de cirque*) amaestramiento
dresser [dʀese] *vt* levantar; (*liste*) redactar; (*animal domestique*) entrenar; (*animal de cirque*) amaestrar; **~ l'oreille** aguzar el oído; **~ la table** poner la mesa; **~ qn contre qn d'autre** indisponer a algn con otra persona; **~ un procès-verbal** *ou* **une contravention à qn** levantar acta a algn; **se dresser** *vpr* (*église, falaise*) erguirse; (*obstacle*) presentarse; (*avec grandeur, menace*) erguirse
dresseur, -euse [dʀesœʀ, øz] *nm/f* domador(a)
dressoir [dʀeswaʀ] *nm* trinchero
dribble [dʀibl] *nm* (*Sport*) dribling *m*
dribbler [dʀible] *vt, vi* driblar
dribbleur [dʀiblœʀ] *nm* jugador(a) que dribla a menudo
drille [dʀij] *nm* : **joyeux ~** persona jovial
drogue [dʀɔg] *nf* droga; **~ douce/dure** droga blanda/dura
drogué, e [dʀɔge] *nm/f* drogadicto(-a)
droguer [dʀɔge] *vt* drogar; **se droguer** *vpr* drogarse
droguerie [dʀɔgʀi] *nf* droguería
droguiste [dʀɔgist] *nmf* droguero(-a)
droit, e [dʀwa, at] *adj* derecho(-a), recto(-a); (*opposé à gauche*) derecho(-a); (*fig*) recto(-a) ▸ *adv* derecho; **~ au but** *ou* **au fait** al grano; **~ au cœur** al corazón ▸ *nm* derecho; (*Boxe*) : **direct/crochet du ~** directo/gancho de derecha; (*lois, matière*) : **le ~** el derecho; **avoir ~ à** tener derecho a; **être en ~ de** tener el derecho de; **faire ~ à** hacer justicia a; **à bon ~** con razón; **avoir ~ de cité (dans)** (*fig*) tener derecho de entrada (en); **avoir le ~ de** tener el derecho de; **être dans son ~** estar en su derecho; **de quel ~ ?** ¿con qué derecho?; **à qui de ~** a quien corresponda; **~ coutumier** derecho consuetudinario; **~ de regard** derecho de control; **~ de réponse/de visite/de vote** derecho de réplica/de visita/al voto; **droits** *nmpl* (*taxes*) derechos *mpl*; **droits d'auteur** derechos de autor; **droits de douane** aranceles *mpl*, derechos arancelarios *ou* de aduana; **droits d'inscription** matrícula
droite [dʀwat] *nf* (*direction*) derecha; (*Math*) recta; (*Pol*) : **la ~** la derecha; **à ~ (de)** a la derecha (de); **de ~** (*Pol*) de derechas
droit-fil [dʀwafil] (*pl* **droits-fils**) *nm* sentido de los hilos; (*fig*) orientación *f*; **jupe ~** falda cortada en el sentido de los hilos
droitier, -ière [dʀwatje, jɛʀ] *adj, nm/f* diestro(-a)

d

droiture [dRwatyR] *nf* (*morale*) rectitud *f*
drôle [dRol] *adj* gracioso(-a); (*bizarre*) raro(-a); **un ~ de ...** un ... muy raro
drôlement [dRolmɑ̃] *adv* tremendamente; **il fait ~ froid** hace un frío que pela (*fam*)
drôlerie [dRolRi] *nf* gracia
dromadaire [dRɔmadɛR] *nm* dromedario
dru, e [dRy] *adj* (*cheveux*) tupido(-a); (*pluie*) recio(-a) ▸ *adv* (*pousser*) tupido; **la pluie tombait ~** llovía a cántaros
drugstore [dRœgstɔR] *nm* drugstore *m*
druide [dRɥid] *nm* druida *m*
DST [deɛste] *sigle f* (*= Direction de la surveillance du territoire*) *dirección de la seguridad del Estado*
du [dy] *dét + dét, prép voir* **de**
dû, due [dy] *pp de* **devoir** ▸ *adj* (*somme*) debido(-a); **dû à** debido a ▸ *nm* : **le dû** lo debido; **réclamer son dû** reclamar el pago de la deuda
dualisme [dɥalism] *nm* dualismo
dubitatif, -ive [dybitatif, iv] *adj* dubitativo(-a)
Dublin [dyblɛ̃] *n* Dublín
duc [dyk] *nm* duque *m*
duché [dyʃe] *nm* ducado
duchesse [dyʃɛs] *nf* duquesa
duel [dɥɛl] *nm* duelo; (*oratoire*) enfrentamiento; (*économique*) guerra
duettiste [dɥetist] *nmf* duetista *mf*
duffel-coat (*pl* **duffel-coats**), **duffle-coat** (*pl* **duffle-coats**) [dœfœlkot] *nm* trenca
dûment [dymɑ̃] *adv* debidamente
dumping [dœmpiŋ] *nm* dumping *m*, abaratamiento
dune [dyn] *nf* duna
Dunkerque [dœ̃kɛRk] *n* Dunkerque
duo [dɥo] *nm* (*Mus*) dúo; (*couple*) pareja
duodénal, e, -aux [dɥɔdenal, o] *adj* duodenal
dupe [dyp] *nf* engañado(-a) ▸ *adj* : **(ne pas) être ~ de** (no) dejarse engañar por
duper [dype] *vt* engañar
duperie [dypRi] *nf* engaño
duplex [dyplɛks] *nm* (*appartement*) dúplex *m*; **émission en ~** doble emisión *f*
duplicata [dyplikata] *nm* duplicado
duplicateur [dyplikatœR] *nm* multicopista *m*
duplicité [dyplisite] *nf* duplicidad *f*
duquel [dykɛl] *prép + pron voir* **lequel**
dur, e [dyR] *adj* duro(-a); (*lumière*) fuerte; (*fam*) almidonado(-a); **mener la vie dure à qn** dar mala vida a algn; **~ d'oreille** duro(-a) de oído ▸ *nm* : **en ~** (*construction*) de fábrica ▸ *adv* (*travailler*) duro; (*taper*) fuerte ▸ *nf* : **à la dure** en condiciones penosas
durabilité [dyRabilite] *nf* durabilidad *f*
durable [dyRabl] *adj* duradero(-a)
durablement [dyRabləmɑ̃] *adv* duraderamente
duralumin [dyRalymɛ̃] *nm* duraluminio
durant [dyRɑ̃] *prép* durante; **~ des mois, des mois ~** durante meses enteros
durcir [dyRsiR] *vt, vi* endurecer; **se durcir** *vpr* endurecerse
durcissement [dyRsismɑ̃] *nm* endurecimiento
durée [dyRe] *nf* duración *f*; **de courte/longue ~** breve/prolongado(-a); **pile de longue ~** pila de larga duración; **pour une ~ illimitée** por un periodo ilimitado
durement [dyRmɑ̃] *adv* (*très*) fuertemente; (*traiter*) severamente, duramente; **~ touché par la crise** duramente afectado(-a) por la crisis
durent [dyR] *vb voir* **devoir**
durer [dyRe] *vi* durar
dureté [dyRte] *nf* dureza; (*de la lumière*) fuerza
durillon [dyRijɔ̃] *nm* callosidad *f*
durit® [dyRit] *nf* durita
DUT [deyte] *sigle m* (*= diplôme universitaire de technologie*) *diplomatura en ingeniería técnica*
dut *etc* [dy] *vb voir* **devoir**
duvet [dyvɛ] *nm* plumón *m*; (*sac de couchage*) saco de dormir (de plumón)
duveteux, -euse [dyv(ə)tø, øz] *adj* suave
DVD [devede] *sigle m* (*= digital versatile disc*) DVD *m*
DVD-Rom [devedeRɔm] *nm inv* DVD-Rom *m*
dynamique [dinamik] *adj* dinámico(-a)
dynamiser [dinamize] *vt* dinamizar, agilizar
dynamisme [dinamism] *nm* dinamismo
dynamite [dinamit] *nf* dinamita
dynamiter [dinamite] *vt* dinamitar
dynamo [dinamo] *nf* dinamo *f* (*m en AM*)
dynastie [dinasti] *nf* dinastía
dysenterie [disɑ̃tRi] *nf* disentería
dysfonctionnement [disfɔ̃ksjɔnmɑ̃] *nm* disfunción *f*
dyslexie [dislɛksi] *nf* dislexia
dyslexique [dislɛksik] *adj* disléxico(-a)
dyspepsie [dispɛpsi] *nf* dispepsia

Ee

E¹, e¹ [ə] *nm inv (lettre)* E, e *f*; **E comme Eugène** ≈ E de España
E² [ə] *abr (= Est)* E
EAO [əao] *sigle m (= enseignement assisté par ordinateur)* EAO *f (= enseñanza asistida por ordenador)*
EAU *abr (= Émirats arabes unis)* EAU *mpl (= Emiratos Árabes Unidos)*
eau, x [o] *nf* agua; **sans ~** *(whisky etc)* solo; **prendre l'~** *(chaussure, vêtements)* calarse; **tomber à l'~** *(fig)* fracasar; **à l'~ de rose** rosa; **~ bénite** agua bendita; **~ courante/douce/salée** agua corriente/dulce/salada; **~ de Cologne/de toilette** agua de Colonia/de olor; **~ de javel** lejía; **~ de pluie** agua de lluvia; **~ distillée/minérale/oxygénée** agua destilada/mineral/oxigenada; **~ du robinet** agua del grifo; **~ plate/gazeuse** agua sin gas/con gas; **eaux** *nfpl (thermales)* aguas *fpl*; **prendre les eaux** tomar las aguas; **eaux territoriales** aguas jurisdiccionales; **eaux usées** aguas *fpl* residuales

> Bien que *agua* soit un nom féminin, il est précédé au singulier de l'article masculin, comme tous les noms féminins commençant par *a* ou *ha* accentué (ou *á* ou *há*) :
> **L'eau est glaciale !** ¡El agua está helada!
> **J'ai une faim de loup.** Tengo un hambre canina.

eau-de-vie [odvi] *(pl* **eaux-de-vie***) nf* aguardiente *m*
eau-forte [ofɔʀt] *(pl* **eaux-fortes***) nf* aguafuerte *f*
ébahi, e [ebai] *adj* atónito(-a)
ébahir [ebaiʀ] *vt* dejar atónito(-a)
ébats [eba] *vb voir* **ébattre** ▸ *nmpl* retozos *mpl*
ébattre [ebatʀ] : **s'ébattre** *vpr* retozar
ébauche [eboʃ] *nf* esbozo, boceto
ébaucher [eboʃe] *vt* esbozar, bosquejar; **~ un sourire/geste** esbozar una sonrisa/un gesto; **s'ébaucher** *vpr* esbozarse
ébène [ebɛn] *nf* ébano
ébéniste [ebenist] *nm* ebanista *mf*
ébénisterie [ebenist(ə)ʀi] *nf (métier)* ebanistería; *(bâti)* armazón *m*
éberlué, e [ebɛʀlɥe] *adj* boquiabierto(-a)
éblouir [ebluiʀ] *vt (aussi fig)* deslumbrar; *(aveugler)* cegar
éblouissant, e [ebluisɑ̃, ɑ̃t] *adj (aussi fig)* deslumbrante
éblouissement [ebluismɑ̃] *nm* deslumbramiento; *(faiblesse)* vahído
ébonite [ebɔnit] *nf* ebonita
éborgner [ebɔʀɲe] *vt* : **~ qn** dejar tuerto(-a) a algn
éboueur, -euse [ebwœʀ, øz] *nm/f* basurero(-a)
ébouillanter [ebujɑ̃te] *vt* escaldar; **s'ébouillanter** *vpr* escaldarse
éboulement [ebulmɑ̃] *nm* derrumbamiento; *(amas)* escombros *mpl*
ébouler [ebule] : **s'ébouler** *vpr* derrumbarse
éboulis [ebuli] *nm* desprendimiento
ébouriffant, e [ebuʀifɑ̃, ɑ̃t] *(fam) adj* alucinante *(fam)*, asombroso(-a)
ébouriffé, e [ebuʀife] *adj* desgreñado(-a)
ébouriffer [ebuʀife] *vt* desgreñar
ébranlement [ebʀɑ̃lmɑ̃] *nm* estremecimiento
ébranler [ebʀɑ̃le] *vt (vitres, immeuble)* estremecer; *(poteau, mur)* mover; *(résolution, personne)* hacer vacilar; *(régime)* desestabilizar; *(santé)* debilitar; **s'ébranler** *vpr (train)* ponerse en movimiento
ébrécher [ebʀeʃe] *vt (assiette)* lascar; *(lame)* mellar
ébriété [ebʀijete] *nf* : **en état d'~** en estado de embriaguez
ébrouer [ebʀue] : **s'ébrouer** *vpr (cheval)* resoplar; *(s'agiter)* sacudirse
ébruiter [ebʀɥite] *vt* divulgar; **s'ébruiter** *vpr* divulgarse
ébullition [ebylisjɔ̃] *nf* ebullición *f*; **en ~** en ebullición; *(fig)* en efervescencia
écaille [ekaj] *nf (de poisson)* escama; *(de coquillage)* concha; *(matière)* concha, carey *m*; **en ~** *(lunettes)* de pasta; *(peigne)* de concha; *(de peinture)* desconchón *m*
écaillé, e [ekaje] *adj* desconchado(-a)
écailler [ekaje] *vt (poisson)* escamar; *(huître)* abrir; *(aussi :* **faire s'écailler***)* desconchar; **s'écailler** *vpr (peinture)* desconcharse
écaler [ekale] *vt (œuf dur)* pelar
écarlate [ekaʀlat] *adj* escarlata

écarquiller [ekaʀkije] *vt* : **~ les yeux** abrir desmesuradamente los ojos
écart [ekaʀ] *nm* (*de prix etc*) diferencia; (*dans l'espace*) separación *f*, diferencia; (*de temps*) lapso; (*mouvement*) desviación *f*, desvío; **l'~ entre les pays riches et les pays pauvres** la brecha entre los países ricos y los países pobres; **l'~ entre les deux concurrents** la diferencia entre los dos participantes; **à l'~** (*éloigné*) alejado(-a), apartado(-a); (*fig*) aislado(-a); **faire le grand ~** hacer el spagat; **~ de conduite** desviación *f* de conducta; **~ de langage** grosería
écarté, e [ekaʀte] *adj* (*bras, jambes*) abierto(-a); (*endroit*) apartado(-a)
écarteler [ekaʀtəle] *vt* (*aussi fig*) descuartizar
écartement [ekaʀtəmɑ̃] *nm* (*distance, intervalle*) separación *f*; (*des rails*) ancho
écarter [ekaʀte] *vt* (*éloigner*) alejar; (*personnes*) separar; (*ouvrir*) abrir; (*Cartes, candidat, possibilité*) descartar; **~ les jambes/les bras** abrir las piernas/los brazos; **s'écarter** *vpr* (*parois, jambes*) abrirse; (*personne*) alejarse; **s'~ de** alejarse de; (*fig*) desviarse de
ecchymose [ekimoz] *nf* equimosis *f inv*
ecclésiastique [eklezjastik] *adj* eclesiástico(-a) ▸ *nm* eclesiástico
écervelé, e [esɛʀvəle] *adj* atolondrado(-a)
ECG [əseʒe] *sigle m* (= *électrocardiogramme*) ECG *m* (= *electrocardiograma*)
échafaud [eʃafo] *nm* cadalso
échafaudage [eʃafodaʒ] *nm* (*Constr*) andamiaje *m*; (*amas*) montón *m*
échafauder [eʃafode] *vt* (*fig : plan*) trazar
échalas [eʃala] *nm* rodrigón *m*; (*personne*) espárrago
échalote [eʃalɔt] *nf* chalote *m*, chalota
échancré, e [eʃɑ̃kʀe] *adj* (*robe, corsage*) escotado(-a); (*côte*) recortado(-a)
échancrer [eʃɑ̃kʀe] *vt* escotar
échancrure [eʃɑ̃kʀyʀ] *nf* (*de robe*) escote *m*; (*de côte, arête rocheuse*) escotadura
échange [eʃɑ̃ʒ] *nm* intercambio; **en ~ (de)** a cambio (de); **échanges commerciaux/culturels** intercambios *mpl* comerciales/culturales; **échanges de lettres/de politesses** intercambio *msg* de cartas/de cumplidos; **~ de vues** cambio de impresiones
échangeable [eʃɑ̃ʒabl] *adj* intercambiable
échanger [eʃɑ̃ʒe] *vt* intercambiar; **~ qch (contre)** (*troquer*) canjear algo (por); **~ qch avec qn** intercambiar algo con algn
échangeur [eʃɑ̃ʒœʀ] *nm* cruce *m* (a diferentes niveles)
échangisme [eʃɑ̃ʒism] *nm* intercambio de parejas, swinging *m*
échangiste [eʃɑ̃ʒist] *adj* (*club*) liberal, de intercambio de parejas ▸ *nmf* swinger *mf*, *persona que practica el intercambio de parejas*
échantillon [eʃɑ̃tijɔ̃] *nm* (*aussi fig*) muestra
échantillonnage [eʃɑ̃tijɔnaʒ] *nm* (*aussi Inform*) muestreo; (*collection*) muestrario
échantillonner [eʃɑ̃tijɔne] *vt* (*Comm*) escoger muestras de; (*Inform*) muestrear; (*Mus*) samplear
échappatoire [eʃapatwaʀ] *nf* escapatoria
échappée [eʃape] *nf* (*vue*) punto de vista, vista; (*Cyclisme*) escapada
échappement [eʃapmɑ̃] *nm* escape *m*; **~ libre** escape libre
échapper [eʃape] : **~ à** *vt* escapar de; (*punition, péril*) librarse de; **~ à qn** escapársele a algn; **l'~ belle** escapar por los pelos ▸ *vi* : **~ des mains de qn** escaparse de las manos de algn; **laisser ~** dejar escapar; **s'échapper** *vpr* escaparse
écharde [eʃaʀd] *nf* astilla
écharpe [eʃaʀp] *nf* (*cache-nez*) bufanda; (*de maire*) banda; **avoir un bras en ~** tener un brazo en cabestrillo; **prendre en ~** (*dans une collision*) coger de refilón
écharper [eʃaʀpe] *vt* despedazar; (*fig*) linchar
échasse [eʃas] *nf* zanco
échassier [eʃasje] *nm* (ave *f*) zancuda
échaudé, e [eʃode] *adj* (*fig*) escarmentado(-a)
échauder [eʃode] *vt* : **se faire ~** recibir un palmetazo
échauffement [eʃofmɑ̃] *nm* (*de moteur*) recalentamiento; (*Sport*) calentamiento
échauffer [eʃofe] *vt* (*métal, moteur*) recalentar; (*corps, personne*) calentar; (*exciter*) irritar; **s'échauffer** *vpr* (*Sport*) calentarse; (*dans la discussion*) acalorarse; **les esprits s'échauffent** los ánimos se caldean
échauffourée [eʃofuʀe] *nf* escaramuza
échéance [eʃeɑ̃s] *nf* (*date*) vencimiento; (*somme due*) deuda; (*d'engagements, promesses*) plazo; **à brève/longue ~** *adj, adv* a corto/largo plazo
échéancier [eʃeɑ̃sje] *nm* registro de vencimientos
échéant [eʃeɑ̃] : **le cas ~** *adv* llegado el caso
échec [eʃɛk] *nm* fracaso; (*Échecs*) jaque *m*; **~ et mat/au roi** jaque mate/al rey; **mettre en ~** hacer fracasar; **tenir en ~** tener en jaque; **faire ~ à** fracasar; **échecs** *nmpl* (*jeu*) ajedrez *msg*
échelle [eʃɛl] *nf* (*de bois*) escalera de mano; (*fig*) escala; **à l'~ de** a escala de; **sur une grande/petite ~** en gran/pequeña escala; **faire la courte ~ à qn** aupar a algn; **~ de corde** escala de cuerda
échelon [eʃ(ə)lɔ̃] *nm* (*d'échelle*) escalón *m*; (*Admin*) escalafón *m*; (*Sport*) categoría
échelonnement [eʃ(ə)lɔnmɑ̃] *nm* escalonamiento
échelonner [eʃ(ə)lɔne] *vt* escalonar; **paiements échelonnés** pagos escalonados; **s'échelonner** *vpr* (*être compris*) : **s'~ entre X et Y** oscilar entre X e Y; **s'~ de X à Y** ir de X a Y

échevcau, x [eʃ(ə)vo] *nm* madeja
échevelé, e [eʃəv(ə)le] *adj* desgreñado(-a); (*fig*) alocado(-a)
échine [eʃin] *nf* espinazo; **~ de porc** lomo de cerdo; **courber l'~** (*fig*) bajar *ou* doblar la cerviz
échiner [eʃine] : **s'échiner** *vpr* deslomarse
échiquier [eʃikje] *nm* tablero
écho [eko] *nm* (*aussi fig*) eco; (*potins*) cotilleo; **rester sans ~** (*suggestion*) no tener eco; **se faire l'~ de** hacerse eco de; **échos** *nmpl* (*Presse*) gacetilla *fsg*
échographie [ekogʀafi] *nf* ecografía
échoir [eʃwaʀ] *vi* vencer; **~ à** corresponder a
échoppe [eʃɔp] *nf* tenderete *m*
échouer [eʃwe] *vi* (*tentative*) fracasar; (*candidat*) suspender; (*bateau*) encallar; (*débris*) llegar; (*aboutir : personne*) ir a parar ▸ *vt* (*bateau*) embarrancar; **s'échouer** *vpr* embarrancarse
échu, e [eʃy] *pp de* **échoir**
échut [eʃy] *vb voir* **échoir**
éclabousser [eklabuse] *vt* salpicar; (*fig*) mancillar
éclaboussure [eklabusyʀ] *nf* salpicadura; (*fig*) repercusión *f*
éclair [eklɛʀ] *nm* (*d'orage*) relámpago; (*de flash*) disparo; (*de génie, d'intelligence*) chispa ▸ *adj inv* (*voyage etc*) relámpago *inv*
éclairage [eklɛʀaʒ] *nm* iluminación *f*; (*Ciné, lumière*) luz *f*; (*fig*) punto de vista; **~ indirect** iluminación indirecta
éclairagiste [eklɛʀaʒist] *nmf* técnico(-a) en iluminación
éclairant, e [eklɛʀɑ̃, ɑ̃t] *adj* (*loupe*) luminoso(-a); **fusée éclairante** bengala
éclaircie [eklɛʀsi] *nf* escampada
éclaircir [eklɛʀsiʀ] *vt* (*aussi fig*) aclarar; (*sauce*) aguar; **s'éclaircir** *vpr* (*ciel*) despejarse; (*cheveux*) caerse; (*situation*) aclararse; **s'~ la voix** aclararse la voz
éclaircissement [eklɛʀsismɑ̃] *nm* (*d'une couleur*) aclarado; (*gén pl : explication*) aclaración *f*
éclairé, e [ekleʀe] *adj* (*esprit*) ilustrado(-a); (*amateur*) experto(-a)
éclairer [ekleʀe] *vt* (*suj : lampe, lumière*) iluminar; (*avec une lampe de poche*) alumbrar; (*instruire*) instruir; (*rendre compréhensible*) aclarar ▸ *vi* : **~ bien/mal** iluminar bien/mal; **s'éclairer** *vpr* (*phare, rue*) iluminarse; (*situation*) aclararse; **s'~ à la bougie/l'électricité** alumbrarse con velas/electricidad
éclaireur, -euse [eklɛʀœʀ, øz] *nm* (*Mil*) explorador *m*; **partir en ~** adelantarse ▸ *nm/f* (*scout*) explorador(a)
éclat [ekla] *nm* (*de bombe, verre*) fragmento; (*du soleil, d'une couleur*) brillo; (*d'une cérémonie*) brillantez *f*; **faire un ~** (*scandale*) montar un número; **action d'~** hazaña; **voler en éclats** volar en pedazos; **des éclats de verre** cristales *mpl*; **~ de rire** carcajada; **éclats de voix** subidas *fpl* de tono
éclatant, e [eklatɑ̃, ɑ̃t] *adj* (*couleur*) brillante; (*lumière*) resplandeciente; (*voix, son*) vibrante; (*évident*) incuestionable; (*succès*) clamoroso(-a); (*revanche*) sensacional
éclatement [eklatmɑ̃] *nm* estallido *m*; (*de groupe, parti*) fragmentación *f*
éclater [eklate] *vi* (*aussi fig*) estallar; (*groupe, parti*) fragmentarse; **~ de rire** estallar de risa; **~ en sanglots** romper a llorar; **s'éclater** *vpr* (*fam*) pasarlo bomba (*fam*)
éclectique [eklɛktik] *adj* ecléctico(-a)
éclectisme [eklɛktism] *nm* eclecticismo
éclipse [eklips] *nf* (*aussi fig*) eclipse *m*
éclipser [eklipse] *vt* eclipsar; **s'éclipser** *vpr* eclipsarse
éclopé, e [eklɔpe] *adj* cojo(-a)
éclore [eklɔʀ] *vi* (*œuf, fleur*) abrirse; (*talent*) surgir
éclosion [eklozjɔ̃] *nf* eclosión *f*
écluse [eklyz] *nf* esclusa
écluser [eklyze] (*fam*) *vt* soplar (*fam*), pimplar (*fam*) ▸ *vi* privar (*fam*)
éclusier, -ière [eklyzje, jɛʀ] *nm/f* esclusero(-a)
écobuage [ekɔbyaʒ] *nm* artiga, roza
écocertification [ekosɛʀtifikasjɔ̃] *nf* ecoetiquetado, etiquetado ecológico
écœurant, e [ekœʀɑ̃, ɑ̃t] *adj* asqueroso(-a)
écœurement [ekœʀmɑ̃] *nm* asco
écœurer [ekœʀe] *vt* (*suj : gâteau, goût*) dar asco a; (*personne, attitude*) desagradar; (*démoraliser*) destrozar
école [ekɔl] *nf* escuela; **aller à l'~** ir a la escuela; **faire ~** formar escuela; **les Grandes Écoles** las Grandes Escuelas; **~ de danse/de dessin/de musique/de secrétariat** escuela de baile/de dibujo/de música/de secretariado; **~ hôtelière** escuela de hostelería; **~ maternelle** escuela de párvulos; *ver nota*; **~ normale (d'instituteurs)/supérieure** escuela normal (de maestros)/superior; **~ normale supérieure** escuela normal superior; **~ élémentaire**, **~ primaire** escuela primaria; **~ privée/publique/secondaire** escuela privada/pública/secundaria

ÉCOLE MATERNELLE

En Francia la escuela infantil, la **école maternelle**, está subvencionada por el Estado y, pese a no ser obligatoria, la mayoría de los niños de entre dos y seis años acuden a ella. La educación obligatoria comienza con la educación primaria, la *école primaire*, que va desde los seis hasta los diez u once años.

écolier, -ière [ekɔlje, jɛʀ] *nm/f* escolar *mf*
écolo [ekɔlo] (*fam*) *nmf* verde *mf*
écologie [ekɔlɔʒi] *nf* ecología
écologique [ekɔlɔʒik] *adj* ecológico(-a)

écologiste [ekɔlɔʒist] *nmf* ecologista *mf*
écomusée [ekomyze] *nm* ecomuseo
éconduire [ekɔ̃dɥiʀ] *vt* (*congédier*) despedir
économat [ekɔnɔma] *nm* economato
économe [ekɔnɔm] *adj* ahorrador(a) ▸ *nmf* (*de lycée etc*) ecónomo(-a)
économétrie [ekɔnɔmetʀi] *nf* econometría
économie [ekɔnɔmi] *nf* economía; (*vertu*) ahorro; (*plan, arrangement d'ensemble*) organización *f*; **une ~ de temps/d'argent** un ahorro de tiempo/de dinero; **~ dirigée** economía planificada; **économies** *nfpl* ahorros *mpl*
économique [ekɔnɔmik] *adj* económico(-a)
économiquement [ekɔnɔmikmɑ̃] *adv* económicamente; **les ~ faibles** los económicamente débiles
économiser [ekɔnɔmize] *vt* ahorrar, economizar ▸ *vi* ahorrar dinero
économiseur [ekɔnɔmizœʀ] *nm* (*Inform*) : **~ d'écran** protector *m* de pantalla
économiste [ekɔnɔmist] *nmf* economista *mf*
écoper [ekɔpe] *vt* achicar ▸ *vi* achicar; (*fig*) pagar el pato; **~ (de)** (*recevoir*) ganarse
écorce [ekɔʀs] *nf* corteza; (*de fruit*) piel *f*, cáscara
écorcer [ekɔʀse] *vt* descortezar
écorché [ekɔʀʃe] *nm* (*Tech*) figura anatómica desollada; **~ vif** (*fig*) despellejado vivo
écorcher [ekɔʀʃe] *vt* (*animal*) desollar; (*égratigner*) arañar; (*une langue*) lastimar; **s'~ le genou** *etc* arañarse la rodilla *etc*
écorchure [ekɔʀʃyʀ] *nf* arañazo
écorner [ekɔʀne] *vt* (*taureau*) descornar; (*livre*) doblar las puntas de la página de
écossais, e [ekɔsɛ, ɛz] *adj* escocés(-esa) ▸ *nm* (*Ling*) escocés *m*; (*tissu*) tela escocesa ▸ *nm/f* : **Écossais, e** escocés(-esa)
Écosse [ekɔs] *nf* Escocia
écosser [ekɔse] *vt* desgranar
écosystème [ekosistɛm] *nm* ecosistema *m*
écot [eko] *nm* : **payer son ~** pagar a escote
écotaxe [ekɔtaks] *nf* ecotasa
écotourisme [ekotuʀism] *nm* ecoturismo
écoulement [ekulmɑ̃] *nm* (*d'un liquide*) canalización *f*; (*faux billets*) circulación *f*; (*stock*) liquidación *f*
écouler [ekule] *vt* (*stock*) liquidar; (*faux billets*) hacer circular; **s'écouler** *vpr* (*rivière, eau*) fluir; (*foule*) dispersarse; (*jours, temps*) transcurrir
écourter [ekuʀte] *vt* acortar
écoute [ekut] *nf* (*Radio, TV*) : **temps/heure d'~** tiempo/hora de audición; (*Naut*) escota; **heure de grande ~** hora de gran audiencia; **bonne/mauvaise ~** buena/mala audición; **prendre l'~** sintonizar; **être/rester à l'~ (de)** estar/seguir a la escucha (de); **écoutes téléphoniques** escuchas *fpl* telefónicas
écouter [ekute] *vt* escuchar; (*fig*) hacer caso de *ou* a, escuchar a ▸ *vi* escuchar; **s'écouter** *vpr* (*s'apitoyer*) hacerse caso; **si je m'écoutais** si por mí fuera; **s'~ parler** escucharse hablar
écouteur [ekutœʀ] *nm* (*téléphone*) auricular *m*; **écouteurs** *nmpl* (*Radio*) auriculares *mpl*
écoutille [ekutij] *nf* escotilla
écouvillon [ekuvijɔ̃] *nm* escobillón *m*
écrabouiller [ekʀabuje] (*fam*) *vt* espachurrar (*fam*)
écran [ekʀɑ̃] *nm* pantalla; **porter à l'~** llevar a la pantalla; **faire ~** hacer pantalla; **le petit ~** la pequeña pantalla; **~ de fumée** pantalla de humo; **~ plat** pantalla plata; **~ tactile** pantalla táctil
écrasant, e [ekʀɑzɑ̃, ɑ̃t] *adj* (*responsabilité, travail*) agobiante; (*supériorité, avance*) abrumador(a), aplastante
écraser [ekʀɑze] *vt* (*broyer*) aplastar; (*suj : voiture, train*) atropellar; (*ennemi, équipe adverse*) aplastar; (*Inform*) sobreescribir; (*suj : travail, impôts*) abrumar; (*: responsabilités*) agobiar; (*dominer, humilier*) humillar; **écrase(-toi) !** (*fam*) ¡cierra el pico!; **se faire ~** ser atropellado(-a); **s'~ (au sol)** (*avion*) estrellarse (contra el suelo); **s'~ contre/sur** (*suj : voiture, objet*) estrellarse contra/en
écrémage [ekʀemaʒ] *nm* (*du lait*) desnatado; (*fig*) criba *f*
écrémé, e [ekʀeme] *adj* (*lait*) desnatado(-a)
écrémer [ekʀeme] *vt* (*lait*) desnatar; (*fig*) hacer una criba de, escoger lo mejor de
écrevisse [ekʀəvis] *nf* cangrejo de río
écrier [ekʀije] : **s'écrier** *vpr* exclamar
écrin [ekʀɛ̃] *nm* joyero
écrire [ekʀiʀ] *vt, vi* escribir; **~ à qn (que)** escribir a algn (que); **s'écrire** *vpr* (*réciproque*) escribirse; (*mot*) : **ça s'écrit comment ?** ¿cómo se escribe eso?
écrit, e [ekʀi, it] *pp de* **écrire** ▸ *adj* : **bien/mal ~** bien/mal escrito(-a) ▸ *nm* escrito; **par ~** por escrito
écriteau, x [ekʀito] *nm* letrero
écritoire [ekʀitwaʀ] *nf* escritorio
écriture [ekʀityʀ] *nf* escritura; (*style*) estilo; **l'É~ (sainte)** la (sagrada) Escriture; **écritures** *nfpl* (*Comm*) escrituras *fpl*; **les Écritures** las Escrituras
écrivaillon, ne [ekʀivajɔ̃, ɔn] *nm/f* escritorzuelo(-a)
écrivain, e [ekʀivɛ̃, ɛn] *nm/f* escritor(a)
écrivais [ekʀivɛ] *vb voir* **écrire**
écrou [ekʀu] *nm* tuerca
écrouer [ekʀue] *vt* encarcelar
écroulé, e [ekʀule] *adj* (*de fatigue*) derrumbado(-a); **~ (de rire)** muerto(-a) (de risa)
écroulement [ekʀulmɑ̃] *nm* (*d'un mur*) derrumbamiento; (*d'un animal etc*) desplome *m*
écrouler [ekʀule] : **s'écrouler** *vpr* (*mur*) derrumbarse; (*personne, animal*) desplomarse; (*projet etc*) venirse abajo

écru [ekʀy] *adj* crudo(-a)
écueil [ekœj] *nm (aussi fig)* escollo
écuelle [ekɥɛl] *nf* escudilla
éculé, e [ekyle] *adj (chaussure)* destaconado(-a); *(péj : plaisanterie)* trasnochado(-a)
écume [ekym] *nf* espuma; **~ de mer** espuma de mar
écumer [ekyme] *vt (Culin)* espumar; *(région, bibliothèque)* recorrer ▸ *vi (mer)* hacer espuma; *(fig)* echar chispas por la boca
écumoire [ekymwaʀ] *nf* espumadera
écureuil [ekyʀœj] *nm* ardilla
écurie [ekyʀi] *nf* cuadra; *(de course automobile)* escudería; *(de course hippique)* caballeriza
écusson [ekysɔ̃] *nm* insignia
écuyer, -ère [ekɥije, jɛʀ] *nm/f* jinete *mf*
eczéma [ɛgzema] *nm* eczema *m*
éd. *abr (= édition)* ed. *(= edición)*
édam [edam] *nm* edam *m*
edelweiss [edɛlvajs] *nm inv* edelweiss *m inv*
Éden [edɛn] *nm* Édén *m*
édenté, e [edɑ̃te] *adj* desdentado(-a)
EDF [ədeɛf] *sigle f* = **Électricité de France**
édicter [edikte] *vt* decretar
édifiant, e [edifjɑ̃, jɑ̃t] *adj* edificante
édification [edifikasjɔ̃] *nf* edificación *f*
édifice [edifis] *nm (bâtiment)* edificio; *(fig)* estructura
édifier [edifje] *vt (bâtiment)* edificar; *(plan, théorie)* construir; *(Rel : personne)* edificar; *(: iro)* informar
édiles [edil] *nmpl (Admin)* ediles *mpl*, concejales *mpl*; *(hum)* ediles
Édimbourg [edɛ̃buʀ] *n* Edimburgo
édit [edi] *nm* edicto
éditer [edite] *vt* editar
éditeur, -trice [editœʀ, tʀis] *nm/f* editor(a)
édition [edisjɔ̃] *nf* edición *f*; *(Presse : exemplaires d'un journal)* tirada; **~ sur écran** *(Inform)* edición en pantalla; **l'~** *(industrie du livre)* la edición
édito [edito] *(fam) nm* = **éditorial**
éditorial, -aux [editɔʀjal, jo] *nm* editorial *f*
éditorialiste [editɔʀjalist] *nmf* editorialista *mf*
édredon [edʀədɔ̃] *nm* edredón *m*
éducateur, -trice [edykatœʀ, tʀis] *adj* educativo(-a) ▸ *nm/f* educador(a); **~ spécialisé(e)** educador(a) especializado(-a)
éducatif, -ive [edykatif, iv] *adj* educativo(-a)
éducation [edykasjɔ̃] *nf* educación *f*; **bonne/ mauvaise ~** buena/mala educación; **sans ~** *(mal élevé)* sin educación; **l'É~ nationale** *(Admin)* ≈ la educación pública; **~ permanente** educación permanente; **~ physique** educación física
édulcorant [edylkɔʀɑ̃] *nm* edulcorante *m*
édulcorer [edylkɔʀe] *vt (aussi fig)* edulcorar
éduquer [edyke] *vt* educar; **bien/mal éduqué** bien/mal educado
EEG [eeʒe] *sigle m (= électroencéphalogramme)* EEG *m (= electroencefalograma)*
effaçable [efasabl] *adj (feutre, CD)* borrable
effacé, e [efase] *adj (menton)* hundido(-a); *(fig : personne, caractère, vie)* discreto(-a)
effacer [efase] *vt (aussi fig)* borrar; **s'effacer** *vpr* borrarse; *(pour laisser passer)* apartarse
effaceur [efasœʀ] *nm* borrador *m* de tinta, borratinta *m*
effarant, e [efaʀɑ̃, ɑ̃t] *adj* espantoso(-a)
effaré, e [efaʀe] *adj* espantado(-a)
effarement [efaʀmɑ̃] *nm* espanto
effarer [efaʀe] *vt* espantar
effarouchement [efaʀuʃmɑ̃] *nm* espantada
effaroucher [efaʀuʃe] *vt (animal)* espantar; *(personne)* asustar
effectif, -ive [efɛktif, iv] *adj* efectivo(-a) ▸ *nm (Mil, Comm : gén pl)* efectivos *mpl*; *(d'une classe)* alumnado
effectivement [efɛktivmɑ̃] *adv* efectivamente; *(réellement)* realmente
effectuer [efɛktɥe] *vt* efectuar; *(mouvement)* realizar; **s'effectuer** *vpr* efectuarse; *(mouvement)* producirse
efféminé, e [efemine] *adj* afeminado(-a)
effervescence [efɛʀvesɑ̃s] *nf (fig)* : **en ~** en efervescencia
effervescent, e [efɛʀvesɑ̃, ɑ̃t] *adj (aussi fig)* efervescente
effet [efɛ] *nm* efecto; **avec ~ rétroactif** con efecto retroactivo; **faire de l'~** *(médicament, menace)* hacer efecto; *(nouvelle, décor)* causar efecto; **sous l'~ de** bajo el efecto de; **donner de l'~ à une balle** dar efecto a una pelota; **à cet ~** con este fin; **en ~** en efecto; **~ (de commerce)** efecto (comercial); **~ de couleur/de lumière/de style** efecto de color/de luz/de estilo; **effets de voix** efectos *mpl* de voz; **effets spéciaux** efectos especiales; **effets** *nmpl (vêtements etc)* efectos *mpl*, enseres *mpl*; **effets personnels** efectos personales
effeuiller [efœje] *vt* deshojar
efficace [efikas] *adj* eficaz
efficacement [efikasmɑ̃] *adv* eficazmente, con eficacia
efficacité [efikasite] *nf* eficacia
effigie [efiʒi] *nf* efigie *f*; **brûler qn en ~** quemar la efigie de algn
effilé, e [efile] *adj* afilado(-a); *(doigt)* delgado(-a); *(pointe)* aguzado(-a); *(carrosserie)* refinado(-a)
effiler [efile] *vt (cheveux)* atusar; *(tissu)* deshilachar
effilocher [efilɔʃe] : **s'effilocher** *vpr* deshilacharse
efflanqué, e [eflɑ̃ke] *adj* flaco(-a)
effleurement [eflœʀmɑ̃] *nm* : **touche à ~** tecla sensible al tacto
effleurer [eflœʀe] *vt (avec la main, le corps)* rozar; *(fig : sujet, idée)* tocar; **~ qn** *(suj : pensée)* pasar por la cabeza de algn

e

effluves [eflyv] *nmpl* efluvios *mpl*
effondré, e [efɔ̃dʀe] *adj* (*par un malheur*) abatido(-a)
effondrement [efɔ̃dʀəmɑ̃] *nm* (*d'un mur*) desmoronamiento; (*des prix, du marché*) hundimiento; (*d'un coureur*) desplome *m*; (*moral*) decaimiento
effondrer [efɔ̃dʀe] : **s'effondrer** *vpr* (*mur, bâtiment*) desmoronarse; (*prix, marché*) hundirse; (*blessé, coureur*) desplomarse; (*craquer moralement*) hundirse
efforcer [efɔʀse] : **s'efforcer de** *vpr* esforzarse por; **s'~ de faire** esforzarse por hacer
effort [efɔʀ] *nm* esfuerzo; **faire un ~** hacer un esfuerzo; **faire tous ses efforts** hacer todos los esfuerzos posibles; **faire l'~ de ...** hacer el esfuerzo de ...; **sans ~** *adj, adv* sin esfuerzo; **~ de mémoire/de volonté** esfuerzo de memoria/de voluntad
effraction [efʀaksjɔ̃] *nf* efracción *f*; **vol avec** *ou* **par ~** robo con efracción; **s'introduire par ~ dans** entrar mediante efracción en
effrangé, e [efʀɑ̃ʒe] *adj* con flecos; (*effiloché*) deshilachado(-a)
effrayant, e [efʀɛjɑ̃, ɑ̃t] *adj* horroroso(-a), espantoso(-a)
effrayé, e [efʀeje] *adj* asustado(-a)
effrayer [efʀeje] *vt* asustar; **s'effrayer (de)** *vpr* asustarse (de)
effréné, e [efʀene] *adj* desenfrenado(-a)
effritement [efʀitmɑ̃] *nm* desmoronamiento
effriter [efʀite] : **s'effriter** *vpr* desmoronarse
effroi [efʀwa] *nm* pavor *m*
effronté, e [efʀɔ̃te] *adj* descarado(-a)
effrontément [efʀɔ̃temɑ̃] *adv* (*mentir*) descaradamente
effronterie [efʀɔ̃tʀi] *nf* descaro
effroyable [efʀwajabl] *adj* espantoso(-a)
effroyablement [efʀwajabləmɑ̃] *adv* horriblemente
effusion [efyzjɔ̃] *nf* (*gén pl*) efusión *f*; **sans ~ de sang** sin derramamiento de sangre
égailler [egaje] : **s'égailler** *vpr* dispersarse
égal, e, -aux [egal, o] *adj* (*gén*) igual; (*terrain, surface*) liso(-a); (*vitesse, rythme*) regular; **être ~ à** ser igual a; **ça lui/nous est ~** le/nos da igual; **c'est ~** es igual ▸ *nm/f* igual *mf*; **sans ~** sin igual; **à l'~ de** (*comme*) al igual que; **d'~ à ~** de igual a igual
également [egalmɑ̃] *adv* (*partager etc*) en partes iguales; (*en outre, aussi*) igualmente
égaler [egale] *vt* igualar; **trois plus trois égalent six** tres más tres igual a seis
égalisateur, -trice [egalizatœʀ, tʀis] *adj* (*Sport*) : **but ~** tanto del empate
égalisation [egalizasjɔ̃] *nf* (*Sport*) empate *m*
égaliser [egalize] *vt* igualar ▸ *vi* (*Sport*) empatar
égalitaire [egalitɛʀ] *adj* igualitario(-a)
égalitarisme [egalitaʀism] *nm* igualitarismo
égalitariste [egalitaʀist] *adj* igualitarista
égalité [egalite] *nf* igualdad *f*; **être à ~ (de points)** estar empatados(-as) (en tantos); **~ d'humeur** serenidad *f*; **~ de droits** igualdad de derechos
égard [egaʀ] *nm* consideración *f*; **à cet ~/certains égards/tous égards** a este respecto/en ciertos aspectos/por todos los conceptos; **eu ~ à** teniendo en cuenta; **par/sans ~ pour** por/sin consideración para; **à l'~ de** con respecto a; **égards** *nmpl* (*marques de respect*) atenciones *fpl*
égaré, e [egaʀe] *adj* (*personne, animal*) perdido(-a); (*air, regard*) extraviado(-a)
égarement [egaʀmɑ̃] *nm* (*d'esprit*) extravío; (*gén pl : débauche*) desliz *m*; **dans un moment d'~** en un momento de extravío
égarer [egaʀe] *vt* (*perdre*) perder; (*personne*) echar a perder; **s'égarer** *vpr* (*aussi fig*) perderse; (*objet*) extraviarse
égayer [egeje] *vt* (*personne : divertir*) distraer; (*récit, endroit*) alegrar
Égée [eʒe] *adj* : **la mer ~** el (mar) Egeo
égéen, ne [eʒeɛ̃, ɛn] *adj* del Egeo
égérie [eʒeʀi] *nf* : **l'~ de qn/qch** la inspiración de algn/algo
égide [eʒid] *nf* : **sous l'~ de** bajo la égida de
églantier [eglɑ̃tje] *nm* escaramujo
églantine [eglɑ̃tin] *nf* zarzarrosa
églefin [egləfɛ̃] *nm* abadejo
église [egliz] *nf* iglesia; **aller à l'~** (*être pratiquant*) ir a la iglesia; **l'É~ catholique** la Iglesia católica; **l'É~ presbytérienne** la Iglesia presbiteriana
ego [ego] *nm* ego
égocentrique [egosɑ̃tʀik] *adj* egocéntrico(-a)
égocentrisme [egosɑ̃tʀism] *nm* egocentrismo
égoïne [egɔin] *nf* serrucho
égoïsme [egɔism] *nm* egoísmo
égoïste [egɔist] *adj, nmf* egoísta *mf*
égoïstement [egɔistəmɑ̃] *adv* egoístamente
égorger [egɔʀʒe] *vt* degollar
égosiller [egozije] : **s'égosiller** *vpr* desgañitarse
égotisme [egɔtism] *nm* egotismo
égout [egu] *nm* alcantarilla; **le tout(-)à(-)l'~** la red de saneamiento *ou* evacuación; **eaux d'~** aguas *fpl* residuales
égoutier [egutje] *nm* pocero
égoutter [egute] *vt* escurrir ▸ *vi* gotear; **s'égoutter** *vpr* escurrirse; (*eau*) gotear
égouttoir [egutwaʀ] *nm* escurridero
égratigner [egʀatiɲe] *vt* rasguñar; (*fig*) burlarse de; **s'égratigner** *vpr* rasguñarse
égratignure [egʀatiɲyʀ] *nf* rasguño
égrener [egʀəne] *vt* desgranar; **~ une grappe/des raisins** desgranar un racimo/las

uvas; **s'égrener** *vpr* desgranarse; (*se disperser*) diseminarse
égrillard, e [egʀijaʀ, aʀd] *adj* verde
Égypte [eʒipt] *nf* Egipto
égyptien, ne [eʒipsjɛ̃, jɛn] *adj* egipcio(-a) ▸ *nm/f* : **Égyptien, ne** egipcio(-a)
égyptologie [eʒiptɔlɔʒi] *nf* egiptología
égyptologue [eʒiptɔlɔg] *nmf* egiptólogo(-a)
eh [e] *excl* eh; **eh bien !** (*surprise*) ¡pero bueno!; **eh bien ?** (*attente, doute*) ¿y bien?; **eh bien** (*donc*) entonces
éhonté, e [eɔ̃te] *adj* desvergonzado(-a)
éjaculation [eʒakylasjɔ̃] *nf* eyaculación *f*; **~ précoce** eyaculación precoz
éjaculer [eʒakyle] *vi* eyacular
éjectable [eʒɛktabl] *adj* : **siège ~** asiento eyectable
éjecter [eʒɛkte] *vt* (*Tech*) eyectar; (*fam*) echar
éjection [eʒɛksjɔ̃] *nf* (*Tech*) eyección *f*; (*fam*) echamiento
élaboration [elabɔʀasjɔ̃] *nf* elaboración *f*
élaboré, e [elabɔʀe] *adj* elaborado(-a)
élaborer [elabɔʀe] *vt* elaborar
élagage [elagaʒ] *nm* (*des arbres*) poda
élaguer [elage] *vt* (*aussi fig*) podar
élagueur, -euse [elagœʀ, øz] *nm/f* (*personne*) podador(a)
élagueuse [elagøz] *nf* (*machine*) podadora
élan [elɑ̃] *nm* (*Zool*) alce *m*; (*mouvement, lancée*) impulso; (*fig*) arrebato; **perdre son ~** perder impulso; **prendre de l'~** tomar carrerilla; **prendre son ~** tomar impulso
élancé, e [elɑ̃se] *adj* esbelto(-a)
élancement [elɑ̃smɑ̃] *nm* (*gén pl : douleur*) punzada
élancer [elɑ̃se] : **s'élancer** *vpr* lanzarse; (*arbre, clocher*) alzarse
élargir [elaʀʒiʀ] *vt* (*porte, route*) ensanchar; (*vêtement*) sacar a; (*fig : groupe, débat*) ampliar; (*Jur*) liberar; **s'élargir** *vpr* ensancharse
élargissement [elaʀʒismɑ̃] *nm* ensanchamiento; (*d'un groupe*) ampliación *f*; (*Jur*) puesta en libertad
élasticité [elastisite] *nf* elasticidad *f*; **~ de l'offre/de la demande** elasticidad de la oferta/de la demanda
élastique [elastik] *adj* elástico(-a); (*Phys*) flexible; (*fig : parfois péj*) contemporizador(a) ▸ *nm* (*de bureau*) elástico, goma; (*pour la couture*) goma
élastomère [elastɔmɛʀ] *nm* goma
eldorado [ɛldɔʀado] *nm* Eldorado
électeur, -trice [elɛktœʀ, tʀis] *nm/f* elector(a)
électif, -ive [elɛktif, iv] *adj* (*président, charge*) electivo(-a); (*Méd*) localizado(-a)
élection [elɛksjɔ̃] *nf* elección *f*; **sa terre/patrie d'~** su tierra/patria de elección; **~ partielle** elección parcial; **élections** *nfpl* (*Pol*) elecciones *fpl*; **élections législatives** elecciones legislativas; *ver nota*

ÉLECTIONS

En Francia se celebran **élections législatives** cada cinco años con el fin de elegir a los *députés* de la *Assemblée nationale*. Hay además una **election présidentielle** en la que se elige al presidente y que se celebra también cada cinco años. La votación, que siempre tiene lugar un domingo, es por sufragio universal y se realiza en dos vueltas.

électoral, e, -aux [elɛktɔʀal, o] *adj* electoral
électoralisme [elɛktɔʀalism] *nm* electoralismo
électorat [elɛktɔʀa] *nm* electorado
électricien, ne [elɛktʀisjɛ̃, jɛn] *nm/f* electricista *mf*
électricité [elɛktʀisite] *nf* electricidad *f*; (*fig*) tensión *f*; **avoir l'~** tener corriente eléctrica; **fonctionner à l'~** funcionar con electricidad; **allumer/éteindre l'~** encender/apagar la luz; **~ statique** electricidad estática
électrification [elɛktʀifikasjɔ̃] *nf* electrificación *f*
électrifier [elɛktʀifje] *vt* electrificar
électrique [elɛktʀik] *adj* eléctrico(-a); (*fig*) tenso(-a)
électriser [elɛktʀize] *vt* (*aussi fig*) electrizar
électro... [elɛktʀɔ] *préf* electro...
électro-aimant [elɛktʀoɛmɑ̃] (*pl* **électro-aimants**) *nm* electroimán *m*
électrocardiogramme [elɛktʀokaʀdjɔgʀam] *nm* electrocardiograma *m*
électrocardiographe [elɛktʀokaʀdjɔgʀaf] *nm* electrocardiógrafo
électrochoc [elɛktʀoʃɔk] *nm* electrochoque *m*
électrocuter [elɛktʀɔkyte] *vt* electrocutar
électrocution [elɛktʀɔkysjɔ̃] *nf* electrocución *f*
électrode [elɛktʀɔd] *nf* electrodo
électroencéphalogramme [elɛktʀoɑ̃sefalɔgʀam] *nm* electroencefalograma *m*
électrogène [elɛktʀɔʒɛn] *adj voir* **groupe**
électroluminescence [elɛktʀolyminesɑ̃s] *nf* electroluminiscencia
électroluminescent, e [elɛktʀolyminesɑ̃, ɑ̃t] *adj* electroluminiscente
électrolyse [elɛktʀɔliz] *nf* electrólisis *f inv*
électromagnétique [elɛktʀomaɲetik] *adj* electromagnético(-a)
électroménager [elɛktʀomenaʒe] *adj* : **appareils électroménagers** aparatos *mpl* electrodomésticos; **l'~** (*secteur commercial*) el sector de los electrodomésticos
électron [elɛktʀɔ̃] *nm* electrón *m*; **l'~ libre (de)** (*fig*) el electrón libre (de)
électronicien, ne [elɛktʀɔnisjɛ̃, jɛn] *nm/f* electrónico(-a)

électronique [elɛktʀɔnik] *adj* electrónico(-a) ▸ *nf* electrónica
électronucléaire [elɛktʀonykleɛʀ] *adj* electronuclear ▸ *nm* : **l'~** lo electronuclear
électrophone [elɛktʀɔfɔn] *nm* tocadiscos *m inv*
électrostatique [elɛktʀostatik] *adj* electro(e)stático(-a) ▸ *nf* electro(e)stática
électrothérapie [elɛktʀoteʀapi] *nf* electroterapia
élégamment [elegamɑ̃] *adv* elegantemente
élégance [elegɑ̃s] *nf* elegancia
élégant, e [elegɑ̃, ɑ̃t] *adj* (*aussi fig*) elegante
élégiaque [eleʒjak] *adj* elegíaco(-a)
élégie [eleʒi] *nf* elegía
élément [elemɑ̃] *nm* elemento; **éléments** *nmpl* (*eau, air etc*) elementos *mpl*; (*rudiments*) rudimentos *mpl*
élémentaire [elemɑ̃tɛʀ] *adj* elemental
éléphant [elefɑ̃] *nm* elefante *m*; **~ de mer** elefante marino
éléphanteau, x [elefɑ̃to] *nm* elefantillo
éléphantesque [elefɑ̃tɛsk] *adj* enorme
élevage [el(ə)vaʒ] *nm* (*de bétail, de volaille*) cría; (*activité, secteur économique*) ganadería; (*vin*) crianza
élévateur [elevatœʀ] *nm* elevador *m*
élévation [elevasjɔ̃] *nf* elevación *f*; (*de la température*) ascenso; (*Géom, Rel*) elevación
élevé, e [el(ə)ve] *adj* (*aussi fig*) elevado(-a); **bien/mal ~** bien/mal educado(-a)
élève [elɛv] *nmf* alumno(-a); **~ infirmière** aspirante *f* a enfermera
élever [el(ə)ve] *vt* (*enfant*) educar, criar; (*animaux, vin*) criar; (*hausser*) subir; (*monument, âme, esprit*) elevar; **~ une protestation/critique** elevar una protesta/crítica; **~ la voix/le ton** levantar la voz/el tono; **~ qn au rang/grade de** ascender *ou* elevar a algn al rango/grado de; **~ un nombre au carré/cube** elevar un número al cuadrado/cubo; **s'élever** *vpr* (*avion, alpiniste*) ascender; (*clocher, montagne*) alzarse; (*protestations*) levantar; (*cri*) oírse; (*niveau*) subir; (*température*) ascender; (*survenir : difficultés*) surgir; **s'~ contre qch** rebelarse contra algo; **s'~ à** (*frais, dégâts*) elevarse a
éleveur, -euse [el(ə)vœʀ, øz] *nm/f* (*de bétail*) ganadero(-a)
elfe [ɛlf] *nm* elfo
élidé, e [elide] *adj* : **article/pronom ~** artículo/pronombre *m* elidido
élider [elide] : **s'élider** *vpr* elidirse
éligibilité [eliʒibilite] *nf* elegibilidad *f*
éligible [eliʒibl] *adj* elegible
élimé, e [elime] *adj* raído(-a)
élimer [elime] : **s'élimer** *vpr* : **cette veste s'élime aux coudes** a esta chaqueta se le están rayendo los codos
élimination [eliminasjɔ̃] *nf* eliminación *f*
éliminatoire [eliminatwaʀ] *adj* eliminatorio(-a) ▸ *nf* eliminatoria
éliminer [elimine] *vt* eliminar
élire [eliʀ] *vt* (*Pol etc*) elegir; **~ domicile à ...** domiciliarse en ...
élisabéthain, e [elizabetɛ̃, ɛn] *adj* isabelino(-a)
élision [elizjɔ̃] *nf* elisión *f*
élite [elit] *nf* élite *f*; **les élites** las élites; **tireur d'~** tirador *m* de primera; **chercheur d'~** investigador *m* de categoría
élitisme [elitism] *nm* elitismo
élitiste [elitist] *adj* elitista
élixir [eliksiʀ] *nm* elixir *m*
elle [ɛl] *pron* ella; **Marie est-~ rentrée ?** ¿ha vuelto María?; **c'est à ~** es suyo(-a), es de ella; **ce livre est à ~** ese libro es suyo; **avec ~** (*réfléchi*) consigo
elle-même [ɛlmɛm] *pron* ella misma; (*avec préposition*) sí misma; **elles-mêmes** *pron pl* ellas mismas; (*après préposition*) sí mismas
ellipse [elips] *nf* elipsis *f inv*
elliptique [eliptik] *adj* elíptico(-a)
élocution [elɔkysjɔ̃] *nf* elocución *f*; **défaut d'~** defecto de dicción
éloge [elɔʒ] *nm* (*compliment : gén pl*) elogio; (*discours*) panegírico; **faire l'~ de qn/qch** hacer el elogio de algn/algo; **ne pas tarir d'éloges sur qn/qch** no escatimar elogios a algn/algo; **~ funèbre** oración *f* fúnebre
élogieusement [elɔʒjøzmɑ̃] *adv* elogiosamente
élogieux, -euse [elɔʒjø, jøz] *adj* elogioso(-a)
éloigné, e [elwaɲe] *adj* (*gén*) alejado(-a); (*date, échéance, parent*) lejano(-a)
éloignement [elwaɲmɑ̃] *nm* (*action d'éloigner*) alejamiento; (*distance : aussi fig*) lejanía
éloigner [elwaɲe] *vt* (*échéance, but*) retrasar; (*soupçons, danger*) ahuyentar; **~ qch (de)** alejar algo (de); **~ qn (de)** distanciar a algn (de); **s'éloigner** *vpr* alejarse; (*fig*) distanciarse; **s'~ de** alejarse de; (*fig : sujet, but*) salirse de
élongation [elɔ̃gasjɔ̃] *nf* elongación *f*
éloquence [elɔkɑ̃s] *nf* elocuencia
éloquent, e [elɔkɑ̃, ɑ̃t] *adj* elocuente
élu, e [ely] *pp de* **élire** ▸ *nm/f* (*Pol*) elegido(-a), electo(-a); (*Rel*) elegido(-a); **l'~ de son cœur** su amado(-a); **les élus locaux** los cargos electos locales
élucider [elyside] *vt* dilucidar
élucubrations [elykybʀasjɔ̃] *nfpl* elucubraciones *fpl*
éluder [elyde] *vt* eludir
élus [ely] *vb voir* **élire**
élusif, -ive [elyzif, iv] *adj* elusivo(-a)
Élysée [elize] *nm* : **l'~, le palais de l'~** el Elíseo, el palacio del Elíseo; *ver nota*; **les Champs-Élysées** los Campos Elíseos

PALAIS DE L'ÉLYSÉE

El **palais de l'Élysée**, que está situado en el centro mismo de París, a muy poca distancia de los Campos Elíseos, es la residencia oficial del presidente francés. Fue construido en el siglo XVIII, y ha sido la residencia presidencial desde 1876. Se usa con frecuencia una versión reducida de su nombre, **l'Élysée**, para referirse a la presidencia misma.

émacié, e [emasje] *adj* demacrado(-a)
émail, -aux [emaj, o] *nm* esmalte *m*
e-mail [imɛl] (*pl* **e-mails**) *nm* mail *m*, email *m*; **envoyer qch par ~** enviar algo por (e)mail
émaillé, e [emaje] *adj* esmaltado(-a); **~ de** (*parsemé*) plagado(-a) de
émailler [emaje] *vt* esmaltar; **~ de** (*parsemer*) plagar de
émanation [emanasjɔ̃] *nf* (*gén pl*) emanación *f*; **être l'~ de** (*provenir de*) emanar de
émancipation [emɑ̃sipasjɔ̃] *nf* emancipación *f*
émancipé, e [emɑ̃sipe] *adj* emancipado(-a)
émanciper [emɑ̃sipe] *vt* (*Jur*) emancipar; (*gén : aussi moralement*) liberar; **s'émanciper** *vpr* (*fig*) liberarse
émaner [emane] : **~ de** *vt* emanar de
émarger [emaʀʒe] *vt* marginar; **~ de 100 € à un budget** cobrar 100 euros de un presupuesto
émasculer [emaskyle] *vt* emascular; (*fig*) mutilar
emballage [ɑ̃balaʒ] *nm* embalaje *m*; (*d'un cadeau*) envoltura; **~ perdu** embalaje no retornable
emballant, e [ɑ̃balɑ̃, ɑ̃t] (*fam*) *adj* : **ce n'est pas très ~** (*film, livre*) no es nada del otro mundo; (*proposition*) no es muy entusiasmante
emballer [ɑ̃bale] *vt* (*marchandise, moteur*) embalar; (*cadeau*) envolver; (*fig : personne*) encantar; **j'ai été emballé par le spectacle** el espectáculo me ha encantado; **s'emballer** *vpr* (*moteur, personne*) embalarse; (*cheval*) desbocarse; **ne t'emballe pas !** ¡no te embales!
emballeur, -euse [ɑ̃balœʀ, øz] *nm/f* embalador(a)
embarcadère [ɑ̃baʀkadɛʀ] *nm* embarcadero
embarcation [ɑ̃baʀkasjɔ̃] *nf* embarcación *f*
embardée [ɑ̃baʀde] *nf* bandazo; **faire une ~** dar un bandazo
embargo [ɑ̃baʀgo] *nm* embargo; **mettre l'~ sur** embargar
embarqué, e [ɑ̃baʀke] *adj* (*électronique, équipement*) embebido(-a), empotrado(-a)
embarquement [ɑ̃baʀkəmɑ̃] *nm* embarque *m*; **« ~ immédiat porte n° 5 »** « embarque inmediato puerta n° 5 »
embarquer [ɑ̃baʀke] *vt* embarcar; (*fam : voler*) mangar; (*: arrêter*) trincar ▸ *vi* embarcar; **s'embarquer** *vpr* embarcarse; **s'~ dans** (*affaire, aventure*) embarcarse en
embarras [ɑ̃baʀa] *nm* aprieto, apuro; (*obstacle*) estorbo; (*ennui*) problema *m*; **être dans l'~** (*être ennuyé*) estar apurado(-a); (*gêne financière*) estar en apuros; **plonger qn dans l'~** poner a algn en un aprieto *ou* un apuro; **~ gastrique** molestia intestinal
embarrassant, e [ɑ̃baʀasɑ̃, ɑ̃t] *adj* molesto(-a)
embarrassé, e [ɑ̃baʀase] *adj* (*encombré*) atestado(-a); (*air, sourire*) incómodo(-a); (*personne*) turbado(-a), apurado(-a); (*explications*) confuso(-a)
embarrasser [ɑ̃baʀase] *vt* (*encombrer*) estorbar; (*gêner*) molestar; (*troubler*) turbar; **s'embarrasser de** *vpr* (*paquets*) cargarse de; **ne pas s'~ de** (*scrupules, précautions*) no andarse con
embauche [ɑ̃boʃ] *nf* contratación *f*; (*travail*) trabajo; **bureau d'~** oficina de contratación
embaucher [ɑ̃boʃe] *vt* contratar; **s'embaucher** *vpr* : **s'~ comme** inscribirse como
embauchoir [ɑ̃boʃwaʀ] *nm* horma
embaumement [ɑ̃bommɑ̃] *nm* embalsamamiento
embaumer [ɑ̃bome] *vt* embalsamar; **~ la lavande/l'encaustique** oler a lavanda/a cera ▸ *vi* oler muy bien
embellie [ɑ̃beli] *nf* (*aussi fig*) calma
embellir [ɑ̃beliʀ] *vt* (*aussi fig*) embellecer ▸ *vi* estar cada vez más bonito(-a)
embellissement [ɑ̃belismɑ̃] *nm* (*décoration etc*) adorno; (*d'une ville, d'une maison*) arreglo
emberlificoter [ɑ̃bɛʀlifikɔte] (*fam*) : **s'emberlificoter** *vpr* enredarse, liarse
embêtant, e [ɑ̃bɛtɑ̃, ɑ̃t] (*fam*) *adj* molesto(-a), embromado(-a) (*AM, fam*)
embêté, e [ɑ̃bete] *adj* incómodo(-a), contrariado(-a)
embêtement [ɑ̃bɛtmɑ̃] (*fam*) *nm* (*gén pl*) problema *m*
embêter [ɑ̃bete] (*fam*) *vt* (*importuner*) molestar, embromar (*AM, fam*); (*ennuyer*) aburrir; (*contrarier*) fastidiar; **s'embêter** *vpr* aburrirse; (*iro*) : **il ne s'embête pas !** ¡no se aburre!
emblée [ɑ̃ble] : **d'~** *adv* de golpe
emblématique [ɑ̃blematik] *adj* emblemático(-a)
emblème [ɑ̃blɛm] *nm* (*aussi fig*) emblema *m*
embobiner [ɑ̃bɔbine] *vt* encanillar; **~ qn** (*fam : enjôler*) embaucar a algn
emboîtable [ɑ̃bwatabl] *adj* encajable
emboîtement [ɑ̃bwatmɑ̃] *nm* encaje *m*
emboîter [ɑ̃bwate] *vt* encajar; **~ le pas à qn** (*aussi fig*) seguir los pasos de algn; **s'emboîter** *vpr* : **s'~ dans** encajarse en; **s'~ (l'un dans l'autre)** encajarse (uno en otro)
embolie [ɑ̃bɔli] *nf* embolia

e

embonpoint [ɑ̃bɔ̃pwɛ̃] *nm* gordura; **prendre de l'~** engordar
embouché, e [ɑ̃buʃe] *adj* : **mal ~** mal hablado(-a)
embouchure [ɑ̃buʃyʀ] *nf* (*Géo*) desembocadura; (*Mus*) embocadura
embourber [ɑ̃buʀbe] : **s'embourber** *vpr* atascarse; **s'~ dans** (*fig*) atrancarse en
embourgeoiser [ɑ̃buʀʒwaze] : **s'embourgeoiser** *vpr* aburguesarse
embout [ɑ̃bu] *nm* contera
embouteillage [ɑ̃butɛjaʒ] *nm* embotellado; (*fig*) embotellamiento
embouteiller [ɑ̃buteje] *vt* embotellar
emboutir [ɑ̃butiʀ] *vt* (*Tech*) forjar; (*entrer en collision avec*) chocar contra
embranchement [ɑ̃bʀɑ̃ʃmɑ̃] *nm* (*routier*) bifurcación *f*; (*Science*) tipo, filo
embrancher [ɑ̃bʀɑ̃ʃe] *vt* empalmar; **~ qch sur** empalmar algo con
embrasement [ɑ̃bʀɑzmɑ̃] *nm* (*fig*) escalada de la violencia
embraser [ɑ̃bʀaze] : **s'embraser** *vpr* abrasarse; (*fig*) encenderse
embrassade [ɑ̃bʀasad] *nf* (*gén pl*) abrazo
embrasse [ɑ̃bʀas] *nf* alzapaño
embrasser [ɑ̃bʀase] *vt* (*étreindre*) abrazar; (*donner un baiser*) besar; (*sujet, période*) abarcar; **~ une carrière/un métier** abrazar una carrera/un oficio; **~ du regard** abarcar con la mirada; **s'embrasser** *vpr* besarse
embrasure [ɑ̃bʀɑzyʀ] *nf* vano; **dans l'~ de la porte** en el vano de la puerta
embrayage [ɑ̃bʀɛjaʒ] *nm* embrague *m*
embrayer [ɑ̃bʀeje] *vi* embragar ▸ *vt* (*affaire*) emprender; **~ sur qch** empalmar con algo
embrigadement [ɑ̃bʀigadmɑ̃] *nm* reclutamiento; (*fig : péj*) captación *f*
embrigader [ɑ̃bʀigade] *vt* reclutar; (*fig : péj*) liar
embringuer [ɑ̃bʀɛ̃ge] (*fam*) *vt* liar (*fam*), enredar; **~ qn dans qch** liar a algn en algo, enredar a algn en algo; **se laisser ~ dans qch** dejarse liar en algo; **s'embringuer** *vpr* : **s'~ dans qch** enredarse en algo
embrocher [ɑ̃bʀɔʃe] *vt* ensartar; (*fig*) atravesar (con espada)
embrouillamini [ɑ̃bʀujamini] (*fam*) *nm* barahúnda
embrouille [ɑ̃bʀuj] (*fam*) *nf* (*tromperie*) chanchullo (*fam*)
embrouillé, e [ɑ̃bʀuje] *adj* embrollado(-a)
embrouiller [ɑ̃bʀuje] *vt* (*aussi fig*) enredar; (*personne*) liar (*fam*); **s'embrouiller** *vpr* enredarse
embroussaillé, e [ɑ̃bʀusaje] *adj* (*terrain*) lleno(-a) de maleza; (*cheveux*) enmarañado(-a)
embrumé, e [ɑ̃bʀyme] *adj* (*paysage, horizon*) nublado(-a); (*cerveau, esprit*) aturdido(-a)
embruns [ɑ̃bʀœ̃] *nmpl* rociones *mpl*
embryologie [ɑ̃bʀijɔlɔʒi] *nf* embriología
embryon [ɑ̃bʀijɔ̃] *nm* (*aussi fig*) embrión *m*
embryonnaire [ɑ̃bʀijɔnɛʀ] *adj* (*aussi fig*) embrionario(-a)
embûches [ɑ̃byʃ] *nfpl* obstáculos *mpl*
embué, e [ɑ̃bɥe] *adj* empañado(-a); **yeux embués de larmes** ojos *mpl* empañados por las lágrimas
embuscade [ɑ̃byskad] *nf* emboscada; **tendre une ~ à qn** tender una emboscada a algn
embusqué [ɑ̃byske] (*péj*) *nm* enchufado
embusquer [ɑ̃byske] *vt* emboscar; **s'embusquer** *vpr* emboscarse; (*péj*) enchufarse
éméché, e [emeʃe] *adj* achispado(-a)
émeraude [em(ə)ʀod] *nf, adj inv* esmeralda
émergence [emɛʀʒɑ̃s] *nf* emergencia
émergent, e [emɛʀʒɑ̃, ɑ̃t] *adj* emergente
émerger [emɛʀʒe] *vi* emerger; (*fig*) surgir
émeri [em(ə)ʀi] *nm* : **toile ~** lija de esmeril
émérite [emeʀit] *adj* emérito(-a)
émerveillement [emɛʀvɛjmɑ̃] *nm* maravilla
émerveiller [emɛʀveje] *vt* maravillar; **s'émerveiller** *vpr* : **s'~ (de qch)** maravillarse (de algo)
émet [emɛ] *vb voir* **émettre**
émétique [emetik] *nm* emético(-a)
émetteur, -trice [emetœʀ, tʀis] *adj* emisor(a) ▸ *nm* emisor *m*
émetteur-récepteur [emetœʀʀesɛptœʀ] (*pl* **émetteurs-récepteurs**) *nm* emisor-receptor *m*
émettre [emɛtʀ] *vt, vi* emitir; **~ sur ondes courtes** emitir en onda corta
émeus *etc* [emø] *vb voir* **émouvoir**
émeute [emøt] *nf* motín *m*
émeutier, -ière [emøtje, jɛʀ] *nm/f* amotinado(-a)
émeuve [emœv] *vb voir* **émouvoir**
émietter [emjete] *vt* (*pain*) desmigajar; (*terre*) deshacer; (*fig*) dividir; **s'émietter** *vpr* (*terre*) desmenuzarse; (*pain*) desmigajarse
émigrant, e [emigʀɑ̃, ɑ̃t] *nm/f* emigrante *mf*
émigration [emigʀasjɔ̃] *nf* emigración *f*
émigré, e [emigʀe] *nm/f* emigrado(-a)
émigrer [emigʀe] *vi* emigrar
émincé [emɛ̃se] *nm* : **~ de veau** *plato de rodajas muy finas de carne de ternera*
émincer [emɛ̃se] *vt* (*viande*) trinchar; (*oignons etc*) cortar en rodajas finas
éminemment [eminamɑ̃] *adv* eminentemente
éminence [eminɑ̃s] *nf* eminencia; (*colline*) elevación *f*; **Son/Votre É~** Su/Vuestra Eminencia; **~ grise** eminencia gris
éminent, e [eminɑ̃, ɑ̃t] *adj* eminente
émir [emiʀ] *nm* emir *m*
émirat [emiʀa] *nm* emirato; **les Émirats arabes unis** los Emiratos Árabes Unidos

émis [emi] *pp de* **émettre**
émissaire [emisɛʀ] *nm* emisario
émission [emisjɔ̃] *nf* emisión *f*
émit [emi] *vb voir* **émettre**
emmagasinage [ɑ̃magazinaʒ] *nm* almacenamiento
emmagasiner [ɑ̃magazine] *vt* almacenar
emmailloter [ɑ̃majɔte] *vt* poner pañales a
emmanchure [ɑ̃mɑ̃ʃyʀ] *nf* sisa
emmêlement [ɑ̃mɛlmɑ̃] *nm* enmarañamiento
emmêler [ɑ̃mele] *vt* (*aussi fig*) enmarañar; **s'emmêler** *vpr* enmarañarse
emménagement [ɑ̃menaʒmɑ̃] *nm* mudanza
emménager [ɑ̃menaʒe] *vi* mudarse; **~ dans** instalarse en
emmener [ɑ̃m(ə)ne] *vt* llevar; (*comme otage, capture, avec soi*) llevarse; **~ qn au cinéma/restaurant** llevar a algn al cine/restaurante
emmental, emmenthal [emɛ̃tal] *nm* emmental *m*
emmerdement [ɑ̃mɛʀdəmɑ̃] (*fam*) *nm* (*plus souvent au pluriel : ennui*) problema *m*, marrón *m* (*fam*)
emmerder [ɑ̃mɛʀde] (*fam !*) *vt* dar el coñazo a (*fam !*), fregar (*Am fam !*); **s'emmerder** *vpr* aburrirse la hostia (*fam !*); **je t'emmerde !** ¡que te den! (*fam !*)
emmitoufler [ɑ̃mitufle] *vt* arropar; **s'emmitoufler** *vpr* arroparse
emmurer [ɑ̃myʀe] *vt* (*dans un cachot*) encerrar; (*accidentellement*) emparedar
émoi [emwa] *nm* emoción *f*; (*trouble*) inquietud *f*; **en ~** excitado(-a); **créer l'~** causar conmoción
émollient, e [emɔljɑ̃, jɑ̃t] *adj* emoliente
émoluments [emɔlymɑ̃] *nmpl* emolumentos *mpl*
émonder [emɔ̃de] *vt* (*arbre*) podar; (*amande etc*) mondar
émoticone [emɔticon] *nm* emoticono
émotif, -ive [emɔtif, iv] *adj* (*troubles etc*) emocional; (*personne*) emotivo(-a)
émotion [emosjɔ̃] *nf* emoción *f*; **avoir des émotions** (*fig*) tener sobresaltos; **donner des émotions à** dar sobresaltos a; **sans ~** sin emoción
émotionnant, e [emosjɔnɑ̃, ɑ̃t] *adj* emocionante
émotionnel, le [emosjɔnɛl] *adj* emocional
émotionner [emosjɔne] *vt* emocionar
émoulu, e [emuly] *adj* : **frais ~ de** recién salido(-a) de
émoussé, e [emuse] *adj* desafilado(-a)
émousser [emuse] *vt* (*couteau, lame*) desafilar; (*fig*) debilitar
émoustiller [emustije] *vt* alegrar
émouvant, e [emuvɑ̃, ɑ̃t] *adj* conmovedor(a)
émouvoir [emuvwaʀ] *vt* (*attendrir*) conmover; (*troubler*) turbar; **s'émouvoir** *vpr* (*s'attendrir*) conmoverse; (*se troubler*) turbarse; **s'~ de qch** conmoverse por algo
empailler [ɑ̃pɑje] *vt* disecar
empailleur, -euse [ɑ̃pɑjœʀ, øz] *nm/f* disecador(a)
empaler [ɑ̃pale] *vt* empalar; **s'empaler** *vpr* : **s'~ sur** empalarse en
empaquetage [ɑ̃paktaʒ] *nm* empaquetado
empaqueter [ɑ̃pakte] *vt* empaquetar
emparer [ɑ̃paʀe] : **s'emparer de** *vpr* apoderarse de; (*Mil*) adueñarse de; **s'~ du pouvoir** hacerse con el poder
empâter [ɑ̃pɑte] : **s'empâter** *vpr* engordar
empathie [ɑ̃pati] *nf* (*Psych*) empatía
empattement [ɑ̃patmɑ̃] *nm* (*Auto*) batalla; (*Typo*) grueso
empêché, e [ɑ̃peʃe] *adj* ocupado(-a)
empêchement [ɑ̃pɛʃmɑ̃] *nm* impedimento
empêcher [ɑ̃peʃe] *vt* impedir; **~ qn de faire qch** impedir a algn que haga algo; **~ que qch (n')arrive/que qn (ne) fasse** impedir que algo pase/que algn haga; **il n'empêche que** eso no quita que; **je ne peux pas m'~ de penser** no puedo dejar de pensar; **il n'a pas pu s'~ de rire** no pudo evitar reírse
empêcheur [ɑ̃pɛʃœʀ] *nm* : **~ de danser** *ou* **tourner en rond** aguafiestas *mf inv*
empeigne [ɑ̃pɛɲ] *nf* empeine *m*
empennage [ɑ̃penaʒ] *nm* (*Aviat*) estabilizador *m*
empereur [ɑ̃pʀœʀ] *nm* emperador *m*
empesé, e [ɑ̃pəze] *adj* (*fig*) afectado(-a)
empeser [ɑ̃pəze] *vt* almidonar
empester [ɑ̃pɛste] *vt*, *vi* apestar; **~ le tabac/le vin** apestar a tabaco/a vino
empêtrer [ɑ̃petʀe] : **s'empêtrer** *vpr* (*aussi fig*) enredarse; **s'~ dans ses explications** enredarse en sus explicaciones
emphase [ɑ̃fɑz] *nf* énfasis *msg*; **avec ~** con énfasis
emphatique [ɑ̃fatik] *adj* enfático(-a)
empiècement [ɑ̃pjɛsmɑ̃] *nm* (*Couture*) canesú *m*
empierrer [ɑ̃pjeʀe] *vt* empedrar
empiéter [ɑ̃pjete] : **~ sur** *vt* (*aussi fig*) invadir
empiffrer [ɑ̃pifʀe] : **s'empiffrer** *vpr* (*péj*) atiborrarse; **s'~ de qch** atiborrarse de algo
empiler [ɑ̃pile] *vt* apilar; **s'empiler** *vpr* amontonarse
empire [ɑ̃piʀ] *nm* imperio; (*fig*) dominio; **style E~** estilo imperio; **sous l'~ de** bajo los efectos de
empirer [ɑ̃piʀe] *vi* empeorar
empirique [ɑ̃piʀik] *adj* empírico(-a)
empirisme [ɑ̃piʀism] *nm* empirismo
emplacement [ɑ̃plasmɑ̃] *nm* emplazamiento; **sur l'~ de** en el emplazamiento de
emplâtre [ɑ̃plɑtʀ] *nm* cataplasma
emplette [ɑ̃plɛt] *nf* : **faire des emplettes** ir de tiendas; **faire l'~ de** adquirir

e

emplir [ɑ̃pliʀ] *vt* llenar; **s'emplir (de)** *vpr* llenarse (de)
emploi [ɑ̃plwa] *nm* empleo; **l'~** (*Comm, Écon*) el empleo; **d'~ facile/délicat** de uso fácil/ delicado; **offre/demande d'~** oferta/ demanda de empleo; **le plein ~** pleno empleo; **~ du temps** horario
emploie [ɑ̃plwa] *vb voir* **employer**
employé, e [ɑ̃plwaje] *nm/f* empleado(-a); **~ de banque** empleado(-a) de banco; **~ de bureau** oficinista *mf*; **~ de maison** criado(-a)
employer [ɑ̃plwaje] *vt* emplear; **~ la force/ les grands moyens** emplear fuerza/fuerzas mayores; **s'employer** *vpr* : **s'~ à qch/à faire** esforzarse por algo/por hacer
employeur, -euse [ɑ̃plwajœʀ, øz] *nm/f* empleador(a)
empocher [ɑ̃pɔʃe] *vt* embolsar
empoignade [ɑ̃pwaɲad] *nf* altercado
empoigne [ɑ̃pwaɲ] *nf* : **foire d'~** batalla campal
empoigner [ɑ̃pwaɲe] *vt* empuñar; **s'empoigner** *vpr* (*fig*) ir a las manos
empois [ɑ̃pwa] *nm* engrudo
empoisonné, e [ɑ̃pwazɔne] *adj* (*volontairement*) envenenado(-a); (*fig*) : **un cadeau ~** un regalo envenenado
empoisonnement [ɑ̃pwazɔnmɑ̃] *nm* (*volontairement*) envenenamiento; (*accidentellement*) intoxicación *f*
empoisonner [ɑ̃pwazɔne] *vt* (*volontairement*) envenenar; (*accidentellement, empester*) intoxicar; (*fam : embêter*) : **~ qn** fastidiar a algn; **~ l'atmosphère** (*fig*) cargar la atmósfera; **il nous empoisonne l'existence** nos amarga la existencia; **s'empoisonner** *vpr* (*volontairement*) envenenarse; (*accidentellement*) intoxicarse
empoissonner [ɑ̃pwasɔne] *vt* poblar de peces
emporté, e [ɑ̃pɔʀte] *adj* arrebatado(-a)
emportement [ɑ̃pɔʀtəmɑ̃] *nm* enfurecimiento
emporte-pièce [ɑ̃pɔʀtəpjɛs] (*pl* **emporte-pièces**) *nm* (*Tech*) sacabocados *m inv*; **à l'~** (*fig : péj : déclarations, jugement*) de trazo grueso
emporter [ɑ̃pɔʀte] *vt* llevar; (*en dérobant, enlevant*) arrebatar; (*suj : courant, vent, avalanche*) arrastrar; (*suj : enthousiasme, colère*) arrebatar; (*gagner, Mil*) lograr; **la maladie qui l'a emporté** la enfermedad que se lo ha llevado; **l'~** ganar; **l'~ sur** desbancar a; **boissons/ plats chauds à ~** bebidas *fpl*/comidas *fpl* calientes para llevar; **s'emporter** *vpr* enfurecerse
empoté, e [ɑ̃pɔte] *adj* torpe, zoquete
empourpré, e [ɑ̃puʀpʀe] *adj* enrojecido(-a)
empreint, e [ɑ̃pʀɛ̃, ɛ̃t] *adj* : **~ de** impregnado(-a) de
empreinte [ɑ̃pʀɛ̃t] *nf* (*aussi fig*) huella; **~ carbone** huella de carbono; **empreintes (digitales)** huellas *fpl* (dactilares); **~ écologique** huella ecológica
empressé, e [ɑ̃pʀese] *adj* solícito(-a)
empressement [ɑ̃pʀɛsmɑ̃] *nm* (*sollicitude*) solicitud *f*; (*hâte*) prisa
empresser [ɑ̃pʀese] : **s'empresser** *vpr* apresurarse; **s'~ auprès de qn** mostrarse solícito(-a) con algn; **s'~ de faire** apresurarse a hacer
emprise [ɑ̃pʀiz] *nf* influencia; **sous l'~ de** bajo la influencia de
emprisonnement [ɑ̃pʀizɔnmɑ̃] *nm* encarcelamiento; **une peine d'~ de trois à cinq ans** una pena de prisión de tres a cinco años
emprisonner [ɑ̃pʀizɔne] *vt* encarcelar; (*fig*) encerrar
emprunt [ɑ̃pʀœ̃] *nm* (*gén, Fin*) préstamo; (*littéraire*) imitación *f*; **nom d'~** (p)seudónimo; **~ d'État** empréstito de Estado; **~ public à 5%** empréstito público al 5%; **« palabres » est un ~ à l'espagnol « palabra »** « palabres » es un préstamo del español « palabra »
emprunté, e [ɑ̃pʀœ̃te] *adj* (*fig*) forzado(-a)
emprunter [ɑ̃pʀœ̃te] *vt* (*gén, Fin*) pedir *ou* tomar prestado; (*route, itinéraire*) seguir; (*style, manière*) imitar; **~ de l'argent** pedir dinero prestado, pedir un préstamo; **~ qch à qn** tomar prestado algo de algn

> Pour traduire le verbe **emprunter** en espagnol, on a recours au verbe *prestar* (**prêter**). On parle ainsi de *pedir prestado* (« demander en prêt ») ou *tomar prestado* (« prendre en prêt ») :
> **Je lui ai emprunté son appareil photo.** Le pedí prestada su cámara.
> **Il m'a emprunté ma voiture.** Me ha tomado prestado el coche.

emprunteur, -euse [ɑ̃pʀœ̃tœʀ, øz] *nm/f* prestatario(-a)
empuantir [ɑ̃pɥɑ̃tiʀ] *vt* infestar
ému, e [emy] *pp de* **émouvoir** ▸ *adj* (*de joie, gratitude*) emocionado(-a); (*d'attendrissement*) conmovido(-a)
émulation [emylasjɔ̃] *nf* emulación *f*
émule [emyl] *nmf* (*aussi péj*) émulo(-a)
émulsion [emylsjɔ̃] *nf* emulsión *f*
émut [emy] *vb voir* **émouvoir**

MOT-CLÉ

en [ɑ̃] *prép* **1** (*endroit, pays*) en; (*direction*) a; **habiter en France/en ville** vivir en Francia/ en la ciudad; **aller en France/en ville** ir a Francia/a la ciudad
2 (*temps*) en; **en trois jours/20 ans** en tres días/20 años; **en été/juin** en verano/junio
3 (*moyen*) en; **en avion/taxi** en avión/taxi
4 (*composition*) de; **c'est en verre/bois** es de cristal/madera; **un collier en argent** un collar de plata

5 (*description, état*) : **une femme en rouge** una mujer de rojo; **peindre qch en rouge** pintar algo de rojo; **en T/étoile** en forma de T/en estrella; **en chemise/chaussettes** en camisa/calcetines; **en soldat** de soldado; **en civil** de civil *ou* paisano; **en deuil** de luto; **cassé en plusieurs morceaux** roto en varios pedazos; **en réparation** en reparación; **partir en vacances** marcharse de vacaciones; **le même en plus grand** el mismo en tamaño más grande; **en bon diplomate, il n'a rien dit** como buen diplomático, no dijo nada; **expert/licencié en ...** experto/licenciado en ...; **fort en maths** fuerte en matemáticas; **être en bonne santé** estar bien de salud; **en deux volumes/une pièce** en dos volúmenes/una pieza; *voir aussi* **tant** ; **croire** *etc*
6 (*en tant que*) : **en bon chrétien** como buen cristiano; **je te parle en ami** te hablo como amigo
7 (*avec gérondif*) : **en travaillant/dormant** al trabajar/dormir, trabajando/durmiendo; **en apprenant la nouvelle/sortant, ...** al saber la noticia/al salir, ...; **sortir en courant** salir corriendo
▶ *pron* **1** (*indéfini*) : **j'en ai ...** tengo ...; **en as-tu ?** ¿tienes?; **en veux-tu ?** ¿quieres?; **je n'en veux pas** no quiero; **j'en ai deux** tengo dos; **j'en ai assez** (*fig*) tengo bastante; (*j'en ai marre*) estoy harto de eso; **combien y en a-t-il ?** ¿cuántos hay?; **où en étais-je ?** ¿dónde estaba?; **j'en viens à penser que ...** eso me lleva a pensar que ...; **il en va ainsi** *ou* **de même pour toi !** ¡y tú igual!
2 (*provenance*) de allí; **j'en viens/sors** vengo/salgo (de allí)
3 (*cause*) : **il en est malade/perd le sommeil** está enfermo/pierde el sueño (por ello); (: *instrument, agent*) : **il en est aimé** es estimado (por ello)
4 (*complément de nom, d'adjectif, de verbe*) : **j'en connais les dangers/défauts** conozco los peligros/defectos de eso; **j'en suis fier** estoy orgulloso de ello; **j'en ai besoin** lo necesito

ENA [ena] *sigle f* (= *École nationale d'administration*) *universidad de élite para altos cargos de la Administración*
énarque [enaʀk] *nmf diplomado por la ENA (École nationale d'administration)*
encablure [ɑ̃kablyʀ] *nf* (*Naut*) cable *m*
encadrement [ɑ̃kadʀəmɑ̃] *nm* (*de porte*) marco; **l'~ des loyers** el control del precio del alquiler; **~ du crédit** control *m* del crédito
encadrer [ɑ̃kadʀe] *vt* (*tableau, image*) enmarcar; (*entourer*) rodear; (*personnel*) dirigir; (*soldats*) tener a su mando; (*crédit*) controlar
encadreur [ɑ̃kadʀœʀ] *nm* montador *m* de marcos
encaisse [ɑ̃kɛs] *nf* : **~ or/métallique** respaldo de oro/de metal
encaissé, e [ɑ̃kese] *adj* encajonado(-a)
encaisser [ɑ̃kese] *vt* (*chèque, argent*) cobrar; (*coup, défaite*) encajar
encaisseur [ɑ̃kɛsœʀ] *nm* cobrador *m*
encan [ɑ̃kɑ̃] : **à l'~** *adv* en subasta
encanailler [ɑ̃kanaje] : **s'encanailler** *vpr* corromperse
encart [ɑ̃kaʀ] *nm* encarte *m*; **~ publicitaire** volante *m* publicitario
encarter [ɑ̃kaʀte] *vt* insertar
en-cas [ɑ̃ka] *nm inv* tentempié *m*
encastrable [ɑ̃kastʀabl] *adj* (*four*) empotrable
encastré [ɑ̃kastʀe] *adj* empotrado(-a)
encastrer [ɑ̃kastʀe] *vt* : **~ qch dans** (*mur*) empotrar algo en; (*boîtier*) encastrar algo en; **s'encastrer** *vpr* : **s'~ dans** embutirse en; (*boîtier*) encastrarse en
encaustique [ɑ̃kostik] *nf* cera
encaustiquer [ɑ̃kostike] *vt* encerar
enceinte [ɑ̃sɛ̃t] *adj f* : **~ de six mois** encinta *ou* embarazada de seis meses ▶ *nf* (*mur*) muralla; (*espace*) recinto; **~ (acoustique)** bafle *m*
encens [ɑ̃sɑ̃] *nm* incienso
encenser [ɑ̃sɑ̃se] *vt* incensar; (*fig*) adular
encensoir [ɑ̃sɑ̃swaʀ] *nm* incensario
encéphalogramme [ɑ̃sefalɔgʀam] *nm* encefalograma *m*
encercler [ɑ̃sɛʀkle] *vt* cercar
enchaîné [ɑ̃ʃene] *nm* (*Ciné*) encadenado
enchaînement [ɑ̃ʃɛnmɑ̃] *nm* encadenamiento
enchaîner [ɑ̃ʃene] *vt* encadenar ▶ *vi* proseguir
enchanté, e [ɑ̃ʃɑ̃te] *adj* encantado(-a); **~ de faire votre connaissance** encantado(-a) de conocerle
enchantement [ɑ̃ʃɑ̃tmɑ̃] *nm* encantamiento; **comme par ~** como por arte de magia
enchanter [ɑ̃ʃɑ̃te] *vt* encantar
enchanteur, -eresse [ɑ̃ʃɑ̃tœʀ, tʀɛs] *adj* encantador(-a)
enchâsser [ɑ̃ʃase] *vt* (*diamant*) engarzar; **~ qch dans** encastrar algo en
enchère [ɑ̃ʃɛʀ] *nf* oferta; **faire une ~ pour** hacer una oferta por, pujar por; **mettre aux enchères** sacar a subasta; **vendre qch aux enchères** subastar algo; **les enchères montent** las ofertas suben; **faire monter les enchères** (*fig*) hacer subir las ofertas
enchérir [ɑ̃ʃeʀiʀ] *vi* : **~ sur qn** (*aussi fig*) sobrepujar a algn
enchevêtré, e [ɑ̃ʃ(ə)vetʀe] *adj* enredado(-a)
enchevêtrement [ɑ̃ʃ(ə)vɛtʀəmɑ̃] *nm* lío
enchevêtrer [ɑ̃ʃ(ə)vetʀe] *vt* enredar; **s'enchevêtrer** *vpr* enredarse
enclave [ɑ̃klav] *nf* enclave *m*
enclaver [ɑ̃klave] *vt* encerrar

enclencher [ɑ̃klɑ̃ʃe] *vt* (*mécanisme*) enganchar; (*affaire*) iniciar; **s'enclencher** *vpr* ponerse en marcha
enclin, e [ɑ̃klɛ̃, in] *adj* : ~ **à qch/à faire** propenso(-a) a algo/a hacer
enclore [ɑ̃klɔʀ] *vt* cercar
enclos [ɑ̃klo] *nm* cercado
enclume [ɑ̃klym] *nf* yunque *m*
encoche [ɑ̃kɔʃ] *nf* muesca
encoder [ɑ̃kɔde] *vt* codificar
encodeur [ɑ̃kɔdœʀ] *nm* codificador *m*
encoignure [ɑ̃kɔɲyʀ] *nf* rincón *m*
encoller [ɑ̃kɔle] *vt* encolar
encolure [ɑ̃kɔlyʀ] *nf* (*mesure*) (medida del) cuello; (*col, cou*) cuello
encombrant, e [ɑ̃kɔ̃bʀɑ̃, ɑ̃t] *adj* voluminoso(-a)
encombre [ɑ̃kɔ̃bʀ] : **sans** ~ *adv* sin dificultad
encombré, e [ɑ̃kɔ̃bʀe] *adj* (*pièce, passage*) abarrotado(-a); (*lignes téléphoniques, marché*) saturado(-a)
encombrement [ɑ̃kɔ̃bʀəmɑ̃] *nm* (*d'un lieu*) obstrucción *f*; (*de circulation*) embotellamiento; (*des lignes téléphoniques*) saturación *f*; (*d'un objet*) volumen *m*
encombrer [ɑ̃kɔ̃bʀe] *vt* (*couloir, rue*) obstruir; (*mémoire, marché*) abarrotar; (*personne*) estorbar; ~ **le passage** obstruir el paso; **s'encombrer** *vpr* : **s'~ de** (*bagages etc*) cargarse de *ou* con
encontre [ɑ̃kɔ̃tʀ] : **à l'~ de** *prép* (*contre*) en contra de, contra; (*contraire à*) en contra de
encorbellement [ɑ̃kɔʀbɛlmɑ̃] *nm* (*Archit*) saledizo; **fenêtre en** ~ ventana en saliente
encorder [ɑ̃kɔʀde] : **s'encorder** *vpr* encordarse

MOT-CLÉ

encore [ɑ̃kɔʀ] *adv* **1** (*continuation*) todavía; **il travaille encore** trabaja todavía; **pas encore** todavía no
2 (*de nouveau*) : **elle m'a encore demandé de l'argent** me ha vuelto a pedir dinero; **encore !** (*insatisfaction*) ¡otra vez!; **encore un effort** un esfuerzo más; **j'irai encore demain** iré también mañana; **encore une fois** una vez más; **encore deux jours** dos días más
3 (*intensif*) : **encore plus fort/mieux** aún más fuerte/mejor; **hier encore** todavía ayer; **non seulement ..., mais encore** no solo ... sino también
4 (*restriction*) al menos; **encore pourrais-je le faire, si j'avais de l'argent** si al menos tuviera dinero, podría hacerlo; **si encore** si por lo menos; **(et puis) quoi encore ?** ¿y qué más?; **encore que** *conj* aunque

encourageant, e [ɑ̃kuʀaʒɑ̃, ɑ̃t] *adj* alentador(a)
encouragement [ɑ̃kuʀaʒmɑ̃] *nm* (*récompense*) estímulo; (*acte, parole*) ánimos *mpl*
encourager [ɑ̃kuʀaʒe] *vt* (*personne*) animar; (*activité, tendance*) fomentar; ~ **qn à faire qch** animar a algn para que haga algo
encourir [ɑ̃kuʀiʀ] *vt* exponerse a
encrasser [ɑ̃kʀase] *vt* ensuciar; **s'encrasser** *vpr* (*tuyau, filtre*) atascarse; (*bougies d'allumage*) cubrirse de grasa
encre [ɑ̃kʀ] *nf* tinta; ~ **de Chine** tinta china; ~ **indélébile** tinta indeleble; ~ **sympathique** tinta simpática *ou* invisible
encrer [ɑ̃kʀe] *vt* entintar
encreur [ɑ̃kʀœʀ] *adj m* : **rouleau** ~ rodillo entintador
encrier [ɑ̃kʀije] *nm* tintero
encroûter [ɑ̃kʀute] : **s'encroûter** *vpr* (*fig*) embrutecerse
encyclique [ɑ̃siklik] *nf* encíclica
encyclopédie [ɑ̃siklɔpedi] *nf* enciclopedia
encyclopédique [ɑ̃siklɔpedik] *adj* enciclopédico(-a)
endémique [ɑ̃demik] *adj* (*aussi fig*) endémico(-a)
endetté, e [ɑ̃dete] *adj* endeudado(-a); **très ~ envers qn** (*fig*) muy endeudado(-a) con algn
endettement [ɑ̃dɛtmɑ̃] *nm* endeudamiento
endetter [ɑ̃dete] *vt* endeudar; **s'endetter** *vpr* endeudarse
endeuiller [ɑ̃dœje] *vt* enlutar; **manifestation endeuillée par ...** manifestación *f* marcada por ...
endiablé, e [ɑ̃djɑble] *adj* (*allure, rythme*) endiablado(-a); (*enfant*) revoltoso(-a)
endiguer [ɑ̃dige] *vt* encauzar; (*fig*) refrenar
endimanché, e [ɑ̃dimɑ̃ʃe] *adj* endomingado(-a); **avoir l'air** ~ parecer incómodo(-a) con la ropa
endimancher [ɑ̃dimɑ̃ʃe] : **s'endimancher** *vpr* endomingarse, vestirse de domingo
endive [ɑ̃div] *nf* endibia
endocrine [ɑ̃dɔkʀin] *adj f* : **glande** ~ glándula endocrina
endoctrinement [ɑ̃dɔktʀinmɑ̃] *nm* adoctrinamiento
endoctriner [ɑ̃dɔktʀine] *vt* adoctrinar
endolori, e [ɑ̃dɔlɔʀi] *adj* dolorido(-a)
endommager [ɑ̃dɔmaʒe] *vt* dañar
endormant, e [ɑ̃dɔʀmɑ̃, ɑ̃t] *adj* adormecedor(a)
endormi, e [ɑ̃dɔʀmi] *pp de* **endormir** ▶ *adj* dormido(-a); (*indolent, lent*) lento(-a)
endormir [ɑ̃dɔʀmiʀ] *vt* adormecer, dormir; (*soupçons*) engañar; (*ennemi*) burlar; (*ennuyer*) adormecer; (*Méd*) anestesiar; **s'endormir** *vpr* (*aussi fig*) dormirse
endoscope [ɑ̃dɔskɔp] *nm* endoscopio
endoscopie [ɑ̃dɔskɔpi] *nf* endoscopia
endosser [ɑ̃dose] *vt* (*responsabilité*) asumir; (*chèque*) endosar; (*uniforme*) ponerse
endroit [ɑ̃dʀwa] *nm* lugar *m*, sitio; (*opposé à l'envers*) derecho; **à l'~** (*vêtement*) al derecho;

à l'~ de (*à l'égard de*) con respecto a; **les gens de l'~** la gente del lugar; **par endroits** en algunos sitios; **à cet ~** en ese sitio

enduire [ɑ̃dɥiʀ] *vt* : **~ qch de** recubrir algo con *ou* de; **s'enduire** *vpr* untarse

enduit, e [ɑ̃dɥi, it] *pp de* **enduire** ▸ *nm* argamasa

endurance [ɑ̃dyʀɑ̃s] *nf* resistencia

endurant, e [ɑ̃dyʀɑ̃, ɑ̃t] *adj* resistente

endurci, e [ɑ̃dyʀsi] *adj* : **buveur/célibataire ~** borracho/solterón *m* empedernido

endurcir [ɑ̃dyʀsiʀ] *vt* endurecer; **s'endurcir** *vpr* endurecerse

endurer [ɑ̃dyʀe] *vt* aguantar

énergétique [enɛʀʒetik] *adj* energético(-a)

énergie [enɛʀʒi] *nf* (*aussi fig*) energía

énergique [enɛʀʒik] *adj* enérgico(-a)

énergiquement [enɛʀʒikmɑ̃] *adv* enérgicamente

énergisant, e [enɛʀʒizɑ̃, ɑ̃t] *adj* energético(-a)

énergumène [enɛʀgymɛn] *nm* energúmeno

énervant, e [enɛʀvɑ̃, ɑ̃t] *adj* irritante

énervé, e [enɛʀve] *adj* nervioso(-a); (*agacé*) irritado(-a)

énervement [enɛʀvəmɑ̃] *nm* nerviosismo

énerver [enɛʀve] *vt* poner nervioso(-a), enervar; **s'énerver** *vpr* ponerse nervioso(-a), enervarse

enfance [ɑ̃fɑ̃s] *nf* (*âge*) niñez *f*; (*fig*) principio; (*enfants*) infancia; **c'est l'~ de l'art** está tirado; **petite ~** primera infancia; **souvenir/ami d'~** recuerdo/amigo de infancia; **retomber en ~** volver a la niñez

enfant [ɑ̃fɑ̃] *nmf* (*garçon, fillette : aussi fig*) niño(-a); (*fils, fille : aussi fig*) hijo(-a); **petit ~** nene(-a); **bon ~** bonachón(-ona); **~ adoptif** hijo(-a) adoptivo(-a); **~ de chœur** (*Rel, fig*) monaguillo; **~ naturel(le)/unique** hijo(-a) natural/único(-a); **~ prodige** niño(-a) prodigio

enfanter [ɑ̃fɑ̃te] *vi* dar a luz, parir ▸ *vt* (*œuvre*) dar a luz

enfantillage [ɑ̃fɑ̃tijaʒ] (*péj*) *nm* chiquillada

enfantin, e [ɑ̃fɑ̃tɛ̃, in] *adj* infantil

enfer [ɑ̃fɛʀ] *nm* infierno; **allure/bruit d'~** ritmo/ruido infernal

enfermer [ɑ̃fɛʀme] *vt* (*à clé etc*) encerrar; **s'enfermer** *vpr* encerrarse; **s'~ à clé** cerrarse con llave; **s'~ dans la solitude/le mutisme** encerrarse en la soledad/el mutismo

enferrer [ɑ̃feʀe] : **s'enferrer** *vpr* : **s'~ dans** enredarse con

enfiévré [ɑ̃fjevʀe] *adj* (*fig*) enardecido(-a)

enfilade [ɑ̃filad] *nf* : **une ~ de ruelles/de maisons** una hilera de calles/de casas; **en ~** en fila; **prendre des rues en ~** enfilar las calles

enfiler [ɑ̃file] *vt* (*perles*) ensartar; (*aiguille*) enhebrar; (*rue, couloir*) enfilar; **~ qch** (*vêtement*) ponerse algo; **~ qch dans** (*insérer*) meter algo en; **s'enfiler** *vpr* : **s'~ dans** (*entrer dans*) enfilar

enfin [ɑ̃fɛ̃] *adv* (*pour finir*) finalmente; (*en dernier lieu, pour conclure*) por último; (*de restriction, résignation*) en fin; (*eh bien !*) ¡por fin!

enflammé, e [ɑ̃flame] *adj* (*torche, allumette*) encendido(-a); (*Méd*) inflamado(-a); (*nature, discours*) entusiasta

enflammer [ɑ̃flame] *vt* (*aussi fig*) inflamar; **s'enflammer** *vpr* inflamarse

enflé, e [ɑ̃fle] (*aussi péj*) *adj* hinchado(-a)

enfler [ɑ̃fle] *vi* (*Méd*) inflamar, hincharse

enflure [ɑ̃flyʀ] *nf* inflamación *f*

enfoncé, e [ɑ̃fɔ̃se] *adj* hundido(-a); **yeux enfoncés (dans les orbites)** ojos *mpl* hundidos (en las órbitas)

enfoncement [ɑ̃fɔ̃smɑ̃] *nm* (*recoin*) hueco

enfoncer [ɑ̃fɔ̃se] *vt* (*clou*) clavar; (*forcer, défoncer, faire pénétrer*) hundir; (*lignes ennemies*) derrotar; (*fam : surpasser*) derribar; **~ un chapeau sur la tête** calarse un sombrero en la cabeza; **~ qn dans la dette** hundir a algn en deudas ▸ *vi* (*dans la vase etc*) hundirse; **s'enfoncer** *vpr* hundirse; **s'~ dans** hundirse en; (*forêt, ville*) adentrarse en; (*mensonge*) sumirse en; (*erreur*) andar en

enfouir [ɑ̃fwiʀ] *vt* (*dans le sol*) enterrar; (*dans un tiroir, une poche*) meter en el fondo; **s'enfouir** *vpr* : **s'~ dans/sous** refugiarse en/ocultarse bajo

enfourcher [ɑ̃fuʀʃe] *vt* montar a horcajadas; **~ son dada** (*fig*) comenzar con su tema

enfourner [ɑ̃fuʀne] *vt* poner al horno, meter en el horno; **~ qch dans** meter algo en; **s'enfourner** *vpr* : **s'~ dans** meterse en

enfreignais [ɑ̃fʀɛɲɛ] *vb voir* **enfreindre**

enfreindre [ɑ̃fʀɛ̃dʀ] *vt* infringir

enfuir [ɑ̃fɥiʀ] : **s'enfuir** *vpr* huir

enfumé, e [ɑ̃fyme] *adj* lleno(-a) de humo

enfumer [ɑ̃fyme] *vt* ahumar

enfuyais [ɑ̃fɥijɛ] *vb voir* **enfuir**

engagé, e [ɑ̃gaʒe] *adj* (*littérature, politique*) comprometido(-a) ▸ *nm* (*Mil*) voluntario

engageant, e [ɑ̃gaʒɑ̃, ɑ̃t] *adj* atractivo(-a)

engagement [ɑ̃gaʒmɑ̃] *nm* compromiso; (*contrat professionnel*) contrato; (*combat*) intervención *f*; (*recrutement*) alistamiento voluntario; (*Sport*) saque *m* de centro; **prendre l'~ de faire** comprometerse a hacer; **sans ~** (*Comm*) sin compromiso

engager [ɑ̃gaʒe] *vt* (*embaucher*) contratar; (*débat*) iniciar; (*négociations*) entablar; (*lier*) comprometer; (*impliquer, entraîner*) implicar; (*argent*) colocar; (*faire intervenir*) hacer intervenir; **10 chevaux sont engagés dans cette course** 10 caballos toman parte en esta carrera; **~ qn à faire/à qch** incitar a algn a hacer/a algo; **~ qch dans** (*faire pénétrer*) meter algo en; **s'engager** *vpr* (*s'embaucher*) incorporarse; (*Mil*) alistarse; (*politiquement,*

e

promettre) comprometerse; (*négociations*) entablarse; **s'~ à faire qch** comprometerse a hacer algo; **s'~ dans** (*rue, passage*) enfilar; (*voie, carrière, discussion*) meterse en
engazonner [ãgɑzɔne] *vt* cubrir de césped
engeance [ãʒãs] *nf* (*péj*) gentuza
engelures [ãʒlyʀ] *nfpl* sabañones *mpl*
engendrer [ãʒãdʀe] *vt* engendrar
engin [ãʒɛ̃] *nm* máquina; (*péj*) artefacto; (*missile*) proyectil *m*; **~ blindé** vehículo blindado; **~ de terrassement** excavadora; **~ explosif** artefacto explosivo; **engins (spéciaux)** misiles *mpl*
englober [ãglɔbe] *vt* englobar
engloutir [ãglutiʀ] *vt* (*aussi fig*) tragar; **s'engloutir** *vpr* hundirse
englué, e [ãglye] *adj* enviscado(-a)
engoncé, e [ãgɔ̃se] *adj* : **~ dans** embutido(-a) en
engorgement [ãgɔʀʒəmã] *nm* atasco; (*Méd*) hinchazón *f*
engorger [ãgɔʀʒe] *vt* (*tuyau, rue*) atascar; (*marché*) saturar; **s'engorger** *vpr* atascarse
engouement [ãgumã] *nm* apasionamiento
engouffrer [ãgufʀe] *vt* engullir; **s'engouffrer** *vpr* : **s'~ dans** (*suj : vent, eau*) penetrar en; (*: personnes*) precipitarse en
engourdi, e [ãguʀdi] *adj* entumecido(-a)
engourdir [ãguʀdiʀ] *vt* (*membres*) entumecer; (*esprit*) abotargar; **s'engourdir** *vpr* entumecerse; abotargarse
engourdissement [ãguʀdismã] *nm* (*des membres*) entumecimiento; (*de l'esprit*) abotargamiento
engrais [ãgʀɛ] *nm* abono; **~ chimique/minéral/naturel** abono químico/mineral/natural; **~ organique/vert** abono orgánico/verde
engraisser [ãgʀese] *vt* (*animal*) cebar; (*terre*) abonar ▸ *vi* (*péj : personne*) forrarse
engranger [ãgʀãʒe] *vt* (*foin*) entrojar; (*fig*) almacenar
engrenage [ãgʀənaʒ] *nm* (*aussi fig*) engranaje *m*
engueulade [ãgœlad] (*fam*) *nf* bronca
engueuler [ãgœle] (*fam*) *vt* : **~ qn** echar una bronca a algn (*fam*); **se faire ~** llevarse una bronca; **s'engueuler** *vpr* tener una bronca
enguirlander [ãgiʀlãde] (*fam*) *vt* echar un rapapolvo a (*fam*)
enhardir [ãaʀdiʀ] *vt* animar; **s'enhardir** *vpr* envalentonarse
énième [ɛnjɛm] *adj voir* **nième**
énigmatique [enigmatik] *adj* enigmático(-a)
énigmatiquement [enigmatikmã] *adv* enigmáticamente
énigme [enigm] *nf* enigma *m*
enivrant, e [ãnivʀã, ãt] *adj* embriagador(a)
enivrer [ãnivʀe] *vt* (*aussi fig*) embriagar, emborrachar; **s'enivrer** *vpr* (*en buvant*) emborracharse, embriagarse; **s'~ de** (*fig*) embriagarse de, emborracharse de
enjambée [ãʒãbe] *nf* zancada; **d'une ~** de una zancada
enjambement [ãʒãbmã] *nm* (*en poésie*) encabalgamiento
enjamber [ãʒãbe] *vt* franquear
enjeu, x [ãʒø] *nm* apuesta; (*d'une élection, d'un match*) lo que está en juego
enjoindre [ãʒwɛ̃dʀ] *vt* : **~ qn de faire** ordenar a algn que haga
enjôler [ãʒole] *vt* engatusar
enjôleur, -euse [ãʒolœʀ, øz] *adj* zalamero(-a)
enjolivement [ãʒɔlivmã] *nm* adorno
enjoliver [ãʒɔlive] *vt* (*aussi fig*) adornar
enjoliveur [ãʒɔlivœʀ] *nm* (*Auto*) embellecedor *m*
enjoué, e [ãʒwe] *adj* alegre
enlacer [ãlase] *vt* (*étreindre*) abrazar; (*suj : corde, liane*) enredarse alrededor de
enlaidir [ãlediʀ] *vt* afear ▸ *vi* afearse
enlevé, e [ãl(ə)ve] *adj* (*Mus*) ejecutado(-a) brillantemente
enlèvement [ãlɛvmã] *nm* (*rapt*) rapto; **l'~ des ordures ménagères** la recogida de basuras
enlever [ãl(ə)ve] *vt* quitar; (*ordures, meubles à déménager*) recoger; (*kidnapper*) raptar; (*prix, victoire*) conseguir; (*Mil*) tomar; **~ qch à qn** (*possessions, espoir*) quitar algo a algn; **la maladie qui nous l'a enlevé** (*euphémisme*) la enfermedad que nos lo ha llevado; **s'enlever** *vpr* (*tache*) quitarse
enlisement [ãlizmã] *nm* hundimiento; (*fig : de négociations, conflit*) estancamiento
enliser [ãlize] : **s'enliser** *vpr* hundirse; (*fig : négociations, conflit*) estancarse
enluminure [ãlyminyʀ] *nf* iluminación *f*
enneigé, e [ãneʒe] *adj* (*pente, col*) nevado(-a); (*maison*) cubierto(-a) de nieve
enneigement [ãnɛʒmã] *nm* cantidad *f* de nieve; **bulletin d'~** estado de la nieve
ennemi, e [ɛnmi] *adj, nm/f* enemigo(-a); **être ~ de** (*tendance, activité*) ser enemigo(-a) de ▸ *nm* (*Mil, gén*) enemigo
ennoblir [ãnɔbliʀ] *vt* ennoblecer
ennui [ãnɥi] *nm* (*lassitude*) aburrimiento; (*difficulté*) problema *m*; **avoir/s'attirer des ennuis** tener/buscarse problemas
ennuie [ãnɥi] *vb voir* **ennuyer**
ennuyé, e [ãnɥije] *adj* (*préoccupé, contrarié*) contrariado(-a)
ennuyer [ãnɥije] *vt* (*importuner, gêner*) molestar; (*contrarier*) fastidiar; (*lasser*) aburrir; **si cela ne vous ennuie pas** si no le molesta; **s'ennuyer** *vpr* (*se lasser*) aburrirse; **s'~ de qch/qn** (*regretter*) echar de menos algo/a algn
ennuyeux, -euse [ãnɥijø, øz] *adj* (*lassant*) aburrido(-a); (*contrariant*) molesto(-a)
énoncé [enɔ̃se] *nm* enunciado
énoncer [enɔ̃se] *vt* enunciar; (*conditions*) formular

énonciation [enɔ̃sjasjɔ̃] *nf* enunciación *f*
enorgueillir [ɑ̃nɔʀgœjiʀ] : **s'enorgueillir de** *vpr* enorgullecerse de
énorme [enɔʀm] *adj* enorme
énormément [enɔʀmemɑ̃] *adv* (*avec vb*) muchísimo; **~ de neige/gens** muchísima nieve/gente
énormité [enɔʀmite] *nf* barbaridad *f*; (*d'une faute etc*) enormidad *f*
enquérir [ɑ̃keʀiʀ] : **s'enquérir de** *vpr* preguntar por
enquête [ɑ̃kɛt] *nf* (*judiciaire, administrative, de police*) investigación *f*; (*de journaliste, sondage*) encuesta
enquêter [ɑ̃kete] *vi* (*gén, police*) investigar; (*journaliste, sondage*) hacer una encuesta; **~ sur** investigar sobre
enquêteur, -euse, -trice [ɑ̃kɛtœʀ, øz, tʀis] *nm/f* investigador(a)
enquière *etc* [ɑ̃kjɛʀ] *vb voir* **enquérir**
enquiers *etc* [ɑ̃kje] *vb voir* **enquérir**
enquiquiner [ɑ̃kikine] *vt* chinchar (*fam*)
enquiquineur, -euse [ɑ̃kikinœʀ, øz] (*fam*) *nm/f* plasta *mf* (*fam*), pesado(-a)
enquis [ɑ̃ki] *pp de* **enquérir**
enraciné, e [ɑ̃ʀasine] *adj* arraigado(-a)
enragé, e [ɑ̃ʀaʒe] *adj* (*chien*) rabioso(-a); (*personne*) furioso(-a); (*passionné*) apasionado(-a); **~ de** fanático(-a) de
enrageant, e [ɑ̃ʀaʒɑ̃] *adj* irritante
enrager [ɑ̃ʀaʒe] *vi* : **il enrage de ne pas pouvoir ...** le da rabia no poder ...; **faire ~ qn** hacer rabiar a algn
enrayer [ɑ̃ʀeje] *vt* (*maladie*) cortar; (*processus*) interrumpir; **s'enrayer** *vpr* (*arme à feu*) encasquillarse
enrégimenter [ɑ̃ʀeʒimɑ̃te] (*péj*) *vt* incorporar a
enregistrement [ɑ̃ʀ(ə)ʒistʀəmɑ̃] *nm* (*d'un disque*) grabación *f*; (*d'un fichier, d'une plainte*) registro; **~ des bagages** facturación *f*; **~ magnétique** grabación magnética
enregistrer [ɑ̃ʀ(ə)ʒistʀe] *vt* (*Mus*) grabar; (*Inform*) archivar; (*Admin, Comm, fig*) registrar; (*bagages* : *aussi* : **faire enregistrer**) facturar
enregistreur, -euse [ɑ̃ʀ(ə)ʒistʀœʀ, øz] *adj* registrador(a) ▸ *nm* aparato registrador; **~ de vol** registrador *m* de vuelo
enrhumé, e [ɑ̃ʀyme] *adj* : **il est ~** está acatarrado *ou* constipado *ou* resfriado
enrhumer [ɑ̃ʀyme] : **s'enrhumer** *vpr* acatarrarse, constiparse, resfriarse
enrichi, e [ɑ̃ʀiʃi] *adj* enriquecido(-a)
enrichir [ɑ̃ʀiʃiʀ] *vt* enriquecer; **s'enrichir** *vpr* enriquecerse
enrichissant, e [ɑ̃ʀiʃisɑ̃, ɑ̃t] *adj* (*expérience*) enriquecedor(a)
enrichissement [ɑ̃ʀiʃismɑ̃] *nm* enriquecimiento
enrobé, e [ɑ̃ʀɔbe] *adj* (*comprimé*) recubierto(-a)
enrober [ɑ̃ʀɔbe] *vt* : **~ qch de** envolver algo con, cubrir algo con; (*fig*) disfrazar algo con
enrôlement [ɑ̃ʀolmɑ̃] *nm* alistamiento, reclutamiento
enrôler [ɑ̃ʀole] *vt* reclutar; (*Mil*) alistar; **s'enrôler** *vpr* : **s'~ (dans)** enrolarse (en), alistarse (en)
enroué, e [ɑ̃ʀwe] *adj* ronco(-a)
enrouer [ɑ̃ʀwe] : **s'enrouer** *vpr* enronquecer
enrouler [ɑ̃ʀule] *vt* enrollar; **~ qch autour de** enrollar algo alrededor de; **s'enrouler** *vpr* enrollarse
enrouleur, -euse [ɑ̃ʀulœʀ, øz] *adj* enrollador(a) ▸ *nm voir* **ceinture**
enrubanné, e [ɑ̃ʀybane] *adj* adornado(-a) con cintas
ENS *sigle f* (= *école normale supérieure*) *voir* **école**
ensablement [ɑ̃sabləmɑ̃] *nm* (*de port, canal*) enarenado; (*d'embarcation*) encallamiento
ensabler [ɑ̃sable] *vt* (*port, canal*) enarenar; (*embarcation*) encallar; **s'ensabler** *vpr* (*voir vt*) enarenarse, encallarse
ensacher [ɑ̃saʃe] *vt* ensacar
ensanglanté, e [ɑ̃sɑ̃glɑ̃te] *adj* ensangrentado(-a)
enseignant, e [ɑ̃sɛɲɑ̃, ɑ̃t] *adj, nm/f* docente *mf*
enseigne [ɑ̃sɛɲ] *nf* rótulo; **à telle ~ que ...** la prueba es que ...; **être logé à la même ~** (*fig*) estar en el mismo caso; **~ lumineuse** rótulo luminoso ▸ *nmf* : **~ de vaisseau** alférez *mf* de navío
enseignement [ɑ̃sɛɲ(ə)mɑ̃] *nm* enseñanza; **~ primaire/secondaire** enseñanza primaria/secundaria; **~ privé/public** enseñanza privada/pública; **~ supérieur** enseñanza superior; **~ technique** enseñanza técnica
enseigner [ɑ̃seɲe] *vt* (*suj* : *professeur*) enseñar, dar clase de; (: *choses*) enseñar; **~ qch à qn** enseñar algo a algn; **~ à qn que** enseñar a algn que ▸ *vi* (*être professeur*) enseñar
ensemble [ɑ̃sɑ̃bl] *adv* (*l'un avec l'autre*) juntos(-as); (*en même temps*) juntos(-as); **aller ~** (*être assorti*) combinarse ▸ *nm* conjunto; **l'~ du/de la** la totalidad del/de la; **impression/idée d'~** impresión *f*/idea de conjunto; **dans l'~** (*en gros*) en conjunto; **dans son ~** (*en gros, au total*) en su conjunto; **~ instrumental/vocal** conjunto *ou* grupo instrumental/vocal
ensemblier [ɑ̃sɑ̃blije] *nm* decorador(a)
ensemencement [ɑ̃s(ə)mɑ̃smɑ̃] *nm* siembra
ensemencer [ɑ̃s(ə)mɑ̃se] *vt* sembrar
enserrer [ɑ̃seʀe] *vt* (*cou, taille*) ceñir; (*village, champ*) rodear
ensevelir [ɑ̃səv(ə)liʀ] *vt* sepultar
ensilage [ɑ̃silaʒ] *nm* ensilaje *m*
ensoleillé, e [ɑ̃sɔleje] *adj* soleado(-a)
ensoleillement [ɑ̃sɔlɛjmɑ̃] *nm* : **journées d'~** días *mpl* soleados
ensommeillé, e [ɑ̃sɔmeje] *adj* adormilado(-a)

e

ensorcelant, e [ɑ̃sɔʀsəlɑ̃, ɑ̃t] *adj* (*fig* : *regard, sourire*) encantador(a), cautivador(a)
ensorceler [ɑ̃sɔʀsəle] *vt* hechizar; (*fig*) cautivar
ensuite [ɑ̃sɥit] *adv* (*dans une succession* : *après*) a continuación; (*plus tard*) después; **~ de quoi** después de lo cual
ensuivre [ɑ̃sɥivʀ] : **s'ensuivre** *vpr* resultar; **il s'ensuit que ...** de lo que resulta que ...; **et tout ce qui s'ensuit** y toda la pesca (*fam*)
entaché, e [ɑ̃taʃe] *adj* : **~ de nullité** con vicio de nulidad
entacher [ɑ̃taʃe] *vt* manchar
entaille [ɑ̃taj] *nf* (*encoche*) muesca; (*blessure*) cortada; **se faire une ~** hacerse una cortada
entailler [ɑ̃taje] *vt* cortar; **s'~ le doigt** *etc* cortarse el dedo *etc*
entamer [ɑ̃tame] *vt* (*pain, bouteille*) empezar; (*hostilités, pourparlers*) iniciar; (*réputation, confiance*) mermar; (*bonne humeur*) hacer perder
entartrer [ɑ̃taʀtʀe] : **s'entartrer** *vpr* cubrirse de sarro; (*dents*) tener sarro
entassement [ɑ̃tɑsmɑ̃] *nm* amontonamiento
entasser [ɑ̃tɑse] *vt* (*objets*) amontonar; (*personnes*) hacinar; **s'entasser** *vpr* (*objets*) amontonarse; (*personnes*) hacinarse; **s'~ dans** hacinarse en, amontonarse en
entendant, e [ɑ̃tɑ̃dɑ̃, ɑ̃t] *nm/f* oyente *mf*
entendement [ɑ̃tɑ̃dmɑ̃] *nm* entendimiento
entendeur [ɑ̃tɑ̃dœʀ] *nm* : **à bon ~, salut !** a buen entendedor, pocas palabras bastan
entendre [ɑ̃tɑ̃dʀ] *vt* oír; (*vouloir dire*) querer decir; (*littér* : *comprendre*) entender; **j'ai entendu dire que** he oído que; **~ être obéi/que** (*vouloir*) pretender ser obedecido/que; **~ parler de** oír hablar de; **~ raison** entrar en razón; **laisser ~ que** dar a entender que; **qu'est-ce qu'il ne faut pas ~ !** ¡lo que hay que oír!; **j'ai mal entendu** no he comprendido; **je suis heureux de vous l'~ dire** es un placer oírselo decir; **je vous entends très mal** le oigo muy mal; **s'entendre** *vpr* (*sympathiser*) entenderse; (*se mettre d'accord*) ponerse de acuerdo; **s'~ à qch/à faire qch** ser competente para algo/para hacer algo; **je m'entends** sé lo que (me) digo; **ils s'entendent bien** se entienden bien; **entendons-nous** expliquémonos; **(cela) s'entend** por supuesto, naturalmente; **ça s'entend !** (*c'est audible*) ¡se oye!

> ⚠ No debe traducirse normalmente por *entender*, que en francés suele corresponder a **comprendre**.

entendu, e [ɑ̃tɑ̃dy] *pp de* **entendre** ▸ *adj* (*affaire*) concluido(-a); (*air*) entendido(-a); **étant ~ que** dando por supuesto que; **(c'est) ~ !** ¡de acuerdo!, ¡entendido!; **c'est ~** (*concession*) entendido; **bien ~ !** ¡por supuesto!
entente [ɑ̃tɑ̃t] *nf* (*entre amis, pays*) entendimiento; (*accord, traité*) acuerdo; **à double ~** de doble sentido
entériner [ɑ̃teʀine] *vt* ratificar
entérite [ɑ̃teʀit] *nf* enteritis *f inv*
enterrement [ɑ̃tɛʀmɑ̃] *nm* entierro
enterrer [ɑ̃teʀe] *vt* enterrar; (*suj* : *avalanche etc*) sepultar; (*dispute, projet*) echar tierra sobre
entêtant, e [ɑ̃tɛtɑ̃, ɑ̃t] *adj* (*odeur, atmosphère*) mareante
entêté, e [ɑ̃tete] *adj* obstinado(-a), cabezota (*fam*)
en-tête [ɑ̃tɛt] (*pl* **en-têtes**) *nm* membrete *m*; **enveloppe/papier à ~** sobre *m*/papel *m* con membrete
entêtement [ɑ̃tɛtmɑ̃] *nm* cabezonería
entêter [ɑ̃tete] : **s'entêter** *vpr* obstinarse, empeñarse; **s'~ (à faire)** empeñarse (en hacer)
enthousiasmant, e [ɑ̃tuzjasmɑ̃, ɑ̃t] *adj* apasionante
enthousiasme [ɑ̃tuzjasm] *nm* entusiasmo; **avec ~** con entusiasmo
enthousiasmé, e [ɑ̃tuzjasme] *adj* entusiasmado(-a)
enthousiasmer [ɑ̃tuzjasme] *vt* entusiasmar; **s'enthousiasmer** *vpr* : **s'~ (pour qch)** entusiasmarse (con algo)
enthousiaste [ɑ̃tuzjast] *adj, nmf* entusiasta *mf*
enticher [ɑ̃tiʃe] : **s'enticher de** *vpr* encapricharse con *ou* por
entier, -ière [ɑ̃tje, jɛʀ] *adj* entero(-a); (*en totalité*) entero(-a), completo(-a); (*personne, caractère*) íntegro(-a); **en ~** por completo; **se donner tout ~ à qch** entregarse enteramente a algo; **lait ~** leche *f* entera; **nombre ~** número entero ▸ *nm* (*Math*) entero
entièrement [ɑ̃tjɛʀmɑ̃] *adv* enteramente
entité [ɑ̃tite] *nf* entidad *f*
entomologie [ɑ̃tɔmɔlɔʒi] *nf* entomología
entomologique [ɑ̃tɔmɔlɔʒik] *adj* entomológico(-a)
entomologiste [ɑ̃tɔmɔlɔʒist] *nmf* entomólogo(-a)
entonner [ɑ̃tɔne] *vt* entonar
entonnoir [ɑ̃tɔnwaʀ] *nm* (*ustensile*) embudo; (*trou*) hoyo
entorse [ɑ̃tɔʀs] *nf* esguince *m*; **~ à la loi/au règlement** infracción *f* de la ley/del reglamento; **se faire une ~ à la cheville/au poignet** hacerse un esguince en el tobillo/en la muñeca
entortiller [ɑ̃tɔʀtije] *vt* : **~ qch dans/avec** envolver algo en/con; **~ qch autour de** enrollar algo alrededor de; **~ qn** (*fam*) liar a algn; **s'entortiller** *vpr* : **s'~ dans** (*draps*) enroscarse en; (*fig*) enredarse en
entourage [ɑ̃tuʀaʒ] *nm* (*personnes proches*) allegados *mpl*; (*ce qui enclôt*) cerco

entouré, e [ãtuʀe] *adj* (*recherché, admiré*) agasajado(-a); **~ de** rodeado(-a) de
entourer [ãtuʀe] *vt* (*par une clôture*) cercar; (*Mil, gén*) sitiar; (*faire cercle autour de*) rodear; (*apporter son soutien à*) atender; **~ qch de** rodear algo con; **~ qn de soins/prévenances** prodigar a algn cuidados/atenciones; **s'entourer de** *vpr* (*collaborateurs*) rodearse de; **s'~ de mystère/de luxe/de précautions** rodearse de misterio/de lujo/de precauciones
entourloupe [ãtuʀlup], **entourloupette** [ãtuʀlupɛt] *nf* mala pasada, jugarreta (*fam*)
entournures [ãtuʀnyʀ] *nfpl* : **être gêné aux ~** estar apretado de hombros; (*moralement*) estar a disgusto; (*financièrement*) andar escaso de dinero
entracte [ãtʀakt] *nm* entreacto
entraide [ãtʀɛd] *nf* ayuda mutua
entraider [ãtʀede] : **s'entraider** *vpr* ayudarse mutuamente
entrailles [ãtʀaj] *nfpl* (*aussi fig*) entrañas *fpl*
entrain [ãtʀɛ̃] *nm* brío; **avec ~** con brío; **faire qch sans ~** hacer algo con desgana
entraînant, e [ãtʀɛnã, ãt] *adj* (*musique, air*) animado(-a)
entraînement [ãtʀɛnmã] *nm* entrenamiento; **~ à chaîne/galet** tracción *f* a cadena/rodillo; **manquer d'~** estar desentrenado(-a); **~ par ergots/friction** (*Inform*) arrastre *m* por tracción/fricción
entraîner [ãtʀene] *vt* (*tirer*) arrastrar; (*charrier*) acarrear; (*moteur, poulie*) accionar; (*emmener*) llevarse; (*joueurs, soldats*) guiar; (*Sport*) entrenar; (*influencer*) influenciar; (*impliquer, causer*) ocasionar; **~ qn à/à faire qch** (*inciter*) arrastrar a algn a/a hacer algo; **des blessures pouvant ~ la mort** heridas que pueden provocar la muerte; **s'entraîner** *vpr* (*Sport*) entrenarse; **s'~ à qch/à faire qch** (*s'exercer*) ejercitarse en algo/en hacer algo
entraîneur, -euse [ãtʀɛnœʀ, øz] *nm/f* (*Sport*) entrenador(a); (*Hippisme*) picador(a)
entraîneuse [ãtʀɛnøz] *nf* (*de bar*) cabaretera, gancho
entrapercevoir [ãtʀapɛʀsəvwaʀ] *vt* ver de pasada
entrave [ãtʀav] *nf* obstáculo; **~ à la concurrence** obstaculización *f* de la competencia
entraver [ãtʀave] *vt* obstaculizar
entre [ãtʀ] *prép* entre; **l'un d'~ eux/nous** uno de ellos/nosotros; **le meilleur d'~ eux/nous** el mejor de ellos/nosotros; **ils préfèrent rester ~ eux** prefieren permanecer entre ellos; **~ autres (choses)** entre otras (cosas); **~ nous, ...** entre nosotros, ...; **ils se battent ~ eux** se pelean entre sí; **~ ces deux solutions, il n'y a guère de différence** entre estas dos soluciones no hay mucha diferencia
entrebâillé, e [ãtʀəbaje] *adj* entreabierto(-a)
entrebâillement [ãtʀəbajmã] *nm* : **dans l'~ (de la porte)** en el resquicio (de la puerta)
entrebâiller [ãtʀəbaje] *vt* entreabrir
entrechat [ãtʀəʃa] *nm* trenzado
entrechoquer [ãtʀəʃɔke] : **s'entrechoquer** *vpr* entrechocar
entrecôte [ãtʀəkot] *nf* entrecot(e) *m*
entrecoupé, e [ãtʀəkupe] *adj* entrecortado(-a)
entrecouper [ãtʀəkupe] *vt* : **~ qch de** interrumpir algo por; **s'entrecouper** *vpr* (*traits, lignes*) entrecruzarse
entrecroiser [ãtʀəkʀwaze] *vt* entrecruzar; **s'entrecroiser** *vpr* entrecruzarse
entrée [ãtʀe] *nf* entrada; **erreur d'~** error *m* de principio; **faire son ~** (*aussi fig*) hacer su entrada; **d'~** de entrada; **~ de service/des artistes** entrada de servicio/de artistas; **~ en matière** comienzo; **~ en scène** salida a escena; **~ en vigueur** entrada en vigor; **« ~ interdite »** « prohibida la entrada »; **« ~ libre »** « entrada libre »; **entrées** *nfpl* : **avoir ses entrées chez/auprès de** tener libre acceso a/fácil contacto con
entrefaites [ãtʀəfɛt] : **sur ces ~** *adv* en ese momento
entrefilet [ãtʀəfilɛ] *nm* noticia breve
entregent [ãtʀəʒã] *nm* : **avoir de l'~** tener don de gentes
entrejambe [ãtʀəʒãb] *nm* (*Couture*) cruz *f*
entrelacement [ãtʀəlasmã] *nm* : **un ~ de ...** un entrelazado de ...
entrelacer [ãtʀəlase] *vt* entrelazar; **s'entrelacer** *vpr* entrelazarse
entrelacs [ãtʀəla] *nm* entrelazado
entrelarder [ãtʀəlaʀde] *vt* (*viande*) mechar; **entrelardé de** (*fig*) salpicado de
entremêler [ãtʀəmele] *vt* entremezclar; **~ qch de** entremezclar algo con
entremets [ãtʀəmɛ] *nm* postre *m*
entremetteur, -euse [ãtʀəmɛtœʀ, øz] *nm/f* intermediario(-a); (*péj*) alcahuete(-a)
entremettre [ãtʀəmɛtʀ] : **s'entremettre** *vpr* mediar; (*péj*) entrometerse
entremise [ãtʀəmiz] *nf* mediación *f*; **par l'~ de** por mediación de
entrepont [ãtʀəpɔ̃] *nm* entrecubierta; **dans l'~** en la entrecubierta
entreposer [ãtʀəpoze] *vt* almacenar
entrepôt [ãtʀəpo] *nm* almacén *m*, galpón *m* (*CSur*); **~ frigorifique** almacén frigorífico
entreprenant, e [ãtʀəpʀənã, ãt] *vb voir* **entreprendre** ▶ *adj* emprendedor(a); (*trop galant*) atrevido(-a)
entreprendre [ãtʀəpʀãdʀ] *vt* emprender; **~ qn sur un sujet** abordar a algn con un tema; **~ de faire qch** decidir hacer algo
entrepreneur, euse [ãtʀəpʀənœʀ, øz] *nm/f* empresario(-a); **~ de pompes funèbres** empresario(-a) de pompas fúnebres; **~ en bâtiment** contratista *mf* de obras

entrepreneuriat [ɑ̃tʀəpʀənœʀja], **entreprenariat** [ɑ̃tʀəpʀənaʀja] *nm* empresariado
entreprise [ɑ̃tʀəpʀiz] *nf* empresa; **~ agricole/de travaux publics** empresa agraria/de obras públicas
entrer [ɑ̃tʀe] *vi* entrar; **(faire) ~ qch dans** (*objet*) meter algo en; **~ dans** entrar en; (*entrer en collision avec*) chocar con; (*vues, craintes de qn*) compartir; **~ au couvent/à l'hôpital** ingresar en el convento/en el hospital; **~ en fureur** enfurecerse; **~ en ébullition** entrar en ebullición; **~ en scène** salir a escena; **~ dans le système** (*Inform*) entrar en el sistema; **laisser ~ qch/qn** (*lumière, air*) dejar pasar algo/a algn; **faire ~** hacer pasar; (*marchandises*) introducir ▸ *vt* (*marchandises : aussi :* **faire entrer**) introducir; (*Inform*) meter, introducir
entresol [ɑ̃tʀəsɔl] *nm* entresuelo
entre-temps [ɑ̃tʀətɑ̃] *adv* entretanto
entretenir [ɑ̃tʀət(ə)niʀ] *vt* mantener; **~ qn (de qch)** conversar con algn (sobre algo); **~ de bonnes relations (avec)** mantener buenas relaciones (con); **s'entretenir** *vpr* : **s'~ (de qch)** conversar (sobre algo)
entretenu, e [ɑ̃tʀət(ə)ny] *pp de* **entretenir** ▸ *adj* : **femme entretenue** querida; **bien/mal ~** (*maison*) bien/mal cuidado(-a)
entretien [ɑ̃tʀətjɛ̃] *nm* (*d'une maison, d'une famille, d'un service*) mantenimiento; (*discussion*) conversación *f*; (*audience*) entrevista; **frais d'~** gastos *mpl* de mantenimiento; **~ d'embauche** entrevista de trabajo; **entretiens** *nmpl* (*pourparlers*) conversaciones *fpl*
entretiendrai [ɑ̃tʀətjɛ̃dʀe], **entretiens** [ɑ̃tʀətjɛ̃] *vb voir* **entretenir**
entretuer [ɑ̃tʀətɥe] : **s'entretuer** *vpr* matarse
entreverrai [ɑ̃tʀ(ə)veʀe], **entrevit** [ɑ̃tʀ(ə)vi] *vb voir* **entrevoir**
entrevoir [ɑ̃tʀəvwaʀ] *vt* entrever; (*solution, problème*) vislumbrar
entrevu, e [ɑ̃tʀəvy] *pp de* **entrevoir** ▸ *nf* entrevista
entrouvert, e [ɑ̃tʀuvɛʀ, ɛʀt] *pp de* **entrouvrir** ▸ *adj* entreabierto(-a)
entrouvrir [ɑ̃tʀuvʀiʀ] *vt* entreabrir; **s'entrouvrir** *vpr* entreabrirse
entuber [ɑ̃tybe] (*fam*) *vt* timar; **se faire ~** ser timado(-a); **tu t'es fait ~ !** ¡te han timado!
énucléer [enyklee] *vt* enuclear
énumération [enymeʀasjɔ̃] *nf* enumeración *f*
énumérer [enymeʀe] *vt* enumerar
énurésie [enyʀezi] *nf* enuresis *f inv*
énurétique [enyʀetik] *adj* enurético(-a)
envahir [ɑ̃vaiʀ] *vt* invadir
envahissant, e [ɑ̃vaisɑ̃, ɑ̃t] *adj* (*péj : personne*) avasallador(a)
envahissement [ɑ̃vaismɑ̃] *nm* invasión *f*
envahisseur [ɑ̃vaisœʀ] *nm* invasor *m*
envasement [ɑ̃vazmɑ̃] *nm* encenagamiento
envaser [ɑ̃vaze] : **s'envaser** *vpr* encenagarse; (*bateau*) encallarse
enveloppe [ɑ̃v(ə)lɔp] *nf* sobre *m*; (*revêtement, gaine*) revestimiento; **mettre sous ~** poner en un sobre; **~ à fenêtre** sobre de ventana; **~ autocollante** sobre autoadhesivo; **~ budgétaire** dotación *f* presupuestaria
enveloppé, e [ɑ̃vlɔpe] *adj* (*grassouillet*) metido(-a) en carnes, rellenito(-a)
envelopper [ɑ̃v(ə)lɔpe] *vt* (*aussi fig*) envolver; **s'envelopper** *vpr* : **s'~ dans un châle/une couverture** envolverse en un chal/una manta
envenimer [ɑ̃v(ə)nime] *vt* envenenar; **s'envenimer** *vpr* (*relations*) envenenarse; (*plaie*) infectarse
envergure [ɑ̃vɛʀgyʀ] *nf* envergadura; (*d'une personne*) valía; **d'~** (*travaux, opération*) de envergadura
enverrai *etc* [ɑ̃veʀe] *vb voir* **envoyer**
envers [ɑ̃vɛʀ] *prép* hacia; **~ et contre tous** *ou* **tout** contra viento y marea; **ses sentiments ~ elle** sus sentimientos hacia ella ▸ *nm* : **l'~** (*d'une feuille*) el dorso; (*d'un vêtement*) el revés; (*d'un problème*) la otra cara; **à l'~** al revés
enviable [ɑ̃vjabl] *adj* envidiable; **peu ~** poco envidiable
envie [ɑ̃vi] *nf* envidia; (*sur la peau*) antojo; (*autour des ongles*) padrastro; **avoir ~ de qch/de faire qch** tener ganas de algo/de hacer algo; **avoir ~ que** tener ganas de que; **donner à qn l'~ de qch/de faire qch** dar a algn ganas de algo/de hacer algo; **ça lui fait ~** le da envidia

> Pour exprimer qu'on a envie de quelque chose, l'expression la plus courante est *tener ganas de*, ou, dans le sens d'« être tenté par » quelque chose, la construction avec *apetecer* :
> **J'ai envie d'être en vacances.** Tengo ganas de estar de vacaciones.
> **Est-ce que tu as envie d'aller à la plage ?** ¿Te apetece ir a la playa?

envier [ɑ̃vje] *vt* envidiar; **~ qch à qn** envidiar algo a algn; **n'avoir rien à ~ à** no tener nada que envidiarle a
envieux, -euse [ɑ̃vjø, jøz] *adj, nm/f* envidioso(-a)
environ [ɑ̃viʀɔ̃] *adv* aproximadamente; **3 h/2 km ~** 3 h/2 km aproximadamente; **~ 3 h/2 km** alrededor de 3 h/2 km
environnant, e [ɑ̃viʀɔnɑ̃, ɑ̃t] *adj* cercano(-a); **milieu ~** entorno; **la campagne environnante** los campos circundantes
environnement [ɑ̃viʀɔnmɑ̃] *nm* (*nature*) medio ambiente; (*milieu*) entorno; **la protection de l'~** la protección del medio ambiente; **un ~ stable/sain/agréable** un entorno estable/sano/agradable; **~ de travail** ambiente *m* de trabajo

environnemental, e, -aux [ɑ̃viʀɔnmɑ̃tal, o] *adj* medioambiental
environnementaliste [ɑ̃viʀɔnmɑ̃talist] *nmf* ecologista *mf*
environner [ɑ̃viʀɔne] *vt* rodear
environs [ɑ̃viʀɔ̃] *nmpl* alrededores *mpl*; **aux ~ de** en los alrededores de; (*fig : temps, somme*) alrededor de
envisageable [ɑ̃vizaʒabl] *adj* posible
envisager [ɑ̃vizaʒe] *vt* considerar; (*avoir en vue*) prever; **~ de faire** tener planeado hacer
envoi [ɑ̃vwa] *nm* envío; (*paquet, colis*) paquete *m*; **~ contre remboursement** (*Comm*) envío contra reembolso
envoie [ɑ̃vwa] *vb voir* **envoyer**
envol [ɑ̃vɔl] *nm* (*d'un oiseau*) vuelo; (*d'un avion*) despegue *m*; **prendre son ~** (*oiseau*) levantar el vuelo; (*fig*) tomar vuelo
envolée [ɑ̃vɔle] *nf* (*des cours*) subida vertiginosa
envoler [ɑ̃vɔle] : **s'envoler** *vpr* (*oiseau*) echarse a volar; (*avion*) despegar; (*papier, feuille*) volarse; (*espoir, illusion*) esfumarse
envoûtant, e [ɑ̃vutɑ̃, ɑ̃t] *adj* hechizador(a)
envoûtement [ɑ̃vutmɑ̃] *nm* hechizo
envoûter [ɑ̃vute] *vt* hechizar
envoyé, e [ɑ̃vwaje] *nm/f* (*Pol*) enviado(-a); **~ spécial(e)** enviado(-a) especial; **~ permanent(e)** corresponsal *mf* permanente ▸ *adj* : **bien ~** (*fam : remarque*) atinado(-a)
envoyer [ɑ̃vwaje] *vt* enviar; (*projectile, ballon*) lanzar; **~ une gifle à qn** (*fam*) soltar una bofetada a algn; **~ une critique à qn** lanzar una crítica a algn; **~ les couleurs** izar la bandera nacional; **~ chercher qch/qn** mandar a buscar algo/a algn; **~ par le fond** (*bateau*) hundir; **~ un SMS à qn** enviar un SMS a algn; **~ promener** *ou* **paître qn** (*fam*) enviar a algn a paseo (*fam*); **s'envoyer** *vpr* (*fam : repas etc*) zamparse
envoyeur, -euse [ɑ̃vwajœʀ, øz] *nm/f* remitente *mf*
enzyme [ɑ̃zim] *nm ou f* enzima
éolien, ne [eɔljɛ̃, jɛn] *adj* eólico(-a); **énergie éolienne** energía eólica ▸ *nf* turbina eólica ▸ *nm* energía eólica; **l'~ terrestre/maritime** la energía eólica terrestre/marina *ou* marítima
épagneul, e [epaɲœl] *nm/f* podenco(-a)
épais, se [epɛ, ɛs] *adj* (*tissu, mur*) grueso(-a); (*liquide, brouillard*) espeso(-a); (*foule*) denso(-a); (*forêt*) tupido(-a); (*péj : esprit*) corto(-a)
épaisseur [epɛsœʀ] *nf* espesor *m*, grosor *m*
épaissir [epesiʀ] *vt* espesar ▸ *vi* (*suj : sauce*) espesar; (*partie du corps etc*) engordar; **s'épaissir** *vpr* (*sauce, brouillard*) espesarse; **le mystère s'épaissit** el misterio se oscurece
épaississant [epesisɑ̃] *nm* espesante *m*
épaississement [epesismɑ̃] *nm* (*du brouillard*) espesamiento; (*de la peau*) engrosamiento; (*de la taille*) engordamiento
épanchement [epɑ̃ʃmɑ̃] *nm* (*fig : du cœur*) desahogo; **~ de synovie** derrame *m* sinovial; **épanchements** *nmpl* (*fig*) desahogos *mpl*
épancher [epɑ̃ʃe] *vt* desahogar; **s'épancher** *vpr* desahogarse; (*liquide*) derramarse
épandage [epɑ̃daʒ] *nm* (*d'engrais*) abono
épanoui, e [epanwi] *adj* (*éclos, ouvert, sourire*) abierto(-a); (*visage*) radiante; (*corps, formes*) desarrollado(-a)
épanouir [epanwiʀ] : **s'épanouir** *vpr* (*fleur*) abrirse; (*visage*) iluminarse; (*fig*) florecer
épanouissement [epanwismɑ̃] *nm* (*d'une fleur*) abertura; (*d'un visage*) iluminación *f*; (*fig*) florecimiento
épargnant, e [epaʀɲɑ̃, ɑ̃t] *nm/f* ahorrador(a)
épargne [epaʀɲ] *nf* ahorro; **l'~-logement** el ahorro-vivienda
épargner [epaʀɲe] *vt* ahorrar; (*ennemi*) perdonar la vida a; (*récolte, région*) no afectar a; **~ qch à qn** ahorrarle algo a algn ▸ *vi* ahorrar
éparpillement [epaʀpijmɑ̃] *nm* (*de papiers*) esparcimiento; (*des efforts*) dispersión *f*
éparpiller [epaʀpije] *vt* esparcir; (*pour répartir*) diseminar; (*fig : efforts*) dispersar; **s'éparpiller** *vpr* esparcirse; (*fig : étudiant, chercheur etc*) dispersarse los esfuerzos
épars, e [epaʀ, aʀs] *adj* (*maisons*) disperso(-a); (*cheveux*) despeinado(-a)
épatant, e [epatɑ̃, ɑ̃t] (*fam*) *adj* estupendo(-a)
épaté, e [epate] *adj* : **nez ~** nariz *f* chata
épater [epate] (*fam*) *vt* impresionar
épaule [epol] *nf* (*Anat*) hombro; (*Culin*) espaldilla
épaulé [epole] *nm* (*Sport*) levantada
épaulé-jeté [epoleʒ(ə)te] (*pl* **épaulés-jetés**) *nm* (*Sport*) levantada y tierra
épaulement [epolmɑ̃] *nm* (*Mil, mur*) parapeto; (*Géo*) escarpa
épauler [epole] *vt* (*aider*) apoyar; (*arme*) apoyar en el hombro; (*viser*) apuntar
épaulette [epolɛt] *nf* (*Mil*) charretera; (*bretelle*) tirante *m*; (*rembourrage*) hombrera
épave [epav] *nf* pecio; (*fig : personne*) desecho
épeautre [epotʀ] *nm* espelta, escanda
épée [epe] *nf* espada
épeler [ep(ə)le] *vt* deletrear; **comment s'épelle ce mot ?** ¿cómo se deletrea esa palabra?
épépiner [epepine] *vt* despepitar
éperdu, e [epɛʀdy] *adj* (*personne, regard*) desquiciado(-a); (*sentiment*) imperioso(-a); (*fuite*) enloquecido(-a)
éperdument [epɛʀdymɑ̃] *adv* desesperadamente; (*aimer*) perdidamente; **~ amoureux** perdidamente enamorado; **je m'en fiche ~** me da exactamente igual
éperlan [epɛʀlɑ̃] *nm* eperlano
éperon [epʀɔ̃] *nm* (*de botte*) espuela; (*Géo, de navire*) espolón *m*
éperonner [epʀɔne] *vt* (*cheval, fig*) espolear; (*navire*) embestir con el espolón

e

épervier [epɛʀvje] *nm* (*Zool*) gavilán *m*; (*Pêche*) esparavel *m*
éphèbe [efɛb] *nm* efebo
éphémère [efemɛʀ] *adj* efímero(-a)
éphéméride [efemeʀid] *nf* efeméride *f*
épi [epi] *nm* (*de blé*) espiga; (*dans les cheveux*) remolino; **en ~** (*stationnement, se garer*) en batería
épice [epis] *nf* especia
épicé, e [epise] *adj* (*aussi fig*) picante
épicéa [episea] *nm* abeto del Norte
épicentre [episɑ̃tʀ] *nm* epicentro
épicer [epise] *vt* condimentar; (*fig*) salpimentar
épicerie [episʀi] *nf* (*magasin*) tienda de ultramarinos, boliche *m* (*Am*); (*produits*) comestibles *mpl*; **~ fine** ultramarinos *mpl* finos
épicier, -ière [episje, jɛʀ] *nm/f* tendero(-a)
épicurien, ne [epikyʀjɛ̃, jɛn] *adj* epicúreo(-a)
épicurisme [epikyʀism] *nm* epicureísmo
épidémie [epidemi] *nf* epidemia
épidémiologie [epidemjɔlɔʒi] *nf* epidemiología
épidémiologique [epidemjɔlɔʒik] *adj* epidemiológico(-a)
épidémiologiste [epidemjɔlɔʒist] *nmf* epidemiólogo(-a)
épidémique [epidemik] *adj* epidémico(-a)
épiderme [epidɛʀm] *nm* epidermis *f inv*
épidermique [epidɛʀmik] *adj* (*Méd*) epidérmico(-a); (*fig*) superficial
épier [epje] *vt* (*personne*) espiar; (*arrivée, occasion*) estar pendiente de
épieu, x [epjø] *nm* venablo
épigramme [epigʀam] *nf* epigrama
épigraphe [epigʀaf] *nf* epígrafe *m*
épilation [epilasjɔ̃] *nf* depilación *f*
épilatoire [epilatwaʀ] *adj* depilatorio(-a)
épilepsie [epilɛpsi] *nf* epilepsia
épileptique [epilɛptik] *adj, nmf* epiléptico(-a)
épiler [epile] *vt* depilar; **s'~ les jambes/les sourcils** depilarse las piernas/las cejas; **se faire ~** (ir a) depilarse; **crème à ~** crema depilatoria; **pince à ~** pinzas *fpl* de depilar
épilogue [epilɔg] *nm* (*Théâtre*) epílogo; (*fig : dénouement*) desenlace *m*
épiloguer [epilɔge] *vi* : **~ (sur)** comentar (sobre)
épinard [epinaʀ] *nm* (*Bot*) espinaca; **épinards** *nmpl* (*Culin*) espinacas *fpl*
épine [epin] *nf* espina; **~ dorsale** espina dorsal
épinette [epinɛt] *nf* (*petit clavecin*) espineta
épineux, -euse [epinø, øz] *adj* (*aussi fig*) espinoso(-a)
épine-vinette [epinvinɛt] (*pl* **épines-vinettes**) *nf* (*Bot*) agracejo
épinglage [epɛ̃glaʒ] *nm* sujeción *f* con alfileres
épingle [epɛ̃gl] *nf* alfiler *m*; **tirer son ~ du jeu** salir del apuro; **tiré à quatre épingles** de punta en blanco; **monter qch en ~** poner algo de manifiesto; **virage en ~ à cheveux** curva muy cerrada; **~ à chapeau** alfiler de sombrero; **~ à cheveux** horquilla; **~ de cravate** alfiler de corbata; **~ à nourrice** *ou* **de sûreté** imperdible *m*
épingler [epɛ̃gle] *vt* sujetar con alfileres; (*sur un mur*) clavar con alfileres; **~ qn** (*fam*) pillar a algn
épinière [epinjɛʀ] *adj f voir* **moelle**
épinoche [epinɔʃ] *nf* espinoso
Épiphanie [epifani] *nf* epifanía
épiphénomène [epifenɔmɛn] *nm* epifenómeno
épique [epik] *adj* épico(-a); (*fig : extraordinaire, aussi hum*) memorable
épiscopal, e, -aux [episkɔpal, o] *adj* episcopal
épiscopat [episkɔpa] *nm* episcopado
épisiotomie [epizjɔtɔmi] *nf* episiotomía
épisode [epizɔd] *nm* episodio; **film en trois épisodes** película en tres episodios
épisodique [epizɔdik] *adj* episódico(-a)
épisodiquement [epizɔdikmɑ̃] *adv* episódicamente
épissure [episyʀ] *nf* empalme *m*
épistémologie [epistemɔlɔʒi] *nf* epistemología
épistémologique [epistemɔlɔʒik] *adj* epistemológico(-a)
épistolaire [epistɔlɛʀ] *adj* epistolar; **être en relations épistolaires avec qn** cartearse con algn
épitaphe [epitaf] *nf* epitafio
épithète [epitɛt] *nf* (*Ling*) epíteto; (*nom, surnom*) apodo ▸ *adj* : **adjectif ~** adjetivo epíteto
épître [epitʀ] *nf* epístola
épizootie [epizɔɔti] *nf* epizootia
éploré, e [eplɔʀe] *adj* desconsolado(-a); (*carta*) desesperado(-a)
épluchage [eplyʃaʒ] *nm* (*de légumes*) peladura; (*de dossier*) examen *m* minucioso
épluche-légume *nm*, **épluche-légumes** *nm inv* [eplyʃlegym] (*pl* **épluche-légumes**) pelador *m*, mondador *m*
éplucher [eplyʃe] *vt* (*fruit, légumes*) pelar; (*fig : texte*) examinar minuciosamente
éplucheur [eplyʃœʀ] *nm* peladora
épluchures [eplyʃyʀ] *nfpl* mondas *fpl*
épointer [epwɛ̃te] *vt* despuntar
éponge [epɔ̃ʒ] *nf* esponja; **passer l'~** (*fig*) hacer borrón y cuenta nueva; **passer l'~ sur** correr un tupido velo sobre; **jeter l'~** (*fig*) tirar la toalla; **~ métallique** estropajo metálico ▸ *adj* : **tissu ~** tela de felpa
éponger [epɔ̃ʒe] *vt* (*liquide, aussi fig*) enjugar; (*surface*) pasar una esponja por; **s'~ le front**

enjugarse la frente; ~ **ses dettes** enjugar sus deudas
éponyme [epɔnim] *adj* epónimo(-a)
épopée [epɔpe] *nf* epopeya
époque [epɔk] *nf* época; **d'~** *(meubles)* de época; **à cette ~** *(dans l'histoire)* en aquella/esa época; *(les mois/années qui précèdent)* entonces; **à l'~ de/où** en la época de/en que; **faire ~** hacer época
épouiller [epuje] *vt* despiojar
époumoner [epumɔne] : **s'époumoner** *vpr* desgañitarse
épouse [epuz] *nf voir* **époux**
épouser [epuze] *vt* casarse con; *(vues, idées)* adherirse a; *(forme, mouvement)* adaptarse a
époussetage [epustaʒ] *nm* limpieza del polvo
épousseter [epuste] *vt* limpiar el polvo de
époustouflant, e [epustuflɑ̃, ɑ̃t] *(fam) adj* pasmante
époustoufler [epustufle] *(fam) vt* dejar pasmado(-a) *(fam)*
épouvantable [epuvɑ̃tabl] *adj* horroroso(-a), espantoso(-a)
épouvantablement [epuvɑ̃tabləmɑ̃] *adv* tremendamente
épouvantail [epuvɑ̃taj] *nm (aussi fig)* espantapájaros *m inv*
épouvante [epuvɑ̃t] *nf* espanto; **film/livre d'~** película/novela de terror
épouvanter [epuvɑ̃te] *vt (terrifier)* horrorizar; *(sens affaibli)* espantar
époux, épouse [epu, uz] *nm/f* esposo(-a) ▸ *nmpl* : **les ~** los esposos
éprendre [eprɑ̃dr] : **s'éprendre de** *vpr* enamorarse de
épreuve [eprœv] *nf* prueba; *(Scol)* examen *m*; **à l'~ des balles/du feu** a prueba de balas/de fuego; **à toute ~** a toda prueba; **mettre à l'~** poner a prueba; **~ de force** *(fig)* prueba de fuerza; **~ de sélection** (prueba) eliminatoria
épris, e [epri, iz] *vb voir* **éprendre** ▸ *adj* : **~ de** enamorado(-a) de
éprouvant, e [epruvɑ̃, ɑ̃t] *adj* agotador(a)
éprouvé, e [epruve] *adj* probado(-a); **un homme ~** *(par les malheurs)* un hombre a quien la vida ha puesto a prueba
éprouver [epruve] *vt (fatigue, douleur)* sufrir, padecer; *(sentiment)* sentir; *(difficultés)* encontrar; *(personne)* afectar; *(machine)* probar; *(mettre à l'épreuve)* poner a prueba
éprouvette [epruvɛt] *nf* probeta; **bébé ~** bebé *m* probeta
EPS [əpeɛs] *sigle f (= éducation physique et sportive)* educación *f* física
épuisant, e [epɥizɑ̃, ɑ̃t] *adj* agotador(a)
épuisé, e [epɥize] *adj* agotado(-a)
épuisement [epɥizmɑ̃] *nm* agotamiento; **jusqu'à ~ des stocks** hasta que se agoten los stocks
épuiser [epɥize] *vt* agotar; **s'épuiser** *vpr* agotarse
épuisette [epɥizɛt] *nf (Pêche)* salabre *m*
épuration [epyrasjɔ̃] *nf* depuración *f*
épure [epyr] *nf* alzado
épurer [epyre] *vt (aussi fig)* depurar
équarrir [ekarir] *vt (pierre, poutre)* escuadrar; *(animal)* descuartizar
équarrissage [ekarisaʒ] *nm (de pierre, poutre)* corte *m* a escuadra; *(d'animal)* descuartizamiento
équateur [ekwatœr] *nm* ecuador *m*; **É~** Ecuador *m*; **la république de l'É~** la república de Ecuador
équation [ekwasjɔ̃] *nf* ecuación *f*; **mettre en ~** convertir en ecuación; **~ du premier/second degré** ecuación de primer/segundo grado
équatorial, e, -aux [ekwatɔrjal, jo] *adj* ecuatorial
équatorien, ne [ekwatɔrjɛ̃, jɛn] *adj* ecuatoriano(-a) ▸ *nm/f* : **Équatorien, ne** ecuatoriano(-a)
équerre [ekɛr] *nf (pour dessiner, mesurer)* escuadra; *(pour fixer)* angular *m*; **à l'~, en ~, d'~** a *ou* en escuadra; **les jambes en ~** las piernas en ángulo recto; **double ~** doble escuadra
équestre [ekɛstr] *adj* ecuestre; **statue ~** estatua ecuestre
équeuter [ekøte] *vt* quitar el rabillo a
équidé [ekide] *nm* équido
équidistance [ekɥidistɑ̃s] *nf* : **à ~ (de)** equidistante (de)
équidistant, e [ekɥidistɑ̃, ɑ̃t] *adj* equidistante; **~ de** equidistante de
équilatéral, e, -aux [ekɥilateral, o] *adj* equilátero(-a)
équilibrage [ekilibraʒ] *nm* : **~ des roues** equilibrado de las ruedas
équilibre [ekilibr] *nm* equilibrio; **être/mettre en ~** estar/poner en equilibrio; **avoir le sens de l'~** tener sentido del equilibrio; **garder/perdre l'~** guardar/perder el equilibrio; **en ~ instable** en equilibrio inestable; **~ budgétaire** equilibrio presupuestario
équilibré, e [ekilibre] *adj* equilibrado(-a)
équilibrer [ekilibre] *vt* equilibrar; **s'équilibrer** *vpr* equilibrarse
équilibriste [ekilibrist] *nmf* equilibrista *mf*
équinoxe [ekinɔks] *nm* equinoccio; **~ d'automne/de printemps** equinoccio de otoño/de primavera
équipage [ekipaʒ] *nm (de bateau, d'avion)* tripulación *f*; *(Sport, Auto)* equipo; *(d'un roi)* séquito; **en grand ~** con gran cortejo
équipe [ekip] *nf (de joueurs)* equipo; *(de travailleurs)* cuadrilla; *(bande : parfois péj)* panda *(fam)*; **travailler par équipes** trabajar por equipos; **travailler en ~** trabajar en equipo;

e

faire ~ avec formar equipo con; **~ de chercheurs/de sauveteurs/de secours** equipo de investigadores/de salvamento/de socorro
équipé, e [ekipe] *adj* equipado(-a)
équipée [ekipe] *nf* escapada
équipement [ekipmɑ̃] *nm* equipo; (*d'une cuisine*) instalación *f*; **biens/dépenses d'~** bienes *mpl*/gastos *mpl* de equipo; **équipements sportifs/collectifs** instalaciones *fpl* deportivas/colectivas; **(le ministère de) l'É~** (*Admin*) ≈ MOPT *m* (*Ministerio de Obras Públicas y Transportes*)
équiper [ekipe] *vt* equipar; (*région*) dotar; **~ qch/qn de** equipar algo/a algn con; **s'équiper** *vpr* equiparse
équipier, -ière [ekipje, jɛʀ] *nm/f* compañero(-a) de equipo
équitable [ekitabl] *adj* equitativo(-a); **commerce ~** comercio justo
équitablement [ekitabləmɑ̃] *adv* equitativamente
équitation [ekitasjɔ̃] *nf* equitación *f*; **faire de l'~** practicar la equitación
équité [ekite] *nf* equidad *f*
équivaille [ekivaj] *vb voir* **équivaloir**
équivalence [ekivalɑ̃s] *nf* equivalencia; (*de diplômes*) convalidación *f*
équivalent, e [ekivalɑ̃, ɑ̃t] *adj* equivalente ▸ *nm* : **l'~ de qch** el equivalente de algo
équivaloir [ekivalwaʀ] : **~ à** *vt* equivaler a
équivaut [ekivo] *vb voir* **équivaloir**
équivoque [ekivɔk] *adj* equívoco(-a) ▸ *nf* equívoco
érable [eʀabl] *nm* arce *m*
éradication [eʀadikasjɔ̃] *nf* erradicación *f*
éradiquer [eʀadike] *vt* erradicar
érafler [eʀɑfle] *vt* arañar; **s'érafler** *vpr* : **s'~ (la main/les jambes)** arañarse (la mano/las piernas)
éraflure [eʀɑflyʀ] *nf* rasguño, arañazo
éraillé, e [eʀɑje] *adj* (*voix*) cascado(-a)
ère [ɛʀ] *nf* era; **en l'an 1050 de notre ~** en el año 1050 de nuestra era; **~ chrétienne** : **l'~ chrétienne** la era cristiana
érectile [eʀɛktil] *adj* eréctil
érection [eʀɛksjɔ̃] *nf* erección *f*
éreintant, e [eʀɛ̃tɑ̃, ɑ̃t] *nm* agotador(a)
éreinté, e [eʀɛ̃te] *adj* agotado(-a)
éreintement [eʀɛ̃tmɑ̃] *nm* derrengamiento
éreinter [eʀɛ̃te] *vt* (*épuiser*) agotar; (*fig : œuvre, auteur*) poner por los suelos; **s'éreinter** *vpr* : **s'~ (à faire qch/à qch)** volcarse (haciendo algo/con algo)
ergonomie [ɛʀgɔnɔmi] *nf* ergonomía
ergonomique [ɛʀgɔnɔmik] *adj* ergonómico(-a)
ergonomiste [ɛʀgɔnɔmist] *nmf* ergonomista *mf*
ergot [ɛʀgo] *nm* (*de coq*) espolón *m*; (*Tech*) saliente *m*; **~ du seigle** cornezuelo
ergoter [ɛʀgɔte] *vi* discutir
ergoteur, -euse [ɛʀgɔtœʀ, øz] *nm/f* discutidor(a)
ergothérapeute [ɛʀgoteʀapøt] *nmf* ergoterapeuta *mf*
ergothérapie [ɛʀgɔteʀapi] *nf* ergoterapia
ériger [eʀiʒe] *vt* erigir; **~ qch en principe/loi** elevar algo a principio/ley; **s'ériger** *vpr* : **s'~ en juge/critique de ...** erigirse en juez/crítico de ...
ermitage [ɛʀmitaʒ] *nm* ermita; (*retraite isolée*) retiro
ermite [ɛʀmit] *nm* ermitaño
éroder [eʀɔde] *vt* erosionar; (*suj : acide*) corroer
érogène [eʀɔʒɛn] *adj* erógeno(-a)
érosion [eʀozjɔ̃] *nf* erosión *f*; (*par acide*) corrosión *f*
érotique [eʀɔtik] *adj* erótico(-a)
érotiser [eʀɔtize] *vt* erotizar
érotisme [eʀɔtism] *nm* erotismo
érotomane [eʀɔtɔman] *nmf* erotómano(-a)
errance [eʀɑ̃s] *nf* vagabundeo
errant, e [eʀɑ̃, ɑ̃t] *adj* : **chien ~** perro vagabundo
errata [eʀata] *nm ou nmpl* (*liste*) fe *f* de erratas
erratum [eʀatɔm] (*pl* **errata**) *nm* errata
errements [ɛʀmɑ̃] *nmpl* hábitos *mpl*
errer [eʀe] *vi* vagar
erreur [eʀœʀ] *nf* error *m*; (*de jeunesse*) desliz *m*; **tomber/être dans l'~** (*état*) incurrir/estar en el error; **induire qn en ~** inducir a algn a error; **par ~** por error; **faire ~** equivocarse; **~ d'écriture/d'impression** error de escritura/de imprenta; **~ de calcul** error de cálculo; **~ de date** equivocación *f* de fecha; **~ de jugement** error de juicio; **~ judiciaire/tactique** error judicial/táctico
erroné, e [eʀɔne] *adj* erróneo(-a)
ersatz [ɛʀzats] *nm* sucedáneo
éructer [eʀykte] *vi* eructar ▸ *vt* (*fig : injures*) proferir
érudit, e [eʀydi, it] *adj, nm/f* erudito(-a)
érudition [eʀydisjɔ̃] *nf* erudición *f*
éruptif, -ive [eʀyptif, iv] *adj* eruptivo(-a)
éruption [eʀypsjɔ̃] *nf* (*aussi Méd*) erupción *f*; (*de joie, colère*) arrebato; **en ~** (*volcan*) en erupción; **~ volcanique** erupción volcánica
érythème [eʀitɛm] *nm* eritema *m*; **~ fessier** eritema del pañal
es [ɛ] *vb voir* **être**
ès [ɛs] *prép* : **licencié ès lettres/sciences** licenciado en letras/ciencias; **docteur ès lettres** doctor(a) en letras
ESB *nf* (= *encéphalopathie spongiforme bovine*) EEB *f* (= *encefalopatía espongiforme bovina*)
esbroufe [ɛsbʀuf] *nf* : **faire de l'~** chulear
escabeau, x [ɛskabo] *nm* (*tabouret*) escabel *m*; (*échelle*) escalera de tijera
escadre [ɛskɑdʀ] *nf* escuadra
escadrille [ɛskadʀij] *nf* escuadrilla
escadron [ɛskadʀɔ̃] *nm* escuadrón *m*

escalade [ɛskalad] *nf* escalada; **l'~ de la guerre/violence** la escalada de la guerra/violencia; **~ artificielle/libre** escalada artificial/libre
escalader [ɛskalade] *vt* escalar
escalator [ɛskalatɔʀ] *nm* escalera mecánica
escale [ɛskal] *nf* escala; **faire ~ (à)** hacer escala (en); **vol sans ~** vuelo sin escala; **~ technique** escala técnica
escalier [ɛskalje] *nm* escalera; **dans l'~** *ou* **les escaliers** en la escalera *ou* las escaleras; **descendre l'~** *ou* **les escaliers** bajar la escalera *ou* las escaleras; **~ à vis** *ou* **en colimaçon** escalera de caracol; **~ de secours/de service** escalera de socorro/de servicio; **~ roulant** *ou* **mécanique** escalera mecánica
escalope [ɛskalɔp] *nf* escalope *m*
escamotable [ɛskamɔtabl] *adj* (*train d'atterrissage, antenne*) replegable; (*table, lit*) plegable
escamoter [ɛskamɔte] *vt* escamotear; (*train d'atterrissage*) replegar; (*mots*) saltarse
escampette [ɛskɑ̃pɛt] *nf voir* **poudre**
escapade [ɛskapad] *nf* escapada
escarbille [ɛskaʀbij] *nf* carbonilla
escarcelle [ɛskaʀsɛl] *nf* : **faire tomber dans l'~** hacer caer en la bolsa
escargot [ɛskaʀgo] *nm* caracol *m*
escarmouche [ɛskaʀmuʃ] *nf* escaramuza
escarpé, e [ɛskaʀpe] *adj* escarpado(-a)
escarpement [ɛskaʀpəmɑ̃] *nm* escarpadura
escarpin [ɛskaʀpɛ̃] *nm* escarpín *m*
escarpolette [ɛskaʀpɔlɛt] *nf* columpio
escarre [ɛskaʀ] *nf* escara
Escaut [ɛsko] *nm* : **l'~** el Escalda
eschatologique [ɛskatɔlɔʒik] *adj* escatológico(-a)
escient [esjɑ̃] *nm* : **à bon ~** juiciosamente
esclaffer [ɛsklafe] : **s'esclaffer** *vpr* reírse a carcajadas
esclandre [ɛsklɑ̃dʀ] *nm* escándalo; **faire un ~** armar un escándalo
esclavage [ɛsklavaʒ] *nm* esclavitud *f*
esclavagiste [ɛsklavaʒist] *adj, nmf* esclavista *mf*
esclave [ɛsklav] *nmf* esclavo(-a); **être ~ de qn/qch** ser esclavo(-a) de algn/algo
escogriffe [ɛskɔgʀif] (*péj*) *nm* espingarda
escomptable [ɛskɔ̃tabl] *adj* descontable
escompte [ɛskɔ̃t] *nm* descuento
escompter [ɛskɔ̃te] *vt* (*Comm*) descontar; (*espérer*) contar con
escorte [ɛskɔʀt] *nf* escolta; **faire ~ à** escoltar a
escorter [ɛskɔʀte] *vt* escoltar (a)
escorteur [ɛskɔʀtœʀ] *nm* barco escolta
escouade [ɛskwad] *nf* (*Mil*) escuadra; (*groupe de personnes*) cuadrilla
escrime [ɛskʀim] *nf* esgrima; **faire de l'~** practicar la esgrima
escrimer [ɛskʀime] : **s'escrimer** *vpr* : **s'~ à faire qch** empeñarse en hacer algo
escrimeur, -euse [ɛskʀimœʀ, øz] *nm/f* esgrimidor(a)
escroc [ɛskʀo] *nm* estafador(a)
escroquer [ɛskʀɔke] *vt* : **~ qn (de qch)** timar a algn (con algo); **~ qch (à qn)** estafar algo (a algn)
escroquerie [ɛskʀɔkʀi] *nf* estafa
esgourdes [ɛzguʀd] (*fam*) *nfpl* orejas *fpl*
ésotérique [ezɔteʀik] *adj* esotérico(-a)
ésotérisme [ezɔteʀism] *nm* esoterismo
espace [ɛspas] *nm* espacio; **manquer d'~** faltarle a algn espacio; **~ publicitaire/vital** espacio publicitario/vital
espacé, e [ɛspase] *adj* espaciado(-a)
espacement [ɛspasmɑ̃] *nm* espaciamiento; **~ proportionnel** distancia proporcional
espacer [ɛspase] *vt* espaciar; **s'espacer** *vpr* espaciarse
espadon [ɛspadɔ̃] *nm* pez *m* espada *inv*, emperador *m*
espadrille [ɛspadʀij] *nf* alpargata
Espagne [ɛspaɲ] *nf* España
espagnol, e [ɛspaɲɔl] *adj* español(a) ▸ *nm* (*Ling*) español *m*, castellano (*surtout* AM) ▸ *nm/f* : **Espagnol, e** español(a)
espagnolette [ɛspaɲɔlɛt] *nf* falleba; **fermé à l'~** cerrado(-a) con falleba
espalier [ɛspalje] *nm* (*arbre fruitier*) espaldera; **culture en espaliers** cultivo en emparrado
espèce [ɛspɛs] *nf* especie *f*; **une ~ de** una especie de; **~ de maladroit/de brute !** ¡pedazo de *ou* so inútil/bruto! (*fam*); **de toute ~** de toda clase; **l'~ humaine** la especie humana; **cas d'~** caso especial; **espèces** *nfpl* (*Comm*) metálico; (*Rel*) especies *fpl*; (*sorte, genre*) clases *fpl*; **payer en espèces** pagar en metálico
espérance [ɛspeʀɑ̃s] *nf* esperanza; **contre toute ~** contra toda esperanza; **~ de vie** esperanza de vida
espérantiste [ɛspeʀɑ̃tist] *adj, nmf* esperantista *mf*
espéranto [ɛspeʀɑ̃to] *nm* esperanto
espérer [ɛspeʀe] *vt* esperar; **~ que/faire** esperar que/hacer; **je n'en espérais pas tant** no esperaba tanto ▸ *vi* confiar; **j'espère bien** eso espero; **~ en qn/qch** confiar en algn/algo
espiègle [ɛspjɛgl] *adj* travieso(-a)
espièglerie [ɛspjɛgləʀi] *nf* travesura
espion, ne [ɛspjɔ̃, jɔn] *nm/f* espía *mf* ▸ *adj* : **bateau/avion ~** barco/avión *m* espía
espionnage [ɛspjɔnaʒ] *nm* espionaje *m*; **film/roman d'~** película/novela de espionaje; **~ industriel** espionaje industrial
espionner [ɛspjɔne] *vt* espiar
esplanade [ɛsplanad] *nf* explanada
espoir [ɛspwaʀ] *nm* esperanza; **l'~ de qch/de faire qch** la esperanza de algo/de hacer algo;

e

avoir bon ~ que tener muchas esperanzas de que; **garder l'~ que** conservar la esperanza de que; **dans l'~ de/que** con la esperanza de/ de que; **reprendre ~** recuperar la esperanza; **un ~ de la boxe/du ski** una promesa del boxeo/del esquí; **c'est sans ~** no tiene esperanza

esprit [ɛspʀi] *nm* espíritu *m*; **l'~ de parti/de clan** espíritu de partido/de clan; **paresse/vivacité d'~** pereza/vivacidad mental; **l'~ d'une loi/réforme** el espíritu de una ley/ reforma; **l'~ d'équipe/de compétition/d'entreprise** espíritu de equipo/de competencia/de empresa; **dans mon ~** en mi opinión; **faire de l'~** hacerse el gracioso; **reprendre ses esprits** recuperar el sentido; **perdre l'~** perder la razón; **avoir bon/mauvais ~** tener buenas/malas intenciones; **avoir l'~ à faire qch** estar con ánimos para hacer algo; **avoir l'~ critique** tener sentido crítico; **esprits chagrins** espíritus *mpl* sombríos; **~ de contradiction** espíritu de contradicción; **~ de corps** sentido de solidaridad; **~ de famille** espíritu de familia; **l'~ malin** el espíritu del mal

esquif [ɛskif] *nm* esquife *m*

esquille [ɛskij] *nf (fragment d'os)* esquirla

esquimau, de, x [ɛskimo, od] *adj* esquimal; **chien ~** perro esquimal ▸ *nm (Ling)* esquimal *m*; *(glace)* pingüino ▸ *nm/f* : **Esquimau, de** esquimal *mf*

esquinter [ɛskɛ̃te] *(fam) vt* hacer polvo *(fam)*; **s'esquinter** *vpr (fam)* : **s'~ à faire qch** empeñarse haciendo algo

esquisse [ɛskis] *nf* esbozo; *(de changement)* amago; **l'~ d'un sourire** el esbozo de una sonrisa

esquisser [ɛskise] *vt* esbozar; **~ un geste/un sourire** esbozar un gesto/una sonrisa; **s'esquisser** *vpr* esbozarse

esquive [ɛskiv] *nf* finta

esquiver [ɛskive] *vt* esquivar; **s'esquiver** *vpr* esquivarse

essai [esɛ] *nm (d'une voiture, d'un vêtement)* prueba; *(tentative, aussi Sport)* intento; *(Rugby, Litt)* ensayo; **à l'~** a prueba; **~ gratuit** prueba gratuita; **essais** *nmpl (Sport)* pruebas *fpl*

essaim [esɛ̃] *nm* enjambre *m*; **~ d'enfants** *(fig)* enjambre de niños

essaimer [eseme] *vi (abeilles)* enjambrar; *(fig)* extenderse

essayage [esɛjaʒ] *nm* prueba; **salon** *ou* **cabine d'~** probador *m*

essayer [eseje] *vt* probar; **~ de faire qch** intentar hacer algo, tratar de hacer algo ▸ *vi* intentar; **essayez un peu !** ¡inténtalo!; **s'essayer** *vpr* : **s'~ à faire qch/à qch** intentar hacer algo/ algo

essayeur, -euse [esɛjœʀ, øz] *nm/f maniquí que se prueba el traje delante del cliente*

essayiste [esejist] *nmf* ensayista *mf*

ESSEC [esɛk] *sigle f (= École supérieure des sciences économiques et sociales) universidad de élite de ciencias económicas y empresariales*

essence [esɑ̃s] *nf (carburant)* gasolina, nafta *(Arg)*, bencina *(Chi)*; *(d'une plante, fig)* esencia; *(espèce : d'arbre)* especie *f*; **par ~** *(par définition)* por esencia; **prendre** *ou* **faire de l'~** echar gasolina, repostar; **~ de café** extracto de café; **~ de citron/lavande/térébenthine** esencia de limón/lavanda/trementina

essentiel, le [esɑ̃sjɛl] *adj* esencial; **être ~ à** ser esencial para ▸ *nm* : **l'~ d'un discours/ d'une œuvre** la mayor parte de un discurso/ de una obra; **emporter/acheter l'~** llevar/ comprar lo esencial; **c'est l'~** es lo esencial; **l'~ de** la mayor parte de

essentiellement [esɑ̃sjɛlmɑ̃] *adv* esencialmente; *(absolument)* principalmente

esseulé, e [esœle] *adj* solo(-a), desamparado(-a)

essieu, x [esjø] *nm* eje *m*

essor [esɔʀ] *nm (de l'économie etc)* auge *m*; **prendre son ~** *(oiseau)* tomar el vuelo

essorage [esɔʀaʒ] *nm* escurrido; *(à la machine)* centrifugado

essorer [esɔʀe] *vt* escurrir; *(à la machine)* centrifugar

essoreuse [esɔʀøz] *nf (à rouleaux)* escurridor *m*; *(à tambour)* secadora

essoufflé, e [esufle] *adj* sofocado(-a), sin aliento

essoufflement [esufləmɑ̃] *nm (de personne)* sofoco; *(de croissance, économie)* debilitamiento

essouffler [esufle] *vt* dejar sin aliento; **s'essouffler** *vpr* sofocarse; *(fig : écrivain, cinéaste)* perder la inspiración; *(croissance, économie)* debilitarse

essuie [esɥi] *vb voir* **essuyer**

essuie-glace [esɥiglas] *(pl* **essuie-glaces***) nm* limpiaparabrisas *m inv*

essuie-main [esɥimɛ̃] *(pl* **essuie-mains***) nm* toalla de manos

essuierai *etc* [esyiʀe] *vb voir* **essuyer**

essuie-tout [esyitu] *nm inv* rollo de papel (de cocina)

essuyage [esɥijaʒ] *nm (chose mouillée)* secado; *(meuble)* limpieza

essuyer [esɥije] *vt* secar; *(épousseter)* limpiar; *(fig : défaite, tempête)* soportar; **~ la vaisselle** secar los platos; **s'essuyer** *vpr* secarse

est¹ [ɛ] *vb voir* **être**

est² [ɛst] *nm* este *m*; **à l'~** *(situation)* al este; *(direction)* hacia el este; **à l'~ de** al este de; **les pays de l'E~** los países del Este ▸ *adj inv* este *inv*

estafette [ɛstafɛt] *nf (Mil)* mensajero

estafilade [ɛstafilad] *nf* cuchillada, tajo

estaminet [ɛstaminɛ] *nm* cafetín *m*

estampe [ɛstɑ̃p] *nf (image)* estampa, lámina

estamper [ɛstɑ̃pe] *vt* (*monnaies etc*) acuñar, estampar; (*fam*) timar
estampille [ɛstɑ̃pij] *nf* sello
est-ce que [ɛskə] *adv* : ~ **c'est cher/c'était bon ?** ¿es caro?/¿estaba bueno?; **quand est-ce qu'il part ?** ¿cuándo se marcha?; **où est-ce qu'il va ?** ¿dónde va?; **qui est-ce qui le connaît/a fait ça ?** ¿quién le conoce/ha hecho esto?
este [ɛst] *adj* estonio(-a) ▸ *nmf* : **Este** estonio(-a)
esthète [ɛstɛt] *nmf* esteta *mf*
esthéticien, ne [ɛstetisjɛ̃, jɛn] *nm/f* (*Art, Philos*) esteta *mf*
esthéticienne [ɛstetisjɛn] *nf* (*d'institut de beauté*) esteticista
esthétique [ɛstetik] *adj* estético(-a) ▸ *nf* estética; ~ **industrielle** diseño industrial
esthétiquement [ɛstetikmɑ̃] *adv* estéticamente
estimable [ɛstimabl] *adj* estimable
estimatif, -ive [ɛstimatif, iv] *adj* estimativo(-a)
estimation [ɛstimasjɔ̃] *nf* valoración *f*; **d'après mes estimations** según mis cálculos
estime [ɛstim] *nf* estima; **avoir de l'~ pour qn** tener estima a algn
estimer [ɛstime] *vt* (*personne, qualité*) estimar, apreciar; (*expertiser : bijou etc*) valorar; (*évaluer : prix, distance*) calcular; ~ **que/être ...** (*penser*) estimar que/ser ..., considerar que/ser ...; **s'~ satisfait/heureux** sentirse satisfecho/feliz; **j'estime le temps nécessaire à trois jours** calculo que necesitaremos unos tres días
estival, e, -aux [ɛstival, o] *adj* estival; **station estivale** estación *f* estival
estivant, e [ɛstivɑ̃, ɑ̃t] *nm/f* veraneante *mf*
estoc [ɛstɔk] *nm* : **frapper d'~ et de taille** dar tajos y estocadas
estocade [ɛstɔkad] *nf* : **donner l'~ à** dar la estocada a
estomac [ɛstɔma] *nm* estómago; **j'ai mal à l'~** me duele el estómago
estomaqué, e [ɛstɔmake] (*fam*) *adj* pasmado(-a) (*fam*), patidifuso(-a) (*fam*)
estomaquer [ɛstɔmake] (*fam*) *vt* pasmar, dejar patidifuso(-a) (*fam*)
estompe [ɛstɔ̃p] *nf* esfumino
estompé, e [ɛstɔ̃pe] *adj* difuminado(-a)
estomper [ɛstɔ̃pe] *vt* (*Art, Photo*) difuminar; (*suj : brume etc*) desdibujar; (*fig : souvenir, sentiment*) esfumar; **s'estomper** *vpr* (*bruit, souvenirs*) atenuarse; (*couleurs, forme*) difuminarse
Estonie [ɛstɔni] *nf* Estonia
estonien, ne [ɛstɔnjɛ̃, jɛn] *adj* estonio(-a) ▸ *nm* (*Ling*) estonio ▸ *nm/f* : **Estonien, ne** estonio(-a)
estourbir [ɛstuʀbiʀ] (*fam*) *vt* (*assommer*) noquear
estrade [ɛstʀad] *nf* estrado
estragon [ɛstʀagɔ̃] *nm* estragón *m*
Estrémadure [ɛstʀemadyʀ] *nf* Extremadura
estropié, e [ɛstʀɔpje] *nm/f* lisiado(-a), tullido(-a)
estropier [ɛstʀɔpje] *vt* lisiar, tullir; (*fig : mot*) alterar
estuaire [ɛstɥɛʀ] *nm* estuario
estudiantin, e [ɛstydjɑ̃tɛ̃, in] *adj* estudiantil
esturgeon [ɛstyʀʒɔ̃] *nm* esturión *m*
et [e] *conj* y; **et aussi/lui** y también/él; **et puis ?** ¿y qué?; **et alors** *ou* **(puis) après ?** (*qu'importe !*) ¿y qué?; (*ensuite*) ¿y entonces?
ét. *abr* = **étage**
ETA [ətea] *sigle m* (= *Euskadi Ta Askatasuna*) ETA *f*
étable [etabl] *nf* establo
établi, e [etabli] *adj* (*en place, solide*) establecido(-a); (*vérité*) confirmado(-a); **l'ordre** ~ el orden establecido ▸ *nm* banco
établir [etabliʀ] *vt* establecer; (*papiers d'identité*) hacer; (*facture*) hacer, realizar; (*liste, programme*) establecer, fijar; (*installer : entreprise, camp*) establecer, instalar; (*personne : aider à s'établir*) colocar; (*relations, liens d'amitié*) entablar, establecer; ~ **un record** establecer un récord; **s'établir** *vpr* establecerse; (*colonie*) asentarse; **s'~ (à son compte)** establecerse (por su cuenta)
établissement [etablismɑ̃] *nm* establecimiento; (*papiers d'identité*) realización *f*; ~ **commercial/industriel** establecimiento comercial/industrial; ~ **de crédit** entidad *f* de crédito; ~ **hospitalier/public** establecimiento hospitalario/público; ~ **scolaire** establecimiento escolar
étage [etaʒ] *nm* (*d'immeuble*) piso, planta; (*de fusée*) cuerpo, (*de culture, végétation*) capa, estrato; **habiter à l'~/ au deuxième ~** vivir en el piso de arriba/ en el segundo piso; **maison à deux étages** casa de dos pisos *ou* plantas; **de bas ~** (*fig*) de clase baja; (*médiocre*) de baja estofa
étagement [etaʒmɑ̃] *nm* escalonamiento
étager [etaʒe] *vt* (*aussi fig*) escalonar; **s'étager** *vpr* escalonarse
étagère [etaʒɛʀ] *nf* estante *m*
étai [etɛ] *nm* puntal *m*
étain [etɛ̃] *nm* estaño; **pot en ~** vasija de estaño
étais *etc* [etɛ] *vb voir* **être**
étal [etal] *nm* (*de marché*) puesto
étalage [etalaʒ] *nm* (*de richesses, connaissances*) ostentación *f*; (*vitrine de magasin*) escaparate *m*; (*marchandises*) surtido; **faire ~ de** hacer alarde de, hacer ostentación de
étalagiste [etalaʒist] *nmf* escaparatista *mf*
étale [etal] *adj* quieto(-a)
étalement [etalmɑ̃] *nm* (*voir vt*) extensión *f*; exposición *f*; ostentación *f*; (*échelonnement*) escalonamiento

e

étaler [etale] *vt* (*carte, nappe*) extender, desplegar; (*beurre, nappe*) extender; (*paiements, dates*) escalonar; (*marchandises*) exponer; (*richesses, connaissances*) ostentar; **s'étaler** *vpr* (*liquide*) desparramarse; (*luxe etc*) ser ostensible; (*fam : tomber*) caer a lo largo; **s'~ sur** (*suj : travaux, paiements*) repartirse en
étalon [etalɔ̃] *nm* (*mesure*) patrón *m*; (*cheval*) semental *m*; **l'~-or** el patrón oro
étalonnage [etalɔnaʒ] *nm* calibración *f*
étalonner [etalɔne] *vt* calibrar
étamer [etame] *vt* estañar
étameur [etamœʀ] *nm* estañador *m*
étamine [etamin] *nf* (*de fleur*) estambre *m*; (*tissu*) estameña
étanche [etɑ̃ʃ] *adj* (*montre*) sumergible; (*cloison*) estanco(-a); **~ à l'air** hermético(-a)
étanchéité [etɑ̃ʃeite] *nf* impermeabilidad *f*
étancher [etɑ̃ʃe] *vt* (*liquide*) estancar; (*sang*) restañar; **~ sa soif** apagar la sed
étançon [etɑ̃sɔ̃] *nm* puntal *m*
étançonner [etɑ̃sɔne] *vt* apuntalar
étang [etɑ̃] *nm* estanque *m*
étant [etɑ̃] *vb voir* **être** ; **donné**
étape [etap] *nf* etapa; **faire ~ à** hacer una etapa en; **brûler les étapes** quemar etapas
état [eta] *nm* estado; (*liste, inventaire*) registro; **être boucher de son ~** (*condition professionnelle*) ser carnicero de oficio; **l'É~** el Estado; **en bon/mauvais ~** en buen/mal estado; **être en ~ (de marche)** funcionar; **remettre en ~** volver a poner en condiciones, arreglar; **hors d'~** fuera de uso, inservible; **être en ~/hors d'~ de faire qch** estar/no estar en condiciones de hacer algo; **en tout ~ de cause** en todo caso, de todos modos; **être dans tous ses états** estar fuera de sí; **faire ~ de** hacer valer; **être en ~ d'arrestation** (*Jur*) quedar arrestado(-a), estar detenido(-a); **en ~ de grâce** (*Rel, fig*) en estado de gracia; **en ~ d'ivresse** en estado de embriaguez; **~ civil** (*Admin*) estado civil; **~ d'urgence/de guerre/de siège** estado de excepción/de guerra/de sitio; **~ d'alerte** estado de alerta; **~ d'esprit** mentalidad *f*; **~ de choses** estado de cosas; **~ de santé** estado de salud; **~ de veille** estado de vigilia; **~ des lieux** estado del inmueble; **états de service** (*Mil, Admin*) hoja *fsg* de servicios; **les États du Golfe** los Estados del Golfo
étatique [etatik] *adj* estatal
étatisation [etatizasjɔ̃] *nf* nacionalización *f*
étatiser [etatize] *vt* nacionalizar
étatisme [etatism] *nm* estatismo
étatiste [etatist] *adj* partidario(-a) del estatismo
état-major [etamaʒɔʀ] (*pl* **états-majors**) *nm* (*Mil*) estado mayor; (*de parti, d'entreprise*) plana mayor
État-providence [etapʀɔvidɑ̃s] (*pl* **États-providence**) *nm* Estado de bienestar
États-Unis [etazyni] *nmpl* : **les ~** los Estados Unidos
étau, x [eto] *nm* (*Tech*) torno; **être pris dans un ~** (*fig*) estar acorralado
étayer [eteje] *vt* (*construction, fig*) apuntalar
etc. [ɛtseteʀa] *abr* (= *et c(a)etera*) etc.
et caetera, et cetera [ɛtseteʀa] *adv* etcétera
été [ete] *pp de* **être** ▸ *nm* verano; **en ~** en verano
éteignais [eteɲɛ] *vb voir* **éteindre**
éteignoir [etɛɲwaʀ] *nm* (*objet*) apagavelas *m inv*; (*personne*) aguafiestas *mf inv*
éteindre [etɛ̃dʀ] *vt* apagar; (*incendie*) extinguir, apagar; (*Jur : dette*) extinguir; **s'éteindre** *vpr* (*aussi fig*) apagarse
éteint, e [etɛ̃, ɛ̃t] *pp de* **éteindre** ▸ *adj* apagado(-a); **tous feux éteints** (*rouler*) con las luces apagadas
étendard [etɑ̃daʀ] *nm* estandarte *m*
étendoir [etɑ̃dwaʀ] *nm* (*fil ou séchoir à linge*) tendedero
étendre [etɑ̃dʀ] *vt* extender; (*carte, tapis*) extender, desplegar; (*lessive, linge*) tender, colgar; (*blessé, malade*) tender; (*vin, sauce*) diluir, rebajar; (*fig : agrandir*) extender, ampliar; (*fam*) tumbar; (*Scol*) catear; **s'étendre** *vpr* extenderse; **s'~ (sur)** (*personne*) tenderse (sobre *ou* en); (*fig : sujet, problème*) extenderse (en); **s'~ jusqu'à** extenderse hasta
étendu, e [etɑ̃dy] *adj* (*terrain*) extenso(-a); (*connaissances, pouvoirs*) amplio(-a)
étendue [etɑ̃dy] *nf* extensión *f*; (*des connaissances*) amplitud *f*; (*importance*) alcance *m*; **une ~ d'eau** una extensión de agua
éternel, le [etɛʀnɛl] *adj* eterno(-a); (*habituel*) inseparable; **les neiges éternelles** las nieves eternas *ou* perpetuas
éternellement [etɛʀnɛlmɑ̃] *adv* eternamente
éterniser [etɛʀnize] : **s'éterniser** *vpr* eternizarse
éternité [etɛʀnite] *nf* eternidad *f*; **il y a** *ou* **ça fait une ~ que** hace una eternidad que; **de toute ~** de tiempo inmemorial
éternuement [etɛʀnymɑ̃] *nm* estornudo
éternuer [etɛʀnɥe] *vi* estornudar
êtes [ɛt(z)] *vb voir* **être**
étêter [etete] *vt* descabezar
éthanol [etanɔl] *nm* etanol *m*
éther [etɛʀ] *nm* éter *m*
éthéré, e [eteʀe] *adj* etéreo(-a)
Éthiopie [etjɔpi] *nf* Etiopía
éthiopien, ne [etjɔpjɛ̃, jɛn] *adj* etíope ▸ *nm/f* : **Éthiopien, ne** etíope *mf*
éthique [etik] *adj* ético(-a) ▸ *nf* ética
ethnicité [ɛtnisite] *nf* etnicidad *f*
ethnie [ɛtni] *nf* etnia

ethnique [ɛtnik] *adj* étnico(-a)
ethnocentrique [ɛtnɔsɑ̃tʀik] *adj* etnocéntrico(-a)
ethnocentrisme [ɛtnosɑ̃tʀism] *nm* etnocentrismo
ethnographe [ɛtnɔgʀaf] *nmf* etnógrafo(-a)
ethnographie [ɛtnɔgʀafi] *nf* etnografía
ethnographique [ɛtnɔgʀafik] *adj* etnográfico(-a)
ethnologie [ɛtnɔlɔʒi] *nf* etnología
ethnologique [ɛtnɔlɔʒik] *adj* etnológico(-a)
ethnologue [ɛtnɔlɔg] *nmf* etnólogo(-a)
éthologie [etɔlɔʒi] *nf* etología
éthylique [etilik] *adj* etílico(-a); **alcool ~** alcohol *m* etílico
éthylisme [etilism] *nm* etilismo
éthylomètre [etilɔmɛtʀ] *nm* alcoholímetro
éthylotest [etilɔtest] *nm* test *m* de alcoholemia
étiage [etjaʒ] *nm* estiaje *m*
étiez [etjɛ] *vb voir* **être**
étincelant, e [etɛ̃s(ə)lɑ̃, ɑ̃t] *adj* resplandeciente
étinceler [etɛ̃s(ə)le] *vi* resplandecer
étincelle [etɛ̃sɛl] *nf* chispa, fulgor *m*; (*fig*) destello, chispa
étiolement [etjɔlmɑ̃] *nm* (*d'une plante*) marchitamiento
étioler [etjɔle] : **s'étioler** *vpr* (*fleur*) marchitarse; (*enfant, esprit*) languidecer, marchitarse
étique [etik] *adj* enteco(-a), flaco(-a)
étiquetage [etik(ə)taʒ] *nm* etiquetado
étiqueter [etik(ə)te] *vt* (*aussi fig*) etiquetar
étiqueteuse [etiktøz] *nf* (*machine*) etiquetadora
étiquette [etikɛt] *nf* (*aussi fig*) etiqueta; **l'~** (*protocole*) la etiqueta; **sans ~** (*Pol*) sin etiqueta
étirement [etiʀmɑ̃] *nm* estiramiento; **faire des étirements** hacer estiramientos
étirer [etiʀe] *vt* estirar; **~ ses bras/jambes** estirar los brazos/las piernas; **s'étirer** *vpr* estirarse; (*convoi, route*) : **s'~ sur plusieurs kilomètres** extenderse por varios kilómetros
étoffe [etɔf] *nf* tejido, tela; **avoir l'~ d'un chef** (*fig*) tener madera de jefe; **avoir de l'~** (*fig*) tener personalidad
étoffer [etɔfe] *vt* (*discours, récit*) dar cuerpo a; **s'étoffer** *vpr* (*personne*) desarrollarse
étoile [etwal] *nf* estrella; (*signe*) asterisco; **la bonne/mauvaise ~ de qn** la buena/mala estrella de algn; **à la belle ~** al sereno, al aire libre; **~ de mer** estrella de mar; **~ filante** estrella fugaz; **~ polaire** estrella polar ▸ *adj* : **danseur/danseuse ~** primer bailarín/primera bailarina
étoilé, e [etwale] *adj* estrellado(-a)
étoiler [etwale] *vt* (*parsemer*) sembrar de estrellas; (*fêler*) resquebrajar
étole [etɔl] *nf* estola
étonnamment [etɔnamɑ̃] *adv* asombrosamente
étonnant, e [etɔnɑ̃, ɑ̃t] *adj* (*surprenant*) asombroso(-a), sorprendente; (*valeur intensive*) sorprendente
étonné, e [etɔne] *adj* asombrado(-a)
étonnement [etɔnmɑ̃] *nm* asombro, estupefacción *f*; **à mon grand ~ ...** con gran asombro mío ...
étonner [etɔne] *vt* asombrar, sorprender; **cela m'étonnerait (que)** me sorprendería (que); **s'étonner** *vpr* : **s'~ que/de** asombrarse de que/de
étouffant, e [etufɑ̃, ɑ̃t] *adj* (*ambiance*) asfixiante
étouffé, e [etufe] *adj* ahogado(-a)
étouffée [etufe] : **à l'~** *adv* (*Culin*) estofado(-a)
étouffement [etufmɑ̃] *nm* ahogo
étouffer [etufe] *vt* (*personne*) ahogar; (*bruit*) acallar; (*nouvelle, scandale*) ocultar, tapar ▸ *vi* (*aussi fig*) ahogarse; (*avoir trop chaud*) asarse, achicharrarse; **ouvre la fenêtre, on étouffe ici !** ¡abre la ventana, que aquí se asa uno!; **s'étouffer** *vpr* (*en mangeant*) atragantarse
étouffoir [etufwaʀ] *nm* (*Mus*) apagador *m*
étoupe [etup] *nf* estopa
étourderie [etuʀdəʀi] *nf* descuido; **faute d'~** despiste *m*
étourdi, e [etuʀdi] *adj* aturdido(-a), distraído(-a)
étourdiment [etuʀdimɑ̃] *adv* con descuido
étourdir [etuʀdiʀ] *vt* (*assommer*) aturdir, atontar; (*griser*) aturdir
étourdissant, e [etuʀdisɑ̃, ɑ̃t] *adj* impresionante
étourdissement [etuʀdismɑ̃] *nm* aturdimiento
étourneau, x [etuʀno] *nm* estornino
étrange [etʀɑ̃ʒ] *adj* extraño(-a), raro(-a)
étrangement [etʀɑ̃ʒmɑ̃] *adv* (*bizarrement*) de forma extraña; (*étonnamment*) sorprendentemente
étranger, -ère [etʀɑ̃ʒe, ɛʀ] *adj* (*d'un autre pays*) extranjero(-a); (*pas de la famille*) extraño(-a); (*non familier*) extraño(-a), desconocido(-a); **~ à** ajeno(-a) a ▸ *nm/f* (*d'un autre pays*) extranjero(-a); (*inconnu*) extraño(-a) ▸ *nm* : **l'~** el extranjero; **à l'~** (*partir, voyager*) al extranjero; (*habiter*) en el extranjero; **de l'~** del extranjero
étrangeté [etʀɑ̃ʒte] *nf* extrañeza, rareza
étranglé, e [etʀɑ̃gle] *adj* : **d'une voix étranglée** con una voz sofocada
étranglement [etʀɑ̃gləmɑ̃] *nm* (*action*) estrangulación *f*; (*d'une route, vallée, canalisation*) estrechamiento
étrangler [etʀɑ̃gle] *vt* (*intentionnellement*) estrangular; (*accidentellement*) ahogar; (*fig : presse, libertés*) ahogar, asfixiar; **s'étrangler** *vpr* (*en mangeant etc*) atragantarse; (*se resserrer : tuyau, rue*) estrecharse
étrave [etʀav] *nf* roda

MOT-CLÉ

être [ɛtʀ] *vb + attribut, vi* **1** (*qualité essentielle, permanente, profession*) ser; **il est fort/intelligent** es fuerte/inteligente; **être journaliste** ser periodista
2 (*état temporaire, position, + adj/pp*) estar; **comme tu es belle !** ¡qué guapa estás!; **être marié** estar casado; **il est à Paris/au salon** está en París/en el salón; **je ne serai pas ici demain** no estaré aquí mañana; **ça y est !** ¡ya está!
3 : **être à** (*appartenir*) ser de; **le livre est à Paul** el libro es de Pablo; **c'est à moi/eux** es mío(-a)/suyo(-a) *ou* de ellos
4 : **être de** (*provenance, origine, appartenance*) ser de; **il est de Paris** es de París; **être de Genève/de la même famille** ser de Ginebra/de la misma familia; **il est des nôtres** es de los nuestros
5 (*date*) : **nous sommes le six juin** estamos a seis de junio
▸ *vb aux* **1** haber; **être arrivé/allé** haber llegado/ido; **il est parti** (él) se ha marchado; **il est parti hier** (*verbe au passé simple quand la période dans laquelle se situe l'action est révolue*) se marchó ayer
2 (*forme passive*) ser; **être fait par** ser hecho por; **il a été promu** ha sido ascendido
3 (*+ à : obligation*) : **c'est à faire/réparer** está por hacer/reparar; **c'est à essayer** está por ensayar; **il est à espérer/souhaiter que** es de esperar/desear que
▸ *vb impers* **1** : **il est** (*+ adjectif*) es; **il est impossible de le faire** es imposible hacerlo; **il serait facile de/souhaitable que** sería fácil/deseable que
2 (*heure, date*) : **il est 10 heures** son las 10
3 (*emphatique*) : **c'est moi** soy yo; **c'est à lui de le faire/de décider** tiene que hacerlo/decidirlo él
▸ *nm* ser *m*; **être humain** ser humano

étreindre [etʀɛ̃dʀ] *vt* (*pour s'accrocher, retenir*) agarrarse a; (*amoureusement, amicalement*) abrazar; (*suj : douleur, peur*) oprimir; **s'étreindre** *vpr* (*personnes*) abrazarse
étreinte [etʀɛ̃t] *nf* (*amicale, amoureuse*) abrazo; (*pour s'accrocher, retenir : aussi de lutteurs*) apretón *m*; **resserrer son ~ autour de** (*fig*) cerrar el cerco en torno a
étrenner [etʀene] *vt* estrenar
étrennes [etʀɛn] *nfpl* (*cadeaux*) regalos *mpl*; (*gratifications*) aguinaldo *msg*
étrier [etʀije] *nm* estribo
étrille [etʀij] *nf* (*brosse*) almohaza
étriller [etʀije] *vt* (*cheval*) almohazar; (*fam : battre*) zurrar
étriper [etʀipe] *vt* destripar; **~ qn** (*fam*) rajar a algn
étriqué, e [etʀike] *adj* (*aussi fig*) estrecho(-a)
étroit, e [etʀwa, wat] *adj* (*gén, fig*) estrecho(-a); **à l'~** con estrechez; **~ d'esprit** de miras estrechas
étroitement [etʀwatmɑ̃] *adv* estrechamente; (*rigoureusement*) estrictamente
étroitesse [etʀwatɛs] *nf* estrechez *f*; **~ d'esprit** estrechez de miras
étron [etʀɔ̃] *nm* mojón *m*, zurullo (*fam*)
étrusque [etʀysk] *adj* etrusco(-a)
étude [etyd] *nf* estudio; (*de notaire*) bufete *m*; (*Scol : salle de travail*) sala de estudio; **être à l'~** (*projet etc*) estar en estudio; **faire une ~ de cas** ver un caso práctico; **~ de faisabilité/de marché** estudio de factibilidad/de mercado; **études** *nfpl* (*Scol*) estudios *mpl*; **faire des études de droit/médecine** cursar estudios de *ou* estudiar derecho/medicina; **études secondaires/supérieures** estudios secundarios/superiores
étudiant, e [etydjɑ̃, jɑ̃t] *nm/f* (*Univ*) estudiante *mf*, universitario(-a) ▸ *adj* estudiante
étudié, e [etydje] *adj* estudiado(-a)
étudier [etydje] *vt, vi* estudiar
étui [etɥi] *nm* (*à lunettes*) funda, estuche *m*; (*à cigarettes*) estuche
étuve [etyv] *nf* baño turco; (*appareil*) estufa
étuvée [etyve] : **à l'~** *adv* (*Culin*) estofado(-a)
étymologie [etimɔlɔʒi] *nf* etimología
étymologique [etimɔlɔʒik] *adj* etimológico(-a)
EU, EUA *sigle mpl* (= *États-Unis (d'Amérique)*) EE. UU. (= *Estados Unidos*)
eu, eue [y] *pp de* **avoir**
eucalyptus [økaliptys] *nm* eucalipto
Eucharistie [økaʀisti] *nf* Eucaristía
eucharistique [økaʀistik] *adj* eucarístico(-a)
euclidien, ne [øklidjɛ̃, jɛn] *adj* : **géométrie euclidienne** geometría euclidiana
eugénique [øʒenik] *adj* eugenésico(-a)
eugénisme [øʒenism] *nm* eugenesia
euh [ø] *excl* ee
eunuque [ønyk] *nm* eunuco
euphémique [øfemik] *adj* eufemístico(-a)
euphémisme [øfemism] *nm* eufemismo
euphonie [øfɔni] *nf* eufonía
euphorbe [øfɔʀb] *nf* euforbio
euphorie [øfɔʀi] *nf* euforia
euphorique [øfɔʀik] *adj* eufórico(-a)
euphorisant, e [øfɔʀizɑ̃, ɑ̃t] *adj* (*atmosphère*) que provoca euforia; (*médicament*) estimulante
eurafricain, e [øʀafʀikɛ̃, ɛn] *adj* euroafricano(-a)
eurasiatique [øʀazjatik] *adj* euroasiático(-a)
Eurasie [øʀazi] *nf* Eurasia
eurasien, ne [øʀazjɛ̃, jɛn] *adj* euroasiático(-a) ▸ *nm/f* : **Eurasien, ne** euroasiático(-a)
EURATOM [øʀatɔm] *sigle f* Euratom *f*

eurent [yʀ] *vb voir* **avoir**
euro [øʀo] *nm (monnaie)* euro *m*
euro... [øʀo] *préf* euro...
eurocrate [øʀɔkʀat] *(péj) nmf* eurócrata *mf*
eurodevise [øʀɔdəviz] *nf* eurodivisa
eurodollar [øʀodɔlaʀ] *nm* eurodólar *m*
Euroland [øʀolɑ̃d] *nm* zona (del) euro
euromonnaie [øʀomɔnɛ] *nf* euromoneda
Europe [øʀɔp] *nf* Europa; **l'~ centrale** la Europa central; **l'~ verte** la Europa verde
européanisation [øʀɔpeanizasjɔ̃] *nf* europeización *f*
européaniser [øʀɔpeanize] *vt* europeizar; **s'européaniser** *vpr* europeizarse
européen, ne [øʀɔpeɛ̃, ɛn] *adj* europeo(-a) ▸ *nm/f*: **Européen, ne** europeo(-a)
europhile [øʀofil] *adj, nmf* europeísta *mf*
eurosceptique [øʀosɛptik] *nmf* euroescéptico(-a)
Eurovision [øʀɔvizjɔ̃] *nf* Eurovisión *f*; **(émission) en ~** (emisión *f*) vía Eurovisión
eus *etc* [y] *vb voir* **avoir**
euthanasie [øtanazi] *nf* eutanasia
euthanasier [øtanazje] *vt (animal)* sacrificar; *(personne)* practicar la eutanasia a
eux [ø] *pron* ellos; **~, ils ont fait ...** ellos han hecho ...
eux-mêmes [ømɛm] *pron* ellos mismos; *(avec préposition)* sí mismos
évacuation [evakɥasjɔ̃] *nf* evacuación *f*
évacué, e [evakɥe] *adj* evacuado(-a)
évacuer [evakɥe] *vt* evacuar
évadé, e [evade] *adj, nm/f* evadido(-a)
évader [evade]: **s'évader** *vpr (aussi fig)* evadirse
évaluation [evalɥasjɔ̃] *nf* evaluación *f*
évaluer [evalɥe] *vt* evaluar, calcular
évanescent, e [evanesɑ̃, ɑ̃t] *adj* evanescente
évangélique [evɑ̃ʒelik] *adj* evangélico(-a)
évangélisateur, -trice [evɑ̃ʒelizatœʀ, tʀis] *adj* evangelizador(a) ▸ *nm* evangelizador *m*
évangélisation [evɑ̃ʒelizasjɔ̃] *nf* evangelización *f*
évangéliser [evɑ̃ʒelize] *vt* evangelizar
évangéliste [evɑ̃ʒelist] *nm* evangelista *m*
évangile [evɑ̃ʒil] *nm* evangelio; *(texte de la Bible)*: **É~** Evangelio; **ce n'est pas l'É~** *(fig)* esto no es la Biblia
évanoui, e [evanwi] *adj* desvanecido(-a); **tomber ~** caer desvanecido(-a)
évanouir [evanwiʀ]: **s'évanouir** *vpr* desmayarse, desvanecerse; *(fig)* desvanecerse, desaparecer
évanouissement [evanwismɑ̃] *nm (Méd)* desmayo, desvanecimiento
évaporation [evapɔʀasjɔ̃] *nf* evaporación *f*
évaporé, e [evapɔʀe] *(péj) adj (personne)* alocado(-a), atolondrado(-a)
évaporer [evapɔʀe]: **s'évaporer** *vpr* evaporarse
évasé, e [evɑze] *adj* acampanado(-a)
évaser [evɑze] *vt (tuyau)* ensanchar; *(jupe, pantalon)* acampanar; **s'évaser** *vpr* ensancharse
évasif, -ive [evazif, iv] *adj* evasivo(-a)
évasion [evazjɔ̃] *nf (aussi fig)* evasión *f*; **littérature d'~** literatura de evasión; **~ des capitaux** evasión de capitales; **~ fiscale** evasión fiscal
évasivement [evazivmɑ̃] *adv* evasivamente
évêché [eveʃe] *nm* obispado
éveil [evɛj] *nm* despertar *m*; **être en ~** estar sobre aviso; **mettre qn en ~, donner l'~ à qn** poner sobre aviso *ou* avisar a algn; **activités d'~** actividades *fpl* de aprendizaje
éveillé, e [eveje] *adj* despierto(-a)
éveiller [eveje] *vt* despertar; **s'éveiller** *vpr (aussi fig)* despertarse
événement [evɛnmɑ̃] *nm* acontecimiento, suceso; **événements** *nmpl (Pol etc: situation générale)* acontecimientos *mpl*
éventail [evɑ̃taj] *nm* abanico; **en ~** en abanico
éventaire [evɑ̃tɛʀ] *nm* escaparate *m*
éventé, e [evɑ̃te] *adj* alterado(-a); *(secret)* descubierto(-a)
éventer [evɑ̃te] *vt (secret, complot)* descubrir; **s'éventer** *vpr (vin, parfum)* alterarse; *(avec un éventail)* abanicarse
éventrer [evɑ̃tʀe] *vt (animal, personne)* destripar; *(sac, matelas etc)* reventar
éventualité [evɑ̃tɥalite] *nf* eventualidad *f*; **dans l'~ de** en la eventualidad de; **parer à toute ~** prevenir contra toda eventualidad
éventuel, le [evɑ̃tɥɛl] *adj* eventual
éventuellement [evɑ̃tɥɛlmɑ̃] *adv* eventualmente
évêque [evɛk] *nm* obispo
Everest [ɛv(ə)ʀɛst] *nm*: **l'~, le mont ~** el (monte) Everest
évertuer [evɛʀtɥe]: **s'évertuer** *vpr*: **s'~ à faire** afanarse por *ou* en hacer
éviction [eviksjɔ̃] *nf* exclusión *f*; *(de locataire)* expulsión *f*
évidemment [evidamɑ̃] *adv* evidentemente; **~!** ¡claro!
évidence [evidɑ̃s] *nf* evidencia; **se rendre à/nier l'~** rendirse ante/negar la evidencia; **à l'~** sin duda alguna; **de toute ~** a todas luces, evidentemente; **en ~** en evidencia; **mettre en ~** *(problème, détail)* poner de manifiesto
évident, e [evidɑ̃, ɑ̃t] *adj* evidente; **ce n'est pas ~** *(cela pose des problèmes)* no es nada fácil; *(pas sûr)* no está claro
évider [evide] *vt* ahuecar
évier [evje] *nm* fregadero
évincer [evɛ̃se] *vt* excluir
éviscérer [eviseʀe] *vt* eviscerar
évitable [evitabl] *adj* evitable
évitement [evitmɑ̃] *nm*: **place d'~** *(Auto)* apartadero

éviter [evite] *vt* evitar; (*fig : problème, question*) evitar, eludir; (*importun, raseur : fuir*) rehuir, evitar; (*coup, projectile, obstacle*) esquivar; **~ de faire/que qch ne se passe** evitar hacer/que algo suceda; **~ qch à qn** evitar algo a algn
évocateur, -trice [evɔkatœʀ, tʀis] *adj* evocador(a)
évocation [evɔkasjɔ̃] *nf* evocación *f*
évolué, e [evɔlɥe] *adj* desarrollado(-a); (*personne*) moderno(-a)
évoluer [evɔlɥe] *vi* evolucionar
évolutif, -ive [evɔlytif, iv] *adj* evolutivo(-a)
évolution [evɔlysjɔ̃] *nf* evolución *f*; **évolutions** *nfpl* evoluciones *fpl*
évolutionnisme [evɔlysjɔnism] *nm* evolucionismo
évolutionniste [evɔlysjɔnist] *adj, nmf* evolucionista *mf*
évoquer [evɔke] *vt* evocar
ex. *abr* (= *exemple*) ej (= *ejemplo*)
ex- [ɛks] *préf* : **~ministre/président** ex-ministro/-presidente; **son ~mari/femme** su ex-marido/-mujer
exacerbé, e [ɛgzasɛʀbe] *adj* exacerbado(-a)
exacerber [ɛgzasɛʀbe] *vt* exacerbar
exact, e [ɛgza(kt), ɛgzakt] *adj* (*précis*) exacto(-a); (*personne : ponctuel*) puntual; **l'heure exacte** la hora exacta; **c'est ~** exacto
exactement [ɛgzaktəmɑ̃] *adv* exactamente
exaction [ɛgzaksjɔ̃] *nf* exacción *f*
exactitude [ɛgzaktityd] *nf* exactitud *f*
ex aequo [ɛgzeko] *adv* iguales ▸ *adj inv* : **ils sont ~** han quedado iguales
exagération [ɛgzaʒeʀasjɔ̃] *nf* exageración *f*
exagéré, e [ɛgzaʒeʀe] *adj* exagerado(-a)
exagérément [ɛgzaʒeʀemɑ̃] *adv* exageradamente
exagérer [ɛgzaʒeʀe] *vt* exagerar ▸ *vi* (*abuser*) abusar; (*déformer les faits, la vérité*) exagerar; **encore en retard, tu exagères !** ¡otra vez tarde, te estás pasando!; **sans ~** sin exagerar; **il ne faut pas ~** no hay que exagerar; **s'exagérer** *vpr* sobreestimar; **s'~ qch** sobreestimar algo
exaltant, e [ɛgzaltɑ̃, ɑ̃t] *adj* exaltador(a)
exaltation [ɛgzaltasjɔ̃] *nf* exaltación *f*
exalté, e [ɛgzalte] *adj, nm/f* (*aussi péj*) exaltado(-a)
exalter [ɛgzalte] *vt* exaltar; **s'exalter** *vpr* exaltarse
examen [ɛgzamɛ̃] *nm* examen *m*; **à l'~** en examen; **mettre en ~** (*Jur*) inculpar; **~ médical** examen *ou* reconocimiento médico; **~ blanc** prueba preliminar; **~ de conscience** examen de conciencia; **~ de la vue** examen de la vista; **~ final/d'entrée** examen final/de ingreso
examinateur, -trice [ɛgzaminatœʀ, tʀis] *nm/f* examinador(a)
examiner [ɛgzamine] *vt* examinar
exaspérant, e [ɛgzaspeʀɑ̃, ɑ̃t] *adj* exasperante
exaspération [ɛgzaspeʀasjɔ̃] *nf* exasperación *f*
exaspéré, e [ɛgzaspeʀe] *adj* exasperado(-a)
exaspérer [ɛgzaspeʀe] *vt* exasperar
exaucer [egzose] *vt* (*vœu*) conceder; **~ qn** satisfacer a algn
ex cathedra [ɛkskatedʀa] *adv, adj* ex cátedra
excavateur [ɛkskavatœʀ] *nm* excavadora
excavation [ɛkskavasjɔ̃] *nf* excavación *f*
excavatrice [ɛkskavatʀis] *nf* = **excavateur**
excédé, e [ɛksede] *adj* (*agacé*) exasperado(-a); **~ de fatigue** agotado(-a); **~ de travail** saturado(-a) de trabajo
excédent [ɛksedɑ̃] *nm* excedente *m*; **en ~** en excedente; **payer 60 € d'~** pagar 60 euros en exceso; **~ commercial** excedente comercial; **~ de bagages** exceso de equipaje
excédentaire [ɛksedɑ̃tɛʀ] *adj* excedente, sobrante
excéder [ɛksede] *vt* (*dépasser*) exceder, sobrepasar; (*agacer*) exasperar
excellence [ɛkselɑ̃s] *nf* excelencia; **son E~** su Excelencia; **par ~** por excelencia
excellent, e [ɛkselɑ̃, ɑ̃t] *adj* excelente
exceller [ɛksele] *vi* : **~ (en** *ou* **dans)** destacar (en), sobresalir (en)
excentré, e [ɛksɑ̃tʀe] *adj* periférico(-a)
excentricité [ɛksɑ̃tʀisite] *nf* excentricidad *f*
excentrique [ɛksɑ̃tʀik] *adj* excéntrico(-a)
excentriquement [ɛksɑ̃tʀikmɑ̃] *adv* excéntricamente
excepté, e [ɛksɛpte] *adj* : **les élèves exceptés/dictionnaires exceptés** excepto los alumnos/los diccionarios ▸ *prép* : **~ les élèves** salvo los alumnos; **~ si/quand ...** salvo si/cuando ...; **~ que** salvo que
excepter [ɛksɛpte] *vt* exceptuar
exception [ɛksɛpsjɔ̃] *nf* excepción *f*; **faire ~** ser una excepción; **faire une ~** (*dérogation*) hacer una excepción; **sans ~** sin excepción; **à l'~ de** con excepción de; **mesure/loi d'~** medida/ley *f* de excepción
exceptionnel, le [ɛksɛpsjɔnɛl] *adj* excepcional
exceptionnellement [ɛksɛpsjɔnɛlmɑ̃] *adv* excepcionalmente
excès [ɛksɛ] *nm* exceso; **à l'~** (*méticuleux, généreux*) en exceso; **tomber dans l'~ inverse** pasar de un extremo al otro; **avec/sans ~** con/sin exceso; **~ de langage** lenguaje *m* abusivo; **~ de pouvoir/de zèle** exceso de poder/de celo; **~ de vitesse** exceso de velocidad ▸ *nmpl* (*abus*) excesos *mpl*
excessif, -ive [ɛksesif, iv] *adj* excesivo(-a)
excessivement [ɛksesivmɑ̃] *adv* excesivamente
excipient [ɛksipjɑ̃] *nm* excipiente *m*
exciser [ɛksize] *vt* (*Méd*) extirpar

excision [ɛksizjɔ̃] *nf* excisión *f*

excitant [ɛksitɑ̃] *adj, nm* excitante *m*

excitation [ɛksitasjɔ̃] *nf* excitación *f*

excité, e [ɛksite] *adj* excitado(-a)

exciter [ɛksite] *vt* excitar; **~ qn à** (*la révolte, au combat*) incitar a algn a; **s'exciter** *vpr* excitarse

exclamatif, -ive [ɛksklamatif, iv] *adj* exclamativo(-a)

exclamation [ɛksklamasjɔ̃] *nf* exclamación *f*

exclamer [ɛksklame] : **s'exclamer** *vpr* exclamar; **« zut », s'exclama-t-il** « caramba », exclamó

exclu, e [ɛkskly] *pp de* **exclure** ▶ *adj* : **il est/n'est pas ~ que** cabe/no cabe la posibilidad de que; **ce n'est pas ~** cabe esa posibilidad; **les exclus** *nmpl* los excluidos *mpl*

exclure [ɛksklyʀ] *vt* excluir; (*d'une salle, d'un parti*) expulsar, excluir

exclusif, -ive [ɛksklyzif, iv] *adj* exclusivo(-a); **avec la mission exclusive/dans le but ~ de** con la misión exclusiva/con la finalidad exclusiva de

exclusion [ɛksklyzjɔ̃] *nf* expulsión *f*, exclusión *f*; **à l'~ de** con exclusión de; **la lutte contre l'~** la lucha contra la exclusión social

exclusivement [ɛksklyzivmɑ̃] *adv* (*s'intéresser*) exclusivamente; (*jouir d'un droit*) en exclusiva; (*gén Comm : non inclus*) exclusive

exclusivité [ɛksklyzivite] *nf* exclusividad *f*; **en ~** en exclusiva; **film passant en ~** película en exclusiva

excommunication [ɛkskɔmynikasjɔ̃] *nf* excomunión *f*

excommunier [ɛkskɔmynje] *vt* excomulgar

excréments [ɛkskʀemɑ̃] *nmpl* excrementos *mpl*

excréter [ɛkskʀete] *vt* excretar

excrétion [ɛkskʀesjɔ̃] *nf* excreción *f*

excroissance [ɛkskʀwasɑ̃s] *nf* excrecencia

excursion [ɛkskyʀsjɔ̃] *nf* excursión *f*; **faire une ~** hacer una *ou* ir de excursión

excursionniste [ɛkskyʀsjɔnist] *nmf* excursionista *mf*

excusable [ɛkskyzabl] *adj* excusable

excuse [ɛkskyz] *nf* excusa; **mot d'~** (*Scol*) justificante *m*; **excuses** *nfpl* (*expression de regret*) disculpas *fpl*; **faire des excuses** disculparse, excusarse; **faire/présenter ses excuses** pedir disculpas; **lettre d'excuses** carta de disculpa

excuser [ɛkskyze] *vt* excusar, disculpar; **~ qn de qch** (*dispenser*) dispensar a algn de algo; **« excusez-moi »** (*en passant devant qn*) « discúlpeme »; (*pour attirer l'attention*) « perdón »; **se faire ~** excusarse; **s'excuser** *vpr* (*par politesse*) disculparse, excusarse; **s'~ (de)** disculparse (de), excusarse (por)

exécrable [ɛgzekʀabl] *adj* execrable

exécrer [ɛgzekʀe] *vt* execrar

exécutable [ɛgzekytabl] *adj, nm* (*Inform*) ejecutable *m*

exécutant, e [ɛgzekytɑ̃, ɑ̃t] *nm/f* ejecutante *mf*

exécuter [ɛgzekyte] *vt* (*Inform, Mus, prisonnier*) ejecutar; (*opération, mouvement*) efectuar, realizar; **s'exécuter** *vpr* cumplir

exécuteur, -trice [ɛgzekytœʀ, tʀis] *nm/f* (*Jur*) ejecutor(a) ▶ *nm* (*bourreau*) verdugo

exécutif, -ive [ɛgzekytif, iv] *adj* ejecutivo(-a) ▶ *nm* : **l'~** (*Pol*) el ejecutivo

exécution [ɛgzekysjɔ̃] *nf* ejecución *f*; **mettre à ~** llevar a cabo; **~ capitale** ejecución capital

exécutoire [ɛgzekytwaʀ] *adj* ejecutorio(-a)

exégèse [ɛgzeʒɛz] *nf* exégesis *f*

exégète [ɛgzeʒɛt] *nm* exégeta *m*

exemplaire [ɛgzɑ̃plɛʀ] *adj* ejemplar ▶ *nm* ejemplar *m*; **en deux/trois exemplaires** por duplicado/triplicado

exemplairement [ɛgzɑ̃plɛʀmɑ̃] *adv* ejemplarmente

exemplarité [ɛgzɑ̃plaʀite] *nf* ejemplaridad *f*

exemple [ɛgzɑ̃pl] *nm* ejemplo; **par ~** por ejemplo; (*valeur intensive*) ¡no es posible!; **sans ~** (*bêtise, gourmandise*) sin igual; **donner l'~** dar ejemplo; **prendre ~ sur qn** tomar ejemplo de algn; **suivre l'~ de qn** seguir el ejemplo de algn; **à l'~ de** a ejemplo de; **servir d'~ (à qn)** servir de ejemplo (a algn); **pour l'~** (*punir*) para que sirva *etc* de escarmiento *ou* de ejemplo

exempt, e [ɛgzɑ̃, ɑ̃(p)t] *adj* : **~ de** exento(-a) de; **~ de taxes** exento(-a) de tasas

exempter [ɛgzɑ̃(p)te] *vt* : **~ qn de** eximir a algn de

exemption [ɛgzɑ̃psjɔ̃] *nf* exención *f*

exercé, e [ɛgzɛʀse] *adj* ejercitado(-a)

exercer [ɛgzɛʀse] *vt* ejercer; (*former : personne*) acostumbrar; (*animal*) adiestrar; (*faculté, partie du corps*) ejercitar ▶ *vi* (*médecin*) ejercer; **s'exercer** *vpr* (*sportif*) entrenarse; (*musicien*) practicar; **s'~ (sur/contre)** (*pression, poussée*) ejercerse (sobre/contra); **s'~ à faire qch** ejercitarse en hacer algo

exercice [ɛgzɛʀsis] *nm* ejercicio; **à l'~** (*Mil*) de maniobras; **en ~** (*Admin*) en ejercicio, en activo; **dans l'~ de ses fonctions** en ejercicio de sus funciones; **exercices d'assouplissement** ejercicios *mpl* de flexibilidad

exergue [ɛgzɛʀg] *nm* : **mettre en ~** poner de relieve; **porter en ~** llevar inscrito(-a)

exfoliant, e [ɛksfɔljɑ̃, jɑ̃t] *adj* exfoliante ▶ *nm* exfoliante *m*

exfoliation [ɛksfɔljasjɔ̃] *nf* exfoliación *f*

exfolier [ɛksfɔlje] *vt* exfoliar

exhalaison [ɛgzalɛzɔ̃] *nf* exhalación *f*

exhaler [ɛgzale] *vt* exhalar; **s'exhaler** *vpr* desprenderse

exhausser [ɛgzose] *vt* (*construction*) levantar

exhausteur [ɛgzostœʀ] *nm* bomba (*para extraer líquidos*)
exhaustif, -ive [ɛgzostif, iv] *adj* exhaustivo(-a)
exhaustivement [ɛgzostivmɑ̃] *adv* exhaustivamente
exhiber [ɛgzibe] *vt* exhibir; **s'exhiber** *vpr* exhibirse
exhibition [ɛgzibisjɔ̃] *nf* (*présentation, étalage*) exhibición *f*; (*Sport*) partido de exhibición
exhibitionnisme [ɛgzibisjɔnism] *nm* exhibicionismo
exhibitionniste [ɛgzibisjɔnist] *nmf* exhibicionista *mf*
exhortation [ɛgzɔʀtasjɔ̃] *nf* exhortación *f*
exhorter [ɛgzɔʀte] *vt* : **~ qn à faire qch** exhortar a algn a hacer algo
exhumation [ɛgzymasjɔ̃] *nf* (*de corps*) exhumación *f*
exhumer [ɛgzyme] *vt* (*un corps*) exhumar
exigeant, e [ɛgziʒɑ̃, ɑ̃t] *adj* exigente
exigence [ɛgziʒɑ̃s] *nf* exigencia
exiger [ɛgziʒe] *vt* exigir
exigible [ɛgziʒibl] *adj* exigible
exigu, -uë [ɛgzigy] *adj* exiguo(-a)
exiguïté [ɛgzigɥite] *nf* exigüidad *f*
exil [ɛgzil] *nm* exilio; **en ~** en el exilio; **~ fiscal** exilio fiscal
exilé, e [ɛgzile] *nm/f* exiliado(-a); **~ fiscal** exiliado(-a) fiscal
exiler [ɛgzile] *vt* exiliar; **s'exiler** *vpr* exiliarse
existant, e [ɛgzistɑ̃, ɑ̃t] *adj* (*tarif*) vigente; (*bâtiment*) existente
existence [ɛgzistɑ̃s] *nf* existencia; **moyens d'~** medios *mpl* de existencia, medios de vida
existentialisme [ɛgzistɑ̃sjalism] *nm* existencialismo
existentialiste [ɛgzistɑ̃sjalist] *adj, nmf* existencialista *mf*
existentiel, le [ɛgzistɑ̃sjɛl] *adj* existencial
exister [ɛgziste] *vi* existir; **il existe une solution/des solutions** existe una solución/ existen soluciones
exocet [ɛgzɔsɛ] *nm* (*poisson*) pez *m* volador; (*missile*) misil *m* Exocet®
exode [ɛgzɔd] *nm* éxodo; **~ rural** éxodo rural
exogamie [ɛgzɔgami] *nf* exogamia
exonération [ɛgzɔneʀasjɔ̃] *nf* exoneración *f*
exonéré, e [ɛgzɔneʀe] *adj* : **~ de TVA** exento(-a) de IVA
exonérer [ɛgzɔneʀe] *vt* : **~ qn/qch de** eximir a algn/a algo de
exorbitant, e [ɛgzɔʀbitɑ̃, ɑ̃t] *adj* exorbitante
exorbité, e [ɛgzɔʀbite] *adj* : **yeux exorbités** ojos *mpl* desorbitados
exorciser [ɛgzɔʀsize] *vt* exorcizar
exorcisme [ɛgzɔʀsism] *nm* exorcismo
exorciste [ɛgzɔʀsist] *nmf* exorcista *mf*
exorde [ɛgzɔʀd] *nm* exordio
exotique [ɛgzɔtik] *adj* exótico(-a)
exotisme [ɛgzɔtism] *nm* exotismo
exp. *abr* (= *expéditeur*) Rte. (= *remite, remitente*)
expansif, -ive [ɛkspɑ̃sif, iv] *adj* expansivo(-a), comunicativo(-a)
expansion [ɛkspɑ̃sjɔ̃] *nf* expansión *f*
expansionnisme [ɛkspɑ̃sjɔnism] *nm* expansionismo
expansionniste [ɛkspɑ̃sjɔnist] *adj* expansionista
expansivité [ɛkspɑ̃sivite] *nf* carácter *m* expansivo
expatrié, e [ɛkspatʀije] *nm/f* expatriado(-a)
expatrier [ɛkspatʀije] *vt* (*argent*) llevar al extranjero; **s'expatrier** *vpr* expatriarse
expectative [ɛkspɛktativ] *nf* : **être dans l'~** estar a la expectativa
expectorant, e [ɛkspɛktɔʀɑ̃, ɑ̃t] *adj* : **sirop ~** jarabe *m* expectorante
expectorer [ɛkspɛktɔʀe] *vi* expectorar
expédient [ɛkspedjɑ̃] *nm* (*parfois péj*) recurso; **vivre d'expédients** vivir del cuento
expédier [ɛkspedje] *vt* (*lettre*) expedir; (*troupes, renfort*) enviar; (*péj* : *faire rapidement*) despachar; **~ par la poste** expedir por correo; **~ par bateau** enviar por barco
expéditeur, -trice [ɛkspeditœʀ, tʀis] *nm/f* remitente *mf*
expéditif, -ive [ɛkspeditif, iv] *adj* expeditivo(-a)
expédition [ɛkspedisjɔ̃] *nf* (*d'une lettre*) envío; (*Mil, scientifique*) expedición *f*; **~ punitive** expedición de castigo
expéditionnaire [ɛkspedisjɔnɛʀ] *adj* : **corps ~** cuerpo expedicionario
expérience [ɛkspeʀjɑ̃s] *nf* experiencia; **une ~** (*scientifique*) un experimento; **avoir de l'~** tener experiencia; **avoir l'~ de** tener experiencia en; **faire l'~ de qch** experimentar algo; **~ de chimie** experimento de química
expérimental, e, -aux [ɛkspeʀimɑ̃tal, o] *adj* experimental
expérimentalement [ɛkspeʀimɑ̃talmɑ̃] *adv* experimentalmente
expérimentation [ɛkspeʀimɑ̃tasjɔ̃] *nf* experimentación *f*
expérimenté, e [ɛkspeʀimɑ̃te] *adj* experimentado(-a)
expérimenter [ɛkspeʀimɑ̃te] *vt* experimentar
expert, e [ɛkspɛʀ, ɛʀt] *adj* : **~ en** experto(-a) en ▸ *nm/f* experto(-a), perito(-a); **~ en assurances** perito(-a) de seguros
expert-comptable, experte-comptable [ɛkspɛrkɔ̃tabl, ɛkspɛrtkɔ̃tabl] (*pl* **expert(e)s-comptables**) *nm/f* perito(-a) contable
expertise [ɛkspɛʀtiz] *nf* peritaje *m*; (*Jur*) prueba pericial
expertiser [ɛkspɛʀtize] *vt* valorar pericialmente, hacer un peritaje de

expiation [ɛkspjasjɔ̃] *nf* expiación *f*

expiatoire [ɛkspjatwaʀ] *adj* expiatorio(-a)

expier [ɛkspje] *vt* expiar

expiration [ɛkspiʀasjɔ̃] *nf* expiración *f*

expirer [ɛkspiʀe] *vi* (*passeport, bail*) vencer, expirar; (*respirer*) espirar; (*littér : mourir*) expirar

explétif, -ive [ɛkspletif, iv] *adj* (*Ling*) expletivo(-a)

explicable [ɛksplikabl] *adj* : **pas ~** (*erreur, geste*) incomprensible, inexplicable

explicatif, -ive [ɛksplikatif, iv] *adj* explicativo(-a)

explication [ɛksplikasjɔ̃] *nf* explicación *f*; (*discussion*) discusión *f*; **~ de texte** (*Scol*) comentario de texto

explicite [ɛksplisit] *adj* explícito(-a)

explicitement [ɛksplisitmɑ̃] *adv* explícitamente

expliciter [ɛksplisite] *vt* explicitar

expliquer [ɛksplike] *vt* explicar; **~ (à qn) comment/que** explicar (a algn) cómo/que; **s'expliquer** *vpr* explicarse; (*discuter*) discutir; (*se disputer*) pelearse; **je ne m'explique pas son retard/absence** (*comprendre*) no me explico su retraso/ausencia; **son erreur s'explique** su error tiene una explicación

exploit [ɛksplwa] *nm* hazaña

exploitable [ɛksplwatabl] *adj* explotable

exploitant [ɛksplwatɑ̃] *nm* (*Agr*) agricultor(a), labrador(a); **les petits exploitants** (*Agr*) los pequeños agricultores

exploitation [ɛksplwatasjɔ̃] *nf* explotación *f*; **~ agricole** explotación agrícola

exploiter [ɛksplwate] *vt* explotar; (*tirer parti de : faiblesse de qn*) aprovecharse de

exploiteur, -euse [ɛksplwatœʀ, øz] (*péj*) *nm/f* explotador(a)

explorateur, -trice [ɛksplɔʀatœʀ, tʀis] *nm/f* explorador(a)

exploration [ɛksplɔʀasjɔ̃] *nf* exploración *f*

explorer [ɛksplɔʀe] *vt* (*pays, grotte, problème*) explorar

exploser [ɛksploze] *vi* (*bombe*) explotar, estallar; (*joie, colère*) estallar; **faire ~** hacer estallar

explosif, -ive [ɛksplozif, iv] *adj* explosivo(-a) ▸ *nm* explosivo

explosion [ɛksplozjɔ̃] *nf* explosión *f*; **~ démographique** explosión demográfica

expo [ɛkspo] (*fam*) *nf* exposición *f*

exponentiel, le [ɛkspɔnɑ̃sjɛl] *adj* exponencial

export [ɛkspɔʀ] *nm* exportación *f*

exportable [ɛkspɔʀtabl] *adj* (*aussi Inform*) exportable

exportateur, -trice [ɛkspɔʀtatœʀ, tʀis] *adj, nm/f* exportador(a)

exportation [ɛkspɔʀtasjɔ̃] *nf* (*aussi Inform*) exportación *f*

exporter [ɛkspɔʀte] *vt* (*aussi fig*) exportar

exposant, e [ɛkspozɑ̃, ɑ̃t] *nm/f* (*personne*) expositor(a) ▸ *nm* (*Math*) exponente *m*

exposé, e [ɛkspoze] *adj* (*orienté*) orientado(-a); **~ à l'est/au sud** orientado(-a) al este/al sur; **bien ~** bien orientado(-a); **très ~** (*personne*) muy expuesto(-a) ▸ *nm* (*écrit*) informe *m*; (*oral*) charla; (*Scol*) exposición *f*

exposer [ɛkspoze] *vt* exponer; (*orienter : maison*) orientar; **~ sa vie** (*mettre en danger*) exponer su vida; **~ qn/qch à** exponer a algn/algo a; **s'exposer à** *vpr* exponerse a

exposition [ɛkspozisjɔ̃] *nf* exposición *f*; **temps d'~** (*Photo*) tiempo de exposición

exprès[1], expresse [ɛkspʀɛs] *adj* expreso(-a) ▸ *adj inv* : **lettre/colis ~** carta/paquete *m* urgente; **envoyer qch en ~** enviar algo urgente

exprès[2] [ɛkspʀɛ] *adv* (*délibérément*) a propósito, adrede; (*spécialement*) expresamente; **faire ~ de faire qch** hacer algo deliberadamente; **il l'a fait/ne l'a pas fait ~** lo hizo/no lo hizo adrede *ou* a propósito

express [ɛkspʀɛs] *adj, nm* : **(café) ~** (café) exprés *m*; **(train) ~** (tren) expreso

expressément [ɛkspʀesemɑ̃] *adv* expresamente

expressif, -ive [ɛkspʀesif, iv] *adj* expresivo(-a)

expression [ɛkspʀesjɔ̃] *nf* expresión *f*; **réduit à sa plus simple ~** reducido a su mínima expresión; **liberté/moyens d'~** libertad *f*/medios *mpl* de expresión; **~ toute faite** frase *f* hecha

expressionnisme [ɛkspʀesjɔnism] *nm* expresionismo

expressivité [ɛkspʀesivite] *nf* expresividad *f*

exprimer [ɛkspʀime] *vt* (*sentiment, idée*) expresar; (*littér : jus, liquide*) exprimir; **s'exprimer** *vpr* expresarse; **bien s'~** expresarse bien; **s'~ en français** expresarse en francés

> ⚠ No debe traducirse normalmente por *exprimir*, que en francés suele corresponder a **presser**.

expropriation [ɛkspʀɔpʀijasjɔ̃] *nf* expropiación *f*; **frapper d'~** declarar como expropiado(-a)

exproprier [ɛkspʀɔpʀije] *vt* expropiar

expulser [ɛkspylse] *vt* expulsar; (*locataire*) echar

expulsion [ɛkspylsjɔ̃] *nf* expulsión *f*

expurger [ɛkspyʀʒe] *vt* expurgar

exquis, e [ɛkski, iz] *adj* (*personne, élégance, parfum*) exquisito(-a); (*temps*) delicioso(-a)

exsangue [ɛksɑ̃g] *adj* exangüe

exsuder [ɛksyde] *vt* exudar

extase [ɛkstɑz] *nf* éxtasis *msg*; **être en ~** estar en éxtasis

extasier [ɛkstɑzje] : **s'extasier** *vpr* : **s'~ sur** extasiarse ante
extatique [ɛkstatik] *adj* extático(-a)
extenseur [ɛkstɑ̃sœʀ] *nm* extensor *m*
extensible [ɛkstɑ̃sibl] *adj* extensible
extensif, -ive [ɛkstɑ̃sif, iv] *adj* extensivo(-a)
extension [ɛkstɑ̃sjɔ̃] *nf* extensión *f*; (*fig : développement*) expansión *f*; **en ~** (*Méd*) en extensión
exténuant, e [ɛkstenɥɑ̃, ɑ̃t] *adj* extenuante
exténuer [ɛkstenɥe] *vt* extenuar
extérieur, e [ɛksteʀjœʀ] *adj* exterior; (*pressions, calme*) externo(-a) ▸ *nm* exterior *m*; **contacts avec l'~** contactos *mpl* con el exterior; **à l'~** (*dehors*) fuera, afuera (*Am*); (*à l'étranger*) en el exterior; (*Sport*) por el exterior
extérieurement [ɛksteʀjœʀmɑ̃] *adv* exteriormente
extérioriser [ɛksteʀjɔʀize] *vt* exteriorizar
exterminateur, -trice [ɛkstɛʀminatœʀ, tʀis] *adj* exterminador(a)
extermination [ɛkstɛʀminasjɔ̃] *nf* exterminación *f*
exterminer [ɛkstɛʀmine] *vt* exterminar
externat [ɛkstɛʀna] *nm* externado
externe [ɛkstɛʀn] *adj* externo(-a) ▸ *nmf* externo(-a); (*étudiant en médecine*) alumno(-a) en prácticas
extincteur [ɛkstɛ̃ktœʀ] *nm* extintor *m*
extinction [ɛkstɛ̃ksjɔ̃] *nf* extinción *f*; **~ de voix** afonía
extirper [ɛkstiʀpe] *vt* extirpar
extorquer [ɛkstɔʀke] *vt* : **~ qch à qn** sacar algo a algn
extorsion [ɛkstɔʀsjɔ̃] *nf* : **~ de fonds** extorsión *f* de fondos
extra [ɛkstʀa] *adj, préf* extra ▸ *nm* extra *m*; (*employé*) eventual *mf*
extracommunautaire [ɛkstʀakɔmynotɛʀ] *adj* extracomunitario(-a)
extraconjugal, e, -aux [ɛkstʀakɔ̃ʒygal, o] *adj* extraconyugal
extracteur [ɛkstʀaktœʀ] *nm* (*d'air, de chaleur*) extractor *m*
extraction [ɛkstʀaksjɔ̃] *nf* extracción *f*
extrader [ɛkstʀade] *vt* extraditar
extradition [ɛkstʀadisjɔ̃] *nf* extradición *f*
extra-fin, e [ɛkstʀafɛ̃, fin] (*pl* **extra-fins, -es**) *adj* extra fino(-a)
extra-fort, e [ɛkstʀafɔʀ, fɔʀt] (*pl* **extra-forts, -es**) *adj* extra fuerte
extraire [ɛkstʀɛʀ] *vt* extraer; **~ qch de** extraer algo de
extrait, e [ɛkstʀɛ, ɛt] *pp de* **extraire** ▸ *nm* extracto; (*de film, livre*) pasaje *m*; **~ de naissance** partida de nacimiento
extra-lucide [ɛkstʀalysid] (*pl* **extra-lucides**) *adj* : **voyante ~** vidente *f*
extraordinaire [ɛkstʀaɔʀdinɛʀ] *adj* extraordinario(-a); **si par ~ ...** en el caso poco probable de que ...; **mission/envoyé ~** misión *f*/enviado especial; **ambassadeur ~** embajador *m* especial *ou* extraordinario; **assemblée ~** asamblea extraordinaria
extraordinairement [ɛkstʀaɔʀdinɛʀmɑ̃] *adv* extraordinariamente
extrapoler [ɛkstʀapɔle] *vt* extrapolar
extra-sensoriel, le [ɛkstʀasɑ̃sɔʀjɛl] (*pl* **extra-sensoriels, -les**) *adj* extrasensorial
extra-terrestre [ɛkstʀatɛʀɛstʀ(ə)] (*pl* **extra-terrestres**) *nmf* extraterrestre *mf*
extra-utérin, e [ɛkstʀayteʀɛ̃, in] (*pl* **extra-utérins, -es**) *adj* extrauterino(-a)
extravagance [ɛkstʀavagɑ̃s] *nf* extravagancia
extravagant, e [ɛkstʀavagɑ̃, ɑ̃t] *adj* extravagante
extraverti, e [ɛkstʀavɛʀti] *adj* extravertido(-a), extrovertido(-a)
extrayais *etc* [ɛkstʀejɛ] *vb voir* **extraire**
extrême [ɛkstʀɛm] *adj* extremo(-a); **d'une ~ simplicité/brutalité** (*intensif*) de una extrema simplicidad/brutalidad ▸ *nm* : **les extrêmes** los extremos *mpl*; **d'un ~ à l'autre** de un extremo a(l) otro; **à l'~** al extremo, en sumo grado; **à l'~ rigueur** en extremo rigor
extrêmement [ɛkstʀɛmmɑ̃] *adv* extremadamente
extrême-onction [ɛkstʀɛmɔ̃ksjɔ̃] (*pl* **extrême-onctions**) *nf* (*Rel*) extremaunción *f*
Extrême-Orient [ɛkstʀɛmɔʀjɑ̃] *nm* Extremo Oriente *m*
extrême-oriental, e, -aux [ɛkstʀɛmɔʀjɑ̃tal, o] (*pl* **extrême-orientaux, -orientales**) *adj* extremoriental
extrémisme [ɛkstʀemism] *nm* extremismo
extrémiste [ɛkstʀemist] *adj, nmf* extremista *mf*
extrémité [ɛkstʀemite] *nf* extremo; (*d'un doigt, couteau*) punta; (*geste désespéré*) extremos *mpl*; **à la dernière ~** en las últimas; **extrémités** *nfpl* (*pieds et mains*) extremidades *fpl*
extroverti, e [ɛkstʀɔvɛʀti] *adj* = **extraverti**
extrusion [ɛkstʀyzjɔ̃] *nf* (*Tech*) extrusión *f*
exubérance [ɛgzybeʀɑ̃s] *nf* exuberancia
exubérant, e [ɛgzybeʀɑ̃, ɑ̃t] *adj* exuberante
exulter [ɛgzylte] *vi* exultar
exutoire [ɛgzytwaʀ] *nm* derivativo
ex-voto [ɛksvɔto] *nm inv* exvoto
eye-liner [ajlajnœʀ] (*pl* **eye-liners**) *nm* lápiz *m* de ojos

Ff

F¹, f¹ [ɛf] *nm inv* F, f *f*; **F comme François** ≈ F de Francia
F² [ɛf] *abr* = **franc**; = **Fahrenheit** ▸ *nm* (*appartement*) : **un F2/F3** un piso de 2/3 habitaciones
fa [fa] *nm inv* fa *m*
fable [fabl] *nf* fábula; (*mensonge*) cuento
fabricant [fabʀikɑ̃] *nm* fabricante *mf*
fabrication [fabʀikasjɔ̃] *nf* fabricación *f*
fabrique [fabʀik] *nf* fábrica
fabriquer [fabʀike] *vt* fabricar; (*forger*) acuñar; **~ en série** fabricar en serie; **qu'est-ce qu'il fabrique ?** (*fam*) ¿qué está tramando?
fabulateur, -trice [fabylatœʀ, tʀis] *nm/f* fabulador(a)
fabulation [fabylasjɔ̃] *nf* fabulación *f*
fabuleusement [fabyløzmɑ̃] *adv* fabulosamente
fabuleux, -euse [fabylø, øz] *adj* fabuloso(-a)
fac [fak] (*pl* **facs**) (*fam*) *sigle f* (= *faculté*) facu *f* (*fam*)
façade [fasad] *nf* (*aussi fig*) fachada; **de ~** (*superficiel*) de fachada
face [fas] *nf* (*visage*) cara, rostro; (*côté*) cara; **perdre la ~** caer en descrédito; **sauver la ~** salvar las apariencias; **regarder qn en ~** mirar a algn a la cara; **la maison/le trottoir d'en ~** la casa/la acera de enfrente; **il habite en ~** vive enfrente; **en ~ de** enfrente de; **de ~** de frente; **~ à** *prép* frente a, ante; **faire ~ à qn/qch** hacer frente *ou* cara a algn/algo; **faire ~ à la demande** (*Comm*) hacer frente a la demanda; **~ à ~** *adv* frente a frente, cara a cara ▸ *adj* : **le côté ~** cara
face-à-face [fasafas] *nm inv* (*rencontre*) confrontación *f*; (*discussion, débat*) (debate *m*) cara a cara *m*; (*Sport : duel*) uno contra uno *m*, cara a cara *m*
facéties [fasesi] *nfpl* broma *fsg*
facétieux, -euse [fasesjø, jøz] *adj* bromista
facette [fasɛt] *nf* (*aussi fig*) faceta; **à facettes** con muchas facetas
fâché, e [fɑʃe] *adj* enfadado(-a); (*désolé, contrarié*) contrariado(-a); **être ~ avec qn** (*brouillé*) estar enfadado(-a) con algn
fâcher [fɑʃe] *vt* enfadar; **se fâcher** *vpr* : **se ~ (contre** *ou* **avec qn)** enfadarse (con algn)
fâcherie [fɑʃʀi] *nf* enfado
fâcheusement [fɑʃøzmɑ̃] *adv* desagradablemente; **avoir ~ tendance à** tener la mala costumbre de
fâcheux, -euse [fɑʃø, øz] *adj* (*événement, affaire*) lamentable; (*contretemps, initiative*) fastidioso(-a)
facho [faʃo] (*fam*) *adj, nmf* = **fasciste**
facial, e, -aux [fasjal, jo] *adj* facial
faciès [fasjɛs] *nm* facciones *fpl*; **contrôle (d'identité) au faciès** *control de identidad debido a la apariencia física*
facile [fasil] *adj* (*aussi péj*) fácil; **~ à faire** fácil de hacer; **c'est ~ de critiquer** es fácil criticar; **personne ~ à tromper** persona fácil de engañar
facilement [fasilmɑ̃] *adv* con facilidad, fácilmente; (*au moins*) por lo menos; **se fâcher/se tromper ~** enfadarse/equivocarse con facilidad
facilité [fasilite] *nf* facilidad *f*; **il a la ~ de rencontrer des gens** tiene facilidad para encontrar gente; **facilités** *nfpl* (*possibilités*) facilidades *fpl*; **facilités de crédit/paiement** facilidades de crédito/pago
faciliter [fasilite] *vt* facilitar
façon [fasɔ̃] *nf* modo, manera; (*d'une robe, veste*) hechura; **de quelle ~ l'a-t-il fait/construit ?** ¿cómo lo ha hecho/construido?; **sans ~** *adv* simplemente; *adj* (*personne, déjeuner*) sencillo(-a); **d'une autre ~** de otra manera; **en aucune ~** de ningún modo; **de ~ agréable/agressive** *etc* de manera agradable/agresiva *etc*; **de ~ à faire/à ce que** de modo que haga/de modo que; **de (telle) ~ que** de tal forma que; **de toute ~** de todos modos; **~ de parler** manera de hablar; **travail à ~** trabajo a destajo; **châle ~ cachemire** chal *m* imitación cachemir; **façons** *nfpl* (*péj*) modales *mpl*; **faire des façons** (*péj : être affecté*) ser remilgado(-a); (*: faire des histoires*) venir con historias
faconde [fakɔ̃d] *nf* (*souvent péj*) verborrea
façonnage [fasɔnaʒ] *nm* (*fabrication*) fabricación *f*; (*travail*) trabajo
façonner [fasɔne] *vt* (*fabriquer*) fabricar, hacer; (*travailler*) trabajar, dar forma a; (*fig : personne, caractère*) moldear

fac-similé [faksimile] (*pl* **fac-similés**) *nm* facsímil *m*
facteur, -trice [faktœʀ, tʀis] *nm/f* cartero(-a); (*d'instruments*) fabricante *mf*; **~ d'orgues** fabricante de órganos; **~ de pianos** fabricante de pianos ▸ *nm* (*Math, fig*) factor *m*; **le ~ humain** el factor humano; **~ rhésus** factor Rh
factice [faktis] *adj* falso(-a)
faction [faksjɔ̃] *nf* (*groupe*) facción *f*; (*Mil, gén*) guardia; (*dans une entreprise*) turno; **en ~** de guardia
factoriel, le [faktɔʀjɛl] *adj* factorial
factotum [faktɔtɔm] *nm* factótum *m*
factuel, le [faktɥɛl] *adj* factual
facturation [faktyʀasjɔ̃] *nf* facturación *f*
facture [faktyʀ] *nf* factura; (*façon de faire*) ejecución *f*, factura
facturer [faktyʀe] *vt* facturar
facturette [faktyʀɛt] *nf* comprobante *m* (*de pago con tarjeta de crédito*)
facturier, -ière [faktyʀje, jɛʀ] *nm/f* facturador(a)
facultatif, -ive [fakyltatif, iv] *adj* (*enseignement, matière*) facultativo(-a)
faculté [fakylte] *nf* facultad *f*; **facultés** *nfpl* (*moyens intellectuels*) facultades *fpl*
fada [fada] (*fam* : FRANCE SUD) *adj, nmf* chiflado(-a) (*fam*)
fadaises [fadɛz] *nfpl* sandeces *fpl*
fade [fad] *adj* soso(-a); (*fig*) insulso(-a)
fadette [fadɛt] *nf* factura detallada
fadeur [fadœʀ] *nf* sosería; (*fig*) insulsez *f*
fading [fadiŋ] *nm* fading *m*
fagot [fago] *nm* haz *m*, gavilla
fagoté, e [fagɔte] (*fam*) *adj* : **tu es drôlement ~** estás hecho(-a) una facha
Fahrenheit [faʀɛnajt] *adj, nm* Fahrenheit *m*
FAI [ɛfai] *sigle m* (= *fournisseur d'accès à Internet*) PSI *m* (= *proveedor de servicios de Internet*)
faiblard, e [fɛblaʀ, aʀd] *adj* (*personne*) debilucho(-a); (*son, lumière*) débil; (*péj : raisonnement, argument*) flojo(-a)
faible [fɛbl] *adj* débil; (*intellectuellement*) flojo(-a); (*protestations, résistance*) escaso(-a); (*rendement, revenus*) bajo(-a); **le point ~ de qn/qch** el punto flaco de algn/algo; **~ d'esprit** débil *mf* mental ▸ *nm* : **avoir un ~ pour qn/qch** tener debilidad por algn/algo
faiblement [fɛbləmɑ̃] *adv* (*mollement*) sin convicción; (*éclairer etc*) débilmente
faiblesse [fɛblɛs] *nf* debilidad *f*; (*défaillance*) desmayo; (*lacune*) punto flaco; (*défaut*) defecto, debilidad
faiblir [fɛbliʀ] *vi* debilitarse; (*vent*) amainar; (*résistance, intérêt*) decaer
faïence [fajɑ̃s] *nf* loza
faignant, e [fɛɲɑ̃, ɑ̃t] *nm/f, adj* = **fainéant**
faille [faj] *vb voir* **falloir** ▸ *nf* (*Géo*) falla; (*fig : d'une théorie*) fallo
failli, e [faji] *adj, nm/f* quebrado(-a)
faillible [fajibl] *adj* falible
faillir [fajiʀ] *vi* : **j'ai failli tomber/lui dire** estuve a punto de caer/decirle; **~ à une promesse/un engagement** faltar a una promesa/un compromiso

Pour exprimer qu'on est sur le point de faire ou qu'on a failli faire quelque chose, on emploie *estar a punto de* ou la construction avec *casi* :
J'ai failli tout annuler. Estuve a punto de anularlo todo.
Elle a failli tomber du lit. Casi se cae de la cama.

faillite [fajit] *nf* (*échec*) fracaso; **être en/faire ~** estar en/hacer quiebra
faim [fɛ̃] *nf* hambre *f*; **la ~ dans le monde** el hambre en el mundo; **avoir ~** tener hambre; **je suis resté sur ma ~** (*fig*) me ha sabido a poco
fainéant, e [fɛneɑ̃, ɑ̃t] *adj, nm/f* holgazán(-ana), flojo(-a) (AM)
fainéanter [fɛneɑ̃te] *vi* holgazanear
fainéantise [fɛneɑ̃tiz] *nf* holgazanería

MOT-CLÉ

faire [fɛʀ] *vt* **1** (*fabriquer, être l'auteur de*) hacer; **faire du vin/une offre/un film** hacer vino/una oferta/una película; **faire du bruit/des taches/des dégâts** hacer ruido/manchas/destrozos; **fait à la main/la machine** hecho a mano/máquina
2 (*effectuer : travail, opération*) hacer; **que faites-vous ?** ¿qué hace?; (*quel métier etc*) ¿a qué se dedica (usted)?; **faire la lessive** hacer la colada; **faire la cuisine/le ménage/les courses** hacer la cocina/la limpieza/la compra; **faire les magasins/l'Europe** ir de tiendas/por Europa
3 (*étudier, pratiquer*) : **faire du droit/du français** hacer derecho/francés; **faire du sport/rugby** hacer deporte/rugby; **faire du cheval** montar a caballo; **faire du ski/du vélo** ir a esquiar/en bicicleta; **faire du violon/piano** tocar el violín/piano
4 (*simuler*) : **faire l'ignorant/l'innocent** hacerse el ignorante/el inocente
5 (*transformer, avoir un effet sur*) : **faire de qn un frustré/avocat** hacer de algn un frustrado/abogado; **ça ne me fait rien** *ou* **ni chaud ni froid** no me importa nada; **ça ne fait rien** no importa; **je n'ai que faire de tes conseils** no me hacen falta tus consejos
6 (*calculs, prix, mesures*) : **deux et deux font quatre** dos y dos son cuatro; **neuf divisé par trois fait trois** nueve entre tres es tres; **ça fait 10 m/15 euros** son 10 m/15 euros; **je vous le fais 10 euros** (*j'en demande 10 euros*) se lo dejo en 10 euros; *voir aussi* **mal** ; **entrer** ; **sortir**

7 : qu'a-t-il fait de sa valise/de sa sœur ? ¿qué ha hecho con su maleta/con su hermana?; **que faire ?** ¿qué voy *etc* a hacer?; **tu fais bien de me le dire** haces bien en decírmelo
8 : ne faire que : il ne fait que critiquer no hace más que criticar
9 (*dire*) decir; **« vraiment ? » fit-il** « ¿de verdad? » dijo
10 (*maladie*) tener; **faire du diabète/de la tension/de la fièvre** tener diabetes/tensión/fiebre
11 (*remplaçant un autre verbe*) hacer; **je viens de le faire** acabo de hacerlo; **je peux le voir ? — faites !** ¿puedo verlo? — ¡desde luego!
▶ *vi* **1** (*agir, s'y prendre*) hacer; **il faut faire vite** hay que darse prisa; **comment a-t-il fait ?** ¿cómo ha hecho?; **faites comme chez vous** está en su casa
2 (*paraître*) **: tu fais jeune dans ce costume** este traje te hace joven; **ça fait bien** queda bien
▶ *vb impers* **1 : il fait beau** hace bueno; *voir aussi* **jour** ; **froid** *etc*
2 (*temps écoulé, durée*) **: ça fait cinq ans/heures qu'il est parti** hace cinco años/horas que se fue; **ça fait deux ans/heures qu'il y est** hace dos años/horas que está allí
▶ *vb semi-aux* **: faire** + *infinitif* hacer + *infinitif*; **faire tomber/bouger qch** hacer caer/mover algo; **cela fait dormir** esto hace dormir; **faire réparer qch** llevar algo a arreglar; **que veux-tu me faire croire/comprendre ?** ¿qué quieres hacerme creer/comprender?; **il m'a fait ouvrir la porte** me hizo abrir la puerta; **il m'a fait traverser la rue** me ayudó a cruzar la calle
se faire *vpr* **1** (*vin, fromage*) hacerse
2 : cela se fait beaucoup eso se hace mucho; **cela ne se fait pas** eso no se hace
3 : se faire (+ *nom ou pron*) **: se faire une jupe** hacerse una falda; **se faire des amis** hacer amigos; **se faire du souci** inquietarse; **il ne s'en fait pas** no se preocupa; **se faire des illusions** hacerse ilusiones; **se faire beaucoup d'argent** hacer mucho dinero
4 : se faire + *adj* (*devenir*) **: se faire vieux** hacerse viejo; (*délibérément*) **: se faire beau** ponerse guapo
5 : se faire à (*s'habituer*) acostumbrarse a; **je n'arrive pas à me faire à la nourriture/au climat** no acabo de acostumbrarme a la comida/al clima
6 : se faire + *infinitif* **: se faire opérer/examiner les yeux** operarse/examinarse la vista; **se faire couper les cheveux** cortarse el pelo; **il va se faire tuer/punir** le van a matar/castigar; **il s'est fait aider par qn** le ha ayudado algn; **se faire faire un vêtement** hacerse un vestido; **se faire ouvrir (la porte)** hacerse abrir (la puerta); **je me suis fait expliquer le texte par Anne** Anne me explicó el texto
7 (*impersonnel*) **: comment se fait-il que … ?** ¿cómo es que …?; **il peut se faire que …** puede ocurrir que …

faire-part [fɛʀpaʀ] *nm inv* **: ~ de mariage** participación *f* de boda; **~ de décès** esquela de defunción
fair-play [fɛʀplɛ] *adj inv* **: il n'est pas très ~** no juega muy limpio
fais [fɛ] *vb voir* **faire**
faisabilité [fəzabilite] *nf* factibilidad *f*
faisable [fəzabl] *adj* factible
faisais [fəzɛ] *vb voir* **faire**
faisan, e [fəzɑ̃, an] *nm/f* faisán(-ana)
faisandé, e [fəzɑ̃de] *adj* (*aussi fig, péj*) manido(-a)
faisceau, x [fɛso] *nm* haz *m*; (*de branches etc*) haz, gavilla; (*fig*) **: un ~ de preuves** un cúmulo de pruebas
faiseur, -euse [fəzœʀ, øz] *nm/f* **: ~ d'embarras** (*péj*) intrigante *mf*
faisons [fəzɔ̃] *vb voir* **faire**
faisselle [fɛsɛl] *nf* escurridor *m*
fait[1] [fɛ] *vb voir* **faire** ▶ *nm* hecho; **le ~ que …** el hecho de que …; **le ~ de manger/travailler** el hecho de comer/trabajar; **être le ~ de** ser cosa de, ser obra de; **être au ~ de** estar al corriente de; **au ~** a propósito; **aller droit au ~** ir al grano; **en venir au ~** pasar a los hechos; **mettre qn au ~** poner a algn al corriente; **de ~** *adj* (*opposé à : de droit*) de hecho; *adv* (*en fait*) en realidad; **du ~ que** por el hecho de que; **du ~ de** a causa de; **de ce ~** por esto; **en ~** de hecho; **en ~ de repas/vacances** a guisa de comida/vacaciones; **c'est un ~** es un hecho, es verdad; **le ~ est que …** el caso es que …; **prendre ~ et cause pour qn** tomar partido por algn; **prendre qn sur le ~** coger a algn con las manos en la masa; **hauts faits** hazañas *fpl*; **dire à qn son ~** decir a algn cuatro cosas; **les faits et gestes de qn** todos los movimientos de algn; **~ accompli** hecho consumado; **~ d'armes** hecho de armas; **~ divers** suceso
fait[2]**, e** [fɛt] *pp de* **faire** ▶ *adj* hecho(-a); (*fromage*) maduro(-a); (*yeux*) maquillado(-a); (*ongles*) pintado(-a); **un homme ~** un hombre hecho; **c'en est ~ de lui** es su fin; **c'en est ~ de notre tranquillité** se acabó la tranquilidad; **tout(e) ~(e)** (*préparé à l'avance*) ya listo(-a), ya preparado(-a); **idée toute faite** idea común; **c'est bien ~ pour lui !** ¡le está bien empleado!; **être ~ pour** (*conçu pour*) estar pensado(-a) para; (*naturellement doué pour*) estar dotado(-a) para
faîte [fɛt] *nm* (*d'un arbre*) copa; (*du toit*) caballete *m*; **au ~ de la gloire/des honneurs** (*fig*) en la cima de la gloria/de los honores

f

faites [fɛt] *vb voir* **faire**
faîtière [fɛtjɛʀ] *nf* (*de tente*) cumbrera
faitout [fɛtu] *nm* cacerola
fakir [fakiʀ] *nm* faquir *m*
falaise [falɛz] *nf* acantilado
falbalas [falbala] *nmpl* faralaes *mpl*; (*grande toilette*) vestido *msg* de tiros largos
fallacieux, -euse [fa(l)lasjø, jøz] *adj* falaz
falloir [falwaʀ] *vb impers* (*besoin*) : **il va ~ 10 euros** se necesitarán 10 euros; **il doit ~ du temps pour ...** se necesitará tiempo para ...; **il faut** (*+ infinitif : obligation*) hay que *+ infinitif*; **il faut faire les lits** hay que hacer las camas; **il faut qu'il ait oublié/qu'il soit malade** (*hypothèse*) debe haberse olvidado/estar enfermo; **il faut que tu arrives à ce moment !** (*fatalité*) ¡sólo nos faltaba que llegaras ahora!; **il me faut/faudrait 100 €/ de l'aide** necesito/necesitaría 100 euros/ ayuda; **il vous faut tourner à gauche après l'église** tiene que girar a la izquierda después de la iglesia; **nous avons ce qu'il (nous) faut** tenemos lo necesario; **il faut que je fasse les lits** tengo que hacer las camas; **il a fallu que je parte** tuve que irme; **il faudrait qu'elle rentre** convendría que volviese; **il faut toujours qu'il s'en mêle** está siempre entrometiéndose; **comme il faut** *adj, adv* (*bien, convenable*) como Dios manda; **s'en ~ : il s'en faut/s'en est fallu de cinq minutes/10 € (pour que ...)** faltan/ faltaron cinco minutos/10 euros (para que ...); **il t'en faut peu !** ¡con poco te conformas!; **il ne fallait pas** (*pour remercier*) no era necesario; **faut le faire !** (*surprise*) ¡hay que ver!; **il faudrait que ...** convendría que ...; **il s'en faut de beaucoup que ...** mucho falta para que ...; **il s'en est fallu de peu que ...** faltó poco para que ...; **tant s'en faut !** ¡ni mucho menos!; **... ou peu s'en faut** ... o poco falta
fallu [faly] *pp de* **falloir**
falot, e [falo, ɔt] *adj* (*personne*) insignificante ▸ *nm* (*lanterne*) farol *m*
falsification [falsifikasjɔ̃] *nf* falsificación *f*
falsifier [falsifje] *vt* falsificar
famé, e [fame] *adj* : **mal ~** de mala fama
famélique [famelik] *adj* famélico(-a)
fameux, -euse [famø, øz] *adj* (*illustre*) famoso(-a), ilustre; (*bon*) excelente; (*parfois péj : de référence*) famoso(-a); **~ problème** (*intensif*) menudo problema; **ce n'est pas ~** no es maravilloso
familial, e, -aux [familjal, jo] *adj* familiar
familiale [familjal] *nf* (*Auto*) coche *m* familiar
familiariser [familjaʀize] *vt* : **~ qn avec** familizarizar a algn con; **se familiariser** *vpr* : **se ~ avec** familiarizarse con
familiarité [familjaʀite] *nf* familiaridad *f*; **~ avec** (*connaissance*) conocimiento de;
familiarités *nfpl* familiaridades *fpl*, confianzas *fpl*
familier, -ière [familje, jɛʀ] *adj* (*connu*) familiar; (*rapports*) de confianza; (*Ling*) familiar, coloquial; **tu es un peu trop ~ avec lui** (*cavalier, impertinent*) te tomas demasiadas confianzas con él ▸ *nm* asiduo(-a)
familièrement [familjɛʀmɑ̃] *adv* (*simplement, sans recherche*) llanamente; (*cavalièrement*) con familiaridades
famille [famij] *nf* familia; **il a de la ~ à Paris** tiene familia en París; **de ~** (*secrets*) de familia; (*dîner, fête*) en familia; **~ monoparentale/homoparentale** familia monoparental/homoparental
famine [famin] *nf* hambruna
fan [fan] *nmf* fan *mf*
fana [fana] (*fam*) *adj, nmf* fanático(-a); **c'est une ~ de football** es una fanática del fútbol
fanal, -aux [fanal, o] *nm* fanal *m*; (*lanterne à main*) linterna
fanatique [fanatik] *adj, nmf* fanático(-a); **~ de rugby/de voile** (*sens affaibli*) fanático(-a) del rugby/de la vela
fanatiquement [fanatikmɑ̃] *adv* fanáticamente
fanatiser [fanatize] *vt* fanatizar
fanatisme [fanatism] *nm* fanatismo
fane [fan] *nf* mata; **des fanes de radis** hojas de rábano
fané, e [fane] *adj* (*fleur, beauté*) marchito(-a)
faner [fane] *vi* (*fleur*) marchitarse; **se faner** *vpr* (*fleur*) marchitarse; (*couleur, tissu*) deslucirse
faneuse [fanøz] *nf* (*Tech*) henificadora
fanfare [fɑ̃faʀ] *nf* fanfarria, charanga; (*musique*) fanfarria; **en ~** con gran estruendo
fanfaron, ne [fɑ̃faʀɔ̃, ɔn] *nm/f* fanfarrón(-ona)
fanfaronnades [fɑ̃faʀɔnad] *nfpl* fanfarronadas *fpl*
fanfaronner [fɑ̃faʀɔne] *vi* fanfarronear
fanfreluches [fɑ̃fʀəlyʃ] *nfpl* perendengues *mpl*
fange [fɑ̃ʒ] *nf* fango; (*fig*) abyección *f*
fanion [fanjɔ̃] *nm* banderín *m*
fanon [fanɔ̃] *nm* (*de baleine*) barba; (*repli de peau*) papada
fantaisie [fɑ̃tezi] *nf* fantasía; (*caprice*) antojo; **œuvre de ~** obra de imaginación; **agir selon sa ~** hacer lo que le place ▸ *adj* : **bijou/pain ~** joya/pan *m* de fantasía
fantaisiste [fɑ̃tezist] *adj* (*hypothèses, estimations*) fantasioso(-a); (*péj*) caprichoso(-a) ▸ *nmf* (*de music-hall*) artista *mf* de variedades
fantasmagorique [fɑ̃tasmagɔʀik] *adj* fantasmagórico(-a)
fantasmatique [fɑ̃tasmatik] *adj* fantasmal
fantasme [fɑ̃tasm] *nm* fantasma *m*
fantasmer [fɑ̃tasme] *vi* ensoñar, fantasear

fantasque [fɑ̃task] *adj* peregrino(-a)

fantassin [fɑ̃tasɛ̃] *nm* infante *m*, soldado de infantería

fantastique [fɑ̃tastik] *adj* fantástico(-a); **littérature/cinéma ~** literatura fantástica/ cine *m* fantástico

fantoche [fɑ̃tɔʃ] (*péj*) *nm* fantoche *m*

fantomatique [fɑ̃tomatik] *adj* fantasmal

fantôme [fɑ̃tom] *nm* fantasma *m*; **gouvernement ~** gobierno en la sombra

FAO [ɛfao] *sigle f* (= *Food and Agricultural Organization*) FAO *f*

faon [fɑ̃] *nm* cervatillo

FAQ *sigle f* (= *foire aux questions*) preguntas frecuentes

far [faʀ] *nm* (*aussi* : **far breton**) *especie de flan original de la Bretaña francesa*

faramineux, -euse [faʀaminø, øz] (*fam*) *adj* (*bêtise*) pasmoso(-a) (*fam*); (*quantité*) descomunal

farandole [faʀɑ̃dɔl] *nf* farándula

farce [faʀs] *nf* (*Culin*) relleno; (*Théâtre*) farsa; **faire une ~ à qn** gastar una broma a algn; **magasin de farces et attrapes** tienda de objetos de broma; **farces et attrapes** bromas *fpl* y engaños

farceur, -euse [faʀsœʀ, øz] *nm/f* bromista *mf*; (*péj*) payaso(-a)

farci, e [faʀsi] *adj* relleno(-a)

farcir [faʀsiʀ] *vt* (*Culin*) rellenar; **~ qch de** (*fig*) atiborrar algo con; **se farcir** *vpr* (*fam*) : **je me suis farci la vaisselle** me tragué todo el fregado (*fam*)

fard [faʀ] *nm* maquillaje *m*; **~ à joues** colorete *m*; **~ à paupières** sombra de ojos

fardeau, x [faʀdo] *nm* (*aussi fig*) carga

farder [faʀde] *vt* maquillar; (*vérité*) disfrazar; **se farder** *vpr* maquillarse

farfadet [faʀfadɛ] *nm* duende *m*

farfelu, e [faʀfəly] *adj* estrambótico(-a)

farfouiller [faʀfuje] (*fam*) *vi* revolver

fariboles [faʀibɔl] *nfpl* pamplinas *fpl*

farine [faʀin] *nf* harina; **~ de blé/de maïs** harina de trigo/de maíz; **~ lactée** harina lacteada; **farines animales** harinas animales

fariner [faʀine] *vt* enharinar

farineux, -euse [faʀinø, øz] *adj* harinoso(-a) ▸ *nmpl* harinosos *mpl*

farniente [faʀnjɛnte] *nm* ocio

farouche [faʀuʃ] *adj* (*animal*) salvaje; (*personne*) arisco(-a); (*volonté, détermination*) férreo(-a); **peu ~** (*péj*) fácil

farouchement [faʀuʃmɑ̃] *adv* enérgicamente

fart [faʀt] *nm* (*Ski*) cera

fartage [faʀtaʒ] *nm* enceramiento

farter [faʀte] *vt* (*skis*) encerar

fascicule [fasikyl] *nm* fascículo

fascinant, e [fasinɑ̃, ɑ̃t] *adj* fascinante

fascination [fasinasjɔ̃] *nf* (*fig*) fascinación *f*

fasciner [fasine] *vt* fascinar

fascisant, e [faʃizɑ̃, ɑ̃t] *adj* de tendencia fascista

fascisme [faʃism] *nm* fascismo

fasciste [faʃist] *adj, nmf* fascista *mf*

fasse *etc* [fas] *vb voir* **faire**

faste [fast] *nm* fasto ▸ *adj* : **c'est un jour ~** es un día fasto

fastidieux, -euse [fastidjø, jøz] *adj* fastidioso(-a)

fastoche [fastɔʃ] *adj* (*fam*) chupado(-a) (*fam*), tirado(-a) (*fam*)

fastueux, -euse [fastɥø, øz] *adj* fastuoso(-a)

fat [fa(t)] *adj m* fatuo(-a)

fatal, e [fatal] *adj* (*coup, erreur*) mortal; (*inévitable*) inevitable

fatalement [fatalmɑ̃] *adv* fatalmente

fatalisme [fatalism] *nm* fatalismo

fataliste [fatalist] *adj* fatalista

fatalité [fatalite] *nf* fatalidad *f*

fatidique [fatidik] *adj* fatídico(-a)

fatigant, e [fatigɑ̃, ɑ̃t] *adj* fatigante; (*agaçant*) pesado(-a)

fatigue [fatig] *nf* fatiga, cansancio; (*d'un matériau*) deterioro; **les fatigues du voyage** el cansancio del viaje

fatigué, e [fatige] *adj* cansado(-a), fatigado(-a); (*estomac, foie*) cansado(-a)

> Ne confondez pas *estar cansado* (**être fatigué**) et *ser cansado* (**être fatigant**) :
> **Je suis très fatigué ces derniers temps.** Últimamente estoy muy cansado.
> **Ce voyage a été fatigant.** Este viaje ha sido cansado.

fatiguer [fatige] *vt* (*personne, membres*) cansar, fatigar; (*moteur etc*) forzar; (*importuner*) cansar ▸ *vi* (*moteur*) forzarse; **se fatiguer** *vpr* cansarse, fatigarse; **se ~ de** (*fig*) cansarse de; **se ~ à faire qch** molestarse en hacer algo

fatras [fatʀɑ] *nm* revoltijo

fatuité [fatɥite] *nf* fatuidad *f*

faubourg [fobuʀ] *nm* suburbio

faubourien, ne [fobuʀjɛ̃, jɛn] *adj* (*accent*) ordinario(-a)

fauche [foʃ] *nf* (*de pré, d'herbe*) siega; (*fam* : *vol*) robo, choriceo (*fam*)

fauché, e [foʃe] (*fam*) *adj* pelado(-a)

faucher [foʃe] *vt* (*pré, herbe* : *aussi fig*) segar; (*fam* : *voler*) birlar (*fam*)

faucheur, -euse [foʃœʀ, øz] *nm/f* segador(a)

faucheuse [foʃøz] *nf* (*machine*) segadora

faucheux [foʃø] *nm* segador *m*

faucille [fosij] *nf* hoz *f*

faucon [fokɔ̃] *nm* halcón *m*

fauconnerie [fokɔnʀi] *nf* (*dressage*) cetrería; (*chasse*) cetrería, halconería

faudra [fodʀa] *vb voir* **falloir**

faufil [fofil] *nm* hilván *m*

faufilage [fofilaʒ] *nm* hilvanado
faufiler [fofile] *vt* hilvanar; **se faufiler** *vpr* : **se ~ dans/parmi/entre** deslizarse en/entre
faune [fon] *nf* (*fig, péj*) fauna; **~ marine** fauna marina ▸ *nm* fauno
faussaire [fosɛʀ] *nmf* falseador(a)
fausse [fos] *adj voir* **faux²**
faussement [fosmɑ̃] *adv* (*accuser*) en falso; (*croire*) engañosamente
fausser [fose] *vt* (*serrure, objet*) torcer; (*résultat, données*) falsear; **~ compagnie à qn** dejar plantado(-a) a algn
fausset [fosɛ] *nm* : **voix de ~** voz *f* de falsete
fausseté [foste] *nf* falsedad *f*
faut [fo] *vb voir* **falloir**
faute [fot] *nf* (*de calcul*) error *m*; (*Sport, d'orthographe*) falta; (*Rel*) culpa; **par la ~ de** por culpa de; **c'est de sa/ma ~** es culpa suya/mía; **être en ~** hacer mal; (*être responsable*) tener la culpa; **prendre qn en ~** pillar a algn; **~ de** por falta de; **~ de mieux ...** a falta de algo mejor ...; **sans ~** (*à coup sûr*) sin falta; **~ d'inattention/d'orthographe** falta de atención/de ortografía; **~ de frappe** error de máquina; **~ de goût** falta de gusto; **~ professionnelle** error profesional
fauter [fote] *vi* (*commettre une faute*) cometer una falta de ortografía; (*vieilli : femme, fille*) tener un desliz
fauteuil [fotœj] *nm* sillón *m*; **~ à bascule** mecedora; **~ club** *sillón amplio de cuero*; **~ d'orchestre** (*Théâtre*) butaca de patio; **~ roulant** sillón de ruedas
fauteur [fotœʀ] *nm* : **~ de troubles** promotor *m ou* instigador *m* de disturbios
fautif, -ive [fotif, iv] *adj* (*incorrect*) erróneo(-a); (*responsable*) culpable ▸ *nm/f* culpable *mf*
fauve [fov] *nm* fiera; (*peintre*) fauvista *mf* ▸ *adj* (*couleur*) rojizo(-a)
fauvette [fovɛt] *nf* curruca
fauvisme [fovism] *nm* fauvismo
faux¹ [fo] *nf* (*Agr*) guadaña
faux², fausse [fo, fos] *adj* falso(-a); (*inexact*) erróneo(-a); (*rire, personne*) falso(-a), hipócrita; (*barbe, dent*) postizo(-a); (*Mus*) desafinado(-a); (*opposé à bon, correct : numéro*) confundido(-a); **faire fausse route** ir por mal camino; **faire ~ bond à qn** fallarle a algn; **fausse alerte** falsa alarma; **fausse clé** llave *f* falsa; **fausse couche** aborto natural *ou* espontáneo; **fausse joie** chasco; **fausse note** (*Mus, fig*) nota discordante; **~ ami** (*Ling*) falso amigo; **~ col** cuello postizo; **~ départ** (*Sport, fig*) salida falsa; **~ frais** *nmpl* gastos *mpl* menudos; **~ frère** (*fig : péj*) traidor *m*; **~ mouvement** movimiento en falso; **~ nez** nariz *f* postiza; **~ nom** nombre *m* falso; **~ pas** (*aussi fig*) paso en falso; **~ témoignage** (*délit*) falso testimonio ▸ *adv* : **jouer/chanter ~** tocar/cantar desafinadamente ▸ *nm* (*peinture, billet*) falsificación *f*; **distinguer le vrai du ~** distinguir lo verdadero de lo falso
faux-filet [fofilɛ] (*pl* **faux-filets**) *nm* solomillo bajo
faux-fuyant [fofɥijɑ̃] (*pl* **faux-fuyants**) *nm* pretexto, evasiva
faux-monnayeur [fomɔnɛjœʀ] (*pl* **faux-monnayeurs**) *nm* falsificador(a) de moneda
faux-semblant [fosɑ̃blɑ̃] (*pl* **faux-semblants**) *nm* engaño
faux-sens [fosɑ̃s] *nm inv* interpretación *f* errónea
faveur [favœʀ] *nf* favor *m*; **avoir la ~ de qn** gozar del favor de algn; **régime/traitement de ~** régimen *m*/tratamiento preferencial; **à la ~ de** (*la nuit, une erreur*) aprovechando; **en ~ de qn/qch** en favor de algn/algo; **faveurs** *nfpl* favores *mpl*
favorable [favɔʀabl] *adj* favorable; **~ à qn/qch** favorable a algn/algo
favorablement [favɔʀabləmɑ̃] *adv* favorablemente
favori, te [favɔʀi, it] *adj* favorito(-a) ▸ *nm/f* (*Sport*) favorito(-a); **favoris** *nmpl* (*barbe*) patillas *fpl*
favoriser [favɔʀize] *vt* favorecer
favorite [favɔʀit] *nf* favorita
favoritisme [favɔʀitism] (*péj*) *nm* favoritismo
fax [faks] *nm* fax *m*
faxer [fakse] *vt* enviar por fax
fayot [fajo] (*fam*) *nm* (*personne*) pelota *mf* (*fam*)
fayoter [fajɔte] (*fam*) *vi* hacer la pelota (*fam*)
FB *abr* = **franc belge**
FBI [ɛfbiaj] *sigle m* (= *Federal Bureau of Investigation*) FBI *m*
FC [ɛfse] *sigle m* (= *Football Club*) FC (= *Fútbol Club*), C.F. (= *Club de Fútbol*)
fébrifuge [febʀifyʒ] *nm* antitérmico
fébrile [febʀil] *adj* febril; **capitaux fébriles** (*Écon*) dinero *msg* caliente
fébrilement [febʀilmɑ̃] *adv* febrilmente
fécal, e, -aux [fekal, o] *adj voir* **matière**
fécond, e [fekɔ̃, ɔ̃d] *adj* (*aussi fig*) fértil, fecundo(-a)
fécondation [fekɔ̃dasjɔ̃] *nf* fecundación *f*; **~ in vitro** fecundación in vitro
féconder [fekɔ̃de] *vt* fecundar
fécondité [fekɔ̃dite] *nf* fecundidad *f*
fécule [fekyl] *nf* fécula; **~ de pomme de terre** fécula de patata
féculents [fekylɑ̃] *nmpl* féculas *fpl*
FED [ɛfəde] *sigle m* (= *Fonds européen de développement*) FED *m* (= *Fondo Europeo de Desarollo*)
fédéral, e, -aux [fedeʀal, o] *adj* federal
fédéralisme [fedeʀalism] *nm* federalismo
fédéraliste [fedeʀalist] *adj* federalista
fédérateur, -trice [fedeʀatœʀ, tʀis] *adj* (*mouvement, événement*) unificador(a)

fédération [fedeʀasjɔ̃] *nf* federación *f*; **la F~ française de football** la Federación Francesa de Fútbol
fédérer [fedeʀe] *vt* (*États*) federar; (*secteur, membres d'une profession*) aglutinar, unificar; **se fédérer** *vpr* federarse
fée [fe] *nf* hada
feeling [filiŋ] (*fam*) *nm* (*intuition*) intuición *f*, olfato; **il marche au ~** hace lo que le dicta el corazón
féerie [fe(e)ʀi] *nf* mundo de hadas
féerique [fe(e)ʀik] *adj* (*histoire*) fantástico(-a); (*paysage, vision*) mágico(-a)
feignant, e [fɛɲɑ̃, ɑ̃t] *nm/f, adj* = **fainéant**
feindre [fɛ̃dʀ] *vt, vi* fingir; **~ de faire** fingir hacer
feint, e [fɛ̃, fɛ̃t] *pp de* **feindre** ▸ *adj* fingido(-a)
feinte [fɛ̃t] *nf* finta
feinter [fɛ̃te] *vi* (*Sport*) fintar
fêlé, e [fele] *adj* (*verre*) resquebrajado(-a); astillado(-a); (*fam*) chiflado(-a) (*fam*)
fêler [fele] *vt* (*verre, assiette*) resquebrajar; (*os*) astillar; **se fêler** *vpr* (*verre, assiette*) resquebrajarse; astillarse; **se ~ le tibia/le coccyx** hacerse una fisura en la tibia/en el coxis
félicitations [felisitasjɔ̃] *nfpl* felicidades *fpl*
félicité [felisite] *nf* felicidad *f*
féliciter [felisite] *vt* felicitar; **~ qn (de qch/d'avoir fait qch)** felicitar a algn (por algo/por haber hecho algo); **se féliciter** *vpr* : **se ~ de qch/d'avoir fait qch** alegrarse de algo/de haber hecho algo
félidé [felide] *nm* félido
félin, e [felɛ̃, in] *adj* felino(-a) ▸ *nm* felino
fellaga, fellagha [fɛlaga] *nm* fellagha *m*
fellation [felasjɔ̃] *nf* felación *f*
félon, ne [felɔ̃, ɔn] *adj* traidor(a)
félonie [felɔni] *nf* felonía
felouque [fəluk] *nf* falucho
fêlure [felyʀ] *nf* resquebrajadura; (*d'un os*) fisura
femelle [fəmɛl] *nf* hembra ▸ *adj* : **souris/perroquet ~** ratón *m*/loro hembra; **prise/tuyau ~** (*Élec, Tech*) enchufe *m*/tubo hembra
féminin, e [feminɛ̃, in] *adj* femenino(-a) ▸ *nm* (*Ling*) femenino
féminisation [feminizasjɔ̃] *nf* (*de marché du travail, profession, noms de métier*) feminización *f*
féminiser [feminize] *vt* (*rendre efféminé*) afeminar; (*marché du travail, profession, noms de métier*) feminizar; **se féminiser** *vpr* feminizarse
féminisme [feminism] *nm* feminismo
féministe [feminist] *adj, nmf* feminista *mf*
féminité [feminite] *nf* feminidad *f*
femme [fam] *nf* mujer *f*; **être très ~** ser muy femenina; **devenir ~** hacerse mujer; **jeune ~** mujer joven; **~ au foyer** ama de casa; **~ célibataire/mariée** mujer soltera/casada; **~ d'affaires/d'intérieur** mujer de negocios/de su casa; **~ de chambre** doncella; **~ de ménage** asistenta; **~ de tête/du monde** mujer de carácter/de mundo; **~ fatale** mujer fatal
femmelette [famlɛt] (*fam*) *nf* nenaza (*fam*)
fémoral, e, -aux [femɔʀal, o] *adj* femoral
fémur [femyʀ] *nm* fémur *m*
FEN [fɛn] *sigle f* (= *Fédération de l'éducation nationale*) *sindicato del profesorado estatal*
fenaison [fənɛzɔ̃] *nf* siega del heno
fendillé, e [fɑ̃dije] *adj* agrietado(-a)
fendiller [fɑ̃dije] : **se fendiller** *vpr* agrietarse
fendre [fɑ̃dʀ] *vt* hender; (*suj : gel, séisme etc*) resquebrajar; (*foule, flots*) abrirse paso entre; **~ l'air** surcar el aire; **se fendre** *vpr* henderse
fendu, e [fɑ̃dy] *adj* resquebrajado(-a); (*crâne, lèvre*) partido(-a); (*jupe*) abierto(-a)
fenêtre [f(ə)nɛtʀ] *nf* ventana; **regarder par la ~** mirar por la ventana; **~ à guillotine** ventana de guillotina; **~ de lancement** (*Espace*) ventana de lanzamiento
fennec [fenɛk] *nm* zorro del Sáhara
fenouil [fənuj] *nm* hinojo
fente [fɑ̃t] *nf* (*fissure*) grieta, hendidura; (*de boîte à lettres*) ranura; (*dans un vêtement*) abertura
féodal, e, -aux [feɔdal, o] *adj* feudal
féodalisme [feɔdalism] *nm* feudalismo
féodalité [feɔdalite] *nf* feudalidad *f*
fer [fɛʀ] *nm* hierro; **objet de** *ou* **en ~** objeto de hierro; **santé/main de ~** salud *f*/mano de hierro; **au ~ rouge** con el hierro al rojo; **~ à cheval** herradura; **en ~ à cheval** (*fig*) en herradura; **~ à friser** plancha de rizar; **~ à repasser** plancha; **~ à souder** soldador *m*; **~ à vapeur** plancha de vapor; **~ de lance** (*Mil, fig*) punta de lanza; **~ forgé** hierro forjado; **fers** *nmpl* (*Méd : forceps*) fórceps *m inv*; **mettre aux fers** encadenar
ferai *etc* [fəʀe] *vb voir* **faire**
fer-blanc [fɛʀblɑ̃] (*pl* **fers-blancs**) *nm* hojalata
ferblanterie [fɛʀblɑ̃tʀi] *nf* (*métier*) hojalatería; (*produit*) objetos *mpl* de hojalata
ferblantier [fɛʀblɑ̃tje] *nm* hojalatero
férié, e [feʀje] *adj* : **jour ~** día *m* festivo
ferions *etc* [fəʀjɔ̃] *vb voir* **faire**
férir [feʀiʀ] : **sans coup ~** *adv* sin la menor dificultad
fermage [fɛʀmaʒ] *nm* arrendamiento rústico
ferme[1] [fɛʀm] *adj* firme; (*chair*) prieto(-a); **~ désir/intention de faire** firme deseo/intención *f* de hacer ▸ *adv* : **travailler ~** trabajar mucho; **discuter ~** discutir enérgicamente; **tenir ~** mantenerse firme
ferme[2] [fɛʀm] *nf* granja; **~ éolienne** parque *m* eólico
fermé, e [fɛʀme] *adj* (*aussi fig*) cerrado(-a); (*gaz, eau*) cortado(-a); (*personne, visage*) huraño(-a); **~ pour travaux** cerrado(-a) por obras

f

fermement [fɛʀməmɑ̃] *adv* firmemente, con firmeza; **~ décidé à faire/opposé à** firmemente decidido a hacer/opuesto a
ferment [fɛʀmɑ̃] *nm* fermento
fermentation [fɛʀmɑ̃tasjɔ̃] *nf* fermentación *f*
fermenter [fɛʀmɑ̃te] *vi (aussi fig)* fermentar
fermer [fɛʀme] *vt* cerrar; *(rideaux)* correr; *(eau, électricité, route)* cortar; *(lumière, radio, télévision)* apagar; **~ à clé** cerrar con llave; **~ au verrou** cerrar con cerrojo; **~ les yeux (sur qch)** *(fig)* hacer la vista gorda (sobre algo) ▸ *vi* cerrar; **se fermer** *vpr* cerrarse
fermeté [fɛʀməte] *nf* firmeza; *(des muscles)* dureza; **avec ~** con firmeza
fermette [fɛʀmɛt] *nf* pequeña granja
fermeture [fɛʀmətyʀ] *nf* cierre *m*; *(dispositif)* cerradura; **jour/heure de ~** día *m*/hora de cierre; **~ à glissière** cierre de cremallera; **~ éclair®** cierre relámpago
fermier, -ière [fɛʀmje, jɛʀ] *adj* : **beurre/cidre ~** mantequilla/sidra de granja ▸ *nm/f* granjero(-a)
fermoir [fɛʀmwaʀ] *nm* cierre *m*
féroce [feʀɔs] *adj (aussi fig)* feroz
férocement [feʀɔsmɑ̃] *adv* ferozmente
férocité [feʀɔsite] *nf* ferocidad *f*
ferons [fəʀɔ̃] *vb voir* **faire**
ferrage [feʀaʒ] *nm (d'un cheval)* herraje *m*
ferraille [feʀɑj] *nf* chatarra; **mettre à la ~** tirar a la chatarra; **bruit de ~** ruido de chatarra
ferrailler [feʀɑje] *vi* batirse a sable *ou* a espada; *(faire du bruit)* rechinar
ferrailleur [feʀɑjœʀ] *nm* chatarrero
ferrant [fɛʀɑ̃] *adj m voir* **maréchal**
ferré, e [feʀe] *adj* guarnecido(-a) con hierro, ferrado(-a); **~ en** *ou* **sur** *(fam)* fuerte en
ferrer [feʀe] *vt (cheval)* herrar; *(chaussure, canne)* guarnecer con hierro, ferrar; *(poisson)* enganchar con el anzuelo
ferreux, -euse [feʀø, øz] *adj* ferroso(-a)
ferronnerie [feʀɔnʀi] *nf* ferrería; **~ d'art** artesanía de hierro forjado
ferronnier [feʀɔnje] *nm (ouvrier)* herrero; *(commerçant)* vendedor *m* de objetos de forja
ferroviaire [feʀɔvjɛʀ] *adj* ferroviario(-a)
ferrugineux, -euse [feʀyʒinø, øz] *adj* ferruginoso(-a)
ferrure [feʀyʀ] *nf (objet)* herraje *m*
ferry [fɛʀe] *(pl* **ferries**), **ferry-boat** [fɛʀebot] *(pl* **~-boats**) *nm* ferry *m*, transbordador *m*
fertile [fɛʀtil] *adj (aussi fig)* fértil; **~ en événements/incidents** rico(-a) en acontecimientos/incidentes
fertilisant [fɛʀtilizɑ̃] *nm* fertilizante *m*
fertilisation [fɛʀtilizasjɔ̃] *nf* fertilización *f*
fertiliser [fɛʀtilize] *vt (terre)* fertilizar
fertilité [fɛʀtilite] *nf* fertilidad *f*
féru, e [feʀy] *adj* : **~ de** apasionado(-a) de
férule [feʀyl] *nf* : **être sous la ~ de qn** estar bajo la férula de algn
fervent, e [fɛʀvɑ̃, ɑ̃t] *adj* ferviente
ferveur [fɛʀvœʀ] *nf* fervor *m*
fesse [fɛs] *nf* nalga; **les fesses** las nalgas
fessée [fese] *nf* azote *m*, nalgada; **donner une ~ à** dar un azote a, dar una nalgada a
fesser [fese] *vt* dar una azotaina a
fessier [fesje] *(fam) nm* trasero
festif, -ive [fɛstif, iv] *adj* festivo(-a)
festin [fɛstɛ̃] *nm* festín *m*
festival [fɛstival] *nm* festival *m*
festivalier [fɛstivalje] *nm* asiduo(-a) de los festivales
festivités [fɛstivite] *nfpl* fiestas *fpl*
feston [fɛstɔ̃] *nm* festón *m*
festoyer [fɛstwaje] *vi* festejar
fêtard, e [fɛtaʀ, aʀd] *(fam) nm/f* juerguista *mf*
fête [fɛt] *nf* fiesta; *(kermesse)* romería; *(d'une personne)* santo; **faire la ~** estar de juerga *ou* de farra *(Am)*; **faire ~ à qn** festejar a algn; **se faire une ~ de** estar deseando; **jour de ~** día *m* de fiesta; **les fêtes (de fin d'année)** las fiestas (de fin de año); **salle/comité des fêtes** sala/comité *m* de fiestas; **la ~ des Mères/des Pères** el día de la madre/del padre; **~ nationale** fiesta nacional; **~ de charité** fiesta de caridad; **~ de la musique** fiesta de la música; *ver nota*; **~ foraine** feria; **~ mobile** fiesta móvil

FÊTE DE LA MUSIQUE

La **fête de la musique** es un festival de música que se ha venido celebrando anualmente en Francia desde 1981. Tiene lugar el 21 de junio, y ese día en toda Francia se puede asistir gratuitamente a las actuaciones de músicos locales en parques, calles y plazas.

Fête-Dieu [fɛtdjø] *(pl* **Fêtes-Dieu**) *nf* : **la ~** el Corpus Christi
fêter [fete] *vt (personne, événement, anniversaire)* festejar
fétiche [fetiʃ] *nm* fetiche *m*; **animal/objet ~** animal *m*/objeto amuleto
fétichisme [fetiʃism] *nm* fetichismo
fétichiste [fetiʃist] *adj, nmf* fetichista
fétide [fetid] *adj (odeur)* fétido(-a)
fétu [fety] *nm* : **~ de paille** brizna de paja
feu¹ [fø] *adj* : **~ le roi/Mme Dupont** el difunto rey/la difunta Sra. Dupont; **~ son père** su difunto padre
feu², x [fø] *nm* fuego; *(signal lumineux)* luz *f*; *(fig)* fuego, ardor *m*; *(sensation de brûlure)* escozor *m*; **au ~ !** ¡fuego!; **à ~ doux/vif** a poco fuego/fuego vivo; **à petit ~** *(aussi fig)* a fuego lento; **faire ~** abrir fuego; **ne pas faire long ~** *(fig)* no durar mucho; **commander le ~** *(Mil)* dirigir el combate; **tué au ~** *(Mil)* muerto en

combate; **mettre à ~** (*fusée*) encender; **~ nourri/roulant** (*Mil*) fuego intenso/graneado; **en ~** ardiendo, quemando; **être tout ~ tout flamme (pour)** estar entusiasmadísimo(-a) (con); **avoir le ~ sacré** tener el fuego sagrado; **prendre ~** (*maison*) incendiarse; (*vêtements, rideaux*) prender fuego; **mettre le ~ à** meterle fuego a; **faire du ~** hacer fuego; **avez-vous du ~ ?** ¿tiene fuego?; **donner le ~ vert à qch/qn** (*fig*) dar luz verde a algo/a algn; **leur amour fut un ~ de paille** su amor fue efímero; **~ arrière** (*Auto*) luz *f* trasera, piloto trasero; **~ d'artifice** fuegos *mpl* de artificio; (*spectacle*) fuegos artificiales; **~ de camp/de cheminée** fuego de campamento/de chimenea; **~ de joie** fogata; **~ orange/rouge/vert** (*Auto*) disco ámbar/rojo/verde; **feux** *nmpl* (*éclat, lumière*) destello *msg*; (*Auto : de circulation*) semáforo *msg*; **tous feux éteints** con las luces apagadas; **être pris entre deux feux** (*fig*) estar entre la espada y la pared; **s'arrêter aux feux** *ou* **au ~ rouge** pararse en el semáforo *ou* con el disco rojo; **feux de brouillard/de croisement/de position/de stationnement** (*Auto*) luces *fpl* de niebla/de cruce/de posición/de estacionamiento; **feux de route** (*Auto*) luces largas *ou* de carretera

feuillage [fœjaʒ] *nm* follaje *m*

feuillaison [fœjɛzɔ̃] *nf* foliación *f*

feuille [fœj] *nf* hoja; (*plaque : de carton*) lámina; **rendre ~ blanche** (*Scol*) entregar el examen en blanco; **~ de chou** (*fam, péj*) periodicucho; **~ de déplacement** (*Mil*) parte *m* de desplazamiento; **~ de maladie** informe *m* médico; **~ de métal** lámina de metal; **~ (de papier)** hoja (de papel); **~ de paye** *ou* **paie** nómina; **~ de présence** parte de asistencia; **~ de route** hoja de ruta; **~ de température** gráfico de temperatura; **~ de vigne** hoja de parra; **~ d'impôts** declaración *f* de impuestos; **~ d'or** lámina de oro; **~ morte** hoja seca; **~ volante** hoja suelta

feuillet [fœjɛ] *nm* pliego, página

feuilletage [fœjtaʒ] *nm* (*aspect feuilleté*) hojaldrado

feuilleté, e [fœjte] *adj* (*Culin*) hojaldrado(-a); (*verre*) laminado(-a) ▸ *nm* (*gâteau*) hojaldre *m*

feuilleter [fœjte] *vt* (*livre*) hojear

feuilleton [fœjtɔ̃] *nm* (*aussi TV, Radio*) serial *m*

feuillette [fœjɛt] *vb voir* **feuilleter**

feuillu, e [fœjy] *adj* frondoso(-a) ▸ *nm* árbol *m* frondoso

feulement [følmɑ̃] *nm* bufido

feutre [føtʀ] *nm* fieltro; (*chapeau*) sombrero de fieltro; (*stylo*) rotulador *m*

feutré, e [føtʀe] *adj* (*tissu*) afelpado(-a); (*pas, voix, atmosphère*) amortiguado(-a)

feutrer [føtʀe] *vt* afelpar; (*bruits*) amortiguar ▸ *vi* apelmazarse; **se feutrer** *vpr* apelmazarse

feutrine [føtʀin] *nf* paño

fève [fɛv] *nf* haba; (*dans la galette des Rois*) sorpresa

février [fevʀije] *nm* febrero; *voir aussi* **juillet**

fez [fɛz] *nm* fez *m*

FF [ɛfɛf] *abr* = **franc français**

FFA *sigle fpl* = **Forces françaises en Allemagne**

FFF *sigle f* = **Fédération française de football**

FFI *sigle fpl* = **Forces françaises de l'intérieur**

fi [fi] *excl* : **faire fi de** hacer caso omiso de

fiabilité [fjabilite] *nf* fiabilidad *f*

fiable [fjabl] *adj* fiable

fiacre [fjakʀ] *nm* coche *m* de punto

fiançailles [fjɑ̃saj] *nfpl* noviazgo

fiancé, e [fjɑ̃se] *nm/f* novio(-a) ▸ *adj* : **être ~ (à)** estar prometido(-a) (con)

fiancer [fjɑ̃se] : **se fiancer** *vpr* : **se ~ (avec)** prometerse (con)

fiasco [fjasko] *nm* fiasco

fiasque [fjask] *nf* garrafa

fibranne [fibʀan] *nf* fibrana

fibre [fibʀ] *nf* fibra; (*de bois*) veta; (*fig*) vena; **avoir la ~ paternelle/militaire/patriotique** tener la vena paternal/militar/patriótica; **~ de verre/optique** fibra de vidrio/óptica

fibreux, -euse [fibʀø, øz] *adj* fibroso(-a)

fibrillation [fibʀijasjɔ̃] *nf* fibrilación *f*

fibrociment [fibʀosimɑ̃] *nm* fibrocemento

fibrome [fibʀom] *nm* fibroma *m*

fibroscopie [fibʀɔskɔpi] *nf* fibroscopia

fibule [fibyl] *nf* fíbula (*broche*)

ficelage [fis(ə)laʒ] *nm* atadura; (*liens*) ligadura

ficelé, e [fisle] (*fam*) *adj* : **bien/mal ~** (*habillé*) bien/mal arreglado(-a); (*conçu*) bien/mal estructurado(-a)

ficeler [fis(ə)le] *vt* atar

ficelle [fisɛl] *nf* cordón; (*pain*) violín *m*; **les ficelles du métier** (*fig*) los secretos del oficio; **tirer les ficelles** (*fig*) mover los hilos; **tirer sur la ~** (*fig*) pasarse

fichage [fiʃaʒ] *nm* fichaje *m*

fiche [fiʃ] *nf* ficha; (*formulaire*) ficha, impreso; (*Élec*) enchufe *m*; **~ de paye** nómina; **~ signalétique** (*Police*) ficha; **~ technique** ficha técnica

ficher [fiʃe] *vt* (*pour un fichier*) anotar en fichas; (*suj : police, personne*) fichar; **~ qch dans** clavar algo en; **il ne fiche rien** (*fam*) no da golpe (*fam*); **fiche-le dans un coin** (*fam*) ponlo en un rincón; **~ qn à la porte** (*fam*) poner a algn de patitas en la calle (*fam*); **cela me fiche la trouille** (*fam*) eso me da miedo; **fiche-moi la paix** (*fam*) déjame en paz; **fiche(-moi) le camp** (*fam*) lárgate (*fam*); **se ficher** *vpr* : **se ~ dans** (*s'enfoncer*) clavarse en, hundirse en; **se ~ de qch** (*fam*) pasar de algo (*fam*); **se ~ de qn** (*fam*) tomar el pelo a algn

f

fichier [fiʃje] *nm* fichero; (*à cartes*) archivador *m*, fichero; **~ actif** *ou* **en cours d'utilisation** (*Inform*) fichero activo *ou* en uso; **~ joint** (*Inform*) archivo *m* adjunto; **~ d'adresses** fichero de direcciones
fichtre [fiʃtʀ] *excl* (*vieilli, hum*) ¡atiza! (*fam*)
fichtrement [fiʃtʀəmɑ̃] (*fam, vieilli*) *adv* : **c'est ~ bon** está súper bueno; **je n'en sais ~ rien** no tengo ni la menor idea
fichu, e [fiʃy] *pp de* **ficher** ▸ *adj* (*fam : fini, inutilisable*) estropeado(-a); **être/n'être pas ~ de** (*fam*) ser/no ser capaz de; **être mal ~** (*fam : personne*) estar fastidiado(-a); (*: chose*) estar mal hecho(-a); **être bien ~** (*fam : avenant*) estar bueno(-a); **~ temps/caractère** tiempo/carácter *m* pajolero ▸ *nm* (*foulard*) pañoleta
fictif, -ive [fiktif, iv] *adj* (*emploi*) ficticio(-a); (*promesse, nom*) falso(-a)
fiction [fiksjɔ̃] *nf* ficción *f*
fictivement [fiktivmɑ̃] *adv* ficticiamente
fidèle [fidɛl] *adj* fiel; (*loyal*) fiel, leal; **~ à** fiel a ▸ *nmf* (*Rel, fig*) devoto(-a); **les fidèles** (*Rel*) los fieles
fidèlement [fidɛlmɑ̃] *adv* fielmente
fidélisation [fidelizasjɔ̃] *nf* (*de clientèle*) fidelización *f*
fidéliser [fidelize] *vt* (*clientèle*) fidelizar
fidélité [fidelite] *nf* fidelidad *f*; **~ conjugale** fidelidad conyugal
Fidji [fidʒi] *nfpl* : **(les îles) ~** (las islas) Fiji
fiduciaire [fidysjɛʀ] *adj* fiduciario(-a)
fief [fjɛf] *nm* feudo
fieffé, e [fjefe] *adj* empedernido(-a)
fiel [fjɛl] *nm* hiel *f*; (*fig*) hiel, amargura
fiente [fjɑ̃t] *nf* excremento
fier[1] [fje] : **se fier à** *vpr* fiarse de
fier[2]**, fière** [fjɛʀ] *adj* orgulloso(-a); **~ de qch/qn** orgulloso(-a) de algo/algn; **avoir fière allure** tener muy buen aspecto
fièrement [fjɛʀmɑ̃] *adv* (*dignement*) con orgullo
fierté [fjɛʀte] *nf* orgullo; **blessé dans sa ~** herido en su orgullo
fièvre [fjɛvʀ] *nf* (*aussi fig*) fiebre *f*; **avoir de la ~/39 de ~** tener fiebre/39 de fiebre; **~ jaune/typhoïde** fiebre amarilla/tifoidea
fiévreusement [fjevʀøzmɑ̃] *adv* (*fig*) febrilmente
fiévreux, -euse [fjevʀø, øz] *adj* febril
FIFA [fifa] *sigle f* (*= Fédération internationale de football association*) FIFA *f* (*= Federación Internacional de Fútbol Asociado*)
fifre [fifʀ] *nm* pífano
figé, e [fiʒe] *pp de* **figer** ▸ *adj* (*Ling*) fijo(-a); (*sourire*) helado(-a), petrificado(-a); (*sauce*) cuajado(-a); (*société*) anquilosado(-a); **~ sur place** (*personne*) petrificado(-a)
figer [fiʒe] *vt* (*sang*) coagular; (*huile, sauce*) cuajar; (*institutions, société*) entorpecer; (*personne*) petrificar; **se figer** *vpr* (*sang*) coagularse; (*huile, sauce*) cuajarse; (*institutions*) anquilosarse; (*personne, sourire*) petrificarse
fignoler [fiɲɔle] *vt* dar el último toque a
figue [fig] *nf* higo; **~ de Barbarie** higo chumbo
figuier [figje] *nm* higuera
figurant, e [figyʀɑ̃, ɑ̃t] *nm/f* (*aussi péj*) figurante *mf*; (*Théâtre*) figurante, comparsa *mf*; (*Ciné*) figurante, extra *m*
figuratif, -ive [figyʀatif, iv] *adj* (*art*) figurativo(-a)
figuration [figyʀasjɔ̃] *nf* : **la ~** (*les figurants : Théâtre*) los figurantes, la comparsa; (*Ciné*) los figurantes, los extras
figure [figyʀ] *nf* figura; (*visage*) cara; (*illustration, dessin*) figura, ilustración *f*; (*aspect*) aspecto; **se casser la ~** (*fam*) partirse la cara; **faire ~ de** (*avoir l'air de*) aparentar ser; (*passer pour*) quedar como; **faire bonne ~** poner buena cara; **faire triste ~** estar cabizbajo(-a); **prendre ~** tomar cuerpo; **~ de rhétorique/de style** figura retórica/estilística
figuré, e [figyʀe] *adj* figurado(-a)
figurer [figyʀe] *vi* figurar ▸ *vt* representar, figurar; **se figurer** *vpr* : **se ~ qch/que** imaginarse algo/que; **figurez-vous que ...** figúrese que ...
figurine [figyʀin] *nf* figurita
fil [fil] *nm* hilo; (*du téléphone*) cable *m*; (*tranchant*) filo; **au ~ des heures/des années** a lo largo *ou* con el correr de las horas/de los años; **le ~ d'une histoire/de ses pensées** el hilo de una historia/de sus pensamientos; **au ~ de l'eau** a favor de la corriente; **de ~ en aiguille** de una cosa a otra; **ne tenir qu'à un ~** estar pendiente de un hilo; **donner du ~ à retordre à qn** dar mucha guerra a algn; **donner/recevoir un coup de ~** dar/recibir un telefonazo; **~ à coudre** hilo de coser; **~ à pêche** sedal *m*; **~ à plomb** plomada; **~ à souder** hilo de estaño; **~ de fer** alambre *m*; **~ de fer barbelé** alambre de espino; **~ électrique** cable eléctrico
filage [filaʒ] *nm* hilado
filaire [filɛʀ] *adj* (*téléphone, micro*) alámbrico(-a)
filament [filamɑ̃] *nm* (*Élec*) filamento; (*de liquide etc*) hilo
filandreux, -euse [filɑ̃dʀø, øz] *adj* fibroso(-a)
filant, e [filɑ̃, ɑ̃t] *adj* : **étoile filante** estrella fugaz
filasse [filas] *adj inv* : **les cheveux (couleur) ~** el pelo rubio de estopa
filature [filatyʀ] *nf* (*fabrique*) hilandería; (*policière*) vigilancia; **prendre qn en ~** seguirle los pasos a algn
fildeferiste, fil-de-fériste [fildəfeʀist] *nmf* funámbulo(-a)
file [fil] *nf* (*de voitures*) fila; (*de clients*) cola; **prendre la ~ de droite** (*Auto*) coger el carril

de la derecha; **se mettre en ~** (*Auto*) ponerse en fila; **stationner en double ~** (*Auto*) aparcar en doble fila; **à la ~** (*d'affilée*) seguidos(-as); (*l'un derrière l'autre*) en fila; **en ~ indienne** en fila india; **~ d'attente** cola

filer [file] *vt* hilar; (*verre*) soplar; (*dérouler*) soltar; (*note*) modular; (*prendre en filature*) seguir los pasos a; **~ un mauvais coton** estar de capa caída; **~ qch à qn** (*fam : donner*) dar algo a algn ▸ *vi* (*bas, maille*) correrse, hacerse una carrera; (*liquide, pâte*) fluir; (*aller vite*) pasar volando; (*fam : partir*) largarse (*fam*); **~ à l'anglaise** despedirse a la francesa; **~ doux** ser dócil

filet [filɛ] *nm* red *f*; (*à cheveux*) redecilla; (*de poisson*) filete *m*; (*viande*) solomillo; (*d'eau, sang*) hilo; **~ à bagages** portequipajes *m inv*; **~ à provisions** bolsa de malla

filetage [filtaʒ] *nm* roscado, rosca

fileter [filte] *vt* filetear, roscar

filial, e, -aux [filjal, jo] *adj* filial

filiale [filjal] *nf* filial *f*, sucursal *f*

filiation [filjasjɔ̃] *nf* (*aussi fig*) filiación *f*

filière [filjɛʀ] *nf* escalafón *m*; **suivre la ~** seguir el escalafón; **la ~ bois/viande/automobile** (*Indus*) el sector de la madera/de la carne/del automóvil

filiforme [filifɔʀm] *adj* filiforme

filigrane [filigʀan] *nm* filigrana; **en ~** (*fig*) sutilmente

filin [filɛ̃] *nm* (*Naut*) beta

fille [fij] *nf* chica; (*opposé à fils*) hija; (*vieilli : opposé à femme mariée*) soltera; (*péj*) mujerzuela; **petite ~** niña; **une jeune ~** una chica joven; **vieille ~** solterona; **~ de joie** prostituta; **~ de salle** (*d'un restaurant*) camarera; (*d'un hôpital*) auxiliar *f*

fille-mère [fijmɛʀ] (*pl* **filles-mères**) (*péj*) *nf* madre *f* soltera

fillette [fijɛt] *nf* chiquilla

filleul, e [fijœl] *nm/f* ahijado(-a)

film [film] *nm* película; (*couche*) capa; **~ alimentaire** film *m* transparente; **~ d'animation** película de animación; **~ muet/parlant** película muda/sonora; **~ policier** película policíaca

filmer [filme] *vt* filmar

filmique [filmik] *adj* fílmico(-a)

filmographie [filmɔgʀafi] *nf* filmografía

filon [filɔ̃] *nm* (*aussi fig*) filón *m*

filou [filu] *nm* (*escroc*) timador *m*

fils [fis] *nm* hijo; **le F~ (de Dieu)** (*Rel*) el Hijo (de Dios); **~ à papa** (*péj*) niño de papá; **~ de famille** niño bien

filtrage [filtʀaʒ] *nm* (*d'un liquide*) filtrado; (*de visiteurs, nouvelles*) control *m*

filtrant, e [filtʀɑ̃, ɑ̃t] *adj* filtrante

filtre [filtʀ] *nm* (*aussi Inform*) filtro; **« ~ ou sans ~ ? »** « ¿con filtro o sin filtro? »; **café/cafetière ~** café *m*/cafetera de filtro; **~ à air/à huile/à particules** filtro de aire/de aceite/de partículas; **~ à café** filtro para el café

filtrer [filtʀe] *vt* filtrar; (*candidats, nouvelles*) hacer una criba de ▸ *vi* filtrarse; (*nouvelle, rumeurs*) filtrarse

fin¹ [fɛ̃] *nf* final *m*; (*d'un projet, d'un rêve : aussi mort*) final, fin *m*; **à la ~ mai/juin** a finales de mayo/junio; **en ~ de journée** al final del día; **prendre ~** terminar, acabar; **mener à bonne ~** llevar a buen término; **toucher à sa ~** llegar a su fin; **mettre ~ à qch** poner fin a algo; **mettre ~ à ses jours** poner fin a sus días; **à la ~** finalmente; **sans ~** sin fin, interminable; (*sans cesse*) sin cesar; **à cette ~** para *ou* con este fin; **~ de non-recevoir** (*Jur, Admin*) desestimación *f* de demanda; **~ de section** (*de ligne d'autobus*) final de zona; **fins** *nfpl* (*desseins*) fines *mpl*; **à toutes fins utiles** por si es *etc* de utilidad; **parvenir à ses fins** lograr su objetivo

fin², e [fɛ̃, fin] *adj* fino(-a); (*taille*) delgado(-a); (*effilé*) afilado(-a); (*subtil*) agudo(-a); **c'est ~ !** (*iro*) ¡qué gracioso!; **avoir la vue fine/l'ouïe fine** tener vista aguda/buen oído; **le ~ fond de ...** lo más recóndito de ...; **le ~ mot de ...** el quid de ...; **la fine fleur de ...** la flor y nata de ...; **or ~** oro puro; **linge ~** lencería fina *ou* selecta; **vin ~** vino selecto; **être un ~ gourmet** tener un paladar muy fino; **être ~ tireur** ser un muy buen tirador; **vouloir jouer au plus ~ (avec qn)** querer dárselas de listo (con algn); **fines herbes** hierbas *fpl* aromáticas; **fine mouche** (*fig*) lince *m* ▸ *adv* fino; **~ prêt/soûl** completamente listo/borracho

final, e [final] (*pl* **-als** *ou* **-aux**) *adj* (*aussi Philos*) final; **cause finale** causa final ▸ *nm* (*Mus*) final *m*

finale [final] *nf* (*Sport*) final *f*; **quart/8èmes/16èmes de ~** cuartos/octavos/dieciseisavos de final

finalement [finalmɑ̃] *adv* finalmente; (*après tout*) al final, después de todo

finalisation [finalizasjɔ̃] *nf* (*de vente, projet*) ultimación *f*

finaliser [finalize] *vt* (*vente, projet*) ultimar

finaliste [finalist] *nmf* finalista *mf*

finalité [finalite] *nf* finalidad *f*

finance [finɑ̃s] *nf* finanzas *fpl*; **moyennant ~** con dinero; **la ~ internationale** las finanzas internacionales; **finances** *nfpl* (*d'un club, pays*) fondos *mpl*; (*activités et problèmes financiers*) finanzas

financement [finɑ̃smɑ̃] *nm* financiación *f*

financer [finɑ̃se] *vt* financiar

financier, -ière [finɑ̃sje, jɛʀ] *adj* financiero(-a) ▸ *nm/f* financiero(-a) ▸ *nf* (*compagnie*) (compañía) financiera ▸ *nm* (*gâteau*) pastelillo de almendras

f

financièrement [finɑ̃sjɛʀmɑ̃] *adv* financieramente
finasser [finase] (*péj*) *vi* trapacear
finaud, e [fino, od] *adj* ladino(-a)
fine [fin] *adj f voir* **fin²** ▸ *nf* aguardiente *m* fino
finement [finmɑ̃] *adv* finamente
finesse [finɛs] *nf* finura; delgadez *f*; afilamiento; (*d'esprit*) agudeza; **une réponse/écriture/analyse pleine de ~** una respuesta/un estilo/un análisis lleno(-a) de agudeza; **~ de goût** refinamiento; **finesses** *nfpl* (*subtilités*) sutilezas *fpl*
fini, e [fini] *adj* terminado(-a), acabado(-a); (*persona*) acabado(-a); (*Math : ensemble, espace*) finito(-a); **bien/mal ~** (*travail, vêtement*) bien/mal terminado(-a), bien/mal rematado(-a); **un égoïste ~** (*valeur intensive*) un egoísta consumado; **un nombre ~ de** un número finito de ▸ *nm* (*d'un objet*) acabado; **un ~ mat/brillant** un acabado mate/brillante
finir [finiʀ] *vt* acabar, terminar; (*être placé en fin de : période, livre*) finalizar; **~ de faire qch** (*terminer*) acabar de hacer algo; (*cesser*) dejar de hacer algo; **il a fini son travail** acabó su trabajo; **il n'a pas encore fini de parler** no ha acabado todavía de hablar; **il finit de manger** está acabando de comer ▸ *vi* terminarse, acabarse; **~ quelque part** terminar en algún sitio; **~ par qch/par faire qch** (*gén*) acabar con algo/haciendo *ou* por hacer algo; **il finit par m'agacer** acaba molestándome; **~ en pointe/tragédie** acabar en punta/tragedia; **en ~ (avec qn/qch)** acabar (con algn/algo); **à n'en plus ~** interminable; **cela/il va mal ~** eso/él acabará mal; **c'est bientôt fini ?** ¿terminas o no?
finish [finiʃ] *nm* (*Sport*) sprint *m* final
finissage [finisaʒ] *nm* acabado, remate *m*
finisseur, -euse [finisœʀ, øz] *nm/f* (*Sport*) *corredor que termina en buena posición*
finition [finisjɔ̃] *nf* último retoque *m*; (*fini*) acabado
finlandais, e [fɛ̃lɑ̃dɛ, ɛz] *adj* finlandés(-esa) ▸ *nm/f* : **Finlandais, e** finlandés(-esa) ▸ *nm* (*Ling*) finlandés
Finlande [fɛ̃lɑ̃d] *nf* Finlandia
finnois, e [finwa, waz] *adj* finlandés(-esa) ▸ *nm* (*Ling*) finlandés *m*
fiole [fjɔl] *nf* frasco; **se payer la ~ de qn** (*fam*) tomar el pelo a algn
fiord [fjɔʀ(d)] *nm voir* **fjord**
fioriture [fjɔʀityʀ] *nf* floritura; **sans ~(s)** sin florituras
fioul [fjul] *nm* fuel oil *m*
firent [fiʀ] *vb voir* **faire**
firmament [fiʀmamɑ̃] *nm* firmamento
firme [fiʀm] *nf* firma
fis [fi] *vb voir* **faire**
fisc [fisk] *nm* : **le ~** el fisco
fiscal, e, -aux [fiskal, o] *adj* fiscal; **l'année fiscale** el año fiscal; **charges fiscales** cargas fiscales
fiscaliser [fiskalize] *vt* fiscalizar, gravar
fiscaliste [fiskalist] *nmf* especialista *mf* en derecho fiscal
fiscalité [fiskalite] *nf* fiscalidad *f*; **~ directe/indirecte** fiscalidad directa/indirecta
fissa [fisa] *adv* (*fam*) de prisa
fissible [fisibl] *adj* fisible
fission [fisjɔ̃] *nf* fisión *f*
fissure [fisyʀ] *nf* (*aussi fig*) fisura
fissurer [fisyʀe] : **se fissurer** *vpr* agrietarse
fiston [fistɔ̃] (*fam*) *nm* hijito
fistule [fistyl] *nf* fístula
fit [fi] *vb voir* **faire**
FIV *sigle f* (= *fécondation in vitro*) FIV *f* (= *fecundación in vitro*)
fixage [fiksaʒ] *nm* (*Photo*) fijado
fixateur [fiksatœʀ] *nm* fijador *m*
fixatif [fiksatif] *nm* fijador *m*
fixation [fiksasjɔ̃] *nf* fijación *f*; **faire une ~ sur qn/qch** tener una fijación con algn/algo; **fixations** *nfpl* (*Ski*) fijaciones
fixe [fiks] *adj* fijo(-a); **à date/heure ~** en fecha/hora fijada; **menu à prix ~** menú *m* de precio fijo ▸ *nm* (*salaire de base*) sueldo base
fixé, e [fikse] *adj* : **être ~ (sur)** saber a qué atenerse (respecto a); **à l'heure fixée** en la hora fijada; **au jour ~** en el día fijado
fixement [fiksəmɑ̃] *adv* (*regarder*) fijamente
fixer [fikse] *vt* fijar; (*personne*) estabilizar; (*poser son regard sur*) fijar la mirada en; **~ qch à/sur** sujetar algo a/en, fijar algo a/en; **~ son regard/son attention sur** fijar su mirada/su atención en; **~ son choix sur qch** elegir algo; **se fixer** *vpr* : **se ~ quelque part** establecerse en algún sitio; **se ~ sur** (*suj : regard, attention*) fijarse en
fixité [fiksite] *nf* (*d'un regard*) fijeza
fjord [fjɔʀ(d)] *nm* fiordo
flacon [flakɔ̃] *nm* frasco
flagada [flagada] (*fam*) *adj* molido(-a) (*fam*)
flagellation [flaʒelasjɔ̃] *nf* flagelación *f*
flageller [flaʒele] *vt* flagelar
flageolant, e [flaʒɔlɑ̃, ɑ̃t] *adj* tembloroso(-a)
flageoler [flaʒɔle] *vi* (*jambes*) flaquear, temblar
flageolet [flaʒɔlɛ] *nm* (*Mus*) chirimía; **flageolets** *nmpl* (*Culin*) frijoles *mpl*
flagornerie [flagɔʀnəʀi] *nf* adulación *f*
flagorneur, -euse [flagɔʀnœʀ, øz] *nm/f* adulador(a)
flagrant, e [flagʀɑ̃, ɑ̃t] *adj* flagrante; **prendre qn en ~ délit** coger a algn en flagrante delito
flair [flɛʀ] *nm* olfato; **avoir du ~** (*fig*) tener olfato
flairer [fleʀe] *vt* olfatear; (*fig*) olerse

flamand, e [flamɑ̃, ɑ̃d] *adj* flamenco(-a) ▸ *nm* (*Ling*) flamenco ▸ *nm/f* : **Flamand, e** flamenco(-a); **les Flamands** los flamencos
flamant [flamɑ̃] *nm* (*Zool*) flamenco; **~ rose** flamenco rosa
flambant [flɑ̃bɑ̃] *adv* : **~ neuf** nuevo flamante
flambé, e [flɑ̃be] *adj* (*Culin : bananes, crêpe*) flameado(-a)
flambeau, x [flɑ̃bo] *nm* antorcha; **se passer le ~** pasarse la antorcha
flambée [flɑ̃be] *nf* llamarada; **~ de violence** (*fig*) ola de violencia; **~ des prix** disparo de los precios
flamber [flɑ̃be] *vi* llamear; (*maison*) arder ▸ *vt* (*poulet*) chamuscar; (*Culin*) flamear; (*fam : dépenser*) pulirse (*fam*)
flambeur, -euse [flɑ̃bœʀ, øz] (*fam*) *nm/f* persona rumbosa
flamboyant, e [flɑ̃bwajɑ̃, ɑ̃t] *adj* (*yeux, couleur*) resplandeciente; (*gothique*) flamígero(-a)
flamboyer [flɑ̃bwaje] *vi* (*aussi fig*) resplandecer
flamenco [flamɛnko] *nm* flamenco
flamingant, e [flamɛ̃gɑ̃, ɑ̃t] *adj* (*Géo*) flamenco(-a) ▸ *nm/f* : **Flamingant, e** nacionalista *mf* flamenco(-a)
flamme [flɑm] *nf* llama; (*fig*) pasión *f*; **en flammes** en llamas
flammèche [flamɛʃ] *nf* pavesa
flammerole [flamʀɔl] *nf* fuego fatuo
flan [flɑ̃] *nm* flan *m*; **en rester comme deux ronds de ~** (*fam*) quedarse patidifuso(-a) (*fam*)
flanc [flɑ̃] *nm* (*Anat*) costado; (*d'une armée*) flanco; (*montagne*) ladera; **à ~ de montagne/colline** en la ladera de la montaña/colina; **tirer au ~** (*fam*) escurrir el bulto (*fam*); **prêter le ~ à** (*fig*) dar pie a
flancher [flɑ̃ʃe] *vi* flaquear
Flandre [flɑ̃dʀ] *nf* : **les Flandres** Flandes *msg*
flanelle [flanɛl] *nf* franela
flâner [flɑne] *vi* callejear, deambular
flânerie [flɑnʀi] *nf* callejeo
flâneur, -euse [flɑnœʀ, øz] *adj, nm/f* callejero(-a)
flanquer [flɑ̃ke] *vt* flanquear; **~ qch sur/dans** (*fam : mettre*) tirar algo a/en; **~ par terre** (*fam*) arrojar al suelo; **~ à la porte** (*fam*) echar a la calle; **~ la frousse à qn** (*fam*) meter miedo a algn; **être flanqué de** (*suj : personne*) estar escoltado por
flapi, e [flapi] *adj* reventado(-a)
flaque [flak] *nf* charco; **une ~ d'eau/d'huile** un charco de agua/de aceite
flash [flaʃ] (*pl* **flashes**) *nm* (*Photo : dispositif*) flash *m*; (*: lumière*) flash, destello; **au ~** con el flash; **~ d'information** flash informativo; **~ publicitaire** flash publicitario
flash-back [flaʃbak] *nm inv* flash-back *m*
flasque [flask] *adj* flá(c)cido(-a) ▸ *nf* frasco
flatter [flate] *vt* (*personne*) halagar, adular; (*suj : honneurs, amitié*) halagar; (*animal*) acariciar; **se flatter** *vpr* : **se ~ de qch/de pouvoir faire qch** vanagloriarse de algo/de poder hacer algo
flatterie [flatʀi] *nf* : **la ~** adulación *f*; **une ~** un halago
flatteur, -euse [flatœʀ, øz] *adj* (*photo, profil*) halagüeño(-a); (*éloges*) halagador(a) ▸ *nm/f* (*personne*) adulador(a)
flatulence [flatylɑ̃s] *nf* flatulencia
flatuosité [flatɥozite] *nf* flato
fléau, x [fleo] *nm* (*calamité*) plaga, calamidad *f*; (*de balance*) fiel *m*; (*Agr*) mayal *m*
fléchage [fleʃaʒ] *nm* señalización *f*
flèche [flɛʃ] *nf* flecha; (*de clocher*) aguja; (*de grue*) aguilón *m*; (*critique*) dardo; **monter en ~** (*fig*) subir como una flecha; **partir en ~** (*fig*) marcharse como una flecha
flécher [fleʃe] *vt* señalizar
fléchette [fleʃɛt] *nf* dardo; **fléchettes** *nfpl* (*jeu*) dardos *mpl*; **jouer aux fléchettes** jugar a los dardos
fléchir [fleʃiʀ] *vt* (*genoux*) flexionar, doblar; (*détermination de qn*) doblegar ▸ *vi* (*poutre*) combarse; (*fig*) ceder, claudicar; (*prix*) bajar
fléchissement [fleʃismɑ̃] *nm* (*voir vt, vi*) flexión *f*; doblegamiento; combadura; (*de l'économie*) empeoramiento; (*des prix, des cours*) disminución *f*
flegmatique [flɛgmatik] *adj* flemático(-a)
flegme [flɛgm] *nm* flema
flemmard, e [flemaʀ, aʀd] (*fam*) *adj, nm/f* gandul(a)
flemmarder [flemaʀde] *vi* (*fam*) gandulear (*fam*)
flemme [flɛm] (*fam*) *nf* : **j'ai la ~ de faire ...** me da una pereza hacer ...
flétan [fletɑ̃] *nm* halibut *m*
flétri, e [fletʀi] *adj* (*feuilles, fleur*) marchito(-a); (*fruit*) pasado(-a); (*peau, visage*) ajado(-a)
flétrir [fletʀiʀ] *vt* (*feuilles, fleur*) marchitar; (*fruit*) secar; (*peau, visage*) ajar; **~ la mémoire de qn** (*fig*) mancillar la memoria de algn; **se flétrir** *vpr* (*feuilles, fleur*) marchitarse; (*fruit*) pasarse; (*peau, visage*) ajarse
flétrissement [fletʀismɑ̃] *nm* (*de feuilles, fleur*) marchitamiento; (*de la peau, du visage*) ajamiento
fleur [flœʀ] *nf* flor *f*; **être en ~** estar en flor; **tissu/papier/assiette à fleurs** tejido/papel *m*/plato de flores; **être ~ bleue** ser sentimental; **à ~ de terre/peau** a flor de tierra/piel; **faire une ~ à qn** hacer un favor a algn; **~ de lis** flor de lis
fleurer [flœʀe] *vt* : **~ la lavande/l'odeur des foins** oler a lavanda/heno
fleuret [flœʀɛ] *nm* (*arme, discipline*) florete *m*
fleurette [flœʀɛt] *nf* : **conter ~ à qn** lanzar piropos a algn

fleurettiste [flœʀɛtist] *nmf* floretista *mf*
fleuri, e [flœʀi] *adj* (*aussi fig*) florido(-a); (*papier, tissu*) floreado(-a); (*péj : teint, nez*) colorado(-a)
fleurir [flœʀiʀ] *vi* (*aussi fig*) florecer ▸ *vt* (*tombe*) poner flores en
fleuriste [flœʀist] *nmf* florista *mf*
fleuron [flœʀɔ̃] *nm* (*fig*) florón *m*
fleuve [flœv] *nm* río; ~ **de sang/boue** (*fig*) río de sangre/barro; **discours-~** discurso interminable; **roman-~** novelón *m*
flexibilité [flɛksibilite] *nf* flexibilidad *f*
flexible [flɛksibl] *adj* (*aussi fig*) flexible
flexion [flɛksjɔ̃] *nf* flexión *f*
flibustier [flibystje] *nm* (*pirate*) filibustero
flic [flik] (*fam*) *nm* poli *m* (*fam*)
flicage [flikaʒ] (*fam, péj*) *nm* vigilancia policial
flicaille [flikɑj] *nf* (*fam, péj*) madera (*fam*), poli *f* (*fam*)
flingue [flɛ̃g] (*fam*) *nm* pistola
flinguer [flɛ̃ge] *vt* (*fam : tirer sur*) pegar un tiro a, disparar; (*détruire : moteur*) cargarse (*fam*); **il s'est fait ~** le han disparado
flippant, e [flipɑ̃, ɑ̃t] *adj* (*fam : angoissant*) angustiante, angustioso(-a); (*déprimant*) deprimente
flipper¹ [flipœʀ] *nm* flíper *m*
flipper² [flipe] (*fam*) *vi* (*angoisser*) angustiarse; (*déprimer*) deprimirse
fliquer [flike] (*fam, péj*) *vt* (*personnel*) vigilar
flirt [flœʀt] *nm* flirteo; (*personne*) flirt *m*
flirter [flœʀte] *vi* flirtear; ~ **avec** (*fig*) flirtear con
FLN [ɛfɛlɛn] *sigle m* (= *Front de libération nationale*) FLN *m* (= *Frente de Liberación Nacional*)
FLNKS [ɛfɛlɛnkaɛs] *sigle m* (= *Front de libération nationale kanak et socialiste*) *Frente de liberación nacional de Nueva Caledonia*
flocon [flɔkɔ̃] *nm* copo; (*de laine etc : boulette*) pelotilla; **flocons d'avoine** copos *mpl* de avena
floconneux, -euse [flɔkɔnø, øz] *adj* (*nuages*) de algodón; (*laine*) esponjoso(-a)
flonflons [flɔ̃flɔ̃] *nmpl* tachín tachán *m*
flood [flød] *adj* : **lampe ~** (*Photo*) foco
flop [flɔp] *nm* (*échec*) fracaso; **faire un ~** ser un fracaso, fracasar
flopée [flɔpe] *nf* : **une ~ de** un montón de
floraison [flɔʀɛzɔ̃] *nf* floración *f*
floral, e, -aux [flɔʀal, o] *adj* floral
floralies [flɔʀali] *nfpl* exposición *f* de flores
flore [flɔʀ] *nf* flora; ~ **bactérienne/microbienne** flora bacteriana/microbiana
Florence [flɔʀɑ̃s] *n* Florencia
florentin, e [flɔʀɑ̃tɛ̃, in] *adj* florentino(-a) ▸ *nm/f* : **Florentin, e** florentino(-a)
floriculture [flɔʀikyltyʀ] *nf* floricultura
florifère [flɔʀifɛʀ] *adj* florífero(-a)
florilège [flɔʀilɛʒ] *nm* florilegio
florissant, e [flɔʀisɑ̃, ɑ̃t] *adj* (*entreprise, commerce*) floreciente; (*santé, mine*) rebosante
flot [flo] *nm* (*fig*) torrente *m*; **mettre/être à ~** (*aussi fig*) sacar/estar a flote; **flots** *nmpl* (*de la mer*) olas *fpl*, mar *fsg*; **à flots** a raudales
flottage [flɔtaʒ] *nm* (*du bois*) transporte *m* fluvial
flottaison [flɔtɛzɔ̃] *nf* : **ligne de ~** línea de flotación
flottant, e [flɔtɑ̃, ɑ̃t] *adj* (*maison, parquet, Math*) flotante; (*vêtement*) de vuelo, ancho(-a); (*non fixe*) fluctuante
flotte [flɔt] *nf* (*bateaux*) flota; (*fam : eau*) agua; (*: pluie*) lluvia
flottement [flɔtmɑ̃] *nm* (*fig*) vacilación *f*; (*Écon*) fluctuación *f*
flotter [flɔte] *vi* flotar; (*drapeau, cheveux*) ondear; (*vêtements*) volar; (*Écon*) fluctuar ▸ *vb impers* (*fam*) : **il flotte** llueve ▸ *vt* (*bois : aussi :* **faire flotter**) transportar mediante corriente fluvial
flotteur [flɔtœʀ] *nm* (*d'hydravion etc*) flotador *m*; (*de canne à pêche*) boya
flottille [flɔtij] *nf* flotilla
flou, e [flu] *adj* borroso(-a); (*idée*) vago(-a) ▸ *nm* : **être dans le ~** estar en el aire; ~ **artistique** (*Photo*) flou *m*; (*fig*) ambigüedad *f*
flouer [flue] *vt* timar
flouze [fluz] *nm* (*fam*) pasta (*fam*), guita (*fam*)
fluctuant, e [flyktɥɑ̃, ɑ̃t] *adj* fluctuante; (*opinions*) voluble
fluctuation [flyktɥasjɔ̃] *nf* fluctuación *f*
fluctuer [flyktɥe] *vi* fluctuar
fluet, te [flyɛ, ɛt] *adj* (*personne*) endeble; (*voix*) débil
fluide [flɥid] *adj* fluido(-a) ▸ *nm* fluido; (*force invisible*) efluvio
fluidifier [flɥidifje] *vt* fluidificar; **se fluidifier** *vpr* (*sang*) fluidificarse; (*circulation*) hacerse más fluido(-a); (*échanges*) agilizarse
fluidité [flɥidite] *nf* fluidez *f*
fluor [flyɔʀ] *nm* flúor *m*
fluoration [flyɔʀɑsjɔ̃] *nf* fluoración *f*
fluoré, e [flyɔʀe] *adj* fluorado(-a)
fluorescence [flyɔʀesɑ̃s] *nf* fluorescencia
fluorescent, e [flyɔʀesɑ̃, ɑ̃t] *adj* fluorescente
flûte [flyt] *nf* flauta; (*verre*) copa de flauta; (*pain*) *barra pequeña de pan*; **petite ~** flautín *m*; ~ **!** ¡caramba!; ~ **à bec/traversière** flauta dulce/travesera; ~ **de Pan** zampoña
flûté, e [flyte] *adj* (*voix*) aflautado(-a)
flûtiste [flytist] *nmf* flautista *mf*
fluvial, e, -aux [flyvjal, jo] *adj* fluvial
flux [fly] *nm* (*aussi fig*) flujo; **le ~ et le reflux** el flujo y el reflujo
fluxion [flyksjɔ̃] *nf* : ~ **de poitrine** pulmonía
FM [ɛfɛm] *sigle f* (= *fréquence modulée*) FM *f* (= *frecuencia modulada*)
FMI [ɛfɛmi] *sigle m* (= *Fonds monétaire international*) FMI *m* (= *Fondo monetario internacional*)

FN [ɛfɛn] *sigle m* (= *Front national*) *partido de extrema derecha*
FNAC [fnak] *sigle f* (= *Fédération nationale des achats des cadres*) *cadena de tiendas de libros y música*
FNSEA [ɛfɛnɛsəa] *sigle f* (= *Fédération nationale des syndicats d'exploitants agricoles*) *sindicato de agricultores y ganaderos*
FO [ɛfo] *sigle f* (= *Force ouvrière*) *sindicato*
foc [fɔk] *nm* foque *m*
focal, e, -aux [fɔkal, o] *adj* focal
focale [fɔkal] *nf* distancia focal
focaliser [fɔkalize] *vt* (*fig*) focalizar
foehn [føn] *nm* (viento) foehn *m*
fœtal, e, -aux [fetal, o] *adj* fetal
fœtus [fetys] *nm* feto
foi [fwa] *nf* fe *f*; **sous la ~ du serment** bajo juramento; **avoir ~ en** tener fe en; **ajouter ~ à** dar crédito a; **digne de ~** fidedigno(-a); **faire ~** acreditar, testificar; **le cachet de la poste faisant ~** dará fe el matasellos de correos; **sur la ~ de** en base a; **bonne/mauvaise ~** buena/mala fe; **être de bonne/mauvaise ~** actuar con buena/mala fe; **ma ~ !** ¡lo juro!
foie [fwa] *nm* hígado; **crise de ~** empacho; **~ gras** foie-gras *m inv*
foin [fwɛ̃] *nm* heno; **faire les foins** segar el heno; **faire du ~** (*fig : fam*) armar jaleo
foire [fwaʀ] *nf* feria; (*fam*) bulla (*fam*); **faire la ~** (*fig : fam*) irse de juerga *ou* de farra (*Am*); **~ aux questions** (*Internet*) preguntas frecuentes; **~ exposition** feria de muestras
foirer [fwaʀe] *vi* (*fam : échouer*) irse al garete (*fam*); **faire ~ qch** echar algo a perder, fastidiar (*fam*) algo
foireux, -euse [fwaʀø, øz] (*fam*) *adj* (*voué à l'échec*) chungo(-a) (*fam*); **il a toujours des idées foireuses** siempre tiene ideas de bombero (*fam*); (*mauvais*) lamentable; **un coup ~** una jugarreta (*fam*)
fois [fwa] *nf* : **une/deux ~** una vez/dos veces; **2 ~ 2** 2 por 2; **deux/quatre ~ plus grand (que)** dos/cuatro veces mayor (que); **encore une ~** una vez más; **cette ~** esta vez; **la ~ suivante/précédente** la próxima vez/vez anterior; **une ~ pour toutes** de una vez por todas; **une ~ que c'est fait** una vez que esté hecho; **une ~ qu'il prend une décision, il ne …** (*quand*) una vez que toma una decisión, no …; **une ~ couché, il s'endort tout de suite** (*dès que*) en cuanto se acuesta, se duerme; **à la ~** (*ensemble*) a la vez; **à la ~ grand et beau** grande y a la vez bonito; **des ~** a veces; **chaque ~ que** cada vez que; **si des ~ …** (*fam*) si por casualidad …; **« non mais, des ~ ! »** (*fam*) « ¡ya vale! », « ¡ya está bien! »; **il était une ~ …** érase una vez …
foison [fwazɔ̃] *nf* : **une ~ de** una profusión de; **à ~** en profusión
foisonnant, e [fwazɔnɑ̃, ɑ̃t] *adj* abundante
foisonnement [fwazɔnmɑ̃] *nm* abundancia, acopio
foisonner [fwazɔne] *vi* abundar; **~ en** *ou* **de** rebosar de
fol [fɔl] *adj voir* **fou**
folâtre [fɔlɑtʀ] *adj* juguetón(-ona)
folâtrer [fɔlɑtʀe] *vi* juguetear
foldingue [fɔldɛ̃g] (*fam*) *adj* chalado(-a) (*fam*)
folichon, ne [fɔliʃɔ̃, ɔn] (*fam*) *adj* : **ça n'a rien de ~** no es para echarse a reir
folie [fɔli] *nf* locura; **la ~ des grandeurs** el delirio de grandeza; **faire des folies** hacer locuras, gastar a lo loco
folk [fɔlk] *nm* folk *m* ▸ *adj* folk *inv*
folklore [fɔlklɔʀ] *nm* folklore *m*
folklorique [fɔlklɔʀik] *adj* folklórico(-a), folclórico(-a); (*péj*) estrambótico(-a)
folle [fɔl] *adj f*, *nf voir* **fou**
follement [fɔlmɑ̃] *adv* (*amoureux*) locamente; (*drôle, intéressant*) tremendamente; **avoir ~ envie de faire qch** tener unas ganas tremendas de hacer algo
follet [fɔlɛ] *adj m* : **feu ~** fuego fatuo
fomentateur, -trice [fɔmɑ̃tatœʀ, tʀis] *nm/f* instigador(a)
fomenter [fɔmɑ̃te] *vt* instigar
foncé, e [fɔ̃se] *adj* oscuro(-a); **bleu/rouge ~** azul/rojo oscuro
foncer [fɔ̃se] *vt* oscurecer ▸ *vi* oscurecerse; (*fam : aller vite*) ir volando; **~ sur** (*fam*) arremeter contra
fonceur, -euse [fɔ̃sœʀ, øz] (*fam*) *nm/f* emprendedor(a)
foncier, -ière [fɔ̃sje, jɛʀ] *adj* (*honnêteté etc*) innato(-a); (*Comm : impôt*) territorial; **propriétaire ~** dueño de tierras; (*grande superficie*) terrateniente *m*
foncièrement [fɔ̃sjɛʀmɑ̃] *adv* profundamente; (*absolument*) totalmente
fonction [fɔ̃ksjɔ̃] *nf* función *f*; (*poste*) cargo; **voiture/maison de ~** coche *m*/casa de empresa; **être ~ de** depender de; **en ~ de** dependiendo de; **faire ~ de** (*suj : personne*) hacer las veces de; (*: chose*) servir para; **entrer en/reprendre ses fonctions** tomar posesión de/reincorporarse a su cargo; **la ~ publique** la función pública; **fonctions** *nfpl* (*activité, pouvoirs*) competencias *fpl*; (*corporelles, biologiques*) funciones *fpl*
fonctionnaire [fɔ̃ksjɔnɛʀ] *nmf* funcionario(-a)
fonctionnaliser [fɔ̃ksjɔnalize] *vt* : **~ qch** hacer algo funcional
fonctionnalité [fɔ̃ksjɔnalite] *nf* (*aussi Inform*) funcionalidad *f*
fonctionnariat [fɔ̃ksjɔnaʀja] *nm* funcionariado
fonctionnariser [fɔ̃ksjɔnaʀize] *vt* (*personne*) hacer *ou* convertir en funcionario; (*entreprise etc*) convertir en público(-a)

f

fonctionnel, le [fɔ̃ksjɔnɛl] *adj* funcional
fonctionnellement [fɔ̃ksjɔnɛlmɑ̃] *adv* funcionalmente
fonctionnement [fɔ̃ksjɔnmɑ̃] *nm* funcionamiento
fonctionner [fɔ̃ksjɔne] *vi* funcionar; **faire ~** poner en funcionamiento
fond [fɔ̃] *nm* fondo; **un ~ de verre/bouteille** el resto del vaso/de la botella; **donnez m'en seulement un ~** póngame solo un dedo; **le ~** (*Sport*) el fondo; **course/épreuve de ~** carrera/prueba de fondo; **au ~ de** (*récipient*) en el fondo de; (*salle*) al fondo de; **aller au ~ des choses/du problème** ir al fondo de las cosas/del problema; **le ~ de sa pensée** el fondo de su pensamiento; **sans ~** sin fondo; **toucher le ~** (*aussi fig*) tocar fondo; **envoyer par le ~** echar a pique; **à ~** a fondo; (*soutenir*) a capa y espada; **à ~ (de train)** (*fam*) a todo correr, a toda marcha; **dans le ~, au ~** en resumidas cuentas; **de ~ en comble** de arriba a abajo; **~ de teint** maquillaje *m* de fondo; **~ sonore** fondo sonoro
fondamental, e, -aux [fɔ̃damɑ̃tal, o] *adj* fundamental
fondamentalement [fɔ̃damɑ̃talmɑ̃] *adv* fundamentalmente
fondamentalisme [fɔ̃damɑ̃talism] *nm* fundamentalismo
fondamentaliste [fɔ̃damɑ̃talist] *adj, nmf* fundamentalista *mf*
fondant, e [fɔ̃dɑ̃, ɑ̃t] *adj* : **gâteau ~** fondant *m*; **la neige/glace fondante** la nieve/el hielo que se derrite ▸ *nm* (*bonbon*) caramelo relleno; **~ au chocolat** fondant de chocolate
fondateur, -trice [fɔ̃datœʀ, tʀis] *nm/f* fundador(a); **groupe/membre ~** grupo/miembro fundador
fondation [fɔ̃dasjɔ̃] *nf* fundación *f*; **travaux de ~** (*Constr*) trabajos *mpl* de cimentación; **fondations** *nfpl* (*d'une maison*) cimientos *mpl*
fondé, e [fɔ̃de] *adj* fundado(-a); **bien/mal ~** bien/mal fundado(-a); **être ~ à croire** *etc* estar facultado(-a) *ou* autorizado(-a) para creer *etc* ▸ *nm/f* : **~ de pouvoir** apoderado(-a)
fondement [fɔ̃dmɑ̃] *nm* : **sans ~** sin fundamento; **fondements** *nmpl* (*d'un édifice*) cimientos *mpl*; (*de la société, d'une théorie*) cimientos, base *fsg*
fonder [fɔ̃de] *vt* fundar; **~ qch sur** (*fig*) basar algo en; **se ~ sur qch** basarse en algo; **~ un foyer** fundar un hogar; **~ tous ses espoirs sur qn/qch** fundar todas sus esperanzas en algn/algo
fonderie [fɔ̃dʀi] *nf* fundición *f*
fondeur, -euse [fɔ̃dœʀ, øz] *nm/f* (*skieur*) fondista *mf* ▸ *nm* : **(ouvrier) ~** fundidor *m*
fondre [fɔ̃dʀ] *vt* (*neige, glace*) fundir, derretir; (*métal*) fundir; (*dans l'eau : sucre*) disolver; (*mélanger*) mezclar ▸ *vi* fundirse, derretirse; (*métal*) fundirse; (*dans l'eau*) disolverse; (*argent, courage*) esfumarse; **faire ~** derretir; (*sucre*) disolver; **~ comme neige au soleil** (*argent, avance*) esfumarse; **~ en larmes** deshacerse en lágrimas; **~ sur** (*se précipiter*) abatirse sobre; **se fondre** *vpr* confundirse
fondrière [fɔ̃dʀijɛʀ] *nf* bache *m*, hoyo
fonds [fɔ̃] *nm* (*aussi fig*) fondo; **le F~ monétaire international** el Fondo Monetario Internacional; **~ (de commerce)** fondo de comercio; **~ de roulement** fondo de operaciones ▸ *nmpl* (*argent*) fondos *mpl*; **être en ~** tener fondos *ou* dinero; **à ~ perdus** a fondo perdido; **mise de ~** inversión *f* de capital; **~ publics** fondos públicos
fondu, e [fɔ̃dy] *adj* (*beurre*) derretido(-a); (*neige*) fundido(-a), derretido(-a); (*métal*) fundido(-a) ▸ *nm* (*Ciné*) fundido; **~ enchaîné** fundido encadenado
fondue [fɔ̃dy] *nf* : **~ (savoyarde)/bourguignonne** fondue *f* (saboyana)/burguiñona
fongicide [fɔ̃ʒisid] *nm* fungicida *m*
font [fɔ̃] *vb voir* **faire**
fontaine [fɔ̃tɛn] *nf* fuente *f*
fontanelle [fɔ̃tanɛl] *nf* fontanela
fonte [fɔ̃t] *nf* (*de la neige*) deshielo; (*d'un métal*) fundición *f*; (*métal*) hierro fundido *ou* colado; **en ~ émaillée** de hierro esmaltado; **la ~ des neiges** el deshielo
fonts baptismaux [fɔ̃batismo] *nmpl* pila *fsg* bautismal
foot [fut] (*fam*) *nm* fútbol *m*; **jouer au ~** jugar al fútbol
football [futbol] *nm* fútbol *m*; **~ américain/australien/gaélique** fútbol americano/australiano/gaélico
footballeur, -euse [futbolœʀ, øz] *nm/f* futbolista *mf*
footeux, -euse [futø, øz] (*fam*) *nm/f* apasionado(-a) del fútbol
footing [futiŋ] *nm* : **faire du ~** hacer footing
for [fɔʀ] *nm* : **dans** *ou* **en mon/son ~ intérieur** en mi/su fuero interno
forage [fɔʀaʒ] *nm* perforación *f*; **~ pétrolier** perforación petrolera
forain, e [fɔʀɛ̃, ɛn] *adj* ferial ▸ *nm/f* (*marchand*) feriante *mf*; (*bateleur*) saltimbamqui *m*, titiritero(-a)
forban [fɔʀbɑ̃] *nm* pirata *m*; (*escroc*) bandido
forçat [fɔʀsa] *nm* forzado; **travailler comme un ~** trabajar como un esclavo *ou* un condenado
force [fɔʀs] *nf* fuerza; (*d'une armée*) potencia; (*intellectuelle, morale*) fortaleza; **avoir de la ~** tener fuerza; **être à bout de forces** estar agotado(-a); **à la ~ du poignet** (*fig*) a pulso; **à ~ de critiques/de le critiquer/de faire** a fuerza de críticas/de criticarlo/de hacer; **arriver en ~** llegar en gran número; **de ~**

(*prendre, enlever*) a la fuerza; **par la ~** por fuerza; **à toute ~** (*absolument*) a toda costa; **cas de ~ majeure** caso de fuerza mayor; **faire ~ de rames** remar con todas las fuerzas; **être de ~ à faire qch** ser capaz de hacer algo; **dans la ~ de l'âge** en la madurez; **de première ~** de primera; **par la ~ des choses** debido a las circunstancias; **par la ~ de l'habitude** por la fuerza de la costumbre; **la ~** (*Élec*) la energía; **la ~ publique** la fuerza pública; **c'est une ~ de la nature** (*personne*) es un sansón; **~ d'âme** ánimo, valor *m*; **~ de caractère** fuerza de carácter; **~ centrifuge/d'inertie** fuerza centrífuga/de la inercia; **~ de dissuasion** *ou* **de frappe** fuerza de disuasión; **forces** *nfpl* (*Mil, physiques*) fuerzas *fpl*; **d'importantes forces de police** importantes efectivos de la policía; **ménager ses/reprendre des forces** ahorrar/recuperar fuerzas; **c'est au-dessus de mes/ses forces** supera mis/sus fuerzas; **de toutes mes/ses forces** con todas mis/sus fuerzas; **les forces armées** las fuerzas armadas; **les forces de l'ordre** las fuerzas del orden; **forces d'intervention** fuerzas de intervención

forcé, e [fɔʀse] *adj* (*rire, attitude*) forzado(-a); (*bain, atterrissage*) forzoso(-a); (*comparaison*) rebuscado(-a); **c'est ~ !** ¡es lógico!, ¡es inevitable!

forcément [fɔʀsemɑ̃] *adv* (*obligatoirement*) forzosamente; (*bien sûr*) como es lógico; **pas ~** no necesariamente; **il n'est pas ~ bête** no es que sea tonto

forcené, e [fɔʀsəne] *adj* encarnizado(-a) ▸ *nm/f* furioso(-a)

forceps [fɔʀsɛps] *nm* fórceps *m inv*; **au(x) ~** (*fig*) con fórceps

forcer [fɔʀse] *vt* forzar; (*Agr*) impulsar el crecimiento de; **~ la main à qn** apretarle los tornillos a algn; **~ la dose** cargar la mano; **~ l'allure** aligerar; **~ la décision** determinar la decisión; **~ le destin** ir contra el destino; **~ l'attention** llamar la atención; **~ le respect** imponer el respeto; **~ la consigne** desacatar las órdenes; **~ qn à qch/à faire qch** forzar a algn a algo/a hacer algo ▸ *vi* esforzarse; **se forcer** *vpr* : **se ~ à qch/faire qch** forzarse a algo/a hacer algo

forcing [fɔʀsiŋ] *nm* : **faire le ~** redoblar el ataque

forcir [fɔʀsiʀ] *vi* (*grossir*) engordar; (*vent*) arreciar

forclore [fɔʀklɔʀ] *vt* (*Jur*) privar de un derecho por prescripción

forclos, e [fɔrklo] *adj* (*Jur*) prescrito(-a)

forclusion [fɔʀklyzjɔ̃] *nf* (*Jur*) prescripción *f*

forer [fɔʀe] *vt* (*objet, rocher*) perforar, horadar; (*puits*) perforar

forestier, -ière [fɔʀɛstje, jɛʀ] *adj* forestal

foret [fɔʀɛ] *nm* broca

forêt [fɔʀɛ] *nf* bosque *m*; **Office national des forêts** ≈ ICONA (*Instituto para la conservación de la naturaleza*); **~ vierge** selva virgen

foreuse [fɔʀøz] *nf* perforadora

forfait [fɔʀfɛ] *nm* (*Comm*) ajuste *m*; (*crime*) crimen *m*; **déclarer ~** (*Sport*) retirarse; **gagner par ~** ganar por incomparecencia; **travailler à ~** trabajar a destajo; **vendre/acheter à ~** vender/comprar a tanto alzado

forfaitaire [fɔʀfɛtɛʀ] *adj* concertado(-a)

forfait-vacances [fɔʀfɛvakɑ̃s] (*pl* **forfaits-vacances**) *nm* paquete *m* turístico

forfanterie [fɔʀfɑ̃tʀi] *nf* (*caractère*) fanfarronería; (*parole, acte*) fanfarronada

forge [fɔʀʒ] *nf* forja; (*usine*) herrería

forgé, e [fɔʀʒe] *adj* : **~ de toutes pièces** inventado(-a) de cabo a rabo

forger [fɔʀʒe] *vt* (*aussi fig*) forjar; (*prétexte, alibi*) urdir; (*histoire, plan*) urdir, inventar

forgeron, ne [fɔʀʒəʀɔ̃, ɔn] *nm/f* herrero(-a)

formaliser [fɔʀmalize] : **se formaliser** *vpr* molestarse; **se ~ de qch** molestarse por algo

formalisme [fɔʀmalism] *nm* formalismo

formaliste [fɔʀmalist] *adj* formalista

formalité [fɔʀmalite] *nf* requisito, trámite *m*; **simple ~** mera formalidad *f*

format [fɔʀma] *nm* formato; **petit ~** de tamaño pequeño

formatage [fɔʀmataʒ] *nm* formateado

formater [fɔʀmate] *vt* formatear; **non formaté** sin formatear

formateur, -trice [fɔʀmatœʀ, tʀis] *adj* formador(a) ▸ *nm/f* educador(a)

formation [fɔʀmasjɔ̃] *nf* formación *f*; (*apprentissage*) educación *f*; **en ~** (*Mil, Aviat*) en formación; **la ~ permanente/continue** la formación permanente/continua; **la ~ professionnelle/des adultes** la formación profesional/de adultos

forme [fɔʀm] *nf* forma; (*type*) tipo; **en ~ de poire** con forma de pera; **sous ~ de** en forma de; **être en (bonne/pleine) ~** estar en (buena/plena) forma; **avoir la ~** estar en forma; **en bonne et due ~** con todos los requisitos; **sans autre ~ de procès** (*fig*) sin más ni más; **pour la ~** para guardar las apariencias; **prendre ~** tomar cuerpo; **formes** *nfpl* (*manières, silhouette*) formas *fpl*; **y mettre les formes** guardar las formas

formé, e [fɔʀme] *adj* (*adolescente*) desarrollado(-a); (*goût, jugement*) educado(-a)

formel, le [fɔʀmɛl] *adj* (*preuve, décision*) categórico(-a); (*logique*) formal; (*extérieur*) formalista

formellement [fɔʀmɛlmɑ̃] *adv* formalmente; (*interdit*) terminantemente

former [fɔʀme] *vt* formar; (*projet, idée*) concebir; (*caractère*) formar, desarrollar; (*goût, jugement*) educar; (*lettre etc*) componer; **se former** *vpr* formarse

f

formica® [fɔʀmika] *nm* formica®
formidable [fɔʀmidabl] *adj* (*excellent*) estupendo(-a); (*important*) increíble
formidablement [fɔʀmidabləmɑ̃] *adv* formidablemente
formol [fɔʀmɔl] *nm* formol *m*
formosan, e [fɔʀmozɑ̃, an] *adj* formoseño(-a)
Formose [fɔʀmoz] *n* Formosa
formulaire [fɔʀmylɛʀ] *nm* impreso; **remplir un ~** rellenar un impreso
formulation [fɔʀmylasjɔ̃] *nf* formulación *f*
formule [fɔʀmyl] *nf* fórmula; (*de vacances, crédit*) sistema *m*; **selon la ~ consacrée** según la expresión consagrada; **~ de politesse** fórmula de cortesía; (*en fin de lettre*) fórmula epistolar
formuler [fɔʀmyle] *vt* formular
fornication [fɔʀnikasjɔ̃] *nf* fornicación *f*
forniquer [fɔʀnike] *vi* fornicar
forsythia [fɔʀsisja] *nm* forsythia
fort, e [fɔʀ, fɔʀt] *adj* (*aussi fig*) fuerte; (*élevé*) alto(-a); (*gros*) grueso(-a); (*quantité*) importante; (*soleil*) intenso(-a); **être ~ (en)** (*doué*) ser bueno(-a) (en); **c'est un peu ~ !** ¡ya es demasiado!, ¡se pasa!; **à plus forte raison** con mayor motivo; **se faire ~ de faire** comprometerse a hacer; **~ comme un Turc** fuerte como un toro; **forte tête** rebelde *mf* ▸ *adv* (*frapper, serrer, sonner*) con fuerza; (*parler*) alto; (*beaucoup*) mucho; (*très*) muy; **~ bien/peu** muy bien/poco; **vous aurez ~ à faire pour le convaincre** le costará trabajo convencerle ▸ *nm* (*édifice, fig*) fuerte *m*; **au plus ~ de** en lo más álgido de; **les forts et les faibles** (*personnes*) los fuertes y los débiles
forte [fɔʀte] *nm* forte *m*
fortement [fɔʀtəmɑ̃] *adv* (*désirer, espérer*) ansiosamente; (*conseiller*) encarecidamente; (*s'intéresser*) vivamente
forteresse [fɔʀtəʀɛs] *nf* fortaleza
fortiche [fɔʀtiʃ] *adj* (*fam*) : **être ~ (en qch)** estar hecho(-a) un hacha (*fam*) (en algo)
fortifiant, e [fɔʀtifjɑ̃, jɑ̃t] *adj* fortificante ▸ *nm* reconstituyente *m*
fortifications [fɔʀtifikasjɔ̃] *nfpl* fortificaciones *fpl*
fortifier [fɔʀtifje] *vt* (*corps*) fortalecer; (*Mil*) fortificar; **se fortifier** *vpr* fortalecerse
fortin [fɔʀtɛ̃] *nm* fortín *m*
fortiori [fɔʀsjɔʀi] : **à ~** *adv* a fortiori
fortuit, e [fɔʀtɥi, it] *adj* fortuito(-a)
fortuitement [fɔʀtɥitmɑ̃] *adv* fortuitamente
fortune [fɔʀtyn] *nf* fortuna; **des fortunes diverses** (*sort*) diversas suertes; **faire ~** hacer fortuna; **de ~** improvisado(-a); **bonne/mauvaise ~** buena/mala fortuna; **faire contre mauvaise ~ bon cœur** poner al mal tiempo buena cara
fortuné, e [fɔʀtyne] *adj* afortunado(-a)
forum [fɔʀɔm] *nm* foro; (*débat*) debate *m*; **participer à un ~ de discussion** participar en un foro de discusión; **~ de discussion** (*Internet*) foro de discusión
fosse [fos] *nf* fosa; **~ à purin** depósito de aguas de estiércol; **~ aux lions/aux ours** foso de los leones/de los osos; **~ commune** fosa común; **~ d'orchestre** foso; **~ septique** fosa séptica; **fosses nasales** fosas *fpl* nasales
fossé [fose] *nm* zanja; (*fig*) abismo
fossette [fosɛt] *nf* hoyuelo
fossile [fosil] *nm* fósil *m* ▸ *adj* : **animal/coquillage ~** animal *m*/concha fósil
fossilisé, e [fo(ɔ)zilize] *adj* fosilizado(-a)
fossoyeur, -euse [foswajœʀ, øz] *nm/f* sepulturero(-a)
fou, folle [fu, fɔl] (*devant nm commençant par voyelle ou h muet* **fol**) *adj* loco(-a); (*regard*) extraviado(-a); (*fam : extrême*) inmenso(-a); **~ à lier** loco(-a) de atar; **~ furieux/folle furieuse** loco(-a) agresivo(-a); **être ~ de** estar loco(-a) por; **~ de chagrin** trastornado(-a) por el dolor; **~ de colère/joie** loco(-a) de ira/alegría; **avoir le ~ rire** tener un ataque de risa; **ça prend un temps ~** (*fam*) esto lleva mucho tiempo; **il a eu un succès ~** (*fam*) tuvo un éxito loco; **herbe folle** hierbajo ▸ *nm/f* loco(-a); **faire le ~** hacer el tonto *ou* el indio ▸ *nm* (*d'un roi*) bufón *m*; (*Échecs*) alfil *m*; **~ de Bassan** alcatraz *m*
foucade [fukad] *nf* capricho
foudre [fudʀ] *nf* rayo; **foudres** *nfpl* (*colère*) iras *fpl*; **s'attirer les foudres de qn** ganarse las iras de algn
foudroyant, e [fudʀwajɑ̃, ɑ̃t] *adj* fulminante
foudroyer [fudʀwaje] *vt* fulminar; **~ qn du regard** fulminar a algn con la mirada
fouet [fwɛ] *nm* látigo, fuete (*AM*), rebenque (*AM*); (*Culin*) batidor *m*; **de plein ~** (*heurter*) de frente
fouettement [fwɛtmɑ̃] *nm* : **le ~ de la pluie** el batir de la lluvia
fouetter [fwete] *vt* dar latigazos a; (*Culin, pluie, vagues etc*) batir
foufou, fofolle [fufu, fɔfɔl] *adj* locuelo(-a)
fougasse [fugas] *nf* (*galette*) ≈ hogaza
fougère [fuʒɛʀ] *nf* helecho
fougue [fug] *nf* fogosidad *f*
fougueusement [fugøzmɑ̃] *adv* fogosamente
fougueux, -euse [fugø, øz] *adj* fogoso(-a)
fouille [fuj] *nf* (*voir vt*) cacheo; registro; **fouilles** *nfpl* (*archéologiques*) excavaciones *fpl*
fouillé, e [fuje] *adj* exhaustivo(-a)
fouiller [fuje] *vt* (*suspect*) cachear; (*local, quartier*) registrar; (*creuser*) excavar; (*approfondir*) ahondar en ▸ *vi* (*archéologue*) hacer excavaciones; **~ dans/parmi** hurgar en/entre
fouillis [fuji] *nm* revoltijo

fouine [fwin] *nf* garduña, fuina
fouiner [fwine] *(fam, péj) vi* husmear
fouineur, -euse [fwinœʀ, øz] *(péj) adj* escudriñador(a)
fouir [fwiʀ] *vt* escarbar
fouisseur, -euse [fwisœʀ, øz] *adj* escarbador(a)
foulage [fulaʒ] *nm (du raisin)* pisa
foulante [fulɑ̃t] *adj f* : **pompe ~** bomba impelente
foulard [fulaʀ] *nm* pañuelo, fular *m*; **~ islamique** pañuelo islámico
foule [ful] *nf* : **la ~** la muchedumbre, la multitud; **une ~ énorme/émue** una muchedumbre inmensa/emocionada; **une ~ de** una multitud de; **les foules** las masas; **venir en ~** llegar en masa
foulée [fule] *nf (Sport)* zancada; **dans la ~ de** inmediatamente después de
fouler [fule] *vt (écraser)* prensar; *(raisin)* pisar; **~ aux pieds** *(fig)* pasar por encima de; **~ le sol de son pays** pisar el suelo de su país; **se fouler** *vpr (fam)* herniarse; **se ~ la cheville/le bras** torcerse el tobillo/el brazo
foultitude [fultityd] *nf* : **une ~ de qch** *(hum)* un montón de algo, un mogollón *(fam)* de algo
foulure [fulyʀ] *nf* esguince *m*
four [fuʀ] *nm* horno; *(échec)* fiasco; **allant au ~** resistente al horno
fourbe [fuʀb] *adj* falso(-a)
fourberie [fuʀbəʀi] *nf* falsedad *f*
fourbi [fuʀbi] *(fam) nm (choses)* bártulos *mpl*; *(désordre)* desbarajuste *m*
fourbir [fuʀbiʀ] *vt (polir)* bruñir; **~ ses armes** *(fig)* preparar las armas
fourbu, e [fuʀby] *adj (animal)* extenuado(-a); *(personne)* rendido(-a)
fourche [fuʀʃ] *nf* horca; *(de bicyclette, de moto)* horquilla; *(d'une route)* bifurcación *f*
fourcher [fuʀʃe] *vi* : **ma langue a fourché** se me trabó la lengua
fourchette [fuʀʃɛt] *nf* tenedor *m*; *(Statistique)* horquilla; **~ à dessert** tenedor de postre; **~ de prix** horquilla de precios
fourchu, e [fuʀʃy] *adj (langue)* bífido(-a); *(cheveu)* abierto(-a) en las puntas; *(arbre)* bifurcado(-a)
fourgon [fuʀgɔ̃] *nm* furgón *m*; **~ mortuaire** funeraria
fourgonnette [fuʀgɔnɛt] *nf* furgoneta
fourguer [fuʀge] *(fam) vt (vendre)* vender, endosar
fourme [fuʀm] *nf queso de leche de vaca que se elabora en el centro de Francia*
fourmi [fuʀmi] *nf* hormiga; **avoir des fourmis dans les jambes/mains** *(fig)* tener un hormigueo en las piernas/manos
fourmilier [fuʀmilje] *nm (mammifère)* oso hormiguero
fourmilière [fuʀmiljɛʀ] *nf (aussi fig)* hormiguero
fourmillement [fuʀmijmɑ̃] *nm (démangeaison)* hormigueo; *(grouillement)* enjambre *m*
fourmiller [fuʀmije] *vi (gens)* hormiguear; **~ de** *(lieu)* estar plagado(-a) de
fournaise [fuʀnɛz] *nf (aussi fig)* gran horno
fourneau, x [fuʀno] *nm* horno
fournée [fuʀne] *nf (aussi fig)* hornada
fourni, e [fuʀni] *adj (barbe, cheveux)* tupido(-a), poblado(-a); **bien/mal ~ (en)** bien/mal equipado(-a) (en)
fournil [fuʀni] *nm* amasadero
fourniment [fuʀnimɑ̃] *(fam) nm* equipo
fournir [fuʀniʀ] *vt* proporcionar; *(effort)* realizar; *(chose)* dar, proporcionar; **~ qch à qn** proporcionar algo a algn; **~ qn en** abastecer a algn de; **se fournir** *vpr* : **se ~ chez** abastecerse en
fournisseur, -euse [fuʀnisœʀ, øz] *nm/f* proveedor(a); **~ d'accès à Internet** proveedor *m* de acceso a Internet
fourniture [fuʀnityʀ] *nf* abastecimiento, suministro; **fournitures** *nfpl* material *msg*; **fournitures de bureau** artículos *mpl* de escritorio; **fournitures scolaires** material escolar
fourrage [fuʀaʒ] *nm* forraje *m*
fourrager[1] [fuʀaʒe] *vi* : **~ dans/parmi** revolver en/entre
fourrager[2]**, -ère** [fuʀaʒe] *adj* forrajero(-a)
fourragère [fuʀaʒɛʀ] *nf (Mil)* forrajera
fourré, e [fuʀe] *adj (bonbon)* relleno(-a); *(manteau, bottes)* forrado(-a) ▸ *nm* maleza
fourreau, x [fuʀo] *nm (d'épée)* vaina; *(de parapluie)* funda; **robe/jupe ~** vestido/falda de tubo
fourrer [fuʀe] *(fam) vt* : **~ qch dans** meter algo en; **se fourrer** *vpr* : **se ~ dans/sous** meterse en/bajo
fourre-tout [fuʀtu] *nm inv* bolsa de viaje; *(local, meuble)* trastero; *(fig)* cajón *m* de sastre
fourreur [fuʀœʀ] *nm* peletero
fourrière [fuʀjɛʀ] *nf (pour chiens)* perrera; *(voitures)* depósito de coches; **ma voiture a été mise en** *ou* **à la ~** se me ha llevado el coche la grúa
fourrure [fuʀyʀ] *nf* piel *f*; **manteau/col de ~** abrigo/cuello de piel
fourvoyer [fuʀvwaje] : **se fourvoyer** *vpr (aussi fig)* extraviarse, perderse; **se ~ dans** perderse en
foutaise [futɛz] *(fam) nf* tontería, chorrada *(fam)*; **c'est de la ~** no son más que tonterías
foutoir [futwaʀ] *nm (fam)* leonera *(fam)*; **c'est le ~ ici !** ¡esto parece una leonera!
foutre [futʀ] *(fam !) vt* : **je m'en fous** me importa un pito *(fam !)*; **qu'est-ce que tu fous ?** ¿qué coño haces? *(fam !)*; **j'en ai rien à ~** me importa un pito *(fam !)*

f

foutrement [futʀəmɑ̃] *(fam) adv* : **j'en sais ~ rien** no tengo ni puñetera idea *(fam)*; **~ bien écrit** súper bien escrito
foutu, e [futy] *(fam !) adj* : **c'est ~** no hay nada que hacer; **être bien ~** estar bueno(-a)
foyer [fwaje] *nm* hogar *m*; *(fig)* foco; *(Théâtre)* vestíbulo; *(d'étudiants etc)* residencia; *(salon)* salón *m*; **lunettes à double ~** gafas *fpl ou* anteojos *mpl (Am)* bifocales
FPA [ɛfpea] *sigle f (= formation professionnelle pour adultes) educación para adultos*
frac [fʀak] *nm* frac *m*
fracas [fʀaka] *nm* estruendo
fracassant, e [fʀakasɑ̃, ɑ̃t] *adj (fig)* estrepitoso(-a)
fracasser [fʀakase] *vt* destrozar; **se fracasser** *vpr* : **se ~ contre** *ou* **sur** estrellarse contra; **se ~ la tête/le bras** romperse la cabeza/el brazo
fraction [fʀaksjɔ̃] *nf* fracción *f*; *(Math)* fracción, quebrado; **une ~ de seconde** una fracción de segundo
fractionnaire [fʀaksjɔnɛʀ] *adj* fraccionario(-a)
fractionnement [fʀaksjɔnmɑ̃] *nm* fraccionamiento
fractionner [fʀaksjɔne] *vt* fraccionar; **se fractionner** *vpr* fraccionarse
fracturation [fraktyrasjɔ̃] *nf* : **~ hydraulique** fracturación *m* hidráulica
fracture [fʀaktyʀ] *nf (Méd, fig)* fractura; **~ de la jambe/du crâne** fractura de pierna/de cráneo; **~ ouverte** fractura abierta
fracturer [fʀaktyʀe] *vt (coffre, serrure)* forzar; *(os, membre)* fracturar; **se ~ la jambe/le crâne** fracturarse la pierna/el cráneo
fragile [fʀaʒil] *adj (aussi fig)* frágil; *(santé, personne)* delicado(-a)
fragilisation [fʀaʒilizasjɔ̃] *nf (aussi fig)* debilitamiento
fragiliser [fʀaʒilize] *vt (aussi fig)* debilitar
fragilité [fʀaʒilite] *nf* fragilidad *f*
fragment [fʀagmɑ̃] *nm (d'un objet)* fragmento, trozo; *(d'un discours)* fragmento
fragmentaire [fʀagmɑ̃tɛʀ] *adj* fragmentario(-a)
fragmentation [fʀagmɑ̃tasjɔ̃] *nf* fragmentación *f*; **bombes à ~** bombas *fpl* de fragmentación
fragmenter [fʀagmɑ̃te] *vt* fragmentar; **se fragmenter** *vpr* fragmentarse
frai [fʀɛ] *nm (ponte)* desove *m*; *(œufs)* huevas *fpl*, ovas *fpl*
fraîche [fʀɛʃ] *adj voir* **frais**
fraîchement [fʀɛʃmɑ̃] *adv (sans enthousiasme)* fríamente; *(récemment)* recientemente
fraîcheur [fʀɛʃœʀ] *nf (voir frais)* frescor *m*, frescura; lozanía; *(fig)* frialdad *f*
fraîchir [fʀeʃiʀ] *vi (température, vent)* refrescar
frais, fraîche [fʀɛ, fʀɛʃ] *adj* fresco(-a); *(teint)* lozano(-a); *(accueil)* frío(-a); **le voilà ~ !** *(iron)* ¡va listo!, ¡está arreglado!; **des troupes fraîches** tropas *fpl* de refresco; **~ et dispos** preparado y listo; **à boire/servir ~** beber/servir frío; **légumes/fruits ~** verduras *fpl*/frutas *fpl* frescas ▸ *adv* : **~ débarqué de sa province** recién llegado de su provincia; **il fait ~** hace *ou* está fresco ▸ *nm* : **mettre au ~** poner en el frigorífico; **prendre le ~** tomar el fresco ▸ *nmpl (Comm, dépenses)* gastos *mpl*; **faire des ~** hacer gasto; **à grands/peu de ~** con mucho/poco gasto; **faire les ~ de** *(fig)* pagar la factura de; **faire les ~ de la conversation** ser el centro de la conversación; **rentrer dans ses ~** recuperar su dinero; **tous ~ payés** con todos los gastos pagados; **en être pour ses ~** *(aussi fig)* haber perdido el tiempo; **~ d'entretien** gastos de mantenimiento; **~ de déplacement/logement** gastos de desplazamiento/alojamiento; **~ de scolarité** gastos de matrícula; **~ fixes/variables** gastos fijos/variables; **~ généraux** gastos generales
fraise [fʀɛz] *nf (fruit)* fresa, frutilla *(Am)*; *(outil)* fresa; *(de dentiste)* torno, fresa; **~ des bois** fresa silvestre
fraiser [fʀeze] *vt (Tech)* fresar; *(Culin)* amasar
fraiseur, -euse [fʀɛzœʀ, øz] *nm/f (ouvrier)* fresador(a)
fraiseuse [fʀɛzøz] *nf (machine)* fresadora
fraisier [fʀezje] *nm (plante)* fresa; *(gâteau)* pastel *m* de fresa
framboise [fʀɑ̃bwaz] *nf* frambuesa
framboisier [fʀɑ̃bwazje] *nm* frambueso
franc, franche [fʀɑ̃, fʀɑ̃ʃ] *adj* franco(-a); *(refus, couleur)* claro(-a); *(coupure)* limpio(-a); *(intensif)* auténtico(-a); **~ de port** porte pagado ▸ *adv* : **à parler ~** francamente ▸ *nm (monnaie)* franco; **~ belge/français/suisse** franco belga/francés/suizo
français, e [fʀɑ̃sɛ, ɛz] *adj* francés(-esa) ▸ *nm (Ling)* francés *m* ▸ *nm/f* : **Français, e** francés(-esa); **les F~** los franceses
franc-comtois, e [fʀɑ̃kɔ̃twa, waz] *(pl* **francs-comtois, -comtoises**) *adj* del Franco Condado ▸ *nm/f* nativo(-a) *ou* habitante *mf* del Franco Condado
France [fʀɑ̃s] *nf* Francia; **~ 2, ~ 3** *canales públicos de televisión*
franche [fʀɑ̃ʃ] *adj f voir* **franc**
Franche-Comté [fʀɑ̃ʃkɔ̃te] *nf* Franco Condado
franchement [fʀɑ̃ʃmɑ̃] *adv* francamente; *(tout à fait)* realmente; *(excl)* ¡pero bueno!
franchir [fʀɑ̃ʃiʀ] *vt (obstacle)* salvar; *(seuil)* franquear; **~ un cap** alcanzar un hito
franchisage [fʀɑ̃ʃizaʒ] *nm (Comm)* concesión *f* de licencia

franchise [fʀɑ̃ʃiz] *nf* franqueza; (*douanière, Assurance*) franquicia; (*Comm*) licencia; **en toute ~** con toda franqueza; **~ de bagages** franquicia de equipaje
franchisé, e [fʀɑ̃ʃize] *adj, nm/f* franquiciado(-a)
franchissable [fʀɑ̃ʃisabl] *adj* (*obstacle*) salvable
franchissement [fʀɑ̃ʃismɑ̃] *nm* (*d'obstacle*) superación *f*; (*de rivière, frontière*) paso
franchouillard, e [fʀɑ̃ʃujaʀ, aʀd] (*péj*) *adj* franchute (*péj*)
francilien, ne [fʀɑ̃siljɛ̃, jɛn] *adj* de la región de Île-de-France
francisation [fʀɑ̃sizasjɔ̃] *nf* afrancesamiento
franciscain, e [fʀɑ̃siskɛ̃, ɛn] *adj* franciscano(-a)
franciser [fʀɑ̃size] *vt* afrancesar
franc-jeu [fʀɑ̃ʒø] (*pl* **francs-jeux**) *nm* : **jouer ~** jugar limpio
franc-maçon, ne [fʀɑ̃masɔ̃, ɔn] (*mpl* **franc-maçons**, *fpl* **franc-maçonnes**) *nm/f* francmasón(-ona)
franc-maçonnerie [fʀɑ̃masɔnʀi] (*pl* **franc-maçonneries**) *nf* francmasonería
franco [fʀɑ̃ko] *adv* (*Comm*) : **~ (de port)** porte pagado; (*fam*) : **y aller ~** lanzarse
franco... [fʀɑ̃ko] *préf* franco...
franco-canadien [fʀɑ̃kokanadjɛ̃] (*pl* **franco-canadiens**) *nm* (*Ling*) francocanadiense *m*
francophile [fʀɑ̃kɔfil] *adj, nmf* francófilo(-a)
francophobe [fʀɑ̃kɔfɔb] *adj, nmf* francófobo(-a)
francophone [fʀɑ̃kɔfɔn] *adj, nmf* francófono(-a)
francophonie [fʀɑ̃kɔfɔni] *nf* francofonía
franco-québécois [fʀɑ̃kɔkebekwa] *nm inv* (*Ling*) francés *m* del Quebec
franc-parler [fʀɑ̃paʀle] (*pl* **francs-parlers**) *nm* : **il a son ~** llama a las cosas por su nombre, no tiene pelos en la lengua
franc-tireur, -euse [fʀɑ̃tiʀœʀ, øz] (*mpl* **francs-tireurs**, *fpl* **francs-tireuses**) *nm* (*aussi fig*) francotirador(a)
frange [fʀɑ̃ʒ] *nf* fleco, franja; (*de cheveux*) flequillo; (*fig*) franja
frangé, e [fʀɑ̃ʒe] *adj* con flecos
frangin, e [fʀɑ̃ʒɛ̃, in] (*fam*) *nm, nf* hermano(-a)
frangipane [fʀɑ̃ʒipan] *nf* crema almendrada
frangipanier [fʀɑ̃ʒipanje] *nm* franchipán *m*, frangipani *m*
franglais [fʀɑ̃glɛ] *nm francés plagado de anglicismos*
franquette [fʀɑ̃kɛt] : **à la bonne ~** *adv* a la buena de Dios, a la pata la llana
franquisme [fʀɑ̃kism] *nm* franquismo
franquiste [fʀɑ̃kist] *adj, nmf* franquista *mf*
frappant, e [fʀapɑ̃, ɑ̃t] *adj* sorprendente
frappe [fʀap] *nf* (*d'une dactylo, pianiste*) tecleo; (*d'une machine à écrire*) impresión *f*; (*boxe*) pegada; (*football*) disparo, chut *m*; (*péj : voyou*) golfo
frappé, e [fʀape] *adj* (*vin, café*) helado(-a); **~ de** *ou* **par qch** impresionado(-a) por algo; **~ de stupeur** estupefacto(-a)
frapper [fʀape] *vt* golpear; (*fig*) impresionar; (*malheur, impôt*) afectar; (*monnaie*) acuñar; **~ un grand coup** (*fig*) dar el golpe ▸ *vi* (*en arrivant chez qn*) llamar; **~ à la porte** llamar a la puerta; **~ dans ses mains** golpear con las manos; **~ du poing sur** dar un puñetazo en; **se frapper** *vpr* (*s'inquiéter, s'étonner*) impresionarse
frasques [fʀask] *nfpl* calaveradas *fpl*; **faire des ~** hacer calaveradas
fraternel, le [fʀatɛʀnɛl] *adj* fraterno(-a), fraternal
fraternellement [fʀatɛʀnɛlmɑ̃] *adv* fraternalmente
fraternisation [fʀatɛʀnizasjɔ̃] *nf* fraternización *f*
fraterniser [fʀatɛʀnize] *vi* fraternizar
fraternité [fʀatɛʀnite] *nf* fraternidad *f*
fratricide [fʀatʀisid] *adj* fraticida
fratrie [fʀatʀi] *nf* fratría
fraude [fʀod] *nf* fraude *m*; **passer qch en ~** pasar algo fraudulentamente; **~ électorale/fiscale** fraude electoral/fiscal
frauder [fʀode] *vi* cometer un fraude ▸ *vt* defraudar; **~ le fisc** defraudar al fisco
fraudeur, -euse [fʀodœʀ, øz] *nm/f* defraudador(a)
frauduleusement [fʀodyløzmɑ̃] *adv* fraudulentamente
frauduleux, -euse [fʀodylø, øz] *adj* fraudulento(-a)
frayer [fʀeje] *vt* abrir; **se ~ un passage/chemin dans** abrirse paso/camino en ▸ *vi* desovar; **~ avec qn** tratarse con algn
frayeur [fʀɛjœʀ] *nf* pavor *m*
fredaines [fʀədɛn] *nfpl* calaveradas *fpl*
fredonner [fʀədɔne] *vt* tararear
freesia [fʀezja] *nm* freesia
freezer [fʀizœʀ] *nm* congelador *m*
frégate [fʀegat] *nf* fragata
frein [fʀɛ̃] *nm* freno; **mettre un ~ à** (*fig*) poner freno a; **sans ~** sin freno; **freins à disques** frenos *mpl* de disco; **~ à main** freno de mano; **freins à tambours** frenos de tambor; **~ moteur** freno motor
freinage [fʀɛnaʒ] *nm* frenado; **le ~ de** (*fig*) el receso de; **distance de ~** distancia de frenado; **traces de ~** marcas *fpl* de frenazo
freiner [fʀene] *vi, vt* frenar
frelaté, e [fʀəlate] *adj* adulterado(-a); (*fig*) corrompido(-a)
frêle [fʀɛl] *adj* endeble
frelon [fʀəlɔ̃] *nm* abejón *m*

f

freluquet [fʀəlykɛ] *(péj) nm* engreído
frémir [fʀemiʀ] *vi* estremecerse; *(eau)* empezar a hervir; *(feuille)* temblar; **~ d'impatience/de colère** temblar de impaciencia/de ira
frémissement [fʀemismɑ̃] *nm* estremecimiento; *(agitation)* excitación *f*
frêne [fʀɛn] *nm* fresno
frénésie [fʀenezi] *nf* frenesí *m*; *(ardeur, violence)* enardecimiento
frénétique [fʀenetik] *adj* frenético(-a)
frénétiquement [fʀenetikmɑ̃] *adv (travailler)* frenéticamente; *(applaudir)* con frenesí
fréquemment [fʀekamɑ̃] *adv* frecuentemente, seguido (AM)
fréquence [fʀekɑ̃s] *nf* frecuencia; **haute/basse ~** *(Radio)* alta/baja frecuencia
fréquent, e [fʀekɑ̃, ɑ̃t] *adj* frecuente
fréquentable [fʀekɑ̃tabl] *adj* : **il est peu ~** es poco recomendable
fréquentation [fʀekɑ̃tasjɔ̃] *nf* frecuentación *f*; **fréquentations** *nfpl (relations)* : **de bonnes fréquentations** buenas relaciones; **mauvaises fréquentations** malas compañías
fréquenté, e [fʀekɑ̃te] *adj* : **très ~** muy concurrido(-a); **mal ~** de mala fama
fréquenter [fʀekɑ̃te] *vt* frecuentar; *(personne)* tratar, frecuentar; *(courtiser)* salir con; **se fréquenter** *vpr* tratarse, frecuentarse
frère [fʀɛʀ] *nm* hermano; *(Rel)* hermano, fraile *m*; **partis/pays frères** partidos *mpl*/ países *mpl* hermanos
frérot [fʀeʀo] *nm (fam)* hermanito *(fam)*
fresque [fʀɛsk] *nf* fresco; *(Litt)* retrato
fret [fʀɛ(t)] *nm* flete *m*
fréter [fʀete] *vt* fletar
frétillant, e [fʀetijɑ̃, ɑ̃t] *adj (poisson)* coleante; **la queue frétillante** moviendo la cola
frétiller [fʀetije] *vi* colear; *(de joie etc)* bullir; **~ de la queue** mover la cola
fretin [fʀətɛ̃] *nm* : **le menu ~** la morralla
freudien, ne [fʀødjɛ̃, jɛn] *adj* freudiano(-a)
freux [fʀø] *nm* grajo
friable [fʀijabl] *adj* desmenuzable
friand, e [fʀijɑ̃, fʀijɑ̃d] *adj* : **~ de** entusiasta de ▸ *nm (Culin)* empanadilla; (: *sucré*) empanadilla dulce
friandise [fʀijɑ̃diz] *nf* golosina
fric [fʀik] *(fam) nm* pasta *(fam)*
fricassée [fʀikase] *nf* fricasé *m*, guiso
fricative [fʀikativ] *nf (Ling)* fricativa
fric-frac [fʀikfʀak] *(fam) nm inv* robo con fractura
friche [fʀiʃ] *nf* baldío; **en ~** *(champ)* baldío(-a); *(fig)* inculto(-a); **~ industrielle** solar *m* industrial abandonado
fricoter [fʀikɔte] *(fam) vi* : **~ avec qn** acostarse con alguien
friction [fʀiksjɔ̃] *nf* fricción *f*; *(chez le coiffeur)* masaje *m*; *(Tech)* rozamiento; *(fig)* fricciones *fpl*
frictionner [fʀiksjɔne] *vt* friccionar
frigidaire® [fʀiʒidɛʀ] *nm* nevera, frigorífico
frigide [fʀiʒid] *adj* frígido(-a)
frigidité [fʀiʒidite] *nf* frigidez *f*
frigo [fʀigo] *(fam) nm* nevera
frigorifié, e [fʀigɔʀifje] *adj (fam : fig)* helado(-a)
frigorifier [fʀigɔʀifje] *vt* meter en el frigorífico; *(fig, fam)* helar, dejar helado(-a)
frigorifique [fʀigɔʀifik] *adj* frigorífico(-a)
frileusement [fʀiløzmɑ̃] *adv* con frío
frileux, -euse [fʀilø, øz] *adj* friolero(-a); *(fig)* encogido(-a)
frilosité [fʀilozite] *nf (manque d'audace)* : **la ~ du ministère en matière de sexualité** la pacatería del ministerio en materia de sexualidad; **la ~ des entreprises face au multimédia** la timidez de las empresas frente a los multimedia
frimas [fʀimɑ] *nmpl* rocío
frime [fʀim] *(fam) nf* : **c'est de la ~** es puro rollo *(fam)*; **pour la ~** para chulear
frimer [fʀime] *(fam) vi* chulear
frimeur, -euse [fʀimœʀ, øz] *(fam) nm/f* chulo(-a)
frimousse [fʀimus] *(fam) nf* carita
fringale [fʀɛ̃gal] *nf* pájara; **avoir la ~** tener la pájara
fringant, e [fʀɛ̃gɑ̃, ɑ̃t] *adj (personne)* airoso(-a)
fringuer [fʀɛ̃ge] *(fam) vt* vestir; **se fringuer** *vpr* vestirse
fringues [fʀɛ̃g] *(fam) nfpl* trapos *mpl (fam)*
fripé, e [fʀipe] *adj* arrugado(-a)
friperie [fʀipʀi] *nf (commerce)* ropavejería, prendería; *(vêtements)* ropa usada
fripes [fʀip] *nfpl* ropa usada
fripier, -ière [fʀipje, jɛʀ] *nm/f* ropavejero(-a)
fripon, ne [fʀipɔ̃, ɔn] *adj, nm/f* pillo(-a)
fripouille [fʀipuj] *(péj) nf* golfo
friqué, e [fʀike] *(fam) adj* rico(-a); **il faut être ~ pour ...** hay que estar forrado para ...
frire [fʀiʀ] *vt (aussi :* **faire frire***)* freír ▸ *vi* freírse
frise [fʀiz] *nf* friso
frisé, e [fʀize] *adj* rizado(-a); **(chicorée) frisée** (achicoria) rizada
friser [fʀize] *vt* rizar; **se faire ~** rizarse el pelo ▸ *vi* ser rizado(-a)
frisette [fʀizɛt] *nf* rizo
frisotter [fʀizɔte] *vi* encresparse
frisquet [fʀiskɛ] *(fam) adj m* : **il fait ~** hace fresquito
frisson [fʀisɔ̃] *nm* escalofrío, estremecimiento; *(littér)* estremecimiento, temblor *m*; **avoir des frissons** tener escalofríos

frissonnant, e [fʀisɔnɑ̃, ɑ̃t] *adj* tembloroso(-a)
frissonnement [fʀisɔnmɑ̃] *nm* escalofrío, estremecimiento; (*littér*) estremecimiento, temblor *m*
frissonner [fʀisɔne] *vi* estremecerse, tener escalofríos; (*littér*) estremecerse, temblar
frit, e [fʀi, fʀit] *pp de* **frire** ▸ *adj* frito(-a); **pommes frites** patatas *fpl ou* papas *fpl* (*Am*) fritas
frite [fʀit] *nf* patata *ou* papa (*Am*) frita
friterie [fʀitʀi] *nf* freiduría
friteuse [fʀitøz] *nf* freidora; **~ électrique** freidora eléctrica
friture [fʀityʀ] *nf* fritura; (*Radio*) interferencias *fpl*; **~ (de poissons)** fritura (de pescado)
frivole [fʀivɔl] *adj* frívolo(-a)
frivolité [fʀivɔlite] *nf* frivolidad *f*
froc [fʀɔk] *nm* (*Rel*) hábito; (*fam*) pantalón *m*
froid, e [fʀwa, fʀwad] *adj* (*aussi fig*) frío(-a); **manger/boire ~** comer/beber frío ▸ *nm* : **le ~** el frío; (*industrie*) la industria del frío; **il fait ~** hace frío; **avoir/prendre ~** tener/coger frío; **il y a un ~ entre eux** hay tirantez entre ellos; **à ~** en frío; **les grands froids** los grandes fríos; **jeter un ~** (*fig*) provocar el asombro; **être en ~ avec qn** estar enfadado(-a) con algn; **battre ~ à qn** tratar con frialdad a algn
froidement [fʀwadmɑ̃] *adv* fríamente; **~ assassiné** asesinado a sangre fría
froideur [fʀwadœʀ] *nf* frialdad *f*
froissé, e [fʀwase] *adj* (*tissu, vêtement*) arrugado(-a)
froisser [fʀwase] *vt* (*tissu, vêtement*) arrugar; (*fig*) ofender; **se froisser** *vpr* (*tissu, vêtement*) arrugarse; (*fig*) mosquearse; **se ~ un muscle** distendérsele a algn un músculo
frôlement [fʀolmɑ̃] *nm* roce *m*
frôler [fʀole] *vt* (*aussi fig*) rozar
fromage [fʀɔmaʒ] *nm* queso; **~ blanc** queso fresco, requesón *m*; **~ de tête** queso de cerdo
fromager, -ère [fʀɔmaʒe, ɛʀ] *adj, nm/f* quesero(-a)
fromagerie [fʀɔmaʒʀi] *nf* quesera; (*boutique*) quesería
froment [fʀɔmɑ̃] *nm* trigo candeal
fronce [fʀɔ̃s] *nf* frunce *m*
froncé, e [fʀɔ̃se] *adj* fruncido(-a)
froncement [fʀɔ̃smɑ̃] *nm* : **il nous arrêta d'un ~ de sourcils** al fruncir el ceño nos detuvo
froncer [fʀɔ̃se] *vt* fruncir; **~ les sourcils** fruncir el ceño
frondaisons [fʀɔ̃dɛzɔ̃] *nfpl* fronda *fsg*
fronde [fʀɔ̃d] *nf* (*arme*) honda; (*lance-pierre*) tirachinas *m inv*; (*opposition*) revuelta; **esprit de ~** (*fig*) espíritu *m* de revuelta
frondeur, -euse [fʀɔ̃dœʀ, øz] *adj* crítico(-a)
front [fʀɔ̃] *nm* (*Anat*) frente *f*; (*Mil, Météo, fig*) frente *m*; **le F~ de libération/lutte pour** el frente de liberación/lucha por; **aller au/être sur le ~** (*Mil*) ir al/estar en el frente; **avoir le ~ de faire qch** tener la cara de hacer algo; **de ~** de frente; (*rouler*) al lado; (*simultanément*) al mismo tiempo; **faire ~ à** hacer frente a; **~ de mer** paseo marítimo
frontal, e, -aux [fʀɔ̃tal, o] *adj* frontal
frontalier, -ière [fʀɔ̃talje, jɛʀ] *adj* fronterizo(-a) ▸ *nm/f* : **(travailleurs) frontaliers** (trabajadores *mpl*) fronterizos *mpl*
frontière [fʀɔ̃tjɛʀ] *nf* (*aussi fig*) frontera; **poste ~** puesto fronterizo; **ville ~** ciudad *f* fronteriza; **à la ~** en la frontera
frontispice [fʀɔ̃tispis] *nm* frontispicio
frontiste [fʀɔ̃tist] *adj* (*électorat*) *del Front National francés* ▸ *nmf partidario del Front National francés*
fronton [fʀɔ̃tɔ̃] *nm* frontón *m*
frottement [fʀɔtmɑ̃] *nm* frotamiento; (*bruit*) roce *m*; **frottements** *nmpl* (*fig : difficultés*) roces *mpl*
frotter [fʀɔte] *vi* frotar ▸ *vt* frotar; (*pour nettoyer*) frotar, estregar; (*avec une brosse*) cepillar; (*allumette*) encender; **se frotter** *vpr* : **se ~ à qn/qch** (*fig*) acercarse a algn/algo; **se ~ les mains** (*fig*) frotarse las manos
frottis [fʀɔti] *nm* (*Méd*) citología
frottoir [fʀɔtwaʀ] *nm* rascador *m*
frou-frou [fʀufʀu] (*pl* **frous-frous**) *nm* frufrú *m*
froufroutant, e [fʀufʀutɑ̃, ɑ̃t] *adj* que hace frufrú
froussard, e [fʀusaʀ, aʀd] *adj, nm/f* miedica *mf* (*fam*)
frousse [fʀus] (*fam*) *nf* miedo; **avoir la ~** tener miedo
fructifier [fʀyktifje] *vi* fructificar; **faire ~** rentabilizar
fructose [fʀyktoz] *nm* fructosa
fructueux, -euse [fʀyktɥø, øz] *adj* fructuoso(-a)
frugal, e, -aux [fʀygal, o] *adj* frugal
frugalement [fʀygalmɑ̃] *adv* frugalmente
frugalité [fʀygalite] *nf* frugalidad *f*
fruit [fʀɥi] *nm* (*d'arbre, plante*) fruta; (*résultat*) fruto; **ne pas être le ~ du hasard** no ser casualidad; **fruits** *nmpl* (*fig*) frutos *mpl*; **porter ses fruits** dar sus frutos; **fruits de mer** mariscos *mpl*; **fruits de saison** fruta del tiempo; **fruits secs** frutos secos
fruité, e [fʀɥite] *adj* (*vin, goût*) afrutado(-a)
fruiterie [fʀɥitʀi] *nf* frutería
fruitier, -ière [fʀɥitje, jɛʀ] *adj* : **arbre ~** árbol *m* frutal ▸ *nm/f* frutero(-a)
frusques [fʀysk] *nfpl* (*péj*) trapos *mpl* (*fam*), pingos *mpl* (*fam*); **de vieilles ~** unos trapos viejos

fruste [fʀyst] *adj* tosco(-a)
frustrant, e [fʀystʀɑ̃, ɑ̃t] *adj* frustrante
frustration [fʀystʀasjɔ̃] *nf* frustración *f*
frustré, e [fʀystʀe] *adj* frustrado(-a)
frustrer [fʀystʀe] *vt* frustrar; **~ qn de qch** privar a algn de algo
FS *abr* (= *franc suisse*) franco suizo
fuchsia [fyʃja] *nm* fucsia
fuel [fjul] (*pl* **fuels**) *nm* fuel(-oil) *m*
fugace [fygas] *adj* fugaz
fugitif, -ive [fyʒitif, iv] *adj* (*lueur*) efímero(-a); (*prisonnier, esclave*) fugitivo(-a) ▸ *nm/f* fugitivo(-a)
fugue [fyg] *nf* (*aussi Mus*) fuga; **faire une ~** fugarse
fuguer [fyge] *vi* fugarse
fugueur, -euse [fygœʀ, øz] *adj con tendencia recurrente a fugarse* ▸ *nm/f persona con tendencia recurrente a fugarse*
fuir [fɥiʀ] *vt* huir ▸ *vi* huir; (*gaz, eau*) escaparse; (*robinet*) gotear; **~ devant l'ennemi** huir ante el enemigo
fuite [fɥit] *nf* huida; (*des capitaux etc*) fuga; (*d'eau*) escape *m*; (*divulgation*) filtración *f*; **être en ~** ser un(a) prófugo(-a); **mettre en ~** ahuyentar; **prendre la ~** escapar, huir
fuiter [fɥite] *vi* filtrarse, divulgarse
fulgurant, e [fylgyʀɑ̃, ɑ̃t] *adj* fulgurante
fulminant, e [fylminɑ̃, ɑ̃t] *adj* fulminante; **~ de colère** montado(-a) en cólera
fulminer [fylmine] *vi* : **~ (contre)** despotricar (contra)
fumant, e [fymɑ̃, ɑ̃t] *adj* humeante; **un coup ~** (*fam*) un golpe sensacional
fumé, e [fyme] *adj* ahumado(-a)
fume-cigarette [fymsigaʀɛt] *nm* boquilla
fumée [fyme] *nf* humo; **partir en ~** (*fig*) volverse agua de borrajas
fumer [fyme] *vi* echar humo; (*personne*) fumar ▸ *vt* (*cigarette, pipe*) fumar; (*jambon, poisson*) ahumar; (*terre, champ*) abonar
fumerie [fymʀi] *nf* : **~ d'opium** fumadero de opio
fumerolles [fymʀɔl] *nfpl* fumarolas *fpl*
fûmes [fym] *vb voir* **être**
fumet [fymɛ] *nm* olor *m*
fumette [fymɛt] (*fam*) *nf* (*fait de fumer de la drogue*) fumeteo
fumeur, -euse [fymœʀ, øz] *nm/f* fumador(a); **compartiment (pour) fumeurs/non-fumeurs** compartimento de fumadores/no fumadores
fumeux, -euse [fymø, øz] (*péj*) *adj* borroso(-a), confuso(-a)
fumier [fymje] *nm* estiércol *m*
fumigation [fymigasjɔ̃] *nf* (*Méd*) inhalación *f*
fumigène [fymiʒɛn] *adj* fumigador(a)
fumiste [fymist] *nm* (*ramoneur*) deshollinador *m* ▸ *nmf* (*péj*) gandul(a)
fumisterie [fymistəʀi] (*péj*) *nf* gandulería
fumoir [fymwaʀ] *nm* fumadero
funambule [fynɑ̃byl] *nm* funámbulo
funboard [fœnbɔʀd] *nm* funboard *m*
funboarder [fœnbɔʀdeʀ] *nmf*, **funboardeur, -euse** [fœnbɔʀdœʀ, øz] *nm/f persona que practica el funboard*
funèbre [fynɛbʀ] *adj* (*aussi fig*) fúnebre
funérailles [fyneʀɑj] *nfpl* funeral *msg*
funéraire [fyneʀɛʀ] *adj* funerario(-a)
funérarium [fyneʀaʀjɔm] *nm* tanatorio
funeste [fynɛst] *adj* funesto(-a)
funiculaire [fynikylɛʀ] *nm* funicular *m*
funky [fœnki] *adj* funky
FUNU [fyny] *sigle f* = **Force d'urgence des Nations unies**
fur [fyʀ] : **au ~ et à mesure** *adv* poco a poco; **au ~ et à mesure que** a medida que, conforme; **au ~ et à mesure de leur progression** a medida que avanzan, conforme avanzan
furax [fyʀaks] (*fam*) *adj inv* hecho(-a) una fiera
furent [fyʀ] *vb voir* **être**
furet [fyʀɛ] *nm* (*Zool*) hurón *m*
fureter [fyʀ(ə)te] (*péj*) *vi* husmear, fisgonear
fureteur [fyʀ(ə)tœʀ] *nm* (*Internet* : CANADA : *navigateur*) navegador *m*
fureur [fyʀœʀ] *nf* furia, cólera; **faire ~** estar en boga, hacer furor
furibard, e [fyʀibaʀ, aʀd] (*fam*) *adj* furioso(-a)
furibond, e [fyʀibɔ̃, ɔ̃d] *adj* furibundo(-a)
furie [fyʀi] *nf* furia; **en ~** (*aussi fig*) desencadenado(-a)
furieusement [fyʀjøzmɑ̃] *adv* furiosamente
furieux, -euse [fyʀjø, jøz] *adj* furioso(-a); (*combat, tempête*) violento(-a); **être ~ contre qn** estar furioso(-a) con algn
furoncle [fyʀɔ̃kl] *nm* forúnculo
furtif, -ive [fyʀtif, iv] *adj* furtivo(-a)
furtivement [fyʀtivmɑ̃] *adv* furtivamente
fus [fy] *vb voir* **être**
fusain [fyzɛ̃] *nm* (*Bot*) bonetero; (*Art*) carboncillo
fuseau, x [fyzo] *nm* (*pantalon*) fuso; (*pour filer*) huso; **en ~** (*jambes*) estilizado(-a); (*colonne*) ensanchado(-a) en el centro; **~ horaire** huso horario
fusée [fyze] *nf* cohete *m*; (*de feu d'artifice*) volador *m*; **~ éclairante** bengala
fuselage [fyz(ə)laʒ] *nm* fuselaje *m*
fuselé, e [fyz(ə)le] *adj* (*jambes*) estilizado(-a); (*doigts*) bien formado(-a)
fuser [fyze] *vi* (*rires*) resonar; (*questions*) llover
fusible [fyzibl] *nm* fusible *m*
fusil [fyzi] *nm* (*de guerre, à canon rayé*) fusil *m*; (*de chasse, à canon lisse*) escopeta; **~ à deux coups** escopeta de dos cañones; **~ sous-marin** fusil submarino
fusilier [fyzilje] *nm* fusilero; **~ marin** soldado de infantería de marina

fusillade [fyzijad] *nf* (*bruit*) tiroteo; (*combat*) descarga de fusilería
fusiller [fyzije] *vt* fusilar; **~ qn du regard** fulminar a algn con la mirada
fusil-mitrailleur [fyzimitʀajœʀ] (*pl* **fusils-mitrailleurs**) *nm* fusil *m* ametrallador
fusion [fyzjɔ̃] *nf* (*aussi fig*) fusión *f*; **(entrer) en ~** (entrar) en fusión
fusionner [fyzjɔne] *vi* fusionarse
fustiger [fystiʒe] *vt* fustigar
fut [fy] *vb voir* **être**
fût [fy] *vb voir* **être** ▸ *nm* (*tonneau*) tonel *m*, barril *m*; (*de canon*) caña; (*d'arbre*) tronco; (*de colonne*) fuste *m*
futaie [fytɛ] *nf* plantación *f* de árboles
futé, e [fyte] *adj* ladino(-a)
fûtes [fyt] *vb voir* **être**
futile [fytil] *adj* fútil
futilement [fytilmɑ̃] *adv* fútilmente
futilité [fytilite] *nf* futilidad *f*; (*chose futile*) bagatela
futur, e [fytyʀ] *adj* futuro(-a); **son ~ époux** su futuro marido; **un ~ artiste** un futuro artista ▸ *nm* (*aussi Ling*) futuro; **le ~ de qch/qn** el futuro de algo/algn; **au ~** (*Ling*) en futuro; **~ antérieur** futuro perfecto
futurisme [fytyʀism] *nm* futurismo
futuriste [fytyʀist] *adj* futurista
futurologie [fytyʀɔlɔʒi] *nf* futurología
fuyant, e [fɥijɑ̃, ɑ̃t] *vb voir* **fuir** ▸ *adj* (*regard, personne*) huidizo(-a); (*lignes etc*) de fuga; **perspective fuyante** (*Art*) perspectiva de fuga
fuyard, e [fɥijaʀ, aʀd] *nm/f* fugitivo(-a)
fuyons [fyijɔ̃] *vb voir* **fuir**

f

Gg

G, g[1] [ʒe] *nm inv* G, g *f*; **G comme Gaston** ≈ G de Gerardo
g[2] *abr* (= *gramme(s)*) gr.; (= *gauche*) izda.
gabardine [gabaʀdin] *nf* gabardina
gabarit [gabaʀi] *nm* (*Tech*) plantilla; (*fig : dimension, taille*) talla; (*: valeur*) nivel *m*; **du même ~** (*fig*) del mismo estilo
gabegie [gabʒi] (*péj*) *nf* desbarajuste *m*
Gabon [gabɔ̃] *nm* Gabón *m*
gabonais, e [gabɔnɛ, ɛz] *adj* gabonés(-esa) ▸*nm/f* : **Gabonais, e** gabonés(-esa)
gâcher [gɑʃe] *vt* (*nourriture, argent, vie*) malgastar; (*occasion*) perder; (*plâtre, mortier*) amasar; **~ le métier** (*fig*) reventar precios
gâchette [gaʃɛt] *nf* gatillo
gâchis [gɑʃi] *nm* (*désordre*) lío; (*gaspillage*) despilfarro
gadget [gadʒɛt] *nm* artilugio
gadgétiser [gadʒetize] *vt* llenar de artilugios
gadin [gadɛ̃] (*fam*) *nm* : **prendre un ~** caerse, darse un trompazo
gadoue [gadu] *nf* fango
gaélique [gaelik] *adj* gaélico(-a) ▸*nm* (*Ling*) gaélico
gaffe [gaf] *nf* (*instrument*) bichero; (*fam : erreur*) metedura de pata (*fam*); **faire ~** (*fam*) tener cuidado
gaffer [gafe] *vi* meter la pata (*fam*)
gaffeur, -euse [gafœʀ, øz] *nm/f* metepatas *mf inv* (*fam*)
gag [gag] *nm* gag *m*
gaga [gaga] (*fam*) *adj* chocho(-a)
gage [gaʒ] *nm* (*dans un jeu, comme garantie*) prenda; (*fig : de fidélité*) prueba; **mettre en ~** empeñar; **laisser en ~** dejar en prenda; **gages** *nmpl* (*salaire*) sueldo
gager [gaʒe] *vt* : **~ que** apostar que
gageure [gaʒyʀ] *nf* : **c'est une ~** es una empresa imposible
gagnable [gaɲabl] *adj* ganable
gagnant, e [gaɲɑ̃, ɑ̃t] *adj* : **billet/numéro ~** billete *m*/número premiado ▸*adv* : **jouer ~** (*aux courses*) jugar a ganador ▸*nm/f* (*aux courses*) acertante *mf*; (*à la loterie*) ganador(a); (*dans un concours*) vencedor(a)
gagne-pain [gɑɲpɛ̃] *nm inv* medio de vida
gagne-petit [gɑɲpəti] (*péj*) *nm inv* empleaducho(-a) de poca monta
gagner [gaɲe] *vt* ganar; (*suj : maladie, feu*) extenderse a; (*: sommeil, faim, fatigue*) apoderarse de; (*envahir*) invadir; **~ qn/l'amitié de qn** (*se concilier*) granjearse a algn/la amistad de algn; **~ du temps/de la place** ganar tiempo/espacio; **~ sa vie** ganarse la vida; **~ du terrain** (*aussi fig*) ganar terreno; **~ qn de vitesse** (*aussi fig*) adelantarse a algn ▸*vi* (*être vainqueur*) ganar; **~ à faire qch** convenirle a algn hacer algo; **il y gagne** sale ganando; **~ en élégance/rapidité** ganar en elegancia/rapidez
gagneur, -euse [gaɲœʀ, øz] *nm/f* ganador(a)
gai, e [ge] *adj* alegre
gaiement [gemɑ̃] *adv* alegremente; (*de bon cœur*) con entusiasmo
gaieté [gete] *nf* alegría; **de ~ de cœur** de buena gana
gaillard, e [gajaʀ, aʀd] *adj* (*robuste*) vigoroso(-a); (*grivois*) verde ▸*nm/f* : **c'est un ~** es un roble
gaillardement [gajaʀdəmɑ̃] *adv* alegremente
gain [gɛ̃] *nm* (*bénéfice*) ganancia; (*revenu*) ingreso; (*avantage*) ventaja; (*lucre*) beneficio; **~ de temps/place** ahorro de tiempo/espacio; **avoir** *ou* **obtenir ~ de cause** (*Jur*) obtener una sentencia favorable; (*fig*) salirse con la suya; **quel ~ en as-tu tiré ?** (*avantage*) ¿qué has ganado con eso?
gaine [gɛn] *nf* (*de couteau*) funda; (*de sabre*) vaina; (*sous-vêtement*) faja
gaine-culotte [gɛnkylɔt] (*pl* **gaines-culottes**) *nf* faja braga
gainer [gene] *vt* enfundar
gala [gala] *nm* gala; **soirée de ~** fiesta de gala
galamment [galamɑ̃] *adv* galantemente
galant, e [galɑ̃, ɑ̃t] *adj* galante; (*entreprenant*) galanteador(a); **en galante compagnie** (*homme*) en gentil compañía; (*femme*) en galante compañía
galanterie [galɑ̃tʀi] *nf* galantería
galantine [galɑ̃tin] *nf* galantina
Galapagos [galapagɔs] *nfpl* : **les (îles) ~** las (islas) Galápagos

galaxie [galaksi] *nf* galaxia
galbe [galb] *nm* curva
galbé, e [galbe] *adj (jambes)* torneado(-a); *(corps)* curvilíneo(-a)
gale [gal] *nf* sarna
galéjade [galeʒad] *nf* cuento chino
galère [galɛʀ] *nf* galera; *(fam)* fastidio
galérer [galeʀe] *(fam) vi* currar *(fam)*
galerie [galʀi] *nf* galería; *(Théâtre)* palco; *(de voiture)* baca; *(fig : spectateurs)* público, galería; **~ de peinture** galería de arte; **~ marchande** centro comercial, galería comercial
galérien [galeʀjɛ̃] *nm* galeote *m*
galeriste [galʀist] *nmf* galerista *mf*
galet [galɛ] *nm* guijarro; *(Tech)* arandela; **galets** *nmpl* guijarros *mpl*
galette [galɛt] *nf (gâteau)* roscón *m*; *(crêpe)* crepe *f*, panqueque *m* (Am); **~ des Rois** ≈ roscón de Reyes; *ver nota*

⚠ No debe traducirse por *galleta*, que en francés corresponde a **biscuit**.

GALETTE DES ROIS

La fête des Rois se celebra el 6 de enero. Es costumbre agregar las figurillas de los Reyes Magos al belén y comer la **galette des Rois**, un pastel de bizcocho aplanado en el que se esconde una sorpresa (*la fève*). Quien encuentra la sorpresa se convierte en rey o reina y se pone una corona de papel.

galeux, -euse [galø, øz] *adj* : **un chien ~** un perro sarnoso
Galice [galis], **Galicie** [galisi] *nf* Galicia
galiléen, ne [galileɛ̃, ɛn] *adj* galileo(-a)
galimatias [galimatja] *(péj) nm* galimatías *m inv*
galion [galjɔ̃] *nm* galeón *m*
galipette [galipɛt] *nf* voltereta; **faire des galipettes** dar volteretas; *(fig)* darse un revolcón
Galles [gal] *nfpl* : **le pays de ~** el país de Gales
gallicisme [ga(l)lisism] *nm* galicismo
gallinacé [galinase] *nm* gallinácea
gallois, e [galwa, waz] *adj* galés(-esa) ▶ *nm (Ling)* galés *m* ▶ *nm/f* : **Gallois, e** galés(-esa)
gallo-romain, e [ga(l)loʀɔmɛ̃, ɛn] *(pl* **gallo-romains, -es**) *adj* galorromano(-a)
galoche [galɔʃ] *nf* zueco
galocher [galɔʃe] *(fam) vt* dar un morreo a *(fam)*, morrear *(fam)*
galon [galɔ̃] *nm* galón *m*; **prendre du ~** *(Mil, fig)* subir en el escalafón
galop [galo] *nm* galope *m*; **au ~** al galope; **~ d'essai** *(fig)* temporada de prueba
galopade [galɔpad] *nf (fig)* carrera
galopant, e [galɔpɑ̃, ɑ̃t] *adj* : **inflation/démographie galopante** inflación *f*/demografía galopante
galoper [galɔpe] *vi* galopar; *(fig)* ir a galope
galopin [galɔpɛ̃] *(péj) nm* pillo
galurin [galyʀɛ̃] *(fam) nm* sombrero
galvaniser [galvanize] *vt* galvanizar; *(fig)* galvanizar, enardecer
galvaudé, e [galvode] *adj* trillado(-a)
galvauder [galvode] *vt* perjudicar
gambade [gɑ̃bad] *nf* : **faire des gambades** dar brincos
gambader [gɑ̃bade] *vi* brincar
gamberger [gɑ̃bɛʀʒe] *(fam) vt* maquinar ▶ *vi (réfléchir)* cavilar
gambette [gɑ̃bɛt] *nf (fam)* pierna, pata *(fam)*
Gambie [gɑbi] *nf (fleuve, pays)* Gambia
gambiller [gɑ̃bije] *(fam) vi (danser)* bailotear
gamelle [gamɛl] *nf* escudilla; **ramasser une ~** *(fam)* caerse, darse un trompazo
gamète [gamɛt] *nm* gameto
gamin, e [gamɛ̃, in] *nm/f* chiquillo(-a), chamaco(-a) (CAm, Mex), pibe(-a) (Arg), cabro(-a) (And, Chi) ▶ *adj* de chiquillo *ou* chamaco *ou* pibe *ou* cabro
gaminerie [gaminʀi] *nf* chiquillada
gamme [gam] *nf (Mus)* escala; *(fig)* gama
gammée [game] *adj f* : **croix ~** cruz *f* gamada
ganache [ganaʃ] *nf (crème) crema a base de chocolate fundido y nata*
Gand [gɑ̃] *n* Gante
gang [gɑ̃g] *nm* banda
ganglion [gɑ̃glijɔ̃] *nm* ganglio
gangrène [gɑ̃gʀɛn] *nf* gangrena; *(fig)* gangrena, corrupción *f*
gangrener [gɑ̃gʀəne] *vt* gangrenar; *(fig)* gangrenar, corromper; **se gangrener** *vpr* gangrenarse
gangreneux, -euse [gɑ̃gʀənø, øz] *adj* gangrenoso(-a)
gangster [gɑ̃gstɛʀ] *nm* gánster *m*
gangstérisme [gɑ̃gsteʀism] *nm* gansterismo
gangue [gɑ̃g] *nf* ganga
ganse [gɑ̃s] *nf* trencilla
gant [gɑ̃] *nm* guante *m*; **prendre des gants** *(fig)* actuar con miramiento; **relever le ~** *(fig)* recoger el guante; **~ de toilette** manopla de baño; **gants de boxe/de caoutchouc/de crin** guantes *mpl* de boxeo/de goma/de crin
ganté, e [gɑ̃te] *adj* : **~ de blanc** con guantes blancos
ganterie [gɑ̃tʀi] *nf* guantería
garage [gaʀaʒ] *nm* garaje *m*; **~ à vélos** garaje de bicicletas
garagiste [gaʀaʒist] *nmf (propriétaire)* dueño(-a) de un garaje; *(mécanicien)* mecánico(-a)
garance [gaʀɑ̃s] *adj inv* grancé *inv*
garant, e [gaʀɑ̃, ɑ̃t] *nm/f (Jur, Pol)* garante *mf*, fiador(a); **se porter ~ de qch/de qn** salir fiador(a) de algo/de algn ▶ *nm* garantía
garantie [gaʀɑ̃ti] *nf* garantía; **(bon de) ~** (bono de) garantía; **~ de bonne exécution** garantía de funcionamiento

g

garantir [gaʀɑ̃tiʀ] *vt* garantizar; (*attester*) asegurar; **~ de qch** proteger contra *ou* de algo; **je vous garantis que …** le garantizo que …; **garanti deux ans** garantizado por dos años

garce [gaʀs] (*péj*) *nf* zorra

garçon [gaʀsɔ̃] *nm* niño; (*fils*) hijo; (*célibataire*) soltero; (*jeune homme*) chico; **petit ~** niño; **jeune ~** muchacho; **vieux ~** solterón *m*; **cette petite est un vrai ~ manqué** esta niña tenía que haber nacido chico; **~ boucher/coiffeur** aprendiz *m* de carnicero/de peluquero; **~ d'écurie** mozo de cuadra; **~ de bureau** ordenanza *m*; **~ de café** camarero; **~ de courses** recadero; **~ manqué** medio chico

garçonnet [gaʀsɔnɛ] *nm* chiquillo

garçonnière [gaʀsɔnjɛʀ] *nf* piso de soltero

garde [gaʀd(ə)] *nmf* guardia *mf*; (*d'un domaine*) guarda *mf*; **~ champêtre** guarda rural; **~ d'enfants** niñero(-a), canguro *mf*; **~ d'honneur** guardia de honor; **~ des Sceaux** ≈ ministro(-a) de Justicia; **~ du corps** guardaespaldas *mf inv*; **~ forestier(-ière)** guarda forestal; **~ mobile** policía *f* antidisturbios ▸ *nf* guardia *f*; (*d'une arme blanche*) guarnición *f*, empuñadura; (*Typo*) guarda; **de ~** *adj*, *adv* de guardia; **mettre en ~** poner en guardia; **mise en ~** advertencia; **prendre ~ (à)** tener cuidado (con); **être sur ses gardes** estar en guardia; **monter la ~** montar guardia; **avoir la ~ des enfants** tener la custodia de los hijos; **jusqu'à la ~** (*enfoncer*) hasta la empuñadura; **~ à vue** (*Jur*) detención *f* provisional; **~ descendante** guardia saliente; **~ montante** guardia entrante

garde-à-vous [gaʀdavu] *nm inv* : **être/se mettre au ~** estar/ponerse firmes; **~ !** ¡atentos!, ¡firmes!

garde-barrière [gaʀdəbaʀjɛʀ] (*pl* **gardes-barrière(s)**) *nmf* guardabarrera *mf*

garde-boue [gaʀdəbu] (*pl* **~(s)**) *nm* guardabarros *m inv*

garde-chasse [gaʀdəʃas] (*pl* **gardes-chasse(s)**) *nmf* guarda *mf* de caza

garde-côte [gaʀdəkot] (*pl* **garde-côtes**) *nmf* guardacostas *mf inv*

garde-feu [gaʀdəfø] (*pl* **garde-feux**) *nm* pantalla

garde-fou [gaʀdəfu] (*pl* **garde-fous**) *nm* barandilla

garde-malade [gaʀdəmalad] (*pl* **gardes-malade(s)**) *nmf* enfermero(-a)

garde-manger [gaʀdmɑ̃ʒe] (*pl* **garde-mangers**) *nm* fresquera

garde-meuble [gaʀdəmœbl] (*pl* **garde-meubles**) *nm* guardamuebles *m inv*

gardénal [gaʀdenal] *nm* fenobarbital *m*, fenobarbitona

gardénia [gaʀdenja] *nm* gardenia

garde-pêche [gaʀdəpɛʃ] (*pl* **garde-pêches**) *nm* (*personne*) guarda *m* de pesca; (*navire*) guardapesca *m*

garder [gaʀde] *vt* (*conserver : personne*) mantener; (*: sur soi : vêtement, chapeau*) quedarse con; (*: attitude*) conservar; (*surveiller : enfants*) cuidar; (*: prisonnier, lieu*) vigilar; **~ le lit** guardar cama; **~ la chambre** permanecer en la habitación; **~ la ligne** cuidar la línea; **~ le silence** guardar silencio; **~ à vue** (*Jur*) detener provisionalmente; **pêche/chasse gardée** coto de pesca/caza; **se garder** *vpr* (*aliment*) conservarse; **se ~ de faire qch** abstenerse de hacer algo

garderie [gaʀdəʀi] *nf* guardería

garde-robe [gaʀdəʀɔb] (*pl* **garde-robes**) *nf* (*meuble*) ropero; (*vêtements*) guardarropa *m*

gardeur, -euse [gaʀdœʀ, øz] *nm/f* guarda(-esa); **~ de chèvres** cabrero(-a); **~ de vaches** vaquero(-a)

gardian [gaʀdjɑ̃] *nm* vaquero

gardien, ne [gaʀdjɛ̃, jɛn] *nm/f* (*garde*) vigilante *mf*; (*de prison*) oficial *mf*; (*de domaine, réserve, cimetière*) guarda *mf*; (*de musée*) guarda, vigilante; (*de phare*) farero(-a); (*fig : garant*) garante *mf*; (*d'immeuble*) portero(-a); **~ de but** portero(-a), arquero(-a) (*surtout AM*); **~ de la paix** agente *mf* del orden público; **~ de nuit** vigilante de noche

gardiennage [gaʀdjenaʒ] *nm* (*emploi*) vigilancia; (*service de surveillance*) servicio de vigilancia

gardon [gaʀdɔ̃] *nm* gobio

gare [gaʀ] *nf* estación *f*; **~ de triage** apartadero; **~ maritime** estación marítima; **~ routière** estación de autobuses; (*camions*) estacionamiento de camiones ▸ *excl* : **~ à …** cuidado con …; **~ à ne pas …** ten cuidado de no …; **~ à toi** cuidado con lo que haces; **sans crier ~** sin avisar

garenne [gaʀɛn] *nf voir* **lapin**

garer [gaʀe] *vt* aparcar; **se garer** *vpr* (*véhicule, personne*) aparcar; (*pour laisser passer*) apartarse

gargantuesque [gaʀgɑ̃tɥɛsk] *adj* gargantuesco(-a)

gargariser [gaʀgaʀize] : **se gargariser** *vpr* hacer gárgaras; **se ~ de** (*fig*) relamerse de

gargarisme [gaʀgaʀism] *nm* gargarismo

gargote [gaʀgɔt] *nf* (*restaurant*) casa de comidas; (*péj*) restaurante *m* baratucho

gargouille [gaʀguj] *nf* gárgola

gargouillement [gaʀgujmɑ̃] *nm* = **gargouillis**

gargouiller [gaʀguje] *vi* (*eau*) gargotear; **mon estomac gargouille** me suenan las tripas

gargouillis [gaʀguji] *nm* (*gén pl*) ruido de tripas

garnement [gaʀnəmɑ̃] *nm* tunante *m*

garni, e [gaʀni] *adj* (*plat*) con guarnición ▸ *nm* (*appartement*) piso amueblado
garnir [gaʀniʀ] *vt* (*décorer*) decorar; (*remplir*) llenar; (*recouvrir*) cubrir; (*approvisionner*) proveer; (*table, pièce*) adornar; (*protéger*) revestir; (*Culin*) guarnecer; **se garnir** *vpr* (*pièce, salle*) llenarse
garnison [gaʀnizɔ̃] *nf* guarnición *f*
garnissage [gaʀnisaʒ] *nm* (*bourre*) relleno
garniture [gaʀnityʀ] *nf* (*Culin : légumes*) guarnición *f*; (*: persil etc*) aderezo; (*: farce*) relleno; (*décoration*) adorno; (*protection*) revestimiento; **~ de cheminée** juego de chimenea; **~ de frein** (*Auto*) forro de freno; **~ périodique** compresa
Garonne [gaʀɔn] *nf* : **la ~** la Garona
garrigue [gaʀig] *nf* monte *m* bajo
garrot [gaʀo] *nm* torniquete *m*
garrotter [gaʀɔte] *vt* (*fig*) amordazar
gars [gɑ] (*fam*) *nm* (*garçon*) chico; (*homme*) tío (*fam*)
Gascogne [gaskɔɲ] *nf* Gasconia
gascon, ne [gaskɔ̃, ɔn] *adj* (*Géo*) gascón(-ona) ▸ *nm* (*hâbleur*) fanfarrón *m* ▸ *nm/f* : **Gascon, ne** gascón(-ona)
gas-oil [gazwal] (*pl* **gas-oils**) *nm* gas-oil *m*
gaspillage [gaspijaʒ] *nm* derroche *m*
gaspiller [gaspije] *vt* derrochar, malgastar
gaspilleur, -euse [gaspijœʀ, øz] *adj* derrochador(a)
gastéropode [gasteʀɔpɔd] *nm* gasterópodo
gastrique [gastʀik] *adj* gástrico(-a)
gastrite [gastʀit] *nf* gastritis *f inv*
gastro-entérite [gastʀoɑ̃teʀit] (*pl* **gastro-entérites**) *nf* gastroenteritis *f inv*
gastroentérologue [gastʀoɑ̃teʀɔlɔg] *nmf* gastroenterólogo(-a)
gastro-intestinal, e, -aux [gastʀoɛ̃tɛstinal, o] (*pl* **gastro-intestinaux, -intestinales**) *adj* gastrointestinal
gastronome [gastʀɔnɔm] *nmf* gastrónomo(-a)
gastronomie [gastʀɔnɔmi] *nf* gastronomía
gastronomique [gastʀɔnɔmik] *adj* : **menu ~** menú *m* gastronómico
gâté, e [gɑte] *adj* (*fruit*) estropeado(-a); (*enfant*) mimado(-a), malcriado(-a)
gâteau, x [gɑto] *nm* pastel *m*, tarta; **~ d'anniversaire** pastel de cumpleaños; **~ de riz** pastel de arroz; **~ sec** galleta ▸ *adj* (*fam*) : **papa-/maman-~** padrazo (*fam*)/madraza (*fam*)

> ⚠ No debe traducirse por *gato*, que en francés corresponde a **chat**.

gâter [gɑte] *vt* (*personne*) mimar, malcriar; (*plaisir, vacances*) estropear; **se gâter** *vpr* (*dent, fruit*) picarse; (*temps, situation*) empeorar
gâterie [gɑtʀi] *nf* chuchería
gâteux, -euse [gɑtø, øz] *adj* chocho(-a)
gâtisme [gɑtism] *nm* chochez *f*
GATT [gat] *sigle m* (= *General Agreement on Tariffs and Trade*) GATT *m*
gauche [goʃ] *adj* izquierda; (*personne, style*) torpe ▸ *nm* (*Boxe*) : **direct du ~** directo de izquierda ▸ *nf* izquierda; **à ~** a la izquierda; **à (la) ~ de** a la izquierda de; **de ~** (*Pol*) de izquierdas
gauchement [goʃmɑ̃] *adv* torpemente
gaucher, -ère [goʃe, ɛʀ] *adj, nm/f* zurdo(-a)
gaucherie [goʃʀi] *nf* torpeza
gauchir [goʃiʀ] *vt* (*planche, objet*) torcer; (*fig*) deformar
gauchisant, e [goʃizɑ̃, ɑ̃t] *adj* simpatizante de la izquierda
gauchisme [goʃism] *nm* política de izquierdas
gauchiste [goʃist] *adj, nmf* izquierdista *mf*
gaudriole [godʀijɔl] *nf* (*choses de l'amour*) ñacañaca *m* (*fam*); **il ne pense qu'à la ~** no piensa más que en el sexo
gaufre [gofʀ] *nf* (*pâtisserie*) gofre *m*; (*de cire*) panal *m*
gaufrer [gofʀe] *vt* gofrar
gaufrette [gofʀɛt] *nf* barquillo
gaufrier [gofʀije] *nm* barquillero (eléctrico)
Gaule [gol] *nf* Galia
gaule [gol] *nf* (*perche*) vara; (*canne à pêche*) caña
gauler [gole] *vt* varear
gaullisme [golism] *nm* gaullismo
gaulliste [golist] *adj, nmf* gaullista *mf*
gaulois, e [golwa, waz] *adj* galo(-a); (*grivois*) picante ▸ *nm/f* : **Gaulois, e** galo(-a)
gauloiserie [golwazʀi] *nf* chiste *m* verde
gausser [gose] : **se gausser de** *vpr* mofarse de
gavage [gavaʒ] *nm* (*d'animaux*) cebadura
gaver [gave] *vt* (*un animal*) cebar; **~ de** (*fig*) atiborrar de; **se gaver** *vpr* : **se ~ de** atiborrarse de
gay [gɛ] (*fam*) *adj, nm* gay *m*
gaz [gɑz] *nm inv* gas *m*; **avoir des ~** tener gases; **mettre les ~** (*Auto*) pisar el acelerador; **chambre/masque à ~** cámara/máscara de gas; **~ à effet de serre** gas de efecto invernadero; **~ butane** gas butano; **~ carbonique** gas carbónico; **~ de schiste** gas de esquisto; **~ de ville** gas ciudad; **~ en bouteilles** gas en bombonas; **~ hilarant/lacrymogène** gas hilarante/lacrimógeno; **~ naturel/propane** gas natural/propano
gazage [gɑzaʒ] *nm* gaseado
gaze [gɑz] *nf* gasa
gazéifié, e [gazeifje] *adj* : **eau/boisson gazéifiée** agua/bebida gasificada
gazelle [gazɛl] *nf* gacela
gazer [gɑze] *vt* gasear ▸ *vi* (*fam*) ir bien; (*: projet*) marchar, pitar (*fam*)
gazette [gazɛt] *nf* gaceta
gazeux, -euse [gɑzø, øz] *adj* gaseoso(-a); **eau/boisson gazeuse** agua/bebida con gas

g

gazinière [gazinjɛʀ] *nf* cocina de gas
gazoduc [gazodyk] *nm* gasoducto, gaseoducto
gazole [gazɔl] *nm* = **gas-oil**
gazomètre [gazɔmɛtʀ] *nm* gasómetro
gazon [gazɔ̃] *nm* césped *m*; **motte de ~** cepellón *m*
gazonné, e [gazɔne] *adj* cubierto(-a) de césped, encespedado(-a)
gazonner [gazɔne] *vt* encespedar
gazouillement [gazujmɑ̃] *nm* gorjeo
gazouiller [gazuje] *vi* gorjear
gazouillis [gazuji] *nmpl* gorjeo
GDF [ʒedeɛf] *sigle m* = **Gaz de France**
geai [ʒɛ] *nm* arrendajo
géant, e [ʒeɑ̃, ɑ̃t] *adj* gigante ▸ *nm/f* gigante(-a)
gecko [ʒeko] *nm* geco
gégène [ʒeʒɛn] *nf* (*torture*) tortura con electrochoque
geignard, e [ʒɛɲaʀ, aʀd] *adj* (*fam : personne*) quejica (*fam*); (*voix, ton*) quejoso(-a)
geignement [ʒɛɲmɑ̃] *nm* gemido
geindre [ʒɛ̃dʀ] *vi* gemir; (*fam : se lamenter*) quejarse
gel [ʒɛl] *nm* (*temps*) helada; (*de l'eau*) hielo; (*cosmétique*) gel *m*; (*fig*) congelación *f*; **le ~ des prix** la congelación de los precios; **~ douche** gel de ducha
gélatine [ʒelatin] *nf* gelatina
gélatineux, -euse [ʒelatinø, øz] *adj* gelatinoso(-a)
gelé, e [ʒ(ə)le] *adj* helado(-a); (*Écon*) congelado(-a)
gelée [ʒ(ə)le] *nf* (*Culin*) gelatina; (*Météo*) helada; **viande en ~** carne *f* en gelatina; **~ blanche** escarcha; **~ royale** jalea real
geler [ʒ(ə)le] *vt* (*sol, liquide*) helar; (*Écon, aliment*) congelar ▸ *vi* (*sol, personne*) helarse ▸ *vb impers* helar; **il gèle** hiela
gélifiant [ʒelifjɑ̃] *nm* gelificante *m*
gélule [ʒelyl] *nf* gragea
gelure [ʒ(ə)lyʀ] *nf* congelación *f*
Gémeaux [ʒemo] *nmpl* (*Astrol*) : **les ~** Géminis *mpl*; **être ~** ser Géminis
gémir [ʒemiʀ] *vi* gemir
gémissant, e [ʒemisɑ̃, ɑ̃t] *adj* quejumbroso(-a)
gémissement [ʒemismɑ̃] *nm* gemido
gemme [ʒɛm] *nf* gema; *voir aussi* **sel**
gémonies [ʒemɔni] *nfpl* : **vouer qn aux ~** cubrir de oprobio a algn
gênant, e [ʒɛnɑ̃, ɑ̃t] *adj* molesto(-a)
gencive [ʒɑ̃siv] *nf* encía
gendarme [ʒɑ̃daʀm] *nmf* gendarme *mf*, ≈ guardia *mf* civil
gendarmer [ʒɑ̃daʀme] : **se gendarmer** *vpr* encolerizarse
gendarmerie [ʒɑ̃daʀməʀi] *nf* ≈ Guardia Civil; (*caserne, bureaux*) ≈ cuartel *m* de la Guardia Civil
gendre [ʒɑ̃dʀ] *nm* yerno
gène [ʒɛn] *nm* gen *m*; **~ dominant/récessif** gen dominante/recesivo
gêne [ʒɛn] *nf* (*à respirer, bouger*) molestia; (*dérangement*) malestar *m*; (*manque d'argent*) aprieto; (*embarras, confusion*) incomodidad *f*; **sans ~** descarado(-a); **« veuillez nous excuser de la ~ occasionnée »** « les rogamos disculpen las molestias ocasionadas »
gêné, e [ʒene] *adj* embarazoso(-a); (*dépourvu d'argent*) apurado(-a); **tu n'es pas ~ !** ¡qué fresco eres!
généalogie [ʒenealɔʒi] *nf* genealogía
généalogique [ʒenealɔʒik] *adj* genealógico(-a)
généalogiste [ʒenealɔʒist] *nmf* genealogista *mf*
gêner [ʒene] *vt* (*incommoder*) molestar; (*encombrer*) estorbar; (*déranger*) trastornar; **~ qn** (*embarrasser*) violentar a algn; **se gêner** *vpr* molestarse; **je vais me ~ !** (*fam, iron*) ¡no pienso cortarme!; **ne vous gênez pas !** (*fam, iron*) ¡no se corte!
général, e, -aux [ʒeneʀal, o] *adj, nm* general *m*; **en ~** en general; **à la satisfaction générale** con la satisfacción unánime; **à la demande générale** a petición general; **assemblée/grève générale** asamblea/huelga general; **culture/médecine générale** cultura/medicina general ▸ *nf* : **(répétition) générale** ensayo general
généralement [ʒeneʀalmɑ̃] *adv* (*communément*) al nivel general; (*habituellement*) generalmente; **~ parlant** en términos generales
généralisable [ʒeneʀalizabl] *adj* generalizable
généralisation [ʒeneʀalizasjɔ̃] *nf* generalización *f*
généralisé, e [ʒeneʀalize] *adj* generalizado(-a)
généraliser [ʒeneʀalize] *vt, vi* generalizar; **se généraliser** *vpr* generalizarse
généraliste [ʒeneʀalist] *nmf* (médico(-a)) generalista *mf*
généralité [ʒeneʀalite] *nf*, **généralités** *nfpl* (*banalités, introduction*) generalidades *fpl*
générateur, -trice [ʒeneʀatœʀ, tʀis] *adj* : **~ de** creador(a) de ▸ *nm* (*Tech, Inform*) generador *m*
génération [ʒeneʀasjɔ̃] *nf* generación *f*
génératrice [ʒeneʀatʀis] *nf* generador *m*
générer [ʒeneʀe] *vt* generar
généreusement [ʒeneʀøzmɑ̃] *adv* generosamente; (*avec abondance*) en abundancia
généreux, -euse [ʒeneʀø, øz] *adj* generoso(-a)
générique [ʒeneʀik] *adj* genérico(-a); **médicaments génériques** medicamentos genéricos ▸ *nm* (*Ciné, TV*) créditos *mpl*, títulos *mpl* de crédito, ficha técnica

générosité [ʒeneʀozite] *nf* generosidad *f*
genèse [ʒənɛz] *nf* génesis *f*
genêt [ʒ(ə)nɛ] *nm* retama
généticien, ne [ʒenetisj ɛ̃, jɛn] *nm/f* genetista *mf*
génétique [ʒenetik] *adj* genético(-a) ▸ *nf* genética
génétiquement [ʒenetikmɑ̃] *adv* genéticamente; **~ modifié** genéticamente modificado(-a)
gêneur, -euse [ʒɛnœʀ, øz] *nm/f* (*qui gêne*) estorbo; (*importun*) importuno(-a)
Genève [ʒ(ə)nɛv] *n* Ginebra
genevois, e [ʒən(ə)vwa, waz] *adj* ginebrino(-a) ▸ *nm/f* : **Genevois, e** ginebrino(-a)
genévrier [ʒənevʀije] *nm* enebro
génial, e, -aux [ʒenjal, jo] (*aussi fam*) *adj* genial
génie [ʒeni] *nm* genio; **le ~** (*Mil*) el cuerpo de ingenieros; **de ~** genial; **bon/mauvais ~** espíritu *m* favorable/maligno; **avoir du ~** ser un genio; **~ civil** cuerpo de ingeniería civil
genièvre [ʒənjɛvʀ] *nm* (*Bot, Culin*) enebro; (*boisson*) ginebra; **grain de ~** enebrina
génique [ʒenik] *adj* génico(-a)
génisse [ʒenis] *nf* ternera; **foie de ~** hígado de ternera
génital, e, -aux [ʒenital, o] *adj* genital
géniteur, -trice [ʒenitœʀ, tʀis] *nm/f* (*hum*) progenitor(a), viejo(-a) (*fam*)
génitif [ʒenitif] *nm* genitivo
génocide [ʒenɔsid] *nm* genocidio
génois, e [ʒenwa, waz] *adj* genovés(-esa) ▸ *nm/f* : **Génois, e** genovés(-esa) ▸ *nf* (*gâteau*) bizcocho
génome [ʒenom] *nm* genoma *m*
génotype [ʒenotip] (*Biol*) *nm* genotipo
genou, x [ʒ(ə)nu] *nm* rodilla; **à genoux** de rodillas; **se mettre à genoux** ponerse de rodillas; **prendre qn sur ses genoux** poner a algn encima de sus rodillas
genouillère [ʒ(ə)nujɛʀ] *nf* rodillera
genre [ʒɑ̃ʀ] *nm* género; (*allure*) estilo; **se donner un ~** darse tono; **avoir bon/mauvais ~** (*allure*) tener buena/mala pinta; (*éducation*) tener buenos/malos modales; **études de** *ou* **sur le ~** estudios de género; **s'accorder en ~ et en nombre** (*Ling*) concordar en género y número
gens [ʒɑ̃] *nmpl* gente *f*; **de braves ~** buena gente; **de vieilles ~** ancianos; **les ~ d'Église** el clero; **les ~ du monde** la gente mundana; **jeunes ~** jóvenes *mpl*; **~ de maison** servidumbre *f*
gentiane [ʒɑ̃sjan] *nf* genciana; (*boisson*) aperitivo de genciana
gentil, le [ʒɑ̃ti, ij] *adj* (*aimable*) amable; (*enfant*) bueno(-a); (*endroit etc*) agradable; (*intensif*) encantador(a); **un ~ garçon** un niño bueno; **c'est très ~ à vous** es muy amable de su parte
gentilhomme [ʒɑ̃tizɔm] *nm* (*noble*) gentilhombre *m*
gentilhommière [ʒɑ̃tijɔmjɛʀ] *nf* casa solariega
gentillesse [ʒɑ̃tijɛs] *nf* (*voir adj*) amabilidad *f*; bondad *f*
gentillet, te [ʒɑ̃tijɛ, ɛt] *adj* agradable
gentiment [ʒɑ̃timɑ̃] *adv* amablemente
gentleman [dʒɑ̃tləmɛn] *nm* (*homme courtois*) caballero
génuflexion [ʒenyflɛksjɔ̃] *nf* genuflexión *f*
géodésie [ʒeɔdezi] *nf* geodesia
géodésique [ʒeɔdezik] *adj* geodésico(-a)
géographe [ʒeɔgʀaf] *nmf* geógrafo(-a)
géographie [ʒeɔgʀafi] *nf* geografía
géographique [ʒeɔgʀafik] *adj* geográfico(-a)
geôlier [ʒolje] *nm* carcelero
géolocalisation [ʒeolokalizasjɔ̃] *nf* geolocalización *f*
géolocaliser [ʒeolokalize] *vt* geolocalizar
géologie [ʒeɔlɔʒi] *nf* geología
géologique [ʒeɔlɔʒik] *adj* geológico(-a)
géologiquement [ʒeɔlɔʒikmɑ̃] *adv* geológicamente
géologue [ʒeɔlɔg] *nmf* geólogo(-a)
géomancie [ʒeɔmɑ̃si] *nf* geomancia
géomètre [ʒeɔmɛtʀ] *nmf* : **(arpenteur-)~** agrimensor(a)
géométrie [ʒeɔmetʀi] *nf* geometría; **à ~ variable** (*Aviat, fig*) de geometría variable
géométrique [ʒeɔmetʀik] *adj* geométrico(-a)
géomorphologie [ʒeomɔʀfɔlɔʒi] *nf* geomorfología
géophysicien, ne [ʒeofizisj ɛ̃, jɛn] *nm/f* geofísico(-a)
géophysique [ʒeofizik] *nf* geofísica
géopolitique [ʒeopolitik] *nf* geopolítica
Géorgie [ʒeɔʀʒi] *nf* Georgia; **~ du Sud** Georgias *fpl* del Sur
géorgien, ne [ʒeɔʀʒj ɛ̃, jɛn] *adj* georgiano(-a) ▸ *nm/f* : **Géorgien, ne** georgiano(-a)
géostationnaire [ʒeostasjɔnɛʀ] *adj* geoestacionario(-a)
géothermie [ʒeotɛʀmi] *nf* geotermia
géothermique [ʒeotɛʀmik] *adj* : **énergie ~** energía geotérmica
gérable [ʒeʀabl] *adj* (*situation, projet*) manejable, controlable
gérance [ʒeʀɑ̃s] *nf* gerencia; **mettre en ~** poner en gestión; **prendre en ~** gestionar
géranium [ʒeʀanjɔm] *nm* geranio
gérant, e [ʒeʀɑ̃, ɑ̃t] *nm/f* gerente *mf*; **~ d'immeuble** administrador(a) de fincas
gerbe [ʒɛʀb] *nf* (*de fleurs*) ramo; (*de blé*) gavilla; (*d'eau*) chorro; (*de particules*) haz *m*; (*d'étincelles*) lluvia
gerber [ʒɛʀbe] *vi* (*fam* : *vomir*) potar (*fam*), echar la pota (*fam*)

g

gercé, e [ʒɛʀse] *adj* agrietado(-a)
gercer [ʒɛʀse] *vi* agrietar; **se gercer** *vpr* agrietarse
gerçure [ʒɛʀsyʀ] *nf* grieta
gérer [ʒeʀe] *vt* administrar; (*situation, projet*) manejar, controlar
gerfaut [ʒɛʀfo] *nm* gerifalte *m* (*halcón*)
gériatrie [ʒeʀjatʀi] *nf* geriatría
gériatrique [ʒeʀjatʀik] *adj* geriátrico(-a)
germain, e [ʒɛʀmɛ̃, ɛn] *adj voir* **cousin**
germanique [ʒɛʀmanik] *adj* germánico(-a)
germaniste [ʒɛʀmanist] *nmf* germanista *mf*
germanophone [ʒɛʀmanɔfɔn] *adj, nmf* germanohablante *mf*
germanopratin, e [ʒɛʀmanɔpʀatɛ̃, in] *adj* del barrio parisino de Saint-Germain-des-Prés
germe [ʒɛʀm] *nm* germen *m*; (*pousse*) brote *m*; **~ de blé** germen de trigo
germer [ʒɛʀme] *vi* germinar
gérondif [ʒeʀɔ̃dif] *nm* gerundio
gérontocratie [ʒeʀɔ̃tɔkʀasi] *nf* gerontocracia
gérontologie [ʒeʀɔ̃tɔlɔʒi] *nf* gerontología
gérontologue [ʒeʀɔ̃tɔlɔg] *nmf* gerontólogo(-a)
GES [ʒeəɛs] *sigle mpl* (= *gaz à effet de serre*) GEI *mpl* (= *gases de efecto invernadero*)
gésier [ʒezje] *nm* molleja
gésir [ʒeziʀ] *vi* yacer; *voir* **ci-gît**
gestation [ʒɛstasjɔ̃] *nf* gestación *f*
geste [ʒɛst] *nm* gesto; **s'exprimer par gestes** expresarse mediante gestos; **faire un ~ de refus** hacer un ademán de desaprobación; **il fit un ~ de la main pour m'appeler** me llamó con la mano; **ne faites pas un ~** no haga ni el menor gesto
gesticuler [ʒɛstikyle] *vi* gesticular
gestion [ʒɛstjɔ̃] *nf* gestión *f*; **la ~ différenciée des espaces verts** la gestión diferenciada de las zonas verdes; **~ de fichier(s)** (*Inform*) gestión de fichero(s)
gestionnaire [ʒɛstjɔnɛʀ] *nmf* gestor(-a)
gestuelle [ʒɛstɥɛl] *nf* gestualidad *f*
geyser [ʒɛzɛʀ] *nm* géiser *m*
Ghana [gana] *nm* Ghana
ghetto [geto] *nm* gueto
ghettoïsation [getoizasjɔ̃] *nf* conversión *f* en gueto, guetización *f*
ghettoïser [getoize] *vt* convertir en gueto
gibbon [ʒibɔ̃] *nm* gibón *m*
gibecière [ʒib(ə)sjɛʀ] *nf* (*de chasseur*) morral *m*; (*sac en bandoulière*) bandolera
gibelotte [ʒiblɔt] *nf* estofado de conejo
gibet [ʒibɛ] *nm* horca
gibier [ʒibje] *nm* caza; (*fig*) presa
giboulée [ʒibule] *nf* chaparrón *m*
giboyeux, -euse [ʒibwajø, øz] *adj* rico(-a) en caza
Gibraltar [ʒibʀaltaʀ] *nm* Gibraltar *m*
gibus [ʒibys] *nm* clac *m*
giclée [ʒikle] *nf* chorro
gicler [ʒikle] *vi* brotar
gicleur [ʒiklœʀ] *nm* (*Auto*) surtidor *m* (de parabrisas)
GIE *sigle m* (= *groupement d'intérêt économique*) *voir* **groupement**
gifle [ʒifl] *nf* bofetada
gifler [ʒifle] *vt* abofetear
gigantesque [ʒigɑ̃tɛsk] *adj* gigantesco(-a)
gigantisme [ʒigɑ̃tism] *nm* gigantismo
gigaoctet [ʒigaɔktɛ] *nm* gigabyte *m*
GIGN [ʒeiʒeɛn] *sigle m* (= *Groupe d'intervention de la gendarmerie nationale*) ≈ GEO *mpl* (= *Grupo Especial de Operaciones*)
gigogne [ʒigɔɲ] *adj* : **lits/tables gigognes** camas *fpl*/mesas *fpl* nido; **poupées gigognes** muñecas *fpl* encajables
gigolo [ʒigɔlo] *nm* gigolo
gigot [ʒigo] *nm* (*Culin*) : **~ (d'agneau)** pierna de cordero
gigoter [ʒigɔte] *vi* patalear
gigue [ʒig] *nf* (*fam*) : **une grande ~** una jirafa (*fam*), una espingarda (*fam*)
gilet [ʒilɛ] *nm* (*de costume*) chaleco; (*tricot*) chaqueta (de punto); (*sous-vêtement*) camiseta; **~ de sauvetage** chaleco salvavidas; **~ pare-balles** chaleco antibalas
gin [dʒin] *nm* ginebra
gingembre [ʒɛ̃ʒɑ̃bʀ] *nm* jenjibre *m*
gingivite [ʒɛ̃ʒivit] *nf* gingivitis *f inv*
girafe [ʒiʀaf] *nf* jirafa
giratoire [ʒiʀatwaʀ] *adj* : **sens ~** sentido giratorio
girofle [ʒiʀɔfl] *nf* : **clou de ~** clavo
giroflée [ʒiʀɔfle] *nf* alhelí *m*
girolle [ʒiʀɔl] *nf* rebozuelo
giron [ʒiʀɔ̃] *nm* (*genoux*) regazo; (*fig*) seno
Gironde [ʒiʀɔ̃d] *nf* Gironda *m*
gironde [ʒiʀɔ̃d] *adj f* (*fam : bien faite*) bien plantada (*fam*); (*bien en chair*) rellenita (*fam*)
girouette [ʒiʀwɛt] *nf* veleta
gisait *etc* [ʒizɛ] *vb voir* **gésir**
gisant [ʒizɑ̃] *nm* estatua yacente
gisement [ʒizmɑ̃] *nm* yacimiento
gît [ʒiz] *vb voir* **gésir**
gitan, e [ʒitɑ̃, an] *nm/f* gitano(-a)
gîte [ʒit] *nm* (*maison*) morada; (*du lièvre*) cama; **le ~ et le couvert** techo y comida; **~ rural** casa de turismo rural
gîter [ʒite] *vi* dar de banda
givrage [ʒivʀaʒ] *nm* formación *f* de hielo
givrant, e [ʒivʀɑ̃, ɑ̃t] *adj* : **brouillard ~** helada
givre [ʒivʀ] *nm* escarcha
givré, e [ʒivʀe] *adj* : **citron/orange ~(e)** limón *m* escarchado/naranja escarchada; (*fam*) tronado(-a) (*fam*)
glabre [glɑbʀ] *adj* lampiño(-a)
glaçage [glasaʒ] *nm* glaseado
glace [glas] *nf* hielo; (*crème glacée*) helado; (*verre*) cristal *m*; (*miroir*) espejo; (*de voiture*) ventanilla; **de ~** (*fig*) frío(-a); **il est resté de ~**

ni se inmutó; **rompre la ~** (*fig*) romper el hielo; **glaces** *nfpl* (*Géo*) hielos *mpl*
glacé, e [glase] *adj* helado(-a); (*fig*) frío(-a)
glacer [glase] *vt* (*lac, eau*) helar; (*refroidir*) enfriar; (*Culin, papier, tissu*) glasear; **~ qn** (*fig*) dejar helado(-a) a algn
glaciaire [glasjɛʀ] *adj* glaciar
glacial, e [glasjal] *adj* glacial
glaciation [glasjasjɔ̃] *nf* (*période*) glaciación *f*
glacier [glasje] *nm* (*Géo*) glaciar *m*; (*marchand*) heladero; **~ suspendu** glaciar suspendido
glacière [glasjɛʀ] *nf* nevera
glaçon [glasɔ̃] *nm* témpano; (*pour boisson*) cubito de hielo
gladiateur [gladjatœʀ] *nm* gladiador *m*
glaïeul [glajœl] *nm* gladiolo
glaire [glɛʀ] *nm* flema
glaise [glɛz] *nf* greda
glaive [glɛv] *nm* espada
glamour [glamuʀ] *nm* glamour *m* ▸ *adj* glamuroso(-a)
gland [glɑ̃] *nm* (*de chêne*) bellota; (*décoration*) borla; (*Anat*) glande *m*
glande [glɑ̃d] *nf* glándula
glander [glɑ̃de] (*fam*) *vi* holgazanear, rascarse la barriga (*fam*)
glandeur, -euse [glɑ̃dœʀ, øz] *nm/f* (*fam*) zángano(-a) (*fam*)
glandouiller [glɑ̃duje] *vi* (*fam*) holgazanear, rascarse la barriga (*fam*)
glaner [glane] *vi* (*Agr*) espigar ▸ *vt* (*fig*) recoger
glapir [glapiʀ] *vi* gañir
glapissement [glapismɑ̃] *nm* gañido
glas [glɑ] *nm* doble *m*, toque *m* de difuntos; **sonner le ~** doblar, tocar a muerto; **sonner le ~ de qch** (*fig*) acabar con algo
glaucome [glokom] *nm* glaucoma *m*
glauque [glok] *adj* glauco(-a); (*fig*) triste
glissade [glisad] *nf* (*par jeu*) deslizamiento; (*chute*) resbalón *m*; **faire des glissades** deslizarse
glissant, e [glisɑ̃, ɑ̃t] *adj* resbaladizo(-a); **sur un terrain ~** (*fig*) en terreno resbaladizo
glisse [glis] *nf* : **sports de ~** *deportes de deslizamiento*
glissement [glismɑ̃] *nm* (*aussi fig*) deslizamiento; **~ de terrain** corrimiento de tierra
glisser [glise] *vi* resbalar; (*patineur, fig*) deslizarse; **~ sur** (*détail, fait*) pasar por alto ▸ *vt* (*introduire : erreur, citation*) deslizar; (*mot, conseil*) decir discretamente; **~ qch sous/dans** meter algo bajo/en; **se glisser** *vpr* (*erreur*) deslizarse; **se ~ dans/entre** deslizarse *ou* escurrirse en/entre
glisser-déposer [glisedepoze] *nm inv* operación *f* de arrastrar y soltar ▸ *vt* arrastrar y soltar
glissière [glisjɛʀ] *nf* corredera; **à ~** (*porte, fenêtre*) de corredera; **~ de sécurité** valla de seguridad
glissoire [gliswaʀ] *nf* resbaladero
global, e, -aux [glɔbal, o] *adj* global
globalement [glɔbalmɑ̃] *adv* globalmente
globalisation [glɔbalizasjɔ̃] *nf* globalización *f*
globalité [glɔbalite] *nf* globalidad *f*; **dans sa ~** en su globalidad
globe [glɔb] *nm* globo; (*d'une pendule*) fanal *m*; (*d'un objet*) campana de cristal; **sous ~** (*fig*) en una urna; **~ oculaire/terrestre** globo ocular/terrestre
globe-trotter [glɔbtʀɔtœʀ] (*pl* **globe-trotters**) *nm* trotamundos *m inv*
globulaire [glɔbylɛʀ] *adj* : **numération ~** recuento globular
globule [glɔbyl] *nm* glóbulo
globuleux, -euse [glɔbylø, øz] *adj* : **yeux ~** ojos *mpl* saltones
gloire [glwaʀ] *nf* gloria; (*mérite*) mérito; **une ~ de la musique cubaine** una gloria de la música cubana
glorieux, -euse [glɔʀjø, jøz] *adj* glorioso(-a)
glorifier [glɔʀifje] *vt* glorificar; **se glorifier de** *vpr* vanagloriarse de
gloriole [glɔʀjɔl] *nf* vanagloria
glose [gloz] *nf* glosa
gloser [gloze] *vi* : **~ sur qch** departir sobre algo
glossaire [glɔsɛʀ] *nm* glosario
glotte [glɔt] *nf* glotis *f inv*
glouglouter [gluglute] *vi* hacer gluglú
gloussement [glusmɑ̃] *nm* cloqueo; (*rire*) risa ahogada
glousser [gluse] *vi* cloquear; (*rire*) reír ahogadamente
glouton, ne [glutɔ̃, ɔn] *adj* glotón(-ona)
gloutonnerie [glutɔnʀi] *nf* glotonería
glu [gly] *nf* liga
gluant, e [glyɑ̃, ɑ̃t] *adj* pegajoso(-a)
glucide [glysid] *nm* glúcido
glucose [glykoz] *nm* glucosa
glutamate [glytamat] *nm* : **~ de sodium** glutamato de sodio, glutamato monosódico
gluten [glytɛn] *nm* gluten *m*
glycémie [glisemi] *nf* glucemia
glycérine [gliseʀin] *nf* glicerina
glycine [glisin] *nf* glicina
GMT [ʒeɛmte] *abr* (*= Greenwich Mean Time*) *hora media de Greenwich*
gnangnan [ɲɑ̃ɲɑ̃] (*fam*) *adj* quejica
GNL [ʒeɛnɛl] *sigle m* = **gaz naturel liquéfié**
gnognote, gnognotte [ɲɔɲɔt] *nf* (*fam*) : **c'est de la ~** no vale nada, es de chicha y nabo (*fam*); **c'est pas de la ~** no es moco de pavo (*fam*)
gnôle [ɲol] (*fam*) *nf* aguardiente *m*
gnome [gnom] *nm* gnomo
gnon [ɲɔ̃] (*fam*) *nm* porrazo (*fam*)
gnou [gnu] *nm* ñu *m*

GO [ʒeo] *sigle fpl* (= *grandes ondes*) OL (= *ondas largas*) ▶ *sigle m* (= *gentil organisateur*) *animador turístico del Club Mediterráneo*
go [go] : **tout de go** *adv* de sopetón
goal [gol] *nm* portero, guardameta *m*
gobelet [gɔblɛ] *nm* cubilete *m*
gober [gɔbe] *vt* tragarse entero(-a); (*fig*) tragar
goberger [gɔbɛʀʒe] (*fam*) : **se goberger** *vpr* darse la vida padre (*fam*)
Gobi [gɔbi] *n* : **désert de ~** desierto de Gobi
godasse [gɔdas] (*fam*) *nf* zapato
godet [gɔdɛ] *nm* (*verre*) vaso de chupito; (*récipient*) pocillo; (*Couture*) pliegue *m*
godiche [gɔdiʃ] (*fam*) *adj*, *nmf* (*maladroit*) patoso(-a) (*fam*); (*niais*) lelo(-a)
godille [gɔdij] *nf* (*Navigation*) espadilla; (*Ski*) wedeln *m*, *técnica de descenso en esquí que consiste en dar giros cortos con los esquís paralelos*
godiller [gɔdije] *vi* (*Naut*) cinglar; (*Ski*) virar en cuña
godillot [gɔdijo] (*fam*) *nm* (*gros soulier*) zapatón *m*
goéland [gɔelɑ̃] *nm* gaviota
goélette [gɔelɛt] *nf* goleta
goémon [gɔemɔ̃] *nm tipo de fuco*
gogo [gɔgo] (*péj*) *nm* primo; **à ~** en cantidad
goguenard, e [gɔg(ə)naʀ, aʀd] *adj* guasón(-ona)
goguette [gɔgɛt] *nf* : **en ~** achispado(-a)
goinfre [gwɛ̃fʀ] *adj*, *nmf* tragón(-ona)
goinfrer [gwɛ̃fʀe] : **se goinfrer** *vpr* atiborrarse, atracarse; **se ~ de qch** atiborrarse de algo
goinfrerie [gwɛ̃fʀəʀi] *nf* glotonería
goitre [gwatʀ] *nm* bocio
golf [gɔlf] *nm* golf *m*; **~ miniature** minigolf *m*
golfe [gɔlf] *nm* golfo; **~ d'Aden/de Gascogne/du Lion** golfo de Adén/de Vizcaya/de León; **~ Persique** golfo Pérsico
golfeur, -euse [gɔlfœʀ, øz] *nm/f* jugador(a) de golf
gominé, e [gɔmine] *adj* engominado(-a)
gommage [gɔmaʒ] *nm* peeling *m*
gomme [gɔm] *nf* (*à effacer*) goma (de borrar); (*résine*) resina; **boule de ~** gominola
gommé, e [gɔme] *adj* : **papier ~** papel *m* engomado
gommer [gɔme] *vt* (*aussi fig*) borrar; (*enduire de gomme*) engomar; (*détails etc*) atenuar
gond [gɔ̃] *nm* gozne *m*; **sortir de ses gonds** (*fig*) salirse de sus casillas
gondole [gɔ̃dɔl] *nf* góndola; (*pour l'étalage*) estantería
gondoler [gɔ̃dɔle] *vi* abombarse; **se gondoler** *vpr* abombarse; (*fam*) desternillarse de risa
gondolier [gɔ̃dɔlje] *nm* gondolero
gonflable [gɔ̃flabl] *adj* hinchable
gonflage [gɔ̃flaʒ] *nm* hinchado
gonflant, e [gɔ̃flɑ̃, ɑ̃t] *adj* (*fam* : *personne*) pelmazo(-a) (*fam*); (: *chose*) pesado(-a) (*fam*); **j'ai trouvé ça ~** ha sido un rollo (*fam*)
gonflé, e [gɔ̃fle] *adj* hinchado(-a); **être ~** (*fam*) tener jeta (*fam*)
gonflement [gɔ̃fləmɑ̃] *nm* hinchamiento
gonfler [gɔ̃fle] *vt* hinchar; (*fam*) hartar, cargar (*fam*) ▶ *vi* hincharse; (*Culin*, *pâte*) inflarse
gonflette [gɔ̃flɛt] *nf* (*péj*) : **faire de la ~** hacer culturismo
gonfleur [gɔ̃flœʀ] *nm* bomba de aire
gong [gɔ̃(g)] *nm* (*Mus*) gong *m*; (*Boxe*) campana
gonzesse [gɔ̃zɛs] (*fam*) *nf* tía (*fam !*)
googler [gugle] *vt* googlear
goret [gɔʀɛ] *nm* lechón *m*
gorge [gɔʀʒ] *nf* garganta; (*poitrine*) pecho; (*Géo*) garganta, desfiladero; (*rainure*) ranura; **avoir mal à la ~** tener dolor de garganta; **avoir la ~ serrée** tener un nudo en la garganta
gorgé, e [gɔʀʒe] *adj* : **~ de** ahíto(-a) de; (*eau*) empapado(-a) de
gorgée [gɔʀʒe] *nf* trago; **boire à petites/grandes gorgées** beber a pequeños/grandes tragos
gorger [gɔʀʒe] : **se gorger** *vpr* : **se ~ de** (*personne*) atiborrarse de; (*terre*) empaparse de
gorgone [gɔʀgɔn] *nf* (*Mythologie*, *Art*) gorgona
gorille [gɔʀij] (*aussi fam*) *nm* gorila
gosier [gozje] *nm* garganta
gosse [gɔs] (*fam*) *nmf* chiquillo(-a), chamaco(-a) (*CAM*, *MEX*), pibe(-a) (*ARG*), cabro(-a) (*AND*, *CHI*)
gotha [gɔta] *nm* (*élite*) élite *f*
gothique [gɔtik] *adj* gótico(-a); **~ flamboyant** gótico flamígero
gouache [gwaʃ] *nf* aguada
gouaille [gwɑj] *nf* guasa
goudron [gudʀɔ̃] *nm* alquitrán *m*
goudronner [gudʀɔne] *vt* alquitranar
gouffre [gufʀ] *nm* sima, precipicio; (*fig*) abismo
gougère [guʒɛʀ] *nf pastelillo de queso*
goujat [guʒa] *nm* patán *m*
goujaterie [guʒatʀi] *nf* patanería
goujon [guʒɔ̃] *nm* gobio
goulée [gule] *nf* (*bouchée*) bocado; (*gorgée*) trago
goulet [gulɛ] *nm* boca
gouleyant, e [gulɛjɑ̃, ɑ̃t] *adj* (*vin*) suave
goulot [gulo] *nm* cuello; **boire au ~** beber a morro
goulu, e [guly] *adj* glotón(-ona)
goulûment [gulymɑ̃] *adv* glotonamente, como un(a) glotón(-ona)
goupille [gupij] *nf* (*Tech*) pasador *m*
goupiller [gupije] *vt* (*Tech*) sujetar (con pasador); **se goupiller** *vpr* (*fam*) : **ça s'est bien/mal goupillé** toda ha ido *ou* salido bien/mal
goupillon [gupijɔ̃] *nm* (*Rel*) hisopo; (*brosse*) escobilla; **le ~** (*fig*) la Iglesia

gourd, e [guʀ, guʀd] *adj* entumecido(-a)
gourde [guʀd] *nf* (*récipient*) cantimplora; (*fam*) zoquete *mf* (*fam*)
gourdin [guʀdɛ̃] *nm* porra
gourer [guʀe] (*fam*) : **se gourer** *vpr* equivocarse
gourmand, e [guʀmɑ̃, ɑ̃d] *adj* goloso(-a)
gourmandise [guʀmɑ̃diz] *nf* gula; (*bonbon*) golosina
gourmet [guʀmɛ] *nm* gastrónomo(-a)
gourmette [guʀmɛt] *nf* pulsera (con el nombre)
gourou [guʀu] *nm* gurú *m*
gousse [gus] *nf* vaina; **~ d'ail** diente *m* de ajo
gousset [gusɛ] *nm* bolsillo
goût [gu] *nm* gusto, sabor *m*; (*fig*) gusto; **le bon ~** el buen gusto; **de bon/mauvais ~** de buen/mal gusto; **avoir du/manquer de ~** tener/no tener gusto; **avoir bon/mauvais ~** (*aliment*) saber bien/mal; (*personne*) tener mucho/poco gusto; **avoir du ~ pour** tener inclinación por; **prendre ~ à** aficionarse a; **goûts** *nmpl* : **chacun ses goûts** cado uno tiene sus gustos
goûter [gute] *vt* (*essayer* : *aussi* : **goûter à**) probar; (*apprécier*) apreciar; **~ de qch** probar algo ▸ *vi* merendar ▸ *nm* merienda; **~ d'anniversaire/d'enfants** merienda de cumpleaños/de niños
goutte [gut] *nf* gota; (*alcool*) aguardiente *m*; **~ à ~** gota a gota; **gouttes** *nfpl* (*Méd*) gotas *fpl*
goutte-à-goutte [gutagut] *nm inv* bomba de perfusión; **alimenter au ~** alimentar gota a gota
gouttelette [gut(ə)lɛt] *nf* gotita
goutter [gute] *vi* gotear
gouttière [gutjɛʀ] *nf* canalón *m*
gouvernail [guvɛʀnaj] *nm* timón *m*
gouvernance [guvɛʀnɑ̃s] *nf* gobernanza
gouvernant, e [guvɛʀnɑ̃, ɑ̃t] *adj* gobernante
gouvernante [guvɛʀnɑ̃t] *nf* institutriz *f*
gouverne [guvɛʀn] *nf* : **pour sa ~** para su gobierno
gouvernement [guvɛʀnəmɑ̃] *nm* gobierno; **membre du ~** miembro del gobierno
gouvernemental, e, -aux [guvɛʀnəmɑ̃tal, o] *adj* gubernamental
gouverner [guvɛʀne] *vt* gobernar; (*fig* : *émotions*) dominar
gouverneur [guvɛʀnœʀ] *nm* gobernador *m*
goyave [gɔjav] *nf* guayaba
GPL [ʒepeɛl] *sigle m* (= *gaz de pétrole liquéfié*) GLP *m* (= *gas licuado de petróleo*)
graal [gʀal] *nm* (*Rel*) (santo) grial *m*; (*fig*) piedra filosofal; **le ~ de la finance d'entreprise, c'est la croissance à deux chiffres du bénéfice opérationnel** la piedra filosofal de las finanzas corporativas es el crecimiento de dos dígitos del beneficio operativo
grabataire [gʀabatɛʀ] *adj* encamado(-a)
grabuge [gʀabyʒ] (*fam*) *nm* bronca
grâce [gʀɑs] *nf* gracia; (*faveur*) favor *m*; (*Jur*) indulto; **de bonne/mauvaise ~** de buena/mala gana; **faire ~ à qn de qch** perdonar algo a algn; **rendre ~(s) à** dar las gracias a; **demander ~** pedir perdón; **droit de/recours en ~** (*Jur*) derecho de/recurso de indulto; **~ à** gracias a; **grâces** *nfpl* (*Rel*) gracias *fpl*; **être dans les bonnes grâces de qn** gozar del favor de algn
gracier [gʀasje] *vt* indultar
gracieusement [gʀasjøzmɑ̃] *adv* (*aimablement*) amablemente; (*gratuitement*) gratuitamente; (*avec grâce*) con gracia
gracieux, -euse [gʀasjø, jøz] *adj* elegante; (*charmant, élégant*) encantador(a); (*aimable*) amable; **à titre ~** con carácter gratuito; **concours ~** colaboración *f* desinteresada
gracile [gʀasil] *adj* grácil
gradation [gʀadasjɔ̃] *nf* gradación *f*
grade [gʀad] *nm* grado; **monter en ~** ascender de grado
gradé, e [gʀade] *nm/f* suboficial *mf*
gradin [gʀadɛ̃] *nm* grada; **gradins** *nmpl* (*de stade*) gradas *fpl*; **en gradins** en gradas
graduation [gʀadɥasjɔ̃] *nf* graduación *f*
gradué, e [gʀadɥe] *adj* graduado(-a); (*exercices*) progresivo(-a)
graduel, le [gʀadɥɛl] *adj* gradual
graduellement [gʀadɥɛlmɑ̃] *adv* gradualmente
graduer [gʀadɥe] *vt* graduar; (*effort*) dosificar
graff [gʀaf] *nm* grafiti *m*
graffeur, -euse [gʀafœʀ, øz] *nm/f* grafitero(-a)
graffiti [gʀafiti] (*pl* **~(s)**) *nm* grafiti *m*
grailler [gʀɑje] *vi* (*fam* : *manger*) papear (*fam*), jalar (*fam*); (*corneille*) graznar ▸ *vt* (*fam* : *manger*) papear (*fam*), jalar (*fam*)
grain [gʀɛ̃] *nm* grano; (*de chapelet*) cuenta; (*averse*) aguacero; **un ~ de** (*fig*) una pizca de; **mettre son ~ de sel** (*fam*) meter la nariz; **~ de beauté** lunar *m*; **~ de café/de poivre** grano de café/de pimienta; **~ de poussière** mota de polvo; **~ de raisin** uva; **~ de sable** (*fig*) minucia
graine [gʀɛn] *nf* semilla; **mauvaise ~** (*fig*) mala hierba; **une ~ de voyou** un macarra en ciernes
graineterie [gʀɛntʀi] *nf* tienda de semillas
grainetier, -ière [gʀɛntje, jɛʀ] *nm/f* comerciante *mf* de semillas
graissage [gʀɛsaʒ] *nm* engrase *m*
graisse [gʀɛs] *nf* grasa
graisser [gʀese] *vt* engrasar; (*tacher*) manchar de grasa
graisseux, -euse [gʀɛsø, øz] *adj* grasiento(-a); (*Anat*) adiposo(-a)
graminée [gʀamine] *nf* (*Bot*) gramínea
grammaire [gʀa(m)mɛʀ] *nf* gramática

grammatical, e, -aux [gʀamatikal, o] *adj* gramatical
gramme [gʀam] *nm* gramo
grand, e [gʀɑ̃, gʀɑ̃d] *adj* grande; (*avant le nom*) gran; (*haut*) alto(-a); (*corde, voyage, période*) largo(-a); **de ~ matin** de madrugada; **un ~ homme/artiste** un gran hombre/artista; **un homme ~ et fort** un hombre alto y fuerte; **avoir ~ besoin de** tener mucha necesidad de; **il est ~ temps de** ya es hora de; **son ~ frère** su hermano mayor; **il est assez ~ pour** ya es bastante mayor para, ya tiene años para; **au ~ air** al aire libre; **au ~ jour** (*fig*) en pleno día, en plena luz; **faire le ~ écart** hacer el spagat; (*fig : Pol*) hacer malabarismos; **en ~** en grande; **faire les choses en ~** hacer las cosas a lo grande; **~ blessé/brûlé** herido/quemado grave; **~ écart** spagat *m*; **~ ensemble** gran barriada; **~ livre** (*Comm*) libro mayor; **~ magasin** grandes almacenes *mpl*; **~ malade/mutilé** enfermo/mutilado grave; **~ public** gran público; **grande personne** persona mayor; **grande surface** hipermercado; **grandes écoles** *universidades de élite francesas*; *ver nota*; **grandes lignes** líneas *fpl* principales; **grandes vacances** vacaciones *fpl* de verano ▸ *adv* : **~ ouvert** abierto de par en par; **voir ~** pensar a otro nivel

GRANDES ÉCOLES

Las **grandes écoles** son centros de estudios superiores muy prestigiosos que preparan a los alumnos para el ejercicio de profesiones específicas. Solo los que han finalizado los dos años de *classes préparatoires* que siguen al *baccalauréat* pueden presentarse al examen selectivo de acceso a las mismas. Las **grandes écoles** tienen una fuerte identidad corporativa y de ellas se alimenta en gran medida la élite intelectual, administrativa y política francesa.

grand-angle [gʀɑ̃tɑ̃gl] (*pl* **grands-angles**) *nm* gran angular *m*
grand-angulaire [gʀɑ̃tɑ̃gylɛʀ] (*pl* **grands-angulaires**) *nm* (objetivo) gran angular *m*
grand-chose [gʀɑ̃ʃoz] *nmf inv* : **pas ~** poca cosa
Grande-Bretagne [gʀɑ̃dbʀətaɲ] *nf* Gran Bretaña
grandement [gʀɑ̃dmɑ̃] *adv* (*tout à fait*) completamente; (*largement*) ampliamente; (*généreusement*) generosamente
grandeur [gʀɑ̃dœʀ] *nf* tamaño; (*mesure, quantité, aussi fig*) magnitud *f*; (*gloire, puissance*) grandeza; **~ nature** tamaño natural
grand-guignolesque [gʀɑ̃giɲɔlɛsk] (*pl* **grand-guignolesques**) *adj* teatral, histriónico(-a)
grandiloquence [gʀɑ̃dilɔkɑ̃s] *nf* grandilocuencia
grandiloquent, e [gʀɑ̃dilɔkɑ̃, ɑ̃t] *adj* grandilocuente
grandiose [gʀɑ̃djoz] *adj* grandioso(-a)
grandir [gʀɑ̃diʀ] *vi* (*enfant, arbre*) crecer; (*bruit, hostilité*) aumentar ▸ *vt* : **~ qn** (*suj : vêtement, chaussure*) hacer más alto(-a) a algn; (*fig*) ennoblecer a algn
grandissant, e [gʀɑ̃disɑ̃, ɑ̃t] *adj* creciente
grand-mère [gʀɑ̃mɛʀ] (*pl* **grand(s)-mères**) *nf* abuela
grand-messe [gʀɑ̃mɛs] (*pl* **grands-messes**) *nf* misa mayor
grand-oncle [gʀɑ̃tɔ̃kl(ə)] (*pl* **grands-oncles**) *nm* tío abuelo
grand-peine [gʀɑ̃pɛn] : **à ~** *adv* a duras penas
grand-père [gʀɑ̃pɛʀ] (*pl* **grands-pères**) *nm* abuelo
grand-route [gʀɑ̃ʀut] (*pl* **grand-routes**) *nf* carretera general
grand-rue [gʀɑ̃ʀy] (*pl* **grand-rues**) *nf* calle *f* mayor
grands-parents [gʀɑ̃paʀɑ̃] *nmpl* abuelos *mpl*
grand-tante [gʀɑ̃tɑ̃t] (*pl* **grand(s)-tantes**) *nf* tía abuela
grand-voile [gʀɑ̃vwal] (*pl* **grand(s)-voiles**) *nf* vela mayor
grange [gʀɑ̃ʒ] *nf* granero
granit [gʀanit] *nm* granito
granite [gʀanit] *nm* = **granit**
granité [gʀanite] *nm* granizado
granitique [gʀanitik] *adj* granítico(-a)
granule [gʀanyl] *nm* pastilla (pequeña)
granulé [gʀanyle] *nm* granulado
granuleux, -euse [gʀanylø, øz] *adj* granuloso(-a)
graphe [gʀaf] *nm* grafo
graphème [gʀafɛm] *nm* grafema *m*
graphie [gʀafi] *nf* grafía
graphique [gʀafik] *adj* gráfico(-a) ▸ *nm* gráfico
graphisme [gʀafism] *nm* grafismo
graphiste [gʀafist] *nm* grafista *mf*
graphite [gʀafit] *nm* grafito
graphologie [gʀafɔlɔʒi] *nf* grafología
graphologique [gʀafɔlɔʒik] *adj* grafológico(-a)
graphologue [gʀafɔlɔg] *nmf* grafólogo(-a)
grappe [gʀap] *nf* (*Bot*) racimo; (*fig*) piña; **~ de raisin** racimo de uvas
grappiller [gʀapije] *vt* (*fig*) recolectar
grappin [gʀapɛ̃] *nm* (*Tech*) gancho; **mettre le ~ sur** (*fig*) echar el guante a
gras, se [gʀɑ, gʀɑs] *adj* (*viande, soupe, cheveux*) graso(-a); (*personne*) gordo(-a); (*surface*) grasiento(-a); (*terre*) viscoso(-a); (*toux*) flemático(-a); (*rire, plaisanterie*) grosero(-a); (*crayon*) blando(-a); (*Typo*) en negrita; **faire la grasse matinée** levantarse tarde; **en caractères ~** en negrita ▸ *nm* (*Culin*) grasa

gras-double [gʀadubl] (*pl* **gras-doubles**) *nm* callos *mpl*
grassement [gʀasmɑ̃] *adv* : ~ **payé** largamente pagado; (*rire*) groseramente
grassouillet, te [gʀasujɛ, ɛt] *adj* regordete
gratifiant, e [gʀatifjɑ̃, jɑ̃t] *adj* gratificante
gratification [gʀatifikasjɔ̃] *nf* gratificación *f*
gratifier [gʀatifje] *vt* : ~ **qn de** gratificar a algn con; (*sourire etc*) honrar a algn con
gratin [gʀatɛ̃] *nm* gratín *m*; **au ~** gratinado(-a); **tout le ~ parisien** (*fig*) la flor y nata parisina
gratiné, e [gʀatine] *adj* gratinado(-a); (*fam*) espantoso(-a)
gratinée [gʀatine] *nf* sopa gratinada
gratiner [gʀatine] *vi* gratinar; **faire ~ qch** gratinar algo
gratis [gʀatis] *adv, adj* gratis
gratitude [gʀatityd] *nf* gratitud *f*
gratouiller [gʀatuje] (*fam*) *vt* picar
gratte-ciel [gʀatsjɛl] (*pl* **~(s)**) *nm* rascacielos *m inv*
grattement [gʀatmɑ̃] *nm* ruido (*al arañar o al raspar*)
gratte-papier [gʀatpapje] (*péj*) *nm inv* chupatintas *m inv*
gratter [gʀate] *vt* (*frotter*) raspar; (*enlever*) quitar, borrar; (*bras, bouton*) rascar; **se gratter** *vpr* rascarse
grattoir [gʀatwaʀ] *nm* raspador *m*
grattouiller [gʀatuje] (*fam*) *vt* picar
gratuit, e [gʀatɥi, ɥit] *adj* (*aussi fig*) gratuito(-a)
gratuité [gʀatɥite] *nf* gratuidad *f*
gratuitement [gʀatɥitmɑ̃] *adv* gratuitamente
gravable [gʀavabl] *adj* (*CD, DVD*) escribible
gravats [gʀava] *nmpl* escombros *mpl*
grave [gʀav] *adj* grave; (*sujet, problème*) grave, serio(-a); **ce n'est pas ~ !** ¡no importa!; **blessé ~** herido grave ▸ *nm* (*Mus*) grave *m*
graveleux, -euse [gʀav(ə)lø, øz] *adj* (*terre*) guijoso(-a); (*fruit*) granuloso(-a); (*chanson, propos*) escabroso(-a)
gravement [gʀavmɑ̃] *adv* gravemente
graver [gʀave] *vt* (*aussi CD, DVD*) grabar; **~ qch dans son esprit/sa mémoire** (*fig*) grabar algo en su alma/su memoria
graveur [gʀavœʀ] *nm* grabadora; **~ de CD/DVD** grabadora de CD/DVD
gravier [gʀavje] *nm* grava
gravillons [gʀavijɔ̃] *nmpl* gravilla
gravir [gʀaviʀ] *vt* subir
gravissime [gʀavisim] *adj* gravísimo(-a)
gravitation [gʀavitasjɔ̃] *nf* gravitación *f*
gravité [gʀavite] *nf* (*aussi Phys*) gravedad *f*
graviter [gʀavite] *vi* (*aussi fig*) : **~ autour de** gravitar alrededor de
gravure [gʀavyʀ] *nf* grabado *m*
gré [gʀe] *nm* : **à son ~** a su gusto; **au ~ de** a merced de; **contre le ~ de qn** contra la voluntad de algn; **de son plein ~** por su propia voluntad; **de ~ ou de force** por las buenas o por las malas; **de bon ~** con mucho gusto; **il faut le faire bon ~ mal ~** hay que hacerlo, queramos o no; **de ~ à ~** (*Comm*) de común acuerdo; **savoir ~ à qn de qch** estar agradecido(-a) a algn por algo
grec, grecque [gʀɛk] *adj* griego(-a) ▸ *nm* (*Ling*) griego ▸ *nm/f* : **Grec, Grecque** griego(-a)
Grèce [gʀɛs] *nf* Grecia
gredin, e [gʀədɛ̃, in] *nm/f* granuja *mf*
gréement [gʀemɑ̃] *nm* aparejo
greffe [gʀɛf] *nf* (*Agr*) injerto; (*Méd*) tra(n)splante *m*; **~ du rein** tra(n)splante de riñón ▸ *nm* (*Jur*) archivo
greffer [gʀefe] *vt* (*tissu*) injertar; (*organe*) transplantar; **se greffer** *vpr* : **se ~ sur qch** incorporarse a algo
greffier, -ière [gʀefje, jɛʀ] *nm/f* escribano forense
greffon [gʀefɔ̃] *nm* (*Bot : partie greffée*) injerto; (*Méd : tissu*) injerto; (*: fragment*) trasplante *m*
grégaire [gʀegɛʀ] *adj* gregario(-a)
grège [gʀɛʒ] *adj* : **soie ~** seda cruda
grégorien, ne [gʀegɔʀjɛ̃, jɛn] *adj* gregoriano(-a)
grêle [gʀɛl] *adj* flaco(-a) ▸ *nf* granizo
grêlé, e [gʀele] *adj* picado(-a) de viruela
grêler [gʀele] *vb impers* : **il grêle** graniza
grêlon [gʀɛlɔ̃] *nm* granizo
grelot [gʀəlo] *nm* cascabel *m*
grelottant, e [gʀəlɔtɑ̃, ɑ̃t] *adj* tiritando
grelotter [gʀəlɔte] *vi* tiritar
Grenade [gʀənad] *nf* (*ville, île*) Granada
grenade [gʀənad] *nf* (*fruit, arme*) granada; **~ lacrymogène** bomba lacrimógena
grenadier [gʀənadje] *nm* (*Mil*) granadero; (*Bot*) granado
grenadine [gʀənadin] *nf* granadina
grenat [gʀəna] *adj inv* granate
grenier [gʀənje] *nm* (*de maison*) desván *m*, altillo (*Am*), entretecho (*Am*); (*de ferme*) granero
grenouille [gʀənuj] *nf* rana
grenouillère [gʀənujɛʀ] *nf* pelele *m*
grenu, e [gʀəny] *adj* granoso(-a)
grès [gʀɛ] *nm* (*roche*) arenisca; (*poterie*) gres *msg*
grésil [gʀezil] *nm* granizo menudo
grésillement [gʀezijmɑ̃] *nm* chirrido
grésiller [gʀezije] *vi* (*Culin*) chisporrotear; (*Radio*) chirriar
gressin [gʀesɛ̃] *nm* colín *m* (*de pan*)
grève [gʀɛv] *nf* huelga; (*plage*) playa; **se mettre en/faire ~** declararse en/hacer huelga; **~ bouchon** huelga parcial; **~ de la faim** huelga de hambre; **~ de solidarité** huelga de solidaridad; **~ du zèle** huelga de celo; **~ perlée/sauvage** huelga intermitente/

g

salvaje; ~ **sur le tas** huelga de brazos caídos; ~ **surprise/tournante** huelga sorpresa/ escalonada
grever [gʀəve] *vt* gravar; **grevé d'impôts/d'hypothèques** gravado con impuestos/con hipotecas
gréviste [gʀevist] *nmf* huelguista *mf*
gribouillage [gʀibujaʒ] *nm* garabato
gribouiller [gʀibuje] *vt, vi* garabatear
gribouillis [gʀibuji] *nm* garabato
grief [gʀijɛf] *nm* queja; **faire ~ à qn de qch** reprochar algo a algn
grièvement [gʀijɛvmɑ̃] *adv* gravemente; ~ **blessé** herido de gravedad
griffe [gʀif] *nf* garra; (*fig : d'un couturier, parfumeur*) marca
griffé, e [gʀife] *adj* (*fig*) de marca
griffer [gʀife] *vt* arañar
griffon [gʀifɔ̃] *nm* grifón *m*
griffonnage [gʀifɔnaʒ] *nm* garabato
griffonner [gʀifɔne] *vt, vi* garabatear
griffure [gʀifyʀ] *nf* arañazo
grignotage [gʀiɲɔtaʒ] *nm* picoteo
grignoter [gʀiɲɔte] *vt* roer; (*manger peu*) mordisquear; (*manger en dehors des repas*) picar, picotear; (*argent, temps*) consumir; **il lui a grignoté quelques secondes** (*Sport*) consiguió arrancarle unos segundos ▸ *vi* (*manger peu*) mordisquear; (*manger en dehors des repas*) picar, picotear
grigri [gʀigʀi] *nm* amuleto, grisgrís *m*
gril [gʀil] *nm* parrilla
grillade [gʀijad] *nf* carne *f* a la parrilla, asado (*Am*)
grillage [gʀijaʒ] *nm* (*treillis*) reja; (*clôture*) alambrada
grillager [gʀijaʒe] *vt* enrejar, alambrar
grille [gʀij] *nf* reja; (*fig*) red *f*; ~ **(des programmes)** (*Radio, TV*) parrilla (de programación); ~ **des salaires** cuadro de salarios
grille-pain [gʀijpɛ̃] (*pl* **~(s)**) *nm* tostador *m* de pan
griller [gʀije] *vt* (*pain, café : aussi :* **faire griller**) tostar; (*viande*) asar; (*ampoule, résistance*) fundir; (*feu rouge*) saltar ▸ *vi* (*brûler*) asarse
grillon [gʀijɔ̃] *nm* grillo
grimaçant, e [gʀimasɑ̃, ɑ̃t] *adj* gesticulante
grimace [gʀimas] *nf* gesto; (*pour rire*) mueca; **faire des grimaces** hacer muecas
grimacer [gʀimase] *vi* : ~ **de** hacer gestos de
grimacier, -ière [gʀimasje, jɛʀ] *adj* que hace muecas
grimer [gʀime] *vt* maquillar
grimoire [gʀimwaʀ] *nm* (*de sorcellerie*) libro de magia; (*ouvrage illisible*) galimatías *m inv*
grimpant, e [gʀɛ̃pɑ̃, ɑ̃t] *adj* : **plante grimpante** planta trepadora
grimper [gʀɛ̃pe] *vt* trepar a *ou* por ▸ *vi* empinarse; (*prix, nombre*) subir; (*Sport*) escalar; ~ **à/sur** trepar a/por ▸ *nm* : **le ~** (*Sport*) la cuerda
grimpeur, -euse [gʀɛ̃pœʀ, øz] *nm/f* escalador(a)
grinçant, e [gʀɛ̃sɑ̃, ɑ̃t] *adj* (*fig*) mordaz
grincement [gʀɛ̃smɑ̃] *nm* chirrido; crujido; ~ **de dents** (*fig*) rechinar *m* de dientes
grincer [gʀɛ̃se] *vi* (*porte, roue*) chirriar; (*plancher*) crujir; ~ **des dents** rechinar los dientes
grincheux, -euse [gʀɛ̃ʃø, øz] *adj* cascarrabias
gringalet [gʀɛ̃galɛ] *nm* mequetrefe *m* (*fam*)
gringue [gʀɛ̃g] (*fam*) *nm* : **faire du ~ à qn** tirar los tejos a algn (*fam*)
griotte [gʀijɔt] *nf* guinda
grippal, e, -aux [gʀipal, o] *adj* griposo(-a)
grippe [gʀip] *nf* gripe *f*; **avoir la ~** tener gripe; **prendre qn/qch en ~** (*fig*) coger manía a algn/algo; ~ **aviaire** gripe aviar; ~ **porcine** gripe porcina
grippé, e [gʀipe] *adj* : **être ~** estar griposo(-a); (*moteur*) estar gripado(-a)
gripper [gʀipe] *vt* gripar ▸ *vi* griparse
grippe-sou [gʀipsu] (*pl* **grippe-sous**) *nmf* tacaño(-a)
gris, e [gʀi, gʀiz] *adj* gris *inv*; (*ivre*) alegre; **il fait ~** está nublado; **faire grise mine (à qn)** poner mala cara (a algn) ▸ *nm* gris *msg*; ~ **perle** gris perla
grisaille [gʀizɑj] *nf* gris *msg*
grisant, e [gʀizɑ̃, ɑ̃t] *adj* embriagador(a)
grisâtre [gʀizɑtʀ] *adj* grisáceo(-a); (*ciel, jour*) gris
grisé [gʀize] *adj* (*Inform : cadre, bandeau*) con fondo gris ▸ *nm* sombreado
griser [gʀize] *vt* (*fig*) embriagar; **se griser** *vpr* : **se ~ de** (*fig*) embriagarse de
griserie [gʀizʀi] *nf* embriaguez *f*
grisonnant, e [gʀizɔnɑ̃, ɑ̃t] *adj* entrecano(-a)
grisonner [gʀizɔne] *vi* encanecer
Grisons [gʀizɔ̃] *nmpl* : **les ~** los Grisones
grisou [gʀizu] *nm* grisú *m*
gris-vert [gʀivɛʀ] *adj inv* gris verdoso(-a)
grive [gʀiv] *nf* tordo
grivois, e [gʀivwa, waz] *adj* atrevido(-a)
grivoiserie [gʀivwazʀi] *nf* atrevimiento
Groenland [gʀɔɛnlɑ̃d] *nm* Groenlandia
grog [gʀɔg] *nm* ponche *m*
groggy [gʀɔgi] *adj* grogui
grogne [gʀɔɲ] (*fam*) *nf* descontento
grognement [gʀɔɲmɑ̃] *nm* gruñido
grogner [gʀɔɲe] *vi* gruñir; (*personne*) gruñir, refunfuñar
grognon, ne [gʀɔɲɔ̃, ɔn] *adj* gruñón(-ona)
groin [gʀwɛ̃] *nm* hocico
grolle [gʀɔl] (*fam*) *nf* (*chaussure*) zapato
grommeler [gʀɔm(ə)le] *vi* mascullar
grondement [gʀɔ̃dmɑ̃] *nm* (*de tonnerre*) tronido

gronder [gʀɔ̃de] *vi* (*canon, tonnerre*) retumbar; (*animal*) gruñir; (*fig*) amenazar con estallar ▸ *vt* regañar
grondin [gʀɔ̃dɛ̃] *nm* rubio (*pez*)
groom [gʀum] *nm* botones *m inv*
gros, se [gʀo, gʀos] *adj* (*personne*) gordo(-a); (*paquet, problème, fortune*) gran, grande; (*travaux, dégâts*) importante; (*commerçant*) acaudalado(-a); (*orage, bruit*) fuerte; (*trait, fil*) grueso(-a); **par ~ temps** con temporal; **par grosse mer** con mar gruesa; **en ~ plan** en primer plano; **~ porteur** (*Aviat*) avión *m* de gran capacidad; **grosse caisse** (*Mus*) bombo; **~ sel** sal *f* gorda; **~ titre** (*Presse*) titular *m*; **~ intestin** intestino grueso; **~ lot** premio gordo; **~ mot** palabrota; **~ œuvre** (*Constr*) obra bruta; **~ plan** (*Photo*) primer plano ▸ *adv* : **risquer/gagner ~** arriesgar/ganar mucho; **écrire ~** escribir grueso; **en avoir ~ sur le cœur** estar con el corazón muy triste ▸ *nm* (*Comm*) : **le ~** el por mayor; **en ~** en líneas generales; **prix de/vente en ~** precio/venta al por mayor; **le ~ de** (*troupe, fortune*) el grueso de
groseille [gʀozɛj] *nf* grosella; **~ à maquereau** grosella espinosa; **~ (blanche)/(rouge)** grosella (blanca)/(roja)
groseillier [gʀozeje] *nm* grosellero
grosse [gʀos] *adj voir* **gros** ▸ *nf* (*Comm*) gruesa
grossesse [gʀosɛs] *nf* embarazo; **~ nerveuse** falso embarazo
grosseur [gʀosœʀ] *nf* (*d'une personne*) gordura; (*d'un paquet*) tamaño; (*d'un trait*) grosor *m*; (*tumeur*) bulto
grossier, -ière [gʀosje, jɛʀ] *adj* (*vulgaire*) grosero(-a); (*laine*) basto(-a); (*travail, finition*) tosco(-a); (*erreur*) burdo(-a), craso(-a)
grossièrement [gʀosjɛʀmɑ̃] *adv* groseramente; toscamente, (*en gros, à peu près*) aproximadamente; **il s'est ~ trompé** ha cometido un craso error
grossièreté [gʀosjɛʀte] *nf* grosería
grossir [gʀosiʀ] *vi* engordar; (*fig*) aumentar; (*rivière, eaux*) crecer ▸ *vt* (*suj* : *vêtement*) : **~ qn** hacer gordo(-a) a algn; (*nombre, importance*) aumentar; (*histoire, erreur*) exagerar
grossissant, e [gʀosisɑ̃, ɑ̃t] *adj* de aumento
grossissement [gʀosismɑ̃] *nm* aumento
grossiste [gʀosist] *nmf* (*Comm*) mayorista *mf*
grosso modo [gʀosomɔdo] *adv* grosso modo
grotesque [gʀɔtɛsk] *adj* grotesco(-a)
grotte [gʀɔt] *nf* gruta, cueva
grouiller [gʀuje] *vi* (*foule*) bullir; (*fourmis*) pulular; **~ de** estar atestado(-a) de; **se grouiller** *vpr* (*fam*) espabilar
groupe [gʀup] *nm* grupo; **médecine/thérapie de ~** medicina/terapia de grupo; **~ de parole** grupo de apoyo; **~ de pression** grupo de presión; **~ électrogène** grupo electrógeno; **~ sanguin/scolaire** grupo sanguíneo/escolar
groupement [gʀupmɑ̃] *nm* agrupación *f*; **~ d'intérêt économique** agrupación con intereses económicos
grouper [gʀupe] *vt* agrupar; **se grouper** *vpr* agruparse
groupie [gʀupi] *nf* groupie *f*
groupuscule [gʀupyskyl] (*péj*) *nm* grupúsculo
gruau [gʀyo] *nm* : **pain de ~** pan *m* candeal
grue [gʀy] *nf* grúa; (*Zool*) grulla; **faire le pied de ~** (*fam*) estar de plantón (*fam*)
gruger [gʀyʒe] *vt* timar
grumeaux [gʀymo] *nmpl* grumos *mpl*
grumeleux, -euse [gʀym(ə)lø, øz] *adj* (*sauce*) grumoso(-a); (*peau*) granuloso(-a)
grutier [gʀytje] *nm* conductor *m ou* operador *m* de grúa
gruyère [gʀyjɛʀ] *nm* gruyère *m*
Guadeloupe [gwadlup] *nf* Guadalupe *f*
guadeloupéen, ne [gwadlupeɛ̃, ɛn] *adj* guadalupeño(-a) ▸ *nm/f* : **Guadeloupéen, ne** guadalupeño(-a)
guano [gwano] *nm* guano
Guatemala [gwatemala] *nm* Guatemala
guatémaltèque [gwatemaltɛk] *adj* guatemalteco(-a) ▸ *nmf* : **Guatémaltèque** guatemalteco(-a)
gué [ge] *nm* vado; **passer à ~** vadear
guenilles [gənij] *nfpl* harapos *mpl*
guenon [gənɔ̃] *nf* mona
guépard [gepaʀ] *nm* guepardo
guêpe [gɛp] *nf* avispa
guêpier [gepje] *nm* (*fig*) avispero
guêpière [gɛpjɛʀ] *nf* faja
guère [gɛʀ] *adv* (*avec adjectif, adverbe*) : **ne ... ~** poco; (*avec verbe*) poco, apenas; **tu n'es ~ raisonnable** eres poco razonable; **il ne la connaît ~** apenas la conoce; **il n'y a ~ de** apenas hay; **il n'y a ~ que toi qui puisse le faire** apenas hay otro que puede hacerlo más que tú
guéri, e [geʀi] *adj* curado(-a); **être ~ de** (*fig*) estar curado(-a) de
guéridon [geʀidɔ̃] *nm* velador *m*
guérilla [geʀija] *nf* guerrilla
guérillero [geʀijeʀo] *nm* guerrillero(-a)
guérir [geʀiʀ] *vt* curar; **~ qn de** curar a algn de ▸ *vi* (*personne*) curarse; (*plaie*) curarse, sanar; **~ de** (*Méd, fig*) curar de
guérison [geʀizɔ̃] *nf* curación *f*
guérissable [geʀisabl] *adj* curable
guérisseur, -euse [geʀisœʀ, øz] *nm/f* curandero(-a)
guérite [geʀit] *nf* garita
Guernesey [gɛʀn(ə)zɛ] *nf* Guernesey *m*
guerre [gɛʀ] *nf* guerra; **~ atomique/de tranchées/d'usure** guerra atómica/de trincheras/de desgaste; **en ~** en guerra; **faire la ~ à** hacer la guerra a; **de ~ lasse** (*fig*) cansado(-a) de luchar; **de bonne ~**

g

legítimo(-a); ~ **civile** guerra civil; ~ **de religion** guerra de religión; ~ **froide/ mondiale** guerra fría/mundial; ~ **sainte** guerra santa; ~ **totale** guerra total
guerrier, -ière [gɛʀje, jɛʀ] *adj, nm/f* guerrero(-a)
guerroyer [gɛʀwaje] *vi* guerrear
guet [gɛ] *nm* : **faire le** ~ estar al acecho
guet-apens [gɛtapɑ̃] (*pl* **guets-apens**) *nm* emboscada
guêtre [gɛtʀ(ə)] *nf* polaina
guetter [gete] *vt* (*pour épier, surprendre*) acechar; (*attendre*) aguardar
guetteur [getœʀ] *nm* centinela *m*
gueulante [gœlɑ̃t] *nf* (*fam*) : **pousser une ~ (contre)** montar un pollo (a) (*fam*)
gueulard, e [gœlaʀ, aʀd] (*fam*) *adj* (*personne*) vocinglero(-a); (*criard : musique*) chillón(-ona) ▸ *nm/f* vocinglero(-a)
gueule [gœl] *nf* (*d'animal*) hocico; (*du canon, tunnel*) boca; (*fam : visage*) jeta (*fam*); (*: bouche*) pico (*fam*); **ta ~ !** (*fam*) ¡cierra el pico! (*fam*); ~ **de bois** (*fam*) resaca
gueule-de-loup [gœldəlu] (*pl* **gueules-de-loup**) *nf* (boca de) dragón *m*
gueuler [gœle] (*fam*) *vi* chillar
gueuleton [gœltɔ̃] (*fam*) *nm* comilona (*fam*)
gueux [gø] *nm* mendigo; (*coquin*) bribón *m*
gugusse [gygys] (*fam*) *nm* payaso (*fam*)
gui [gi] *nm* muérdago
guibolle, guibole [gibɔl] *nf* (*fam : jambe*) pierna, pata (*fam*)
guichet [giʃɛ] *nm* (*d'un bureau, d'une banque*) ventanilla; (*d'une porte*) portillo; **les guichets** (*à la gare, au théâtre*) la taquilla, la boletería (Aᴍ); **jouer à guichets fermés** actuar con todas las entradas vendidas
guichetier, -ière [giʃ(ə)tje, jɛʀ] *nm/f* taquillero(-a)
guide [gid] *nmf* guía *mf* ▸ *nm* (*livre*) guía *f* ▸ *nf* guía; **guides** *nfpl* (*d'un cheval*) riendas *fpl*
guider [gide] *vt* guiar
guidon [gidɔ̃] *nm* manillar *m*
guigne [giɲ] *nf* : **avoir la** ~ tener la negra
guigner [giɲe] *vt* (*convoiter*) codiciar; (*regarder à la dérobée*) mirar de reojo
guignol [giɲɔl] *nm* guiñol *m*; (*fig*) payaso
guili-guili [giligili] (*fam*) *nm inv* cosquillas *fpl*; **faire des ~ à qn** hacer cosquillas a algn
guillemets [gijmɛ] *nmpl* : **entre** ~ entre comillas
guilleret, te [gijʀɛ, ɛt] *adj* vivaracho(-a)
guillotine [gijɔtin] *nf* guillotina
guillotiner [gijɔtine] *vt* guillotinar
guimauve [gimov] *nf* (*Bot*) malvavisco; (*sucrerie*) nube *f*; (*fig*) ñoñez *f*
guimbarde [gɛ̃baʀd] *nf* (*vieille voiture*) cacharro (*fam*); (*instrument de musique*) birimbao
guincher [gɛ̃ʃe] *vi* (*fam*) bailar, mover el esqueleto (*fam*)
guindé, e [gɛ̃de] *adj* estirado(-a)
Guinée [gine] *nf* : **la (République de)** ~ la (República de) Guinea; **la ~ équatoriale** la Guinea Ecuatorial
Guinée-Bissau [ginebiso] *nf* Guinea-Bissau
guinéen, ne [gineɛ̃, ɛn] *adj* guineano(-a) ▸ *nm/f* : **Guinéen, ne** guineano(-a)
guingois [gɛ̃gwa] : **de** ~ *adv* de través
guinguette [gɛ̃gɛt] *nf* merendero
guirlande [giʀlɑ̃d] *nf* guirnalda; ~ **de Noël/ lumineuse** guirnalda de Navidad/de luces
guise [giz] *nf* : **à votre** ~ como guste; **en ~ de** (*en manière de, comme*) a guisa de; (*à la place de*) en lugar de
guitare [gitaʀ] *nf* guitarra; ~ **sèche** guitarra española
guitariste [gitaʀist] *nmf* guitarrista *mf*
gustatif, -ive [gystatif, iv] *adj* gustativo(-a); *voir* **papille**
guttural, e, -aux [gytyʀal, o] *adj* gutural
guyanais, e [gɥijanɛ, ɛz] *adj* guayanés(-esa) ▸ *nm/f* : **Guyanais, e** guayanés(-esa)
Guyane [gɥijan] *nf* Guayana; **la ~ française** la Guayana francesa
gymkhana [ʒimkana] *nm* gymkana; ~ **motocycliste** gymkana de motos
gymnase [ʒimnɑz] *nm* gimnasio
gymnaste [ʒimnast] *nmf* gimnasta *mf*
gymnastique [ʒimnastik] *nf* gimnasia; ~ **corrective/rythmique** gimnasia correctiva/rítmica
gymnique [ʒimnik] *adj* gímnico(-a)
gynéco [ʒineko] *nmf* (*aussi* : **gynécologue**) ginecólogo(-a)
gynécologie [ʒinekɔlɔʒi] *nf* ginecología
gynécologique [ʒinekɔlɔʒik] *adj* ginecológico(-a)
gynécologue [ʒinekɔlɔg] *nmf* ginecólogo(-a)
gypse [ʒips] *nm* yeso
gyrocompas [ʒiʀokɔ̃pɑ] *nm* girocompás *msg*
gyrophare [ʒiʀofaʀ] *nm* (*sur une voiture*) faro giratorio

Hh

H¹, h [aʃ] *nm inv* (*lettre*) H, h *f*; **bombe H** bomba H; **à l'heure H** a la hora H; **H comme Henri** ≈ H de Historia
H² [aʃ] *abr* (= *hydrogène*) H (= *hidrógeno*)
ha *abr* (= *hectare(s)*) ha. (= *hectárea(s)*)
hab. *abr* = **habitant**
habile [abil] *adj* hábil
habilement [abilmɑ̃] *adv* hábilmente
habileté [abilte] *nf* habilidad *f*
habilité, e [abilite] *adj* : **~ à faire** habilitado(-a) para hacer
habiliter [abilite] *vt* habilitar
habillage [abijaʒ] *nm* (el) vestir *m*; (*d'un objet*) revestimiento
habillé, e [abije] *adj* vestido(-a); (*robe, costume*) elegante; **~ de** (*Tech*) revestido(-a) de, forrado(-a) con
habillement [abijmɑ̃] *nm* ropa; (*profession*) confección *f*
habiller [abije] *vt* vestir; (*objet*) revestir, forrar; **s'habiller** *vpr* vestirse; (*mettre des vêtements chic*) vestir bien, ir bien vestido(-a); **s'~ de/en** vestirse de; **s'~ chez/à** vestirse en
habilleuse [abijøz] *nf* (*Ciné, Théâtre*) encargada del vestuario
habit [abi] *nm* traje *m*; **prendre l'~** (*Rel*) tomar hábito; **~ (de soirée)** traje de etiqueta; **habits** *nmpl* (*vêtements*) ropa
habitabilité [abitabilite] *nf* (*de logement*) habitabilidad *f*; (*de voiture*) capacidad *f*
habitable [abitabl] *adj* habitable
habitacle [abitakl] *nm* (*de voiture*) interior *m*; (*de fusée etc*) cabina
habitant, e [abitɑ̃, ɑ̃t] *nm/f* habitante *mf*; (*d'une maison*) ocupante *mf*; (*d'un immeuble*) vecino(-a); **loger chez l'~** alojarse con gente de la zona
habitat [abita] *nm* hábitat *m*
habitation [abitasjɔ̃] *nf* (*bâtiment*) vivienda; (*domicile*) domicilio; (*fait de résider*) habitación *f*; **habitations à loyer modéré** *viviendas oficiales de bajo alquiler*

> ⚠ No debe traducirse normalmente por *habitación*, cuya acepción más frecuente corresponde en francés a **pièce** y si se destina principalmente para dormir, a **chambre**.

habité, e [abite] *adj* habitado(-a)
habiter [abite] *vt* vivir en; (*suj : sentiment, envie*) anidar en ▸ *vi* : **~ à** *ou* **dans** vivir en; **~ chez** *ou* **avec qn** vivir en casa de *ou* con algn; **~ rue Montmartre** vivir en la calle Montmartre
habitude [abityd] *nf* costumbre *f*; **avoir l'~ de faire/qch** tener la costumbre de hacer/algo; (*expérience*) estar acostumbrado(-a) a hacer/algo; **avoir l'~ des enfants** estar acostumbrado(-a) a los niños; **prendre l'~ de faire qch** acostumbrarse a hacer algo; **perdre une ~** perder una costumbre; **d'~** normalmente; **comme d'~** como de costumbre; **par ~** por hábito *ou* costumbre
habitué, e [abitɥe] *adj* : **être ~ à** estar acostumbrado(-a) a ▸ *nm/f* (*d'une maison*) amigo(-a); (*client : d'un café, d'un lieu*) parroquiano(-a)
habituel, le [abitɥɛl] *adj* habitual; **à l'endroit ~** en el sitio habitual
habituellement [abitɥɛlmɑ̃] *adv* habitualmente; (*presque toujours*) generalmente
habituer [abitɥe] *vt* : **~ qn à qch/faire** acostumbrar a algn a algo/hacer; **s'habituer à** *vpr* acostumbrarse a; **s'~ à faire** acostumbrarse a hacer
hâbleur, -euse [ˈɑblœʀ, øz] *adj* fanfarrón(-ona)
hache [ˈaʃ] *nf* hacha
haché, e [ˈaʃe] *adj* (*Culin*) picado(-a); (*mot, style*) entrecortado(-a); **viande hachée** carne *f* picada, picadillo
hache-légumes [ˈaʃlegym] *nm inv* picadora de legumbres
hacher [ˈaʃe] *vt* (*viande, persil*) picar; (*entrecouper*) cortar; **~ menu** hacer picadillo
hachette [ˈaʃɛt] *nf* hachuela
hache-viande [ˈaʃvjɑ̃d] *nm* picadora; (*couteau*) cuchilla de carnicero
hachis [ˈaʃi] *nm* picadillo; **~ de viande** picadillo de carne; **~ parmentier** *pastel de carne picada de vaca y puré de patatas*
hachisch [ˈaʃiʃ] *nm voir* **haschisch**
hachoir [ˈaʃwaʀ] *nm* (*instrument*) cuchilla de carnicero; (*appareil*) picadora; (*planche*) tabla de picar

hachurer ['aʃyʀe] *vt* (*Art*) plumear
hachures ['aʃyʀ] *nfpl* (*Art*) plumeado *msg*
hagard, e ['agaʀ, aʀd] *adj* enloquecido(-a)
hagiographie [aʒjɔgʀafi] *nf* hagiografía
haie ['ɛ] *nf* seto; (*Sport*) valla; (*fig* : *rang*) hilera; **110 m/400 m haies** 110 m/400 m vallas; **~ d'honneur** hilera de honor
haillons ['ɑjɔ̃] *nmpl* harapos *mpl*, andrajos *mpl*; **en ~** harapiento(-a), andrajoso(-a)
haine ['ɛn] *nf* odio
haineux, -euse ['ɛnø, øz] *adj* : **regard ~** mirada de odio
haïr ['aiʀ] *vt* odiar; **se haïr** *vpr* odiarse
hais ['ɛ] *vb voir* **haïr**
haïs ['ai] *vb voir* **haïr**
haïssable ['aisabl] *adj* aborrecible
Haïti [aiti] *n* Haití *m*
haïtien, ne [aisjɛ̃, ɛn] *adj* haitiano(-a) ▸ *nm/f* : **Haïtien, ne** haitiano(-a)
halage ['alaʒ] *nm* : **chemin de ~** camino de sirga
hâle ['ɑl] *nm* bronceado
hâlé, e ['ɑle] *adj* bronceado(-a)
haleine [alɛn] *nf* aliento; **perdre ~** perder el aliento *ou* la respiración; **à perdre ~** hasta perder el aliento; **avoir mauvaise ~** tener mal aliento; **reprendre ~** recobrar el aliento; **hors d'~** sin aliento; **tenir en ~** tener en vilo; **de longue ~** de mucho esfuerzo
haler ['ale] *vt* (*câble*) halar; (*remorquer*) sirgar
haletant, e ['al(ə)tɑ̃, ɑ̃t] *adj* (*personne, animal*) jadeante; (*match, rencontre*) apasionante
haleter ['alte] *vi* jadear
hall ['ol] *nm* vestíbulo
hallali [alali] *nm* toque *m* de acoso
halle ['al] *nf* mercado; **halles** *nfpl* (*marché principal*) mercado central
hallebarde ['albaʀd] *nf* alabarda; **il pleut des hallebardes** llueve a cántaros
hallucinant, e [alysinɑ̃, ɑ̃t] *adj* alucinante
hallucination [alysinasjɔ̃] *nf* alucinación *f*; **~ collective** alucinación colectiva
hallucinatoire [alysinatwaʀ] *adj* alucinador(a)
halluciné, e [alysine] *nm/f* alucinado(-a); (*fou*) loco(-a)
halluciner [a(l)lysine] (*fam*) *vi* alucinar (*fam*); **j'hallucine !** ¡alucino!; **~ sur qch** alucinar con algo
hallucinogène [a(l)lysinɔʒɛn] *adj* alucinógeno(-a) ▸ *nm* alucinógeno
halo ['alo] *nm* halo
halogène [alɔʒɛn] *nm* : **lampe (à) ~** lámpara halógena
halte ['alt] *nf* alto; (*escale*) parada; (*Rail*) apeadero; (*excl*) ¡alto!; **faire ~** hacer un alto, pararse
halte-garderie ['altgaʀdəʀi] (*pl* **haltes-garderies**) *nf* guardería
haltère [altɛʀ] *nm* pesa; **haltères** *nmpl* : **faire des haltères** hacer pesas
haltérophile [alteʀɔfil] *nmf* halterófilo(-a)
haltérophilie [alteʀɔfili] *nf* halterofilia
hamac ['amak] *nm* hamaca
hamburger ['ɑ̃buʀgœʀ] *nm* hamburguesa
hameau, x ['amo] *nm* aldea
hameçon [amsɔ̃] *nm* anzuelo
hameçonnage [amsɔnaʒ] *nm* (*Internet*) phishing *m*
hampe ['ɑ̃p] *nf* asta
hamster ['amstɛʀ] *nm* hámster *m*
hanche ['ɑ̃ʃ] *nf* cadera
hand ['ɑ̃d] (*fam*) *nm* balonmano
handball ['ɑ̃dbal] (*pl* **handballs**) *nm* balonmano
handballeur, -euse ['ɑ̃dbalœʀ, øz] *nm/f* jugador(a) de balonmano
handicap ['ɑ̃dikap] *nm* handicap *m*
handicapé, e ['ɑ̃dikape] *adj, nm/f* discapacitado(-a); **réservé aux handicapés** reservado para personas discapacitadas; **~ mental** discapacitado(-a) psíquico(-a); **~ moteur** discapacitado(-a) motor; **~ physique** discapacitado(-a) físico(-a)
handicaper ['ɑ̃dikape] *vt* ser una desventaja para; (*Sport*) handicapar
handisport ['ɑ̃dispɔʀ] *adj* paralímpico(-a); **jeux olympiques handisports** juegos *mpl* paralímpicos
hangar ['ɑ̃gaʀ] *nm* cobertizo, galpón *m* (CSUR); (*Aviat*) hangar *m*
hanneton ['antɔ̃] *nm* abejorro
hanté, e ['ɑ̃te] *adj* (*maison, château*) encantado(-a)
hanter ['ɑ̃te] *vt* (*suj* : *fantôme*) aparecer en; (*suj* : *idée, souvenir*) obsesionar, atormentar
hantise ['ɑ̃tiz] *nf* fobia; **avoir la ~ de faire qch** tener fobia a hacer algo
happer ['ape] *vt* (*avec la bouche*) atrapar; (*suj* : *train, voiture*) atropellar
harangue ['aʀɑ̃g] *nf* arenga
haranguer ['aʀɑ̃ge] *vt* arengar; (*sermonner*) sermonear
haras ['aʀɑ] *nm* acaballadero
harassant, e ['aʀasɑ̃, ɑ̃t] *adj* abrumador(a)
harassé, e ['aʀase] *adj* abrumado(-a); **être ~ de** (*travail etc*) estar abrumado(-a) de
harcèlement ['aʀsɛlmɑ̃] *nm* (*Chasse, fig*) acoso; (*Mil*) hostigamiento; **~ moral** acoso moral, mobbing *m*; **~ sexuel** acoso sexual
harceler ['aʀsəle] *vt* (*Chasse, fig*) acosar; (*Mil*) hostigar; **~ de questions** acosar a preguntas
hardes ['aʀd] (*péj*) *nfpl* trapos *mpl* (*fam*)
hardi, e ['aʀdi] *adj* audaz; (*décolleté*) atrevido(-a)
hardiesse ['aʀdjɛs] *nf* audacia; (*péj* : *effronterie*) atrevimiento; **hardiesses** *nfpl* (*actions, paroles*) libertades *fpl*
hardiment ['aʀdimɑ̃] *adv* audazmente

harem ['aʀɛm] *nm* harén *m*
hareng ['aʀɑ̃] *nm* arenque *m*; ~ **saur** arenque ahumado
hargne ['aʀɲ] *nf* saña
hargneusement ['aʀɲøzmɑ̃] *adv* con saña
hargneux, -euse ['aʀɲø, øz] *adj* arisco(-a), hosco(-a); (*critiques*) acerbo(-a)
haricot ['aʀiko] *nm* (*Bot*) judía; ~ **blanc/rouge** alubia blanca/pinta; ~ **vert** judía verde
harissa [aʀisa] *nf* harissa, *condimento a base de guindilla*
harki ['aʀki] *nm argelino alistado en el ejército francés durante la guerra de la independencia de Argelia*
harmonica [aʀmɔnika] *nm* armónica
harmonie [aʀmɔni] *nf* armonía
harmonieusement [aʀmɔnjøzmɑ̃] *adv* armoniosamente
harmonieux, -euse [aʀmɔnjø, jøz] *adj* armonioso(-a)
harmonique [aʀmɔnik] *nm* (*Mus*) armónico
harmoniser [aʀmɔnize] *vt* armonizar; **s'harmoniser** *vpr* armonizar
harmonium [aʀmɔnjɔm] *nm* armonio
harnaché, e ['aʀnaʃe] *adj* (*fig*) ataviado(-a)
harnachement ['aʀnaʃmɑ̃] *nm* (*habillement*) atavío; (*équipement*) arneses *mpl*
harnacher ['aʀnaʃe] *vt* enjaezar
harnais ['aʀnɛ] *nm* arreos *mpl*
haro ['aʀo] *nm* : **crier ~ sur qn/qch** gritar indignado(-a) contra algn/algo
harpe ['aʀp] *nf* arpa
harpie ['aʀpi] *nf* arpía
harpiste ['aʀpist] *nmf* arpista *mf*
harpon ['aʀpɔ̃] *nm* arpón *m*
harponner ['aʀpɔne] *vt* arponear; (*fam*) enganchar (*fam*)
hasard ['azaʀ] *nm* azar *m*; **un** ~ una casualidad; (*chance*) una suerte; **au** ~ al azar; (*à l'aveuglette*) a ciegas; **par** ~ por casualidad; **comme par** ~ como de casualidad; **à tout** ~ por si acaso
hasarder ['azaʀde] *vt* (*mot*) aventurar; (*fortune*) arriesgar; **se hasarder** *vpr* : **se ~ à faire** aventurarse a hacer
hasardeux, -euse ['azaʀdø, øz] *adj* (*entreprise*) arriesgado(-a); (*hypothèse*) aventurado(-a)
hasch ['aʃ] *nm* (*fam*) chocolate *m* (*fam*), costo (*fam*)
haschisch ['aʃiʃ] *nm* hachís *m*
hassidique [asidik] *adj* hasídico(-a), jasídico(-a)
hâte ['ɑt] *nf* prisa; **à la** ~ de prisa; **en** ~ rápidamente; **avoir ~ de** tener prisa por
hâter ['ɑte] *vt* apresurar; **se hâter** *vpr* apresurarse; **se ~ de** apresurarse a
hâtif, -ive ['ɑtif, iv] *adj* precipitado(-a); (*fruit, légume*) temprano(-a)
hâtivement ['ɑtivmɑ̃] *adv* apresuradamente
hauban ['obɑ̃] *nm* (*Naut*) obenque *m*
hausse ['os] *nf* alza; (*de la température*) subida, aumento; **à la** ~ al alza; **en** ~ (*prix*) en alza; (*température*) en aumento
haussement ['osmɑ̃] *nm* : ~ **d'épaules** encogimiento de hombros; **avec un ~ de sourcils** arqueando las cejas
hausser ['ose] *vt* subir; ~ **les épaules** encogerse de hombros; ~ **les sourcils** arquear las cejas; **se hausser** *vpr* : **se ~ sur la pointe des pieds** ponerse de puntillas
haussier, -ière ['osje, jɛʀ] *adj* (*Fin : marché, scénario*) alcista
haut, e ['o, 'ot] *adj* alto(-a); (*température, pression*) elevado(-a), alto(-a); ~ **de 2 m/5 étages** de 2 m/5 pisos de altura; **en haute montagne** en alta montaña; **en ~ lieu** en las altas esferas; **à haute voix, tout** ~ en voz alta; ~ **en couleur** (*personnage, scène*) pintoresco(-a); **un personnage ~ en couleur** un personaje pintoresco; **plus** ~ más alto; (*dans un texte*) más arriba; ~ **débit** (*Inform*) alta velocidad *f*; **haute coiffure/couture** alta peluquería/costura; **haute fidélité** (*Élec*) alta fidelidad *f*; **haute finance** altas finanzas *fpl*; **haute trahison** alta traición *f* ▸ *adv* : **être/monter/lever** ~ estar/subir/levantar en alto; **tomber de** ~ caer desde lo alto; (*fig*) quedarse de una pieza; **dire qch bien** ~ decir algo bien fuerte; **prendre qch de** ~ tomar algo con desdén; **traiter qn de** ~ tratar con altanería a algn; **en** ~ arriba; **en ~ de** (*être situé*) por encima de; (*aller, monter*) a lo alto de; **« ~ les mains ! »** « ¡arriba las manos! » ▸ *nm* alto; (*d'un arbre*) copa; (*d'une montagne*) cumbre *f*; **de 3 m de** ~ de 3 m de alto *ou* altura; **des hauts et des bas** altibajos *mpl*; **du ~ de** desde lo alto de; **de ~ en bas** (*regarder*) de arriba abajo; (*frapper*) por todas partes
hautain, e ['otɛ̃, ɛn] *adj* altanero(-a)
hautbois ['obwɑ] *nm* oboe *m*
hautboïste ['obɔist] *nmf* oboe *mf*
haut-commissaire ['okɔmisɛʀ] (*pl* **hauts-commissaires**) *nmf* alto(-a) comisario(-a)
haut-commissariat ['okɔmisaʀja] (*pl* **hauts-commissariats**) *nm* alto comisionado
haut-de-forme ['odfɔʀm] (*pl* **hauts-de-forme**) *nm* sombrero de copa
haute-contre ['otkɔ̃tʀ] (*pl* **hautes-contre**) *nmf* (*Mus*) contralto
hautement ['otmɑ̃] *adv* sumamente
hauteur ['otœʀ] *nf* altura; (*noblesse*) grandeza; (*arrogance*) altanería, altivez *f*; **à ~ de** a la altura de; **à ~ des yeux** a la altura de los ojos; **à la ~ de** al nivel de; **à la** ~ (*fig*) a la altura
Haute-Volta ['otvɔlta] *nf* Alto Volta
haut-fond ['ofɔ̃] (*pl* **hauts-fonds**) *nm* bajío
haut-fourneau ['ofuʀno] (*pl* **hauts-fourneaux**) *nm* alto horno

h

haut-le-cœur ['olkœʀ] *nm inv* náusea
haut-le-corps ['olkɔʀ] *nm inv* sobresalto
haut-parleur ['opaʀlœʀ] (*pl* **haut-parleurs**) *nm* altavoz *m*
hauturier, -ière ['otyʀje, jɛʀ] *adj* (*Naut*) : **pêche hauturière** pesca de altura
havanais, e ['avanɛ, ɛz] *adj* habano(-a) ▸ *nm/f* : **Havanais, e** habano(-a)
Havane ['avan] *nf* : **la ~** La Habana
havane ['avan] *nm* (*cigare*) habano
hâve ['ɑv] *adj* macilento(-a)
havrais, e ['ɑvʀɛ, ɛz] *adj* de Le Havre ▸ *nm/f* : **Havrais, e** nativo(-a) *ou* habitante *mf* de Le Havre
havre ['ɑvʀ] *nm* refugio
havresac ['ɑvʀəsak] *nm* mochila
Hawaï, Hawaii [awai] *n* Hawai; **les îles ~** las islas Hawai
hawaïen, ne [awajɛ̃, ɛn] *adj* hawaiano(-a) ▸ *nm* (*Ling*) hawaiano ▸ *nm/f* : **Hawaïen, ne** hawaiano(-a)
Haye ['ɛ] *n* : **la ~** La Haya
hayon ['ɛjɔ̃] *nm* (*Auto*) portón *m* trasero
HCR *sigle m* (= *Haut-Commissariat des Nations unies pour les réfugiés*) ACNUR (= *Alto Comisionado de las Naciones Unidas para los Refugiados*)
hé ['e] *excl* ¡eh!
hebdo [ɛbdo] (*fam*) *nm* semanario
hebdomadaire [ɛbdɔmadɛʀ] *adj* semanal ▸ *nm* semanario
hébergement [ebɛʀʒəmɑ̃] *nm* alojamiento, hospedaje *m*
héberger [ebɛʀʒe] *vt* alojar, hospedar; (*réfugiés*) alojar
hébergeur [ebɛʀʒœʀ] *nm* (*Internet*) servidor *m*
hébété, e [ebete] *adj* atontado(-a)
hébétude [ebetyd] *nf* entorpecimiento
hébraïque [ebʀaik] *adj* hebraico(-a)
hébreu, x [ebʀø] *adj* hebreo(-a) ▸ *nm* hebreo
HEC ['aʃese] *sigle fpl* (= *École des hautes études commerciales*) *escuela de élite de comercio*
hécatombe [ekatɔ̃b] *nf* hecatombe *f*
hectare [ɛktaʀ] *nm* hectárea
hecto... [ɛkto] *préf* hecto...
hectolitre [ɛktɔlitʀ] *nm* hectolitro
hectomètre [ɛktɔmɛtʀ] *nm* hectómetro
hédonisme [edɔnism] *nm* hedonismo
hédoniste [edɔnist] *adj, nmf* hedonista *mf*
hégémonie [eʒemɔni] *nf* hegemonía
hégémonique [eʒemɔnik] *adj* hegemónico(-a)
hein ['ɛ̃] *excl* (*comment ?*) ¿eh?; **tu m'approuves, ~ ?** ¿estás de acuerdo, eh?; **Paul est venu, ~ ?** Pablo vino, ¿no?; **j'ai eu tort, ~ ?** me equivoqué, ¿no?; **que fais-tu, ~ ?** ¿qué haces, eh?
hélas ['elɑs] *excl* ¡ay! ▸ *adv* desgraciadamente
héler ['ele] *vt* llamar; **~ un taxi** llamar un taxi
hélice [elis] *nf* hélice *f*; **escalier en ~** escalera de caracol
hélicoïdal, e, -aux [elikɔidal, o] *adj* helicoidal
hélicoptère [elikɔptɛʀ] *nm* helicóptero
hélio [eljɔ], **héliogravure** [eljɔgʀavyʀ] *nf* heliograbado
héliomarin, e [eljɔmaʀɛ̃, in] *adj* : **centre ~** sanatorio marítimo
héliotrope [eljɔtʀɔp] *nm* heliotropo
héliport [elipɔʀ] *nm* helipuerto
héliporté, e [elipɔʀte] *adj* helitransportado(-a)
hélitreuillage [elitʀœjaʒ] *nm* izado a un helicóptero
hélitreuiller [elitʀœje] *vt* izar a un helicóptero
hélium [eljɔm] *nm* helio
hellébore [e(ɛl)lebɔr] *nm* (*Bot*) eléboro
hellène [elɛn] *adj* heleno(-a)
hellénique [elenik] *adj* helénico(-a)
hellénisant, e [elenizɑ̃, ɑ̃t] *adj* helenista
helléniste [elenist] *nmf* helenista *mf*
Helsinki [ɛlzinki] *n* Helsinki
helvète [ɛlvɛt] *adj* helvecio(-a) ▸ *nmf* : **Helvète** helvecio(-a)
Helvétie [ɛlvesi] *nf* Helvecia
helvétique [ɛlvetik] *adj* helvético(-a)
hématite [ematit] *nf* (*pierre*) hematites *f inv*
hématologie [ematɔlɔʒi] *nf* hematología
hématome [ematom] *nm* hematoma *m*
hémicycle [emisikl] *nm* hemiciclo; (*Pol*) : **l'~** el hemiciclo
hémiplégie [emipleʒi] *nf* hemiplejía
hémiplégique [emipleʒik] *adj, nmf* hemipléjico(-a)
hémisphère [emisfɛʀ] *nm* : **~ nord/sud** hemisferio norte/sur
hémisphérique [emisfeʀik] *adj* hemisférico(-a)
hémistiche [emistiʃ] *nm* (*moitié de vers*) hemistiquio; (*césure*) cesura
hémodialyse [emodjaliz] *nf* hemodiálisis *f inv*
hémoglobine [emɔglɔbin] *nf* hemoglobina
hémophile [emɔfil] *adj* hemofílico(-a)
hémophilie [emɔfili] *nf* hemofilia
hémorragie [emɔʀaʒi] *nf* hemorragia; **~ cérébrale/interne/nasale** hemorragia cerebral/interna/nasal
hémorragique [emɔʀaʒik] *adj* hemorrágico(-a)
hémorroïdes [emɔʀɔid] *nfpl* almorranas *fpl*, hemorroides *fpl*
hémostatique [emɔstatik] *adj* hemostático(-a)
henné ['ene] *nm* alheña
hennir ['eniʀ] *vi* relinchar
hennissement ['enismɑ̃] *nm* relincho
hep ['ɛp] *excl* ¡eh!
hépatique [epatik] *adj* hepático(-a)
hépatite [epatit] *nf* hepatitis *f inv*

heptathlon [ɛptatlɔ̃] *nm* heptatlón *m*
héraldique [eʀaldik] *nf* heráldica
herbacé, e [ɛʀbase] *adj* herbáceo(-a); **plantes herbacées** plantas *fpl* herbáceas
herbage [ɛʀbaʒ] *nm* herbaje *m*
herbe [ɛʀb] *nf* hierba; **en ~** en cierne; **de l'~** hierba; **touffe/brin d'~** mata/brizna de hierba
herbeux, -euse [ɛʀbø, øz] *adj* herboso(-a)
herbicide [ɛʀbisid] *nm* herbicida *m*
herbier [ɛʀbje] *nm* herbario
herbivore [ɛʀbivɔʀ] *nm* herbívoro
herboriser [ɛʀbɔʀize] *vi* herborizar
herboriste [ɛʀbɔʀist] *nmf* herbolario(-a)
herboristerie [ɛʀbɔʀistʀi] *nf* (*magasin*) herbolario, herboristería; (*commerce*) comercio de plantas medicinales
hercule [ɛʀkyl] *nm* (*forain*) hércules *m*, hombre *m* forzudo
herculéen, ne [ɛʀkyleɛ̃, ɛn] *adj* hercúleo(-a)
hère ['ɛʀ] *nm* : **pauvre ~** pobre diablo
héréditaire [eʀeditɛʀ] *adj* hereditario(-a)
hérédité [eʀedite] *nf* herencia
hérésie [eʀezi] *nf* herejía
hérétique [eʀetik] *nmf* herético(-a)
hérissé, e ['eʀise] *adj* erizado(-a); **~ de** erizado(-a) de
hérisser ['eʀise] *vt* : **~ qn** (*fig*) poner los pelos de punta a algn; **se hérisser** *vpr* erizarse
hérisson ['eʀisɔ̃] *nm* erizo
héritage [eʀitaʒ] *nm* herencia; (*legs*) testamento; **faire un (petit) ~** recibir una (pequeña) herencia
hériter [eʀite] *vt, vi* heredar; **~ qch (de qn)** heredar algo (de algn); **~ de qn** heredar de algn; **il a hérité deux millions de son oncle** heredó dos millones de su tío
héritier, -ière [eʀitje, jɛʀ] *nm/f* heredero(-a)
hermaphrodite [ɛʀmafʀɔdit] *adj, nm* hermafrodita *mf*
hermétique [ɛʀmetik] *adj* (*récipient*) hermético(-a); (*étanche*) impermeable; (*fig*) : **~ à** impermeable a
hermétiquement [ɛʀmetikmɑ̃] *adv* herméticamente
hermine [ɛʀmin] *nf* armiño
herniaire ['ɛʀnjɛʀ] *adj* (*sac*) herniario(-a); **bandage ~** braguero
hernie ['ɛʀni] *nf* hernia; **~ discale** hernia discal
héroïne [eʀɔin] *nf* (*femme, drogue*) heroína
héroïnomane [eʀɔinɔman] *nmf* heroinómano(-a)
héroïque [eʀɔik] *adj* heroico(-a)
héroïquement [eʀɔikmɑ̃] *adv* heroicamente
héroïsme [eʀɔism] *nm* heroísmo
héron ['eʀɔ̃] *nm* garza
héros ['eʀo] *nm* héroe *m*
herpès [ɛʀpɛs] *nm* herpes *m inv*
herse ['ɛʀs] *nf* grada
hertz [ɛʀts] *nm* hercio, hertz *m*
hertzien, ne [ɛʀtsjɛ̃, ɛn] *adj* hertziano(-a)
hésitant, e [ezitɑ̃, ɑ̃t] *adj* vacilante, indeciso(-a)
hésitation [ezitasjɔ̃] *nf* indecisión *f*, vacilación *f*
hésiter [ezite] *vi* : **~ (à faire)** vacilar *ou* dudar (en hacer); **je le dis sans ~** lo digo sin vacilar *ou* dudar; **~ sur qch** vacilar *ou* dudar sobre algo; **~ entre** dudar entre
hétéro [etero] *adj* = **hétérosexuel**
hétéroclite [eteʀɔklit] *adj* heteróclito(-a)
hétérogène [eteʀɔʒɛn] *adj* heterogéneo(-a)
hétérogénéité [eteʀɔʒeneite] *nf* heterogeneidad *f*
hétérosexualité [eteʀosɛksɥalite] *nf* heterosexualidad *f*
hétérosexuel, le [eteʀɔsɛksɥɛl] *adj* heterosexual
hétérozygote [eteʀozigɔt] *adj* heterocigótico(-a)
hêtre ['ɛtʀ] *nm* haya
heure [œʀ] *nf* hora; (*Scol*) clase *f*; **c'est l'~** es la hora; **quelle ~ est-il ?** ¿qué hora es?; **pourriez-vous me donner l'~, s'il vous plaît ?** ¿me puede decir la hora, por favor?; **deux heures (du matin)** las dos (de la mañana); **à la bonne ~** (*parfois iron*) ¡me alegro!; **être à l'~** ser puntual; (*montre*) estar en hora; **mettre à l'~** poner en hora; **100 km à l'~** 100 km por hora; **à toute ~** a todas horas; **24 heures sur 24** las 24 horas, 24 horas al día; **à l'~ qu'il est** a esta hora; (*fig*) a estas horas *ou* alturas; **une ~ d'arrêt** una hora de parada; **sur l'~** inmediatamente; **pour l'~** por ahora; **d'~ en ~** cada hora; (*d'une heure à l'autre*) de hora en hora; **d'une ~ à l'autre** dentro de nada; **de bonne ~** de madrugada; **le bus passe à l'~** el autobús pasa a la hora en punto; **deux heures de marche/travail** dos horas de marcha/trabajo; **à l'~ actuelle** a estas horas, actualmente; **~ de pointe** hora punta; **~ locale/d'été** hora local/de verano; **heures supplémentaires/de bureau** horas *fpl* extraordinarias/de oficina
heureusement [œʀøzmɑ̃] *adv* afortunadamente; **~ que ...** menos mal que ...
heureux, -euse [œʀø, øz] *adj* feliz; (*chanceux*) afortunado(-a); **être ~ de qch/faire** alegrarse de algo/hacer; **être ~ que** alegrarle a algn que; **s'estimer ~ que/de qch** darse por contento(-a) de que/de algo; **encore ~ que ...** y menos mal que ...
heurt ['œʀ] *nm* choque *m*; **heurts** *nmpl* (*fig : bagarre*) choques *mpl*; (*désaccord*) desavenencias *fpl*
heurté, e ['œʀte] *adj* contrastado(-a); (*couleurs*) chocante

h

heurter ['œʀte] *vt* (*mur, porte*) chocar con *ou* contra; (*personne*) tropezar con; (*fig : personne, sentiment*) chocar (con); **~ qn de front** enfrentarse a algn; **se heurter** *vpr* chocar (con); (*voitures, personnes*) chocar; (*couleurs, tons*) contrastar; **se ~ à** (*fig*) enfrentarse a
heurtoir ['œʀtwaʀ] *nm* aldaba
hévéa [evea] *nm* jebe *m*
hexadécimal, e, -aux [egzadesimal, o] *adj* hexadecimal
hexagonal, e, -aux [ɛgzagɔnal, o] *adj* hexagonal; (*souvent péj : français*) franchute (*fam*)
hexagone [ɛgzagɔn] *nm* hexágono; (*la France*) Francia
HF ['aʃɛf] *abr* (*= haute fréquence*) *alta frecuencia*
hiatal, e, -aux ['jatal, o] *adj* : **hernie hiatale** hernia de hiato
hiatus ['jatys] *nm* hiato
hibernation [ibɛʀnasjɔ̃] *nf* hibernación *f*; (*fig*) inactividad *f*
hiberner [ibɛʀne] *vi* hibernar
hibiscus [ibiskys] *nm* majagua, hibisco
hibou, x ['ibu] *nm* búho
hic ['ik] (*fam*) *nm* pega
hideusement ['idøzmɑ̃] *adv* horrendamente
hideux, -euse ['idø, øz] *adj* horrendo(-a)
hier [jɛʀ] *adv* ayer; **~ matin/soir/midi** ayer por la mañana/por la tarde/al mediodía; **toute la journée/la matinée d'~** todo el día/ toda la mañana de ayer
hiérarchie ['jeʀaʀʃi] *nf* jerarquía
hiérarchique ['jeʀaʀʃik] *adj* jerárquico(-a)
hiérarchiquement ['jeʀaʀʃikmɑ̃] *adv* jerárquicamente
hiérarchisation ['jeʀaʀʃizasjɔ̃] *nf* jerarquización *f*
hiérarchiser ['jeʀaʀʃize] *vt* jerarquizar
hiérarque ['jeʀaʀk] *nm* (*de parti, organisme*) jerarca *mf*
hiéroglyphe ['jeʀɔglif] *nm* jeroglífico
hiéroglyphique ['jeʀɔglifik] *adj* jeroglífico(-a)
hi-fi ['ifi] *nf inv* hi-fi *m*
hilarant, e [ilaʀɑ̃, ɑ̃t] *adj* graciosísimo(-a)
hilare [ilaʀ] *adj* jovial
hilarité [ilaʀite] *nf* hilaridad *f*
Himalaya [imalaja] *n* Himalaya *m*
hindou, e [ɛ̃du] *adj* hindú ▸ *nm/f* : **Hindou, e** hindú *mf*
hindouisme [ɛ̃duism] *nm* hinduismo
hippie ['ipi] *adj, nmf* hippy *mf*
hippique [ipik] *adj* hípico(-a)
hippisme [ipism] *nm* hipismo
hippocampe [ipɔkɑ̃p] *nm* (*Zool, Anat*) hipocampo
hippodrome [ipɔdʀom] *nm* hipódromo
hippophagique [ipɔfaʒik] *adj* : **boucherie ~** carnicería de carne de caballo
hippopotame [ipɔpɔtam] *nm* hipopótamo
hirondelle [iʀɔ̃dɛl] *nf* golondrina
hirsute [iʀsyt] *adj* (*barbe*) hirsuto(-a); (*tête*) desgreñado(-a)
hispanique [ispanik] *adj* hispánico(-a)
hispanisant, e [ispanizɑ̃, ɑ̃t] *adj* hispanista
hispaniste [ispanist] *nmf* hispanista *mf*
hispano-américain, e [ispanɔameʀikɛ̃, ɛn] (*pl* **hispano-américains, -es**) *adj* hispanoamericano(-a) ▸ *nm/f* : **Hispano-américain, e** hispanoamericano(-a)
hispano-arabe [ispanɔaʀab] (*pl* **hispano-arabes**) *adj* hispanoárabe
hispanophone [ispanɔfɔn] *adj, nmf* hispanohablante *mf*
hisser ['ise] *vt* izar; **se hisser** *vpr* : **se ~ sur** levantarse sobre
histoire [istwaʀ] *nf* historia; (*chichis : gén pl*) lío; **l'~ de France** la historia de Francia; **l'~ sainte** la historia sagrada; **une ~ de** (*fig*) una cuestión de; **une ~ drôle** un chiste; **histoires** *nfpl* (*ennuis*) problemas *mpl*; **faire des histoires** crear problemas
histologie [istɔlɔʒi] *nf* histología
historien, ne [istɔʀjɛ̃, ɛn] *nm/f* historiador(a)
historiographe [istɔʀjɔgʀaf] *nm* historiografía
historique [istɔʀik] *adj* histórico(-a) ▸ *nm* : **faire l'~ de** hacer la crónica de
historiquement [istɔʀikmɑ̃] *adv* históricamente
hitlérien, ne [itleʀjɛ̃, jɛn] *adj* hitleriano(-a)
hit-parade ['itpaʀad] (*pl* **hit-parades**) *nm* lista de éxitos
hittite ['itit] *adj* hitita
HIV [aʃive] *sigle m* (*= human immunodeficiency virus*) HIV *m* (*= human immunodeficiency virus*), VHI *m* (*= virus de la inmunodeficiencia humana*)
hiver [ivɛʀ] *nm* invierno; **en ~** en invierno
hivernal, e, -aux [ivɛʀnal, o] *adj* invernal
hivernant, e [ivɛʀnɑ̃, ɑ̃t] *nm/f* invernante *mf*
hiverner [ivɛʀne] *vi* invernar
HLM ['aʃɛlɛm] *sigle m ou f* (*= habitations à loyer modéré*) *viviendas oficiales de bajo alquiler*
hobby ['ɔbi] *nm* hobby *m*
hobereau ['ɔbʀo] (*péj*) *nm* señor *m*
hochement ['ɔʃmɑ̃] *nm* : **~ de tête** cabeceo
hocher ['ɔʃe] *vt* : **~ la tête** cabecear; (*signe négatif ou dubitatif*) menear la cabeza
hochet ['ɔʃɛ] *nm* sonajero
hockey ['ɔkɛ] *nm* : **~ (sur glace/gazon)** hockey *m* (sobre hielo/hierba)
hockeyeur, -euse ['ɔkɛjœʀ, øz] *nm/f* jugador(a) de hockey
holà ['ɔla, hɔla] *nm* : **mettre le ~ à qch** poner fin a algo
holding ['ɔldiŋ] *nm* holding *m*
hold-up ['ɔldœp] *nm inv* atraco a mano armada
holistique [ɔlistik] *adj* holístico(-a)

hollandais, e ['ɔlɑ̃dɛ, ɛz] *adj* holandés(-esa) ▸ *nm (Ling)* holandés *msg* ▸ *nm/f* : **Hollandais, e** holandés(-esa); **les H~** los holandeses
Hollande ['ɔlɑ̃d] *nf* Holanda ▸ *nm* : **hollande** *(fromage)* queso de Holanda
hollywoodien, ne ['ɔliwudjɛ̃, jɛn] *adj* hollywoodiense
holocauste [ɔlɔkost] *nm* holocausto
hologramme [ɔlɔgʀam] *nm* holograma *m*
homard ['ɔmaʀ] *nm* bogavante *m*
homélie [ɔmeli] *nf* homilía
homéopathe [ɔmeɔpat] *nmf* homeópata *mf*
homéopathie [ɔmeɔpati] *nf* homeopatía
homéopathique [ɔmeɔpatik] *adj* homeopático(-a)
homérique [ɔmeʀik] *adj* homérico(-a)
homicide [ɔmisid] *nm* homicidio; **~ involontaire** homicidio involuntario
hominidé [ɔminide] *nm* homínido
hommage [ɔmaʒ] *nm* homenaje *m*; **rendre ~ à** rendir homenaje a; **en ~ de** en prueba de; **faire ~ de qch à qn** obsequiar algo a algn; **hommages** *nmpl (civilités)* : **présenter ses hommages** presentar sus respetos
homme [ɔm] *nm* hombre *m*; *(individu de sexe masculin)* hombre, varón *m*; **l'~ de la rue** el hombre de la calle; **~ à tout faire** hombre para todo; **~ d'affaires** hombre de negocios; **~ d'Église** eclesiástico; **~ d'État** estadista *m*; **~ de loi** abogado; **~ de main** matón *m*; **~ de paille** hombre de paja; **~ des cavernes** hombre de las cavernas
homme-grenouille [ɔmgʀənuj] *(pl* **hommes-grenouilles***) nm* hombre *m* rana *inv*
homme-orchestre [ɔmɔʀkɛstʀ] *(pl* **hommes-orchestres***) nm* hombre *m* orquesta *inv*
homme-sandwich [ɔmsɑ̃dwitʃ] *(pl* **hommes-sandwichs***) nm* hombre *m* anuncio *inv*
homo [omo] *(fam) adj, nmf* homosexual *mf*, gay *m*
homogène [ɔmɔʒɛn] *adj* homogéneo(-a)
homogénéisé, e [ɔmɔʒeneize] *adj* : **lait ~** leche *f* homogeneizada
homogénéité [ɔmɔʒeneite] *nf* homogeneidad *f*
homographe [ɔmɔgʀaf] *nm* homógrafo
homologation [ɔmɔlɔgasjɔ̃] *nf* homologación *f*
homologue [ɔmɔlɔg] *nmf* homólogo(-a)
homologué, e [ɔmɔlɔge] *adj* homologado(-a)
homologuer [ɔmɔlɔge] *vt* homologar
homonyme [ɔmɔnim] *nm (Ling)* homónimo; *(d'une personne)* tocayo(-a)
homoparental, e, -aux [ɔmɔpaʀɑ̃tal, o] *adj (famille, foyer)* homoparental
homoparentalité [ɔmɔpaʀɑ̃talite] *nf* homoparentalidad *f*
homophobe [ɔmɔfɔb] *adj, nmf* homófobo(-a)
homophobie [ɔmɔfɔbi] *nf* homofobia
homophone [ɔmɔfɔn] *nm* homófono
homosexualité [ɔmɔsɛksɥalite] *nf* homosexualidad *f*
homosexuel, le [ɔmɔsɛksɥɛl] *adj* homosexual ▸ *nm/f* homosexual *mf*
homozygote [omozigɔt] *adj* homocigótico(-a)
Honduras ['ɔ̃dyʀas] *nm* Honduras *f*
hondurien, ne ['ɔ̃dyʀjɛ̃, ɛn] *adj* hondureño(-a) ▸ *nm/f* : **Hondurien, ne** hondureño(-a)
Hong-Kong ['ɔ̃gkɔ̃g] *n* Hong-Kong
hongre ['ɔ̃gʀ] *adj* castrado(-a) ▸ *nm* caballo castrado
Hongrie ['ɔ̃gʀi] *nf* Hungría
hongrois, e ['ɔ̃gʀwa, waz] *adj* húngaro(-a) ▸ *nm (Ling)* húngaro ▸ *nm/f* : **Hongrois, e** húngaro(-a)
honnête [ɔnɛt] *adj (intègre)* honrado(-a), honesto(-a); *(juste, satisfaisant)* justo(-a), razonable
honnêtement [ɔnɛtmɑ̃] *adv* honestamente; *(équitablement)* justamente
honnêteté [ɔnɛtte] *nf* honestidad *f*
honneur [ɔnœʀ] *nm* honor *m*; *(faveur)* honra; *(mérite)* : **l'~ lui revient** es mérito suyo; **à qui ai-je l'~ ?** ¿con quién tengo el honor de hablar?; **cela me/te fait ~** esto me/te honra; **« j'ai l'~ de ... »** « tengo el honor de ... »; **en l'~ de** *(personne)* en honor de; *(événement)* en celebración de; **faire ~ à** *(engagements)* cumplir con; *(famille, professeur)* hacer honor a; *(repas)* hacer los honores a; **être à l'~** *(personne)* ser admirado(-a); *(vêtement)* estar de moda; **être en ~** gozar de consideración; **membre d'~** miembro de honor; **table d'~** mesa de honor
Honolulu [ɔnɔlyly] *n* Honolulú
honorable [ɔnɔʀabl] *adj* honorable; *(suffisant)* satisfactorio(-a)
honorablement [ɔnɔʀabləmɑ̃] *adv* honrosamente; *(suffisamment bien)* satisfactoriamente
honoraire [ɔnɔʀɛʀ] *adj* honorario(-a); **professeur ~** profesor(a) honorario(-a); **honoraires** *nmpl* honorarios *mpl*
honorer [ɔnɔʀe] *vt* honrar; *(estimer)* respetar; *(Comm : chèque, dette)* pagar; **~ qn de** honrar a algn con; **s'honorer de** *vpr* honrarse de
honorifique [ɔnɔʀifik] *adj* honorífico(-a)
honte ['ɔ̃t] *nf* vergüenza; **avoir ~ de** tener vergüenza de; **faire ~ à qn** avergonzar a algn
honteusement ['ɔ̃tøzmɑ̃] *adv* vergonzosamente
honteux, -euse ['ɔ̃tø, øz] *adj* avergonzado(-a); *(conduite, acte)* vergonzoso(-a)
hop ['ɔp] *excl (vas-y !)* : **« allez ~ ! »** « ¡venga! »; *(et voilà)* : **et ~ !** ¡y ya está!
hôpital, -aux [ɔpital, o] *nm* hospital *m*

hoquet ['ɔkɛ] *nm* hipo; **avoir le ~** tener hipo
hoqueter ['ɔkte] *vi* tener hipo
horaire [ɔʀɛʀ] *adj* por hora ▸ *nm* horario; **~ mobile/à la carte** horario móvil/libre; **~ souple** *ou* **flexible** horario flexible; **horaires** *nmpl* (*conditions, heures de travail*) horario *msg*
horde ['ɔʀd] *nf* horda
horizon [ɔʀizɔ̃] *nm* horizonte *m*; **sur l'~** en el horizonte; **horizons** *nmpl* (*fig*) horizontes *mpl*
horizontal, e, -aux [ɔʀizɔ̃tal, o] *adj* horizontal ▸ *nf* : **à l'horizontale** en horizontal
horizontalement [ɔʀizɔ̃talmɑ̃] *adv* horizontalmente
horloge [ɔʀlɔʒ] *nf* reloj *m*; **~ normande** *modalidad de reloj de pie*; **~ parlante** reloj parlante *ou* telefónico
horloger, -ère [ɔʀlɔʒe, ɛʀ] *nm/f* relojero(-a)
horlogerie [ɔʀlɔʒʀi] *nf* relojería; **pièces d'~** piezas *fpl* de relojería
hormis ['ɔʀmi] *prép* excepto
hormonal, e, -aux [ɔʀmɔnal, o] *adj* hormonal
hormone [ɔʀmɔn] *nf* hormona
horodaté, e [ɔʀɔdate] *adj* (*ticket*) con la fecha y la hora; (*stationnement*) con registro de la fecha y hora
horodateur, -trice [ɔʀɔdatœʀ, tʀis] *adj* (*appareil*) expendedor(a) ▸ *nm* parquímetro
horoscope [ɔʀɔskɔp] *nm* horóscopo
horreur [ɔʀœʀ] *nf* horror *m*; **l'~ d'une action/d'une scène** lo horroroso de una acción/de una escena; **quelle ~ !** ¡qué horror!; **avoir ~ de qch** sentir horror por algo; **cela me fait ~** eso me horroriza
horrible [ɔʀibl] *adj* horrible, horrendo(-a); (*laid*) horroroso(-a)
horriblement [ɔʀibləmɑ̃] *adv* horriblemente; (*extrêmement*) terriblemente
horrifiant, e [ɔʀifjɑ̃, ɑ̃t] *adj* horripilante, horroroso(-a)
horrifier [ɔʀifje] *vt* horrorizar
horrifique [ɔʀifik] *adj* horroroso(-a)
horripilant, e [ɔʀipilɑ̃, ɑ̃t] *adj* horripilante, exasperante
horripiler [ɔʀipile] *vt* horripilar, exasperar
hors ['ɔʀ] *prép* salvo; **~ de** fuera de; **~ de propos** fuera de lugar; **être ~ de soi** estar fuera de sí; **~ série** fuera de serie; **~ ligne** (*Internet*) sin conexión; **~ pair** fuera de serie; **~ service/d'usage** fuera de servicio/de uso
hors-bord ['ɔʀbɔʀ] (*pl* **~(s)**) *nm* fuera borda *m inv*
hors-concours ['ɔʀkɔ̃kuʀ] *adj inv* fuera de concurso
hors-d'œuvre ['ɔʀdœvʀ] *nm inv* entremés *m*
hors-jeu ['ɔʀʒø] (*pl* **~(x)**) *nm* fuera *m* de juego
hors-la-loi ['ɔʀlalwa] *nm inv* forajido
hors-piste ['ɔʀpist] (*pl* **~(s)**) *nm* (*Ski*) ski *m* fuera de pista
hors-taxe [ɔʀtaks] *adj* libre de impuestos
hors-texte ['ɔʀtɛkst] (*pl* **~(s)**) *nm* lámina fuera de texto
hortensia [ɔʀtɑ̃sja] *nm* hortensia
horticole [ɔʀtikɔl] *adj* hortícola
horticulteur, -trice [ɔʀtikyltœʀ, tʀis] *nm/f* horticultor(a)
horticulture [ɔʀtikyltyʀ] *nf* horticultura
hospice [ɔspis] *nm* (*de vieillards*) asilo; (*asile*) hospicio
hospitalier, -ière [ɔspitalje, jɛʀ] *adj* hospitalario(-a)
hospitalisation [ɔspitalizasjɔ̃] *nf* hospitalización *f*
hospitaliser [ɔspitalize] *vt* hospitalizar
hospitalité [ɔspitalite] *nf* hospitalidad *f*; **offrir l'~ à qn** dar hospitalidad a algn
hostie [ɔsti] *nf* (*Rel*) hostia
hostile [ɔstil] *adj* hostil; **~ à** contrario(-a) a
hostilité [ɔstilite] *nf* hostilidad *f*; **hostilités** *nfpl* (*Mil*) hostilidades *fpl*
hosto [ɔsto] (*fam*) *nm* hospital *m*
hôte [ot] *nm* (*maître de maison*) anfitrión *m*; **~ payant** huésped de pago ▸ *nmf* (*invité*) huésped *mf*; (*client*) cliente *mf*; (*fig : occupant*) ocupante *mf*
hôtel [otɛl] *nm* hotel *m*; **aller à l'~** ir a un hotel; **~ de ville** ayuntamiento; **~ (particulier)** palacete *m*
hôtelier, -ière [otəlje, jɛʀ] *adj, nm/f* hotelero(-a)
hôtellerie [otɛlʀi] *nf* (*profession*) hostelería; (*auberge*) hostal *m*
hôtesse [otɛs] *nf* (*maîtresse de maison*) anfitriona; (*dans une agence, une foire*) azafata, recepcionista; **~ (de l'air)** azafata (de aviación), aeromoza (*Am*); **~ (d'accueil)** azafata (de recepción)
hotte ['ɔt] *nf* (*panier*) cuévano; (*de cheminée*) campana; **~ aspirante** (*de cuisinière*) campana extractora
houblon ['ublɔ̃] *nm* lúpulo
houe ['u] *nf* azada
houille ['uj] *nf* hulla; **~ blanche** hulla blanca
houiller, -ère ['uje, ɛʀ] *adj* hullero(-a)
houillère ['ujɛʀ] *nf* mina de hulla
houle ['ul] *nf* marejada
houlette ['ulɛt] *nf* : **sous la ~ de** bajo la dirección de
houleux, -euse ['ulø, øz] *adj* (*mer*) encrespado(-a); (*discussion*) agitado(-a)
houppe ['up] *nf* (*cheveux*) tupé *m*; (*pour la poudre*) borla, pompón *m*
houppelande ['uplɑ̃d] *nf* hopalanda
houppette ['upɛt] *nf* (*pour la poudre*) borla, pompón *m*; (*cheveux*) mechón *m*
hourra ['uʀa] *nm* hurra *m* ▸ *excl* ¡hurra!
houspiller ['uspije] *vt* reprender
housse ['us] *nf* funda
houx ['u] *nm* acebo

HS [aʃɛs] *abr* (= *hors service*) *voir* **hors**
H.T. [ˈaʃtɛ] *abr* = **hors-taxe**
hublot [ˈyblo] *nm* portilla
huche [ˈyʃ] *nf* : **~ à pain** artesa
huées [ˈɥe] *nfpl* abucheo
huer [ˈɥe] *vt* abuchear ▸ *vi* graznar; **il s'est fait ~** ha sido abucheado
huguenot, e [ˈyg(ə)no, ɔt] *nm/f* hugonote(-a)
huile [ɥil] *nf* aceite *m*; (*Art*) óleo; (*fam*) pez *m* gordo (*fam*); **mer d'~** balsa de aceite; **faire tache d'~** (*fig*) extenderse como cosa buena; **~ d'arachide/de table** aceite de cacahuete/de mesa; **~ de ricin/de foie de morue** aceite de ricino/de hígado de bacalao; **~ détergente** (*Auto*) aceite detergente; **~ essentielle** aceite esencial; **~ solaire** aceite bronceador
huiler [ɥile] *vt* aceitar
huilerie [ɥilʀi] *nf* fábrica de aceite
huileux, -euse [ɥilø, øz] *adj* aceitoso(-a)
huilier [ɥilje] *nm* vinagreras *fpl*
huis [ɥi] *nm* : **à ~ clos** a puerta cerrada
huissier, -ière [ɥisje, jɛʀ] *nm/f* ordenanza *mf*; (*Jur*) ujier *mf*
huit [ˈɥi(t)] *adj inv, nm inv* ocho *m inv*; **samedi en ~** el sábado en ocho días; **dans ~ jours** dentro de ocho días; *voir aussi* **cinq**
huitaine [ˈɥitɛn] *nf* : **une ~ de** unos ocho; **une ~ de jours** unos ocho días; **sous ~** (*Jur, Admin*) en ocho días
huitante [ˈɥitɑ̃t] *num* (Suisse) ochenta
huitième [ˈɥitjɛm] *adj, nmf* octavo(-a) ▸ *nm* (*partitif*) octavo; *voir aussi* **cinquième**
huître [ɥitʀ] *nf* ostra
hululement [ˈylylmɑ̃] *nm* ululato
hululer [ˈylyle] *vi* ulular
humain, e [ymɛ̃, ɛn] *adj* humano(-a) ▸ *nm* humano
humainement [ymɛnmɑ̃] *adv* humanamente
humanisation [ymanizasjɔ̃] *nf* humanización *f*
humaniser [ymanize] *vt* humanizar
humanisme [ymanism] *nm* humanismo
humaniste [ymanist] *nmf* humanista *mf*
humanitaire [ymanitɛʀ] *adj* humanitario(-a)
humanitarisme [ymanitaʀism] *nm* humanitarismo
humanité [ymanite] *nf* humanidad *f*
humanoïde [ymanɔid] *nmf* humanoide *mf*
humble [œ̃bl] *adj* humilde
humblement [œ̃bləmɑ̃] *adv* humildemente
humecter [ymɛkte] *vt* humedecer; **s'humecter** *vpr* : **s'~ les lèvres** humedecerse los labios
humer [ˈyme] *vt* oler
humérus [ymeʀys] *nm* húmero
humeur [ymœʀ] *nf* (*momentanée*) humor *m*; (*tempérament*) carácter *m*; (*irritation*) mal humor; **de bonne/mauvaise ~** de buen/mal humor; **cela m'a mis de mauvaise/bonne ~** eso me puso de mal/buen humor; **je suis de mauvaise/bonne ~** estoy de mal/buen humor; **être d'~ à faire qch** estar de humor para hacer algo
humide [ymid] *adj* húmedo(-a)
humidificateur [ymidifikatœʀ] *nm* humectador *m*, humedecedor *m*
humidifier [ymidifje] *vt* humedecer
humidité [ymidite] *nf* humedad *f*; **traces d'~** rastros *mpl* de humedad
humiliant, e [ymiljɑ̃, ɑ̃t] *adj* humillante
humiliation [ymiljasjɔ̃] *nf* humillación *f*
humilier [ymilje] *vt* humillar; **s'humilier** *vpr* : **s'~ devant qn** humillarse delante de algn
humilité [ymilite] *nf* humildad *f*
humoriste [ymɔʀist] *nmf* humorista *mf*
humoristique [ymɔʀistik] *adj* humorístico(-a)
humour [ymuʀ] *nm* humor *m*; **il a un ~ particulier** tiene un humor muy particular; **avoir de l'~** tener sentido del humor; **~ noir** humor negro
humus [ymys] *nm* humus *msg*
huppé, e [ˈype] *adj* (*personne*) encopetado(-a); (*oiseau*) moñudo(-a)
hurlement [ˈyʀləmɑ̃] *nm* aullido, alarido
hurler [ˈyʀle] *vi* (*animal*) aullar; (*personne*) dar alaridos; (*de peur*) chillar; (*fig : vent etc*) ulular; (*: couleurs etc*) chocar; **~ à la mort** aullar a la muerte
hurluberlu [yʀlybɛʀly] (*péj*) *nm* chiflado (*fam*)
husky [ˈœski] *nm* husky *m*
hutte [ˈyt] *nf* choza
hybridation [ibʀidasjɔ̃] *nf* (*Bot, Zool, Biol*) hibridación *f*
hybride [ibʀid] *adj* híbrido(-a) ▸ *nm* híbrido
hydratant, e [idʀatɑ̃, ɑ̃t] *adj* hidratante
hydratation [idʀatasjɔ̃] *nf* hidratación *f*
hydrate [idʀat] *nm* : **hydrates de carbone** hidratos *mpl* de carbono
hydrater [idʀate] *vt* hidratar; **s'hydrater** *vpr* hidratarse
hydraulique [idʀolik] *adj* hidráulico(-a)
hydravion [idʀavjɔ̃] *nm* hidroavión *m*
hydro... [idʀɔ] *préf* hidro...
hydrocarbure [idʀɔkaʀbyʀ] *nm* hidrocarburo
hydrocéphale [idʀosefal] *adj* hidrocéfalo(-a)
hydrocution [idʀɔkysjɔ̃] *nf* hidrocución *f*
hydroélectricité [idʀoelɛktʀisite] *nf* hidroelectricidad *f*
hydro-électrique [idʀɔelɛktʀik] (*pl* **hydro-électriques**) *adj* hidroeléctrico(-a)
hydrogène [idʀɔʒɛn] *nm* hidrógeno
hydrogéné, e [idʀɔʒene] *adj* hidrogenado(-a)
hydroglisseur [idʀɔglisœʀ] *nm* hidroplano
hydrographie [idʀɔgʀafi] *nf* hidrografía

h

hydrographique [idʀɔgʀafik] *adj* hidrográfico(-a)
hydrolyse [idʀɔliz] *nf* hidrólisis *f inv*
hydromassage [idʀomasaʒ] *nm* hidromasaje *m*
hydrophile [idʀɔfil] *adj voir* **coton**
hydroponique [idʀopɔnik] *adj* : **culture ~** cultivo hidropónico
hyène [jɛn] *nf* hiena
hygiaphone® [iʒjafɔn] *nm mampara perforada de una taquilla que permite hablar a la vez que protege de los gérmenes*
hygiène [iʒjɛn] *nf* higiene *f*; **~ corporelle/intime** higiene corporal/íntima
hygiénique [iʒenik] *adj* higiénico(-a)
hygromètre [igʀɔmɛtʀ] *nm* higrómetro
hyménoptère [imenɔptɛʀ] *nm* himenóptero
hymne [imn] *nm* himno; **~ national** himno nacional
hyper... [ipɛʀ] *préf* hiper...
hyperactif, -ive [ipɛʀaktif, iv] *adj* hiperactivo(-a)
hyperactivité [ipɛʀaktivite] *nf* hiperactividad *f*
hyperbole [ipɛʀbɔl] *nf* (*figure de style*) hipérbole *f*; (*Math*) hipérbola
hyperinflation [ipɛʀɛ̃flasjɔ̃] *nf* hiperinflación *f*
hyperlien [ipɛʀljɛ̃] *nm* hipervínculo
hypermarché [ipɛʀmaʀʃe] *nm* hipermercado
hypermétrope [ipɛʀmetʀɔp] *adj* hipermétrope
hypernerveux, -euse [ipɛʀnɛʀvø, øz] *adj* hipernervioso(-a)
hyperréalisme [ipɛʀʀealism] *nm* hiperrealismo
hyperréaliste [ipɛʀʀealist] *adj, nmf* hiperrealista *mf*
hypersensibilité [ipɛʀsɑ̃sibilite] *nf* hipersensibilidad *f*
hypersensible [ipɛʀsɑ̃sibl] *adj* hipersensible
hypertendu, e [ipɛʀtɑ̃dy] *adj* hipertenso(-a)
hypertension [ipɛʀtɑ̃sjɔ̃] *nf* hipertensión *f*
hypertexte [ipɛʀtɛkst] *nm* hipertexto; **lien ~** hipervínculo *m*, hiperenlace *m*
hypertrophie [ipɛʀtʀɔfi] *nf* hipertrofia
hypertrophié, e [ipɛʀtʀɔfje] *adj* hipertrofiado(-a)
hypnose [ipnoz] *nf* hipnosis *fsg*
hypnothérapie [ipnɔteʀapi] *nf* hipnoterapia
hypnotique [ipnɔtik] *adj* hipnótico(-a)
hypnotiser [ipnɔtize] *vt* hipnotizar
hypnotiseur [ipnɔtizœʀ] *nm* hipnotizador(a)
hypnotisme [ipnɔtism] *nm* hipnotismo
hypoallergénique [ipoalɛʀʒik] *adj* hipoalergénico(-a)
hypocalorique [ipokalɔʀik] *adj* hipocalórico(-a)
hypocondriaque [ipɔkɔ̃dʀijak] *adj* hipocondríaco(-a)
hypocrisie [ipɔkʀizi] *nf* hipocresía
hypocrite [ipɔkʀit] *adj, nmf* hipócrita *mf*
hypocritement [ipɔkʀitmɑ̃] *adv* hipócritamente
hypodermique [ipɔdɛʀmik] *adj* hipodérmico(-a)
hypoglycémie [ipoglisemi] *nf* hipoglucemia
hypokhâgne [ipɔkaɲ] *nf primer curso de preparación a la oposición para entrar en la sección de letras de la École normale supérieure*
hypotendu, e [ipotɑ̃dy] *adj* hipotenso(-a)
hypotension [ipotɑ̃sjɔ̃] *nf* hipotensión *f*
hypoténuse [ipɔtenyz] *nf* hipotenusa
hypothécaire [ipɔtekɛʀ] *adj* hipotecario(-a); **garantie/prêt ~** garantía hipotecaria/préstamo hipotecario
hypothèque [ipɔtɛk] *nf* hipoteca
hypothéquer [ipɔteke] *vt* hipotecar; **~ l'avenir** hipotecar el porvenir
hypothermie [ipɔtɛʀmi] *nf* hipotermia
hypothèse [ipɔtɛz] *nf* hipótesis *f inv*; **dans l'~ où ...** en la hipótesis de que ...
hypothétique [ipɔtetik] *adj* hipotético(-a)
hypothétiquement [ipɔtetikmɑ̃] *adv* hipotéticamente
hystérectomie [isteʀɛktɔmi] *nf* histerectomía
hystérie [isteʀi] *nf* histeria, histerismo; **~ collective** histeria colectiva
hystérique [isteʀik] *adj* histérico(-a)
Hz *abr* (= Hertz) Hz (= *hertzio*)

I i

I, i [i] *nm inv* I, i *f*; **I comme Irma** ≈ I de Isabel
IAC [iase] *sigle f* (= *insémination artificielle entre conjoints*) inseminación *f* artificial entre cónyuges
IAD [iade] *sigle f* (= *insémination artificielle par donneur extérieur*) inseminación *f* artificial por donante anónimo
ibère [ibɛʀ] *adj* ibero(-a) ▸ *nmf* : **Ibère** ibero(-a)
ibérique [ibeʀik] *adj* : **la péninsule ~** la península ibérica
ibis [ibis] *nm* ibis *m*
iceberg [ajsbɛʀg] *nm* iceberg *m*
ici [isi] *adv* aquí; **jusqu'~** hasta aquí; (*temporel*) hasta ahora; **d'~ là** para entonces; (*en attendant*) mientras tanto; **d'~ peu** dentro de poco
icône [ikon] *nf* (*aussi Inform*) icono
iconoclaste [ikɔnɔklast] *nmf* iconoclasta *mf*
iconographie [ikɔnɔgʀafi] *nf* iconografía
iconographique [ikɔnɔgʀafik] *adj* iconográfico(-a)
id *abr* (= *idem*) íd. (= *ídem*)
idéal, e, -aux [ideal, o] *adj* ideal ▸ *nm* (*modèle, type parfait*) ideal *m*; (*système de valeurs*) ideales *mpl*; **l'~ serait de/que** lo ideal sería/sería que
idéalement [idealmɑ̃] *adv* idealmente
idéalisation [idealizasjɔ̃] *nf* idealización *f*
idéaliser [idealize] *vt* idealizar
idéalisme [idealism] *nm* idealismo
idéaliste [idealist] *adj, nmf* idealista *mf*
idée [ide] *nf* idea; **mon ~, c'est que ...** mi opinión es que ...; **je n'en ai pas la moindre ~** no tengo la menor idea; **à l'~ de/que** con la idea de/de que; **avoir ~ que, avoir dans l'~ que** tener la impresión de que; **il a dans l'~ que ...** (*il est convaincu que*) se le ha metido en la cabeza que ...; **agir/vivre à son ~** actuar/vivir de acuerdo con sus propias ideas; **venir à l'~ de qn** ocurrírsele a algn; **~ fixe** idea fija; **idées** *nfpl* (*opinions, conceptions*) ideas *fpl*; **se faire des idées** hacerse ilusiones; **en voilà des idées !** ¡menuda idea!, ¡vaya ocurrencia!; **avoir les idées larges** tener una mentalidad abierta; **idées noires** pensamientos *mpl* negros; **idées reçues** ideas preconcebidas
idée-force [idefɔʀs] (*pl* **idées-force(s)**) *nf* idea fuerza; **l'~ à la base de qch** la idea fuerza origen de algo
identifiable [idɑ̃tifjabl] *adj* identificable
identifiant [idɑ̃tifjɑ̃] *nm* (*Inform*) nombre *m* de usuario
identification [idɑ̃tifikasjɔ̃] *nf* identificación *f*
identifier [idɑ̃tifje] *vt* identificar; **~ qch/qn à** identificar algo/a algn con; **s'identifier** *vpr* : **s'~ avec** *ou* **à qch/qn** identificarse con algo/algn
identique [idɑ̃tik] *adj* idéntico(-a); **~ à** idéntico(-a) a
identitaire [idɑ̃titɛʀ] *adj* identitario(-a), de identidad; **une crise ~** una crisis de identidad; **une quête ~** una búsqueda de la identidad
identité [idɑ̃tite] *nf* (*de vues, goûts*) semejanza; (*d'une personne*) identidad *f*; **~ judiciaire** identidad judicial
idéogramme [ideɔgʀam] *nm* ideograma *m*
idéologie [ideɔlɔʒi] *nf* ideología
idéologique [ideɔlɔʒik] *adj* ideológico(-a)
idéologue [ideɔlɔg] *nmf* ideólogo(-a)
idiomatique [idjɔmatik] *adj* : **expression ~** expresión *f* idiomática
idiome [idjom] *nm* idioma *m*
idiot, e [idjo, idjɔt] *adj* (*Méd*) retrasado(-a); (*péj : personne*) idiota, estúpido(-a); (*film, réflexion*) estúpido(-a) ▸ *nm/f* idiota *mf*; **l'~ du village** el tonto del pueblo
idiotie [idjɔsi] *nf* retraso mental; idiotez *f*; (*propos, remarque inepte*) estupidez *f*, idiotez
idiotisme [idjɔtism] *nm* modismo, idiotismo
idoine [idwan] *adj* idóneo(-a)
idolâtrer [idɔlatʀe] *vt* idolatrar
idolâtrie [idɔlatʀi] *nf* idolatría
idole [idɔl] *nf* (*aussi fig*) ídolo
idylle [idil] *nf* idilio
idyllique [idilik] *adj* idílico(-a)
if [if] *nm* (*Bot*) tejo
IFOP [ifɔp] *sigle m* (= *Institut français d'opinion publique*) *empresa de sondeos de opinión*
igloo [iglu] *nm* iglú *m*
IGN [iʒeɛn] *sigle m* (= *Institut géographique national*) ≈ IGN *m* (= *Instituto Geográfico Nacional*)
ignare [iɲaʀ] *adj, nmf* ignorante *mf*
ignifuge [iɲifyʒ] *adj* ignífugo(-a) ▸ *nm* agente *m* ignífugo

ignifugé, e [iɲifyʒe] *adj* ignífugo(-a)
ignifuger [iɲifyʒe] *vt* ignifugar
ignoble [iɲɔbl] *adj* (*individu, procédé*) ruin, innoble; (*taudis, nourriture*) asqueroso(-a)
ignoblement [iɲɔbləmɑ̃] *adv* ruinmente, innoblemente
ignominie [iɲɔmini] *nf* (*déshonneur, honte, acte ignoble*) ignominia; (*conduite*) ruindad *f*
ignominieux, -euse [iɲɔminjø, jøz] *adj* ignominioso(-a)
ignorance [iɲɔʀɑ̃s] *nf* (*d'un événement*) desconocimiento; (*manque d'instruction*) ignorancia; **tenir qn dans l'~ de** tener algn en la ignorancia de; **être dans l'~ de** desconocer
ignorant, e [iɲɔʀɑ̃, ɑ̃t] *adj, nm/f* ignorante *mf*; **~ en** (*une matière quelconque*) ignorante en; **faire l'~** hacerse el tonto
ignoré, e [iɲɔʀe] *adj* ignorado(-a)
ignorer [iɲɔʀe] *vt* (*loi, faits*) ignorar; (*personne, demande*) no hacer caso a, ignorar a; (*être sans expérience de : plaisir, guerre*) desconocer; **j'ignore comment/si** no sé cómo/si; **~ que** ignorar que, desconocer que; **je n'ignore pas que ...** soy consciente de que ...; **je l'ignore** lo ignoro
IGPN [iʒepeɛn] *sigle f* (*= Inspection générale de la police nationale*) *inspección general de la policía nacional*
IGS [iʒeɛs] *sigle f* (*= Inspection générale des services*) *inspección general de los servicios de inteligencia*
iguane [igwan] *nm* iguana
il [il] *pron* él; **ils** ellos; **il fait froid** hace frío; **il est midi** es mediodía; **Pierre est-il arrivé ?** ¿ha llegado Pedro?; *voir aussi* **avoir**
île [il] *nf* isla; **les îles** (*les Antilles*) las Antillas; **l'~ de Beauté** Córcega; **l'~ Maurice** la isla Mauricio; **les îles anglo-normandes/Britanniques** las islas del Canal/Británicas; **les (îles) Baléares/Canaries** las (islas) Baleares/Canarias; **les (îles) Marquises** las (islas) Marquesas
iliaque [iljak] *adj* : **os/artère ~** hueso ilíaco/arteria ilíaca
îlien, ne [iljɛ̃, iljɛn] *adj, nm, nf* isleño(-a)
illégal, e, -aux [i(l)legal, o] *adj* ilegal
illégalement [i(l)legalmɑ̃] *adv* ilegalmente
illégalité [i(l)legalite] *nf* ilegalidad *f*; **être dans l'~** estar en la ilegalidad
illégitime [i(l)leʒitim] *adj* (*enfant*) ilegítimo(-a); (*craintes*) injustificado(-a)
illégitimement [i(l)leʒitimmɑ̃] *adv* ilegítimamente
illégitimité [i(l)leʒitimite] *nf* ilegitimidad *f*; **gouverner dans l'~** gobernar en la ilegitimidad
illettré, e [i(l)letʀe] *adj* (*analphabète*) iletrado(-a), analfabeto(-a) ▸*nm/f* analfabeto(-a)
illettrisme [i(l)letʀism] *nm* analfabetismo funcional
illicite [i(l)lisit] *adj* ilícito(-a)
illicitement [i(l)lisitmɑ̃] *adv* ilícitamente
illico [i(l)liko] (*fam*) *adv* : **~ (presto)** ahora mismo, desde ya (ARG), al tiro (CHI), luego luego (MEX)
illimité, e [i(l)limite] *adj* ilimitado(-a); (*confiance*) infinito(-a); (*congé, durée*) indefinido(-a)
illisible [i(l)lizibl] *adj* (*indéchiffrable*) ilegible; (*roman*) intragable, insoportable
illisiblement [i(l)liziblәmɑ̃] *adv* ilegiblemente
illogique [i(l)lɔʒik] *adj* ilógico(-a)
illogisme [i(l)lɔʒism] *nm* incongruencia
illumination [i(l)lyminasjɔ̃] *nf* iluminación *f*; **illuminations** *nfpl* (*lumières*) luces *fpl*
illuminé, e [i(l)lymine] *adj* iluminado(-a) ▸*nm/f* (*fig : péj*) visionario(-a)
illuminer [i(l)lymine] *vt* iluminar; **s'illuminer** *vpr* iluminarse
illusion [i(l)lyzjɔ̃] *nf* ilusión *f*; **se faire des illusions** hacerse ilusiones; **faire ~** dar el pego; **~ d'optique** ilusión óptica
illusionner [i(l)lyzjɔne] *vt* (*éblouir, tromper*) ilusionar; **s'illusionner** *vpr* : **s'~ (sur qn/qch)** ilusionarse (con algn/algo)
illusionnisme [i(l)lyzjɔnism] *nm* ilusionismo
illusionniste [i(l)lyzjɔnist] *nmf* ilusionista *mf*
illusoire [i(l)lyzwaʀ] *adj* ilusorio(-a)
illusoirement [i(l)lyzwaʀmɑ̃] *adv* ilusoriamente
illustrateur, -trice [i(l)lystʀatœʀ, tʀis] *nm/f* ilustrador(a)
illustratif, -ive [i(l)lystʀatif, iv] *adj* ilustrativo(-a)
illustration [i(l)lystʀasjɔ̃] *nf* ilustración *f*
illustre [i(l)lystʀ] *adj* ilustre
illustré, e [i(l)lystʀe] *adj* ilustrado(-a) ▸*nm* (*périodique*) revista ilustrada; (*pour enfants*) tebeo
illustrer [i(l)lystʀe] *vt* ilustrar; (*de notes, commentaires*) glosar; **s'illustrer** *vpr* (*personne*) distinguirse
îlot [ilo] *nm* (*petite île*) islote *m*; (*bloc de maisons*) manzana; **un ~ de verdure** una isla verde
îlotage [ilɔtaʒ] *nm vigilancia policial de barrio*
îlotier, -ière [ilɔtje, jɛʀ] *nm/f agente de policía de barrio*
ils [il] *pron voir* **il**
image [imaʒ] *nf* imagen *f*; (*tableau, représentation*) imagen, representación *f*; **~ de** imagen de; **à l'~ de** (*comme*) como en el caso de; **~ de marque** (*d'un produit, d'une entreprise*) imagen de marca; (*d'une personne*) reputación *f*; **~ d'Épinal** cromo; (*présentation simpliste*) imagen estereotipada; **~ pieuse** imagen piadosa

imagé, e [imaʒe] *adj* rico(-a) en imágenes
imagerie [imaʒʀi] *nf* (*Tech*) imagen *f*; **centre d'~ médicale** centro de imagen médica
imaginable [imaʒinabl] *adj* imaginable; **difficilement ~** difícil de imaginar
imaginaire [imaʒinɛʀ] *adj* imaginario(-a); **nombre ~** número imaginario
imaginatif, -ive [imaʒinatif, iv] *adj* imaginativo(-a)
imagination [imaʒinasjɔ̃] *nf* imaginación *f*; (*chimère, invention*) imaginaciones *fpl*
imaginer [imaʒine] *vt* imaginar; (*inventer*) idear; **~ que** suponer que; **j'imagine qu'il a voulu plaisanter** me figuro que habrá querido bromear; **que vas-tu ~ là ?** ¡qué ocurrencias tienes!; **s'imaginer** *vpr* (*scène*) imaginarse; **s'~ que** imaginarse que; **s'~ à 60 ans/en vacances** imaginarse a los 60 años/en vacaciones; **il s'imagine pouvoir faire …** se imagina que va a poder hacer …; **ne t'imagine pas que** no te imagines que
imam [imam] *nm* imam *m*
imbattable [ɛ̃batabl] *adj* imbatible
imbécile [ɛ̃besil] *adj, nmf* imbécil *mf*
imbécillité [ɛ̃besilite] *nf* (*Méd*) retraso mental, imbecilidad *f*; (*action, propos*) imbecilidad; (*film, livre*) estupidez *f*
imberbe [ɛ̃bɛʀb] *adj* imberbe
imbibé, e [ɛ̃bibe] *adj* : **~ de** (*liquide*) empapado(-a) de
imbiber [ɛ̃bibe] *vt* empapar; **~ qch de** empapar algo con; **s'imbiber de** *vpr* impregnarse de
imbitable, imbittable [ɛ̃bitabl] (*fam*) *adj* (*incompréhensible*) incomprensible
imbriqué, e [ɛ̃bʀike] *adj* imbricado(-a); (*plaques*) superpuesto(-a)
imbriquer [ɛ̃bʀike] *vt* (*cubes*) encajar; (*plaques*) superponer; **s'imbriquer** *vpr* (*problèmes, affaires*) relacionarse; (*plaques*) superponerse
imbroglio [ɛ̃bʀɔljo] *nm* embrollo; (*Théâtre*) enredo
imbu, e [ɛ̃by] *adj* : **~ de** imbuido(-a) de; **~ de sa personne** muy pagado(-a) de sí mismo(-a)
imbuvable [ɛ̃byvabl] *adj* imbebible; (*personne*) inaguantable
imitable [imitabl] *adj* imitable; **facilement ~** fácil de imitar
imitateur, -trice [imitatœʀ, tʀis] *nm/f* imitador(a)
imitation [imitasjɔ̃] *nf* imitación *f*; **un sac ~ cuir** un bolso imitación cuero *ou* de cuero imitación; **c'est en ~ cuir** es de cuero de imitación; **à l'~ de** a imitación de
imiter [imite] *vt* imitar; (*ressembler à*) imitar a; **il se leva et je l'imitai** se levantó y yo le imité
immaculé, e [imakyle] *adj* inmaculado(-a); **l'Immaculée Conception** la Inmaculada Concepción
immanent, e [imanɑ̃, ɑ̃t] *adj* inmanente
immangeable [ɛ̃mɑ̃ʒabl] *adj* incomible
immanquable [ɛ̃mɑ̃kabl] *adj* : **c'est ~** (*cible, but*) es imposible fallar; **c'était ~ !** (*succès etc*) ¡era inevitable!
immanquablement [ɛ̃mɑ̃kabləmɑ̃] *adv* irremediablemente
immatériel, le [imateʀjɛl] *adj* inmaterial
immatriculation [imatʀikylasjɔ̃] *nf* matrícula; (*á l'université*) inscripción *f*
immatriculer [imatʀikyle] *vt* matricular; (*à la Sécurité sociale*) inscribir; **se faire ~** matricularse, inscribirse; **une voiture immatriculée à Paris** un coche con matrícula de París
immature [imatyʀ] *adj* inmaduro(-a)
immaturité [imatyʀite] *nf* inmadurez *f*
immédiat, e [imedja, jat] *adj* inmediato(-a); **dans le voisinage ~ de** en las inmediaciones de ▸ *nm* : **dans l'~** por ahora
immédiatement [imedjatmɑ̃] *adv* inmediatamente
immémorial, e, -aux [i(m)memɔʀjal, jo] *adj* inmemorial
immense [i(m)mɑ̃s] *adj* inmenso(-a)
immensément [i(m)mɑ̃semɑ̃] *adv* inmensamente
immensité [i(m)mɑ̃site] *nf* inmensidad *f*
immergé, e [imɛʀʒe] *adj* sumergido(-a); (*rocher*) inmerso(-a)
immerger [imɛʀʒe] *vt* sumergir; **s'immerger** *vpr* (*sous-marin*) sumergirse
immérité, e [imeʀite] *adj* inmerecido(-a)
immersion [imɛʀsjɔ̃] *nf* inmersión *f*
immettable [ɛ̃metabl] *adj* imponible
immeuble [imœbl] *nm* (*bâtiment*) edificio; **~ de rapport** edificio de renta; **~ locatif** edificio de alquiler ▸ *adj* (*Jur : bien*) inmueble
immigrant, e [imigʀɑ̃, ɑ̃t] *nm/f* inmigrante *mf*
immigration [imigʀasjɔ̃] *nf* inmigración *f*
immigré, e [imigʀe] *nm/f* inmigrado(-a)
immigrer [imigʀe] *vi* inmigrar
imminence [iminɑ̃s] *nf* inminencia
imminent, e [iminɑ̃, ɑ̃t] *adj* inminente
immiscer [imise] : **s'immiscer** *vpr* inmiscuirse
immixtion [imiksjɔ̃] *nf* intromisión *f*
immobile [imɔbil] *adj* inmóvil; (*pièce de machine*) fijo(-a); (*dogmes, institutions*) inamovible; **rester/se tenir ~** quedar/quedarse inmóvil
immobilier, -ière [imɔbilje, jɛʀ] *adj* inmobiliario(-a) ▸ *nm* : **l'~** (*Comm*) el sector inmobiliario; (*Jur*) los bienes inmuebles; *voir aussi* **promoteur** ; **société**
immobilisation [imɔbilizasjɔ̃] *nf* inmovilización *f*; (*de la circulation*) detención *f*; **immobilisations** *nfpl* (*Comm*) inmovilizaciones *fpl*

i

immobiliser [imɔbilize] *vt* inmovilizar; (*file, circulation*) detener; (*véhicule : stopper*) detener, parar; **s'immobiliser** *vpr* (*personne*) inmovilizarse; (*machine, véhicule*) pararse
immobilisme [imɔbilism] *nm* inmovilismo
immobilité [imɔbilite] *nf* inmovilidad *f*
immodéré, e [imɔdeʀe] *adj* inmoderado(-a)
immodérément [imɔdeʀemɑ̃] *adv* inmoderadamente
immolation [imɔlasjɔ̃] *nf* inmolación *f*; **~ par le feu** inmolación con fuego
immoler [imɔle] *vt* (*Rel*) inmolar; **s'immoler** *vpr* inmolarse; **s'~ par le feu** inmolarse con fuego
immonde [imɔ̃d] *adj* inmundo(-a)
immondices [imɔ̃dis] *nfpl* basura *fsg*
immoral, e, -aux [imɔʀal, o] *adj* inmoral
immoralement [imɔʀalmɑ̃] *adv* inmoralmente
immoralisme [imɔʀalism] *nm* inmoralismo
immoralité [imɔʀalite] *nf* inmoralidad *f*
immortaliser [imɔʀtalize] *vt* inmortalizar
immortalité [imɔʀtalite] *nf* inmortalidad *f*
immortel, le [imɔʀtɛl] *adj* inmortal
immortelle [imɔʀtɛl] *nf* (*Bot*) siempreviva
immuable [imɥabl] *adj* (*bonheur, vérité, loi*) inmutable, inalterable; (*routine, paysage*) invariable; (*sourire, coutume*) inmutable; **~ dans ses convictions** de convicciones inamovibles
immuablement [imɥabləmɑ̃] *adv* inmutablemente
immunisation [imynizasjɔ̃] *nf* inmunización *f*
immunisé, e [imynize] *adj* : **~ contre** inmunizado(-a) contra
immuniser [imynize] *vt* (*Méd, fig*) inmunizar
immunitaire [imynitɛʀ] *adj* inmunitario(-a)
immunité [imynite] *nf* inmunidad *f*; **~ diplomatique/parlementaire** inmunidad diplomática/parlamentaria
immunodéficience [imynodefisjɑ̃s] *nf* inmunodeficiencia
immunodéprimé, e [imynodepʀime] *adj, nm/f* inmunodeprimido(-a)
immunologie [imynɔlɔʒi] *nf* inmunología
immunosuppresseur [imynosypʀesœʀ] *adj* inmunodepresor(a) ▸ *nm* inmunodepresor *m*
immutabilité [imytabilite] *nf* inmutabilidad *f*
impact [ɛ̃pakt] *nm* impacto; (*d'une personne*) influencia
impair, e [ɛ̃pɛʀ] *adj* impar; **numéros impairs** números *mpl* impares ▸ *nm* (*gaffe*) torpeza
impalpable [ɛ̃palpabl] *adj* impalpable
imparable [ɛ̃paʀabl] *adj* imparable
impardonnable [ɛ̃paʀdɔnabl] *adj* imperdonable; **vous êtes ~ d'avoir fait cela** no tiene perdón por haber hecho esto
imparfait, e [ɛ̃paʀfɛ, ɛt] *adj* (*guérison, connaissance*) incompleto(-a); (*imitation, œuvre*) deficiente ▸ *nm* (*Ling*) (pretérito) imperfecto
imparfaitement [ɛ̃paʀfɛtmɑ̃] *adv* de manera incompleta; deficientemente
impartial, e, -aux [ɛ̃paʀsjal, jo] *adj* imparcial
impartialement [ɛ̃paʀsjalmɑ̃] *adv* imparcialmente
impartialité [ɛ̃paʀsjalite] *nf* imparcialidad *f*
impartir [ɛ̃paʀtiʀ] *vt* : **~ qch à qn** impartir algo a algn; (*Jur : délai*) otorgar; **dans les délais impartis** en los plazos asignados
impasse [ɛ̃pɑs] *nf* (*aussi fig*) callejón *m* sin salida; **faire une ~** (*Scol*) preparar solo una parte del temario; **être dans l'~** (*négociations*) estar en un punto muerto; **~ budgétaire** descubierto presupuestario
impassibilité [ɛ̃pasibilite] *nf* impasibilidad *f*
impassible [ɛ̃pasibl] *adj* impasible
impassiblement [ɛ̃pasibləmɑ̃] *adv* impasiblemente
impatiemment [ɛ̃pasjamɑ̃] *adv* impacientemente
impatience [ɛ̃pasjɑ̃s] *nf* impaciencia; **avec ~** con impaciencia; **mouvement/signe d'~** movimiento/signo de impaciencia
impatient, e [ɛ̃pasjɑ̃, jɑ̃t] *adj* impaciente; **~ de faire qch** impaciente por hacer algo
impatienter [ɛ̃pasjɑ̃te] *vt* impacientar; **s'impatienter** *vpr* impacientarse; **s'~ de/contre** impacientarse por/contra
impavide [ɛ̃pavid] *adj* impávido(-a)
impayable [ɛ̃pɛjabl] *adj* (*drôle, amusant*) graciosísimo(-a)
impayé, e [ɛ̃peje] *adj* impagado(-a); **impayés** *nmpl* (*Comm*) impagados *mpl*
impeccable [ɛ̃pekabl] *adj* impecable; (*employé*) impecable, intachable; (*fam*) genial (*fam*)
impeccablement [ɛ̃pekabləmɑ̃] *adv* impecablemente
impénétrable [ɛ̃penetʀabl] *adj* impenetrable
impénitent, e [ɛ̃penitɑ̃, ɑ̃t] *adj* impenitente
impensable [ɛ̃pɑ̃sabl] *adj* (*inconcevable*) impensable; (*incroyable*) increíble
imper [ɛ̃pɛʀ] (*fam*) *nm* impermeable *m*
impératif, -ive [ɛ̃peʀatif, iv] *adj* imperioso(-a); (*Jur*) preceptivo(-a) ▸ *nm* (*Ling*) : **l'~** el imperativo; **impératifs** *nmpl* (*d'une charge, fonction, de la mode*) imperativos *mpl*
impérativement [ɛ̃peʀativmɑ̃] *adv* imperiosamente
impératrice [ɛ̃peʀatʀis] *nf* emperatriz *f*
imperceptible [ɛ̃pɛʀsɛptibl] *adj* imperceptible
imperceptiblement [ɛ̃pɛʀsɛptibləmɑ̃] *adv* imperceptiblemente
imperdable [ɛ̃pɛʀdabl] *adj* que no se puede perder

imperfectible [ɛ̃pɛʀfɛktibl] *adj* imperfectible
imperfection [ɛ̃pɛʀfɛksjɔ̃] *nf* imperfección *f*; (*d'un travail*) fallo
impérial, e, -aux [ɛ̃peʀjal, jo] *adj* imperial
impériale [ɛ̃peʀjal] *nf* (*d'un autobus*) imperial *f*; **autobus à ~** autobús *m* con imperial
impérialisme [ɛ̃peʀjalism] *nm* imperialismo
impérialiste [ɛ̃peʀjalist] *adj* imperialista
impérieusement [ɛ̃peʀjøzmɑ̃] *adv* : **avoir ~ besoin de qch** tener necesidad imperiosa de algo
impérieux, -euse [ɛ̃peʀjø, jøz] *adj* (*air, ton*) imperioso(-a); (*pressant*) imperioso(-a), urgente
impérissable [ɛ̃peʀisabl] *adj* imperecedero(-a)
imperméabilisation [ɛ̃pɛʀmeabilizasjɔ̃] *nf* impermeabilización *f*
imperméabiliser [ɛ̃pɛʀmeabilize] *vt* impermeabilizar
imperméabilité [ɛ̃pɛʀmeabilite] *nf* impermeabilidad *f*
imperméable [ɛ̃pɛʀmeabl] *adj* impermeable; **~ à l'air** impermeable al aire; **~ à** (*fig : personne*) inaccesible a ▸ *nm* impermeable *m*
impersonnel, le [ɛ̃pɛʀsɔnɛl] *adj* impersonal
impertinemment [ɛ̃pɛʀtinamɑ̃] *adv* impertinentemente
impertinence [ɛ̃pɛʀtinɑ̃s] *nf* impertinencia
impertinent, e [ɛ̃pɛʀtinɑ̃, ɑ̃t] *adj* impertinente
imperturbable [ɛ̃pɛʀtyʀbabl] *adj* (*personne*) imperturbable; (*sang-froid, sérieux*) impasible; **rester ~** quedar impasible
imperturbablement [ɛ̃pɛʀtyʀbabləmɑ̃] *adv* imperturbablemente
impétigo [ɛ̃petigo] *nm* impétigo
impétrant, e [ɛ̃petʀɑ̃, ɑ̃t] *nm/f* (*Admin*) interesado(-a); (*prétendant*) candidato(-a)
impétueux, -euse [ɛ̃petɥø, øz] *adj* impetuoso(-a)
impétuosité [ɛ̃petɥozite] *nf* impetuosidad *f*
impie [ɛ̃pi] *adj* impío(-a)
impiété [ɛ̃pjete] *nf* impiedad *f*
impitoyable [ɛ̃pitwajabl] *adj* despiadado(-a)
impitoyablement [ɛ̃pitwajabləmɑ̃] *adv* despiadadamente
implacable [ɛ̃plakabl] *adj* implacable
implacablement [ɛ̃plakabləmɑ̃] *adv* implacablemente
implant [ɛ̃plɑ̃] *nm* (*Méd*) implante *m*
implantation [ɛ̃plɑ̃tasjɔ̃] *nf* (*voir vt*) implantación *f*; instalación *f*; establecimiento
implanter [ɛ̃plɑ̃te] *vt* (*Méd, usage, mode, industrie*) implantar; (*usine*) instalar; (*immigrants*) establecer; (*idée*) inculcar; **un préjugé solidement implanté** un prejuicio muy arraigado; **s'implanter** *vpr* (*voir vt*) : **s'~ dans** implantarse en; instalarse en; establecerse en
implémenter [ɛ̃plemɑ̃te] *vt* (*Inform*) implementar
implication [ɛ̃plikasjɔ̃] *nf* implicación *f*; **implications** *nfpl* (*conséquences, répercussions*) implicaciones *fpl*
implicite [ɛ̃plisit] *adj* implícito(-a)
implicitement [ɛ̃plisitmɑ̃] *adv* implícitamente
impliquer [ɛ̃plike] *vt* (*supposer, entraîner*) implicar, suponer; (*Math*) implicar; **~ qch/que** implicar algo/que; **~ qn (dans)** implicar a algn (en)
implorant, e [ɛ̃plɔʀɑ̃, ɑ̃t] *adj* implorante
implorer [ɛ̃plɔʀe] *vt* implorar
imploser [ɛ̃ploze] *vi* implosionar
implosion [ɛ̃plozjɔ̃] *nf* implosión *f*
impoli, e [ɛ̃pɔli] *adj* descortés
impoliment [ɛ̃pɔlimɑ̃] *adj* descortésmente
impolitesse [ɛ̃pɔlitɛs] *nf* descortesía
impondérable [ɛ̃pɔ̃deʀabl] *adj* imponderable; **impondérables** *nmpl* (*facteurs*) imponderables *mpl*; (*événements*) acontecimientos *mpl* imprevisibles
impopulaire [ɛ̃pɔpylɛʀ] *adj* impopular
impopularité [ɛ̃pɔpylaʀite] *nf* impopularidad *f*
importable [ɛ̃pɔʀtabl] *adj* (*Comm*) importable; (*vêtement*) imponible
importance [ɛ̃pɔʀtɑ̃s] *nf* importancia; **avoir de l'~** tener importancia; **sans ~** sin importancia; **quelle ~ ?** ¿qué más da?; **d'~** de importancia
important, e [ɛ̃pɔʀtɑ̃, ɑ̃t] *adj* importante; (*gamme de produits*) extenso(-a); (*péj : airs, ton*) de importancia; **c'est ~ à savoir** es importante saberlo ▸ *nm* : **l'~ (est de/que)** lo importante (es/es que)
importateur, -trice [ɛ̃pɔʀtatœʀ, tʀis] *adj, nm/f* importador(a); **pays ~ de blé** país *m* importador de trigo
importation [ɛ̃pɔʀtasjɔ̃] *nf* (*de marchandises, fig*) importación *f*; (*d'animaux, plantes, maladies*) introducción *f*
importer [ɛ̃pɔʀte] *vt* (*Comm*) importar; (*maladies, plantes*) importar, introducir ▸ *vi* (*être important*) importar; **~ à qn** importar a algn; **peu m'importe !** (*je n'ai pas de préférence*) ¡me da igual!; (*je m'en moque !*) ¡a mí qué me importa!; **peu importe !** ¡qué importa!; **peu importe que** poco importa que; **peu importe le prix, nous paierons** no importa el precio, pagaremos; **il importe de le faire/que nous le fassions** es importante hacerlo/que lo hagamos; *voir aussi* **n'importe**
import-export [ɛ̃pɔʀɛkspɔʀ] (*pl* **imports-exports**) *nm* importación-exportación *f*

importun, e [ɛ̃pɔʀtœ̃, yn] *adj (curiosité, présence)* importuno(-a); *(visite, personne)* inoportuno(-a) ▸*nm/f* inoportuno(-a)
importuner [ɛ̃pɔʀtyne] *vt* importunar; *(suj : insecte, bruit)* molestar
imposable [ɛ̃pozabl] *adj* imponible
imposant, e [ɛ̃pozɑ̃, ɑ̃t] *adj* imponente
imposé, e [ɛ̃poze] *adj (marchandises)* gravado(-a); *(Gymnastique etc : figure)* obligatorio(-a); **être ~** *(personne)* pagar contribuciones
imposer [ɛ̃poze] *vt (taxer)* gravar; *(faire accepter par force)* imponer; **~ qch à qn** imponer algo a algn; **~ les mains** *(Rel)* imponer las manos; **en ~ à qn** impresionar a algn; **en ~** *(personne, présence)* imponer; **s'imposer** *vpr* imponerse; *(montrer sa prééminence)* destacar; *(être importun)* molestar; **ça s'impose !** ¡es de rigor!
imposition [ɛ̃pozisjɔ̃] *nf (taxation)* contribución *f*; **l'~ des mains** *(Rel)* la imposición de las manos
impossibilité [ɛ̃pɔsibilite] *nf (chose impossible)* : **c'est pour elle une ~** es algo imposible para ella; **je suis dans l'~ de le faire** me es imposible hacerlo
impossible [ɛ̃pɔsibl] *adj (irréalisable, improbable)* imposible; *(enfant)* insoportable, inaguantable; *(absurde, extravagant)* increíble; **~ à faire** imposible de hacer; **il est ~ que** es imposible que; **il m'est ~ de le faire** me resulta imposible hacerlo; **si, par ~, je ne venais pas ...** si no viniera, lo cual es imposible ... ▸*nm* : **l'~** lo imposible; **faire l'~** hacer lo imposible
imposteur, -euse [ɛ̃pɔstœʀ, øz] *nm/f* impostor(a)
imposture [ɛ̃pɔstyʀ] *nf* impostura
impôt [ɛ̃po] *nm (taxe)* impuesto; **~ direct/foncier/indirect** impuesto directo/sobre la propiedad/indirecto; **~ sur la fortune** impuesto sobre el patrimonio; **~ sur le chiffre d'affaires/le revenu** impuesto sobre el capital/la renta; **~ sur le revenu des personnes physiques** impuesto sobre la renta de las personas físicas; **~ sur les plus-values** impuesto sobre las plusvalías; **~ sur les sociétés** impuesto de sociedades; **impôts** *nmpl (contributions)* impuestos *mpl*; **impôts locaux** impuestos municipales
impotence [ɛ̃pɔtɑ̃s] *nf* invalidez *f*
impotent, e [ɛ̃pɔtɑ̃, ɑ̃t] *adj (personne)* impedido(-a), inválido(-a); *(jambe, bras)* paralítico(-a)
impraticable [ɛ̃pʀatikabl] *adj (projet, idée)* impracticable; *(piste, chemin, sentier)* intransitable, impracticable
imprécation [ɛ̃pʀekasjɔ̃] *nf* imprecación *f*
imprécis, e [ɛ̃pʀesi, iz] *adj (contours, renseignement)* impreciso(-a); *(souvenir)* impreciso(-a), borroso(-a); *(tir)* sin precisión
imprécision [ɛ̃pʀesizjɔ̃] *nf* imprecisión *f*
imprégnation [ɛ̃pʀeɲasjɔ̃] *nf (de fluide)* impregnación *f*
imprégner [ɛ̃pʀeɲe] *vt* : **~ (de)** impregnar (con *ou* de); *(de lumière)* bañar (de); *(suj : amertume, ironie etc)* cargar (de); **s'imprégner de** *vpr* impregnarse de; *(de lumière)* bañarse de; *(idée, culture)* imbuirse de, empaparse de
imprenable [ɛ̃pʀənabl] *adj (forteresse, citadelle)* inexpugnable; **vue ~** vista panorámica asegurada
imprésario [ɛ̃pʀesaʀjo] *nm (d'un artiste)* empresario
imprescriptible [ɛ̃pʀɛskʀiptibl] *adj (Jur)* imprescriptible
impression [ɛ̃pʀesjɔ̃] *nf (sentiment, sensation : d'étouffement etc)* sensación *f*; *(Photo, d'un ouvrage)* impresión *f*; *(d'un tissu, papier peint)* imprimación *f*; *(dessin, motif)* imprimación, estampación *f*; **faire bonne/mauvaise ~** causar buena/mala impresión; **faire/produire une vive ~** *(émotion)* causar/producir una viva impresión; **donner l'~ d'être ...** dar la impresión de ser ...; **donner une ~ de/l'~ que** dar una impresión de/la impresión de que; **avoir l'~ de/que** tener la impresión de/de que; **faire ~** *(orateur, déclaration)* impresionar; **impressions de voyage** impresiones *fpl* de viaje
impressionnable [ɛ̃pʀesjɔnabl] *adj (enfant, nature)* impresionable; *(Photo)* sensible
impressionnant, e [ɛ̃pʀesjɔnɑ̃, ɑ̃t] *adj* impresionante
impressionner [ɛ̃pʀesjɔne] *vt* impresionar
impressionnisme [ɛ̃pʀesjɔnism] *nm* impresionismo
impressionniste [ɛ̃pʀesjɔnist] *nmf* impresionista *mf*
imprévisible [ɛ̃pʀevizibl] *adj* imprevisible
imprévoyance [ɛ̃pʀevwajɑ̃s] *nf* imprevisión *f*
imprévoyant, e [ɛ̃pʀevwajɑ̃, ɑ̃t] *adj* poco previsor(a)
imprévu, e [ɛ̃pʀevy] *adj* imprevisto(-a) ▸*nm* : **l'~** lo imprevisto; **en cas d'~** en caso de imprevisto; **sauf ~** salvo imprevisto
imprimable [ɛ̃pʀimabl] *adj* imprimible
imprimante [ɛ̃pʀimɑ̃t] *nf (Inform)* impresora; **~ (à) laser** impresora láser; **~ (ligne par) ligne** impresora de líneas; **~ matricielle** impresora matricial; **~ thermique** impresora térmica
imprimé, e [ɛ̃pʀime] *adj (motif, tissu)* estampado(-a); *(livre, ouvrage)* impreso(-a) ▸*nm* impreso; *(tissu)* estampado; *(dans une bibliothèque)* libro (impreso); **un ~ à fleurs/pois** un estampado de flores/lunares
imprimer [ɛ̃pʀime] *vt* imprimir; *(tissu)* estampar; *(visa, cachet)* sellar; *(mouvement, vitesse)* comunicar, transmitir; *(direction)* imprimir, comunicar

imprimerie [ɛ̃pʀimʀi] *nf* (*atelier*) imprenta; (*technique*) tipografía
imprimeur, -euse [ɛ̃pʀimœʀ, øz] *nm/f* impresor(a); (*ouvrier*) tipógrafo(-a)
imprimeur-éditeur [ɛ̃pʀimœʀeditœʀ] (*pl* **imprimeurs-éditeurs**) *nm* impresor *m* editor
imprimeur-libraire [ɛ̃pʀimœʀlibʀɛʀ] (*pl* **imprimeurs-libraires**) *nm* impresor *m* librero
improbable [ɛ̃pʀɔbabl] *adj* improbable
improductif, -ive [ɛ̃pʀɔdyktif, iv] *adj* improductivo(-a)
impromptu, e [ɛ̃pʀɔ̃pty] *adj* improvisado(-a)
imprononçable [ɛ̃pʀɔnɔ̃sabl] *adj* impronunciable
impropre [ɛ̃pʀɔpʀ] *adj* impropio(-a); (*incorrect*) incorrecto(-a); **~ à** no apto(-a) para; **~ à la consommation** (*aliments, produits*) no apto(-a) para el consumo
improprement [ɛ̃pʀɔpʀəmɑ̃] *adv* impropiamente
impropriété [ɛ̃pʀɔpʀijete] *nf* impropiedad *f*; **~ (de langage)** incorrección *f* (lingüística)
improvisation [ɛ̃pʀɔvizasjɔ̃] *nf* improvisación *f*
improvisé, e [ɛ̃pʀɔvize] *adj* improvisado(-a); **avec des moyens improvisés** con medios improvisados
improviser [ɛ̃pʀɔvize] *vt, vi* improvisar; **~ qn cuisinier** improvisar a algn como *ou* de cocinero; **s'improviser** *vpr* improvisarse; **s'~ cuisinier** improvisarse como *ou* de cocinero
improviste [ɛ̃pʀɔvist] : **à l'~** *adv* de improviso
imprudemment [ɛ̃pʀydamɑ̃] *adv* imprudentemente
imprudence [ɛ̃pʀydɑ̃s] *nf* imprudencia
imprudent, e [ɛ̃pʀydɑ̃, ɑ̃t] *adj, nm/f* imprudente *mf*
impubère [ɛ̃pybɛʀ] *adj* impúber
impubliable [ɛ̃pyblijabl] *adj* impublicable
impudemment [ɛ̃pydamɑ̃] *adv* descaradamente
impudence [ɛ̃pydɑ̃s] *nf* descaro
impudent, e [ɛ̃pydɑ̃, ɑ̃t] *adj* descarado(-a)
impudeur [ɛ̃pydœʀ] *nf* impudor *m*
impudique [ɛ̃pydik] *adj* impúdico(-a)
impudiquement [ɛ̃pydikmɑ̃] *adv* impúdicamente
impuissance [ɛ̃pɥisɑ̃s] *nf* impotencia, inutilidad *f*
impuissant, e [ɛ̃pɥisɑ̃, ɑ̃t] *adj* impotente; (*effort*) inútil, vano(-a); **~ à faire qch** incapaz de hacer algo ▸ *nm* impotente *m*
impulsif, -ive [ɛ̃pylsif, iv] *adj* impulsivo(-a)
impulsion [ɛ̃pylsjɔ̃] *nf* impulso; **~ donnée aux affaires/au commerce** impulso dado a los negocios/al comercio; **sous l'~ de leurs chefs ...** impulsados por sus jefes ...
impulsivement [ɛ̃pylsivmɑ̃] *adv* impulsivamente
impulsivité [ɛ̃pylsivite] *nf* impulsividad *f*
impunément [ɛ̃pynemɑ̃] *adv* impunemente
impuni, e [ɛ̃pyni] *adj* impune
impunité [ɛ̃pynite] *nf* impunidad *f*; **en toute ~** con toda impunidad
impur, e [ɛ̃pyʀ] *adj* (*aussi fig*) impuro(-a)
impureté [ɛ̃pyʀte] *nf* impureza
imputable [ɛ̃pytabl] *adj* : **~ à** imputable a; **~ sur** (*Comm*) imputable a
imputation [ɛ̃pytasjɔ̃] *nf* imputación *f*
imputer [ɛ̃pyte] *vt* : **~ qch à** *ou* **sur** imputar algo a
imputrescible [ɛ̃pytʀesibl] *adj* imputrescible
in [in] *adj inv* (*à la mode*) in *inv*
INA [ina] *sigle m* (= *Institut national de l'audiovisuel*) *archivo nacional de radio y televisión*
inabordable [inabɔʀdabl] *adj* (*lieu*) inaccesible; (*cher, exorbitant*) prohibitivo(-a)
inaccentué, e [inaksɑ̃tɥe] *adj* átono(-a)
inacceptable [inaksɛptabl] *adj* inaceptable
inaccessible [inaksesibl] *adj* (*endroit*) inaccesible; (*obscur*) incomprensible; (*personne*) inaccesible, inabordable; (*objectif*) inalcanzable; **~ à** (*insensible à* : *suj* : *personne*) insensible a
inaccoutumé, e [inakutyme] *adj* desacostumbrado(-a)
inachevé, e [inaʃ(ə)ve] *adj* inacabado(-a)
inactif, -ive [inaktif, iv] *adj* inactivo(-a); (*machine, population*) inactivo(-a), parado(-a); (*inefficace*) ineficaz
inaction [inaksjɔ̃] *nf* inacción *f*
inactivité [inaktivite] *nf* (*Admin*) : **(être/se faire mettre) en ~** (estar/quedar) en suspensión de servicios
inadaptation [inadaptasjɔ̃] *nf* (*Psych*) inadaptación *f*
inadapté, e [inadapte] *adj, nm/f* inadaptado(-a)
inadéquat, e [inadekwa(t), kwat] *adj* inadecuado(-a)
inadéquation [inadekwasjɔ̃] *nf* inadecuación *f*
inadmissible [inadmisibl] *adj* inadmisible
inadvertance [inadvɛʀtɑ̃s] : **par ~** *adv* por inadvertencia, por descuido
inaliénable [inaljenabl] *adj* inalienable
inaltérable [inalteʀabl] *adj* (*aussi fig*) inalterable; **couleur ~ (au lavage/à la lumière)** color *m* inalterable (al lavado/a la luz); **~ à l'air/à la chaleur** inalterable al aire/al calor
inamovibilité [inamɔvibilite] *nf* inamovilidad *f*
inamovible [inamɔvibl] *adj* (*magistrat, sénateur*) inamovible; (*fixe* : *plaque, panneau*) fijo(-a)
inanimé, e [inanime] *adj* inanimado(-a); **tomber ~** caer exánime
inanité [inanite] *nf* (*d'un espoir, d'une illusion*) inutilidad *f*; (*d'une conversation*) futilidad *f*

i

inanition [inanisjɔ̃] *nf* : **tomber/mourir d'~** caer/morir de inanición
inaperçu, e [inapɛʀsy] *adj* : **passer ~** pasar desapercibido(-a)
inappétence [inapetɑ̃s] *nf* inapetencia; (*fig*) inapetencia, desgana
inapplicable [inaplikabl] *adj* inaplicable
inapplication [inaplikasjɔ̃] *nf* desaplicación *f*, falta de aplicación
inappliqué, e [inaplike] *adj* (*inattentif*) desaplicado(-a); (*pas mis en pratique*) inaplicado(-a)
inappréciable [inapʀesjabl] *adj* (*avantage, bonheur*) inapreciable; (*aide, service*) inapreciable, inestimable
inapproprié, e [inapʀɔpʀije] *adj* inapropiado(-a)
inapte [inapt] *adj* (*Mil*) no apto(-a), incapacitado(-a); **~ à qch/faire qch** incapaz para *ou* de algo/hacer algo
inaptitude [inaptityd] *nf* ineptitud *f*
inarticulé, e [inaʀtikyle] *adj* inarticulado(-a)
inassimilable [inasimilabl] *adj* inasimilable
inassouvi, e [inasuvi] *adj* insatisfecho(-a)
inattaquable [inatakabl] *adj* (*Mil*) inatacable; (*texte*) incuestionable; (*argument, preuve*) irrebatible; (*réputation, personne*) irreprochable
inattendu, e [inatɑ̃dy] *adj* inesperado(-a); (*insoupçonné*) insospechado(-a) ▸ *nm* : **l'~** lo inesperado
inattentif, -ive [inatɑ̃tif, iv] *adj* (*lecteur, élève*) desatento(-a); **~ à** (*dangers, détails matériels*) despreocupado(-a) de
inattention [inatɑ̃sjɔ̃] *nf* desatención *f*, despreocupación *f*; **par ~** por descuido; **faute** *ou* **erreur d'~** despiste *m*; **une minute d'~** un momento de despiste
inaudible [inodibl] *adj* inaudible
inaugural, e, -aux [inogyʀal, o] *adj* inaugural; **discours ~** discurso inaugural
inauguration [inogyʀasjɔ̃] *nf* (*d'un musée, d'une route*) inauguración *f*; (*d'une plaque, statue*) descubrimiento; **discours/cérémonie d'~** discurso/ceremonia de inauguración
inaugurer [inogyʀe] *vt* inaugurar; (*statue*) descubrir; (*politique*) inaugurar, estrenar
inauthenticité [inotɑ̃tisite] *nf* falta de autenticidad
inavouable [inavwabl] *adj* inconfesable
inavoué, e [inavwe] *adj* inconfesado(-a)
INC [iɛnse] *sigle m* (= *Institut national de la consommation*) ≈ INC *m* (= *Instituto nacional de consumo*)
inca [ɛ̃ka] *adj* inca ▸ *nmf* : **Inca** inca *mf*
incalculable [ɛ̃kalkylabl] *adj* incalculable; **un nombre ~ de** un número incalculable de
incandescence [ɛ̃kɑ̃desɑ̃s] *nf* incandescencia; **en ~** incandescente; **porter qch à ~** poner algo incandescente; **lampe/manchon à ~** lámpara/camisa incandescente
incandescent [ɛ̃kɑ̃desɑ̃] *adj* candente, incandescente; (*gaz*) incandescente
incantation [ɛ̃kɑ̃tasjɔ̃] *nf* conjuro
incantatoire [ɛ̃kɑ̃tatwaʀ] *adj* de conjuro
incapable [ɛ̃kapabl] *adj* incapaz; **~ de faire qch** incapaz de hacer algo; (*pour des raisons physiques*) incapacitado(-a) para hacer algo; **je suis ~ d'y aller** (*dans l'impossibilité*) no puedo ir
incapacité [ɛ̃kapasite] *nf* (*incompétence*) incapacidad *f*; (*Jur*) inhabilitación *f*; **je suis dans l'~ de vous aider** (*impossibilité*) me resulta imposible ayudarle; **~ de travail** incapacidad laboral; **~ électorale** inhabilitación electoral; **~ partielle/permanente/totale** incapacidad parcial/definitiva/total
incarcération [ɛ̃kaʀseʀasjɔ̃] *nf* encarcelamiento
incarcérer [ɛ̃kaʀseʀe] *vt* encarcelar
incarnat, e [ɛ̃kaʀna, at] *adj* encarnado(-a)
incarnation [ɛ̃kaʀnasjɔ̃] *nf* encarnación *f*
incarné, e [ɛ̃kaʀne] *adj* encarnado(-a); **ongle ~** uña encarnada
incarner [ɛ̃kaʀne] *vt* encarnar; **s'incarner** *vpr* (*Rel*) encarnarse
incartade [ɛ̃kaʀtad] *nf* (*écart de conduite*) incorrección *f*; (*Équitation*) espantada
incassable [ɛ̃kɑsabl] *adj* irrompible
incendiaire [ɛ̃sɑ̃djɛʀ] *adj, nmf* incendiario(-a)
incendie [ɛ̃sɑ̃di] *nm* incendio; **~ criminel/de forêt** incendio doloso/forestal
incendier [ɛ̃sɑ̃dje] *vt* incendiar; (*accabler de reproches*) vapulear; (*visage, pommette*) enrojecer
incertain, e [ɛ̃sɛʀtɛ̃, ɛn] *adj* incierto(-a); (*éventuel, douteux*) inseguro(-a), incierto(-a); (*temps*) inestable; (*indécis, imprécis*) indefinido(-a); (*personne*) indeciso(-a); (*pas, démarche*) inseguro(-a)
incertitude [ɛ̃sɛʀtityd] *nf* (*d'un résultat, d'un fait*) incertidumbre *f*; (*d'une personne*) indecisión *f*; **être dans l'~ (quant à qch)** estar sumido(-a) en la incertidumbre (respecto a algo); **incertitudes** *nfpl* (*hésitations*) vacilaciones *fpl*; (*impondérables*) eventualidades *fpl*
incessamment [ɛ̃sesamɑ̃] *adv* inmediatamente
incessant, e [ɛ̃sesɑ̃, ɑ̃t] *adj* incesante
incessible [ɛ̃sesibl] *adj* (*Jur*) intransferible
inceste [ɛ̃sɛst] *nm* incesto
incestueux, -euse [ɛ̃sɛstɥø, øz] *adj* incestuoso(-a)
inchangé, e [ɛ̃ʃɑ̃ʒe] *adj* invariable
inchantable [ɛ̃ʃɑ̃tabl] *adj* incantable
inchauffable [ɛ̃ʃofabl] *adj* imposible de calentar
incidemment [ɛ̃sidamɑ̃] *adv* incidentalmente

incidence [ɛ̃sidɑ̃s] *nf* incidencia, repercusión *f*; (*Phys*) incidencia
incident, e [ɛ̃sidɑ̃, ɑ̃t] *adj* (*Jur : accessoire*) incidental; **proposition incidente** (*Ling*) inciso ▸ *nm* incidente *m*; ~ **de frontière** incidente fronterizo; ~ **de parcours** (*fig*) pequeño contratiempo; ~ **diplomatique** incidente diplomático; ~ **technique** fallo técnico
incinérateur [ɛ̃sineʀatœʀ] *nm* incinerador *m*
incinération [ɛ̃sineʀasjɔ̃] *nf* incineración *f*
incinérer [ɛ̃sineʀe] *vt* incinerar
incise [ɛ̃siz] *nf* (*Ling*) inciso
inciser [ɛ̃size] *vt* hacer una incisión en
incisif, -ive [ɛ̃sizif, iv] *adj* incisivo(-a), mordaz
incision [ɛ̃sizjɔ̃] *nf* incisión *f*
incisive [ɛ̃siziv] *nf* incisivo
incitatif, -ive [ɛ̃sitatif, iv] *adj* (*mécanisme, politique*) incentivador(a)
incitation [ɛ̃sitasjɔ̃] *nf* (*encouragement*) incitación *f*
inciter [ɛ̃site] *vt* : ~ **qn à (faire) qch** incitar a algn a (hacer) algo
incivil, e [ɛ̃sivil] *adj* incivil
incivilité [ɛ̃sivilite] *nf* falta de civismo; **incivilités** *nfpl* actos *mpl* incívicos
inclassable [ɛ̃klɑsabl] *adj* inclasificable
inclinable [ɛ̃klinabl] *adj* reclinable; **siège (à dossier)** ~ asiento reclinable
inclinaison [ɛ̃klinɛzɔ̃] *nf* inclinación *f*; (*d'une route*) pendiente *f*
inclination [ɛ̃klinasjɔ̃] *nf* inclinación *f*; **montrer de l'~ pour les sciences** mostrar inclinación hacia *ou* por las ciencias; ~ **de (la) tête** inclinación de (la) cabeza; ~ **(du buste)** inclinación
incliné, e [ɛ̃kline] *adj* (*plan, tête*) inclinado(-a)
incliner [ɛ̃kline] *vt* inclinar; ~ **la tête** (*pour saluer*) inclinar la cabeza; **s'incliner** *vpr* (*personne, toit*) inclinarse; (*chemin, pente*) bajar, descender; **s'~ (devant qn/qch)** (*rendre hommage à*) inclinarse (ante algn/algo); (*s'avouer battu*) doblegarse (ante algn/algo); **s'~ (devant qch)** (*céder*) ceder (ante algo)
inclure [ɛ̃klyʀ] *vt* incluir; (*joindre à un envoi*) adjuntar
inclus, e [ɛ̃kly, yz] *pp de* **inclure** ▸ *adj* (*joint à un envoi*) adjunto(-a); (*compris : frais*) incluido(-a); ~ **dans** (*Math : ensemble*) incluido(-a) en; **jusqu'au troisième chapitre** ~ hasta el tercer capítulo inclusive; **jusqu'au 10 mars** ~ hasta el 10 de marzo inclusive
inclusion [ɛ̃klyzjɔ̃] *nf* inclusión *f*
inclusivement [ɛ̃klyzivmɑ̃] *adv* inclusive, inclusivamente
inclut [ɛ̃kly] *vb voir* **inclure**
incoercible [ɛ̃kɔɛʀsibl] *adj* (*rire, sentiment*) irrefrenable, incontenible
incognito [ɛ̃kɔɲito] *adv* de incógnito ▸ *nm* : **garder l'~** mantener el incógnito
incohérence [ɛ̃kɔeʀɑ̃s] *nf* incoherencia
incohérent, e [ɛ̃kɔeʀɑ̃, ɑ̃t] *adj* incoherente
incollable [ɛ̃kɔlabl] *adj* (*riz*) que no se pega; **il est** ~ (*fam*) no hay quien lo pille
incolore [ɛ̃kɔlɔʀ] *adj* incoloro(-a); (*style*) insulso(-a)
incomber [ɛ̃kɔ̃be] : ~ **à qn** *vt* (*suj : devoirs, responsabilités*) incumbir a algn; (*: frais, travail*) corresponder a algn
incombustible [ɛ̃kɔ̃bystibl] *adj* incombustible
incommensurable [ɛ̃kɔmɑ̃syʀabl] *adj* inconmensurable
incommodant, e [ɛ̃kɔmɔdɑ̃, ɑ̃t] *adj* incómodo(-a), molesto(-a)
incommode [ɛ̃kɔmɔd] *adj* incómodo(-a)
incommodément [ɛ̃kɔmɔdemɑ̃] *adv* incómodamente
incommoder [ɛ̃kɔmɔde] *vt* : ~ **qn** incomodar a algn
incommodité [ɛ̃kɔmɔdite] *nf* incomodidad *f*
incommunicabilité [ɛ̃kɔmynikabilite] *nf* (*entre personnes*) incomunicabilidad *f*
incommunicable [ɛ̃kɔmynikabl] *adj* (*droits, privilèges*) intransferible; (*pensée*) incomunicable
incomparable [ɛ̃kɔ̃paʀabl] *adj* (*dissemblable*) no comparable; (*inégalable*) incomparable
incomparablement [ɛ̃kɔ̃paʀabləmɑ̃] *adv* incomparablemente
incompatibilité [ɛ̃kɔ̃patibilite] *nf* incompatibilidad *f*; ~ **d'humeur** incompatibilidad de caracteres
incompatible [ɛ̃kɔ̃patibl] *adj* incompatible; ~ **avec** incompatible con
incompétence [ɛ̃kɔ̃petɑ̃s] *nf* incompetencia
incompétent, e [ɛ̃kɔ̃petɑ̃, ɑ̃t] *adj* incompetente
incomplet, -ète [ɛ̃kɔ̃plɛ, ɛt] *adj* incompleto(-a)
incomplètement [ɛ̃kɔ̃plɛtmɑ̃] *adv* no completamente
incompréhensible [ɛ̃kɔ̃pʀeɑ̃sibl] *adj* incomprensible
incompréhensif, -ive [ɛ̃kɔ̃pʀeɑ̃sif, iv] *adj* (*intransigeant*) incomprensivo(-a), intransigente; (*peu coopératif*) poco comprensivo(-a)
incompréhension [ɛ̃kɔ̃pʀeɑ̃sjɔ̃] *nf* incomprensión *f*
incompressible [ɛ̃kɔ̃pʀesibl] *adj* (*Phys*) incompresible; (*Jur, fig : peine*) irreducible
incompris, e [ɛ̃kɔ̃pʀi, iz] *adj* incomprendido(-a)
inconcevable [ɛ̃kɔ̃s(ə)vabl] *adj* inconcebible; (*extravagant*) increíble
inconciliable [ɛ̃kɔ̃siljabl] *adj* inconciliable; ~ **avec qch** inconciliable con algo
inconditionnel, le [ɛ̃kɔ̃disjɔnɛl] *adj, nm/f* incondicional *mf*

i

inconditionnellement [ɛ̃kɔ̃disjɔnɛlmɑ̃] *adv* incondicionalmente
inconduite [ɛ̃kɔ̃dɥit] *nf* mala conducta
inconfort [ɛ̃kɔ̃fɔʀ] *nm* incomodidad *f*
inconfortable [ɛ̃kɔ̃fɔʀtabl] *adj* (*aussi fig*) incómodo(-a)
inconfortablement [ɛ̃kɔ̃fɔʀtabləmɑ̃] *adv* incómodamente
incongru, e [ɛ̃kɔ̃gʀy] *adj* (*attitude, remarque*) improcedente; (*visite*) intempestivo(-a), inoportuno(-a)
incongruité [ɛ̃kɔ̃gʀyite] *nf* improcedencia, inoportunidad *f*; (*parole, action incongrue*) salida de tono
inconnu, e [ɛ̃kɔny] *adj* desconocido(-a); (*joie, sensation*) desconocido(-a), extraño(-a) ▸ *nm/f* desconocido(-a); (*étranger, tiers*) extraño(-a) ▸ *nm* : **l'~** lo desconocido
inconnue [ɛ̃kɔny] *nf* (*Math, fig*) incógnita
inconsciemment [ɛ̃kɔ̃sjamɑ̃] *adv* inconscientemente
inconscience [ɛ̃kɔ̃sjɑ̃s] *nf* inconsciencia
inconscient, e [ɛ̃kɔ̃sjɑ̃, jɑ̃t] *adj* inconsciente; **~ de** (*événement extérieur*) ajeno(-a) a; **il est ~ de ...** no es consciente de ... ▸ *nm* (*Psych*) : **l'~** el inconsciente ▸ *nm/f* inconsciente *mf*
inconséquence [ɛ̃kɔ̃sekɑ̃s] *nf* inconsecuencia
inconséquent, e [ɛ̃kɔ̃sekɑ̃, ɑ̃t] *adj* inconsecuente
inconsidéré, e [ɛ̃kɔ̃sideʀe] *adj* desconsiderado(-a)
inconsidérément [ɛ̃kɔ̃sideʀemɑ̃] *adv* desconsideradamente
inconsistance [ɛ̃kɔ̃sistɑ̃s] *nf* inconsistencia
inconsistant, e [ɛ̃kɔ̃sistɑ̃, ɑ̃t] *adj* inconsistente
inconsolable [ɛ̃kɔ̃sɔlabl] *adj* inconsolable
inconstance [ɛ̃kɔ̃stɑ̃s] *nf* inconstancia
inconstant, e [ɛ̃kɔ̃stɑ̃, ɑ̃t] *adj* inconstante
inconstitutionnel, le [ɛ̃kɔ̃stitysjɔnɛl] *adj* inconstitucional
inconstitutionnellement [ɛ̃kɔ̃stitysjɔnɛlmɑ̃] *adv* inconstitucionalmente
inconstructible [ɛ̃kɔ̃stʀyktibl] *adj* no edificable
incontestable [ɛ̃kɔ̃tɛstabl] *adj* indiscutible
incontestablement [ɛ̃kɔ̃tɛstabləmɑ̃] *adv* indiscutiblemente
incontesté, e [ɛ̃kɔ̃tɛste] *adj* indiscutido(-a), indiscutible
incontinence [ɛ̃kɔ̃tinɑ̃s] *nf* (*Méd*) incontinencia
incontinent, e [ɛ̃kɔ̃tinɑ̃, ɑ̃t] *adj* (*Méd*) incontinente ▸ *adv* (*tout de suite*) al instante, en el acto
incontournable [ɛ̃kɔ̃tuʀnabl] *adj* imprescindible; (*problème, rendez-vous*) ineludible
incontrôlable [ɛ̃kɔ̃tʀolabl] *adj* (*enfant, situation*) incontrolable; (*invérifiable*) no comprobable
incontrôlé, e [ɛ̃kɔ̃tʀole] *adj* incontrolado(-a)
inconvenance [ɛ̃kɔ̃v(ə)nɑ̃s] *nf* inconveniencia
inconvenant, e [ɛ̃kɔ̃v(ə)nɑ̃, ɑ̃t] *adj* (*malséant, déplacé*) inconveniente; (*indécent*) incorrecto(-a)
inconvénient [ɛ̃kɔ̃venjɑ̃] *nm* inconveniente *m*; (*d'un remède, changement*) inconveniente; **y a-t-il un ~ à ... ?** ¿hay algún inconveniente en ...?; **si vous n'y voyez pas d'~** (*obstacle, objection*) si no tiene inconveniente
inconvertible [ɛ̃kɔ̃vɛʀtibl] *adj* inconvertible
incorporation [ɛ̃kɔʀpɔʀasjɔ̃] *nf* (*Mil*) incorporación *f*
incorporé, e [ɛ̃kɔʀpɔʀe] *adj* incorporado(-a)
incorporel, le [ɛ̃kɔʀpɔʀɛl] *adj* (*Jur*) : **biens incorporels** bienes *mpl* incorporales
incorporer [ɛ̃kɔʀpɔʀe] *vt* incorporar; **~ (à)** (*mélanger*) incorporar (a); **~ (dans)** (*insérer*) insertar (en); **~ qn dans** (*Mil : affecter*) destinar a algn a
incorrect, e [ɛ̃kɔʀɛkt] *adj* incorrecto(-a)
incorrectement [ɛ̃kɔʀɛktəmɑ̃] *adv* incorrectamente
incorrection [ɛ̃kɔʀɛksjɔ̃] *nf* incorrección *f*
incorrigible [ɛ̃kɔʀiʒibl] *adj* incorregible
incorruptible [ɛ̃kɔʀyptibl] *adj* incorruptible
incrédibilité [ɛ̃kʀedibilite] *nf* incredibilidad *f*
incrédule [ɛ̃kʀedyl] *adj* (*Rel*) descreído(-a); (*personne, moue*) incrédulo(-a), escéptico(-a)
incrédulité [ɛ̃kʀedylite] *nf* incredulidad *f*; **avec ~** con incredulidad
increvable [ɛ̃kʀəvabl] *adj* (*ballon, pneu*) a prueba de pinchazos; (*fam : personne*) infatigable, incansable
incriminé, e [ɛ̃kʀimine] *adj* (*article, livre*) incriminado(-a)
incriminer [ɛ̃kʀimine] *vt* incriminar; (*mettre en doute*) dudar de, sospechar de
incrochetable [ɛ̃kʀɔʃ(ə)tabl] *adj* (*serrure*) inviolable
incroyable [ɛ̃kʀwajabl] *adj* increíble
incroyablement [ɛ̃kʀwajabləmɑ̃] *adv* increíblemente
incroyant, e [ɛ̃kʀwajɑ̃, ɑ̃t] *nm/f* (*Rel*) descreído(-a)
incrustation [ɛ̃kʀystasjɔ̃] *nf* (*technique, ornement*) incrustación *f*; (*dans un récipient, radiateur*) sarro
incruster [ɛ̃kʀyste] *vt* incrustar; **~ qch dans** (*Art*) incrustar algo en; **~ un bijou de diamants** incrustar diamantes en una joya; **incrusté de** (*pierres précieuses*) incrustado de; **s'incruster** *vpr* incrustarse; (*invité*) instalarse, aposentarse; (*radiateur, conduite*) cubrirse de sarro; **s'~ dans** incrustarse en

incubateur [ɛ̃kybatœʀ] *nm* incubadora; **~ d'entreprises** vivero de empresas
incubation [ɛ̃kybasjɔ̃] *nf (aussi fig)* incubación *f*; **période d'~** *(Méd)* período de incubación
inculpation [ɛ̃kylpasjɔ̃] *nf* inculpación *f*, acusación *f*; *(chef d'accusation)* base *f* de acusación; **sous l'~ de** bajo la acusación de
inculpé, e [ɛ̃kylpe] *nm/f* inculpado(-a), acusado(-a)
inculper [ɛ̃kylpe] *vt (Jur)* : **~ (de)** inculpar (de)
inculquer [ɛ̃kylke] *vt* : **~ qch à qn** inculcar algo a *ou* en algn
inculte [ɛ̃kylt] *adj (terres)* inculto(-a), yermo(-a); *(personne)* inculto(-a); *(cheveux, barbe)* descuidado(-a)
incultivable [ɛ̃kyltivabl] *adj* incultivable
inculture [ɛ̃kyltyʀ] *nf* incultura
incunable [ɛ̃kynabl] *nm* incunable *m*
incurable [ɛ̃kyʀabl] *adj (maladie, malade)* incurable; *(sottise, ignorance)* irremediable
incurie [ɛ̃kyʀi] *nf* incuria
incursion [ɛ̃kyʀsjɔ̃] *nf (attaque, invasion, fig)* incursión *f*
incurvé, e [ɛ̃kyʀve] *adj* curvo(-a)
incurver [ɛ̃kyʀve] *vt* curvar; **s'incurver** *vpr* curvarse
Inde [ɛ̃d] *nf* India
indéboulonnable [ɛ̃debulɔnabl] *adj* inamovible
indécelable [ɛ̃des(ə)labl] *adj* imperceptible
indécemment [ɛ̃desamɑ̃] *adv* indecentemente
indécence [ɛ̃desɑ̃s] *nf* indecencia, falta de decoro
indécent, e [ɛ̃desɑ̃, ɑ̃t] *adj* indecente, indecoroso(-a); *(inconvenant, déplacé)* desconsiderado(-a)
indéchiffrable [ɛ̃deʃifʀabl] *adj* indescifrable; *(pensée, personnage)* inescrutable
indéchirable [ɛ̃deʃiʀabl] *adj* irrompible
indécis, e [ɛ̃desi, iz] *adj (personne)* indeciso(-a); *(paix, victoire)* dudoso(-a); *(temps)* dudoso(-a), inestable; *(contours, formes)* impreciso(-a), vago(-a)
indécision [ɛ̃desizjɔ̃] *nf* indecisión *f*
indéclinable [ɛ̃deklinabl] *adj (Ling)* indeclinable
indécomposable [ɛ̃dekɔ̃pozabl] *adj* no descomponible; **un tout ~** *(fig)* un todo indivisible
indécrottable [ɛ̃dekʀɔtabl] *(fam) adj* incorregible
indéfectible [ɛ̃defɛktibl] *adj* indefectible
indéfendable [ɛ̃defɑ̃dabl] *adj* indefendible
indéfini, e [ɛ̃defini] *adj* indefinido(-a); *(nombre)* ilimitado(-a); *(Ling : article)* indeterminado(-a)
indéfiniment [ɛ̃definimɑ̃] *adv* indefinidamente
indéfinissable [ɛ̃definisabl] *adj* indefinible
indéformable [ɛ̃defɔʀmabl] *adj* indeformable
indélébile [ɛ̃delebil] *adj* indeleble; *(fig)* imborrable
indélicat, e [ɛ̃delika, at] *adj (grossier)* falto(-a) de delicadeza; *(malhonnête)* deshonesto(-a)
indélicatesse [ɛ̃delikatɛs] *nf* falta de delicadeza, indelicadeza; *(malhonnêteté)* deshonestidad *f*
indémaillable [ɛ̃demajabl] *adj* indesmallable
indemne [ɛ̃dɛmn] *adj* indemne
indemnisable [ɛ̃dɛmnizabl] *adj* indemnizable
indemnisation [ɛ̃dɛmnizasjɔ̃] *nf* indemnización *f*
indemniser [ɛ̃dɛmnize] *vt* indemnizar; **~ qn de qch** indemnizar a algn por algo; **se faire ~** cobrar una indemnización
indemnité [ɛ̃dɛmnite] *nf (dédommagement)* indemnización *f*; *(allocation)* subsidio; **~ de licenciement** indemnización por despido; **~ de logement** subsidio de vivienda; **~ journalière de chômage** subsidio de paro; **~ parlementaire** dietas *fpl* parlamentarias
indémodable [ɛ̃demɔdabl] *adj* que no pasa de moda
indémontable [ɛ̃demɔ̃tabl] *adj* indesmontable
indéniable [ɛ̃denjabl] *adj* innegable
indéniablement [ɛ̃denjabləmɑ̃] *adv* innegablemente
indépendamment [ɛ̃depɑ̃damɑ̃] *adv* independientemente; **~ de** *(en faisant abstraction de)* independientemente de; *(par surcroît, en plus)* además de
indépendance [ɛ̃depɑ̃dɑ̃s] *nf* independencia; **~ matérielle** independencia económica
indépendant, e [ɛ̃depɑ̃dɑ̃, ɑ̃t] *adj* independiente; **~ de** independiente de; **travailleur ~** trabajador autónomo; **chambre indépendante** habitación *f* independiente
indépendantisme [ɛ̃depɑ̃dɑ̃tism] *nm* independentismo
indépendantiste [ɛ̃depɑ̃dɑ̃tist] *adj, nmf* independentista *mf*
indéracinable [ɛ̃deʀasinabl] *adj (fig)* que no se puede desarraigar
indéréglable [ɛ̃deʀeglabl] *adj* que no se puede desarreglar
indescriptible [ɛ̃dɛskʀiptibl] *adj* indescriptible
indésirable [ɛ̃deziʀabl] *adj* indeseable
indestructible [ɛ̃dɛstʀyktibl] *adj* indestructible; *(marque, impression)* imborrable
indétectable [ɛ̃detɛktabl] *adj* indetectable
indéterminable [ɛ̃detɛʀminabl] *adj* indeterminable

i

indétermination [ɛ̃detɛʀminasjɔ̃] *nf* indeterminación *f*
indéterminé, e [ɛ̃detɛʀmine] *adj* indeterminado(-a); (*texte, sens*) impreciso(-a)
index [ɛ̃dɛks] *nm* (*doigt, liste*) índice *m*; **mettre qch/qn à l'~** poner algo/a algn en la lista negra
indexation [ɛ̃dɛksasjɔ̃] *nf* ajuste *m*
indexé, e [ɛ̃dɛkse] *adj* (*Écon*) : **~ (sur)** ajustado(-a) (de acuerdo a *ou* según)
indexer [ɛ̃dɛkse] *vt* (*Écon*) : **~ (sur)** ajustar (de acuerdo a *ou* según)
indic [ɛ̃dik] *nmf* (*fam : informateur*) chivato(-a) (*fam*), soplón(-ona) (*fam*)
indicateur, -trice [ɛ̃dikatœʀ, tʀis] *nm/f* (*de la police*) confidente *mf* ▸ *nm* : **~ de changement de direction** (*Auto*) indicador de cambio de dirección; **~ de niveau** indicador de nivel; **~ de pression** manómetro; **~ des chemins de fer** horario de trenes; **~ de vitesse** velocímetro; **~ immobilier** (*livre, brochure*) guía inmobiliaria; (*Écon*) indicador *m*, índice *m* ▸ *adj* : **panneau ~** panel *m* informativo; **poteau ~** indicador, señal *f* de orientación
indicatif [ɛ̃dikatif] *nm* (*Ling*) indicativo; (*Radio*) sintonía; (*téléphonique*) prefijo; **~ d'appel** (*Radio*) signo convencional ▸ *adj* : **à titre ~** a título informativo
indication [ɛ̃dikasjɔ̃] *nf* indicación *f*; **~ d'origine** (*Comm*) indicación de origen *ou* de procedencia; **indications** *nfpl* (*d'un médicament*) indicaciones *fpl*; (*directives*) indicaciones *fpl*, instrucciones *fpl*
indice [ɛ̃dis] *nm* indicio; (*Police*) indicio, pista; (*Écon, Science, Tech, Admin*) índice *m*; **~ de la production industrielle** índice de producción industrial; **~ de réfraction/des prix** índice de refracción/de precios; **~ de traitement** (*Admin*) escala de sueldos; **~ d'octane** (*d'un carburant*) índice de octano; **~ du coût de la vie** índice de coste de la vida; **~ inférieur** (*Inform*) índice inferior
indicible [ɛ̃disibl] *adj* (*joie, charme*) inefable; (*peine*) indecible
indien, ne [ɛ̃djɛ̃, jɛn] *adj* indio(-a); **l'océan I~** el Océano Indico ▸ *nm/f* : **Indien, ne** (*d'Amérique, d'Inde*) indio(-a)
indifféremment [ɛ̃difeʀamɑ̃] *adv* indiferentemente, indistintamente
indifférence [ɛ̃difeʀɑ̃s] *nf* indiferencia
indifférencié, e [ɛ̃difeʀɑ̃sje] *adj* indiferenciado(-a)
indifférent, e [ɛ̃difeʀɑ̃, ɑ̃t] *adj* indiferente; **~ à qn/qch** indiferente a algn/algo; **parler de choses indifférentes** hablar de cosas sin importancia; **ça m'est ~ (que ...)** me es indiferente (que ...)
indifférer [ɛ̃difeʀe] *vt* : **cela m'indiffère** eso me deja indiferente
indigence [ɛ̃diʒɑ̃s] *nf* : **être/vivre dans l'~** estar/vivir en la indigencia
indigène [ɛ̃diʒɛn] *adj, nmf* indígena *mf*, criollo(-a) (*AM*)
indigent, e [ɛ̃diʒɑ̃, ɑ̃t] *adj* (*personne*) indigente; (*fig*) pobre
indigeste [ɛ̃diʒɛst] *adj* indigesto(-a); (*fig*) pesado(-a)
indigestion [ɛ̃diʒɛstjɔ̃] *nf* indigestión *f*; **avoir une ~** tener una indigestión
indignation [ɛ̃diɲasjɔ̃] *nf* indignación *f*; **~ générale/publique** indignación general/pública
indigne [ɛ̃diɲ] *adj* indigno(-a); **~ de** indigno(-a) de
indigné, e [ɛ̃diɲe] *adj* indignado(-a)
indignement [ɛ̃diɲmɑ̃] *adv* sin dignidad
indigner [ɛ̃diɲe] *vt* indignar; **s'indigner** *vpr* : **s'~ (de qch/contre qn)** (*se fâcher*) indignarse (por *ou* con algo/contra *ou* con algn)
indignité [ɛ̃diɲite] *nf* indignidad *f*
indigo [ɛ̃digo] *nm* añil *m*, índigo
indiqué, e [ɛ̃dike] *adj* (*date, lieu*) indicado(-a), acordado(-a); (*adéquat*) indicado(-a), adecuado(-a); **ce n'est pas très ~** no es muy adecuado; **remède/traitement ~** (*prescrit*) remedio/tratamiento adecuado
indiquer [ɛ̃dike] *vt* indicar; (*heure, solution*) indicar, informar; (*déterminer*) señalar, fijar; **~ qch/qn du doigt/du regard** (*désigner*) indicar *ou* señalar algo/a algn con el dedo/con la mirada; **à l'heure indiquée** a la hora acordada; **pourriez-vous m'~ les toilettes/l'heure ?** ¿puede indicarme dónde están los servicios/decirme la hora?
indirect, e [ɛ̃diʀɛkt] *adj* indirecto(-a)
indirectement [ɛ̃diʀɛktəmɑ̃] *adv* indirectamente
indiscernable [ɛ̃disɛʀnabl] *adj* (*identique*) indiscernible; (*nuance*) inapreciable
indiscipline [ɛ̃disiplin] *nf* indisciplina
indiscipliné, e [ɛ̃disipline] *adj* (*écolier, troupes*) indisciplinado(-a); (*cheveux etc*) rebelde
indiscret, -ète [ɛ̃diskʀɛ, ɛt] *adj* indiscreto(-a)
indiscrétion [ɛ̃diskʀesjɔ̃] *nf* indiscreción *f*; **sans ~, ...** si no es indiscreción, ...
indiscutable [ɛ̃diskytabl] *adj* indiscutible
indiscutablement [ɛ̃diskytabləmɑ̃] *adv* indiscutiblemente
indiscuté, e [ɛ̃diskyte] *adj* indiscutible
indispensable [ɛ̃dispɑ̃sabl] *adj* (*garanties, précautions, condition*) indispensable; (*objet, connaissances, personne*) imprescindible; **~ à qn/pour faire qch** imprescindible *ou* indispensable a algn/para hacer algo
indisponibilité [ɛ̃dispɔnibilite] *nf* indisponibilidad *f*
indisponible [ɛ̃dispɔnibl] *adj* indisponible, no disponible
indisposé, e [ɛ̃dispoze] *adj* indispuesto(-a)

indisposer [ɛ̃dispoze] *vt (incommoder)* indisponer; *(déplaire à, désobliger)* incomodar, disgustar
indisposition [ɛ̃dispozisjɔ̃] *nf* indisposición *f*
indissociable [ɛ̃disɔsjabl] *adj* indisociable
indissoluble [ɛ̃disɔlybl] *adj* indisoluble
indissolublement [ɛ̃disɔlybləmɑ̃] *adv* indisolublemente
indistinct, e [ɛ̃distɛ̃(kt), ɛ̃kt] *adj (objet)* indistinto(-a); *(voix, bruits, souvenirs)* confuso(-a)
indistinctement [ɛ̃distɛ̃ktəmɑ̃] *adv* indistintamente; **tous les Français ~** todos los franceses sin distinción
individu [ɛ̃dividy] *nm* individuo
individualiser [ɛ̃dividɥalize] *vt* individualizar; **s'individualiser** *vpr* individualizarse
individualisme [ɛ̃dividɥalism] *nm* individualismo
individualiste [ɛ̃dividɥalist] *adj, nmf* individualista *mf*
individualité [ɛ̃dividɥalite] *nf* individualidad *f*
individuel, le [ɛ̃dividɥɛl] *adj* individual; **chambre/maison individuelle** habitación *f*/casa individual; **propriété individuelle** propiedad *f* particular ▸ *nm/f (athlète)* independiente *mf*
individuellement [ɛ̃dividɥɛlmɑ̃] *adv* individualmente
indivis, e [ɛ̃divi, iz] *adj (Jur)* indiviso(-a); *(cohéritiers, propriétaires)* por indiviso
indivisible [ɛ̃divizibl] *adj* indivisible
Indochine [ɛ̃dɔʃin] *nf* Indochina
indochinois, e [ɛ̃dɔʃinwa, waz] *adj* indochino(-a) ▸ *nm/f* : **Indochinois, e** indochino(-a)
indocile [ɛ̃dɔsil] *adj* indisciplinado(-a)
indo-européen, ne [ɛ̃doøʀɔpeɛ̃, ɛn] *(pl* **indo-européens, -nes**) *adj* indoeuropeo(-a) ▸ *nm (Ling)* indoeuropeo
indolence [ɛ̃dɔlɑ̃s] *nf* indolencia
indolent, e [ɛ̃dɔlɑ̃, ɑ̃t] *adj* indolente
indolore [ɛ̃dɔlɔʀ] *adj* indoloro(-a)
indomptable [ɛ̃dɔ̃(p)tabl] *adj (fauve, fig)* indomable
indompté, e [ɛ̃dɔ̃(p)te] *adj* indómito(-a)
Indonésie [ɛ̃dɔnezi] *nf* Indonesia
indonésien, ne [ɛ̃dɔnezjɛ̃, jɛn] *adj* indonesio(-a) ▸ *nm/f* : **Indonésien, ne** indonesio(-a)
indu, e [ɛ̃dy] *adj* : **à des heures indues** *(travailler)* tarde; *(rentrer)* a horas imprudentes
indubitable [ɛ̃dybitabl] *adj* indudable; **il est ~ que** es indudable que
indubitablement [ɛ̃dybitabləmɑ̃] *adv* indudablemente
induction [ɛ̃dyksjɔ̃] *nf* inducción *f*
induire [ɛ̃dɥiʀ] *vt* : **~ qch de** deducir algo de; **~ qn en erreur** inducir a algn a error
indulgence [ɛ̃dylʒɑ̃s] *nf* indulgencia; **avec ~** con indulgencia
indulgent, e [ɛ̃dylʒɑ̃, ɑ̃t] *adj* indulgente
indûment [ɛ̃dymɑ̃] *adv* indebidamente
industrialisation [ɛ̃dystʀijalizasjɔ̃] *nf* industrialización *f*
industrialisé, e [ɛ̃dystʀijalize] *adj* industrializado(-a)
industrialiser [ɛ̃dystʀijalize] *vt* industrializar; **s'industrialiser** *vpr* industrializarse
industrie [ɛ̃dystʀi] *nf* industria; **petite/moyenne/grande ~** pequeña/mediana/gran industria; **~ automobile** industria automovilística; **~ du livre/du spectacle** industria del libro/del espectáculo; **~ légère/lourde/textile** industria ligera/pesada/textil
industriel, le [ɛ̃dystʀijɛl] *adj, nm/f* industrial *mf*
industriellement [ɛ̃dystʀijɛlmɑ̃] *adv* industrialmente
industrieux, -euse [ɛ̃dystʀijø, jøz] *adj* industrioso(-a)
inébranlable [inebʀɑ̃labl] *adj* inquebrantable; *(personne, certitude)* firme
inédit, e [inedi, it] *adj* inédito(-a)
ineffable [inefabl] *adj* inefable
ineffaçable [inefasabl] *adj (fig)* imborrable
inefficace [inefikas] *adj* ineficaz; *(machine, employé)* ineficiente
inefficacité [inefikasite] *nf* ineficacia; *(d'une machine, d'un employé)* ineficiencia
inégal, e, -aux [inegal, o] *adj (part, partage)* desigual; *(rythme, pouls, écrivain)* irregular; *(humeur)* variable
inégalable [inegalabl] *adj* inigualable
inégalé, e [inegale] *adj* inigualado(-a)
inégalement [inegalmɑ̃] *adv* desigualmente; *(différemment)* diferentemente
inégalitaire [inegalitɛʀ] *adj* no igualitario(-a)
inégalité [inegalite] *nf* desigualdad *f*; **l'~ du partage des richesses** la desigualdad en la distribución de la riqueza; **inégalités** *nfpl (dans une œuvre)* desigualdades *fpl*; **inégalités d'humeur** variaciones *fpl* de humor; **inégalités de terrain** desigualdades del terreno; **inégalités économiques/sociales** desigualdades económicas/sociales
inélégance [inelegɑ̃s] *nf (de manières)* falta de finura; *(d'une personne)* falta de elegancia; *(d'un procédé)* falta de claridad
inélégant, e [inelegɑ̃, ɑ̃t] *adj (manières, geste)* poco fino(-a); *(personne, allure)* poco elegante; *(procédés)* poco claro(-a)
inéligibilité [ineliʒibilite] *nf* inelegibilidad *f*
inéligible [ineliʒibl] *adj* inelegible
inéluctable [inelyktabl] *adj* inevitable, ineluctable

i

inéluctablement [inelyktabləmɑ̃] *adv* inevitablemente
inemployable [inɑ̃plwajabl] *adj* inservible
inemployé, e [inɑ̃plwaje] *adj* desaprovechado(-a)
inénarrable [inenaʀabl] *adj* graciosísimo(-a)
inepte [inɛpt] *adj* necio(-a)
ineptie [inɛpsi] *nf* necedad *f*; (*idée, œuvre*) desatino
inépuisable [inepɥizabl] *adj* inagotable; **il est ~ sur** es inagotable en
inéquitable [inekitabl] *adj* desigual
inerte [inɛʀt] *adj* inerte; (*apathique*) pasivo(-a)
inertie [inɛʀsi] *nf* inercia
inespéré, e [inɛspeʀe] *adj* inesperado(-a)
inesthétique [inɛstetik] *adj* antiestético(-a)
inestimable [inɛstimabl] *adj* inestimable
inévitable [inevitabl] *adj* inevitable; (*effet*) consabido(-a), inevitable; (*hum : rituel*) consabido(-a)
inévitablement [inevitabləmɑ̃] *adv* inevitablemente
inexact, e [inɛgza(kt), akt] *adj* inexacto(-a); (*traduction etc*) incorrecto(-a); (*non ponctuel*) impuntual
inexactement [inɛgzaktəmɑ̃] *adv* incorrectamente
inexactitude [inɛgzaktityd] *nf* inexactitud *f*; (*d'une traduction*) incorrección *f*; (*d'une personne*) impuntualidad *f*; (*erreur*) error *m*
inexcusable [inɛkskyzabl] *adj* inexcusable
inexécutable [inɛgzekytabl] *adj* inejecutable
inexistant, e [inɛgzistɑ̃, ɑ̃t] *adj* inexistente
inexistence [inɛgzistɑ̃s] *nf* inexistencia
inexorable [inɛgzɔʀabl] *adj* (*personne*) : **~ (à)** implacable (ante); (*arrêt, loi*) inflexible; (*fatalité*) inevitable
inexorablement [inɛgzɔʀabləmɑ̃] *adv* inevitablemente
inexpérience [inɛkspeʀjɑ̃s] *nf* inexperiencia
inexpérimenté, e [inɛkspeʀimɑ̃te] *adj* (*naïf*) ingenuo(-a); (*sans expérience : conducteur*) con poca experiencia; (*arme, procédé*) no probado(-a)
inexplicable [inɛksplikabl] *adj* inexplicable
inexplicablement [inɛksplikabləmɑ̃] *adv* inexplicablemente
inexpliqué, e [inɛksplike] *adj* inexplicado(-a)
inexploitable [inɛksplwatabl] *adj* inexplotable; (*données etc*) inutilizable
inexploité, e [inɛksplwate] *adj* inexplotado(-a)
inexploré, e [inɛksplɔʀe] *adj* inexplorado(-a)
inexpressif, -ive [inɛkspʀesif, iv] *adj* inexpresivo(-a)
inexpressivité [inɛkspʀesivite] *nf* inexpresividad *f*
inexprimable [inɛkspʀimabl] *adj* (*pensée*) inexpresable; (*haine, douceur*) indecible
inexprimé, e [inɛkspʀime] *adj* inexpresado(-a)
inexpugnable [inɛkspygnabl] *adj* inexpugnable
inextensible [inɛkstɑ̃sibl] *adj* (*tissu*) que no da de sí
in extenso [inɛkstɛ̃so] *adv* íntegramente ▸ *adj* íntegro(-a)
inextinguible [inɛkstɛ̃gibl] *adj* (*soif*) insaciable; (*rire*) interminable
in extremis [inɛkstʀemis] *adv, adj* in extremis
inextricable [inɛkstʀikabl] *adj* inextricable; (*complications*) serio(-a); (*affaire*) enrevesado(-a); (*dédale, labyrinthe*) intrincado(-a)
inextricablement [inɛkstʀikabləmɑ̃] *adv* inextricablemente
infaillibilité [ɛ̃fajibilite] *nf* infalibilidad *f*
infaillible [ɛ̃fajibl] *adj* infalible
infailliblement [ɛ̃fajibləmɑ̃] *adv* infaliblemente
infaisable [ɛ̃fəzabl] *adj* imposible de hacer
infalsifiable [ɛ̃falsifjabl] *adj* infalsificable
infamant, e [ɛ̃famɑ̃, ɑ̃t] *adj* infamante
infâme [ɛ̃fɑm] *adj* (*personne, complaisance etc*) detestable; (*trahison, action*) infame; (*malpropre*) inmundo(-a)
infamie [ɛ̃fami] *nf* infamia
infanterie [ɛ̃fɑ̃tʀi] *nf* infantería
infanticide [ɛ̃fɑ̃tisid] *adj* infanticida ▸ *nmf* infanticida *mf* ▸ *nm* infanticidio
infantile [ɛ̃fɑ̃til] *adj* (*aussi pej*) infantil
infantilisation [ɛ̃fɑ̃tilizasjɔ̃] *nf* infantilización *f*
infantiliser [ɛ̃fɑ̃tilize] *vt* infantilizar
infantilisme [ɛ̃fɑ̃tilism] *nm* infantilismo
infarctus [ɛ̃faʀktys] *nm* : **~ (du myocarde)** infarto (de miocardio)
infatigable [ɛ̃fatigabl] *adj* infatigable, incansable
infatigablement [ɛ̃fatigabləmɑ̃] *adv* infatigablemente, incansablemente
infatué, e [ɛ̃fatɥe] *adj* engreído(-a); **être ~ de son importance** estar creído(-a) de su importancia
infécond, e [ɛ̃fekɔ̃, ɔ̃d] *adj* infecundo(-a)
infect, e [ɛ̃fɛkt] *adj* pestilente; (*goût*) asqueroso(-a); (*temps*) horroroso(-a); (*personne*) odioso(-a)
infecter [ɛ̃fɛkte] *vt* (*atmosphère, eau*) contaminar; (*personne*) contagiar; (*plaie*) infectar; **s'infecter** *vpr* infectarse
infectieux, -euse [ɛ̃fɛksjø, jøz] *adj* infeccioso(-a)
infection [ɛ̃fɛksjɔ̃] *nf* (*Méd*) infección *f*; (*puanteur*) pestilencia
inféodé, e [ɛ̃feɔde] *adj* : **être ~ à** estar sometido(-a) a
inféoder [ɛ̃feɔde] : **s'inféoder à** *vpr* someterse a

inférer [ɛ̃feʀe] *vt* : **~ qch de** inferir algo de
inférieur, e [ɛ̃feʀjœʀ] *adj* inferior; (*classes sociales, intelligence*) bajo(-a); **~ à** inferior a ▸ *nm/f* inferior *mf*
infériorité [ɛ̃feʀjɔʀite] *nf* inferioridad *f*; **~ numérique** inferioridad numérica
infernal, e, -aux [ɛ̃fɛʀnal, o] *adj* infernal; (*satanique*) diabólico(-a); **tu es ~ !** (*enfant*) ¡estás hecho un diablillo!
infester [ɛ̃fɛste] *vt* infestar; **infesté de moustiques/de cafards** infestado de mosquitos/de cucarachas
infichu, e [ɛ̃fiʃy] (*fam*) *adj* : **être ~ de faire qch** ser incapaz de hacer algo
infidèle [ɛ̃fidɛl] *adj* infiel; (*narrateur, récit*) inexacto(-a)
infidélité [ɛ̃fidelite] *nf* infidelidad *f*; (*d'un récit*) inexactitud *f*
infiltration [ɛ̃filtʀasjɔ̃] *nf* infiltración *f*
infiltrer [ɛ̃filtʀe] : **s'infiltrer** *vpr* : **s'~ dans** infiltrarse en; (*vent, lumière*) colarse en
infime [ɛ̃fim] *adj* ínfimo(-a)
infini, e [ɛ̃fini] *adj* infinito(-a); (*discussions*) interminable ▸ *nm* : **l'~** (*Math, Photo*) el infinito; **à l'~** (*Math*) al infinito; (*discourir*) interminablemente; (*agrandir, varier*) ampliamente
infiniment [ɛ̃finimɑ̃] *adv* infinitamente
infinité [ɛ̃finite] *nf* : **une ~ de** una infinidad de
infinitésimal, e, -aux [ɛ̃finitezimal, o] *adj* infinitesimal
infinitif, -ive [ɛ̃finitif, iv] *nm* (*Ling*) infinitivo ▸ *adj* (*mode, proposition*) infinitivo(-a)
infirme [ɛ̃fiʀm] *adj, nmf* inválido(-a); **~ moteur(-trice)** deficiente *mf* físico(-a)
infirmer [ɛ̃fiʀme] *vt* (*preuve, témoignage*) quitar valor a; (*jugement*) invalidar
infirmerie [ɛ̃fiʀməʀi] *nf* enfermería
infirmier, -ière [ɛ̃fiʀmje, jɛʀ] *nm/f* enfermero(-a); **infirmière chef** enfermera jefe; **infirmière diplômée** diplomada en enfermería; **infirmière visiteuse** enfermera a domicilio ▸ *adj* : **élève ~(-ière)** alumno(-a) de enfermería
infirmité [ɛ̃fiʀmite] *nf* invalidez *f*
inflammable [ɛ̃flamabl] *adj* inflamable
inflammation [ɛ̃flamasjɔ̃] *nf* inflamación *f*
inflammatoire [ɛ̃flamatwaʀ] *adj* inflamatorio(-a)
inflation [ɛ̃flasjɔ̃] *nf* inflación *f*; **~ galopante** inflación galopante
inflationniste [ɛ̃flasjɔnist] *adj* inflacionista
infléchir [ɛ̃fleʃiʀ] *vt* (*politique*) reorientar; **s'infléchir** *vpr* (*poutre*) doblarse, curvarse
infléchissement [ɛ̃fleʃismɑ̃] *nm* (*fig*) reorientación *f*; (*d'une poutre*) curvatura
inflexibilité [ɛ̃flɛksibilite] *nf* inflexibilidad *f*
inflexible [ɛ̃flɛksibl] *adj* inflexible
inflexion [ɛ̃flɛksjɔ̃] *nf* inflexión *f*; **~ de la tête** inclinación *f* de cabeza
infliger [ɛ̃fliʒe] *vt* (*défaite, châtiment*) infligir; **il m'infligea un affront** me agravió
influençable [ɛ̃flyɑ̃sabl] *adj* influenciable
influence [ɛ̃flyɑ̃s] *nf* influencia; (*Pol*) predominio; **sous l'~ de qch** bajo la influencia de algo
influencer [ɛ̃flyɑ̃se] *vt* influir
influenceur [ɛ̃flyɑ̃sœʀ] *nm* influenciador(a)
influent, e [ɛ̃flyɑ̃, ɑ̃t] *adj* influyente
influer [ɛ̃flye] : **~ sur** *vt* (*fig*) influir en
influx [ɛ̃fly] *nm* : **~ magnétique/nerveux** flujo magnético/nervioso
info [ɛ̃fo] *nf* (*renseignement*) información *f*; (*Radio, TV : nouvelle*) noticia; **une ~ de dernière minute** una noticia de última hora; **infos** *nfpl* (*Radio, TV*) noticias *fpl*; **tu as écouté les infos ?** ¿has oído las noticias?
infobulle [ɛ̃fobyl] *nf* (*Inform*) ventana de ayuda
infographie® [ɛ̃fogʀafi] *nf* infografía
infographiste [ɛ̃fogʀafist] *nmf* infografista *mf*
infondé, e [ɛ̃fɔ̃de] *adj* infundado(-a)
informateur, -trice [ɛ̃fɔʀmatœʀ, tʀis] *nm/f* informador(a)
informaticien, ne [ɛ̃fɔʀmatisjɛ̃, jɛn] *nm/f* informático(-a)
informatif, -ive [ɛ̃fɔʀmatif, iv] *adj* informativo(-a)
information [ɛ̃fɔʀmasjɔ̃] *nf* información *f*; **voyage d'~** viaje *m* de investigación; **~ politique/sportive** (*TV etc*) información política/deportiva; **journal d'~** diario informativo; **informations** *nfpl* (*Radio*) noticias *fpl*
informatique [ɛ̃fɔʀmatik] *nf* informática
informatisation [ɛ̃fɔʀmatizasjɔ̃] *nf* informatización *f*
informatiser [ɛ̃fɔʀmatize] *vt* informatizar
informe [ɛ̃fɔʀm] *adj* informe; (*vêtement*) deforme; (*essai, projet*) esbozado(-a)
informé [ɛ̃fɔʀme] *nm* : **jusqu'à plus ample ~** hasta mayor información
informel, le [ɛ̃fɔʀmɛl] *adj* informal
informer [ɛ̃fɔʀme] *vt* : **~ qn (de)** informar a algn (de) ▸ *vi* (*Jur*) : **~ contre qn/sur qch** informar contra algn/ sobre algo; **s'informer** *vpr* : **s'~ (sur)** informarse (sobre)
informulé, e [ɛ̃fɔʀmyle] *adj* no expresado(-a)
infortune [ɛ̃fɔʀtyn] *nf* infortunio
infortuné, e [ɛ̃fɔʀtyne] *adj* desafortunado(-a)
infos [ɛ̃fo] *nfpl* = **informations**
infoutu, e [ɛ̃futy] (*fam*) *adj* : **être ~ de faire qch** ser incapaz de hacer algo
infraction [ɛ̃fʀaksjɔ̃] *nf* infracción *f*; **être en ~** haber cometido una infracción
infranchissable [ɛ̃fʀɑ̃ʃisabl] *adj* infranqueable; (*fig*) insalvable
infrarouge [ɛ̃fʀaʀuʒ] *adj* infrarrojo(-a) ▸ *nm* infrarrojo

i

infrason [ɛ̃fʀasɔ̃] *nm* infrasonido
infrastructure [ɛ̃fʀastʀyktyʀ] *nf* infraestructura; **~ touristique/hôtelière/routière** infraestructura turística/hotelera/viaria; **infrastructures** *nfpl (d'un pays)* infraestructuras *fpl*
infréquentable [ɛ̃fʀekɑ̃tabl] *adj (gens)* poco recomendable
infroissable [ɛ̃fʀwasabl] *adj* que no se arruga
infructueux, -euse [ɛ̃fʀyktɥø, øz] *adj* infructuoso(-a)
infus, e [ɛ̃fy, yz] *adj* : **avoir la science infuse** tener ciencia infusa
infuser [ɛ̃fyze] *vt (aussi :* **faire infuser***)* dejar reposar
infusion [ɛ̃fyzjɔ̃] *nf* infusión *f*
ingambe [ɛ̃gɑ̃b] *adj* ágil
ingénier [ɛ̃ʒenje] : **s'ingénier** *vpr* : **s'~ à faire qch** ingeniárselas para hacer algo
ingénierie [ɛ̃ʒeniʀi] *nf* ingeniería; **~ génétique** ingeniería genética
ingénieur, e [ɛ̃ʒenjœʀ] *nm/f* ingeniero(-a); **~ agronome/du son** ingeniero(-a) agrónomo(-a)/de sonido; **~ chimiste/des mines** ingeniero(-a) químico(-a)/de minas
ingénieur-conseil [ɛ̃ʒenjœʀkɔ̃sɛj] *(pl* **ingénieurs-conseils***)* *nm* ingeniero consultor
ingénieusement [ɛ̃ʒenjøzmɑ̃] *adv* ingeniosamente
ingénieux, -euse [ɛ̃ʒenjø, jøz] *adj* ingenioso(-a)
ingéniosité [ɛ̃ʒenjozite] *nf* ingeniosidad *f*
ingénu, e [ɛ̃ʒeny] *adj* ingenuo(-a)
ingénue [ɛ̃ʒeny] *nf (Théâtre)* : **jouer les ingénues** actuar de ingenua
ingénuité [ɛ̃ʒenɥite] *nf* ingenuidad *f*
ingénument [ɛ̃ʒenymɑ̃] *adv* ingenuamente
ingérable [ɛ̃ʒeʀabl] *adj (situation, crise)* incontrolable
ingérence [ɛ̃ʒeʀɑ̃s] *nf* ingerencia
ingérer [ɛ̃ʒeʀe] : **s'ingérer** *vpr* : **s'~ dans** interferir en
ingestion [ɛ̃ʒɛstjɔ̃] *nf* ingestión *f*
ingouvernable [ɛ̃guvɛʀnabl] *adj* ingobernable
ingrat, e [ɛ̃gʀa, at] *adj (personne, travail)* ingrato(-a); *(sol)* estéril; *(visage)* poco agraciado(-a); **~ envers** ingrato(-a) con ▸ *nm/f* ingrato(-a)
ingratitude [ɛ̃gʀatityd] *nf* ingratitud *f*
ingrédient [ɛ̃gʀedjɑ̃] *nm* ingrediente *m*
inguérissable [ɛ̃geʀisabl] *adj* incurable
inguinal, e, -aux [ɛ̃gɥinal, o] *adj* inguinal
ingurgiter [ɛ̃gyʀʒite] *vt* tragar; *(avec voracité)* engullir; *(connaissances)* empollar *(fam)*
inhabile [inabil] *adj* torpe; *(fig)* incompetente
inhabitable [inabitabl] *adj* inhabitable
inhabité, e [inabite] *adj (régions)* despoblado(-a); *(maison)* deshabitado(-a)
inhabituel, le [inabitɥɛl] *adj* inhabitual
inhalateur [inalatœʀ] *nm* inhalador *m*; **~ d'oxygène** inhalador de oxígeno
inhalation [inalasjɔ̃] *nf* inhalación *f*; **faire une** *ou* **des ~(s)** *(Méd)* hacer inhalaciones
inhaler [inale] *vt* inhalar
inhérent, e [ineʀɑ̃, ɑ̃t] *adj* : **~ à** inherente a
inhibé, e [inibe] *adj* inhibido(-a)
inhiber [inibe] *vt* inhibir
inhibiteur [inibitœʀ] *nm (substance chimique)* inhibidor *m*
inhibition [inibisjɔ̃] *nf* inhibición *f*
inhospitalier, -ière [inɔspitalje, jɛʀ] *adj* inhospitalario(-a)
inhumain, e [inymɛ̃, ɛn] *adj (barbare)* inhumano(-a); *(cri etc)* atroz
inhumation [inymasjɔ̃] *nf* inhumación *f*
inhumer [inyme] *vt* inhumar
inimaginable [inimaʒinabl] *adj* inimaginable
inimitable [inimitabl] *adj* inimitable
inimitié [inimitje] *nf* enemistad *f*
ininflammable [inɛ̃flamabl] *adj* ininflamable
inintelligent, e [inɛ̃teliʒɑ̃, ɑ̃t] *adj* poco inteligente
inintelligible [inɛ̃teliʒibl] *adj* ininteligible
inintelligiblement [inɛ̃teliʒibləmɑ̃] *adv* ininteligiblemente
inintéressant, e [inɛ̃teʀesɑ̃, ɑ̃t] *adj* poco interesante
ininterrompu, e [inɛ̃teʀɔ̃py] *adj* ininterrumpido(-a); *(flot, vacarme)* continuo(-a)
inique [inik] *adj* inicuo(-a)
iniquité [inikite] *nf* iniquidad *f*
initial, e, -aux [inisjal, jo] *adj, nf* inicial; **initiales** *nfpl* iniciales *fpl*
initialement [inisjalmɑ̃] *adv* inicialmente
initialisation [inisjalisasjɔ̃] *nf (Inform)* inicialización *f*
initialiser [inisjalize] *vt (Inform)* inicializar
initiateur, -trice [inisjatœʀ, tʀis] *nm/f* precursor(-a)
initiation [inisjasjɔ̃] *nf* iniciación *f*
initiatique [inisjatik] *adj* iniciático(-a)
initiative [inisjativ] *nf (aussi Pol)* iniciativa; **avoir de l'~** tener iniciativa; **esprit d'~** (espíritu *m* de) iniciativa; **à** *ou* **sur l'~ de qn** a iniciativa de algn; **de sa propre ~** por propia iniciativa
initié, e [inisje] *adj, nm/f* iniciado(-a)
initier [inisje] *vt* iniciar; **~ qn à** iniciar a algn en; **s'initier** *vpr* : **s'~ à** iniciarse en
injectable [ɛ̃ʒɛktabl] *adj* inyectable
injecté, e [ɛ̃ʒɛkte] *adj* : **yeux injectés de sang** ojos *mpl* ensangrentados
injecter [ɛ̃ʒɛkte] *vt* inyectar
injection [ɛ̃ʒɛksjɔ̃] *nf* inyección *f*; **~ intraveineuse/sous-cutanée** inyección intravenosa/subcutánea; **à ~** *(moteur, système)* de inyección

injoignable [ɛ̃ʒwaɲabl] *adj* ilocalizable; **il est ~** está ilocalizable
injonction [ɛ̃ʒɔ̃ksjɔ̃] *nf* orden *f*; **~ de payer** mandamiento de pago
injouable [ɛ̃ʒwabl] *adj* (*pièce*) irrepresentable; (*musique*) inejecutable
injure [ɛ̃ʒyʀ] *nf* insulto
injurier [ɛ̃ʒyʀje] *vt* insultar
injurieux, -euse [ɛ̃ʒyʀjø, jøz] *adj* injurioso(-a)
injuste [ɛ̃ʒyst] *adj* injusto(-a); **~ (avec** *ou* **envers qn)** injusto(-a) (con algn)
injustement [ɛ̃ʒystəmɑ̃] *adv* injustamente
injustice [ɛ̃ʒystis] *nf* injusticia; **haïr/abhorrer l'~** odiar/aborrecer la injusticia
injustifiable [ɛ̃ʒystifjabl] *adj* injustificable
injustifié, e [ɛ̃ʒystifje] *adj* injustificado(-a)
inlassable [ɛ̃lɑsabl] *adj* incansable, infatigable
inlassablement [ɛ̃lɑsabləmɑ̃] *adv* incansablemente, infatigablemente
inné, e [i(n)ne] *adj* innato(-a)
innocemment [inɔsamɑ̃] *adv* inocentemente
innocence [inɔsɑ̃s] *nf* inocencia
innocent, e [inɔsɑ̃, ɑ̃t] *adj* inocente; (*crédule, naïf*) inocente, ingenuo(-a); (*jeu, plaisir*) inofensivo(-a) ▸ *nm/f* inocente *mf*; **faire l'~** hacerse el inocente
innocenter [inɔsɑ̃te] *vt* disculpar
innocuité [inɔkɥite] *nf* inocuidad *f*
innombrable [i(n)nɔ̃bʀabl] *adj* innumerable
innommable [i(n)nɔmabl] *adj* (*ordures*) inmundo(-a); (*conduite, action*) repulsivo(-a)
innovant, e [inɔvɑ̃, ɑ̃t] *adj* innovador(a)
innovateur, -trice [inɔvatœʀ, tʀis] *adj* innovador(a)
innovation [inɔvasjɔ̃] *nf* innovación *f*
innover [inɔve] *vt, vi* innovar; **~ en art/en matière d'art** innovar en arte/en temas de arte
inobservable [inɔpsɛʀvabl] *adj* inobservable
inobservance [inɔpsɛʀvɑ̃s] *nf* inobservancia
inobservation [inɔpsɛʀvasjɔ̃] *nf* (*Jur*) incumplimiento
inoccupé, e [inɔkype] *adj* desocupado(-a)
inoculation [inɔkylasjɔ̃] *nf* (*volontaire*) inoculación *f*; (*accidentelle*) contagio; (*fig : d'idées nocives*) inculcación *f*
inoculer [inɔkyle] *vt* (*volontairement*) inocular; (*accidentellement*) contagiar; (*fig : idées nocives*) inculcar
inodore [inɔdɔʀ] *adj* inodoro(-a)
inoffensif, -ive [inɔfɑ̃sif, iv] *adj* inofensivo(-a)
inondable [inɔ̃dabl] *adj* inundable
inondation [inɔ̃dasjɔ̃] *nf* inundación *f*; (*afflux massif*) invasión *f*
inondé, e [inɔ̃de] *adj* (*terres, zone*) inundado(-a); **population inondée** población *f* damnificada por las inundaciones
inonder [inɔ̃de] *vt* (*aussi fig*) inundar; **~ de** inundar de
inopérable [inɔpeʀabl] *adj* inoperable
inopérant, e [inɔpeʀɑ̃, ɑ̃t] *adj* inoperante
inopiné, e [inɔpine] *adj* imprevisto(-a); (*mort*) repentino(-a)
inopinément [inɔpinemɑ̃] *adv* de improviso
inopportun, e [inɔpɔʀtœ̃, yn] *adj* inoportuno(-a)
inopportunément [inɔpɔʀtynemɑ̃] *adv* inoportunamente
inorganisation [inɔʀganizasjɔ̃] *nf* desorganización *f*
inorganisé, e [inɔʀganize] *adj* desorganizado(-a)
inoubliable [inublijabl] *adj* inolvidable
inouï, e [inwi] *adj* inaudito(-a)
inox [inɔks] *adj* de acero inoxidable ▸ *nm abr* acero inoxidable
inoxydable [inɔksidabl] *adj* inoxidable; (*couteaux etc*) de acero inoxidable ▸ *nm* acero inoxidable
inqualifiable [ɛ̃kalifjabl] *adj* incalificable
inquiet, -ète [ɛ̃kjɛ, ɛ̃kjɛt] *adj* inquieto(-a); **~ de qch/au sujet de qn** inquieto(-a) *ou* preocupado(-a) por algo/algn ▸ *nm/f* inquieto(-a)
inquiétant, e [ɛ̃kjetɑ̃, ɑ̃t] *adj* inquietante, preocupante
inquiéter [ɛ̃kjete] *vt* inquietar, preocupar; (*suj : police*) molestar; **s'inquiéter** *vpr* inquietarse, preocuparse; **s'~ de** preocuparse por
inquiétude [ɛ̃kjetyd] *nf* inquietud *f*, preocupación *f*; **causer de l'~** causar inquietud *ou* preocupación
inquisiteur, -trice [ɛ̃kizitœʀ, tʀis] *adj* inquisidor(a)
inquisition [ɛ̃kizisjɔ̃] *nf* inquisición *f*
INRA [inʀa] *sigle m* = **Institut national de la recherche agronomique**
inracontable [ɛ̃ʀakɔ̃tabl] *adj* inenarrable, indescriptible
inrayable [ɛ̃ʀɛjabl] *adj* (CD, DVD) resistente a los arañazos
insaisissable [ɛ̃sezisabl] *adj* (*ennemi*) incapturable; (*nuance*) imperceptible; (*bien*) inembargable
insalubre [ɛ̃salybʀ] *adj* insalubre
insalubrité [ɛ̃salybʀite] *nf* insalubridad *f*
insanité [ɛ̃sanite] *nf* insensatez *f*
insatiable [ɛ̃sasjabl] *adj* insaciable
insatisfaction [ɛ̃satisfaksjɔ̃] *nf* insatisfacción *f*
insatisfait, e [ɛ̃satisfɛ, ɛt] *adj* insatisfecho(-a)
inscriptible [ɛ̃skʀiptibl] *adj* (CD, DVD) grabable
inscription [ɛ̃skʀipsjɔ̃] *nf* inscripción *f*; (*indication*) inscripción, letrero; (*à une institution*) inscripción, matrícula

inscrire [ɛ̃skʀiʀ] *vt* escribir, inscribir; (*renseignement*) anotar; (*à un budget*) hacer asiento de; (*nom : sur une liste etc*) anotar, apuntar; **~ qn à** matricular *ou* apuntar a algn a; **s'inscrire** *vpr* (*pour une excursion etc*) apuntarse, inscribirse; **s'~ (à)** (*un club, parti*) apuntarse (a), matricularse (en); (*l'université, un examen*) matricularse (en); **s'~ dans** (*suj : projet*) insertarse en; **s'~ en faux contre qch** desmentir algo
inscrit, e [ɛ̃skʀi, it] *pp de* **inscrire** ▸ *adj* (*étudiant*) matriculado(-a); (*électeur*) censado(-a)
insécable [ɛ̃sekabl] *adj* : **espace ~** espacio indivisible
insecte [ɛ̃sɛkt] *nm* insecto
insecticide [ɛ̃sɛktisid] *adj* insecticida ▸ *nm* insecticida *m*
insectivore [ɛ̃sɛktivɔʀ] *adj* insectívoro(-a) ▸ *nm* insectívoro
insécurité [ɛ̃sekyʀite] *nf* inseguridad *f*; **vivre dans l'~** vivir en la inseguridad
INSEE [inse] *sigle m* (= *Institut national de la statistique et des études économiques*) ≈ INE *m* (= Instituto Nacional de Estadística)
insémination [ɛ̃seminasjɔ̃] *nf* inseminación *f*; **~ artificielle** inseminación artificial
insensé, e [ɛ̃sɑ̃se] *adj* insensato(-a)
insensibiliser [ɛ̃sɑ̃sibilize] *vt* insensibilizar; **~ à qch** insensibilizar contra algo
insensibilité [ɛ̃sɑ̃sibilite] *nf* insensibilidad *f*
insensible [ɛ̃sɑ̃sibl] *adj* insensible; (*pouls, mouvement*) imperceptible; **~ aux compliments/à la chaleur** insensible a los halagos/al calor
insensiblement [ɛ̃sɑ̃sibləmɑ̃] *adv* imperceptiblemente
inséparable [ɛ̃sepaʀabl] *adj* inseparable; **inséparables** *nmpl* (*oiseaux*) periquitos *mpl*
insérer [ɛ̃seʀe] *vt* insertar; (*exemples*) introducir; **s'insérer** *vpr* : **s'~ dans** insertarse *ou* incluirse en
INSERM [insɛʀm] *sigle m* (= *Institut national de la santé et de la recherche médicale*) *instituto nacional de investigación médica*
insert [ɛ̃sɛʀ] *nm* inserto
insertion [ɛ̃sɛʀsjɔ̃] *nf* inserción *f*
insidieusement [ɛ̃sidjøzmɑ̃] *adv* insidiosamente
insidieux, -euse [ɛ̃sidjø, jøz] *adj* insidioso(-a); (*odeur*) penetrante
insigne [ɛ̃siɲ] *nm* insignia ▸ *adj* insigne; (*service*) notable
insignifiance [ɛ̃siɲifjɑ̃s] *nf* insignificancia
insignifiant, e [ɛ̃siɲifjɑ̃, jɑ̃t] *adj* insignificante; (*paroles, visage, livre*) insustancial
insinuant, e [ɛ̃sinɥɑ̃, ɑ̃t] *adj* insinuante
insinuation [ɛ̃sinɥasjɔ̃] *nf* insinuación *f*, indirecta; **procéder par ~** proceder con insinuaciones
insinuer [ɛ̃sinɥe] *vt* insinuar; **s'insinuer** *vpr* : **s'~ dans** (*odeur, humidité*) filtrarse en; (*personne*) colarse en
insipide [ɛ̃sipid] *adj* insípido(-a), insulso(-a); (*film etc*) insulso(-a); (*personne*) soso(-a)
insistance [ɛ̃sistɑ̃s] *nf* insistencia
insistant, e [ɛ̃sistɑ̃, ɑ̃t] *adj* insistente
insister [ɛ̃siste] *vi* insistir; **~ sur** insistir en; **~ pour (faire) qch** insistir en (hacer) algo
insociable [ɛ̃sɔsjabl] *adj* insociable
insolation [ɛ̃sɔlasjɔ̃] *nf* insolación *f*
insolence [ɛ̃sɔlɑ̃s] *nf* insolencia, descaro; **avec ~** con insolencia *ou* descaro
insolent, e [ɛ̃sɔlɑ̃, ɑ̃t] *adj* insolente, descarado(-a); (*indécent*) injurioso(-a) ▸ *nm/f* insolente *mf*, descarado(-a)
insolite [ɛ̃sɔlit] *adj* insólito(-a)
insoluble [ɛ̃sɔlybl] *adj* (*problème*) sin solución; **~ (dans)** insoluble (en)
insolvabilité [ɛ̃sɔlvabilite] *nf* insolvencia
insolvable [ɛ̃sɔlvabl] *adj* insolvente
insomniaque [ɛ̃sɔmnjak] *adj* insomne
insomnie [ɛ̃sɔmni] *nf* insomnio; **avoir des insomnies** tener insomnio
insondable [ɛ̃sɔ̃dabl] *adj* (*fig*) insondable; (*maladresse etc*) tremendo(-a)
insonore [ɛ̃sɔnɔʀ] *adj* insonoro(-a)
insonorisation [ɛ̃sɔnɔʀizasjɔ̃] *nf* insonorización *f*
insonoriser [ɛ̃sɔnɔʀize] *vt* insonorizar
insouciance [ɛ̃susjɑ̃s] *nf* despreocupación *f*; (*imprévoyance*) dejadez *f*
insouciant, e [ɛ̃susjɑ̃, jɑ̃t] *adj* despreocupado(-a); (*imprévoyant*) dejado(-a)
insoumis, e [ɛ̃sumi, iz] *adj* insumiso(-a); (*contrée, tribu*) sublevado(-a); (*soldat*) desertor(a) ▸ *nm* (*soldat*) desertor(a)
insoumission [ɛ̃sumisjɔ̃] *nf* insumisión *f*; (*Mil*) deserción *f*
insoupçonnable [ɛ̃supsɔnabl] *adj* insospechable
insoupçonné, e [ɛ̃supsɔne] *adj* insospechado(-a)
insoutenable [ɛ̃sut(ə)nabl] *adj* (*argument, opinion*) insostenible; (*lumière, chaleur, spectacle*) insoportable; (*effort*) insufrible
inspecter [ɛ̃spɛkte] *vt* inspeccionar; (*personne*) dar un repaso a; (*maison*) revisar
inspecteur, -trice [ɛ̃spɛktœʀ, tʀis] *nm/f* inspector(a); **~ d'Académie** *inspector en una de las circunscripciones administrativas en las que se divide la enseñanza en Francia*; **~ (de police)** inspector(a) (de policía); **~ des Finances** *ou* **des impôts** inspector(a) de hacienda; **~ (de l'enseignement) primaire** ≈ inspector(a) de educación primaria
inspection [ɛ̃spɛksjɔ̃] *nf* inspección *f*; **~ des Finances/du Travail** inspección de Hacienda/de trabajo

inspirateur, -trice [ɛ̃spiʀatœʀ, tʀis] *nm/f* inspirador(a); (*instigateur*) instigador(a)
inspiration [ɛ̃spiʀasjɔ̃] *nf* inspiración *f*; (*conseil*) sugerencia; **sous l'~ de qn** bajo la inspiración de algn; **d'~ orientale** de inspiración oriental
inspiré, e [ɛ̃spiʀe] *adj* : **être bien/mal ~ de faire qch** tener la buena/mala idea de hacer algo
inspirer [ɛ̃spiʀe] *vt* inspirar; (*intentions*) sugerir; **ça ne m'inspire pas beaucoup/vraiment pas** eso no me dice mucho/nada; **~ qch à qn** sugerir algo a algn; (*crainte, horreur*) inspirar algo a algn ▸ *vi* inspirar; **s'inspirer** *vpr* : **s'~ de qch** inspirarse en algo
instabilité [ɛ̃stabilite] *nf* inestabilidad *f*; (*d'une personne, population*) nomadismo
instable [ɛ̃stabl] *adj* inestable
installateur [ɛ̃stalatœʀ] *nm* instalador *m*
installation [ɛ̃stalasjɔ̃] *nf* instalación *f*; (*dans un lieu précis*) colocación *f*; (*chez qn*) alojamiento; (*sur un siège*) acomodo; **une ~ provisoire** *ou* **de fortune** un alojamiento provisional; **l'~ électrique** la instalación eléctrica; **installations** *nfpl* (*équipement*) : **installations portuaires** instalaciones *fpl* portuarias; **installations industrielles** instalaciones industriales
installé, e [ɛ̃stale] *adj* : **bien/mal ~** (*maison, cuisine etc*) bien/mal instalado(-a); (*personne*) bien/mal acomodado(-a) *ou* instalado(-a)
installer [ɛ̃stale] *vt* instalar; (*asseoir, coucher*) acomodar; (*dans un lieu déterminé*) colocar; (*appartement*) acondicionar; (*fonctionnaire, magistrat*) dar posesión a; **~ une chambre dans le grenier** construir una habitación en el ático; **s'installer** *vpr* instalarse; (*à un emplacement*) acomodarse; (*maladie, grève*) arraigarse; **s'~ à l'hôtel/chez qn** alojarse en el hotel/en casa de algn
installeur [ɛ̃stalœʀ] *nm* (*Inform*) instalador *m*
instamment [ɛ̃stamɑ̃] *adv* insistentemente
instance [ɛ̃stɑ̃s] *nf* (*Jur*) instancia; **affaire en ~** asunto pendiente; **courrier en ~** correo pendiente; **être en ~ de divorce** estar en trámites de divorcio; **train en ~ de départ** tren *m* a punto de salir; **en première ~** en primera instancia; **instances** *nfpl* (*prières*) insistencia *fsg*; **les instances internationales** los organismos internacionales
instant, e [ɛ̃stɑ̃, ɑ̃t] *adj* (*prière etc*) apremiante ▸ *nm* instante *m*; **sans perdre un ~** sin perder un instante; **en** *ou* **dans un ~** en un instante; **à l'~ : je l'ai vu à l'~** lo he visto hace nada; **à l'~ (même) où** en el (mismo) momento en que; **à chaque** *ou* **tout ~** a cada instante; **pour l'~** por el momento; **par instants** por momentos; **de tous les instants** constante; **dès l'~ où** *ou* **que ...** desde el momento en que *ou* en cuanto ...; **d'un ~ à l'autre** de un momento a otro, en cualquier momento
instantané, e [ɛ̃stɑ̃tane] *adj* instantáneo(-a) ▸ *nm* (*Photo*) instantánea
instantanément [ɛ̃stɑ̃tanemɑ̃] *adv* instantáneamente
instar [ɛ̃staʀ] : **à l'~ de** *prép* a semejanza de
instauration [ɛ̃stɔʀasjɔ̃] *nf* instauración *f*
instaurer [ɛ̃stɔʀe] *vt* instaurar; **s'instaurer** *vpr* instaurarse
instigateur, -trice [ɛ̃stigatœʀ, tʀis] *nm/f* instigador(a)
instigation [ɛ̃stigasjɔ̃] *nf* : **à l'~ de** bajo la influencia de
instillation [ɛ̃stilasjɔ̃] *nf* instilación *f*
instiller [ɛ̃stile] *vt* instilar
instinct [ɛ̃stɛ̃] *nm* instinto; **avoir l'~ des affaires/du commerce** tener instinto para los negocios/el comercio; **d'~** por instinto; **~ grégaire/de conservation** instinto gregario/de conservación
instinctif, -ive [ɛ̃stɛ̃ktif, iv] *adj* instintivo(-a); (*personne*) impulsivo(-a)
instinctivement [ɛ̃stɛ̃ktivmɑ̃] *adv* instintivamente
instit [ɛ̃stit] (*fam*) *nmf* profe *mf* (*fam*)
instituer [ɛ̃stitɥe] *vt* establecer; (*un organisme*) fundar; (*évêque*) designar; (*héritier*) nombrar; **s'instituer** *vpr* (*relations*) establecerse; **s'~ défenseur d'une cause** erigirse en defensor(a) de una causa
institut [ɛ̃stity] *nm* instituto; **l'I~ de France** *institución que agrupa las cinco academias en Francia*, ≈ Real Academia Española; **~ de beauté** instituto de belleza; **~ médico-légal** instituto médico legal; **I~ universitaire de technologie (IUT)** ≈ Escuela Politécnica
instituteur, -trice [ɛ̃stitytœʀ, tʀis] *nm/f* maestro(-a) (de escuela), profesor(a) de primaria
institution [ɛ̃stitysjɔ̃] *nf* institución *f*; (*régime*) régimen *m*; (*collège*) colegio privado; **institutions** *nfpl* (*structures politiques et sociales*) instituciones *fpl*
institutionnaliser [ɛ̃stitysjɔnalize] *vt* institucionalizar
institutionnel, le [ɛ̃stitysjɔnɛl] *adj* institucional
instructeur, -trice [ɛ̃stʀyktœʀ, tʀis] *adj* (*Mil*) : **officier ~** oficial *mf* instructor(a); (*Jur*) : **juge ~** juez *mf* de instrucción ▸ *nm/f* instructor(a)
instructif, -ive [ɛ̃stʀyktif, iv] *adj* instructivo(-a)
instruction [ɛ̃stʀyksjɔ̃] *nf* (*enseignement*) enseñanza; (*savoir*) cultura; (*Jur, Inform*) instrucción *f*; **~ publique/primaire** enseñanza pública/de educación primaria; **~ ministérielle/préfectorale** circular *f*

i

ministerial/de la Prefectura; **~ civique** formación *f* cívica; **~ religieuse** formación religiosa; **instructions** *nfpl* (*directives, mode d'emploi*) instrucciones *fpl*
instruire [ɛ̃stʀɥiʀ] *vt* (*élèves*) enseñar; (*Mil, Jur*) instruir; **~ qn de qch** informar a algn de algo; **s'instruire** *vpr* instruirse; **s'~ de qch auprès de qn** informarse sobre algo por algn
instruit, e [ɛ̃stʀɥi, it] *pp de* **instruire** ▸ *adj* instruido(-a), culto(-a)
instrument [ɛ̃stʀymɑ̃] *nm* (*aussi Mus*) instrumento; **~ à cordes/à percussion/à vent/de musique** instrumento de cuerda/de percusión/de viento/musical; **~ de mesure/de travail** instrumento de medición/de trabajo
instrumental, e, -aux [ɛ̃stʀymɑ̃tal, o] *adj* : **musique instrumentale** música instrumental
instrumentation [ɛ̃stʀymɑ̃tasjɔ̃] *nf* instrumentación *f*
instrumentiste [ɛ̃stʀymɑ̃tist] *nmf* instrumentista *mf*
insu [ɛ̃sy] *nm* : **à l'~ de qn** a espaldas de algn; **à son ~** a sus espaldas
insubmersible [ɛ̃sybmɛʀsibl] *adj* insumergible
insubordination [ɛ̃sybɔʀdinasjɔ̃] *nf* (*d'un élève*) indisciplina; (*Mil*) insubordinación *f*
insubordonné, e [ɛ̃sybɔʀdɔne] *adj* (*élève*) indisciplinado(-a); (*soldat*) insubordinado(-a)
insuccès [ɛ̃syksɛ] *nm* fracaso; (*à un examen*) suspenso
insuffisamment [ɛ̃syfizamɑ̃] *adv* insuficientemente
insuffisance [ɛ̃syfizɑ̃s] *nf* insuficiencia; **~ cardiaque/hépatique** insuficiencia cardíaca/hepática; **insuffisances** *nfpl* (*déficiences, lacunes*) insuficiencias *fpl*
insuffisant, e [ɛ̃syfizɑ̃, ɑ̃t] *adj* insuficiente; (*dimensions*) reducido(-a); **~ en maths** insuficiente en matemáticas
insuffler [ɛ̃syfle] *vt* (*Méd*) : **~ qch (dans)** insuflar algo (en); **~ qch à qn** transmitir algo a algn
insulaire [ɛ̃sylɛʀ] *adj* insular; (*attitude*) cerrado(-a)
insularité [ɛ̃sylaʀite] *nf* insularidad *f*
insuline [ɛ̃sylin] *nf* insulina
insulinodépendant, e [ɛ̃sylinɔdepɑ̃dɑ̃, ɑ̃t] *adj* (*diabète, personne*) insulinodependiente
insultant, e [ɛ̃syltɑ̃, ɑ̃t] *adj* insultante
insulte [ɛ̃sylt] *nf* insulto
insulter [ɛ̃sylte] *vt* insultar
insupportable [ɛ̃sypɔʀtabl] *adj* insoportable
insupporter [ɛ̃sypɔʀte] *vt* : **il m'insupporte** no lo soporto
insurgé, e [ɛ̃syʀʒe] *adj, nm/f* sublevado(-a), insurrecto(-a)
insurger [ɛ̃syʀʒe] : **s'insurger** *vpr* (*aussi fig*) sublevarse
insurmontable [ɛ̃syʀmɔ̃tabl] *adj* insuperable; (*angoisse, aversion*) invencible
insurpassable [ɛ̃syʀpɑsabl] *adj* insuperable
insurrection [ɛ̃syʀɛksjɔ̃] *nf* insurrección *f*, sublevación *f*
insurrectionnel, le [ɛ̃syʀɛksjɔnɛl] *adj* (*mouvement*) insurreccional; (*gouvernement*) insurrecto(-a)
intact, e [ɛ̃takt] *adj* intacto(-a); (*réputation*) íntegro(-a)
intangible [ɛ̃tɑ̃ʒibl] *adj* intangible, intocable
intarissable [ɛ̃taʀisabl] *adj* inagotable; **il est ~ sur ...** es inagotable cuando habla de ...
intégral, e, -aux [ɛ̃tegʀal, o] *adj* total; (*édition*) completo(-a); **nu ~** desnudo integral
intégrale [ɛ̃tegʀal] *nf* (*Math*) integral *f*; (*œuvres complètes*) obra completa
intégralement [ɛ̃tegʀalmɑ̃] *adv* totalmente, completamente
intégralité [ɛ̃tegʀalite] *nf* totalidad *f*; **dans son ~** en su totalidad
intégrant, e [ɛ̃tegʀɑ̃, ɑ̃t] *adj* : **faire partie intégrante de qch** formar parte integrante de algo
intégration [ɛ̃tegʀasjɔ̃] *nf* integración *f*
intégrationniste [ɛ̃tegʀasjɔnist] *adj* integracionista
intègre [ɛ̃tɛgʀ] *adj* íntegro(-a)
intégré, e [ɛ̃tegʀe] *adj* : **circuit ~** circuito integrado; **être ~** estar integrado(-a)
intégrer [ɛ̃tegʀe] *vt* (*personnes*) integrar; (*théories, paragraphe*) incorporar; (*Univ*) ingresar en; **s'intégrer** *vpr* : **s'~ à** *ou* **dans qch** integrarse en algo
intégrisme [ɛ̃tegʀism] *nm* integrismo
intégriste [ɛ̃tegʀist] *adj, nmf* integrista *mf*
intégrité [ɛ̃tegʀite] *nf* integridad *f*; (*totalité*) totalidad *f*
intellect [ɛ̃telɛkt] *nm* intelecto
intellectualiser [ɛ̃telɛktɥalize] *vt* intelectualizar
intellectualisme [ɛ̃telɛktɥalism] *nm* intelectualismo
intellectuel, le [ɛ̃telɛktɥɛl] *adj, nm/f* intelectual *mf*
intellectuellement [ɛ̃telɛktɥɛlmɑ̃] *adv* intelectualmente
intelligemment [ɛ̃teliʒamɑ̃] *adv* inteligentemente
intelligence [ɛ̃teliʒɑ̃s] *nf* inteligencia; (*compréhension*) comprensión *f*; **regard/sourire d'~** mirada/sonrisa de complicidad; **vivre en bonne/mauvaise ~ avec qn** llevarse bien/mal con algn; **être d'~** estar de común acuerdo; **~ artificielle** inteligencia artificial; **intelligences** *nfpl* (*fig*) cómplices *mpl*; **avoir des intelligences dans la place** (*Mil*) tener contactos en el sitio
intelligent, e [ɛ̃teliʒɑ̃, ɑ̃t] *adj* inteligente
intelligentsia [ɛ̃teliʒɛnsja] *nf* inteligencia

intelligible [ɛ̃teliʒibl] *adj (proposition etc)* inteligible; **parler de façon peu ~** hablar de forma poco clara
intello [ɛ̃telo] *(fam) adj, nmf* intelectual *mf*
intempérance [ɛ̃tɑ̃perɑ̃s] *nf* intemperancia
intempérant, e [ɛ̃tɑ̃perɑ̃, ɑ̃t] *adj* intemperante, inmoderado(-a); *(gourmand, sensuel)* inmoderado(-a); **faire un usage ~ de l'alcool** hacer uso abusivo del alcohol
intempéries [ɛ̃tɑ̃peri] *nfpl* inclemencias *fpl* del tiempo; **se protéger des ~** protegerse de las inclemencias del tiempo
intempestif, -ive [ɛ̃tɑ̃pɛstif, iv] *adj* intempestivo(-a)
intemporel, le [ɛ̃tɑ̃pɔrɛl] *adj* intemporal
intenable [ɛ̃t(ə)nabl] *adj* inaguantable, insoportable; *(position)* indefendible; *(enfant)* inaguantable
intendance [ɛ̃tɑ̃dɑ̃s] *nf* dirección *f*; *(Mil)* intendencia; *(Pol)* administración *f*
intendant, e [ɛ̃tɑ̃dɑ̃, ɑ̃t] *nm/f (Mil)* intendente *m*; *(Scol)* administrador(a)
intense [ɛ̃tɑ̃s] *adj* intenso(-a)
intensément [ɛ̃tɑ̃semɑ̃] *adv* intensamente
intensif, -ive [ɛ̃tɑ̃sif, iv] *adj* intensivo(-a); **cours ~** curso intensivo; **culture intensive** cultivo intensivo
intensification [ɛ̃tɑ̃sifikasjɔ̃] *nf* intensificación *f*
intensifier [ɛ̃tɑ̃sifje] *vt* intensificar; **s'intensifier** *vpr* intensificarse
intensité [ɛ̃tɑ̃site] *nf* intensidad *f*; *(d'une expression)* fuerza
intensivement [ɛ̃tɑ̃sivmɑ̃] *adv* intensamente
intenter [ɛ̃tɑ̃te] *vt* : **~ un procès/une action contre** *ou* **à qn** entablar proceso/una acción contra algn
intention [ɛ̃tɑ̃sjɔ̃] *nf* intención *f*; *(but, objectif)* intención *f*, propósito; **contrecarrer les intentions de qn** oponerse a las intenciones de algn; **avec** *ou* **dans l'~ de nuire** con la premeditación de dañar; **avoir l'~ de faire qch** tener la intención de hacer algo; **à l'~ de qn** para algn; *(prière, messe)* por algn; *(fête)* en honor de algn; *(film, ouvrage)* dedicado(-a) a algn; **à cette ~** con este propósito; **sans ~ de** sin intención de; **faire qch sans mauvaise ~** hacer algo sin mala intención; **agir dans une bonne ~** actuar con buena intención
intentionné, e [ɛ̃tɑ̃sjɔne] *adj* : **être bien/mal ~** tener buena/mala intención
intentionnel, le [ɛ̃tɑ̃sjɔnɛl] *adj* intencionado(-a); *(Jur)* premeditado(-a)
intentionnellement [ɛ̃tɑ̃sjɔnɛlmɑ̃] *adv* intencionadamente
interactif, -ive [ɛ̃tɛraktif, iv] *adj* interactivo(-a)
interaction [ɛ̃tɛraksjɔ̃] *nf* interacción *f*
interactivité [ɛ̃tɛraktivite] *nf* interactividad *f*
interagir [ɛ̃tɛraʒir] *vi* : **~ avec** interactuar con
interbancaire [ɛ̃tɛrbɑ̃kɛr] *adj* interbancario(-a)
intercalaire [ɛ̃tɛrkalɛr] *adj* intercalar ▸ *nm* separador *m*
intercaler [ɛ̃tɛrkale] *vt* : **~ (dans)** introducir (en); **s'intercaler** *vpr* : **s'~ entre** interponerse (entre)
intercéder [ɛ̃tɛrsede] *vi* : **~ (en faveur de qn)** interceder (en favor de algn)
intercepter [ɛ̃tɛrsɛpte] *vt* interceptar; *(lumière etc)* impedir el paso de
intercepteur [ɛ̃tɛrsɛptœr] *nm (Aviat)* interceptador *m*
interception [ɛ̃tɛrsɛpsjɔ̃] *nf* intercepción *f*; **avion d'~** interceptador *m*
intercession [ɛ̃tɛrsesjɔ̃] *nf* intercesión *f*
interchangeabilité [ɛ̃tɛrʃɑ̃ʒabilite] *nf* intercambiabilidad *f*
interchangeable [ɛ̃tɛrʃɑ̃ʒabl] *adj* intercambiable
interclasse [ɛ̃tɛrklɑs] *nm* descanso
interclubs [ɛ̃tɛrklœb] *adj* entre clubes *inv*
intercommunal, e, -aux [ɛ̃tɛrkɔmynal, o] *adj* intermunicipal
intercommunautaire [ɛ̃tɛrkɔmynotɛr] *adj* intercomunitario(-a)
interconnecté, e [ɛ̃tɛrkɔnɛkte] *adj (Inform)* interconectado(-a)
interconnexion [ɛ̃tɛrkɔnɛksjɔ̃] *nf (Inform)* interconexión *f*
intercontinental, e, -aux [ɛ̃tɛrkɔ̃tinɑ̃tal, o] *adj* intercontinental
intercostal, e, -aux [ɛ̃tɛrkɔstal, o] *adj* intercostal
interdépartemental, e, -aux [ɛ̃tɛrdepartəmɑ̃tal, o] *adj* interdepartamental
interdépendance [ɛ̃tɛrdepɑ̃dɑ̃s] *nf* interdependencia
interdépendant, e [ɛ̃tɛrdepɑ̃dɑ̃, ɑ̃t] *adj* interdependiente
interdiction [ɛ̃tɛrdiksjɔ̃] *nf* interdicción *f*, prohibición *f*; **~ de fumer** prohibido *ou* se prohibe fumar; **~ de séjour** prohibición de residencia
interdire [ɛ̃tɛrdir] *vt* prohibir; *(Admin, Rel : personne)* inhabilitar; **~ qch à qn** prohibir algo a algn; **~ à qn de faire qch** prohibir a algn hacer algo; *(suj : chose)* impedir que algn haga algo; **s'interdire** *vpr* : **s'~ qch** privarse de algo; **il s'interdit d'y penser** se niega a pensar en ello
interdisciplinaire [ɛ̃tɛrdisiplinɛr] *adj* interdisciplinar
interdit, e [ɛ̃tɛrdi, it] *pp de* **interdire** ▸ *adj (accès, écrivain, livre)* prohibido(-a); *(stupéfait)* estupefacto(-a); *(prêtre)* inhabilitado(-a), incapacitado(-a); **film ~ aux moins de**

18/13 ans película prohibida a los menores de 18/13 años; **sens/stationnement ~** dirección f/estacionamiento prohibido(-a); **être ~ bancaire** *ou* **~ de chéquier** *tener prohibido emitir cheques por haberlos emitido anteriormente sin fondos*; **~ de séjour** condenado(-a) a prohibición de residencia ▸ *nm* prohibición *f*; **prononcer l'~ contre qn** vetar a algn

intéressant, e [ɛ̃teʀesɑ̃, ɑ̃t] *adj* interesante; **faire l'~** hacerse el interesante

intéressé, e [ɛ̃teʀese] *adj* interesado(-a) ▸ *nm/f* : **l'intéressé, e** el (la) interesado(-a)

intéressement [ɛ̃teʀɛsmɑ̃] *nm* (*aux bénéfices*) participación *f*

intéresser [ɛ̃teʀese] *vt* (*élèves*) interesar; (*Admin* : *suj* : *mesure, loi*) concernir; (*Comm* : *aux bénéfices*) dar participación en; **ce film m'a beaucoup intéressé** he encontrado muy interesante esta película; **ça n'intéresse personne** eso no interesa a nadie; **~ qn dans une affaire** hacer partícipe a algn en un negocio; **~ qn à qch** interesar a algn en algo; **s'intéresser** *vpr* : **s'~ à qn/à ce que fait qn/qch** interesarse por algn/por lo que hace algn/algo; **s'~ à un sport** interesarse por un deporte

intérêt [ɛ̃teʀɛ] *nm* interés *msg*; (*avantage, originalité*) : **l'~ de ...** lo interesante de ...; **agir par ~** actuar por interés; **éveiller l'~ de qn** despertar el interés de algn; **porter de l'~ à qn** interesarse por algn; **il a ~ à acheter cette voiture** le interesa comprar ese coche; **tu aurais ~ à te taire !** ¡más te vale callarte!; **il y a ~ à ...** interesa ...; **~ composé** interés compuesto; **intérêts** *nmpl* intereses *mpl*; **les intérêts de la dette** los intereses de la deuda; **avoir des intérêts dans une société** tener intereses en una compañía

interface [ɛ̃tɛʀfas] *nf* (*Inform*) interfaz *m*

interférence [ɛ̃tɛʀfeʀɑ̃s] *nf* interferencia

interférer [ɛ̃tɛʀfeʀe] *vi* (*Phys*) interferir; (*fig*) : **~ (avec)** interferir (en)

interféron [ɛ̃tɛʀfeʀɔ̃] *nm* interferón *m*

intergalactique [ɛ̃tɛʀgalaktik] *adj* intergaláctico(-a)

intergouvernemental, e, -aux [ɛ̃tɛʀguvɛʀnəmɑ̃tal, o] *adj* intergubernamental

intérieur, e [ɛ̃teʀjœʀ] *adj* interior ▸ *nm* interior *m*; **un ~ bourgeois/confortable** una decoración burguesa/confortable; **à l'~ (de)** en el interior *ou* dentro *ou* adentro (*surtout Am*) (de); (*fig*) dentro (de); **en ~** (*Ciné*) en interiores; **ministère de l'I~** ministerio del Interior; **vêtement/veste/chaussures d'~** prenda/chaqueta/zapatos *mpl* de estar en casa

intérieurement [ɛ̃teʀjœʀmɑ̃] *adv* por dentro

intérim [ɛ̃teʀim] *nm* interinidad *f*; (*travail*) trabajo temporal; **assurer l'~ (de qn)** hacer la interinidad (de algn); **par ~** *adj* interino(-a); *adv* de interino; **travailler en ~** trabajar a través de una empresa de trabajo temporal

intérimaire [ɛ̃teʀimɛʀ] *adj* interino(-a); **personnel ~** personal *m* interino ▸ *nmf* trabajador(a) de una empresa de trabajo temporal

intérioriser [ɛ̃teʀjɔʀize] *vt* interiorizar

interjection [ɛ̃tɛʀʒɛksjɔ̃] *nf* interjección *f*

interjeter [ɛ̃tɛʀʒəte] *vt* (*appel*) interponer

interligne [ɛ̃tɛʀliɲ] *nm* línea; (*Mus*) espacio; **simple/double ~** un/doble espacio

interlocuteur, -trice [ɛ̃tɛʀlɔkytœʀ, tʀis] *nm/f* interlocutor(a); **~ valable** (*Pol*) interlocutor válido

interlope [ɛ̃tɛʀlɔp] *adj* fraudulento(-a); (*milieu, bar*) sospechoso(-a)

interloquer [ɛ̃tɛʀlɔke] *vt* desconcertar

interlude [ɛ̃tɛʀlyd] *nm* interludio

intermède [ɛ̃tɛʀmɛd] *nm* intermedio; **~ chanté/dansé** intermedio con canto/con baile

intermédiaire [ɛ̃tɛʀmedjɛʀ] *adj* intermedio(-a) ▸ *nmf* intermediario(-a); **par l'~ de** por mediación de; **intermédiaires** *nmpl* (*Comm*) intermediarios *mpl*

interminable [ɛ̃tɛʀminabl] *adj* interminable

interminablement [ɛ̃tɛʀminabləmɑ̃] *adv* interminablemente

interministériel, le [ɛ̃tɛʀministeʀjɛl] *adj* : **comité ~** comité *m* interministerial

intermittence [ɛ̃tɛʀmitɑ̃s] *nf* : **par ~** (*travailler*) con intermitencias; (*entendre qch*) a intervalos

intermittent, e [ɛ̃tɛʀmitɑ̃, ɑ̃t] *adj* intermitente; (*source, fontaine*) irregular; (*efforts*) discontinuo(-a) ▸ *nm/f* : **les intermittents du spectacle** *los trabajadores intermitentes del sector del espectáculo*

internat [ɛ̃tɛʀna] *nm* internado; (*Méd* : *fonction*) interno; (: *concours*) ≈ MIR

international, e, -aux [ɛ̃tɛʀnasjɔnal, o] *adj* internacional ▸ *nm/f* (*Sport*) jugador(a) internacional

internationalisation [ɛ̃tɛʀnasjɔnalizasjɔ̃] *nf* internacionalización *f*

internationaliser [ɛ̃tɛʀnasjɔnalize] *vt* internacionalizar

internationalisme [ɛ̃tɛʀnasjɔnalism] *nm* internacionalismo

internaute [ɛ̃tɛʀnot] *nmf* internauta *mf*

interne [ɛ̃tɛʀn] *adj* interno(-a) ▸ *nmf* (*élève*) interno(-a); (*Méd*) médico(-a) interno(-a)

internement [ɛ̃tɛʀnəmɑ̃] *nm* (*Méd*) internamiento; (*Pol*) reclusión *f*

interner [ɛ̃tɛʀne] *vt* (*réfugiés, soldats*) recluir; (*Méd*) internar

Internet [ɛ̃tɛʀnɛt] *nm* Internet *m*

interparlementaire [ɛ̃tɛʀpaʀləmɑ̃tɛʀ] *adj* interparlamentario(-a)

interpellation [ɛ̃tɛʀpelasjɔ̃] *nf* interpelación *f*; *(par la police)* detención *f*
interpeller [ɛ̃tɛʀpəle] *vt* interpelar; *(police)* detener; **s'interpeller** *vpr (s'apostropher)* interpelarse
interphone [ɛ̃tɛʀfɔn] *nm* interfono; *(d'un appartement)* portero automático
interplanétaire [ɛ̃tɛʀplanetɛʀ] *adj* interplanetario(-a)
INTERPOL [ɛ̃tɛʀpɔl] *sigle m* INTERPOL *f*
interpoler [ɛ̃tɛʀpɔle] *vt* interpolar
interposer [ɛ̃tɛʀpoze] *vt* interponer; **par personnes interposées** por un intermediario; **s'interposer** *vpr* interponerse
interprétariat [ɛ̃tɛʀpʀetaʀja] *nm*, **interprétation** [ɛ̃tɛʀpʀetasjɔ̃] *nf* interpretación *f*
interprète [ɛ̃tɛʀpʀɛt] *nmf* intérprete *mf*; **être l'~ de qn/de qch** ser el portavoz de algn/de algo
interpréter [ɛ̃tɛʀpʀete] *vt* interpretar
interprofessionnel, le [ɛ̃tɛʀpʀɔfesjɔnɛl] *adj* interprofesional
interrègne [ɛ̃tɛʀʀɛɲ] *nm* interregno
interrogateur, -trice [ɛ̃teʀɔgatœʀ, tʀis] *adj* interrogante ▸ *nm/f (Scol)* examinador(a)
interrogatif, -ive [ɛ̃teʀɔgatif, iv] *adj* interrogativo(-a)
interrogation [ɛ̃teʀɔgasjɔ̃] *nf* interrogación *f*; **~ écrite/orale** *(Scol)* control *m* escrito/oral; **~ directe/indirecte** *(Ling)* interrogación directa/indirecta
interrogatoire [ɛ̃teʀɔgatwaʀ] *nm* interrogatorio
interroger [ɛ̃teʀɔʒe] *vt* interrogar; *(données)* consultar; *(candidat)* examinar; **~ qn (sur qch)** preguntar a algn (por algo); **~ qn du regard** preguntar a algn con la mirada; **s'interroger** *vpr* preguntarse
interrompre [ɛ̃teʀɔ̃pʀ] *vt* interrumpir; *(circuit électrique, communications)* cortar; **s'interrompre** *vpr* interrumpirse
interrupteur [ɛ̃teʀyptœʀ] *nm* interruptor *m*; **~ à bascule** interruptor basculante
interruption [ɛ̃teʀypsjɔ̃] *nf* interrupción *f*; **sans ~** sin interrupción; **~ volontaire de grossesse** interrupción voluntaria del embarazo
interscolaire [ɛ̃tɛʀskɔlɛʀ] *adj* interescolar
intersection [ɛ̃tɛʀsɛksjɔ̃] *nf* intersección *f*
intersidéral, e, -aux [ɛ̃tɛʀsideʀal, o] *adj* intersideral
interstice [ɛ̃tɛʀstis] *nm* intersticio
intersyndical, e, -aux [ɛ̃tɛʀsɛ̃dikal, o] *adj* intersindical
intertitre [ɛ̃tɛʀtitʀ] *nm* leyenda
interurbain, e [ɛ̃tɛʀyʀbɛ̃, ɛn] *adj* interurbano(-a) ▸ *nm* : **l'~** el servicio telefónico interurbano
intervalle [ɛ̃tɛʀval] *nm* intervalo; **à deux mois d'~** con dos meses de intervalo; **à intervalles rapprochés** con mucha frecuencia; **par intervalles** a ratos; **dans l'~** mientras tanto
intervenant, e [ɛ̃tɛʀvənɑ̃, ɑ̃t] *vb voir* **intervenir** ▸ *nm/f* interventor(a)
intervenir [ɛ̃tɛʀvəniʀ] *vi (survenir)* ocurrir, tener lugar; *(circonstances, volonté etc)* influir; **~ dans** intervenir en; **~ (pour faire qch)** intervenir (para hacer algo); **~ auprès de qn/en faveur de qn** interceder ante algn/en favor de algn; **la police a dû ~** la policía tuvo que intervenir; **les médecins ont dû ~** los médicos tuvieron que intervenir
intervention [ɛ̃tɛʀvɑ̃sjɔ̃] *nf* intervención *f*; **~ chirurgicale** intervención quirúrgica; **prix d'~** precio de intervención; **~ armée** intervención armada
interventionnisme [ɛ̃tɛʀvɑ̃sjɔnism] *nm* intervencionismo
interventionniste [ɛ̃tɛʀvɑ̃sjɔnist] *adj* intervencionista
intervenu [ɛ̃tɛʀv(ə)ny] *pp de* **intervenir**
intervertir [ɛ̃tɛʀvɛʀtiʀ] *vt* invertir; **~ les rôles** invertir los papeles
interviendrai [ɛ̃tɛʀvjɛ̃dʀe], **interviens** [ɛ̃tɛʀvjɛ̃] *vb voir* **intervenir**
interview [ɛ̃tɛʀvju] *nf* interviú *f*, entrevista
interviewer [(vb) ɛ̃tɛʀvjuve, (n) ɛ̃tɛʀvjuvœʀ] *vt* entrevistar a ▸ *nm* entrevistador(a)
intervins [ɛ̃tɛʀvɛ̃] *vb voir* **intervenir**
intestat [ɛ̃tɛsta] *adj (Jur)* : **décéder ~** morir sin testar
intestin, e [ɛ̃tɛstɛ̃, in] *nm* intestino; **~ grêle** intestino delgado ▸ *adj* : **querelles/luttes intestines** querellas *fpl*/luchas *fpl* internas
intestinal, e, -aux [ɛ̃tɛstinal, o] *adj* intestinal; **occlusion/perforation intestinale** oclusión *f*/perforación *f* intestinal
intifada [intifada] *nf* intifada
intime [ɛ̃tim] *adj* íntimo(-a); *(convictions)* profundo(-a) ▸ *nmf* íntimo(-a)
intimement [ɛ̃timmɑ̃] *adv (persuadé etc)* profundamente; *(liés etc)* íntimamente
intimer [ɛ̃time] *vt (Jur : citer)* citar; *(: signifier légalement)* notificar; **~ à qn l'ordre de faire** ordenar a algn hacer
intimidant, e [ɛ̃timidɑ̃, ɑ̃t] *adj* intimidante
intimidation [ɛ̃timidasjɔ̃] *nf* : **manœuvres d'~** intimidación *f*
intimider [ɛ̃timide] *vt* intimidar
intimiste [ɛ̃timist] *adj* intimista
intimité [ɛ̃timite] *nf* intimidad *f*; **dans l'~** en la intimidad; *(sans formalités)* informalmente
intitulé [ɛ̃tityle] *nm (d'une loi, d'un jugement)* epígrafe *m*; *(d'un ouvrage, chapitre)* título
intituler [ɛ̃tityle] *vt* : **comment a-t-il intitulé son livre ?** ¿cómo tituló su libro?;

i

s'intituler *vpr (ouvrage)* titularse; *(personne)* llamarse, denominarse
intolérable [ɛ̃tɔleʀabl] *adj (chaleur)* insoportable; *(inadmissible)* intolerable
intolérance [ɛ̃tɔleʀɑ̃s] *nf* intolerancia; **~ à** *(Méd)* intolerancia a
intolérant, e [ɛ̃tɔleʀɑ̃, ɑ̃t] *adj* intolerante
intonation [ɛ̃tɔnasjɔ̃] *nf* entonación *f*
intouchable [ɛ̃tuʃabl] *adj (fig)* intocable; *(Rel)* inviolable
intox [ɛ̃tɔks] *(fam) nf* intoxicación *f* informativa
intoxication [ɛ̃tɔksikasjɔ̃] *nf* intoxicación *f*; *(fig)* contaminación *f*; **~ alimentaire** intoxicación alimenticia
intoxiqué, e [ɛ̃tɔksike] *adj, nm/f* intoxicado(-a)
intoxiquer [ɛ̃tɔksike] *vt* intoxicar; *(fig)* contaminar; **s'intoxiquer** *vpr* intoxicarse
intradermique [ɛ̃tʀadɛʀmik] *adj* intradérmico(-a)
intraduisible [ɛ̃tʀadɥizibl] *adj (aussi fig)* intraducible
intraitable [ɛ̃tʀɛtabl] *adj* despiadado(-a); **~ (sur)** intransigente (en); **demeurer ~** permanecer inflexible
intramusculaire [ɛ̃tʀamyskylɛʀ] *adj, nf*: **(injection) ~** (inyección *f*) intramuscular *f*
intranet [ɛ̃tʀanɛt] *nm* Intranet *f*
intransigeance [ɛ̃tʀɑ̃ziʒɑ̃s] *nf* intransigencia
intransigeant, e [ɛ̃tʀɑ̃ziʒɑ̃, ɑ̃t] *adj* intransigente; *(morale, passion)* firme
intransitif, -ive [ɛ̃tʀɑ̃zitif, iv] *adj* intransitivo(-a)
intransportable [ɛ̃tʀɑ̃spɔʀtabl] *adj (blessé)* que no se puede trasladar; *(objet)* que no se puede transportar
intrant [ɛ̃tʀɑ̃] *nm (Écon, Agr)* insumo
intraveineuse [ɛ̃tʀavɛnøz] *nf* intravenosa
intraveineux, -euse [ɛ̃tʀavɛnø, øz] *adj, nf*: **(injection) intraveineuse** (inyección *f*) intravenosa
intrépide [ɛ̃tʀepid] *adj* intrépido(-a)
intrépidité [ɛ̃tʀepidite] *nf* intrepidez *f*
intrigant, e [ɛ̃tʀigɑ̃, ɑ̃t] *adj* intrigante
intrigue [ɛ̃tʀig] *nf* intriga
intrigué, e [ɛ̃tʀige] *adj (personne, air)* intrigado(-a); **~ par** intrigado(-a) por
intriguer [ɛ̃tʀige] *vi, vt* intrigar
intrinsèque [ɛ̃tʀɛ̃sɛk] *adj* intrínseco(-a)
intrinsèquement [ɛ̃tʀɛ̃sɛkmɑ̃] *adv* intrínsecamente
intro [ɛ̃tʀo] *(fam) nf (de texte, chanson)* introducción *f*
introductif, -ive [ɛ̃tʀɔdyktif, iv] *adj* introductorio(-a)
introduction [ɛ̃tʀɔdyksjɔ̃] *nf* introducción *f*; *(de mots)* incorporación *f*; **chapitre d'~** capítulo introductorio; **lettre/mot d'~** carta/nota de presentación; **~ en Bourse** salida a Bolsa
introduire [ɛ̃tʀɔdɥiʀ] *vt* introducir; *(personne : présenter)* presentar; *(faire entrer)* hacer pasar; *(mots)* incorporar; **~ qn auprès de qn** conducir a algn ante algn; **~ qn dans un club** introducir a algn en un club; **~ une correction au clavier** teclear una corrección; **s'introduire** *vpr* introducirse; **s'~ dans** introducirse en
introduit, e [ɛ̃tʀɔdɥi, it] *pp de* **introduire** ▸ *adj* : **bien ~** *(personne)* bien relacionado(-a)
intronisation [ɛ̃tʀɔnizasjɔ̃] *nf* entronización *f*
introniser [ɛ̃tʀɔnize] *vt* entronizar
introspectif, -ive [ɛ̃tʀɔspɛktif, iv] *adj* introspectivo(-a)
introspection [ɛ̃tʀɔspɛksjɔ̃] *nf* introspección *f*
introuvable [ɛ̃tʀuvabl] *adj (personne)* ilocalizable; *(Comm : rare : édition, livre)* imposible de encontrar; **ma montre est ~** no encuentro mi reloj por ningún sitio
introverti, e [ɛ̃tʀɔvɛʀti] *nm/f* introvertido(-a)
intrus, e [ɛ̃tʀy, yz] *nm/f* intruso(-a)
intrusion [ɛ̃tʀyzjɔ̃] *nf* intrusión *f*; *(ingérence)* intromisión *f*
intubation [ɛ̃tybasjɔ̃] *nf (Méd)* intubación *f*
intuber [ɛ̃tɥbe] *vt (Méd)* intubar
intuitif, -ive [ɛ̃tɥitif, iv] *adj* intuitivo(-a)
intuition [ɛ̃tɥisjɔ̃] *nf* intuición *f*; **avoir une ~** tener un presentimiento; **avoir l'~ de qch** tener la intuición de algo; **avoir de l'~** tener intuición
intuitivement [ɛ̃tɥitivmɑ̃] *adv* intuitivamente
inuit [inɥit] *adj inv* inuit *inv* ▸ *nm (Ling)* inuit *m* ▸ *nmf* : **Inuit** inuit *mf*
inusable [inyzabl] *adj* duradero(-a)
inusité, e [inyzite] *adj (Ling)* poco frecuente
inutile [inytil] *adj* inútil; *(superflu)* innecesario(-a)
inutilement [inytilmɑ̃] *adv* inútilmente
inutilisable [inytilizabl] *adj* inutilizable
inutilisé, e [inytilize] *adj* inutilizado(-a)
inutilité [inytilite] *nf* inutilidad *f*
invaincu, e [ɛ̃vɛ̃ky] *adj* invicto(-a)
invalide [ɛ̃valid] *adj, nmf* inválido(-a); **~ de guerre** inválido(-a) de guerra; **~ du travail** inválido(-a) laboral
invalider [ɛ̃valide] *vt* invalidar, anular
invalidité [ɛ̃validite] *nf* invalidez *f*
invariable [ɛ̃vaʀjabl] *adj* invariable
invariablement [ɛ̃vaʀjabləmɑ̃] *adv* invariablemente
invasif, -ive [ɛ̃vazif, iv] *adj (traitement, cancer)* invasivo(-a)
invasion [ɛ̃vazjɔ̃] *nf (aussi fig)* invasión *f*; *(de sauterelles, rats)* plaga, invasión
invective [ɛ̃vɛktiv] *nf* increpación *f*

invectiver [ɛ̃vɛktive] *vt* increpar ▸ *vi* : **~ (contre qch/qn)** lanzar increpaciones (contra algo/algn)
invendable [ɛ̃vɑ̃dabl] *adj* invendible
invendu, e [ɛ̃vɑ̃dy] *adj* invendido(-a)
invendus [ɛ̃vɑ̃d] *nmpl* invendidos *mpl*
inventaire [ɛ̃vɑ̃tɛʀ] *nm* (*aussi fig*) inventario; **faire un ~** (*Comm, Jur, gén*) hacer un inventario; **faire** *ou* **procéder à l'~** hacer inventario
inventer [ɛ̃vɑ̃te] *vt* inventar; (*moyen*) idear
inventeur, -trice [ɛ̃vɑ̃tœʀ, tʀis] *nm/f* inventor(a)
inventif, -ive [ɛ̃vɑ̃tif, iv] *adj* inventivo(-a)
invention [ɛ̃vɑ̃sjɔ̃] *nf* invención *f*; (*objet inventé, expédient*) invento; (*fable, mensonge*) ficción *f*, invención; **manquer d'~** no tener imaginación
inventivité [ɛ̃vɑ̃tivite] *nf* inventiva
inventorier [ɛ̃vɑ̃tɔʀje] *vt* inventariar
invérifiable [ɛ̃veʀifjabl] *adj* incomprobable
inverse [ɛ̃vɛʀs] *adj* (*ordre*) inverso(-a); (*sens*) inverso(-a), contrario(-a); **en proportion ~** en proporción inversa; **dans l'ordre ~** en orden inverso; **en** *ou* **dans le sens ~** en sentido contrario; **dans le sens ~ des aiguilles d'une montre** en sentido contrario a las agujas del reloj ▸ *nm* : **l'~** lo contrario; **à l'~** al contrario
inversement [ɛ̃vɛʀsəmɑ̃] *adv* inversamente; **~ proportionnel à** inversamente propocional a
inverser [ɛ̃vɛʀse] *vt* invertir
inversion [ɛ̃vɛʀsjɔ̃] *nf* inversión *f*
invertébré, e [ɛ̃vɛʀtebʀe] *adj* invertebrado(-a) ▸ *nm* invertebrado
inverti, e [ɛ̃vɛʀti] *nm/f* invertido(-a)
investigation [ɛ̃vɛstigasjɔ̃] *nf* investigación *f*
investir [ɛ̃vɛstiʀ] *vt* (*argent, capital*) invertir; (*personne*) investir; (*Mil*) cercar, sitiar; **~ qn de** (*d'une fonction, d'un pouvoir*) investir a algn con ▸ *vi* invertir; **s'investir** *vpr* : **s'~ (dans)** (*s'impliquer*) implicarse (en)
investissement [ɛ̃vɛstismɑ̃] *nm* inversión *f*
investisseur [ɛ̃vɛstisœʀ] *nm* inversor(a)
investiture [ɛ̃vɛstityʀ] *nf* investidura
invétéré, e [ɛ̃veteʀe] *adj* inveterado(-a); (*bavard, buveur*) empedernido(-a)
invincibilité [ɛ̃vɛ̃sibilite] *nf* invencibilidad *f*
invincible [ɛ̃vɛ̃sibl] *adj* (*ennemi, armée, obstacle*) invencible; (*argument*) irrebatible; (*charme*) irresistible
inviolabilité [ɛ̃vjɔlabilite] *nf* : **~ parlementaire** inviolabilidad *f* parlamentaria
inviolable [ɛ̃vjɔlabl] *adj* inviolable
inviolé, e [ɛ̃vjɔle] *adj* (*tombe, nature, région*) inviolado(-a)
invisibilité [ɛ̃vizibilite] *nf* invisibilidad *f*
invisible [ɛ̃vizibl] *adj* invisible
invitation [ɛ̃vitasjɔ̃] *nf* invitación *f*; **à/sur l'~ de qn** por/a invitación de algn; **carte/lettre d'~** tarjeta/carta de invitación
invite [ɛ̃vit] *nf* envite *m*, incitación *f*
invité, e [ɛ̃vite] *nm/f* invitado(-a)
inviter [ɛ̃vite] *vt* invitar; **~ qn à faire qch** invitar a algn a hacer algo; **~ à qch** (*à la méfiance*) incitar a algo; (*à la promenade, méditation*) invitar a algo
invivable [ɛ̃vivabl] *adj* insoportable
invocation [ɛ̃vɔkasjɔ̃] *nf* (*prière*) invocación *f*
involontaire [ɛ̃vɔlɔ̃tɛʀ] *adj* involuntario(-a)
involontairement [ɛ̃vɔlɔ̃tɛʀmɑ̃] *adv* involuntariamente
invoquer [ɛ̃vɔke] *vt* invocar; (*excuse, argument*) invocar, alegar; (*loi, texte*) apelar; (*jeunesse, ignorance*) alegar; **~ la clémence/le secours de qn** implorar la clemencia/la ayuda de algn
invraisemblable [ɛ̃vʀɛsɑ̃blabl] *adj* (*histoire*) inverosímil; (*aplomb, toupet*) increíble
invraisemblance [ɛ̃vʀɛsɑ̃blɑ̃s] *nf* inverosimilitud *f*
invulnérabilité [ɛ̃vylneʀabilite] *nf* invulnerabilidad *f*
invulnérable [ɛ̃vylneʀabl] *adj* invulnerable; **~ à** invulnerable a
iode [jɔd] *nm* yodo
iodé, e [jɔde] *adj* yodado(-a)
ion [jɔ̃] *nm* ión *m*
ionique [jɔnik] *adj* (*Archit*) jónico(-a); (*Science*) iónico(-a)
ionisant, e [jɔnizɑ̃, ɑ̃t] *adj* ionizante
ionisation [jɔnizasjɔ̃] *nf* ionización *f*
iota [jɔta] *nm* : **sans changer un ~** sin cambiar un ápice
iPod® [aɪpɔd, ɪpɔd] *nm* iPod® *m*
irai *etc* [iʀe] *vb voir* **aller**
Irak [iʀak] *nm* Irak *m*
irakien, ne [iʀakjɛ̃, jɛn] *adj* iraquí ▸ *nm/f* : **Irakien, ne** iraquí *mf*
Iran [iʀɑ̃] *nm* Irán *m*
iranien, ne [iʀanjɛ̃, jɛn] *adj* iraní ▸ *nm/f* : **Iranien, ne** iraní *mf*
Iraq [iʀak] *nm* = **Irak**
iraquien, ne [iʀakjɛ̃, jɛn] *adj, nm/f* = **irakien**
irascible [iʀasibl] *adj* irascible
iridescent, e [iʀidesɑ̃, ɑ̃t] *adj* iridescente
irions *etc* [iʀjɔ̃] *vb voir* **aller**
iris [iʀis] *nm* (*Bot*) lirio; (*Anat*) iris *m inv*
irisé, e [iʀize] *adj* irisado(-a)
irlandais, e [iʀlɑ̃dɛ, ɛz] *adj* irlandés(-esa) ▸ *nm/f* : **Irlandais, e** irlandés(-esa); **les I~** los irlandeses
Irlande [iʀlɑ̃d] *nf* Irlanda; **la mer d'~** el mar de Irlanda; **~ du Nord/Sud** Irlanda del Norte/Sur
ironie [iʀɔni] *nf* ironía; **~ du sort** ironía del destino
ironique [iʀɔnik] *adj* irónico(-a)

i

ironiquement [iʀɔnikmɑ̃] *adv* irónicamente
ironiser [iʀɔnize] *vi* ironizar
irons *etc* [iʀɔ̃] *vb voir* **aller**
IRPP [iɛʀpepe] *sigle m* (= *impôt sur le revenu des personnes physiques*) ≈ IRPF *m* (= *Impuesto sobre la Renta de las Personas Físicas*)
irradiation [iʀadjasjɔ̃] *nf* irradiación *f*
irradier [iʀadje] *vi* irradiar ▸ *vt* irradiar, difundir
irraisonné, e [iʀɛzɔne] *adj* irrazonable
irrationnel, le [iʀasjɔnɛl] *adj* irracional
irrattrapable [iʀatʀapabl] *adj* (*retard*) irrecuperable; (*bévue*) insubsanable
irréalisable [iʀealizabl] *adj* irrealizable
irréalisme [iʀealism] *nm* falta de realismo
irréaliste [iʀealist] *adj* irrealista
irréalité [iʀealite] *nf* irrealidad *f*
irrecevable [iʀəs(ə)vabl] *adj* inadmisible
irréconciliable [iʀekɔ̃siljabl] *adj* irreconciliable
irrécouvrable [iʀekuvʀabl] *adj* incobrable, irrecuperable
irrécupérable [iʀekypeʀabl] *adj* irrecuperable
irrécusable [iʀekyzabl] *adj* (*Jur*) irrecusable
irréductible [iʀedyktibl] *adj* irreductible; (*volonté*) férreo(-a)
irréductiblement [iʀedyktibləmɑ̃] *adv* irreductiblemente
irréel, le [iʀeɛl] *adj* irreal; (*Ling*) : **(mode) ~** (modo) condicional *m ou* hipotético
irréfléchi, e [iʀefleʃi] *adj* irreflexivo(-a)
irréfutable [iʀefytabl] *adj* irrefutable
irréfutablement [iʀefytabləmɑ̃] *adv* irrefutablemente
irrégularité [iʀegylaʀite] *nf* irregularidad *f*; **irrégularités** *nfpl* irregularidades *fpl*; (*inégalité*) desigualdades *fpl*
irrégulier, -ière [iʀegylje, jɛʀ] *adj* irregular; (*développement, accélération*) irregular, desigual; (*peu honnête*) deshonesto(-a)
irrégulièrement [iʀegyljɛʀmɑ̃] *adv* irregularmente
irrémédiable [iʀemedjabl] *adj* irremediable
irrémédiablement [iʀemedjabləmɑ̃] *adv* irremediablemente
irremplaçable [iʀɑ̃plasabl] *adj* irremplazable; (*personne*) irremplazable, insustituible
irréparable [iʀepaʀabl] *adj* (*aussi fig*) irreparable
irrépréhensible [iʀepʀeɑ̃sibl] *adj* irreprensible
irrépressible [iʀepʀesibl] *adj* irreprimible
irréprochable [iʀepʀɔʃabl] *adj* (*personne, vie*) irreprochable, intachable; (*tenue, toilette*) intachable
irrésistible [iʀezistibl] *adj* irresistible; (*concluant : logique*) contundente; (*qui fait rire*) graciosísimo(-a)
irrésistiblement [iʀezistibləmɑ̃] *adv* irresistiblemente
irrésolu, e [iʀezɔly] *adj* irresoluto(-a)
irrésolution [iʀezɔlysjɔ̃] *nf* irresolución *f*
irrespectueux, -euse [iʀɛspɛktɥø, øz] *adj* irrespetuoso(-a)
irrespirable [iʀɛspiʀabl] *adj* (*aussi fig*) irrespirable
irresponsabilité [iʀɛspɔ̃sabilite] *nf* irresponsabilidad *f*
irresponsable [iʀɛspɔ̃sabl] *adj, nmf* irresponsable *mf*
irrévérence [iʀeveʀɑ̃s] *nf* irreverencia
irrévérencieux, -euse [iʀeveʀɑ̃sjø, jøz] *adj* irreverente
irréversible [iʀevɛʀsibl] *adj* irreversible
irréversiblement [iʀevɛʀsibləmɑ̃] *adv* irreversiblemente
irrévocable [iʀevɔkabl] *adj* irrevocable
irrévocablement [iʀevɔkabləmɑ̃] *adv* irrevocablemente
irrigation [iʀigasjɔ̃] *nf* irrigación *f*
irriguer [iʀige] *vt* irrigar
irritabilité [iʀitabilite] *nf* irritabilidad *f*
irritable [iʀitabl] *adj* irritable
irritant, e [iʀitɑ̃, ɑ̃t] *adj* irritante
irritation [iʀitasjɔ̃] *nf* (*colère*) irritación *f*, enfado; (*inflammation*) irritación
irrité, e [iʀite] *adj* irritado(-a)
irriter [iʀite] *vt* irritar; **s'irriter** *vpr* irritarse; **s'~ contre qn/de qch** irritarse con algn/por algo
irruption [iʀypsjɔ̃] *nf* irrupción *f*; **faire ~ dans un endroit/chez qn** irrumpir en un lugar/en casa de algn
isard [izaʀ] *nm* gamuza
ISBN [iɛsbeɛn] *sigle m* (= *International Standard Book Number*) ISBN *m* (= *Número Internacional Uniforme para los Libros*)
ISF [iɛsɛf] *sigle m* = **impôt de solidarité sur la fortune**
Islam [islam] *nm* : **l'~** el Islam
islamique [islamik] *adj* islámico(-a)
islamisme [islamism] *nm* islamismo
islamiste [islamist] *adj, nmf* islamista *mf*
islamophobie *nf* islamofobia
islandais, e [islɑ̃dɛ, ɛz] *adj* islandés(-esa) ▸ *nm* (*Ling*) islandés *m* ▸ *nm/f* : **Islandais, e** islandés(-esa)
Islande [islɑ̃d] *nf* Islandia
isocèle [izɔsɛl] *adj* isósceles *inv*
isolant, e [izɔlɑ̃, ɑ̃t] *adj, nm* aislante *m*
isolateur [izɔlatœʀ] *nm* aislador *m*
isolation [izɔlasjɔ̃] *nf* : **~ acoustique/thermique** aislamiento acústico/térmico
isolationnisme [izɔlasjɔnism] *nm* aislacionismo
isolationniste [izɔlasjɔnist] *adj, nmf* aislacionista *mf*
isolé, e [izɔle] *adj* (*aussi fig*) aislado(-a); (*éloigné*) apartado(-a)

isolement [izɔlmɑ̃] *nm* aislamiento
isolément [izɔlemɑ̃] *adv* aisladamente
isoler [izɔle] *vt (aussi fig)* aislar; **s'isoler** *vpr* aislarse
isoloir [izɔlwaʀ] *nm* cabina electoral
isorel® [izɔʀɛl] *nm* aglomerado
isotherme [izɔtɛʀm] *adj* isotermo
isotope [izɔtɔp] *nm* isótopo
Israël [isʀaɛl] *nm* Israel *m*
israélien, ne [isʀaeljɛ̃, jɛn] *adj* israelí ▸ *nm/f* : **Israélien, ne** israelí *mf*
israélite [isʀaelit] *adj (Rel)* israelita ▸ *nmf* : **Israélite** israelita *mf*
issu, e [isy] *adj* : **~ de** descendiente de; *(fig)* resultante de
issue [isy] *nf* salida; *(solution)* salida, solución *f*; **à l'~ de** al concluir; **chemin/rue sans ~** camino/calle *f* sin salida; **~ de secours** salida de socorro
Istamboul [istɑ̃bul], **Istanbul** [istɑ̃bul] *n* Estambul
isthme [ism] *nm* istmo
Italie [itali] *nf* Italia
italien, ne [italjɛ̃, jɛn] *adj* italiano(-a) ▸ *nm (Ling)* italiano ▸ *nm/f* : **Italien, ne** italiano(-a)
italique [italik] *nm* : **(mettre un mot) en ~(s)** (poner una palabra) en cursiva
item [itɛm] *nm* ítem *m*
itératif, -ive [iteʀatif, iv] *adj* iterativo(-a), reiterado(-a)
itinéraire [itineʀɛʀ] *nm* itinerario
itinérant, e [itineʀɑ̃, ɑ̃t] *adj* itinerante
itou [itu] *(fam) adv* también; **tu vas bien ? — oui ! — moi ~ !** ¡todo bien? — ¡sí! — ¡yo también!; **le sol est crade, les murs ~** el suelo es cutre y las paredes también
IUT *sigle m (= Institut universitaire de technologie) voir* **institut**
IVG [iveʒe] *sigle f (= interruption volontaire de grossesse)* IVE *f (= interrupción voluntaria del embarazo)*
ivoire [ivwaʀ] *nm* marfil *m*
ivoirien, ne [ivwaʀjɛ̃, jɛn] *adj* marfileño(-a) ▸ *nm/f* : **Ivoirien, ne** marfileño(-a)
ivraie [ivʀɛ] *nf* : **séparer le bon grain de l'~** *(fig)* separar el grano de la cizaña
ivre [ivʀ] *adj (saoul)* ebrio(-a), beodo(-a); **~ de colère/de bonheur** ebrio(-a) de ira/de felicidad; **~ mort** borracho perdido
ivresse [ivʀɛs] *nf* embriaguez *f*
ivrogne [ivʀɔɲ] *nmf* borracho(-a)
ivrognerie [ivʀɔɲʀi] *nf* alcoholismo

i

Jj

J, j [ʒi] *nm inv* (*lettre*) J, j *f*; **jour J** ≈ día *m* D; **J comme Joseph** J de José
j' [ʒ] *pron voir* **je**
jabot [ʒabo] *nm* (*Zool*) buche *m*; (*de vêtement*) chorrera
jacasser [ʒakase] *vi* cotorrear, parlotear
jacasseries [ʒakasʀi] *nfpl* parloteo *sg*, cotorreo *sg*
jachère [ʒaʃɛʀ] *nf* : **(être) en ~** (estar) en barbecho
jacinthe [ʒasɛ̃t] *nf* jacinto; **~ des bois** jacinto silvestre
jack [(d)ʒak] *nm* jack *m*
jackpot [(d)ʒakpɔt] *nm* (*dans une machine à sous*) jackpot *m*, premio gordo; **~ roulant** jackpot *m*; **il a touché le ~** (*fig*) le ha tocado la lotería
jacquard [ʒakaʀ] *adj inv* jacquard *inv*
jacquerie [ʒakʀi] *nf* motín *m*
jacuzzi® [ʒakyzi] *nm* jacuzzi® *m*
jade [ʒad] *nm* jade *m*
jadis [ʒɑdis] *adv* antaño
jaguar [ʒagwaʀ] *nm* jaguar *m*
jaillir [ʒajiʀ] *vi* (*liquide*) brotar; (*fig*) surgir
jaillissement [ʒajismɑ̃] *nm* (*voir vb*) brote *m*; surgimiento
jais [ʒɛ] *nm* azabache *m*; **(d'un noir) de ~** (negro) azabache
jalon [ʒalɔ̃] *nm* (*aussi fig*) jalón *m*, hito; **poser des jalons** (*fig*) preparar el terreno
jalonner [ʒalɔne] *vt* (*aussi fig*) jalonar; **jalonné de** jalonado de
jalousement [ʒaluzmɑ̃] *adv* celosamente
jalouser [ʒaluze] *vt* envidiar
jalousie [ʒaluzi] *nf* celos *mpl*; (*store*) celosía
jaloux, -se [ʒalu, uz] *adj* (*envieux*) envidioso(-a); (*possessif*) celoso(-a); **être ~ de qn/qch** estar celoso(-a) de algn/algo, tener envidia de algn/algo
jamaïcain, e, jamaïquain, e [ʒamaikɛ̃, ɛn] *adj* jamaicano(-a) ▸ *nm/f* : **Jamaïcain, e** jamaicano(-a)
Jamaïque [ʒamaik] *nf* Jamaica
jamais [ʒamɛ] *adv* nunca, jamás; (*sans négation*) alguna vez; **~ de la vie !** ¡nunca jamás!; **ne ... ~** no ... nunca; **si ~ ...** si alguna vez ...; **à (tout) ~** para siempre
jambage [ʒɑ̃baʒ] *nm* (*de lettre*) trazo; (*de porte etc*) jamba
jambe [ʒɑ̃b] *nf* (*Anat*) pierna; (*d'un cheval*) pata; (*d'un pantalon*) pernil *m*; **à toutes jambes** a toda velocidad
jambières [ʒɑ̃bjɛʀ] *nfpl* polainas *fpl*; (*Sport*) espinilleras *fpl*
jambon [ʒɑ̃bɔ̃] *nm* jamón *m*; **~ cru** ≈ jamón serrano; **~ fumé** jamón ahumado
jambonneau, x [ʒɑ̃bɔno] *nm* lacón *m*
jante [ʒɑ̃t] *nf* llanta
janvier [ʒɑ̃vje] *nm* enero; *voir aussi* **juillet**
Japon [ʒapɔ̃] *nm* Japón *m*
japonais, e [ʒapɔnɛ, ɛz] *adj* japonés(-esa) ▸ *nm* (*Ling*) japonés *m* ▸ *nm/f* : **Japonais, e** japonés(-esa)
japonaiserie [ʒapɔnɛzʀi] *nf* objeto de arte japonés
japonisant, e [ʒapɔnizɑ̃, ɑ̃t] *adj* japonizante, de inspiración japonesa
jappement [ʒapmɑ̃] *nm* gañido
japper [ʒape] *vi* gañir
jaquette [ʒakɛt] *nf* (*de femme*) chaqueta; (*d'homme*) chaqué *m*; (*d'un livre*) sobrecubierta
jardin [ʒaʀdɛ̃] *nm* jardín *m*; **~ botanique** jardín botánico; **~ d'acclimatation** zoo de especies exóticas; **~ d'enfants** jardín de infancia; **~ japonais** jardín japonés; **~ potager** huerto; **~ public** parque *m* público; **jardins suspendus** jardines *mpl* colgantes
jardinage [ʒaʀdinaʒ] *nm* jardinería
jardiner [ʒaʀdine] *vi* cuidar el jardín
jardinerie [ʒaʀdinʀi] *nf* centro de jardinería
jardinet [ʒaʀdinɛ] *nm* jardincillo
jardinier, -ière [ʒaʀdinje, jɛʀ] *nm/f* jardinero(-a); **~ paysagiste** jardinero(-a) artístico(-a)
jardinière [ʒaʀdinjɛʀ] *nf* (*de fenêtre*) jardinera; **~ d'enfants** educadora infantil; **~ (de légumes)** (*Culin*) menestra
jargon [ʒaʀgɔ̃] *nm* jerga
jarre [ʒaʀ] *nf* tinaja
jarret [ʒaʀɛ] *nm* (*Anat*) corva; (*Culin*) morcillo
jarretelle [ʒaʀtɛl] *nf* liga
jarretière [ʒaʀtjɛʀ] *nf* liga
jars [ʒaʀ] *nm* ganso
jaser [ʒɑze] *vi* charlar; (*indiscrètement*) cotorrear; (*médire*) cotillear

jasmin [ʒasmɛ̃] *nm* jazmín *m*
jaspe [ʒasp] *nm* jaspe *m*
jatte [ʒat] *nf* cuenco
jauge [ʒoʒ] *nf* (*capacité*) capacidad *f*; (*d'un navire*) arqueo; (*instrument*) aspilla, varilla graduada; **~ (de niveau) d'huile** indicador *m* (del nivel) de aceite
jauger [ʒoʒe] *vt* (*mesurer*) calibrar; (*fig*) juzgar ▸ *vi* (*Naut*) : **~ six mètres/3000 tonneaux** tener seis metros de calado/una capacidad de 3000 toneladas
jaunâtre [ʒonɑtʀ] *adj* amarillento(-a)
jaune [ʒon] *adj* amarillo(-a) ▸ *nm* amarillo; (*aussi* : **jaune d'œuf**) yema ▸ *nmf* (*briseur de grève*) esquirol(a) ▸ *adv* : **rire ~** reír falsamente
jaunir [ʒoniʀ] *vt* amarillear ▸ *vi* amarillear(se)
jaunisse [ʒonis] *nf* ictericia
Java [ʒava] *nf* Java
java [ʒava] (*fam*) *nf* : **faire la ~** estar de juerga
javanais, e [ʒavanɛ, ɛz] *adj* javanés(-esa) ▸ *nm* (*Ling*) javanés *m*; (*type d'argot*) *argot convencional consistente en intercalar las sílabas « va » o « av » en las palabras* ▸ *nm/f* : **Javanais, e** javanés(-esa)
Javel, javel [ʒavɛl] (*fam*) *nf* lejía; **utiliser de la ~** usar lejía; *voir aussi* **eau**
javelliser [ʒavelize] *vt* desinfectar con lejía
javelot [ʒavlo] *nm* jabalina
jazz [dʒɑz] *nm* jazz *m*
jazzy [dʒɑzi] *adj inv* jazzístico(-a)
J.-C. [ʒise] *abr* = **Jésus-Christ**
JDC [ʒidese] *sigle f* (= *journée défense et citoyenneté*) *jornada sobre defensa y ciudadanía*

JDC

Desde la abolición del servicio militar obligatorio, todos los franceses de entre 16 y 18 años participan en una jornada sobre defensa y ciudadanía (o **JDC**, en sus siglas en francés), en la que se les informa sobre las oportunidades de carrera en el ejército, así como sobre la estructura de la defensa en Francia, y los derechos y deberes de todo ciudadano. El certificado obtenido tras este día es un requisito imprescindible para presentarse a oposiciones, al examen del carnet de conducir o para acceder a la universidad.

je [ʒə], **j'** [ʒ] *pron* yo; **je sais** lo sé; **j'insisterai** insistiré
jean [dʒin] *nm* (*Textile*) tela vaquera; (*pantalon*) vaqueros *mpl*, blue-jean(s) *m(pl)* (*surtout* Aᴍ)
jeannette [ʒanɛt] *nf* (*planchette*) tabla pequeña para planchar; (*Scoutisme*) niña scout
jeep [(d)ʒip] *nf* jeep *m*
jérémiades [ʒeʀemjad] *nfpl* jeremiada *sg*, lloriqueos *mpl*
jerrycan [(d)ʒeʀikan] *nm* bidón *m* (de reserva)
Jersey [ʒɛʀzɛ] *nf* Jersey *m*
jersey [ʒɛʀzɛ] *nm* jersey *m*; **point de ~** (*Tricot*) punto de jersey
Jérusalem [ʒeʀyzalɛm] *n* Jerusalén
jésuite [ʒezɥit] *nm* jesuita *m*
Jésus-Christ [ʒezykʀi] *n* Jesucristo; **600 avant/après ~** *ou* **J.-C.** en el año 600 antes/después de Jesucristo *ou* J.C.
jet[1] [dʒɛt] *nm* (*avion*) jet *m*, avión *m* a reacción
jet[2] [ʒɛ] *nm* (*lancer*) lanzamiento; (*distance*) tiro; (*jaillissement, tuyau*) chorro; **premier ~** (*fig*) bosquejo, esbozo; **arroser au ~** regar a chorro; **d'un (seul) ~** de un tirón, de una sola vez; **du premier ~** a la primera; **~ d'eau** chorro de agua; (*fontaine*) surtidor *m*
jetable [ʒ(ə)tabl] *adj* desechable
jeté [ʒ(ə)te] *nm* : **~ de lit** colcha; **~ de table** tapete *m*
jetée [ʒəte] *nf* (*digue*) escollera; (*Aviat*) muelle *m* de embarque
jeter [ʒ(ə)te] *vt* (*lancer*) tirar, botar (Aᴍ); (*se défaire de*) tirar; (*passerelle, pont*) construir, tender; (*bases, fondations*) establecer, sentar; (*regard*) echar; (*cri, insultes*) lanzar; (*lumière, son*) dar; **~ qch à la poubelle** tirar algo a la basura; **~ l'ancre** echar el ancla; **~ un coup d'œil (à)** echar un vistazo (a); **~ qch à qn** lanzar algo a algn; **~ les bras en avant/la tête en arrière** echar los brazos hacia adelante/la cabeza hacia atrás; **~ le trouble/l'effroi parmi ...** sembrar la confusión/el miedo entre ...; **~ un sort à qn** echar una maldición a algn; **~ qn dehors** echar a algn fuera; **~ qn en prison** meter a algn en la cárcel; **~ l'éponge** (*fig*) tirar la toalla; **~ des fleurs à qn** (*fig*) echar flores a algn; **~ la pierre à qn** (*accuser, blâmer*) echar la culpa a algn; **se jeter** *vpr* : **se ~ contre/dans/sur** arrojarse contra/en/sobre; **se ~ dans** (*suj* : *fleuve*) desembocar en; **se ~ par la fenêtre** tirarse por la ventana; **se ~ à l'eau** (*fig*) lanzarse a hacer algo
jeton [ʒ(ə)tɔ̃] *nm* ficha; **avoir les jetons** (*fam*) tener canguelo (*fam*); **jetons de présence** dieta *fsg ou* prima *fsg* de asistencia
jette *etc* [ʒɛt] *vb voir* **jeter**
jeu, x [ʒø] *nm* juego; (*interprétation*) actuación *f*, interpretación *f*; (*Mus*) interpretación; (*Tech*) juego, holgura; (*défaut de serrage*) holgura; **par ~** por juego; **d'entrée de ~** desde el principio; **cacher son ~** ocultar las intenciones; **c'est le ~** *ou* **la règle du ~** es el juego, son las reglas del juego; **c'est un ~ d'enfant** (*fig*) es un juego de niños; **il a beau ~ de dire ça** le resulta fácil decir eso; **être/remettre en ~** (*Football*) estar/poner en juego; **être en ~** (*fig*) estar en juego; **entrer/mettre en ~** (*fig*) entrar/poner en juego; **entrer dans le ~/le ~ de qn** (*fig*) entrar en el juego/en el juego de algn; **se piquer** *ou* **se prendre au ~**

cegarse por el juego; **jouer gros** ~ jugar fuerte, arriesgar mucho; ~ **de boules** (*activité*) juego de bolos; (*endroit*) bolera; ~ **de cartes** juego de naipes; (*paquet*) baraja; ~ **de clés/d'aiguilles** (*série*) juego de llaves/de agujas; ~ **de construction** juego de construcción, mecano; ~ **d'échecs** ajedrez *m*; ~ **d'écritures** traspaso de cuenta a cuenta; ~ **de hasard/de mots** juego de azar/de palabras; ~ **de l'oie** juego de la oca; ~ **d'orgue(s)** registros *mpl*; ~ **de massacre** (*à la foire, fig*) pim pam pum *m*; ~ **de patience/de société** juego de paciencia/de mesa; ~ **de physionomie** expresión *f*; **jeux de lumière** juego de luces; **Jeux olympiques** Juegos *mpl* Olímpicos

jeu-concours [ʒøkɔ̃kuʀ] (*pl* **jeux-concours**) *nm* juego concurso

jeudi [ʒødi] *nm* jueves *m inv*; ~ **saint** jueves santo; *voir aussi* **lundi**

jeun [ʒœ̃] : **à** ~ *adv* en ayunas

jeune [ʒœn] *adj* joven; (*récent*) joven, reciente; ~ **fille** muchacha, chica; ~ **homme** muchacho, chico; ~ **loup** (*Écon, Pol*) joven cachorro; ~ **premier** galán *m*; **jeunes gens** jóvenes *mpl*; **jeunes mariés** recién casados *mpl* ▸ *nmf* joven; **les jeunes** los jóvenes ▸ *adv* : **faire** ~ rejuvenecer; **s'habiller** ~ vestirse juvenil

jeûne [ʒøn] *nm* ayuno

jeûner [ʒøne] *vi* ayunar

jeunesse [ʒœnɛs] *nf* juventud *f*

jeunisme [ʒœnism] *nm* culto a la juventud

jeunot, te [ʒœno, ɔt] (*fam*) *adj* jovencito(-a) ▸ *nm* jovencito(-a), pipiolo(-a) (*fam*)

jf *sigle f* (= *jeune fille*) *voir* **jeune**

jh *sigle m* (= *jeune homme*) *voir* **jeune**

jiu-jitsu [ʒiyʒitsy] *nm* jiu-jitsu *m*

JO [ʒio] *sigle m* (= *Journal officiel*) ≈ BOE *m* (= *Boletín Oficial del Estado*) ▸ *sigle mpl* (= *Jeux olympiques*) JJ. OO. (= *Juegos Olímpicos*)

joaillerie [ʒɔajʀi] *nf* joyería

joaillier, -ière [ʒɔaje, jɛʀ] *nm/f* joyero(-a)

job [dʒɔb] (*fam*) *nm* trabajo; ~ **d'été/d'étudiant** trabajo de verano/de estudiante

jobard, e [ʒɔbaʀ, aʀd] (*péj*) *adj* pánfilo(-a)

jockey [ʒɔkɛ] *nm* jockey *m*

joggeur, -euse [dʒɔgœʀ, øz] *nm/f* corredor(a) de footing

jogging [dʒɔgiŋ] *nm* : **faire du** ~ hacer footing

joie [ʒwa] *nf* (*bonheur intense*) alegría, gozo; (*vif plaisir*) alegría; **joies** *nfpl* (*agrément*) alegrías *fpl*; (*iron : ennuis*) encantos *mpl*

joignable [ʒwaɲabl] *adj* localizable; **être** ~ estar localizable

joignais [ʒwaɲɛ] *vb voir* **joindre**

joindre [ʒwɛ̃dʀ] *vt* juntar, unir; (*qch à qch*) juntar; ~ **qch à** (*ajouter*) adjuntar algo a; ~ **un fichier à un mail** (*Inform*) adjuntar un archivo a un correo; ~ **qn** (*réussir à contacter*) dar con algn, localizar a algn; ~ **les mains/talons** juntar las manos/los talones; ~ **les deux bouts** (*fig*) llegar a final de mes ▸ *vi* (*se toucher*) encajar; **se joindre** *vpr* (*mains etc*) unirse; **se** ~ **à** (*un groupe*) unirse a; (*se mêler, participer*) sumarse a

joint, e [ʒwɛ̃, ɛ̃t] *pp de* **joindre** ▸ *adj* junto(-a); **sauter à pieds joints** saltar con los pies juntos; ~ **à** (*un paquet, une lettre*) adjunto(-a) a; **pièce jointe** (*de lettre*) pieza adjunta; (*de mail*) archivo adjunto ▸ *nm* (*articulation, assemblage*) junta, empalme *m*; (*ligne, en ciment*) junta; (*de cannabis : fam*) porro; **chercher/trouver le** ~ (*fig*) buscar/encontrar la solución; ~ **de cardan/de culasse** junta de cardán/de culata; ~ **de robinet** junta de grifo; ~ **universel** junta universal

jointure [ʒwɛ̃tyʀ] *nf* (*Anat*) articulación *f*; (*Tech*) empalme *m*, junta

jojo [ʒoʒo] (*fam*) *adj* : **pas** ~ (*pas gai*) serio(-a); (*pas joli*) feo(-a) ▸ *nm* : **un affreux** ~ un niño insoportable

jojoba [ʒɔʒɔba] *nm* jojoba

joker [(d)ʒɔkɛʀ] *nm* (*Cartes, Inform*) comodín *m*

joli, e [ʒɔli] *adj* bonito(-a), lindo(-a) (*AM*); **une jolie somme/situation** una buena suma/un buen puesto; **c'est du** ~ **!** (*iron*) ¡muy bonito!; **c'est un** ~ **gâchis** (*iron*) ¡menudo lío!; **c'est bien** ~ **mais ...** está muy bien pero ...

joliment [ʒɔlimɑ̃] *adv* muy bien; (*fam : très*) muy

jonc [ʒɔ̃] *nm* (*Bot*) junco; (*bague, bracelet*) anillo

joncher [ʒɔ̃ʃe] *vt* (*répandre*) cubrir; (*sol, surface*) estar esparcido(-a) por; **jonché de** cubierto de

jonction [ʒɔ̃ksjɔ̃] *nf* (*action*) unión *f*; **(point de)** ~ (*de routes*) empalme *m*, enlace *m*; (*de fleuves*) confluencia; **opérer une** ~ (*Mil etc*) reunirse

jongler [ʒɔ̃gle] *vi* hacer juegos malabares; ~ **avec** (*fig*) hacer malabarismos con

jongleur, -euse [ʒɔ̃glœʀ, øz] *nm/f* malabarista *mf*

jonque [ʒɔ̃k] *nf* junco

jonquille [ʒɔ̃kij] *nf* junquillo

Jordanie [ʒɔʀdani] *nf* Jordania

jordanien, ne [ʒɔʀdanjɛ̃, jɛn] *adj* jordano(-a) ▸ *nm/f* : **Jordanien, ne** jordano(-a)

jouabilité [ʒuabilite] *nf* (*de logiciel de jeux*) jugabilidad *f*

jouable [ʒwabl] *adj* (*pièce de théâtre*) representable; (*fig*) : **il faut voir si c'est** ~ hay que ver si es posible

joual [ʒwal] *nm variante dialectal popular del francés que se habla en Canadá*

joue [ʒu] *nf* mejilla; **mettre en** ~ apuntar

jouer [ʒwe] *vt* jugar; (*pièce de théâtre*) representar; (*film, rôle*) interpretar; (*simuler*) fingir; (*morceau de musique*) ejecutar, tocar; **~ un tour à qn** jugar una mala pasada a algn; **~ la comédie** (*fig*) hacer teatro ▸ *vi* jugar; (*Mus*) tocar; (*Ciné, Théâtre*) actuar; (*aux cartes, à la roulette*) jugar a; (*bois, porte*) combarse; (*clé, pièce*) tener juego *ou* holgura; **~ sur** (*miser*) jugar con; **~ de** (*instrument*) tocar; (*fig*) : **~ du couteau** manejar el cuchillo; **~ des coudes** abrirse paso con los codos; **~ à** (*jeu, sport*) jugar a; **~ au héros** dárselas de héroe; **~ avec** (*sa santé etc*) jugar con; **~ à la baisse/à la hausse** (*Bourse*) jugar a la baja/al alza; **~ serré** actuar con tiento; **~ de malchance** *ou* **malheur** tener mala suerte; **~ sur les mots** tergiversar las palabras; **à toi/nous de ~** te toca a ti/nos toca a nosotros; **~ aux courses** jugar a las carreras; **se jouer** *vpr* : **se ~ de** (*difficultés*) pasar por alto; **se ~ de qn** (*tromper*) engañar a algn

jouet [ʒwɛ] *nm* juguete *m*; **être le ~ de** (*fig*) ser el juguete de

joueur, -euse [ʒwœʀ, øz] *nm/f* jugador(a); **joeur de flûte** tocador(a) de flauta, flautista *mf*; **être beau/mauvais ~** (*fig*) ser un buen/mal perdedor ▸ *adj* juguetón(-ona)

joufflu, e [ʒufly] *adj* mofletudo(-a)

joug [ʒu] *nm* yugo; **sous le ~ de** (*fig*) bajo el yugo de

jouir [ʒwiʀ] *vi* gozar; **~ de** (*avoir*) gozar de; (*savourer*) disfrutar de

jouissance [ʒwisɑ̃s] *nf* goce *m*; **la ~ de qch** (*Jur*) el usufructo de algo

jouisseur, -euse [ʒwisœʀ, øz] *nm/f* vividor(a)

jouissif, -ive [ʒwisif, iv] *adj* (*fam : génial*) genial (*fam*); **c'était ~ !** ¡fue una gozada! (*fam*)

joujou, x [ʒuʒu] (*fam*) *nm* juguete *m*

joule [ʒul] *nm* julio (*unidad de medida*)

jour [ʒuʀ] *nm* día *m*; (*clarté*) luz *f*; (*ouverture*) hueco, vano; (*Couture*) calado; **sous un ~ favorable/nouveau** (*fig*) bajo un aspecto más favorable/nuevo; **de ~** de día; **tous les jours** todos los días, a diario; **d'un ~ à l'autre** de un día a otro; **du ~ au lendemain** de la noche a la mañana; **au ~ le ~, de ~ en ~** día a día; **il fait ~** es de día; **en plein ~** en pleno día; **au ~** a la luz del día; **au petit ~** de madrugada, al amanecer; **au grand ~** (*fig*) a todas luces, de forma evidente; **mettre au ~** (*découvrir*) sacar a la luz; **être/mettre à ~** estar/poner al día; **mise à ~** puesta al día; **donner le ~ à** dar a luz a; **voir le ~** salir a la luz; **se faire ~** (*fig*) abrirse camino, triunfar; **de nos jours** hoy en día; **couler des jours heureux** llevar una vida feliz; **~ férié** día festivo; **~ ouvrable** día laborable

Jourdain [ʒuʀdɛ̃] *nm* Jordán *m*

journal, -aux [ʒuʀnal, o] *nm* periódico; (*personnel*) diario; **le J~ officiel (de la République française)** el Boletín oficial (de la República Francesa), ≈ el Boletín oficial del Estado; **tenir un ~** escribir un diario; **~ de bord** diario de a bordo; **~ intime** diario íntimo; **~ parlé** diario hablado; **~ télévisé** diario televisado, telediario

journalier, -ière [ʒuʀnalje, jɛʀ] *adj* diario(-a) ▸ *nm/f* jornalero(-a)

journalisme [ʒuʀnalism] *nm* periodismo

journaliste [ʒuʀnalist] *nmf* periodista *mf*

journalistique [ʒuʀnalistik] *adj* periodístico(-a)

journée [ʒuʀne] *nf* día *m*; (*travail d'une journée*) jornada; **toute la ~** todo el día; **la ~ continue** la jornada continua

journellement [ʒuʀnɛlmɑ̃] *adv* diariamente

joute [ʒut] *nf* justa

jouvence [ʒuvɑ̃s] *nf* : **bain de ~** baño de juventud

jouxter [ʒukste] *vt* lindar con

jovial, e, -aux [ʒɔvjal, jo] *adj* jovial

jovialité [ʒɔvjalite] *nf* jovialidad *f*

joyau, x [ʒwajo] *nm* (*aussi fig*) joya

joyeusement [ʒwajøzmɑ̃] *adv* con alegría

joyeuseté [ʒwajøzte] *nf* (*iron*) : **... et autres joyeusetés** ... y otras lindezas

joyeux, -euse [ʒwajø, øz] *adj* alegre; **~ Noël !** ¡feliz Navidad!; **~ anniversaire !** ¡feliz cumpleaños!; **d'humeur joyeuse** alegre

joystick [dʒɔjstik] *nm* joystick *m*

JT *sigle m* (= *journal télévisé*) *voir* **journal**

jubilation [ʒybilasjɔ̃] *nf* júbilo, regocijo

jubilatoire [ʒybilatwaʀ] *adj* hilarante

jubilé [ʒybile] *nm* quincuagésimo *ou* cincuenta aniversario

jubiler [ʒybile] *vi* regocijarse

juché, e [ʒyʃe] *adj* : **être ~ sur qch** estar encaramado(-a) sobre algo

jucher [ʒyʃe] *vt* : **~ qch/qn sur** poner algo/a algn sobre ▸ *vi* (*oiseau*) : **~ sur** morar en; **se jucher** *vpr* : **se ~ sur** posarse en *ou* sobre

judaïque [ʒydaik] *adj* judaico(-a)

judaïsme [ʒydaism] *nm* judaísmo

judaïté [ʒydaite] *nf* = **judéité**

judas [ʒyda] *nm* mirilla

Judée [ʒyde] *nf* Judea

judéité [ʒydeite] *nf* condición *f* de judío, judeidad *f*

judéo... [ʒydeɔ] *préf* judeo...

judéo-allemand, e [ʒydeɔalmɑ̃, ɑ̃d] (*pl* **judéo-allemands, -es**) *adj, nm/f* judeoalemán(-ana)

judéo-chrétien, ne [ʒydeokʀetjɛ̃, ɛn] (*pl* **judéo-chrétiens, -nes**) *adj* judeocristiano(-a)

judiciaire [ʒydisjɛʀ] *adj* judicial

judicieusement [ʒydisjøzmɑ̃] *adv* juiciosamente, sensatamente

judicieux, -euse [ʒydisjø, jøz] *adj* juicioso(-a), sensato(-a)

judo [ʒydo] *nm* judo

judoka [ʒydɔka] *nmf* judoka *mf*, yudoka *mf*

juge [ʒyʒ] *nmf* juez *mf*; **être bon/mauvais ~** (*fig*) ser un buen/mal árbitro; **~ d'instruction/de paix** juez de instrucción/ de paz; **~ de touche** (*Football*) juez de línea; **~ des enfants** juez de menores
jugé [ʒyʒe] : **au ~** *adv* a bulto; (*fig*) a bulto, a ojo
jugement [ʒyʒmɑ̃] *nm* (*Jur*) sentencia; (*gén*) juicio; **~ de valeur** juicio de valor
jugeote [ʒyʒɔt] (*fam*) *nf* sentido común
juger [ʒyʒe] *vt* juzgar; (*Jur*) juzgar, sentenciar; **~ qch satisfaisant** considerar algo satisfactorio; **~ bon de faire ...** juzgar oportuno hacer ...; **~ que** estimar que; **~ de qch** juzgar algo; **jugez de ma surprise** imagine mi sorpresa ▸ *nm* : **au ~** a bulto
jugulaire [ʒygylɛʀ] *adj* yugular ▸ *nf* (*Anat*) yugular *f*; (*Mil*) barboquejo
juguler [ʒygyle] *vt* atajar
juif, -ive [ʒɥif, ʒɥiv] *adj* judío(-a) ▸ *nm/f* : **Juif, ive** judío(-a)
juillet [ʒɥijɛ] *nm* julio; **le premier ~** el uno de julio; **le deux/onze ~** el dos/once de julio; **début/fin ~** a primeros/finales de julio; **le 14 ~** el 14 de julio (*la fiesta nacional francesa*); *ver nota*

LE 14 JUILLET

En Francia, **le 14 juillet** es la fiesta nacional con la que se conmemora la toma de la Bastilla durante la Revolución Francesa. Se celebra con desfiles, música, baile y fuegos artificiales. En París tiene lugar un desfile militar por los Champs-Élysées que presencia el Presidente de la República.

juin [ʒɥɛ̃] *nm* junio; *voir aussi* **juillet**
jules [ʒyl] (*fam*) *nm* (*petit ami*) novio; (*mari*) marido
julienne [ʒyljɛn] *nf* (*Culin*) juliana
jumeau, -elle, x [ʒymo, ɛl] *adj, nm/f* gemelo(-a); **maisons jumelles** casas *fpl* gemelas
jumelage [ʒym(ə)laʒ] *nm* (*de villes*) hermanamiento
jumeler [ʒym(ə)le] *vt* (*Tech*) acoplar; (*villes*) hermanar; **roues jumelées** ruedas *fpl* gemelas; **billets de loterie jumelés** décimos *mpl* de lotería dobles; **pari jumelé** apuesta doble
jumelle [ʒymɛl] *vb voir* **jumeler** ▸ *adj, nf voir* **jumeau**; **jumelles** *nfpl* (*instrument*) gemelos *mpl*, prismáticos *mpl*
jument [ʒymɑ̃] *nf* yegua
jungle [ʒœ̃gl] *nf* jungla, selva; (*fig*) jungla
junior [ʒynjɔʀ] *adj* (*mode, style*) juvenil; (*Sport*) júnior, juvenil ▸ *nmf* (*Sport*) júnior *mf*
junte [ʒœ̃t] *nf* junta
jupe [ʒyp] *nf* falda, pollera (*Am*)
jupe-culotte [ʒypkylɔt] (*pl* **jupes-culottes**) *nf* falda *f* pantalón *inv*
jupette [ʒypɛt] *nf* falda corta
jupon [ʒypɔ̃] *nm* enaguas *fpl*
Jura [ʒyʀa] *nm* Jura *m*
jurassien, ne [ʒyʀasjɛ̃, jɛn] *adj* del Jura
juré [ʒyʀe] *nm* jurado ▸ *adj* : **ennemi ~** enemigo jurado
jurer [ʒyʀe] *vt* jurar; **~ de faire/que** jurar hacer/que ▸ *vi* jurar; **~ (avec)** (*couleurs*) chocar (con), desentonar (con); **~ de qch** jurar algo, responder de algo; **ils ne jurent que par lui** creen a ciegas en él; **je vous jure !** ¡se lo juro!
juridiction [ʒyʀidiksjɔ̃] *nf* jurisdicción *f*
juridictionnel, le [ʒyʀidiksjɔnɛl] *adj* jurisdiccional
juridique [ʒyʀidik] *adj* jurídico(-a)
juridiquement [ʒyʀidikmɑ̃] *adv* jurídicamente
jurisconsulte [ʒyʀiskɔ̃sylt] *nm* jurisconsulto
jurisprudence [ʒyʀispʀydɑ̃s] *nf* jurisprudencia; **faire ~** sentar jurisprudencia
juriste [ʒyʀist] *nmf* jurista *mf*
juron [ʒyʀɔ̃] *nm* juramento
jury [ʒyʀi] *nm* (*Jur*) jurado; (*Scol*) tribunal *m*; **~ d'examen** tribunal
jus [ʒy] *nm* zumo, jugo (*Am*); (*de viande*) jugo; (*fam : courant*) corriente *f* (eléctrica); (*: café*) café *m*; **~ de fruits** zumo de frutas; **~ d'orange/ de pommes/de raisin/de tomates** zumo de naranja/de manzana/de uvas/de tomate
jusant [ʒyzɑ̃] *nm* reflujo
jusqu'au-boutiste [ʒyskobutist] (*pl* **jusqu'au-boutistes**) *adj, nmf* extremista *mf*
jusque [ʒysk] : **jusqu'à** *prép* hasta; **jusqu'au matin/soir** hasta la mañana/la tarde; **jusqu'à ce que** hasta que; **jusqu'à présent** *ou* **maintenant** hasta ahora; **~ sur/dans** hasta arriba de/en; (*y compris*) hasta, incluso; **~ vers** hasta cerca de; **~-là** (*temps*) hasta entonces; (*espace*) hasta ahí; **jusqu'ici** (*temps*) hasta ahora; (*espace*) hasta aquí; **jusqu'où** hasta dónde
justaucorps [ʒystokɔʀ] *nm* malla
juste [ʒyst] *adj* justo(-a); (*étroit*) ajustado(-a); (*insuffisant*) escaso(-a); **le ~ milieu** el término medio; **à ~ titre** con razón ▸ *adv* (*avec exactitude, précision*) con precisión; (*étroitement*) apretado; (*chanter*) afinado; (*seulement*) solamente, nomás (*Am*); **~ assez** justo lo que se necesita; **~ au-dessus** justo encima; **pouvoir tout ~ faire qch** poder solo hacer algo; **au ~** exactamente; **combien y en a-t-il au ~ ?** ¿cuánto hay exactamente?; **comme de ~** como es lógico
justement [ʒystəmɑ̃] *adv* justamente; **c'est ~ ce qu'il fallait faire** es precisamente lo que había que hacer
justesse [ʒystɛs] *nf* (*exactitude, précision*) precisión *f*, exactitud *f*; (*d'une remarque*) propiedad *f*; (*d'une opinion*) rectitud *f*; **de ~** por poco

justice [ʒystis] *nf* justicia; **rendre la ~** administrar justicia; **traduire en ~** citar ante la justicia, hacer comparecer ante la justicia; **obtenir ~** lograr justicia; **rendre ~ à qn** hacer justicia a algn; **se faire ~** (*se venger*) tomarse la justicia por su mano; (*se suicider*) suicidarse

justiciable [ʒystisjabl] *adj* : **~ de** (*Jur*) sometido(-a) a la jurisdicción de; (*fig*) propio(-a) de

justicier, -ière [ʒystisje, jɛʀ] *nm/f* justiciero(-a)

justifiable [ʒystifjabl] *adj* justificable

justificatif, -ive [ʒystifikatif, iv] *adj* justificativo(-a) ▶ *nm* justificante *m*; **~ de domicile** justificante de domicilio

justification [ʒystifikasjɔ̃] *nf* justificación *f*

justifié, e [ʒystifje] *adj* justificado(-a); **non ~** injustificado(-a)

justifier [ʒystifje] *vt* justificar; **~ de** probar; **justifié à droite/gauche** justificado a la derecha/izquierda; **se justifier** *vpr* justificarse

jute [ʒyt] *nm* yute *m*

juteux, -euse [ʒytø, øz] *adj* jugoso(-a); (*fam*) jugoso(-a), sustancioso(-a)

juvénile [ʒyvenil] *adj* juvenil

juxtaposer [ʒykstapoze] *vt* yuxtaponer

juxtaposition [ʒykstapozisjɔ̃] *nf* yuxtaposición *f*

j

Kk

K, k [kɑ] *nm inv (lettre)* K, k *f*; **K comme Kléber** ≈ K de kilo ▸ *abr (= kilooctet(s))* K (= *kilobyte(s)*)
Kaboul, Kabul [kabul] *n* Kabul
kabyle [kabil] *adj* cabileño(-a) ▸ *nm (Ling)* lengua de Cabilia ▸ *nmf* : **Kabyle** cabileño(-a)
Kabylie [kabili] *nf* Cabilia
kafkaïen, ne [kafkajɛ̃, jɛn] *adj (fig)* kafkiano(-a)
kaki [kaki] *adj inv* caqui ▸ *nm (fruit)* caqui *m*
kaléidoscope [kaleidɔskɔp] *nm* caleidoscopio
Kampala [kɑ̃pala] *n* Kampala
Kampuchéa [kɑ̃putʃea] *nm* : **le ~ (démocratique)** la Kampuchea (democrática)
kanak, e [kanak] *adj* canaco(-a) ▸ *nm/f* : **Kanak, e** canaco(-a)
kangourou [kɑ̃guʀu] *nm* canguro
kaolin [kaɔlɛ̃] *nm* caolín *m*
kapok [kapɔk] *nm* miraguano
karaoké [kaʀaɔke] *nm* karaoke *m*
karaté [kaʀate] *nm* karate *m*
karité [kaʀite] *nm* karité *m*; **beurre de ~** manteca de karité
kart [kaʀt] *nm* kart *m*
karting [kaʀtiŋ] *nm* karting *m*
kascher [kaʃɛʀ] *adj inv de acuerdo con las normas dietéticas de la ley hebraica*
kayac, kayak [kajak] *nm* kayak *m*
Kenya [kenja] *nm* Kenia
kenyan, e [kenjɑ̃, an] *adj* keniano(-a) ▸ *nm/f* : **Kenyan, e** keniano(-a)
képi [kepi] *nm* quepis *m*
kératine [keʀatin] *nf* queratina
Kerguelen [kɛʀgelɛn] *adj, n* : **les (îles) ~** las islas Kerguelen
kermesse [kɛʀmɛs] *nf* fiesta benéfica
kérosène [keʀozɛn] *nm* queroseno
ketchup [kɛtʃœp] *nm* ketchup *m*
kg *abr (= kilogramme(s))* kg (= *kilogramo(s)*)
KGB [kaʒebe] *sigle m* KGB *m*
khâgne [kaɲ] *nf segundo curso de preparación a la oposición para entrar en la sección de letras de la École normale supérieure*
khmer, -ère [kmɛʀ] *adj* jemer ▸ *nm (Ling)* jemer *m* ▸ *nm/f* : **Khmer, -ère** jemer *mf*
khôl [kol] *nm* khol *m*
kibboutz [kibuts] *nm* kibbutz *m*
kidnapper [kidnape] *vt* secuestrar
kidnappeur, -euse [kidnapœʀ, øz] *nm/f* secuestrador(a)
kidnapping [kidnapiŋ] *nm* secuestro
kiffer [kife] *(fam) vt* : **je kiffe cette photo** me mola esta foto *(fam)* ▸ *vi* pasarlo bomba *(fam)*
kif-kif [kifkif] *(fam) adj inv* : **c'est ~** da lo mismo
Kilimandjaro [kilimɑ̃dʒaʀo] *nm* Kilimanjaro
kilo [kilo] *nm* kilo
kilogramme [kilɔgʀam] *nm* kilogramo
kilométrage [kilɔmetʀaʒ] *nm* kilometraje *m*; **faible ~** poco kilometraje, pocos kilómetros
kilomètre [kilɔmɛtʀ] *nm* kilómetro; **kilomètres (à l')heure** kilómetros por hora
kilométrique [kilɔmetʀik] *adj* kilométrico(-a); **compteur ~** cuentakilómetros *msg*
kilooctet [kiloɔktɛ] *nm* kilobyte *m*
kilowatt [kilowat] *nm* kilovatio
kilt [kilt] *nm (traditionnel)* kilt *m*; *(de femme)* falda de tartán
kimono [kimɔno] *nm* quimono
kiné [kine] *(fam) nmf (kinésithérapeute)* fisio *mf (fam)*
kinésithérapeute [kineziteʀapøt] *nmf* fisioterapeuta *mf*
kinésithérapie [kineziteʀapi] *nf* fisioterapia
kiosque [kjɔsk] *nm (de jardin)* templete *m*; *(à journaux)* kiosco, quiosco; *(de fleuriste)* puesto; *(Tél etc)* torreta
kippa [kipa] *nf* kipa
kir [kiʀ] *nm* kir *m (vino blanco con licor de casis)*
kirsch [kiʀʃ] *nm* aguardiente *m* de cerezas
kit [kit] *nm* kit; **en ~** en kit, para montar; **~ piéton** *ou* **mains libres** manos libres *fsg*
kitchenette [kitʃənɛt] *nf* cocina pequeña
kitsch [kitʃ] *adj inv, nm* kitsch *m*
kiwi [kiwi] *nm (fruit, oiseau)* kiwi *m*
klaxon [klaksɔn] *nm* bocina, claxon *m*
klaxonner [klaksɔne] *vi* tocar la bocina *ou* el claxon
kleptomane [klɛptɔman] *nmf* cleptómano(-a)
km *abr (= kilomètre(s))* km (= *kilómetro(s)*)

km/h *abr* (= *kilomètres/heure*) km/h (= *kilómetros por hora*)
knock-out [nɔkaut] *nm inv* (*Boxe*) knock-out *m*
Ko *abr* (*Inform* : = *kilooctet*) K
K.-O. [kao] *adj inv* K.O.
koala [kɔala] *nm* koala *m*
kolkhoze [kɔlkoz] *nm* koljós *msg*
kosovar [kɔsɔvaʀ] *adj* kosovar ▸ *nmf* : **Kosovar** kosovar *mf*
Kosovo [kɔsɔvo] *nm* Kosovo
Koweït [kɔwɛt] *nm* Kuwait *m*
koweïtien, ne [kɔwɛtjɛ̃, jɛn] *adj* kuwaití ▸ *nm/f* : **Koweïtien, ne** kuwaití *mf*
krach [kʀak] *nm* quiebra, crac *m*
kraft [kʀaft] *nm* papel *m* de embalaje
Kremlin [kʀɛmlɛ̃] *nm* Kremlin *m*
Kuala Lumpur [kwalalumpuʀ] *n* Kuala Lumpur
kumquat [kɔmkwat] *nm* kumquat *m*
kurde [kyʀd] *adj* kurdo(-a), curdo(-a) ▸ *nm* (*Ling*) kurdo, curdo ▸ *nmf* : **Kurde** kurdo(-a), curdo(-a)
Kurdistan [kyʀdistɑ̃] *nm* Kurdistán *m*
kW *abr* (= *kilowatt(s)*) kW (= *kilovatio(s)*)
k-way® [kawɛ] *nm inv* chubasquero
kW/h *abr* (= *kilowattheure(s)*) kW/h (= *kilovatio(s)-hora*)
kyrielle [kiʀjɛl] *nf* : **une ~ de ...** una retahíla de ...
kyste [kist] *nm* quiste *m*

k

Ll

L, l¹ [ɛl] *nm inv* L, l *f*; **L comme Louis** ≈ L de león
l² *abr* (= *litre(s)*) l (= *litro(s)*)
l' [l] *voir* **le**
la [la] *nm inv* (*Mus*) la *m inv* ▸ *art, pron voir* **le**
là [la] *adv* (*plus loin*) ahí, allí; (*ici*) aquí; (*dans le temps*) entonces; **est-ce que Catherine est là ?** ¿está Catherine?; **elle n'est pas là** no está; **c'est là que** ahí *ou* allí es donde; (*ici*) aquí es donde; **là où** allí donde; **de là** (*fig*) de ahí; **par là** (*fig*) con eso; **que veux-tu dire par là ?** ¿qué quieres decir con eso?; **tout est là** todo está ahí; (*fig*) ahí está el fondo de la cuestión
là-bas [labɑ] *adv* allí
label [labɛl] *nm* etiqueta, sello; **~ de qualité** sello de calidad
labelliser [labelize] *vt* (*certifier, approuver*) dar el sello de calidad a; **être labellisé** tener el sello de calidad; **La Bergerie, studio labellisé Gîtes de France** La Bergerie, estudio con el sello de calidad de Gîtes de France
labeur [labœʀ] *nm* labor *f*
labial, e, -aux [labjal, o] *adj* (*Anat, Ling*) labial; **baume ~** bálsamo para los labios
labo [labo] (*fam*) *nm* = **laboratoire**
laborantin, e [labɔʀɑ̃tɛ̃, in] *nm/f* técnico(-a) de laboratorio
laboratoire [labɔʀatwaʀ] *nm* laboratorio; **~ d'analyses/de langues** laboratorio de análisis/de idiomas
laborieusement [labɔʀjøzmɑ̃] *adv* con mucho trabajo
laborieux, -euse [labɔʀjø, jøz] *adj* laborioso(-a); (*vie*) sacrificado(-a); **classes laborieuses** clases *fpl* trabajadoras
labour [labuʀ] *nm* labor *f*, labranza; **cheval/bœuf de ~** caballo/buey *m* de labranza; **labours** *nmpl* (*champs*) labrantíos *mpl*
labourable [labuʀabl] *adj* laborable
labourage [labuʀaʒ] *nm* labranza
labourer [labuʀe] *vt* (*aussi fig*) labrar
laboureur [labuʀœʀ] *nm* labrador *m*
labrador [labʀadɔʀ] *nm* (*chien*) perro labrador; (*Géo*) : **le L~** el Labrador
labyrinthe [labiʀɛ̃t] *nm* laberinto
lac [lak] *nm* lago; **les Grands Lacs** los Grandes Lagos; **le ~ Léman** el lago Lemán; *voir aussi* **lacs**
lacer [lase] *vt* atar
lacération [laseʀasjɔ̃] *nf* (*de vêtement*) rasgado; (*Méd*) laceración *f*
lacérer [laseʀe] *vt* (*vêtement*) rasgar; (*Méd*) lacerar
lacet [lasɛ] *nm* (*de chaussure*) cordón *m*; (*de route*) curva cerrada; (*piège*) lazo; **chaussures à lacets** zapatos de cordones
lâche [lɑʃ] *adj* (*poltron*) cobarde; (*procédé etc*) ruin, vil; (*desserré, pas tendu*) flojo(-a); (*morale, mœurs*) relajado(-a) ▸ *nmf* cobarde *mf*
lâchement [lɑʃmɑ̃] *adv* cobardemente; (*par bassesse*) vilmente
lâcher [lɑʃe] *nm* (*de ballons, d'oiseaux*) lanzamiento ▸ *vt* (*aussi fig*) soltar; (*Sport : distancer*) despegarse de; (*fam : abandonner*) dejar colgado(-a); **~ prise** (*fig*) soltarse ▸ *vi* soltar; **se lâcher** *vpr* (*fam : se décrisper*) soltarse
lâcheté [lɑʃte] *nf* cobardía *f*; (*bassesse*) ruindad *f*, vileza
lacis [lasi] *nm* (*de ruelles*) laberinto
laconique [lakɔnik] *adj* lacónico(-a)
laconiquement [lakɔnikmɑ̃] *adv* lacónicamente
lacrymal, e, -aux [lakʀimal, o] *adj* lacrimal
lacrymogène [lakʀimɔʒɛn] *adj* lacrimógeno(-a)
lacs [lɑ] *nm* lazo
lactation [laktasjɔ̃] *nf* lactancia
lacté, e [lakte] *adj* lácteo(-a)
lactique [laktik] *adj* : **acide/ferment ~** ácido/fermento láctico
lactose [laktoz] *nm* lactosa
lactosérum [laktoseʀɔm] *nm* (*petit-lait*) lactosuero
lacune [lakyn] *nf* laguna
lacustre [lakystʀ] *adj* lacustre
lad [lad] *nm* mozo de cuadra
là-dedans [ladədɑ̃] *adv* ahí dentro; (*fig*) en eso
là-dehors [ladəɔʀ] *adv* allí afuera
là-derrière [ladɛʀjɛʀ] *adv* allí detrás; (*fig*) detrás de eso
là-dessous [ladsu] *adv* ahí debajo; (*fig*) detrás de eso

là-dessus [ladsy] *adv* ahí encima; (*fig*) luego; (*à ce sujet*) al respecto

là-devant [ladvɑ̃] *adv* allí delante

ladite [ladit] *adj voir* **ledit**

ladre [lɑdʀ] *adj* avariento(-a)

lagon [lagɔ̃] *nm* laguna (salada)

lagopède [lagɔpɛd] *nm* lagópodo; **~ des Alpes** lagópodo alpino

Lagos [lagɔs] *n* Lagos

lagune [lagyn] *nf* laguna

là-haut [lao] *adv* allí arriba

laïc [laik] *adj, nm* = **laïque**

laïcisation [laisizasjɔ̃] *nf* laicización *f*

laïciser [laisize] *vt* laicizar

laïcité [laisite] *nf* laicidad *f*

laid, e [lɛ, lɛd] (*aussi fig*) *adj* feo(-a)

laideron [lɛdʀɔ̃] *nm* adefesio

laideur [lɛdœʀ] *nf* fealdad *f*; (*fig*) vileza

laie [lɛ] *nf* jabalina

lainage [lɛnaʒ] *nm* (*vêtement*) jersey *m ou* chaqueta de lana; (*étoffe*) tejido de lana

laine [lɛn] *nf* lana; **pure ~** pura lana; **~ à tricoter** lana para tejer; **~ de verre** lana de vidrio; **~ peignée/vierge** lana cardada/virgen

laineux, -euse [lɛnø, øz] *adj* lanoso(-a); (*cheveux*) lanudo(-a)

lainier, -ière [lɛnje, jɛʀ] *adj* lanero(-a)

laïque [laik] *adj, nmf* laico(-a)

laisse [lɛs] *nf* (*de chien*) correa; **tenir en ~** tener atado(-a); (*fig*) manejar a su antojo

laissé-pour-compte, laissée-pour-compte [lesepuʀkɔ̃t] (*pl* **laissés-pour-compte, laissées-pour-compte**) *adj* (*Comm*) no vendido(-a); (*: refusé*) devuelto(-a) ▸ *nm/f* (*fig*) : **les laissés-pour-compte de la reprise économique** los que la recuperación económica ha dejado atrás

laisser [lese] *vt* dejar; **~ qch quelque part** dejar algo en algún sitio; **se ~ exploiter** dejarse explotar; **se ~ aller** abandonarse; **laisse-toi faire** déjate hacer; **rien ne laisse penser que …** nada permite pensar que …; **cela ne laisse pas de surprendre** esto no deja de sorprender; **~ qn tranquille** dejar a algn en paz

laisser-aller [leseale] *nm inv* dejadez *f*; (*péj : absence de soin*) desaliño

laisser-faire [lesefɛʀ] *nm inv* no intervencionismo

laissez-passer [lesepɑse] *nm inv* salvoconducto

lait [lɛ] *nm* leche *f*; **frère/sœur de ~** hermano/hermana de leche; **~ concentré/condensé** leche concentrada/condensada; **~ de beauté** leche de belleza; **~ de chèvre/de vache** leche de cabra/de vaca; **~ démaquillant** leche desmaquillante; **~ écrémé/entier/en poudre** leche descremada/entera/en polvo; **~ maternel** leche materna

laitage [lɛtaʒ] *nm* producto lácteo

laiterie [lɛtʀi] *nf* lechería

laiteux, -euse [lɛtø, øz] *adj* lechoso(-a)

laitier, -ière [letje, jɛʀ] *adj* (*produit, industrie*) lácteo(-a); **vache laitière** vaca lechera

laiton [lɛtɔ̃] *nm* latón *m*

laitue [lety] *nf* lechuga

laïus [lajys] (*fam, péj*) *nm* perorata

lama [lama] *nm* llama

lamantin [lamɑ̃tɛ̃] *nm* manatí *m*

lamaserie [lamazʀi] *nf* lamasería

lambda [lɑ̃bda] *nm* (*lettre grecque*) lambda ▸ *adj inv* (*fam : moyen*) medio(-a)

lambeau, x [lɑ̃bo] *nm* jirón *m*; **en lambeaux** hecho(-a) jirones

lambin, e [lɑ̃bɛ̃, in] (*péj*) *adj* holgazán(-ana)

lambiner [lɑ̃bine] (*péj*) *vi* entretenerse

lambris [lɑ̃bʀi] *nm* molduras *fpl*

lambrissé, e [lɑ̃bʀise] *adj* con molduras

lame [lam] *nf* (*de couteau*) hoja; (*de parquet*) lámina; (*vague*) ola; **~ de fond** mar *m* de fondo; **~ de rasoir** cuchilla de afeitar

lamé, e [lame] *adj* laminado(-a) ▸ *nm* lamé *m*

lamelle [lamɛl] *nf* laminilla; **couper en lamelles** cortar en láminas

lamellé-collé [lamelekɔle] (*pl* **lamellés-collés**) *nm* madera laminada encolada

lamellibranche [lamelibʀɑ̃ʃ] *nm* lamelibranquio

lamentable [lamɑ̃tabl] *adj* lamentable

lamentablement [lamɑ̃tabləmɑ̃] *adv* lamentablemente

lamentation [lamɑ̃tasjɔ̃] *nf* lamentación *f*; (*récrimination*) queja

lamenter [lamɑ̃te] : **se lamenter** *vpr* : **se ~ (sur)** quejarse (de)

lamifié, e [lamifje] *adj* laminado(-a) ▸ *nm* laminado

laminage [laminaʒ] *nm* laminación *f*

laminer [lamine] *vt* laminar; (*écraser*) aplastar

lamineur [laminœʀ] *nm* laminador *m*

laminoir [laminwaʀ] *nm* laminador *m*; **passer au ~** (*fig*) sudar tinta

lampadaire [lɑ̃padɛʀ] *nm* lámpara de pie; (*dans la rue*) farola

lampe [lɑ̃p] *nf* lámpara; (*de radio*) válvula; **~ à alcool** lámpara de alcohol; **~ à arc** arco voltaico; **~ à bronzer** lámpara (de rayos) UVA; **~ de chevet/halogène** lámpara de mesa/halógena; **~ à pétrole** lámpara de petróleo, quinqué *m*; **~ à souder** soplete *m*; **~ de poche** linterna; **~ témoin** piloto

lampée [lɑ̃pe] (*fam*) *nf* trago, lingotazo (*fam*)

lampe-tempête [lɑ̃ptɑ̃pɛt] (*pl* **lampes-tempêtes**) *nf lámpara de gas a prueba de viento*

lampion [lɑ̃pjɔ̃] *nm* farolillo

lampiste [lɑ̃pist] *nm* lampista *m*; (*fig*) burro de carga

lamproie [lɑ̃pʀwa] *nf* lamprea

lance [lɑ̃s] *nf* lanza; **~ à eau** manguera; **~ d'incendie/d'arrosage** manguera de incendios/de riego
lancée [lɑ̃se] *nf* : **être/continuer sur sa ~** aprovechar el impulso inicial
lance-flammes [lɑ̃sflam] *nm inv* lanzallamas *m inv*
lance-fusées [lɑ̃sfyze] *nm inv* lanz acohetes *m inv*
lance-grenades [lɑ̃sgʀənad] *nm inv* lanzagranadas *m inv*
lancement [lɑ̃smɑ̃] *nm* lanzamiento; (*d'un bateau*) botadura; **offre de ~** oferta de lanzamiento
lance-missiles [lɑ̃smisil] *nm inv* lanzamisiles *m inv*
lance-pierre [lɑ̃spjɛʀ] (*pl* **lance-pierres**) *nm* tirachinas *m inv*
lancer [lɑ̃se] *nm* lanzamiento; **~ du poids/du javelot/du marteau** lanzamiento de peso/de jabalina/de martillo ▸ *vt* lanzar; (*bateau*) botar; (*mandat d'arrêt*) dictar; (*emprunt*) emitir; (*moteur*) poner en marcha; **~ qch à qn** lanzar algo a algn; (*de façon agressive*) arrojar algo a algn; **~ un appel** lanzar un llamamiento; **~ qn sur un sujet** mencionar un tema a algn; **se lancer** *vpr* lanzarse; **se ~ sur** *ou* **contre** lanzarse sobre *ou* contra; **se ~ dans** lanzarse en
lance-roquettes [lɑ̃sʀɔkɛt] *nm inv* lanzacohetes *m inv*
lance-torpilles [lɑ̃stɔʀpij] *nm inv* lanzatorpedos *m inv*
lanceur, -euse [lɑ̃sœʀ, øz] *nm/f* lanzador(a) ▸ *nm* (*Espace*) lanzador *m*
lancinant, e [lɑ̃sinɑ̃, ɑ̃t] *adj* obsesivo(-a); (*douleur*) punzante
lanciner [lɑ̃sine] *vi* (*douleur*) punzar; (*fig*) obsesionar, atormentar
landais, e [lɑ̃dɛ, ɛz] *adj, nm/f* landés(-esa)
landau [lɑ̃do] *nm* coche *m ou* carro de niño
lande [lɑ̃d] *nf* landa
Landes [lɑ̃d] *nfpl* : **les ~** las Landas
langage [lɑ̃gaʒ] *nm* lenguaje *m*; **~ d'assemblage/de programmation** (*Inform*) lenguaje ensamblador/de programación; **~ évolué** (*Inform*) lenguaje evolucionado *ou* de última generación; **~ machine** (*Inform*) lenguaje máquina
lange [lɑ̃ʒ] *nm* pañal *m*; **langes** *nmpl* (*d'un bébé*) mantillas *fpl*
langer [lɑ̃ʒe] *vt* envolver en mantillas; **table à ~** cambiador *m*
langoureusement [lɑ̃guʀøzmɑ̃] *adv* lánguidamente
langoureux, -euse [lɑ̃guʀø, øz] *adj* lánguido(-a)
langouste [lɑ̃gust] *nf* langosta
langoustine [lɑ̃gustin] *nf* cigala
langue [lɑ̃g] *nf* (*Anat, Géo*) lengua; (*Ling*) lengua, idioma *m*; **tirer la ~ (à)** sacar la lengua (a); **donner sa ~ au chat** rendirse; **de ~ française** de lengua francesa; **~ de bois** *lenguaje engañoso de los políticos*; **~ de terre** franja de tierra; **~ maternelle** lengua materna; **~ verte** germanía, argot *m*; **~ vivante** lengua viva; **langues étrangères** lenguas *fpl* extranjeras

> **Langue** ne se traduit pas toujours par *lengua*. Pour désigner un système d'expression, on emploie souvent *idioma*, et pour désigner une façon de s'exprimer, *lenguaje* :
> **La langue orale et la langue écrite.** La lengua oral y la lengua escrita.
> **Il parle trois langues.** Habla tres idiomas.
> **La langue juridique.** El lenguaje jurídico.

langue-de-chat [lɑ̃gdəʃa] (*pl* **langues-de-chat**) *nf* lengua de gato
Languedoc [lɑ̃gdɔk] *nm* Languedoc *m*
languedocien, ne [lɑ̃gdɔsjɛ̃, jɛn] *adj* languedociano(-a) ▸ *nm/f* : **Languedocien, ne** languedociano(-a)
languette [lɑ̃gɛt] *nf* lengüeta
langueur [lɑ̃gœʀ] *nf* languidez *f*
languide [lɑ̃gid] *adj* lánguido(-a)
languir [lɑ̃giʀ] *vi* languidecer; **faire ~ qn** hacer esperar a algn; **se languir** *vpr* languidecer
languissant, e [lɑ̃gisɑ̃, ɑ̃t] *adj* lánguido(-a)
lanière [lanjɛʀ] *nf* (*de fouet*) tralla; (*de valise, bretelle*) correa; **en lanières** (*Culin* : *couper, découper*) en tiras
lanoline [lanɔlin] *nf* lanolina
lanterne [lɑ̃tɛʀn] *nf* linterna; (*de voiture*) luz *f* de población; **prendre des vessies pour des lanternes** confundir la velocidad con el tocino; **éclairer la ~ de qn** ilustrar a algn; **~ rouge** (*fig*) farolillo rojo; **~ vénitienne** farolillo veneciano
lanterneau, x [lɑ̃tɛʀno] *nm* lucernario
lanterner [lɑ̃tɛʀne] *vi* holgazanear; **faire ~ qn** hacer esperar a algn
Laos [laɔs] *nm* Laos *m*
laotien, ne [laɔsjɛ̃, jɛn] *adj* laosiano(-a) ▸ *nm/f* : **Laotien, ne** laosiano(-a)
lapalissade [lapalisad] *nf* perogrullada
laparotomie [lapaʀɔtɔmi] *nf* laparotomía
La Paz [lapaz] *n* La Paz
laper [lape] *vt* beber a lengüetadas
lapereau, x [lapʀo] *nm* gazapo
lapidaire [lapidɛʀ] *adj* (*style, discours*) lapidario(-a); **musée ~** museo de lápidas
lapidation [lapidasjɔ̃] *nf* (*pour tuer*) lapidación *f*; (*pour attaquer*) apedreamiento
lapider [lapide] *vt* (*tuer*) lapidar; (*attaquer*) apedrear
lapin [lapɛ̃] *nm* conejo; **coup du ~** golpe *m* en la nuca; **poser un ~ à qn** (*fam*) dar un plantón a algn (*fam*); **~ de garenne** conejo de monte

lapis [lapis], **lapis-lazuli** [lapislazyli] *nm inv* lapislázuli *m*
lapon, ne [lapɔ̃, ɔn] *adj* lapón(-ona) ▸ *nm* (*Ling*) lapón *m* ▸ *nm/f* : **Lapon, ne** lapón(-ona)
Laponie [lapɔni] *nf* Laponia
laps [laps] *nm* : **~ de temps** lapso
lapsus [lapsys] *nm* lapsus *m inv*
laquais [lakɛ] *nm* lacayo
laque [lak] *nm ou f* laca
laqué, e [lake] *adj* lacado(-a)
laquelle [lakɛl] *pron voir* **lequel**
larbin [laʀbɛ̃] (*péj*) *nm* criado(-a)
larcin [laʀsɛ̃] *nm* ratería
lard [laʀ] *nm* (*graisse*) tocino; (*bacon*) bacón *m*
larder [laʀde] *vt* mechar
lardon [laʀdɔ̃] *nm* (*Culin*) torrezno; (*fam : enfant*) chiquillo(-a)
largage [laʀgaʒ] *nm* lanzamiento
large [laʀʒ] *adj* ancho(-a); (*généreux*) espléndido(-a); **~ d'esprit** de mentalidad abierta, amplio(-a) de miras ▸ *adv* : **calculer ~** calcular por lo alto; **voir ~** ver con amplitud; **ne pas en mener ~** temblarle las rodillas a algn ▸ *nm* : **5 mètres de ~** cinco metros de ancho; **le ~** alta mar; **au ~ de** a la altura de

> ⚠ No debe traducirse por *largo*, que en francés corresponde a **long**.

largement [laʀʒəmɑ̃] *adv* ampliamente; (*au minimum*) al menos; (*de loin*) indudablemente; (*sans compter*) generosamente; **il a ~ le temps** tiene tiempo de sobra; **il a ~ de quoi vivre** tiene más que suficiente para vivir
largesse [laʀʒɛs] *nf* esplendidez *f*, largueza; **largesses** *nfpl* (*dons*) regalos *mpl* espléndidos
largeur [laʀʒœʀ] *nf* anchura; (*impression visuelle, fig*) amplitud *f*; **~ d'esprit** amplitud de miras
larguer [laʀge] *vt* lanzar; (*fam*) dejar; **~ les amarres** (*Naut, fig*) soltar amarras; **elle s'est fait ~ par son copain** su novio la ha dejado
larigot [laʀigo] (*fam*) *nm* : **à tire-~** *adv* hasta reventar
larme [laʀm] *nf* lágrima; **une ~ de** (*fig*) una gota de; **en larmes** llorando; **pleurer à chaudes larmes** llorar a lágrima viva
larmoyant, e [laʀmwajɑ̃, ɑ̃t] *adj* lloroso(-a)
larmoyer [laʀmwaje] *vi* (*yeux*) lagrimear; (*se plaindre*) lloriquear
larron [laʀɔ̃] *nm* ladrón *m*
larvaire [laʀvɛʀ] *adj* (*Biol*) larvario(-a); **à l'état ~** en estado larvario
larve [laʀv] *nf* (*aussi fig*) larva
larvé, e [laʀve] *adj* larvado(-a)
laryngite [laʀɛ̃ʒit] *nf* laringitis *f inv*
laryngologiste [laʀɛ̃gɔlɔʒist] *nmf* laringólogo(-a)
larynx [laʀɛ̃ks] *nm* laringe *f*
las, lasse [lɑ, lɑs] *adj* fatigado(-a); **~ de qch/qn/de faire qch** cansado(-a) *ou* harto(-a) de algo/algn/de hacer algo
lasagne [lazaɲ] *nf* lasaña
lascar [laskaʀ] (*fam*) *nm* bribón *m*; (*malin*) pícaro
lascif, -ive [lasif, iv] *adj* lascivo(-a)
lascivement [lasivmɑ̃] *adv* lascivamente
lascivité [lasivite] *nf* lascivia
laser [lazɛʀ] *nm* : **(rayon) ~** (rayo) láser *m*; **chaîne** *ou* **platine ~** cadena *ou* pletina láser; **disque ~** disco láser
lassant, e [lɑsɑ̃, ɑ̃t] *adj* monótono(-a)
lasse [lɑs] *adj f voir* **las**
lasser [lɑse] *vt* (*ennuyer*) cansar; (*décourager*) agotar; **se lasser de** *vpr* cansarse de
lassitude [lɑsityd] *nf* cansancio
lasso [laso] *nm* lazo; **prendre au ~** coger a lazo
latent, e [latɑ̃, ɑ̃t] *adj* latente
latéral, e, -aux [lateʀal, o] *adj* lateral
latéralement [lateʀalmɑ̃] *adv* lateralmente; (*arriver, souffler*) de lado
latérite [lateʀit] *nf* laterita
latex [latɛks] *nm inv* látex *m inv*
latin, e [latɛ̃, in] *adj* latino(-a) ▸ *nm* (*Ling*) latín *m*; **j'y perds mon ~** no me aclaro ▸ *nm/f* : **Latin, e** latino(-a)
latiniste [latinist] *nmf* latinista *mf*; (*étudiant*) estudiante *mf* de latín
latino-américain, e [latinoameʀikɛ̃, ɛn] (*pl* **latino-américains, -es**) *adj* latinoamericano(-a)
latitude [latityd] *nf* latitud *f*; **avoir la ~ de faire** (*fig*) tener la libertad de hacer; **avoir toute ~ pour (faire qch)** tener toda la libertad para (hacer algo); **à 48 degrés de ~ nord** a 48 grados latitud norte; **sous toutes les latitudes** (*fig*) en todas las latitudes
latrines [latʀin] *nfpl* letrinas *fpl*
latte [lat] *nf* listón *m*
lattis [lati] *nm* enrejado de listones
laudanum [lodanɔm] *nm* láudano
laudatif, -ive [lodatif, iv] *adj* laudatorio(-a)
lauréat, e [lɔʀea, at] *nm/f* galardonado(-a)
laurier [lɔʀje] *nm* laurel *m*; **lauriers** *nmpl* (*fig*) laureles *mpl*; **s'endormir sur ses lauriers** dormirse en los laureles
laurier-rose [lɔʀjeʀoz] (*pl* **lauriers-roses**) *nm* adelfa
laurier-tin [lɔʀjetɛ̃] (*pl* **lauriers-tins**) *nm* viburno
lavable [lavabl] *adj* lavable
lavabo [lavabo] *nm* lavabo; **lavabos** *nmpl* (*toilettes*) servicios *mpl*
lavage [lavaʒ] *nm* lavado; **~ d'estomac/d'intestin** lavado de estómago/de intestino; **~ de cerveau** lavado de cerebro
lavallière [lavaljɛʀ] *nf* chalina
lavande [lavɑ̃d] *nf* lavanda

lavandière [lavɑ̃djɛʀ] *nf* lavandera
lave [lav] *nf* lava
lave-glace [lavglas] (*pl* **lave-glaces**) *nm* lavaparabrisas *m inv*
lave-linge [lavlɛ̃ʒ] (*pl* **~(s)**) *nm* lavadora
lavement [lavmɑ̃] *nm* (*Méd*) lavativa
laver [lave] *vt* lavar; (*baigner*) bañar; (*accusation, affront*) limpiar; **~ la vaisselle** fregar los platos; **~ le linge** lavar la ropa; **~ qn d'une accusation** alejar una acusación que recae sobre algn; **~ qn de tous soupçons** limpiar a algn de toda sospecha; **se laver** *vpr* lavarse; **se ~ les dents/les mains** lavarse los dientes/las manos; **se ~ les mains de qch** (*fig*) lavarse las manos de algo
laverie [lavʀi] *nf* : **~ (automatique)** lavandería
lavette [lavɛt] *nf* estropajo; (*brosse*) cepillo; (*fig, péj*) calzonazos *m inv*
laveur, -euse [lavœʀ, øz] *nm/f* (*de carreaux*) lavacristales *m inv*; (*de voitures*) lavacoches *mf inv*
lave-vaisselle [lavvɛsɛl] (*pl* **~(s)**) *nm* lavaplatos *m inv*
lavis [lavi] *nm* aguada
lavoir [lavwaʀ] *nm* lavadero; (*bac*) tina
laxatif, -ive [laksatif, iv] *adj, nm* laxante *m*
laxisme [laksism] *nm* laxismo
laxiste [laksist] *adj* laxo(-a), flojo(-a)
layette [lɛjɛt] *nf* canastilla
layon [lɛjɔ̃] *nm* sendero
lazaret [lazaʀɛ] *nm* lazareto
lazzi [la(d)zi] *nm* burlas *fpl*

MOT-CLÉ

le, la [lə, la] (*devant nm commençant par voyelle ou h aspiré* **l'**, *pl* **les**) *art déf* **1** (*masculin*) el; (*féminin*) la; (*pluriel*) los (las); **la pomme/l'arbre** la manzana/el árbol; **les étudiants/femmes** los estudiantes/las mujeres
2 (*indiquant la possession*) : **avoir les yeux gris/le nez rouge** tener los ojos grises/la nariz roja
3 (*temps*) : **travailler le matin/le soir** trabajar por la mañana/la tarde; **le jeudi** (*d'habitude*) los jueves; (*ce jeudi-là*) el jueves; **le lundi je vais toujours au cinéma** los lunes voy siempre al cine
4 (*distribution, évaluation*) el (la); **10 euros le mètre/la douzaine** 10 euros el metro/la docena; **le tiers/quart de** el tercio/cuarto de
▸ *pron* **1** (*masculin*) lo; (*féminin*) la; (*pluriel*) los (las); **je le/la/les vois** lo/la/los/las veo
2 (*remplaçant une phrase*) : **je ne le savais pas** no lo sabía; **il était riche et ne l'est plus** era rico y ya no lo es

lé [le] *nm* ancho
leader [lidœʀ] *nm* líder *mf*
leadership [lidœʀʃip] *nm* liderazgo
leasing [liziŋ] *nm* leasing *m*; **acheter en ~** comprar con leasing
lèche [lɛʃ] *nf* (*fam*) : **faire de la ~ à qn** hacer la pelota a algn (*fam*)
lèche-botte [lɛʃbɔt] (*pl* **lèche-bottes**) *nm* pelota *mf* (*fam*), pelotillero(-a) (*fam*)
lèchefrite [lɛʃfʀit] *nf* grasera
lécher [leʃe] *vt* lamer; (*finir, polir*) pulir; **~ les bottes de qn** (*fam*) hacer la pelota a algn (*fam*); **~ les vitrines** mirar los escaparates; **se lécher** *vpr* : **se ~ qch** chuparse algo; **se ~ les babines** relamerse de gusto
lèche-vitrine [lɛʃvitʀin] (*pl* **lèche-vitrines**) *nm* : **faire du lèche-vitrines** mirar escaparates
lécithine [lesitin] *nf* lecitina; **~ de soja** lecitina de soja
leçon [ləsɔ̃] *nf* clase *f*; (*fig*) lección *f*; **une ~ de courage/d'humilité** una lección de coraje *ou* valentía/de humildad; **donner une (bonne) ~ à qn** dar una (buena) lección a algn; **faire la ~** dar la lección; **faire la ~ à** (*fig*) leer la cartilla a; **~ de choses** clase práctica; **leçons de conduite** clases de conducir; **leçons particulières** clases particulares
lecteur, -trice [lɛktœʀ, tʀis] *nm/f* lector(a) ▸ *nm* (*appareil*) reproductor *m*, lector *m*; **~ de CD/de DVD** reproductor de CD/de DVD; **~ MP3** reproductor de MP3
lectorat [lɛktɔʀa] *nm* lectorado
lecture [lɛktyʀ] *nf* lectura; **en première/seconde ~** (*d'une loi*) en primera/segunda lectura
LED [lɛd] *sigle f* (= *light emitting diode*) LED *m*
ledit, ladite [lədi, ladit] (*pl* **lesdits, lesdites**) *adj* susodicho(-a)
légal, e, -aux [legal, o] *adj* legal
légalement [legalmɑ̃] *adv* legalmente
légalisation [legalizasjɔ̃] *nf* legalización *f*
légaliser [legalize] *vt* legalizar
légaliste [legalist] *adj* (*personne, approche*) legalista
légalité [legalite] *nf* legalidad *f*; **être dans/sortir de la ~** estar dentro de/salirse de la ley
légat [lega] *nm* (*Rel*) legado
légataire [legatɛʀ] *nmf* : **~ universel** legatario(-a) universal
légation [legasjɔ̃] *nf* legación *f*
légendaire [leʒɑ̃dɛʀ] *adj* legendario(-a); (*fig*) ilustre
légende [leʒɑ̃d] *nf* leyenda; (*d'une photo*) pie *m*
légender [leʒɑ̃de] *vt* poner el pie a
léger, -ère [leʒe, ɛʀ] *adj* ligero(-a); (*erreur, retard*) leve; (*peu sérieux, personne*) superficial; (*volage*) frívolo(-a); **blessé ~** herido leve; **à la légère** a la ligera; **de mœurs légères** ligero(-a) de cascos
légèrement [leʒɛʀmɑ̃] *adv* ligeramente, suavemente; (*parler, agir*) superficialmente; **~ plus grand** ligeramente mayor; **~ en retard** con un ligero *ou* pequeño retraso
légèreté [leʒɛʀte] *nf* ligereza; (*d'une personne*) superficialidad *f*

légiférer [leʒifeʀe] *vi* legislar
légion [leʒjɔ̃] *nf* (*Mil*) legión *f*; **être ~** ser legión; **L~ d'honneur** legión de honor; *ver nota*; **L~ étrangère** legión extranjera

LÉGION D'HONNEUR

Creada por Napoleón en 1802 para premiar los servicios prestados a la nación, la **Légion d'honneur** es una prestigiosa orden encabezada por el Presidente de la República, el *Grand Maître*. Sus miembros reciben una paga anual libre de impuestos.

légionellose [leʒjɔneloz] *nf* legionela, legionelosis *f inv*
légionnaire [leʒjɔnɛʀ] *nm* legionario
législateur [leʒislatœʀ] *nm* legislador *m*
législatif, -ive [leʒislatif, iv] *adj* legislativo(-a); **législatives** *nfpl* elecciones *fpl* legislativas
législation [leʒislasjɔ̃] *nf* legislación *f*
législature [leʒislatyʀ] *nf* legislatura
légiste [leʒist] *adj* : **médecin ~** médico forense
légitimation [leʒitimasjɔ̃] *nf* (*Jur*) legitimación *f*
légitime [leʒitim] *adj* legítimo(-a); **en (état de) ~ défense** (*Jur*) en (estado de) legítima defensa
légitimement [leʒitimmɑ̃] *adv* legítimamente
légitimer [leʒitime] *vt* (*enfant*) legitimar; (*justifier*) justificar
légitimité [leʒitimite] *nf* legitimidad *f*
legs [lɛg] *nm* (*Jur, fig*) legado
léguer [lege] *vt* (*aussi fig*) legar
légume [legym] *nm* verdura; (*fam, fig : personne*) vegetal *m*; **légumes secs** legumbres *fpl*; **légumes verts** verduras

⚠ Escrito tal cual, no debe traducirse por *legumbre*, que en francés corresponde a **légume sec**.

légumier [legymje] *nm* (*plat*) fuente *f* para verduras
légumineuses [legyminøz] *nfpl* leguminosas *fpl*
leitmotiv [lejtmɔtiv] *nm* leitmotiv *m*
Léman [lemɑ̃] *nm voir* **lac**
lémurien [lemyʀjɛ̃] *nm* lémur *m*
lendemain [lɑ̃dmɛ̃] *nm* : **le ~** el día siguiente; **le ~ matin/soir** el día siguiente por la mañana/por la noche; **le ~ de** el día después de; **au ~ de** inmediatamente después de; **penser au ~** pensar en el mañana; **sans ~** sin futuro, sin porvenir; **de beaux lendemains** días *mpl* felices; **des lendemains qui chantent** un futuro feliz
lénifiant, e [lenifjɑ̃, jɑ̃t] *adj* (*propos*) consolador(a); (*climat*) suave
léninisme [leninism] *nm* leninismo
léniniste [leninist] *adj, nmf* leninista *mf*
lent, e [lɑ̃, lɑ̃t] *adj* lento(-a)
lente [lɑ̃t] *nf* liendre *f*
lentement [lɑ̃tmɑ̃] *adv* lentamente
lenteur [lɑ̃tœʀ] *nf* lentitud *f*; **lenteurs** *nfpl* (*actions, décisions lentes*) lentitud *fsg*
lentille [lɑ̃tij] *nf* (*Optique*) lente *f*; (*Bot, Culin*) lenteja; **~ d'eau** (*Bot*) lenteja de agua; **lentilles de contact** lentillas *fpl*
léonin, e [leɔnɛ̃, in] *adj* (*fig*) leonino(-a)
léopard [leɔpaʀ] *nm* leopardo; **tenue ~** (*Mil*) ropa de camuflaje
LEP [lɛp] *sigle m* (= *lycée d'enseignement professionnel*) *en Francia, nombre que recibían hasta 1985 los centros de formación profesional*
lépidoptère [lepidɔptɛʀ] *nm* lepidóptero
lèpre [lɛpʀ] *nf* lepra
lépreux, -euse [lepʀø, øz] *nm/f* leproso(-a) ▸ *adj* (*fig*) desconchado(-a)
léproserie [lepʀozʀi] *nf* leprosería
lequel, laquelle [ləkɛl, lakɛl] (*mpl* **lesquels**, *fpl* **lesquelles**) (*à + lequel =* **auquel**, *de + lequel =* **duquel** *etc*) *pron* (*interrogatif*) cuál; (*relatif*) el/la cual, que; (*: après préposition*) el/la cual, el que/la que; **laquelle des chambres est la sienne ?** ¿cuál de las habitaciones es la suya?; **le bateau sur ~ nous étions** el barco en el que estábamos; **le monsieur auquel j'ai parlé** el señor al que hablé; **l'entreprise avec laquelle il doit travailler** la empresa con la que tiene que trabajar; **un homme sur la compétence duquel on ne peut compter** un hombre con cuya competencia no se puede contar ▸ *adj* : **auquel cas** en cuyo caso; **il prit un livre, ~ livre ...** cogió un libro, el cual ...
les [le] *art, pron voir* **le**
lesbienne [lɛsbjɛn] *nf* lesbiana
lesdits, lesdites [ledi, ledit] *adj voir* **ledit**
lèse-majesté [lɛzmaʒɛste] (*pl* **~(s)**) *n* : **crime de ~** crimen *m* de lesa majestad
léser [leze] *vt* perjudicar; (*Méd*) lesionar
lésiner [lezine] *vi* : **~ (sur)** escatimar (en)
lésion [lezjɔ̃] *nf* lesión *f*; **lésions cérébrales** lesiones *fpl* cerebrales
Lesotho [lezɔto] *nm* Lesoto
lesquels, lesquelles [lekɛl] *pron voir* **lequel**
lessivable [lesivabl] *adj* lavable
lessivage [lesivaʒ] *nm* colada, lavado
lessive [lesiv] *nf* detergente *m*; (*linge*) colada; (*opération*) lavado; **faire la ~** hacer la colada
lessivé, e [lesive] (*fam*) *adj* hecho(-a) polvo (*fam*)
lessiver [lesive] *vt* lavar
lessiveuse [lesivøz] *nf especie de caldera donde se lava la ropa*
lessiviel, le [lesivjɛl] *adj* de limpieza
lest [lɛst] *nm* lastre *m*; **jeter** *ou* **lâcher du ~** (*fig*) soltar lastre

leste [lɛst] *adj* (*personne*) ágil, ligero(-a); (*propos*) atrevido(-a)
lestement [lɛstəmɑ̃] *adv* ágilmente
lester [leste] *vt* lastrar
letchi [lɛtʃi] *nm* = **litchi**
léthargie [letaʀʒi] *nf* letargo; **sortir de sa ~** salir de su letargo
léthargique [letaʀʒik] *adj* (*Méd*) letárgico(-a); (*gén*) amodorrado(-a)
letton, ne [letɔ̃, ɔn] *adj* letón(-ona) ▸ *nm* (*Ling*) letón *m* ▸ *nm/f* : **Letton, ne** letón(-ona)
Lettonie [lɛtɔni] *nf* Letonia
lettre [lɛtʀ] *nf* (*écrit*) carta; (*symbole*) letra; **à la ~** (*fig*) al pie de la letra; **par ~** por carta; **en lettres majuscules** *ou* **capitales** en letras mayúsculas; **écrit en toutes lettres** escrito con todas las letras; **~ anonyme/piégée** carta anónima/bomba; **~ de change/de crédit** letra de cambio/de crédito; **~ morte** : **rester ~ morte** quedarse en papel mojado; **~ ouverte** (*Pol, de journal*) carta abierta; **lettres de noblesse** cartas *fpl* de nobleza; **lettres** *nfpl* (*Art, Scol*) letras *fpl*
lettré, e [letʀe] *adj* (*personne*) letrado(-a)
lettre-transfert [lɛtʀətʀɑ̃sfɛʀ] (*pl* **lettres-transferts**) *nf* calcomanías *fpl* de letras
lettrine [letʀin] *nf* (letra) capitular *f*
leu [lø] *nm voir* **queue**
leucémie [løsemi] *nf* leucemia
leucémique [løsemik] *adj* leucémico(-a)
leucocyte [løkɔsit] *nm* leucocito
leur [lœʀ] *adj poss* su; **~ maison** su casa; **leurs amis** sus amigos; **à ~ avis** en su opinión; **à ~ approche** al acercarse ellos; **à ~ vue** al verles ▸ *pron* (*objet indirect*) les; (: *après un autre pronom à la troisième personne*) se; **je le ~ ai donné** se lo di; **je ~ ai dit la vérité** les dije la verdad ▸ *pron poss* : **le/la ~** el/la suyo(-a); **les leurs** los/las suyos(-as)
leurre [lœʀ] *nm* (*Pêche*) cebo; (*fig*) engaño, señuelo
leurrer [lœʀe] *vt* dar ilusiones; **se leurrer** *vpr* engañarse
leurs [lœʀ] *adj poss* sus; *voir* **leur**
levage [ləvaʒ] *nm* (*de charge*) elevación *f*; **appareil de ~** aparato elevador
levain [ləvɛ̃] *nm* masa madre; **pain au ~** pan de masa madre; **sans ~** sin levadura
levant, e [ləvɑ̃, ɑ̃t] *adj* : **soleil ~** sol *m* naciente; **au soleil ~** al sol naciente ▸ *nm* : **le ~** el levante
levé, e [ləve] *adj* : **être ~** estar levantado(-a); **à mains levées** (*vote*) a mano alzada; **au pied ~** de forma improvisada ▸ *nm* : **~ de terrain** levantamiento de terreno
levée [ləve] *nf* (*Postes*) recogida; (*Cartes*) baza; **~ d'écrou** liberación *f*; **~ de boucliers** (*fig*) levantamiento de protestas; **~ de terre** terraplén *m*; **~ de troupes** reclutamiento; **~ du corps** levantamiento del cadáver; **~ en masse** (*Mil*) reclutamiento en masa
lever [l(ə)ve] *nm* : **au ~** al levantarse; **~ du rideau** subida del telón; **~ de rideau** (*pièce*) pieza preliminar; **~ de soleil/du jour** amanecer *m* ▸ *vt* levantar; (*vitre*) subir; (*difficulté*) superar; (*impôts*) recaudar; (*armée*) reclutar; (*Chasse*) ahuyentar; (*fam : fille*) enrollarse con (*fam*) ▸ *vi* (*Culin*) levantarse; (*semis, graine*) brotar; **se lever** *vpr* levantarse; (*soleil*) salir
lève-tard [lɛvtaʀ] *nmf inv* remolón(-ona)
lève-tôt [lɛvto] *nmf inv* madrugador(a)
levier [ləvje] *nm* palanca; (*fig*) incentivo; **faire ~ sur** hacer palanca en; **~ de changement de vitesse/de commande** palanca de cambios/de mando
lévitation [levitasjɔ̃] *nf* levitación *f*
léviter [levite] *vi* levitar
levraut [ləvʀo] *nm* lebrato
lèvre [lɛvʀ] *nf* labio; (*d'une plaie*) labio, borde *m*; **du bout des lèvres** (*manger*) con desgana; (*rire, parler, répondre*) con la boca pequeña; **petites/grandes lèvres** (*Anat*) labios menores/mayores
lévrier [levʀije] *nm* galgo
levure [l(ə)vyʀ] *nf* : **~ de boulanger/chimique** levadura de pan/química; **~ de bière** levadura de cerveza
lexical, e, -aux [lɛksikal, o] *adj* léxico(-a)
lexicographe [lɛksikɔgʀaf] *nmf* lexicógrafo(-a)
lexicographie [lɛksikɔgʀafi] *nf* lexicografía
lexicologie [lɛksikɔlɔʒi] *nf* lexicología
lexicologue [lɛksikɔlɔg] *nmf* lexicólogo(-a)
lexique [lɛksik] *nm* léxico
lézard [lezaʀ] *nm* lagarto
lézarde [lezaʀd] *nf* grieta
lézardé, e [lezaʀde] *adj* agrietado(-a)
lézarder [lezaʀde] : **se lézarder** *vpr* (*mur*) agrietarse; (*personne*) ponerse al sol como los lagartos
liaison [ljɛzɔ̃] *nf* (*rapport*) relación *f*; (*Rail, Aviat, Phonétique*) enlace *m*; (*relation amoureuse*) relaciones *fpl*; (*Culin*) trabazón *f*; **entrer/être en ~ avec** entrar/estar en comunicación con; **avoir une ~ avec qn** tener una relación con algn; **~ (de transmission de données)** (*Inform*) enlace (de transmisión de datos); **~ radio/téléphonique** contacto radiofónico/telefónico
liane [ljan] *nf* liana
liant, e [ljɑ̃, ljɑ̃t] *adj* sociable
liasse [ljas] *nf* fajo
Liban [libɑ̃] *nm* Líbano
libanais, e [libanɛ, ɛz] *adj* libanés(-esa) ▸ *nm/f* : **Libanais, e** libanés(-esa)
libations [libasjɔ̃] *nfpl* (*fig*) libaciones *fpl*
libelle [libɛl] *nm* libelo
libellé [libele] *nm* redacción *f*
libeller [libele] *vt* (*lettre, rapport*) redactar; (*chèque*) : **~ (au nom de)** extender (a la orden de)

libellule [libelyl] *nf* libélula
libéral, e, -aux [liberal, o] *adj, nm/f* liberal *mf*; **les professions libérales** las profesiones liberales
libéralement [liberalmɑ̃] *adv* liberalmente
libéralisation [liberalizasjɔ̃] *nf* liberalización *f*; **~ du commerce** liberalización del comercio
libéraliser [liberalize] *vt* liberalizar
libéralisme [liberalism] *nm* liberalismo
libéralité [liberalite] *nf* liberalidad *f*; (*cadeau*) dádiva
libérateur, -trice [liberatœr, tris] *adj, nm/f* libertador(a)
libération [liberasjɔ̃] *nf* (*voir vt*) liberación *f*; puesta en libertad; licencia; **la L~** (1945) la liberación (*de Francia al final de la segunda guerra mundial*); **~ conditionnelle** puesta en libertad condicional
libéré, e [libere] *adj* liberado(-a); (*de prison*) puesto(-a) en libertad; **~ de** (*libre de*) liberado(-a) de; **être ~ sous caution/sur parole** ser puesto(-a) en libertad bajo fianza/bajo palabra
libérer [libere] *vt* liberar; (*de prison*) poner en libertad; (*soldat*) licenciar; (*cran d'arrêt, levier*) soltar; (*Écon*) liberalizar; **~ qn de** liberar a algn de; **se libérer** *vpr* (*pour un rendez-vous*) escaparse
Libéria [liberja] *nm* Liberia
libérien, ne [liberjɛ̃, jɛn] *adj* liberiano(-a) ▶ *nm/f*: **Libérien, ne** liberiano(-a)
libéro [libero] *nm* (*Football*) líbero
libertaire [libertɛr] *adj* libertario(-a)
liberté [libɛrte] *nf* libertad *f*; (*loisir*) tiempo libre; **mettre/être en ~** poner/estar en libertad; **en ~ provisoire/surveillée/conditionnelle** en libertad provisional/vigilada/condicional; **jours/heures de ~** días *mpl*/horas *fpl* libres; **~ d'action** libertad de acción; **~ d'association/de la presse/syndicale** libertad de asociación/de prensa/sindical; **~ d'esprit/de conscience** libertad de juicio/de conciencia; **~ d'opinion/de culte/de réunion** libertad de opinión/de culto/de reunión; **libertés** *nfpl* (*privautés*) libertades *fpl*; **libertés individuelles** libertades individuales; **libertés publiques** libertades públicas
liberticide [libɛrtisid] *adj* liberticida
libertin, e [libɛrtɛ̃, in] *adj* libertino(-a)
libertinage [libɛrtinaʒ] *nm* libertinaje *m*
libidineux, -euse [libidinø, øz] *adj* libidinoso(-a)
libido [libido] *nf* líbido *f*
libraire [librɛr] *nmf* librero(-a)
libraire-éditeur [librɛreditœr] (*pl* **libraires-éditeurs**) *nm* librero editor
librairie [librɛri] *nf* librería
librairie-papeterie [librɛripapɛtri] (*pl* **librairies-papeteries**) *nf* librería papelería
libre [libr] *adj* libre; (*propos, manières*) atrevido(-a); (*ligne téléphonique*) desocupado(-a); (*Scol*) privado(-a); **de ~** (*place*) libre; **~ de qch/de faire** libre de algo/de hacer; **avoir le champ ~** tener el campo libre; **en vente ~** de venta libre; **~ arbitre** libre albedrío; **~ concurrence/entreprise** libre competencia/empresa
libre-échange [librɛʃɑ̃ʒ] (*pl* **libres-échanges**) *nm* librecambio
librement [librəmɑ̃] *adv* libremente, con libertad; **il se conduit un peu ~** se toma demasiadas confianzas
libre-penseur, -euse [librəpɑ̃sœr, øz] (*pl* **libres-penseurs, -euses**) *nm/f* librepensador(a)
libre-service [librəsɛrvis] (*pl* **libres-services**) *nm* autoservicio
librettiste [libretist] *nm* libretista *mf*
Libye [libi] *nf* Libia
libyen, ne [libjɛ̃, ɛn] *adj* libio(-a) ▶ *nm/f*: **Libyen, ne** libio(-a)
lice [lis] *nf*: **entrer en ~** entrar en liza
licence [lisɑ̃s] *nf* licencia; (*des mœurs*) libertinaje *m*; (*diplôme*) *título universitario que se obtiene tras tres años de estudios*

LICENCE

La **licence générale** es el primer ciclo de tres años universitarios. El segundo y tercer curso están más especializados que el primero y a lo largo de la carrera existe, como mínimo, un periodo de prácticas. La **licence professionnelle** consiste en un año de formación de ámbito profesional. Va dirigida a estudiantes que ya tienen un título universitario técnico o que han cursado los dos primeros años de una **licence générale**. Para poder acceder a esta formación se realiza un proceso selectivo y las plazas suelen tener mucha demanda.

licencié, e [lisɑ̃sje] *nm/f* (*Sport*) poseedor(a) de licencia; **~ ès lettres/en droit** (*diplômé*) ≈ licenciado(-a) en letras/en derecho; **être ~** (*perdre son emploi*) ser despedido(-a)
licenciement [lisɑ̃simɑ̃] *nm* despido; **~ économique** despido objetivo por causas económicas
licencier [lisɑ̃sje] *vt* despedir
licencieux, -euse [lisɑ̃sjø, jøz] *adj* licencioso(-a)
lichen [likɛn] *nm* liquen *m*
licite [lisit] *adj* lícito(-a)
licorne [likɔrn] *nf* unicornio
licou [liku] *nm* cabestro
lie [li] *nf* heces *fpl*
lié, e [lje] *adj*: **être très ~ avec qn** tener mucha confianza con algn; **être ~ par** (*serment, promesse*) estar comprometido(-a) por;

avoir partie liée (avec qn) actuar de común acuerdo (con algn)
Liechtenstein [liʃtɛnʃtajn] *nm* Liechtenstein *m*
lie-de-vin [lidvɛ̃] *adj inv* de color vino
liège [ljɛʒ] *nm* corcho
liégeois, e [ljeʒwa, waz] *adj* de Lieja; **café/chocolat ~** helado de café/chocolate con nata ▸ *nm/f* : **Liégeois, e** nativo(-a) *ou* habitante *mf* de Lieja
lien [ljɛ̃] *nm* atadura; (*analogie*) vinculación *f*; (*rapport affectif, culturel*) vínculo; **établir un ~ entre (une chose et une autre)** establecer un vínculo (entre una cosa y otra), relacionar (una cosa con otra); **le ~ social** la cohesión social; **liens de famille** lazos *mpl* familiares; **~ de parenté** lazo de parentesco
lier [lje] *vt* (*attacher*) atar; (*joindre*) unir, ligar; (*fig*) unir; (*moralement*) vincular; (*sauce*) ligar; **~ qch à** (*attacher*) atar algo a; (*associer*) relacionar algo con; **~ amitié (avec)** trabar amistad (con); **~ connaissance (avec)** entablar relación (con), trabar conocimiento (con); **~ conversation (avec)** entablar conversación (con); **se lier** *vpr* : **se ~ (avec qn)** relacionarse (con algn)
lierre [ljɛʀ] *nm* hiedra
liesse [ljɛs] *nf* : **être en ~** estar alborozado(-a)
lieu, x [ljø] *nm* (*position*) lugar *m*, sitio; (*endroit*) lugar; **en ~ sûr** en lugar seguro; **en haut ~** en altas esferas; **en premier/dernier ~** en primer/último lugar; **avoir ~** tener lugar, suceder; **avoir ~ de** (*se demander, s'inquiéter*) tener razones *ou* motivos para; **il n'y a pas ~ de s'inquiéter** no hay por qué preocuparse; **tenir ~ de** hacer las veces de, fungir de (Am); **donner ~ à** dar lugar a; **au ~ de** en lugar de, en vez de; **au ~ qu'il y aille** en vez de ir él; **~ commun** lugar común; **~ de départ** punto de partida; **~ de naissance/rendez-vous/travail** lugar de nacimiento/encuentro/trabajo; **~ géométrique** punto geométrico; **~ public** lugar público; **lieux** *nmpl* lugar; **arriver/être sur les lieux** (*d'un accident, d'une manifestation*) llegar al/estar en el lugar; **vider** *ou* **quitter les lieux** (*habitation, salle*) desalojar el lugar
lieu-dit [ljødi] (*pl* **lieux-dits**) *nm* aldea
lieue [ljø] *nf* legua
lieutenant, e [ljøt(ə)nɑ̃, ɑ̃t] *nm/f* teniente *mf*; **~ de vaisseau** teniente de navío
lieutenant-colonel [ljøtnɑ̃kɔlɔnɛl] (*pl* **lieutenants-colonels**) *nm* teniente coronel *m*
lièvre [ljɛvʀ] *nm* liebre *f*; **lever un ~** (*fig*) levantar la liebre
liftier, -ière [liftje, jɛʀ] *nm/f* ascensorista *mf*
lifting [liftiŋ] *nm* lifting *m*
ligament [ligamɑ̃] *nm* ligamento
ligature [ligatyʀ] *nf* (*Méd*) ligadura; **~ des trompes** ligadura de trompas
ligaturer [ligatyʀe] *vt* (*Méd*) ligar
ligne [liɲ] *nf* línea; **en ~** (*Inform*) en línea; **en ~ droite** en línea recta; **« à la ~ »** « aparte »; **entrer en ~ de compte** entrar en cuenta; **garder la ~** guardar la línea; **~ de départ/d'arrivée** línea de salida/de llegada; **~ d'horizon** línea del horizonte; **~ de but/de touche** línea de meta/de banda; **~ de conduite** línea de conducta; **~ de flottaison/de mire** línea de flotación/de mira; **~ directrice** línea directriz; **~ fixe** (*Tél*) línea fija; **~ médiane** línea media; **~ ouverte** : **émission à ~ ouverte** emisión *f* en línea abierta
ligné, e [liɲe] *adj* : **papier ~** papel *m* rayado
lignée [liɲe] *nf* (*race, famille*) linaje *m*; (*postérité*) descendencia
ligneux, -euse [liɲø, øz] *adj* leñoso(-a)
lignite [liɲit] *nm* lignito
ligoter [ligɔte] *vt* (*bras, personne*) amarrar; (*fig*) atar
ligue [lig] *nf* (*association*) liga, asociación *f*; (*Sport*) liga; **~ arabe** (*Pol*) liga árabe
liguer [lige] : **se liguer** *vpr* aliarse; **se ~ contre** aliarse contra
lilas [lilɑ] *nm* lila
lillois, e [lilwa, waz] *adj* de Lille ▸ *nm/f* : **Lillois, e** nativo(-a) *ou* habitante *mf* de Lille
Lima [lima] *n* Lima
limace [limas] *nf* babosa
limaille [limɑj] *nf* : **~ de fer** limaduras *fpl* de hierro
limande [limɑ̃d] *nf* limanda
limande-sole [limɑ̃dsol] (*pl* **limandes-soles**) *nf* falsa limanda
limbes [lɛ̃b] *nmpl* : **être dans les ~** (*fig*) estar en el limbo
lime [lim] *nf* lima; **~ à ongles** lima de uñas
limer [lime] *vt* limar
limier [limje] *nm* sabueso
liminaire [liminɛʀ] *adj* preliminar
limitatif, -ive [limitatif, iv] *adj* limitativo(-a)
limitation [limitasjɔ̃] *nf* limitación *f*; **sans ~ de temps** sin límite de tiempo; **~ de vitesse** limitación de velocidad; **~ des armements/des naissances** reducción *f* de armamento/de nacimientos
limite [limit] *nf* (*aussi fig*) límite *m*; (*de terrain*) límite, linde *m ou f*; **dans la ~ de** dentro de; **à la ~** (*au pire*) como mucho; **sans limites** sin límites; **vitesse/charge ~** velocidad *f*/carga límite; **cas ~** caso límite; **date ~ de vente/consommation** fecha límite de venta/consumo; **prix ~** precio límite; **~ d'âge** límite de edad
limiter [limite] *vt* : **~ qch (à)** (*restreindre*) limitar algo (a); **se limiter** *vpr* : **se ~ (à qch/à faire)** limitarse (a algo/a hacer); (*chose*) reducirse a
limitrophe [limitʀɔf] *adj* limítrofe; **~ de** limítrofe con

limogeage [limɔʒaʒ] *nm* destitución *f*

limoger [limɔʒe] *vt* destituir

limon [limɔ̃] *nm* limo

limonade [limɔnad] *nf* gaseosa

> ⚠ No debe traducirse por *limonada*, que en francés corresponde a **citronnade**.

limonadier, -ière [limɔnadje, jɛʀ] *nm/f* (*commerçant*) vendedor(a) de refrescos; (*fabricant de limonade*) fabricante *mf* de refrescos

limoneux, -euse [limɔnø, øz] *adj* limoso(-a)

limousin, e [limuzɛ̃, in] *adj* lemosín(-ina) ▸ *nm* (*région*) Lemosín *m* ▸ *nm/f* : **Limousin, e** lemosín(-ina)

limousine [limuzin] *nf* limusina

limpide [lɛ̃pid] *adj* límpido(-a); (*fig*) meridiano(-a), diáfano(-a)

lin [lɛ̃] *nm* lino

linceul [lɛ̃sœl] *nm* mortaja

linéaire [lineɛʀ] *adj* (*aussi fig*) lineal ▸ *nm* : ~ **(de vente)** espacio de venta

linge [lɛ̃ʒ] *nm* (*vêtements*) ropa; (*serviettes etc*) ropa blanca; (*pièce de tissu*) lienzo; (*aussi* : **linge de corps**) ropa interior; (*lessive*) colada; ~ **sale** ropa sucia

lingère [lɛ̃ʒɛʀ] *nf* ropera

lingerie [lɛ̃ʒʀi] *nf* lencería

lingette [lɛ̃ʒɛt] *nf* toallita (húmeda)

lingot [lɛ̃go] *nm* lingote *m*

linguiste [lɛ̃gɥist] *nmf* lingüista *mf*

linguistique [lɛ̃gɥistik] *adj* lingüístico(-a) ▸ *nf* lingüística

lino [lino], **linoléum** [linɔleɔm] *nm* linóleo

linotte [linɔt] *nf* : **tête de** ~ cabeza de chorlito

linteau [lɛ̃to] *nm* dintel *m*

lion, ne [ljɔ̃, ljɔn] *nm/f* león (leona); (*Astrol*) : **le L~** Leo; **être L~** ser Leo; ~ **de mer** león (leona) marino(-a)

lionceau, x [ljɔ̃so] *nm* cachorro de león

liposuccion [liposy(k)sjɔ̃] *nf* liposucción *f*

lippu, e [lipy] *adj* bezudo(-a)

liquéfier [likefje] *vt* licuar; **se liquéfier** *vpr* (*gaz*) licuarse; (*fig*) derrumbarse

liqueur [likœʀ] *nf* licor *m*

liquidateur, -trice [likidatœʀ, tʀis] *nm/f* (*Jur*) liquidador(a); ~ **judiciaire** liquidador(a) judicial

liquidation [likidasjɔ̃] *nf* liquidación *f*; (*règlement*) liquidación, pago; (*meurtre*) asesinato; ~ **judiciaire** liquidación judicial

liquide [likid] *adj* líquido(-a); **air** ~ aire *m* líquido ▸ *nm* líquido; **en** ~ (*Comm*) en efectivo

liquider [likide] *vt* liquidar

liquidités [likidite] *nfpl* (*Comm*) liquidez *fsg*, disponibilidades *fpl*

liquoreux, -euse [likɔʀø, øz] *adj* licoroso(-a)

lire [liʀ] *nf* (*Hist* : *monnaie*) lira ▸ *vt*, *vi* (*aussi fig*) leer; ~ **qch à qn** leer algo a algn

lis [lis] *vb voir* **lire** ▸ *nm* = **lys**

lisais [lizɛ] *vb voir* **lire**

Lisbonne [lisbɔn] *n* Lisboa

lise [liz] *vb voir* **lire**

liseré [lizʀe] *nm* (*ruban*) ribete *m*; (*bande*) cenefa

liseron [lizʀɔ̃] *nm* enredadera

liseuse [lizøz] *nf* (*Inform*) lector *m* electrónico

lisible [lizibl] *adj* legible; (*fig* : *politique, projet, offre*) transparente; **ce livre n'est pas** ~ no merece la pena leer este libro

lisiblement [lizibləmɑ̃] *adv* de forma legible

lisière [lizjɛʀ] *nf* (*de forêt, bois*) lindero, linde *m ou f*; (*de tissu*) orillo

lisons [lizɔ̃] *vb voir* **lire**

lisse [lis] *adj* liso(-a)

lisser [lise] *vt* alisar

lisseur [li:sœʀ] *nm* alisadores *mpl*

listage [listaʒ] *nm* (*Inform*) listado

liste [list] *nf* lista; **faire la** ~ **de** hacer la lista de; ~ **civile** *presupuesto de la casa real o del jefe del Estado*; ~ **d'attente** lista de espera; ~ **de mariage** lista de boda; ~ **électorale/noire** lista electoral/negra

lister [liste] *vt* hacer una lista de, listar

listing [listiŋ] *nm* (*Inform*) listado; **qualité** ~ calidad *f* de listado

lit [li] *nm* cama; (*de rivière*) lecho; **faire son** ~ hacerse la cama; **aller/se mettre au** ~ ir a/meterse en la cama; **prendre le** ~ (*malade etc*) guardar cama; **d'un premier** ~ (*Jur*) del primer matrimonio; ~ **d'enfant** cuna; ~ **de camp** cama de campaña; ~ **simple/double** cama sencilla/de matrimonio

litanie [litani] *nf* (*fig*) letanía

lit-cage [likaʒ] (*pl* **lits-cages**) *nm* cama plegable

litchi [litʃi] *nm* lichi *m*

literie [litʀi] *nf* *colchón y ropa de cama*

litho [litɔ], **lithographie** [litɔgʀafi] *nf* litografía

lithographier [litɔgʀafje] *vt* litografiar

litière [litjɛʀ] *nf* cama de paja; ~ **pour chat** arena para gatos

litige [litiʒ] *nm* litigio; **en** ~ en litigio

litigieux, -euse [litiʒjø, jøz] *adj* litigioso(-a)

litote [litɔt] *nf* lítote *f*

litre [litʀ] *nm* litro; ~ **de vin/bière** litro de vino/cerveza

littéraire [liteʀɛʀ] *adj* literario(-a)

littéral, e, -aux [liteʀal, o] *adj* literal

littéralement [liteʀalmɑ̃] *adv* literalmente

littérature [liteʀatyʀ] *nf* literatura

littoral, e, -aux [litɔʀal, o] *adj*, *nm* litoral *m*

Lituanie [litɥani] *nf* Lituania

lituanien, ne [litɥanjɛ̃, jɛn] *adj* lituano(-a) ▸ *nm* (*Ling*) lituano ▸ *nm/f* : **Lituanien, ne** lituano(-a)

liturgie [lityʀʒi] *nf* liturgia

liturgique [lityʀʒik] *adj* litúrgico(-a)

livide [livid] *adj* lívido(-a)

living [liviŋ] *nm* living *m*

living-room [liviŋʀum] (*pl* **living-rooms**) *nm* = **living**
livrable [livʀabl] *adj* (*Comm*) a entregar
livraison [livʀɛzɔ̃] *nf* entrega; (*de plusieurs marchandises*) reparto; **~ à domicile** entrega *ou* reparto a domicilio
livre [livʀ] *nm* libro; **traduire qch à ~ ouvert** traducir algo de corrido; **~ blanc** libro blanco; **~ d'or** libro de oro; **~ de bord** diario de navegación; **~ de chevet/de comptes** libro de cabecera/de cuentas; **~ de cuisine** libro de cocina; **~ de messe** libro de misa, misal *m*; **~ de poche** libro de bolsillo; **~ électronique** *ou* **numérique** libro electrónico ▸ *nf* (*poids, monnaie*) libra
livré, e [livʀe] *adj* : **~ à** (*soumis à*) sometido(-a) a; **~ à soi-même** abandonado a sí mismo
livrée [livʀe] *nf* librea
livrer [livʀe] *vt* (*marchandises, otage, complice*) entregar; (*plusieurs colis etc*) repartir; (*client*) hacer una entrega a; (*secret, information*) revelar; **~ bataille** librar una batalla; **se livrer à** *vpr* entregarse a; (*se confier à*) confiarse a; (*s'abandonner à*) darse a, entregarse a; (*enquête*) llevar a cabo
livresque [livʀɛsk] (*péj*) *adj* libresco(-a)
livret [livʀɛ] *nm* (*petit livre*) librito; (*d'opéra*) libreto; **~ de caisse d'épargne** libreta de ahorros; **~ de famille** libro de familia; **~ scolaire** libro escolar
livreur, -euse [livʀœʀ, øz] *nm/f* repartidor(a)
lob [lɔb] *nm* lob *m*
lobby [lɔbi] (*pl* **lobbys** *ou* **lobbies**) *nm* lobby *m*
lobe [lɔb] *nm* : **~ de l'oreille** lóbulo de la oreja
lobé, e [lɔbe] *adj* lobulado(-a)
lober [lɔbe] *vt* (*balle*) dar una volea a; (*adversaire, gardien de but*) volear (por alto)
local, e, -aux [lɔkal, o] *adj* local ▸ *nm* local *m*; **locaux** *nmpl* (*d'une compagnie*) locales *mpl*
localement [lɔkalmɑ̃] *adv* localmente
localisé, e [lɔkalize] *adj* localizado(-a)
localiser [lɔkalize] *vt* (*dans l'espace*) localizar; (*dans le temps*) situar
localité [lɔkalite] *nf* localidad *f*
locataire [lɔkatɛʀ] *nmf* inquilino(-a)
locatif, -ive [lɔkatif, iv] *adj* (*charges*) a cargo del inquilino; (*valeur*) del alquiler; (*immeuble*) de alquiler
location [lɔkasjɔ̃] *nf* alquiler *m*; (*par le propriétaire*) arriendo, alquiler; **« ~ de voitures »** « alquiler de coches »; **~ de vacances** piso *ou* casa de alquiler para las vacaciones
location-vente [lɔkasjɔ̃vɑ̃t] (*pl* **locations-ventes**) *nf* alquiler *m* con opción a compra
lock-out [lɔkaut] *nm inv* lock-out *m*
lock-outer [lɔkaute] *vt* (*atelier, usine*) cerrar; (*employés*) despedir
locomoteur, -trice [lɔkɔmɔtœʀ, tʀis] *adj* locomotor(a)
locomotion [lɔkɔmosjɔ̃] *nf* locomoción *f*; **moyen de ~** medio de locomoción
locomotive [lɔkɔmɔtiv] *nf* (*aussi fig*) locomotora
locomotrice [lɔkɔmɔtʀis] *nf* locomotora
locuteur, -trice [lɔkytœʀ, tʀis] *nm/f* (*Ling*) hablante *mf*; **~ natif(-ive)** hablante nativo(-a)
locution [lɔkysjɔ̃] *nf* (*Ling*) locución *f*
loden [lɔdɛn] *nm* (*Textile*) loden *m*; (*manteau*) abrigo loden
lof [lɔf] *nm* (*Naut*) barlovento; **aller au ~** ir a barlovento; **virer ~ pour ~** virar en redondo con viento en popa
lofer [lɔfe] *vi* orzar
logarithme [lɔgaʀitm] *nm* logaritmo
loge [lɔʒ] *nf* (*d'artiste*) camerino; (*de spectateurs*) palco; (*de concierge*) portería, conserjería; (*de franc-maçon*) logia
logeable [lɔʒabl] *adj* habitable
logement [lɔʒmɑ̃] *nm* alojamiento; (*maison, appartement*) vivienda; **le ~** (*Pol, Admin*) la vivienda; **chercher un ~** buscar una vivienda; **construire des logements bon marché** construir viviendas baratas; **crise du ~** crisis *fsg* de la vivienda; **~ de fonction** alojamiento de servicio
loger [lɔʒe] *vt* alojar; (*suj : hôtel, école*) alojar, albergar ▸ *vi* vivir; **se loger** *vpr* : **trouver à se ~** encontrar dónde alojarse *ou* vivir; **se ~ dans** (*suj : balle, flèche*) alojarse en
logeur, -euse [lɔʒœʀ, øz] *nm/f* casero(-a)
loggia [lɔdʒja] *nf* loggia
logiciel, le [lɔʒisjɛl] (*Inform*) *nm* software *m*, programa *m* (informático) ▸ *adj* (*solution, suite, système*) de software
logicien, ne [lɔʒisjɛ̃, jɛn] *nm/f* lógico(-a)
logique [lɔʒik] *adj* lógico(-a); **c'est ~** es lógico ▸ *nf* lógica; **la ~ de qch** la lógica de algo
logiquement [lɔʒikmɑ̃] *adv* lógicamente; (*raisonner etc*) con lógica; (*normalement*) normalmente
logis [lɔʒi] *nm* casa
logisticien, ne [lɔʒistisjɛ̃, jɛn] *adj, nm/f* lógico-matemático(-a)
logistique [lɔʒistik] *nf* logística ▸ *adj* (*moyens*) logístico(-a); **flotte ~** (*Mil*) flota logística; **soutien ~** (*Mil*) apoyo logístico
logotype [lɔgɔtip], **logo** [lɔgo] *nm* (*Comm*) logotipo
loi [lwa] *nf* ley *f*; **livre/tables de la ~** (*Rel*) libro/tablas *fpl* de la ley; **les lois de la mode** (*fig*) las leyes de la moda; **avoir force de ~** tener fuerza de ley; **faire la ~** dictar la ley; **la ~ de la jungle/du plus fort** la ley de la jungla/del más fuerte; **proposition/projet de ~** propuesta/proyecto de ley; **~ d'orientation** ≈ Ley de Autonomía Universitaria
loi-cadre [lwakɑdʀ(ə)] (*pl* **lois-cadres**) *nf* (*Pol*) ley *f* marco *inv*

loin [lwɛ̃] *adv* lejos; **~ de** lejos de; **pas ~ de 100 euros** no mucho menos de 100 euros; **au ~** a lo lejos; **de ~** de lejos; (*de beaucoup*) con mucho; **il revient de ~** (*fig*) ha vuelto a nacer; **de ~ en ~** de vez en cuando; **aussi ~ que je puisse me rappeler …** que yo recuerde …; **~ de là** ni mucho menos
lointain, e [lwɛ̃tɛ̃, ɛn] *adj* (*aussi fig*) lejano(-a) ▸ *nm* : **dans le ~** en la lejanía
loi-programme [lwapʀɔgʀam] (*pl* **lois-programmes**) *nf* (*Pol*) ley *f* marco *inv*
loir [lwaʀ] *nm* lirón *m*; **dormir comme un ~** dormir como un lirón
Loire [lwaʀ] *nf* : **la ~** el Loira
loisible [lwazibl] *adj* : **il vous est ~ de …** le está permitido …
loisir [lwaziʀ] *nm* : **heures de ~** horas *fpl* de ocio; **prendre/avoir le ~ de faire qch** tomarse/tener tiempo para hacer algo; **(tout) à ~** con (toda) tranquilidad; (*autant qu'on le désire*) todo lo que se quiera, tanto como se quiera; **loisirs** *nmpl* tiempo *msg* libre; (*activités*) diversiones *fpl*
lombaire [lɔ̃bɛʀ] *adj* lumbar
lombalgie [lɔ̃balʒi] *nf* lumbalgia
londonien, ne [lɔ̃dɔnjɛ̃, jɛn] *adj* londinense ▸ *nm/f* : **Londonien, ne** londinense *mf*
Londres [lɔ̃dʀ] *n* Londres
long, longue [lɔ̃, lɔ̃g] *adj* largo(-a); **faire/ne pas faire ~ feu** durar mucho/poco; **au ~ cours** (*Naut*) de altura; **de longue date** de antiguo; **longue durée** larga duración; **de longue haleine** arduo(-a); **être ~ à faire** ser lento(-a) para hacer ▸ *adv* : **en dire/savoir ~** decir/saber mucho ▸ *nm* : **de cinq mètres de ~** de cinco metros de largo; **en ~** a lo largo; **(tout) le ~ de** (*rue, bord*) a lo largo de; **tout au ~ de** (*année, vie*) a lo largo de; **de ~ en large** de un lado a otro; **en ~ et en large** (*fig*) a fondo
longanimité [lɔ̃ganimite] *nf* longanimidad *f*, paciencia
long-courrier [lɔ̃kuʀje] (*pl* **long-courriers**) *nm* (*Aviat*) avión *m* de larga distancia
longe [lɔ̃ʒ] *nf* cabestro, correa; (*Culin*) lomo
longer [lɔ̃ʒe] *vt* bordear, costear; (*suj : mur, route*) bordear
longévité [lɔ̃ʒevite] *nf* longevidad *f*
longiligne [lɔ̃ʒiliɲ] *adj* longilíneo(-a)
longitude [lɔ̃ʒityd] *nf* longitud *f*; **à 45 degrés de ~ nord** a 45 grados longitud norte
longitudinal, e, -aux [lɔ̃ʒitydinal, o] *adj* longitudinal
longtemps [lɔ̃tɑ̃] *adv* mucho tiempo; **avant ~** dentro de poco; **pour/pendant ~** para/durante mucho tiempo; **je n'en ai pas pour ~** no voy a tardar mucho (tiempo); **mettre ~ à faire qch** costarle mucho tiempo a algn *ou* algo hacer algo; **ça ne va pas durer ~** eso no va a durar mucho; **elle/il en a pour ~ (à le faire)** le va a llevar un buen rato (hacerlo); **il y a/n'y a pas ~ que je travaille** hace/no hace mucho que trabajo; **il y a ~ que je n'ai pas travaillé** llevo mucho tiempo sin trabajar
longue [lɔ̃g] *adj f voir* **long** ▸ *nf* : **à la ~** a la larga
longuement [lɔ̃gmɑ̃] *adv* mucho tiempo, largamente; (*en détail*) detenidamente
longueur [lɔ̃gœʀ] *nf* longitud *f*; **une ~ (de piscine)** un largo (de piscina); **sur une ~ de 10 km** en una distancia de 10 km; **en ~** a lo largo; **tirer en ~** alargarse demasiado; **à ~ de journée** durante todo el día; **d'une ~** (*Sport*) por un largo, por un cuerpo; **~ d'onde** longitud de onda; **longueurs** *nfpl* : **il y a des longueurs dans ce film** (*fig*) hay momentos lentos en esta película
longue-vue [lɔ̃gvy] (*pl* **longues-vues**) *nf* catalejo
look [luk] (*fam*) *nm* look *m*; **un ~ d'enfer** un look genial; **un ~ plus jeune** un look más juvenil
looping [lupiŋ] *nm* (*Aviat*) looping *m*; **faire des loopings** hacer looping, hacer rizos
lopin [lɔpɛ̃] *nm* : **~ de terre** parcela de tierra
loquace [lɔkas] *adj* locuaz
loque [lɔk] *nf* (*personne*) ruina; **loques** *nfpl* (*habits*) harapos *mpl*, andrajos *mpl*; **être/tomber en loques** estar hecho(-a)/hacerse harapos
loquet [lɔkɛ] *nm* picaporte *m*
lorgner [lɔʀɲe] *vt* (*regarder*) mirar de reojo; (*convoiter*) tener echado el ojo a, codiciar; **~ sur qch** tener echado el ojo a algo
lorgnette [lɔʀɲɛt] *nf* anteojo
lorgnon [lɔʀɲɔ̃] *nm* (*face-à-main*) impertinentes *mpl*; (*pince-nez*) quevedos *mpl*
loriot [lɔʀjo] *nm* oropéndola
lorrain, e [lɔʀɛ̃, ɛn] *adj* lorenés(-esa) ▸ *nm/f* : **Lorrain, e** lorenés(-esa); *voir aussi* **quiche**
Lorraine [lɔʀɛn] *nf* Lorena
lors [lɔʀ] : **~ de** *prép* durante; **~ même que** aun cuando
lorsque [lɔʀsk] *conj* cuando
losange [lɔzɑ̃ʒ] *nm* rombo; **en ~** en forma de rombo, romboidal
lot [lo] *nm* lote *m*; (*de loterie*) premio; (*destin*) suerte *f*; **~ de consolation** premio de consolación
loterie [lɔtʀi] *nf* (*tombola*) lotería, rifa; (*fig*) lotería; **L~ nationale** Lotería nacional
loti, e [lɔti] *adj* : **être bien/mal ~** tener (buena)/mala suerte
lotion [losjɔ̃] *nf* loción *f*; **~ après rasage** loción para después del afeitado; **~ capillaire** loción capilar
lotir [lɔtiʀ] *vt* parcelar
lotissement [lɔtismɑ̃] *nm* (*de maisons, d'immeubles*) urbanización *f*; (*parcelle*) parcelación *f*

lotisseur, -euse [lɔtisœʀ, øz] *nm/f* responsable *mf* de la parcelación
loto [lɔto] *nm* lotería; **le L~** (*jeu de hasard*) la loto; *ver nota*

Loto

La **Loto** es un sorteo nacional de lotería que distribuye grandes sumas de dinero. Se escogen 5 números de entre 49 y uno más del 1 al 10. Cuantos más números acertados, mayor es el premio. El sorteo se televisa tres veces a la semana.

lotte [lɔt] *nf* (*de mer*) rape *m*
louable [lwabl] *adj* (*action, personne*) loable; **~ à l'année** con contrato de alquiler anual
louage [lwaʒ] *nm* (*à louer*) arrendamiento; **voiture de ~** coche *m* de alquiler
louange [lwɑ̃ʒ] *nf* : **à la ~ de qn/de qch** en elogio de algn/de algo; **louanges** *nfpl* (*compliments*) elogios *mpl*, alabanzas *fpl*
loubard [lubaʀ] *nm* macarra *m*
louche [luʃ] *adj* sospechoso(-a) ▸ *nf* cucharón *m*
loucher [luʃe] *vi* bizquear; **~ sur qch** (*fig*) írsele los ojos tras de algo
louer [lwe] *vt* alquilar; (*réserver*) reservar; (*faire l'éloge de*) elogiar; (*Rel : Dieu*) alabar a; **« à ~ »** « se alquila »; **se ~ de qch/d'avoir fait qch** felicitarse por algo/por haber hecho algo
loueur, -euse [lwœʀ, øz] *nm/f* arrendador(a)
loufoque [lufɔk] (*fam*) *adj* estrafalario(-a)
loukoum [lukum] *nm dulce oriental*
loulou [lulu] *nm* : **~ de Poméranie** lulú *m*
loup [lu] *nm* lobo; (*poisson*) róbalo, lubina; (*masque*) antifaz *m*; **jeune ~** (joven) cachorro; **~ de mer** (*marin*) lobo de mar
loupe [lup] *nf* (*Optique*) lupa; **à la ~** (*fig*) con lupa; **~ de noyer** (*Menuiserie*) nudo de nogal
louper [lupe] (*fam*) *vt* (*train etc*) perder; (*examen*) catear (*fam*)
lourd, e [luʀ, luʀd] *adj* (*aussi fig*) pesado(-a); (*chaleur, temps*) bochornoso(-a); (*responsabilité, impôts*) importante; (*parfum, vin*) fuerte; **~ de** (*conséquences, menaces*) lleno(-a) de; **artillerie/industrie lourde** artillería/industria pesada ▸ *adv* : **peser ~** pesar mucho
lourdaud, e [luʀdo, od] (*péj*) *adj* torpe, tosco(-a); (*au moral*) zafio(-a)
lourdement [luʀdəmɑ̃] *adv* (*insister, appuyer*) excesivamente; **marcher/tomber ~** andar con paso pesado/caer como un plomo; **se tromper ~** equivocarse burdamente
lourdeur [luʀdœʀ] *nf* pesadez *f*; **lourdeurs d'estomac** pesadez *fsg* de estómago
loustic [lustik] *nm* (*farceur*) chistoso(-a); (*fam, péj*) tío
loutre [lutʀ] *nf* nutria
louve [luv] *nf* loba
louveteau, x [luv(ə)to] *nm* (*Zool*) lobezno; (*scout*) joven scout *m*
louvoyer [luvwaje] *vi* (*Naut*) bordear; (*fig*) andar con rodeos
lover [lɔve] : **se lover** *vpr* (*serpent*) enroscarse, enrollarse
loyal, e, -aux [lwajal, o] *adj* leal; (*fair-play*) legal
loyalement [lwajalmɑ̃] *adv* legalmente
loyalisme [lwajalism] *nm* lealtad *f*
loyauté [lwajote] *nf* lealtad *f*; **~ envers qn** lealtad a algn
loyer [lwaje] *nm* alquiler *m*; **~ de l'argent** interés *msg*
LP [ɛlpe] *sigle m* (= *lycée professionnel*) *centro de formación profesional*
LSD [ɛlɛsde] *sigle m* (= *Lyserg Säure Diäthylamid*) LSD *m* (= *Dietilamida del Ácido Lisérgico*)
lu, e [ly] *pp de* **lire**
lubie [lybi] *nf* capricho, antojo
lubricité [lybʀisite] *nf* lubricidad *f*
lubrifiant [lybʀifjɑ̃] *nm* lubrificante *m*
lubrifier [lybʀifje] *vt* lubrificar
lubrique [lybʀik] *adj* lúbrico(-a)
lucarne [lykaʀn] *nf* tragaluz *m*; **la petite ~** (*la télévision*) la pequeña pantalla
lucide [lysid] *adj* lúcido(-a)
lucidité [lysidite] *nf* lucidez *f*
luciole [lysjɔl] *nf* luciérnaga
lucratif, -ive [lykʀatif, iv] *adj* lucrativo(-a); **à but non ~** sin ánimo de lucro
ludique [lydik] *adj* lúdico(-a)
ludothèque [lydɔtɛk] *nf* ludoteca
luette [lɥɛt] *nf* campanilla
lueur [lɥœʀ] *nf* (*des étoiles, de la lune, d'une lampe*) resplandor *m*, fulgor *m*; (*fig : de désir, colère*) brillo, destello; (*: d'espoir*) rayo; (*: de raison, d'intelligence*) chispa
luge [lyʒ] *nf* (*objet*) trineo; (*discipline*) luge *m*; **faire de la ~** deslizarse en trineo
lugeur, -euse [lyʒœʀ, øz] *nm/f* patinador(a) de trineo
lugubre [lygybʀ] *adj* lúgubre; (*lumière, temps*) lóbrego(-a)
lui[1] [lɥi] *pron* (*objet indirect*) le; (*après un autre pronom à la troisième personne*) se; (*sujet, objet direct : aussi forme emphatique*) él; **je ~ ai donné de l'argent** le di dinero; **je le ~ donne** se lo doy; **elle est riche, ~ est pauvre** ella es rica, él es pobre; **~, il est à Paris** él está en París; **c'est ~ qui l'a fait** lo hizo él; **je la connais mieux que ~** la conozco mejor que él; **à ~** (*possessif*) suyo(-a), de él; **cette voiture est à ~** ese coche es suyo
lui[2] [lɥi] *pp de* **luire**
lui-même [lɥimɛm] *pron* él mismo; (*avec préposition*) sí mismo; **il a agi de ~** obró por sí mismo
luire [lɥiʀ] *vi* brillar, relucir
luisant, e [lɥizɑ̃, ɑ̃t] *vb voir* **luire** ▸ *adj* reluciente, brillante
lumbago [lɔ̃bago] *nm* lumbago

lumière [lymjɛʀ] *nf* luz *f*; (*éclaircissement*) iluminación *f*, luz; (*personne*) lumbrera; **à la ~ de** (*aussi fig*) a la luz de; **à la ~ électrique** con luz eléctrica; **faire de la ~** encender la luz; **faire (toute) la ~ sur** (*fig*) esclarecer, aclarar; **mettre qch en ~** (*fig*) poner algo en claro, sacar algo a la luz; **~ du jour/du soleil** luz del día/del sol; **lumières** *nfpl* (*d'une personne*) luces *fpl*
luminaire [lyminɛʀ] *nm* luminaria
luminescent, e [lyminesɑ̃, ɑ̃t] *adj* luminescente
lumineux, -euse [lyminø, øz] *adj* (*aussi fig*) luminoso(-a); (*éclairé*) iluminado(-a)
luminosité [lyminozite] *nf* luminosidad *f*
lump [lœ̃p] *nm* : **œufs de ~** huevas *fpl* de lumbo
lunaire [lynɛʀ] *adj* lunar
lunatique [lynatik] *adj* lunático(-a)
lunch [lœntʃ] *nm* (*réception*) lunch *m*
lundi [lœ̃di] *nm* lunes *m inv*; **on est ~** estamos a lunes; **le ~ 20 août** el lunes 20 de agosto; **il est venu ~** llegó el lunes; **le(s) ~(s)** (*chaque lundi*) el (los) lunes; **« à ~ »** « hasta el lunes »; **~ de Pâques** lunes de Pascua; **~ de Pentecôte** lunes de Pentecostés
lune [lyn] *nf* luna; **pleine/nouvelle ~** luna llena/nueva; **être dans la ~** estar en la luna; **~ de miel** luna de miel
luné, e [lyne] *adj* : **bien/mal ~** de buen/mal humor
lunette [lynɛt] *nf* : **lunettes** *nfpl* gafas *fpl*, anteojos *mpl* (AM); **~ arrière** (*Auto*) luneta (trasera); **~ d'approche** catalejo; **lunettes de plongée** gafas de bucear; **lunettes noires/de soleil** gafas negras/de sol
lurent [lyʀ] *vb voir* **lire**
lurette [lyʀɛt] *nf* : **il y a belle ~** hace siglos
luron, ne [lyʀɔ̃, ɔn] *nm/f* barbián(-ana); **joyeux** *ou* **gai ~** jaranero, juerguista
lus [ly] *vb voir* **lire**
lustre [lystʀ] *nm* araña; (*éclat*) brillo
lustrer [lystʀe] *vt* lustrar; (*vêtement*) gastar
lut [ly] *vb voir* **lire**
luth [lyt] *nm* laúd *m*
luthier, -ière [lytje, jɛʀ] *nm/f* fabricante *mf* de instrumentos de cuerda
lutin [lytɛ̃] *nm* duende *m*
lutrin [lytʀɛ̃] *nm* atril *m*
lutte [lyt] *nf* lucha; **de haute ~** en reñida lucha; **~ des classes** lucha de clases; **~ libre** (*Sport*) lucha libre
lutter [lyte] *vi* luchar; (*Sport*) luchar, combatir; **~ pour/contre qn/qch** luchar por/contra algn/algo
lutteur, -euse [lytœʀ, øz] *nm/f* (*aussi fig*) luchador(a)
luxation [lyksasjɔ̃] *nf* luxación *f*
luxe [lyks] *nm* lujo; **de ~** de lujo; **un ~ de** (*fig*) un lujo de; **l'industrie du ~** la industria del lujo
Luxembourg [lyksɑ̃buʀ] *nm* Luxemburgo
luxembourgeois, e [lyksɑ̃buʀʒwa, waz] *adj* luxemburgués(-esa) ▸ *nm/f* : **Luxembourgeois, e** luxemburgués(-esa)
luxer [lykse] *vt* : **se ~ l'épaule/le genou** luxarse el hombro/la rodilla
luxueusement [lyksɥøzmɑ̃] *adv* lujosamente
luxueux, -euse [lyksɥø, øz] *adj* lujoso(-a)
luxure [lyksyʀ] *nf* lujuria
luxuriant, e [lyksyʀjɑ̃, jɑ̃t] *adj* exuberante, lujuriante
luzerne [lyzɛʀn] *nf* alfalfa
lycée [lise] *nm* instituto, liceo (AM); *ver nota*; **~ professionnel** ≈ centro de formación profesional; **~ technique** instituto técnico

LYCÉE

Los estudiantes franceses pasan los tres últimos años de educación secundaria en un **lycée**, que es donde se examinan del *baccalauréat* antes de comenzar los estudios universitarios.
Hay varios tipos de **lycée**, entre ellos los *lycées d'enseignement général et technologique*, que ofrecen cursos generales y técnicos, y los *lycées professionnels*, que ofrecen cursos que preparan directamente para una profesión. Algunos **lycées**, especialmente aquellos que cubren una zona territorial muy extensa o los que imparten cursos especializados, ofrecen a los alumnos la posibilidad de quedarse internos.

lycéen, ne [liseɛ̃, ɛn] *nm/f* alumno(-a) de instituto
lymphatique [lɛ̃fatik] *adj* (*aussi fig*) linfático(-a)
lymphe [lɛ̃f] *nf* linfa
lyncher [lɛ̃ʃe] *vt* linchar
lynx [lɛ̃ks] *nm* lince *m*
Lyon [ljɔ̃] *n* Lyon
lyonnais, e [ljɔnɛ, ɛz] *adj* lionés(-esa); **à la lyonnaise** (*Culin*) al estilo de Lyon ▸ *nm/f* : **Lyonnais, e** lionés(-esa)
lyophilisé, e [ljɔfilize] *adj* liofilizado(-a)
lyre [liʀ] *nf* lira
lyrique [liʀik] *adj* lírico(-a); **artiste ~** artista lírico(-a); **théâtre ~** teatro lírico; **comédie ~** comedia lírica
lyrisme [liʀism] *nm* lirismo
lys [lis] *nm* (*Bot*) lirio; (*emblème*) lis *m*

Mm

M¹, m¹ [ɛm] *nm inv* M, m *f*; **M comme Marcel** ≈ M de Madrid
M² *abr* (= *Monsieur*) Sr. (= *Señor*)
m² *abr* (= *mètre(s)*) m (= *metro(s)*)
m' [m] *pron voir* **me**
MA [ɛma] *sigle m* (= *maître auxiliaire*) *voir* **maître²**
ma [ma] *voir* **mon**
maboul, e [mabul] (*fam*) *adj* chiflado(-a) (*fam*)
macabre [makɑbʀ] *adj* macabro(-a)
macadam [makadam] *nm* macadán *m*
Macao [makao] *n* Macao
macaque [makak] *nm* (*singe*) macaco
macareux [makaʀø] *nm* frailecillo
macaron [makaʀɔ̃] *nm* (*gâteau*) mostachón *m*; (*insigne*) insignia; (*natte*) rodete *m*
macaroni [makaʀɔni] *nmpl* macarrones *mpl*; **~ au fromage/au gratin** macarrones al queso/gratinados
macchabée [makabe] *nm* (*fam*) fiambre *m* (*fam*), cadáver *m*
macédoine [masedwan] *nf* : **~ de fruits** macedonia de frutas; **~ de légumes** menestra (*sin carne*)
macérer [maseʀe] *vi, vt* macerar
mâche [mɑʃ] *nf* (*salade*) canónigos *mpl*
mâchefer [mɑʃfɛʀ] *nm* cagafierro
mâcher [mɑʃe] *vt* masticar; **ne pas ~ ses mots** no tener pelos en la lengua; **~ le travail à qn** (*fig*) darle a algn el trabajo mascado
machette [maʃɛt] *nf* machete *m*
machiavélique [makjavelik] *adj* maquiavélico(-a)
machiavélisme [makjavelism] *nm* maquiavelismo
machin [maʃɛ̃] (*fam*) *nm* chisme *m* (*fam*); (*personne*) : **M~** fulano
machinal, e, -aux [maʃinal, o] *adj* maquinal
machinalement [maʃinalmɑ̃] *adv* maquinalmente
machination [maʃinasjɔ̃] *nf* maquinación *f*
machine [maʃin] *nf* máquina; (*d'un navire, aussi fig*) maquinaria; (*fam : personne*) : **M~** fulana; **faire ~ arrière** dar marcha atrás; **~ à coudre/à tricoter** máquina de coser/de tricotar; **~ à laver** lavadora; **~ à sous** máquina tragaperras *inv*; **~ à vapeur** máquina a *ou* de vapor
machine-outil [maʃinuti] (*pl* **machines-outils**) *nf* máquina herramienta
machinerie [maʃinʀi] *nf* maquinaria; (*d'un navire*) sala de máquinas
machinisme [maʃinism] *nm* maquinismo
machiniste [maʃinist] *nm* (*Théâtre*) tramoyista *mf*; (*de bus, métro*) conductor(a)
machisme [ma(t)ʃism] *nm* machismo
machiste [ma(t)ʃist] *adj, nmf* machista *mf*
macho [matʃo] (*fam*) *nm* machista *m* ▸ *adj* machista
mâchoire [mɑʃwaʀ] *nf* mandíbula; (*Tech*) mordaza; **~ de frein** zapata
mâchonner [mɑʃɔne] *vt* mordisquear
mâchouiller [mɑʃuje] (*fam*) *vt* mascar
mâcon [mɑkɔ̃] *nm* vino de Macón
maçon, ne [masɔ̃, ɔn] *nm/f* albañil *mf*
maçonner [masɔne] *vt* (*revêtir*) revestir; (*boucher*) taponar
maçonnerie [masɔnʀi] *nf* albañilería; (*murs*) muros *mpl*
maçonnique [masɔnik] *adj* masónico(-a)
macramé [makʀame] *nm* macramé *m*
macro [makʀo] *nf* (*Inform*) macro *f*
macrobiotique [makʀɔbjɔtik] *adj* macrobiótico(-a)
macrocéphale [makʀosefal] *adj* macrocéfalo(-a)
macrocosme [makʀɔkɔsm] *nm* macrocosmos *msg*
macroéconomie [makʀoekɔnɔmi] *nf* macroeconomía
macrophotographie [makʀofɔtɔgʀafi] *nf* macrofotografía
macroscopique [makʀɔskɔpik] *adj* macroscópico(-a)
maculer [makyle] *vt* manchar; (*Typo : feuille*) macular; **maculé de** (*sang, boue*) manchado de
Madagascar [madagaskaʀ] *nf* Madagascar *m*
madame [madam] (*pl* **mesdames**) *nf* (*titre*) señora, doña; **M~ X** la señora X; **occupez-vous de M~** atienda a la señora; **bonjour ~** buenos días señora; **~ !** (*pour appeler*) ¡(oiga) señora!; **M~,** (*sur lettre*) Señora:; **Chère M~,** Estimada señora:; **M~ la Directrice** (la) señora directora; **Mesdames** Señoras

madeleine [madlɛn] *nf (gâteau)* magdalena
mademoiselle [madmwazɛl] *(pl* **mesdemoiselles**) *nf* Señorita; *voir aussi* **madame**
madère [madɛʀ] *nm* madeira *m*
madone [madɔn] *nf* madona
madré, e [mɑdʀe] *adj* astuto(-a)
Madrid [madʀid] *n* Madrid
madrier [madʀije] *nm* madero
madrigal, -aux [madʀigal, o] *nm* madrigal *m*
madrilène [madʀilɛn] *adj* madrileño(-a) ▸ *nmf* : **Madrilène** madrileño(-a)
maestria [maɛstʀija] *nf* maestría
maestro [maɛstʀo] *nm* maestro
mafia, maffia [mafja] *nf* mafia
mafieux, -euse [mafjø, øz] *adj, nm/f* mafioso(-a)
magasin [magazɛ̃] *nm* tienda; *(entrepôt)* almacén *m*; *(d'une arme)* recámara; *(Photo)* carga; **en ~** *(Comm)* en almacén; **faire les magasins** ir de tiendas; **~ d'alimentation** tienda de ultramarinos
magasinier, -ière [magazinje, jɛʀ] *nm/f* mozo(-a) de almacén
magazine [magazin] *nm* revista; *(radiodiffusé, télévisé)* magazine *m*, magacín *m*
mage [maʒ] *nm* : **les Rois Mages** los Reyes Magos
magenta [maʒɛ̃ta] *nm* magenta *m*
Maghreb [magʀɛb] *nm* Magreb *m*
maghrébin, e [magʀebɛ̃, in] *adj* magrebí ▸ *nm/f* : **Maghrébin, e** magrebí *mf*
magicien, ne [maʒisjɛ̃, jɛn] *nm/f* mago(-a)
magie [maʒi] *nf* magia; **~ noire** magia negra
magique [maʒik] *adj* mágico(-a)
magistral, -aux [maʒistʀal, o] *adj* magistral; **cours ~** clase *f* teórica
magistralement [maʒistʀalmɑ̃] *adv* magistralmente
magistrat, e [maʒistʀa, at] *nm/f* magistrado(-a)
magistrature [maʒistʀatyʀ] *nf* magistratura; **~ assise** jueces *mpl*; **~ debout** fiscales *mpl*
magma [magma] *nm* magma *m*; *(fig)* embrollo
magnanerie [maɲanʀi] *nf* criadero de gusanos de seda
magnanime [maɲanim] *adj* magnánimo(-a)
magnanimité [maɲanimite] *nf* magnanimidad *f*
magnat [magna] *nm* magnate *m*; **~ de la presse** magnate de la prensa
magner [maɲe] : **se magner** *vpr (fam)* espabilar; **magne-toi, on est en retard !** ¡espabila, que llegamos tarde!
magnésie [maɲezi] *nf* magnesia
magnésium [maɲezjɔm] *nm* magnesio
magnétique [maɲetik] *adj* magnético(-a)
magnétiser [maɲetize] *vt* magnetizar
magnétiseur, -euse [maɲetizœʀ, øz] *nm/f* magnetizador(a)
magnétisme [maɲetism] *nm* magnetismo
magnéto [maɲeto] *nf (Élec)* magneto; *(à cassettes)* cassette *m*
magnétocassette [maɲetokasɛt] *nm* cassette *m*
magnétophone [maɲetɔfɔn] *nm* magnetófono; **~ (à cassettes)** cassette *m*
magnétoscope [maɲetɔskɔp] *nm* magnetoscopio
magnificence [maɲifisɑ̃s] *nf* magnificencia
magnifier [maɲifje] *vt* magnificar
magnifique [maɲifik] *adj* magnífico(-a)
magnifiquement [maɲifikmɑ̃] *adv* magníficamente
magnitude [maɲityd] *nf (de séisme)* magnitud *f*; **un séisme de ~ 4 sur l'échelle de Richter** un seísmo de magnitud 4 en la escala de Richter
magnolia [maɲɔlja] *nm* magnolia
magnum [magnɔm] *nm botella de dos litros*
magot [mago] *nm* pasta *(fam)*; *(économies)* hucha
magouille [maguj] *(fam) nf* chanchullo *(fam)*
magouiller [maguje] *(fam) vt* maquinar, tramar ▸ *vi* hacer chanchullos *(fam)*
magret [magʀɛ] *nm* : **~ de canard** magret *m* de pato
mahométan, e [maɔmetɑ̃, an] *adj* mahometano(-a)
mai [mɛ] *nm* mayo; *ver nota*; *voir aussi* **juillet**

MAI

Le premier mai, día internacional de los trabajadores, es costumbre en Francia llevar puestas e intercambiar ramitas de lirio de los valles. **Le 8 mai** es una fiesta oficial en Francia en la que se conmemora la rendición del ejército alemán ante Eisenhower el 7 de mayo de 1945. En la mayoría de las poblaciones hay desfiles de veteranos de guerra. La agitación social que tuvo lugar en mayo y junio de 1968, con manifestaciones estudiantiles, huelgas y disturbios, se conoce genéricamente como *les événements de* **mai 68**. El gobierno de De Gaulle resistió la presión, aunque se vio abocado a realizar reformas educativas y a avanzar hacia la descentralización.

maigre [mɛgʀ] *adj (après nom : personne, animal)* delgado(-a), flaco(-a); (: *viande, fromage)* magro(-a); *(fig : avant nom : repas, salaire, profit)* escaso(-a); (: *résultat)* mediocre; **jours maigres** días *mpl* de vigilia ▸ *adv* : **faire ~** comer de vigilia
maigrelet, te [mɛgʀəlɛ, ɛt] *adj* delgaducho(-a)

m

maigreur [mɛgʀœʀ] *nf* delgadez *f*, flaqueza; (*de la végétation*) escasez *f*
maigrichon, ne [megʀiʃɔ̃, ɔn] (*fam*) *adj* delgaducho(-a) (*fam*)
maigrir [megʀiʀ] *vi* adelgazar ▸ *vt* (*suj : vêtement*) : **~ qn** hacer parecer más delgado(-a) a algn
mail [mɛl] *nm* e-mail *m*, correo electrónico
mailing [meliŋ] *nm* mailing *m*
maille [mɑj] *nf* (*d'une chaîne*) eslabón *m*; (*d'un filet*) malla; (*d'un tricot*) punto; **avoir ~ à partir avec qn** andar en dimes y diretes con algn; **~ à l'endroit/à l'envers** punto del derecho/del revés
maillechort [majʃɔʀ] *nm* alpaca
maillet [majɛ] *nm* (*outil*) mazo; (*de croquet*) palo
maillon [mɑjɔ̃] *nm* (*d'une chaîne*) eslabón *m*
maillot [majo] *nm* malla; (*de sportif*) camiseta; **~ (de corps)** camiseta; **~ de bain** traje *m* de baño, bañador *m*; **~ deux pièces** biquini *m*; **~ jaune** (*Cyclisme*) jersey *m* amarillo, maillot *m* amarillo
main [mɛ̃] *nf* mano *f*; **la ~ dans la ~** cogidos(-as) de la mano; **à une ~** con una mano; **à deux mains** con las dos manos; **à la ~** a mano; **se donner la ~** darse la mano; **donner** *ou* **tendre la ~ à qn** dar *ou* tender la mano a algn; **se serrer la ~** estrecharse la mano; **serrer la ~ à qn** estrechar la mano a algn; **demander la ~ d'une femme** pedir la mano de una mujer; **sous la ~** a mano; **haut les mains** arriba las manos; **à ~ levée** (*Art*) a pulso; **à mains levées** (*voter*) a mano alzada; **attaque à ~ armée** ataque *m* a mano armada; **à ~ droite/gauche** a mano derecha/izquierda; **de première ~** de primera mano; **de ~ de maître** con mano maestra; **à remettre en mains propres** a entregar en mano; **faire ~ basse sur qch** apoderarse de algo; **mettre la dernière ~ à qch** dar el último toque a algo; **mettre la ~ à la pâte** poner manos a la obra; **avoir qch/qn bien en ~** conocer algo/a algn bien; **prendre qch en ~** (*fig*) hacerse cargo de algo; **avoir la ~** (*Cartes*) ser mano; **céder/passer la ~** (*Cartes*) ceder/pasar la mano; **forcer la ~ à qn** obligar a algn; **s'en laver les mains** (*fig*) lavarse las manos; **se faire la ~** entrenarse; **perdre la ~** estar desentrenado(-a); **en un tour de ~** (*fig*) en un periquete; **~ courante** pasamanos *m inv*
mainate [mɛnat] *nm estornino de Malasia*
main-d'œuvre [mɛ̃dœvʀ] (*pl* **mains-d'œuvre**) *nf* mano *f* de obra
main-forte [mɛ̃fɔʀt] *nf* : **prêter ~ à qn** echar una mano a algn
mainmise [mɛ̃miz] *nf* confiscación *f*; (*fig*) : **avoir la ~ sur** tener control sobre
mains libres [mɛ̃libʀ] *adj inv* (*téléphone, kit*) manos libres
maint, e [mɛ̃, mɛ̃t] *adj* varios(-as); **à maintes reprises** en repetidas ocasiones
maintenance [mɛ̃t(ə)nɑ̃s] *nf* mantenimiento
maintenant [mɛ̃t(ə)nɑ̃] *adv* ahora; (*ceci dit*) ahora bien; **~ que** ahora que
maintenir [mɛ̃t(ə)niʀ] *vt* mantener; (*personne, foule, animal*) contener; **se maintenir** *vpr* mantenerse; (*préjugé*) conservarse
maintien [mɛ̃tjɛ̃] *nm* mantenimiento; (*allure*) compostura; **cours de ~** curso de buenas maneras; **~ de l'ordre** mantenimiento del orden
maintiendrai *etc* [mɛ̃tjɛ̃dʀe] *vb voir* **maintenir**
maintiens [mɛ̃tjɛ̃] *vb voir* **maintenir**
maire [mɛʀ] *nmf* alcalde(sa), intendente(-a) (CSur), regente *mf* (Mex)
mairie [meʀi] *nf* ayuntamiento
mais [mɛ] *conj* pero; **~ non !** ¡que no!; **~ enfin !** ¡pero bueno!; **~ encore** sino que
maïs [mais] *nm* maíz *m*
maison [mɛzɔ̃] *nf* casa; (*famille*) : **fils/ami de la ~** niño/amigo de la casa; **à la ~** en casa; (*direction*) a casa; **~ centrale/mère** casa central/matriz; **~ close** *ou* **de passe** casa de citas; **~ d'arrêt** prisión *f*; **~ de campagne** casa de campo; **~ de la culture** casa de la cultura; **~ de repos** casa de reposo; **~ de correction** correccional *m*; **~ de retraite** asilo de ancianos; **~ de santé** centro de salud; **~ des jeunes** casa de la juventud; *ver nota* ▸ *adj inv* (*Culin*) casero(-a); (*dans un restaurant, fig*) de la casa; (*syndicat*) propio(-a); (*fam : bagarre etc*) bárbaro(-a)

MAISONS DES JEUNES ET DE LA CULTURE

Las **maisons des jeunes et de la culture** o **MJC**, parcialmente subvencionadas por el estado, son centros juveniles que organizan una amplia gama de actividades deportivas y culturales y además llevan a cabo una labor social.

Maison-Blanche [mɛzɔ̃blɑ̃ʃ] *nf* : **la ~** la Casa Blanca
maisonnée [mɛzɔne] *nf* familia
maisonnette [mɛzɔnɛt] *nf* casita
maître[1], -esse [mɛtʀ, ɛs] *nm/f* (*Scol*) maestro(-a); (*du chien*) dueño(-a); **le ~ des lieux** el dueño del lugar; **rester ~ de soi-même** dominarse a sí mismo; **~ d'école** maestro(-a) de primaria *o* de escuela; **~ de maison** amo(-a) *ou* dueño(-a) de la casa ▸ *adj* maestro(-a); (*Cartes*) principal; **une maîtresse femme** toda una mujer; **carte maîtresse** (*fig*) as *m* en la manga; *voir aussi* **maîtresse**
maître[2] [mɛtʀ] *nmf* (*peintre etc*) maestro(-a); **être ~ de** dominar; **passer ~ dans l'art de** llegar a dominar el arte de; **se rendre ~ de**

(*pays, ville*) adueñarse de; (*situation, incendie*) dominar; **maison de ~** casa señorial; **voiture de ~** coche *m* con chófer; **~ à penser** maestro(-a); **~ auxiliaire** (*Scol*) profesor(a) adjunto(-a); **~ chanteur(-euse)** chantajista *mf*; **~ d'armes** maestro(-a) de armas; **~ de chapelle** maestro(-a) de capilla; **~ de conférences** (*Univ*) profesor(a); **~ d'hôtel** (*dans un restaurant*) jefe(-a) de comedor, maître *mf*; **~ nageur(-euse)** monitor(a) de natación; (*qui porte secours*) socorrista *mf*; **~ d'œuvre** (*Constr*) contratista *mf*; **~ d'ouvrage** (*Constr*) maestro(a) de obras; **~ queux** jefe(-a) de cocina ▸ *nm* (*Jur*) maestro; **M~** *título que se da en Francia a abogados, procuradores y notarios*

maître-assistant, e [mɛtʀasistɑ̃, ɑ̃t] (*pl* **maîtres-assistants, -es**) *nm/f* (*Univ*) profesor(a) adjunto(-a)

maître-autel [mɛtʀotɛl] (*pl* **maîtres-autels**) *nm* altar *m* mayor

maîtresse [mɛtʀɛs] *nf* (*amante*) amante *f*; *voir aussi* **maître**[1]

maîtrise [metʀiz] *nf* (*aussi* : **maîtrise de soi**) dominio de sí mismo; (*calme*) serenidad *f*; (*habileté, virtuosité*) maestría; (*suprématie*) dominio; (*diplôme*) ≈ licenciatura; (*contremaîtres et chefs d'équipe*) capataces *mpl*

maîtriser [metʀize] *vt* dominar; **se maîtriser** *vpr* dominarse

maïzena® [maizena] *nf* maicena, maizena®

majesté [maʒɛste] *nf* : **~ royale/impériale** majestad *f* real/imperial; (*titre*) : **Sa/Votre M~** Su/Vuestra Majestad

majestueusement [maʒɛstɥøzmɑ̃] *adv* majestuosamente

majestueux, -euse [maʒɛstɥø, øz] *adj* (*fleuve, édifice*) majestuoso(-a)

majeur, e [maʒœʀ] *adj* mayor; (*Jur : personne*) mayor de edad; (*préoccupation*) principal; **en majeure partie** en su mayor parte; **la majeure partie de** la mayor parte de ▸ *nm/f* (*Jur*) mayor *mf* de edad ▸ *nm* (*doigt*) (dedo) corazón *m*

major [maʒɔʀ] *nm* (*Mil*) ≈ subteniente *m*; **~ de la promotion** (*Scol*) primero de la promoción

majoration [maʒɔʀasjɔ̃] *nf* recargo

majordome [maʒɔʀdɔm] *nm* mayordomo

majorer [maʒɔʀe] *vt* recargar

majorette [maʒɔʀɛt] *nf* majorette *f*

majoritaire [maʒɔʀitɛʀ] *adj* mayoritario(-a); **système/scrutin ~** sistema *m*/escrutinio mayoritario

majorité [maʒɔʀite] *nf* mayoría; (*Jur*) mayoría de edad; **en ~** en su mayoría; **avoir la ~** tener la mayoría; **la ~ silencieuse** la mayoría silenciosa; **~ absolue/relative** mayoría absoluta/relativa; **~ civile** mayoría de edad (*para el ejercicio de los derechos civiles*); **~ électorale** *mayoría de edad para votar*; **~ pénale** mayoría de edad

Majorque [maʒɔʀk] *nf* Mallorca

majorquin, e [maʒɔʀkɛ̃, in] *adj* mallorquín(-ina) ▸ *nm/f* : **Majorquin, e** mallorquín(-ina)

majuscule [maʒyskyl] *adj, nf* : **(lettre) ~** (letra) mayúscula

mal, maux [mal, mo] *nm* (*tort, épreuve, malheur*) desgracia; (*douleur physique*) dolor *m*; (*maladie*) mal *m*; (*difficulté*) dificultad *f*; (*souffrance morale*) sufrimiento; (*péché*) : **le ~** el mal; **dire du ~ de qn** hablar mal de algn; **ne vouloir de ~ à personne** no querer hacer daño a nadie; **il n'a rien fait de ~** no ha hecho nada malo; **penser du ~ de qn** pensar mal de algn; **ne voir aucun ~ à** no ver ningún mal en; **sans penser** *ou* **songer à ~** sin mala intención; **faire du ~ à qn** hacer daño a algn; **il n'y a pas de ~** no pasa nada; **se donner du ~ pour faire qch** esforzarse para hacer algo; **prendre ~** ponerse enfermo(-a); **ça fait ~** duele; **j'ai ~ (ici)** me duele (aquí); **j'ai ~ au dos** me duele la espalda; **avoir ~ à la tête/aux dents** tener dolor de cabeza/de muelas; **avoir ~ au cœur** tener náuseas; **se faire ~** hacerse daño; **se faire ~ au pied** hacerse daño en el pie; **j'ai du ~ à le faire** me cuesta hacerlo; **avoir le ~ de l'air** marearse (en los aviones); **avoir le ~ du pays** tener morriña; **~ de la route/de mer** mareo; **~ de ventre** dolor de barriga ▸ *adv* mal; **se sentir/se trouver ~** sentirse/encontrarse mal; **être ~ avec qn** andar de malas con algn; **il comprend ~** no entiende bien; **il a ~ compris** ha entendido mal; **~ tourner** ir mal; **craignant ~ faire** temiendo hacer mal ▸ *adj inv* : **c'est ~ (de faire)** está mal (hacer); **être ~** (*mal installé*) estar incómodo(-a); **~ en point** en mal estado

malabar [malabaʀ] *nm* grandullón *m*

malachite [malaʃit] *nf* malaquita

malade [malad] *adj* enfermo(-a); (*poitrine, jambe*) malo(-a); **tomber ~** caer enfermo(-a); **être ~ du cœur** estar enfermo(-a) del corazón ▸ *nmf* enfermo(-a); **grand(e) ~** enfermo(-a) grave; **~ mental(e)** enfermo(-a) mental

maladie [maladi] *nf* enfermedad *f*; **être rongé par la ~** estar consumido por la enfermedad; **~ bleue** cianosis *f inv*; **~ de peau** enfermedad de la piel

maladif, -ive [maladif, iv] *adj* enfermizo(-a)

maladresse [maladʀɛs] *nf* torpeza

maladroit, e [maladʀwa, wat] *adj* torpe

maladroitement [maladʀwatmɑ̃] *adv* torpemente

mal-aimé, e [maleme] (*pl* **mal-aimés, -es**) *nm/f* malquerido(-a)

malais, e [malɛ, ɛz] *adj* malayo(-a) ▸ *nm* (*Ling*) malayo ▸ *nm/f* : **Malais, e** malayo(-a)

malaise [malɛz] *nm* malestar *m*; **avoir un ~** marearse; **~ cardiaque** malestar cardíaco
malaisé, e [maleze] *adj* difícil
Malaisie [malɛzi] *nf* Malasia
malappris, e [malapʀi, iz] *nm/f* maleducado(-a)
malaria [malaʀja] *nf* malaria
malavisé, e [malavize] *adj* desacertado(-a)
Malawi [malawi] *nm* Malawi *m*
malaxer [malakse] *vt* amasar; (*mêler*) mezclar
malaxeur [malaksœʀ] *nm* (*Tech*) hormigonera
Malaysia [malɛzja] *nf* Malasia
malbouffe [malbuf] (*fam*) *nf* : **la ~** la comida basura
malchance [malʃɑ̃s] *nf* mala suerte *f*; (*mésaventure*) desgracia; **par ~** por desgracia; **quelle ~ !** ¡qué mala suerte!
malchanceux, -euse [malʃɑ̃sø, øz] *adj* desafortunado(-a)
malcommode [malkɔmɔd] *adj* incómodo(-a)
Maldives [maldiv] *nfpl* : **les (îles) ~** las (islas) Maldivas
maldonne [maldɔn] *nf* (*Cartes*) *cartas mal dadas*; **il y a ~** (*fig*) aquí hay un error
mâle [mɑl] *nm* macho ▸ *adj* macho; (*viril*) varonil, viril; **prise ~** (*Élec*) clavija; **souris ~** ratón *m* macho
malédiction [malediksjɔ̃] *nf* maldición *f*; (*fatalité, malchance*) desgracia
maléfice [malefis] *nm* maleficio
maléfique [malefik] *adj* maléfico(-a)
malencontreusement [malɑ̃kɔ̃tʀøzmɑ̃] *adv* desgraciadamente
malencontreux, -euse [malɑ̃kɔ̃tʀø, øz] *adj* desgraciado(-a)
malentendant, e [malɑ̃tɑ̃dɑ̃, ɑ̃t] *nm/f* : **les malentendants** las personas con defectos de audición
malentendu [malɑ̃tɑ̃dy] *nm* malentendido
malfaçon [malfasɔ̃] *nf* defecto
malfaisant, e [malfəzɑ̃, ɑ̃t] *adj* (*bête*) dañino(-a); (*être*) malo(-a); (*idées, influence*) nocivo(-a)
malfaiteur, -trice [malfɛtœʀ, tʀis] *nm/f* malhechor(a)
malfamé, e [malfame] *adj* de mala fama
malformation [malfɔʀmasjɔ̃] *nf* malformación *f*
malfrat [malfʀa] *nm* malhechor *m*
malgache [malgaʃ] *adj* malgache ▸ *nm* (*Ling*) malgache *m* ▸ *nmf* : **Malgache** malgache *mf*
malgré [malgʀe] *prép* (*contre le gré de*) contra la voluntad de; (*en dépit de*) a pesar de; **~ moi/lui** a pesar mío/suyo; **~ tout** a pesar de todo
malhabile [malabil] *adj* torpe
malheur [malœʀ] *nm* desgracia; (*ennui*) problema *m*; **par ~** por desgracia; **quel ~ !** ¡qué desgracia!; **faire un ~** (*fam : un éclat*) explotar; (*: avoir du succès*) arrasar (*fam*)
malheureusement [maløʀøzmɑ̃] *adv* desgraciadamente
malheureux, -euse [maløʀø, øz] *adj* (*triste : personne*) infeliz, desdichado(-a); (*existence, accident*) desgraciado(-a), desdichado(-a); (*malchanceux : candidat*) derrotado(-a); (*: tentative*) fracasado(-a); (*insignifiant*) miserable; **la malheureuse femme/victime** la desdichada mujer/víctima; **avoir la main malheureuse** (*au jeu*) tener poca fortuna; (*tout casser*) ser un manazas ▸ *nm/f* desgraciado(-a); **les ~** los desamparados
malhonnête [malɔnɛt] *adj* deshonesto(-a)
malhonnêtement [malɔnɛtmɑ̃] *adv* sin honradez
malhonnêteté [malɔnɛtte] *nf* falta de honradez
Mali [mali] *nm* Mali *m*
malice [malis] *nf* malicia; (*méchanceté*) : **par ~** por maldad; **sans ~** sin malicia
malicieusement [malisjøzmɑ̃] *adv* maliciosamente
malicieux, -euse [malisjø, jøz] *adj* malicioso(-a)
malien, ne [maljɛ̃, ɛn] *adj* maliense, malí ▸ *nm/f* : **Malien, ne** maliense *mf*, malí *mf*
malignité [maliɲite] *nf* malicia; (*Méd*) malignidad *f*
malin, -igne [malɛ̃, maliɲ] *adj* (*rusé : f gén* **maline**) astuto(-a); (*malicieux : sourire*) pícaro(-a); (*Méd*) maligno(-a); **faire le ~** dárselas de listo; **éprouver un ~ plaisir à** regodearse con; **c'est ~ !** (*iron*) ¡qué listo!
malingre [malɛ̃gʀ] *adj* enteco(-a)
malintentionné, e [malɛ̃tɑ̃sjɔne] *adj* malintencionado(-a)
malle [mal] *nf* baúl *m*; **~ arrière** (*Auto*) maletero
malléabilité [maleabilite] *nf* maleabilidad *f*
malléable [maleabl] *adj* maleable
malle-poste [malpɔst] (*pl* **malles-poste**) *nf* coche *m* correo
mallette [malɛt] *nf* maletín *m*; (*coffret*) cofre *m*; **~ de voyage** maletín de viaje
malmener [malməne] *vt* maltratar; (*fig : adversaire*) dejar maltrecho(-a)
malnutrition [malnytʀisjɔ̃] *nf* desnutrición *f*
malodorant, e [malɔdɔʀɑ̃, ɑ̃t] *adj* maloliente
malotru, e [malɔtʀy] *nm/f* grosero(-a)
malouin, e [malwɛ̃, in] *adj* de Saint-Malo ▸ *nm/f* : **Malouin, e** nativo(-a) *ou* habitante *mf* de Saint-Malo
Malouines [malwin] *nfpl* : **les (îles) ~** las (islas) Malvinas
malpoli, e [malpɔli] *nm/f* maleducado(-a)
malpropre [malpʀɔpʀ] *adj* sucio(-a); (*travail*) mal hecho(-a); (*histoire, plaisanterie*) grosero(-a); (*malhonnête*) inmoral
malpropreté [malpʀɔpʀəte] *nf* suciedad *f*
malsain, e [malsɛ̃, ɛn] *adj* malsano(-a)

malséant, e [malseɑ̃, ɑ̃t] *adj* inoportuno(-a)
malsonnant, e [malsɔnɑ̃, ɑ̃t] *adj* malsonante
malt [malt] *nm* malta; **whisky pur ~** whisky *m* de malta
maltais, e [maltɛ, ɛz] *adj* maltés(-esa) ▸ *nm* (*Ling*) maltés *m* ▸ *nm/f* : **Maltais, e** maltés(-esa)
Malte [malt] *nf* Malta
malté, e [malte] *adj* malteado(-a)
maltraitance [maltʀɛtɑ̃s] *nf* maltrato
maltraiter [maltʀete] *vt* maltratar; (*critiquer, éreinter*) vapulear
malus [malys] *nm* (*Assurance*) recargo
malveillance [malvɛjɑ̃s] *nf* mala voluntad *f*; (*intention de nuire*) mala intención *f*; (*Jur*) malevolencia
malveillant, e [malvɛjɑ̃, ɑ̃t] *adj* malintencionado(-a)
malvenu, e [malvəny] *adj* : **être ~ de/à faire qch** no tener derecho a hacer algo
malversation [malvɛʀsasjɔ̃] *nf* malversación *f*
mal-vivre [malvivʀ] *nm inv* malestar *m*
malvoyant, e [malvwajɑ̃, ɑ̃t] *nm/f* persona con visión parcial
maman [mamɑ̃] *nf* mamá
mamelle [mamɛl] *nf* teta
mamelon [mam(ə)lɔ̃] *nm* (*Anat*) pezón *m*; (*petite colline*) montecillo
mamie [mami] (*fam*) *nf* abuelita, nana (*fam*)
mammaire [mamɛʀ] *adj* mamario(-a)
mammectomie [mamɛktɔmi] *nf* mastectomía
mammifère [mamifɛʀ] *nm* mamífero
mammographie [mamɔgʀafi] *nf* mamografía
mammoplastie [mamɔplasti] *nf* mamoplastia
mammouth [mamut] *nm* mamut *m*
mamours [mamuʀ] (*fam*) *nmpl* carantoñas *fpl*; **se faire des ~** hacerse carantoñas
management [manadʒmɛnt] *nm* (*techniques de gestion*) dirección *f* y gestión *f* de empresas, management *m*
manager [manadʒɛʀ] *nmf* director(a); (*Comm*) gerente *mf*; (*Sport*) mánager *mf*
managérial, e, -aux [manaʒeʀjal, o] *adj* directivo(-a), de gestión
manant [manɑ̃] *nm* (*vilain*) villano
manceau, -elle [mɑ̃so, ɛl] *adj* de Le Mans ▸ *nm/f* : **Manceau, -elle** nativo(-a) *ou* habitante *mf* de Le Mans
manche [mɑ̃ʃ] *nf* manga; (*Géo*) : **la M~** el Canal *m* de la Mancha; **à manches courtes/longues** (*vêtement*) de manga corta/larga; **faire la ~** pedir limosna; **~ à air** *nf* (*Aviat, Inform*) manga de aire ▸ *nm* mango; (*de violon, guitare*) mástil *m*; **se débrouiller comme un ~** (*fam*) hacer las cosas con los pies; **~ à balai** *nm* palo de escoba; (*Aviat*) palanca de mando; (*Inform*) palanca
manchette [mɑ̃ʃɛt] *nf* (*de chemise*) puño; (*coup*) *golpe dado con el antebrazo*; (*Presse*) cabecera, titular *m*; **faire la ~ des journaux** saltar a los titulares
manchon [mɑ̃ʃɔ̃] *nm* manguito; **~ (à incandescence)** camisa (incandescente)
manchot, e [mɑ̃ʃo, ɔt] *adj* manco(-a) ▸ *nm* (*Zool*) pingüino
mandale [mɑ̃dal] *nf* (*fam*) torta (*fam*), sopapo (*fam*)
mandarin [mɑ̃daʀɛ̃] *nm* (*Ling, Hist, ponte*) mandarín *m*
mandarine [mɑ̃daʀin] *nf* mandarina
mandarinier [mɑ̃daʀinje] *nm* mandarino
mandat [mɑ̃da] *nm* (*postal*) giro; (*d'un député, président*) mandato; (*procuration*) poder *m*; (*Police*) orden *f*; **toucher un ~** cobrar un giro; **~ d'amener** orden de comparecencia; **~ d'arrêt** orden de arresto; **~ de dépôt** orden de prisión; **~ de police** orden de registro
mandataire [mɑ̃datɛʀ] *nmf* mandatario(-a)
mandat-carte [mɑ̃dakaʀt] (*pl* **mandats-cartes**) *nm* giro postal (*en forma de postal*)
mandater [mɑ̃date] *vt* (*personne*) encargar; **~ un paiement** extender un libramiento
mandat-lettre [mɑ̃dalɛtʀ] (*pl* **mandats-lettres**) *nm* giro postal (*en forma de carta*)
mandat-poste [mɑ̃dapɔst] (*pl* **mandats-postes**) *nm* giro postal
mandature [mɑ̃datyʀ] *nf* mandato
mandchou, e [mɑ̃tʃu] *adj* manchú ▸ *nm* (*Ling*) manchú *m* ▸ *nm/f* : **Mandchou, e** manchú *mf*
Mandchourie [mɑ̃tʃuʀi] *nf* Manchuria
mander [mɑ̃de] *vt* ordenar
mandibule [mɑ̃dibyl] *nf* mandíbula
mandoline [mɑ̃dɔlin] *nf* mandolina
manège [manɛʒ] *nm* (*école d'équitation*) picadero; (*à la foire*) tiovivo; (*fig : manœuvre*) maniobra; **faire un tour de ~** dar una vuelta en tiovivo; **~ de chevaux de bois** caballitos *mpl*
manette [manɛt] *nf* palanca; **~ de jeu** palanca de juego
manganèse [mɑ̃ganɛz] *nm* manganeso
mangeable [mɑ̃ʒabl] *adj* (*comestible*) comestible; (*juste bon à manger*) comible
mangeaille [mɑ̃ʒaj] (*péj*) *nf* bazofia
mangeoire [mɑ̃ʒwaʀ] *nf* pesebre *m*
manger [mɑ̃ʒe] *vt* comer; (*ronger : suj : rouille etc*) carcomer; (*consommer*) gastar; (*capital*) despilfarrar ▸ *vi* comer
mange-tout [mɑ̃ʒtu] *nm inv* (*Bot*) tirabeque *m*; **haricot ~** judía verde
mangeur, -euse [mɑ̃ʒœʀ, øz] *nm/f* comedor(a)
mangouste [mɑ̃gust] *nf* mangosta
mangrove [mɑ̃gʀɔv] *nf* manglar *m*

m

mangue [mɑ̃g] *nf* mango
maniabilité [manjabilite] *nf* manejabilidad *f*
maniable [manjabl] *adj* manejable; (*fig : personne*) manipulable
maniaque [manjak] *adj* maniático(-a) ▸ *nmf* (*obsédé, fou*) maníaco(-a); (*pointilleux*) maniático(-a)
manichéen, ne [manikeɛ̃, ɛn] *adj* maniqueo(-a)
manie [mani] *nf* manía
maniement [manimɑ̃] *nm* manejo; **~ d'armes** (*Mil*) manejo de armas
manier [manje] *vt* manejar
manière [manjɛʀ] *nf* manera; (*genre, style*) estilo; **de ~ à** con objeto de; **de telle ~ que** de tal manera que; **de cette ~** de esta manera; **d'une ~ générale** en general; **de toute ~** de todas maneras; **d'une certaine ~** en cierto sentido; **à la ~ de (qn)** a la manera de (algn); **employer la ~ forte** emplear la fuerza; **complément/adverbe de ~** complemento/ adverbio de modo; **manières** *nfpl* (*attitude*) modales *mpl*; (*chichis*) melindres *mpl*; **manquer de manières** carecer de educación; **faire des manières** andar con remilgos; **sans manières** sin ceremonias
maniéré, e [manjeʀe] *adj* amanerado(-a)
manif [manif] (*fam*) *nf* mani *f* (*fam*), manifa (*fam*)
manifestant, e [manifɛstɑ̃, ɑ̃t] *nm/f* manifestante *mf*
manifestation [manifɛstasjɔ̃] *nf* manifestación *f*; (*fête, réunion etc*) acto
manifeste [manifɛst] *adj* manifiesto(-a) ▸ *nm* manifiesto
manifestement [manifɛstəmɑ̃] *adv* manifiestamente
manifester [manifɛste] *vt* manifestar ▸ *vi* (*Pol*) manifestarse; **se manifester** *vpr* manifestarse; (*témoin*) presentarse
manigance [manigɑ̃s] *nf* artimaña
manigancer [manigɑ̃se] *vt* tramar
Manille [manij] *n* Manila
manioc [manjɔk] *nm* mandioca
manip [manip] (*fam*) *nf* (*Inform*) operación *f*; **faire une fausse ~** cometer un error de manejo
manipulateur, -trice [manipylatœʀ, tʀis] *nm/f* (*aussi péj*) manipulador(a); (*prestidigitateur*) ilusionista *mf*
manipulation [manipylasjɔ̃] *nf* manipulación *f*; **~ génétique** manipulación genética
manipuler [manipyle] *vt* manipular
manique [manik] *nf* (*pour saisir les plats chauds*) manopla
manitou [manitu] *nm* (*chez les Indiens d'Amérique*) manitú *m*; (*fam : chef*) : **grand ~** mandamás *mf* (*fam*), pez *m* gordo (*fam*)
manivelle [manivɛl] *nf* manivela
manne [man] *nf* maná *m*
mannequin [mankɛ̃] *nm* (*Couture*) maniquí *m*; **taille ~** talla maniquí ▸ *nmf* (*Mode*) modelo *mf*
manœuvrabilité [manœvʀabilite] *nf* maniobrabilidad *f*
manœuvrable [manœvʀabl] *adj* maniobrable
manœuvre [manœvʀ] *nf* maniobra; **fausse ~** maniobra falsa ▸ *nm* peón *m* (de obra)
manœuvrer [manœvʀe] *vt* (*aussi fig*) manejar ▸ *vi* maniobrar
manoir [manwaʀ] *nm* casa solariega
manomètre [manɔmɛtʀ] *nm* manómetro
manouche [manuʃ] *nmf* gitano(-a)
manquant, e [mɑ̃kɑ̃, ɑ̃t] *adj* : **la/les page(s) manquante(s)** la(s) página(s) que falta(n)
manque [mɑ̃k] *nm* falta; **par ~ de** por falta de; **être en ~** tener el síndrome de abstinencia; **~ à gagner** lucro cesante; **manques** *nmpl* (*lacunes*) lagunas *fpl*
manqué, e [mɑ̃ke] *adj* fracasado(-a), fallido(-a); *voir aussi* **garçon**
manquement [mɑ̃kmɑ̃] *nm* : **~ à** infracción *f* de
manquer [mɑ̃ke] *vi* faltar; (*échouer*) fallar, fracasar; **l'argent qui leur manque** el dinero que les falta; **la voix lui a manqué** le falló la voz; **~ à qch** faltar a algo; **~ à qn** : **il/cela me manque** le/lo echo de menos; **~ de** carecer de; **nous manquons de feutres** se nos han agotado los rotuladores, no nos quedan rotuladores; **ne pas ~ de faire** : **il n'a pas manqué de le dire** no dejó de decirlo; **je n'y manquerai pas** no dejaré de hacerlo; **~ (de) faire** : **il a manqué (de) se tuer** por poco se mata ▸ *vt* (*coup, objectif*) fallar; (*cours, réunion*) faltar a; (*occasion*) perder; **j'ai manqué la photo** no me ha salido bien la foto; **ne pas ~ qn** vérselas con algn ▸ *vb impers* : **il (nous) manque 1/10 euros** nos falta 1 euro/faltan 10 euros; **il manque des pages** faltan páginas; **il ne manquerait plus que ...** faltaría solo que ...

> En espagnol, pour dire que quelqu'un ou quelque chose nous manque, on emploie l'expression *echar de menos* dans laquelle c'est la personne qui ressent le manque qui est sujet de la phrase, la construction étant inversée par rapport au français : **Ma famille me manque.** Echo de menos a mi familia.

mansarde [mɑ̃saʀd] *nf* buhardilla
mansardé, e [mɑ̃saʀde] *adj* abuhardillado(-a)
mansuétude [mɑ̃sɥetyd] *nf* mansedumbre *f*
mante [mɑ̃t] *nf* : **~ religieuse** santateresa, mantis *f inv* religiosa

manteau, x [mɑ̃to] *nm* abrigo; (*de cheminée*) campana; **sous le ~** (*vendre*) bajo cuerda
mantille [mɑ̃tij] *nf* mantilla
manucure [manykyʀ] *nf* manicura
manucuré, e [manykyʀe] *adj* (*mains, ongles, personne*) manicurado(-a)
manuel, le [manɥɛl] *adj* manual; **travailleur ~** trabajador *m* manual ▸ *nm/f* : **je suis un ~** lo mío es trabajar con las manos ▸ *nm* (*livre*) manual *m*
manuellement [manɥɛlmɑ̃] *adv* manualmente
manufacture [manyfaktyʀ] *nf* manufactura
manufacturé, e [manyfaktyʀe] *adj* manufacturado(-a)
manufacturier, -ière [manyfaktyʀje, jɛʀ] *nm/f* fabricante *mf*
manuscrit, e [manyskʀi, it] *adj* manuscrito(-a) ▸ *nm* manuscrito
manutention [manytɑ̃sjɔ̃] *nf* manipulación *f*
manutentionnaire [manytɑ̃sjɔnɛʀ] *nmf* manipulador(a)
manutentionner [manytɑ̃sjɔne] *vt* manipular
maoïste [maɔist] *adj, nmf* maoísta *mf*
maori, e [maɔʀi] *adj* maorí *inv* ▸ *nm* (*Ling*) maorí *m* ▸ *nm/f* : **Maori, e** maorí *mf*
maous, se [maus] (*fam*) *adj* grandote (*fam*), enorme
mappemonde [mapmɔ̃d] *nf* mapamundi *m*
maquereau, x [makʀo] *nm* (*Zool*) caballa; (*fam : proxénète*) chulo
maquerelle [makʀɛl] (*fam*) *nf* patrona de casa de citas
maquette [makɛt] *nf* maqueta; (*d'une page illustrée, affiche*) boceto
maquettiste [maketist] *nmf* maquetista *mf*; **~ publicitaire** maquetista publicitario(-a)
maquignon [makiɲɔ̃] *nm* chalán *m*
maquillage [makijaʒ] *nm* maquillaje *m*
maquiller [makije] *vt* (*aussi fig*) maquillar; (*passeport*) falsificar; **se maquiller** *vpr* maquillarse
maquilleur, -euse [makijœʀ, øz] *nm/f* maquillador(a)
maquis [maki] *nm* (*Géo*) monte *m* bajo; (*fig*) embrollo; (*Mil*) maquis *m inv*
maquisard, e [makizaʀ, aʀd] *nm/f* maquis *mf inv*
marabout [maʀabu] *nm* marabú *m*
maraîchage [maʀɛʃaʒ] *nm* cultivos *mpl* de huerta
maraîcher, -ère [maʀeʃe, ɛʀ] *adj* : **cultures maraîchères** cultivos *mpl* de huerta ▸ *nm/f* hortelano(-a)
marais [maʀɛ] *nm* pantano; **~ salant** salina
marasme [maʀasm] *nm* marasmo
marathon [maʀatɔ̃] *nm* maratón *m*
marathonien, ne [maʀatɔnjɛ̃, jɛn] *nm/f* maratoniano(-a)
marâtre [maʀɑtʀ] *nf* madrastra
maraude [maʀod] *nf* (*vol*) ratería; (*vagabondage*) merodeo; **en ~** de ronda; (*taxi*) en busca de clientes
maraudeur, -euse [maʀodœʀ, øz] *nm/f* ratero(-a)
marbre [maʀbʀ] *nm* mármol *m*; (*Typo*) platina; **rester de ~** quedarse de piedra
marbré, e [maʀbʀe] *adj* (*matériau*) jaspeado(-a); (*peau*) amoratado(-a); **un gâteau ~** un pastel de mármol ▸ *nm* (*gâteau*) pastel *m* de mármol
marbrer [maʀbʀe] *vt* (*matériau*) jaspear; (*peau*) amoratar
marbrerie [maʀbʀəʀi] *nf* marmolería
marbrier [maʀbʀije] *nm* marmolista *m*
marbrière [maʀbʀijɛʀ] *nf* cantera de mármol
marbrures [maʀbʀyʀ] *nfpl* moraduras *fpl*
marc [maʀ] *nm* (*de raisin, pommes, aussi alcool*) orujo; **~ de café** poso de café
marcassin [maʀkasɛ̃] *nm* jabato
marchand, e [maʀʃɑ̃, ɑ̃d] *nm/f* comerciante *mf*; (*au marché*) vendedor(a); **~ au détail/en gros** vendedor(a) minorista/mayorista; **~ de biens** corredor(a) de fincas; **~ de canons** (*péj*) traficante *mf* de armas; **~ de charbon** carbonero(-a); **~ de couleurs** droguero(-a); **~ de cycles** vendedor(a) de bicicletas; **~ de fruits** frutero(-a); **~ de journaux** vendedor(a) de periódicos; **~ de légumes** verdulero(-a); **~ de poisson** pescadero(-a); **~ de sable** (*fig*) *genio fabuloso que duerme a los niños*; **~ de tableaux** marchante *mf*; **~ de tapis** vendedor(a) de alfombras; **~ de vins** vinatero(-a); **~ des quatre saisons** vendedor(a) ambulante de frutas y verduras ▸ *adj* : **prix ~** precio de coste; **valeur marchande** valor *m* comercial; **qualité marchande** calidad *f* corriente
marchandage [maʀʃɑ̃daʒ] *nm* regateo; (*péj : électoral*) negociaciones *fpl*
marchander [maʀʃɑ̃de] *vt, vi* regatear
marchandisage [maʀʃɑ̃dizaʒ] *nm* merchandising *m*, promoción *f* comercial
marchandise [maʀʃɑ̃diz] *nf* mercancía
marchant, e [maʀʃɑ̃, ɑ̃t] *adj* : **aile marchante** (*d'un parti*) ala activa
marche [maʀʃ] *nf* marcha; (*d'escalier*) escalón *m*; (*allure, démarche*) paso; (*du temps, progrès*) curso; **ouvrir/fermer la ~** abrir/cerrar la marcha; **à une heure de ~** a una hora de camino; **dans le sens de la ~** (*Rail*) en el sentido de la marcha; **monter/prendre en ~** subir/coger en marcha; **mettre en ~** poner en marcha; **remettre qch en ~** arreglar algo; **se mettre en ~** ponerse en marcha; **~ arrière** (*Auto*) marcha atrás; **faire ~ arrière** (*Auto, aussi fig*) dar marcha atrás; **~ à suivre** pasos *mpl* a seguir; (*sur notice*) método

m

marché [maʀʃe] *nm* mercado; (*accord, affaire*) trato; **par-dessus le ~** por añadidura; **faire son ~** ir a la compra; **mettre à qn le ~ en main** obligar a algn a tomar una decisión; **~ à terme/au comptant** (*Bourse*) operación *f* a plazo/al contado; **~ aux fleurs** mercado de flores; **~ aux puces** rastro, mercadillo; **M~ commun** Mercado Común; **~ du travail** mercado de trabajo; **~ noir** mercado negro

marchepied [maʀʃəpje] *nm* (*Rail*) estribo; (*fig*) trampolín *m*

marcher [maʀʃe] *vi* andar; (*se promener*) caminar; (*Mil, affaires*) marchar; (*fonctionner*) funcionar; (*fam : croire naïvement*) tragar; **d'accord, je marche** (*fam*) bueno, me parece bien; **~ sur** caminar por; (*mettre le pied sur*) pisar; (*Mil*) avanzar hacia; **~ dans** (*herbe, neige*) caminar por; (*flaque*) meterse en; **faire ~ qn** (*pour rire*) tomar el pelo a algn; (*pour tromper*) engañar a algn

marcheur, -euse [maʀʃœʀ, øz] *nm/f* andarín(-ina)

marcotte [maʀkɔt] *nf* acodo

marcotter [maʀkɔte] *vt* acodar

mardi [maʀdi] *nm* martes *m inv*; **M~ gras** martes de Carnaval; *voir aussi* **lundi**

mare [maʀ] *nf* charco; **~ de sang** charco de sangre

marécage [maʀekaʒ] *nm* ciénaga

marécageux, -euse [maʀekaʒø, øz] *adj* cenagoso(-a)

maréchal, e, -aux [maʀeʃal, o] *nm/f* mariscal *mf*; **~ des logis** sargento *mf*

maréchal-ferrant [maʀeʃalfɛʀɑ̃] (*pl* **maréchaux-ferrants**) *nm* herrador *m*

maréchaussée [maʀeʃose] *nf* (*hum*) gendarmería

marée [maʀe] *nf* marea; (*poissons*) pescado fresco; **contre vents et marées** (*fig*) contra viento y marea; **~ basse/haute** marea baja/alta; **~ d'équinoxe** marea de equinoccio; **~ humaine** marea humana; **~ montante/descendante** flujo/reflujo; **~ noire** marea negra

marelle [maʀɛl] *nf* rayuela

marémotrice [maʀemɔtʀis] *adj f* : **usine/énergie ~** fábrica/energía maremotriz

mareyeur, -euse [maʀɛjœʀ, øz] *nm/f* marisquero(-a)

margarine [maʀgaʀin] *nf* margarina

marge [maʀʒ] *nf* margen *m*; **en ~ (de)** al margen (de); **~ bénéficiaire** (*Comm*) margen de beneficios; **~ de fluctuation** (*Comm*) banda de fluctuación; **~ d'erreur/de sécurité** margen de error/de seguridad

margelle [maʀʒɛl] *nf* brocal *m*

margeur [maʀʒœʀ] *nm* marginador *m*

marginal, e, -aux [maʀʒinal, o] *adj* marginal ▸ *nm/f* persona marginal

marginalisation [maʀʒinalizasjɔ̃] *nf* marginación *f*

marginaliser [maʀʒinalize] *vt* marginar

marginalité [maʀʒinalite] *nf* marginalidad *f*

marguerite [maʀgəʀit] *nf* margarita

marguillier [maʀgije] *nm mayordomo de una parroquia*

mari [maʀi] *nm* marido

mariage [maʀjaʒ] *nm* matrimonio; (*noce*) boda; (*fig : de mots, couleurs*) combinación *f*; **~ blanc** matrimonio de conveniencia (*para obtener la residencia o la nacionalidad*); **~ civil/religieux** matrimonio civil/religioso; **~ d'amour/d'intérêt/de raison** matrimonio por amor/por interés/de conveniencia

marié, e [maʀje] *adj* casado(-a) ▸ *nm/f* novio(-a); **les mariés** los novios; **les jeunes mariés** los recién casados; **vive la mariée !** ¡viva la novia!

marier [maʀje] *vt* casar; (*fig : couleur*) combinar; **se marier** *vpr* : **se ~ (avec)** casarse (con); (*fig*) casar (con)

marijuana [maʀiʒwana] *nf* marihuana, marijuana

marin, e [maʀɛ̃, in] *adj* marino(-a); (*carte, lunette*) náutico(-a); **avoir le pied ~** saber mantener el equilibrio a bordo de un barco; (*ne pas avoir le mal de mer*) no marearse en los barcos ▸ *nm* marino; (*matelot*) marinero

marina [maʀina] *nf* puerto deportivo

marinade [maʀinad] *nf* escabeche *m*

marine [maʀin] *adj f voir* **marin** ▸ *nf* (*aussi Art*) marina; **~ à voiles** marina de vela; **~ marchande/de guerre** marina mercante/de guerra ▸ *adj inv* azul marino ▸ *nm* (*Mil*) marine *m*, soldado de infantería de marina; (*couleur*) azul marino

mariner [maʀine] *vt, vi* escabechar; **faire ~ qn** (*fam*) tener a algn plantado(-a) (*fam*)

marinier [maʀinje] *nm* marinero

marinière [maʀinjɛʀ] *nf* blusa marinera ▸ *adj inv* : **moules ~** mejillones *mpl* a la marinera

marionnette [maʀjɔnɛt] *nf* (*aussi péj*) marioneta; **marionnettes** *nfpl* (*spectacle*) marionetas *fpl*

marionnettiste [maʀjɔnetist] *nmf* marionetista *mf*

marital, e, -aux [maʀital, o] *adj* : **autorisation maritale** autorización *f* marital

maritalement [maʀitalmɑ̃] *adv* maritalmente

maritime [maʀitim] *adj* marítimo(-a)

marjolaine [maʀʒɔlɛn] *nf* mejorana

mark [maʀk] *nm* (*monnaie*) marco

marketing [maʀketiŋ] *nm* (*Comm*) marketing *m*, márquetin *m*, mercadotecnia

marmaille [maʀmɑj] (*péj*) *nf* pandilla

marmelade [marməlad] *nf* mermelada; **en ~** (*fig*) hecho(-a) migas; **~ d'oranges** mermelada de naranja
marmite [marmit] *nf* (*récipient*) marmita; (*contenu*) cocido; **faire bouillir la ~** (*fig*) ganarse el pan
marmiton [marmitɔ̃] *nm* pinche *m*, marmitón *m*
marmonner [marmɔne] *vt* mascullar
marmot [marmo] (*fam*) *nm* renacuajo
marmotte [marmɔt] *nf* marmota
marmotter [marmɔte] *vt* mascullar
marne [marn] *nf* marga
Maroc [marɔk] *nm* Marruecos *msg*
marocain, e [marɔkɛ̃, ɛn] *adj* marroquí ▸ *nm/f* : **Marocain, e** marroquí *mf*
maronite [marɔnit] *adj, nmf* maronita *mf*
maroquin [marɔkɛ̃] *nm* (*peau*) tafilete *m*; (*fig*) cartera de ministro
maroquinerie [marɔkinri] *nf* marroquinería
maroquinier [marɔkinje] *nm* marroquinero(-a)
marotte [marɔt] *nf* manía
marquage [markaʒ] *nm* marcado
marquant, e [markɑ̃, ɑ̃t] *adj* destacado(-a); (*personnalité*) especial
marque [mark] *nf* marca; (*d'une fonction, d'un grade*) distintivo; **à vos marques !** (*Sport*) ¡preparados!; **de ~** *adj* (*Comm : produit*) de marca; (*fig*) destacado(-a); **~ d'affection** muestra de afecto; **~ de fabrique** marca de fábrica; **~ déposée** marca registrada; **~ du pluriel** (*Ling*) terminación *f* de plural
marqué, e [marke] *adj* marcado(-a); (*visage*) envejecido(-a); (*taille*) acentuado(-a); **il n'y a rien de ~** no hay nada anotado; **~ à gauche/à droite** (*personnalité, discours*) de izquierdas/de derechas, izquierdista/derechista
marquer [marke] *vt* marcar; (*inscrire*) anotar; (*frontières*) señalar; (*suj : chose : laisser une trace sur*) dejar una marca en; (*endommager*) afectar; (*fig : impressionner*) impresionar; (*assentiment, refus*) manifestar; **~ qch de/par** señalar algo con; **~ qn de son influence** influir en algn; **~ qch de son empreinte** dejar su impronta en algo; **~ un temps d'arrêt** hacer una pausa; **~ le pas** (*fig*) marcar el paso; **~ d'une pierre blanche** señalar con una piedra blanca; **~ les points** apuntar los tantos ▸ *vi* dejar marca; (*Sport*) marcar
marqueté, e [markəte] *adj* taraceado(-a)
marqueterie [markɛtri] *nf* marquetería
marqueur, -euse [markœr, øz] *nm/f* (*Sport*) goleador(a) ▸ *nm* rotulador *m*
marquis, e [marki, iz] *nm/f* marqués(-esa)
marquise [markiz] *nf* (*auvent*) marquesina
Marquises [markiz] *nfpl* : **les (îles) ~** las (islas) Marquesas
marraine [marɛn] *nf* madrina
Marrakech [marakɛʃ] *n* Marrakech
marrant, e [marɑ̃, ɑ̃t] (*fam*) *adj* divertido(-a); **ce n'est pas ~** no tiene gracia
marre [mar] (*fam*) *adv* : **en avoir ~ (de)** estar harto(-a) (de)
marrer [mare] (*fam*) : **se marrer** *vpr* reírse
marron [marɔ̃] *nm* (*aussi fam*) castaña; **~ d'Inde** castaña de Indias; **marrons glacés** castañas *fpl* confitadas ▸ *adj inv* (*couleur*) marrón *inv* ▸ *adj* (*péj : avocat, médecin*) corrupto(-a)
marronnier [marɔnje] *nm* castaño de Indias
Mars [mars] *nm ou f* Marte *m*
mars [mars] *nm* marzo; *voir aussi* **juillet**
marseillais, e [marsɛjɛ, ɛz] *adj* marsellés(-esa) ▸ *nm/f* : **Marseillais, e** marsellés(-esa); *ver nota*

LA MARSEILLAISE

La **Marseillaise** es el himno nacional francés desde 1879. La letra del *Chant de guerre de l'armée du Rhin*, título original de la canción, fue escrita en 1792 por el capitán del ejército Rouget de Lisle, basándose en una melodía anónima. Adoptada más tarde como marcha militar por el batallón de Marsella, terminó conociéndose como la Marsellesa.

Marseille [marsɛj] *n* Marsella
marsouin [marswɛ̃] *nm* marsopa
marsupial, e, -aux [marsypjal, jo] *adj, nm* marsupial *m* **marsupiaux** *nmpl* marsupiales *mpl*
marteau [marto] *nm* martillo; (*de porte*) aldaba; **~ pneumatique** martillo neumático
marteau-pilon [martopilɔ̃] (*pl* **marteaux-pilons**) *nm* martillo pilón
marteau-piqueur [martopikœr] (*pl* **marteaux-piqueurs**) *nm* martillo neumático
martel [martɛl] *nm* : **se mettre ~ en tête** quemarse la sangre
martèlement [martɛlmɑ̃] *nm* martilleo
marteler [martəle] *vt* martillear; (*mots, phrases*) recalcar
martial, e, -aux [marsjal, jo] *adj* marcial; **arts martiaux** artes *fpl* marciales; **cour martiale** consejo de guerra; **loi martiale** ley *f* marcial
martien, ne [marsjɛ̃, jɛn] *adj* marciano(-a)
martinet [martinɛ] *nm* (*fouet*) disciplinas *fpl*; (*Zool*) vencejo
martingale [martɛ̃gal] *nf* (*Couture*) trabilla; (*Jeu*) martingala
martiniquais, e [martinikɛ, ɛz] *adj* martiniqués(-esa) ▸ *nm/f* : **Martiniquais, e** martiniqués(-esa)

m

Martinique [maʀtinik] *nf* Martinica
martin-pêcheur [maʀtɛ̃pɛʃœʀ] (*pl* **martins-pêcheurs**) *nm* martín *m* pescador
martre [maʀtʀ] *nf* marta; **~ zibeline** marta cibelina
martyr, e [maʀtiʀ] *nm/f* mártir *mf* ▸ *adj* mártir; **enfants martyrs** niños *mpl* mártires
martyre [maʀtiʀ] *nm* (*aussi fig*) martirio; **souffrir le ~** pasar un martirio
martyriser [maʀtiʀize] *vt* martirizar
marxisme [maʀksism] *nm* marxismo
marxiste [maʀksist] *adj, nmf* marxista *mf*
mas [mɑ(s)] *nm* masía
mascara [maskaʀa] *nm* rímel *m*
mascarade [maskaʀad] *nf* mascarada
mascotte [maskɔt] *nf* mascota
masculin, e [maskylɛ̃, in] *adj* masculino(-a) ▸ *nm* masculino
masculinité [maskylinite] *nf* masculinidad *f*
maso [mazo] (*fam*) *adj, nmf* (*masochiste*) masoca *mf* (*fam*)
masochisme [mazɔʃism] *nm* masoquismo
masochiste [mazɔʃist] *adj, nmf* masoquista *mf*
masque [mask] *nm* (*aussi fig*) máscara; (*d'escrime, de soudeur*) careta; (*Méd*) mascarilla; **~ à gaz** máscara de gas, careta antigás *inv*; **~ à oxygène** máscara de oxígeno; **~ de beauté** mascarilla de belleza; **~ de plongée** gafas *fpl* de bucear
masqué, e [maske] *adj* enmascarado(-a); **bal ~** baile *m* de disfraces
masquer [maske] *vt* ocultar; (*goût, odeur*) disimular
massacrant, e [masakʀɑ̃, ɑ̃t] *adj* : **être d'une humeur massacrante** estar de un humor insoportable
massacre [masakʀ] *nm* masacre *f*; **jeu de ~** (*à la foire*) pim pam pum *m*; (*fig*) destrozo
massacrer [masakʀe] *vt* masacrar; (*fig*) destrozar
massage [masaʒ] *nm* masaje *m*; **~ cardiaque** masaje cardíaco
masse [mas] *nf* masa; (*de cailloux, documents*) montón *m*; (*d'un édifice, navire*) mole *f*; (*maillet*) maza; **la ~** (*péj : peuple*) la masa; **les masses laborieuses/paysannes** las masas trabajadoras/campesinas; **la grande ~ des ...** la gran masa de ...; **une ~ de, des masses de** (*fam*) un montón de, montones de; **en ~** en masa; **~ monétaire/salariale** masa monetaria/salarial
massepain [maspɛ̃] *nm* mazapán *m*
masser [mase] *vt* concentrar; (*personne, jambe*) dar masaje a; **se masser** *vpr* (*se regrouper*) concentrarse
masseur, -euse [masœʀ, øz] *nm/f* masajista *mf* ▸ *nm* (*appareil*) vibrador *m*
massicot [masiko] *nm* (*Typo*) guillotina
massicotier, -ière [masikɔtje, jɛʀ] *nm/f* (*Typo*) guillotinista *mf*
massif, -ive [masif, iv] *adj* (*porte, silhouette, or*) macizo(-a); (*dose*) masivo(-a) ▸ *nm* macizo
massivement [masivmɑ̃] *adv* masivamente
mass media [masmedja] *nmpl* mass media *mpl*, medios *mpl* de comunicación
massue [masy] *nf* maza; **argument ~** argumento contundente
mastectomie [mastɛktɔmi] *nf* mastectomía
master [mastɛʀ] *nm* (*Univ*) máster *m*
mastère [mastɛʀ] *nm* máster *m*
mastic [mastik] *nm* masilla
masticage [mastikaʒ] *nm* enmasillado
mastication [mastikasjɔ̃] *nf* masticación *f*
mastiquer [mastike] *vt* masticar; (*fente, vitre*) enmasillar
mastoc [mastɔk] (*fam*) *adj* : **c'est un type/ édifice ~** ese tío/ese edificio es un mazacote *ou* una mole
mastodonte [mastɔdɔ̃t] *nm* mastodonte *m*
masturbation [mastyʀbasjɔ̃] *nf* masturbación *f*
masturber [mastyʀbe] *vt* : **se ~** masturbarse
m'as-tu-vu [matyvy] *nmf inv* presumido(-a)
masure [mɑzyʀ] *nf* chabola
mat, e [mat] *adj* mate *inv*; (*son*) sordo(-a); **être ~** (*Échecs*) ser mate
mât [mɑ] *nm* (*Naut*) mástil *m*; (*poteau*) poste *m*
matamore [matamɔʀ] *nm* matamoros *m inv*
match [matʃ] *nm* partido; **~ aller/retour** partido de ida/de vuelta; **~ nul** empate *m*; **faire ~ nul** empatar
matelas [mat(ə)lɑ] *nm* colchón *m*; **~ à ressorts** colchón de muelles; **~ pneumatique** colchón de aire
matelassé, e [mat(ə)lase] *adj* acolchado(-a)
matelasser [mat(ə)lase] *vt* acolchar
matelassier, -ière [mat(ə)lasje, jɛʀ] *nm/f* colchonero(-a)
matelot [mat(ə)lo] *nm* marinero
mater [mate] *vt* (*personne*) someter; (*révolte*) dominar; (*fam*) controlar
matérialisation [mateʀjalizasjɔ̃] *nf* materialización *f*
matérialiser [mateʀjalize] *vt* materializar; **se matérialiser** *vpr* materializarse
matérialisme [mateʀjalism] *nm* materialismo
matérialiste [mateʀjalist] *adj, nmf* materialista *mf*
matériau [mateʀjo] *nm* material *m*; **matériaux** *nmpl* (*documents*) material *msg*; **matériaux de construction** materiales *mpl* de construcción
matériel, le [mateʀjɛl] *adj* material; **il n'a pas le temps ~ de le faire** no tiene tiempo material para hacerlo; **panne matérielle** (*Inform*) fallo de hardware ▸ *nm* material *m*; (*de camping*) equipo; (*de pêche*) aparejos *mpl*; (*Inform*) soporte *m* físico; **~ d'exploitation**

(*Comm*) material de explotación; **~ informatique** hardware *m*; **~ roulant** (*Rail*) material móvil
matériellement [materjɛlmɑ̃] *adv* materialmente; **c'est ~ impossible** es materialmente imposible
maternel, le [matɛrnɛl] *adj* (*amour*) maternal; (*grand-père, grand-mère*) materno(-a)
maternelle [matɛrnɛl] *nf* (*aussi* : **école maternelle**) escuela infantil
materner [matɛrne] *vt* maternizar
maternisé, e [matɛrnize] *adj* : **lait ~** leche *f* maternizada
maternité [matɛrnite] *nf* maternidad *f*
math [mat] *nfpl* = **maths**
mathématicien, ne [matematisjɛ̃, jɛn] *nm/f* matemático(-a)
mathématique [matematik] *adj* matemático(-a); **mathématiques** *nfpl* matemáticas *fpl*
matheux, -euse [matø, øz] (*fam*) *nm/f* matemático(-a)
maths [mat] (*fam*) *nfpl* matemáticas *fpl*, mates *fpl* (*fam*)
matière [matjɛr] *nf* (*Phys*) materia; (*Comm, Tech*) material *m*; (*d'un livre etc*) tema *m*; (*Scol*) asignatura; **en ~ de** en materia de; (*en ce qui concerne*) en cuanto a; **donner ~ à** dar motivo de; **~ grise** materia gris; **~ plastique** plástico; **matières fécales** heces *fpl*; **matières grasses** grasas *fpl*; **matières premières** materias primas
MATIF [matif] *sigle m* (= *Marché à terme international de France*) *organismo que regula las operaciones a término en la Bolsa*
Matignon [matiɲɔ̃] *n residencia del primer ministro francés*; *ver nota*

HÔTEL MATIGNON

L'hôtel Matignon es el despacho y residencia del primer ministro francés en París. Por extensión, el término **Matignon** se emplea frecuentemente para designar al Primer Ministro o a su equipo.

matin [matɛ̃] *nm* mañana; **le ~** por la mañana; **dimanche ~** el domingo por la mañana; **jusqu'au ~** hasta la mañana; **le lendemain ~** a la mañana siguiente; **hier/demain ~** ayer/mañana por la mañana; **du ~ au soir** de sol a sol; **une heure du ~** la una de la mañana *ou* de la madrugada; **à demain ~ !** ¡hasta mañana por la mañana!; **un beau ~** un día de estos; **de grand** *ou* **bon ~** de madrugada; **tous les dimanches matins** todos los domingos por la mañana
matinal, e, -aux [matinal, o] *adj* (*toilette, gymnastique*) matutino(-a), matinal; (*de bonne heure*) tempranero(-a); **être ~** (*personne*) ser madrugador(a)
mâtiné, e [mɑtine] *adj* cruzado(-a)
matinée [matine] *nf* mañana; (*réunion*) sesión *f* de la tarde; (*spectacle*) función *f* de tarde, vermú *m* (*AM*); **en ~** por la tarde
matois, e [matwa, waz] *adj* astuto(-a)
matos [matos] (*fam*) *nm* material *m*, equipamiento
matou [matu] (*fam*) *nm* gato
matraquage [matrakaʒ] *nm* aporreamiento; **~ publicitaire** bombardeo publicitario
matraque [matrak] *nf* (*de malfaiteur*) cachiporra; (*de policier*) porra
matraquer [matrake] *vt* aporrear; (*fig : touristes etc*) clavar (*fam*); (*: disque*) poner una y otra vez
matriarcal, e, -aux [matrijarkal, o] *adj* matriarcal
matrice [matris] *nf* (*Anat, Math*) matriz *f*; (*Tech*) molde *m*
matricule [matrikyl] *nf* matrícula ▸ *nm* (*Mil*) número de registro; (*Admin*) registro
matrimonial, e, -aux [matrimɔnjal, jo] *adj* matrimonial
matrone [matrɔn] *nf* matrona
mature [matyr] *adj* maduro(-a)
mâture [mɑtyr] *nf* (*Naut*) arboladura
maturité [matyrite] *nf* (*d'une personne*) madurez *f*; (*d'un fruit*) sazón *f*
maudire [modir] *vt* maldecir
maudit, e [modi, it] *adj* maldito(-a)
maugréer [mogree] *vi* refunfuñar
mauresque [mɔrɛsk] *adj* moro(-a); (*Art*) árabe
Maurice [mɔris] *nf* : **(l'île) ~** (isla) Mauricio
mauricien, ne [mɔrisjɛ̃, jɛn] *adj* de (isla) Mauricio ▸ *nm/f* : **Mauricien, ne** nativo(-a) *ou* habitante *mf* de (isla) Mauricio
Mauritanie [mɔritani] *nf* Mauritania
mauritanien, ne [mɔritanjɛ̃, jɛn] *adj* mauritano(-a) ▸ *nm/f* : **Mauritanien, ne** mauritano(-a)
mausolée [mozɔle] *nm* mausoleo
maussade [mosad] *adj* (*personne*) malhumorado(-a); (*ciel, temps*) desapacible; **(être) d'humeur ~** (estar) de mal humor
mauvais, e [mɔvɛ, ɛz] *adj* malo(-a); (*placé avant le nom*) mal; (*rire*) perverso(-a); **la mer est mauvaise** el mar está agitado; **~ coucheur** persona con malas pulgas; **~ coup** (*fig*) golpe *m*; **~ garçon** delincuente *m*; **~ joueur** mal jugador *m*; **~ pas** mal paso; **~ payeur** moroso; **~ plaisant** gracioso; **~ traitements** malos tratos *mpl*; **mauvaise herbe** mala hierba; **mauvaise langue** lengua viperina; **mauvaise passe** aprieto; (*période*) mala racha; **mauvaise tête** terco(-a) ▸ *nm* : **le ~** lo malo ▸ *adv* : **il fait ~** hace malo; **sentir ~** oler mal
mauve [mov] *nm* malva ▸ *adj* malva *inv*
mauviette [movjɛt] (*péj*) *nf* alfeñique *mf*

m

maux [mo] *nmpl voir* **mal**
max. [maks] *abr (= maximum)* max. *(= máximo)*
maxillaire [maksilɛʀ] *nm* maxilar *m*; **~ inférieur** maxilar inferior; **de puissants maxillaires** unos maxilares poderosos
maximal, e, -aux [maksimal, o] *adj* máximo(-a)
maxime [maksim] *nf* máxima
maximiser [maksimize] *vt* maximizar
maximum [maksimɔm] *adj* máximo(-a) ▸ *nm* máximo; **le ~ de chances** el máximo de posibilidades; **atteindre un/son ~** alcanzar un/su máximo; **au ~** *(adv : le plus possible)* al máximo; *(tout au plus)* como máximo
mayonnaise [majɔnɛz] *nf* mayonesa
Mayotte [majɔt] *nf* isla Mayotte
mazout [mazut] *nm* fuel-oil *m*, fuel *m*; **chaudière/poêle à ~** caldera/estufa de fuel-oil *ou* fuel
mazouté, e [maʒute] *adj* lleno(-a) de petróleo
MDM [ɛmdeɛm] *sigle mpl* = **Médecins du monde**
MDR [ɛmdeɛʀ] *sigle adj (= mort de rire)* MSLGR *(= me se saltan las lágrimas de risa)*
Me *abr (Jur)* = **maître²**
me [mə], **m'** [m] *pron* me; **il m'a donné un livre** me ha dado un libro
mea-culpa [meakylpa] *nm inv* : **faire son ~** entonar el mea culpa
méandres [meɑ̃dʀ] *nmpl* meandros *mpl*; *(de la politique, pensée)* subterfugios *mpl*
mec [mɛk] *(fam) nm* tío *(fam)*; *(petit ami)* novio; *(mari)* marido
mécanicien, ne [mekanisjɛ̃, jɛn] *nm/f* mecánico(-a); *(Rail)* maquinista *mf*; **~ de bord** *ou* **navigant** *(Aviat)* mecánico(-a) de vuelo
mécanicien-dentiste, mécanicienne-dentiste [mekanisjɛ̃dɑ̃tist, mekanisjɛn-] *(pl* **mécaniciens-dentistes, mécaniciennes-dentistes***) nm/f* mecánico(-a) dentista
mécanique [mekanik] *adj* mecánico(-a); **ennui ~** problema *m* mecánico ▸ *nf* mecánica; *(mécanisme)* mecanismo; **s'y connaître en ~** saber de mecánica; **gripper la ~** *(fig)* atascar la maquinaria; **~ hydraulique/ondulatoire** mecánica hidráulica/ondulatoria
mécaniquement [mekanikmɑ̃] *adv* mecánicamente
mécanisation [mekanizasjɔ̃] *nf* mecanización *f*
mécaniser [mekanize] *vt* mecanizar
mécanisme [mekanism] *nm* mecanismo
mécano [mekano] *(fam) nm* mecánico
mécanographe [mekanɔgʀaf] *nmf* mecanógrafo(-a)
mécanographie [mekanɔgʀafi] *nf* mecanografía
mécanographique [mekanɔgʀafik] *adj* mecanográfico(-a)
mécénat [mesena] *nm* mecenazgo
mécène [mesɛn] *nmf* mecenas *mf inv*
méchamment [meʃamɑ̃] *adv* cruelmente
méchanceté [meʃɑ̃ste] *nf* maldad *f*, malicia
méchant, e [meʃɑ̃, ɑ̃t] *adj (personne)* malvado(-a); *(sourire)* malicioso(-a); *(enfant)* travieso(-a), revoltoso(-a); *(animal)* malo(-a); *(avant le nom : affaire, humeur)* mal; *(: intensif)* malísimo(-a); **« attention, chien ~ »** « cuidado con el perro »
mèche [mɛʃ] *nf (de bougie)* mecha; *(de fouet)* tralla; *(de cheveux : coupés)* mechón *m*; *(d'une autre couleur)* mecha; **se faire faire des mèches** *(chez le coiffeur)* hacerse mechas; **vendre la ~** irse de la lengua; **être de ~ avec qn** estar conchabado(-a) con algn
méchoui [meʃwi] *nm* cordero asado
mécompte [mekɔ̃t] *nm (erreur de calcul)* error *m* de cálculo; *(désillusion)* desengaño
méconnais [mekɔnɛ] *vb voir* **méconnaître**
méconnaissable [mekɔnɛsabl] *adj* irreconocible
méconnaissais [mekɔnɛsɛ] *vb voir* **méconnaître**
méconnaissance [mekɔnɛsɑ̃s] *nf* desconocimiento
méconnaître [mekɔnɛtʀ] *vt (ignorer)* desconocer; *(méjuger)* infravalorar
méconnu, e [mekɔny] *pp de* **méconnaître** ▸ *adj (génie)* desconocido(-a)
mécontent, e [mekɔ̃tɑ̃, ɑ̃t] *adj* : **~ (de)** descontento(-a) (con); *(contrarié)* disgustado(-a) (con) ▸ *nm/f* descontento(-a)
mécontentement [mekɔ̃tɑ̃tmɑ̃] *nm* descontento
mécontenter [mekɔ̃tɑ̃te] *vt* disgustar
Mecque [mɛk] *nf* : **la ~** la Meca
mécréant, e [mekʀeɑ̃, ɑ̃t] *adj (peuple)* infiel; *(personne)* descreído(-a)
médaille [medaj] *nf* medalla
médaillé, e [medaje] *nm/f* medallista *mf*; **~ d'or/d'argent/de bronze** medalla de oro/de plata/de bronce
médaillon [medajɔ̃] *nm* medallón *m*; **en ~** *adj (carte)* en el medallón
médecin [med(ə)sɛ̃] *nmf* médico(-a); **~ de famille/du bord** médico(-a) de familia/de a bordo; **~ généraliste/légiste/traitant** médico(-a) general/forense/de cabecera
médecine [med(ə)sin] *nf* medicina; **~ du travail/générale/infantile** medicina laboral/general/infantil; **~ légale/préventive** medicina legal/preventiva
MEDEF, Medef [medɛf] *sigle m (= Mouvement des entreprises de France) confederación francesa de empresarios*, ≈ CEOE *(= confederación española de organizaciones empresariales)*

média [medja] *nm* medio (de comunicación); **un ~ d'information** un medio de información; **les médias** los medios (de comunicación), los media *mpl*
médian, e [medjɑ̃, jan] *adj* mediano(-a)
médiateur, -trice [medjatœʀ, tʀis] *nm/f* mediador(a) ▸ *nm* juez *m* árbitro
médiathèque [medjatɛk] *nf* mediateca
médiation [medjasjɔ̃] *nf* mediación *f*
médiatique [medjatik] *adj* mediático(-a)
médiatisation [medjatizasjɔ̃] *nf* mediatización *f*
médiatisé, e [medjatize] *adj* mediatizado(-a)
médiatiser [medjatize] *vt* mediatizar
médiator [medjatɔʀ] *nm* púa
médical, e, -aux [medikal, o] *adj* médico(-a)
médicalement [medikalmɑ̃] *adv* médicamente
médicalisation [medikalizasjɔ̃] *nf* medicalización *f*
médicament [medikamɑ̃] *nm* medicamento; **~ générique** medicamento genérico
médicamenteux, -euse [medikamɑ̃tø, øz] *adj* medicamentoso(-a)
médication [medikasjɔ̃] *nf* medicación *f*
médicinal, e, -aux [medisinal, o] *adj* medicinal
médico-légal, e, -aux [medikɔlegal, o] *adj* médico-forense
médico-social, e, -aux [medikɔsɔsjal, o] *adj* médico-social
médiéval, e, -aux [medjeval, o] *adj* medieval
médiocre [medjɔkʀ] *adj* mediocre
médiocrité [medjɔkʀite] *nf* mediocridad *f*
médire [mediʀ] : **~ de** *vt* hablar mal de
médisance [medizɑ̃s] *nf* maledicencia
médisant, e [medizɑ̃, ɑ̃t] *vb voir* **médire** ▸ *adj* maldiciente
médit [medi] *pp de* **médire**
méditatif, -ive [meditatif, iv] *adj* meditativo(-a)
méditation [meditasjɔ̃] *nf* meditación *f*; **se livrer à de longues méditations** entregarse a largas meditaciones; **entrer en ~** empezar a meditar
méditer [medite] *vt* meditar; (*préparer*) planear; **~ de faire qch** planear hacer algo ▸ *vi* (*réfléchir*) meditar; **~ sur qch** meditar sobre algo
Méditerranée [mediteʀane] *nf* : **la (mer) ~** el (mar) Mediterráneo
méditerranéen, ne [mediteʀaneɛ̃, ɛn] *adj* mediterráneo(-a) ▸ *nm/f* : **Méditerranéen, ne** mediterráneo(-a)
médium [medjɔm] *nmf* médium *mf*
médius [medjys] *nm* (dedo) medio, (dedo) corazón *m*
méduse [medyz] *nf* medusa
méduser [medyze] *vt* asombrar, dejar estupefacto(-a)
meeting [mitiŋ] *nm* mitin *m*; **~ aérien** exhibición *f* aérea
méfait [mefɛ] *nm* (*faute*) fechoría; **méfaits** *nmpl* (*ravages*) daños *mpl*
méfiance [mefjɑ̃s] *nf* desconfianza, recelo
méfiant, e [mefjɑ̃, jɑ̃t] *adj* desconfiado(-a), receloso(-a)
méfier [mefje] : **se méfier** *vpr* desconfiar; **se ~ de** desconfiar de; (*faire attention*) tener cuidado con
mégabit [megabit] *nm* (*Inform*) megabit *m*
mégahertz [megaɛʀts] *nm* megahercio
mégalo [megalo] (*fam*) *adj, nmf* megalómano(-a)
mégalomane [megalɔman] *adj, nmf* megalómano(-a)
mégalomanie [megalɔmani] *nf* megalomanía
mégalopole [megalɔpɔl] *nf* megalópolis *f inv*
mégaoctet [megaɔktɛ] *nm* megabyte *m*
mégarde [megaʀd] *nf* : **par ~** por descuido; (*par erreur*) por equivocación
mégatonne [megatɔn] *nf* megatón *m*
mégawatt [megawat] *nm* megavatio
mégère [meʒɛʀ] (*péj*) *nf* arpía, bruja
mégot [mego] *nm* colilla
mégoter [megɔte] (*fam*) *vi* racanear (*fam*); **~ sur** escatimar
meilleur, e [mɛjœʀ] *adj* mejor; **~ marché** más barato ▸ *adv* mejor ▸ *nmf* : **le ~** el mejor; **la meilleure** la mejor; **le ~ des deux** el mejor de los dos ▸ *nf* : **c'est la meilleure !** ¡es el colmo!
méjuger [meʒyʒe] *vt* juzgar mal
mél [mɛl] *nm* mail *m*, email *m*, correo electrónico
mélancolie [melɑ̃kɔli] *nf* melancolía
mélancolique [melɑ̃kɔlik] *adj* melancólico(-a)
mélanésien, ne [melanezjɛ̃, jɛn] *adj* melanesio(-a) ▸ *nm* (*Ling*) melanesio *m* ▸ *nm/f* : **Mélanésien, ne** melanesio(-a)
mélange [melɑ̃ʒ] *nm* mezcla; **sans ~** (*pur*) sin mezcla; (*parfait*) perfecto(-a); **une joie/un bonheur sans ~** una alegría/una felicidad absoluta
mélangé, e [melɑ̃ʒe] *adj* (*laine*) con mezcla; (*fig : sentiments*) confuso(-a)
mélanger [melɑ̃ʒe] *vt* mezclar; (*mettre en désordre*) mezclar, desordenar; (*confondre*) : **vous mélangez tout !** ¡usted lo mezcla *ou* confunde todo!; **les cartes ne sont pas bien mélangées** las cartas no están bien mezcladas; **se mélanger** *vpr* mezclarse
mélangeur [melɑ̃ʒœʀ] *nm* (*machine*) mezcladora; (*robinet*) grifo mezclador; **~ de ciment** hormigonera
mélanine [melanin] *nf* melanina
mélanome [melanom] *nm* melanoma *m*
mélasse [melas] *nf* melaza

m

mêlée [mele] *nf* (*bataille*) pelea, contienda; (*fig*) conflicto, lucha; (*Rugby*) melé *f*; **entrer dans la ~** (*fig*) inmiscuirse; **~ générale** tangana

mêler [mele] *vt* mezclar; (*thèmes*) reunir, juntar; (*brouiller*) enredar, revolver; **~ qn à une affaire** implicar a algn en un asunto; **se mêler** *vpr* mezclarse; **se ~ à** mezclarse con; **se ~ de** entrometerse en; **mêle-toi de tes affaires !** ¡métete en tus asuntos!

méli-mélo [melimelo] *nm inv* (*désordre*) desbarajuste *m*, caos *m inv*; (*Culin*) ensalada mixta

mélo [melo] *nm* = **mélodrame** ▸ *adj* = **mélodramatique**

mélodie [melɔdi] *nf* melodía

mélodieux, -euse [melɔdjø, jøz] *adj* melodioso(-a)

mélodique [melɔdik] *adj* melódico(-a)

mélodramatique [melɔdʀamatik] *adj* melodramático(-a)

mélodrame [melɔdʀam] *nm* melodrama *m*

mélomane [melɔman] *nmf* melómano(-a)

melon [m(ə)lɔ̃] *nm* melón *m*; (*aussi* : **chapeau melon**) sombrero hongo; **~ d'eau** sandía

mélopée [melɔpe] *nf* melopea

membrane [mɑ̃bʀan] *nf* membrana

membre [mɑ̃bʀ] *nm* (*Anat*) miembro; **~ de phrase** (*Ling*) constituyente *m* de la frase; **membres inférieurs** miembros inferiores; **~ (viril)** miembro (viril) ▸ *nmf* (*personne, groupe*) miembro; **être ~ de** ser miembro de ▸ *adj* : **les pays membres** los países miembros

mémé [meme] (*fam*) *nf* abuelita; (*vieille femme*) viejecita

MOT-CLÉ

même [mɛm] *adj* **1** (*avant le nom*) mismo(-a); **en même temps** al mismo tiempo; **ils ont les mêmes goûts** tienen los mismos gustos; **la même chose** lo mismo
2 (*après le nom : renforcement*) mismo(-a); **il est la loyauté même** es la lealtad misma; **ce sont ses paroles mêmes** son sus mismas palabras
▸ *pron* : **le (la) même** el (la) mismo(-a)
▸ *adv* **1** (*renforcement*) : **il n'a même pas pleuré** ni siquiera lloró; **même lui l'a dit** incluso él lo dijo; **ici même** aquí mismo
2 : **à même** : **à même la bouteille** de la botella misma; **à même la peau** junto a la piel; **être à même de faire** estar en condiciones de hacer
3 : **de même** : **faire de même** hacer lo mismo; **lui de même** también él; **de même que** lo mismo que; **il en va de même pour** lo mismo va para
4 : **même si** *conj* aunque + *subj*

mémento [memɛ̃to] *nm* (*agenda*) agenda; (*ouvrage*) compendio

mémère [memɛʀ] *nf* (*fam, péj* : *femme âgée*) vejestorio (*fam, péj*); (*grosse femme*) gorda (*péj*)

mémoire [memwaʀ] *nf* memoria; (*souvenir*) recuerdo; **avoir la ~ des visages/chiffres** tener memoria para las caras/los números; **n'avoir aucune ~** no tener nada de memoria; **avoir de la ~** tener memoria; **à la ~ de** en memoria de, en recuerdo de; **pour ~** a título de información; **de ~ d'homme** desde tiempo inmemorial; **de ~** (*adv*) de memoria; **mettre en ~** (*Inform*) guardar en memoria; **~ morte/vive** memoria ROM/RAM; **~ non volatile** *ou* **rémanente** memoria no volátil ▸ *nm* (*Univ*) tesina; (*Admin, Jur*) memoria; **mémoires** *nmpl* memorias *fpl*

mémorable [memɔʀabl] *adj* memorable

mémorandum [memɔʀɑ̃dɔm] *nm* memorándum *m*; (*note*) nota

mémorial, -aux [memɔʀjal, jo] *nm* memorial *m*

mémorialiste [memɔʀjalist] *nmf* memorialista *mf*

mémorisable [memɔʀizabl] *adj* : **facilement ~** fácil de memorizar

mémoriser [memɔʀize] *vt* memorizar; (*Inform*) almacenar

menaçant, e [mənasɑ̃, ɑ̃t] *adj* amenazador(a)

menace [mənas] *nf* amenaza; **~ en l'air** amenaza vana

menacer [mənase] *vt* amenazar; **~ qn de qch/de faire qch** amenazar a algn con algo/con hacer algo

ménage [menaʒ] *nm* quehaceres *mpl* domésticos, limpieza; (*couple*) pareja; (*Admin, famille*) hogar *m*; **faire le ~** hacer la limpieza; **faire des ménages** trabajar de asistenta; **monter son ~** poner la casa; **se mettre en ~ (avec)** irse a vivir en pareja (con); **heureux en ~** feliz con su pareja; **faire bon ~ avec qn** hacer buenas migas con algn; **~ à trois** triángulo amoroso; **~ de poupée** juego de batería de cocina de muñeca

ménagement [menaʒmɑ̃] *nm* deferencia; **ménagements** *nmpl* (*égards*) miramientos *mpl*; **sans ~(s)** sin miramientos

ménager¹ [menaʒe] *vt* (*personne, animal*) tratar con consideración; (*monture*) no fatigar; (*ressources*) administrar; (*vêtements*) tener cuidado con; (*entretien*) organizar; (*ouverture*) practicar; **~ qch à qn** tener algo guardado para algn; **~ ses forces** administrar sus fuerzas; **se ménager** *vpr* cuidarse; **se ~ qch** procurarse algo

ménager², -ère [menaʒe, ɛʀ] *adj* doméstico(-a); (*enseignement*) del hogar; (*eaux*) residual

ménagère [menaʒɛʀ] *nf* ama de casa; (*service de couverts*) estuche *m* de cubertería

ménagerie [menaʒʀi] *nf* (*lieu*) jaulas *fpl* de fieras; (*animaux*) fieras *fpl*

mendiant, e [mɑ̃djɑ̃, jɑ̃t] *nm/f* mendigo(-a), pordiosero(-a) ▸ *nm postre de almendras, higos, avellanas y uvas*
mendicité [mɑ̃disite] *nf (Admin)* : **être arrêté pour ~** quedar detenido por mendicidad
mendier [mɑ̃dje] *vt, vi* mendigar
menées [məne] *nfpl* manejos *mpl*, tejemanejes *mpl*
mener [m(ə)ne] *vt* dirigir; *(enquête, vie, affaire)* llevar; **~ à/dans/chez** *(emmener)* llevar a/en/a casa de; **~ qch à bonne fin/à terme/à bien** llevar algo a buen fin/a término/a buen término; **~ à rien/à tout** llevar *ou* conducir a nada/a todas partes ▸ *vi* : **~ (à la marque)** *(Sport)* estar a la cabeza, ir en cabeza
meneur, -euse [mənœʀ, øz] *nm/f* dirigente *mf*; *(de grève, révolte)* cabecilla *mf*; **~ d'hommes** líder *mf* innato(-a); **~ de jeu** *(Radio, TV)* animador(a); *(Sport)* director(a) del juego
menhir [meniʀ] *nm* menhir *m*
méninges [menɛ̃ʒ] *nfpl (Anat)* meninges *fpl*; *(fam)* : **se creuser les ~** estrujarse las meninges, devanarse los sesos
méningite [menɛ̃ʒit] *nf* meningitis *f inv*
ménisque [menisk] *nm* menisco
ménopause [menopoz] *nf* menopausia
ménopausée [menopoze] *adj f* menopáusica
menotte [mənɔt] *nf (langage enfantin)* manita; **menottes** *nfpl* esposas *fpl*; **passer les menottes à qn** poner las esposas a algn
menotter [mənɔte] *vt* esposar
mens [mɑ̃] *vb voir* **mentir**
mensonge [mɑ̃sɔ̃ʒ] *nm* mentira
mensonger, -ère [mɑ̃sɔ̃ʒe, ɛʀ] *adj* falso(-a)
menstruation [mɑ̃stʀyasjɔ̃] *nf* menstruación *f*
menstruel, le [mɑ̃stʀyɛl] *adj* menstrual
mensualisation [mɑ̃sɥalizasjɔ̃] *nf* mensualización *f*; **les paiements par ~** los pagos mensualizados
mensualiser [mɑ̃sɥalize] *vt (salaire)* pagar mensualmente
mensualité [mɑ̃sɥalite] *nf* mensualidad *f*
mensuel, le [mɑ̃sɥɛl] *adj* mensual ▸ *nm/f* asalariado(-a) pagado(-a) mensualmente ▸ *nm (Presse)* publicación *f* mensual
mensuellement [mɑ̃sɥɛlmɑ̃] *adv* mensualmente
mensurations [mɑ̃syʀasjɔ̃] *nfpl* medidas *fpl*
mentais [mɑ̃tɛ] *vb voir* **mentir**
mental, e, -aux [mɑ̃tal, o] *adj* mental ▸ *nm* mentalidad *f*; **un ~ d'acier/de guerrier/à toute épreuve** una mentalidad de acero/de guerrero/a prueba de bomba
mentalement [mɑ̃talmɑ̃] *adv* mentalmente
mentalité [mɑ̃talite] *nf* mentalidad *f*; **quelle ~ !** ¡qué mentalidad!
menteur, -euse [mɑ̃tœʀ, øz] *nm/f* mentiroso(-a), embustero(-a)
menthe [mɑ̃t] *nf* menta; **~ (à l'eau)** *refresco de jarabe de menta*
menthol [mɑ̃tɔl] *nm* mentol *m*
mentholé, e [mɑ̃tɔle] *adj* mentolado(-a)
mention [mɑ̃sjɔ̃] *nf* mención *f*; *(Scol, Univ)* : **~ passable/assez bien/bien/très bien** aprobado/bien/notable/sobresaliente; **faire ~ de** hacer mención de; **« rayer la ~ inutile »** *(Admin)* « tache lo que no proceda »
mentionner [mɑ̃sjɔne] *vt* mencionar
mentir [mɑ̃tiʀ] *vi* mentir; **~ à qn** mentir a algn
menton [mɑ̃tɔ̃] *nm (Anat)* mentón *m*, barbilla; **double/triple ~** papada
mentonnière [mɑ̃tɔnjɛʀ] *nf* barboquejo
menu, e [məny] *adj* menudo(-a); *(voix)* débil; *(frais)* módico(-a); **menue monnaie** dinero suelto ▸ *adv* : **hacher ~** picar menudo ▸ *nm* menú *m*; **par le ~** *(raconter)* con todo detalle; **~ déroulant** menú desplegable
menuet [mənɥɛ] *nm* minué *m*
menuiserie [mənɥizʀi] *nf* carpintería; **plafond en ~** artesonado
menuisier [mənɥizje] *nm* carpintero *(de muebles)*
méprendre [mepʀɑ̃dʀ] : **se méprendre** *vpr* equivocarse, confundirse; **se ~ sur** confundirse en, equivocarse en; **à s'y ~** hasta el punto de confundirse
mépris, e [mepʀi, iz] *pp de* **méprendre** ▸ *nm* desprecio, menosprecio; **au ~ de** a despecho de
méprisable [mepʀizabl] *adj* despreciable
méprisant, e [mepʀizɑ̃, ɑ̃t] *adj* despreciativo(-a)
méprise [mepʀiz] *nf* equivocación *f*
mépriser [mepʀize] *vt* despreciar, menospreciar
mer [mɛʀ] *nf* mar *m*; *(fig : vaste étendue)* : **~ de sable/de feu** mar de arena/de fuego; **en ~** en el mar; **prendre la ~** hacerse a la mar; **en haute/pleine ~** en alta mar; **la ~ Adriatique** el mar Adriático; **la ~ Baltique** el mar Báltico; **la ~ Caspienne** el mar Caspio; **la ~ de Corail** el mar del Coral; **la ~ des Antilles** *ou* **des Caraïbes** el mar de las Antillas *ou* del Caribe; **la ~ des Sargasses** el mar de los Sargazos; **la ~ du Nord** el mar del Norte; **la ~ Égée** el mar Egeo; **~ fermée** mar interior; **la ~ Ionienne** el mar Jónico; **la ~ Morte** el mar Muerto; **la ~ Noire** el mar Negro; **la ~ Rouge** el mar Rojo; **la ~ Tyrrhénienne** el mar Tirreno; **les mers du sud** los mares del sur
mercantile [mɛʀkɑ̃til] *(péj) adj* mercantil
mercantilisme [mɛʀkɑ̃tilism] *nm* mercantilismo
mercenaire [mɛʀsənɛʀ] *nmf* mercenario(-a)
mercerie [mɛʀsəʀi] *nf* mercería
merci [mɛʀsi] *excl* gracias; **~ beaucoup** muchas gracias; **~ de/pour** gracias por;

m

non, ~ no, gracias ▸*nm* : **dire ~ à qn** dar las gracias a algn ▸*nf* merced *f*; **à la ~ de qn/qch** a merced de algn/algo; **sans** ~ despiadado(-a)

mercier, -ière [mɛʀsje, jɛʀ] *nm/f* mercero(-a)

mercredi [mɛʀkʀədi] *nm* miércoles *m inv*; **~ des cendres** miércoles de Ceniza; *voir aussi* **lundi**

mercure [mɛʀkyʀ] *nm* mercurio

merde [mɛʀd] (*fam !*) *nf* mierda (*fam !*) ▸*excl* ¡mierda! (*fam !*); (*surprise, impatience*) ¡joder! (*fam !*), ¡coño! (*fam !*)

merder [mɛʀde] *vi* (*fam ! : personne*) cagarla (*fam !*)

merdeux, -euse [mɛʀdø, øz] (*fam !*) *nm/f* gilipollas *mf inv* (*fam !*)

merdier [mɛʀdje] *nm* (*fam !*) follón *m* (*fam*)

merdique [mɛʀdik] *adj* (*fam !*) de mierda (*fam !*)

mère [mɛʀ] *nf* madre *f*; (*fam*) tía (*fam*); **~ adoptive/porteuse** madre adoptiva/de alquiler; **~ célibataire/de famille** madre soltera/de familia ▸*adj* (*idée*) central; (*langue*) madre; **maison ~** empresa matriz

merguez [mɛʀgɛz] *nf* merguez *f*, *salchicha de cordero picante*

méridien [meʀidjɛ̃] *nm* meridiano

méridional, e, -aux [meʀidjɔnal, o] *adj* meridional; (*du midi de la France*) del Sur de Francia ▸*nm/f* nativo(-a) *ou* habitante *mf* del Sur de Francia

meringue [məʀɛ̃g] *nf* merengue *m*

mérinos [meʀinos] *nm* merino

merisier [məʀizje] *nm* cerezo silvestre; (*bois*) cerezo

méritant, e [meʀitɑ̃, ɑ̃t] *adj* meritorio(-a)

mérite [meʀit] *nm* mérito; (*valeur*) mérito, valor *m*; **le ~ lui revient** el mérito es suyo; **je n'ai pas de ~ à le faire** no tengo mérito al hacer eso

mériter [meʀite] *vt* merecer, ameritar (Am); **~ de réussir** merecer aprobar; **il mérite qu'on fasse ...** merece que se haga ...

méritocratie [meʀitɔkʀasi] *nf* meritocracia

méritoire [meʀitwaʀ] *adj* meritorio(-a)

merlan [mɛʀlɑ̃] *nm* merlán *m*, liba

merle [mɛʀl] *nm* mirlo

merlu [mɛʀly] *nm* merluza

merluche [mɛʀlyʃ] *nf* merluza

mérou [meʀu] *nm* mero

merveille [mɛʀvɛj] *nf* maravilla; **faire ~/des merveilles** hacer maravillas; **à ~** a las mil maravillas; **les sept merveilles du monde** las siete maravillas del mundo

merveilleusement [mɛʀvɛjøzmɑ̃] *adv* maravillosamente; **~ bien** maravillosamente bien

merveilleux, -euse [mɛʀvɛjø, øz] *adj* maravilloso(-a)

mes [me] *voir* **mon**

mésalliance [mezaljɑ̃s] *nf* mal casamiento

mésallier [mezalje] : **se mésallier** *vpr* malcasarse

mésange [mezɑ̃ʒ] *nf* herrerillo; **~ bleue** alionín *m*

mésaventure [mezavɑ̃tyʀ] *nf* infortunio

mesdames [medam] *nfpl voir* **madame**

mesdemoiselles [medmwazɛl] *nfpl voir* **mademoiselle**

mésentente [mezɑ̃tɑ̃t] *nf* desacuerdo

mésestimer [mezɛstime] *vt* menospreciar

mesquin, e [mɛskɛ̃, in] *adj* : **esprit ~/personne mesquine** espíritu ruin/persona mezquina

mesquinerie [mɛskinʀi] *nf* mezquindad *f*

mess [mɛs] *nm* comedor *m* de oficiales *ou* sub-oficiales

message [mesaʒ] *nm* mensaje *m*; **~ d'erreur** (*Inform*) mensaje de error; **~ publicitaire** anuncio publicitario; **~ SMS** SMS *m*, mensaje de texto; **~ téléphoné** aviso telefónico

messager, -ère [mesaʒe, ɛʀ] *nm/f* mensajero(-a)

messagerie [mesaʒʀi] *nf* mensajería; **~ instantanée** mensajería *f* instantánea; **~ vocale** (*Tél*) buzón *m* de voz; **~ (électronique)** mensajería (electrónica); **~ rose** línea erótica; **messageries aériennes/maritimes** servicio aéreo/marítimo de mensajería; **messageries de presse** (agencias *fpl*) distribuidoras *fpl* de prensa

messe [mɛs] *nf* misa; **aller à la ~** ir a misa; **faire des messes basses** (*fig, péj*) andar con secretos; **~ basse/chantée/noire** misa rezada/cantada/negra; **~ de minuit** misa del gallo

messie [mesi] *nm* : **Le M~** el Mesías

messieurs [mesjø] *nmpl voir* **monsieur**

mesurable [məzyʀabl] *adj* medible, mensurable; **difficilement ~** difícil de medir

mesure [m(ə)zyʀ] *nf* (*dimension, étalon*) medida; (*évaluation*) medición *f*; (*Mus*) compás *msg*; (*modération, retenue*) mesura, comedimiento; **prendre des mesures** tomar medidas; **sur ~** a la medida; **à la ~ de** a la medida de; **dans la ~ de/où** en la medida de/en que; **dans une certaine ~** en cierta medida; **à ~ que** a medida que; **en ~** (*Mus*) al compás; **être en ~ de** estar en condiciones de; **dépasser la ~** (*fig*) pasarse de la raya; **unité/système de ~** unidad *f*/sistema *m* de medida

mesuré, e [məzyʀe] *adj* (*ton, effort*) mesurado(-a); (*personne*) comedido(-a)

mesurer [məzyʀe] *vt* (*aussi fig*) medir; (*limiter : argent, temps*) escatimar; **~ qch à** evaluar algo según; **il mesure 1 m 80** mide 1 m 80; **se mesurer** *vpr* : **se ~ avec/à qn** medirse con algn

met [mɛ] *vb voir* **mettre**

métabolisme [metabɔlism] *nm* metabolismo
métairie [meteʀi] *nf* finca en aparcería
métal, -aux [metal, o] *nm* metal *m*
métalangage [metalɑ̃gaʒ] *nm* metalenguaje *m*
métallique [metalik] *adj* metálico(-a)
métallisé, e [metalize] *adj* metalizado(-a)
métallo [metalo] (*fam*) *nm* (*ouvrier métallurgiste*) metalúrgico
métallurgie [metalyʀʒi] *nf* metalurgia
métallurgique [metalyʀʒik] *adj* metalúrgico(-a)
métallurgiste [metalyʀʒist] *nm* (*ouvrier*) metalúrgico; (*industriel*) industrial *m* metalúrgico
métamorphose [metamɔʀfoz] *nf* metamorfosis *f inv*
métamorphoser [metamɔʀfoze] *vt* metamorfosear; **se métamorphoser** *vpr* metamorfosearse; **se ~ en qch** metamorfosearse en algo
métaphore [metafɔʀ] *nf* metáfora
métaphorique [metafɔʀik] *adj* metafórico(-a)
métaphoriquement [metafɔʀikmɑ̃] *adv* metafóricamente
métaphysique [metafizik] *nf* metafísica ▸ *adj* metafísico(-a)
métapsychique [metapsiʃik] *adj* metasíquico(-a), metapsíquico(-a)
métastase [metastɑz] *nf* (*Méd*) metástasis *f inv*; (*fig*) : **les métastases de la haine** la metástasis del odio
métatarse [metataʀs] *nm* metatarso
métayer, -ère [meteje, jɛʀ] *nm/f* aparcero(-a)
métempsycose [metɑ̃psikoz] *nf* metempsicosis *f inv*
météo [meteo] *nf* (*bulletin*) tiempo; (*service*) servicio meteorológico
météore [meteɔʀ] *nm* meteoro
météorique [meteɔʀik] *adj* (*aussi fig*) meteórico(-a)
météorite [meteɔʀit] *nm ou f* meteorito
météorologie [meteɔʀɔlɔʒi] *nf* meteorología; (*service*) instituto nacional de meteorología
météorologique [meteɔʀɔlɔʒik] *adj* meteorológico(-a)
météorologiste [meteɔʀɔlɔʒist] *nmf* meteorólogo(-a)
météorologue [meteɔʀɔlɔg] *nmf* meteorólogo(-a)
métèque [metɛk] (*péj*) *nm* extranjero; (*maghrébin*) moro
méthane [metan] *nm* metano
méthanier [metanje] *nm* metanero
méthode [metɔd] *nf* método
méthodique [metɔdik] *adj* metódico(-a)
méthodiquement [metɔdikmɑ̃] *adv* metódicamente
méthodiste [metɔdist] *adj, nmf* (*Rel*) metodista *mf*
méthodologie [metɔdɔlɔʒi] *nf* metodología
méthodologique [metɔdɔlɔʒik] *adj* metodológico(-a)
méthylène [metilɛn] *nm* : **bleu de ~** azul *m* de metileno
méticuleusement [metikyløzmɑ̃] *adv* meticulosamente
méticuleux, -euse [metikylø, øz] *adj* meticuloso(-a)
métier [metje] *nm* oficio; (*technique, expérience*) práctica; (*aussi* : **métier à tisser**) telar *m*; **le ~ de roi** (*fonction, rôle*) la función de rey; **avoir du ~** tener oficio; **être du ~** ser del oficio
métis, se [metis] *adj, nm/f* mestizo(-a), cholo(-a) (*And*)
métissage [metisaʒ] *nm* mestizaje *m*; **le ~ de la société** el mestizaje de la sociedad
métisser [metise] *vt* mestizar
métonymie [metɔnimi] *nf* metonimia; **par ~** por metonimia
métrage [metʀaʒ] *nm* medición *f* en metros; (*longueur de tissu*) medida en metros; (*Ciné*) metraje *m*; **long/moyen/court ~** (*Ciné*) largometraje *m*/mediometraje *m*/cortometraje *m*
mètre [mɛtʀ] *nm* metro; **un 100/800 mètres** (*Sport*) los 100/800 metros; **~ carré/cube** metro cuadrado/cúbico
métrer [metʀe] *vt* medir por metros
métreur, -euse [metʀœʀ, øz] *nm/f* : **~ vérificateur(-trice)** agrimensor(a); (*de travaux*) aparejador(a)
métrique [metʀik] *adj* : **système ~** sistema métrico ▸ *nf* métrica
métro [metʀo] *nm* metro, subterráneo (*Am*)
métronome [metʀɔnɔm] *nm* metrónomo
métropole [metʀɔpɔl] *nf* metrópoli *f*, metrópolis *f inv*
métropolitain, e [metʀɔpɔlitɛ̃, ɛn] *adj* metropolitano(-a)
mets [mɛ] *vb voir* **mettre** ▸ *nm* plato
mettable [metabl] *adj* : **ce manteau n'est plus ~** ya no me *etc* puedo *etc* poner este abrigo
metteur, -euse [metœʀ, øz] *nm/f* : **~ en scène** (*Théâtre*) director(a) escénico(-a); (*Ciné*) director(a)

MOT-CLÉ

mettre [mɛtʀ] *vt* **1** poner; **mettre en bouteille(s)** embotellar; **mettre en sac(s)** poner en sacos; **mettre en pages** compaginar; **mettre qch en terre** enterrar algo; **mettre en examen** detener (*para ser interrogado*); **mettre à la poste** echar al correo; **mettre qn debout/assis** levantar/sentar a algn
2 (*vêtements* : *revêtir*) poner; (: *soi-même*) ponerse; **mets ton gilet** ponte el chaleco

m

3 (*faire fonctionner : chauffage, réveil*) poner; (*: lumière*) dar; (*installer : gaz, eau*) poner; **faire mettre le gaz/l'électricité** poner gas/ electricidad; **mettre en marche** poner en marcha
4 (*consacrer*) : **mettre du temps/deux heures à faire qch** tardar tiempo/dos horas en hacer algo
5 (*écrire*) poner; **qu'est-ce que tu as mis sur la carte ?** ¿qué has puesto en la postal?; **mettre au pluriel** poner en plural
6 (*supposer*) : **mettons que ...** pongamos que ...
7 : **y mettre du sien** poner de su parte
se mettre *vpr* : **vous pouvez vous mettre là** puede ponerse allí; **où ça se met ?** ¿dónde se pone eso?; **se mettre au lit** meterse en la cama; **se mettre qn à dos** ganarse la enemistad de algn; **se mettre de l'encre sur les doigts** mancharse los dedos de tinta; **se mettre bien/mal avec qn** ponerse a bien/ mal con algn; **se mettre en maillot de bain** ponerse en bañador; **n'avoir rien à se mettre** no tener nada que ponerse; **se mettre à faire qch** ponerse a hacer algo; **se mettre au piano** (*s'asseoir*) sentarse al piano; (*apprendre*) estudiar piano; **se mettre au travail/à l'étude** ponerse a trabajar/a estudiar; **se mettre au régime** ponerse a régimen; **allons, il faut s'y mettre !** ¡venga, vamos a ponernos a trabajar!

meublant, e [mœblɑ̃, ɑ̃t] *adj* decorativo(-a)
meuble [mœbl] *nm* mueble *m*; (*ameublement, mobilier*) mobiliario ▸ *adj* mueble; **biens meubles** (*Jur*) bienes *mpl* muebles
meublé, e [mœble] *adj* amueblado(-a) ▸ *nm* (*pièce*) habitación *f* amueblada; (*appartement*) piso amueblado
meubler [mœble] *vt* amueblar; (*fig*) llenar; **se meubler** *vpr* amueblar la casa
meuf [mœf] *nf* (*fam*) tía (*fam*)
meuglement [møgləmɑ̃] *nm* mugido
meugler [møgle] *vi* mugir
meule [møl] *nf* muela; (*Agr*) almiar *m*; (*de fromage*) rueda grande de queso
meunerie [mønʀi] *nf* (*industrie*) molinería; (*métier*) oficio de molinero
meunier, -ière [mønje, jɛʀ] *nm/f* molinero(-a) ▸ *adj* : **sole meunière** (*Culin*) lenguado a la molinera
meurs *etc* [mœʀ] *vb voir* **mourir**
meurtre [mœʀtʀ] *nm* asesinato
meurtrier, -ière [mœʀtʀije, ijɛʀ] *nm/f* asesino(-a) ▸ *adj* mortal; (*arme, instinct*) asesino(-a)
meurtrière [mœʀtʀijɛʀ] *nf* tronera
meurtrir [mœʀtʀiʀ] *vt* magullar; (*fig*) herir
meurtrissure [mœʀtʀisyʀ] *nf* magulladura; (*d'un fruit, légume*) machacadura; (*fig*) herida, llaga
meus *etc* [mœ] *vb voir* **mouvoir**
Meuse [mœz] *nf* : **la ~** el Mosa
meute [møt] *nf* jauría
meuve [mœv] *vb voir* **mouvoir**
mévente [mevɑ̃t] *nf* mala venta
mexicain, e [mɛksikɛ̃, ɛn] *adj* mexicano(-a) ▸ *nm/f* : **Mexicain, e** mexicano(-a)
Mexico [mɛksiko] *n* (Ciudad de) México
Mexique [mɛksik] *nm* (*pays*) México
mezzanine [mɛdzanin] *nf parte superior de un dúplex*
Mgr *abr* (= *Monseigneur*) Mons. (= *Monseñor*)
mi [mi] *nm inv* (*Mus*) mi *m*
mi- [mi] *préf* medio; **à la ~janvier** a mediados de enero; **~bureau, ~chambre** mitad oficina, mitad dormitorio; **à ~jambes/corps** a media pierna/medio cuerpo; **à ~hauteur/ pente** a media altura/pendiente
miam-miam [mjammjam] (*fam*) *excl* ¡ñam ñam! (*fam*)
miaou [mjau] *nm* miau *m*
miasmes [mjasm] *nmpl* miasmas *mpl*
miaulement [mjolmɑ̃] *nm* maullido
miauler [mjole] *vi* maullar
mi-bas [mibɑ] *nm inv* minimedias *fpl*, medias *fpl* de rodilla
mica [mika] *nm* mica
mi-carême [mikaʀɛm] (*pl* **mi-carêmes**) *nf* : **la ~** *jueves de la tercera semana de Cuaresma*
miche [miʃ] *nf* hogaza
mi-chemin [miʃmɛ̃] : **à ~** *adv* (*aussi fig*) a medio camino
mi-clos, e [miklo, kloz] (*pl* **~, -es**) *adj* entornado(-a)
micmac [mikmak] (*péj*) *nm* chanchullo
mi-côte [mikot] : **à ~** *adv* en la mitad de la cuesta
mi-course [mikuʀs] : **à ~** *adv* a mitad de la carrera
micro [mikʀo] *nm* micrófono, micro
microbe [mikʀɔb] *nm* microbio
microbien, ne [mikʀɔbjɛ̃, jɛn] *adj* microbiano(-a)
microbiologie [mikʀobjɔlɔʒi] *nf* microbiología
microchirurgie [mikʀoʃiʀyʀʒi] *nf* microcirugía
microclimat [mikʀoklima] *nm* microclima *m*
microcosme [mikʀokɔsm] *nm* microcosmos *m inv*
micro-cravate [mikʀokʀavat] (*pl* **micros-cravates**) *nm pequeño micrófono oculto en la solapa*
microéconomie [mikʀoekɔnɔmi] *nf* microeconomía
microédition [mikʀoedisjɔ̃] *nf* microedición *f*
microélectronique [mikʀoelɛktʀɔnik] *nf* microelectrónica
microfiche [mikʀofiʃ] *nf* microficha

microfilm [mikʀofilm] *nm* microfilm(e) *m*
micro-onde [mikʀoɔ̃d] (*pl* **micro-ondes**) *nf* : **four à micro-ondes** horno microondas
▸ *nm* : **un ~(s)** un microondas
micro-ordinateur [mikʀoɔʀdinatœʀ] (*pl* **micro-ordinateurs**) *nm* microordenador *m*
micro-organisme [mikʀoɔʀganism] (*pl* **micro-organismes**) *nm* microorganismo
microphone [mikʀɔfɔn] *nm* micrófono
microplaquette [mikʀoplakɛt] *nf* microplaqueta
microprocesseur [mikʀopʀɔsesœʀ] *nm* microprocesador *m*
microprogrammation [mikʀopʀogʀamasjɔ̃] *nf* (*Inform*) microprogramación *f*
microscope [mikʀɔskɔp] *nm* microscopio; **examiner au ~** examinar en el microscopio; **~ électronique** microscopio electrónico
microscopique [mikʀɔskɔpik] *adj* microscópico(-a); (*opération*) con microscopio
microsillon [mikʀosijɔ̃] *nm* microsurco
MIDEM [midɛm] *sigle m* (= *Marché international du disque et de l'édition musicale*) *feria internacional del disco*
midi [midi] *nm* mediodía *m*; (*sud*) sur *m*, mediodía; **le M~ (de la France)** el sur de Francia; **à ~** a mediodía; **tous les midis** todos los días a las doce; **le repas de ~** la comida de mediodía, el almuerzo; **en plein ~** en pleno día
midinette [midinɛt] (*péj*) *nf* niña mona
mie [mi] *nf* miga
miel [mjɛl] *nm* miel *f*; **être tout ~** (*fig*) ser muy meloso(-a)
mielleux, -euse [mjelø, øz] (*péj*) *adj* meloso(-a)
mien, ne [mjɛ̃, mjɛn] *adj* mío(-a) ▸ *pron* : **le ~, la mienne** el mío, la mía; **les miens** (*aussi ma famille*) los míos
miette [mjɛt] *nf* (*aussi fig*) migaja; **en miettes** hecho añicos; **une ~ de** una pizca de

MOT-CLÉ

mieux [mjø] *adv* **1** (*d'une meilleure façon*) : **mieux (que)** mejor (que); **elle travaille/mange mieux** trabaja/come mejor; **elle va mieux** va mejor; **j'aime mieux le cinéma** me gusta más el cine; **j'attendais mieux de vous** esperaba algo más de usted; **qui mieux est** y lo que es mejor; **crier à qui mieux mieux** gritar a cual más; **de mieux en mieux** cada vez mejor
2 (*de la meilleure façon*) mejor; **ce que je sais le mieux** lo que mejor sé; **les livres les mieux faits** los libros mejor hechos
▸ *adj* **1** (*en meilleure forme*) mejor; **se sentir mieux** encontrarse mejor
2 (*plus satisfaisant*) mejor; **c'est mieux ainsi** es mejor así; **c'est le mieux des deux** es el mejor de los dos; **le (la) mieux, les mieux** el (la) mejor, los (las) mejores; **demandez-lui, c'est le mieux** pregúntele, es lo mejor; **il est mieux sans moustache** está mejor sin bigote; **il est mieux que son frère** es mejor que su hermano
3 : **au mieux** en el mejor de los casos; **être au mieux avec** llevarse muy bien con; **tout est pour le mieux** todo va de maravilla
▸ *nm* **1** (*amélioration*) mejoría; **faute de mieux** a falta de algo mejor
2 : **faire de son mieux** hacer cuanto se pueda; **du mieux qu'il peut** lo mejor que puede

mieux-être [mjøzɛtʀ] *nm inv* mayor bienestar *m*
mièvre [mjɛvʀ] *adj* cursi
mièvrerie [mjɛvʀəʀi] *nf* cursilería
mignon, ne [miɲɔ̃, ɔn] *adj* mono(-a); (*aimable*) majo(-a)
migraine [migʀɛn] *nf* jaqueca
migrant, e [migʀɑ̃, ɑ̃t] *adj, nm/f* emigrante *mf*
migrateur, -trice [migʀatœʀ, tʀis] *adj* migratorio(-a)
migration [migʀasjɔ̃] *nf* migración *f*
migratoire [migʀatwaʀ] *adj* migratorio(-a)
migrer [migʀe] *vi* emigrar
mijaurée [miʒɔʀe] *nf* remilgada
mijoter [miʒɔte] *vt* (*plat*) cocer a fuego lento; (: *préparer avec soin*) hacer (con mimo); (*fam* : *affaire*) tramar; **qu'est-ce qu'il mijote ?** ¿qué estará tramando? ▸ *vi* cocer a fuego lento; (*personne : attendre*) esperar largo tiempo
mil [mil] *nm* mil
Milan [milɑ̃] *n* Milán
milan [milɑ̃] *nm* (*oiseau*) milano; **~ royal** milano real
milanais, e [milanɛ, ɛz] *adj* milanés(-esa)
▸ *nm/f* : **Milanais, e** milanés(-esa)
mildiou [mildju] *nm* mildiu *m*, mildeu *m*
mile [majl] *nm* milla
milice [milis] *nf* milicia
milicien, ne [milisjɛ̃] *nm/f* miliciano(-a)
milieu, x [miljø] *nm* medio; (*social, familial*) medio, entorno; **au ~ de** en medio de; (*fig*) entre; **au beau** *ou* **en plein ~ (de)** justo en medio *ou* mitad (de); **le ~** (*pègre*) el hampa; **le juste ~** el término medio; **~ de terrain** (*Football : zone*) centro del campo; *nm/f* (*joueur*) centrocampista *mf*
militaire [militɛʀ] *nmf* militar *mf* ▸ *adj* militar; **marine/aviation ~** marina/aviación *f* militar; **service ~** servicio militar
militairement [militɛʀmɑ̃] *adv* militarmente
militant, e [militɑ̃, ɑ̃t] *adj, nm/f* militante *mf*
militantisme [militɑ̃tism] *nm* militancia
militarisation [militaʀizasjɔ̃] *nf* militarización *f*

m

militarisé, e [militaʀize] *adj* militarizado(-a)
militariser [militaʀize] *vt* militarizar
militarisme [militaʀism] (*péj*) *nm* militarismo
militer [milite] *vi* militar; **~ pour/contre** militar a favor de/en contra de
milk-shake [milkʃɛk] (*pl* **milk-shakes**) *nm* batido de leche
mille [mil] *adj inv* mil; **page ~** página mil ▸ *nm inv* mil *m*; **mettre dans le ~** (*fig*) dar en el blanco ▸ *nm* : **~ marin** milla marina
millefeuille [milfœj] *nm* milhojas *m inv*
millénaire [milenɛʀ] *nm* milenio ▸ *adj* milenario(-a)
millénarisme [milenaʀism] *nm* milenarismo
mille-patte *nm*, **mille-pattes** *nm inv* [milpat] (*pl* **mille-pattes**) ciempiés *m inv*
millepertuis [milpɛʀtɥi] *nm* (*Bot*) hipérico
millésime [milezim] *nm* (*d'une médaille*) fecha; (*d'un vin*) año, cosecha
millésimé, e [milezime] *adj* con el año de la cosecha
millet [mijɛ] *nm* mijo
milliard [miljaʀ] *nm* mil millones *mpl*, millardo
milliardaire [miljaʀdɛʀ] *adj, nmf* multimillonario(-a)
millième [miljɛm] *adj* milésimo(-a) ▸ *nmf* milésimo(-a); **~ de seconde** milésima de segundo
millier [milje] *nm* millar *m*; **un ~ (de)** un millar (de); **par milliers** por miles, a millares
milligramme [miligʀam] *nm* miligramo
millilitre [mililitʀ] *nm* mililitro
millimètre [milimɛtʀ] *nm* milímetro
millimétré, e [milimetʀe] *adj* : **papier ~** papel *m* milimetrado
millimétrique [milimetʀik] *adj* milimétrico(-a); **d'une précision ~** de una precisión milimétrica
million [miljɔ̃] *nm* millón *m*; **deux millions de** dos millones de; **toucher cinq millions** ganar cinco millones
millionième [miljɔnjɛm] *adj, nmf* millonésimo(-a)
millionnaire [miljɔnɛʀ] *adj, nmf* millonario(-a)
mi-lourd [miluʀ] (*pl* **mi-lourds**) *adj, nm* (*Sport*) peso medio
mime [mim] *nmf* mimo *mf* ▸ *nm* (*art*) mimo
mimer [mime] *vt* mimar; (*singer*) imitar
mimétisme [mimetism] *nm* mimetismo
mimi [mimi] *adj* (*fam : mignon*) mono(-a) (*fam*) ▸ *nm* (*langage enfantin : baiser*) besito (*fam*)
mimique [mimik] *nf* mímica
mimosa [mimoza] *nm* mimosa
mi-moyen [mimwajɛ̃] (*pl* **mi-moyens**) *adj, nm* (*Sport*) peso welter
MIN [min] *sigle m* (= *Marché d'intérêt national*) *mercado mayorista de frutos, verduras y productos del campo*
min. *abr* (= *minute(s)*) min. (= *minuto(s)*)
minable [minabl] *adj* (*misérable*) miserable; (*très mauvais*) pésimo(-a)
minaret [minaʀɛ] *nm* minarete *m*, alminar *m*
minauder [minode] *vi* hacer melindres *ou* remilgos
minauderies [minodʀi] *nfpl* melindres *mpl*, remilgos *mpl*
mince [mɛ̃s] *adj* delgado(-a); (*étoffe, filet d'eau*) fino(-a); (*fig*) escaso(-a) ▸ *excl* : **~ alors !** ¡caramba!
minceur [mɛ̃sœʀ] *nf* delgadez *f*
mincir [mɛ̃siʀ] *vi* adelgazar
mine [min] *nf* (*aussi fig*) mina; (*physionomie*) cara, aspecto; **les Mines** (*Admin*) Dirección *f* de Minas; **avoir bonne/mauvaise ~** tener buena/mala cara; **tu as bonne ~ !** (*iron : aspect*) ¡vaya pinta que tienes!; (*: action*) ¡has hecho el ridículo!; **faire grise ~** poner mala cara; **faire ~ de faire qch** simular hacer algo; **ne pas payer de ~** tener mala pinta; **~ de rien** como quien no quiere la cosa, como si nada; **~ à ciel ouvert/de charbon** mina a cielo abierto/de carbón
miner [mine] *vt* minar
minerai [minʀɛ] *nm* mineral *m*
minéral, e, -aux [mineʀal, o] *adj, nm* mineral *m*
minéralisé, e [mineʀalize] *adj* mineral
minéralogie [mineʀalɔʒi] *nf* mineralogía
minéralogique [mineʀalɔʒik] *adj* mineralógico(-a); **plaque ~** matrícula; **numéro ~** número de matrícula
minet, te [minɛ, ɛt] *nm/f* gatito(-a), minino(-a); (*péj*) chuleta *mf*
mineur, e [minœʀ] *adj* (*souci*) secundario(-a); (*poète, personne*) menor ▸ *nm/f* (*Jur*) menor *mf* (de edad) ▸ *nm* (*travailleur*) minero; (*Mil*) minador *m*; **~ de fond** minero de interior
miniature [minjatyʀ] *adj, nf* miniatura; **en ~** en miniatura
miniaturisation [minjatyʀizasjɔ̃] *nf* miniaturización *f*
miniaturiser [minjatyʀize] *vt* miniaturizar
miniaturiste [minjatyʀist] *nmf* miniaturista *mf*
minibus [minibys] *nm* microbús *msg*
mini-cassette [minikasɛt] (*pl* **mini-cassettes**) *nf* cassette *f*
minichaîne [miniʃɛn] *nf* minicadena
minier, -ière [minje, jɛʀ] *adj* minero(-a)
minigolf [minigɔlf] *nm* minigolf *m*
mini-jupe [miniʒyp] (*pl* **mini-jupes**) *nf* minifalda
minimal, e, -aux [minimal, o] *adj* mínimo(-a)
minimalisme [minimalism] *nm* minimalismo

minimaliste [minimalist] *adj* minimalista
minime [minim] *adj* mínimo(-a) ▸ *nmf* (*Sport*) alevín *mf*
minimessage [minimesaʒ] *nm* SMS *m*, mensaje *m* de texto
minimiser [minimize] *vt* minimizar
minimum [minimɔm] *adj* mínimo(-a) ▸ *nm* (*pl* **minimums** *ou* **minima**) mínimo; **un ~ de** un mínimo de; **au ~** como mínimo; **~ vital** (*salaire*) salario mínimo; (*niveau de vie*) mínimos *mpl* vitales; **minima sociaux** prestaciones *fpl* sociales no contributivas
mini-ordinateur [miniɔʀdinatœʀ] (*pl* **mini-ordinateurs**) *nm* miniordenador *m*
ministère [ministɛʀ] *nm* ministerio; **~ public** (*Jur*) ministerio público
ministériel, le [ministeʀjɛl] *adj* ministerial; (*partisan*) gubernamental
ministrable [ministʀabl] *adj* ministrable
ministre [ministʀ] *nmf* ministro(-a); **~ d'État** ministro(-a) de Estado
minium [minjɔm] *nm* minio
minois [minwa] *nm* carita
minorer [minɔʀe] *vt* (*minimiser*) minimizar; (*prix*) reducir; (*sous-évaluer*) infravalorar
minoritaire [minɔʀitɛʀ] *adj* minoritario(-a)
minorité [minɔʀite] *nf* minoría; (*d'une personne*) minoría de edad; **la/une ~ de** la/una minoría de; **être en ~** estar en minoría; **mettre en ~** (*Pol*) poner en minoría
Minorque [minɔʀk] *nf* Menorca
minorquin, e [minɔʀkɛ̃, in] *adj* menorquín(-ina) ▸ *nm/f* : **Minorquin, e** menorquín(-ina)
minoterie [minɔtʀi] *nf* fábrica de harina
minotier [minɔtje] *nm* fabricante *m* de harina
minou [minu] *nm* (*langage enfantin : chat*) minino (*fam*)
minuit [minɥi] *nm* medianoche *f*
minus [minys] (*fam*) *nmf* (*péj*) inútil *mf*
minuscule [minyskyl] *adj* (*aussi lettre*) minúsculo(-a) ▸ *nf* (*lettre*) minúscula
minutage [minytaʒ] *nm* cronometraje *m*
minute [minyt] *nf* minuto; (*Jur*) minuta; **d'une ~ à l'autre** de un momento a otro; **à la ~** en seguida; **entrecôte/steak ~** entrecot(e) *m*/bisté *m* al minuto ▸ *excl* ¡un momento!
minuter [minyte] *vt* cronometrar
minuterie [minytʀi] *nf* programador *m*; (*d'escalier d'immeuble*) interruptor *m* (de la luz)
minuteur [minytœʀ] *nm* reloj *m*
minutie [minysi] *nf* minucia; **avec ~** minuciosamente
minutieusement [minysjøzmɑ̃] *adv* minuciosamente
minutieux, -euse [minysjø, øz] *adj* minucioso(-a)
mioche [mjɔʃ] (*fam*) *nmf* crío(-a), chiquillo(-a)
mirabelle [miʀabɛl] *nf* ciruela mirabel; (*eau de vie*) aguardiente *m* de ciruela mirabel
miracle [miʀɑkl] *nm* milagro; **par ~** de milagro; **faire/accomplir des miracles** hacer milagros
miraculé, e [miʀakyle] *adj* curado(-a) milagrosamente
miraculeux, -euse [miʀakylø, øz] *adj* milagroso(-a)
mirador [miʀadɔʀ] *nm* (*Mil*) torre *f* de observación
mirage [miʀaʒ] *nm* espejismo
mire [miʀ] *nf* (*d'un fusil*) mira; (*TV*) carta de ajuste; **point/ligne de ~** punto/línea de mira
mirent [miʀ] *vb voir* **mettre**
mirer [miʀe] *vt* (*œufs*) mirar al trasluz; **se mirer** *vpr* : **se ~ dans** (*suj : personne*) contemplarse en; (*: chose*) reflejarse en
mirettes [miʀɛt] (*fam*) *nfpl* (*yeux*) ojos *mpl*; **en prendre plein les ~** quedar maravillado(-a)
mirifique [miʀifik] *adj* mirífico(-a)
mirobolant, e [miʀɔbɔlɑ̃, ɑ̃t] *adj* extraordinario(-a)
miroir [miʀwaʀ] *nm* espejo; (*fig*) espejo, reflejo
miroiter [miʀwate] *vi* espejear, relucir; **faire ~ qch à qn** seducir a algn con algo
miroiterie [miʀwatʀi] *nf* (*usine*) taller *m* de espejos; (*magasin*) tienda de espejos
mis, e [mi, miz] *pp de* **mettre** ▸ *adj* puesto(-a); **bien/mal ~** bien/mal vestido(-a)
misaine [mizɛn] *nf* : **mât de ~** palo de trinquete
misanthrope [mizɑ̃tʀɔp] *adj, nmf* misántropo(-a)
mise [miz] *nf* (*argent*) apuesta; (*tenue*) porte *m*; **être de ~** ser de recibo; **~ à feu** encendido; **~ à jour** puesta al día; (*Inform*) actualización *f*; **~ à mort** matanza; **~ à pied** despido; **~ à prix** tasación *f*; **~ au point** (*Photo*) enfoque *m*; (*fig*) aclaración *f*; **~ de fonds** inversión *f* de capital; **~ en bouteilles** embotellado; **~ en plis** marcado; **~ en scène** (*Théâtre, Ciné*) dirección *f*; (*Théâtre : matérielle*) puesta en escena; **~ en service** puesta en servicio; **~ sur pied** organización *f*
miser [mize] *vt* apostar; **~ sur** apostar a; (*fig*) contar con
misérable [mizeʀabl] *adj* miserable; (*insignifiant*) insignificante; (*honteux*) vergonzoso(-a) ▸ *nmf* miserable *mf*
misère [mizɛʀ] *nf* miseria; **être dans la ~** estar en la miseria; **salaire de ~** salario de miseria; **~ noire** triste miseria; **misères** *nfpl* (*malheurs, peines*) desgracias *fpl*; (*ennuis*) dificultades *fpl*; **faire des misères à qn** hacer rabiar a algn
miséreux, -euse [mizeʀø, øz] *adj, nm/f* pordiosero(-a)

m

miséricorde [mizeʀikɔʀd] *nf* misericordia
miséricordieux, -euse [mizeʀikɔʀdjø, jøz] *adj* misericordioso(-a)
misogyne [mizɔʒin] *adj, nmf* misógino(-a)
misogynie [mizɔʒini] *nf* misoginia
missel [misɛl] *nm* misal *m*
missile [misil] *nm* misil *m*; ~ **autoguidé/balistique/stratégique** misil teledirigido/balístico/estratégico; ~ **de croisière** misil de crucero
mission [misjɔ̃] *nf* misión *f*; *(fonction, vocation)* función *f*; **partir en** ~ *(Admin, Pol)* ir a realizar una misión; ~ **de reconnaissance** *(Mil)* misión de reconocimiento
missionnaire [misjɔnɛʀ] *nmf* misionero(-a)
missive [misiv] *nf* misiva
mistral [mistʀal] *nm* mistral *m*
mit [mi] *vb voir* **mettre**
mitaine [mitɛn] *nf* mitón *m*; (Canada : *moufle*) manopla
mitard [mitaʀ] *(fam) nm* calabozo
mite [mit] *nf* polilla
mité, e [mite] *adj* apolillado(-a)
mi-temps [mitɑ̃] *nf inv (Sport : période)* tiempo; *(: pause)* descanso; **à** ~ *adv* media jornada; *adj* de media jornada
miteux, -euse [mitø, øz] *adj* mísero(-a)
mitigé, e [mitiʒe] *adj* moderado(-a); **(recevoir) un accueil** ~ (recibir) una tibia acogida
mitochondrie [mitɔkɔ̃dʀi] *nf* mitocondria
mitonner [mitɔne] *vt* elaborar cuidadosamente
mitoyen, ne [mitwajɛ̃, jɛn] *adj* medianero(-a); **maisons mitoyennes** casas *fpl* adosadas
mitraillage [mitʀɑjaʒ] *nm* ametrallamiento; *(fig)* bombardeo, acribillamiento
mitraille [mitʀɑj] *nf* metralla
mitrailler [mitʀɑje] *vt* ametrallar; *(fig)* bombardear, acribillar; ~ **qn de** *(fig)* acribillar a algn a, bombardear a algn con *ou* a
mitraillette [mitʀɑjɛt] *nf* metralleta
mitrailleur [mitʀɑjœʀ] *nm* soldado ametrallador ▸ *adj* : **fusil** ~ fusil *m* ametrallador
mitrailleuse [mitʀɑjøz] *nf* ametralladora
mitre [mitʀ] *nf* mitra
mitron [mitʀɔ̃] *nm* mozo de panadero *ou* pastelero
mi-voix [mivwa] : **à** ~ *adv* a media voz
mix [miks] *nm* mix *m*
mixage [miksaʒ] *nm (Ciné)* mezcla *f* de sonido
mixer, mixeur [miksœʀ] *nm (Culin)* batidora
mixité [miksite] *nf* carácter *m* mixto; ~ **sociale** mestizaje *m* social
mixte [mikst] *adj* mixto(-a); **à usage** ~ para uso mixto; **cuisinière** ~ cocina mixta
mixture [mikstyʀ] *nf* mixtura; *(péj)* mejunje *m*
MJC [ɛmʒise] *sigle f (= Maison des jeunes et de la culture)* Casa de Cultura; *voir aussi* **maison**
ml *abr (= millilitre(s))* ml *(= mililitro(s))*
MLF [ɛmɛlɛf] *sigle m (= Mouvement de libération de la femme) Movimiento de liberación de la mujer*
Mlle *(pl* **Mlles***) abr (= Mademoiselle)* Srta. *(= Señorita)*
MM *abr (= Messieurs)* ≈ Srs. *(= Señores)*; *voir aussi* **monsieur**
mm *abr (= millimètre(s))* mm *(= milímetro(s))*
Mme *(pl* **Mmes***) abr (= Madame)* ≈ Sra. *(= Señora)*
MMS *sigle m (= Multimedia messaging service)* MMS *m*
mn *abr (= minute(s))* m *(= minuto(s))*
mnémotechnique [mnemotɛknik] *adj* (m)nemotécnico(-a)
MNS *sigle m (= maître nageur sauveteur)* socorrista *m*
Mo *abr (= mégaoctet(s))* MB *(= megabyte(s))*
mobile [mɔbil] *adj* móvil, movible; *(pièce, feuillet)* suelto(-a); *(population, main-d'œuvre)* móvil; *(reflets)* cambiante; *(regard)* vivo(-a), vivaz ▸ *nm (téléphone)* móvil *m*, celular *m* (Am); *(Art, d'un meurtre)* móvil *m*
mobilier, -ière [mɔbilje, jɛʀ] *adj* mobiliario(-a); **valeurs mobilières** *(Fin)* valores *mpl* mobiliarios; **vente/saisie mobilière** *(Jur)* venta/embargo de mobiliario ▸ *nm* mobiliario
mobilisable [mɔbilizabl] *adj* movilizable
mobilisateur, -trice [mɔbilizatœʀ, tʀis] *adj (projet, thème)* que moviliza
mobilisation [mɔbilizasjɔ̃] *nf* movilización *f*; ~ **générale** movilización general
mobiliser [mɔbilize] *vt* movilizar
mobilité [mɔbilite] *nf* movilidad *f*; ~ **sociale** movilidad social
mobylette® [mɔbilɛt] *nf* motocicleta
mocassin [mɔkasɛ̃] *nm* mocasín *m*
moche [mɔʃ] *(fam) adj* feo(-a)
mocheté [mɔʃte] *nf (laideur)* fealdad *f*; *(chose laide)* engendro, birria; *(fam : femme)* adefesio *(fam)*
modalité [mɔdalite] *nf* modalidad *f*; **modalités** *nfpl (Jur)* modalidades *fpl*; **modalités de paiement** modalidades de pago
mode [mɔd] *nf* moda; **à la** ~ de moda; **travailler dans la** ~ trabajar en la confección ▸ *nm* modo; *(Inform)* modo, modalidad *f*; ~ **d'emploi** instrucciones *fpl* de uso; ~ **de paiement** forma de pago; ~ **de production/d'exploitation** modo de producción/de explotación; ~ **de vie** modo de vida; ~ **dialogué** *(Inform)* modalidad conversacional
modelage [mɔd(ə)laʒ] *nm* modelado
modelé [mɔd(ə)le] *nm* modelado
modèle [mɔdɛl] *nm* modelo; **un** ~ **de fidélité/générosité** un modelo de fidelidad/

generosidad; ~ **en carton/métal** modelo en cartón/metal; ~ **courant/de série** (*Comm*) modelo corriente/de serie; ~ **déposé** (*Comm*) modelo patentado *ou* registrado; ~ **réduit** modelo reducido ▸ *adj* modélico(-a); (*cuisine*) modelo *inv*; (*ferme*) piloto *inv*

modeler [mɔd(ə)le] *vt* modelar; (*suj : vêtement, érosion*) moldear; ~ **qch sur** *ou* **d'après** moldear algo según; **se modeler** *vpr* : **se ~ sur** amoldarse a

modélisation [mɔdelizasjɔ̃] *nf* (*Math*) modelización *f*

modélisme [mɔdelism] *nm* modelismo

modéliste [mɔdelist] *nmf* (*Couture*) diseñador(a); (*de modèles réduits*) modelista *mf*

modem [mɔdɛm] *nm* (*Inform*) modem *m*, módem *m*

modérateur, -trice [mɔdeʀatœʀ, tʀis] *adj, nm/f* moderador(a)

modération [mɔdeʀasjɔ̃] *nf* moderación *f*; **à consommer avec ~** consumir con moderación; ~ **de peine** reducción *f* de la pena

modéré, e [mɔdeʀe] *adj, nm/f* moderado(-a)

modérément [mɔdeʀemɑ̃] *adv* moderadamente

modérer [mɔdeʀe] *vt* moderar; **se modérer** *vpr* moderarse

moderne [mɔdɛʀn] *adj* moderno(-a); **enseignement ~** enseñanza moderna ▸ *nm* (*Art*) arte *m* moderno; **le ~** (*ameublement*) lo moderno

modernisation [mɔdɛʀnizasjɔ̃] *nf* modernización *f*

moderniser [mɔdɛʀnize] *vt* modernizar; **se moderniser** *vpr* modernizarse

modernisme [mɔdɛʀnism] *nm* modernismo

moderniste [mɔdɛʀnist] *adj, nmf* modernista *mf*

modernité [mɔdɛʀnite] *nf* modernidad *f*

modeste [mɔdɛst] *adj* modesto(-a)

modestement [mɔdɛstəmɑ̃] *adv* modestamente

modestie [mɔdɛsti] *nf* modestia; **fausse ~** falsa modestia

modicité [mɔdisite] *nf* modicidad *f*

modifiable [mɔdifjabl] *adj* modificable

modification [mɔdifikasjɔ̃] *nf* modificación *f*

modifier [mɔdifje] *vt* modificar; **se modifier** *vpr* modificarse

modique [mɔdik] *adj* módico(-a)

modiste [mɔdist] *nf* sombrerera

modulable [mɔdylabl] *adj* (*mobilier, canapé*) modular; (*prêt*) flexible

modulaire [mɔdylɛʀ] *adj* modular

modularité [mɔdylaʀite] *nf* (*de logiciel, bâtiment, mobilier*) modularidad *f*

modulation [mɔdylasjɔ̃] *nf* modulación *f*; ~ **de fréquence** frecuencia modulada

module [mɔdyl] *nm* módulo; ~ **lunaire** módulo lunar

moduler [mɔdyle] *vt* (*air*) entonar; (*son*) modular; (*offre, effets*) adaptar; ~ **qch en fonction de** adaptar algo en función de

moelle [mwal] *nf* médula; **jusqu'à la ~** (*fig*) hasta la médula; ~ **épinière** médula espinal

moelleux, -euse [mwalø, øz] *adj* (*étoffe*) esponjoso(-a); (*siège*) mullido(-a); (*vin, chocolat*) suave; (*voix, son*) aterciopelado(-a)

moellon [mwalɔ̃] *nm* morrillo

mœurs [mœʀ(s)] *nfpl* costumbres *fpl*; ~ **simples/bohèmes** costumbres sencillas/bohemias; **femme de mauvaises ~** mujer *f* de la vida; **passer dans les ~** entrar en las costumbres; **contraire aux bonnes ~** contrario a las buenas costumbres

mohair [mɔɛʀ] *nm* muaré *m*, mohair *m*

moi [mwa] *pron* (**m'** *avant en et y : sujet*) yo; (*objet direct/indirect*) me; **c'est ~** soy yo; **c'est ~ qui l'ai fait** lo hice yo; **c'est ~ que vous avez appelé ?** ¿me ha llamado a mí?; **apporte-le-~** tráemelo; **donnez-m'en un peu** deme un poco; **à ~** (*possessif*) mío (mía), míos (mías); **ce livre est à ~** ese libro es mío; **avec ~** conmigo; **des poèmes de ~** poemas míos; **sans ~** sin mí; **~, je ...** (*emphatique*) yo, ...; **plus grand que ~** más grande que yo ▸ *nm* (*Psych*) yo

moignon [mwaɲɔ̃] *nm* muñón *m*

moi-même [mwamɛm] *pron* yo mismo(-a)

moindre [mwɛ̃dʀ] *adj* menor; **le/la ~** el/la menor; **les moindres** los/las menores; **c'est la ~ des politesses** es lo menos que se puede decir *ou* hacer; **c'est la ~ des choses** es lo mínimo

moindrement [mwɛ̃dʀəmɑ̃] *adv* menormente; **pas le ~** de ningún modo, en absoluto

moine [mwan] *nm* monje *m*, fraile *m*

moineau, x [mwano] *nm* gorrión *m*

MOT-CLÉ

moins [mwɛ̃] *adv* **1** (*comparatif*) : **moins (que)** menos (que); **il a trois ans de moins que moi** tiene tres años menos que yo; **moins intelligent que** menos inteligente que; **moins je travaille, mieux je me porte** cuanto menos trabajo, mejor me encuentro

2 (*superlatif*) : **le moins** el (lo) menos; **c'est ce que j'aime le moins** es lo que menos me gusta; **le moins doué** el menos dotado; **pas le moins du monde** en lo más mínimo; **au moins, du moins** al menos, por lo menos

3 : **moins de** (*quantité, nombre*) menos; **moins de sable/d'eau** menos arena/agua; **moins de livres/de gens** menos libros/gente; **moins de deux ans/10 euros** menos de dos años/10 euros; **moins de midi** antes de mediodía

m

4 : **de/en moins** : **10 euros/trois jours de moins** 10 euros/tres días menos; **trois livres en moins** tres libros menos; **de l'argent en moins** menos dinero; **le soleil en moins** sin el sol; **de moins en moins** cada vez menos; **en moins de deux** en un santiamén
5 : **à moins de/que** *conj* a menos que, a no ser que; **à moins de faire ...** a no ser que se haga ...; **à moins que tu ne fasses** a menos que hagas; **à moins d'un accident** a no ser por un accidente
▸ *prép* : **quatre moins deux** cuatro menos dos; **il est moins cinq** son menos cinco; **il fait moins cinq** hay cinco grados bajo cero

moins-value [mwɛ̃valy] (*pl* **moins-values**) *nf* minusvalía
moire [mwaʀ] *nf* moaré *m*
moiré, e [mwaʀe] *adj* tornasolado(-a)
mois [mwa] *nm* mes *msg*; (*salaire, somme due*) mensualidad *f*; **treizième ~** paga extra
moïse [mɔiz] *nm* moisés *m*, cuna
moisi, e [mwazi] *adj* enmohecido(-a) ▸ *nm* moho; **odeur/goût de ~** olor *m*/gusto a moho
moisir [mwaziʀ] *vi* enmohecerse; (*fig*) criar moho; **~ en prison** pudrirse en la cárcel ▸ *vt* enmohecer
moisissure [mwazisyʀ] *nf* moho
moisson [mwasɔ̃] *nf* siega; **faire ~ de souvenirs/renseignements** (*fig*) hacer acopio de recuerdos/informaciones
moissonner [mwasɔne] *vt* segar; (*fig*) recolectar
moissonneur, -euse [mwasɔnœʀ, øz] *nm/f* segador(a)
moissonneuse [mwasɔnøz] *nf* segadora
moissonneuse-batteuse [mwasɔnøzbatøz] (*pl* **moissonneuses-batteuses**) *nf* (segadora) trilladora
moissonneuse-lieuse [mwasɔnøzlijøz] (*pl* **moissonneuses-lieuses**) *nf* (segadora) agavilladora
moite [mwat] *adj* (*air*) húmedo(-a); (*peau*) sudoroso(-a); **avoir les mains moites** tener las manos sudorosas; **il fait une chaleur ~** hace bochorno
moiteur [mwatœʀ] *nf* (*de l'air*) humedad *f*; (*de la peau*) sudor *m*
moitié [mwatje] *nf* mitad *f*; **sa ~** (*épouse*) su media naranja; **la ~** la mitad; **la ~ du temps/des gens** la mitad del tiempo/de la gente; **à la ~ de** a mitad de; **~ moins grand** la mitad de grande; **~ plus long** la mitad más largo; **à ~** a medias; **à ~ prix** a mitad de precio; **de ~** en la mitad; **~ ~** mitad y mitad

> L'expression **à moitié** suivie d'un adjectif se traduit par *medio*, qui ne s'accorde pas : **Elle est à moitié sourde.** Está medio sorda.

moka [mɔka] *nm* moka *m*; (*gâteau*) tarta de moka
mol [mɔl] *adj voir* **mou**
molaire [mɔlɛʀ] *nf* molar *m*
môle [mol] *nm* malecón *m*; (*quai*) muelle *m*
moléculaire [mɔlekylɛʀ] *adj* molecular
molécule [mɔlekyl] *nf* molécula
moleskine [mɔlɛskin] *nf* molesquín *m*
molester [mɔlɛste] *vt* maltratar
molette [mɔlɛt] *nf* (*de mise au point, de briquet*) rueda dentada
mollard [mɔlaʀ] *nm* (*fam !*) lapo (*fam*), pollo (*fam*)
mollasse [mɔlas] *adj* (*péj : personne*) desganado(-a); (*: chose*) blandengue
mollasson, ne [mɔlasɔ̃, ɔn] (*fam*) *adj, nm/f* blandengue *mf* (*fam*)
molle [mɔl] *adj f voir* **mou**
mollement [mɔlmɑ̃] *adv* débilmente; (*péj*) desganadamente
mollesse [mɔlɛs] *nf* blandura; (*fig : d'une personne*) insulsez *f*
mollet [mɔlɛ] *nm* pantorrilla ▸ *adj m* : **œuf ~** huevo pasado por agua
molletière [mɔltjɛʀ] *adj f* polaina; **bande ~** *venda de paño haciendo de media polaina*
molleton [mɔltɔ̃] *nm* (*Textile*) muletón *m*
molletonné, e [mɔltɔne] *adj* forrado(-a) de muletón
mollir [mɔliʀ] *vi* flaquear; (*Naut : vent*) amainar
mollo [mɔlo] *adv* (*fam*) : **y aller ~** ir despacito (*fam*), ir tranqui (*fam*); **vas-y ~ !** ¡despacito!
mollusque [mɔlysk] *nm* (*Zool*) molusco; (*fig : personne*) blandengue *mf*
molosse [mɔlɔs] *nm* moloso
môme [mom] (*fam*) *nmf* chiquillo(-a); (*fille*) chavala (*fam*)
moment [mɔmɑ̃] *nm* momento; **les grands moments de l'histoire** los grandes momentos de la historia; **~ de gêne/de bonheur** momento de apuro/de felicidad; **profiter du ~** aprovechar el momento; **ce n'est pas le ~** no es el mejor momento; **à un certain ~** en cierto momento; **à un ~ donné** en un momento dado; **à quel ~ ?** ¿en qué momento?; **au même ~** en el mismo momento; **pour un bon ~** un buen rato; **en avoir pour un bon ~** tener para rato; **pour le ~** por el momento; **au ~ de** en el momento de; **au ~ où** en el momento en que; **à tout ~** a cada momento *ou* rato; (*continuellement*) constantemente; **en ce ~** en este momento; (*aujourd'hui*) en los momentos actuales; **sur le ~** al principio; **par moments** por momentos; **d'un ~ à l'autre** de un momento a otro; **du ~ où** *ou* **que** (*dès lors que*) puesto que; (*à condition que*) siempre que; **n'avoir pas un ~ à soi** no tener ni un momento libre para sí; **derniers moments** últimos momentos *mpl*

momentané, e [mɔmɑ̃tane] *adj* momentáneo(-a)
momentanément [mɔmɑ̃tanemɑ̃] *adv* momentáneamente
momie [mɔmi] *nf* momia
momifier [mɔmifje] *vt* momificar
mon, ma [mɔ̃, ma] (*pl* **mes**) *adj poss* mi; (*pl*) mis
monacal, e, -aux [mɔnakal, o] *adj* : **vie monacale** vida monacal
Monaco [mɔnako] *nm* : **(la principauté de) ~** (el principado de) Mónaco
monarchie [mɔnaʀʃi] *nf* monarquía; **~ absolue/parlementaire** monarquía absoluta/parlamentaria
monarchique [mɔnaʀʃik] *adj* monárquico(-a)
monarchisme [mɔnaʀʃism] *nm* monarquismo
monarchiste [mɔnaʀʃist] *adj, nmf* monárquico(-a)
monarque [mɔnaʀk] *nm* monarca *m*
monastère [mɔnastɛʀ] *nm* monasterio
monastique [mɔnastik] *adj* monástico(-a)
monceau, x [mɔ̃so] *nm* montón *m*
mondain, e [mɔ̃dɛ̃, ɛn] *adj* mundano(-a); **carnet ~** agenda ▸ *nm/f* hombre *m* mundano/mujer *f* mundana
mondaine [mɔ̃dɛn] *nf* : **la M~, la police ~** la brigada antidroga
mondanités [mɔ̃danite] *nfpl* formulismos *mpl* mundanos; (*Presse*) crónica *fsg* social, ecos *mpl* de sociedad
monde [mɔ̃d] *nm* mundo; **le ~ capitaliste/végétal/du spectacle** el mundo capitalista/vegetal/del espectáculo; **être/ne pas être du même ~** ser/no ser del mismo mundo; **il y a du ~** (*beaucoup de gens*) hay mucha gente; (*quelques personnes*) hay gente; **y a-t-il du ~ dans le salon ?** ¿hay gente en el salón?; **beaucoup/peu de ~** mucha/poca gente; **meilleur du ~** mejor del mundo; **mettre au ~** dar a luz; **l'autre ~** el otro mundo; **tout le ~** todo el mundo; **pas le moins du ~** de ninguna manera; **se faire un ~ de qch** hacerse un mundo de algo; **tour du ~** vuelta al mundo; **homme/femme du ~** hombre *m*/mujer *f* de mundo
mondial, e, -aux [mɔ̃djal, jo] *adj* mundial
mondialement [mɔ̃djalmɑ̃] *adv* mundialmente
mondialisation [mɔ̃djalizasjɔ̃] *nf* mundialización *f*, globalización *f*
mondialiser [mɔ̃djalize] : **se mondialiser** *vpr* mundializarse, globalizarse
mondialiste [mɔ̃djalist] *adj* universalista
mondovision [mɔ̃dɔvizjɔ̃] *nf* mundovisión *f*
monégasque [mɔnegask] *adj* monegasco(-a) ▸ *nmf* : **Monégasque** monegasco(-a)
monétaire [mɔnetɛʀ] *adj* monetario(-a)
monétarisme [mɔnetaʀism] *nm* monetarismo
monétariste [mɔnetaʀist] *adj, nmf* monetarista *mf*
monétique [mɔnetik] *nf* informatización *f* de la banca
monétisation [mɔnetizasjɔ̃] *nf* monetización *f*
monétiser [mɔnetize] *vt* monetizar
mongol, e [mɔ̃gɔl] *adj* mongol(a) ▸ *nm* (*Ling*) mongol *m* ▸ *nm/f* : **Mongol, e** mongol(a)
Mongolie [mɔ̃gɔli] *nf* Mongolia
mongolien, ne [mɔ̃gɔljɛ̃, jɛn] *adj, nm/f* mongólico(-a)
mongolisme [mɔ̃gɔlism] *nm* mongolismo
moniteur, -trice [mɔnitœʀ, tʀis] *nm/f* monitor(a); **~ d'auto-école** profesor(a) de auto-escuela ▸ *nm* (*Inform*) monitor *m*; **~ cardiaque** (*Méd*) monitor cardíaco *ou* de electrocardiografía
monitorat [mɔnitɔʀa] *nm* (*formation*) formación *f* del monitor; (*fonction*) función *f* del monitor
monnaie [mɔnɛ] *nf* moneda; **avoir de la ~** (*petites pièces*) tener cambio; **avoir/faire la ~ de 10 euros** tener cambio de/cambiar 10 euros; **donner/faire à qn la ~ de 10 euros** dar el cambio de/cambiar 10 euros a algn; **rendre à qn la ~ (sur 10 euros)** darle la vuelta a algn (de 10 euros); **rendre à qn la ~ de sa pièce** (*fig*) pagar a algn con la misma moneda; **servir de ~ d'échange** servir de moneda de cambio; **payer en ~ de singe** pagar con promesas vanas; **c'est ~ courante** es moneda corriente; **~ légale** moneda legal
monnayable [mɔnɛjabl] *adj* vendible
monnayer [mɔneje] *vt* convertir en dinero; (*talent*) sacar partido de
monnayeur [mɔnɛjœʀ] *nm voir* **faux-monnayeur**
mono [mɔno] *nmf* (= *moniteur, -trice*) monitor(a)
monochrome [mɔnokʀom] *adj* monocromo(-a)
monocle [mɔnɔkl] *nm* monóculo
monocoque [mɔnɔkɔk] *adj* : **voiture ~** coche *m* monocasco ▸ *nm* velero monocasco
monocorde [mɔnɔkɔʀd] *adj* monocorde
monoculture [mɔnokyltyʀ] *nf* monocultivo
monogame [mɔnɔgam] *adj* monógamo(-a)
monogamie [mɔnɔgami] *nf* monogamia
monogramme [mɔnɔgʀam] *nm* monograma *m*
monographie [mɔnɔgʀafi] *nf* monografía
monokini [mɔnɔkini] *nm* monokini *m*
monolingue [mɔnɔlɛ̃g] *adj* monolingüe
monolithe [mɔnɔlit] *nm* monolito
monolithique [mɔnɔlitik] *adj* monolítico(-a)
monolithisme [mɔnɔlitism] *nm* monolitismo

m

monologue [mɔnɔlɔg] *nm* monólogo; **~ intérieur** monólogo interior
monologuer [mɔnɔlɔge] *vi* monologar
monôme [mɔnom] *nm (Math)* monomio; *(file d'étudiants)* manifestación *f* de estudiantes
mononucléose [mɔnonykleoz] *nf (Méd)*: **~ infectieuse** mononucleosis *m inv* infecciosa
monoparental, e, -aux [mɔnɔparɑ̃tal, o] *adj* monoparental
monophasé, e [mɔnɔfaze] *adj* monofásico(-a)
monophonie [mɔnɔfɔni] *nf* monofonía
monoplace [mɔnɔplas] *adj, nm ou f* monoplaza *m*
monoplan [mɔnɔplɑ̃] *nm* monoplano
monopole [mɔnɔpɔl] *nm* monopolio
monopolisation [mɔnɔpɔlizasjɔ̃] *nf* monopolización *f*
monopoliser [mɔnɔpɔlize] *vt* monopolizar
monopolistique [mɔnɔpɔlistik] *adj* monopolístico(-a)
monorail [mɔnɔʀaj] *nm* monorraíl *m*
monoski [mɔnɔski] *nm* monoesquí *m*; **faire du ~** hacer monoesquí
monospace [mɔnɔspas] *nm* monovolumen *m*
monosyllabe [mɔnɔsi(l)lab] *nm* monosílabo
monosyllabique [mɔnɔsi(l)labik] *adj* monosilábico(-a)
monothéisme [mɔnɔteism] *nm* monoteísmo
monothéiste [mɔnɔteist] *adj* monoteísta
monotone, e [mɔnɔtɔn] *adj* monótono(-a)
monotonie [mɔnɔtɔni] *nf* monotonía
monoxyde [mɔnɔksid] *nm* monóxido; **~ de carbone** monóxido de carbono
monseigneur [mɔ̃sɛɲœʀ] *nm (archevêque, évêque)* Su Ilustrísima *m*; *(cardinal)* Su Eminencia; **M~ Thomas** Monseñor Tomás
monsieur [məsjø] *(pl* **messieurs***) nm (titre)* señor, don; **occupez-vous de M~** atienda al señor; **bonjour ~** buenos días señor; **~ !** *(pour appeler)* ¡(oiga) señor!; **M~,** *(sur lettre)* Señor:; **Cher M~,** Estimado señor:; **un/le ~** un/el señor; *voir aussi* **madame**
monstre [mɔ̃stʀ] *nm* monstruo; **~ sacré** *(Théâtre, Ciné)* monstruo sagrado ▸ *adj (fam)* brutal, bestial *(fam)*; **un travail ~** una cantidad de trabajo brutal
monstrueux, -euse [mɔ̃stʀyø, øz] *adj* monstruoso(-a)
monstruosité [mɔ̃stʀyozite] *nf* monstruosidad *f*
mont [mɔ̃] *nm* monte *m*; **par monts et par vaux** de la Ceca a la Meca; **le ~ de Vénus** el monte de Venus; **le M~ Blanc** el Mont Blanc
montage [mɔ̃taʒ] *nm* montaje *m*; **~ sonore** montaje sonoro
montagnard, e [mɔ̃taɲaʀ, aʀd] *adj, nm/f* montañés(-esa)
montagne [mɔ̃taɲ] *nf* montaña; *(fig)*: **une ~ de** una montaña de; **la haute ~** la alta montaña; **la moyenne ~** la montaña media; **les montagnes Rocheuses** las Montañas Rocosas; **montagnes russes** montaña *fsg* rusa
montagneux, -euse [mɔ̃taɲø, øz] *adj* montañoso(-a)
montalbanais, e [mɔ̃talbanɛ, ɛz] *adj* de Montauban ▸ *nm/f*: **Montalbanais, e** nativo(-a) *ou* habitante *mf* de Montauban
montant, e [mɔ̃tɑ̃, ɑ̃t] *adj* ascendente; *(chemin)* ascendente, cuesta arriba; *(robe, corsage, col)* cerrado(-a) ▸ *nm (somme)* importe *m*; *(d'une fenêtre)* jamba; *(d'un lit, d'une échelle)* larguero
mont-de-piété [mɔ̃dpjete] *(pl* **monts-de-piété***) nm* monte *m* de piedad
monte [mɔ̃t] *nf* monta
monté, e [mɔ̃te] *adj*: **être ~ contre qn** estar enfurecido(-a) con algn; **~ en** *(fourni)* provisto(-a) de; **~ sur** montado(-a) en
monte-charge [mɔ̃tʃaʀʒ] *(pl* **monte-charges***) nm* montacargas *m inv*
montée [mɔ̃te] *nf* subida; *(côte)* cuesta; **au milieu de la ~** en medio de la cuesta *ou* de la subida
Monténégro [mɔ̃tenegʀo] *nm* Montenegro
monte-plats [mɔ̃tpla] *nm inv* montaplatos *m inv*
monter [mɔ̃te] *vi* subir; *(Cartes)* echar una carta de más valor; *(à cheval)*: **~ bien/mal** montar bien/mal; **~ dans un train/avion/taxi** subir a un tren/avión/taxi; **~ sur/à un arbre/une échelle** subir a un árbol/una escalera; **~ à cheval/bicyclette** montar a caballo/en bicicleta; **~ à pied/en voiture** subir a pie/en coche; **~ à bord** subir a bordo; **~ à la tête de qn** subírsele a la cabeza de algn; **~ sur les planches** subir a un escenario; **~ en grade** ascender; **~ à l'assaut** lanzarse al asalto ▸ *vt (escalier, valise)* subir; *(tente, échafaudage, machine)* armar, montar; *(entreprise, pièce de théâtre)* montar; **~ son ménage** montar la casa; **~ son trousseau** preparar el ajuar; **~ la tête à qn** calentarle la cabeza a algn; **~ qch en épingle** cargar las tintas con algo; **~ la garde** montar la guardia; **se monter** *vpr* proveerse
monteur, -euse [mɔ̃tœʀ, øz] *nm/f* montador(a)
montgolfière [mɔ̃gɔlfjɛʀ] *nf* globo (aerostático)
monticule [mɔ̃tikyl] *nm* montículo
montmartrois, e [mɔ̃maʀtʀwa, waz] *adj* de Montmartre ▸ *nm/f*: **Montmartrois, e** nativo(-a) *ou* habitante *mf* de Montmartre
montre [mɔ̃tʀ] *nf* reloj *m*; **~ en main** reloj en mano; **contre la ~** contra reloj; **faire ~ de** hacer alarde de; *(faire preuve de)* dar muestras de; **~ de plongée** reloj sumergible

Montréal [mɔ̃ʀeal] *n* Montreal
montréalais, e [mɔ̃ʀealɛ, ɛz] *adj* de Montreal ▸ *nm/f* : **Montréalais, e** nativo(-a) *ou* habitante *mf* de Montreal
montre-bracelet [mɔ̃tʀəbʀaslɛ] (*pl* **montres-bracelets**) *nf* reloj *m* de pulsera
montrer [mɔ̃tʀe] *vt* mostrar, enseñar; (*suj : panneau*) señalar; (*: vêtement*) descubrir; **~ qch à qn** mostrar algo a algn; **~ qch du doigt** señalar algo con el dedo; **~ à qn qu'il a tort** demostrar a algn que está equivocado; **~ à qn son affection/amitié** demostrar su afecto/amistad a algn; **se montrer** *vpr* mostrarse; **se ~ habile/à la hauteur/intelligent** mostrarse hábil/a la altura/inteligente
montreur, -euse [mɔ̃tʀœʀ, øz] *nm/f* : **~ d'ours** amaestrador(a) de osos; **~ de marionnettes** titiritero(-a)
monture [mɔ̃tyʀ] *nf* (*bête*) montura
monument [mɔnymɑ̃] *nm* monumento; **~ aux morts** monumento a los caídos
monumental, e, -aux [mɔnymɑ̃tal, o] *adj* monumental
moquer [mɔke] : **se moquer de** *vpr* (*personne*) burlarse de; (*chose*) importarle a algn muy poco
moquerie [mɔkʀi] *nf* burla
moquette [mɔkɛt] *nf* moqueta
moqueur, -euse [mɔkœʀ, øz] *adj* burlón(-ona)
moraine [mɔʀɛn] *nf* morrena
moral, e, -aux [mɔʀal, o] *adj* moral; **sur le plan ~** moralmente ▸ *nm* moral *f*; **au ~** moralmente; **avoir le ~ à zéro** tener la moral por los suelos
morale [mɔʀal] *nf* moral *f*; (*d'une fable, d'une histoire*) moraleja; **faire la ~ à qn** echarle un sermón a algn
moralement [mɔʀalmɑ̃] *adv* moralmente
moralisateur, -trice [mɔʀalizatœʀ, tʀis] *adj, nm/f* moralizador(a)
moraliser [mɔʀalize] *vt* sermonear
moraliste [mɔʀalist] *nmf* moralista *mf* ▸ *adj* moralizador(a)
moralité [mɔʀalite] *nf* moralidad *f*; (*conclusion*) moraleja
moratoire [mɔʀatwaʀ] *adj m* : **intérêts moratoires** (*Fin*) intereses *mpl* de demora
morbide [mɔʀbid] *adj* mórbido(-a)
morbidité [mɔʀbidite] *nf* (*Méd*) morbilidad *f*; **taux de ~** tasa de morbilidad
morceau, x [mɔʀso] *nm* trozo, pedazo; (*Mus, œuvre littéraire*) fragmento; (*Culin : de viande*) trozo, tajada; **couper en/déchirer en morceaux** cortar en/rasgar en trozos; **mettre en morceaux** hacer pedazos
morceler [mɔʀsəle] *vt* parcelar
morcellement [mɔʀsɛlmɑ̃] *nm* parcelación *f*
mordant, e [mɔʀdɑ̃, ɑ̃t] *adj* (*ironie*) mordaz; (*froid*) cortante ▸ *nm* (*dynamisme*) ímpetu *m*, bríos *mpl*; (*Chim*) mordiente *m*; (*d'un article*) mordacidad *f*
mordicus [mɔʀdikys] (*fam*) *adv* : **affirmer/soutenir qch ~** afirmar/sostener algo erre que erre
mordiller [mɔʀdije] *vt* mordisquear
mordoré, e [mɔʀdɔʀe] *adj* doradillo(-a)
mordre [mɔʀdʀ] *vt* morder; (*suj : insecte*) picar; (*suj : ancre, vis*) penetrar en ▸ *vi* (*poisson*) picar; **~ dans** morder en; **~ sur** (*fig*) sobrepasar; **~ à qch** cogerle gusto a algo; **~ à l'hameçon** (*aussi fig*) morder el anzuelo
mordu, e [mɔʀdy] *pp de* **mordre** ▸ *adj* (*amoureux*) loco(-a) ▸ *nm/f* : **un ~ de voile/de jazz** un loco de la vela/del jazz
morfal, e [mɔʀfal] *nm/f* (*fam*) tragón(-ona) (*fam*)
morfler [mɔʀfle] *vi* (*fam*) comerse el marrón (*fam*)
morfondre [mɔʀfɔ̃dʀ] : **se morfondre** *vpr* aburrirse esperando
morgue [mɔʀg] *nf* (*arrogance*) altivez *f*; (*endroit*) depósito de cadáveres
moribond, e [mɔʀibɔ̃, ɔ̃d] *adj* moribundo(-a)
morille [mɔʀij] *nf* colmenilla
mormon, e [mɔʀmɔ̃, ɔn] *adj, nm/f* mormón(-ona)
morne [mɔʀn] *adj* (*personne, regard*) apagado(-a); (*temps*) desapacible; (*vie, conversation*) monótono(-a)
morose [mɔʀoz] *adj* (*personne*) taciturno(-a); (*Écon*) moroso(-a)
morosité [mɔʀozite] *nf* (*de personne*) taciturnidad *f*; (*Écon*) morosidad *f*
morphine [mɔʀfin] *nf* morfina
morphinomane [mɔʀfinɔman] *nmf* morfinómano(-a)
morphologie [mɔʀfɔlɔʒi] *nf* morfología
morphologique [mɔʀfɔlɔʒik] *adj* morfológico(-a)
mors [mɔʀ] *nm* bocado
morse [mɔʀs] *nm* (*Zool*) morsa; (*langage*) morse *m*
morsure [mɔʀsyʀ] *nf* picadura; (*plaie*) mordedura
mort, e [mɔʀ, mɔʀt] *pp de* **mourir** ▸ *adj* muerto(-a); **~ ou vif** vivo o muerto; **~ de peur/fatigue** muerto(-a) de miedo/cansancio ▸ *nm/f* muerto(-a); **il y a eu plusieurs morts** hubo varios muertos; **morts et blessés** muertos y heridos; **faire le ~** hacer el muerto; (*fig*) callarse como un muerto ▸ *nf* muerte *f*; (*fig*) fin *m*; **de ~** de muerte; **à ~** (*blessé*) de muerte; **à la ~ de qn** a la muerte de algn; **à la vie, à la ~** de por vida; **se donner la ~** darse muerte; **~ clinique** muerte clínica ▸ *nm* (*Cartes*) muerto
mortadelle [mɔʀtadɛl] *nf* mortadela
mortaise [mɔʀtɛz] *nf* muesca
mortalité [mɔʀtalite] *nf* mortalidad *f*; **~ infantile** mortalidad infantil

m

mort-aux-rats [mɔʀɔʀa] *nf inv* matarratas *m inv*
mortel, le [mɔʀtɛl] *adj, nm/f* mortal *mf*
mortellement [mɔʀtɛlmɑ̃] *adv (aussi fig)* mortalmente; *(pâle etc)* extremadamente
morte-saison [mɔʀtəsɛzɔ̃] *(pl* **mortes-saisons**) *nf (Écon)* temporada baja
mortier [mɔʀtje] *nm (Tech)* mortero, argamasa; *(canon)* mortero
mortifier [mɔʀtifje] *vt* mortificar
mort-né, e [mɔʀne] *(pl* **mort-nés, -es**) *adj* nacido(-a) muerto(-a); *(fig)* fracasado(-a)
mortuaire [mɔʀtɥɛʀ] *adj* : **cérémonie ~** ceremonia fúnebre; **chapelle ~** capilla ardiente; **avis mortuaires** esquelas *fpl*; **couronne ~** corona mortuoria; **domicile ~** domicilio del difunto; **drap ~** mortaja
morue [mɔʀy] *nf* bacalao
morvandeau, -elle [mɔʀvɑ̃do, ɛl] *adj* de Morván ▸ *nm/f* : **Morvandeau, -elle** nativo(-a) *ou* habitante *mf* de Morván
morve [mɔʀv] *nf* moco
morveux, -euse [mɔʀvø, øz] *(fam) adj* mocoso(-a)
mosaïque [mɔzaik] *nf* mosaico; *(fig)* : **une ~ de** un mosaico de; **parquet ~** parquet *m* mosaico
mosan, e [mɔzɑ̃, ɑ̃n] *adj* del Mosa
Moscou [mɔsku] *n* Moscú
moscovite [mɔskɔvit] *adj* moscovita ▸ *nmf* : **Moscovite** moscovita *mf*
mosellan, e [mɔzɛlɑ̃, an] *adj* de Mosela ▸ *nm/f* : **Mosellan, e** nativo(-a) *ou* habitante *mf* de Mosela
mosquée [mɔske] *nf* mezquita
mot [mo] *nm* palabra; **mettre/écrire/recevoir un ~** *(message)* poner/escribir/recibir unas líneas; **le ~ de la fin** la conclusión; **~ à ~** *adj, adv* palabra por palabra; *nm* traducción *f* literal; **bon ~** ocurrencia, gracia; **sur/à ces mots** después de/con estas palabras; **en un ~** en una palabra; **~ pour ~** palabra por palabra; **à mots couverts** con medias palabras; **avoir le dernier ~** tener la última palabra; **prendre qn au ~** coger *ou* tomar la palabra a algn; **se donner le ~** ponerse de acuerdo; **avoir son ~ à dire** tener algo que decir; **avoir des mots avec qn** tener unas palabras con algn; **~ d'ordre** contraseña; **~ de passe** contraseña, santo y seña; **mots croisés** crucigrama *msg*
motard, e [mɔtaʀ, aʀd] *nm/f* motociclista *mf*; *(de la police)* motorista *mf*
mot-dièse [modjɛz] *(pl* **mots-dièse**) *nm (Inform : Twitter)* hashtag *m*
motel [mɔtɛl] *nm* motel *m*
moteur, -trice [mɔtœʀ, tʀis] *adj (Anat)* motor(a); *(Tech)* motor (motriz); *(Auto)* : **à quatre roues motrices** con cuatro ruedas motrices ▸ *nm* motor *m*; *(mobile)* causa; **à ~** a motor; **~ à deux/à quatre temps** motor de dos/de cuatro tiempos; **~ à explosion/à réaction** motor de explosión/de reacción; **~ de recherche** buscador *m*; **~ thermique** motor térmico
moteur-fusée [mɔtœʀfyze] *(pl* **moteurs-fusées**) *nm* motor *m* cohete
motif [mɔtif] *nm* motivo; **sans ~** sin motivo; **un ~ à fleurs** un motivo de flores; **motifs** *nmpl (Jur)* alegato *msg*
motion [mosjɔ̃] *nf* moción *f*; **~ de censure** moción de censura
motivant, e [mɔtivɑ̃, ɑ̃t] *adj* motivador(a)
motivation [mɔtivasjɔ̃] *nf* motivación *f*
motivé, e [mɔtive] *adj* motivado(-a)
motiver [mɔtive] *vt* motivar
moto [moto] *nf* moto *f*; **~ de trial** moto de trial; **~ verte** motocross *m*
moto-cross [motokʀɔs] *nm inv* motocross *m*
motoculteur [mɔtɔkyltœʀ] *nm* motocultor *m*, motocultivador *m*
motocyclette [mɔtɔsiklɛt] *nf* motocicleta
motocyclisme [mɔtɔsiklism] *nm* motociclismo
motocycliste [mɔtɔsiklist] *nmf* motociclista *mf*
motoneige [motonɛʒ] *nf* motonieve *f*
motorisé, e [mɔtɔʀize] *adj* motorizado(-a)
motoriser [mɔtɔʀize] *vt* motorizar
motrice [mɔtʀis] *nf (Rail)* locomotora ▸ *adj f voir* **moteur**
motricité [mɔtʀisite] *nf* motricidad *f*
motte [mɔt] *nf* : **~ de beurre** pella de mantequilla; **~ de gazon** montón *m* de césped; **~ de terre** terrón *m*
motus [mɔtys] *excl* : **~ (et bouche cousue) !** ¡chitón (y boca cerrada)!
mou, molle [mu, mɔl] *(devant nm commençant par voyelle ou h muet* **mol**) *adj* blando(-a); *(péj : visage)* insulso(-a); *(: résistance)* débil; **j'ai les jambes molles** me flaquean las piernas ▸ *nm (abats)* bofe *m*; **avoir du ~** estar flojo(-a); **donner du ~** aflojar
moucharabieh [muʃaʀabje] *nm* celosía
mouchard, e [muʃaʀ, aʀd] *nm/f* delator(a); *(péj : Scol, Police)* chivato(-a) *(fam)* ▸ *nm (appareil)* alarma
moucharder [muʃaʀde] *vi (fam)* chivarse *(fam)*
mouche [muʃ] *nf* mosca; *(Escrime)* zapatilla; *(de taffetas)* lunar *m* postizo; *(sur une cible)* diana; **prendre la ~** picarse; **faire ~** dar en el blanco; **~ tsé-tsé** mosca tse-tsé
moucher [muʃe] *vt (enfant)* sonar; *(chandelle, lampe)* despabilar; *(fig)* dar una lección a; **se moucher** *vpr* sonarse
moucheron [muʃʀɔ̃] *nm* mosca pequeña
moucheté, e [muʃ(ə)te] *adj* moteado(-a); *(Escrime)* con zapatilla
mouchoir [muʃwaʀ] *nm* pañuelo; **~ en papier** pañuelo de papel

moudre [mudʀ] *vt* moler
moue [mu] *nf* mueca; **faire la ~** poner mala cara
mouette [mwɛt] *nf* gaviota
moufette, mouffette [mufɛt] *nf* mofeta
moufle [mufl] *nf* manopla; (*Tech*) aparejo
mouflet, -ette [muflɛ, ɛt] (*fam*) *nm/f* chiquillo(-a)
mouflon [muflɔ̃] *nm* muflón *m*
moufter [mufte] (*fam*) *vi* : **ne pas ~** no rechistar; **sans ~** (*accepter, obéir*) sin rechistar
mouillage [mujaʒ] *nm* fondeadero
mouillé, e [muje] *adj* mojado(-a)
mouiller [muje] *vt* mojar; (*Culin*) añadir agua a; (*diluer*) aguar; (*Naut*) fondear; **~ l'ancre** fondear, echar el ancla ▸ *vi* (*Naut*) fondear; **se mouiller** *vpr* (*aussi fam*) mojarse
mouillette [mujɛt] *nf* rebanada fina de pan
mouise [mwiz] (*fam*) *nf* : **être dans la ~** estar en un apuro; (*financièrement*) estar sin blanca; **c'est la ~ !** ¡menuda faena! (*fam*)
moulage [mulaʒ] *nm* moldeado, vaciado
moulais [mulɛ] *vb voir* **moudre**
moulant, e [mulɑ̃, ɑ̃t] *adj* ceñido(-a)
moule [mul] *vb voir* **moudre** ▸ *nf* mejillón *m* ▸ *nm* molde *m*; (*modèle plein*) modelo; **~ à gâteaux** molde para pasteles; **~ à gaufre/à tarte** molde para barquillos/para tartas
moulent [mul] *vb voir* **moudre** ; **mouler**
mouler [mule] *vt* moldear, vaciar; (*lettre*) escribir cuidadosamente; (*suj : vêtement*) ceñir, ajustar; **~ qch sur** (*fig*) adaptar algo a
moulin [mulɛ̃] *nm* molino; (*fam : moteur*) motor *m*; **~ à café/à poivre** molinillo de café/de pimienta; **~ à eau/à vent** molino de agua/de viento; **~ à légumes** pasapurés *m inv*; **~ à paroles** cotorra; **~ à prières** cilindro de oraciones
mouliner [muline] *vt* (*légumes*) pasar por el pasapurés
moulinet [mulinɛ] *nm* (*d'un treuil*) torniquete *m*; (*d'une canne à pêche*) carrete *m*; **faire des moulinets avec un bâton/les bras** hacer molinetes con un palo/los brazos
moulinette® [mulinɛt] *nf* pequeño pasapurés *m inv*
moulons [mulɔ̃] *vb voir* **moudre**
moulu, e [muly] *pp de* **moudre** ▸ *adj* molido(-a)
moulure [mulyʀ] *nf* moldura
moumoute [mumut] (*fam*) *nf* (*perruque*) peluca
mourant, e [muʀɑ̃, ɑ̃t] *vb voir* **mourir** ▸ *adj* moribundo(-a); (*son*) mortecino(-a); (*regard*) lánguido(-a) ▸ *nm/f* moribundo(-a)
mourir [muʀiʀ] *vi* morir(se); (*civilisation*) desaparecer; (*flamme*) apagarse; **~ de faim/de froid/d'ennui** morir(se) de hambre/de frío/de aburrimiento; **~ de rire/de vieillesse** morirse de risa/de viejo; **~ assassiné** morir asesinado; **~ d'envie de faire** morirse de ganas de hacer; **à ~ : s'ennuyer à ~** morirse de aburrimiento
mouroir [muʀwaʀ] *nm* (*péj*) moridero
mouron [muʀɔ̃] *nm* : **se faire du ~** (*fam*) preocuparse, comerse el coco (*fam*)
mousquetaire [muskətɛʀ] *nm* mosquetero
mousqueton [muskətɔ̃] *nm* mosquetón *m*
moussant, e [musɑ̃, ɑ̃t] *adj* : **bain ~** baño de espuma
mousse [mus] *nf* (*Bot*) musgo; (*écume*) espuma; (*Culin*) mousse *f*; (*matériau*) gomaespuma; **bain ~** baño de espuma; **bas ~** media de espuma; **balle ~** pelota de esponja; **~ à raser** espuma de afeitar; **~ carbonique** espuma de gas carbónico; **~ de foie gras** mousse de foie gras; **~ de nylon** espuma de nylon; (*tissu*) tejido en espuma de nylon ▸ *nm* grumete *m*
mousseline [muslin] *nf* (*Textile*) muselina; **pommes ~** (*Culin*) puré *m* de patatas
mousser [muse] *vi* espumar, hacer espuma
mousseron [musʀɔ̃] *nm* seta de San jorge
mousseux, -euse [musø, øz] *adj* (*chocolat*) espumoso(-a) ▸ *nm* : **(vin) ~** (vino) espumoso
mousson [musɔ̃] *nf* monzón *m*
moussu, e [musy] *adj* musgoso(-a)
moustache [mustaʃ] *nf* bigote *m*; **moustaches** *nfpl* (*d'animal*) bigotes *mpl*
moustachu, e [mustaʃy] *adj* bigotudo(-a)
moustiquaire [mustikɛʀ] *nf* mosquitero
moustique [mustik] *nm* mosquito
moût [mu] *nm* (*de vin, de bière*) mosto
moutarde [mutaʀd] *nf* mostaza; **~ extra-forte** mostaza extra fuerte ▸ *adj inv* mostaza *inv*
moutardier [mutaʀdje] *nm* mostacera, mostacero
mouton [mutɔ̃] *nm* (*Zool*) carnero; (*peau*) piel *f* de carnero; (*fourrure*) mutón *m*; (*Culin, péj : personne*) cordero; **moutons** *nmpl* (*fig : nuages*) nubecillas *fpl*; (*poussière*) pelusa *fsg*
mouture [mutyʀ] *nf* molienda; (*péj : reprise*) refrito
mouvance [muvɑ̃s] *nf* órbita, esfera de influencia
mouvant, e [muvɑ̃, ɑ̃t] *adj* movedizo(-a)
mouvement [muvmɑ̃] *nm* movimiento; (*geste*) gesto; (*d'une phrase*) expresividad *f*; (*d'un terrain, sol*) accidentes *mpl*; (*de montre*) mecanismo; **en ~** en movimiento; **mettre qch en ~** poner algo en funcionamiento; **le ~ perpétuel** el movimiento continuo; **~ révolutionnaire/syndical** movimiento revolucionario/sindical; **~ de colère/d'humeur** arrebato de cólera/de mal humor; **~ d'opinion** cambio de opinión
mouvementé, e [muvmɑ̃te] *adj* accidentado(-a); (*récit*) animado(-a); (*agité*) agitado(-a)

m

mouvoir [muvwaʀ] *vt* mover; (*machine*) accionar; (*fig : personne*) animar; **se mouvoir** *vpr* moverse

moyen, ne [mwajɛ̃, jɛn] *adj* medio(-a); (*élève, résultat*) regular; **M~ Âge** Edad *f* Media; **~ terme** término medio; **moyenne entreprise** (*Comm*) mediana empresa ▸ *nm* medio; **au ~ de** por medio de; **par quel ~ ?** ¿de qué manera?, ¿cómo?; **y a-t-il ~ de ... ?** ¿hay modo de ...?; **~ d'expression** forma de expresión; **~ de locomotion/de transport** medio de locomoción/de transporte; **moyens** *nmpl* (*capacités*) medios *mpl*; **avec les moyens du bord** (*fig*) con todos los medios disponibles; **par tous les moyens** por todos los medios; **employer les grands moyens** emplear medios más persuasivos; **par ses propres moyens** por sus propios medios

moyenâgeux, -euse [mwajɛnɑʒø, øz] *adj* medieval; (*péj : conditions*) digno(-a) de la Edad Media; (*: pratiques*) vetusto(-a), arcaico(-a)

moyen-courrier [mwajɛ̃kuʀje] (*pl* **moyen-courriers**) *nm* avión *m* de transporte de distancias medias

moyennant [mwajɛnɑ̃] *prép* (*somme d'argent : contre une acquisition*) al precio de; (*: contre un service*) a cambio de; **~ quoi** mediante lo cual

moyenne [mwajɛn] *nf* media, promedio; (*Math, Statistique*) media; (*Scol*) nota media; (*Auto*) promedio; **en ~** por término medio; **faire la ~** hacer la media; **~ d'âge** edad *f* media

moyennement [mwajɛnmɑ̃] *adv* medianamente; (*faire qch*) regularmente

Moyen-Orient [mwajɛnɔʀjɑ̃] *nm* Medio Oriente *m*

moyeu, x [mwajø] *nm* cubo

mozambicain, e [mɔzɑ̃bikɛ̃, ɛn] *adj* mozambiqueño(-a) ▸ *nm/f* : **Mozambicain, e** mozambiqueño(-a)

Mozambique [mɔzɑ̃bik] *nm* Mozambique *m*

MRAP [mʀap] *sigle m* = **Mouvement contre le Racisme et pour l'Amitié entre les Peuples**

MRG [ɛmɛʀʒe] *sigle m* = **Mouvement des radicaux de gauche**

ms *abr* = **manuscrit**

MSF [ɛmɛsɛf] *sigle mpl* (= *Médecins sans frontières*) Médicos Sin Fronteras

MST [ɛmɛste] *sigle f* (= *maladie sexuellement transmissible*) ETS *f* (= *enfermedad de transmisión sexual*)

mû, mue [my] *pp de* **mouvoir**

mucosité [mykozite] *nf* mucosidad *f*

mucoviscidose [mykovisidoz] *nf* mucoviscidosis *f inv*

mucus [mykys] *nm* mucosidad *f*, mucus *m inv*

mue [my] *pp de* **mouvoir** ▸ *nf* muda

muer [mɥe] *vi* mudar; (*jeune garçon*) : **il mue** está mudando la voz; **se muer** *vpr* : **se ~ en** convertirse en

muet, te [mɥɛ, mɥɛt] *adj* mudo(-a); (*protestation, joie, douleur*) silencioso(-a); **~ d'admiration/d'étonnement** mudo(-a) de admiración/de extrañeza ▸ *nm/f* mudo(-a) ▸ *nm* : **le ~** (*Ciné*) el cine mudo

mufle [myfl] *nm* hocico; (*goujat*) patán *m* ▸ *adj* patán

muflerie [myfləʀi] *nf* patanería, zafiedad *f*

mugir [myʒiʀ] *vi* mugir; (*sirène*) sonar

mugissement [myʒismɑ̃] *nm* mugido

muguet [mygɛ] *nm* muguete *m*, lirio del valle; (*Méd*) muguete

mulâtre, -tresse [mylɑtʀ, -tʀɛs] *nm/f* mulato(-a)

mule [myl] *nf* mula; **mules** *nfpl* (*pantoufles*) chinelas *fpl*

mulet [mylɛ] *nm* mulo; (*poisson*) mújol *m*

muletier, -ière [myl(ə)tje, jɛʀ] *adj* : **sentier/chemin ~** sendero/camino de mulas

mulot [mylo] *nm* ratón *m* campesino

multicarte [myltikaʀt] *adj* : **VRP ~** representante *mf* de varias marcas

multicolore [myltikɔlɔʀ] *adj* multicolor

multicoque [myltikɔk] *adj* de varios cascos ▸ *nm* velero de varios cascos

multiculturel, le [myltikyltyʀɛl] *adj* multicultural

multidisciplinaire [myltidisiplinɛʀ] *adj* : **enseignement ~** enseñanza multidisciplinar

multiforme [myltifɔʀm] *adj* multiforme

multilatéral, e, -aux [myltilateʀal, o] *adj* multilateral

multimédia [myltimedja] *adj* (*produits, encyclopédie*) multimedia *inv* ▸ *nm* : **le ~** la tecnología multimedia *inv*

multimilliardaire [myltimiljaʀdɛʀ] *adj, nmf* multibillonario(-a)

multimillionnaire [myltimiljɔnɛʀ] *adj, nmf* multimillonario(-a)

multinational, e, -aux [myltinasjɔnal, o] *adj* : **firme/entreprise multinationale** firma/empresa multinacional

multinationale [myltinasjɔnal] *nf* multinacional *f*

multiple [myltipl] *adj* múltiple ▸ *nm* múltiplo

multiplex [myltiplɛks] *nm* múltiplex *m*

multiplicateur [myltiplikatœʀ] *nm* multiplicador *m*

multiplication [myltiplikasjɔ̃] *nf* multiplicación *f*

multiplicité [myltiplisite] *nf* multiplicidad *f*

multiplier [myltiplije] *vt* multiplicar; **se multiplier** *vpr* multiplicarse

multiprogrammation [myltipʀɔgʀamasjɔ̃] *nf* multiprogramación *f*

multipropriété [myltipʀɔpʀijete] *nf* multipropiedad *f*

multirécidiviste [myltiʀesidivist] *adj, nmf* multireincidente *mf*
multirisque [myltiʀisk] *adj* : **assurance ~** seguro a todo riesgo
multitâche [myltitaʃ] *adj inv (aussi Inform)* multitarea *inv*
multitraitement [myltitʀɛtmɑ̃] *nm (Inform)* multiprocesamiento
multitude [myltityd] *nf* multitud *f*; **une ~ de** (una) multitud de
municipal, e, -aux [mynisipal, o] *adj* municipal
municipalité [mynisipalite] *nf* municipalidad *f*, ayuntamiento; *(commune)* municipio
munificence [mynifisɑ̃s] *nf* munificencia
munir [myniʀ] *vt* : **~ qn de** proveer a algn de; **~ qch de** dotar algo de; **se munir** *vpr* : **se ~ de** proveerse de
munitions [mynisjɔ̃] *nfpl* municiones *fpl*
muqueuse [mykøz] *nf* mucosa
mur [myʀ] *nm* muro; *(cloison)* pared *f*; *(de terre)* tapia; *(de rondins)* cercado; *(Inform : aussi* : **mur payant**) barrera de pago; **faire le ~** salir sin permiso; **~ pare-feu** *(Internet)* muro cortafuegos; **~ d'incompréhension/de haine** muro de incomprensión/de odio; **~ du son** barrera del sonido
mûr, e [myʀ] *adj* maduro(-a); *(fig)* a punto
muraille [myʀɑj] *nf* muralla
mural, e, -aux [myʀal, o] *adj* mural; *(plante)* trepador(a) ▸ *nm* mural *m*
Murcie [myʀsi] *n* Murcia
mûre [myʀ] *nf (du mûrier)* mora; *(de la ronce)* zarzamora
mûrement [myʀmɑ̃] *adv* : **ayant ~ réfléchi** habiéndolo pensado a fondo
murène [myʀɛn] *nf* morena
murer [myʀe] *vt* amurallar; *(porte, issue)* tapiar; *(personne)* emparedar; **se murer** *vpr* : **se ~ dans le silence** encerrarse en el silencio
muret [myʀɛ] *nm* muro bajo
mûrier [myʀje] *nm* morera
mûrir [myʀiʀ] *vt, vi* madurar
murmure [myʀmyʀ] *nm* murmullo; **~ d'approbation/d'admiration/de protestation** murmullo de aprobación/de admiración/de protesta; **murmures** *nmpl (plaintes)* murmullo *msg*, protesta *fsg*
murmurer [myʀmyʀe] *vi* murmurar; **~ que** murmurar que
mus *etc* [my] *vb voir* **mouvoir**
musaraigne [myzaʀɛɲ] *nf* musaraña
musarder [myzaʀde] *vi* entretenerse con tonterías; *(en marchant)* callejear
musc [mysk] *nm* almizcle *m*; *(parfum)* perfume *m* de almizcle
muscade [myskad] *nf (aussi* : **noix de muscade**) nuez *f* moscada
muscat [myska] *nm* uva moscatel; *(vin)* moscatel *m*
muscle [myskl] *nm* músculo
musclé, e [myskle] *adj* musculoso(-a); *(fig : politique, régime)* duro(-a)
muscler [myskle] *vt* desarrollar los músculos de
musculaire [myskylɛʀ] *adj* muscular
musculation [myskylasjɔ̃] *nf* : **travail/exercice de ~** trabajo/ejercicio de musculación
musculature [myskylatyʀ] *nf* musculatura
muse [myz] *nf* musa
museau, x [myzo] *nm* hocico
musée [myze] *nm* museo
museler [myz(ə)le] *vt* poner un bozal a; *(opposition, presse)* amordazar
muselière [myzəljɛʀ] *nf* bozal *m*
musette [myzɛt] *nf* morral *m* ▸ *adj* : **bal ~** *baile popular en el que el acordeón es el instrumento principal*; **orchestre/valse ~** orquesta/vals *msg* popular
muséum [myzeɔm] *nm* museo
musical, e, -aux [myzikal, o] *adj* musical
musicalement [myzikalmɑ̃] *adv* musicalmente
musicalité [myzikalite] *nf* musicalidad *f*
music-hall [myzikol] *(pl* **music-halls**) *nm* music-hall *m*
musicien, ne [myzisjɛ̃, jɛn] *adj, nm/f* músico(-a)
musicologie [myzikɔlɔʒi] *nf* musicología
musique [myzik] *nf* música; *(d'un vers, d'une phrase)* musicalidad *f*; **faire de la ~** componer música; *(jouer d'un instrument)* tocar música; **~ de chambre/de fond** música de cámara/de fondo; **~ militaire/de film** música militar/de banda sonora
musqué, e [myske] *adj* almizclado(-a)
must [mœst] *(fam) nm* : **le ~** el no va más
musulman, e [myzylmɑ̃, an] *adj, nm/f* musulmán(-ana)
mutant, e [mytɑ̃, ɑ̃t] *nm/f* mutante *mf*
mutation [mytasjɔ̃] *nf (Admin)* traslado; *(Biol)* mutación *f*
muter [myte] *vt (Admin)* trasladar
mutilation [mytilasjɔ̃] *nf* mutilación *f*
mutilé, e [mytile] *nm/f* mutilado(-a); **grand(e) ~** gravemente mutilado(-a); **~ du travail/de guerre** mutilado(-a) laboral/de guerra
mutiler [mytile] *vt* mutilar; *(endroit)* deteriorar, degradar
mutin, e [mytɛ̃, in] *adj (enfant)* travieso(-a); *(air, ton)* pícaro(-a) ▸ *nm/f (Mil)* amotinado(-a)
mutiner [mytine] : **se mutiner** *vpr* amotinarse
mutinerie [mytinʀi] *nf* motín *m*
mutisme [mytism] *nm* mutismo
mutualiste [mytɥalist] *adj* mutualista
mutualité [mytɥalite] *nf* mutualidad *f*
mutuel, le [mytɥɛl] *adj* mutuo(-a); *(établissement)* mutualista

m

mutuelle [mytɥɛl] *nf* mutualidad *f*, mutua
mutuellement [mytɥɛlmɑ̃] *adv* mutuamente
mycose [mikoz] *nf* micosis *f inv*
mygale [migal] *nf* migala
myocarde [mjɔkaʀd] *nm voir* **infarctus**
myopathe [mjɔpat] *adj*, *nmf* (*atteint de myopathie*) enfermo(-a) de miopatía; (*atteint de myopathie primitive progressive*) enfermo(-a) de distrofia muscular progresiva, enfermo(-a) de miopatía primitiva progresiva
myopathie [mjɔpati] *nf* miopatía; (*aussi* : **myopathie primitive progressive**) distrofia muscular progresiva, miopatía primitiva progresiva
myope [mjɔp] *adj*, *nmf* miope *mf*
myopie [mjɔpi] *nf* miopía
myosotis [mjɔzɔtis] *nm* nomeolvides *m inv*
myriade [miʀjad] *nf* miríada
myrtille [miʀtij] *nf* arándano
mystère [mistɛʀ] *nm* misterio; **~ de la Trinité/de la foi** (*Rel*) misterio de la Santísima Trinidad/de la fe
mystérieusement [misteʀjøzmɑ̃] *adv* misteriosamente
mystérieux, -euse [misteʀjø, øz] *adj* misterioso(-a)
mysticisme [mistisism] *nm* misticismo
mystificateur, -trice [mistifikatœʀ, tʀis] *nm/f* charlatán(-ana)
mystification [mistifikasjɔ̃] *nf* mistificación *f*; (*mythe*) mito
mystifier [mistifje] *vt* mistificar; (*tromper*) engañar
mystique [mistik] *adj*, *nmf* místico(-a)
mythe [mit] *nm* mito; **le ~ de la galanterie française** el mito de la galantería francesa
mythifier [mitifje] *vt* mitificar
mythique [mitik] *adj* mítico(-a)
mythologie [mitɔlɔʒi] *nf* mitología
mythologique [mitɔlɔʒik] *adj* mitológico(-a)
mythomane [mitɔman] *adj*, *nmf* mitómano(-a)
mythomanie [mitɔmani] *nf* mitomanía
mytiliculture [mitilikyltyʀ] *nf* mitilicultura, cultivo de mejillones

Nn

N¹, n [ɛn] *nm inv* N, n *f*; **N comme Nicolas** ≈ N de Narciso
N² *abr* (= *nord*) N; (*Ling* : = *nom*) n. (= *nombre*)
n' [n] *adv voir* **ne**
nabot [nabo] (*péj*) *nm* retaco
nacelle [nasɛl] *nf* barquilla
nacre [nakʀ] *nf* nácar *m*
nacré, e [nakʀe] *adj* nacarado(-a)
nage [naʒ] *nf* natación *f*; (*style*) estilo; **traverser/s'éloigner à la ~** atravesar/alejarse a nado; **en ~** bañado(-a) en sudor; **100 m ~ libre** 100m libres; **~ indienne** natación *f* de costado; **~ libre** estilo libre; **~ papillon** estilo mariposa
nageoire [naʒwaʀ] *nf* aleta
nager [naʒe] *vi* nadar; (*fig*) estar pez; **~ dans des vêtements** flotar en la ropa; **~ dans le bonheur** rebosar de alegría
nageur, -euse [naʒœʀ, øz] *nm/f* nadador(a)
naguère [nagɛʀ] *adv* antes
naïade [najad] *nf* náyade *f*
naïf, -ïve [naif, naiv] *adj* ingenuo(-a); (*air*) inocente
nain, e [nɛ̃, nɛn] *adj* enano(-a); **caniche/lapin ~** caniche *m*/conejo enano ▸ *nm/f* enano(-a)
nais *etc* [nɛ] *vb voir* **naître**
naissais *etc* [nɛsɛ] *vb voir* **naître**
naissance [nɛsɑ̃s] *nf* nacimiento; **donner ~ à** (*enfant*) dar a luz a; (*fig*) originar; **prendre ~** nacer; **aveugle/Français de ~** ciego/francés de nacimiento; **à la ~ des cheveux** en la raíz del cabello; **lieu de ~** lugar de nacimiento
naissant, e [nɛsɑ̃, ɑ̃t] *adj* (*calvitie, barbe*) incipiente; (*tumeur*) en fase inicial; (*amitié, jalousie*) naciente, nuevo(-a); **le jour ~** el amanecer
naît [nɛ] *vb voir* **naître**
naître [nɛtʀ] *vi* nacer; (*résulter*) : **~ (de)** nacer (de); **il est né en 1990** nació en 1990; **il naît plus de filles que de garçons** nacen más niñas que niños; **faire ~** (*fig*) originar
naïve [naiv] *adj voir* **naïf**
naïvement [naivmɑ̃] *adv* ingenuamente
naïveté [naivte] *nf* ingenuidad *f*
Namibie [namibi] *nf* Namibia
nana [nana] (*fam*) *nf* chica
nancéien, ne [nɑ̃sejɛ̃, ɛn] *adj* de Nancy ▸ *nm/f* : **Nancéien, ne** nativo(-a) *ou* habitante *mf* de Nancy
nanisme [nanism] *nm* enanismo
nanosciences [nanosjɑ̃s] *nfpl* nanociencias *fpl*
nanotechnologies [nanotɛknɔlɔʒi] *nfpl* nanotecnologías *fpl*
nantais, e [nɑ̃tɛ, ɛz] *adj* nantés(-esa) ▸ *nm/f* : **Nantais, e** nantés(-esa)
Nantes [nɑ̃t] *n* Nantes
nantir [nɑ̃tiʀ] *vt* : **~ qn de** proveer a algn de
nantis [nɑ̃ti] (*péj*) *nmpl* : **les ~** los pudientes
napalm [napalm] *nm* napalm *m*
naphtaline [naftalin] *nf* : **boules de ~** bolas *fpl* de naftalina
Naples [napl] *n* Nápoles
napolitain, e [napɔlitɛ̃, ɛn] *adj* napolitano(-a); **tranche napolitaine** (*glace*) helado (al corte) de tres sabores ▸ *nm/f* : **Napolitain, e** napolitano(-a)
nappage [napaʒ] *nm* (*Culin*) capa, baño
nappe [nap] *nf* mantel *m*; (*fig*) : **~ d'eau** capa de agua; **~ de brouillard** capa de niebla; **~ de gaz/mazout** capa de gas/fuel-oil
napper [nape] *vt* (*Culin*) : **~ qch de** cubrir algo con
napperon [napʀɔ̃] *nm* tapete *m*; **~ individuel** mantel *m* individual
naquit *etc* [naki] *vb voir* **naître**
narcisse [naʀsis] *nm* narciso
narcissique [naʀsisik] *adj* narcisista
narcissisme [naʀsisism] *nm* narcisismo
narcodollars [naʀkodɔlaʀ] *nmpl* narcodólares *mpl*
narcolepsie [naʀkɔlɛpsi] *nf* narcolepsia
narcotique [naʀkɔtik] *adj* narcótico(-a) ▸ *nm* narcótico
narcotrafic [naʀkotʀafik] *nm* narcotráfico
narcotrafiquant [naʀkotʀafikɑ̃] *nm* narcotraficante *mf*
narguer [naʀge] *vt* provocar
narine [naʀin] *nf* ventana (de la nariz)
narquois, e [naʀkwa, waz] *adj* burlón(-ona)
narrateur, -trice [naʀatœʀ, tʀis] *nm/f* narrador(a)
narratif, -ive [naʀatif, iv] *adj* narrativo(-a)

narration [naʀasjɔ̃] *nf* narración *f*
narrer [naʀe] *vt* narrar
narval [naʀval] *nm* narval *m*
NASA [naza] *sigle f* (= *National Aeronautics and Space Administration*) NASA *f*
nasal, e, -aux [nazal, o] *adj* nasal
nase [nɑz] *adj* (*fam* : *irrécupérable*) hecho(-a) polvo (*fam*); (*nul*) lamentable; (*épuisé*) reventado(-a) (*fam*), muerto(-a) (*fam*)
naseau, x [nazo] *nm* nariz *f*
nasillard, e [nazijaʀ, aʀd] *adj* gangoso(-a)
nasiller [nazije] *vi* (*personne*) ganguear; (*microphone etc*) nasalizar
nasse [nɑs] *nf* nasa
natal, e [natal] *adj* natal
nataliste [natalist] *adj* natalista
natalité [natalite] *nf* natalidad *f*
natation [natasjɔ̃] *nf* natación *f*; **faire de la ~** hacer natación, nadar
natif, -ive [natif, iv] *adj* nativo(-a); (*inné*) natural; (*originaire*) : **~ de** natural de
nation [nasjɔ̃] *nf* nación *f*; **les Nations Unies** las Naciones Unidas
national, e, -aux [nasjɔnal, o] *adj* nacional; **obsèques nationales** exequias *fpl* nacionales; **nationaux** *nmpl* nacionales *mpl*
nationale [nasjɔnal] *nf* : **(route) ~** (carretera) nacional *f*
nationalisation [nasjɔnalizasjɔ̃] *nf* nacionalización *f*
nationaliser [nasjɔnalize] *vt* nacionalizar
nationalisme [nasjɔnalism] *nm* nacionalismo
nationaliste [nasjɔnalist] *nmf* nacionalista *mf*
nationalité [nasjɔnalite] *nf* nacionalidad *f*; **il est de ~ française** es de nacionalidad francesa
nativité [nativite] *nf* (*tableau, sculpture*) natividad *f*
natte [nat] *nf* (*tapis*) estera; (*de cheveux*) trenza
natter [nate] *vt* trenzar
naturalisation [natyʀalizasjɔ̃] *nf* naturalización *f*
naturalisé, e [natyʀalize] *adj* naturalizado(-a)
naturaliser [natyʀalize] *vt* naturalizar
naturalisme [natyʀalism] *nm* naturalismo
naturaliste [natyʀalist] *nmf* (*savant*) naturalista *mf*; (*taxidermiste*) taxidermista *mf*
nature [natyʀ] *nf* naturaleza; (*tempérament*) temperamento; **payer en ~** pagar en especie; **peint d'après ~** pintado del natural; **~ morte** naturaleza muerta, bodegón *m*; **être de ~ à faire qch** (*propre à*) ser adecuado(-a) para hacer algo; **il n'est pas de ~ à accepter** está claro que no va a aceptar ▸ *adj* (*aussi Culin*) natural; (*café*) solo
naturel, le [natyʀɛl] *adj* natural ▸ *nm* (*caractère*) natural *m*; (*aisance*) naturalidad *f*; **au ~** (*Culin*) al natural
naturellement [natyʀɛlmɑ̃] *adv* naturalmente
naturisme [natyʀism] *nm* naturismo
naturiste [natyʀist] *adj, nmf* naturista *mf*
naufrage [nofʀaʒ] *nm* naufragio; (*fig*) ruina; **faire ~** naufragar
naufragé, e [nofʀaʒe] *adj, nm/f* náufrago(-a)
nauséabond, e [nozeabɔ̃, ɔ̃d] *adj* nauseabundo(-a)
nausée [noze] *nf* náusea, asco; **avoir la ~** *ou* **des nausées** tener náuseas
nauséeux, -euse [nozeø, øz] *adj* que tiene náuseas; **état ~** estado nauseoso
nautique [notik] *adj* náutico(-a); **sports nautiques** deportes náuticos
nautisme [notism] *nm* náutica
naval, e [naval] *adj* naval
navarin [navaʀɛ̃] *nm* *guiso de cordero con verduras*
navarrais, e [navaʀɛ, ɛz] *adj* navarro(-a) ▸ *nm/f* : **Navarrais, e** navarro(-a)
Navarre [navaʀ] *nf* Navarra
navet [navɛ] *nm* nabo; (*péj* : *film*) tostón *m*
navette [navɛt] *nf* lanzadera; (*en car etc*) recorrido; **faire la ~ (entre)** ir y venir (entre); **la ~ pour l'aéroport** el tren de enlace para el aeropuerto; **~ spatiale** nave *f* espacial
navigabilité [navigabilite] *nf* navegabilidad *f*
navigable [navigabl] *adj* navegable
navigant, e [navigɑ̃, ɑ̃t] *adj* de vuelo ▸ *nm/f* miembro de la tripulación
navigateur, -trice [navigatœʀ, tʀis] *nm/f* navegante *mf* ▸ *nm* (*Internet*) navegador *m*
navigation [navigasjɔ̃] *nf* navegación *f*; **compagnie de ~** compañía de navegación
naviguer [navige] *vi* navegar
navire [naviʀ] *nm* buque *m*; **~ marchand/de guerre** buque mercante/de guerra
navire-citerne [naviʀsitɛʀn] (*pl* **navires-citernes**) *nm* buque *m* cisterna
navrant, e [navʀɑ̃, ɑ̃t] *adj* (*affligeant*) lastimoso(-a); (*consternant*) penoso(-a)
navré, e [navʀe] *adj* afligido(-a); **il lui a répondu d'un air ~** le respondió con tristeza; **je suis ~** lo siento muchísimo, lo siento en el alma; **je suis ~ d'être arrivé si tard** siento mucho haber llegado tan tarde; **je suis ~ que** (+*subjonctif*) siento muchísimo que; **il était ~ de ce qu'il voyait** le dolía en el alma lo que veía
navrer [navʀe] *vt* afligir
nazaréen, ne [nazaʀeɛ̃, ɛn] *adj* nazareno(-a)
Nazareth [nazaʀɛt] *n* Nazaret
naze [nɑz] *adj* = **nase**
nazi, e [nazi] *adj, nm/f* nazi *mf*
nazisme [nazism] *nm* nazismo
N.B. [ɛnbe] *abr* (= *nota bene*) N.B. (= *nota bene*)
ND *abr* (= *Notre-Dame*) Ntra. Sra. (= *Nuestra Señora*)

NDLR [ɛndeɛlɛʀ] *sigle f (= note de la rédaction)* N. de la R. (= *nota de la redacción*)

NDT [ɛndete] *sigle f (= note du traducteur)* N. del T. (= *nota del traductor*)

ne [n(ə)], **n'** [n] *adv* no; *(explétif) non traduit;* **je ne le veux pas** no lo quiero; **il n'a pas osé** no se ha atrevido; **je crains qu'il ne vienne** temo que venga; **je ne veux que ton bonheur** solo quiero tu felicidad; *voir* **pas²** ; **plus** ; **jamais**

né, e [ne] *pp de* **naître**; **né en 1990** nacido(-a) en 1990; **née Dupont** de soltera Dupont; **bien né(e)** de buena cuna; **né de … et de …** *(sur acte de naissance etc)* hijo(-a) de … y de …; **né d'une mère française** hijo de madre francesa ▸ *adj* : **un comédien né** un comediante nato

néanmoins [neɑ̃mwɛ̃] *adv* no obstante

néant [neɑ̃] *nm* nada; **réduire à ~** reducir a la nada; *(espoir)* quitar

nébuleuse [nebyløz] *nf* nebulosa

nébuleux, -euse [nebylø, øz] *adj (aussi fig)* nebuloso(-a)

nébuliser [nebylize] *vt* vaporizar

nébulosité [nebylozite] *nf* nebulosidad *f*; **~ variable** nebulosidad variable

nécessaire [nesesɛʀ] *adj* necesario(-a); **est-il ~ que je m'en aille ?** ¿es preciso que me vaya?; **il est ~ de …** es necesario … ▸ *nm* : **faire le ~** hacer lo necesario; **n'emporter que le strict ~** llevar solo lo estrictamente necesario; **~ de couture** costurero; **~ de toilette/de voyage** neceser *m* de aseo/de viaje

nécessairement [nesesɛʀmɑ̃] *adv* necesariamente

nécessité [nesesite] *nf* necesidad *f*; **se trouver dans la ~ de faire qch** encontrarse en la necesidad de hacer algo; **par ~** por necesidad

nécessiter [nesesite] *vt* necesitar

nécessiteux, -euse [nesesitø, øz] *adj* necesitado(-a) ▸ *nmpl* : **les nécessiteux** los necesitados

nec plus ultra [nɛkplysyltʀa] *nm* : **le ~ de** el no va más de

nécrologie [nekʀɔlɔʒi] *nf* necrología; *(notice biographique)* nota necrológica

nécrologique [nekʀɔlɔʒik] *adj* : **article ~** nota necrológica; **rubrique ~** sección *f* necrológica

nécromancie [nekʀɔmɑ̃si] *nf* nigromancia

nécromancien, ne [nekʀɔmɑ̃sjɛ̃, jɛn] *nm/f* nigromante *mf*

nécropole [nekʀɔpɔl] *nf* necrópolis *f inv*

nécrose [nekʀoz] *nf* necrosis *f inv*

nécrosé, e [nekʀoze] *adj* necrosado(-a)

nectar [nɛktaʀ] *nm* néctar *m*

nectarine [nɛktaʀin] *nf* nectarina

néerlandais, e [neɛʀlɑ̃dɛ, ɛz] *adj* neerlandés(-esa) ▸ *nm (Ling)* neerlandés *m* ▸ *nm/f* : **Néerlandais, e** neerlandés(-esa)

nef [nɛf] *nf* nave *f*

néfaste [nefast] *adj* nefasto(-a)

négatif, -ive [negatif, iv] *adj* negativo(-a) ▸ *nm (Photo)* negativo

négation [negasjɔ̃] *nf* negación *f*

négationnisme [negasjɔnism] *nm* negacionismo

négationniste [negasjɔnist] *adj, nmf* negacionista *mf*

négative [negativ] *nf* : **répondre par la ~** contestar con una negativa

négativement [negativmɑ̃] *adv* : **répondre ~** contestar negativamente

négligé, e [negliʒe] *adj* descuidado(-a) ▸ *nm* salto de cama

négligeable [negliʒabl] *adj* despreciable; **non ~** no *ou* nada despreciable

négligemment [negliʒamɑ̃] *adv* descuidadamente; *(avec indifférence)* con indiferencia

négligence [negliʒɑ̃s] *nf* descuido; *(faute, erreur)* negligencia

négligent, e [negliʒɑ̃, ɑ̃t] *adj (personne)* descuidado(-a); *(geste, attitude)* negligente

négliger [negliʒe] *vt* descuidar; *(avis, précautions)* ignorar, no hacer caso de; **~ de faire qch** olvidarse de hacer algo; **se négliger** *vpr* descuidarse

négoce [negɔs] *nm* negocio

négociable [negɔsjabl] *adj* negociable; **« prix non ~ »** « precio no negociable »

négociant, e [negɔsjɑ̃, jɑ̃t] *nm/f* negociante *mf*

négociateur, -trice [negɔsjatœʀ, tʀis] *nm/f* negociador(a)

négociation [negɔsjasjɔ̃] *nf* negociación *f*; **négociations collectives** negociaciones *fpl* colectivas

négocier [negɔsje] *vt* negociar; *(virage, obstacle)* sortear ▸ *vi (Pol)* negociar

nègre [nɛgʀ] *(péj) nm (aussi écrivain)* negro ▸ *adj* negro(-a)

négresse [negʀɛs] *(péj) nf* negra

négrier [negʀije] *nm (fig)* negrero

négroïde [negʀɔid] *adj* negroide

neige [nɛʒ] *nf* nieve *f*; **battre les œufs en ~** batir los huevos a punto de nieve; **~ carbonique** nieve carbónica; **~ fondue** aguanieve *f*; **~ poudreuse** nieve fresca

neiger [neʒe] *vb impers* nevar

neigeux, -euse [nɛʒø, øz] *adj* nevado(-a)

nématode [nematɔd] *nm* nematodo

nénuphar [nenyfaʀ] *nm* nenúfar *m*

néo-calédonien, ne [neokaledɔnjɛ̃, jɛn] (*pl* **néo-calédoniens, -nes**) *adj* neocaledonio(-a) ▸ *nm/f* : **Néo-calédonien, ne** neocaledonio(-a)

néocapitalisme [neokapitalism] *nm* neocapitalismo

néoclassique [neoklasik] *adj* neoclásico(-a)

néocolonialisme [neokɔlɔnjalism] *nm* neocolonialismo
néocolonialiste [neokɔlɔnjalist] *adj* neocolonialista
néolithique [neɔlitik] *adj* neolítico(-a) ▸ *nm* neolítico
néologisme [neɔlɔʒism] *nm* neologismo
néon [neɔ̃] *nm* neón *m*
néonatal, e [neonatal] *adj* neonatal
néonazi, e [neonazi] *adj, nm/f* neonazi *mf*
néophyte [neɔfit] *nmf* neófito(-a)
néo-zélandais, e [neoʒelɑ̃dɛ, ɛz] (*pl* ~, **-es**) *adj* neozelandés(-esa) ▸ *nm/f* : **Néo-zélandais, e** neozelandés(-esa)
Népal [nepal] *nm* Nepal *m*
népalais, e [nepalɛ, ɛz] *adj* nepalí ▸ *nm* (*Ling*) nepalí *m* ▸ *nm/f* : **Népalais, e** nepalí *mf*
néphrétique [nefʀetik] *adj* nefrítico(-a)
néphrite [nefʀit] *nf* nefritis *f inv*
népotisme [nepɔtism] *nm* nepotismo
nerf [nɛʀ] *nm* nervio; **nerfs** *nmpl* nervios *mpl*; **être** *ou* **vivre sur les nerfs** estar *ou* vivir en tensión; **être à bout de nerfs** estar al borde de un ataque de nervios; **passer ses nerfs sur qn** pagarlas con algn
nerveusement [nɛʀvøzmɑ̃] *adv* con nerviosismo
nerveux, -euse [nɛʀvø, øz] *adj* nervioso(-a); (*tendineux*) con nervios; **une voiture nerveuse** un coche que tiene buena aceleración
nervosité [nɛʀvozite] *nf* nerviosismo; (*passagère*) alteración *f*
nervure [nɛʀvyʀ] *nf* nervadura
n'est-ce pas [nɛspɑ] *adv* ¿verdad?; **c'est bon, ~ ?** está bueno, ¿verdad?; **il a peur, ~ ?** tiene miedo, ¿verdad?; **~ que c'est bon ?** ¿verdad que está bueno?; **lui, ~, il peut se le permettre** él puede permitírselo, ¿no es así?
Net [nɛt] (*fam*) *nm* : **le ~** Internet *m ou f*, la Red; **surfer sur le ~** navegar por Internet
net, nette [nɛt] *adj* (*évident, sans équivoque*) evidente; (*distinct, propre*) limpio(-a); (*photo, film*) nítido(-a); (*Comm*) neto(-a); **faire place nette** despejar; **~ d'impôt** libre de impuestos ▸ *adv* (*refuser*) rotundamente; **s'arrêter ~** pararse en seco; **la lame a cassé ~** la hoja se rompió de un golpe ▸ *nm* : **mettre au ~** poner en limpio
netiquette [nɛtikɛt] *nf* netiqueta *f*
nettement [nɛtmɑ̃] *adv* claramente; **~ mieux/meilleur** mucho mejor
netteté [nɛtte] *nf* (*voir adj*) limpieza; nitidez *f*
nettoie *etc* [nɛtwa] *vb voir* **nettoyer**
nettoiement [netwamɑ̃] *nm* limpieza; **service du ~** servicio de limpieza
nettoierai *etc* [nɛtwaʀe] *vb voir* **nettoyer**
nettoyage [netwajaʒ] *nm* limpieza; **~ à sec** limpieza en seco
nettoyant [netwajɑ̃] *nm* producto de limpieza
nettoyer [netwaje] *vt* limpiar
neuf¹ [nœf] *adj inv, nm inv* nueve *m inv*; *voir aussi* **cinq**
neuf², neuve [nœf, nœv] *adj* nuevo(-a); **quoi de ~ ?** ¿qué hay de nuevo? ▸ *nm* : **remettre à ~** dejar como nuevo; **repeindre à ~** pintar de nuevo; **n'acheter que du ~** comprar solo cosas nuevas
neurasthénie [nøʀasteni] *nf* neurastenia
neurasthénique [nøʀastenik] *adj* neurasténico(-a)
neurobiologie [nøʀobjɔlɔʒi] *nf* neurobiología
neurochirurgie [nøʀoʃiʀyʀʒi] *nf* neurocirugía
neurochirurgien, ne [nøʀoʃiʀyʀʒjɛ̃, jɛn] *nm/f* neurocirujano(-a)
neuroleptique [nøʀɔlɛptik] *adj* neuroléptico(-a)
neurologie [nøʀɔlɔʒi] *nf* neurología
neurologique [nøʀɔlɔʒik] *adj* neurológico(-a)
neurologue [nøʀɔlɔg] *nmf* neurólogo(-a)
neurone [nøʀɔn] *nm* neurona
neuropsychiatre [nøʀopsikjatʀ] *nmf* neuropsiquiatra *mf*
neuropsychiatrie [nøʀopsikjatʀi] *nf* neuropsiquiatría
neurosciences [nøʀosjɑ̃s] *nfpl* neurociencias *fpl*
neutralisation [nøtʀalizasjɔ̃] *nf* neutralización *f*
neutraliser [nøtʀalize] *vt* neutralizar
neutralisme [nøtʀalism] *nm* neutralismo
neutraliste [nøtʀalist] *adj* neutralista
neutralité [nøtʀalite] *nf* neutralidad *f*
neutre [nøtʀ] *adj* neutro(-a); (*Pol*) neutral ▸ *nm* neutro
neutrino [nøtʀino] *nm* neutrino
neutron [nøtʀɔ̃] *nm* neutrón *m*
neuve [nœv] *adj f voir* **neuf²**
neuvième [nœvjɛm] *adj, nmf* noveno(-a) ▸ *nm* (*partitif*) noveno; *voir aussi* **cinquième**
névé [neve] *nm* nevero
neveu, x [n(ə)vø] *nm* sobrino
névralgie [nevʀalʒi] *nf* neuralgia
névralgique [nevʀalʒik] *adj* neurálgico(-a); **centre ~** centro neurálgico
névrite [nevʀit] *nf* neuritis *f inv*
névrose [nevʀoz] *nf* neurosis *f inv*
névrosé, e [nevʀoze] *adj, nm/f* neurótico(-a)
névrotique [nevʀɔtik] *adj* neurótico(-a)
New York [njujɔʀk] *n* Nueva York
new-yorkais, e [njujɔʀkɛ, ɛz] (*pl* ~, **-es**) *adj* neoyorquino(-a) ▸ *nm/f* : **New-Yorkais, e** neoyorquino(-a)
nez [ne] *nm* nariz *f*; (*d'avion etc*) morro; **rire au ~ de qn** reírse en las barbas *ou* narices de algn; **avoir du ~** tener olfato; **avoir le ~ fin** tener buen olfato; **~ à ~ avec** cara a cara con; **à vue de ~** a ojo de buen cubero
NF *sigle f* = **norme française**

ni [ni] *conj* ni; **ni l'un ni l'autre ne sont ...** ni uno ni otro son ...; **il n'a rien vu ni entendu** no ha visto ni oído nada
Niagara [njagaʀa] *nm* : **les chutes du ~** las cataratas del Niágara
niais, e [njɛ, njɛz] *adj* bobo(-a)
niaiserie [njɛzʀi] *nf* necedad *f*; (*futilité*) banalidad *f*
Nicaragua [nikaʀagwa] *nm* Nicaragua
nicaraguayen, ne [nikaʀagwajɛ̃, jɛn] *adj* nicaragüense ▸ *nm/f* : **Nicaraguayen, ne** nicaragüense *mf*
Nice [nis] *n* Niza
niche [niʃ] *nf* (*du chien*) caseta, perrera; (*de mur*) hornacina, nicho; (*farce*) diablura
nichée [niʃe] *nf* (*d'oiseaux*) nidada; (*de chiens etc*) camada
nicher [niʃe] *vi* anidar; **se nicher** *vpr* (*se cacher : enfant*) esconderse; (*se blottir*) acurrucarse; **se ~ dans** (*oiseau*) anidar en
nichon [niʃɔ̃] (*fam*) *nm* teta
nickel [nikɛl] *nm* níquel *m* ▸ *adj* (*fam*) impecable
niçois, e [niswa, waz] *adj* nizardo(-a), de Niza ▸ *nm/f* : **Niçois, e** nizardo(-a), nativo(-a) *ou* habitante *mf* de Niza
nicotine [nikɔtin] *nf* nicotina
nid [ni] *nm* nido; **~ de poule** bache *m*
nid-d'abeilles [nidabɛj] (*pl* **nids-d'abeilles**) *nm* nido de abeja
nièce [njɛs] *nf* sobrina
nième [enjɛm] *adj* : **la ~ fois** la enésima vez
nier [nje] *vt* negar; **~ l'évidence** negar la evidencia
nigaud, e [nigo, od] *nm/f* memo(-a)
Niger [niʒɛʀ] *nm* (*pays, fleuve*) Níger *m*
Nigéria [niʒeʀja] *n* Nigeria
nigérian, e [niʒeʀjɑ̃, an] *adj* nigeriano(-a) ▸ *nm/f* : **Nigérian, e** nigeriano(-a)
nigérien, ne [niʒeʀjɛ̃, jɛn] *adj* nigerio(-a) ▸ *nm/f* : **Nigérien, ne** nigerio(-a)
night-club [najtklœb] (*pl* **night-clubs**) *nm* discoteca
nihilisme [niilism] *nm* nihilismo
nihiliste [niilist] *adj* nihilista
Nil [nil] *nm* : **le ~** el Nilo
n'importe [nɛ̃pɔʀt] *adv* : **~ !** ¡no tiene importancia!; **~ qui** cualquiera; **~ quoi** cualquier cosa; **~ où** a *ou* en cualquier sitio; **~ quoi !** (*fam*) ¡pamplinas! (*fam*); **~ lequel/laquelle d'entre nous** cualquiera de nosotros(-as); **~ quel/quelle** cualquier/cualquiera; **à ~ quel prix** a cualquier precio; **~ quand** en cualquier momento; **~ comment, il part ce soir** se va esta noche, sea como sea; **~ comment** (*sans soin*) de cualquier manera
nippes [nip] *nfpl* ropa *fsg* vieja
nippon, e [nipɔ̃, ɔn] *adj* nipón(-ona) ▸ *nm/f* : **Nippon, e** nipón(-ona)
nique [nik] *nf* : **faire la ~ à** burlarse de
niquer [nike] *vt* (*fam ! : arnaquer*) tangar (*fam*); (*baiser*) follar(se) (*fam !*), tirarse (*fam !*); **il s'est fait ~** lo han tangado, se la han pegado
nitouche [nituʃ] (*péj*) *nf* : **une sainte ~** una mosquita muerta
nitrate [nitʀat] *nm* nitrato
nitrique [nitʀik] *adj* : **acide ~** ácido nitroso
nitroglycérine [nitʀogliseʀin] *nf* nitroglicerina
niveau, x [nivo] *nm* nivel *m*; **au ~ de** a nivel de; (*à côté de*) a la altura de; (*fig*) en cuanto a; **de ~ (avec)** a nivel (con); **le ~ de la mer** el nivel del mar; **~ à bulle** nivel de aire; **~ d'eau** nivel de agua; **~ de vie** nivel de vida; **~ social** nivel social
niveler [niv(ə)le] *vt* nivelar
niveleuse [niv(ə)løz] *nf* niveladora
nivellement [nivɛlmɑ̃] *nm* nivelación *f*
nivernais, e [nivɛʀnɛ, ɛz] *adj* de Nevers ▸ *nm/f* : **Nivernais, e** nativo(-a) *ou* habitante *mf* de Nevers
NN [ɛnɛn] *abr* = **nouvelles normes**
nº *abr* (= *numéro*) nº (= *número*)
nobiliaire [nɔbiljɛʀ] *adj voir* **particule**
noble [nɔbl] *adj, nmf* noble *mf*
noblement [nɔbləmɑ̃] *adv* noblemente, con nobleza
noblesse [nɔblɛs] *nf* nobleza
noce [nɔs] *nf* boda; **il l'a épousée en secondes noces** se ha casado con ella en segundas nupcias; **faire la ~** (*fam*) ir de juerga; **noces d'argent/d'or/de diamant** bodas de plata/de oro/de diamante
noceur [nɔsœʀ] *nm* juerguista *m*
nocif, -ive [nɔsif, iv] *adj* nocivo(-a)
nocivité [nɔsivite] *nf* nocividad *f*
noctambule [nɔktɑ̃byl] *nmf* noctámbulo(-a)
nocturne [nɔktyʀn] *adj* nocturno(-a) ▸ *nf* (*Sport*) nocturno; (*d'un magasin*) : **« ~ le mercredi »** « abrimos hasta tarde el miércoles »
nodule [nɔdyl] *nm* nódulo
Noël [nɔɛl] *nm* Navidad *f*
nœud [nø] *nm* nudo; (*ruban*) lazo; (*fig : liens*) vínculo; **~ coulant** nudo corredizo; **~ gordien** nudo gordiano; **~ papillon** pajarita
noie *etc* [nwa] *vb voir* **noyer**
noir, e [nwaʀ] *adj* negro(-a); (*obscur, sombre*) oscuro(-a); (*roman*) policíaco(-a); (*travail*) sumergido(-a); **il fait ~** está oscuro ▸ *nm/f* : **Noir, e** (*personne*) negro(-a) ▸ *nm* negro; **dans le ~** en la oscuridad; **au ~** ilegalmente
noirâtre [nwaʀɑtʀ] *adj* negruzco(-a)
noirceur [nwaʀsœʀ] *nf* negrura
noircir [nwaʀsiʀ] *vi* ennegrecer ▸ *vt* ensombrecer; (*réputation*) manchar; (*personne*) difamar; **~ le tableau** (*fig*) pintarlo todo negro

n

noire [nwaʀ] *nf* (*Mus*) negra
noise [nwaz] *nf* : **chercher ~ à** buscar las cosquillas a
noisetier [nwaz(ə)tje] *nm* avellano
noisette [nwazɛt] *nf* avellana; (*Culin* : *de beurre*) nuececilla ▸ *adj* (*yeux*) color avellana
noix [nwa] *nf* nuez *f*; (*Culin*) : **une ~ de beurre** una nuez de mantequilla; **à la ~** (*fam*) de tres al cuarto; **~ de cajou** anacardo; **~ de coco** (nuez de) coco; **~ de muscade** nuez moscada; **~ de veau** (*Culin*) babilla de ternera
nom [nɔ̃] *nm* nombre *m*; (*de famille*) apellido; **connaître qn de ~** conocer a algn de nombre; **au ~ de** en nombre de; **~ de Dieu !** (*fam !*) ¡maldito sea!; **~ d'une pipe** *ou* **d'un chien !** (*fam*) ¡caramba!; **~ commun/propre** nombre común/propio; **~ composé** (*Ling*) nombre compuesto; **~ d'emprunt** apodo; **~ de famille** apellido; **~ de fichier** nombre de fichero; **~ de jeune fille** apellido de soltera; **~ d'utilisateur** nombre de usuario; **~ déposé** nombre registrado
nomade [nɔmad] *adj, nmf* nómada *mf*
nomadisme [nɔmadism] *nm* (*mode de vie*) nomadismo; (*mode de travail*) trabajo móvil
nombre [nɔ̃bʀ] *nm* número; **venir en ~** venir muchos(-as); **depuis ~ d'années** desde hace muchos años; **ils sont au ~ de trois** son tres; **au ~ de mes amis** entre mis amigos; **sans ~** innumerable; **(bon) ~ de** numerosos(-as); **~ entier/premier** número entero/primo

> ⚠ No debe traducirse por *nombre*, que en francés corresponde a **nom**.

nombreux, -euse [nɔ̃bʀø, øz] *adj* (*avec nom pl*) numerosos(-as); **la foule nombreuse** la gran muchedumbre; **un public ~** mucho público; **peu ~** poco numeroso(-a); **de ~ cas** numerosos casos
nombril [nɔ̃bʀi(l)] *nm* ombligo
nombrilisme [nɔ̃bʀilism] *nm* egocentrismo
nombriliste [nɔ̃bʀilist] *adj* egocéntrico(-a)
nomenclature [nɔmɑ̃klatyʀ] *nf* nomenclatura
nominal, e, -aux [nɔminal, o] *adj* nominal
nominatif, -ive [nɔminatif, iv] *adj* nominativo(-a); **carte nominative** carnet *m* nominativo; **liste nominative** lista nominativa; **titre ~** título nominativo ▸ *nm* nominativo
nomination [nɔminasjɔ̃] *nf* nombramiento
nommément [nɔmemɑ̃] *adv* por su nombre
nommer [nɔme] *vt* nombrar; (*baptiser*) llamar; **un nommé Leduc** un tal Leduc; **se nommer** *vpr* (*se présenter*) presentarse; **il se nomme Jean** se llama Jean
non [nɔ̃] *adv* no; **Paul est venu, ~ ?** ha venido Paul, ¿verdad *ou* no?; **répondre** *ou* **dire que ~** responder *ou* decir que no; **~ (pas) que ...** no porque ...; **~ plus** : **moi ~ plus** yo tampoco; **je préférerais que ~** preferiría que no; **il se trouve que ~** resulta que no; **mais ~, ce n'est pas mal** que no, que no está mal; **~ mais ... !** ¡pero bueno ...!; **~ mais des fois !** ¡qué te *etc* has *etc* creído!; **~ loin** no muy lejos; **~ seulement** no solo; **~ sans** no sin antes
non- [nɔ̃] *préf* no; **non alcoolisé** sin alcohol
nonagénaire [nɔnaʒenɛʀ] *adj, nmf* nonagenario(-a)
non-agression [nɔnagʀesjɔ̃] *nf* : **pacte de ~** pacto de no agresión
non-aligné, e [nɔnaliɲe] *adj* no alineado(-a)
non-alignement [nɔnaliɲmɑ̃] *nm* no alineación *f*
nonante [nɔnɑ̃t] *adj, nm* (BELGIQUE, SUISSE) noventa *m inv*
non-assistance [nɔnasistɑ̃s] *nf* : **~ à personne en danger** falta de asistencia a una persona en peligro
nonce [nɔ̃s] *nm* nuncio
nonchalamment [nɔ̃ʃalamɑ̃] *adv* indolentemente
nonchalance [nɔ̃ʃalɑ̃s] *nf* indolencia
nonchalant, e [nɔ̃ʃalɑ̃, ɑ̃t] *adj* indolente
non-conformisme [nɔ̃kɔ̃fɔʀmism(ə)] *nm* no conformismo
non-conformiste [nɔ̃kɔ̃fɔʀmist] (*pl* **non-conformistes**) *adj, nmf* inconformista *mf*
non-conformité [nɔ̃kɔ̃fɔʀmite] *nf* disconformidad *f*
non-croyant, e [nɔ̃kʀwajɑ̃, ɑ̃t] (*pl* **non-croyants, -es**) *nm/f* no creyente *mf*
non-directif, -ive [nɔ̃diʀɛktif, iv] (*pl* **non-directifs, -ives**) *adj* no directivo(-a)
non-engagé, e [nɔnɑ̃gaʒe] (*pl* **non-engagés, -ées**) *adj* no comprometido(-a)
non-engagement [nɔnɑ̃gaʒmɑ̃] *nm* neutralidad *f*
non-fumeur, -euse [nɔ̃fymœʀ, øz] (*pl* **non-fumeurs, -euses**) *nm/f* no fumador(a)
non-ingérence [nɔnɛ̃ʒeʀɑ̃s] *nf* no ingerencia
non-initié, e [nɔ̃ninisje] (*pl* **non-initiés, -es**) *adj* no iniciado(-a)
non-inscrit, e [nɔnɛ̃skʀi, it] (*pl* **non-inscrits, -es**) *nm/f* (*Pol*) independiente *mf*
non-intervention [nɔnɛ̃tɛʀvɑ̃sjɔ̃] *nf* no intervención *f*
non-lieu [nɔ̃ljø] (*pl* **non-lieux**) *nm* : **il y a eu ~** hubo sobreseimiento
nonne [nɔn] *nf* monja
nonobstant [nɔnɔpstɑ̃] *prép* no obstante
non-paiement [nɔ̃pɛmɑ̃] (*pl* **non-paiements**) *nm* impago
non-prolifération [nɔ̃pʀɔlifeʀasjɔ̃] *nf* no proliferación *f*
non-résident [nɔ̃ʀesidɑ̃] (*pl* **non-résidents**) *nm* no residente *mf*
non-retour [nɔ̃ʀətuʀ] *nm inv* : **point de ~** punto límite
non-sens [nɔ̃sɑ̃s] *nm inv* disparate *m*

non-spécialiste [nɔ̃spesjalist] (*pl* **non-spécialistes**) *nmf* profano(-a)
non-stop [nɔnstɔp] *adj inv* sin parada ▸ *adv* sin parar
non-syndiqué, e [nɔ̃sɛ̃dike] (*pl* **non-syndiqués, -es**) *nm/f* persona no sindicada
non-violence [nɔ̃vjɔlɑ̃s] *nf* no violencia
non-violent, e [nɔ̃vjɔlɑ̃, ɑ̃t] (*pl* **non-violents, -es**) *adj, nm/f* no violento(-a)
nord [nɔʀ] *nm* norte *m*; (*région*) : **le N~** el Norte; **au ~** (*situation*) al norte; (*direction*) hacia el norte; **au ~ de** al norte de; **perdre le ~** perder el norte; *voir* **pôle** ▸ *adj inv* norte
nord-africain, e [nɔʀafʀikɛ̃, ɛn] (*pl* **nord-africains, -es**) *adj* norteafricano(-a) ▸ *nm/f* : **Nord-Africain, e** norteafricano(-a)
nord-américain, e [nɔʀameʀikɛ̃, ɛn] (*pl* **nord-américains, -es**) *adj* norteamericano(-a) ▸ *nm/f* : **Nord-Américain, e** norteamericano(-a)
nord-coréen, ne [nɔʀkɔʀeɛ̃, ɛn] (*pl* **nord-coréens, -nes**) *adj* norcoreano(-a) ▸ *nm/f* : **Nord-Coréen, ne** norcoreano(-a)
nord-est [nɔʀɛst] *nm inv* nordeste *m*
nordique [nɔʀdik] *adj* nórdico(-a)
nord-ouest [nɔʀwɛst] *nm inv* noroeste *m*
nord-vietnamien, ne [nɔʀvjɛtnamjɛ̃, ɛn] (*pl* **nord-vietnamiens, -nes**) *adj* norvietnamita ▸ *nm/f* : **Nord-Vietnamien, ne** norvietnamita *mf*
noria [nɔʀja] *nf* noria
normal, e, -aux [nɔʀmal, o] *adj* normal
normale [nɔrmal] *nf* : **la ~** la media; **par rapport à la ~** con respecto a la media; **les normales saisonnières** (*Météo*) las medias estacionales; **N~ Sup** *prestigioso centro de enseñanza superior especializado en humanidades*
normalement [nɔʀmalmɑ̃] *adv* normalmente
normalien, ne [nɔʀmaljɛ̃, jɛn] *nm/f* normalista *mf*, *alumno o ex alumno de Normale Sup*
normalisation [nɔʀmalizasjɔ̃] *nf* normalización *f*
normalisé, e [nɔʀmalize] *adj* normalizado(-a)
normaliser [nɔʀmalize] *vt* normalizar
normalité [nɔʀmalite] *nf* normalidad *f*
normand, e [nɔʀmɑ̃, ɑ̃d] *adj* normando(-a) ▸ *nm/f* : **Normand, e** normando(-a)
Normandie [nɔʀmɑ̃di] *nf* Normandía
normatif, -ive [nɔʀmatif, iv] *adj* normativo(-a)
norme [nɔʀm] *nf* norma
Norvège [nɔʀvɛʒ] *nf* Noruega
norvégien, ne [nɔʀveʒjɛ̃, jɛn] *adj* noruego(-a) ▸ *nm* (*Ling*) noruego ▸ *nm/f* : **Norvégien, ne** noruego(-a)
nos [no] *adj poss voir* **notre**
nosocomial, e, -aux [nozɔkɔmjal, jo] *adj* (*Méd*) nosocomial
nostalgie [nɔstalʒi] *nf* nostalgia
nostalgique [nɔstalʒik] *adj* nostálgico(-a)
notable [nɔtabl] *adj, nm* notable *m*
notablement [nɔtabləmɑ̃] *adv* notablemente
notaire [nɔtɛʀ] *nmf* notario(-a)
notamment [nɔtamɑ̃] *adv* particularmente, especialmente
notariat [nɔtaʀja] *nm* notaría
notarié [nɔtaʀje] *adj m* : **acte ~** acta *m* notarial
notation [nɔtasjɔ̃] *nf* (*Scol*) calificación *f*; (*numérique, musicale*) notación *f*; (*lettres*) anotación *f*; (*art*) reproducción *f*
note [nɔt] *nf* nota; (*facture*) cuenta; (*annotation*) nota, apunte *m*; **prendre des notes** tomar notas *ou* apuntes; **prendre ~ de** tomar nota de; **forcer la ~** pasarse de la raya; **une ~ de tristesse/de gaieté** una nota de tristeza/de alegría; **~ de service** nota de servicio
noté, e [nɔte] *adj* : **être bien/mal ~** (*employé etc*) estar bien/mal valorado(-a)
noter [nɔte] *vt* (*écrire*) anotar, apuntar; (*remarquer*) señalar, notar; (*Scol*) calificar; (*Admin*) evaluar; **notez bien que ...** fíjense bien que ...
notice [nɔtis] *nf* nota; (*brochure*) : **~ explicative** folleto explicativo
notification [nɔtifikasjɔ̃] *nf* notificación *f*
notifier [nɔtifje] *vt* : **~ qch à qn** notificar algo a algn
notion [nosjɔ̃] *nf* noción *f*; **notions** *nfpl* nociones *fpl*
notoire [nɔtwaʀ] *adj* notorio(-a); **le fait est ~** el hecho es notorio
notoirement [nɔtwaʀmɑ̃] *adv* notoriamente
notoriété [nɔtɔʀjete] *nf* notoriedad *f*; **c'est de ~ publique** es público y notorio
notre [nɔtʀ] (*pl* **nos**) *adj poss* nuestro(-a)
nôtre [notʀ] *adj* nuestro(-a) ▸ *pron* : **le ~** el *ou* lo nuestro; **la ~** la nuestra; **les nôtres** los (las) nuestros(-as); **soyez des nôtres** únase a nosotros
nouba [nuba] (*fam*) *nf* : **faire la ~** estar de juerga
noué, e [nwe] *adj* : **avoir la gorge nouée** tener un nudo en la garganta; **avoir l'estomac ~** tener un nudo en el estómago
nouer [nwe] *vt* anudar, atar; (*fig : amitié*) trabar; (*alliance*) formar; **~ une conversation** entablar conversación; **se nouer** *vpr* : **c'est là où l'intrigue se noue** es ahí donde se urde la intriga
noueux, -euse [nwø, øz] *adj* nudoso(-a); (*main*) huesudo(-a); (*vieillard*) enjuto(-a)
nougat [nuga] *nm tipo de turrón*
nougatine [nugatin] *nf* (*Culin*) *especie de turrón de caramelo muy fino con nueces y avellanas*
nouille [nuj] *nf* (*fam*) lelo(-a); **nouilles** *nfpl* pasta *fsg*

n

nounou [nunu] *nf* nodriza
nounours [nunuʀs] *nm* osito de peluche
nourri, e [nuʀi] *adj* denso(-a)
nourrice [nuʀis] *nf* nodriza; **mettre en ~** dar a criar
nourricier, -ière [nuʀisje, jɛʀ] *adj* nutricio(-a)
nourrir [nuʀiʀ] *vt* alimentar; (*fig : espoir*) mantener; (*haine*) guardar; **logé, nourri** alojamiento y comida; **bien/mal nourri** bien/mal alimentado(-a); **~ au sein** amamantar; **se nourrir** *vpr* : **se ~ de légumes** alimentarse de verduras; **se ~ de rêves** vivir de fantasías
nourrissant, e [nuʀisɑ̃, ɑ̃t] *adj* alimenticio(-a), nutritivo(-a)
nourrisson [nuʀisɔ̃] *nm* niño de pecho
nourriture [nuʀityʀ] *nf* alimento, comida; (*fig*) alimento
nous [nu] *pron* nosotros(-as); (*objet direct, indirect*) nos; **c'est ~ qui l'avons fait** lo hicimos nosotros; **~ les Marseillais** nosotros los marselleses; **il ~ le dit** nos lo dice; **il ~ en a parlé** nos habló de eso; **à ~** (*possession*) nuestro(-a), nuestros(-as); **ce livre est à ~** ese libro es nuestro; **avec/sans ~** con/sin nosotros; **un poème de ~** un poema nuestro; **plus riche que ~** más rico que nosotros
nous-mêmes [numɛm] *pron* nosotros(-as) mismos(-as)
nouveau, nouvelle, -aux [nuvo, nuvɛl, o] (*devant nm commençant par voyelle ou h muet* **nouvel**) *adj* nuevo(-a); (*original*) novedoso(-a); **Nouvel An** año nuevo; **nouveaux mariés** recién casados; **~ riche** *adj* nuevo(-a) rico(-a); **nouvelle vague** (*gén*) nueva ola; (*Ciné*) nouvelle vague *f*; **~ venu** recién llegado; **nouvelle venue** recién llegada ▶ *nm/f* nuevo(-a) ▶ *nm* : **il y a du ~** hay novedades; **de** *ou* **à ~** de nuevo, otra vez
nouveau-né, e [nuvone] (*pl* **nouveau-nés, -es**) *adj, nm/f* recién nacido(-a)
nouveauté [nuvote] *nf* (*aussi Comm*) novedad *f*
nouvel [nuvɛl] *adj m voir* **nouveau**
nouvelle [nuvɛl] *adj f voir* **nouveau** ▶ *nf* noticia; (*Litt*) novela corta; **nouvelles** *nfpl* noticias *fpl*; **je suis sans nouvelles de lui** no tengo noticias de él
Nouvelle-Calédonie [nuvɛlkaledɔni] *nf* Nueva Caledonia
Nouvelle-Guinée [nuvɛlgine] *nf* Nueva Guinea
nouvellement [nuvɛlmɑ̃] *adv* (*arrivé etc*) recién
Nouvelle-Orléans [nuvɛlɔʀleɑ̃] *n* : **La ~** Nueva Orleans
Nouvelle-Zélande [nuvɛlzelɑ̃d] *nf* Nueva Zelanda, Nueva Zelandia (*AM*)
nouvelliste [nuvelist] *nmf* autor(a) de novelas cortas
novateur, -trice [nɔvatœʀ, tʀis] *adj, nm/f* innovador(a)
novembre [nɔvɑ̃bʀ] *nm* noviembre *m*; *ver nota*; *voir aussi* **juillet**

LE 11 NOVEMBRE

En Francia, el **11 novembre** es un día festivo en que se conmemora la firma, en las cercanías de Compiègne, del armisticio que puso punto final a la Primera Guerra Mundial.

novice [nɔvis] *adj* novato(-a) ▶ *nmf* (*Rel*) novicio(-a)
noviciat [nɔvisja] *nm* noviciado
noyade [nwajad] *nf* ahogamiento
noyau, x [nwajo] *nm* núcleo; (*de fruit*) hueso
noyautage [nwajotaʒ] *nm* infiltración *f*
noyauter [nwajote] *vt* infiltrar
noyé, e [nwaje] *nm/f* ahogado(-a) ▶ *adj* (*fig*) desbordado(-a)
noyer [nwaje] *nm* nogal *m* ▶ *vt* ahogar; (*fig : submerger*) sumergir; (*délayer*) desleír; **~ son chagrin** ahogar su pena; **~ son moteur** (*Auto*) inundar el motor; **~ le poisson** dar largas al asunto; **se noyer** *vpr* ahogarse; **se ~ dans** (*fig*) perderse en
NT *abr* (= *Nouveau Testament*) NT (= *Nuevo Testamento*)
NTIC [ɛnteise] *sigle fpl* (= *nouvelles technologies de l'information et de la communication*) NTIC *fpl* (= *nuevas tecnologías de la información y la comunicación*)
nu, e [ny] *adj* desnudo(-a); **(les) pieds nus** descalzo(-a); **(la) tête nue** con la cabeza descubierta; **à mains nues** solo con las manos, con las manos desnudas; **se mettre nu** desnudarse ▶ *nm* (*Art*) desnudo; **le nu intégral** desnudo integral; **mettre à nu** desnudar
nuage [nɥaʒ] *nm* nube *f*; (*Inform*) : **le ~** la nube; **sans nuages** (*fig : bonheur*) completo(-a); **être dans les nuages** estar en las nubes; **un ~ de lait** una gota de leche
nuageux, -euse [nɥaʒø, øz] *adj* nuboso(-a), nublado(-a)
nuance [nɥɑ̃s] *nf* matiz *m*; **il y a une ~ (entre ...)** hay una leve diferencia (entre ...); **une ~ de tristesse** un algo de tristeza
nuancé, e [nɥɑ̃se] *adj* matizado(-a)
nuancer [nɥɑ̃se] *vt* matizar
nuancier [nɥɑ̃sje] *nm* carta de colores
nubile [nybil] *adj* núbil
nucléaire [nykleɛʀ] *adj* nuclear ▶ *nm* : **le ~** (*secteur*) la industria nuclear; (*énergie*) la energía nuclear
nudisme [nydism] *nm* nudismo
nudiste [nydist] *nmf* nudista *mf*

nudité [nydite] *nf* desnudez *f*
nuée [nɥe] *nf* : **une ~ de** una nube de
nues [ny] *nfpl* : **tomber des ~** caerse de las nubes; **porter qn aux ~** poner a algn por las nubes
nuire [nɥiʀ] *vi* perjudicar; **~ à qn/qch** ser perjudicial para algn/algo
nuisance [nɥizɑ̃s] *nf* molestia; **nuisances** *nfpl* perjuicios *mpl*; **nuisances sonores** molestias *fpl* sonoras
nuisette [nɥizɛt] *nf* picardías *m inv*
nuisible [nɥizibl] *adj* perjudicial; (*animal*) dañino(-a) ▸ *nm* animal *m* dañino
nuisis *etc* [nyizi] *vb voir* **nuire**
nuit [nɥi] *nf* noche *f*; **cinq nuits de suite** cinco noches seguidas; **payer sa ~** pagar la noche; **il fait ~** es de noche; **cette ~** esta noche; **de ~** por la noche; **depuis la ~ des temps** desde la noche de los tiempos; **~ blanche** noche en blanco *ou* en vela; **~ de noces** noche de bodas; **~ de Noël** Nochebuena
nuitamment [nɥitamɑ̃] *adv* por la noche
nuitée [nɥite] *nf* pernoctación *f*
nul, nulle [nyl] *adj* (*aucun*) ninguno(-a); (*minime, non valable, péj*) nulo(-a); **résultat ~, match ~** (*Sport*) empate *m*; **nulle part** en ningún sitio; (*aller*) a ningún sitio ▸ *pron* nadie
nullement [nylmɑ̃] *adv* de ningún modo
nullité [nylite] *nf* nulidad *f*
numéraire [nymeʀɛʀ] *nm* numerario
numéral, e, -aux [nymeʀal, o] *adj* numeral
numérateur [nymeʀatœʀ] *nm* numerador *m*
numération [nymeʀasjɔ̃] *nf* : **~ décimale/binaire** numeración *f* decimal/binaria
numérique [nymeʀik] *adj* numérico(-a); (*Inform*) digital
numériquement [nymeʀikmɑ̃] *adv* numéricamente
numérisation [nymeʀizasjɔ̃] *nf* (*Inform*) digitalización *f*
numériser [nymeʀize] *vt* (*Inform*) digitalizar
numéro [nymeʀo] *nm* número; **un (drôle de) ~** (*fig*) un elemento gracioso; **faire** *ou* **composer un ~** marcar un número; **~ de téléphone** número de teléfono; **~ d'identification personnel** número personal de identificación; **~ d'immatriculation** *ou* **minéralogique** número de matrícula; **~ vert** número verde
numérologie [nymeʀɔlɔʒi] *nf* numerología
numérotation [nymeʀɔtasjɔ̃] *nf* numeración *f*
numéroter [nymeʀɔte] *vt* numerar
numerus clausus [nymeʀys klozys] *nm inv* numerus *msg* clausus
numismate [nymismat] *nmf* numismático(-a)
numismatique [nymismatik] *nf* numismática
nunuche [nynyʃ] (*fam*) *adj* pavo(-a) (*fam*), simplón(-ona) ▸ *nf* pava (*fam*)
nu-pied [nypje] (*pl* **nu-pieds**) *nm* sandalia
nu-pieds [nypje] *adj inv* descalzo(-a)
nuptial, e, -aux [nypsjal, jo] *adj* nupcial
nuptialité [nypsjalite] *nf* nupcialidad *f*; **taux de ~** índice *m* de matrimonios
nuque [nyk] *nf* nuca
nu-tête [nytɛt] *adj inv* cabeza descubierta
nutriment [nytʀimɑ̃] *nm* nutriente *m*
nutritif, -ive [nytʀitif, iv] *adj* nutritivo(-a)
nutrition [nytʀisjɔ̃] *nf* nutrición *f*
nutritionnel, le [nytʀisjɔnɛl] *adj* nutritivo(-a)
nutritionniste [nytʀisjɔnist] *nmf* especialista *mf* en nutrición
nylon [nilɔ̃] *nm* nylon *m*
nymphe [nɛ̃f] *nf* (*Mythologie*) ninfa
nymphéa [nɛ̃fea] *nm* nenúfar *m*
nymphette [nɛ̃fɛt] *nf* (*jeune fille*) lolita
nymphomane [nɛ̃fɔman] *adj f, nf* ninfómana
nymphomanie [nɛ̃fɔmani] *nf* ninfomanía

n

Oo

O¹, o [o] *nm inv* (*lettre*) O, o *f*; **O comme Oscar** ≈ O de Oviedo

O² *abr* (= *ouest*) O (= *Oeste*)

OAS [oaɛs] *sigle f* (= *Organisation de l'armée secrète*) *organización del ejército francés contra el movimiento independentista argelino (1961–63)*

oasis [ɔazis] *nf ou m* oasis *m inv*

obédience [ɔbedjɑ̃s] *nf* : **d'~ communiste** de convicción comunista

obéir [ɔbeiʀ] *vi* obedecer; **~ à** obedecer a; (*loi*) acatar; (*suj* : *moteur, véhicule*) responder a

obéissance [ɔbeisɑ̃s] *nf* obediencia

obéissant, e [ɔbeisɑ̃, ɑ̃t] *adj* obediente

obélisque [ɔbelisk] *nm* obelisco

obèse [ɔbɛz] *adj* obeso(-a)

obésité [ɔbezite] *nf* obesidad *f*

objecter [ɔbʒɛkte] *vt* (*prétexter*) pretextar; **~ qch à** objetar algo a; **~ (à qn) que** objetar (a algn) que

objecteur [ɔbʒɛktœʀ] *nm* : **~ de conscience** objetor *m* de conciencia

objectif, -ive [ɔbʒɛktif, iv] *adj* objetivo(-a) ▸ *nm* (*but, Photo*) objetivo; **~ à focale variable** objetivo de distancia focal variable; **~ grand angulaire** objetivo gran angular

objection [ɔbʒɛksjɔ̃] *nf* objeción *f*; **~ de conscience** objeción de conciencia

objectivement [ɔbʒɛktivmɑ̃] *adv* objetivamente

objectivité [ɔbʒɛktivite] *nf* objetividad *f*

objet [ɔbʒɛ] *nm* objeto; (*but*) objetivo; (*sujet*) tema *m*; **être** *ou* **faire l'~ de** ser objeto de; **sans ~** sin objeto; **(bureau des) objets trouvés** (oficina de) objetos perdidos; **~ d'art** objeto de arte; **objets de toilette** artículos *mpl* de tocador; **objets personnels** objetos personales

obligataire [ɔbligatɛʀ] *adj* obligacionista

obligation [ɔbligasjɔ̃] *nf* obligación *f*; (*devoir*) compromiso; **sans ~ d'achat/de votre part** sin compromiso de compra/por su parte; **être dans l'~ de faire qch** estar obligado(-a) a hacer algo; **avoir l'~ de faire qch** tener la obligación de hacer algo; **obligations familiales** obligaciones *fpl* familiares; **obligations militaires** obligaciones militares; **obligations mondaines** compromisos *mpl* sociales

obligatoire [ɔbligatwaʀ] *adj* obligatorio(-a)

obligatoirement [ɔbligatwaʀmɑ̃] *adv* (*nécessairement*) obligatoriamente; (*fatalement*) a la fuerza

obligé, e [ɔbliʒe] *adj* obligado(-a); **être très ~ à qn** estar muy agradecido(-a) a algn; **je suis ~ de le faire** estoy obligado a hacerlo

obligeamment [ɔbliʒamɑ̃] *adv* atentamente

obligeance [ɔbliʒɑ̃s] *nf* : **avoir l'~ de** tener la bondad de

obligeant, e [ɔbliʒɑ̃, ɑ̃t] *adj* (*personne*) complaciente; (*offre*) amable

obliger [ɔbliʒe] *vt* obligar; (*aider, rendre service à*) : **votre offre m'oblige beaucoup** le agradezco mucho que se haya ofrecido

oblique [ɔblik] *adj* oblicuo(-a); **regard ~** mirada torcida; **en ~** en diagonal

obliquement [ɔblikmɑ̃] *adv* en posición oblicua

obliquer [ɔblike] *vi* : **~ vers** torcer a

oblitération [ɔbliteʀasjɔ̃] *nf* (*Postes*) matado; (*Méd*) obliteración *f*

oblitérer [ɔbliteʀe] *vt* (*Postes*) matar; (*Méd*) obliterar

oblong, -ongue [ɔblɔ̃, ɔ̃g] *adj* oblongo(-a)

obnubiler [ɔbnybile] *vt* obsesionar

obole [ɔbɔl] *nf* óbolo

obscène [ɔpsɛn] *adj* obsceno(-a)

obscénité [ɔpsenite] *nf* obscenidad *f*

obscur, e [ɔpskyʀ] *adj* oscuro(-a); (*exposé*) confuso(-a); (*vague*) ligero(-a); (*inconnu*) desconocido(-a)

obscurantisme [ɔpskyʀɑ̃tism] *nm* oscurantismo

obscurcir [ɔpskyʀsiʀ] *vt* oscurecer; (*rendre peu intelligible*) confundir; **s'obscurcir** *vpr* (*ciel, jour*) oscurecerse

obscurément [ɔpskyʀemɑ̃] *adv* confusamente

obscurité [ɔpskyʀite] *nf* oscuridad *f*; **dans l'~** en la oscuridad

obsédant, e [ɔpsedɑ̃, ɑ̃t] *adj* obsesionante

obsédé, e [ɔpsede] *nm/f* : **un(e) ~ de** un (una) obseso(-a) de; **un ~ sexuel** un obseso sexual

obséder [ɔpsede] *vt* obsesionar; **être obsédé par** estar obsesionado por

obsèques [ɔpsɛk] *nfpl* exequias *fpl*
obséquieux, -euse [ɔpsekjø, jøz] *adj* empalagoso(-a)
observable [ɔpsɛʀvabl] *adj* observable
observance [ɔpsɛʀvɑ̃s] *nf* observancia
observateur, -trice [ɔpsɛʀvatœʀ, tʀis] *adj, nm/f* observador(a)
observation [ɔpsɛʀvasjɔ̃] *nf* observación *f*; (*d'un règlement*) cumplimiento; **faire une ~ à qn** (*reproche*) criticarle a algn; **en ~** (*Méd*) en observación; **avoir l'esprit d'~** tener un espíritu observador
observatoire [ɔpsɛʀvatwaʀ] *nm* observatorio; (*lieu élevé*) puesto de observación
observer [ɔpsɛʀve] *vt* observar; (*remarquer*) notar; **je vous ferai ~ que ...** permítame decirle que ...; **s'observer** *vpr* controlarse
obsession [ɔpsesjɔ̃] *nf* obsesión *f*; **avoir l'~ de** estar obsesionado(-a) por
obsessionnel [ɔpsesjɔnɛl] *adj* obsesivo(-a)
obsidienne [ɔpsidjɛn] *nf* obsidiana
obsolescence [ɔpsɔlesɑ̃s] *nf* obsolescencia; **l'~ programmée** la obsolescencia programada
obsolescent, e [ɔpsɔlesɑ̃, ɑ̃t] *adj* obsoleto(-a)
obsolète [ɔpsɔlɛt] *adj* obsoleto(-a)
obstacle [ɔpstakl] *nm* obstáculo; **faire ~ à** obstaculizar
obstétricien, ne [ɔpstetʀisjɛ̃, jɛn] *nm/f* tocólogo(-a)
obstétrique [ɔpstetʀik] *nf* obstetricia
obstination [ɔpstinasjɔ̃] *nf* obstinación *f*
obstiné, e [ɔpstine] *adj* (*caractère*) obstinado(-a); (*effort*) tenaz
obstinément [ɔpstinemɑ̃] *adv* obstinadamente
obstiner [ɔpstine] : **s'obstiner** *vpr* obstinarse; **s'~ à faire qch** empeñarse en hacer algo; **s'~ sur qch** obcecarse con algo
obstruction [ɔpstʀyksjɔ̃] *nf* obstrucción *f*; **faire de l'~** (*fig*) bloquear
obstructionnisme [ɔpstʀyksjɔnism] *nm* (*Pol*) obstruccionismo
obstruer [ɔpstʀye] *vt* obstruir; **s'obstruer** *vpr* obstruirse
obtempérer [ɔptɑ̃peʀe] *vi* obedecer; **~ à** (*Jur, Admin*) acatar; (*gén*) obedecer a
obtenir [ɔptəniʀ] *vt* conseguir, obtener; (*diplôme*) obtener; **~ de pouvoir faire qch** conseguir poder hacer algo; **~ qch à qn** conseguir algo a algn; **~ de qn qu'il fasse** conseguir que algn haga; **ils ont obtenu satisfaction** se ha accedido a sus demandas
obtention [ɔptɑ̃sjɔ̃] *nf* obtención *f*
obtenu [ɔpt(ə)ny] *pp de* **obtenir**
obtiendrai *etc* [ɔptjɛ̃dʀe] *vb voir* **obtenir**
obtiens *etc* [ɔptjɛ̃] *vb voir* **obtenir**
obtint *etc* [ɔptɛ̃] *vb voir* **obtenir**
obturateur [ɔptyʀatœʀ] *nm* (*Photo*) obturador *m*; **~ à rideau** obturador de cortina
obturation [ɔptyʀasjɔ̃] *nf* obturación *f*; **vitesse d'~** (*Photo*) velocidad *f* de obturación; **~ (dentaire)** empaste *m* (dental)
obturer [ɔptyʀe] *vt* obturar; (*dent*) empastar
obtus, e [ɔpty, yz] *adj* (*fig*) obtuso(-a), lerdo(-a)
obus [ɔby] *nm* obús *msg*
obvier [ɔbvje] : **~ à** *vt* obviar
OC *sigle fpl* (= *ondes courtes*) OC *fsg* (= *onda corta*)
occase [ɔkɑz] *nf* (*fam* : *occasion*) chollo (*fam*), ganga
occasion [ɔkazjɔ̃] *nf* ocasión *f*, oportunidad *f*, chance *m ou f* (*AM*); (*acquisition avantageuse*) ganga; (*circonstance*) ocasión; **à plusieurs occasions** en varias ocasiones; **à cette/la première ~** en esta/la primera ocasión; **avoir l'~ de faire** tener la oportunidad *ou* la ocasión de hacer; **être l'~ de** ser el momento para; **à l'~** si llega el caso; (*un jour*) en alguna ocasión; **à l'~ de** con motivo de; **d'~** de segunda mano, de ocasión
occasionnel, le [ɔkazjɔnɛl] *adj* (*fortuit*) ocasional; (*non régulier*) eventual
occasionnellement [ɔkazjɔnɛlmɑ̃] *adv* ocasionalmente
occasionner [ɔkazjɔne] *vt* ocasionar, causar; **~ qch à qn** causar algo a algn
occident [ɔksidɑ̃] *nm* (*Géo*) occidente *m*; (*Pol*) : **l'O~** Occidente
occidental, e, -aux [ɔksidɑ̃tal, o] *adj, nm/f* occidental *mf*
occidentaliser [ɔksidɑ̃talize] *vt* occidentalizar
occiput [ɔksipyt] *nm* occipucio
occire [ɔksiʀ] (*vieilli ou hum*) *vt* matar
occitan, e [ɔksitɑ̃, an] *adj* occitano(-a) ▸ *nm* (*Ling*) occitano
occlusion [ɔklyzjɔ̃] *nf* : **~ intestinale** oclusión *f* intestinal
occulte [ɔkylt] *adj* oculto(-a)
occulter [ɔkylte] *vt* (*fig*) ocultar
occultisme [ɔkyltism] *nm* ocultismo
occupant, e [ɔkypɑ̃, ɑ̃t] *adj* de ocupación ▸ *nm/f* ocupante *mf*
occupation [ɔkypasjɔ̃] *nf* ocupación *f*; **l'O~** (1941–44) la Ocupación
occupé, e [ɔkype] *adj* ocupado(-a); **c'est** *ou* **ça sonne ~** (*ligne téléphonique*) está comunicando; **j'ai l'esprit ~** estoy preocupado(-a)
occuper [ɔkype] *vt* ocupar; (*surface, période*) cubrir; (*main-d'œuvre, personnel*) emplear; **ça occupe trop de place** ocupa demasiado sitio; **s'occuper** *vpr* ocuparse; **s'~ de** (*être responsable de*) encargarse de; (*clients*) ocuparse de; (*s'intéresser à*) dedicarse a
occurrence [ɔkyʀɑ̃s] *nf* : **en l'~** en este caso
OCDE [ɔsedeə] *sigle f* (= *Organisation de coopération et de développement économique*) OCDE *f* (= *Organización para la Cooperación y el Desarrollo Económico*)

océan [ɔseɑ̃] *nm* océano; **~ Atlantique** océano Atlántico; **~ Indien** océano Índico; **~ Pacifique** océano Pacífico
Océanie [ɔseani] *nf* Oceanía
océanique [ɔseanik] *adj* oceánico(-a)
océanographe [ɔseanɔgʀaf] *nmf* oceanógrafo(-a)
océanographie [ɔseanɔgʀafi] *nf* oceanografía
océanographique [ɔseanɔgʀafik] *adj* oceanográfico(-a)
océanologie [ɔseanɔlɔʒi] *nf* oceanología
ocelot [ɔs(ə)lo] *nm* ocelote *m*
ocre [ɔkʀ] *adj inv* ocre *inv*
octane [ɔktan] *nm* octano
octante [ɔktɑ̃t] *adj, nm* (Belgique, Suisse) ochenta *m*
octave [ɔktav] *nf* octava
octet [ɔktɛ] *nm* (*Inform*) byte *m*, octeto
octobre [ɔktɔbʀ] *nm* octubre *m*; *voir aussi* **juillet**
octogénaire [ɔktɔʒenɛʀ] *adj, nmf* octogenario(-a)
octogonal, e, -aux [ɔktɔgɔnal, o] *adj* octogonal
octogone [ɔktɔgɔn] *nm* octágono, octógono
octroi [ɔktʀwa] *nm* concesión *f*
octroyer [ɔktʀwaje] *vt* : **~ qch à qn** (*droit, faveur*) otorgar algo a algn; (*répit*) conceder algo a algn; **s'octroyer** *vpr* (*vacances*) concederse
oculaire [ɔkylɛʀ] *adj* ocular ▸ *nm* ocular *m*
oculiste [ɔkylist] *nmf* oculista *mf*
ode [ɔd] *nf* oda
odeur [ɔdœʀ] *nf* olor *m*; **mauvaise ~** mal olor
odieusement [ɔdjøzmɑ̃] *adv* abominablemente
odieux, -euse [ɔdjø, jøz] *adj* odioso(-a)
odontologie [ɔdɔ̃tɔlɔʒi] *nf* odontología
odorant, e [ɔdɔʀɑ̃, ɑ̃t] *adj* oloroso(-a)
odorat [ɔdɔʀa] *nm* olfato; **avoir l'~ fin** tener un olfato muy fino
odoriférant, e [ɔdɔʀifeʀɑ̃, ɑ̃t] *adj* aromático(-a)
odyssée [ɔdise] *nf* odisea
OEA [ɔəa] *sigle f* (= *Organisation des États américains*) OEA *f* (= *Organización de Estados Americanos*)
œcuménique [ekymenik] *adj* ecuménico(-a)
œcuménisme [ekymenism] *nm* ecumenismo
œdème [edɛm] *nm* edema *m*
œil [œj] (*pl* **yeux**) *nm* ojo; **avoir un ~ au beurre noir** *ou* **poché** tener un ojo a la funerala; **à l'~** (*fam*) por la cara (*fam*); **à l'~ nu** a simple vista; **avoir l'~** estar ojo avizor; **avoir l'~ sur qn** no quitar ojo a algn; **faire de l'~ à qn** guiñar el ojo a algn; **voir qch d'un bon/mauvais ~** ver algo con buenos/malos ojos; **à l'~ vif** de mirada expresiva; **tenir qn à ~** no quitar los ojos de encima a algn; **ne pas pouvoir fermer l'~** no pegar ojo; **~ pour ~, dent pour dent** ojo por ojo, diente por diente; **à mes/ses yeux** para mí/él; **de ses propres yeux** con sus propios ojos; **fermer les yeux (sur)** (*fig*) hacer la vista gorda (a); **les yeux fermés** a ciegas; **pour ses beaux yeux** (*fig*) por su cara bonita; **~ de verre** ojo de cristal
œil-de-bœuf [œjdəbœf] (*pl* **œils-de-bœuf**) *nm* claraboya
œillade [œjad] *nf* : **lancer une ~ à qn** mirar seductoramente a algn
œillères [œjɛʀ] *nfpl* anteojeras *fpl*; **avoir des ~** (*fig : péj*) ser de miras muy estrechas
œillet [œjɛ] *nm* (*Bot*) clavel *m*; (*trou, bordure rigide*) ojete *m*
œnologue [enɔlɔg] *nmf* enólogo(-a)
œsophage [ezɔfaʒ] *nm* esófago
œstrogène [ɛstʀɔʒɛn] *adj* estrógeno(-a)
œuf [œf] *nm* huevo, blanquillo (Mex); **étouffer qch dans l'~** cortar algo de raíz; **~ à la coque/au plat/dur** huevo pasado por agua/frito/duro; **~ à repriser** huevo de zurzir; **~ de Pâques** huevo de Pascua; **~ mollet** huevo pasado por agua; **~ poché** huevo escalfado; **œufs brouillés** huevos *mpl* revueltos
œuvre [œvʀ] *nf* trabajo; (*art*) obra; (*organisation charitable*) obra benéfica; **être/se mettre à l'~** estar/ponerse manos a la obra; **mettre en ~** poner en práctica; **~ d'art** obra de arte ▸ *nm* (*d'un artiste*) obra; (*Constr*) : **le gros ~** el armazón; **œuvres** *nfpl* (*Rel*) obras *fpl*; **bonnes œuvres, œuvres de bienfaisance** obras de caridad
œuvrer [œvʀe] *vi* : **~ pour** trabajar para
offensant, e [ɔfɑ̃sɑ̃, ɑ̃t] *adj* hiriente
offense [ɔfɑ̃s] *nf* ofensa, agravio; (*Rel*) ofensa
offenser [ɔfɑ̃se] *vt* ofender; (*bon sens, bon goût, principes*) ir contra; **s'offenser** *vpr* : **s'~ de qch** ofenderse por algo
offensif, -ive [ɔfɑ̃sif, iv] *adj* ofensivo(-a)
offensive [ɔfɑ̃siv] *nf* (*Mil*) ofensiva; (*du froid, de l'hiver*) vuelta; **passer à l'~** pasar a la ofensiva
offert, e [ɔfɛʀ, ɛʀt] *pp de* **offrir**
offertoire [ɔfɛʀtwaʀ] *nm* ofertorio
office [ɔfis] *nm* (*charge*) cargo; (*bureau, agence*) oficina; (*messe*) oficio; **faire ~ de** hacer las veces de; **d'~** automáticamente; **bons offices** (*Pol*) buenos oficios *mpl*; **~ du** *ou* **de tourisme** oficina de turismo ▸ *nm ou f* (*pièce*) antecocina
officialisation [ɔfisjalizasjɔ̃] *nf* oficialización *f*
officialiser [ɔfisjalize] *vt* oficializar
officiel, le [ɔfisjɛl] *adj* oficial ▸ *nm/f* autoridad *f* (*persona*); (*Sport*) organizador(a)
officiellement [ɔfisjɛlmɑ̃] *adv* oficialmente

officier [ɔfisje] *nm* oficial *mf*; **~ de l'état-civil** teniente *m* (alcalde); **~ de police** oficial de policía; **~ ministériel** funcionario(-a) ministerial ▸ *vi* (*Rel*) oficiar
officieusement [ɔfisjøzmɑ̃] *adv* oficiosamente
officieux, -euse [ɔfisjø, jøz] *adj* oficioso(-a)
officinal, e, -aux [ɔfisinal, o] *adj* oficinal
officine [ɔfisin] *nf* (*de pharmacie*) laboratorio; (*Admin : pharmacie*) farmacia; (*gén péj : bureau*) oficina
offrais [ɔfʀɛ] *vb voir* **offrir**
offrande [ɔfʀɑ̃d] *nf* donativo; (*Rel*) ofrenda
offrant [ɔfʀɑ̃] *nm* : **vendre/adjuger au plus ~** vender/adjudicar al mejor postor
offre [ɔfʀ] *vb voir* **offrir** ▸ *nf* oferta; (*Admin : soumission*) licitación *f*; **« offres d'emploi »** « ofertas *fpl* de empleo »; **~ publique d'achat** oferta pública de compra; **offres de service** ofertas de servicio
offrir [ɔfʀiʀ] *vt* regalar; (*proposer*) ofrecer; (*Comm*) ofertar; (*présenter*) presentar; **~ (à qn) de faire qch** proponer (a algn) hacer algo; **~ à boire à qn** ofrecer de beber a algn; **~ ses services à qn** ofrecer sus servicios a algn; **~ le bras à qn** ofrecer el brazo a algn; **s'offrir** *vpr* (*se présenter*) presentarse; (*vacances*) tomarse; (*voiture*) regalarse; **s'~ comme guide/en otage** ofrecerse como guía/como rehén; **s'~ aux regards** exponerse a las miradas; **s'~ à faire qch** ofrecerse para hacer algo
offset [ɔfsɛt] *nm* offset *m*
offusquer [ɔfyske] *vt* disgustar; **s'offusquer** *vpr* : **s'~ de qch** disgustarse por algo
ogive [ɔʒiv] *nf* ojiva; **voûte/arc en ~** bóveda/arco ojival; **~ nucléaire** cabeza nuclear
OGM [oʒeɛm] *sigle m* (*= organisme génétiquement modifié*) OMG *m* (*= organismo modificado genéticamente*)
ogre [ɔgʀ] *nm* ogro
oh [o] *excl* (*admiration*) ¡oh!; **oh là là !** (*se plaindre*) ¡vaya!; **pousser des oh ! et des ah !** lanzar exclamaciones
oie [wa] *nf* oca; **~ blanche** (*fig, péj*) pava
oignon [ɔɲɔ̃] *nm* cebolla; (*de tulipe etc*) bulbo; (*Méd*) juanete *m*; **ce ne sont pas tes oignons** (*fam*) no es asunto tuyo; **petits oignons** cebolletas *fpl*
oindre [wɛ̃dʀ] *vt* ungir
oiseau, x [wazo] *nm* ave *f*, pájaro; **~ de nuit** ave nocturna; **~ de proie** ave de rapiña
oiseau-lyre [wazoliʀ] (*pl* **oiseaux-lyres**) *nm* ave *f* lira
oiseau-mouche [wazomuʃ] (*pl* **oiseaux-mouches**) *nm* pájaro mosca
oiseleur [waz(ə)lœʀ] *nm* pajarero
oiselier, -ière [wazəlje, jɛʀ] *nm/f* pajarero(-a)
oisellerie [wazɛlʀi] *nf* pajarería
oiseux, -euse [wazø, øz] *adj* vano(-a)
oisif, -ive [wazif, iv] *adj* ocioso(-a) ▸ *nm/f* (*péj*) holgazán(-ana)
oisillon [wazijɔ̃] *nm* pajarillo
oisiveté [wazivte] *nf* ociosidad *f*
OIT [ɔite] *sigle f* (*= Organisation internationale du travail*) OIT *f* (*= Organización Internacional del Trabajo*)
OK [oke, okɛ] (*fam*) *excl* vale
OL *sigle fpl* (*= ondes longues*) OL *fsg* (*= onda larga*)
ola [ɔla] *nf* (*Sport*) ola
oléagineux, -euse [ɔleaʒinø, øz] *adj* oleaginoso(-a); (*liquide*) aceitoso(-a)
oléiculteur, -trice [ɔleikyltœʀ, tʀis] *nm/f* oleicultor(a)
oléiculture [ɔleikyltyʀ] *nf* oleicultura
oléoduc [ɔleɔdyk] *nm* oleoducto
olfactif, -ive [ɔlfaktif, iv] *adj* olfativo(-a)
olibrius [ɔlibʀijys] *nm* excéntrico
oligarchie [ɔligaʀʃi] *nf* oligarquía
oligo-élément [ɔligoelemɑ̃] (*pl* **oligo-éléments**) *nm* oligoelemento
oligopole [ɔligɔpɔl] *nm* oligopolio
olivâtre [ɔlivɑtʀ] *adj* aceitunado(-a)
olive [ɔliv] *nf* aceituna, oliva; (*type d'interrupteur*) oliveta ▸ *adj inv* verde oliva *inv*
oliveraie [ɔlivʀɛ] *nf* olivar *m*
olivette [ɔlivɛt] *nf* (*variété de tomate*) tomate *m* de pera
olivier [ɔlivje] *nm* olivo
olographe [ɔlɔgʀaf] *adj* : **testament ~** testamento ológrafo
OLP [ɔɛlpe] *sigle f* (*= Organisation de libération de la Palestine*) OLP *f* (*= Organización para la Liberación de Palestina*)
olympiade [ɔlɛpjad] *nf* olimpiada; **les olympiades** las olimpiadas
olympien, ne [ɔlɛ̃pjɛ̃, jɛn] *adj* olímpico(-a)
olympique [ɔlɛ̃pik] *adj* olímpico(-a); **piscine ~** piscina olímpica
OM *sigle fpl* (*= ondes moyennes*) OM *fsg* (*= onda media*)
Oman [ɔman] *n* : **le sultanat d'~** el sultanato de Omán
ombilical, e, -aux [ɔ̃bilikal, o] *adj* umbilical
ombrage [ɔ̃bʀaʒ] *nm* (*feuillage*) follaje *m*; (*ombre*) sombra; (*fig*) : **prendre ~ de qch** molestarse por algo; **faire** *ou* **porter ~ à qn** (*fig*) hacer sombra a algn
ombragé, e [ɔ̃bʀaʒe] *adj* (*coin*) con sombra; (*colline*) umbrío(-a); (*avenue*) : **être ~** tener sombra
ombrageux, -euse [ɔ̃bʀaʒø, øz] *adj* (*cheval*) espantadizo(-a); (*caractère, personne*) susceptible
ombre [ɔ̃bʀ] *nf* sombra; **il n'y a pas l'~ d'un doute** no hay la menor sombra de duda; **à l'~** (*aussi fam*) a la sombra; **à l'~ de** a la sombra de; (*fig*) al amparo de; **donner/faire de l'~** dar/hacer sombra; **dans l'~** en la sombra; **vivre dans l'~** (*fig*) vivir en la sombra; **laisser qch**

O

dans l'~ (*fig*) dejar algo en la sombra; **~ à paupières** sombra de ojos; **~ portée** sombra proyectada; **ombres chinoises** sombras *fpl* chinescas
ombrelle [ɔ̃bʀɛl] *nf* sombrilla
ombrer [ɔ̃bʀe] *vt* sombrear
OMC *sigle f* (= *Organisation mondiale du commerce*) OMC *f* (= *Organización Mundial del Comercio*)
omelette [ɔmlɛt] *nf* tortilla; **~ au fromage/aux herbes** tortilla de queso/a las hierbas; **~ baveuse/flambée** tortilla poco hecha/flambeada; **~ norvégienne** suflé *m ou* soufflé *m* helado
omerta [ɔmɛʀta] *nf* ley *f* del silencio; **briser l'~** romper la ley del silencio
omettre [ɔmɛtʀ] *vt* omitir; **~ de faire qch** omitir hacer algo
omis [ɔmi] *pp de* **omettre**
omission [ɔmisjɔ̃] *nf* omisión *f*
omni... [ɔmni] *préf* omni...
omnibus [ɔmnibys] *nm* ómnibus *m inv*
omnidirectionnel, le [ɔmnidiʀɛksjɔnɛl] *adj* omnidireccional
omnidisciplinaire [ɔmnidisiplinɛʀ] *adj* omnidisciplinar
omnipotent, e [ɔmnipɔtɑ̃, ɑ̃t] *adj* omnipotente
omnipraticien, ne [ɔmnipʀatisjɛ̃, jɛn] *nm/f* (*Méd*) médico de cabecera
omniprésent, e [ɔmnipʀezɑ̃, ɑ̃t] *adj* omnipresente
omniscient, e [ɔmnisjɑ̃, jɑ̃t] *adj* omnisciente
omnisports [ɔmnispɔʀ] *adj inv* polideportivo(-a)
omnium [ɔmnjɔm] *nm* omnium *m*
omnivore [ɔmnivɔʀ] *adj* omnívoro(-a)
omoplate [ɔmɔplat] *nf* omóplato, omoplato
OMS [ɔɛmɛs] *sigle f* (= *Organisation mondiale de la santé*) OMS *f* (= *Organización Mundial de la Salud*)

MOT-CLÉ

on [ɔ̃] *pron* **1** (*indéterminé*) : **on peut le faire ainsi** se puede hacer así
2 (*quelqu'un*) : **on frappe à la porte** llaman a la puerta; **on les a attaqués** les atacaron; **on vous demande au téléphone** le llaman por teléfono
3 (*nous*) nosotros(-as); **on va y aller demain** vamos a ir (allí) mañana
4 (*les gens*) : **autrefois, on croyait ...** antes, se creía ...; **on dit que ...** dicen que ..., se dice que ...
5 : **on ne peut plus** : **il est on ne peut plus stupide** no puede ser más estúpido

onagre [ɔnagʀ] *nf* (*plante*) onagra; **huile d'~** aceite *m* de onagra
once [ɔ̃s] *nf* : **une ~ de** una pizca de
oncle [ɔ̃kl] *nm* tío
oncologue [ɔ̃kɔlɔg] *nmf* oncólogo(-a)
onction [ɔ̃ksjɔ̃] *nf voir* **extrême-onction**
onctueux, -euse [ɔ̃ktɥø, øz] *adj* cremoso(-a)
onde [ɔ̃d] *nf* onda; **sur l'~** (*eau*) en el agua; **sur les ondes** en antena; **mettre en ondes** difundir por radio; **grandes/petites ondes** onda *fsg* larga/media; **~ de choc** onda expansiva; **~ porteuse** onda hertziana; **ondes courtes** onda *fsg* corta; **ondes moyennes** onda *fsg* media; **ondes sonores** ondas *fpl* acústicas
ondée [ɔ̃de] *nf* chaparrón *m*
on-dit [ɔ̃di] *nm inv* rumor *m*
ondoyer [ɔ̃dwaje] *vi* ondular
ondulant, e [ɔ̃dylɑ̃, ɑ̃t] *adj* (*ligne*) ondulante; (*démarche*) cimbreante
ondulation [ɔ̃dylasjɔ̃] *nf* ondulación *f*; **~ du sol** ondulación del terreno
ondulatoire [ɔ̃dylatwaʀ] *adj* ondulatorio(-a); **la mécanique ~** la mecánica ondulatoria
ondulé, e [ɔ̃dyle] *adj* ondulado(-a)
onduler [ɔ̃dyle] *vi* ondular; (*route*) serpentear
onéreux, -euse [ɔneʀø, øz] *adj* oneroso(-a); **à titre ~** (*Jur*) a título oneroso
ONG [ɔɛnʒe] *sigle f* (= *organisation non gouvernementale*) ONG *f* (= *organización no gubernamental*)
ongle [ɔ̃gl] *nm* uña; **manger ses ongles** comerse las uñas; **se ronger les ongles** morderse las uñas; **se faire les ongles** arreglarse las uñas
onglet [ɔ̃glɛ] *nm* (*rainure*) muesca; (*dans livre etc*) uñero; (*viande*) solomillo
onguent [ɔ̃gɑ̃] *nm* ungüento
onirique [ɔniʀik] *adj* onírico(-a)
onirisme [ɔniʀism] *nm* onirismo
onomatopée [ɔnɔmatɔpe] *nf* onomatopeya
ont [ɔ̃] *vb voir* **avoir**
ontarien, ne [ɔ̃taʀjɛ̃, jɛn] *adj* de Ontario
ONU [ɔny] *sigle f* (= *Organisation des Nations unies*) ONU *f* (= *Organización de las Naciones Unidas*)
onusien, ne [ɔnyzjɛ̃, jɛn] *adj* de la ONU
onyx [ɔniks] *nm* ónice *m*, ónix *m*
onze ['ɔ̃z] *adj inv, nm inv* once *m inv* ▸ *nm* (*Football*) : **le ~ tricolore** *la selección francesa de fútbol*; *voir aussi* **cinq**
onzième ['ɔ̃zjɛm] *adj, nmf* undécimo(-a) ▸ *nm* (*partitif*) onceavo; *voir aussi* **cinquième**
op [ɔp] *abr* = **opération**
OPA [ɔpea] *sigle f* (= *offre publique d'achat*) OPA *f* (= *oferta pública de adquisición*); **~ hostile** OPA hostil
opacifier [ɔpasifje] *vt* volver opaco(-a)
opacité [ɔpasite] *nf* opacidad *f*
opale [ɔpal] *nf* ópalo
opalescent, e [ɔpalesɑ̃, ɑ̃t] *adj* opalescente
opalin, e [ɔpalɛ̃, in] *adj* opalino(-a)
opaline [ɔpalin] *nf* opalina
opaque [ɔpak] *adj* opaco(-a); (*brouillard*) denso(-a); (*nuit*) oscuro(-a); (*fig*) : **des pratiques opaques** prácticas opacas; **~ à** opaco(-a) a

OPE [ɔpeə] *sigle f* = **offre publique d'échange**
OPEP [ɔpɛp] *sigle f* (= *Organisation des pays exportateurs de pétrole*) OPEP *f* (= *Organización de Países Exportadores de Petróleo*)
opéra [ɔpeʀa] *nm* ópera
opérable [ɔpeʀabl] *adj* operable
opéra-comique [ɔpeʀakɔmik] (*pl* **opéras-comiques**) *nm* ópera cómica
opérant, e [ɔpeʀɑ̃, ɑ̃t] *adj* operativo(-a)
opérateur, -trice [ɔpeʀatœʀ, tʀis] *nm/f* operador(a); **les opérateurs de téléphonie mobile** los operadores de telefonía móvil; **~ de prise de vues** operador(a) de cámara
opération [ɔpeʀasjɔ̃] *nf* operación *f*; **salle d'~** quirófano; **table d'~** mesa de operaciones; **~ à cœur ouvert** operación a corazón abierto; **~ de sauvetage** maniobra de salvamento; **~ publicitaire** campaña publicitaria
opérationnel, le [ɔpeʀasjɔnɛl] *adj* en funcionamiento; (*Mil*) operacional; **recherche opérationnelle** (*Écon*) investigación *f* operativa
opératoire [ɔpeʀatwaʀ] *adj* operatorio(-a); (*choc*) postoperatorio(-a); **bloc ~** quirófano
opéré, e [ɔpeʀe] *adj, nm/f* operado(-a); **grand ~** operado de gravedad
opérer [ɔpeʀe] *vt* operar; (*faire, exécuter*) realizar; **~ qn des amygdales/du cœur** operar a algn de las anginas/del corazón ▶ *vi* (*agir*) hacer efecto; (*Méd*) operar; **s'opérer** *vpr* realizarse; **se faire ~** operarse
opérette [ɔpeʀɛt] *nf* opereta
ophtalmique [ɔftalmik] *adj* oftálmico(-a)
ophtalmo [ɔftalmo] (*fam*) *nmf* oftalmólogo(-a)
ophtalmologie [ɔftalmɔlɔʒi] *nf* oftalmología
ophtalmologique [ɔftalmɔlɔʒik] *adj* oftalmológico(-a)
ophtalmologue [ɔftalmɔlɔg] *nmf* oftalmólogo(-a)
opiacé, e [ɔpjase] *adj* opiáceo(-a)
opiner [ɔpine] *vi* : **~ de la tête** asentir con la cabeza; **~ à** asentir a
opiniâtre [ɔpinjɑtʀ] *adj* empecinado(-a); (*résistance*) tenaz
opiniâtreté [ɔpinjɑtʀəte] *nf* tenacidad *f*; (*caractère*) empecinamiento
opinion [ɔpinjɔ̃] *nf* opinión *f*; (*point de vue*) posición *f*; **avoir (une) bonne/mauvaise ~ de** tener buena/mala opinión de; **l'~ américaine/ouvrière** la posición americana/obrera; **l'~ (publique)** la opinión pública; **opinions** *nfpl* convicciones *fpl*, ideas *fpl*
opiomane [ɔpjɔman] *nmf* opiómano(-a)
opium [ɔpjɔm] *nm* opio
opportun, e [ɔpɔʀtœ̃, yn] *adj* oportuno(-a); **en temps ~** en el momento oportuno
opportunément [ɔpɔʀtynemɑ̃] *adv* oportunamente
opportunisme [ɔpɔʀtynism] *nm* oportunismo
opportuniste [ɔpɔʀtynist] *adj, nmf* oportunista *mf*
opportunité [ɔpɔʀtynite] *nf* oportunidad *f*
opposant, e [ɔpozɑ̃, ɑ̃t] *adj* opositor(a) ▶ *nm/f* opositor(a); **opposants** *nmpl* opositores *mpl*
opposé, e [ɔpoze] *adj* opuesto(-a); **être ~ à** ser opuesto(-a) a ▶ *nm* : **l'~** (*contraire*) lo opuesto; **il est tout l'~ de son frère** es todo lo contrario de su hermano; **à l'~** (*direction*) en dirección contraria; (*fig*) al contrario; **à l'~ de** al otro lado de; (*fig*) totalmente opuesto(-a) a; (*contrairement à*) al contrario de
opposer [ɔpoze] *vt* (*résistance*) oponer; (*suj : conflit*) dividir; (*meubles, objets*) colocar enfrente; (*personnes etc*) enfrentar; (*couleurs*) contrastar; (*rapprocher, comparer*) contrastar; **~ qch à** (*comme obstacle, défense*) interponer algo en; (*comme objection*) objetar algo contra; (*en contraste*) poner algo frente a; **s'opposer** *vpr* oponerse; **s'~ à** oponerse a; (*tenir tête*) enfrentarse a; **sa religion s'y oppose** su religión se lo impide; **s'~ à ce que qn fasse** oponerse a que algn haga
opposition [ɔpozisjɔ̃] *nf* oposición *f*; (*entre deux personnes etc*) enfrentamiento; (*contraste*) contraste *m*; **par ~** por oposición; **par ~ à** a diferencia de; **entrer en ~ avec qn** entrar en conflicto con algn; **être en ~ avec** estar en contra de; **faire ~ à un chèque** bloquear un cheque
oppressant, e [ɔpʀesɑ̃, ɑ̃t] *adj* agobiante
oppresser [ɔpʀese] *vt* oprimir; (*suj : chaleur*) agobiar; **se sentir oppressé** sentirse oprimido
oppresseur [ɔpʀesœʀ] *nm* opresor(a)
oppressif, -ive [ɔpʀesif, iv] *adj* opresivo(-a)
oppression [ɔpʀesjɔ̃] *nf* opresión *f*; (*physique*) agobio
opprimé, e [ɔpʀime] *adj* oprimido(-a)
opprimer [ɔpʀime] *vt* oprimir; (*la liberté etc*) reprimir
opprobre [ɔpʀɔbʀ] *nm* oprobio
opter [ɔpte] *vi* : **~ pour/entre** optar por/entre
opticien, ne [ɔptisjɛ̃, jɛn] *nm/f* óptico(-a)
optimal, e, -aux [ɔptimal, o] *adj* óptimo(-a)
optimisation [ɔptimizasjɔ̃] *nf* optimización *f*
optimiser [ɔptimize] *vt* optimizar
optimisme [ɔptimism] *nm* optimismo
optimiste [ɔptimist] *adj, nmf* optimista *mf*
optimum [ɔptimɔm] *nm* óptimo ▶ *adj* óptimo(-a)
option [ɔpsjɔ̃] *nf* (*aussi Comm, Auto, Jur*) opción *f*; (*Scol*) optativa; **matière/texte à ~** (*Scol*) asignatura optativa/texto optativo; **prendre une ~ sur** (*Jur*) tomar opción por; **~ par défaut** (*Inform*) opción por defecto

O

optionnel, le [ɔpsjɔnɛl] *adj* (*matière, branche*) optativo(-a); (*Auto etc*) opcional
optique [ɔptik] *adj* óptico(-a) ▸ *nf* óptica; (*fig*) enfoque *m*; **dans l'~ de faire qch** con el fin de hacer algo
opulence [ɔpylɑ̃s] *nf* opulencia
opulent, e [ɔpylɑ̃, ɑ̃t] *adj* opulento(-a); (*formes, poitrine*) exuberante
opuscule [ɔpyskyl] *nm* opúsculo
or [ɔʀ] *nm* oro; **d'or** (*fig*) de oro; **en or** (*aussi fig*) de oro; **un mari/enfant en or** un marido/hijo de oro; **une affaire en or** un negocio magnífico; (*objet*) una ganga; **plaqué or** chapado en oro; **or blanc/jaune** oro blanco/amarillo; **or noir** oro negro ▸ *conj* ahora bien
oracle [ɔʀɑkl] *nm* oráculo; (*personne*) profeta *m*
orage [ɔʀaʒ] *nm* (*aussi fig*) tormenta
orageux, -euse [ɔʀaʒø, øz] *adj* (*aussi fig*) tormentoso(-a); (*chaleur*) bochornoso(-a)
oraison [ɔʀɛzɔ̃] *nf* oración *f*; **~ funèbre** oración fúnebre
oral, e, -aux [ɔʀal, o] *adj* oral; **par voie orale** (*Méd*) por vía oral ▸ *nm* (*Scol*) oral *m*
oralement [ɔʀalmɑ̃] *adv* oralmente
oralité [ɔʀalite] *nf* oralidad *f*
orange [ɔʀɑ̃ʒ] *nf* naranja; **~ amère** naranja amarga; **~ pressée** zumo de naranja natural; **~ sanguine** naranja sanguina *ou* agria ▸ *adj inv* naranja *inv* ▸ *nm* (*couleur*) naranja *m*
orangé, e [ɔʀɑ̃ʒe] *adj* anaranjado(-a), naranja *inv*
orangeade [ɔʀɑ̃ʒad] *nf* naranjada
oranger [ɔʀɑ̃ʒe] *nm* naranjo
orangeraie [ɔʀɑ̃ʒʀɛ] *nf* naranjal *m*
orangerie [ɔʀɑ̃ʒʀi] *nf* invernadero de naranjos
orang-outan (*pl* **orangs-outans**), **orang-outang** (*pl* **orangs-outangs**) [ɔʀɑ̃utɑ̃] *nm* orangután *m*
orateur, -trice [ɔʀatœʀ, tʀis] *nm/f* orador(a)
oratoire [ɔʀatwaʀ] *nm* oratorio ▸ *adj* oratorio(-a)
oratorio [ɔʀatɔʀjo] *nm* oratorio
orbital, e, -aux [ɔʀbital, o] *adj* orbital; **station orbitale** estación *f* orbital
orbite [ɔʀbit] *nf* (*Anat, Phys*) órbita; **placer/mettre un satellite sur** *ou* **en ~** poner/situar un satélite en órbita; **dans l'~ de** (*fig*) en la órbita de; **mettre sur ~** (*fig*) poner en órbita
orbiter [ɔʀbite] *vi* : **~ autour** orbitar alrededor de
orchestral, e, -aux [ɔʀkɛstʀal, o] *adj* orquestal
orchestrateur, -trice [ɔʀkɛstʀatœʀ, tʀis] *nm/f* orquestador(a)
orchestration [ɔʀkɛstʀasjɔ̃] *nf* orquestación *f*; (*adaptation*) orquestación, adaptación *f*
orchestre [ɔʀkɛstʀ] *nm* orquesta; (*de jazz, danse*) orquesta, grupo; (*Théâtre, Ciné : places*) patio de butacas; (*: spectateurs*) platea
orchestrer [ɔʀkɛstʀe] *vt* orquestar; (*fig*) orquestar, organizar
orchidée [ɔʀkide] *nf* orquídea
ordi [ɔʀdi] (*fam*) *nm* ordenata *m* (*fam*)
ordinaire [ɔʀdinɛʀ] *adj* ordinario(-a); (*coutumier, de tous les jours*) corriente ▸ *nm* : **l'~** lo corriente; **intelligence au-dessus de l'~** inteligencia por debajo de lo normal; **d'~** por lo general, corrientemente; **à l'~** de costumbre; **sortir de l'~** salirse de lo corriente ▸ *nf* (*essence*) normal *f*
ordinairement [ɔʀdinɛʀmɑ̃] *adv* corrientemente
ordinal, e, -aux [ɔʀdinal, o] *adj* : **adjectif/nombre ~** adjetivo/número ordinal
ordinateur [ɔʀdinatœʀ] *nm* ordenador *m*, computadora *f* (*surtout* Aᴍ); **~ individuel** *ou* **personnel** ordenador *ou* computadora personal; **~ portable** ordenador *ou* computadora portátil
ordination [ɔʀdinasjɔ̃] *nf* ordenación *f*
ordonnance [ɔʀdɔnɑ̃s] *nf* (*Méd*) receta; (*groupement*) disposición *f*; (*décret*) mandamiento judicial, mandato; (*Mil*) ordenanza, reglamento; **d'~** (*arme*) reglamentario(-a); **officier d'~** ayudante *m* de campo; **~ de non-lieu** (*Jur*) auto de sobreseimiento
ordonnancement [ɔʀdɔnɑ̃smɑ̃] *nm* (*agencement*) disposición *f*; (*Tech : de production, tâches*) planificación *f*; (*Inform : de paquets*) ordenamiento
ordonnancer [ɔʀdɔnɑ̃se] *vt* (*agencer*) disponer; (*Tech : production, tâches*) planificar; (*Inform : paquets*) ordenar
ordonnateur, -trice [ɔʀdɔnatœʀ, tʀis] *nm/f* (*d'une cérémonie, fête*) ordenador(a), maestro(-a) de ceremonias; **~ des pompes funèbres** director *m* de pompas fúnebres
ordonné, e [ɔʀdɔne] *adj* ordenado(-a)
ordonnée [ɔʀdɔne] *nf* (*Math*) ordenada
ordonner [ɔʀdɔne] *vt* ordenar, arreglar; (*Rel, Math*) ordenar; **~ à qn de faire** ordenar *ou* mandar a algn que haga; **~ le huis clos** (*Jur*) ordenar que la audiencia sea a puerta cerrada; **~ de** (*+ infinitif*) ordenar (*+ subjuntivo*); **s'ordonner** *vpr* ordenarse
ordre [ɔʀdʀ] *nm* orden *m*; (*directive, Rel*) orden *f*; (*association professionnelle*) colegio; **mettre en ~** poner en orden; **avoir de l'~** tener orden, ser ordenado(-a); **procéder par ~** proceder ordenadamente *ou* por orden; **par ~ d'entrée en scène** por orden de aparición; **mettre bon ~ à** poner orden en; **rentrer dans l'~** volver a la normalidad; **je n'ai pas d'~ à recevoir de vous** usted no tiene que darme ninguna orden; **être aux ordres de qn/sous les ordres de qn** estar a las órdenes de algn; **jusqu'à nouvel ~** hasta nuevo aviso; **rappeler qn à l'~** llamar a algn

al orden; **donner (à qn) l'~ de** dar (a algn) la orden de; **payer à l'~ de** (*Comm*) pagar a la orden de; **dans le même ~/un autre ~ d'idées** en el mismo orden/en otro orden de cosas; **d'~ pratique** de orden *ou* tipo práctico; **de premier/second ~** de primer/segundo orden; **à l'~ du jour** (*fig*) al orden del día; **~ de grandeur** orden de tamaño; **~ de grève** convocatoria de huelga; **~ de mission** (*Mil*) orden de misión; **~ de route** orden de destino; **~ du jour** orden del día; **~ public** orden público; **ordres** *nmpl* (*Rel*) : **être/entrer dans les ordres** pertenecer/entrar en las órdenes

ordure [ɔʀdyʀ] *nf* basura; (*propos*) grosería, indecencia; **ordures** *nfpl* basura *fsg*; **ordures ménagères** basura

ordurier, -ière [ɔʀdyʀje, jɛʀ] *adj* grosero(-a), indecente

orée [ɔʀe] *nf* : **à l'~ de** (*bois*) en la linde de

oreille [ɔʀɛj] *nf* oreja; (*ouïe*) oído; **avoir de l'~** tener oído; **avoir l'~ fine** tener buen oído; **l'~ basse** con las orejas gachas; **se faire tirer l'~** hacerse de rogar; **parler/dire qch à l'~ de qn** hablar/decir algo al oído de algn

oreiller [ɔʀeje] *nm* almohada

oreillette [ɔʀɛjɛt] *nf* (*Anat*) aurícula; (*vêtement*) orejera

oreillons [ɔʀɛjɔ̃] *nmpl* paperas *fpl*

ores [ɔʀ] : **d'~ et déjà** *adv* desde ahora, de aquí en adelante

orfèvre [ɔʀfɛvʀ] *nmf* orfebre *mf*; **être ~ en la matière** (*fig*) ser ducho(-a) en la materia

orfèvrerie [ɔʀfɛvʀəʀi] *nf* orfebrería

orfraie [ɔʀfʀɛ] *nm* quebrantahuesos *m inv*; **pousser des cris d'~** gritar como un(a) descosido(-a)

organe [ɔʀgan] *nm* órgano; (*véhicule, instrument*) vehículo; (*voix*) voz *f*; (*représentant*) órgano, portavoz *m*; **organes de transmission** (*Tech*) órganos de transmisión

organigramme [ɔʀganigʀam] *nm* organigrama *m*

organique [ɔʀganik] *adj* orgánico(-a)

organisateur, -trice [ɔʀganizatœʀ, tʀis] *nm/f* organizador(a)

organisateur-conseil [ɔrganizatœʀkɔ̃sɛj] (*pl* **organisateurs-conseils**) *nm* (*Comm*) organizador *m* asesor

organisation [ɔʀganizasjɔ̃] *nf* organización *f*; **O~ des Nations unies** Organización de las Naciones Unidas; **O~ du traité de l'Atlantique Nord** Organización del tratado del Atlántico Norte; **O~ mondiale de la santé** Organización mundial de la salud; **~ scientifique du travail** organización científica del trabajo

organisationnel, le [ɔʀganizasjɔnɛl] *adj* organizativo(-a)

organisé, e [ɔʀganize] *adj* organizado(-a)

organiser [ɔʀganize] *vt* organizar; (*mettre sur pied*) organizar, preparar; **s'organiser** *vpr* (*personne*) organizarse; (*choses*) arreglarse, ordenarse

organisme [ɔʀganism] *nm* organismo; (*association*) organismo, organización *f*

organiste [ɔʀganist] *nmf* organista *mf*

orgasme [ɔʀgasm] *nm* orgasmo

orge [ɔʀʒ] *nf* cebada

orgeat [ɔʀʒa] *nm* : **sirop d'~** ≈ horchata

orgelet [ɔʀʒəlɛ] *nm* orzuelo

orgie [ɔʀʒi] *nf* orgía; **une ~ de** (*surabondance*) una orgía de

orgue [ɔʀg] *nm* (*Mus*) órgano; **~ de Barbarie** organillo; **~ électrique** *ou* **électronique** órgano electrónico; **orgues** *nfpl* (*Géo*) basaltos *mpl* prismáticos

orgueil [ɔʀgœj] *nm* orgullo, soberbia; **l'~ de** el orgullo de

orgueilleux, -euse [ɔʀgøjø, øz] *adj* orgulloso(-a)

orient [ɔʀjɑ̃] *nm* oriente *m*; **l'~** (el) Oriente

orientable [ɔʀjɑ̃tabl] *adj* orientable

oriental, e, -aux [ɔʀjɑ̃tal, o] *adj, nm/f* oriental *mf*

orientation [ɔʀjɑ̃tasjɔ̃] *nf* orientación *f*; **avoir le sens de l'~** tener sentido de la orientación; **~ professionnelle** orientación profesional

orienté, e [ɔʀjɑ̃te] *adj* (*article, journal*) orientado(-a); **bien/mal ~** (*appartement*) bien/mal orientado(-a); **~ au sud** orientado(-a) al sur

orienter [ɔʀjɑ̃te] *vt* (*situer*) orientar, situar; (*placer : pièce mobile*) colocar, poner; (*tourner*) dirigir; (*voyageur*) orientar, dirigir; **s'orienter** *vpr* orientarse; **s'~ vers** (*recherches*) orientarse *ou* dirigirse hacia

orienteur, -euse [ɔʀjɑ̃tœʀ, øz] *nm/f* (*Scol*) orientador(a)

orifice [ɔʀifis] *nm* orificio

oriflamme [ɔʀiflɑm] *nf* oriflama

origan [ɔʀigɑ̃] *nm* orégano

originaire [ɔʀiʒinɛʀ] *adj* originario(-a); **être ~ de** ser originario(-a) *ou* natural de

original, e, -aux [ɔʀiʒinal, o] *adj* original; (*bizarre, curieux*) original, extravagante ▸ *nm/f* (*excentrique*) excéntrico(-a), extravagante *mf*; (*fantaisiste*) extravagante ▸ *nm* (*document*) original *m*

originalité [ɔʀiʒinalite] *nf* originalidad *f*; (*d'un nouveau modèle*) originalidad, singularidad *f*; (*excentricité*) extravagancia

origine [ɔʀiʒin] *nf* origen *m*; (*d'une idée*) origen, procedencia; **d'~** (*nationalité*) de origen, natural de; (*pneus etc*) de origen; (*bureau postal*) de procedencia; **dès l'~** desde el principio; **à l'~ (de)** al principio (de); **avoir son ~ dans qch** tener su origen en algo;

O

origines *nfpl* (*d'une personne*) orígenes *mpl*; (*commencements*) : **les origines de la vie** los orígenes de la vida
originel, le [ɔʀiʒinɛl] *adj* original
originellement [ɔʀiʒinɛlmɑ̃] *adv* (*à l'origine*) originariamente; (*dès l'origine*) desde el principio
oripeaux [ɔʀipo] *nmpl* oropeles *mpl*
ORL [ɔɛʀɛl] *sigle f* (= *oto-rhino-laryngologie*) otorrinolaringología ▸ *sigle mf* (= *oto-rhino-laryngologiste*) otorrinolaringólogo(-a)
orme [ɔʀm] *nm* olmo
orné, e [ɔʀne] *adj* adornado(-a); **~ de** adornado(-a) con
ornement [ɔʀnəmɑ̃] *nm* adorno; (*garniture*) ornamento; (*fig*) ornato, ornamento; **ornements** *nmpl* : **ornements sacerdotaux** ornamentos *mpl* sacerdotales
ornemental, e, -aux [ɔʀnəmɑ̃tal, o] *adj* ornamental
ornementer [ɔʀnəmɑ̃te] *vt* ornamentar, adornar
orner [ɔʀne] *vt* adornar; **~ qch de** adornar algo con
ornière [ɔʀnjɛʀ] *nf* carril *m*; (*fig*) atolladero; **sortir de l'~** (*fig*) salir del atolladero
ornithologie [ɔʀnitɔlɔʒi] *nf* ornitología
ornithologique [ɔʀnitɔlɔʒik] *nf* ornitológico(-a)
ornithologue [ɔʀnitɔlɔg] *nmf* ornitólogo(-a)
orphelin, e [ɔʀfəlɛ̃, in] *adj, nm/f* huérfano(-a); **~ de mère/de père** huérfano(-a) de madre/de padre
orphelinat [ɔʀfəlina] *nm* orfanato
ORSEC [ɔʀsɛk] *sigle f* = **Organisation des secours**; **le plan ~** *plan de emergencia nacional*
ORSECRAD [ɔʀsɛkʀad] *sigle m* (= *ORSEC en cas d'accident nucléaire*) *plan de emergencia nacional en caso de accidente nuclear*
orteil [ɔʀtɛj] *nm* dedo del pie; **gros ~** dedo gordo del pie
ORTF [ɔɛʀteɛf] *sigle m* = **Office de radio-diffusion télévision française**
orthodontiste [ɔʀtodɔ̃tist] *nmf* ortodoncista *mf*
orthodoxe [ɔʀtɔdɔks] *adj* ortodoxo(-a)
orthodoxie [ɔʀtɔdɔksi] *nf* ortodoxia
orthogonal, e, -aux [ɔʀtɔgɔnal, o] *adj* ortogonal
orthographe [ɔʀtɔgʀaf] *nf* ortografía
orthographier [ɔʀtɔgʀafje] *vt* ortografiar; **mal orthographié** mal ortografiado
orthopédie [ɔʀtɔpedi] *nf* ortopedia
orthopédique [ɔʀtɔpedik] *adj* ortopédico(-a)
orthopédiste [ɔʀtɔpedist] *nmf* ortopedista *mf*, ortopeda *mf*
orthophonie [ɔʀtɔfɔni] *nf* ortofonía, logopedia
orthophoniste [ɔʀtɔfɔnist] *nmf* ortofonista *mf*, logopeda *mf*
ortie [ɔʀti] *nf* ortiga
OS [oɛs] *sigle m* (= *ouvrier spécialisé*) *voir* **ouvrier**
os [ɔs] *nm* hueso; (*problème : fam*) problema *m*; **os à moelle** hueso de cañada; **os de seiche** jibión *m*
oscar [ɔskaʀ] *nm* óscar *m*; **~ de la chanson/de la publicité** óscar de la canción/de la publicidad
oscillation [ɔsilasjɔ̃] *nf* oscilación *f*; **oscillations** *nfpl* (*fluctuation*) oscilaciones *fpl*
osciller [ɔsile] *vi* oscilar; (*au vent etc*) oscilar, balancearse; **~ entre** (*hésiter*) vacilar *ou* dudar entre
osé, e [oze] *adj* (*tentative*) osado(-a); (*plaisanterie*) atrevido(-a)
oseille [ozɛj] *nf* (*Bot*) acedera; (*fam : argent*) pasta (*fam*), parné *m* (*fam*)
oser [oze] *vt* osar, atreverse a; **~ faire qch** atreverse a hacer algo ▸ *vi* atreverse; **je n'ose pas** no me atrevo
osier [ozje] *nm* mimbre *m*; **d'~, en ~** de mimbre
Oslo [ɔslo] *n* Oslo
osmose [ɔsmoz] *nf* ósmosis *fsg*
ossature [ɔsatyʀ] *nf* (*squelette*) esqueleto, osamenta; (*du visage*) esqueleto; (*Archit*) armazón *f*; (*d'une société*) esqueleto, estructura; (*d'un discours*) estructura
osselet [ɔslɛ] *nm* (*Anat*) huesecillo; **jouer aux osselets** jugar a las tabas
ossements [ɔsmɑ̃] *nmpl* osamenta *fsg*, huesos *mpl*
osseux, -euse [ɔsø, øz] *adj* óseo(-a); (*charpente, carapace*) de hueso, huesoso(-a); (*main, visage*) huesudo(-a)
ossifier [ɔsifje] : **s'ossifier** *vpr* osificarse
ossuaire [ɔsɥɛʀ] *nm* osario
Ostende [ɔstɑ̃d] *n* Ostende
ostensible [ɔstɑ̃sibl] *adj* ostensible
ostensiblement [ɔstɑ̃sibləmɑ̃] *adv* ostensiblemente
ostensoir [ɔstɑ̃swaʀ] *nm* custodia
ostentation [ɔstɑ̃tasjɔ̃] *nf* ostentación *f*; **faire ~ de qch** hacer ostentación de algo
ostentatoire [ɔstɑ̃tatwaʀ] *adj* ostentoso(-a)
ostraciser [ɔstʀasize] *vt* condenar al ostracismo
ostracisme [ɔstʀasism] *nm* ostracismo; **frapper qch/qn d'~** castigar algo/a algn al ostracismo
ostréicole [ɔstʀeikɔl] *adj* ostrícola
ostréiculteur, -trice [ɔstʀeikyltœʀ, tʀis] *nm/f* ostricultor(a)
ostréiculture [ɔstʀeikyltyʀ] *nf* ostricultura
otage [ɔtaʒ] *nm* rehén *m*; **prendre qn en ~** tomar *ou* coger a algn como rehén
OTAN [ɔtɑ̃] *sigle f* (= *Organisation du traité de l'Atlantique Nord*) OTAN *f* (= *Organización del Tratado del Atlántico Norte*)
otarie [ɔtaʀi] *nf* león *m* marino, otaria

ôter [ote] *vt* quitar; (*soustraire*) quitar, restar; **~ qch de** quitar algo de; **~ qch à qn** quitar algo a algn; **6 ôté de 10 égale 4** 10 menos 6 igual a 4
otite [ɔtit] *nf* otitis *f inv*
oto-rhino [ɔtoʀino] (*pl* **oto-rhinos**) *nmf* otorrinolaringólogo(-a)
oto-rhino-laryngologie [ɔtoʀinolaʀɛ̃gɔlɔʒi] *nf* otorrinolaringología
oto-rhino-laryngologiste [ɔtoʀinolaʀɛ̃gɔlɔʒist(ə)] (*pl* **oto-rhino-laryngologistes**) *nmf* otorrinolaringólogo(-a)
ottomane [ɔtɔman] *nf* otomana
ou [u] *conj* o, u; **l'un ou l'autre** uno u otro, el uno o el otro; **ou ... ou** o ... o; **ou bien** o bien

MOT-CLÉ

où [u] *pron relatif* **1** (*lieu*) donde, en que; **la chambre où il était** la habitación en que *ou* donde estaba; **le village d'où je viens** el pueblo de donde vengo; **les villes par où il est passé** las ciudades por donde pasó
2 (*direction*) adonde; **la ville où je me rends** la ciudad adonde me dirijo
3 (*temps, état*) (en) que; **le jour où il est parti** el día (en) que se marchó; **au prix où c'est** al precio que está
▸ *adv* **1** (*interrogatif*) ¿dónde?; **où est-il ?** ¿dónde está?; **par où ?** ¿por dónde?; **d'où vient que ... ?** ¿cómo es que ...?
2 (*direction*) (a)dónde; **où va-t-il ?** ¿(a)dónde va?
3 (*relatif*) donde; **je sais où il est** sé donde está; **où que l'on aille** vayamos donde vayamos, dondequiera que vayamos

OUA [ɔya] *sigle f* (= *Organisation de l'unité africaine*) OUA *f* (= *Organización para la Unidad Africana*)
ouah ['wa] *excl* (*de chien*) ¡guau!; (*fam : admiratif*) ¡guau! (*fam*)
ouais ['wɛ] *excl* sí, ya
ouate ['wat] *nf* (*bourre*) algodón *m*, guata; (*coton*) : **tampon d'~** tapón *m* de algodón; **~ hydrophile/de cellulose** algodón hidrófilo/de celulosa
ouaté, e ['wate] *adj* (*doublé*) enguatado(-a); (*atmosphère*) acogedor(a); (*bruit*) amortiguado(-a)
ouater ['wate] *vt* enguatar
ouatine [watin] *nf* forro algodonado
oubli [ubli] *nm* olvido; **l'~** (*absence de souvenirs*) el olvido; **tomber dans l'~** caer en el olvido
oublier [ublije] *vt* olvidar; (*ne pas mettre*) olvidar, omitir; (*famille*) descuidar; (*responsabilités*) descuidar, olvidar; **~ que/de faire qch** olvidar que/hacer algo; **~ l'heure** olvidar la hora; **s'oublier** *vpr* olvidarse; (*euph*) orinarse, mearse
oubliettes [ublijɛt] *nfpl* mazmorra *fsg*; **(jeter) aux ~** (*fig*) (dejar) en el olvido
oublieux, -euse [ublijø, ijøz] *adj* olvidadizo(-a); **être ~ de** olvidarse fácilmente de
oued [wɛd] *nm corriente de agua en el desierto*
ouest [wɛst] *nm* oeste *m*; **l'O~** (*région, Pol*) el Oeste; **à l'~ (de)** al oeste (de); **vent d'~** viento del oeste ▸ *adj inv* oeste
ouf ['uf] *excl* ¡uf!
Ouganda [ugɑ̃da] *nm* Uganda
ougandais, e [ugɑ̃dɛ, ɛz] *adj* ugandés(-esa) ▸ *nm/f* : **Ougandais, e** ugandés(-esa)
oui ['wi] *adv* sí; **répondre ~** responder que sí; **mais ~, bien sûr** pues claro que sí, naturalmente; **je suis sûr que ~** estoy seguro que sí; **je pense que ~** creo que sí; **pour un ~ ou pour un non** por un quítame allá esas pajas
ouï-dire ['widiʀ] *nm inv* : **par ~** de oídas
ouïe [wi] *nf* oído; **ouïes** *nfpl* (*de poisson*) agallas *fpl*; (*d'un violon*) eses *fpl*
ouïr [wiʀ] *vt* : **avoir ouï dire que** haber oído el rumor de que
ouistiti ['wistiti] *nm* tití *m*
oukase [ukaz] *nm* (*Hist*) ucase *m*; (*fig : décision arbitraire*) imposición *f*
ouléma [ulema] *nm* = **uléma**
ouragan [uʀagɑ̃] *nm* huracán *m*
Oural [uʀal] *n* : **l'~** (*fleuve*) el Ural; (*aussi* : **les monts Oural**) los (montes) Urales
ourdir [uʀdiʀ] *vt* urdir, tramar
ourdou [uʀdu] *nm* urdu *m*
ourlé, e [uʀle] *adj* (*couture*) con dobladillo; (*oreille*) replegado(-a)
ourler [uʀle] *vt* dobladillar
ourlet [uʀlɛ] *nm* (*Couture*) dobladillo; (*de l'oreille*) repliegue *m*; **faire un ~ à** hacer un dobladillo a; **faux ~** (*Couture*) falso dobladillo
ours [uʀs] *nm* oso; (*homme insociable*) oso, cardo; **~ blanc/brun** oso blanco/pardo; **~ en peluche** oso de peluche; **~ mal léché** oso, hurón *m*; **~ marin** oso marino
ourse [uʀs] *nf* osa; **la Grande/Petite O~** (*Astron*) la Osa Mayor/Menor
oursin [uʀsɛ̃] *nm* erizo de mar
ourson [uʀsɔ̃] *nm* osezno(-a)
ouste [ust] *excl* ¡fuera!, ¡largo de aquí!
outil [uti] *nm* herramienta; **~ de travail** herramienta de trabajo
outillage [utijaʒ] *nm* herramienta, maquinaria; (*d'atelier*) herramienta
outiller [utije] *vt* equipar de herramienta *ou* de maquinaria
outrage [utʀaʒ] *nm* ultraje *m*; **faire subir les derniers outrages à** (*femme*) someter a los peores ultrajes a; **~ à la pudeur** (*Jur*) ultraje al pudor; **~ à magistrat** (*Jur*) ultraje *ou* injurias *fpl* a un magistrado; **~ aux bonnes mœurs** (*Jur*) ultraje a las buenas costumbres

O

outragé, e [utʀaʒe] *adj* ultrajado(-a)
outrageant, e [utʀaʒɑ̃, ɑ̃t] *adj* ultrajante
outrager [utʀaʒe] *vt* ultrajar; **~ les bonnes mœurs/le bon sens** (*fig*) atentar contra las buenas costumbres/el buen sentido
outrageusement [utʀaʒøzmɑ̃] *adv* ultrajosamente
outrance [utʀɑ̃s] *nf* exageración *f*, exceso; **à ~** a ultranza
outrancier, -ière [utʀɑ̃sje, jɛʀ] *adj* exagerado(-a)
outre [utʀ] *nf* odre *m* ▸ *prép* además de; **~ que** además de que; **~ mesure** sin medida, desmesuradamente ▸ *adv* : **passer ~ (à)** hacer caso omiso (a); **en ~** además, por añadidura
outré, e [utʀe] *adj* (*flatterie*) exagerado(-a); (*indigné*) indignado(-a)
outre-Atlantique [utʀatlɑ̃tik] *adv* al otro lado del Atlántico
outrecuidance [utʀəkɥidɑ̃s] *nf* (*fatuité*) presunción *f*, vanidad *f*; (*audace*) desfachatez *f*
outrecuidant, e [utʀəkɥidɑ̃, ɑ̃t] *adj* presuntuoso(-a), petulante
outre-Manche [utʀəmɑ̃ʃ] *adv* al otro lado del Canal de la Mancha, en Inglaterra; **d'~** del otro lado del Canal de la Mancha, de Inglaterra
outremer [utʀəmɛʀ] *adj* : **bleu/ciel ~** azul/cielo de ultramar
outre-mer [utʀəmɛʀ] *adv* ultramar; **d'~** de ultramar, ultramarino(-a)
outrepasser [utʀəpɑse] *vt* sobrepasar, extralimitarse en
outrer [utʀe] *vt* exagerar; (*indigner*) indignar
outre-Rhin [utʀəʀɛ̃] *adv* al otro lado del Rin, en Alemania; **d'~** del otro lado del Rin, de Alemania
outsider [autsajdœʀ] *nm* : **c'est un ~** (*cheval, personne*) no es el favorito
ouvert, e [uvɛʀ, ɛʀt] *pp de* **ouvrir** ▸ *adj* (*aussi fig*) abierto(-a); (*accueillant : milieu*) abierto(-a), acogedor(-a), hospitalario(-a); **à bras ouverts** con los brazos abiertos; **à cœur ~** (*fig*) con el corazón en la mano; **à livre ~** como un libro abierto; (*traduire*) de corrido
ouvertement [uvɛʀtəmɑ̃] *adv* (*agir, dire*) abiertamente
ouverture [uvɛʀtyʀ] *nf* apertura; (*orifice, Mus*) obertura; **l'~** (*Pol*) la apertura; **~ (du diaphragme)** (*Photo*) abertura (del diafragma); **heures/jours d'~** (*Comm*) horas *fpl*/días *mpl* de apertura; **~ d'esprit** apertura de ideas, amplitud *f* de ideas; **ouvertures** *nfpl* (*offres*) propuestas *fpl*
ouvrable [uvʀabl] *adj* : **jour ~** día *m* laborable; **heures ouvrables** horas *fpl* laborables
ouvrage [uvʀaʒ] *nm* obra; (*Mil*) *elemento autónomo de una línea fortificada*; **panier** *ou* **corbeille à ~** cesta de costura; **~ à l'aiguille** labor *f* de aguja; **~ d'art** (*Génie Civil*) obra de ingeniería
ouvragé, e [uvʀaʒe] *adj* labrado(-a), bordado(-a)
ouvrant, e [uvʀɑ̃, ɑ̃t] *vb voir* **ouvrir** ▸ *adj* : **toit ~** (*Auto*) techo corredizo *ou* solar
ouvré, e [uvʀe] *adj* (*Tech*) labrado(-a); (*Admin*) : **jour ~** día *m* laborable
ouvre-boîte [uvʀəbwat] (*pl* **ouvre-boîtes**) *nm* abrelatas *m inv*
ouvre-bouteille [uvʀəbutɛj] (*pl* **ouvre-bouteilles**) *nm* abrebotellas *m inv*
ouvreuse [uvʀøz] *nf* acomodadora
ouvrier, -ière [uvʀije, ijɛʀ] *nm/f* obrero(-a); **~ agricole** trabajador(a) agrario(-a); **~ qualifié(e)** obrero(-a) calificado(-a); **~ spécialisé(e)** obrero(-a) especialista ▸ *nf* (*Zool*) obrera ▸ *adj* obrero(-a); (*conflits*) laboral; (*revendications*) obrero(-a); **classe ouvrière** clase *f* obrera
ouvrir [uvʀiʀ] *vt* abrir; (*fonder*) abrir, fundar; (*commencer*) abrir, empezar; **~ l'œil** (*fig*) abrir los ojos, enterarse; **~ l'appétit à qn** abrir el apetito a algn; **~ des horizons/perspectives** abrir horizontes/perspectivas; **~ l'esprit** ampliar *ou* abrir las ideas; **~ une session** (*Inform*) abrir una sesión ▸ *vi* abrir; (*commencer*) empezar; **~ à cœur/trèfle** (*Cartes*) abrir *ou* salir con corazones/trébol; **~ sur** comenzar con; **s'ouvrir** *vpr* abrirse; **s'~ à** abrirse a; **s'~ à qn** confiarse a algn; **s'~ sur** comenzar con; **s'~ les veines** abrirse las venas
ovaire [ɔvɛʀ] *nm* ovario
ovale [ɔval] *adj* oval, ovalado(-a)
ovation [ɔvasjɔ̃] *nf* ovación *f*
ovationner [ɔvasjɔne] *vt* ovacionar
ovin, e [ɔvɛ̃, in] *adj* ovino(-a); **ovins** *nmpl* (*Zool*) ovinos *mpl*
OVNI [ɔvni] *sigle m* (*= objet volant non identifié*) OVNI *m* (*= objeto volante no identificado*)
ovoïde [ɔvɔid] *adj* ovoide
ovulation [ɔvylasjɔ̃] *nf* ovulación *f*
ovule [ɔvyl] *nm* óvulo
oxydable [ɔksidabl] *adj* oxidable
oxyde [ɔksid] *nm* óxido; **~ de carbone** óxido de carbono
oxyder [ɔkside] : **s'oxyder** *vpr* oxidarse
oxygène [ɔksiʒɛn] *nm* oxígeno
oxygéné, e [ɔksiʒene] *adj* : **cheveux oxygénés** cabellos *mpl* oxigenados; **eau oxygénée** agua oxigenada
oxyure [ɔksjyʀ] *nm* oxiuro, lombriz *f*
ozone [ozon] *nm* ozono

Pp

P, p¹ [pe] *nm inv* (*lettre*) P, p *f*; **P comme Pierre** ≈ P de París

p² *abr* (= *page*) p. (= *página*)

PAC [pak] *sigle f* (= *politique agricole commune*) PAC *f* (= *Política Agraria Común*)

PACA [paka] *sigle f* (= *Provence-Alpes-Côte d'Azur*) Provence-Alpes-Côte d'Azur (*región administrativa del sudeste de Francia*)

pacage [pakaʒ] *nm* pasto

pacemaker [pɛsmɛkœʀ] *nm* marcapasos *m inv*

pachyderme [paʃidɛʀm] *nm* paquidermo

pacificateur, -trice [pasifikatœʀ, tʀis] *adj* pacificador(a)

pacification [pasifikasjɔ̃] *nf* pacificación *f*

pacifier [pasifje] *vt* pacificar

pacifique [pasifik] *adj* pacífico(-a) ▸ *nm* : **le P~, l'océan P~** el (Océano) Pacífico

pacifiquement [pasifikmɑ̃] *adv* pacíficamente

pacifisme [pasifism] *nm* pacifismo

pacifiste [pasifist] *nmf* pacifista *mf*

pack [pak] *nm* pack *m*

pacotille [pakɔtij] (*péj*) *nf* pacotilla; **de ~** de pacotilla

PACS [paks] *sigle m* (= *pacte civil de solidarité*) *en Francia, contrato de pareja de hecho*

pacsé, e [pakse] *adj* : **être ~** estar registrado(-a) como pareja de hecho ▸ *nm/f persona que ha contraído un contrato de pareja de hecho*

pacser [pakse] : **se pacser** *vpr* registrarse como pareja de hecho

pacte [pakt] *nm* pacto; **~ d'alliance/de non-agression** pacto de alianza/de no agresión; **~ civil de solidarité** *en Francia, contrato de pareja de hecho*

pactiser [paktize] *vi* : **~ avec** pactar con; **~ avec le crime** transigir con el crimen; **~ avec sa conscience** acallar la conciencia

pactole [paktɔl] *nm* mina (*fig*)

paddock [padɔk] *nm* paddock *m*

Padoue [padu] *n* Padua

PAF [paf] *sigle f* (= *Police de l'air et des frontières*) *policía fronteriza*; (= *paysage audiovisuel français*) *panorama audiovisual francés*

pagaie [pagɛ] *nf* zagual *m*

pagaille [pagaj] *nf* (*désordre*) follón *m*, desbarajuste *m*; **en ~** (*en grande quantité*) a porrillo; (*en désordre*) a barullo

paganisme [paganism] *nm* paganismo

pagayer [pageje] *vi* remar con zagual

page [paʒ] *nf* página; (*passage : d'un roman*) pasaje *m*; **mettre en pages** compaginar; **mise en ~** compaginación *f*; **être à la ~** (*fig*) estar al día; **~ blanche** página en blanco; **~ d'accueil** (*Internet*) página de inicio; **~ de garde** guarda; **~ Web** página web ▸ *nm* paje *m*

page-écran [paʒekʀɑ̃] (*pl* **pages-écrans**) *nf* (*Inform*) pantalla

pagination [paʒinasjɔ̃] *nf* paginación *f*

paginer [paʒine] *vt* paginar

pagne [paɲ] *nm* taparrabo

pagode [pagɔd] *nf* pagoda

paie [pɛ] *nf* paga

paiement [pɛmɑ̃] *nm* pago

païen, ne [pajɛ̃, pajɛn] *adj, nm/f* pagano(-a)

paillage [pɑjaʒ] *nm* (*Agr, Horticulture*) acolchado, mulch *m*

paillard, e [pajaʀ, aʀd] *adj* picante, subido(-a) de tono

paillasse [pajas] *nf* (*matelas*) jergón *m*; (*d'un évier*) escurridero

paillasson [pajasɔ̃] *nm* felpudo

paille [pɑj] *nf* paja; **être sur la ~** (*être ruiné*) estar a dos velas; **~ de fer** estropajo metálico

paillé, e [pɑje] *adj* de enea

pailleté, e [pɑj(ə)te] *adj* de *ou* con lentejuelas

paillette [pɑjɛt] *nf* lámina; **paillettes** *nfpl* (*décoratives*) lentejuelas *fpl*; **lessive en paillettes** detergente *m* en escamas

paillis [pɑji] *nm* = **paillage**

pain [pɛ̃] *nm* pan *m*; (*Culin : de poisson, légumes*) pastel *m*; **petit ~** panecillo; **ça ne mange pas de ~** no cuesta nada; **~ complet** pan integral; **~ d'épice(s)** alfajor *m*; **~ de campagne/de seigle** pan de pueblo/de centeno; **~ de cire** librillo de cera; **~ de mie** pan de molde; **~ de sucre** pan de azúcar; **~ fantaisie/viennois** pan de lujo/de Viena; **~ grillé** pan tostado; **~ perdu** torrija

pair, e [pɛʀ] *adj* par ▸ *nm* par *m*; **aller** *ou* **marcher de ~ (avec)** correr *ou* ir parejo(-a)

(con); **au ~** (*Fin*) a la par; **valeur au ~** valor *m* a la par; **jeune fille au ~** chica au pair; **pairs** *nmpl* pares *mpl*; **ses pairs** sus pares, los miembros de su grupo
paire [pɛʀ] *nf* par *m*; **une ~ de lunettes/tenailles** un par de gafas/tenazas; **les deux font la ~** son tal para cual
pais [pɛ] *vb voir* **paître**
paisible [pezibl] *adj* apacible; (*ville, lac*) tranquilo(-a)
paisiblement [peziblәmɑ̃] *adv* apaciblemente
paître [pɛtʀ] *vi* pacer
paix [pɛ] *nf* paz *f*; (*fig : tranquillité*) paz, sosiego; **faire la ~ avec** hacer las paces con; **vivre en ~ avec** vivir en paz con; **avoir la ~** tener paz
Pakistan [pakistɑ̃] *nm* Paquistán *m*
pakistanais, e [pakistanɛ, ɛz] *adj* paquistaní ▸ *nm/f* : **Pakistanais, e** paquistaní *mf*
palabrer [palabʀe] *vi* charlotear
palabres [palabʀ] *nfpl ou nmpl* palabrería *fsg*
palace [palas] *nm* hotel *m* de gran lujo
palais [palɛ] *nm* palacio; (*Anat*) paladar *m*; **le P~ Bourbon** El Palacio Borbón (*sede de la asamblea nacional*); **le P~ de Justice** Palacio de Justicia, la audiencia nacional; **le P~ de l'Élysée** El Palacio del Elíseo (*residencia oficial del Presidente de la República francesa*); **~ des expositions** palacio de exposiciones
palan [palɑ̃] *nm* aparejo
pale [pal] *nf* (*d'hélice, de rame*) pala; (*de roue*) álabe *m*, paleta
pâle [pɑl] *adj* pálido(-a); **une ~ imitation** (*fig*) una pálida imitación; **~ de colère/d'indignation** pálido(-a) de rabia/de indignación; **bleu/vert ~** azul/verde pálido
palefrenier [palfʀәnje] *nm* palafrenero
paléontologie [paleɔ̃tɔlɔʒi] *nf* paleontología
paléontologue [paleɔ̃tɔlɔg], **paléontologiste** [paleɔ̃tɔlɔʒist] *nmf* paleontólogo(-a)
Palerme [palɛʀm] *n* Palermo
Palestine [palɛstin] *nf* Palestina
palestinien, ne [palɛstinjɛ̃, jɛn] *adj* palestino(-a) ▸ *nm/f* : **Palestinien, ne** palestino(-a)
palet [palɛ] *nm* tejo; (*hockey*) pastilla
paletot [palto] *nm* gabán *m*
palette [palɛt] *nf* paleta; (*plateau de chargement*) plataforma; **~ riche/pauvre/brillante** (*ensemble de couleurs*) paleta rica/pobre/brillante
palétuvier [paletyvje] *nm* mangle *m*
pâleur [pɑlœʀ] *nf* palidez *f*
palier [palje] *nm* (*d'escalier*) rellano; (*d'une machine*) cojinete *m*; (*d'un graphique*) nivel *m*; (*phase stable*) nivel estable; **en ~** a altura constante; **par paliers** (*progresser*) gradualmente
palière [paljɛʀ] *adj f* : **porte ~** puerta de rellano
pâlir [pɑliʀ] *vi* (*personne*) palidecer; (*couleur*) decolorar; **faire ~ qn** hacer palidecer a algn
palissade [palisad] *nf* empalizada
palissandre [palisɑ̃dʀ] *nm* palisandro
palliatif, -ive [paljatif, iv] *adj* paliativo(-a) ▸ *nm* paliativo
pallier [palje] *vt* paliar
palmarès [palmaʀɛs] *nm* palmarés *m inv*
palme [palm] *nf* palma; (*de plongeur*) aleta; **palmes académiques** *galardón al mérito académico*
palmé, e [palme] *adj* palmeado(-a)
palmeraie [palmәʀɛ] *nf* palmeral *m*
palmier [palmje] *nm* palmera
palmipède [palmipɛd] *nm* palmípedo
palois, e [palwa, waz] *adj* de Pau ▸ *nm/f* : **Palois, e** nativo(-a) *ou* habitante *mf* de Pau
palombe [palɔ̃b] *nf* paloma torcaz
pâlot, e [pɑlo, ɔt] *adj* paliducho(-a)
palourde [paluʀd] *nf* almeja
palpable [palpabl] *adj* palpable
palper [palpe] *vt* palpar; (*fam : argent, somme*) embolsarse
palpitant, e [palpitɑ̃, ɑ̃t] *adj* palpitante
palpitation [palpitasjɔ̃] *nf* : **avoir des palpitations** tener palpitaciones
palpiter [palpite] *vi* palpitar
paludisme [palydism] *nm* paludismo
palustre [palystʀ] *adj* (*coquillage*) palustre; (*fièvre*) palúdico(-a)
pâmer [pɑme] : **se pâmer** *vpr* desfallecer; **se ~ d'amour/d'admiration** desfallecer de amor/de admiración; **se ~ devant** (*fig*) desmayarse ante
pâmoison [pɑmwazɔ̃] *nf* : **elle est tombée en ~** le dio un pasmo *ou* un soponcio
pampa [pɑ̃pa] *nf* pampa
pamphlet [pɑ̃flɛ] *nm* panfleto
pamphlétaire [pɑ̃fletɛʀ] *nmf* panfletista *mf*
pamplemousse [pɑ̃plәmus] *nm* pomelo
pan [pɑ̃] *nm* (*d'un manteau, rideau*) faldón *m*; (*côté*) cara; (*d'affiche etc*) lado; **~ de chemise** pañal *m*; **~ de mur** lienzo de pared ▸ *excl* ¡pum!
panacée [panase] *nf* panacea
panachage [panaʃaʒ] *nm* (*de couleurs*) mezcla; (*Pol*) combinación *f*
panache [panaʃ] *nm* (*de fumée*) nube *f*; (*de plumes*) penacho; **avoir du/aimer le ~** (*fig*) tener caballerosidad/gustarle a algn la caballerosidad
panaché, e [panaʃe] *adj* (*feuille, plante*) variegado(-a); **œillet ~** clavel *m* matizado; **glace panachée** helado de varios gustos; **salade panachée** ensalada mixta; **bière panachée** cerveza con gaseosa ▸ *nm* (*bière*) clara, cerveza con gaseosa
panais [panɛ] *nm* chirivía, pastinaca
Panama [panama] *nm* Panamá *m*

panaméen, ne [panameɛ̃, ɛn] *adj* panameño(-a) ▸ *nm/f* : **Panaméen, ne** panameño(-a)
panaris [panaʀi] *nm* panadizo
pancarte [pɑ̃kaʀt] *nf* (*affiche, écriteau*) cartel *m*; (*dans un défilé*) pancarta
pancréas [pɑ̃kʀeɑs] *nm* páncreas *m inv*
panda [pɑ̃da] *nm* panda *m*
pandémie [pɑ̃demi] *nf* pandemia *f*
pané, e [pane] *adj* empanado(-a)
panégyrique [paneʒiʀik] *nm* : **faire le ~ de qn** hacer un panegírico de algn
panier [panje] *nm* cesta; (*à diapositives*) carro; **le ~ de la ménagère** la cesta de la compra; **mettre au ~** tirar a la basura; **~ à provisions** cesta de la compra; **~ à salade** (*Culin*) escurridor *m*; (*Police*) coche *m* celular; **~ de crabes** (*fig*) nido de víboras; **~ percé** (*fig*) manirroto(-a)
panier-repas [panjeʀ(ə)pɑ] (*pl* **paniers-repas**) *nm* almuerzo frío (para llevar)
panification [panifikasjɔ̃] *nf* panificación *f*
panifier [panifje] *vt* panificar
panique [panik] *nf* pánico ▸ *adj* : **peur ~** miedo cerval; **terreur ~** terror *f* pánico
paniquer [panike] *vt* aterrorizar ▸ *vi* aterrorizarse, espantarse
panne [pan] *nf* (*d'un mécanisme, moteur*) avería; (*Théâtre*) papel *m* de poca importancia; **mettre en ~** (*Naut*) ponerse al pairo, pairar; **être/tomber en ~** tener una avería, descomponerse/estar descompuesto (*surtout* MEX); **tomber en ~ d'essence** *ou* **sèche** quedarse sin gasolina; **~ d'électricité** *ou* **de courant** corte *m* eléctrico, apagón *m*
panneau, x [pano] *nm* (*écriteau*) letrero; (*de boiserie, de tapisserie*) panel *m*; (*Archit*) tablero; (*Couture*) paño; **tomber dans le ~** caer en la trampa; **~ d'affichage** tablón *m* de anuncios; **~ de signalisation** señal *f* de tráfico; **~ électoral** panel electoral; **~ indicateur** panel indicador; **~ publicitaire** valla publicitaria
panonceau [panɔ̃so] *nm* (*de médecin etc*) placa; (*de magasin*) rótulo
panoplie [panɔpli] *nf* (*d'armes*) panoplia; (*fig*) arsenal *m*; **~ de pompier/d'infirmière** disfraz *m* de bombero/de enfermera
panorama [panɔʀama] *nm* panorama *m*
panoramique [panɔʀamik] *adj* panorámico(-a) ▸ *nm* (*Ciné, TV*) panorámica
panse [pɑ̃s] *nf* panza
pansement [pɑ̃smɑ̃] *nm* venda, apósito; (*aussi* : **pansement adhésif**) tirita®, curita (AM)
panser [pɑ̃se] *vt* (*appliquer un pansement*) vendar; (*guérir*) curar; (*cheval*) almohazar
pantacourt [pɑ̃takuʀ] *nm* pantalones *mpl* pirata *inv*
pantalon [pɑ̃talɔ̃] *nm* pantalón *m*, pantalones *mpl*; **~ de golf/de pyjama** pantalón de golf/de pijama; **~ de ski** pantalón de esquí
pantalonnade [pɑ̃talɔnad] *nf* bufonada
pantelant, e [pɑ̃t(ə)lɑ̃, ɑ̃t] *adj* jadeante
panthère [pɑ̃tɛʀ] *nf* pantera; (*fourrure*) piel *f* de pantera
pantin [pɑ̃tɛ̃] *nm* (*marionnette*) pelele *m*, monigote *m*; (*péj* : *personne*) pelele
pantois [pɑ̃twa] *adj m* : **rester ~** quedarse atónito(-a) *ou* patidifuso(-a)
pantomime [pɑ̃tɔmim] *nf* (*aussi fig*) pantomima
pantouflard, e [pɑ̃tuflaʀ, aʀd] (*péj*) *adj* casero(-a)
pantoufle [pɑ̃tufl] *nf* zapatilla
panure [panyʀ] *nf* pan *m* rallado
PAO [peao] *sigle f* (= *publication assistée par ordinateur*) edición *f* asistida por ordenador, autoedición *f*
paon [pɑ̃] *nm* pavo real
papa [papa] *nm* papá *m*
papauté [papote] *nf* (*dignité, fonction*) papado; (*gouvernement ecclésiastique*) pontificado
papaye [papaj] *nf* papaya
pape [pap] *nm* papa *m*
paperasse [papʀas] (*péj*) *nf* (*administrative*) papeleo, papeles *mpl*; **des paperasses** *ou* **de la ~** papelotes *mpl*
paperasserie [papʀasʀi] (*péj*) *nf* papelorio; (*administrative*) papeleo
papeterie [papɛtʀi] *nf* (*fabrication du papier*) industria papelera; (*usine*) papelera; (*magasin*) papelería; (*articles*) artículos *mpl* de papelería
papetier, -ière [pap(ə)tje, jɛʀ] *nm/f* papelero(-a)
papetier-libraire [paptjelibʀɛʀ] (*pl* **papetiers-libraires**) *nm* papelero-librero
papi [papi] (*fam*) *nm* abuelito
papier [papje] *nm* papel *m*; (*article*) artículo; (*écrit officiel*) documento; **sur le ~** (*théoriquement*) en teoría; **jeter une phrase sur le ~** poner una frase sobre el papel; **noircir du ~** emborronar papel; **~ à dessin** papel de dibujo; **~ à lettres** papel de cartas; **~ à pliage accordéon** papel plisado de acordeón; **~ alu** (*fam*) papel de plata; **~ bible/pelure** papel biblia/cebolla; **~ bulle** papel *ou* plástico de burbujas; **~ buvard** papel carbón; **~ calque** papel de calcar; **~ carbone** papel carbón; **~ collant** papel de goma; **~ couché/glacé** papel cuché/glaseado; **~ cul** (*fam !*) papel de váter; **~ (d')aluminium** papel de aluminio; **~ d'Arménie** papel de Armenia; **~ d'emballage** papel de envolver; **~ de brouillon** papel de borrador; **~ de soie/de tournesol** papel de seda/de tornasol; **~ de verre** papel de lija; **~ en continu** papel continuo; **~ gommé/thermique** papel

P

engomado/térmico; **~ hygiénique** papel higiénico; **~ journal** papel de periódico; **~ kraft/mâché** papel kraft/maché; **~ machine** papel de máquina de escribir; **~ peint** papel pintado; **papiers** *nmpl* (*aussi* : **papiers d'identité**) documentación *f*, papeles *mpl*

papier-filtre [papjefiltʀ] (*pl* **papiers-filtres**) *nm* papel *m* de filtro

papier-monnaie [papjemɔnɛ] (*pl* **papiers-monnaies**) *nm* papel *m* moneda

papille [papij] *nf* : **papilles gustatives** papilas *fpl* gustativas

papillon [papijɔ̃] *nm* mariposa; (*contravention* : *fam*) multa; (*écrou*) tuerca de mariposa; **~ de nuit** mariposa nocturna

papillonner [papijɔne] *vi* (*virevolter*) mariposear, revolotear; (*fig*) mariposear

papillote [papijɔt] *nf* papillote *m*

papilloter [papijɔte] *vi* parpadear

papotage [papɔtaʒ] *nm* parloteo

papoter [papɔte] *vi* parlotear

papou, e [papu] *adj* papú ▸ *nm/f* : **Papou, e** papú *mf*

Papouasie-Nouvelle-Guinée [papwazinuvɛlgine] *nf* Papúa-Nueva Guinea

paprika [papʀika] *nm* paprika *m*

papyrus [papiʀys] *nm* papiro

Pâque [pɑk] *nf* : **la ~** la Pascua; *voir aussi* **Pâques**

paquebot [pak(ə)bo] *nm* paquebote *m*

pâquerette [pɑkʀɛt] *nf* margarita

Pâques [pɑk] *nfpl* (*fête*) Pascua *fsg*; **faire ses ~** comulgar por Pascua Florida ▸ *nm* (*période*) Semana Santa; **l'île de ~** la isla de Pascua

paquet [pakɛ] *nm* paquete *m*; (*de linge*, *vêtements*) bulto; (*tas*) : **un ~ de** un manojo de; **mettre le ~** (*fam*) poner toda la carne en el asador; **~ de mer** golpe *m* de mar; **paquets** *nmpl* (*bagages*) bultos *mpl*

paquetage [pak(ə)taʒ] *nm* (*Mil*) impedimenta

paquet-cadeau [pakɛkado] (*pl* **paquets-cadeaux**) *nm* paquete *m* regalo *inv*

MOT-CLÉ

par [paʀ] *prép* **1** (*agent*, *cause*) por; **par amour** por amor; **peint par un grand artiste** pintado por un gran artista

2 (*lieu*, *direction*) por; **passer par Lyon/la côte** pasar por Lyon/la costa; **par la fenêtre** (*jeter*, *regarder*) por la ventana; **par le haut/bas** por arriba/abajo; **par ici** por aquí; **par où ?** ¿por dónde?; **par là** por allí; **par-ci, par-là** aquí y allá; **être/jeter par terre** estar en el/tirar al suelo

3 (*fréquence*, *distribution*) por; **trois fois par semaine** tres veces por *ou* a la semana; **trois par jour/par personne** tres al día/por persona; **par centaines** a cientos, a centenares; **deux par deux** (*marcher*, *entrer*) de dos en dos

4 (*moyen*) por; **par la poste** por correo

5 (*manière*) : **prendre par la main** coger *ou* agarrar de la mano; **prendre par la poignée** coger *ou* agarrar por el asa; **finir** *etc* **par** terminar *etc* por; **le film se termine par une scène d'amour** la película termina con una escena de amor; **Pau commence par la lettre « p »** Pau empieza por « p »

para [paʀa] (*fam*) *nm* (*parachutiste*) paraca *m* (*fam*)

parabole [paʀabɔl] *nf* parábola

parabolique [paʀabɔlik] *adj* parabólico(-a)

parachever [paʀaʃ(ə)ve] *vt* rematar, ultimar

parachutage [paʀaʃytaʒ] *nm* lanzamiento en paracaídas

parachute [paʀaʃyt] *nm* paracaídas *m inv*; **~ ventral** paracaídas de delantal

parachuter [paʀaʃyte] *vt* lanzar en paracaídas; (*fig* : *fam*) nombrar de improviso

parachutisme [paʀaʃytism] *nm* paracaidismo

parachutiste [paʀaʃytist] *nmf* paracaidista *mf*; (*soldat*) paracaidista *m*

parade [paʀad] *nf* (*Mil*) desfile *m*; (*de cirque*, *bateleurs*) cabalgata; (*Escrime*, *Boxe*) parada; **trouver la ~** hallar la contrapartida; **faire ~ de qch** hacer ostentación de algo; **de ~** (*habit*, *épée*) de gala; (*superficiel*) superficial; **~ nuptiale** parada nupcial

parader [paʀade] *vi* darse postín, pavonearse

paradis [paʀadi] *nm* paraíso; **~ fiscal** paraíso fiscal; **~ terrestre** paraíso terrenal

paradisiaque [paʀadizjak] *adj* paradisiaco(-a), paradisíaco(-a)

paradoxal, e, -aux [paʀadɔksal, o] *adj* paradójico(-a)

paradoxalement [paʀadɔksalmɑ̃] *adv* paradójicamente

paradoxe [paʀadɔks] *nm* paradoja

parafe [paʀaf] *nm* = **paraphe**

parafer [paʀafe] *vt* = **parapher**

paraffine [paʀafin] *nf* parafina

paraffiné, e [paʀafine] *adj* : **papier ~** papel *m* parafinado

parafoudre [paʀafudʀ] *nm* pararrayos *m inv*

parages [paʀaʒ] *nmpl* (*Naut*) aguas *fpl*; **dans les ~ (de)** en los alrededores (de)

paragraphe [paʀagʀaf] *nm* párrafo

paragrêle [paʀagʀɛl] *adj* : **canon ~** paragranizo

Paraguay [paʀagwɛ] *nm* Paraguay *m*

paraguayen, ne [paʀagwajɛ̃, ɛn] *adj* paraguayo(-a) ▸ *nm/f* : **Paraguayen, ne** paraguayo(-a)

paraître [paʀɛtʀ] *vi* (*sembler*) parecer; (*apparaître*) aparecer; (*Presse*, *Édition*) publicarse; (*se montrer*, *venir*) mostrarse;

(un certain âge) aparentar, representar; **il paraît que** parece que; **il paraît absurde de/préférable que** parece absurdo/preferible que; **il me paraît que** me parece que; **aimer/vouloir ~** gustarle a algn/querer aparentar; **laisser ~ qch** dejar ver algo; **~ en justice** comparecer ante la justicia; **~ en scène/en public/à l'écran** aparecer en escena/en público/en la pantalla; **il ne paraît pas son âge** no representa su edad

parallèle [paʀalɛl] *adj* paralelo(-a) ▸ *nm* paralelo; **faire un ~ entre** establecer un paralelo entre; **en ~** en paralelo; **mettre en ~** *(choses opposées)* confrontar; *(choses semblables)* cotejar ▸ *nf (ligne)* paralela

parallèlement [paʀalɛlmɑ̃] *adv* paralelamente

parallélépipède [paʀalelepipɛd] *nm* paralelepípedo

parallélisme [paʀalelism] *nm* paralelismo; *(des roues)* alineación *f*

parallélogramme [paʀalelɔgʀam] *nm* paralelogramo

paralyser [paʀalize] *vt* paralizar

paralysie [paʀalizi] *nf* parálisis *f inv*

paralytique [paʀalitik] *adj, nmf* paralítico(-a)

paramédical, e, -aux [paʀamedikal, o] *adj* : **personnel ~** personal *m* paramédico

paramétrage [paʀametʀaʒ] *nm (Inform)* parametrización *f*

paramètre [paʀamɛtʀ] *nm* parámetro

paramétrer [paʀametʀe] *vt (Inform)* parametrizar

paramilitaire [paʀamilitɛʀ] *adj* paramilitar

paranoïa [paʀanɔja] *nf* paranoia

paranoïaque [paʀanɔjak] *adj, nmf* paranoico(-a)

paranormal, e, -aux [paʀanɔʀmal, o] *adj* paranormal

parapet [paʀapɛ] *nm* parapeto

parapharmacie [paʀafaʀmasi] *nf* parafarmacia; **vendu en ~** de venta en parafarmacias

paraphe [paʀaf] *nm* rúbrica

parapher [paʀafe] *vt* rubricar

paraphrase [paʀafʀɑz] *nf* paráfrasis *f inv*

paraphraser [paʀafʀɑze] *vt* parafrasear

paraplégie [paʀapleʒi] *nf* paraplejia, paraplejía

paraplégique [paʀapleʒik] *adj, nmf* parapléjico(-a)

parapluie [paʀaplɥi] *nm* paraguas *m inv*; **~ à manche télescopique** paraguas con mango telescópico; **~ atomique/nucléaire** paraguas atómico/nuclear; **~ pliant** paraguas plegable

parapsychique [paʀapsiʃik] *adj* parapsicológico(-a)

parapsychologie [paʀapsikɔlɔʒi] *nf* parapsicología

parapublic, -ique [paʀapyblik] *adj* parapúblico(-a)

parascolaire [paʀaskɔlɛʀ] *adj* extraescolar

parasitaire [paʀazitɛʀ] *adj* parasitario(-a)

parasite [paʀazit] *nm* parásito ▸ *adj* parásito(-a); **parasites** *nmpl (Tél)* parásitos *mpl*

parasitisme [paʀazitism] *nm* parasitismo

parasol [paʀasɔl] *nm* sombrilla, quitasol *m*

paratonnerre [paʀatɔnɛʀ] *nm* pararrayos *m inv*

paravent [paʀavɑ̃] *nm (meuble)* biombo; *(fig)* tapadera

parc [paʀk] *nm* parque *m*; *(pour le bétail)* aprisco; *(de stationnement)* aparcamiento; **~ à huîtres** criadero de ostras; **~ automobile** *(d'un pays)* parque automovilístico; *(d'une société)* parque móvil; **~ d'attractions** parque de atracciones; **~ éolien** parque *m* eólico; **~ national/naturel** parque nacional/natural; **~ de stationnement** aparcamiento; **~ zoologique** parque zoológico

parcelle [paʀsɛl] *nf (de terrain)* parcela; *(d'or, de vérité)* partícula

parce que [paʀs(ə)kə] *conj* porque

parchemin [paʀʃəmɛ̃] *nm* pergamino

parcheminé, e [paʀʃəmine] *adj* apergaminado(-a)

parcimonie [paʀsimɔni] *nf* parsimonia; **avec ~** con parsimonia

parcimonieux, -euse [paʀsimɔnjø, jøz] *adj* parsimonioso(-a)

parcmètre [paʀkmɛtʀ], **parcomètre** [paʀkɔmɛtʀ] *nm* parquímetro

parcotrain [paʀkɔtʀɛ̃] *nm* aparcamiento *(en estación de trenes)*

parcourir [paʀkuʀiʀ] *vt* recorrer; *(journal, article)* echar un vistazo a; **~ qch des yeux** *ou* **du regard** recorrer algo con la vista

parcours [paʀkuʀ] *vb voir* **parcourir** ▸ *nm (trajet, itinéraire)* trayecto; *(Sport)* recorrido; **sur le ~** en el trayecto; **~ du combattant** *(Mil)* pista americana; *(fig)* odisea

parcouru [paʀkuʀy] *pp de* **parcourir**

par-delà [paʀdəla] *prép* más allá de

par-dessous [paʀd(ə)su] *prép* por debajo de ▸ *adv* por debajo

pardessus [paʀdəsy] *nm* abrigo

par-dessus [paʀd(ə)sy] *prép* por encima de; **~ le marché** para colmo; **~ tout** por encima de todo ▸ *adv* por encima

par-devant [paʀd(ə)vɑ̃] *prép* ante; **~ notaire** ante notario ▸ *adv* por delante

pardon [paʀdɔ̃] *nm* perdón *m*; **demander ~ à qn (de ...)** pedir perdón a algn (por ...); **je vous demande ~** le pido perdón; *(contradiction)* discúlpeme ▸ *excl* ¡perdón!; *(se reprendre)* ¡disculpe!

pardonnable [paʀdɔnabl] *adj* perdonable

P

pardonner [paʀdɔne] *vt* perdonar; **~ qch à qn** perdonar algo a algn; **~ à qn** perdonar a algn; **qui ne pardonne pas** (*maladie, erreur*) que no perdona
paré, e [paʀe] *adj* adornado(-a); (*protégé*) protegido(-a)
pare-balles [paʀbal] *adj inv* antibalas *inv*
pare-boue [paʀbu] (*pl* **~(s)**) *nm* guardabarro
pare-brise [paʀbʀiz] (*pl* **pare-brises**) *nm* parabrisas *m inv*
pare-choc *nm* (*pl* **pare-chocs**), **pare-chocs** *nm inv* [paʀʃɔk] parachoques *m inv*
pare-étincelles [paʀetɛ̃sɛl] *nm inv* parachispas *m inv*
pare-feu [paʀfø] (*pl* **pare-feux**) *nm* (*aussi Inform*) cortafuego, cortafuegos *m inv* ▸ *adj inv* : **portes ~** puertas *fpl* cortafuego *inv*
pareil, le [paʀɛj] *adj* igual; (*semblable*) semejante; **j'en veux un ~** quiero uno igual; **un courage ~** un valor semejante; **rien de ~** nada semejante *ou* parecido; **en ~ cas** en un caso semejante; **~ à** igual a ▸ *adv* : **habillés ~** vestidos igual; **faire ~** hacer lo mismo ▸ *nmf* : **ne pas avoir son ~ (pour faire qch)** no haber otro(-a) igual (para hacer algo); **sans ~** sin igual ▸ *nm* : **c'est du ~ au même** es lo mismo ▸ *nf* : **rendre la pareille à qn** pagar a algn con la misma moneda
pareillement [paʀɛjmɑ̃] *adv* (*semblablement, également*) de la misma manera; (*aussi*) igualmente
parement [paʀmɑ̃] *nm* paramento; (*d'un col, d'une manche*) ribete *m*; **~ d'autel** (*Rel*) mantel *m*
parent, e [paʀɑ̃, ɑ̃t] *adj* : **être ~ de qn** ser pariente de algn ▸ *nm/f* pariente(-a); **parents** *nmpl* (*père et mère*) padres *mpl*; (*famille, proches*) parientes *mpl*; **parents adoptifs** padres adoptivos; **parents en ligne directe** parientes por línea directa; **parents par alliance** parientes políticos
parental, e, -aux [paʀɑ̃tal, o] *adj* : **autorité parentale** autoridad *f* de los padres
parentalité [paʀɑ̃talite] *nf* parentalidad *f*
parenté [paʀɑ̃te] *nf* (*rapport, lien*) parentesco; (*personnes*) parentela; (*ressemblance, affinité*) afinidad *f*; (*entre caractères*) similitud *f*; **une ~ entre** un parentesco entre
parenthèse [paʀɑ̃tɛz] *nf* paréntesis *m inv*; **ouvrir/fermer la ~** abrir/cerrar el paréntesis; **entre parenthèses** (*aussi fig*) entre paréntesis; **mettre entre parenthèses** (*fig*) dejar de lado
parer [paʀe] *vt* (*décorer, orner*) adornar; (*suj : bijou, ruban*) embellecer; (*Culin*) aderezar; (*éviter*) parar; **~ à** (*danger*) precaverse de *ou* contra; (*inconvénient*) protegerse de; **~ à toute éventualité** estar prevenido(-a) contra cualquier eventualidad; **~ au plus pressé** atender lo más urgente; **~ le coup** (*fig*) parar el golpe; **se parer** *vpr* : **se ~ de** (*qualité, titre*) hacer alarde de
pare-soleil [paʀsɔlɛj] *nm inv* quitasol *m*
paresse [paʀɛs] *nf* pereza, holgazanería
paresser [paʀese] *vi* holgazanear
paresseusement [paʀesøzmɑ̃] *adv* perezosamente
paresseux, -euse [paʀesø, øz] *adj* perezoso(-a), flojo(-a) (*Am*); (*démarche, attitude*) indolente; (*estomac*) atónico(-a) ▸ *nm/f* perezoso(-a), flojo(-a) (*Am*) ▸ *nm* (*Zool*) perezoso
parfaire [paʀfɛʀ] *vt* perfeccionar
parfait, e [paʀfɛ, ɛt] *pp de* **parfaire** ▸ *adj* perfecto(-a) ▸ *nm* (*Ling*) pretérito perfecto; (*Culin*) helado ▸ *excl* ¡perfecto!, ¡muy bien!
parfaitement [paʀfɛtmɑ̃] *adv* perfectamente; **cela lui est ~ égal** le da completamente igual ▸ *excl* ¡seguro!, ¡desde luego!
parfaites [paʀfɛt] *vb voir* **parfaire**
parfasse [paʀfas] *vb voir* **parfaire**
parferai [paʀfʀe] *vb voir* **parfaire**
parfois [paʀfwa] *adv* a veces
parfum [paʀfœ̃] *nm* perfume *m*; (*d'un tabac, d'un vin*) aroma *m*; (*d'une glace, d'un yaourt*) sabor *m*
parfumé, e [paʀfyme] *adj* perfumado(-a); **~ au café** aromatizado(-a) con café, con sabor a café
parfumer [paʀfyme] *vt* perfumar; (*crème, gâteau*) aromatizar; **se parfumer** *vpr* perfumarse
parfumerie [paʀfymʀi] *nf* perfumería; **rayon ~** sección *f* de perfumería
parfumeur, -euse [paʀfymœʀ, øz] *nm/f* (*fabricant*) perfumista *mf*; (*qui tient une parfumerie*) perfumero(-a)
pari [paʀi] *nm* apuesta; **P~ Mutuel Urbain** *apuestas mutuas en las carreras de caballos*
paria [paʀja] *nm* paria *m*
parier [paʀje] *vt* apostar; **j'aurais parié que si/non** hubiera apostado que sí/no; **il y a fort à ~ que** hay muchas posibilidades de que
parieur [paʀjœʀ] *nm* apostante *mf*
Paris [paʀi] *n* París
parisien, ne [paʀizjɛ̃, jɛn] *adj* (*personne, vie*) parisino(-a); (*Géo, Admin*) parisiense ▸ *nm/f* : **Parisien, ne** parisiense *mf*, parisino(-a)
paritaire [paʀitɛʀ] *adj* : **commission ~** comité *m* paritario
parité [paʀite] *nf* paridad *f*; **~ de change** paridad monetaria
parjure [paʀʒyʀ] *nm* (*faux serment*) perjurio ▸ *nmf* (*personne*) perjuro(-a)
parjurer [paʀʒyʀe] : **se parjurer** *vpr* perjurar
parka [paʀka] *nm ou f* parka
parking [paʀkiŋ] *nm* aparcamiento

parlant, e [paʀlɑ̃, ɑ̃t] *adj* (*portrait, image*) vivo(-a), elocuente; (*comparaison, preuve*) concluyente; (*Ciné*) sonoro(-a) ▸ *adv* : **généralement/humainement ~** en términos generales/a nivel humano; **techniquement ~** técnicamente hablando
parlé, e [paʀle] *adj* : **langue parlée** lengua hablada
parlement [paʀləmɑ̃] *nm* parlamento
parlementaire [paʀləmɑ̃tɛʀ] *adj* parlamentario(-a) ▸ *nmf* (*député*) parlamentario(-a); (*négociateur*) delegado(-a)
parlementarisme [paʀləmɑ̃taʀism] *nm* parlamentarismo
parlementer [paʀləmɑ̃te] (*aussi fam*) *vi* parlamentar
parler [paʀle] *nm* habla ▸ *vi* hablar; (*malfaiteur, complice*) hablar, confesar; **~ de qch/qn** hablar de algo/algn; **~ (à qn) de** hablar (a algn) de; **~ de faire qch** hablar de hacer algo; **~ pour qn** (*intercéder, plaider*) hablar en favor de algn; **~ en français** hablar en francés; **~ en dormant** hablar en sueños; **~ du nez** hablar gangoso; **~ par gestes** hablar por señas; **~ en l'air** hablar a la ligera; **sans ~ de** sin hablar de; **tu parles !** ¡ya ves!; **les faits parlent d'eux-mêmes** los hechos hablan por sí mismos; **n'en parlons plus** no se hable más ▸ *vt* hablar; **~ le français** hablar francés; **~ affaires/politique** hablar de negocios/de política; **se parler** *vpr* : **on vient de se ~ au téléphone** acabamos de hablar por teléfono; **ils ne se parlent plus** ya no se hablan
parleur [paʀlœʀ] *nm* : **beau ~** pico de oro
parloir [paʀlwaʀ] *nm* locutorio; (*d'un hôpital, d'une prison*) sala de visitas
parlote [paʀlɔt] (*fam*) *nf* parleta (*fam*), cháchara
parme [paʀm(ə)] *adj* malva *inv*
parmesan [paʀməzɑ̃] *nm* parmesano
parmi [paʀmi] *prép* entre
parodie [paʀɔdi] *nf* parodia
parodier [paʀɔdje] *vt* (*œuvre, auteur*) parodiar; (*imiter*) remedar
paroi [paʀwa] *nf* pared *f*; **~ rocheuse** pared rocosa
paroisse [paʀwas] *nf* parroquia
paroissial, e, -aux [paʀwasjal, jo] *adj* parroquial
paroissien, ne [paʀwasjɛ̃, jɛn] *nm/f* feligrés(-esa)
parole [paʀɔl] *nf* palabra; **la bonne ~** la palabra de Dios; **tenir ~** cumplir con su palabra; **n'avoir qu'une ~** no tener más que una palabra; **avoir/prendre la ~** tener/tomar la palabra; **demander/obtenir la ~** pedir/conseguir la palabra; **donner la ~ à qn** conceder la palabra a algn; **perdre la ~** (*fig*) perder la palabra; **sur ~ : croire qn sur ~** confiar en la palabra de algn; **libéré sur ~** puesto en libertad bajo palabra; **temps de ~** tiempo asignado para hablar; **histoire sans paroles** historieta muda; **ma ~ !** (*surprise*) ¡pero bueno!, ¡por Dios!; **~ d'honneur** palabra de honor; **paroles** *nfpl* (*d'une chanson*) letra *fsg*
parolier, -ière [paʀɔlje, jɛʀ] *nm/f* (*Mus*) autor(a) de la letra, letrista *mf*; (*Opéra*) libretista *mf*
paroxysme [paʀɔksism] *nm* paroxismo
parpaing [paʀpɛ̃] *nm* perpiaño
parquer [paʀke] *vt* (*bestiaux, prisonniers*) encerrar; (*soldats, vivres*) meter; (*voiture*) aparcar
parquet [paʀkɛ] *nm* (*plancher*) parqué *m*; **le ~** (*Jur*) el tribunal de justicia
parqueter [paʀkəte] *vt* entarimar
parrain [paʀɛ̃] *nm* padrino
parrainage [paʀɛnaʒ] *nm* padrinazgo; (*patronage*) patrocinio
parrainer [paʀene] *vt* apadrinar; (*suj : entreprise*) patrocinar
parricide [paʀisid] *nm* (*meurtre*) parricidio ▸ *nmf* (*personne*) parricida *mf*
pars [paʀ] *vb voir* **partir**
parsemer [paʀsəme] *vt* cubrir; **~ qch de** sembrar algo de
part [paʀ] *vb voir* **partir** ▸ *nf* parte *f*; (*de gâteau, fromage*) trozo, pedazo; (*titre*) acción *f*; **prendre ~ à** (*débat*) tomar parte en; (*soucis, douleur*) compartir; **faire ~ de qch à qn** comunicar algo a algn; **pour ma ~** por mi parte; **à ~ entière** de pleno derecho; **de la ~ de** de parte de; **c'est de la ~ de qui ?** (*au téléphone*) ¿de parte de quién?; **de toute(s) ~(s)** de todas partes; **de ~ et d'autre** a *ou* en ambos lados; **de ~ en ~** de parte a parte; **d'une ~ ... d'autre ~** por una parte ... por otra; **nulle/autre/quelque ~** en ninguna/en otra/en alguna parte; **à ~** aparte; **à ~ cela** aparte de eso, excepto eso; **pour une large/bonne ~** en una larga/buena medida; **prendre qch en bonne/mauvaise ~** tomar algo en buen/mal sentido; **faire la ~ des choses** tener en cuenta las circunstancias, sopesar los pros y los contras; **faire la ~ du feu** (*fig*) cortar por lo sano; **faire la ~ trop belle à qn** darle todo en bandeja a algn
part. *abr* = **particulier**
partage [paʀtaʒ] *nm* reparto; **en ~ : donner/recevoir qch en ~** dar/recibir algo en herencia; **sans ~** (*régner*) sin compartir el poder
partagé, e [paʀtaʒe] *adj* (*opinions, torts*) compartido(-a); (*amour*) correspondido(-a); **être ~ entre** estar dividido(-a) entre; **être ~ sur** estar dividido(-a) en *ou* sobre
partager [paʀtaʒe] *vt* repartir; **~ un gâteau en quatre/une ville en deux** dividir un

P

pastel en cuatro/una ciudad en dos; **~ qch avec qn** compartir algo con algn; **~ la joie de qn/la responsabilité d'un acte** compartir la alegría de algn/la responsabilidad de un acto; **se partager** *vpr* repartirse

partance [paʀtɑ̃s] *nf* : **en ~ (pour)** a punto de salir (para)

partant, e [paʀtɑ̃, ɑ̃t] *vb voir* **partir** ▸ *adj* : **être ~ pour qch** (*d'accord pour*) estar dispuesto(-a) a algo ▸ *nm* (*Sport*) competidor(a), participante *mf*; (*Hippisme*) participante

partenaire [paʀtənɛʀ] *nmf* compañero(-a); (*sexuel, de danse*) pareja *f*; (*Écon, Pol*) socio(-a); **partenaires sociaux** agentes *mpl* sociales

parterre [paʀtɛʀ] *nm* (*de fleurs*) parterre *m*, arriate *m*; (*Théâtre*) patio de butacas

parti [paʀti] *nm* (*Pol*) partido; (*décision*) decisión *f*; (*personne à marier*) : **un beau/riche ~** un buen partido; **tirer ~ de** sacar partido de; **prendre le ~ de faire qch** tomar la decisión de hacer algo; **prendre le ~ de qn** ponerse a favor de algn; **prendre ~ (pour/contre qn)** tomar partido (por/contra algn); **prendre son ~ de qch** resignarse a algo; **~ pris** prejuicio

partial, e, -aux [paʀsjal, jo] *adj* parcial

partialement [paʀsjalmɑ̃] *adv* parcialmente

partialité [paʀsjalite] *nf* parcialidad *f*

participant, e [paʀtisipɑ̃, ɑ̃t] *nm/f* participante *mf*; (*à un concours*) concursante *mf*; (*d'une société*) miembro, accionista *mf*

participation [paʀtisipasjɔ̃] *nf* participación *f*; **la ~ aux frais** la contribución a los gastos; **la ~ aux bénéfices** la participación en los beneficios; **la ~ ouvrière** la participación obrera; **« avec la ~ de »** « con la participación de »

participe [paʀtisip] *nm* participio; **~ passé/présent** participio de perfecto/de presente

participer [paʀtisipe] : **~ à** *vt* participar en; (*chagrin*) compartir; **~ de** *vt* (*tenir de la nature de*) participar de

particulariser [paʀtikylaʀize] *vt* : **se ~** singularizarse

particularisme [paʀtikylaʀism] *nm* particularismo

particularité [paʀtikylaʀite] *nf* particularidad *f*

particule [paʀtikyl] *nf* partícula; **~ (nobiliaire)** partícula (*que indica la nobleza en un apellido*)

particulier, -ière [paʀtikylje, jɛʀ] *adj* particular; (*intérêt, style*) propio(-a); (*entretien, conversation*) privado(-a); (*spécifique*) propio(-a), individual; **avec un soin ~** con un cuidado especial; **avec une attention particulière** con una atención especial; **~ à** propio(-a) de; **en ~** (*précisément*) en concreto; (*en privé*) en privado; (*surtout*) especialmente ▸ *nm* (*individu*) particular *m*; **« ~ vend ... »** (*Comm*) « particular vende ... »

particulièrement [paʀtikyljɛʀmɑ̃] *adv* (*notamment*) principalmente; (*spécialement*) especialmente

partie [paʀti] *nf* parte *f*; (*profession, spécialité*) rama; (*de cartes, tennis, fig*) partida; **~ de campagne/de pêche** salida al campo/de pesca; **en ~** en parte; **faire ~ de qch** formar parte de algo; **prendre qn à ~** habérselas con algn; (*malmener*) meterse con algn; **en grande/majeure ~** en gran/la mayor parte; **ce n'est que ~ remise** es solo cosa diferida, otra vez será; **avoir ~ liée avec qn** estar aliado(-a) con algn; **la ~ adverse** (*Jur, fig*) la parte contraria; **~ civile** (*Jur*) parte civil; **~ publique** (*Jur*) ministerio público

> Ne confondez pas *parte* (**partie**, dans le sens de « portion »), *partido* (**parti, match**) et *partida* (**partie**, dans le sens de « temps de jeu ») :
> **La première partie du spectacle.** La primera parte del espectáculo.
> **On se refait une partie ?** ¿Echamos otra partida?
> **le parti au pouvoir** el partido en el poder

partiel, le [paʀsjɛl] *adj, nm* parcial *m*

partiellement [paʀsjɛlmɑ̃] *adv* parcialmente

partir [paʀtiʀ] *vi* (*gén*) partir; (*train, bus*) salir; (*s'éloigner*) marcharse; (*pétard, fusil*) dispararse; (*bouchon*) saltar; (*cris*) surgir; (*se détacher*) desprenderse; (*tache*) desaparecer; (*affaire, moteur*) arrancar; **~ de** (*lieu*) salir de; (*suj : personne, route*) partir de; (*date*) comenzar en; (*suj : abonnement*) comenzar a partir de; (*suj : proposition*) nacer de, manar de; **~ pour/à** (*lieu, pays*) salir para/hacia; **~ de rien** comenzar de la nada; **à ~ de** a partir de

partisan, e [paʀtizɑ̃, an] *nm/f* seguidor(a), partidario(-a) ▸ *adj* partidario(-a); **être ~ de qch/de faire qch** ser partidario(-a) de algo/de hacer algo

partitif, -ive [paʀtitif, iv] *adj* partitivo(-a)

partition [paʀtisjɔ̃] *nf* (*Mus*) partitura

partout [paʀtu] *adv* por todas partes; **~ où il allait** por dondequiera que iba; **de ~** de todas partes; **trente/quarante ~** (*Tennis*) iguales *mpl* a treinta/a cuarenta, empate *m* a treinta/a cuarenta

paru, e [paʀy] *pp de* **paraître**

parure [paʀyʀ] *nf* adorno; (*de table, sous-vêtements*) juego; **~ de diamants** juego de diamantes

parus [paʀy] *vb voir* **paraître**

parution [paʀysjɔ̃] *nf* (*de livre*) publicación *f*

parvenir [paʀvəniʀ] : **~ à** *vt* llegar a, arribar a (*AM*); **~ à ses fins/à la fortune/à un âge avancé** alcanzar sus fines/la fortuna/una edad avanzada; **~ à faire qch** (*réussir*) conseguir hacer algo; **faire ~ qch à qn** hacer llegar algo a algn

parvenu, e [paʀvəny] *pp de* **parvenir** ▶ *nm/f* (*péj*) advenedizo(-a)
parviendrai *etc* [paʀvjɛ̃dʀe] *vb voir* **parvenir**
parviens *etc* [paʀvjɛ̃] *vb voir* **parvenir**
parvis [paʀvi] *nm* atrio
pas¹ [pa] *nm* paso; **~ à ~** paso a paso; **de ce ~** al momento; **marcher à grands ~** andar dando zancadas; **mettre qn au ~** meter a algn en vereda; **rouler au ~** (*Auto*) ir a paso lento; **au ~ de gymnastique/de course** a paso ligero/a la carrera; **à ~ de loup** con paso sigiloso; **faire les cent ~** ir y venir, ir de un lado para otro; **faire les premiers ~** dar los primeros pasos; **retourner** *ou* **revenir sur ses ~** volver sobre sus pasos; **se tirer d'un mauvais ~** salir del atolladero; **sur le ~ de la porte** en el umbral (de la puerta); **le ~ de Calais** (*détroit*) el paso *ou* estrecho de Calais; **~ de porte** (*Comm*) entrada

MOT-CLÉ

pas² [pa] *adv* **1** (*avec ne, non*) : **ne … pas** no; **je ne vais pas à l'école** no voy a la escuela; **je ne mange pas de pain** no como pan; **il ne ment pas** no miente; **ils n'ont pas de voiture/d'enfants** no tienen coche/niños; **il m'a dit de ne pas le faire** me ha dicho que no lo haga; **non pas que …** no es que …; **je n'en sais pas plus** no sé más; **il n'y avait pas plus de 200 personnes** no había más de 200 personas; **je ne reviendrai pas de sitôt** tardaré en volver; **ça ne me plaît pas du tout** no me gusta nada; **ils sont quatre et non pas trois** son cuatro y no tres
2 (*sans ne*) : **pas moi** yo no; **une pomme pas mûre** una manzana que no está madura; **pas plus tard qu'hier** ayer mismo
3 (*renforçant l'opposition*) : **elle travaille, (mais) lui pas** *ou* **pas lui** ella trabaja, (pero) él no; **ceci est à vous ou pas ?** ¿eso es suyo o no?
4 (*dans des réponses négatives*) : **pas de sucre, merci !** ¡sin azúcar, gracias!; **je suis très content — moi pas** *ou* **pas moi** yo estoy muy contento — yo no; **pas du tout** (*réponse*) en absoluto; **pas encore** todavía no
5 : **pas mal** *adv* : **ce n'est pas mal** no está mal; **ça va ? — pas mal** ¿qué tal? — bien; **pas mal de** (*beaucoup de*) : **ils ont pas mal d'argent** no andan mal de dinero, tienen bastante dinero

pascal, e, -aux [paskal, o] *adj* pascual
Pas-de-Calais [padkalɛ] *nm* Pas-de-Calais *m*
passable [pɑsabl] *adj* pasable; (*Scol*) suficiente
passablement [pɑsabləmɑ̃] *adv* (*pas trop mal*) pasablemente; (*beaucoup*) un tanto
passade [pɑsad] *nf* aventura
passage [pɑsaʒ] *nm* paso; (*traversée*) travesía; (*extrait*) pasaje *m*; **sur le ~ du cortège** en el recorrido del cortejo; **« laissez/n'obstruez pas le ~ »** « dejen/no impidan el paso »; **de ~** (*touristes*) de paso; (*amants*) de paso, de un día; **au ~** (*en passant*) al paso, de paso; **~ à niveau** paso a nivel; **~ à tabac** paliza; **~ à vide** (*fig*) mal momento; **~ clouté** paso de peatones; **~ interdit** prohibido el paso; **~ protégé/souterrain** paso protegido/subterráneo
passager, -ère [pɑsaʒe, ɛʀ] *adj* pasajero(-a); (*rue*) concurrido(-a); **~ clandestin(e)** polizón *mf* ▶ *nm/f* pasajero(-a)
passagèrement [pɑsaʒɛʀmɑ̃] *adv* pasajeramente
passant, e [pɑsɑ̃, ɑ̃t] *adj* transitado(-a); **bande passante** (*Inform, Phys*) ancho de banda ▶ *nm/f* transeúnte *mf* ▶ *nm* (*d'une ceinture, courroie*) trabilla; *voir aussi* **passer**
passation [pɑsasjɔ̃] *nf* (*d'un acte*) otorgamiento, escritura; **~ des pouvoirs** traspaso de poderes
passe [pɑs] *nf* pase *m*; (*chenal*) pase, pasaje *m*; **être en ~ de faire** estar a punto de hacer; **être dans une bonne/mauvaise ~** (*fig*) tener buena/mala racha; **~ d'armes** (*fig*) intercambio de réplicas ▶ *nm* (*passe-partout*) llave *f* maestra; (*de cambrioleur*) ganzúa
passé, e [pɑse] *adj* pasado(-a); (*couleur, tapisserie*) pasado(-a), descolorido(-a); **dimanche ~** el domingo pasado; **les vacances passées** las vacaciones pasadas; **il est midi ~** ya es pasado mediodía *ou* mediodía pasado; **~ de mode** pasado(-a) de moda ▶ *prép* : **~ 10 heures/sept ans/ce poids** después de las 10/de siete años/a partir de ese peso ▶ *nm* pasado; (*Ling*) pretérito; **par le ~** hace tiempo, en otro tiempo; **~ simple** pretérito indefinido, pretérito perfecto simple; **~ composé** pretérito perfecto
passe-droit [pɑsdʀwa] (*pl* **passe-droits**) *nm* enchufe *m*
passéiste [pɑseist] *adj* chapado(-a) a la antigua
passementerie [pɑsmɑ̃tʀi] *nf* pasamanería
passe-montagne [pɑsmɔ̃taɲ] (*pl* **passe-montagnes**) *nm* pasamontañas *m inv*
passe-partout [pɑspaʀtu] *nm inv* llave *f* maestra ▶ *adj inv* : **tenue/phrase ~** vestimenta/frase *f* válida para todo momento
passe-passe [pɑspɑs] *nm inv* : **tour de ~** (*de prestidigitateur*) juego de manos; (*fig*) trampa
passe-plat [pɑspla] (*pl* **passe-plats**) *nm* ventanilla (para servir)
passeport [pɑspɔʀ] *nm* pasaporte *m*
passer [pɑse] *vi* pasar; (*air*) correr; (*liquide, café*) filtrarse, colarse; (*couleur, papier*) decolorarse; **~ par** pasar por; **~ chez qn** (*ami etc*) pasar por la casa de algn; **~ sur** (*fig*) pasar por alto; **~ dans les mœurs/la langue** pasar a las costumbres/a la lengua; **~ avant qch/qn** (*être plus important que*) estar antes de algo/

P

de algn; ~ **devant/derrière qn/qch** pasar delante/detrás de algn/algo; ~ **devant** (*accusé*) comparecer ante; (*projet de loi*) ser presentado(-a) a; **laisser** ~ dejar pasar; ~ **dans la classe supérieure** pasar al curso superior; ~ **à la radio/télévision** salir en la radio/televisión; ~ **à l'action** pasar a la acción; ~ **aux aveux** decidirse a confesar; ~ **inaperçu** pasar desapercibido; ~ **outre (à qch)** hacer caso omiso (de algo); ~ **pour riche/un imbécile/avoir fait qch** pasar por rico/un imbécil/haber hecho algo; ~ **à table** sentarse a la mesa; ~ **au salon/à côté** pasar al salón/a la habitación del lado; ~ **à l'étranger/à l'opposition/à l'ennemi** pasarse al extranjero/a la oposición/al enemigo; **ne faire que** ~ pasar solamente; **passe encore de** todavía pase que; **en passant** : **dire/remarquer qch en passant** decir/señalar algo de pasada; **venir voir qn/faire en passant** venir a ver a algn/hacer de paso; **faire** ~ **à qn le goût/l'envie de qch** quitarle a algn el gusto/las ganas de algo; **faire** ~ **qch/qn pour** hacer pasar algo/a algn por; **(faire)** ~ **qch dans/par** meter algo en/por; **passons** pasemos de eso; **ce film passe au cinéma/à la télé** ponen esa película en el cine/en la tele ▸ *vt* pasar; (*obstacle*) pasar, superar; (*doubler*) adelantar, pasar; (*frontière, rivière*) cruzar; (*examen*) hacer; (*réplique, plaisanterie*) dejar pasar; (*film, émission, disque*) poner; (*vêtement*) ponerse; (*café*) filtrar; ~ **qch (à qn)** (*faute, bêtise*) pasar por alto algo (a algn), aguantar algo (a algn); ~ **qch à qn** (*grippe*) pasar algo a algn; ~ **directeur/président** ascender a director/a presidente; ~ **la** *ou* **en seconde/troisième** (*Auto*) meter *ou* poner (la) segunda/tercera; ~ **une radio/la visite médicale** hacerse una radiografía/un reconocimiento; ~ **son chemin** pasar de largo; **je passe mon tour** paso; ~ **qch en fraude** pasar algo de contrabando; ~ **la tête/la main par la portière** sacar la cabeza/la mano por la ventanilla; ~ **l'aspirateur** pasar la aspiradora; **je vous passe M. X** (*au téléphone*) le pongo *ou* comunico (*Am*) con el Sr. X; (*je lui passe l'appareil*) le paso a *ou* con el Sr. X; ~ **la parole à qn** cederle la palabra a algn; ~ **qn par les armes** pasar a algn por las armas; ~ **commande** hacer un pedido; ~ **un marché/accord** concertar un negocio/acuerdo; **se passer** *vpr* (*scène, action*) transcurrir; (*s'écouler*) pasar; (*arriver*) : **que s'est-il passé ?** ¿qué ha pasado?; **se** ~ **les mains sous l'eau** lavarse las manos; **se** ~ **de l'eau sur le visage** echarse agua por la cara; **cela se passe de commentaires** habla por sí solo; **se** ~ **de qch** (*s'en priver*) pasarse sin algo

passereau, x [pasʀo] *nm* pájaro

passerelle [pasʀɛl] *nf* pasarela; ~ **(de commandement)** puente *m* (de mando)

passe-temps [pastɑ̃] *nm inv* pasatiempo

passette [pasɛt] *nf* colador *m*

passeur, -euse [pasœʀ, øz] *nm/f* (*fig*) pasador(a)

passible [pasibl] *adj* : ~ **de** merecedor(a) de

passif, -ive [pasif, iv] *adj* pasivo(-a) ▸ *nm* (*Ling*) pasiva; (*Comm*) pasivo

passion [pasjɔ̃] *nf* pasión *f*; **avoir la** ~ **de** tener pasión por; **la** ~ **du jeu/de l'argent** la pasión por el juego/por el dinero; **fruit de la** ~ fruta de la pasión

passionnant, e [pasjɔnɑ̃, ɑ̃t] *adj* apasionante

passionné, e [pasjɔne] *adj* apasionado(-a); **être** ~ **de** ser un(a) apasionado(-a) de ▸ *nm/f* : ~ **de** entusiasta *mf ou* apasionado(-a) de

passionnel, le [pasjɔnɛl] *adj* pasional

passionnément [pasjɔnemɑ̃] *adv* apasionadamente

passionner [pasjɔne] *vt* apasionar; **se passionner** *vpr* : **se** ~ **pour qch** apasionarse por algo

passivement [pasivmɑ̃] *adv* pasivamente

passivité [pasivite] *nf* pasividad *f*

passoire [paswaʀ] *nf* colador *m*; (*à légumes*) pasapurés *m inv*

pastel [pastɛl] *nm* pintura al pastel ▸ *adj inv* pastel

pastèque [pastɛk] *nf* sandía

pasteur [pastœʀ] *nm* pastor *m*

pasteurisation [pastœʀizasjɔ̃] *nf* pasteurización *f*

pasteurisé, e [pastœʀize] *adj* pasteurizado(-a)

pasteuriser [pastœʀize] *vt* pasteurizar

pastiche [pastiʃ] *nm* pastiche *m*, imitación *f*

pasticher [pastiʃe] *vt* imitar

pastille [pastij] *nf* pastilla; **pastilles pour la toux** pastillas de la tos

pastis [pastis] *nm* anís *msg*

pastoral, e, -aux [pastɔʀal, o] *adj* pastoril

patagon, ne [patagɔ̃, ɔn] *adj* patagón(-ona) ▸ *nm/f* : **Patagon, e** patagón(-ona)

Patagonie [patagɔni] *nf* Patagonia

patate [patat] *nf* patata, papa (*Am*); ~ **douce** batata, camote *m* (*Am*)

pataud, e [pato, od] *adj* palurdo(-a)

patauger [patoʒe] *vi* (*pour s'amuser*) chapotear; (*avec effort*) atascarse; ~ **dans** (*en marchant*) tropezar en; (*exposé, explications*) encasquillarse en, atascarse en

patch [patʃ] *nm* parche *m*

patchouli [patʃuli] *nm* pachulí *m*

patchwork [patʃwœʀk] *nm* (*Couture*) patchwork *m*

pâte [pɑt] *nf* pasta; (*à base de farine*) masa; (*à frire*) albardilla; **fromage à** ~ **dure/molle** queso seco/cremoso; ~ **à choux** crema de petisús; ~ **à modeler** plastilina; ~ **à papier**

pasta de papel; ~ **brisée** pasta quebrada; ~ **d'amandes** pasta de almendra; ~ **de fruits** fruta escarchada; ~ **feuilletée** masa de hojaldre; **pâtes** *nfpl* (*macaroni etc*) pasta *fsg*
pâté [pɑte] *nm* (*Culin*) paté *m*; (*tache d'encre*) borrón *m*; ~ **de foie** paté de hígado; ~ **de maisons** manzana (de casas); ~ **de sable** flan *m* de arena; ~ **en croûte** paté empanado
pâtée [pɑte] *nf* cebo
patelin [patlɛ̃] (*fam*) *nm* pueblecito
patente [patɑ̃t] *nf* patente *f*
patenté, e [patɑ̃te] *adj* (*Comm*) patentado(-a); (*attitré*) profesional
patère [patɛʀ] *nf* percha
paternalisme [patɛʀnalism] *nm* paternalismo
paternaliste [patɛʀnalist] *adj* paternalista
paternel, le [patɛʀnɛl] *adj* paterno(-a)
paternité [patɛʀnite] *nf* paternidad *f*; **revendiquer la ~ de qch** reivindicar la paternidad de algo
pâteux, -euse [pɑtø, øz] *adj* pastoso(-a); **avoir la bouche/langue pâteuse** tener la boca/lengua pastosa
pathétique [patetik] *adj* patético(-a)
pathologie [patɔlɔʒi] *nf* patología
pathologique [patɔlɔʒik] *adj* patológico(-a)
patibulaire [patibylɛʀ] *adj* patibulario(-a)
patiemment [pasjamɑ̃] *adv* pacientemente
patience [pasjɑ̃s] *nf* paciencia; (*Cartes*) solitario; **être à bout de ~** estar a punto de perder la paciencia; **perdre ~** perder la paciencia; **prendre ~** tomárselo con calma
patient, e [pasjɑ̃, jɑ̃t] *adj*, *nm/f* paciente *mf*
patienter [pasjɑ̃te] *vi* esperar
patin [patɛ̃] *nm* patín *m*; ~ **(de frein)** (*Tech*) zapata; **patins (à glace)** patines *mpl* (de cuchilla); **patins à roulettes** patines de ruedas
patinage [patinaʒ] *nm* patinaje *m*; ~ **artistique/de vitesse** patinaje artístico/de velocidad
patine [patin] *nf* pátina
patiner [patine] *vi* patinar; **se patiner** *vpr* cubrirse de pátina
patineur, -euse [patinœʀ, øz] *nm/f* patinador(a)
patinoire [patinwaʀ] *nf* pista de patinaje
patio [pasjo] *nm* patio
pâtir [pɑtiʀ] : ~ **de** *vt* padecer de
pâtisserie [pɑtisʀi] *nf* pastelería; (*à la maison*) repostería; **pâtisseries** *nfpl* (*gâteaux*) pasteles *mpl*
pâtissier, -ière [pɑtisje, jɛʀ] *nm/f* pastelero(-a)
pâtisson [pɑtisɔ̃] *nm* calabaza
patois [patwa] *nm* dialecto
patraque [patʀak] (*fam*) *adj* pachucho(-a) (*fam*)
patriarche [patʀijaʀʃ] *nm* patriarca *m*
patrie [patʀi] *nf* patria
patrimoine [patʀimwan] *nm* patrimonio; ~ **génétique** herencia genética
patriote [patʀijɔt] *adj*, *nmf* patriota *mf*
patriotique [patʀijɔtik] *adj* patriótico(-a)
patriotisme [patʀijɔtism] *nm* patriotismo
patron, ne [patʀɔ̃, ɔn] *nm/f* (*chef*) jefe(-a), patrón(-ona); (*propriétaire*) dueño(-a); (*Méd*) médico(-a) jefe; (*Rel*) patrono(-a); **patrons et employés** patrones *mpl* y empleados; ~ **de thèse** director(a) de tesis ▸ *nm* (*Couture*) patrón *m*
patronage [patʀɔnaʒ] *nm* patrocinio, tutela; (*organisation, club*) patronato; **sous le ~ de** bajo el patrocinio de
patronal, e, -aux [patʀɔnal, o] *adj* patronal
patronat [patʀɔna] *nm* empresariado
patronner [patʀɔne] *vt* (*personne, entreprise*) patrocinar; (*candidature*) apoyar
patronnesse [patʀɔnɛs] *adj f* : **dame ~** patrocinadora
patronyme [patʀɔnim] *nm* patronímico
patronymique [patʀɔnimik] *adj* : **nom ~** nombre *m* patronímico
patrouille [patʀuj] *nf* patrulla; ~ **de chasse** (*Aviat*) escuadrilla de caza; ~ **de reconnaissance** patrulla de reconocimiento
patrouiller [patʀuje] *vi* patrullar
patrouilleur [patʀujœʀ] *nm* patrullero
patte [pat] *nf* (*d'animal*) pata; (*fam : de personne : jambe*) pata; (*: main*) mano *f*; (*languette de cuir, d'étoffe*) lengüeta; (*de poche*) solapa; **pattes** (*favoris*) patillas *fpl*; **à pattes d'éléphant** (*pantalon*) de pata de elefante; **(se mettre) à quatre pattes** (ponerse) a cuatro patas; **en avoir plein les pattes** (*fam*) estar reventado(-a) (*fam*); **pattes de mouche** (*fig*) letra *fsg* de pulga; **pattes d'oie** (*rides*) patas *fpl* de gallo
pattemouille [patmuj] *nf* sabanilla de planchar
pâturage [pɑtyʀaʒ] *nm* pasto
pâture [pɑtyʀ] *nf* (*aliment*) pasto; (*fig*) alimento, comidilla
paume [pom] *nf* palma (de la mano)
paumé, e [pome] (*fam*) *adj* perdido(-a)
paumer [pome] *vt* (*fam*) perder; **se paumer** *vpr* perderse
paupérisation [popeʀizasjɔ̃] *nf* pauperización *f*
paupérisme [popeʀism] *nm* pauperismo
paupière [popjɛʀ] *nf* párpado
paupiette [popjɛt] *nf* : **paupiettes de veau** pulpetas *fpl* de ternera
pause [poz] *nf* (*arrêt, halte*) parada; (*en parlant*) pausa; (*Mus*) silencio
pause-café [pozkafe] (*pl* **pauses-café**) *nf* descanso para el café
pause-repas [pozʀəpa] (*pl* **pauses-repas**) *nf* descanso para comer

P

pauvre [povʀ] *adj* pobre; **~ en calcium** pobre en calcio ▸ *nmf* pobre *mf*; **pauvres** *nmpl* : **les pauvres** los pobres
pauvrement [povʀəmɑ̃] *adv* pobremente
pauvreté [povʀəte] *nf* pobreza
pavage [pavaʒ] *nm* pavimentado; (*revêtement*) pavimento
pavaner [pavane] : **se pavaner** *vpr* pavonearse
pavé, e [pave] *adj* pavimentado(-a) ▸ *nm* (*bloc de pierre*) adoquín *m*; (*pavage, pavement*) pavimento; (*de viande*) trozo grueso; (*fam* : *article, livre*) tocho; **être sur le ~** estar en la calle; **battre le ~** callejear; **~ numérique** (*Inform*) teclado numérico; **~ publicitaire** panel *m* publicitario
paver [pave] *vt* pavimentar
pavillon [pavijɔ̃] *nm* pabellón *m*; (*maisonnette, villa*) casa, chalet *m*; **~ de complaisance** pabellón de conveniencia
pavoiser [pavwaze] *vt* (*édifice*) engalanar; (*navire*) empavesar ▸ *vi* poner colgaduras; (*fam* : *fig*) echar las campanas al vuelo
pavot [pavo] *nm* amapola; (*pavot somnifère*) adormidera
payable [pɛjabl] *adj* pagadero(-a)
payant, e [pɛjɑ̃, ɑ̃t] *adj* (*hôte, spectateur*) que paga; (*entreprise, coup*) rentable; **c'est ~** hay que pagar; **c'est un spectacle ~** es un espectáculo en el que hay que pagar
paye [pɛj] *nf* paga; **ça fait une ~ (qu'on ne s'est pas vus)** (*fam*) hace un siglo (que no nos hemos visto)
payement [pɛjmɑ̃] *nm* pago
payer [peje] *vt* pagar; **il me l'a fait ~ 10 €** me ha cobrado 10 euros; **~ qn de** (*ses efforts, peines*) recompensar a algn por; **~ qch à qn** pagar algo a algn; **ils nous ont payé le voyage** nos han pagado el viaje; **~ par chèque/en espèces** pagar con cheque/en metálico; **~ cher qch** pagar caro algo; **il l'a payé cher** le ha costado caro; **~ d'audace** dar prueba de audacia ▸ *vi* (*métier*) dar dinero; (*effort, tactique*) dar fruto; **~ de sa personne** darse por entero; **cela ne paie pas de mine** eso tiene mal aspecto, eso no tiene buena cara; **se payer** *vpr* : **se ~ qch** comprarse algo; **se ~ de mots** contentarse con palabras; **se ~ la tête de qn** burlarse de algn, tomar el pelo a algn; (*duper*) tomar el pelo a algn
payeur, -euse [pɛjœʀ, øz] *adj, nm/f* pagador(a)
pays [pei] *nm* país *msg*; (*région*) región *f*; (*village*) pueblo; **du ~** del país; **le ~ de Galles** el país de Gales
paysage [peizaʒ] *nm* paisaje *m*
paysager, -ère [peizaʒe, ɛʀ] *adj* (*jardin, parc*) paisajístico(-a)
paysagiste [peizaʒist] *nmf* (*peintre*) paisajista *mf*; (*jardinier, architecte*) diseñador(a) de jardines
paysan, ne [peizɑ̃, an] *nm/f* campesino(-a); (*aussi péj*) pueblerino(-a), paleto(-a) ▸ *adj* rústico(-a)
paysannat [peizana] *nm* gente *f* del campo
Pays-Bas [peiba] *nmpl* : **les ~** los Países Bajos
PC [pese] *sigle m* (= *Parti communiste*) *partido comunista*; (= *personal computer*) OP (= *ordenador personal*)
pcc *abr* (= *pour copie conforme*) para compulsar
PCV [peseve] *abr* (= *percevoir*): **en ~** a cobro revertido
PDG [pedeʒe] *sigle mf* (= *président-directeur général*) presidente(-a) y director(a) general
p.ê., p.-ê. *abr* = **peut-être**
PEA [peəa] *sigle m* (= *plan d'épargne en actions*) *en Francia, plan de ahorro que invierte el dinero en títulos de renta variable*
péage [peaʒ] *nm* peaje *m*; (*endroit*) paso de peaje; **autoroute/pont à ~** carretera/puente *m* de peaje
peau, x [po] *nf* piel *f*; (*de la peinture*) película; (*du lait*) nata; **une ~** (*morceau de peau*) un pellejo; **gants de ~** guantes *mpl* de piel; **être bien/mal dans sa ~** encontrarse/no encontrarse bien consigo mismo; **se mettre dans la ~ de qn** ponerse en el pellejo de algn; **faire ~ neuve** reinventarse; **~ de chamois** gamuza; **~ d'orange** (*aussi fig*) piel de naranja
peaufiner [pofine] *vt* pulir
Peau-Rouge [poʀuʒ] (*pl* **Peaux-Rouges**) *nmf* piel *mf* roja
peccadille [pekadij] *nf* pecadillo
péché [peʃe] *nm* pecado; **le ~ originel** el pecado original; **~ mignon** punto flaco, debilidad *f*
pêche [pɛʃ] *nf* (*activité*) pesca; (*endroit*) coto de pesca; (*fruit*) melocotón *m*, durazno (*Am*); **aller à la ~** ir de pesca; **avoir la ~** (*fam*) estar en buena forma; **~ à la ligne** pesca con caña; **~ sous-marine** pesca submarina
pêche-abricot [pɛʃabʀiko] (*pl* **pêches-abricots**) *nf* melocotón *m* romano
pécher [peʃe] *vi* pecar; **~ contre la bienséance/les bonnes mœurs** pecar contra la decencia/las buenas costumbres; **~ par excès de** (*confiance, optimisme, précaution*) pecar de exceso de; **~ par manque de** (*expérience, réalisme, réactivité*) pecar de falta de
pêcher [peʃe] *nm* melocotonero ▸ *vi* ir de pesca; **~ au chalut** pescar con red ▸ *vt* pescar; (*chercher*) sacar
pécheur, -eresse [peʃœʀ, -ʀɛs] *nm/f* pecador(a)
pêcheur, -euse [pɛʃœʀ, øz] *nm/f* pescador(a); **~ de perles** pescador(a) de perlas
pectine [pɛktin] *nf* (*Culin*) pectina *f*
pectoral, e, -aux [pɛktɔʀal, o] *adj* pectoral; **pectoraux** *nmpl* (*Anat*) pectorales *mpl*
pécule [pekyl] *nm* (*économies*) peculio; (*d'un détenu, militaire*) sueldo

pécuniaire [pekynjɛR] *adj* pecuniario(-a)

pécuniairement [pekynjɛRmɑ̃] *adv* pecuniariamente

pédagogie [pedagɔʒi] *nf* pedagogía

pédagogique [pedagɔʒik] *adj* pedagógico(-a); **formation ~** formación *f* pedagógica

pédagogue [pedagɔg] *nmf* pedagogo(-a)

pédale [pedal] *nf* pedal *m*; **mettre la ~ douce** (*fam*) bajar el ritmo

pédaler [pedale] *vi* pedalear

pédalier [pedalje] *nm* plato

pédalo [pedalo] *nm* barca a pedal

pédant, e [pedɑ̃, ɑ̃t] (*péj*) *adj, nm/f* pedante *mf*

pédantisme [pedɑ̃tism] *nm* pedantería

pédéraste [pedeRast] *nm* pederasta *m*

pédérastie [pedeRasti] *nf* pederastia

pédestre [pedɛstR] *adj* : **randonnée ~** excursión *f* a pie; **tourisme ~** turismo pedestre

pédiatre [pedjatR] *nmf* pediatra *mf*

pédiatrie [pedjatRi] *nf* pediatría

pédicure [pedikyR] *nmf* pedicuro(-a)

pedigree [pedigRe] *nm* pedigrí *m*

peeling [piliŋ] *nm* exfoliación *f*

pègre [pɛgR] *nf* hampa

peignais *etc* [peɲɛ] *vb voir* **peindre**

peigne [pɛɲ] *vb voir* **peindre** ; **peigner** ▸ *nm* peine *m*

peigné, e [peɲe] *adj* cardado(-a); **laine peignée** lana cardada

peignée [peɲe] (*fam*) *nf* (*coups*) paliza, tunda (*fam*); **flanquer une ~ à qn** dar una paliza a algn; **se faire mettre une ~** recibir una paliza

peigner [peɲe] *vt* peinar; (*laine*) cardar; **se peigner** *vpr* peinarse

peignez *etc* [pɛɲe] *vb voir* **peindre**

peignis *etc* [peɲi] *vb voir* **peindre**

peignoir [pɛɲwaR] *nm* (*chez le coiffeur*) peinador *m*; (*de bain, de sportif*) albornoz *m*; (*déshabillé*) salto de cama; **~ de bain** *ou* **de plage** albornoz

peignons [pɛɲɔ̃] *vb voir* **peindre**

peinard, e [pɛnaR, aRd] (*fam*) *adj* (*personne*) pancho(-a), tranquilo(-a); (*emploi, vie*) regalado(-a); **on est ~ ici** aquí se está la mar de tranquilo

peindre [pɛ̃dR] *vt* pintar

peine [pɛn] *nf* pena; (*effort, difficulté*) trabajo; (*Jur*) condena; **faire de la ~ à qn** dar pena a algn; **prendre la ~ de faire** tomarse la molestia de hacer; **se donner de la ~** esforzarse; **ce n'est pas la ~ de faire/que vous fassiez** no vale la pena hacer/que haga; **avoir de la ~ à faire** costarle trabajo a algn hacer; **donnez-vous/veuillez vous donner la ~ d'entrer** sírvase usted entrar; **pour la ~** en compensación; **c'est ~ perdue** es perder el tiempo; **à ~** apenas, recién (*AM*); **à ~ était-elle sortie qu'il se mit à pleuvoir** apenas salió se puso a llover; **c'est à ~ si …** apenas si …; **sous ~ d'être puni** so pena de ser castigado; **défense d'afficher sous ~ d'amende** prohibido fijar carteles bajo multa; **~ capitale** *ou* **de mort** pena capital *ou* de muerte

peiner [pene] *vi* cansarse ▸ *vt* apenar

peint, e [pɛ̃, pɛ̃t] *pp de* **peindre**

peintre [pɛ̃tR] *nmf* pintor(a); **~ en bâtiment** pintor(a) de brocha gorda

peinture [pɛ̃tyR] *nf* pintura; **ne pas pouvoir voir qn en ~** (*fam*) no poder ver a algn ni en pintura (*fam*); **« ~ fraîche »** « recién pintado »; **~ brillante/mate** pintura brillante/mate; **~ laquée** laca

peinturluré, e [pɛ̃tyRlyRe] *adj* pintarrajeado(-a)

péjoratif, -ive [peʒɔRatif, iv] *adj* peyorativo(-a), despectivo(-a)

Pékin [pekɛ̃] *n* Pekín

pékinois, e [pekinwa, waz] *adj* pekinés(-esa) ▸ *nm* (*chien, Ling*) pekinés *msg* ▸ *nm/f* : **Pékinois, e** pekinés(-esa)

PEL [peəɛl] *sigle m* (= *Plan d'épargne logement*) plan *m* de ahorro vivienda

pelade [pəlad] *nf* (*Méd*) alopecia

pelage [pəlaʒ] *nm* pelaje *m*

pelé, e [pəle] *adj* (*chien*) esquilado(-a); (*terrain*) segado(-a) ▸ *nm/f* : **trois pelés et un tondu** cuatro gatos

pêle-mêle [pɛlmɛl] *adv* en desorden

peler [pəle] *vt* pelar ▸ *vi* pelarse; (*fam : avoir froid*) pelarse de frío, congelarse

pèlerin [pɛlRɛ̃] *nm* peregrino

pèlerinage [pɛlRinaʒ] *nm* peregrinación *f*; (*lieu*) centro de peregrinación

pèlerine [pɛlRin] *nf* capa

pélican [pelikɑ̃] *nm* pelícano

pelisse [pəlis] *nf* pelliza

pelle [pɛl] *nf* pala; **~ à gâteau** *ou* **à tarte** paleta; **~ mécanique** excavadora

pelletée [pɛlte] *nf* pala

pelleter [pɛlte] *vt* palear

pelleteuse [pɛltøz] *nf* excavadora

pelletier [pɛltje] *nm* peletero(-a)

pellicule [pelikyl] *nf* (*couche fine*) película; (*Photo*) rollo, carrete *m*; (*Ciné*) cinta; **pellicules** *nfpl* (*Méd*) caspa *fsg*

Péloponnèse [pelɔpɔnɛz] *nm* Peloponeso

pelote [p(ə)lɔt] *nf* (*de fil, laine*) ovillo; (*d'épingles, d'aiguilles*) acerico; (*balle, jeu*) : **~ (basque)** pelota (vasca)

peloter [p(ə)lɔte] (*fam*) *vt* achuchar (*fam*); **se peloter** *vpr* darse *ou* pegarse el lote (*fam*), achucharse (*fam*)

peloton [p(ə)lɔtɔ̃] *nm* pelotón *m*; **~ d'exécution** pelotón de ejecución

pelotonner [p(ə)lɔtɔne] : **se pelotonner** *vpr* acurrucarse

pelouse [p(ə)luz] *nf* césped *m*; (*Courses*) pista
peluche [p(ə)lyʃ] *nf* (*flocon de poussière, poil*) pelusa; **animal en ~** muñeco de peluche
pelucher [p(ə)lyʃe] *vi* : **ce pull peluche** a este jersey le están saliendo pelotas
pelucheux, -euse [p(ə)lyʃø, øz] *adj* : **une étoffe pelucheuse** una tela a la que le salen pelotas
pelure [p(ə)lyʀ] *nf* piel *f*; **~ d'oignon** capa; (*couleur*) violáceo
pénal, e, -aux [penal, o] *adj* penal
pénalement [penalmɑ̃] *adv* penalmente
pénalisation [penalizasjɔ̃] *nf* (*Sport*) sanción *f*
pénaliser [penalize] *vt* penalizar
pénaliste [penalist] *nmf* penalista *mf*
pénalité [penalite] *nf* penalidad *f*; (*Sport*) sanción *f*
penalty [penalti] (*pl* **penalties**) *nm* (*Sport*) penalty *m*
pénard, e [penaʀ, aʀd] *adj voir* **peinard**
pénates [penat] *nmpl* (*demeure*) : **regagner ses ~** volver a casa
penaud, e [pəno, od] *adj* corrido(-a)
penchant [pɑ̃ʃɑ̃] *nm* inclinación *f*; **avoir un ~ pour qch** tener una inclinación hacia algo
penché, e [pɑ̃ʃe] *adj* (*écriture*) inclinado(-a)
pencher [pɑ̃ʃe] *vi* inclinarse; **~ pour** (*fig*) inclinarse por ▸ *vt* inclinar; **se pencher** *vpr* inclinarse; (*se baisser*) agacharse; **se ~ sur** inclinarse sobre; (*fig*) examinar; **se ~ au dehors** asomarse
pendable [pɑ̃dabl] *adj* : **c'est un cas ~ !** ¡merece que se le castigue!; **tour ~** mala pasada
pendaison [pɑ̃dɛzɔ̃] *nf* ahorcamiento
pendant, e [pɑ̃dɑ̃, ɑ̃t] *adj* (*jambes, langue etc*) colgante; (*Admin, Jur*) pendiente ▸ *nm* : **être le ~ de** ser el compañero de; (*fig*) ser equiparable con; **faire ~ à** hacer pareja con; **pendants d'oreilles** pendientes *mpl* ▸ *prép* durante; **~ que** mientras
pendeloque [pɑ̃d(ə)lɔk] *nf* colgante *m*; (*ornement de lustre*) cristal *m*
pendentif [pɑ̃dɑ̃tif] *nm* colgante *m*
penderie [pɑ̃dʀi] *nf* ropero
pendiller [pɑ̃dije] *vi* colgar
pendre [pɑ̃dʀ] *vt* colgar; (*personne*) ahorcar; **~ qch à** colgar algo de ▸ *vi* colgar; **~ à** colgar de; **se pendre** *vpr* (*se suicider*) ahorcarse; **se ~ à** colgarse de
pendu, e [pɑ̃dy] *pp de* **pendre** ▸ *nm/f* ahorcado(-a)
pendulaire [pɑ̃dylɛʀ] *adj* pendular
pendule [pɑ̃dyl] *nf* (*horloge*) reloj *m* péndulo; **remettre les pendules à l'heure** (*fig*) poner las cosas en su sitio ▸ *nm* péndulo
pendulette [pɑ̃dylɛt] *nf* relojito
pêne [pɛn] *nm* pestillo
pénétrant, e [penetʀɑ̃, ɑ̃t] *adj* penetrante; (*esprit, personne*) agudo(-a)
pénétrante [penetʀɑ̃t] *nf* *autopista que llega hasta el centro de una ciudad*
pénétration [penetʀasjɔ̃] *nf* penetración *f*; (*perspicacité*) agudeza; (*Mil*) : **force de ~** fuerza de penetración
pénétré, e [penetʀe] *adj* (*air, ton*) importante; **être ~ de** (*sentiment, conviction*) estar lleno(-a) de; **être ~ de soi-même/son importance** estar convencido(-a) de sí mismo/su importancia
pénétrer [penetʀe] *vi* penetrar; **~ dans/à l'intérieur de** penetrar en/en el interior de; (*suj : air, eau*) entrar en ▸ *vt* entrar; (*suj : projectile, mystère, secret*) penetrar; **se pénétrer** *vpr* : **se ~ de qch** llenarse de algo
pénible [penibl] *adj* penoso(-a); **il m'est ~ de ...** me resulta penoso ...
péniblement [penibləmɑ̃] *adv* penosamente; (*tout juste*) a duras penas
péniche [peniʃ] *nf* chalana; (*Mil*) : **~ de débarquement** lanchón *m* de desembarco
pénicilline [penisilin] *nf* penicilina
péninsulaire [penɛ̃sylɛʀ] *adj* peninsular
péninsule [penɛ̃syl] *nf* península
pénis [penis] *nm* pene *m*
pénitence [penitɑ̃s] *nf* penitencia; **être/mettre en ~** (*enfant*) estar castigado(-a)/castigar; **faire ~** hacer penitencia
pénitencier [penitɑ̃sje] *nm* (*prison*) penitenciaría
pénitent, e [penitɑ̃, ɑ̃t] *nm/f* (*Rel*) penitente *mf*
pénitentiaire [penitɑ̃sjɛʀ] *adj* penitenciario(-a)
pénombre [penɔ̃bʀ] *nf* penumbra
pensable [pɑ̃sabl] *adj* : **ce n'est pas ~** esto es impensable *ou* inimaginable
pensant, e [pɑ̃sɑ̃, ɑ̃t] *adj* : **bien ~** de bien
pense-bête [pɑ̃sbɛt] (*pl* **pense-bêtes**) *nm* nota
pensée [pɑ̃se] *nf* (*aussi Bot*) pensamiento; (*maxime, sentence*) aforismo; (*démarche*) : **~ claire/obscure/organisée** ideas *fpl* claras/oscuras/organizadas; **en** *ou* **par la ~** con el pensamiento; **se représenter qch par la** *ou* **en ~** imaginarse algo con el pensamiento
penser [pɑ̃se] *vi* pensar; (*avoir une opinion*) : **je ne pense pas comme vous** no pienso como usted; **~ à** pensar en; **~ (à) faire qch** pensar (en) hacer algo; **faire ~ à** hacer pensar en, recordar; **n'y pensons plus** (*pour excuser, pardonner*) olvidémoslo; **sans ~ à mal** sin mala intención ▸ *vt* pensar; (*concevoir : problème, machine*) pensar, idear; **~ que** pensar que, creer que; **~ du bien/du mal de qn/qch** pensar bien/mal de algn/algo; **qu'en pensez-vous ?** ¿qué opina usted?; **je le pense aussi** yo también lo creo; **je ne le pense pas** no lo creo; **j'aurais pensé que si/non** habría creído que sí/no; **je pense que**

oui/non creo que sí/no; **vous n'y pensez pas !** ¡ni lo sueñe!
penseur [pɑ̃sœʀ] *nm* pensador(a); **libre ~** librepensador(a)
pensif, -ive [pɑ̃sif, iv] *adj* pensativo(-a)
pension [pɑ̃sjɔ̃] *nf* (*allocation, prix du logement, hôtel*) pensión; (*école*) internado; **prendre ~ chez qn/dans un hôtel** alojarse en casa de algn/en un hotel; **prendre qn en ~** coger a algn en pensión; **mettre en ~** (*enfant*) meter interno(-a); **~ alimentaire** (*d'étudiant*) pensión alimenticia; (*de divorcée*) pensión; **~ complète** pensión completa; **~ d'invalidité** subsidio de invalidez; **~ de famille** casa de huéspedes; **~ de guerre** pensión de mutilado; **~ de retraite** pensión de jubilación
pensionnaire [pɑ̃sjɔnɛʀ] *nmf* (*d'un hôtel*) huésped *m*; (*d'école*) interno(-a)
pensionnat [pɑ̃sjɔna] *nm* pensionado; (*élèves*) internado
pensionné, e [pɑ̃sjɔne] *adj* pensionado(-a) ▸ *nm/f* pensionista *mf*
pensivement [pɑ̃sivmɑ̃] *adv* pensativamente
pensum [pɛ̃sɔm] *nm* (*Scol*) tarea; (*fig*) castigo *m*
pentagone [pɛ̃tagɔn] *nm* pentágono; **le P~** (*Pol*) el Pentágono
pentathlon [pɛ̃tatlɔ̃] *nm* pentatlón *m*
pente [pɑ̃t] *nf* pendiente *f*; (*descente*) cuesta; **en ~** en pendiente, en cuesta
Pentecôte [pɑ̃tkot] *nf* : **la ~** Pentecostés *msg*; **lundi de ~** lunes *m inv* de Pentecostés
pénurie [penyʀi] *nf* penuria, escasez *f*; **~ de main-d'œuvre** escasez de mano de obra
people [pipɔl] *adj ou adj inv* (*presse*) del corazón; (*événement*) vip; **les magazines ~** las revistas del corazón ▸ *nmf* celebridad *f*, famoso(-a)
PEP [pɛp] *sigle m* (= *plan d'épargne populaire*) *en Francia, plan de ahorro popular*
pépé [pepe] (*fam*) *nm* abuelo
pépée [pepe] *nf* (*fam : femme*) chati *f* (*fam*), churri *f* (*fam*)
pépère [pepɛʀ] (*fam*) *adj* tranquilo(-a), bonachón(-ona) ▸ *nm* abuelo
pépier [pepje] *vi* piar
pépin [pepɛ̃] *nm* (*Bot*) pepita; (*fam : ennui*) lío; (*fam : parapluie*) paraguas *m inv*
pépinière [pepinjɛʀ] *nf* vivero; (*fig*) cantera
pépiniériste [pepinjeʀist] *nmf* encargado(-a) de vivero
pépite [pepit] *nf* pepita
péplum [peplɔm] *nm* (*film*) péplum *m*
péquenaud, e [pɛkno, od] (*fam, péj*) *nm/f* paleto(-a), palurdo(-a)
PER [peəɛʀ] *sigle m* (= *plan d'épargne retraite*) *plan de pensiones*
perçant, e [pɛʀsɑ̃, ɑ̃t] *adj* (*vue, regard, yeux*) perspicaz; (*cri, voix*) agudo(-a)
percée [pɛʀse] *nf* paso; (*Comm, fig*) avance *m*; (*Sport*) entrada; **tenter une ~** (*Mil*) intentar abrir una brecha
perce-neige [pɛʀsənɛʒ] (*pl* **~(s)**) *nm ou f* (*Bot*) narciso de las nieves
perce-oreille [pɛʀsɔʀɛj] (*pl* **perce-oreilles**) *nm* forfícula
percepteur, -trice [pɛʀsɛptœʀ, tʀis] *nm/f* (*Admin*) recaudador(a) de impuestos
perceptible [pɛʀsɛptibl] *adj* perceptible
perception [pɛʀsɛpsjɔ̃] *nf* percepción *f*; (*d'impôts etc*) recaudación *f*; (*bureau*) oficina de recaudación
percer [pɛʀse] *vt* (*métal*) perforar; (*trou, coffre-fort*) abrir; (*pneu*) pinchar; (*abcès*) reventar; (*obscurité*) atravesar; (*mystère, énigme*) penetrar; (*oreilles, tympan*) traspasar ▸ *vi* (*aube, dent*) salir; (*artiste*) abrirse camino
perceuse [pɛʀsøz] *nf* taladradora, perforadora; **~ à percussion** taladradora de percusión
percevable [pɛʀsəvabl] *adj* recaudable
percevoir [pɛʀsəvwaʀ] *vt* percibir; (*taxe, impôt*) recaudar
perche [pɛʀʃ] *nf* (*pièce de bois, métal*) vara; (*Sport*) pértiga; (*TV, Radio, Ciné*) jirafa (del micrófono); (*Zool*) perca; **tendre la ~ à qn** echar un cable a algn
percher [pɛʀʃe] *vt* : **~ qch sur** colocar algo sobre; **se percher** *vpr* (*oiseau*) encaramarse
perchiste [pɛʀʃist] *nmf* (*Sport*) saltador(a) de pértiga; (*TV, Radio, Ciné*) jirafista *mf*
perchoir [pɛʀʃwaʀ] *nm* percha; **le ~** (*Pol*) *puesto de presidente de la Asamblea nacional francesa*
perclus, e [pɛʀkly, yz] *adj* : **~ de** (*rhumatismes*) lleno(-a) de
perçois *etc* [pɛʀswa] *vb voir* **percevoir**
percolateur [pɛʀkɔlatœʀ] *nm* percolador *m*, máquina de café
perçu, e [pɛʀsy] *pp de* **percevoir**
percussion [pɛʀkysjɔ̃] *nf* percusión *f*; **à ~** (*instruments, perceuse*) de percusión
percussionniste [pɛʀkysjɔnist] *nmf* percusionista *mf*
percutant, e [pɛʀkytɑ̃, ɑ̃t] *adj* (*article, discours*) contundente; **obus ~** obús *msg* de percusión
percuter [pɛʀkyte] *vt* percutir; (*suj : véhicule*) chocar ▸ *vi* (*fam : comprendre, réagir*) coscarse; **~ contre** chocar contra
percuteur [pɛʀkytœʀ] *nm* percutor *m*
perdant, e [pɛʀdɑ̃, ɑ̃t] *nm/f* perdedor(a) ▸ *adj* (*numéro*) no agraciado(-a)
perdition [pɛʀdisjɔ̃] *nf* (*morale*) perdición *f*; **en ~** (*Naut*) en peligro de naufragio; **lieu de ~** lugar *m* de perdición
perdre [pɛʀdʀ] *vt* perder; **il ne perd rien pour attendre** ese se va a enterar ▸ *vi* perder; **se perdre** *vpr* perderse
perdreau, x [pɛʀdʀo] *nm* perdigón *m*

P

perdrix [pɛʀdʀi] *nf* perdiz *f*
perdu, e [pɛʀdy] *pp de* **perdre** ▸ *adj* perdido(-a); (*malade, blessé*) : **il est ~** está desahuciado; **à vos moments perdus** en sus ratos libres
père [pɛʀ] *nm* padre *m*; **de ~ en fils** de padre a hijo; **~ de famille** padre de familia; **mon ~** (*Rel*) padre; **le ~ Noël** Papá *m* Noel; **pères** *nmpl* padres *mpl*
pérégrinations [peʀegʀinasjɔ̃] *nfpl* peregrinaciones *fpl*
péremption [peʀɑ̃psjɔ̃] *nf* : **date de ~** fecha de caducidad
péremptoire [peʀɑ̃ptwaʀ] *adj* perentorio(-a); (*ton*) tajante
pérenne [peʀɛn] *adj* (*agriculture, développement*) sostenible; (*emploi*) estable
pérenniser [peʀenize] *vt* (*rendre pérenne*) garantizar la continuidad de; **~ les services publics** garantizar la continuidad de los servicios públicos
pérennité [peʀenite] *nf* perennidad *f*
péréquation [peʀekwasjɔ̃] *nf* (*des salaires*) distribución *f* equitativa; (*des prix, impôts*) reparto equitativo
perfectible [pɛʀfɛktibl] *adj* perfectible
perfection [pɛʀfɛksjɔ̃] *nf* perfección *f*; **à la ~** a la perfección
perfectionné, e [pɛʀfɛksjɔne] *adj* perfeccionado(-a)
perfectionnement [pɛʀfɛksjɔnmɑ̃] *nm* perfeccionamiento
perfectionner [pɛʀfɛksjɔne] *vt* perfeccionar; **se perfectionner** *vpr* (*dans un sport, une matière*) mejorar; **je me suis perfectionné en anglais** he perfeccionado mi inglés
perfectionniste [pɛʀfɛksjɔnist] *nmf* perfeccionista *mf*
perfide [pɛʀfid] *adj* pérfido(-a)
perfidie [pɛʀfidi] *nf* perfidia
perforant, e [pɛʀfɔʀɑ̃, ɑ̃t] *adj* perforante
perforateur [pɛʀfɔʀatœʀ] *nm* taladro
perforation [pɛʀfɔʀasjɔ̃] *nf* perforación *f*; **~ intestinale** perforación intestinal
perforatrice [pɛʀfɔʀatʀis] *nf* perforadora, taladradora
perforé, e [pɛʀfɔʀe] *adj* perforado(-a)
perforer [pɛʀfɔʀe] *vt* perforar
perforeuse [pɛʀfɔʀøz] *nf* perforadora
performance [pɛʀfɔʀmɑ̃s] *nf* (*d'un cheval, athlète*) marca; (*exploit, succès*) récord *m*; **performances** *nfpl* (*d'une machine, d'un véhicule*) prestaciones *fpl*
performant, e [pɛʀfɔʀmɑ̃, ɑ̃t] *adj* (*Écon*) competitivo(-a); (*Tech*) en buen rendimiento
perfusion [pɛʀfyzjɔ̃] *nf* perfusión *f*; **être sous ~** tener puesto el gotero
péricliter [peʀiklite] *vi* decaer
péridurale [peʀidyʀal] *nf* epidural *f*
périgourdin, e [peʀiguʀdɛ̃, in] *adj* del Perigord ▸ *nm/f* : **Périgourdin, e** nativo(-a) *ou* habitante *mf* de Perigord
péri-informatique [peʀiɛ̃fɔʀmatik] (*pl* **péri-informatiques**) *nf* (*composants*) periféricos *mpl*
péril [peʀil] *nm* peligro; **au ~ de sa vie** con riesgo de su vida; **à ses risques et périls** por su cuenta y riesgo
périlleux, -euse [peʀijø, øz] *adj* peligroso(-a)
périmé, e [peʀime] *adj* (*passeport, billet*) caducado(-a); (*conception, idéologie*) caduco(-a)
périmètre [peʀimɛtʀ] *nm* perímetro; (*zone*) superficie *f*; **~ de sécurité** perímetro de seguridad
périnatal, e, -aux [peʀinatal, o] *adj* perinatal
période [peʀjɔd] *nf* periodo, período; **~ de l'ovulation/d'incubation** periodo *ou* período de ovulación/de incubación
périodique [peʀjɔdik] *adj* periódico(-a); **serviette ~** compresa ▸ *nm* periódico
périodiquement [peʀjɔdikmɑ̃] *adv* periódicamente
péripéties [peʀipesi] *nfpl* peripecias *fpl*
périphérie [peʀifeʀi] *nf* periferia
périphérique [peʀifeʀik] *adj* periférico(-a); (*Auto*) : **(boulevard) ~** (carretera *ou* ronda de) circunvalación *f* ▸ *nm* (*Inform*) periférico
périphrase [peʀifʀɑz] *nf* perífrasis *f inv*
périple [peʀipl] *nm* viaje *m*
périr [peʀiʀ] *vi* perecer
périscolaire [peʀiskɔlɛʀ] *adj* extraescolar
périscope [peʀiskɔp] *nm* periscopio
périssable [peʀisabl] *adj* perecedero(-a)
péristyle [peʀistil] *nm* peristilo
péritélévision [peʀitelevizjɔ̃] *nf* *aparatos que pueden conectarse a un televisor*
péritonite [peʀitɔnit] *nf* peritonitis *f inv*
périurbain, e [peʀiyʀbɛ̃, ɛn] *adj* periférico(-a)
perle [pɛʀl] *nf* (*aussi personne, chose*) perla; (*de verre etc*) cuenta; (*de rosée, sang, sueur*) gota; (*erreur*) gazapo
perlé, e [pɛʀle] *adj* (*dents, travail*) de perlas; (*rire*) delicado(-a); (*orge*) perlado(-a); **grève perlée** semihuelga
perler [pɛʀle] *vi* : **la sueur perlait sur son front** tenía la frente cubierta de gotas de sudor
perlier, -ière [pɛʀlje, jɛʀ] *adj* perlero(-a)
permanence [pɛʀmanɑ̃s] *nf* (*aussi Scol*) permanencia; (*local*) guardia; **assurer une ~** (*service public, bureaux*) estar abierto(-a); **être de ~** estar de guardia; **en ~** permanentemente
permanent, e [pɛʀmanɑ̃, ɑ̃t] *adj* permanente; (*spectacle*) continuo(-a) ▸ *nm/f* (*d'un syndicat*) representante *mf*; (*d'un parti*) miembro *mf* permanente
permanente [pɛʀmanɑ̃t] *nf* permanente *f*
perméable [pɛʀmeabl] *adj* permeable; **~ à** (*fig*) influenciable por

permettre [pɛʀmɛtʀ] *vt* permitir; **rien ne permet de penser que ...** nada permite pensar que ...; **~ à qn de faire qch** permitir a algn hacer algo; **permettez !** ¡perdone!; **se permettre** *vpr* : **se ~ (de faire) qch** permitirse (hacer) algo

permis, e [pɛʀmi, iz] *pp de* **permettre** ▸ *nm* permiso; **~ d'inhumer** permiso de inhumación; **~ de chasse/pêche** licencia de caza/pesca; **~ de conduire** carnet *m* de conducir; **~ de construire** licencia de construcción; **~ de séjour/de travail** permiso de residencia/de trabajo; **~ poids lourds** carnet de primera

permissif, -ive [pɛʀmisif, iv] *adj* permisivo(-a)

permission [pɛʀmisjɔ̃] *nf* permiso; **en ~** (*Mil*) de permiso; **avoir la ~ de faire qch** tener permiso para hacer algo

permissionnaire [pɛʀmisjɔnɛʀ] *nm* militar *m* de permiso

permutable [pɛʀmytabl] *adj* permutable

permutation [pɛʀmytasjɔ̃] *nf* permuta

permuter [pɛʀmyte] *vt, vi* permutar

pernicieux, -euse [pɛʀnisjø, jøz] *adj* pernicioso(-a)

péroné [peʀɔne] *nm* peroné *m*

pérorer [peʀɔʀe] *vi* perorar

Pérou [peʀu] *nm* Perú *m*

perpendiculaire [pɛʀpɑ̃dikylɛʀ] *adj* perpendicular; **~ à** perpendicular a ▸ *nf* perpendicular *f*

perpendiculairement [pɛʀpɑ̃dikylɛʀmɑ̃] *adv* perpendicularmente

perpète [pɛʀpɛt] (*fam*) *nf* (*loin*) : **à ~** en el quinto pino (*fam*); (*longtemps*) indefinidamente

perpétrer [pɛʀpetʀe] *vt* perpetrar

perpétuel, le [pɛʀpetɥɛl] *adj* perpetuo(-a); (*Admin*) vitalicio(-a); (*jérémiades*) continuo(-a)

perpétuellement [pɛʀpetɥɛlmɑ̃] *adv* perpetuamente; (*fréquemment*) continuamente

perpétuer [pɛʀpetɥe] *vt* perpetuar; **se perpétuer** *vpr* perpetuarse

perpétuité [pɛʀpetɥite] *nf* : **à ~** a perpetuidad; **être condamné à ~** estar condenado a cadena perpetua

perplexe [pɛʀplɛks] *adj* perplejo(-a)

perplexité [pɛʀplɛksite] *nf* perplejidad *f*

perquisition [pɛʀkizisjɔ̃] *nf* registro

perquisitionner [pɛʀkizisjɔne] *vi* registrar

perron [peʀɔ̃] *nm* escalinata

perroquet [peʀɔkɛ] *nm* loro

perruche [peʀyʃ] *nf* cotorra

perruque [peʀyk] *nf* peluca

persan, e [pɛʀsɑ̃, an] *adj* persa ▸ *nm* (*Ling*) persa *m* ▸ *nm/f* : **Persan, e** persa *mf*

Perse [pɛʀs] *nmf* (*personne*) persa *mf*; (*pays*) Persia

perse [pɛʀs] *adj* persa ▸ *nm* (*Ling*) persa *m*

persécuter [pɛʀsekyte] *vt* perseguir

persécution [pɛʀsekysjɔ̃] *nf* persecución *f*

persévérance [pɛʀseveʀɑ̃s] *nf* perseverancia

persévérant, e [pɛʀseveʀɑ̃, ɑ̃t] *adj* perseverante

persévérer [pɛʀseveʀe] *vi* perseverar; **~ à croire que** obstinarse en creer que; **~ dans qch** perseverar en algo

persienne [pɛʀsjɛn] *nf* persiana

persiflage [pɛʀsiflaʒ] *nm* chanzas *fpl*

persifleur, -euse [pɛʀsiflœʀ, øz] *adj* socarrón(-ona)

persil [pɛʀsi] *nm* perejil *m*

persillé, e [pɛʀsije] *adj* aderezado(-a) con perejil; (*fromage*) azul; (*viande*) mechado(-a)

Persique [pɛʀsik] *adj* : **le golfe ~** el Golfo pérsico

persistance [pɛʀsistɑ̃s] *nf* persistencia

persistant, e [pɛʀsistɑ̃, ɑ̃t] *adj* persistente; (*feuilles, feuillage*) perenne; **arbre à feuillage ~** árbol de hoja perenne

persister [pɛʀsiste] *vi* persistir; **~ dans qch** persistir en algo; **~ à faire qch** empeñarse en hacer algo

personnage [pɛʀsɔnaʒ] *nm* personaje *m*

personnaliser [pɛʀsɔnalize] *vt* (*voiture, peine*) dar un tinte personal a; (*impôt etc*) individualizar

personnalité [pɛʀsɔnalite] *nf* personalidad *f*

personne [pɛʀsɔn] *nf* persona; (*Ling*) : **première/troisième ~** primera/tercera persona; **10 euros par ~** 10 euros por persona; **en ~** en persona; **~ à charge** (*Jur*) persona a su cargo; **~ âgée** persona mayor; **~ civile/morale** (*Jur*) persona civil/moral ▸ *pron* nadie; **il n'y a ~** no hay nadie

personnel, le [pɛʀsɔnɛl] *adj* personal; (*égoïste*) individualista; (*taxe, contribution*) individual; **il a des idées très personnelles sur le sujet** tiene sus propias ideas sobre el tema ▸ *nm* (*domestiques*) servidumbre *f*; (*employés*) plantilla; **service du ~** servicio de personal

personnellement [pɛʀsɔnɛlmɑ̃] *adv* personalmente

personnification [pɛʀsɔnifikasjɔ̃] *nf* personificación *f*

personnifier [pɛʀsɔnifje] *vt* personificar; **c'est l'honnêteté personnifiée** es la honradez personificada

perspective [pɛʀspɛktiv] *nf* perspectiva; **en ~** en perspectiva; **perspectives** *nfpl* (*d'avenir*) perspectivas *fpl* (de futuro)

perspicace [pɛʀspikas] *adj* perspicaz

perspicacité [pɛʀspikasite] *nf* perspicacia

persuader [pɛʀsɥade] *vt* : **~ qn (de qch/de faire qch)** persuadir a algn (de algo/de hacer algo); **j'en suis persuadé** estoy convencido

persuasif, -ive [pɛʀsɥazif, iv] *adj* persuasivo(-a)

P

persuasion [pɛʀsɥazjɔ̃] *nf* persuasión *f*
perte [pɛʀt] *nf* pérdida; (*ruine morale*) perdición *f*; **vendre à ~** hacer dumping; **à ~ de vue** hasta perderse de vista; (*discourir, raisonner*) hasta nunca acabar; **en pure ~** sin ganancia alguna; **courir à sa ~** buscarse la ruina; **être en ~ de vitesse** (*fig*) estar de capa caída; **avec ~ et fracas** sin contemplaciones; **~ de chaleur/d'énergie** pérdida de calor/de energía; **~ sèche** pérdida total; **pertes** *nfpl* (*personnes tuées*) bajas *fpl*; (*Comm*) déficit *msg*; **pertes blanches** flujo *msg* vaginal
pertinemment [pɛʀtinamɑ̃] *adv* oportunamente; (*savoir*) a ciencia cierta
pertinence [pɛʀtinɑ̃s] *nf* pertinencia
pertinent, e [pɛʀtinɑ̃, ɑ̃t] *adj* pertinente
perturbateur, -trice [pɛʀtyʀbatœʀ, tʀis] *adj, nm/f* perturbador(a)
perturbation [pɛʀtyʀbasjɔ̃] *nf* perturbación *f*; **~ atmosphérique** perturbación atmosférica
perturber [pɛʀtyʀbe] *vt* perturbar
péruvien, ne [peʀyvjɛ̃, jɛn] *adj* peruano(-a) ▸ *nm/f* : **Péruvien, ne** peruano(-a)
pervenche [pɛʀvɑ̃ʃ] *nf* (*Bot*) vincapervinca ▸ *adj* : **bleu ~** azul intenso
pervers, e [pɛʀvɛʀ, ɛʀs] *adj* perverso(-a); **effet ~** efecto perverso ▸ *nm/f* perverso(-a)
perversion [pɛʀvɛʀsjɔ̃] *nf* perversión *f*
perversité [pɛʀvɛʀsite] *nf* perversidad *f*
perverti, e [pɛʀvɛʀti] *nm/f* pervertido(-a)
pervertir [pɛʀvɛʀtiʀ] *vt* pervertir; (*altérer, dénaturer*) desnaturalizar
pesage [pəzaʒ] *nm* peso
pesamment [pəzamɑ̃] *adv* pesadamente
pesant, e [pəzɑ̃, ɑ̃t] *adj* pesado(-a) ▸ *nm* : **valoir son ~ de** valer su peso en
pesanteur [pəzɑ̃tœʀ] *nf* gravedad *f*
pèse-bébé [pɛzbebe] (*pl* **pèse-bébés**) *nm* pesabebés *m inv*
pesée [pəze] *nf* pesada; (*Boxe*) peso; (*pression*) presión *f*
pèse-lettre [pɛzlɛtʀ] (*pl* **pèse-lettres**) *nm* pesacartas *m inv*
pèse-personne [pɛzpɛʀsɔn] (*pl* **pèse-personnes**) *nm* báscula
peser [pəze] *vt* pesar; (*considérer, comparer*) ponderar ▸ *vi* pesar; (*fig*) tener peso; **~ cent kilos/peu** pesar cien kilos/poco; **~ sur** (*levier, bouton*) apretar sobre; (*fig*) abrumar; (*suj : aliment, fardeau, impôt*) pesar; (*influencer : décision*) influir en; **~ à qn** molestar a algn
pessaire [pesɛʀ] *nm* pesario
pessimisme [pesimism] *nm* pesimismo
pessimiste [pesimist] *adj, nmf* pesimista *mf*
peste [pɛst] *nf* (*Méd*) peste *f*; (*enfant, personne*) : **quelle ~ !** ¡es peor que la peste!
pester [pɛste] *vi* : **~ contre qn/qch** echar pestes contra algn/algo
pesticide [pɛstisid] *nm* pesticida *m*
pestiféré [pɛstifeʀe] *nmf* apestado(-a)
pestilentiel, le [pɛstilɑ̃sjɛl] *adj* pestilente
pet [pɛ] (*fam*) *nm* pedo
pétale [petal] *nm* pétalo
pétanque [petɑ̃k] *nf* petanca; *ver nota*

PÉTANQUE

La **pétanque**, que tiene sus orígenes en el sur de Francia, es una versión del juego de *boules* practicada en diversos tipos de terreno. De pie y con los pies juntos, los jugadores lanzan bolas de acero hacia un boliche de madera.

pétaradant, e [petaʀadɑ̃, ɑ̃t] *adj* petardeante
pétarade [petaʀad] *nf* traca
pétarader [petaʀade] *vi* petardear
pétard [petaʀ] *nm* (*feu d'artifice*) petardo, cohete *m*; (*de cotillon*) petardo; (*fam*) : **en ~** (*cheveux*) desgreñado(-a); (*personne : en colère*) cabreado(-a) (*fam*)
pétasse [petas] *nf* (*fam ! : femme*) zorra (*fam !*), puta (*fam !*)
pétaudière [petodjɛʀ] *nf* olla de grillos
pet-de-nonne [pɛdnɔn] (*pl* **pets-de-nonne**) *nm* suspiro de monja
pète [pɛt] (*fam*) *nm* (*coup, choc*) torta (*fam*), viaje *m* (*fam*); **prendre un ~** llevarse un golpe; **avoir un ~ au casque** estar mal de la cabeza, estar como una cabra
pété, e [pete] (*fam*) *adj* (*cassé : objet*) escacharrado(-a) (*fam*); (*ivre : personne*) pedo (*fam*)
péter [pete] (*fam*) *vi* (*sauter*) estallar; (*casser*) romperse; (*personne*) tirarse pedos *ou* un pedo ▸ *vt* (*casser*) escacharrar; **se péter** *vpr* (*bras, jambe*) romperse; **se ~ la gueule** (*fam : tomber*) pegársela (*fam*), caerse
pète-sec [pɛtsɛk] *adj inv* mandón(-ona)
pétillant, e [petijɑ̃, ɑ̃t] *adj* (*eau*) con gas; (*vin*) espumoso(-a); (*regard*) chispeante
pétiller [petije] *vi* (*flamme, bois*) chisporrotear; (*joie, yeux*) chispear; (*mousse, champagne*) burbujear; (*fig*) : **~ d'intelligence** chispear de ingenio
petit, e [p(ə)ti, it] *adj* pequeño(-a), chico(-a) (*surtout* AM); (*personne, cri*) bajo(-a); (*mince*) fino(-a); (*court*) corto(-a); **en ~** en pequeño; **~(e) ami(e)** novio(-a); **~ déjeuner** desayuno; **~ doigt** dedo meñique; **~ écran** pequeña pantalla; **~ four** pastelillo; **~ pain** panecillo; **petite monnaie** calderilla; **petite vérole** viruela; **petits pois** guisantes *mpl*, arvejas *fpl* (AM), chícharos *mpl* (MEX); **les petites annonces** anuncios *mpl* por palabras; **petites gens** gente *fsg* humilde ▸ *nm/f* (*petit enfant*) pequeño(-a); **mon ~** mi niño; **ma petite** mi niña; **pauvre ~** pobre crío(-a) ▸ *nm* (*d'un animal*) cachorro(-a); **petits** *nmpl* : **la classe des petits** la clase de párvulos; **faire**

des petits (*animal*) tener cachorros; **pour petits et grands** para pequeños y mayores; **les tout-petits** los pequeñitos ▶ *adv* : **~ à ~** poco a poco

petit-beurre [p(ə)tibœʀ] (*pl* **petits-beurre**) *nm* galleta de mantequilla

petit-bourgeois, petite-bourgeoise [p(ə)ti(t)buʀʒwa(z)] (*pl* **petits-bourgeois, petites-bourgeoises**) *adj, nm/f* (*péj*) pequeño(-a) burgués(-esa)

petite-fille [p(ə)titfij] (*pl* **petites-filles**) *nf* nieta

petitement [pətitmɑ̃] *adv* (*fig*) con estrechez; **être logé ~** vivir en una casa pequeña

petitesse [p(ə)titɛs] *nf* pequeñez *f*; (*d'une existence*) mediocridad *f*; (*mesquinerie*) bajeza

petit-fils [p(ə)tifis] (*pl* **petits-fils**) *nm* nieto

pétition [petisjɔ̃] *nf* petición *f*; **faire signer une ~** recoger firmas

pétitionnaire [petisjɔnɛʀ] *nmf* peticionario(-a)

pétitionner [petisjɔne] *vi* solicitar, hacer una petición

petit-lait [p(ə)tilɛ] (*pl* **petits-laits**) *nm* suero

petit-nègre [p(ə)tinɛgʀ] (*péj*) *nm* : **parler ~** ≈ hablar como los indios

petits-enfants [p(ə)tizɑ̃fɑ̃] *nmpl* nietos *mpl*

petit-suisse [p(ə)tisɥis] (*pl* **petits-suisses**) *nm* petit-suisse *m*

pétoche [petɔʃ] (*fam*) *nf* : **avoir la ~** tener canguelo (*fam*)

pétoire [petwaʀ] (*fam*) *nf* (*fusil*) escopeta

peton [pətɔ̃] *nm* (*fam : pied*) piececito (*fam*)

pétoncle [petɔ̃kl] *nm* zamburiña

pétri, e [petʀi] *adj* : **~ d'orgueil** lleno(-a) de orgullo

pétrifier [petʀifje] *vt* petrificar; (*fig*) dejar de piedra

pétrin [petʀɛ̃] *nm* artesa; (*fam : fig*) : **être dans le ~** estar en un apuro

pétrir [petʀiʀ] *vt* (*pâte*) amasar; (*argile, cire*) moldear; (*palper fortement*) manosear

pétrissage [petʀisaʒ] *nm* amasado

pétrochimie [petʀɔʃimi] *nf* petroquímica

pétrochimique [petʀɔʃimik] *adj* petroquímico(-a)

pétrochimiste [petʀɔʃimist] *nmf* petroquímico(-a)

pétrodollar [petʀodɔlaʀ] *nm* petrodólar *m*

pétrole [petʀɔl] *nm* petróleo; **lampe à ~** lámpara de petróleo; **~ lampant** petróleo lampante

pétrolette [petʀɔlɛt] (*fam*) *nf* (*cyclomoteur*) ciclomotor *m*

pétrolier, -ière [petʀɔlje, jɛʀ] *adj* petrolero(-a) ▶ *nm* petrolero; (*technicien*) técnico de petróleo

pétrolifère [petʀɔlifɛʀ] *adj* petrolífero(-a)

P et T *sigle nfpl* = **postes et télécommunications**

pétulant, e [petylɑ̃, ɑ̃t] *adj* impetuoso(-a)

pétunia [petynja] *nm* petunia

MOT-CLÉ

peu [pø] *adv* **1** poco; **il boit peu** bebe poco; **il est peu bavard** es poco hablador; **elle est un peu grande** es un poco grande; **peu avant/après** poco antes/después; **depuis peu** desde hace poco

2 (*modifiant nom*) : **peu de** poco(-a), pocos(-as); (*quantité*) : **il a peu d'espoir** tiene pocas esperanzas; **il y a peu d'arbres** hay pocos árboles; **avoir peu de pain** tener poco pan; **pour peu de temps** por poco tiempo; **c'est (si) peu de chose** es (muy) poca cosa

3 : **peu à peu** poco a poco; **à peu près** *adv* más o menos; **à peu près 10 kg/10 euros** unos 10 kg/10 euros, como 10 kg/10 euros (*Am*); **à peu de frais** con poco gasto

▶ *nm* **1** : **le peu de gens qui** los pocos que; **le peu de sable qui** la poca arena que; **le peu de courage qui nous restait** el poco valor que nos quedaba

2 : **un peu** un poco; **un petit peu** un poquito; **un peu d'espoir** cierta esperanza; **essayez un peu !** ¡mire a ver!; **un peu plus/moins de** un poco más/menos de; **un peu plus et il ratait son train** un poco más y pierde el tren; **pour peu qu'il travaille, il réussira** a poco que trabaje, aprobará

▶ *pron* : **peu le savent** pocos(-as) lo saben; **avant** *ou* **sous peu** dentro de poco; **de peu** : **il a gagné de peu** ganó por poco; **il s'en est fallu de peu (qu'il ne le blesse)** faltó muy poco (para que lo hiriese); **éviter qch de peu** evitar algo por poco; **il est de peu mon cadet** es un poco más pequeño que yo

P

peuplade [pœplad] *nf* comunidad *f*

peuple [pœpl] *nm* pueblo; **le ~** el pueblo; **il y a du ~** (*fam*) hay un montón de gente

peuplé, e [pœple] *adj* poblado(-a); **très/peu ~** muy/poco poblado(-a)

peuplement [pœpləmɑ̃] *nm* (*de pays, territoire*) poblamiento; **de ~** : **la zone de ~ kurde** la zona de población kurda; **colonie de ~** colonia de poblamiento

peupler [pœple] *vt* poblar; **se peupler** *vpr* (*aussi fig*) poblarse

peuplier [pøplije] *nm* álamo

peur [pœʀ] *nf* miedo; **avoir ~ (de qn/qch/de faire qch)** tener miedo (de *ou* a algn/algo/de hacer algo); **avoir ~ que** temer que; **prendre ~** asustarse; **la ~ de qn/qch/faire qch** el temor de algn/algo/hacer algo; **faire ~ à qn** asustar a algn; **de ~ de/que** por miedo a/a que

peureux, -euse [pøʀø, øz] *adj* (*personne*) miedoso(-a); (*regard*) atemorizado(-a)

peut [pø] *vb voir* **pouvoir**

peut-être [pøtɛtʀ] *adv* quizá(s), a lo mejor; **~ bien (qu'il fera/est)** puede (que haga/sea); **~ que** quizá(s), a lo mejor; **~ fera-t-il beau dimanche** quizás haga bueno el domingo, a lo mejor hace bueno el domingo
peuvent [pœv] *vb voir* **pouvoir**
peux *etc* [pø] *vb voir* **pouvoir**
p. ex. *abr (= par exemple)* p. ej. (= *por ejemplo*)
pèze [pɛz] *nm (fam : argent)* parné *m (fam)*, guita *(fam)*
phacochère [fakɔʃɛʀ] *nm* facóquero, facocero
phagocyter [fagɔsite] *vt (Biol, fig)* fagocitar
phalange [falɑ̃ʒ] *nf* falange *f*
phallique [falik] *adj* fálico(-a)
phallocrate [falɔkʀat] *nm* falócrata *m*
phallocratie [falɔkʀasi] *nf* falocracia
phallus [falys] *nm* falo
pharaon [faʀaɔ̃] *nm* faraón *m*
pharaonique [faʀaɔnik] *adj (Hist, fig)* faraónico(-a); **un projet ~** un proyecto faraónico
phare [faʀ] *nm* faro; **se mettre en phares, mettre ses phares** poner la luz larga; **phares de recul** faros de marcha atrás ▸ *adj* : **produit ~** producto estrella
pharmaceutique [faʀmasøtik] *adj* farmacéutico(-a)
pharmacie [faʀmasi] *nf* farmacia; *(produits, armoire)* botiquín *m*
pharmacien, ne [faʀmasjɛ̃, jɛn] *nm/f* farmacéutico(-a)
pharmacodépendance [faʀmakodepɑ̃dɑ̃s] *nf* farmacodependencia
pharmacologie [faʀmakɔlɔʒi] *nf* farmacología
pharmacopée [faʀmakɔpe] *nf* farmacopea
pharyngite [faʀɛ̃ʒit] *nf* faringitis *f inv*
pharynx [faʀɛ̃ks] *nm* faringe *f*
phase [fɑz] *nf* fase *f*; **entrer dans une nouvelle ~** entrar en una nueva fase
phénoménal, e, -aux [fenɔmenal, o] *adj* fenomenal
phénomène [fenɔmɛn] *nm* fenómeno; *(personne)* bicho raro; *(monstre)* monstruo
phénoménologie [fenɔmenɔlɔʒi] *nf* fenomenología
phéromone [feʀɔmɔn] *nf* feromona
philanthrope [filɑ̃tʀɔp] *nmf* filántropo
philanthropie [filɑ̃tʀɔpi] *nf* filantropía
philanthropique [filɑ̃tʀɔpik] *adj* filantrópico(-a)
philatélie [filateli] *nf* filatelia
philatélique [filatelik] *adj* filatélico(-a)
philatéliste [filatelist] *nmf* filatelista *mf*
philharmonique [filaʀmɔnik] *adj* filarmónico(-a)
philippin, e [filipɛ̃, in] *adj* filipino(-a) ▸ *nm/f* : **Philippin, e** filipino(-a)
Philippines [filipin] *nfpl* : **les ~** las Filipinas
philistin [filistɛ̃] *nm* filisteo(-a)
philo [filo] *(fam) nf (= abr de philosophie)* filosofía
philologie [filɔlɔʒi] *nf* filología
philosophale [filɔsɔfal] *adj f* : **la pierre ~** la piedra filosofal
philosophe [filɔzɔf] *adj, nmf* filósofo(-a)
philosopher [filɔzɔfe] *vi* filosofar
philosophie [filɔzɔfi] *nf* filosofía; **(prendre les choses) avec ~** (tomar las cosas) con filosofía
philosophique [filɔzɔfik] *adj* filosófico(-a)
philosophiquement [filɔzɔfikmɑ̃] *adv* con filosofía
philtre [filtʀ] *nm* filtro
phlébite [flebit] *nf* flebitis *f inv*
phlébologue [flebɔlɔg] *nmf* especialista *mf* en flebología
phobie [fɔbi] *nf* fobia
phocéen, ne [fɔseɛ̃, ɛn] *adj (marseillais)* marsellés(-esa); **la cité phocéenne** (la ciudad de) Marsella
phonétique [fɔnetik] *adj* fonético(-a) ▸ *nf* fonética
phonétiquement [fɔnetikmɑ̃] *adv* fonéticamente
phonique [fɔnik] *adj (isolation, protection)* acústico(-a)
phonographe [fɔnɔgʀaf] *nm* fonógrafo
phoque [fɔk] *nm* foca; *(fourrure)* piel *f* de foca
phosphate [fɔsfat] *nm* fosfato
phosphaté, e [fɔsfate] *adj* fosfatado(-a)
phosphore [fɔsfɔʀ] *nm* fósforo
phosphoré, e [fɔsfɔʀe] *adj* fosforado(-a)
phosphorescent, e [fɔsfɔʀesɑ̃, ɑ̃t] *adj* fosforescente
phosphorique [fɔsfɔʀik] *adj* : **acide ~** ácido fosfórico
photo [fɔto] *nf (= abr de photographie)* foto *f*; **il aime la ~** le gusta la fotografía; **faire de la ~** hacer fotografía; **être mieux en ~ qu'au naturel** salir mejor en foto que al natural; **prendre (qn) en ~** hacer una foto (a algn); **~ d'identité** foto de carnet; **~ en couleurs** foto en color ▸ *adj (= abr de photographique)*: **appareil/pellicule ~** máquina/carrete *m* de fotos
photo... [fɔto] *préf* foto...
photocomposition [fɔtokɔ̃pozisjɔ̃] *nf* fotocomposición *f*
photocopie [fɔtɔkɔpi] *nf* fotocopia
photocopier [fɔtɔkɔpje] *vt* fotocopiar
photocopieur [fɔtɔkɔpjœʀ] *nm* fotocopiadora
photocopieuse [fɔtɔkɔpjøz] *nf* fotocopiadora
photoélectrique [fɔtɔelɛktʀik] *adj* fotoeléctrico(-a)
photo-finish [fɔtofiniʃ] *(pl* **photos-finish***) nf (appareil)* cámara de foto-finish; *(photo)* foto-finish *f*
photogénique [fɔtɔʒenik] *adj* fotogénico(-a)

photographe [fɔtɔgʀaf] *nmf* fotógrafo(-a)
photographie [fɔtɔgʀafi] *nf* fotografía
photographier [fɔtɔgʀafje] *vt* fotografiar
photographique [fɔtɔgʀafik] *adj* fotográfico(-a)
photogravure [fɔtɔgʀavyʀ] *nf* fotograbado
photomaton® [fɔtɔmatɔ̃] *nm* fotomatón *m*
photomontage [fɔtomɔ̃taʒ] *nm* fotomontaje *m*
photon [fɔtɔ̃] *nm* fotón *m*
photophone [fɔtofɔn] *nm* (*portable avec appareil photo*) teléfono con cámara fotográfica
photophore [fɔtofɔʀ] *nm* (*pour bougie*) portavelas *m inv*
photoreportage [fɔtoʀəpɔʀtaʒ] *nm* (*journalisme*) fotoperiodismo; (*reportage*) reportaje *m* fotográfico
photoreporter [fɔtoʀəpɔʀtɛʀ] *nmf* fotoperiodista *mf*
photo-robot [fɔtɔʀɔbo] (*pl* **photos-robots**) *nf* foto-robot *f*
photosensible [fɔtosɑ̃sibl] *adj* fotosensible
photostat [fɔtɔsta] *nm* fotostato
photosynthèse [fɔtosɛ̃tɛz] *nf* fotosíntesis *f inv*
photothérapie [fɔtoteʀapi] *nf* fototerapia
photovoltaïque [fɔtovɔltaik] *adj* fotovoltaico(-a)
phrase [fʀɑz] *nf* (*Ling, propos*) frase *f*; **phrases** *nfpl* (*péj*) palabras *fpl*
phrasé [fʀɑze] *nm* fraseo
phraséologie [fʀazeɔlɔʒi] *nf* fraseología
phraseur, -euse [fʀɑzœʀ, øz] *nm/f* palabrero(-a)
phréatique [fʀeatik] *adj* freático(-a)
phrygien, ne [fʀiʒjɛ̃, jɛn] *adj* : **bonnet ~** gorro frigio
phtisie [ftizi] *nf* tisis *f inv*
phylloxéra [filɔkseʀa] *nm* filoxera
physicien, ne [fizisjɛ̃, jɛn] *nm/f* físico(-a)
physiologie [fizjɔlɔʒi] *nf* fisiología
physiologique [fizjɔlɔʒik] *adj* fisiológico(-a)
physiologiquement [fizjɔlɔʒikmɑ̃] *adv* fisiológicamente
physiologiste [fizjɔlɔʒist] *nmf* fisiólogo(-a)
physionomie [fizjɔnɔmi] *nf* fisionomía
physionomiste [fizjɔnɔmist] *adj* fisonomista
physiothérapeute [fizjoteʀapøt] *nmf* fisioterapeuta *mf*
physiothérapie [fizjoteʀapi] *nf* fisioterapia
physique [fizik] *adj* físico(-a) ▸ *nm* físico; **au ~** (*physiquement*) físicamente ▸ *nf* física
physiquement [fizikmɑ̃] *adv* físicamente
phytoplancton [fitoplɑ̃ktɔ̃] *nm* fitoplancton *m*
phytothérapie [fitoteʀapi] *nf* fitoterapia
p.i. *abr* (= *par intérim*) *voir* **intérim**
piaffer [pjafe] *vi* (*cheval*) piafar; (*personne*) patear
piaillement [pjɑjmɑ̃] *nm* piada
piailler [pjɑje] *vi* (*oiseau*) piar; (*personne*) chillar
pianiste [pjanist] *nmf* pianista *mf*
piano [pjano] *nm* piano; **~ à queue** piano de cola; **~ mécanique** organillo
pianoter [pjanɔte] *vi* tocar el piano, teclear; (*tapoter*) tamborilear
piaule [pjol] (*fam*) *nf* cuarto
piauler [pjole] *vi* (*oiseau*) piar; (*enfant*) chillar
PIB [peibe] *sigle m* (= *produit intérieur brut*) PIB *m* (= *producto interior bruto*)
pic [pik] *nm* pico; (*Zool*) pájaro carpintero; **à ~** escarpado(-a); **arriver/tomber à ~** venir/caer de perilla; **couler à ~** (*bateau*) irse a pique; **~ à glace** pico
picard, e [pikaʀ, aʀd] *adj* picardo(-a) ▸ *nm/f* : **Picard, e** picardo(-a)
Picardie [pikaʀdi] *nf* Picardía
picaresque [pikaʀɛsk] *adj* picaresco(-a)
piccolo [pikɔlo] *nm* flautín *m*
pichenette [piʃnɛt] *nf* papirotazo
pichet [piʃɛ] *nm* jarro
pickpocket [pikpɔkɛt] *nmf* carterista *mf*, ratero(-a)
pick-up [pikœp] *nm* (*tourne-disque*) pick-up *m*, fonocaptor *m*
picoler [pikɔle] *vi* (*fam*) beber, empinar el codo (*fam*); **~ dur** *ou* **sec** beber como un cosaco; **on a pas mal picolé hier soir** anoche bebimos bastante ▸ *vt* beber; **on avait picolé du vin** habíamos bebido vino
picorer [pikɔʀe] *vt* picotear
picot [piko] *nm* rueda de espiga; **entraînement par roue à picots** avance *m* por rueda de espigas
picotement [pikɔtmɑ̃] *nm* picor *m*
picoter [pikɔte] *vt* picotear ▸ *vi* picar
pictogramme [piktɔgʀam] *nm* pictograma *m*
pictural, e, -aux [piktyʀal, o] *adj* pictórico(-a)
pie [pi] *nf* (*Zool*) urraca; (*fig : femme*) cotorra ▸ *adj inv* : **cheval ~** caballo pío
pièce [pjɛs] *nf* pieza; (*d'un logement*) habitación *f*; (*Théâtre*) obra; (*de monnaie*) moneda; (*Couture*) parche *m*; (*document*) documento; (*de bétail*) cabeza; **mettre en pièces** hacer pedazos; **en pièces** roto(-a) en pedazos; **deux euros ~** dos euros la unidad; **vendre à la ~** vender por unidades; **travailler/payer à la ~** trabajar/pagar a destajo; **créer/inventer de toutes pièces** crear/inventar completamente; **maillot une ~** bañador *m*; **un deux-pièces cuisine** apartamento con dos habitaciones y cocina; **un trois-pièces** (*costume*) un tres piezas *m inv*; (*appartement*) un apartamento con tres habitaciones; **tout d'une ~** de una pieza; (*personne : franc*) categórico(-a); (*: sans souplesse*) rígido(-a); **pièces justificatives** comprobante *msg*; **~ à conviction** prueba de convicción; **~ d'eau** estanque *m*; **~ de rechange** pieza de recambio; **~ de**

P

résistance (*plat*) plato fuerte; **~ d'identité** documento de identidad; **~ jointe** (*Inform*) archivo adjunto; **~ montée** tarta nupcial; **pièces détachées** piezas *fpl* de repuesto; **en pièces détachées** (*à monter*) desmontado(-a), desarmado(-a)

piécette [pjesɛt] *nf* monedita

pied [pje] *nm* pie *m*; (*Zool, d'un meuble, d'une échelle*) pata; (*d'une falaise*) base *f*; **pieds nus** *adj* descalzo(-a); **à ~** a pie; **à ~ sec** a pie enjuto; **à ~ d'œuvre** al pie del cañón; **au ~ de la lettre** al pie de la letra; **au ~ levé** de repente; **de ~ en cap** de los pies a la cabeza; **en ~** (*portrait, photo*) de cuerpo entero; **avoir ~** hacer pie; **avoir le ~ marin** saber mantener el equilibrio a bordo de un barco; **perdre ~** (*fig*) perder pie; **sur ~** (*Agr*) antes de recoger; (*rétabli*) restablecido(-a); **être sur ~ dès cinq heures** estar en pie desde las cinco; **mettre sur ~** (*entreprise*) poner en pie; **mettre qn à ~** suspender a algn de sus funciones; **sur le ~ de guerre** en pie de guerra; **sur un ~ d'égalité** sobre una base de igualdad; **faire du ~ à qn** dar con el pie a algn; **mettre les pieds quelque part** poner los pies en algún sitio; **faire des pieds et des mains** revolver Roma con Santiago; **mettre qn au ~ du mur** poner a algn entre la espada y la pared; **quel ~ !** (*fam*) ¡qué guay! (*fam*); **c'est le ~ !** (*fam*) ¡es fenomenal!; **se lever du bon ~** levantarse con buen pie; **il s'est levé du ~ gauche** se ha levantado con el pie izquierdo; **~ de nez** palmo de narices; **~ de lit** pata de la cama; **~ de salade** planta de ensalada; **~ de vigne** cepa

pied-à-terre [pjetatɛʀ] *nm inv* apeadero

pied-bot [pjebo] (*pl* **pieds-bots**) *nm persona con el pie deforme*

pied-de-biche [pjedbiʃ] (*pl* **pieds-de-biche**) *nm* palanca; (*Couture*) prensatelas *m inv*

pied-de-poule [pjedpul] *adj* pata de gallo

piédestal, -aux [pjedɛstal, o] *nm* pedestal *m*

pied-noir [pjenwaʀ] (*pl* **pieds-noirs**) *nmf francés nacido en Argelia*

piège [pjɛʒ] *nm* trampa; **prendre au ~** coger en la trampa; **tomber dans le ~** caer en la trampa

piéger [pjeʒe] *vt* (*animal*) coger en la trampa; (*voiture, lettre*) colocar un explosivo en; (*personne*) hacer caer en una trampa; **lettre/voiture piégée** carta/coche *m* bomba *inv*

piégeux, -euse [pieʒø, øz] *adj* : **un parcours ~** un recorrido lleno de trampas; **un match ~** un partido trampa

piercing [piʀsiŋ] *nm* piercing *m*

pierraille [pjeʀɑj] *nf* grava

pierre [pjɛʀ] *nf* piedra; **poser la première ~** poner la primera piedra; **mur de pierres sèches** muro de piedras secas; **faire d'une ~ deux coups** matar dos pájaros de un tiro; **~ à briquet** piedra de mechero; **~ de taille/de touche** piedra tallada/de toque; **~ fine/ponce** piedra fina/pómez; **~ tombale** lápida

pierreries [pjɛʀʀi] *nfpl* pedrería *fsg*

pierreux, -euse [pjeʀø, øz] *adj* pedregoso(-a)

piété [pjete] *nf* piedad *f*

piétinement [pjetinmɑ̃] *nm* pataleo

piétiner [pjetine] *vi* patalear; (*marquer le pas*) marcar el paso; (*fig*) estancarse, atascarse ▸ *vt* (*aussi fig*) pisotear

piéton, ne [pjetɔ̃, ɔn] *nm/f* peatón *mf* ▸ *adj* peatonal

piétonnier, -ière [pjetɔnje, jɛʀ] *adj* peatonal

piètre [pjɛtʀ] *adj* pobre

pieu, x [pjø] *nm* estaca; (*fam : lit*) catre *m* (*fam*)

pieusement [pjøzmɑ̃] *adv* (*avec piété*) con piedad; (*avec respect*) con esmero

pieuvre [pjœvʀ] *nf* pulpo

pieux, -euse [pjø, pjøz] *adj* piadoso(-a); **de ~ mensonges** mentiras piadosas

pif [pif] (*fam*) *nm* napias *fpl* (*fam*); **au ~ : choisir** *etc* **au ~** elegir *etc* a tontas y a locas

piffer [pife] (*fam*) *vt* : **je ne peux pas le ~** no puedo tragarlo (*fam*)

pifomètre [pifɔmɛtʀ] (*fam*) *nm* olfato; **choisir** *etc* **au ~** elegir *etc* a tontas y a locas

pige [piʒ] *nf* sueldo pagado por líneas

pigeon [piʒɔ̃] *nm* paloma; (*fam : victime d'une escroquerie*) primo; **~ voyageur** paloma mensajera

pigeonnant, e [piʒɔnɑ̃, ɑ̃t] *adj* (*poitrine*) realzado(-a)

pigeonneau, x [piʒɔno] *nm* pichón *m*

pigeonner [piʒɔne] (*fam*) *vt* (*duper*) : **~ qn** engañar a algn como a un chino (*fam*)

pigeonnier [piʒɔnje] *nm* palomar *m*

piger [piʒe] (*fam*) *vt, vi* pillar (*fam*)

pigiste [piʒist] *nmf* (*typographe*) tipógrafo(-a) que trabaja a destajo; (*journaliste*) periodista *mf* que trabaja por líneas

pigment [pigmɑ̃] *nm* pigmento

pigmentation [pigmɑ̃tasjɔ̃] *nf* pigmentación *f*

pignon [piɲɔ̃] *nm* piñón *m*; (*d'un mur*) aguilón *m*; **avoir ~ sur rue** (*fig*) estar bien establecido(-a)

pile [pil] *nf* pila; (*pilier*) pilar *m*; **~ ou face ?** ¿cara o cruz?; **jouer à ~ ou face** jugar a cara o cruz; **une ~ de livres** una pila de libros; **~ alcaline/électrique** pila alcalina/eléctrica ▸ *adj* : **le côté ~** cruz *f* ▸ *adv* (*net, brusquement*) en seco; (*à temps, à point nommé*) justo a tiempo; **à deux heures ~** a las dos en punto

piler [pile] *vt* machacar ▸ *vi* (*fam : freiner*) frenar en seco

pileux, -euse [pilø, øz] *adj* : **système ~** pelo

pilier [pilje] *nm* (*colonne, support, Rugby*) pilar *m*; (*personne*) apoyo; **~ de bar** asiduo de un bar

pillage [pijaʒ] *nm* pillaje *m*, saqueo

pillard, e [pijaʀ, aʀd] *nm/f* saqueador(a)

piller [pije] *vt* saquear
pilleur, -euse [pijœʀ, øz] *nm/f* saqueador(a)
pilon [pilɔ̃] *nm* (*instrument*) maza; (*de volaille*) muslo; **mettre un livre au ~** destruir la edición de un libro
pilonnage [pilɔnaʒ] *nm* (*bombardement*) bombardeo; (*de livre*) destrucción *f*; **~ médiatique** bombardeo mediático
pilonner [pilɔne] *vt* bombardear
pilori [pilɔʀi] *nm* : **mettre** *ou* **clouer qn au ~** poner a algn en la picota
pilotage [pilɔtaʒ] *nm* pilotaje *m*; **~ automatique** pilotaje automático; **~ sans visibilité** vuelo sin visibilidad
pilote [pilɔt] *nmf* piloto *mf*; **~ d'essai/de chasse/de course/de ligne** piloto de pruebas/de caza/de carreras/civil ▸ *adj* : **appartement-~** piso piloto
piloter [pilɔte] *vt* pilotar; (*automobile*) conducir; **~ qn** (*fig*) guiar a algn; **piloté par menu** (*Inform*) guiado por menú
pilotis [pilɔti] *nm* pilote *m*; **maison sur ~** casa sobre pilotes
pilule [pilyl] *nf* píldora; **prendre la ~** tomar la píldora
pimbêche [pɛ̃bɛʃ] (*péj*) *nf* marisabidilla
piment [pimɑ̃] *nm* (*aussi* : **piment doux**) pimiento, ají *m* (*AM*); (*aussi* : **piment rouge**) guindilla; (*fig*) sal y pimienta
pimenté, e [pimɑ̃te] *adj* picante
pimenter [pimɑ̃te] *vt* (*plat*) sazonar con guindilla; (*fig*) dar sal y pimienta a
pimpant, e [pɛ̃pɑ̃, ɑ̃t] *adj* flamante
pin [pɛ̃] *nm* pino; **~ maritime/parasol** pino marítimo/piñonero
pinacle [pinakl] *nm* : **porter qn au ~** (*fig*) poner a algn por las nubes
pinailler [pinɑje] (*fam*) *vi* ser quisquilloso(-a); **~ sur qch** ser quisquilloso(-a) con algo
pinailleur, euse [pinɑjœʀ, øz] *adj, nm/f* quisquilloso(-a)
pinard [pinaʀ] (*fam*) *nm* vino
pince [pɛ̃s] *nf* pinza; (*outil*) pinzas *fpl*; **~ à épiler** pinza de depilar; **~ à linge** pinza de la ropa; **~ à sucre** tenacillas *fpl* para el azúcar; **~ universelle** alicates *mpl*; **pinces de cycliste** pinzas para bicicleta
pincé, e [pɛ̃se] *adj* (*air*) forzado(-a); (*nez, bouche*) fino(-a)
pinceau, x [pɛ̃so] *nm* pincel *m*
pincée [pɛ̃se] *nf* : **une ~ de sel/poivre** una pizca de sal/pimienta
pincement [pɛ̃smɑ̃] *nm* : **avoir un ~ au cœur** tener el corazón encogido
pince-monseigneur [pɛ̃smɔ̃sɛɲœʀ] (*pl* **pinces-monseigneur**) *nf* ganzúa
pince-nez [pɛ̃sne] *nm inv* quevedos *mpl*
pincer [pɛ̃se] *vt* (*personne*) pellizcar; (*Mus* : *cordes*) puntear; (*suj* : *vêtement* : *aussi Couture*) entallar; (*fam* : *malfaiteur*) pescar (*fam*); **se ~ le doigt** pillarse el dedo; **se ~ le nez** taparse la nariz
pince-sans-rire [pɛ̃ssɑ̃ʀiʀ] *nmf inv persona chistosa que conserva el semblante serio*
pincettes [pɛ̃sɛt] *nfpl* pinzas *fpl*; (*pour le feu*) tenazas *fpl*
pinçon [pɛ̃sɔ̃] *nm* pellizco
pinède [pinɛd] *nf* pinar *m*
pingouin [pɛ̃gwɛ̃] *nm* pingüino
ping-pong [piŋpɔ̃g] (*pl* **ping-pongs**) *nm* ping-pong *m*
pingre [pɛ̃gʀ] *adj* rácano(-a)
pingrerie [pɛ̃gʀəʀi] *nf* racanería
pinson [pɛ̃sɔ̃] *nm* pinzón *m*
pintade [pɛ̃tad] *nf* pintada
pinte [pɛ̃t] *nf* pinta
pin up [pinœp] *nf inv* chica de calendario; (*fig*) tía buena (*fam*)
pioche [pjɔʃ] *nf* pico; (*Cartes*) mazo
piocher [pjɔʃe] *vt* (*terre*) cavar; (*fam*) empollar (*fam*) ▸ *vi* (*Cartes*) robar; **~ dans** (*une réserve*) hurgar en
piolet [pjɔlɛ] *nm* piolet *m*
pion, ne [pjɔ̃, ɔn] *nm* (*Échecs*) peón *m*; (*Dames*) ficha ▸ *nm/f* (*Scol, fam*) vigilante *mf*
pioncer [pjɔ̃se] *vi* (*fam* : *dormir*) sobar (*fam*)
pionnier, -ière [pjɔnje, jɛʀ] *nm/f* pionero(-a); (*fig*) precursor(a)
pipe [pip] *nf* pipa; **fumer la ~** fumar en pipa; **~ de bruyère** pipa (de raíz) de brezo
pipeau, x [pipo] *nm* caramillo
pipe-line [piplin] (*pl* **pipe-lines**) *nm* oleoducto
piper [pipe] *vt* (*dé*) hacer trampas con; (*carte*) hacer fullerías con; **sans ~ mot** (*fam*) sin decir ni pío; **les dés sont pipés** (*fig*) aquí hay tongo (*fam*)
pipette [pipɛt] *nf* pipeta
pipi [pipi] (*fam*) *nm* : **faire ~** hacer pis
pipole [pipɔl] *adj ou adj inv* (*presse*) del corazón; (*événement*) vip; **les magazines pipoles** *ou* **~** las revistas del corazón ▸ *nmf* celebridad *f*, famoso(-a)
piquant, e [pikɑ̃, ɑ̃t] *adj* punzante; (*saveur*) picante; (*description, style*) penetrante; (*caustique*) mordaz ▸ *nm* (*épine*) espina; (*de hérisson*) púa; (*fig*) : **le ~** lo picante
pique [pik] *nf* pica; (*parole blessante*) : **envoyer** *ou* **lancer des piques à qn** tirar *ou* lanzar indirectas a algn ▸ *nm* (*Cartes*) picas *fpl*, ≈ espadas *fpl*
piqué, e [pike] *adj* (*Couture*) pespunteado(-a); (*livre, glace*) manchado(-a); (*Mus, vin*) picado(-a); (*fam* : *personne*) tocado(-a) ▸ *nm* (*Textile*) piqué *m*; (*Aviat*) picado
pique-assiette [pikasjɛt] (*péj*) *nmf* gorrón(-ona)
pique-fleur [pikflœʀ] (*pl* **pique-fleurs**) *nm* *zócalo para sujetar flores*
pique-nique [piknik] (*pl* **pique-niques**) *nm* picnic *m*

P

pique-niquer [piknike] *vi* ir de picnic
pique-niqueur, -euse [piknikœʀ, øz] (*pl* **pique-niqueurs, -euses**) *nm/f* excursionista *mf*
pique-olives [pikɔliv] *nm inv* palillo
piquer [pike] *vt* picar; (*percer, aussi Méd*) pinchar; (*animal : tuer*) sacrificar; (*suj : vers*) apolillar; (*Couture*) pespuntear; (*fam : surprendre, attraper, arrêter*) pillar (*fam*); (*: voler*) birlar (*fam*); (*: planter*) : **~ qch dans** clavar algo en; (*: fixer*) : **~ qch à/sur** colocar algo en; **~ une tête** tirarse en el agua; **~ un cent mètres/un sprint** echar a correr; **~ une crise** (*fam*) coger una rabieta; **~ au vif** (*fig*) herir en carne viva ▸ *vi* (*oiseau, avion*) bajar en picado; (*saveur*) picar; **~ sur** bajar en picado sobre; **~ du nez** caerse de narices; (*dormir*) dar una cabezada; **se piquer** *vpr* (*avec une aiguille*) pincharse; **se ~ de faire** alardear de hacer
piquet [pikɛ] *nm* estaca; **mettre un élève au ~** castigar a un alumno contra la pared; **~ de grève** piquete *m* de huelga; **~ d'incendie** cuerpo permanente de bomberos
piqueté, e [pikte] *adj* : **~ de** picado(-a) de
piquette [pikɛt] (*fam*) *nf* vino peleón (*fam*)
piqûre [pikyʀ] *nf* (*d'insecte*) picadura; (*Méd*) inyección *f*; (*Couture*) pespunte *m*; (*tache*) mancha; **faire une ~ à qn** poner una inyección a algn
piranha [piʀana] *nm* piraña
piratage [piʀataʒ] *nm* (*aussi Inform*) piratería
pirate [piʀat] *nm* (*aussi fig*) pirata *mf*; (*Inform*) pirata *mf* informático(-a), hacker *m*; **~ de l'air** pirata del aire ▸ *adj* : **émetteur ~** emisora pirata
pirater [piʀate] *vt* (*aussi Inform*) piratear
piraterie [piʀatʀi] *nf* (*aussi Inform*) piratería
pire [piʀ] *adj* (*comparatif*) peor; (*superlatif*) : **le (la) ~** el/lo (la) peor ▸ *nm* : **le ~ (de)** lo peor (de); **au ~** en el peor de los casos
pirogue [piʀɔg] *nf* piragua
pirouette [piʀwɛt] *nf* (*demi-tour*) pirueta; (*Danse*) vuelta; (*fig*) : **répondre par une ~** salirse por peteneras
pis [pi] *nm* (*de vache*) ubre *f*; (*pire*) : **le ~** lo peor ▸ *adj, adv* peor; **on aurait pu faire ~** podría haber sido peor; **de mal en ~** de mal en peor; **qui ~ est** y lo que es peor; **au ~ aller** en el peor de los casos
pis-aller [pizale] *nm inv* solución *f* menos mala
piscicole [pisikɔl] *adj* piscícola
pisciculteur, -trice [pisikyltœʀ, tʀis] *nm/f* piscicultor(a)
pisciculture [pisikyltyʀ] *nf* piscicultura
piscine [pisin] *nf* piscina; **~ couverte/en plein air/olympique** piscina cubierta/al aire libre/olímpica
pissaladière [pisaladjɛʀ] *nf torta de masa de pan rellena de cebolla, anchoas y olivas negras propia de la región de Niza*
pisse [pis] *nf* (*fam !*) pis *m* (*fam*)
pissenlit [pisɑ̃li] *nm* cardillo
pisser [pise] (*fam*) *vi* mear (*fam*)
pissotière [pisɔtjɛʀ] (*fam*) *nf* meadero (*fam*)
pistache [pistaʃ] *nf* pistacho
pistard [pistaʀ] *nm* (*Cyclisme*) corredor(a) de pista
piste [pist] *nf* pista, rastro; (*sentier*) camino; (*d'un magnétophone*) banda; **être sur la ~ de qn** estar tras la pista de algn; **~ cavalière** camino de herradura; **~ cyclable** carril-bici *m*; **~ sonore** banda sonora
pister [piste] *vt* seguir el rastro de
pisteur, -euse [pistœʀ, øz] *nm/f encargado(a) de mantener y vigilar las pistas de esquí*
pistil [pistil] *nm* pistilo
pistolet [pistɔlɛ] *nm* pistola; **~ à air comprimé/à bouchon/à eau** pistola de aire comprimido/con tapón/de agua
pistolet-mitrailleur [pistɔlɛmitʀajœʀ] (*pl* **pistolets-mitrailleurs**) *nm* pistola ametralladora
piston [pistɔ̃] *nm* (*Tech*) pistón *m*; (*fam, fig*) enchufe *m* (*fam*); (*Mus*) : **cornet/trombone à pistons** corneta/trombón *m* de pistones
pistonner [pistɔne] (*fam*) *vt* enchufar (*fam*)
pistou [pistu] *nm* pesto
pitance [pitɑ̃s] (*péj*) *nf* pitanza
piteusement [pitøzmɑ̃] *adv* cabizbajo
piteux, -euse [pitø, øz] *adj* (*résultat*) deplorable; (*air*) lastimoso(-a); **en ~ état** en estado lamentable
pitié [pitje] *nf* piedad *f*; **sans ~** sin piedad; **faire ~** dar pena *ou* lástima; **par ~, ...** por piedad, ...; **il me fait ~** me da lástima; **avoir ~ de qn** compadecerse de algn
piton [pitɔ̃] *nm* (*clou*) armella; **~ rocheux** pico rocoso
pitoyable [pitwajabl] *adj* lamentable; (*réponse, acteur*) penoso(-a)
pitoyablement [pitwajabləmɑ̃] *adv* lamentablemente
pitre [pitʀ] *nm* (*fig*) payaso
pitrerie [pitʀəʀi] *nf* payasada
pittoresque [pitɔʀɛsk] *adj* pintoresco(-a)
pivert [pivɛʀ] *nm* pájaro carpintero, picamaderos *m inv*
pivoine [pivwan] *nf* (*Bot*) peonía
pivot [pivo] *nm* (*axe*) pivote *m*; (*fig*) eje *m*; **dent sur ~** soporte *m* dental
pivotant, e [pivɔtɑ̃, ɑ̃t] *adj* giratorio(-a)
pivoter [pivɔte] *vi* girar; **~ sur ses talons** dar media vuelta
pixel [piksɛl] *nm* píxel *m*
pixéliser [pikselize] *vt* (*Inform*) pixelar
pixellisation [piksɛlizasjɔ̃] *nf* pixelación *f*, pixelado
pixelliser [piksɛlize] = **pixéliser**
pizza [pidza] *nf* pizza

PJ [peʒi] *sigle f (= police judiciaire) voir* **police** ▸ *sigle fpl (= pièces jointes)* documentos adjuntos
PL [peɛl] *sigle m (= poids lourd) voir* **poids**
pl. *abr =* **place**
placage [plakaʒ] *nm* chapeado
placard [plakaʀ] *nm (armoire)* armario (empotrado); *(affiche)* anuncio; *(Typo)* prueba; **mettre qn au ~** *(fig)* arrinconar a algn; **mettre qch au ~** *(fig)* dejar algo de lado, guardar algo en el cajón; **~ publicitaire** anuncio publicitario
placarder [plakaʀde] *vt* fijar; *(mur)* fijar carteles en
place [plas] *nf* plaza; *(emplacement)* lugar *m*; *(espace libre)* sitio; *(siège)* asiento; *(prix : au cinéma etc)* entrada; *(: dans un bus)* billete *m*; *(situation : d'une personne)* situación *f*; *(Univ, emploi)* puesto; **en ~** en su sitio; **de ~ en ~** de un sitio a otro; **sur ~** en el sitio; *(sur les lieux)* : **faire une enquête/se rendre sur ~** hacer una encuesta/presentarse in situ; **faire de la ~** hacer sitio; **faire ~ à qch** dar paso a algo; **prendre ~** tomar asiento; **ça prend de la ~** ocupa sitio; **à votre** *etc* **~ ...** en su *etc* lugar ...; **remettre qn à sa ~** poner a algn en su sitio; **ne pas rester** *ou* **tenir en ~** no estarse quieto(-a); **à la ~** *(en échange)* en su lugar; **à la ~ de** en lugar de; **une quatre places** *(Auto)* un cuatro plazas *m inv*; **il y a 20 places assises/debout** hay 20 plazas de asiento/de pie; **~ d'honneur** lugar de honor; **~ forte** plaza fuerte; **places arrière/avant** asientos *mpl* traseros/delanteros
placé, e [plase] *adj (Hippisme)* clasificado(-a); **haut ~** *(fig)* bien situado(-a); **être bien/mal ~** *(objet)* estar bien/mal colocado(-a); *(spectateur)* estar bien/mal situado(-a); *(concurrent)* tener buena/mala posición; **être bien/mal ~ pour** estar en una buena/mala posición para
placebo [plasebo] *nm* placebo
placement [plasmɑ̃] *nm (emploi)* colocación *f*; *(Fin)* inversión *f*; **agence/bureau de ~** oficina de empleo
placenta [plasɛ̃ta] *nm* placenta
placer [plase] *vt (convive, spectateur)* acomodar; *(chose)* colocar; *(élève, employé)* dar empleo a; *(marchandises, valeurs)* vender; *(capital)* invertir; **~ qn chez qn/sous les ordres de qn** colocar a algn en casa de algn/bajo las órdenes de algn; **~ qn dans un emploi de** colocar a algn de; **se placer** *vpr (Courses)* clasificarse; **se ~ au premier rang/devant qch** *(chose, pays)* encontrarse en primera fila/delante de algo
placide [plasid] *adj* plácido(-a)
placidement [plasidmɑ̃] *adv* plácidamente
placidité [plasidite] *nf* placidez *f*
placier, -ière [plasje, jɛʀ] *nm/f* corredor(a), agente *mf*
plafond [plafɔ̃] *nm* techo; *(Aviat)* altura máxima; *(fig)* tope *m*
plafonnement [plafɔnmɑ̃] *nm (limite imposée)* : **un ~ des aides** una limitación de las ayudas; **instaurer un ~ de** establecer un tope a
plafonner [plafɔne] *vi (salaire)* llegar a un máximo; *(Aviat)* volar a la altura máxima ▸ *vt (pièce)* techar
plafonnier [plafɔnje] *nm* plafón *m*; *(Auto)* luz *f* interna
plage [plaʒ] *nf* playa; *(station)* balneario; *(de disque)* pista; *(fig)* : **~ horaire** intervalo horario; *(fig)* : **~ musicale** espacio *ou* programa *m* musical; *(fig)* : **~ de prix** horquilla de precios; **~ arrière** *(Auto)* bandeja
plagiaire [plaʒjɛʀ] *nmf* plagiario(-a)
plagiat [plaʒja] *nm* plagio
plagier [plaʒje] *vt* plagiar
plagiste [plaʒist] *nmf administrador(a) de una playa privada*
plaid [plɛd] *nm* manta de viaje
plaidant, e [plɛdɑ̃, ɑ̃t] *adj* litigante
plaider [plede] *vi (avocat)* pleitear; *(plaignant)* litigar; **~ pour** *ou* **en faveur de qn** *(fig)* declarar a favor de algn ▸ *vt (cause)* defender; **~ l'irresponsabilité/la légitime défense** alegar irresponsabilidad/legítima defensa; **~ coupable/non coupable** declararse culpable/inocente
plaider-coupable [pledekupabl] *(pl* **plaider-coupables***) nm procedimiento judicial mediante el cual un acusado se declara culpable a cambio de una pena menor*
plaideur, -euse [plɛdœʀ, øz] *nm/f* litigante *mf*
plaidoirie [plɛdwaʀi] *nf* alegato
plaidoyer [plɛdwaje] *nm (Jur, fig)* alegato
plaie [plɛ] *nf* llaga; *(fléau)* plaga; **quelle ~ ce type !** *(fam)* ¡qué tío más insoportable! *(fam)*
plaignant, e [plɛɲɑ̃, ɑ̃t] *vb voir* **plaindre** ▸ *adj, nm/f* demandante *mf*
plaindre [plɛ̃dʀ] *vt* compadecer; **se plaindre** *vpr* quejarse; **se ~ que** quejarse de que
plaine [plɛn] *nf* llanura
plain-pied [plɛ̃pje] : **de ~** *adv* al mismo nivel; *(fig)* sin dificultad; **de ~ avec** al mismo nivel que ▸ *adj (maison)* de una planta
plaint, e [plɛ̃, plɛ̃t] *pp de* **plaindre**
plainte [plɛ̃t] *nf* queja; *(gémissement)* lamento; *(Jur)* : **porter ~** poner una denuncia
plaintif, -ive [plɛ̃tif, iv] *adj* quejumbroso(-a)
plaire [plɛʀ] *vi* gustar; **~ à** : **cela me plaît** eso me gusta; **essayer de ~ à qn** tratar de agradar a algn; **elle plaît aux hommes** gusta a los hombres; **ce qu'il vous plaira** lo que usted quiera; **s'il te/vous plaît** por favor; **se plaire** *vpr (quelque part)* estar a gusto; **se ~ à** complacerse en
plaisamment [plɛzamɑ̃] *adv* agradablemente
plaisance [plɛzɑ̃s] *nf (aussi :* **navigation de plaisance***)* navegación *f* de recreo

P

plaisancier, -ière [plɛzɑ̃sje, jɛʀ] *nm/f* aficionado(-a) (a la navegación)
plaisant, e [plɛzɑ̃, ɑ̃t] *adj* agradable; (*personne*) grato(-a); (*histoire, anecdote*) divertido(-a)
plaisanter [plɛzɑ̃te] *vi* bromear; **pour ~** en broma; **on ne plaisante pas avec cela** con eso no se bromea; **tu plaisantes !** ¡no hablas en serio!
plaisanterie [plɛzɑ̃tʀi] *nf* broma
plaisantin [plɛzɑ̃tɛ̃] *nm* bromista *mf*; (*fumiste*) guasón *m*
plaise *etc* [plɛz] *vb voir* **plaire**
plaisir [pleziʀ] *nm* placer *m*; **les plaisirs** los placeres; **boire/manger avec ~** beber/comer con ganas; **faire ~ à qn** complacer a algn; (*suj : cadeau, nouvelle*) agradar a algn; **prendre ~ à qch/à faire qch** complacerse en algo/en hacer algo; **j'ai le ~ de …** tengo el gusto de …; **M et Mme X ont le ~ de vous faire part de …** el señor y la señora X se complacen en hacerles partícipes de …; **se faire un ~ de faire qch** tener mucho gusto en hacer algo; **faites-moi le ~ de …** hágame usted el favor de …; **à ~** a placer; (*sans raison*) sin motivo; **au ~ (de vous revoir)** hasta la próxima; **pour le ~** por gusto; **chaque âge a ses plaisirs** cada edad tiene su encanto
plaît [plɛ] *vb voir* **plaire**
plan, e [plɑ̃, plan] *adj* plano(-a) ▸ *nm* plano; (*projet, Écon*) plan *m*; **au premier/second ~** en primer/segundo plano; **sur tous les plans** en todos los aspectos; **laisser/rester en ~** dejar/quedar en suspenso; **sur le même ~** al mismo nivel; **de premier/second ~** (*personnage*) de primera/segunda plana; **sur le ~ sexuel** en el terreno de la sexualidad; **~ d'action** plan de acción; **~ d'eau** estanque *m*; **~ d'épargne logement** plan de ahorro vivienda; **~ de cuisson** rejilla de cocina; **~ de sustentation** plano de sustentación; **~ de travail** encimera; **~ de vol** plan de vuelo; **~ directeur** (*Mil*) plano de campaña; (*Écon*) plan rector

> Ne confondez pas *plan* et *plano*. Le plan d'une ville ou d'une construction se traduit par *plano*. Le mot espagnol *plan* est notamment employé pour parler de projets :
> **Je cherche un plan de la vieille ville.** Busco un plano del casco antiguo.
> **Tu as quelque chose de prévu samedi ?** ¿Tienes planes para este sábado?

planche [plɑ̃ʃ] *nf* tabla; (*de dessins*) lámina; (*de salades etc*) hilera; (*d'un plongeoir*) tablón *m*; **en planches** de tablas; **faire la ~** (*dans l'eau*) hacer el muerto; **avoir du pain sur la ~** tener tela que cortar; **~ à découper** tabla de cortar; **~ à dessin** tablero de dibujo; **~ à pain** tabla; **~ à repasser** tabla de planchar; **~ à roulettes** monopatín *m*; **~ à voile** (*objet*) tabla de windsurfing; (*Sport*) windsurfing *m*; **~ de salut** (*fig*) tabla de salvación; **~ de surf** tabla de surf; **planches** *nfpl* (*Théâtre*) : **les planches** las tablas
plancher [plɑ̃ʃe] *nm* suelo; (*d'une maison*) piso; (*fig*) tope *m*; **~ des salaires/cotisations** tope salarial/de las cotizaciones ▸ *vi* : **~ sur** tener un examen de; (*travailler*) trabajar en *ou* sobre
planchiste [plɑ̃ʃist] *nmf* windsurfista *mf*
plancton [plɑ̃ktɔ̃] *nm* plancton *m*
planer [plane] *vi* (*oiseau*) cernerse; (*avion*) planear; (*odeur*) flotar; (*fam*) estar ciego(-a) (*fam*); **~ sur** cernerse sobre
planétaire [planetɛʀ] *adj* planetario(-a)
planétarium [planetaʀjɔm] *nm* planetarium *m*
planète [planɛt] *nf* planeta *m*
planeur [planœʀ] *nm* planeador *m*
planification [planifikasjɔ̃] *nf* planificación *f*
planifier [planifje] *vt* planificar
planisphère [planisfɛʀ] *nm* planisferio
planning [planiŋ] *nm* programación *f*; **~ familial** planificación *f* familiar
planque [plɑ̃k] (*fam*) *nf* (*emploi peu fatigant*) momio (*fam*); (*cachette*) escondrijo
planquer [plɑ̃ke] (*fam*) *vt* esconder; **se planquer** *vpr* esconderse
plant [plɑ̃] *nm* planta joven, plantón *m*
plantage [plɑ̃taʒ] *nm* (*d'ordinateur*) bloqueo
plantaire [plɑ̃tɛʀ] *adj voir* **voûte**
plantation [plɑ̃tasjɔ̃] *nf* plantación *f*
plante [plɑ̃t] *nf* planta; (*Anat*) : **~ du pied** planta del pie; **~ d'appartement** planta de interior; **~ verte** planta (de interior)
planter [plɑ̃te] *vt* plantar; (*pieu*) clavar; (*drapeau*) plantar; (*tente*) montar; (*fam : mettre*) plantar (*fam*); (*: abandonner*) : **~ là** dejar plantado(-a); **~ de/en vignes** plantar de/con viñas; **planté d'arbres** (*terrain, avenue*) plantado de árboles; **~ le décor** (*fig*) describir la situación ▸ *vi* (*fam : ordinateur*) bloquearse; **se planter** *vpr* (*fam : se tromper*) equivocarse, meter la pata (*fam*); **se ~ devant qn/qch** plantarse delante de algn/algo
planteur [plɑ̃tœʀ] *nm* plantador(a)
plantigrade [plɑ̃tigʀad] *adj* plantígrado(-a) ▸ *nm* plantígrado
planton [plɑ̃tɔ̃] *nm* plantón *m*
plantureux, -euse [plɑ̃tyʀø, øz] *adj* (*repas*) copioso(-a); (*femme, poitrine*) exuberante
plaquage [plakaʒ] *nm* (*Rugby*) placaje *m*
plaque [plak] *nf* placa; (*d'ardoise, de verre*) hoja; **~ chauffante** placa calientaplatos; **~ de beurre** barra de mantequilla; **~ de chocolat** tableta de chocolate; **~ de cuisson** placa de cocina; **~ de four** placa de horno; **~ de police** placa (de identidad); **~ de propreté** placa protectora; **~ d'identité** placa (de identidad); **~ d'immatriculation** (placa de) matrícula;

~ **minéralogique** placa mineralógica; ~ **sensible** (*Photo*) placa sensible; ~ **tournante** (*fig*) centro

plaqué, e [plake] *nm* (*métal*) : ~ **or/argent** chapado en oro/plata; (*bois*) : ~ **acajou** enchapado en caoba ▸ *adj* : ~ **or/argent** chapado(-a) en oro/plata

plaquer [plake] *vt* (*bijou*) chapar; (*bois*) enchapar; (*Rugby*) hacer un placaje a; (*fam* : *laisser tomber*) dejar; (*aplatir*) : ~ **qch sur/contre** aplastar algo sobre/contra; ~ **qn contre** sujetar a algn con fuerza contra; **se plaquer** *vpr* : **se ~ contre** pegarse a

plaquette [plakɛt] *nf* (*de chocolat, pilules*) tableta; (*beurre*) barra; (*livre*) folleto; **plaquettes de frein** (*Auto*) pastillas de freno

plasma [plasma] *nm* plasma *m*

plastic [plastik] *nm* goma dos *f*

plasticien, ne [plastisjɛ̃, jɛn] *nm/f* (*artiste*) artista plástico(-a) ▸ *adj* plástico(-a)

plastifié, e [plastifje] *adj* plastificado(-a)

plastifier [plastifje] *vt* plastificar

plastiquage [plastikaʒ] *nm* explosión *f* con goma dos

plastique [plastik] *adj* plástico(-a); **chirurgie** ~ cirugía plástica; **les arts plastiques** las artes plásticas ▸ *nm* plástico; **bouteille en** ~ botella de plástico ▸ *nf* plástica

plastiquer [plastike] *vt* volar con goma dos

plastiqueur [plastikœʀ] *nm* autor *m* de una explosión con goma dos

plastron [plastʀɔ̃] *nm* pechera

plastronner [plastʀɔne] (*péj*) *vi* gallear

plasturgie [plastyʀʒi] *nf* plasturgia

plat, e [pla, at] *adj* llano(-a); (*chapeau, bateau*) chato(-a); (*ventre, poitrine*) plano(-a); (*cheveux*) lacio(-a); (*vin*) insípido(-a); (*banal*) anodino(-a); **à** ~ (*adverbe*) horizontalmente; (*adjectif* : *pneu*) desinflado(-a); (*batterie*) descargado(-a); (*personne*) rendido(-a); **à ~ ventre** boca abajo; **talons plats** zapatos *mpl* planos; **eau plate** agua sin gas ▸ *nm* (*Culin* : *mets*) plato; (: *récipient*) fuente *f*; (*partie plate*) : **le ~ de la main** la palma de la mano; (*d'une route*) : **rouler sur du** ~ conducir en lo llano; ~ **cuisiné** plato precocinado; ~ **de résistance** plato fuerte; ~ **du jour** plato del día; **plats préparés** platos preparados

> ⚠ Referido a un recipiente, no debe traducirse por *plato*, que en francés corresponde a **assiette**.

platane [platan] *nm* plátano (*árbol*)

plateau, x [plato] *nm* bandeja; (*d'une table*) superficie *f*; (*d'une balance, de tourne-disque*) plato; (*Géo*) meseta; (*d'un graphique*) nivel *m*; (*Ciné, TV*) plató; ~ **de fromages** tabla de quesos

plateau-repas [platoʀəpɑ] (*pl* **plateaux-repas**) *nm* bandeja de comida (*servida en trenes y aviones*)

plate-bande [platbɑ̃d] (*pl* **plates-bandes**) *nf* arriate *m*; **marcher sur les plates-bandes de qn** (*fig*) meterse en el terreno de algn

platée [plate] *nf* fuente *f*, plato

plateforme [platfɔʀm] *nf* plataforma; ~ **de forage/pétrolière** plataforma de perforación/petrolera

platine [platin] *nm* platino ▸ *nf* platina; ~ **cassette/laser/disque** platina de casete/láser/de tocadiscos ▸ *adj inv* : **cheveux/blond** ~ cabello/rubio platino *inv*

platitude [platityd] *nf* simpleza

platonique [platɔnik] *adj* platónico(-a)

plâtras [plɑtʀɑ] *nm* cascote *m*

plâtre [plɑtʀ] *nm* yeso; (*Méd, statue*) escayola; **avoir un bras dans le** ~ tener un brazo escayolado; **plâtres** *nmpl* (*revêtements*) revestimientos *mpl* de escayola

plâtrer [plɑtʀe] *vt* (*mur*) enyesar; (*Méd*) escayolar

plâtrier [plɑtʀije] *nm* yesero

plausibilité [plozibilite] *nf* plausibilidad *f*

plausible [plozibl] *adj* plausible

play-back [plɛbak] *nm inv* play-back *m*

play-boy [plɛbɔj] (*pl* **play-boys**) *nm* play-boy *m*

plébiscite [plebisit] *nm* plebiscito

plébisciter [plebisite] *vt* (*approuver*) dar el visto bueno a; (*élire*) elegir

plectre [plɛktʀ] *nm* plectro

pléiade [plejad] *nf* (*groupe*) pléyade *f*; **toute une ~ de** toda una pléyade de

plein, e [plɛ̃, plɛn] *adj* lleno(-a); (*journée*) ocupado(-a); (*porte, roue*) macizo(-a); (*joues, formes*) relleno(-a); (*mer*) alto(-a); (*chienne, jument*) preñada; **avoir les mains pleines** tener las manos llenas; **à pleines mains** a manos llenas; **à ~ régime** al máximo; **à ~ temps, à temps** ~ a tiempo completo; **en ~ air** al aire libre; **jeux de ~ air** juegos de aire libre; **en ~ vent/soleil** a pleno viento/sol; **en pleine mer** en alta mar; **en pleine rue** en medio de la calle; **en ~ milieu** en medio; **en ~ jour/pleine nuit** en pleno día/plena noche; **en pleine croissance** en pleno crecimiento; **en avoir ~ le dos** (*fam*) estar hasta la coronilla (*fam*); **à ~, en** ~ de lleno; **pleins pouvoirs** plenos poderes *mpl* ▸ *prép* : **avoir de l'argent ~ les poches** tener los bolsillos llenos de dinero ▸ *nm* : **faire le ~ (d'essence)** llenar el depósito (de gasolina); **faire le ~ de spectateurs/voix** llenar la sala/conseguir la mayoría de los votos; **en ~ sur** de lleno sobre; **les pleins** (*écriture*) el trazo grueso

pleinement [plɛnmɑ̃] *adv* enteramente

plein-emploi [plɛnɑ̃plwa] *nm* pleno empleo

P

plénière [plenjɛʀ] *adj f* : **assemblée/réunion ~** asamblea/reunión *f* plenaria
plénipotentiaire [plenipɔtɑ̃sjɛʀ] *nmf* plenipotenciario(-a)
plénitude [plenityd] *nf* plenitud *f*
pléthore [pletɔʀ] *nf* plétora
pléthorique [pletɔʀik] *adj* (*classes*) repleto(-a); (*documentation*) abundante
pleurer [plœʀe] *vi* llorar; **~ sur** llorar por; **~ de rire** llorar de risa ▸ *vt* llorar
pleurésie [plœʀezi] *nf* pleuresía
pleureuse [plœʀøz] *nf* plañidera
pleurnichard, e [plœʀniʃaʀ, aʀd] *adj* (*personne, ton*) llorón(-ona)
pleurnicher [plœʀniʃe] *vi* lloriquear
pleurote [plœʀɔt] *nm* (*Bot*) pleuroto
pleurs [plœʀ] *nmpl* : **en ~** deshecho(-a) en lágrimas
pleut [plø] *vb voir* **pleuvoir**
pleutre [pløtʀ] *adj* cobarde
pleuvait *etc* [pløvɛ] *vb voir* **pleuvoir**
pleuviner [pløvine] *vb impers* lloviznar
pleuvoir [pløvwaʀ] *vb impers* : **il pleut** llueve; **il pleut des cordes** *ou* **à verse/à torrents** llueve a cántaros/torrencialmente ▸ *vi* (*fig*) llover
pleuvra *etc* [pløvʀa] *vb voir* **pleuvoir**
plèvre [plɛvʀ] *nf* pleura
plexiglas® [plɛksiglɑs] *nm* plexiglás® *msg*
pli [pli] *nm* pliegue *m*; (*d'un drapé, rideau*) doblez *f*; (*d'une jupe*) tabla; (*d'un pantalon*) raya; (*aussi* : **faux pli**) arruga; (*ride*) arruga; (*enveloppe*) sobre *m*; (*Admin*) carta; (*Cartes*) baza; **prendre le ~ de faire qch** adquirir el hábito de hacer algo; **ça ne va pas faire un ~** no cabe duda; **~ d'aisance** tabla
pliable [plijabl] *adj* plegable
pliage [plijaʒ] *nm* plegado; (*Art*) papiroflexia
pliant, e [plijɑ̃, plijɑ̃t] *adj* plegable ▸ *nm* silla de tijera
plier [plije] *vt* (*nappe*) doblar; (*tente*) plegar; (*pour ranger*) recoger; (*genou, bras*) flexionar; **~ bagage** (*fig*) tomar las de Villadiego ▸ *vi* curvarse; (*personne*) ceder; **~ sous le poids de qch** doblarse *ou* ceder bajo el peso de algo; **se plier** *vpr* : **se ~ à** doblegarse a
plinthe [plɛ̃t] *nf* zócalo
plissé, e [plise] *adj* (*jupe*) plisado(-a); (*peau*) arrugado(-a); (*Géo*) plegado(-a) ▸ *nm* (*Couture*) plisado
plissement [plismɑ̃] *nm* (*Géo*) plegamiento
plisser [plise] *vt* arrugar; (*jupe*) hacerle tablas a, plisar; **se plisser** *vpr* arrugarse
pliure [plijyʀ] *nf* (*du bras, genou*) flexión *f*; (*d'un ourlet*) doblez *f*
plomb [plɔ̃] *nm* plomo; (*d'une cartouche*) perdigón *m*; (*sceau*) precinto; (*Élec*) fusible *m*; **sommeil de ~** sueño pesado; **soleil de ~** sol abrasador
plombage [plɔ̃baʒ] *nm* empaste *m*
plombémie [plɔ̃bemi] *nf* plombemia
plomber [plɔ̃be] *vt* (*canne, ligne*) poner el plomo en; (*Inform, colis etc*) precintar; (*Tech* : *mur*) aplomar; (*dent*) empastar
plomberie [plɔ̃bʀi] *nf* fontanería, plomería (Am); (*installation*) cañería
plombier, -ière [plɔ̃bje, jɛʀ] *nm/f* fontanero(-a), plomero(-a) (Am), gasfíter *mf* (Chi), gasfitero(-a) (Chi)
plonge [plɔ̃ʒ] (*fam*) *nf* : **faire la ~** fregar los platos
plongeant, e [plɔ̃ʒɑ̃, ɑ̃t] *adj* (*vue*) desde arriba; (*tir*) oblicuo(-a); (*décolleté*) pronunciado(-a)
plongée [plɔ̃ʒe] *nf* inmersión *f*; (*Sport* : *sans bouteilles*) buceo; (*Ciné, TV*) plano tomado desde arriba, plano picado; **~ (sous-marine)** submarinismo; **sous-marin en ~** submarino sumergido
plongeoir [plɔ̃ʒwaʀ] *nm* trampolín *m*
plongeon [plɔ̃ʒɔ̃] *nm* zambullida; (*Football*) estirada
plonger [plɔ̃ʒe] *vi* (*personne*) zambullirse; (*sous-marin*) sumergirse; (*oiseau, avion*) lanzarse en picado; (*Football*) hacer una estirada; (*personne*) : **~ dans un sommeil profond** sumirse en un sueño profundo; ▸ *vt* sumergir; (*arme, racine*) clavar; **~ qn dans l'obscurité** sumir a algn en la oscuridad; **~ qn dans l'embarras/le découragement** sumir a algn en la confusión/el desánimo; **se plonger** *vpr* : **se ~ dans** sumergirse en; (*travail, études*) sumirse en
plongeur, -euse [plɔ̃ʒœʀ, øz] *nm/f* buceador(a); (*avec bouteilles*) submarinista *mf*; (*de restaurant*) lavaplatos *mf inv*
plot [plo] *nm* (*Élec*) transmisor *m* eléctrico
plouc [pluk] (*fam, péj*) *nmf* paleto(-a)
ploutocratie [plutɔkʀasi] *nf* plutocracia
ploutocratique [plutɔkʀatik] *adj* plutocrático(-a)
ployer [plwaje] *vt* : **~ les genoux** doblar las rodillas ▸ *vi* curvarse; **~ sous le joug** (*fig*) ceder bajo el yugo
plu [ply] *pp de* **plaire** ; **pleuvoir**
pluie [plɥi] *nf* lluvia; **une ~ de** (*fig*) una lluvia de; **retomber en ~** caer en forma de lluvia; **sous la ~** bajo la lluvia
plumage [plymaʒ] *nm* plumaje *m*
plume [plym] *nf* pluma; **dessin à la ~** dibujo en plumilla
plumeau, x [plymo] *nm* plumero
plumer [plyme] *vt* (*aussi fig*) desplumar
plumet [plymɛ] *nm* penacho
plumier [plymje] *nm* plumero
plupart [plypaʀ] *nf* : **la ~** la mayor parte; **la ~ du temps** la mayoría de las veces; **dans la ~ des cas** en la mayoría de los casos; **pour la ~** en su mayoría
pluralisme [plyʀalism] *nm* pluralismo
pluraliste [plyʀalist] *adj* pluralista

pluralité [plyʀalite] *nf* pluralidad *f*
pluriannuel, le [plyʀianɥɛl] *adj* plurianual
pluridisciplinaire [plyʀidisiplinɛʀ] *adj* pluridisciplinar
pluriel, le [plyʀjɛl] *nm* plural *m*; **au ~** en plural ▸ *adj* (*gauche, société*) plural
pluriethnique [plyʀiɛtnik] *adj* pluriétnico(-a)

MOT-CLÉ

plus [ply] *adv* **1** (*forme négative*) : **ne ... plus** ya no; **je n'ai plus d'argent** ya no tengo dinero; **il ne travaille plus** ya no trabaja
2 [ply(s), (*+ voyelle*) plyz, (*en position finale*) plys] (*comparatif*) más; **plus intelligent (que)** más inteligente (que); **plus d'intelligence/de possibilités (que)** más inteligencia/posibilidades (que); (*superlatif*) : **le plus** el más; **c'est lui qui travaille le plus** es él quien más trabaja; **le plus grand** el más grande; **(tout) au plus** a lo sumo, a lo más
3 [ply(s), (*+ voyelle*) plyz](*davantage*) más; **il travaille plus (que)** trabaja más (que); **plus il travaille, plus il est heureux** cuanto más trabaja, más feliz es; **il était plus de minuit** era más de medianoche; **plus de trois heures/quatre kilos** más de tres horas/cuatro kilos; **trois heures/kilos de plus que** tres horas/kilos más que; **il a trois ans de plus que moi** tiene tres años más que yo; **de plus** (*en supplément*) de más; (*en outre*) además; **de plus en plus** cada vez más; **plus de pain** más pan; **sans plus** sin más; **trois kilos en plus** tres kilos de más; **en plus de cela ...** además de eso ...; **d'autant plus que** tanto más cuando, más aún cuando; **qui plus est** y lo que es más; **plus ou moins** más o menos; **ni plus ni moins** ni más ni menos
▸ *prép* [plys] : **4 plus 2** 4 más 2

plusieurs [plyzjœʀ] *adj, pron* varios(-as); **ils sont ~** son varios
plus-que-parfait [plyskəpaʀfɛ] (*pl* **plus-que-parfaits**) *nm* (*Ling*) pluscuamperfecto
plus-value [plyvaly] (*pl* **plus-values**) *nf* (*Écon*) plusvalía; (*bénéfice*) beneficio; (*budgétaire*) excedente *m*
plut [ply] *vb voir* **plaire**; **pleuvoir**
plutonium [plytɔnjɔm] *nm* plutonio
plutôt [plyto] *adv* más bien; **je ferais ~ cela** haría más bien eso; **fais ~ comme ça** haz mejor así; **~ que (de) faire qch** en lugar de hacer algo; **~ grand/rouge** más bien grande/rojo
pluvial, e, -aux [plyvjal, jo] *adj* pluvial
pluvieux, -euse [plyvjø, jøz] *adj* lluvioso(-a)
pluviométrie [plyvjɔmetʀi] *nf* pluviometría
pluviosité [plyvjozite] *nf* pluviosidad *f*
PM [peɛm] *sigle f* (= *Police militaire*) ≈ PM *f* (= *Policía Militar*)
PMA [peɛma] *sigle f* (= *procréation médicalement assistée*) reproducción *f* asistida
PME [peɛmə] *sigle f inv* (= *petite et moyenne entreprise*) ≈ PYME *f*, ≈ pyme *f* (= *pequeña y mediana empresa*); **une ~ française** una PYME *ou* pyme francesa; **les ~ espagnoles** las pymes *ou* las PYMES españolas
PMI [peɛmi] *sigle fpl* = **petites et moyennes industries** ▸ *sigle f* (= *protection maternelle et infantile*) *voir* **protection**
PMU [peɛmy] *sigle m* (= *Pari Mutuel Urbain*) *voir* **pari**; *ver nota*

PMU

PMU, siglas de *Pari Mutuel Urbain*, es una red de ventanillas de apuestas regulada por el gobierno que se encuentran en los bares que muestran el signo **PMU**. Para apostar se compran boletos con un precio fijo y se hacen predicciones sobre quiénes van a ganar u ocupar las primeras posiciones en las carreras de caballos. La apuesta tradicional es el *tiercé*, que es una triple apuesta, aunque hay otras apuestas múltiples, como *quinté* etc, que se están haciendo cada vez más populares.

PNB [peɛnbe] *sigle m* (= *produit national brut*) PNB *m* (= *producto nacional bruto*)
pneu, x [pnø] *nm* neumático, llanta (*AM*); (*message*) misiva tubular
pneumatique [pnømatik] *nm* neumático ▸ *adj* de aire comprimido; (*canot*) hinchable
pneumonie [pnømɔni] *nf* neumonía
pneumopathie [pnømopati] *nf* neumopatía
PO *sigle fpl* (= *petites ondes*) OM *f* (= *onda media*)
poche [pɔʃ] *nf* bolsillo; (*des marsupiaux*) bolsa; **de ~** de bolsillo; **en être** *ou* **y être de sa ~** pagarlo de su bolsillo; **c'est dans la ~** es cosa hecha; **connaître qch comme sa ~** (*ville, quartier*) conocer algo como la palma de la mano ▸ *nm* libro de bolsillo
poché, e [pɔʃe] *adj* : **œuf ~** huevo escalfado; **œil ~** ojo a la funerala
pocher [pɔʃe] *vt* escalfar; (*Peinture*) bosquejar ▸ *vi* (*vêtement*) hacer forma
poche-revolver [pɔʃʀəvɔlvɛʀ] (*pl* **poches-revolver**) *nf* bolsillo de atrás
pochette [pɔʃɛt] *nf* (*de timbres*) sobre *m*; (*d'aiguilles etc*) estuche *m*; (*sac : de femme*) bolso de mano; (*: d'homme*) bolso; (*sur veste*) pañuelo; **~ d'allumettes** canterilla de cerillas; **~ de disque** funda de discos; **~ surprise** sobre sorpresa
pochoir [pɔʃwaʀ] *nm* plantilla
podcast [pɔdkast] *nm* podcast *m*
podcaster [pɔdkaste] *vi* podcastear
podium [pɔdjɔm] *nm* podio
podologue [pɔdɔlɔg] *nmf* podólogo(-a)

P

poêle [pwal] *nm* estufa ▸ *nf* : ~ **(à frire)** sartén *f ou* (*AM*) *m*
poêlée [pwale] *nf* (*Culin*) : ~ **de petits légumes** verduritas *fpl* salteadas
poêler [pwale] *vt* saltear
poêlon [pwalɔ̃] *nm* cazo
poème [pɔɛm] *nm* poema *m*
poésie [pɔezi] *nf* poesía
poète [pɔɛt] *nmf, adj* poeta *mf*
poétesse [pɔetɛs] *nf* poetisa
poétique [pɔetik] *adj* poético(-a)
poétiquement [pɔetikmɑ̃] *adv* poéticamente
poétiser [pɔetize] *vt* poetizar
pognon [pɔɲɔ̃] (*fam*) *nm* pasta (*fam*)
poids [pwɑ] *nm* peso; (*pour peser*) pesa; **vendre qch au** ~ vender algo al peso; **prendre/ perdre du** ~ coger/perder peso; **faire le** ~ (*fig*) dar la talla; **argument de** ~ argumento de peso; ~ **et haltères** *nmpl* pesas y halterofilia; ~ **lourd** peso pesado; (*camion*) vehículo pesado; ~ **mort** (*Tech*) peso muerto; (*fig* : *péj*) lastre *m*; ~ **mouche/plume/coq/moyen** (*Boxe*) peso mosca/pluma/gallo/medio; ~ **utile** carga
poignant, e [pwaɲɑ̃, ɑ̃t] *adj* conmovedor(a)
poignard [pwaɲaʀ] *nm* puñal *m*; **un coup de** ~ **dans le dos** (*fig*) una puñalada trapera
poignarder [pwaɲaʀde] *vt* apuñalar
poigne [pwaɲ] *nf* fuerza; (*main, poing*) mano *f*; (*fig*) firmeza; **à** ~ (*homme, femme*) con firmeza
poignée [pwaɲe] *nf* puñado; (*de couvercle, valise*) asa; (*tiroir*) tirador *m*; (*porte*) picaporte *m*; (*de cuisine*) manopla *f*; ~ **de main** apretón *m* de manos
poignet [pwaɲɛ] *nm* muñeca; (*d'une chemise*) puño
poil [pwal] *nm* pelo; (*de pinceau, brosse*) cerda; **à** ~ (*fam* : *tout nu*) en pelota(s); **au** ~ (*fam*) genial; **de tout** ~ de toda calaña; **être de bon/mauvais** ~ (*fam*) estar de buenas/malas; ~ **à gratter** picapica
poilant, e [pwalɑ̃, ɑ̃t] (*fam*) *adj* tronchante (*fam*)
poilu, e [pwaly] *adj* peludo(-a)
poinçon [pwɛ̃sɔ̃] *nm* punzón *m*; (*marque*) contraste *m*
poinçonner [pwɛ̃sɔne] *vt* (*billet, ticket*) picar; (*marchandise, bijou*) contrastar
poinçonneuse [pwɛ̃sɔnøz] *nf* perforadora
poindre [pwɛ̃dʀ] *vi* (*fleur*) brotar; (*aube, jour*) despuntar
poing [pwɛ̃] *nm* puño; **dormir à poings fermés** dormir a pierna suelta
point [pwɛ̃] *vb voir* **poindre** ▸ *nm* punto; (*Couture, tapisserie*) puntada; **à** ~ **nommé** en el momento oportuno; **au** ~ **de vue scientifique** desde el punto de vista científico; **faire le** ~ (*Naut*) determinar la posición; (*fig*) recapitular; **faire le** ~ **sur** analizar la situación de; **en tout** ~ de todo punto; **sur le** ~ **de faire qch** a punto de hacer algo; **au** ~ **que** hasta el punto que; **mettre au** ~ poner a punto; (*appareil de photo*) enfocar; (*affaire*) precisar; **à** ~ (*Culin*) en su punto; ~ **chaud** (*Mil, Pol*) punto álgido; ~ **com** puntocom *m*; ~ **culminant** punto culminante; ~ **d'eau** punto de agua; ~ **d'exclamation/ d'interrogation** signo de exclamación/de interrogación; ~ **de chaînette/de croix/de tige** punto de cadeneta/de cruz/de tallo; ~ **de chute** (*fig*) lugar *m* de parada; ~ **de côté** punzada en el costado; ~ **de départ/d'arrivée** punto de partida/de llegada; ~ **de jersey/mousse** (*Tricot*) punto liso *ou* de jersey/ de malla; ~ **de non-retour** punto sin retorno; ~ **de repère** punto de referencia; ~ **de vente** punto de venta; ~ **de vue** (*paysage*) vista; (*fig*) punto de vista; ~ **faible** punto débil; ~ **mort** punto muerto; ~ **noir** punto negro; **points cardinaux** puntos cardinales; **points de suspension** puntos *mpl* suspensivos ▸ *adv* (*littér, vieilli*) = **pas²**; ~ **du tout** de ningún modo
pointage [pwɛ̃taʒ] *nm* punteo; (*des ouvriers etc*) fichado
pointe [pwɛ̃t] *nf* punta; (*d'un clocher*) remate *m*; (*fig*) : **une** ~ **d'ail/d'accent** una pizca de ajo/de acento; **être à la** ~ **de qch** estar en la vanguardia de algo; **faire** *ou* **pousser une** ~ **jusqu'à ...** llegar hasta ...; **sur la** ~ **des pieds** de puntillas; **en** ~ *adv, adj* en punta; **de** ~ (*industries*) de vanguardia; (*vitesse*) punta *inv*; **heures/jours de** ~ horas *fpl*/días *mpl* punta; **faire du 180 en** ~ (*Auto*) llevar une velocidad tope de 180; **faire des pointes** (*Danse*) bailar de puntillas; ~ **d'asperge** punta de espárrago; ~ **de courant** sobretensión *f*; ~ **de vitesse** escapada; **pointes** *nfpl* (*Danse*) zapatillas *fpl* de puntas
pointer [pwɛ̃te] *vt* puntear; (*employés, ouvriers*) fichar; (*canon, doigt*) apuntar; ~ **les oreilles** aguzar las orejas ▸ *vi* (*employé, ouvrier*) fichar; (*pousses*) brotar; (*jour*) despuntar; **se pointer** *vpr* (*fam* : *arriver, apparaître*) presentarse, aparecer
pointeur, -euse [pwɛ̃tœʀ, øz] *nm/f* (*personne*) listero; (: *Pétanque*) apuntador(a) ▸ *nm* (*Inform*) cursor *m*
pointeuse [pwɛ̃tøz] *nf* perforadora
pointillé [pwɛ̃tije] *nm* línea de puntos; (*Art*) punteado; **en** ~ en punteado
pointilleux, -euse [pwɛ̃tijø, øz] *adj* puntilloso(-a)
pointu, e [pwɛ̃ty] *adj* puntiagudo(-a); (*son, voix, fig*) agudo(-a)
pointure [pwɛ̃tyʀ] *nf* número; (*fig* : *personnalité*) pez *m* gordo; (*calibre*) : **il est d'une autre** ~ no tiene punto de comparación

point-virgule [pwɛ̃viʀgyl] (*pl* **points-virgules**) *nm* punto y coma *m*
poire [pwaʀ] *nf* pera; (*fam, péj*) memo(-a); **~ à injections** jeringa de inyecciones; **~ électrique/à lavement** pera eléctrica/de lavativa
poireau, x [pwaʀo] *nm* puerro
poireauter [pwaʀote] (*fam*) *vi* esperar
poirier [pwaʀje] *nm* peral *m*; **faire le ~** hacer el pino
pois [pwɑ] *nm* guisante *m*; (*sur une étoffe*) lunar *m*; **à ~** de lunares; **~ cassés** guisantes *mpl* secos; **~ chiche** garbanzo; **~ de senteur** guisante de olor
poison [pwazɔ̃] *nm* veneno
poisse [pwas] *nf* mala pata *f* (*fam*)
poisser [pwase] *vt* embadurnar
poisseux, -euse [pwasø, øz] *adj* pegajoso(-a)
poisson [pwasɔ̃] *nm* pez *m*; (*Culin*) pescado; (*Astrol*) : **Poissons** Piscis *msg*; **être Poissons** ser Piscis; **prendre du ~** pescar; **« ~ d'avril ! »** « ¡inocente! »; **~ d'avril** inocentada; *ver nota*; **~ volant/rouge** pez volador/rojo

POISSON D'AVRIL

En Francia, el 1 de abril es el equivalente al día de los Santos Inocentes en España. La broma o inocentada típica de ese día es pegar en la espalda de alguien un pez de papel, el **poisson d'avril**, sin ser visto. Los medios de comunicación contribuyen con sus propios **poissons d'avril** difundiendo noticias falsas y disparatadas.

poisson-chat [pwasɔ̃ʃa] (*pl* **poissons-chats**) *nm* siluro
poissonnerie [pwasɔnʀi] *nf* pescadería
poissonneux, -euse [pwasɔnø, øz] *adj* rico(-a) en peces
poissonnier, -ière [pwasɔnje, jɛʀ] *nm/f* pescadero(-a)
poissonnière [pwasɔnjɛʀ] *nf* besuguera
poisson-scie [pwasɔ̃si] (*pl* **poissons-scies**) *nm* pez *m* sierra
poitevin, e [pwat(ə)vɛ̃, in] *adj* (*région*) del Poitou; (*ville*) de Poitiers ▸ *nm/f* : **Poitevin, e** nativo(-a) *ou* habitante *mf* del Poitou *ou* de Poitiers
poitrail [pwatʀaj] *nm* pecho
poitrine [pwatʀin] *nf* pecho
poivre [pwavʀ] *nm* pimienta; **~ et sel** *adj inv* (*cheveux*) entrecano(-a); **~ blanc/gris** pimienta blanca/negra; **~ de Cayenne** cayena; **~ moulu/en grains** pimienta molida/en grano; **~ vert** pimienta verde

Ne confondez pas *el pimiento* (**le poivron**) et *la pimienta* (**le poivre**).

poivré, e [pwavʀe] *adj* picante
poivrer [pwavʀe] *vt* sazonar con pimienta
poivrier [pwavʀije] *nm* (*Bot, ustensile*) pimentero
poivrière [pwavʀijɛʀ] *nf* (*ustensile*) pimentero
poivron [pwavʀɔ̃] *nm* pimiento morrón; **~ rouge/vert** pimiento rojo/verde
poivrot, e [pwavʀo, ɔt] (*fam*) *nm/f* (*ivrogne*) borracho(-a)
poix [pwɑ] *nf* pez *f*
poker [pɔkɛʀ] *nm* : **le ~** el póker; **partie de ~** (*fig*) partida de póker; **~ d'as** póker de dados
polaire [pɔlɛʀ] *adj* polar ▸ *nf* (*vêtement*) forro polar
polar [pɔlaʀ] (*fam*) *nm* novela policial *ou* policíaca
polarisation [pɔlaʀizasjɔ̃] *nf* polarización *f*
polariser [pɔlaʀize] *vt* polarizar; **être polarisé sur** (*personne*) estar volcado en, estar absorbido por
pôle [pol] *nm* (*Géo, Élec*) polo; **~ d'attraction** polo de atracción; **~ de développement** (*Écon*) polo de desarrollo; **le ~ Nord/Sud** el polo Norte/Sur
polémique [pɔlemik] *adj* polémico(-a) ▸ *nf* polémica
polémiquer [pɔlemike] *vi* polemizar
polémiste [pɔlemist] *nmf* polemista *mf*
poli, e [pɔli] *adj* (*personne*) educado(-a); (*surface*) liso(-a)
police [pɔlis] *nf* : **la ~** la policía; (*discipline*) : **assurer la ~ de** *ou* **dans** mantener el orden en; (*Assurance*) : **~ d'assurance** póliza de seguros; **être dans la ~** estar en la policía; **peine de simple ~** pena leve; **~ de caractère** (*Typo, Inform*) tipo de letra; **~ des mœurs** *policía encargada del control de la prostitución*; **~ judiciaire** policía judicial; **~ secours** servicio urgente de policía; **~ secrète** policía secreta
policé, e [pɔlise] *adj* civilizado(-a)
polichinelle [pɔliʃinɛl] *nm* polichinela *m*; **secret de ~** secreto a voces
policier, -ière [pɔlisje, jɛʀ] *adj* policial, policiaco(-a), policíaco(-a) ▸ *nm/f* policía *mf*, agente *mf* (Am) ▸ *nm* (*roman*) novela policiaca *ou* policíaca; (*film*) película policiaca *ou* policíaca
policlinique [pɔliklinik] *nf* policlínica
poliment [pɔlimɑ̃] *adv* educadamente
polio [pɔljo] (*fam*) *nf* polio *f inv* (*fam*)
poliomyélite [pɔljɔmjelit] *nf* poliomielitis *f inv*
poliomyélitique [pɔljɔmjelitik] *nmf* poliomielítico(-a)
polir [pɔliʀ] *vt* pulir
polisson, ne [pɔlisɔ̃, ɔn] *adj* (*enfant*) pillo(-a); (*allusion, chanson*) pícaro(-a), atrevido(-a)
politesse [pɔlitɛs] *nf* cortesía; (*civilité*) : **la ~** la urbanidad; **devoir/rendre une ~ à qn** deber/devolver un cumplido a algn; **politesses** *nfpl* (*actes*) cumplidos *mpl*
politicard [pɔlitikaʀ] (*péj*) *nm* politicastro

P

politicien, ne [pɔlitisjɛ̃, jɛn] *nm/f* político(-a); (*péj*) politicastro(-a) ▸ *adj* político(-a)
politique [pɔlitik] *adj, nmf* político(-a) ▸ *nf* política; ~ **étrangère/intérieure** política exterior/interior
politique-fiction [pɔlitikfiksjɔ̃] (*pl* **politiques-fictions**) *nf* ficción *f* política
politiquement [pɔlitikmɑ̃] *adv* políticamente; (*avec habilité*) diplomáticamente
politisation [pɔlitizasjɔ̃] *nf* politización *f*
politiser [pɔlitize] *vt* politizar; ~ **qn** politizar a algn; **se politiser** *vpr* politizarse
politologue [pɔlitɔlɔg] *nmf* politólogo(-a)
pollen [pɔlɛn] *nm* polen *m*
polluant, e [pɔlɥɑ̃, ɑ̃t] *adj* contaminante; **produit** ~ producto contaminante
polluer [pɔlɥe] *vt* contaminar; **air pollué/eaux polluées** aire *m* contaminado/aguas *fpl* contaminadas
pollueur, -euse [pɔlɥœʀ, øz] *nm/f* contaminador(a)
pollution [pɔlysjɔ̃] *nf* polución *f*, contaminación *f*
polo [pɔlo] *nm* polo
Pologne [pɔlɔɲ] *nf* Polonia
polonais, e [pɔlɔnɛ, ɛz] *adj* polaco(-a) ▸ *nm* (*Ling*) polaco ▸ *nm/f* : **Polonais, e** polaco(-a)
poltron, ne [pɔltʀɔ̃, ɔn] *adj* cobarde
poly... [pɔli] *préf* poli...
polyamide [pɔliamid] *nm* poliamida
polyarthrite [pɔliaʀtʀit] *nf* poliartritis *f inv*
polychrome [pɔlikʀom] *adj* polícromo(-a)
polyclinique [pɔliklinik] *nf* = **policlinique**
polycopie [pɔlikɔpi] *nf* (*procédé*) multicopista
polycopié, e [pɔlikɔpje] *adj* multicopiado(-a) ▸ *nm* copia (sacada por multicopia)
polycopier [pɔlikɔpje] *vt* multicopiar
polyculture [pɔlikyltyʀ] *nf* policultivo
polyester [pɔliɛstɛʀ] *nm* poliéster *m*
polyéthylène [pɔlietilɛn] *nm* polietileno
polygame [pɔligam] *adj* polígamo(-a)
polygamie [pɔligami] *nf* poligamia
polyglotte [pɔliglɔt] *adj* polígloto(-a)
polygone [pɔligɔn] *nm* polígono
polymère [pɔlimɛʀ] *nm* polímero
polymorphe [pɔlimɔʀf] *adj* polimorfo(-a)
Polynésie [pɔlinezi] *nf* Polinesia; **la ~ française** la Polinesia francesa
polynésien, ne [pɔlinezjɛ̃, jɛn] *adj* polinesio(-a) ▸ *nm/f* : **Polynésien, ne** polinesio(-a)
polynôme [pɔlinom] *nm* polinomio
polype [pɔlip] *nm* pólipo
polyphonie [pɔlifɔni] *nf* polifonía
polyphonique [pɔlifɔnik] *adj* polifónico(-a)
polysémie [pɔlisemi] *nf* polisemia
polysémique [pɔlisemik] *adj* polisémico(-a)
polystyrène [pɔlistiʀɛn] *nm* poliestireno
polytechnicien, ne [pɔlitɛknisjɛ̃, jɛn] *nm/f alumno o antiguo alumno de la Escuela Politécnica francesa*
polyuréthane [pɔliyʀetan] *nm* poliuretano
polyvalent, e [pɔlivalɑ̃, ɑ̃t] *adj* polivalente ▸ *nm* tasador *m* de impuestos
pomélo [pɔmelo] *nm* pomelo
pommade [pɔmad] *nf* pomada
pomme [pɔm] *nf* manzana; (*boule décorative*) pomo; **tomber dans les pommes** (*fam*) darle a algn un patatús (*fam*); ~ **d'Adam** nuez *f* de Adán; ~ **d'arrosoir/de douche** alcachofa; ~ **de pin** piña; ~ **de terre** patata, papa (*Am*); **pommes allumettes/vapeur** patatas paja/al vapor; **pommes noisettes** bocaditos *mpl* de patata
pommé, e [pɔme] *adj* repolludo(-a)
pommeau, x [pɔmo] *nm* (*boule*) pomo; (*d'une selle*) perilla
pommelé, e [pɔm(ə)le] *adj* : **cheval** ~ caballo tordo
pommer [pɔme] *vi* repollarse
pommette [pɔmɛt] *nf* pómulo
pommier [pɔmje] *nm* manzano
pompage [pɔ̃paʒ] *nm* bombeo
pompe [pɔ̃p] *nf* (*appareil*) bomba; (*faste*) pompa; **en grande** ~ con gran pompa; ~ **à eau** bomba de agua; ~ **(à essence)** surtidor *m* (de gasolina); ~ **à huile** bomba de aceite; ~ **à incendie** bomba de incendios; ~ **à vélo** *ou* **de bicyclette** bomba de bicicleta; **pompes funèbres** pompas *fpl* fúnebres
pompéien, ne [pɔ̃pejɛ̃, jɛn] *adj* pompeyano(-a)
pomper [pɔ̃pe] *vt* bombear; (*aspirer*) chupar; (*absorber*) absorber ▸ *vi* bombear
pompeusement [pɔ̃pøzmɑ̃] *adv* pomposamente
pompeux, -euse [pɔ̃pø, øz] (*péj*) *adj* pomposo(-a)
pompier[1] [pɔ̃pje] *nm* bombero(-a)
pompier[2]**, -ière** [pɔ̃pje, jɛʀ] *adj* (*style*) pomposo(-a)
pompiste [pɔ̃pist] *nmf* encargado(-a) de una gasolinera
pompon [pɔ̃pɔ̃] *nm* borla
pomponner [pɔ̃pɔne] *vt* engalanar; **se pomponner** *vpr* (*fam*) emperifollarse (*fam*)
ponçage [pɔ̃saʒ] *nm* pulimento, pulido
ponce [pɔ̃s] *nf* : **pierre** ~ piedra pómez
poncer [pɔ̃se] *vt* pulimentar, pulir
ponceuse [pɔ̃søz] *nf* pulidora
poncif [pɔ̃sif] *nm* (*banalité*) trivialidad *f*
ponction [pɔ̃ksjɔ̃] *nf* (*d'argent*) deducción *f*; ~ **lombaire** (*Méd*) punción *f* lumbar
ponctionner [pɔ̃ksjɔne] *vt* (*Méd*) puncionar
ponctualité [pɔ̃ktɥalite] *nf* puntualidad *f*
ponctuation [pɔ̃ktɥasjɔ̃] *nf* puntuación *f*
ponctuel, le [pɔ̃ktɥɛl] *adj* puntual

ponctuellement [pɔ̃ktɥɛlmɑ̃] *adv* puntualmente

ponctuer [pɔ̃ktɥe] *vt* puntuar; (*Mus*) marcar las pausas en; **~ une phrase de commentaires** intercalar comentarios en una frase

pondération [pɔ̃deʀasjɔ̃] *nf* ponderación *f*

pondéré, e [pɔ̃deʀe] *adj* ponderado(-a)

pondérer [pɔ̃deʀe] *vt* ponderar

pondeuse [pɔdɔ̃z] *nf* ponedora

pondre [pɔ̃dʀ] *vt* (*œufs*) poner; (*fig : fam*) parir ▸ *vi* poner

poney [pɔnɛ] *nm* póney *m*, poni *m*

pongiste [pɔ̃ʒist] *nmf* jugador(a) de ping-pong

pont [pɔ̃] *nm* (*aussi Auto*) puente *m*; (*Naut*) cubierta; **faire le ~** hacer puente; **faire un ~ d'or à qn** tender un puente de plata a algn; **~ à péage** puente de peaje; **~ aérien** puente aéreo; **~ basculant** puente basculante; **~ d'envol** (*sur un porte-avions*) cubierta de despegue; **~ élévateur** puente elevador; **~ roulant** puente grúa; **~ suspendu/tournant** puente colgante/giratorio; **Ponts et Chaussées** (*Univ*) Caminos, Canales y Puertos

pontage [pɔ̃taʒ] *nm* baipás *m*, bypass *m*; **~ aortocoronarien/coronarien** baipás *ou* bypass aortocoronario/coronario

ponte [pɔ̃t] *nf* puesta ▸ *nm* (*fam*) mandamás *mf inv* (*fam*)

pontife [pɔ̃tif] *nm* pontífice *m*

pontifiant, e [pɔ̃tifjɑ̃, jɑ̃t] *adj* sentencioso(-a)

pontificat [pɔ̃tifika] *nm* (*papauté, durée*) pontificado

pontifier [pɔ̃tifje] *vi* pontificar

pont-levis [pɔ̃lvi] (*pl* **ponts-levis**) *nm* puente *m* levadizo

ponton [pɔ̃tɔ̃] *nm* pontón *m*

pop [pɔp] *adj inv* pop *inv* ▸ *nf* : **la ~** la música pop

pop-corn [pɔpkɔʀn] (*pl* **pop-corns**) *nm* palomitas *fpl* (de maíz)

popeline [pɔplin] *nf* papelina

populace [pɔpylas] (*péj*) *nf* populacho

populaire [pɔpylɛʀ] *adj* popular

populariser [pɔpylaʀize] *vt* popularizar

popularité [pɔpylaʀite] *nf* popularidad *f*

population [pɔpylasjɔ̃] *nf* población *f*; **~ active/agricole** población activa/agrícola; **~ civile** población civil; **~ ouvrière** población obrera

populeux, -euse [pɔpylø, øz] *adj* populoso(-a)

populisme [pɔpylism] *nm* populismo

populiste [pɔpylist] *adj* populista

porc [pɔʀ] *nm* (*Zool*) cerdo, chancho (*Am*); (*Culin*) (carne *f* de) cerdo; (*peau*) cuero de cerdo

porcelaine [pɔʀsəlɛn] *nf* porcelana

porcelet [pɔʀsəlɛ] *nm* lechón *m*, tostón *m*

porc-épic [pɔʀkepik] (*pl* **porcs-épics**) *nm* puerco espín

porche [pɔʀʃ] *nm* porche *m*

porcher, -ère [pɔʀʃe, ɛʀ] *nm/f* porquero(-a)

porcherie [pɔʀʃəʀi] *nf* porqueriza, pocilga; (*fig*) pocilga

porcin, e [pɔʀsɛ̃, in] *adj* porcino(-a)

pore [pɔʀ] *nm* poro

poreux, -euse [pɔʀø, øz] *adj* poroso(-a)

porno [pɔʀno] *adj* (= *pornographique*) porno *inv* ▸ *nm* película porno

pornographie [pɔʀnɔgʀafi] *nf* pornografía

pornographique [pɔʀnɔgʀafik] *adj* pornográfico(-a)

porosité [pɔʀozite] *nf* porosidad *f*

port [pɔʀ] *nm* porte *m*; (*Naut*) puerto; **arriver à bon ~** llegar a buen puerto; **le ~ de l'uniforme est interdit dans ...** está prohibido llevar el uniforme en ...; **~ d'armes** (*Jur*) tenencia de armas; **~ d'attache** (*Naut*) puerto de amarre; (*fig*) refugio; **~ de commerce/de pêche** puerto comercial/pesquero; **~ d'escale** puerto de escala; **~ de tête** porte de cabeza; **~ dû/payé** (*Comm*) porte debido/pagado; **~ franc** puerto franco; **~ pétrolier** puerto petrolero

portable [pɔʀtabl] *adj* (*vêtement*) ponible; (*ordinateur*) portátil; (*téléphone*) móvil, celular (*Am*) ▸ *nm* (*téléphone*) móvil *m*, celular *m* (*Am*); (*ordinateur*) portátil *m*

portail [pɔʀtaj] *nm* (*gén, Internet*) portal *m*; (*d'une cathédrale*) pórtico

portant, e [pɔʀtɑ̃, ɑ̃t] *adj* sustentador(a); (*roues*) de apoyo; **être bien/mal ~** (*personne*) tener buena/mala salud

portatif, -ive [pɔʀtatif, iv] *adj* portátil

porte [pɔʀt] *nf* puerta; **mettre qn à la ~** poner a algn en la calle; **prendre la ~** coger la puerta; **à ma/sa ~** a la puerta de mi/su casa; **faire du ~ à ~** (*Comm*) vender de puerta en puerta, vender a domicilio; **journée portes ouvertes** jornada de puertas abiertas; **~ d'embarquement** (*Aviat*) puerta de embarque; **~ d'entrée** puerta de entrada; **~ de secours** salida de emergencia; **~ de service** puerta de servicio

porté, e [pɔʀte] *adj* : **être ~ à faire qch** estar dispuesto(-a) a hacer algo; **être ~ sur qch** darle a algo

porte-à-faux [pɔʀtafo] *nm inv* : **en ~** en falso; (*fig*) en vilo

porte-aiguilles [pɔʀtegɥij] (*pl* **~**) *nm* alfiletero

porte-avion *nm*, **porte-avions** *nm inv* [pɔʀtavjɔ̃] (*pl* **porte-avions**) portaaviones *m inv*

porte-bagage *nm*, **porte-bagages** *nm inv* [pɔʀtbagaʒ] (*pl* **porte-bagages**) portaequipajes *m inv*

porte-bébé [pɔʀtbebe] (*pl* **porte-bébés**) *nm* portabebés *m inv*

porte-bonheur [pɔʀtbɔnœʀ] (*pl* **~(s)**) *nm* amuleto

P

porte-bouteilles [pɔʀtbutɛj] *nm inv* portabotellas *m inv*; (*à casiers*) botellero
porte-cartes [pɔʀtəkaʀt] *nm inv* (*de cartes d'identité*) cartera de bolsillo; (*de cartes géographiques*) portaplanos *m inv*
porte-cigarette *nm*, **porte-cigarettes** *nm inv* [pɔʀtsigaʀɛt] (*pl* **porte-cigarettes**) pitillera
porte-clé *nm*, **porte-clés** *nm inv* [pɔʀtəkle] (*pl* **porte-clés**) llavero
porte-conteneurs [pɔʀtəkɔ̃t(ə)nœʀ] *nm inv* porta-contenedores *m inv*
porte-couteau [pɔʀtkuto] (*pl* **porte-couteaux**) *nm* salvamantel *m* para cuchillos
porte-crayon [pɔʀtkʀɛjɔ̃] (*pl* **porte-crayons**) *nm* portalápiz *m*
porte-document *nm*, **porte-documents** *nm inv* [pɔʀt(ə)dɔkymɑ̃] (*pl* **porte-documents**) cartera de mano, portafolio *ou* portafolios *msg* (*AM*)
porte-drapeau [pɔʀt(ə)dʀapo] (*pl* **porte-drapeaux**) *nmf* abanderado(-a)
portée [pɔʀte] *nf* alcance *m*; (*d'une chienne, chatte*) camada; (*Mus*) pentagrama *m*; **à (la) ~ (de)** al alcance (de); **hors de ~ (de)** fuera del alcance (de); **à ~ de (la) main** al alcance de la mano; **à ~ de voix** a poca distancia; **à la ~ de toutes les bourses** al alcance de todos los bolsillos; **ce n'est pas à sa ~** eso no está a su alcance
portefaix [pɔʀtəfɛ] *nm inv* porteador *m*
porte-fenêtre [pɔʀt(ə)fənɛtʀ] (*pl* **portes-fenêtres**) *nf* puerta vidriera
portefeuille [pɔʀtəfœj] *nm* cartera; (*Pol*) cartera (ministerial); (*Fin : d'actions*) cartera (de valores); **faire un lit en ~** hacer la petaca
porte-jarretelle *nm*, **porte-jarretelles** *nm inv* [pɔʀtʒaʀtɛl] (*pl* **porte-jarretelles**) liguero
porte-jupe [pɔʀtəʒyp] (*pl* **porte-jupes**) *nm* percha para faldas
portemanteau, x [pɔʀt(ə)mɑ̃to] *nm* perchero
porte-mine [pɔʀtəmin] (*pl* **porte-mines**) *nm* portaminas *m inv*
portemonnaie [pɔʀtmɔnɛ] *nm* monedero
porte-parapluie [pɔʀtpaʀaplɥi] (*pl* **porte-parapluies**) *nm* paragüero
porte-parole [pɔʀt(ə)paʀɔl] (*pl* **~(s)**) *nmf* portavoz *mf*, vocero(-a) (*AM*)
porte-plume [pɔʀtəplym] *nm inv* portaplumas *m inv*
porter [pɔʀte] *vt* llevar; (*fig : poids d'une affaire*) soportar; (*: responsabilité*) cargar con; (*suj : jambes*) sostener; (*: arbre*) dar, producir; **~ secours/assistance à qn** prestar socorro/asistencia a algn; **elle portait le nom de sa mère** llevaba el nombre de su madre; **~ bonheur à qn** traer buena suerte a algn; **~ son âge** representar su edad; **~ un toast** brindar; **~ de l'argent au crédit d'un compte** ingresar dinero en una cuenta; **~ une somme sur un registre** asentar una cantidad en un registro; **~ atteinte à (l'honneur/la réputation de qn)** atentar contra (el honor/la reputación de algn); **se faire ~ malade** declararse enfermo(-a); **~ un jugement sur qn/qch** emitir un juicio sobre algn/algo; **~ un livre/récit à l'écran** llevar un libro/relato a la pantalla; **~ qn au pouvoir** conducir a algn al poder; **~ la main à son chapeau/une cuillère à sa bouche** llevarse la mano al sombrero/una cuchara a la boca; **~ son attention/regard/effort sur** fijar su atención/mirada/esfuerzo sobre; **~ un fait à la connaissance de qn** llevar un hecho al conocimiento de algn; **~ à croire** llevar a pensar ▶ *vi* llegar; (*fig*) surtir efecto; **~ sur** (*suj : conférence*) tratar de; (*: édifice*) apoyarse sobre; (*: accent*) caer en; (*: bras, tête*) dar contra; **se porter** *vpr* : **se ~ bien/mal** encontrarse bien/mal; (*aller*) : **se ~ vers** dirigirse hacia; **se ~ garant** avalar; **se ~ partie civile** constituirse parte civil; **se ~ candidat à la députation** presentarse como candidato a la diputación
porte-savon [pɔʀtsavɔ̃] (*pl* **porte-savons**) *nm* jabonera
porte-serviette *nm*, **porte-serviettes** *nm inv* [pɔʀtsɛʀvjɛt] (*pl* **porte-serviettes**) toallero
porteur, -euse [pɔʀtœʀ, øz] *nm/f* (*de messages*) mensajero(-a); (*Méd*) portador(a); **gros ~** (*avion*) avión *m* de gran capacidad; **au ~** (*billet, chèque*) al portador; **les petits porteurs** (*Fin*) los pequeños accionistas ▶ *nm/f* (*de bagages*) mozo(-a) de equipaje ▶ *nm* (*Comm : d'un chèque*) portador *m*; (*Fin : d'une action*) tenedor *m* ▶ *adj* : **être ~ de** ser portador(a) de
porte-voix [pɔʀtəvwa] *nm inv* megáfono
portier, -ière [pɔʀtje, jɛʀ] *nm/f* portero(-a) ▶ *nf* (*de voiture, train*) puerta
portillon [pɔʀtijɔ̃] *nm* portillo
portion [pɔʀsjɔ̃] *nf* (*part*) ración *f*; (*partie*) parte *f*
portique [pɔʀtik] *nm* (*Archit*) pórtico; (*Gymnastique*) barra sueca; (*Rail*) grúa pórtico; **~ de sécurité** (*dans un aéroport*) pórtico de seguridad; **~ électronique** pórtico electrónico
porto [pɔʀto] *nm* oporto
portoricain, e [pɔʀtɔʀikɛ̃, ɛn] *adj* portorriqueño(-a) ▶ *nm/f* : **Portoricain, e** portorriqueño(-a)
Porto Rico [pɔʀtɔʀiko] *nf* Puerto Rico
portrait [pɔʀtʀɛ] *nm* retrato; **c'est tout le ~ de sa mère** (*fig*) es el vivo retrato de su madre
portraitiste [pɔʀtʀetist] *nmf* retratista *mf*
portrait-robot [pɔʀtʀɛʀɔbo] (*pl* **portraits-robots**) *nm* retrato robot
portuaire [pɔʀtɥɛʀ] *adj* portuario(-a)

portugais, e [pɔʀtygɛ, ɛz] *adj* portugués(-esa) ▸ *nm* (*Ling*) portugués *m* ▸ *nm/f* : **Portugais, e** portugués(-esa)
Portugal [pɔʀtygal] *nm* Portugal *m*
POS [peoɛs] *sigle m* (= *plan d'occupation des sols*) *plan de ocupación del suelo*
pose [poz] *nf* (*de moquette*) instalación *f*; (*de rideau, papier peint*) colocación *f*; (*position*) postura; (*affectation*) pose *f*; **(temps de) ~** (*Photo*) (tiempo de) exposición *f*
posé, e [poze] *adj* comedido(-a)
posément [pozemɑ̃] *adv* pausadamente
posemètre [pozmɛtʀ] *nm* (*Photo*) fotómetro
poser [poze] *vt* poner; (*moquette, carrelage*) instalar; (*rideaux, papier peint*) colocar; (*question*) hacer; (*principe*) establecer; (*problème*) plantear; (*personne : mettre en valeur*) dar notoriedad a; (*déposer*) : **~ qch (sur)** dejar algo (sobre); **~ son** *ou* **un regard sur qn/qch** poner sus ojos sobre *ou* en algn/algo; **~ sa candidature** (*à un emploi*) presentarse; (*Pol*) presentar su candidatura ▸ *vi* (*modèle*) posar; **se poser** *vpr* (*oiseau, avion*) posarse; (*question*) plantearse; **se ~ en** erigirse en
poseur, -euse [pozœʀ, øz] *nm/f* (*péj*) engreído(-a); **~ de carrelages/de parquets** instalador(a) de pavimento/de parqué
positif, -ive [pozitif, iv] *adj* positivo(-a); (*Philos*) positivista
position [pozisjɔ̃] *nf* posición *f*; (*posture*) postura; (*métier*) cargo; (*d'un compte en banque*) situación *f*; **être dans une ~ difficile/délicate** estar en una situación difícil/delicada; **prendre ~** (*prendre parti*) posicionarse
positionnement [pozisjɔnmɑ̃] *nm* (*mise en place*) colocación *f*; (*localisation*) localización *f*; (*Comm : de produit*) posicionamiento; (*prise de parti*) posicionamiento
positionner [pozisjɔne] *vt* (*mettre en place*) colocar; (*localiser*) localizar; (*Comm : produit*) posicionar; **se positionner** *vpr* (*se placer*) colocarse; (*entreprise, produit*) posicionarse; (*prendre parti*) posicionarse
positivement [pozitivmɑ̃] *adv* positivamente
positiver [pozitive] *vi* ser positivo(-a)
posologie [pozɔlɔʒi] *nf* posología
possédant, e [pɔsedɑ̃, ɑ̃t] *adj* pudiente ▸ *nm/f* : **les possédants** los pudientes *mpl*
possédé, e [pɔsede] *nm/f* poseído(-a)
posséder [pɔsede] *vt* poseer; (*qualité*) estar dotado(-a) de; (*métier, langue*) dominar, conocer a fondo; (*suj : jalousie, colère*) dominar; (*fam : duper*) engañar
possesseur [pɔsesœʀ] *nm* poseedor(a)
possessif, -ive [pɔsesif, iv] *adj* posesivo(-a) ▸ *nm* (*Ling*) posesivo
possession [pɔsesjɔ̃] *nf* posesión *f*; **être/entrer en ~ de qch** estar/entrar en posesión de algo; **en sa/ma ~** en su/mi posesión; **prendre ~ de qch** tomar posesión de algo; **être en ~ de toutes ses facultés** tener pleno dominio de sus facultades
possessivité [pɔsesivite] *nf* posesividad *f*
possibilité [pɔsibilite] *nf* posibilidad *f*; **avoir la ~ de faire qch** tener la posibilidad de hacer algo; **possibilités** *nfpl* (*moyens*) medios *mpl*; (*potentiel*) posibilidades *fpl*
possible [pɔsibl] *adj* posible; (*projet*) realizable; **il est ~ que** es posible que; **autant que ~** en la medida de lo posible; **si (c'est) ~** si es posible; **(ce n'est) pas ~ !** ¡no puede ser!; **comme c'est pas ~** (*fam*) a más no poder; **le plus/moins de livres ~** el mayor/menor número de libros posible; **le plus/moins d'eau ~** la mayor/menor cantidad de agua posible; **aussitôt** *ou* **dès que ~** en cuanto sea posible ▸ *nm* : **faire (tout) son ~** hacer (todo) lo (que sea) posible; **gentil au ~** amable al máximo
post [pɔst] *nm* (*Inform*) post *m*, artículo *m*
postal, e, -aux [pɔstal, o] *adj* postal; **sac ~** correspondencia
postdater [pɔstdate] *vt* posfechar
postdoctoral, e, -aux [pɔstdɔktɔʀal, o] *adj* postdoctoral
postdoctorant, e [pɔstdɔktɔʀɑ̃, ɑ̃t] *nm/f* postdoctorando(-a)
poste [pɔst] *nf* (*service*) correo; (*administration*) correos *mpl*; (*bureau*) oficina de correos; **mettre à la ~** echar al correo; **~ restante** lista de correos ▸ *nm* (*Mil*) puesto; (*charge*) cargo; (*de radio, télévision*) aparato; (*Tél*) extensión *f*; (*de budget*) partida, asiento; **~ de commandement** (*Mil etc*) puesto de mando; **~ de contrôle** puesto de control; **~ de douane** puesto aduanero; **~ de nuit** (*Indus*) turno de noche; **~ d'essence** punto de repuesto; **~ d'incendie** boca de incendio; **~ de péage** puesto de peaje; **~ de pilotage** puesto de pilotaje; **~ (de police)** puesto (de policía); **~ de secours** puesto de socorro; **~ de travail** puesto de trabajo; **~ émetteur** (*Radio*) emisora; **postes** *nfpl* : **agent/employé des postes** agente *m*/empleado de correos
poster¹ [pɔste] *vt* (*lettre*) echar al correo; (*personne*) apostar; **se poster** *vpr* apostarse
poster² [pɔstɛʀ] *nm* póster *m*
postérieur, e [pɔsteʀjœʀ] *adj* posterior ▸ *nm* (*fam*) trasero
postérieurement [pɔsteʀjœʀmɑ̃] *adv* posteriormente; **~ à** con posterioridad a
posteriori [pɔsteʀjɔʀi] : **a ~** *adv* a posteriori
postérité [pɔsteʀite] *nf* posteridad *f*; **passer à la ~** pasar a la posteridad
postface [pɔstfas] *nf* advertencia final de un libro
posthume [pɔstym] *adj* póstumo(-a); **à titre ~** a título póstumo

P

postiche [pɔstiʃ] *adj* postizo(-a) ▸ *nm* postizo
postier, -ière [pɔstje, jɛʀ] *nm/f* empleado(-a) de correos
postillon [pɔstijɔ̃] *nm* partícula de saliva
postillonner [pɔstijɔne] *vi* echar saliva al hablar
postmoderne [pɔstmɔdɛʀn] *adj* posmoderno(-a)
postmodernisme [pɔstmɔdɛʀnism] *nm* posmodernismo
postnatal, e [pɔstnatal] *adj* posnatal
postopératoire [pɔstɔpeʀatwaʀ] *adj* postoperatorio(-a)
postproduction [pɔstpʀɔdyksjɔ̃] *nf* postproducción *f*
postscolaire [pɔstskɔlɛʀ] *adj* postescolar
post-scriptum [pɔstskʀiptɔm] *nm inv* pos(t)data
postsynchronisation [pɔstsɛ̃kʀɔnizasjɔ̃] *nf* postsincronización *f*
postsynchroniser [pɔstsɛ̃kʀɔnize] *vt* postsincronizar
postulant, e [pɔstylɑ̃, ɑ̃t] *nm/f* (*candidat*) solicitante *mf*; (*Rel*) postulante(-a)
postulat [pɔstyla] *nm* postulado
postuler [pɔstyle] *vt* solicitar ▸ *vi* ~ **à** *ou* **pour** solicitar
posture [pɔstyʀ] *nf* postura; **être en bonne/mauvaise ~** (*fig*) estar en buena/mala situación
pot [po] *nm* (*récipient*) cacharro; (*en métal*) bote *m*; (*fam : chance*) : **avoir du ~** tener potra (*fam*); **boire** *ou* **prendre un ~** (*fam*) tomar una copa; **découvrir le ~ aux roses** descubrir el pastel; **~ à tabac** tabaquera; **~ d'échappement** (*Auto*) tubo de escape; **~ (de chambre)** orinal *m*; **~ de fleurs** tiesto, maceta
potable [pɔtabl] *adj* potable; (*travail*) aceptable; (*fig*) pasable
potache [pɔtaʃ] *nm* colegial *m*
potage [pɔtaʒ] *nm* sopa
potager, -ère [pɔtaʒe, ɛʀ] *adj* hortícola; **(jardin) ~** huerto
potasse [pɔtas] *nf* potasa
potasser [pɔtase] (*fam*) *vt* empollar (*fam*)
potassium [pɔtasjɔm] *nm* potasio
pot-au-feu [pɔtofø] (*pl* **pot(s)-au-feu**) *nm* cocido; (*viande*) carne *f* para el cocido ▸ *adj inv* (*fam*) casero(-a)
pot-de-vin [podvɛ̃] (*pl* **pots-de-vin**) *nm* soborno
pote [pɔt] (*fam*) *nm* colega *m* (*fam*), compadre *m* (Am) (*fam*), manito (Mex) (*fam*)
poteau, x [pɔto] *nm* poste *m*; **~ de départ/d'arrivée** línea de salida/meta; **~ (d'exécution)** paredón *m*; **~ indicateur** poste indicador; **~ télégraphique** poste telegráfico; **poteaux (de but)** postes (de portería)
potée [pɔte] *nf* pote *m*
potelé, e [pɔt(ə)le] *adj* rollizo(-a)
potence [pɔtɑ̃s] *nf* horca; **en ~** en escuadra
potentat [pɔtɑ̃ta] *nm* potentado
potentiel, le [pɔtɑ̃sjɛl] *adj, nm* potencial *m*
potentiellement [pɔtɑ̃sjɛlmɑ̃] *adv* potencialmente
potentiomètre [pɔtɑ̃sjɔmɛtʀ] *nm* (*Élec*) potenciómetro
poterie [pɔtʀi] *nf* (*fabrication*) alfarería; (*objet*) objeto de barro, cerámica
potiche [pɔtiʃ] *nf* jarrón *m* de porcelana; (*fig*) figura decorativa, florero; **jouer les potiches** hacer de florero
potier, -ière [pɔtje, jɛʀ] *nm/f* alfarero(-a)
potins [pɔtɛ̃] *nmpl* chismes *mpl*
potion [posjɔ̃] *nf* poción *f*
potiron [pɔtiʀɔ̃] *nm* calabaza
pot-pourri [popuʀi] (*pl* **pots-pourris**) *nm* popurrí *m*
pou, x [pu] *nm* piojo
pouah [pwa] *excl* ¡puf!
poubelle [pubɛl] *nf* (*d'une maison*) cubo *ou* bote *m* (Am) de la basura; (*d'un immeuble, dans la rue*) contenedor *m*; (*publique*) papelera; (*fig*) vertedero; **jeter** *ou* **mettre qch à la ~** tirar algo a la basura
pouce [pus] *nm* pulgar *m*; **se tourner** *ou* **se rouler les pouces** (*fig*) estar mano sobre mano; **manger sur le ~** comer de pie y deprisa
poudre [pudʀ] *nf* polvo; (*fard*) polvos *mpl*; (*explosif*) pólvora; **en ~ : café/savon/lait en ~** café *m* molido/detergente *m*/leche *f* en polvo; **~ à canon** pólvora de cañón; **~ à éternuer** polvos de estornudar; **~ à priser** polvo de rapé; **~ à récurer** polvos de blanqueo; **~ de riz** polvos de arroz
poudrer [pudʀe] *vt* empolvar; **se poudrer** *vpr* empolvarse
poudreuse [pudʀøz] *nf* nieve *f* en polvo
poudreux, -euse [pudʀø, øz] *adj* (*route*) polvoriento(-a); (*neige*) en polvo
poudrier [pudʀije] *nm* polvera
poudrière [pudʀijɛʀ] *nf* (*aussi fig*) polvorín *m*
pouf [puf] *nm* puf *m*
pouffer [pufe] *vi* : **~ (de rire)** partirse de risa
pouffiasse [pufjas] (*fam !*) *nf* golfa
pouilleux, -euse [pujø, øz] *adj* piojoso(-a); (*fig*) sórdido(-a)
poujadisme [puʒadism] *nm* (*Hist*) poujadismo, *movimiento político de derechas surgido en Francia en 1953 que defendía los intereses de los pequeños comerciantes*; (*péj*) *actitud corporativista y reaccionaria*
poujadiste [puʒadist] *nmf* (*Hist*) poujadista *mf*, *partidario del movimiento político de derechas surgido en Francia en 1953 que defendía los intereses de los pequeños comerciantes*; (*péj*) *persona con una actitud corporativista y reaccionaria* ▸ *adj* (*Hist*) poujadista; (*péj*) corporativista y reaccionario(-a)

poulailler [pulaje] *nm* (*aussi Théâtre*) gallinero
poulain [pulɛ̃] *nm* potro; (*fig*) pupilo
poularde [pulaʀd] *nf* polla
poule [pul] *nf* gallina; (*Sport*) liga; (*Rugby*) *grupo de equipos que se enfrentan en la primera fase de un campeonato*; (*fam : fille de mœurs légères*) golfa; (*: maîtresse*) amante *f*; **~ d'eau** polla de agua; **~ mouillée** cobarde *mf*, gallina *mf*; **~ pondeuse** gallina ponedora
poulet [pulɛ] *nm* pollo; (*fam*) poli *m* (*fam*)
poulette [pulɛt] *nf* (*Zool*) polla
pouliche [puliʃ] *nf* potranca
poulie [puli] *nf* polea
poulpe [pulp] *nm* pulpo
pouls [pu] *nm* pulso; **prendre le ~ de qn** tomar el pulso a algn
poumon [pumɔ̃] *nm* pulmón *m*; **~ artificiel/d'acier** pulmón artificial/de acero
poupe [pup] *nf* (*Naut*) popa; **avoir le vent en ~** (*fig*) ir viento en popa
poupée [pupe] *nf* muñeca; **jouer à la ~** jugar a las muñecas; **de ~ : jardin/maison de ~** jardín *m*/casa de muñecas
poupin, e [pupɛ̃, in] *adj* regordete y sonrosado(-a)
poupon [pupɔ̃] *nm* nene *m*
pouponner [pupɔne] *vi* cuidar un bebé
pouponnière [pupɔnjɛʀ] *nf* guardería

MOT-CLÉ

pour [puʀ] *prép* **1** (*destination, temps*) : **elle est partie pour Paris** se ha ido a París; **le train pour Séville** el tren para *ou* a Sevilla; **j'en ai pour une heure** tengo para una hora; **il faut le faire pour après les vacances** hay que hacerlo para después de las vacaciones; **pour toujours** para siempre
2 (*au prix de, en échange de*) por; **il l'a acheté pour 5 €** lo compró por 5 euros; **donnez-moi pour 30 € d'essence** deme 30 euros de gasolina; **je te l'échange pour ta montre** te lo cambio por tu reloj
3 (*en vue de, intention, en faveur de*) : **pour le plaisir** por gusto; **pour ton anniversaire** para tu cumpleaños; **je le fais pour toi** lo hago para ti; **pastilles pour la toux** pastillas *fpl* para la tos; **pour que** para que; **pour faire** para hacer; **pour quoi faire ?** ¿para qué?; **je suis pour la démocratie** estoy por la democracia
4 (*à cause de*) : **fermé pour (cause de) travaux** cerrado por obras; **c'est pour cela que je le fais** por eso lo hago; **être pour beaucoup dans qch** influir mucho en algo; **ce n'est pas pour dire, mais ...** (*fam*) no es por nada pero ...; **pour avoir fait** por haber hecho; **je l'ai fait pour toi** lo hice por ti
5 (*à la place de*) : **il a parlé pour moi** habló por mí
6 (*rapport, comparaison*) : **mot pour mot** palabra por palabra; **ça fait un an jour pour jour** hoy hace justamente un año; **10 pour cent** diez por ciento; **pour un Français, il parle bien suédois** para ser francés, habla bien el sueco; **pour riche qu'il soit** por rico que sea
7 (*comme*) : **la femme qu'il a eue pour mère** la mujer que tuvo por madre
8 (*point de vue*) : **pour moi, il a tort** para mí que se equivoca; **pour ce qui est de ...** por lo que se refiere a ...; **pour autant que je sache** que yo sepa
▸ *nm* : **le pour et le contre** los pros y los contras

pourboire [puʀbwaʀ] *nm* propina
pourcentage [puʀsɑ̃taʒ] *nm* porcentaje *m*; **travailler au ~** trabajar a comisión
pourchasser [puʀʃase] *vt* perseguir
pourfendeur [puʀfɑ̃dœʀ] *nm* opositor(a)
pourfendre [puʀfɑ̃dʀ] *vt* combatir
pourlécher [puʀleʃe] : **se pourlécher** *vpr* relamerse
pourparlers [puʀpaʀle] *nmpl* negociaciones *fpl*; **être en ~ avec** estar en tratos con
pourpre [puʀpʀ] *adj* púrpura *inv*
pourquoi [puʀkwa] *adv, conj* por qué; **~ se taire/faire cela ?** ¿por qué *ou* para qué callarse/hacer eso?; **~ ne pas faire ... ?** ¿por qué no hacer ...?; **~ pas ?** ¿por qué no?; **je voudrais savoir/ne comprends pas ~ ...** quisiera saber/no entiendo por qué ...; **dire/expliquer ~** decir/explicar por qué; **c'est ~ ...** por eso ...; **~ dis-tu cela ?** ¿por qué dices eso?
▸ *nm* : **le ~ (de)** el porqué (de)

> Ne confondez pas *por qué* (**pourquoi**) et *porque* (**parce que**).
> **Pourquoi tu ne m'as pas appelé ? – Parce que je n'avais pas ton numéro.** ¿Por qué no me llamaste? – Porque no tenía tu teléfono.
> *Porqué*, écrit en un mot, est un substantif qui est donc toujours précédé de l'article : **Je ne comprends pas les raisons de sa réaction.** No entiendo el porqué de su reacción.

pourrai *etc* [puʀe] *vb voir* **pouvoir**
pourri, e [puʀi] *adj* podrido(-a); (*roche, câble*) fragmentado(-a); (*temps, climat*) horrible; (*fig*) corrompido(-a) ▸ *nm* : **sentir le ~** oler a podrido
pourriel [puʀjɛl] *nm* (*Internet*) correo *m* basura *inv*
pourrir [puʀiʀ] *vi* pudrirse; (*cadavre*) descomponerse; (*fig : situation*) degradarse ▸ *vt* pudrir; (*fig : personne*) corromper; (*enfant*) echar a perder
pourrissement [puʀismɑ̃] *nm* pudrición *f*, putrefacción *f*

P

pourriture [puRityR] *nf* podredumbre *f*
pourrons *etc* [puRɔ̃] *vb voir* **pouvoir**
poursuis [puRsɥi] *vb voir* **poursuivre**
poursuite [puRsɥit] *nf* persecución *f*; (*fig : de la fortune*) búsqueda; **(course)** ~ (*Cyclisme*) persecución; **poursuites** *nfpl* (*Jur*) diligencias *fpl*
poursuivant, e [puRsɥivɑ̃, ɑ̃t] *vb voir* **poursuivre** ▸ *nm/f* perseguidor(a); (*Jur*) demandante *mf*
poursuivre [puRsɥivR] *vt* perseguir; (*mauvais payeur*) acosar, perseguir; (*femme*) pretender a; (*obséder*) obsesionar, perseguir; (*fortune, gloire*) perseguir, buscar; (*continuer : voyage, études*) proseguir; **~ qn en justice** demandar a *ou* querellarse contra algn; **~ qn au pénal/au civil** querellarse contra algn por vía penal/ por vía civil ▸ *vi* proseguir; **se poursuivre** *vpr* seguirse
pourtant [puRtɑ̃] *adv* sin embargo; **et/ mais ~** y/pero sin embargo; **c'est ~ facile** sin embargo es fácil

> ⚠ No debe traducirse por *por lo tanto*, que en francés corresponde a **par conséquent**.

pourtour [puRtuR] *nm* (*d'un quadrilatère*) perímetro; (*d'un lieu*) contorno
pourvoi [puRvwa] *nm* : **~ en cassation/en révision** (*Jur*) recurso de casación/de revisión; **~ en grâce** petición *f* de indulto
pourvoir [puRvwaR] *vt* (*Comm*) : **~ qn en** proveer a algn de, suministrar a algn; **~ qn de qch** (*recommandation, emploi*) proporcionar algo a algn; (*qualités*) dotar a algn de algo; **~ qch de** equipar algo con ▸ *vi* : **~ à** ocuparse de; (*emploi*) atender a; **se pourvoir** *vpr* (*Jur*) : **se ~ en cassation** *etc* interponer un recurso de casación *etc*
pourvoyeur, -euse [puRvwajœR, øz] *nm/f* proveedor(a), abastecedor(a); **~ de fonds** proveedor(a) de fondos
pourvu, e [puRvy] *pp de* **pourvoir** ▸ *adj* : **~ de** provisto(-a) de ▸ *conj* : **~ que** (*à condition que*) con tal que; **~ qu'il soit là !** (*espérons que*) ¡ojalá esté!
pousse [pus] *nf* brote *m*; (*bourgeon*) botón *m*, yema; **jeune ~** (*Internet : entreprise*) empresa emergente, start-up *f*; **pousses de bambou** brotes *mpl* de bambú
poussé, e [puse] *adj* (*approfondi*) exhaustivo(-a); (*moteur*) forzado(-a)
pousse-café [puskafe] *nm* licor *m*
poussée [puse] *nf* (*pression, attaque*) empuje *m*; (*coup*) empujón *m*; (*Méd*) acceso; (*fig : des prix*) aumento; (*: révolutionnaire*) ola; (*: d'un parti politique*) crecimiento
pousse-pousse [puspus] *nm inv* carro de culí
pousser [puse] *vt* empujar; (*cri*) lanzar, pegar; (*élève*) hacer trabajar, estimular; (*études*) seguir, continuar; (*moteur, voiture*) forzar; (*acculer*) : **~ qn à qch/à faire qch** arrastrar *ou* empujar a algn a algo/a algn a hacer algo; **~ qn à bout** sacar a algn de sus casillas; **il a poussé la gentillesse jusqu'à …** ha extremado su amabilidad hasta … ▸ *vi* crecer; (*aller*) : **~ jusqu'à un endroit/plus loin** seguir hasta un lugar/ hasta más lejos; **faire ~** (*plante*) sembrar, plantar; **se pousser** *vpr* echarse a un lado
poussette [pusɛt] *nf* cochecito de niño; (*des courses*) carro (de la compra)
poussette-canne [pusɛtkan] (*pl* **poussettes-cannes**) *nf* cochecito plegable
poussier [pusje] *nm* carbonilla
poussière [pusjɛR] *nf* (*la poussière*) polvo; (*une poussière*) mota; **et des poussières** (*fig*) y pico; **~ de charbon** carbonilla
poussiéreux, -euse [pusjeRø, øz] *adj* polvoriento(-a)
poussif, -ive [pusif, iv] *adj* asmático(-a); (*moteur*) que se ahoga
poussin [pusɛ̃] *nm* pollito
poussoir [puswaR] *nm* botón *m*
poutre [putR] *nf* viga; **poutres apparentes** vigas *fpl* vistas
poutrelle [putRɛl] *nf* vigueta
pouvoir [puvwaR] *nm* (*aussi Jur*) poder *m*; (*dirigeants : Pol*) : **le ~** el poder; **les pouvoirs publics** los poderes públicos; **~ absorbant** poder de absorción; **~ calorifique** poder calorífico; **~ d'achat** poder adquisitivo ▸ *vt, vb semi-aux* poder; **je ne peux pas le réparer** no puedo arreglarlo; **vous pouvez aller au cinéma** podéis ir al cine; **déçu de ne pas ~ le faire** decepcionado por no poder hacerlo; **tu ne peux pas savoir !** ¡no puedes imaginarte!; **je n'en peux plus** no puedo más; **je me porte on ne peut mieux** me encuentro perfectamente; **je ne peux pas dire le contraire** no puedo decir lo contrario; **j'ai fait tout ce que j'ai pu** hice todo lo que pude; **qu'est-ce que je pouvais bien faire ?** ¿qué iba a *ou* podía hacer yo?; **tu peux le dire !** ¡ya lo creo!; **il aurait pu le dire !** ¡podría haberlo dicho!; **il a pu avoir un accident** pudo haber un accidente ▸ *vb impers* : **il peut arriver que …** puede suceder que …; **il pourrait pleuvoir** puede que llueva; **se pouvoir** *vb impers* : **il se peut que** puede ser que
pp. *abr* (= *pages*) págs., pp. (= *páginas*)
p.p. *abr* (= *par procuration*) p.p. (= *por poderes*)
p.p.c.m. [pepeseɛm] *sigle m* (= *plus petit commun multiple*) m.c.m. (= *mínimo común múltiplo*)
PQ[1] [peky] (*fam*) *sigle m* (= *papier cul*) papel *m* de váter
PQ[2] [peky] *sigle f* (CANADA : = *province de Québec*) provincia *f* de Quebec
PR *sigle m* (= *Parti républicain*) *partido político* ▸ *sigle f* (= *poste restante*) *voir* **poste**

pragmatique [pʀagmatik] *adj* pragmático(-a)
pragmatisme [pʀagmatism] *nm* pragmatismo
Prague [pʀag] *n* Praga
prairie [pʀeʀi] *nf* pradera
praline [pʀalin] *nf* (*bonbon*) almendra garapiñada; (*au chocolat*) bombón *m*
praliné, e [pʀaline] *adj* (*amande, feuilleté*) garrapiñado(-a); (*chocolat, crème*) crocanti *inv*
praticable [pʀatikabl] *adj* (*chemin*) transitable; (*projet*) practicable, factible
praticien, ne [pʀatisjɛ̃, jɛn] *nm/f* practicante *mf*
pratiquant, e [pʀatikɑ̃, ɑ̃t] *adj* practicante
pratique [pʀatik] *nf* práctica; (*coutume*) usos *mpl*; (*conduite*) actuación *f*, prácticas *fpl*; **dans la ~** en la práctica; **mettre en ~** poner en práctica, llevar a la práctica ▸ *adj* práctico(-a), positivo(-a); (*personne*) práctico(-a); (*instrument*) práctico(-a), útil; (*horaire*) adaptado(-a), adecuado(-a)
pratiquement [pʀatikmɑ̃] *adv* (*dans la pratique*) de una manera práctica; (*à peu près*) prácticamente
pratiquer [pʀatike] *vt* practicar; (*méthode, théorie*) poner en práctica; (*métier*) ejercer; (*intervention*) efectuar, realizar; (*abri*) instalar ▸ *vi* (*Rel*) practicar
pré [pʀe] *nm* prado
préado [pʀeado] (*fam*) *nmf* preadolescente *mf*
préadolescent, e [pʀeadɔlesɑ̃, ɑ̃t] *adj, nm/f* preadolescente *mf*
préalable [pʀealabl] *adj* previo(-a); **sans avis ~** sin previo aviso; **condition ~ (de)** condición previa (a) ▸ *nm* : **au ~** de antemano
préalablement [pʀealabləmɑ̃] *adv* previamente
Préalpes [pʀealp] *nfpl* : **les ~** los Prealpes *mpl*
préalpin, e [pʀealpɛ̃, in] *adj* prealpino(-a)
préambule [pʀeɑ̃byl] *nm* preámbulo; (*fig*) preludio; **sans ~** sin preámbulos
préau, x [pʀeo] *nm* (*d'une cour d'école*) patio cubierto; (*d'un hôpital, d'une prison*) patio; (*d'un monastère*) claustro
préavis [pʀeavi] *nm* : **~ (de licenciement)** notificación *f* (de despido); **communication avec ~** (*Tél*) llamada con aviso; **~ de congé** aviso de desahucio
prébende [pʀebɑ̃d] *nf* prebenda
précaire [pʀekɛʀ] *adj* precario(-a); (*bonheur*) incierto(-a) ▸ *nmf* trabajador(a) precario(-a)
précarisation [pʀekaʀizasjɔ̃] *nf* precarización *f*
précarisé [pʀekaʀize] *adj* precarizado(-a)
précarité [pʀekaʀite] *nf* precariedad *f*; **la ~ de l'emploi** la precariedad laboral
précaution [pʀekosjɔ̃] *nf* precaución *f*; (*prudence*) atención *f*; **avec/sans ~** con/sin precaución; **prendre des précautions/ses précautions** tomar precauciones/sus precauciones; **par ~** por precaución; **pour plus de ~** para mayor garantía; **précautions oratoires** retórica *fsg* cuidadosa
précautionneusement [pʀekosjɔnøzmɑ̃] *adv* precavidamente, con precaución
précautionneux, -euse [pʀekosjɔnø, øz] *adj* precavido(-a), cauto(-a)
précédemment [pʀesedamɑ̃] *adv* anteriormente
précédent, e [pʀesedɑ̃, ɑ̃t] *adj* precedente, anterior; **le jour ~** el día antes ▸ *nm* precedente *m*; **sans ~** sin precedentes
précéder [pʀesede] *vt* preceder; **elle m'a précédé de quelques minutes** llegó unos minutos antes que yo
précepte [pʀesɛpt] *nm* precepto; (*Rel*) mandamiento
précepteur, -trice [pʀesɛptœʀ, tʀis] *nm/f* preceptor(a), maestro(-a)
préchauffage [pʀeʃofaʒ] *nm* precalentamiento
préchauffer [pʀeʃofe] *vt* precalentar
prêcher [pʀeʃe] *vt* (*Rel*) predicar; (*conseiller*) aconsejar; **~ l'Évangile** predicar el Evangelio; **~ un converti** convencer a un(-a) convencido(-a) ▸ *vi* predicar; (*fig*) sermonear; **~ dans le désert** predicar en el desierto
prêcheur, -euse [pʀɛʃœʀ, øz] *adj* predicador(a) ▸ *nm/f* (*Rel*) predicador(a); (*fig*) sermoneador(a)
précieusement [pʀesjøzmɑ̃] *adv* (*avec soin*) cuidadosamente; (*avec préciosité*) amaneradamente
précieux, -euse [pʀesjø, jøz] *adj* precioso(-a); (*temps, qualités*) valioso(-a), importante; (*ami, conseils*) valioso(-a); (*littérature, style*) preciosista
préciosité [pʀesjozite] *nf* preciosismo
précipice [pʀesipis] *nm* precipicio; (*fig*) abismo, perdición *f*; **au bord du ~** (*fig*) al borde del abismo *ou* de la perdición
précipitamment [pʀesipitamɑ̃] *adv* precipitadamente
précipitation [pʀesipitasjɔ̃] *nf* (*hâte*) precipitación *f*; (*Chim*) precipitado;
précipitations *nfpl* (*Météo*) : **précipitations (atmosphériques)** precipitaciones *fpl*
précipité, e [pʀesipite] *adj* (*respiration*) jadeante; (*pas*) apresurado(-a); (*démarche, entreprise*) precipitado(-a)
précipiter [pʀesipite] *vt* (*faire tomber*) arrojar, tirar; (*pas*) apresurar; (*événements*) precipitar;
se précipiter *vpr* (*respiration*) acelerarse; (*événements*) precipitarse; **se ~ sur/vers** lanzarse sobre/hacia; **se ~ au devant de qn** abalanzarse hacia algn
précis, e [pʀesi, iz] *adj* preciso(-a); (*vocabulaire*) conciso(-a), preciso(-a); (*bruit, point*) preciso(-a), determinado(-a); (*dessin, esprit*)

P

seguro(-a), preciso(-a); (*heure*) preciso(-a), exacto(-a); (*tir, mesures*) exacto(-a) ▸ *nm* compendio
précisément [pʀesizemɑ̃] *adv* (*avec précision*) de manera precisa; (*dans une réponse*) exactamente; (*dans négation*) precisamente; (*justement*) justamente
préciser [pʀesize] *vt* precisar; **se préciser** *vpr* precisarse, concretarse
précision [pʀesizjɔ̃] *nf* precisión *f*; (*détail*) exactitud *f*; **précisions** *nfpl* (*plus amples détails*) precisiones *fpl*
précoce [pʀekɔs] *adj* precoz
précocité [pʀekɔsite] *nf* precocidad *f*
préconçu, e [pʀekɔ̃sy] (*péj*) *adj* preconcebido(-a)
préconiser [pʀekɔnize] *vt* preconizar
précontraint, e [pʀekɔ̃tʀɛ̃, ɛ̃t] *adj* (*béton*) pretensado(-a)
précuit, e [pʀekɥi, it] *adj* precocido(-a)
précurseur [pʀekyʀsœʀ] *adj m, nm* precursor(-a)
prédateur [pʀedatœʀ] *nm* (*aussi fig*) depredador *m*
prédation [pʀedasjɔ̃] *nf* (*aussi fig*) depredación *f*
prédécesseur, e [pʀedesesœʀ] *nm/f* predecesor(a); **prédécesseurs** *nmpl* (*ancêtres, précurseurs*) predecesores *mpl*
prédécoupé, e [pʀedekupe] *adj* precortado(-a)
prédestiné, e [pʀedɛstine] *adj* predestinado(-a); **être ~ à** estar predestinado(-a) a; **au nom ~** reveladoramente llamado(-a)
prédestiner [pʀedɛstine] *vt* predestinar
prédicateur [pʀedikatœʀ] *nm* predicador *m*
prédiction [pʀediksjɔ̃] *nf* predicción *f*
prédilection [pʀedilɛksjɔ̃] *nf*: **avoir une ~ pour qn/qch** tener predilección por algn/algo; **de ~** favorito(-a), preferido(-a)
prédire [pʀediʀ] *vt* (*événement improbable*) predecir, vaticinar; (*événement probable*) augurar; **~ l'avenir** predecir el futuro
prédisposer [pʀedispoze] *vt*: **~ qn à qch/à faire qch** predisponer a algn a algo/a hacer algo
prédisposition [pʀedispozisjɔ̃] *nf* predisposición *f*
prédit [pʀedi] *pp de* **prédire**
prédominance [pʀedɔminɑ̃s] *nf* predominio
prédominant, e [pʀedɔminɑ̃, ɑ̃t] *adj* predominante
prédominer [pʀedɔmine] *vi* predominar
pré-électoral, e, -aux [pʀeelɛktɔʀal, o] *adj* preelectoral
pré-emballé, e [pʀeɑ̃bale] *adj* preembalado(-a)
prééminence [pʀeeminɑ̃s] *nf* preeminencia, supremacía
prééminent, e [pʀeeminɑ̃, ɑ̃t] *adj* preeminente
préempter [pʀeɑ̃pte] *vt* (*Jur*) ejercer un derecho preferencial de compra; (*fig : s'approprier*) apropiarse de
préemption [pʀeɑ̃psjɔ̃] *nf*: **droit de ~** (*Jur*) derecho preferencial de compra
pré-encollé, e [pʀeɑ̃kɔle] *adj* preengomado(-a)
préétabli, e [pʀeetabli] *adj* preestablecido(-a)
préexistant, e [pʀeɛgzistɑ̃, ɑ̃t] *adj* preexistente
préfabrication [pʀefabʀikasjɔ̃] *nf* prefabricación *f*
préfabriqué, e [pʀefabʀike] *adj* prefabricado(-a); (*péj : sourire*) estudiado(-a), premeditado(-a) ▸ *nm* prefabricado
préface [pʀefas] *nf* prefacio; (*fig*) preliminar *m*
préfacer [pʀefase] *vt* prologar
préfectoral, e, -aux [pʀefɛktɔʀal, o] *adj* gubernativo(-a); **par mesure préfectorale** por orden gubernativa
préfecture [pʀefɛktyʀ] *nf* prefectura, ≈ gobierno civil; *ver nota*; (*ville*) capital *f* de departamento; **~ de police** dirección *f* general de policía

PRÉFECTURE

La **préfecture** es la oficina central del *département*. El *préfet*, que es un alto cargo del funcionariado designado por el gobierno, se encarga de poner en práctica la política gubernamental y mantener la ley y el orden. Las diferentes regiones francesas, cada una de ellas formada por una serie de *départements*, cuentan también con un *préfet de région*.

préférable [pʀefeʀabl] *adj* preferible; **il est ~ de faire qch** es preferible hacer algo; **être ~ à** ser preferible a
préféré, e [pʀefeʀe] *adj* preferido(-a) ▸ *nm/f* favorito(-a)
préférence [pʀefeʀɑ̃s] *nf* preferencia; **de ~** preferentemente; **de ~ à/par ~ à** antes que/en lugar de; **avoir une ~ pour qn/qch** tener predilección por algn/algo; **n'avoir pas de ~** no tener predilección; **donner la ~ à qn** dar preferencia a algn; **par ordre de ~** por orden de preferencia; **obtenir la ~ (sur qn)** pasar delante (de algn)
préférentiel, le [pʀefeʀɑ̃sjɛl] *adj* preferente
préférer [pʀefeʀe] *vt*: **~ qch/qn (à)** preferir algo/a algn (a); **~ faire qch** preferir hacer algo; **je préférerais du thé** preferiría té
préfet, -ète [pʀefɛ, ɛt] *nm/f* prefecto(-a), ≈ gobernador(a) civil; **~ de police** director(a) general de policía
préfigurer [pʀefigyʀe] *vt* predecir, prefigurar

préfixe [pʀefiks] *nm* prefijo
préhension [pʀeɑ̃sjɔ̃] *nf* prensión *f*
préhistoire [pʀeistwaʀ] *nf* prehistoria
préhistorique [pʀeistɔʀik] *adj* prehistórico(-a)
préinscription [pʀeɛ̃skʀipsjɔ̃] *nf* preinscripción *f*
préjudice [pʀeʒydis] *nm* perjuicio; **porter ~ à qch/à qn** perjudicar algo/a algn; **au ~ de qn/de qch** en perjuicio de algn/de algo
préjudiciable [pʀeʒydisjabl] *adj* : **~ à** perjudicial para
préjugé [pʀeʒyʒe] *nm* prejuicio; **avoir un ~ contre qn/qch** tener prejuicios contra algn/algo; **bénéficier d'un ~ favorable** beneficiarse de un prejuicio favorable
préjuger [pʀeʒyʒe] *vt* prejuzgar
prélasser [pʀelɑse] : **se prélasser** *vpr* arrellanarse
prélat [pʀela] *nm* prelado
prélavage [pʀelavaʒ] *nm* prelavado
prélèvement [pʀelɛvmɑ̃] *nm* extracción *f*, toma; **faire un ~ de sang** hacer una extracción de sangre; **~ à la source** (*Admin : des impôts*) retención *f* a cuenta; **prélèvements obligatoires** (*des impôts*) exacciones *fpl* obligatorias
prélever [pʀel(ə)ve] *vt* (*échantillon*) tomar, sacar; (*organe*) extraer; **~ (sur)** (*retirer*) sacar (de); (*déduire*) descontar (de), deducir (de)
préliminaire [pʀeliminɛʀ] *adj* preliminar; **préliminaires** *nmpl* preliminares *mpl*
prélude [pʀelyd] *nm* preludio
préluder [pʀelyde] : **~ à** *vt* preludiar
prématuré, e [pʀematyʀe] *adj* prematuro(-a); (*retraite, nouvelle*) anticipado(-a) ▶ *nm/f* prematuro(-a)
prématurément [pʀematyʀemɑ̃] *adv* prematuramente
prématurité [pʀematyʀite] *nf* prematuridad *f*
préméditation [pʀemeditasjɔ̃] *nf* : **avec ~** *adj* premeditado(-a); *adv* premeditadamente
préméditer [pʀemedite] *vt* premeditar
prémices [pʀemis] *nfpl* (*commencement, début*) primicias *fpl*
premier, -ière [pʀəmje, jɛʀ] *adj* primero(-a); (*avant un nom masculin*) primer; (*après le nom : cause, principe*) primordial; (*: objectif*) principal; **~ âge** infancia, primera edad *f*; **P~ ministre** primer(-a) ministro(-a); **au ~ abord** en un primer momento; **au** *ou* **du ~ coup** al instante; **de ~ ordre** de primer orden; **à la première occasion** en la primera ocasión; **de première qualité** de primera calidad; **de ~ choix** de primera; **de première importance** de capital importancia; **de première nécessité** de primera necesidad; **le ~ venu** el primero que venga; **première classe** primera clase *f*; **première communion** primera comunión *f*; **enfant du ~ lit** hijo de un primer matrimonio; **en ~ lieu** en primer lugar ▶ *adj m* (*Math*) primo ▶ *nm/f* primero(-a) ▶ *nm* (*premier étage*) primero; **jeune ~** joven *m* promesa; (*Ciné*) galán *m*; **le ~ de l'an** el primero de año, el día de año nuevo ▶ *nf* (*vitesse*) primera; (*Scol*) *sexto año de educación secundaria en el sistema francés*; (*Théâtre, Ciné*) estreno
premièrement [pʀəmjɛʀmɑ̃] *adv* primeramente; (*en premier lieu*) en primer lugar; (*introduisant une objection*) primero
premier-né, première-née [pʀəmjene, pʀəmjɛʀne] (*pl* **premiers-nés, premières-nées**) *nm/f* primogénito(-a)
prémisse [pʀemis] *nf* premisa
prémolaire [pʀemɔlɛʀ] *nf* premolar *m*
prémonition [pʀemɔnisjɔ̃] *nf* premonición *f*
prémonitoire [pʀemɔnitwaʀ] *adj* premonitorio(-a)
prémunir [pʀemyniʀ] : **se prémunir** *vpr* : **se ~ contre qch** prevenirse contra algo
prenant, e [pʀənɑ̃, ɑ̃t] *vb voir* **prendre** ▶ *adj* (*film, livre*) cautivador(a); (*activité*) acaparador(a)
prénatal, e [pʀenatal] *adj* prenatal
prendre [pʀɑ̃dʀ] *vt* coger, agarrar (Am); (*aller chercher*) recoger; (*emporter avec soi*) llevar; (*poisson*) pescar; (*place*) ocupar; (*Cartes*) levantar; (*Échecs, aliment*) comer; (*boisson*) beber; (*médicament, notes, mesures*) tomar; (*bain, douche*) darse; (*moyen de transport, route*) tomar, coger; (*essence*) echar; (*commande*) tomar nota de; (*passager, personnel, élève*) coger, tomar (Am); (*exemple*) poner; (*photographie*) sacar; (*renseignements, ordres*) recibir; (*avis*) pedir; (*engagement, critique*) aceptar; (*attitude*) adoptar; (*du poids*) ganar; (*de la valeur*) adquirir, ganar; (*vacances, repos*) tomar(se); (*coûter : temps*) requerir, llevar; (*: efforts, argent*) requerir; (*prélever : pourcentage, argent, cotisation*) quedarse con; (*traiter : enfant*) tratar; (*: problème*) tratar, llevar; **~ qn par la main** coger a algn de la mano; **~ qn dans ses bras** abrazar a algn; **~ au piège** coger *ou* pillar en la trampa; **~ la relève** relevar, tomar el relevo; **~ la défense de qn** salir en defensa de algn, defender a algn; **~ des risques** arriesgarse; **~ l'air** tomar el aire; **~ son temps** tomarse el tiempo necesario, no precipitarse; **~ le deuil** ponerse de luto; **~ feu** prender fuego; **~ l'eau** entrarle agua a; **~ de l'âge** envejecer; **~ sa retraite** jubilarse; **~ la parole** tomar la palabra; **~ la fuite** emprender la huida; **~ la porte** coger *ou* agarrar la puerta; **~ sa source** (*rivière*) nacer; **~ congé de qn** despedirse de algn; **~ un virage** tomar una curva; **~ le lit** guardar cama; **~ le voile** (*Rel*) tomar los hábitos, profesar; **~ qn comme** *ou* **pour** coger *ou* tomar a algn como *ou* de; **~ sur soi**

responsabilizarse de; **~ sur soi de faire qch** responsabilizarse de hacer algo; **~ du plaisir à qch** cogerle *ou* tomarle gusto a algo; **~ de l'intérêt à qch** tomar interés por algo; **~ qch au sérieux** tomar(se) algo en serio; **~ qn en faute** coger *ou* pillar a algn in fraganti; **~ qn en sympathie/horreur** coger *ou* agarrar simpatía/odio a algn; **~ qn pour qn/qch** tomar a algn por algn/algo; **~ qch pour prétexte** tomar algo como pretexto; **~ qn à témoin** poner a algn por testigo; **à tout ~** bien mirado; **~ (un) rendez-vous avec qn** concertar una entrevista con algn ▸ *vi* (*pâte, peinture*) espesar; (*ciment*) fraguar; (*semis, vaccin*) agarrar; (*plaisanterie*) encajar; (*mensonge*) ser creído(-a); (*feu, incendie*) comenzar; (*bois, allumette*) prender; **~ à gauche** coger *ou* tomar a la izquierda; **se prendre** *vpr* : **s'en ~ à** emprenderla con; **se ~ pour** creerse; **se ~ d'amitié pour qn** hacer amistad con algn; **se ~ d'affection pour qn** cobrar afecto a algn; **s'y ~ bien/mal** hacerlo bien/mal; **il faudra s'y ~ à l'avance** habrá que hacerlo con antelación; **s'y ~ à deux fois** intentarlo dos veces; **se ~ par le cou/la taille** agarrarse del cuello/de la cintura; **se ~ par la main** (*gén*) agarrarse de la mano; (*fig*) armarse de valor; **se ~ les doigts** pillarse los dedos

preneur, -euse [pʀənœʀ, øz] *nm/f* : **je suis ~** estoy dispuesto a comprar; **trouver ~** encontrar comprador(a)

preniez *etc* [pʀənjɛ] *vb voir* **prendre**

prenne *etc* [pʀɛn] *vb voir* **prendre**

prénom [pʀenɔ̃] *nm* nombre *m* (de pila)

prénommer [pʀenɔme] : **se prénommer** *vpr* llamarse

prénuptial, e, -aux [pʀenypsjal, o] *adj* prenupcial

préoccupant, e [pʀeɔkypɑ̃, ɑ̃t] *adj* preocupante

préoccupation [pʀeɔkypasjɔ̃] *nf* preocupación *f*

préoccupé, e [pʀeɔkype] *adj* preocupado(-a); **~ de qch** preocupado(-a) por algo

préoccuper [pʀeɔkype] *vt* (*personne*) preocupar, inquietar; **se préoccuper** *vpr* : **se ~ de qch/de faire qch** preocuparse por algo/de hacer algo

préparateur, -trice [pʀepaʀatœʀ, tʀis] *nm/f* auxiliar *mf*, ayudante(-a)

préparatifs [pʀepaʀatif] *nmpl* preparativos *mpl*

préparation [pʀepaʀasjɔ̃] *nf* preparación *f*; (*Chim*) preparado

préparatoire [pʀepaʀatwaʀ] *adj* preparatorio(-a)

préparer [pʀepaʀe] *vt* preparar; **~ qn à** (*nouvelle etc*) preparar a algn para; **se préparer** *vpr* prepararse; **se ~ à qch/à faire qch** prepararse para algo/para hacer algo

prépayé, e [pʀepeje] *adj* de prepago; **carte téléphonique prépayée** tarjeta telefónica de prepago

prépondérance [pʀepɔ̃deʀɑ̃s] *nf* preponderancia

prépondérant, e [pʀepɔ̃deʀɑ̃, ɑ̃t] *adj* preponderante

préposé, e [pʀepoze] *adj* : **~ (à qch)** encargado(-a) (de algo) ▸ *nm/f* encargado(-a); (*Admin : facteur*) cartero *mf*; **~ des douanes** agente *mf* de aduanas

préposer [pʀepoze] *vt* : **~ qn à qch** encargar a algn de algo

préposition [pʀepozisjɔ̃] *nf* preposición *f*

prérentrée [pʀeʀɑ̃tʀe] *nf día en el que los profesores preparan el inicio del curso*

préretraite [pʀeʀ(ə)tʀɛt] *nf* prejubilación *f*

prérogative [pʀeʀɔgativ] *nf* prerrogativa

près [pʀɛ] *adv* cerca; **~ de** (*lieu*) cerca de; (*la retraite*) próximo a; (*mourir*) a punto de; (*temps, quantité*) alrededor de; **de ~** de cerca; **à 5 m/5 kg ~** 5 m/5 kg más o menos; **à cela ~ que** salvo que, excepto que; **je ne suis pas ~ de lui pardonner/d'oublier** estoy lejos de perdonarle/de olvidar; **on n'est pas à un jour ~** un día más o menos da igual

présage [pʀezaʒ] *nm* presagio; **un mauvais ~ (pour qn/qch)** un mal presagio (para algn/algo)

présager [pʀezaʒe] *vt* presagiar; **cela ne présage rien de bon** eso no presagia nada bueno

pré-salé [pʀesale] (*pl* **prés-salés**) *nm* cordero presalado, *cordero que pasta en aguas cubiertas por el mar parte del día*

presbyte [pʀɛsbit] *adj* présbita

presbytère [pʀɛsbitɛʀ] *nm* casa parroquial

presbytérien, ne [pʀɛsbiteʀjɛ̃, jɛn] *adj* presbiteriano(-a)

presbytie [pʀɛsbisi] *nf* presbicia, vista cansada

prescience [pʀesjɑ̃s] *nf* presciencia, adivinación *f*

préscolaire [pʀeskɔlɛʀ] *adj* preescolar

prescripteur, -trice [pʀɛskʀiptœʀ, tʀis] *adj* (*rôle, pouvoir, médecin*) prescriptor(a) ▸ *nm/f* médico(-a) prescriptor(a)

prescriptible [pʀɛskʀiptibl] *adj* (*Jur*) prescriptible

prescription [pʀɛskʀipsjɔ̃] *nf* (*Jur : d'un délit, d'un crime*) prescripción *f*; (*instruction*) disposición *f*; (*d'un médicament : action*) prescripción *f*; (*ordonnance*) receta; **délai de ~** (*Jur*) plazo de prescripción

prescrire [pʀɛskʀiʀ] *vt* (*médicament*) recetar; (*Jur*) dictar; (*ordonner*) prescribir; (*suj : circonstances*) recomendar; **se prescrire** *vpr* (*Jur*) prescribir, anularse

prescrit, e [pʀɛskʀi, it] *pp de* **prescrire** ▸ *adj* (*Jur*) prescrito(-a)

préséance [preseɑ̃s] *nf* preeminencia, precedencia

présélection [preselɛksjɔ̃] *nf* preselección *f*

présélectionner [preselɛksjɔne] *vt* preseleccionar

présence [prezɑ̃s] *nf* presencia; (*au bureau*) presencia, asistencia; **en ~ de** (*personne*) en presencia de; (*incidents etc*) en medio de; **en ~** presentes; **sentir une ~** sentir una presencia; **faire acte de ~** hacer acto de presencia; **~ d'esprit** presencia de ánimo

présent, e [prezɑ̃, ɑ̃t] *adj* presente; « **~ !** » « ¡presente! »; **la présente lettre/loi** (*Admin, Comm*) la presente carta/ley ▸ *nm* presente *m*; **à ~** en la actualidad, ahora; **dès à/jusqu'à ~** desde/hasta ahora; **à ~ que** ahora que; **présents** *nmpl* (*personnes*) **: les présents** los presentes

présentable [prezɑ̃tabl] *adj* presentable

présentateur, trice [prezɑ̃tatœr, tris] *nm/f* (*TV*) presentador(a); (*Radio*) locutor(a)

présentation [prezɑ̃tasjɔ̃] *nf* presentación *f*; **faire les présentations** hacer las presentaciones

présente [prezɑ̃t] *nf* (*Comm*) **: la ~** la presente

présenter [prezɑ̃te] *vt* presentar; (*billet, pièce d'identité*) enseñar; (*spectacle*) ofrecer; (*thèse*) defender; (*note*) entregar; (*matière : à un examen*) hacer, exponer; (*condoléances, félicitations, remerciements*) dar; **~ qch à qn** enseñar *ou* mostrar algo a algn; (*plat*) presentar algo a algn ▸ *vi* **: ~ mal/bien** tener buena/mala presencia; **se présenter** *vpr* presentarse; (*solution, doute*) surgir; **se ~ bien/mal** (*affaire*) presentarse bien/mal; **se ~ à l'esprit** venir a la cabeza

présentoir [prezɑ̃twar] *nm* (*étagère*) expositor *m*; (*vitrine*) vitrina; (*étal*) mesa (de puesto)

préservatif [prezɛrvatif] *nm* preservativo

préservation [prezɛrvasjɔ̃] *nf* preservación *f*

préserver [prezɛrve] *vt* **: ~ qch/qn de** preservar *ou* proteger algo/a algn de

présidence [prezidɑ̃s] *nf* presidencia; **~ de la République** presidencia de la República

président, e [prezidɑ̃, ɑ̃t] *nm/f* presidente(-a); **~ du jury** (*Jur*) presidente(-a) del jurado; **~ de la République** presidente(-a) de la República; **~-directeur(-trice) général(e)** presidente(-a) y director(a) general

présidentiable [prezidɑ̃sjabl] *adj, nmf* presidenciable *mf*

présidentiel, le [prezidɑ̃sjɛl] *adj* (*système*) presidencialista; (*élection*) presidencial; **présidentielles** *nfpl* (*élections*) elecciones *fpl* presidenciales

présider [prezide] *vt* presidir; **~ à qch** presidir algo

présomption [prezɔ̃psjɔ̃] *nf* presunción *f*; **~ d'innocence** presunción de inocencia

présomptueux, -euse [prezɔ̃ptɥø, øz] *adj* presuntuoso(-a)

presque [prɛsk] *adv* casi; **~ toujours/autant** casi siempre/tanto; **~ tous/rien** casi todos/nada; **il n'a ~ pas d'argent** casi no tiene dinero, apenas tiene dinero; **il n'y avait ~ personne** no había casi nadie; **la voiture s'est ~ arrêtée** el coche casi se para, por poco se para el coche; **il n'y avait personne, ou ~** no había nadie, o casi nadie; **on pourrait ~ dire que** casi podría decirse que; **~ à chaque pas** casi a cada paso; **la ~ totalité (de)** la casi totalidad (de)

presqu'île [prɛskil] *nf* península

pressage [presaʒ] *nm* prensado

pressant, e [presɑ̃, ɑ̃t] *adj* apremiante; (*personne*) atosigante; (*besoin*) acuciante; **se faire ~** volverse atosigante

presse [prɛs] *nf* prensa; **mettre un ouvrage sous ~** meter una obra en prensa; **avoir bonne/mauvaise ~** (*fig*) tener buena/mala prensa; **~ d'information/d'opinion** prensa de información/de opinión; **~ du cœur** prensa del corazón; **~ féminine** prensa femenina

pressé, e [prese] *adj* (*personne*) apresurado(-a), apurado(-a) (*Am*); **être ~ (de faire qch)** tener prisa (por hacer algo); **orange pressée** zumo de naranja ▸ *nm* **: aller/courir au plus ~** acudir/atender a lo más urgente

presse-agrume *nm*, **presse-agrumes** *nm inv* [prɛsagrym] (*pl* **presse-agrumes**) exprimidor *m*

presse-citron [prɛssitrɔ̃] (*pl* **presse-citrons**) *nm* exprimelimones *m inv*, exprimidor *m*

presse-fruit [prɛsfrɥi] (*pl* **presse-fruits**) *nm* exprimidor *m*

pressentiment [presɑ̃timɑ̃] *nm* presentimiento

pressentir [presɑ̃tir] *vt* presentir; (*prendre contact avec, sonder*) sondear

presse-papier *nm*, **presse-papiers** *nm inv* [prɛspapje] (*pl* **presse-papiers**) pisapapeles *m inv*

presse-purée [prɛspyre] *nm inv* pasapurés *m inv*

presser [prese] *vt* (*fruit*) exprimir; (*éponge*) escurrir; (*interrupteur, bouton*) pulsar; (*brusquer*) acosar; **~ le pas** *ou* **l'allure** aligerar (el paso); **~ qn de faire qch** (*inciter*) inducir *ou* presionar a algn a hacer algo; **~ qn de questions** acosar a algn a preguntas; **~ ses débiteurs** apremiar a sus deudores; **~ qn entre** *ou* **dans ses bras** estrechar a algn entre *ou* en sus brazos ▸ *vi* (*être urgent*) urgir, correr prisa; **le temps presse** el tiempo apremia; **rien ne presse** no hay prisa; **se presser** *vpr* (*se hâter*) darse prisa, apurarse (*Am*); (*se grouper*) apiñarse; **se ~ contre qn** apretujarse contra algn

P

pressing [pʀesiŋ] *nm (repassage)* planchado; *(magasin)* tintorería
pression [pʀesjɔ̃] *nf* presión *f*; *(bouton)* automático; **faire ~ sur qn/qch** ejercer presión sobre algn/algo; **sous ~** a presión; *(fig)* presionado(-a); **~ artérielle** tensión *f* arterial; **~ atmosphérique** presión atmosférica
pressoir [pʀeswaʀ] *nm* prensa
pressurer [pʀesyʀe] *vt (fig : exploiter)* estrujar, explotar; *(: extorquer l'argent de)* sacar dinero a
pressurisation [pʀesyʀizasjɔ̃] *nf* presurización *f*
pressurisé, e [pʀesyʀize] *adj* presurizado(-a)
prestance [pʀɛstɑ̃s] *nf* prestancia
prestataire [pʀɛstatɛʀ] *nmf* beneficiario(-a); **~ de services** *(Comm)* prestador *m* de servicios
prestation [pʀɛstasjɔ̃] *nf (allocation)* prestación *f*, ayuda; *(d'une assurance)* prestación, indemnización *f*; *(d'une entreprise)* contribución *f*; *(d'un joueur, artiste, homme politique)* actuación *f*; **~ de serment** jura; **~ de service** prestación de servicios; **prestations familiales** prestaciones *fpl* familiares
preste [pʀɛst] *adj* presto(-a)
prestement [pʀɛstəmɑ̃] *adv* con presteza
prestidigitateur, -trice [pʀɛstidiʒitatœʀ, tʀis] *nm/f* prestidigitador(a)
prestidigitation [pʀɛstidiʒitasjɔ̃] *nf* prestidigitación *f*
prestige [pʀɛstiʒ] *nm* prestigio
prestigieux, -euse [pʀɛstiʒjø, jøz] *adj* prestigioso(-a)
présumer [pʀezyme] *vt* : **~ que** presumir que; **~ de qn/qch** sobreestimar algn/a algo; **présumé coupable/innocent** presunto culpable/inocente
présupposé [pʀesypoze] *nm* presunción *f*
présupposer [pʀesypoze] *vt* asumir; **~ que** presumir que, asumir que
présupposition [pʀesypozisjɔ̃] *nf* presunción *f*
présure [pʀezyʀ] *nf* cuajo
prêt, e [pʀɛ, pʀɛt] *adj* listo(-a); *(cérémonie, repas)* listo(-a), preparado(-a); **~ à faire qch** *(préparé à)* listo(-a) para hacer algo; *(disposé à)* dispuesto(-a) a hacer algo; **~ à toute éventualité** preparado(-a) para lo que venga; **~ à tout** dispuesto(-a) a todo; **à vos marques, prêts ? partez !** ¡preparados, listos, ya! ▸ *nm* préstamo; **~ sur gages** préstamo bajo fianza
prêt-à-porter [pʀɛtapɔʀte] *(pl* **prêts-à-porter**) *nm* prêt-à-porter *m*
prétendant [pʀetɑ̃dɑ̃] *nm (à un trône)* aspirante *m*; *(d'une femme)* pretendiente *m*
prétendre [pʀetɑ̃dʀ] *vt (avoir la ferme intention de)* pretender; *(affirmer)* : **~ que** mantener que; **~ à** aspirar a
prétendu, e [pʀetɑ̃dy] *adj* supuesto(-a)
prétendument [pʀetɑ̃dymɑ̃] *adv* al parecer
prête-nom [pʀɛtnɔ̃] *(pl* **prête-noms**) *nm (Comm etc)* testaferro
prétentieux, -euse [pʀetɑ̃sjø, jøz] *adj* presuntuoso(-a); *(maison, villa)* pretencioso(-a)
prétention [pʀetɑ̃sjɔ̃] *nf* pretensión *f*; **sans ~** sin pretensiones
prêter [pʀete] *vt (livres, argent)* : **~ qch (à)** prestar algo (a); *(propos etc)* : **~ à qn** achacar a algn; **~ à** : **~ aux commentaires/à équivoque/à rire** prestarse a comentarios/a equívoco/a risa; **~ assistance à** prestar socorro a; **~ attention/serment** prestar atención/juramento; **~ l'oreille** aguzar el oído; **~ sur gages** prestar bajo fianza; **~ de l'importance à** prestar importancia a ▸ *vi (tissu, cuir)* dar de sí; **se prêter** *vpr (tissu, cuir)* dar de sí; **se ~ à qch** prestarse a algo
prêteur, -euse [pʀɛtœʀ, øz] *adj* prestador(a) ▸ *nm* prestamista *m*; **~ sur gages** prestamista
prétexte [pʀetɛkst] *nm* pretexto; **sous aucun ~** bajo ningún pretexto; **sous ~ de** con el pretexto de
prétexter [pʀetɛkste] *vt* poner el pretexto de; **~ que** poner el pretexto de que
prétoire [pʀetwaʀ] *nm* sala de audiencias
prêtre [pʀɛtʀ] *nm* sacerdote *m*
prêtre-ouvrier [pʀɛtʀuvʀije] *(pl* **prêtres-ouvriers**) *nm* cura *m* obrero
prêtrise [pʀetʀiz] *nf* sacerdocio
preuve [pʀœv] *nf* prueba; **jusqu'à ~ du contraire** hasta que se demuestre lo contrario; **faire ~ de** dar pruebas de; **faire ses preuves** dar prueba de sus aptitudes; **~ matérielle** *(Jur)* prueba material; **~ par neuf** prueba del nueve
prévaloir [pʀevalwaʀ] *vi* prevalecer; **se prévaloir** *vpr* : **se ~ de qch** contar con la ventaja de algo; *(tirer vanité de)* enorgullecerse de algo
prévarication [pʀevaʀikasjɔ̃] *nf* prevaricación *f*
prévaut [pʀevo] *vb voir* **prévaloir**
prévenance [pʀev(ə)nɑ̃s] *nf* solicitud *f*, amabilidad *f*; **prévenances** *nfpl* atenciones *fpl*; **avoir toutes les prévenances à l'égard de qn** deshacerse en atenciones con algn
prévenant, e [pʀev(ə)nɑ̃, ɑ̃t] *adj* atento(-a)
prévenir [pʀev(ə)niʀ] *vt* prevenir; *(besoins, etc)* anticiparse a; **~ qn (de qch)** *(avertir)* prevenir a algn (de algo); **~ qn contre** *(influencer)* predisponer a algn contra
préventif, -ive [pʀevɑ̃tif, iv] *adj* preventivo(-a); **détention/prison/arrestation préventive** detención *f* preventiva/prisión *f* preventiva/arresto preventivo
prévention [pʀevɑ̃sjɔ̃] *nf* prevención *f*; **~ routière** seguridad *f* vial

préventivement [pʀevɑ̃tivmɑ̃] *adv* preventivamente; **être traité ~** recibir un tratamiento preventivo

prévenu, e [pʀev(ə)ny] *pp de* **prévenir** ▸ *nm/f* preso(-a) ▸ *adj* : **être ~ contre qn** estar prevenido(-a) contra algn; **j'ai été ~ en votre faveur** me han dado buenas referencias sobre usted

prévisible [pʀevizibl] *adj* previsible

prévision [pʀevizjɔ̃] *nf* previsión *f*; **en ~ de l'orage** en caso de que haya tormenta; **prévisions météorologiques** previsión meteorológica

prévisionnel, le [pʀevizjɔnɛl] *adj* provisional

prévoir [pʀevwaʀ] *vt* prever; **prévu pour quatre personnes** con cabida para cuatro personas; **prévu pour 10 h** previsto para las 10

prévoyance [pʀevwajɑ̃s] *nf* previsión *f*; **société/caisse de ~** sociedad *f*/caja de previsión

prévoyant, e [pʀevwajɑ̃, ɑ̃t] *vb voir* **prévoir** ▸ *adj* prevenido(-a), precavido(-a)

prévu, e [pʀevy] *pp de* **prévoir**

prier [pʀije] *vi* rezar ▸ *vt* rogar; (*Rel*) rezar; (*demander avec fermeté*) mandar; **~ qn à dîner** invitar a algn a cenar; **se faire ~** hacerse rogar; **je vous en prie** (*allez-y*) pase por favor; (*de rien*) de nada

prière [pʀijɛʀ] *nf* oración *f*; (*demande*) ruego; **dire une/des/sa ~(s)** rezar una/algunas/su oración (sus oraciones); « **~ de faire/ne pas faire …** » « se ruega hacer/no hacer … »

primaire [pʀimɛʀ] *adj* primario(-a); (*péj*) primitivo(-a); (*: explication*) superficial ▸ *nm* (*Scol : aussi :* **enseignement primaire**): **le ~** ≈ primera etapa de la educación primaria; **primaires** *fpl* (*élections*) primarias *fpl*

primauté [pʀimote] *nf* primacía

prime [pʀim] *nf* (*bonification, Assurance, Bourse*) prima; (*subside*) ayuda; (*Comm : cadeau*) bonificación *f*; **~ de risque/de transport** prima de riesgo/gastos *mpl* de transporte ▸ *adj* : **de ~ abord** de entrada

primer [pʀime] *vt* (*récompenser*) premiar; **~ sur qch** primar sobre algo ▸ *vi* primar

primerose [pʀimʀoz] *nf* malvarrosa

primesautier, -ière [pʀimsotje, jɛʀ] *adj* vivaracho(-a)

primeur [pʀimœʀ] *nf* : **avoir la ~ de** tener las primicias de; **primeurs** *nfpl* (*fruits, légumes*) frutos *mpl* tempranos; **marchand de primeurs** frutería

primevère [pʀimvɛʀ] *nf* primavera

primipare [pʀimipaʀ] *nf* primípara, primeriza

primitif, -ive [pʀimitif, iv] *adj* primitivo(-a); (*texte etc*) antiguo(-a) ▸ *nm/f* primitivo(-a)

primo [pʀimo] *adv* primero

primordial, e, -aux [pʀimɔʀdjal, jo] *adj* primordial

prince [pʀɛ̃s] *nm* príncipe *m*; **~ charmant** príncipe azul; **~ de Galles** (*Textile*) príncipe de Gales; **~ héritier** príncipe heredero

princesse [pʀɛ̃sɛs] *nf* princesa

princier, -ière [pʀɛ̃sje, jɛʀ] *adj* principesco(-a)

princièrement [pʀɛ̃sjɛʀmɑ̃] *adv* : **il nous a reçus ~** nos recibió como reyes

principal, e, -aux [pʀɛ̃sipal, o] *adj* principal ▸ *nm/f* (*Scol*) director(a) ▸ *nm* (*Fin*) principal *m*; **le ~** (*l'essentiel*) lo principal

principalement [pʀɛ̃sipalmɑ̃] *adv* principalmente

principauté [pʀɛ̃sipote] *nf* : **la ~ de Monaco/du Liechtenstein** el principado de Mónaco/de Liechtenstein

principe [pʀɛ̃sip] *nm* principio; **partir du ~ que** partir del principio de que; **pour le ~** por principios; **de/en/par ~** de/en/por principio; **principes** *nmpl* (*moraux etc*) principios *mpl*

printanier, -ière [pʀɛ̃tanje, jɛʀ] *adj* primaveral

printemps [pʀɛ̃tɑ̃] *nm* primavera

priori [pʀijɔʀi] : **a ~** *adv* a priori

prioritaire [pʀijɔʀitɛʀ] *adj* prioritario(-a)

prioritairement [pʀijɔʀitɛʀmɑ̃] *adv* prioritariamente

priorité [pʀijɔʀite] *nf* prioridad *f*; **en ~** con prioridad; **~ à droite** prioridad a la derecha

pris, e [pʀi, pʀiz] *pp de* **prendre** ▸ *adj* (*place, journée*) ocupado(-a); (*crème, glace*) en su punto; (*ciment*) fraguado(-a); **avoir le nez ~/la gorge prise** (*Méd*) tener la nariz/la garganta irritada; **être ~ de peur/de fatigue** entrarle a algn miedo/cansancio

prise [pʀiz] *nf* (*d'une ville*) toma; (*de judo, catch*) llave *f*; (*Pêche, Chasse*) presa; (*Élec*) conexión *f*; (*fiche*) enchufe *m*; **ne pas avoir de/avoir ~** no tener/tener donde agarrarse; **avoir ~ sur qn** tener influencia sobre algn; **en ~** (*Auto*) en directa; **être aux prises avec qn** enfrentarse con algn; **lâcher ~** soltarse; **donner ~ à** (*fig*) dar pie a; **~ d'eau** toma de agua; **~ d'otages** captura de rehenes; **~ de contact** toma de contacto; **~ de courant** conexión; **~ de sang** toma de sangre; **~ de son** toma de sonido; **~ de tabac** toma de rapé; **~ de terre** toma de tierra; **~ de vue** (*Photo*) toma, foto *f*; **~ de vue(s)** toma de planos; **~ en charge** (*par un taxi*) bajada de bandera; (*par la sécurité sociale*) cobertura; **~ multiple** ladrón *m*; **~ péritel** euroconector *m*

prisé, e [pʀize] *adj* : **très ~** muy apreciado(-a)

priser [pʀize] *vt* (*tabac*) inhalar; (*estimer*) apreciar

prisme [pʀism] *nm* prisma *m*

prison [pʀizɔ̃] *nf* cárcel *f*, prisión *f*; (*Mil*) prisión militar; (*fig*) cárcel; **faire de/risquer la ~** estar en/correr el riesgo de ir a la cárcel; **être condamné à cinq ans de ~** ser condenado a cinco años de cárcel

P

prisonnier, -ière [pʀizɔnje, jɛʀ] *nm/f* preso(-a); (*soldat, otage*) prisionero(-a); **faire qn ~** hacer prisionero(-a) a algn ▸ *adj* preso(-a)
prit [pʀi] *vb voir* **prendre**
privatif, -ive [pʀivatif, iv] *adj* privativo(-a); (*jardin*) privado(-a)
privations [pʀivasjɔ̃] *nfpl* privaciones *fpl*
privatisation [pʀivatizasjɔ̃] *nf* privatización *f*
privatiser [pʀivatize] *vt* privatizar
privautés [pʀivote] *nfpl* familiaridades *fpl*
privé, e [pʀive] *adj* privado(-a); **~ de** privado(-a) de; **en ~** en privado ▸ *nm* : **dans le ~** (*Écon*) en el sector privado; (*Scol*) en la privada
priver [pʀive] *vt* privar; **se priver** *vpr* : **(ne pas) se ~ (de)** (no) privarse (de)
privilège [pʀivilɛʒ] *nm* privilegio
privilégié, e [pʀivileʒje] *adj* privilegiado(-a)
privilégier [pʀivileʒje] *vt* dar preferencia a, privilegiar
prix [pʀi] *nm* precio; (*récompense*) premio; **grand ~ automobile** gran premio automovilístico; **mettre à ~** sacar a la venta; **au ~ fort** al precio más alto; **acheter qch à ~ d'or** comprar algo a precio de oro; **hors de ~** carísimo(-a); **à aucun ~** por nada del mundo; **à tout ~** cueste lo que cueste; **~ conseillé** precio de venta al público, PVP *m*; **~ d'achat/de revient/de vente** precio de compra/de coste/de venta
pro [pʀo] *abr* = **professionnel**
proactif, -ive [pʀɔaktif, iv] *adj* proactivo(-a)
probabilité [pʀɔbabilite] *nf* probabilidad *f*; **selon toute ~** según todas las probabilidades; **probabilités** *nfpl* (*Math, Écon*) probabilidades *fpl*
probable [pʀɔbabl] *adj* probable
probablement [pʀɔbabləmɑ̃] *adv* probablemente
probant, e [pʀɔbɑ̃, ɑ̃t] *adj* convincente
probatoire [pʀɔbatwaʀ] *adj* (*examen, test*) de prueba
probité [pʀɔbite] *nf* honestidad *f*
problématique [pʀɔblematik] *adj* problemático(-a) ▸ *nf* problemática
problème [pʀɔblɛm] *nm* problema *m*
procédé [pʀɔsede] *nm* proceso; (*comportement*) proceder *m*
procéder [pʀɔsede] *vi* proceder; **~ à** (*Jur*) proceder a, pasar a
procédure [pʀɔsedyʀ] *nf* procedimiento; (*Jur*) : **~ civile/pénale** enjuiciamiento civil/penal
procédurier, -ière [pʀɔsedyʀje, jɛʀ] *adj* (*personne*) litigioso(-a); **avoir l'esprit ~** tener un temperamento litigioso ▸ *nm/f* (*spécialiste*) experto(-a) en procedimiento; (*péj*) picapleitos *mf inv*, pleitista *mf*
procès [pʀɔsɛ] *nm* (*Jur*) juicio; (: *poursuites*) proceso; **être en ~ avec qn** estar en pleito con algn; **faire le ~ de qch/qn** (*fig*) criticar algo/a algn; **sans autre forme de ~** sin más ni más
processeur [pʀɔsesœʀ] *nm* procesador *m*
procession [pʀɔsesjɔ̃] *nf* procesión *f*
processus [pʀɔsesys] *nm* proceso
procès-verbal [pʀɔsɛvɛʀbal] (*pl* **procès-verbaux**) *nm* (*constat*) atestado; (*aussi* : **PV**) multa; (*d'une réunion*) acta
prochain, e [pʀɔʃɛ̃, ɛn] *adj* próximo(-a); **la prochaine fois** la próxima vez; **la semaine prochaine** la semana que viene; **à la prochaine !** (*fam*) ¡hasta otra!; **un jour ~** cualquier día ▸ *nm* prójimo
prochainement [pʀɔʃɛnmɑ̃] *adv* pronto; (*au cinéma*) próximamente
proche [pʀɔʃ] *adj* (*ami*) cercano(-a), próximo(-a); **être ~ (de)** estar cerca (de); **de ~ en ~** progresivamente; **proches** *nmpl* (*parents*) familiares *mpl*; (*amis*) : **l'un de ses proches** una de sus amistades
Proche-Orient [pʀɔʃɔʀjɑ̃] *nm* Oriente *m* Próximo, Cercano Oriente
proclamation [pʀɔklamasjɔ̃] *nf* proclamación *f*
proclamer [pʀɔklame] *vt* (*la république, son innocence*) proclamar; (*résultat d'un examen*) publicar
procréation [pʀɔkʀeasjɔ̃] *nf* procreación *f*; **~ (médicalement) assistée** reproducción *f* asistida
procréer [pʀɔkʀee] *vt* procrear
procuration [pʀɔkyʀasjɔ̃] *nf* poder *m*; **donner ~ à qn** hacer un poder a algn; **voter/acheter par ~** votar/comprar por poder
procurer [pʀɔkyʀe] *vt* (*fournir*) proporcionar; (*causer*) dar; **se procurer** *vpr* conseguir
procureur, e [pʀɔkyʀœʀ] *nm/f* : **~ (de la République)** ≈ fiscal *mf*; **~ général(e)** ≈ fiscal del tribunal supremo
prodigalité [pʀɔdigalite] *nf* prodigalidad *f*; **prodigalités** *nfpl* (*dépenses*) gastos *mpl*
prodige [pʀɔdiʒ] *nm* prodigio; **un ~ d'ingéniosité** un prodigio de ingenio; **un/une enfant ~** un niño/una niña prodigio
prodigieusement [pʀɔdiʒjøzmɑ̃] *adv* tremendamente
prodigieux, -euse [pʀɔdiʒjø, jøz] *adj* prodigioso(-a)
prodigue [pʀɔdig] *adj* pródigo(-a); **fils ~** hijo pródigo
prodiguer [pʀɔdige] *vt* prodigar
producteur, -trice [pʀɔdyktœʀ, tʀis] *adj, nm/f* productor(a); **société productrice** productora
productif, -ive [pʀɔdyktif, iv] *adj* productivo(-a); (*personnel*) eficiente
production [pʀɔdyksjɔ̃] *nf* producción *f*

productiviste [pʀɔdyktivist] *adj* productivista
productivité [pʀɔdyktivite] *nf* productividad *f*
produire [pʀɔdɥiʀ] *vt* producir; (*Admin, Jur : documents, témoins*) presentar ▶ *vi* producir; **se produire** *vpr* producirse; (*acteur*) actuar
produit, e [pʀɔdɥi, it] *pp de* **produire** ▶ *nm* producto; **~ d'entretien** producto de limpieza; **~ des ventes** producto de la venta; **~ national brut** producto nacional bruto; **~ net** beneficio neto; **~ pour la vaisselle** lavavajillas *m inv*; **produits agricoles** productos *mpl* agrícolas; **produits alimentaires** productos alimenticios; **produits de beauté** productos de belleza
proéminence [pʀɔeminɑ̃s] *nf* prominencia
proéminent, e [pʀɔeminɑ̃, ɑ̃t] *adj* prominente
prof [pʀɔf] *nmf* profe *mf*
profanation [pʀɔfanasjɔ̃] *nf* profanación *f*
profane [pʀɔfan] *adj, nmf* profano(-a)
profaner [pʀɔfane] *vt* profanar
proférer [pʀɔfeʀe] *vt* proferir
professer [pʀɔfese] *vt* profesar; (*enseigner*) enseñar
professeur [pʀɔfesœʀ] *nmf* (*nf aussi* **professeure**) profesor(a); (*titulaire d'une chaire*) catedrático(-a); **~ (de faculté)** profesor(a) (de universidad)
profession [pʀɔfesjɔ̃] *nf* profesión *f*; **faire ~ de** hacer profesión de; **de ~ : ballerine de ~** bailarina de profesión; **« sans ~ »** « sin profesión »; (*mère ou père au foyer*) « sus labores »
professionnaliser [pʀɔfesjɔnalize] *vt* profesionalizar; **se professionnaliser** *vpr* profesionalizarse
professionnalisme [pʀɔfesjɔnalism] *nm* profesionalidad *f*
professionnel, le [pʀɔfesjɔnɛl] *adj* profesional ▶ *nm/f* profesional *mf*; (*ouvrier qualifié*) obrero(-a) cualificado(-a)
professoral, e, -aux [pʀɔfesɔʀal, o] *adj* (*péj*) pedante; **le corps ~** el profesorado
professorat [pʀɔfesɔʀa] *nm* : **le ~** el profesorado
profil [pʀɔfil] *nm* perfil *m*; (*d'une voiture*) línea; (*section*) sección *f*; **de ~** de perfil; **~ des ventes** perfil de ventas; **~ psychologique** perfil psicológico
profilé, e [pʀɔfile] *adj* perfilado(-a); (*aile etc*) estilizado(-a)
profiler [pʀɔfile] *vt* (*Tech*) estilizar; **se profiler** *vpr* perfilarse
profit [pʀɔfi] *nm* (*avantage*) provecho; (*Comm, Fin*) beneficio; **au ~ de qn/qch** en beneficio de algn/algo; **mettre à ~ qch** sacar partido de algo; **tirer** *ou* **retirer ~ de qch** sacar provecho de algo; **pertes et profits** (*Comm*) pérdidas *fpl* y beneficios
profitabilité [pʀɔfitabilite] *nf* rentabilidad *f*
profitable [pʀɔfitabl] *adj* provechoso(-a)
profiter [pʀɔfite] : **~ de** *vt* aprovecharse de; (*lecture*) sacar provecho de; (*occasion*) aprovechar; **~ de ce que ...** aprovecharse de que ...; **~ à qch/à qn** beneficiar algo/a algn
profiteur, -euse [pʀɔfitœʀ, øz] (*péj*) *nm/f* aprovechado(-a)
profond, e [pʀɔfɔ̃, ɔ̃d] *adj* profundo(-a); (*trou, eaux*) hondo(-a); **au plus ~ de** desde lo más hondo *ou* profundo de; **la France profonde** la Francia profunda
profondément [pʀɔfɔ̃demɑ̃] *adv* profundamente; **~ endormi** profundamente dormido
profondeur [pʀɔfɔ̃dœʀ] *nf* profundidad *f*; **en ~** en profundidad; **~ de champ** (*Photo*) profundidad de campo
profusément [pʀɔfyzemɑ̃] *adv* profusamente; **la salle était ~ éclairée** la sala tenía luz abundante
profusion [pʀɔfyzjɔ̃] *nf* profusión *f*; **une ~ de cadeaux** regalos en abundancia; **à ~** en abundancia
progéniture [pʀɔʒenityʀ] *nf* prole *f*
progiciel [pʀɔʒisjɛl] *nm* (*Inform*) paquete *m* de programas; **~ d'application** paquete de programas de aplicaciones
progouvernemental, e, -aux [pʀɔguvɛʀnəmɑ̃tal, o] *adj* progubernamental
programmable [pʀɔgʀamabl] *adj* programable
programmateur, -trice [pʀɔgʀamatœʀ, tʀis] *nm/f* (*Ciné, Radio, TV*) programador(a) ▶ *nm* (*de machine à laver*) programador *m*
programmation [pʀɔgʀamasjɔ̃] *nf* programación *f*
programme [pʀɔgʀam] *nm* programa *m*; **au ~ de ce soir** (*TV*) en la programación de esta noche
programmé, e [pʀɔgʀame] *adj* programado(-a)
programmer [pʀɔgʀame] *vt* programar
programmeur, -euse [pʀɔgʀamœʀ, øz] *nm/f* (*Inform*) programador(a)
progrès [pʀɔgʀɛ] *nm* progreso, avance *m*; (*gén pl : d'un incendie, d'une épidémie etc*) avance *m*; **faire des/être en ~** hacer progresos
progresser [pʀɔgʀese] *vi* (*mal etc*) avanzar; (*élève, recherche*) progresar
progressif, -ive [pʀɔgʀesif, iv] *adj* progresivo(-a)
progression [pʀɔgʀesjɔ̃] *nf* (*d'un mal etc*) avance *m*; (*Math*) progresión *f*
progressiste [pʀɔgʀesist] *adj* progresista
progressivement [pʀɔgʀesivmɑ̃] *adv* progresivamente
prohibé, e [pʀɔibe] *adj* prohibido(-a)
prohiber [pʀɔibe] *vt* prohibir

P

prohibitif, -ive [pʀɔibitif, iv] *adj* prohibitivo(-a)
prohibition [pʀɔibisjɔ̃] *nf* prohibición *f*
proie [pʀwɑ] *nf* presa; (*fig*) víctima; **être la ~ de** ser presa de; **être en ~ à** ser presa de
projecteur [pʀɔʒɛktœʀ] *nm* (*de théâtre, cirque*) foco; (*de films, photos*) proyector *m*
projectile [pʀɔʒɛktil] *nm* proyectil *m*
projection [pʀɔʒɛksjɔ̃] *nf* proyección *f*; **les projections du camion** lo que el camión lanzó al pasar
projectionniste [pʀɔʒɛksjɔnist] *nmf* operador(a)
projet [pʀɔʒɛ] *nm* proyecto; **faire des projets** hacer planes; **~ de loi** proyecto de ley
projeter [pʀɔʒ(ə)te] *vt* proyectar; (*jeter*) lanzar; (*envisager*) planear
prolétaire [pʀɔletɛʀ] *nmf* proletario(-a)
prolétariat [pʀɔletaʀja] *nm* proletariado
prolétarien, ne [pʀɔletaʀjɛ̃, jɛn] *adj* proletario(-a)
prolifération [pʀɔlifeʀasjɔ̃] *nf* proliferación *f*
proliférer [pʀɔlifeʀe] *vi* proliferar
prolifique [pʀɔlifik] *adj* prolífico(-a)
prolixe [pʀɔliks] *adj* prolijo(-a)
prolo [pʀolo] (*fam*) *nmf* (*= abr de prolétaire*) proleta *mf* (*fam*)
prologue [pʀɔlɔg] *nm* prólogo
prolongateur [pʀɔlɔ̃gatœʀ] *nm* (*Élec*) alargador *m*
prolongation [pʀɔlɔ̃gasjɔ̃] *nf* prolongación *f*; (*Football, délai*) prórroga; **jouer les prolongations** (*Football*) jugar la prórroga
prolongé, e [pʀɔlɔ̃ʒe] *adj* prolongado(-a)
prolongement [pʀɔlɔ̃ʒmɑ̃] *nm* prolongación *f*; **être dans le ~ de** ser una prolongación de; **prolongements** *nmpl* (*fig*) repercusiones *fpl*
prolonger [pʀɔlɔ̃ʒe] *vt* prolongar; (*délai*) prorrogar; **se prolonger** *vpr* prolongarse
promenade [pʀɔm(ə)nad] *nf* paseo; **faire une ~** dar un paseo; **partir en ~** salir de paseo; **~ à pied/à vélo/en voiture** paseo andando/en bici/en coche
promener [pʀɔm(ə)ne] *vt* dar un paseo a; (*fig : qch*) llevar consigo; (*doigts, main*) recorrer; **se promener** *vpr* pasearse; **se ~ sur** (*fig*) recorrer; **son regard se promena sur ...** recorrió con la mirada ...
promeneur, -euse [pʀɔm(ə)nœʀ, øz] *nm/f* paseante *mf*
promenoir [pʀɔm(ə)nwaʀ] *nm* patio
promesse [pʀɔmɛs] *nf* promesa; **~ d'achat/de vente** compromiso de compra/de venta
prometteur, -euse [pʀɔmetœʀ, øz] *adj* prometedor(a)
promettre [pʀɔmɛtʀ] *vt, vi* prometer; **~ à qn de faire qch** prometer a algn hacer algo; **se promettre** *vpr* : **se ~ de faire qch** prometerse hacer algo
promeus [pʀɔmø] *vb voir* **promouvoir**
promis, e [pʀɔmi, iz] *pp de* **promettre** ▸ *adj* : **être ~ à qch** estar destinado(-a) a algo
promiscuité [pʀɔmiskɥite] *nf* promiscuidad *f*
promit [pʀɔmi] *vb voir* **promettre**
promo [pʀɔmo] (*fam*) *nf* (*Scol : promotion*) promoción *f*; **~ 95** la promoción del 95
promontoire [pʀɔmɔ̃twaʀ] *nm* promontorio
promoteur, -trice [pʀɔmɔtœʀ, tʀis] *nm/f* promotor(a); **~ immobilier(-ière)** promotor(a) inmobiliario(-a)
promotion [pʀɔmosjɔ̃] *nf* promoción *f*; (*avancement*) ascenso; **article en ~** artículo en oferta; **~ des ventes** promoción de ventas
promotionnel, le [pʀɔmosjɔnɛl] *adj* (*article*) en oferta; (*vente*) de promoción
promouvoir [pʀɔmuvwaʀ] *vt* (*à un grade, poste*) ascender a; (*recherche etc*) promover; (*Comm : produit*) promocionar
prompt, e [pʀɔ̃(pt), pʀɔ̃(p)t] *adj* rápido(-a); **~ à qch/à faire qch** dado(-a) a algo/a hacer algo
promptement [pʀɔ̃ptəmɑ̃] *adv* rápidamente
prompteur [pʀɔ̃ptœʀ] *nm* (*TV*) autocue *m*
promptitude [pʀɔ̃(p)tityd] *nf* rapidez *f*
promu, e [pʀɔmy] *pp de* **promouvoir** ▸ *adj* ascendido(-a)
promulgation [pʀɔmylgasjɔ̃] *nf* promulgación *f*
promulguer [pʀɔmylge] *vt* promulgar
prôner [pʀone] *vt* (*louer*) ensalzar; (*préconiser*) preconizar
pronom [pʀɔnɔ̃] *nm* pronombre *m*
pronominal, e, -aux [pʀɔnɔminal, o] *adj, nm* : **(verbe) ~** (verbo) pronominal *m*
prononçable [pʀɔnɔ̃sabl] *adj* pronunciable; **difficilement ~** difícil de pronunciar
prononcé, e [pʀɔnɔ̃se] *adj* pronunciado(-a)
prononcer [pʀɔnɔ̃se] *vt* pronunciar; (*souhait, vœu*) formular; **se prononcer** *vpr* pronunciarse; **se ~ sur qch** pronunciarse sobre algo; **ça se prononce comment ?** ¿cómo se pronuncia?
prononciation [pʀɔnɔ̃sjasjɔ̃] *nf* pronunciación *f*
pronostic [pʀɔnɔstik] *nm* pronóstico
pronostiquer [pʀɔnɔstike] *vt* pronosticar
pronostiqueur, -euse [pʀɔnɔstikœʀ, øz] *nm/f* pronosticador(a)
propagande [pʀɔpagɑ̃d] *nf* propaganda; **faire de la ~ pour qch** hacer propaganda de algo
propagandiste [pʀɔpagɑ̃dist] *nmf* propagandista *mf*
propagation [pʀɔpagasjɔ̃] *nf* propagación *f*
propager [pʀɔpaʒe] *vt* propagar; **se propager** *vpr* propagarse; (*espèce*) multiplicarse
propane [pʀɔpan] *nm* propano
propension [pʀɔpɑ̃sjɔ̃] *nf* propensión *f*

prophète, prophétesse [pʀɔfɛt, pʀɔfetɛs] *nm/f* profeta (profetisa)
prophétie [pʀɔfesi] *nf* (*d'un prophète*) profecía; (*d'une cartomancienne*) predicción *f*
prophétique [pʀɔfetik] *adj* profético(-a)
prophétiser [pʀɔfetize] *vt* profetizar; (*fig*) predecir
prophylactique [pʀɔfilaktik] *adj* profiláctico(-a)
prophylaxie [pʀɔfilaksi] *nf* profilaxis *f inv*
propice [pʀɔpis] *adj* propicio(-a)
proportion [pʀɔpɔʀsjɔ̃] *nf* proporción *f*; (*relation, pourcentage*) relación *f*; **à ~ de** en proporción directa a; **en ~ de** (*selon*) en proporción a; (*en comparaison de*) en comparación a; **hors de ~** desproporcionado(-a); **toute(s) ~(s) gardée(s)** manteniendo las proporciones
proportionnalité [pʀɔpɔʀsjɔnalite] *nf* proporcionalidad *f*
proportionné, e [pʀɔpɔʀsjɔne] *adj* : **bien ~** bien proporcionado(-a); **~ à** proporcionado(-a) con
proportionnel, le [pʀɔpɔʀsjɔnɛl] *adj* proporcional
proportionnelle [pʀɔpɔʀsjɔnɛl] *nf* sistema *m* electoral proporcional
proportionnellement [pʀɔpɔʀsjɔnɛlmɑ̃] *adv* proporcionalmente
proportionner [pʀɔpɔʀsjɔne] *vt* proporcionar
propos [pʀɔpo] *nm* (*paroles*) palabras *fpl*; (*intention*) propósito; **à ~ de** a propósito de; **à tout ~** a cada momento; **à ce ~** a ese respecto; **à ~** a propósito; **hors de ~, mal à ~** fuera de lugar
proposer [pʀɔpoze] *vt* proponer; (*loi, motion*) presentar; **se proposer** *vpr* ofrecerse; **se ~ pour faire qch** ofrecerse para hacer algo; **se ~ de faire qch** proponerse hacer algo
proposition [pʀɔpozisjɔ̃] *nf* propuesta; (*offre*) oferta; (*Ling*) oración *f*; **sur la ~ de** a propuesta de; **~ de loi** propuesta de ley; **~ principale** (*Ling*) oración *f* principal
propre [pʀɔpʀ] *adj* limpio(-a); (*net*) pulcro(-a); (*fig : honnête*) intachable; (*intensif possessif, sens*) propio(-a); **~ à** (*particulier*) propio(-a) de; (*convenable*) apropiado(-a) para ▸ *nm* : **le ~ de** lo propio de; **mettre** *ou* **recopier au ~** pasar a limpio; **avoir qch/appartenir à qn en ~** tener algo/pertenecer a algn en propiedad ▸ *nmf* : **~ à rien** (*péj*) inútil *mf*
proprement [pʀɔpʀəmɑ̃] *adv* (*manger etc*) correctamente; (*rangé, habillé*) con esmero; (*avec décence*) honradamente; **à ~ parler** a decir verdad; **le village ~ dit** el pueblo propiamente dicho
propret, te [pʀɔpʀɛ, ɛt] *adj* aseado(-a)
propreté [pʀɔpʀəte] *nf* limpieza; (*d'une personne : pour s'habiller etc*) pulcritud *f*
propriétaire [pʀɔpʀijetɛʀ] *nmf* propietario(-a); (*d'un chien etc*) dueño(-a); (*pour le locataire*) casero(-a); **~ (immobilier)** propietario(-a); **~ récoltant(e)** (*viticulteur*) cosechero(-a); **~ terrien(ne)** terrateniente *mf*
propriété [pʀɔpʀijete] *nf* propiedad *f*; (*villa, terres*) casa de campo; (*exploitations agricoles*) granja; **~ intellectuelle/industrielle** propiedad intelectual/industrial
proprio [pʀɔpʀijo] (*fam*) *nmf* (*propriétaire*) propietario(-a)
propulser [pʀɔpylse] *vt* (*missile, engin*) propulsar; (*projeter*) lanzar
propulseur [pʀɔpylsœʀ] *adj m* propulsor(a) ▸ *nm* propulsor *m*; **~ d'appoint** propulsor auxiliar; **~ à hélice** propulsor de hélice
propulsion [pʀɔpylsjɔ̃] *nf* propulsión *f*
prorata [pʀɔʀata] *nm* : **au ~ de** a prorrata de
prorogation [pʀɔʀɔgasjɔ̃] *nf* prórroga; (*d'une assemblée*) aplazamiento
proroger [pʀɔʀɔʒe] *vt* prorrogar; (*assemblée*) aplazar
prosaïque [pʀozaik] *adj* prosaico(-a)
prosaïquement [pʀozaikmɑ̃] *adv* prosaicamente
proscription [pʀɔskʀipsjɔ̃] *nf* proscripción *f*
proscrire [pʀɔskʀiʀ] *vt* proscribir
prose [pʀoz] *nf* prosa
prosélyte [pʀɔzelit] *nmf* prosélito
prosélytisme [pʀɔzelitism] *nm* proselitismo
prospecter [pʀɔspɛkte] *vt* prospectar; (*Comm*) estudiar el mercado de
prospecteur, -trice [pʀɔspɛktœʀ, tʀis] *nm/f* prospector(a)
prospecteur-placier [pʀɔspɛktœʀplasje] (*pl* **prospecteurs-placiers**) *nm* agente *m* de empleo
prospectif, -ive [pʀɔspɛktif, iv] *adj* prospectivo(-a)
prospection [pʀɔspɛksjɔ̃] *nf* prospección *f*; (*Comm*) estudio de mercado
prospectus [pʀɔspɛktys] *nm* prospecto
prospère [pʀɔspɛʀ] *adj* próspero(-a)
prospérer [pʀɔspeʀe] *vi* prosperar
prospérité [pʀɔspeʀite] *nf* prosperidad *f*
prostate [pʀɔstat] *nf* próstata
prosterner [pʀɔstɛʀne] : **se prosterner** *vpr* prosternarse
prostitué, e [pʀɔstitɥe] *nm/f* prostituto(-a)
prostituer [pʀɔstitɥe] : **se prostituer** *vpr* prostituirse
prostitution [pʀɔstitysjɔ̃] *nf* prostitución *f*
prostré, e [pʀɔstʀe] *adj* postrado(-a)
protagoniste [pʀɔtagɔnist] *nmf* protagonista *mf*
protecteur, -trice [pʀɔtɛktœʀ, tʀis] *adj* protector(a); (*péj : air, ton*) paternalista ▸ *nm/f* protector(a); **~ des arts** mecenas *m*
protection [pʀɔtɛksjɔ̃] *nf* protección *f*; **écran/enveloppe de ~** pantalla protectora/

P

sobre *m* protector; ~ **civile/judiciaire** protección civil/judicial; ~ **maternelle et infantile** protección materna y de la infancia; ~ **sociale** protección social
protectionnisme [pʀɔtɛksjɔnism] *nm* proteccionismo
protectionniste [pʀɔtɛksjɔnist] *adj* proteccionista
protectorat [pʀɔtɛktɔʀa] *nm* protectorado; **sous ~ français** bajo protectorado francés
protégé, e [pʀɔteʒe] *nm/f* protegido(-a)
protège-cahier [pʀɔtɛʒkaje] (*pl* **protège-cahiers**) *nm* forro de cuaderno
protège-dents [pʀɔtɛʒdɑ̃] *nm inv* (*Boxe*) protector *m* dental
protéger [pʀɔteʒe] *vt* proteger; (*moralement*) amparar; (*carrière*) apoyar; (*Écon*) patrocinar; **se ~ de/contre qch** protegerse de/contra algo
protège-slip [pʀɔtɛʒslip] (*pl* **protège-slips**) *nm* protege-slip *m*, salva-slip *m*
protéine [pʀɔtein] *nf* proteína
protestant, e [pʀɔtɛstɑ̃, ɑ̃t] *adj*, *nm/f* protestante *mf*
protestantisme [pʀɔtɛstɑ̃tism] *nm* protestantismo
protestataire [pʀɔtɛstatɛʀ] *nmf* protestatario(-a)
protestation [pʀɔtɛstasjɔ̃] *nf* protesta
protester [pʀɔtɛste] *vi* protestar
prothèse [pʀɔtɛz] *nf* prótesis *f inv*; ~ **dentaire** prótesis dental
protocolaire [pʀɔtɔkɔlɛʀ] *adj* protocolario(-a); (*questions, règles*) de protocolo
protocole [pʀɔtɔkɔl] *nm* protocolo; (*procès-verbal*) acta de protocolo; **chef du ~** jefe *m* de protocolo; ~ **d'accord** proposición *f* de acuerdo; ~ **opératoire** (*Méd*) parte *m* médico
proton [pʀɔtɔ̃] *nm* protón *m*
prototype [pʀɔtɔtip] *nm* prototipo
protubérance [pʀɔtybeʀɑ̃s] *nf* protuberancia
protubérant, e [pʀɔtybeʀɑ̃, ɑ̃t] *adj* protuberante
proue [pʀu] *nf* proa
prouesse [pʀuɛs] *nf* proeza
prouvable [pʀuvabl] *adj* demostrable, probable
prouvé [pʀuve] *adj* demostrado(-a); **scientifiquement ~** científicamente demostrado; **c'est ~** está demostrado
prouver [pʀuve] *vt* probar; (*montrer*) demostrar
provenance [pʀɔv(ə)nɑ̃s] *nf* procedencia; (*d'un mot, d'une coutume*) origen *m*; **en ~ de** procedente de
provençal, e, -aux [pʀɔvɑ̃sal, o] *adj* provenzal ▸ *nm* (*Ling*) provenzal *m* ▸ *nm/f*: **Provençal, e, -aux** provenzal *mf*
Provence [pʀɔvɑ̃s] *nf* Provenza
provenir [pʀɔv(ə)niʀ] *vi* : ~ **de** proceder de; (*tirer son origine de*) provenir de; (*résulter de*) derivarse de
proverbe [pʀɔvɛʀb] *nm* proverbio
proverbial, e, -aux [pʀɔvɛʀbjal, jo] *adj* proverbial
providence [pʀɔvidɑ̃s] *nf* providencia; **la P~** la Providencia
providentiel, le [pʀɔvidɑ̃sjɛl] *adj* providencial
province [pʀɔvɛ̃s] *nf* provincia
provincial, e, -aux [pʀɔvɛ̃sjal, jo] *adj*, *nm/f* provincial *mf*; (*péj*) provinciano(-a)
proviseur [pʀɔvizœʀ] *nmf* (*nf aussi* **proviseure**) director(a) de instituto
provision [pʀɔvizjɔ̃] *nf* provisión *f*; (*acompte, avance*) anticipo; (*Comm*) provisión de fondos; **faire ~ de qch** abastecerse de algo; **provisions** *nfpl* (*vivres*) provisiones *fpl*; **placard** *ou* **armoire à provisions** despensa
provisionnel, le [pʀɔvizjɔnɛl] *adj voir* **tiers provisionnel**
provisoire [pʀɔvizwaʀ] *adj* provisional, provisorio(-a) (*AM*); (*personne*) interino(-a); **mise en liberté ~** puesta en libertad provisional
provisoirement [pʀɔvizwaʀmɑ̃] *adv* provisionalmente
provocant, e [pʀɔvɔkɑ̃, ɑ̃t] *adj* (*agressif*) provocante; (*excitant*) provocativo(-a)
provocateur, -trice [pʀɔvɔkatœʀ, tʀis] *nm/f* provocador(a)
provocation [pʀɔvɔkasjɔ̃] *nf* provocación *f*
provoquer [pʀɔvɔke] *vt* provocar; (*curiosité*) despertar
proxénète [pʀɔksenɛt] *nmf* proxeneta *mf*
proxénétisme [pʀɔksenetism] *nm* proxenetismo
proximité [pʀɔksimite] *nf* (*dans l'espace*) cercanía; (*dans le temps*) proximidad *f*; **à ~ (de)** cerca (de)
prude [pʀyd] *adj* mojigato(-a)
prudemment [pʀydamɑ̃] *adv* con prudencia
prudence [pʀydɑ̃s] *nf* prudencia; **avec ~** con prudencia; **par (mesure de) ~** como medida de precaución
prudent, e [pʀydɑ̃, ɑ̃t] *adj* prudente; (*sage, conseillé*) sensato(-a); **ce n'est pas ~** no es sensato; **soyez ~ !** ¡tenga cuidado!
prune [pʀyn] *nf* ciruela
pruneau, x [pʀyno] *nm* ciruela pasa
prunelle [pʀynɛl] *nf* (*Anat*) pupila; (*Bot*) endrina; (*eau de vie*) licor *m* de endrina
prunier [pʀynje] *nm* ciruelo
prurit [pʀyʀit] *nm* (*Méd*) prurito
Prusse [pʀys] *nf* Prusia
PS [peɛs] *sigle m* = **Parti socialiste**; (= *post-scriptum*) PD (= *postdata*)
psalmodier [psalmɔdje] *vt* salmodiar

psaume [psom] *nm* salmo
pseudonyme [psødɔnim] *nm* seudónimo; (*de comédien*) nombre *m* artístico
psoriasis [psɔʀjazis] *nm* psoriasis *f inv*
psy [psi] (*fam*) *nmf* (*psychologue*) (p)sicólogo(-a); (*psychiatre*) (p)siquiatra *mf*
psychanalyse [psikanaliz] *nf* (p)sicoanálisis *m inv*
psychanalyser [psikanalize] *vt* (p)sicoanalizar; **se faire ~** hacerse un (p)sicoanálisis
psychanalyste [psikanalist] *nmf* (p)sicoanalista *mf*
psychanalytique [psikanalitik] *adj* (p)sicoanalítico(-a)
psyché [psiʃe] *nf* psique *f*
psychédélique [psikedelik] *adj* (p)sicodélico(-a)
psychiatre [psikjatʀ] *nmf* (p)siquiatra *mf*
psychiatrie [psikjatʀi] *nf* (p)siquiatría
psychiatrique [psikjatʀik] *adj* (p)siquiátrico(-a)
psychique [psiʃik] *adj* (p)síquico(-a)
psychisme [psiʃism] *nm* (p)siquismo
psychologie [psikɔlɔʒi] *nf* (p)sicología
psychologique [psikɔlɔʒik] *adj* (p)sicológico(-a)
psychologiquement [psikɔlɔʒikmɑ̃] *adv* (p)sicológicamente
psychologue [psikɔlɔg] *nmf* (p)sicólogo(-a); **être ~** (*fig*) ser (p)sicólogo(-a)
psychomoteur, -trice [psikomɔtœʀ, tʀis] *adj* (p)sicomotor(a)
psychopathe [psikɔpat] *nmf* (p)sicópata *mf*
psychopédagogie [psikopedagɔʒi] *nf* (p)sicopedagogía
psychose [psikoz] *nf* (p)sicosis *f inv*
psychosomatique [psikosɔmatik] *adj* (p)sicosomático(-a)
psychothérapie [psikoteʀapi] *nf* (p)sicoterapia
psychotique [psikɔtik] *adj* (p)sicótico(-a)
Pte *abr* = **porte**
pu [py] *pp de* **pouvoir**
puant, e [pɥɑ̃, pɥɑ̃t] *adj* (*nauséabond*) apestoso(-a); (*prétentieux*) pretencioso(-a)
puanteur [pɥɑ̃tœʀ] *nf* pestilencia
pub [pyb] (*fam*) *nf* (*publicité*) publicidad *f*
pubalgie [pybalʒi] *nf* pubalgia
pubère [pybɛʀ] *adj* púber
puberté [pybɛʀte] *nf* pubertad *f*
pubis [pybis] *nm* pubis *m inv*
publiable [pyblijabl] *adj* publicable
public, -ique [pyblik] *adj* público(-a) ▸ *nm* público; **en ~** en público; **interdit au ~** prohibido al público; **le grand ~** el público en general
publication [pyblikasjɔ̃] *nf* publicación *f*; **directeur de ~** director *m* de publicaciones
publiciste [pyblisist] *nmf* publicista *mf*
publicitaire [pyblisitɛʀ] *adj* publicitario(-a); **rédacteur/dessinateur ~** redactor *m*/dibujante *m* publicitario ▸ *nmf* publicista *mf*
publicité [pyblisite] *nf* publicidad *f*; **une ~** un anuncio; **faire trop de ~ autour de qch/qn** dar demasiada publicidad a algo/algn
publier [pyblije] *vt* publicar
publipostage [pyblipɔstaʒ] *nm* (*courrier*) propaganda comercial; (*Internet*) envío masivo de correo
publique [pyblik] *adj f voir* **public**
publiquement [pyblikmɑ̃] *adv* en público
puce [pys] *nf* pulga; (*Inform*) chip *m*; **marché aux puces** mercadillo; **mettre la ~ à l'oreille de qn** intrigar a algn, poner la mosca detrás de la oreja a algn
puceau, x [pyso] *adj, nm* virgen *m*
pucelle [pysɛl] *adj, nf* virgen *f*
puceron [pys(ə)ʀɔ̃] *nm* pulgón *m*
pudding [pudiŋ] *nm* (*à base de pain rassis*) pudin *m*, pudín *m*; (*plum-pudding*) *pudin elaborado con huevos, grasa de vaca y pasas típico de Navidad*
pudeur [pydœʀ] *nf* pudor *m*
pudibond, e [pydibɔ̃, ɔ̃d] *adj* pudoroso(-a)
pudique [pydik] *adj* (*chaste*) pudoroso(-a); (*discret*) recatado(-a)
pudiquement [pydikmɑ̃] *adv* pudorosamente
puer [pɥe] (*péj*) *vi* apestar ▸ *vt* apestar a
puériculteur, -trice [pɥeʀikyltœʀ, tʀis] *nm/f* puericultor(a)
puériculture [pɥeʀikyltyʀ] *nf* puericultura
puéril, e [pɥeʀil] *adj* pueril
puérilement [pɥeʀilmɑ̃] *adv* puerilmente
puérilité [pɥeʀilite] *nf* puerilidad *f*
pugilat [pyʒila] *nm* pugilato
pugnace [pygnas] *adj* pugnaz
pugnacité [pygnasite] *nf* pugnacidad *f*
puis [pɥi] *vb voir* **pouvoir** ▸ *adv* (*ensuite*) después, luego; (*dans une énumération*) luego; (*en outre*) : **et ~** y además, y encima; **et ~ après !** ¡y qué!; **et ~ quoi encore ?** ¡y qué más!
puisard [pɥizaʀ] *nm* sumidero
puiser [pɥize] *vt* : **~ (dans)** sacar (de)
puisque [pɥisk] *conj* ya que, como; **~ je te le dis !** (*valeur intensive*) ¡que te lo digo yo!
puissamment [pɥisamɑ̃] *adv* poderosamente
puissance [pɥisɑ̃s] *nf* potencia; (*pouvoir*) poder *m*; **deux (à la) ~ cinq** (*Math*) dos (elevado) a la quinta; **les puissances occultes** los poderes ocultos
puissant, e [pɥisɑ̃, ɑ̃t] *adj* poderoso(-a); (*homme, voix*) fuerte; (*raisonnement*) consistente; (*moteur*) potente; (*éclairage, drogue, vent*) fuerte
puisse *etc* [pɥis] *vb voir* **pouvoir**
puits [pɥi] *nm* pozo; **~ artésien/de mine** pozo artesano/minero; **~ de science** (*fig*) pozo de sabiduría

P

pull [pyl], **pull-over** [pylɔvɛʀ] (*pl* **~-overs**) *nm* jersey *m*
pulluler [pylyle] *vi* pulular; (*fig*) abundar
pulmonaire [pylmɔnɛʀ] *adj* pulmonar
pulpe [pylp] *nf* pulpa
pulpeux, -euse [pylpø, øz] *adj* (*bouche*) carnoso(-a); (*femme*) escultural
pulsation [pylsasjɔ̃] *nf* (*Méd*) pulsación *f*; **pulsations (du cœur)** (*rythme cardiaque*) ritmo cardíaco; (*battements*) latidos *mpl*
pulsé [pylse] *adj m* : **chauffage à air ~** calefacción *f* por ventilación
pulsion [pylsjɔ̃] *nf* pulsión *f*; **pulsions sexuelles** pulsiones *fpl* sexuales
pulvérisateur [pylveʀizatœʀ] *nm* pulverizador *m*
pulvérisation [pylveʀizasjɔ̃] *nf* pulverización *f*
pulvériser [pylveʀize] *vt* pulverizar; (*fig : adversaire*) machacar
puma [pyma] *nm* puma *m*
punaise [pynɛz] *nf* (*Zool*) chinche *f*; (*clou*) chincheta
punaiser [pyneze] *vt* clavar con chinchetas
punch¹ [pɔ̃ʃ] *nm* (*boisson*) ponche *m*
punch² [pœnʃ] *nm* (*Boxe*) puñetazo; (*fig*) vitalidad *f*
punching-ball [pœnʃiŋbol] (*pl* **punching-balls**) *nm* punching-ball *m*
punir [pyniʀ] *vt* castigar; (*faute, infraction*) sancionar; (*crime*) condenar; **~ qn de qch** castigar a algn por algo
punitif, -ive [pynitif, iv] *adj* : **expédition punitive** expedición *f* de castigo
punition [pynisjɔ̃] *nf* castigo
punk [pœ̃k] (*pl* **~(s)**) *adj, nmf* punk *mf* ▸ *nm* (*musique*) punk *m*
pupille [pypij] *nf* (*Anat*) pupila ▸ *nmf* (*enfant*) pupilo(-a); **~ de l'État** hospiciano(-a); **~ de la Nation** huérfano(-a) de guerra
pupitre [pypitʀ] *nm* (*Scol*) pupitre *m*; (*Rel, Mus*) atril *m*; (*Inform*) consola; **~ de commande** consola de mandos
pur, e [pyʀ] *adj* puro(-a); (*intentions*) bueno(-a); **~ et simple** mero(-a); **en pure perte** en balde; **pure laine** pura lana ▸ *nm/f* duro(-a)
purée [pyʀe] *nf* puré *m*; **~ de pois** (*fig*) niebla muy espesa; **~ de tomates** tomate *m* triturado
purement [pyʀmɑ̃] *adv* puramente
pureté [pyʀte] *nf* pureza
purgatif [pyʀgatif] *nm* purgante *m*
purgatoire [pyʀgatwaʀ] *nm* purgatorio
purge [pyʀʒ] *nf* (*Pol, Méd*) purga
purger [pyʀʒe] *vt* purgar; (*vidanger*) limpiar
purification [pyʀifikasjɔ̃] *nf* : **~ de l'eau** depuración *f* del agua; **~ ethnique** limpieza étnica
purifier [pyʀifje] *vt* purificar
purin [pyʀɛ̃] *nm* aguas *fpl* de estiércol
puriste [pyʀist] *nmf* purista *mf*
puritain, e [pyʀitɛ̃, ɛn] *adj, nm/f* puritano(-a)
puritanisme [pyʀitanism] *nm* puritanismo
pur-sang [pyʀsɑ̃] (*pl* **pur(s)-sang(s)**) *nm* pura sangre *m*
purulent, e [pyʀylɑ̃, ɑ̃t] *adj* purulento(-a)
pus [py] *vb voir* **pouvoir** ▸ *nm* pus *m*
pusillanime [pyzi(l)lanim] *adj* pusilánime
pustule [pystyl] *nf* pústula
putain [pytɛ̃] (*fam !*) *nf* puta (*fam !*); **~ !** ¡joder! (*fam !*); **ce/cette ~ de ...** este(-a) puto(-a) ...
pute [pyt] *nf* (*fam !*) puta (*fam !*)
putois [pytwa] *nm* turón *m*; **crier comme un ~** gritar como un loco
putréfaction [pytʀefaksjɔ̃] *nf* putrefacción *f*
putréfier [pytʀefje] *vt* pudrir; **se putréfier** *vpr* pudrirse
putrescible [pytʀesibl] *adj* putrescible
putride [pytʀid] *adj* putrefacto(-a)
putsch [putʃ] *nm* golpe *m* de estado
puzzle [pœzl] *nm* rompecabezas *m inv*
PV [peve] *sigle m* (= *procès-verbal*) multa
PVC [pevese] *sigle m* (= *polychlorure de vinyle*) policloruro de vinilo
PVD [pevede] *sigle mpl* (= *pays en voie de développement*) país(es) en vías de desarrollo
pygmée [pigme] *nm* pigmeo(-a)
pyjama [piʒama] *nm* pijama *m*, piyama *m ou f* (*AM*)
pylône [pilon] *nm* (*d'un pont*) pilar *m*; (*mât, poteau*) poste *m*
pyramide [piʀamid] *nf* pirámide *f*; **~ humaine** pirámide humana
pyrénéen, ne [piʀeneɛ̃, ɛn] *adj* pirenaico(-a) ▸ *nm/f* : **Pyrénéen, ne** pirenaico(-a)
Pyrénées [piʀene] *nfpl* : **les ~** los Pirineos
pyrex® [piʀɛks] *nm* pírex® *m*
pyrogravure [piʀogʀavyʀ] *nf* pirograbado
pyrolyse [piʀɔliz] *nf* pirolisis *f inv*
pyromane [piʀɔman] *nmf* pirómano(-a)
pyrotechnique [piʀɔtɛknik] *adj* pirotécnico(-a)
python [pitɔ̃] *nm* pitón *m*

Qq

Q, q¹ [ky] *nm inv* (*lettre*) Q, q *f*; **Q comme Quintal** ≈ Q de Querido
q² [ky] *abr* = **quintal**
Qatar [kataʀ] *nm* Quatar *m*
QCM [kyseɛm] *sigle m* (= *questionnaire à choix multiples*) cuestionario de opción múltiple
QG [kyʒe] *sigle m* (= *quartier général*) cuartel *m* general
QHS [kyaʃɛs] *sigle m* (= *quartier de haute sécurité*) zona de máxima seguridad
QI [kyi] *sigle m* (= *quotient intellectuel*) C.I. *m* (= *coeficiente intelectual*)
qqch. *abr* = **quelque chose**
qqn *abr* = **quelqu'un**
quad [kwad] *nm* quad *m*
quadra [k(w)adʀa] (*fam*) *nmf* = **quadragénaire**
quadragénaire [k(w)adʀaʒenɛʀ] *nmf* (*de quarante ans*) cuadragenario(-a); (*de quarante à cinquante ans*) cuarentón(-ona); **les quadragénaires** los mayores de cuarenta años
quadrangulaire [k(w)adʀɑ̃gylɛʀ] *adj* cuadrangular
quadrature [k(w)adʀatyʀ] *nf* : **c'est la ~ du cercle** es la cuadratura del círculo
quadrichromie [k(w)adʀikʀɔmi] *nf* tetracromía
quadrilatère [k(w)adʀilatɛʀ] *nm* (*Géom*, *Mil*) cuadrilátero; (*terrain*) cuadrado
quadrillage [kadʀijaʒ] *nm* división *f*; (*ensemble des lignes etc*) cuadrícula
quadrille [kadʀij] *nm* cuadrilla
quadrillé, e [kadʀije] *adj* cuadriculado(-a)
quadriller [kadʀije] *vt* (*papier*, *page etc*) cuadricular; (*ville*, *région etc*) controlar totalmente
quadrimoteur [kadʀimɔtœʀ] *adj*, *nm* cuatrimotor *m*
quadripartite [kwadʀipaʀtit] *adj* cuadripartita
quadriphonie [k(w)adʀifɔni] *nf* tetrafonía
quadriréacteur [k(w)adʀiʀeaktœʀ] *nm* cuatrirreactor *m*
quadrupède [k(w)adʀypɛd] *adj*, *nm* cuadrúpedo(-a)
quadruple [k(w)adʀypl] *adj* cuádruple ▸ *nm* : **le ~ de** el cuádruplo de
quadrupler [k(w)adʀyple] *vt* cuadruplicar ▸ *vi* cuadruplicarse
quadruplés, -ées [k(w)adʀyple] *nmpl/nfpl* cuatrillizos(-as)
quai [ke] *nm* (*d'un port*) muelle *m*; (*d'une gare*) andén *m*; (*d'un cours d'eau*, *canal*) orilla; **être à ~** (*navire*) estar atracado; (*train*) estar en el andén; **le Q~ d'Orsay** *Ministerio de Asuntos Exteriores*; **le Q~ des Orfèvres** *la sede de la Policía Judicial*
qualificatif, -ive [kalifikatif, iv] *adj* (*Ling*) calificativo(-a) ▸ *nm* calificativo
qualification [kalifikasjɔ̃] *nf* calificación *f*; (*désignation*) designación *f*, nombramiento; (*aptitude*) capacitación *f*, cualificación *f*; (*Sport*) clasificación *f*; **~ professionnelle** cualificación *f* profesional
qualifié, e [kalifje] *adj* (*apte*) cualificado(-a), capacitado(-a); (*Sport*) clasificado(-a); **être ~ pour** estar cualificado(-a) *ou* capacitado(-a) para
qualifier [kalifje] *vt* calificar; **~ qch/qn de** calificar algo/a algn de; **se qualifier** *vpr* (*Sport*) clasificarse
qualitatif, -ive [kalitatif, iv] *adj* cualitativo(-a)
qualitativement [kalitativmɑ̃] *adv* cualitativamente
qualité [kalite] *nf* calidad *f*; (*valeur*, *aptitude*) cualidad *f*; **en ~ de** en calidad de; **ès qualités** como tal; **avoir ~ pour** tener autoridad para; **de ~** *adj* de calidad; **rapport ~-prix** relación *f* calidad-precio
quand [kɑ̃] *conj* cuando; (*chaque fois que*) cada vez que; (*alors que*) cuando, mientras; **~ je serai riche, j'aurai une belle maison** cuando sea rico, tendré una casa bonita; **~ même** (*cependant*, *pourtant*) sin embargo; (*tout de même*) : **tu exagères ~ même** desde luego te pasas; **~ bien même** aun cuando, así + *subj* (*AM*) ▸ *adv* : **~ arrivera-t-il ?** ¿cuándo llegará?
quant [kɑ̃] : **~ à** *prép* en cuanto a; (*au sujet de*) : **il n'a rien dit ~ à ses projets** no dijo nada sobre sus planes; **~ à moi, ...** en cuanto a mí ..., por lo que se refiere a mí ...
quant-à-soi [kɑ̃taswa] *nm inv* : **rester sur son ~** quedarse a la espera

quantième [kɑ̃tjɛm] *nm* fecha
quantifiable [kɑ̃tifjabl] *adj* cuantificable
quantifier [kɑ̃tifje] *vt* cuantificar
quantique [k(w)ɑ̃tik] *adj* cuántico(-a)
quantitatif, -ive [kɑ̃titatif, iv] *adj* cuantitativo(-a)
quantitativement [kɑ̃titativmɑ̃] *adv* cuantitativamente
quantité [kɑ̃tite] *nf* cantidad *f*; (*grand nombre*) : **une** *ou* **des ~(s) de** una cantidad *ou* cantidades de; **~ négligeable** (*Science*) cantidad insignificante; **en grande ~** en gran cantidad; **en quantités industrielles** en cantidades industriales; **du travail en ~** cantidad de trabajo
quarantaine [kaʀɑ̃tɛn] *nf* (*isolement*) cuarentena; (*nombre*) : **une ~ (de)** unos cuarenta; (*âge*) : **avoir la ~** estar en la cuarentena; **mettre en ~** poner en cuarentena; (*fig*) hacer el vacío
quarante [kaʀɑ̃t] *adj inv, nm inv* cuarenta *m inv*; *voir aussi* **cinq**
quarantième [kaʀɑ̃tjɛm] *adj, nmf* cuadragésimo(-a) ▸ *nm* (*partitif*) cuarentavo; *voir aussi* **cinquantième**
quark [kwaʀk] *nm* quark *m*
quart [kaʀ] *nm* cuarto; **le ~ de** la cuarta parte de; **un ~ de l'héritage** un cuarto de la herencia; **un ~ de fromage** un cuarto (de kilo) de queso; **un kilo un** *ou* **et ~** un kilo y cuarto; **deux heures et** *ou* **un ~** las dos y cuarto; **une heure moins le ~** la una menos cuarto; **il est moins le ~** son menos cuarto; **être de/prendre le ~** estar de/entrar de guardia; **au ~ de tour** (*fig*) a la primera; **quarts de finale** (*Sport*) cuartos *mpl* de final; **~ d'heure** cuarto de hora; **~ de tour** cuarto de vuelta ▸ *nm* (*Naut, surveillance*) guardia
quarté [k(w)aʀte] *nm* (*Courses*) *apuesta en la que hay que acertar los cuatro caballos ganadores*
quarteron [kaʀtəʀɔ̃] (*péj*) *nm* puñado
quartette [k(w)aʀtɛt] *nm* cuarteto
quartier [kaʀtje] *nm* cuarto; (*d'une ville*) barrio; (*d'orange*) gajo; **avoir ~ libre** estar libre; (*Mil*) tener permiso; **ne pas faire de ~** no dar cuartel; **cinéma de ~** cine *m* de barrio; **~ commerçant** zona *ou* barrio comercial; **~ général** cuartel *m* general; **~ résidentiel** barrio residencial; **quartiers** *nmpl* (*Mil*) cuarteles *mpl*; (*blason*) cuartel *m*
quartier-maître [kaʀtjemɛtʀ] (*pl* **quartiers-maîtres**) *nm* (*Naut*) contramaestre *m*
quartz [kwaʀts] *nm* cuarzo
quasi [kazi] *adv* casi ▸ *préf* : **~-certitude/totalité** cuasicerteza/cuasitotalidad *f*
quasiment [kazimɑ̃] *adv* casi
quaternaire [kwatɛʀnɛʀ] *adj* : **ère ~** era cuaternaria
quatorze [katɔʀz] *adj inv, nm inv* catorce *m inv*; *voir aussi* **cinq**
quatorzième [katɔʀzjɛm] *adj, nmf* decimocuarto(-a) ▸ *nm* (*partitif*) catorceavo; *voir aussi* **cinquantième**
quatrain [katʀɛ̃] *nm* cuarteto
quatre [katʀ] *adj inv, nm inv* cuatro *m inv*; **à ~ pattes** a cuatro patas; **être tiré à ~ épingles** estar hecho un maniquí; **faire les ~ cents coups** armar las mil y una; **se mettre en ~ pour qn** desvivirse por algn; **monter/descendre (l'escalier) ~ à ~** subir/bajar (los escalones) de cuatro en cuatro; **à ~ mains** *adj* (*morceau*) a cuatro manos; *voir aussi* **cinq**
quatre-cent-vingt-et-un [katʀəsɑ̃vɛ̃teœ̃], **quatre-vingt-et-un** [kat(ʀə)vɛ̃teœ̃] *nm inv* *juego de dados*
quatre-vingt-dix [katʀəvɛ̃dis] *adj inv, nm inv* noventa *m inv*; *voir aussi* **cinq**
quatre-vingt-dixième [katʀəvɛ̃dizjɛm] (*pl* **quatre-vingt-dixièmes**) *adj, nmf* nonagésimo(-a); *voir aussi* **cinquantième**
quatre-vingtième [katʀəvɛ̃tjɛm] (*pl* **quatre-vingtièmes**) *adj, nmf* octogésimo(-a) ▸ *nm* (*partitif*) ochentavo; *voir aussi* **cinquantième**
quatre-vingts [katʀəvɛ̃] *adj inv, nm inv* ochenta *m inv*; *voir aussi* **cinq**
quatrième [katʀijɛm] *adj, nmf* cuarto(-a) ▸ *nf* (*Auto*) cuarta; (*Scol*) *tercer año de educación secundaria en el sistema francés*; *voir aussi* **cinquième**
quatrièmement [katʀijɛmmɑ̃] *adv* en cuarto lugar
quatuor [kwatɥɔʀ] *nm* cuarteto

MOT-CLÉ

que [kə] *conj* **1** (*introduisant complétive*) que; **il sait que tu es là** sabe que estás allí; **je veux que tu acceptes** quiero que aceptes; **il a dit que oui** dijo que sí
2 (*reprise d'autres conjonctions*) : **quand il rentrera et qu'il aura mangé** cuando vuelva y haya comido; **si vous y allez ou que vous lui téléphonez** si usted va (allí) o le llama por teléfono
3 (*en tête de phrase : hypothèse, souhait etc*) : **qu'il le veuille ou non** quiera o no quiera; **qu'il fasse ce qu'il voudra !** ¡que haga lo que quiera!
4 (*après comparatif*) : **aussi grand que** tan grande como; **plus grand que** más grande que; *voir aussi* **plus**
5 (*temps*) : **elle venait à peine de sortir qu'il se mit à pleuvoir** acababa justo de salir cuando se puso a llover; **il y a quatre ans qu'il est parti** hace cuatro años que se marchó
6 (*attribut*) : **c'est une erreur que de croire ...** es un error creer ...
7 (*but*) : **tenez-le qu'il ne tombe pas** sujételo (para) que no se caiga

8 *(seulement)* : **ne ... que** solo, no más que; **il ne boit que de l'eau** solo bebe agua, no bebe más que agua
▸ *adv (exclamation)* : **qu'est-ce qu'il est bête !** ¡qué tonto es!; **qu'est-ce qu'il court vite !** ¡cómo corre!; **que de livres !** ¡cuántos libros!
▸ *pron* **1** *(relatif)* : **l'homme que je vois** el hombre que veo; (: *temps*) : **un jour que j'étais ...** un día en que yo estaba ...; **le livre que tu lis** el libro que lees
2 *(interrogatif)* : **que fais-tu ?, qu'est-ce que tu fais ?** ¿qué haces?; **que préfères-tu, celui-ci ou celui-là ?** ¿cuál prefieres, este o ese?; **que fait-il dans la vie ?** ¿a qué se dedica?; **qu'est-ce que c'est ?** ¿qué es?; **que faire ?** ¿qué se puede hacer?; *voir aussi* **aussi** ; **autant** *etc*

Québec [kebɛk] *nm* Quebec *m*
québécisme [kebesism] *nm palabra propia del francés de Quebec*
québécois, e [kebekwa, waz] *adj* quebequés(-esa) ▸ *nm/f* : **Québécois, e** quebequés(-esa)

MOT-CLÉ

quel, quelle [kɛl] *adj* **1** *(interrogatif : avant un nom)* qué; *(avant un verbe : personne)* quién; (: *chose*) cuál; **sur quel auteur va-t-il parler ?** ¿sobre qué autor va a hablar?; **quels acteurs préférez-vous ?** ¿(a) qué actores prefiere?; **quel est cet homme ?** ¿quién es este hombre?; **quel livre veux-tu ?** ¿qué libro quieres?; **quel est son nom ?** ¿cuál es su nombre?
2 *(exclamatif)* : **quelle surprise/coïncidence !** ¡qué sorpresa/coincidencia!; **quel dommage qu'il soit parti !** ¡qué pena que se haya marchado!
3 : **quel que soit** *(personne)* sea quien sea, quienquiera que sea; *(chose)* sea cual sea, cualquiera que sea; **quel que soit le coupable** sea quien sea el culpable; **quel que soit votre avis** sea cual sea su opinión
▸ *pron interrog* : **de tous ces enfants, quel est le plus intelligent ?** de todos esos niños, ¿cuál es el más inteligente?

quelconque [kɛlkɔ̃k] *adj* cualquier(a); *(sans valeur)* mediocre; **pour une raison ~** por cualquier razón

MOT-CLÉ

quelque [kɛlk] *adj* **1** *(suivi du singulier)* algún(-una); *(suivi du pluriel)* algunos(-as); **cela fait quelque temps que je ne l'ai (pas) vu** hace algún tiempo que no lo he visto; **il a dit quelques mots de remerciement** dijo algunas palabras de agradecimiento; **les quelques enfants qui ...** los pocos niños que ...; **il habite à quelque distance d'ici** vive a cierta distancia de aquí; **a-t-il quelques amis ?** ¿tiene amigos?; **20 kg et quelque(s)** 20 kg y pico
2 : **quelque ... que** : **quelque livre qu'il choisisse** cualquier libro que elija; **quelque temps qu'il fasse** haga el tiempo que haga
3 : **quelque chose** *pron* algo; **quelque chose d'autre** otra cosa; **y être pour quelque chose** tener algo que ver; **ça m'a fait quelque chose !** ¡sentí una cosa!; **puis-je faire quelque chose pour vous ?** ¿puedo hacer algo por usted?; **c'est déjà quelque chose** algo es algo; **quelque part** *(position)* en alguna parte; *(direction)* a alguna parte; **en quelque sorte** *(pour ainsi dire)* en cierto modo
▸ *adv* **1** *(environ, à peu près)* : **une route de quelque 100 km** una carretera de unos 100 km
2 : **quelque peu** algo; **il est quelque peu vulgaire** es algo vulgar

quelquefois [kɛlkəfwa] *adv* a veces
quelques-uns, -unes [kɛlkəzœ̃, yn] *pron* algunos(-as); **~ des lecteurs** unos cuantos lectores
quelqu'un, e [kɛlkœ̃, yn] *pron* alguien; *(entre plusieurs)* alguno(-a); **~ d'autre** otro(-a); **être ~** *(de valeur)* ser alguien
quémander [kemɑ̃de] *vt* mendigar
qu'en-dira-t-on [kɑ̃diʀatɔ̃] *nm inv* : **le ~** el qué dirán
quenelle [kənɛl] *nf* croqueta
quenotte [kənɔt] *(fam) nf* diente *m (de niño)*
quenouille [kənuj] *nf* rueca
querelle [kəʀɛl] *nf* pelea; **chercher ~ à qn** buscar pelea con algn
quereller [kəʀele] : **se quereller** *vpr* pelearse
querelleur, -euse [kəʀelœʀ, øz] *adj* pendenciero(-a)
quérir [keʀiʀ] *vt* buscar; **aller ~** ir a buscar
qu'est-ce que [kɛskə] *voir* **que**
qu'est-ce qui [kɛski] *voir* **qui**
question [kɛstjɔ̃] *nf (gén)* pregunta; *(problème)* cuestión *f*, problema *m*; **il a été ~ de** se trató de; **il est ~ de les emprisonner** se trata de encarcelarlos; **c'est une ~ de temps/d'habitude** es cuestión de tiempo/de costumbre; **de quoi est-il ~ ?** ¿de qué se trata?; **il n'en est pas ~** ni hablar, ni mucho menos; **en ~** en cuestión; **hors de ~** fuera de lugar; **je ne me suis jamais posé la ~** nunca me he planteado el problema; **(re)mettre en ~** poner en tela de juicio; **poser la ~ de confiance** *(Pol)* pedir un voto de confianza; **~ d'actualité** *(Presse)* tema *m* de actualidad; **~ piège** pregunta capciosa; **questions économiques/sociales** cuestiones económicas/sociales; **~ subsidiaire** cuestión subsidiaria

q

questionnaire [kɛstjɔnɛʀ] *nm* cuestionario
questionnement [kɛstjɔnmɑ̃] *nm* (*réflexion*) reflexión *f*
questionner [kɛstjɔne] *vt* preguntar; **~ qn sur qch** preguntar a algn acerca de algo
quête [kɛt] *nf* (*collecte*) colecta; (*recherche*) búsqueda; **faire la ~** (*à l'église*) pasar la bandeja; (*artiste*) pasar la gorra; **se mettre en ~ de qch** ir en busca de algo
quêter [kete] *vi* pedir ▸ *vt* buscar
quetsche [kwɛtʃ] *nf* ciruela damascena
queue [kø] *nf* cola; (*de lettre, note*) rabo; (*d'une casserole*) asa; (*d'une poêle*) mango; (*d'un fruit, d'une feuille*) rabillo; (*cheveux*) coleta; (*Billard*) taco; **en ~ (de train)** en cola; **faire la ~** hacer cola; **se mettre à la ~** ponerse a la cola; **histoire sans ~ ni tête** historia sin pies ni cabeza; **à la ~ leu leu** uno tras otro; (*fig*) en fila india; **faire une ~ de poisson à qn** (*Auto*) ponerse bruscamente delante de algn al adelantar; **finir en ~ de poisson** (*projets*) terminar en agua de borrajas; **~ de cheval** cola de caballo
queue-de-pie [kødpi] (*pl* **queues-de-pie**) *nf* chaqué *m*
queux [kø] *adj m voir* **maître**[1]

MOT-CLÉ

qui [ki] *pron* **1** (*interrogatif*) quién; (*: pluriel*) quiénes; (*: objet*) : **qui (est-ce que) j'emmène ?** ¿a quién llevo?; **je ne sais pas qui c'est** no sé quién es; **à qui est ce sac ?** ¿de quién es este bolso?; **à qui parlais-tu ?** ¿con quién hablabas?
2 (*relatif*) que; (*: après prép*) quien, el (la) que; (*: pluriel*) quienes, los (las) que; **l'ami de qui je vous ai parlé** el amigo de quien *ou* del que le hablé; **la personne avec qui je l'ai vu** la persona con quien lo vi
3 (*sans antécédent*) : **amenez qui vous voulez** traiga a quien quiera; **qui que ce soit** quienquiera que sea

quiche [kiʃ] *nf* : **~ lorraine** quiche *m* lorena
quiconque [kikɔ̃k] *pron* quienquiera que; (*n'importe qui*) cualquiera
quidam [k(ɥ)idam] *nm* (*hum*) tipo
quiétude [kjetyd] *nf* (*d'un lieu*) quietud *f*; (*d'une personne*) tranquilidad *f*, sosiego; **en toute ~** con toda tranquilidad
quignon [kiɲɔ̃] *nm* cantero, cuscurro
quille [kij] *nf* bolo; (*d'un bateau*) quilla; (*Mil : fam*) licencia; **(jeu de) quilles** juego de bolos
quincaillerie [kɛ̃kajʀi] *nf* (*ustensiles, métier*) quincallería; (*magasin*) ferretería
quincaillier, -ière [kɛ̃kaje, jɛʀ] *nm/f* ferretero(-a)
quinconce [kɛ̃kɔ̃s] *nm* : **en ~** al tresbolillo
quinine [kinin] *nf* quinina
quinqua [kɛ̃ka] (*fam*) *nmf* = **quinquagénaire**
quinquagénaire [kɛ̃kaʒenɛʀ] *nmf* (*de cinquante ans*) quincuagenario(-a); (*de cinquante à soixante ans*) cincuentón(-ona); **les quinquagénaires** los mayores de cincuenta años
quinquennal, e, -aux [kɛ̃kenal, o] *adj* quinquenal
quinquennat [kɛ̃kena] *nm quinquenio (del Presidente de la República)*
quinquina [kɛ̃kina] *nm* (*Bot*) quina
quintal, -aux [kɛ̃tal, o] *nm* quintal *m*
quinte [kɛ̃t] *nf* : **~ (de toux)** ataque *m* de tos
quinté [kɛ̃te] *nm* (*Courses*) *en Francia, apuesta sobre el orden de llegada de los cinco primeros caballos de una carrera*
quintessence [kɛ̃tesɑ̃s] *nf* quintaesencia
quintette [k(ɥ)ɛ̃tɛt] *nm* quinteto
quintuple [kɛ̃typl] *adj* quíntuplo ▸ *nm* : **le ~ de** el quíntuplo de
quintupler [kɛ̃typle] *vt* quintuplicar ▸ *vi* quintuplicarse
quintuplés, -ées [kɛ̃typle] *nmpl/nfpl* quintillizos(-as)
quinzaine [kɛ̃zɛn] *nf* quincena; **une ~ (de jours)** una quincena (de días)
quinze [kɛ̃z] *adj inv, nm inv* quince *m inv*; **demain en ~** desde mañana en quince días; **lundi en ~** desde lunes en quince días; **dans ~ jours** dentro de quince días; **le ~ de France** (*Rugby*) el equipo internacional francés de rugby; *voir aussi* **cinq**
quinzième [kɛ̃zjɛm] *adj, nmf* decimoquinto(-a) ▸ *nm* (*partitif*) quinceavo; *voir aussi* **cinquantième**
quiproquo [kipʀɔko] *nm* malentendido; (*Théâtre*) quid pro quo *m*
Quito [kito] *n* Quito
quittance [kitɑ̃s] *nf* (*reçu*) recibo; (*facture*) recibo, factura
quitte [kit] *adj* : **être ~ envers qn** estar en paz con algn; **être ~ de** haberse librado de; **en être ~ à bon compte** escaparse por los pelos; **~ à être renvoyé** aunque me echen; **je resterai ~ à attendre pendant trois heures** me quedaré aunque tenga que esperar tres horas; **~ ou double** doble o nada; (*fig*) : **c'est du ~ ou double** es el todo por el todo
quitter [kite] *vt* dejar; (*fig : espoir, illusion*) perder; (*vêtement*) quitarse; **~ la route** (*véhicule*) salir de la carretera; **ne quittez pas** (*au téléphone*) no se retire; **ne pas ~ qn d'une semelle** pisarle los talones a algn; **se quitter** *vpr* (*couples, interlocuteurs*) separarse

> ⚠ No debe traducirse por *quitar*, que en francés corresponde a **enlever**.

quitus [kitys] *nm* finiquito
qui-vive [kiviv] *nm inv* : **être sur le ~** estar alerta

MOT-CLÉ

quoi [kwa] *pron interrog* **1** (*interrogation directe*) qué; **quoi de plus beau que ... ?** ¿hay algo más hermoso que ...?; **quoi de neuf ?** ¿qué hay de nuevo?; **quoi encore ?** ¿y ahora, qué?; **et puis quoi encore !** ¡y qué más!; **quoi ?** (*qu'est-ce que tu dis ?*) ¿qué?
2 (*interrogation directe avec prép*) qué; **à quoi penses-tu ?** ¿en qué piensas?; **de quoi parlez-vous ?** ¿de qué habláis?; **en quoi puis-je vous aider ?** ¿en qué puedo ayudarle?; **à quoi bon ?** ¿para qué?
3 (*interrogation indirecte*) qué; **dis-moi à quoi ça sert** dime para qué sirve; **je ne sais pas à quoi il pense** no sé en qué piensa
▸ *pron relatif* **1** que; **ce à quoi tu penses** lo que piensas; **de quoi écrire** algo para escribir; **il n'a pas de quoi se l'acheter** no tiene con qué comprarlo; **il y a de quoi être fier** es para estar orgulloso; **merci — il n'y a pas de quoi** gracias — no hay de qué
2 (*locutions*) : **après quoi** después de lo cual; **sur quoi** sobre qué; **sans quoi, faute de quoi** si no; **comme quoi** (*déduction*) así que; **un message comme quoi il est arrivé** un mensaje en el que dice que ha llegado
3 : **quoi qu'il arrive** pase lo que pase; **quoi qu'il en soit** sea lo que sea; **quoi qu'elle fasse** haga lo que haga; **si vous avez besoin de quoi que ce soit** si necesita cualquier cosa
▸ *excl* qué

quoique [kwak(ɑ)] *conj* aunque
quolibet [kɔlibɛ] *nm* pulla, chanza
quorum [k(w)ɔʀɔm] *nm* quórum *m*
quota [k(w)ɔta] *nm* cuota
quote-part [kɔtpaʀ] (*pl* **quotes-parts**) *nf* cuota
quotidien, ne [kɔtidjɛ̃, jɛn] *adj* cotidiano(-a)
▸ *nm* (*journal*) diario; (*vie quotidienne*) vida diaria; **les grands quotidiens** los grandes diarios
quotidiennement [kɔtidjɛnmɑ̃] *adv* diariamente
quotient [kɔsjɑ̃] *nm* (*Math*) cociente *m*; **~ intellectuel** coeficiente *m* intelectual
quotité [kɔtite] *nf* (*Fin*) cuota

q

Rr

R¹, r [ɛʀ] *nm inv* (*lettre*) R, r *f*; **R comme Raoul** R de Raúl
R² [ɛʀ] *abr* (= *route*) ctra. (= *carretera*); (= *rue*) C (= *calle*)
rab [ʀab] (*fam*) *nm* : **est-ce-qu'il y a du ~ ?** ¿queda algo?
rabâcher [ʀabɑʃe] *vt* repetir
rabais [ʀabɛ] *nm* rebaja; **au ~** rebajado
rabaisser [ʀabese] *vt* (*prétentions, autorité*) bajar, reducir; (*influence*) disminuir; (*personne, mérites*) rebajar
rabane [ʀaban] *nf* tejido de rafia
Rabat [ʀaba] *n* Rabat
rabat [ʀaba] *vb voir* **rabattre** ▸ *nm* solapa
rabat-joie [ʀabaʒwa] (*pl* **~(s)**) *nmf* aguafiestas *mf inv*
rabattable [ʀabatabl] *adj* (*banquette, siège*) abatible
rabatteur, -euse [ʀabatœʀ, øz] *nm/f* (*de gibier*) ojeador *m*; (*péj*) gancho
rabattre [ʀabatʀ] *vt* (*couvercle, siège*) bajar; (*fam*) volver; (*couture*) dobladillar; (*balle*) rechazar; (*gibier*) ojear; (*somme d'un prix*) rebajar; (*orgueil, prétentions*) bajar; (*Tricot*) cerrar; **se rabattre** *vpr* bajarse; **se ~ devant qn** (*véhicule, coureur*) colocarse delante de algn; **se ~ sur** conformarse con
rabattu, e [ʀabaty] *pp de* **rabattre** ▸ *adj* vuelto(-a)
rabbin [ʀabɛ̃] *nm* rabino
rabiot [ʀabjo] (*fam*) *nm* = **rab**
rabique [ʀabik] *adj* rábico(-a)
râble [ʀɑbl] *nm* lomo
râblé, e [ʀɑble] *adj* (*animal*) recio(-a); (*personne*) fornido(-a)
rabot [ʀabo] *nm* cepillo
raboter [ʀabɔte] *vt* cepillar
raboteux, -euse [ʀabɔtø, øz] *adj* áspero(-a)
rabougri, e [ʀabugʀi] *adj* (*végétal*) mustio(-a); (*personne*) canijo(-a)
rabrouer [ʀabʀue] *vt* acoger ásperamente
racaille [ʀakɑj] (*péj*) *nf* chusma
raccommodage [ʀakɔmɔdaʒ] *nm* remiendo
raccommoder [ʀakɔmɔde] *vt* (*vêtement, linge*) remendar; (*chaussette*) zurcir; (*fam*) reconciliar; **se raccommoder** *vpr* : **se ~ avec** (*fam*) reconciliarse con
raccompagner [ʀakɔ̃paɲe] *vt* acompañar
raccord [ʀakɔʀ] *nm* (*Tech*) racor *m*, empalme *m*; (*Ciné*) ajuste *m*; **~ de maçonnerie/de peinture** retoque *m* de albañilería/de pintura
raccordement [ʀakɔʀdəmɑ̃] *nm* empalme *m*
raccorder [ʀakɔʀde] *vt* (*tuyaux, fils électriques*) empalmar; (*bâtiments, routes*) reparar; (*suj : pont, passerelle*) enlazar; **~ qn au réseau du téléphone** conectar a algn a la red telefónica; **se raccorder à** *vpr* empalmarse con; (*fig*) relacionarse con
raccourci [ʀakuʀsi] *nm* atajo; (*fig*) resumen *m*; **en ~** en síntesis; **~ clavier** (*Inform*) atajo de teclado
raccourcir [ʀakuʀsiʀ] *vt* acortar ▸ *vi* (*vêtement*) encoger; (*jours*) acortarse
raccourcissement [ʀakuʀsismɑ̃] *nm* (*de durée, longueur*) acortamiento; (*de délai*) reducción *f*
raccroc [ʀakʀo] : **par ~** *adv* de chiripa
raccrocher [ʀakʀɔʃe] *vt* (*tableau, vêtement*) volver a colgar; (*récepteur*) colgar; (*fig*) recuperar ▸ *vi* (*Tél*) colgar; **ne raccrochez pas** (*Tél*) no cuelgue; **se raccrocher à** *vpr* (*branche*) agarrarse a; (*fig*) aferrarse a
race [ʀas] *nf* raza; (*ascendance, origine*) casta; (*espèce*) calaña; **de ~** de raza
racé, e [ʀase] *adj* (*animal*) de raza; (*personne*) distinguido(-a)
rachat [ʀaʃa] *nm* (*de qch*) compra; (*de qn*) redención *f*
racheter [ʀaʃ(ə)te] *vt* volver a comprar; (*part, firme, aussi d'occasion*) comprar; (*pension, rente*) liquidar; (*Rel*) redimir; (*mauvaise conduite, oubli, défaut*) compensar; **~ du lait/des œufs** comprar más leche/huevos; **se racheter** *vpr* (*Rel*) redimirse; (*gén*) rehabilitarse
rachidien, ne [ʀaʃidjɛ̃, jɛn] *adj* raquídeo(-a)
rachitique [ʀaʃitik] *adj* raquítico(-a)
rachitisme [ʀaʃitism] *nm* raquitismo
racial, e, -aux [ʀasjal, jo] *adj* racial
racine [ʀasin] *nf* (*aussi fig*) raíz *f*; **~ carrée/cubique** raíz cuadrada/cúbica; **prendre ~** (*fig : s'attacher*) arraigar; (*: s'établir*) echar raíces
racisme [ʀasism] *nm* racismo
raciste [ʀasist] *adj, nmf* racista *mf*

racket [Rakɛt] *nm* extorsión *f*, chantaje *m*

racketter [Rakete] *vt* extorsionar, chantajear

racketteur [RakɛtœR] *nm* extorsionista *mf*, chantajista *mf*

raclée [Rɑkle] (*fam*) *nf* paliza, golpiza (*AM*)

raclement [Rɑkləmɑ̃] *nm* carraspeo

racler [Rɑkle] *vt* (*os, casserole*) raspar; (*tache, boue*) frotar; (*suj : chose : frotter contre*) rascar; **se ~ la gorge** carraspear

raclette [Rɑklɛt] *nf* (*Culin*) *plato suizo a base de queso fundido y patatas*

racloir [RɑklwaR] *nm* raspador *m*

racolage [Rakɔlaʒ] *nm* enganche *m*

racoler [Rakɔle] (*péj*) *vt* (*attirer, attraper*) enganchar; **elle racole dans cette rue** (*prostituée*) caza clientes en esta calle

racoleur, -euse [RakɔlœR, øz] (*péj*) *adj* de reclamo ▸ *nm* (*de clients etc*) gancho

racoleuse [Rakɔløz] *nf* fulana

racontars [Rakɔ̃taR] *nmpl* habladurías *fpl*

raconter [Rakɔ̃te] *vt* : **~ (à qn)** contar (a algn)

racorni, e [RakɔRni] *adj* endurecido(-a)

racornir [RakɔRniR] *vt* endurecer

radar [RadaR] *nm* (*aussi Auto*) radar *m*

rade [Rad] *nf* rada; **en ~ de Toulon** en la rada de Toulon; **laisser/rester en ~** (*fig*) dejar/quedarse plantado(-a)

radeau, x [Rado] *nm* balsa; **~ de sauvetage** balsa salvavidas

radial, e, -aux [Radjal, jo] *adj* radial; **pneu à carcasse radiale** neumático de cubierta radial

radiant, e [Radjɑ̃, jɑ̃t] *adj* radiante

radiateur [RadjatœR] *nm* radiador *m*; **~ à gaz** radiador de gas; **~ électrique** radiador eléctrico

radiation [Radjasjɔ̃] *nf* (*Phys*) radiación *f*; (*d'une profession*) expulsión *f*; (*d'une liste*) exclusión *f*

radical, e, -aux [Radikal, o] *adj* radical; (*moyen, remède*) infalible ▸ *nm* radical *m*

radicalement [Radikalmɑ̃] *adv* radicalmente

radicalisation [Radikalizasjɔ̃] *nf* radicalización *f*

radicaliser [Radikalize] *vt* radicalizar; **se radicaliser** *vpr* radicalizarse

radicalisme [Radikalism] *nm* radicalismo

radier [Radje] *vt* (*d'une profession*) expulsar; (*d'une liste*) excluir; **être radié du barreau** (*avocat*) ser expulsado de la abogacía

radiesthésie [Radjɛstezi] *nf* radiestesia

radiesthésiste [Radjɛstezist] *nmf* radiestesista *mf*

radieux, -euse [Radjø, øz] *adj* (*aussi fig*) radiante

radin, e [Radɛ̃, in] (*fam*) *adj* tacaño(-a), rácano(-a) (*fam*)

radinerie [RadinRi] *nf* (*fam*) tacañería, racanería (*fam*)

radio [Radjo] *nf* radio *f* (*m en AM*); (*radioscopie*) radioscopia; (*radiographie*) radiografía; **à la ~** en la radio; **avoir la ~** tener radio; **passer à la ~** (*personne*) salir por la radio; (*programme*) poner por la radio; **passer une ~** hacerse una radiografía; **~ libre** radio libre ▸ *nm* (*personne*) radiotelegrafista *mf* ou radiotelefonista *mf*

radio... [Radjo] *préf* radio...

radioactif, -ive [Radjoaktif, iv] *adj* radioactivo(-a)

radioactivité [Radjoaktivite] *nf* radioactividad *f*

radioamateur [RadjoamatœR] *nm* radioaficionado(-a)

radiobalise [Radjobaliz] *nf* radiobaliza

radiocassette [Radjokasɛt] *nf* radiocasete *m*

radiodiffuser [Radjodifyze] *vt* radiodifundir

radiodiffusion [Radjodifyzjɔ̃] *nf* radiodifusión *f*; **programmes/chaînes de ~** programas *fpl*/cadenas *fpl* de radiodifusión

radioélectrique [RadjoelɛktRik] *adj* radioeléctrico(-a)

radiographie [RadjɔgRafi] *nf* radiografía

radiographier [RadjɔgRafje] *vt* radiografiar; **se faire ~** hacerse una radiografía

radioguidage [Radjogidaʒ] *nm* (*Naut, Aviat*) radioguía *f*; (*Auto*) información *f* del tráfico

radioguider [Radjɔgide] *vt* dirigir por radio

radiologie [Radjɔlɔʒi] *nf* radiología

radiologique [Radjɔlɔʒik] *adj* radiológico(-a)

radiologue [Radjɔlɔg] *nmf* radiólogo(-a)

radiophare [RadjofaR] *nm* radiofaro

radiophonique [Radjɔfɔnik] *adj* : **programme/jeu ~** programa *m*/juego radiofónico; **émission ~** emisión *f* radiofónica

radioreportage [RadjoR(ə)pɔRtaʒ] *nm* reportaje *m* radiofónico

radio-réveil [RadjoRevɛj] (*pl* **radios-réveils**) *nm* radio-despertador *m*

radioscopie [Radjɔskɔpi] *nf* radioscopia

radio-taxi [Radjotaksi] (*pl* **radio-taxis**) *nm* radiotaxi *m*

radiotéléphone [Radjotelefɔn] *nm* radioteléfono

radiotélescope [Radjotelɛskɔp] *nm* radiotelescopio

radiotélévisé, e [Radjotelevize] *adj* radiotelevisado(-a)

radiothérapie [RadjoteRapi] *nf* radioterapia

radis [Radi] *nm* rábano; **~ noir** rábano picante

radium [Radjɔm] *nm* radio (*metal*)

radius [Radjys] *nm* radio (*hueso*)

radoter [Radɔte] *vi* chochear

radoub [Radu] *nm* : **bassin** ou **cale de ~** carenero ou dique *m* de carena

radouber [Radube] *vt* carenar

radoucir [RadusiR] *vt* mejorar; **se radoucir** *vpr* (*température, temps*) suavizarse; (*se calmer*) calmarse

r

radoucissement [Radusismɑ̃] *nm* mejoría
rafale [Rafal] *nf* ráfaga; **souffler en rafales** soplar viento racheado; **tir en ~** disparo a ráfaga; **~ de mitrailleuse** ráfaga de ametralladora
raffermir [RafɛRmiR] *vt* (*tissus, muscle*) fortalecer; (*fig*) afianzar; **se raffermir** *vpr* (*voir vt*) fortalecerse; afianzarse
raffermissement [RafɛRmismɑ̃] *nm* (*fig*) fortalecimiento
raffinage [Rafinaʒ] *nm* refinación *f*
raffiné, e [Rafine] *adj* refinado(-a)
raffinement [Rafinmɑ̃] *nm* refinamiento
raffiner [Rafine] *vt* refinar
raffinerie [RafinRi] *nf* refinería
raffoler [Rafɔle] : **~ de** *vt indir* volverse loco(-a) por
raffut [Rafy] (*fam*) *nm* follón *m*
rafiot [Rafjo] *nm* barquillo; (*péj*) barcucho *m*
rafistolage [Rafistɔlaʒ] (*fam*) *nm* remiendo
rafistoler [Rafistɔle] (*fam*) *vt* remendar
rafle [Rɑfl] *nf* redada, allanamiento (*surtout* AM)
rafler [Rɑfle] (*fam*) *vt* arrasar; **~ la mise** (*fig*) llevarse el gato al agua
rafraîchir [RafReʃiR] *vt* refrescar; (*atmosphère, température*) enfriar; (*fig*) renovar; **~ la mémoire** *ou* **les idées à qn** refrescarle a algn la memoria *ou* las ideas ▸ *vi* : **mettre une boisson à ~** poner una bebida a enfriar; **se rafraîchir** *vpr* refrescarse
rafraîchissant, e [RafReʃisɑ̃, ɑ̃t] *adj* refrescante
rafraîchissement [RafReʃismɑ̃] *nm* (*de la température*) enfriamiento; (*boisson*) refresco; **rafraîchissements** *nmpl* (*boissons*) refrescos *mpl*
ragaillardir [RagajaRdiR] (*fam*) *vt* revigorizar
rage [Raʒ] *nf* rabia; **faire ~** (*tempête*) bramar; **l'incendie faisait ~** el incendio se propagaba con todo vigor; **~ de dents** tremendo dolor *m* de muelas
rageant, e [Raʒɑ̃, ɑ̃t] *adj* exasperante; **c'est ~ !** ¡qué rabia!
rager [Raʒe] *vi* rabiar; **faire ~ qn** hacer rabiar a algn
rageur, -euse [Raʒœr, øz] *adj* rabioso(-a)
rageusement [Raʒøzmɑ̃] *adv* con rabia
raglan [Raglɑ̃] *adj inv* raglán *inv* ▸ *nm* raglán *m*
ragot [Rago] (*fam*) *nm* chisme *m*
ragoût [Ragu] *nm* guiso
ragoûtant, e [Ragutɑ̃, ɑ̃t] *adj* : **peu ~** poco apetitoso(-a)
raï [Raj] *nm* rai *m*, *género musical popular moderno originario de Argelia*
raid [Rɛd] *nm* raid *m*; (*attaque aérienne*) raid aéreo; (*Sport*) carrera de resistencia, raid; **~ à skis** raid con esquís; **~ automobile** raid automovilístico
raide [Rɛd] *adj* (*cheveux*) liso(-a); (*ankylosé*) entumecido(-a); (*peu souple : câble, personne*) tenso(-a); (*escarpé*) empinado(-a); (*étoffe etc*) tieso(-a); (*fam : surprenant*) inaudito(-a); (*: sans argent*) pelado(-a); (*: alcool, spectacle, paroles*) fuerte ▸ *adv* : **le sentier monte ~** el camino sube muy empinado; **tomber ~ mort** quedarse en el sitio
raideur [Rɛdœr] *nf* rigidez *f*; (*d'un câble*) tirantez *f*; (*des cheveux*) lisura; (*d'une côte*) pendiente *f*; (*des membres*) entumecimiento; **avec ~** (*marcher, danser*) con envaramiento
raidillon [Rɛdijɔ̃] *nm* repecho
raidir [RediR] *vt* (*muscles, membres*) contraer; (*câble, fil de fer*) tensar; **se raidir** *vpr* (*personne, muscles*) contraerse; (*câble*) ponerse tenso(-a); (*se crisper*) ponerse tieso(-a); (*intransigeant*) mantenerse firme; **la discipline s'est raidie** la disciplina se ha vuelto severa
raidissement [Redismɑ̃] *nm* (*fig*) endurecimiento
raie [Rɛ] *nf* (*gen, Zool*) raya
raifort [Rɛfɔr] *nm* rábano picante
rail [Rɑj] *nm* (*barre d'acier*) riel *m*; **le ~** el ferrocarril; **les rails** (*la voie ferrée*) las vías *fpl*; **par ~** por ferrocarril
railler [Rɑje] *vt* burlarse de
raillerie [RɑjRi] *nf* burla
railleur, -euse [Rɑjœr, øz] *adj* burlón(-ona)
rail-route [RajRut] (*pl* **rails-routes**) *nm técnica de transporte de mercancías por vía férrea y por carretera*
rainurage [RenyRaʒ] *nm* dibujo del neumático
rainure [RenyR] *nf* ranura
raisin [Rɛzɛ̃] *nm* uva; **~ blanc/noir** uva blanca/negra; **~ muscat** uva moscatel; **raisins secs** (uvas) pasas
raison [Rɛzɔ̃] *nf* razón *f*; **avoir ~** tener razón; **donner ~ à qn** dar la razón a algn; **avoir ~ de qn/qch** vencer a algn/algo; **se faire une ~** conformarse; **perdre/recouvrer la ~** perder/recobrar el juicio; **ramener qn à la ~** hacer entrar en razón a algn; **demander ~ à qn de** (*affront etc*) pedir satisfacción a algn por; **entendre ~** atenerse a razones; **plus que de ~** más de lo debido; **~ de plus** razón de más; **à plus forte ~** con mayor motivo; **en ~ de** (*à cause de*) a causa de; **à ~ de** a razón de; **sans ~** sin razón; **pour la simple ~ que** por la sencilla razón de que; **pour quelle ~ dit-il ceci ?** ¿por qué razón dice esto?; **il y a plusieurs raisons à cela** existen varias razones para esto; **~ d'État** razón de estado; **~ d'être** razón de ser; **~ sociale** razón social
raisonnable [Rɛzɔnabl] *adj* razonable; (*doué de raison*) racional
raisonnablement [Rɛzɔnabləmɑ̃] *adv* razonablemente
raisonné, e [Rɛzɔne] *adj* razonado(-a); **agriculture raisonnée** agricultura racional

raisonnement [ʀɛzɔnmɑ̃] *nm* raciocinio; *(argumentation)* razonamiento; **raisonnements** *nmpl* objeciones *fpl*
raisonner [ʀɛzɔne] *vi* razonar ▸ *vt (personne)* hacer entrar en razón a; **se raisonner** *vpr* reflexionar
raisonneur, -euse [ʀɛzɔnœʀ, øz] *(péj) adj* porfiador(a)
rajeunir [ʀaʒœniʀ] *vt* rejuvenecer; *(attribuer un âge moins avancé à)* hacer más joven a; *(fig)* remozar ▸ *vi (personne)* rejuvenecer; *(entreprise, quartier)* renovarse
rajeunissement [ʀaʒœnismɑ̃] *nm* rejuvenecimiento; **le ~ des effectifs** el rejuvenecimiento de los efectivos
rajout [ʀaʒu] *nm* añadidura
rajouter [ʀaʒute] *vt (commentaire)* añadir; **~ que …** añadir que …; **en ~** cargar las tintas; **~ du sel/un œuf** añadir sal/un huevo
rajustement [ʀaʒystəmɑ̃] *nm* reajuste *m*
rajuster [ʀaʒyste] *vt (cravate, coiffure)* retocar; *(salaires, prix)* reajustar; **se rajuster** *vpr (arranger ses vêtements)* retocarse
râle [ʀɑl] *nm* estertor *m*; **~ d'agonie** estertor de agonía
ralenti [ʀalɑ̃ti] *nm* : **au ~** *(aussi fig)* a ralentí; *(Ciné)* a cámara lenta; **tourner au ~** *(Auto)* rodar a ralentí
ralentir [ʀalɑ̃tiʀ] *vt (marche, allure)* aminorar; *(production, expansion)* ralentizar, desacelerar ▸ *vi (véhicule, coureur)* disminuir la velocidad; **se ralentir** *vpr (processus, effort etc)* verse reducido
ralentissement [ʀalɑ̃tismɑ̃] *nm* disminución *f* de la velocidad; *(de l'économie)* ralentización *f*, desaceleración *f*
ralentisseur [ʀalɑ̃tisœʀ] *nm* limitador *m* de velocidad
râler [ʀɑle] *vi* producir estertores; *(fam : protester)* quejarse
râleur, -euse [ʀɑlœʀ, øz] *(fam) nm/f, adj* quejica *mf (fam)*; **être ~** ser un(a) quejica
ralliement [ʀalimɑ̃] *nm (rassemblement)* reunión *f*; *(à une cause/opinion)* adhesión *f*; **point/signe de ~** punto/señal de reunión
rallier [ʀalje] *vt (rassembler)* reunir; *(rejoindre)* incorporarse a; *(gagner à sa cause)* captar; **se rallier à** *vpr (avis, opinion)* adherirse a
rallonge [ʀalɔ̃ʒ] *nf (de table)* larguero; *(supplément)* incremento; *(Élec)* alargador *m*; *(fig, Écon)* ampliación *f*
rallongement [ʀalɔ̃ʒmɑ̃] *nm* alargamiento
rallonger [ʀalɔ̃ʒe] *vt* alargar ▸ *vi* alargarse
rallumer [ʀalyme] *vt* volver a encender; *(fig)* reavivar; **se rallumer** *vpr (feu)* avivarse
rallye [ʀali] *nm* rally *m*
RAM [ʀam] *sigle f (= mémoire vive)* RAM *f* *(= random access memory)*
ramadan [ʀamadɑ̃] *nm* ramadán *m*; **faire le ~** hacer *ou* cumplir el ramadán
ramages [ʀamaʒ] *nmpl (dessin d'une draperie, tapisserie)* estampado (de rama); *(chants d'oiseaux)* gorjeo *msg*
ramassage [ʀamɑsaʒ] *nm* recogida; **~ scolaire** transporte *m* escolar
ramassé, e [ʀamɑse] *adj (trapu)* rechoncho(-a); *(concis)* conciso(-a)
ramasse-miettes [ʀamɑsmjɛt] *nm inv* recogemigas *m inv*
ramasse-monnaie [ʀamɑsmɔnɛ] *nm inv* recogemonedas *m inv*
ramasser [ʀamɑse] *vt* recoger; *(fam : arrêter)* pescar; **se ramasser** *vpr (se pelotonner)* encogerse
ramasseur, -euse [ʀamɑsœʀ, øz] *nm/f* : **~ de balles** recogepelotas *mf inv*
ramassis [ʀamɑsi] *(péj) nm* revoltijo
rambarde [ʀɑ̃baʀd] *nf* barandilla
rame [ʀam] *nf (aviron)* remo; *(de métro)* tren *m*; *(de papier)* resma; **faire force de rames** remar con fuerza; **à la ~** *(traversée)* a remo; **~ de haricots** *ramo que sirve para que se enrosquen las judías*
rameau, x [ʀamo] *nm (aussi fig)* rama; **les Rameaux** Domingo de Ramos
ramener [ʀam(ə)ne] *vt* volver a traer; *(reconduire)* llevar; *(rapporter, revenir avec)* traer consigo; *(rendre)* devolver; *(faire revenir)* hacer volver; *(rétablir)* restablecer; **~ qch sur** *(couverture, visière)* echar algo hacia; **~ qch à** *(faire revenir)* devolver algo a; *(Math, réduire)* reducir algo a; **~ qn à la vie** volver a algn a la vida; **se ramener** *vpr (fam)* llegar; **se ~ à** reducirse a
ramequin [ʀamkɛ̃] *nm recipiente pequeño para usar en el horno*
ramer [ʀame] *vi* remar
rameur, -euse [ʀamœʀ, øz] *nm/f* remero(-a)
rameuter [ʀamøte] *vt* amotinar
ramier [ʀamje] *nm* : **(pigeon) ~** paloma torcaz
ramification [ʀamifikasjɔ̃] *nf* ramificación *f*; **aux ramifications internationales** *(réseau)* con ramificaciones internacionales
ramifié, e [ʀamifje] *adj* ramificado(-a); **un réseau d'agences fortement ~** una red de agencias muy ramificada
ramifier [ʀamifje] : **se ramifier** *vpr* ramificar
ramolli, e [ʀamɔli] *adj* reblandecido(-a)
ramollir [ʀamɔliʀ] *vt* ablandar, reblandecer; *(fig : détermination)* debilitar; *(: croissance)* desacelerarse; **se ramollir** *vpr* ablandarse, reblandecerse
ramollissement [ʀamɔlismɑ̃] *nm* reblandecimiento; *(fig : de détermination)* debilitamiento; *(: croissance)* desaceleración *f*
ramonage [ʀamɔnaʒ] *nm* deshollinamiento
ramoner [ʀamɔne] *vt* deshollinar
ramoneur [ʀamɔnœʀ] *nm* deshollinador *m*
rampe [ʀɑ̃p] *nf (d'escalier)* barandilla; *(dans un garage)* rampa; *(d'un terrain, d'une route)*

r

declive *m*; (*Théâtre*) : **la ~** candilejas *fpl*; **passer la ~** llegar al público; **~ de lancement** plataforma de lanzamiento
ramper [ʀɑ̃pe] *vi* (*animal*) reptar; (*plante, personne, aussi péj*) arrastrarse
rancard [ʀɑ̃kaʀ] (*fam*) *nm* (*rendez-vous*) cita; (*renseignement*) soplo
rancarder [ʀɑ̃kaʀde] (*fam*) *vt* informar, poner al corriente
rancart [ʀɑ̃kaʀ] (*fam*) *nm* : **mettre au ~** (*objet, projet*) arrinconar; (*personne*) arrumbar
rance [ʀɑ̃s] *adj* rancio(-a)
rancir [ʀɑ̃siʀ] *vi* ponerse rancio(-a)
rancœur [ʀɑ̃kœʀ] *nf* rencor *m*
rançon [ʀɑ̃sɔ̃] *nf* rescate *m*; **la ~ du succès** *etc* (*fig*) el precio del éxito *etc*
rançonner [ʀɑ̃sɔne] *vt* despojar
rancune [ʀɑ̃kyn] *nf* rencor *m*; **garder ~ à qn (de qch)** guardar rencor a algn (por algo); **sans ~ !** ¡olvidémoslo!
rancunier, -ière [ʀɑ̃kynje, jɛʀ] *adj* rencoroso(-a)
randonnée [ʀɑ̃dɔne] *nf* (*excursion*) excursión *f*; (*à pied*) caminata; (*activité*) senderismo; **ski de ~** esquí *m* de travesía; **~ pédestre** senderismo
randonneur, -euse [ʀɑ̃dɔnœʀ, øz] *nm/f* excursionista *mf*
rang [ʀɑ̃] *nm* (*rangée*) fila; (*d'un cortège, groupe de soldats*) hilera; (*de perles, de tricot*) vuelta; (*grade*) grado; (*condition sociale*) rango; (*position dans un classement*) posición *f*; **au premier/dernier ~** en el primer/último puesto; (*rangée de sièges*) en primera/última fila; **rentrer dans le ~** volverse más comedido; **au ~ de** en la categoría de; **avoir ~ de** tener rango de; **se mettre en rangs/sur un ~** ponerse en filas/en una fila; **sur trois rangs** en tres filas; **se mettre en rangs par quatre** ponerse en fila de cuatro; **rangs** *nmpl* (*Mil*) filas *fpl*; **se mettre sur les rangs** (*fig*) ponerse entre los candidatos
rangé, e [ʀɑ̃ʒe] *adj* ordenado(-a); (*vie*) asentado(-a), reposado(-a)
rangée [ʀɑ̃ʒe] *nf* fila
rangement [ʀɑ̃ʒmɑ̃] *nm* colocación *f*, ordenación *f*; **faire des rangements** hacer orden
ranger [ʀɑ̃ʒe] *vt* ordenar; (*voiture dans la rue*) aparcar; (*en cercle etc*) disponer; **~ qch/qn parmi** (*fig*) situar algo/algn entre; **se ranger** *vpr* (*se placer/disposer*) colocarse; (*véhicule, conducteur*) hacerse a un lado; (*: s'arrêter*) parar; (*piéton*) apartarse; (*s'assagir*) sosegarse; **se ~ à** ponerse del lado de
ranimer [ʀanime] *vt* (*personne, courage*) reanimar; (*réconforter, attiser*) avivar; (*colère, douleur*) despertar
rap [ʀap] *nm* rap *m*
rapace [ʀapas] *nm* rapaz *f*; **~ diurne/nocturne** rapaz diurna/nocturna ▶ *adj* (*péj*) rapaz
rapacité [ʀapasite] *nf* rapacidad *f*
rapatrié, e [ʀapatʀije] *nm/f* repatriado(-a)
rapatriement [ʀapatʀimɑ̃] *nm* repatriación *f*
rapatrier [ʀapatʀije] *vt* repatriar; (*capitaux*) recuperar
râpe [ʀɑp] *nf* (*Culin*) rallador *m*; (*à bois*) escofina
râpé, e [ʀɑpe] *adj* (*élimé*) raído(-a); (*Culin*) rallado(-a) ▶ *nm* queso rallado
râper [ʀɑpe] *vt* (*Culin*) rallar; (*gratter, râcler*) raspar
rapetisser [ʀap(ə)tise] *vi* encoger ▶ *vt* (*suj : distance*) empequeñecer; **~ qch** (*planche, vêtement*) acortar algo
râpeux, -euse [ʀɑpø, øz] *adj* áspero(-a)
raphia [ʀafja] *nm* rafia
rapide [ʀapid] *adj* rápido(-a) ▶ *nm* rápido
rapidement [ʀapidmɑ̃] *adv* rápidamente
rapidité [ʀapidite] *nf* rapidez *f*
rapiécer [ʀapjese] *vt* remendar
rapine [ʀapin] *nf* (*vol*) rapiña; **vivre de rapines** vivir de rapiñas, ladronear
rappel [ʀapɛl] *nm* (*Mil, d'un exilé, d'un ambassadeur*) llamamiento; (*Méd*) vacuna de refuerzo; (*Théâtre etc*) llamada a escena; (*de salaire*) atrasos *mpl*; (*d'une aventure, d'un nom, d'un titre*) recuerdo; (*de limitation de vitesse*) *señal recordatoria de limitación de velocidad*; (*Tech*) retroceso; (*Naut*) *hecho de colgarse la tripulación al exterior de un velero para equilibrarlo*; (*Alpinisme : aussi :* **rappel de corde**) descenso con cuerda, rappel *m*; **~ à l'ordre** llamada al orden
rappeler [ʀap(ə)le] *vt* (*retéléphoner à*) volver a llamar; (*pour faire revenir*) llamar nuevamente; (*ambassadeur*) retirar; (*acteur*) llamar a escena; (*Mil*) llamar a filas; (*suj : événement, affaires*) recordar; **~ qn à la vie** volver a algn a la vida; **~ qn à la décence** llamar a algn a la decencia; **~ qch à qn** (*faire se souvenir*) recordar algo a algn; (*évoquer, faire penser à*) traer algo a la memoria de algn; **ça rappelle la Provence** eso me recuerda a Provenza; **~ à qn de faire qch** recordarle a algn hacer algo; **se rappeler** *vpr* acordarse de; **se ~ que ...** acordarse de que ...
rappelle [ʀapɛl] *vb voir* **rappeler**
rappeur, -euse [ʀapœʀ, øz] *nm/f* rapero(-a)
rappliquer [ʀaplike] (*fam*) *vi* dejarse caer
rapport [ʀapɔʀ] *nm* (*compte rendu*) informe *m*; (*d'expert*) dictamen *m*; (*profit*) rendimiento; (*lien, analogie*) relación *f*; (*proportion*) razón *f*; **avoir ~ à** tener relación con; **être en ~ avec** estar relacionado(-a) con; **être/se mettre en ~ avec qn** estar/ponerse en contacto con algn; **par ~ à** (*comparé à*) en comparación con; (*à propos de*) respecto a; **sous le ~ de** desde el punto de vista de; **sous tous (les) rapports** desde cualquier punto de vista; **~ qualité-prix** relación calidad-precio; **rapports** *nmpl* (*entre personnes, groupes, pays*) relaciones *fpl*; **rapports (sexuels)** relaciones *fpl* (sexuales)

rapporté, e [RapɔRte] *adj* : **pièce rapportée** (*Couture*) pegadura, remiendo
rapporter [RapɔRte] *vt* (*remettre à sa place, rendre*) devolver; (*apporter de nouveau*) volver a traer; (*revenir avec, ramener*) traer; (*Couture*) añadir; (*suj : investissement, entreprise*) rendir; (*: activité*) producir; (*relater*) referir; (*Jur*) revocar; **~ qch à** (*rendre*) devolver algo a; (*relater*) relatar algo a; (*fig*) atribuir algo a ▸ *vi* (*investissement, propriété*) rentar; (*activité*) dar beneficio; (*péj : moucharder*) chivarse; **se rapporter à** *vpr* relacionarse con; **s'en ~ à qn/ au jugement de qn** fiarse de algn/de la opinión de algn
rapporteur, -euse [RapɔRtœR, øz] *nm/f* (*d'un procès, d'une commission*) ponente *mf*; (*péj*) chivato(-a) ▸ *nm* (*Géom*) transportador *m*
rapproché, e [RapRɔʃe] *adj* (*proche*) cercano(-a); **rapprochés** (*détonations, événements*) seguidos(-as)
rapprochement [RapRɔʃmɑ̃] *nm* (*réconciliation*) acercamiento; (*analogie, rapport*) cotejo
rapprocher [RapRɔʃe] *vt* (*faire paraître plus proche*) acercar; (*deux objets*) juntar, arrimar; (*réunions, visites*) aumentar el número de; (*réunir*) unir; (*associer, comparer*) cotejar; **~ qch (de)** (*chaise d'une table*) arrimar algo (a); **se rapprocher** *vpr* acercarse; **se ~ de** (*lieu, personne*) acercarse a, aproximarse a; (*présenter une analogie avec*) asemejarse a
rapt [Rapt] *nm* rapto
raquette [Rakɛt] *nf* raqueta; (*de ping pong*) pala
rare [RɑR] *adj* raro(-a); (*sentiment*) extraño(-a); (*main-d'œuvre, denrées*) escaso(-a); (*beaux jours*) raro(-a), poco(-a); (*cheveux, herbe*) ralo(-a); **il est ~ que** es raro que; **se faire ~** escasear; (*personne*) dejarse ver poco
raréfaction [RaRefaksjɔ̃] *nf* rarefacción *f*; (*de l'air*) enrarecimiento
raréfier [RaRefje] : **se raréfier** *vpr* rarificarse; (*air*) enrarecerse
rarement [RɑRmɑ̃] *adv* raramente
rareté [RɑRte] *nf* (*voir adj*) rareza; escasez *f*
rarissime [RaRisim] *adj* rarísimo(-a)
RAS [ɛRaɛs] *abr* (*= rien à signaler*) sin novedad
ras, e [Rɑ, Rɑz] *adj* (*tête, cheveux*) rapado(-a); (*poil*) corto(-a); (*herbe, mesure, cuillère*) raso(-a); **à ~ bords** colmado(-a); **au ~ de** a(l) ras de; **en avoir ~ le bol** (*fam*) estar hasta el moño; **~ du cou** (*pull, robe*) (de) cuello redondo; **faire table rase** hacer tabla rasa; **en rase campagne** en pleno campo ▸ *adv* (*couper*) al rape
rasade [Rɑzad] *nf* vaso lleno
rasant, e [Rɑzɑ̃, ɑ̃t] *adj* rasante
rascasse [Raskas] *nf* rescaza
rasé, e [Rɑze] *adj* : **~ de frais** recién afeitado(-a); **~ de près** bien afeitado(-a)
rase-mottes [Rɑzmɔt] *nm inv* : **vol en ~** vuelo rasante; **faire du ~** volar a ras de suelo
raser [Rɑze] *vt* (*cheveux*) rapar; (*barbe, personne*) afeitar; (*fam : ennuyer*) aburrir; (*quartier*) derribar; (*frôler*) rozar; **se raser** *vpr* afeitarse; (*fam*) aburrirse
rasoir [RɑzwaR] *nm* navaja de afeitar; **~ électrique** maquinilla eléctrica; **~ mécanique** *ou* **de sûreté** maquinilla de afeitar
rassasié, e [Rasazje] *adj* (*personne, curiosité, désir*) saciado(-a) ▸ *pp de* **rassasier**
rassasier [Rasazje] *vt* saciar; **se rassasier** *vpr* saciarse; **se ~ de qch** deleitarse con algo
rassemblement [Rasɑ̃bləmɑ̃] *nm* reunión *f*; (*Pol*) concentración *f*; (*Mil*) formación *f*
rassembler [Rasɑ̃ble] *vt* (*réunir*) reunir; (*regrouper*) agrupar; (*accumuler, amasser*) acumular; **~ ses idées** poner en orden sus ideas; **~ son courage** armarse de valor; **se rassembler** *vpr* reunirse
rasseoir [RaswaR] : **se rasseoir** *vpr* volver a sentarse
rasséréné, e [RaseRene] *adj* (*personne, climat*) sereno(-a)
rasséréner [RaseRene] : **se rasséréner** *vpr* sosegarse
rassir [RasiR] *vi* endurecerse
rassis, e [Rasi, iz] *adj* duro(-a)
rassurant, e [RasyRɑ̃, ɑ̃t] *adj* tranquilizador(a)
rassuré, e [RasyRe] *adj* : **ne pas être très ~** no estar muy tranquilo(-a)
rassurer [RasyRe] *vt* tranquilizar; **se rassurer** *vpr* tranquilizarse; **rassure-toi** tranquilízate
rat [Ra] *nm* rata; (*danseuse*) joven bailarina; **~ musqué** ratón *m* almizclero
ratage [Rataʒ] *nm* fracaso
ratatiné, e [Ratatine] *adj* (*vieillard*) apergaminado(-a); (*pomme*) arrugado(-a)
ratatiner [Ratatine] *vt* marchitar; **se ratatiner** *vpr* arrugarse; (*vieillard*) apergaminarse
ratatouille [Ratatuj] *nf* (*Culin*) pisto
rate [Rat] *nf* (*Anat*) bazo
raté, e [Rate] *adj* (*tentative, opération*) frustrado(-a); (*vacances, spectacle*) malogrado(-a) ▸ *nm/f* fracasado(-a) ▸ *nm* (*de moteur*) detonación *f*; (*d'arme à feu*) fallo
râteau, x [Rɑto] *nm* rastrillo
râtelier [Rɑtəlje] *nm* (*pour bétail*) comedero; (*fam : dentier*) dentadura
rater [Rate] *vi* (*coup de feu*) fallar; (*échouer*) fracasar ▸ *vt* (*cible, balle, train*) perder; (*occasion etc*) dejar escapar; (*démonstration, plat*) estropear; (*examen*) suspender; **~ son coup** fallar
raticide [Ratisid] *nm* raticida *m*
ratification [Ratifikasjɔ̃] *nf* ratificación *f*

r

ratifier [ʀatifje] *vt* ratificar
ratio [ʀasjo] *nm* ratio
ration [ʀasjɔ̃] *nf (aussi fig)* ración *f*; **~ alimentaire** ración alimenticia
rationalisation [ʀasjɔnalizasjɔ̃] *nf* racionalización *f*
rationaliser [ʀasjɔnalize] *vt* racionalizar
rationalité [ʀasjɔnalite] *nf* racionalidad *f*
rationnel, le [ʀasjɔnɛl] *adj* racional
rationnellement [ʀasjɔnɛlmɑ̃] *adv* racionalmente
rationnement [ʀasjɔnmɑ̃] *nm* racionamiento; **carte/ticket de ~** cartilla/billete *m* de racionamiento
rationner [ʀasjɔne] *vt* racionar; *(personne)* someter a racionamiento; **se rationner** *vpr* racionarse
ratisser [ʀatise] *vt* rastrillar; *(suj : armée, police)* peinar; **~ large** *(fig)* llamar a todas las puertas
raton [ʀatɔ̃] *nm* : **~ laveur** mapache *m*
RATP [ɛʀatepe] *sigle f (= Régie autonome des transports parisiens) administración de transportes parisinos*
rattachement [ʀataʃmɑ̃] *nm (de territoire)* anexión *f*; *(d'employé, personnel)* : **la loi prévoit le ~ des pompiers bénévoles au département** la ley prevé que los bomberos voluntarios pasarán a depender del departamento
rattacher [ʀataʃe] *vt* atar de nuevo; *(territoire)* anexionar; *(employé, personnel)* hacer depender; **~ qch/qn à** vincular algo/a algn con; **se rattacher** *vpr* : **se ~ à** *(avoir un lien avec)* estar relacionado(-a) con
rattrapage [ʀatʀapaʒ] *nm* recuperación *f*
rattraper [ʀatʀape] *vt (fugitif, animal échappé)* volver a coger; *(retenir, empêcher de tomber)* coger; *(atteindre, rejoindre)* alcanzar; *(imprudence, erreur)* reparar, subsanar; **~ son retard/le temps perdu** recuperar el retraso/el tiempo perdido; **se rattraper** *vpr (compenser une perte de temps)* ponerse al día; *(regagner ce qu'on a perdu)* recuperarse; *(se dédommager d'une privation)* explayarse; *(réparer une gaffe etc)* justificarse; *(éviter une erreur, bévue)* enmendarse; **se ~ (à)** *(se raccrocher)* agarrarse (a *ou* de)
rature [ʀatyʀ] *nf* tachadura
raturer [ʀatyʀe] *vt* tachar
rauque [ʀok] *adj* ronco(-a)
ravagé, e [ʀavaʒe] *adj* devastado(-a); *(par la maladie, le temps)* demacrado(-a); *(par le chagrin)* descompuesto(-a)
ravager [ʀavaʒe] *vt* devastar; *(maladie, chagrin etc)* causar estragos en
ravages [ʀavaʒ] *nmpl (aussi fig)* estragos *mpl*; **faire des ~** hacer estragos
ravageur, -euse [ʀavaʒœʀ, øz] *adj* devastador(a); *(fig : humour)* mordaz, punzante; *(: sourire)* cautivador(a)
ravalement [ʀavalmɑ̃] *nm* enlucido
ravaler [ʀavale] *vt (mur, façade)* enlucir; *(abaisser, déprécier)* rebajar; *(avaler de nouveau)* volver a tragar; **~ sa colère/son dégoût** contener su cólera/su asco
ravaudage [ʀavodaʒ] *nm* zurcido
ravauder [ʀavode] *vt* zurcir
rave[1] [ʀav] *nf (Bot)* naba
rave[2] [ʀɛv] *nf (Mus)* rave *f*
raveur, -euse [ʀɛvœʀ, øz] *nm/f* raver *mf*
ravi, e [ʀavi] *adj* encantado(-a); **être ~ de/que ...** estar encantado(-a) de/de que ...
ravier [ʀavje] *nm* bandejita
ravigote [ʀavigɔt] *adj* : **sauce ~** *salsa vinagreta con huevos picados y chalote*
ravigoter [ʀavigɔte] *(fam) vt* reanimar
ravin [ʀavɛ̃] *nm* hondonada
ravine [ʀavin] *nf* torrentera
raviner [ʀavine] *vt* formar surcos en
ravioli [ʀavjɔli] *nmpl* ravioles *mpl*
ravir [ʀaviʀ] *vt (enchanter)* encantar; **~ qch à qn** arrebatar algo a algn; **à ~** de maravilla; **chanter à ~** cantar que es un primor
raviser [ʀavize] : **se raviser** *vpr* cambiar de opinión
ravissant, e [ʀavisɑ̃, ɑ̃t] *adj* encantador(a)
ravissement [ʀavismɑ̃] *nm* encanto
ravisseur, -euse [ʀavisœʀ, øz] *nm/f* secuestrador(a)
ravitaillement [ʀavitajmɑ̃] *nm* abastecimiento; *(provisions)* aprovisionamiento; **aller au ~** ir a hacer la compra; **~ en vol** abastecimiento en vuelo
ravitailler [ʀavitaje] *vt* abastecer; *(véhicule)* echar gasolina a; **se ravitailler** *vpr* abastecerse
raviver [ʀavive] *vt* avivar; *(flamme, douleur)* reavivar
ravoir [ʀavwaʀ] *vt* recobrar
rayé, e [ʀeje] *adj (à rayures)* a *ou* de rayas; *(éraflé)* rayado(-a)
rayer [ʀeje] *vt* rayar; *(d'une liste)* tachar
rayon [ʀɛjɔ̃] *nm* rayo; *(Géom, d'une roue)* radio; *(étagère)* estante *m*; *(de grand magasin)* departamento, sección *f*; *(fig : domaine)* asunto; *(d'une ruche)* panal *m*; **~ d'action** radio de acción; **~ de braquage** *(Auto)* radio de giro; **~ de soleil** rayo de sol; **~ laser/vert** rayo láser/verde; **rayons cosmiques/infrarouges/ultraviolets** rayos cósmicos/infrarrojos/ultravioletas; **rayons X** rayos X; **dans un ~ de ...** en un radio de ...; **rayons** *nmpl (radiothérapie)* rayos *mpl*
rayonnage [ʀɛjɔnaʒ] *nm* estantería
rayonnant, e [ʀɛjɔnɑ̃, ɑ̃t] *adj* radiante; **~ de** *(joie, santé)* rebosante de
rayonne [ʀɛjɔn] *nf* rayón *m*
rayonnement [ʀɛjɔnmɑ̃] *nm (solaire)* radiación *f*; *(fig)* influencia; *(d'une doctrine)* difusión *f*

rayonner [ʀɛjɔne] *vi* irradiar; (*fig*) ejercer su influencia; (*avenues, axes*) divergir; (*touristes : excursionner*) recorrer
rayure [ʀejyʀ] *nf* (*motif*) raya; (*éraflure*) rayado; (*rainure, d'un fusil*) estría; **à rayures** a *ou* de rayas
raz-de-marée [ʀɑdmaʀe] *nm inv* maremoto; (*fig*) conmoción *f*
razzia [ʀa(d)zja] *nf* razzia
R-D [ɛʀde] *sigle f* (= *recherche-développement*) I-D *f* (= *Investigación y Desarrollo*)
RDB [ɛʀdebe] *sigle m* (= *revenu disponible brut*) ingreso total
rdc *abr* = **rez-de-chaussée**
ré [ʀe] *nm inv* (*Mus*) re *m*
réabonnement [ʀeabɔnmɑ̃] *nm* renovación *f* de abono
réabonner [ʀeabɔne] *vt* : ~ **qn à** suscribir de nuevo a algn a; **se ~ (à)** volver a abonarse *ou* suscribirse (a)
réac [ʀeak] (*fam*) *nmf* = **réactionnaire**
réacteur [ʀeaktœʀ] *nm* reactor *m*; ~ **nucléaire** reactor nuclear
réactif [ʀeaktif] *nm* reactivo
réaction [ʀeaksjɔ̃] *nf* reacción *f*; **par ~** por reacción; **avion/moteur à ~** avión *m*/motor *m* de reacción; ~ **en chaîne** reacción en cadena
réactionnaire [ʀeaksjɔnɛʀ] *adj* reaccionario(-a)
réactiver [ʀeaktive] *vt* (*controverse*) reavivar; (*marché, adresse électronique*) reactivar; (*machine*) volver a poner en marcha
réactivité [ʀeaktivite] *nf* (*Phys, Chim*) reactividad *f*; (*capacité à réagir*) capacidad *f* de reacción
réactualiser [ʀeaktɥalize] *vt* reactualizar
readaptation [ʀeadaptasjɔ̃] *nf* readaptación *f*
réadapter [ʀeadapte] *vt* readaptar; **se réadapter** *vpr* readaptarse
réaffirmation [ʀeafiʀmasjɔ̃] *nf* reafirmación *f*
réaffirmer [ʀeafiʀme] *vt* reafirmar
réagir [ʀeaʒiʀ] *vi* reaccionar; ~ **à** reaccionar ante; ~ **contre** reaccionar contra; ~ **sur** repercutir sobre
réajuster [ʀeaʒyste] *vt* = **rajuster**
réalisable [ʀealizabl] *adj* realizable
réalisateur, -trice [ʀealizatœʀ, tʀis] *nm/f* realizador(a)
réalisation [ʀealizasjɔ̃] *nf* realización *f*
réaliser [ʀealize] *vt* realizar; (*rêve, souhait*) cumplir; (*exploit*) llevar a cabo; (*comprendre, se rendre compte de*) darse cuenta de; ~ **que** darse cuenta de que; **se réaliser** *vpr* (*projet, prévision*) realizarse
réalisme [ʀealism] *nm* realismo
réaliste [ʀealist] *adj, nmf* realista *mf*
réalité [ʀealite] *nf* realidad *f*; **en ~** en realidad; **dans la ~** en la realidad
réaménager [ʀeamenaʒe] *vt* (*lieu*) reacondicionar; (*horaires, calendrier*) reorganizar; (*règlement, texte*) reelaborar
réanimation [ʀeanimasjɔ̃] *nf* reanimación *f*; **service de ~** servicio de reanimación
réanimer [ʀeanime] *vt* reanimar
réapparaître [ʀeapaʀɛtʀ] *vi* reaparecer
réapparition [ʀeapaʀisjɔ̃] *nf* reaparición *f*
réappropriation [ʀeapʀɔpʀijasjɔ̃] *nf* (*d'un objet, immeuble, espace*) reapropriación *f*; (*fig : de patrimoine, mémoire*) recuperación *f*
réapprovisionner [ʀeapʀɔvizjɔne] *vt* reabastecer; **se réapprovisionner** *vpr* reabastecerse
réarmement [ʀeaʀməmɑ̃] *nm* rearme *m*
réarmer [ʀeaʀme] *vt* (*arme*) recargar; (*bateau*) rearmar ▸ *vi* (*état*) rearmar
réassortiment [ʀeasɔʀtimɑ̃] *nm* nuevo surtido
réassortir [ʀeasɔʀtiʀ] *vt* volver a surtir
réassurance [ʀeasyʀɑ̃s] *nf* reaseguro
réassurer [ʀeasyʀe] *vt* reasegurar
réassureur [ʀeasyʀœʀ] *nm* reasegurador *m*
rebaptiser [ʀ(ə)batize] *vt* rebautizar
rébarbatif, -ive [ʀebaʀbatif, iv] *adj* (*mine*) repelente; (*travail*) fastidioso(-a); (*style*) árido(-a)
rebattre [ʀ(ə)batʀ] *vt* : ~ **les oreilles à qn de qch** calentarle a algn los cascos con algo
rebattu, e [ʀ(ə)baty] *pp de* **rebattre** ▸ *adj* trillado(-a)
rebelle [ʀəbɛl] *adj, nmf* rebelde *mf*; ~ **à** (*la patrie*) rebelado(-a) contra; (*fermé à qch, contre qch*) negado(-a) para
rebeller [ʀ(ə)bele] : **se rebeller** *vpr* rebelarse; **se ~ contre** rebelarse contra
rébellion [ʀebeljɔ̃] *nf* rebelión *f*; (*ensemble des rebelles*) rebeldes *mpl*
rebiffer [ʀ(ə)bife] : **se rebiffer** *vpr* : **se ~ contre** plantarle cara a
reboisement [ʀ(ə)bwazmɑ̃] *nm* repoblación *f* forestal
reboiser [ʀ(ə)bwaze] *vt* repoblar con árboles
rebond [ʀ(ə)bɔ̃] *nm* rebote *m*
rebondi, e [ʀ(ə)bɔ̃di] *adj* (*ventre*) panzudo(-a); (*joues*) relleno(-a)
rebondir [ʀ(ə)bɔ̃diʀ] *vi* rebotar; (*fig*) reanudarse
rebondissements [ʀəbɔ̃dismɑ̃] *nmpl* reanudación *f*
rebonjour [ʀəbɔ̃ʒuʀ] *excl* ¡hola otra vez!
rebord [ʀ(ə)bɔʀ] *nm* (*d'une table etc*) reborde *m*; (*d'un fossé*) borde *m*
reboucher [ʀ(ə)buʃe] *vt* volver a tapar
rebours [ʀ(ə)buʀ] : **à ~** *adv* (*brosser*) a contrapelo; (*comprendre*) al revés; (*tourner : pages*) a la inversa; **compte à ~** cuenta *f* atrás; **compter à ~** contar hacia atrás
rebouteux, -euse [ʀəbutø, øz] (*fam*) *nm/f* ensalmador(a)

r

reboutonner [ʀ(ə)butɔne] *vt* volver a abotonar
rebrousse-poil [ʀəbʀuspwal] : **à ~** *adv* a contrapelo; **prendre qn à ~** (*fig*) sacar a algn de quicio
rebrousser [ʀ(ə)bʀuse] *vt* (*cheveux, poils*) levantar hacia atrás; **~ chemin** dar marcha atrás
rebuffade [ʀ(ə)byfad] *nf* desaire *m*
rébus [ʀebys] *nm* (*aussi fig*) jeroglífico
rebut [ʀəby] *nm* : **mettre/jeter qch au ~** desechar algo
rebutant, e [ʀ(ə)bytɑ̃, ɑ̃t] *adj* (*démarche*) repelente; (*travail*) engorroso(-a)
rebuter [ʀ(ə)byte] *vt* (*suj : travail, matière*) repeler; (*: attitude, manières*) disgustar
recadrage [ʀ(ə)kadʀaʒ] *nm* (*Photo, Ciné, fig*) reenfoque *m*
recalcifier [ʀ(ə)kalsifje] *vt* recalcificar
récalcitrant, e [ʀekalsitʀɑ̃, ɑ̃t] *adj* (*cheval*) indómito(-a); (*caractère, personne*) recalcitrante
recaler [ʀ(ə)kale] *vt* suspender
recapitaliser [ʀəkapitalize] *vt* (*entreprise*) recapitalizar
récapitulatif, -ive [ʀekapitylatif, iv] *adj* recapitulativo(-a)
récapituler [ʀekapityle] *vt* recapitular
recel [ʀəsɛl] *nm* encubrimiento
receler [ʀ(ə)səle] *vt* (*produit d'un vol*) ocultar; (*malfaiteur, déserteur*) encubrir; (*fig*) encerrar
receleur, -euse [ʀ(ə)səlœʀ, øz] *nm/f* encubridor(a)
récemment [ʀesamɑ̃] *adv* recientemente, recién (*Am*)
recensement [ʀ(ə)sɑ̃smɑ̃] *nm* (*de la population*) censo; (*des ressources, possibilités*) inventario, recuento
recenser [ʀ(ə)sɑ̃se] *vt* (*population*) censar; (*inventorier*) hacer el recuento *ou* el inventario de; (*dénombrer*) computar
récent, e [ʀesɑ̃, ɑ̃t] *adj* reciente
recentrer [ʀ(ə)sɑ̃tʀe] *vt* mover hacia el centro
récépissé [ʀesepise] *nm* recibo
réceptacle [ʀesɛptakl] *nm* receptáculo
récepteur, -trice [ʀesɛptœʀ, tʀis] *adj* receptor(a) ▸ *nm* (*de téléphone*) auricular *m*; **~ de papier** (*Inform*) introductor *m* de hoja; **~ radio** receptor *m*
réceptif, -ive [ʀesɛptif, iv] *adj* : **~ (à)** receptivo(-a) (a)
réception [ʀesɛpsjɔ̃] *nf* recepción *f*; (*accueil*) acogida *f*; (*pièces*) salas *fpl* de recepción; (*Sport*) caída; **jour/heures de ~** día *m*/horas *fpl* de recepción
réceptionnaire [ʀesɛpsjɔnɛʀ] *nmf* receptor(a)
réceptionner [ʀesɛpsjɔne] *vt* recibir
réceptionniste [ʀesɛpsjɔnist] *nmf* recepcionista *mf*
réceptivité [ʀesɛptivite] *nf* receptividad *f*
récessif, -ive [ʀesesif, iv] *adj* recesivo(-a)
récession [ʀesesjɔ̃] *nf* recesión *f*
recette [ʀ(ə)sɛt] *nf* (*Culin, fig*) receta; (*Comm*) ingreso; (*Admin : bureau des impôts*) oficina de recaudación; **faire ~** (*spectacle, exposition*) ser taquillero(-a); **~ postale** ingresos *mpl* postales; **recettes** *nfpl* (*Comm : rentrées d'argent*) entradas *fpl*
recevabilité [ʀ(ə)səvabilite] *nf* (*Jur : de plainte*) admisibilidad *f*
recevable [ʀ(ə)səvabl] *adj* (*Jur : plainte*) admisible; (*argument*) aceptable, admisible
receveur, -euse [ʀ(ə)səvœʀ, øz] *nm/f* (*des finances*) recaudador(a); (*des postes*) administrador(a); (*d'autobus*) cobrador(a); (*Méd*) receptor(a); **~ universel** (*Méd*) receptor(a) universal
recevoir [ʀ(ə)səvwaʀ] *vt* recibir; (*prime, salaire*) cobrar; (*visiteurs, ambassadeur*) acoger; (*candidat, plainte*) admitir; **il m'a reçu à deux heures** me recibió a las dos; **~ qn à dîner** recibir a algn a cenar; **être reçu** (*à un examen*) aprobar; **être bien/mal reçu** ser bien/mal recibido ▸ *vi* (*donner des réceptions, audiences etc*) recibir visitas; **il reçoit de 8 à 10** sus horas de visita son de 8 a 10; (*docteur, dentiste*) pasa consulta de 8 a 10; **se recevoir** *vpr* (*athlète*) caer
rechange [ʀ(ə)ʃɑ̃ʒ] : **de ~** *adj* (*pièces, roue*) de repuesto; (*fig*) de recambio; **des vêtements de ~** ropa para cambiarse, muda
rechaper [ʀ(ə)ʃape] *vt* recauchutar
réchapper [ʀeʃape] : **~ de** *ou* **à** *vt* (*maladie*) librarse de; (*accident*) salvarse de; **va-t-il en ~ ?** ¿saldrá de ésta?
recharge [ʀ(ə)ʃaʀʒ] *nf* recambio
rechargeable [ʀ(ə)ʃaʀʒabl] *adj* recargable
recharger [ʀ(ə)ʃaʀʒe] *vt* (*camion*) volver a cargar; (*fusil, batterie*) recargar; (*appareil photo, briquet, stylo*) cargar
réchaud [ʀeʃo] *nm* (*portable*) hornillo; (*chauffe-plat*) calientaplatos *m inv*
réchauffé [ʀeʃofe] *nm* (*nourriture*) recalentado(-a); (*fig*) muy visto(-a)
réchauffement [ʀeʃofmɑ̃] *nm* : **~ climatique** calentamiento global
réchauffer [ʀeʃofe] *vt* (*plat*) recalentar; (*mains, doigts, personne*) calentar; **se réchauffer** *vpr* calentarse; (*température*) subir
rêche [ʀɛʃ] *adj* áspero(-a)
recherche [ʀ(ə)ʃɛʀʃ] *nf* (*action*) búsqueda; (*raffinement*) afectación *f*; (*scientifique etc*) investigación *f*; **être/se mettre à la ~ de** estar investigando/ponerse a la búsqueda de; **recherches** *nfpl* (*de la police*) indagaciones *fpl*; (*scientifiques*) investigaciones *fpl*
recherché, e [ʀ(ə)ʃɛʀʃe] *adj* (*rare*) codiciado(-a); (*entouré*) solicitado(-a); (*style, allure*) rebuscado(-a)

rechercher [ʀ(ə)ʃɛʀʃe] *vt* buscar; (*objet égaré, lettre*) rebuscar; (*cause d'un phénomène, nouveau procédé*) investigar; (*la perfection, le bonheur etc*) perseguir; « **~ et remplacer** » (*Inform*) « buscar y sustituir »
rechigner [ʀ(ə)ʃiɲe] *vi* refunfuñar; **~ à qch/à faire qch** poner mala cara a algo/por hacer algo
rechute [ʀ(ə)ʃyt] *nf* recaída; **faire** *ou* **avoir une ~** (*Méd*) recaer *ou* tener una recaída
rechuter [ʀ(ə)ʃyte] *vi* recaer
récidive [ʀesidiv] *nf* (*Jur*) reincidencia; (*fig*) reiteración *f*; (*Méd*) recidiva
récidiver [ʀesidive] *vi* reincidir; (*fig*) reiterar; (*Méd : malade*) recaer; (*: maladie*) reproducirse
récidiviste [ʀesidivist] *nmf* reincidente *mf*
récif [ʀesif] *nm* arrecife *m*
récipiendaire [ʀesipjɑ̃dɛʀ] *nm* (*de diplôme, titre*) recién titulado(-a)
récipient [ʀesipjɑ̃] *nm* recipiente *m*
réciprocité [ʀesipʀɔsite] *nf* reciprocidad *f*
réciproque [ʀesipʀɔk] *adj* (*mutuel*) recíproco(-a); (*partagé : confiance, amitié*) mutuo(-a) ▸ *nf* : **la ~** (*l'inverse*) la inversa
réciproquement [ʀesipʀɔkmɑ̃] *adv* recíprocamente; **et ~** y vice versa
récit [ʀesi] *nm* relato
récital [ʀesital] *nm* recital *m*
récitant, e [ʀesitɑ̃, ɑ̃t] *nm/f* narrador(a)
récitation [ʀesitasjɔ̃] *nf* recitación *f*
réciter [ʀesite] *vt* recitar
réclamation [ʀeklamasjɔ̃] *nf* reclamación *f*; **service des réclamations** servicio de reclamaciones
réclame [ʀeklam] *nf* : **la ~** la publicidad; **une ~** (*annonce, prospectus*) un anuncio; **faire de la ~ (pour qch/qn)** hacer publicidad (de algo/algn); **article en ~** artículo de oferta
réclamer [ʀeklame] *vt* (*aide, nourriture*) pedir; (*exiger*) reclamar; (*nécessiter*) requerir ▸ *vi* (*protester*) reclamar; **se réclamer** *vpr* : **se ~ de qn** (*se recommander de*) apelar a algn
reclassement [ʀ(ə)klɑsmɑ̃] *nm* nueva clasificación *f*; rehabilitación *f*; readaptación *f*
reclasser [ʀ(ə)klɑse] *vt* (*fiches, dossiers*) volver a clasificar; (*fonctionnaire*) rehabilitar; (*ouvrier licencié*) readaptar
reclus, e [ʀəkly, yz] *nm/f* recluso(-a)
réclusion [ʀeklyzjɔ̃] *nf* reclusión *f*; **~ à perpétuité** cadena perpetua
recoiffer [ʀ(ə)kwafe] *vt* volver a peinar; **se recoiffer** *vpr* volverse a peinar
recoin [ʀəkwɛ̃] *nm* (*aussi fig*) rincón *m*
reçois *etc* [ʀəswa] *vb voir* **recevoir**
reçoive *etc* [ʀəswav] *vb voir* **recevoir**
recoller [ʀ(ə)kɔle] *vt* volver a pegar
récoltant, e [ʀekɔltɑ̃, ɑ̃t] *nm/f* cosechero(-a) ▸ *adj voir* **propriétaire**
récolte [ʀekɔlt] *nf* cosecha; (*fig*) acopio
récolter [ʀekɔlte] *vt* cosechar; (*fam : ennuis, coups*) ganarse, cobrar
recommandable [ʀ(ə)kɔmɑ̃dabl] *adj* recomendable; **peu ~** poco recomendable
recommandation [ʀ(ə)kɔmɑ̃dasjɔ̃] *nf* recomendación *f*; **lettre de ~** carta de recomendación
recommandé, e [ʀ(ə)kɔmɑ̃de] *adj* recomendado(-a) ▸ *nm* (*Postes*) : **en ~** certificado(-a)
recommander [ʀ(ə)kɔmɑ̃de] *vt* recomendar; (*Postes*) certificar; **~ qch à qn** recomendar algo a algn; **~ à qn de faire ...** recomendar a algn hacer ...; **~ qn auprès de qn/à qn** recomendar algn a algn; **il est recommandé de faire** se recomienda hacer; **se ~ à qn** encomendarse a algn; **se ~ de qn** apoyarse en algn
recommencer [ʀ(ə)kɔmɑ̃se] *vt* (*reprendre*) seguir con; (*refaire*) repetir; (*erreur*) reincidir; **~ à faire** volver a hacer ▸ *vi* volver a empezar; (*récidiver*) volver a las andadas; **ne recommence pas !** ¡no empieces!
récompense [ʀekɔ̃pɑ̃s] *nf* recompensa; **recevoir qch en ~** recibir algo como recompensa
récompenser [ʀekɔ̃pɑ̃se] *vt* recompensar; **~ qn de** *ou* **pour qch** recompensar a algn por algo
recompter [ʀ(ə)kɔ̃te] *vt, vi* recontar
réconciliation [ʀekɔ̃siljasjɔ̃] *nf* reconciliación *f*
réconcilier [ʀekɔ̃silje] *vt* reconciliar; **~ qn avec qn** reconciliar a algn con algn; **~ qn avec qch** reconciliar a algn con algo; **se réconcilier** *vpr* reconciliarse; **se ~ avec** reconciliarse con
reconductible [ʀ(ə)kɔ̃dyktibl] *adj* reconducible
reconduction [ʀ(ə)kɔ̃dyksjɔ̃] *nf* (*Jur, Pol*) reconducción *f*
reconduire [ʀ(ə)kɔ̃dɥiʀ] *vt* (*à la porte*) acompañar hasta la salida; (*à son domicile*) acompañar; (*Jur, Pol*) reconducir
réconfort [ʀekɔ̃fɔʀ] *nm* consuelo
réconfortant, e [ʀekɔ̃fɔʀtɑ̃, ɑ̃t] *adj* reconfortante
réconforter [ʀekɔ̃fɔʀte] *vt* (*aussi fig*) reconfortar
reconnais *etc* [ʀ(ə)kɔnɛ] *vb voir* **reconnaître**
reconnaissable [ʀ(ə)kɔnɛsabl] *adj* reconocible
reconnaissais *etc* [ʀ(ə)kɔnɛse] *vb voir* **reconnaître**
reconnaissance [ʀ(ə)kɔnɛsɑ̃s] *nf* reconocimiento; (*gratitude*) agradecimiento; **en ~** (*Mil*) de reconocimiento; **~ de dette** reconocimiento de deuda
reconnaissant, e [ʀ(ə)kɔnɛsɑ̃, ɑ̃t] *vb voir* **reconnaître** ▸ *adj* agradecido(-a); **je vous serais ~ de bien vouloir ...** le estaría muy agradecido si quisiera ...

r

reconnaître [R(ə)kɔnɛtR] *vt* reconocer; (*distinguer*) distinguir; **~ que** reconocer que; **~ qch/qn à** reconocer algo/a algn por; **~ à qn : je lui reconnais certaines qualités/une grande franchise** le reconozco ciertas cualidades/una gran franqueza; **se ~ quelque part** (*s'y retrouver*) orientarse en un lugar
reconnu, e [R(ə)kɔny] *pp de* **reconnaître** ▸ *adj* indiscutible
reconquérir [R(ə)kɔ̃keRiR] *vt* (*sa dignité etc*) recobrar; (*fig*) reconquistar
reconquête [R(ə)kɔ̃kɛt] *nf* reconquista
reconsidérer [R(ə)kɔ̃sideRe] *vt* reconsiderar
reconstituant, e [R(ə)kɔ̃stitɥɑ̃, ɑ̃t] *adj, nm* reconstituyente *m*
reconstituer [R(ə)kɔ̃stitɥe] *vt* reconstituir; (*fresque, vase brisé*) recomponer; (*fortune, patrimoine*) rehacer
reconstitution [R(ə)kɔ̃stitysjɔ̃] *nf* reconstitución *f*; (*de crime etc*) reconstrucción *f*
reconstruction [R(ə)kɔ̃stRyksjɔ̃] *nf* reconstrucción *f*
reconstruire [R(ə)kɔ̃stRɥiR] *vt* (*aussi fig*) reconstruir
recontacter [R(ə)kɔ̃takte] *vt* : **~ qn** volver contactar con algn
reconversion [R(ə)kɔ̃vɛRsjɔ̃] *nf* (*économique, technique*) reconversión *f*; (*du personnel*) reciclaje *m*
reconvertir [R(ə)kɔ̃vɛRtiR] *vt* reconvertir; **se ~ dans** reconvertirse en
recopier [R(ə)kɔpje] *vt* (*transcrire*) volver a copiar; (*mettre au propre*) poner en limpio
record [R(ə)kɔR] *adj, nm* récord *m*; **battre tous les records** (*fig*) batir todos los récords; **en un temps/à une vitesse ~** en un tiempo/a una velocidad récord; **~ du monde** récord del mundo
recoucher [R(ə)kuʃe] *vt* (*enfant*) volver a acostar; **se recoucher** *vpr* volverse a acostar
recoudre [R(ə)kudR] *vt* volver a coser
recoupement [R(ə)kupmɑ̃] *nm* : **par ~** atando cabos; **faire un ~/des recoupements** verificar un hecho/hechos
recouper [R(ə)kupe] *vt* (*tranche*) volver a cortar; (*vêtement*) retocar ▸ *vi* (*Cartes*) volver a cortar; **se recouper** *vpr* (*témoignages*) coincidir
recourais *etc* [RəkuRe] *vb voir* **recourir**
recourbé, e [R(ə)kuRbe] *adj* (*nez, tige de métal*) encorvado(-a); (*bec*) corvo(-a)
recourber [R(ə)kuRbe] *vt* (*branche, tige de métal*) doblar
recourir [R(ə)kuRiR] *vi* (*courir de nouveau*) correr de nuevo; (*refaire une course*) volver a correr; **~ à** recurrir a
recours [R(ə)kuR] *vb voir* **recourir** ▸ *nm* : **le ~ à la ruse/violence** el recurso a la astucia/violencia; **avoir ~ à** recurrir a; **en dernier ~** como último recurso; **c'est sans ~** no tiene remedio; **~ en grâce** petición *f* de indulto
recouru, e [RəkuRy] *pp de* **recourir**
recousu, e [Rəkuzy] *pp de* **recoudre**
recouvert, e [RəkuvɛR, ɛRt] *pp de* **recouvrir** ▸ *adj* : **~ de** recubierto(-a) de
recouvrable [R(ə)kuvRabl] *adj* (*somme*) recuperable
recouvrais *etc* [RəkuvRɛ] *vb voir* **recouvrer**; **recouvrir**
recouvrement [R(ə)kuvRəmɑ̃] *nm* (*des impôts*) recaudación *f*
recouvrer [R(ə)kuvRe] *vt* (*la vue, santé, raison*) recobrar; (*impôts, créance*) recaudar
recouvrir [R(ə)kuvRiR] *vt* (*récipient*) cubrir, recubrir; (*livre*) forrar; (*masquer*) encubrir; (*embrasser*) abarcar; **se recouvrir** *vpr* (*idées, concepts*) superponerse
recracher [R(ə)kRaʃe] *vt* escupir ▸ *vi* volver a escupir
récréatif, -ive [RekReatif, iv] *adj* recreativo(-a)
récréation [RekReasjɔ̃] *nf* recreo
recréditer [R(ə)kRedite] *vt* (*compte, carte*) recargar
recréer [R(ə)kRee] *vt* (*ville*) volver a crear; (*scène etc*) recrear
récrier [RekRije] : **se récrier** *vpr* exclamar
récriminations [RekRiminasjɔ̃] *nfpl* recriminaciones *fpl*
récriminer [RekRimine] *vi* : **~ contre qn/qch** recriminar a algn/algo
recroquevillé, e [R(ə)kRɔk(ə)vije] *adj* (*feuilles*) marchito(-a); (*personne*) acurrucado(-a)
recroqueviller [R(ə)kRɔk(ə)vije] : **se recroqueviller** *vpr* (*feuilles*) marchitarse; (*personne*) acurrucarse
recru, e [RəkRy] *adj* : **~ de fatigue** reventado(-a) de cansancio
recrudescence [R(ə)kRydesɑ̃s] *nf* recrudecimiento
recrue [RəkRy] *nf* (*Mil*) recluta *mf*; (*gén*) neófito(-a)
recrutement [R(ə)kRytmɑ̃] *nm* (*Mil, de clients, adeptes*) reclutamiento; (*de personnel*) contratación *f*
recruter [R(ə)kRyte] *vt* (*Mil, clients, adeptes*) reclutar; (*personnel*) contratar
recruteur, -euse [R(ə)kRytœR, øz] *nm/f* reclutador(a), técnico(-a) en selección de personal; (*Sport*) ojeador(a)
rectal, e, -aux [Rɛktal, o] *adj* : **par voie rectale** por vía rectal
rectangle [Rɛktɑ̃gl] *nm* rectángulo; **~ blanc** (*TV*) ≈ rombo
rectangulaire [Rɛktɑ̃gylɛR] *adj* rectangular
recteur [Rɛktœr] *nm* rector *m*
rectificatif, -ive [Rɛktifikatif, iv] *adj* rectificativo(-a) ▸ *nm* rectificativo
rectification [Rɛktifikasjɔ̃] *nf* rectificación *f*
rectifier [Rɛktifje] *vt* (*tracé*) enderezar; (*calcul*) rectificar; (*erreur*) corregir

rectiligne [ʀɛktiliɲ] *adj* rectilíneo(-a)
rectitude [ʀɛktityd] *nf* rectitud *f*
recto [ʀɛkto] *nm* anverso
rectorat [ʀɛktɔʀa] *nm* rectorado
rectum [ʀɛktɔm] *nm* recto
reçu, e [ʀ(ə)sy] *pp de* **recevoir** ▸ *adj* (*admis, consacré*) admitido(-a) ▸ *nm* (*récépissé*) recibo
recueil [ʀəkœj] *nm* selección *f*
recueillement [ʀ(ə)kœjmɑ̃] *nm* recogimiento
recueilli, e [ʀ(ə)kœji] *adj* recogido(-a)
recueillir [ʀ(ə)kœjiʀ] *vt* recoger; (*matériaux, voix, suffrages*) conseguir; (*fonds*) conseguir, recolectar; (*renseignements, dépositions*) reunir; (*réfugiés*) acoger; **se recueillir** *vpr* recogerse
recuire [ʀ(ə)kɥiʀ] *vi* : **faire ~** volver a cocer
recul [ʀ(ə)kyl] *nm* retroceso; **avoir un mouvement de ~** hacer un movimiento de retroceso; **prendre du ~** retroceder; (*fig*) considerar con detenimiento; **avec le ~** con perspectiva
reculade [ʀ(ə)kylad] (*péj*) *nf* retirada
reculé, e [ʀ(ə)kyle] *adj* (*isolé*) apartado(-a); (*lointain*) lejano(-a)
reculer [ʀ(ə)kyle] *vi* (*aussi fig*) retroceder; (*véhicule, conducteur*) dar marcha atrás; (*se dérober, hésiter*) echarse atrás; **~ devant** (*danger, difficulté*) echarse atrás ante; **~ pour mieux sauter** retrasar el asunto ▸ *vt* (*meuble, véhicule*) retirar; (*mur, frontières*) alejar; (*fig : possibilités, limites*) ampliar; (*: date, livraison, décision*) aplazar, postergar (*Am*)
reculons [ʀ(ə)kylɔ̃] : **à ~** *adv* hacia atrás
récupérable [ʀekypeʀabl] *adj* recuperable
récupérateur, -trice [ʀekypeʀatœʀ, tʀis] *nm/f* recuperador(a) ▸ *adj* (*Football*) : **milieu ~** centrocampista recuperador
récupération [ʀekypeʀasjɔ̃] *nf* recuperación *f*
récupérer [ʀekypeʀe] *vt* recuperar; (*forces*) recobrar ▸ *vi* (*après un effort etc*) recuperarse
récurer [ʀekyʀe] *vt* fregar; **poudre à ~** detergente *m* de fregar
récurrence [ʀekyʀɑ̃s] *nf* recurrencia
récurrent, e [ʀekyʀɑ̃, ɑ̃t] *adj* recurrente
reçus [ʀəsy] *vb voir* **recevoir**
récusable [ʀekyzabl] *adj* recusable
récusation [ʀekyzasjɔ̃] *nf* (*Jur*) recusación *f*; (*d'argument, témoignage*) rechazo
récuser [ʀekyze] *vt* (*Jur*) recusar; (*argument, témoignage*) rechazar; **se récuser** *vpr* declararse incompetente
reçut [ʀəsy] *vb voir* **recevoir**
recyclable [ʀ(ə)siklabl] *adj* reciclable
recyclage [ʀ(ə)siklaʒ] *nm* reciclaje *m*; **cours de ~** curso de reciclaje
recycler [ʀ(ə)sikle] *vt* reciclar; (*Scol*) adaptar; (*employés*) reciclar, reconvertir; **se recycler** *vpr* reciclarse
rédacteur, -trice [ʀedaktœʀ, tʀis] *nm/f* redactor(a); **~ en chef** redactor(a) jefe; **~ publicitaire** redactor(a) publicitario(a)
rédaction [ʀedaksjɔ̃] *nf* redacción *f*
rédactionnel, le [ʀedaksjɔnɛl] *adj* (*Presse : équipe*) de redacción; (*: ligne*) editorial; **d'excellentes capacités rédactionnelles** excelentes capacidades de redacción; **contenu ~** contenido editorial
reddition [ʀedisjɔ̃] *nf* rendición *f*
redécoller [ʀ(ə)dekɔle] *vi* (*avion*) volver a despegar; (*fig : ventes, croissance*) reactivarse
redécouvrir [ʀ(ə)dekuvʀiʀ] *vt* redescubrir
redéfinir [ʀ(ə)definiʀ] *vt* redefinir, volver a definir
redéfinition [ʀ(ə)definisjɔ̃] *nf* redefinición *f*
redemander [ʀədmɑ̃de] *vt* (*renseignement*) volver a preguntar; **~ de** (*nourriture*) volver a pedir; **~ qch** (*objet prêté*) pedir la devolución de algo
redémarrage [ʀ(ə)demaʀaʒ] *nm* (*de machine*) arranque *m*; (*fig : de l'industrie, activité*) reactivación *f*; (*Inform*) reinicio
redémarrer [ʀ(ə)demaʀe] *vi* (*véhicule*) volver a arrancar; (*fig : industrie etc*) reactivarse ▸ *vt* (*Inform*) reiniciar
rédemption [ʀedɑ̃psjɔ̃] *nf* redención *f*
redéploiement [ʀ(ə)deplwamɑ̃] *nm* reorganización *f*
redescendre [ʀ(ə)desɑ̃dʀ] *vi* volver a bajar ▸ *vt* bajar
redessiner [ʀ(ə)desine] *vt* (*paysage, jardin*) rediseñar; (*frontière*) volver a trazar
redevable [ʀ(ə)dəvabl] *adj* : **être ~ de qch à qn** (*aussi fig*) deber algo a algn
redevance [ʀ(ə)dəvɑ̃s] *nf* canon *m*
redevenir [ʀ(ə)dəv(ə)niʀ] *vi* volver a ser
rédhibitoire [ʀedibitwaʀ] *adj* : **vice ~** vicio redhibitorio
rediffuser [ʀ(ə)difyze] *vt* difundir de nuevo
rediffusion [ʀ(ə)difyzjɔ̃] *nf* nueva difusión *f*
rédiger [ʀediʒe] *vt* redactar
redire [ʀ(ə)diʀ] *vt* repetir; **avoir/trouver qch à ~** (*critiquer*) tener/encontrar algo que criticar
redistribuer [ʀ(ə)distʀibɥe] *vt* redistribuir
redistribution [ʀ(ə)distʀibysjɔ̃] *nf* redistribución *f*; **~ des cartes** nuevo reparto de cartas; (*fig*) cambio de escenario
redite [ʀ(ə)dit] *nf* repetición *f*
redondance [ʀ(ə)dɔ̃dɑ̃s] *nf* redundancia
redondant, e [ʀədɔ̃dɑ, ɑ̃t] *adj* redundante
redonner [ʀ(ə)dɔne] *vt* (*restituer*) restituir; (*repasser*) volver a dar; (*du courage, des forces*) devolver
redorer [ʀ(ə)dɔʀe] *vt* redorar; **~ son blason** (*fig*) recuperar el prestigio de antaño
redoublant, e [ʀ(ə)dublɑ̃, ɑ̃t] *nm/f* (*Scol*) repetidor(a)
redoublé, e [ʀəduble] *adj* : **frapper à coups redoublés** golpear con violencia
redoublement [ʀ(ə)dubləmɑ̃] *nm* (*Scol*) repetición *f* de curso; (*de lettre*) repetición *f*; (*intensification*) redoble *m*, incremento; **il me**

r

fallut un ~ d'effort pour ... tuve que redoblar mis esfuerzos para ...; **avec un ~ d'attention** con redoblada atención
redoubler [R(ə)duble] *vt* (*classe*) repetir; (*lettre*) duplicar ▸ *vi* (*Scol*) repetir; (*tempête, violence*) arreciar; **~ de** (*amabilité, efforts*) redoblar; **le vent redouble de violence** el viento arrecia con violencia
redoutable [R(ə)dutabl] *adj* temible
redouter [R(ə)dute] *vt* temer; **~ que** temer que; **je redoute de faire sa connaissance** temo conocerlo
redoux [Rədu] *nm* mejoría
redressement [R(ə)dRɛsmɑ̃] *nm* (*de l'économie etc*) restablecimiento; **maison de ~** reformatorio; **~ fiscal** recuperación *f* fiscal
redresser [R(ə)dRese] *vt* enderezar; (*situation, économie*) restablecer; **~ (les roues)** enderezarse; **se redresser** *vpr* (*objet penché*) enderezarse; (*personne*) erguirse; (*se tenir très droit*) ponerse derecho; (*fig : pays, situation*) restablecerse
redresseur [R(ə)dResœR] *nm* : **~ de torts** desfacedor *m* de entuertos
réducteur, -trice [RedyktœR, tRis] *adj* reductor(a)
réduction [Redyksjɔ̃] *nf* reducción *f*; (*rabais, remise*) rebaja; **en ~** (*en plus petit*) reducido(-a)
réduire [RedɥiR] *vt* reducir; (*jus, sauce*) consumir; **~ qn au silence/à l'inaction/à la misère** reducir a algn al silencio/a la inactividad/a la miseria; **~ qch à** (*fig*) reducir algo a; **~ qch en** transformar algo en; **en être réduit à** no tener otro remedio que; **se réduire à** *vpr* reducirse a; **se ~ en** (*se transformer en*) convertirse en
réduit, e [Redɥi, it] *pp de* **réduire** ▸ *adj* reducido(-a) ▸ *nm* cuchitril *m*
redynamiser [R(ə)dinamize] *vt* (*économie, secteur, tourisme*) redinamizar
rééchelonnement [Reeʃ(ə)lɔnmɑ̃] *nm* (*de dette*) reescalonamiento
rééchelonner [Reeʃ(ə)lɔne] *vt* (*dette*) reescalonar
rééditer [Reedite] *vt* reeditar
réédition [Reedisjɔ̃] *nf* reedición *f*
rééducation [Reedykasjɔ̃] *nf* rehabilitación *f*; **centre de ~** centro de rehabilitación; **~ de la parole** logopedia
rééduquer [Reedyke] *vt* rehabilitar
réel, le [Reɛl] *adj* real; (*intensif : avant le nom*) verdadero(-a) ▸ *nm* : **le ~** lo real
réélection [Reelɛksjɔ̃] *nf* reelección *f*
rééligible [Reeliʒibl] *adj* reelegible
réélire [ReeliR] *vt* reelegir
réellement [Reɛlmɑ̃] *adv* realmente
réembaucher [Reɑ̃boʃe] *vt* (*reprendre, réintégrer*) readmitir ▸ *vi* volver a contratar
réémetteur [ReemetœR] *nm* (*Tél*) repetidor *m*
réemploi [Reɑ̃plwa] *nm* (*de personnel*) readmisión *f*
réemployer [Reɑ̃plwaje] *vt* (*méthode, produit*) volver a emplear; (*argent*) reinvertir; (*personnel*) readmitir
rééquilibrer [ReekilibRe] *vt* reequilibrar
réescompte [Reɛskɔ̃t] *nm* redescuento
réessayer [Reeseje] *vt* volver a probar
réévaluation [Reevalɥasjɔ̃] *nf* reevaluación *f*
réévaluer [Reevalɥe] *vt* reevaluar
réexamen [Reɛgzamɛ̃] *nm* (*de dossier*) reexamen *m*; (*de demande, décision*) reconsideración *f*
réexaminer [Reɛgzamine] *vt* (*dossier*) reexaminar; (*demande, décision*) reconsiderar
réexpédier [Reɛkspedje] *vt* (*à l'envoyeur*) devolver; (*au destinataire*) remitir
réexportation [Reɛkspɔrtasjɔ̃] *nf* reexportación *f*
réexporter [Reɛkspɔrte] *vt* reexportar
réf. *abr* (= *référence(s)*) ref.
refaire [R(ə)fɛR] *vt* hacer de nuevo; (*recommencer, faire tout autrement*) rehacer; (*réparer, restaurer*) restaurar; **être refait** (*fam*) ser engañado *ou* timado; **il faut ~ les peintures** tenemos que repintar; **se refaire** *vpr* (*en santé, argent etc*) reponerse; **se ~ une santé** mejorarse, recuperarse; **se ~ à qch** acostumbrarse de nuevo a algo
refasse [Rəfas] *vb voir* **refaire**
réfection [Refɛksjɔ̃] *nf* reparación *f*; **en ~** en obras
réfectoire [RefɛktwaR] *nm* refectorio, comedor *m*
referai *etc* [R(ə)fRe] *vb voir* **refaire**
référé [RefeRe] *nm* (*procédure*) procedimiento de urgencia; (*décision*) sentencia
référence [RefeRɑ̃s] *nf* referencia; **faire ~ à** hacer referencia a; **ouvrage de ~** manual *m* de consulta; **ce n'est pas une ~** (*fig*) menuda referencia; **références** *nfpl* (*garanties, recommandations*) referencias *fpl*; **références exigées** con informes
référencement [RefeRɑ̃smɑ̃] *nm* (*de texte, sources, site internet*) referenciamiento
référencer [RefeRɑ̃se] *vt* (*texte, sources, site internet*) referenciar
référendum [RefeRɛ̃dɔm] *nm* referéndum *m*
référer [RefeRe] *vt* : **en ~ à qn** remitir a algn; **se référer** *vpr* : **se ~ à** remitirse a; (*se rapporter à*) referirse a
refermer [R(ə)fɛRme] *vt* volver a cerrar; **se refermer** *vpr* cerrarse
refiler [R(ə)file] (*fam*) *vt* : **~ qch à qn** encajar algo a algn
refit [Rəfi] *vb voir* **refaire**
réfléchi, e [Refleʃi] *adj* reflexivo(-a); (*action, décision*) pensado(-a)
réfléchir [RefleʃiR] *vt* reflejar; **~ à** *ou* **sur** reflexionar acerca de ▸ *vi* reflexionar; **c'est tout réfléchi** está todo pensado
réflecteur [RɛflɛktœR] *nm* reflector *m*

reflet [R(ə)flɛ] *nm* reflejo; **reflets** *nmpl* (*du soleil, des cheveux*) reflejos *mpl*; (*d'une étoffe, d'un métal*) destellos *mpl*
refléter [R(ə)flete] *vt* reflejar; **se refléter** *vpr* reflejarse
refleurir [R(ə)flœRiR] *vi* (*aussi fig*) reflorecer
reflex, réflex [Reflɛks] *adj inv* (*Photo*) réflex *inv*
réflexe [Reflɛks] *nm* reflejo; **avoir de bons réflexes** tener buenos reflejos; **~ conditionné** reflejo condicionado ▸ *adj* : **acte/mouvement ~** acto/movimiento reflejo
réflexion [Reflɛksjɔ̃] *nf* reflexión *f*; (*remarque désobligeante*) reproche *m*; **sans ~** sin pensar; **après ~, ~ faite, à la ~** pensándolo bien; **cela demande ~** eso exige reflexión; **délai de ~** tiempo para reflexionar; **groupe de ~** gabinete *m* de estrategia; **réflexions** *nfpl* (*méditations*) reflexiones *fpl*
réflexologie [Reflɛksɔlɔʒi] *nf* reflexología
refluer [R(ə)flye] *vi* (*eaux*) refluir; (*foule, manifestants*) retroceder
reflux [Rəfly] *nm* (*de la mer*) reflujo; (*fig*) retroceso
refondation [R(ə)fɔ̃dasjɔ̃] *nf* refundación *f*
refondre [R(ə)fɔ̃dR] *vt* refundir
refont [R(ə)fɔ̃] *vb voir* **refaire**
refonte [R(ə)fɔ̃t] *nf* (*de texte*) refundición *f*
reformater [R(ə)fɔRmate] *vt* recomponer
réformateur, -trice [RefɔRmatœR, tRis] *adj, nm/f* reformador(a)
Réformation [RefɔRmasjɔ̃] *nf* : **la ~** la Reforma
réforme [RefɔRm] *nf* reforma; (*Mil*) baja; **la R~** (*Rel*) la Reforma; **conseil de ~** (*Mil*) tribunal *m* médico
réformé, e [RefɔRme] *adj* (*Rel*) reformado(-a) ▸ *nm/f* (*Rel*) protestante *mf* ▸ *nm* (*Mil*) *persona declarada inútil para el servicio*
reformer [R(ə)fɔRme] *vt* : **~ les rangs** (*Mil*) volver a formar las filas; **se reformer** *vpr* volver a formar
réformer [RefɔRme] *vt* reformar; (*recrue*) declarar inútil; (*soldat*) dar de baja
réformisme [RefɔRmism] *nm* reformismo
réformiste [RefɔRmist] *adj, nmf* reformista *mf*
reformuler [R(ə)fɔRmyle] *vt* reformular, volver a formular
refoulé, e [R(ə)fule] *adj* reprimido(-a)
refoulement [R(ə)fulmɑ̃] *nm* represión *f*
refouler [R(ə)fule] *vt* (*envahisseurs*) rechazar; (*liquide*) impeler; (*fig : larmes*) contener; (*Psych, colère*) reprimir
réfractaire [RefRaktɛR] *adj* refractario(-a); (*rebelle*) rebelde; (*prêtre*) refractario; **être ~ à** ser refractario(-a) a
réfracter [RefRakte] *vt* refractar
réfraction [RefRaksjɔ̃] *nf* refracción *f*
refrain [R(ə)fRɛ̃] *nm* estribillo; (*air*) canción *f*; (*leitmotiv*) cantinela
refréner [RəfRene], **réfréner** [RefRene] *vt* refrenar
réfrigérant, e [RefRiʒeRɑ̃, ɑ̃t] *adj* refrigerante
réfrigérateur [RefRiʒeRatœR] *nm* frigorífico, nevera, heladera (*AM*), refrigeradora (*AM*)
réfrigération [RefRiʒeRasjɔ̃] *nf* refrigeración *f*
réfrigéré, e [RefRiʒeRe] *adj* refrigerado(-a)
réfrigérer [RefRiʒeRe] *vt* refrigerar; **je suis réfrigéré** (*fam*) estoy congelado; **cette nouvelle l'a réfrigéré** (*fig*) esta noticia lo dejó helado
refroidir [R(ə)fRwadiR] *vt* enfriar ▸ *vi* (*plat, moteur*) enfriar; **se refroidir** *vpr* (*personne*) enfriarse, coger frío; (*temps*) refrescar; (*fig*) enfriarse
refroidissement [R(ə)fRwadismɑ̃] *nm* enfriamiento
refuge [R(ə)fyʒ] *nm* refugio; (*pour piétons*) abrigo; **chercher/trouver ~ auprès de qn** buscar/encontrar refugio en algn; **demander ~ à qn** pedir asilo a algn
réfugié, e [Refyʒje] *adj, nm/f* refugiado(-a)
réfugier [Refyʒje] : **se réfugier** *vpr* refugiarse
refus [R(ə)fy] *nm* rechazo; **ce n'est pas de ~** (*fam*) se agradece
refuser [R(ə)fyze] *vt* (*ne pas accorder*) denegar; (*ne pas accepter*) rechazar; (*candidat*) suspender; **~ que/de faire** negarse a que/a hacer; **~ qch à qn** negar algo a algn; **~ du monde** cerrar las puertas a la gente ▸ *vi* (*cheval*) rehusar; **se refuser** *vpr* : **se ~ à qch/faire qch** negarse a algo/hacer algo; **se ~ à qn** no entregarse a algn; **il ne se refuse rien** no se priva de nada
réfutable [Refytabl] *adj* refutable
réfuter [Refyte] *vt* refutar
regagner [R(ə)gaɲe] *vt* (*argent*) volver a ganar; (*affection, amitié*) recuperar; (*lieu, place*) regresar a; **~ le temps perdu** recuperar el tiempo perdido; **~ du terrain** recuperar terreno
regain [Rəgɛ̃] *nm* (*herbe*) renadío; **un ~ de** un rebrote de
régal [Regal] *nm* (*mets, fig*) delicia; (*plaisir*) regalo; **c'est un (vrai) ~** es una (verdadera) delicia; **un ~ pour les yeux** un regalo para la vista
régalade [Regalad] *adv* : **à la ~** a chorro
régaler [Regale] *vt* : **~ qn** obsequiar a algn; **~ qn de** obsequiar a algn con; **se régaler** *vpr* (*faire un bon repas*) regalarse; (*fig*) disfrutar
régalien, ne [Regaljɛ̃, jɛn] *adj* de regalía
regard [R(ə)gaR] *nm* mirada; **parcourir/menacer du ~** recorrer/amenazar con la mirada; **au ~ de** (*loi, morale*) a la luz de; **en ~** (*en face, vis à vis*) en frente; **en ~ de** en comparación con
regardant, e [R(ə)gaRdɑ̃, ɑ̃t] *adj* (*économe*) ahorrativo(-a); (*péj*) tacaño(-a); **très/peu ~ sur** (*qualité, propreté*) muy/poco mirado(-a) con

r

regarder [R(ə)gaRde] *vt* mirar; (*situation, avenir*) ver; (*concerner*) concernir; **~ la télévision** ver *ou* mirar la televisión; **~ qn/qch comme** (*juger*) considerar a algn/algo como; **cela te regarde ?** ¿a ti qué te importa?; **cela me regarde** eso me atañe, eso es cosa mía ▸ *vi* ver, mirar; **~ (qch) dans le dictionnaire/l'annuaire** mirar (algo) en el diccionario/en la guía telefónica; **~ par la fenêtre** mirar por la ventana; **~ à** (*dépense*) reparar en; (*qualité, détails*) mirar; **~ (vers)** mirar (hacia); **ne pas ~ à la dépense** no mirar por el dinero; **se regarder** *vpr* : **se ~ dans les yeux** mirarse a los ojos; **se ~ en chiens de faïence** (*sans aménité et sans dire un mot*) mirarse con recelo

régate [Regat] *nf* regata

régénérant, e [Reʒenerɑ̃, ɑ̃t] *adj* (*lait, crème*) regenerador(a), revitalizante

régénérateur, -trice [ReʒeneRatœR, tRis] *adj* regenerador(a)

régénérer [ReʒeneRe] *vt* regenerar; **se régénérer** *vpr* regenerarse

régent [Reʒɑ̃] *nm* regente *m*

régenter [Reʒɑ̃te] *vt* (*gén*) regentar; (*personne*) dar órdenes a

régie [Reʒi] *nf* (*Admin*) administración *f* (*del estado o de una institución pública*); (*Comm, Indus*) corporación *f* pública; (*Ciné, Théâtre*) departamento de producción; (*Radio, TV*) sala de control

regimber [R(ə)ʒɛ̃be] *vi* respingar

régime [Reʒim] *nm* (*pouvoir, diète*) régimen *m*; (*fig : allure*) paso; (*de bananes, dattes*) racimo; **se mettre au/suivre un ~** ponerse a/estar a régimen; **~ sans sel** régimen sin sal; **à bas/haut ~** (*Auto*) a pocas/muchas revoluciones; **à plein ~** a toda velocidad; **~ matrimonial** régimen matrimonial

régiment [Reʒimɑ̃] *nm* regimiento; **un ~ de** (*fig : fam*) un regimiento de; **un copain de ~** un compañero de la mili

région [Reʒjɔ̃] *nf* región *f*; **la ~ parisienne** la región de París

régional, e, -aux [Reʒjɔnal, o] *adj* regional

régionalisation [Reʒjɔnalizasjɔ̃] *nf* regionalización *f*

régionalisme [Reʒjɔnalism] *nm* regionalismo

régir [ReʒiR] *vt* regir

régisseur, -euse [ReʒisœR, øz] *nm/f* (*d'un domaine, d'une propriété*) administrador(a); (*Théâtre, Ciné*) regidor(a)

registre [Rəʒistr] *nm* registro; **~ de comptabilité** libro de cuentas; **~ de l'état civil** registro civil

réglable [Reglabl] *adj* (*siège, flamme etc*) regulable

réglage [Reglaʒ] *nm* ajuste *m*, regulación *f*; (*d'un moteur*) reglaje *m*

règle [Rɛgl] *nf* regla; **avoir pour ~ de ...** tener por norma ...; **en ~** (*papiers d'identité*) en regla; **être/se mettre en ~** estar/ponerse en regla; **être la ~** ser la norma; **être de ~** ser (la) norma; **en ~ générale** por regla general; **dans** *ou* **selon les règles** en *ou* según las normas; **~ à calcul** regla de cálculo; **~ de trois** regla de tres; **règles** *nfpl* (*Physiol*) reglas *fpl*

réglé, e [Regle] *adj* (*affaire*) zanjado(-a); (*vie, personne*) ordenado(-a); (*papier*) rayado(-a); (*arrangé*) arreglado(-a); (*femme*) : **bien réglée** de período regular

règlement [Rɛgləmɑ̃] *nm* (*règles*) reglamento; (*paiement*) pago; (*d'un conflit, d'une affaire*) arreglo, solución *f*; **~ à la commande** pago al hacer el pedido; **~ en espèces/par chèque** pago en metálico/por cheque; **~ de compte(s)** ajuste *m* de cuentas; **~ intérieur** reglamento de régimen interno; **~ judiciaire** pago de costas

réglementaire [Rɛgləmɑ̃tɛR] *adj* reglamentario(-a)

réglementation [Rɛgləmɑ̃tasjɔ̃] *nf* reglamentación *f*

réglementer [Rɛgləmɑ̃te] *vt* reglamentar

régler [Regle] *vt* (*mécanisme, machine*) ajustar; (*moteur, thermostat*) regular; (*modalités*) determinar; (*emploi du temps etc*) organizar; (*question, problème*) arreglar; (*facture, fournisseur*) pagar; (*papier*) rayar; **~ qch sur** acoplar algo a, adaptar algo a; **~ son compte à qn** ajustarle la cuenta a algn; **~ un compte avec qn** ajustar las cuentas con algn; **se régler** *vpr* (*mécanisme, machine*) ajustarse; (*moteur, thermostat*) regularse

réglisse [Reglis] *nf ou m* regaliz *m*; **pâte/bâton de ~** pasta/barra de regaliz

règne [Rɛɲ] *nm* reinado; (*fig*) reino; **le ~ végétal/animal** el reino vegetal/animal

régner [Reɲe] *vi* (*aussi fig*) reinar

regonfler [R(ə)gɔ̃fle] *vt* inflar de nuevo

regorger [R(ə)gɔRʒe] *vi* : **~ de** rebosar de

régresser [RegRese] *vi* (*phénomène*) disminuir; (*enfant, malade*) ir a peor

régressif, -ive [RegResif, iv] *adj* regresivo(-a)

régression [RegResjɔ̃] *nf* disminución *f*, regresión *f*; **être en ~** estar en regresión

regret [R(ə)gRɛ] *nm* (*nostalgie*) nostalgia; (*d'un acte commis*) arrepentimiento; (*d'un projet non réalisé*) pesar *m*; **à ~** *ou* **avec ~** con pesar; **à mon grand ~** con mi mayor pesar; **être au ~ de devoir/ne pas pouvoir faire ...** lamentar mucho tener que/no poder hacer ...; **j'ai le ~ de vous informer que ...** siento comunicarle que ...

regrettable [R(ə)gRetabl] *adj* lamentable; **il est ~ que** es lamentable que

regretter [R(ə)gRete] *vt* lamentar; (*jeunesse, personne, passé*) echar de menos; **~ d'avoir fait**

lamentar haber hecho; **~ de** sentir; **~ que** lamentar que; **je regrette** lo siento; **non, je regrette** no, lo siento
regroupement [R(ə)gRupmɑ̃] *nm* reagrupación *f*
regrouper [R(ə)gRupe] *vt* reagrupar; (*contenir*) reunir; **se regrouper** *vpr* reagruparse
régularisation [RegylaRizasjɔ̃] *nf* regularización *f*; **en voie de ~** en vía de arreglo
régulariser [RegylaRize] *vt* (*fonctionnement, trafic*) regular; (*passeport, papiers*) regularizar; **~ sa situation** regularizar su situación
régularité [RegylaRite] *nf* regularidad *f*
régulateur, -trice [RegylatœR, tRis] *adj* regulador(a) ▶ *nm* : **~ de vitesse/de température** regulador *m* de velocidad/de temperatura
régulation [Regylasjɔ̃] *nf* regulación *f*; **~ des naissances** control *m* de la natalidad
réguler [Regyle] *vt* regular
régulier, -ière [Regylje, jɛR] *adj* regular; (*employé*) puntual; (*fam : correct, loyal*) formal; **clergé ~** (*Rel*) clero regular; **armées/troupes régulières** (*Mil*) ejércitos *mpl*/tropas *fpl* regulares
régulièrement [RegyljɛRmɑ̃] *adv* con regularidad; (*légalement, normalement*) regularmente; (*normalement*) normalmente
régurgiter [RegyRʒite] *vt* regurgitar
réhabiliter [Reabilite] *vt* rehabilitar; **se réhabiliter** *vpr* rehabilitarse
réhabituer [Reabitɥe] *vt* : **se ~ à qch/faire qch** volver a acostumbrarse a algo/a hacer algo
rehausser [Rəose] *vt* (*mur, plafond*) levantar; (*fig*) realzar
réhydrater [ReidRate] *vt* rehidratar
réimporter [Reɛ̃pɔRte] *vt* reimportar
réimpression [Reɛ̃pResjɔ̃] *nf* reimpresión *f*
réimprimer [Reɛ̃pRime] *vt* reimprimir
Reims [Rɛ̃s] *n* Reims
rein [Rɛ̃] *nm* riñón *m*; **~ artificiel** riñón artificial; **reins** *nmpl* (*Anat : dos, muscles du dos*) riñones *mpl*; **avoir mal aux reins** tener dolor de riñones
réincarnation [Reɛ̃kaRnasjɔ̃] *nf* reencarnación *f*
réincarner [Reɛ̃kaRne] : **se réincarner** *vpr* reencarnarse
reine [Rɛn] *nf* reina; **~ mère** reina madre
reine-claude [Rɛnklod] (*pl* **reines-claudes**) *nf* ciruela claudia
reinette [Rɛnɛt] *nf* manzana reineta
réinitialisation [Reinisjalizasjɔ̃] *nf* (*Inform*) reinicialización *f*
réinitialiser [Reinisjalize] *vt* (*Inform*) reiniciar
réinjecter [Reɛ̃ʒɛkte] *vt* (*Méd, fig*) reinyectar
réinscriptible [Reɛ̃skRiptibl] *adj* (*CD, DVD*) reescribible
réinscription [Reɛ̃skRipsjɔ̃] *nf* reinscripción *f*
réinscrire [Reɛ̃skRiR] *vt* inscribir de nuevo; **se réinscrire** *vpr* reinscribirse, volver a inscribirse; (*sur une liste*) volver a apuntarse; **se ~ à l'université** reinscribirse en la universidad
réinsérer [Reɛ̃seRe] *vt* reinsertar
réinsertion [Reɛ̃sɛRsjɔ̃] *nf* reinserción *f*
réinstallation [Reɛ̃stalasjɔ̃] *nf* reinstalación *f*; (*de réfugiés*) reasentamiento
réinstaller [Reɛ̃stale] *vt* reinstalar; (*réfugiés*) reasentar; **~ qn dans** (*un lieu, poste*) reponer a algn en; **se réinstaller** *vpr* (*dans un fauteuil*) volverse a acomodar; (*dans une maison*) reinstalarse
réintégration [Reɛ̃tegRasjɔ̃] *nf* (*de salarié, fonctionnaire*) reintegración *f*
réintégrer [Reɛ̃tegRe] *vt* (*lieu*) volver a; (*salarié, fonctionnaire*) reintegrar
réintroduction [Reɛ̃tRɔdyksjɔ̃] *nf* reintroducción *f*
réintroduire [Reɛ̃tRɔdɥiR] *vt* reintroducir
réinventer [Reɛ̃vɑ̃te] *vt* reinventar
réitérer [ReiteRe] *vt* reiterar
rejaillir [R(ə)ʒajiR] *vi* (*liquide*) salpicar; **~ sur** salpicar en; (*fig*) repercutir sobre
rejet [Rəʒɛ] *nm* rechazo; (*Poésie*) encabalgamiento *m*; (*Bot*) retoño; **phénomène de ~** (*Méd*) fenómeno de rechazo; **rejets** *nmpl* vertidos *mpl*; **rejets industriels/polluants** vertidos industriales/contaminantes
rejeter [Rəʒ(ə)te] *vt* rechazar; (*renvoyer*) lanzar de nuevo; (*aliments*) rechazar, vomitar; (*déverser*) vertir; **~ un mot à la fin d'une phrase** dejar una palabra al final de la frase; **~ la tête/les épaules en arrière** echar la cabeza/los hombros hacia atrás; **~ la responsabilité de qch sur qn** echar la responsabilidad de algo sobre algn; **se rejeter** *vpr* : **se ~ en arrière** echarse hacia atrás
rejeton [Rəʒ(ə)tɔ̃] (*fam*) *nm* (*enfant*) retoño
rejoindre [R(ə)ʒwɛ̃dR] *vt* (*famille, régiment*) reunirse con; (*lieu*) retornar a; (*concurrent*) alcanzar; (*suj : route etc*) llegar a; **je te rejoins au café** te veo en el café; **se rejoindre** *vpr* (*personnes*) reunirse; (*routes*) juntarse; (*fig : observations, arguments*) asemejarse
réjoui, e [Reʒwi] *adj* regocijado(-a)
réjouir [ReʒwiR] *vt* alegrar; **se réjouir** *vpr* regocijarse, alegrarse; **se ~ de qch/de faire qch** alegrarse de algo/de hacer algo; **se ~ que** alegrarse de que
réjouissances [Reʒwisɑ̃s] *nfpl* (*joie collective*) regocijos *mpl*; (*fête*) festejos *mpl*
réjouissant, e [Reʒwisɑ̃, ɑ̃t] *adj* alentador(a)
relâche [Rəlaʃ] *nf* : **faire ~** (*navire*) hacer escala; (*Ciné*) no haber función; **jour de ~** día *m* de descanso; **sans ~** sin descanso

r

relâché, e [ʀ(ə)lɑʃe] *adj* relajado(-a)
relâchement [ʀ(ə)lɑʃmɑ̃] *nm* relajación *f*
relâcher [ʀ(ə)lɑʃe] *vt* (*étreinte, cordes*) aflojar; (*animal, prisonnier*) soltar; (*discipline*) relajar ▸ *vi* (*Naut*) hacer escala; **se relâcher** *vpr* (*cordes*) aflojarse; (*discipline*) relajarse; (*élève*) aflojar
relais [ʀ(ə)lɛ] *nm* : **(course de) ~** (carrera de) relevos *mpl*; (*Radio, TV*) repetidor *m*; **satellite de ~** satélite *m* repetidor; **servir de ~** (*intermédiaire*) servir de relevo; **équipe de ~** equipo de relevo; **travail par ~** trabajo por turnos; **prendre le ~ (de qn)** tomar el relevo (de algn); **~ de poste** (*pour diligences*) posta *f*; **~ routier** restaurante *m* de carretera
relance [ʀəlɑ̃s] *nf* reactivación *m*
relancer [ʀ(ə)lɑ̃se] *vt* (*balle*) lanzar de nuevo; (*moteur*) poner en marcha de nuevo; (*fig : économie, agriculture*) reactivar; **~ qn : tu devrais le ~ si tu veux obtenir ce poste** tendrías que insistirle si quieres obtener ese trabajo
relater [ʀ(ə)late] *vt* relatar
relatif, -ive [ʀ(ə)latif, iv] *adj* relativo(-a); **~ à** relativo(-a) a
relation [ʀ(ə)lasjɔ̃] *nf* (*rapport*) relación *f*; (*récit*) relato; **être/entrer en ~(s) avec** estar/entrar en relación *ou* relaciones on; **mettre qn en ~(s) avec** poner a algn en relación con; **relations** *nfpl* relaciones *fpl*; **avoir des relations** tener relaciones; **avoir** *ou* **entretenir des relations avec** tener *ou* mantener relaciones con; **relations internationales** relaciones internacionales; **relations publiques** relaciones públicas; **relations sexuelles** relaciones sexuales
relationnel, le [ʀ(ə)lasjɔnɛl] *adj* relacional
relativement [ʀ(ə)lativmɑ̃] *adv* relativamente; **~ à** en relación con
relativiser [ʀəlativize] *vt* relativizar
relativité [ʀ(ə)lativite] *nf* relatividad *f*
relax [ʀəlaks] *adj inv* (*soirée, personne*) relajado(-a); **(fauteuil-)~** *nm* sillón *m* de relax
relaxant, e [ʀ(ə)laksɑ̃, ɑ̃t] *adj* relajante
relaxation [ʀ(ə)laksasjɔ̃] *nf* relajación *f*
relaxe [ʀəlaks] *adj* = **relax** ▸ *nf* (*Jur*) puesta en libertad
relaxer [ʀəlakse] *vt* (*détendre*) relajar; (*Jur*) poner en libertad; **se relaxer** *vpr* relajarse
relayer [ʀ(ə)leje] *vt* (*collaborateur, coureur*) relevar; (*Radio, TV*) retransmitir; **se relayer** *vpr* (*dans une activité, course*) relevarse
relecture [ʀ(ə)lɛktyʀ] *nf* segunda lectura
relégation [ʀ(ə)legasjɔ̃] *nf* (*Sport*) relegación *f*
reléguer [ʀ(ə)lege] *vt* relegar; **~ au second plan** relegar a un segundo plano; **se sentir relégué** sentirse relegado
relent [ʀəlɑ̃] *nm* (*gén pl*) hedor *m*; **ça a des relents de racisme** eso huele a racismo
relevé, e [ʀəl(ə)ve] *adj* (*bord de chapeau*) alzado(-a); (*manches*) arremangado(-a); (*virage*) peraltado(-a); (*conversation, style*) elevado(-a); (*sauce, plat*) picante ▸ *nm* (*liste*) relación *f*; (*de cotes*) alzado; (*facture*) extracto; (*d'un compteur*) lectura; **~ de compte** extracto de cuenta; **~ d'identité bancaire** número de cuenta
relève [ʀəlɛv] *nf* relevo; **prendre la ~** (*aussi fig*) tomar el relevo
relèvement [ʀ(ə)lɛvmɑ̃] *nm* (*d'un taux, niveau*) subida
relever [ʀəl(ə)ve] *vt* levantar; (*niveau de vie, salaire*) aumentar; (*col*) subir; (*style, conversation*) animar; (*plat, sauce*) sazonar; (*sentinelle, équipe*) relevar; (*fautes, points*) señalar; (*traces, anomalies*) constatar; (*remarque*) contestar a; (*défi*) hacer frente a; (*noter*) tomar nota de, anotar; (*compteur*) leer; (*copies*) recoger; (*Tricot*) coger; **~ qn de** (*fonctions*) eximir a algn de; (*Rel : vœux*) liberar a algn de; **~ la tête** levantar la cabeza; (*fig*) levantar cabeza ▸ *vi* (*jupe, bord*) levantar, arremangar; **~ de** (*maladie*) salir de; (*être du ressort de, du domaine de*) ser de la competencia de; (*Admin*) depender de; **se relever** *vpr* levantarse; **se ~ (de)** (*fig*) recuperarse (de)
relief [ʀəljɛf] *nm* relieve *m*; (*de pneu*) dibujo; **en ~** en relieve; **mettre en ~** (*fig*) poner de relieve; **donner du ~ à** (*fig*) dar relieve a; **reliefs** *nmpl* (*restes*) restos *mpl*
relier [ʀəlje] *vt* (*routes, bâtiments*) unir; (*fig : idées etc*) relacionar; (*livre*) encuadernar; **~ qch à** unir algo con; **livre relié cuir** libro encuadernado en piel
relieur, -euse [ʀəljœʀ, jøz] *nm/f* encuadernador(a)
religieusement [ʀ(ə)liʒjøzmɑ̃] *adv* religiosamente; (*enterré, mariés*) por la iglesia
religieux, -euse [ʀ(ə)liʒjø, jøz] *adj* religioso(-a) ▸ *nm* religioso ▸ *nf* religiosa; (*gâteau*) pastelillo de crema
religion [ʀ(ə)liʒjɔ̃] *nf* religión *f*; (*piété, dévotion*) fe *f*; **entrer en ~** hacer los votos
reliquaire [ʀəlikɛʀ] *nm* relicario
reliquat [ʀəlika] *nm* (*d'une somme*) resto; (*Jur : de succession*) saldo
relique [ʀəlik] *nf* reliquia
relire [ʀ(ə)liʀ] *vt* releer; **se relire** *vpr* releerse
reliure [ʀəljyʀ] *nf* encuadernación *f*
reloger [ʀ(ə)lɔʒe] *vt* realojar
relooker [ʀəluke] *vt* : **~ qn/qch** cambiar el look a algn/la imagen de algo
relooking [ʀ(ə)lukiŋ] (*fam*) *nm* (*de personne*) cambio de look; (*de produit, entreprise*) cambio de imagen
relu, e [ʀəly] *pp de* **relire**
reluire [ʀ(ə)lɥiʀ] *vi* relucir
reluisant, e [ʀ(ə)lɥizɑ̃, ɑ̃t] *vb voir* **reluire** ▸ *adj* (*fig*) : **peu ~** poco(-a) satisfactorio(-a)
reluquer [ʀ(ə)lyke] (*fam*) *vt* echarle el ojo a

remâcher [ʀ(ə)mɑʃe] *vt* rumiar
remailler [ʀ(ə)mɑje] *vt* remallar
remake [ʀimɛk] *nm* (*Ciné*) remake *m*
remaniement [ʀ(ə)manimɑ̃] *nm* : ~ **ministériel** reorganización *f* ministerial
remanier [ʀ(ə)manje] *vt* (*roman, pièce*) modificar; (*ministère*) reorganizar
remariage [ʀ(ə)maʀjaʒ] *nm* nuevo matrimonio
remarier [ʀ(ə)maʀje] : **se remarier** *vpr* volver a casarse
remarquable [ʀ(ə)maʀkabl] *adj* notable
remarquablement [ʀ(ə)maʀkabləmɑ̃] *adv* extraordinariamente
remarque [ʀ(ə)maʀk] *nf* comentario
remarquer [ʀ(ə)maʀke] *vt* notar; **se faire** ~ (*péj*) hacerse notar; **faire ~ (à qn) que** hacer notar (a algn) que; **faire ~ qch (à qn)** hacer notar algo (a algn); ~ **que** (*dire*) observar que; **remarquez que ...** observe que ...; **se remarquer** *vpr* notarse
remastériser [ʀ(ə)masteʀize] *vt* remasterizar
remballer [ʀɑ̃bale] *vt* volver a embalar
rembarrer [ʀɑ̃bɑʀe] *vt* : ~ **qn** (*repousser*) echar una bronca a algn; (*remettre à sa place*) poner a algn en su sitio
remblai [ʀɑ̃blɛ] *nm* terraplén *m*; **travaux de ~** terraplenado
remblayer [ʀɑ̃bleje] *vt* rellenar
rembobiner [ʀɑ̃bɔbine] *vt* (*pellicule*) devanar; (*cassette*) rebobinar
rembourrage [ʀɑ̃buʀaʒ] *nm* relleno
rembourré, e [ʀɑ̃buʀe] *adj* relleno(-a)
rembourrer [ʀɑ̃buʀe] *vt* rellenar
remboursable [ʀɑ̃buʀsabl] *adj* reembolsable
remboursement [ʀɑ̃buʀsəmɑ̃] *nm* reembolso; **envoi contre ~** envío contra reembolso
rembourser [ʀɑ̃buʀse] *vt* reembolsar
rembrunir [ʀɑ̃bʀyniʀ] : **se rembrunir** *vpr* entristecerse
remède [ʀ(ə)mɛd] *nm* (*médicament, traitement, fig*) remedio; **trouver un ~ à** encontrar un remedio para *ou* contra; **un ~ à la crise** un remedio contra la crisis
remédier [ʀ(ə)medje] : ~ **à** *vt* remediar
remembrement [ʀ(ə)mɑ̃bʀəmɑ̃] *nm* (*Agr*) concentración *f* parcelaria
remémorer [ʀ(ə)memɔʀe] : **se remémorer** *vpr* acordarse de
remerciements [ʀ(ə)mɛʀsimɑ̃] *nmpl* gracias *fpl*; **(avec) tous mes ~** (con) todo mi agradecimiento
remercier [ʀ(ə)mɛʀsje] *vt* (*donateur, bienfaiteur*) dar las gracias a; (*congédier : employé*) despedir; ~ **qn de qch** agradecerle algo a algn; **je vous remercie d'être venu** le agradezco que haya venido; **non, je vous remercie** no, muchas gracias
remettre [ʀ(ə)mɛtʀ] *vt* (*vêtement*) volver a ponerse; (*rétablir : courant, eau*) volver a dar; (*ajourner, reporter*) : ~ **qch (à)** aplazar algo (hasta *ou* para); ~ **qn** (*fam*) recordar a algn; ~ **qch à qn** (*paquet, argent, récompense*) entregar algo a algn; ~ **qch quelque part** colocar de nuevo algo en algún sitio; ~ **du sel/un sucre** añadir sal/un azucarillo; ~ **qch en place** colocar algo en su sitio; ~ **une pendule à l'heure** poner un reloj en hora; ~ **un moteur/une machine en marche** poner un motor/una máquina en marcha; ~ **en état** reparar; ~ **en ordre/en usage** volver a poner en orden/al uso; ~ **en cause** *ou* **question** poner en tela de juicio; ~ **sa démission** presentar su dimisión; ~ **qch à plus tard** dejar algo para más tarde; ~ **qch à neuf** dejar algo como nuevo; ~ **qn à sa place** (*fig*) poner a algn en su sitio; **se remettre** *vpr* (*malade*) reponerse; **se ~ de** (*maladie, chagrin*) recuperarse de; **s'en ~ à** remitirse a; **se ~ à faire/qch** ponerse de nuevo a hacer/algo
réminiscence [ʀeminisɑ̃s] *nf* reminiscencia
remis, e [ʀəmi, iz] *pp de* **remettre**
remise [ʀ(ə)miz] *nf* (*d'un colis, d'une récompense*) entrega; (*rabais, réduction*) descuento; (*lieu, local*) trastero, galpón *m* (CSur); ~ **à neuf** renovación *f*; ~ **de fonds** remesa de fondos; ~ **de peine** remisión *f* de pena; ~ **en cause** replanteamiento; ~ **en jeu** (*Football*) saque *m*; ~ **en marche/en ordre** puesta en marcha/en orden; ~ **en question** replanteamiento
remiser [ʀ(ə)mize] *vt* guardar
rémission [ʀemisjɔ̃] *nf* (*dans une maladie*) remisión *f*, mejoría; **sans ~** *adj* irremediable; *adv* sin parar
remobiliser [ʀ(ə)mɔbilize] *vt* volver a movilizar; ~ **les troupes** (*fig*) reagrupar las tropas
remodeler [ʀ(ə)mɔd(ə)le] *vt* (*Chirurgie*) remodelar; (*fig : remanier*) reestructurar
rémois, e [ʀemwa, waz] *adj* de Reims ▸ *nm/f* : **Rémois, e** nativo(a) *ou* habitante *mf* de Reims
remontant [ʀ(ə)mɔ̃tɑ̃] *nm* estimulante
remontée [ʀ(ə)mɔ̃te] *nf* (*des eaux, de la fièvre*) subida; **remontées mécaniques** remontes *mpl* mecánicos
remonte-pente [ʀ(ə)mɔ̃tpɑ̃t] (*pl* **remonte-pentes**) *nm* remonte *m*
remonter [ʀ(ə)mɔ̃te] *vi* volver a subir; (*sur un cheval*) volver a montar; (*dans une voiture*) volver a montarse; (*jupe*) subir; ~ **en voiture** volver a montarse en coche; ~ **à** (*dater de*) remontarse a ▸ *vt* volver a subir; (*hausser*) subir; (*fig : personne*) animar; (*moteur, meuble, mécanisme*) montar de nuevo; (*garde-robe, collection*) reponer; (*montre*) dar cuerda; ~ **le moral à qn** levantar la moral a algn
remontoir [ʀ(ə)mɔ̃twaʀ] *nm* cuerda

r

remontrance [ʀ(ə)mɔ̃tʀɑ̃s] *nf (gén pl)* amonestación *f*
remontrer [ʀ(ə)mɔ̃tʀe] *vt* : **~ qch (à qn)** *(montrer de nouveau)* volver a enseñar algo (a algn); **en ~ à qn** *(fig)* dar lecciones a algn
remords [ʀ(ə)mɔʀ] *nm* remordimiento; **avoir des ~** tener remordimientos
remorque [ʀ(ə)mɔʀk] *nf* remolque *m*; **prendre en ~** llevar en remolque; **être en ~** ir remolcado(-a); **être à la ~** *(fig)* estar a remolque
remorquer [ʀ(ə)mɔʀke] *vt* remolcar
remorqueur [ʀ(ə)mɔʀkœʀ] *nm* remolcador *m*
rémoulade [ʀemulad] *nf* salsa remoulade
rémouleur [ʀemulœʀ] *nm* afilador *m*
remous [ʀəmu] *nm* remolino ▸ *nmpl (fig)* alboroto *msg*
rempailler [ʀɑ̃pɑje] *vt* poner un asiento de rejilla a
rempailleur, -euse [ʀɑ̃pɑjœʀ, øz] *nm/f* sillero(-a)
rempart [ʀɑ̃paʀ] *nm (de ville fortifiée)* muralla; *(de château fort)* bastión *m*; *(fig)* baluarte *m*; **remparts** *nmpl* murallas *fpl*
rempiler [ʀɑ̃pile] *vt* amontonar ▸ *vi (Mil : fam)* reengancharse
remplaçant, e [ʀɑ̃plasɑ̃, ɑ̃t] *nm/f* sustituto(-a); *(Théâtre)* suplente *mf*
remplacement [ʀɑ̃plasmɑ̃] *nm* sustitución *f*; **assurer le ~ de qn** sustituir a algn; **faire des remplacements** hacer sustituciones
remplacer [ʀɑ̃plase] *vt (mettre qn/qch à la place de)* sustituir; *(ami, époux etc)* cambiar de; *(temporairement)* reemplazar; *(pneu, ampoule)* cambiar; *(tenir lieu de)* sustituir (a); **~ qch par qch d'autre/qn par qn d'autre** cambiar una cosa por otra/a algn por otro(-a)
rempli, e [ʀɑ̃pli] *adj (journée)* cargado(-a); *(forme, visage)* relleno(-a); **~ de** lleno(-a) de
remplir [ʀɑ̃pliʀ] *vt* llenar; *(questionnaire)* rellenar; *(obligations, conditions, rôle)* cumplir (con); **~ qch de** llenar algo de; **~ qn de** *(joie, admiration)* llenar a algn de; **se remplir** *vpr* llenarse
remplissage [ʀɑ̃plisaʒ] *(péj) nm (fig)* paja
rempocher [ʀɑ̃pɔʃe] *vt* embolsarse
remporter [ʀɑ̃pɔʀte] *vt (livre, marchandise)* llevarse; *(fig : victoire, succès)* lograr
rempoter [ʀɑ̃pɔte] *vt* cambiar de tiesto
remuant, e [ʀəmɥɑ̃, ɑ̃t] *adj (enfant etc)* revoltoso(-a)
remue-ménage [ʀ(ə)mymenaʒ] *(pl* **~(s)**) *nm* zafarrancho
remuer [ʀəmɥe] *vt (partie du corps)* mover; *(café, salade, sauce)* remover; *(émouvoir)* conmover ▸ *vi* moverse; **se remuer** *vpr (aussi fam)* moverse; *(fig)* desvivirse
rémunérateur, -trice [ʀemyneʀatœʀ, tʀis] *adj* remunerador(a)
rémunération [ʀemyneʀasjɔ̃] *nf* remuneración *f*
rémunérer [ʀemyneʀe] *vt* remunerar
renâcler [ʀ(ə)nɑkle] *vi (animal)* resoplar; *(fig)* refunfuñar
renaissance [ʀ(ə)nɛsɑ̃s] *nf* renacimiento; **la R~** el Renacimiento
renaître [ʀ(ə)nɛtʀ] *vi* renacer; **~ à la vie** renacer a la vida
rénal, e, -aux [ʀenal, o] *adj* renal
renard [ʀ(ə)naʀ] *nm* zorro
renardeau [ʀ(ə)naʀdo] *nm* zorrillo
rencard, rencart [ʀɑ̃kaʀ] *nm* = **rancard**
renchérir [ʀɑ̃ʃeʀiʀ] *vi* encarecerse; **~ (sur)** ir más allá (de)
renchérissement [ʀɑ̃ʃeʀismɑ̃] *nm* encarecimiento
rencontre [ʀɑ̃kɔ̃tʀ] *nf* encuentro; *(de cours d'eau)* confluencia; *(véhicules)* choque *m*; *(idées)* coincidencia; **faire la ~ de qn** conocer a algn; **aller à la ~ de qn** ir al encuentro de algn; **amis/amours de ~** amigos/amores de paso
rencontrer [ʀɑ̃kɔ̃tʀe] *vt* encontrar (a); *(Sport : équipe)* enfrentarse con; *(mot, opposition)* encontrar; *(regard, yeux)* encontrarse con; **se rencontrer** *vpr (fleuves)* confluir; *(personnes, regards)* encontrarse
rendement [ʀɑ̃dmɑ̃] *nm* rendimiento; *(d'une culture)* producto; **à plein ~** a pleno rendimiento
rendez-vous [ʀɑ̃devu] *nm inv* cita; **recevoir sur ~** recibir previa cita; **donner ~ à qn** dar una cita a algn; **fixer un ~ à qn** fijar una cita con algn; **avoir ~ (avec qn)** tener una cita (con algn); **prendre ~ (avec qn)** pedir cita (con algn); **prendre ~ chez le médecin** pedir hora con el médico; **~ orbital** acoplamiento de satélites; **~ spatial** cita en el espacio

> Un **rendez-vous** se traduit *cita*, sauf lorsqu'il s'agit d'un rendez-vous chez le coiffeur ou le médecin, auquel cas on parle de *hora*. Pour un rendez-vous amical, on emploie le plus souvent le verbe *quedar*, qu'on pourrait également traduire par « retrouver » :
> **On a/s'est donné rendez-vous devant le cinéma.** Hemos quedado delante del cine.

rendormir [ʀɑ̃dɔʀmiʀ] : **se rendormir** *vpr* dormirse de nuevo
rendre [ʀɑ̃dʀ] *vt* devolver; *(honneurs)* rendir; *(sons)* producir; *(pensée, tournure)* traducir, expresar; *(Jur : verdict)* fallar; *(: jugement, arrêt)* dictar; **~ qn célèbre/qch possible** hacer a algn célebre/algo posible; **~ la vue/l'espoir/la santé à qn** devolver la vista/la esperanza/la salud a algn; **~ la liberté** devolver la libertad; **~ la monnaie** dar el cambio ▸ *vi (suj : terre, pêche etc)* ser productivo(-a); **se rendre** *vpr* rendirse; **se ~ quelque part** irse a

algún sitio; **se ~ compte de qch** darse cuenta de algo; **se ~ à** *(arguments etc)* rendirse a; **se ~ malade** ponerse enfermo(-a); **se ~ à l'évidence** rendirse a la evidencia

rendu, e [Rɑ̃dy] *pp de* **rendre**

renégat, e [Rənega, at] *nm/f* renegado(-a)

renégocier [Rənegɔsje] *vt, vi* renegociar

rênes [Rɛn] *nfpl* riendas

renfermé, e [Rɑ̃fɛRme] *adj (fig)* reservado(-a) ▶ *nm* : **sentir le ~** oler a cerrado

renfermer [Rɑ̃fɛRme] *vt* contener; **se ~ (sur soi-même)** encerrarse (en sí mismo)

renfiler [Rɑ̃file] *vt (collier etc)* ensartar de nuevo; *(pull)* volver a ponerse

renflé, e [Rɑ̃fle] *adj* hinchado(-a)

renflement [Rɑ̃fləmɑ̃] *nm* abultamiento

renflouement [Rɑ̃flumɑ̃] *nm (aussi fig)* reflotamiento

renflouer [Rɑ̃flue] *vt (bateau)* reflotar; *(fig)* sacar a flote

renfoncement [Rɑ̃fɔ̃smɑ̃] *nm* fortalecimiento

renforcer [Rɑ̃fɔRse] *vt* reforzar; *(soupçons)* aumentar; **~ qn dans ses opinions** confirmar a algn en sus opiniones

renfort [Rɑ̃fɔR] *nm* : **à grand ~ de** con gran acompañamiento de; **en ~** de refuerzo; **renforts** *nmpl (Mil, gén)* refuerzo *msg*

renfrogné, e [Rɑ̃fRɔɲe] *adj* sombrío(-a)

renfrogner [Rɑ̃fRɔɲe] : **se renfrogner** *vpr* ensombrecerse

rengager [Rɑ̃gaʒe] *vt* contratar de nuevo; **se rengager** *vpr (Mil)* reengancharse

rengaine [Rɑ̃gɛn] *(péj) nf* cantinela

rengainer [Rɑ̃gene] *vt (revolver)* volver a guardar; *(épée)* volver a envainar; **~ son compliment** *(fam)* callarse el piropo; **~ son discours** *(fam)* callarse

rengorger [Rɑ̃gɔRʒe] : **se rengorger** *vpr* pavonearse

renier [Rənje] *vt* renegar de

renifler [R(ə)nifle] *vi* resoplar ▶ *vt* aspirar

rennais, e [Rɛnɛ, ɛz] *adj* de Rennes ▶ *nm/f* : **Rennais, e** nativo(-a) *ou* habitante *mf* de Rennes

renne [Rɛn] *nm* reno

renom [Rənɔ̃] *nm* renombre *m*; **vin de grand ~** vino de gran fama

renommé, e [R(ə)nɔme] *adj* renombrado(-a), famoso(-a)

renommée [R(ə)nɔme] *nf* fama; **la ~** el renombre

renoncement [R(ə)nɔ̃smɑ̃] *nm* renuncia

renoncer [R(ə)nɔ̃se] : **~ à** *vt indir* renunciar a; *(opinion, croyance)* renegar de; **~ à faire qch** renunciar a hacer algo; **j'y renonce** renuncio

renouer [Rənwe] *vt (cravate, lacets)* atar de nuevo; *(fig)* reanudar; **~ avec** volver a; **~ avec qn** reconciliarse con algn

renouveau, x [R(ə)nuvo] *nm* : **~ de succès** rebrote *m* de éxito; **le ~ printanier** el renacer de la primavera

renouvelable [R(ə)nuv(ə)labl] *adj (contrat, bail, énergie)* renovable; *(expérience)* repetible

renouveler [R(ə)nuv(ə)le] *vt* renovar; *(eau d'une piscine, pansement)* cambiar; *(demande, remerciements)* reiterar; *(exploit, méfait)* repetir; **se renouveler** *vpr (incident)* repetirse; *(cellules etc)* reproducirse; *(artiste, écrivain)* renovarse

renouvellement [R(ə)nuvɛlmɑ̃] *nm* renovación *f*; *(pansement)* cambio; *(demande)* reiteración *f*; *(exploit, incident)* repetición *f*; *(cellules etc)* reproducción *f*

rénovation [Renɔvasjɔ̃] *nf* renovación *f*

rénover [Renɔve] *vt (immeuble, enseignement)* renovar; *(meuble)* restaurar; *(quartier)* remozar

renseignement [Rɑ̃sɛɲmɑ̃] *nm* información *f*; **prendre des renseignements sur** pedir referencia sobre; **(guichet des) renseignements** (ventanilla de) información; **(service des) renseignements** *(Tél)* (servicio de) información; **service/agent de renseignements** *(Mil)* servicio/agente *m* de información; **les renseignements généraux** *servicio de información secreta del Estado francés*

renseigner [Rɑ̃seɲe] *vt (suj : expérience)* mostrar; *(: document)* informar; **~ qn (sur)** informar a algn (sobre); **se renseigner** *vpr* informarse

rentabiliser [Rɑ̃tabilize] *vt* rentabilizar

rentabilité [Rɑ̃tabilite] *nf* rentabilidad *f*; **seuil de ~** mínimo de rentabilidad

rentable [Rɑ̃tabl] *adj* rentable

rente [Rɑ̃t] *nf* renta; **~ viagère** renta vitalicia

rentier, -ière [Rɑ̃tje, jɛR] *nm/f* rentista *mf*

rentrée [Rɑ̃tRe] *nf* : **~ (d'argent)** ingreso; **la ~ (des classes)** el comienzo (del curso); *ver nota*; **la ~ (parlementaire)** ≈ la reapertura (de las Cortes); **réussir/faire sa ~** *(artiste, acteur)* tener éxito en/hacer su reaparición

LA RENTRÉE

La rentrée (des classes) en septiembre marca un hito importante en el calendario anual francés. Supone la vuelta al colegio para profesores y alumnos y la reanudación de la vida política y social tras el largo descanso estival. **La rentrée littéraire** marca el inicio de la temporada de nuevas publicaciones, ya que los escritores de renombre suelen lanzar sus obras entre los meses de septiembre y octubre.

rentrer [Rɑ̃tRe] *vi* entrar; *(entrer de nouveau)* volver a entrar; *(revenir chez soi)* volver a casa; *(revenu, argent)* ingresar; **~ dans** *(famille, patrie)* volver a; (*arbre, mur*) chocar contra; (*catégorie etc*) entrar en; **~ dans l'ordre** volver al orden; **~ dans ses frais** cubrir sus gastos ▶ *vt* meter; (*foins*) recoger; (*griffes*) guardar; (*fig : larmes, colère etc*) tragarse; **~ le ventre** (*effacer*) meter la tripa

renverrai *etc* [ʀɑ̃vɛʀe] *vb voir* **renvoyer**

renversant, e [ʀɑ̃vɛʀsɑ̃, ɑ̃t] *adj* asombroso(-a)

renverse [ʀɑ̃vɛʀs] : **à la ~** *adv* (*tomber*) de espaldas

renversé, e [ʀɑ̃vɛʀse] *adj* (*écriture*) inclinado(-a); (*image*) invertido(-a); (*stupéfait*) atónito(-a)

renversement [ʀɑ̃vɛʀsəmɑ̃] *nm* (*d'un régime, des traditions*) caída; **~ de la situation** cambio de la situación

renverser [ʀɑ̃vɛʀse] *vt* (*chaise, verre*) dejar caer; (*piéton*) atropellar; (*liquide*) derramar; (*retourner*) poner boca abajo; (*ordre des mots etc*) invertir; (*gouvernement etc*) derrochar; (*stupéfier*) asombrar; **~ la tête/le corps en arrière** echar la cabeza/el cuerpo hacia atrás; **~ la vapeur** dar marcha atrás; **se renverser** *vpr* (*pile d'objets, récipient*) caerse; (*véhicule*) volcarse; (*liquide*) derramarse

renvoi [ʀɑ̃vwa] *nm* reenvío, devolución *f*; (*d'un élève*) expulsión *f*; (*d'un employé*) despido; (*référence*) llamada, nota; (*éructation*) eructo

renvoyer [ʀɑ̃vwaje] *vt* devolver; (*élève*) expulsar; (*domestique, employé*) despedir; (*lumière*) reflejar; **~ qn quelque part** volver a enviar a algn a algún sitio; **~ qch (à)** (*ajourner, différer*) aplazar algo (para); **~ qch à qn** devolver algo a algn; **~ qn à** (*référer*) remitir a algn a

réorganisation [ʀeɔʀganizasjɔ̃] *nf* reorganización *f*

réorganiser [ʀeɔʀganize] *vt* reorganizar

réorienter [ʀeɔʀjɑ̃te] *vt* cambiar la orientación de

réouverture [ʀeuvɛʀtyʀ] *nf* reapertura

repaire [ʀ(ə)pɛʀ] *nm* (*aussi fig*) guarida

repaître [ʀəpɛtʀ] *vt* (*yeux, esprit*) alimentar; **se repaître de** *vpr* alimentarse de

répandre [ʀepɑ̃dʀ] *vt* derramar; (*gravillons, sable etc*) echar; (*lumière, chaleur, odeur*) despedir; (*nouvelle, usage*) propagar; (*terreur, joie*) sembrar; **se répandre** *vpr* (*liquide*) derramarse; (*odeur, fumée*) propagarse; (*foule*) desparramarse; (*épidémie, mode*) difundirse; **se ~ en** (*injures, compliments*) deshacerse en

répandu, e [ʀepɑ̃dy] *pp de* **répandre** ▶ *adj* (*courant*) extendido(-a); **papiers répandus par terre/sur un bureau** papeles esparcidos por el suelo/sobre la mesa

réparable [ʀepaʀabl] *adj* reparable; (*perte etc*) remediable

reparaître [ʀ(ə)paʀɛtʀ] *vi* (*livre*) reeditarse; (*journal*) reaparecer

réparateur, -trice [ʀepaʀatœʀ, tʀis] *nm/f* reparador(a)

réparation [ʀepaʀasjɔ̃] *nf* arreglo; **en ~** en reparación; **demander à qn ~ de** (*offense etc*) demandar a algn la reparación de; **réparations** *nfpl* reparaciones *fpl*

réparer [ʀepaʀe] *vt* arreglar; (*déchirure, avarie, aussi fig*) reparar

reparler [ʀ(ə)paʀle] *vi* : **~ de qn/qch** volver a hablar de algn/algo; **~ à qn** volver a hablar con algn

repars [ʀəpaʀ] *vb voir* **repartir**

répartie, repartie [ʀepaʀti] *nf* réplica; **avoir de la ~** tener respuesta para todo

repartir [ʀepaʀtiʀ] *vi* (*retourner*) regresar; (*partir de nouveau*) volver a marcharse; (*affaire*) comenzar de nuevo; **~ à zéro** recomenzar de cero

répartir [ʀepaʀtiʀ] *vt* repartir; **~ sur** repartir en; **~ en** dividir en; **se répartir** *vpr* (*travail, rôles*) repartirse

répartiteur, -trice [ʀepaʀtitœʀ, tʀis] *nm/f* (*distributeur*) repartidor(a) ▶ *nm* (*Auto, Tél*) repartidor *m*; (*Méd*) distribuidor *m*

répartition [ʀepaʀtisjɔ̃] *nf* reparto

reparution [ʀ(ə)paʀysjɔ̃] *nf* (*de livre*) reedición *f*; (*de journal*) reaparición *f*

repas [ʀ(ə)pɑ] *nm* comida; **à l'heure des ~** a la hora de comer

repassable [ʀ(ə)pasabl] *adj* (*vêtement*) planchable; **non ~** no planchable

repassage [ʀ(ə)pɑsaʒ] *nm* planchado

repasser [ʀ(ə)pɑse] *vi* (*passer de nouveau*) volver a pasar ▶ *vt* (*vêtement, tissu*) planchar; (*examen, film*) repetir; (*leçon, rôle*) repasar; **~ qch à qn** (*plat, pain*) volver a pasar algo a algn

repasseuse [ʀ(ə)pɑsøz] *nf* plancha mecánica

repayer [ʀ(ə)peje] *vt* volver a pagar

repêchage [ʀ(ə)peʃaʒ] *nm* (*Scol*) : **question de ~** pregunta de repesca

repêcher [ʀ(ə)peʃe] *vt* (*noyé*) sacar del agua; (*fam : candidat*) repescar

repeindre [ʀ(ə)pɛ̃dʀ] *vt* (*à nouveau*) volver a pintar; (*à neuf*) pintar

repenser [ʀ(ə)pɑ̃se] *vi* (*par hasard*) acordarse ▶ *vt* (*considérer à nouveau*) replantearse

repentance [ʀ(ə)pɑ̃tɑ̃s] *nf* arrepentimiento; **faire acte de ~** hacer acto de contrición

repentant, e [ʀ(ə)pɑ̃tɑ̃, ɑ̃t] *adj, nm/f* arrepentido(-a)

repenti, e [ʀ(ə)pɑ̃ti] *adj, nm/f* arrepentido(-a)

repentir [ʀəpɑ̃tiʀ] *nm* arrepentimiento; **se repentir** *vpr* arrepentirse; **se ~ de qch/d'avoir fait qch** arrepentirse de algo/de haber hecho algo

repérable [ʀ(ə)peʀabl] *adj* localizable; (*changement, signe*) reconocible; **être ~ à qch** ser reconocible gracias a, ser identificable gracias a

repérage [ʀ(ə)peʀaʒ] *nm* localización *f*; (*Ciné*) localización *f* de exteriores

répercussions [RepɛRkysjɔ̃] *nfpl (fig)* repercusiones *fpl*
répercuter [RepɛRkyte] *vt* repercutir; *(consignes, charges etc)* transmitir; **se répercuter** *vpr* repercutir; **se ~ sur** *(fig)* repercutir en
repère [R(ə)pɛR] *nm* referencia; *(Tech)* marca; *(monument etc)* lugar *m* de referencia; **point de ~** punto de referencia
repérer [R(ə)peRe] *vt* localizar; *(erreur)* ver, detectar; **se faire ~** hacerse notar; **se repérer** *vpr* orientarse
répertoire [RepɛRtwaR] *nm* repertorio; *(carnet)* agenda; *(Inform, de carnet)* directorio; *(indicateur)* índice *m*
répertorier [RepɛRtɔRje] *vt* catalogar
répéter [Repete] *vt* repetir; *(nouvelle, secret)* volver a contar; *(leçon, rôle)* repasar; *(Théâtre)* ensayar; **je te répète que ...** te repito que ... ▸ *vi (Théâtre etc)* ensayar; **se répéter** *vpr* repetirse
répéteur [RepetœR] *nm (Tél)* repetidor *m*
répétitif, -ive [Repetitif, iv] *adj* repetitivo(-a)
répétition [Repetisjɔ̃] *nf* repetición *f*; *(Théâtre)* ensayo; **armes à ~** armas de repetición; **~ générale** *(Théâtre)* ensayo general; **répétitions** *nfpl* clases *fpl* particulares
répétitivité [Repetitivite] *nf* repetitividad *f*
repeuplement [R(ə)pœpləmɑ̃] *nm (de village, région, rivière)* repoblación *f*; *(de forêt)* reforestación *f*
repeupler [R(ə)pœple] *vt (village, région, rivière)* repoblar; *(forêt)* reforestar
repiquage [R(ə)pikaʒ] *nm (plants)* trasplante *m*; *(enregistrement)* grabación *f*
repiquer [R(ə)pike] *vt (plants)* trasplantar; *(enregistrement)* grabar
répit [Repi] *nm* descanso; *(fig)* respiro; **sans ~** sin tregua
replacer [R(ə)plase] *vt* reponer
replanter [R(ə)plɑ̃te] *vt (plantes)* replantar; *(forêt)* repoblar
replat [Rəpla] *nm* rellano
replâtrer [R(ə)plɑtRe] *vt (mur)* revocar; *(fig)* chapucear
replet, -ète [Rəplɛ, ɛt] *adj* rollizo(-a)
repli [Rəpli] *nm* repliegue *m*; **~ de terrain** ondulación *f* del terreno; **replis** *nmpl* pliegues *mpl*
replier [R(ə)plije] *vt* doblar; **se replier** *vpr* replegarse; **se ~ sur soi-même** ensimismarse
réplique [Replik] *nf* réplica; **donner la ~ à** contestar a; **sans ~** tajante
répliquer [Replike] *vt* contestar; *(avec impertinence)* replicar; **~ à** *(critique, personne)* rebatir (a); **~ que ...** contestar que ...
replonger [R(ə)plɔ̃ʒe] *vt* : **~ qch dans** sumergir de nuevo algo en; **se replonger** *vpr* : **se ~ dans** sumergirse de nuevo en
répondant, e [Repɔ̃dɑ̃, ɑ̃t] *nm/f* fiador(a)
répondeur [Repɔ̃dœR] *nm (Tél)* contestador *m* (automático)
répondre [Repɔ̃dR] *vi* contestar, responder; *(freins, mécanisme)* responder; **~ à** responder *ou* contestar a; *(affection)* corresponder a; *(salut, provocation, description)* responder a; **~ que** responder que; **~ de** responder de
réponse [Repɔ̃s] *nf* respuesta; **avec ~ payée** *(Postes)* a cobro revertido; **avoir ~ à tout** tener respuesta para todo; **en ~ à** en respuesta a; **carte-~** carta de respuesta; **bulletin-~** cupón *m* de concurso
report [RəpɔR] *nm* aplazamiento
reportage [R(ə)pɔRtaʒ] *nm* reportaje *m*
reporter¹ [R(ə)pɔRtɛR] *nmf* reportero(-a)
reporter² [RəpɔRte] *vt (total, notes)* : **~ qch sur** pasar algo a; *(ajourner, renvoyer)* : **~ qch (à)** aplazar algo (hasta); **se reporter à** *vpr (époque)* remontarse a; *(document, texte)* remitirse a
repos [R(ə)po] *nm* descanso; *(après maladie)* reposo; *(fig)* sosiego; *(Mil)* : **~ !** ¡descansen!; **en ~** en reposo; **au ~** en reposo; *(soldat)* en descanso; **de tout ~** tranquilo(-a); **ne pas être de tout ~** *(fig)* no ser un camino de rosas
reposant, e [R(ə)pozɑ̃, ɑ̃t] *adj* descansado(-a)
repose [R(ə)poz] *nf (de moteur, appareil)* cambio
reposé, e [R(ə)poze] *adj (teint, visage)* fresco(-a); **à tête reposée** con calma
repose-pied [R(ə)pozpje] *nm* reposapiés *msg*
reposer [R(ə)poze] *vt (verre, livre)* volver a poner; *(rideaux, carreaux)* volver a colocar; *(question, problème)* replantear; *(délasser)* descansar ▸ *vi (liquide, pâte)* reposar; *(personne)* : **ici repose ...** aquí descansa ...; **~ sur** *(suj : bâtiment)* descansar sobre; *(fig : affirmation)* basarse en; **se reposer** *vpr* descansar; **se ~ sur qn** apoyarse en algn
repositionnement [R(ə)pɔzisjɔnmɑ̃] *nm (stratégique, commercial)* reposicionamiento
repositionner [R(ə)pɔzisjɔne] : **se repositionner** *vpr* volver a posicionarse
repoussant, e [R(ə)pusɑ̃, ɑ̃t] *adj* repulsivo(-a)
repoussé, e [R(ə)puse] *adj (cuir)* repujado(a)
repousser [R(ə)puse] *vi* volver a crecer ▸ *vt* rechazar; *(rendez-vous, entrevue)* aplazar; *(répugner)* repeler
répréhensible [RepReɑ̃sibl] *adj* reprensible
reprendre [R(ə)pRɑ̃dR] *vt (prisonnier)* volver a coger; *(Mil : ville)* volver a tomar; *(objet posé etc)* recoger; *(objet prêté, donné)* recuperar; *(se resservir de)* volver a tomar; *(racheter)* comprar; *(travail, promenade, études)* reanudar; *(explication, histoire)* volver a; *(emprunter : argument, idée)* tomar; *(article etc)* rehacer; *(jupe, pantalon)* arreglar; *(émission, pièce)* repetir; *(personne)* corregir; **je viendrai te ~ à quatre heures** *(chercher)* pasaré a recogerte a las cuatro; **~ courage/des forces** recobrar valor/fuerzas; **~ ses habitudes/sa liberté** recuperar sus

r

costumbres/su libertad; **~ la route** volver a ponerse en marcha; **~ connaissance** recobrar el conocimiento; **~ haleine** *ou* **son souffle** recobrar el aliento; **~ la parole** retomar la palabra ▶ *vi* (*cours, classes*) reanudarse; (*froid, pluie etc*) volver, llegar de nuevo; (*affaires, industrie*) reactivarse; **je reprends** (*poursuivre*) prosigo; **reprit-il** (*dire*) contestó; **se reprendre** *vpr* (*se corriger*) corregirse; (*se ressaisir*) reponerse; **s'y ~ à deux fois** tener que intentarlo dos veces

repreneur [R(ə)pRənœR] *nm* rescatador(-a)

reprenne *etc* [RəpRɛn] *vb voir* **reprendre**

représailles [R(ə)pRezɑj] *nfpl* represalias *fpl*

représentant, e [R(ə)pRezɑ̃tɑ̃, ɑ̃t] *nm/f* representante *mf*

représentatif, -ive [R(ə)pRezɑ̃tatif, iv] *adj* representativo(-a)

représentation [R(ə)pRezɑ̃tasjɔ̃] *nf* representación *f*; **faire de la ~** (*Comm*) trabajar como representante; **frais de ~** (*d'un diplomate*) gastos *mpl* de representación

représenter [R(ə)pRezɑ̃te] *vt* representar; **se représenter** *vpr* (*occasion*) volver a presentarse; (*s'imaginer, se figurer*) figurarse; **se ~ à** (*examen, élections*) volver a presentarse a

répressif, -ive [RepResif, iv] *adj* represivo(-a)

répression [RepResjɔ̃] *nf* represión *f*; **mesures de ~** medidas *fpl* represivas

réprimande [RepRimɑ̃d] *nf* reprimenda

réprimander [RepRimɑ̃de] *vt* reprender

réprimer [RepRime] *vt* reprimir

repris, e [R(ə)pRi, iz] *pp de* **reprendre** ▶ *nm/f* : **~ de justice** reincidente *mf*

reprise [R(ə)pRiz] *nf* (*entreprise*) compra; (*article*) reestructuración *f*; (*jupe, pantalon*) arreglo; (*recommencement*) reanudación *f*; (*Théâtre, TV, Ciné*) reposición *f*; (*Boxe*) asalto; (*Auto*) reprise *m*; (*Comm*) compra; (*de location*) traspaso; (*raccommodage*) zurcido; **la ~ des hostilités** la reanudación de las hostilidades; **à plusieurs reprises** repetidas veces

repriser [R(ə)pRize] *vt* zurcir; **aiguille/coton à ~** aguja/hilo de zurcir

réprobateur, -trice [RepRɔbatœR, tRis] *adj* reprobatorio(-a)

réprobation [RepRɔbasjɔ̃] *nf* reprobación *f*

reproche [R(ə)pRɔʃ] *nm* reproche *m*; **ton/air de ~** tono/aire *m* de reproche; **faire des reproches à qn** hacer reproches a algn; **faire ~ à qn de qch** reprochar algo a algn; **sans ~(s)** sin reproche

reprocher [R(ə)pRɔʃe] *vt* : **~ qch à (qn)** reprochar algo a (algn); **se ~ qch/d'avoir fait qch** reprocharse algo/haber hecho algo

reproducteur, -trice [R(ə)pRɔdyktœR, tRis] *adj* reproductor(a)

reproductif, -ive [R(ə)pRɔdyktif, iv] *adj* reproductivo(-a)

reproduction [R(ə)pRɔdyksjɔ̃] *nf* (*aussi Biol*) reproducción *f*; **droits de ~** derechos *mpl* de reproducción; « **~ interdite** » « prohibida su reproducción »

reproduire [R(ə)pRɔdɥiR] *vt* reproducir; **se reproduire** *vpr* (*Biol, fig*) reproducirse

reprographie [R(ə)pRɔgRafi] *nf* reprografía

réprouvé, e [RepRuve] *nm/f* réprobo(-a)

réprouver [RepRuve] *vt* reprobar

reptation [Rɛptasjɔ̃] *nf* reptar *m*

reptile [Rɛptil] *nm* reptil *m*

repu, e [Rəpy] *pp de* **repaître** ▶ *adj* harto(-a)

républicain, e [Repyblikɛ̃, ɛn] *adj, nm/f* republicano(-a)

république [Repyblik] *nf* república; **R~ Centrafricaine** República Centroafricana; **R~ de Corée** República de Corea; **R~ d'Irlande** República de Irlanda; **R~ dominicaine** República Dominicana; **R~ populaire de Chine** República popular de China; **R~ populaire démocratique de Corée** República popular democrática de Corea

répudiation [Repydjasjɔ̃] *nf* (*de femme*) repudio; (*d'opinion, doctrine*) renuncia

répudier [Repydje] *vt* repudiar; (*opinion, doctrine*) renunciar

répugnance [Repyɲɑ̃s] *nf* repugnancia; **j'ai** *ou* **j'éprouve de la ~ à le faire** me da repugnancia hacerlo

répugnant, e [Repyɲɑ̃, ɑ̃t] *adj* repugnante

répugner [Repyɲe] *vt* repugnar; **je répugne à le faire** me repugna hacerlo

répulsion [Repylsjɔ̃] *nf* repulsión *f*

réputation [Repytasjɔ̃] *nf* reputación *f*; (*d'une maison*) fama; **avoir la ~ d'être ...** tener fama de ser ...; **connaître qn/qch de ~** conocer a algn/algo por la fama; **de ~ mondiale** de fama mundial

réputé, e [Repyte] *adj* famoso(-a); **être ~ pour** ser famoso(-a) por

requérir [RəkeRiR] *vt* requerir; (*demander au nom de la loi*) demandar, requerir; (*Jur : peine*) pedir

requête [Rəkɛt] *nf* (*prière*) petición *f*; (*Jur*) demanda, requerimiento

requiem [Rekɥijɛm] *nm* réquiem *m*

requiers *etc* [RəkjɛR] *vb voir* **requérir**

requin [Rəkɛ̃] *nm* tiburón *m*; (*fam : fig*) buitre *m*

requinquer [R(ə)kɛ̃ke] *vt* entonar

requis, e [Rəki, iz] *pp de* **requérir** ▶ *adj* (*conditions, âge*) requerido(-a)

réquisition [Rekizisjɔ̃] *nf* requisa

réquisitionner [Rekizisjɔne] *vt* requisar

réquisitoire [RekizitwaR] *nm* (*Jur*) requisitoria; (*fig*) : **~ contre** acusación *f* contra

RER [ɛRøɛR] *sigle m* (= *Réseau express régional*) *red de trenes rápidos de París y de la periferia*; (*train*) *uno de esos trenes*

rescapé, e [Rɛskape] *nm/f* superviviente *mf*

rescousse [ʀɛskus] *nf* : **aller/venir à la ~ de** ir/venir en socorro de; **appeler qn à la ~** pedir la ayuda de algn
réseau, x [ʀezo] *nm* red *f*; **mettre en ~** (*ordinateurs, ressources*) conectar en red; **~ social** red *f* social
réseautage [ʀezotaʒ] *nm* establecimiento de contactos, creación *f* de redes de contactos
réséda [ʀezeda] *nm* reseda
réservation [ʀezɛʀvasjɔ̃] *nf* reserva
réserve [ʀezɛʀv] *nf* reserva; (*d'un magasin*) depósito; (*de pêche, chasse*) coto; **la ~** (*Mil*) la reserva; **officier de ~** oficial en la reserva; **sous ~ de** a reserva de; **sans ~** sin reservas; **avoir/mettre/tenir qch en ~** tener/poner/guardar algo en reserva; **de ~** de reserva; **~ naturelle** reserva natural; **réserves** *nfpl* reservas *fpl*; **sous toutes réserves** con muchas reservas
réservé, e [ʀezɛʀve] *adj* reservado(-a); (*chasse, pêche*) vedado(-a); **~ à/pour** reservado(-a) a/para
réserver [ʀezɛʀve] *vt* reservar; (*réponse, assentiment etc*) reservarse; **~ qch pour/à** (*mettre de côté, garder*) reservar algo para/a; **~ qch à qn** reservar algo a algn; **se ~ qch** reservarse algo; **se ~ de faire qch** reservarse el hacer algo; **se ~ le droit de faire qch** reservarse el derecho de hacer algo
réserviste [ʀezɛʀvist] *nm* reservista *m*
réservoir [ʀezɛʀvwaʀ] *nm* depósito
résidence [ʀezidɑ̃s] *nf* (*habitation luxueuse*) residencia; (*groupe d'immeubles*) conjunto residencial; **(en) ~ surveillée** (*Jur*) (en) arresto domiciliario; **~ principale/secondaire** residencia principal/secundaria; **~ universitaire** residencia universitaria
résident, e [ʀezidɑ̃, ɑ̃t] *nm/f* residente *mf* ▸ *adj* (*Inform*) residente
résidentiel, le [ʀezidɑ̃sjɛl] *adj* residencial
résider [ʀezide] *vi* : **~ à/dans/en** residir en; **~ dans/en** (*fig*) radicar en
résidu [ʀezidy] *nm* (*Chim, Phys*) residuo; (*péj*) deshecho
résiduel, le [ʀezidɥɛl] *adj* residual
résignation [ʀeziɲasjɔ̃] *nf* resignación *f*
résigné, e [ʀeziɲe] *adj* resignado(-a)
résigner [ʀeziɲe] *vt* resignar; **se résigner** *vpr* resignarse; **se ~ à qch/faire qch** resignarse a algo/hacer algo
résiliable [ʀeziljabl] *adj* rescindible
résiliation [ʀeziljasjɔ̃] *nf* rescisión *f*
résilier [ʀezilje] *vt* rescindir
résille [ʀezij] *nf* redecilla
résine [ʀezin] *nf* resina
résiné, e [ʀezine] *adj* : **vin ~** vino resinoso
résineux, -euse [ʀezinø, øz] *adj* resinoso(-a) ▸ *nm* (*Bot*) conífera
résistance [ʀezistɑ̃s] *nf* resistencia; **la R~** (*Pol*) la Resistencia
résistant, e [ʀezistɑ̃, ɑ̃t] *adj* resistente ▸ *nm/f* militante *mf* de la Resistencia
résister [ʀeziste] *vi* resistir; **~ à** resistir a; (*personne*) oponerse a
résolu, e [ʀezɔly] *pp de* **résoudre** ▸ *adj* decidido(-a); **être ~ à qch/faire qch** estar decidido(-a) a algo/hacer algo
résolument [ʀezɔlymɑ̃] *adv* decididamente
résolution [ʀezɔlysjɔ̃] *nf* resolución *f*; (*fermeté*) decisión *f*; (*Inform*) definición *f*; **prendre la ~ de** tomar la resolución de; **bonnes résolutions** determinaciones *fpl*
résolvais *etc* [ʀezɔlvɛ] *vb voir* **résoudre**
résolve *etc* [ʀesɔlv] *vb voir* **résoudre**
résonance [ʀezɔnɑs] *nf* resonancia
résonner [ʀezɔne] *vi* resonar; **~ de** resonar con
résorber [ʀezɔʀbe] : **se résorber** *vpr* (*Méd*) reabsorberse; (*déficit, chômage*) reducirse
résorption [ʀezɔʀpsjɔ̃] *nf* (*Méd*) reabsorbción *f*; (*de déficit, chômage*) reducción *f*
résoudre [ʀezudʀ] *vt* resolver; **~ qn à faire qch** inducir a que algn haga algo; **~ de faire qch** decidir hacer algo; **se ~ à qch/faire qch** decidirse por algo/a *ou* por hacer algo
respect [ʀɛspɛ] *nm* respeto; **tenir qn en ~** mantener a algn a distancia; (*fig*) tener a algn a raya; **respects** *nmpl* : **présenter ses respects à qn** presentar sus respetos a algn
respectabilité [ʀɛspɛktabilite] *nf* respetabilidad *f*
respectable [ʀɛspɛktabl] *adj* respetable; (*quantité*) considerable
respecter [ʀɛspɛkte] *vt* respetar; **faire ~** hacer respetar; **le lexicographe qui se respecte** (*fig*) el lexicógrafo que se precie
respectif, -ive [ʀɛspɛktif, iv] *adj* respectivo(-a)
respectivement [ʀɛspɛktivmɑ̃] *adv* respectivamente
respectueusement [ʀɛspɛktɥøzmɑ̃] *adv* respetuosamente
respectueux, -euse [ʀɛspɛktɥø, øz] *adj* respetuoso(-a); **à une distance respectueuse** a una distancia respetuosa; **~ de** respetuoso(-a) con
respirable [ʀɛspiʀabl] *adj* : **pas ~** irrespirable
respiration [ʀɛspiʀasjɔ̃] *nf* respiración *f*; **retenir sa ~** contener su respiración; **~ artificielle** respiración artificial
respiratoire [ʀɛspiʀatwaʀ] *adj* respiratorio(-a)
respirer [ʀɛspiʀe] *vi* respirar ▸ *vt* (*odeur, parfum, grand air*) aspirar; (*santé, calme, paix*) respirar
resplendir [ʀɛsplɑ̃diʀ] *vi* resplandecer; **~ de** resplandecer de
resplendissant, e [ʀɛsplɑ̃disɑ̃, ɑ̃t] *adj* resplandeciente
responsabiliser [ʀɛspɔ̃sabilize] *vt* responsabilizar

r

responsabilité [ʀɛspɔ̃sabilite] *nf* responsabilidad *f*; **accepter/refuser la ~ de** aceptar/declinar la responsabilidad de; **prendre ses responsabilités** asumir su responsabilidad; **décliner toute ~** declinar cualquier responsabilidad; **~ civile/ collective/morale/pénale** responsabilidad civil/colectiva/moral/penal

responsable [ʀɛspɔ̃sabl] *adj, nmf* responsable *mf*

resquiller [ʀɛskije] *vi* (*au cinéma, au stade*) colarse; (*dans le train*) viajar de gorra

resquilleur, -euse [ʀɛskijœʀ, øz] *nm/f* gorrón(-ona)

ressac [ʀəsak] *nm* resaca

ressaisir [ʀ(ə)seziʀ] : **se ressaisir** *vpr* (*se maîtriser*) serenarse; (*équipe sportive, concurrent*) recuperarse

ressasser [ʀ(ə)sase] *vt* rumiar; (*histoires, critiques*) repetir

ressemblance [ʀ(ə)sɑ̃blɑ̃s] *nf* semejanza; (*Art*) parecido; (*analogie, trait commun*) similitud *f*

ressemblant, e [ʀ(ə)sɑ̃blɑ̃, ɑ̃t] *adj* parecido(-a)

ressembler [ʀ(ə)sɑ̃ble] : **~ à** *vt* parecerse a; **se ressembler** *vpr* parecerse

ressemeler [ʀ(ə)səm(ə)le] *vt* echar nuevas suelas

ressens *etc* [ʀ(ə)sɑ̃] *vb voir* **ressentir**

ressentiment [ʀ(ə)sɑ̃timɑ̃] *nm* resentimiento

ressentir [ʀ(ə)sɑ̃tiʀ] *vt* sentir; **se ~ de** resentirse de

resserre [ʀəsɛʀ] *nf* trastero

resserrement [ʀ(ə)sɛʀmɑ̃] *nm* estrechamiento

resserrer [ʀ(ə)seʀe] *vt* apretar; (*liens d'amitié*) estrechar; **se resserrer** *vpr* (*route, vallée*) estrecharse; (*liens, nœuds*) apretarse; **se ~ (autour de)** (*fig*) acercarse (a)

ressers *etc* [ʀ(ə)sɛʀ] *vb voir* **resservir**

resservir [ʀ(ə)sɛʀviʀ] *vt* : **~ qn (d'un plat)** volver a servir a algn (un plato); **~ de qch (à qn)** volver a servir algo (a algn) ▸ *vi* (*être réutilisé*) servir de nuevo; **se resservir** *vpr* : **se ~ de** (*plat*) volver a servirse

ressort [ʀəsɔʀ] *vb voir* **ressortir** ▸ *nm* muelle *m*; **avoir du/manquer de ~** tener/carecer de dinamismo; **en dernier ~** en última instancia; **être du ~ de** ser de la competencia de

ressortir [ʀəsɔʀtiʀ] *vi* (*sortir à nouveau*) salir de nuevo; (*projectile etc*) salir; (*couleur, broderie, détail*) resaltar; **il ressort de ceci que ...** resulta de eso que ...; **~ à** (*Admin, Jur*) ser de la jurisdicción de; **faire ~ qch** (*fig*) hacer resaltar algo ▸ *vt* sacar de nuevo

ressortissant, e [ʀ(ə)sɔʀtisɑ̃, ɑ̃t] *nm/f* súbdito(-a)

ressouder [ʀ(ə)sude] *vt* volver a soldar

ressource [ʀ(ə)suʀs] *nf* (*expédient, recours*) recurso; **leur seule ~ était de ...** su único recurso era ...; **ressources** *nfpl* recursos *mpl*; **ressources d'énergie** recursos energéticos

ressourcer [ʀ(ə)suʀse] : **se ressourcer** *vpr* (*se régénérer*) recuperarse, cargar las baterías

ressurgir [ʀ(ə)syʀʒiʀ] *vi* = **resurgir**

ressusciter [ʀesysite] *vt* (*personne*) resucitar; (*art, mode*) resurgir ▸ *vi* (*Christ, aussi fig*) resucitar

restant, e [ʀɛstɑ̃, ɑ̃t] *adj* restante ▸ *nm* (*d'une somme, quantité*) : **le ~ (de)** el resto (de); **un ~ de** unas sobras de; (*vestige*) un resto de

restaurant [ʀɛstɔʀɑ̃] *nm* restaurante *m*; **manger au ~** comer en un restaurante; **~ d'entreprise/universitaire** comedor *m* de una empresa/universitario

restaurateur, -trice [ʀɛstɔʀatœʀ, tʀis] *nm/f* restaurador(a)

restauration [ʀɛstɔʀasjɔ̃] *nf* restauración *f*; **~ rapide** comida rápida

restaurer [ʀɛstɔʀe] *vt* restaurar; **se restaurer** *vpr* comer

restauroute [ʀɛstoʀut] *nm* = **restoroute**

reste [ʀɛst] *nm* resto; (*Math*) residuo; **utiliser un ~ de poulet/soupe/tissu** utilizar un resto de pollo/sopa/tejido; **faites ceci, je me charge du ~** haced esto, del resto me encargo yo; **pour le ~, quant au ~** por lo demás, en cuanto a lo demás; **le ~ du temps/des gens** el resto del tiempo/de la gente; **avoir du temps/de l'argent de ~** tener tiempo/dinero de sobra; **et tout le ~** y todo lo demás; **ne voulant pas être** *ou* **demeurer en ~** no queriendo ser menos; **partir sans attendre** *ou* **demander son ~** (*fig*) marcharse sin esperar respuesta; **du ~, au ~** (*au surplus, d'ailleurs*) además; **restes** *nmpl* (*Culin*) sobras *fpl*; (*d'une cité, dépouille mortelle*) restos *mpl*

rester [ʀɛste] *vi* (*dans un lieu*) quedarse; (*dans un état, une position*) quedar; (*être encore là, subsister*) permanecer; (*durer*) persistir; **en ~ à** (*stade, menaces*) quedarse en; **restons-en là** dejémoslo aquí; **~ immobile/assis/habillé** quedarse inmóvil/sentado/vestido; **~ sur sa faim/une impression** quedarse con las ganas/una impresión; **y ~** (*fam*) : **il a failli y ~** por poco estira la pata ▸ *vb impers* : **il me reste du pain** me queda pan; **il (me) reste deux œufs** (me) quedan dos huevos; **il (me) reste 10 minutes** (me) quedan 10 minutos; **(il) reste à savoir/établir si ...** queda por saber/ establecer si ...; **il reste que ..., il n'en reste pas moins que ...** sin embargo ..., con todo y con eso ...; **voilà tout ce qui (me) reste** esto es todo lo que (me) queda; **ce qui (me) reste à faire** lo que (me) falta por hacer

> ⚠ No debe traducirse por *restar*, que en francés corresponde a **soustraire**.

restituer [ʀɛstitɥe] *vt* (*texte, inscription*) reconstruir; (*Tech : énergie, son*) reproducir; **~ qch (à qn)** (*objet, somme*) restituir algo (a algn)

restitution [ʀɛstitysjɔ̃] *nf* restitución *f*

restoroute [ʀɛstoʀut] *nm* restaurante *m* de carretera

restreindre [ʀɛstʀɛ̃dʀ] *vt* restringir; **se restreindre** *vpr* restringirse

restreint, e [ʀɛstʀɛ̃, ɛ̃t] *pp de* **restreindre** ▶ *adj* limitado(-a)

restrictif, -ive [ʀɛstʀiktif, iv] *adj* restrictivo(-a)

restriction [ʀɛstʀiksjɔ̃] *nf* restricción *f*; **sans ~** sin reservas; **restrictions** *nfpl* (*rationnement*) restricciones *fpl*; **faire des restrictions** (*critiquer*) tener reservas; (*mentales*) hacer restricción mental

restructuration [ʀəstʀyktyʀasjɔ̃] *nf* reestructuración *f*

restructurer [ʀəstʀyktyʀe] *vt* reestructurar

résultante [ʀezyltɑ̃t] *nf* consecuencia

résultat [ʀezylta] *nm* resultado; **résultats** *nmpl* resultados *mpl*; **exiger/obtenir des résultats** exigir/obtener resultados; **résultats sportifs** resultados deportivos

résulter [ʀezylte] *vi* : **~ de** resultar de; **il résulte de ceci que ...** de ello resulta que ...

résumé [ʀezyme] *nm* resumen *m*; (*ouvrage succinct*) compendio *m*; **faire le ~ de** hacer el resumen de; **en ~** en resumen

résumer [ʀezyme] *vt* resumir; **se résumer** *vpr* (*personne*) sintetizar; **se ~ à** (*se réduire à*) resumirse a

résurgence [ʀezyʀʒɑ̃s] *nf* resurgimiento

resurgir [ʀ(ə)syʀʒiʀ] *vi* resurgir

résurrection [ʀezyʀɛksjɔ̃] *nf* (*Rel*) resurrección *f*; (*fig*) reaparición *f*

rétablir [ʀetabliʀ] *vt* restablecer; **~ qn** restablecer a algn; **~ qn dans son emploi/ses droits** (*Admin*) restablecer a algn en su empleo/en sus derechos; **se rétablir** *vpr* restablecerse; (*Gymnastique*) : **se ~ (sur)** elevarse (sobre)

rétablissement [ʀetablismɑ̃] *nm* restablecimiento; **faire un ~** (*Gymnastique etc*) hacer una elevación

rétamer [ʀetame] *vt* estañar de nuevo; **se rétamer** *vpr* (*fam : tomber*) pegarse una torta (*fam*)

rétameur [ʀetamœʀ] *nm* estañador *m*

retaper [ʀ(ə)tape] (*fam*) *vt* arreglar; (*redactylographier*) pasar de nuevo a máquina, mecanografiar de nuevo

retard [ʀ(ə)taʀ] *nm* retraso; **arriver en ~** llegar con retraso; **être en ~** (*personne*) llegar tarde; (*train*) traer retraso; (*dans paiement, travail*) retrasarse; (*pays*) estar retrasado(-a); **être en ~ (de deux heures)** retrasarse (dos horas); **avoir un ~ de deux heures/deux km** (*Sport*) llevar un retraso de dos horas/dos km; **rattraper son ~** recuperarse de un retraso; **avoir du ~** estar retrasado(-a); (*sur un programme*) estar atrasado(-a); **prendre du ~** (*train, avion*) retrasarse; (*montre*) atrasarse; **sans ~** sin retraso; **~ à l'allumage** (*Auto*) retardo en la chispa; **~ scolaire** retraso escolar

retardataire [ʀ(ə)taʀdatɛʀ] *adj* (*enfant*) retrasado(-a); (*idées*) atrasado(-a) ▶ *nmf* rezagado(-a)

retardé, e [ʀ(ə)taʀde] *adj, nm/f* retrasado(-a)

retardement [ʀ(ə)taʀdəmɑ̃] : **à ~** *adj* de efecto retardado; (*aussi Photo, mécanisme*) de mecanismo retardado; **bombe à ~** (*aussi fig*) bomba de relojería

retarder [ʀ(ə)taʀde] *vt* (*montre*) atrasar; (*travail, études*) retrasar; **~ qn (d'une heure)** retrasar a algn (una hora) ▶ *vi* (*horloge, montre*) atrasar; (: *d'habitude*) estar atrasado(-a); (*fig : personne*) no estar al tanto; **je retarde (d'une heure)** mi reloj va una hora atrasado

retendre [ʀ(ə)tɑ̃dʀ] *vt* tensar de nuevo

retenir [ʀət(ə)niʀ] *vt* retener; (*objet qui glisse*) agarrar; (*objet suspendu*) sujetar; (*odeur, chaleur, lumière etc*) conservar; (*colère, larmes*) contener; (*chanson, date*) recordar; (*suggestion, proposition*) aceptar; (*place, chambre*) reservar; (*Math*) llevarse; **~ qn (de faire)** impedir a algn (hacer); **je pose trois et je retiens deux** pongo tres y me llevo dos; **~ un rire/sourire** contener la risa/sonrisa; **~ son souffle** *ou* **haleine** contener su respiración *ou* aliento; **il m'a retenu à dîner** me ha hecho quedarme a cenar; **se retenir** *vpr* (*euphémisme*) aguantarse; (*se raccrocher*) : **se ~ (à)** agarrarse (a); **se ~ (de faire qch)** contenerse (de hacer algo)

rétention [ʀetɑ̃sjɔ̃] *nf* : **~ d'urine** retención *f* de orina

retentir [ʀ(ə)tɑ̃tiʀ] *vi* resonar; (*fig*) repercutir; **~ de** retumbar con; **~ sur** (*fig*) repercutir sobre

retentissant, e [ʀ(ə)tɑ̃tisɑ̃, ɑ̃t] *adj* (*voix, choc*) ruidoso(-a); (*succès etc*) clamoroso(-a)

retentissement [ʀ(ə)tɑ̃tismɑ̃] *nm* (*gén pl*) repercusión *f*; (*éclat*) resonancia

retenu, e [ʀət(ə)ny] *pp de* **retenir** ▶ *adj* (*place, propos*) reservado(-a); (*personne : empêché*) retenido(-a)

retenue [ʀət(ə)ny] *nf* (*somme prélevée*) deducción *f*; (*Math*) lo que se lleva; (*Scol*) castigo; (*modération*) moderación *f*; (*réserve*) reserva; (*Auto*) cola

réticence [ʀetisɑ̃s] *nf* reticencia; **sans ~** sin reticencia

réticent, e [ʀetisɑ̃, ɑ̃t] *adj* reticente

retiendrai [ʀətjɛ̃dʀe] *vb voir* **retenir**

retiens [ʀətjɛ̃] *vb voir* **retenir**

rétif, -ive [ʀetif, iv] *adj* inquieto(-a); (*fig*) reacio(-a)

r

rétine [Retin] *nf* retina
retint [Rətɛ̃] *vb voir* **retenir**
retiré, e [R(ə)tiRe] *adj (personne, vie)* solitario(-a); *(quartier)* alejado(-a)
retirer [R(ə)tiRe] *vt* retirar; *(vêtement, lunettes)* quitarse; **~ un bénéfice/des avantages de** sacar beneficio de/ventajas de; **~ qch à qn** quitarle algo a algn; **~ qch/qn de** sacar algo/a algn de; **se retirer** *vpr* retirarse
retombées [Rətɔ̃be] *nfpl (radioactives)* lluvias *fpl*; *(d'un événement)* repercusiones *fpl*; *(d'une invention)* efectos *mpl*
retomber [R(ə)tɔ̃be] *vi* caer; *(tomber de nouveau)* caer de nuevo; **~ malade/dans l'erreur** volver a caer enfermo/en el error; **~ sur qn** recaer sobre algn
retordre [R(ə)tɔRdR] *vt* : **donner du fil à ~ à qn** dar que hacer a algn
rétorquer [RetɔRke] *vt* : **~ (à qn) que** replicar (a algn) que
retors, e [Rətɔr, ɔRs] *adj* astuto(-a)
rétorsion [RetɔRsjɔ̃] *nf* : **mesures de ~** represalias *fpl*
retouche [R(ə)tuʃ] *nf* retoque *m*; **faire une ~** *ou* **des retouches à** dar un retoque *ou* unos retoques a
retoucher [R(ə)tuʃe] *vt* retocar
retour [R(ə)tuR] *nm* vuelta; *(d'un lieu, vers un lieu)* regreso; **au ~** a la vuelta; **pendant le ~** durante el regreso; **à mon/ton ~** a mi/tu regreso; **au ~ de** a la vuelta de; **être de ~ (de)** estar de vuelta (de); **de ~ à Lyons** de vuelta en Lyons; **de ~ chez moi** de vuelta en casa; **« de ~ dans 10 minutes »** « vuelvo en 10 minutos »; **en ~** en cambio; **par ~ du courrier** a vuelta de correo; **un juste ~ des choses** un castigo merecido; **un de ces jours, il y aura un ~ de manivelle** un día se le virará la tortilla; **match ~** partido de vuelta; **~ à l'envoyeur** *(Postes)* devuelto a su procedencia; **~ (automatique) à la ligne** *(Inform)* salto de línea automático; **~ aux sources** *(fig)* vuelta a las raíces; **~ de bâton** contragolpe *m*; **~ de chariot** vuelta de carretilla; **~ de flamme** retorno de llama; *(fig)* contragolpe *m*; **~ en arrière** *(Ciné, Litt, fig)* vuelta atrás; *(mesure)* paso atrás; **~ offensif** vuelta ofensiva
retournement [R(ə)tuRnəmɑ̃] *nm* cambio; **~ de la situation** cambio de la situación
retourner [R(ə)tuRne] *vt (dans l'autre sens)* dar la vuelta a, voltear (AM); *(caisse)* poner boca abajo; *(arme)* volver; *(renvoyer, restituer, argument)* devolver; *(sac, vêtement)* volver del revés; *(terre, sol, foin, émouvoir)* revolver; **~ sa veste** *(fig : fam)* cambiar de chaqueta ▸ *vi* volver; *(aller de nouveau)* : **~ quelque part/vers/chez** volver de nuevo a algún sitio/hacia/a casa de; **~ à** volver a; **~ en arrière** *ou* **sur ses pas** volver atrás *ou* sobre sus pasos; **~ aux sources** volver a las raíces; **savoir de quoi il retourne** saber de qué se trata; **se retourner** *vpr* volverse, voltearse (AM); *(voiture)* dar vuelta de campana; *(tourner la tête)* volverse; **s'en ~** regresar; **se ~ contre qn/qch** *(fig)* volverse contra algn/algo
retracer [R(ə)tRase] *vt* recordar
rétractable [RetRaktabl] *adj (poignée, toit)* retráctil
rétracter [RetRakte] *vt (affirmation, promesse)* retractar; *(antenne etc)* retraer; **se rétracter** *vpr* retractarse; *(revenir sur ses promesses)* desdecirse; *(antenne etc)* retraerse
retraduire [R(ə)tRadɥiR] *vt* traducir de nuevo
retrait [R(ə)tRɛ] *nm* retiro; **en ~** apartado(-a); **écrire en ~** escribir dejando un margen; **~ du permis (de conduire)** retirada de carnet (de conducir)
retraite [R(ə)tRɛt] *nf* retiro; *(d'une armée)* retirada; *(d'un employé, fonctionnaire)* jubilación *f*; **être à la ~** estar jubilado(-a); **mettre à la ~** jubilar (a); **prendre sa ~** jubilarse; **~ anticipée** jubilación anticipada; **~ aux flambeaux** desfile *m* con antorchas
retraité, e [R(ə)tRete] *adj* retirado(-a), jubilado(-a) ▸ *nm/f* jubilado(-a)
retraitement [R(ə)tRɛtmɑ̃] *nm (de déchets radioactifs)* reciclaje *m*
retraiter [R(ə)tRete] *vt* reciclar
retranchement [R(ə)tRɑ̃ʃmɑ̃] *nm (fortification)* fortificación *f*; **poursuivre qn dans ses derniers retranchements** *(fig)* acorralar a algn
retrancher [R(ə)tRɑ̃ʃe] *vt* suprimir; **~ qch de** *(nombre, somme)* sustraer algo de; **se ~ derrière/dans** *(Mil)* parapetarse detrás de/en; *(fig)* refugiarse en
retranscription [R(ə)tRɑ̃skRipsjɔ̃] *nf* nueva transcripción
retranscrire [R(ə)tRɑ̃skRiR] *vt* transcribir de nuevo
retransmettre [R(ə)tRɑ̃smɛtR] *vt* retransmitir
retransmission [R(ə)tRɑ̃smisjɔ̃] *nf* retransmisión *f*
retravailler [R(ə)tRavaje] *vi, vt* trabajar de nuevo
retraverser [R(ə)tRavɛRse] *vt* volver a atravesar
rétréci, e [RetResi] *adj* estrechado(-a)
rétrécir [RetResiR] *vt, vi (vêtement)* encoger; **se rétrécir** *vpr* estrecharse
rétrécissement [RetResismɑ̃] *nm* estrechamiento
retremper [R(ə)tRɑ̃pe] *vt* : **se ~ dans** *(fig)* meterse de nuevo en
rétribuer [RetRibɥe] *vt* retribuir
rétribution [RetRibysjɔ̃] *nf* retribución *f*
rétro [RetRo] *adj* : **mode/style ~** moda/estilo retro *inv* ▸ *nm (fam)* = **rétroviseur**

rétroactif, -ive [retʀoaktif, iv] *adj* retroactivo(-a)
rétroactivement [retʀoaktivmɑ̃] *adv* retroactivamente
rétroactivité [retʀoaktivite] *nf* retroactividad *f*
rétrocéder [retʀosede] *vt* hacer retrocesión de
rétrocession [retʀosesjɔ̃] *nf* retrocesión *f*
rétroéclairage [retʀoeklɛʀaʒ] *nm* (*Tech*) retroiluminación *f*
rétrofusée [retʀofyze] *nf* retrocohete *m*
rétrogradation [retʀɔgʀadasjɔ̃] *nf* (*Mil, Admin*) degradación *f*; (*Sport*) pérdida de categoría (*por motivos extradeportivos*)
rétrograde [retʀɔgʀad] (*péj*) *adj* retrógrado(-a)
rétrograder [retʀɔgʀade] *vi* (*Auto*) reducir velocidad; (*cheval, coureur*) atrasarse ▸ *vt* (*Mil, Admin*) degradar
rétroprojecteur [retʀopʀɔʒɛktœʀ] *nm* retroproyector *m*
rétrospectif, -ive [retʀɔspɛktif, iv] *adj* retrospectivo(-a)
rétrospective [retʀɔspɛktiv] *nf* retrospectiva
rétrospectivement [retʀɔspɛktivmɑ̃] *adv* retrospectivamente
retroussé, e [ʀ(ə)tʀuse] *adj* : **nez ~** nariz respingona
retrousser [ʀ(ə)tʀuse] *vt* (*pantalon etc*) arremangar; (*nez*) arrugar; (*lèvres*) fruncir; **se retrousser** *vpr* : **se ~ les manches** (*fig*) arremangarse
retrouvailles [ʀ(ə)tʀuvaj] *nfpl* reencuentro
retrouver [ʀ(ə)tʀuve] *vt* encontrar; (*sommeil, calme, santé*) recobrar; (*expression, style*) reconocer; (*rejoindre*) encontrarse con; **se retrouver** *vpr* encontrarse; (*s'orienter*) orientarse; **se ~ dans** (*calculs, dossiers, désordre*) desenvolverse en; **s'y ~** (*rentrer dans ses frais*) salir ganando
rétroviral, e, -aux [retʀoviʀal, o] *adj* retroviral
rétrovirus [retʀoviʀys] *nm* retrovirus *m inv*
rétroviseur [retʀɔvizœʀ] *nm* retrovisor *m*
retweeter [ʀətwite] *vt* (*Inform* : *Twitter*) retuitear, retwittear
réunifier [reynifje] *vt* reunificar
Réunion [reynjɔ̃] *nf* : **la ~, l'île de la ~** la (isla de la) Reunión
réunion [reynjɔ̃] *nf* reunión *f*; (*séance, congrès*) encuentro; **~ électorale** mitin *m* electoral; **~ sportive** tertulia deportiva
réunionite [reynjɔnit] (*fam*) *nf* reunionitis *f inv* (*fam*)
réunionnais, e [reynjɔnɛ, ɛz] *adj* de la Reunión ▸ *nm/f* : **Réunionnais, e** nativo(-a) *ou* habitante *mf* de la Reunión
réunir [reyniʀ] *vt* reunir; (*rapprocher*) juntar; (*rattacher*) unir; **~ qch à** sumar algo a; **se réunir** *vpr* reunirse; (*s'allier*) unirse; (*chemins, cours d'eau etc*) juntarse
réussi, e [reysi] *adj* (*robe, photographie*) logrado(-a); (*réception*) exitoso(-a)
réussir [reysiʀ] *vi* (*tentative, projet*) ser un éxito, salir bien; (*plante, culture*) darse bien; (*personne*) tener éxito, triunfar; (: *à un examen*) aprobar; **~ à faire qch** lograr *ou* conseguir hacer algo; **~ à qn** (*aliment*) sentar bien a algn; **le travail/le mariage lui réussit** el trabajo/el matrimonio le sienta bien ▸ *vt* (*examen*) aprobar; **j'ai réussi mon examen** he aprobado el examen; **j'ai réussi du premier coup les profiteroles** los profiteroles me han salido bien a la primera

> Pour traduire **réussir à**, on emploie *lograr* ou *conseguir*, sans préposition :
> **J'ai réussi à tout terminer.** He conseguido terminarlo todo.
> **J'ai finalement réussi à la joindre.** Al final he logrado localizarla.

réussite [reysit] *nf* éxito; (*Cartes*) solitario; **une ~ insolente** un éxito inaudito; **taux de ~** (*au baccalauréat, à un examen*) porcentaje de aprobados
réutilisable [reytilizabl] *adj* reutilizable
réutilisation [reytilizasjɔ̃] *nf* reutilización *f*
réutiliser [reytilize] *vt* reutilizar
revaloir [ʀ(ə)valwaʀ] *vt* : **je vous revaudrai cela** se lo pagaré con la misma moneda
revalorisation [ʀ(ə)valɔʀizasjɔ̃] *nf* revalorización *f*
revaloriser [ʀ(ə)valɔʀize] *vt* revalorizar; (*salaires, pensions*) elevar
revanchard, e [ʀ(ə)vɑ̃ʃaʀ, aʀd] *adj* revanchista
revanche [ʀ(ə)vɑ̃ʃ] *nf* revancha; **prendre sa ~ (sur)** tomar la revancha (contra); **en ~** en cambio; (*en compensation*) en compensación
rêvasser [ʀɛvase] *vi* soñar despierto
rêve [ʀɛv] *nm* sueño; **paysage/silence de ~** paisaje/silencio de ensueño; **la voiture/maison de ses rêves** el coche/la casa de sus sueños; **~ éveillé** ensueño
rêvé, e [ʀeve] *adj* soñado(-a)
revêche [ʀəvɛʃ] *adj* hosco(-a)
réveil [ʀevɛj] *nm* despertar *m*; (*pendule*) despertador *m*; **au ~, je ...** al despertarme, ...; **sonner le ~** (*Mil*) tocar a diana
réveille-matin [ʀevɛjmatɛ̃] *nm inv* despertador *m*
réveiller [ʀeveje] *vt* despertar; **se réveiller** *vpr* despertarse; (*fig* : *se secouer*) espabilarse
réveillon [ʀevɛjɔ̃] *nm* cena de Nochebuena; (*de la Saint-Sylvestre*) cena de Nochevieja; (*dîner, soirée*) cotillón *m*
réveillonner [ʀevɛjɔne] *vi celebrar la cena de Nochebuena o Nochevieja*

révélateur, -trice [RevelatœR, tRis] *adj* revelador(a) ▸ *nm* (*Photo*) revelador *m*
révélation [Revelasjɔ̃] *nf* revelación *f*
révéler [Revele] *vt* revelar; **~ qn/qch** dar algn/algo a conocer; **se révéler** *vpr* revelarse; **se ~ facile/faux** resultar fácil/falso; **se ~ cruel** mostrarse cruel; **se ~ un allié sûr** resultar ser un aliado seguro
revenant, e [R(ə)vənɑ̃, ɑ̃t] *nm/f* fantasma *m*
revendeur, -euse [R(ə)vɑ̃dœR, øz] *nm/f* revendedor(a)
revendicatif, -ive [R(ə)vɑ̃dikatif, iv] *adj* reivindicativo(-a)
revendication [R(ə)vɑ̃dikasjɔ̃] *nf* reivindicación *f*; (*gén pl : Pol etc*) reivindicaciones *fpl*; **journée de ~** (*Pol*) día de reivindicación
revendiquer [R(ə)vɑ̃dike] *vt* reivindicar; (*responsabilité*) asumir ▸ *vi* (*Pol*) reivindicar
revendre [R(ə)vɑ̃dR] *vt* revender; **à ~** de sobra; **avoir du talent/de l'énergie à ~** tener talento/energía para dar y tomar
revenir [Rəv(ə)niR] *vi* (*venir de nouveau*) venir de nuevo; (*rentrer*) regresar, volver; (*saison, mode, calme*) volver; **faire ~ de la viande/des légumes** rehogar la carne/las verduras; **~ cher/à 20 euros (à qn)** resultar caro/a 20 euros (a algn); **~ à** (*études, conversation, projet*) volver a; (*équivaloir à*) venir a ser; **~ à qn** (*rumeur, nouvelle*) llegar a los oídos de algn; (*part, honneur, responsabilité*) corresponder a algn; (*souvenir, nom*) venirle a algn *ou* a la mente; **~ de** (*fig*) salir de; **~ sur** (*question*) volver sobre; (*promesse*) retractarse de; **~ à la charge** volver a la carga; **~ à soi** volver en sí; **n'en pas ~ : je n'en reviens pas** no vuelvo de mi asombro; **~ sur ses pas** dar marcha atrás; **cela revient au même** eso viene a ser lo mismo; **cela revient à dire que** lo que es lo mismo que decir que; **je reviens de loin** (*fig*) me escapé de una buena
revente [R(ə)vɑ̃t] *nf* reventa
revenu, e [Rəv(ə)ny] *pp de* **revenir** ▸ *nm* renta; (*d'une terre*) rendimiento; **revenus** *nmpl* (*rémunération*) ingresos *mpl*
rêver [Reve] *vi* soñar; **~ de** *ou* **à** soñar con ▸ *vt* soñar con; **~ que** soñar que
réverbération [RevɛRbeRasjɔ̃] *nf* reverberación *f*
réverbère [RevɛRbɛR] *nm* farola
réverbérer [RevɛRbeRe] *vt* reverberar
reverdir [R(ə)vɛRdiR] *vi* reverdecer
révérence [ReveRɑ̃s] *nf* reverencia
révérencieux, -euse [ReveRɑ̃sjø, jøz] *adj* reverente
révérend, e [ReveRɑ̃, ɑ̃d] *adj* (*Rel*) : **le ~ père Pascal** el reverendo padre Pascal
révérer [ReveRe] *vt* reverenciar
rêverie [RɛvRi] *nf* ensoñación *f*, ensueño
reverrai *etc* [RəvɛRe] *vb voir* **revoir**
revers [R(ə)vɛR] *nm* revés *m*; (*d'une feuille*) envés *m*; (*de la main*) dorso; (*d'une pièce, médaille*) reverso; **d'un ~ de main** de un revés; **le ~ de la médaille** (*fig*) el lado malo; **prendre à ~** (*Mil*) coger por la espalda; **~ de fortune** revés de fortuna
reverser [R(ə)vɛRse] *vt* : **~ sur** volver a ingresar en; **~ (dans)** volver a verter (en)
réversibilité [RevɛRsibilite] *nf* reversibilidad *f*
réversible [RevɛRsibl] *adj* reversible *inv*
revêtement [R(ə)vɛtmɑ̃] *nm* revestimiento; (*d'une chaussée*) firme *m*; (*d'un tuyau etc*) capa
revêtir [R(ə)vetiR] *vt* revestir; (*vêtement*) ponerse; **~ qn de** vestir a algn con; **~ qch de** revestir algo de; (*signature, visa*) estampar algo con
rêveur, -euse [RɛvœR, øz] *adj* soñador(a) ▸ *nm/f* soñador(a); (*péj : utopiste*) quijote *m*
rêveusement [Rɛvøzmɑ̃] *adv* distraídamente
reviendrai *etc* [Rəvjɛ̃dRe] *vb voir* **revenir**
revienne *etc* [Rəvjɛn] *vb voir* **revenir**
revient [Rəvjɛ̃] *vb voir* **revenir** ▸ *nm* : **prix de ~** (*Comm*) precio de coste
revigorant, e [R(ə)vigɔRɑ̃, ɑ̃t] *adj* vigorizante
revigorer [R(ə)vigɔRe] *vt* vigorizar
revint [Rəvɛ̃] *vb voir* **revenir**
revirement [R(ə)viRmɑ̃] *nm* (*d'une personne*) cambio de opinión; (*d'une situation, de l'opinion*) cambio brusco
revis [Rəvi] *vb voir* **revoir**
révisable [Revizabl] *adj* revisable
réviser [Revize] *vt* revisar; (*Scol, comptes*) repasar
révision [Revizjɔ̃] *nf* revisión *f*; **conseil de ~** (*Mil*) junta de clasificación y revisión; **faire ses révisions** (*Scol*) repasar; **la ~ des 10 000 km** (*Auto*) la revisión de los 10.000 km
révisionnisme [Revizjɔnism] *nm* revisionismo
révisionniste [Revizjɔnist] *nmf* revisionista *mf*
revisiter [R(ə)vizite] *vt* (*œuvre, auteur*) revisitar
revisser [R(ə)vise] *vt* atornillar de nuevo
revit [Rəvi] *vb voir* **revoir**
revitalisant, e [R(ə)vitalizɑ̃, ɑ̃t] *adj* revitalizante ▸ *nm* revitalizante *m*
revitalisation [R(ə)vitalizasjɔ̃] *nf* revitalización *f*
revitaliser [R(ə)vitalize] *vt* revitalizar
revivifier [R(ə)vivifje] *vt* revivificar
revivre [R(ə)vivR] *vi* recuperar fuerzas; (*traditions, coutumes*) recuperarse; **faire ~** (*mode, institution, usage*) resucitar; (*personnage, époque*) hacer revivir ▸ *vt* revivir
révocable [Revɔkabl] *adj* revocable *inv*
révocation [Revɔkasjɔ̃] *nf* revocación *f*
revoir [R(ə)vwaR] *vt* volver a ver; (*par la mémoire*) recordar; (*texte, édition*) revisar; (*matière, programme*) repasar ▸ *nm* : **au ~** adiós

msg; **au ~ Monsieur/Madame** adiós señor/señora; **dire au ~ à qn** decir adiós a algn; **se revoir** *vpr* (*amis*) volverse a ver

révoltant, e [Revɔltɑ̃, ɑ̃t] *adj* indignante

révolte [Revɔlt] *nf* rebelión *f*; (*indignation*) indignación *f*

révolter [Revɔlte] *vt* indignar; **se révolter** *vpr* : **se ~ (contre)** rebelarse (contra); (*s'indigner*) indignarse (con)

révolu, e [Revɔly] *adj* (*de jadis*) pasado(-a); (*fini : période, époque*) terminado(-a); (*Admin : complété*) : **âgé de 18 ans révolus** con 18 años cumplidos; **après trois ans révolus** después de pasados tres años

révolution [Revɔlysjɔ̃] *nf* revolución *f*; **être en ~** (*pays etc*) estar en revolución; **la ~ industrielle** la revolución industrial; **la R~ française** la Revolución Francesa

révolutionnaire [RevɔlysjɔnɛR] *adj, nmf* revolucionario(-a)

révolutionner [Revɔlysjɔne] *vt* revolucionar; (*fig*) alborotar

revolver [RevɔlvɛR] *nm* pistola; (*à barillet*) revólver *m*

révoquer [Revɔke] *vt* revocar; (*fonctionnaire*) destituir

revoyais *etc* [Rəvwaje] *vb voir* **revoir**

revu, e [Rəvy] *pp de* **revoir**

revue [R(ə)vy] *nf* revista; **passer en ~** (*Mil*) pasar revista (a); (*fig : problèmes, possibilités*) estudiar; **~ de presse** revista de prensa

révulsé, e [Revylse] *adj* (*yeux*) en blanco; (*visage*) demudado(-a)

rez-de-chaussée [Red(ə)ʃose] *nm inv* planta baja

rez-de-jardin [Red(ə)ʒaRdɛ̃] *nm inv* planta de jardín

RF [ɛRɛf] *sigle f* = **République française**

RFO *sigle f* (= *Réseau France outre-mer*) *radiotelevisión de los territorios de ultramar franceses*

RG [ɛRʒe] *sigle mpl* (= *renseignements généraux*) *servicio de información secreta del Estado francés*

rhabiller [Rabije] *vt* volver a vestir; **se rhabiller** *vpr* volver a vestirse

rhapsodie [Rapsɔdi] *nf* rapsodia

rhéostat [Reɔsta] *nm* reostato

rhésus [Rezys] *adj* rhesus *inv* ▸ *nm* rhesus *msg*; **~ négatif/positif** RH negativo/positivo

rhétorique [RetɔRik] *nf* retórica; (*péj*) palabrería ▸ *adj* retórico(-a)

Rhin [Rɛ̃] *nm* : **le ~** el Rin

rhinite [Rinit] *nf* rinitis *f inv*

rhinocéros [RinɔseRɔs] *nm* (*Zool*) rinoceronte *m*

rhinopharyngite [RinofaRɛ̃ʒit] *nf* rinofaringitis *f inv*

rhodanien, ne [Rɔdanjɛ̃, jɛn] *adj* rodaniano(-a)

rhododendron [Rɔdɔdɛ̃dRɔ̃] *nm* rododendro

Rhône [Ron] *nm* : **le ~** el Ródano

rhubarbe [RybaRb] *nf* ruibarbo

rhum [Rɔm] *nm* ron *m*

rhumatisant, e [Rymatizɑ̃, ɑ̃t] *nm/f* reumático(-a)

rhumatismal, e, -aux [Rymatismal, o] *adj* reumático(-a)

rhumatisme [Rymatism] *nm* reumatismo, reúma; **avoir des rhumatismes** tener reúma

rhumatologie [Rymatɔlɔʒi] *nf* reumatología

rhumatologue [Rymatɔlɔg] *nmf* reumatólogo(-a)

rhume [Rym] *nm* catarro; **~ de cerveau** catarro de nariz; **le ~ des foins** la fiebre del heno

rhumerie [RɔmRi] *nf* destilería de ron

ri [Ri] *pp de* **rire**

riant, e [R(i)jɑ̃, R(i)jɑ̃t] *vb voir* **rire** ▸ *adj* (*visage, yeux*) risueño(-a); (*campagne, paysage*) alegre

RIB [Rib] *sigle m* = **relevé d'identité bancaire**

ribambelle [Ribɑ̃bɛl] *nf* : **une ~ d'enfants/de chats** una manada de niños/de gatos

ricain, e [Rikɛ̃, ɛn] (*fam*) *adj* yanqui

ricanement [Rikanmɑ̃] *nm* (*méchant*) risa burlona; (*bête*) risa tonta; (*de gêne*) risa de vergüenza

ricaner [Rikane] *vi* (*avec méchanceté*) reírse burlonamente; (*bêtement*) reírse con risa tonta; (*avec gêne*) reírse con sofocación

riche [Riʃ] *adj* (*aussi fig*) rico(-a); **~ en/de** rico(-a) en/de; **riches** *nmpl* : **les riches** los ricos

richement [Riʃmɑ̃] *adv* con riqueza

richesse [Riʃɛs] *nf* riqueza; **la ~ en vitamines d'un aliment** la riqueza vitamínica de un alimento; **richesses** *nfpl* riquezas *fpl*

richissime [Riʃisim] *adj* riquísimo(-a)

ricin [Risɛ̃] *nm* : **huile de ~** aceite *m* de ricino

ricocher [Rikɔʃe] *vi* rebotar; **faire ~** (*pierre*) hacer rebotar

ricochet [Rikɔʃɛ] *nm* rebote *m*; **faire ~** rebotar; (*fig*) tener repercusión; **faire des ricochets** hacer cabrillas; **par ~** de rebote

rictus [Riktys] *nm* rictus *msg*

ride [Rid] *nf* arruga; (*sur l'eau, le sable*) onda

ridé, e [Ride] *adj* arrugado(-a)

rideau, x [Rido] *nm* cortina; (*Théâtre*) telón *m*; (*d'arbres etc*) hilera; **tirer/ouvrir les rideaux** correr/descorrer las cortinas; **~ de fer** cierre *m* metálico; (*Hist*) telón de acero

ridelle [Ridɛl] *nf* adral *m*

rider [Ride] *vt* arrugar; (*eau, sable etc*) ondear; **se rider** *vpr* arrugarse

ridicule [Ridikyl] *adj* ridículo(-a) ▸ *nm* ridículo; **se couvrir de ~** hacer el ridículo; **tourner qn en ~** poner a algn en ridículo

ridiculement [Ridikylmɑ̃] *adv* ridículamente

ridiculiser [Ridikylize] *vt* ridiculizar; **se ridiculiser** *vpr* ridiculizarse

r

ridule [ridyl] *nf (euph)* arruguita
rie [ri] *vb voir* **rire**
rien [rjɛ̃] *pron* : **(ne) ... ~** (no) ... nada; **qu'est-ce que vous avez ? — ~** ¿qué le pasa? — nada; **il n'a ~ dit/fait** no dijo/hizo nada; **il n'a ~** *(n'est pas blessé)* no tiene nada; **de ~ !** ¡de nada!; **n'avoir peur de ~** no tener miedo de nada; **a-t-il jamais ~ fait pour nous ?** ¿ha hecho alguna vez algo por nosotros?; **~ d'intéressant** nada interesante; **~ d'autre** nada más; **~ du tout** nada en absoluto; **~ que** nada más que; **~ que pour lui faire plaisir** nada más que por agradarle; **~ que la vérité** nada más que la verdad; **~ que cela** nada más que eso ▸ *nm* : **un petit ~** *(cadeau)* un detalle (de nada); **des riens** naderías *fpl*; **un ~ de** una pizca de; **en un ~ de temps** en nada de tiempo
rieur, -euse [r(i)jœr, r(i)jøz] *adj* reidor(a); *(yeux, expression)* risueño(-a)
rigide [riʒid] *adj* rígido(-a)
rigidifier [riʒidifje] *vt (matériau)* rigidizar; *(péj : système, organisation)* hacer más rígido(-a), anquilosar; *(rendre plus strict : règlement)* hacer más estricto(-a); **se rigidifier** *vpr (matériau)* rigidizarse
rigidité [riʒidite] *nf* rigidez *f*; **~ cadavérique** *(Méd)* rigor *m* mortis
rigolade [rigɔlad] *nf* broma; **c'est de la ~** *(ce n'est pas sérieux)* es una broma; *(c'est facile)* es una tontería
rigolard, e [rigɔlar, ard] *(fam) adj (personne)* risueño(-a); *(air, ton)* jocoso(-a)
rigole [rigɔl] *nf* desagüe *m*; *(filet d'eau)* reguero
rigoler [rigɔle] *(fam) vi* reírse; *(s'amuser)* pasarlo bien; *(ne pas parler sérieusement, plaisanter)* estar de broma
rigolo, -ote [rigɔlo, ɔt] *(fam) adj* gracioso(-a); *(curieux, étrange)* raro(-a) ▸ *nm/f* gracioso(-a); *(péj : fumiste)* cantamañanas *m inv*
rigorisme [rigɔrism] *nm* rigorismo
rigoriste [rigɔrist] *adj* rigorista
rigoureusement [rigurøzmɑ̃] *adv* rigurosamente; **~ vrai/interdit** totalmente cierto/prohibido
rigoureux, -euse [rigurø, øz] *adj* riguroso(-a); *(morale)* rígido(-a); *(interdiction)* total
rigueur [rigœr] *nf* rigor *m*; *(de la morale)* rigidez *f*; *(d'une interdiction)* rigurosidad *f*; **de ~** de rigor; **être de ~** ser de rigor; **à la ~** en último extremo; **tenir ~ à qn de qch** guardar rencor a algn por algo
riions [rijɔ̃] *vb voir* **rire**
rillettes [rijɛt] *nfpl especie de paté de cerdo u oca*
rime [rim] *nf* rima; **n'avoir ni ~ ni raison** no tener pies ni cabeza
rimer [rime] *vi* rimar; **~ avec** rimar con; **ne ~ à rien** no tener sentido
rimmel [rimɛl] *nm* rímel *m*
rinçage [rɛ̃saʒ] *nm* aclarado; **liquide de ~** *(pour lave-vaisselle)* líquido de enjuague
rince-doigts [rɛ̃sdwa] *nm inv* lavafrutas *m inv*
rincer [rɛ̃se] *vt* enjuagar; *(linge)* aclarar; **se ~ la bouche** *(chez le dentiste etc)* enjuagarse la boca
ring [riŋ] *nm* ring *m*; **monter sur le ~** dedicarse al boxeo
ringard, e [rɛ̃gar, ard] *(fam, péj) adj (démodé)* rancio(-a); *(de mauvais goût)* hortera
ringardisation [rɛ̃gardizasjɔ̃] *nf* **être en voie de ~** se estar quedando anticuado
ringardise [rɛ̃gardiz] *nf* ranciedad *f*
Rio de Janeiro [riodʒanero] *n* Río de Janeiro
rions [riɔ̃] *vb voir* **rire**
ripaille [ripɑj] *(fam) nf* : **faire ~** darse una francachela, darse una comilona
riper [ripe] *vi (glisser)* resbalar; *(déraper)* patinar
ripoliné, e [ripɔline] *adj* lacado(-a)
ripoliner [ripɔline] *vt (peindre)* lacar; *(remettre à neuf)* remozar
riposte [ripɔst] *nf* réplica; **~ graduée** respuesta gradual
riposter [ripɔste] *vi* replicar; **~ à** responder a ▸ *vt* : **~ que** responder que
ripper [ripe] *vt (CD, DVD)* ripear
rire [rir] *nm* risa ▸ *vi* reír; *(se divertir)* reírse; *(plaisanter)* bromear; **tu veux ~ !** *(désapprobation)* ¡estás de broma!; **~ aux éclats/aux larmes** reírse a carcajadas/hasta llorar; **~ jaune** reírse sin ganas; **~ sous cape** reírse para sus adentros; **~ au nez de qn** reírse en las narices de algn; **pour ~** en broma; **se rire** *vpr* : **se ~ de** reírse de
ris [ri] *vb voir* **rire** ▸ *nm* : **~ de veau** molleja
risée [rize] *nf* : **être la ~ de** ser el hazmerreír de
risette [rizɛt] *nf* : **faire ~ (à)** *(suj : bébé)* hacer una sonrisita (a)
risible [rizibl] *adj* risible
risque [risk] *nm* riesgo; **aimer le ~** amar el riesgo; **l'attrait du ~** la emoción del riesgo; **prendre un ~/des risques** correr un riesgo/riesgos; **à ses risques et périls** por su cuenta y riesgo; **au ~ de** a riesgo de; **~ d'incendie** riesgo de incendio
risqué, e [riske] *adj* arriesgado(-a)
risquer [riske] *vt* arriesgar; *(allusion, comparaison, question)* aventurar; *(Mil, gén)* arriesgarse a; **tu risques qu'on te renvoie** te arriesgas a que te despidan; **ça ne risque rien** no hay riesgo alguno; **il risque de se tuer** puede matarse; **il a risqué de se tuer** por poco se mata; **ce qui risque de se produire** lo que puede producirse; **il ne risque pas de recommencer** no hay peligro de que vuelva a empezar; **se ~ dans** aventurarse en; **se ~ à qch/faire qch** arriesgarse a algo/hacer algo; **~ le tout pour le tout** arriesgar el todo por el todo

risque-tout [Riskətu] *nmf inv* temerario(-a)
rissoler [Risɔle] *vi, vt* : **(faire) ~ de la viande/des légumes** dorar la carne/las verduras
ristourne [RistuRn] *nf* rebaja, descuento
rit [Ri] *vb voir* **rire**
rite [Rit] *nm* rito; (*fig*) ritual *m*; **rites d'initiation** ritos iniciáticos
ritournelle [RituRnɛl] *nf* (*fig*) cantinela; **c'est toujours la même ~** (*fam*) siempre la misma cantinela
rituel, le [Ritɥɛl] *adj* ritual ▸ *nm* ritual *m*
rituellement [Ritɥɛlmɑ̃] *adv* ritualmente
rivage [Rivaʒ] *nm* (*côte, littoral*) costa; (*grève, plage*) orilla
rival, e, -aux [Rival, o] *adj* rival ▸ *nm/f* (*adversaire*) rival *mf*; **sans ~** sin rival
rivaliser [Rivalize] *vi* : **~ avec** rivalizar con; **~ d'élégance/de générosité avec qn** rivalizar en elegancia/en generosidad con algn
rivalité [Rivalite] *nf* rivalidad *f*
rive [Riv] *nf* orilla
river [Rive] *vt* (*clou, pointe*) remachar; (*plaques de métal*) clavar; **être rivé sur** (*fig*) estar clavado en; **être rivé à son travail/sur place** estar atado a su trabajo/a su puesto
riverain, e [Riv(ə)Rɛ̃, ɛn] *adj, nm/f* (*d'une rivière*) ribereño(-a); (*d'une route*) vecino(-a)
rivet [Rivɛ] *nm* remache *m*
riveter [Riv(ə)te] *vt* remachar
rivière [RivjɛR] *nf* río; **~ de diamants** collar *m* de diamantes
rixe [Riks] *nf* pelea
Riyadh [Rijad] *n* Riyadh
riz [Ri] *nm* arroz *m*; **~ au lait** arroz con leche
rizicole [Rizikɔl] *adj* (*région*) arrocero(-a); **production ~** producción *f* de arroz
riziculture [RizikyltyR] *nf* cultivo del arroz
rizière [RizjɛR] *nf* arrozal *m*
RN [ɛRɛn] *sigle f* (= *route nationale*) N. (= *carretera nacional*)
robe [Rɔb] *nf* vestido; (*de juge, d'avocat*) toga; (*d'ecclésiastique*) hábito; (*d'un animal*) pelo; **~ de baptême** traje *m* de bautismo; **~ de chambre** bata; **~ de grossesse** vestido premamá; **~ de mariée** vestido de novia; **~ de soirée** traje *m* de noche
robinet [Rɔbinɛ] *nm* grifo, canilla (Am); **~ du gaz** llave *f* del gas; **~ mélangeur** grifo mezclador
robinetterie [RɔbinɛtRi] *nf* grifería
roboratif, -ive [RɔbɔRatif, iv] *adj* fortificante
robot [Rɔbo] *nm* robot *m*; **~ de cuisine** robot de cocina
robotique [Rɔbɔtik] *nf* robótica
robotiser [Rɔbɔtize] *vt* (*personne, travailleur*) convertir en autómata, robotizar; (*monde, vie*) automatizar
robuste [Rɔbyst] *adj* robusto(-a); (*moteur, voiture*) resistente
robustesse [Rɔbystɛs] *nf* robustez *f*
roc [Rɔk] *nm* roca
rocade [Rɔkad] *nf* (*Auto*) circunvalación *f*
rocaille [Rɔkaj] *nf* rocalla ▸ *adj* : **style ~** estilo rococó
rocailleux, -euse [Rɔkajø, øz] *adj* pedregoso(-a); (*style, voix*) áspero(-a)
rocambolesque [Rɔkɑ̃bɔlɛsk] *adj* rocambolesco(-a)
roche [Rɔʃ] *nf* roca; **une ~** un peñasco; **roches éruptives/calcaires** rocas volcánicas/calizas
rocher [Rɔʃe] *nm* peñasco; (*matière*) roca
rochet [Rɔʃɛ] *nm* : **roue à ~** rueda de trinquete
rocheux, -euse [Rɔʃø, øz] *adj* rocoso(-a); **les (montagnes) Rocheuses** (*Géo*) las (montañas) Rocosas
rock [Rɔk], **rock and roll** [RɔkɛnRɔl] *nm* rock (and roll) *m*
rocker [RɔkœR] *nm*, **rockeur, -euse** [RɔkœR, øz] *nm/f* rockero(-a)
rocking-chair [Rɔkiŋ(t)ʃɛR] (*pl* **rocking-chairs**) *nm* mecedora
rococo [Rɔkɔko] *adj, nm* rococó
rodage [Rɔdaʒ] *nm* (*voiture*) rodaje *m*; (*spectacle*) perfeccionamiento; **en ~** (*Auto*) en rodaje
rodé, e [Rɔde] *adj* (*spectacle*) perfeccionado(-a); **~ à qch** (*personne*) experimentado(-a) en algo
rodéo [Rɔdeo] *nm* rodeo
roder [Rɔde] *vt* (*moteur, voiture*) rodar; (*spectacle, service*) perfeccionar
rôder [Rode] *vi* rondar; (*péj*) vagabundear
rôdeur, -euse [RodœR, øz] *nm/f* vagabundo(-a)
rodomontades [Rɔdɔmɔ̃tad] *nfpl* fanfarronadas *fpl*
rogatoire [RɔgatwaR] *adj* : **commission ~** comisión *f* rogatoria
rogne [Rɔɲ] (*fam*) *nf* : **être en ~** estar rabiando; **mettre en ~** hacer rabiar; **se mettre en ~** cogerse un berrinche
rogner [Rɔɲe] *vt* recortar; (*prix etc*) rebajar ▸ *vi* : **~ sur** (*dépenses etc*) recortar
rognons [Rɔɲɔ̃] *nmpl* riñones *mpl*
rognures [RɔɲyR] *nfpl* recortes *mpl*
rogue [Rɔg] *adj* altanero(-a)
roi [Rwa] *nm* rey *m*; **le jour** *ou* **la fête des Rois** el día de Reyes; **les Rois** los Reyes; **les Rois mages** los Reyes magos
roitelet [Rwat(ə)lɛ] *nm* (*Zool, péj*) reyezuelo
rôle [Rol] *nm* (*Ciné, Théâtre, aussi fig*) papel *m*; (*fonction*) función *f*; **jouer un ~ important dans ...** desempeñar un papel importante en ...
rollers [RɔlœR] *nmpl* patines en línea
rollmops [Rɔlmɔps] *nm arenque adobado enrollado en un pepinillo*
ROM [Rɔm] *sigle f* (= *mémoire morte*) ROM *f* (= *memoria de solo lectura*)
romain, e [Rɔmɛ̃, ɛn] *adj* romano(-a) ▸ *nm/f* : **Romain, e** romano(-a)

r

romaine [ʀɔmɛn] *nf* lechuga romana
roman, e [ʀɔmɑ̃, an] *adj* románico(-a) ▸ *nm* novela; **~ d'espionnage** novela de espionaje; **~ noir/policier** novela negra/policíaca
romance [ʀɔmɑ̃s] *nf* romanza
romancer [ʀɔmɑ̃se] *vt* novelar
romanche [ʀɔmɑ̃ʃ] *adj* retorromano(-a) ▸ *nm* retorromano
romancier, -ière [ʀɔmɑ̃sje, jɛʀ] *nm/f* novelista *mf*
romand, e [ʀɔmɑ̃, ɑ̃d] *adj* de lengua francesa ▸ *nm/f* : **Romand, e** suizo(-a) de lengua francesa
romanesque [ʀɔmanɛsk] *adj* (*Litt*) novelesco(-a)
roman-feuilleton [ʀɔmɑ̃fœjtɔ̃] (*pl* **romans-feuilletons**) *nm* folletín *m*
roman-fleuve [ʀɔmɑ̃flœv] (*pl* **romans-fleuves**) *nm* novelón *m*
romanichel, le [ʀɔmaniʃɛl] *nm/f* gitano(-a)
roman-photo [ʀɔmɑ̃fɔto] (*pl* **romans-photos**) *nm* fotonovela
romantique [ʀɔmɑ̃tik] *adj* romántico(-a)
romantisme [ʀɔmɑ̃tism] *nm* romanticismo
romarin [ʀɔmaʀɛ̃] *nm* romero
rombière [ʀɔ̃bjɛʀ] (*péj*) *nf* vejestoria
Rome [ʀɔm] *n* Roma
rompre [ʀɔ̃pʀ] *vt* romper; **applaudir à tout ~** aplaudir a rabiar; **~ la glace** (*fig*) romper el hielo; **rompez !** (*Mil*) ¡rompan filas! ▸ *vi* (*fiancés*) romper; **~ avec** romper con; **se rompre** *vpr* romperse; **se ~ les os** *ou* **le cou** romperse los huesos *ou* la crisma
rompu, e [ʀɔ̃py] *pp de* **rompre** ▸ *adj* : **~ à** avezado(-a) en
romsteck [ʀɔmstɛk] *nm* chuleta de lomo
ronce [ʀɔ̃s] *nf* zarza; (*Menuiserie*) : **~ de noyer** veta de nogal; **ronces** *nfpl* (*branches*) zarzas *fpl*
ronchon [ʀɔ̃ʃɔ̃] (*fam*) *adj* gruñón(-ona)
ronchonner [ʀɔ̃ʃɔne] (*fam*) *vi* refunfuñar
rond, e [ʀɔ̃, ʀɔ̃d] *adj* redondo(-a); (*fam* : *ivre*) alegre; (*sincère, décidé*) : **être ~ en affaires** ser serio(-a) en los negocios; **pour faire un compte ~** para redondear la cuenta; **avoir le dos ~** ser cargado(-a) de hombros ▸ *nm* redondo; **je n'ai plus un ~** (*fam* : *sou*) no me queda ni una perra; **en ~** (*s'asseoir, danser*) en corro; **faire des ronds de jambe** hacer zalamerías; **~ de serviette** servilletero ▸ *adv* : **tourner ~** (*moteur*) marchar bien; **ça ne tourne pas ~** (*fig*) eso no marcha bien
rond-de-cuir [ʀɔ̃dkɥiʀ] (*pl* **ronds-de-cuir**) (*péj*) *nm* chupatintas *m inv*
ronde [ʀɔ̃d] *nf* ronda; (*danse*) corro; (*Mus* : *note*) redonda; **à 10 km à la ~** a 10 km a la redonda; **passer qch à la ~** pasar algo en corro
rondelet, te [ʀɔ̃dlɛ, ɛt] *adj* regordete(-a); (*fig* : *somme*) suculento(-a)
rondelle [ʀɔ̃dɛl] *nf* (*Tech*) arandela; (*tranche*) loncha
rondement [ʀɔ̃dmɑ̃] *adv* (*promptement*) rápidamente; (*franchement*) sin rodeos
rondeur [ʀɔ̃dœʀ] *nf* redondez *f*; (*bonhomie*) sencillez *f*; **rondeurs** *nfpl* (*d'un corps, d'une femme*) redondeces *fpl*
rondin [ʀɔ̃dɛ̃] *nm* tronco
rondouillard, e [ʀɔ̃dujaʀ, aʀd] (*fam*) *adj* rechoncho(-a), regordete
rond-point [ʀɔ̃pwɛ̃] (*pl* **ronds-points**) *nm* rotonda
ronéoter [ʀɔneɔte], **ronéotyper** [ʀɔneɔtipe] *vt* mimeografiar
ronflant, e [ʀɔ̃flɑ̃, ɑ̃t] (*péj*) *adj* rimbombante
ronflement [ʀɔ̃fləmɑ̃] *nm* (*d'une personne*) ronquido; (*d'un moteur*) zumbido
ronfler [ʀɔ̃fle] *vi* (*personne*) roncar; (*moteur, poêle*) zumbar
ronger [ʀɔ̃ʒe] *vt* (*suj* : *souris, chien etc*) roer; (: *vers*) carcomer; (: *insectes*) ficar; (: *rouille*) corroer; (*fig* : *suj* : *mal, pensée*) carcomer, atormentar; **~ son frein** morder el freno; **se ~ d'inquiétude/de souci** reconcomerse de inquietud/de preocupación; **se ~ les ongles** comerse las uñas; **se ~ les sangs** quemarse la sangre
rongeur [ʀɔ̃ʒœʀ] *nm* roedor *m*
ronronnement [ʀɔ̃ʀɔnmɑ̃] *nm* ronroneo
ronronner [ʀɔ̃ʀɔne] *vi* ronronear
roque [ʀɔk] *nm* (*Échecs*) enroque *m*
roquefort [ʀɔkfɔʀ] *nm* roquefort *m*
roquer [ʀɔke] *vi* (*Échecs*) enrocar
roquet [ʀɔkɛ] *nm* gozque *m*
roquette [ʀɔkɛt] *nf* (*Mil*) misil *m*; **~ antichar** misil antitanque *inv*
rosace [ʀozas] *nf* rosetón *m*
rosaire [ʀozɛʀ] *nm* rosario
rosbif [ʀɔsbif] *nm* rosbif *m*
rose [ʀoz] *nf* rosa; (*vitrail*) rosetón *m*; **~ des sables/des vents** *nf* rosa de las arenas/de los vientos ▸ *adj* rosa *inv*; **~ bonbon** (*couleur*) rosa caramelo ▸ *nm* (*couleur*) rosa *m*
rosé, e [ʀoze] *adj* rosado(-a) ▸ *nm* (*vin*) rosado
roseau, x [ʀozo] *nm* caña
rosée [ʀoze] *adj f voir* **rosé** ▸ *nf* rocío; **une goutte de ~** una gota de rocío
roseraie [ʀozʀɛ] *nf* rosaleda
rosette [ʀozɛt] *nf* : **~ de la Légion d'honneur** insignia de la Legión de honor
rosier [ʀozje] *nm* rosal *m*
rosir [ʀoziʀ] *vi* ponerse sonrosado(-a)
rosse [ʀɔs] *nf* (*péj*) rocín *m* ▸ *adj* (*méchant*) mordaz; (*exigeant*) duro(-a)
rosser [ʀɔse] (*fam*) *vt* dar una paliza
rossignol [ʀɔsiɲɔl] *nm* (*Zool*) ruiseñor *m*; (*crochet*) ganzúa
rot [ʀo] *nm* eructo
rotatif, -ive [ʀɔtatif, iv] *adj* rotativo(-a)
rotation [ʀɔtasjɔ̃] *nf* rotación *f*; (*fig*) movimiento; (*renouvellement*) renovación *f*; **par ~** por rotación; **~ des cultures**

alternancia de cultivos; **rotations des stocks** (*Comm*) renovación de existencia
rotative [ʀɔtativ] *nf* (*Imprimerie*) rotativa
rotatoire [ʀɔtatwaʀ] *adj* : **mouvement ~** movimiento rotatorio
roter [ʀɔte] (*fam*) *vi* eructar
rôti [ʀoti] *nm* carne *f* de asar; (*cuit*) asado de carne
rotin [ʀɔtɛ̃] *nm* mimbre *m ou f*; **fauteuil en ~** sillón *m* de mimbre
rôtir [ʀotiʀ] *vt* asar ▸ *vi* asarse; **se rôtir** *vpr* : **se ~ au soleil** tostarse al sol
rôtisserie [ʀɔtisʀi] *nf* (*restaurant*) restaurante-parrilla *m*; (*comptoir, magasin*) establecimiento de precocinados
rôtissoire [ʀɔtiswaʀ] *nf* asador *m*
rotonde [ʀɔtɔ̃d] *nf* rotonda
rotondité [ʀɔtɔ̃dite] *nf* redondez *f*
rotor [ʀɔtɔʀ] *nm* rotor *m*
rotule [ʀɔtyl] *nf* rótula
roturier, -ière [ʀɔtyʀje, jɛʀ] *nm/f* plebeyo(-a)
rouage [ʀwaʒ] *nm* (*d'un mécanisme*) engranaje *m*; (*de montre*) maquinaria; (*fig*) mecanismo; **rouages** *nmpl* (*fig*) máquina *fsg*
roublard, e [ʀublaʀ, aʀd] (*péj*) *adj* tunante, pícaro(-a)
roublardise [ʀublaʀdiz] (*péj*) *nf* tunantería, picardía
rouble [ʀubl] *nm* rublo
roucoulement [ʀukulmɑ̃] *nm* arrullo
roucouler [ʀukule] *vi* arrullarse; (*péj : chanteur*) gorgoritear
roue [ʀu] *nf* rueda; **faire la ~** (*paon*) pavonearse; (*Gymnastique*) dar la vuelta pineta; **descendre en ~ libre** (*Auto*) bajar en punto muerto; **pousser à la ~** alentar; **grande ~** (*à la foire*) noria; **~ à aubes** rueda de álabes; **~ de secours** rueda de repuesto; **~ dentée** rueda dentada; **roues avant/arrière** ruedas delanteras/traseras
roué, e [ʀwe] *adj* taimado(-a)
rouelle [ʀwɛl] *nf* (*viande*) medallón *m*
Rouen [ʀwɑ̃] *n* Ruán
rouennais, e [ʀwanɛ, ɛz] *adj* ruanés(-esa) ▸ *nm/f* : **Rouennais, e** ruanés(-esa)
rouer [ʀwe] *vt* : **~ qn de coups** moler a algn a palos
rouet [ʀwɛ] *nm* rueda de afilar
rouge [ʀuʒ] *adj* rojo(-a); **être sur la liste ~** (*Tél*) no constar en la guía; **~ de honte/colère** rojo(-a) de vergüenza/de cólera ▸ *nmf* (*Pol*) rojo(-a) ▸ *nm* (*couleur*) rojo; (*fard*) carmín *m*; **(vin) ~** (vino) tinto; **passer au ~** (*signal*) ponerse el disco rojo; (*automobiliste*) pasar en rojo; **porter au ~** (*métal*) poner al rojo; **~ (à lèvres)** barra de labios ▸ *adv* : **se fâcher tout ~, voir ~** ponerse hecho una furia
rougeâtre [ʀuʒɑtʀ] *adj* rojizo(-a)
rougeaud, e [ʀuʒo, od] *adj* (*teint*) colorado(-a); (*personne*) coloradote(-a)
rouge-gorge [ʀuʒgɔʀʒ] (*pl* **rouges-gorges**) *nm* petirrojo
rougeoiement [ʀuʒwamɑ̃] *nm* fulgor *m* rojo
rougeole [ʀuʒɔl] *nf* sarampión *m*
rougeoyant, e [ʀuʒwajɑ̃, ɑ̃t] *adj* enrojecido(-a)
rougeoyer [ʀuʒwaje] *vi* ponerse rojo
rouget [ʀuʒɛ] *nm* salmonete *m*
rougeur [ʀuʒœʀ] *nf* rojez *f*; (*honte*) rubor *m*; (*échauffement*) colores *mpl*; **rougeurs** *nfpl* (*Méd*) enrojecimiento
rougir [ʀuʒiʀ] *vi* enrojecer; (*fraise, tomate*) ponerse rojo; (*ciel*) arrebolarse
rouille [ʀuj] *nf* moho; (*Culin*) *alioli con pimiento rojo que acompaña la sopa de pescado* ▸ *adj inv* (*couleur*) óxido *inv*
rouillé, e [ʀuje] *adj* oxidado(-a); (*personne, mémoire*) embotado(-a)
rouiller [ʀuje] *vt* oxidar; (*corps, esprit*) embotar ▸ *vi* oxidarse; **se rouiller** *vpr* oxidarse; (*mentalement*) embotarse; (*physiquement*) debilitarse
roulade [ʀulad] *nf* (*Gymnastique*) voltereta; (*Culin*) *carne mechada*; (*Mus*) gorgorito
roulage [ʀulaʒ] *nm* acarreo
roulant, e [ʀulɑ̃, ɑ̃t] *adj* rodante; (*surface, trottoir*) transportador(a); **matériel/personnel ~** (*Rail*) material/personal móvil
roulé, e [ʀule] *adj* : **bien roulée** (*fam*) bien formada, de bandera ▸ *nm* (*Culin*) brazo de gitano
rouleau, x [ʀulo] *nm* rollo; (*de pièces de monnaie*) cartucho; (*de machine, à peinture*) rodillo; (*à mise en plis*) rulo; (*Sport*) balanceo; (*vague*) rompiente *m*; **être au bout du ~** (*fam*) estar en las últimas; **~ à pâtisserie** rodillo; **~ compresseur** apisonadora; **~ de pellicule** rollo de película, carrete *m* de fotos
roulé-boulé [ʀulebule] (*pl* **roulés-boulés**) *nm* voltereta
roulement [ʀulmɑ̃] *nm* rodamiento; (*voiture etc*) circulación *f*; (*bruit : de véhicule*) ruido; (*: du tonnerre*) fragor *m*; (*d'ouvriers*) turno; (*de capitaux*) circulación; **par ~** por turno; **~ (à billes)** rodamiento (de bolas); **~ d'yeux** movimiento de ojos; **~ de tambour** redoble *m* de tambor
rouler [ʀule] *vt* hacer rodar; (*Culin, tissu, papier*) enrollar; (*cigarette, aussi fam*) liar; **~ dans la farine** (*fam*) timar; **~ les épaules/hanches** contonearse; **~ les « r »** marcar las « r »; **~ sur l'or** ser riquísimo(-a); **~ sa bosse** (*fam*) ver mundo ▸ *vi* rodar; (*voiture, train*) circular, estar en marcha; (*automobiliste*) circular; (*bateau*) balancearse; (*tonnerre*) retumbar; **~ en bas de** (*dégringoler*) caer rodando por; **~ sur** (*suj : conversation*) tratar sobre; **se rouler** *vpr* : **se ~ dans** (*boue*) revolcarse en; (*couverture*) envolverse en

r

roulette [Rulɛt] *nf* rueda; (*pâtissier*) carretilla; **la ~** la ruleta; **table/fauteuil à roulettes** mesa/silla de ruedas; **la ~ russe** la ruleta rusa
roulier [Rulje] *nm* (*Naut*) carretero
roulis [Ruli] *nm* balanceo
roulotte [Rulɔt] *nf* carro, carromato
roumain, e [Rumɛ̃, ɛn] *adj* rumano(-a) ▶ *nm* (*Ling*) rumano ▶ *nm/f* : **Roumain, e** rumano(-a)
Roumanie [Rumani] *nf* Rumania
round [Raund] *nm* (*aussi fig*) round *m*, asalto
roupiller [Rupije] (*fam*) *vi* echar una cabezada
rouquin, e [Rukɛ̃, in] (*fam*) *nm/f* pelirrojo(-a)
rouspéter [Ruspete] (*fam*) *vi* refunfuñar
rousse [Rus] *adj voir* **roux**
roussette [Rusɛt] *nf* (*poisson*) lija, pintarroja; (*chauve-souris*) zorro volador; (*grenouille*) rana común
rousseur [RusœR] *nf* : **tache de ~** peca
roussi [Rusi] *nm* : **ça sent le ~** (*plat etc*) eso huele a quemado; (*fig*) eso huele a chamusquina
Roussillon [Rusijɔ̃] *nm* Rosellón *m*
roussir [RusiR] *vt* (*herbe, linge*) quemar ▶ *vi* (*feuilles*) amarillear; (*Culin*) : **faire ~ la viande/les oignons** dorar la carne/las cebollas
routage [Rutaʒ] *nm* clasificación *f* y expedición *f*
routard, e [RutaR, aRd] *nm/f* viajero(-a)
route [Rut] *nf* carretera; (*itinéraire, parcours*) ruta; (*fig*) camino; **par (la) ~** por (la) carretera; **il y a trois heures de ~** hay tres horas de camino; **en ~** por el camino; **en ~ !** ¡en marcha!; **en cours de ~** en *ou* por el camino; **mettre en ~** poner en marcha; **se mettre en ~** ponerse en camino; **faire ~ vers** dirigirse hacia; **faire fausse ~** (*fig*) ir por mal camino; **~ nationale** ≈ carretera nacional
router [Rute] *vt* (*Postes*) clasificar y expedir
routeur [RutøR] *nm* (*Inform*) router *m*
routier, -ière [Rutje, jɛR] *adj* (*réseau, carte*) de carreteras; (*circulation*) de carretera ▶ *nm* (*camionneur*) camionero; (*cycliste*) corredor; (*scout*) guía *m*; (*restaurant*) restaurante *m* de carretera; **vieux ~** perro viejo
routière [RutjɛR] *nf coche bueno para la carretera*
routine [Rutin] *nf* rutina; **visite/contrôle de ~** visita/control *m* rutinario(-a) *ou* de rutina
routinier, -ière [Rutinje, jɛR] *adj* (*aussi péj*) rutinario(-a)
rouvert, e [RuvɛR, ɛRt] *pp de* **rouvrir**
rouvrir [RuvRiR] *vt* (*porte, valise*) volver a abrir ▶ *vi* (*suj : école, piscine*) volver a abrirse; **se rouvrir** *vpr* (*porte, blessure*) volver a abrirse
roux, rousse [Ru, Rus] *adj, nm/f* pelirrojo(-a) ▶ *nm* (*Culin*) salsa rubia
royal, e, -aux [Rwajal, o] *adj* real; (*festin, cadeau*) regio(-a); (*indifférence*) soberano(-a); (*paix*) completo(-a)
royalement [Rwajalmɑ̃] *adv* regiamente
royaliste [Rwajalist] *adj, nmf* monárquico(-a)
royaume [Rwajom] *nm* reino; (*fig*) dominios *mpl*; **le ~ des cieux** el reino de los cielos
Royaume-Uni [Rwajomyni] *nm* Reino Unido
royauté [Rwajote] *nf* (*dignité*) realeza; (*régime*) monarquía
RP [ɛRpe] *sigle f* (= *recette principale*) *oficina principal de Correos*; = **région parisienne** ▶ *sigle fpl* = **relations publiques**
RSA [ɛRɛsa] *sigle m* (= *revenu de solidarité active*) *ayuda pública para las personas con pocos recursos*, ≈ RMI *f* (= *Renta Mínima de Inserción*) ▶ *sigle f* (= *République sud-africaine*) RSA *f* (= *República de Sudáfrica*)
R.S.V.P. [ɛRɛsvepe] *abr* (= *répondez s'il vous plaît*) S.R.C.
rte *abr* (= *route*) Ctra. (= *carretera*)
RTL [ɛRteɛl] *sigle f* = **Radio-Télévision Luxembourg**
RTT [ɛRtete] *nf* (= *réduction du temps de travail*) *reducción de las horas de trabajo*
RU [Ry] *sigle m* (= *restaurant universitaire*) comedor *m* universitario
ruade [Rɥad] *nf* coz *f*
ruban [Rybɑ̃] *nm* cinta; (*de velours, de soie*) lazo; (*pour ourlet, couture*) galón *m*; (*décoration*) condecoración *f*; **~ adhésif** cinta adhesiva
rubéole [Rybeɔl] *nf* rubeola
rubicond, e [Rybikɔ̃, ɔ̃d] *adj* rubicundo(-a)
rubis [Rybi] *nm* rubí *m*; **payer ~ sur l'ongle** pagar a toca teja
rubrique [RybRik] *nf* (*titre, catégorie*) rúbrica; (*Presse : article*) sección *f*
ruche [Ryʃ] *nf* colmena
rucher [Ryʃe] *nm* colmenar *m*
rude [Ryd] *adj* (*barbe, toile, voix*) áspero(-a); (*métier, épreuve, climat*) duro(-a); (*bourru*) rudo(-a); **un ~ paysan/montagnard** un rudo campesino/montañés; **un ~ appétit** un hambre de lobos; **être mis à ~ épreuve** ser sometido a severa prueba
rudement [Rydmɑ̃] *adv* (*tomber, frapper, traiter*) duramente; **elle est ~ belle/riche** (*fam*) es súper guapa/rica, es guapísima/riquísima; **j'ai ~ faim** (*fam*) tengo un montón de hambre
rudesse [Rydɛs] *nf* aspereza; dureza; rudeza
rudimentaire [Rydimɑ̃tɛR] *adj* rudimentario(-a)
rudiments [Rydimɑ̃] *nmpl* rudimentos *mpl*
rudoyer [Rydwaje] *vt* tratar con aspereza
rue [Ry] *nf* calle *f*; **être à la ~** estar en la calle; **jeter qn à la ~** echar a algn a la calle
ruée [Rɥe] *nf* riada; **la ~ vers l'or** la fiebre del oro
ruelle [Rɥɛl] *nf* callejuela
ruer [Rɥe] *vi* cocear; **~ dans les brancards** plantar cara; **se ruer** *vpr* : **se ~ sur** (*provisions, adversaire*) arrojarse sobre; **se ~ vers/dans/hors de** precipitarse hacia/en/fuera de

rugby [Rygbi] *nm* rugby *m*; **~ à quinze** rugby (a quince); **~ à treize** rugby de trece
rugbyman [Rygbiman] *nm* jugador *m* de rugby
rugir [RyʒiR] *vi* rugir; (*personne*) bramar ▸ *vt* (*menaces, injures*) lanzar a voz en grito
rugissement [Ryʒismɑ̃] *nm* rugido; bramido
rugosité [Rygozite] *nf* rugosidad *f*; (*aspérité*) aspereza
rugueux, -euse [Rygø, øz] *adj* rugoso(-a)
ruine [Rɥin] *nf* ruina; **tomber en ~** caerse, venirse abajo; **être au bord de la ~** (*fig*) estar al borde de la ruina
ruiner [Rɥine] *vt* arruinar; **se ruiner** *vpr* arruinarse
ruineux, -euse [Rɥinø, øz] *adj* ruinoso(-a)
ruisseau, x [Rɥiso] *nm* (*cours d'eau*) arroyo; (*caniveau*) cuneta; **ruisseaux de larmes/sang** (*fig*) ríos *mpl* de lágrimas/sangre
ruisselant, e [Rɥis(ə)lɑ̃, ɑ̃t] *adj* chorreante, que chorrea; **un imperméable ~ de pluie** un impermeable que chorrea agua
ruisseler [Rɥis(ə)le] *vi* (*eau, pluie, larmes*) correr; (*mur, visage*) chorrear; **~ d'eau, ~ de pluie** chorrear agua; **~ de sueur** chorrear de sudor; **~ de lumière** centellear luz; **son visage ruisselait de larmes** las lágrimas le corrían por las mejillas
ruissellement [Rɥisɛlmɑ̃] *nm* chorreo; **~ de lumière** centelleo de luz
rumeur [RymœR] *nf* rumor *m*
ruminant [Ryminɑ̃] *nm* (*Zool*) rumiante *m*
ruminer [Rymine] *vi, vt* (*aussi fig*) rumiar
rumsteck [Rɔmstɛk] *nm* = **romsteck**
rupestre [RypɛstR] *adj* rupestre
rupin, e [Rypɛ̃, in] (*fam, péj*) *adj* (*personne*) ricachón(-ona) (*fam*); (*quartier, appartement*) pijo(-a) (*fam*) ▸ *nm/f* (*personne*) ricachón(-ona) (*fam*); **les rupins** los ricachones, la gente de pasta (*fam*)
rupture [RyptyR] *nf* rotura; (*des négociations, d'un couple*) ruptura; (*d'un contrat*) incumplimiento; **en ~ de ban** (*fig*) libre de obligaciones; **être en ~ de stock** estar agotado
rural, e, -aux [RyRal, o] *adj* rural; **ruraux** *nmpl* : **les ruraux** los campesinos
ruralité [RyRalite] *nf* ruralismo
ruse [Ryz] *nf* astucia; **une ~** un ardid; **par ~** con astucia
rusé, e [Ryze] *adj* astuto(-a)
ruser [Ryze] *vi* (*utiliser la ruse*) valerse de la astucia; **~ avec** (*personne, loi, autorité*) lidiar con
rush [Rœʃ] *nm* (*précipitation, ruée*) avalancha; (*Sport*) esprint *m* final; **rushes** *nmpl* (*Ciné*) primeras pruebas *fpl*
russe [Rys] *adj* ruso(-a) ▸ *nm* (*Ling*) ruso ▸ *nmf* : **Russe** ruso(-a)
Russie [Rysi] *nf* Rusia; **la ~ blanche/Soviétique** la Rusia blanca/Soviética
rustine [Rystin] *nf* parche *m*
rustique [Rystik] *adj* rústico(-a); (*plante*) resistente
rustre [RystR] *nm* paleto
rut [Ryt] *nm* celo; **être en ~** estar en celo
rutabaga [Rytabaga] *nm* nabo sueco
rutilant, e [Rytilɑ̃, ɑ̃t] *adj* reluciente, rutilante
RV *sigle m* (= *rendez-vous*) cita
Rwanda [Rwɑ̃da] *nm* Ruanda
rythme [Ritm] *nm* ritmo; (*des saisons*) paso; **au ~ de 10 par jour** a razón de 10 al día
rythmé, e [Ritme] *adj* rítmico(-a)
rythmer [Ritme] *vt* dar ritmo a; (*souligner*) medir
rythmique [Ritmik] *adj* rítmico(-a) ▸ *nf* rítmica

r

Ss

S¹, s [ɛs] *nm inv (lettre)* S, s *f*; **S comme Suzanne** S de Susana
S² *abr (= sud)* S *(= sur)*
s/ *abr (= sur)* sobre
s' [s] *pron voir* **se**
SA [ɛsa] *sigle f (= société anonyme)* S.A. *(= Sociedad Anónima)*; *(= Son Altesse)* S.A. *(= Su Alteza)*
sa [sa] *voir* **son¹**
sabbatique [sabatik] *adj* : **année ~** año sabático
sable [sɑbl] *nm* arena; **sables mouvants** arenas *fpl* movedizas

> ⚠ No debe traducirse por *sable*, que en francés corresponde a **sabre**.

sablé, e [sɑble] *adj* enarenado(-a); **pâte sablée** pastaflora ▸ *nm* galleta de pastaflora
sabler [sɑble] *vt* enarenar; **~ le champagne** *(fig)* celebrar algo con champán
sableux, -euse [sɑblø, øz] *adj* arenoso(-a)
sablier [sɑblije] *nm* reloj *m* de arena
sablière [sɑblijɛʀ] *nf* arenal *m*
sablonneux, -euse [sɑblɔnø, øz] *adj* arenoso(-a)
saborder [sabɔʀde] *vt (aussi fig)* hundir (voluntariamente); **se saborder** *vpr (aussi fig)* hundirse (voluntariamente)
sabot [sabo] *nm (chaussure)* zueco; *(de cheval, bœuf)* casco; *(Tech)* zapata; **~ (de Denver)** cepo; **~ de frein** zapata de freno
sabotage [sabɔtaʒ] *nm* sabotaje *m*
saboter [sabɔte] *vt* sabotear
saboteur, -euse [sabɔtœʀ, øz] *nm/f* saboteador(a)
sabre [sɑbʀ] *nm* sable *m*; **le ~** *(fig)* el ejército
sabrer [sɑbʀe] *vt (ennemis)* dar sablazos; *(article etc)* suprimir, tachar
sac [sak] *nm* bolsa; *(aussi* : **sac à main**) bolso (de mano), cartera *(Am)*; *(de grande taille, en toile)* saco; *(pillage)* saqueo; **mettre à ~** saquear; **l'affaire est dans le ~** *(fam)* es cosa hecha; **un ~ de nœuds** un lío, un fregado; **~ à dos** mochila; **~ à provisions** bolsa de la compra; **~ de couchage** saco de dormir; **~ de voyage** bolsa de viaje; **~ de plage** bolsa playera; **~ plastique** bolsa de plástico

> Ne confondez pas *bolso* et *bolsa*. *Bolsa* est le terme le plus courant pour désigner un sac ou sachet plus ou moins grand tandis que *bolso* désigne plus particulièrement un sac à main. *Saco* ne s'emploie que pour un sac de grandes dimensions, souvent en toile :
> **Je me suis fait voler mon sac à main.**
> Me robaron el bolso.
> **un sac de bonbons** una bolsa de caramelos
> **un sac de pommes de terre** un saco de patatas

saccade [sakad] *nf* tirón *m*; **par saccades** a tirones
saccadé, e [sakade] *adj (gestes, voix)* brusco(-a); *(voix)* entrecortado(-a)
saccage [sakaʒ] *nm* saqueo
saccager [sakaʒe] *vt (piller)* saquear; *(dévaster)* devastar
saccharine [sakaʀin] *nf* sacarina
saccharose [sakaʀoz] *nm* sacarosa
SACEM [sasɛm] *sigle f* = **Société des auteurs, compositeurs et éditeurs de musique**
sacerdoce [sasɛʀdɔs] *nm* sacerdocio
sacerdotal, e, -aux [sasɛʀdɔtal, o] *adj* sacerdotal
sachant [saʃɑ̃] *vb voir* **savoir**
sache *etc* [saʃ] *vb voir* **savoir**
sachet [saʃɛ] *nm* bolsita; *(de poudre, lavande)* saquito; **thé en sachets** té *m* en bolsitas
sacoche [sakɔʃ] *nf* bolso, talego; *(de bicyclette, motocyclette)* talego; *(du facteur)* cartera; *(d'outils)* bolsa
sacquer [sake] *(fam) vt (employé)* poner de patitas en la calle; *(Scol)* catear
sacraliser [sakʀalize] *vt* sacralizar
sacre [sakʀ] *nm* consagración *f*; *(d'un souverain)* coronación *f*
sacré, e [sakʀe] *adj* sagrado(-a); *(fam : satané)* maldito(-a); *(Anat)* sacro(-a); **il a une sacrée chance/un ~ culot** *(fam)* tiene una suerte/cara increíble
sacrement [sakʀəmɑ̃] *nm* sacramento; **administrer les derniers sacrements à qn** administrar los últimos sacramentos a algn
sacrer [sakʀe] *vt (souverain)* coronar; *(évêque)* consagrar ▸ *vi (jurer)* blasfemar

sacrifice [sakʀifis] *nm* sacrificio; **faire le ~ de** sacrificar
sacrificiel, le [sakʀifisjɛl] *adj* de sacrificio
sacrifier [sakʀifje] *vt* sacrificar; **~ à** (*mode, tradition*) seguir; **articles sacrifiés** artículos *mpl* a precio de saldo, gangas *fpl*; **se sacrifier** *vpr* sacrificarse
sacrilège [sakʀilɛʒ] *nm* sacrilegio ▸ *nmf, adj* sacrílego(-a)
sacristain [sakʀistɛ̃] *nm* sacristán *m*
sacristie [sakʀisti] *nf* sacristía
sacristine [sakʀistin] *nf* sacristana
sacro-saint, e [sakʀɔsɛ̃, sɛ̃t] (*pl* **sacro-saints, -es**) *adj* sacrosanto(-a)
sadique [sadik] *adj, nmf* sádico(-a)
sadisme [sadism] *nm* sadismo
sadomasochisme [sadomazɔʃism] *nm* sadomasoquismo
sadomasochiste [sadomazɔʃist] *nmf* sadomasoquista *mf*
safari [safaʀi] *nm* safari *m*; **faire un ~** hacer un safari
safari-photo [safaʀifɔto] (*pl* **safaris-photos**) *nm* safari-fotográfico *m*
safran [safʀɑ̃] *nm* azafrán *m*
saga [saga] *nf* saga
sagace [sagas] *adj* sagaz
sagacité [sagasite] *nf* sagacidad *f*
sagaie [sagɛ] *nf* azagaya
sage [saʒ] *adj* (*avisé, prudent*) sensato(-a); (*enfant*) bueno(-a); (*jeune fille, vie*) casto(-a) ▸ *nmf* sabio(-a); (Pol) consejero, sabio(-a), experto(-a) independiente; **comité des sages** comité *m* de sabios
sage-femme [saʒfam] (*pl* **sages-femmes**) *nf* comadrona
sagement [saʒmɑ̃] *adv* (*raisonnablement*) razonablemente; (*tranquillement*) tranquilamente
sagesse [saʒɛs] *nf* (*bon sens, prudence*) sensatez *f*; (*philosophie du sage*) sabiduría; (*d'un enfant*) buena conducta
Sagittaire [saʒitɛʀ] *nm* (*Astrol*) Sagitario; **être ~** ser Sagitario
Sahara [saaʀa] *nm* Sáhara *m*
saharienne [saaʀjɛn] *nf* (*veste*) sahariana
saignant, e [sɛɲɑ̃, ɑ̃t] *adj* (*viande*) poco hecho(-a); (*blessure*) sangrante
saignée [seɲe] *nf* sangría; (*fig*) pérdida drástica
saignement [sɛɲmɑ̃] *nm* hemorragia; **~ de nez** hemorragia nasal
saigner [seɲe] *vi* sangrar; **~ du nez** sangrar por la nariz ▸ *vt* (*Méd, fig*) sangrar a; (*animal*) desangrar; **~ qn à blanc** (*fig*) esquilmar a algn
Saigon [saigɔ̃] *n* Saigón
saillant, e [sajɑ̃, ɑ̃t] *adj* (*pommettes, menton*) prominente; (*corniche etc*) saliente; (*fig*) destacado(-a)
saillie [saji] *nf* (*d'une construction*) voladizo; (*trait d'esprit*) ocurrencia; (*accouplement*) apareamiento; **faire ~** sobresalir; **en ~, formant ~** saliente
saillir [sajiʀ] *vi* sobresalir; **faire ~** (*muscles etc*) hacer sobresalir ▸ *vt* (*Élevage*) cubrir
sain, e [sɛ̃, sɛn] *adj* sano(-a); (*habitation*) salubre; (*affaire, entreprise*) saneado(-a); **~ et sauf** sano y salvo; **~ d'esprit** sano(-a) de espíritu
saindoux [sɛ̃du] *nm* manteca de cerdo
sainement [sɛnmɑ̃] *adv* sanamente; (*raisonner*) juiciosamente
saint, e [sɛ̃, sɛ̃t] *adj, nm/f* santo(-a); **la Sainte Vierge** la Virgen Santísima ▸ *nm* (*statue*) santo
saint-bernard [sɛ̃bɛʀnaʀ] *nm* (perro) San Bernardo
Sainte-Hélène [sɛ̃telɛn] *nf* Santa Elena
Saint-Esprit [sɛ̃tɛspʀi] *nm* : **le ~** el Espíritu Santo
sainteté [sɛ̃tte] *nf* santidad *f*; **sa S~ le pape** su Santidad el Papa
Saint-Laurent [sɛ̃lɔʀɑ̃] *nm* : **le ~** el San Lorenzo
Saint-Marin [sɛ̃maʀɛ̃] *n* San Marino
Saint-Père [sɛ̃pɛʀ] (*pl* **Saints-Pères**) *nm* : **le ~** el Santo Padre
Saint-Pierre [sɛ̃pjɛʀ] *n* (*église*) San Pedro
Saint-Pierre-et-Miquelon [sɛ̃pjɛʀemiklɔ̃] *n* Saint-Pierre-et-Miquelon
Saint-Siège [sɛ̃sjɛʒ] *nm inv* : **le ~** la Santa Sede
Saint-Sylvestre [sɛ̃silvɛstʀ] *nf inv* : **la ~** el día de Nochevieja
sais *etc* [sɛ] *vb voir* **savoir**
saisie [sezi] *nf* (*Jur*) embargo; **opérateur/opératrice de ~** introductor/introductora de datos; **~ (de données)** (*Inform*) recogida de datos
saisine [sezin] *nf* (*Jur*) petición *f* de actuación
saisir [seziʀ] *vt* (*personne, chose : prendre*) agarrar; (*fig : occasion, prétexte*) aprovechar; (*comprendre*) comprender; (*entendre*) captar; (*suj : sensations, émotions*) sobrecoger; (*Inform*) procesar; (*Culin*) soasar; (*Jur : biens, personne*) embargar; (*: publication interdite*) secuestrar; **~ un tribunal d'une affaire** someter un caso a un tribunal; **elle fut saisie de douleur/crainte** le embargó el dolor/fue presa del pánico; **se saisir de** *vpr* (*personne*) apoderarse de
saisissant, e [sezisɑ̃, ɑ̃t] *adj* (*spectacle, contraste*) sobrecogedor(a); (*froid*) penetrante
saisissement [sezismɑ̃] *nm* : **muet/figé de ~** mudo/tieso de sobrecogimiento
saison [sɛzɔ̃] *nf* temporada, época; (*du calendrier*) estación *f*; **la ~** (*touristique*) la temporada; **la belle/mauvaise ~** la buena/mala temporada; **être de ~** ser de la temporada; **en/hors ~** en/fuera de temporada; **haute/basse/morte ~**

S

temporada alta/media/baja; **la ~ des pluies/ des amours** la época de las lluvias/de los amores; **les quatre saisons** las cuatro estaciones

saisonnier, -ière [sɛzɔnje, jɛʀ] *adj* (*produits, culture*) estacional; (*travail*) estacional, de temporada ▸ *nm/f* (*travailleur*) temporero(-a), trabajador(a) estacional; (*vacancier*) turista *mf* estacional

sait [sɛ] *vb voir* **savoir**

salace [salas] *adj* salaz

salade [salad] *nf* ensalada; (*fam : confusion*) embrollo; **haricots en ~** judías *fpl* en ensalada; **~ composée** ensalada mixta; **~ de concombres/d'endives** ensalada de pepinos/de endibias; **~ de fruits** macedonia de frutas; **~ de laitue/de tomates** ensalada de lechuga/de tomate; **~ niçoise** *ensalada con aceitunas, anchoas, tomates*; **~ russe** ensaladilla rusa; **salades** *nfpl* (*fam*) : **raconter des salades** contar cuentos

saladier [saladje] *nm* ensaladera

salaire [salɛʀ] *nm* salario; (*journalier*) jornal *m*; (*fig*) recompensa; **un ~ de misère** un salario de miseria; **~ brut/net** salario bruto/neto; **~ de base** sueldo base; **~ minimum interprofessionnel de croissance** ≈ salario mínimo interprofesional

salaison [salɛzɔ̃] *nf* salazón *f*; **salaisons** *nfpl* (*produits*) salazones *fpl*

salamandre [salamɑ̃dʀ] *nf* salamandra

salami [salami] *nm* salami *m*

salant [salɑ̃] *adj m* : **marais ~** salina

salarial, e, -aux [salaʀjal, jo] *adj* salarial

salariat [salaʀja] *nm* asalariados *mpl*

salarié, e [salaʀje] *adj, nm/f* asalariado(-a)

salaud [salo] (*fam !*) *nm* cabrón *m* (*fam !*), hijo de la chingada (*Mex fam !*)

sale [sal] *adj* sucio(-a); (*avant le nom : fam*) malo(-a)

salé, e [sale] *adj* salado(-a); (*fig : histoire, plaisanterie*) picante; (*fam : note, facture*) desorbitado(-a); **bien ~** muy salado(-a) ▸ *nm* (*porc salé*) carne *f* de cerdo salada; **petit ~** saladillo

salement [salmɑ̃] *adv* (*manger etc*) groseramente

saler [sale] *vt* (*plat*) echar sal; (*pour conserver*) salar

saleté [salte] *nf* suciedad *f*; (*action vile*) cochinada; (*chose sans valeur*) porquería; (*obscénité*) guarrada; **j'ai attrapé une ~** (*microbe etc*) se me ha pegado una enfermedad; **vivre dans la ~** vivir en la inmundicia

salière [saljɛʀ] *nf* salero

saligaud [saligo] (*fam !*) *nm* marrano

salin, e [salɛ̃, in] *adj* salino(-a)

saline [salin] *nf* salina

salinité [salinite] *nf* salinidad *f*

salir [saliʀ] *vt* manchar; (*fig*) mancillar; **se salir** *vpr* (*aussi fig*) ensuciarse

> ⚠ No debe traducirse por *salir*, que en francés corresponde a **sortir**.

salissant, e [salisɑ̃, ɑ̃t] *adj* sucio(-a); **le blanc, c'est ~** el blanco es un color sucio *ou* poco sufrido

salissure [salisyʀ] *nf* suciedad *f*; (*tache*) mancha

salive [saliv] *nf* saliva

saliver [salive] *vi* salivar

salle [sal] *nf* sala; (*pièce*) sala, habitación *f*; (*de restaurant*) salón *m*; **faire ~ comble** tener un llenazo; **~ à manger** comedor *m*; **~ commune** sala común; **~ d'armes** (*pour l'escrime*) sala de esgrima; **~ d'attente** sala de espera; **~ d'eau** aseo; **~ de bain(s)** cuarto de baño; **~ de bal** salón de baile; **~ de cinéma** sala de cine; **~ de classe** aula; **~ de concert** sala de conciertos; **~ de consultation** sala de consulta; **~ de douches** cuarto de duchas; **~ de jeux** sala de juegos; **~ d'embarquement** sala de embarque; **~ de projection** sala de proyección; **~ de séjour** cuarto de estar; **~ des machines** sala de máquinas; **~ de spectacle** sala de espectáculos; **~ des ventes** salón de ventas; **~ d'exposition** sala de exposiciones; **~ d'opération** sala de operaciones; **~ obscure** sala oscura

salmonellose [salmɔneloz] *nf* salmonelosis *f inv*

salon [salɔ̃] *nm* salón *m*, living *m* (*Am*); (*mondain, littéraire*) salón, tertulia; **~ de coiffure** salón de peluquería; **~ de discussion** (*Internet*) chat *m*; **~ de thé** salón de té

salopard [salɔpaʀ] (*fam !*) *nm* cabrón *m*, hijo de la chingada (*Mex fam !*)

salope [salɔp] (*fam !*) *nf* marrana

saloper [salɔpe] (*fam !*) *vt* (*bâcler*) chapucear; (*salir*) enguarrar

saloperie [salɔpʀi] (*fam !*) *nf* (*obscénité, publication obscène*) guarradas *fpl*; (*action vile*) marranada; (*chose sans valeur, de mauvaise qualité*) porquería

salopette [salɔpɛt] *nf* pantalón *m* de peto; (*de travail*) mono, overol *m* (*Am*)

salpêtre [salpɛtʀ] *nm* salitre *m*

salsifis [salsifi] *nm* salsifí *m*

SALT [salt] *abr* = **Strategic Arms Limitation Talks**

saltimbanque [saltɛ̃bɑ̃k] *nmf* saltimbanqui *mf*

salubre [salybʀ] *adj* salubre

salubrité [salybʀite] *nf* salubridad *f*; **mesures de ~ publique** medidas *fpl* de salubridad pública

saluer [salɥe] *vt* saludar; (*fig : acclamer*) aclamar, saludar

salut [saly] *nm* (*Rel, sauvegarde*) salvación *f*; (*Mil, parole d'accueil*) saludo; **~ public** salud *f* pública ▶ *excl* (*fam : bonjour*) ¡hola!; (*: au revoir*) ¡hasta luego!, ¡chao!, ¡chau! (*surtout AM*); (*style relevé*) ¡salve!
salutaire [salytɛʀ] *adj* saludable
salutations [salytasjɔ̃] *nfpl* saludos *mpl*; **recevez mes ~ distinguées** *ou* **respectueuses** (*dans une lettre*) reciba mis cordiales *ou* respetuosos saludos
salutiste [salytist] *nmf* miembro del ejército de Salvación
Salvador [salvadɔʀ] *nm* El Salvador
salve [salv] *nf* salva; **~ d'applaudissements** salva de aplausos
Samarie [samaʀi] *nf* Samaria
samaritain [samaʀitɛ̃] *nm* : **le bon S~** el buen samaritano
samedi [samdi] *nm* sábado; *voir aussi* **lundi**
SAMU [samy] *sigle m* (= *service d'assistance médicale d'urgence*) ≈ servicio médico de urgencia
sanatorium [sanatɔʀjɔm] *nm* sanatorio (antituberculoso)
sanctifier [sɑ̃ktifje] *vt* santificar
sanction [sɑ̃ksjɔ̃] *nf* sanción *f*; **prendre des sanctions contre** tomar medidas sancionadoras contra
sanctionner [sɑ̃ksjɔne] *vt* sancionar
sanctuaire [sɑ̃ktɥɛʀ] *nm* santuario
sandale [sɑ̃dal] *nf* sandalia
sandalette [sɑ̃dalɛt] *nf* sandalia
sandow® [sɑ̃do] *nm* extensor *m*
sandwich [sɑ̃dwi(t)ʃ] *nm* bocadillo; (*de pain de mie*) sándwich *m*, emparedado (*surtout AM*); **être pris en ~ (entre)** estar aprisionado (entre)
sandwicherie [sɑ̃dwitʃʀi] *nf* sandwichería
sang [sɑ̃] *nm* sangre *f*; **être en ~** estar cubierto de sangre; **jusqu'au ~** hasta hacer(le) sangrar; **se faire du mauvais ~** preocuparse; **~ bleu** sangre azul
sang-froid [sɑ̃fʀwa] *nm inv* sangre *f* fría; **garder/perdre/reprendre son ~** conservar/perder/recobrar la sangre fría; **faire qch de ~** hacer algo a sangre fría
sanglant, e [sɑ̃glɑ̃, ɑ̃t] *adj* (*visage, arme*) ensangrentado(-a); (*combat, fig*) sangriento(-a)
sangle [sɑ̃gl] *nf* correa; **fauteuil/lit de ~(s)** sillón *m*/catre *m* de tijera; **sangles** *nfpl* (*pour lit etc*) cinchas *fpl*
sangler [sɑ̃gle] *vt* (*colis, parachutiste*) ceñir; (*animal*) cinchar; **sanglé dans son uniforme** embutido en su uniforme
sanglier [sɑ̃glije] *nm* jabalí *m*
sanglot [sɑ̃glo] *nm* sollozo
sangloter [sɑ̃glɔte] *vi* sollozar
sangsue [sɑ̃sy] *nf* sanguijuela
sanguin, e [sɑ̃gɛ̃, in] *adj* sanguíneo(-a)
sanguinaire [sɑ̃ginɛʀ] *adj* sanguinario(-a)
sanguine [sɑ̃gin] *nf* sanguina
sanguinolent, e [sɑ̃ginɔlɑ̃, ɑ̃t] *adj* sanguinolento(-a)
sanisette [sanizɛt] *nf* aseo público
sanitaire [sanitɛʀ] *adj* sanitario(-a); **installation/appareil ~** instalación *f*/aparato sanitario(-a); **sanitaires** *nmpl* (*appareils*) sanitarios *mpl*
sans [sɑ̃] *prép* sin; **~ qu'il s'en aperçoive** sin que se dé cuenta; **~ scrupules** sin escrúpulos; **~ manches** sin mangas
sans-abri [sɑ̃zabʀi] (*pl* **~(s)**) *nmf* persona sin hogar
sans-emploi [sɑ̃zɑ̃plwa] (*pl* **sans-emplois**) *nmf* desempleado(-a)
sans-façon [sɑ̃fasɔ̃] *nm* (*littér*) informalidad *f*
sans-gêne [sɑ̃ʒɛn] *adj inv* desenfadado(-a) ▶ *nm inv* desenfado
sans-logis [sɑ̃lɔʒi] *nmf inv* persona sin hogar
sans-souci [sɑ̃susi] *adj inv* despreocupado(-a)
sans-travail [sɑ̃tʀavaj] *nmf inv* desocupado(-a)
santal [sɑ̃tal] *nm* sándalo
santé [sɑ̃te] *nf* salud *f*; **avoir une ~ de fer** tener una salud de hierro; **avoir une ~ délicate** tener una salud delicada; **être en bonne ~** estar bien de salud; **boire à la ~ de qn** beber a la salud de algn; **« à la ~ de ... »** « a la salud de ... »; **« à votre/ta ~ ! »** « ¡a su/tu salud! »; **service de ~** servicio sanitario; **la ~ publique** la salud pública
Santiago [sɑ̃tjago], **Santiago du Chili** [sɑ̃tjagodyʃili] *n* Santiago (de Chile)
santon [sɑ̃tɔ̃] *nm* figurita del Belén
saoudien, ne [saudjɛ̃, jɛn] *adj* saudí, saudita ▶ *nm/f* : **Saoudien, ne** saudí *mf*, saudita *mf*
saoul, e [su, sul] *adj* = **soûl**
sape [sap] *nf* : **travail de ~** trabajo de zapa; **sapes** *nfpl* (*fam*) trapos *mpl*
saper [sape] *vt* socavar; **se saper** *vpr* (*fam*) vestirse
sapeur [sapœʀ] *nm* zapador *m*
sapeur-pompier [sapœʀpɔ̃pje] (*pl* **sapeurs-pompiers**) *nmf* bombero(-a)
saphir [safiʀ] *nm* zafiro; (*d'électrophone*) aguja
sapin [sapɛ̃] *nm* (*Bot*) abeto; (*bois*) pino; **~ de Noël** árbol *m* de Navidad
sapinière [sapinjɛʀ] *nf* abetal *m*
saquer [sake] (*fam*) *vt* (*renvoyer*) echar (a la calle); (*supporter*) tragar (*fam*), soportar
SAR [ɛsaɛʀ] *sigle f* (= *Son Altesse Royale*) S.A.R. (= *Su Alteza Real*)
sarabande [saʀabɑ̃d] *nf* zarabanda; (*fig*) algarabía
sarbacane [saʀbakan] *nf* cerbatana
sarcasme [saʀkasm] *nm* sarcasmo
sarcastique [saʀkastik] *adj* sarcástico(-a)
sarcastiquement [saʀkastikmɑ̃] *adv* con sarcasmo

S

sarcelle [saʀsɛl] *nf* cerceta
sarclage [saʀklaʒ] *nm* escarda
sarcler [saʀkle] *vt* escardar
sarcloir [saʀklwaʀ] *nm* escardillo
sarcophage [saʀkɔfaʒ] *nm* sarcófago
Sardaigne [saʀdɛɲ] *nf* Cerdeña
sarde [saʀd] *adj* sardo(-a) ▸ *nmf* : **Sarde** sardo(-a)
sardine [saʀdin] *nf* sardina; **sardines à l'huile** sardinas en aceite
sardinerie [saʀdinʀi] *nf* conservería de sardinas
sardinier, -ière [saʀdinje, jɛʀ] *adj* sardinero(-a) ▸ *nm* (*bateau*) barco sardinero
sardonique [saʀdɔnik] *adj* : **rire ~** risa sardónica
sari [saʀi] *nm* sari *m*
SARL [ɛsaɛʀɛl] *sigle f* (= *société à responsabilité limitée*) ≈ SL (= *sociedad limitada*)
sarment [saʀmɑ̃] *nm* : **~ (de vigne)** sarmiento (de vid)
sarrasin [saʀazɛ̃] *nm* (*Bot*) alforfón *m*, trigo sarraceno; (*farine*) harina de alforfón, harina de trigo sarraceno
sarrau [saʀo] *nm* blusón *m*
sarriette [saʀjɛt] *nf* ajedrea
sas [sɑs] *nm* esclusa de aire; (*d'une écluse*) cámara
satané, e [satane] *adj* (*maudit*) maldito(-a)
satanique [satanik] *adj* satánico(-a)
sataniste [satanist] *adj* (*secte*) satánico(-a) ▸ *nmf* satanista *mf*
satelliser [satelize] *vt* (*fusée*) poner en órbita; (*fig* : *pays*) convertir en un estado satélite
satellite [satelit] *nm* satélite *msg*; **pays ~** país *msg* satélite *inv*; **retransmis par ~** retransmitido vía satélite; **~ (artificiel)** satélite (artificial)
satellite-espion [satelitɛspjɔ̃] (*pl* **satellites-espions**) *nm* satélite *m* espía *inv*
satellite-observatoire [satelitɔpsɛʀvatwaʀ] (*pl* **satellites-observatoires**) *nm* satélite *m* observatorio *inv*
satellite-relais [satelitʀəlɛ] (*pl* **satellites-relais**) *nm* satélite *m* repetidor
satiété [sasjete] : **à ~** *adv* hasta la saciedad
satin [satɛ̃] *nm* satén *m*
satiné, e [satine] *adj* satinado(-a)
satinette [satinɛt] *nf* rasete *m*
satire [satiʀ] *nf* sátira; **faire la ~ de** satirizar
satirique [satiʀik] *adj* satírico(-a)
satiriste [satiʀist] *nmf* escritor(a) satírico(-a)
satisfaction [satisfaksjɔ̃] *nf* satisfacción *f*; **à ma grande ~** para gran satisfacción mía; **donner ~ (à)** satisfacer; **ils ont obtenu ~** se ha accedido a sus demandas
satisfaire [satisfɛʀ] *vt* satisfacer; **~ à** cumplir con; (*conditions*) responder a; **se satisfaire** *vpr* : **se ~ de** contentarse con
satisfaisant, e [satisfəzɑ̃, ɑ̃t] *adj* satisfactorio(-a)
satisfait, e [satisfɛ, ɛt] *pp de* **satisfaire** ▸ *adj* (*personne, air*) satisfecho(-a); (*curiosité, désir*) complacido(-a); **~ de** satisfecho(-a) de
satisfasse *etc* [satisfas] *vb voir* **satisfaire**
satisferai *etc* [satisfʀe] *vb voir* **satisfaire**
saturation [satyʀasjɔ̃] *nf* saturación *f*; **arriver à ~** llegar a la saturación
saturer [satyʀe] *vt* saturar; **~ qn/qch de** saturar a algn/algo de; **être saturé de qch** (*publicité*) estar harto de algo; **je suis saturé de travail** estoy saturado de trabajo
saturnisme [satyʀnism] *nm* saturnismo
satyre [satiʀ] *nm* sátiro
sauce [sos] *nf* salsa; **en ~** en salsa; **~ à salade** salsa de ensalada; **~ aux câpres** salsa de alcaparras; **~ blanche** salsa blanca; **~ chasseur** salsa chasseur (*con chalotes, vino blanco, champiñones y hierbas*); **~ mayonnaise/piquante** salsa mayonesa/picante; **~ suprême/vinaigrette** salsa suprema/vinagreta; **~ tomate** salsa de tomate
saucer [sose] *vt* rebañar
saucière [sosjɛʀ] *nf* salsera
saucisse [sosis] *nf* salchicha
saucisson [sosisɔ̃] *nm* salchichón *m*; **~ à l'ail** salchichón al ajo; **~ sec** salchichón curado
saucissonner [sosisɔne] *vi* picar
sauf[1] [sof] *prép* salvo; **~ que ...** salvo que ...; **~ si ...** salvo si ...; **~ avis contraire** salvo aviso contrario; **~ empêchement** salvo impedimento; **~ erreur/imprévu** salvo error/imprevisto
sauf[2]**, sauve** [sof, sov] *adj* (*personne*) ileso(-a); (*fig* : *honneur*) a salvo; **laisser la vie sauve à qn** perdonar la vida a algn
sauf-conduit [sofkɔ̃dɥi] (*pl* **sauf-conduits**) *nm* salvoconducto
sauge [soʒ] *nf* salvia
saugrenu, e [sogʀəny] *adj* (*accoutrement*) estrafalario(-a); (*idée, question*) ridículo(-a)
saule [sol] *nm* sauce *m*; **~ pleureur** sauce llorón
saumâtre [somɑtʀ] *adj* (*eau, goût*) salobre; **la trouver ~** (*désagréable*) no hacer ni pizca de gracia
saumon [somɔ̃] *nm* salmón *m*; **~ fumé** salmón ahumado ▸ *adj inv* (*couleur*) color salmón *inv*
saumoné, e [somɔne] *adj* : **truite saumonée** trucha asalmonada
saumure [somyʀ] *nf* salmuera
sauna [sona] *nm* sauna (*m en AM*)
saupoudrer [sopudʀe] *vt* : **~ qch de** (*de sel, sucre*) espolvorear algo de; (*fig*) salpicar algo de
saupoudreuse [sopudʀøz] *nf frasco que sirve para espolvorear*
saur [sɔʀ] *adj m* : **hareng ~** arenque *m* ahumado
saurai *etc* [sɔʀe] *vb voir* **savoir**

saut [so] *nm* salto; **faire un ~** dar un salto; **faire un ~ chez qn** dar un salto a casa de algn; **au ~ du lit** al levantarse; **~ en hauteur/longueur/à la perche** salto de altura/longitud/con pértiga; **~ à la corde** salto a la comba; **~ de page** (*Inform*) avance *m* de página; **~ en parachute** salto en paracaídas; **~ périlleux** salto mortal
saute [sot] *nf* : **~ de vent/température** cambio de viento/temperatura; **avoir des sautes d'humeur** tener cambios bruscos de humor
sauté, e [sote] *adj* (*Culin*) salteado(-a) ▶ *nm* : **~ de veau** salteado de ternera
saute-mouton [sotmutɔ̃] *nm* : **jouer à ~** jugar a la pídola
sauter [sote] *vi* saltar; (*exploser*) estallar; (*se rompre*) romperse; (*se détacher*) soltarse; **faire ~** (*avec explosifs*) volar; (*Culin*) saltear; **~ à pieds joints/à cloche-pied** saltar con los pies juntos/a pata coja; **~ dans/sur/vers** (*se précipiter*) echarse en/sobre/hacia; **~ en parachute** saltar en paracaídas; **~ à la corde** saltar a la cuerda; **~ de joie/de colère** saltar de alegría/de rabia; **~ au cou de qn** echarse al cuello de algn; **~ d'un sujet à l'autre** pasar de un tema a otro; **~ aux yeux** saltar a la vista; **~ au plafond** (*fig*) subirse por las paredes ▶ *vt* (*obstacle*) franquear; (*fig : omettre*) saltarse
sauterelle [sotʀɛl] *nf* (*Zool*) saltamontes *m inv*
sauterie [sotʀi] *nf* guateque *m*
sauternes [sotɛʀn] *nm vino blanco afrutado que se elabora en la región francesa de Sauternes*
sauteur, -euse [sotœʀ, øz] *nm/f* saltador(a); **~ à la perche** saltador(a) de pértiga; **~ à skis** saltador(a) de esquíes
sauteuse [sotøz] *nf* cazuela para saltear
sautillement [sotijmɑ̃] *nm* saltito
sautiller [sotije] *vi* dar saltitos
sautoir [sotwaʀ] *nm* (*collier*) collar *m*; (*Sport*) saltadero; **porter en ~** llevar sobre el pecho; **~ (de perles)** collar (de perlas)
sauvage [sovaʒ] *adj* (*animal, peuplade*) salvaje; (*plante*) silvestre; (*lieu*) agreste; (*insociable*) huraño(-a); (*non officiel*) no autorizado(-a) ▶ *nmf* (*primitif*) salvaje *mf*; (*brute*) bárbaro(-a)
sauvagement [sovaʒmɑ̃] *adv* brutalmente
sauvageon, ne [sovaʒɔ̃, ɔn] *nm/f* (*fig*) niño(-a) difícil
sauvagerie [sovaʒʀi] *nf* salvajismo
sauve [sov] *adj f voir* **sauf²**
sauvegarde [sovgaʀd] *nf* salvaguardia; **faire une ~** (*Inform*) hacer una copia de seguridad; **sous la ~ de** bajo el amparo de
sauvegarder [sovgaʀde] *vt* salvaguardar; (*Inform*) grabar
sauve-qui-peut [sovkipø] *nm inv* desbandada ▶ *excl* ¡sálvese quien pueda!
sauver [sove] *vt* salvar; **~ qn de** salvar a algn de; **~ la vie à qn** salvar la vida a algn; **~ les apparences** guardar las apariencias; **se sauver** *vpr* (*s'enfuir*) largarse; (*fam : partir*) irse
sauvetage [sov(ə)taʒ] *nm* salvamento; **ceinture** *ou* **brassière** *ou* **gilet de ~** cinturón *m ou* camisa *ou* chaleco salvavidas *inv*; **~ en montagne** rescate *m* de montaña
sauveteur, -euse [sov(ə)tœʀ, øz] *nm/f* socorrista *mf*
sauvette [sovɛt] : **à la ~** *adv* a hurtadillas ▶ *adj* : **vente à la ~** venta ambulante no autorizada
sauveur [sovœʀ] *nm* salvador *m*; **le S~** (*Rel*) el Salvador
SAV [ɛsave] *sigle m* (= *service après vente*) servicio post venta
savais *etc* [save] *vb voir* **savoir**
savamment [savamɑ̃] *adv* sabiamente
savane [savan] *nf* sabana
savant, e [savɑ̃, ɑ̃t] *adj* (*érudit, instruit, habile*) sabio(-a); (*compliqué, difficile*) complejo(-a); **animal ~** animal amaestrado ▶ *nm/f* sabio(-a)
savate [savat] *nf* chancla; (*Sport*) boxeo francés
saveur [savœʀ] *nf* sabor *m*
Savoie [savwa] *nf* Saboya
savoir [savwaʀ] *nm* saber *m* ▶ *vt* saber; **~ nager/se montrer ferme** saber nadar/mostrarse firme; **~ que** saber que; **~ si/comment/combien ...** saber si/cómo/cuánto ...; **il faut ~ que ...** es preciso saber que ...; **il est petit : tu ne peux pas ~ ...** no creerías lo pequeño que es ...; **vous n'êtes pas sans ~ que ...** usted no ignora que ...; **je crois ~ que ...** creo saber que ...; **je n'en sais rien** yo no sé nada de eso; **à ~** a saber; **à ~ que ...** a saber que ...; **faire ~ qch à qn** hacer saber algo a algn; **ne rien vouloir ~** no querer saber nada; **pas que je sache** que yo sepa, no; **sans le ~** sin saberlo; **en ~ long** saber un rato largo; **se savoir** *vpr* (*chose : être connu*) saberse; **se ~ malade/incurable** saberse enfermo/incurable
savoir-faire [savwaʀfɛʀ] *nm inv* tacto
savoir-vivre [savwaʀvivʀ] *nm inv* : **manquer de/avoir du ~** carecer de/tener modales
savon [savɔ̃] *nm* jabón *m*; **un ~** (*morceau*) una pastilla de jabón; **passer un ~ à qn** (*fam*) echarle un rapapolvo a algn
savonner [savɔne] *vt* enjabonar; **se savonner** *vpr* enjabonarse; **se ~ les mains/pieds** enjabonarse las manos/los pies
savonnerie [savɔnʀi] *nf* jabonería
savonnette [savɔnɛt] *nf* jaboncillo
savonneux, -euse [savɔnø, øz] *adj* jabonoso(-a)
savons [savɔ̃] *vb voir* **savoir**
savourer [savuʀe] *vt* saborear
savoureux, -euse [savuʀø, øz] *adj* sabroso(-a)

S

savoyard, e [savwajaʀ, aʀd] *adj* saboyano(-a) ▸ *nm/f* : **Savoyard, e** saboyano(-a)
sax [saks] *nm* saxo
saxo [saksɔ], **saxophone** [saksɔfɔn] *nm* saxo(fón) *m*
saxophoniste [saksɔfɔnist] *nmf* saxofonista *mf*
saynète [sɛnɛt] *nf* sainete *m*
sbire [sbiʀ] (*péj*) *nm* esbirro
scabreux, -euse [skabʀø, øz] *adj* escabroso(-a)
scalp [skalp] *nm* cabellera
scalpel [skalpɛl] *nm* escalpelo
scalper [skalpe] *vt* (*Indiens*) cortar el cuero cabelludo; (*accidentellement*) escalpar
scampi [skɑ̃pi] *nmpl gambas preparadas a la italiana*
scandale [skɑ̃dal] *nm* escándalo; **faire du ~** (*tapage*) armar un escándalo; **faire ~** causar escándalo
scandaleusement [skɑ̃daløzmɑ̃] *adv* escandalosamente
scandaleux, -euse [skɑ̃dalø, øz] *adj* escandaloso(-a)
scandaliser [skɑ̃dalize] *vt* escandalizar; **se scandaliser** *vpr* escandalizarse
scander [skɑ̃de] *vt* (*vers*) escandir; (*mots, syllabes*) silabear; (*slogans*) cantar
scandinave [skɑ̃dinav] *adj* escandinavo(-a) ▸ *nmf* : **Scandinave** escandinavo(-a)
Scandinavie [skɑ̃dinavi] *nf* Escandinavia
scanner¹ [skanɛʀ] *nm* escáner *m*
scanner² [skane] *vt* escanear
scanographie [skanɔgʀafi] *nf* escanograma
scansion [skɑ̃sjɔ̃] *nf* (*de vers*) escansión *f*
scaphandre [skafɑ̃dʀ] *nm* escafandra; **~ autonome** escafandra autónoma
scaphandrier [skafɑ̃dʀije] *nm* buzo
scarabée [skaʀabe] *nm* escarabajo
scarification [skaʀifikasjɔ̃] *nf* escarificación *f*
scarlatine [skaʀlatin] *nf* escarlatina
scarole [skaʀɔl] *nf* escarola
scatologique [skatɔlɔʒik] *adj* escatológico(-a)
sceau, x [so] *nm* sello; **sous le ~ du secret** bajo secreto
scélérat, e [seleʀa, at] *nm/f* canalla *mf* ▸ *adj* canallesco(-a)
sceller [sele] *vt* sellar; (*barreau, chaîne etc*) fijar
scellés [sele] *nmpl* (*Jur*) : **mettre les ~ sur** precintar
scénario [senaʀjo] *nm* (*Ciné*) guion *m*
scénariste [senaʀist] *nmf* (*Ciné*) guionista *mf*
scène [sɛn] *nf* escena; (*lieu, décors*) escena, escenario; (*dispute bruyante*) altercado; **la ~ politique/internationale** la escena política/internacional; **sur le devant de la ~** (*fig*) de plena actualidad; **entrer en ~** entrar en escena; **par ordre d'entrée en ~** por orden de aparición; **mettre en ~** (*Théâtre, fig*) poner en escena; (*Ciné*) dirigir; **porter à/adapter pour la ~** llevar al/adaptar para el teatro; **faire une ~ (à qn)** hacerle una escena (a algn); **~ de ménage** riña conyugal
scénique [senik] *adj* escénico(-a)
scénographie [senɔgʀafi] *nf* (*Théâtre*) escenografía
scepticisme [sɛptisism] *nm* escepticismo
sceptique [sɛptik] *adj, nmf* escéptico(-a)
sceptre [sɛptʀ] *nm* cetro
schéma [ʃema] *nm* esquema *m*
schématique [ʃematik] *adj* esquemático(-a)
schématiquement [ʃematikmɑ̃] *adv* esquemáticamente
schématisation [ʃematizasjɔ̃] *nf* esquematización *f*
schématiser [ʃematize] *vt* (*objet, mouvement*) esquematizar; (*simplifier*) simplificar
schismatique [ʃismatik] *adj* cismático(-a)
schisme [ʃism] *nm* cisma *m*
schiste [ʃist] *nm* esquisto
schisteux, -euse [ʃistø, øz] *adj* (*roche*) esquistoso(-a); (*falaise*) pizarroso(-a)
schizophrène [skizɔfʀɛn] *nmf* esquizofrénico(-a)
schizophrénie [skizɔfʀeni] *nf* esquizofrenia
sciatique [sjatik] *adj* : **nerf ~** nervio ciático ▸ *nf* ciática
scie [si] *nf* sierra; (*fam, péj : rengaine*) cantinela; (*: personne*) pesadez *f*; **~ à bois** sierra para madera; **~ à découper** segueta; **~ à métaux** sierra para metales; **~ circulaire/sauteuse** sierra circular/de vaivén
sciemment [sjamɑ̃] *adv* intencionadamente
science [sjɑ̃s] *nf* ciencia; (*savoir*) saber *m*; (*savoir-faire*) saber hacer *m*; **les sciences** (*Scol*) las ciencias; **sciences appliquées/expérimentales** ciencias aplicadas/experimentales; **sciences humaines/naturelles** ciencias humanas/naturales; **sciences occultes** ciencias ocultas; **sciences politiques/sociales** ciencias políticas/sociales
science-fiction [sjɑ̃sfiksjɔ̃] (*pl* **sciences-fictions**) *nf* ciencia ficción
scientifique [sjɑ̃tifik] *adj, nmf* científico(-a)
scientifiquement [sjɑ̃tifikmɑ̃] *adv* científicamente
scientologie [sjɑ̃tɔlɔʒi] *nf* cienciología
scientologue [sjɑ̃tɔlɔg] *nmf* cienciólogo(-a)
scier [sje] *vt* serrar; (*partie en trop*) aserrar
scierie [siʀi] *nf* aserradero
scieur [sjœʀ] *nm* : **~ de long** *carpintero que sierra la madera a lo largo*
scinder [sɛ̃de] *vt* escindir; **se scinder** *vpr* escindirse
scintillant, e [sɛ̃tijɑ̃, ɑ̃t] *adj* centelleante
scintillement [sɛ̃tijmɑ̃] *nm* centelleo
scintiller [sɛ̃tije] *vi* centellear

scission [sisjɔ̃] *nf* escisión *f*
sciure [sjyʀ] *nf* : ~ **(de bois)** serrín *m* (de madera)
sclérose [skleʀoz] *nf* esclerosis *f inv*; ~ **artérielle** esclerosis arterial, arteriosclerosis *f inv*; ~ **en plaques** esclerosis en placas
sclérosé, e [skleʀoze] *adj* (*Méd*) escleroso(-a); (*fig*) estancado(-a)
scléroser [skleʀoze] : **se scléroser** *vpr* (*Méd*) esclerosarse; (*fig*) estancarse
scolaire [skɔlɛʀ] *adj* escolar; **l'année** ~ el curso escolar; (*à l'université*) el curso académico; **en âge** ~ en edad escolar
scolarisation [skɔlaʀizasjɔ̃] *nf* escolarización *f*
scolariser [skɔlaʀize] *vt* escolarizar
scolarité [skɔlaʀite] *nf* escolaridad *f*; **frais de** ~ gastos *mpl* de escolaridad; **la** ~ **obligatoire** la escolaridad obligatoria
scolastique [skɔlastik] (*péj*) *adj* escolástico(-a)
scoliose [skɔljoz] *nf* escoliosis *f inv*
scolopendre [skɔlɔpɑ̃dʀ] *nf* (*Zool*) escolopendra, ciempiés *m inv*; (*Bot*) escolopendra, lengua cerval
scoop [skup] *nm* (*Presse*) exclusiva
scooter [skutœʀ] *nm* escúter *m*
scorbut [skɔʀbyt] *nm* escorbuto
scorbutique [skɔʀbytik] *adj* escorbútico(-a)
score [skɔʀ] *nm* (*Sport*) tanteo; (*dans un test*) puntuación *f*; (*électoral etc*) resultado
scories [skɔʀi] *nfpl* escorias *fpl*
scorpion [skɔʀpjɔ̃] *nm* escorpión *m*; **le S~** (*Astrol*) escorpio; **être S~** ser escorpio
Scotch® [skɔtʃ] *nm* (*adhésif*) celo, cinta adhesiva
scotch [skɔtʃ] *nm* (*whisky*) whisky *m* escocés
scotcher [skɔtʃe] *vt* pegar con celo *ou* cinta adhesiva
scoubidou [skubidu] *nm* escubidú *m*, *tubito de plástico de colores que se trenza para elaborar adornos o complementos*
scoumoune [skumun] (*fam*) *nf* mala pata (*fam*); **avoir la** ~ tener mala pata
scout, e [skut] *adj* de scout ▸ *nm/f* scout *mf*, explorador(a)
scoutisme [skutism] *nm* escutismo
scratcher [skʀatʃe] *vt* (*Sport*) descalificar
scribe [skʀib] *nm* escribiente *m*; (*péj*) chupatintas *m inv*
scribouillard [skʀibujaʀ] (*péj*) *nm* plumífero
script [skʀipt] *nm* (*écriture*) letra cursiva; (*Ciné*) guion *m*
scripte [skʀipt] *nf* anotadora, secretaria de rodaje
script-girl [skʀiptgœʀl] (*pl* **script-girls**) *nf* anotadora, secretaria de rodaje
scriptural, e, -aux [skʀiptyʀal, o] *adj* : **monnaie scripturale** dinero en banco *ou* en cuenta
scrofuleux, -euse [skʀɔfylø, øz] *adj* escrofuloso(-a)
scrotum [skʀɔtɔm] *nm* escroto
scrupule [skʀypyl] *nm* escrúpulo; **être sans scrupules** no tener escrúpulos
scrupuleusement [skʀypyløzmɑ̃] *adv* escrupulosamente
scrupuleux, -euse [skʀypylø, øz] *adj* escrupuloso(-a)
scrutateur, -trice [skʀytatœʀ, tʀis] *adj, nm/f* escrutador(a)
scruter [skʀyte] *vt* (*objet, visage*) escrutar; (*horizon, alentours*) otear
scrutin [skʀytɛ̃] *nm* (*vote*) escrutinio; (*ensemble des opérations*) votación *f*; **ouverture/clôture d'un** ~ apertura/cierre *m* de la votación; ~ **à deux tours** votación a doble vuelta; ~ **de liste** sistema *m* de lista cerrada; ~ **majoritaire/proportionnel** sistema mayoritario/proporcional; ~ **uninominal** elección *f* uninominal
sculpter [skylte] *vt* esculpir
sculpteur [skyltœʀ] *nmf* (*nf aussi* **sculpteure**) escultor(a)
sculptural, e, -aux [skyltyʀal, o] *adj* (*aussi fig*) escultural
sculpture [skyltyʀ] *nf* escultura; ~ **sur bois** escultura en madera
sdb. *abr* (= *salle de bain*) B (= *baño*)
SDF [ɛsdeɛf] *sigle mf* (= *sans domicile fixe*) sin techo *mf*; **les** ~ los sin techo
SDN [ɛsdeɛn] *sigle f* (= *Société des Nations*) Sociedad *f* de Naciones
SE *abr* (= *Son Excellence*) S. Exc. (= *Su Excelencia*)
se, s' [sə] *pron* se; **se voir comme on est** verse como uno es; **ils s'aiment** se quieren; **cela se répare facilement** eso se arregla fácilmente; **se casser la jambe/laver les mains** romperse una pierna/lavarse las manos
séance [seɑ̃s] *nf* sesión *f*; **ouvrir/lever la** ~ abrir/levantar la sesión; ~ **tenante** : **obéir/régler une affaire** ~ **tenante** obedecer/arreglar un asunto en el acto
séant, e [seɑ̃, ɑ̃t] *adj* sentado(-a) ▸ *nm* (*postérieur*) trasero
seau, x [so] *nm* cubo, balde *m* (*surtout* AM); ~ **à glace** cubitera
sébum [sebɔm] *nm* sebo
sec, sèche [sɛk, sɛʃ] *adj* seco(-a); (*maigre, décharné*) enjuto(-a); (*style, graphisme*) árido(-a); (*départ, démarrage*) brusco(-a); **à pied** ~ a pie enjuto; **une toux sèche** una tos seca; **avoir la gorge sèche** tener la garganta seca; **raisins secs** pasas *fpl* ▸ *nm* : **tenir au** ~ mantener en sitio seco; **à** ~ (*cours d'eau*) agotado(-a); (*à court d'idées*) vacío(-a); (*à court d'argent*) pelado(-a) ▸ *adv* (*démarrer*) bruscamente; **je le prends** *ou* **bois** ~ lo tomo *ou* bebo puro; **boire** ~ (*beaucoup*) ser un gran bebedor

S

sécante [sekɑ̃t] *nf* secante *f*
sécateur [sekatœʀ] *nm* podadera
sécession [sesesjɔ̃] *nf* : **faire ~** separarse; **la guerre de S~** la guerra de secesión
sécessionniste [sesesjɔnist] *adj* secesionista
séchage [seʃaʒ] *nm* secado
sèche [sɛʃ] *adj f voir* **sec** ▶ *nf (fam)* pitillo
sèche-cheveux [sɛʃʃəvø] *nm inv* secador *m* de pelo
sèche-linge [sɛʃlɛ̃ʒ] *(pl* **~(s)***) nm* secadora
sèche-main *nm*, **sèche-mains** *nm inv* [sɛʃmɛ̃] *(pl* **sèche-mains***)* secador *m* de manos
sèchement [sɛʃmɑ̃] *adv (frapper etc)* bruscamente; *(répliquer etc)* secamente
sécher [seʃe] *vt* secar; *(fam : Scol : classe)* pirarse ▶ *vi* secarse; *(fam : candidat)* estar pez; **se sécher** *vpr* secarse
sécheresse [seʃʀɛs] *nf (du climat, sol)* sequedad *f*; *(fig : du style)* aridez *f*; *(absence de pluie)* sequía
séchoir [seʃwaʀ] *nm (à linge)* tendedero; *(tabac, fruits)* secadero
second, e [s(ə)gɔ̃, ɔ̃d] *adj* segundo(-a); **doué de seconde vue** dotado de un sexto sentido; **trouver son ~ souffle** *(Sport, fig)* recobrar fuerzas; **être dans un état ~** estar enajenado(-a); **de seconde main** de segunda mano ▶ *nm (adjoint)* ayudante *m*; *(étage)* segundo; *(Naut)* segundo de a bordo
secondaire [s(ə)gɔ̃dɛʀ] *adj* secundario(-a); *(Scol)* medio(-a), secundario(-a)
seconde [s(ə)gɔ̃d] *nf* segundo; *(Scol) quinto año de educación secundaria en el sistema francés*; *(Auto)* segunda; **voyager en ~** *(Transport)* viajar en segunda
seconder [s(ə)gɔ̃de] *vt (assister)* ayudar; *(favoriser)* secundar
secouer [s(ə)kwe] *vt* sacudir; *(passagers)* zarandear; *(fam : faire se démener)* pinchar; **~ la poussière d'un tapis/manteau** sacudir el polvo de una alfombra/de un abrigo; **~ la tête** *(pour dire oui)* asentir con la cabeza; *(pour dire non)* negar con la cabeza; **se secouer** *vpr (chiens)* sacudirse; *(fam : se démener)* menearse, moverse
secourable [s(ə)kuʀabl] *adj* caritativo(-a)
secourir [s(ə)kuʀiʀ] *vt* socorrer; *(prodiguer des soins à)* auxiliar
secourisme [s(ə)kuʀism] *nm* socorrismo
secouriste [s(ə)kuʀist] *nmf* socorrista *mf*
secourons [səkuʀɔ̃] *vb voir* **secourir**
secours[1] [s(ə)kuʀ] *vb voir* **secourir**
secours[2] [s(ə)kuʀ] *nm* socorro; **au ~ !** ¡socorro!; **appeler au ~** pedir socorro; **appeler qn à son ~** pedir socorro a algn; **aller au ~ de qn** acudir en ayuda de algn; **porter ~ à qn** prestar socorro a algn; **sa mémoire/cet outil lui a été d'un grand ~** su memoria/esta herramienta le ha sido de gran ayuda; **le ~ en montagne** el servicio de rescate de montaña ▶ *nmpl (aide financière, matérielle)* ayuda *fsg*; *(soins à un malade, blessé)* auxilio *msg*; *(équipes de secours)* servicios *mpl* de socorro; **les premiers ~** los primeros auxilios
secouru, e [səkuʀy] *pp de* **secourir**
secousse [s(ə)kus] *nf* sacudida; *(électrique)* descarga; *(fig : psychologique)* conmoción *f*; **~ sismique/tellurique** sacudida sísmica/telúrica
secret, -ète [səkʀɛ, ɛt] *adj* secreto(-a); *(renfermé : personne)* reservado(-a) ▶ *nm* secreto; **le ~ de qch** *(raison cachée, recette)* el secreto de algo; **en ~** *(sans témoins)* en secreto; **au ~** *(prisonnier)* incomunicado(-a); **~ d'État/de fabrication** secreto de Estado/de fabricación; **~ professionnel** secreto profesional
secrétaire [s(ə)kʀetɛʀ] *nmf* secretario(-a); **~ d'ambassade** secretario(-a) de embajada; **~ d'État** secretario(-a) de Estado; **~ de direction** secretario(-a) de dirección; **~ de mairie** secretario(-a) municipal; **~ de rédaction** secretario(-a) de redacción; **~ général(e)** secretario(-a) general; **~ médical(e)** auxiliar *mf* médico(-a) ▶ *nm (meuble)* secreter *m*
secrétariat [s(ə)kʀetaʀja] *nm (profession)* secretariado; *(bureau, fonction)* secretaría; **~ d'État** secretaría de Estado; **~ général** secretaría general
secrète [səkʀɛt] *nf* : **la (police) ~** la (policía) secreta
secrètement [səkʀɛtmɑ̃] *adv* en secreto
sécréter [sekʀete] *vt* segregar
sécrétion [sekʀesjɔ̃] *nf* secreción *f*
sectaire [sɛktɛʀ] *adj* sectario(-a)
sectarisme [sɛktaʀism] *nm* sectarismo; **le ~ religieux** el sectarismo religioso
secte [sɛkt] *nf* secta
secteur [sɛktœʀ] *nm* sector *m*; **branché sur le ~** conectado a la red; **fonctionne sur pile et ~** funciona con pilas y con electricidad; **le ~ privé/public** el sector privado/público; **le ~ primaire/secondaire/tertiaire** el sector primario/secundario/terciario
section [sɛksjɔ̃] *nf* sección *f*; *(d'une route, d'un parcours)* tramo; *(d'un chapitre, d'une œuvre)* parte *f*; **la ~ rythmique/des cuivres** la sección rítmica/los cobres; **tube de ~ 6,5 mm** tubo de 6,5 mm de sección
sectionner [sɛksjɔne] *vt (membre, tige)* seccionar; **se sectionner** *vpr (câble)* romperse
sectionneur [sɛksjɔnœʀ] *nm* seccionador *m*
sectoriel, le [sɛktɔʀjɛl] *adj* sectorial
sectorisation [sɛktɔʀizasjɔ̃] *nf* organización *f* por sectores
sectoriser [sɛktɔʀize] *vt* dividir en sectores
sécu [seky] *(fam) nf (= Sécurité sociale) voir* **sécurité**
séculaire [sekylɛʀ] *adj* secular

séculariser [sekylaʀize] *vt* secularizar
séculier, -ière [sekylje, jɛʀ] *adj* (*autorité, tribunal*) secular; (*clergé, prêtre*) seglar
sécurisant, e [sekyʀizɑ̃, ɑ̃t] *adj* tranquilizador(a)
sécuriser [sekyʀize] *vt* tranquilizar
sécurité [sekyʀite] *nf* seguridad *f*; **impression de ~** impresión *f* de seguridad; **être en ~** estar seguro(-a); **dispositif/ système de ~** dispositivo/sistema *m* de seguridad; **mesures de ~** medidas *fpl* de seguridad; **la ~ de l'emploi** la garantía de trabajo; **la ~ internationale/nationale** la seguridad internacional/nacional; **la ~ routière** la seguridad vial; **la S~ sociale** la Seguridad Social
sédatif, -ive [sedatif, iv] *adj* sedativo(-a) ▸ *nm* sedante *m*
sédentaire [sedɑ̃tɛʀ] *adj* sedentario(-a)
sédentarisation [sedɑ̃taʀizasjɔ̃] *nf* sedentarización *f*
sédentariser [sedɑ̃taʀize] *vt* sedentarizar; **se sédentariser** *vpr* sedentarizarse
sédiment [sedimɑ̃] *nm* sedimento; **sédiments** *nmpl* (*alluvions*) sedimentos *mpl*
sédimentaire [sedimɑ̃tɛʀ] *adj* sedimentario(-a)
sédimentation [sedimɑ̃tasjɔ̃] *nf* sedimentación *f*
séditieux, -euse [sedisjø, jøz] *adj* sedicioso(-a)
sédition [sedisjɔ̃] *nf* sedición *f*
séducteur, -trice [sedyktœʀ, tʀis] *adj, nm/f* seductor(a)
séduction [sedyksjɔ̃] *nf* seducción *f*
séduire [sedɥiʀ] *vt* seducir
séduisant, e [sedɥizɑ̃, ɑ̃t] *vb voir* **séduire** ▸ *adj* seductor(a)
séduit, e [sedɥi, it] *pp de* **séduire**
séfarade [sefaʀad] *adj* sefardí, sefardita ▸ *nmf*: **Séfarade** sefardí *mf*, sefardita *mf*
segment [sɛgmɑ̃] *nm* segmento; **~ (de piston)** segmento (de pistón); **~ de frein** segmento de freno
segmenter [sɛgmɑ̃te] *vt* segmentar; **se segmenter** *vpr* segmentarse
ségrégation [segʀegasjɔ̃] *nf* segregación *f*; **~ raciale** segregación racial
ségrégationnisme [segʀegasjɔnism] *nm* segregacionismo
ségrégationniste [segʀegasjɔnist] *adj* segregacionista
seiche [sɛʃ] *nf* sepia
séide [seid] (*péj*) *nm* secuaz *m*
seigle [sɛgl] *nm* (*Bot*) centeno; (*farine*) harina de centeno
seigneur [sɛɲœʀ] *nm* señor *m*; **le S~** (*Rel*) el Señor
seigneurial, e, -aux [sɛɲœʀjal, jo] *adj* señorial
sein [sɛ̃] *nm* (*Anat*) seno; (*fig: poitrine*) pecho; **au ~ de** en el seno de; **donner le ~ à** dar el pecho a; **nourrir au ~** amamantar
Seine [sɛn] *nf*: **la ~** el Sena
séisme [seism] *nm* seísmo
séismique *etc* [seismik] *adj voir* **sismique** *etc*
SEITA [seta] *sigle f* = **Société d'exploitation industrielle des tabacs et allumettes**
seize [sɛz] *adj inv, nm inv* dieciséis *m inv*; *voir aussi* **cinq**
seizième [sɛzjɛm] *adj, nmf* decimosexto(-a) ▸ *nm* (*partitif*) dieciseisavo; *voir aussi* **cinquantième**
séjour [seʒuʀ] *nm* (*villégiature*) estancia; (*pièce*) cuarto de estar
séjourner [seʒuʀne] *vi* permanecer
sel [sɛl] *nm* sal *f*; **~ de cuisine/de table** sal de cocina/de mesa; **~ fin/gemme** sal fina/ gema; **sels de bain** sales de baño
sélect, e [selɛkt] *adj* selecto(-a)
sélectif, -ive [selɛktif, iv] *adj* selectivo(-a)
sélection [selɛksjɔ̃] *nf* selección *f*; **faire/ opérer une ~ parmi** hacer/realizar una selección entre; **épreuve de ~** (*Sport*) prueba de selección; **~ naturelle/professionnelle** selección natural/profesional
sélectionné, e [selɛksjɔne] *adj* seleccionado(-a)
sélectionner [selɛksjɔne] *vt* seleccionar
sélectionneur, -euse [selɛksjɔnœʀ, øz] *nm/f* seleccionador(a)
sélectivement [selɛktivmɑ̃] *adv* selectivamente
sélectivité [selɛktivite] *nf* selectividad *f*
sélénologie [selenɔlɔʒi] *nf* selenología
self [sɛlf] (*fam*) *nm* self-service *m*, restaurante *m* autoservicio
self-service [sɛlfsɛʀvis] (*pl* **self-services**) *adj* autoservicio ▸ *nm* self-service *m*, restaurante *m* autoservicio
selle [sɛl] *nf* (*de cheval*) silla de montar; (*de bicyclette*) sillín *m*; (*Culin*) paletilla; **aller à la ~** (*Méd*) hacer sus necesidades; **se mettre en ~** montar; **selles** *nfpl* (*Méd*) deposiciones *fpl*
seller [sele] *vt* ensillar
sellette [sɛlɛt] *nf*: **mettre qn/être sur la ~** agobiar a algn/estar agobiado(-a) con preguntas
sellier [selje] *nm* guarnicionero
selon [s(ə)lɔ̃] *prép* según; **~ que** según que; **~ moi** a mi modo de ver
semailles [s(ə)mɑj] *nfpl* siembra *fsg*
semaine [s(ə)mɛn] *nf* semana; **en ~** durante la semana; **la ~ de 35 heures** la semana de 35 horas; **la ~ du blanc/du livre** la semana de la ropa blanca/del libro; **à la petite ~** (*vivre etc*) al día; **une organisation à la petite ~** una organización de miras cortas; **la ~ sainte** la Semana Santa
semainier [s(ə)menje] *nm* (*bracelet*) semanario; (*calendrier*) agenda semanal; (*meuble*) archivo de siete cajones

S

sémantique [semɑ̃tik] *adj* semántico(-a) ▸ *nf* semántica
sémaphore [semafɔʀ] *nm* semáforo
semblable [sɑ̃blabl] *adj* semejante; **~ à** parecido(-a) a; **de semblables mésaventures/calomnies** (*de ce genre*) semejantes desgracias/calumnias ▸ *nm* (*prochain*) semejante *m*
semblant [sɑ̃blɑ̃] *nm* : **un ~ d'intérêt/de vérité** una apariencia de interés/de verdad; **faire ~ (de faire qch)** fingir (hacer algo)
sembler [sɑ̃ble] *vi* parecer; **cela leur semblait cher/pratique** eso les parecía caro/práctico; **~ être** parecer ser; **comme/quand bon lui semble** como/cuando le parece bien ▸ *vb impers* : **il semble inutile/bon de …** parece inútil/bien …; **il semble (bien) que/ne semble pas que** parece (bien) que/no parece que; **il me semble (bien) que** me parece (bien) que; **il me semble le connaître** me parece que lo conozco; **me semble-t-il, à ce qu'il me semble** me parece, en mi opinión
semelle [s(ə)mɛl] *nf* (*de chaussure*) suela; (*: intérieure*) plantilla; (*de bas, chaussette*) planta; (*d'un ski*) plancha; **battre la ~** golpear el suelo con los pies para calentarlos; **semelles compensées** suelas *fpl* de plataforma
semence [s(ə)mɑ̃s] *nf* (*graine*) semilla; (*clou*) tachuela
semer [s(ə)me] *vt* (*Agr*) sembrar; (*fig : éparpiller*) esparcir; (*: poursuivants*) despistar; **~ la confusion** sembrar la confusión; **~ la discorde/terreur parmi …** sembrar la discordia/el terror entre …; **semé de difficultés/d'erreurs** sembrado de dificultades/de errores
semestre [s(ə)mɛstʀ] *nm* semestre *m*
semestriel, le [s(ə)mɛstʀijɛl] *adj* semestral
semeur, -euse [s(ə)mœʀ, øz] *nm/f* sembrador(a)
semi… [səmi] *préf* semi…
semi-automatique [səmiɔtɔmatik] *adj* semiautomático(-a)
semi-conducteur [səmikɔ̃dyktœʀ] (*pl* **semi-conducteurs**) *nm* semiconductor *m*
semi-conserve [səmikɔ̃sɛʀv(ə)] (*pl* **semi-conserves**) *nf* semiconserva
semi-fini, e [səmifini] (*pl* **semi-finis, -es**) *adj* semielaborado
semi-liberté [səmilibɛʀte] (*pl* **semi-libertés**) *nf* (*Jur*) régimen *m* abierto
sémillant, e [semijɑ̃, ɑ̃t] *adj* vivaracho(-a)
séminaire [seminɛʀ] *nm* seminario; **~ en ligne** (*Inform*) seminario en línea, webinario
séminariste [seminaʀist] *nm* seminarista *m*
sémiologie [semjɔlɔʒi] *nf* semiología
semi-public, -ique [səmipyblik] (*pl* **semi-publics, -iques**) *adj* (*Jur*) semipúblico(-a)
semi-remorque [səmiʀəmɔʀk] (*pl* **semi-remorques**) *nf* (*remorque*) semirremolque *m* ▸ *nm* (*camion*) semirremolque *m*
semis [s(ə)mi] *nm* (*terrain*) sembrado; (*plants*) semillero
sémite [semit] *adj* semita
sémitique [semitik] *adj* semítico(-a)
semoir [səmwaʀ] *nm* sembradora
semonce [səmɔ̃s] *nf* (*Naut*) aviso; (*fig*) reprimenda; **coup de ~** disparo de advertencia
semoule [s(ə)mul] *nf* sémola; **~ de maïs/de riz** sémola de maíz/de arroz
sempiternel, le [sɑ̃pitɛʀnɛl] *adj* sempiterno(-a)
sénat [sena] *nm* : **le S~** el Senado; *ver nota*

Sénat

El **Sénat** es la cámara alta del parlamento francés, que se reúne en el Palais du Luxembourg de París. A una tercera parte de sus miembros, los *sénateurs*, los elige cada tres años, por un periodo de nueve, un colegio electoral formado por los *députés* y otros representantes electos. El **Sénat** posee una amplia gama de poderes, pero en caso de controversia, estos pueden ser revocados por la cámara baja, la *Assemblée nationale*.

sénateur, -trice [senatœʀ, tʀis] *nm/f* senador(a)
sénatorial, e, -aux [senatɔʀjal, jo] *adj* senatorial
Sénégal [senegal] *nm* Senegal *m*
sénégalais, e [senegalɛ, ɛz] *adj* senegalés(-esa) ▸ *nm/f* : **Sénégalais, e** senegalés(-esa)
sénescence [senesɑ̃s] *nf* senescencia
sénevé [sɛnve] *nm* (*Bot*) mostaza (negra); (*graine*) grano de mostaza
sénile [senil] *adj* (*voix, tremblement, démence*) senil; (*péj*) chocho(-a)
sénilité [senilite] *nf* senilidad *f*
senior, sénior [senjɔʀ] *nmf* persona mayor de 55 años; **le taux de chômage des seniors** la tasa de paro de los mayores de 55 años
sens[1] [sɑ̃] *vb voir* **sentir**
sens[2] [sɑ̃s] *nm* sentido; **avoir le ~ des affaires/de la mesure** tener el don de los negocios/de la medida; **en dépit du bon ~** sin sentido común; **tomber sous le ~** caer por su propio peso; **ça n'a pas de ~** eso no tiene sentido; **en ce ~ que** (*dans la mesure où*) en la medida en que; (*c'est-à-dire que*) en el sentido de que; **en un ~, dans un ~** en cierto sentido; **à mon ~** en mi opinión; **dans le ~ des aiguilles d'une montre** en el sentido de las agujas del reloj; **dans le ~ de la**

longueur/largeur a lo largo/ancho; **dans le mauvais ~** en mal sentido; **bon ~** sensatez *f*; **reprendre ses ~** volver en sí; **un sixième ~** un sexto sentido; **~ commun** sentido común; **~ dessus dessous** desordenado(-a), patas arriba; **~ figuré** sentido figurado; **~ interdit** dirección *f* prohibida; **~ propre** sentido propio; **~ unique** dirección *f* única ▸ *nmpl* (*sensualité*) sentidos *mpl*

sensass [sɑ̃sas] (*fam*) *adj* genial

sensation [sɑ̃sasjɔ̃] *nf* sensación *f*; **faire ~** causar sensación; **à ~** (*péj*) sensacionalista

sensationnalisme [sɑ̃sasjɔnalism] *nm* sensacionalismo

sensationnel, le [sɑ̃sasjɔnɛl] *adj* sensacional

sensé, e [sɑ̃se] *adj* sensato(-a)

sensibilisation [sɑ̃sibilizasjɔ̃] *nf* sensibilización *f*

sensibiliser [sɑ̃sibilize] *vt* (*Photo*) sensibilizar; **~ qn (à)** sensibilizar a algn (para)

sensibilité [sɑ̃sibilite] *nf* sensibilidad *f*

sensible [sɑ̃sibl] *adj* sensible; (*différence, progrès*) apreciable; (*quartier*) marginal; **~ à** sensible a

sensiblement [sɑ̃sibləmɑ̃] *adv* sensiblemente; **ils ont ~ le même poids** (*à peu près*) tienen casi el mismo peso

sensiblerie [sɑ̃sibləʀi] *nf* sensiblería

sensitif, -ive [sɑ̃sitif, iv] *adj* sensitivo(-a)

sensoriel, le [sɑ̃sɔʀjɛl] *adj* sensorial

sensorimoteur, -trice [sɑ̃sɔʀimɔtœʀ, tʀis] *adj* sensori(o)-motor(-motriz)

sensualité [sɑ̃sɥalite] *nf* sensualidad *f*

sensuel, le [sɑ̃sɥɛl] *adj* sensual

sent [sɑ̃] *vb voir* **sentir**

sente [sɑ̃t] *nf* senda

sentence [sɑ̃tɑ̃s] *nf* sentencia

sentencieusement [sɑ̃tɑ̃sjøzmɑ̃] *adv* sentenciosamente

sentencieux, -euse [sɑ̃tɑ̃sjø, jøz] *adj* sentencioso(-a)

senteur [sɑ̃tœʀ] *nf* olor *m*

senti, e [sɑ̃ti] *adj* : **bien ~** elocuente

sentier [sɑ̃tje] *nm* sendero

sentiment [sɑ̃timɑ̃] *nm* sentimiento; (*avis, opinion*) opinión *f*; **avoir le ~ de/que** tener la impresión de/que; **faire du ~** (*péj*) apelar a la sensiblería; **sentiments** *nmpl* : **les sentiments** los sentimientos; **recevez mes sentiments respectueux/dévoués** (*dans une lettre*) reciba usted mis más sinceros respetos; **veuillez agréer l'expression de mes sentiments distingués** (*dans une lettre*) reciba usted mis más atentos saludos; **si vous me prenez par les sentiments** si usted apela a mis sentimientos

sentimental, e, -aux [sɑ̃timɑ̃tal, o] *adj* sentimental

sentimentalisme [sɑ̃timɑ̃talism] *nm* sentimentalismo

sentimentalité [sɑ̃timɑ̃talite] *nf* sentimentalismo

sentinelle [sɑ̃tinɛl] *nf* centinela; **en ~** de guardia

sentir [sɑ̃tiʀ] *vt* sentir; (*par l'odorat*) oler; (*au toucher*) sentir; (*goût*) notar; (*avoir une odeur de, aussi fig*) oler a; **ne pas pouvoir ~ qn** (*fam*) no poder tragar a algn (*fam*) ▸ *vi* oler; **~ bon/mauvais** oler bien/mal; **se sentir** *vpr* : **se ~ à l'aise/mal à l'aise** sentirse a gusto *ou* cómodo(-a)/incómodo(-a); **se ~ coupable de faire qch** sentirse culpable por haber hecho algo; **se ~ mal** encontrarse mal; **se ~ le courage/la force de faire qch** sentirse con ánimo/fuerza para hacer algo; **ne plus se ~ de joie** rebosar de alegría

seoir [swaʀ] : **~ à** *vt* sentar bien a; **comme il (leur) sied** como (les) conviene

Seoul [seul] *n* Seúl

séparation [sepaʀasjɔ̃] *nf* separación *f*; (*mur, cloison*) tabique *m*; **~ de biens/de corps** separación de bienes/de cuerpos; **~ des pouvoirs** separación de (los) poderes

séparatisme [sepaʀatism] *nm* separatismo

séparatiste [sepaʀatist] *nmf, adj* separatista *mf*

séparé, e [sepaʀe] *adj* separado(-a); **~ de** separado(-a) de

séparément [sepaʀemɑ̃] *adv* separadamente

séparer [sepaʀe] *vt* separar; **~ qn de** (*ami, allié*) separar a algn de; **~ une pièce/un jardin en deux** dividir una habitación/un jardín en dos; **se séparer** *vpr* separarse; (*amis etc*) despedirse; (*route, tige*) bifurcarse; (*éléments, parties*) desmontarse; (*écorce*) desprenderse; **se ~ de** (*époux*) separarse de; (*employé, objet personnel*) deshacerse de

sépharade [sefaʀad] *adj* sefardí, sefardita ▸ *nmf* : **Sépharade** sefardí *mf*, sefardita *mf*

sépia [sepja] *nf* (*colorant*) sepia; (*dessin*) dibujo hecho con sepia

sept [sɛt] *adj inv, nm inv* siete *m inv*; *voir aussi* **cinq**

septante [sɛptɑ̃t] *adj inv, nm inv* (BELGIQUE, SUISSE) setenta *m inv*

septembre [sɛptɑ̃bʀ] *nm* se(p)tiembre *m*; *voir aussi* **juillet**

septennal, e, -aux [sɛptenal, o] *adj* septenal

septennat [sɛptena] *nm* septenio

septentrional, e, -aux [sɛptɑ̃tʀijɔnal, o] *adj* septentrional

septicémie [sɛptisemi] *nf* septicemia

septième [sɛtjɛm] *adj, nmf* sé(p)timo(-a); **être au ~ ciel** estar en el sé(p)timo cielo ▸ *nm* (*partitif*) sé(p)timo; *voir aussi* **cinquième**

septique [sɛptik] *adj* : **fosse ~** foso séptico

septuagénaire [sɛptɥaʒenɛʀ] *adj, nmf* septuagenario(-a)

sépulcral, e, -aux [sepylkʀal, o] *adj* sepulcral

sépulcre [sepylkʀ] *nm* sepulcro

S

sépulture [sepyltyʀ] *nf* sepultura
séquelles [sekɛl] *nfpl* secuelas *fpl*
séquençage [sekɑ̃saʒ] *nm* (*de génomes*) secuenciación *f*; **le ~ du génome humain** la secuenciación del genoma humano
séquence [sekɑ̃s] *nf* secuencia
séquencer [sekɑ̃se] *vt* secuenciar
séquentiel, le [sekɑ̃sjɛl] *adj* secuencial; **traitement ~** (*Inform*) tratamiento secuencial
séquestration [sekɛstʀasjɔ̃] *nf* secuestro
séquestre [sekɛstʀ] *nm* (*Jur*) embargo; **mettre sous ~** embargar
séquestrer [sekɛstʀe] *vt* (*personne*) secuestrar; (*biens*) embargar
séquoia [sekɔja] *nm* secuoya
serai *etc* [səʀe] *vb voir* **être**
sérail [seʀaj] *nm* serrallo; **rentrer au ~** volver al redil
serbe [sɛʀb] *adj* serbio(-a) ▸ *nm* (*Ling*) serbio ▸ *nmf* : **Serbe** serbio(-a)
Serbie [sɛʀbi] *nf* Serbia
serbo-croate [sɛʀbokʀɔat] (*pl* **serbo-croates**) *nm* serbo-croata *m*
serein, e [səʀɛ̃, ɛn] *adj* sereno(-a); (*visage, regard, personne*) apacible
sereinement [səʀɛnmɑ̃] *adv* serenamente
sérénade [seʀenad] *nf* serenata; (*fam*) jolgorio
sérénité [seʀenite] *nf* serenidad *f*
serez [səʀe] *vb voir* **être**
serf, serve [sɛʀ(f), sɛʀv] *nm/f* siervo(-a)
serfouette [sɛʀfwɛt] *nf* escardillo
serge [sɛʀʒ] *nf* sarga
sergent, e [sɛʀʒɑ̃, ɑ̃t] *nm/f* sargento *mf*
sergent-chef [sɛʀʒɑ̃ʃɛf] (*pl* **sergents-chefs**) *nm* sargento primero
sergent-major [sɛʀʒɑ̃maʒɔʀ] (*pl* **sergents-majors**) *nm* sargento mayor
sériciculture [seʀisikyltyʀ] *nf* sericultura
série [seʀi] *nf* serie *f*; (*de clés, outils*) juego; (*Sport*) fase *f*; **en/de/hors ~** en/de/fuera de serie; **soldes de fin de séries** saldos *mpl* de fin de serie; **~ noire** (*roman policier*) serie negra; (*suite de malheurs*) serie de desgracias; **~ (télévisée)** serie (televisiva)
sérier [seʀje] *vt* clasificar
sérieusement [seʀjøzmɑ̃] *adv* con seriedad; **il parle ~** habla en serio; **~ ?** ¿en serio?
sérieux, -euse [seʀjø, jøz] *adj* serio(-a); (*client*) serio(-a), formal; (*moral, rangé*) formal; **tu es ~ ?** ¿lo dices en serio?; **c'est ~ ?** ¿en serio?; **ce n'est pas ~** eso no es serio; **une sérieuse différence/augmentation** una diferencia/un aumento considerable ▸ *nm* seriedad *f*; **garder son ~** mantener su seriedad; **manquer de ~** no tener fundamento; **prendre qch/qn au ~** tomarse algo/a algn en serio; **se prendre au ~** tomarse en serio
sérigraphie [seʀigʀafi] *nf* serigrafía
serin [s(ə)ʀɛ̃] *nm* canario
seriner [s(ə)ʀine] *vt* : **~ qch à qn** machacar algo a algn
seringue [s(ə)ʀɛ̃g] *nf* jeringa
serions [səʀjɔ̃] *vb voir* **être**
serment [sɛʀmɑ̃] *nm* juramento; **prêter ~** prestar juramento; **faire le ~ de** prestar juramento de; **témoigner sous ~** atestiguar bajo juramento
sermon [sɛʀmɔ̃] *nm* sermón *m*
sermonner [sɛʀmɔne] *vt* sermonear
sérologie [seʀɔlɔʒi] *nf* serología
séronégatif, -ive [seʀonegatif, iv] *adj* seronegativo(-a)
séropositif, -ive [seʀopozitif, iv] *adj* seropositivo(-a)
séropositivité [seʀopozitivite] *nf* seropositividad *f*; **une rumeur faisant état de la ~ du président** un rumor según el cual el presidente sería seropositivo
sérotonine [seʀɔtɔnin] *nf* serotonina
serpe [sɛʀp] *nf* podadera
serpent [sɛʀpɑ̃] *nm* serpiente *f*; **~ à lunettes/à sonnettes** serpiente de anteojos/de cascabel
serpenter [sɛʀpɑ̃te] *vi* serpentear
serpentin [sɛʀpɑ̃tɛ̃] *nm* (*tube*) serpentín *m*; (*ruban*) serpentina
serpillière [sɛʀpijɛʀ] *nf* bayeta
serpolet [sɛʀpɔlɛ] *nm* serpol *m*
serrage [seʀaʒ] *nm* ajuste *m*; **collier de ~** abrazadera
serre [sɛʀ] *nf* (*construction*) invernadero; **~ chaude/froide** invernadero templado/frío; **serres** *nfpl* (*griffes*) garras *fpl*
serré, e [seʀe] *adj* apretado(-a); (*habits*) ajustado(-a); (*lutte, match*) reñido(-a); (*café*) fuerte; **avoir le cœur ~** tener el corazón en un puño; **avoir la gorge serrée** tener un nudo en la garganta ▸ *adv* : **jouer ~** jugar sobre seguro; **écrire ~** escribir con letra apretada
serre-livres [sɛʀlivʀ] *nm inv* sujetalibros *m inv*
serrement [sɛʀmɑ̃] *nm* : **~ de main** apretón *m* de manos; **j'ai eu un ~ de cœur** se me encogió el corazón
serrer [seʀe] *vt* apretar; (*tenir : chose*) asir; (*: personne*) abrazar; (*rapprocher*) apretujar; (*frein, robinet*) apretar; (*automobiliste, cycliste*) arrimarse a; **~ la main à qn** estrechar la mano a algn; **~ qn dans ses bras/contre son cœur** estrechar a algn entre sus brazos/contra su pecho; **~ la gorge/le cœur à qn** oprimir la garganta/el pecho a algn; **~ les dents** apretar los dientes; **~ qn de près** seguir de cerca a algn; **~ le trottoir** pegarse a la acera; **~ sa droite/gauche** pegarse a su derecha/izquierda; **~ la vis à qn** (*fig*) apretar las clavijas a algn; **~ les rangs** cerrar filas

▸ *vi* : ~ **à droite/gauche** pegarse a la derecha/a la izquierda; **se serrer** *vpr* (*se rapprocher*) apretujarse; **se ~ contre qn** estrecharse contra algn; **se ~ les coudes** prestarse ayuda; **se ~ la ceinture** (*fig*) apretarse el cinturón

serre-tête [sɛʀtɛt] (*pl* **serre-têtes**) *nm* cinta (para la cabeza), diadema

serrure [seʀyʀ] *nf* cerradura, chapa (*Am*)

serrurerie [seʀyʀʀi] *nf* (*métier*) cerrajería; (*ferronnerie*) forja de hierro; ~ **d'art** artesanía de hierro forjado

serrurier, -ière [seʀyʀje, jɛʀ] *nm/f* cerrajero(-a)

sers *etc* [sɛʀ] *vb voir* **servir**

sert *etc* [sɛʀ] *vb voir* **servir**

sertir [sɛʀtiʀ] *vt* (*pierre précieuse*) engastar; (*deux pièces métalliques*) encastrar

sérum [seʀɔm] *nm* suero; ~ **antitétanique** suero antitetánico; ~ **antivenimeux** suero antiofídico; ~ **artificiel** suero artificial; ~ **de vérité** suero de la verdad; ~ **physiologique** suero fisiológico; ~ **sanguin** suero sanguíneo

servage [sɛʀvaʒ] *nm* servidumbre *f*

servant [sɛʀvɑ̃] *nm* (*Rel*) hermano lego; (*Mil*) artillero (*encargado de un arma*)

servante [sɛʀvɑ̃t] *nf* sirvienta, mucama (*CSur*), recamarera (*Mex*)

serve [sɛʀv] *vb voir* **servir** ▸ *nf voir* **serf**

serveur, -euse [sɛʀvœʀ, øz] *nm/f* (*de restaurant*) camarero(-a); (*Tennis*) *jugador que tiene el servicio*; (*Cartes*) mano *m/f* ▸ *nm* (*Inform*) servidor *m*; ~ **de données** (*Inform*) base *f* de datos ▸ *adj* (*Inform*) : **centre** ~ banco de datos

servi, e [sɛʀvi] *adj* : **bien** ~ (*au restaurant*) bien servido(-a); **vous êtes ~ ?** ¿está usted servido?

serviable [sɛʀvjabl] *adj* servicial

service [sɛʀvis] *nm* servicio; (*aide, faveur*) favor *m*; (*Rel*) oficio; (*Sport*) servicio, saque *m*; ~ **compris/non compris** servicio incluido/no incluido; **faire le** ~ servir; **être en ~ chez qn** (*domestique*) estar de servicio en casa de algn; **être au ~ de (qn)** estar al servicio de (algn); **pendant le** ~ de servicio; **porte de** ~ puerta de servicio; **premier/second** ~ primer/segundo turno; **rendre ~ (à qn)** ayudar (a algn), echar una mano (a algn); (*suj : objet*) ser de utilidad (a algn); **il aime rendre** ~ le gusta hacer favores; **rendre un ~ à qn** hacer un favor a algn; **reprendre du** ~ volver al servicio activo; **heures de** ~ horas de servicio; **être de** ~ estar de servicio; **avoir 25 ans de** ~ tener 25 años de servicio; **être/mettre en** ~ estar/poner en servicio; **hors** ~ fuera de servicio; **en ~ commandé** en comisión de servicio; ~ **à café/à glaces** servicio de café/de helado; ~ **après vente** servicio pos(t)-venta; ~ **à thé** servicio de té; ~ **d'ordre** servicio de orden; ~ **funèbre** servicio funerario; ~ **militaire/public** servicio militar/público; **services secrets/sociaux** servicios secretos/sociales; **services** *nmpl* (*travail, prestations*) servicios *mpl*; (*Écon*) sector *m* servicios

serviette [sɛʀvjɛt] *nf* (*de table*) servilleta; (*de toilette*) toalla; (*porte-documents*) cartera, portafolio(s) *m* (*Am*); ~ **éponge** toalla de felpa; ~ **hygiénique** compresa

servile [sɛʀvil] *adj* servil

servilement [sɛʀvilmɑ̃] *adv* servilmente

servilité [sɛʀvilite] *nf* servilismo

servir [sɛʀviʀ] *vt* servir; (*client*) atender; (*rente, pension*) pagar; ~ **à qn** (*suj : diplôme, livre*) servir a algn; **ça m'a servi pour faire …** eso me ha servido para hacer …; ~ **à qch/faire qch** (*outil*) servir para algo/hacer algo; **qu'est-ce que je vous sers ?** ¿qué le sirvo?; **est-ce que je peux vous ~ quelque chose ?** ¿le sirvo a usted algo?; **vous êtes servi ?** ¿le atienden a usted?; **à quoi cela sert-il (de faire) ?** ¿de qué sirve (hacer)?; **cela ne sert à rien** eso no sirve para nada; ~ **(à qn) de** hacer (a algn) de; ~ **la messe** ayudar a misa; ~ **une cause** servir a una causa; ~ **les intérêts de qn** servir a los intereses de algn; ~ **le dîner à 18 h** servir la cena a las 6 de la tarde ▸ *vi* servir; **ça peut** ~ eso puede servir; **ça peut encore** ~ todavía puede servir eso; ~ **dans l'infanterie** servir en infantería; ~ **à dîner/déjeuner à qn** servir de cenar/almorzar a algn; **se servir** *vpr* servirse; **se ~ chez qn** servirse en casa de algn; **se ~ de** (*plat*) servirse de; (*voiture, outil*) utilizar; (*relations, amis*) valerse de

serviteur [sɛʀvitœʀ] *nm* servidor *m*

servitude [sɛʀvityd] *nf* (*aussi Jur*) servidumbre *f*

servocommande [sɛʀvokɔmɑ̃d] *nf* servomando

servofrein [sɛʀvofʀɛ̃] *nm* servofreno

servomécanisme [sɛʀvomekanism] *nm* servomecanismo

ses [se] *voir* **son**[1]

sésame [sezam] *nm* (*Bot*) sésamo; (*graine*) semilla de sésamo; (*moyen d'accès*) : **le ~ pour (faire) qch** la llave para (hacer) algo

session [sesjɔ̃] *nf* sesión *f*; (*d'examen*) convocatoria

set [sɛt] *nm* (*Tennis*) set *m*; ~ **de table** juego de mantelería

seuil [sœj] *nm* umbral *m*; **recevoir qn sur le ~ (de sa maison)** recibir a algn en la puerta (de su casa); **au ~ de** (*fig*) en el umbral de; ~ **de rentabilité** (*Comm*) punto de equilibrio

seul, e [sœl] *adj* (*sans compagnie*) solo(-a); (*avec nuance affective : isolé*) solitario(-a); (*objet, mot etc*) aislado(-a); **le ~ livre/homme** el único libro/hombre; **à lui (tout)** ~ a él solo; **lui ~ peut …**

S

solo él puede ...; **d'un ~ coup** (*subitement*) de pronto; (*à la fois*) de una vez ▸ *adv* : **vivre ~** vivir solo(-a); **parler tout ~** hablar solo; **faire qch (tout) ~** hacer algo (completamente) solo; **~ à ~** a solas; **~ ce livre** solo ese libro ▸ *nm/f* : **il en reste un(e) ~(e)** queda solo uno(-a); **j'en veux un(e) ~(e)** quiero solo uno(-a); **pas un(e) ~(e)** ni siquiera uno(-a)

seulement [sœlmɑ̃] *adv* : **~ cinq, cinq ~** solamente cinco; **~ eux** (*exclusivement*) únicamente ellos; **~ hier/à 10 h** (*pas avant*) solo ayer/a las 10; **il consent, ~ il demande des garanties** (*toutefois*) consiente, pero pide garantías; **non ~ ... mais aussi** *ou* **encore** no solamente ... sino también *ou* además

sève [sɛv] *nf* savia

sévère [sevɛʀ] *adj* severo(-a); (*style, tenue*) austero(-a); (*pertes*) serio(-a), grave

sévèrement [sevɛʀmɑ̃] *adv* severamente

sévérité [seveʀite] *nf* severidad *f*

sévices [sevis] *nmpl* malos tratos *mpl*

Séville [sevil] *n* Sevilla

sévir [seviʀ] *vi* (*punir*) castigar severamente; (*suj : fléau*) hacer estragos; **~ contre** (*abus, pratiques*) obrar con severidad contra

sevrage [səvʀaʒ] *nm* destete *m*; (*d'un toxicomane*) privación *f*

sevrer [səvʀe] *vt* destetar; **~ qn de qch** (*fig*) privar a algn de algo

sexagénaire [sɛksaʒenɛʀ] *adj, nmf* sexagenario(-a)

sexe [sɛks] *nm* sexo; **le ~ fort/faible** el sexo fuerte/débil

sexisme [sɛksism] *nm* sexismo

sexiste [sɛksist] *nmf, adj* sexista *mf*

sexologie [sɛksɔlɔʒi] *nf* sexología

sexologue [sɛksɔlɔg] *nmf* sexólogo(-a)

sextant [sɛkstɑ̃] *nm* sextante *m*

sexualité [sɛksɥalite] *nf* sexualidad *f*

sexué, e [sɛksɥe] *adj* sexuado(-a)

sexuel, le [sɛksɥɛl] *adj* sexual; **acte ~** acto sexual

sexuellement [sɛksɥɛlmɑ̃] *adv* sexualmente

sexy [sɛksi] *adj inv* sexy ▸ *adv* : **s'habiller ~** vestir sexy

seyait [sejɛ] *vb voir* **seoir**

seyant, e [sɛjɑ̃, ɑ̃t] *vb voir* **seoir** ▸ *adj* favorecedor(a)

Seychelles [seʃɛl] *nfpl* : **les (îles) ~** las (islas) Seychelles

SG [ɛsʒe] *sigle m* (= *secrétaire général*) SG (= *secretario general*)

shaker [ʃɛkœʀ] *nm* coctelera

shampooiner [ʃɑ̃pwine] *vt* lavar con champú

shampooineur, -euse [ʃɑ̃pwinœʀ, øz] *nm/f* (*personne*) aprendiz(a) de peluquería

shampooineuse [ʃɑ̃pwinøz] *nf máquina para limpiar moquetas con espuma*

shampooing [ʃɑ̃pwɛ̃] *nm* (*lavage*) lavado; (*produit*) champú *m*; **se faire un ~** hacerse un lavado con champú; **~ colorant/traitant** champú colorante/tratante

shiite [ʃiit] *adj* chií, chiita

shimmy [ʃimi] *nm* (*Auto*) *vibración de las ruedas de un automóvil*

shit [ʃit] *nm* (*fam*) chocolate *m* (*fam*), hachís *m*

shoot [ʃut] *nm* (*Football*) chut *m*

shooter [ʃute] *vi* (*Football*) chutar; **se shooter** *vpr* (*drogué*) pincharse

shopping [ʃɔpiŋ] *nm* : **faire du ~** ir de compras

short [ʃɔʀt] *nm* pantalón *m* corto, short *m*

SI [ɛsi] *abr* (= *syndicat d'initiative*) oficina de turismo

MOT-CLÉ

si [si] *adv* **1** (*oui*) sí; **Paul n'est pas venu ? — si !** ¿no ha venido Pablo? — ¡sí!; **mais si !** ¡que sí!

2 (*tellement*) : **si gentil/rapidement** tan amable/rápidamente; **si rapide qu'il soit** por muy rápido que sea

▸ *conj* si; **si tu veux** si quieres; **je me demande si ...** me pregunto si ...; **si seulement** si solo; **si ce n'est ...** (*sinon*) sino ...; **si ce n'est que ...** excepto que ...; **si tant est que ...** siempre y cuando ...; **(tant et) si bien que** tanto que; **s'il pouvait (seulement) venir !** ¡si (al menos) pudiera venir!; **s'il le fait, c'est que ...** si lo hace, es que ...; **s'il est aimable, eux par contre ...** él es amable, pero en cambio ellos ...; **si j'étais toi ...** yo que tú ...

▸ *nm inv* (*Mus*) si *m*

siamois, e [sjamwa, waz] *adj* siamés(-esa); **frères ~** hermanos *mpl* siameses

Sibérie [sibeʀi] *nf* Siberia

sibérien, ne [sibeʀjɛ̃, jɛn] *adj* siberiano(-a) ▸ *nm/f* : **Sibérien, ne** siberiano(-a)

sibyllin, e [sibilɛ̃, in] *adj* sibelino(-a)

SICAV [sikav] *sigle f* (= *société d'investissement à capital variable*) sicav *f* (= *sociedad de inversión de capital variable*)

siccatif, -ive [sikatif, iv] *adj* (*Peinture*) secante; (*Méd*) desecativo(-a)

Sicile [sisil] *nf* Sicilia

sicilien, ne [sisiljɛ̃, jɛn] *adj* siciliano(-a) ▸ *nm/f* : **Sicilien, ne** siciliano(-a)

sida, SIDA [sida] *sigle m* (= *syndrome immuno-déficitaire acquis*) SIDA *m* (= *Síndrome de Inmunodeficiencia Adquirida*)

sidéral, e, -aux [sideʀal, o] *adj* sideral

sidérant, e [sideʀɑ̃, ɑ̃t] *adj* apabullante

sidéré, e [sideʀe] *adj* atónito(-a)

sidérurgie [sideʀyʀʒi] *nf* siderurgia

sidérurgique [sideʀyʀʒik] *adj* siderúrgico(-a)

sidérurgiste [sideʀyʀʒist] *nmf* especialista *mf* en siderurgia

siècle [sjɛkl] *nm* siglo *m*; **le ~ des lumières/de l'atome** el siglo de las luces/del átomo
sied [sje] *vb voir* **seoir**
siège [sjɛʒ] *nm* asiento; (*dans une assemblée*) puesto; (*de député*) escaño; (*tribunal, assemblée, organisation*) sede *f*; (*d'une douleur, maladie*) foco; (*Mil*) sitio; **lever le ~** levantar el sitio; **mettre le ~ devant une ville** sitiar una ciudad; **se présenter par le ~** (*nouveau-né*) nacer de nalgas; **~ arrière/avant** asiento trasero/delantero; **~ baquet** *asiento ajustable de los coches de carreras*; **~ social** sede *m* social
siéger [sjeʒe] *vi* (*député*) ocupar un escaño; (*assemblée, tribunal*) celebrar sesión; (*résider, se trouver*) residir
sien, ne [sjɛ̃, sjɛn] *pron* : **le ~, la sienne** el suyo, la suya; **les siens, les siennes** los suyos, las suyas; **y mettre du ~** poner de su parte; **faire des siennes** (*fam*) hacer de las suyas; **les siens** (*sa famille*) los suyos
siérait *etc* [sjeʀɛ] *vb voir* **seoir**
Sierra Leone [sjeʀa leɔn(e)] *nf* Sierra Leona
sieste [sjɛst] *nf* siesta; **faire la ~** dormir la siesta
sieur [sjœʀ] *nm* : **le ~ Duval** el señor Duval; (*en plaisantant*) el tal Duval
sifflant, e [siflɑ̃, ɑ̃t] *adj* silbante, sibilante; **(consonne) sifflante** (consonante *f*) sibilante *f*
sifflement [sifləmɑ̃] *nm* silbido
siffler [sifle] *vi* silbar; (*train, avec un sifflet*) pitar ▸ *vt* silbar; (*orateur, faute, départ*) pitar; (*fam : verre, bouteille*) soplarse
sifflet [siflɛ] *nm* (*instrument*) silbato; (*sifflement*) silbido; **coup de ~** pitido; **sifflets** *nmpl* (*de mécontentement*) pitidos *mpl*
siffloter [siflɔte] *vi, vt* silbar ligeramente
sigle [sigl] *nm* sigla
signal, -aux [siɲal, o] *nm* señal *f*; **donner le ~ de** dar la señal de; **~ d'alarme/d'alerte** señal de alarma/de alerta; **~ de détresse** señal de socorro; **~ horaire/optique/sonore** señal horaria/óptica/sonora; **signaux (lumineux)** (*Auto*) semáforo *msg*; **signaux routiers** señales de circulación
signalement [siɲalmɑ̃] *nm* descripción *f*
signaler [siɲale] *vt* señalar; **~ qch à qn/(à qn) que** señalar algo a algn/(a algn) que; **~ qn à la police** advertir a la policía sobre algn; **se signaler (par)** *vpr* distinguirse (por); **se ~ à l'attention de qn** llamar la atención de algn
signalétique [siɲaletik] *adj* : **fiche ~** ficha de identificación
signalisation [siɲalizasjɔ̃] *nf* señalización *f*; **panneau de ~** señal de tráfico
signaliser [siɲalize] *vt* señalizar
signataire [siɲatɛʀ] *nmf* signatario(-a)
signature [siɲatyʀ] *nf* firma
signe [siɲ] *nm* signo; (*mouvement, geste*) seña; **ne pas donner ~ de vie** no dar señales de vida; **c'est bon/mauvais ~** es buena/mala señal; **c'est ~ que** es señal de que; **faire un ~ de la tête/la main** hacer una seña con la cabeza/la mano; **faire ~ à qn** (*fig*) hacer saber algo a algn; **faire ~ à qn d'entrer** hacer señas a algn para que entre; **en ~ de** en señal de; **signes extérieurs de richesse** signos externos de riqueza; **~ de la croix** señal de la cruz; **~ de ponctuation** signo de puntuación; **~ du zodiaque** signo del Zodíaco; **signes particuliers** señas individuales
signer [siɲe] *vt* firmar; **se signer** *vpr* santiguarse
signet [siɲɛ] *nm* registro
significatif, -ive [siɲifikatif, iv] *adj* significativo(-a)
signification [siɲifikasjɔ̃] *nf* significado
signifier [siɲifje] *vt* significar; **~ qch (à qn)** (*faire connaître*) comunicar algo (a algn); **~ qch à qn** (*Jur*) notificar algo a algn
silence [silɑ̃s] *nm* silencio; (*Mus*) pausa; **garder le ~ sur qch** guardar silencio sobre algo; **passer sous ~** silenciar; **réduire au ~** hacer callar; **« ~ ! »** « ¡silencio! »
silencieusement [silɑ̃sjøzmɑ̃] *adv* silenciosamente
silencieux, -euse [silɑ̃sjø, jøz] *adj* silencioso(-a) ▸ *nm* silenciador *m*
silex [silɛks] *nm* sílex *m*
silhouette [silwɛt] *nf* silueta
silicate [silikat] *nm* silicato
silice [silis] *nf* sílice *f*
siliceux, -euse [silisø, øz] *adj* silíceo(-a)
silicium [silisjɔm] *nm* : **plaquette de ~** placa de silicio
silicone [silikon] *nf* silicona
silicose [silikoz] *nf* silicosis *f inv*
sillage [sijaʒ] *nm* estela; **dans le ~ de** (*fig*) tras los pasos de
sillon [sijɔ̃] *nm* surco
sillonner [sijɔne] *vt* (*suj : rides, crevasses*) formar surcos en; (*parcourir en tous sens*) surcar; (*suj : routes, voyageurs*) atravesar
silo [silo] *nm* silo; **~ lance-missile** silo lanzamisiles
silure [silyʀ] *nm* siluro
simagrées [simagʀe] *nfpl* melindres *mpl*
simiesque [simjɛsk] *adj* simiesco(-a)
similaire [similɛʀ] *adj* similar
similarité [similaʀite] *nf* similitud *f*
simili [simili] *nm* imitación *f* ▸ *nf* (*similigravure*) similigrabado
similicuir [similikɥiʀ] *nm* cuero artificial
similigravure [similigʀavyʀ] *nf* similigrabado
similitude [similityd] *nf* semejanza
simple [sɛ̃pl] *adj* (*aussi péj*) simple; (*peu complexe*) sencillo(-a), simple; (*repas, vie*) sencillo(-a); **une ~ objection/formalité** una

S

mera objeción/formalidad; **un ~ employé/particulier** un simple empleado/una simple persona; **dans le plus ~ appareil** como Dios lo trajo al mundo; **réduit à sa plus ~ expression** reducido a su mínima expresión; **~ soldat** soldado raso ▸ *nm* (*Tennis*) : **~ messieurs/dames** individual *m* masculino/femenino; **cela varie du ~ au double** se duplica ▸ *nmf* : **~ d'esprit** *nmf* simplón(-ona); **simples** *nfpl* (*plantes médicinales*) simples *mpl*

simplement [sɛ̃pləmɑ̃] *adv* (*seulement*) solamente; (*sans affectation*) de una forma sencilla

simplet, te [sɛ̃plɛ, ɛt] *adj* simplón(-ona)

simplicité [sɛ̃plisite] *nf* sencillez *f*; (*candeur*) candidez *f*; **en toute ~** con toda sencillez

simplification [sɛ̃plifikasjɔ̃] *nf* simplificación *f*

simplifier [sɛ̃plifje] *vt* simplificar

simplissime [sɛ̃plisim] *adj* sencillísimo(-a)

simpliste [sɛ̃plist] *adj* simplista

simulacre [simylakʀ] *nm* (*aussi péj*) simulacro

simulateur, -trice [simylatœʀ, tʀis] *nm/f* simulador(a) ▸ *nm* : **~ de vol** simulador *m* de vuelo

simulation [simylasjɔ̃] *nf* simulación *f*

simulé, e [simyle] *adj* fingido(-a)

simuler [simyle] *vt* fingir; (*suj : substance, revêtement*) simular, imitar; (*vente, contrat*) simular

simultané, e [simyltane] *adj* simultáneo(-a)

simultanéité [simyltaneite] *nf* simultaneidad *f*

simultanément [simyltanemɑ̃] *adv* simultáneamente

sinapisme [sinapism] *nm* sinapismo

sincère [sɛ̃sɛʀ] *adj* sincero(-a); **mes sincères condoléances** mi más sentido pésame

sincèrement [sɛ̃sɛʀmɑ̃] *adv* sinceramente; (*franchement*) francamente

sincérité [sɛ̃seʀite] *nf* sinceridad *f*; **en toute ~** con toda franqueza

sinécure [sinekyʀ] *nf* sinecura

sine die [sinedje] *adv* sine die

sine qua non [sinekwanɔn] *adj* : **condition ~** condición *f* sine qua non

Singapour [sɛ̃gapuʀ] *nm* Singapur *m*

singe [sɛ̃ʒ] *nm* mono

singer [sɛ̃ʒe] *vt* imitar

singeries [sɛ̃ʒʀi] *nfpl* (*simagrées*) remilgos *mpl*; (*grimaces*) monerías *fpl*

singulariser [sɛ̃gylaʀize] *vt* singularizar; **se singulariser** *vpr* caracterizarse

singularité [sɛ̃gylaʀite] *nf* singularidad *f*

singulier, -ière [sɛ̃gylje, jɛʀ] *adj* singular ▸ *nm* (*Ling*) singular *m*

singulièrement [sɛ̃gyljɛʀmɑ̃] *adv* (*bizarrement*) extrañamente; (*beaucoup, très*) extraordinariamente; (*notamment*) notablemente

sinistre [sinistʀ] *adj* siniestro(-a); **un ~ imbécile/crétin** (*intensif*) un imbécil/cretino redomado ▸ *nm* siniestro

sinistré, e [sinistʀe] *adj* siniestrado(-a) ▸ *nm/f* damnificado(-a)

sinistrose [sinistʀoz] *nf* pesimismo

sino... [sino] *préf* : **sino-indien** chino-indio

sinon [sinɔ̃] *conj* (*autrement, sans quoi*) de lo contrario; (*sauf*) salvo; (*si ce n'est*) si no

> Ne confondez pas *sino* (**sinon**), qui exprime une opposition ou une restriction, avec *si no* (**si ... ne pas**), qui introduit une condition :
> **Ce n'est pas lui que je connais sinon sa sœur.** No lo conozco a él sino a su hermana.
> **Si tu n'as pas besoin d'aide, je m'en vais.** Si no necesitas ayuda, me voy.

sinueux, -euse [sinɥø, øz] *adj* sinuoso(-a); (*fig : raisonnement*) retorcido(-a)

sinuosité [sinɥozite] *nf* sinuosidad *f*; **sinuosités** *nfpl* (*de route, cours d'eau*) serpenteo *sg*; **les sinuosités de son raisonnement** la complejidad de su razonamiento

sinus [sinys] *nm* seno

sinusite [sinyzit] *nf* sinusitis *f inv*

sinusoïdal, e, -aux [sinyzɔidal, o] *adj* sinusoidal

sinusoïde [sinyzɔid] *nf* sinusoide *f*

sionisme [sjɔnism] *nm* sionismo

sioniste [sjɔnist] *adj, nmf* sionista *mf*

siphon [sifɔ̃] *nm* sifón *m*

siphonnage [sifɔnaʒ] *nm* sifonado; (*fig : de fonds, ressources*) desvío

siphonner [sifɔne] *vt* trasvasar con sifón; (*fig : fonds, ressources*) desviar

sire [siʀ] *nm* (*titre*) : **S~** señor *m*; **un triste ~** un hombre vil

sirène [siʀɛn] *nf* sirena; **~ d'alarme** sirena de alarma

sirop [siʀo] *nm* (*de fruit etc*) concentrado; (*boisson*) sirope *m*; (*pharmaceutique*) jarabe *m*; **~ contre la toux** jarabe contra la tos; **~ de framboise/de menthe** concentrado de frambuesa/de menta; (*boisson*) sirope de frambuesa/de menta

siroter [siʀɔte] *vt* beber a sorbos

sirupeux, -euse [siʀypø, øz] *adj* (*liquide*) almibarado(-a); (*péj : musique*) empalagoso(-a)

sis, e [si, siz] *adj* : **~ rue de la Paix** sito(-a) en la calle de la Paz

sisal [sizal] *nm* sisal *m*

sismique [sismik] *adj* sísmico(-a)

sismographe [sismɔgʀaf] *nm* sismógrafo

sismologie [sismɔlɔʒi] *nf* sismología

sitar [sitaʀ] *nm* sitar *m*

site [sit] *nm* (*paysage, environnement*) paraje *m*; (*d'une ville etc*) emplazamiento; **~ (pittoresque)** paisaje *m* (pintoresco);

sites historiques/naturels/touristiques parajes históricos/naturales/turísticos; **~ Web** sitio (Web)
sitôt [sito] *adv* : **~ parti** nada más marcharse; **~ après** inmediatamente después; **pas de ~** no tan pronto; **~ que** tan pronto como
situation [sitɥasjɔ̃] *nf* situación *f*; *(emploi, place)* puesto; **être en ~ de faire qch** estar en situación de hacer algo; **~ de famille** estado civil
situé, e [sitɥe] *adj* situado(-a)
situer [sitɥe] *vt* situar; *(en pensée)* localizar; **se situer** *vpr* : **se ~ à** *ou* **dans/près de** situarse en/cerca de
six [sis] *adj inv*, *nm inv* seis *m inv*; *voir aussi* **cinq**
sixième [sizjɛm] *adj*, *nmf* sexto(-a) ▸ *nm (partitif)* sexto ▸ *nf (Scol) primer año de educación secundaria en el sistema francés*; *voir aussi* **cinquième**
skaï [skaj] *nm* skay *m*
skate [skɛt], **skateboard** [skɛtbɔʀd] *nm (sport)* skate(board) *m*; *(planche)* monopatín *m*
skateur, -euse [skɛtœʀ, øz] *nm/f*, **skater** [skɛteʀ] *nmf* skater *mf*
sketch [skɛtʃ] *nm* sketch *m*
ski [ski] *nm* esquí *m*; **une paire de skis, des skis** un par de esquís, esquís *mpl*; **faire du ~** esquiar; **aller faire du ~** ir a esquiar; **~ alpin** esquí alpino; **~ de fond/de piste/de randonnée** esquí de fondo/de pista/de travesía; **~ évolutif** método intensivo de esquí; **~ nautique** esquí náutico
skiable [skjabl] *adj (neige, piste, domaine)* esquiable
ski-bob [skibɔb] *(pl* **ski-bobs***) nm* deslizador *m* sobre nieve
skier [skje] *vi* esquiar
skieur, -euse [skjœʀ, øz] *nm/f* esquiador(a)
skif, skiff [skif] *nm* esquife *m*
slalom [slalɔm] *nm* eslálom *m*; **faire du ~ entre** *(fig)* hacer eslálom entre; **~ géant/spécial** eslálom gigante/especial
slalomer [slalɔme] *vi* practicar el eslálom
slalomeur, -euse [slalɔmœʀ, øz] *nm/f esquiador que practica el eslálom*
slam [slam] *nm* poesía slam
slave [slav] *adj* eslavo(-a) ▸ *nmf* : **Slave** eslavo(-a)
slavisant, e [slavizɑ̃, ɑ̃t] *nm/f* especialista *mf* en estudios eslavos
slaviste [slavist] *nmf* = **slavisant**
slip [slip] *nm (d'homme)* calzoncillo, slip *m*, calzones *mpl* (AM); *(de femme)* braga, calzones; *(de bain : d'homme)* bañador *m*; (: *de femme)* braga (del bikini)
slogan [slɔgɑ̃] *nm* eslogan *m*
slovaque [slɔvak] *adj* eslovaco(-a) ▸ *nm (Ling)* eslovaco ▸ *nmf* : **Slovaque** eslovaco(-a)
Slovaquie [slɔvaki] *nf* Eslovaquia
slovène [slɔvɛn] *adj* esloveno(-a) ▸ *nm (Ling)* esloveno ▸ *nmf* : **Slovène** esloveno(-a)
Slovénie [slɔveni] *nf* Eslovenia
slow [slo] *nm* baile *m* lento
SM *sigle f (= Sa Majesté)* SM *f*
smash [sma(t)ʃ] *nm (Sport)* mate *m*, smash *m*
smasher [sma(t)ʃe] *vi* dar un mate
SMIC [smik] *sigle m (= salaire minimum interprofessionnel de croissance) salario mínimo interprofesional*; *ver nota*

SMIC

En Francia, se llama **SMIC** a la tarifa salarial mínima establecida por hora para trabajadores de más de dieciocho años. Va ligado al IPC y sube cada vez que el coste de la vida aumenta en un 2%.

smicard, e [smikaʀ, aʀd] *nm/f trabajador que cobra el sueldo base*
smocks [smɔk] *nmpl* pliegues *mpl* fruncidos y bordados
smoking [smɔkiŋ] *nm* esmoquin *m*
SMS [ɛsɛmɛs] *sigle m (= short message service)* SMS *m*
SMUR [smyʀ] *sigle m* = **service médical d'urgence et de réanimation**
snack [snak] *nm* bar *m*
SNC *abr (= service non compris)* servicio no incluido
SNCB [ɛsɛnsebe] *sigle f (= Société nationale des chemins de fer belges) red nacional de ferrocarriles belgas*
SNCF [ɛsɛnseɛf] *sigle f (= Société nationale des chemins de fer français) red nacional de ferrocarriles franceses*
snob [snɔb] *adj*, *nmf* esnob *mf*
snober [snɔbe] *vt* : **~ qn** mirar a algn por encima del hombro
snobinard, e [snɔbinaʀ, aʀd] *(péj) nm/f* esnob *mf*
snobisme [snɔbism] *nm* esnobismo
snowboard [snobɔʀd] *nm (sport, planche)* snowboard *m*
snowboardeur, -euse [snobɔʀdœʀ, øz] *nm/f*, **snowboarder** [snobɔʀdœʀ]/*nmf* snowboarder *mf*
sobre [sɔbʀ] *adj* sobrio(-a); **~ de (gestes/compliments)** parco(-a) de (gestos/cumplidos)
sobrement [sɔbʀəmɑ̃] *adv (boire)* moderadamente; *(s'habiller)* sobriamente
sobriété [sɔbʀijete] *nf* sobriedad *f*
sobriquet [sɔbʀikɛ] *nm* mote *m*
soc [sɔk] *nm* reja
sociabilité [sɔsjabilite] *nf* sociabilidad *f*
sociable [sɔsjabl] *adj* sociable
social, e, -aux [sɔsjal, jo] *adj* social
socialement [sɔsjalmɑ̃] *adv* socialmente
socialisant, e [sɔsjalizɑ̃, ɑ̃t] *adj* socializante
socialisation [sɔsjalizasjɔ̃] *nf* socialización *f*
socialiser [sɔsjalize] *vt* socializar

S

socialisme [sɔsjalism] *nm* socialismo
socialiste [sɔsjalist] *adj, nmf* socialista *mf*
sociétaire [sɔsjetɛʀ] *nmf* socio(-a)
société [sɔsjete] *nf* sociedad *f*; (*d'abeilles, de fourmis*) comunidad *f*; **rechercher/se plaire dans la ~ de** (*compagnie*) buscar/estar a gusto en la compañía de; **~ anonyme/à responsabilité limitée** sociedad anónima/ de responsabilidad limitada; **la ~ d'abondance** la sociedad de la abundancia; **~ de capitaux** sociedad de capitales; **la ~ de consommation** la sociedad de consumo; **~ de services** sociedad de servicios; **~ d'investissement à capital variable** sociedad inversora de capital variable; **~ par actions** sociedad por acciones; **~ savante** sociedad cultural
socio... [sɔsjɔ] *préf* socio...
socioculturel, le [sɔsjokyltyʀɛl] *adj* sociocultural
socio-économique [sɔsjoekɔnɔmik] (*pl* **socio-économiques**) *adj* socioeconómico(-a)
socio-éducatif, -ive [sɔsjoedykatif, iv] (*pl* **socio-éducatifs, -ives**) *adj* (socio)educativo(-a)
sociolinguistique [sɔsjolɛ̃gɥistik] *adj* sociolingüístico(-a)
sociologie [sɔsjɔlɔʒi] *nf* sociología
sociologique [sɔsjɔlɔʒik] *adj* sociológico(-a)
sociologue [sɔsjɔlɔg] *nmf* sociólogo(-a)
socio-professionnel, le [sɔsjopʀɔfesjɔnɛl] (*pl* **socio-professionnels, -les**) *adj* socioprofesional
socle [sɔkl] *nm* (*de colonne, statue*) pedestal *m*; (*de lampe*) pie *m*
socquette [sɔkɛt] *nf* calcetín *m* corto
socratique [sɔkʀatik] *adj* socrático(-a)
soda [sɔda] *nm* soda
sodium [sɔdjɔm] *nm* sodio
sodomie [sɔdɔmi] *nf* sodomía
sodomiser [sɔdɔmize] *vt* sodomizar
sœur [sœʀ] *nf* hermana; (*religieuse*) hermana, sor *f*; **~ Elisabeth** (*Rel*) sor Elisabeth; **~ aînée/ cadette/de lait** hermana mayor/menor/de leche
sofa [sɔfa] *nm* sofá *m*
Sofia [sɔfja] *n* Sofía
SOFRES [sɔfʀɛs] *sigle f* (= *Société française d'enquête par sondage*) *empresa de sondeos de opinión*
soi [swa] *pron* sí mismo(-a); **cela va de ~** ni que decir tiene
soi-disant [swadizɑ̃] *adj inv* supuesto(-a) ▸ *adv* supuestamente
soie [swa] *nf* seda; (*de porc, sanglier*) cerda; **~ sauvage** seda salvaje
soient [swa] *vb voir* **être**
soierie [swaʀi] *nf* sedería
soif [swaf] *nf* sed *f*; **~ du pouvoir** sed de poder; **avoir ~** tener sed; **donner ~ (à qn)** dar sed (a algn)
soignant, e [swaɲɑ̃, ɑ̃t] *nm/f* sanitario(-a) ▸ *adj* : **le personnel ~** el personal sanitario; *voir aussi* **aide-soignant**
soigné, e [swaɲe] *adj* (*personne*) cuidado(-a); (*travail*) esmerado(-a); (*fam : rhume, facture etc*) señor(a)
soigner [swaɲe] *vt* cuidar; (*maladie*) curar; (*clientèle, invités*) atender; **se soigner** *vpr* (*personne malade*) tratarse; (*maladie*) curarse; (*prendre soin de soi*) cuidarse; **soigne-toi bien !** ¡cuídate!
soigneur [swaɲœʀ] *nm* (*Sport*) entrenador(a)
soigneusement [swaɲøzmɑ̃] *adv* cuidadosamente
soigneux, -euse [swaɲø, øz] *adj* cuidadoso(-a); **~ de** cuidadoso(-a) con
soi-même [swamɛm] *pron* sí mismo(-a)
soin [swɛ̃] *nm* cuidado; **sans ~** *adj* descuidado(-a); *adv* descuidadamente; **avoir** *ou* **prendre ~ de qch/qn** cuidar de algo/algn; **laisser à qn le ~ de faire qch** dejar a algn al cargo de hacer algo; **soins** *nmpl* (*à un malade, aussi hygiène*) cuidados *mpl*; (*attentions, prévenance*) detalles *mpl*; **les premiers soins** primeros auxilios *mpl*; **aux bons soins de** a la atención *ou* al cuidado de; **être aux petits soins pour qn** tener mil detalles con algn; **confier qn aux soins de qn** confiar a algn a los cuidados de algn; **soins de la chevelure/ de beauté/du corps** cuidados del cabello/de belleza/corporales; **soins palliatifs** cuidados paliativos
soir [swaʀ] *nm* tarde *f*, noche *f*; **il fait frais/il travaille le ~** hace fresco/trabaja por la tarde; **ce ~** esta tarde; **« à ce ~ ! »** « ¡hasta la tarde! »; **la veille au ~** la víspera por la noche; **sept heures du ~** las siete de la tarde; **dix heures du ~** las diez de la noche; **le repas du ~** la cena; **le journal du ~** el diario de la tarde; **hier ~** ayer por la noche; **demain ~** mañana por la noche ▸ *adv* : **dimanche ~** el domingo por la tarde
soirée [swaʀe] *nf* (*moment de la journée*) tarde *f*; (*tard*) noche *f*; (*réception*) velada; **donner un film/une pièce en ~** dar una película/una obra de teatro en función de noche
soit [swa] *vb voir* **être** ▸ *conj* es decir; **~ ..., ~ ...** sea ... sea ...; **~ un triangle ABC** tenemos un triángulo ABC; **~ que ..., ~ que ...** *ou* **ou que ...** ya sea ... ya sea ... ▸ *adv* (*assentiment*) sea, de acuerdo
soixantaine [swasɑ̃tɛn] *nf* (*nombre*) : **la ~** los sesenta; **avoir la ~** rondar los sesenta; **une ~ de ...** unos sesenta ...
soixante [swasɑ̃t] *adj inv, nm inv* sesenta *m inv*; *voir aussi* **cinq**
soixante-dix [swasɑ̃tdis] *adj inv, nm inv* setenta *m inv*; *voir aussi* **cinq**
soixante-dixième [swasɑ̃tdizjɛm] (*pl* **soixante-dixièmes**) *adj, nmf* septuagésimo(-a) ▸ *nm* (*partitif*) setentavo; *voir aussi* **cinquantième**

soixante-huitard, e [swasɑ̃tɥitaʀ, aʀd] (*pl* **soixante-huitards, -es**) *adj* del 68 (*relativo a los acontecimientos del 68 en Francia*) ▶ *nm/f* uno (una) del 68
soixantième [swasɑ̃tjɛm] *adj, nmf* sexagésimo(-a) ▶ *nm* (*partitif*) sesentavo; *voir aussi* **cinquantième**
soja [sɔʒa] *nm* soja; **germes de ~** brotes *mpl* de soja
sol [sɔl] *nm* suelo; (*revêtement*) suelo, piso ▶ *nm inv* (*Mus*) sol *m*
solaire [sɔlɛʀ] *adj* solar; (*huile, filtre*) bronceador(a); **cadran ~** reloj *m* de sol
solarium [sɔlaʀjɔm] *nm* solario
soldat, e [sɔlda, t] *nm/f* soldado *mf*; **~ de plomb** soldadito de plomo; **le S~ inconnu** el soldado desconocido
soldatesque [sɔldatɛsk] *nf* soldadesca
solde [sɔld] *nf* (*Mil*) sueldo; **à la ~ de qn** (*péj*) a sueldo de algn ▶ *nm* (*Comm*) saldo; **pour ~ de tout compte** como finiquito; **en ~** rebajado; **~ créditeur/débiteur** *ou* **à payer** saldo acreedor/deudor; **soldes** *nmpl* (*Comm*) rebajas *fpl*
solder [sɔlde] *vt* (*compte : en acquittant le solde*) saldar; (*: en l'arrêtant*) liquidar; (*marchandise*) rebajar; **article soldé (à) 10 euros** artículo rebajado a 10 euros; **se solder par** *vpr* resultar en
soldeur, -euse [sɔldœʀ, øz] *nm/f* (*Comm*) saldista *mf*
sole [sɔl] *nf* lenguado
soleil [sɔlɛj] *nm* sol *m*; (*feu d'artifice*) rueda; (*acrobatie*) vuelta de campana; **il y a du** *ou* **il fait ~** hace sol; **au ~** al sol; **en plein ~** a pleno sol; **le ~ couchant** la puesta del sol; **le ~ de minuit** el sol de medianoche; **le ~ levant** la salida del sol
solennel, le [sɔlanɛl] *adj* solemne
solennellement [sɔlanɛlmɑ̃] *adv* solemnemente
solennité [sɔlanite] *nf* solemnidad *f*; **solennités** *nfpl* (*formalités*) solemnidades *fpl*
solénoïde [sɔlenɔid] *nm* solenoide *m*
solfège [sɔlfɛʒ] *nm* solfeo
solfier [sɔlfje] *vt* : **~ un morceau** solfear un fragmento
soli [sɔli] *nmpl de* **solo**
solidaire [sɔlidɛʀ] *adj* solidario(-a); (*choses, pièces mécaniques*) interdependiente; **être ~ de** (*compatriotes, collègues*) ser solidario(-a) con; (*mécanisme*) ser interdependiente de
solidairement [sɔlidɛʀmɑ̃] *adv* de forma solidaria
solidariser [sɔlidaʀize] : **se solidariser avec** *vpr* solidarizarse con
solidarité [sɔlidaʀite] *nf* solidaridad *f*; **par ~ (avec)** (*cesser le travail*) por solidaridad (con); **contrat de ~** acuerdo de cooperación
solide [sɔlid] *adj* sólido(-a); (*personne, estomac*) fuerte; **un ~ coup de poing** (*fam*) un buen puñetazo; **une ~ engueulade** una buena bronca; **avoir les reins solides** (*fig*) tener el riñón bien cubierto; **~ au poste** (*fig*) inquebrantable en el trabajo ▶ *nm* (*Phys, Géom*) sólido
solidement [sɔlidmɑ̃] *adv* (*d'une manière solide*) sólidamente; (*fermement*) firmemente; (*de façon massive*) masivamente
solidification [sɔlidifikasjɔ̃] *nf* solidificación *f*
solidifier [sɔlidifje] *vt* solidificar; **se solidifier** *vpr* solidificarse
solidité [sɔlidite] *nf* solidez *f*
soliloque [sɔlilɔk] *nm* soliloquio
soliste [sɔlist] *nmf* solista *mf*
solitaire [sɔlitɛʀ] *adj* solitario(-a); (*endroit, maison*) desierto(-a) ▶ *nmf* solitario(-a) ▶ *nm* (*diamant, jeu*) solitario
solitude [sɔlityd] *nf* soledad *f*
solive [sɔliv] *nf* viga
sollicitations [sɔlisitasjɔ̃] *nfpl* (*requêtes*) peticiones *fpl*, demandas *fpl*; (*attrait*) incitaciones *fpl*; (*Tech*) activación *f*
solliciter [sɔlisite] *vt* solicitar; (*moteur*) activar; (*suj : attractions etc*) tentar; (*: occupations*) absorber; **~ qn** tentar a algn; **~ qch de qn** solicitar algo de algn
sollicitude [sɔlisityd] *nf* solicitud *f*
solo [sɔlo] (*pl* **soli**) *nm* solo
sol-sol [sɔlsɔl] *adj inv* (*missile*) tierra-tierra *inv*
solstice [sɔlstis] *nm* solsticio; **~ d'été/d'hiver** solsticio de verano/de invierno
solubilisé, e [sɔlybilize] *adj* soluble
solubilité [sɔlybilite] *nf* solubilidad *f*
soluble [sɔlybl] *adj* soluble
soluté [sɔlyte] *nm* : **~ physiologique** solución *f* fisiológica
solution [sɔlysjɔ̃] *nf* solución *f*; (*d'une situation, crise*) desenlace *m*; **~ de continuité** solución de continuidad; **~ de facilité** solución fácil
solutionner [sɔlysjɔne] *vt* solucionar
solvabilité [sɔlvabilite] *nf* solvencia
solvable [sɔlvabl] *adj* solvente
solvant [sɔlvɑ̃] *nm* disolvente *m*
Somalie [sɔmali] *nf* Somalia
somalien, ne [sɔmaljɛ̃, jɛn] *adj* somalí ▶ *nm/f* : **Somalien, ne** somalí *mf*
somatique [sɔmatik] *adj* somático(-a)
somatiser [sɔmatize] *vt* somatizar
sombre [sɔ̃bʀ] *adj* oscuro(-a); (*fig*) taciturno(-a); (*: avenir*) sombrío(-a); **une ~ brute** un bestia
sombrer [sɔ̃bʀe] *vi* (*bateau*) zozobrar; **~ corps et biens** desaparecer personas y bienes; **~ dans la misère** caer en la miseria
sommaire [sɔmɛʀ] *adj* (*description, explication*) somero(-a); **exécution ~** ejecución *f* sumaria

S

▸ *nm* sumario; (*en fin ou début de chapitre*) resumen *m*; **faire le ~ de** hacer el resumen de
sommairement [sɔmɛʀmɑ̃] *adv* someramente; (*jugé etc*) sumariamente
sommation [sɔmasjɔ̃] *nf* (*Jur*) intimación *f*; (*avant de faire feu*) advertencia
somme [sɔm] *nf* (*Math, d'argent*) suma; (*fig*) cantidad *f*; **faire la ~ de** hacer la suma de; **en ~** en resumidas cuentas; **~ toute** en resumen ▸ *nm* : **faire un ~** echar un sueño
sommeil [sɔmɛj] *nm* sueño; **avoir ~** tener sueño; **avoir le ~ léger** tener el sueño ligero; **en ~** (*fig*) en suspenso
sommeiller [sɔmeje] *vi* dormitar; (*fig*) estar en suspenso
sommelier, -ière [sɔməlje] *nm/f* camarero(-a) de vino
sommer [sɔme] *vt* : **~ qn de faire** intimar a algn a que haga
sommes [sɔm] *vb voir* **être**; **sommer**
sommet [sɔmɛ] *nm* cima; (*fig*) cúspide *f*; (*de la perfection, gloire, conférence*) cumbre *f*; (*Géom*) vértice *m*; **l'air pur des sommets** el aire puro de las montañas
sommier [sɔmje] *nm* somier *m*; **~ à lattes/à ressorts** somier de láminas/de muelles; **~ métallique** somier de malla metálica
sommité [sɔ(m)mite] *nf* eminencia
somnambule [sɔmnɑ̃byl] *nmf* sonámbulo(-a)
somnambulisme [sɔmnɑ̃bylism] *nm* sonambulismo
somnifère [sɔmnifɛʀ] *nm* somnífero
somnolence [sɔmnɔlɑ̃s] *nf* somnolencia
somnolent, e [sɔmnɔlɑ̃, ɑ̃t] *adj* somnoliento(-a)
somnoler [sɔmnɔle] *vi* dormitar
somptuaire [sɔ̃ptɥɛʀ] *adj* : **lois/dépenses somptuaires** leyes sanitarias/gastos suntuarios
somptueusement [sɔ̃ptɥøzmɑ̃] *adv* suntuosamente
somptueux, -euse [sɔ̃ptɥø, øz] *adj* suntuoso(-a)
somptuosité [sɔ̃ptɥozite] *nf* suntuosidad *f*
son¹, sa [sɔ̃, sa] (*pl* **ses**) *adj poss* su
son² [sɔ̃] *nm* sonido; (*résidu de mouture*) salvado; (*sciure*) serrín *m*; **régler le ~** (*Radio, TV*) regular el volumen; **~ et lumière** luz y sonido
sonar [sɔnaʀ] *nm* sonar *m*
sonate [sɔnat] *nf* sonata
sondage [sɔ̃daʒ] *nm* sondeo; **~ (d'opinion)** sondeo (de opinión)
sonde [sɔ̃d] *nf* sonda; (*Tech*) barrena; **~ à avalanche** sonda para las avalanchas; **~ spatiale** sonda espacial
sonder [sɔ̃de] *vt* sondear; (*plaie, malade*) sondar; (*fig : conscience etc*) indagar (en); (*: personne*) tantear; **~ le terrain** (*fig*) tantear el terreno
songe [sɔ̃ʒ] *nm* sueño
songer [sɔ̃ʒe] : **~ à** *vt* (*rêver à*) soñar con; (*penser à*) pensar en; (*envisager*) considerar; **~ que** considerar que
songerie [sɔ̃ʒʀi] *nf* ensueño
songeur, -euse [sɔ̃ʒœʀ, øz] *adj* pensativo(-a); **ça me laisse ~** eso me deja pensativo(-a)
sonnaille [sɔnɑj] *nf* cencerro; **sonnailles** *nfpl* (*son*) campanilleo *msg*
sonnant, e [sɔnɑ̃, ɑ̃t] *adj* : **espèces sonnantes et trébuchantes** dinero contante y sonante; **à huit heures sonnantes** a las ocho en punto
sonné, e [sɔne] *adj* (*fam : fou*) sonado(-a); **il est midi ~** son las doce dadas; **il a quarante ans bien sonnés** (*fam*) tiene cuarenta años bien cumplidos
sonner [sɔne] *vi* (*cloche*) tañer; (*réveil, téléphone*) sonar; (*à la porte*) llamar; **~ bien/mal** sonar bien/mal; **~ creux** sonar a hueco; (*résonner*) retumbar; **~ faux** (*instrument*) desafinar; (*rire*) sonar a falso; **minuit vient de ~** acaban de dar la medianoche; **~ chez qn** llamar a casa de algn ▸ *vt* (*cloche*) tañer; (*domestique, portier, infirmière*) llamar a; (*messe, réveil, tocsin*) tocar a; (*fam : suj : choc, coup*) dejar sonado(-a); **~ du clairon** tocar la corneta; **~ les heures** dar las horas
sonnerie [sɔnʀi] *nf* timbre *m*; (*d'horloge*) campanadas *fpl*; (*de téléphone portable*) tono *m* de llamada; **~ d'alarme** alarma; **~ de clairon** toque *m* de corneta
sonnet [sɔnɛ] *nm* soneto
sonnette [sɔnɛt] *nf* (*clochette*) campanilla; (*de porte, électrique*) timbre *m*; **~ d'alarme** timbre de alarma; **~ de nuit** timbre nocturno
sono [sɔno] *nf voir* **sonorisation**
sonore [sɔnɔʀ] *adj* sonoro(-a); **effets sonores** efectos *mpl* sonoros
sonorisation [sɔnɔʀizasjɔ̃] *nf* sonorización *f*
sonoriser [sɔnɔʀize] *vt* sonorizar
sonorité [sɔnɔʀite] *nf* sonoridad *f*; **sonorités** *nfpl* timbre *msg*
sonothèque [sɔnɔtɛk] *nf* sonoteca
sont [sɔ̃] *vb voir* **être**
sophisme [sɔfism] *nm* sofisma *m*
sophiste [sɔfist] *nmf* sofista *mf*
sophistication [sɔfistikasjɔ̃] *nf* sofisticación *f*
sophistique [sɔfistik] *adj* sofístico(-a)
sophistiqué, e [sɔfistike] *adj* sofisticado(-a)
sophrologie [sɔfʀɔlɔʒi] *nf* sofrología
soporifique [sɔpɔʀifik] *adj* soporífico(-a)
soprano [sɔpʀano] *nm* (*voix*) soprano ▸ *nmf* soprano *mf*
sorbet [sɔʀbɛ] *nm* sorbete *m*
sorbetière [sɔʀbətjɛʀ] *nf* sorbetera
sorbier [sɔʀbje] *nm* serbal *m*
sorcellerie [sɔʀsɛlʀi] *nf* brujería

sorcier, -ière [sɔʀsje, jɛʀ] *nm/f* brujo(-a) ▸ *adj* : **ce n'est pas ~** (*fam*) no es nada del otro mundo
sordide [sɔʀdid] *adj* sórdido(-a); (*avarice, affaire*) mísero(-a)
sorgho [sɔʀgo] *nm* sorgo
sornettes [sɔʀnɛt] (*péj*) *nfpl* sandeces *fpl*
sort [sɔʀ] *vb voir* **sortir** ▸ *nm* (*fortune, destin*) suerte *f*; (*destinée*) destino; (*condition, situation*) fortuna *f*; **jeter un ~** hechizar; **un coup du ~** un golpe de suerte; **c'est une ironie du ~** es una ironía del destino; **le ~ en est jeté** la suerte está echada; **tirer au ~** sortear; **tirer qch au ~** sortear algo
sortable [sɔʀtabl] *adj* : **il n'est pas ~** es impresentable
sortant, e [sɔʀtɑ̃, ɑ̃t] *vb voir* **sortir** ▸ *adj* (*numéro*) ganador(a); (*député, président*) saliente
sorte [sɔʀt] *vb voir* **sortir** ▸ *nf* clase *f*, especie *f*; **une ~ de** una especie de; **de la ~** de este modo; **en quelque ~** en cierto modo; **de (telle) ~ que, en ~ que** de (tal) modo que; **faire en ~ que** procurar que
sortie [sɔʀti] *nf* salida; (*parole incongrue*) disparate *m*; **faire une ~** (*fig*) hacer una crítica; **à sa ~ ...** a su salida ...; **à la ~ de l'école/l'usine** a la salida del colegio/de la fábrica; **à la ~ de ce nouveau modèle** a la salida al mercado de ese nuevo modelo; **« ~ de camions »** « salida de camiones »; **~ de bain** albornoz *m*; **~ de secours** salida de emergencia; **~ papier** copia impresa; **sorties** *nfpl* (*comptabilité*) salidas *fpl*, gastos *mpl*; (*Inform*) salida, output *m*
sortilège [sɔʀtilɛʒ] *nm* sortilegio
sortir [sɔʀtiʀ] *nm* : **au ~ de l'hiver/de l'enfance** al final del invierno/de la infancia ▸ *vi* salir; (*bourgeon, plante*) brotar; (*eau, fumée*) desprenderse; **~ de** salir de; (*rails etc, aussi fig*) salirse de; (*famille, université*) proceder de; **~ de ses gonds** (*fig*) salirse de sus casillas; **~ du système** (*Inform*) finalizar la sesión; **~ de table** levantarse de la mesa ▸ *vt* llevar; (*mener dehors, promener : personne, chien*) sacar; (*produit etc*) salir al mercado; (*fam : expulser : personne*) echar; (*: débiter : boniments, incongruités*) echar; (*Inform : sur papier*) sacar; **~ qch (de)** sacar algo (de); **~ qn d'affaire/d'embarras** sacar a algn de un asunto/de un apuro; **se sortir** *vpr* : **se ~ de** (*affaire, situation*) salir de; **s'en ~** (*malade*) reponerse; (*d'une difficulté etc*) salir de apuros
SOS [ɛsoɛs] *sigle m* SOS *m*
sosie [sɔzi] *nm* doble *mf*
sot, sotte [so, sɔt] *adj, nm/f* necio(-a)
sottement [sɔtmɑ̃] *adv* a lo tonto
sottise [sɔtiz] *nf* : **la ~** la necedad; **une ~** una tontería
sou [su] *nm* : **être près de ses sous** ser un(a) agarrado(-a); **être sans le ~** estar sin blanca; **économiser ~ à ~** ahorrar poco a poco; **n'avoir pas un ~ de bon sens** no tener ni una pizca de sentido común; **de quatre sous** de tres al cuarto
souahéli, e [swaeli] *adj, nm* = **swahili**
soubassement [subɑsmɑ̃] *nm* (*d'une construction*) cimientos *mpl*; (*colonne*) basamento; (*Géo*) plataforma
soubresaut [subʀəso] *nm* (*de peur etc*) sobresalto; (*d'un cheval*) corcovo; (*d'un véhicule*) barquinazo
soubrette [subʀɛt] *nf* (*Théâtre*) sirvienta
souche [suʃ] *nf* (*d'un arbre*) cepa; (*d'un registre, carnet*) matriz *f*; **dormir comme une ~** dormir como un tronco; **de vieille ~** de rancio abolengo; **carnet** *ou* **chéquier à ~(s)** talonario de cheques con resguardo
souci [susi] *nm* preocupación *f*, inquietud *f*; (*Bot*) caléndula; **se faire du ~** inquietarse; **avoir (le) ~ de** preocuparse por; **soucis financiers** problemas *mpl* financieros
soucier [susje] : **se soucier de** *vpr* preocuparse por
soucieux, -euse [susjø, jøz] *adj* preocupado(-a); **~ de son apparence/que le travail soit bien fait** preocupado por su apariencia/por que el trabajo esté bien hecho; **peu ~ de/que ...** poco cuidadoso de/de que ...
soucoupe [sukup] *nf* platillo; **~ volante** platillo volante
soudain, e [sudɛ̃, ɛn] *adj* repentino(-a) ▸ *adv* de repente
soudainement [sudɛnmɑ̃] *adv* repentinamente
soudaineté [sudɛnte] *nf* : **la ~ de qch** lo repentino de algo
Soudan [sudɑ̃] *nm* Sudán *m*
soudanais, e [sudanɛ, ɛz] *adj* sudanés(-esa) ▸ *nm/f* : **Soudanais, e** sudanés(-esa)
soude [sud] *nf* sosa; **~ caustique** sosa cáustica
soudé, e [sude] *adj* (*fig : pétales, organes*) unido(-a)
souder [sude] *vt* soldar; **se souder** *vpr* (*os*) soldarse
soudeur, -euse [sudœʀ, øz] *nm/f* soldador(a)
soudoyer [sudwaje] (*péj*) *vt* sobornar
soudure [sudyʀ] *nf* soldadura; (*alliage*) aleación *f*; **faire la ~** (*Comm*) hacer durar; (*fig*) empalmar
souffert, e [sufɛʀ, ɛʀt] *pp de* **souffrir**
soufflage [suflaʒ] *nm* (*du verre*) soplado
souffle [sufl] *nm* soplo; (*respiration*) respiración *f*; (*d'une explosion*) onda expansiva; (*d'un ventilateur*) aire *m*; **retenir son ~** contener la respiración; **avoir du/manquer de ~** tener/faltarle el resuello; **être à bout de ~** estar sin aliento; **avoir le ~ court** faltarle la respiración enseguida; **second ~** (*fig*) fuerzas recobradas; **~ au cœur** (*Méd*) soplo en el corazón

S

soufflé, e [sufle] *adj* (*Culin : blé, maïs*) inflado(-a); (*fam : ahuri*) alucinado(-a) ▸ *nm* (*Culin*) suflé *m*
souffler [sufle] *vi* soplar; (*haleter*) resoplar; **~ sur** soplar; **laisser ~** (*fig*) dejar respirar ▸ *vt* soplar; (*suj : explosion*) volar; **~ qch à qn** (*dire*) apuntar algo a algn; (*fam : voler*) birlar algo a algn; **~ son rôle à qn** apuntar su papel a algn; **ne pas ~ mot** no decir ni pío
soufflerie [suflәʀi] *nf* fuelles *mpl*
soufflet [suflɛ] *nm* fuelle *m*; (*gifle*) guantazo
souffleur, -euse [suflœʀ, øz] *nm/f* (*Théâtre*) apuntador(a); (*Tech : de verre*) soplador(a)
souffrance [sufʀɑ̃s] *nf* sufrimiento; **en ~** (*marchandise*) detenido(-a); (*affaire*) en suspenso
souffrant, e [sufʀɑ̃, ɑ̃t] *adj* (*personne*) indispuesto(-a); (*air*) doliente
souffre-douleur [sufʀәdulœʀ] (*pl* **~(s)**) *nm* chivo expiatorio
souffreteux, -euse [sufʀәtø, øz] *adj* delicado(-a)
souffrir [sufʀiʀ] *vi* sufrir; **~ de** padecer de; **~ des dents** padecer de los dientes; **faire ~ qn** (*suj : personne*) hacer sufrir a algn; (*: dents, blessure etc*) hacer padecer a algn ▸ *vt* (*faim, soif, torture*) padecer; (*supporter : gén négatif*) sufrir; (*exception, retard*) admitir; **ne pas pouvoir ~ qch/que …** no poder soportar algo/que …
soufisme [sufism] *nm* sufismo
soufre [sufʀ] *nm* azufre *m*
soufrer [sufʀe] *vt* (*vignes*) azufrar
souhait [swɛ] *nm* deseo; **riche** *etc* **à ~** rico *etc* a pedir a boca; **« à vos souhaits ! »** « ¡Jesús! »
souhaitable [swɛtabl] *adj* deseable
souhaiter [swete] *vt* desear; **~ le bonjour à qn** dar los buenos días a algn; **~ la bonne année à qn** desearle un feliz año nuevo a algn; **~ bon voyage** *ou* **bonne route à qn** desear buen viaje a algn; **il est à ~ que** es de desear que
souiller [suje] *vt* manchar; (*fig*) mancillar
souillure [sujyʀ] *nf* mancha
soûl, e [su, sul] *adj* (*aussi fig*) borracho(-a) ▸ *nm* : **boire/manger tout son ~** beber/comer hasta hartarse
soulagement [sulaʒmɑ̃] *nm* alivio
soulager [sulaʒe] *vt* aliviar; **~ qn de** (*fardeau*) aligerar a algn de; **~ qn de son portefeuille** (*hum*) afanar la cartera a algn
soûler [sule] *vt* emborrachar; (*suj : boisson, aussi fig*) embriagar; **se soûler** *vpr* emborracharse; (*fig*) : **se ~ de** (*vitesse, musique*) emborracharse de
soûlerie [sulʀi] (*péj*) *nf* borrachera
soulèvement [sulɛvmɑ̃] *nm* (*insurrection*) sublevación *f*; (*Géo*) levantamiento
soulever [sul(ә)ve] *vt* levantar; (*peuple, province*) sublevar; (*l'opinion*) indignar; (*difficultés*) provocar; (*question, problème, débat*) plantear; **cela (me) soulève le cœur** eso me revuelve el estómago; **se soulever** *vpr* levantarse; (*peuple, province*) sublevarse
soulier [sulje] *nm* zapato; **une paire de souliers, des souliers** un par de zapatos, unos zapatos; **~ bas** zapato plano; **souliers plats/à talons** zapatos *mpl* sin tacón/de tacón
souligner [suliɲe] *vt* subrayar; (*fig*) destacar; (*détail, l'importance de qch*) recalcar
soumettre [sumɛtʀ] *vt* someter; **se soumettre** *vpr* : **se ~ (à)** someterse (a)
soumis, e [sumi, iz] *pp de* **soumettre** ▸ *adj* (*personne, air*) sumiso(-a); (*peuples*) sometido(-a); **revenus ~ à l'impôt** ganancias sujetas a impuesto
soumission [sumisjɔ̃] *nf* sumisión *f*; (*Comm*) licitación *f*
soumissionner [sumisjɔne] *vt* (*Comm*) licitar
soupape [supap] *nf* válvula; **~ de sûreté** (*aussi fig*) válvula de seguridad
soupçon [supsɔ̃] *nm* sospecha; **un ~ de** una pizca de; **avoir ~ de** tener sospecha de; **au dessus de tout ~** por encima de toda sospecha
soupçonner [supsɔne] *vt* sospechar; **~ que** sospechar que; **je le soupçonne d'être l'assassin** sospecho que es el asesino
soupçonneux, -euse [supsɔnø, øz] *adj* desconfiado(-a)
soupe [sup] *nf* sopa; **être ~ au lait** tener genio *ou* prontos; **~ à l'oignon/de poisson** sopa de cebolla/de pescado; **~ populaire** sopa de pobres
soupente [supɑ̃t] *nf* guardilla; (*placard*) armario empotrado
souper [supe] *vi* cenar; **avoir soupé de qch** (*fam*) estar hasta la coronilla de algo ▸ *nm* cena
soupeser [supәze] *vt* sopesar
soupière [supjɛʀ] *nf* sopera
soupir [supiʀ] *nm* suspiro; (*Mus*) silencio de negra; **~ d'aise/de soulagement** suspiro de gozo/de alivio; **rendre le dernier ~** exhalar el último suspiro
soupirail, -aux [supiʀaj, o] *nm* tragaluz *m*
soupirant [supiʀɑ̃] *nm* pretendiente *m*
soupirer [supiʀe] *vi* suspirar; **~ après qch** suspirar por algo
souple [supl] *adj* flexible; (*fig : caractère*) dócil; (*: démarche, taille*) desenvuelto(-a)
souplement [supl(ә)mɑ̃] *adv* con flexibilidad
souplesse [suplɛs] *nf* flexibilidad *f*; (*du caractère*) docilidad *f*; (*de la démarche*) desenvoltura; **en ~, avec ~** con suavidad
souquer [suke] *vi* remar
sourate [suʀat] *nf* sura
source [suʀs] *nf* fuente *f*; (*point d'eau*) manantial *m*; (*fig : cause, point de départ*)

origen *m*; (: *d'une information*) fuente *f*; **~ d'eau minérale** manantial *ou* fuente de agua mineral; **~ de chaleur/lumineuse** fuente de calor/de luz; **~ thermale** manantial *ou* fuente termal; **prendre sa ~ à/dans** (*cours d'eau*) tener su origen/nacer en; **tenir qch de bonne ~/de ~ sûre** saber algo de buena fuente/de buena tinta; **sources** *nfpl* (*fig*) fuentes *fpl*

sourcier, -ière [suʀsje, jɛʀ] *nm/f* zahorí *mf*

sourcil [suʀsi] *nm* ceja

sourcilière [suʀsiljɛʀ] *adj f voir* **arcade**

sourciller [suʀsije] *vi* : **sans ~** sin pestañear

sourcilleux, -euse [suʀsijø, øz] *adj* (*hautain*) arrogante; (*pointilleux*) quisquilloso(-a)

sourd, e [suʀ, suʀd] *adj* sordo(-a); (*couleur*) mate; **être ~ à** hacerse el sordo(-a) ante; **faire la sourde oreille** hacer oídos sordos; **un bruit ~** un ruido sordo ▶ *nm/f* sordo(-a)

sourdait *etc* [suʀdɛ] *vb voir* **sourdre**

sourdement [suʀdəmɑ̃] *adv* sordamente; (*secrètement*) secretamente

sourdine [suʀdin] *nf* (*Mus*) sordina; **en ~** por lo bajo; **mettre une ~ à** (*fig*) contener

sourd-muet, sourde-muette [suʀmyɛ, suʀdmyɛt] (*pl* **sourds-muets, sourdes-muettes**) *adj, nm/f* sordomudo(-a)

sourdre [suʀdʀ] *vi* (*eau*) manar; (*fig*) surgir

souriant, e [suʀjɑ̃, jɑ̃t] *vb voir* **sourire** ▶ *adj* sonriente

souricière [suʀisjɛʀ] *nf* (*aussi fig*) ratonera

sourie [suʀi] *vb voir* **sourire**

sourire [suʀiʀ] *nm* sonrisa; **garder le ~** mantener la sonrisa; **faire un ~ à qn** hacer una sonrisa a algn ▶ *vi* sonreír; **~ à qn** (*aussi fig*) sonreír a algn

souris [suʀi] *vb voir* **sourire** ▶ *nf* (*Zool, Inform*) ratón *m*

sournois, e [suʀnwa, waz] *adj* disimulado(-a), solapado(-a)

sournoisement [suʀnwazmɑ̃] *adv* de manera disimulada, de manera solapada

sournoiserie [suʀnwazʀi] *nf* disimulo, maneras *fpl* solapadas

sous [su] *prép* debajo de, bajo; **~ la pluie/le soleil** bajo la lluvia/el sol; **~ mes yeux** ante mis ojos; **~ terre** *adj* bajo tierra; *adv* debajo de la tierra; **~ vide** *adj* al vacío; *adv* en vacío; **~ les coups de** por los golpes de; **~ les critiques** ante las críticas; **~ le choc** bajo los efectos del choque; **~ l'influence/l'action de** bajo la influencia/la acción de; **~ les ordres/la protection de** bajo las órdenes/la protección de; **~ telle rubrique/lettre** en tal sección/letra; **être ~ antibiotiques** estar tomando antibióticos; **~ Louis XIV** bajo el reinado de Luis XIV; **~ cet angle** desde este ángulo; **~ ce rapport** bajo esta perspectiva; **~ peu** dentro de poco

sous... [su] *préf* sub...

sous-alimentation [suzalimɑ̃tɑsjɔ̃] *nf* desnutrición *f*

sous-alimenté, e [suzalimɑ̃te] (*pl* **sous-alimentés, -es**) *adj* desnutrido(-a)

sous-bois [subwa] *nm inv* sotobosque *m*

sous-catégorie [sukategɔʀi] (*pl* **sous-catégories**) *nf* subcategoría

sous-chef [suʃɛf] (*pl* **sous-chefs**) *nm* subdirector(a); **~ de bureau** subdirector(a) de oficina

sous-comité [sukɔmite] (*pl* **sous-comités**) *nm* subcomité *m*

sous-commission [sukɔmisjɔ̃] (*pl* **sous-commissions**) *nf* subcomisión *f*

sous-continent [sukɔ̃tinɑ̃] (*pl* **sous-continents**) *nm* subcontinente *m*

sous-couche [sukuʃ] (*pl* **sous-couches**) *nf* (*de peinture*) primera mano *f*

souscripteur, -trice [suskʀiptœʀ, tʀis] *nm/f* suscriptor(a); (*d'une lettre de change*) firmante *mf*

souscription [suskʀipsjɔ̃] *nf* suscripción *f*; **ouvrage offert en ~** obra puesta a la venta por suscripción

souscrire [suskʀiʀ] : **~ à** *vt* (*une publication*) suscribir a; (*fig : approuver*) suscribir a

sous-cutané, e [sukytane] (*pl* **sous-cutanés, -es**) *adj* subcutáneo(-a)

sous-développé, e [sudevlɔpe] (*pl* **sous-développés, -es**) *nm/f* subdesarrollado(-a)

sous-développement [sudevlɔpmɑ̃] (*pl* **sous-développements**) *nm* subdesarrollo

sous-directeur, -trice [sudiʀɛktœʀ, tʀis] (*pl* **sous-directeurs, -trices**) *nm/f* subdirector(a)

sous-effectif [suzefɛktif] (*pl* **sous-effectifs**) *nm* falta de efectivos; **être en ~** estar sin los efectivos suficientes

sous-emploi [suzɑ̃plwa] (*pl* **sous-emplois**) *nm* subempleo

sous-employé, e [suzɑ̃plwaje] (*pl* **sous-employés, -es**) *adj* subempleado(-a)

sous-ensemble [suzɑ̃sɑ̃bl] (*pl* **sous-ensembles**) *nm* subconjunto

sous-entendre [suzɑ̃tɑ̃dʀ] *vt* sobrentender; **~ que** sobrentender que

sous-entendu, e [suzɑ̃tɑ̃dy] (*pl* **sous-entendus, -es**) *adj* (*idée, message*) implícito(-a); (*Ling*) elíptico(-a) ▶ *nm* insinuación *f*

sous-équipé, e [suzekipe] (*pl* **sous-équipés, -es**) *adj* (*région*) deficitario(-a) en equipamiento

sous-estimer [suzɛstime] *vt* subestimar

sous-exploiter [suzɛksplwate] *vt* desaprovechar

sous-exposer [suzɛkspoze] *vt* (*film, pellicule*) : **cette pellicule est sous-exposée** a este carrete le falta exposición

sous-fifre [sufifʀ] (*pl* **sous-fifres**) (*péj*) *nm* empleadillo

sous-gonflage [sugɔ̃flaʒ] (*pl* **sous-gonflages**) *nm* (*de pneu*) subinflado

S

sous-groupe [sugʀup] (*pl* **sous-groupes**) *nm* subgrupo
sous-homme [suzɔm] (*pl* **sous-hommes**) (*péj*) *nm* hombre *m* inferior
sous-investissement [suzɛ̃vɛstismɑ̃] (*pl* **sous-investissements**) *nm* subinversión *f*
sous-jacent, e [suʒasɑ̃, ɑ̃t] (*pl* **sous-jacents, -es**) *adj* (*couche, matériau*) subyacente; (*fig : idée*) latente; (*: difficulté*) de fondo
sous-lieutenant [suljøtnɑ̃] (*pl* **sous-lieutenants**) *nm* subteniente *m*
sous-locataire [sulɔkatɛʀ] (*pl* **sous-locataires**) *nmf* subarrendatario(-a)
sous-location [sulɔkasjɔ̃] (*pl* **sous-locations**) *nf* subarriendo; **en ~** en régimen de subarriendo
sous-louer [sulwe] *vt* subarrendar
sous-main [sumɛ̃] *nm* carpeta; **en ~ : racheter des actions en ~** volver a comprar acciones bajo mano
sous-marin, e [sumaʀɛ̃, in] (*pl* **sous-marins, -es**) *adj* submarino(-a) ▸ *nm* submarino
sous-médicalisé, e [sumedikalize] (*pl* **sous-médicalisés, -es**) *adj* (*pays, région*) *que carece de los cuidados médicos adecuados*
sous-nappe [sunap] (*pl* **sous-nappes**) *nf* hule *m*
sous-œuvre [suzœvʀ(ə)] **: en ~** *adv* (*Constr*) de recalzo
sous-officier [suzɔfisje] (*pl* **sous-officiers**) *nm* suboficial *m*
sous-ordre [suzɔʀdʀ] (*pl* **sous-ordres**) *nm* subordinado; **créancier en ~** acreedor de otro
sous-payé, e [supeje] (*pl* **sous-payés, -es**) *adj* mal pagado(-a)
sous-préfecture [supʀefɛktyʀ] (*pl* **sous-préfectures**) *nf* subprefectura
sous-préfet [supʀefɛ] (*pl* **sous-préfets**) *nm* subprefecto
sous-production [supʀɔdyksjɔ̃] (*pl* **sous-productions**) *nf* subproducción *f*
sous-produit [supʀɔdɥi] (*pl* **sous-produits**) *nm* (*aussi fig*) subproducto
sous-programme [supʀɔgʀam] (*pl* **sous-programmes**) *nm* (*Inform*) subprograma *m*
sous-pull [supul] (*pl* **sous-pulls**) *nm camiseta de cuello alto*
sous-secrétaire [susəkʀetɛʀ] (*pl* **sous-secrétaires**) *nm* **: ~ d'État** subsecretario de Estado
soussigné, e [susiɲe] *adj* **: je ~ ...** yo, el que suscribe ... ▸ *nm/f* **: le/les ~(s)** el (los) abajo firmante(s)
sous-sol [susɔl] (*pl* **sous-sols**) *nm* sótano; (*Géo*) subsuelo; **en ~** en el sótano
sous-tasse [sutas] (*pl* **sous-tasses**) *nf* platillo
sous-tendre [sutɑ̃dʀ] *vt* subtender; (*fig*) servir de base a
sous-titre [sutitʀ] (*pl* **sous-titres**) *nm* subtítulo
sous-titré, e [sutitʀe] (*pl* **sous-titrés, -es**) *adj* subtitulado(-a)
soustraction [sustʀaksjɔ̃] *nf* sustracción *f*
soustraire [sustʀɛʀ] *vt* (*dérober*) sustraer; (*Math*) restar; **~ qch (à qn)** sustraer algo (a algn); **~ qn à** alejar a algn de; **se ~ à** sustraerse a
sous-traitance [sutʀɛtɑ̃s] (*pl* **sous-traitances**) *nf* subcontrato
sous-traitant [sutʀɛtɑ̃] (*pl* **sous-traitants**) *nm* subcontratista *m*
sous-traiter [sutʀete] *vt* (*Comm : affaire*) ceder en subcontrato ▸ *vi* (*devenir sous-traitant*) trabajar como subcontratista; (*faire appel à un sous-traitant*) subcontratar
soustrayais [sustʀɛjɛ] *vb voir* **soustraire**
sous-verre [suvɛʀ] *nm inv* posavasos *m inv*
sous-vêtement [suvɛtmɑ̃] (*pl* **sous-vêtements**) *nm* prenda interior; **sous-vêtements** *nmpl* ropa interior
sous-virer [suviʀe] *vi* (*Auto*) derrapar (*con las ruedas delanteras*)
soutane [sutan] *nf* sotana
soute [sut] *nf* (*aussi* **: soute à bagages**) bodega
soutenable [sut(ə)nabl] *adj* (*opinion, cause*) sustentable
soutenance [sut(ə)nɑ̃s] *nf* **: ~ de thèse** (*Univ*) defensa de tesis
soutènement [sutɛnmɑ̃] *nm* **: mur de ~** muro de contención
souteneur [sut(ə)nœʀ] *nm* rufián *m*
soutenir [sut(ə)niʀ] *vt* sostener; (*réconforter, aider*) apoyar; (*assaut, choc*) resistir; (*thèse*) defender; **~ que** sostener que; **~ la comparaison avec** tener comparación con; **~ le regard de qn** sostener la mirada de algn; **se soutenir** *vpr* (*s'aider mutuellement*) apoyarse; (*point de vue*) defenderse; (*dans l'eau, sur ses jambes*) mantenerse, sostenerse
soutenu, e [sut(ə)ny] *pp de* **soutenir** ▸ *adj* (*attention, efforts*) constante; (*style*) elevado(-a); (*couleur*) vivo(-a)
souterrain, e [sutɛʀɛ̃, ɛn] *adj* subterráneo(-a); (*fig*) oculto(-a) ▸ *nm* subterráneo
soutien [sutjɛ̃] *nm* apoyo; **apporter son ~ à** prestar su apoyo a; **~ de famille** *hijo varón exento del servicio militar por mantener a su familia*; **~ scolaire** apoyo escolar
soutiendrai *etc* [sutjɛ̃dʀe] *vb voir* **soutenir**
soutien-gorge [sutjɛ̃gɔʀʒ] (*pl* **soutiens-gorge**) *nm* sujetador *m*, corpiño (*AM*)
soutiens *etc* [sutjɛ̃] *vb voir* **soutenir**
soutif [sutif] (*fam*) *nm* (*soutien-gorge*) sujetador *m*
soutint *etc* [sutɛ̃] *vb voir* **soutenir**
soutirer [sutiʀe] *vt* **: ~ qch à qn** sonsacar algo a algn

souvenance [suv(ə)nɑ̃s] *nf* : **avoir ~ de** recordar
souvenir [suv(ə)niʀ] *nm* recuerdo; (*réminiscence*) memoria; **garder le ~ de** conservar el recuerdo de; **en ~ de** como recuerdo de; **avec mes affectueux souvenirs, ...** con mis más afectuosos saludos, ...; **avec mes meilleurs souvenirs, ...** con mis mejores recuerdos, ...; **se souvenir** *vpr* : **se ~ de** recordar, acordarse de; **se ~ que** recordar que, acordarse de que
souvent [suvɑ̃] *adv* a menudo, con frecuencia, seguido (*Am*); **peu ~** pocas veces, con poca frecuencia; **le plus ~** la mayoría de las veces
souvenu, e [suvəny] *pp de* **souvenir**
souverain, e [suv(ə)ʀɛ̃, ɛn] *adj* (*aussi fig*) soberano(-a); **le ~ pontife** el sumo pontífice ▸ *nm/f* soberano(-a)
souverainement [suv(ə)ʀɛnmɑ̃] *adv* (*aussi fig*) soberanamente
souveraineté [suv(ə)ʀɛnte] *nf* soberanía
souverainiste [suv(ə)ʀɛnist] *nmf* soberanista *mf*
souviendrai *etc* [suvjɛ̃dʀe] *vb voir* **souvenir**
souviens *etc* [suvjɛ̃] *vb voir* **souvenir**
souvint *etc* [suvɛ̃] *vb voir* **souvenir**
soviétique [sɔvjetik] *adj* soviético(-a) ▸ *nmf* : **Soviétique** soviético(-a)
soviétologue [sɔvjetɔlɔg] *nmf* sovietólogo(-a)
soyeux, -euse [swajø, øz] *adj* sedoso(-a)
soyez [swaje] *vb voir* **être**
soyons [swajɔ̃] *vb voir* **être**
SPA [ɛspea] *sigle f* (= *Société protectrice des animaux*) ≈ SPA (= *sociedad protectora de animales*)
spacieux, -euse [spasjø, jøz] *adj* espacioso(-a)
spaciosité [spasjɔzite] *nf* espaciosidad *f*
spaghettis [spageti] *nmpl* espaguetis *mpl*
spammer [spame] *vt* inundar (de spam), spamear ▸ *vi* spamear
sparadrap [spaʀadʀa] *nm* esparadrapo
spartiate [spaʀsjat] *adj* espartano(-a); **spartiates** *nfpl* sandalias *fpl*
spasme [spasm] *nm* espasmo
spasmodique [spasmɔdik] *adj* espasmódico(-a)
spasmophilie [spasmɔfili] *nf* (*Méd*) espasmofilia
spatial, e, -aux [spasjal, jo] *adj* espacial
spationaute [spasjonot] *nmf* astronauta *mf*
spatule [spatyl] *nf* espátula; (*bout*) extremo
speaker, ine [spikœʀ, kʀin] *nm/f* locutor(a)
spécial, e, -aux [spesjal, jo] *adj* especial
spécialement [spesjalmɑ̃] *adv* especialmente; **pas ~** no demasiado
spécialisation [spesjalizasjɔ̃] *nf* especialización *f*
spécialisé, e [spesjalize] *adj* especializado(-a); **ordinateur ~** ordenador *m* especializado
spécialiser [spesjalize] : **se spécialiser** *vpr* especializarse
spécialiste [spesjalist] *nmf* especialista *mf*
spécialité [spesjalite] *nf* especialidad *f*; **~ médicale/pharmaceutique** especialidad médica/farmacéutica
spécieux, -euse [spesjø, jøz] *adj* (*prétexte*) aparente; (*raisonnement*) vacío(-a)
spécification [spesifikasjɔ̃] *nf* especificación *f*
spécificité [spesifisite] *nf* especificidad *f*
spécifier [spesifje] *vt* especificar; **~ que** especificar que
spécifique [spesifik] *adj* específico(-a)
spécifiquement [spesifikmɑ̃] *adv* (*typiquement*) típicamente; (*tout exprès*) expresamente
spécimen [spesimɛn] *nm* (*exemple représentatif*) espécimen *m*; (*revue etc*) ejemplar *m* gratuito ▸ *adj* modelo(-a)
spectacle [spɛktakl] *nm* espectáculo; **se donner en ~** (*péj*) dar un espectáculo; **pièce/revue à grand ~** obra/revista espectacular; **au ~ de ...** a la vista de ...
spectaculaire [spɛktakylɛʀ] *adj* espectacular
spectateur, -trice [spɛktatœʀ, tʀis] *nm/f* espectador(a)
spectre [spɛktʀ] *nm* espectro; **~ solaire** espectro solar
spéculateur, -trice [spekylatœʀ, tʀis] *nm/f* especulador(a)
spéculatif, -ive [spekylatif, iv] *adj* especulativo(-a)
spéculation [spekylasjɔ̃] *nf* especulación *f*
spéculer [spekyle] *vi* especular; **~ sur** (*Fin, Comm*) especular con; (*réfléchir*) especular sobre
speedé, e [spide] *adj* (*fam : personne, rythme*) acelerado(-a)
spéléologie [speleɔlɔʒi] *nf* espeleología
spéléologique [speleɔlɔʒik] *adj* espeleológico(-a)
spéléologue [speleɔlɔg] *nmf* espeleólogo(-a)
spéléonaute [speleonot] *nmf* espeleólogo(-a) náutico(-a)
spermatozoïde [spɛʀmatɔzɔid] *nm* espermatozoide *m*
sperme [spɛʀm] *nm* esperma *m*
spermicide [spɛʀmisid] *adj, nm* espermicida *m*
sphère [sfɛʀ] *nf* esfera; **~ d'activité/d'influence** esfera de acción/de influencia
sphérique [sfeʀik] *adj* esférico(-a)
sphincter [sfɛ̃ktɛʀ] *nm* esfínter *m*
sphinx [sfɛ̃ks] *nm* esfinge *f*
spiral, -aux [spiʀal, o] *nm* espiral *f*

S

spirale [spiʀal] *nf* espiral *f*; **en ~** en espiral
spire [spiʀ] *nf* espira
spiritisme [spiʀitism] *nm* espiritismo
spiritualité [spiʀitɥalite] *nf* espiritualidad *f*
spirituel, le [spiʀitɥɛl] *adj* espiritual; (*fin, amusant*) ingenioso(-a); **musique spirituelle** música sacra; **concert ~** concierto de música sacra
spirituellement [spiʀitɥɛlmɑ̃] *adv* espiritualmente; (*avec esprit*) ingeniosamente
spiritueux [spiʀitɥø] *nm* licor *m*
splendeur [splɑ̃dœʀ] *nf* maravilla
splendide [splɑ̃did] *adj* espléndido(-a); (*effort, réalisation*) extraordinario(-a)
spoliation [spɔljasjɔ̃] *nf* expoliación *f*
spolier [spɔlje] *vt* : **~ qn (de)** expoliar a algn (de)
spongieux, -euse [spɔ̃ʒjø, jøz] *adj* esponjoso(-a)
sponsor [spɔ̃sɔʀ] *nm* patrocinador *m*, esponsor *m*
sponsoriser [spɔ̃sɔʀize] *vt* patrocinar
spontané, e [spɔ̃tane] *adj* espontáneo(-a)
spontanéité [spɔ̃taneite] *nf* espontaneidad *f*
spontanément [spɔ̃tanemɑ̃] *adv* espontáneamente
sporadique [spɔʀadik] *adj* esporádico(-a)
sporadiquement [spɔʀadikmɑ̃] *adv* esporádicamente
sport [spɔʀ] *nm* deporte *m*; **faire du ~** hacer deporte; **~ de combat** deporte de combate; **~ d'équipe** deporte de equipo; **~ d'hiver** deporte de invierno; **~ individuel** deporte individual ▸ *adj inv* (*vêtement, ensemble*) de sport; (*fair-play*) deportivo(-a)
sportif, -ive [spɔʀtif, iv] *adj* deportivo(-a); **les résultats sportifs** los resultados deportivos ▸ *nm/f* deportista *mf*
sportivement [spɔʀtivmɑ̃] *adv* deportivamente
sportivité [spɔʀtivite] *nf* deportividad *f*
spot [spɔt] *nm* (*lampe*) foco; **~ (publicitaire)** anuncio *ou* spot *m* (publicitario)
spray [spʀɛ] *nm* spray *m*
sprint [spʀint] *nm* sprint *m*; **gagner au ~** ganar al sprint; **piquer un ~** echar a correr
sprinter[1] [spʀintœʀ] *nmf*, **sprinteur, -euse** [spʀintœʀ, øz] *nm/f* esprínter *mf*, velocista *mf*
sprinter[2] [spʀinte] *vi* esprintar
squale [skwal] *nm* escualo
square [skwaʀ] *nm* plazoleta
squash [skwaʃ] *nm* squash *m*
squat [skwat] *nm lugar ocupado ilegalmente*
squatter[1] [skwatœʀ] *nmf*, **squatteur, -euse** [skwatœʀ, øz] *nm/f* okupa *mf* (*fam*)
squatter[2] [skwate] *vt* okupar (*fam*), ocupar
squelette [skəlɛt] *nm* esqueleto
squelettique [skəletik] *adj* (*maigreur*) esquelético(-a); (*fig : exposé*) pobre; (*effectifs*) mermado(-a)

SRAS *sigle m* (= *syndrome respiratoire aigu sévère*) SARS *m*
Sri Lanka [sʀilɑ̃ka] *nm* Sri Lanka
sri-lankais, e [sʀilɑ̃kɛ, ɛz] (*pl* **~**, **-es**) *adj* cingalés(-esa) ▸ *nm/f* : **Sri-Lankais, e** cingalés(-esa)
ss *abr* = **sous**
St *abr* (= *saint*) S. (= *San*), Sto. (= *Santo*)
stabilisateur, -trice [stabilizatœʀ, tʀis] *adj* estabilizador(a) ▸ *nm* estabilizador *m*
stabiliser [stabilize] *vt* estabilizar
stabilité [stabilite] *nf* estabilidad *f*
stable [stabl] *adj* estable
stade [stad] *nm* estadio
stadier [stadje] *nm* vigilante de un estadio
stage [staʒ] *nm* (*d'études pratiques*) práctica; (*de perfectionnement*) cursillo; (*d'avocat stagiaire*) pasantía
stagiaire [staʒjɛʀ] *nmf* becario(-a), persona en periodo de práctica; (*de perfectionnement*) cursillista *mf* ▸ *adj* : **avocat ~** pasante *m*
stagnant, e [stagnɑ̃, ɑ̃t] *adj* estancado(-a)
stagnation [stagnasjɔ̃] *nf* (*fig*) estancamiento
stagner [stagne] *vi* estancarse
stalactite [stalaktit] *nf* estalactita
stalagmite [stalagmit] *nf* estalagmita
stalle [stal] *nf* caballeriza
stambouliote [stɑ̃buljɔt] *adj* estambulita
stand [stɑ̃d] *nm* (*d'exposition*) stand *m*; (*de foire*) puesto; **~ de ravitaillement** (*Auto, Cyclisme*) puesto de avituallamiento; **~ de tir** (*Mil, Sport*) galería de tiro; (*à la foire*) puesto de tiro al blanco
standard [stɑ̃daʀ] (*pl* **~(s)**) *adj* estándar ▸ *nm* estándar *m*; (*téléphonique*) central *f* telefónica, conmutador *m* (*Am*)
standardisation [stɑ̃daʀdizasjɔ̃] *nf* estandar(d)ización *f*
standardiser [stɑ̃daʀdize] *vt* estandar(d)izar
standardiste [stɑ̃daʀdist] *nmf* telefonista *mf*
standing [stɑ̃diŋ] *nm* nivel *m* de vida; **immeuble de grand ~** inmueble de lujo
star [staʀ] *nf* : **~ (de cinéma)** estrella (de cine)
starlette [staʀlɛt] *nf* actriz *f* principiante
starter [staʀtɛʀ] *nm* (*Auto*) estárter *m*; (*Sport*) juez *m* de salida; **mettre le ~** poner el estárter
station [stasjɔ̃] *nf* estación *f*; (*de bus, métro*) parada; (*Radio, TV*) emisora; (*posture*) : **la ~ debout** la posición de pie; **~ balnéaire** *centro turístico en la costa*; **~ de graissage/de lavage** estación de engrase/de lavado; **~ de ski** estación de esquí; **~ de sports d'hiver** estación de esquí; **~ de taxis** parada de taxis; **~ thermale** balneario
stationnaire [stasjɔnɛʀ] *adj* estacionario(-a)
stationnement [stasjɔnmɑ̃] *nm* (*Auto*) aparcamiento; **zone de ~ interdit** zona de aparcamiento prohibido; **~ alterné** aparcamiento alterno

stationner [stasjɔne] *vi* aparcar
station-service [stasjɔ̃sɛʀvis] (*pl* **stations-service**) *nf* gasolinera, estación *f* de servicio
statique [statik] *adj* estático(-a)
statisticien, ne [statistisjɛ̃, jɛn] *nm/f* estadista *mf*
statistique [statistik] *nf* estadística ▸ *adj* estadístico(-a); **statistiques** *nfpl* estadísticas *fpl*
statistiquement [statistikmɑ̃] *adv* estadísticamente
statuaire [statɥɛʀ] *nf* (*statues*) estatuaria ▸ *adj* estatuario(-a)
statue [staty] *nf* estatua
statuer [statɥe] *vi* : ~ **sur** resolver
statuette [statɥɛt] *nf* estatuilla
statu quo [statykwo] *nm* : **maintenir le ~** mantener el statu quo
stature [statyʀ] *nf* estatura; (*fig*) notoriedad *f*; **de haute ~** de gran altura
statut [staty] *nm* estatuto; **statuts** *nmpl* (*Jur, Admin*) estatutos *mpl*
statutaire [statytɛʀ] *adj* estatutario(-a)
statutairement [statytɛʀmɑ̃] *adv* estatutariamente
Ste *abr* (= *sainte*) S. (= *Santa*), Sta. (= *Santa*)
Sté *abr* = **société**
steak [stɛk] *nm* bistec *m*, bife *m* (ARG)
stèle [stɛl] *nf* estela
stellaire [stelɛʀ] *adj* estelar
stencil [stɛnsil] *nm* cliché *m*
sténo [steno] *nmf* = **sténographe** ▸ *nf* = **sténographie**
sténodactylo [stenɔdaktilo] *nmf* taquimecanógrafo(-a)
sténodactylographie [stenɔdaktilɔgʀafi] *nf* taquimecanografía
sténographe [stenɔgʀaf] *nmf* taquígrafo(-a)
sténographie [stenɔgʀafi] *nf* taquigrafía *f*
sténographier [stenɔgʀafje] *vt* estenografiar
sténographique [stenɔgʀafik] *adj* estenográfico(-a)
sténotype [stenɔtip] *nf* estenotipo
sténotypie [stenɔtipi] *nf* estenotipia
sténotypiste [stenɔtipist] *nmf* estenotipista *mf*
stentor [stɑ̃tɔʀ] *nm* : **voix de ~** voz *f* estentórea
stéphanois, e [stefanwa, waz] *adj* de Saint-Etienne ▸ *nm/f* : **Stéphanois, e** nativo(-a) *ou* habitante *mf* de Saint-Etienne
steppe [stɛp] *nf* estepa
stère [stɛʀ] *nm* estéreo
stéréo [steʀeɔ] *adj* (*aussi* : **stéréophonique**) estéreo(fónico(-a)) ▸ *nf* (*aussi* : **stéréophonie**) estereo(fonía)
stéréophonie [steʀeɔfɔni] *nf* estereo(fonía); **émission en ~** emisión *f* en estéreo(fonía)
stéréophonique [steʀeɔfɔnik] *adj* estéreo(fónico(-a))
stéréoscope [steʀeɔskɔp] *nm* estereoscopia
stéréoscopique [steʀeɔskɔpik] *adj* estereoscópico(-a)
stéréotype [steʀeɔtip] *nm* estereotipo
stéréotypé, e [steʀeɔtipe] *adj* estereotipado(-a); (*sourire*) forzado(-a)
stérile [steʀil] *adj* estéril; (*théorie, discussion*) irrelevante; (*effort*) frustrado(-a)
stérilement [steʀilmɑ̃] *adv* en vano
stérilet [steʀilɛ] *nm* espiral *f*
stérilisateur [steʀilizatœʀ] *nm* esterilizador *m*
stérilisation [steʀilizasjɔ̃] *nf* esterilización *f*
stérilisé, e [steʀilize] *adj* : **lait ~** leche *f* esterilizada
stériliser [steʀilize] *vt* esterilizar
stérilité [steʀilite] *nf* esterilidad *f*; (*d'un romancier*) infecundidad *f*
sterne [stɛʀn] *nf* (*Zool*) golondrina de mar
sternum [stɛʀnɔm] *nm* esternón *m*
stéroïde [steʀɔid] *nm* esteroide *m*
stéthoscope [stetɔskɔp] *nm* estetoscopio
steward [stiwaʀt] *nm* auxiliar *m* de vuelo
stick [stik] *nm* : **~ de rouge à lèvres** barra de labios; **~ de fard à paupières** sombra de ojo; **~ déodorant** desodorante en barra
stigmates [stigmat] *nmpl* (*Rel, gén*) estigmas *mpl*
stigmatisation [stigmatizasjɔ̃] *nf* estigmatización *f*
stigmatiser [stigmatize] *vt* estigmatizar
stimulant, e [stimylɑ̃, ɑ̃t] *adj* estimulante ▸ *nm* (*Méd*) estimulante *m*; (*fig*) aliciente *m*, incentivo
stimulateur [stimylatœʀ] *nm* : **~ cardiaque** estimulador *m* cardíaco
stimulation [stimylasjɔ̃] *nf* estimulación *f*
stimuler [stimyle] *vt* (*aussi fig*) estimular
stimulus [stimylys] (*pl* **stimuli** *ou* **~**) *nm* estímulo
stipulation [stipylasjɔ̃] *nf* estipulación *f*
stipuler [stipyle] *vt* estipular; **~ que** estipular que
stock [stɔk] *nm* (*Comm*) existencias *fpl*, stock *m*; (*d'or*) reservas *fpl*; (*fig*) reserva; **en ~** en almacén
stockage [stɔkaʒ] *nm* almacenamiento
stocker [stɔke] *vt* almacenar
Stockholm [stɔkɔlm] *n* Estocolmo
stockiste [stɔkist] *nm* almacenista *m*
stoïcien, ne [stɔisjɛ̃, jɛn] *adj, nm/f* estoico(-a)
stoïcisme [stɔisism] *nm* estoicismo
stoïque [stɔik] *adj* estoico(-a)
stoïquement [stɔikmɑ̃] *adv* estoicamente
stomacal, e, -aux [stɔmakal, o] *adj* estomacal
stomatologie [stɔmatɔlɔʒi] *nf* estomatología
stomatologue [stɔmatɔlɔg] *nmf* estomatólogo(-a)

stop [stɔp] *nm (Auto : panneau)* stop *m*; (*: feux arrière*) luz *f* de freno; (*dans un télégramme*) stop; (*auto-stop*) auto-stop *m* ▸ *excl* ¡alto!
stoppage [stɔpaʒ] *nm* zurcido
stopper [stɔpe] *vt* (*navire, machine*) detener; (*mouvement, attaque*) parar; (*Couture*) zurcir ▸ *vi* pararse
store [stɔʀ] *nm* (*en tissu*) cortinilla; (*en bois*) persiana; (*de magasin*) toldo
strabisme [stʀabism] *nm* estrabismo
strangulation [stʀɑ̃gylasjɔ̃] *nf* estrangulación *f*
strapontin [stʀapɔ̃tɛ̃] *nm* asiento plegable
Strasbourg [stʀazbuʀ] *n* Estrasburgo
strass [stʀas] *nm* estrás *msg*
stratagème [stʀataʒɛm] *nm* estratagema
strate [stʀat] *nf* estrato
stratège [stʀatɛʒ] *nm* estratega *m*
stratégie [stʀateʒi] *nf* estrategia
stratégique [stʀateʒik] *adj* estratégico(-a)
stratégiquement [stʀateʒikmɑ̃] *adv* estratégicamente
stratification [stʀatifikasjɔ̃] *nf* estratificación *f*
stratifié, e [stʀatifje] *adj* estratificado(-a)
stratosphère [stʀatɔsfɛʀ] *nf* estratosfera
stratosphérique [stʀatɔsfeʀik] *adj* estratosférico(-a)
streptocoque [stʀɛptɔkɔk] *nm* estreptococo
stress [stʀɛs] *nm* estrés *msg*
stressant, e [stʀesɑ̃, ɑ̃t] *adj* estresante
stressé, e [stʀese] *adj* estresado(-a)
stresser [stʀese] *vt* estresar
stretching [stʀɛtʃiŋ] *nm* (*Sport*) stretching *m*
strict, e [stʀikt] *adj* estricto(-a); (*parents*) severo(-a); (*tenue*) de etiqueta; (*langage, ameublement, décor*) riguroso(-a); **c'est son droit le plus ~** es su justo derecho; **dans la plus stricte intimité** en la más estricta intimidad; **au sens ~ du mot** en sentido estricto del término; **le ~ nécessaire** *ou* **minimum** lo esencial
strictement [stʀiktəmɑ̃] *adv* estrictamente; (*uniquement*) únicamente; (*vêtu etc*) modosamente
strident, e [stʀidɑ̃, ɑ̃t] *adj* estridente
stridulations [stʀidylasjɔ̃] *nfpl* chirridos *mpl*
strie [stʀi] *nf* estría
strier [stʀije] *vt* estriar
string [stʀiŋ] *nm* tanga *m*
strip-tease [stʀiptiz] (*pl* **strip-teases**) *nm* strip-tease *m*
strip-teaseuse [stʀiptizøz] (*pl* **strip-teaseuses**) *nf* mujer *f* que hace strip-tease
striures [stʀijyʀ] *nfpl* estrías *fpl*
strophe [stʀɔf] *nf* estrofa
structure [stʀyktyʀ] *nf* estructura; **~ d'accueil** estructura de acogida; **structures touristiques** infraestructura turística
structurel, le [stʀyktyʀɛl] *adj* estructural
structurer [stʀyktyʀe] *vt* estructurar
strychnine [stʀiknin] *nf* estricnina
stuc [styk] *nm* estuco
studette [stydɛt] *nf* pequeño estudio, pequeño apartamento
studieusement [stydjøzmɑ̃] *adv* estudiosamente
studieux, -euse [stydjø, jøz] *adj* estudioso(-a); (*vacances, retraite*) de estudio
studio [stydjo] *nm* estudio; (*logement*) apartamento-estudio; (*de danse*) sala (de danza)
stupéfaction [stypefaksjɔ̃] *nf* estupefacción *f*
stupéfait, e [stypefɛ, ɛt] *adj* estupefacto(-a)
stupéfiant, e [stypefjɑ̃, jɑ̃t] *adj, nm* estupefaciente *m*
stupéfier [stypefje] *vt* dejar estupefacto(-a)
stupeur [stypœʀ] *nf* estupor *m*
stupide [stypid] *adj* estúpido(-a)
stupidement [stypidmɑ̃] *adv* estúpidamente
stupidité [stypidite] *nf* estupidez *f*
stups [styp] (*fam*) *nmpl* (*stupéfiants*) : **brigade des ~** brigada de estupefacientes, brigada antivicio
style [stil] *nm* estilo; **meuble/robe de ~** mueble *m*/vestido de estilo; **en ~ télégraphique** en forma telegráfica; **~ administratif** estilo administrativo; **~ de vie** estilo de vida; **~ journalistique** estilo periodístico
stylé, e [stile] *adj* con clase
stylet [stilɛ] *nm* estilete *m*
stylisé, e [stilize] *adj* estilizado(-a)
stylisme [stilism] *nm* (*Mode, Indus*) diseño; **~ de mode** diseño de modas
styliste [stilist] *nmf* (*Mode, industriel*) diseñador(a); (*écrivain*) estilista *mf*
stylistique [stilistik] *nf* estilística ▸ *adj* estilístico(-a)
stylo [stilo] *nm* : **~ à encre** *ou* **(à) plume** estilográfica; **~ (à) bille** bolígrafo, birome *f* (CSur)
stylo-feutre [stilɔføtʀ] (*pl* **stylos-feutres**) *nm* rotulador *m*
su, e [sy] *pp de* **savoir** ▸ *nm* : **au su de** a sabiendas de
suaire [sɥɛʀ] *nm* sudario
suant, e [sɥɑ̃, sɥɑ̃t] *adj* sudoroso(-a)
suave [sɥav] *adj* suave
subalterne [sybaltɛʀn] *adj, nmf* subalterno(-a)
subaquatique [sybakwatik] *adj* subacuático(-a)
subconscient [sypkɔ̃sjɑ̃] *nm* subconsciente *m*
subculture [sybkyltyʀ] *nf* subcultura
subdiviser [sybdivize] *vt* subdividir
subdivision [sybdivizjɔ̃] *nf* subdivisión *f*

subir [sybiʀ] *vt* padecer; (*mauvais traitements, revers, modification*) sufrir; (*influence, charme*) experimentar; (*traitement, opération, examen*) pasar; (*personne*) soportar; (*dégâts*) padecer

⚠ No debe traducirse por *subir*, que en francés corresponde a **monter**.

subit, e [sybi, it] *adj* repentino(-a)
subitement [sybitmɑ̃] *adv* repentinamente
subjectif, -ive [sybʒɛktif, iv] *adj* subjetivo(-a)
subjectivement [sybʒɛktivmɑ̃] *adv* subjetivamente
subjectivité [sybʒɛktivite] *nf* subjetividad *f*
subjonctif [sybʒɔ̃ktif] *nm* subjuntivo
subjuguer [sybʒyge] *vt* encantar
sublime [syblim] *adj* sublime
sublimer [syblime] *vt* sublimar
subliminal, e, -aux [sybliminal, o] *adj* subliminal
submergé, e [sybmɛʀʒe] *adj* sumergido(-a); **~ de** (*fig*) atiborrado(-a) de
submerger [sybmɛʀʒe] *vt* sumergir; (*fig : de travail*) desbordar; (*: par la douleur*) ahogar
submersible [sybmɛʀsibl] *nm* sumergible *m*
subodorer [sybɔdɔʀe] *vt* olerse
subordination [sybɔʀdinasjɔ̃] *nf* subordinación *f*
subordonné, e [sybɔʀdɔne] *adj* (*Ling*) subordinado(-a); **~ à** (*personne*) subordinado a; (*résultats*) supeditado(-a) a ▸ *nm/f* (*Admin, Mil*) subordinado(-a)
subordonner [sybɔʀdɔne] *vt* : **~ qn à** subordinar algn a; **~ qch à** supeditar algo a
subornation [sybɔʀnasjɔ̃] *nf* soborno
suborner [sybɔʀne] *vt* sobornar
subrepticement [sybʀɛptismɑ̃] *adv* con disimulo
subroger [sybʀɔʒe] *vt* (*Jur*) subrogar
subside [sybzid] *nm* subsidio
subsidiaire [sybzidjɛʀ] *adj* : **question ~** pregunta adicional
subsistance [sybzistɑ̃s] *nf* subsistencia; **contribuer/pourvoir à la ~ de qn** contribuir/atender al sostenimiento de algn; **moyens de ~** medios de subsistencia
subsister [sybziste] *vi* (*monument, erreur*) perdurar; (*personne, famille*) subsistir; (*survivre*) sobrevivir
subsonique [sybsɔnik] *adj* subsónico(-a)
substance [sypstɑ̃s] *nf* su(b)stancia; (*fig*) esencia; **en ~** en esencia
substantiel, le [sypstɑ̃sjɛl] *adj* (*aliment, repas*) sustancioso(-a); (*fig*) sustancial
substantiellement [sypstɑ̃sjɛlmɑ̃] *adv* sustancialmente
substantif [sypstɑ̃tif] *nm* sustantivo
substantiver [sypstɑ̃tive] *vt* sustantivar
substituer [sypstitɥe] *vt* : **~ qch/qn à** sustituir algo/a algn por; **se ~ à qn** reemplazar a algn
substitut [sypstity] *nm* (*Jur*) sustituto; (*succédané*) su(b)stitutivo
substitution [sypstitysjɔ̃] *nf* sustitución *f*
substrat [sypstʀa] *nm* sustrato, substrato
subterfuge [syptɛʀfyʒ] *nm* subterfugio
subtil, e [syptil] *adj* sutil
subtilement [syptilmɑ̃] *adv* con sutileza
subtiliser [syptilize] *vt* : **~ qch (à qn)** birlar algo (a algn) (*fam*)
subtilité [syptilite] *nf* (*aussi péj*) sutileza
subtropical, e, -aux [sybtʀɔpikal, o] *adj* subtropical
suburbain, e [sybyʀbɛ̃, ɛn] *adj* suburbano(-a)
subvenir [sybvəniʀ] *vt* : **~ à** atender a
subvention [sybvɑ̃sjɔ̃] *nf* subvención *f*
subventionner [sybvɑ̃sjɔne] *vt* subvencionar
subversif, -ive [sybvɛʀsif, iv] *adj* subversivo(-a)
subversion [sybvɛʀsjɔ̃] *nf* subversión *f*
suc [syk] *nm* (*Bot, d'une viande*) jugo; (*d'un fruit*) zumo; **sucs gastriques** jugos *mpl* gástricos
succédané [syksedane] (*péj*) *nm* (*aussi fig*) sucedáneo
succéder [syksede] : **se succéder** *vpr* sucederse; **~ à** *vt* suceder a
succès [syksɛ] *nm* éxito; (*d'un produit, une mode*) auge *m*; **avec ~** con éxito; **sans ~** sin éxito; **avoir du ~** tener éxito; **à ~** de éxito; **~ de librairie** éxito de librería; **succès** *nmpl* (*féminins etc*) conquistas *fpl*

⚠ No debe traducirse por *suceso*, que en francés corresponde a **événement**.

successeur, e [syksesœʀ] *nm/f* sucesor(a)
successif, -ive [syksesif, iv] *adj* sucesivo(-a)
succession [syksesjɔ̃] *nf* (*d'événements, d'incidents*) sucesión *f*, serie *f*; (*de formalités etc*) serie; (*patrimoine*) sucesión; **prendre la ~ de** suceder a
successivement [syksesivmɑ̃] *adv* sucesivamente
succinct, e [syksɛ̃, ɛ̃t] *adj* breve
succinctement [syksɛ̃tmɑ̃] *adv* brevemente
succion [sy(k)sjɔ̃] *nf* : **bruit de ~** ruido de succión
succomber [sykɔ̃be] *vi* sucumbir; **~ à** sucumbir a
succulent, e [sykylɑ̃, ɑ̃t] *adj* suculento(-a)
succursale [sykyʀsal] *nf* sucursal *f*; **magasin à succursales multiples** almacén *m* con múltiples sucursales
sucer [syse] *vt* chupar; **~ son pouce** chuparse el dedo
sucette [sysɛt] *nf* (*bonbon*) piruleta; (*de bébé*) chupete *m*
suçoter [sysɔte] *vt* chupetear
sucre [sykʀ] *nm* azúcar *m* ou *f*; (*morceau de sucre*) terrón *m* de azúcar; **~ cristallisé** azúcar en polvo; **~ d'orge** pirulí *m*; **~ de betterave/de**

S

canne azúcar de remolacha/de caña; **~ en morceaux/en poudre** azúcar de cortadillo/en polvo; **~ glace** azúcar glasé
sucré, e [sykʀe] *adj* con azúcar; (*au goût*) azucarado(-a); (*péj : ton, voix*) meloso(-a)
sucrer [sykʀe] *vt* poner azúcar en *ou* a; (*fam*) quitar; **se sucrer** *vpr* (*fam*) forrarse
sucrerie [sykʀəʀi] *nf* golosina; (*usine*) azucarera
sucrette [sykʀɛt] *nf* pastilla de sacarina
sucrier, -ière [sykʀije, ijɛʀ] *adj* azucarero(-a) ▸ *nm* azucarero
sud [syd] *nm* sur *m*; **au ~** al sur; **au ~ de** al sur de ▸ *adj inv* sur *inv*
sud-africain, e [sydafʀikɛ̃, ɛn] (*pl* **sud-africains, -es**) *adj* sudafricano(-a) ▸ *nm/f* : **Sud-Africain, e** sudafricano(-a)
sud-américain, e [sydameʀikɛ̃, ɛn] (*pl* **sud-américains, -es**) *adj* sudamericano(-a) ▸ *nm/f* : **Sud-Américain, e** sudamericano(-a)
sudation [sydasjɔ̃] *nf* sudación *f*
sud-coréen, ne [sydkɔʀeɛ̃, ɛn] (*pl* **sud-coréens, -nes**) *adj* surcoreano(-a) ▸ *nm/f* : **Sud-Coréen, ne** surcoreano(-a)
sud-est [sydɛst] *nm inv* sudeste *m inv* ▸ *adj inv* sudeste *inv*
sud-ouest [sydwɛst] *nm inv* sudoeste *m inv* ▸ *adj inv* sudoeste *inv*
sud-vietnamien, ne [sydvjɛtnamjɛ̃, ɛn] (*pl* **sud-vietnamiens, -nes**) *adj* survietnamita ▸ *nm/f* : **Sud-Vietnamien, ne** survietnamita *mf*
Suède [sɥɛd] *nf* Suecia
suédois, e [sɥedwa, waz] *adj* sueco(-a) ▸ *nm* (*Ling*) sueco ▸ *nm/f* : **Suédois, e** sueco(-a)
suer [sɥe] *vi* sudar; **~ à grosses gouttes** sudar la gota gorda ▸ *vt* (*fig*) exhalar
sueur [sɥœʀ] *nf* sudor *m*; **en ~** bañado(-a) en sudor; **donner des sueurs froides à qn/avoir des sueurs froides** dar a algn/tener sudores fríos
suffire [syfiʀ] *vi* bastar; (*intensif*) : **il suffit d'une négligence pour que ...** un descuido basta para que ...; **il suffit qu'on oublie pour que ...** basta olvidarse para que ...; **cela lui suffit** eso le basta; **cela suffit pour les irriter/qu'ils se fâchent** eso basta para irritarles/para que se enfaden; **« ça suffit ! »** « ¡basta ya! »; **se suffire** *vpr* ser autosuficiente
suffisamment [syfizamɑ̃] *adv* suficientemente; **~ de** suficiente
suffisance [syfizɑ̃s] *nf* (*vanité*) suficiencia; **en ~** (*quantité*) suficiente
suffisant, e [syfizɑ̃, ɑ̃t] *adj* suficiente; (*air, ton*) de suficiencia
suffisons [syfizɔ̃] *vb voir* **suffire**
suffixe [syfiks] *nm* sufijo
suffocant, e [syfɔkɑ̃, ɑ̃t] *adj* (*étouffant*) sofocante; (*stupéfiant*) pasmoso(-a)
suffocation [syfɔkasjɔ̃] *nf* sofoco
suffoquer [syfɔke] *vt* sofocar; (*suj : émotion, colère, larmes*) ahogar; (*suj : nouvelle*) dejar sin respiración ▸ *vi* sofocarse; **~ de colère/d'indignation** ponerse rojo(-a) de cólera/de indignación
suffrage [syfʀaʒ] *nm* voto; **~ universel/direct/indirect** sufragio universal/directo/indirecto; **suffrages** *nmpl* (*du public etc*) votos *mpl*; **suffrages exprimés** votos efectivos
suggérer [sygʒeʀe] *vt* sugerir; **~ (à qn) que** insinuar (a algn) que; **~ que/de faire** sugerir que/hacer
suggestif, -ive [sygʒɛstif, iv] *adj* sugerente
suggestion [sygʒɛstjɔ̃] *nf* sugerencia; (*Psych*) sugestión *f*
suggestivité [sygʒɛstivite] *nf* sugestión *f*
suicidaire [sɥisidɛʀ] *adj* suicida
suicide [sɥisid] *nm* suicidio ▸ *adj* : **opération ~** operación *f* suicida
suicidé, e [sɥiside] *nm/f* suicida *mf*
suicider [sɥiside] : **se suicider** *vpr* suicidarse
suie [sɥi] *nf* hollín *m*
suif [sɥif] *nm* sebo
suintement [sɥɛ̃tmɑ̃] *nm* (*de liquide, sur un mur*) rezumamiento; (*de plaie*) supuración *f*
suinter [sɥɛ̃te] *vi* (*liquide, mur*) rezumar; (*plaie*) supurar
suis [sɥi] *vb voir* **être**; **suivre**
Suisse [sɥis] *nf* : **la ~** Suiza; **la ~ alémanique** *ou* **allemande** la Suiza alemana; **la ~ romande** Suiza francesa ▸ *nmf* (*personne*) suizo(-a)
suisse [sɥis] *adj* suizo(-a); **~ romand** suizo-francés; **~ allemand** suizo alemán ▸ *nm* (*bedeau*) pertiguero(-a)
Suissesse [sɥisɛs] *nf* suiza
suit [sɥi] *vb voir* **suivre**
suite [sɥit] *nf* (*continuation*) continuación *f*; (*de maisons, rues, succès*) sucesión *f*; (*Math, liaison logique*) serie *f*; (*conséquence, résultat*) resultado; (*Mus, appartement*) suite *f*; (*escorte*) séquito; **prendre la ~ de** (*directeur etc*) tomar el relevo de; **donner ~ à** dar curso a; **faire ~ à** ser continuación de; **(faisant) ~ à votre lettre du ...** en respuesta a su carta del ...; **sans ~** sin pies ni cabeza; **de ~** (*d'affilée*) seguido(-a); (*immédiatement*) enseguida; **par la ~** luego; **à la ~** *adj* seguido(-a); *adv* a continuación; **à la ~ de** (*derrière*) tras; (*en conséquence de*) como consecuencia de; **par ~ de** como consecuencia de; **avoir de la ~ dans les idées** tener perseverancia en las ideas; **attendre la ~ des événements** esperar el curso de los acontecimientos; **suites** *nfpl* (*d'une maladie, chute*) secuelas *fpl*
suivant, e [sɥivɑ̃, ɑ̃t] *vb voir* **suivre** ▸ *adj* siguiente ▸ *prép* según; **~ que** según que ▸ *nm* : **« au ~ ! »** « ¡el siguiente! »
suive [sɥiv] *vb voir* **suivre**
suiveur [sɥivœʀ] *nm* seguidor *m*; (*péj*) admirador *m*

suivi, e [sɥivi] *pp de* **suivre** ▸ *adj* seguido(-a); *(article)* de venta permanente; *(discours etc)* coherente; **très/peu ~** con mucho/poco éxito ▸ *nm* seguimiento
suivisme [sɥivism] *nm* seguidismo; **faire du ~** hacer seguidismo
suiviste [sɥivist] *adj, nmf* seguidista *mf*
suivre [sɥivʀ] *vt* seguir; *(mari, ami etc)* acompañar; *(suj : remords, pensées)* perseguir; *(imagination, fantaisie, goût)* dejarse guiar por; *(cours)* asistir a; *(comprendre : programme, leçon)* comprender; *(élève, malade, affaire)* llevar el seguimiento de; *(raisonnement)* seguir el hilo de; *(article)* proveerse de; **~ des yeux** seguir con la mirada; **~ son cours** seguir su curso ▸ *vi (écouter attentivement)* atender; *(assimiler le programme)* comprender; *(venir après)* seguirse; **faire ~** *(lettre)* reexpedir; **« à ~ »** « continuará »; **se suivre** *vpr* sucederse; *(raisonnement)* ser coherente
sujet, te [syʒɛ, ɛt] *adj* : **être ~ à** *(accidents, vertige etc)* ser propenso(-a) a ▸ *nm/f (d'un souverain etc)* súbdito(-a) ▸ *nm* tema *m*; *(d'une dispute etc)* motivo, causa; *(élève)* alumno; *(Ling)* sujeto; **un ~ de dispute/discorde/mécontentement** una causa de riña/discordia/descontento; **c'est à quel ~ ?** ¿qué se le ofrece?; **avoir ~ de se plaindre** tener motivo para quejarse; **un mauvais ~** *(péj)* una mala persona; **au ~ de** a propósito de; **~ à caution** cuestionable; **~ de conversation** tema de conversación; **~ d'examen** *(Scol)* tema de examen; **~ d'expérience** conejillo de Indias
sujétion [syʒesjɔ̃] *nf* sujeción *f*; *(fig)* obligación *f*
sulfater [sylfate] *vt* sulfatar
sulfureux, -euse [sylfyʀø, øz] *adj* sulfuroso(-a); *(fig : caractère)* perverso(-a); *(: roman etc)* atrevido(-a)
sulfurique [sylfyʀik] *adj* : **acide ~** ácido sulfúrico
sulfurisé, e [sylfyʀize] *adj* : **papier ~** papel *m* vegetal
sultan [syltɑ̃] *nm* sultán *m*
sultanat [syltana] *nm* sultanato
summum [sɔ(m)mɔm] *nm* : **le ~ de** el súmmum de
sunnite [synit] *adj* suní, sunita
super [sypɛʀ] *(pl* **~(s)**) *(fam) adj* súper *inv* ▸ *nm* súper *f*
super... [sypɛʀ] *préf* super...
superbe [sypɛʀb] *adj* espléndido(-a); *(situation, performance)* magnífico(-a) ▸ *nf* soberbia
superbement [sypɛʀbəmɑ̃] *adv* espléndidamente
supercarburant [sypɛʀkaʀbyʀɑ̃] *nm* supercarburante *m*
supercherie [sypɛʀʃəʀi] *nf* superchería; *(fraude)* estafa
supérette [sypeʀɛt] *nf* autoservicio
superfétatoire [sypɛʀfetatwaʀ] *adj* superfluo(-a)
superficialité [sypɛʀfisjalite] *nf* superficialidad *f*
superficie [sypɛʀfisi] *nf* superficie *f*; *(fig)* apariencia
superficiel, le [sypɛʀfisjɛl] *adj* superficial
superficiellement [sypɛʀfisjɛlmɑ̃] *adv* superficialmente
superflu, e [sypɛʀfly] *adj* superfluo(-a) ▸ *nm* : **le ~** lo superfluo
superforme [sypɛʀfɔʀm] *(fam) nf* plena forma
super-grand [sypɛʀgʀɑ̃] *(pl* **super-grands**) *nm* superpotencia
super-huit [sypɛʀɥit] *adj inv* : **caméra/film ~** cámara/película de super-ocho
supérieur, e [sypeʀjœʀ] *adj* superior; *(air, sourire)* de superioridad; **à l'étage ~** en el piso de arriba; **~ en nombre** superior en número; **Mère supérieure** madre *f* superiora ▸ *nm/f* superior(a) ▸ *nm (Univ)* enseñanza superior
supérieurement [sypeʀjœʀmɑ̃] *adv* : **~ intelligent** de una inteligencia superior
supériorité [sypeʀjɔʀite] *nf* superioridad *f*; **~ numérique** superioridad numérica
superlatif [sypɛʀlatif] *nm (Ling)* superlativo; *(gén pl : terme d'éloge etc)* superlativos *mpl*; **~ absolu/relatif** superlativo absoluto/relativo
supermarché [sypɛʀmaʀʃe] *nm* supermercado
supernova [sypɛʀnɔva] *(pl* **supernovæ**) *nf* supernova
superposable [sypɛʀpozabl] *adj (figures, lits)* superponible
superposer [sypɛʀpoze] *vt* superponer; **lits superposés** literas *fpl*; **se superposer** *vpr (images, souvenirs)* confundirse
superposition [sypɛʀpozisjɔ̃] *nf* superposición *f*; *(de souvenirs)* confusión *f*
superpréfet [sypɛʀpʀefɛ] *nm gobernador de una región francesa*
superproduction [sypɛʀpʀɔdyksjɔ̃] *nf* superproducción *f*
superpuissance [sypɛʀpɥisɑ̃s] *nf* superpotencia
supersonique [sypɛʀsɔnik] *adj* supersónico(-a)
superstitieux, -euse [sypɛʀstisjø, jøz] *adj* supersticioso(-a)
superstition [sypɛʀstisjɔ̃] *nf* superstición *f*
superstructure [sypɛʀstʀyktyʀ] *nf* superestructura
supertanker [sypɛʀtɑ̃kœʀ] *nm* superpetrolero
superviser [sypɛʀvize] *vt* supervisar
supervision [sypɛʀvizjɔ̃] *nf* supervisión *f*
supplanter [syplɑ̃te] *vt (personne)* suplantar; *(méthode, machine)* sustituir

S

suppléance [sypleɑ̃s] *nf* sustitución *f*
suppléant, e [sypleɑ̃, ɑ̃t] *adj* (*juge, fonctionnaire*) suplente; (*professeur*) sustituto(-a); **médecin ~** médico suplente ▸ *nm/f* sustituto(-a)
suppléer [syplee] *vt* suplir; (*remplacer, aussi Admin*) sustituir a; **~ à** suplir
supplément [syplemɑ̃] *nm* suplemento; **un ~ de frites** una porción extra de patatas fritas; **en ~** (*au menu etc*) no incluido; **~ d'information** suplemento de información
supplémentaire [syplemɑ̃tɛʀ] *adj* suplementario(-a); (*train etc*) adicional; **contrôles supplémentaires** refuerzo de controles
supplémentation [syplemɑ̃tasjɔ̃] *nf* (*nutritionnelle*) suplementación *f*
supplétif, -ive [sypletif, iv] *adj* (*Mil*) de refuerzo
suppliant, e [sypliјɑ̃, ijɑ̃t] *adj* suplicante
supplication [syplikasjɔ̃] *nf* (*Rel*) súplica
supplice [syplis] *nm* suplicio; **être au ~** (*appréhension*) estar atormentado(-a); (*gêne, douleur*) no aguantar más
supplicier [syplisje] *vt* (*torturer*) torturar
supplier [syplije] *vt* suplicar
supplique [syplik] *nf* súplica
support [sypɔʀ] *nm* soporte *m*; **~ audio-visuel/publicitaire** soporte audio-visual/publicitario
supportable [sypɔʀtabl] *adj* soportable
supporter¹ [sypɔʀtœʀ] *nmf*, **supporteur, -trice** [sypɔʀtœʀ, tʀis] *nm/f* seguidor(a)
supporter² [sypɔʀte] *vt* soportar; (*choc*) resistir a; (*équipe*) apoyar
supposé, e [sypoze] *adj* supuesto(-a)
supposément [sypozemɑ̃] *adv* supuestamente
supposer [sypoze] *vt* suponer; **~ que** suponer que; **en supposant** *ou* **à ~ que** suponiendo que
supposition [sypozisjɔ̃] *nf* suposición *f*
suppositoire [sypozitwaʀ] *nm* supositorio
suppôt [sypo] (*péj*) *nm* servidor *m*
suppression [sypʀesjɔ̃] *nf* supresión *f*
supprimer [sypʀime] *vt* suprimir; (*personne, témoin gênant*) quitar de en medio, suprimir; **~ qch à qn** quitarle algo a algn
suppuration [sypyʀasjɔ̃] *nf* supuración *f*
suppurer [sypyʀe] *vi* supurar
supputations [sypytasjɔ̃] *nfpl* pronósticos *mpl*
supputer [sypyte] *vt* (*dépense, revenu*) calcular; (*chances, probabilité*) pronosticar
supraconducteur, -trice [sypʀakɔ̃dyktœʀ, tʀis] *adj* superconductor(a) ▸ *nm* superconductor *m*
supranational, e, -aux [sypʀanasjɔnal, o] *adj* supranacional
suprématie [sypʀemasi] *nf* supremacía
suprême [sypʀɛm] *adj* (*pouvoir etc*) supremo(-a); (*bonheur, habileté*) sumo(-a); **un ~ espoir** (*ultime*) una última esperanza; **les honneurs suprêmes** los honores póstumos
suprêmement [sypʀɛmmɑ̃] *adv* en grado supremo

MOT-CLÉ

sur¹ [syʀ] *prép* **1** en; (*par dessus, au-dessus*) encima de, sobre; **pose-le sur la table** ponlo en la mesa; **je n'ai pas d'argent sur moi** no llevo dinero encima; **avoir de l'influence/un effet sur ...** tener influencia/un efecto sobre ...; **avoir accident sur accident** tener accidente tras accidente; **sur ce** tras esto
2 (*direction*) hacia; **en allant sur Paris** yendo hacia París; **sur votre droite** a su derecha
3 (*à propos de*) acerca de, sobre; **un livre/une conférence sur Balzac** un libro/una conferencia sobre Balzac
4 (*proportion, mesures*) de entre, de cada; **un sur 10** uno de cada 10; (*Scol : note*) uno sobre 10; **sur 20, 2 sont venus** de 20, han venido 2; **4m sur 2** 4m por 2

sur², e [syʀ] *adj* agrio(-a)
sûr, e [syʀ] *adj* seguro(-a); (*renseignement, ami, voiture*) de confianza; (*goût, réflexe etc*) agudo(-a); **peu ~** (*ami etc*) no de mucha confianza; (*méthode*) no muy seguro(-a); (*réflexe etc*) no muy agudo(-a); **être ~ de qn** confiar en algn; **c'est ~ et certain** sin lugar a dudas; **~ de soi** seguro de sí mismo(-a); **le plus ~ est de ...** lo más seguro es ...
surabondance [syʀabɔ̃dɑ̃s] *nf* (*de produits, richesse*) sobreabundancia; (*de couleurs, détails*) exceso; **en ~** en abundancia
surabondant, e [syʀabɔ̃dɑ̃, ɑ̃t] *adj* sobreabundante
surabonder [syʀabɔ̃de] *vi* sobreabundar; **~ de** rebosar de
suractivité [syʀaktivite] *nf* sobreactividad *f*
suraigu, -uë [syʀegy] *adj* sobreagudo(-a)
surajouter [syʀaʒute] *vt* : **~ qch à** sobreañadir algo a; **se surajouter à** *vpr* sobreañadirse a
suralimentation [syʀalimɑ̃tasjɔ̃] *nf* sobrealimentación *f*
suralimenté, e [syʀalimɑ̃te] *adj* sobrealimentado(-a)
suranné, e [syʀane] *adj* anticuado(-a)
surarmement [syʀaʀməmɑ̃] *nm* armamentismo
surbaissé, e [syʀbese] *adj* rebajado(-a)
surbooké, e [syʀbuke] *adj* (*vol*) con overbooking; (*fam : personne*) : **être ~** tener la agenda a tope
surcapacité [syʀkapasite] *nf* supercapacidad *f*

surcharge [syʀʃaʀʒ] *nf* sobrecarga; (*correction, ajout*) tachón *m*; **prendre des passagers en ~** coger pasajeros en exceso; **~ de travail** exceso de trabajo
surchargé, e [syʀʃaʀʒe] *adj* (*décoration, style*) recargado(-a); (*voiture*) supercargado(-a); (*emploi du temps*) sobrecargado(-a); **~ de travail/soucis** sobrecargado de trabajo/de preocupaciones
surcharger [syʀʃaʀʒe] *vt* (*véhicule*) cargar en exceso; (*personne*) cargar; (*texte*) tachar; (*timbre-poste, fig*) sobrecargar; (*décoration*) recargar
surchauffe [syʀʃof] *nf* recalentamiento
surchauffé, e [syʀʃofe] *adj* (*local, wagon*) recalentado(-a); (*fig*) enardecido(-a)
surchauffer [syʀʃofe] *vi* (*moteur, machine, économie*) recalentarse ▸ *vt* (*local, wagon*) calentar demasiado
surchoix [syʀʃwa] *adj inv* seleccionado(-a)
surclasser [syʀklɑse] *vt* (*concurrent*) aventajar a; (*surpasser*) superar
surconsommation [syʀkɔ̃sɔmasjɔ̃] *nf* superconsumo
surcoté, e [syʀkɔte] *adj* supercotizado(-a)
surcouper [syʀkupe] *vt* contrafallar
surcoût [syʀku] *nm* sobrecoste *m*
surcroît [syʀkʀwa] *nm* : **un ~ de** un aumento de; **par** *ou* **de ~** por añadidura; **en ~** en añadidura
surdimensionné, e [syʀdimɑ̃sjɔne] *adj* sobredimensionado(-a); **un ego ~** un ego sobredimensionado
surdimutité [syʀdimytite] *nf* sordomudez *f*
surdi-mutité [syʀdimytite] (*pl* **surdi-mutités**) *nf* sordomudez *f*
surdité [syʀdite] *nf* sordera; **atteint de ~ totale** que padece de sordera total
surdose [syʀdoz] *nf* (*aussi fig*) sobredosis *f inv*
surdoué, e [syʀdwe] *adj* superdotado(-a)
sureau, x [syʀo] *nm* saúco
sureffectif [syʀefɛktif] *nm* exceso
surélever [syʀel(ə)ve] *vt* realzar
sûrement [syʀmɑ̃] *adv* (*certainement*) seguramente; **~ pas** seguro que no
suremploi [syʀɑ̃plwa] *nm* sobreempleo
surenchère [syʀɑ̃ʃɛʀ] *nf* (*aux enchères*) sobrepuja; (*sur prix fixe*) encarecimiento; **~ de violence** subida de violencia
surenchérir [syʀɑ̃ʃeʀiʀ] *vi* (*Comm*) sobrepujar; (*fig*) : **~ sur qn** aventajar a algn
surendetté, e [syʀɑ̃dete] *adj* sobreendeudado(-a)
surendettement [syʀɑ̃dɛtmɑ̃] *nm* sobreendeudamiento
surent [syʀ] *vb voir* **savoir**
surentraîné, e [syʀɑ̃tʀene] *adj* : **l'athlète est ~** el atleta se ha entrenado demasiado
suréquipé, e [syʀekipe] *adj* sobreequipado(-a)
surestimer [syʀɛstime] *vt* sobreestimar
sûreté [syʀte] *nf* fiabilidad *f*; (*du goût etc*) agudeza; (*Jur*) garantía; **être/mettre en ~** (*personne*) estar/poner a salvo; (*objet*) estar/poner en lugar seguro; **pour plus de ~** para mayor seguridad; **attentat/crime contre la ~ de l'État** atentado/crimen contra la seguridad del Estado; **la S~ (nationale)** *brigada de investigación criminal francesa*
surévaluation [syʀevalɥasjɔ̃] *nf* (*de monnaie, recettes*) sobrevaloración *f*
surévaluer [syʀevalɥe] *vt* (*importance, capacité*) sobrestimar; (*monnaie, recettes*) sobrevalorar
surexcité, e [syʀɛksite] *adj* superexcitado(-a)
surexciter [syʀɛksite] *vt* (*personne*) excitar muchísimo; (*curiosité*) estimular enormemente
surexploitation [syʀɛksplwatasjɔ̃] *nf* sobreexplotación *f*
surexploiter [syʀɛksplwate] *vt* sobreexplotar
surexposer [syʀɛkspoze] *vt* sobreexponer
surf [sœʀf] *nm* surf *m*; **faire du ~** hacer surf
surface [syʀfas] *nf* superficie *f*; **faire ~** salir a la superficie; **en ~** (*nager, naviguer*) en la superficie; (*fig*) aparentemente; **la pièce fait 100 m² de ~** la habitación mide 100 m² de superficie; **~ de réparation** (*Sport*) área de castigo; **~ porteuse** *ou* **de sustentation** (*Aviat*) plano de sustentación
surfacturation [syʀfaktyʀasjɔ̃] *nf* sobrefacturación *f*
surfait, e [syʀfɛ, ɛt] *adj* sobreestimado(-a)
surfer [syʀfe] *vi* hacer surf; **~ sur Internet** navegar por Internet
surfeur, -euse [sœʀfœʀ, øz] *nm/f* surfista *mf*
surfiler [syʀfile] *vt* sobrehilar
surfin, e [syʀfɛ̃, in] *adj* superfino(-a)
surgélateur [syʀʒelatœʀ] *nm* congelador *m*
surgélation [syʀʒelasjɔ̃] *nf* congelación *f*
surgelé, e [syʀʒəle] *adj* congelado(-a)
surgeler [syʀʒəle] *vt* congelar
surgir [syʀʒiʀ] *vi* aparecer; (*de terre*) salir; (*fig*) surgir
surhomme [syʀɔm] *nm* superhombre *m*
surhumain, e [syʀymɛ̃, ɛn] *adj* sobrehumano(-a)
surimposer [syʀɛ̃poze] *vt* sobretasar
surimpression [syʀɛ̃pʀesjɔ̃] *nf* (*Photo*) sobreimpresión *f*; **en ~** en sobreimpresión; (*fig*) al mismo tiempo
surimprimer [syʀɛ̃pʀime] *vt* superponer
Surinam [syʀinam] *nm* Surinam *m*
surinfection [syʀɛ̃fɛksjɔ̃] *nf* reinfección *f*
surjet [syʀʒɛ] *nm* punto por cima
surjouer [syʀʒwe] *vt, vi* sobreactuar
sur-le-champ [syʀləʃɑ̃] *adv* en el acto
surlendemain [syʀlɑ̃d(ə)mɛ̃] *nm* : **le ~** a los dos días; **le ~ de** dos días después de; **le ~ soir** a los dos días por la noche

S

surligner [syʀliɲe] *vt* marcar con rotulador fosforescente
surligneur [syʀliɲœʀ] *nm* rotulador *m* fluorescente
surmenage [syʀmənaʒ] *nm* (*Méd*) agotamiento; **le ~ intellectuel** el agotamiento intelectual
surmené, e [syʀməne] *adj* agotado(-a)
surmener [syʀməne] *vt* agotar; **se surmener** *vpr* agotarse
surmonter [syʀmɔ̃te] *vt* vencer; (*suj : coupole etc*) coronar
surmortalité [syʀmɔʀtalite] *nf* exceso de mortalidad
surmultiplié, e [syʀmyltiplije] *adj* : **vitesse surmultipliée** superdirecta ▸ *nf* : **en surmultipliée** en superdirecta
surnager [syʀnaʒe] *vi* (*aussi fig*) mantenerse a flote
surnaturel, le [syʀnatyʀɛl] *adj* sobrenatural ▸ *nm* : **le ~** lo sobrenatural
surnom [syʀnɔ̃] *nm* (*gén*) sobrenombre *m*, apodo
surnombre [syʀnɔ̃bʀ] *nm* : **être en ~** estar de más
surnommer [syʀnɔme] *vt* apodar
surnuméraire [syʀnymeʀɛʀ] *adj* supernumerario(-a)
suroît [syʀwa] *nm* (*vent*) suroeste *m*
surpasser [syʀpɑse] *vt* superar; **se surpasser** *vpr* superarse
surpayer [syʀpeje] *vt* (*personne*) pagar en exceso; (*article etc*) pagar demasiado caro
surpeuplé, e [syʀpœple] *adj* superpoblado(-a)
surpeuplement [syʀpœpləmɑ̃] *nm* superpoblación *f*
surpiquer [syʀpike] *vt* sobrecoser
surpiqûre [syʀpikyʀ] *nf* sobrecostura
surplace [syʀplas] *nm* : **faire du ~** (*rester en équilibre*) mantener el equilibrio; (*dans un embouteillage etc*) ir a paso de caracol
surplis [syʀpli] *nm* sobrepelliz *f*
surplomb [syʀplɔ̃] *nm* saliente *m*; **en ~** que sobresale
surplomber [syʀplɔ̃be] *vi* sobresalir ▸ *vt* destacar sobre
surplus [syʀply] *nm* (*Comm*) excedente *m*; **~ de bois/tissu** sobrante *m* de leña/de tela; **au ~** por lo demás; **~ américain** (*magasin*) tienda de excedentes americanos
surpoids [syʀpwa] *nm* sobrepeso; **être en ~** tener sobrepeso
surpopulation [syʀpɔpylasjɔ̃] *nf* superpoblación *f*
surprenant, e [syʀpʀənɑ̃, ɑ̃t] *vb voir* **surprendre** ▸ *adj* sorprendente
surprendre [syʀpʀɑ̃dʀ] *vt* sorprender; (*secret, conversation*) descubrir; (*voisins, amis etc*) sorprender con una visita; (*fig*) captar; **se ~ à faire qch** sorprenderse haciendo algo
surprime [syʀpʀim] *nf* prima extra
surpris, e [syʀpʀi, iz] *pp de* **surprendre** ▸ *adj* de sorpresa; **~ de/que** sorprendido(-a) por/de que
surprise [syʀpʀiz] *nf* sorpresa; **faire une ~ à qn** dar una sorpresa a algn; **voyage sans surprises** viaje sin sobresaltos; **avoir la ~ de** tener la sorpresa de; **par ~** por sorpresa
surprise-partie [syʀpʀizpaʀti] (*pl* **surprises-parties**) *nf* guateque *m*
surprit [syʀpʀi] *vb voir* **surprendre**
surproduction [syʀpʀɔdyksjɔ̃] *nf* superproducción *f*
surpuissant, e [syʀpɥisɑ̃, ɑ̃t] *adj* superpotente
surréaliste [syʀʀealist] *adj* surrealista
surrégime [syʀʀeʒim] *nm* (*de moteur*) embalamiento; **tourner en ~** ir embalado(-a), ir pasado(-a) de vueltas; (*fig*) ir pasado(-a) de vueltas
surréservation [syʀʀezɛʀvasjɔ̃] *nf* overbooking *m*
sursaut [syʀso] *nm* sobresalto; **en ~** de un sobresalto; **~ d'énergie** resuello de energía; **~ d'indignation** pronto de indignación
sursauter [syʀsote] *vi* sobresaltarse
surseoir [syʀswaʀ] : **~ à** *vt* (*Jur*) aplazar
sursis [syʀsi] *nm* (*Jur : d'une peine*) indulto; (*: à la condamnation à mort*) aplazamiento; (*Mil*) : **~ (d'appel** *ou* **d'incorporation)** prórroga (de llamada *ou* de incorporación a filas); (*fig*) periodo de espera; **condamné à cinq mois (de prison) avec ~** condenado a cinco meses (de prisión) con indulto; **on lui a accordé le ~** (*Mil*) se le concedió la prórroga; (*Jur*) se le indultó
sursitaire [syʀsitɛʀ] *nm* (*Mil*) *persona a quien se le concede una prórroga*
sursois *etc* [syʀswa] *vb voir* **surseoir**
sursoyais *etc* [syʀswaje] *vb voir* **surseoir**
surtaxe [syʀtaks] *nf* (*taxe additionnelle*) impuesto adicional; (*taxe excessive*) impuesto excesivo
surtaxé, e [syʀtakse] *adj* (*Tél : appel, numéro*) de tarificación adicional
surtaxer [syʀtakse] *vt* (*taxer en plus*) aplicar un impuesto adicional a; (*taxer excessivement*) gravar en exceso
surtension [syʀtɑ̃sjɔ̃] *nf* sobretensión *f*
surtout [syʀtu] *adv* sobre todo; **il songe ~ à ses propres intérêts** piensa sobre todo en sus propios intereses; **il aime le sport, ~ le football** le gusta el deporte, sobre todo el fútbol; **~ pas d'histoires/ne dites rien !** ¡sobre todo nada de líos/no diga nada!; **~ pas !** ¡de ninguna manera!; **~ pas lui !** ¡él, de ninguna manera!; **~ que ...** sobre todo porque ...
survécu, e [syʀveky] *pp de* **survivre**

surveillance [syʀvɛjɑ̃s] *nf* vigilancia; **être sous la ~ de qn** estar bajo la vigilancia de algn; **sous ~ médicale** bajo control médico; **la ~ du territoire** ≈ servicio de inteligencia *ou* contraespionaje
surveillant, e [syʀvɛjɑ̃, ɑ̃t] *nm/f* (*Scol, de prison*) vigilante *mf*; (*de travaux*) capataz *mf*
surveiller [syʀveje] *vt* (*enfant etc*) cuidar de; (*Mil, gén*) vigilar; (*travaux, cuisson*) atender; **~ son langage/sa ligne** cuidar su vocabulario/la línea; **se surveiller** *vpr* controlarse
survenir [syʀvəniʀ] *vi* sobrevenir
survenu, e [syʀv(ə)ny] *pp de* **survenir**
survêt [syʀvɛt] (*fam*) *nm* chándal *m*
survêtement [syʀvɛtmɑ̃] *nm* chándal *m*
survie [syʀvi] *nf* supervivencia; **équipement de ~** equipo de supervivencia
surviens [syʀvjɛ̃] *vb voir* **survenir**
survint [syʀvɛ̃] *vb voir* **survenir**
survirer [syʀviʀe] *vi* derrapar (*por la parte trasera*)
survit [syʀvi] *vb voir* **survivre**
survitaminé, e [syʀvitamine] (*fam*) *adj* dinámico(-a)
survitrage [syʀvitʀaʒ] *nm* doble acristalamiento
survivance [syʀvivɑ̃s] *nf* supervivencia
survivant, e [syʀvivɑ̃, ɑ̃t] *vb voir* **survivre** ▸ *nm/f* superviviente *mf*; (*Jur*) heredero(-a)
survivre [syʀvivʀ] *vi* sobrevivir; **~ à** sobrevivir a; **la victime a peu de chances de ~** la víctima tiene pocas posibilidades de sobrevivir
survol [syʀvɔl] *nm* : **le ~** (*d'un lieu*) el vuelo sobre; (*d'un livre*) el leer por encima; (*d'une question*) el tratar por encima
survoler [syʀvɔle] *vt* (*lieu*) sobrevolar; (*livre, écrit*) leer por encima; (*question, problèmes*) tratar por encima
survolté, e [syʀvɔlte] *adj* (*fig : personne*) superexcitado(-a); (*: ambiance*) acalorado(-a)
sus [sy(s)] *vb voir* **savoir** ▸ *adv* : **en ~ de** (*Jur, Admin*) además de; **en ~** además; **~ à ... ! : ~ au tyran !** ¡a por el tirano!
susceptibilité [sysɛptibilite] *nf* susceptibilidad *f*
susceptible [sysɛptibl] *adj* susceptible; **(être) ~ de** (ser) susceptible de; **~ d'amélioration** *ou* **d'être amélioré** susceptible de mejora *ou* de ser mejorado
susciter [sysite] *vt* (*ennuis etc*) : **~ (à qn)** originar (a algn); (*admiration etc*) suscitar
susdit, e [sysdi, dit] *adj* susodicho(-a)
susmentionné, e [sysmɑ̃sjɔne] *adj* susodicho(-a)
susnommé, e [sysnɔme] *adj* susodicho(-a)
suspect, e [syspɛ(kt), ɛkt] *adj* sospechoso(-a); (*vin etc*) de poca confianza; **être (peu) ~ de** ser (poco) sospechoso(-a) de ▸ *nm/f* sospechoso(-a)
suspecter [syspɛkte] *vt* sospechar; **~ qn d'être/d'avoir fait qch** sospechar que algn es/que algn ha hecho algo
suspendre [syspɑ̃dʀ] *vt* suspender; **~ qch (à)** colgar algo (de); **se suspendre** *vpr* : **se ~ à** aferrarse a, colgarse de
suspendu, e [syspɑ̃dy] *pp de* **suspendre** ▸ *adj* (*accroché*) : **~ à** colgado(-a) de; (*perché*) : **~ au-dessus de** suspendido(-a) sobre; **voiture bien/mal suspendue** coche con buena/mala suspensión; **être ~ aux lèvres de qn** estar pendiente de los labios de algn
suspens [syspɑ̃] : **en ~** *adv* suspendido(-a); **tenir en ~** (*lecteurs, spectateurs*) mantener en suspense
suspense [syspɛns] *nm* suspense *m*
suspension [syspɑ̃sjɔ̃] *nf* suspensión *f*; (*lustre*) lámpara de techo; **en ~** en suspensión; **~ d'audience** suspensión de la vista
suspicieux, -euse [syspisjø, jøz] *adj* receloso(-a)
suspicion [syspisjɔ̃] *nf* sospecha
sustentation [systɑ̃tasjɔ̃] *nf* (*Aviat*) sustentación *f*; **base** *ou* **polygone de ~** base *f* *ou* polígono de sustentación
sustenter [systɑ̃te] : **se sustenter** *vpr* sustentarse
susurrer [sysyʀe] *vt* susurrar
sut [sy] *vb voir* **savoir**
suture [sytyʀ] *nf* : **point de ~** punto de sutura
suturer [sytyʀe] *vt* suturar
suzeraineté [syz(ə)ʀɛnte] *nf* soberanía feudal
svelte [svɛlt] *adj* esbelto(-a)
SVP [ɛsvepe] *abr* (= *s'il vous plaît*) por favor
SVT [ɛsvete] (*Scol*) *sigle fpl* (= *Sciences de la vie et de la Terre*) ≈ Ciencias de la Naturaleza
swahili, e [swaili] *adj* swahili ▸ *nm* (*langue*) swahili *m*
Swaziland [swazilɑ̃d] *nm* Swazilandia
sweat [swit] (*fam*) *nm* sudadera
sweat-shirt [switʃœʀt] (*pl* **sweat-shirts**) *nm* sudadera
syllabaire [si(l)labɛʀ] *nm* cartilla
syllabe [si(l)lab] *nf* sílaba
sylphide [silfid] *nf* (*fig*) sílfide *f*
sylvestre [silvɛstʀ] *adj* : **pin ~** pino silvestre
sylvicole [silvikɔl] *adj* silvícola
sylviculteur, -trice [silvikyltoœʀ, tʀis] *nm* silvicultor(a)
sylviculture [silvikyltyʀ] *nf* silvicultura
symbiose [sɛ̃bjoz] *nf* simbiosis *f inv*; **en ~ avec qch** en simbiosis con algo
symbole [sɛ̃bɔl] *nm* símbolo
symbolique [sɛ̃bɔlik] *adj* simbólico(-a) ▸ *nf* simbolismo
symboliquement [sɛ̃bɔlikmɑ̃] *adv* simbólicamente
symboliser [sɛ̃bɔlize] *vt* simbolizar

S

symétrie [simetʀi] *nf* simetría; **axe/centre de ~** eje *m*/centro de simetría
symétrique [simetʀik] *adj* simétrico(-a)
symétriquement [simetʀikmɑ̃] *adv* simétricamente
sympa [sɛ̃pa] *(fam) adj voir* **sympathique**
sympathie [sɛ̃pati] *nf* simpatía; *(condoléances)* pésame *m*; **accueillir avec ~** acoger con gusto; **avoir de la ~ pour qn** tener simpatía a algn; **témoignages de ~** muestras *fpl* de condolencia; **croyez à toute ma ~** mi más sentido pésame
sympathique [sɛ̃patik] *adj (personne)* simpático(-a); *(déjeuner etc)* agradable

> Si l'adjectif **sympathique** peut se traduire par *simpático*, l'expression « trouver quelqu'un sympathique » se traduit le plus souvent par *caerle bien a alguien*, le contraire étant *caerle mal a alguien* :
> **J'ai trouvé ton père très sympathique.**
> Tu padre me cayó muy bien.
> **Tout le monde le trouve antipathique.**
> No le cae bien a nadie.

sympathisant, e [sɛ̃patizɑ̃, ɑ̃t] *nm/f* simpatizante *mf*
sympathiser [sɛ̃patize] *vi* simpatizar; **~ avec qn** simpatizar con algn
symphonie [sɛ̃fɔni] *nf* sinfonía
symphonique [sɛ̃fɔnik] *adj* sinfónico(-a)
symposium [sɛ̃pozjɔm] *nm* simposio
symptomatique [sɛ̃ptɔmatik] *adj* sintomático(-a); **~ de** sintomático(-a) de
symptôme [sɛ̃ptom] *nm* síntoma *m*
synagogue [sinagɔg] *nf* sinagoga
synchrone [sɛ̃kʀon] *adj* sincrónico(-a)
synchronique [sɛ̃kʀɔnik] *adj* : **tableau ~** esquema *m* sincrónico
synchronisation [sɛ̃kʀɔnizasjɔ̃] *nf* sincronización *f*
synchronisé, e [sɛ̃kʀɔnize] *adj* sincronizado(-a)
synchroniser [sɛ̃kʀɔnize] *vt* sincronizar
syncope [sɛ̃kɔp] *nf (Méd)* síncope *m*; *(Mus)* síncopa; **elle est tombée en ~** le dio un síncope
syncopé, e [sɛ̃kɔpe] *adj* sincopado(-a)
syndic [sɛ̃dik] *nm* administrador *m*
syndical, e, -aux [sɛ̃dikal, o] *adj* sindical; **centrale syndicale** central *f* sindical
syndicalisme [sɛ̃dikalism] *nm* sindicalismo
syndicaliste [sɛ̃dikalist] *nmf* sindicalista *mf*
syndicat [sɛ̃dika] *nm* sindicato; **~ d'initiative** oficina de turismo; **~ de producteurs** unión *f* de productores; **~ de propriétaires** comunidad *f* de propietarios; **~ patronal** organización *f* patronal
syndiqué, e [sɛ̃dike] *adj* sindicado(-a); **non ~(e)** no sindicado(-a)
syndiquer [sɛ̃dike] : **se syndiquer** *vpr* sindicarse
syndrome [sɛ̃dʀom] *nm* síndrome *m*
synergie [sinɛʀʒi] *nf* sinergia
synode [sinɔd] *nm* sínodo
synonyme [sinɔnim] *adj* sinónimo(-a) ▸ *nm* sinónimo
synopsis [sinɔpsis] *nm ou f* sinopsis *f inv*
synoptique [sinɔptik] *adj* : **tableau ~** esquema *m* sinóptico
synovie [sinɔvi] *nf* : **épanchement de ~** derrame *m* sinovial
syntaxe [sɛ̃taks] *nf* sintaxis *fsg*
synthèse [sɛ̃tɛz] *nf* síntesis *f inv*; **faire la ~ de** hacer la síntesis de
synthétique [sɛ̃tetik] *adj* sintético(-a); *(méthode, esprit)* de síntesis
synthétiser [sɛ̃tetize] *vt* sintetizar
synthétiseur [sɛ̃tetizœʀ] *nm (Mus)* sintetizador *m*
syphilis [sifilis] *nf* sífilis *fsg*
syphilitique [sifilitik] *adj, nmf* sifilítico(-a)
Syrie [siʀi] *nf* Siria
syrien, ne [siʀjɛ̃, jɛn] *adj* sirio(-a) ▸ *nm/f* : **Syrien, ne** sirio(-a)
systématique [sistematik] *adj (classement, étude, opposition)* sistemático(-a); *(péj)* dogmático(-a)
systématiquement [sistematikmɑ̃] *adv* de forma sistemática
systématisation [sistematizasjɔ̃] *nf* sistematización *f*
systématiser [sistematize] *vt* sistematizar
système [sistɛm] *nm* sistema *m*; **utiliser le ~ D** *(fam)* utilizar el ingenio; **~ décimal** sistema decimal; **~ d'exploitation** *(Inform)* sistema operativo; **~ expert** sistema experto; **~ métrique** sistema métrico; **~ nerveux/solaire** sistema nervioso/solar
systémique [sistemik] *adj* sistémico(-a)

Tt

T, t[1] [te] *nm inv* (*lettre*) T, t *f*; **T comme Thérèse** ≈ T de Teresa

t[2] *abr* (= *tonne(s)*) Tm. (= *tonelada métrica*); (= *tome(s)*) t. (= *tomo(s)*)

t' [t] *pron voir* **te**

ta [ta] *voir* **ton**[1]

tabac [taba] *nm* tabaco; **passer qn à ~** (*fam* : *battre*) dar una tunda a algn, zurrar a algn; **faire un ~** (*fam*) tener mucho éxito; **(débit** *ou* **bureau de) ~** estanco; **~ à priser** tabaco en polvo, rapé *m*; **~ blond/brun/gris** tabaco rubio/moreno/picado ▸ *adj inv* : **(couleur) ~** (color) tabaco *inv*

tabagie [tabaʒi] *nf* fumadero

tabagique [tabaʒik] *adj* tabáquico(-a)

tabagisme [tabaʒism] *nm* tabaquismo; **~ passif** tabaquismo pasivo

tabassage [tabasaʒ] (*fam*) *nm* paliza

tabasser [tabase] *vt* dar una paliza a

tabatière [tabatjɛʀ] *nf* tabaquera

tabernacle [tabɛʀnakl] *nm* tabernáculo

table [tabl] *nf* mesa; (*invités*) comensales *mpl*; (*liste*) lista; (*numérique*) tabla; **à ~ !** ¡a comer!; **se mettre à ~** sentarse a la mesa; (*fam*) cantar de plano; **mettre** *ou* **dresser/desservir la ~** poner/quitar la mesa; **faire ~ rase de** hacer tabla rasa con; **~ à repasser** tabla de planchar; **~ basse** mesa baja; **~ d'écoute** tablero de interceptaciones telefónicas; **~ d'harmonie** tabla de armonía; **~ d'hôte** menú *m ou* plato del día; **~ de cuisson** cocina (de electricidad *ou* de gas); **~ de lecture** (*Mus*) tabla de lectura; **~ de multiplication** tabla de multiplicar; **~ de nuit** *ou* **de chevet** mesita de noche; **~ de toilette** mueble *m* de lavabo; **~ des matières** índice *m*; **~ ronde** (*débat*) mesa redonda; **~ roulante** carro, carrito; **~ traçante** (*Inform*) mesa de trazado

tableau, x [tablo] *nm* cuadro; (*panneau*) tablero; (*schéma*) cuadro, gráfico; **~ blanc** pizarra blanca; **~ (blanc) interactif** pizarra (blanca) interactiva; **~ chronologique** cuadro cronológico; **~ d'affichage** tablón *m ou* tablero de anuncios; **~ de bord** (*Auto*) cuadro de instrumentos; (*Aviat*) cuadro de mandos; **~ de chasse** caza; **~ de contrôle** (*d'une machine*) cuadro de control; (*d'une installation*) cuadro *ou* panel *m* de control; **~ de maître** obra de maestro; **~ noir** encerado

tablée [table] *nf* (*personnes*) mesa

tabler [table] *vi* : **~ sur** contar con

tablette [tablɛt] *nf* (*planche*) anaquel *m*, tabla; (*Inform*) tableta, tablet *f*; **~ de chocolat** tableta de chocolate

tableur [tablœʀ] *nm* (*Inform*) hoja electrónica

tablier [tablije] *nm* delantal *m*; (*du cuisinier*) mandil *m*; (*de pont*) calzada; (*: en bois*) tableado; (*de cheminée*) tapadera

tabou, e [tabu] *adj, nm* tabú *m*

taboulé [tabule] *nm* taboulé *m*, *ensalada a base de cuscús, tomate, cebolla, perejil, menta, aceite de oliva y zumo de limón*

tabouret [tabuʀɛ] *nm* taburete *m*

tabulateur [tabylatœʀ] *nm* tabulador *m*

tac [tak] *nm* : **répondre qch du ~ au ~** saltar con algo

tache [taʃ] *nf* mancha; **faire ~ d'huile** extenderse como cosa buena; **~ de rousseur** *ou* **de son** peca; **~ de vin** (*sur la peau*) mancha

tâche [tɑʃ] *nf* tarea, labor *f*; (*rôle*) papel *m*; **travailler à la ~** trabajar a destajo

tacher [taʃe] *vt* manchar; (*réputation*) manchar, mancillar; **se tacher** *vpr* (*fruits*) picarse

tâcher [tɑʃe] *vi* : **~ de faire** tratar de hacer, procurar hacer

tâcheron [tɑʃ(ə)ʀɔ̃] *nm* currante *m*

tacheté, e [taʃte] *adj* : **~ (de)** salpicado(-a) *ou* moteado(-a) (de)

tachisme [taʃism] *nm* (*Peinture*) tachismo

tachiste [taʃist] *nm* (*Peinture*) tachista *m*

tachycardie [takikaʀdi] *nf* taquicardia; **une crise de ~** una crisis de taquicardia; **faire de la ~** tener taquicardia

tachygraphe [takigʀaf] *nm* tacógrafo

tachymètre [takimɛtʀ] *nm* tacómetro

tacite [tasit] *adj* tácito(-a)

tacitement [tasitmɑ̃] *adv* tácitamente

taciturne [tasityʀn] *adj* taciturno(-a)

tacle [takl] *nm* (*Football*) entrada en plancha

tacler [takle] *vi* (*Football*) entrar en plancha

tacot [tako] (*péj*) *nm* cacharro

tact [takt] *nm* tacto; **avoir du ~** tener tacto

tacticien, ne [taktisjɛ̃, jɛn] *nm/f* táctico(-a)

tactile [taktil] *adj* táctil

tactique [taktik] *adj* táctico(-a) ▸ *nf* táctica
taffetas [tafta] *nm* tafetán *m*
Tage [tɑʒ] *nm* : **le ~** el Tajo
taguer [tage] *vt* hacer grafitis
tagueur, -euse [tagœʀ, øz] *nm/f* grafitero(-a)
Tahiti [taiti] *nf* Tahití *m*
tahitien, ne [taisjɛ̃, jɛn] *adj* tahitiano(-a) ▸ *nm/f* : **Tahitien, ne** tahitiano(-a)
taie [tɛ] *nf* : **~ (d'oreiller)** funda (de la almohada)
taïga [tajga] *nf* taiga
taillader [tɑjade] *vt* acuchillar; **se ~ le menton en se rasant** cortarse la barbilla al afeitarse
taille [tɑj] *nf* (*d'un diamant*) tallado; (*des arbres*) poda; (*du corps, d'un vêtement*) talle *m*, cintura; (*hauteur*) estatura; (*grandeur*) tamaño; (*Comm*) talla; (*envergure*) dimensión *f*, envergadura; **de ~ à faire** capaz de hacer; **de ~** importante; **quelle ~ faites-vous ?** ¿cuál es su talla?
taillé, e [tɑje] *adj* (*moustache*) recortado(-a); (*ongles*) cortado(-a); (*arbre*) podado(-a); **~ pour** hecho(-a) para, propio(-a) para; **~ en pointe** cortado(-a) en punta
taille-crayon [tɑjkʀɛjɔ̃] (*pl* **taille-crayons**) *nm* sacapuntas *m inv*
tailler [tɑje] *vt* (*pierre, diamant*) tallar; (*arbre, plante*) podar; (*vêtement*) cortar; (*crayon*) afilar; **~ dans la chair/le bois** hacer un corte en la carne/madera; **~ grand/petit** (*suj : vêtement*) estar cortado grande/pequeño; **se tailler** *vpr* (*ongles, barbe*) cortarse; (*victoire, réputation*) conseguir; (*fam : s'enfuir*) largarse, pirarse
tailleur, -euse [tɑjœʀ, øz] *nm/f* (*couturier*) sastre(-a); **~ de diamants** lapidario(-a) de diamantes, tallador(a) de diamantes; **~ de pierre** cantero, picapedrero ▸ *nm* (*vêtement pour femmes*) traje *m* de chaqueta; **en ~** a la turca
tailleur-pantalon [tɑjœʀpɑ̃talɔ̃] (*pl* **tailleurs-pantalons**) *nm* traje pantalón *m*
taillis [tɑji] *nm* bosque *m* bajo
tain [tɛ̃] *nm* azogue *m*; **glace sans ~** espejo sin azogue
taire [tɛʀ] *vt* ocultar ▸ *vi* : **faire ~ qn** (*aussi fig*) hacer callar a algn; **se taire** *vpr* (*s'arrêter de parler*) callarse; (*ne pas parler*) callar(se); (*fig : bruit, voix*) cesar; **tais-toi !** ¡cállate!; **taisez-vous !** ¡callaos!; (*vouvoiement*) ¡cállese!
Taiwan [tajwan] *nf* Taiwán *m*
tajine [taʒin] *nm* (*Culin*) tajine *m*, *guiso típico de Marruecos a base de carne o pescado, verduras y especias*; (*récipient*) tajine, cazuela de barro
talc [talk] *nm* talco
talé, e [tale] *adj* machacado(-a)
talent [talɑ̃] *nm* talento; **avoir du ~** tener talento; **talents** *nmpl* (*personnes*) talentos *mpl*
talentueux, -euse [talɑ̃tɥø, øz] *adj* talentoso(-a)
talion [taljɔ̃] *nm* : **la loi du ~** la ley del talión
talisman [talismɑ̃] *nm* talismán *m*
talkie-walkie [tokiwoki] (*pl* **talkies-walkies**) *nm* walkie-talkie *m*
taloche [talɔʃ] *nf* (*fam : claque*) sopapo; (*Tech*) llana
talon [talɔ̃] *nm* (*Anat, de chaussette*) talón *m*; (*de chaussure*) tacón *m*; (*de jambon, pain*) extremo; (*de chèque, billet*) matriz *f*; **être sur les talons de qn** pisarle los talones a algn; **tourner/montrer les talons** volver la espalda; **talons plats/aiguilles** tacones bajos/de aguja
talonnade [talɔnad] *nf* (*Football*) taconazo
talonner [talɔne] *vt* seguir de cerca; (*concurrent*) pisar los talones a, seguir de cerca; (*cheval*) espolear; (*harceler*) acosar; (*Rugby*) talonar
talonnette [talɔnɛt] *nf* (*de chaussure*) plantilla; (*de pantalon*) talonera
talonneur [talɔnœʀ] *nm* (*Rugby*) taloneador *m*
talquer [talke] *vt* espolvorear con talco
talus [taly] *nm* (*Géo*) talud *m*; **~ de déblai** montón *m* de tierra (*procedente de una excavación*); **~ de remblai** terraplén *m*
tamarin [tamaʀɛ̃] *nm* tamarindo
tambour [tɑ̃buʀ] *nm* tambor *m*; (*porte*) cancel *m*; **sans ~ ni trompette** a la chita callando
tambourin [tɑ̃buʀɛ̃] *nm* tamboril *m*
tambouriner [tɑ̃buʀine] *vi* : **~ sur** *ou* **contre** repiquetear en *ou* contra
tambour-major [tɑ̃buʀmaʒɔʀ] (*pl* **tambours-majors**) *nm* tambor mayor *m*
tamis [tami] *nm* tamiz *m*, cedazo
Tamise [tamiz] *nf* : **la ~** el Támesis
tamisé, e [tamize] *adj* tamizado(-a)
tamiser [tamize] *vt* tamizar
tampon [tɑ̃pɔ̃] *nm* (*de coton, d'ouate, bouchon*) tapón *m*; (*pour nettoyer, essuyer*) muñequilla, bayeta; (*pour étendre*) muñequilla; (*amortisseur : Rail, fig*) tope *m*; (*Inform : aussi* : **mémoire tampon**) tampón *m*; (*cachet, timbre*) matasellos *m inv*; (*Chim*) disolución *f* reguladora, disolución tampón; **~ (hygiénique)** tampón (higiénico); **~ à récurer** estropajo metálico; **~ buvard** secante *m*; **~ encreur** tampón
tamponné, e [tɑ̃pɔne] *adj* : **solution tamponnée** disolución *f* tampón
tamponner [tɑ̃pɔne] *vt* (*essuyer*) taponar; (*heurter*) chocar; (*document, lettre*) sellar; **se tamponner** *vpr* (*voitures*) chocar
tamponneuse [tɑ̃pɔnøz] *adj f* : **autos tamponneuses** coches *mpl* de choque
tam-tam [tamtam] (*pl* **tam-tams**) *nm* tam-tam *m*
tancer [tɑ̃se] *vt* reprender
tanche [tɑ̃ʃ] *nf* tenca
tandem [tɑ̃dɛm] *nm* tándem *m*
tandis [tɑ̃di] : **~ que** *conj* mientras que
tangage [tɑ̃gaʒ] *nm* cabeceo
tangent, e [tɑ̃ʒɑ̃, ɑ̃t] *adj* (*fam : de justesse*) por los pelos; **~ à** (*Math*) tangente a

tangente [tɑ̃ʒɑ̃t] *nf* tangente *f*
Tanger [tɑ̃ʒe] *n* Tánger
tangible [tɑ̃ʒibl] *adj* tangible
tango [tɑ̃go] *nm* tango ▶ *adj inv* anaranjado(-a)
tanguer [tɑ̃ge] *vi* (*Naut*) cabecear, arfar
tanière [tanjɛʀ] *nf* guarida
tanin [tanɛ̃] *nm* tanino
tank [tɑ̃k] *nm* (*char*) tanque *m*; (*citerne*) tanque, cisterna
tanker [tɑ̃kœʀ] *nm* buque *m* petrolero
tankini [tɑ̃kini] *nm* tankini *m*
tannage [tanaʒ] *nm* curtido, curtimiento
tanné, e [tane] *adj* curtido(-a)
tanner [tane] *vt* curtir
tannerie [tanʀi] *nf* curtiduría, tenería
tanneur [tanœʀ] *nm* curtidor(a)
tant [tɑ̃] *adv* tanto; **~ de** (*sg*) tanto(-a); (*pl*) tantos(-as); **~ que** (*tellement*) tanto que; (*comparatif*) hasta que, mientras que; **~ mieux** mejor; **~ mieux pour lui** mejor para él; **~ pis !** (*peu importe*) ¡qué más da!; (*qu'à cela ne tienne*) no tiene importancia; **~ pis pour lui** peor para él; **un ~ soit peu** (*un peu*) un poco; (*même un peu*) algo, por poco que; **s'il est un ~ soit peu subtil, il comprendra** si es algo sutil *ou* por poco sutil que sea, lo entenderá; **~ bien que mal** mal que bien
tante [tɑ̃t] *nf* tía
tantinet [tɑ̃tinɛ] : **un ~** *adv* un poquito
tantôt [tɑ̃to] *adv* (*cet après-midi*) esta tarde, por la tarde; **~ … ~** (*parfois*) unas veces … otras veces
Tanzanie [tɑ̃zani] *nf* Tanzania
tanzanien, ne [tɑ̃ʒanjɛ̃, jɛn] *adj* tanzano(-a) ▶ *nm/f* : **Tanzanien, ne** tanzano(-a)
TAO [teao] *sigle f* (= *traduction assistée par ordinateur*) TAO *f* (= *traducción asistida por ordenador*)
taon [tɑ̃] *nm* tábano
tapage [tapaʒ] *nm* alboroto; (*fig*) escándalo; **~ nocturne** (*Jur*) escándalo nocturno
tapageur, -euse [tapaʒœʀ, øz] *adj* alborotador(a); (*toilette*) llamativo(a); (*publicité*) sensacionalista
tape [tap] *nf* cachete *m*; (*dans le dos*) palmada
tape-à-l'œil [tapalœj] *adj inv* vistoso(-a), llamativo(-a)
tapenade [tap(ə)nad] *nf* (*Culin*) paté *m* de aceitunas
taper [tape] *vt* (*personne*) pegar; (*Inform*) teclear; **~ qn de 10 euros** (*fam*) dar un sablazo de 10 euros a algn; **~ des mains/pieds** palmear/patalear ▶ *vi* (*soleil*) apretar; **~ sur qn** pegar a algn; (*fig*) poner como un trapo a algn; **~ sur qch** golpear en algo; **~ à** (*porte etc*) llamar a; **~ dans** (*fam : se servir*) echar mano de; **~ (à la machine)** escribir a máquina; **se taper** *vpr* (*fam : travail*) chuparse, cargarse; (*: boire, manger*) soplarse, zamparse
tapette [tapɛt] *nf* (*pour insectes*) matamoscas *m inv*; (*petite tape*) palmadita; (*à rideaux*) sacudidor *m*; (*fam : homosexuel*) marica *m* (*fam*); **~ à souris** ratonera
tapi, e [tapi] *adj* : **~ dans/derrière** (*blotti*) acurrucado(-a) en/detrás de; (*caché*) agazapado(-a) en/detrás de
tapinois [tapinwa] : **en ~** *adv* a escondidas
tapioca [tapjɔka] *nm* tapioca
tapir [tapiʀ] : **se tapir** *vpr* agazaparse
tapis [tapi] *nm* alfombra; (*de table*) tapete *m*; **être/mettre sur le ~** (*fig*) estar/poner sobre el tapete; **aller/envoyer au ~** (*Boxe*) estar/enviar a la lona; **~ de sol** tela impermeable (de tienda de campaña); **~ de souris** (*Inform*) alfombrilla; **~ roulant** cinta transportadora, pasillo rodante
tapis-brosse [tapibʀɔs] (*pl* **tapis-brosses**) *nm* felpudo
tapisser [tapise] *vt* (*avec du papier peint*) empapelar; **~ qch (de)** (*recouvrir*) revestir algo (con)
tapisserie [tapisʀi] *nf* tapiz *m*; (*travail*) tapizado; (*papier peint*) empapelado; **faire ~** (*fig*) quedarse cruzado(-a) de brazos
tapissier, -ière [tapisje, jɛʀ] *nm/f* : **~(-décorateur)** tapicero
tapoter [tapɔte] *vt* dar golpecitos en, golpetear
taquet [takɛ] *nm* (*cale*) cuña; (*cheville*) tope *m*
taquin, e [takɛ̃, in] *adj* guasón(-ona)
taquiner [takine] *vt* pinchar
taquinerie [takinʀi] *nf* broma, guasa
tarabiscoté, e [taʀabiskɔte] *adj* recargado(-a), barroco(-a)
tarabuster [taʀabyste] *vt* hostigar
tarama [taʀama] *nm* (*Culin*) *entremés a base de huevas de bacalao ahumado*
tarauder [taʀode] *vt* (*Tech*) aterrajar; (*suj : remords*) mortificar, atormentar
tard [taʀ] *adv* tarde; **au plus ~** a más tardar; **plus ~** más tarde ▶ *nm* : **sur le ~** (*à une heure avancée*) tarde; (*vers la fin de la vie*) en la madurez
tarder [taʀde] *vi* tardar; **~ à faire** tardar en hacer; **il me tarde d'être** estoy impaciente por estar; **sans (plus) ~** sin (más) demora, sin (más) tardar
tardif, -ive [taʀdif, iv] *adj* tardío(-a)
tardivement [taʀdivmɑ̃] *adv* tardíamente
tare [taʀ] *nf* tara
taré, e [taʀe] (*fam*) *adj, nm/f* tarado(-a)
targette [taʀʒɛt] *nf* pestillo, pasador *m*
targuer [taʀge] : **se targuer de** *vpr* jactarse de, hacer alarde de
tarif [taʀif] *nm* tarifa; (*liste*) tarifa, lista de precios; (*prix*) tarifa, precio; **voyager à plein ~/à ~ réduit** viajar con tarifa completa/con tarifa reducida; **~ douanier** arancel *m* aduanero
tarifaire [taʀifɛʀ] *adj* tarifario(-a); (*Douanes*) arancelario(-a)

t

tarifé, e [taʀife] *adj* : ~ **10 euros** con una tarifa de 10 euros
tarifer [taʀife] *vt* tarifar
tarification [taʀifikasjɔ̃] *nf* fijación *f* de tarifa, tarificación *f*
tarir [taʀiʀ] *vi*, *vt* secarse, agotarse; **se tarir** *vpr* (*source*) secarse, agotarse; (*fig*) agotarse
tarmac [taʀmak] *nm* (*aire*) plataforma de estacionamiento de aeronaves; (*piste*) pista (de aterrizaje)
tarot [taʀo] *nm*, **tarots** [taʀo] *nmpl* tarot *m*
tartan [taʀtɑ̃] *nm* tartán *m*; **en** ~ de tartán
tartare [taʀtaʀ] *adj* (*Culin*) tártaro(-a)
tarte [taʀt] *nf* tarta; ~ **à la crème/aux pommes** tarta de crema/de manzana
tartelette [taʀtəlɛt] *nf* tartaleta
tartine [taʀtin] *nf* rebanada; ~ **beurrée/de miel** rebanada con mantequilla/con miel
tartiner [taʀtine] *vt* untar; **fromage** *etc* **à** ~ queso *etc* para untar
tartre [taʀtʀ] *nm* sarro
tas [tɑ] *nm* montón *m*; (*de bois, livres*) pila, montón; **un** ~ **de** (*beaucoup de*) un montón de; **en** ~ amontonado(-a); **dans le** ~ (*fig*) a ciegas, a bulto; **formé sur le** ~ formado en la práctica
Tasmanie [tasmani] *nf* Tasmania
tasmanien, ne [tasmanjɛ̃, jɛn] *adj* tasmanio(-a) ▸ *nm/f* : **Tasmanien, ne** tasmanio(-a)
tasse [tɑs] *nf* taza; **boire la** ~ (*en se baignant*) tragar agua; ~ **à café/à thé** taza de café/de té
tassé, e [tɑse] *adj* : **bien** ~ (*café etc*) bien cargado(-a)
tasseau [tɑso] (*pl* **tasseaux**) *nm* cuña, calzo
tassement [tɑsmɑ̃] *nm* (*Écon*, *Pol*) baja; (*de vertèbres*) hundimiento
tasser [tɑse] *vt* apisonar, pisar; ~ **qch dans** amontonar algo en; **se tasser** *vpr* (*sol, terrain*) hundirse; (*avec l'âge*) encorvarse; (*problème*) arreglarse
tata [tata] *nf* tita
tâter [tɑte] *vt* tantear; ~ **le terrain** tantear el terreno; ~ **de** (*prison etc*) probar; **se tâter** *vpr* (*hésiter*) pensarlo
tatillon, ne [tatijɔ̃, ɔn] *adj* puntilloso(-a)
tâtonnement [tɑtɔnmɑ̃] *nm* : **par tâtonnements** a tientas
tâtonner [tɑtɔne] *vi* andar a tientas; (*fig*) tantear
tâtons [tɑtɔ̃] : **à** ~ *adv* : **chercher/avancer à** ~ buscar/avanzar a tientas
tatouage [tatwaʒ] *nm* tatuaje *m*
tatouer [tatwe] *vt* tatuar
taudis [todi] *nm* cuchitril *m*
taulard, e [tolaʀ, aʀd] (*fam*) *nm/f* recluso(-a), presidiario(-a)
taule [tol] (*fam*) *nf* chirona
taupe [top] *nf* topo
taupinière [topinjɛʀ] *nf* topinera
taureau, x [tɔʀo] *nm* (*Zool*) toro; **le T~** (*Astrol*) Tauro; **être T~** ser Tauro
taurillon [tɔʀijɔ̃] *nm* becerro
tauromachie [tɔʀɔmaʃi] *nf* tauromaquia
tautologie [totɔlɔʒi] *nf* tautología
tautologique [totɔlɔʒik] *adj* tautológico(-a)
taux [to] *nm* tasa; (*proportion* : *d'alcool*) porcentaje *m*; (: *de participation*) índice *m*; ~ **d'escompte** porcentaje de descuento; ~ **d'intérêt** tipo de interés; ~ **de mortalité** índice *ou* tasa de mortalidad
tavelé, e [tav(ə)le] *adj* picado(-a)
taverne [tavɛʀn] *nf* taberna
taxable [taksabl] *adj* imponible
taxation [taksasjɔ̃] *nf* tasación *f*
taxe [taks] *nf* tasa, impuesto; (*douanière*) arancel *m*; **toutes taxes comprises** impuestos incluidos; ~ **à** *ou* **sur la valeur ajoutée** impuesto sobre el valor añadido; ~ **de séjour** *suplemento en las estaciones termales o centros turísticos*
taxer [takse] *vt* (*personne*) gravar con impuestos; (*produit*) tasar; ~ **qn de** tachar *ou* calificar a algn de; (*accuser de*) acusar a algn de
taxi [taksi] *nm* taxi *m*
taxidermie [taksidɛʀmi] *nf* taxidermia
taxidermiste [taksidɛʀmist] *nmf* taxidermista *mf*
taximètre [taksimɛtʀ] *nm* taxímetro
taxiphone [taksifɔn] *nm* teléfono público de fichas
TB [tebe] *abr* (= *très bien*) m.b. (= *muy bien*)
tbe *abr* (= *très bon état*) en muy buen estado
Tchad [tʃad] *nm* Chad *m*
tchadien, ne [tʃadjɛ̃, jɛn] *adj* chadiano(-a) ▸ *nm/f* : **Tchadien, ne** nativo(-a) *ou* habitante *mf* del Chad
tchao [tʃao] (*fam*) *excl* ¡chao!
tchécoslovaque [tʃekɔslɔvak] (*Hist*) *adj* checoslovaco(-a) ▸ *nmf* : **Tchécoslovaque** checoslovaco(-a)
Tchécoslovaquie [tʃekɔslɔvaki] *nf* (*Hist*) : **la** ~ Chechoslovaquia
tchèque [tʃɛk] *adj* checo(-a); **la République** ~ la República checa ▸ *nm* (*Ling*) checo ▸ *nmf* : **Tchèque** checo(-a)
tchétchène [tʃetʃɛn] *adj* checheno(-a) ▸ *nm* (*Ling*) checheno ▸ *nmf* : **Tchétchène** checheno(-a)
Tchétchénie [tʃetʃeni] *nf* : **la** ~ Chechenia
TD [tede] *sigle mpl* (= *travaux dirigés*) prácticas *fpl*
TDF [tedeɛf] *sigle f* = **Télévision de France**
te [tə] *pron* te
té [te] *nm* regla en forma de T
technicien, ne [tɛknisjɛ̃, jɛn] *nm/f* técnico *mf*
technicisation [tɛknisizasjɔ̃] *nf* tecnificación *f*
technicité [tɛknisite] *nf* tecnicismo
technico-commercial, e, -aux [tɛknikokɔmɛʀsjal, jo] *adj* técnico-comercial

technique [tɛknik] *adj* técnico(-a) ▸ *nf* técnica
techniquement [tɛknikmɑ̃] *adv* técnicamente
techno [tɛkno] *(fam) nf* = **technologie**; *(Mus)* : **la (musique)** ~ tecno *m*, música tecno
technocrate [tɛknɔkʀat] *nmf* tecnócrata *mf*
technocratie [tɛknɔkʀasi] *nf* tecnocracia
technocratique [tɛknɔkʀatik] *adj* tecnocrático(-a)
technologie [tɛknɔlɔʒi] *nf* tecnología
technologique [tɛknɔlɔʒik] *adj* tecnológico(-a)
technologue [tɛknɔlɔg] *nmf* tecnólogo(-a)
teck [tɛk] *nm* teca
teckel [tekɛl] *nm* perro pachón
tectonique [tɛktɔnik] *nf (Géologie)* tectónica ▸ *adj* tectónico(-a)
tee [ti] *nm* tee *m*
tee-shirt [tiʃœʀt] *(pl* **tee-shirts***) nm* camiseta
Téhéran [teeʀɑ̃] *n* Teherán
teignais *etc* [teɲɛ] *vb voir* **teindre**
teigne [tɛɲ] *vb voir* **teindre** ▸ *nf (Zool)* polilla; *(Méd)* tiña
teigneux, -euse [tɛɲø, øz] *(péj) adj (méchant)* malvado(-a)
teindre [tɛ̃dʀ] *vt* teñir; **se teindre** *vpr* : **se ~ (les cheveux)** teñirse (el pelo)
teint, e [tɛ̃, tɛ̃t] *pp de* **teindre** ▸ *adj* teñido(-a) ▸ *nm (permanent)* tez *f*; *(momentané)* color *m*; **grand ~** *adj inv (tissu)* de color sólido; **bon ~** *adj inv (couleur)* sólido(-a); *(catholique, communiste etc)* convencido(-a)
teinte [tɛ̃t] *nf (nuance)* tono; *(couleur)* color *m*; **une ~ de** *(petite dose)* un ápice de
teinté, e [tɛ̃te] *adj (verres, lunettes)* ahumado(-a); *(bois)* teñido(-a); **~ acajou** teñido(-a) en caoba; **~ de** teñido(-a) de
teinter [tɛ̃te] *vt* teñir
teinture [tɛ̃tyʀ] *nf (opération)* tintura, tinte *m*; *(substance)* tinte; **~ d'iode/d'arnica** tintura de yodo/de árnica
teinturerie [tɛ̃tyʀʀi] *nf* tintorería
teinturier, -ière [tɛ̃tyʀje, jɛʀ] *nm/f* tintorero(-a)
tel, telle [tɛl] *adj (pareil)* tal, semejante; *(indéfini)* tal; **~ un/des ...** tal como.../como ...; **un ~/de tels ...** un tal/tales ...; **rien de ~** nada como; **~ quel** tal cual; **~ que** tal como
tél. *abr (= téléphone)* tel., tfno. *(= teléfono)*
Tel Aviv [tɛlaviv] *n* Tel Aviv
télé [tele] *nf* tele *f*; **à la ~** en la tele
télé... [tele] *préf* tele...
téléachat [teleaʃa] *nm* telecompra
télébenne [telebɛn] *nf* teleférico (monocable)
télécabine [telekabin] *nf* teleférico (monocable)
télécarte [telekaʀt] *nf* tarjeta de teléfono
téléchargeable [teleʃaʀʒabl] *adj* descargable
téléchargement [teleʃaʀʒəmɑ̃] *nm (action)* descarga; *(fichier)* archivo descargado; **la lutte contre le ~ illégal** la lucha contra las descargas ilegales
télécharger [teleʃaʀʒe] *vt (Inform)* descargar
TELECOM [telekɔm] *abr (= télécommunications)* ≈ telecomunicaciones *fpl*
télécommande [telekɔmɑ̃d] *nf* mando a distancia
télécommander [telekɔmɑ̃de] *vt* teledirigir
télécommunications [telekɔmynikasjɔ̃] *nfpl* telecomunicaciones *fpl*
téléconférence [telekɔ̃feʀɑ̃s] *nf* teleconferencia
télécopie [telekɔpi] *nf* telecopia
télécopieur [telekɔpjœʀ] *nm* máquina de fax
télédéclaration [teledeklaʀasjɔ̃] *nf* declaración telemática
télédétection [teledetɛksjɔ̃] *nf* teledetección *f*
télédiffuser [teledifyze] *vt* teledifundir
télédiffusion [teledifyzjɔ̃] *nf* teledifusión *f*
télédistribution [teledistʀibysjɔ̃] *nf* teledistribución *f*
télé-enseignement [teleɑ̃sɛɲmɑ̃] *(pl* **télé-enseignements***) nm* enseñanza por televisión
téléférique [telefeʀik] *nm* = **téléphérique**
téléfilm [telefilm] *nm* telefilm *m*
télégénique [teleʒenik] *adj* telegénico(-a)
télégramme [telegʀam] *nm* telegrama *m*
télégraphe [telegʀaf] *nm* telégrafo
télégraphie [telegʀafi] *nf* telegrafía
télégraphier [telegʀafje] *vt, vi* telegrafiar
télégraphique [telegʀafik] *adj (aussi fig)* telegráfico(-a)
télégraphiste [telegʀafist] *nmf* telegrafista *mf*
téléguider [telegide] *vt* teledirigir
téléinformatique [teleɛ̃fɔʀmatik] *nf* teleinformática
téléjournal, -aux [teleʒuʀnal, o] *nm* telediario
télémarketing [telemaʀketiŋ] *nm* telemarketing *m*, telemárquetin *m*, telemercadotecnia
télématique [telematik] *nf* telemática ▸ *adj* telemático(-a)
téléobjectif [teleɔbʒɛktif] *nm* teleobjetivo
téléopérateur, -trice [teleɔpeʀatœʀ, tʀis] *nm/f* teleoperador
télépaiement [telepɛmɑ̃] *nm* telepago, pago telemático
télépathie [telepati] *nf* telepatía
télépéage [telepeaʒ] *nm* telepeaje *m*
téléphérique [telefeʀik] *nm* teleférico
téléphone [telefɔn] *nm (appareil)* teléfono; **avoir le ~** tener teléfono; **au ~** al teléfono; **~ arabe** *transmisión de noticias de persona a persona*; **~ avec appareil photo** teléfono con cámara; **~ manuel** teléfono automático;

t

~ **portable** móvil *m*, teléfono celular (*AM*); ~ **rouge** teléfono rojo; ~ **sans fil** teléfono inalámbrico
téléphoner [telefɔne] *vt, vi* llamar por teléfono; ~ **à** llamar por teléfono a
téléphonie [telefɔni] *nf* telefonía; ~ **mobile** telefonía móvil
téléphonique [telefɔnik] *adj* telefónico(-a); **cabine/appareil** ~ cabina telefónica/aparato telefónico; **conversation/appel/liaison** ~ conversación *f*/llamada/comunicación *f* telefónica; **les opérateurs téléphoniques** los operadores de telefonía
téléphoniste [telefɔnist] *nmf* telefonista *mf*
téléprompteur [telepʀɔ̃ptœʀ] *nm* teleprompter *m*
téléprospection [telepʀɔspɛksjɔ̃] *nf* televentas *f*
téléréalité [teleʀealite] *nf* telerrealidad *f*
télescopage [telɛskɔpaʒ] *nm* choque *m* frontal
télescope [telɛskɔp] *nm* telescopio
télescoper [telɛskɔpe] *vt* chocar de frente; **se télescoper** *vpr* chocarse de frente
télescopique [telɛskɔpik] *adj* telescópico(-a)
téléscripteur [teleskʀiptœʀ] *nm* teleimpresor *m*
télésiège [telesjɛʒ] *nm* telesilla
téléski [teleski] *nm* telesquí *m*; ~ **à archets/à perche** telesquí de arcos/de trole
téléspectateur, -trice [telespɛktatœʀ, tʀis] *nm/f* telespectador(a)
télésurveillance [telesyʀvɛjɑ̃s] *nf* televigilancia
télétexte [teletɛkst] *nm* teletexto
téléthon [teletɔ̃] *nm* telemaratón *f*
télétraitement [teletʀɛtmɑ̃] *nm* teletratamiento
télétransmission [teletʀɑ̃smisjɔ̃] *nf* teletransmisión *f*
télétravail [teletʀavaj] *nm* teletrabajo
télétravailleur, -euse [teletʀavajœʀ, øz] *nm/f* teletrabajador(a)
télétype [teletip] *nm* teletipo
téléverser [televɛʀse] *vt* (*fichier, photo*) cargar, subir
télévisé [televize] *adj* (*programme, droits, journal*) televisivo(-a); (*débat*) televisado(-a)
téléviser [televize] *vt* televisar
téléviseur [televizœʀ] *nm* televisor *m*
télévision [televizjɔ̃] *nf* televisión *f*; **(poste de)** ~ televisión; **avoir la** ~ tener televisión; **à la** ~ en la televisión; ~ **en circuit fermé** televisión en circuito cerrado; ~ **numérique** televisión digital; ~ **par câble** televisión por cable
télévisuel, le [televizɥɛl] *adj* televisivo(-a)
télex [telɛks] *nm* télex *m*
télexer [telɛkse] *vt* enviar un télex a
télexiste [telɛksist] *nmf* encargado(-a) del télex
telle [tɛl] *adj voir* **tel**
tellement [tɛlmɑ̃] *adv* tan; ~ **grand/cher (que)** tan grande/caro (que); ~ **de** (*sg*) tanto(-a); (*pl*) tantos(-as); **il était ~ fatigué qu'il s'est endormi** estaba tan cansado que se durmió; **il s'est endormi ~ il était fatigué** se durmió de lo cansado que estaba; **je n'ai pas ~ envie d'y aller** no tengo muchas *ou* tantas ganas de ir; **pas ~ fort/lentement** no tan fuerte/lento; **il ne mange pas** ~ no come tanto
tellurique [telyʀik] *adj* : **secousse** ~ temblor *m* telúrico
téloche [telɔʃ] (*fam*) *nf* tele *f*
téméraire [temeʀɛʀ] *adj* temerario(-a)
témérairement [temeʀɛʀmɑ̃] *adv* de manera temeraria
témérité [temeʀite] *nf* temeridad *f*
témoignage [temwaɲaʒ] *nm* testimonio; (*d'affection etc*) muestra
témoigner [temwaɲe] *vt* (*intérêt, gratitude*) manifestar; ~ **que** declarar que; (*démontrer*) demostrar que ▸ *vi* (*Jur*) testimoniar, atestiguar; ~ **de** dar pruebas de
témoin [temwɛ̃] *nmf* testigo *mf*; **être ~ de** ser testigo de; **prendre à** ~ tomar como *ou* por testigo; ~ **à charge** testigo de cargo; **T~ de Jéhovah** testigo de Jehová; ~ **de moralité** testigo de moralidad; ~ **oculaire** testigo ocular; ~ **de connexion** (*Internet*) cookie *f* ▸ *adj* testigo *inv*; (*appartement*) piloto *inv*; **appartement** ~ piso piloto ▸ *adv* : ~ **le fait que …** prueba de ello …
tempe [tɑ̃p] *nf* sien *f*
tempérament [tɑ̃peʀamɑ̃] *nm* temperamento; (*santé*) constitución *f*; **à** ~ (*vente*) a plazos; **avoir du** ~ tener mucho temperamento
tempérance [tɑ̃peʀɑ̃s] *nf* templanza; **société de** ~ sociedad *f* antialcohólica
tempérant, e [tɑ̃peʀɑ̃, ɑ̃t] *adj* temperante, moderado(-a)
température [tɑ̃peʀatyʀ] *nf* temperatura; **prendre la ~ de** tomar la temperatura de; (*fig*) tantear; **avoir** *ou* **faire de la** ~ tener fiebre; **feuille/courbe de** ~ gráfica/curva de temperatura
tempéré, e [tɑ̃peʀe] *adj* (*climat*) templado(-a)
tempérer [tɑ̃peʀe] *vt* moderar
tempête [tɑ̃pɛt] *nf* (*en mer*) temporal *m*; (*à terre*) tormenta; **vent de** ~ viento de tormenta; (*fig*) gran tensión *f*; ~ **d'injures/de mots** torrente *m* de injurias/de palabras; ~ **de neige/de sable** tormenta de nieve/de arena
tempêter [tɑ̃pete] *vi* vociferar
temple [tɑ̃pl] *nm* templo
tempo [tɛmpo] *nm* tempo
temporaire [tɑ̃pɔʀɛʀ] *adj* temporal
temporairement [tɑ̃pɔʀɛʀmɑ̃] *adv* temporalmente

temporel, le [tɑ̃pɔʀɛl] *adj* temporal
temporisateur, -trice [tɑ̃pɔʀizatœʀ, tʀis] *adj* contemporizador(a)
temporisation [tɑ̃pɔʀizasjɔ̃] *nf* contemporización *f*
temporiser [tɑ̃pɔʀize] *vi* contemporizar
temps [tɑ̃] *nm* tiempo; (*époque*) tiempo, época; **les ~ changent/sont durs** los tiempos cambian/son duros; **il fait beau/mauvais ~** hace buen/mal tiempo; **passer/employer son ~ à faire qch** pasar/emplear el tiempo en hacer algo; **avoir le ~/tout le ~/juste le ~** tener tiempo/mucho tiempo/el tiempo justo; **avoir du ~ de libre** tener tiempo libre; **avoir fait son ~** (*fig*) haber pasado a la historia; **en ~ de paix/de guerre** en tiempo de paz/de guerra; **en ~ utile** *ou* **voulu** a su debido tiempo; **de ~ en ~, de ~ à autre** de vez en cuando; **en même ~** al mismo tiempo; **à ~** a tiempo; **pendant ce ~** mientras tanto; **à plein/mi-~** (*travailler*) jornada completa/media jornada; **à ~ partiel** *adv, adj* a tiempo parcial; **dans le ~** hace tiempo, antaño; **de tout ~** de toda la vida; **du ~ que, au/du ~ où** en los tiempos en que, cuando; **~ chaud/froid** tiempo caluroso/frío; **~ d'accès** (*Inform*) tiempo de acceso; **~ d'arrêt** parada; **~ de pose** tiempo de exposición; **~ mort** (*Sport*) tiempo muerto; (*Comm*) tiempo de inactividad; **~ partagé/réel** tiempo compartido/ real
tenable [t(ə)nabl] *adj* soportable
tenace [tənas] *adj* tenaz; (*infection*) persistente
tenacement [tənasmɑ̃] *adv* con tenacidad
ténacité [tenasite] *nf* tenacidad *f*
tenailler [tənaje] *vt* atormentar
tenailles [tənaj] *nfpl* tenazas *fpl*
tenais *etc* [t(ə)ne] *vb voir* **tenir**
tenancier, -ière [tənɑ̃sje] *nm/f* encargado(-a)
tenant, e [tənɑ̃, ɑ̃t] *adj voir* **séance** ▸ *nm/f* (*Sport*) : **~ du titre** poseedor(a) del título ▸ *nm* : **d'un seul ~** de una sola pieza; **les tenants et les aboutissants** los pormenores
tendance [tɑ̃dɑ̃s] *nf* tendencia; **~ à la hausse/baisse** tendencia a la alza/baja; **avoir ~ à** tener tendencia a ▸ *adj inv* trendy *inv*, tendencia *inv*; **c'est très ~** es muy tendencia
tendanciel, le [tɑ̃dɑ̃sjɛl] *adj* : **baisse tendancielle** baja tendencial
tendancieux, -euse [tɑ̃dɑ̃sjø, jøz] *adj* tendencioso(-a)
tendeur [tɑ̃dœʀ] *nm* tensor *m*
tendineux, -euse [tɑ̃dinø, øz] *adj* fibroso(-a)
tendinite [tɑ̃dinit] *nf* tendinitis *f inv*
tendon [tɑ̃dɔ̃] *nm* tendón *m*; **~ d'Achille** tendón de Aquiles
tendre [tɑ̃dʀ] *adj* (*à manger*) tierno(-a), blando(-a); (*matière*) blando(-a); (*affectueux*) cariñoso(-a); (*lettre, regard, émotion*) tierno(-a); (*couleur, bleu*) suave ▸ *vt* (*élastique, peau*) extender, estirar; (*muscle, arc*) tensar; (*piège*) tender; **~ qch à qn** alcanzar algo a algn; **~ l'oreille** aguzar el oído; **~ le bras/la main** alargar el brazo/extender la mano; **~ la perche à qn** (*fig*) echar un capote a algn; **~ à qch/à faire qch** tender a algo/a hacer algo; **se tendre** *vpr* tensarse
tendrement [tɑ̃dʀəmɑ̃] *adv* tiernamente
tendresse [tɑ̃dʀɛs] *nf* ternura
tendu, e [tɑ̃dy] *pp de* **tendre** ▸ *adj* tenso(-a); (*tapissé*) : **~ de soie** tapizado(-a) en seda
ténèbres [tenɛbʀ] *nfpl* tinieblas *fpl*
ténébreux, -euse [tenebʀø, øz] *adj* tenebroso(-a)
Tenerife [teneʀif] *nf* Tenerife *m*
teneur [tənœʀ] *nf* proporción *f*; (*d'une lettre*) texto; **~ en cuivre** proporción de cobre
ténia [tenja] *nm* tenia
tenir [t(ə)niʀ] *vt* (*avec la main, un objet*) tener; (*qn : par la main, le cou etc*) agarrar, coger; (*garder, maintenir : position*) mantener; (*maintenir fixé*) sujetar; (*prononcer : propos, discours*) proferir; (*magasin, hôtel*) regentar; (*promesse*) cumplir; (*un rôle*) desempeñar; (*Mil : ville, région*) ocupar; (*fam : un rhume*) estar con; (*Auto : la route*) agarrarse a; **~ qch pour** considerar algo como; **~ qn pour** tener a algn por; **~ qch de qn** (*histoire*) saber algo por algn; **~ lieu de** servir de; **~ compte de** tener en cuenta; **~ le lit** guardar cama; **~ la solution/le coupable** tener la solución/el culpable; **~ une réunion/un débat** celebrar una reunión/un debate; **~ la caisse/les comptes** llevar la contabilidad/las cuentas; **~ de la place** ocupar espacio; **~ l'alcool** aguantar el alcohol; **~ le coup, ~ bon** aguantar; **~ au chaud/à l'abri** mantener caliente/protegido(-a); **~ chaud** (*suj : vêtement*) mantener abrigado; (*: café*) mantener caliente; **~ prêt** tener listo; **~ parole** cumplir su *etc* palabra; **~ en respect** mantener a distancia; **~ sa langue** mantener la boca cerrada; **il tient cela de son père** en eso ha salido a su padre ▸ *vi* (*être fixé*) aguantar; (*neige, gel*) cuajar; (*survivre*) aguantar; (*peinture, colle*) agarrar; (*capacité*) caber; **~ trois jours/deux mois** resistir *ou* aguantar tres días/dos meses; **~ bon** aguantar; **~ à** (*personne, chose*) tener cariño a; (*avoir pour cause*) deberse a; **~ à faire** tener interés en hacer; **~ de** (*parent*) salir; **ça ne tient qu'à lui** es cosa suya; **ça ne tient pas debout** no tiene ni pies ni cabeza; **qu'à cela ne tienne** por eso que no quede; **tiens/tenez, voilà le stylo !** ¡toma/tome, aquí está la pluma!; **tiens, Pierre !** ¡anda, Pierre!; **tiens ?** ¡anda!; **je n'y tiens pas** no me apetece; **nous ne tenons pas tous à cette table** no cabemos todos en esta

t

mesa; **se tenir** *vpr* (*par la main*) cogerse, agarrarse; (*à qch*) agarrarse; (*conférence*) celebrarse; (*personne, monument*) estar; (*récit*) ser coherente; (*se comporter*) comportarse; **se ~ debout/droit** tenerse en pie/derecho; **bien/mal se ~** comportarse bien/mal; **s'en ~ à qch** atenerse a algo; **se ~ prêt/sur ses gardes** estar listo/en guardia; **se ~ tranquille** estarse quieto; **tiens-toi bien !** ¡agárrate!
tennis [tenis] *nm* tenis *msg*; (*aussi* : **court de tennis**) pista *ou* (*AM*) cancha (de tenis); **~ de table** tenis de mesa ▸ *nmpl* (*aussi* : **chaussures de tennis**) playeras *fpl*
tennisman [tenisman] *nm* tenista *m*
ténor [tenɔR] *nm* tenor *m*; (*de la politique etc*) figura
tension [tɑ̃sjɔ̃] *nf* tensión *f*; (*concentration, effort*) esfuerzo; **faire** *ou* **avoir de la ~** tener tensión; **~ nerveuse/raciale** tensión nerviosa/racial
tentaculaire [tɑ̃takylɛR] *adj* : **ville ~** ciudad *f* que se expande
tentacule [tɑ̃takyl] *nm* tentáculo
tentant, e [tɑ̃tɑ̃, ɑ̃t] *adj* tentador(a)
tentateur, -trice [tɑ̃tatœR, tRis] *adj* tentador(a) ▸ *nm* (*Rel*) demonio
tentation [tɑ̃tasjɔ̃] *nf* tentación *f*
tentative [tɑ̃tativ] *nf* intento, tentativa; **~ d'évasion/de suicide** intento *ou* tentativa de fuga/de suicidio
tente [tɑ̃t] *nf* tienda; **~ à oxygène** tienda de oxígeno
tenter [tɑ̃te] *vt* tentar; (*attirer : suj : musique, objet*) encantar; **~ qch/de faire qch** intentar algo/hacer algo; **être tenté de penser/croire** estar tentado a pensar/creer; **~ sa chance** tentar la suerte
tenture [tɑ̃tyR] *nf* colgadura
tenu, e [t(ə)ny] *pp de* **tenir** ▸ *adj* : **maison bien tenue** casa bien cuidada; **les comptes de cette entreprise sont mal tenus** llevan mal las cuentas de esta empresa; **être ~ de faire/de ne pas faire/à qch** estar obligado(-a) a hacer/a no hacer/a algo
ténu, e [teny] *adj* tenue; (*fil, objet*) fino(-a)
tenue [təny] *nf* (*d'un magasin*) dirección *f*; (*d'une promesse*) cumplimiento; (*vêtements*) ropa; (*: pour une occasion*) traje *m*; (*allure*) apariencia; (*comportement*) modales *mpl*; **être en ~** ir vestido(-a) de uniforme; **se mettre en ~** poner(se) el uniforme; **en grande ~** con traje de gala; **en petite ~** en paños menores; **avoir de la ~** (*personne*) tener buenos modales; (*journal*) ser moralista; (*tissu*) no arrugarse fácilmente; **« ~ correcte exigée »** « se requiere vestimenta formal »; **~ de combat** uniforme *m* de combate; **~ de jardinier/pompier** traje de jardinero/bombero; **~ de route** (*Auto*) estabilidad *f*; **~ de soirée** traje de etiqueta; **~ de sport/de ville/de voyage** ropa de deporte/de calle/de viaje
TER [teəɛR] *sigle m* (= *Train Régional Express*) tren directo (*con parada solo en las principales estaciones*)
ter [tɛR] *adj* : **16 ~** 16 C
tératogène [teRatɔʒɛn] *adj* teratógeno(-a)
térébenthine [teRebɑ̃tin] *nf* : **(essence de) ~** (esencia de) trementina
tergal® [tɛRgal] *nm* tergal *m*
tergiversations [tɛRʒivɛRsasjɔ̃] *nfpl* dilaciones *fpl*
tergiverser [tɛRʒivɛRse] *vi* andarse con dilaciones
terme [tɛRm] *nm* término; (*Fin*) vencimiento; **vente/achat à ~** (*Comm*) venta/compra a plazos; **au ~ de** al término de; **à court/moyen/long ~** *adj, adv* a corto/medio/largo plazo; **à ~** (*Méd*) a los nueve meses; **avant ~** (*Méd*) antes de tiempo; **moyen ~** término medio; **mettre un ~ à** poner término a; **toucher à son ~** estar acabándose; **termes** *nmpl* : **être en bons/mauvais termes avec qn** estar en buenos/malos términos con algn; **en d'autres termes** en otras palabras
terminaison [tɛRminɛzɔ̃] *nf* (*Ling*) terminación *f*
terminal, e, -aux [tɛRminal, o] *adj* terminal ▸ *nm* (*Inform*) terminal *m*; (*pétrolier, gare*) terminal *f*
terminale [tɛRminal] *nf* (*Scol*) *séptimo año de educación secundaria en el sistema francés*
terminer [tɛRmine] *vt* terminar, acabar; **se terminer** *vpr* terminar(se), acabar(se); **se ~ par/en** (*repas, chansons*) acabar *ou* terminar con; (*pointe, boule*) acabar *ou* terminar en
terminologie [tɛRminɔlɔʒi] *nf* terminología
terminologique [tɛRminɔlɔʒik] *adj* terminológico(-a)
terminologue [tɛRminɔlɔg] *nmf* terminólogo(-a)
terminus [tɛRminys] *nm* final *m* de línea; **« ~ ! »** « ¡última parada! »
termite [tɛRmit] *nm* termita
termitière [tɛRmitjɛR] *nf* termitero
ternaire [tɛRnɛR] *adj* ternario(-a)
terne [tɛRn] *adj* apagado(-a); (*personne, style*) insípido(-a)
ternir [tɛRniR] *vt* (*couleur, peinture*) deslustrar; (*fig : honneur, réputation*) empañar; **se ternir** *vpr* deslustrarse
terrain [teRɛ̃] *nm* terreno; (*à bâtir*) solar *m*, terreno; (*Sport, fig : domaine*) campo; **sur le ~** sobre el terreno; **gagner/perdre du ~** ganar/perder terreno; **~ d'atterrissage** pista de aterrizaje; **~ d'aviation** campo de aviación; **~ d'entente** vía de entendimiento; **~ de camping** camping *m*; **~ de football/de golf** *etc* campo de fútbol/de golf *etc*; **~ de jeu** patio de juego; **~ vague** solar *m*
terrarium [teRaRjɔm] *nm* terrario
terrasse [teRas] *nf* terraza; (*sur le toit*) azotea; **culture en terrasses** cultivo en bancales

terrassement [teRasmɑ̃] *nm (d'un terrain : activité)* movimiento de tierras; *(: terres creusées)* desmonte *m*
terrasser [teRase] *vt (adversaire)* derribar; *(suj : maladie etc)* fulminar
terrassier [teRasje] *nm* excavador *m*
terre [tɛR] *nf* tierra; *(population)* mundo; **travail de la ~** trabajo del campo; **en ~** de barro; **mettre en ~** enterrar; **à ~, par ~** *(mettre, être)* en el suelo *ou* piso *(AM)*; *(jeter, tomber)* al suelo; **~ à ~** *adj inv* prosaico(-a); **la T~** la Tierra; **la T~ promise/Sainte** la Tierra prometida/Santa; **T~ Adélie/de Feu** Tierra de Adelaida/de Fuego; **~ cuite** terracota, arcilla cocida; **~ de bruyère** tierra de brezo; **~ ferme** tierra firme; **~ glaise** arcilla; **terres** *nfpl (propriété)* tierras *fpl*
terreau [teRo] *nm* mantillo
Terre-Neuve [tɛRnœv] *nf* : **(île de) ~** (isla de) Tierra Nueva
terre-neuve [tɛRnœv] *nm inv (chien)* perro de Terranova
terre-plein [tɛRplɛ̃] *(pl* **terre-pleins**) *nm (Constr)* terraplén *m*
terrer [teRe] : **se terrer** *vpr (personne peu sociable)* encerrarse; *(criminel recherché)* esconderse
terrestre [teRɛstR] *adj* terrestre; *(Rel)* terrenal; *(globe)* terráqueo(-a)
terreur [teRœR] *nf* terror *m*
terreux, -euse [teRø, øz] *adj* terroso(-a); *(bottes)* embarrado(-a); *(teint)* lívido(-a); *(couleur)* apagado(-a)
terrible [teRibl] *adj* terrible; *(fam)* estupendo(-a), regio(-a)
terriblement [teRibləmɑ̃] *adv* terriblemente
terrien, ne [teRjɛ̃, jɛn] *adj* campesino(-a); **propriétaire ~** terrateniente *mf* ▶ *nm/f (non martien etc)* terrícola *mf*; *(qui ne vit pas sur la côte)* hombre *m*/mujer *f* de tierra adentro
terrier [teRje] *nm* madriguera; *(chien)* terrier *m*
terrifiant, e [teRifjɑ̃, jɑ̃t] *adj* aterrador(a); *(extraordinaire)* increíble
terrifier [teRifje] *vt* aterrorizar
terril [teRi(l)] *nm* escombrera
terrine [teRin] *nf* tarro; *(Culin) conserva de carnes en tarro*
territoire [teRitwaR] *nm* territorio; **T~ des Afars et des Issas** Territorio de los Afars y de los Isas; **territoires d'outremer** territorios de ultramar
territorial, e, -aux [teRitɔRjal, jo] *adj* territorial; **eaux territoriales/armée territoriale** aguas *fpl* territoriales/ejército territorial
terroir [teRwaR] *nm (Agr)* tierra; *(région)* región *f*; **accent/traditions du ~** acento regional/tradiciones *fpl* regionales
terroriser [teRɔRize] *vt* aterrorizar
terrorisme [teRɔRism] *nm* terrorismo
terroriste [teRɔRist] *adj, nmf* terrorista *mf*
tertiaire [tɛRsjɛR] *adj (Écon, Géo)* terciario(-a) ▶ *nm (Écon)* sector *m* terciario
tertiarisation [tɛRsjaRizasjɔ̃] *nf (Écon)* terciarización *f*
tertiariser [tɛRsjɛRise] : **se tertiariser** *vpr terciarizarse*
tertio [tɛRsjo] *adv* en tercer lugar
tertre [tɛRtR] *nm* cerro
tes [te] *voir* **ton**[1]
tessiture [tesityR] *nf (Mus)* tesitura
tesson [tesɔ̃] *nm* : **~ de bouteille** casco de botella
test [tɛst] *nm* prueba, examen *m*; **~ de niveau** prueba de nivel
testament [tɛstamɑ̃] *nm* testamento; **faire son ~** hacer testamento
testamentaire [tɛstamɑ̃tɛR] *adj* testamentario(-a)
tester [tɛste] *vt* testar; *(personne, produit etc)* someter a prueba
testeur, -euse [tɛstœR, øz] *nm/f (personne)* comprobador(a), probador(a) ▶ *nm (instrument)* comprobador *m*
testicule [tɛstikyl] *nm* testículo
testostérone [tɛstɔsteRɔn] *nf* testosterona
tétanie [tetani] *nf* tetania
tétaniser [tetanize] *vt* tetanizar; **se tétaniser** *vpr* tetanizarse
tétanos [tetanos] *nm* tétano, tétanos *msg*
têtard [tɛtaR] *nm* renacuajo
tête [tɛt] *nf* cabeza; *(visage)* cara; *(Football)* cabezazo; **de ~** *adj (wagon, voiture)* delantero(-a); *(concurrent)* en cabeza; *adv (calculer)* mentalmente; **par ~** por persona, por cabeza; **être à la ~ de qch** estar al frente de algo; **il fait une ~ de plus que moi** me lleva un palmo; **gagner d'une (courte) ~** ganar por (casi) una cabeza; **prendre la ~ de qch** tomar la dirección de algo; **perdre la ~** perder la cabeza; **ça ne va pas la ~ ?** *(fam)* ¿no estás bien de la cabeza?; **il s'est mis en ~ de le faire** se le ha metido en la cabeza hacerlo; **tenir ~ à qn** hacer frente a algn; **la ~ la première** de cabeza; **la ~ basse** cabizbajo(-a); **la ~ en bas** cabeza abajo; **avoir la ~ dure** *(fig)* ser duro(-a) de mollera; **faire une ~** *(Football)* dar un cabezazo; **faire la ~** estar de morros, poner mala cara; **en ~** *(Sport)* a la cabeza; *(arriver, partir)* primero(-a); **de la ~ aux pieds** de la cabeza a los pies; **~ brûlée** *(fig)* cabeza loca; **~ chercheuse/d'enregistrement/d'impression** cabeza buscadora/grabadora/impresora; **~ d'affiche** *(Théâtre etc)* cabecera del reparto; **~ de bétail** res *f*; **~ de lecture** cabeza de lectura; **~ de ligne** *(Transport)* central *f*; **~ de liste** *(Pol)* cabeza de lista; **~ de mort** calavera; **~ de pont** *(Mil, fig)* cabeza de puente; **~ de série** *(Tennis)* cabeza de serie; **~ de Turc** cabeza de turco; **~ de veau** *(Culin)* cabeza de ternero

tête-à-queue [tɛtakø] *nm inv* trompo; **faire un ~** hacer un trompo
tête-à-tête [tɛtatɛt] *nm inv* (*Pol*) cara a cara; (*amoureux*) conversación *f* a solas; (*service à petit-déjeuner*) tú y yo *m*; **en ~** a solas
tête-bêche [tɛtbɛʃ] *adv* pies contra cabeza
tête-de-loup [tɛtd(ə)lu] (*pl* **têtes-de-loup**) *nf* escobón *m*
tête-de-nègre [tɛtd(ə)nɛgʀ(ə)] *adj inv* castaño oscuro *inv*
tétée [tete] *nf* amamantamiento
téter [tete] *vt* mamar
tétine [tetin] *nf* (*de vache*) ubre *f*; (*de biberon*) tetina; (*sucette*) chupete *m*
téton [tetɔ̃] (*fam*) *nm* teta
tétralogie [tetʀalɔʒi] *nf* tetralogía
têtu, e [tety] *adj* terco(-a), testarudo(-a)
teuf [tøf] (*fam*) *nf* fiesta; **faire la ~** estar de fiesta
texte [tɛkst] *nm* texto; (*passage*) : **textes choisis** textos *mpl* escogidos; **apprendre son ~** (*Théâtre, Ciné*) aprender el papel; **un ~ de loi** un texto de ley
texter [tɛkste] *vt* (*rédiger*) escribir un SMS a; (*envoyer*) enviar un SMS a ▸ *vi* enviar un SMS
textile [tɛkstil] *adj* textil ▸ *nm* tejido; (*industrie*) : **le ~** la industria textil
Texto®, texto [tɛksto] *nm* mensaje *m* de texto, SMS *m*
textoter [tɛkstɔte] *vt* enviar mensajes de texto a, enviar SMS a ▸ *vi* enviar y recibir mensajes de texto, enviar y recibir SMS
textuel, le [tɛkstɥɛl] *adj* textual
textuellement [tɛkstɥɛlmɑ̃] *adv* textualmente
texture [tɛkstyʀ] *nf* textura
texturé [tɛkstyʀe] *adj* (*surface, matériau*) texturizado(-a); (*vin*) con textura
TGV [teʒeve] *sigle m* (= *train à grande vitesse*) ≈ AVE (= *Alta Velocidad Española*)
thaï, e [taj] *adj* del sureste asiático ▸ *nm* (*Ling*) *grupo de idiomas del sureste asiático*
thaïlandais, e [tajlɑ̃dɛ, ɛz] *adj* tailandés(-esa) ▸ *nm/f* : **Thaïlandais, e** tailandés(-esa)
Thaïlande [tailɑ̃d] *nf* Tailandia
thalasso [talaso] *nf* = **thalassothérapie**
thalassothérapie [talasoteʀapi] *nf* talasoterapia
thé [te] *nm* té *m*; **prendre le ~** tomar el té; **faire le ~** hacer un té; **~ au citron/au lait** té con limón/con leche
théâtral, e, -aux [teɑtʀal, o] (*aussi péj*) *adj* teatral
théâtre [teɑtʀ] *nm* teatro; (*fig : lieu*) : **le ~ de** el escenario de; **faire du ~** hacer teatro; **~ filmé** teatro grabado
Thèbes [tɛb] *n* Tebas
théière [tejɛʀ] *nf* tetera
théine [tein] *nf* teína
théisme [teism] *nm* teísmo
thématique [tematik] *adj* temático(-a)
thème [tɛm] *nm* tema; (*traduction*) traducción *f* inversa; **~ astral** carta astral
théocratie [teɔkʀasi] *nf* teocracia
théocratique [teɔkʀatik] *adj* teocrático(-a)
théologie [teɔlɔʒi] *nf* teología
théologien [teɔlɔʒjɛ̃] *nm* teólogo
théologique [teɔlɔʒik] *adj* teológico(-a)
théorème [teɔʀɛm] *nm* teorema *m*
théoricien, ne [teɔʀisjɛ̃, jɛn] *nm/f* teórico(-a)
théorie [teɔʀi] *nf* teoría; **en ~** en teoría; **~ musicale** teoría de la música
théorique [teɔʀik] *adj* teórico(-a)
théoriquement [teɔʀikmɑ̃] *adv* teóricamente; (*gén : en principe*) en teoría
théorisation [teɔʀizasjɔ̃] *nf* teorización *f*
théoriser [teɔʀize] *vi* teorizar
thérapeutique [teʀapøtik] *adj* terapéutico(-a) ▸ *nf* terapéutica
thérapie [teʀapi] *nf* terapia
thermal, e, -aux [tɛʀmal, o] *adj* termal; **station/cure thermale** estación *f*/cura termal
thermes [tɛʀm] *nmpl* termas *fpl*
thermique [tɛʀmik] *adj* térmico(-a); **ascendance ~** ascendencia térmica
thermodynamique [tɛʀmodinamik] *adj* termodinámico(-a)
thermoélectrique [tɛʀmoelɛktʀik] *adj* termoeléctrico(-a)
thermomètre [tɛʀmɔmɛtʀ] *nm* termómetro
thermonucléaire [tɛʀmonykleɛʀ] *adj* termonuclear
thermorégulateur, -trice [tɛʀmoʀegylatœʀ, tʀis] *adj* termorregulador(a)
thermos® [tɛʀmos] *nm ou f* : **(bouteille) ~** termo
thermostat [tɛʀmɔsta] *nm* termostato
thermostatique [tɛʀmɔstatik] *adj* termostático(-a)
thésard, e [tezaʀ, aʀd] *nm/f* doctorando(-a)
thésaurisation [tezɔʀizasjɔ̃] *nf* atesoramiento
thésauriser [tezɔʀize] *vi* atesorar
thèse [tɛz] *nf* tesis *f inv*; (*opinion*) teoría; **pièce/roman à ~** obra/novela de tesis
thibaude [tibod] *nf* muletón *m*
thon [tɔ̃] *nm* atún *m*
thonier [tɔnje] *nm* barco atunero
thoracique [tɔʀasik] *adj voir* **cage**; **capacité**
thorax [tɔʀaks] *nm* tórax *m inv*
thriller [sʀilœʀ] *nm* thriller *m*
thrombose [tʀɔ̃boz] *nf* trombosis *f inv*
thune [tyn] (*fam*) *nf* pasta (*fam*), guita (*fam*)
thym [tɛ̃] *nm* tomillo
thyroïde [tiʀɔid] *nf* tiroides *m inv*
thyroïdien, -ienne [tiʀɔidjɛ̃, jɛn] *adj* tiroideo(-a)
tiare [tjaʀ] *nf* tiara
Tibet [tibɛ] *nm* Tíbet *m*

tibétain, e [tibetɛ̃, ɛn] *adj* tibetano(-a) ▸ *nm/f* : **Tibétain, e** tibetano(-a)
tibia [tibja] *nm* tibia
TIC [tik] *sigle fpl* (= *technologies de l'information et de la communication*) TIC (= *Tecnologías de la Información y la Comunicación*)
tic [tik] *nm* (*nerveux*) tic *m*; (*de langage etc*) muletilla
ticket [tikɛ] *nm* billete *m*, boleto (AM); (*de cinéma, théâtre*) entrada; ~ **de caisse** ticket *m ou* tique(t) *m* de compra; ~ **de rationnement** cupón *m* de racionamiento; ~ **modérateur** *porcentaje correspondiente al asegurado en los gastos de la Seguridad social*; ~ **repas** vale *m* (para la comida)
tic-tac [tiktak] *nm inv* tictac *m*
tiède [tjɛd] *adj* tibio(-a), templado(-a); (*bière*) caliente; (*thé, café*) tibio(-a); (*air*) templado(-a); **recevoir un accueil** ~ tener una acogida tibia ▸ *adv* : **boire** ~ beber cosas templadas
tièdement [tjɛdmɑ̃] *adv* con tibieza
tiédeur [tjedœʀ] *nf* : **la ~ de l'eau** el agua templada; **la ~ de l'accueil** la tibieza de la acogida
tiédir [tjediʀ] *vi* templarse
tiédissement [tjedismɑ̃] *nm* (*de la température*) suavizamiento
tien, ne [tjɛ̃, tjɛn] *adj* tuyo(-a) ▸ *pron* : **le ~, la tienne** el tuyo, la tuya; **les tiens, les tiennes** los tuyos, las tuyas; **les tiens** (*ta famille*) los tuyos
tienne [tjɛn] *vb voir* **tenir** ▸ *pron voir* **tien**
tiens [tjɛ̃] *vb, excl voir* **tenir**
tierce [tjɛʀs] *adj f voir* **tiers** ▸ *nf* (*Mus*) tercera; (*Cartes*) escalera
tiercé [tjɛʀse] *nm* quiniela hípica
tiers, tierce [tjɛʀ, tjɛʀs] *adj* tercero(-a); **le ~ monde** el tercer mundo; **une tierce personne** una tercera persona ▸ *nm* (*Jur*) tercero; (*fraction*) tercio; **assurance au ~** seguro contra terceros; ~ **payant** (*Méd, Pharmacie*) *sistema en que la compañía de seguros paga directamente por la asistencia médica del paciente*; ~ **provisionnel** (*Admin*) *pago fraccionado del impuesto sobre la renta*
tiers-mondisme [tjɛʀmɔ̃dism] (*pl* **tiers-mondismes**) *nm* tercermundismo
tifs [tif] (*fam*) *nmpl* (*cheveux*) pelo *m*
TIG [teiʒe] *sigle m* (= *travail d'intérêt général*) *trabajo sustitutorio de pena de cárcel*
tige [tiʒ] *nf* (*de fleur, plante*) tallo
tignasse [tiɲas] (*péj*) *nf* greñas *fpl*
Tigre [tigʀ] *nm* Tigris *m*
tigre [tigʀ] *nm* tigre *m*
tigré, e [tigʀe] *adj* (*rayé*) atigrado(-a)
tigresse [tigʀɛs] *nf* tigresa
tilde [tild(e)] *nm* tilde *f*
tilleul [tijœl] *nm* (*arbre*) tilo; (*boisson*) tila
tilt [tilt] *nm* : **faire ~** (*fig* : *échouer*) irse al garete; **sa réponse a fait ~** (*inspirer*) su respuesta me iluminó la mente
timbale [tɛ̃bal] *nf* cubilete *m*; **timbales** *nfpl* (*Mus*) timbales *mpl*
timbalier [tɛ̃balje] *nm* (*Mus*) timbalero
timbrage [tɛ̃bʀaʒ] *nm* : **dispensé de ~** exento de franqueo
timbre [tɛ̃bʀ] *nm* timbre *m*; (*aussi* : **timbre-poste**) sello, estampilla (AM); (*cachet*) sello; ~ **dateur** fechador *m*; ~ **fiscal** timbre fiscal; ~ **tuberculinique** (*Méd*) *pegatina vendida en la lucha contra la tuberculosis*
timbré, e [tɛ̃bʀe] *adj* (*enveloppe*) timbrado(-a), sellado(-a); (*voix*) timbrado(-a); (*fam*) tocado(-a) de la cabeza; **papier ~** papel *m* timbrado
timbrer [tɛ̃bʀe] *vt* (*lettre, paquet*) sellar; (*document, acte*) timbrar
timide [timid] *adj* tímido(-a); **le soleil est ~** el sol no se atreve a salir
timidement [timidmɑ̃] *adv* tímidamente
timidité [timidite] *nf* timidez *f*
timing [tajmiŋ] *nm* timing *m*
timonerie [timɔnʀi] *nf* timonera
timonier [timɔnje] *nm* timonel *m*
timoré, e [timɔʀe] *adj* timorato(-a)
tint *etc* [tɛ̃] *vb voir* **tenir**
tintamarre [tɛ̃tamaʀ] *nm* escandalera
tintement [tɛ̃tmɑ̃] *nm* (*de cloche*) tintín *m*; ~ **d'oreilles** zumbido de oídos
tinter [tɛ̃te] *vi* tintinar
tipi [tipi] *nm* tipi *m*
Tipp-Ex® [tipɛks] *nm inv* Tipp-Ex® *m*
tique [tik] *nf* garrapata
tiquer [tike] *vi* inmutarse
TIR [tiʀ] *sigle mpl* (= *transports internationaux routiers*) TIR *m*, *transporte internacional por carretera*
tir [tiʀ] *nm* tiro; (*stand*) tiro al blanco; ~ **à l'arc** tiro con arco; ~ **au fusil** tiro con fusil; ~ **au pigeon** tiro de pichón; ~ **de barrage/de mitraillette/d'obus** fuego de barrera/disparo de ametralladora/tiro de obús
tirade [tiʀad] *nf* (*Théâtre*) parlamento; (*péj*) retahíla
tirage [tiʀaʒ] *nm* (*Photo*) revelado; (*Typo, Inform*) impresión *f*; (*d'un journal, de livre*) tirada; (: *édition*) edición *f*; (*d'un poêle etc*) tiro; (*de loterie*) sorteo; (*désaccord*) fricción *f*; ~ **au sort** sorteo
tiraillement [tiʀɑjmɑ̃] *nm* (*d'estomac*) retortijón *m*; (*dans les jambes*) tirón *m*; **tiraillements** *nmpl* (*doutes*) vacilaciones *fpl*; (*conflits*) tirantez *fsg*
tirailler [tiʀɑje] *vt* dar tirones a; (*corde, moustache, manche*) tirar; (*suj* : *honte etc*) agobiar
tirailleur [tiʀɑjœʀ] *nm* (*Mil*) tirador *m*
tirant [tiʀɑ̃] *nm* : ~ **d'eau** calado
tire [tiʀ] *nf* : **voleur à la ~** ratero; **vol à la ~** tirón *m*
tiré, e [tiʀe] *adj* (*visage*) cansado(-a); ~ **par les cheveux** difícil de creer ▸ *nm* (*Comm*) librado; ~ **à part** separata
tire-au-flanc [tiʀoflɑ̃] (*péj*) *nm inv* vago(-a)

t

tire-botte [tirbɔt] (*pl* **tire-bottes**) *nm* sacabotas *m inv*
tire-bouchon [tiʀbuʃɔ̃] (*pl* **tire-bouchons**) *nm* sacacorchos *m inv*
tire-bouchonner [tiʀbuʃɔne] *vt* : **pantalons tire-bouchonnés** pantalones *mpl* con pliegues *ou* arrugas en la canilla
tire-d'aile [tiʀdɛl] : **à ~** *adv* a aletazos
tire-fesses [tiʀfɛs] *nm inv* telesquí *m*
tire-lait [tiʀlɛ] (*pl* **~(s)**) *nm* sacaleches *msg*
tire-larigot [tiʀlaʀigo] (*fam*) : **à ~** *adv* hasta reventar
tirelire [tiʀliʀ] *nf* hucha
tirer [tiʀe] *vt* (*sonnette etc*) tirar de, jalar (*AM*); (*remorque*) arrastrar, jalar (*AM*); (*trait*) trazar; (*porte*) cerrar; (*rideau, panneau*) correr; (*extraire : carte, numéro, conclusion*) sacar; (*Comm : chèque*) extender; (*loterie*) sortear; (*en faisant feu*) tirar, disparar; (*: animal*) disparar (a); (*journal, livre*) imprimir; (*Photo*) revelar; (*Football*) sacar, tirar; **~ qch de** sacar algo de; (*un son d'un instrument*) obtener algo de; **~ une substance d'une matière première** obtener una sustancia de una materia prima; **~ six mètres** (*Naut*) tener seis metros de calado; **~ la langue** sacar la lengua; **~ avantage/parti de** sacar provecho/partido de; **~ son nom/origine de** recibir su nombre/origen de; **~ qn de** (*embarras etc*) sacar a algn de; **~ les cartes** echar las cartas ▸ *vi* (*faire feu*) disparar; (*cheminée, Sport*) tirar; **~ sur** tirar de; (*faire feu sur*) disparar a; (*pipe*) fumar en; **~ à l'arc/à la carabine** tirar con arco/con carabina; **~ en longueur** no tener fin; **~ à sa fin** tocar a su fin; **se tirer** *vpr* (*fam*) largarse; **s'en ~** salir bien
tiret [tiʀɛ] *nm* guion *m*
tireur, -euse [tiʀœʀ, øz] *nm/f* (*Mil*) tirador(a); (*Comm*) librador(a); **bon(ne) ~** buen(-a) tirador(a); **~ d'élite** tirador(a) de primera; **tireuse de cartes** echadora de cartas
tiroir [tiʀwaʀ] *nm* cajón *m*
tiroir-caisse [tiʀwaʀkɛs] (*pl* **tiroirs-caisses**) *nm* caja
tisane [tizan] *nf* tisana, infusión *f*
tison [tizɔ̃] *nm* tizón *m*
tisonner [tizɔne] *vt* atizar
tisonnier [tizɔnje] *nm* atizador *m*
tissage [tisaʒ] *nm* tejido
tisser [tise] *vt* tejer; (*réseau*) establecer
tisserand [tisʀɑ̃] *nm* tejedor *m*
tissu [tisy] *nm* tejido; (*fig*) sarta; **~ de mensonges** sarta de mentiras
tissu-éponge [tisyepɔ̃ʒ] (*pl* **tissus-éponges**) *nm* felpa
titan [titɑ̃] *nm* (*géant*) titán *m*; **travail de ~** labor titánica
titane [titan] *nm* titanio
titanesque [titanɛsk] *adj* titánico(-a)
titiller [titije] *vt* cosquillear
titrage [titʀaʒ] *nm* (*d'un film*) titulación *f*; (*d'un alcool*) graduación *f*
titraille [titʀaj] *nf* (*Typo*) titulares *mpl* secundarios
titre [titʀ] *nm* título; (*de journal, aussi télévisé*) titular *m*; (*Chim : d'alliage*) ley *f*; (*: de solution*) título; (*: d'alcool*) graduación *f*; **en ~** titular; **à juste ~** con toda razón; **à quel ~ ?** ¿a título de qué?; **à aucun ~** bajo ninguna razón; **au même ~ (que)** al igual (que); **au ~ de la coopération** *etc* en nombre de la cooperación *etc*; **à ~ d'exemple** como ejemplo; **à ~ d'exercice** como ejercicio; **à ~ exceptionnel** excepcionalmente; **à ~ amical** amistosamente; **à ~ d'information** a modo de información; **à ~ gracieux** gratis; **à ~ provisoire/d'essai** de forma provisional/a modo de ensayo; **à ~ privé/consultatif** a título privado/consultativo; **~ courant** titulillo; **~ de propriété** título de propiedad; **~ de transport** billete *m*
titré, e [titʀe] *adj* titulado(-a); (*personne*) con título
titrer [titʀe] *vt* (*Chim : alcool*) graduar; (*: solution*) titular; (*Presse*) titular; (*suj : vin*) : **~ 10°** tener una graduación de 10°
titubant, e [titybɑ̃, ɑ̃t] *adj* tambaleante
tituber [titybe] *vi* titubear
titulaire [titylɛʀ] *adj* titular; **être ~ de** ser titular de ▸ *nmf* titular *mf*
titularisation [titylaʀizasjɔ̃] *nf* nombramiento (como titular)
titulariser [titylaʀize] *vt* hacer titular a
TNP [teɛnpe] *sigle m* = **Théâtre national populaire**
TNT [teɛnte] *sigle m* (= *trinitrotoluène*) TNT *m* (= *trinitrotolueno*) ▸ *sigle f* (= *Télévision numérique terrestre*) TDT *f* (= *televisión digital terrestre*)
toast [tost] *nm* tostada; (*de bienvenue*) brindis *m inv*; **porter un ~ à qn** brindar por algn
toasteur [tostœʀ] *nm* tostador *m*
toboggan [tɔbɔgɑ̃] *nm* tobogán *m*; (*Auto*) paso a desnivel
TOC *sigle mpl* (= *troubles obsessionnels compulsifs*) TOC *msg* (= *trastorno obsesivo-compulsivo*)
toc [tɔk] *nm* : **en ~** de imitación
tocsin [tɔksɛ̃] *nm* rebato, toque *m* de alarma
toge [tɔʒ] *nf* toga
Togo [tɔgo] *nm* Togo
togolais, e [tɔgɔlɛ, ɛz] *adj* togolés(-esa) ▸ *nm/f* : **Togolais, e** togolés(-esa)
tohu-bohu [tɔybɔy] *nm inv* (*désordre*) revoltijo; (*tumulte*) barullo
toi [twa] *pron* tú; **~, tu n'y vas pas** tú no vas; **c'est ~ ?** ¿eres tú?; **je veux aller avec ~** quiero ir contigo; **pour/sans ~** para/sin ti; **des livres à ~** libros tuyos
toile [twal] *nf* tela; (*bâche*) lona; (*tableau*) tela, lienzo; **grosse ~** tela basta; **tisser sa ~** tejer su tela; **~ cirée** hule *m*; **~ d'araignée** telaraña; **~ de fond** telón *m* de fondo; **~ de jute** tela de saco; **~ de lin** lienzo; **~ de tente** lona; **~ émeri** tela de esmeril

toilettage [twaletaʒ] *nm* (*d'un animal*) aseo; (*d'un texte*) preparación *f* para la edición
toilette [twalɛt] *nf* aseo; (*s'habiller et se préparer*) arreglo; (*habillement*) vestimenta; **faire sa ~** asearse; **faire la ~ de** (*animal*) asear; (*texte*) preparar; **articles de ~** artículos *mpl* de aseo; **~ intime** aseo íntimo; **toilettes** *nfpl* servicios *mpl*; **les toilettes des dames/messieurs** los servicios de señoras/caballeros
toiletter [twalete] *vt* (*animal*) asear; (*texte*) retocar
toi-même [twamɛm] *pron* tú mismo(-a)
toise [twaz] *nf* : **passer à la ~** tallar
toiser [twaze] *vt* tallar
toison [twazɔ̃] *nf* (*de mouton*) vellón *m*; (*cheveux*) melena
toit [twa] *nm* techo; (*de bâtiment*) tejado; **~ ouvrant** techo solar
toiture [twatyʀ] *nf* tejado, techumbre *f*
Tokyo [tɔkjo] *n* Tokio
tôlard, e [tolaʀ, aʀd] *nm/f* = **taulard**
tôle [tol] *nf* chapa; **~ d'acier** chapa de acero; **~ ondulée** chapa ondulada
Tolède [tɔlɛd] *n* Toledo
tolérable [tɔleʀabl] *adj* tolerable
tolérance [tɔleʀɑ̃s] *nf* tolerancia; (*hors taxe*) cantidad *f* autorizada
tolérant, e [tɔleʀɑ̃, ɑ̃t] *adj* tolerante
tolérer [tɔleʀe] *vt* tolerar; (*Admin : hors taxe*) autorizar
tôlerie [tolʀi] *nf* fabricación *f* de chapas; (*atelier*) chapistería; (*d'une voiture*) chapa
tollé [tɔ(l)le] *nm* : **un ~ (d'injures/de protestations)** una sarta (de insultos/de protestas)
TOM [tɔm] *sigle m ou mpl* (= *territoire(s) d'outre-mer*) territorio(s) *m(pl)* de ultramar
tomate [tɔmat] *nf* tomate *m*
tombal, e, -aux [tɔ̃bal, o] *adj* : **pierre tombale** lápida sepulcral
tombant, e [tɔ̃bɑ̃, ɑ̃t] *adj* : **manches tombantes** mangas *fpl* caídas; **épaules tombantes** hombros *mpl* caídos
tombe [tɔ̃b] *nf* tumba
tombeau, x [tɔ̃bo] *nm* tumba; **à ~ ouvert** a toda velocidad
tombée [tɔ̃be] *nf* : **à la ~ du jour** *ou* **de la nuit** al atardecer, al anochecer
tomber [tɔ̃be] *vi* caer; (*accidentellement*) caerse; (*prix, température*) bajar; **laisser ~** abandonar; **~ sur** encontrarse con; (*attaquer*) echarse sobre; (*critiquer*) echarse encima de; **~ de fatigue/de sommeil** caerse de cansancio/de sueño; **~ à l'eau** (*fig*) irse al garete; **~ juste** salir bien; **~ en panne** tener una avería; **~ en ruine** caerse en ruinas; **le 15 tombe un mardi** el 15 cae en martes; **~ bien/mal** (*vêtement*) quedar bien/mal; **ça tombe bien/mal** (*fig*) viene bien/mal; **il est bien/mal tombé** (*fig*) le ha ido bien/mal ▸ *vt* : **~ la veste** (*fam*) quitarse la chaqueta
tombereau, x [tɔ̃bʀo] *nm* volquete *m*
tombeur [tɔ̃bœʀ] (*péj*) *nm* seductor *m*
tombola [tɔ̃bɔla] *nf* tómbola
Tombouctou [tɔ̃buktu] *n* Tombuctú
tome [tɔm] *nm* tomo
tomette [tɔmɛt] *nf* = **tommette**
tommette [tɔmɛt] *nf* baldosín *m*
tomographie [tɔmɔgʀafi] *nf* tomografía
ton¹, ta [tɔ̃, ta] (*pl* **tes**) *adj poss* tu
ton² [tɔ̃] *nm* tono; **élever** *ou* **hausser le ~** levantar la voz; **donner le ~** llevar la voz cantante; **si vous le prenez sur ce ~** si lo toma usted así; **de bon ~** de buen tono; **~ sur ~** en la misma gama de color
tonal, e [tɔnal] (*pl* **-als** *ou* **-aux**) *adj* (*Mus*) tonal
tonalité [tɔnalite] *nf* tonalidad *f*; (*au téléphone*) señal *f*
tondeuse [tɔ̃døz] *nf* (*à gazon*) cortadora de césped; (*de coiffeur*) maquinilla (de cortar el pelo); (*pour la tonte*) esquiladora
tondre [tɔ̃dʀ] *vt* (*pelouse*) cortar; (*mouton*) esquilar; (*cheveux*) rapar
tondu, e [tɔ̃dy] *pp de* **tondre** ▸ *adj* (*cheveux*) rapado(-a); (*mouton*) esquilado(-a)
tongs [tɔ̃g] *nfpl* chanclas *fpl*
tonicité [tɔnisite] *nf* tonicidad *f*
tonifiant, e [tɔnifjɑ̃, jɑ̃t] *adj* (*lotion*) tonificante; (*air*) vivificador(a)
tonifier [tɔnifje] *vi* (*air*) vivificar; (*eau*) tonificar ▸ *vt* (*organisme*) entonar; (*peau*) tonificar
tonique [tɔnik] *adj* (*lotion, accent*) tónico(-a); (*médicament, personne*) estimulante; (*froid*) tonificante; (*air*) vivificador(a) ▸ *nm* (*médicament*) estimulante *m*; (*lotion*) tónico; (*boisson*) tónica ▸ *nf* (*Mus*) tónica
tonitruant, e [tɔnitʀyɑ̃, ɑ̃t] *adj* estrepitoso(-a)
Tonkin [tɔ̃kɛ̃] *nm* Tonquín *m*, Tonkín *m*
tonkinois, e [tɔ̃kinwa, waz] *adj* tonquinés(-esa) ▸ *nm/f* : **Tonkinois, e** tonquinés(-esa)
tonnage [tɔnaʒ] *nm* tonelaje *m*
tonnant, e [tɔnɑ̃, ɑ̃t] *adj* estruendoso(-a)
tonne [tɔn] *nf* tonelada
tonneau, x [tɔno] *nm* tonel *m*; (*Naut*) : **jauger 2.000 tonneaux** tener una capacidad de 2.000 toneladas; **faire des tonneaux** (*voiture*) dar vueltas de campana; (*avion*) hacer rizos
tonnelet [tɔnlɛ] *nm* tonelete *m*
tonnelier [tɔnəlje] *nm* tonelero
tonnelle [tɔnɛl] *nf* glorieta
tonnellerie [tɔnɛlʀi] *nf* tonelería
tonner [tɔne] *vi* tronar; (*parler avec véhémence*) : **~ contre qn/qch** despotricar contra algn/algo; **il tonne** truena
tonnerre [tɔnɛʀ] *nm* trueno; **du ~** (*fam*) bárbaro(-a); **coup de ~** infortunio; **~ d'applaudissements** salva de aplausos
tonsure [tɔ̃syʀ] *nf* tonsura
tonte [tɔ̃t] *nf* esquila
tonton [tɔ̃tɔ̃] *nm* tito

t

tonus [tɔnys] *nm* : **avoir du ~** estar entonado(-a); **donner du ~** entonar
top [tɔp] *nm* : **au troisième ~** a la tercera señal; **le ~ 50** ≈ los 40 principales ▸ *adj* : **~ secret** top secret ▸ *excl* ¡ya!
topaze [tɔpɑz] *nf* topacio
toper [tɔpe] *vi* : **tope-/topez-là !** ¡chócala/chóquela!
topinambour [tɔpinɑ̃buʀ] *nm* pataca
topo [tɔpo] (*fam*) *nm* (*croquis*) plano; (*exposé*) resumen *m*
topographie [tɔpɔgʀafi] *nf* topografía
topographique [tɔpɔgʀafik] *adj* topográfico(-a)
topologie [tɔpɔlɔʒi] *nf* topología
toponyme [tɔpɔnim] *nm* topónimo
toponymie [tɔpɔnimi] *nf* toponimia
toquade [tɔkad] (*fam*) *nf* capricho
toque [tɔk] *nf* gorro; **~ de cuisinier** gorro de cocinero; **~ de jockey** gorra de jockey; **~ de juge** birrete *m* de juez
toqué, e [tɔke] (*fam*) *adj* tocado(-a)
torche [tɔʀʃ] *nf* antorcha
torcher [tɔʀʃe] (*fam*) *vt* limpiar; **se torcher** *vpr* : **se ~ le cul** (*fam !*) limpiarse el culo (*fam !*)
torchère [tɔʀʃɛʀ] *nf* hachón *m*
torchis [tɔʀʃi] *nm* adobe *m*
torchon [tɔʀʃɔ̃] *nm* trapo; (*à vaisselle*) paño de cocina
tordre [tɔʀdʀ] *vt* (*chiffon*) estrujar; (*barre*) torcer; (*visage*) retorcer; **se tordre** *vpr* torcerse; (*ver, serpent*) retorcerse; **se ~ le pied/bras** torcerse el pie/brazo; **se ~ de douleur/de rire** retorcerse de dolor/desternillarse de risa
tordu, e [tɔʀdy] *pp de* **tordre** ▸ *adj* (*partie du corps, bâton*) torcido(-a); (*esprit*) retorcido(-a) ▸ *nm/f* (*fam*) pirado(-a)
torero [tɔʀeʀo] *nm* torero
tornade [tɔʀnad] *nf* tornado
toron [tɔʀɔ̃] *nm* cable *m* trenzado
Toronto [tɔʀɔ̃to] *n* Toronto
torontois, e [tɔʀɔ̃twa, waz] *adj* de Toronto ▸ *nm/f* : **Torontois, e** nativo(-a) *ou* habitante *mf* de Toronto
torpeur [tɔʀpœʀ] *nf* entorpecimiento
torpillage [tɔʀpijaʒ] *nm* (*aussi fig*) torpedeo, torpedeamiento
torpille [tɔʀpij] *nf* torpedo
torpiller [tɔʀpije] *vt* (*aussi fig*) torpedear
torpilleur [tɔʀpijœʀ] *nm* torpedero
torréfacteur [tɔʀefaktœʀ] *nm* (*entreprise*) torrefactora
torréfaction [tɔʀefaksjɔ̃] *nf* torrefacción *f*
torréfier [tɔʀefje] *vt* torrefactar
torrent [tɔʀɑ̃] *nm* torrente *m*; (*fig*) : **un ~ de** un torrente de; **il pleut à torrents** llueve a mares
torrentiel, le [tɔʀɑ̃sjɛl] *adj* torrencial
torride [tɔʀid] *adj* tórrido(-a)
tors, e [tɔʀ, tɔʀs] *adj* torcido(-a)
torsade [tɔʀsad] *nf* trenzado; (*Archit*) espiral *f*
torsadé, e [tɔʀsade] *adj* trenzado(-a)
torsader [tɔʀsade] *vt* trenzar
torse [tɔʀs] *nm* torso; (*poitrine*) pecho; **~ nu** con el torso desnudo ▸ *adj f voir* **tors**
torsion [tɔʀsjɔ̃] *nf* torsión *f*
tort [tɔʀ] *nm* (*préjudice*) perjuicio; **avoir ~** estar equivocado(-a); **être dans son ~** tener la culpa; **donner ~ à qn** echar la culpa a algn; (*fig : suj : chose*) perjudicar a algn; **causer du ~ à** perjudicar a; **être en ~** tener la culpa; **à ~** sin razón; **à ~ ou à raison** con razón o sin ella; **à ~ et à travers** a tontas y a locas; **torts** *nmpl* (*Jur*) daños y perjuicios *mpl*
torticolis [tɔʀtikɔli] *nm* tortícolis *f inv*
tortiller [tɔʀtije] *vt* retorcer; **se tortiller** *vpr* retorcerse
tortionnaire [tɔʀsjɔnɛʀ] *nmf* torturador(a)
tortue [tɔʀty] *nf* tortuga
tortueux, -euse [tɔʀtɥø, øz] *adj* tortuoso(-a)
torture [tɔʀtyʀ] *nf* tortura
torturé, e [tɔʀtyʀe] *adj* atormentado(-a)
torturer [tɔʀtyʀe] *vt* torturar
torve [tɔʀv] *adj* : **regard ~** mirada torva
tôt [to] *adv* (*au début d'une portion de temps*) temprano; (*au bout de peu de temps*) pronto; **~ ou tard** tarde o temprano; **si ~** tan pronto; **au plus ~** cuanto antes; **plus ~** antes; **il eut ~ fait de faire ...** muy pronto hizo ...
total, e, -aux [tɔtal, o] *adj* total ▸ *nm* total *m*; **au ~** en total; (*fig*) en resumidas cuentas; **faire le ~** hacer el total
totalement [tɔtalmɑ̃] *adv* totalmente
totalisateur, -trice [tɔtalizatœʀ, tʀis] *adj* totalizador(a) ▸ *nm* (*Comm*) totalizador *m*
totaliser [tɔtalize] *vt* totalizar
totalitaire [tɔtalitɛʀ] *adj* totalitario(-a)
totalitarisme [tɔtalitaʀism] *nm* totalitarismo
totalité [tɔtalite] *nf* totalidad *f*; **revoir qch en ~** revisar algo en totalidad
totem [tɔtɛm] *nm* tótem *m*
touareg [twaʀɛg] *adj inv* tuareg *inv* ▸ *nm inv* (*langue*) tuareg *m* ▸ *nmf* : **Touareg** tuareg *mf*
toubib [tubib] (*fam*) *nmf* médico(-a)
toucan [tukɑ̃] *nm* tucán *m*
touchant, e [tuʃɑ̃, ɑ̃t] *adj* conmovedor(a)
touche [tuʃ] *nf* (*de piano, de machine à écrire*) tecla; (*de télécommande*) botón *m*; (*Peinture, fig*) toque *m*; (*Rugby*) línea lateral; (*Football : remise en jeu*) saque *m* de banda; (*: ligne*) línea de banda; (*Escrime*) tocado; **en ~** fuera de banda; **avoir une drôle de ~** (*fam*) tener una pinta extraña; **~ sensitive** *ou* **à effleurement** control *m* sensible al tacto; **~ de commande/de fonction/de retour** (*Inform*) tecla de mando/de función/de retorno
touche-à-tout [tuʃatu] (*péj*) *nm inv* (*gén : enfant*) : **quel ~ !** ¡tiene que tocarlo todo!; (*fig : chercheur*) hace de todo un poco
toucher [tuʃe] *nm* tacto; (*Mus*) modo de tocar; **au ~** al tacto ▸ *vt* tocar; (*mur, pays*) lindar con;

(atteindre) alcanzar; *(émouvoir : suj : amour, fleurs)* conmover; *(: catastrophe, malheur, crise)* afectar; *(concerner)* atañer; *(prix, récompense)* recibir; *(salaire, chèque)* cobrar; *(problème, sujet)* abordar; **je vais lui en ~ un mot** le diré dos palabras sobre ello; **~ à qch** tocar algo; *(concerner)* atañer a algo; **~ au but** llegar a la meta; **~ à sa fin** *ou* **son terme** tocar a su fin; **se toucher** *vpr* tocarse

touffe [tuf] *nf (d'herbe)* mata; *(de poils)* mechón *m*

touffu, e [tufy] *adj (haie, forêt)* frondoso(-a); *(cheveux)* tupido(-a); *(style, texte)* denso(-a)

toujours [tuʒuʀ] *adv* siempre; *(encore)* todavía; **~ plus** cada vez más; **pour ~** para siempre; **depuis ~** desde siempre; **~ est-il que** lo cierto es que; **essaie ~** prueba a intentarlo; **il vit ~ ici** todavía vive aquí, sigue viviendo aquí

Toulon [tulɔ̃] *n* Tolón

toulonnais, e [tulɔnɛ, ɛz] *adj* tolonés(-esa) ▸ *nm/f* : **Toulonnais, e** tolonés(-esa)

toulousain, e [tuluzɛ̃, ɛn] *adj* de Toulouse ▸ *nm/f* : **Toulousain, e** nativo(-a) *ou* habitante *mf* de Toulouse

Toulouse [tuluz] *n* Toulouse

toundra [tundʀa] *nf* tundra

toupet [tupɛ] *nm* tupé *m*; *(fam)* caradura

toupie [tupi] *nf* peonza

tour [tuʀ] *nf* torre *f*; *(appartements)* bloque *m* (de pisos); **~ de contrôle** torre de control; **~ de lancement** plataforma de lanzamiento ▸ *nm (promenade)* paseo, vuelta; *(excursion)* excursión *f*; *(Sport, Pol, de vis, de roue)* vuelta; *(d'être servi ou de jouer etc)* turno; *(de la conversation)* giro; *(ruse)* ardid *m*; *(de prestidigitation etc)* número; *(de cartes)* truco; *(de potier, à bois)* torno; **de trois mètres de ~** *(circonférence)* de tres metros de perímetro; **faire le ~ de** dar la vuelta a; *(questions, possibilités)* dar vueltas a; **faire un ~** dar una vuelta; **faire le ~ de l'Europe** dar la vuelta a Europa; **faire deux ou trois tours** dar dos o tres vueltas; **fermer à double ~** cerrar bajo siete llaves; **c'est mon/son ~** es mi/su turno; **c'est au ~ de Philippe** le toca a Philippe; **à ~ de rôle, ~ à ~** por turnos, en orden; **à ~ de bras** con todas las fuerzas; **~ d'horizon** *(fig)* panorama; **~ de chant** recital *m* de canto; **~ de force** hazaña; **~ de garde** recorrido de guardia; **~ de lit** cubrecama *m*; **~ de main** habilidad *f*; **en un ~ de main** en un santiamén, en un abrir y cerrar de ojos; **~ de passe-passe** juego de manos; **~ de poitrine/de tête** contorno de pecho/de cabeza; **~ de reins** lumbago; **~ de taille** contorno de cintura

tourangeau, -elle [tuʀɑ̃ʒo, ɛl] *adj* turonense ▸ *nm/f* : **Tourangeau, -elle** turonense *mf*

tourbe [tuʀb] *nf* turba

tourbeux, -euse [tuʀbø, øz] *adj* turboso(-a)

tourbière [tuʀbjɛʀ] *nf* turbera

tourbillon [tuʀbijɔ̃] *nm (d'eau, de poussière)* remolino; *(de vent, fig)* torbellino

tourbillonner [tuʀbijɔne] *vi* arremolinarse; *(objet, personne)* dar vueltas

tourelle [tuʀɛl] *nf* torrecilla; *(de véhicule)* torreta

tourisme [tuʀism] *nm* turismo; **office du ~** oficina de turismo; **avion de ~** avión *m* de turismo; **voiture de ~** turismo; **faire du ~** hacer turismo

touriste [tuʀist] *nmf* turista *mf*

touristique [tuʀistik] *adj* turístico(-a)

tourment [tuʀmɑ̃] *nm* tormento

tourmente [tuʀmɑ̃t] *nf* tormenta

tourmenté, e [tuʀmɑ̃te] *adj* atormentado(-a); *(mer, période)* tormentoso(-a); *(paysage)* escabroso(-a); *(tableau)* tempestuoso(-a)

tourmenter [tuʀmɑ̃te] : **se tourmenter** *vpr* atormentarse

tournage [tuʀnaʒ] *nm* rodaje *m*

tournant, e [tuʀnɑ̃, ɑ̃t] *adj (feu, scène)* giratorio(-a); *(escalier)* de caracol; *(mouvement)* envolvente ▸ *nm (de route)* curva; *(fig)* giro; *voir aussi* **grève** ; **plaque**

tourné, e [tuʀne] *adj (lait, vin)* agrio(-a); *(Menuiserie : bois)* torneado(-a); **bien ~** *(personne)* bien formado(-a); *(compliment)* bien hecho(-a); **mal ~** *(lettre)* mal escrito(-a); **avoir l'esprit mal ~** ser un malpensado(-a)

tournebroche [tuʀnəbʀɔʃ] *nm* asador *m*

tourne-disque [tuʀnədisk] (*pl* **tourne-disques**) *nm* tocadiscos *m inv*

tournedos [tuʀnədo] *nm (Culin)* turnedó *m*

tournée [tuʀne] *nf (du facteur)* ronda; *(d'artiste, de politicien)* gira; **payer une ~** pagar una ronda; **faire la ~ de** hacer un recorrido por; **~ électorale/musicale** gira electoral/musical

tournemain [tuʀnəmɛ̃] : **en un ~** *adv* en un abrir y cerrar de ojos

tourner [tuʀne] *vt* girar, voltear (AM); *(sauce, mélange)* revolver; *(Naut : cap)* rodear; *(difficulté etc)* esquivar; *(scène, film)* rodar; *(: jouer dans)* actuar en; **~ en ridicule** ridiculizar; **~ le dos à** dar la espalda a; **~ la tête** girar la cabeza; **~ la tête à qn** volver loco(-a) a algn; **~ la page** *(fig)* hacer borrón y cuenta nueva ▸ *vi* girar, voltear (AM); *(vent)* cambiar de dirección; *(moteur)* estar en marcha; *(compteur)* estar andando; *(lait etc)* agriarse; *(chance, vie)* cambiar; *(fonctionner : société etc)* marchar; **bien/mal ~** salir bien/mal; **~ autour de** dar vueltas alrededor de; *(soleil : suj : terre)* girar alrededor de; *(péj : personne : importuner)* andar rondando a; **~ autour du pot** *(fig)* andarse con rodeos; **~ à/en** volverse, convertirse en; **~ à la pluie/au rouge** volverse lluvioso/ponerse rojo; **~ court** desviarse; **~ de l'œil** *(fam)* desmayarse; **se tourner** *vpr* volverse; **se ~ vers** volverse hacia; *(personne : pour demander : aide, conseil)* dirigirse a; *(profession)* inclinarse por; **se ~ les pouces** *(fig)* estar con los brazos cruzados

t

tournesol [turnəsɔl] *nm* girasol *m*
tourneur [turnœr] *nm* tornero
tournevis [turnəvis] *nm* destornillador *m*
tourniquer [turnike] *vi* andar de acá para allá
tourniquet [turnikɛ] *nm* (*pour arroser*) aspersor *m*; (*portillon, Chirurgie*) torniquete *m*; (*présentoir*) soporte *m* giratorio
tournis [turni] (*fam*) *nm* : **avoir le ~** marearse; **donner le ~** dar mareo(s)
tournoi [turnwa] *nm* (*Hist*) torneo; **~ de bridge/tennis** torneo de bridge/tenis; **~ des six nations** (*Rugby*) torneo de las seis naciones
tournoyer [turnwaje] *vi* (*oiseau*) revolotear; (*fumée*) arremolinarse
tournure [turnyr] *nf* (*Ling*) giro; (*d'une pièce, d'un texte*) carácter *m*, aspecto; **prendre ~** tomar forma; **~ d'esprit** manera de enfocar las cosas
tour-opérateur [turɔperatœr] (*pl* **tour-opérateurs**) *nm* touroperador *m*
tourte [turt] *nf* (*Culin*) : **~ à la viande** pastel *m* de carne
tourteau, x [turto] *nm* (*Agr*) torta de orujo; (*Zool*) buey *m* (de mar)
tourtereau, x [turtəro] *nm* tortolito; **des tourtereaux** (*fig : un couple d'amoureux*) una pareja de tortolitos
tourterelle [turtərɛl] *nf* tórtola
tourtière [turtjɛr] *nf* (*Culin*) tartera
tous [tu] *voir* **tout**
Toussaint [tusɛ̃] *nf* : **la ~** el día de Todos los Santos; *ver nota*

LA TOUSSAINT

La Toussaint, 1 de noviembre, es una fiesta oficial francesa. Tradicionalmente, la gente visita las tumbas de sus parientes y amigos y deposita en ellas coronas de brezo y crisantemos.

tousser [tuse] *vi* toser
toussotement [tusɔtmɑ̃] *nm* carraspeo
toussoter [tusɔte] *vi* carraspear

MOT-CLÉ

tout, e [tu, tut] (*mpl* **tous**, *fpl* **toutes**) *adj* **1** (*avec article*) todo(-a); **tout le lait/l'argent** toda la leche/todo el dinero; **toute la nuit** toda la noche; **tout le livre** todo el libro; **toutes les trois/deux semaines** cada tres/dos semanas; **tout le temps** *adv* todo el tiempo; **tout le monde** *pron* todo el mundo; **c'est tout le contraire** es todo lo contrario; **tout un pain/un livre** un pan/un libro entero; **c'est tout une affaire/une histoire** es todo un caso/una historia; **toutes les nuits** todas las noches; **toutes les fois que ...** todas las veces que ...; **tous les deux** los dos, ambos; **toutes les trois** las tres
2 (*sans article*) : **à tout âge/à toute heure** a cualquier edad/hora; **pour toute nourriture, il avait ...** por todo alimento, tenía ...; **à toute vitesse** a toda velocidad; **de tous côtés** *ou* **de toutes parts** de todos (los) lados *ou* de todas partes; **à tout hasard** por si acaso
▸ *pron* todo(-a); **il a tout fait** lo hizo todo; **je les vois toutes** las veo a todas; **nous y sommes tous allés** fuimos todos; **en tout** en total; **tout ce qu'il sait** todo lo que sabe; **en tout et pour tout, ...** en total ...; **tout ou rien** todo o nada; **c'est tout** eso es todo, nada más; **tout ce qu'il y a de plus aimable** el (la) más amable del mundo
▸ *nm* todo; **du tout au tout** del todo; **le tout est de ...** lo importante es ...; **pas du tout** en absoluto
▸ *adv* **1** (**toute** *avant adj f commençant par consonne ou h aspiré : très, complètement*) : **elle était tout émue** estaba muy emocionada; **elle était toute petite** era muy pequeñita; **tout à côté** al lado; **tout près** muy cerca; **le tout premier** el primero de todos; **tout seul** solo; **le livre tout entier** el libro entero; **tout en haut/bas** arriba/abajo del todo; **tout droit** todo recto; **tout ouvert** completamente abierto; **tout rouge** todo rojo; **parler tout bas** hablar muy bajo; **tout simplement** sencillamente; **fais-le tout doucement** hazlo despacito
2 : **tout en** mientras; **tout en travaillant il ...** mientras trabaja, ...
3 : **tout d'abord** en primer lugar; **tout à coup** de repente; **tout à fait** (*complètement : fini, prêt*) del todo; (*exactement : vrai, juste, identique*) perfectamente; **« tout à fait ! »** (*oui*) « ¡desde luego! »; **tout à l'heure** (*passé*) hace un rato; (*futur*) luego; **à tout à l'heure !** ¡hasta luego!; **tout de même** sin embargo; **tout de suite** enseguida; **tout terrain** *ou* **tous terrains** *adj inv* todo terreno *inv*

tout-à-l'égout [tutalegu] *nm inv sistema de evacuación directa a la cloaca*
toutefois [tutfwa] *adv* sin embargo, no obstante
toutes [tut] *voir* **tout**
toutou [tutu] (*fam*) *nm* guauguau *m*, perrito
tout-petit [tup(ə)ti] (*pl* **tout-petits**) *nm* pequeño(-a), niño(-a)
tout-puissant, toute-puissante [tupɥisɑ̃, tutpɥisɑ̃t] (*pl* **tout(es)-puissant(e)s**) *adj* todopoderoso(-a)
tout-terrain [tutɛrɛ̃] *adj inv* : **vélo ~** bicicleta de montaña; **véhicule ~** todoterreno
tout-venant [tuv(ə)nɑ̃] *nm inv* : **le ~** mercancía no seleccionada
toux [tu] *nf* tos *f inv*
toxémie [tɔksemi] *nf* toxemia
toxicité [tɔksisite] *nf* toxicidad *f*
toxico [tɔksiko] (*fam*) *nmf* drogata *mf* (*fam*), toxicómano(-a)
toxicologie [tɔksikɔlɔʒi] *nf* toxicología

toxicologique [tɔksikɔlɔʒik] *adj* toxicológico(-a)
toxicomane [tɔksikɔman] *adj, nmf* toxicómano(-a)
toxicomanie [tɔksikɔmani] *nf* toxicomanía
toxine [tɔksin] *nf* toxina
toxique [tɔksik] *adj* tóxico(-a)
toxoplasmose [tɔksoplasmoz] *nf* toxoplasmosis *f inv*
TP [tepe] *sigle mpl* (= *travaux pratiques*) prácticas *fpl*; (= *Travaux Publics*) ≈ OP (= *Obras Públicas*) ▸ *abr* = **trésor public**
TPE [tepeə] *sigle mpl* (= *très petites entreprises*) microempresas *fpl*
trac [tʀak] *nm* nerviosismo; **avoir le ~** estar nervioso(-a), estar como un flan
traçabilité [tʀasabilite] *nf* trazabilidad *f*
traçable [tʀasabl] *adj* trazable
traçant, e [tʀasɑ̃, ɑ̃t] *adj* : **obus ~** obús *m* trazador; **table traçante** (*Inform*) trazador *m* de gráficos
tracas [tʀaka] *nm* preocupación *f*
tracasser [tʀakase] *vt* (*suj : problème, idée*) preocupar; **se tracasser** *vpr* preocuparse
tracasseries [tʀakasʀi] *nfpl* molestias *fpl*
tracassier, -ière [tʀakasje, jɛʀ] *adj* molesto(-a)
trace [tʀas] *nf* huella; (*de pneu, de brûlure etc*) marca; (*d'encre, indice, quantité minime*) rastro; (*de blessure, de maladie*) secuela; (*d'une civilisation etc*) restos *mpl*; **avoir une ~ d'accent étranger** tener un ligero acento extranjero; **suivre qn à la ~** seguir la pista *ou* el rastro de algn; **traces de freinage/de pneus** marcas de frenada/de neumáticos; **traces de pas** huellas *fpl* de pasos
tracé [tʀase] *nm* trazado; (*d'une rivière*) recorrido; (*d'une côte*) línea
tracer [tʀase] *vt* trazar
traceur [tʀasœʀ] *nm* (*Inform*) plotter *m*
trachée [tʀaʃe], **trachée-artère** [tʀaʃeaʀtɛʀ] (*pl* **trachées-artères**) *nf* tráquea
trachéite [tʀakeit] *nf* traqueítis *f inv*
trachéotomie [tʀakeɔtɔmi] *nf* traqueotomía
tract [tʀakt] *nm* panfleto
tractations [tʀaktasjɔ̃] *nfpl* negociaciones *fpl*
tracter [tʀakte] *vt* arrastrar con tractor
tracteur [tʀaktœʀ] *nm* tractor *m*
traction [tʀaksjɔ̃] *nf* tracción *f*; **~ avant/arrière** tracción delantera/trasera; **~ électrique/mécanique** tracción eléctrica/mecánica
tractopelle [tʀaktɔpɛl] *nf ou m* excavadora
trader [tʀɛdœʀ] *nm*, **tradeur, -euse** [tʀɛdœʀ, øz] *nm/f* bróker *mf*
tradition [tʀadisjɔ̃] *nf* tradición *f*
traditionalisme [tʀadisjɔnalism] *nm* tradicionalismo
traditionaliste [tʀadisjɔnalist] *adj* tradicionalista
traditionnel, le [tʀadisjɔnɛl] *adj* tradicional
traditionnellement [tʀadisjɔnɛlmɑ̃] *adv* tradicionalmente
traducteur, -trice [tʀadyktœʀ, tʀis] *nm/f* traductor(a); **~ interprète** traductor(a) intérprete
traduction [tʀadyksjɔ̃] *nf* traducción *f*; **~ simultanée** traducción simultánea
traduire [tʀadɥiʀ] *vt* traducir; **~ en/du français** traducir al/del francés; **~ qn en justice** hacer comparecer a algn ante la justicia; **se traduire** *vpr* : **se ~ par** traducirse por
traduis *etc* [tʀadɥi] *vb voir* **traduire**
traduisible [tʀadɥizibl] *adj* traducible
traduit, e [tʀadɥi, it] *pp de* **traduire**
trafic [tʀafik] *nm* tráfico; **~ d'armes** tráfico de armas; **~ de drogue** narcotráfico
trafiquant, e [tʀafikɑ̃, ɑ̃t] *nm/f* traficante *mf*
trafiquer [tʀafike] *vt* (*péj*) amañar ▸ *vi* traficar
tragédie [tʀaʒedi] *nf* tragedia
tragédien, ne [tʀaʒedjɛ̃, ɛn] *nm/f* actor (actriz) de tragedia
tragi-comique [tʀaʒikɔmik] (*pl* **tragi-comiques**) *adj* tragicómico(-a)
tragique [tʀaʒik] *adj* trágico(-a) ▸ *nm* : **prendre qch au ~** tomar algo por lo trágico
tragiquement [tʀaʒikmɑ̃] *adv* trágicamente
trahir [tʀaiʀ] *vt* (*aussi fig*) traicionar; (*suj : objet*) : **~ qn** descubrir a algn; **~ un manque** revelar una ausencia; **se trahir** *vpr* traicionarse
trahison [tʀaizɔ̃] *nf* traición *f*
traie *etc* [tʀɛ] *vb voir* **traire**
train [tʀɛ̃] *nm* tren *m*; (*allure*) paso; (*ensemble*) serie *f*; **être en ~ de faire qch** estar haciendo algo; **mettre qch en ~** empezar a hacer algo; **mettre qn en ~** animar a algn; **se mettre en ~** ponerse manos a la obra; **aller bon ~** ir a buen paso; **~ à grande vitesse/spécial** tren de alta velocidad/especial; **~ arrière/avant** tren trasero/delantero; **~ autos-couchettes** tren coche-cama; **~ d'atterrissage** tren de aterrizaje; **~ de pneus** juego de neumáticos; **~ de vie** tren de vida; **~ électrique** (*jouet*) tren eléctrico
traînailler [tʀɛnaje] *vi* = **traînasser**
traînant, e [tʀɛnɑ̃, ɑ̃t] *adj* : **parler d'une voix traînante** arrastrar la voz
traînard, e [tʀɛnaʀ, aʀd] (*péj*) *nm/f* pesado(-a)
traînasser [tʀɛnase] *vi* (*être inoccupé*) vaguear; (*être lent*) ir lento(-a)
traîne [tʀɛn] *nf* cola; **être à la ~** ir rezagado(-a)
traîneau, x [tʀɛno] *nm* trineo
traînée [tʀene] *nf* reguero; (*dans le ciel etc*) estela; (*péj : femme*) perdida
traîner [tʀene] *vt* arrastrar; (*maladie*) : **il traîne un rhume depuis l'hiver** lleva

t

arrastrando un resfriado desde el invierno; **~ qn au cinéma** (*emmener*) arrastrar a algn al cine; **~ les pieds** arrastrar los pies; **~ qch par terre** arrastrar algo por el suelo ▸ *vi* arrastrar; (*rester en arrière*) rezagarse; (*être en désordre*) estar tirado(-a); (*vagabonder*) callejear; (*durer*) alargarse; **~ par terre** (*balayer le sol*) arrastrar por el suelo; **~ en longueur** ir para largo; **se traîner** *vpr* arrastrarse; (*marcher avec difficulté*) andar con dificultad; (*durer*) alargarse; **se ~ par terre** (*enfant*) arrastrarse por el suelo

train-ferry [tʀɛ̃feʀi] (*pl* **trains-ferries**) *nm* tren-ferry *m*

training [tʀeniŋ] *nm* (*survêtement*) chandal *m*, chándal *m*

train-train [tʀɛ̃tʀɛ̃] *nm inv* rutina

traire [tʀɛʀ] *vt* ordeñar

trait, e [tʀɛ, ɛt] *pp de* **traire** ▸ *nm* trazo; (*caractéristique*) rasgo; (*flèche*) punta; **d'un ~** de un tirón; **boire à longs traits** beber a grandes tragos; **avoir ~ à** referirse a; **de ~** (*animal*) de tiro; **~ pour ~** punto por punto; **~ d'esprit** agudeza; **~ d'union** guion *m*; (*fig*) lazo; **~ de caractère** rasgo de carácter; **~ de génie** idea luminosa; **traits** *nmpl* (*du visage*) rasgos *mpl*

traitable [tʀɛtabl] *adj* (*personne*) tratable; (*sujet*) factible

traitant [tʀɛtɑ̃] *adj m* : **votre médecin ~** su médico de cabecera; **shampooing ~** champú *m* tratante; **crème traitante** crema tratante

traite [tʀɛt] *nf* (*Comm*) letra de cambio; (*Agr*) ordeño; (*trajet*) trecho; **d'une (seule) ~** de un (solo) tirón; **~ des blanches/noirs** trata de blancas/negros

traité [tʀete] *nm* tratado

traitement [tʀɛtmɑ̃] *nm* tratamiento; (*salaire*) sueldo; **suivre un ~** seguir un tratamiento; **mauvais traitements** malos tratos *mpl*; **~ de données/de l'information/par lots** (*Inform*) procesamiento de datos/de la información/por paquetes; **~ de texte** (*Inform*) procesamiento *ou* tratamiento de textos

traiter [tʀete] *vt, vi* tratar; **~ qn d'idiot** llamar idiota a algn; **~ de qch** tratar de algo; **bien/mal ~** tratar bien/mal

traiteur [tʀɛtœʀ] *nm* negocio de comidas por encargo *ou* de catering

traître, -esse [tʀɛtʀ, tʀɛtʀɛs] *adj* traicionero(-a) ▸ *nm/f* traidor(a); **prendre qn en ~** actuar a traición contra algn

traîtrise [tʀetʀiz] *nf* perfidia; (*acte*) traición *f*

trajectoire [tʀaʒɛktwaʀ] *nf* trayectoria, recorrido

trajet [tʀaʒɛ] *nm* trayecto; (*Anat, fig*) recorrido; (*d'un projectile*) trayectoria

tralala [tʀalala] (*fam*) *nm* pompa, aparato

tram [tʀam] *nm* = **tramway**

trame [tʀam] *nf* trama

tramer [tʀame] *vt* tramar

traminot [tʀamino] *nm* tranviario(-a)

tramontane [tʀamɔ̃tan] *nf* tramontana

trampoline [tʀɑ̃pɔlin] *nm* trampolín *m*

tramway [tʀamwɛ] *nm* tranvía *m*

tranchant, e [tʀɑ̃ʃɑ̃, ɑ̃t] *adj* (*lame*) afilado(-a); (*personne*) resuelto(-a); (*couleurs*) contrastado(-a); **à double ~** de doble filo ▸ *nm* (*d'un couteau*) filo; (*de la main*) borde *m*

tranche [tʀɑ̃ʃ] *nf* (*de pain*) rebanada; (*de jambon, fromage*) loncha; (*de saucisson*) rodaja; (*de gâteau*) porción *f*; (*d'un couteau, livre etc*) canto; (*de travaux*) etapa; (*de temps*) rato; (*Comm*) serie *f*; (*Admin : de revenues, d'impôts*) zona; **~ d'âge/de salaires** tramo de edad/de salarios; **~ (d'émission)** (*Loterie*) fase *f* (de emisión); **~ de vie** periodo de la vida cotidiana; **~ de silicium** capa de silicio

tranché, e [tʀɑ̃ʃe] *adj* (*couleurs*) contrastado(-a); (*opinions*) tajante

tranchée [tʀɑ̃ʃe] *nf* trinchera

trancher [tʀɑ̃ʃe] *vt* cortar (en lonchas/rodajas); (*question*) zanjar ▸ *vi* : **~ avec** *ou* **sur** contrastar con

tranchet [tʀɑ̃ʃɛ] *nm* chaira

tranchoir [tʀɑ̃ʃwaʀ] *nm* (*couteau*) cortante *m*

tranquille [tʀɑ̃kil] *adj* tranquilo(-a); (*mer*) sereno(-a); **se tenir ~** estarse quieto(-a); **avoir la conscience ~** tener la conciencia tranquila; **laisse-moi/laisse-ça ~ !** ¡déjame/deja eso en paz!

tranquillement [tʀɑ̃kilmɑ̃] *adv* tranquilamente; (*sans inquiétude*) con tranquilidad

tranquillisant, e [tʀɑ̃kilizɑ̃, ɑ̃t] *adj* tranquilizador(a) ▸ *nm* (*Méd*) tranquilizante *m*

tranquilliser [tʀɑ̃kilize] *vt* tranquilizar; **se tranquilliser** *vpr* tranquilizarse

tranquillité [tʀɑ̃kilite] *nf* tranquilidad *f*; **en toute ~** con toda tranquilidad; **~ d'esprit** tranquilidad de espíritu

transaction [tʀɑ̃zaksjɔ̃] *nf* transacción *f*

transactionnel, le [tʀɑ̃zaksjɔnɛl] *adj* (*Jur*) negociado(-a); (*Inform, Psych*) transaccional

transafricain, e [tʀɑ̃zafʀikɛ̃, ɛn] *adj* transafricano(-a)

transalpin, e [tʀɑ̃zalpɛ̃, in] *adj* transalpino(-a)

transaméricain, e [tʀɑ̃zameʀikɛ̃, ɛn] *adj* transamericano(-a)

transat [tʀɑ̃zat] *nm* tumbona ▸ *nf* regata transatlántica

transatlantique [tʀɑ̃zatlɑ̃tik] *adj* transatlántico(-a) ▸ *nm* transatlántico

transbahuter [tʀɑ̃sbayte] (*fam*) *vt* trasladar, llevar

transbordement [tʀɑ̃sbɔʀdəmɑ̃] *nm* transbordo

transborder [tʀɑ̃sbɔʀde] *vt* transbordar
transbordeur [tʀɑ̃sbɔʀdœʀ] *nm* transbordador *m*
transcendant, e [tʀɑ̃sɑ̃dɑ̃, ɑ̃t] *adj* transcendente; (*Math*) no algebraico(-a)
transcodeur [tʀɑ̃skɔdœʀ] *nm* transcodificador *m*
transcontinental, e, -aux [tʀɑ̃skɔ̃tinɑ̃tal, o] *adj* transcontinental
transcription [tʀɑ̃skʀipsjɔ̃] *nf* transcripción *f*
transcrire [tʀɑ̃skʀiʀ] *vt* transcribir
transe [tʀɑ̃s] *nf* : **être/entrer en ~** estar/ entrar en trance; **transes** *nfpl* ansiedad *fsg*
transept [tʀɑ̃sɛpt] *nm* (*Archit*) crucero
transférable [tʀɑ̃sfeʀabl] *adj* transferible
transfèrement [tʀɑ̃sfɛʀmɑ̃] *nm* traslado; **~ cellulaire** traslado en coche celular
transférer [tʀɑ̃sfeʀe] *vt* transferir; (*prisonnier, bureaux*) trasladar; (*titre*) transmitir
transfert [tʀɑ̃sfɛʀ] *nm* transferencia; (*d'un prisonnier, de bureaux*) traslado; (*d'un titre*) transmisión *f*; **~ de fonds** transferencia de fondos
transfiguration [tʀɑ̃sfigyʀasjɔ̃] *nf* transfiguración *f*
transfigurer [tʀɑ̃sfigyʀe] *vt* transfigurar
transfo [tʀɑ̃sfo] (*fam*) *nm* (= *transformateur*) transformador
transformable [tʀɑ̃sfɔʀmabl] *adj* transformable
transformateur [tʀɑ̃sfɔʀmatœʀ] *nm* transformador *m*
transformation [tʀɑ̃sfɔʀmasjɔ̃] *nf* transformación *f*; **industries de ~** industrias *fpl* de transformación; **transformations** *nfpl* (*travaux*) reformas *fpl*
transformer [tʀɑ̃sfɔʀme] *vt* transformar; (*maison, magasin, vêtement*) reformar; **~ en** : **~ la houille en énergie** transformar la hulla en energía; **se transformer** *vpr* transformarse
transfrontalier, -ière [tʀɑ̃sfʀɔ̃talje, jɛʀ] *adj* transfronterizo(-a)
transfuge [tʀɑ̃sfyʒ] *nm* tránsfugo(-a)
transfuser [tʀɑ̃sfyze] *vt* hacer una transfusión a
transfusion [tʀɑ̃sfyzjɔ̃] *nf* : **~ sanguine** transfusión *f* sanguínea
transgénérationnel, le [tʀɑ̃sʒeneʀasjɔnɛl] *adj* transgeneracional
transgénique [tʀɑ̃sʒenik] *adj* transgénico(-a)
transgresser [tʀɑ̃sgʀese] *vt* transgredir
transgression [tʀɑ̃sgʀesjɔ̃] *nf* transgresión *f*
transhumance [tʀɑ̃zymɑ̃s] *nf* trashumancia
transhumer [tʀɑ̃zyme] *vi* trashumar
transi, e [tʀɑ̃zi] *adj* helado(-a)
transiger [tʀɑ̃ziʒe] *vi* transigir; **~ sur** *ou* **avec qch** transigir sobre *ou* con algo
transistor [tʀɑ̃zistɔʀ] *nm* transistor *m*
transistorisé, e [tʀɑ̃zistɔʀize] *adj* transistorizado(-a)
transit [tʀɑ̃zit] *nm* tránsito; **de/en ~** de/en tránsito
transitaire [tʀɑ̃zitɛʀ] *nm* (*Comm*) agente *m* de aduanas
transiter [tʀɑ̃zite] *vt* llevar en tránsito ▸ *vi* pasar por
transitif, -ive [tʀɑ̃zitif, iv] *adj* transitivo(-a)
transition [tʀɑ̃zisjɔ̃] *nf* transición *f*; **la ~ énergétique** la transición energética
transitoire [tʀɑ̃zitwaʀ] *adj* transitorio(-a); (*fugitif*) pasajero(-a)
translucide [tʀɑ̃slysid] *adj* translúcido(-a)
transmet [tʀɑ̃smɛ] *vb voir* **transmettre**
transmettais *etc* [tʀɑ̃smɛtɛ] *vb voir* **transmettre**
transmetteur [tʀɑ̃smɛtœʀ] *nm* transmisor *m*
transmettre [tʀɑ̃smɛtʀ] *vt* transmitir; (*secret*) revelar; (*recette*) pasar, dar
transmis, e [tʀɑ̃smi, iz] *pp de* **transmettre**
transmissible [tʀɑ̃smisibl] *adj* transmisible
transmission [tʀɑ̃smisjɔ̃] *nf* transmisión *f*; **~ de données** (*Inform*) transmisión de datos; **~ de pensée** transmisión del pensamiento; **transmissions** *nfpl* (*Mil*) (cuerpo de) transmisiones
transnational, e, -aux [tʀɑ̃snasjɔnal, o] *adj* transnacional
transocéanien, ne [tʀɑ̃zɔseanjɛ̃, jɛn] *adj* transoceánico(-a)
transocéanique [tʀɑ̃zɔseanik] *adj* transoceánico(-a)
transparaître [tʀɑ̃spaʀɛtʀ] *vi* transparentarse, traslucirse; (*sentiment*) dejarse traslucir
transparence [tʀɑ̃spaʀɑ̃s] *nf* transparencia; **par ~** al trasluz
transparent, e [tʀɑ̃spaʀɑ̃, ɑ̃t] *adj* transparente; (*intention*) evidente
transpercer [tʀɑ̃spɛʀse] *vt* (*suj* : *arme*) traspasar; (*fig*) penetrar; **~ un vêtement/ mur** traspasar un vestido/muro
transpiration [tʀɑ̃spiʀasjɔ̃] *nf* transpiración *f*
transpirer [tʀɑ̃spiʀe] *vi* transpirar; (*information, nouvelle*) trascender
transplant [tʀɑ̃splɑ̃] *nm* trasplante *m*
transplantation [tʀɑ̃splɑ̃tasjɔ̃] *nf* trasplante *m*
transplanter [tʀɑ̃splɑ̃te] *vt* (*Bot, Méd*) trasplantar; (*personne*) desplazar
transport [tʀɑ̃spɔʀ] *nm* transporte *m*; **~ de colère/joie** arrebato de ira/alegría; **voiture/ avion de ~** coche *m*/avión *m* de transporte; **~ aérien** transporte aéreo; **~ de marchandises/de voyageurs** transporte de mercancías/de viajeros; **transports en commun** transportes públicos; **transports routiers** transportes por carretera

t

transportable [tʀɑ̃spɔʀtabl] *adj* transportable; (*malade*) en condiciones de ser trasladado(-a)
transporter [tʀɑ̃spɔʀte] *vt* llevar; (*voyageurs, marchandises*) transportar; (*Tech : énergie, son*) conducir; ~ **qn à l'hôpital** llevar a algn al hospital; ~ **qn de bonheur/joie** colmar a algn de felicidad/alegría; **se transporter** *vpr* : **se ~ quelque part** trasladarse a algún sitio
transporteur [tʀɑ̃spɔʀtœʀ] *nm* transportista *m*
transposer [tʀɑ̃spoze] *vt* transponer; ~ **(un morceau)** (*Mus*) transportar (un fragmento)
transposition [tʀɑ̃spozisjɔ̃] *nf* transposición *f*
transrhénan, e [tʀɑ̃sʀenɑ̃, an] *adj* transrenano(-a)
transsaharien, ne [tʀɑ̃(s)saaʀjɛ̃, jɛn] *adj* transahariano(-a)
transsexuel, le [tʀɑ̃(s)sɛksɥɛl] *nm/f* transexual *mf*
transsibérien, ne [tʀɑ̃(s)sibeʀjɛ̃, jɛn] *adj* transiberiano(-a)
transvaser [tʀɑ̃svɑze] *vt* transvasar
transversal, e, -aux [tʀɑ̃svɛʀsal, o] *adj* transversal; **axe ~** (*Auto*) eje *m* transversal
transversalement [tʀɑ̃svɛʀsalmɑ̃] *adv* transversalmente
trapèze [tʀapɛz] *nm* trapecio
trapéziste [tʀapezist] *nmf* trapecista *mf*
trapézoïdal, e [tʀapezɔidal] *adj* trapezoidal
trappe [tʀap] *nf* (*de cave, grenier*) trampa, trampilla; **passer à la ~** caer en el olvido
trappeur [tʀapœʀ] *nm* trampero
trapu, e [tʀapy] *adj* bajo(-a) y fortachón(-ona)
traquenard [tʀaknaʀ] *nm* cepo
traquer [tʀake] *vt* acorralar; (*harceler*) acosar
traumatisant, e [tʀomatizɑ̃, ɑ̃t] *adj* traumatizante
traumatiser [tʀomatize] *vt* traumatizar
traumatisme [tʀomatism] *nm* traumatismo; ~ **crânien** traumatismo craneal
traumatologie [tʀomatɔlɔʒi] *nf* traumatología
travail, -aux [tʀavaj, o] *nm* trabajo; (*Méd*) parto; **être/entrer en ~** (*Méd*) estar de parto/tener las primeras contracciones; **être sans ~** estar sin trabajo; ~ **(au) noir** trabajo clandestino; ~ **d'intérêt général** trabajo de servicio a la comunidad; ~ **de forçat** (*fig*) trabajo de negros; ~ **posté** trabajo a turnos; **travaux** *nmpl* (*de réparation, agricoles*) trabajos *mpl*; (*de construction, sur route*) obras *fpl*; **travaux des champs** faenas *fpl* del campo; **travaux dirigés** (*Scol*) ejercicios *mpl* dirigidos; **travaux forcés** trabajos forzados; **travaux manuels** (*Scol*) trabajos manuales; **travaux ménagers** tareas *fpl* domésticas; **travaux pratiques** prácticas *fpl*; **travaux publics** obras públicas
travaillé, e [tʀavaje] *adj* trabajado(-a)
travailler [tʀavaje] *vi* trabajar; (*bois*) alabearse; (*argent*) producir; **ton imagination travaille de trop** eso son cosas de tu imaginación ▶ *vt* trabajar; (*discipline*) estudiar; (*influencer*) ejercer influencia sobre; **cela le travaille** eso le preocupa; ~ **la terre** trabajar la tierra; ~ **son piano** ejercitarse en el piano; ~ **à** trabajar en; (*contribuer à*) contribuir a; ~ **à faire** esforzarse en hacer

> **Travailler** se traduit généralement par *trabajar*, mais dans le sens d'« étudier », on emploie normalement *estudiar* :
> **Il faut que tu travailles plus avant ton examen.** Tienes que estudiar más antes del examen.

travailleur, -euse [tʀavajœʀ, øz] *adj, nm/f* trabajador(a); ~ **intellectuel** intelectual *m*; ~ **manuel** *ou* **de force** obrero; ~ **social(e)** trabajador(a) social; **travailleuse familiale** empleada del servicio doméstico
travailleuse [tʀavajøz] *nf* (*Couture*) mesita de costura; *voir aussi* **travailleur**
travailliste [tʀavajist] *adj, nmf* laborista *mf*
travée [tʀave] *nf* fila; (*Archit*) tramo
travelling [tʀavliŋ] *nm* traveling *m*; ~ **optique** traveling óptico
travelo [tʀavlo] (*fam*) *nm* marica *m*
travers [tʀavɛʀ] *nm* (*défaut*) imperfección *f*; **en ~ (de)** atravesado(-a) (en); **à ~** a través; **au ~ (de)** a través (de); **de ~** *adj* de través; *adv* oblicuamente; (: *fig*) al revés; **regarder de ~** (*fig*) mirar de reojo
traverse [tʀavɛʀs] *nf* (*Rail*) traviesa; **chemin de ~** atajo
traversée [tʀavɛʀse] *nf* travesía
traverser [tʀavɛʀse] *vt* atravesar; (*rue*) cruzar; (*percer : suj : pluie, froid*) traspasar
traversin [tʀavɛʀsɛ̃] *nm* cabezal *m*
travesti [tʀavɛsti] *nm* (*artiste de cabaret*) travestido; (*homosexuel*) travesti *m*
travestir [tʀavɛstiʀ] *vt* (*vérité*) disfrazar; **se travestir** *vpr* disfrazarse; (*Psych, artiste*) travestirse
trayais *etc* [tʀɛjɛ] *vb voir* **traire**
trayeuse [tʀɛjøz] *nf* ordeñadora
trébucher [tʀebyʃe] *vi* : ~ **(sur)** tropezar (con)
trèfle [tʀɛfl] *nm* trébol *m*; ~ **à quatre feuilles** trébol de cuatro hojas
treillage [tʀɛjaʒ] *nm* enrejado
treille [tʀɛj] *nf* (*vigne*) parra; (*tonnelle*) emparrado
treillis [tʀeji] *nm* (*métallique*) enrejado; (*toile*) arpillera; (*Mil*) traje *m* de faena
treize [tʀɛz] *adj inv, nm inv* trece *m inv*; *voir aussi* **cinq**
treizième [tʀɛzjɛm] *adj, nmf* decimotercero(-a) ▶ *nm* (*partitif*) treceavo; *voir aussi* **cinquantième**

TREIZIÈME MOIS

Le treizième mois es una paga extraordinaria de final de año que equivale aproximadamente a un mes de sueldo. Para muchos empleados es una parte normal de su salario anual.

tréma [tʀema] *nm* diéresis *f inv*
tremblant, e [tʀɑ̃blɑ̃, ɑ̃t] *adj* tembloroso(-a); (*apeuré*) temeroso(-a)
tremble [tʀɑ̃bl] *nm* (*Bot*) tiemblo, álamo temblón
tremblé, e [tʀɑ̃ble] *adj* tembloroso(-a)
tremblement [tʀɑ̃bləmɑ̃] *nm* temblor *m*; **~ de terre** temblor de tierra, terremoto
trembler [tʀɑ̃ble] *vi* temblar; **~ de** (*froid, fièvre*) tiritar de, temblar de; (*peur*) temblar de; **~ pour qn** temer por algn
tremblotant, e [tʀɑ̃blɔtɑ̃, ɑ̃t] *adj* tembloroso(-a)
trembloter [tʀɑ̃blɔte] *vi* temblequear
trémolo [tʀemɔlo] *nm* (*d'un instrument*) trémolo; (*de la voix*) temblor *m*
trémousser [tʀemuse] : **se trémousser** *vpr* menearse
trempage [tʀɑ̃paʒ] *nm* remojo
trempe [tʀɑ̃p] *nf* (*fig*) : **de cette/sa ~** de este/su temple
trempé, e [tʀɑ̃pe] *adj* empapado(-a); **acier ~** acero templado
tremper [tʀɑ̃pe] *vt* empapar; (*pain, chemise*) mojar; **se faire ~** quedarse empapado(-a); **~ qch dans** remojar algo en, poner algo en remojo en ▸ *vi* estar en remojo; **~ dans** (*fig, péj*) estar metido(-a) *ou* implicado(-a) en; **faire ~, mettre à ~** poner en remojo; **se tremper** *vpr* zambullirse
trempette [tʀɑ̃pɛt] *nf* : **faire ~** darse un chapuzón
tremplin [tʀɑ̃plɛ̃] *nm* trampolín *m*
trentaine [tʀɑ̃tɛn] *nf* treintena; **avoir la ~** tener unos treinta años; **une ~ (de)** unos(-as) treinta
trente [tʀɑ̃t] *adj inv, nm inv* treinta *m inv*; *voir aussi* **cinq**; **voir ~-six chandelles** ver las estrellas; **être/se mettre sur son ~ et un** estar/ir vestido de punta en blanco
trentième [tʀɑ̃tjɛm] *adj, nmf* trigésimo(-a) ▸ *nm* (*partitif*) treintavo; *voir aussi* **cinquantième**
trépanation [tʀepanasjɔ̃] *nf* trepanación *f*
trépaner [tʀepane] *vt* trepanar
trépasser [tʀepɑse] *vi* fallecer
trépidant, e [tʀepidɑ̃, ɑ̃t] *adj* trepidante
trépidation [tʀepidasjɔ̃] *nf* (*d'une machine*) trepidación *f*; (*de la vie*) aceleración *f*
trépider [tʀepide] *vi* trepidar
trépied [tʀepje] *nm* trípode *m*
trépignement [tʀepiɲmɑ̃] *nm* pataleo
trépigner [tʀepiɲe] *vi* : **~ (d'enthousiasme/d'impatience)** patalear (de entusiasmo/de impaciencia)
très [tʀɛ] *adv* muy; **~ beau/bien** muy bonito/bien; **~ critiqué/industrialisé** muy criticado/industrializado; **j'ai ~ envie de** tengo muchas ganas de; **j'ai ~ faim** tengo mucha hambre
trésor [tʀezɔʀ] *nm* tesoro; (*vertu précieuse*) joya; (*gén pl : richesses*) riquezas *fpl*; **T~ (public)** Tesoro (público)
trésorerie [tʀezɔʀʀi] *nf* tesorería; **difficultés de ~** problemas *mpl* de financieros; **~ générale** tesorería general
trésorier, -ière [tʀezɔʀje, jɛʀ] *nm/f* tesorero(-a)
trésorier-payeur [tʀezɔʀjepɛjœʀ] (*pl* **trésoriers-payeurs**) *nm* : **~ général** habilitado general
tressaillement [tʀesajmɑ̃] *nm* estremecimiento, sobresalto
tressaillir [tʀesajiʀ] *vi* (*de peur*) estremecerse; (*de joie, d'émotion*) vibrar; (*s'agiter*) temblar
tressauter [tʀesote] *vi* sobresaltar
tresse [tʀɛs] *nf* trenza
tresser [tʀese] *vt* trenzar
tréteau, x [tʀeto] *nm* caballete *m*; **les tréteaux** (*Théâtre*) las tablas
treuil [tʀœj] *nm* torno
trêve [tʀɛv] *nf* tregua; **~ de ...** basta de ...; **sans ~** sin tregua; **les États de la T~** los Estados de la Tregua
tri [tʀi] *nm* selección *f*; (*Inform*) clasificación *f*, ordenación *f*; **le ~** (*Postes : action*) la clasificación; (*: bureau*) la sala de batalla; **~ sélectif** (*des déchets*) recogida selectiva
triade [tʀijad] *nf* (*groupe, gang*) tríada
triage [tʀijaʒ] *nm* selección *f*; (*Rail*) enganche *m*; (*gare*) estación *f* de enganche
trial [tʀijal] *nm* (*Sport*) trial *m*
triangle [tʀijɑ̃gl] *nm* triángulo; **~ équilatéral/isocèle/rectangle** triángulo equilátero/isósceles/rectángulo
triangulaire [tʀijɑ̃gylɛʀ] *adj* triangular
triathlon [tʀi(j)atlɔ̃] *nm* triatlón *m*
tribal, e, -aux [tʀibal, o] *adj* tribal
tribord [tʀibɔʀ] *nm* : **à ~** a estribor
tribu [tʀiby] *nf* tribu *f*
tribulations [tʀibylasjɔ̃] *nfpl* tribulaciones *fpl*
tribunal, -aux [tʀibynal, o] *nm* tribunal *m*; **~ d'instance/de grande instance** juzgado de instancia/de primera instancia; **~ de commerce** tribunal de comercio; **~ de police/pour enfants** tribunal correccional/de menores
tribune [tʀibyn] *nf* tribuna; (*d'église, de tribunal*) púlpito; (*de stade*) tribuna, grada; **~ libre** (*Presse*) tribuna libre
tribut [tʀiby] *nm* tributo; **payer un lourd ~ à** pagar un tributo muy caro a
tributaire [tʀibytɛʀ] *adj* : **être ~ de** ser tributario(-a) de, ser deudor(a) de

t

tricentenaire [tʀisɑ̃t(ə)nɛʀ] *nm* tricentenario
triche [tʀiʃ] *(fam) nf* trampa; **c'est de la ~ !** ¡eso es trampa!
tricher [tʀiʃe] *vi (à un examen)* copiar; *(aux cartes, courses)* hacer trampas
tricherie [tʀiʃʀi] *nf* trampa
tricheur, -euse [tʀiʃœʀ, øz] *nm/f* tramposo(-a)
trichromie [tʀikʀɔmi] *nf* tricromía
tricolore [tʀikɔlɔʀ] *adj* tricolor; *(français : drapeau, équipe)* francés(-esa)
tricot [tʀiko] *nm* punto; *(ouvrage)* prenda de punto; **~ de corps** camiseta
tricoté, e [tʀikɔte] *adj* tricotado(-a), de punto
tricoter [tʀikɔte] *vt* tricotar, hacer punto; **machine/aiguille à ~** máquina/aguja de hacer punto *ou* de tricotar
trictrac [tʀiktʀak] *nm* chaquete *m*
tricycle [tʀisikl] *nm* triciclo
tridimensionnel, le [tʀidimɑ̃sjɔnɛl] *adj* tridimensional
triennal, e, -aux [tʀijenal, o] *adj* trienal
trier [tʀije] *vt (classer)* clasificar; *(choisir)* seleccionar; *(fruits, grains)* seleccionar, escoger
trieur, -euse [tʀijœʀ, tʀijøz] *nm/f* seleccionador(a) ▸ *nm* máquina cribadora *ou* clasificadora
triglycéride [tʀigliseʀid] *nm* triglicérido; **taux de triglycérides** tasa de triglicéridos
trigonométrie [tʀigɔnɔmetʀi] *nf* trigonometría
trigonométrique [tʀigɔnɔmetʀik] *adj* trigonométrico(-a)
trilingue [tʀilɛ̃g] *adj* trilingüe
trilogie [tʀilɔʒi] *nf* trilogía
trimaran [tʀimaʀɑ̃] *nm* trimarán *m*
trimbaler [tʀɛ̃bale] *vt* cargar con
trimer [tʀime] *(fam) vi* currar
trimestre [tʀimɛstʀ] *nm* trimestre *m*
trimestriel, le [tʀimɛstʀijɛl] *adj* trimestral
trimoteur [tʀimɔtœʀ] *nm* trimotor *m*
tringle [tʀɛ̃gl] *nf* barra
Trinité [tʀinite] *nf* Trinidad *f*
Trinité et Tobago [tʀiniteetɔbago] *nf* Trinidad y Tobago *f*
trinquer [tʀɛ̃ke] *vi (porter un toast)* brindar; *(fam)* pagar el pato; **~ à qch/la santé de qn** brindar por algo/a la salud de algn
trio [tʀijo] *nm* trío, terceto
triolet [tʀijɔlɛ] *nm (Mus)* tresillo
triolisme [tʀi(j)ɔlizm] *nm* ménage *m* à trois
triomphal, e, -aux [tʀijɔ̃fal, o] *adj* triunfal
triomphalement [tʀijɔ̃falmɑ̃] *adv* triunfalmente
triomphalisme [tʀijɔ̃falism] *nm* triunfalismo
triomphaliste [tʀijɔ̃falist] *adj* triunfalista
triomphant, e [tʀijɔ̃fɑ̃, ɑ̃t] *adj* triunfante
triomphateur, -trice [tʀijɔ̃fatœʀ, tʀis] *nm/f* triunfador(a)
triomphe [tʀijɔ̃f] *nm* triunfo; **être reçu/porté en ~** ser recibido con aclamaciones/ser llevado a hombros
triompher [tʀijɔ̃fe] *vi* triunfar; *(jubiler)* no caber en sí de gozo; *(exceller)* sobresalir; **~ de qch/qn** triunfar sobre algo/algn
tripartite [tʀipaʀtit], **triparti, e** [tʀipaʀti] *adj* tripartito(-a)
triperie [tʀipʀi] *nf* tripería, casquería
tripes [tʀip] *nfpl (Culin)* callos *mpl*; *(fam)* tripas *fpl*
triphasé, e [tʀifɑze] *adj* trifásico(-a)
triplace [tʀiplas] *adj* triplaza *m*
triple [tʀipl] *adj* triple; **en ~ exemplaire** por triplicado ▸ *nm* : **le ~ (de)** el triple (de)
triplé [tʀiple] *nm (Sport)* triple éxito; **triplés** *nmfpl (bébés)* trillizos/as
triplement [tʀipləmɑ̃] *adv* triplemente; *(à un degré triple)* tres veces más ▸ *nm* triplicación *f*
tripler [tʀiple] *vi, vt* triplicar
triplés, -ées [tʀiple] *nmpl/nfpl (bébés)* trillizos(-as)
triplex [tʀiplɛks] *nm (appartement)* tríplex *m*; *(verre)* tríplex® *m*
tripode [tʀipɔd] *adj* de tres pies ▸ *nm (Archéologie, Tech)* trípode *m*; *(dans le métro : portillon)* torno; *(fig)* triunvirato
Tripoli [tʀipɔli] *n* Trípoli
triporteur [tʀipɔʀtœʀ] *nm* motocarro
tripot [tʀipo] *(péj) nm* timba, garito
tripotage [tʀipɔtaʒ] *(péj) nm* chanchullo
tripotée [tʀipɔte] *(fam) nf (grand nombre)* mogollón *m (fam)*
tripoter [tʀipɔte] *vt (objet)* manosear; *(fam)* sobar ▸ *vi (fam)* revolver
tripous, tripoux [tʀipu] *nmpl estofado a base de callos y panceta típico de la región francesa de Auvernia*
triptyque [tʀiptik] *nm (peinture, sculpture, livre)* tríptico; *(trinité)* tríada
trique [tʀik] *nf* garrote *m*, palo
trisannuel, le [tʀizanɥɛl] *adj* trienal
trisomie [tʀizɔmi] *nf* trisomía
trisomique [tʀizɔmik] *adj* con síndrome de Down; **il est ~** tiene síndrome de Down ▸ *nmf* persona con síndrome de Down
triste [tʀist] *adj* triste; **un ~ personnage/une ~ affaire** *(péj)* un personaje mediocre/un asunto turbio; **c'est pas ~ !** *(fam)* ¡qué cachondeo!
tristement [tʀistəmɑ̃] *adv* tristemente
tristesse [tʀistɛs] *nf* tristeza
trithérapie [tʀiteʀapi] *nf* triterapia
triton [tʀitɔ̃] *nm* tritón *m*
triturateur [tʀityʀatœʀ] *nm (entreprise)* empresa trituradora; *(machine)* trituradora
triturer [tʀityʀe] *vt* triturar
triumvirat [tʀijɔmviʀa] *nm* triunvirato
trivial, e, -aux [tʀivjal, jo] *adj (commun)* trivial; *(langage, plaisanteries)* ordinario(-a)

trivialité [tʀivjalite] *nf* trivialidad *f*; (*grossièreté*) ordinariez *f*
troc [tʀɔk] *nm* trueque *m*
troène [tʀɔɛn] *nm* alheña
troglodyte [tʀɔglɔdit] *nmf* troglodita *mf*
trognon [tʀɔɲɔ̃] *nm* (*de fruit*) corazón *m*; (*de légume*) troncho
trois [tʀwa] *adj inv*, *nm inv* tres *m inv*; *voir aussi* **cinq**
trois-huit [tʀwaɥit] *nmpl* : **faire les ~** trabajar por turnos
troisième [tʀwazjɛm] *adj*, *nmf* tercero(-a); **~ âge** : **le ~ âge** la tercera edad ▸ *nf* (*Auto*) tercera; (*Scol*) *cuarto año de educación secundaria en el sistema francés*; *voir aussi* **cinquième**
troisièmement [tʀwazjɛmmɑ̃] *adv* en tercer lugar, tercero
trois-quarts [tʀwakaʀ] *nmpl* : **les ~ de** los tres cuartos de
troll [tʀɔl] *nm*, **trolleur, -euse** [tʀɔlœʀ, -øz] *nm/f* (*Inform*) trol *mf*
trolleybus [tʀɔlɛbys] *nm* trolebús *m*
trombe [tʀɔ̃b] *nf* tromba; **en ~** en tromba; **des trombes d'eau** trombas *fpl* de agua
trombine [tʀɔ̃bin] (*fam*) *nf* (*tête*) cara, jeta (*fam*)
trombinoscope [tʀɔ̃binɔskɔp] (*fam*) *nm* quién es quién *m*
trombone [tʀɔ̃bɔn] *nm* (*Mus*) trombón *m*; (*de bureau*) clip *m*; **~ à coulisse** trombón de varas
tromboniste [tʀɔ̃bɔnist] *nmf* trombón *mf*
trompe [tʀɔ̃p] *nf* trompa; **~ d'Eustache** trompa de Eustaquio; **trompes utérines** trompas *fpl* de Falopio
trompe-l'œil [tʀɔ̃plœj] *nm inv* : **en ~** con efecto
tromper [tʀɔ̃pe] *vt* enganar; (*espoir, attente*) frustrar; (*vigilance, poursuivants*) burlar; (*suj : distance, ressemblance*) confundir; **se tromper** *vpr* equivocarse; **se ~ de voiture/jour** equivocarse de coche/día; **se ~ de 3 cm/20 euros** equivocarse en 3 cm/20 euros
tromperie [tʀɔ̃pʀi] *nf* engaño
trompette [tʀɔ̃pɛt] *nf* trompeta; **nez en ~** nariz *f* respingona
trompettiste [tʀɔ̃petist] *nmf* trompetista *mf*
trompeur, -euse [tʀɔ̃pœʀ, øz] *adj* engañoso(-a)
trompeusement [tʀɔ̃pøzmɑ̃] *adv* engañosamente
tronc [tʀɔ̃] *nm* (*Bot, Anat*) tronco; (*d'église*) cepillo; **~ commun** (*Scol*) ciclo común; **~ de cône** cono truncado
tronche [tʀɔ̃ʃ] (*fam*) *nf* : **il a une sale ~/une ~ sympathique** tiene una pinta desagradable/simpática
tronçon [tʀɔ̃sɔ̃] *nm* tramo
tronçonner [tʀɔ̃sɔne] *vt* (*arbre*) cortar en trozos
tronçonneuse [tʀɔ̃sɔnøz] *nf* sierra eléctrica
trône [tʀon] *nm* trono; **monter sur le ~** subir al trono
trôner [tʀone] *vi* dominar
tronqué, e [tʀɔ̃ke] *adj* (*aussi Science*) truncado(-a)
tronquer [tʀɔ̃ke] *vt* truncar
trop [tʀo] *adv* demasiado; (*devant adverbe*) demasiado, muy; **~ (souvent/longtemps)** demasiado (a menudo/tiempo); **~ de sucre/personnes** demasiado azúcar/demasiadas personas; **ils sont ~** son demasiados; **de ~**, **en ~** : **des livres en ~** libros *mpl* de sobra; **du lait en ~** leche *f* de sobra; **trois euros de ~** tres euros de más

> **Trop** se traduit par *demasiado*. **Trop de** se traduit aussi par *demasiado*, mais dans ce cas il s'accorde en genre et en nombre avec le nom qui suit :
> **Tu travailles trop.** Trabajas demasiado.
> **J'ai mis trop de lait/d'oranges.** He echado demasiada leche/demasiadas naranjas.

trophée [tʀɔfe] *nm* trofeo
tropical, e, -aux [tʀɔpikal, o] *adj* tropical
tropique [tʀɔpik] *nm* trópico; **~ du Cancer/du Capricorne** trópico de Cáncer/de Capricornio; **tropiques** *nmpl* (*régions*) trópicos *mpl*
trop-plein [tʀoplɛ̃] (*pl* **trop-pleins**) *nm* (*tuyau*) desagüe *m*; (*liquide*) (lo) sobrante *m*, exceso
troquer [tʀɔke] *vt* : **~ qch contre qch** trocar algo por algo; (*fig*) cambiar algo por algo
troquet [tʀɔkɛ] (*fam*) *nm* bareto
trot [tʀo] *nm* trote *m*; **aller au ~** ir al trote; **partir au ~** marchar corriendo
trotskiste, trotskyste [tʀɔtskist] *adj*, *nmf* trotskista *mf*
trotter [tʀɔte] *vi* trotar
trotteuse [tʀɔtøz] *nf* segundero
trottiner [tʀɔtine] *vi* corretear
trottinette [tʀɔtinɛt] *nf* patinete *m*
trottoir [tʀɔtwaʀ] *nm* acera, vereda (*AM*), andén *m* (*AM*); **faire le ~** (*péj*) hacer la calle; **~ roulant** cinta móvil
trou [tʀu] *nm* agujero; (*moment de libre*) hueco; **~ d'aération** boca de ventilación; **~ d'air** bache *m*; **~ de la serrure** ojo de la cerradura; **~ de mémoire** fallo de la memoria; **~ noir** (*Astron*) agujero negro
troubadour [tʀubaduʀ] *nm* (*Hist*) trovador *m*
troublant, e [tʀublɑ̃, ɑ̃t] *adj* (*ressemblance*) sorprendente; (*yeux, regard*) turbador(a); (*beauté*) perturbador(a)
trouble [tʀubl] *adj* turbio(-a); (*image, mémoire*) confuso(-a) ▸ *adv* : **voir ~** ver borroso ▸ *nm* (*désarroi*) desconcierto; (*émoi sensuel*) trastorno; (*embarras*) confusión *f*; (*zizanie*) desavenencia; **troubles** *nmpl* (*Pol*) disturbios *mpl*; (*Méd*) trastornos *mpl*; **troubles de la personnalité/de la vision** trastornos de la

t

personalidad/de la visión; **troubles obsessionnels compulsifs** trastorno *msg* obsesivo-compulsivo
trouble-fête [tʀubləfɛt] (*pl* **trouble-fêtes**) *nmf* aguafiestas *mf inv*
troubler [tʀuble] *vt* turbar; (*impressionner, inquiéter*) perturbar; (*d'émoi amoureux*) trastornar; (*liquide*) enturbiar; (*ordre*) alterar; (*tranquillité*) turbar, alterar; **~ l'ordre public** alterar el orden público; **se troubler** *vpr* turbarse
troué, e [tʀue] *adj* agujereado(-a)
trouée [tʀue] *nf* boquete *m*; (*Géo*) paso; (*Mil*) brecha
trouer [tʀue] *vt* agujerear; (*fig*) atravesar
troufion [tʀufjɔ̃] (*fam*) *nm* guripa *m* (*fam*)
trouillard, e [tʀujaʀ, aʀd] (*fam*) *adj, nm/f* cagueta *mf* (*fam*)
trouille [tʀuj] (*fam*) *nf* : **avoir la ~** tener mieditis
trouillomètre [tʀujɔmɛtʀ] (*fam*) *nm* : **avoir le ~ à zéro** tenerlos por corbata (*fam*), tener canguelo (*fam*)
troupe [tʀup] *nf* (*Mil*) tropa; (*d'écoliers*) grupo; **la ~** (*l'armée*) el ejército; (*les simples soldats*) la tropa; **~ (de théâtre)** compañía (de teatro); **troupes de choc** fuerzas *fpl* de choque
troupeau, x [tʀupo] *nm* (*de moutons*) rebaño; (*de vaches*) manada
trousse [tʀus] *nf* (*étui*) estuche *m*; (*d'écolier*) estuche *m*, plumier *m*; (*de docteur*) maletín *m*; **aux trousses de** pisándole los talones a; **~ à outils** bolsa de herramientas; **~ de toilette** neceser *m*; **~ de voyage** bolsa de viaje
trousseau, x [tʀuso] *nm* ajuar *m*; **~ de clés** manojo de llaves
trouvaille [tʀuvaj] *nf* hallazgo; (*fig : idée, expression*) idea
trouvé, e [tʀuve] *adj* : **tout ~** hecho(-a) a medida
trouver [tʀuve] *vt* encontrar, hallar; **aller/venir ~ qn** ir/venir a ver a algn; **~ le loyer cher/le prix excessif** parecerle a algn el alquiler caro/el precio excesivo; **je trouve que** me parece que; **~ à boire/critiquer** encontrar algo de beber/algo que criticar; **~ asile/refuge** hallar asilo/refugio; **se trouver** *vpr* (*être*) encontrarse, hallarse; **se ~ loin/à 3 km** encontrarse lejos/a 3 km; **ils se trouvent être frères** resulta que son hermanos; **elles se trouvent avoir le même manteau** resulta que tienen el mismo abrigo; **il se trouve que** resulta que; **se ~ bien/mal** sentirse *ou* encontrarse bien/mal
truand, e [tʀyɑ̃, ɑ̃d] *nm/f* truhán(-ana), timador(a)
truander [tʀyɑ̃de] (*fam*) *vt* timar
trublion [tʀyblijɔ̃] *nm* perturbador *m*
truc [tʀyk] *nm* (*astuce*) maña, artificio; (*de cinéma, magie*) truco; (*fam : machin, chose*) cosa, chisme *m*; **demande à ~** (*fam : personne*) pregunta a ese *ou* esa; **avoir le ~** coger el tranquillo *ou* truco; **c'est pas son** (*ou* **mon** *etc*) **~** (*fam*) no es lo suyo (*ou* lo mío *etc*)
trucage [tʀykaʒ] *nm* = **truquage**
truchement [tʀyʃmɑ̃] *nm* : **par le ~ de qn** por mediación de algn
trucider [tʀyside] (*fam*) *vt* cargarse
truculence [tʀykylɑ̃s] *nf* truculencia
truculent, e [tʀykylɑ̃, ɑ̃t] *adj* truculento(-a)
truelle [tʀyɛl] *nf* llana
truffe [tʀyf] *nf* (*Bot*) trufa; (*d'un chien*) trufa, nariz *f*; (*fam : nez*) napias *fpl*
truffé, e [tʀyfe] *adj* : **~ de** (*citations, allusions, fautes*) repleto de, plagado de
truffer [tʀyfe] *vt* (*Culin*) trufar; **~ de** (*citations, allusions*) plagar de, llenar de
truie [tʀɥi] *nf* cerda, marrana
truisme [tʀyism] *nm* truismo
truite [tʀɥit] *nf* trucha
truquage [tʀykaʒ] *nm* trucaje *m*; (*d'élections*) amaño; (*Ciné*) efectos *mpl* especiales
truquer [tʀyke] *vt* trucar; (*élections*) amañar
trust [tʀœst] *nm* (*Comm*) trust *m*
truster [tʀœste] *vt* (*Comm*) monopolizar
tsar [dzaʀ] *nm* zar *m*
tsé-tsé *nf inv*, **tsétsé** *nf* [tsetse] : **mouche ~** mosca tsé-tsé
TSF [teɛsɛf] *sigle f* (= *télégraphie sans fil*) TSH *f* (= *Telegrafía Sin Hilos*)
tsigane [tsigan] *adj, nmf* = **tzigane**
TSVP [teɛsvepe] *abr* (= *tournez s'il vous plaît*) sigue
TTC [tetese] *abr* (= *toutes taxes comprises*) todo incluido
tu¹ [ty] *pron* tú ▶ *nm* : **employer le tu** tratar de tú
tu², e [ty] *pp de* **taire**
tuant, e [tɥɑ̃, tɥɑ̃t] *adj* (*épuisant*) agotador(a); (*énervant*) inaguantable, insoportable
tuba [tyba] *nm* tuba; (*Sport*) tubo de respiración
tubage [tybaʒ] *nm* (*Méd*) entubado
tube [tyb] *nm* tubo; (*chanson, disque*) éxito; **~ à essai** tubo de ensayo; **~ de peinture** tubo de pintura; **~ digestif** tubo digestivo
tuberculeux, -euse [tybɛʀkylø, øz] *adj, nm/f* tuberculoso(-a)
tuberculose [tybɛʀkyloz] *nf* tuberculosis *f*
tubulaire [tybylɛʀ] *adj* tubular
tubulure [tybylyʀ] *nf* tubo porta-ocular; **tubulures** *nfpl* (*tubes*) tuberías *fpl*; **tubulures d'échappement/d'admission** (*Auto*) tobera *fsg* de escape/de admisión
tué, e [tɥe] *nm/f* : **cinq tués** cinco muertos(-as)
tue-mouche [tymuʃ] *adj* : **papier ~(s)** papel *m ou* tira para matar moscas

tuer [tɥe] *vt* matar; (*vie, activité*) acabar con, destruir; (*commerce*) arruinar; (*inspiration, amour*) destruir; **se tuer** *vpr* (*se suicider*) suicidarse; (*dans un accident*) matarse; **se ~ au travail** (*fig*) matarse trabajando
tuerie [tyʀi] *nf* matanza
tue-tête [tytɛt] : **à ~** *adv* a voz en grito, a grito pelado
tueur, -euse [tɥœʀ, øz] *nm/f* asesino(-a); **~ à gages** asesino(-a) a sueldo
tuile [tɥil] *nf* teja; (*fam*) contratiempo, problema *m*
tulipe [tylip] *nf* tulipán *m*
tulle [tyl] *nm* tul *m*
tuméfié, e [tymefje] *adj* tumefacto(-a)
tumeur [tymœʀ] *nf* tumor *m*; **~ maligne** tumor maligno
tumulte [tymylt] *nm* tumulto
tumultueux, -euse [tymyltɥø, øz] *adj* tumultuoso(-a); (*passionné*) apasionado(-a)
tumulus [tymylys] *nm* túmulo
tuner [tynɛʀ] *nm* radio *f* (*en la cadena hi-fi*)
tungstène [tœ̃kstɛn] *nm* tungsteno, volframio
tunique [tynik] *nf* túnica
Tunis [tynis] *n* Túnez
Tunisie [tynizi] *nf* Túnez *m*
tunisien, ne [tynizjɛ̃, jɛn] *adj* tunecino(-a) ▸ *nm/f* : **Tunisien, ne** tunecino(-a)
tunisois, e [tynizwa, waz] *adj* tunecino(-a)
tunnel [tynɛl] *nm* túnel *m*
turban [tyʀbɑ̃] *nm* turbante *m*
turbin [tyʀbɛ̃] (*fam*) *nm* curre *m*, tajo
turbine [tyʀbin] *nf* turbina
turbo [tyʀbo] *nm* turbo; **un moteur ~** un motor turbo
turbopropulseur [tyʀbopʀɔpylsœʀ] *nm* turbopropulsor *m*
turboréacteur [tyʀboʀeaktœʀ] *nm* turborreactor *m*
turbot [tyʀbo] *nm* rodaballo
turbotrain [tyʀbotʀɛ̃] *nm* turbotren *m*
turbulences [tyʀbylɑ̃s] *nfpl* turbulencias *fpl*
turbulent, e [tyʀbylɑ̃, ɑ̃t] *adj* revoltoso(-a)
turc, turque [tyʀk] *adj* turco(-a) ▸ *nm* (*Ling*) turco ▸ *nf* : **à la turque** *adv* (*assis*) a la turca; *adj* (*w.c.*) sin asiento ▸ *nm/f* : **Turc, Turque** turco(-a)
turf [tyʀf] *nm* deporte *m* hípico
turfiste [tyʀfist] *nmf* aficionado(-a) a las carreras de caballos
turista [tuʀista] (*fam*) *nf diarrea que sufren los extranjeros en los países tropicales*, venganza de Moctezuma
turpitude [tyʀpityd] *nf* infamia, bajeza
turque [tyʀk] *adj f voir* **turc**
Turquie [tyʀki] *nf* Turquía
turquoise [tyʀkwaz] *adj inv* turquesa *inv* ▸ *nf* turquesa
tut *etc* [ty] *vb voir* **taire**
tutélaire [tytelɛʀ] *adj* tutelar
tutelle [tytɛl] *nf* tutela; **être/mettre sous la ~ de** estar/poner bajo la tutela de
tuteur, -trice [tytœʀ, tʀis] *nm/f* (*Jur*) tutor(a) ▸ *nm* (*de plante*) tutor *m*, rodrigón *m*
tutoiement [tytwamɑ̃] *nm* tuteo
tutoyer [tytwaje] *vt* : **~ qn** tutear a algn
tutti quanti [tutikwɑ̃ti] *nmpl* : **et ~** y todos, y todo el mundo
tutu [tyty] *nm* tutú *m*
tuyau, x [tɥijo] *nm* tubo; (*fam : conseil*) consejo; **~ d'arrosage** manguera de riego; **~ d'échappement** tubo de escape; **~ d'incendie** manga de incendios
tuyauté, e [tɥijote] *adj* aconsejado(-a)
tuyauter [tɥijɔte] (*fam*) *vt* (*renseigner*) dar un soplo a
tuyauterie [tɥijɔtʀi] *nf* cañería, tubería
tuyère [tyjɛʀ] *nf* tobera
TV [teve] *sigle f* (= *télévision*) TV *f* (= *televisión*)
TVA [tevea] *sigle f* (= *taxe à la valeur ajoutée*) ≈ IVA (= *impuesto sobre el valor añadido*)
TVHD *sigle f* (= *télévision haute-définition*) televisión *f* de alta definición
tweed [twid] *nm* tweed *m*
tweet [twit] *nm* tweet *m*, tuit *m*
tweeter [twite] *vi* tuitear
tympan [tɛ̃pɑ̃] *nm* tímpano
type [tip] *nm* tipo; (*fam : homme*) tío; **avoir le ~ nordique** tener el tipo nórdico; **le ~ standard** (*modèle*) el tipo *ou* modelo standard; **le ~ travailleur** (*représentant*) el típico trabajador ▸ *adj* tipo
typé, e [tipe] *adj* típico(-a)
typhique [tifik] *nmf* tífico(-a)
typhoïde [tifɔid] *nf* tifoidea
typhon [tifɔ̃] *nm* tifón *m*
typhus [tifys] *nm* tifus *m*
typique [tipik] *adj* típico(-a)
typiquement [tipikmɑ̃] *adv* típicamente
typographe [tipɔgʀaf] *nmf* tipógrafo(-a)
typographie [tipɔgʀafi] *nf* tipografía
typographique [tipɔgʀafik] *adj* tipográfico(-a)
typologie [tipɔlɔʒi] *nf* tipología
typologique [tipɔlɔʒik] *adj* tipológico(-a)
tyran [tiʀɑ̃] *nm* tirano
tyrannie [tiʀani] *nf* tiranía
tyrannique [tiʀanik] *adj* tiránico(-a)
tyranniser [tiʀanize] *vt* tiranizar
tyrolien, ne [tiʀɔljɛ̃, jɛn] *adj* tirolés(-esa)
tzar [dzaʀ] *nm* = **tsar**
tzigane [dzigan] *adj* cíngaro(-a), zíngaro(-a) ▸ *nmf* : **Tzigane** cíngaro(-a), zíngaro(-a)

t

Uu

U, u [y] *nm inv (lettre)* U, u *f*; **U comme Ursula** ≈ U de Ulises
ubiquité [ybikɥite] *nf* ubicuidad *f*
ubuesque [ybyɛsk] *adj (situation, projet, idée)* esperpéntico(-a), grotesco(-a); *(personne)* ubuesco(-a)
UDF [ydeɛf] *sigle f (= Union pour la démocratie française) partido político de derechas*
UE [yə] *sigle f (= Union européenne)* UE *f (= Unión Europea)*
UEFA [yefa] *sigle f (= Union of European Football Associations)* UEFA *f (= Unión de Asociaciones de Fútbol Europeo)*
UEO [yəo] *sigle f (= Union de l'Europe Occidentale)* UEO *f (= Unión Europea Occidental)*
ufologie [yfɔlɔʒi] *nf* ufología
UFR [yɛfɛʀ] *sigle f (= unité de formation et de recherche) departamento universitario*
UHF [yaʃɛf] *sigle f (= ultra-haute fréquence)* UHF *f*
UHT [yaʃte] *abr (= ultra-haute température)* UHT; **lait ~** leche UHT
Ukraine [ykʀɛn] *nf* Ucrania
ukrainien, ne [ykʀɛnjɛ̃, jɛn] *adj* ucraniano(-a), ucranio(-a) ▸ *nm/f*: **Ukrainien, ne** ucraniano(-a), ucranio(-a)
ukulélé [(j)ukulele] *nm* ukelele *m*
ulcération [ylseʀasjɔ̃] *nf* ulceración *f*
ulcère [ylsɛʀ] *nm* úlcera; **~ à l'estomac** úlcera de estómago
ulcéré, e [ylseʀe] *adj* resentido(-a)
ulcérer [ylseʀe] *vt (Méd)* ulcerar; *(fig)* herir en lo más hondo
ulcéreux, -euse [ylseʀø, øz] *adj* ulceroso(-a)
uléma [ylema] *nm (Rel)* ulema *m*
ULM [yɛlɛm] *sigle m (= ultra léger motorisé)* ultraligero
ultérieur, e [ylteʀjœʀ] *adj* ulterior, posterior; **reporté à une date ultérieure** aplazado hasta nuevo aviso
ultérieurement [ylteʀjœʀmɑ̃] *adv* posteriormente
ultimatum [yltimatɔm] *nm* ultimátum *m*
ultime [yltim] *adj* último(-a)
ultra [yltʀa] *nmf* ultra *mf*
ultra... [yltʀa] *préf* ultra...
ultra-court, e [yltʀakuʀ, t] *(pl* **ultra-courts, -es***)* *adj (ondes etc)* ultracorto(-a); *(cheveux)* supercorto(-a)
ultra-moderne [yltʀamɔdɛʀn(ə)] *(pl* **ultra-modernes***)* *adj* ultramoderno(-a)
ultra-rapide [yltʀaʀapid] *(pl* **ultra-rapides***)* *adj* ultrarrápido(-a)
ultra-sensible [yltʀasɑ̃sibl] *(pl* **ultra-sensibles***)* *adj* ultrasensible
ultra-sons [yltʀasɔ̃] *nmpl* ultrasonidos *mpl*
ultra-violet, te [yltʀavjɔlɛ, ɛt] *(pl* **ultra-violets, -tes***)* *adj* ultravioleta *inv*
ululer [ylyle] *vi* ulular
UMP [yɛmpe] *sigle f (= Union pour un mouvement populaire) partido político*

MOT-CLÉ

un, une [œ̃, yn] *art indéf* un(a); **un garçon/vieillard** un chico/viejo; **une fille** una niña
▸ *pron* uno(-a); **l'un des meilleurs** uno de los mejores; **l'un ..., l'autre ...** uno ..., el otro ...; **les uns ..., les autres ...** (los) unos ..., (los) otros ...; **l'un et l'autre** uno y otro; **l'un ou l'autre** uno u otro; **pas un seul** ni uno; **un par un** uno a uno
▸ *num* uno(-a); **une pomme seulement** una manzana solamente
▸ *nf*: **la une** *(Presse)* la primera página; *(chaîne de télévision)* la primera (cadena)

unanime [ynanim] *adj* unánime; **ils sont unanimes à penser que ...** piensan de forma unánime que ...
unanimement [ynanimmɑ̃] *adv* unánimemente
unanimité [ynanimite] *nf* unanimidad *f*; **à l'~** por unanimidad; **faire l'~** obtener la unanimidad
underground [œndœʀgʀawnd] *adj (mouvement, artiste)* underground *inv* ▸ *nm (milieu artistique)* underground *m inv*
UNEF [ynɛf] *sigle f (= Union nationale des étudiants de France) sindicato de estudiantes*
UNESCO, Unesco [ynɛsko] *sigle f (= Organisation des Nations unies pour l'éducation, la science et la culture)* UNESCO *f*, Unesco *f*

(= *Organización de las Naciones Unidas para la Educación, la Ciencia y la Cultura*)
unetelle [yntɛl] *nf voir* **untel**
uni, e [yni] *adj* (*tissu*) uniforme; (*surface, couleur*) liso(-a); (*groupe, pays*) unido(-a) ▶ *nm* tejido liso
UNICEF, Unicef [ynisɛf] *sigle m ou f* (= *Fonds des Nations unies pour l'enfance*) UNICEF *m ou f*, Unicef *m ou f* (= *Fondo de las Naciones Unidas para la Infancia*)
unicellulaire [yniselylɛʀ] *adj* (*Biol*) unicelular
unidirectionnel, le [ynidiʀɛksjɔnɛl] *adj* unidireccional
unième [ynjɛm] *num* : **vingt/trente et ~** vigésimo/trigésimo primero(-a); **cent ~** ciento uno(-a); **mille et ~** mil y uno(-a)
unificateur, -trice [ynifikatœʀ, tʀis] *adj* unificador(a)
unification [ynifikasjɔ̃] *nf* unificación *f*
unifier [ynifje] *vt* unificar; **s'unifier** *vpr* unificarse
uniforme [ynifɔʀm] *adj* (*aussi fig*) uniforme ▶ *nm* uniforme *m*; **être sous l'~** (*Mil*) estar haciendo la mili
uniformément [ynifɔʀmemɑ̃] *adv* de manera uniforme
uniformisation [ynifɔʀmizasjɔ̃] *nf* uniformización *f*
uniformiser [ynifɔʀmize] *vt* uniformizar, uniformar
uniformité [ynifɔʀmite] *nf* uniformidad *f*
unijambiste [yniʒɑ̃bist] *nmf* cojo(-a) (*por faltarle una pierna*)
unilatéral, e, -aux [ynilateʀal, o] *adj* unilateral; **stationnement ~** estacionamiento en fila única
unilatéralement [ynilateʀalmɑ̃] *adv* unilateralmente
uninominal, e, -aux [yninɔminal, o] *adj* uninominal
union [ynjɔ̃] *nf* unión *f*; **l'U~ des républiques socialistes soviétiques** (*Hist*) la Unión de repúblicas socialistas soviéticas; **l'U~ soviétique** (*Hist*) la Unión soviética; **~ conjugale** unión conyugal; **~ de consommateurs** unión de consumidores; **~ douanière** unión aduanera; **~ libre** unión libre
unique [ynik] *adj* único(-a); **ménage à salaire ~** matrimonio con un solo sueldo; **route à voie ~** carretera de una sola dirección; **fils/fille ~** hijo único/hija única; **~ en France** único en Francia
uniquement [ynikmɑ̃] *adv* únicamente
unir [yniʀ] *vt* unir; **~ qch à** unir algo a; **s'unir** *vpr* unirse; **s'~ à** *ou* **avec** unirse a *ou* con
unisexe [ynisɛks] *adj* unisex *inv*
unisson [ynisɔ̃] : **à l'~** *adv* al unísono
unitaire [ynitɛʀ] *adj* unitario(-a)
unité [ynite] *nf* unidad *f*; **~ centrale** (*Inform*) unidad central; **~ d'action** unidad de acción; **~ de valeur** (*Univ*) ≈ asignatura; **~ de vues** acuerdo de puntos de vista
univers [ynivɛʀ] *nm* (*aussi fig*) universo
universalisation [ynivɛʀsalizasjɔ̃] *nf* universalización *f*
universaliser [ynivɛʀsalize] *vt* universalizar
universaliste [ynivɛʀsalist] *adj* universalista
universalité [ynivɛʀsalite] *nf* universalidad *f*
universel, le [ynivɛʀsɛl] *adj* universal
universellement [ynivɛʀsɛlmɑ̃] *adv* universalmente
universitaire [ynivɛʀsitɛʀ] *adj, nmf* universitario(-a)
université [ynivɛʀsite] *nf* universidad *f*
univoque [ynivɔk] *adj* unívoco(-a)
untel, unetelle [œ̃tɛl, yntɛl] *nm/f* uno(-a)
upériser [ypeʀize] *vt* : **lait upérisé** leche *f* uperizada
uppercut [ypɛʀkyt] *nm* uppercut *m*
uranium [yʀanjɔm] *nm* uranio
urbain, e [yʀbɛ̃, ɛn] *adj* urbano(-a)
urbanisation [yʀbanizasjɔ̃] *nf* urbanización *f*
urbaniser [yʀbanize] *vt* urbanizar
urbanisme [yʀbanism] *nm* urbanismo
urbaniste [yʀbanist] *nmf* urbanista *mf*
urbanité [yʀbanite] *nf* urbanidad *f*
urée [yʀe] *nf* urea
urémie [yʀemi] *nf* uremia
urgence [yʀʒɑ̃s] *nf* urgencia; **en cas d'~** en caso de urgencia; **service des urgences** servicio de urgencias ▶ *adv* : **d'~** urgentemente
urgent, e [yʀʒɑ̃, ɑ̃t] *adj* urgente
urgentiste [yʀʒɑ̃tist] *nmf* médico(-a) de urgencias
urinaire [yʀinɛʀ] *adj* urinario(-a)
urinal, -aux [yʀinal, o] *nm* orinal *m*
urine [yʀin] *nf* orina
uriner [yʀine] *vi* orinar
urinoir [yʀinwaʀ] *nm* urinario
urique [yʀik] *adj* : **acide ~** ácido úrico
URL [yɛʀɛl] *sigle f* (*Inform* : = *Uniform Resource Locator*) URL *m*; **adresse ~** dirección *f* URL
urne [yʀn] *nf* urna; **aller aux urnes** ir a las urnas; **~ funéraire** urna funeraria
urologie [yʀɔlɔʒi] *nf* urología
urologue [yʀɔlɔg] *nmf* urólogo(-a)
URSS [yʀs] *sigle f* (*Hist* : = *Union des républiques socialistes soviétiques*) URSS *f* (= *Unión de Repúblicas Socialistas Soviéticas*)
URSSAF [yʀsaf] *sigle f* (= *Union pour le recouvrement de la sécurité sociale et des allocations familiales*) *organismo francés que se encarga de cobrar las cotizaciones a la Seguridad Social*
urticaire [yʀtikɛʀ] *nf* urticaria
Uruguay [yʀygwɛ] *nm* Uruguay *m*

uruguayen, ne [yʀygwajɛ̃, ɛn] *adj* uruguayo(-a) ▸ *nm/f* : **Uruguayen, ne** uruguayo(-a)
US [yɛs], **USA** [yɛsa] *sigle mpl (= United States (of America))* EE. UU. *mpl (= Estados Unidos)*
us [ys] *nmpl* : **us et coutumes** usos *mpl* y costumbres
usage [yzaʒ] *nm (aussi Ling)* uso; *(coutume, bonnes manières)* costumbre *f*; **l'~** *(la coutume)* la costumbre; **c'est l'~** es costumbre; **faire ~ de** *(pouvoir, droit)* hacer uso de; **avoir l'~ de** tener uso de; **à l'~** con el uso; **à l'~ de** para uso de; **en ~** en uso; **hors d'~** fuera de uso, en desuso; **à ~ interne/externe** *(Méd)* de uso interno/externo; **~ de faux** *(Jur)* uso de documentos falsos
usagé, e [yzaʒe] *adj* usado(-a)
usager, -ère [yzaʒe, ɛʀ] *nm/f* usuario(-a)
usant, e [yzɑ̃, ɑ̃t] *adj (travail)* agotador(a); *(personne, enfant)* pesado(-a), cargante
USB [yɛsbe] *sigle m (Inform : = Universal Serial Bus)* USB *m*; **clé ~** llave *f* USB, memoria USB; **port ~** puerto USB
usé, e [yze] *adj* usado(-a); *(santé, personne)* desgastado(-a); *(banal, rebattu)* manido(-a); **eaux usées** aguas *fpl* sucias
user [yze] *vt* usar; *(consommer)* gastar; *(fig : santé, personne)* desgastar ▸ *vi* : **~ de** *(moyen, droit, procédé)* servirse de; **s'user** *vpr (outil, vêtement)* gastarse; *(fig : facultés, santé)* desgastarse; **il s'use à la tâche** *ou* **au travail** el trabajo le está consumiendo
usinage [yzinaʒ] *nm (de pièce, bois, métal)* mecanizado; *(fabrication)* fabricación *f*
usine [yzin] *nf* fábrica; **~ à gaz** planta de gas; *(fig)* rompecabezas *m inv*; **~ atomique/marémotrice** central *f* nuclear/maremotriz
usiner [yzine] *vt (pièce, bois, métal)* trabajar (a máquina); *(fabriquer)* fabricar
usité, e [yzite] *adj* empleado(-a); **peu ~** poco empleado(-a)
ustensile [ystɑ̃sil] *nm* utensilio; **~ de cuisine** utensilio de cocina
usuel, le [yzɥɛl] *adj* usual
usufruit [yzyfʀɥi] *nm* : **avoir l'~ de** tener el usufructo de
usufruitier, -ière [yzyfʀɥitje, jɛʀ] *adj, nm/f* usufructuario(-a)
usuraire [yzyʀɛʀ] *adj* usurario(-a)
usure [yzyʀ] *nf* desgaste *m*; *(de l'usurier)* usura; **avoir qn à l'~** acabar convenciendo a algn; **~ normale** desgaste normal
usurier, -ière [yzyʀje, jɛʀ] *nm/f* usurero(-a)
usurpateur, -trice [yzyʀpatœʀ, tʀis] *nm/f* usurpador(a)
usurpation [yzyʀpasjɔ̃] *nf* usurpación *f*
usurper [yzyʀpe] *vt* usurpar; **réputation usurpée** reputación *f* ilegítima
ut [yt] *nm inv (Mus)* do
utérin, e [yteʀɛ̃, in] *adj* uterino(-a)
utérus [yteʀys] *nm* útero
utile [ytil] *adj* útil; **~ à qn/qch** útil a algn/para algo; **si cela peut vous être ~, ...** si eso puede serle útil, ...
utilement [ytilmɑ̃] *adv* de forma útil
utilisable [ytilizabl] *adj* utilizable
utilisateur, -trice [ytilizatœʀ, tʀis] *nm/f* usuario(-a)
utilisation [ytilizasjɔ̃] *nf* utilización *f*
utiliser [ytilize] *vt (aussi péj)* utilizar; *(Culin : restes)* aprovechar; *(consommer)* gastar
utilitaire [ytilitɛʀ] *adj (objet, véhicule)* utilitario(-a); *(préoccupations, but)* interesado(-a) ▸ *nm (Inform)* utilidad *f*
utilité [ytilite] *nf* utilidad *f*; **jouer les utilités** *(Théâtre)* actuar de figurante; **reconnu d'~ publique** *(Admin)* reconocido de utilidad pública; **ce n'est d'aucune/c'est d'une grande ~** no es de ninguna/es de gran utilidad
utopie [ytɔpi] *nf* utopía
utopique [ytɔpik] *adj* utópico(-a)
utopiste [ytɔpist] *nmf* utopista *mf*
UV [yve] *sigle m (= unité de valeur) voir* **unité** ▸ *sigle mpl (= ultra-violets)* UV *mpl (= rayos ultravioleta)*
uvule [yvyl] *nf* úvula

Vv

V¹, v [ve] *nm inv* V, v *f*; **V comme Victor** ≈ V de Valencia; **en V** en pico; **encolure/décolleté en V** cuello/escote *m* en pico
V² [ve] *abr* (= *voir*) v. (= *ver, véase*); (= *vers*) v. (= *verso*); (= *volt*) v. (= *voltio*)
va [va] *vb voir* **aller**
vacance [vakɑ̃s] *nf* (*Admin*) vacante *f*; **vacances** *nfpl* vacaciones *fpl*; **les grandes vacances** las vacaciones de verano; **prendre des/ses vacances (en juin)** coger las vacaciones (en junio); **aller en vacances** ir de vacaciones; **vacances de Noël/de Pâques** vacaciones de Navidad/de Semana Santa
vacancier, -ière [vakɑ̃sje, jɛʀ] *nm/f* veraneante *mf*
vacant, e [vakɑ̃, ɑ̃t] *adj* vacante; (*appartement*) desocupado(-a)
vacarme [vakaʀm] *nm* alboroto
vacataire [vakatɛʀ] *nmf* empleado(-a) temporal; (*enseignant*) profesor(a) sustituto(-a)
vaccin [vaksɛ̃] *nm* vacuna; **~ antidiphtérique/antivariolique** vacuna contra la difteria/contra la viruela
vaccination [vaksinasjɔ̃] *nf* vacunación *f*
vacciner [vaksine] *vt* vacunar; **~ qn contre** vacunar a algn contra; **être vacciné** (*fig : fam*) estar vacunado(-a)
vache [vaʃ] *nf* vaca; (*cuir*) piel *f*; **manger de la ~ enragée** (*fam*) pasar las de Caín; **période de vaches maigres** época de vacas flacas; **la ~ à lait de qn/qch** el pagano de algn/algo; **~ laitière** vaca lechera; **~ à eau** bolsa de agua; **~ à lait** (*fig*) pagano ▸ *adj* (*fam*) duro(-a)
vachement [vaʃmɑ̃] (*fam*) *adv* super
vacher, -ère [vaʃe, ɛʀ] *nm/f* vaquero(-a)
vacherie [vaʃʀi] (*fam*) *nf* faena
vacherin [vaʃʀɛ̃] *nm* (*fromage*) *tipo de queso gruyère*; (*gâteau*) *pastel de nata y merengue*
vachette [vaʃɛt] *nf* vaqueta
vacillant, e [vasijɑ̃, ɑ̃t] *adj* vacilante
vacillement [vasijmɑ̃] *nm* vacilación *f*; (*affaiblissement*) vacilación *f*, debilitamiento
vaciller [vasije] *vi* vacilar; (*faiblir*) vacilar, debilitarse
vacuité [vakɥite] *nf* vacuidad *f*
vade-mecum [vademekɔm] *nm inv* vademécum *m*
vadrouille [vadʀuj] (*fam*) *nf* : **être/partir en ~** estar/ir de picos pardos
vadrouiller [vadʀuje] (*fam*) *vi* andar de picos pardos, callejear
VAE [veaə] *sigle m* (= *vélo à assistance électrique*) bicicleta eléctrica ▸ *sigle f* (= *validation des acquis de l'expérience*) *proceso mediante el cual una persona puede obtener un certificado profesional oficial en base a su experiencia profesional*, ≈ Acreditación de Competencias Profesionales (Esp)
va-et-vient [vaevjɛ̃] *nm inv* vaivén *m*; (*Élec*) conmutador *m*
vagabond, e [vagabɔ̃, ɔ̃d] *adj* vagabundo(-a); (*pensées*) errabundo(-a) ▸ *nm/f* vagabundo(-a); (*voyageur*) trotamundos *mf inv*
vagabondage [vagabɔ̃daʒ] *nm* vagabundeo; (*Jur*) vagancia
vagabonder [vagabɔ̃de] *vi* vagabundear; (*suj : pensées*) vagar
vagin [vaʒɛ̃] *nm* vagina
vaginal, e, -aux [vaʒinal, o] *adj* vaginal
vagir [vaʒiʀ] *vi* dar vagidos
vagissement [vaʒismɑ̃] *nm* vagido
vague [vag] *nf* ola; (*d'une chevelure etc*) onda; **~ d'assaut** (*Mil*) ola de ataques; **~ de chaleur** ola de calor; **~ de fond** mar de fondo; **~ de froid** ola de frío ▸ *adj* (*indications*) poco(-a) claro(-a); (*silhouette, souvenir*) vago(-a); (*angoisse*) indefinido(-a); **un ~ cousin** un primo cualquiera ▸ *nm* : **rester dans le ~** hablar con vaguedad; **être dans le ~** estar en el aire; **regarder dans le ~** mirar al vacío; **~ à l'âme** nostalgia
vaguelette [vaglɛt] *nf* ola pequeña
vaguement [vagmɑ̃] *adv* vagamente, apenas
vaguer [vage] *vi* errar
vahiné [vaine] *nf* tahitiana
vaillamment [vajamɑ̃] *adv* valerosamente
vaillance [vajɑ̃s] *nf* (*courage*) valentía; (*robustesse*) vigor *m*, solidez *f*
vaillant, e [vajɑ̃, ɑ̃t] *adj* (*courageux*) valeroso(-a), valiente; (*vigoureux*) saludable; **n'avoir plus** *ou* **pas un sou ~** no tener ni un cuarto
vaille [vaj] *vb voir* **valoir**
vain, e [vɛ̃, vɛn] *adj* vano(-a); **en ~** en vano
vaincre [vɛ̃kʀ] *vt* vencer, derrotar

vaincu, e [vɛ̃ky] *pp de* **vaincre** ▸ *nm/f* vencido(-a), derrotado(-a)
vainement [vɛnmɑ̃] *adv* vanamente
vainquais *etc* [vɛ̃kɛ] *vb voir* **vaincre**
vainqueur [vɛ̃kœʀ] *adj, nmf* vencedor(a)
vais [vɛ] *vb voir* **aller**
vaisseau, x [vɛso] *nm* (*Anat*) vaso; (*Naut*) navío; **enseigne/capitaine de ~** alférez *mf*/ capitán(-ana) de navío; **~ spatial** nave *f* espacial
vaisselier [vɛsəlje] *nm* aparador *m*
vaisselle [vɛsɛl] *nf* vajilla; (*lavage*) fregado; **faire la ~** fregar los platos
val [val] (*pl* **vaux** *ou* **vals**) *nm* valle *m*
valable [valabl] *adj* válido(-a); (*motif, solution*) admisible; (*interlocuteur, écrivain*) aceptable
valablement [valabləmɑ̃] *adv* legítimamente; (*de façon satisfaisante*) satisfactoriamente
Valence [valɑ̃s] *n* (*en Espagne*) Valencia; (*en France*) Valence
valent *etc* [val] *vb voir* **valoir**
valériane [valeʀjan] *nf* (*Bot*) valeriana
valet [valɛ] *nm* criado; (*péj*) lacayo; (*cintre*) colgador *m* de ropa; (*Cartes*) sota; **~ de chambre** ayuda *m* de cámara; **~ de ferme** mozo de labranza; **~ de pied** lacayo
valeur [valœʀ] *nf* valor *m*; **mettre en ~** valorizar; (*fig*) destacar, poner de relieve; **avoir/prendre de la ~** tener/adquirir valor; **sans ~** sin valor; **~ absolue** valor absoluto; **~ d'échange** valor de cambio; **valeurs mobilières/nominales** valores mobiliarios/ nominales
valeureux, -euse [valœʀø, øz] *adj* valeroso(-a)
validation [validasjɔ̃] *nf* validación *f*
valide [valid] *adj* (*personne*) sano(-a); (*passeport, billet*) válido(-a)
valider [valide] *vt* validar
validité [validite] *nf* validez *f*; **(durée de) ~** (período de) validez
valions [valjɔ̃] *vb voir* **valoir**
valise [valiz] *nf* maleta, valija (*Am*); **faire sa ~** hacer la maleta; **~ diplomatique** valija diplomática
vallée [vale] *nf* valle *m*
vallon [valɔ̃] *nm* pequeño valle *m*
vallonné, e [valɔne] *adj* ondulado(-a)
vallonnement [valɔnmɑ̃] *nm* ondulación *f*
valoir [valwaʀ] *vi* valer; **à ~ sur** a cuenta de; **vaille que vaille** mal que bien; **cela ne me dit rien qui vaille** eso me da mala espina; **~ mieux : il vaut mieux se taire/que je fasse comme ceci** más vale callarse/que lo haga así; **faire ~ que** insistir en que; **il faut faire ~ que tu as de l'expérience** tienes que conseguir que valoren tu experiencia ▸ *vt* (*prix, valeur*) valer; (*un effort, détour*) merecer; (*causer, procurer : suj : chose*) **: ~ qch à qn** valer algo a algn; (*négatif*) costar algo a algn; **ce climat** *etc* **ne me vaut rien** este clima *etc* no me sienta nada bien; **~ la peine** merecer la pena; **ça ne vaut rien** eso no vale nada; **~ cher** costar mucho dinero; **que vaut ce candidat/cette méthode ?** ¿qué valor tiene ese candidato/ese método?; **faire ~** (*ses droits*) hacer valer; (*domaine, capitaux*) valorizar; **se valoir** *vpr* ser equivalente; (*péj*) ser tal para cual; **se faire ~** alardear
valorisable [valɔʀizabl] *adj* (*Écon : matériau, déchet*) valorizable
valorisant, e [valɔʀizɑ̃, ɑ̃t] *adj* (*image, rôle*) valorizante; (*travail,*) revalorizante
valorisation [valɔʀizasjɔ̃] *nf* valorización *f*, revalorización *f*
valoriser [valɔʀize] *vt* valorizar, revalorizar
valse [vals] *nf* vals *m*; **la ~ des prix** el baile de precios
valser [valse] *vi* bailar el vals; (*fig : fam*) **: aller ~** ser proyectado(-a)
valu, e [valy] *pp de* **valoir**
valve [valv] *nf* (*Zool*) valva; (*Tech, Élec*) válvula
vamp [vɑ̃p] *nf* vampiresa
vampire [vɑ̃piʀ] *nm* vampiro
vampiriser [vɑ̃piʀize] *vt* vampirizar
vampirisme [vɑ̃piʀism] *nm* vampirismo
van [vɑ̃] *nm* camión *m* para caballos
vandale [vɑ̃dal] *nmf* vándalo(-a)
vandaliser [vɑ̃dalize] *vt* vandalizar
vandalisme [vɑ̃dalism] *nm* vandalismo
vanille [vanij] *nf* vainilla; **glace/crème à la ~** helado/crema de vainilla
vanillé, e [vanije] *adj* aromatizado(-a) con vainilla
vanilline [vanilin] *nf* vanilina
vanité [vanite] *nf* vanidad *f*; **tirer ~ de** vanagloriarse de
vaniteux, -euse [vanitø, øz] *adj* vanidoso(-a)
vanity-case [vaniti(e)kɛz] (*pl* **vanity-cases**) *nm* neceser *m* de belleza
vanne [van] *nf* compuerta; (*fam*) pulla; **lancer une ~ à qn** tirar pullas a algn
vanné [vane] *adj* (*fam : fatigué*) reventado(-a), hecho(-a) polvo (*fam*)
vanneau, x [vano] *nm* avefría
vanner [vane] *vt* (*Agr*) cribar
vannerie [vanʀi] *nf* cestería
vannier [vanje] *nm* cestero
vantail [vɑ̃taj] (*pl* **vantaux**) *nm* batiente *m*
vantard, e [vɑ̃taʀ, aʀd] *adj* jactancioso(-a)
vantardise [vɑ̃taʀdiz] *nf* jactancia
vanter [vɑ̃te] *vt* alabar; **~ les mérites de qch** ensalzar las virtudes de algo; **se vanter** *vpr* jactarse; **se ~ de qch** jactarse *ou* presumir de algo; **se ~ d'avoir fait/de pouvoir faire** jactarse *ou* presumir de haber hecho/de poder hacer
Vanuatu [vanwatu] *nm* **: le ~** Vanuatu
va-nu-pieds [vanypje] (*péj*) *nmf inv* descamisado(-a)

vapeur [vapœʀ] *nf* vapor *m*; (*brouillard, buée*) vaho; **machine/locomotive à ~** máquina/ locomotora de vapor; **à toute ~** a toda máquina; **renverser la ~** (*Tech, fig*) cambiar de marcha; **cuit à la ~** (*Culin*) cocinado al vapor; **vapeurs** *nfpl* (*bouffées de chaleur*) : **j'ai des vapeurs** tengo sofocos; **les vapeurs du vin** (*émanation*) los vapores del vino
vapocuiseur [vapɔkyizœʀ] *nm* vaporera
vaporeux, -euse [vapɔʀø, øz] *adj* vaporoso(-a)
vaporisateur [vapɔʀizatœʀ] *nm* vaporizador *m*
vaporisation [vapɔʀizasjɔ̃] *nf* vaporización *f*
vaporiser [vapɔʀize] *vt* vaporizar
vapoter [vapɔte] *vi* fumar cigarrillos electrónicos
vaquer [vake] *vi* (*Admin*) estar vacante; **~ à ses occupations** dedicarse a sus ocupaciones
varappe [vaʀap] *nf* escalada
varappeur, -euse [vaʀapœʀ, øz] *nm/f* escalador(a)
varech [vaʀɛk] *nm* algas *fpl*
vareuse [vaʀøz] *nf* (*blouson*) marinera; (*d'uniforme*) guerrera
variabilité [vaʀjabilite] *nf* variabilidad *f*
variable [vaʀjabl] *adj* (*temps*) variable; (*Tech*) adaptable; (*résultats*) diverso(-a) ▸ *nf* (*Math*) variable *f*; **~ d'ajustement** variable de ajuste
variante [vaʀjɑ̃t] *nf* variante *f*
variation [vaʀjasjɔ̃] *nf* variación *f*; **variations** *nfpl* (*de température etc*) variaciones *fpl*, cambios *mpl*
varice [vaʀis] *nf* variz *f*
varicelle [vaʀisɛl] *nf* varicela
varié, e [vaʀje] *adj* variado(-a); (*goûts, résultats*) diverso(-a); **hors-d'œuvre variés** entremeses *mpl* variados
varier [vaʀje] *vi* variar, cambiar; (*différer*) variar; **~ sur** (*différer d'opinion*) discrepar en ▸ *vt* cambiar
variété [vaʀjete] *nf* variedad *f*; **une (grande) ~ de** una (gran) variedad de; **variétés** *nfpl* : **spectacle/émission de variétés** espectáculo/programa *m* de variedades
variole [vaʀjɔl] *nf* viruela
variqueux, -euse [vaʀikø, øz] *adj* varicoso(-a)
Varsovie [vaʀsɔvi] *n* Varsovia
vas [va] *vb voir* **aller**; **~-y !** ¡venga!; (*quelque part*) ¡ve!
vasculaire [vaskylɛʀ] *adj* vascular
vascularisé, e [vaskylaʀize] *adj* vascularizado(-a)
vase [vɑz] *nm* jarrón *m*, florero; **en ~ clos** aislado(-a); **vases communicants** vasos *mpl* comunicantes ▸ *nf* cieno

⚠ No debe traducirse por *vaso*, que en francés corresponde a **verre**.

vasectomie [vazɛktɔmi] *nf* vasectomía
vaseline [vaz(ə)lin] *nf* vaselina
vaseux, -euse [vɑzø, øz] *adj* cenagoso(-a); (*fam : confus, étourdi*) confuso(-a); (*: fatigué*) hecho(-a) polvo (*fam*)
vasistas [vazistɑs] *nm* tragaluz *m*
vasoconstricteur, -trice [vazokɔ̃stʀiktœʀ, tʀis] *adj* vasoconstructor(a) ▸ *nm* vasoconstructor *m*
vasodilatateur, -trice [vazodilatatœʀ, tʀis] *adj* vasodilatador(a) ▸ *nm* vasodilatador *m*
vasque [vask] *nf* pila; (*coupe*) centro de mesa
vassal, e, -aux [vasal, o] *nm/f* vasallo(-a)
vassaliser [vasalize] *vt* avasallar
vaste [vast] *adj* amplio(-a)
Vatican [vatikɑ̃] *nm* : **le ~** el Vaticano
vaticiner [vatisine] (*littér, péj*) *vi* adivinar
va-tout [vatu] *nm inv* : **jouer son ~** jugar(se) el todo por el todo
vaudeville [vod(ə)vil] *nm* vodevil *m*
vaudrai *etc* [vodʀe] *vb voir* **valoir**
vau-l'eau [volo] : **à ~** *adv* río abajo; **aller à ~** (*fig*) irse a pique
vaurien, ne [voʀjɛ̃, jɛn] *nm/f* bribón(-ona); (*malfaiteur*) tunante *m*
vaut [vo] *vb voir* **valoir**
vautour [votuʀ] *nm* buitre *m*
vautrer [votʀe] : **se vautrer** *vpr* revolcarse; **se ~ dans/sur** revolcarse en; (*vice*) hundirse en
vaux [vo] *nmpl de* **val** ▸ *vb voir* **valoir**
va-vite [vavit] : **à la ~** *adv* de prisa y corriendo
VDQS [vedekyɛs] *abr* = **vin délimité de qualité supérieure**; *ver nota*

VDQS

VDQS, siglas de *vin délimité de qualité supérieure*, es la segunda categoría más alta de los vinos franceses después de AOC, e indica que se trata de un vino de gran calidad procedente de viñedos con denominación de origen. La tercera categoría es el *vin de pays*. Le sigue el *vin de table* o *vin ordinaire*, que es vino de mesa de origen indeterminado y, a menudo, mezclado.

vds *abr* = **vends**
veau, x [vo] *nm* ternero; (*Culin*) ternera; (*peau*) becerro; **tuer le ~ gras** echar la casa por la ventana
vecteur [vɛktœʀ] *nm* vector *m*
vécu, e [veky] *pp de* **vivre** ▸ *adj* vivido(-a) ▸ *nm* vivencia
vedettariat [vədetaʀja] *nm* estrellato; (*attitude*) divismo
vedette [vədɛt] *nf* estrella; (*personnalité*) figura; (*canot*) lancha motora; **mettre qn en ~** (*Ciné etc*) poner a algn en primer plano; **avoir la ~** estar en primera plana
végétal, e, -aux [veʒetal, o] *adj, nm* vegetal *m*

V

végétalien, ne [veʒetaljɛ̃, jɛn] *adj, nm/f* vegetariano(-a) estricto(-a), vegano(-a)
végétalisme [veʒetalism] *nm* vegetarianismo estricto
végétarien, ne [veʒetaʀjɛ̃, jɛn] *adj, nm/f* vegetariano(-a)
végétarisme [veʒetaʀism] *nm* vegetarianismo
végétatif, -ive [veʒetatif, iv] *adj* (*vie*) vegetativo(-a)
végétation [veʒetasjɔ̃] *nf* vegetación *f*; **~ arctique/tropicale** vegetación ártica/tropical; **végétations** *nfpl* (*Méd*) vegetaciones *fpl*; **opérer qn des végétations** operar a algn de vegetaciones
végéter [veʒete] *vi* (*plante, personne*) vegetar; (*affaire*) ir tirando
véhémence [veemɑ̃s] *nf* vehemencia; **avec ~** con vehemencia
véhément, e [veemɑ̃, ɑ̃t] *adj* vehemente
véhicule [veikyl] *nm* vehículo; **~ utilitaire** vehículo utilitario
véhiculer [veikyle] *vt* transportar en vehículo; (*fig*) transmitir
veille [vɛj] *nf* vigilancia; (*Psych*) vigilia; (*jour*) : **la ~ de** el día anterior a; **la ~ au soir** la noche anterior; **à la ~ de** en vísperas de; **l'état de ~** el estado de vigilia; **~ technologique/concurrentielle** vigilancia tecnológica/competitiva
veillée [veje] *nf* velada; **~ d'armes** vela de armas; **~ (mortuaire)** velatorio
veiller [veje] *vi* velar; (*être vigilant*) vigilar ▸ *vt* velar; **~ à** (*s'occuper de*) velar por; (*faire attention à*) procurar; (*prendre soin de*) cuidar de; **~ à faire/à ce que** ocuparse de hacer/de que; **~ sur** cuidar de
veilleur, -euse [vɛjœʀ, øz] *nm/f* : **~ de nuit** vigilante *mf* nocturno(-a)
veilleuse [vɛjøz] *nf* (*lampe*) lamparilla de noche; (*Auto, flamme*) piloto; **en ~** a media luz; (*affaire*) a la espera
veinard, e [vɛnaʀ, aʀd] (*fam*) *nm/f* suertudo(-a) (*fam*)
veine [vɛn] *nf* vena; (*du bois, marbre etc*) veta; **avoir de la ~** (*fam*) tener chiripa *ou* potra (*fam*)
veiné, e [vene] *adj* veteado(-a)
veineux, -euse [vɛnø, øz] *adj* venoso(-a)
Velcro® [vɛlkʀo] *nm* velcro®
vêler [vele] *vi* parir (*la vaca*)
vélin [velɛ̃] *adj m* : **(papier) ~** (papel *m*) vitela
véliplanchiste [veliplɑ̃ʃist] *nmf* windsurfista *mf*
vélivole [velivɔl] *nmf aficionado(-a) a los vuelos sin motor*
velléitaire [veleitɛʀ] *adj* veleidoso(-a)
velléités [veleite] *nfpl* veleidades *fpl*
vélo [velo] *nm* bici *f*; **faire du ~** ir en bici
véloce [velɔs] *adj* veloz
vélocité [velɔsite] *nf* velocidad *f*
vélodrome [velodʀom] *nm* velódromo
vélomoteur [velɔmɔtœʀ] *nm* velomotor *m*
véloski [veloski] *nm* skibob *m*, esquibob *m*
velours [v(ə)luʀ] *nm* terciopelo; **~ côtelé** pana; **~ de coton/de laine** veludillo/fieltro; **~ de soie** terciopelo de seda
velouté, e [vəlute] *adj* (*peau*) aterciopelado(-a); (*lumière, couleurs*) suave; (*au goût*) cremoso(-a); (: *vin*) suave ▸ *nm* (*Culin*) : **~ d'asperges/de tomates** crema de espárragos/sopa de tomate
velouteux, -euse [vəlutø, øz] *adj* aterciopelado(-a)
velu, e [vəly] *adj* velloso(-a)
vélum [velɔm] *nm* entoldado
venais *etc* [vənɛ] *vb voir* **venir**
venaison [vənɛzɔ̃] *nf* caza
vénal, e, -aux [venal, o] *adj* venal
vénalité [venalite] *nf* venalidad *f*
venant [v(ə)nɑ̃] : **à tout ~** *adv* al primero que llegue
vendable [vɑ̃dabl] *adj* vendible
vendange [vɑ̃dɑ̃ʒ] *nf* vendimia; (*raisins récoltés*) cosecha (de uvas)
vendanger [vɑ̃dɑ̃ʒe] *vi, vt* vendimiar
vendangeur, -euse [vɑ̃dɑ̃ʒœʀ, øz] *nm/f* vendimiador(a)
vendéen, ne [vɑ̃deɛ̃, ɛn] *adj* de Vendée ▸ *nm/f* : **Vendéen, ne** nativo(-a) *ou* habitante *mf* de Vendée
vendetta [vɑ̃deta] *nf* vendetta
vendeur, -euse [vɑ̃dœʀ, øz] *nm/f* (*de magasin*) vendedor(a), dependiente(-a); (*Comm*) vendedor(a); **~ de journaux** vendedor *ou* voceador *m* (*Am*) de periódicos, canillita *m* (*CSur*) ▸ *nm* (*Jur*) vendedor *m*
vendre [vɑ̃dʀ] *vt* vender; **~ qch à qn** vender algo a algn; **cela se vend à la douzaine** se vende por docenas; **cela se vend bien** esto se vende bien; **« à ~ »** « en venta »
vendredi [vɑ̃dʀədi] *nm* viernes *m inv*; **V~ saint** Viernes Santo; *voir aussi* **lundi**
vendu, e [vɑ̃dy] *pp de* **vendre** ▸ *adj* (*péj*) vendido(-a)
venelle [vənɛl] *nf* callejuela
vénéneux, -euse [venenø, øz] *adj* venenoso(-a)
vénérable [veneʀabl] *adj* venerable
vénération [veneʀasjɔ̃] *nf* veneración *f*
vénéréologie [veneʀeɔlɔʒi] *nf* venereología
vénérer [veneʀe] *vt* venerar
vénerie [vɛnʀi] *nf* montería
vénérien, ne [veneʀjɛ̃, jɛn] *adj* venéreo(-a); **maladies vénériennes** enfermedades *fpl* venéreas
vénérologie [veneʀeɔlɔʒi] *nf* venereología
Venezuela [venezɥɛla] *nm* Venezuela
vénézuélien, ne [venezɥeljɛ̃, jɛn] *adj* venezolano(-a) ▸ *nm/f* : **Vénézuélien, ne** venezolano(-a)

vengeance [vɑ̃ʒɑ̃s] *nf* venganza
venger [vɑ̃ʒe] *vt* vengar; **se venger** *vpr* vengarse; **se ~ de/sur qch/qn** vengarse de/en algo/algn
vengeur, -eresse [vɑ̃ʒœʀ, ʒ(ə)ʀɛs] *adj, nm/f* vengador(a)
véniel, le [venjɛl] *adj* : **faute vénielle** culpa venial; **péché ~** (*Rel*) pecado venial
venimeux, -euse [vənimø, øz] *adj* venenoso(-a)
venin [vənɛ̃] *nm* veneno
venir [v(ə)niʀ] *vi* venir, llegar; **~ de** (*lieu*) venir de; (*cause*) proceder de; **~ de faire : je viens d'y aller/de le voir** acabo de ir/de verle; **s'il vient à pleuvoir** si llegara a llover; **en ~ à faire : j'en viens à croire que** llego a pensar que; **il en est venu à mendier** ha llegado a mendigar; **en ~ aux mains** llegar a las manos; **les années/générations à ~** los años/generaciones venideros(-as); **où veux-tu en ~ ?** ¿hasta dónde quieres llegar?; **je te vois ~** te veo venir; **il me vient une idée** se me ocurre una idea; **il me vient des soupçons** empiezo a sospechar; **laisser ~** esperar antes de actuar; **faire ~** llamar; **d'où vient que ... ?** ¿cómo es posible que ...?; **~ au monde** venir al mundo
Venise [vəniz] *n* Venecia
vénitien, ne [venisjɛ̃, jɛn] *adj* veneciano(-a) ▸ *nm/f* : **Vénitien, ne** veneciano(-a)
vent [vɑ̃] *nm* viento; **il y a du ~** hace viento; **c'est du ~** (*fig*) son palabras al aire; **au ~** a barlovento; **sous le ~** a sotavento; **avoir le ~ debout** *ou* **en face/arrière** *ou* **en poupe** tener viento en contra *ou* de cara/a favor *ou* en popa; **(être) dans le ~** (*fam*) (estar) a la moda; **prendre le ~** (*fig*) tantear el terreno; **avoir ~ de** enterarse de; **contre vents et marées** contra viento y marea
vente [vɑ̃t] *nf* venta; **mettre en ~** poner en venta; **~ aux enchères** subasta; **~ de charité** venta de beneficencia; **~ par correspondance** venta por correspondencia
venté, e [vɑ̃te] *adj* ventoso(-a)
venter [vɑ̃te] *vb impers* ventear
venteux, -euse [vɑ̃tø, øz] *adj* ventoso(-a)
ventilateur [vɑ̃tilatœʀ] *nm* ventilador *m*
ventilation [vɑ̃tilasjɔ̃] *nf* ventilación *f*
ventiler [vɑ̃tile] *vt* ventilar; (*total*) repartir
ventouse [vɑ̃tuz] *nf* ventosa
ventral, e, -aux [vɑ̃tʀal, o] *adj* ventral
ventre [vɑ̃tʀ] *nm* vientre *m*; (*fig*) panza; **avoir/prendre du ~** tener/echar barriga; **j'ai mal au ~** me duele la barriga
ventricule [vɑ̃tʀikyl] *nm* ventrículo
ventriloque [vɑ̃tʀilɔk] *adj, nmf* ventrílocuo(-a)
ventripotent, e [vɑ̃tʀipɔtɑ̃, ɑ̃t] *adj* panzudo(-a)
ventru, e [vɑ̃tʀy] *adj* ventrudo(-a)
venu, e [v(ə)ny] *pp de* **venir** ▸ *adj* : **être mal ~ à** *ou* **de faire** ser poco oportuno hacer; **mal/bien ~** poco/muy oportuno(-a)
venue [vəny] *nf* venida, llegada
vêpres [vɛpʀ] *nfpl* vísperas *fpl*
ver [vɛʀ] *nm* gusano; (*intestinal*) lombriz *f*; (*du bois*) polilla; **~ à soie** gusano de seda; **~ blanc** larva de abejorro; **~ de terre** lombriz *f*; **~ luisant** luciérnaga; **~ solitaire** tenia; *voir aussi* **vers**
véracité [veʀasite] *nf* veracidad *f*
véranda [veʀɑ̃da] *nf* tenaza
verbal, e, -aux [vɛʀbal, o] *adj* verbal
verbalement [vɛʀbalmɑ̃] *adv* (*dire*) oralmente; (*approuver*) verbalmente
verbalisation [vɛʀbalizasjɔ̃] *nf* (*Psych*) verbalización *f*; (*Police*) : **la loi prévoit la ~ des contrevenants** la ley prevé multas para los infractores
verbaliser [vɛʀbalize] *vi* (*Police*) poner una multa, multar ▸ *vt* (*Psych*) verbalizar; (*Police*) poner una multa a, multar
verbalisme [vɛʀbalism] (*péj*) *nm* verborrea
verbe [vɛʀb] *nm* verbo; **avoir le ~ sonore** (*voix*) hablar alto; **la magie du ~** la magia del verbo; **le V~** (*Rel*) el Verbo
verbeux, -euse [vɛʀbø, øz] *adj* verboso(-a)
verbiage [vɛʀbjaʒ] *nm* palabrería, verborrea
verbosité [vɛʀbozite] *nf* verbosidad *f*
verdâtre [vɛʀdɑtʀ] *adj* verdusco(-a)
verdeur [vɛʀdœʀ] *nf* verdor *m*; (*âpreté*) rudeza; (*de fruit, vin*) poca madurez *f*
verdict [vɛʀdik(t)] *nm* veredicto
verdir [vɛʀdiʀ] *vi* verdear, verdecer ▸ *vt* pintar de verde
verdoyant, e [vɛʀdwajɑ̃, ɑ̃t] *adj* que verdece
verdure [vɛʀdyʀ] *nf* (*arbres, feuillages*) verde *m*, verdor *m*; (*légumes verts*) verdura
véreux, -euse [veʀø, øz] *adj* agusanado(-a); (*malhonnête*) corrompido(-a)
verge [vɛʀʒ] *nf* (*Anat*) verga; (*baguette*) vara
verger [vɛʀʒe] *nm* huerto
vergetures [vɛʀgətyʀ] *nfpl* estrías *fpl* (*en la piel*)
verglacé, e [vɛʀglase] *adj* helado(-a)
verglas [vɛʀglɑ] *nm* hielo
vergogne [vɛʀgɔɲ] : **sans ~** *adv* sin vergüenza
véridique [veʀidik] *adj* verídico(-a)
vérifiable [veʀifjabl] *adj* comprobable
vérificateur, -trice [veʀifikatœʀ, tʀis] *nm/f* controlador(a); **~ des comptes** (*Fin*) interventor(a) de cuentas
vérification [veʀifikasjɔ̃] *nf* (*des comptes etc*) revisión *f*; (*d'une chose par une autre*) verificación *f*; **~ d'identité** (*Police*) identificación *f*
vérifier [veʀifje] *vt* (*mécanisme, comptes*) revisar; (*hypothèse*) comprobar; (*suj : chose : prouver*) corroborar; (*Inform*) verificar; **se vérifier** *vpr* verificarse
vérin [veʀɛ̃] *nm* gato

V

véritable [veʀitabl] *adj* verdadero(-a); (*ami, amour*) auténtico(-a); (*or, argent*) de ley; **un ~ désastre/miracle** un auténtico desastre/ milagro
véritablement [veʀitabləmɑ̃] *adv* verdaderamente
vérité [veʀite] *nf* verdad *f*; (*d'un fait, d'un portrait*) autenticidad *f*; (*sincérité*) sinceridad *f*; **à la** *ou* **en ~** en realidad
verjus [vɛʀʒy] *nm* (*Culin*) agraz *m*
verlan [vɛʀlɑ̃] *nm* argot *m* invertido; *ver nota*

VERLAN

El término **verlan** es un tipo de argot que se hizo popular en los años cincuenta y que consiste en invertir el orden de las sílabas de las palabras, el término **verlan** mismo proviene de *l'envers* (*à l'envers* = al revés). Algunos ejemplos típicos son *féca* (*café*), *ripou* (*pourri*), *meuf* (*femme*), y *Beur* (*Arabe*). En la década de 1990 volvió a ponerse de moda a través del rap y el hip hop, ya que muchos cantantes procedían de los suburbios parisinos donde era frecuente el uso del *verlan*.

vermeil, le [vɛʀmɛj] *adj* bermejo(-a) ▸ *nm* corladura
vermicelles [vɛʀmisɛl] *nmpl* fideos *mpl*
vermicide [vɛʀmisid] *nm* vermicida *m*
vermifuge [vɛʀmifyʒ] *nm* vermicida *m* ▸ *adj* : **poudre ~** polvos *mpl* antiparasitarios
vermillon [vɛʀmijɔ̃] *adj inv* bermejo(-a)
vermine [vɛʀmin] *nf* parásitos *mpl*; (*fig*) chusma
vermoulu, e [vɛʀmuly] *adj* carcomido(-a)
vermout, vermouth [vɛʀmut] *nm* vermut *m*, vermú *m*
vernaculaire [vɛʀnakylɛʀ] *adj* (*langue*) vernáculo(-a); (*Biol : nom*) común
verni, e [vɛʀni] *adj* barnizado(-a); (*fam*) suertudo(-a) (*fam*); **cuir ~** cuero charolado; **souliers vernis** zapatos *mpl* de charol
vernir [vɛʀniʀ] *vt* barnizar; (*poteries, ongles*) esmaltar
vernis [vɛʀni] *nm* barniz *m*; (*fig*) capa; **~ à ongles** esmalte *m* de uñas
vernissage [vɛʀnisaʒ] *nm* barnizado; (*d'une exposition*) inauguración *f*
vernisser [vɛʀnise] *vt* esmaltar
vérole [veʀɔl] *nf* (*aussi :* **petite vérole**) viruela; (*fam : syphilis*) sífilis *fsg*
verrai *etc* [veʀe] *vb voir* **voir**
verre [vɛʀ] *nm* vidrio, cristal *m*; (*récipient, contenu*) vaso, copa; (*de lunettes*) cristal *m*; **boire** *ou* **prendre un ~** beber *ou* tomar una copa; **~ à dents** vaso de aseo; **~ à liqueur/à vin** copa de *ou* para licor/vino; **~ à pied** copa; **~ armé** cristal reforzado; **~ de lampe** cristal de lámpara; **~ de montre** cristal del reloj; **~ dépoli/trempé/feuilleté** cristal esmerilado/templado/laminado; **verres de contact** lentes *mpl* de contacto, lentillas *fpl*; **verres fumés** cristales *mpl* ahumados

Pour un **verre** à boire, le terme générique est *vaso*, mais pour un verre à pied (qu'il s'agisse du contenant ou du contenu), on emploie le terme de *copa*.

verrerie [vɛʀʀi] *nf* cristalería, vidriería; (*objets*) vidrios *mpl*
verrier [vɛʀje] *nm* (*ouvrier*) cristalero; (*artiste*) vidriero
verrière [vɛʀjɛʀ] *nf* cristalera
verrons *etc* [vɛʀɔ̃] *vb voir* **voir**
verroterie [vɛʀɔtʀi] *nf* abalorio
verrou [veʀu] *nm* cerrojo; **mettre le ~** poner el cerrojo; **mettre qn/être sous les verrous** (*fig*) meter a algn/estar entre rejas
verrouillage [veʀujaʒ] *nm* cierre *m*; **~ central** (*Auto*) cierre automático
verrouiller [veʀuje] *vt* (*porte*) cerrar con cerrojo; (*Mil : brèche*) bloquear
verrue [veʀy] *nf* verruga
vers [vɛʀ] *nm* verso ▸ *prép* hacia; (*dans les environs de*) hacia, cerca de; (*temporel*) alrededor de, sobre ▸ *nmpl* (*poésie*) versos *mpl*
versant [vɛʀsɑ̃] *nm* ladera
versatile [vɛʀsatil] *adj* inconstante
versatilité [vɛʀsatilite] *nf* inconstancia
verse [vɛʀs] : **à ~** *adv* a cántaros; **il pleut à ~** llueve a cántaros
versé, e [vɛʀse] *adj* : **être ~ dans** estar versado(-a) en
Verseau [vɛʀso] *nm* (*Astrol*) Acuario; **être ~** ser Acuario
versement [vɛʀsəmɑ̃] *nm* pago; (*sur un compte*) ingreso; **en trois versements** en tres plazos
verser [vɛʀse] *vt* verter, derramar; (*dans une tasse etc*) echar; (*argent : à qn*) pagar; (*: sur un compte*) ingresar; (*soldat : affecter*) : **~ qn dans** destinar a algn a; **~ dans** (*fig*) versar sobre; **~ à un compte** ingresar *ou* abonar en una cuenta
verset [vɛʀsɛ] *nm* versículo; (*formule récitée ou chantée*) verso
verseur [vɛʀsœʀ] *adj m voir* **bec** ; **bouchon**
versification [vɛʀsifikasjɔ̃] *nf* versificación *f*
versifier [vɛʀsifje] *vt, vi* versificar
version [vɛʀsjɔ̃] *nf* (*Scol : traduction*) versión *f*; **film en ~ originale** película en versión original
verso [vɛʀso] *nm* dorso, reverso; **voir au ~** ver al dorso
vert, e [vɛʀ, vɛʀt] *adj* verde; (*vin*) agraz; (*personne : vigoureux*) lozano(-a); (*langage, propos*) fuerte; **~ bouteille/d'eau/pomme** *adj inv* verde botella/agua/manzana *inv*; **en voir des vertes et des pas mûres** (*fam*) pasarlas negras; **en dire des vertes et des pas mûres** (*fam*) hablar a las claras ▸ *nm* verde *m*; **se mettre au ~** irse a descansar al campo

vert-de-gris [vɛʀdəgʀi] *nm inv* verdín *m* ▸ *adj inv* verde *inv* grisáceo
vertébral, e, -aux [vɛʀtebʀal, o] *adj* vertebral; *voir aussi* **colonne**
vertèbre [vɛʀtɛbʀ] *nf* vértebra
vertébré, e [vɛʀtebʀe] *adj* vertebrado(-a); **vertébrés** *nmpl* vertebrados *mpl*
vertement [vɛʀtəmɑ̃] *adv* severamente
vertical, e, -aux [vɛʀtikal, o] *adj* vertical
verticale [vɛʀtikal] *nf* vertical *f*; **à la ~** en vertical
verticalement [vɛʀtikalmɑ̃] *adv* verticalmente
verticalité [vɛʀtikalite] *nf* verticalidad *f*
vertige [vɛʀtiʒ] *nm* vértigo; (*étourdissement*) mareo; **ça me donne le ~** me da vértigo
vertigineux, -euse [vɛʀtiʒinø, øz] *adj* vertiginoso(-a)
vertu [vɛʀty] *nf* virtud *f*; **en ~ de** en virtud de
vertueusement [vɛʀtɥøzmɑ̃] *adv* virtuosamente
vertueux, -euse [vɛʀtɥø, øz] *adj* virtuoso(-a); (*conduite*) meritorio(-a)
verve [vɛʀv] *nf* inspiración *f*; **être en ~** estar en vena
verveine [vɛʀvɛn] *nf* verbena
vésicule [vezikyl] *nf* vesícula; **~ biliaire** vesícula biliar
vespasienne [vɛspazjɛn] *nf* urinario público
vespéral, e, -aux [vɛspeʀal, o] *adj* vespertino(-a)
vessie [vesi] *nf* vejiga
veste [vɛst] *nf* chaqueta, americana, saco (*AM*); **retourner sa ~** (*fig : fam*) cambiar de chaqueta; **~ croisée/droite** chaqueta cruzada/recta *ou* sin cruzar
vestiaire [vɛstjɛʀ] *nm* (*au théâtre etc*) guardarropa; (*de stade etc*) vestuario; **(armoire) ~** taquilla
vestibule [vɛstibyl] *nm* vestíbulo
vestige [vɛstiʒ] *nm* vestigio; **vestiges** *nmpl* (*de ville, civilisation*) vestigios *mpl*
vestimentaire [vɛstimɑ̃tɛʀ] *adj* (*dépenses*) en vestimenta; (*détail*) de la vestimenta; (*élégance*) en el vestir
veston [vɛstɔ̃] *nm* americana
vêtais *etc* [vetɛ] *vb voir* **vêtir**
vêtement [vɛtmɑ̃] *nm* prenda (de ropa); **vêtements** *nmpl* ropa *fsg*; **vêtements de sport** ropa de deporte
vétéran [veteʀɑ̃] *nm* veterano
vétérinaire [veteʀinɛʀ] *adj, nmf* veterinario(-a)
vétille [vetij] *nf* nimiedad *f*
vétilleux, -euse [vetijø, øz] *adj* puntilloso(-a)
vêtir [vetiʀ] *vt* vestir; **se vêtir** *vpr* vestirse
vêtit *etc* [veti] *vb voir* **vêtir**
vétiver [vetivɛʀ] *nm* vetiver *m*
veto [veto] *nm* veto; **droit de ~** derecho de veto; **mettre** *ou* **opposer un ~ à** poner el veto a
vêtu, e [vety] *pp de* **vêtir** ▸ *adj* : **~ de** vestido(-a) de; **chaudement ~** abrigado(-a)
vétuste [vetyst] *adj* vetusto(-a)
vétusté [vetyste] *nf* vetustez *f*
veuf, veuve [vœf, vœv] *adj, nm/f* viudo(-a)
veuille *etc* [vœj] *vb voir* **vouloir**
veuillez *etc* [vœje] *vb voir* **vouloir**
veule [vøl] *adj* abúlico(-a)
veulent [vœl] *vb voir* **vouloir**
veulerie [vølʀi] *nf* abulia
veut [vø] *vb voir* **vouloir**
veuvage [vœvaʒ] *nm* viudedad *f*
veuve [vœv] *adj f, nf voir* **veuf**
veux [vø] *vb voir* **vouloir**
vexant, e [vɛksɑ̃, ɑ̃t] *adj* (*blessant*) ofensivo(-a); (*contrariant*) molesto(-a)
vexations [vɛksasjɔ̃] *nfpl* (*insultes*) vejaciones *fpl*; (*brimades*) molestias *fpl*
vexatoire [vɛksatwaʀ] *adj* : **mesures vexatoires** medidas *fpl* vejatorias
vexé, e [vɛkse] *adj* (*offensé*) ofendido(-a); (*contrarié*) molesto(-a)
vexer [vɛkse] *vt* ofender; **se vexer** *vpr* ofenderse
VF [veɛf] *sigle f* (= *version française*) versión *f* francesa
VHF [veaʃɛf] *sigle f* (= *Very High Frequency*) VHF *f*
via [vja] *prép* vía
viabiliser [vjabilize] *vt* acondicionar
viabilité [vjabilite] *nf* viabilidad *f*; (*d'une route*) calidad *f*
viable [vjabl] *adj* viable
viaduc [vjadyk] *nm* viaducto
viager, -ère [vjaʒe, ɛʀ] *adj* : **rente viagère** renta vitalicia ▸ *nm* : **mettre en ~** hacer un vitalicio
Viagra® [vjagʀa] *nm* Viagra®
viande [vjɑ̃d] *nf* carne *f*; **~ blanche/rouge** carne blanca/roja
viatique [vjatik] *nm* viático
vibrant, e [vibʀɑ̃, ɑ̃t] *adj* vibrante; (*émouvant*) estremecedor(a)
vibraphone [vibʀafɔn] *nm* vibráfono
vibraphoniste [vibʀafɔnist] *nmf* vibrafonista *mf*
vibration [vibʀasjɔ̃] *nf* vibración *f*
vibratoire [vibʀatwaʀ] *adj* vibratorio(-a)
vibrer [vibʀe] *vi* vibrar; **faire ~** hacer vibrar ▸ *vt* (*Tech*) someter a vibraciones
vibreur [vibʀœʀ] *nm* (*de téléphone portable*) vibrador *m* ▸ *adj* : **mode ~** modo vibrador
vibromasseur [vibʀomasœʀ] *nm* vibrador *m*
vicaire [vikɛʀ] *nm* vicario
vice [vis] *nm* vicio; **~ de fabrication/construction** defecto de fabricación/construcción; **~ caché** (*Comm*) vicio oculto; **~ de forme** (*Jur*) defecto de forma

V

vice... [vis] *préf* vice...
vice-consul [viskɔ̃syl] (*pl* **vice-consuls**) *nm* vicecónsul *m*
vice-présidence [vispʀezidɑ̃s] (*pl* **vice-présidences**) *nf* vicepresidencia
vice-président, e [vispʀezidɑ̃, ɑ̃t] (*pl* **vice-présidents, -es**) *nm/f* vicepresidente(-a)
vice-roi [visʀwa] (*pl* **vice-rois**) *nm* virrey *m*
vice-versa [viseveʀsa] *adv* viceversa
vichy [viʃi] *nm* vichy *m*
vichyssois, e [viʃiswa, waz] *adj* de Vichy ▸ *nm/f* : **Vichyssois, e** nativo(-a) *ou* habitante *mf* de Vichy
vichyssoise [viʃiswaz] *nf* (*Culin*) vichyssoise *f*
vicié, e [visje] *adj* viciado(-a); (*goût*) estropeado(-a)
vicier [visje] *vt* (*Jur*) viciar
vicieux, -euse [visjø, jøz] *adj* vicioso(-a)
vicinal, e, -aux [visinal, o] *adj* vecinal; **chemin ~** camino vecinal
vicissitudes [visisityd] *nfpl* vicisitudes *fpl*
vicomte [vikɔ̃t] *nm* vizconde *m*
vicomtesse [vikɔ̃tɛs] *nf* vizcondesa
victime [viktim] *nf* víctima; **être (la) ~ de** ser (la) víctima de; **être ~ d'une attaque/d'un accident** ser víctima de un ataque/de un accidente
victimisation [viktimizasjɔ̃] *nf* victimización *f*
victimiser [viktimize] *vt* victimizar
victoire [viktwaʀ] *nf* victoria, triunfo
victorieusement [viktɔʀjøzmɑ̃] *adv* victoriosamente
victorieux, -euse [viktɔʀjø, jøz] *adj* victorioso(-a)
victuailles [viktɥaj] *nfpl* vitualla
vidange [vidɑ̃ʒ] *nf* (*d'un fossé, réservoir*) vaciado; (*Auto*) cambio de aceite; (*de lavabo*) desagüe *m*; **faire la ~** (*Auto*) cambiar el aceite; **tuyau de ~** tubo de desagüe
vidanger [vidɑ̃ʒe] *vt* vaciar; **faire ~ la voiture** cambiar el aceite del coche
vidangeur [vidɑ̃ʒœʀ] *nm* pocero
vide [vid] *adj* vacío(-a); **~ de** desprovisto(-a) de ▸ *nm* vacío; (*futilité, néant*) nada; **sous ~** al vacío; **emballé sous ~** envasado al vacío; **à ~** (*sans occupants*) desocupado(-a); (*sans charge*) vacante; (*Tech*) en falso; **regarder dans le ~** mirar al vacío; **avoir peur du ~** tener miedo del vacío; **parler dans le ~** hablar en el aire; **faire le ~** hacer el vacío; **faire le ~ autour de qn** hacer el vacío a algn
vidé, e [vide] *adj* agotado(-a)
vidéaste [videast] *nmf* videasta *mf*
vidéo [video] *nf* vídeo, video (*AM*); **~ inverse** (*Inform*) vídeo *ou* video (*AM*) inverso ▸ *adj inv* vídeo, video (*AM*)
vidéocassette [videokasɛt] *nf* videocas(s)et(t)e *m*
vidéoclip [videoklip] *nm* videoclip *m*
vidéoclub [videoklœb] *nm* videoclub *m*
vidéoconférence [videokɔ̃feʀɑ̃s] *nf* videoconferencia
vidéodisque [videodisk] *nm* videodisco
vidéoprojecteur [videopʀɔʒɛktœʀ] *nm* videoproyector *m*
vidéoprojection [videopʀɔtɛksjɔ̃] *nf* videoproyección *m*
vide-ordures [vidɔʀdyʀ] *nm inv* vertedero de basuras
vidéosurveillance [videosyʀvɛjɑ̃s] *nf* videovigilancia
vidéotex® [videɔtɛks] *nm* videotex® *m*
vidéothèque [videɔtɛk] *nf* videoteca
vide-poche [vidpɔʃ] (*pl* **vide-poches**) *nm* *bandeja para poner lo que se lleva en los bolsillos*; (*Auto*) guantera
vide-pomme [vidpɔm] *nm* *utensilio para vaciar las manzanas*
vider [vide] *vt* vaciar; (*lieu*) desalojar; (*bouteille, verre*) beber; (*volaille, poisson*) limpiar; (*querelle*) liquidar; (*fatiguer*) agotar; (*fam*) echar; **~ les lieux** desalojar el local; **se vider** *vpr* vaciarse
videur [vidœʀ] *nm* matón *m*
vie [vi] *nf* vida; (*animation*) vitalidad *f*; **être en ~** estar vivo(-a); **sans ~** sin vida; **à ~** para toda la vida, vitalicio(-a); **élu/membre à ~** elegido/miembro vitalicio; **dans la ~ courante** en la vida real; **avoir la ~ dure** tener siete vidas; **mener la ~ dure à qn** hacerle la vida imposible a algn
vieil [vjɛj] *adj m voir* **vieux**; **~ or** *adj inv* oro viejo *inv*
vieillard [vjɛjaʀ] *nm* anciano; **les vieillards** los ancianos
vieille [vjɛj] *adj f voir* **vieux**; **~ fille** solterona
vieilleries [vjɛjʀi] *nfpl* antiguallas *fpl*
vieillesse [vjɛjɛs] *nf* vejez *f*; **la ~** (*vieillards*) los ancianos
vieilli, e [vjeji] *adj* (*marqué*) envejecido(-a); (*suranné*) anticuado(-a)
vieillir [vjejiʀ] *vi* envejecer; (*se flétrir*) avejentarse; (*institutions, doctrine*) anticuarse; (*vin*) hacerse añejo(-a); **il a beaucoup vieilli** ha envejecido mucho ▸ *vt* avejentar; (*attribuer un âge plus avancé*) envejecer; **se vieillir** *vpr* avejentarse
vieillissement [vjejismɑ̃] *nm* envejecimiento
vieillot, te [vjɛjo, ɔt] *adj* de aspecto viejo
vielle [vjɛl] *nf* (*Mus*) zanfonía
viendrai *etc* [vjɛ̃dʀe] *vb voir* **venir**
Vienne [vjɛn] *n* Viena
vienne *etc* [vjɛn] *vb voir* **venir**
viennois, e [vjenwa, waz] *adj* vienés(-esa) ▸ *nm/f* : **Viennois, e** vienés(-esa)
viennoiseries [vjɛnwazʀi] *nfpl* bollería *sg*
viens *etc* [vjɛ̃] *vb voir* **venir**
vierge [vjɛʀʒ] *adj* virgen; (*page*) en blanco; **être V~** ser Virgo; **~ de** sin ▸ *nf* virgen *f*; (*Astrol*) : **la V~** Virgo

Viêt-Nam, Vietnam [vjɛtnam] *nm* Vietnam *m*; **~ du Nord/du Sud** Vietnam del Norte/del Sur
vietnamien, ne [vjɛtnamjɛ̃, jɛn] *adj* vietnamita ▸ *nm* (*Ling*) vietnamita *m* ▸ *nm/f*: **Vietnamien, ne** vietnamita *mf*
vieux, vieille [vjø, vjɛj] (*devant nm commençant par voyelle ou h muet* **vieil**) *adj* viejo(-a); (*ancien*) antiguo(-a); **se faire ~** hacerse viejo(-a); **~ garçon** solterón; **~ jeu** *adj inv* chapado(-a) a la antigua; **~ rose** *adj inv* rosa asalmonado *inv* ▸ *nm*: **le ~ et le neuf** lo antiguo y lo nuevo; **un ~ de la vieille** (*fam*) un viejo experimentado; **prendre un coup de ~** envejecer de repente ▸ *nm/f* viejo(-a), anciano(-a); **un petit ~** un viejecito; **mon ~/ma vieille** (*fam*) tío/tía (*fam*); **mon pauvre ~** pobrecito ▸ *nmpl*: **les ~** los viejos

Pour parler d'une personne âgée, on préfèrera *anciano(-a)* ou *mayor* à *viejo(-a)*, qui est moins poli :
Ma voisine est une vieille dame. Mi vecina es una mujer mayor.

vif, vive [vif, viv] *adj* vivo(-a); (*alerte*) espabilado(-a); (*emporté*) impulsivo(-a); (*air*) tonificante; (*vent, froid*) cortante; (*émotion*) fuerte; (*déception, intérêt*) profundo(-a); **brûlé ~** quemado vivo; **eau vive** agua viva; **source vive** manantial *m*; **de vive voix** de viva voz; **toucher** *ou* **piquer qn au ~** dar a algn en el punto débil; **tailler** *ou* **couper dans le ~** cortar por lo sano; **à ~** en carne viva; **avoir les nerfs à ~** tener los nervios de punta; **sur le ~** (*Art*) del natural; **entrer dans le ~ du sujet** entrar en el meollo de la cuestión
vif-argent [vifaʀʒɑ̃] *nm* azogue *m*
vigie [viʒi] *nf* (*Naut : surveillance*) vigilancia; (*personne*) vigía *m*; (*poste*) vigía
vigilance [viʒilɑ̃s] *nf* vigilancia
vigilant, e [viʒilɑ̃, ɑ̃t] *adj* vigilante
vigile [viʒil] *nm* (*veilleur de nuit*) vigilante *m*; (*police privée*) guarda *m* jurado
vigne [viɲ] *nf* (*plante*) vid *f*; (*plantation*) viña; **~ vierge** viña loca
vigneron, ne [viɲ(ə)ʀɔ̃, ɔn] *nm/f* viticultor(a)
vignette [viɲɛt] *nf* viñeta; (*Auto*) pegatina; (*sur médicament*) resguardo de precio
vignoble [viɲɔbl] *nm* viñedo; (*vignes d'une région*) viñedos *mpl*
vigoureusement [viguʀøzmɑ̃] *adv* enérgicamente; (*exprimer*) con expresividad
vigoureux, -euse [viguʀø, øz] *adj* vigoroso(-a)
vigueur [vigœʀ] *nf* vigor *m*; (*Jur*) : **être/entrer en ~** estar/entrar en vigor; **en ~** vigente
vil, e [vil] *adj* vil; **à ~ prix** a bajo precio
vilain, e [vilɛ̃, ɛn] *adj* (*laid*) feo(-a); (*affaire, blessure*) malo(-a); (*enfant*) malo(-a); **~ mot** palabrota ▸ *nm* (*paysan*) villano; **ça va faire du/tourner au ~** esto va a ponerse feo
vilainement [vilɛnmɑ̃] *adv* feamente
vilebrequin [vilbʀəkɛ̃] *nm* berbiquí *m*; (*Auto*) cigüeñal *m*
vilenie [vil(ə)ni] *nf* villanía
vilipender [vilipɑ̃de] *vt* vilipendiar
villa [villa] *nf* villa, chalet *m*
village [vilaʒ] *nm* pueblo; (*aussi* : **petit village**) aldea; **~ de toile** campamento; **~ de vacances** ciudad *f* de vacaciones
villageois, e [vilaʒwa, waz] *adj, nm/f* lugareño(-a); (*d'un petit village*) aldeano(-a)
ville [vil] *nf* ciudad *f*, villa, municipio; **habiter en ~** vivir en la ciudad; **aller en ~** ir a la ciudad; **~ nouvelle** ciudad nueva
ville-champignon [vilʃɑ̃piɲɔ̃] (*pl* **villes-champignons**) *nf* ciudad *f* de generación espontánea
ville-dortoir [vildɔʀtwaʀ] (*pl* **villes-dortoirs**) *nf* ciudad *f* dormitorio
villégiateur [vi(l)leʒjatœʀ] *nm* veraneante *m*
villégiature [vi(l)leʒjatyʀ] *nf* veraneo; (*lieu*) lugar *m* de veraneo
vin [vɛ̃] *nm* vino; (*liqueur*) licor *m*; **il a le ~ gai/triste** la bebida le pone alegre/triste; **~ blanc/rosé/rouge** vino blanco/rosado/tinto; **~ d'honneur** vino de honor; **~ de messe** vino de misa; **~ de pays/de table** vino del país/de mesa; **~ nouveau/ordinaire** vino nuevo/corriente
vinaigre [vinɛgʀ] *nm* vinagre *m*; **tourner au ~** (*fig*) aguarse; **~ d'alcool/de vin** vinagre de alcohol/de vino
vinaigrette [vinɛgʀɛt] *nf* vinagreta
vinaigrier [vinɛgʀije] *nm* (*fabricant*) vinagrero; (*flacon*) vinagrera
vinasse [vinas] (*péj*) *nf* vino peleón
vindicatif, -ive [vɛ̃dikatif, iv] *adj* vindicativo(-a)
vindicte [vɛ̃dikt] *nf* : **désigner qn/s'exposer à la ~ publique** exponer a algn/exponerse a la venganza pública
vineux, -euse [vinø, øz] *adj* vinoso(-a)
vingt [vɛ̃] *adj inv, nm inv* veinte *m inv*; **~-quatre heures sur ~-quatre** las veinticuatro horas del día; *voir aussi* **cinq**
vingtaine [vɛ̃tɛn] *nf* : **une ~ (de)** unos veinte
vingtième [vɛ̃tjɛm] *adj, nmf* vigésimo(-a); **le ~ siècle** el siglo veinte ▸ *nm* (*partitif*) veinteavo; *voir aussi* **cinquantième**
vinicole [vinikɔl] *adj* vinícola
vinification [vinifikasjɔ̃] *nf* vinificación *f*
vinifier [vinifje] *vt* vinificar
vins *etc* [vɛ̃] *vb voir* **venir**
vinyle [vinil] *nm* vinilo
viol [vjɔl] *nm* violación *f*
violacé, e [vjɔlase] *adj* violáceo(-a)
violation [vjɔlasjɔ̃] *nf* violación *f*; **~ de sépulture** (*Jur*) violación de sepultura
violemment [vjɔlamɑ̃] *adv* violentamente

V

violence [vjɔlɑ̃s] *nf* violencia; **la ~** la violencia; **faire ~ à qn** violentar a algn; **se faire ~** contenerse; **violences** *nfpl* (*actes*) agresiones *fpl*
violent, e [vjɔlɑ̃, ɑ̃t] *adj* violento(-a); (*besoin, désir*) imperante
violenter [vjɔlɑ̃te] *vt* violentar
violer [vjɔle] *vt* violar
violet, te [vjɔlɛ, ɛt] *adj, nm* violeta *m*
violette [vjɔlɛt] *nf* violeta
violeur [vjɔlœʀ] *nm* violador *m*
violine [vjɔlin] *nf* alcalí *m* de violeta
violon [vjɔlɔ̃] *nm* violín *m*; (*fam : prison*) chirona (*fam*); **premier ~** (*Mus*) primer violín; **~ d'Ingres** pasatiempo favorito
violoncelle [vjɔlɔ̃sɛl] *nm* violoncelo, violonchelo
violoncelliste [vjɔlɔ̃selist] *nmf* violonchelista *mf*, violoncelista *mf*
violoniste [vjɔlɔnist] *nmf* violinista *mf*
VIP [veipe] *sigle m* (= *Very Important Person*) VIP *m*
vipère [vipɛʀ] *nf* víbora
virage [viʀaʒ] *nm* (*d'un véhicule*) giro; (*d'une route, piste*) curva; (*Chim, Photo*) virado; **prendre un ~** tomar una curva; **~ sans visibilité** (*Auto*) curva sin visibilidad; **~ sur l'aile** (*Aviat*) viraje *m* sobre el ala
virago [viʀago] (*péj*) *nf* marimacho
viral, e, -aux [viʀal, o] *adj* vírico(-a)
virée [viʀe] *nf* vuelta
virelangue [viʀlɑ̃g] *nm* trabalenguas *m inv*
virement [viʀmɑ̃] *nm* (*Comm*) transferencia; **~ bancaire/postal** giro bancario/postal
virent [viʀ] *vb voir* **voir**
virer [viʀe] *vt* (*Comm : somme*) hacer una transferencia de; (*fam*) echar; (*Photo*) virar ▸ *vi* virar; (*Méd : cuti-réaction*) volverse positivo(-a); **~ au bleu/rouge** pasar al azul/rojo; **~ de bord** (*Naut*) virar de bordo; **~ sur l'aile** (*Aviat*) virar sobre el ala
virevolte [viʀvɔlt] *nf* pirueta; (*changement complet*) giro; (*d'avis, d'opinion*) cambio
virevolter [viʀvɔlte] *vi* dar vueltas; (*aller en tous sens*) ir de aquí para allá
virginal, e, -aux [viʀʒinal, o] *adj* virginal
virginité [viʀʒinite] *nf* virginidad *f*
virgule [viʀgyl] *nf* coma; **quatre ~ deux** (*Math*) cuatro coma dos; **~ flottante** decimal *f* flotante
viril, e [viʀil] *adj* viril; (*énergique, courageux*) viril, varonil
viriliser [viʀilize] *vt* virilizar
virilité [viʀilite] *nf* virilidad *f*
virologie [viʀɔlɔʒi] *nf* virología
virologiste [viʀɔlɔʒist] *nmf* virologista *mf*
virtualité [viʀtɥalite] *nf* virtualidad *f*
virtuel, le [viʀtɥɛl] *adj* virtual
virtuellement [viʀtɥɛlmɑ̃] *adv* virtualmente; (*presque*) prácticamente
virtuose [viʀtɥoz] *adj, nmf* virtuoso(-a)
virtuosité [viʀtɥozite] *nf* virtuosismo; **exercices de ~** (*Mus*) ejercicios *mpl* de virtuosismo
virulence [viʀylɑ̃s] *nf* virulencia
virulent, e [viʀylɑ̃, ɑ̃t] *adj* virulento(-a)
virus [viʀys] *nm* virus *m inv*
vis [vi] *vb voir* **voir**; **vivre** ▸ *nf* [vis] tornillo; **~ à tête plate/ronde** tornillo de cabeza chata/redonda; **~ platinées** (*Auto*) platinos *mpl*; **~ sans fin** tornillo sin fin
visa [viza] *nm* visa, visado; **~ de censure** (*Ciné*) visado de censura
visage [vizaʒ] *nm* cara, rostro; (*fig : aspect*) cara; **à ~ découvert** a cara descubierta
visagiste [vizaʒist] *nmf* estilista *mf* facial
vis-à-vis [vizavi] *adv* enfrente de, frente a; **~ de** frente a, enfrente de; (*à l'égard de*) con respecto a; (*en comparaison de*) en comparación con ▸ *nm inv* (*personne*) persona de enfrente; (*chose*) : **nous avons la poste pour ~** nuestra casa está enfrente de Correos; **en ~** frente a frente, cara a cara; **sans ~** (*immeuble*) protegido(-a) de las vistas
viscéral, e, -aux [viseʀal, o] *adj* visceral
viscéralement [viseʀalmɑ̃] *adv* visceralmente
viscères [visɛʀ] *nmpl* vísceras *fpl*
viscose [viskoz] *nf* viscosa
viscosité [viskozite] *nf* viscosidad *f*
visée [vize] *nf* (*avec une arme*) puntería; (*arpentage*) mira; **visées** *nfpl* (*intentions*) objetivos *mpl*; **avoir des visées sur qch/qn** hacer proyectos sobre algo/algn
viser [vize] *vi* apuntar; **~ à qch/faire qch** pretender algo/hacer algo ▸ *vt* apuntar; (*carrière etc*) aspirar a; (*concerner*) atañer a; (*apposer un visa sur*) visar
viseur [vizœʀ] *nm* (*d'arme*) mira; (*Photo*) visor *m*
visibilité [vizibilite] *nf* visibilidad *f*; **bonne/mauvaise ~** buena/mala visibilidad; **sans ~** sin visibilidad
visible [vizibl] *adj* visible; (*évident*) evidente; (*disponible*) : **est-il ~ ?** ¿está para recibir?
visiblement [viziblәmɑ̃] *adv* visiblemente
visière [vizjɛʀ] *nf* visera; **mettre sa main en ~** hacer visera con la mano
visioconférence [vizjokɔ̃feʀɑ̃s] *nf* videoconferencia
vision [vizjɔ̃] *nf* visión *f*; (*conception*) idea; **en première ~** (*Ciné*) en estreno
visionnage [vizjɔnaʒ] *nm* visionado
visionnaire [vizjɔnɛʀ] *adj, nmf* visionario(-a)
visionner [vizjɔne] *vt* visionar; (*Photo*) ver, visualizar
visionneuse [vizjɔnøz] *nf* visionador *m*
visite [vizit] *nf* visita; (*expertise, d'inspection*) inspección *f*; **la ~** (*Méd*) la consulta; (*Mil*) la revisión; **faire une ~ à qn** hacer una visita a algn; **rendre ~ à qn** visitar a algn; **être en ~**

(chez qn) estar de visita (en casa de algn); **heures de ~** horas *fpl* de visita; **le droit de ~** (*Jur*) el derecho de visita; **~ de douane** inspección de aduana; **~ domiciliaire** visita domiciliaria; **~ médicale** revisión médica
visiter [vizite] *vt* visitar
visiteur, -euse [vizitœʀ, øz] *nm/f* (*touriste*) visitante *mf*; (*chez qn*) : **avoir un ~** tener visita; **~ de prison** (*Admin*) *voluntario que visita presos*; **~ des douanes** inspector(a) de aduanas; **~ médical(e)** visitador(a) médico(-a)
vison [vizɔ̃] *nm* visón *m*
visqueux, -euse [viskø, øz] *adj* viscoso(-a); (*manières*) repulsivo(-a)
vissage [visaʒ] *nm* atornillado
visser [vise] *vt* atornillar; (*serrer : couvercle*) enroscar
visu [vizy] : **de ~** *adv* en persona
visualisation [vizɥalizasjɔ̃] *nf* (*aussi Inform*) visualización *f*; **écran de ~** pantalla de visualización
visualiser [vizɥalize] *vt* (*aussi Inform*) visualizar
visuel, le [vizɥɛl] *adj* visual ▸ *nm* (*Inform*) unidad *f* de despliegue visual
visuellement [vizɥɛlmɑ̃] *adv* visualmente
vit [vi] *vb voir* **voir** ; **vivre**
vital, e, -aux [vital, o] *adj* vital
vitalité [vitalite] *nf* vitalidad *f*; (*d'une tradition*) vigencia
vitamine [vitamin] *nf* vitamina
vitaminé, e [vitamine] *adj* vitaminado(-a)
vitaminique [vitaminik] *adj* vitamínico(-a)
vite [vit] *adv* rápidamente, de prisa; (*sans délai*) pronto; **faire ~** darse prisa; **ce sera ~ fini** pronto estará terminado; **viens ~ !** ¡corre!
vitesse [vitɛs] *nf* (*d'un véhicule, corps, fluide*) velocidad *f*; (*Auto*) : **les vitesses** las marchas; **prendre qn de ~** ganar a algn por la mano; **faire de la ~** ir a mucha velocidad; **prendre de la ~** coger velocidad; **à toute ~** a toda marcha; **en perte de ~** (*avion*) perdiendo velocidad; (*fig*) perdiendo fuerza; **changer de ~** (*Auto*) cambiar de marcha; **en première/deuxième ~** (*Auto*) en primera/en segunda; **~ acquise** velocidad adquirida; **~ de croisière** velocidad de crucero; **~ de pointe** máximo de velocidad; **~ du son** velocidad del sonido
viticole [vitikɔl] *adj* vitícola
viticulteur, -trice [vitikyltœʀ, tʀis] *nm/f* viticultor(a)
viticulture [vitikyltyʀ] *nf* viticultura
vitrage [vitʀaʒ] *nm* vidriera; (*rideau*) visillo; **double ~** doble acristalamiento; **des fenêtres (à) double ~** ventanas con doble acristalamiento
vitrail, -aux [vitʀaj, o] *nm* vidriera; (*technique*) fabricación *f* de vidrieras
vitre [vitʀ] *nf* vidrio, cristal *m*; (*d'une portière, voiture*) cristal
vitré, e [vitʀe] *adj* acristalado(-a); **porte vitrée** puerta vidriera *ou* acristalada
vitrer [vitʀe] *vt* poner cristales en
vitreux, -euse [vitʀø, øz] *adj* (*Anat*) vidrioso(-a); (*Géo*) vítreo(-a)
vitrier [vitʀije] *nm* vidriero
vitrification [vitʀifikasjɔ̃] *nf* vitrificación *f*; (*destruction*) destrucción *f*
vitrifier [vitʀifje] *vt* vitrificar; (*détruire*) destruir
vitrine [vitʀin] *nf* escaparate *m*, vidriera (*Am*); (*petite armoire*) vitrina; **mettre un produit en ~** poner un producto en el escaparate; **~ publicitaire** panel *m* publicitario
vitriol [vitʀijɔl] *nm* vitriolo; **critique au ~** crítica virulenta
vitupérations [vitypeʀasjɔ̃] *nfpl* vituperios *mpl*
vitupérer [vitypeʀe] *vi* vituperar; **~ contre qch/qn** despotricar contra algo/algn
vivable [vivabl] *adj* soportable
vivace [vivatʃe] *adj* (*Bot : plante*) vivaz; (*haine*) tenaz ▸ *adv* (*Mus*) vivace
vivacité [vivasite] *nf* vivacidad *f*
vivant, e [vivɑ̃, ɑ̃t] *vb voir* **vivre** ▸ *adj* viviente; (*animé*) vivo(-a) ▸ *nm* : **du ~ de qn** en vida de algn; **les vivants et les morts** los vivos y los muertos
vivarium [vivaʀjɔm] *nm* vivero
vivats [viva] *nmpl* vivas *mpl*
vive [viv] *adj f voir* **vif** ▸ *vb voir* **vivre** ▸ *excl* : **~ le roi/la république !** ¡viva el rey/la república!; **~ les vacances !** ¡vivan las vacaciones!; **~ la liberté !** ¡viva la libertad!
vivement [vivmɑ̃] *adv* vivamente ▸ *excl* : **~ qu'il s'en aille !** ¡que se vaya pronto!; **~ les vacances !** ¡que lleguen ya las vacaciones!
viveur [vivœʀ] (*péj*) *nm* vividor *m*
vivier [vivje] *nm* vivero; (*étang*) criadero
vivifiant, e [vivifjɑ̃, jɑ̃t] *adj* vivificante
vivifier [vivifje] *vt* vivificar; (*souvenirs, sentiments*) avivar
vivions [vivjɔ̃] *vb voir* **vivre**
vivipare [vivipaʀ] *adj* vivíparo(-a)
vivisection [vivisɛksjɔ̃] *nf* vivisección *f*
vivoter [vivɔte] *vi* ir tirando
vivre [vivʀ] *vi* vivir; (*souvenir*) subsistir; **la victime vit encore** la víctima sigue viva; **savoir ~** saber vivir; **se laisser ~** dejarse estar; **ne plus ~** no poder vivir; **apprendre à ~ à qn** meter a algn en cintura; **il a vécu** ha vivido mucho; **cette mode/ce régime a vécu** esta moda/este régimen ha muerto; **faire ~ qn** mantener a algn; **~ bien/mal** vivir bien/mal; **~ de** vivir de ▸ *vt* vivir; **il est facile/difficile à ~** tiene buen/mal carácter; **vivres** *nmpl* (*provisions*) víveres *mpl*
vivrier, -ière [vivʀije, jɛʀ] *adj* : **cultures vivrières** huertas *fpl*
vlan [vlɑ̃] *excl* ¡pum!
VO [veo] *sigle f* (= *version originale*) V.O. (= *versión original*)

V

vocable [vɔkabl] *nm* vocablo
vocabulaire [vɔkabylɛʀ] *nm* vocabulario
vocal, e, -aux [vɔkal, o] *adj* (*organes*) vocal; (*technique*) oral
vocalique [vɔkalik] *adj* vocálico(-a)
vocalise [vɔkaliz] *nf* vocalización *f*; **faire des vocalises** hacer ejercicios de vocalización
vocaliser [vɔkalize] *vi* vocalizar
vocaliste [vɔkalist] *nmf* vocalista *mf*
vocation [vɔkasjɔ̃] *nf* vocación *f*; **avoir la ~** tener vocación
vociférations [vɔsifeʀasjɔ̃] *nfpl* vociferaciones *fpl*
vociférer [vɔsifeʀe] *vt, vi* vociferar
vodka [vɔdka] *nf* vodka *m*
vœu, x [vø] *nm* deseo; (*à Dieu*) voto; **faire ~ de** hacer voto de; **avec nos meilleurs vœux** muchas felicidades; **vœux de bonheur/de bonne année** deseos *mpl* de felicidad/ felicitaciones *fpl* de año nuevo
vogue [vɔg] *nf* moda; **en ~** en boga
voguer [vɔge] *vi* remar
voici [vwasi] *prép* aquí está; **en ~ un** aquí hay *ou* está uno; **et ~ que …** y entonces …; **me ~** aquí estoy; **« ~ »** (*en offrant qch*) « aquí tiene »; **~ deux ans** hace dos años; **il est parti ~ trois ans** se fue hace tres años; **~ une semaine que je l'ai vue** hace una semana que la vi
voie¹ [vwa] *vb voir* **voir**
voie² [vwa] *nf* vía; (*Auto*) carril *m*; **par ~ buccale** *ou* **orale/rectale** por vía oral/rectal; **suivre la ~ hiérarchique** (*Admin*) seguir los medios oficiales; **ouvrir/montrer la ~** abrir/mostrar el camino; **être en bonne ~** estar en el buen camino; **mettre qn sur la ~** encaminar a algn; **être en ~ d'achèvement/de rénovation** estar en vías de acabar/de renovar; **route à deux/trois voies** carretera de dos/tres carriles; **par la ~ aérienne/maritime** por vía aérea/ marítima; **par ~ ferrée** por vía férrea, por ferrocarril; **~ à sens unique** vía de dirección única; **~ d'eau** vía navegable; (*entrée d'eau*) vía de agua; **~ de fait** (*Jur*) vía de hecho; **~ de garage** (*aussi fig*) vía muerta; **~ express** vía urgente; **~ ferrée/navigable** vía férrea/ navegable; **~ lactée** vía láctea; **~ prioritaire** (*Auto*) carril prioritario; **~ privée** camino privado; **~ publique** vía pública
voilà [vwala] *prép* he ahí, ahí está; **les ~** ahí están; **en ~ un** ahí hay *ou* está uno; **~ deux ans** hace dos años; **~ deux ans que …** hace dos años que …; **et ~ !** ¡eso es todo!, ¡ya está!; **~ tout** eso es todo; **« ~ »** (*en offrant qch*) « aquí tiene »
voilage [vwalaʒ] *nm* (*rideau*) visillo; (*tissu*) *adorno transparente en un vestido*
voile [vwal] *nm* velo; (*qui dissimule une ouverture etc*) cortina; (*Photo*) veladura; **prendre le ~** (*Rel*) tomar el velo; **~ au poumon** *nm* (*Méd*) mancha en el pulmón; **~ du palais** *nm* (*Anat*) velo del paladar ▸ *nf* vela; **la ~** (*Sport*) la vela; **mettre à la ~** (*Naut*) hacerse a la vela
voiler [vwale] *vt* poner las velas a; (*fig*) velar, ocultar; (*Photo*) velar; (*fausser : roue*) alabear; (*: bois*) combar; **se voiler** *vpr* (*lune*) ocultarse; (*regard*) apagarse; (*ciel*) cubrirse; (*Tech*) combarse; **se ~ la face** (*fig*) ponerse una venda en los ojos
voilette [vwalɛt] *nf* velo
voilier [vwalje] *nm* velero
voilure [vwalyʀ] *nf* (*d'un voilier*) velamen *m*; (*d'un avion*) planos *mpl* sustentadores; (*d'un parachute*) tela de paracaídas
voir [vwaʀ] *vi* ver; (*comprendre*) : **je vois** comprendo; **~ loin/venir** ver lejos/venir; **regardez ~** mire; **montrez ~** déjeme ver; **dites ~** diga, explíquese; **voyons !** ¡vamos!; **c'est à ~ !** ¡habrá que verlo!; **c'est à vous de ~** usted verá; **c'est ce qu'on va ~** eso habrá que verlo ▸ *vt* ver; (*considérer*) considerar; (*constater*) : **~ que/comme** ver que/como; **faire ~ qch à qn** enseñar algo a algn; **vois comme il est beau !** ¡mira lo bonito que es!; **en faire ~ à qn** (*fam*) enseñar a algn lo que es bueno; **ne pas pouvoir ~ qn** no poder ver a algn; **avoir quelque chose à ~ avec** tener algo que ver con; **cela n'a rien à ~ avec lui** esto no tiene nada que ver con él; **~ à faire qch** (*veiller à*) asegurarse de hacer algo; **se voir** *vpr* : **se ~ critiquer** verse criticado(-a); **cela se voit** se nota
voire [vwaʀ] *adv* incluso
voirie [vwaʀi] *nf* (*entretien des voies*) servicio de vías y obras; (*administration*) servicio de vías públicas; (*enlèvement des ordures*) servicio de recogida de basuras
vois *etc* [vwa] *vb voir* **voir**
voisin, e [vwazɛ̃, in] *adj* cercano(-a), próximo(-a); (*contigu*) vecino(-a), próximo(-a); (*ressemblant*) parecido(-a), vecino(-a) ▸ *nm/f* vecino(-a); (*de table etc*) compañero(-a); **nos voisins les Anglais** nuestros vecinos ingleses; **~ de palier** vecino(-a) de enfrente
voisinage [vwazinaʒ] *nm* vecindad *f*, proximidad *f*; (*environs*) vecindad, cercanía; (*quartier, voisins*) vecindad; **relations de bon ~** relaciones *fpl* de buena vecindad
voisiner [vwazine] *vi* : **~ avec qn/qch** ser vecino(-a) de algn/algo, estar cerca de algn/algo
voit [vwa] *vb voir* **voir**
voiture [vwatyʀ] *nf* coche *m*, auto (*surtout* Am), carro (Am); **en ~ !** (*Rail*) ¡al tren!; **~ à bras** carro con varales; **~ d'enfant** cochecito de niño; **~ d'infirme** coche de inválido; **~ de sport** coche deportivo
voiture-lit [vwatyʀli] (*pl* **voitures-lits**) *nf* (*Rail*) coche-cama *m*
voiture-restaurant [vwatyʀʀɛstɔʀɑ̃] (*pl* **voitures-restaurants**) *nf* (*Rail*) vagón *m* restaurante

voix [vwa] *nf* voz *f*; (*Pol*) voto; ~ **passive/active** (*Ling*) voz pasiva/activa; **la ~ de la conscience/raison** la voz de la conciencia/razón; **à haute ~** en voz alta; **à ~ basse** en voz baja; **faire la grosse ~** sacar el vozarrón; **avoir de la ~** tener voz; **rester sans ~** quedarse sin voz; **à deux/quatre ~** (*Mus*) a dos/cuatro voces; **avoir/ne pas avoir ~ au chapitre** tener/no tener voz ni voto; **mettre aux ~** poner a votación; **~ de basse/de ténor** voz de bajo/de tenor
vol [vɔl] *nm* vuelo; (*mode d'appropriation*) robo; (*larcin*) hurto; **un ~ de perdrix** una bandada de perdices; **à ~ d'oiseau** a vuelo de pájaro; **au ~ : attraper qch au ~** coger algo al vuelo; **saisir une remarque au ~** coger una advertencia al vuelo; **prendre son ~** levantar el vuelo; **de haut ~** de altos vuelos; **en ~** en vuelo; **~ à l'étalage** hurto en las tiendas; **~ à la tire** tirón *m* (de bolsa); **~ à main armée** robo *ou* atraco a mano armada; **~ à voile** vuelo a vela; **~ avec effraction** robo con infracción; **~ de nuit** vuelo nocturno; **~ en palier** (*Aviat*) vuelo horizontal; **~ libre/sur aile delta** (*Sport*) vuelo libre/en ala delta; **~ plané** (*Aviat*) vuelo planeado; **~ qualifié/simple** (*Jur*) hurto agravado/simple
vol. *abr* (= *volume*) vol. (= *volumen*)
volage [vɔlaʒ] *adj* voluble
volaille [vɔlɑj] *nf* (*oiseaux*) aves *fpl* de corral; (*viande, oiseau*) ave *f*
volailler [vɔlaje] *nm* vendedor *m* de aves
volant, e [vɔlɑ̃, ɑ̃t] *adj* volante, volador(a); **le personnel ~, les volants** (*Aviat*) la tripulación ▸ *nm* volante *m*; (*feuillet détachable*) talón *m*; **~ de sécurité** margen *m* de seguridad
volatil, e [vɔlatil] *adj* volátil
volatile [vɔlatil] *nm* volátil *m*
volatiliser [vɔlatilize] : **se volatiliser** *vpr* (*Chim*) volatilizarse; (*fig*) esfumarse
volatilité [vɔlatilite] *nf* volatilidad *f*
vol-au-vent [vɔlovɑ̃] (*pl* **vol(s)-au-vent**) *nm* volován *m*
volcan [vɔlkɑ̃] *nm* volcán *m*
volcanique [vɔlkanik] *adj* volcánico(-a)
volcanologie [vɔlkanɔlɔʒi] *nf* vulcanología
volcanologue [vɔlkanɔlɔg] *nmf* vulcanólogo(-a)
volée [vɔle] *nf* (*d'oiseaux*) bandada; (*Tennis*) voleo; **rattraper qch à la ~** coger algo al vuelo; **lancer/semer à la ~** lanzar/sembrar al voleo; **à toute ~** (*sonner les cloches*) al vuelo; (*lancer un projectile*) al voleo; **de haute ~** (*de haut rang*) de alto rango; (*de grande envergure*) de altos vuelos; **~ (de coups)** paliza; **~ de flèches** lluvia de flechas; **~ d'obus** descarga de obuses
voler [vɔle] *vi* volar; (*voleur*) robar, hurtar; **~ en éclats** volar en mil pedazos; **~ de ses propres ailes** volar con sus propias alas, valerse por sí mismo(-a); **~ au vent** flotar al viento ▸ *vt* (*objet*) robar; (*idée*) apropiarse de; **~ qch à qn** robar algo a algn
volet [vɔlɛ] *nm* (*de fenêtre*) postigo; (*Aviat*) flap *m*; (*de feuillet*) hoja; (*d'un plan*) aspecto; **trié sur le ~** muy escogido(-a); **~ de freinage** (*Aviat*) tren *m* de frenado
voleter [vɔl(ə)te] *vi* revolotear
voleur, -euse [vɔlœʀ, øz] *adj, nm/f* ladrón(-ona)
volière [vɔljɛʀ] *nf* pajarera
volley-ball [vɔlɛbol] (*pl* **volley-balls**), **volley** [vɔlɛ] *nm* balonvolea *m*
volleyer [vɔleje] *vt* (*Tennis*) volear
volleyeur, -euse [vɔlɛjœʀ, øz] *nm/f* jugador(a) de balonvolea
volontaire [vɔlɔ̃tɛʀ] *adj* voluntario(-a); (*délibéré*) deliberado(-a); (*caractère*) decidido(-a); **(engagé) ~** (*Mil*) voluntario ▸ *nmf* voluntario(-a)
volontairement [vɔlɔ̃tɛʀmɑ̃] *adv* voluntariamente
volontariat [vɔlɔ̃taʀja] *nm* voluntariado
volontarisme [vɔlɔ̃taʀism] *nm* voluntarismo
volontariste [vɔlɔ̃taʀist] *adj* voluntarista
volonté [vɔlɔ̃te] *nf* voluntad *f*; **se servir/boire à ~** servirse/beber a voluntad; **bonne/mauvaise ~** buena/mala voluntad; **les dernières volontés de qn** la última voluntad de algn
volontiers [vɔlɔ̃tje] *adv* con gusto; (*habituellement*) habitualmente; « ~ » « con mucho gusto »
volt [vɔlt] *nm* voltio
voltage [vɔltaʒ] *nm* voltaje *m*
volte-face [vɔltəfas] (*pl* **~(s)**) *nf* media vuelta; (*fig*) cambio; **faire ~** dar media vuelta
voltige [vɔltiʒ] *nf* (*au cirque*) acrobacia (en el aire); (*Équitation*) acrobacia ecuestre; (*Aviat*) acrobacia aérea; **(numéro de haute) ~** número de acrobacia; (*fig*) ejercicio mental
voltiger [vɔltiʒe] *vi* revolotear
voltigeur, -euse [vɔltiʒœʀ, øz] *nm/f* acróbata *mf* ▸ *nm* (*Mil*) tirador *m*
voltmètre [vɔltmɛtʀ] *nm* voltímetro
volubile [vɔlybil] *adj* locuaz
volubilis [vɔlybilis] *nm* enredadera de campanillas
volubilité [vɔlybilite] *nf* locuacidad *f*
volume [vɔlym] *nm* volumen *m*
volumétrique [vɔlymetʀik] *adj* volumétrico(-a)
volumineux, -euse [vɔlyminø, øz] *adj* voluminoso(-a)
volumique [vɔlymik] *adj* (*Phys*) : **masse ~** densidad *f*
volupté [vɔlypte] *nf* voluptuosidad *f*
voluptueusement [vɔlyptɥøzmɑ̃] *adv* voluptuosamente
voluptueux, -euse [vɔlyptɥø, øz] *adj* voluptuoso(-a)

V

volute [vɔlyt] *nf* (*Archit*) voluta; ~ **de fumée** voluta
vomi [vɔmi] *nm* vómito
vomir [vɔmiʀ] *vi* vomitar ▸ *vt* vomitar; (*exécrer*) abominar
vomissement [vɔmismɑ̃] *nm* vómito; **être pris de vomissements** comenzar a devolver *ou* vomitar de pronto
vomissure [vɔmisyʀ] *nf* (*gén pl*) vómito
vomitif [vɔmitif] *nm* vomitivo
vont [vɔ̃] *vb voir* **aller**
vorace [vɔʀas] *adj* voraz
voracement [vɔʀasmɑ̃] *adv* vorazmente
voracité [vɔʀasite] *nf* voracidad *f*
vos [vo] *voir* **votre**
Vosges [voʒ] *nfpl* : **les** ~ los Vosgos
vosgien, ne [voʒjɛ̃, jɛn] *adj* de los Vosgos ▸ *nm/f* : **Vosgien, ne** nativo(-a) *ou* habitante *mf* de los Vosgos
VOST [veoɛste] *sigle f* (= *version originale sous-titrée*) VOS (= *versión original subtitulada*)
votant, e [vɔtɑ̃, ɑ̃t] *nm/f* votante *mf*
vote [vɔt] *nm* voto; (*suffrage*) voto, votación *f*; (*consultation*) votación; ~ **secret** *ou* **à bulletins secrets** votación secreta; ~ **à main levée** voto a mano alzada; ~ **par correspondance/procuration** voto por correspondencia/poder
voter [vɔte] *vi, vt* votar
votif, -ive [vɔtif, iv] *adj* votivo(-a)
votre [vɔtʀ] (*pl* **vos**) *adj poss* vuestro(-a), su
vôtre [votʀ] *pron poss* : **le/la** ~ el (la) vuestro(-a); **les vôtres** los (las) vuestros(-as); (*forme de politesse*) los (las) suyos(-as); **à la** ~ **!** ¡salud!
voudrai *etc* [vudʀe] *vb voir* **vouloir**
voué, e [vwe] *adj* : ~ **à l'échec/la faillite** condenado(-a) al fracaso/a la derrota; **taudis voués à la démolition** cuchitril condenado al derribo
vouer [vwe] *vt* : ~ **qch à Dieu/un saint** consagrar algo a Dios/un santo; ~ **sa vie/son temps à** consagrar la vida/el tiempo a; ~ **une haine/amitié éternelle à qn** profesar odio/amistad eterna a algn; **se vouer** *vpr* : **se** ~ **à** dedicarse a

MOT-CLÉ

vouloir [vulwaʀ] *vt* **1** querer; **voulez-vous du thé ?** ¿quiere té?; **que me veut-il ?** ¿qué quiere de mí?; **sans le vouloir** sin querer; **je voudrais qch/faire** quería *ou* quisiera algo/hacer; **le hasard a voulu que …** el azar quiso que …; **la tradition veut que …** la tradición es que …; **vouloir faire/que qn fasse qch** querer hacer/que algn haga algo; **que veux-tu que je te dise ?** ¿qué quieres que te diga?
2 (*consentir*) : **tu veux venir ? — oui, je veux bien** (*bonne volonté*) ¿quieres venir? — sí, me parece bien; **allez, tu viens ? — oui, je veux bien** (*concession*) venga, ¿vienes? — ¡bueno!; **oui, si on veut** (*en quelque sorte*) sí, en cierto modo; **si vous voulez** si quiere; **veuillez attendre** tenga la amabilidad de esperar; **veuillez agréer …** le saluda atentamente …; **comme vous voudrez** como quiera
3 : **en vouloir à** : **en vouloir à qn** estar resentido con algn; **je lui en veux d'avoir fait ça** me sienta muy mal que haya hecho eso; **s'en vouloir d'avoir fait qch** estar arrepentido de haber hecho algo; **il en veut à mon argent** se interesa por mi dinero
4 : **vouloir de qch/qn** : **l'entreprise ne veut plus de lui** la empresa ya no le quiere; **elle ne veut pas de son aide** ella no quiere su ayuda
5 : **vouloir dire (que)** (*signifier*) querer decir (que)
▸ *nm* : **le bon vouloir de qn** la buena voluntad de algn
se vouloir *vpr* **1** : **s'en vouloir** arrepentirse; **s'en vouloir de qch** arrepentirse de algo
2 (*avec attribut*) pretender ser; **… qui se veut moderne** … que pretende ser moderno

voulu, e [vuly] *pp de* **vouloir** ▸ *adj* (*requis*) requerido(-a); (*délibéré*) deliberado(-a)
vous [vu] *pron* (*sujet* : *pl* : *courant*) vosotros(-as), ustedes (*Am*); (: *forme de politesse*) ustedes; (: *singulier*) usted; (*objet direct* : *pl*) os, les (*Am*); (: *forme de politesse*) les (las) *ou* los; (: *singulier*) le (la) *ou* lo; (*objet indirect* : *pl*) os, les (*Am*); (: *forme de politesse*) les; (: *singulier*) le; (*réfléchi, réciproque* : *direct, indirect*) os; (: *forme de politesse*) se; **je** ~ **le jure** os lo juro; (*politesse*) se lo juro; **je** ~ **prie de …** os pido que …; (*politesse* : *pluriel*) les pido que …; (: *singulier*) le pido que …; ~ **pouvez** ~ **asseoir** podéis sentaros; (*politesse* : *pluriel*) pueden sentarse; (: *singulier*) puede usted sentarse; **à** ~ vuestro(-a), vuestros(-as); (*formule de politesse*) suyo(-a), suyos(-as); **ce livre est à** ~ ese libro es vuestro; (*politesse*) ese libro es suyo; **avec/sans** ~ con/sin vosotros; (*politesse* : *pluriel*) con/sin ustedes; (: *singulier*) con/sin usted; **je vais chez** ~ voy a vuestra casa; (*politesse*) voy a su casa ▸ *nm* : **employer le** ~ emplear el usted
vous-même [vumɛm] *pron* (*sujet*) usted mismo(-a); (*après prép*) sí mismo(-a); (*emphatique*) : ~**, vous …** usted, …; **vous-mêmes** *pron pl* (*sujet*) vosotros(-as) *ou* (*Am*) ustedes mismos(-as); (*forme de politesse*) ustedes mismos(-as); (*après prép*) sí mismos(-as); (*emphatique*) : **vous-mêmes, vous …** vosotros …, ustedes … (*Am*); (*forme de politesse*) ustedes, …
voûte [vut] *nf* bóveda; ~ **céleste** bóveda celeste; ~ **du palais** velo del paladar; ~ **plantaire** arco plantar
voûté, e [vute] *adj* abovedado(-a); (*personne*) encorvado(-a)

voûter [vute] *vt* (*Archit*) abovedar; **se voûter** *vpr* (*personne*) encorvarse
vouvoiement [vuvwamɑ̃] *nm* tratamiento de usted
vouvoyer [vuvwaje] *vt* : **~ qn** tratar de usted a algn
voyage [vwajaʒ] *nm* viaje *m*; **être/partir en ~** estar/ir *ou* salir de viaje; **faire un ~** hacer un viaje; **faire bon ~** hacer un buen viaje; **j'aime les voyages** me gustan los viajes; **les gens du ~** los saltimbanquis *mpl*; **~ d'affaires** viaje de negocios; **~ d'agrément** viaje de placer; **~ de noces** viaje de novios; **~ organisé** viaje organizado
voyager [vwajaʒe] *vi* viajar
voyageur, -euse [vwajaʒœʀ, øz] *adj*, *nm/f* viajero(-a); **un grand ~** un gran viajero; **~ (de commerce)** viajante *mf* (de comercio)
voyagiste [vwajaʒist] *nmf* touroperador(-a)
voyais *etc* [vwajɛ] *vb voir* **voir**
voyance [vwajɑ̃s] *nf* videncia
voyant, e [vwajɑ̃, ɑ̃t] *adj* llamativo(-a) ▸ *nm/f* vidente *mf* ▸ *nm* indicador *m* luminoso
voyelle [vwajɛl] *nf* vocal *f*
voyeur, -euse [vwajœʀ, øz] *nm/f* mirón(-ona); (*Psych*) voyerista *mf*, voyeur *mf*
voyeurisme [vwajœʀism] *nm* voyeurismo
voyeuriste [vwajœʀist] *adj* voyeurista
voyons [vwajɔ̃] *vb voir* **voir**
voyou [vwaju] *adj*, *nm* gamberro(-a)
voyoucratie [vwajukʀasi] *nf* cleptocracia
VPC [vepese] *sigle f* (= *vente par correspondance*) venta por correo
vrac [vʀak] : **en ~** *adj*, *adv* en desorden; (*Comm*) a granel
vrai, e [vʀɛ] *adj* verdadero(-a), cierto(-a); (*or*, *cheveux*) auténtico(-a); **son ~ nom** su auténtico nombre; **un ~ comédien/sportif** un auténtico comediante/deportista; **il est ~ que** cierto que ▸ *nm* : **le ~** lo verdadero, lo verídico; **à dire ~, à ~ dire** a decir verdad; **être dans le ~** estar en lo cierto
vraiment [vʀɛmɑ̃] *adv* verdaderamente; **« ~ ? »** « ¿de verdad? », « ¿es cierto? »; **il est ~ rapide** es realmente rápido
vraisemblable [vʀɛsɑ̃blabl] *adj* (*plausible*) verosímil; (*probable*) probable
vraisemblablement [vʀɛsɑ̃blabləmɑ̃] *adv* probablemente
vraisemblance [vʀɛsɑ̃blɑ̃s] *nf* verosimilitud *f*; (*probabilité*) probabilidad *f*; (*romanesque*) realismo; **selon toute ~** con toda seguridad
vraquier [vʀakje] *nm* (buque *m*) granelero
vrille [vʀij] *nf* (*de plante*) zarcillo; (*outil*, *hélice*) barrena; **descendre en ~, faire une ~** (*Aviat*) bajar en barrena, hacer la barrena
vrillé, e [vʀije] *adj* ensortijado(-a)
vriller [vʀije] *vt* barrenar
vrombir [vʀɔ̃biʀ] *vi* zumbar
vrombissant, e [vʀɔ̃bisɑ̃, ɑ̃t] *adj* que zumba
vrombissement [vʀɔ̃bismɑ̃] *nm* zumbido
VRP [veɛʀpe] *sigle m* (= *voyageur, représentant, placier*) representante
VTT [vetete] *sigle m* (= *vélo tout terrain*) *bicicleta todo terreno*
vu[1] [vy] *prép* visto; **vu que** visto que
vu[2]**, e** [vy] *pp de* **voir** ▸ *adj* : **bien/mal vu** bien/mal visto(-a) ▸ *nm* : **au vu et au su de tous** a cara descubierta; **ni vu ni connu** ni visto ni oído; **c'est tout vu** está claro
vue [vy] *nf* vista; (*spectacle*) visión *f*; **perdre la ~** perder la vista; **perdre de ~** perder de vista; (*principes*, *objectifs*) olvidar; **à la ~ de tous** a la vista de todos; **hors de ~** fuera de la vista; **à première ~** a primera vista; **connaître qn de ~** conocer a algn de vista; **à ~** (*Comm*) a vista; **tirer à ~** disparar sin dar la voz de alto; **à ~ d'œil** a ojos vistas; **avoir ~ sur** tener vistas a; **en ~** a la vista; (*Comm*) en vistas; **avoir qch en ~** tener algo en vistas; **arriver/être en ~ d'un endroit** llegar/estar a la vista de un lugar; **en ~ de faire qch** con intención de hacer algo; **~ d'ensemble** vista de conjunto; **~ de l'esprit** teoría pura; **vues** *nfpl* (*idées*) opiniones *fpl*; (*dessein*) proyectos *mpl*
vulcanisation [vylkanizasjɔ̃] *nf* vulcanización *f*
vulcaniser [vylkanize] *vt* vulcanizar
vulcanologie [vylkanɔlɔʒi] *nf* = **volcanologie**
vulcanologue [vylkanɔlɔg] *nmf* = **volcanologue**
vulgaire [vylgɛʀ] *adj* vulgar; **de vulgaires touristes/chaises de cuisine** simples turistas/sillas de cocina; **nom ~** (*Bot*, *Zool*) nombre *m* común
vulgairement [vylgɛʀmɑ̃] *adv* vulgarmente; (*communément*) comúnmente, vulgarmente
vulgarisation [vylgaʀizasjɔ̃] *nf* : **ouvrage de ~** obra de divulgación
vulgariser [vylgaʀize] *vt* (*connaissances*) divulgar; (*rendre vulgaire*) vulgarizar
vulgarité [vylgaʀite] *nf* vulgaridad *f*
vulgate [vylgat] *nf* (*fig*) ortodoxia; (*Rel*) : **la V~** la Vulgata
vulnérabilité [vylneʀabilite] *nf* vulnerabilidad *f*
vulnérable [vylneʀabl] *adj* vulnerable; (*stratégiquement*) atacable
vulve [vylv] *nf* vulva
vumètre [vymɛtʀ] *nm* vúmetro
Vve *abr* (= *veuve*) Vda. (= *viuda*)

V

Ww

W¹, w [dublәve] *nm inv (lettre)* W, w *f*; **W comme William** ≈ W de Washington
W² [dublәve] *abr (= watt)* W (= *wat ou vatio*)
wagon [vagɔ̃] *nm* vagón *m*
wagon-citerne [vagɔ̃sitɛʀn] (*pl* **wagons-citernes**) *nm* vagón-cisterna *m*
wagon-lit [vagɔ̃li] (*pl* **wagons-lits**) *nm* coche-cama *m*
wagonnet [vagɔnɛ] *nm* vagoneta
wagon-poste [vagɔ̃pɔst] (*pl* **wagons-postes**) *nm* coche-correo *m*
wagon-restaurant [vagɔ̃ʀɛstɔʀɑ̃] (*pl* **wagons-restaurants**) *nm* coche-restaurante *m*
Wallis et Futuna [walisefutuna] *nfpl* : **(les îles)** ~ (las islas de) Wallis y Futuna
wallon, ne [walɔ̃, ɔn] *adj* valón(-ona) ▸ *nm* (*Ling*) valón *m* ▸ *nm/f* : **Wallon, ne** valón(-ona)
Wallonie [walɔni] *nf* Valonia
water-polo [watɛʀpɔlo] (*pl* **water-polos**) *nm* water-polo *m*
waters [watɛʀ] *nmpl* servicios *mpl*
watt [wat] *nm* vatio
w-c [vese] *nmpl* W-C *mpl*
Web [wɛb] *nm inv* : **le** ~ la Red, la Web
webcam [wɛbkam] *nf* webcam *f*
webdesign [wɛbdizajn] *nm* diseño web
webdesigner [wɛbdizajnœʀ] *nmf* diseñador(a) de webs
webmaster [wɛbmastɛʀ], **webmestre** [wɛbmɛstʀә] *nmf* webmaster *mf*, administrador(a) de web
webzine [wɛbzin] *nm* revista electrónica
week-end [wikɛnd] (*pl* **week-ends**) *nm* fin *m* de semana
western [wɛstɛʀn] *nm* película del oeste, western *m*
whisky [wiski] (*pl* **whiskies**) *nm* whisky *m*
white-spirit [wajtspiʀit] (*pl* **white-spirits**) *nm* aguarrás *msg*
widget [widʒɛt] *nm* (*Inform*) widget *m*
wifi [wifi] *nm inv* (= *wireless fidelity*) Wi-Fi *m*
wishbone [wiʃbon] *nm* (*Naut*) botavara (*de tabla de windsurf*)
wok [wɔk] *nm* wok *m*

Xx

X, x [iks] *nm inv* (*lettre*) X, x *f*; **plainte contre X** (*Jur*) *denuncia contra personas desconocidas*; **X comme Xavier** ≈ X de Xiquena
xénogreffe [gzenogʀɛf] *nf* heteroinjerto, xenoinjerto
xénophobe [gzenɔfɔb] *nmf* xenófobo(-a)
xénophobie [gzenɔfɔbi] *nf* xenofobia
xérès [gzeʀɛs] *nm* jerez *m*
xylographie [gzilɔgʀafi] *nf* xilografía
xylophone [gzilɔfɔn] *nm* xilófono

Yy

Y, y¹ [igʀek] *nm inv* *(lettre)* Y, y *f*; **Y comme Yvonne** ≈ Y de Yegua

y² [i] *adv* allí; *(plus près)* ahí; *(ici)* aquí; **nous y sommes enfin** ya estamos aquí ▸ *pron* *(la préposition espagnole dépend du verbe employé)* a/de/en él (ella); **à l'hôtel ? j'y reste trois semaines** ¿en el hotel? me voy a quedar tres semanas; **j'y pense** *(je n'ai pas oublié)* lo tengo en mente; *(décision à prendre)* me lo estoy pensando; **j'y suis !** ¡ya caigo!; **je n'y suis pour rien** no he tenido nada que ver (en esto); **s'y entendre (en qch)** entender de (algo); *voir aussi* **aller** ; **avoir**

yacht ['jɔt] *nm* yate *m*

yack ['jak] *nm* yak *m*

yaourt ['jauʀt] *nm* yogur *m*

yaourtière ['jauʀtjɛʀ] *nf* yogurtera

Yémen ['jemɛn] *nm* Yemen *m*

yéménite ['jemenit] *adj* yemení, yemenita ▸ *nmf* : **Yéménite** yemení *mf*, yemenita *mf*

yeux [jø] *nmpl de* **œil**

yoga ['jɔga] *nm* yoga *m*

yoghourt ['jɔguʀt] *nm* = **yaourt**

yogi ['jɔgi] *nm* yogui *mf*

yole ['jɔl] *nf* yola

yorkshire ['jɔʀkʃœʀ] *nm* *(chien)* yorkshire *m*

yougoslave ['jugɔslav] *adj* yugoslavo(-a) ▸ *nmf* : **Yougoslave** yugoslavo(-a)

Yougoslavie ['jugɔslavi] *nf* Yugoslavia

yourte ['juʀt] *nf* yurta

youyou ['juju] *nm* bote *m*

yoyo, yo-yo [jojo] *nm* yoyó

yucca ['juka] *nm* yuca

yuppie ['jupi] *nmf* yuppie *mf*

Zz

Z, z [zɛd] *nm inv* (*lettre*) Z, z *f*; **Z comme Zoé** ≈ Z de Zaragoza
ZAC [zak] *sigle f* (= *zone d'aménagement concerté*) *zona de desarrollo urbano*
Zaïre [zaiʀ] *nm* Zaire *m*
zaïrois, e [zaiʀwa, waz] *adj* zaireño(-a) ▸ *nm/f* : **Zaïrois, e** zaireño(-a)
Zambèze [zɑ̃bɛz] *nm* Zambeze *m*
Zambie [zɑ̃bi] *nf* Zambia
zambien, ne [zɑ̃bjɛ̃, jɛn] *adj* zambiano(-a) ▸ *nm/f* : **Zambien, ne** zambiano(-a)
zapette [zapɛt] (*fam*) *nf* mando a distancia
zapper [zape] *vi* hacer zapping
zappette [zapɛt] (*fam*) *nf* = **zapette**
zapping [zapiŋ] *nm* : **faire du ~** hacer zapping, zapear
zèbre [zɛbʀ(ə)] *nm* cebra
zébré, e [zebʀe] *adj* rayado(-a)
zébrure [zebʀyʀ] *nf* (*gén pl*) raya
zélateur, -trice [zelatœʀ, tʀis] *nm/f* incondicional *mf*
zèle [zɛl] *nm* celo; **faire du ~** (*péj*) pasarse en el celo
zélé, e [zele] *adj* (*fonctionnaire*) diligente; (*défenseur*) celoso(-a)
zen [zɛn] *nm* (*Rel*) zen *m* ▸ *adj* (*Rel*) zen *inv*; (*calme : personne*) tranquilo(-a)
zénith [zenit] *nm* (*aussi fig*) cenit *m*
ZEP [zɛp] *sigle f* (= *zone d'éducation prioritaire*) *escuelas situadas en áreas marginales, caracterizadas por las dificultades de aprendizaje y por la abstención escolar.*
zéro [zeʀo] *adj* cero ▸ *nm* (*Scol*) cero; **au-dessus/au-dessous de ~** sobre/bajo cero; **réduire à ~** reducir a cero; **partir de ~** partir de cero; **trois (buts) à ~** tres (goles) a cero
zeste [zɛst] *nm* cáscara; (*fig*) : **un ~ de** una pizca de; **un ~ de citron** una cáscara de limón
zézaiement [zezɛmɑ̃] *nm* ceceo
zézayer [zezeje] *vi* cecear
ZI [ʒɛdi] *sigle f* (= *zone industrielle*) polígono industrial
zibeline [ziblin] *nf* (marta) cibelina
zigouiller [ziguje] (*fam*) *vt* cepillarse a, cargarse a
zigzag [zigzag] *nm* zigzag *m*
zigzaguer [zigzage] *vi* zigzaguear
Zimbabwe [zimbabwe] *nm* Zimbabwe *m*
zimbabwéen, ne [zimbabweɛ̃, ɛn] *adj* zimbabuo(-a) ▸ *nm/f* : **Zimbabwéen, ne** zimbabuo(-a)
zinc [zɛ̃g] *nm* cinc *m*; (*comptoir*) barra
zinguer [zɛ̃ge] *vt* (*toit*) cubrir de cinc; (*fer*) galvanizar
zingueur [zɛ̃gœʀ] *nm* : **(plombier) ~** (fontanero) cinquero
zinnia [zinja] *nm* zinnia
zip [zip] *nm* (*de vêtement*) cremallera ▸ *adj* (*Inform*) : **fichier ~** archivo zip
zippé, e [zipe] *adj* (*vêtement*) con cremallera; (*Inform*) comprimido(-a), zipeado(-a)
zipper [zipe] *vt* (*Inform*) comprimir, zipear
zircon [ziʀkɔ̃] *nm* circón *m*, zircón *m*
zizanie [zizani] *nf* : **mettre** *ou* **semer la ~** meter *ou* sembrar cizaña
zizi [zizi] (*fam*) *nm* pito
zodiacal, e, -aux [zɔdjakal, o] *adj* zodiacal
zodiaque [zɔdjak] *nm* zodíaco; **les signes du ~** los signos del zodíaco
zona [zona] *nm* zona
zonage [zonaʒ] *nm* (*Admin*) zonificación *f*, división *f* en zonas
zonard [zonaʀ] (*fam*) *nm* mangui *m*, matado
zone [zon] *nf* zona; **la ~** (*quartiers*) las barriadas marginales; **de seconde ~** (*fig*) de segunda; **~ bleue** zona azul; **~ d'action** (*Mil*) radio de acción; **~ d'extension** *ou* **d'urbanisation** zona urbanizable; **~ franche** zona franca; **~ industrielle** polígono industrial; **~ résidentielle** zona residencial; **zones monétaires** zonas *fpl* monetarias
zoner [zone] (*fam*) *vi* vaguear; **il y a des types qui zonent par ici** hay manguis por aquí
zoo [zo(o)] *nm* zoo
zoologie [zɔɔlɔʒi] *nf* zoología
zoologique [zɔɔlɔʒik] *adj* zoológico(-a)
zoologiste [zɔɔlɔʒist] *nmf* zoólogo(-a)
zoom [zum] *nm* (*Photo*) zoom *m*
zoomer [zume] *vi* : **~ sur qch** hacer zoom sobre algo
zootechnicien, ne [zootɛknisjɛ̃, jɛn] *nm/f* zootécnico(-a)

zootechnique [zooteknik] *adj* zootécnico(-a)
zozoter [zɔzɔte] *vi* cecear
ZUP [zyp] *sigle f* (*= zone à urbaniser en priorité*) *zona de urbanización prioritaria*
Zurich [zyʀik] *n* Zurich
ZUS [zys] *sigle f* (*= zone urbaine sensible*) *zona urbana degradada en la que se concentran las políticas sociales*
zut [zyt] *excl* ¡mecachis!

Aa

A, a¹ *nf* (*letra*) A, a *m inv* ; **A de Antonio** ≈ A comme Anatole

PALABRA CLAVE

a² (*a* + *el* = **al**) *prep* **1** (*dirección*) à ; **fueron a Madrid/Grecia** ils sont allés à Madrid/en Grèce ; **caerse al río** tomber dans la rivière ; **subirse a la mesa** monter sur la table ; **bajarse a la calle** descendre dans la rue ; **llegó a la oficina** il est arrivé au bureau ; **me voy a casa** je rentre à la maison *o* chez moi ; **mira a la izquierda** regarde à gauche
2 (*distancia*): **está a 15 km de aquí** c'est à 15 km d'ici
3 (*posición*): **estar a la mesa** être à table ; **escríbelo al margen** écris-le dans la marge ; **al lado de** à côté de
4 (*tiempo*): **a las 10/a medianoche** à 10 heures/à minuit ; **a la mañana siguiente** le lendemain matin ; **a los pocos días** peu de jours après ; **estamos a nueve de julio** nous sommes le neuf juillet ; **a los 24 años** à (l'âge de) 24 ans ; **una vez a la semana** une fois par semaine
5 (*manera*): **a la inglesa** à l'anglaise ; **a caballo** à cheval ; **a cuadros** à carreaux ; **a oscuras** à tâtons ; **a la plancha** (*Culin*) grillé ; **a toda prisa** en toute hâte, à toute vitesse
6 (*medio, instrumento*): **a lápiz** au crayon ; **a mano** à la main ; **escrito a máquina** tapé à la machine ; **le echaron a patadas** ils l'ont mis dehors à coups de pied aux fesses
7 (*razón*): **a dos euros el kilo** à deux euros le kilo ; **a más de 50 km/h** à plus de 50 km/h ; **se vende lana a peso** laine vendue au poids
8 (*complemento directo: no se traduce*): **vi a Juan/a tu padre** j'ai vu Juan/ton père
9 (*dativo*): **se lo di a Pedro** je l'ai donné à Pedro
10 (*verbo* + *a* + *infin*): **empezó a trabajar** il a commencé à travailler ; (: *no se traduce*): **voy a verle** je vais le voir ; **vengo a decírtelo** je viens te le dire
11 (*percepción, sentimientos*): **huele a rosas** ça sent la rose ; **miedo a la verdad** peur *f* de la vérité
12 (*simultaneidad*): **al verle, le reconocí inmediatamente** quand je l'ai vu, je l'ai tout de suite reconnu
13 (*n* + *a* + *infin*): **el camino a recorrer** le chemin à parcourir ; **asuntos a tratar** thèmes *mpl* à traiter
14 (*imperativo*): **¡a callar!** taisez-vous ! ; **¡a comer!** à table !
15 (*frases adverbiales*): **a no ser que** sauf si ; **a lo mejor** peut-être
16 (*desafío*): **¡a que no!** je parie que non !

> No debe confundirse *a* con *à*. En el primer caso hace referencia tanto a la primera letra del abecedario (*le a*) como a la tercera persona del singular del presente de indicativo del verbo *avoir* (*Il a vingt ans*), mientras que en el segundo caso se trata de la preposición (*Je vais à la patinoire*).

A. *abr* (*Meteorología*: = *anticiclón*) A, a (= *anticyclone*) ; (= *amperio(s)*) A (= *ampère(s)*)
ábaco *nm* boulier *m*
abad, esa *nm/f* abbé (abbesse)
abadía *nf* abbaye *f*

PALABRA CLAVE

abajo *adv* **1** (*posición*) en bas ; **allí abajo** là-bas ; **el piso de abajo** l'appartement du dessous ; **la parte de abajo** le bas ; **más abajo** plus bas ; (*en texto*) ci-dessous ; **desde abajo** d'en bas ; **abajo del todo** tout en bas ; **Pedro está abajo** Pedro est en bas ; **el abajo firmante** le soussigné ; **de seis euros para abajo** au-dessous *o* de moins de six euros
2 (*dirección*): **ir calle abajo** descendre la rue ; **río abajo** en aval
▸ *prep*: **abajo de** (Am) sous ; **abajo de la mesa** sous la table
▸ *excl*: **¡abajo el gobierno!** à bas le gouvernement !

abajofirmante (Am) *nmf* soussigné(e)
abalance *etc vb ver* **abalanzarse**
abalanzarse *vpr*: **~ sobre** se jeter sur
abalear (Am) *vt* abattre
abalorios *nmpl* babioles *fpl*

abanderado *nm* (*de movimiento, causa*) porte-drapeau *m*
abanderar *vt* (*movimiento, causa*) être le porte-drapeau de
abandonado, -a *adj* abandonné(e)
abandonar *vt* abandonner ; (*salir de*: *tb Inform*) quitter ; **abandonarse** *vpr* (*descuidarse*) se laisser aller ; **abandonarse a** (*desesperación, dolor*) s'abandonner à ; **abandonarse a la bebida** s'adonner à la boisson
abandono *nm* abandon *m* ; **por ~** (*Deporte*) par abandon
abanicar *vt* éventer
abanico *nm* éventail *m*
abanique *etc vb ver* **abanicar**
abaratamiento *nm* baisse *f* des prix
abaratar *vt* (*artículo*) baisser le prix de ; (*precio*) baisser ; **abaratarse** *vpr* (*artículo*) coûter moins cher ; (*precio*) baisser
abarcar *vt* (*temas, período*) comprendre ; (*rodear con los brazos*) embrasser ; (*Am*: *acaparar*) accaparer ; **quien mucho abarca poco aprieta** qui trop embrasse mal étreint
abarque *etc vb ver* **abarcar**
abarrotado, -a *adj*: **~ (de)** plein(e) à craquer (de)
abarrotar *vt* remplir
abarrotería (*Am*) *nf* (*tienda*) épicerie *f*
abarrotero, -a (*Am*) *nm/f* (*tendero*) épicier(-ière)
abarrotes (*Am*) *nmpl* (*ultramarinos*) épicerie *fsg*
abastecedor, a *adj*: **país ~** pays *msg* fournisseur ▸ *nm/f* fournisseur(-euse)
abastecer *vt*: **~ (de)** fournir (en), approvisionner (en) ; **abastecerse** *vpr*: **abastecerse (de)** s'approvisionner (en)
abastecimiento *nm* approvisionnement *m*
abastezca *etc vb ver* **abastecer**
abasto *nm*: **no dar ~** être débordé(e) ; **no dar ~ a algo** ne pas arriver à qch ; **no dar ~ a** *o* **para hacer** ne pas arriver à faire ; **abastos** *nmpl* ravitaillement *msg*
abatible *adj*: **asiento ~** siège *m* rabattable
abatido, -a *adj* (*deprimido*) abattu(e)
abatimiento *nm* (*depresión*) abattement *m*
abatir *vt* abattre ; (*asiento*) rabattre ; **abatirse** *vpr* se laisser abattre ; **abatirse sobre** (*águila, avión*) s'abattre sur
abdicación *nf* abdication *f*
abdicar *vi*: **~ (en algn)** abdiquer (en faveur de qn)
abdique *etc vb ver* **abdicar**
abdomen *nm* abdomen *m*
abdominal *adj* abdominal(e) ; **abdominales** *nmpl* (*tb*: **ejercicios abdominales**) abdominaux *mpl*
abecé *nm* abc *m inv*
abecedario *nm* abécédaire *m*
abedul *nm* bouleau *m*
abeja *nf* abeille *f*
abejorro *nm* bourdon *m*
aberración *nf* aberration *f*, absurdité *f*
aberrante *adj* aberrant(e)
abertura *nf* ouverture *f* ; (*en camisa*) échancrure *f* ; (*en falda*) fente *f*
abertzale *adj*, *nmf* nationaliste *mf* basque
abeto *nm* sapin *m*
abiertamente *adv* ouvertement
abierto, -a *pp de* **abrir** ▸ *adj* ouvert(e) ; **a campo ~** en rase campagne ; **emitir en ~** (TV) diffuser en clair
abigarrado, -a *adj* bigarré(e)
abigeo (*Méx*) *nm* voleur *m* de bétail
abismal *adj* (*diferencia*) colossal(e)
abismar *vt* (*en dolor, desesperación*) plonger ; **abismarse** *vpr*: **abismarse en** plonger dans ; (*lectura*) se plonger dans ; (*Am*: *asombrarse*) s'étonner de
abismo *nm* abîme *m* ; **de sus ideas a las mías hay un ~** entre ses idées et les miennes, il y a un abîme
abjurar *vt* abjurer ▸ *vi*: **~ de** abjurer
ablación *nf* (*de órgano*) ablation *f* ; **~ femenina** *o* **del clítoris** excision *f*
ablandar *vt* ramollir ; (*persona*) adoucir ; (*carne*) attendrir ; **ablandarse** *vpr* se ramollir ; (*persona*) s'adoucir
abnegación *nf* abnégation *f*
abnegado, -a *adj* (*persona*) dévoué(e)
abobado, -a *adj* abruti(e)
abobamiento *nm* abrutissement *m*
abocado, -a *adj*: **verse ~ al desastre** courir au désastre
abochornado, -a *adj* honteux(-euse), gêné(e), confus(e)
abochornar *vt* faire rougir (de honte) ; **abochornarse** *vpr* rougir (de honte)
abofetear *vt* gifler
abogacía *nf* barreau *m* ; **ejercer la ~** être inscrit(e) au barreau
abogado, -a *nm/f* avocat(e) ; **~ defensor(a)** avocat(e) de la défense ; **~ del diablo** avocat du diable ; **~ del Estado** ≈ procureur *m* général ; **~ de oficio** avocat(e) commis(e) d'office
abogar *vi*: **~ por** plaider pour
abogue *etc vb ver* **abogar**
abolengo *nm* lignage *m* ; **de ~** (*familia, persona*) de vieille souche
abolición *nf* abolition *f*
abolir *vt* abolir
abolladura *nf* bosse *f*
abollar *vt* (*metal*) bosseler ; (*coche*) cabosser ; **abollarse** *vpr* (*metal*) se bosseler ; (*coche*) se cabosser
abombar *vt* (*deformar*) bomber, rendre convexe ; **abombarse** *vpr* (*deformarse*) bomber, prendre une forme convexe
abominable *adj* abominable
abominación *nf* abomination *f*

abominar *vt* avoir en horreur, avoir en abomination ▸ *vi*: ~ **de** maudire
abonado, -a *adj* (*deuda etc*) acquitté(e) ▸ *nm/f* abonné(e)
abonar *vt* (*importe*) régler ; (*terreno*) fertiliser ; ~ **a algn a** abonner qn à ; ~ **dinero en una cuenta** verser de l'argent sur un compte ; **abonarse** *vpr*: **abonarse a** s'abonner à
abonero, -a (*Méx*) *nm/f* marchand(e) ambulant(e)
abono *nm* (*fertilizante*) engrais *msg* ; (*suscripción*) abonnement *m*
abordable *adj* abordable
abordaje *nm* (*Náut*) abordage *m* ; **¡al ~!** à l'abordage !
abordar *vt* aborder
aborigen *nmf* aborigène *mf*
aborrecer *vt* détester
aborrecimiento *nm* aversion *f*
aborrezca *etc vb ver* **aborrecer**
abortar *vi* (*espontáneamente*) faire une fausse couche ; (*de manera provocada*) avorter ▸ *vt* (*huelga, golpe de estado*) faire avorter ; (*Inform*) abandonner
abortista *adj* (*clínica*) pratiquant l'avortement ; (*política*) favorable à l'avortement ▸ *nmf* (*partidario*) partisan(e) de l'avortement
aborto *nm* (*espontáneo*) fausse couche *f* ; (*provocado*) avortement *m*
abotargado, -a *adj* bouffi(e)
abotonar *vt* boutonner ; **abotonarse** *vpr* se boutonner
abovedado, -a *adj* voûté(e)
abr. *abr* = **abril**
abrace *etc vb ver* **abrazar**
abrasador, a *adj* (*sol*) brûlant(e)
abrasar *vt* brûler ▸ *vi* être très chaud(e) ; **abrasarse** *vpr*: **abrasarse de calor** étouffer ; **abrasarse vivo** (*de calor*) brûler vif
abrasivo, -a *adj* abrasif(-ive) ▸ *nm* abrasif *m*
abrazadera *nf* collier *m*
abrazar *vt* serrer dans ses bras ; (*fig*) embrasser ; **abrazarse** *vpr* s'étreindre
abrazo *nm* accolade *f* ; **dar un ~ a algn** serrer qn dans ses bras ; **« un ~ »** (*en carta*) « amitiés »
abrebotellas *nm inv* ouvre-bouteille *m*
abrecartas *nm inv* coupe-papier *m inv*
abrefácil *nm* ouverture *f* facile ▸ *adj* (*envase*) à ouverture facile
abrelatas *nm inv* ouvre-boîte *m*
abrevadero *nm* abreuvoir *m*
abrevar *vi* s'abreuver
abreviado, -a *adj* abrégé(e)
abreviar *vt* abréger ▸ *vi* abréger ; (*apresurarse*) s'empresser ; **bueno, para ~** bon, pour abréger
abreviatura *nf* abréviation *f*
abriboca (*Arg*) *adj inv* bouche bée
abridor *nm* (*de botellas*) ouvre-bouteille *m* ; (*de latas*) ouvre-boîte *m*
abrigar *vt* abriter ; (*suj: ropa*) couvrir ; (*fig: sospechas, dudas*) nourrir ▸ *vi* (*ropa*) tenir chaud ; **abrigarse** *vpr* se couvrir
abrigo *nm* (*prenda*) manteau *m* ; (*lugar*) abri *m* ; **al ~ de** à l'abri de ; **~ de pieles** manteau de fourrure
abrigue *etc vb ver* **abrigar**
abril *nm* avril *m* ; *ver tb* **julio**
abrillantar *vt* faire reluire
abrir *vt* ouvrir ; **~ la mano** (*en examen, oposición*) être indulgent(e) ▸ *vi* ouvrir ▸ *nm*: **en un ~ y cerrar de ojos** en un clin d'œil ; **abrirse** *vpr* s'ouvrir ; **abrirse a** (*puerta, ventana*) donner sur ; **abrirse paso** se frayer un chemin
abrochar *vt* (*con botones*) boutonner ; (*con hebilla*) boucler ; **abrocharse** *vpr* (*zapatos*) se lacer ; (*abrigo*) se boutonner ; **abrocharse el cinturón** attacher sa ceinture
abrumador, a *adj* (*mayoría etc*) écrasant(e)
abrumar *vt* accabler
abrupto, -a *adj* abrupt(e)
ABS *nm abr* (= *Antiblocking System*) ABS *m*
absceso *nm* abcès *msg*
absenta *nf* absinthe *f*
absentismo *nm* absentéisme *m*
ábside *nm* abside *f*
absolución *nf* (*Rel*) absolution *f* ; (*Jur*) non-lieu *m*
absolutamente *adv* absolument
absolutista *adj, nmf* absolutiste *mf*
absoluto, -a *adj* absolu(e) ; **en ~** (*para nada*) en aucun cas ; (*en respuesta*) pas du tout
absolver *vt* (*Rel, Jur*) absoudre
absorbencia *nf* absorption *f*
absorbente *adj* absorbant(e)
absorber *vt* absorber ; **absorberse** *vpr*: **absorberse en algo** s'absorber dans qch
absorción *nf* (*tb Com*) absorption *f*
absorto, -a *pp de* **absorber** ▸ *adj*: **~ en** absorbé(e) par *o* dans
abstemio, -a *adj* abstinent(e)
abstención *nf* abstention *f*
abstencionismo *nm* abstentionnisme *m*
abstencionista *nmf* abstentionniste *mf*
abstendré *vb ver* **abstenerse**
abstenerse *vpr* s'abstenir ; **~ de algo** se priver de qch ; **~ de hacer** s'abstenir de faire
abstenga *etc vb ver* **abstenerse**
abstinencia *nf* abstinence *f*
abstracción *nf* abstraction *f* ; **~ hecha de** abstraction faite de
abstracto, -a *adj* abstrait(e) ; **en ~** dans l'abstrait
abstraer *vt* (*problemas, cuestión*) isoler ; **abstraerse** *vpr*: **abstraerse (de)** s'abstraire (de)
abstraído, -a *adj* absorbé(e)
abstraiga *etc*, **abstraje** *etc*, **abstrayendo** *etc vb ver* **abstraer**
abstuve *etc vb ver* **abstenerse**

a

absuelto *pp de* **absolver**
absurdo, -a *adj* absurde ▸ *nm* absurdité *f* ; **lo ~ es que ...** ce qui est absurde, c'est que ...
abuchear *vt* huer
abucheo *nm* huées *fpl*
abuela *nf* grand-mère *f* ; (*pey*) mémère *f* ; **¡cuéntaselo a tu ~!** (*fam*) avec moi ça ne prend pas ! ; **no tener** *o* **necesitar ~** (*fam*) s'envoyer des fleurs
abuelo *nm* grand-père *m* ; (*pey*) pépère *m* ; **abuelos** *nmpl* grands-parents *mpl* ; (*antepasados*) ancêtres *mpl*
abulense *adj* d'Avila ▸ *nmf* natif(-ive) *o* habitant(e) d'Avila
abulia *nf* aboulie *f*
abúlico, -a *adj* aboulique
abultado, -a *adj* (*labios, mejillas, vientre*) enflé(e) ; (*paquete*) volumineux(-euse) ; (*resultado, cantidad*) important(e)
abultar *vt* (*importancia, consecuencias*) exagérer ▸ *vi* prendre de la place
abundamiento *nm*: **a mayor ~** à plus forte raison
abundancia *nf* abondance *f* ; **en ~** en abondance
abundante *adj* abondant(e)
abundantemente *adv* abondamment
abundar *vi* abonder ; **~ en** abonder en ; **~ en una opinión** abonder dans un sens
aburguesado, -a *adj* embourgeoisé(e)
aburguesarse *vpr* s'embourgeoiser
aburrido, -a *adj* (*que aburre*) ennuyeux(-euse) ; **estar ~** s'ennuyer ; **~ de** fatigué(e) de
aburrimiento *nm* ennui *m*
aburrir *vt* ennuyer ; **aburrirse** *vpr* s'ennuyer ; **aburrirse como una ostra** s'ennuyer comme un rat mort
abusado, -a (*MÉX*) *adj* (*astuto*) malin(-igne)
abusar *vi*: **~ de** abuser de
abusivo, -a *adj* abusif(-ive)
abuso *nm* abus *msg* ; **~ de autoridad** abus d'autorité ; **~ de confianza** abus de confiance
abusón, -ona (*fam*) *adj, nm/f* profiteur(-euse)
abyecto, -a *adj* abject(e)
a.C. *abr* (= *antes de Cristo*) av. J.-C. (= *avant Jésus-Christ*)
a/c *abr* (= *al cuidado de*) abs (= *aux bons soins de*) ; (= *a cuenta*) a/o (= *un acompte de*)
acá *adv* (*esp AM: lugar*) ici ; **pasearse de ~ para allá** faire les cent pas ; **¡vente para ~!** approche un peu ! ; **de junio ~** depuis juin ; **más ~** en deçà
acabado, -a *adj* (*mueble, obra*) achevé(e), fini(e) ; (*persona*) usé(e) ▸ *nm* finition *f*
acabar *vt* achever, finir ; (*comida, bebida*) terminer, finir ; (*retocar*) parachever ▸ *vi* finir ; **~ en** se terminer en ; **~ con** en finir avec ; (*destruir*) liquider ; **esto acabará conmigo** cela va mal finir ; **~ de hacer** venir de faire ; **no acaba de gustarme** cela ne me plaît pas vraiment ; **¡acabáramos!** (*fam*) c'est pas trop tôt ! (*fam*) ; **~ mal** finir mal ; **~ haciendo** *o* **por hacer** finir par faire ; **acabarse** *vpr* finir, se terminer ; (*gasolina, pan, agua*) être épuisé(e) ; **¡se acabó!** terminé ! ; (*¡basta!*) ça suffit ! ; **se me acabó el tabaco** je n'ai plus de cigarettes
acabose *nm*: **esto es el ~** c'est le bouquet
acacia *nf* acacia *m*
academia *nf* académie *f* ; (*de enseñanza*) école *f* privée ; **la Real A~** l'Académie royale d'Espagne ; **~ de idiomas** école de langues ; **~ militar** école militaire
académico, -a *adj* académique ; (*universitario*) universitaire ▸ *nm/f* académicien(ne)
acaecer *vi* survenir
acaezca *etc vb ver* **acaecer**
acallar *vt* faire taire
acalorado, -a *adj* échauffé(e)
acalorarse *vpr* (*fig*) s'échauffer
acalórico *adj* acalorique
acampada *nf*: **ir de ~** partir camper
acampanado, -a *adj* (*pantalón*) à pattes d'éléphant ; (*falda*) évasé(e)
acampar *vi* camper
acanalado, -a *adj* cannelé(e)
acantilado *nm* falaise *f*
acaparador, a *nm/f* accapareur(-euse)
acaparar *vt* (*alimentos, gasolina*) accumuler ; (*atención*) accaparer
acápite (*AM*) *nm* (*párrafo*) paragraphe *m*
acaramelado, -a *adj* (*Culin*) caramélisé(e) ; (*voz, persona*) mielleux(-euse) ; **estar acaramelados** (*novios*) se dévorer des yeux l'un l'autre
acariciar *vt* caresser ; (*esperanza*) nourrir
ácaro *nm* acarien *m* ; **~ del polvo** acarien de maison
acarrear *vt* transporter ; (*fig*) entraîner
acaso *adv* peut-être ; **por si ~** au cas où ; **si ~** à la rigueur ; **¿~?** (*AM fam*) alors ... ? ; **¿~ es mi culpa?** c'est ma faute, peut-être ?
acatamiento *nm* respect *m*
acatar *vt* respecter
acatarrado, -a *adj* enrhumé(e)
acatarrarse *vpr* s'enrhumer
acaudalado, -a *adj* nanti(e)
acaudillar *vt* (*motín, revolución*) diriger ; (*tropas*) commander
acceder *vi*: **~ a** accéder à ; (*Inform*) avoir accès à
accesible *adj* accessible ; **~ a algn** (*comprensible*) accessible à qn
accésit (*pl* **accésits**) *nm* prix *msg* de consolation
acceso *nm* (*tb Med, Inform*) accès *msg* ; **tener ~ a** avoir accès à ; **de ~ múltiple** à accès multiples ; **~ aleatorio/directo/secuencial** (*Inform*) accès aléatoire/direct/séquentiel

accesorio, -a *adj* accessoire ▸ *nm* accessoire *m* ; **accesorios** *nmpl* (*prendas de vestir, Auto*) accessoires *mpl* ; (*de cocina*) ustensiles *mpl*
accidentado, -a *adj* (*terreno*) accidenté(e) ; (*viaje, día*) mouvementé(e) ▸ *nm/f* accidenté(e)
accidental *adj* accidentel(le)
accidentalmente *adv* accidentellement
accidentarse *vpr* avoir un accident
accidente *nm* accident *m* ; **por ~** accidentellement ; **tener** *o* **sufrir un ~** avoir un accident ; **~ laboral** *o* **de trabajo/de tráfico** accident du travail/de la circulation ; **accidentes** *nmpl* (*tb*: **accidentes geográficos**) accidents *mpl* de terrain
acción *nf* (*tb Fin*) action *f* ; **~ liberada** action entièrement libérée ; **~ ordinaria/preferente** action ordinaire/de priorité
accionamiento *nm* actionnement *m*
accionar *vt* actionner ; (*Inform*) commander
accionariado *nm* actionnariat *m*, actionnaires *mpl*
accionarial *adj*: **paquete ~, participación ~** actionnariat *m*, participation *f*
accionista *nmf* actionnaire *mf*
acebo *nm* houx *msg*
acechanza *nf* = **asechanza**
acechar *vt* guetter
acecho *nm*: **estar al ~ (de)** être à l'affût (de)
acedía *nf* (*Med*) acidité *f*
aceitar *vt* huiler
aceite *nm* huile *f* ; **~ de colza/de girasol/de hígado de bacalao/de oliva/de ricino/de soja** huile de colza/de tournesol/de foie de morue/d'olive/de ricin/de soja
aceitera *nf* burette *f* (d'huile)
aceitoso, -a *adj* huileux(-euse)
aceituna *nf* olive *f* ; **~ rellena** olive farcie
aceitunado, -a *adj* (*color*) olive *inv* ; **de tez aceitunada** au teint olivâtre
aceleración *nf* accélération *f*
acelerado, -a *adj* (*rápido*) accéléré(e), rapide ; (*curso*) accéléré(e), intensif(-ive) ; (*persona*) speed (*fam*) ; **con el corazón ~** le cœur battant à vive allure *o* la chamade ; **con paso ~** d'un pas vif, à vive allure ; **está muy ~ últimamente** il est très speed dernièrement (*fam*)
acelerador *nm* accélérateur *m*
acelerar *vt* accélérer ; **~ el paso/la marcha** presser le pas/l'allure ▸ *vi* accélérer
acelga *nf* blette *f*
acendrado, -a *adj*: **de ~ carácter español** typiquement espagnol
acento *nm* accent *m* ; **~ cerrado** fort accent
acentuación *nf* accentuation *f*
acentuar *vt* accentuer ; **acentuarse** *vpr* s'accentuer
acepción *nf* acception *f*
aceptable *adj* acceptable
aceptación *nf* acceptation *f* ; **tener gran ~** être très populaire
aceptar *vt* accepter ; **~ hacer algo** accepter de faire qch
acequia *nf* canal *m* d'irrigation
acera *nf* trottoir *m*
acerado, -a *adj* en *o* d'acier ; (*fig: duro*) d'acier ; (*: mordaz*) acéré(e)
acerbo, -a *adj* (*sabor*) acerbe ; (*dolor, sufrimiento*) amer(-ère)
acerca: **~ de** *prep* sur, à propos de ; **hablar ~ de algo** parler de qch
acercar *vt* approcher ; **acercarse** *vpr* s'approcher ; **acercarse a** s'approcher de
acerico *nm* pelote *f* à épingles
acero *nm* acier *m* ; **~ inoxidable** acier inoxydable
acerque *etc vb ver* **acercar**
acérrimo, -a *adj* acharné(e)
acertado, -a *adj* (*respuesta, medida*) bon(ne) ; (*color, decoración*) heureux(-euse)
acertar *vt* (*blanco*) atteindre ; (*solución, adivinanza*) trouver ▸ *vi* réussir ; **~ a hacer algo** réussir à faire qch ; **~ con** (*camino, calle*) trouver
acertijo *nm* devinette *f*
acervo *nm*: **~ cultural** patrimoine *m* culturel ; **~ común** héritage *m* commun
acetona *nf* acétone *f*
achacar *vt*: **~ algo a** imputer qch à
achacoso, -a *adj* indisposé(e), souffrant(e)
achantar (*fam*) *vt* (*acobardar*) faire peur, flanquer la trouille (*fam*) ; **achantarse** *vpr* se dégonfler
achaparrado, -a *adj* courtaud(e)
achaque *vb ver* **achacar** ▸ *nm* ennui *m* de santé
achatar *vt*: **achatarle la nariz a algn** casser la figure à qn
achicar *vt* rétrécir ; (*humillar*) abaisser ; (*Náut*) écoper ; **achicarse** *vpr* rétrécir, se rétrécir ; (*fig*) s'humilier
achicharrante *adj* (*calor*) étouffant(e), accablant(e) ; (*sol*) brûlant(e)
achicharrar *vt* (*comida*) brûler ; **achicharrarse** *vpr* (*comida*) brûler ; (*planta*) griller ; (*persona*) cuire
achicoria *nf* chicorée *f*
achinado, -a *adj* (*ojos*) bridé(e) ; (*Am Fisiol*) métis(se) ▸ *nm/f* (*Am*) métis(se)
achique *etc vb ver* **achicar**
acholado, -a (*Am*) *adj* (*Fisiol*) métis(se)
achucha *nf*, **achuchas** (*Am*) *nfpl* abats *mpl*
achuchar *vt* exciter ; **la vida está muy achuchada** la vie n'est pas rose tous les jours
achuchón *nm* empoignade *f*
achura *nf*, **achuras** (*Am*) *nfpl* abats *mpl*
aciago, -a *adj* funeste
acicalar *vt* (*casa*) décorer, orner ; (*armas*) fourbir ; (*persona*) pomponner ; **acicalarse** *vpr* se pomponner

a

acicate *nm* stimulant *m*
acidez *nf* acidité *f*
ácido, -a *adj* acide ▸ *nm* (*tb fam: droga*) acide *m*
acierto *vb ver* **acertar** ▸ *nm* (*al adivinar*) bonne réponse *f* ; (*éxito, logro*) réussite *f*, idée *f* judicieuse ; (*habilidad*) adresse *f* ; **fue un ~ suyo** ce fut judicieux de sa part
aclamación *nf* acclamation *f* ; **por ~** par acclamation
aclamar *vt* (*aplaudir*) acclamer ; (*proclamar*) proclamer
aclaración *nf* éclaircissement *m*
aclarado *nm* (*Esp: de ropa*) rinçage *m*
aclarar *vt* éclaircir ; (*Esp: ropa*) rincer ▸ *vi* (*tiempo*) s'éclaircir ; **aclararse** *vpr* (*persona*) s'expliquer ; (*asunto*) s'éclaircir ; **aclararse la garganta** s'éclaircir la voix *o* la gorge
aclaratorio, -a *adj* explicatif(-ive)
aclimatación *nf* acclimatation *f*
aclimatar *vt* acclimater ; **aclimatarse** *vpr* s'acclimater ; **aclimatarse a algo** s'acclimater à qch, se faire à qch
acné *nm* acné *f*
ACNUR *nm abr* (= *Alto Comisionado de las Naciones Unidas*) HCR *m* (= *Haut-Commissariat des Nations unies pour les réfugiés*)
acobardar *vt* intimider ; **acobardarse** *vpr* se laisser intimider ; **acobardarse (ante)** reculer (devant)
acodarse *vpr*: **~ en** s'accouder à
acogedor, a *adj* accueillant(e)
acoger *vt* accueillir ; **acogerse** *vpr*: **acogerse a** (*ley, norma etc*) se référer à
acogida *nf* accueil *m*
acogotar *vt* (*derribar*) assommer ; (*dominar*) dominer, vaincre, intimider
acoja *etc vb ver* **acoger**
acojonante (*Esp fam!*) *adj* super (*fam*)
acojonar (*fam!: esp Esp*) *vt* (*atemorizar*) foutre les jetons à (*fam*), ficher la trouille à (*fam*), faire flipper (*fam*) ; **acojonarse** *vpr* flipper (*fam*), avoir les jetons, avoir la trouille (*fam*)
acolchar *vt* ouater
acólito *nm* (*Rel*) enfant *m* de chœur ; (*fig*) acolyte *m*
acometer *vt* (*empresa, tarea*) entreprendre ▸ *vi*: **~ (contra)** attaquer
acometida *nf* attaque *f* ; (*de gas, agua*) branchement *m*
acomodado, -a *adj* aisé(e)
acomodador, a *nm/f* placeur (ouvreuse)
acomodar *vt* (*paquetes, maletas*) disposer ; (*personas*) installer ; **acomodarse** *vpr* s'installer ; **acomodarse a** s'accommoder à, s'adapter à ; **¡acomódese a su gusto!** mettez-vous à l'aise !
acomodaticio, -a *adj* (*pey*) débonnaire ; (*: manejable*) malléable
acomodo *nm* (*de paquetes, maletas*) disposition *f* ; (*de personas*) installation *f* ; (*alojamiento*) logement *m* ; (*Am pey: enchufe*) piston *f* ; (*Am: soborno*) pot-de-vin *m*
acompañamiento *nm* accompagnement *m*
acompañante, -a *nm/f* (*en juego, deporte*) partenaire *mf* ; (*guía en un viaje*) accompagnateur(-trice)
acompañar *vt* accompagner ; **¿quieres que te acompañe?** veux-tu que je t'accompagne ? ; **~ a algn a la puerta** raccompagner qn à la porte ; **le acompaño en el sentimiento** toutes mes condoléances
acompasado, -a *adj* régulier(-ière)
acomplejado, -a *adj* complexé(e)
acomplejar *vt* complexer ; **acomplejarse** *vpr* faire des complexes
acondicionado, -a *adj*: **~ para** *o* **como** aménagé(e) pour *o* en ; **bien/mal ~** bien/mal équipé(e)
acondicionador *nm*: **~ de aire** climatiseur *m*
acondicionar *vt*: **~ (para)** aménager (pour)
acongojar *vt* angoisser
aconsejable *adj* conseillé(e) ; **es ~ hacer** il est conseillé de faire
aconsejar *vt* conseiller ; **~ a algn hacer** *o* **que haga/que no haga algo** conseiller à qn de faire/de ne pas faire qch ; **aconsejarse** *vpr*: **aconsejarse con** *o* **de** prendre conseil auprès de
acontecer *vi* arriver
acontecimiento *nm* événement *m*, évènement *m*
acontezca *etc vb ver* **acontecer**
acopiar *vt* (*comida, leña*) faire des réserves de ; (*datos*) recueillir ; (*Com*) faire des stocks de
acopio *nm*: **hacer ~ de** faire provision de
acoplamiento *nm* (*Tec*) accouplement *m*
acoplar *vt*: **~ (a)** accoupler (à) ; **acoplarse** *vpr* s'accoupler ; **acoplarse a** s'adapter à
acoquinar (*fam*) *vt* intimider ; **acoquinarse** *vpr* se démonter (*fam*)
acorazado, -a *adj* blindé(e) ▸ *nm* cuirassé *m*
acordar *vt* décider ; (*precio, condiciones*) convenir de ; **~ hacer algo** (*resolver*) décider *o* convenir de faire qch ; **acordarse** *vpr*: **acordarse de** se souvenir de
acorde *adj* (*Mús*) accordé(e) ; (*conforme*) du même avis ; **~ (con)** conforme (à) ▸ *nm* (*Mús*) accord *m*
acordeón *nm* accordéon *m*
acordeonista *nmf* accordéoniste *mf*
acordonado, -a *adj* encerclé(e)
acordonar *vt* encercler
acorralar *vt* acculer ; (*fig*) intimider
acortamiento *nm* raccourcissement *m*
acortar *vt* raccourcir ; (*cantidad*) réduire ; **acortarse** *vpr* raccourcir
acosador, a *nm/f* (*psicológico, sexual, escolar*) harceleur(-euse)
acosar *vt* (*perseguir*) traquer ; (*hostigar*) harceler ; **~ a algn a preguntas** harceler qn de questions

acoso *nm* harcèlement *m* ; ~ **escolar** harcèlement à l'école ; ~ **sexual** harcèlement sexuel
acostar *vt* (*en cama*) coucher ; (*en suelo*) allonger ; (*Náut*) accoster ; **acostarse** *vpr* (*para descansar*) s'allonger ; (*para dormir*) se coucher ; **acostarse con algn** coucher avec qn
acostumbrado, -a *adj* habituel(le) ; ~ **a** habitué(e) à
acostumbrar *vt*: ~ **a algn a hacer algo** habituer qn à faire qch ; ~ **(a) hacer algo** avoir l'habitude de faire qch ; **acostumbrarse** *vpr*: **acostumbrarse a** prendre l'habitude de ; (*país, clima*) se faire à
acotación *nf* (*nota*) annotation *f* ; (*Geo*) cote *f* ; (*de límite*) délimitation *f* ; (*Teatro*) indication *f* scénique
acotar *vt* (*terreno*) délimiter ; (*escrito*) annoter
acotejar (AM) *vt* (*arreglar objetos*) arranger
ácrata *adj, nmf* anarchiste *mf*
acre *adj* âcre ; (*crítica, humor, tono*) mordant(e) ▸ *nm* acre *f*
acrecentar *vt* accroître ; **acrecentarse** *vpr* s'accroître
acreciente *etc vb ver* **acrecentar**
acreditación *nf* accréditation *f*
acreditado, -a *adj* (*Pol*) accrédité(e) ; (*médico, abogado*) de renom ; **una casa acreditada** (*Com*) une firme accréditée
acreditar *vt* accréditer ; (*Com*) créditer ; ~ **como** reconnaître comme ; ~ **para** accréditer pour ; **acreditarse** *vpr*: **acreditarse como** (*propietario*) établir sa qualité de ; (*buen médico*) se faire une réputation de
acreedor, a *adj*: ~ **a** (*respeto*) digne de ▸ *nm/f* (*Com*) créancier(-ière) ; ~ **común** créancier *m* ; ~ **diferido** créancier à terme ; **con garantía** créancier gagiste
acribillar *vt*: ~ **a balazos** cribler de balles ; ~ **a preguntas** harceler de questions
acrílico, -a *adj* acrylique
acrimonia *nf* = **acritud**
acriollado, -a (CSUR) *adj adapté aux usages d'un pays d'Amérique latine*
acristalar *vt* vitrer
acritud *nf* acrimonie *f*
acrobacia *nf* acrobatie *f* ; ~ **aérea** acrobatie aérienne
acróbata *nmf* acrobate *mf*
acrobático, -a *adj* acrobatique
acta *nf* (*de reunión*) procès-verbal *m* ; (*certificado*) certificat *m* ; **levantar** ~ (*Jur*) dresser procès-verbal ; ~ **notarial** acte *m* notarié
actitud *nf* attitude *f* ; **adoptar una** ~ **firme** adopter une attitude ferme
activar *vt* (*mecanismo*) actionner ; (*acelerar*) activer ; (*economía, comercio*) relancer
actividad *nf* activité *f*
activismo *nm* activisme *m*
activista *nmf* activiste *mf*
activo, -a *adj* actif(-ive) ; **estar en** ~ (*en ejercicio*) être en activité ▸ *nm* (*Com*) actif *m* ; **el** ~ **y el pasivo** l'actif et le passif ; ~ **circulante/fijo/inmaterial/invisible/realizable** actif circulant/immobilisé/incorporel/invisible/réalisable ; **activos bloqueados** *o* **congelados** actifs *mpl* gelés ; ~ **tóxico** actif *m* toxique
acto *nm* (*tb Teatro*) acte *m* ; (*ceremonia*) cérémonie *f* ; **en el** ~ sur-le-champ ; ~ **seguido** immédiatement après ; **hacer** ~ **de presencia** faire acte de présence
actor *nm* acteur *m* ; (*Jur*) plaignant(e)
actora *adj*: **parte** ~ (*Jur*) partie *f* demanderesse ; (*demandante*) plaignant(e)
actriz *nf* actrice *f*
actuación *nf* (*acción*) action *f* ; (*comportamiento*) comportement *m* ; (*Jur*) procédure *f* ; (*Teatro: representación*) représentation *f* ; (*: interpretación*) jeu *m*
actual *adj* actuel(le) ; **el seis del** ~ le six courant
actualice *etc vb ver* **actualizar**
actualidad *nf* actualité *f* ; **la** ~ l'actualité ; **en la** ~ actuellement ; **ser de (gran)** ~ être d'actualité
actualización *nf* actualisation *f*
actualizar *vt* actualiser, mettre à jour
actualmente *adv* à l'heure actuelle, actuellement
actuar *vi* (*comportarse*) agir ; (*actor*) jouer ; (*Jur*) entamer une procédure ; ~ **de** tenir le rôle de
actuario, -a *nm/f* (*Jur*) greffier *mf* ; (*Com*) actuaire *mf*
acuanauta *nmf* plongeur(-euse) sous-marin(e)
acuarela *nf* aquarelle *f*
acuario *nm* aquarium *m* ; **A~** (*Astrol*) Verseau *m* ; **ser A~** être Verseau
acuartelar *vt* (*retener en cuartel*) consigner ; (*alojar*) caserner
acuático, -a *adj* aquatique
acuchillar *vt* poignarder ; (*Tec*) raboter
acuciante *adj* pressant(e)
acuciar *vt* presser
acuclillarse *vpr* s'accroupir
acudir *vi* aller ; ~ **a** (*amistades etc*) avoir recours à ; ~ **en ayuda de** venir en aide à ; ~ **a una cita** aller à un rendez-vous ; ~ **a una llamada** répondre à un appel ; **no tener a quién** ~ n'avoir personne à qui faire appel
acueducto *nm* aqueduc *m*
acuerdo *vb ver* **acordar** ▸ *nm* accord *m* ; (*decisión*) décision *f* ; **¡de ~!** d'accord ! ; **de ~ con** en accord avec ; (*acción, documento*) conformément à ; **estar de ~ (con)** être d'accord (avec) ; **de común ~** d'un commun accord ; **llegar a un ~** parvenir à un accord ; **tomar un ~** adopter une résolution ; ~ **de**

pago respectivo *(Seguros) convention entre compagnies d'assurances par laquelle chacune s'engage à dédommager son propre client* ; **~ general sobre aranceles aduaneros y comercio** *(Com)* accord général sur les tarifs douaniers et le commerce
acueste *etc vb ver* **acostar**
acúfeno *nm* acouphène *m*
acuicultura *nf* aquaculture *f*
acuífero, -a *adj* aquifère ▸ *nm* aquifère *m*
acumulación *nf* accumulation *f*
acumulador, a *adj* accumulateur(-trice) ▸ *nm (batería, radiador)* accumulateur *m*
acumular *vt* accumuler
acunar *vt* bercer
acuñar *vt (moneda)* frapper ; *(palabra, frase)* consacrer
acuoso, -a *adj* aqueux(-euse) ; *(fruta)* juteux(-euse)
acupuntor, a *nm/f* acuponcteur(-trice)
acupuntura *nf* acupuncture *f*
acurrucarse *vpr* se blottir
acurruque *etc vb ver* **acurrucarse**
acusación *nf* accusation *f*
acusado, -a *adj (Jur)* accusé(e) ; *(acento)* prononcé(e) ▸ *nm/f (Jur)* accusé(e)
acusador, a *adj* accusateur(-trice) ; **la parte acusadora** la partie plaignante *o* demanderesse ▸ *nm/f* accusateur(-trice) ; **~(a) público(-a)** procureur *mf* de la République
acusar *vt (tb fig)* accuser ; *(suj: aparato)* indiquer ; **~ recibo de** accuser réception de ; **acusarse** *vpr:* **acusarse de algo** s'accuser de qch ; *(Rel)* confesser qch
acuse *nm:* **~ de recibo** accusé *m* de réception
acusica *nmf* mouchard(e)
acusón, -ona *nm/f* mouchard(e)
acústico, -a *adj* acoustique ▸ *nf* acoustique *f*
ADA *(Esp) sigla f (= Ayuda del Automovilista)* ≈ ACF *m (= Automobile Club de France)*
adalid *nm* chef *m* de file
adaptable *adj* adaptable
adaptación *nf* adaptation *f*
adaptador *nm* adaptateur *m*
adaptar *vt:* **~ (a)** adapter (à) ; **adaptarse** *vpr:* **adaptarse (a)** s'adapter (à)
adecentar *vt (casa, habitación)* mettre un peu d'ordre dans ; **adecentarse** *vpr (persona)* faire un brin de toilette
adecuación *nf* adéquation *f*
adecuado, -a *adj* adéquat(e) ; **el hombre ~ para el puesto** l'homme tout désigné pour le poste
adecuar *vt:* **~ a** adapter à
adefesio *(fam) nm:* **estar hecho(-a) un ~** être mal ficelé(e)
a. de J.C. *abr (= antes de Jesucristo)* av. J.-C. *(= avant Jésus-Christ)*
adelantado, -a *adj* avancé(e) ; *(reloj)* en avance ; **pagar por ~** payer d'avance
adelantamiento *nm (Auto)* dépassement *m*
adelantar *vt* avancer ; *(Auto)* doubler, dépasser ; **así no adelantas nada** cela ne t'avance à rien ▸ *vi* avancer ; **adelantarse** *vpr (moverse hacia delante)* s'avancer ; *(tomar la delantera)* prendre les devants ; *(anticiparse)* être en avance ; **adelantarse a algn** devancer qn
adelante *adv* devant ; **en ~** désormais ; **de hoy en ~** à l'avenir ; **más ~** *(después)* plus tard ; *(más allá)* plus loin ▸ *excl (incitando a seguir)* en avant ! ; *(autorizando a entrar)* entrez !
adelanto *nm* progrès *msg* ; *(de dinero, hora)* avance *f* ; **los adelantos de la ciencia** les progrès *mpl* de la science
adelfa *nf* laurier-rose *m*
adelgace *etc vb ver* **adelgazar**
adelgazamiento *nm* amaigrissement *m*, amincissement *m*
adelgazante *adj* amaigrissant(e), amincissant(e) ▸ *nm* produit *m* amincissant
adelgazar *vt (persona)* faire maigrir ; *(kilos)* perdre ▸ *vi* maigrir
ademán *nm* geste *m* ; **en ~ de hacer** en faisant mine de faire ; **hacer ~ de hacer** faire mine de faire ; **ademanes** *nmpl* gestes *mpl*
además *adv* de plus ; **~ de** en plus de
adentrarse *vpr:* **~ en** pénétrer dans
adentro *adv* dedans ; **mar ~** au large ; **tierra ~** à l'intérieur des terres ; **~ de** *(Am: dentro de)* dans ; **para sus adentros** dans son for intérieur
adepto, -a *nm/f* adepte *mf*
aderece *etc vb ver* **aderezar**
aderezar *vt* assaisonner
aderezo *nm* assaisonnement *m*
adeudar *vt (dinero)* devoir ; **~ una suma en una cuenta** débiter une somme sur un compte ; **adeudarse** *vpr (persona)* s'endetter
adherencia *nf (de sustancia, neumático)* adhérence *f* ; **adherencias** *nfpl (Med)* adhérences *fpl*
adherir *vt:* **~ algo a algo** faire adhérer une chose à une autre ; **adherirse** *vpr* coller ; **adherirse a** *(propuesta)* adhérer à
adhesión *nf* adhésion *f*
adhesivo, -a *adj* adhésif(-ive) ▸ *nm* adhésif *m* ; *(pegatina)* autocollant *m*
adhiera *etc vb ver* **adherir**
adhiriendo *etc vb ver* **adherir**
adicción *nf (a drogas etc)* dépendance *f*
adición *nf* addition *f* ; *(cosa añadida)* ajout *m*
adicional *adj* supplémentaire
adicionar *vt* additionner
adictivo, -a *adj* addictif(-ive)
adicto, -a *adj (Med)* dépendant(e) ; *(a ideología)* acquis(e) ▸ *nm/f (Med)* drogué(e) ; *(partidario)* fanatique *mf*
adiestramiento *nm (de animal)* dressage *m* ; *(Mil, Deporte)* entraînement *m*

adiestrar *vt* (*animal*) dresser ; (*Mil, Deporte*) entraîner ; **adiestrarse** *vpr*: **adiestrarse (en)** s'entraîner (à)
adinerado, -a *adj* fortuné(e)
adiós *excl* (*despedida*) au revoir ! ; (*al pasar*) salut ! ; (*¡ay!*) aïe !

> La palabra **adiós** como fórmula de despedida se traduce generalmente por *Au revoir !*. *Adieu* se reserva únicamente para las despedidas que son definitivas.

aditivo *nm* additif *m*
adivinanza *nf* devinette *f*
adivinar *vt* (*pensamientos*) deviner ; (*el futuro*) lire
adivino, -a *nm/f* devin(eresse)
adj *abr* = **adjunto**
adjetivo *nm* adjectif *m*
adjudicación *nf* adjudication *f*
adjudicar *vt* adjuger ; **adjudicarse** *vpr*: **adjudicarse algo** s'adjuger qch
adjudique *etc vb ver* **adjudicar**
adjuntar *vt* joindre ; **~ un archivo a un correo** (*Inform*) joindre un fichier à un mail
adjunto, -a *adj* (*documento*) joint(e) ; (*médico, director etc*) adjoint(e) ▶ *nm/f* (*profesor*) assistant(e) ▶ *adv* ci-joint
administración *nf* administration *f* ; **A~ pública** fonction *f* publique ; **A~ de Correos** Postes *fpl* et Télécommunications ; **A~ de Justicia** justice *f*
administrador, a *nm/f* administrateur(-trice), gérant(e)
administrar *vt* administrer, gérer ; (*medicamento, sacramento*) administrer
administrativo, -a *adj* administratif(-ive) ▶ *nm/f* (*de oficina*) employé(e) de bureau
admirable *adj* admirable
admiración *nf* (*estimación*) admiration *f* ; (*asombro*) étonnement *m* ; (*Ling*) exclamation *f* ; **no salgo de mi ~** je n'en reviens pas
admirador, a *nm/f* admirateur(-trice)
admirar *vt* (*estimar*) admirer ; (*asombrar*) étonner ; **no es de ~ que ...** rien d'étonnant à ce que ... ; **admirarse** *vpr*: **admirarse de** s'étonner de ; **se admiró de que ...** il s'est étonné que ...
admisible *adj* acceptable
admisión *nf* admission *f* ; (*de razones etc*) acceptation *f*
admitir *vt* (*razonamiento etc*) admettre ; (*regalos*) accepter ; **esto no admite demora** cela ne peut pas attendre ; **la cuestión no admite dudas** cela ne fait aucun doute
admón. *abr* = **administración**
admonición *nf* admonition *f*
ADN *nm abr* (= *ácido desoxirribonucleico*) ADN *m* ; **prueba del ~** test *m* ADN ▶ *nf abr* (Bol) (= *Acción Democrática Nacionalista*) Action *f* démocratique nationaliste
adobar *vt* (*Culin*) mariner
adobe *nm* torchis *msg*
adobo *nm* (*Culin: preparación*) marinage *m* ; (*: salsa*) marinade *f*
adocenado, -a (*fam*) *adj* médiocre
adoctrinar *vt* endoctriner
adolecer *vi*: **~ de** souffrir de
adolescencia *nf* adolescence *f*
adolescente *adj, nmf* adolescent(e)
adolezca *etc vb ver* **adolecer**
adonde (*esp Am*) *adv* où
adónde *adv* où
adondequiera *adv* n'importe où
adopción *nf* adoption *f*
adoptado, -a *adj* adopté(e)
adoptar *vt* adopter
adoptivo, -a *adj* adoptif(-ive) ; (*lengua, país*) d'adoption
adoquín *nm* pavé *m*
adorable *adj* adorable
adoración *nf* adoration *f* ; **A~ de los Reyes** adoration *f* des Rois mages, Épiphanie *f* ; **una mirada llena de ~** un regard aimant
adorar *vt* adorer
adormecer *vt* endormir ; **adormecerse** *vpr* somnoler ; (*miembro*) s'engourdir
adormezca *etc vb ver* **adormecer**
adormilarse *vpr* s'assoupir
adornar *vt* orner ; (*habitación, mesa*) décorer
adorno *nm* ornement *m*, décoration *f* ; **de ~** d'ornement, décoratif(-ive)
adosado, -a *adj*: **chalet ~** maison *f* jumelle
adosar *vt*: **~ (algo) a** adosser (qch) à
adquiera *etc vb ver* **adquirir**
adquirir *vt* acquérir
adquisición *nf* acquisition *f*
adrede *adv* exprès, à dessein
adrenalina *nf* adrénaline *f*
Adriático *nm*: **el ~** l'Adriatique *m* ▶ *adj*: **el mar ~** la mer Adriatique
adscribir *vt*: **~ a** (*trabajo, puesto*) assigner à ; **le adscribieron al cuerpo diplomático** il a été attaché au corps diplomatique
adscrito, -a *pp de* **adscribir**
ADSL *sigla m* (= *asymmetric digital subscriber line*) ADSL *m*
aduana *nf* douane *f*
aduanero, -a *adj, nm/f* douanier(-ière)
aducir *vt* alléguer
adueñarse *vpr*: **~ de** s'approprier
adulación *nf* adulation *f*
adular *vt* aduler
adulterar *vt* (*alimentos, vino*) frelater
adulterio *nm* adultère *m*
adúltero, -a *adj, nm/f* adultère *mf*
adulto, -a *adj, nm/f* adulte *mf*
adusto, -a *adj* (*expresión, carácter*) sévère ; (*paisaje, región*) austère
aduzca *etc vb ver* **aducir**
advenedizo, -a *nm/f* parvenu(e)

advenimiento *nm* avènement *m* ; **~ al trono** avènement au trône
adverbio *nm* adverbe *m*
adversario, -a *nm/f* adversaire *mf*
adversidad *nf* adversité *f*
adverso, -a *adj* adverse
advertencia *nf* avertissement *m*
advertir *vt* (*observar*) observer ; **~ a algn de algo** avertir qn de qch ; **~ a algn que ...** avertir qn que ...
Adviento *nm* Avent *m*
advierta *etc vb ver* **advertir**
advirtiendo *etc vb ver* **advertir**
adyacente *adj* adjacent(e)
AEE *sigla f* (*= Agencia Espacial Europea*) ASE *f* (*= Agence spatiale européenne*)
aéreo, -a *adj* aérien(ne) ; **por vía aérea** par avion
aerobic *nm inv* aérobic *f*
aerodeslizador, aerodeslizante *nm* aéroglisseur *m*
aerodinámica *nf* aérodynamique *f*
aerodinámico, -a *adj* aérodynamique
aeródromo *nm* aérodrome *m*
aeroespacial *adj* aérospatial(e)
aerogenerador *nm* éolienne *f*
aerógrafo *nm* aérographe *m*
aerograma *nm* aérogramme *m*
aeroligero *nm* (avion *m*) ultra-léger *m*
aerolínea *nf* compagnie *f* aérienne
aeromodelismo *nm* aéromodélisme *m*
aeromodelo *nm* modèle *m* réduit
aeromozo, -a (*Am*) *nm/f* (*Aviat*) steward (hôtesse de l'air)
aeronáutica *nf* aéronautique *f*
aeronáutico, -a *adj* aéronautique
aeronave *nf* aéronef *m*
aeroplano *nm* aéroplane *m*
aeropuerto *nm* aéroport *m*
aerosol *nm* aérosol *m*, spray *m*
aerostato, aeróstato *nm* aérostat *m*
aerotransportado, -a *adj* aéroporté(e)
a/f *abr* (*= a favor*) à l'attention de
afabilidad *nf* affabilité *f*
afable *adj* affable
afamado, -a *adj* renommé(e)
afán *nm* (*ahínco*) ardeur *f* ; (*deseo*) soif *f* ; **con ~** avec ardeur
afanar (*fam*) *vt* (*robar*) rafler ; **afanarse** *vpr* (*atarearse*) s'affairer ; **afanarse por hacer** s'évertuer à faire
afanoso, -a *adj* (*búsqueda*) acharné(e) ; (*persona*) laborieux(-euse)
AFE *sigla f* = **Asociación de Futbolistas Españoles**
afear *vt* enlaidir
afección *nf* infection *f*
afectación *nf* affectation *f*
afectado, -a *adj* affecté(e) ; **afectados** *nmpl* (*en epidemias*) victimes *fpl* ; (*en catástrofes*) sinistrés *mpl*
afectar *vt* affecter ; **por lo que afecta a esto** quant à cela
afectísimo, -a *adj*: **suyo ~** respectueusement vôtre
afectividad *nf* affectivité *f*
afectivo, -a *adj* (*problema*) affectif(-ive)
afecto, -a *adj*: **~ a** (*ideología*) acquis(e) à ; (*Jur*) soumis(e) à ▸ *nm* (*cariño*) affection *f* ; **tenerle ~ a algn** avoir de l'affection pour qn
afectuosamente *adv* affectueusement
afectuoso, -a *adj* affectueux(-euse) ; **« un saludo ~ »** (*en carta*) « affectueusement »
afeitado *nm* (*de barba*) rasage *m* ; (*Taur*) épointage *m*
afeitar *vt* raser ; (*Taur*) épointer ; **afeitarse** *vpr* se raser ; **afeitarse la barba/el bigote** se raser la barbe/la moustache
afeminado, -a *adj* efféminé(e)
aferrar *vt* saisir ; **aferrarse** *vpr*: **aferrarse a** se cramponner à ; **aferrarse a una esperanza** se cramponner à un espoir
Afganistán *nm* Afghanistan *m*
afgano, -a *adj* afghan(e) ▸ *nm/f* Afghan(e)
afiance *etc vb ver* **afianzar**
afianzamiento *nm* consolidation *f* ; (*salud*) amélioration *f*
afianzar *vt* (*objeto, conocimientos*) consolider ; (*salud*) assurer ; **afianzarse** *vpr* se cramponner ; (*establecerse*) s'établir ; **afianzarse en** (*idea, opinión*) se cramponner à
afiche (*Am*) *nm* (*cartel*) affiche *f*
afición *nf* goût *m*, penchant *m* ; **la ~** les supporters *mpl* ; **~ a** goût pour *o* de ; **por ~** par goût ; **músico de ~** musicien(ne) amateur
aficionado, -a *adj, nm/f* amateur(-trice) ; **ser ~ a algo** être amateur de qch
aficionar *vt*: **~ a algn a algo** donner à qn le goût de qch ; **aficionarse** *vpr*: **aficionarse a algo** prendre goût à qch
afilado, -a *adj* (*cuchillo*) aiguisé(e) ; (*lápiz*) bien taillé(e)
afilador *nm* (*persona*) aiguiseur *m*
afilar *vt* (*cuchillo*) aiguiser ; (*lápiz*) tailler ; **afilarse** *vpr* (*cara*) s'affiner
afiliación *nf* affiliation *f*
afiliado, -a *adj, nm/f* affilié(e)
afiliarse *vpr*: **~ (a)** s'affilier (à)
afín *adj* (*carácter*) semblable ; (*ideas, opiniones*) voisin(e)
afinador, a *nm/f* (*Mús*: *persona*) accordeur(-euse) ; **~(a) de pianos** accordeur(-euse) de piano ▸ *nm* (*Mús*) accordoir *m*
afinar *vt* (*Mús*) accorder ; (*puntería, Tec*) ajuster ; (*motor*) régler ▸ *vi* (*Mús*: *cantar*) chanter juste ; (: *tocar*) jouer juste
afincarse *vpr* s'établir
afinidad *nf* affinité *f* ; **por ~** par affinité
afirmación *nf* affirmation *f*

afirmar *vt* affirmer ; (*objeto*) consolider ; ~ **haber hecho/que** affirmer avoir fait/que ▸ *vi* acquiescer ; **afirmarse** *vpr* (*recuperar el equilibrio*) se rétablir ; **afirmarse en lo dicho** confirmer ce qui à été dit
afirmativo, -a *adj* affirmatif(-ive)
aflicción *nf* affliction *f*
afligir *vt* affliger ; **afligirse** *vpr* s'affliger ; **afligirse (por** *o* **con** *o* **de)** s'affliger (de) ; **no te aflijas tanto** ne te laisse pas abattre
aflija *etc vb ver* **afligir**
aflojar *vt* desserrer ; (*cuerda*) détendre ▸ *vi* (*tormenta, viento*) se calmer ; **aflojarse** *vpr* (*pieza*) avoir du jeu
aflorar *vi* affleurer
afluencia *nf* affluence *f* ; (*de sangre*) afflux *msg*
afluente *adj, nm* affluent *m*
afluir *vi*: ~ **a** (*gente, sangre*) affluer à ; (*río*) se jeter dans
afluya *etc vb ver* **afluir**
afluyendo *etc vb ver* **afluir**
afmo., -a. *abr* = **afectísimo**
afónico, -a *adj*: **estar** ~ être aphone
aforado, -a *adj* (*provincia, territorio*) *bénéficiant de privilèges, d'un statut de droit régional* ▸ *nm/f personne qui jouit d'une immunité parlementaire et qui ne peut être jugée que par la Cour suprême, privilégié(e)*
aforar *vt* (*Tec*) jauger ; (*fig*) estimer, évaluer
aforismo *nm* aphorisme *m*
aforo *nm* (*Tec*) jaugeage *m* ; (*de teatro*) capacité *f* ; **el teatro tiene un ~ de 2.000 personas** ce théâtre a 2 000 places
afortunadamente *adv* heureusement
afortunado, -a *adj* (*persona*) chanceux(-euse) ; (*coincidencia, hallazgo*) heureux(-euse)
afrancesado, -a *adj* (*Hist*) *partisan des Français (lors de la guerre d'Indépendance, et aux XVIII*[e] *et XIX*[e] *siècles)*
afrenta *nf* affront *m*
África *nf* Afrique *f* ; ~ **del Sur** Afrique du Sud
africano, -a *adj* africain(e) ▸ *nm/f* Africain(e)
afroamericano, -a *adj* afro-américain(e) ▸ *nm/f* Afro-américain(e)
afrodisíaco, -a, afrodisiaco, -a *adj, nm* aphrodisiaque *m*
afrontar *vt* affronter ; (*dos personas*) confronter
afrutado, -a *adj* fruité(e)
after ['after] (*pl* **afters** *o* ~) *nm*, **afterhours** ['afterauars] *nm inv* after-hours *m*
aftershave [after'ʃeif] (*pl* **aftershaves**) *nm* after-shave *m inv*
afuera *adv* (*esp* Am) dehors ; **afueras** *nfpl* banlieue *fsg*
afuerano, -a, afuereño, -a, afuerino, -a (Chi) *adj* (*forastero*) étranger(-ère)
afuerita (*Méx fam*) *adv* dehors
afusilar (*Méx*) *vt* (*fusilar*) fusiller
ag. *abr* = **agosto**
agachar *vt* incliner ; **agacharse** *vpr* s'incliner, se baisser
agalla *nf* (*Zool*) ouïe *f* ; **tener agallas** (*fam*) ne pas avoir froid aux yeux
ágape *nm* agapes *fpl*, banquet *m*
agarrada *nf* (*pelea*) bagarre *f* ; (*riña*) altercation *m*, dispute *f*, accrochage *m*
agarradera (Am) *nf* (*asa*) anse *f* ; **agarraderas** *nfpl*: **tener (buenas) agarraderas** (*fam*) être pistonné(e) (*fam*)
agarradero *nm* = **agarradera**
agarrado, -a *adj* radin(e)
agarrar *vt* saisir ; (*esp* Am: *recoger*) prendre ; (*fam*: *enfermedad*) attraper ▸ *vi* (*planta*) prendre ; **agarró y se fue** (Am) sans faire ni une ni deux il a fichu le camp (*fam*) ; **agarrarse** *vpr* (*comida*) coller ; (*dos personas*) s'accrocher ; **agarrarse (a)** s'accrocher (à) ; **agarrársela con algn** (Am: *tenerla tomada con algn*) avoir qn dans le nez
agarre *nm* (*Auto*) adhérence *f*, tenue *f* de route
agarrotar *vt* (*reo*) faire subir le supplice du garrot à ; (*fardo*) ficeler ; (*persona*) garrotter ; **agarrotarse** *vpr* (*Med*) avoir des crampes ; (*motor*) se gripper
agasajar *vt* accueillir chaleureusement
ágata *nf* agate *f*
agauchado, -a (CSur) *adj* qui ressemble à un gaucho
agave (Am) *nm o nf* agave *m*
agazapar *vt* saisir ; **agazaparse** *vpr* (*persona, animal*) se tapir
agencia *nf* agence *f* ; ~ **de créditos/inmobiliaria** établissement *m* de crédit/agence immobilière ; ~ **matrimonial/de publicidad/de viajes** agence matrimoniale/de publicité/de voyages
agenciar *vt* procurer ; **agenciarse** *vpr* se procurer ; **agenciárselas para hacer algo** se débrouiller pour faire qch
agenda *nf* agenda *m* ; (*orden del día*) ordre *m* du jour ; ~ **electrónica** agenda *m* électronique
agente *nm* agent *m* ; ~ **acreditado/de bolsa/de negocios/de seguros** agent accrédité/de change/d'affaires/d'assurances ; ~ **femenino** auxiliaire *f* de police ; ~ **(de policía)** agent (de police)
ágil *adj* agile
agilidad *nf* agilité *f*
agilizar *vt* activer
agitación *nf* agitation *f*
agitado, -a *adj* (*día, viaje, vida*) agité(e)
agitador, a *nm/f* (*Pol*) agitateur(-trice)
agitar *vt* agiter ; (*fig*) troubler, inquiéter ; **agitarse** *vpr* s'agiter ; (*inquietarse*) se troubler, s'inquiéter
aglomeración *nf*: ~ **de gente** rassemblement *m* ; ~ **de tráfico** embouteillage *m*
aglomerado *nm* (*madera*) aggloméré *m* ; ~ **asfáltico** aggloméré *m* d'asphalte

a

aglomerar *vt* (*datos, noticias*) accumuler ; **aglomerarse** *vpr* (*multitud*) s'attrouper ; (*coches*) créer un embouteillage
aglutinar *vt* (*Med*) agglutiner ; (*unir*) agglutiner, regrouper, rassembler ; **aglutinarse** *vpr* (*Med*) s'agglutiner ; (*unirse*) s'agglutiner, se regrouper, se rassembler
agnóstico, -a *adj, nm/f* agnostique *mf*
agobiado, -a *adj* (*persona*) accablé(e) ; **estamos agobiados de trabajo** nous sommes débordés de travail
agobiante *adj* accablant(e) ; (*calor, ambiente*) étouffant(e)
agobiar *vt* (*suj: trabajo*) accabler ; (*: calor*) accabler, étouffer ; **sentirse agobiado por** être accablé de *o* par ; **me agobias con tantas preguntas** tu m'embêtes avec toutes tes questions ; **agobiarse** *vpr* stresser ; **no te agobies** me t'en fais pas
agobio *nm* accablement *m*
agolpamiento *nm* (*gente*) attroupement *m* ; (*tropas*) rassemblement *m*
agolparse *vpr* (*acontecimientos*) se précipiter ; (*problemas*) s'accumuler ; (*personas*) se presser, se bousculer
agonía *nf* agonie *f*
agonice *etc vb ver* **agonizar**
agonizante *adj* agonisant(e)
agonizar *vi* agoniser, être à l'agonie
agorafobia *nf* agoraphobie *f*
agorero, -a *adj* de mauvais augure ; **ave agorera** oiseau *m* de mauvais augure ▸ *nm/f* devin(eresse)
agostar *vt* dessécher ; **agostarse** *vpr* se dessécher
agosto *nm* août *m* ; **hacer el** *o* **su ~** faire son beurre ; *ver tb* **julio**
agotado, -a *adj* épuisé(e) ; (*pila*) à plat
agotador, a *adj* épuisant(e)
agotamiento *nm* épuisement *m*
agotar *vt* épuiser ; **agotarse** *vpr* s'épuiser ; (*libro*) être épuisé(e)
agraciado, -a *adj* qui a du charme ; **el número ~** (*en sorteo*) le numéro gagnant ▸ *nm/f* (*en sorteo, lotería*) gagnant(e)
agraciar *vt* (*premio*) remettre ; (*hacer más atractivo*) avantager, flatter
agradable *adj* agréable
agradar *vi* plaire ; **esto no me agrada** cela ne me plaît pas ; **le agrada estar en su compañía** votre compagnie lui est agréable
agradecer *vt* remercier ; **¡se agradece!** mille fois merci ! ; **le agradecería me enviara ...** je vous serais reconnaissant de m'envoyer ... ; **te agradezco que hayas venido** je te remercie d'être venu
agradecido, -a *adj*: **~ (por/a)** reconnaissant(e) (de/envers) ; **¡muy ~!** merci beaucoup !, merci bien !
agradecimiento *nm* remerciement *m*
agradezca *etc vb ver* **agradecer**
agrado *nm* agrément *m*, plaisir *m* ; (*amabilidad*) amabilité *f* ; **ser de tu** *etc* **~** être à ton *etc* goût
agrandar *vt* agrandir ; (*exagerar*) amplifier, grossir ; **agrandarse** *vpr* s'agrandir
agrario, -a *adj* agraire
agravación *nf*, **agravamiento** *nm* aggravation *f*
agravante *adj* (*circunstancia*) aggravant(e) ▸ *nm o nf*: **con el** *o* **la ~ de que ...** le problème étant que ...
agravar *vt* aggraver ; **agravarse** *vpr* s'aggraver
agraviar *vt* offenser ; (*perjudicar*) faire du tort à ; **agraviarse** *vpr* s'offenser
agravio *nm* offense *f* ; (*Jur*) tort *m*
agredir *vt* agresser
agregado, -a *nm* agrégat *m* ▸ *nm/f* (*profesor*) maître *mf* de conférences (*à l'université*), professeur *mf* certifié(e) (*dans l'enseignement secondaire*) ; **~ comercial** attaché(e) commercial(e) ; **~ cultural** attaché(e) culturel(le) ; **~ diplomático(-a)** attaché(e) diplomatique ; **~ militar** attaché(e) militaire
agregador *nm* (*tb*: **agregador de noticias**) agrégateur *m*
agregar *vt*: **~ (a)** ajouter (à) ; (*unir*) associer (à) ; **agregarse** *vpr*: **agregarse a** se joindre à
agregue *etc vb ver* **agregar**
agresión *nf* agression *f*
agresividad *nf* agressivité *f*
agresivo, -a *adj* agressif(-ive)
agresor, a *adj*: **país ~** pays *m* agresseur ▸ *nm/f* agresseur(-euse)
agreste *adj* champêtre
agriar *vt* aigrir ; (*leche*) faire tourner ; **agriarse** *vpr* s'aigrir ; (*leche*) tourner
agrícola *adj* agricole
agricultor, a *nm/f* agriculteur(-trice)
agricultura *nf* agriculture *f*
agridulce *adj* aigre-doux(-douce)
agrietarse *vpr* se crevasser ; (*piel*) se gercer ; (*muro*) se lézarder
agrimensor, a *nm/f* arpenteur(-euse)
agringado, -a (AM) *adj* américanisé(e)
agrio, -a *adj* aigre ; (*carácter*) aigri(e), revêche ; **agrios** *nmpl* agrumes *mpl*
agrocarburante, agrocombustible *nm* agrocarburant *m*
agronomía *nf* agronomie *f*
agrónomo, -a *adj* agronomique ▸ *nm/f* agronome *mf*
agropecuario, -a *adj* agricole et de pêche
agroturismo *nm* agritourisme *m*
agrupación *nf* groupement *m*, regroupement *m*
agrupamiento *nm* (*de personas, libros, datos*) regroupement *m*
agrupar *vt* (*personas*) grouper ; (*libros, datos*) regrouper ; (*Inform*) grouper, regrouper ; **agruparse** *vpr* se regrouper

agua *nf* eau *f* ; (*lluvia*) pluie *f*, eau de pluie ; **hacer ~** (*embarcación*) faire eau ; **se me hace la boca ~** ça me met l'eau à la bouche ; **nunca digas, « de esta ~ no beberé »** il ne faut pas dire « Fontaine, je ne boirai pas de ton eau » ; **estar con el ~ al cuello** avoir la corde au cou ; **estar como pez en el ~** être comme un poisson dans l'eau ; **quedar algo en ~ de borrajas** s'en aller en eau de boudin ; **venir como ~ de mayo** tomber à pic, arriver comme mars en carême ; **~ bendita/caliente/corriente/destilada/dulce/oxigenada/potable/salada** eau bénite/chaude/courante/distillée/douce/oxygénée/potable/salée ; **~ de colonia** eau de Cologne ; **~ mineral (con/sin gas)** eau minérale (gazeuse/non gazeuse) ; **aguas** *nfpl* (*de joya*) eau *fsg* ; (*mar*) eau *fsg*, eaux *fpl* ; **a dos aguas** (*tejado*) à deux pentes ; **aguas abajo** en aval ; **aguas arriba** en amont ; **romper aguas** (*Med*) perdre les eaux ; **tomar las aguas** prendre les eaux ; **aguas jurisdiccionales/residuales/termales** eaux territoriales/résiduaires/thermales ; **aguas mayores/menores** (*Med*) selles *fpl*/urine *fsg*

aguacate *nm* avocat *m* ; (*árbol*) avocatier *m*

aguacero *nm* averse *f*

aguado, -a *adj* (*leche, vino*) baptisé(e), coupé(e)

aguafiestas *nmf inv* trouble-fête *mf*, rabat-joie *mf*

aguafuerte *nf* eau-forte *f*

aguaitar (*esp* Am *fam*) *vt* (*mirar*) regarder

aguamiel (CAm, Méx) *nm* (*bebida*) eau *f* sucrée

aguanieve *nf* neige *f* fondue

aguantable *adj* supportable

aguantar *vt* supporter, endurer ; (*risa, ganas*) réprimer ▸ *vi* (*ropa*) résister ; **no sé cómo aguanta** je ne sais pas comment il tient le coup ; **aguantarse** *vpr* (*persona*) se dominer

aguante *nm* (*paciencia*) patience *f* ; (*resistencia*) résistance *f*

aguar *vt* (*leche, vino*) baptiser, couper ; **~ la fiesta a algn** gâcher son plaisir à qn

aguardar *vt* attendre ▸ *vi* : **~ (a que)** attendre (que)

aguardentoso, -a (*pey*) *adj* (*voz*) rauque

aguardiente *nm* eau-de-vie *f*

aguarrás *nm* essence *f* de térébenthine

aguce *etc vb ver* **aguzar**

agudeza *nf* (*oído, olfato*) finesse *f* ; (*vista*) acuité *f* ; (*de sonido*) aigu *m* ; (*fig: ingenio*) vivacité *f*, finesse ; (*ocurrencia*) mot *m* d'esprit

agudice *etc vb ver* **agudizar**

agudización *nf* (*de los sentidos, de la mente*) aiguisement *m*, perfectionnement *m* ; (*de crisis*) aggravation *f*, intensification *f*

agudizar *vt* (*sentidos, mente*) aiguiser ; (*crisis*) intensifier ; **agudizarse** *vpr* (*sentidos, mente*) s'aiguiser ; (*crisis*) s'intensifier

agudo, -a *adj* (*afilado*) tranchant(e), coupant(e) ; (*vista*) perçant(e) ; (*oído, olfato*) fin(e) ; (*sonido, dolor*) aigu(ë) ; (*ingenioso*) subtil(e)

agüe *etc vb ver* **aguar**

agüero *nm* : **ser de buen/mal ~** être de bon/mauvais augure ; **pájaro de mal ~** oiseau *m* de mauvais augure

aguerrido, -a *adj* aguerri(e)

aguijar *vt* aiguillonner

aguijón *nm* (*de insecto*) dard *m* ; (*fig: estímulo*) aiguillon *m*

aguijonear *vt* aiguillonner ; (*persona*) aiguillonner, piquer

águila *nf* aigle *m* ; **ser un ~** (*fig*) être un as

aguileño, -a *adj* (*nariz*) aquilin(e) ; (*rostro*) allongé(e), long (longue)

aguinaldo *nm* étrennes *fpl*

agüita (Chi) *nf* (*Culin*) infusion *f*

aguja *nf* aiguille *f* ; (*para hacer punto*) aiguille à tricoter ; (*para hacer ganchillo*) crochet *m* ; (*Arq*) aiguille, flèche *f* ; (*Tec*) percuteur *m* ; **carne de ~** côtes *fpl* ; **buscar una ~ en un pajar** chercher une aiguille dans une botte de foin ; **~ de tejer** (Am) aiguille à tricoter ; **agujas** *nfpl* (*Ferro*) aiguillage *m*

agujerear *vt* (*perforar: ropa, cristal, madera*) trouer

agujero *nm* trou *m*

agujetas *nfpl* courbatures *fpl*

aguzado, -a *adj* pointu(e)

aguzar *vt* (*herramientas*) aiguiser, affiler ; (*ingenio, entendimiento*) aiguillonner, stimuler ; **~ el oído/la vista** aiguiser l'ouïe/la vue

ah *excl* (*para expresar sorpresa*) ah !, oh !

aherrumbrarse *vpr* se rouiller

ahí *adv* (*lugar*) là ; **de ~ que** donc, d'où il s'ensuit que ; **~ está el problema** tout le problème est là ; **~ llega** le voilà ; **por ~** par là ; (*lugar indeterminado*) là-bas ; **¡hasta ~ podríamos llegar!** il ne manquerait plus que ça ! ; **¡~ va!** le voilà ! ; **~ donde le ve** tel que vous le voyez ; **¡~ es nada!** rien que ça ! ; **200 o por ~** environ 200

ahijado, -a *nm/f* filleul(e)

ahijar *vt* adopter

ahínco *nm* : **con ~** avec acharnement

ahíto, -a *adj* : **estar ~** (*indigesto*) être repu(e)

AHN *sigla m* (= *Archivo Histórico Nacional*) *archives nationales*

ahogado, -a *adj* (*en agua*) noyé(e) ; (*de trabajo*) débordé(e) ; (*grito*) étouffé(e) ; (*recinto*) renfermé(e) ▸ *nm/f* noyé(e)

ahogar *vt* étouffer ; (*en el agua*) noyer ; (*grito, sollozo*) contenir, étouffer ; (*fig: angustiar*) angoisser ; **ahogarse** *vpr* (*en el agua*) se noyer ; (*por asfixia*) s'asphyxier

ahogo *nm* oppression *f*, étouffement *m* ; (*angustia*) angoisse *f*, oppression ; **ahogos económicos** difficultés *fpl* financières

ahogue *etc vb ver* **ahogar**

ahondar *vt* creuser ▸ *vi*: **~ en** (*problema*) approfondir, creuser
ahora *adv* maintenant ; (*hace poco*) tout à l'heure ; **~ bien** *o* **que** cependant, remarquez (que) ; **~ mismo** à l'instant (même) ; **~ voy** j'arrive ; **¡hasta ~!** à tout de suite !, à tout à l'heure ; **por ~** pour le moment ; **de ~ en adelante** désormais, dorénavant
ahorcado, -a *nm/f* pendu(e)
ahorcar *vt* pendre ; **ahorcarse** *vpr* se pendre
ahorita (*esp* Am *fam*) *adv* tout de suite
ahoritita (Am *fam*) *adv* tout de suite
ahorque *etc vb ver* **ahorcar**
ahorrador, a *adj* économe
ahorrar *vt* économiser, épargner ; **~ a algn algo** épargner qch à qn ; **no ~ esfuerzos/sacrificios** ne pas ménager ses efforts/être avare de sacrifices ; **ahorrarse** *vpr*: **ahorrarse molestias** s'éviter des ennuis
ahorrativo, -a *adj* économe ; (*pey*) pingre
ahorro *nm* économie *f*, épargne *f* ; **ahorros** *nmpl* économies *fpl*
ahuecar *vt* (*madera, tronco*) évider ; (*voz*) enfler ▸ *vi*: **¡ahueca!** (*fam*) fous le camp ! (*fam*) ; **ahuecarse** *vpr* (*fig*) être bouffi(e) d'orgueil
ahueque *etc vb ver* **ahuecar**
ahumado, -a *adj* fumé(e)
ahumar *vt* fumer ; (*llenar de humo*) enfumer ; **ahumarse** *vpr* (*habitación*) se remplir de fumée ; (*comida*) prendre un goût de fumé
ahuyentar *vt* (*ladrón, fiera*) mettre en fuite ; (*fig*) chasser
AI *sigla f* (= *Amnistía Internacional*) AI *f* (= *Amnesty International*)
aimara, aimará *adj* aymara ▸ *nmf* Aymara *mf*
aindiado, -a (Am) *adj* (*Fisiol*) de type indien
airado, -a *adj* furieux(-euse)
airar *vt* (*persona*) irriter, fâcher ; **airarse** *vpr* (*irritarse*) s'irriter, se fâcher
aire *nm* (*tb Mús*) air *m* ; **al ~ libre** en plein air ; **dejar en el ~** laisser sans réponse ; **tener ~ de** avoir l'air de ; **estar en el ~** (*Radio*) être sur les ondes ; (*fig*) être en suspens ; **tener un ~ con** *o* **darse un ~ a** ressembler à ; **tomar el ~** prendre l'air ; **~ acondicionado** air conditionné, climatisation *f* ; **~ popular** (*Mús*) air populaire ; **aires** *nmpl*: **darse aires** se donner des airs ; **cambiar de aires** changer d'air
airear *vt* aérer ; (*asunto, secreto*) éventer ; **airearse** *vpr* prendre l'air
airoso, -a *adj*: **salir ~ de algo** bien s'en tirer
aislado, -a *adj* isolé(e)
aislamiento *nm* (*acción*) mise *f* à l'écart ; (*soledad*) isolement *m* ; (*Elec*) isolation *f* ; **~ térmico** isolation *f* thermique
aislante *nm* (*Elec*) isolant *m*
aislar *vt* isoler ; **aislarse** *vpr*: **aislarse (de)** s'isoler (de)
AITA *sigla f* (= *Asociación Internacional del Transporte Aéreo*) IATA *f* (= *Association internationale de transport aérien*)
ajar *vt* ravager ; **ajarse** *vpr* (*persona*) se faner ; (*prenda*) se défraîchir
ajardinado, -a *adj* aménagé(e) avec des jardins
ajedrecista *nmf* joueur(-euse) d'échecs
ajedrez *nm* échecs *mpl*
ajenjo *nm* absinthe *f*
ajeno, -a *adj* d'autrui ; **ser ~ a** (*impropio de*) contraire à ; **estar ~ a algo** être étranger(-ère) à qch ; **por razones ajenas a nuestra voluntad** pour des raisons indépendantes de notre volonté
ajete *nm* ail *m* tendre
ajetreado, -a *adj* (*día*) mouvementé(e)
ajetrearse *vpr* s'affairer
ajetreo *nm* agitation *f*
ají (Am) *nm* piment *m* rouge ; (*salsa*) sauce *f* au piment
ajiaco (Am) *nm* (*Culin*) ragoût *m*
ajillo *nm*: **al ~** *sauce à base d'huile d'olive, d'ail et de piment rouge*
ajo *nm* ail *m* ; **estar en el ~** (*fam*) être dans le coup (*fam*) ; **~ blanco** = **ajoblanco**
ajoblanco *nm soupe froide à base d'amandes, d'ail cru pilé, de mie de pain, d'huile, de sel et d'eau*
ajonjolí *nm* sésame *m*
ajorca *nf* bracelet *m*
ajuar *nm* (*de casa*) mobilier *m* ; (*de novia*) trousseau *m*
Ajuria Enea *nf siège du gouvernement autonome du Pays Basque espagnol*
ajustado, -a *adj* (*ropa*) moulant(e) ; (*precio*) raisonnable ; (*resultado*) serré(e) ; (*cálculo*) exact(e)
ajustar *vt* ajuster ; (*reloj, cuenta*) régler ; (*concertar*) convenir de ; (*Tec*) ajuster, régler ; (*Imprenta*) mettre en pages ; (*diferencias*) aplanir ; **~ algo a algo** ajuster qch à qch ; (*fig*) adapter qch à qch ; **~ cuentas con algn** (*fig*) régler ses comptes avec qn ▸ *vi* (*ventana, puerta*) cadrer ; **ajustarse** *vpr*: **ajustarse a** se conformer à
ajuste *nm* (*de reloj*) réglage *m* ; (*Fin*) fixation *f* (des prix) ; (*acuerdo*) accord *m* ; **~ de cuentas** (*fig*) règlement *m* de comptes
ajusticiar *vt* exécuter
al (= *a* + *el*) *ver* **a**
ala *nf* aile *f* ; (*de sombrero*) bord *m* ; **cortar las alas a algn** mettre des bâtons dans les roues à qn ; **dar alas a algn** laisser qn faire ce qu'il veut ; **~ delta** deltaplane *m* ▸ *nmf* (*baloncestista*) ailier(-ière)
Alá *n* Allah
alabanza *nf* éloge *m*, louange *f*
alabar *vt* (*persona*) louer, faire l'éloge de ; (*obra etc*) louer, vanter
alabastro *nm* albâtre *m*

alacena *nf* garde-manger *m*
alacrán *nm* scorpion *m*
ALADI *sigla f (= Asociación Latinoamericana de Integración)* ALADI *f (= Association latino-américaine d'intégration)*
alado, -a *adj* ailé(e)
ALALC *sigla f (= Asociación Latinoamericana de Libre Comercio) ancienne ALADI*
alambicado, -a *adj* alambiqué(e)
alambique *nm* alambic *m*
alambrada *nf*, **alambrado** *nm* grillage *m*
alambre *nm* fil *m* de fer ; **~ de púas** fil de fer barbelé
alambrista *nmf* équilibriste *mf*, funambule *mf*
alameda *nf* peupleraie *f* ; *(lugar de paseo)* promenade *f (bordée d'arbres)*
álamo *nm* peuplier *m* ; **~ temblón** tremble *m*
alano *nm* dogue *m*
alarde *nm*: **hacer ~ de** faire étalage de
alardear *vi*: **~ de** faire étalage de
alargadera *nf (Elec)* rallonge *f*
alargado, -a *adj* allongé(e)
alargador *nm (Elec)* rallonge *f*
alargar *vt* rallonger ; *(estancia, vacaciones)* prolonger ; *(brazo)* allonger, tendre ; *(paso)* presser ; **~ algo a algn** tendre qch à qn ; **alargarse** *vpr (días)* rallonger ; *(discurso, reunión)* se prolonger ; **alargarse a** *o* **hasta** *(persona)* aller jusqu'à ; **alargarse en** *(explicación)* se perdre en
alargue *etc vb ver* **alargar**
alarido *nm* hurlement *m*
alarma *nf (señal de peligro)* alarme *f*, alerte *f* ; **voz de ~** ton *m* alarmé ; **dar/sonar la ~** donner/sonner l'alarme ; **~ de incendios** avertisseur *m* d'incendie
alarmante *adj* alarmant(e)
alarmar *vt* alarmer ; **alarmarse** *vpr* s'alarmer
alauí, alauita *adj* alaouite
alavés, -esa *adj* d'Alava ▸ *nm/f* natif(-ive) *o* habitant(e) d'Alava
alazán *nm* alezan *m*
alba *nf* aube *f*
albacea *nmf* exécuteur(-trice) testamentaire
albaceteño, -a *adj* d'Albacete ▸ *nm/f* natif(-ive) *o* habitant(e) d'Albacete
albahaca *nf* basilic *m*
albanés, -esa *adj* albanais(e) ▸ *nm/f* Albanais(e) ▸ *nm (Ling)* albanais *m*
Albania *nf* Albanie *f*
albanokosovar *adj* albanais(e) du Kosovo ▸ *nmf* Albanais(e) du Kosovo
albañal *nm* égout *m*
albañil *nm* maçon *m*
albañilería *nf (oficio)* maçonnerie *f* ; **trabajo de ~** travail de maçonnerie
albarán *nm* bordereau *m*
albarda *nf* bât *m*
albaricoque *nm* abricot *m*
albatros *nm inv* albatros *m*
albedrío *nm*: **libre ~** libre arbitre *m*
alberca *nf* réservoir *m* d'eau ; *(AM)* piscine *f*
albergar *vt* héberger ; *(esperanza)* nourrir ; **albergarse** *vpr* s'abriter ; *(alojarse)* se faire héberger, loger
albergue *vb ver* **albergar** ▸ *nm* abri *m* ; **~ juvenil** *o* **de juventud** auberge *f* de jeunesse
albino, -a *adj, nm/f* albinos *mf*
albis *adv*: **quedarse in ~** n'y comprendre goutte
albóndigas *nfpl* boulettes *fpl* de viande
albor *nm* point *m* du jour ; **en los albores de** à l'aube de
alborada *nf* point *m* du jour ; *(diana)* diane *f* ; *(música)* aubade *f*
alborear *vi*: **alboreaba** le jour se levait
albornoz *nm (para el baño)* peignoir *m* ; *(de los árabes)* burnous *msg*
alboroce *etc vb ver* **alborozar**
alborotado, -a *adj* agité(e)
alborotador, a *adj* tapageur(-euse), chahuteur(-euse) ▸ *nm/f (agitador)* agitateur(-euse), fauteur(-euse) de troubles, trublion *m* ; *(alumno)* chahuteur(-euse)
alborotar *vt* agiter ; *(amotinar)* ameuter ▸ *vi* faire du tapage ; **alborotarse** *vpr* s'agiter
alboroto *nm* tapage *m*
alborozar *vt* réjouir ; **alborozarse** *vpr* se réjouir
alborozo *nm* réjouissance *f*
albricias *nfpl*: **¡~!** victoire !
álbum *(pl* **álbums** *o* **álbumes***)* *nm* album *m* ; **~ de recortes** recueil *m* de coupures de journaux
albumen *nm* albumen *m*
ALCA *nf abr (= Área de Libre Comercio de las Américas)* ZLEA *f (= Zone de libre-échange des Amériques)*
alcabala *(AM) nf (Policía: control)* barrage *m* de police
alcachofa *nf* artichaut *m* ; **~ de ducha/de regadera** pomme *f* de douche/d'arrosoir
alcahueta *nf* entremetteuse *f*
alcahuete *nm* maquereau *m* ; *(de teatro)* rideau *m* d'entracte
alcaide *nm (Hist: de castillo)* gouverneur *m* ; *(de cárcel)* directeur *m* de prison
alcalde, -esa *nm/f* maire *mf*
alcaldía *nf* mairie *f*
álcali *nm* alcali *m*
alcaloide *nm* alcaloïde *m*
alcance *vb ver* **alcanzar** ▸ *nm* portée *f* ; *(Com)* solde *m* débiteur ; **al ~ de la mano** à portée de main ; **estar a/fuera de mi** *etc* **~** être/ne pas être à ma *etc* portée ; **de gran ~** *(Mil)* longue portée *inv* ; *(fig)* de grande importance
alcancía *nf* tirelire *f*
alcanfor *nm* camphre *m*

alcantarilla *nf (subterránea)* égout *m* ; *(en la calle)* caniveau *m*
alcantarillado *nm* égouts *mpl*
alcanzar *vt* atteindre ; *(persona)* rattraper ; *(autobús)* attraper ; *(Am: entregar)* passer ▸ *vi* être suffisant(e) ; *(para todos)* suffire ; **~ a hacer** arriver à faire
alcaparra *nf* câpre *f*
alcatraz *nm* pélican *m* (d'Amérique)
alcaucil (CSur) *nm (alcachofa)* artichaut *m*
alcayata *nf (clavo)* piton *m*
alcázar *nm* citadelle *f* ; *(Náut)* dunette *f*
alce *etc vb ver* **alzar**
alcista *adj (Com, Econ)*: **mercado/tendencia ~** marché *m*/tendance *f* à la hausse ▸ *nmf* haussier(-ière)
alcoba *nf* alcôve *f*
alcohol *nm* alcool *m* ; **~ metílico** alcool à brûler ; **no bebe ~** il ne boit pas d'alcool
alcoholemia *nf*: **test de la ~** test *m* d'alcoolémie
alcoholice *etc vb ver* **alcoholizarse**
alcohólico, -a *adj* alcoolique ▸ *nm/f* alcoolique *mf* ; **alcohólicos anónimos** ligue *fsg* des alcooliques anonymes
alcoholímetro *nm* alcoomètre *m*
alcoholismo *nm* alcoolisme *m*
alcoholizarse *vpr* s'alcooliser
alcornoque *nm* chêne-liège *m* ; *(fam)* andouille *f (fam)*
alcurnia *nf* noble lignée *f*
alcuzas (Am) *nfpl* huilier *msg*
aldaba *nf* heurtoir *m*
aldabón *nm (de puerta)* heurtoir *m* ; *(asa)* poignée *f*
aldea *nf* hameau *m*
aldeano, -a *adj, nm/f* villageois(e)
aleación *nf* alliage *m*
aleatorio, -a *adj* aléatoire ; **acceso ~** *(Inform)* accès *msg* aléatoire
aleccionador, a *adj* instructif(-ive)
aleccionar *vt* instruire ; *(regañar)* faire la leçon à
aledaños *nmpl* alentours *mpl*
alegación *nf* allégation *f*
alegar *vt* alléguer ; **~ que ...** alléguer que ... ▸ *vi (Am)* discuter
alegato *nm* plaidoyer *m* ; *(Am)* discussion *f*
alegoría *nf* allégorie *f*
alegórico, -a *adj* allégorique
alegrar *vt* réjouir ; *(casa)* égayer ; *(fiesta)* animer ; *(fuego)* attiser ; **alegrarse** *vpr (fam)* se griser ; **alegrarse de** se réjouir de
alegre *adj* gai(e), joyeux(-euse) ; *(fam: con vino)* éméché(e)
alegremente *adv (felizmente)* gaiement, joyeusement ; *(irresponsablemente)* allégrement ; **se lo gastó todo ~** il a allégrement tout dépensé, il a tout dépensé sans réfléchir
alegría *nf* joie *f*, gaieté *f* ; **~ vital** joie de vivre
alegrón *nm* explosion *f* de joie ; **dar a algn un ~** causer une joie immense à qn
alegue *etc vb ver* **alegar**
alejado, -a *adj (distanciado)* éloigné(e) ; **en un pueblecito ~** dans un village retiré ; **una lesión lo mantuvo ~ del fútbol** une blessure l'a éloigné du football ; **ha pasado varios años alejada de los escenarios** elle a passé plusieurs années loin de la scène
alejamiento *nm* éloignement *m*
alejar *vt* éloigner ; *(ideas)* repousser ; **alejarse** *vpr* s'éloigner
alelado, -a *adj* hébété(e)
aleluya *nm* alléluia *m* ; **¡~!** alléluia !
alemán, -ana *adj* allemand(e) ▸ *nm/f* Allemand(e) ▸ *nm (Ling)* allemand *m*
Alemania *nf* Allemagne *f*
alentador, a *adj* encourageant(e)
alentar *vt* encourager
alergia *nf* allergie *f*
alérgico, -a *adj* allergique ; **ser ~ a** être allergique à ▸ *nm/f* allergique *mf*
alero *nm* auvent *m* ; *(Deporte)* ailier *m* ; *(Auto)* garde-boue *m inv*
alerón *nm* aileron *m* ; *(fam: axila)* aisselle *f*
alerta *adj inv* vigilant(e) ▸ *nf* alerte *f* ▸ *adv*: **estar** *o* **mantenerse ~** être sur ses gardes
alertar *vt* alerter, donner l'alerte ; **~ a algn de algo** prévenir qn de qch
aleta *nf (pez)* nageoire *f* ; *(foca)* aileron *m* ; *(nariz)* aile *f* ; *(Deporte)* palme *f* ; *(Auto)* garde-boue *m inv*
aletargar *vt* endormir ; **aletargarse** *vpr* s'assoupir
aletargue *etc vb ver* **aletargar**
aletear *vi (ave)* battre des ailes ; *(pez)* battre des nageoires ; *(individuo)* agiter les bras
alevín *nm* alevin *m*
alevosía *nf*: **con ~** traîtreusement
alfabético, -a *adj* alphabétique
alfabetización *nf*: **campaña de ~** campagne *f* d'alphabétisation
alfabeto *nm* alphabet *m*
alfajor *nm (Esp) friandise à base d'amandes, de noix et de miel* ; *(CSur: dulce) biscuit fourré*
alfalfa *nf* luzerne *f*
alfaque *nm* banc *m* de sable
alfar *nm* atelier *m* de potier
alfarería *nf* poterie *f* ; *(tienda)* magasin *m* de poterie
alfarero, -a *nm/f* potier(-ière)
alféizar *nm* embrasure *f*
alférez *nm (Mil)* sergent *m*
alfil *nm (Ajedrez)* fou *m*
alfiler *nm* épingle *f* ; *(broche)* broche *f* ; **prendido con alfileres** précaire ; **~ de corbata** épingle de cravate ; **~ de gancho** *(Am) (imperdible grande)* (grande) épingle de nourrice

alfiletero *nm* porte-aiguilles *m inv*
alfombra *nf* tapis *msg*
alfombrar *vt* recouvrir d'un tapis
alfombrilla *nf* carpette *f* ; (*Inform*) tapis *m* de souris
alforja *nf* besace *f*
alforza *nf* pli *m*
alga *nf* algue *f*
algarabía (*fam*) *nf* brouhaha *m*
algarada *nf* tapage *m*, tumulte *m*
Algarbe *nm*: **el ~** l'Algarve *m*
algarroba *nf* caroube *f*
algarrobo *nm* caroubier *m*
algazara *nf* brouhaha *m*
álgebra *nf* algèbre *f*
álgido, -a *adj* crucial(e)
algo *pron* quelque chose ; (*una cantidad pequeña*) un peu ; **~ así (como)** quelque chose comme ; **~ es ~** c'est toujours ça de pris ; **¿~ más?** c'est tout ? ; (*en tienda*) et avec ceci ? ; **por ~ será** il y a bien une raison ▸ *adv* un peu, assez ; **es ~ difícil** c'est un peu difficile
algodón *nm* coton *m* ; **~ de azúcar** barbe *f* à papa ; **~ hidrófilo** coton hydrophile
algodonero, -a *adj* cotonnier(-ière) ▸ *nm* (*Bot*) cotonnier *m*
algoritmo *nm* algorithme *m*
alguacil *nm* (*de juzgado*) huissier *m* ; (*de ayuntamiento*) employé *m* municipal ; (*Taur*) officiel *m* à cheval
alguien *pron* quelqu'un
algún *adj ver* **alguno**
alguno, -a (*antes de nmsg* **algún**) *adj* quelque, un (une) ; (*en frase negativa*) aucun(e) ; **algún día iré** j'irai un jour ; **algunos aparatos** certains *o* quelques appareils ; **algunas playas** certaines *o* quelques plages ; **algunas veces** quelquefois ; **algún que otro libro** quelques livres ; **no tiene talento ~** il n'a aucun talent ; **sin interés ~** sans aucun intérêt ▸ *pron* quelqu'un ; **~ de ellos** l'un d'eux ; **algunos piensan** certains pensent ; **~ que otro** quelque
alhaja *nf* joyau *m* ; (*persona*) perle *f* ; (*niño*) bijou *m*
alhelí *nm* giroflée *f*
aliado, -a *adj*, *nm/f* allié(e) ▸ *nm* (Chi *Culin*) sandwich *m* mixte ; (*bebida*) mélange *m*
alianza *nf* alliance *f*
aliarse *vpr*: **~ (con/a)** s'allier (à)
alias *adv* alias
alicaído, -a *adj* abattu(e)
alicantino, -a *adj* d'Alicante ▸ *nm/f* natif(-ive) *o* habitant(e) d'Alicante
alicatado *nm* carrelage *m*
alicatar *vt* carreler
alicates *nmpl* pince *fsg* ; **~ de uñas** coupe-ongles *m inv*
aliciente *nm* stimulant *m* ; (*atractivo*) attrait *m*, charme *m*
alienación *nf* aliénation *f*
alienígena *adj*, *nmf* extraterrestre *mf*
aliento *vb ver* **alentar** ▸ *nm* haleine *f* ; (*fig*) courage *m* ; **sin ~** hors d'haleine
aligerar *vt* alléger ; (*dolor*) soulager ; **~ el paso** presser le pas ; **aligerarse** *vpr*: **aligerarse de** (*ropa*) enlever ; (*prejuicios*) se débarrasser de
alijo *nm* marchandise *f* de contrebande
alimaña *nf* animal *m* nuisible
alimentación *nf* alimentation *f* ; **tienda de ~** magasin *m* d'alimentation ; **~ continua** alimentation en continu
alimentador *nm*: **~ de papel** alimentation *f* de papier
alimentar *vt* nourrir, alimenter ▸ *vi* être nourrissant(e) ; **alimentarse** *vpr*: **alimentarse de** *o* **con** s'alimenter de
alimentario, -a *adj* alimentaire
alimenticio, -a *adj* (*sustancia*) alimentaire ; (*nutritivo*) nourrissant(e)
alimento *nm* aliment *m* ; **alimentos** *nmpl* (*Jur*) aliments *mpl*
alimón *adv*: **al ~** à deux
alineación *nf* alignement *m* ; (*Deporte*) formation *f*
alineado, -a *adj* (*Tip*): **(no) ~** (non) aligné(e) ; **~ a la izquierda/derecha** aligné(e) à gauche/droite
alinear *vt* aligner ; (*Deporte*) faire jouer ; **alinearse** *vpr* s'aligner ; (*Deporte*) rentrer
aliñar *vt* assaisonner
aliño *nm* assaisonnement *m*
alisador *nm* (*de pelo*) lisseur *m*
alisar *vt* lisser ; (*madera*) polir
aliso *nm* aulne *m*, aune *m*
alistamiento *nm* (*Mil*) enrôlement *m*, recrutement *m*
alistar *vt* inscrire (*sur une liste*) ; (*Mil*) enrôler, recruter ; **alistarse** *vpr* s'inscrire ; (*Mil*) s'enrôler ; (Am: *prepararse*) se préparer
aliviar *vt* (*carga*) alléger ; (*persona*) soulager
alivio *nm* soulagement *m*
aljibe *nm* citerne *f*
allá *adv* là-bas ; (*por ahí*) par là ; **~ abajo/arriba** tout en bas/en haut ; **hacia ~** par là-bas ; **más ~** plus loin ; **más ~ de** au-delà de ; **~ por** vers ; **¡~ tú!** tant pis pour toi ! ; **el más ~** l'au-delà *m*
allanamiento *nm*: **~ de morada** violation *f* de domicile
allanar *vt* aplanir ; (*muro*) raser ; (*obstáculos*) surmonter ; (*entrar a la fuerza en*) forcer ; (*Jur*) rentrer par effraction ; **allanarse** *vpr*: **allanarse a** se soumettre à
allegado, -a *adj* partisan(e) ▸ *nm/f* proche parent(e)
allende *prep*: **~ los mares** au-delà des mers
allí *adv* (*lugar*) là ; **~ mismo** là précisément ; **por ~** par là

a

alma *nf (tb Tec)* âme *f* ; *(de fiesta)* clou *m* ; *(de reunión)* objet *m* principal ; **se le cayó el ~ a los pies** il s'est effondré ; **entregar el ~** rendre l'âme ; **estar con el ~ en la boca** être à l'agonie ; **tener el ~ en un hilo** être mort(e) d'inquiétude ; **estar como ~ en pena** être comme une âme en peine ; **ir como ~ que lleva el diablo** courir comme un(e) dératé(e) ; **lo agradezco/lo siento en el ~** je vous remercie/je le regrette infiniment ; **no puedo con mi ~** je n'en peux plus (de fatigue) ; **con toda el ~** du fond du cœur
almacén *nm (tb Mil)* magasin *m* ; *(al por mayor)* magasin de gros ; *(Am)* épicerie *f* ; *(depósito)* entrepôt *m* ; **(grandes) almacenes** grands magasins *mpl*
almacenaje *nm* emmagasinage *m*, stockage *m* ; **~ secundario** *(Inform)* mémoire *f* auxiliaire
almacenamiento *nm* emmagasinage *m*, stockage *m* ; *(Inform)* mise *f* en mémoire ; **~ temporal en disco** traitement *m* différé
almacenar *vt* emmagasiner, stocker ; *(Inform)* mémoriser
almacenero, -a *(Am) nm/f* épicier(-ière)
almacenista *nmf* grossiste *mf*
alma máter *nf (impulsor)* âme *f*, moteur *m*
almanaque *nm* almanach *m*
almazara *nf* moulin *m* à huile
almeja *nf* palourde *f*, clovisse *f*
almenas *nfpl* créneaux *mpl*
almendra *nf* amande *f* ; **almendras garrapiñadas** pralines *fpl*
almendro *nm* amandier *m*
almeriense *adj* d'Almería ▸ *nmf* natif(-ive) *o* habitant(e) d'Almería
almiar *nm* meule *f*
almíbar *nm* sirop *m* ; **en ~** au sirop
almibarado, -a *adj (persona)* mielleux(-euse)
almidón *nm* amidon *m*
almidonado, -a *adj* amidonné(e), empesé(e)
almidonar *vt (tela, prenda)* amidonner, empeser
almirantazgo *nm* tribunal *m* de l'amirauté
almirante *nm* amiral *m*
almirez *nm* mortier *m*
almizcle *nm* musc *m*
almizclero *nm* chevrotain *m*
almohada *nf* oreiller *m* ; *(funda)* taie *f* d'oreiller ; **lo consultaré** *etc* **con la ~** la nuit porte conseil
almohadilla *nf (para sentarse)* coussinet *m* ; *(para planchar)* pattemouille *f* ; *(para sellar)* tampon *m* encreur ; *(en los arreos)* tapis *msg* de selle ; *(Am)* pelote *f* à épingles ; *(tecla)* touche *f* dièse
almohadillado, -a *adj* rembourré(e)
almohadón *nm* coussin *m* ; *(funda de almohada)* taie *f* d'oreiller
almorcé *vb ver* **almorzar**
almorcemos *etc vb ver* **almorzar**
almorranas *nfpl* hémorroïdes *fpl*
almorzar *vt (a mediodía)* manger au déjeuner ; *(a media mañana)* manger dans la matinée ; **~ una tortilla** déjeuner d'une omelette ▸ *vi (a mediodía)* déjeuner ; *(a media mañana)* manger (dans la matinée)
almuerce *etc vb ver* **almorzar**
almuerzo *vb ver* **almorzar** ▸ *nm (a mediodía)* déjeuner *m* ; *(a media mañana)* en-cas *(pris dans la matinée)*
aló *(Am) excl (Telec)* allô !
alocadamente *adv* étourdiment
alocado, -a *adj* écervelé(e) ; *(acción)* irréfléchi(e)
alocución *nf* allocution *f*
áloe *nm (Bot)* aloès *m*
alojamiento *nm* logement *m* ; *(de visitante)* hébergement *m*
alojar *vt* loger ; **alojarse** *vpr* se loger ; **alojarse en** *(suj: bala, proyectil)* se loger dans
alondra *nf* alouette *f*
alopecia *nf* alopécie *f*
alpaca *nf* maillechort *m* ; *(Zool)* alpaga *m*
alpargata *nf* espadrille *f*
Alpes *nmpl*: **los ~** les Alpes *fpl*
alpinismo *nm* alpinisme *m*
alpinista *nmf* alpiniste *mf*
alpino, -a *adj* alpin(e)
alpiste *nm* alpiste *m* ; *(Am fam: dinero)* fric *m*
Al Qaeda *n* Al-Qaida
alquería *nf* ferme *f*
alquilar *vt* louer ; **« se alquila casa »** « maison à louer »
alquiler *nm* location *f* ; *(precio)* loyer *m* ; **de ~** à louer ; **~ de coches** location de voitures
alquimia *nf* alchimie *f*
alquimista *nm* alchimiste *mf*
alquitrán *nm* goudron *m*
alrededor *adv* autour ; **~ de** autour de ; *(aproximadamente)* environ ; **a su** *etc* **~** autour de lui *etc* ; **mirar a su** *etc* **~** regarder autour de soi *etc* ; **alrededores** *nmpl* environs *mpl*
Alsacia *nf* Alsace *f*
alta *nf*: **dar a algn de ~** *o* **dar el ~ a algn** *(Med)* déclarer qn guéri ; *(en empleo)* autoriser qn à reprendre le travail *(après un arrêt de maladie)* ; **darse de ~** *(en club, asociación)* devenir membre, s'inscrire ; *(en la Seguridad Social)* s'immatriculer
altamente *adv* extrêmement ; **es ~ venenoso** c'est extrêmement vénéneux ; **documentos ~ secretos** des documents hautement secrets
altanería *nf* arrogance *f* ; *(de aves)* haut vol *m*
altanero, -a *adj* hautain(e)
altar *nm* autel *m* ; **~ mayor** maître-autel *m*
altavoz *nm* haut-parleur *m*
alteración *nf* altération *f* ; *(alboroto)* altercation *f* ; *(agitación)* agitation *f* ; **~ del orden público** trouble *m* de l'ordre public

alterar *vt* modifier ; (*persona*) perturber ; (*alimentos, medicinas*) altérer ; **~ el orden público** troubler l'ordre public ; **alterarse** *vpr* (*persona*) se troubler ; (*enfadarse*) se fâcher
altercado *nm* altercation *f*
alternador *nm* alternateur *m*
alternar *vt*: **~ algo con** *o* **y algo** alterner une chose et une autre ▸ *vi* fréquenter des gens ; **~ con** fréquenter ; **alternarse** *vpr* se relayer
alternativa *nf* alternative *f* ; **no tener otra ~** ne pas avoir le choix ; **tomar la ~** (*Taur*) recevoir l'alternative
alternativo, -a *adj* alternatif(-ive) ; (*hojas, ángulo*) alterne
alterne *nm*: **club de ~** club à entraîneuses
alterno, -a *adj* (*Elec*) alternatif(-ive) ; (*Bot, Mat*) alterne ; **en días alternos** un jour sur deux
alteza *nf* altesse *f* ; **su A~ Real** Son Altesse Royale
altibajos *nmpl* (*del terreno*) inégalités *fpl* ; **(tener) ~** (*fig*) (avoir) des hauts et des bas
altillo *nm* butte *f* ; (*armario*) *placard aménagé sous le plafond* ; (*AM*: *buhardilla*) combles *mpl*
altiplanicie *nf* haut plateau *m*
altiplano *nm* = **altiplanicie**
altisonante *adj* ronflant(e)
altitud *nf* altitude *f* ; **a una ~ de** à une altitude de
altivez *nf* hauteur *f*, morgue *f*
altivo, -a *adj* hautain(e), altier(-ière)
alto, -a *adj* haut(e) ; (*persona*) grand(e) ; (*sonido*) aigu(ë) ; (*precio, ideal*) élevé(e) ; **a altas horas de la noche** à une heure avancée de la nuit ; **en alta mar** en haute mer ; **en voz alta** à voix haute ; **alta costura** haute couture ; **alta fidelidad/frecuencia** haute fidélité/ fréquence ; **alta tensión** haute tension ; **por todo lo ~** en grande pompe ▸ *nm* haut *m* ; (*AM*) tas *msg* ; (*Mús*) alto *m* ; **la pared tiene dos metros de ~** le mur fait deux mètres de haut ; **en lo ~ de** en haut de, tout en haut de ; **hacer un ~** faire une halte ; **declarar/ respetar el ~ el fuego** déclarer/observer le cessez-le-feu ; **dar el ~** crier « Halte-là ! » ; **pasar por ~** passer outre ▸ *adv* haut ; (*río*) en crue ; **poner la radio más ~** mettre la radio plus fort ; **¡más ~, por favor!** plus fort, s'il vous plaît ! ▸ *excl* halte !
altoparlante (*AM*) *nm* haut-parleur *m*
altozanero (*COL*) *nm* (*mozo de cuerda*) porteur *m*
altramuces *nmpl* lupins *mpl*
altruismo *nm* altruisme *m*
altruista *adj, nmf* altruiste *mf*
altura *nf* hauteur *f* ; (*de persona*) taille *f* ; (*altitud*) altitude *f* ; **la pared tiene 1.80 de ~** le mur fait 1 mètre 80 de hauteur *o* de haut ; **ha sido un partido de gran ~** cela a été un grand match ; **estar a la ~ de las circunstancias** être à la hauteur des circonstances ; **alturas** *nfpl* hauteurs *fpl* ; (*cielo*) cieux *mpl* ; **a estas alturas** à ce stade ; **a estas alturas del año** à cette époque de l'année
alubias *nfpl* haricots *mpl*
alucinación *nf* hallucination *f*
alucinante (*fam*) *adj* hallucinant(e)
alucinar *vi* avoir des hallucinations ▸ *vt*: **me alucina este guitarrista** je trouve ce guitariste incroyable
alucine *nm*: **de ~** extraordinaire
alucinógeno, -a *adj, nm* hallucinogène *m*
alud *nm* avalanche *f*
aludir *vi*: **~ a** faire allusion à ; **darse por aludido(-a)** se sentir visé(e)
alumbrado *nm* éclairage *m*
alumbramiento *nm* accouchement *m*
alumbrar *vt* éclairer ; (*Med*) accoucher de ▸ *vi* éclairer
aluminio *nm* aluminium *m*
alumnado *nm* (*Univ*) effectif *m* des étudiants, étudiants *mpl* ; (*Escol*) effectif scolaire, élèves *mpl*
alumno, -a *nm/f* élève *mf*
alunice *etc vb ver* **alunizar**
alunizaje *nm* (*en la luna*) alunissage *m* ; (*robo*) casse *m* à la voiture bélier, vol *m* à la voiture bélier
alunizar *vi* alunir ; **~ en (un lugar)** (*robar*) attaquer (un lieu) à la voiture bélier
alusión *nf* allusion *f* ; **hacer ~ a** faire allusion à
alusivo, -a *adj* allusif(-ive)
aluvión *nm* (*de agua*) inondation *f* ; (*de gente, noticias*) déluge *m* ; **~ de improperios** torrent *m* d'injures
alvéolo *nm* alvéole *m o f*
alverja (*AM*) *nf* pois *msg* de senteur
alza *nf* hausse *f* ; **estar en ~** (*precio*) être en hausse ; (*estimación*) être bien coté(e) ; **jugar al ~** jouer à la hausse ; **cotizarse en ~** être coté(e) à la hausse ; **~ telescópica** hausse télescopique ; **alzas fijas/graduables** hausses fixes/graduées
alzacristales *nm* lève-glace *m*
alzacuello *nm*, **alzacuellos** *nm inv* collet *m* (d'ecclésiastique)
alzada *nf* (*de caballos*) hauteur *f* au garrot ; **recurso de ~** (*Jur*) recours *msg* hiérarchique
alzado, -a *adj* relevé(e) ; (*Com*: *precio*) forfaitaire ; (: *quiebra*) frauduleux(-euse) ; **por un tanto ~** à forfait ▸ *nm* (*Arq*) élévation *f*
alzamiento *nm* (*rebelión*) soulèvement *m* ; (*de precios*) relèvement *m* ; (*de muro*) élévation *f* ; (*en subasta*) surenchère *f*
alzar *vt* (*tb castigo*) lever ; (*precio, muro, monumento*) élever ; (*cuello de abrigo*) relever ; (*poner derecho*) redresser ; (*Agr*) rentrer ; (*Tip*) assembler ; **~ la voz** élever la voix ; **alzarse** *vpr* s'élever ; (*rebelarse*) se soulever ; (*Com*) faire banqueroute ; (*Jur*) interjeter appel ; **alzarse con la victoria** remporter la victoire ; **alzarse en armas** prendre les armes

a.m. (*Am*) *abr* (= *ante meridiem*) du matin
ama *nf* maîtresse *f* (de maison), propriétaire *f* ; (*criada*) gouvernante *f* ; **~ de casa** ménagère *f* ; **~ de cría** *o* **leche** nourrice *f* ; **~ de llaves** gouvernante
amabilidad *nf* amabilité *f*
amable *adj* aimable ; **es usted muy ~** c'est très aimable à vous
amablemente *adv* aimablement ; **muy ~ me ayudó** il m'a très gentiment aidé
amado, -a *adj, nm/f* aimé(e), bien-aimé(e)
amaestrado, -a *adj* dressé(e)
amaestrar *vt* dresser
amagar *vi* (*Deporte*) faire une feinte ; (*Mil*) feindre une attaque ; **~ (con) hacer** menacer de faire ; **amaga lluvia** la pluie menace ; **amaga pero no da** il aboie mais ne mord pas
amago *nm* menace *f* ; (*gesto*) ébauche *f*, commencement *m* ; (*Med*) symptôme *m* ; **hizo un ~ de levantarse** il commença à se lever
amague *etc vb ver* **amagar**
amainar *vt* (*Náut*) amener ▸ *vi* tomber
amalgama *nf* amalgame *m*
amalgamar *vt* amalgamer
amamantar *vt* allaiter, donner le sein à
amancebarse *vpr* vivre en concubinage
amanecer *vi*: **amanece** le jour se lève ; **el niño amaneció con fiebre** l'enfant s'est réveillé avec de la fièvre ; **amanecimos en Lugo** à l'aube nous sommes arrivés à Lugo ▸ *nm* lever *m* du jour
amanerado, -a *adj* maniéré(e) ; (*lenguaje*) affecté(e)
amanezca *etc vb ver* **amanecer**
amansar *vt* apprivoiser ; (*persona*) amadouer, calmer ; **amansarse** *vpr* (*persona*) se calmer ; (*aguas, olas*) s'apaiser
amante *adj*: **~ de** amoureux(-euse) de ▸ *nmf* amant (maîtresse)
amanuense *nm* (*escribiente*) clerc *m* ; (*copista*) copiste *mf*
amañar *vt* (*pey*: *resultado*) fausser ; **amañarse** *vpr*: **amañarse (para)** se débrouiller (pour) ; **amañárselas (para hacer)** se débrouiller (pour faire)
amaño *nm* (*habilidad*) habileté *f* ; (*truco*) artifice *m* ; **amaños** *nmpl* (*Tec*) outils *mpl*
amapola *nf* coquelicot *m*
amar *vt* aimer
amaraje *nm* (*Aviat*) = **amerizaje**
amarar *vi* amerrir
amargado, -a *adj* amer(-ère), aigri(e)
amargamente *adv* amèrement
amargar *vt* (*comida*) rendre amer(-ère) ; (*fig*: *estropear*) gâcher ; **~ la vida a algn** empoisonner la vie de qn ▸ *vi* (*naranja*) se gâter ; **amargarse** *vpr* s'aigrir
amargo, -a *adj* amer(-ère)
amargor *nm* amertume *f*
amargue *etc vb ver* **amargar**
amargura *nf* (*tristeza*) chagrin *m* ; (*sabor*) amertume *f*
amarillento, -a *adj* jaunâtre ; (*tez*) jaune
amarillismo (*fam*) *nm* (*Prensa*) sensationnalisme *m*
amarillo, -a *adj* (*color*) jaune ; **la prensa amarilla** la presse à sensation ▸ *nm* jaune *m*
amarra *nf* amarre *f* ; **soltar amarras** larguer les amarres ; **amarras** *nfpl* (*fam*) piston *msg* ; **tener buenas amarras** être pistonné(e) (*fam*)
amarrar *vt* (*Náut*) amarrer ; (*atar*) ficeler, ligoter
amarrete (*CSur fam*) *adj* (*tacaño*) avare
amartillar *vt* (*fusil*) armer
amasar *vt* (*masa*) pétrir ; (*yeso, mortero*) gâcher ; (*fig*) tramer ; **~ una fortuna** amasser une fortune
amasia (*Méx*) *nf* (*querida*) maîtresse *f*
amasijo *nm* (*fig*) ramassis *msg* ; (*Culin*) pétrissage *m*
amateur *nmf* amateur(-trice)
amatista *nf* améthyste *f*
amazacotado, -a *adj* lourd(e) ; (*arroz etc*) collant(e)
amazona *nf* amazone *f*, cavalière *f*
Amazonas *nm*: **el (Río) ~** l'Amazone *f*
Amazonia *nf* l'Amazonie *f*
amazónico, -a *adj* amazonien(ne)
ambages *nmpl*: **sin ~** sans ambages
ámbar *nm* ambre *m* (jaune)
Amberes *n* Anvers
ambición *nf* ambition *f*
ambicionar *vt* ambitionner ; **~ hacer** ambitionner de faire
ambicioso, -a *adj* ambitieux(-euse)
ambidextro, -a *adj* ambidextre
ambientación *nf* (*Cine, Teatro, TV*) cadre *m*
ambientador *nm* désodorisant *m*
ambiental *adj* (*de la atmósfera*) ambiant(e) ; (*medioambiental*) environnemental(e) ; **hay un 70% de humedad ~** il y a 70 % d'humidité ambiante ; **la luz ~ era insuficiente** la lumière ambiante était trop faible ; **contaminación ~** pollution *f* de l'environnement
ambientar *vt* (*escenario*) créer l'atmosphère requise pour ; (*novela, película*) situer (l'action de) ; (*fiesta*) mettre de l'ambiance dans ; **ambientarse** *vpr* s'adapter
ambiente *nm* (*atmósfera, tb fig*) atmosphère *f* ; (*entorno*) milieu *m*
ambigüedad *nf* ambiguïté *f*
ambiguo, -a *adj* ambigu(ë)
ámbito *nm* domaine *m* ; (*fig*) cercle *m*
ambivalente *adj* ambivalent(e)
ambos, -as *adj pl* les deux ▸ *pron pl* tous (toutes) les deux
ambulancia *nf* ambulance *f*

ambulante *adj* ambulant(e)
ambulatorio *nm* dispensaire *m*
ameba *nf* amibe *f*
amedrentar *vt* effrayer ; **amedrentarse** *vpr* s'effrayer
amén *excl* amen ! ; **~ de** outre ; **en un decir ~** en un clin d'œil ; **decir ~ a todo** dire amen à tout
amenace *etc vb ver* **amenazar**
amenaza *nf* menace *f*
amenazador, a, amenazante *adj* menaçant(e)
amenazar *vt* menacer ; **~ con (hacer)** menacer de (faire) ; **~ de muerte** menacer de mort
amenidad *nf* aménité *f*
amenizar *vt* (*animar*) animer ; (*divertir*) égayer
ameno, -a *adj* agréable, amène
América *nf* Amérique *f* ; **~ Central/Latina** Amérique centrale/latine ; **~ del Norte/del Sur** Amérique du Nord/du Sud
americana *nf* veste *f*
americanismo *nm* (*Ling*) américanisme *m* (*d'Amérique latine*)
americano, -a *adj* américain(e) ▸ *nm/f* Américain(e)
americe *etc vb ver* **amerizar**
amerindio *adj* amérindien(ne)
ameritar (*esp MÉX*) *vt* (*merecer*) mériter
amerizaje *nm* amerrissage *m*
amerizar *vi* (*Aviat*) = **amarar**
ametralladora *nf* mitrailleuse *f*
amianto *nm* amiante *m*
amiba *nf* = **ameba**
amigable *adj* amical(e)
amígdala *nf* amygdale *f*
amigdalitis *nf* amygdalite *f*
amigo, -a *adj* ami(e) ; **hacerse amigos** devenir amis ; **ser muy amigos** être très amis ; **ser ~ de algo** être amateur(-trice) de qch ▸ *nm/f* (*gen*) ami(e) ; (*novio*) petit(e) ami(e) ; **~ corresponsal** correspondant(e) ; **~ íntimo(-a)** *o* **de confianza** ami(e) intime
amigote (*fam*) *nm* pote *m*
amiguismo *nm* copinage *m*
amilanar *vt* effrayer ; **amilanarse** *vpr* s'effrayer
aminoácido *nm* acide *m* aminé
aminorar *vt* (*velocidad etc*) ralentir ▸ *vi* (*calor, odio*) diminuer
amistad *nf* amitié *f* ; **trabar ~ con** se lier d'amitié avec ; **amistades** *nfpl* (*amigos*) amis *mpl* ; **romper las amistades** se brouiller
amistosamente *adv* amicalement
amistoso, -a *adj* amical(e)
amnesia *nf* amnésie *f*
amniótico, -a *adj* amniotique ; **líquido ~** liquide amniotique
amnistía *nf* amnistie *f*
amnistiar *vt* amnistier
amo *nm* (*dueño*) maître *m* (de maison), propriétaire *m* ; (*jefe*) patron *m* ; **hacerse el ~ (de algo)** prendre la direction (de qch)
amodorrarse *vpr* s'assoupir
amolar *vt* (*fastidiar*) raser
amoldar *vt*: **~ a** adapter à ; **amoldarse** *vpr*: **amoldarse a** (*suj: prenda, zapatos*) prendre la forme de ; (*: persona*) s'adapter à
amonestación *nf* admonestation *f* ; **amonestaciones** *nfpl* (*Rel*) bans *mpl*
amonestar *vt* admonester ; (*Rel*) publier les bans de
amoniaco, amoníaco *nm* ammoniac *m*
amontonar *vt* entasser, amonceler ; (*riquezas etc*) accumuler, amasser ; **amontonarse** *vpr* (*gente*) se masser ; (*hojas, nieve etc*) s'entasser ; (*trabajo*) s'accumuler
amor *nm* amour *m* ; **de mil amores** très volontiers ; **hacer el ~** faire l'amour ; (*cortejar*) faire la cour ; **tener amores con algn** avoir une liaison avec qn ; **hacer algo por ~ al arte** faire qch pour l'amour de l'art ; **¡por (el) ~ de Dios!** pour l'amour de Dieu ! ; **estar al ~ de la lumbre** être au coin du feu ; **~ a primera vista** coup *m* de foudre ; **~ interesado/libre/platónico** amour intéressé/libre/platonique ; **~ propio** amour-propre *m*
amoral *adj* amoral(e)
amoratado, -a *adj* (*por frío*) violacé(e) ; (*por golpes*) couvert(e) de bleus ; **ojo ~** œil *m* au beurre noir
amordace *etc vb ver* **amordazar**
amordazar *vt* bâillonner ; (*fig*) faire taire
amorfo, -a *adj* amorphe
amoríos *nmpl* amourette *fsg*
amoroso, -a *adj* amoureux(-euse) ; (*carta*) d'amour
amortajar *vt* recouvrir d'un linceul
amortice *etc vb ver* **amortizar**
amortiguación *nf* = **amortiguamiento**
amortiguador *nm* (*dispositivo*) amortisseur *m* ; **amortiguadores** *nmpl* (*Auto*) suspension *fsg*
amortiguamiento *nm* (*de ruido, golpe*) amortissement *m* ; (*de luz, color*) atténuation *f*
amortiguar *vt* (*ruido, golpe*) amortir ; (*luz, color*) atténuer
amortigüe *etc vb ver* **amortiguar**
amortización *nf* amortissement *m*
amortizar *vt* amortir
amoscarse *vpr* prendre la mouche
amosque *etc vb ver* **amoscarse**
amotinar *vt* ameuter ; **amotinarse** *vpr* se mutiner
amparar *vt* secourir ; (*suj: ley*) protéger ; **ampararse** *vpr* se mettre à l'abri ; **ampararse en** (*ley, costumbre*) se prévaloir de
amparo *nm* protection *f* ; **al ~ de** à la faveur de
amperímetro *nm* ampèremètre *m*

a

amperio *nm* ampère *m*
ampliable *adj* (*Inform*) extensible
ampliación *nf* agrandissement *m* ; (*de capital*) augmentation *f* ; (*de estudios*) approfondissement *m* ; (*cosa añadida*) extension *f*
ampliamente *adv* (*cumplidamente*) abondamment, amplement ; (*extensamente*) largement, amplement
ampliar *vt* agrandir ; (*estudios*) approfondir ; (*sonido*) amplifier
amplificación *nf* amplification *f*
amplificador *nm* amplificateur *m*
amplificar *vt* amplifier
amplifique *etc vb ver* **amplificar**
amplio, -a *adj* (*habitación*) vaste ; (*ropa, consecuencias*) ample ; (*calle*) large
amplitud *nf* étendue *f* ; (*Fís*) amplitude *f* ; **de gran ~** de grande envergure ; **~ de miras** largeur *f* d'esprit
ampolla *nf* ampoule *f*
ampolleta (*Am*) *nf* (*bombilla*) ampoule *f*
ampuloso, -a *adj* ampoulé(e)
amputación *nf* amputation *f*
amputar *vt* amputer
amueblar *vt* meubler
amuermado, -a (*fam*) *adj* qui s'ennuie ; (*abatido*) abattu(e)
amuleto *nm* amulette *f*
amurallar *vt* fortifier
amurriarse *vpr* être triste
anabolizante *nm* anabolisant *m*
anacarado, -a *adj* nacré(e)
anacardo *nm* noix *f* de cajou
anaconda *nf* anaconda *m*
anacrónico, -a *adj* anachronique
anacronismo *nm* anachronisme *m*
ánade *nm* canard *m*
anagrama *nm* anagramme *f*
anales *nmpl* annales *fpl*
analfabetismo *nm* analphabétisme *m*
analfabeto, -a *adj, nm/f* analphabète *mf*
analgésico *nm* analgésique *m*
analice *etc vb ver* **analizar**
análisis *nm inv* analyse *f* ; **~ clínico** analyse médicale ; **~ de costos-beneficios** analyse coûts-avantages ; **~ de mercado** étude *f* de marché ; **~ de sangre** analyse de sang
analista *nmf* analyste *mf* ; **~ de sistemas** (*Inform*) analyste-programmeur(-euse)
analítico, -a *adj* analytique ; **cuadro ~** tableau *m* analytique
analizar *vt* analyser
analogía *nf* analogie *f* ; **por ~ con** par analogie avec
analógico, -a *adj* analogique
análogo, -a *adj* analogue ; **~ a** analogue à
ananá, ananás *nm* ananas *msg*
anaquel *nm* étagère *f*
anaranjado, -a *adj* orangé(e)
anarco, -a (*fam*) *nm/f* anar *mf* (*fam*)
anarquía *nf* anarchie *f*
anárquico, -a *adj* anarchique
anarquismo *nm* anarchisme *m*
anarquista *nmf* anarchiste *mf*
anatema *nm* anathème *m*
anatematizar *vt* anathématiser
anatomía *nf* anatomie *f*
anatómico, -a *adj* anatomique ; **asiento ~** siège *m* ergonomique
anca *nf* (*de animal*) croupe *f* ; (*fam: de persona*) fesse *f* ; **ancas de rana** (*Culin*) cuisses *fpl* de grenouille
ancestral *adj* ancestral(e)
ancestro *nm* (*esp Am: persona*) ancêtre *mf*
ancho, -a *adj* large ; **me está** *o* **queda ~ el vestido** je nage dans cette robe ; **ser ~ de miras** être large d'esprit ; **ir muy ~** prendre de grands airs ; **le viene muy ~ el cargo** il n'est pas à la hauteur pour ce poste ; **ponerse ~** prendre un air de supériorité ; **quedarse tan ~** ne pas se décontenancer ▸ *nm* largeur *f* ; (*Ferro*) écartement *m* ; **a lo ~** sur toute la largeur ; **estar a sus anchas** être à l'aise
anchoa *nf* anchois *msg*
anchura *nf* largeur *f*
anchuroso, -a *adj* vaste
ancianidad *nf* vieillesse *f*
anciano, -a *adj* vieux (vieille), âgé(e) ▸ *nm/f* personne *f* âgée
ancla *nf* ancre *f* ; **echar/levar anclas** jeter/lever l'ancre
ancladero *nm* mouillage *m*
anclaje *nm* ancrage *m* ▸ *nmpl* (*Tec*) fixations *fpl*
anclar *vi* mouiller l'ancre
andadas *nfpl* traces *fpl* ; **volver a las ~** refaire les mêmes erreurs
andaderas *nfpl* lisières *fpl* ; (*tacataca*) trotteur *msg*
andador, a *adj*: **es muy ~** c'est un(e) bon(ne) marcheur(-euse) ▸ *nm* (*para niños*) trotteur *m* ; (*para enfermos*) déambulateur *m*
andadura *nf* marche *f*
Andalucía *nf* Andalousie *f*
andaluz, a *adj* andalou(se) ▸ *nm/f* Andalou(se)
andamiaje *nm* échafaudage *m*
andamio *nm* échafaudage *m*
andanada *nf* (*Mil*) bordée *f* ; (*Taur*) gradins *mpl* couverts ; **soltarle a algn una ~** passer un savon à qn
andante *adj*: **caballero ~** chevalier *m* errant
andanzas *nfpl* aventures *fpl*, péripéties *fpl*

PALABRA CLAVE

andar *vt* parcourir
▸ *vi* **1** (*persona, animal*) marcher ; (*coche*) rouler ; **andar a caballo/en bicicleta** aller à cheval/à vélo

2 (*funcionar: máquina, reloj*) marcher
3 (*estar*) être ; **¿qué tal andas?** comment vas-tu ? ; **andar mal de dinero/de tiempo** être à court d'argent/ne pas avoir le temps ; **andar haciendo algo** être en train de faire qch ; **anda (metido) en asuntos sucios** il est impliqué dans des affaires louches ; **siempre andan a gritos** ils sont tout le temps en train de crier ; **anda por los cuarenta** il a environ quarante ans ; **no sé por dónde anda** je ne sais pas où il est ; **anda tras un empleo** il cherche du travail
4 (*revolver*): **no andes ahí/en mi cajón** ne touche pas à ça/à mon tiroir
5 (*obrar*): **andar con cuidado** *o* **con pies de plomo** faire bien attention, regarder où l'on met les pieds
6 (*exclamaciones*): **¡anda!** (*sorpresa*) eh bien ! ; (*para animar*) allez ! ; **¡anda (ya)!** (*incredulidad*) allons donc !
andarse *vpr* **1**: **andarse con rodeos** *o* **por las ramas** tourner autour du pot
2: **no te andes en la herida** ne retourne pas le couteau dans la plaie
3: **andarse con historias** raconter des histoires
4: **todo se andará** chaque chose en son temps
andares *nmpl* démarche *f*

andariego, -a *adj* bon(ne) marcheur(-euse) ; (*vida*) vagabond(e)
andas *nfpl* brancard *msg* ; **llevar a algn en ~** (*fig*) porter qn aux nues
andén *nm* quai *m* ; (*AM*) trottoir *m*
Andes *nmpl*: **los ~** les Andes *fpl*
andinismo (*AM*) *nm* alpinisme *m* (*dans les Andes*)
andino, -a *adj* andin(e)
Andorra *nf* Andorre *f*
andorrano, -a *adj* andorran(e) ▸ *nm/f* Andorran(e)
andrajo *nm* loque *f*, haillon *m* ; (*prenda*) guenilles *fpl* ; (*persona*) loque *f*
andrajoso, -a *adj* déguenillé(e), loqueteux(-euse)
andurriales *nmpl*: **en** *o* **por esos ~** dans ce coin perdu
anduve *etc vb ver* **andar**
anduviera *etc vb ver* **andar**
anécdota *nf* anecdote *f*
anecdótico, -a *adj* anecdotique
anegar *vt* (*lugar*) inonder ; (*ahogar*) noyer ; (*fig*): **~ de** écraser de ; **anegarse** *vpr* être inondé(e) ; **anegarse en llanto** fondre en larmes
anegue *etc vb ver* **anegar**
anejo, -a *adj* annexe ; **llevar ~** comprendre ▸ *nm* annexe *f*
anemia *nf* anémie *f*
anémico, -a *adj* anémique
anémona *nf* anémone *f*
anestesia *nf* anesthésie *f* ; **~ general/local** anesthésie générale/locale
anestesiar *vt* anesthésier
anestésico *nm* anesthésique *m*
anestesista *nmf* anesthésiste *mf*
anexar *vt* annexer ; **~ algo a algo** (*Pol*) annexer qch à qch
anexión *nf* annexion *f*
anexionamiento *nm* = **anexión**
anexionar *vt* (*Pol*) annexer ; **anexionarse** *vpr* s'annexer
anexo, -a *adj* annexe ; **llevar ~** comprendre ▸ *nm* annexe *f*
anfetamina *nf* amphétamine *f*
anfibio, -a *adj* amphibie ▸ *nm* amphibien *m*
anfiteatro *nm* amphithéâtre *m*
anfitrión, -ona *nm/f* amphitryon(ne), hôte(sse) ; **el equipo ~** (*Deporte*) l'équipe qui reçoit
ángel *nm* ange *m* ; **tener ~** avoir du charme ; **~ de la guarda** ange gardien
Ángeles *nmpl*: **Los ~** Los Angeles
angelical *adj* angélique
angélico, -a *adj* = **angelical**
angina *nf*: **tener anginas** avoir une angine ; **~ de pecho** angine *f* de poitrine
anglicano, -a *adj, nm/f* anglican(e)
anglicismo *nm* anglicisme *m*
angloparlante, anglohablante *adj, nmf* anglophone *mf*
anglosajón, -ona *adj* anglo-saxon(ne) ▸ *nm/f* Anglo-Saxon(ne)
Angola *nf* Angola *m*
angoleño, -a *adj* angolais(e) ▸ *nm/f* Angolais(e)
angora *nf* angora *m*
angosto, -a *adj* étroit(e)
anguila *nf* anguille *f* ; **anguilas** *nfpl* (*Náut*) savates *fpl*
angular *adj* angulaire ▸ *nm*: **gran ~** grand-angle *m*
angulas *nfpl* civelles *fpl*
ángulo *nm* (*tb fig*) angle *m* ; (*rincón*) coin *m* ; **~ agudo/obtuso/recto** angle aigu/obtus/droit
anguloso, -a *adj* anguleux(-euse)
angustia *nf* angoisse *f*
angustiado, -a *adj* angoissé(e)
angustiar *vt* angoisser ; **angustiarse** *vpr* s'angoisser
angustioso, -a *adj* (*voz, mirada*) angoissé(e) ; (*problema, recuerdo, situación*) angoissant(e) ; **momentos de angustiosa soledad** moments d'une solitude angoissante ; **tres horas de angustiosa espera** trois heures d'attente insoutenable
anhelante *adj* avide
anhelar *vt* être avide de ; **~ hacer** mourir d'envie de faire

a

anhelo *nm* désir *m* ardent
anhídrido *nm*: **~ carbónico** dioxyde *m* de carbone
anidar *vi* nicher ; *(fig)* s'installer
anilla *nf* anneau *m* ; **anillas** *nfpl (gimnasia)* anneaux *mpl*
anillo *nm* bague *f* ; **venir como ~ al dedo** venir à point nommé ; **~ de boda** alliance *f* ; **~ de compromiso** bague de fiançailles
ánima *nf* âme *f* ; **las ánimas** l'angélus *msg*
animación *nf* animation *f*
animadamente *adv (hablar)* d'un ton animé ; *(sonreír)* avec chaleur
animado, -a *adj (vivaz)* plein(e) de vie *o* d'entrain ; *(fiesta, conversación)* animé(e) ; *(alegre)* joyeux(-euse) ; **dibujos animados** dessins *mpl* animés
animador, a *nm/f* (TV, *Deporte*) animateur(-trice) ; *(persona alegre)* boute-en-train *m inv* ; **~ cultural** animateur(-trice) culturel(le)
animadversión *nf* animadversion *f*
animal *adj* animal(e) ▸ *nm* animal *m* ; **ser un ~** *(fig)* être une brute
animalada *(fam) nf (disparate)* ânerie *f* ; *(grosería)* grossièreté *f*
animar *vt* animer ; *(dar ánimo a)* encourager ; *(habitación, vestido)* égayer ; *(fuego)* ranimer ; **~ a algn a hacer/para que haga** encourager qn à faire ; **animarse** *vpr* s'égayer ; **animarse a hacer** se décider à faire
anímico, -a *adj* émotionnel(le) ; **estado ~** état *m* émotionnel
ánimo *nm* courage *m* ; *(mente)* esprit *m* ; **cobrar ~** reprendre courage ; **apaciguar los ánimos** calmer les esprits ; **dar ~(s) a algn** encourager qn ; **tener ~(s) (para)** être d'humeur (à) ; **con/sin ~ de hacer** avec l'intention/sans intention de faire ▸ *excl* courage !
animosamente *adv (alegremente)* allégrement ; *(valerosamente)* courageusement
animosidad *nf (aversión)* animosité *f* ; *(ánimo)* courage *m*
animoso, -a *adj* courageux(-euse)
aniñado, -a *adj* enfantin(e)
aniquilación *nf*, **aniquilamiento** *nm* annihilation *f*, anéantissement *m*
aniquilar *vt* anéantir ; *(salud)* ruiner
anís *nm* anis *msg* ; *(bebida)* liqueur *f* d'anis
anisakis *nm inv* anisakis *m inv*
aniversario *nm* anniversaire *m*
Ankara *n* Ankara
ano *nm* anus *msg*
anoche *adv* hier soir, la nuit dernière ; **antes de ~** avant-hier soir
anochecer *vi* commencer à faire nuit ▸ *nm* crépuscule *m* ; **al ~** à la tombée de la nuit
anochezca *etc vb ver* **anochecer**
anodino, -a *adj (película, novela)* insipide ; *(persona)* insignifiant(e)
anomalía *nf* anomalie *f*
anómalo, -a *adj* anormal(e)
anona *(CAм, Méx) nf (Bot: chirimoya)* anone *f*
anonadado, -a *adj* abasourdi(e)
anonimato *nm* anonymat *m*
anónimo, -a *adj* anonyme ▸ *nm* lettre *f* anonyme
anorak *(pl* **anoraks***) nm* anorak *m*
anorexia *nf* anorexie *f*
anoréxico, -a *adj, nm/f* anorexique *mf*
anormal *adj* anormal(e) ▸ *nmf* débile *mf* mental(e)
anormalmente *adv* anormalement
anotación *nf* annotation *f*
anotador, a *nm/f (Lit)* annotateur(-euse) ; *(Deporte)* marqueur(-euse) ▸ *nm (Aм)* bloc-notes *m*
anotar *vt* annoter
ANPE *sigla f (= Asociación Nacional del Profesorado Estatal de EGB) fédération des professeurs de l'enseignement primaire et du 1er cycle du secondaire*
anquilosado, -a *adj* ankylosé(e) ; *(ideas, costumbres)* dépassé(e)
anquilosamiento *nm (miembro)* ankylose *f* ; *(ideas)* vieillissement *m*
anquilosarse *vpr* s'ankyloser ; *(fig)* se scléroser
ansia *nf (ansiedad)* angoisse *f* ; **~ de** soif *f* de
ansiado, -a *adj* attendu(e), espéré(e), convoité(e) ; **el momento tan ~** le moment tant attendu
ansiar *vt* désirer ardemment ; **~ hacer** brûler de faire
ansiedad *nf* angoisse *f*
ansiógeno, -a *adj* anxiogène
ansiolítico, -a *adj, nm* anxiolytique *m*
ansioso, -a *adj (preocupado)* anxieux(-euse) ; **~ de** *o* **por (hacer)** impatient(e) de (faire)
antagónico, -a *adj* antagonique
antagonismo *nm* antagonisme *m*
antagonista *nmf* adversaire *mf*
antaño *adv* jadis, autrefois
antártico, -a *adj* antarctique ▸ *nm*: **el A~** l'Antarctique *m*
Antártida *nf* Antarctide *f*
ante *prep* devant ; *(enemigo, peligro, en comparación con)* face à ; *(datos, cifras)* en présence de ; **~ todo** avant tout ▸ *nm* daim *m*
anteanoche *adv* avant-hier soir
anteayer *adv* avant-hier
antebrazo *nm* avant-bras *m inv*
antecámara *nf* antichambre *f*
antecedente *adj* antérieur(e) ▸ *nm* antécédent *m* ; **antecedentes** *nmpl* antécédents *mpl* ; **no tener antecedentes** avoir un casier judiciaire vierge ; **estar en antecedentes** être au courant ; **poner a algn en antecedentes** mettre qn au courant ; **antecedentes penales** casier *msg* judiciaire

anteceder *vt*: **~ a** précéder
antecesor, a *nm/f* prédécesseur *mf*
antedicho, -a *adj* susdit(e)
antelación *nf*: **con ~** à l'avance
antemano: **de ~** *adv* d'avance
antena *nf* antenne *f* ; **~ parabólica** antenne parabolique
anteojeras *nfpl* œillères *fpl*
anteojo *nm* lunette *f* ; **anteojos** *nmpl* (*esp* AM) lunettes *fpl*
antepasados *nmpl* ancêtres *mpl*
antepecho *nm* (*barandilla*) garde-fou *m*, parapet *m* ; (*alféizar*) rebord *m*
antepenúltimo, -a *adj* antépénultième, avant-avant dernier(-ière)
antepondré *etc vb ver* **anteponer**
anteponer *vt*: **~ una cosa a otra** faire passer une chose avant une autre
anteponga *etc vb ver* **anteponer**
anteproyecto *nm* avant-projet *m* ; **~ de ley** avant-projet de loi
antepuesto, -a *pp de* **anteponer**
antepuse *etc vb ver* **anteponer**
anterior *adj* précédent(e) ; **~ (a)** (*en orden*) qui précède ; (*en el tiempo*) antérieur(e) (à)
anterioridad *nf*: **con ~ a** préalablement à, avant
anteriormente *adv* précédemment
antes *adv* avant ; (*primero*) d'abord ; (*con prioridad*) avant tout ; (*hace tiempo*) autrefois ; **no quiso venir ~** il n'a pas voulu venir plus tôt ; **dos días ~** deux jours plus tôt ; **mucho ~** longtemps auparavant ; **poco ~** peu avant ; **lo ~ posible** dès que possible ; **cuanto ~ mejor** le plus tôt sera le mieux ; **~ de** avant ; **~ de nada** avant tout ; **~ que yo** avant moi ; **~ de ir al cine** avant d'aller au cinéma ; **~ (de) que** avant que ; **~ de que te vayas** avant que tu ne partes ▸ *adj*: **la tarde ~** la veille au soir ▸ *conj*: **~ muerto que esclavo** plutôt la mort que l'esclavage ; **tomo el avión ~ que el barco** je préfère l'avion au bateau ; **~ bien** plutôt
antesala *nf* antichambre *f* ; **estar en la ~ de** (*fig*) être au seuil de
antiabortista *adj*: **campaña ~** campagne *f* contre l'avortement ▸ *nmf* opposant(e) à l'avortement
antiácido *nm* antiacide *m*
antiadherente *adj* antiadhésif(-ive)
antiaéreo, -a *adj* antiaérien(ne)
antialcohólico, -a *adj*: **centro ~** centre *m* antialcoolique
antibalas *adj inv*: **chaleco ~** gilet *m* pare-balles
antibiótico *nm* antibiotique *m*
anticaspa *adj inv* antipelliculaire
anticiclón *nm* anticyclone *m*
anticipación *nf*: **con 10 minutos de ~** avec 10 minutes d'avance ; **hacer algo con ~** faire qch à l'avance
anticipadamente *adv* à l'avance, d'avance
anticipado, -a *adj* anticipé(e) ; **por ~** d'avance, par anticipation
anticipar *vt* anticiper ; **anticiparse** *vpr* (*estación*) être en avance ; **anticiparse (a)** (*adelantarse*) devancer ; (*prever*) anticiper ; **anticiparse a su época** être en avance sur son temps
anticipo *nm* avance *f* ; **ser un ~ de** être un avant-goût de
anticlerical *adj*, *nmf* anticlérical(e)
anticlímax *nm inv* chute *f* de l'intensité dramatique
anticonceptivo, -a *adj* contraceptif(-ive) ; **métodos anticonceptivos** méthodes *fpl* contraceptives ▸ *nm* contraceptif *m*
anticongelante *nm* (*Auto*) antigel *m*
anticonstitucional *adj* anticonstitutionnel(le)
anticuado, -a *adj* (*ropa, estilo*) démodé(e) ; (*modelo, máquina*) dépassé(e) ; (*término*) vieilli(e)
anticuario *nm* antiquaire *mf*
anticucho (AND, CHI) *nm* (*Culin*) kebab *m*
anticuerpo *nm* anticorps *msg*
antidemocrático, -a *adj* antidémocratique
antideportivo, -a *adj* antisportif(-ive)
antidepresivo *nm* antidépresseur *m*
antideslizante *adj* antidérapant(e) ▸ *nm* pneu *m* antidérapant
antidisturbios *adj inv* antiémeute ▸ *nmpl* police *f* antiémeute, brigades *fpl* antiémeutes, CRS *mpl*
antidóping, antidopaje *adj inv*: **control ~** contrôle *m* antidopage
antídoto *nm* antidote *m* ; (*fig*): **ser el ~ de** *o* **contra** être l'antidote contre
antidroga *adj inv* antidrogue *inv* ; **brigada ~** brigade *f* des stupéfiants
antieconómico, -a *adj* antiéconomique
antiestético, -a *adj* inesthétique
antifaz *nm* masque *m*
antigás *adj inv*: **careta** *o* **máscara ~** masque *m* à gaz
antiglobalización *nf* antimondialisation *f*
antiglobalizador, a *adj*, *nm/f* altermondialiste *mf*
antigripal *adj inv*: **vacuna ~** vaccin *m* contre la grippe
antigualla *nf* (*pey: objeto*) antiquité *f* ; **antiguallas** *nfpl* vieilleries *fpl*
antiguamente *adv* autrefois, jadis
antigüedad *nf* antiquité *f* ; (*en empleo*) ancienneté *f* ; **antigüedades** *nfpl* antiquités *fpl*
antiguo, -a *adj* ancien(ne), vieux (vieille) ; **a la antigua** à l'ancienne ▸ *nm*: **los antiguos** les Anciens *mpl*
antihigiénico, -a *adj* antihygiénique
antihistamínico, -a *adj* antihistaminique ▸ *nm* antihistaminique *m*

a

antiinflacionista *adj* anti-inflationniste
antiinflamatorio, -a *adj, nm* anti-inflammatoire *m*
antillano, -a *adj* antillais(e) ▸ *nm/f* Antillais(e)
Antillas *nfpl*: **las ~** les Antilles *fpl* ; **el mar de las ~** la mer des Antilles
antílope *nm* antilope *f*
antimonopolios *adj inv*: **ley ~** loi *f* antitrust
antinatural *adj* anormal(e) ; (*perverso*) contre nature ; (*afectado*) forcé(e)
antiparras (*fam*) *nfpl* besicles *fpl*
antipatía *nf* antipathie *f* ; (*a cosa*) répugnance *f*
antipático, -a *adj* antipathique ; (*gesto etc*) déplaisant(e)
antipirético, -a *adj* antipyrétique
antípodas *nfpl* antipodes *fpl*
antiquísimo, -a *adj* très ancien(ne)
antirrábico, -a *adj*: **vacuna antirrábica** vaccin *m* antirabique
antirreflectante *adj* antireflet
antirreglamentario, -a *adj* non réglementaire ; (*Pol*) anticonstitutionnel(le)
antirrobo *adj inv* antivol *inv*
antisemita *adj, nmf* antisémite *mf*
antisemitismo *nm* antisémitisme *m*
antiséptico, -a *adj* antiseptique ▸ *nm* antiseptique *m*
antisistema *adj inv* contre le système, antisystémique, factieux(-euse) ▸ *nmf inv* factieux(-euse)
antitabaco, -a *adj inv* antitabac *inv* ; **campaña ~** campagne *f* antitabac
antiterrorista *adj* antiterroriste ; **la lucha ~** la lutte antiterroriste ; **Ley A~** (*Jur*) loi *f* antiterroriste
antítesis *nf inv*: **ser la ~ de** être l'antithèse *f* de
antiviral *adj, nm* (*Med*) antiviral(e)
antivírico, -a *adj* (*Med*) antiviral(e) ▸ *nm* (*Med*) antiviral *m*
antivirus *nm inv* (*Inform*) antivirus *msg*
antojadizo, -a *adj* capricieux(-euse)
antojarse *vpr*: **se me antoja comprarlo** j'ai envie de me l'acheter ; **se me antoja que** j'imagine que
antojo *nm* caprice *m*, lubie *f* ; (*Anat, de embarazada, lunar*) envie *f* ; **hacer algo a su ~** faire qch à sa guise
antología *nf* anthologie *f*
antológico, -a *adj* (*destacado*) mémorable ; (*Arte*): **exposición antológica** rétrospective *f* ; **un gol ~** un but mémorable *o* extraordinaire
antonomasia *nf*: **por ~** par excellence
antorcha *nf* torche *f*
antracita *nf* anthracite *m*
antro *nm* (*fig*) antre *m* ; **~ de perdición** (*fig*) lieu *m* de perdition
antropófago, -a *adj, nm/f* anthropophage *mf*
antropología *nf* anthropologie *f*
antropólogo, -a *nm/f* anthropologue *mf*
antropomorfo, -a *adj* anthropomorphe
anual *adj* annuel(le)
anualidad *nf* annuité *f* ; **~ vitalicia** rente *f* viagère
anualmente *adv* annuellement
anuario *nm* annuaire *m*
anudar *vt* nouer ; **anudarse** *vpr* nouer ; **se me anudó la garganta** j'eus la gorge serrée
anulación *nf* annulation *f* ; (*ley*) abrogation *f* ; (*persona*) annihilation *f*
anular *nm* (*tb*: **dedo anular**) annulaire *m* ▸ *vt* annuler ; (*ley*) abroger ; (*persona*) annihiler ; **anularse** *vpr* s'annuler
anunciación *nf* (*Rel*): **la A~** l'Annonciation *f*
anunciante *nmf* (*Com*) annonceur(-euse) (publicitaire) ▸ *adj*: **empresa ~** annonceur *m*
anunciar *vt* annoncer ; (*Com*) faire de la publicité pour
anuncio *nm* annonce *f* ; (*pronóstico*) signe *m* ; (*Com*) publicité *f* ; (*cartel*) panneau *m* publicitaire ; (*Teatro, Cine*) affiche *f* ; (*señal*) pancarte *f* ; **anuncios por palabras** petites annonces *fpl*
anverso *nm* (*moneda, medalla*) avers *msg* ; (*página*) recto *m*
anzuelo *nm* hameçon *m* ; (*fig*) appât *m* ; **caer en el ~** tomber dans le piège ; **tragarse el ~** mordre à l'hameçon
añadido *nm* addition *f*
añadidura *nf* ajout *m* ; (*vestido*) rallonge *f* ; **por ~** par *o* de surcroît
añadir *vt* ajouter ; (*prenda*) rallonger
añejo, -a *adj* (*vino*) vieux (vieille)
añicos *nmpl* morceaux *mpl* ; **hacer ~** (*cosa*) mettre en morceaux ; **hacerse ~** se briser en mille morceaux ; (*cristal*) voler en éclats
añil *nm* indigo *m*
año *nm* an *m* ; (*duración*) année *f* ; **el ~ que viene** l'année prochaine, l'an prochain ; **los años 80** les années 80 ; **¡Feliz A~ Nuevo!** Bonne et heureuse année ! ; **en el ~ de la nana** (*fam*) il y a des siècles (*fam*) ; **entrado en años** d'un certain âge ; **estar de buen ~** être en pleine forme ; **hace años** il y a longtemps ; **tener 15 años** avoir 15 ans ; **~ académico** *o* **escolar** année scolaire ; (*en la universidad*) année scolaire *o* universitaire ; **~ bisiesto/sabático** année bissextile/sabbatique ; **~ económico** *o* **fiscal** exercice *m* financier ; **~ entrante** année qui commence

La palabra **año** puede traducirse de dos maneras diferentes en francés: *an* y *année*. La primera hace referencia a la edad y a la unidad de tiempo, y suele ir precedida de un número cardinal:
Tiene cuarenta años. Il a quarante ans.

Acabaré la carrera dentro de tres años. Dans trois ans j'aurai fini mes études.
Como periodo de tiempo con valor durativo se traduce por *année*:
durante años pendant des années
en los años 20 dans les années 20

año-luz (*pl* **años-luz**) *nm* année-lumière *f*
añoranza *nf* nostalgie *f*
añorar *vt* avoir la nostalgie de
añoso, -a *adj* séculaire
aorta *nf* aorte *f*
APA *nf abr* (= *Asociación de Padres de Alumnos*) ≈ association *f* de parents d'élèves
apabullante *adj* stupéfiant(e)
apabullar *vt* stupéfier
apacentar *vt* faire paître
apache *adj* apache ▸ *nmf* Apache *mf*
apacible *adj* paisible ; (*persona, día*) calme
apaciblemente *adv* (*andar*) tranquillement ; (*fluir*) doucement
apaciente *etc vb ver* **apacentar**
apaciguar *vt* apaiser, calmer ; **apaciguarse** *vpr* s'apaiser, se calmer
apacigüe *etc vb ver* **apaciguar**
apadrinar *vt* (*Rel*) être le parrain de ; (*fig*) parrainer
apagado, -a *adj* éteint(e) ; (*color*) terne ; (*sonido*) étouffé(e) ; (*tímido*) effacé(e) ; **estar ~** être éteint(e)
apagar *vt* éteindre ; (*sonido*) étouffer ; (*sed*) étancher ; **~ el sistema** (*Inform*) sortir du système ; **apagarse** *vpr* s'éteindre
apagón *nm* panne *f* de courant *o* d'électricité
apague *etc vb ver* **apagar**
apaisado, -a *adj* (*cuaderno, fotografía*) en largeur
apalabrar *vt* (*persona*) engager ; (*piso*) convenir (verbalement) de
Apalaches *nmpl*: **(Montes) ~** (Monts *mpl*) Appalaches *fpl*
apalear *vt* rosser ; (*fruta*) gauler ; (*grano*) éventer
apañado, -a *adj* habile ; (*útil*) pratique ; (*arreglado*) tiré(e) à quatre épingles ; **estar ~** être fichu(e) ; **¡estaríamos apañados!** il ne manquerait plus que ça !
apañar (*fam*) *vt* (*arreglar*) rafistoler ; (*vestido*) raccommoder ; (*robar*) piquer ; **apañarse** *vpr*: **apañarse (con)** se débrouiller (avec) ; **apañarse** *o* **apañárselas (para hacer)** se débrouiller (pour faire) ; **apañárselas por su cuenta** se débrouiller tout(e) seul(e)
apaño *nm* (*fam*) rafistolage *m* ; (*vestido*) raccommodage *m* ; (*chanchullo*) magouille *f* (*fam*) ; (*lío amoroso*) liaison *f* ; **esto no tiene ~** c'est fichu
apapachar (*Méx*) *vt* (*mimar*) dorloter, cajoler
aparador *nm* buffet *m* ; (*escaparate*) vitrine *f*
aparato *nm* appareil *m* ; (*Radio, TV*) poste *m* ; (*boato*) apparat *m* ; **~ circulatorio/digestivo/respiratorio** appareil circulatoire/digestif/respiratoire ; **~ de facsímil** télécopieur *m* ; **aparatos** *nmpl* (*gimnasia*) agrès *mpl* ; **aparatos de mando** (*Aviat etc*) commandes *fpl*
aparatosamente *adv* (*caer*) d'une manière spectaculaire
aparatoso, -a *adj* spectaculaire
aparcacoches *nm* gardien *m* de parking
aparcamiento *nm* (*lugar*) parking *m* ; (*maniobra*) stationnement *m*
aparcar *vt* garer ▸ *vi* se garer
apareamiento *nm* (*de animales*) accouplement *m*
aparear *vt* (*animales*) accoupler, apparier ; (*igualar*) appareiller ; **aparearse** *vpr* s'accoupler, s'apparier
aparecer *vi* apparaître ; (*publicarse*) paraître ; (*ser encontrado*) être retrouvé(e) ; **apareció borracho** il est revenu soûl ; **aparecerse** *vpr* apparaître
aparejado, -a *adj*: **llevar** *o* **traer ~** entraîner ; **ir ~ con** aller de pair avec
aparejador, a *nm/f* (*Arq*) *aide-architecte*
aparejar *vt* apprêter ; (*caballo*) harnacher ; (*Náut*) gréer
aparejo *nm* (*de pesca*) matériel *m* (de pêche) ; (*de caballería*) harnachement *m* ; (*Náut*) gréement *m* ; (*de poleas*) moufle *f* ; **aparejos** *nmpl* matériel *msg*
aparentar *vt* (*simular*) feindre ; (*parecer*) faire, paraître ; **~ hacer** faire semblant de faire ; **~ tristeza** faire semblant d'être triste ▸ *vi* se faire remarquer
aparente *adj* apparent(e) ; (*fam: atractivo*) attrayant(e)
aparentemente *adv* apparemment
aparezca *etc vb ver* **aparecer**
aparición *nf* apparition *f* ; (*de libro*) parution *f*
apariencia *nf* apparence *f* ; **en ~** en apparence ; **tener (la) ~ de** avoir l'apparence de ; **apariencias** *nfpl* (*aspecto*) apparences *fpl* ; **guardar las apariencias** sauver les apparences
aparque *etc vb ver* **aparcar**
apartado, -a *adj* (*lugar*) éloigné(e) ; (*aislado: persona*) à l'écart ▸ *nm* paragraphe *m*, alinéa *m* ; **~ (de correos)** boîte *f* postale
apartamento *nm* appartement *m*
apartar *vt* écarter ; (*quitar*) retirer ; (*comida, dinero*) mettre de côté ; **~ a algn de** écarter qn de ; (*de estudios, vicio*) détourner qn de ▸ *vi*: **¡aparta!** ôte-toi de là ! ; **apartarse** *vpr* s'écarter ; **apartarse de** s'éloigner de ; (*de creencia, partido*) prendre ses distances vis-à-vis de
aparte *adv* (*en otro sitio*) de côté ; (*en sitio retirado*) à l'écart ; (*además*) en outre ; **dejar ~** laisser de côté ▸ *prep*: **~ de** à part ; **~ de que** sans compter que, en plus du fait que ▸ *nm* aparté *m* ; (*tipográfico*) paragraphe *m* ; **« punto y ~ »** « point à la ligne » ▸ *adj* à part

apartheid *nm* apartheid *m*
aparthotel *nm* appart-hôtel *m*
apasionadamente *adv* (*discutir*) avec véhémence ; (*amar*) passionnément
apasionado, -a *adj* passionné(e) ; **~ de/por** passionné(e) de/par
apasionamiento *nm* passion *f* ; **hacer algo con ~** faire qch avec passion
apasionante *adj* passionnant(e)
apasionar *vt* passionner ; **le apasiona el fútbol** c'est un passionné de football ; **apasionarse** *vpr* se passionner ; **apasionarse por** se passionner pour ; (*persona*) être passionnément amoureux(-euse) de ; (*deporte, política*) être un(e) passionné(e) de
apatía *nf* apathie *f*
apático, -a *adj* apathique
apátrida *adj* apatride
Apdo. *abr* (= *Apartado (de Correos)*) B.P. (= *boîte postale*)
apeadero *nm* (*Ferro*) halte *f* ; (*alojamiento*) pied-à-terre *m inv*
apear *vt*: **~ (de)** faire descendre (de) ; (*objeto*) descendre ; **apearse** *vpr* descendre ; **no apearse del burro** (*fig*) ne pas en démordre
apechugar *vi*: **~ con algo** (*fam*) se coltiner qch (*fam*)
apechugue *etc vb ver* **apechugar**
apedrear *vt* lapider
apegarse *vpr*: **~ a** (*a persona*) s'attacher à ; (*a cargo*) prendre à cœur
apego *nm*: **~ a/por** (*persona*) attachement *m* à/pour ; (*cargo*) intérêt *m* pour ; (*objeto*) attachement à
apegue *etc vb ver* **apegarse**
apelación *nf* appel *m* ; **interponer/presentar ~** faire/interjeter appel
apelar *vi*: **~ (contra)** (*Jur*) faire appel (de) ; **~ a** faire appel à ; (*justicia*) avoir recours à
apelativo *nm* (*Ling*) nom *m* commun ; (*sobrenombre*) appellation *f* ; (*Am*) nom de famille
apellidarse *vpr*: **se apellida Pérez** il s'appelle Pérez
apellido *nm* nom *m* de famille ; *voir article*

APELLIDO

Dans les pays de langue espagnole, on porte toujours deux **apellidos** : le premier correspond au premier nom de famille du père, et le second au premier nom de famille de la mère. Ainsi, les enfants de Juan García López et Carmen Pérez Rodríguez s'appelleraient García Pérez. Les femmes mariées conservent leur(s) propre(s) nom(s) de famille. En Amérique latine, la coutume veut que, dans la correspondance, le second nom de famille soit réduit à une initiale (p. ex. Juan García L.).

apelmazado, -a *adj* (*masa*) compact(e) ; (*pelo*) emmêlé(e) ; (*escritura*) indigeste
apelmazarse *vpr* (*masa*) se tasser ; (*arroz*) coller ; (*prenda*) rétrécir
apelotonar *vt* entasser ; **apelotonarse** *vpr* s'entasser
apenar *vt* peiner, faire de la peine à ; (*Am: avergonzar*) faire honte à ; **apenarse** *vpr* avoir de la peine ; (*Am*) avoir honte
apenas *adv* à peine, presque pas ; **~ si podía levantarse** c'est à peine s'il pouvait se lever ▸ *conj* dès que
apéndice *nm* appendice *m*
apendicitis *nf* appendicite *f*
Apeninos *nmpl*: **los ~** les Apennins *mpl*
apercibimiento *nm* (*Jur*) sommation *f*
apercibir *vt* (*preparar*) disposer ; (*avisar*) avertir ; (*Jur*) mettre en garde ; (*Am*) apercevoir ; **apercibirse** *vpr*: **apercibirse de** s'apercevoir de
apergaminado, -a *adj* parcheminé(e)
aperitivo *nm* apéritif *m*
aperos *nmpl* (*utensilios*) matériel *msg* ; (*Agr*) matériel agricole
apertura *nf* ouverture *f* ; (*de curso*) rentrée *f* (des classes) ; (*de parlamento*) rentrée parlementaire ; **~ de un juicio hipotecario** (*Com*) ouverture d'un jugement hypothécaire ; **~ centralizada** (*Auto*) verrouillage *m* centralisé (des portières)
aperturismo *nm* (*Pol*) politique *f* d'ouverture
aperturista *adj* (*Pol*) favorable à l'ouverture
apesadumbrado, -a *adj* affligé(e), attristé(e)
apesadumbrar *vt* attrister ; **apesadumbrarse** *vpr*: **apesadumbrarse (con** *o* **por)** s'affliger (de)
apestar *vt* empester, puer ▸ *vi*: **~ (a)** empester ; **estar apestado de** grouiller de
apestoso, -a *adj* puant(e) ; (*asqueroso*) repoussant(e)
apetecer *vt*: **¿te apetece una tortilla?** as-tu envie d'une omelette ?
apetecible *adj* appétissant(e) ; (*olor*) agréable ; (*objeto*) séduisant(e)
apetezca *etc vb ver* **apetecer**
apetito *nm* (*tb fig*) appétit *m* ; **despertar** *o* **abrir el ~** réveiller *o* ouvrir l'appétit, mettre en appétit
apetitoso, -a *adj* alléchant(e) ; (*comida*) appétissant(e)
apiadarse *vpr*: **~ de** s'apitoyer sur
ápice *nm* (*fig*) summum *m* ; **ni un ~** pas le moins du monde ; **no ceder un ~** ne pas céder d'un pouce
apicultor, a *nm/f* apiculteur(-trice)
apicultura *nf* apiculture *f*
apilar *vt* empiler ; **apilarse** *vpr* s'empiler

apiñado, -a *adj* entassé(e)
apiñar *vt* entasser ; **apiñarse** *vpr* se presser
apio *nm* céleri *m*
apisonadora *nf* rouleau *m* compresseur
apisonar *vt* damer
aplacar *vt* apaiser ; (*sed*) étancher ; (*entusiasmo*) refroidir ; **aplacarse** *vpr* s'apaiser ; (*entusiasmo*) se refroidir
aplace *etc vb ver* **aplazar**
aplanamiento *nm* (*fig*) effondrement *m*
aplanar *vt* aplanir ; **aplanarse** *vpr* être abattu(e)
aplaque *etc vb ver* **aplacar**
aplastante *adj* écrasant(e)
aplastar *vt* écraser
aplatanarse (*fam*) *vpr* se ramollir
aplaudir *vt, vi* applaudir
aplauso *nm* applaudissement *m* ; (*fig*) éloge *m*
aplazamiento *nm* ajournement *m*
aplazar *vt* (*reunión*) ajourner
aplicable *adj*: **~ (a)** applicable (à)
aplicación *nf* application *f* ; (*para móvil, Internet*) application, appli *f* ; **aplicaciones** *nfpl* applications *fpl* ; **aplicaciones de gestión** gestion *f*
aplicado, -a *adj* appliqué(e), studieux(-euse)
aplicador *nm* applicateur *m*
aplicar *vt* mettre en pratique ; (*ley, norma*) appliquer ; **~ (a)** appliquer (à) ; **~ el oído a una puerta** écouter à une porte ; **aplicarse** *vpr* s'appliquer
aplique *vb ver* **aplicar** ▸ *nm* applique *f*
aplomo *nm* aplomb *m*
apnea *nf* (*durante el sueño*) apnée *f* ; (*en buceo*): **en ~** en apnée
apocado, -a *adj* timoré(e)
apocalipsis *nm* (*fig*) apocalypse *f*
apocamiento *nm* pusillanimité *f* ; (*depresión*) abattement *m*
apocarse *vpr* s'abaisser
apócope *nm* apocope *f*
apócrifo, -a *adj* apocryphe
apodar *vt* surnommer
apoderado, -a *nm/f* (*Jur, Com*) mandataire *mf*, fondé(e) de pouvoir
apoderar *vt* (*Jur*) déléguer des pouvoirs à, nommer comme fondé(e) de pouvoir ; **apoderarse de** *vpr* s'emparer de
apodo *nm* surnom *m*
apogeo *nm* apogée *m*
apolillado, -a *adj* (*prenda*) mité(e) ; (*madera*) vermoulu(e) ; (*fig*) dépassé(e)
apolillarse *vpr* (*ropa*) être mangé(e) par les mites ; (*madera*) être vermoulu(e) ; (*fig*) se rouiller
apología *nf* apologie *f* ; **~ del terrorismo** apologie du terrorisme
apoltronarse *vpr* devenir paresseux(-euse)
apoplejía *nf* apoplexie *f*
apoque *etc vb ver* **apocarse**
apoquinar (*fam*) *vt* abouler (*fam*)
aporrear *vt* cogner sur
aportación *nf* apport *m*, contribution *f*
aportar *vt* (*datos*) fournir ; (*dinero*) apporter ▸ *vi* (*Náut*) aborder ; **aportarse** *vpr* (*Am*) arriver
aporte *nm* (*aportación*) apport *m* ; **~ calórico** apport *m* calorique ; (*Am*: *a la seguridad social*) cotisation *f* ; **~ jubilatorio** cotisation de retraite
aposentar *vt* héberger, loger ; **aposentarse** *vpr* s'installer
aposento *nm* appartement *m*
apósito *nm* pansement *m*
aposta *adv* à dessein, exprès
apostar *vt* (*dinero*) parier ; (*tropas*) poster ▸ *vi* parier ; **apostarse** *vpr* se poster ; **¿qué te apuestas a que ...?** on parie combien que ... ?
apostatar *vi*: **~ (de)** apostasier
a posteriori *adv* a posteriori
apostilla *nf* apostille *f*
apóstol *nm* apôtre *m*
apostólico, -a *adj* apostolique
apóstrofo *nm* apostrophe *f*
apostura *nf* prestance *f*
apoteósico, -a *adj* sensationnel(le)
apoteosis *nf inv* apothéose *f*
apoyar *vt* (*tb fig*) appuyer ; **~ algo en/contra** appuyer qch sur/contre ; **apoyarse** *vpr*: **apoyarse en** (*tb fig*) s'appuyer *o* reposer sur
apoyo *nm* appui *m* ; (*fundamento*) fondement *m*
app (*pl* **apps**) *nf* (*para móvil, Internet*) appli *f*
apreciable *adj* appréciable
apreciablemente *adv* de façon très appréciable
apreciación *nf* appréciation *f*
apreciado, -a *adj* apprécié(e) ; (*querido*) cher (chère) ; **« A~ Sr. ... »** « Cher Monsieur »
apreciar *vt* apprécier
aprecio *nm* estime *f* ; (*Com*) estimation *f* ; **tener ~ a/sentir ~ por** avoir/ressentir de l'estime pour
aprehender *vt* (*armas, drogas*) saisir ; (*persona*) appréhender
aprehensión *nf* (*armas, drogas*) saisie *f* ; (*persona*) appréhension *f*
apremiante *adj* pressant(e)
apremiar *vt* presser ; **~ a algn a hacer/para que haga** presser qn de faire ▸ *vi* presser ; **apremiaba conseguirlo** il était urgent d'y parvenir
apremio *nm* urgence *f* ; **~ de pago** avertissement *m*
aprender *vt* apprendre ; **~ algo de memoria** *o* **de carretilla** apprendre qch par cœur ▸ *vi* apprendre ; **~ a conducir** apprendre à conduire ; **para que aprendas** ça t'apprendra ; **aprenderse** *vpr*: **aprenderse algo** apprendre qch

> El verbo **aprender** solo tiene el sentido de « adquirir un conocimiento », mientras que en francés el verbo *apprendre* también significa « enseñar » (en el sentido de comunicar un conocimiento):
> **Mi madre me enseñó a leer a los cuatro años.** Ma mère m'a appris à lire à quatre ans.

aprendiz, a *nm/f* apprenti(e)
aprendizaje *nm* apprentissage *m*
aprensión *nf* appréhension *f* ; **dar ~ (hacer)** avoir des scrupules (à faire) ; **aprensiones** *nfpl* appréhensions *fpl*
aprensivo, -a *adj* méfiant(e)
apresamiento *nm* (*de animal*) prise *f*, capture *f* ; (*de delincuente*) arrestation *f*, capture *f*
apresar *vt* (*animal*) saisir ; (*delincuente*) arrêter, capturer
aprestar *vt* apprêter ; **~ el oído** prêter l'oreille ; **aprestarse** *vpr*: **aprestarse a (hacer)** s'apprêter à (faire)
apresto *nm* apprêt *m*
apresuradamente *adv* en toute hâte
apresurado, -a *adj* (*decisión*) hâtif(-ive) ; (*persona*) pressé(e)
apresuramiento *nm* hâte *f*
apresurar *vt* hâter, presser ; **apresurarse** *vpr* se presser ; **apresurarse (a hacer)** se hâter (de faire) ; **me apresuré a sugerir que ...** je me suis empressé de suggérer que ...
apretado, -a *adj* serré(e) ; (*estrecho de espacio*) à l'étroit ; (*programa*) chargé(e) ; **íbamos muy apretados en el autobús** nous étions très serrés dans l'autobus ; **vivir ~** vivre à l'étroit
apretar *vt* serrer ; (*labios*) pincer ; (*gatillo, botón*) appuyer sur ; **~ el paso** presser le pas ; **~ la mano a algn** serrer la main à qn ; **la apretó contra su pecho** il la serra contre lui ▸ *vi* (*calor etc*) redoubler ; (*zapatos, ropa*) serrer, être trop juste(s) ; **apretarse** *vpr* se serrer ; **apretarse el cinturón** (*fig*) se serrer la ceinture
apretón *nm*: **~ de manos** poignée *f* de main ; **apretones** *nmpl* cohue *fsg*
apretujar *vt* presser très fort ; **apretujarse** *vpr* se serrer
aprieto *vb ver* **apretar** ▸ *nm* gêne *f*, embarras *msg* ; **estar en un ~** être dans l'embarras ; **estar en aprietos** traverser des moments difficiles ; **ayudar a algn a salir de un ~** aider qn à s'en sortir
a priori *adv* a priori
aprisa *adv* vite
aprisionar *vt* (*poner en prisión*) emprisonner ; (*sujetar*) serrer
aprobación *nf* approbation *f* ; **dar su ~** donner son approbation
aprobado *nm* (*nota*) mention *f* passable
aprobar *vt* (*decisión*) approuver ; (*examen*) être reçu(e) à ; (*materia*) être reçu(e) en ; **~ algo por mayoría/por unanimidad** approuver qch à la majorité/à l'unanimité ▸ *vi* (*en examen*) réussir, être reçu(e) ; **~ por los pelos** réussir de justesse

> ¡Atención! La expresión francesa *passer un examen* no quiere decir « aprobar un examen », sino simplemente realizarlo.

apropiación *nf* appropriation *f*
apropiadamente *adv* convenablement
apropiado, -a *adj* approprié(e)
apropiarse *vpr*: **~ de** s'approprier, s'emparer de
aprovechable *adj* utilisable
aprovechado, -a *adj* (*estudiante*) appliqué(e) ; (*económico*) économe ; (*día, viaje*) bien employé(e) ▸ *nm/f* (*pey: persona*) profiteur(-euse)
aprovechamiento *nm* exploitation *f*, utilisation *f* ; (*académico*) progrès *mpl*
aprovechar *vt* profiter de ; (*tela, comida, ventaja*) tirer profit de ; **~ la ocasión para hacer** profiter de l'occasion pour faire ▸ *vi* progresser ; **¡que aproveche!** bon appétit ! ; **aprovecharse** *vpr*: **aprovecharse de** (*pey*) profiter de
aprovisionar *vt* approvisionner ; **aprovisionarse** *vpr* se ravitailler
aprox. *abr* (= *aproximadamente*) env. (= *environ*)
aproximación *nf* rapprochement *m* ; (*de lotería*) lot *m* de consolation ; **con ~** par approximation
aproximadamente *adv* approximativement, environ
aproximado, -a *adj* approximatif(-ive)
aproximar *vt*: **~ (a)** rapprocher (de) ; **aproximarse** *vpr* (s')approcher
apruebe *etc vb ver* **aprobar**
aptitud *nf*: **~ (para)** aptitude *f* (pour), dispositions *fpl* (pour) ; **tiene ~ para los negocios** il est doué pour les affaires
apto, -a *adj*: **~ (para)** apte (à), capable (de) ; (*apropiado*) qui convient (à) ; **~/no ~ para menores** (*Cine*) convient/interdit aux moins de 18 ans ▸ *nm* (*Escol*) mention *f* passable
apuesta *nf* pari *m*
apuesto, -a *vb ver* **apostar** ▸ *adj* élégant(e)
apuntador *nm* (*Teatro*) souffleur *m*
apuntalar *vt* étayer
apuntar *vt* (*con arma*) viser ; (*con dedo*) montrer *o* désigner du doigt ; (*datos*) noter ; (*Teatro*) souffler ; (*posibilidad*) émettre ; (*suj: persona: en examen*) noter ; **~ una cantidad en la cuenta de algn** mettre *o* verser une somme sur le compte de qn ; **apuntarse** *vpr* (*tanto, victoria*) remporter ; (*en lista, registro*) s'inscrire ; **apuntarse en un curso** s'inscrire à un cours ; **¡yo me apunto!** je suis partant !
apunte *nm* croquis *msg* ; (*Teatro: voz*) voix *fsg* du souffleur ; (*: texto*) texte *m* du souffleur ;

apuntes *nmpl* (*Escol*) notes *fpl* ; **tomar apuntes** prendre des notes
apuñalar *vt* poignarder
apurado, -a *adj* (*necesitado*) dans la gêne ; (*situación*) difficile, délicat(e) ; (*AM*: *con prisa*) pressé(e) ; **estar en una situación apurada** traverser un moment difficile, être dans une situation critique ; **estar ~** (*avergonzado*) être embarrassé(e) ; (*en peligro*) être en mauvaise posture
apurar *vt* (*bebida, cigarrillo*) finir ; (*recursos*) épuiser ; (*persona*: *agobiar*) mettre à bout ; (: *causar vergüenza a*) mettre dans l'embarras ; (: *apresurar*) presser ; **apurarse** *vpr* s'inquiéter ; (*esp AM*: *darse prisa*) se dépêcher ; **no se apure** ne vous inquiétez pas
apuro *nm* (*aprieto, vergüenza*) gêne *f*, embarras *msg* ; (*penalidad*) affliction *f* ; (*AM*: *prisa*) hâte *f* ; **poner a algn en un ~** mettre qn dans l'embarras ; **estar en apuros** (*dificultades*) avoir des ennuis ; (*falta de dinero*) être dans la gêne
aquejado, -a *adj*: **~ de** (*Med*) atteint(e) de
aquejar *vt* (*suj*: *enfermedad*) frapper ; (: *contrariedad*) affliger ; **estar aquejado de** souffrir de
aquel, aquella (*mpl* **aquellos**, *fpl* **aquellas**) *adj* ce (cette) ; (*pl*) ces ▸ *pron* celui-là (celle-là) ; (*pl*) ceux-là (celles-là)
aquél, aquélla (*mpl* **aquéllos**, *fpl* **aquéllas**) *pron* celui-là (celle-là) ; (*pl*) ceux-là (celles-là)
aquello *pron* cela ; **~ que hay allí** ce qu'il y a là-bas
aquí *adv* ici ; (*entonces*) alors ; **~ abajo/arriba** en bas/là-haut ; **~ mismo** ici même ; **~ yace** ci-gît ; **de ~ en adelante** désormais ; **de ~ a poco** d'ici peu ; **de ~ a siete días** d'ici sept jours ; **de ~ que ...** de là que ... ; **hasta ~** jusqu'ici ; **por ~** par ici
aquietar *vt* apaiser
Aquisgrán *n* Aix-la-Chapelle
A.R. *abr* = **Alteza Real**
ara *nf* autel *m* ; **aras** *nfpl* (*beneficio*): **en aras de** au nom de
árabe *adj* arabe ▸ *nmf* Arabe *mf* ▸ *nm* (*Ling*) arabe *m*
Arabia *nf* Arabie *f* ; **~ Saudí** *o* **Saudita** Arabie saoudite
arábigo, -a *adj* arabe ▸ *nm* (*lengua*) arabe *m*
arácnido *nm* arachnide *m*
arado *nm* charrue *f*
Aragón *nm* Aragon *m*
aragonés, -esa *adj* aragonais(e) ▸ *nm/f* Aragonais(e) ▸ *nm* (*Ling*) aragonais *msg*
arancel *nm* (*tb*: **arancel de aduanas**) tarif *m* douanier
arancelario, -a *adj* douanier(-ière) ; **barrera arancelaria** barrière *f* douanière ; **protección arancelaria** protection *f* tarifaire
arándano *nm* (*rojo*) airelle *f* ; (*azul*) myrtille *f* ; **~ encarnado** *o* **rojo** canneberge *f*
arandela *nf* rondelle *f* ; (*de vela*) bobèche *f* ; (*adorno de vestido*) ruche *f* ; (*AM*: *volante*) volant *m*
araña *nf* araignée *f* ; (*lámpara*) lustre *m*
arañar *vt* (*herir*) griffer ; (*raspar*) égratigner, érafler ; **arañarse** *vpr* s'égratigner
arañazo *nm* égratignure *f*
arar *vt* labourer
araucano, -a *adj* araucan(e) ▸ *nm/f* Araucan(e)
arbitraje *nm* arbitrage *m*
arbitrar *vt* arbitrer ; (*recursos*) obtenir ▸ *vi* arbitrer
arbitrariamente *adv* arbitrairement
arbitrariedad *nf* arbitraire *m*
arbitrario, -a *adj* arbitraire
arbitrio *nm* volonté *f* ; (*Jur*) arbitrage *m* ; **quedar al ~ de algn** dépendre de la volonté de qn
árbitro, -a *nm/f* arbitre *mf*
árbol *nm* (*Bot, Tec*) arbre *m* ; (*Náut*) mât *m* ; **~ de Navidad** sapin *m* de Noël ; **~ frutal** arbre fruitier ; **~ genealógico** arbre généalogique
arbolado, -a *adj* boisé(e) ; (*camino*) bordé(e) d'arbres ▸ *nm* bois *msg*
arboladura *nf* mâture *f*
arbolar *vt* mâter
arboleda *nf* bois *msg*, bosquet *m*
arboricultura *nf* arboriculture *f*
arbusto *nm* arbuste *m*
arca *nf* coffre *m* ; **A~ de la Alianza** arche *f* d'alliance ; **A~ de Noé** Arche de Noé ; **arcas** *nfpl* (*públicas*) caisses *fpl* de l'État, Trésor *msg* public
arcada *nf* (*de edificio*) arcade *f* ; (*de puente*) arche *f* ; (*de estómago*) nausée *f* ; **me dieron arcadas, me dio una ~** j'ai été pris de nausées
arcaico, -a *adj* archaïque
arcángel *nm* archange *m*
arce *nm* érable *m*
arcén *nm* (*de autopista*) accotement *m* ; (*de carretera*) bas-côté *m*
archiconocido, -a *adj* archiconnu(e)
archidiócesis *nf inv* archidiocèse *m*, archevêché *m*
archipiélago *nm* archipel *m*
archisabido, -a *adj* archiconnu(e)
archivador *nm* classeur *m*
archivar *vt* (*tb Inform*) archiver
archivo *nm* archives *fpl* ; (*Inform*) fichier *m* ; **nombre de ~** (*Inform*) nom *m* de fichier ; **~ adjunto** (*Inform*) fichier joint ; **~ maestro** (*Inform*) fichier maître ; **A~ Nacional** Archives nationales ; **archivos policíacos** archives de la police ; **~ de transacciones** (*Inform*) fichier mouvements
arcilla *nf* argile *f*
arcilloso, -a *adj* argileux(-euse)

a

arco *nm* arc *m* ; (*Mús*) archet *m* ; (*Am Deporte*) but *m* ; **~ detector de metales** portique *m* détecteur de métaux ; **~ iris** arc-en-ciel *m*
arcón *nm* grand coffre *m*
arder *vi* brûler ; **~ en deseos de hacer** mourir d'envie de faire ; **~ sin llama** se consumer ; **estar que arde** (*fam*) bouillir de rage ; **esto está que arde** (*fig*) ça sent le brûlé
ardid *nm* ruse *f*
ardiente *adj* ardent(e) ; **ser un ~ defensor/ partidario de** être un ardent défenseur/ partisan de
ardilla *nf* écureuil *m*
ardor *nm* ardeur *f* ; **con ~** (*fig*) avec ardeur ; **~ de estómago** brûlures *fpl* d'estomac
ardoroso, -a *adj* ardent(e)
arduo, -a *adj* ardu(e)
área *nf* (*zona*) surface *f* ; (*medida*) are *m* ; (*Deporte*) zone *f* ; **~ de servicios** (*Auto*) aire *f* de service
arena *nf* sable *m* ; (*de una lucha*) arène *f* ; (*Taur*) arènes *fpl* ; **arenas movedizas** sables *mpl* mouvants
arenal *nm* étendue *f* de sable ; (*arena movediza*) sables *mpl* mouvants
arenga *nf* harangue *f*
arengar *vt* haranguer
arengue *etc vb ver* **arengar**
arenillas *nfpl* (*Med*) calculs *mpl*
arenisca *nf* grès *msg*
arenoso, -a *adj* sablonneux(-euse)
arenque *nm* hareng *m*
arepa (*Am*) *nf* (*torta de maíz*) galette *f* de maïs
arete (*And, Méx*) *nm* boucle *f* d'oreille
argamasa *nf* mortier *m*
Argel *n* Alger
Argelia *nf* Algérie *f*
argelino, -a *adj* algérien(ne) ▸ *nm/f* Algérien(ne)
Argentina *nf* Argentine *f*
argentino, -a *adj* argentin(e) ▸ *nm/f* Argentin(e)
argolla *nf* anneau *m* ; (*Am: anillo de matrimonio*) alliance *f*
argot [ar'ɣot] (*pl* **argots**) *nm* argot *m*
argucia *nf* sophisme *m*
argüir *vt* arguer ; (*argumentar*) arguer (de) ; (*indicar*) sous-entendre ; **~ que** (*alegar*) arguer que ; (*deducir*) déduire que ▸ *vi* argumenter ; **~ a favor/en contra de** argumenter en faveur de/contre
argumentación *nf* argumentation *f*
argumental *adj* (*Lit*) narratif ; **línea ~** (*de obra*) trame *f* ; (*de teoría*) argumentation *f*, raisonnement *m*
argumentar *vt* argumenter ; (*deducir*) déduire ; **~ que** (*alegar*) avancer que ▸ *vi* discuter ; **~ a favor/en contra de** avancer des arguments en faveur de/contre
argumento *nm* argument *m* ; (*Cine, TV*) scénario *m*
arguyendo *etc vb ver* **argüir**
aria *nf* aria *f*
aridez *nf* aridité *f*
árido, -a *adj* aride
áridos *nmpl* (*Agr*) grains *mpl*
Aries *nm* (*Astrol*) Bélier *m* ; **ser ~** être Bélier
ariete *nm* (*Mil*) bélier *m* ; (*Deporte*) avant-centre *m*
ario, -a *adj* aryen(ne)
arisco, -a *adj* (*persona*) bourru(e), revêche ; (*animal*) farouche
arista *nf* (*Mat*) arête *f* ; (*dificultad*) difficulté *f*, obstacle *m*
aristocracia *nf* aristocratie *f*
aristócrata *nmf* aristocrate *mf*
aristocrático, -a *adj* aristocratique
aritmético, -a *adj* arithmétique ▸ *nm/f* arithméticien(ne) ▸ *nf* (*ciencia*) arithmétique *f*
arlequín *nm* (*personaje*) arlequin *m*
arma *nf* arme *f* ; **~ blanca** arme blanche ; **~ de doble filo** (*fig*) arme à double tranchant ; **~ de fuego** arme à feu ; **armas** *nfpl* (*Mil*) armes *fpl* ; **rendir las armas** rendre les armes ; **ser de armas tomar** ne pas être commode ; **armas cortas** armes légères ; **armas de destrucción masiva** armes de destruction massive
armada *nf* marine *f* de guerre ; (*flota*) flotte *f*
armadillo *nm* tatou *m*
armado, -a *adj* armé(e)
armador *nm* (*Náut: dueño*) armateur *m* ; (*Tec*) monteur *m*
armadura *nf* (*Mil*) armure *f* ; (*Tec, Fís*) armature *f* ; (*tejado*) charpente *f* ; (*de gafas*) monture *f* ; (*Zool*) ossature *f*
armamentista *adj*: **carrera ~** course *f* aux armements
armamentístico, -a *adj* de l'armement
armamento *nm* armement *m*
armar *vt* armer ; (*Mec, Tec*) monter ; (*ruido, escándalo*) faire ; **~ la gorda** (*fam*) faire du barouf (*fam*) ; **armarla** faire un esclandre ; **armarse** *vpr*: **armarse (con/de)** s'armer (de) ; **armarse de valor/paciencia** s'armer de courage/patience ; **armarse un lío** (*fam*) s'embrouiller
armario *nm* armoire *f* ; **salir del ~** sortir du placard, faire son coming out ; **~ de luna** armoire à glace ; **~ empotrado** placard *m*
armatoste (*fam*) *nm objet encombrant*
armazón *nm o nf* armature *f* ; (*Arq*) charpente *f* ; (*Auto*) châssis *msg*
Armenia *nf* (l') Arménie *f*
armenio, -a *adj* arménien(ne) ▸ *nm/f* Arménien(ne)
armería *nf* musée *m* de l'armée ; (*tienda*) armurerie *f*
armiño *nm* hermine *f* ; **de ~** d'hermine
armisticio *nm* armistice *m*

armonía *nf* harmonie *f*
armónica *nf* harmonica *m*
armonice *etc vb ver* **armonizar**
armónico, -a *adj* harmonique
armonioso, -a *adj* harmonieux(-euse)
armonizar *vt* harmoniser ▶ *vi:* ~ **con** *(fig)* être en harmonie avec
ARN *sigla m (= ácido ribonucleico)* ARN *m (= acide ribonucléique)*
arnés *nm* harnais *msg* ; **arneses** *nmpl (para caballerías)* harnais *msg*
aro *nm* cercle *m*, anneau *m* ; *(juguete)* cerceau *m* ; *(Am: pendiente)* anneau ; **entrar** *o* **pasar por el** ~ mettre les pouces
aroma *nm* arôme *m*, parfum *m*
aromaterapia *nf* aromathérapie *f*
aromático, -a *adj* aromatique
aromatizante *nm* aromatisant *m*
arpa *nf* harpe *f*
arpegio *nm (Mús)* arpège *m*
arpía *nf (fig)* harpie *f*, mégère *f*
arpillera *nf* serpillière *f*
arpista *nmf* harpiste *mf*
arpón *nm* harpon *m*
arq. *abr (= arquitectura, arquitecto)* archit. *(= architecture, architecte)*
arquear *vt* arquer ; **arquearse** *vpr* fléchir
arqueo *nm (Arq etc)* courbure *f* ; *(Náut)* jauge *f* ; *(Com)* caisse *f*
arqueología *nf* archéologie *f*
arqueológico, -a *adj* archéologique
arqueólogo, -a *nm/f* archéologue *mf*
arquero *nm* archer *m* ; *(Am Deporte)* gardien *m* de but
arqueta *nf* coffret *m*
arquetipo *nm* archétype *m*
arquitecto, -a *nm/f* architecte *mf* ; ~ **paisajista** *o* **de jardines** paysagiste *mf*
arquitectónico, -a *adj* architectonique
arquitectura *nf* architecture *f*
arrabal *nm* faubourg *m* ; *(barrio bajo)* bas quartiers *mpl* ; **arrabales** *nmpl (afueras)* faubourgs *mpl*
arrabalero, -a *adj (fig)* grossier(-ière)
arracimarse *vpr* s'agglutiner
arraigado, -a *adj (tb fig)* enraciné(e)
arraigar *vi* prendre racine ; *(ideas, costumbres)* s'enraciner, prendre racine ; *(persona)* s'installer, s'établir ; **arraigarse** *vpr (costumbre)* s'enraciner, prendre racine ; *(persona)* s'installer, s'établir
arraigo *nm* enracinement *m* ; *(persona)* établissement *m* ; **hombre de** ~ homme *m* respecté et estimé
arraigue *etc vb ver* **arraigar**
arrancada *nf* démarrage *m* brusque
arrancar *vt* arracher ; *(árbol)* déraciner ; *(carteles, colgaduras)* retirer ; *(esparadrapo)* enlever ; *(suspiro)* pousser ; *(Auto, máquina)* mettre en marche ; *(Inform)* lancer ; ~ **información a algn** soutirer un renseignement à qn ; ~ **de raíz** déraciner ▶ *vi (Auto, máquina)* démarrer ; *(persona)* s'en aller ; ~ **de** *(fig)* provenir de
arranque *vb ver* **arrancar** ▶ *nm (Auto)* démarrage *m* ; *(de enfermedad)* début *m* ; *(de tradición)* origine *f* ; *(fig: arrebato)* élan *m*
arras *nfpl (en boda) treize pièces de monnaie offertes symboliquement par l'époux à son épouse lors de la cérémonie du mariage* ; *(Jur)* arrhes *fpl*, acompte *m*
arrasar *vt* aplanir ; *(derribar)* détruire ▶ *vi (fam: fig)* faire un triomphe *o* tabac *(fam)*
arrastrado, -a *adj* misérable ; *(Am: servil)* servile ▶ *nm/f (fam: bribón)* coquin(-ine)
arrastrador *nm (en impresora)* entraînement *m* à picots
arrastrar *vt* traîner ; *(suj: agua, viento, tb fig)* entraîner ▶ *vi* traîner ; **llevar algo arrastrando** traîner qch depuis longtemps ; **arrastrarse** *vpr* se traîner ; *(fig)* s'abaisser
arrastre *nm* remorquage *m* ; *(Pesca)* chalutage *m* ; **estar para el** ~ *(fam)* être foutu(e) ; ~ **de papel por fricción/por tracción** *(en impresora)* entraînement *m* par friction/par ergots
array *nm (Inform)* tableau *m*
arrayán *nm* myrte *m*
arre *excl* hue !
arrear *vt* exciter ; *(fam)* flanquer *(fam)* ▶ *vi (fam)* se grouiller *(fam)*
arrebañar *vt (plato)* nettoyer
arrebatado, -a *adj* emporté(e), impétueux(-euse) ; *(cara)* congestionné(e) ; *(color)* vif (vive)
arrebatar *vt* arracher ; *(fig)* transporter ; **arrebatarse** *vpr* s'emporter
arrebato *nm* emportement *m* ; *(éxtasis)* transport *m* ; ~ **de cólera/entusiasmo** élan *m o* mouvement *m* de colère/d'enthousiasme
arrebolar *vt* enflammer ; **arrebolarse** *vpr* s'enflammer
arrebujar *vt (ropa)* chiffonner ; *(niño)* emmitoufler ; **arrebujarse** *vpr* s'emmitoufler
arrechar *(Am) vt (excitar)* exciter ; **arrecharse** *vpr* s'exciter
arrechucho *(fam) nm (Med)* indisposition *f*
arreciar *vi* décupler ; *(lluvia)* tomber dru
arrecife *nm* récif *m* ; *(tb:* **arrecife de coral**) récif de corail
arredrar *vt* effrayer ; **arredrarse** *vpr* s'effrayer ; **arredrarse por** *o* **ante algo** s'effrayer de qch
arreglado, -a *adj (persona)* soigné(e) ; *(vestido)* impeccable ; *(habitación)* ordonné(e), en ordre ; *(conducta)* réglé(e) ; **¡estamos arreglados!** nous voilà bien avancés !
arreglar *vt* ranger, mettre en ordre ; *(persona)* préparer ; *(algo roto)* réparer, arranger ; *(problema)* régler ; *(entrevista)* fixer ; **arreglarse**

vpr s'arranger, se régler ; (*acicalarse*) se préparer ; **arreglarse (para hacer)** se préparer (à faire) ; **arreglárselas** (*fam*) se débrouiller, s'en sortir ; **arreglarse el pelo/ las uñas** s'arranger les cheveux/se faire les ongles

arreglista *nmf* (*Mús*) arrangeur(-euse)

arreglo *nm* rangement *m*, ordre *m* ; (*acuerdo*) arrangement *m*, accord *m* ; (*Mús*) arrangement ; (*Inform*) tableau *m* ; (*de algo roto*) réparation *f* ; (*de persona*) toilette *f*, soin *m* ; **con ~ a** conformément à ; **llegar a un ~** parvenir à un accord ; **~ de cuentas** (*fig*) règlement *m* de comptes

arrellanarse *vpr*: **~ en** (*sillón*) se carrer *o* se prélasser dans

arremangar *vt* relever, retrousser ; **arremangarse** *vpr* retrousser ses manches

arremangue *etc vb ver* **arremangar**

arremeter *vi*: **~ contra** se jeter à l'assaut de, fondre sur ; (*fig*) s'en prendre à, s'attaquer à

arremetida *nf* assaut *m*, attaque *f*

arremolinarse *vpr* (*gente*) s'entasser ; (*corriente*) tourbillonner

arrendado, -a *adj* loué(e)

arrendador, a *nm/f* loueur(-euse)

arrendajo *nm* geai *m*

arrendamiento *nm* location *f* ; (*contrato*) bail *m* ; (*precio*) loyer *m*

arrendar *vt* louer

arrendatario, -a *nm/f* locataire *mf*

arreos *nmpl* harnais *msg* ; (*fig*) attirail *m*

arrepentido, -a *adj* (*pesaroso*) repenti(e) ; (*Rel*) repentant(e) ; **estar ~ de algo** regretter qch ; **se mostró muy ~** il était vraiment désolé ; **un terrorista ~** un (terroriste) repenti ▸ *nm/f* (*Rel, terrorista*) repenti(e)

arrepentimiento *nm* repentir *m* ; **sentir/ tener ~** éprouver du repentir

arrepentirse *vpr*: **~ (de)** se repentir (de), regretter ; **~ de haber hecho algo** regretter *o* se repentir d'avoir fait qch

arrepienta *etc*, **arrepintiendo** *etc vb ver* **arrepentirse**

arrestar *vt* arrêter ; (*Mil*) mettre aux arrêts

arresto *nm* arrestation *f* ; (*Mil*) arrêts *mpl* ; **~ domiciliario** assignation *f* à domicile ; **~ mayor** *détention d'une durée d'un à six mois* ; **~ menor** *détention d'une durée d'un à trente jours* ; **arrestos** *nmpl* (*audacia*) audace *fsg*

arriar *vt* amener ; (*un cable*) mollir

arriate *nm* (*Bot*) plate-bande *f* ; (*camino*) passage *m*

PALABRA CLAVE

arriba *adv* **1** (*posición*) en haut ; **allí arriba** là-haut ; **el piso de arriba** l'appartement du dessus ; **la parte de arriba** le haut ; **la orden vino de arriba** (*fig*) l'ordre est venu d'en haut ; **más arriba** plus haut ; **desde arriba** d'en haut ; **arriba del todo** tout en haut ; **Juan está arriba** Juan est en haut ; **lo arriba mencionado** ce qui est mentionné ci-dessus ; **de treinta euros para arriba** au-dessus de trente euros ; **euro arriba, euro abajo** à quelques euros près

2 (*dirección*): **ir calle arriba** remonter la rue ; **río arriba** en amont

3: **mirar a algn de arriba abajo** regarder qn de haut en bas

▸ *prep*: **arriba de** (*AM*) sur, au-dessus de ; **arriba de cien euros** plus de cent euros

▸ *excl*: **¡arriba!** (*¡levanta!*) debout ! ; (*ánimo*) courage ! ; **¡manos arriba!** haut les mains ! ; **¡arriba España!** vive l'Espagne !

arribar *vi* arriver

arribista *nmf* arriviste *mf*

arribo (*esp AM*) *nm* arrivée *f*

arriendo *vb ver* **arrendar** ▸ *nm* = **arrendamiento**

arriero *nm* muletier *m*

arriesgadamente *adv* dangereusement

arriesgado, -a *adj* (*peligroso*) risqué(e), hasardeux(-euse) ; (*audaz: persona*) audacieux(-euse)

arriesgar *vt* risquer ; **~ el pellejo** risquer sa peau ; **arriesgarse** *vpr* prendre des risques ; **arriesgarse a hacer algo** se risquer à faire qch

arriesgue *etc vb ver* **arriesgar**

arrimar *vt* (*acercar*): **~ a** approcher de ; (*dejar de lado*) abandonner, laisser tomber ; **~ el hombro** (*ayudar*) donner un coup de main ; (*trabajar*) travailler dur ; **arrimarse** *vpr*: **arrimarse a** (*acercarse*) s'approcher de ; (*apoyarse*) s'appuyer sur ; (*fig*) se rapprocher de, se placer sous la protection de ; **arrímate a mí** approche-toi de moi ; **arrimarse al sol que más calienta** se ranger du côté du plus fort

arrinconado, -a *adj* (*objeto*) mis(e) dans un coin ; (*persona*) délaissé(e), mis(e) à l'écart

arrinconar *vt* (*algo viejo*) mettre dans un coin, mettre au rebut ; (*enemigo*) acculer ; (*fig: persona*) laisser tomber, délaisser

arriscado, -a *adj* (*Geo*) escarpé(e) ; (*fig*) hardi(e)

arroba *nf* arrobe *f*, arobe *f* (*mesure espagnole de poids et de capacité*) ; (*Internet*) arobase *f*, @ ; **tiene talento por arrobas** il a du talent à revendre

arrobamiento *nm* extase *f*, ravissement *m*

arrobar *vt* ravir, mettre en extase ; **arrobarse** *vpr* tomber en extase ; (*místico*) être en extase

arrobo *nm* = **arrobamiento**

arrodillarse *vpr* s'agenouiller

arrogancia *nf* arrogance *f*

arrogante *adj* arrogant(e)

arrogantemente *adv* avec arrogance

arrojadizo, -a *adj*: **arma arrojadiza** arme *f* de jet
arrojado, -a *adj* courageux(-euse), hardi(e)
arrojar *vt* (*piedras*) jeter ; (*pelota*) lancer ; (*basura*) jeter, déverser ; (*humo*) cracher ; (*persona*) chasser, mettre dehors ; (*Com*) totaliser ; **arrojarse** *vpr* se jeter
arrojo *nm* hardiesse *f*
arrollador, a *adj* (*éxito*) retentissant(e) ; (*fuerza*) irrésistible ; (*mayoría*) écrasant(e)
arrollar *vt* (*suj: vehículo*) renverser ; (*: agua*) emporter, rouler ; (*Deporte*) écraser ▸ *vi* (*tener éxito electoral*) avoir une majorité écrasante
arropar *vt* couvrir ; **arroparse** *vpr* se couvrir
arrostrar *vt* (*peligro*) affronter, braver ; (*consecuencias*) subir ; **arrostrarse** *vpr*: **arrostrarse con algn** se mesurer à qn
arroyo *nm* ruisseau *m* ; (*de la calle*) caniveau *m* ; **recoger a algn del ~** tirer qn du ruisseau
arroz *nm* riz *m* ; **~ blanco** (*Culin*) riz blanc ; **~ con leche** riz au lait
arrozal *nm* rizière *f*
arruga *nf* ride *f* ; (*en ropa*) pli *m*
arrugado, -a *adj* (*piel*) ridé(e) ; (*ropa, papel*) froissé(e) ; (*ceño, frente*) froncé(e)
arrugar *vt* (*piel*) rider ; (*ropa, papel*) froisser ; (*ceño, frente*) froncer ; **arrugarse** *vpr* se rider ; (*ropa*) se froisser ; (*persona*) se dégonfler (*fam*)
arrugue *etc vb ver* **arrugar**
arruinar *vt* ruiner ; **arruinarse** *vpr* se ruiner
arrullar *vt* bercer ▸ *vi* roucouler
arrumaco *nm* (*caricia*) cajolerie *f* ; (*halago*) flatterie *f*
arrumbar *vt* (*objeto*) mettre au rebut ; (*individuo*) mettre en quarantaine
arrurruz *nm* (*Bot*) arrow-root *m*
arsenal *nm* (*Mil*) arsenal *m* ; (*Náut*) chantier *m* naval
arsénico *nm* arsenic *m*
arte *nm* (*gen m en sg y siempre f en pl*) art *m* ; (*maña*) don *m* ; **por amor al ~** pour l'amour de l'art ; **por ~ de magia** comme par enchantement ; **no tener ~ ni parte en algo** n'être pour rien dans qch, n'avoir rien à voir avec qch ; **~ abstracto** art abstrait ; **artes** *nfpl* arts *mpl* ; **Bellas Artes** Beaux-Arts *mpl* ; **con malas artes** par des moyens peu orthodoxes ; **artes y oficios** arts et métiers ; **artes plásticas** arts plastiques
artefacto *nm* engin *m*, machine *f* ; (*Arqueología*) objet *m* (fabriqué) ; (*explosivo*) engin explosif
arteria *nf* artère *f*
arterial *adj* artériel(le)
arterioesclerosis, arteriosclerosis *nf* artériosclérose *f*
artesa *nf* pétrin *m*
artesanal *adj* artisanal(e), d'artisanat ; **industria ~** industrie *f* artisanale ; **productos artesanales** produits *mpl* artisanaux
artesanía *nf* artisanat *m* ; **de ~** artisanal(e)
artesano, -a *nm/f* artisan(e)
ártico, -a *adj* arctique ▸ *nm*: **el Á~** l'Arctique *m*
articulación *nf* articulation *f*
articulado, -a *adj* articulé(e)
articular *vt* articuler
articulista *nmf* chroniqueur(-euse), journaliste *mf*
artículo *nm* article *m* ; **~ de fondo** article de fond ; **artículos** *nmpl* (*Com*) articles *mpl* ; **artículos de escritorio/tocador** articles de bureau/toilette ; **artículos de lujo/marca/primera necesidad** articles de luxe/marque/première nécessité
artífice *nmf* artisan(e) ; (*fig*) auteur(e)
artificial *adj* artificiel(le) ; (*fig*) artificiel(le), forcé(e)
artificialmente *adv* artificiellement
artificio *nm* (*aparato*) appareil *m*, engin *m* ; (*arte*) art *m* ; (*truco*) artifice *m*
artificioso, -a *adj* (*no natural*) faux (fausse) ; (*ingenioso*) ingénieux(-euse)
artillería *nf* artillerie *f*
artillero *nm* artilleur *m*
artilugio *nm* engin *m* ; (*ardid*) subterfuge *m*
artimaña *nf* (*ardid*) stratagème *m* ; (*astucia*) astuce *f*, ruse *f*
artista *nmf* artiste *mf* ; **~ de cine** acteur(-trice) de cinéma ; **~ de teatro** comédien(ne)
artísticamente *adv* artistement
artístico, -a *adj* artistique
artrítico, -a *adj* arthritique
artritis *nf inv* arthrite *f*
artrosis *nf inv* arthrose *f*
arveja (*Am: guisante*) *nf* pois *msg*
Arz. *abr* = **arzobispo**
arzobispado *nm* archevêché *m*
arzobispo *nm* archevêque *m*
as *nm* as *m* ; **ser un as (de)** (*fig*) être un as (de) ; **as del fútbol** as du football
asa *nf* anse *f*
asado *nm* (*carne*) rôti *m* ; (*CSur: barbacoa*) barbecue *m*
asador *nm* (*varilla*) broche *f* ; (*aparato*) rôtissoire *f* ; (*restaurante*) grill *m*
asaduras *nfpl* (*Culin*) abats *mpl*
asaetar *vt*: **~ a preguntas** assaillir de questions
asalariado, -a *adj, nm/f* salarié(e)
asalmonado, -a *adj* saumoné(e), rose saumon *inv*
asaltador, a, asaltante *nm/f* assaillant(e)
asaltar *vt* (*banco etc*) attaquer ; (*persona, fig*) assaillir ; (*Mil*) prendre d'assaut
asalto *nm* (*a banco*) hold-up *m inv* ; (*a persona*) agression *f* ; (*Mil*) assaut *m* ; (*Boxeo*) round *m* ; **tomar por ~** prendre d'assaut
asamblea *nf* (*corporación*) assemblée *f*, rassemblement *m* ; (*reunión*) assemblée

a

asar *vt* rôtir (*au four*), griller (*au feu de bois, au gril*) ; **~ al horno/a la parrilla** rôtir au four/sur le gril ; **~ a preguntas** harceler de questions ; **asarse** *vpr* (*fig*) cuire ; **me aso de calor** (*fig*) j'étouffe de chaleur ; **aquí se asa uno vivo** on cuit ici
asbesto *nm* asbeste *m*
ascendencia *nf* ascendance *f* ; **de ~ francesa** d'origine française ; **tener ~ sobre algn** avoir de l'ascendant sur qn
ascendente *adj* (*movimiento, tendencia*) ascendant(e) ▶ *nm* (*en el zodíaco*) ascendant *m*
ascender *vi* monter ; (*Deporte*) monter, passer ; (*en puesto de trabajo*) monter en grade ; **~ a** (*cantidad*) s'élever à ; **ascendió a general** il a accédé au grade de général, il est passé général ▶ *vt* faire monter
ascendiente *nm* ascendant *m* ; **ascendientes** *nmpl* ascendants *mpl*
ascensión *nf* ascension *f* ; **la A~** (*Rel*) l'Ascension
ascenso *nm* promotion *f*
ascensor *nm* ascenseur *m*
asceta *nmf* ascète *mf*
ascético, -a *adj* ascétique
ascienda *etc vb ver* **ascender**
asco *nm*: **¡qué ~!** c'est dégoûtant ! ; **el ajo me da ~** j'ai horreur de l'ail ; **hacer ascos a algo** faire la fine bouche devant qch ; **estar hecho un ~** être dans un sale état ; **poner a algn de ~** (*Am*) abreuver qn d'injures ; **ser un ~** (*clase, libro*) être nul(le) ; (*película*) être un navet ; **morirse de ~** s'ennuyer à mourir
ascua *nf* braise *f* ; **arrimar el ~ a su sardina** tirer la couverture à soi ; **estar en** *o* **sobre ascuas** être sur des charbons ardents
aseado, -a *adj* (*persona*) impeccable, bien mis(e) ; (*casa*) impeccable
asear *vt* (*casa*) arranger ; (*persona*) arranger, faire la toilette de ; **asearse** *vpr* (*persona*) s'arranger, faire sa toilette
asechanza *nf* traquenard *m*
asediar *vt* assiéger ; (*fig*) assaillir
asedio *nm* siège *m* ; (*Com*) forte demande *f*
asegurado, -a *adj, nm/f* assuré(e)
asegurador, a *nm/f* assureur *m* ▶ *nf* (*tb*: **compañía aseguradora**) compagnie *f* d'assurances
asegurar *vt* assurer ; (*cuerda, clavo*) fixer ; (*maleta*) bien fermer ; (*afirmar*) assurer ; (*garantizar*) garantir ; **se lo aseguro** je vous assure ; **asegurarse** *vpr*: **asegurarse (de)** s'assurer (de) ; **asegurarse (contra)** (*Com*) s'assurer (contre), prendre une assurance (contre)
asemejarse *vpr*: **~ a** ressembler à
asentado, -a *adj* sensé(e) ; **estar ~ en** être situé(e) dans *o* sur ; (*persona*) être établi(e) à
asentamiento *nm* (*acción: de personas, partículas*) établissement *m*, installation *f* ; (*lugar: de personas*) emplacement *m*, aménagement *m* ; (*: de animales*) colonie *f* ; **un ~ fenicio** une installation phénicienne
asentar *vt* (*sentar*) asseoir ; (*poner*) placer ; (*alisar*) aplatir ; (*golpe*) asséner ; (*instalar*) installer ; (*asegurar*) assurer ; (*Com*) inscrire ; **asentarse** *vpr* (*persona*) s'établir ; (*líquido, polvo*) se déposer
asentimiento *nm* assentiment *m*
asentir *vi* acquiescer ; **~ con la cabeza** acquiescer d'un signe de tête
aseo *nm* hygiène *f*, toilette *f* ; (*orden*) soin *m* ; **cuarto de ~** cabinet *m* de toilette ; **~ personal** hygiène personnelle ; **aseos** *nmpl* (*servicios*) toilettes *fpl*
aséptico, -a *adj* aseptique
asequible *adj* (*precio*) abordable ; (*meta*) accessible ; (*persona*) accessible, abordable ; **~ a** (*comprensible*) accessible à, à la portée de
aserradero *nm* scierie *f*
aserrar *vt* scier
asesinar *vt* assassiner
asesinato *nm* assassinat *m*
asesino *nm* assassin *m*
asesor, a *nm/f* conseiller(-ère), consultant(e) ; (*Com*) consultant(e) ; **~ administrativo(-a)** conseiller(-ère) en gestion ; **~ de imagen** conseiller(-ère) en communication
asesoramiento *nm* conseil *m*, assistance *f*
asesorar *vt* (*Jur, Com*) conseiller ; **asesorarse** *vpr*: **asesorarse con** *o* **de** prendre conseil auprès de
asesoría *nf* (*cargo*) conseil *m* ; (*oficina*) cabinet *m* d'expert-conseil
asestar *vt* (*golpe*) asséner ; (*tiro*) envoyer
aseveración *nf* affirmation *f*, assertion *f*
aseverar *vt* assurer, affirmer
asfaltado, -a *adj* asphalté(e) ▶ *nm* asphalte *m*
asfaltar *vt* asphalter, bitumer
asfalto *nm* bitume *m*
asfixia *nf* asphyxie *f*
asfixiante *adj* (*gas*) asphyxiant(e) ; (*calor*) étouffant(e)
asfixiar *vt* (*suj: persona*) asphyxier ; (*: calor*) étouffer ; **asfixiarse** *vpr* s'asphyxier, étouffer ; **asfixiarse de calor** étouffer de chaleur
asgo *etc vb ver* **asir**
así *adv* (*de esta manera*) ainsi ; **~, ~** comme ci comme ça, couci-couça ; **~ de grande** grand(e) comme ça ; **~ llamado** soi-disant, prétendu ; **~ es la vida** c'est la vie ; **¡~ sea!** ainsi soit-il ! ; **y ~ sucesivamente** et ainsi de suite ; **¿no es ~?** n'est-ce pas (vrai) ? ; **seis euros o ~** à peu près six euros ; **~ como** (*del mismo modo*) ainsi que, de même que ; (*en cuanto*) dès que ▶ *conj + subjuntivo* même si ; **~ y todo** malgré tout ; **~ pues** ainsi donc ; **~ que** (*en cuanto*) dès que ; (*por consiguiente*) donc
Asia *nf* Asie *f*

asiático, -a *adj* asiatique ▸ *nm/f* Asiatique *mf*
asidero *nm* anse *f*
asiduidad *nf* assiduité *f*
asiduo, -a *adj* assidu(e) ▸ *nm/f* habitué(e)
asiento *vb ver* **asentar**; **asentir** ▸ *nm* siège *m* ; (*de silla etc*) assise *f* ; (*de cine, tren*) place *f* ; (*Com*) inscription *f* ; **tomar ~** prendre place ; **~ delantero/trasero** siège avant/arrière
asierre *etc vb ver* **aserrar**
asignación *nf* attribution *f* ; (*reparto*) assignation *f* ; (*paga*) traitement *m* ; (*Com*) allocation *f* ; **~ de presupuesto** crédit *m* budgétaire ; **~ (semanal)** salaire *m* (hebdomadaire) ; (*a un hijo*) argent *m* de poche
asignar *vt* assigner ; (*cantidad*) allouer, attribuer
asignatura *nf* matière *f*, discipline *f* ; **~ pendiente** épreuve *f* à repasser ; **es nuestra ~ pendiente** (*fig*) c'est quelque chose qui nous reste à faire
asilado, -a *nm/f* (*Pol*) réfugié(e) politique ; (*en asilo de ancianos*) pensionnaire *mf*
asilo *nm* asile *m* ; **derecho de ~** droit *m* d'asile ; **pedir/dar ~ a algn** demander/donner asile à qn ; **~ de ancianos** asile (de vieillards), hospice *m* ; **~ de pobres** hospice des pauvres ; **~ político** asile politique
asimétrico, -a *adj* asymétrique
asimilación *nf* assimilation *f*
asimilar *vt* assimiler ; **asimilarse** *vpr*: **asimilarse a** s'assimiler à
asimismo *adv* aussi
asintiendo *etc vb ver* **asentir**
asir *vt* saisir ; **asirse** *vpr*: **asirse a** *o* **de** s'accrocher à
asistencia *nf* assistance *f* ; (*tb*: **asistencia médica**) soins *mpl* médicaux ; **~ social/técnica** assistance sociale/technique
asistencial *adj* d'aide, d'assistance
asistenta *nf* femme *f* de ménage
asistente *nmf* assistant(e) ; **los asistentes** les assistants *mpl* ; **~ social** employé(e) des services sociaux ; (*mujer*) assistante *f* sociale ▸ *nm* (*Mil*) ordonnance *f*
asistido, -a *adj* (*Auto*: *dirección*) assisté(e) ; **~ por ordenador** assisté(e) par ordinateur
asistir *vt* (*Med*) assister, soigner ; (*ayudar*) assister, secourir ; (*acompañar*) assister ▸ *vi*: **~ (a)** assister (à)
asma *nf* asthme *m*
asmático, -a *adj, nm/f* asthmatique *mf*
asno *nm* (*tb fig*) âne *m*
asociación *nf* association *f* ; **~ de ideas** association d'idées
asociado, -a *adj, nm/f* associé(e)
asociar *vt* associer ; **asociarse** *vpr*: **asociarse (a)** s'associer (à)
asolar *vt* dévaster, ravager
asolear *vt* mettre au soleil ; **asolearse** *vpr* prendre le soleil
asomar *vt* sortir, mettre dehors ; **~ la cabeza por la ventana** se mettre à la fenêtre ▸ *vi* (*sol*) poindre, se montrer ; (*barco*) apparaître ; **asomarse** *vpr*: **asomarse a** *o* **por** se montrer à, se mettre à
asombrar *vt* (*causar asombro*) étonner ; (*causar admiración*) stupéfier ; **asombrarse** *vpr*: **asombrarse (de)** (*sorprenderse*) s'étonner (de) ; (*asustarse*) s'effrayer (de)
asombro *nm* (*sorpresa*) étonnement *m*, stupéfaction *f* ; (*susto*) frayeur *f* ; **no salir de su ~** ne pas en revenir
asombroso, -a *adj* étonnant(e), stupéfiant(e)
asomo *nm* signe *m*, ombre *f* ; **ni por ~** pas le moins du monde, en aucune manière
asonancia *nf* assonance *f*
asorocharse (*AM*) *vpr* (*Med*) avoir le mal d'altitude *o* des montagnes
aspa *nf* croix *fsg* de Saint André ; (*de molino*) aile *f* ; **en ~** en forme de X
aspaviento *nm* gestes *mpl* outranciers ; **hacer aspavientos** faire des simagrées
aspecto *nm* aspect *m*, air *m* ; (*de salud*) mine *f* ; (*fig*) aspect ; **bajo este ~** vu(e) sous cet angle ; **tener buen/mal ~** (*persona*) avoir bonne/mauvaise mine ; **en todos los aspectos** sous tous les rapports
aspereza *nf* rugosité *f* ; (*de sabor*) âpreté *f* ; (*de terreno, carácter*) aspérité *f*
áspero, -a *adj* rugueux(-euse) ; (*sabor*) âpre
aspersión *nf* aspersion *f* ; **riego por ~** arrosage *m* par aspersion
aspersor *nm* arroseur *m*
aspiración *nf* aspiration *f* ; **aspiraciones** *nfpl* (*ambiciones*) aspirations *fpl*
aspiradora *nf*, **aspirador** *nm* aspirateur *m*
aspirante *nmf* candidat(e)
aspirar *vt* aspirer ▸ *vi*: **~ a (hacer)** aspirer à (faire)
aspirina *nf* aspirine *f*
asquear *vt* écœurer ; **asquearse** *vpr*: **asquearse de** être dégoûté(e) de
asquerosidad *nf* (*suciedad*) saleté *f* repoussante ; (*dicho*) grossièreté *f* ; (*truco*) tour *m* de cochon
asqueroso, -a *adj, nm/f* dégoûtant(e)
asta *nf* hampe *f* ; **a media ~** en berne ; **astas** *nfpl* (*Zool*) bois *mpl*
astado, -a *adj* cornu(e) ▸ *nm* (*Taur*) taureau *m*
asterisco *nm* astérisque *m*
asteroide *nm* astéroïde *m*
astigmatismo *nm* astigmatisme *m*
astilla *nf* éclat *m* ; (*de leña*) écharde *f* ; (*de hueso*) esquille *f* ; **de tal palo tal ~** tel père, tel fils ; **astillas** *nfpl* (*para fuego*) petit bois *m* ; **hacer astillas** briser
astillarse *vpr* voler en éclats, se briser
astillero *nm* chantier *m* naval
astral *adj* astral(e)

astringente *adj* astringent(e) ▸ *nm* astringent *m*
astro *nm* astre *m*
astrofísica *nf* astrophysique *f*
astrología *nf* astrologie *f*
astrólogo, -a *nm/f* astrologue *mf*
astronauta *nmf* astronaute *mf*
astronave *nf* astronef *m*
astronomía *nf* astronomie *f*
astronómico, -a *adj* astronomique ; (*conocimientos*) en astronomie
astrónomo, -a *nm/f* astronome *mf*
astroso, -a *adj* (*desaliñado*) déguenillé(e) ; (*vil*) vil(e)
astucia *nf* astuce *f*
asturiano, -a *adj* asturien(ne) ▸ *nm/f* Asturien(ne)
Asturias *nfpl* les Asturies *fpl* ; **Príncipe de ~** prince *m* des Asturies
astutamente *adv* astucieusement
astuto, -a *adj* astucieux(-euse) ; (*taimado*) rusé(e)
asueto *nm*: **día/semana/tarde de ~** jour *m*/semaine *f*/après-midi *m inv o f inv* de congé
asumir *vt* assumer
asunceño, -a *adj* d'Asunción ▸ *nm/f* natif(-ive) *o* habitant(e) d'Asunción
Asunción *nf* (*Geografía*) Asunción ; (*Rel*): **la ~** l'Assomption *f*
asunción *nf* prise *f*
asunto *nm* (*tema*) sujet *m* ; (*negocio*) affaire *f* ; (*argumento*) thème *m* ; **¡eso es ~ mío!** cela me regarde ! ; **asuntos a tratar** affaires à régler ; **ir al ~** en venir aux choses sérieuses ; **Asuntos Exteriores** Affaires *fpl* étrangères
asustadizo, -a *adj* peureux(-euse)
asustado, -a *adj* effrayé(e), apeuré(e)
asustar *vt* faire peur à ; (*ahuyentar*) mettre en fuite ; **asustarse** *vpr*: **asustarse (de** *o* **por)** avoir peur (de)
A.T. *abr* (= *Antiguo Testamento*) AT (= *Ancien Testament*)
atacante *nmf* attaquant(e)
atacar *vt* attaquer ; (*teoría*) s'attaquer à
atadura *nf* attache *f*, lien *m* ; (*impedimento*) entrave *f*, lien
atajar *vt* (*interrumpir*) couper court à, interrompre ; (*cortar el paso a*) barrer la route à ; (*enfermedad*) enrayer ; (*riada, sublevación*) endiguer ; (*incendio*) maîtriser ; (*discurso*) interrompre ; (*Deporte*) plaquer ▸ *vi* prendre un raccourci
atajo *nm* raccourci *m* ; (*Deporte*) plaquage *m* ; **son un ~ de cobardes/ladrones** c'est une bande de lâches/voleurs ; **soltar un ~ de mentiras** débiter un tissu de mensonges
atalaya *nf* tour *f* de guet ; (*fig*) point *m* d'observation
atañer *vi*: **~ a** (*persona*) concerner ; (*gobierno*) incomber à ; **en lo que atañe a eso** en ce qui concerne cela
ataque *vb ver* **atacar** ▸ *nm* (*Mil*) attaque *f*, raid *m* ; (*Med*) attaque ; **¡al ~!** à l'attaque ! ; **~ de ira/de nervios/de risa/de tos** accès *m* de colère/crise *f* de nerfs/fou rire *m*/quinte *f* de toux ; **~ cardíaco** crise cardiaque
atar *vt* attacher ; **~ la lengua a algn** (*fig*) réduire qn au silence ; **~ cabos** déduire par recoupements ; **~ corto a algn** tenir la bride haute à qn ; **atarse** *vpr* (*zapatos*) attacher ; (*corbata*) nouer
atardecer *vi*: **atardece a las 8** la nuit tombe à 8 h ▸ *nm* tombée *f* du jour ; **al ~** à la tombée du jour
atardezca *etc vb ver* **atardecer**
atareado, -a *adj* occupé(e), affairé(e)
atascar *vt* boucher ; **atascarse** *vpr* se boucher ; (*coche*) s'embourber ; (*motor*) se gripper ; (*fig: al hablar*) bafouiller ; (*: en problema*) s'enliser
atasco *nm* obstruction *f* ; (*Auto*) bouchon *m*
atasque *etc vb ver* **atascar**
ataúd *nm* cercueil *m*, bière *f*
ataviar *vt* parer ; **ataviarse** *vpr* se parer
atavío *nm* toilette *f* ; **atavíos** *nmpl* (*adornos*) toilette, atours *mpl*
atavismo *nm* atavisme *m*
ate (*MÉX*) *nm* (*dulce de membrillo*) gelée *f* de coings
ateísmo *nm* athéisme *m*
atemorice *etc vb ver* **atemorizar**
atemorizar *vt* faire peur à ; **atemorizarse** *vpr*: **atemorizarse de** *o* **por** s'effrayer de
Atenas *n* Athènes
atenazar *vt* tenailler
atención *nf* attention *f* ; **en ~ a esto** eu égard à cela ; **llamar la ~ a algn** (*despertar curiosidad*) attirer l'attention de qn ; (*reprender*) rappeler qn à l'ordre ; **prestar ~** prêter attention ; **« a la ~ de ... »** (*en carta*) « à l'attention de ... » ▸ *excl* attention ! ; **atenciones** *nfpl* (*amabilidad*) attentions *fpl*, égards *mpl*
atender *vt* (*consejos*) tenir compte de ; (*Tec*) entretenir ; (*enfermo*) s'occuper de, soigner ; (*niño*) s'occuper de ; (*cliente*) servir ; (*petición*) accéder à ▸ *vi*: **~ a** se soucier de ; (*detalles*) s'arrêter sur ; **~ al teléfono** répondre au téléphone ; **~ a la puerta** aller ouvrir la porte
atendré *etc vb ver* **atenerse**
atenerse *vpr*: **~ a** s'en tenir à ; **~ a las consecuencias** penser aux conséquences
atenga *etc vb ver* **atenerse**
ateniense *adj* athénien(ne) ▸ *nmf* Athénien(ne)
atentado *nm* attentat *m* ; (*delito*) atteinte *f*, attentat ; **~ contra la vida de algn** attentat à la vie de qn ; **~ contra el pudor** attentat à la pudeur ; **~ contra la salud pública** atteinte à la santé publique ; **~ golpista** coup *m* d'État ; **~ terrorista** attentat terroriste ; **~ suicida** attentat suicide

atentamente *adv* attentivement ; **le saluda ~** *(en carta)* cordialement
atentar *vi*: **~ a** *o* **contra** *(seguridad)* attenter à ; *(moral, derechos)* porter atteinte à ; **~ contra** attenter à la vie de, commettre un attentat contre
atento, -a *adj* attentif(-ive) ; *(cortés)* attentionné(e) ; **~ a** attentif(-ive) à ; **su atenta (carta)** *(Com)* votre courrier
atenuante *adj*: **circunstancias atenuantes** *(Jur)* circonstances *fpl* atténuantes
atenuar *vt* atténuer ; **atenuarse** *vpr* s'atténuer
ateo, -a *adj, nm/f* athée *mf*
aterciopelado, -a *adj* velouté(e)
aterido, -a *adj*: **~ de frío** transi(e)
aterrador, a *adj* épouvantable, effroyable
aterrar *vt* effrayer ; *(aterrorizar)* terrifier ; **aterrarse** *vpr*: **aterrarse de** *o* **por** être terrifié(e) par
aterrice *etc vb ver* **aterrizar**
aterrizaje *nm (Aviat)* atterrissage *m* ; **~ forzoso** atterrissage forcé
aterrizar *vi (Aviat)* atterrir
aterrorice *etc vb ver* **aterrorizar**
aterrorizar *vt* terroriser ; **aterrorizarse** *vpr*: **aterrorizarse (de** *o* **por)** être terrorisé(e) (par)
atesorar *vt* amasser ; *(fig)* accumuler
atestado, -a *adj (testarudo)* entêté(e) ; **~ de** plein(e) à craquer de ▸ *nm (Jur)* procès-verbal *m*
atestar *vt* envahir ; *(Jur)* attester
atestiguar *vt (Jur)* témoigner ; *(fig: dar prueba de)* témoigner de
atestigüe *etc vb ver* **atestiguar**
atiborrar *vt* envahir ; **atiborrarse** *vpr*: **atiborrarse de** se gaver de
atice *etc vb ver* **atizar**
ático *nm appartement au dernier étage d'un immeuble*
atienda *etc vb ver* **atender**
atildar *vt (Tip)* accentuer ; **atildarse** *vpr* se pomponner
atinado, -a *adj* approprié(e) ; *(sensato)* sensé(e)
atinar *vi* viser juste ; *(fig)* deviner juste ; **~ con** *o* **en** *(solución)* trouver ; **~ a hacer** réussir à faire
atípico, -a *adj* atypique
atiplado, -a *adj (voz)* aigu(ë)
atirantar *vt* tendre
atisbar *vt* épier ; *(vislumbrar)* percevoir
atisbo *nm (de recuperación, remordimiento)* signe *m* ; *(de esperanza, inteligencia)* lueur *f*
atizador *nm (para el fuego)* tisonnier *m*
atizar *vt (fuego, fig)* attiser ; *(horno etc)* alimenter ; *(Deporte)* battre à plate couture ; *(fam: golpe)* flanquer
atlántico, -a *adj* atlantique ; **el océano A~** l'océan *m* Atlantique ▸ *nm*: **el A~** l'Atlantique *m*
atlas *nm* atlas *m*
atleta *nmf* athlète *mf*
atlético, -a *adj (competición)* d'athlétisme ; *(persona)* athlétique
atletismo *nm* athlétisme *m*
atmósfera *nf* atmosphère *f*
atmosférico, -a *adj* atmosphérique
atol, atole *(CAm, Méx) nm (Culin) boisson à base de farine de maïs*
atolladero *nm (fig)* impasse *f* ; **estar en un ~** être dans une impasse ; **sacar a algn de un ~** tirer qn d'embarras
atollarse *vpr* s'enliser, s'embourber ; *(fig)* s'embourber
atolón *nm* atoll *m*
atolondradamente *adv* étourdiment
atolondrado, -a *adj* étourdi(e)
atolondramiento *nm* étourderie *f*
atolondrarse *vpr* perdre la tête ; *(por golpe)* être étourdi(e)
atómico, -a *adj* atomique
atomizador *nm* atomiseur *m*
átomo *nm* atome *m*
atónito, -a *adj* pantois(e)
atontado, -a *adj* étourdi(e) ; *(bobo)* stupide ▸ *nm/f* abruti(e)
atontamiento *nm* abêtissement *m*
atontar *vt* abrutir ; **atontarse** *vpr* s'abêtir
atorar *vt* obstruer ; **atorarse** *vpr* s'étrangler
atormentar *vt* tourmenter, torturer ; **atormentarse** *vpr* se tourmenter
atornillar *vt* visser
atorón *(Méx) nm (Auto: atasco)* embouteillage *m*
atorrante, -a *(CSur fam) adj (perezoso)* fainéant(e) ; *(vagabundo)* vagabond(e) ▸ *nm/f* vagabond(e)
atosigar *vt* presser, harceler ; **atosigarse** *vpr* être angoissé(e) *o* tourmenté(e)
atosigue *etc vb ver* **atosigar**
atrabiliario, -a *adj* atrabilaire
atracadero *nm* débarcadère *m*
atracador, a *nm/f* braqueur(-euse)
atracar *vt (Náut)* amarrer ; *(atacar)* attaquer ▸ *vi* amarrer ; **atracarse** *vpr*: **atracarse (de)** *(fam)* se bourrer (de)
atracción *nf (fuerza, centro de interés)* attraction *f* ; *(atractivo)* attirance *f* ; **sentir ~ por** éprouver de l'attirance pour ; **centro/punto de ~** centre *m*/point *m* d'attraction ; **atracciones** *nfpl (diversiones)* attractions *fpl*
atraco *nm* agression *f* ; *(en banco)* hold-up *m inv* ; **~ a mano armada** attaque *f* à main armée
atracón *nm*: **darse** *o* **pegarse un ~ (de)** *(fam)* s'empiffrer (de) *(fam)*, se bourrer (de)
atractivo, -a *adj (persona)* séduisant(e) ; *(cosa)* attrayant(e) ; *(precio)* attractif(-ive) ▸ *nm* attrait *m* ; *(encanto)* charme *m*
atraer *vt* attirer ; **dejarse ~ por** se laisser attirer par ; **atraerse** *vpr* s'attirer ; **atraerse a algn** conquérir qn

atragantarse *vpr*: ~ **(con)** s'étrangler (avec) ; **se me ha atragantado el chico ese** je ne peux pas le voir, celui-là ; **se me ha atragantado el inglés** l'anglais et moi, ça fait deux
atraiga *etc vb ver* **atraer**
atraje *etc vb ver* **atraer**
atrancar *vt* (*puerta*) barricader ; (*desagüe*) boucher ; **atrancarse** *vpr* (*desagüe*) se boucher ; (*mecanismo*) se gripper ; (*fig: al hablar*) bafouiller
atranque *etc vb ver* **atrancar**
atrapar *vt* attraper
atraque *etc vb ver* **atracar**
atrás *adv* (*posición*) derrière, en arrière ; (*dirección*) derrière ; ~ **de** (*Am: detrás de*) derrière ; **años/meses** ~ des années/mois auparavant ; **días** ~ cela fait des jours et des jours ; **asiento/parte de** ~ siège *m*/partie *f* arrière ; **cuenta** ~ compte *m* à rebours ; **marcha** ~ marche *f* arrière ; **echarse para** ~ reculer ; (*desdecirse*) faire marche arrière ; **ir hacia** ~ (*movimiento*) aller en arrière ; (*dirección*) aller derrière ; **estar** ~ être *o* se trouver derrière *o* en arrière ; **está más** ~ c'est plus loin derrière ; **volverse** ~ revenir en arrière, reculer ; (*desdecirse*) se dédire
atrasado, -a *adj* (*pago*) arriéré(e) ; (*país*) sous-développé(e) ; (*trabajo*) en retard ; (*costumbre*) du passé ; (*moda*) dépassé(e) ; **el reloj está** *o* **va** ~ la pendule retarde ; **ir** ~ (*Escol*) être en retard ; **poner fecha atrasada a** antidater
atrasar *vi, vt* retarder ; **atrasarse** *vpr* (*persona*) être en retard ; (*tren*) avoir du retard ; (*reloj*) retarder
atraso *nm* retard *m* ; **atrasos** *nmpl* (*Com*) arriérés *mpl*
atravesado, -a *adj* (*persona*) pervers(e) ; ~ **(en)** en travers (de)
atravesar *vt* traverser ; (*poner al través*) barrer ; **atravesarse** *vpr* se mettre en travers de ; **ese tipo se me ha atravesado** je ne peux pas voir ce type
atraviese *etc vb ver* **atravesar**
atrayendo *etc vb ver* **atraer**
atrayente *adj* attrayant(e)
atreverse *vpr*: ~ **a (hacer)** oser (faire)
atrevido, -a *adj* (*audaz*) audacieux(-euse) ; (*descarado*) insolent(e) ; (*moda, escote*) osé(e) ▸ *nm/f* audacieux(-euse) ; (*descarado*) insolent(e)
atrevimiento *nm* (*audacia*) audace *f* ; (*descaro*) insolence *f*
atribución *nf* attribution *f* ; **atribuciones** *nfpl* (*Pol, Admin*) attributions *fpl*
atribuir *vt* attribuer ; **atribuirse** *vpr* s'attribuer
atribular *vt* affliger ; **atribularse** *vpr* être affligé(e)
atributo *nm* attribut *m*, apanage *m* ; (*emblema*) attributs *mpl*
atribuya *etc vb ver* **atribuir**
atribuyendo *etc vb ver* **atribuir**
atril *nm* pupitre *m*, lutrin *m* ; (*Mús*) pupitre
atrincherar *vt* (*Mil*) retrancher ; **atrincherarse** *vpr* se retrancher ; **atrincherarse en** (*fig*) se retrancher dans *o* derrière
atrio *nm* (*Rel*) parvis *msg*
atrocidad *nf* atrocité *f* ; **atrocidades** *nfpl* (*disparates*) énormités *fpl*
atrofiar *vt* atrophier ; **atrofiarse** *vpr* s'atrophier
atronador, a *adj* (*ruido*) assourdissant(e) ; (*voz*) tonitruant(e)
atropelladamente *adv* (*hablar*) avec précipitation ; (*decidir*) à la hâte
atropellado, -a *adj* précipité(e)
atropellar *vt* écraser ; (*derribar*) renverser ; (*empujar*) bousculer ; (*agraviar*) malmener ; **atropellarse** *vpr* (*al hablar*) bafouiller ; (*al caminar*) se bousculer
atropello *nm* (*Auto*) accident *m* ; (*contra propiedad, derechos*) violation *f* ; (*empujón*) bousculade *f* ; (*agravio*) insulte *f* ; (*atrocidad*) atrocité *f*
atroz *adj* atroce ; (*frío*) terrible ; (*hambre*) de loup ; (*sueño*) irrésistible ; (*película, comida*) épouvantable
atrozmente *adv* atrocement
ATS *nmf abr* (*Esp*) (= *ayudante técnico sanitario*) infirmier(-ière)
atto., -a. *abr* (= *atento, a*) dévoué(e)
attrezzo *nm* accessoires *mpl*
atuendo *nm* tenue *f*
atufar *vt* (*suj: olor*) incommoder ; (*molestar*) irriter ; **atufarse** *vpr* (*fig*) se fâcher
atún *nm* thon *m*
atunero, -a *adj* (*industria, empresa*) du thon ; (*producción*) de thon ▸ *nm/f* (*pescador*) pêcheur(-euse) (de thon) ▸ *nm* (*barco*) thonier *m*
aturdido, -a *adj* (*por golpe, ruido, vino*) étourdi(e) ; (*por desgracia, noticia*) abasourdi(e)
aturdimiento *nm* étourdissement *m*
aturdir *vt* (*golpe, ruido, vino*) étourdir ; (*desgracia, noticia*) abasourdir ; **aturdirse** *vpr* être étourdi(e) ; (*por órdenes contradictorias*) être décontenancé(e)
aturrullar *vt* décontenancer ; **aturrullarse** *vpr* se décontenancer
atusar *vt* (*pelo: cortar*) couper ; (*: alisar*) arranger ; **atusarse** *vpr* se pomponner
atuve *etc vb ver* **atenerse**
audacia *nf* audace *f*
audaz *adj* audacieux(-euse)
audazmente *adv* audacieusement, avec audace
audible *adj* audible
audición *nf* audition *f* ; ~ **radiofónica** audition radiophonique

audiencia *nf* audience *f* ; **~ pública** (*Pol*) audience publique
audífono *nm* audiophone *m*
audioguía *nf* audioguide *m*
audiolibro *nm* livre *m* audio
audiovisual *adj* audiovisuel(le)
auditar *vt* auditer
auditivo, -a *adj* auditif(-ive)
auditor, a *nm/f* commissaire *mf* aux comptes ▶ *nf* (*empresa*) cabinet *m* d'audit
auditoría *nf* audit *m* ; (*empresa*) cabinet *m* d'audit
auditorio *nm* auditoire *m* ; (*sala*) auditorium *m*
auge *nm* apogée *m* ; (*Com, Econ*) essor *m* ; **estar en ~** être en plein essor
augurar *vt* (*suj: hecho*) laisser présager ; (*: persona*) prédire
augurio *nm* présage *m*
aula *nf* (*en colegio*) salle *f* de classe, classe *f* ; (*en universidad*) salle de cours ; **~ magna** amphithéâtre *m*
aullar *vi* hurler
aullido *nm* hurlement *m*
aumentar *vt* augmenter ; (*vigilancia*) redoubler de ; (*Foto*) agrandir ; (*con microscopio*) grossir ▶ *vi* augmenter
aumento *nm* augmentation *f* ; (*vigilancia*) redoublement *m* ; **en ~** (*precios*) en hausse
aun *adv* même ; **~ así** même ainsi, quand même ; **~ cuando** même si
aún *adv* (*todavía*) encore, toujours ; **~ no** pas encore, toujours pas ; **~ más** encore plus ; **¿no ha venido ~?** il n'est pas encore arrivé ?, il n'est toujours pas arrivé ?
aunar *vt* unir, allier ; **aunarse** *vpr* s'unir, s'allier
aunque *conj* bien que, même si
aúpa *adj*: **de ~** (*fam: catarro*) carabiné(e) (*fam*) ; (*: chica*) bien roulé(e) (*fam*) ; (*: espectáculo*) sensass (*fam*)
aupar *vt* soulever ; (*fig*) porter aux nues
aura *nf* (*fig*) aura *f*
aureola *nf* auréole *f*
aurícula *nf* (*del corazón*) oreillette *f*
auricular *nm* (*Telec*) écouteur *m* ; **auriculares** *nmpl* écouteurs *mpl*
aurora *nf* aurore *f* ; **~ boreal(is)** aurore boréale
auscultar *vt* ausculter
ausencia *nf* absence *f* ; **brillar por su ~** briller par son absence
ausentarse *vpr*: **~ (de)** s'absenter (de)
ausente *adj* absent(e) ▶ *nmf* (*Escol*) absent(e) ; (*Jur*) personne *f* portée disparue
ausentismo *nm* absentéisme *m*
auspiciar (*Am*) *vt* (*patrocinar*) patronner
auspicio *nm*: **buen/mal ~** bons/mauvais auspices *mpl* ; **auspicios** *nmpl*: **bajo los auspicios de** sous les auspices de
austeramente *adv* (*vivir*) austèrement ; (*mirar*) sévèrement
austericidio *nm* cure *f* d'austérité
austeridad *nf* (*de vida*) austérité *f* ; (*de mirada*) sévérité *f*
austero, -a *adj* austère ; (*lenguaje*) dépouillé(e)
austral *adj* austral(e) ▶ *nm* (*Am Hist: moneda*) austral *m*
Australia *nf* Australie *f*
australiano, -a *adj* australien(ne) ▶ *nm/f* Australien(ne)
Austria *nf* Autriche *f*
austriaco, -a, austríaco, -a *adj* autrichien(ne) ▶ *nm/f* Autrichien(ne)
auténticamente *adv* authentiquement
autenticar *vt* = **autentificar**
autenticidad *nf* authenticité *f*
auténtico, -a *adj* authentique ; (*cuero*) véritable ; **es un ~ campeón** c'est un vrai champion
autentificar *vt* authentifier
autentique *etc vb ver* **autenticar**
autismo *nm* autisme *m*
autista *adj, nmf* autiste *mf*
auto *nm* (*esp CSur: coche*) voiture *f* ; (*Jur*) arrêté *m* ; **~ de comparecencia** assignation *f* ; **~ de ejecución** titre *m* exécutoire ; **~ sacramental** *drame religieux espagnol des XVIème et XVIIème siècles, comparable aux mystères français du Moyen Âge* ; **autos** *nmpl* (*Jur*) pièces *fpl* d'un dossier ; (*: acta*) procédure *f* judiciaire
autoabastecerse *vpr* (*ser autosuficiente*) être autosuffisant(e) ; **~ de** s'approvisionner en
autoadhesivo, -a *adj* autocollant(e)
autoalimentación *nf* (*Inform*): **~ de hojas** avancement *m* automatique du papier
autoayuda *nf* développement *m* personnel ; **grupo de ~** groupe *m* d'entraide
autobiografía *nf* autobiographie *f*
autobiográfico, -a *adj* autobiographique
autobronceador *nm* autobronzant *m*
autobús *nm* autobus *m* ; **~ de línea** car *m*
autocar *nm* autocar *m* ; **~ de línea** car *m*
autocaravana *nf* camping-car *m*
autocontrol *nm* maîtrise *f* de soi, self-control *m*
autócrata *nmf* autocrate *m*
autocráticamente *adv* de manière autocratique
autocrático, -a *adj* autocratique
autocrítica *nf* autocritique *f*
autóctono, -a *adj* autochtone
autodefensa *nf* autodéfense *f*
autodeterminación *nf* autodétermination *f*
autodidacta *adj, nmf* autodidacte *mf*
autódromo *nm* autodrome *m*
autoedición *nf* publication *f* assistée par ordinateur, PAO *f*
autoempleo *nm* auto-emploi *m*, travail *m* (en tant qu') indépendant

a

autoescuela *nf* auto-école *f*
autoestima *nf* estime *f* de soi
autoestop *nm* = **autostop**
autoestopista *nmf* = **autostopista**
autofinanciado, -a *adj* autofinancé(e)
autogestión *nf* autogestion *f*
autogobierno *nm* gouvernement *m* autonome
autógrafo *nm* autographe *m*
autoinmune *adj* auto-immun(e)
automación *nf* = **automatización**
autómata *nm* (*persona*) automate *m*
automáticamente *adv* automatiquement
automatice *etc vb ver* **automatizar**
automático, -a *adj* automatique ; (*reacción*) machinal(e) ▸ *nm* bouton-pression *m*
automatización *nf* automatisation *f* ; **~ de fábricas** automation *f* industrielle ; **~ de oficinas** bureautique *f*
automatizar *vt* automatiser
automedicarse *vpr* prendre des médicaments sans prescription médicale, se traiter soi-même
automoción *nf*: **la industria de la ~** l'industrie *f* automobile
automotor, -triz *adj* automoteur(-trice) ▸ *nm* automotrice *f*
automóvil *nm* automobile *f*
automovilismo *nm* automobilisme *m*
automovilista *nmf* (*conductor*) automobiliste *mf*
automovilístico, -a *adj* (*industria*) automobile
autonomía *nf* autonomie *f* ; (*territorio*) région *f* autonome ; **Estatuto de A~** (Esp) statut *m* d'autonomie
autonómico, -a (Esp) *adj* (*elecciones*) des communautés autonomes ; (*política*) d'autonomie des régions ; **gobierno ~** gouvernement *m* régional autonome
autónomo, -a *adj* (Pol, Inform) autonome ; (*trabajador*) indépendant(e)
autopista *nf* autoroute *f* ; **~ de peaje** autoroute à péage
autopsia *nf* autopsie *f*
autor, a *nm/f* auteur(e) ; **los autores del atentado** les auteurs de l'attentat
autoría *nf* (*de libro etc*) paternité *f* ; (*de crimen*) responsabilité *f*
autorice *etc vb ver* **autorizar**
autoridad *nf* autorité *f* ; **la ~ política/judicial** les autorités politiques/judiciaires ; **ser una ~ en física/matemáticas** être une autorité en physique/mathématiques ; **tener ~ sobre algn** avoir autorité sur qn ; **~ local** autorité locale ; **autoridades** *nfpl* (Pol) autorités *fpl*
autoritario, -a *adj* autoritaire
autoritarismo *nm* autoritarisme *m*
autorización *nf* autorisation *f*
autorizado, -a *adj* autorisé(e)
autorizar *vt* autoriser ; **~ a hacer** autoriser à faire
autorradio *nf* autoradio *m*, poste *m* autoradio
autorretrato *nm* autoportrait *m*
autoservicio *nm* (*tienda*) libre-service *m* ; (*restaurante*) self-service *m*
autostop *nm* auto-stop *m* ; **hacer ~** faire de l'auto-stop
autostopista *nmf* auto-stoppeur(-euse)
autosuficiencia *nf* autosuffisance *f* ; (*económica*) autarcie *f*
autosuficiente *adj* (*economía*) autarcique ; (*país*) économiquement indépendant(e) ; (*pey: persona*) suffisant(e)
autosugestión *nf* autosuggestion *f*
autovía *nf* route *f* à quatre voies
auxiliar *vt* secourir, venir en aide à ▸ *adj* auxiliaire ; (*profesor*) suppléant(e) ▸ *nmf* auxiliaire *mf*, assistant(e)
auxilio *nm* aide *f*, secours *msg* ; **primeros auxilios** premiers secours *mpl* ; **prestar ~ a algn** venir en aide à qn, porter secours à qn ; **~ en carretera** secours *mpl* d'urgence ▸ *excl* au secours !
Av. *abr* (= *Avenida*) av. (= *avenue*)
a/v *abr* (= *a la vista*) *ver* **vista**
aval *nm* aval *m* ; (*garantía*) garantie *f* ; **~ bancario** garantie bancaire
avalancha *nf* avalanche *f*
avalar *vt* (Com) avaliser ; (*fig*) garantir
avalista *nm* (Com) avaliseur *m*, avaliste *m*
avance *vb ver* **avanzar** ▸ *nm* (*de tropas*) avance *f*, progression *f* ; (*de la ciencia*) progrès *msg* ; (*pago*) avance ; (TV: *de noticias*) flash *m* (d'information) ; (*del tiempo*) prévisions *fpl* météorologiques ; (*Cine*) bande-annonce *f*
avanzadilla *nf* (*patrulla*) avant-garde *f*
avanzado, -a *adj* avancé(e), d'avant-garde ; **de edad avanzada** d'un âge avancé, âgé(e)
avanzar *vt* avancer ▸ *vi* avancer, progresser ; (*proyecto*) avancer ; (*alumno*) avancer, faire des progrès
avaricia *nf* avarice *f*
avariciosamente *adv* avec avarice ; (*con avidez*) avidement
avaricioso, -a *adj* avaricieux(-euse)
avaro, -a *adj*, *nm/f* avare *mf*
avasallador, a *adj* (*triunfo, fuerza*) écrasant(e) ; (*persona*) dominateur(-trice)
avasallar *vt* asservir, faire ployer
avatar *nm* (*en Internet*) avatar *m* ; **avatares** *nmpl* (*vicisitudes*) aléas *mpl*, tribulations *fpl*
Avda. *abr* (= *Avenida*) av. (= *avenue*)
AVE *sigla m* (= *Alta Velocidad Española*) ≈ TGV *m* (= *train à grande vitesse*)
ave *nf* oiseau *m* ; **~ de rapiña** oiseau de proie ; **aves de corral** oiseaux *mpl* de basse-cour, volaille *f*
avecinarse *vpr* approcher

avejentar *vt* vieillir ; **avejentarse** *vpr* vieillir
avellana *nf* noisette *f*
avellano *nm* noisetier *m*, coudrier *m*
avemaría *nm* Ave *m* (Maria)
avena *nf* avoine *f*
avendré *etc vb ver* **avenir**
avenga *etc vb ver* **avenir**
avenida *nf* avenue *f* ; (*de río*) crue *f*
avenido, -a *adj*: **bien/mal ~** uni(e)/désuni(e)
avenir *vt* mettre d'accord ; **avenirse** *vpr* (*personas*) s'entendre ; **avenirse a hacer** consentir à faire ; **avenirse a razones** se rendre à la raison
aventado, -a (Am) *adj* (*osado*) osé(e)
aventajado, -a *adj* remarquable
aventajar *vt*: **~ a algn (en algo)** surpasser qn (en qch)
aventar *vt* (*echar al aire*) disperser ; (*exponer al aire*) exposer au vent ; (*grano*) vanner ; (Am *fam*: *echar*) jeter
aventón (Méx) *nm*: **dar un ~ a algn** déposer qn quelque part ; **pedir ~** faire du stop
aventura *nf* aventure *f*
aventurado, -a *adj* aventureux(-euse)
aventurar *vt* (*opinión*) hasarder ; (*capital*) aventurer ; **aventurarse** *vpr* s'aventurer ; **aventurarse a hacer algo** s'aventurer à faire qch
aventurero, -a *adj*, *nm/f* aventurier(-ière)
avergoncé *vb ver* **avergonzar**
avergoncemos *etc vb ver* **avergonzar**
avergonzado, -a *adj* honteux(-euse), embarrassé(e)
avergonzar *vt* faire honte à ; **avergonzarse** *vpr*: **avergonzarse de (hacer)** avoir honte de (faire)
avergüence *etc vb ver* **avergonzar**
avería *nf* panne *f*
averiado, -a *adj* en panne
averiar *vt* endommager, faire tomber en panne ; **averiarse** *vpr* tomber en panne
averiguación *nf* enquête *f* ; (*descubrimiento*) découverte *f*
averiguar *vt* enquêter sur ; (*descubrir*) découvrir
averigüe *etc vb ver* **averiguar**
aversión *nf* aversion *f* ; **cobrar ~ a** prendre en aversion
avestruz *nm* autruche *f*
avezado, -a *adj* habitué(e), expérimenté(e) ; **los ya avezados en estos menesteres** ceux qui ont déjà de l'expérience dans ce genre d'affaires
aviación *nf* aviation *f*
aviado, -a (*fam*) *adj*: **¡estamos aviados!** on est servis ! (*fam*)
aviador, a *nm/f* aviateur(-trice)
aviar *vt* (*maleta, comida*) préparer ; (*habitación*) ranger
avícola *adj* avicole
avicultura *nf* aviculture *f*
avidez *nf*: **~ de** *o* **por** empressement *m* à ; (*pey*) avidité *f* de ; **con ~** avec avidité
ávido, -a *adj*: **~ de** *o* **por** avide de
aviente *etc vb ver* **aventar**
avieso, -a *adj* (*mirada*) torve ; (*espíritu, persona*) retors(e) ; (*intenciones*) louche
avinagrado, -a *adj* aigri(e), revêche ; (*voz*) aigre
avinagrarse *vpr* s'aigrir
avine *etc vb ver* **avenir**
Aviñón *n* Avignon
avío *nm* préparatifs *mpl* ; **avíos** *nmpl* (*de pesca*) attirail *m* (de pêche) ; (*de limpieza*) ustensiles *mpl* (de ménage) ; (*de costura*) nécessaire *m* (à couture)
avión *nm* avion *m* ; (*ave*) martinet *m* ; **por ~** (*Correos*) par avion ; **~ de caza** avion de chasse, chasseur *m* ; **~ de combate/de hélice/de reacción** avion de combat/à hélice/à réaction
avioneta *nf* avion *m* léger
avisar *vt* prévenir ; (*ambulancia, fontanero, médico*) appeler ; **~ (de)** (*advertir*) avertir (de) ; (*informar*) avertir (de), faire part (de) ; **~ a algn con antelación** prévenir qn
aviso *nm* avis *msg* ; (Com) commande *f* ; **estar/poner sobre ~** être sur ses gardes/mettre en garde ; **hasta nuevo ~** jusqu'à nouvel ordre ; **sin previo ~** sans préavis ; **~ escrito** notification *f* par écrit
avispa *nf* guêpe *f*
avispado, -a *adj* éveillé(e)
avisparse *vpr* s'éveiller
avispero *nm* guêpier *m* ; **meterse en un ~** (*fig*) se fourrer dans un guêpier
avispón *nm* frelon *m*
avistar *vt* distinguer
avitaminosis *nf inv* avitaminose *f*
avituallamiento *nm* ravitaillement *m*
avituallar *vt* ravitailler
avivar *vt* aviver ; (*paso*) presser ; **avivarse** *vpr* se raviver ; (*discusión*) s'animer
avizor *adj*: **estar ojo ~** ouvrir l'œil
avizorar *vt* guetter, épier
axila *nf* aisselle *f*
axioma *nm* axiome *m*
ay *excl* aïe ! ; (*aflicción*) hélas ! ; **¡ay de mí!** pauvre de moi !
aya *nf* (*institutriz*) gouvernante *f* ; (*niñera*) nurse *f*
ayatolá, ayatollah *nm* ayatollah *m*
ayer *adv* hier ; **antes de ~** avant-hier ; **~ por la tarde** hier après-midi ▸ *nm* (*pasado*) passé *m*
ayllu (And) *nm* (*caserío indio*) hameau *m* indien
aymara = **aimara**
ayo *nm* précepteur *m*
ayote (Méx: *calabaza*) *nm* courge *f*

a

Ayto. *abr* = **ayuntamiento**
ayuda *nf* aide *f* ▸ *nm*: ~ **de cámara** valet *m* de chambre
ayudante, -a *nm/f* adjoint(e) ; (*Escol*) assistant(e) ; (*Mil*) adjudant(e)
ayudar *vt* aider ; ~ **a algn a hacer algo** aider qn à faire qch
ayunar *vi* jeûner
ayunas *nfpl*: **estar en** ~ être à jeun ; (*fig*) ne rien savoir
ayuno *nm* jeûne *m*
ayuntamiento *nm* (*concejo*) municipalité *f* ; (*edificio*) mairie *f*, hôtel *m* de ville ; (*cópula*) copulation *f*
azabache *nm* jais *msg*
azada *nf* houe *f*
azafata *nf* hôtesse *f* de l'air ; (*de congreso*) hôtesse d'accueil
azafate (*Am*) *nm* (*bandeja*) plateau *m*
azafrán *nm* safran *m*
azahar *nm* fleur *f* d'oranger
azalea *nf* azalée *f*
azar *nm* (*casualidad*) hasard *m* ; (*desgracia*) malheur *m* ; **al/por** ~ au/par hasard ; **juegos de** ~ jeux *mpl* de hasard
azorarse *vpr* avoir honte
azaroso, -a *adj* mouvementé(e)
Azerbaiyán *nm* Azerbaïdjan *m*
azerbaiyano, -a *adj*, *nm/f* azerbaïdjanais(e) ▸ *nm/f* Azerbaïdjanais(e)
azogue *nm* vif-argent *m*
azor *nm* autour *m*
azoramiento *nm* trouble *m*
azorar *vt* faire honte ; **azorarse** *vpr* se troubler
Azores *nfpl*: **las (Islas)** ~ les Açores *fpl*
azotaina (*fam*) *nf* raclée *f* (*fam*)
azotar *vt* fouetter ; (*suj*: *lluvia*) fouetter, cingler ; (*fig*) sévir
azote *nm* coup *m* de fouet ; (*a niño*) fessée *f* ; (*fig*) fléau *m* ; (*látigo*) fouet *m*
azotea *nf* terrasse *f* ; **andar** *o* **estar mal de la** ~ travailler du chapeau
azteca *adj* aztèque ▸ *nmf* Aztèque *mf*
azúcar *nm o nf* sucre *m* ; ~ **glas** sucre glace
azucarado, -a *adj* sucré(e)
azucarero, -a *adj* (*industria*) sucrier(-ière) ; (*comercio*) du sucre ▸ *nm* sucrier *m*
azuce *etc vb ver* **azuzar**
azucena *nf* lis *m*, lys *m*
azufre *nm* soufre *m*
azul *adj* bleu(e) ▸ *nm* bleu *m* ; ~ **celeste/marino** bleu ciel/marine
azulado, -a *adj* bleuté(e), azuré(e) ; (*ligeramente azul*) bleuâtre
azulejar *vt* carreler
azulejo *nm* carreau *m* (*au mur*)
azulgrana *adj inv* de l'équipe de football du Football Club de Barcelone ▸ *nm*: **los Azulgranas** *les joueurs de l'équipe de football du Football Club de Barcelone*
azuzar *vt* exciter

Bb

B[1], b [be] *nf (letra)* B, b *m inv* ; **B de Barcelona** ≈ B comme Berthe

B[2] *abr (= bien)* B, b *(= bien)* ; *(Meteorología: = baja presión)* D, d *(= dépression)*

B.A. *abr* = **Buenos Aires**

baba *nf* bave *f* ; **caérsele la ~ a algn** *(fig)* baver d'admiration

babear *vi* baver

babel *nm o nf (desorden)* cirque *m*

babero *nm* bavoir *m*

babi *nm* blouse *f*

Babia *nf*: **estar en ~** être dans la lune

bable *nm (Ling)* asturien *m*

babor *nm*: **a** *o* **por ~** à bâbord

babosa *nf* limace *f* ; *ver tb* **baboso**

babosada *(Am fam) nf* imbécillité *f*

baboso, -a *(Am fam) adj, nm/f* idiot(e), imbécile *mf*

babucha *nf* babouche *f*

babuino *nm* babouin *m*

baca *nf (Auto)* galerie *f*

bacaladilla *nf* merlan *m*

bacalao *nm* morue *f* ; **cortar el ~** *(fig)* mener la barque

bacanal *nf* orgie *f*

bachata *nf (ritmo)* bachata *f*

bache *nm* nid *m* de poule ; *(fig)* crise *f* passagère ; **~ de aire** trou *m* d'air

bachiller *nm (anticuado)* = **bachillerato**

bachillerato *nm (estudios) études secondaires réalisées entre 16 et 18 ans* ; *(título) diplôme obtenu à l'issue de ces études secondaires*

bacilo *nm* bacille *m*

bacinilla *nf* vase *m* de nuit

backstage [bakes'teiʒ] *nm (lugar)* coulisses *fpl* ; *(gente)* équipe *f* en coulisses

bacteria *nf* bactérie *f*

bacteriológico, -a *adj* bactériologique

báculo *nm (bastón)* bâton *m* ; *(de obispo)* crosse *f* ; *(fig)* soutien *m*

badajo *nm* battant *m (de cloche)*

badén *nm (en carretera)* cassis *msg* ; *(en acera)* bateau *m*

bádminton *nm* badminton *m*

bafle, baffle *nm* baffle *m*

bagaje *nm (de ejército)* barda *m* ; *(fig)* bagage *m* ; **~ cultural** bagage *m* culturel

bagatela *nf* bagatelle *f*

Bagdad *n* Bagdad

bah *excl (indicando desdén, incredulidad)* bah !

Bahamas *nfpl*: **las (Islas) ~** les (îles *fpl*) Bahamas *fpl*

bahía *nf* baie *f*

bailable *adj*: **música ~** musique *f* dansante ▸ *nm (anticuado)* ballet *m*

bailaor, a *nm/f* danseur(-euse) de flamenco

bailar *vt* danser ; *(peonza, trompo)* faire tourner ▸ *vi* danser ; *(peonza, trompo)* tourner ; **te bailan los pies en esos zapatos** tu nages dans ces souliers

bailarín, -ina *nm/f* danseur(-euse)

baile *nm* danse *f* ; *(fiesta)* bal *m* ; **~ de disfraces** bal masqué ; **~ de salón** danse de salon ; **~ flamenco** danse flamenco ; **~ regional** danse folklorique

baja *nf* baisse *f* ; *(Mil)* perte *f* ; **dar de ~ a algn** *(soldado)* réformer qn ; *(empleado)* congédier qn ; *(miembro de club)* exclure qn ; **darse de ~** *(de trabajo)* démissionner ; *(por enfermedad)* se faire porter malade ; *(de club)* se retirer ; **estar de ~** *(enfermo)* être en congé (de) maladie ; **jugar a la ~** *(Bolsa)* jouer à la baisse

bajada *nf* baisse *f* ; *(declive, camino)* pente *f* ; **~ de aguas** gouttière *f* ; **~ de bandera** *(en taxi)* prise *f* en charge

bajamar *nf* marée *f* basse

bajar *vi* descendre ; *(temperatura, precios, calidad)* baisser ; **~ de** *(de coche, autobús etc)* descendre de ; **los coches han bajado de precio** le prix des voitures a baissé ▸ *vt* baisser ; *(escalera, maletas)* descendre ; *(persiana)* abaisser ; *(Internet)* télécharger ; **bajarle los humos a algn** remettre qn à sa place ; **bajarse** *vpr* descendre ; *(Internet)* télécharger ; **bajarse algo de Internet** télécharger qch sur Internet

bajeza *nf* bassesse *f*

bajío *(Am) nm* banc *m* de sable

bajista *nmf (Mús)* bassiste *mf* ▸ *adj (Bolsa)* baissier(-ière)

bajo, -a *adj (piso)* inférieur(e) ; *(empleo)* médiocre ; *(persona, animal)* petit(e) ; *(ojos)* baissé(e) ; *(sonido)* faible ; **~ en** *(metal)* à faible teneur en ; **hablar en voz baja** parler à voix

basse ; **de clase baja** (*pey*) de bas étage ▸ *adv* bas ; **caer ~** (*fig*) tomber bas ▸ *prep* sous ; **~ la lluvia** sous la pluie ; **~ su punto de vista** de son point de vue ▸ *nm* (*Mús*) basse *f* ; (*en edificio*) rez-de-chaussée *m inv* ; **bajos** *nmpl* (*de falda, de pantalón*) bas *msg*
bajón *nm* chute *f* ; (*de salud*) dégradation *f* ; **dar** *o* **pegar un ~** (*fam: físicamente*) en prendre un coup ; (*anímicamente*) avoir un coup de cafard
bajura *nf*: **pesca de ~** pêche *f* côtière
bakalao (*fam*) *nm* techno *f*
bala *nf* (*proyectil*) balle *f* ; **como una ~** comme l'éclair
balacera (*Am*) *nf* échange *m* de coups de feu
balada *nf* ballade *f*
baladí *adj* insignifiant(e), sans importance
baladronada *nf* fanfaronnade *f*
balance *nm* (*Com*) bilan *m* ; (*: libro*) livre *m* de comptes ; **hacer ~ de** faire le point de ; **~ consolidado** bilan consolidé ; **~ de comprobación** balance *f* de vérification
balancear *vt* (*suj: viento, olas*) balancer ; **balancearse** *vpr* se balancer
balanceo *nm* balancement *m*
balandrismo *nm* voile *f*
balandro *nm* cotre *m*
balanza *nf* balance *f* ; (*Astrol*): **B~** Balance ; **~ comercial** balance commerciale ; **~ de pagos** balance des paiements ; **~ de poder(es)** équilibre *m* des pouvoirs
balar *vi* bêler
balaustrada *nf* balustrade *f* ; (*en escalera*) rampe *f*
balazo *nm* (*disparo*) coup *m* de feu ; (*herida*) blessure *f* par balle
balboa *nf* (*moneda*) balboa *m*
balbucear *vi, vt* balbutier
balbuceo *nm* balbutiement *m*
balbucir *vi, vt* = **balbucear**
balbuzca *etc vb ver* **balbucir**
Balcanes *nmpl*: **los (Montes) ~** les Balkans *mpl* ; **la Península de los ~** la péninsule des Balkans
balcánico, -a *adj* balkanique
balcón *nm* balcon *m*
balda *nf* étagère *f* (*planche*)
baldado, -a *adj*: **estar ~** (*fig*) être éreinté(e)
baldar *vt* estropier ; (*perjudicar*) ébranler
balde *nm* (*esp Am*) seau *m* ; **de ~** gratis ; **en ~** en vain
baldío, -a *adj* en friche ; (*esfuerzo, ruego*) vain(e)
baldosa *nf* carreau *m*
baldosín *nm* (*de pared*) petit carreau *m* en faïence
balear *adj* des Baléares ▸ *nmf* natif(-ive) *o* habitant(e) des Baléares ▸ *vt* (*Am*) abattre
Baleares *nfpl*: **las (Islas) ~** les (îles *fpl*) Baléares *fpl*
balido *nm* bêlement *m*
balín *nm* petite balle *f* ; **balines** *nmpl* (*perdigones*) plombs *mpl*
balística *nf* balistique *f*
balístico, -a *adj* balistique *f*
baliza *nf* (*Aviat, Náut*) balise *f*
ballena *nf* baleine *f*
ballenato *nm* baleineau *m*
ballenero, -a *adj* baleinier(-ière) ▸ *nm* (*pescador*) baleinier *m* ; (*barco*) baleinière *f*
ballesta *nf* (*Auto*) suspension *f*
ballet [ba'le] (*pl* **ballets**) *nm* ballet *m*
balneario, -a *adj* thermal(e) ; (*Am*) balnéaire ▸ *nm* station *f* thermale/balnéaire
balompié *nm* football *m*
balón *nm* ballon *m*
balonazo *nm*: **le dio un ~ en la cara** il lui a jeté le ballon à la figure
baloncestista *nmf* basketteur(-euse)
baloncesto *nm* basket-ball *m*
balonmano *nm* hand-ball *m*
balonvolea *nm* volley-ball *m*
balsa *nf* (*Náut*) radeau *m* ; (*charca*) mare *f* ; **estar como ~ de aceite** (*mar*) être d'huile ; **ser una ~ de aceite** (*fig*) être de tout repos
balsámico, -a *adj* balsamique
bálsamo *nm* baume *m*
balsón (*Am*) *nm* marécage *m*
báltico, -a *adj* baltique ; **el mar B~** la mer Baltique ▸ *nm*: **el B~** la Baltique *f*
baluarte *nm* (*de muralla*) rempart *m* ; (*fig*) bastion *m*
bambolearse *vpr* osciller ; (*silla*) branler ; (*persona*) tituber
bamboleo *nm* (*movimiento*) ballottement *m*
bambú *nm* bambou *m*
banal *adj* banal(e)
banalidad *nf* banalité *f* ; **banalidades** banalités *fpl*, futilités *fpl* ; **intercambiar banalidades con algn** échanger des banalités avec qn
banana (*Am*) *nf* banane *f*
bananal (*Am*) *nm* bananeraie *f*
bananero, -a *adj* bananier(-ière) ; **república bananera** (*pey*) république *f* bananière
banano (*Am*) *nm* bananier *m*
banasta *nf* panier *m* d'osier
banca *nf* (*Am: asiento*) banc *m* ; (*Com*) banque *f*, secteur *m* bancaire ; **la gran ~** les grandes banques *fpl*
bancario, -a *adj* bancaire ; **giro ~** virement *m* bancaire
bancarrota *nf* faillite *f* ; (*fraudulenta*) banqueroute *f* ; **declararse en ~** déclarer faillite
banco *nm* banc *m* ; (*de carpintero*) établi *m* ; (*Com*) banque *f* ; **~ comercial** banque commerciale ; **~ de arena** banc de sable ; **~ de crédito** établissement *m* de crédit ; **~ de datos** (*Inform*) banque de données ; **~ de hielo** banquise *f* ; **~ de sangre** banque du sang ;

~ **mercantil** banque d'affaires ; **B~ Mundial** Banque mondiale ; ~ **por acciones** banque de dépôt
banda *nf* bande *f* ; (*honorífica*) écharpe *f* ; (*Mús*) fanfare *f* ; (*para el pelo*) ruban *m* ; (*bandada*) volée *f*, bande ; **cerrarse en** ~ ne rien vouloir entendre ; **fuera de** ~ (*Deporte*) en touche ; ~ **ancha** (*Inform*) haut débit *m* ; ~ **de sonido** bande sonore ; ~ **sonora** (*Cine*) bande-son *m* ; ~ **transportadora** tapis *m* roulant
bandada *nf* (*de pájaros*) volée *f* ; (*de peces*) banc *m*
bandazo *nm*: **dar bandazos** (*coche*) faire des embardées
bandeja *nf* plateau *m* ; **servir algo en** ~ (*fig*) servir qch sur un plateau d'argent ; ~ **de entrada/salida** (*Inform*) boîte *f* de réception/d'envoi
bandera *nf* (*tb Inform*) drapeau *m* ; **izar (la)** ~ hisser les couleurs ; **arriar la** ~ amener les couleurs ; **jurar** ~ prêter serment au drapeau ; ~ **blanca** drapeau blanc
banderilla *nf* (*Taur*) banderille *f* ; (*tapa*) apéritif *m*
banderillero *nm* (*Taur*) banderillero *m*
banderín *nm* (*para la pared*) fanion *m*
banderola *nf* banderole *f* ; (*Mil*) pennon *m*
bandido *nm* bandit *m*
bando *nm* arrêté *m* ; (*facción*) faction *f* ; **pasar al otro** ~ passer à l'ennemi ; **los bandos** *nmpl* (*Rel*) les bans *mpl*
bandolera *nf* (*bolso*) cartouchière *f* ; **llevar en** ~ porter en bandoulière
bandolero *nm* brigand *m*
bandoneón (*Am*) *nm* bandonéon *m*
bandurria *nf* mandore *f*, mandole *f*
banjo ['banjo] *nm* banjo *m*
banner ['baner] *nm* (*Inform*) bandeau *m*
banquero *nm* banquier *m*
banqueta *nf* banquette *f* ; (*Am*) trottoir *m*
banquete *nm* banquet *m* ; ~ **de bodas** repas *msg* de noces
banquillo *nm* (*Jur*) banc *m* des accusés ; (*Deporte*) gradin *m*, banquette *f*
bañadera (*Am*) *nf* baignoire *f*
bañado (*Am*) *nm* marais *msg*
bañador *nm* maillot *m* de bain
bañar *vt* baigner ; (*objeto*) tremper ; ~ **en** *o* **de** (*de pintura*) enduire de ; (*chocolate*) enrober de ; **bañado en** baigné de ; **bañarse** *vpr* se baigner ; (*en la bañera*) prendre un bain
bañera *nf* baignoire *f*
bañero *nm* surveillant(e) de baignade
bañista *nmf* baigneur(-euse)
baño *nm* bain *m* ; (*en río, mar, piscina*) baignade *f* ; (*cuarto*) salle *f* de bains ; (*servicios*) toilettes *fpl* ; (*bañera*) baignoire *f* ; (*capa*) couche *f* ; **tomar baños de sol** prendre des bains de soleil ; ~ **(de) María** bain-marie *m* ; ~ **de vapor** bain de vapeur ; ~ **turco** bain turc
baptista *nmf* baptiste *mf*
baqueano, -a, baquiano, -a (*Am*) *nm/f* guide *mf*
baqueta *nf* (*Mús*) baguette *f*
bar *nm* bar *m* ; **ir de bares** faire la tournée des bars
barahúnda *nf* tapage *m*
baraja *nf* jeu *m* de cartes ; ~ **española** *voir article*

BARAJA ESPAÑOLA

La **baraja española**, le jeu de cartes traditionnel espagnol, est différente du jeu de cartes français. Les quatre *palos* (couleurs) sont *oros* (pièces d'or), *copas* (coupes), *espadas* (épées) et *bastos* (gourdins). Chaque couleur se compose de neuf cartes numérotées de 1 à 9 (bien que, dans certains jeux, on n'en utilise que sept), et de trois figures : la *sota* (valet), le *caballo* (équivalent de la reine) et le *rey* (roi).

barajar *vt* battre ; (*fig*) envisager ; (*datos*) brasser
baranda, barandilla *nf* (*en escalera*) rampe *f* ; (*en balcón*) balustrade *f*
barata (*Méx*) *nf* (*mercadillo*) marché *m* ; (*Chi*: *cucaracha*) cafard *m*
baratija *nf* babiole *f* ; **baratijas** *nfpl* (*Com*) camelote *fsg*
baratillo *nm* (*de muebles, objetos*) brocante *f* ; (*de ropa*) friperie *f*
barato, -a *adj* bon marché *inv* ; **lo ~ sale caro** ce qui est bon marché revient cher ▶ *adv* bon marché
baratura *nf* bas prix *msg*
baraúnda *nf* = **barahúnda**
barba *nf* barbe *f* ; (*mentón*) menton *m* ; **tener** ~ avoir de la barbe ; **reírse en las barbas de algn** rire au nez de qn ; **salir algo a tres euros por** ~ (*fam*) revenir à trois euros par tête de pipe ; **con** ~ **de tres días** avec une barbe de trois jours ; **subirse a las barbas de algn** prendre des libertés avec qn ; **se rio en mis propias barbas** il m'a ri au nez
barbacoa *nf* barbecue *m*
barbaridad *nf* atrocité *f* ; (*imprudencia, temeridad*) témérité *f* ; (*disparate*) énormité *f* ; **come una** ~ (*fam*) il mange énormément ; **¡qué ~!** (*fam*) quelle horreur ! ; **cuesta una** ~ (*fam*) cela coûte les yeux de la tête ; **decir barbaridades** dire des énormités
barbarie *nf* barbarie *f*
barbarismo *nm* (*en lenguaje*) barbarisme *m*
bárbaro, -a *adj* barbare ; (*osado*) audacieux(-euse) ; (*fam*: *estupendo*) génial(e) (*fam*) ; (*éxito*) monstre (*fam*) ; **es un tipo** ~ (*fam*) c'est un type génial (*fam*) ; **¡qué ~!** c'est formidable ! ▶ *nm/f* (*pey*: *salvaje*) barbare *mf* ▶ *adv*: **lo pasamos** ~ (*fam*) ça a été génial (*fam*)
barbecho *nm* (*terreno*) jachère *f*

b

barbería *nf* barbier *m*
barbero *nm* barbier *m*, coiffeur *m*
barbilampiño *adj* imberbe
barbilla *nf* menton *m*
barbitúrico *nm* barbiturique *m*
barbo *nm* barbeau *m* ; **~ de mar** rouget *m*
barbotar, barbotear *vt, vi* bredouiller
barbudo, -a *adj* barbu(e)
barbullar *vi* bredouiller
barca *nf* barque *f* ; **~ de pasaje** bac *m* ; **~ pesquera** barque de pêche
barcaza *nf* péniche *f* ; **~ de desembarco** péniche de débarquement
Barcelona *n* Barcelone
barcelonés, -esa *adj* barcelonais(e) ▸ *nm/f* Barcelonais(e), natif(-ive) *o* habitant(e) de Barcelone
barco *nm* bateau *m* ; **ir en ~** aller en bateau ; **~ de carga** cargo *m* ; **~ de guerra** navire *m* de guerre ; **~ de vela** bateau à voiles ; **~ mercante** navire marchand
baremo *nm* barème *m*
barítono *nm* baryton *m*
barman *nm inv* barman *m*
Barna (*fam*) *abr* = **Barcelona**
barnice *etc vb ver* **barnizar**
barniz *nm* (*tb fig*) vernis *msg* ; **~ de uñas** vernis à ongles
barnizar *vt* vernir
barómetro *nm* baromètre *m*
barón *nm* baron *m*
baronesa *nf* baronne *f*
barquero, -a *nm/f* barreur(-euse)
barquilla *nf* petite barque *f*
barquillo *nm* (*dulce*) cornet *m*
barra *nf* (*tb Jur*) barre *f* ; (*de un bar, café*) comptoir *m* ; (*de pan*) pain *m* long, baguette *f* ; (*palanca*) levier *m* ; **no pararse en barras** ne reculer devant rien ; **~ americana** bar *m* américain ; **~ espaciadora** *o* **de espaciado** (*Inform*) barre d'espacement ; **~ de labios** rouge *m* à lèvres ; **~ libre** (*en bar*) boissons *fpl* à volonté ; **barras paralelas** barres *fpl* parallèles
barrabasada *nf* méchanceté *f*
barraca *nf* baraque *f* ; (*en feria*) stand *m* ; (*en Valencia*) *sorte de chaumière des rizières de la région de Valence*
barracón *nm* baraquement *m*
barragana *nf* bonne amie *f*
barranca *nf* ravin *m*
barranco *nm* précipice *m* ; (*rambla*) fossé *m*
barrena *nf* mèche *f* (*pour percer*) ; **entrar en ~** (*Aviat*) descendre en vrille
barrenar *vt* forer
barrendero, -a *nm/f* balayeur(-euse)
barreno *nm* trou *m* de mine
barreño *nm* bassine *f*, cuvette *f*
barrer *vt* balayer ; (*niebla, nubes*) dissiper ; (*fig*) balayer ▸ *vi* balayer ; (*fig*) tout rafler ; **~ para dentro** tirer la couverture à soi
barrera *nf* barrière *f* ; (*Mil*) barrage *m* ; (*obstáculo*) obstacle *m* ; **poner barreras a** faire obstacle à ; **~ arancelaria** (*Com*) barrière douanière ; **~ del sonido** mur *m* du son ; **~ generacional** conflit *m* des générations
barriada *nf* (*barrio*) quartier *m* ; (*AM: de chabolas*) bidonville *m*
barrica *nf* barrique *f*
barricada *nf* barricade *f*
barrida *nf*, **barrido** *nm* balayage *m* ; **dar un barrido rápido** passer un petit coup de balai
barriga *nf* ventre *m* ; **rascarse** *o* **tocarse la ~** (*fam*) se tourner les pouces ; **echar ~** prendre du ventre
barrigón, -ona, barrigudo, -a *adj* bedonnant(e)
barril *nm* baril *m* ; **cerveza de ~** bière *f* pression, pression *f*
barrilete (*ARG*) *nm* (*cometa*) cerf-volant *m*
barrio *nm* quartier *m* ; **irse al otro ~** (*fam*) passer l'arme à gauche (*fam*) ; **de ~** (*cine, tienda*) de quartier ; **~ chino** (*de chinos*) quartier chinois ; (*de prostitución*) quartier des prostituées ; **~ de chabolas** bidonville *m* ; **barrios bajos** bas quartiers *mpl*
barriobajero, -a (*pey*) *adj* faubourien(ne), des bas quartiers
barrizal *nm* bourbier *m*
barro *nm* boue *f* ; (*arcilla*) terre *f* (glaise)
barroco, -a *adj* (*tb fig*) baroque ▸ *nm* baroque *m*
barroquismo *nm* (*estilo barroco*) baroquisme *m* ; (*adorno excesivo*) excessivité *f*
barrote *nm* (*de ventana etc*) barreau *m*
barruntar *vt* (*conjeturar*) deviner ; (*presentir*) pressentir
barrunto *nm* indice *m* ; (*sospecha*) soupçon *m*
bartola: **a la ~** (*fam*) *adv*: **tirarse** *o* **tumbarse a la ~** flemmarder (*fam*)
bártulos *nmpl* affaires *fpl*
barullo *nm* tohu-bohu *m inv* ; (*desorden*) pagaille *f* ; **¡qué ~!** quelle pagaille ! ; **a ~** (*fam*) en pagaille
basa *nf* (*Arq*) base *f*
basalto *nm* basalte *m*
basamento *nm* soubassement *m*
basar *vt*: **~ algo en** (*fig*) fonder qch sur ; **basarse** *vpr*: **basarse en** se fonder sur
basca *nf*, **bascas** *nfpl* haut-le-cœur *m inv* ; (*fam: pandilla*) bande *f* ; **le dio una ~** il lui prit soudain une lubie
báscula *nf* bascule *f*, balance *f* ; (*de baño*) pèse-personne *m* ; **~ biestable** (*Inform*) bascule
bascular *vi* (*péndulo*) osciller ; (*volquete*) s'incliner ; (*variar*) osciller, vaciller ; **~ entre una cosa y otra** osciller entre une chose et une autre
base *nf* base *f* ; **a ~ de** (*mediante*) grâce à ; **a ~ de bien** on ne peut mieux ; **carecer de ~** être dénué(e) de fondement ; **de ~** (*militante,*

asamblea) de base ; **partir de la ~ de que ...** partir du principe que ... ; **~ aérea/espacial/ militar/naval** base aérienne/spatiale/ militaire/navale ; **~ de datos** (*Inform*) base de données ; **~ de operaciones** base d'opérations ; **~ imponible** (*Fin*) assiette *f* de l'impôt ; **bases** *nfpl* (*de concurso, juego*) règlement *msg* ▸ *adj* (*color, salario*) de base

básico, -a *adj* (*elemento, norma, condición*) de base

Basilea *n* Bâle

basílica *nf* basilique *f*

basilisco *nm* iguane *m* ; **estar hecho un ~** être ivre de rage

basket, básquet *nm* basket *m*

PALABRA CLAVE

bastante *adj* **1** (*suficiente*) assez de ; **bastante dinero** assez d'argent ; **bastantes libros** assez de livres

2 (*valor intensivo*): **bastante gente** pas mal de gens ; **hace bastante tiempo que ocurrió** cela fait assez longtemps que c'est arrivé

▸ *adv* **1** (*suficiente*) assez ; **¿hay bastante?** il y en a assez ? ; **(lo) bastante inteligente (como) para hacer algo** assez intelligent(e) pour faire qch

2 (*valor intensivo*) assez ; **bastante rico** assez riche ; **voy a tardar bastante** je serai assez long

bastar *vi* suffire ; **~ para hacer** suffire pour faire ; **me basta con cinco** cinq me suffisent ; **me basta con ir** il me suffit d'y aller ; **¡basta!** ça suffit ! ; **basta (ya) de ...** arrêtez *etc* de ... ; **bastarse** *vpr*: **bastarse (por sí mismo)** se suffire (à soi-même)

bastardilla *nf* (*Tip*) italique *m*

bastardo, -a *adj, nm/f* bâtard(e)

bastidor *nm* (*de costura*) métier *m* à broder ; (*de coche, Arte*) châssis *msg* ; **entre bastidores** dans les coulisses

bastión *nm* bastion *m*

basto, -a *adj* rustre ; (*tela*) grossier(-ière) ; **bastos** *nmpl* (*Naipes*) *l'une des quatre couleurs du jeu de cartes espagnol*

bastón *nm* (*cayado*) canne *f* ; (*vara*) bâton *m* ; (*tb*: **bastón de esquí**) bâton *m* de ski ; **~ de mando** bâton de commandement

bastonazo *nm* coup *m* de bâton

bastoncillo *nm* (*de algodón*) coton-tige *m*

basura *nf* ordures *fpl* ; (*tb*: **cubo de la basura**) poubelle *f*

basurero, a *nm/f* (*persona*) éboueur(-euse) ▸ *nm* (*lugar*) décharge *f* ; (*cubo*) poubelle *f*

bata *nf* robe *f* de chambre ; (*Med, Tec, Escol*) blouse *f*

batacazo *nm*: **darse un ~** se casser la figure

batalla *nf* bataille *f* ; **de ~** de tous les jours ; **~ campal** bataille rangée ; **~ de gallos** (*en hip-hop*) combat *m* de coqs

batallar *vi* batailler ; **~ por algo/algn** se battre pour qch/qn

batallón *nm* bataillon *m* ; **un ~ de gente** une multitude de gens

batata (*AM*) *nf* (*Bot, Culin*) patate *f* douce

bate *nm* (*Deporte*) batte *f*

batea *nf* plateau *m*

bateador *nm* (*Deporte*) batteur *m*

batear (*Deporte*) *vt* frapper (la balle) avec une batte ▸ *vi* frapper

batería *nf* batterie *f* ; **aparcar/estacionar en ~** se garer/stationner en épi ; **~ de cocina** batterie de cuisine ▸ *nmf* (*persona*) batteur(-euse)

baterista *nmf* (*AM*) batteur(-euse)

batiburrillo *nm* fouillis *msg*

batida *nf* battue *f* ; (*AM*: *redada*) rafle *f*

batido, -a *adj* (*camino*) battu(e) ; (*mar*) agité(e) ▸ *nm* (*de chocolate, frutas*) milk-shake *m*

batidora *nf* mixeur *m* ; **~ eléctrica** batteur *m* électrique

batiente *adj ver* **puerta**

batín *nm* veste *f* d'intérieur

batir *vt* battre ; (*nata*) fouetter ; **~ palmas** battre des mains ▸ *vi*: **~ (contra)** battre (contre) ; **batirse** *vpr*: **batirse en duelo** se battre en duel ; **batirse en retirada** battre en retraite

baturro, -a *adj* aragonais(e) ▸ *nm/f* paysan(ne) aragonais(e)

batuta *nf* (*Mús*) baguette *f* ; **llevar la ~** mener la danse

baudio *nm* (*Inform*) baud *m*

baúl *nm* malle *f*, coffre *m* ; (*AM Auto*) coffre *m*

bautice *etc vb ver* **bautizar**

bautismo *nm* (*Rel*) baptême *m* ; **~ de fuego** baptême du feu

bautizar *vt* baptiser

bautizo *nm* baptême *m*

bauxita *nf* bauxite *f*

bávaro, -a *adj* bavarois(e) ▸ *nm/f* Bavarois(e)

Baviera *nf* Bavière *f*

baya *nf* baie *f* ; *ver tb* **bayo**

bayeta *nf* (*para limpiar*) chiffon *m* à poussière ; (*AM*: *pañal*) lange *m*

bayo, -a *adj* isabelle *inv* ▸ *nm* papillon *m* du ver à soie

bayoneta *nf* baïonnette *f*

baza *nf* (*Naipes*) pli *m* ; (*fig*) atout *m* ; **meter ~** mettre son grain de sel

bazar *nm* (*comercio*) bazar *m*

bazo *nm* (*Anat*) rate *f*

bazofia *nf*: **es una ~** c'est infect ; **esa novela es una ~** ce roman est nul

BCE *nm abr* (= *Banco Central Europeo*) BCE *f* (= *Banque centrale européenne*)

be[1] *nf* (*letra*) b *m inv*, lettre *f* b ; **be chica** (*MÉX*) v *m inv* ; **be larga** (*AM*), **be grande** (*MÉX*) b ; **be por be** (*fig*) en détail ; **tener las tres bes**

(*hum: bueno, bonito y barato*) être bien et pas cher, être d'un bon rapport qualité/prix
be² *nm* (*balido*) bêlement *m*
beatificación *nf* béatification *f*
beatificar *vt* béatifier
beatífico, -a *adj* (*sonrisa, actitud*) béat(e)
beatitud *nf* béatitude *f*
beato, -a *adj, nm/f* (*pey*) bigot(e) ; (*Rel*) bienheureux(-euse)
beba (CSur) *nf* (*nena*) bébé *m* (*petite fille*)
bebe (Am) *nm* bébé *m*
bebé *nm* bébé *m*
bebedero *nm* abreuvoir *m*
bebedizo, -a *adj* buvable ▸ *nm* potion *f*
bebedor, a *nm/f* buveur(-euse)
bebé-probeta (*pl* **bebés-probeta**) *nmf* bébé-éprouvette *m*
beber *vt, vi* boire ; **~ por** (*brindar*) boire à ; **~ a sorbos** boire à petites gorgées ; **se lo bebió todo** il a tout bu ; **~ como un cosaco** boire comme un trou ; **no digas de esta agua no beberé** il ne faut jamais dire « Fontaine, je ne boirai pas de ton eau »
bebida *nf* boisson *f*
bebido, -a *adj* ivre
bebito, -a (CSur) *nm/f* petit bébé *m*
beca *nf* bourse *f*
becado, -a *adj* boursier(-ière)
becar *vt* accorder une bourse à
becario, -a *nm/f* boursier(-ière) ; (*en prácticas*) stagiaire *mf*
becerro, -a *nm/f* (*Zool*) veau *m*
bechamel *nf* = **besamel**
becuadro *nm* (*Mús*) bécarre *m*
bedel, a *nm/f* (*Escol, Univ*) appariteur(-trice)
beduino, -a *adj* bédouin(e) ▸ *nm/f* Bédouin(e)
beicon *nm* bacon *m*
beige ['beix], **beis** *adj, nm* beige *m*
béisbol *nm* base-ball *m*
beldad *nf* beauté *f*
Belén *n* Bethléem
belén *nm* crèche *f*
belga *adj* belge ▸ *nmf* Belge *mf*
Bélgica *nf* Belgique *f*
Belgrado *n* Belgrade
Belice *nm* (le) Bélize *m*
belicista *adj, nmf* belliciste *mf*
bélico, -a *adj* (*armamento, preparativos*) de guerre ; (*conflicto*) armé(e) ; (*actitud*) belliqueux(-euse)
belicoso, -a *adj* belliqueux(-euse)
beligerancia *nf* belligérance *f*
beligerante *adj* belligérant(e)
bellaco, -a *adj, nm* coquin(e)
belladona *nf* (*Bot*) belladone *f*
bellaquería *nf* friponnerie *f* ; (*de persona, hecho, dicho*) fourberie *f*
belleza *nf* beauté *f*
bello, -a *adj* beau (belle) ; **Bellas Artes** beaux-arts *mpl*

En francés, el adjetivo *beau* se transforma en *bel* cuando precede a un sustantivo masculino que comienza por vocal o *h* muda. Por ejemplo: *un bel exemple*.

bellota *nf* gland *m*
bemol *nm* (*Mús*) bémol *m* ; **esto tiene bemoles** (*fam*) c'est pas de la tarte (*fam*)
benceno *nm* benzène *m*
bencina (Chi) *nf* (*gasolina*) essence *f*
bendecir *vt* bénir ; **~ la mesa** dire le bénédicité
bendición *nf* bénédiction *f* ; **ser una ~** être une bénédiction ; **dar** *o* **echar la ~** donner sa bénédiction
bendiga *etc*, **bendije** *etc vb ver* **bendecir**
bendito, -a *pp de* **bendecir** ▸ *adj* bénit(e) ; (*feliz*) bienheureux(-euse) ; **¡~ sea Dios!** Dieu soit loué ! ▸ *nm/f* brave homme/femme ; (*ingenuo*) benêt *m* ; **dormir como un ~** dormir à poings fermés
benedictino, -a *adj, nm/f* bénédictin(e)
benefactor, a *nm/f* bienfaiteur(-trice)
beneficencia *nf* (*tb*: **beneficencia pública**) assistance *f* publique
beneficiar *vt* profiter à ; **beneficiarse** *vpr*: **beneficiarse (de** *o* **con)** bénéficier (de)
beneficiario, -a *nm/f* bénéficiaire *mf*
beneficio *nm* (*bien*) bienfait *m* ; (*ganancia*) bénéfice *m* ; **a/en ~ de** au bénéfice de ; **sacar ~ de** tirer profit de ; **en ~ propio** dans son *etc* propre intérêt ; **~ bruto/neto/por acción** bénéfice brut/net/(net) par action
beneficioso, -a *adj* salutaire ; (*Econ*) avantageux(-euse), profitable
benéfico, -a *adj* (*organización, festival*) de bienfaisance ; **sociedad benéfica** œuvre *f* de bienfaisance
benemérito, -a *adj* méritant(e) ▸ *nf*: **la Benemérita** (Esp) *la Garde Civile espagnole*
beneplácito *nm* accord *m* ; **dar el ~** donner son accord
benevolencia *nf* bienveillance *f*
benevolente, benévolo, -a *adj* bienveillant(e)
Bengala *nf* Bengale *m* ; **el Golfo de ~** le golfe du Bengale
bengala *nf* (*Mil*) fusée *f* éclairante ; (*luz*) feu *m* de Bengale
bengalí *adj* bengali ▸ *nmf* Bengali *mf* ▸ *nm* (*Ling*) bengali *nm*
benignidad *nf* affabilité *f*, douceur *f*
benigno, -a *adj* bienveillant(e) ; (*clima*) clément(e) ; (*resfriado, Med*) bénin (bénigne)
benjamín, -ina *nm/f* (*tb Deporte*) benjamin(e) ▸ *nm* (*botella*) quart *m*
beodo, -a *adj* ivre ▸ *nm/f* ivrogne *mf*
berberecho *nm* coque *f*
bereber, beréber, berebere *adj* berbère ▸ *nmf* Berbère *mf* ▸ *nm* berbère *m*
berenjena *nf* aubergine *f*

berenjenal *nm* champ *m* d'aubergines ; **meterse en un ~** (*fam*) se mettre dans de beaux draps
bergantín *nm* brigantin *m*
berilio *nm* béryllium *m*
Berlín *n* Berlin
berlina *nf* (*Auto*) berline *f*
berlinés, -esa *adj* berlinois(e) ▶ *nm/f* Berlinois(e)
bermejo, -a *adj* vermeil(le)
bermellón *nm* vermillon *m*
Bermudas *nfpl*: **las (Islas) ~** les (îles *fpl*) Bermudes *fpl*
bermudas *nfpl o nmpl* bermuda *msg*
Berna *n* Berne
berrear *vi* mugir ; (*niño*) brailler
berrido *nm* mugissement *m* ; (*niño*) braillement *m*
berrinche (*fam*) *nm* petite colère *f* ; (*disgusto*) contrariété *f* ; **llevarse un ~** se mettre en rogne
berro *nm* cresson *m*
berza *nf* chou *m* ; **~ lombarda** chou rouge
besamel *nf* béchamel *f*
besar *vt* embrasser ; (*fig: tocar*) effleurer ; **besarse** *vpr* s'embrasser
beso *nm* baiser *m* ; **un ~, besos** (*en carta*) (grosses) bises *fpl*, bisous *mpl*
bestia *nf* bête *f* ; (*fig*) brute *f* ; **¡no seas ~!** ne sois pas si vache ! ; (*idiota*) ne sois pas si bête ! ; **a lo ~** comme une brute ; **mala ~** peau *f* de vache ; **~ de carga** bête de somme
bestial *adj* (*inhumano*) bestial(e) ; (*fam: calor*) terrible ; (*error*) aberrant(e)
bestialidad *nf* bestialité *f* ; (*fam*) énormité *f*
bestseller (*pl* **bestsellers**) *nm* best-seller *m*
besugo *nm* daurade *f* ; (*fam*) bourrique *f*
besuguera *nf* plat *m* à poisson
besuquear (*fam*) *vt* bécoter (*fam*) ; **besuquearse** *vpr* se bécoter (*fam*)
beta *adj inv* (*Inform*) bêta *inv*
bético, -a *adj* andalou(se) ; (*Fútbol*) *du club de football du Séville connu comme le « Betis »*
betún *nm* cirage *m* ; (*Quím*) bitume *m* ; **quedar a la altura del ~** (*fam*) passer pour un(e) minable (*fam*)
bianual *adj* semestriel(le)
Bib. *abr* = **biblioteca**
biberón *nm* biberon *m*
Biblia *nf* Bible *f*
bíblico, -a *adj* biblique
bibliobús *nm* bibliobus *m*
bibliografía *nf* bibliographie *f*
bibliográfico, -a *adj* bibliographique
biblioteca *nf* bibliothèque *f* ; **~ de consulta** bibliothèque de consultation
bibliotecario, -a *nm/f* bibliothécaire *mf*
biblioteconomía *nf* bibliothéconomie *f*
bicameral *adj* (*Pol*) bicaméral(e)
bicarbonato *nm* bicarbonate *m*
bicentenario, -a *adj, nm* bicentenaire *m*
bíceps *nm inv* biceps *msg*
bicho *nm* (*insecto*) bestiole *f* ; (*fam: animal*) bête *f* ; (*: personne*) peste *f* ; (*Taur*) taureau *m* ; **mal ~** (*fam*) chameau *m* (*fam*) ; **~ raro** (*fam*) drôle d'oiseau *m*
bici (*fam*) *nf* vélo *m*
bicicleta *nf* bicyclette *f*
bicoca (*fam*) *nf* bonne affaire *f*
bicolor *adj* bicolore
bidé *nm* bidet *m*
bidireccional *adj* (*Inform*) bidirectionnel(le)
bidón *nm* bidon *m*
Bielorrusia *nf* Biélorussie *f*
bielorruso, -a *adj* biélorusse ▶ *nm/f* Biélorusse *mf* ▶ *nm* (*Ling*) biélorusse *m*

PALABRA CLAVE

bien *nm* bien *m* ; **te lo digo por tu bien** je te le dis pour ton bien ; **el bien y el mal** (*moral*) le bien et le mal ; **hacer el bien** faire le bien
bienes *nmpl* (*posesiones*) biens *mpl* ; **bienes de consumo** biens de consommation ; **bienes de equipo** biens d'équipement ; **bienes gananciales** biens communs ; **bienes inmuebles/muebles** biens immeubles/meubles ; **bienes raíces** biens-fonds *mpl*
▶ *adv* **1** (*de manera satisfactoria, correcta*) bien ; **trabaja/come bien** il travaille/mange bien ; **huele bien** cela sent bon ; **sabe bien** cela a bon goût ; **contestó bien** il a bien répondu ; **lo pasamos muy bien** nous nous sommes bien amusés ; **hiciste bien en llamarme** tu as bien fait de m'appeler ; **el paseo te sentará bien** la promenade te fera du bien ; **no me siento bien** je ne me sens pas bien ; **viven bien** (*económicamente*) ils vivent bien
2 (*valor intensivo*) bien ; **un café bien caliente** un café bien chaud ; **¡es bien caro!** c'est bien cher ! ; **¡tienes bien de regalos!** tu en as des cadeaux !
3: **estar bien**: **estoy muy bien aquí** je suis très bien ici ; **¿estás bien?** ça va (bien) ? ; **ese chico está muy bien** il est très beau, ce garçon ; **ese libro está muy bien** ce livre est très bien, c'est un très bon livre ; **está bien que vengan** c'est bien qu'ils viennent ; **¡eso no está bien!** ce n'est pas bien ! ; **se está bien aquí** on est bien ici ; **el traje me está bien** le costume me va bien ; **¡ya está bien!** là, ça va ! ; **¡pues sí que estamos bien!** nous voilà bien ! ; **¡está bien! lo haré** c'est bon ! je le ferai
4 (*de buena gana*): **yo bien que iría pero ...** moi, j'irais bien, mais ...
5 (*ya*): **bien se ve que ...** on voit bien que ... ; **¡bien podías habérmelo dicho!** tu aurais pu me le dire !
6: **no quiso o bien no pudo venir** il n'a pas voulu venir, ou plutôt il n'a pas pu

b

▸ *excl*: **¡bien!** (*aprobación*) bien ! ; **¡muy bien!** très bien ! ; **¡qué bien!** super !
▸ *adj inv* (*matiz despectivo*): **niño bien** fils *msg* de bonne famille ; **gente bien** gens *mpl* aisés
▸ *conj* **1**: **bien ... bien**: **bien en coche bien en tren** soit en voiture soit en train
2: **ahora bien** mais, cependant
3 (*esp* AM): **no bien**: **no bien llegue te llamaré** dès que j'arrive, je t'appelle
4: **si bien** si ; *ver tb* **más**

bienal *adj* biennal(e) ; (*Bot*) bisannuel(le)
bienaventurado, -a *adj* bienheureux(-euse) ; (*cándido, bonachón*) bonasse
bienestar *nm* bien-être *m* ; (*económico*) confort *m* ; **el Estado del B~** l'État-providence *m*
bienhechor, a *adj, nm/f* bienfaiteur(-trice)
bienintencionado, -a *adj* bien intentionné(e)
bienio *nm* période *f* de deux ans
bienvenida *nf* bienvenue *f* ; **dar la ~ a algn** souhaiter la bienvenue à qn
bienvenido, -a *adj*: **~ (a)** bienvenu(e) (à) ▸ *excl* bienvenue ! ; **¡bienvenidos a nuestra ciudad!** bienvenue dans notre ville !
bies *nm*: **al ~** (*Costura*) en biais
bifásico, -a *adj* (*Elec*) biphasé(e)
bife (AM) *nm* bifteck *m*
bifocal *adj* (*gafas, lentes*) à double foyer
bifurcación *nf* bifurcation *f*
bifurcarse *vpr* bifurquer
bigamia *nf* bigamie *f*
bígamo, -a *adj, nm/f* bigame *mf*
bígaro *nm* (*Zool*) bigorneau *m*
bigote *nm* (*tb*: **bigotes**) moustache *f*
bigotudo, -a *adj* moustachu(e)
bigudí *nm* bigoudi *m*
bikini *nm* bikini *m* ; (*Culin*) *sandwich chaud au jambon et au fromage*
bilateral *adj* bilatéral(e)
bilbaíno, -a *adj* de Bilbao ▸ *nm/f* natif(-ive) *o* habitant(e) de Bilbao
biliar *adj* (*Med*) biliaire
bilingüe *adj* bilingue
bilingüismo *nm* bilinguisme *m*
bilis *nf inv* bile *f*
billar *nm* billard *m* ; **~ americano** billard américain
billete *nm* billet *m* ; (*en autobús, metro*) ticket *m* ; **sacar (un) ~** acheter un billet ; **un ~ de cinco euros** un billet de cinq euros ; **medio ~** billet demi-tarif ; **~ de ida** aller *m* simple ; **~ de ida y vuelta** aller-retour *m* ; **~ electrónico** billet électronique
billetera *nf*, **billetero** *nm* portefeuille *m*
billón *nm* billion *m*
bimensual *adj* bimensuel(le)
bimestral *adj* bimestriel(le)
bimestre *nm* bimestre *m*
bimotor *adj, nm* bimoteur *m*
binario, -a *adj* (*Inform*) binaire
bingo *nm* bingo *m*
binoculares *nmpl* jumelles *fpl* ; (*quevedos*) pince-nez *m inv*
binomio *nm* (*Mat*) binôme *m*
biocarburante, biocombustible *nm* biocarburant *m*
biodegradable *adj* biodégradable
biodiésel *nm* biodiesel *m*, biogazole *m*
biodiversidad *nf* biodiversité *f*
bioética *nf* bioéthique *f*
biografía *nf* biographie *f*
biográfico, -a *adj* biographique
biógrafo, -a *nm/f* biographe *mf*
biología *nf* biologie *f*
biológico, -a *adj* biologique ; (*cultivo, producto*) bio(logique) ; **guerra biológica** guerre *f* biologique
biólogo, -a *nm/f* biologiste *mf*
biomasa *nf* biomasse *f*
biombo *nm* paravent *m*
biopsia *nf* biopsie *f*
bioquímico, -a *adj* biochimique ▸ *nm/f* biochimiste *mf* ▸ *nf* (*ciencia*) biochimie *f*
biorritmo *nm* biorythme *m*
biosfera *nf* biosphère *f*
biotecnología *nf* biotechnologie *f*
bioterrorismo *nm* bioterrorisme *m*
bióxido *nm* bioxyde *m*
bipartidismo *nm* bipartisme *m*
bipartito, -a *adj* bipartite
bipolar *adj* bipolaire
biquini *nm* = **bikini**
birlar (*fam*) *vt* faucher (*fam*)
birlibirloque *nm*: **por arte de ~** comme par enchantement
Birmania *nf* Birmanie *f*
birmano, -a *adj* birman(e) ▸ *nm/f* Birman(e)
birome (ARG) *nf*, (*a veces*) *nm* stylo *m*
birrete *nm* (*Jur, Univ*) toque *f*
birria *nf*: **ser una ~** être nul(le) ; (*película*) être un navet
bis *adv* bis ; **viven en el 27 ~** ils habitent au 27 bis ; **artículo 47 ~** article 47 bis
bisabuelo, -a *nm/f* arrière-grand-père (arrière-grand-mère) ; **bisabuelos** *nmpl* arrière-grands-parents *mpl*
bisagra *nf* charnière *f*
bisbisar, bisbisear *vt* marmonner
bisbiseo *nm* marmonnement *m*
biscúter *nm petite voiture à moteur de scooter, sorte de « Vespa 400 »*
bisel *nm* biseau *m*
biselar *vt* biseauter
bisexual *adj* bisexuel(le)
bisiesto, -a *adj ver* **año**
bisnieto, -a *nm/f* arrière-petit-fils (arrière-petite-fille) ; **bisnietos** *nmpl* arrière-petits-enfants *mpl*

bisonte *nm* (*Zool*) bison *m*
bisoñé *nm* faux toupet *m*
bisoño, -a *adj* novice ▸ *nm* (*Mil*) bleu *m*
bisté, bistec (*pl* **bistecs**) *nm* bifteck *m*
bisturí (*pl* **bisturíes**) *nm* bistouri *m*
bisutería *nf* bijoux *mpl* en toc *o* fantaisie *inv* ; **pendientes/collar de ~** boucles *fpl* d'oreilles/ collier *m* en toc *o* fantaisie
bit *nm* (*Inform*) bit *m* ; **~ de parada/de paridad** bit d'arrêt/de parité
bitácora *nf* (*Náut*) habitacle *m* ; **cuaderno de ~** livre *m* de bord
Bizancio *n* Byzance
bizantino, -a *adj* byzantin(e) ; **discusión bizantina** discussion *f* byzantine
bizarría *nf* bravoure *f* ; (*generosidad*) largesse *f*
bizarro, -a *adj* brave ; (*generoso*) large
bizco, -a *adj* qui louche ; **dejar a algn ~** (*fam*) en boucher un coin à qn (*fam*) ▸ *nm/f* personne *f* qui louche
bizcocho *nm* biscuit *m*, génoise *f*
biznieto, -a *nm/f* = **bisnieto**
bizquear *vi* loucher
blanca *nf* (*Mús*) blanche *f* ; **estar sin ~** être fauché(e) (*fam*)
Blancanieves *n* Blanche-Neige
blanco, -a *adj* blanc (blanche) ▸ *nm/f* (*individuo*) Blanc (Blanche) ▸ *nm* blanc *m* ; (*Mil*) cible *f* ; **cheque en ~** chèque *m* en blanc ; **noche en ~** nuit *f* blanche ; **dejar algo en ~** laisser qch en blanc ; **dar en el ~** faire mouche ; **hacer ~ (en)** frapper (sur) ; **poner los ojos en ~** rouler des yeux ; **quedarse en ~** (*mentalmente*) avoir un trou ; **ser el ~ de las burlas** être l'objet des railleries ; **votar en ~** voter blanc ; **~ del ojo** blanc *m* de l'œil ; *ver tb* **blanca**
blancura *nf* blancheur *f*
blandengue (*fam*) *adj* faiblard(e) (*fam*)
blandir *vt* brandir
blando, -a *adj* mou (molle) ; (*padre, profesor*) indulgent(e) ; (*carne*) tendre ; **~ de corazón** au cœur tendre ▸ *nm/f* timoré(e)
blandura *nf* mollesse *f* ; (*de padre, profesor*) indulgence *f*
blanquear *vt* blanchir ▸ *vi* pâlir
blanquecino, -a *adj* blanchâtre ; (*luz*) blafard(e)
blanqueo *nm* blanchiment *m* ; (*de dinero*) blanchissement *m*
blasfemar *vi*: **~ (contra)** blasphémer (contre)
blasfemia *nf* blasphème *m*
blasfemo, -a *adj* blasphématoire ▸ *nm/f* (*persona*) blasphémateur(-trice)
blasón *nm* blason *m* ; (*fig*) gloire *f*
blasonar *vi*: **~ de** se targuer de
bledo *nm*: **(no) me importa un ~** je m'en fiche (comme de l'an quarante) (*fam*)
blindado, -a *adj* blindé(e) ; **coche** (*Esp*) *o* **carro** (*Am*) **~** véhicule *m* blindé ▸ *nm* (*Mil*) blindé *m*
blindaje *nm* blindage *m*
blindar *vt* blinder
bloc (*pl* **blocs**) *nm* bloc-notes *msg* ; (*cuaderno*) bloc *m* ; **~ de dibujo** bloc à dessin
blog (*pl* **blogs**) *nm* blog *m*
blogging *nm* blogging *m*
blogosfera *nf* blogosphère *f*
bloguear *vi* bloguer
bloguero, a *nm/f* bloggeur(-euse)
blonda *nf* (*encaje*) blonde *f*
bloque *nm* (*tb Inform*) bloc *m* ; (*edificio*) immeuble *m* ; (*de noticias*) rubrique *f* ; **en ~** en bloc ; **~ de cilindros** bloc-cylindres *m*
bloquear *vt* bloquer ; (*Mil*) faire le blocus de ; **fondos bloqueados** fonds *mpl* bloqués
bloqueo *nm* blocage *m* ; (*Mil*) blocus *msg* ; **~ informativo** black-out *m inv* ; **~ mental** blocage
blue-jean [blu'jin] *nm*, **blue-jeans** [blu'jins] *nmpl* (*Am*) (blue-)jean *m*
blusa *nf* blouse *f* ; (*de mujer*) chemisier *m*
blusón *nm* (*camisa grande*) chemise *f* ample, chemisier *m* ; (: *de pintor*) blouse *f*, sarrau *m*
bluyín (*Am*) *nm* = **blue-jean**
B.º *abr* = **banco**
boa *nf* boa *m*
boato *nm* faste *m*
bob *nm* (*Deporte*) bobsleigh *m*
bobada *nf* bêtise *f*, sottise *f* ; **decir bobadas** dire des bêtises
bobalicón, -ona (*fam*) *adj* bébête (*fam*)
bobería *nf* = **bobada**
bobina *nf* bobine *f*
bobo, -a *adj* (*tonto*) sot (sotte) ; (*cándido*) naïf (naïve) ▸ *nm/f* sot (sotte) ; **hacer el ~** faire l'idiot ▸ *nm* (*Teatro*) bouffon *m*
boca *nf* bouche *f* ; (*de animal carnívoro, horno*) gueule *f* ; (*de crustáceo*) pince *f* ; (*de vasija*) bec *m* ; (*de puerto, túnel, cueva*) entrée *f* ; (*Inform*) fente *f* ; **~ abajo** sur le ventre ; **~ arriba** sur le dos ; **hacerle a algn el ~ a ~** faire du bouche à bouche à qn ; **se me hace la ~ agua** j'en ai l'eau à la bouche ; **todo salió a pedir de ~** tout s'est parfaitement déroulé ; **en ~ de todos** sur toutes les lèvres ; **andar de ~ en ~** circuler de bouche en bouche ; **¡cállate la ~!** (*fam*) la ferme ! (*fam*) ; **meterse en la ~ del lobo** se jeter dans la gueule du loup ; **partirle la ~ a algn** (*fam*) casser la gueule à qn (*fam*) ; **quedarse con la ~ abierta** en rester bouche bée ; **no abrir la ~** ne pas piper mot ; **~ de dragón** (*Bot*) gueule-de-loup *f* ; **~ de incendios** bouche d'incendie ; **~ de metro** bouche de métro ; **~ de riego** prise *f* d'eau ; **~ del estómago** creux *msg* de l'estomac
bocacalle *nf*: **una ~ de la avenida** une rue qui donne sur l'avenue ; **la primera ~ a la derecha** la première à droite
bocadillo *nm* sandwich *m*

bocado *nm* bouchée *f* ; (*para caballo*) mors *msg* ; (*mordisco*) coup *m* de dent ; **no probar ~** ne rien manger ; **~ de Adán** pomme *f* d'Adam
bocajarro: **a ~** *adv* à brûle-pourpoint ; **decir algo a ~** dire qch de but en blanc
bocanada *nf* bouffée *f* ; (*de líquido*) gorgée *f* ; **a bocanadas** (*salir, llegar, entrar*) par à-coups
bocata (*fam*) *nm* casse-croûte *m*
bocatería *nf* sandwicherie *f*
bocazas (*fam*) *nmf inv*: **ser un ~** être une grande gueule (*fam*)
boceto *nm* esquisse *f* ; (*plano*) ébauche *f*
bocha *nf* boule *f* ; **bochas** *nfpl* boules *fpl*
bochinche (*fam*) *nm* boucan *m* (*fam*)
bochorno *nm* (*vergüenza*) honte *f* ; (*calor*): **hace ~** il fait lourd
bochornoso, -a *adj* (*día*) lourd(e) ; (*situación*) orageux(-euse)
bocina *nf* (*Mús*) corne *f* ; (*Auto*) klaxon *m* ; (*megáfono*) porte-voix *m inv* ; **tocar la ~** klaxonner
bocinazo *nm* coup *m* de klaxon
bocio *nm* (*Med*) goitre *m*
boda *nf* (*tb*: **bodas**) noce *f*, mariage *m* ; (*fiesta*) noce ; **bodas de oro** noces *fpl* d'or ; **bodas de plata** noces d'argent
bodega *nf* (*de vino*) cave *f* ; (*esp AM*) bistrot *m* ; (*granero*) grenier *m* ; (*establecimiento*) marchand *m* de vin ; (*de barco*) cale *f*
bodegón *nm* taverne *f* ; (*Arte*) nature *f* morte
bodrio *nm*: **el libro es un ~** ce livre ne vaut rien
body [boði] (*pl* **bodies**) *nm* body *m* ; **~ milk** lait *m* pour le corps
B.O.E. *sigla m* (*= Boletín Oficial del Estado*) ≈ JO *m* (*= Journal officiel*)

B.O.E.

Le *Boletín Oficial del Estado*, ou **B.O.E.**, est le journal officiel où sont consignées toutes les lois et résolutions adoptées par *las Cortes* (le Parlement espagnol). C'est un ouvrage très consulté, notamment parce que l'on y trouve les avis d'*oposiciones* (concours de la fonction publique).

bofe *nm* (*de res*: *tb*: **bofes**) mou *m* ; **echar los bofes** (*fam*) trimer (*fam*)
bofetada *nf* gifle *f* ; **dar de bofetadas a algn** taper sur qn
bofetón *nm* grande claque *f*, grosse gifle *f*
boga *nf*: **en ~** en vogue
bogar *vi* ramer
bogavante *nm* homard *m*
Bogotá *n* Bogota
bogotano, -a *adj* de Bogota ▸ *nm/f* natif(-ive) *o* habitant(e) de Bogota
bogue *etc vb ver* **bogar**
bohemio, -a *adj*, *nm/f* bohémien(ne)
boicot (*pl* **boicots**) *nm* boycott *m* ; **hacer el ~ a** boycotter
boicotear *vt* boycotter
boicoteo *nm* boycottage *m*
boina *nf* béret *m*
bol *nm* bol *m*
bola *nf* boule *f* ; (*canica*) bille *f* ; (*pelota*) balle *f* ; (*Naipes*) chelem *m* ; (*betún*) cirage *m* ; (*fam*) bobard *m* ; (*AM*: *rumor*) rumeur *f* ; **no dar pie con ~** faire tout de travers ; **~ de billar** boule de billard ; **~ de naftalina** boule de naphtaline ; **~ de nieve** boule de neige ; **~ del mundo** globe *m* terrestre ; **bolas** *nfpl* (*AM*) bolas *fpl* (*arme de jet utilisée par les gauchos*)
bolado (*AM*) *nm mélange d'œuf et de sucre*
bolchevique *adj* bolchevique ▸ *nmf* bolchevik *mf*
boleadoras (*AM*) *nfpl* bolas *fpl* (*arme de jet utilisée par les gauchos*)
bolera *nf* bowling *m*
bolero *nm* (*Mús*) boléro *m*
boleta (*AM*) *nf* (*billete*) laissez-passer *m inv* ; (*permiso*) bon *m* ; (*cédula para votar*) bulletin *m* de vote
boletería (*AM*) *nf* (*taquilla*) guichet *m*
boletín *nm* bulletin *m* ; **~ de noticias** (bulletin d')informations *fpl* ; **~ de pedido** bulletin de commande ; **~ de precios** tarifs *mpl* ; **~ de prensa** communiqué *m* de presse ; **~ escolar** (*ESP*) bulletin scolaire ; **~ informativo** (bulletin d')informations *fpl* ; **B~ Oficial del Estado** ≈ Journal officiel ; *ver tb* **B.O.E.**
boleto *nm* billet *m* ; **~ de apuestas** coupon *m* de pari ; **~ electrónico** billet électronique
boli (*fam*) *nm* stylo *m*
boliche *nm* cochonnet *m* ; (*juego*) jeu *m* de quilles ; (*lugar*) bowling *m* ; (*AM*: *tienda*) échoppe *f*
bólido *nm* bolide *m*
bolígrafo *nm* stylo-bille *m*, stylo *m* à bille
bolillo *nm* (*Costura*) fuseau *m*
bolívar *nm* bolivar *m*
Bolivia *nf* Bolivie *f*
boliviano, -a *adj* bolivien(ne) ▸ *nm/f* Bolivien(ne)
bollería *nf* viennoiserie *f*
bollo *nm* pain *m* au lait ; (*de bizcocho*) brioche *f* ; (*abolladura*) bosse *f* ; **no está el horno para bollos** ce n'est vraiment pas le moment ; **bollos** *nmpl* (*AM*: *apuros*) ennuis *mpl* ; (*fam*) gnon *m*
bolo *nm* quille *f* ; **(juego de) bolos** (jeu *m* de) quilles *fpl* ▸ *adj* (*CAM, CU, MÉX*) ivre, soûl(e)
Bolonia *n* Bologne
bolsa *nf* sac *m*, poche *f* ; (*tela*) sacoche *f* ; (*AM*: *bolsillo*) poche ; (*Escol*) bourse *f* ; (*Anat, Minería*) poche ; **la B~** la Bourse ; **jugar a la B~** jouer à la Bourse ; **hacer bolsas** faire de faux plis ; **~ de agua caliente** bouillotte *f* ; **~ de aire** poche d'air ; **~ de deportes** sac de sport ; **~ de dormir** (*AM*) sac de couchage ;

~ **de estudios** bourse d'études ; ~ **de la compra** panier *m* de la ménagère ; ~ **de papel/plástico** sac en papier/plastique ; ~ **de trabajo** offres *fpl* d'emploi ; ~ **de viaje** sac de voyage
bolsillo *nm* poche *f* ; (*cartera*) portemonnaie *m*, porte-monnaie *m* ; **de** ~ de poche ; **meterse a algn en el** ~ mettre qn dans sa poche ; **lo pagó de su** ~ il l'a payé de sa poche
bolsista *nmf* (*Fin*) agent *m* de change
bolso *nm* sac *m* ; (*de mujer*) sac à main
boludo, -a (*CSur fam!*) *nm/f* con(ne) (*fam !*)
bomba *nf* (*Mil*) bombe *f* ; (*Tec*) pompe *f* ; **a prueba de** ~ à l'épreuve des bombes ; **caer algo como una** ~ faire l'effet d'une bombe ; ~ **atómica** bombe atomique ; ~ **de agua/de gasolina/de incendios** pompe à eau/à essence/à incendie ; ~ **de efecto retardado/de neutrones** bombe à retardement/à neutrons ; ~ **de humo** fumigène *m* ; ~ **lacrimógena** bombe lacrymogène ▸ *adj* (*fam*): **noticia** ~ nouvelle *f* sensationnelle, scoop *m* (*fam*) ▸ *adv* (*fam*): **pasarlo** ~ s'amuser comme un fou/des petits fous
bombacho, -a *adj*: **pantalón** ~ pantalon *m* de golf ; **bombachos** *nmpl* knickers *mpl*
bombardear *vt* bombarder ; ~ **a preguntas** bombarder de questions
bombardeo *nm* bombardement *m*
bombardero *nm* bombardier *m*
bombazo *nm* (*explosión*) explosion *f* ; (*fam: notición*) scoop *m* (*fam*) ; (*fam: éxito*) grand succès *m* ; **esa película puede ser un** ~ ce film pourrait faire un tabac (*fam*)
bombear *vt* (*agua*) pomper ; (*Mil*) bombarder ; (*Deporte*) lober ; **bombearse** *vpr* (se) gondoler
bombeo *nm* (*de agua*) pompage *m* ; (*convexidad: de superficie, madera*) bombement *m* ; **estación de** ~ station *f* de pompage
bombero *nm* pompier *m* ; **(cuerpo de) bomberos** (corps *msg* des sapeurs-)pompiers *mpl*
bombilla *nf* (*Esp Elec*) ampoule *f* ; (*Arg*) *tube en métal qui sert à boire le maté*
bombín *nm* pompe *f* à vélo
bombo *nm* (*Mús*) grosse caisse *f* ; (*Tec*) tambour *m* ; **hacer algo a** ~ **y platillo** faire qch en grande pompe ; **tengo la cabeza hecha un** ~ j'ai la tête prête à éclater ; **dar** ~ **a** (*a persona*) ne pas tarir d'éloges sur ; (*asunto*) faire du tam-tam autour de
bombón *nm* (*Culin*) chocolat *m* ; **ser un** ~ (*fam*) être (un) canon
bombona *nf* bouteille *f*, bonbonne *f*
bombonería *nf* bonbonnière *f*
bonachón, -ona *adj* bon enfant *inv* ▸ *nm/f* bonne pâte *f*
bonaerense *adj* de Buenos Aires ▸ *nmf* natif(-ive) *o* habitant(e) de Buenos Aires
bonancible *adj* (*tiempo*) calme
bonanza *nf* (*Náut*) bonace *f* ; (*fig*) prospérité *f* ; (*Minería*) riche filon *m*
bondad *nf* bonté *f* ; **tenga la** ~ **de** veuillez avoir l'amabilité de
bondadosamente *adv* avec bonté
bondadoso, -a *adj* bon (bonne)
bongó *nm* (*Mús*) bongo *m*
boniato *nm* patate *f* douce
bonificación *nf* bonification *f*
bonito, -a *adj* joli(e) ; **un** ~ **sueldo/una bonita cantidad** un beau salaire/une coquette somme ▸ *adv* (*Am fam*) gentiment ▸ *nm* (*atún*) thon *m*
bono *nm* bon *m* ; ~ **del Tesoro** bon du Trésor ; **bonos del Estado** obligations *fpl* de l'État
bonobús *nm* (*Esp*) *carte de transport (en autobus urbain)*
bonoloto *nm* (*Esp*) *version espagnole du « Loto »*
bonometro *nm* (*Esp*) *carte de transport (en métro)*
bonsai *nm* bonsaï *m*
boom ['bum] *nm* boom *m*
boomerang [bume'ran] (*pl* **boomerangs**) *nm* boomerang *m*
boqueada *nf*: **dar la(s) última(s)** ~**(s)** rendre le dernier soupir
boquear *vi* agoniser ; (*fig*) tirer à sa fin
boquerón *nm* anchois *msg* (*frais*) ; (*agujero*) large brèche *f*
boquete *nm* brèche *f*
boquiabierto, -a *adj*: **quedarse** ~ en rester bouche bée ; **nos dejó boquiabiertos** nous sommes restés bouche bée
boquilla *nf* (*de manguera*) prise *f* d'eau ; (*mechero*) bec *m* ; (*calentador*) brûleur *m* ; (*para cigarro*) fume-cigarette *m* ; (*Mús*) bec *m* ; **de** ~ en l'air
borbollar, borbollear *vi* bouillonner
borbollón *nm* bouillonnement *m* ; **hablar a borbollones** bafouiller ; **salir a borbollones** (*agua*) jaillir à gros bouillons
borbotar, borbotear *vi* bouillonner
borbotón *nm*: **salir a borbotones** jaillir à gros bouillons
borda *nf* (*Náut*) bord *m* ; **echar** *o* **tirar algo por la** ~ jeter *o* lancer qch par-dessus bord
bordado, -a *adj*: **el cuadro le quedó** *o* **salió** ~ il a réussi ce tableau à la perfection ▸ *nm* broderie *f*
bordar *vt* broder
borde *nm* bord *m* ; **al** ~ **de** (*fig*) au bord de ; **ser** ~ (*Esp fam*) être désagréable
bordear *vt* longer
bordillo *nm* (*en acera*) bord *m* ; (*en carretera*) accotement *m*
bordo *nm*: **a** ~ **(de)** à bord (de)
Borgoña *nf* Bourgogne *f*
borgoña *nm* bourgogne *m*
borinqueño, -a *adj* portoricain(e) ▸ *nm/f* Portoricain(e)

borla *nf* gland *m* ; (*para polvos*) houppette *f*
borne *nm* (*Elec*) borne *f*
boro *nm* (*Quím*) bore *m*
borra *nf* moutons *mpl* (de poussière) ; (*sedimento*) dépôt *m* ; (*relleno*) bourre *f*
borrachera *nf* ivresse *f* ; (*juerga*) orgie *f*
borracho, -a *adj* (*persona*) soûl(e), saoul(e) ; (*: por costumbre*) ivrogne ; **bizcocho ~** baba *m* au rhum ▸ *nm/f* (*temporalmente*) soûlard(e) ; (*habitualmente*) ivrogne *mf*
borrador *nm* (*de escrito, carta*) brouillon *m* ; (*cuaderno*) cahier *m* de brouillon ; (*goma*) gomme *f* ; (*Com*) main *f* courante ; (*para pizarra*) chiffon *m* à effacer
borraja *nf*: **quedar(se) en agua de borrajas** s'en aller en eau de boudin
borrar *vt* gommer ; (*de lista*) barrer ; (*tachar*) raturer ; (*cinta, Inform*) effacer ; (*Pol etc*) éliminer ; **borrarse** *vpr* (*de club, asociación*) quitter ; (*recuerdo, imagen*) s'effacer
borrasca *nf* tempête *f*
borrascoso, -a *adj* orageux(-euse)
borrego, -a *nm/f* agneau (agnelle) ; (*fig*) mouton *m*
borricada *nf* ânerie *f*
borrico, -a *nm/f* âne (ânesse) ; (*fig*) bourrique *f*
borrón *nm* (*de tinta*) pâté *m* ; **hacer ~ y cuenta nueva** tourner la page
borroso, -a *adj* flou(e) ; (*escritura*) indécis(e)
boscoso, -a *adj* boisé(e)
Bósforo *nm*: **el (Estrecho del) ~** le (détroit du) Bosphore
Bosnia *nf* Bosnie *f*
bosnio, -a *adj* bosniaque ▸ *nm/f* Bosniaque *mf*
bosque *nm* bois *msg* ; (*más grande*) forêt *f*
bosquejar *vt* ébaucher
bosquejo *nm* ébauche *f*, esquisse *f*
bosta *nf* (*de los bovinos*) bouse *f* ; (*de los caballos*) crottin *m*
bostece *etc vb ver* **bostezar**
bostezar *vi* bâiller
bostezo *nm* bâillement *m*
bota *nf* botte *f* ; (*de vino*) gourde *f* ; **ponerse las botas** (*fam*) s'en mettre plein les poches (*fam*) ; (*comer mucho y bien*) s'en mettre plein la panse (*fam*) ; **botas de agua** *o* **goma** bottes *fpl* en caoutchouc ; **botas de esquí** chaussures *fpl* de ski ; **botas de montar** bottes d'équitation
botadura *nf* (*Náut*) lancement *m*
botana *nf*, **botanas** *nfpl* (*AM*: *tapa(s)*) amuse-gueule *m*
botánica *nf* botanique *f*
botánico, -a *adj* botanique ▸ *nm/f* botaniste *mf*
botar *vt* (*balón*) faire rebondir ; (*Náut*) lancer, mettre à la mer ; (*fam*) mettre à la porte ; (*esp AM fam*) jeter, balancer ▸ *vi* (*persona*) bondir ; (*balón*) rebondir
botarate *nm* imbécile *mf*
bote *nm* bond *m* ; (*tarro*) pot *m* ; (*lata*) boîte *f* de conserve ; (*en bar*) pourboire *m* ; (*embarcación*) canot *m* ; (*en juego*) cagnotte *f* ; **de ~ en ~** plein(e) à craquer ; **dar un ~** laisser un pourboire ; **dar botes** (*Auto etc*) cahoter ; **tener a algn en el ~** avoir qn dans sa poche ; **un ~ de tomate** des tomates en conserve ; **~ de la basura** (*AM*) poubelle *f* ; **~ salvavidas** canot de sauvetage
botella *nf* bouteille *f* ; **~ de oxígeno** bouteille d'oxygène ; **~ de vino** bouteille de vin
botellero *nm* casier *m* à bouteilles, porte-bouteilles *m*
botellín *nm* petite bouteille *f*
botellón (*ESP fam*) *nm réunion entre jeunes dans les endroits publics afin de boire de l'alcool*
botica *nf* pharmacie *f*
boticario, -a *nm/f* pharmacien(ne)
botijo *nm* cruche *f*
botín *nm* (*calzado*) bottine *f* ; (*polaina*) guêtre *f* ; (*Mil, de atraco, robo*) butin *m*
botiquín *nm* armoire *f* à pharmacie ; (*portátil*) trousse *f* à pharmacie ; (*enfermería*) infirmerie *f*
botón *nm* bouton *m* ; **pulsar el ~** appuyer sur le bouton ; **~ de arranque** (*Auto*) démarreur *m* ; **~ de oro** (*Bot*) bouton *m* d'or
botones *nm inv* groom *m*
Botox® ['botoks] *nm* Botox® *m*
botulismo *nm* botulisme *m*
bóveda *nf* (*Arq*) voûte *f* ; **~ celeste** voûte céleste
bovino, -a *adj ver* **ganado**
box (*AM*) *nm* boxe *f*
boxeador, a *nm/f* boxeur(-euse)
boxear *vi* boxer
boxeo *nm* boxe *f*
boya *nf* (*Náut*) bouée *f* ; (*en red*) flotteur *m*
boyante *adj* (*Náut*) lège ; (*feliz*) débordant(e) de joie ; (*negocio*) prospère
bozal *nm* (*de perro*) muselière *f* ; (*de caballo*) licou *m*
bozo *nm* (*pelusa*) duvet *m*
bracear *vi* agiter les bras ; (*nadar*) nager la brasse
bracero, -a *nm/f* journalier(-ière)
braga *nf*, **bragas** *nfpl* culotte *f* ; (*cuerda*) corde *f* ; (*de bebé*) couche *f*
braguero *nm* (*Med*) bandage *m* herniaire
bragueta *nf* braguette *f*
braguetazo *nm* mariage *m* d'intérêt
braille ['braile] *nm* braille *m*
bramante *nm* ficelle *f*
bramar *vi* (*toro, viento, mar*) mugir ; (*venado*) bramer ; (*elefante*) barrir
bramido *nm* (*de toro, viento, mar*) mugissement *m* ; (*del venado*) bramement *m* ; (*del elefante*) barrissement *m* ; (*de persona*) hurlement *m*
brandy *nm* brandy *m*
branquia *nf* branchie *f*

brasa *nf* braise *f* ; **a la ~** (*carne, pescado*) cuit(e) sur la braise
brasero *nm* (*para los pies*) brasero *m* ; (*Am*: *chimenea*) cheminée *f*
brasier, brassiere (*Am*) *nm* soutien-gorge *m*
Brasil *nm* Brésil *m*
brasileño, -a *adj* brésilien(ne) ▸ *nm/f* Brésilien(ne)
Brasilia *n* Brasilia
bravata *nf* bravade *f*
braveza *nf* férocité *f* ; (*valor*) bravoure *f* ; (*de viento, mar, lluvia*) violence *f*
bravío, -a *adj* féroce
bravo, -a *adj* (*soldado*) vaillant(e) ; (*animal: feroz*) féroce ; (*: salvaje*) sauvage ; (*toro*) de combat ; (*mar*) déchaîné(e) ; (*terreno*) accidenté(e) ; (*Am fam*) en colère ; **patatas bravas** (*Culin*) *pommes de terre frites accommodées avec une sauce relevée* ▸ *excl* bravo !
bravucón, -ona *adj* vantard(e) ▸ *nm/f* fanfaron(ne)
bravura *nf* (*de persona*) bravoure *f* ; (*de animal*) férocité *f*
braza *nf*: **nadar a (la) ~** nager la brasse
brazada *nf* brasse *f* ; (*de hierba, leña*) brassée *f*
brazalete *nm* bracelet *m* ; (*banda*) brassard *m*
brazo *nm* bras *msg* ; (*Zool*) patte *f* de devant, antérieur *m* ; (*Bot, Pol*) branche *f* ; **cogidos del ~** bras dessus, bras dessous ; **ir del ~** marcher bras dessus, bras dessous ; **cruzarse de brazos** rester les bras croisés ; **no dar su ~ a torcer** ne pas en démordre ; **luchar a ~ partido** combattre corps à corps ; **ser el ~ derecho de algn** (*fig*) être le bras droit de qn ; **tener/llevar en brazos a algn** tenir/prendre qn dans ses bras ; **huelga de brazos caídos** grève *f* sur le tas ; **~ de gitano** (*Culin*) roulé *m* ; **brazos** *nmpl* journaliers *mpl*
brea *nf* brai *m*
brebaje *nm* breuvage *m*
brecha *nf* brèche *f* ; (*en la cabeza*) blessure *f* ; (*Mil*) percée *f* ; **hacer** *o* **abrir ~ en** percer sur
brécol *nm* brocoli *m*
brega *nf* (*pelea*) dispute *f* ; (*trabajo*) travail *m* de Romain
bregar *vi* se disputer ; (*con obstáculos*) se démener ; (*trabajar mucho*) se décarcasser
bregue *etc vb ver* **bregar**
breña *nf* broussailles *fpl*
Bretaña *nf* Bretagne *f*
brete *nm* (*cepo*) entraves *fpl* ; **estar en un ~** ne pas savoir comment se tirer d'affaire ; **le puso en un ~** il l'a coincé
breteles (*Am*) *nmpl* bretelles *fpl*
bretón, -ona *adj* breton(ne) ▸ *nm/f* Breton(ne)
breva *nf* figue *f* (d'été) ; (*puro*) cigare *m* aplati ; **¡no caerá esa ~!** ce serait trop beau !
breve *adj* (*pausa, encuentro, discurso*) bref (brève) ; **en ~** d'ici peu ; (*en pocas palabras*) en bref ▸ *nf* (*Mús*) brève *f*
brevedad *nf* brièveté *f* ; **a la mayor ~ posible** dans les meilleurs délais ; **con la mayor ~** au plus tôt
brevemente *adv* brièvement
breviario *nm* (*Rel*) bréviaire *m*
brezal, brezo *nm* bruyère *f*
bribón, -ona *nm/f* fripouille *f* ; (*pillo*) coquin(e)
bricolaje *nm* bricolage *m*
brida *nf* (*tb Tec*) bride *f* ; **a toda ~** à bride abattue
bridge [britʃ] *nm* (*Naipes*) bridge *m*
brigada *nf* brigade *f* ; **B~ de Estupefacientes** brigade des stupéfiants ; **B~ de Investigación Criminal** police *f* judiciaire ▸ *nm* (*Mil*) brigadier *m*
brigadier *nm* brigadier *m*
brigadista *nmf*: **~ internacional** brigadiste *mf*, membre *m* des Brigades internationales
brik (*pl* **briks**) *nm* brick *m*, carton *m*
brillante *adj* brillant(e) ▸ *nm* (*joya*) brillant *m*
brillantemente *adv* brillamment
brillantez *nf* (*de color*) éclat *m* ; (*de estudiante*) talent *m*
brillantina *nf* brillantine *f*
brillar *vi* briller ; **~ por su ausencia** briller par son absence
brillo *nm* éclat *m* ; **dar** *o* **sacar ~ a** faire reluire
brilloso, a (*Am*) *adj* resplendissant(e)
brincar *vi* (*persona, animal*) bondir ; **~ de** (*de alegría etc*) sauter de ; **está que brinca** il (elle) est fou (folle) de rage
brinco *nm* (*salto*) bond *m* ; **de un ~** en moins de deux ; **dar** *o* **pegar un ~** faire un bond ; **dar** *o* **pegar brincos de alegría** sauter de joie
brindar *vi*: **~ a** *o* **por** porter un toast à ▸ *vt* (*oportunidad, amistad*) offrir ; **lo cual brinda la ocasión de ...** ceci me permet de ... ; **brindarse** *vpr*: **brindarse a hacer algo** s'offrir pour faire qch
brindis *nm inv* (*al beber, frase*) toast *m* ; (*Taur*) hommage *m*
brinque *etc vb ver* **brincar**
brío *nm* (*tb*: **bríos**) énergie *f*, brio *m* ; **con ~** avec brio
brioso, -a *adj* (*airoso*) fougueux(-euse) ; (*decidido*) énergique
brisa *nf* brise *f*
brisca *nf jeu de cartes qui se joue avec un jeu de cartes espagnol. Les joueurs ont trois cartes chacun. Une carte est retournée sur la pioche pour servir d'atout. Le gagnant est celui qui remporte le plus de points.*
británico, -a *adj* britannique ▸ *nm/f* Britannique *mf*
brizna *nf* brin *m* ; (*paja*) fétu *m* ; **no tener ni ~ de sentido común** ne pas avoir un grain de bon sens
broca *nf* (*Costura*) broche *f* ; (*Tec*) foret *m* ; (*clavo*) broquette *f*

brocado *nm* brocart *m*
brocal *nm* margelle *f*
brocha *nf* (*de pintar*) pinceau *m* ; (*de afeitar*) blaireau *m* ; **pintor de ~ gorda** (*de paredes*) peintre *m* en bâtiment ; (*fig*) barbouilleur *m*
brochazo *nm* coup *m* de pinceau
broche *nm* (*en vestido*) agrafe *f* ; (*joya*) broche *f*
brocheta *nf* brochette *f*
brócoli *nm* brocoli *m*
broma *nf* plaisanterie *f*, blague *f* ; **de** *o* **en ~** pour rire ; **gastar una ~ a algn** faire une blague à qn ; **ni en ~** en aucun cas ; **tomar algo a ~** ne pas prendre qch au sérieux ; **~ pesada** plaisanterie *f* de mauvais goût
bromear *vi* plaisanter
bromista *adj, nmf* farceur(-euse), blagueur(-euse)
bromuro *nm* bromure *m*
bronca *nf* dispute *f* ; (*regañina*) réprimande *f* ; **armar una ~** faire une scène ; **buscar ~** chercher querelle ; **echar una ~ a algn** passer un savon à qn
bronce *nm* bronze *m*
bronceado, -a *adj* bronzé(e) ▸ *nm* (*de piel*) bronzage *m*
bronceador, a *adj* bronzant(e) ▸ *nm* crème *f* bronzante
broncearse *vpr* se faire bronzer
bronco, -a *adj* (*modales*) bourru(e) ; (*voz*) rauque
bronquial *adj* bronchique
bronquio *nm* bronche *f*
bronquitis *nf inv* bronchite *f*
broqueta *nf* brochette *f*
brotar *vi* (*Bot*) pousser ; (*aguas, lágrimas*) jaillir ; (*Med*) se déclarer
brote *nm* (*Bot*) pousse *f* ; (*Med*) épidémie *f* ; (*de insurrección, huelga*) vague *f* ; **brotes de soja** germes *mpl* de soja
broza *nf* (*Bot*) broussaille *f* ; (*en discurso, escrito*) remplissage *m*
bruces: **de ~** *adv* sur le ventre, à plat ventre ; **acostarse de ~** se coucher sur le ventre ; **estar de ~** être sur le ventre, être à plat ventre ; **caer de ~** s'étaler de tout son long ; **darse de ~ con algn** tomber nez à nez avec qn
Brujas *n* Bruges
brujería *nf* sorcellerie *f*
brujo, -a *nm/f* sorcier(-ière) ▸ *nf* (*pey*) sorcière *f*
brújula *nf* boussole *f*
brujulear *vi* (*intrigar*) louvoyer
bruma *nf* brume *f*
brumoso, -a *adj* brumeux(-euse)
bruñendo *etc vb ver* **bruñir**
bruñido *nm* (*pulimento*) poli *m* ; (*brillo*) lustre *m*
bruñir *vt* polir
bruscamente *adv* brusquement ; (*hablar, comportarse*) brutalement
brusco, -a *adj* brusque
Bruselas *n* Bruxelles
brusquedad *nf* brusquerie *f*
brutal *adj* brutal(e) ; (*fam: tremendo*) énorme ; (*: muy bueno*) génial(e) (*fam*)
brutalidad *nf* brutalité *f*
bruto, -a *adj* (*persona*) brutal(e) ; (*estúpido*) idiot(e) ; (*metal, piedra, peso*) brut(e) ; **a la bruta, a lo ~** à la va-vite ; **en ~** brut(e) ▸ *nm* brute *f*
Bs.As. *abr* = **Buenos Aires**
bucal *adj* buccal(e) ; **por vía ~** par voie orale
bucanero *nm* boucanier *m*
Bucarest *n* Bucarest
buceador, a *nm/f* plongeur(-euse)
bucear *vi* plonger ; **~ en** (*documentos, pasado*) fouiller dans
buceo *nm* plongeon *m* ; (*de buzo*) plongée *f* ; **~ de altura** plongée en haute mer
buche *nm* jabot *m* ; (*fam*) ventre *m*
bucle *nm* boucle *f* ; (*de carretera*) tournant *m* ; (*Inform*) boucle, cycle *m*
bucodental *adj* bucco-dentaire
bucólico, -a *adj* bucolique
Buda *nm* Bouddha
budín *nm* pudding *m*
budismo *nm* bouddhisme *m*
budista *adj, nmf* bouddhiste *mf*
buen *adj ver* **bueno**
buenamente *adv* tout bonnement ; (*de buena gana*) volontiers
buenaventura *nf* chance *f* ; (*adivinación*) bonne aventure *f* ; **decir** *o* **echar la ~ a algn** dire la bonne aventure à qn

PALABRA CLAVE

bueno, -a (*antes de nmsg* **buen**) *adj* **1** (*excelente etc*) bon(ne) ; **es un libro bueno** *o* **es un buen libro** c'est un bon livre ; **tiene buena voz** il/elle a une belle voix ; **hace bueno/buen tiempo** il fait beau/beau temps ; **ya está bueno** (*de salud*) il va bien maintenant ; **lo bueno fue que** le meilleur c'est que
2 (*bondadoso*): **es buena persona** c'est quelqu'un de bien ; **el bueno de Paco** ce brave Paco ; **fue muy bueno conmigo** il a été très gentil avec moi
3 (*apropiado*): **ser bueno para** être bien pour ; **es un buen momento (para)** c'est le moment (de) ; **creo que vamos por buen camino** je crois que nous sommes sur la bonne voie
4 (*grande*): **un buen trozo** un bon bout ; **un buen número de** bon nombre de ; **le di un buen rapapolvo** je lui ai passé un savon
5 (*irón*): **¡buen conductor estás hecho!** comme tu conduis bien ! ; **¡estaría bueno que ...!** il ne manquerait plus que ... ! ; **una pelea de las buenas** une sacrée bagarre
6 (*sabroso*): **está bueno este bizcocho** ce gâteau est très bon

7 (*fam: atractivo*): **Carmen está muy buena** Carmen est vachement mignonne
8 (*saludos*): **¡buenos días!** bonjour ! ; **¡buenas tardes!** bonjour ! ; (*más tarde*) bonsoir ! ; **¡buenas noches!** bonsoir ! ; (*al acostarse*) bonne nuit ! ; **¡buenas!** salut !
9 (*otras locuciones*): **un buen día** un beau jour ; **estar de buenas** être de bonne humeur ; **por las buenas o por las malas** de gré ou de force ; **de buenas a primeras** tout d'un coup ; **¡la ha liado buena!** il a mis une belle pagaille !
▸ *excl*: **¡bueno!** bon ! ; **bueno, ¿y qué?** bon, et alors ?

Buenos Aires *n* Buenos Aires
buey *nm* bœuf *m*
búfalo *nm* buffle *m*
bufanda *nf* écharpe *f*
bufar *vi* (*gato, toro*) souffler ; (*caballo*) s'ébrouer ; **~ de rabia** pester
bufet [bu'fet] (*pl* **bufets**) *nm* = **buffet**
bufete *nm* étude *f*, cabinet *m*
buffer *nm* (*Inform*) mémoire *f* tampon
buffet [bu'fe] (*pl* **buffets**) *nm* buffet *m* ; **~ libre** buffet
bufido *nm* (*de gato, toro*) souffle *m* ; (*de caballo*) ébrouement *m*
bufón *nm* bouffon(ne)
bufonada *nf* bouffonnerie *f* ; (*Teatro*) farce *f*
buganvilla *nf* bougainvillée *f*, bougainvillier *m*
buhardilla *nf* mansarde *f* ; (*ventana*) lucarne *f*
búho *nm* hibou *m* ; (*fig: persona*) ours *msg*
buhonero *nm* colporteur *m*
buitre *nm* vautour *m*
bujía *nf* (*vela, Elec, Auto*) bougie *f*
bula *nf* bulle *f*
bulbo *nm* (*Bot*) bulbe *m* ; **~ raquídeo** bulbe rachidien
buldog [bul'dog] (*pl* **buldogs**) *nm* bouledogue *m*
buldozer *nm* bulldozer *m*
bulerías *nfpl chant et danse flamencos qui s'accompagnent de frappements de mains et de cris de joie*
bulevar *nm* boulevard *m*
Bulgaria *nf* Bulgarie *f*
búlgaro, -a *adj* bulgare ▸ *nm/f* Bulgare *mf* ▸ *nm* (*Ling*) bulgare *m*
bulimia *nf* boulimie *f*
bulla *nf* raffut *m* (*fam*) ; (*follón*) pagaille *f* (*fam*) ; **armar** *o* **meter ~** faire du raffut
bullanguero, -a *adj* tapageur(-euse), turbulent(e) ▸ *nm/f* excité(e)
bulldozer [bul'doθer] *nm* = **buldozer**
bullendo *etc vb ver* **bullir**
bullicio *nm* brouhaha *m* ; (*movimiento*) bousculade *f*
bullicioso, -a *adj* bruyant(e)
bullir *vi* (*líquido*) bouillonner ; **~ (de)** (*gente, insectos*) grouiller (de) ; (*actividad*) déborder (de)
bulo *nm* faux bruit *m*
bulto *nm* paquet *m* ; (*en superficie, Med*) grosseur *f* ; (*silueta*) masse *f* ; **hacer ~** prendre de la place ; **escurrir el ~** se dérober ; **a ~** au jugé ; **de ~** (*error*) de taille ; (*argumento*) de poids
bumerán *nm*, (*Am*) **búmeran** *nm inv* boomerang *m*
búnker ['bunker] (*pl* **búnkers**) *nm* blockhaus *m*, bunker *m*
buñuelo *nm* beignet *m* ; (*fig*) travail *m* d'amateur
buque *nm* navire *m* ; **~ cisterna/escuela/insignia/mercante** bateau-citerne *m*/navire-école *m*/vaisseau *m* amiral/bateau *m* de commerce ; **~ de guerra** navire de guerre
burbuja *nf* bulle *f* ; **hacer burbujas** pétiller
burbujear *vi* pétiller
burdel *nm* bordel *m*
Burdeos *n* Bordeaux
burdeos *adj inv* bordeaux ▸ *nm inv* (*tb*: **vino de burdeos**) bordeaux *m*
burdo, -a *adj* grossier(-ière)
burgalés, -esa *adj* de Burgos ▸ *nm/f* natif(-ive) *o* habitant(e) de Burgos
burgués, -esa *adj* (*tb pey*) bourgeois(e) ; **pequeño(-a) ~** petit(e)-bourgeois(e) ; (*Pol, pey*) bourgeois(e) ▸ *nm/f* bourgeois(e)
burguesía *nf* bourgeoisie *f*
buril *nm* burin *m*
burka *nm*, (*a veces*) *nf* burka *m o f*, burqa *m o f*
burla *nf* moquerie *f* ; (*broma*) blague *f* ; **hacer ~ de algn/de algo** se moquer de qn/de qch ; **hacer ~ a algn** faire la nique à qn
burladero *nm* (*Taur*) palissade *f*
burlador *nm* séducteur *m*
burlar *vt* (*persona*) tromper ; (*vigilancia*) déjouer ; (*seducir*) séduire ; **burlarse** *vpr*: **burlarse (de)** se moquer (de)
burlesco, -a *adj* burlesque
burlete *nm* bourrelet *m*
burlón, -ona *adj* moqueur(-euse)
burlonamente *adv* d'un air moqueur
buró *nm* bureau *m*
burocracia *nf* (*tb pey*) bureaucratie *f*
burócrata *nmf* (*tb pey*) bureaucrate *mf*
burocrático, -a *adj* bureaucratique
burofax *nm fax envoyé par « Correos » (La Poste) avec avis de réception*
buromática *nf* bureautique *f*
burrada (*fam*) *nf*: **decir/hacer/soltar burradas** dire/faire/lâcher des âneries ; **una ~** (*mucho*) une flopée (*fam*)
burro, -a *nm/f* âne (ânesse) ; (*fig: ignorante*) âne *m* ; (*: bruto*) abruti(e) ; **caerse del ~** reconnaître ses erreurs ; **hacer el ~** faire l'âne ; **no ver tres en un ~** être myope

b

comme une taupe ; **~ de carga** (*fig*) bourreau *m* de travail ▸ *adj* crétin(e)
bursátil *adj* boursier(-ière)
bus *nm* bus *msg*
busca *nf*: **en ~ de** à la recherche de ▸ *nm* (*Telec*) bip(-bip) *m*
buscador, a *nm/f*: **~ (de)** chercheur(-euse) (de) ▸ *nm* (*Internet*) moteur *m* de recherche
buscapiés *nm inv* pétard *m*
buscapleitos *nmf inv* chicaneur(-euse)
buscar *vt* chercher ; (*beneficio, Inform*) rechercher ; **ven a buscarme a la oficina** viens me chercher au bureau ; **~ una aguja en un pajar** chercher une aiguille dans une botte de foin ; **buscarle tres pies al gato** chercher midi à quatorze heures ; **se busca secretaria** on demande une secrétaire ; **se la buscó** c'est bien fait pour lui ; **~ camorra** chercher noise ▸ *vi* chercher ; **« ~ y reemplazar »** (*Inform*) « recherche-remplacement »
buscavidas *nmf inv* (*cotilla*) fouineur(-euse) ; (*ambicioso*) débrouillard(e)
buscona *nf* racoleuse *f*
busque *etc vb ver* **buscar**
búsqueda *nf* recherche *f*
busto *nm* (*Anat, Arte*) buste *m*
butaca *nf* fauteuil *m* ; **~ de patio** fauteuil d'orchestre
butano *nm* butane *m* ; **bombona de ~** bouteille *f* de butane ; **color ~** orange
butifarra *nf saucisse catalane*
butrón (*fam*) *nm trou fait dans un mur, plafond ou au sol pour cambrioler un endroit*
buyín (*Am*) *nm* = **blue-jean**
buzo *nm* (*mono*) bleu *m* (de travail) ; (*Am: chándal*) survêtement *m* ▸ *nmf* (*persona*) plongeur(-euse)
buzón *nm* boîte *f* aux lettres ; **echar al ~** poster ; **~ de voz** messagerie *f* vocale
buzoneo *nm* distribution *f* de prospectus
byte [bait] *nm* (*Inform*) octet *m*

Cc

C, c [θe, se] *nf* (*letra*) C, c *m inv* ; **C de Carmen** ≈ C comme Célestin
C. *abr* (= *centígrado*) C (= *Celsius*)
c. *abr* (= *capítulo*) chap. (= *chapitre*)
C/ *abr* = **calle**
c/ *abr* = **calle**; (*Com*) = **cuenta**
ca *excl* pas question !
c.a. *abr* = **corriente alterna**
cabal *adj* (*peso, precio*) juste ; (*definición*) exact(e) ; (*honrado*) bien
cábala *nf* cabale *f* ; **cábalas** *nfpl* (*suposiciones*): **hacer cábalas** faire des suppositions
cabales *nmpl*: **no estar en sus ~** ne pas avoir toute sa tête
cabalgadura *nf* (*bestia de silla*) monture *f* ; (*bestia de carga*) bête *f* de somme
cabalgar *vt* monter ▸ *vi* chevaucher
cabalgata *nf* défilé *m* ; **la ~ de los Reyes Magos** le défilé des Rois mages
cabalgue *etc vb ver* **cabalgar**
cabalístico, -a *adj* cabalistique
caballa *nf* maquereau *m*
caballeresco, -a *adj* chevaleresque
caballería *nf* monture *f* ; (*Mil*) cavalerie *f* ; **~ andante** chevalerie *f* errante
caballeriza *nf* écurie *f*
caballero *nm* gentleman *m* ; (*de la orden de caballería*) chevalier *m* ; (*en trato directo*) monsieur *m* ; **de ~** d'homme, pour homme ; **« Caballeros »** « Messieurs » ; **~ andante** chevalier errant
caballerosidad *nf* galanterie *f*
caballeroso, -a *adj* (*cortés*) galant(e) ; (*noble*) chevaleresque
caballete *nm* (*de pintor*) chevalet *m* ; (*de pizarra*) support *m* ; (*de mesa*) tréteau *m* ; (*de tejado*) faîte *m*
caballito *nm* cheval *m* à bascule ; **~ del diablo** (*Zool*) demoiselle *f* ; **~ de mar** hippocampe *m* ; **caballitos** *nmpl* chevaux *mpl* de bois ; **montar a los caballitos** faire un tour de manège
caballo *nm* cheval *m* ; (*Ajedrez, Naipes*) cavalier *m* ; **a ~** à cheval ; **a ~ entre** à cheval sur ; **es su ~ de batalla** c'est son cheval de bataille ; **~ blanco** bailleur *m* de fonds ; **~ de carreras** cheval de course ; **~ de vapor** cheval-vapeur *m*
cabaña *nf* cabane *f*
cabaré, cabaret [kaβa're] (*pl* **cabarets**) *nm* cabaret *m*
cabecear *vt*: **~ el balón** faire une tête ▸ *vi* (*caballo*) encenser ; (*dormitar*) piquer du nez
cabecera *nf* (*de mesa, tribunal*) bout *m* ; (*de cama*) tête *f* ; (*en libro*) frontispice *m* ; (*periódico*) manchette *f*, gros titre *m* ; (*de río*) source *f* ; **médico de ~** médecin *m* traitant
cabecero *nm* tête *f* de lit, chevet *m*
cabecilla *nm* chef *m* de file, meneur(-euse)
cabellera *nf* chevelure *f* ; (*de cometa*) queue *f*
cabello *nm* cheveu *m* ; **~ de ángel** *garniture sucrée à la citrouille*
cabelludo, -a *adj*: **cuero ~** cuir *m* chevelu
caber *vi* tenir, rentrer ; (*Mat*) faire ; **caben tres más** on peut encore en mettre trois ; **no cabe duda** cela ne fait pas de doute ; **dentro de lo que cabe** autant que possible ; **cabe la posibilidad de que** il est possible que ; **me cupo el honor de** il m'est revenu l'honneur de ; **no cabe en sí de alegría** il ne se tient plus de joie
cabestrillo *nm*: **en ~** en écharpe
cabeza *nf* tête *f* ; (*Pol*) chef *m* ; **caer de ~** tomber la tête la première ; **~ abajo/arriba** la tête en bas/en haut ; **a la ~ de** (*de pelotón*) en tête de ; (*de empresa*) à la tête de ; **tirarse de ~** plonger ; **tocamos a tres por ~** ça fait trois par tête ; **romperse la ~** se creuser la tête ; **sentar la ~** se ranger ; **se me va la ~** je perds la tête ; **~ atómica/nuclear** tête atomique/ogive *f* nucléaire ; **~ cuadrada** tête de mule ; **~ de ajo** tête d'ail ; **~ de chorlito** tête de linotte ; **~ de escritura** tête d'écriture ; **~ de familia** chef *m* de famille ; **~ de ganado** tête de bétail ; **~ de impresión/de lectura** tête d'impression/de lecture ; **~ de partido** chef-lieu *m* d'arrondissement ; **~ de turco** tête de turc ; **~ impresora** tête imprimante
cabezada *nf* coup *m* de tête ; **dar cabezadas** piquer du nez ; **echar una ~** faire un somme
cabezal *nm* tête *f* ; **~ impresor** tête d'impression
cabezazo *nm* coup *m* de tête ; (*Fútbol*) tête *f*
cabezón, -ona *adj* qui a une grosse tête ; (*vino*) capiteux(-euse) ; (*terco*) entêté(e)
cabezonería (*fam*) *nf* entêtement *m*

cabezota *adj inv* têtu(e)
cabezudo, -a *adj* qui a une grosse tête ; (*obstinado*) cabochard(e) ▸ *nm*: **gigantes y cabezudos** *personnages de défilés traditionnels (déguisés en géants et en personnages à l'énorme tête en papier mâché)*
cabida *nf* capacité *f* ; (*depósito*) contenance *f* ; **dar ~ a** admettre ; **tener ~ para** avoir une capacité de
cabildo *nm* (*de iglesia*) chapitre *m* ; (*Pol*) conseil *m* municipal
cabina *nf* cabine *f* ; **~ de mandos** cabine de pilotage ; **~ telefónica** cabine téléphonique
cabizbajo, -a *adj* la tête basse *inv*
cable *nm* câble *m* ; (*de electrodoméstico*) fil *m* ; **conectar con ~** connecter par câble
cableado *nm* câblage *m*
cabo *nm* bout *m* ; (*Mil*) caporal *m* ; (*de policía*) brigadier *m* ; (*Náut*) cordage *m* ; (*Geo*) cap *m* ; **al ~ de tres días** au bout de trois jours ; **al fin y al ~** en fin de compte ; **de ~ a rabo** (*contar, saber*) de bout en bout ; (*leer*) d'un bout à l'autre ; **llevar a ~** mener à bien ; **atar cabos** faire des rapprochements ; **no dejar cabos sueltos** ne rien laisser en suspens ; **las Islas de C~ Verde** les îles *fpl* du Cap-Vert ; **C~ de Buena Esperanza** cap de Bonne Espérance ; **C~ de Hornos** cap Horn
cabra *nf* chèvre *f* ; **estar como una ~** être timbré(e) ; **~ montés** bouquetin *m*
cabrales *nm inv fromage bleu des Asturies au goût et à l'odeur très forts*
cabré *etc vb ver* **caber**
cabreado, -a (*fam*) *adj* fâché(e), en rogne (*fam*)
cabrear (*fam*) *vt* énerver, mettre en rogne (*fam*) ; **cabrearse** *vpr* (*fam*) se mettre en rogne (*fam*)
cabreo (*fam*) *nm* rogne *f* ; **¡menudo ~ lleva!** il est furieux ! ; **coger un ~** se mettre en rogne (*fam*)
cabrero, -a *nm/f* chevrier(-ière)
cabrío, -a *adj*: **macho ~** bouc *m* ; *ver* **ganado**
cabriola *nf* cabriole *f* ; **hacer cabriolas** faire des cabrioles
cabritilla *nf*: **de ~** en chevreau
cabrito *nm* chevreau *m* ; (*fam!*) sale vache *f* (*fam !*)
cabrón (*fam!*) *nm* salaud *m* (*fam !*)
cabronada (*fam!*) *nf* vacherie *f* (*fam*)
cabuya (*Am*) *nf* (*cuerda*) corde *f*
caca (*fam*) *nf* caca *m* (*fam*) ▸ *excl*: **no toques, ¡~!** ne touche pas à ça, c'est caca !
cacahuete (*Esp*) *nm* cacahuète *f*, cacahouète *f*
cacao *nm* cacao *m* ; (*Bot*) cacaoyer *m* ; (*tb*: **manteca de cacao**) beurre *m* de cacao ; (*fam: follón*) boucan *m* (*fam*)
cacarear *vt* s'enorgueillir de ▸ *vi* caqueter
cacatúa *nf* cacatoès *msg* ; (*mujer*) pipelette *f*
cacereño, -a *adj* de Cáceres ▸ *nm/f* natif(-ive) *o* habitant(e) de Cáceres
cacería *nf* partie *f* de chasse
cacerola *nf* (*con mango*) casserole *f* ; (*con asas*) marmite *f*, fait-tout *m*
cacha *nf* (*de arma*) crosse *f* ; (*cuchillo*) manche *m* ; **cachas** *nfpl* (*fam*) fesses *fpl* ▸ *adj inv*: **estar cachas** (*fam*) être baraqué(e) (*fam*)
cachalote *nm* cachalot *m*
cacharrazo *nm* choc *m*
cacharro *nm* ustensile *m* ; (*fam: trasto*) machin *m* (*fam*), truc *m* (*fam*) ; (*de cerámica*) poterie *f* ; (*Am fam*) taule *f*
caché *nm* (*distinción, honorarios*) cachet *m* ▸ *adj* (*Inform*) cache
cachear *vt* fouiller
cachemir *nm*, **cachemira** *nf* cachemire *m* ; **de ~** en cachemire
cachete *nm* claque *f*
cachiporra *nf* massue *f*
cachivache *nm* truc *m* (*fam*), machin *m* (*fam*)
cacho *nm* morceau *m* ; (*Am*) corne *f*
cachondearse (*fam*) *vpr*: **~ de algn/algo** se ficher de qn/qch (*fam*)
cachondeo (*fam*) *nm* rigolade *f* ; **estar de ~** plaisanter, blaguer ; **tomarse algo a ~** prendre qch à la rigolade
cachondo, -a (*fam*) *adj* marrant(e) (*fam*), rigolo(te) (*fam*) ; **estar ~** être excité(e)
cachorro, -a *nm/f* chiot *m* ; (*de león*) lionceau *m* ; (*de lobo*) louveteau *m*
cachupín, -ina (*CAm, Méx pey*) *nm/f* (*colono español*) Espagnol(e) (*surnom donné aux Espagnols qui s'installent en Amérique latine*)
cacique *nm* (*Am*) cacique *m* ; (*Pol*) personnage *m* influent ; (*fig*) petit chef *m*
caciquil *adj* tyrannique
caciquismo *nm* caciquisme *m*
caco *nm* filou *m*
cacofonía *nf* cacophonie *f*
cacto *nm*, **cactus** *nm inv* cactus *m inv*
cada *adj inv* chaque ; (*antes de número*) tous les ; **~ día** tous les jours ; **~ dos días** tous les deux jours ; **~ cual/uno** chacun ; **~ vez más/menos** de plus en plus/de moins en moins ; **~ vez que** chaque fois que ; **uno de ~ diez** un sur dix ; **¿~ cuánto?** tous les combien ? ; **¡tienes ~ idea!** tu as de ces idées !
cadalso *nm* échafaud *m*
cadáver *nm* cadavre *m*
cadavérico, -a *adj* cadavérique, cadavéreux(-euse)
caddie, caddy ['kadi] *nmf* (*Golf*) caddie *m*, caddy *m*
cadena *nf* chaîne *f* ; **reacción en ~** réaction *f* en chaîne ; **trabajo en ~** travail *m* à la chaîne ; **tirar de la ~ del wáter** tirer la chasse d'eau ; **~ de caracteres** chaîne de caractères ; **~ de montaje** chaîne de montage ; **~ montañosa** chaîne de montagnes ; **~ perpetua** (réclusion *f* à) perpétuité *f* ; **cadenas** *nfpl* (*Auto*) chaînes *fpl*

cadencia *nf* cadence *f*
cadera *nf* hanche *f*
cadete *nm* cadet *m*
Cádiz *n* Cadix
cadmio *nm* cadmium *m*
caducar *vi* (*documento, tarjeta*) expirer ; (*alimento, medicamento*) être périmé(e)
caducidad *nf*: **fecha de ~** date *f* de péremption
caduco, -a *adj* dépassé(e) ; **de hoja caduca** à feuilles caduques
caduque *etc vb ver* **caducar**
caer *vi* tomber ; (*precios*) chuter ; (*sol*) se coucher ; **dejar ~** laisser tomber ; **dejarse ~** s'écrouler, se laisser tomber ; **dejarse ~ por** passer par/chez ; **estar al ~** être sur le point d'arriver ; **¡no caigo!** je ne vois pas ; **¡ya caigo!** j'y suis ! ; **me cae bien/mal** (*persona*) je le trouve sympathique/antipathique ; (*vestido*) ça me va bien/ça ne me va pas ; (*alimento*) ça me réussit/ça ne me réussit pas ; **~ en desgracia** tomber en disgrâce ; **~ en la cuenta** saisir, se rendre compte ; **~ en la trampa** tomber dans le panneau ; **~ enfermo** tomber malade ; **su cumpleaños cae en viernes** son anniversaire tombe un vendredi ; **mi casa cae por aquí/a la derecha** ma maison se trouve par ici/à droite ; **caerse** *vpr* tomber ; **se me cayó el libro** j'ai fait tomber le livre

> El verbo *tomber* en francés no tiene un uso pronominal. Así:
> **Se ha caído por las escaleras.** Il est tombé dans les escaliers.

café *nm* café *m* ; **~ con leche** café crème, café au lait ; **~ solo** *o* **negro** café (noir)
cafeína *nf* caféine *f*
cafetal *nm* caféière *f*
cafetalero, -a (AM) *adj* (*industria*) du café ; (*zona*) producteur(-trice) de café ▸ *nm/f* planteur(-euse) de café
cafetera *nf* cafetière *f*
cafetería *nf* cafétéria *f*
cafetero, -a *adj* de café ; **ser muy ~** boire beaucoup de café, être grand amateur de café
cafiche (CSUR *fam!*) *nm* maquereau *m* (*fam !*)
cafre *nmf* barbare *mf* ; **como cafres** comme des sauvages
cagada (*fam!*) *nf* (*excremento, cosa mal hecha*) merde *f* (*fam !*) ; (*error*) connerie *f* (*fam !*), bourde *f* (*fam !*) ; **esta calle está llena de cagadas de perro** cette rue est pleine de crottes de chien (*fam*)
cagado, -a (*fam!*) *adj* trouillard(e) (*fam !*) ; **está ~ de miedo** il est mort de trouille (*fam*) ; **no seas tan ~** arrête de faire ta poule mouillée
cagalera (*fam!*) *nf* chiasse *f* (*fam !*)
cagar (*fam!*) *vi* chier (*fam !*) ; **¡la hemos cagado!** on a fait une connerie ! ; **cagarse** *vpr* se dégonfler (*fam*) ; **cagarse de miedo** être mort(e) de trouille (*fam*) ; **¡me cago en diez/la mar!** bon Dieu !
cague *etc vb ver* **cagar**
caída *nf* chute *f* ; (*declive*) pente *f* ; (*de tela*) tombée *f* ; **a la ~ del sol/de la tarde** à la tombée du jour/de la nuit ; **sufrir una ~** faire une chute ; **~ libre** chute libre
caído, -a *adj* tombant(e) ; **~ del cielo** tombé(e) du ciel ▸ *nm/f*: **los caídos** les morts *mpl*
caiga *etc vb ver* **caer**
caimán *nm* caïman *m*
caipiriña *nf* caïpiriha *f*
Cairo *n*: **El ~** Le Caire
caja *nf* boîte *f* ; (*más grande*) caisse *f* ; (*para reloj*) boîtier *m* ; (*Tip*) casse *f* ; **ingresar en ~** encaisser ; **~ de ahorros** caisse d'épargne ; **~ de cambios** boîte de vitesses ; **~ de caudales** coffre *m* fort ; **~ de fusibles** boîte à fusibles ; **~ de música** boîte à musique ; **~ de resonancia** caisse de résonance ; **~ fuerte** coffre fort ; **~ negra** (*Aviat*) boîte noire
cajero, -a *nm/f* caissier(-ière) ▸ *nm*: **~ automático** distributeur *m* automatique
cajetilla *nf* paquet *m*
cajón *nm* caisse *f* ; (*de mueble*) tiroir *m* ; **¡es de ~!** ça va de soi ! ; **~ de embalaje** caisse d'emballage
cal *nf* chaux *fsg* ; **cerrar algo a ~ y canto** fermer qch à double tour ; **~ viva** chaux vive
cal. *abr* (*= caloría(s)*) cal. (*= calorie(s)*)
cala *nf* crique *f* ; (*de barco*) cale *f*
calabacín *nm*, (AM) **calabacita** *nf* courgette *f*
calabaza *nf* courge *f*, citrouille *f* ; **dar calabazas a** (*fam: en examen*) recaler ; (*: novio*) envoyer promener (*fam*)
calabozo *nm* cachot *m*
calada *nf* bouffée *f*
caladero *nm* lieu *m* de pêche, zone *f* de pêche
calado, -a *adj* ajouré(e) ; **estoy ~ (hasta los huesos)** je suis trempé (jusqu'aux os) ▸ *nm* broderie *f* ajourée ; (*de barco*) tirant *m* d'eau ; (*de las aguas*) profondeur *f*
calamar *nm* calmar *m*, calamar *m* ; **calamares a la romana** calmars *mpl o* calamars *mpl* à la romaine *o* frits
calambre *nm* crampe *f* ; **dar ~** envoyer une décharge
calamidad *nf* calamité *f* ; **es una ~** (*persona*) c'est un(e) bon(ne) à rien
calamina *nf* calamine *f*
calamitoso, -a *adj* calamiteux(-euse)
calaña *nf*: **de mala ~** peu recommandable
calar *vt* transpercer ; (*melón, sandía*) couper pour goûter ; (*ideas, palabras*) saisir, comprendre ; **le tengo calado** (*fam*) je le connais sur le bout des doigts ; **calarse** *vpr* (*motor*) caler ; (*mojarse*) se tremper ; (*gafas*) chausser ; (*sombrero*) enfoncer

C

calavera *nf* tête *f* de mort ▸ *nm (pey)* noceur *m*
calcañal, calcañar *nm* talon *m*
calcar *vt* décalquer ; *(imitar)* calquer ; **es calcado a su abuelo** c'est tout le portrait de son grand-père
calcáreo, -a *adj* calcaire
calce *etc vb ver* **calzar**
calceta *nf*: **hacer ~** tricoter
calcetín *nm* chaussette *f*
calcificación *nf* calcification *f*
calcinar *vt* calciner
calcio *nm* calcium *m*
calco *nm* calque *m*
calcomanía *nf* décalcomanie *f*
calculador, a *adj* calculateur(-trice)
calculadora *nf* calculatrice *f*
calcular *vt* calculer ; *(gastos, pérdidas)* évaluer, calculer ; **calculo que ...** je pense que ...
cálculo *nm (tb Med)* calcul *m* ; **según mis cálculos** d'après mes calculs ; **obrar con mucho ~** agir avec beaucoup de prudence ; **~ de costo** calcul du prix ; **~ diferencial** calcul différentiel
Calcuta *n* Calcutta
caldear *vt* chauffer ; *(ánimos)* échauffer
caldera *nf* chaudière *f*
caldereta *nf*: **~ de pescado** soupe *f* de poisson
calderilla *nf* ferraille *f*, petite monnaie *f*
caldero *nm* chaudron *m*
caldo *nm* bouillon *m* ; *(vino)* cru *m* ; **poner a ~ a algn** *(fam)* passer un savon à qn *(fam)* ; **~ de cultivo** bouillon de culture
caldoso, -a *adj* qui a beaucoup de sauce *o* de jus
calé *adj* gitan(e)
calefacción *nf* chauffage *m* ; **~ central** chauffage central
calefactor, a *adj* de chauffage, chauffant(e) ▸ *nm* radiateur *m*
caleidoscopio *nm* kaléidoscope *m*
calendario *nm* calendrier *m*
caléndula *nf* souci *m*, calendula *m*
calentador *nm*: **~ (de agua)** chauffe-eau *m inv*
calentamiento *nm* échauffement *m* ; **~ global** réchauffement *m* climatique
calentar *vt* faire chauffer ; *(habitación)* chauffer ; *(motor)* faire tourner ; *(ánimos)* échauffer ; *(sexualmente)* exciter ; *(fam: pegar)* flanquer une calotte à *(fam)* ; *(AM: enfurecer)* échauffer ▸ *vi* chauffer ; **calentarse** *vpr* se chauffer ; *(cuando se tiene frío)* se réchauffer ; *(motor)* chauffer ; *(discusión, ánimos)* s'échauffer
calentura *nf* fièvre *f* ; *(de boca)* bouton *m* de fièvre
calenturiento, -a *adj*: **imaginación/mente calenturienta** imagination *f*/esprit *m* fébrile
calesa *nf* calèche *f*
calibrar *vt (Tec)* calibrer ; *(consecuencias)* évaluer ; *(importancia)* jauger
calibre *nm* calibre *m* ; *(fig)* calibre, envergure *f*
calidad *nf* qualité *f* ; **de ~** de qualité ; **en ~ de** en qualité de ; **ser de primera ~** être de premier choix ; **~ de carta** *o* **de correspondencia** qualité courrier ; **~ texto** *(Inform)* qualité de texte
cálido, -a *adj* chaud(e) ; *(palabras, aplausos)* chaleureux(-euse)
calidoscopio *nm* = **caleidoscopio**
caliente *vb ver* **calentar** ▸ *adj* chaud(e) ; **estar/ponerse ~** *(fam)* être excité(e)/s'exciter ; **en ~** à chaud
califa *nm* calife *m*
califato *nm* califat *m*
calificación *nf* qualification *f* ; *(en examen)* note *f* ; **~ de sobresaliente** mention *f* très bien
calificar *vt* noter ; **~ como/de** traiter de
calificativo, -a *adj* qualificatif(-ive) ▸ *nm* qualificatif *m*
califique *etc vb ver* **calificar**
californiano, -a *adj* californien(ne) ▸ *nm/f* Californien(ne)
caligrafía *nf* calligraphie *f*
calima *nf (neblina)* brume *f* de chaleur ; *(calor)* chaleur *f* caniculaire
calimocho *nm boisson mélangeant vin rouge et Coca-Cola®*
calina *nf* = **calima**
calisita *nf*, **calisitas** *nfpl (CSUR: tiovivo)* manège *m*
cáliz *nm* calice *m*
caliza *nf* pierre *f* à chaux
calizo, -a *adj* calcaire
callado, -a *adj*: **estar ~** être silencieux(-euse) ; **ser ~** être peu bavard(e)
callar *vt* taire ; *(persona, oposición)* faire taire ▸ *vi* se taire ; **¡calla!** silence ! ; **callarse** *vpr* se taire ; **¡cállate!** tais-toi ! ; **¡cállate la boca!** *(fam)* la ferme ! *(fam)*
calle *nf* rue *f* ; *(Deporte)* couloir *m* ; **la ~** *(en conjunto)* la rue ; **salir** *o* **irse a la ~** sortir ; **poner a algn (de patitas) en la ~** mettre qn à la porte, flanquer qn dehors *(fam)* ; **ir ~ abajo/arriba** descendre/remonter la rue ; **~ de sentido único** rue à sens unique ; **~ mayor** grand-rue *f* ; **~ peatonal** rue piétonne
calleja *nf* = **callejuela**
callejear *vi* flâner dans les rues
callejero, -a *adj* ambulant(e) ; *(verbena)* en plein air ; *(riña)* de rue ; *(persona)* flâneur(-euse) ; *(perro)* errant(e) ▸ *nm* plan *m*
callejón *nm* ruelle *f*, passage *m* ; *(en plaza de toros)* couloir *m* ; **~ sin salida** impasse *f*, voie *f* sans issue ; *(fig)* impasse
callejuela *nf* ruelle *f*, venelle *f*
callista *nmf* pédicure *mf*
callo *nm (en pies)* cor *m* ; *(en manos)* durillon *m* ; **callos** *nmpl (Culin)* tripes *fpl*

callosidad *nf* callosité *f*
calloso, -a *adj* calleux(-euse)
calma *nf* calme *m* ; **hacer algo con ~** faire qch calmement ; **perder la ~** perdre son calme ; **¡~!, ¡con ~!** du calme ! ; **~ chicha** calme plat
calmante *adj* calmant(e) ▸ *nm* calmant *m*, tranquillisant *m*
calmar *vt* calmer ▸ *vi* (*tempestad, viento*) se calmer ; **calmarse** *vpr* se calmer
calmoso, -a *adj* calme
caló *nm* calo *m*, *parler des gitans*
calor *nm* chaleur *f* ; **entrar en ~** se réchauffer ; (*Deporte*) s'échauffer ; **hace ~** il fait chaud ; **tener ~** avoir chaud
caloría *nf* calorie *f*
calque *etc vb ver* **calcar**
calumnia *nf* calomnie *f*
calumniar *vt* calomnier
calurosamente *adv* chaleureusement
caluroso, -a *adj* chaud(e) ; (*acogida, aplausos*) chaleureux(-euse)
calva *nf* (*en cabeza*) crâne *m* dégarni ; (*en bosque*) clairière *f* ; *ver tb* **calvo**
calvario *nm* calvaire *m*
calvicie *nf* calvitie *f*
calvinista *adj, nmf* calviniste *mf*
calvo, -a *adj, nm/f* chauve *mf*
calzada *nf* chaussée *f*
calzado, -a *adj* chaussé(e) ▸ *nm* chaussures *fpl*
calzador *nm* chausse-pied *m*
calzar *vt* chausser ; (*Tec*) caler ; **¿qué (número) calza?** quelle est votre pointure ? ; **calzarse** *vpr*: **calzarse los zapatos** se chausser
calzón *nm* (*tb*: **calzones**) caleçon *m* ; (*Am*: *de hombre*) slip *m* ; (*: de mujer*) culotte *f*
calzonazos *nm inv* chiffe *f* molle
calzoncillos *nmpl* slip *msg*
cama *nf* lit *m* ; **estar en ~** être alité(e) ; **guardar ~** garder le lit ; **hacer la ~** faire le lit ; **hacer la ~ a algn** (*fig*) jouer un tour de cochon à qn ; **~ en petaca** lit en portefeuille ; **~ individual/de matrimonio** lit simple/double ; **~ nido** lit gigogne
camada *nf* portée *f*, nichée *f*
camafeo *nm* camée *m*
camaleón *nm* caméléon *m*
camaleónico, -a *adj* caméléonesque, versatile
cámara *nf* chambre *f* ; (*Cine, TV*) caméra *f* ; (*fotográfica*) appareil *m* photo ; **a ~ lenta** au ralenti ; **música de ~** musique *f* de chambre ; **~ alta/baja** Chambre haute/basse ; **~ de aire** chambre à air ; **~ de comercio** chambre de commerce ; **~ de gas** chambre à gaz ; **~ de vídeo** caméscope *m* ; **~ frigorífica** chambre froide ; **~ nupcial/oscura** chambre nuptiale/noire ▸ *nmf* (*Cine, TV*) caméraman *m*
camarada *nmf* camarade *mf* ; (*de trabajo*) collègue *mf*
camaradería *nf* camaraderie *f*
camarera *nf* (*en hotel*) femme *f* de chambre ; (*Am*) hôtesse *f* de l'air ; *ver tb* **camarero**
camarero, -a *nm/f* (*en restaurante*) serveur(-euse) ; (*en bar*) garçon *m* de café (serveuse) ; **¡camarera, por favor!** mademoiselle, s'il vous plaît !
camarilla *nf* clique *f* ; (*Pol*) groupe *m* de pression, lobby *m*
camarón *nm* crevette *f* grise
camarote *nm* cabine *f*
camastro *nm* grabat *m*
cambalache (*CSur*) *nm* magasin *m* d'objets *o* de vêtements d'occasion
cambiante *adj* variable ; (*humor*) changeant(e)
cambiar *vt* changer ; (*intercambiar*) échanger ; **~ algo por algo** changer qch pour *o* contre qch ▸ *vi* changer ; **~ de coche/de idea/de trabajo** changer de voiture/d'idée/de travail ; **~ de marcha** changer de vitesse ; **~ de sitio** changer de place ; **cambiarse** *vpr* (*de casa*) changer ; (*de ropa*) se changer ; **cambiarse de sitio** changer de place
cambiazo *nm*: **dar el ~ a algn** donner le change à qn ; (*hum*) faire une entourloupette à qn
cambio *nm* changement *m* ; (*de dinero, impresiones*) échange *m* ; (*Com: tipo de cambio*) change *m* ; (*dinero menudo*) monnaie *f* ; **a ~ de** en échange de ; **en ~** (*por otro lado*) en revanche, par contre ; (*en lugar de eso*) à la place ; **~ a término** change à terme ; **~ climático** changement climatique ; **~ de divisas** change de devises ; **~ de domicilio** changement de domicile ; **~ de la guardia** relève *f* de la garde ; **~ de línea/de página** (*Inform*) changement de ligne/de page ; **~ de marchas** *o* **de velocidades** changement de vitesses ; **~ de vía** aiguillage *m*
cambista *nmf* courtier(-ière), cambiste *mf*
Camboya *nf* Cambodge *m*
camboyano, -a *adj* cambodgien(ne) ▸ *nm/f* Cambodgien(ne)
CAME *sigla m* (= *Consejo de Ayuda Mutua Económica*) Comecon *m*, CAEM *m* (= *Conseil d'assistance économique mutuelle*)
camelar (*fam*) *vt* baratiner (*fam*) ; **camelarse** *vpr* entortiller (*fam*), embobeliner (*fam*)
camelia *nf* camélia *m*
camello *nm* chameau *m* ; (*fam*) dealer *m*
camelo (*fam*) *nm* entourloupette *f* ; (*mentira*) baratin *m*
cameo *nm* caméo *m*
camerino *nm* loge *f*
Camerún *nm* Cameroun *m*
camilla *nf* civière *f*, brancard *m* ; (*mesa*) guéridon *m*
camillero, -a *nm/f* brancardier(-ière)
caminante *nmf* marcheur(-euse)

C

caminar *vi* marcher ▸ *vt* faire à pied
caminata (*fam*) *nf* trotte *f* (*fam*)
camino *nm* (*tb Inform*) chemin *m* ; **a medio ~** à mi-chemin ; **en el ~** en chemin, chemin faisant ; **~ de** vers ; **estar/ponerse en ~** être/se mettre en route ; **Caminos, Canales y Puertos** (*Univ*) Ponts *mpl* et Chaussées ; **ir por buen/mal ~** (*fig*) être sur la bonne/mauvaise voie ; **~ de cabras** ≈ sentier *m* muletier ; **C~ de Santiago** chemin de saint Jacques ; *voir article* ; **~ particular** voie *f* privée ; **~ vecinal** chemin vicinal

Camino de Santiago

Le **Camino de Santiago** (chemin de saint Jacques) est un pèlerinage célèbre depuis le Moyen-Âge. Il a pour point de départ les Pyrénées et se termine à Saint-Jacques-de-Compostelle, au nord-ouest de l'Espagne, où serait enterré l'apôtre saint Jacques. De nos jours, ce pèlerinage continue d'attirer un grand nombre de croyants et de touristes.

camión *nm* camion *m*, poids *msg* lourd ; **estar como un ~** (*fam: mujer*) être bien roulée (*fam*) ; **~ cisterna** camion-citerne *m* ; **~ de la basura** camion des éboueurs ; **~ de mudanzas** camion de déménagement
camionero *nm* camionneur *m*, routier *m*
camioneta *nf* camionnette *f*
camisa *nf* (*tb Tec*) chemise *f* ; **~ de fuerza** camisole *f* de force
camisería *nf* chemiserie *f*
camiseta *nf* tee-shirt *m* ; (*ropa interior*) maillot *m* de corps ; (*de deportista*) maillot
camisón *nm* chemise *f* de nuit
camomila *nf* camomille *f*
camorra *nf*: **armar ~** faire un scandale ; **buscar ~** chercher querelle
camorrista *nmf* querelleur(-euse)
camote (*Am*) *nm* patate *f* douce
campal *adj*: **batalla ~** bataille *f* rangée
campamento *nm* colonie *f* de vacances ; (*Mil*) camp *m*
campana *nf* cloche *f* ; (*CSur*) campagne *f* ; **~ de cristal** cloche de verre
campanada *nf* coup *m* de cloche ; **dar la ~** se faire remarquer
campanario *nm* clocher *m*
campanilla *nf* clochette *f* ; (*Bot*) campanule *f*
campante *adj*: **seguir/quedarse/estar tan ~** continuer/faire/se conduire comme si de rien n'était
campaña *nf* campagne *f* ; **hacer ~ (en pro de/contra)** faire campagne (en faveur de *o* pour/contre) ; **~ de venta** campagne commerciale ; **~ electoral/publicitaria** campagne électorale/publicitaire
campechano, -a *adj* sans façon ; **es muy ~** il est très simple
campeón, -ona *nm/f* champion(ne)
campeonato *nm* championnat *m* ; **de ~** (*fam*) du tonnerre (*fam*), formidable
campera (*CSur*) *nf* blouson *m*
campesinado *nm* paysannerie *f*, paysans *mpl*
campesino, -a *adj* champêtre ; (*gente*) de la campagne ▸ *nm/f* paysan(ne)
campestre *adj* champêtre
camping ['kampin] (*pl* **campings**) *nm* camping *m* ; **ir de** *o* **hacer ~** camper, faire du camping
campiña *nf* campagne *f*
campista *nmf* campeur(-euse)
campo *nm* campagne *f* ; (*Agr, Elec, Fís*) champ *m* ; (*Inform*) champ, zone *f* ; (*Mil, de fútbol, rugby*) terrain *m* ; (*ámbito*) domaine *m* ; **a ~ traviesa** *o* **través** à travers champs ; **dormir a ~ raso** dormir à la belle étoile ; **trabajo de ~** travaux *mpl* pratiques (sur le terrain) ; **~ de batalla** champ de bataille ; **~ de concentración** camp *m* de concentration ; **~ de deportes/de golf** terrain de sport/de golf ; **~ de minas** champ de mines ; **~ de trabajo** camp de travail ; **~ magnético** champ magnétique ; **~ petrolífero** champ pétrolifère, gisement *m* de pétrole ; **~ raso** rase campagne *f* ; **~ visual** champ visuel
camposanto *nm* cimetière *m*
campus *nm inv* campus *m inv*
camuflaje *nm* camouflage *m*
camuflar *vt* camoufler
can *nm* chien *m*
cana *nf* cheveu *m* blanc ; **tener canas** avoir des cheveux blancs ; **echar una ~ al aire** se payer une partie de plaisir ; *ver tb* **cano**
Canadá *nm* Canada *m*
canadiense *adj* canadien(ne) ▸ *nmf* Canadien(ne)
canal *nm* canal *m* ; (*de televisión*) chaîne *f* ; (*de tejado*) chéneau *m*, gouttière *f* ; **abrir algo en ~** ouvrir qch de haut en bas ; **~ de distribución** réseau *m* de distribution ; **C~ de la Mancha** la Manche ; **C~ de Panamá** canal de Panama
canaleta (*CSur*) *nf* (*Arq*) gouttière *f*
canalice *etc vb ver* **canalizar**
canalización *nf* canalisation *f* ; (*de inversiones, recursos etc*) canalisation *f*, orientation *f*
canalizar *vt* canaliser
canalla *nmf* canaille *f*
canallada *nf* canaillerie *f*
canalón *nm* tuyau *m* de descente ; (*del tejado*) chéneau *m* ; **canalones** *nmpl* (*Culin*) cannelloni *mpl*
canapé *nm* (*tb Culin*) canapé *m*
Canarias *nfpl*: **las (Islas) ~** les (îles *fpl*) Canaries *fpl*
canario, -a *adj* des (îles) Canaries ▸ *nm/f* natif(-ive) *o* habitant(e) des (îles) Canaries ▸ *nm* (*Zool*) canari *m*, serin *m* ; **amarillo ~** jaune canari *inv*, jaune serin *inv*

canasta *nf* corbeille *f* ; (*en baloncesto*) panier *m* ; (*Naipes*) canasta *f* ; **hacer ~** réussir un panier
canastilla *nf* (*de novia*) trousseau *m* ; (*de bebé*) layette *f*
canasto *nm* corbeille *f*
cancela *nf* grille *f*, porte *f* en fer forgé
cancelación *nf* (*ver vt*) annulation *f* ; résiliation *f* ; suppression *f* ; acquittement *m*
cancelar *vt* (*visita, vuelo*) annuler ; (*contrato*) résilier ; (*permiso*) supprimer ; (*deuda*) s'acquitter de ; (*cuenta corriente*) fermer
cáncer *nm* cancer *m* ; **C~** (*Astrol*) Cancer ; **ser C~** être Cancer
cancerígeno, -a *adj* cancérigène
canceroso, -a *adj* cancéreux(-euse)
cancha *nf* terrain *m* ; (*de tenis*) court *m* ▸ *excl* (CSur) dégagez !, faites place !
canciller *nm* chancelier *m* ; (Am) ministre *m* des Affaires étrangères
cancillería *nf* (*en embajada*) chancellerie *f* ; (Am: *ministerio*) ministère *m* des Affaires étrangères
canción *nf* chanson *f* ; **~ de cuna** berceuse *f* ; **~ infantil** comptine *f* ; **~ popular** chanson populaire
cancionero *nm* chansonnier *m*
candado *nm* cadenas *msg*
candeal *adj*: **pan ~** pain *m* blanc ▸ *nm* (CSur *Culin*) lait *m* de poule
candela *nf* bougie *f*, chandelle *f*
candelabro *nm* candélabre *m*
candelero *nm*: **estar en ~** être en vedette
candente *adj* chauffé(e) au rouge ; (*tema, problema*) brûlant(e)
candidato, -a *nm/f* candidat(e) ; (*para puesto*) candidat(e), postulant(e)
candidatura *nf* candidature *f*
candidez *nf* candeur *f* ; (*falta de malicia*) innocence *f*
cándido, -a *adj* candide ; (*sin malicia*) innocent(e)
candil *nm* lampe *f* à huile
candilejas *nfpl* (*Teatro*) rampe *fsg*
candombe (Am) *nm* (*baile*) *danse d'origine africaine pratiquée en Amérique du Sud*
candor *nm* candeur *f*
canela *nf* cannelle *f* ; **~ en rama** cannelle en bâtons
canelo *nm*: **hacer el ~** faire l'imbécile, faire le pitre
canelones *nmpl* cannelloni *mpl*
canesú *nm* empiècement *m*
cangrejo *nm* crabe *m* ; (*de río*) écrevisse *f*
canguro *nm* kangourou *m* ; (*de niños*) baby-sitter *mf* ; **hacer de ~** garder des enfants, faire du baby-sitting
caníbal *adj, nmf* cannibale *mf*
canibalismo *nm* cannibalisme *m*
canica *nf* bille *f*
caniche *nm* caniche *m*
canícula *nf* canicule *f*
canijo, -a *adj* chétif(-ive)
canilla *nf* cannette *f* ; (*de pierna*) tibia *m* ; (Am) jambe *f* ; (CSur) robinet *m*
canillita (And, CSur) *nm* crieur *m* de journaux
canino, -a *adj* canin(e) ; **tener un hambre canina** avoir une faim de loup ▸ *nm* canine *f*
canje *nm* (*de rehenes, prisioneros*) échange *m* ; (*Com*) change *m*
canjear *vt*: **~ (por)** échanger (pour) ; (*Com*) changer (pour)
cannabis *nm* cannabis *m*
cano, -a *adj* (*pelo, cabeza*) blanc (blanche)
canoa *nf* canoë *m*
canódromo *nm* champ *m* de courses de lévriers
canon *nm* canon *m* ; (*Com*) taxe *f*, impôt *m*
canonice *etc vb ver* **canonizar**
canónico, -a *adj*: **derecho ~** droit *m* canon
canónigo *nm* chanoine *m* ; **canónigos** *nmpl* mâche *fsg*
canonizar *vt* canoniser
canoso, -a *adj* grisonnant(e), aux cheveux blancs ; (*pelo*) grisonnant(e)
cansado, -a *adj* fatigué(e) ; (*viaje, trabajo*) fatigant(e) ; **estoy ~ de hacerlo** j'en ai assez de faire ça
cansador, a (CSur) *nm/f* ennuyeux(-euse)
cansancio *nm* fatigue *f* ; **hasta el ~** à satiété
cansar *vt* fatiguer ; (*aburrir*) ennuyer ; (*hartar*) lasser ; **cansarse** *vpr*: **cansarse (de hacer)** se lasser (de faire)
cansino, -a *adj* (*pesado*) ennuyeux(-euse), lassant(e) ; (*lento*) fatigué(e), traînant(e) ; **andaba con paso ~** il marchait d'un pas lourd
Cantabria *nf* la Cantabrique *f*
cantábrico, -a *adj* de Cantabrique ; **mar C~** golfe *m* de Gascogne
cántabro, -a *adj* de la province de Santander ▸ *nm/f* natif(-ive) *o* habitant(e) de la province de Santander
cantaleta (Am) *nf* refrain *m*
cantamañanas (*fam*) *nmf inv* fantaisiste, baratineur(-euse) (*fam*)
cantante *nmf* chanteur(-euse)
cantaor, a *nm/f* chanteur(-euse) de flamenco
cantar *vt* chanter ; **cantarle a algn las cuarenta** dire à qn ses quatre vérités ▸ *vi* chanter ; (*fam: criminal*) se mettre à table ; (*fam: oler mal*) puer, cocoter (*fam*) ; **~ a dos voces** chanter en duo ; **~ de plano** passer aux aveux ; **en menos que canta un gallo** en un rien de temps ; **estaba cantado** c'était à prévoir ▸ *nm* chanson *f*
cántara *nf* bidon *m*
cántaro *nm* cruche *f*
cantata *nf* (*Mús*) cantate *f*
cantautor, a *nm/f* auteur-compositeur-interprète (auteure-compositrice-interprète)
cante *nm*: **~ jondo** chant *m* flamenco

C

cantera *nf (lugar)* carrière *f* ; *(fig: de profesionales, futbolistas)* pépinière *f*
cantero *(CSur)* *nm (macizo de flores)* massif *m* de fleurs ; *(macizo de legumbres)* planche *f* de légumes
cántico *nm* cantique *m*
cantidad *nf* quantité *f* ; **gran ~ de** une grande quantité de, bon nombre de ; **en ~** en quantité ; **~ alzada** forfait *m* ▸ *adv (fam)* plein ; **el café me gusta ~** j'adore le café, je raffole du café
cantilena *nf* = **cantinela**
cantimplora *nf* gourde *f*
cantina *nf* cantine *f* ; *(de estación)* buffet *m* ; *(esp Am: taberna)* café *m*
cantinela *nf* cantilène *f*
canto *nm* chant *m* ; *(de mesa, moneda)* bord *m* ; *(de libro)* tranche *f* ; *(de cuchillo)* dos *msg* ; **faltó el ~ de un duro** il s'en est fallu d'un cheveu ; **de ~** de côté, sur le côté ; **~ rodado** galet *m*
cantón *nm* canton *m*
cantonés, -esa *adj* cantonais(e) ▸ *nm/f* Cantonais(e) ▸ *nm (Ling)* cantonais *m*
cantor, a *adj*: **ave cantora** oiseau *m* chanteur ▸ *nm/f* chantre *m*
canturrear *vi* chantonner
canutas *nfpl*: **pasarlas ~** en voir des vertes et des pas mûres, en voir de toutes les couleurs
canuto *nm* petit tube *m* ; *(fam: droga)* joint *m (fam)*
caña *nf (Bot)* tige *f* ; *(: especie)* roseau *m* ; *(de hueso)* os *msg* long ; *(vaso)* verre *m* ; *(de cerveza)* demi *m* ; *(Am)* alcool *m* de canne à sucre ; **dar** *o* **meter ~** *(fam: a un coche)* appuyer sur le champignon *(fam)* ; *(: a algn)* secouer *(fam)* ; **~ de azúcar/de pescar** canne *f* à sucre/à pêche
cañada *nf* vallon *m* ; *(de ganado)* chemin *m* de transhumance
cañamazo *nm* canevas *msg*
cáñamo *nm* chanvre *m*
cañaveral *nm* cannaie *f* ; *(Agr)* plantation *f* de canne à sucre
cañería *nf* tuyauterie *f*
cañizal *nm* = **cañaveral**
caño *nm (tubo)* tuyau *m* ; *(de fuente)* jet *m*
cañón *nm* canon *m* ; *(Geo)* canyon *m*
cañonazo *nm* coup *m* de canon
cañonera *nf (tb:* **lancha cañonera***)* canonnière *f*
caoba *nf* acajou *m*
caos *nm* chaos *msg*
caótico, -a *adj* chaotique
cap. *abr (= capítulo)* chap. *(= chapitre)*
C.A.P. *sigla m (= Certificado de Aptitud Pedagógica) ancien certificat d'aptitude à l'enseignement*
capa *nf (prenda)* cape *f* ; *(Culin, Geo, de polvo)* couche *f* ; **defender a ~ y espada** défendre avec acharnement ; **~ de ozono** couche d'ozone ; **capas sociales** couches *fpl* sociales
capacho *nm* cabas *msg*
capacidad *nf* capacité *f* ; **este teatro tiene una ~ de mil espectadores** ce théâtre peut contenir mille spectateurs ; **tener ~ para los idiomas/las matemáticas** être doué(e) pour les langues/les mathématiques ; **tener ~ de adaptación/de trabajo** avoir une capacité d'adaptation/de travail ; **~ adquisitiva** pouvoir *m* d'achat
capacitación *nf* formation *f* ; **curso de ~** cours *msg* de formation
capacitado, -a *adj* qualifié(e) ; **~ para algo** *(Jur)* habilité(e) à faire qch
capacitar *vt*: **~ a algn para** *(formar)* former qn à
capar *vt* castrer
caparazón *nm (de ave)* carcasse *f* ; *(de tortuga)* carapace *f*
capataz *nm* contremaître *m*
capaz *adj* capable ; **ser ~ de (hacer)** être capable de (faire) ; **es ~ que venga mañana** *(Am)* il viendra probablement demain
capcioso, -a *adj*: **pregunta capciosa** question *f* captieuse
capea *nf (Taur)* course *f* de vachettes
capear *vt (dificultades)* esquiver ; **~ el temporal** résister à la tourmente
capella: **a ~** *adv (Mús)* a capella
capellán *nm* aumônier *m* ; *(sacerdote)* chapelain *m*
Caperucita Roja *n* le Petit Chaperon rouge
caperuza *nf* chaperon *m* ; *(de bolígrafo)* capuchon *m*
capi *(Am fam)* *nf* capitale *f*
capicúa *adj inv* palindrome ▸ *nm* nombre *m* palindrome
capilar *adj, nm* capillaire *m*
capilla *nf* chapelle *f* ; **~ ardiente** chapelle ardente
capirote *nm*: **tonto de ~** parfait idiot *m*
capital *adj (tb Jur)* capital(e) ▸ *nm* capital *m* ; **inversión de capitales** investissement *m* de capitaux ; **~ activo** capital circulant *o* d'exploitation ; **~ arriesgado** *o* **riesgo** capital-risque *m* ; **~ autorizado** *o* **social** capital social ; **~ emitido** capital émis ; **~ en acciones** capital en actions ; **~ improductivo/pagado** capital improductif/versé ; **~ invertido** *o* **utilizado** capital investi, mise *f* de fonds ▸ *nf* capitale *f*
capitalice *etc vb ver* **capitalizar**
capitalino, -a *(Am)* *adj* de la capitale ▸ *nm/f* natif(-ive) *o* habitant(e) de la capitale
capitalismo *nm* capitalisme *m*
capitalista *adj, nmf* capitaliste *mf*
capitalización *nf* capitalisation *f*
capitalizar *vt* capitaliser ; *(situación, triunfo)* tirer parti de
capitán *nm* capitaine *m* ; **~ general** ≈ général *m* de corps d'armée
capitana *nf* vaisseau *m* amiral

capitanear *vt* commander ; (*equipo*) être le capitaine de ; (*pandilla, expedición*) être à la tête de
capitanía *nf*: **~ general** (*edificio*) bureau *m* de l'état-major des armées ; (*cargo*) ≈ dignité *f* de général de corps d'armée
capitel *nm* chapiteau *m*
capitolio *nm* capitole *m*
capitulación *nf* capitulation *f* ; **capitulaciones matrimoniales** contrat *msg* de mariage
capitular *vi* capituler
capítulo *nm* chapitre *m*
capo *nm* (*jefe*) chef *m* ; (*persona influyente*) grosse légume *f* (*fam*) ; (*de la mafia*) parrain *m* ; (*esp* Col) baron *m* de la drogue
capó *nm* capot *m*
capón *nm* (*pollo*) chapon *m* ; (*golpe*) tape *f* sur la tête
caporal *nm* caporal *m*
capota *nf* (*de coche*) capote *f*
capote *nm* (*de militar*) capote *f* ; (*de torero*) cape *f* ; **echar un ~ a algn** prêter main forte à qn
capricho *nm* caprice *m* ; **darse un ~** se faire un petit plaisir
caprichoso, -a *adj* capricieux(-euse)
Capricornio *nm* (*Astrol*) Capricorne *m* ; **ser ~** être Capricorne
cápsula *nf* capsule *f* ; **~ espacial** capsule spatiale
captación *nf* captation *f* ; **~ de capital** (*Econ*) levée *f* de capitaux ; **~ de clientes**: **es la encargada de la ~ de clientes** elle est responsable du démarchage ; **~ de datos** saisie *f* de données ; **~ de fondos** collecte *f* de fonds ; **~ de votos** captation de votes
captar *vt* capter ; (*indirecta, sentido*) saisir
captura *nf* capture *f*
capturar *vt* capturer
capucha *nf*, **capuchón** *nm* capuche *f* ; (*de bolígrafo*) capuchon *m*
capuchino, -a *nm/f* (*Rel*) capucin(e) ▸ *nm* (*café*) cappuccino *m* ; (Am *Zool*) capucin *m*
capullo, -a *nm/f* (*fam!*) con(ne) (*fam !*) ▸ *nm* (*Zool*) cocon *m* ; (*Bot*) bouton *m* ; **~ de rosa** bouton de rose
caqui *adj inv* kaki *inv* ▸ *nm* (*fruta*) kaki *m*
cara *nf* visage *m*, figure *f* ; (*expresión*) tête *f*, mine *f* ; (*de disco, papel*) face *f* ; (*fam: descaro*) culot *m*, toupet *m* ; **de ~** de face ; **(de) ~ a** (*en dirección a*) face à ; (*con vistas a*) en vue de ; **decir algo ~ a ~** dire qch en face ; **mirar ~ a ~** regarder bien en face ; **dar la ~** ne pas se dérober ; **echar algo en ~ a algn** reprocher qch à qn ; **¿~ o cruz?** pile ou face ? ; **poner/tener ~ de** prendre/avoir un air de ; **¡qué ~ más dura!** quel culot !, en voilà du toupet ! ; **tener buena/mala ~** avoir bonne/mauvaise mine ; (*herida*) avoir bon/mauvais aspect ; (*asunto*) avoir/ne pas avoir l'air bien ; (*guiso*) avoir/ne pas avoir l'air bon ; **tener mucha ~** avoir un culot monstre ; **de una ~** (*disquete*) d'une seule face
carabina *nf* carabine *f* ; (*persona*) chaperon *m*
carabinero *nm* douanier *m* ; (Am) agent *m* de police
Caracas *n* Caracas
caracol *nm* escargot *m* ; (*concha*) coquille *f* d'escargot ; (*rizo*) boucle *f* ; (*esp* Am) coquillage *m* ; **escalera de ~** escalier *m* en colimaçon
caracola *nf* coquillage *m*
caracolear *vi* caracoler
carácter (*pl* **caracteres**) *nm* caractère *m* ; **tener buen/mal ~** avoir bon/mauvais caractère ; **~ alfanumérico** caractère alphanumérique ; **caracteres de imprenta** caractères *mpl* d'imprimerie
caracterice *etc vb ver* **caracterizar**
característica *nf* caractéristique *f*
característico, -a *adj* caractéristique
caracterización *nf* caractérisation *f*
caracterizar *vt* caractériser ; (*Teatro*) bien interpréter ; **caracterizarse** *vpr* (*Teatro*) se mettre en costume ; **caracterizarse por** se caractériser par
caradura *nmf*: **es un(a) ~** il (elle) est culotté(e) (*fam*)
carajillo *nm café arrosé de cognac ou de liqueur d'anis*
carajo (*fam!*) *nm*: **¡~!** merde ! (*fam !*) ; **¡qué ~!** et quoi encore !, mon œil ! (*fam*) ; **me importa un ~** je m'en fous pas mal ! (*fam !*) ; **¡vete al ~!** va te faire voir ! (*fam !*)
caramba *excl* dis donc !, mince alors !
carámbano *nm* glaçon *m*
carambola *nf* (*en billar*) carambolage *m* ; **por ~** par pur hasard
caramelo *nm* bonbon *m* ; (*azúcar fundido*) caramel *m*
carancho (CSur) *nm sorte de vautour*
carantoñas *nfpl*: **hacer ~** faire des mamours
caraqueño, -a *adj* de Caracas ▸ *nm/f* natif(-ive) *o* habitant(e) de Caracas
carátula *nf* masque *m* ; (*de disco*) pochette *f* ; (*de libro*) couverture *f* ; **la ~** le théâtre
caravana *nf* caravane *f* ; (*de vehículos, gente*) file *f* ; (*Auto*) bouchon *m*
caray *excl* = **caramba**
carbohidrato *nm* hydrate *m* de carbone
carbón *nm* charbon *m* ; **papel ~** carbone *m* ; **al ~** au charbon ; **~ de leña** *o* **vegetal** charbon de bois
carbonatado, -a *adj* carbonaté(e)
carbonato *nm* carbonate *m* ; **~ sódico** carbonate de soude
carboncillo *nm* fusain *m*
carbonería *nf* dépôt *m* de bois
carbonice *etc vb ver* **carbonizar**
carbónico, -a *adj* carbonique
carbonífero, -a *adj* carbonifère

C

carbonilla *nf* poussière *f* de charbon
carbonizar *vt* carboniser ; **quedar carbonizado** être réduit en cendres
carbono *nm* carbone *m*
carburador *nm* carburateur *m*
carburante *nm* carburant *m*
carburar (*fam*) *vi* carburer (*fam*)
carca (*fam*) *adj inv*, *nmf inv* réac *mf* (*fam*)
carcaj *nm* carquois *msg*
carcajada *nf* éclat *m* de rire ; **reír(se) a carcajadas** rire aux éclats
carcajearse *vpr* rire aux éclats
carcamal (*fam*) *nm* vieux *m* croulant (*fam*)
carcasa *nf* (*armazón*) carcasse *f* ; (*Auto: de motor*) carter *m*, boîtier *m* ; (*: de neumático*) carcasse *f* ; (*de móvil*) coque *f*
cárcel *nf* prison *f*, maison *f* d'arrêt
carcelario, -a *adj* carcéral(e)
carcelero, -a *nm/f* gardien(ne) de prison
carcinoma *nm* carcinome *m*
carcoma *nf* termite *m*
carcomer *vt* manger, ronger ; (*salud, confianza*) miner ; **carcomerse** *vpr*: **carcomerse de** être rongé(e) par
cardar *vt* carder
cardenal *nm* cardinal *m* ; (*Med*) bleu *m*
cardenalicio, -a *adj* de cardinal, cardinalice
cárdeno, -a *adj* pourpre
cardiaco, -a, cardíaco, -a *adj* cardiaque ; **estar ~** (*fam*) être énervé(e)
cardinal *adj* cardinal(e) ; **puntos cardinales** points *mpl* cardinaux
cardiología *nf* cardiologie *f*
cardiólogo, -a *nm/f* cardiologue *mf*
cardiopatía *nf* cardiopathie *f*
cardiovascular *adj* cardiovasculaire
cardo *nm* (*comestible*) cardon *m* ; (*espinoso*) chardon *m* ; **ser un ~** (*fam*) être laid(e) comme un pou ; (*arisco*) être grincheux(-euse)
carear *vt* (*tb Jur*) confronter
carecer *vi*: **~ de** manquer de
carencia *nf* manque *m* ; (*Med*) carence *f*
carente *adj*: **~ de** dépourvu(e) de
careo *nm* confrontation *f*
carero, -a (*fam*) *adj* chérot (*fam*)
carestía *nf* (*Com*) cherté *f* ; (*escasez*) pénurie *f* ; **época de ~** période *f* de pénurie
careta *nf* masque *m* ; **quitarle a algn la ~** démasquer qn ; **~ antigás** masque à gaz
carey *nm*: **de ~** en écaille
carezca *etc vb ver* **carecer**
carga *nf* charge *f* ; (*de barco, camión*) chargement *m*, cargaison *f* ; (*de bolígrafo, pluma*) cartouche *f*, recharge *f* ; (*Inform*) chargement ; **de ~** (*animal*) de charge ; **buque de ~** cargo *m* ; **la ~ fiscal** la charge fiscale ; **zona de ~ y descarga** zone *f* de livraisons ; **~ aérea** fret *m* aérien ; **~ afectiva** charge affective ; **~ explosiva** charge explosive ; **~ útil** charge utile
cargadero *nm* zone *f* de chargement
cargado, -a *adj* chargé(e) ; (*café, té*) serré(e), fort(e) ; (*ambiente*) raréfié(e), vicié(e) ; **~ de hombros/espalda** les épaules voûtées/le dos voûté
cargador, a *nm/f* chargeur(-euse) ; (*Náut*) docker *m* ▸ *nm* (*de arma*) chargeur *m*
cargamento *nm* chargement *m*, cargaison *f*
cargante (*fam*) *adj* agaçant(e)
cargar *vt* charger ; (*impuesto*) imposer, taxer ; (*Com*) débiter ; (*móvil*) recharger ; **te la vas a ~** (*fam*) cela va te coûter cher ; **~ las tintas** forcer la note ; **los indecisos me cargan** les gens indécis me portent sur les nerfs ; **~ algo a** *o* **en la espalda** prendre qch sur son dos ▸ *vi* charger ; **~ (contra)** charger (contre) ; **~ con** porter ; (*responsabilidad*) assumer ; **cargarse** *vpr* (*fam: estropear*) bousiller (*fam*) ; (*: matar*) liquider (*fam*) ; (*: ley, proyecto*) supprimer ; (*: suspender*) recaler (*fam*), coller (*fam*) ; (*Elec*) se charger ; (*cielo*) se couvrir ; **cargarse de** (*de dinero*) se munir de ; (*de paquetes*) se charger de ; (*de obligaciones*) assumer
cargo *nm* (*Com etc*) débit *m* ; (*puesto*) poste *m* ; **una cantidad en ~ a algn** une somme portée au compte de qn ; **estar a(l) ~ de** être à (la) charge de ; **hacerse ~ de** (*de deudas, poder*) assumer ; (*darse cuenta de*) se rendre compte de ; **me da ~ de conciencia** cela me donne des remords ; **alto ~** (*Com*) cadre *m* supérieur ; (*Pol*) autorité *f* ; **cargos** *nmpl* (*Jur*) accusations *fpl*
cargosear (*CSur fam*) *vt* casser les pieds à
cargoso, -a *adj* casse-pieds *inv* ; **no seas ~** ne sois pas casse-pieds
cargue *etc vb ver* **cargar**
carguero *nm* cargo *m* ; (*avión*) avion-cargo *m*
Caribe *nm*: **el ~** les Caraïbes *fpl*
caribeño, -a *adj* des Caraïbes
caricatura *nf* caricature *f*
caricaturizar *vt* caricaturer ; **caricaturizarse** *vpr* se caricaturer
caricia *nf* caresse *f*
caridad *nf* charité *f* ; **obras de ~** œuvres *fpl* de charité ; **vivir de la ~** vivre de la charité
caries *nf inv* carie *f*
carilla *nf* (*Tip*) face *f*
cariño *nm* affection *f* ; **sí, ~** oui, chéri(e) ; **sentir ~ por/tener ~ a** ressentir/avoir de l'affection pour ; **tomar ~ a algn** s'attacher à qn ; **hacer algo con ~** prendre plaisir à faire qch
cariñosamente *adv* affectueusement
cariñoso, -a *adj* affectueux(-euse) ; **« saludos cariñosos »** « affectueusement »
carioca (*Am*) *adj* carioca, de Rio de Janeiro ▸ *nmf* carioca *mf*, natif(-ive) *o* habitant(e) de Rio de Janeiro
carisma *nm* charisme *m*
carismático, -a *adj* charismatique

caritativo, -a *adj* charitable ; (*organismo*) caritatif(-ive)
cariz *nm* (*de los acontecimientos*) tournure *f*
carlista *adj*, *nmf* (*Hist*) carliste *mf*
carmelita (*Rel*) *adj* carmélite ▸ *nmf* carme (carmélite)
carmesí *adj* cramoisi(e) ▸ *nm* cramoisi *m*
carmín *nm* carmin *m* ; **~ (de labios)** rouge *m* (à lèvres)
carnada *nf* amorce *f*, appât *m*
carnal *adj* charnel(le) ; **primo ~** cousin *m* germain
carnaval *nm* carnaval *m* ; *voir article*

CARNAVAL
Les réjouissances du **Carnaval** se déroulent pendant les trois jours qui précèdent le début du carême (*Cuaresma*). En déclin sous le régime franquiste, le carnaval connaît aujourd'hui un regain de popularité dans toute l'Espagne. Le carnaval de Cadix et celui de Tenerife sont particulièrement renommés pour leur animation et leurs défilés et déguisements souvent somptueux.

carnaza *nf* (*para animales*) appât *m* ; (*de escándalo, suceso*): **dar ~ a la gente** donner des détails croustillants aux gens
carne *nf* chair *f* ; (*Culin*) viande *f* ; **en ~ viva** à vif ; **en ~ y hueso** en chair et en os ; **~ de cañón** chair à canon ; **~ de cerdo/de cordero** viande de porc/d'agneau ; **~ de ternera/de vaca** viande de veau/de bœuf ; **~ de gallina** chair de poule ; **~ de membrillo** gelée *f* de coing ; **~ picada** viande hachée ; **carnes** *nfpl* (*fam*) graisse *fsg*
carné *nm* = **carnet**
carnero *nm* mouton *m*
carnet [kar'ne] (*pl* **carnets**) *nm*: **~ de conducir** permis *msg* de conduire ; **~ de identidad** carte *f* d'identité ; **~ de socio** carte de membre
carnicería *nf* boucherie *f*
carnicero, -a *adj* carnassier(-ière) ; (*pájaro, ave*) de proie ▸ *nm/f* boucher(-ère)
cárnico, -a *adj* (*productos, industria*) de la viande
carnívoro, -a *adj* carnivore ▸ *nm* carnivore *m*
carnoso, -a *adj* charnu(e)
caro, -a *adj* cher (chère) ▸ *adv* cher ; **te costará/lo pagarás ~** (*fig*) cela te coûtera/tu le paieras cher
carota (*fam*) *nmf*: **es un(a) ~** il (elle) est culotté(e)
carótida *nf* carotide *f*
carozo (*Am*) *nm* noyau *m*
carpa *nf* carpe *f* ; (*de circo*) chapiteau *m* ; (*Am*) tente *f*
carpeta *nf* dossier *m*, chemise *f* ; **~ (de anillas)** classeur *m*
carpetazo *nm*: **dar ~ a algo** mettre qch de côté
carpintería *nf* menuiserie *f*
carpintero *nm* menuisier *m* ; **pájaro ~** pic *m*
carraca *nf* crécelle *f* ; (*juguete*) hochet *m*
carraspear *vi* (*toser*) se racler *o* s'éclaircir la gorge
carraspera *nf* enrouement *m*
carrera *nf* course *f* ; (*Univ*) études *fpl* ; (*profesión*) carrière *f* ; **tienes una ~ en las medias** tes bas sont filés ; **aquí se recogen carreras a las medias** ici on reprise les bas ; **a la ~** à toute vitesse ; **darse** *o* **echar** *o* **pegar una ~** filer à toute allure *o* à toutes jambes ; **de carreras** de course ; **en una ~** d'une traite ; **~ de armamentos/de obstáculos** course aux armements/d'obstacles
carrerilla *nf*: **decir algo de ~** réciter qch comme un perroquet ; **tomar ~** prendre son élan
carreta *nf* charrette *f*
carrete *nm* pellicule *f* ; (*Tec*) bobine *f*
carretera *nf* route *f* ; **~ de circunvalación** boulevard *m* périphérique ; **~ nacional/secundaria** route nationale/secondaire
carretilla *nf* brouette *f*
carril *nm* (*de autopista*) file *f*, voie *f* ; (*Ferro*) rail *m* ; **~ bici** piste *f* cyclable
carrillo *nm* joue *f*
carrito *nm* chariot *m*, caddie® *m*
carro *nm* chariot *m* ; (*con dos ruedas*) charrette *f* ; (*Am*) voiture *f* ; **¡para el ~!** arrête là !, c'est bon, ça suffit ! ; **~ blindado/de combate** char *m* d'assaut/de combat
carrocería *nf* carrosserie *f*
carromato *nm* roulotte *f*
carroña *nf* charogne *f*
carroñero, -a *adj*: **animal ~** charognard *m*
carroza *nf* carrosse *m* ; (*en desfile*) char *m* ▸ *nmf* (*fam*) croulant(e), vieux schnock (vieille taupe)
carruaje *nm* voiture *f*
carrusel *nm* manège *m*
carta *nf* lettre *f* ; (*Naipes*) carte *f* ; (*Jur*) charte *f* ; **a la ~** à la carte ; **dar ~ blanca a algn** donner carte blanche à qn ; **echar una ~ (al correo)** mettre une lettre à la poste ; **echar las cartas a algn** tirer les cartes à qn ; **tomar cartas en el asunto** intervenir dans l'affaire ; **~ certificada** lettre recommandée ; **~ de ajuste** (*TV*) mire *f* ; **~ de crédito documentaria** lettre de crédit ; **~ de crédito irrevocable** (*Com*) lettre de crédit irrévocable ; **~ de pedido** bon *m* de commande ; **~ de vinos** carte des vins ; **~ marítima** carte marine ; **~ urgente** lettre urgente ; **~ verde** carte verte
carta-bomba (*pl* **cartas-bomba**) *nf* lettre *f* piégée
cartabón *nm* équerre *f*

cartaginés, -esa *adj* carthaginois(e) ▸ *nm/f* Carthaginois(e)
Cartago *n* Carthage
cartearse *vpr* correspondre
cartel *nm* affiche *f* ; (*Com*) cartel *m*, trust *m* ; **en ~** à l'affiche
cártel *nm* (*Com*) = **cartel**
cartelera *nf* rubrique *f* ; (*en la calle*) panneau *m* d'affichage ; (*en París*) colonne *f* Morris ; **lleva mucho/poco tiempo en ~** il est à l'affiche depuis longtemps/peu
cárter *nm* (*Mec*) carter *m* ; **~ de cigüeñal** carter *m* de vilebrequin
cartera *nf* (*tb*: **cartera de bolsillo**) portefeuille *m* ; (*de cobrador*) serviette *f* ; (*de colegial*) cartable *m* ; (*Am*) sac à main *m* ; **ministro sin ~** (*Pol*) ministre *m* sans portefeuille ; **ocupa la ~ de Agricultura** il occupe le portefeuille de l'Agriculture ; **tener algo en ~** avoir qch de prévu ; **efectos en ~** (*Econ*) avoirs *mpl* fonciers ; **~ de mano** serviette, porte-document(s) *m* ; **~ de pedidos** carnet *m* de commandes ; *ver tb* **cartero**
carterista *nmf* pickpocket *m*, voleur(-euse) à la tire
cartero, -a *nm/f* facteur(-trice)
cartesiano, -a *adj, nm/f* cartésien(ne)
cartílago *nm* cartilage *m*
cartilla *nf* livret *m* scolaire ; **~ de ahorros** livret de caisse d'épargne ; **~ de racionamiento** carte *f* de rationnement
cartografía *nf* cartographie *f*
cartón *nm* carton *m* ; (*de tabaco*) cartouche *f* ; **de ~** en carton ; **~ piedra** papier *m* mâché
cartuchera *nf* cartouchière *f*
cartucho *nm* cartouche *f* ; (*cucurucho*) cornet *m* ; **~ de datos** (*Inform*) chargeur *m*
cartuja *nf* chartreuse *f*
cartulina *nf* bristol *m*
CASA (*Esp*) *sigla f* (*Aviat*) = **Construcciones Aeronáuticas S.A.**
casa *nf* maison *f* ; **sentirse como en su ~** se sentir comme chez soi ; **ir a ~** rentrer chez soi ; **salir de ~** sortir de chez soi ; **irse de ~** faire sa malle ; **él es como de la ~** c'est comme s'il était de la famille ; **llevar la ~** tenir sa maison ; **echar la ~ por la ventana** (*gastar*) jeter l'argent par les fenêtres ; (*recibir a lo grande*) mettre les petits plats dans les grands ; **~ consistorial** hôtel *m* de ville, mairie *f* ; **~ de campo** maison de campagne ; **~ de citas/de discos** maison de rendez-vous/de disques ; **~ de fieras** ménagerie *f* ; **~ de huéspedes** pension *f* de famille ; **~ de la moneda** hôtel des monnaies ; **~ de socorro** poste *m* de secours
casaca *nf* casaque *f*
casadero, -a *adj* en âge de se marier
casado, -a *adj, nm/f* marié(e)
casamiento *nm* mariage *m*
casar *vt* marier ▸ *vi*: **~ (con)** aller bien (avec) ; **casarse** *vpr*: **casarse (con)** se marier (avec) ; **casarse por lo civil/por la Iglesia** se marier civilement/religieusement
cascabel *nm* grelot *m* ; (*Zool*) serpent *m* à sonnette
cascada *nf* cascade *f* ; **en ~** en cascade
cascado, -a *adj* mal en point, patraque ; (*voz*) cassé(e), éraillé(e)
cascajo *nm* gravats *mpl* ; (*de frutos secos*) coquille *f*
cascanueces *nm inv* casse-noisettes *msg*
cascar *vt* casser ; (*fam: golpear*) tabasser (*fam*) ▸ *vi* (*fam*) papoter (*fam*) ; (*: morir*) clamser (*fam*) ; **cascarse** *vpr* se casser ; (*voz*) s'érailler
cáscara *nf* coquille *f* ; (*de fruta*) pelure *f* ; (*de patata*) épluchure *f* ; (*de limón, naranja*) écorce *f*
cascarón *nm* coquille *f* d'œuf
cascarrabias (*fam*) *nmf inv* grognon(ne)
casco *nm* casque *m* ; (*Náut*) coque *f* ; (*Zool*) sabot *m* ; (*pedazo roto*) tesson *m* ; **el ~ antiguo** la vieille ville ; **el ~ urbano** le centre-ville ; **cascos** *nmpl* (*fam: auriculares*) écouteurs *mpl* ; (*: cabeza*) cervelle *fsg*
cascote *nm* gravats *mpl*
caserío *nm* hameau *m* ; (*casa*) ferme *f*
casero, -a *adj* (*cocina*) maison *inv* ; (*remedio*) de bonne femme ; (*trabajos*) domestique ; **« comida casera »** « cuisine maison » ; **pan ~** pain *m* de ménage ; **ser muy ~** être très casanier(-ière) ▸ *nm/f* propriétaire *mf* ; (*Com*) syndic *m*
caserón *nm* bâtisse *f*
caseta *nf* baraque *f* ; (*de perro*) niche *f* ; (*para bañista*) cabine *f* ; (*de feria*) stand *m*
casete [ka'sete] *nm* magnétophone *m* ▸ *nf* cassette *f*
casi *adv* presque ; **~ nunca/nada** presque jamais/rien ; **~ te caes** tu as manqué (de) *o* tu as failli tomber
casilla *nf* casier *m* ; (*en ajedrez, crucigrama, impreso*) case *f* ; **sacar a algn de sus casillas** faire sortir qn de ses gonds ; **C~ de Correo(s)** (*Am*) boîte *f* postale
casillero *nm* casier *m* ; (*marcador*) tableau *m*, marqueur *m*
casino *nm* casino *m* ; (*asociación*) cercle *m*, club *m*
caso *nm* cas *msg* ; **en ~ de ...** en cas de ... ; **en ~ (de) que venga** au cas où il viendrait ; **el ~ es que** le fait est que ; **en el mejor/peor de los casos** dans le meilleur/pire des cas ; **en ese ~** dans ce cas ; **en todo ~** en tout cas ; **en último ~** en dernier recours ; **¡eres un ~!** tu es un cas ! ; **(no) hacer ~ a** *o* **de algo/algn** (ne pas) faire cas de qch/qn ; **hacer ~ omiso de** faire fi de ; **hacer** *o* **venir al ~** venir à propos ; **yo en tu ~ ...** moi, à ta place ..., moi, si j'étais à ta place ...
caspa *nf* (*en pelo*) pellicules *fpl*

Caspio *adj*: **el mar ~** la mer Caspienne
casposo, -a *adj* (*con caspa*) qui a des pellicules ; (*fam: estilo, gusto*) ringard(e)
casque *etc vb ver* **cascar**
casquería *nf* (*tienda*) triperie *f* ; (*productos*) abats *mpl*
casquete *nm* (*gorra*) calotte *f* ; **~ de hielo** calotte glaciaire ; **~ polar** calotte polaire
casquillo *nm* (*Tec*) douille *f*
cassette *nf, nm* = **casete**
casta *nf* race *f* ; (*clase social*) caste *f* ; (*de persona*) lignée *f*
castaña *nf* châtaigne *f*, marron *m* ; (*fam*) (*tb*: **castañazo**) gnon *m* (*fam*), marron (*fam*) ; (*: Auto*) gnon (*fam*) ; (*: puñetazo*) châtaigne (*fam*), coup *m* de poing ; **~ pilonga** châtaigne sèche
castañetear *vi*: **le castañetean los dientes** il (elle) claque des dents
castaño, -a *adj* marron ; (*pelo*) châtain ▸ *nm* châtaignier *m*, marronnier *m* ; **~ de Indias** marronnier des Indes
castañuelas *nfpl* castagnettes *fpl*
castellano, -a *adj* castillan(e) ▸ *nm/f* (*persona*) Castillan(e) ▸ *nm* (*Ling*) castillan *m*, espagnol *m* ; *voir article*

CASTELLANO

Dans de nombreux pays, le terme **castellano** sert à désigner la langue espagnole, bien qu'il soit recommandé de le réserver à la variété d'espagnol parlée en Castille. En Espagne, le terme de **castellano** fait référence à la langue commune de la nation, par rapport aux autres langues co-officielles que sont le catalan, le galicien et le basque (*euskera*) dans leurs régions respectives.

castellanohablante, castellanoparlante *adj, nm/f* hispanophone *mf*
castellonense *adj* de Castellón ▸ *nmf* natif(-ive) *o* habitant(e) de Castellón
castidad *nf* chasteté *f*
castigar *vt* punir, châtier ; (*cuerpo, campos*) affecter ; (*Deporte*) pénaliser
castigo *nm* punition *f* ; (*Deporte*) pénalisation *f* ; (*fig*) enfer *m*
castigue *etc vb ver* **castigar**
Castilla *nf* Castille *f*
castillo *nm* château *m* ; **hacer castillos en el aire** bâtir des châteaux en Espagne ; **~ de popa** dunette *f*
casting ['kastin] *nm* (*Cine*) casting *m*
castizo, -a *adj* (*Ling*) pur(e) ; (*auténtico*) de pure souche
casto, -a *adj* chaste
castor *nm* castor *m*
castración *nf* castration *f*
castrar *vt* châtrer
castrense *adj* militaire
castro *nm* (*Hist*) camp *m* fortifié
casual *adj* fortuit(e)
casualidad *nf* hasard *m* ; **dar la ~ (de) que** se trouver que ; **se da la ~ que ...** il se trouve que ... ; **por ~** par hasard ; **¡qué ~!** quel hasard !
casualmente *adv* par hasard
casulla *nf* chasuble *f*
cata *nm o nf* dégustation *f* ; **~ de vino** dégustation *f* de vin(s)
cataclismo *nm* cataclysme *m*
catacumbas *nfpl* catacombes *fpl*
catador *nm* dégustateur(-trice)
catadura *nf* air *m* ; (*fam*) touche *f* ; **un tío de mala ~** un type à la mine patibulaire
catalán, -ana *adj* catalan(e) ▸ *nm/f* Catalan(e) ▸ *nm* (*Ling*) catalan *m*
catalanismo *nm* (*tendencia*) catalanisme *m* ; (*Ling*) régionalisme *m* de la Catalogne
catalejo *nm* longue-vue *f*
catalizador *nm* catalyseur *m*
catalogar *vt* cataloguer ; **~ a algn de** étiqueter qn comme
catálogo *nm* catalogue *m*
catalogue *etc vb ver* **catalogar**
Cataluña *nf* Catalogne *f*
catamarán *nm* catamaran *m*
cataplasma *nf* cataplasme *m*
cataplum *excl* patatras !
catapulta *nf* catapulte *f*
catapultar *vt* catapulter ; **~ a la fama** rendre célèbre
catar *vt* goûter
catarata *nf* cataracte *f*
catarro *nm* rhume *m*
catarsis *nf* catharsis *fsg*
catastral *adj* cadastral(e) ; **valores catastrales** valeurs *mpl* cadastrales
catastro *nm* cadastre *m*
catástrofe *nf* catastrophe *f*
catastrófico, -a *adj* catastrophique
catastrofista *adj* catastrophiste ▸ *nmf* alarmiste *mf*, pessimiste *mf*
catavinos *nm inv* (*persona*) dégustateur *m* de vin ; (*copa*) taste-vin *m inv*, tâte-vin *m inv*
catear (*fam*) *vt* recaler (*fam*), coller (*fam*)
catecismo *nm* catéchisme *m*
cátedra *nf* chaire *f* ; **sentar ~ sobre un argumento** argumenter comme un expert ; (*pey*) étaler sa science
catedral *nf* cathédrale *f*
catedralicio, -a *adj* de la cathédrale
catedrático, -a *nm/f* professeur(e)
categoría *nf* catégorie *f* ; **de ~** de qualité ; **de segunda ~** de seconde catégorie ; **un empleo de baja ~** un emploi subalterne ; **no tiene ~** il (elle) n'a aucune classe
categórico, -a *adj* catégorique
catequesis *nf* catéchisme *m*

catering ['katerin] *nm inv* traiteur *m* ; (*para escuela, empresa*) restauration *f* collective
catéter *nm* cathéter *m*
cateto, -a *nm/f* (*pey*) rustre *m*, péquenaud(e) (*fam*) ▸ *nm* (*Mat*) côté *m*
cátodo *nm* cathode *f*
catolicismo *nm* catholicisme *m*
católico, -a *adj, nm/f* catholique *mf*
catorce *adj inv, nm inv* quatorze *m inv* ; *ver tb* **seis**
catre *nm* grabat *m*
cátsup *nm* ketchup *m*
caucasiano, -a *adj* caucasien(ne) ▸ *nm/f* Caucasien(ne)
caucásico, -a *adj* caucasien(ne), caucasique ▸ *nm/f* Caucasien(ne)
Cáucaso *nm* Caucase *m*
cauce *nm* (*de río*) lit *m* ; (*fig*) voie *f*
caucho *nm* caoutchouc *m* ; (*AM*) pneu *m* ; **de ~** en caoutchouc
caución *nf* caution *f*
caucionar *vt* cautionner
caudal *nm* débit *m* ; (*fortuna*) fortune *f*, capital *m* ; (*abundancia*) abondance *f*
caudaloso, -a *adj* à fort débit
caudillaje *nm* commandement *m*
caudillo *nm* chef *m* ; **el C~** le Caudillo, *le général Franco*
causa *nf* cause *f* ; **a/por ~ de** à/pour cause de
causante *nmf*: **ser el** *o* **la ~ de** être la cause de
causar *vt* causer
cáustico, -a *adj* caustique
cautela *nf* précaution *f*, prudence *f*
cautelar *adj* préventif(-ive)
cautelosamente *adv* prudemment
cauteloso, -a *adj* prudent(e)
cautivador, a, cautivante *adj* captivant(e), séduisant(e)
cautivar *vt* captiver
cautiverio *nm*, **cautividad** *nf* captivité *f*
cautivo, -a *adj, nm/f* captif(-ive)
cauto, -a *adj* prudent(e), avisé(e)
cava *nm* cava *m*, *équivalent catalan du champagne* ▸ *nf* cave *f*
cavar *vt, vi* creuser
caverna *nf* caverne *f*
cavernícola *nmf* troglodyte *mf*
cavernoso, -a *adj* caverneux(-euse)
caviar *nm* caviar *m*
cavidad *nf* cavité *f*
cavilación *nf* méditation *f*
cavilar *vi*: **~ (sobre)** méditer (sur)
cayado *nm* (*de pastor*) houlette *f* ; (*de obispo*) houlette, crosse *f*
cayendo *etc vb ver* **caer**
cayo *nm* (*isleta rasa*) banc *m* de sable, banc de coraux, récif *m*
caza *nf* chasse *f* ; **andar a la ~ de algo/algn** être à la recherche de qch/qn ; **dar ~ a** faire la chasse à ; **ir de ~** aller à la chasse ; **~ furtiva** braconnage *m* ; **~ mayor/menor** gros/menu gibier *m* ▸ *nm* (*Aviat*) chasseur *m*
cazabe (*AM*) *nm* (*Culin*) cassave *f*
cazabombardero *nm* chasseur *m* bombardier
cazador, a *adj, nm/f* chasseur(-euse) ; **~ furtivo** braconnier(-ière)
cazadora *nf* blouson *m*
cazalla *nf* eau-de-vie *f* de Cazalla
cazar *vt* (*buscar*) chasser ; (*perseguir*) pourchasser ; (*coger*) attraper ; (*indirecta, intención*) saisir ; (*marido*) dénicher ; **cazarlas al vuelo** ne rien laisser passer
cazarrecompensas *nmf inv* chasseur(-euse) de primes
cazasubmarinos *nm inv* chasseur *m* de sous-marins
cazatalentos *nm inv* chasseur *m* de têtes
cazo *nm* (*cacerola*) poêlon *m* ; (*cucharón*) louche *f*
cazón *nm* chien *m* de mer
cazuela *nf* (*vasija*) marmite *f* ; (*guisado*) ragoût *m*
cazurro, -a *adj* têtu(e)
c/c. *abr* (*Com: = cuenta corriente*) CC (*= compte courant*)
CCAA (*ESP*) *abr* (*= Comunidades Autónomas*) *régions autonomes*
CCI *sigla f* (*Com: = Cámara de Comercio Internacional*) CCI *f* (*= Chambre de commerce internationale*)
CC.OO. *abr* (*= Comisiones Obreras*) *syndicat espagnol*
CD *sigla m* (*= compact disc*) CD *m* (*= compact disc*) ; (*Pol: = Cuerpo Diplomático*) CD (*= corps diplomatique*)
c/d *abr* (*= en casa de*) c/o, chez ; (*= con descuento*) avec remise
CDN *sigla m* (*= Centro Dramático Nacional*) *conservatoire d'art dramatique*
CD-ROM *sigla m* CD-ROM *m*
CE *sigla m* (*= Consejo de Europa*) CE *m* (*= Conseil de l'Europe*) ▸ *sigla f* (*= Comunidad Europea*) CE *f* (*= Communauté européenne*)
ce *nf* (*letra*) c *m inv* ; **por ce o por be** (*fig*) pour une raison x ou y
cebada *nf* orge *f*
cebar *vt* (*animal*) gaver, engraisser ; (*persona*) gaver ; (*anzuelo*) amorcer ; (*Mil, Tec*) charger ; **estar cebado** être gros comme une barrique ; **cebarse** *vpr* se gaver ; **cebarse en/con** s'acharner sur/à
cebiche (*AM*) *nm* (*Culin*) *marinade de poisson ou de fruits de mer*
cebo *nm* appât *m*, amorce *f* ; (*fig*) appât, leurre *m*
cebolla *nf* oignon *m*
cebolleta *nf* oignon *m* nouveau ; (*en vinagre*) petit oignon blanc
cebollino *nm* ciboulette *f*
cebra *nf* zèbre *m* ; **paso de ~** passage *m* pour piétons

CECA *sigla f* (= *Comunidad Europea del Carbón y del Acero*) CECA *f* (= *Communauté européenne du charbon et de l'acier*)
ceca *nf*: **andar** *o* **ir de la ~ a la Meca** aller par monts et par vaux
cecear *vi* zézayer
ceceo *nm* zézaiement *m*
cecina *nf* viande *f* séchée et salée
cedazo *nm* tamis *msg*
ceder *vt* céder ▸ *vi* céder ; (*disminuir*) diminuer ; (*fiebre*) tomber ; (*dolor*) s'apaiser ; **« ceda el paso »** « cédez le passage »
cederom *nm* CD-ROM *m*, cédérom *m*
cedro *nm* cèdre *m*
cedrón (CSur) *nm* verveine *f* citronnelle
cédula *nf* certificat *m* ; **~ de identidad** (Am) carte *f* d'identité ; **~ en blanco** billet *m* en blanc ; **~ hipotecaria** cédule hypothécaire
CEE *sigla f* (= *Comunidad Económica Europea*) CEE *f* (= *Communauté économique européenne*)
cefalea *nf* céphalée *f*
cegador, a *adj* aveuglant(e)
cegar *vt* aveugler ; (*tubería, ventana*) boucher ; **cegarse** *vpr* (*fig*) s'aveugler ; **cegarse de ira** se fâcher tout rouge
cegué *etc vb ver* **cegar**
ceguemos *etc vb ver* **cegar**
ceguera *nf* cécité *f*
CEI *sigla f* (= *Comunidad de Estados Independientes*) CEI *f* (= *Communauté des États indépendants*)
ceiba (Am) *nf* (*Bot*) kapokier *m*
Ceilán *nm* (*Hist*) Ceylan *m*
ceja *nf* sourcil *m* ; **cejas pobladas** sourcils *mpl* fournis ; **arquear las cejas** hausser les sourcils ; **fruncir las cejas** froncer les sourcils
cejar *vi*: **(no) ~ en su empeño/propósito** (ne pas) renoncer à son engagement/dessein
cejijunto, -a *adj* aux sourcils très rapprochés ; (*fig*) sourcilleux(-euse)
cejilla *nf* sillet *m*
celada *nf* embuscade *f* ; (*trampa*) embûche *f*
celador, a *nm/f* (*de hospital*) gardien(ne) ; (*de cárcel*) gardien(ne) de prison
celda *nf* cellule *f* ; (*de abejas*) cellule, alvéole *m o f*
celebérrimo, -a *adj superl de* **célebre**
celebración *nf* célébration *f*
celebrar *vt* célébrer ; **celebro que sigas bien** je suis ravi que tu ailles bien ▸ *vi* (*Rel*) officier ; **celebrarse** *vpr* se célébrer ; (*tener lugar*) se tenir
célebre *adj* célèbre
celebridad *nf* célébrité *f*
celeridad *nf*: **con ~** en toute hâte
celeste *adj* (*tb*: **azul celeste**) bleu ciel *inv* ; (*cuerpo, bóveda*) céleste ▸ *nm* bleu *m* ciel
celestial *adj* céleste
celíaco, -a *adj* cœliaque, intolérant(e) au gluten ▸ *nm/f* cœliaque *mf*, personne *f* intolérante au gluten
celibato *nm* célibat *m*
célibe *adj, nmf* célibataire *mf*
celo[1] *nm* zèle *m* ; **estar en ~** être en chaleur ; **celos** *nmpl* (*de niño, amante*) jalousie *fsg* ; **dar celos a algn** rendre qn jaloux(-ouse) ; **tener celos de algn** être jaloux(-ouse) de qn
celo[2]® *nm* (*para pegar*) scotch® *m*
celofán *nm* cellophane *f*
celosamente *adv* jalousement ; (*cumplir*) avec zèle
celosía *nf* jalousie *f*
celoso, -a *adj* jaloux(-ouse) ; **~ en** (*el trabajo, cumplimiento*) zélé(e) dans
celta *adj* celte ▸ *nmf* Celte *mf*
célula *nf* cellule *f* ; **~ fotoeléctrica** cellule photoélectrique
celular *adj*: **tejido ~** tissu *m* cellulaire ; **coche ~** fourgon *m* cellulaire
celulitis *nf* cellulite *f*
celuloide *nm* celluloïd *m* ; **llevar al ~** porter à l'écran
celulosa *nf* cellulose *f*
cementerio *nm* cimetière *m* ; **~ de coches** cimetière de voitures, casse *f*
cemento *nm* (*argamasa*) mortier *m* ; (*para construcción*) ciment *m* ; (Am: *cola*) colle *f* ; **~ armado** ciment armé
CEN (Esp) *sigla m* (= *Consejo de Economía Nacional*) *organisme régulateur*
cena *nf* dîner *m*, souper *m*
cenagal *nm* bourbier *m*
cenagoso, -a *adj* boueux(-euse), bourbeux(-euse)
cenar *vt*: **~ algo** manger qch pour le dîner ▸ *vi* dîner, souper
cencerro *nm* sonnaille *f* ; **estar como un ~** travailler du chapeau
cenefa *nf* (*en tela*) liseré *m* ; (*en pared*) frise *f*
cenicero *nm* cendrier *m*
ceniciento, -a *adj* cendré(e)
cenit *nm* zénith *m* ; (*de carrera*) sommet *m*, faîte *m*
ceniza *nf* cendre *f* ; **cenizas** *nfpl* (*de persona*) cendres *fpl*
cenizo, -a *adj* cendré(e) ▸ *nm*: **ser un ~** (*fam*) porter la poisse (*fam*)
censar *vt* recenser
censo *nm* recensement *m* ; **~ electoral** recensement électoral
censor, a *nm/f* censeur(e) ; **~ de cuentas** commissaire *mf* aux comptes ; **~ jurado de cuentas** expert-comptable assermenté (experte-comptable assermentée)
censura *nf* censure *f*
censurable *adj* censurable
censurar *vt* censurer
centavo, -a *adj* centième ▸ *nm* (*moneda*) centime *m* ; (*parte*) centième *m*
centella *nf* étincelle *f* ; (*rayo*) éclair *m* ; **como una ~** comme la foudre

centellear *vi* étinceler ; (*estrella*) scintiller
centelleo *nm* (*ver vi*) étincellement *m* ; scintillement *m*
centena *nf* centaine *f*
centenar *nm* centaine *f*
centenario, -a *adj, nm* centenaire *m*
centeno *nm* seigle *m*
centésimo, -a *adj, nm/f* centième *m*
centígrado *adj* centigrade
centigramo *nm* centigramme *m*
centilitro *nm* centilitre *m*
centímetro *nm* centimètre *m* ; **~ cuadrado/cúbico** centimètre carré/cube
céntimo *nm* centime *m* ; **~ de euro** centime d'euro
centinela *nm* sentinelle *f* ; **estar de ~** être de garde ; **hacer de ~** monter la garde
centollo *nm* araignée *f* de mer
centrado, -a *adj* centré(e) ; (*carácter*) équilibré(e) ; **está muy ~** il (elle) s'adapte bien
central *adj* central(e) ▸ *nf* centrale *f* ; **~ eléctrica/nuclear** centrale électrique/nucléaire ; **~ sindical** centrale syndicale ; **~ térmica** centrale thermique
centralice *etc vb ver* **centralizar**
centralismo *nm* centralisme *m*
centralita *nf* standard *m*
centralizar *vt* centraliser
centrar *vt* centrer ; (*interés, atención*) attirer ; (*esfuerzo, trabajo*) concentrer ▸ *vi* (*Deporte*) centrer ; **centrarse** *vpr* (*tener como objeto*) être centré(e) sur ; (*concentrarse*) se concentrer
céntrico, -a *adj* central(e) ; **zona céntrica** zone *f* centrale, quartier *m* central
centrifugar *vt* essorer
centrífugo, -a *adj* centrifuge
centrifugue *etc vb ver* **centrifugar**
centrista *adj* centriste
centro *nm* centre *m* ; **ser del ~** (*Pol*) être au centre ; **ser el ~ de las miradas** être le point de mire ; **~ comercial** centre commercial ; **~ de beneficios** (*Com*) centre de profit ; **~ de computación** centre de calcul ; **~ (de determinación) de costes** centre (de détermination) des coûts ; **~ de gravedad** centre de gravité ; **~ de mesa** centre *m* de table ; **~ de salud** centre de santé ; **~ docente** établissement *m* d'enseignement ; **~ social** foyer *m* socio-éducatif ; **~ turístico** centre touristique
centroafricano, -a *adj*: **la República Centroafricana** la République centrafricaine
Centroamérica *nf* Amérique *f* centrale
centroamericano, -a *adj* d'Amérique centrale, centraméricain(e) ▸ *nm/f* natif(-ive) *o* habitant(e) d'Amérique centrale, centraméricain(e)
centrocampista *nmf* milieu *m* de terrain
centroderecha *nm* centre *m* droit
centroeuropeo, -a *adj* d'Europe centrale
centroizquierda *nm* centre *m* gauche
centuria *nf* (*tiempo*) siècle *m* ; (*romana*) centurie *f*
ceñido, -a *adj* cintré(e)
ceñir *vt* serrer ; **ceñirse** *vpr* (*vestido*) coller ; **ceñirse a algo/a hacer algo** s'en tenir à qch/à faire qch
ceño *nm* froncement *m* ; **fruncir el ~** froncer les sourcils
CEOE *sigla f* (= *Confederación Española de Organizaciones Empresariales*) ≈ CNPF *m* (= *Conseil national du patronat français*)
cepa *nf* (*de vid*) cep *m* ; (*de árbol*) souche *f* ; **de pura ~** de pure souche
CEPAL *sigla f* = **Comisión Económica para América Latina**
cepillar *vt* brosser ; (*madera*) raboter ; **cepillarse** *vpr* (*fam*) liquider (*fam*) ; (*: acostarse con algn*) se faire (*fam*)
cepillo *nm* brosse *f* ; (*para madera*) rabot *m* ; (*Rel*) tronc *m* ; **~ de dientes** brosse à dents
cepo *nm* piège *m* ; (*Auto*) sabot *m* de Denver
ceporro, -a *nm/f* cruche *f*
CEPSA *sigla f* (*Com*: = *Compañía Española de Petróleos S.A.*) *société pétrolière espagnole*
cera *nf* cire *f* ; (*del oído*) cérumen *m* ; **~ de abejas** cire d'abeilles
cerámica *nf* céramique *f* ; **de ~** en céramique
ceramista *nmf* céramiste *mf*
cerbatana *nf* sarbacane *f*
cerca *nf* clôture *f*, enceinte *f* ▸ *adv* (*en el espacio*) près ; (*en el tiempo*) bientôt ; **de ~** de près ; **por aquí ~** tout près d'ici ; **~ de** (*cantidad*) près de, environ ; (*distancia*) près de
cercado *nm* clôture *f*
cercanía *nf* proximité *f* ; **cercanías** *nfpl* (*de ciudad*) alentours *mpl* ; **tren de cercanías** train *m* de banlieue
cercano, -a *adj* proche ; (*pueblo etc*) voisin(e) ; **~ a** proche de ; **C~ Oriente** Proche-Orient *m*
cercar *vt* clôturer ; (*manifestantes*) encercler ; (*Mil*) assiéger
cercenar *vt* amputer ; (*rama*) tailler
cerciorar *vt* (*asegurar*) assurer ; **cerciorarse** *vpr* s'assurer ; **cerciorarse de** s'assurer de
cerco *nm* cercle *m* ; (*de ventana, puerta*) cadre *m* ; (*Am*) clôture *f* ; (*Mil*) siège *m*
cerda *nf* (*pelo*) soie *f* ; *ver tb* **cerdo**
cerdada (*fam*) *nf* vacherie *f* (*fam*)
Cerdeña *nf* Sardaigne *f*
cerdo, -a *nm/f* cochon (truie) ; (*fam: persona sucia*) cochon(ne) ; (*: sin escrúpulos*) salaud (salope) ; **(carne de) ~** (viande *f* de) porc *m*
cereal *nm* céréale *f* ; **cereales** *nmpl* (*Culin*) céréales *fpl*
cerebelo *nm* cervelet *m*
cerebral *adj* cérébral(e)
cerebro *nm* cerveau *m* ; **ser un ~** (*fig*) être un cerveau ; **es el ~ de la banda** c'est le cerveau de la bande

ceremonia *nf* cérémonie *f* ; **hablar sin ceremonias** parler sans cérémonies
ceremonial *adj* (*traje*) de cérémonie ; (*danza*) cérémoniel(le) ▶ *nm* cérémonial *m*
ceremonioso, -a *adj* cérémonieux(-euse)
cereza *nf* cerise *f*
cerezo *nm* cerisier *m*
cerilla *nf*, (AM) **cerillo** *nm* allumette *f*
CERN *nm* (= *Organización Europea para la Investigación Nuclear*) CERN *m* (= *Organisation européenne pour la recherche nucléaire*)
cerner *vt* (*Culin*) tamiser ; **cernerse** *vpr*: **cernerse sobre** (*suj*: *tempestad*) menacer ; (: *desgracia*) planer sur
cero *nm* zéro *m* ; **ocho grados bajo ~** moins huit degrés ; **15 a ~** 15 à zéro ; **a partir de ~** à zéro ; **ser un ~ a la izquierda** être un zéro
cerque *etc vb ver* **cercar**
cerrado, -a *adj* fermé(e) ; (*cielo*) couvert(e) ; (*curva*) en épingle à cheveux ; (*poco sociable*) renfermé(e) ; (*bruto*) borné(e) ; (*acento*) marqué(e), prononcé(e) ; (*noche*) obscur(e) ; (*barba*) dru(e), fourni(e) ; **a puerta cerrada** à huis clos
cerradura *nf* serrure *f*
cerrajería *nf* (*oficio*) serrurerie *f* ; (*tienda*) serrurerie, ferronnerie *f*
cerrajero, -a *nm/f* serrurier(-ière)
cerrar *vt* fermer ; (*paso, entrada*) barrer ; (*sobre*) cacheter, fermer ; (*debate*) clore, clôturer ; (*cuenta*) clore, fermer ; **~ la marcha** fermer la marche ; (*Inform*): **~ el sistema** fermer *o* boucler le système ; **~ un trato** conclure un marché ; **¡cierra la boca!** la ferme ! (*fam*) ▶ *vi* fermer ; **~ con llave** fermer à clé ; **cerrarse** *vpr* se fermer ; (*herida*) se refermer ; **cerrarse a algo** se refuser à qch, s'opposer à qch
cerrazón *nf* (*obstinación*) entêtement *m* ; (*incapacidad de comprender*) étroitesse *f* d'esprit
cerril *adj* rustre
cerro *nm* tertre *m* ; **irse por los cerros de Úbeda** divaguer, s'éloigner du sujet
cerrojo *nm* verrou *m* ; **echar** *o* **correr el ~** verrouiller
certamen *nm* concours *msg*
certeramente *adv* adroitement
certero, -a *adj* adroit(e)
certeza, certidumbre *nf* certitude *f* ; **tener la ~ de que** avoir la certitude que
certificación *nf* attestation *f*
certificado, -a *adj* recommandé(e) ▶ *nm* certificat *m* ; **~ médico** certificat médical
certificar *vt* certifier ; (*Correos*) envoyer en recommandé
certifique *etc vb ver* **certificar**
cerumen *nm* cérumen *m*
cervantino, -a *adj* (*estilo*) de Cervantès ; **estudios cervantinos** études *fpl* sur le style de Cervantès
cervatillo *nm* faon *m*
cervecería *nf* brasserie *f*
cervecero, -a *adj* de bière, brassicole ; **la industria cervecera** l'industrie *f* brassicole ▶ *nm/f* brasseur(-euse)
cerveza *nf* bière *f*
cervical *adj* cervical(e)
cerviz *nf* nuque *f*
cesación *nf* cessation *f*
cesante *adj* en disponibilité ; (AM) au chômage
cesantear (CSUR) *vt* renvoyer
cesantía (AM) *nf* chômage *m*
cesar *vi* cesser ; (*empleado*) se démettre de ses fonctions ; **~ de hacer** arrêter de faire ; **sin ~** sans cesse ▶ *vt* (*funcionario, ministro*) démettre de ses fonctions
cesárea *nf* césarienne *f*
cese *nm* fin *f* ; (*despido*) révocation *f*
C.E.S.I.D. (ESP) *sigla m* (= *Centro Superior de Investigación de la Defensa Nacional*) *organisme d'espionnage militaire*
cesio *nm* césium *m*, cæsium *m*
cesión *nf*: **~ de bienes** cession *f* de biens
césped *nm* gazon *m*, pelouse *f* ; (*Deporte*) gazon, terrain *m*
cesta *nf* panier *m* ; **~ de la compra** panier de la ménagère
cesto *nm* panier *m*, corbeille *f*
cetáceo *nm* cétacé *m*
cetrería *nf* fauconnerie *f*
cetrino, -a *adj* olivâtre
cetro *nm* sceptre *m*
Ceuta *n* Ceuta
ceutí *adj* de Ceuta ▶ *nmf* natif(-ive) *o* habitant(e) de Ceuta
C.F. *abr* (= *Club de Fútbol*) FC *m* (= *Football-Club*)
CFC *sigla m* (= *clorofluorocarbono*) CFC *m* (= *chlorofluorocarbone*)
cfr. *abr* (= *confróntese*) cf. (= *confer*)
cg. *abr* (= *centigramo(s)*) cg (= *centigramme(s)*)
CGS (GUAT, ELS) *sigla f* (= *Confederación General de Sindicatos*) *groupement de syndicats*
CGT *sigla f* (COL, MÉX, NIC, ESP: = *Confederación General de Trabajadores*) *syndicat* ; (ARG: = *Confederación General del Trabajo*) *syndicat*
Ch, ch [tʃe] *nf ancienne lettre de l'alphabet espagnol*
chabacanería *nf* vulgarité *f* ; (*comentario grosero*): **una ~** une grossièreté
chabacano, -a *adj* vulgaire ▶ *nm* (MÉX) abricot *m*
chabola *nf* baraque *f* ; **chabolas** *nfpl* (*zona*) bidonville *m*
chabolismo *nm*: **el problema del ~** le problème des bidonvilles
chacal *nm* chacal *m*
chacarero (AND, CSUR) *nm* petit exploitant *m* agricole
chacha (*fam*) *nf* bonne *f*

C

cháchara *nf*: **estar de ~** parler à bâtons rompus
chacinería *nf* charcuterie *f*
chacolí *nm* chacoli *m* (*vin basque légèrement acide*)
chacra (*AND, CSUR*) *nf* ferme *f*
chador *nm* tchador *m*
chafar *vt* (*pelo*) aplatir ; (*hierba*) coucher ; (*ropa*) chiffonner ; (*fig: planes*) bouleverser
chaflán *nm* chanfrein *m* ; (*en edificio*) biseau *m* ; **hacer ~** faire le coin
chal *nm* châle *m*
chalado, -a (*fam*) *adj* taré(e) (*fam*) ; **estar ~ por algn** en pincer pour qn (*fam*)
chalé *nm* villa *f* ; (*en la montaña*) chalet *m*
chaleco *nm* gilet *m* ; **~ antibala** gilet pare-balles ; **~ reflectante** gilet de sécurité réfléchissant ; **~ salvavidas** gilet de sauvetage
chalet [tʃa'le] (*pl* **chalets**) *nm* = **chalé**
chalupa *nf* deux-mâts *msg*
chamaco, -a (*CAM, MÉX fam*) *nm/f* gamin(e) (*fam*)
chamarra *nf* veste *f* ; (*CAM, CARIB*) poncho *m*
chamba (*MÉX fam*) *nf* boulot *m* (*fam*)
chamizo *nm* chaumière *f*
champa (*CAM*) *nf* tente *f*
champán, champaña *nm* champagne *m*
champiñón *nm* champignon *m*
champú (*pl* **champúes** *o* **champús**) *nm* shampooing *m*, shampoing *m*
chamuscar *vt* roussir
chamusque *etc vb ver* **chamuscar**
chamusquina *nf*: **oler a ~** paraître louche
chance (*AM*) *nm o nf* occasion *f*
chanchada (*AM fam*) *nf* sale tour *m*
chanchito, -a (*CHI fam*) *nm/f, excl* chéri(e)
chancho, -a (*AM*) *nm/f* porc *m*
chanchullo (*fam*) *nm* magouille *f* (*fam*)
chancla *nf* tong *f*, claquette *f*
chancleta *nf* tong *f*, claquette *f*
chándal *nm* survêtement *m*
changa (*CSUR*) *nf* petits travaux *mpl*
changador (*CSUR*) *nm* homme *m* à tout faire
changurro *nm plat populaire du Pays Basque espagnol à base d'araignée de mer*
chanquete *nm* nonnat *m*
chantaje *nm* chantage *m* ; **hacer ~ a algn** faire du chantage à qn
chantajear *vt* faire chanter
chantajista *nmf* maître chanteur(-euse)
chanza *nf* plaisanterie *f*
chao (*esp AM fam*) *excl* ciao (*fam*)
chapa *nf* (*de metal, insignia*) plaque *f* ; (*de madera*) planche *f* ; (*de botella*) capsule *f* ; (*AM*) serrure *f* ; **de tres chapas** (*madera*) en trois épaisseurs ; **~ (de matrícula)** (*CSUR*) plaque d'immatriculation
chapado, -a *adj* (*metal*) plaqué(e) ; (*muebles etc*) recouvert(e) ; **~ a la antigua** vieux jeu *inv*
chaparro, -a (*esp AM*) *adj* petit(e)
chaparrón *nm* averse *f*
chapata *nf* ciabatta *f*
chapero (*fam!*) *nm* prostitué *m*
chapista *nmf* (*Auto*) tôlier *m*, carrossier *m*
chapopote (*MÉX*) *nm* brai *m*
chapotear *vi* patauger
chapucero, -a (*pey*) *adj* (*trabajo*) bâclé(e) ▸ *nm/f*: **ser un ~** bâcler son travail
chapulín (*MÉX*) *nm* sauterelle *f*
chapurrar, chapurrear *vt* (*idioma*) baragouiner
chapuza (*fam*) *nf* bricole *f* ; (*pey*) travail *m* bâclé, bidouillage *m* (*fam*) ; (*trabajo extra*) petit boulot *m* (*fam*)
chapuzas (*fam*) *adj inv*: **es bastante ~** il fait du travail bâclé ▸ *nmf inv*: **ser un ~** bâcler son travail
chapuzón *nm*: **darse un ~** piquer une tête
chaqué *nm* queue *f* de pie
chaqueta *nf* veste *f* ; (*de lana*) gilet *m* ; **cambiar de ~** (*fig*) retourner sa veste
chaquetero, -a (*fam*) *nm/f* personne *f* qui retourne sa veste, opportuniste *mf*
chaquetón *nm* veste *f*
charanga *nf* (*Mús, Mil*) fanfare *f* ; (*AM: baile*) charanga *f*
charapa (*PERÚ*) *nf* tortue *f*
charca *nf* mare *f*
charco *nm* flaque *f*
charcutería *nf* charcuterie *f*
charla *nf* bavardage *m* ; (*conferencia*) conférence *f*
charlar *vi* bavarder
charlatán, -ana *adj* bavard(e) ▸ *nm/f* bavard(e) ; (*estafador*) charlatan *m*
charlatanería *nf* verbosité *f* ; (*chismorreo, estafa*) charlatanerie *f*
charnego, -a *nm/f* (*pey*) *en Catalogne, personne originaire d'une autre région espagnole qui ne parle pas le catalan*
charol *nm* cuir *m* verni ; (*AM*) plateau *m* ; **de ~** verni(e)
charola (*AM*) *nf* plateau *m*
charqui (*AM*) *nm* salé *m*
charro, -a *adj* voyant(e) ; (*MÉX*) mexicain(e) ; (*costumbres*) fruste
charrúa (*CSUR*) *adj* uruguayen(ne)
chárter ['tʃarter] *adj inv*: **vuelo ~** vol *m* charter
chasca (*AND, CSUR*) *nf* tignasse *f*
chascarrillo *nm* histoire *f* drôle
chasco *nm* (*desengaño*) déception *f* ; (*broma*) tour *m* ; **me llevé un ~** ça a été une grosse déception
chasis *nm inv* châssis *msg*
chasquear *vt* faire claquer
chasquido *nm* claquement *m* ; (*de madera*) craquement *m*
chasquilla *nf*, **chasquillas** *nfpl* (*AND, CSUR*) frange *f*
chat *nm* (*en Internet*) chat *m*
chatarra *nf* ferraille *f* ; **estar hecho** *o* **ser una ~** ne plus être qu'un vieux tas de ferraille

chatarrero, -a *nm/f* ferrailleur(-euse)
chatear *vi* (*en Internet*) chatter
chatero, -a *nm/f* utilisateur(-trice) de forum de discussion
chato, -a *adj* (*persona*) au nez épaté ; (*nariz*) épaté(e) ; (PERÚ, CHI: *bajito*) petit(e) ▶ *nm/f* mon vieux (ma vieille) ; **hola, ~** salut, mon vieux ▶ *nm* petit verre *m* (de vin) ; **beber unos chatos** (*fam*) prendre un pot (*fam*)
chau (*esp* AM *fam*) *excl* = **chao**
chaucha (AND, CSUR) *nf* (*Agr*) pomme *f* de terre nouvelle ; **chauchas** *nfpl* (CSUR: *fam*) sous *mpl* ; (: *bagatela*) broutilles *fpl*
chaucito (AM *fam*) *excl* salut !
chaufa (AM) *nf* riz *m* frit
chauvinismo *nm* chauvinisme *m*
chauvinista *adj, nmf* chauvin(e)
chaval, a *nm/f* gars *msg* (fille *f*) ; **estás hecho un ~** tu ne fais pas ton âge
chavalo, -a (NIC *fam*) *nm/f* gosse *mf*
chaveta (CHI, PERÚ) *nf* couteau *m*
chavo (CAM, MÉX *fam*) *nm* type *m*
che (*fam*) *excl* (CSUR) dis donc !
checo, -a *adj* tchèque ▶ *nm/f* Tchèque *mf* ▶ *nm* (*Ling*) tchèque *m*
checoslovaco, -a, checoeslovaco, -a *adj* tchécoslovaque ▶ *nm/f* Tchécoslovaque *mf*
Checoslovaquia, Checoeslovaquia *nf* Tchécoslovaquie *f*
chef (*pl* **chefs**) *nmf* chef *mf* cuisinier(-ière)
chele (CAM) *adj* blond(e)
cheli (*fam*) *nm argot de Madrid*
chelín *nm* shilling *m*
chelo *nm* (*Mús: instrumento*) violoncelle *m* ▶ *nmf* (*Mús: músico*) violoncelliste *mf*
chepa *nf* bosse *f*
cheque *nm* chèque *m* ; **~ abierto/cruzado/en blanco** chèque non barré/à ordre/en blanc ; **~ al portador** chèque au porteur ; **~ de viaje** chèque de voyage ; **~ sin fondos** chèque sans provision
chequear *vt* (*esp* AM: *comprobar*) vérifier ; (*Med*) faire un bilan de santé
chequeo *nm* (*Med*) bilan *m* de santé ; (*Auto*) contrôle *m*
chequera (AM) *nf* chéquier *m*
chévere (VEN *fam*) *adj* super (*fam*)
chica *nf* fille *f* ; **¿qué tal, ~?** alors, comment tu vas ? ; *ver tb* **chico**
chicano, -a *adj, nm/f* chicano(-a)
chicha *nf* (AM) *boisson de maïs fermenté* ; (*fam : Culin*) viande *f* ; (*de persona*) chair *f*
chícharo (MÉX) *nm* (*guisante*) petit pois *msg*
chicharra *nf* = **cigarra**
chicharrones *nmpl* ≈ saindoux *msg* frit
chiches (CSUR *fam*) *nmpl* babioles *fpl*
chichón *nm* bosse *f* (à la tête)
chicle *nm* chewing-gum *m*
chico, -a *adj* (*esp* AM) petit(e) ▶ *nm* (*niño*) petit garçon *m* ; (*muchacho*) garçon
chicote (AM) *nm* fouet *m*
chifa (PERÚ, CHI) *nf* (*Culin*) chinois *msg*
chiflado, -a (*fam*) *adj* givré(e) (*fam*) ; **estar ~ por algn** être fou (folle) de qn ▶ *nm/f* taré(e) (*fam*)
chiflar *vi* siffler ; (*fam*): **le chiflan los helados** il raffole des glaces ; **nos chifla montar en moto** on adore faire de la moto
chigüín (CAM *fam*) *nm* gosse *m* (*fam*)
chihuahua *nm* chihuahua *m*
chií, chiita *adj, nmf* chiite *mf*
chilaba *nf* djellaba *f*
Chile *nm* Chili *m*
chile *nm* piment *m*
chileno, -a *adj* chilien(ne) ▶ *nm/f* Chilien(ne) ▶ *nf* (*Fútbol*) bicyclette *f*
chillar *vi* (*persona*) crier ; (*animal*) glapir
chillido *nm* (*de persona*) cri *m* (aigu) ; (*de animal*) glapissement *m*
chillón, -ona *adj* (*niño*) brailleur(-euse) ; (*voz, color*) criard(e)
chilpayate, -a (MÉX *fam*) *nm/f* gosse *mf* (*fam*)
chimbo, -a (*fam*) *adj* (COL, VEN: *malo*) nul(e) (*fam*)
chimenea *nf* cheminée *f* ; **~ de ventilación** bouche *f* d'aération
chimichurri *nm* (CSUR) *sauce à base de persil, d'ail, d'huile, de vinaigre et de plusieurs condiments (paprika, origan, cumin, etc.)*
chimpancé *nm* chimpanzé *m*
China *nf* Chine *f*
china *nf* caillou *m* ; (*porcelana*) porcelaine *f* ; **te tocó la ~** tu as gagné le gros lot (*irón*) ; *ver tb* **chino**
chinchar (*fam*) *vt* agacer ; **chincharse** *vpr* : **¡chínchate!** ça t'apprendra !
chinche *nmf* punaise *f* ; **morirse como chinches** tomber comme des mouches
chincheta *nf* punaise *f*
chinchilla *nf* chinchilla *m*
chinchorro *nm* (AM) hamac *m* ; (MÉX) filet *m*
chinchulines (CSUR) *nmpl* tripes *fpl*
chingada (CAM, MÉX *fam!*) *nf*: **hijo de la ~** fils *msg* de pute (*fam !*)
chingado, -a (CAM, MÉX *fam!*) *adj* foutu(e) (*fam !*)
chingar (MÉX) *vt* (*fam!*) enculer (*fam !*) ; **chingarse** *vpr* (*fracasar*) tomber à l'eau
chingo, -a *adj* (CAM: *vestido*) court(e) ; (VEN *fam: nariz*) camus(e) ▶ *nm* (MÉX *fam*): **un ~ de algo** des tonnes de (*fam*) ; **chingos** (CAM) *nmpl* sous-vêtements *mpl*
chingón, -ona (MÉX *fam*) *nm/f* exploiteur(-euse)
chingue *etc vb ver* **chingar**
chinita *nf* (AM) domestique *f* ; (CHI) coccinelle *f*
chino, -a *adj* chinois(e) ▶ *nm/f* Chinois(e) ; (AND, CSUR: *indio*) Indien(ne) ; (: *criado*) domestique *mf* ; **trabajar como un ~** trimer (*fam*) ▶ *nm* (*Ling*) chinois *msg* ; (MÉX) boucle *f*

chip *nm* (*Inform*) puce *f*
chipirón *nm* petit calmar *m*
Chipre *nf* Chypre *f*
chipriota *adj* chypriote ▸ *nmf* Chypriote *mf*
chiqueo (*Méx*) *nm* caresse *f*
chiquillada *nf* bêtise *f* ; (*Am*) marmaille *f* (*fam*)
chiquillería *nf* groupe *m* d'enfants
chiquillo, -a (*fam*) *nm/f* môme *mf* (*fam*)
chiquitín, -ina *adj* petit(e) ▸ *nm/f* bout *m* de chou
chiquito, -a *adj* petit(e) ▸ *nm/f* (*fam*) petit(e) ; **no andarse con chiquitas** ne pas y aller de main morte
chirigota *nf*: **tomarse algo a ~** prendre qch à la rigolade
chirimbolo (*fam*) *nm* truc *m* ; (*remate*) bric-à-brac *m inv* ; **chirimbolos** *nmpl* (*bártulos*) attirail *msg* (*fam*)
chirimoya *nf* (*Bot*) anone *f*
chiringuito *nm bar en plein air*
chiripa (*fam*) *nf*: **por** *o* **de ~** sur un coup de pot
chirola (*Am*), **chirona** (*fam*) *nf* tôle *f*, taule *f* (*fam*) ; **estar/meter en ~** être/mettre en tôle *o* taule
chirriar *vi* (*goznes*) grincer ; (*pájaros*) piailler
chirrido *nm* grincement *m*
chis *excl* chut !
chisme *nm* ragot *m* ; (*fam*) truc *m* (*fam*)
chismorrear *vi* cancaner
chismorreo (*fam*) *nm* commérage *m*, cancan *m*
chismoso, -a *adj* cancanier(-ière) ▸ *nm/f* commère *f*
chispa *nf* étincelle *f* ; (*de lluvia*) petite goutte *f* ; **una ~** (*fam*) un tout petit peu ; **estar que echa chispas** être énervé(e) ; **no tiene ni ~ de gracia** il n'a pas le moindre sens de l'humour
chispazo *nm* étincelle *f*
chispeante *adj* étincelant(e) ; (*fig*) ingénieux(-euse)
chispear *vi* étinceler ; (*lloviznar*) pleuvioter
chisporrotear *vi* (*leña*) crépiter ; (*aceite*) grésiller
chisporroteo *nm* (*de leña*) crépitement *m* ; (*de aceite*) grésillement *m*
chistar *vi*: **lo hizo sin ~** il l'a fait sans broncher
chiste *nm* histoire *f* drôle ; **~ verde** histoire cochonne
chistera *nf* haut-de-forme *m*
chistoso, -a *adj* (*situación*) comique ; (*persona*) blagueur(-euse)
chistu *nm* = **txistu**
chiva (*Pan*) *nf* minibus *msg*
chivarse (*Ven fam*) *vpr* (*enojarse*) se fâcher
chivatazo (*fam*) *nm* mouchardage *m* (*fam*) ; **dar el/un ~** moucharder (*fam*)
chivato, -a *adj*, *nm/f* rapporteur(-euse)
chivo, -a *nm/f* chevreau(-vrette) ; **~ expiatorio** tête *f* de turc
chocante *adj* (*sorprendente*) choquant(e) ; (*gracioso*) drôle ; **es ~ que sea así** c'est choquant que ce soit comme ça
chocar *vi* (*coches etc*) se heurter ; (*Mil*, *fig*) s'affronter ; **~ con** rentrer dans ; (*fig*) s'accrocher avec ▸ *vt* (*sorprender*) choquer ; **~ las copas** trinquer ; **¡chócala!** (*fam*) tope là ! (*fam*)
chochear *vi* devenir gâteux(-euse)
chocho, -a *adj* gâteux(-euse) ; **estar ~ por algn/algo** être gaga devant qn/qch
choclo (*And*, *CSur*) *nm* maïs *msg*
chocolate *adj* (*Am*) chocolat *inv* ▸ *nm* chocolat *m* ; (*fam*: *hachís*) hasch *m* (*fam*)
chocolatería *nf* chocolaterie *f*
chocolatina *nf* barre *f* de chocolat
chófer, chofer *nmf* chauffeur *m*
chollo (*fam*) *nm* bon plan *m* (*fam*) ; (*artículo barato*) affaire *f*
cholo, -a (*And*) *adj* eurasien(ne) ▸ *nm/f* Eurasien(ne)
chomba, chompa (*Am*) *nf* pull *m*
chompipe (*CAm*) *nm* dindon *m*
chongo (*Méx*) *nm* chignon *m*
chop (*CSur*) *nm* chope *f*
chopera *nf* peupleraie *f*
chopito *nm* petite seiche *f* panée
chopo *nm* peuplier *m*
chopp (*CSur*) *nm* = **chop**
choque *vb ver* **chocar** ▸ *nm* choc *m* ; (*impacto*) impact *m* ; (*fig*: *disputa*) heurt *m*
chorizo *nm* chorizo *m* ; (*fam*) voyou *m*
chorra *nf* veine *f* ▸ *nm*: **hacer el ~** faire l'imbécile
chorrada (*fam*) *nf* connerie *f* (*fam*) ; **decir chorradas** dire des conneries
chorrear *vt* dégouliner de ▸ *vi* dégouliner ; (*gotear*) goutter ; **estar chorreando** être trempé(e)
chorreras *nfpl* ruche *f*
chorrito *nm*: **un ~ de** (*de vino*) un doigt de ; (*de agua*) une gorgée de
chorro *nm* (*de líquido*) jet *m* ; (*de luz*, *aceite*) filet *m* ; (*fig*) flot *m* ; **a chorros** à flots ; **llover a chorros** pleuvoir des cordes ; **salir a chorros** couler à flots ; **propulsión a ~** propulsion *f* par réaction
chota (*fam*) *nf*: **estar como una ~** être dingue (*fam*)
chotearse (*fam*) *vpr*: **~ de** se ficher de (*fam*)
choteo (*fam*) *nm* blague *f*
chotis *nm inv danse traditionnelle de Madrid* ; **ser más agarrado que un ~** (*fam*) (*fig*) être radin (*fam*)
choto *nm* chevreau *m*
chovinismo *nm* = **chauvinismo**
chovinista *adj*, *nmf* = **chauvinista**
choza *nf* hutte *f*
chubasco *nm* averse *f*
chubasquero *nm* ciré *m*

chúcaro, -a (AND, CSUR) *adj* indomptable
chuche (*fam*) *nf* bonbon *m*
chuchería *nf* babiole *f* ; (*para comer*) sucrerie *f*
chucho *nm* bâtard *m*
chufa *nf* orge *f* ; **horchata de chufas** ≈ sirop *m* d'orgeat
chufla (*fam*) *nf* blague *f* ; **a ~** pour plaisanter, à la légère ; **tomar algo a ~** prendre qch à la rigolade
chulería *nf* (*bravuconada*): **déjate de chulerías conmigo** ne fais pas ton malin *ou* ta maline avec moi (*fam*) ; (*fam: cosa bonita*): **esa moto es una ~** cette moto est superbe ; **me he comprado una ~ de camiseta** je me suis acheté un super beau tee-shirt (*fam*)
chuleta *nf* côtelette *f* ; (*Escol: fam*) antisèche *f* (*fam*)
chuletón *nm* côte *f* de bœuf
chulo, -a *adj* (*fam: bonito*) classe (*fam*) ; (MÉX) beau (belle) ; (*pey*) effronté(e) ; **ponerse ~ (con algn)** faire l'insolent(e) (avec qn) ▸ *nm* effronté *m* ; (*matón*) frimeur *m* ; (*madrileño*) *type des bas-fonds de Madrid* ; (*tb*: **chulo de putas**) maquereau *m* ; (AND) vautour *m*
chumbera *nf* figuier *m* de Barbarie
chumbo *nm* (*tb*: **higo chumbo**) figue *f* de Barbarie
chunga (*fam*) *nf*: **estar de ~** bien rigoler ; **tomarse algo a ~** prendre qch à la rigolade
chungo, -a (*fam*) *adj* nul(le) (*fam*) ; (*mala persona*) mauvais(e)
chupa (*fam*) *nf* (*chaqueta*) veste *f*, blouson *m* ; **poner a algn como ~ de dómine** (*fig*) passer un savon à qn (*fam*), mettre qn plus bas que terre
chupado, -a *adj* émacié(e) ; **está ~** (*fam*) c'est fastoche (*fam*)
chupar *vt* (*líquido*) aspirer ; (*caramelo*) sucer ; (*absorber*) absorber ; **chuparse** *vpr* (*dedo*) sucer ; (*Med*) s'émacier ; **para chuparse los dedos** à s'en lécher les babines
chupatintas *nm inv* écrivaillon *m*
chupe (AM) *nm* ragoût *m*
chupete *nm* tétine *f*
chupetón *nm* coup *m* de langue
chupinazo *nm* (*Deporte*) shoot *m*
chupito (*fam*) *nm* petit verre *m* d'alcool ; **un ~ de whisky por favor** un baby, s'il vous plaît
chupón (CHI) *nm* sucette *f*
churrasco (CSUR) *nm* viande *f* grillée
churrería *nf* ≈ marchand *m* de beignets
churrete *nm* tache *f*
churretón *nm* grosse tache *f*
churrigueresco, -a *adj* (*Arq*) de Churriguera ; (*fig*) chargé(e)
churro *nm* ≈ beignet *m* ; *voir article* ; (*fam*) bricolage *m* ; (AND, CSUR *fam*) beau mec (belle fille) (*fam*)

CHURROS

Les **churros**, ces longs beignets à base de farine et d'eau, sont très appréciés dans toute l'Espagne. On les déguste généralement au petit déjeuner ou au goûter, en buvant du chocolat chaud épais. À Madrid, il en existe une variété plus grosse appelée *porra*.

churruscar *vt* roussir
churrusque *etc vb ver* **churruscar**
churumbel (*fam*) *nm* mioche *m* (*fam*)
chusco, -a *adj* drôle
chusma (*pey*) *nf* racaille *f* (*fam*)
chutar *vi* (*Deporte*) shooter ; **esto va que chuta** (*fam*) ça marche comme sur des roulettes ; **con 1.000 euros vas que chutas** (*fam*) tu auras assez avec 1 000 euros
chuzo *nm*: **llueve a chuzos, llueven chuzos de punta** il tombe des hallebardes
C.I. *sigla m* (= *coeficiente intelectual*) QI *m* (= *quotient intellectuel*)
Cía *abr* (= *compañía*) Cie (= *compagnie*)
cianuro *nm* (*Quím*) cyanure *m*
ciática *nf* sciatique *f*
ciberacoso *nm* cyberharcèlement *m*
ciberataque *nm* cyberattaque *f*
cibercafé *nm* cybercafé *m*
ciberdelito *nm* cybercriminalité *f*
ciberespacio *nm* cyberespace *m*
ciberespiar *vt, vi* cyberespionner
ciberespionaje *nm* cyberespionnage *m*
cibernauta *nmf* internaute *mf*
cibernética *nf* cybernétique *f*
cibernético, -a *adj* cybernétique
cibersexo *nm* cybersexe *m*
ciberterrorismo *nm* cyberterrorisme *m*
cicatero, -a *adj, nm/f* avare *mf*, pingre *mf*
cicatrice *etc vb ver* **cicatrizar**
cicatriz *nf* cicatrice *f*
cicatrizar *vt, vi* cicatriser ; **cicatrizarse** *vpr* cicatriser
cicerone *nm* cicérone *m*
cíclico, -a *adj* cyclique
ciclismo *nm* cyclisme *m*
ciclista *adj, nmf* cycliste *mf* ; **vuelta ~** course *f* cycliste
ciclo *nm* cycle *m*
ciclomotor *nm* cyclomoteur *m*
ciclón *nm* cyclone *m*
cicloturismo *nm* cyclotourisme *m*
cicuta *nf* ciguë *f*
ciego, -a *vb ver* **cegar** ▸ *adj* aveugle ; (*Constr*) bouché(e) ; **quedarse ~** devenir aveugle ; **~ de ira** aveuglé(e) par la colère ; **a ciegas** à l'aveuglette ▸ *nm/f* aveugle *mf*
ciegue *etc vb ver* **cegar**
cielo *nm* ciel *m* ; **sí, ~** oui, mon ange ; **¡cielos!** mon Dieu !, juste ciel ! ; **vimos el ~ abierto** la solution nous est apparue ; **~ raso** (*Arq*) faux plafond *m* ; **~ de la boca** voûte *f* palatine

C

ciempiés *nm inv* mille-pattes *m inv*
cien *adj inv, nm inv* cent *m* ; **al ~ por ~** à cent pour cent

> El número **cien** en francés (*cent*) va seguido de una *s* cuando va multiplicado por un número y no va seguido de otra cifra. Por ejemplo: *deux cents*, pero *deux cent vingt*.

ciénaga *nf* marécage *m*
ciencia *nf* science *f* ; **saber algo a ~ cierta** être sûr(e) et certain(e) de qch ; **~ ficción** science-fiction *f* ; **ciencias empresariales** études *fpl* de commerce ; **ciencias exactas** sciences *fpl* exactes, mathématiques *fpl* ; **ciencias ocultas** sciences occultes
cieno *nm* vase *f*
científico, -a *adj, nm/f* scientifique *mf*
ciento *adj, nm* cent *m* ; **~ cuarenta** cent quarante ; **el diez por ~** dix pour cent
cierne *vb ver* **cerner** ▸ *nm*: **en ciernes** en herbe
cierre *vb ver* **cerrar** ▸ *nm* fermeture *f* ; (*pulsera*) fermoir *m* ; (*de emisión*) fin *f* ; **precio de ~** cours *msg* de clôture ; **~ del sistema** (*Inform*) clôture *f* du système ; **~ de cremallera** fermeture éclair® ; **~ relámpago** (*And, CSur*) fermeture éclair®
cierto, -a *adj* certain(e) ; **~ hombre/día** un certain homme/jour ; **ciertas personas** certaines personnes ; **sí, es ~** oui, c'est vrai ; **por ~** à propos ; **lo ~ es que …** ce qui est sûr c'est que … ; **estar en lo ~** avoir raison
ciervo *nm* cerf *m*
cierzo *nm* bise *f*
CIES *sigla m* = **Consejo Interamericano Económico y Social**
cifra *nf* chiffre *m* ; **en ~** codé(e) ; **~ de negocios/de venta** chiffre d'affaires/de ventes ; **~ de referencia** prix *msg* de base ; **~ global** chiffre global
cifrado, -a *adj* (*mensaje*) codé(e) ; (*código*) chiffré(e)
cifrar *vt* coder ; (*esperanzas, felicidad*) fonder ; **cifrarse** *vpr*: **cifrarse en** s'élever à
cigala *nf* langoustine *f*
cigarra *nf* cigale *f*
cigarrera *nf* porte-cigares *m inv*
cigarrillo *nm* cigarette *f*
cigarro *nm* cigarette *f* ; (*puro*) cigare *m*
cigüeña *nf* cigogne *f*
cigüeñal *nm* vilebrequin *m*
cilantro *nm* (*Bot, Culin*) coriandre *f*
cilindrada *nf* cylindrée *f*
cilíndrico, -a *adj* cylindrique
cilindro *nm* cylindre *m*
cima *nf* sommet *m*, cime *f* ; (*de árbol*) cime ; (*apogeo*) sommet
cimarrón, -ona *adj* (*Am Bot, Zool*) sauvage ; (*Am: persona: vago*) paresseux(-euse), fainéant(e) ; **negro ~** (*Hist*) Noir *m* marron ▸ *nm* (*CSur*) maté *m* sans sucre, maté *m* pur
címbalo *nm* (*Mús*) cymbale *f*
cimbrearse *vpr* se déhancher ; (*ramas, tallos*) se balancer
cimentación *nf* cimentation *f* ; (*cimientos*) fondations *fpl*, fondements *mpl*
cimentar *vt* (*edificio*) jeter les fondations de ; (*consolidar*) cimenter ; **cimentarse** *vpr*: **cimentarse en** se fonder sur
cimiento *etc vb ver* **cimentar**
cimientos *nmpl* fondations *fpl* ; (*fig*) fondements *mpl*
cinc *nm* zinc *m*
cincel *nm* ciseau *m*
cincelar *vt* ciseler
cincha *nf* sangle *f*
cinco *adj inv, nm inv* cinq *m inv* ; *ver tb* **seis**
cincuenta *adj inv, nm inv* cinquante *m inv* ; *ver tb* **sesenta**
cincuentena *nf* cinquantaine *f* ; **una ~ de** une cinquantaine de
cincuentenario *nm* cinquantenaire *m*
cincuentón, -ona *adj, nm/f* quinquagénaire *mf*
cine *nm* cinéma *m* ; **hacer ~** faire du cinéma ; **~ de estreno** *cinéma qui projette des films en exclusivité* ; **el ~ mudo** le cinéma muet
cineasta *nmf* cinéaste *mf*
cine-club *nm* ciné-club *m*
cinéfilo, -a *nm/f* cinéphile *mf*
cinegético, -a *adj* cynégétique
cinematografía *nf* cinématographie *f*
cinematográfico, -a *adj* cinématographique
cínico, -a *adj, nm/f* cynique *mf* ; (*desvergonzado*) effronté(e)
cinismo *nm* (*ver adj*) cynisme *m* ; effronterie *f*
cinta *nf* ruban *m* ; (*Tec*) bande *f* ; **~ adhesiva/aislante** ruban adhésif/isolant ; **~ de carbón** ruban carbone ; **~ de múltiples impactos** bande d'impacts multiple ; **~ de vídeo** cassette *f* vidéo ; **~ magnética** (*Inform*) bande magnétique ; **~ métrica** mètre *m* à ruban ; **~ transportadora** convoyeur *m*, stéréoduc *m* ; **~ virgen** cassette vierge
cinto *nm* ceinture *f*
cintura *nf* taille *f* ; **meter a algn en ~** faire entendre raison à qn
cinturón *nm* ceinture *f* ; **~ de miseria** (*Méx*) bidonville *m* ; **~ de seguridad** ceinture de sécurité ; **~ industrial** zone *f* industrielle ; **~ salvavidas** ceinture de sauvetage
ciña *etc vb ver* **ceñir**
ciñendo *vb ver* **ceñir**
cipote (*CAm fam*) *nm* gamin(e) (*fam*)
ciprés *nm* cyprès *m*
circense *adj* du cirque
circo *nm* cirque *m*
circuito *nm* circuit *m* ; **televisión por ~ cerrado** télévision *f* en circuit fermé ; **~ impreso** circuit imprimé ; **~ lógico** (*Inform*) porte *f*, circuit logique

circulación *nf* circulation *f* ; **« cerrado a la ~ rodada »** « fermé au trafic routier » ; **poner algo en ~** mettre qch en circulation
circular *adj, nf* circulaire *f* ▸ *vt* (*orden*) faire circuler ▸ *vi* circuler ; **¡circulen!** circulez !
circulatorio, -a *adj* (*Anat*) circulatoire ; (*Auto*) de la circulation
círculo *nm* cercle *m* ; **en ~** en cercle, en rond ; **en círculos políticos** dans les cercles politiques ; **~ vicioso** cercle vicieux
circuncidar *vt* circoncire
circuncisión *nf* circoncision *f*
circunciso, -a *pp de* **circuncidar**
circundante *adj* environnant(e)
circundar *vt* entourer
circunferencia *nf* circonférence *f*
circunloquios *nmpl* circonlocutions *fpl*
circunscribir *vt* (*actuación, discurso*) circonscrire ; **circunscribirse** *vpr* se circonscrire ; **circunscribirse a (hacer)** se limiter *o* s'en tenir à (faire)
circunscripción *nf* circonscription *f*
circunscrito *pp de* **circunscribir**
circunspección *nf* circonspection *f*
circunspecto, -a *adj* circonspect(e)
circunstancia *nf* circonstance *f* ; **circunstancias agravantes/atenuantes** circonstances *fpl* aggravantes/atténuantes ; **estar a la altura de las circunstancias** être à la hauteur des circonstances ; **poner cara de circunstancias** faire une figure de circonstance
circunstancial *adj* circonstanciel(le)
circunstantes *nmfpl* assistants(-es)
circunvalación *nf ver* **carretera**
cirio *nm* cierge *m*
cirrosis *nf* cirrhose *f*
ciruela *nf* prune *f* ; **~ claudia** reine-claude *f* ; **~ pasa** pruneau *m*
ciruelo *nm* prunier *m*
cirugía *nf* chirurgie *f* ; **~ estética/plástica** chirurgie esthétique/plastique
cirujano, -a *nm/f* chirurgien(ne)
cisco (*fam*) *nm*: **armar un ~** faire des histoires ; **estar hecho ~** être crevé(e) (*fam*)
Cisjordania *nf* Cisjordanie *f*
cisma *nm* schisme *m*
cisne *nm* cygne *m* ; **canto de ~** chant *m* du cygne
cisterciense *adj* cistercien(ne)
cisterna *nf* chasse *f* d'eau ; (*depósito*) citerne *f*
cistitis *nf* cystite *f*
cita *nf* rendez-vous *m inv* ; (*mención*) citation *f* ; **acudir/faltar a una ~** se rendre à/manquer un rendez-vous
citación *nf* citation *f*
citadino, -a (Am) *adj, nm/f* citadin(e)
citar *vt* donner rendez-vous à ; (*Jur, mencionar*) citer ; **citarse** *vpr*: **citarse (con)** prendre rendez-vous (avec)
cítara *nf* cithare *f*
citología *nf* cytologie *f*
cítrico, -a *adj* citrique ; **cítricos** *nmpl* agrumes *mpl*
CiU *sigla m* (*Pol*: = *Convergència i Unió*) *parti politique catalan*
ciudad *nf* ville *f* ; **~ universitaria** cité *f* universitaire ; **la C~ Condal** Barcelone ; **C~ del Cabo** Le Cap ; **~ dormitorio** cité-dortoir *f* ; **~ perdida** (Méx) bidonville *m* ; **~ satélite** ville satellite
ciudadanía *nf* citoyenneté *f*
ciudadano, -a *adj, nm/f* citadin(e)
ciudadela *nf* (*Mil*) citadelle *f*
cívico, -a *adj* civique ; (*persona*) civil(e)
civil *adj* civil(e) ; **casarse por lo ~** se marier civilement ▸ *nm* civil *m*
civilice *etc vb ver* **civilizar**
civilización *nf* civilisation *f*
civilizado, -a *adj* civilisé(e)
civilizar *vt* civiliser
civismo *nm* civisme *m*
cizaña *nf*: **meter/sembrar ~** mettre/semer la zizanie
cl *abr* (= *centilitro(s)*) cl (= *centilitre(s)*)
clamar *vt* clamer ; **~ venganza** crier vengeance ▸ *vi* crier
clamor *nm* clameur *f*
clamoroso, -a *adj* retentissant(e)
clan *nm* clan *m*
clandestinamente *adv* clandestinement
clandestinidad *nf* clandestinité *f*
clandestino, -a *adj* clandestin(e)
claqué *nm* claquettes *fpl*
claqueta *nf* claquette *f*, clap *m*
clara *nf* (*de huevo*) blanc *m* ; (*cerveza*) panaché *m*
claraboya *nf* lucarne *f*
claramente *adv* clairement
clarear *vi* (*el día*) se lever ; (*el cielo*) s'éclaircir
clarete *nm* rosé *m*
claridad *nf* clarté *f*
clarificación *nf* clarification *f*, éclaircissement *m*
clarificar *vt* éclaircir
clarifique *etc vb ver* **clarificar**
clarín *nm* clairon *m* ; (Am: *guisante*) pois *msg* de senteur
clarinete *nm* clarinette *f*
clarinetista *nmf* clarinettiste *mf*
clarividencia *nf* clairvoyance *f*
clarividente *adj, nmf* clairvoyant(e)
claro, -a *adj* clair(e) ; **estar ~** être clair(e) ; **lo tengo muy ~** pour moi c'est clair ; **no lo tengo muy ~** je ne sais pas vraiment ; **no sacamos nada en ~** nous n'avons rien tiré au clair ; **a las claras** clairement ▸ *nm* éclaircie *f* ; (*entre asientos*) place *f* libre ▸ *adv* clairement ; **hablar ~** parler franchement ; **~ que sí/no** bien sûr que oui/non ▸ *excl* bien sûr !
claroscuro *nm* clair-obscur *m*

clase *nf* genre *m*, classe *f* ; (*lección*) cours *msg* ; **la ~ dirigente** la classe dirigeante ; **dar ~(s)** (*profesor*) faire cours, donner des cours ; (*alumno*) avoir cours ; **tener ~** avoir de la classe ; **de toda(s) ~(s)** de toute(s) sorte(s) ; **~ alta/media/obrera/social** classe dominante/moyenne/ouvrière/sociale ; **clases particulares** cours *mpl* particuliers
clasicismo *nm* classicisme *m*
clásico, -a *adj* classique
clasificable *adj* classable
clasificación *nf* classement *m* ; (*de cartas, líneas*) tri *m*
clasificador *nm* classeur *m*
clasificar *vt* classer ; (*cartas*) trier ; (*Inform*) classifier, trier ; **clasificarse** *vpr* se qualifier
clasificatorio, -a *adj* (*fase, prueba*) de qualification, de classification ; **tabla clasificatoria** classement *m*
clasifique *etc vb ver* **clasificar**
clasismo *nm* discrimination *f* sociale
clasista *adj* élitiste
claudicar *vi* céder
claudique *etc vb ver* **claudicar**
claustro *nm* cloître *m* ; (*Univ, Escol*) conseil *m* ; (*: junta*) assemblée *f*, réunion *f*
claustrofobia *nf* claustrophobie *f*
claustrofóbico, -a *adj* claustrophobe
cláusula *nf* clause *f* ; **~ de exclusión** clause d'exclusion
clausura *nf* clôture *f* ; **de ~** (*Rel*) claustral ; (*: monja*) cloîtré(e)
clausurar *vt* clore ; (*local*) fermer
clavada *nf* (*salto*) plongeon *m* ; (*fam*) : **¡menuda ~ me han pegado!** ça a été le coup de bambou ! (*fam*)
clavadista (*CAm, Méx*) *nmf* sauteur(-euse)
clavado, -a *pp de* **clavar** ▸ *adj* : **ser ~ a algn** être tout le portrait de qn, être qn tout craché(e) ; **llegó a las cinco clavadas** il est arrivé à cinq heures sonnantes
clavar *vt* enfoncer ; (*clavo*) clouer ; (*alfiler*) épingler ; (*mirada*) fixer ; (*fam: cobrar caro*) faire payer au prix fort ; **clavarse** *vpr* s'enfoncer
clave *nf* clé *f*, clef *f* ; **en ~** (*mensaje*) codé(e) ; **~ de acceso** mot *m* de passe ; **~ de búsqueda/de clarificación** clé de recherche/de classement ▸ *adj inv* clé
clavel *nm* œillet *m*
clavelina, clavellina *nf* œillet *m* de poète
clavetear *vt* clouter ; (*montura*) ferrer
clavicémbalo *nm* (*Mús*) clavecin *m*
clavicordio *nm* (*Mús*) clavicorde *m*
clavícula *nf* clavicule *f*
clavija *nf* cheville *f* ; (*Elec*) fiche *f*
clavo *nm* clou *m* ; (*Bot, Culin*) clou de girofle ; **dar en el ~** mettre dans le mille, faire mouche
claxon (*pl* **claxons**) *nm* klaxon *m* ; **tocar el ~** klaxonner
clemencia *nf* clémence *f*
clemente *adj* clément(e)
clementina *nf* clémentine *f*
cleptómano, -a *nm/f* cleptomane *mf*
clerical *adj* clérical(e)
clericalismo *nm* cléricalisme *m*
clérigo *nm* ecclésiastique *m*
clero *nm* clergé *m*
clic *nm* (*Inform*) clic *m* ; **hacer ~ en algo** cliquer sur qch
clicar *vi* (*Inform*) cliquer ; **~ dos veces** double-cliquer
cliché *nm* cliché *m*
cliente, -a *nm/f* client(e)
clientela *nf* clientèle *f*
clientelismo *nm* clientélisme *m*
clima *nm* climat *m*
climático, -a *adj* climatique
climatizado, -a *adj* climatisé(e)
climatizador *nm* climatiseur *m*
climatología *nf* (*ciencia*) climatologie *f* ; (*tiempo*) climat *m*
clímax ['klimaks] *nm inv* apogée *m*, point *m* culminant ; (*sexual*) orgasme *m*
clínica *nf* clinique *f*
clínico, -a *adj* clinique
clip [klip] (*pl* **clips**) *nm* trombone *m* ; (*de pelo*) barrette *f*
clítoris *nm inv* clitoris *m inv*
cloaca *nf* égout *m*
clon *nm* clone *m*
clonación *nf*, **clonaje** *nm* clonage *m*
clonar *vt* cloner
clónico, -a *adj* cloné(e) ▸ *nm* (*Inform*) clone *m*
clorhídrico, -a *adj* : **ácido ~** acide *m* chlorhydrique
cloro *nm* chlore *m*
clorofila *nf* chlorophylle *f*
cloroformo *nm* chloroforme *m*
cloruro *nm* chlorure *m* ; **~ sódico** chlorure de sodium
closet, clóset (*Am*) *nm* placard *m*
club (*pl* **clubs** *o* **clubes**) *nm* club *m*
cm *abr* (= *centímetro(s)*) cm (= *centimètre(s)*)
C.M.A. *sigla f* (= *carga máxima autorizada*) PTCA *m* (= *poids total en charge autorisé*)
C.N.T. *sigla f* (*Esp*: = *Confederación Nacional de Trabajo*) *syndicat* ; (*Am*: = *Confederación Nacional de Trabajadores*) *syndicat*
coacción *nf* contrainte *f*
coaccionar *vt* contraindre
coagular *vt* coaguler ; **coagularse** *vpr* coaguler
coágulo *nm* caillot *m*
coalición *nf* coalition *f*
coartada *nf* alibi *m*
coartar *vt* limiter
coatí (*Am*) *nm* coati *m*
coautor, a *nm/f* coauteur(e)
coaxial *adj* coaxial(e)

coba *nf*: **dar ~ a algn** passer de la pommade à qn
cobalto *nm* cobalt *m*
cobarde *adj* lâche ▸ *nmf* lâche *mf*, peureux(-euse)
cobardía *nf* lâcheté *f*
cobaya *nm o nf* cobaye *m*
cobertizo *nm* hangar *m*, remise *f* ; (*de animal*) abri *m*
cobertor *nm* (*manta*) couverture *f* ; (*colcha*) dessus *msg* de lit
cobertura *nf* couverture *f* ; **estar fuera de ~** être hors de portée ; **aquí no hay ~** (*Telec*) il n'y a pas de couverture ici, il n'y a pas de réseau ici ; **~ de dividendo** rapport *m* dividendes-résultat
cobija (*Am*) *nf* couverture *f*
cobijar *vt* héberger, loger ; **~ (de)** protéger (de) ; **cobijarse** *vpr*: **cobijarse (de)** se protéger (de)
cobijo *nm* abri *m* ; **dar ~ a algn** héberger qn
cobra *nf* cobra *m*
cobrador, a *nm/f* receveur(-euse)
cobrar *vt* (*cheque*) toucher, encaisser ; (*sueldo*) toucher ; (*precio*) faire payer ; (*deuda, alquiler, gas*) encaisser ; (*caza*) rapporter ; (*fama, importancia*) acquérir ; (*cariño*) prendre en ; (*fuerza, valor*) reprendre ; **a ~** à encaisser ; **cantidades por ~** sommes *fpl* dues ▸ *vi* toucher son salaire ; **¡vas a ~!** (*fam*) qu'est-ce que tu vas prendre ! (*fam*) ; **cobrarse** *vpr*: **cóbrese** payez-vous ; **cóbrese al entregar** paiement *m* à la livraison
cobre *nm* cuivre *m* ; **sin un ~** (*Am fam*) sans un sou ; **cobres** *nmpl* (*Mús*) cuivres *mpl*
cobrizo, -a *adj* cuivré(e)
cobro *nm* (*de cheque*) encaissement *m* ; (*pago*) paiement *m* ; **presentar al ~** encaisser ; *ver tb* **llamada**
coca *nf* coca *m* ; (*hoja*) feuille *f* de coca ; (*fam: cocaína*) coco *f* (*fam*), coke *f* (*fam*)
Coca-Cola® *nf* coca-cola® *m inv*
cocaína *nf* cocaïne *f*
cocainómano, -a *nm/f* cocaïnomane *mf*
cocción *nf* cuisson *f*
cóccix *nm inv* coccyx *m*
cocear *vi* ruer
cocer *vt* faire cuire, cuire ▸ *vi* cuire ; (*agua*) bouillir ; **cocerse** *vpr* cuire ; (*tramarse*) se préparer
cochambre *nf* crasse *f*
cochambroso, -a *adj* crasseux(-euse), crade (*fam*)
coche *nm* voiture *f* ; (*para niños*) poussette *f* ; **~ blindado** voiture blindée ; **~ bomba** voiture piégée ; **~ cama** wagon-lit *m* ; **~ celular** fourgon *m* cellulaire ; **~ comedor, ~ restaurante** wagon-restaurant *m*, voiture-restaurant *f* ; **~ de bomberos** voiture des pompiers ; **~ de carreras** voiture de course ; **~ de línea** autocar *m* ; **coches de choque** autos *fpl* tamponneuses ; **~ fúnebre** corbillard *m*
cochecito *nm* (*de bebé*) landau *m* ; (*de niño*) poussette *f*
cochera *nf* garage *m* ; (*de autobuses*) dépôt *m*
cochinada (*fam*) *nf* cochonnerie *f* (*fam*) ; (*jugarreta*) vacherie *f* (*fam*)
cochinilla *nf* cochenille *f*
cochinillo *nm* cochon *m* de lait
cochino, -a *adj* dégoûtant(e) ▸ *nm/f* cochon (truie) ; (*persona*) cochon(ne)
cocido, -a *adj* (*patatas*) bouilli(e) ; (*huevos*) dur(e) ▸ *nm* pot-au-feu *m inv*
cociente *nm* quotient *m*
cocina *nf* cuisine *f* ; (*aparato*) cuisinière *f* ; **~ casera** cuisine maison ; **~ eléctrica/de gas** cuisinière électrique/à gaz ; **~ francesa** cuisine française
cocinar *vt, vi* cuisiner
cocinero, -a *nm/f* cuisinier(-ière)
cocker ['koker] *nm* cocker *m*
coco *nm* noix *fsg* de coco ; (*fam*) citrouille *f* (*fam*) ; **el ~** le grand méchant loup
cocodrilo *nm* crocodile *m*
cocoliche (*CSur*) *nm* jargon *m*
cocotero *nm* cocotier *m*
cóctel ['koktel] *nm* cocktail *m* ; **~ molotov** cocktail Molotov
coctelera *nf* shaker *m*
cocuyo (*Am*) *nm* ver *m* luisant
cod. *abr* = **código**
codazo *nm*: **dar un ~ a algn** donner un coup de coude à qn ; **abrirse paso a codazos** jouer des coudes
codearse *vpr*: **~ con** côtoyer
codeína *nf* codéine *f*
codera *nf* coude *m*
códice *nm* manuscrit *m* ancien
codicia *nf* convoitise *f*
codiciar *vt* convoiter
codicioso, -a *adj* avide ; (*expresión*) de convoitise
codificador *nm* codeur *m* ; **~ digital** convertisseur *m* analogique-numérique
codificar *vt* (*mensaje*) coder ; (*leyes*) codifier
código *nm* (*tb Jur*) code *m* ; **~ binario** code binaire ; **~ civil/postal** code civil/postal ; **~ de barras** code-barres *m inv* ; **~ de caracteres/de control** code à caractères/de contrôle ; **~ de (la) circulación** code de la route ; **~ malicioso** logiciel *m* malveillant ; **~ máquina/de operación** code machine *inv*/d'opération ; **~ militar/penal** code militaire/pénal
codillo *nm* (*Zool*) coude *m*, épaule *f* ; (*Culin*) épaule ; (*Tec*) coude
codo *nm* coude *m* ; **hablar por los codos** bavarder comme une pie ; **~ a ~** coude à coude
codorniz *nf* caille *f*

coeficiente *nm* coefficient *m* ; **~ intelectual** *o* **de inteligencia** quotient *m* intellectuel *o* mental
coerción *nf* coercition *f*
coercitivo, -a *adj* coercitif(-ive)
coetáneo, -a *nm/f* contemporain(e)
coexistencia *nf* coexistence *f*
coexistir *vi*: **~ (con)** coexister (avec)
cofia *nf* coiffe *f*
cofradía *nf* confrérie *f*
cofre *nm* coffre *m* ; (*de joyas*) coffret *m* ; (*MÉX*) voiture *f*
cogedor *nm* pelle *f*
coger *vt* prendre ; (*objeto caído*) ramasser ; (*pelota*) attraper ; (*frutas*) cueillir ; (*sentido, indirecta*) comprendre, saisir ; (*tomar prestado*) emprunter ; (*AM fam!*) baiser (*fam !*) ; **~ a algn desprevenido** prendre qn au dépourvu ; **~ cariño a algn** prendre qn en affection ; **~ celos de algn** être jaloux(-ouse) de qn ; **~ manía a algn** prendre qn en grippe ; **iban cogidos de la mano** ils se tenaient par la main ; **cogerse** *vpr* se prendre ; **cogerse a** s'accrocher à, s'agripper à
cogida *nf* coup *m* de corne
cogollo *nm* cœur *m*
cogorza (*fam*) *nf* cuite *f* (*fam*)
cogote *nm* nuque *f*
cohabitar *vi* cohabiter
cohecho *nm* subornation *f*
coherencia *nf* cohérence *f*
coherente *adj* cohérent(e) ; **ser ~ con** être cohérent(e) *o* en accord avec
cohesión *nf* cohésion *f*
cohete *nm* fusée *f*, pétard *m* ; (*tb*: **cohete espacial**) fusée
cohibido, -a *adj*: **estar/sentirse ~** être/se sentir gêné(e) ; (*tímido*) être/se sentir intimidé(e)
cohibir *vt* intimider ; (*reprimir*) réprimer ; **cohibirse** *vpr* se retenir
COI *sigla m* (= *Comité Olímpico Internacional*) CIO *m* (= *Comité international olympique*)
coima (*CSUR fam*) *nf* pot-de-vin *m*
coimero, -a (*CSUR fam*) *nm/f* fonctionnaire *mf* corrompu(e)
coincidencia *nf* coïncidence *f*
coincidente *adj* coïncident(e) ; **ser ~ con algn/algo** coïncider avec qn/qch
coincidir *vi* (*en lugar*) se rencontrer ; **coincidimos en ideas** nous partageons les mêmes idées ; **~ con** coïncider avec
coito *nm* coït *m*
cojear *vi* boiter ; (*mueble*) être bancal(e)
cojera *nf* claudication *f*
cojín *nm* coussin *m*
cojinete *nm* palier *m*
cojo, -a *vb ver* **coger** ▸ *adj* boiteux(-euse) ; (*mueble*) bancal(e) ; **ir a la pata coja** aller à cloche-pied ▸ *nm/f* (*persona*) boiteux(-euse)
cojón (*fam!*) *nm* couille *f* (*fam !*) ; **¡cojones!** putain ! (*fam !*) ; **lo hizo por cojones** il a fallu qu'il le fasse
cojonudo, -a (*ESP fam!*) *adj* super (*fam*)
cojudo, -a (*AM fam!*) *adj, nm/f* connard(-asse) (*fam !*)
col *nf* chou *m* ; **coles de Bruselas** choux *mpl* de Bruxelles
col. *abr* (= *columna*) col. (= *colonne*)
cola *nf* queue *f* ; (*para pegar*) colle *f* ; (*de vestido*) traîne *f* ; **estar/ponerse a la ~** être/se mettre à la queue ; **hacer ~** faire la queue ; **traer ~** avoir des suites
col.ª *abr* (= *columna*) col. (= *colonne*)
colaboración *nf* collaboration *f*
colaboracionista *adj* collaborationniste
colaborador, a *nm/f* collaborateur(-trice)
colaborar *vi*: **~ con** collaborer avec
colación *nf*: **sacar** *o* **traer a ~** faire mention de
colada *nf*: **hacer la ~** faire la lessive
colado, -a (*fam*) *adj*: **estar ~ por algn** être dingue de qn (*fam*)
colador *nm* passoire *f*
colágeno *nm* collagène *m*
colapsar *vt* embouteiller
colapso *nm* collapsus *msg* ; (*de circulación*) embouteillage *m* ; (*en producción*) effondrement *m* ; **~ cardíaco** collapsus cardiovasculaire
colar *vt* filtrer ▸ *vi* (*mentira*) prendre, passer ; **colarse** *vpr* (*en cola*) se glisser, se faufiler ; (*viento, lluvia*) s'engouffrer ; (*fam: equivocarse*) se gourer (*fam*) ; **colarse en** (*concierto, cine*) se faufiler dans
colateral *adj* collatéral(e)
colcha *nf* couvre-lit *m*
colchón *nm* matelas *m* ; **~ inflable/neumático** matelas gonflable/pneumatique
colchoneta *nf* tapis *msg* de sol
cole (*fam*) *nm* = **colegio**
colear *vi* remuer la queue ; (*asunto*) n'être pas encore réglé(e) *o* fini(e)
colección *nf* collection *f*
coleccionable *adj* que l'on peut collectionner ; (*obra*) publié(e) sous forme de fascicules ▸ *nm* (*obra*) ouvrage *m* publié par fascicules ; (*Prensa*) fascicule *m*
coleccionar *vt* collectionner
coleccionismo *nm* action *f* de collectionner, goût *m* pour la collection
coleccionista *nmf* collectionneur(-euse)
colecta *nf* collecte *f*
colectividad *nf* collectivité *f*
colectivizar *vt* collectiviser
colectivo, -a *adj* collectif(-ive) ▸ *nm* collectif *m* ; (*AM*) autobus *msg* ; (*: taxi*) taxi *m*
colector *nm* collecteur *m* ; (*sumidero*) collecteur, égout *m*

colega *nmf* collègue *mf* ; (*fam*) copain (copine)
colegiado, -a *nm/f* membre *m* d'une corporation
colegial, a *adj, nm/f* collégien(ne)
colegiarse *vpr* s'inscrire dans une corporation, s'affilier à un ordre
colegiatura *nf*, **colegiaturas** *nfpl* (*Méx*) frais *mpl* d'inscription
colegio *nm* (*de primaria*) école *f* ; (*de secundaria*) collège *m* ; *voir article* ; (*de abogados, médicos*) ordre *m* ; **ir al ~** aller à l'école *o* au collège ; **~ electoral** collège *m* électoral ; **~ mayor** résidence *f* universitaire

COLEGIO

En Espagne, on désigne habituellement par le mot **colegio** soit une école primaire publique soit une école primaire et secondaire privée. Ceci s'explique notamment par le fait que dans l'enseignement privé, à la différence de l'enseignement public, les deux cycles sont offerts dans un même établissement.

colegir *vt* déduire
cólera *nf* colère *f* ; **montar en ~** se mettre en colère, s'emporter ▸ *nm* (*Med*) choléra *m*
colérico, -a *adj* colérique, coléreux(-euse)
colesterol *nm* cholestérol *m*
coleta *nf* queue *f*, couette *f* ; **cortarse la ~** abandonner l'arène
coletazo *nm* coup *m* de queue ; **los últimos coletazos** les derniers sursauts
coletilla *nf* addition *f*
colgado, -a *pp de* **colgar** ▸ *adj* (*cuadro, lámpara*) suspendu(e) ; (*ahorcado*) pendu(e) ; **dejar ~ a algn** (*fam*) laisser qn en plan (*fam*)
colgajo (*pey*) *nm* pendeloque *f*
colgante *adj* pendant(e), suspendu(e) ▸ *nm* pendentif *m* ; *ver tb* **puente**
colgar *vt* accrocher ; (*teléfono*) raccrocher ; (*ropa*) étendre ; (*ahorcar*) pendre ▸ *vi* raccrocher ; **~ de** pendre à, être suspendu(e) à ; **no cuelgue** ne raccrochez pas
colgué *etc vb ver* **colgar**
colguemos *etc vb ver* **colgar**
colibrí *nm* colibri *m*
cólico *nm* colique *f*
coliflor *nf* chou-fleur *m*
coligiendo *etc vb ver* **colegir**
colija *etc vb ver* **colegir**
colilla *nf* mégot *m*
colimba (*Arg fam*) *nf* (*servicio militar*) service *m*
colina *nf* colline *f*
colindante *adj* limitrophe, contigu(-güe)
colindar *vi* être contigu(-güe)
colirio *nm* collyre *m*
Coliseo *nm* Colisée *m*
colisión *nf* collision *f* ; (*de intereses, ideas*) conflit *m*
colisionar *vi* se heurter ; **~ con** *o* **contra** (*tren, autobús, coche*) entrer en collision avec ; (*persona, ideas*) se heurter avec
colitis *nf* diarrhée *f*
collado *nm* col *m*
collage [ko'laʒ] *nm* collage *m*
collar *nm* collier *m*
collarín *nm* minerve *f*
collera (*Am*) *nf* bouton *m* de manchette
collie ['koli] *nm* colley *m*
colmado, -a *adj* : **~ (de)** plein(e) à ras bord (de) ▸ *nm* épicerie *f*
colmar *vt* remplir à ras bord ; (*ansias, exigencias*) satisfaire ; **~ a algn de regalos/de atenciones** combler qn de cadeaux/d'attentions
colmena *nf* ruche *f*
colmillo *nm* canine *f* ; (*de elefante*) défense *f* ; (*de perro*) croc *m*
colmo *nm* : **ser el ~ de la locura/frescura/insolencia** être le comble de la folie/du toupet/de l'insolence ; **para ~ (de desgracias)** pour comble (de malheurs) ; **¡eso ya es el ~!** ça c'est le comble !
colocación *nf* (*de cosa*) pose *f* ; (*de persona*) placement *m* ; (*empleo*) emploi *m*, travail *m* ; (*disposición*) emplacement *m*
colocado, -a *adj* (*en trabajo*) placé(e) ; (*Esp fam* : *drogado*) défoncé(e) (*fam*) ; (: *borracho*) beurré(e) (*fam*), pinté(e) (*fam*)
colocar *vt* (*en un sitio* : *cosa*) mettre ; (: *persona*) placer ; (*en un empleo*) placer ; **colocarse** *vpr* se placer ; (*fam* : *drogarse*) se défoncer (*fam*) ; (*conseguir trabajo*) : **colocarse (de)** trouver du travail (comme)
colofón *nm* : **como ~ de las conversaciones** en guise de conclusion aux conversations
Colombia *nf* Colombie *f*
colombiano, -a *adj* colombien(ne) ▸ *nm/f* Colombien(ne)
colon *nm* côlon *m*
Colón *n* : **Cristóbal ~** Christophe Colomb
colón *nm* (*moneda*) colon *m*
Colonia *n* Cologne
colonia *nf* colonie *f* ; (*tb* : **agua de colonia**) eau *f* de Cologne ; (*Méx*) quartier *m* ; **~ de verano** colonie de vacances ; **~ proletaria** (*Méx*) bidonville *m*
colonial *adj* (*época*) colonial(e) ; (*alimentos, productos*) (provenant) des colonies
colonialismo *nm* colonialisme *m*
colonialista *adj, nmf* colonialiste *mf*
colonice *etc vb ver* **colonizar**
colonización *nf* colonisation *f*
colonizador, a *adj, nm/f* colonisateur(-trice)
colonizar *vt* coloniser
colono *nm* colon *m*
coloque *etc vb ver* **colocar**
coloquial *adj* familier(-ière), parlé(e)
coloquio *nm* colloque *m*

color *nm* couleur *f* ; **de ~** de couleur ; **de ~ amarillo/azul/naranja** de couleur jaune/ bleue/orange ; **de colores** (*lápices*) de couleur ; **en ~** en couleur ; **a todo ~** tout en couleur ; **le salieron los colores** il s'est mis à rougir ; **dar ~ a** donner du relief à
coloración *nf* coloration *f*
colorado, -a *adj* rouge ; (*AM: chiste*) grivois(e) ; **ponerse ~** rougir
colorante *nm* colorant *m*
colorar, colorear *vt* colorier
colorete *nm* fard *m*
colorido *nm* coloris *msg*
colosal *adj* colossal(e)
coloso *nm* colosse *m*
columbrar *vt* apercevoir
columna *nf* colonne *f* ; **~ blindada** colonne blindée ; **~ vertebral** colonne vertébrale
columnista *nmf* chroniqueur(-euse)
columpiar *vt* balancer ; **columpiarse** *vpr* se balancer
columpio *nm* balançoire *f*
colza *nf* colza *m*
coma *nf* virgule *f* ▸ *nm* (*Med*) coma *m*
comadre (*esp AM fam*) *nf* marraine *f* ; (*cotilla*) commère *f* ; (*vecina*) voisine *f* ; **comadres** *nfpl* commères *fpl*
comadrear (*esp AM fam*) *vi* faire des commérages
comadreja *nf* belette *f*
comadreo *nm* commérage *m*
comadrona *nf* sage-femme *f*
comandancia *nf* (*mando*) commandement *m* ; (*edificio*) commandement, commanderie *f*
comandante *nm* commandant *m*
comandar *vt* commander
comando *nm* commando *m* ; (*Inform*) commande *f* ; **~ de búsqueda** (*Inform*) commande recherche
comarca *nf* région *f*
comarcal *adj* départemental(e)
comba *nf* courbure *f*, corde *f* ; **saltar a la ~** sauter à la corde ; **no pierde ~** il n'en perd pas une
combar *vt* courber ; **combarse** *vpr* se courber
combate *nm* combat *m* ; **fuera de ~** hors de combat ; (*Boxeo*) knock-out *inv* ; (*fam*) groggy
combatiente *nmf* combattant(e)
combatir *vt, vi* combattre ; **~ por** combattre pour
combatividad *nf* combativité *f*
combativo, -a *adj* combatif(-ive)
combi (*fam*) *nf* (*frigorífico*) réfrigérateur-congélateur *m* ; (*MÉX: bus*) minibus *m*
combinación *nf* combinaison *f*
combinado, -a *adj*: **plato ~** assiette *f* garnie ▸ *nm* cocktail *m*
combinar *vt* combiner ; (*esfuerzos*) unir
combustible *adj, nm* combustible *m*
combustión *nf* combustion *f*
COMECON *sigla m* = **CAME**
comedia *nf* comédie *f* ; **hacer ~** faire la comédie
comediante *nmf* comédien(ne)
comedido, -a *adj* modéré(e)
comedirse *vpr* se modérer
comedor *nm* salle *f* à manger ; (*de colegio*) réfectoire *m*, cantine *f*
comején (*AM*) *nm* termite *m*, fourmi *f* blanche
comencé *etc vb ver* **comenzar**
comensal *nmf* invité(e), convive *mf*
comentar *vt* commenter ; **comentó que …** il a observé *o* remarqué que …
comentario *nm* commentaire *m* ; **~ de texto** commentaire de texte ; **comentarios** *nmpl* (*chismes*) commentaires *mpl* ; **dar lugar a comentarios** donner lieu à des commentaires, prêter à commentaires
comentarista *nmf* commentateur(-trice)
comenzar *vt, vi* commencer ; **~ a/por hacer** commencer à/par faire
comer *vt* manger ; (*Damas, Ajedrez*) souffler ; (*metal, madera*) manger, ronger ; **le come la envidia** l'envie le ronge ; **~ el coco a algn** (*fam*) bourrer le crâne à qn (*fam*) ▸ *vi* manger ; (*almorzar*) manger, déjeuner ; **dar de ~ a algn** donner à manger à qn ; **comerse** *vpr* manger ; **está para comérsela** elle est belle à croquer ; **comerse el coco** (*fam*) se faire du mouron
comercial *adj* commercial(e)
comercializar *vt* commercialiser
comerciante, -a *nm/f* commerçant(e) ; **~ exclusivo** concessionnaire *mf*
comerciar *vi*: **~ en** faire le commerce de ; **~ con** avoir des relations commerciales avec ; (*pey*) faire commerce de
comercio *nm* commerce *m* ; **~ autorizado** commerce autorisé ; **~ equitativo** commerce équitable ; **~ electrónico** commerce électronique ; **~ exterior/interior** commerce extérieur/intérieur ; **~ justo** commerce équitable
comestible *adj* comestible ; **comestibles** *nmpl* aliments *mpl* ; **tienda de comestibles** épicerie *f*, magasin *m* d'alimentation
cometa *nm* comète *f* ▸ *nf* cerf-volant *m*
cometer *vt* commettre
cometido *nm* tâche *f*, mission *f* ; (*deber*) devoir *m*
comezón *nf* démangeaison *f*
cómic ['komik] *nm* bande *f* dessinée
comicidad *nf* comique *m*
comicios *nmpl* comices *mpl*
cómico, -a *adj* comique ▸ *nm/f* (*de TV, cabaret*) comique *mf* ; (*de teatro*) comédien(ne)
comida *nf* nourriture *f* ; (*acción*) repas *msg* ; (*almuerzo*) déjeuner *m* ; (*esp AM*) dîner *m* ; **~ basura** malbouffe *f*
comidilla *nf*: **ser la ~ del barrio** être sur toutes les lèvres

comience *etc vb ver* **comenzar**
comienzo *vb ver* **comenzar** ▸ *nm* commencement *m* ; **dar ~ a un acto** commencer une cérémonie ; **~ del archivo** (*Inform*) tête *f* du fichier
comillas *nfpl* guillemets *mpl* ; **entre ~** entre guillemets
comilón, -ona (*fam*) *adj* glouton(ne) ▸ *nm/f* goinfre *m*
comilona (*fam*) *nf* gueuleton *m* (*fam*)
comino *nm* cumin *m* ; (*fam*): **(no) me importa un ~** je m'en balance (*fam*)
comisaría *nf* (*tb*: **comisaría de Policía**) commissariat *m*
comisario, -a *nm/f* commissaire *mf*
comisión *nf* commission *f* ; **~ mixta/permanente** commission paritaire/permanente ; **comisiones bancarias** commissions bancaires ; **Comisiones Obreras** (*Esp*) *syndicat ouvrier*
comisionado, -a *nm/f* (*delegado*) mandataire *mf* ; **alto ~** haut-commissaire *mf*
comisura *nf*: **~ de los labios** commissure *f* des lèvres
comité *nm* comité *m* ; **~ de empresa** comité d'entreprise
comitiva *nf* suite *f*, cortège *m*
como *adv* comme ; (*aproximadamente*) environ ; **lo hace ~ yo** il le fait comme moi ; **~ quieras** comme tu voudras ; **así fue ~ ocurrió** c'est ainsi que ça s'est passé ; **tan grande ~** aussi grand que ; **sabe ~ a cebolla** ça a comme un goût d'oignon ; **eran ~ diez** ils devaient être 10 ; **¡tanto ~ eso ...!** pas tant que ça ! ; **llegó ~ a las cuatro** il est arrivé vers les 4 heures ; **~ ser** (*Am*: *tal como*) comme ▸ *prep* (*en calidad de*) en tant que ; **~ testigo** en tant que témoin ▸ *conj* (*condición*) si ; (*causa*) comme ; **~ llueva no salimos** s'il pleut on reste à la maison ; **~ ella no llegaba me fui** comme elle n'arrivait pas, je suis parti ; **¡~ no quieras cinco euros!** à moins que tu ne veuilles cinq euros ! ; **es ~ para echarse a llorar** ça donne envie de pleurer ; **¡~ que lo voy a permitir!** et vous croyez que je vais permettre cela ? ; **~ si estuviese ciego** comme s'il était aveugle ; **~ si lo viera** comme si je le voyais ; **~ si nada** *o* **tal cosa** comme si de rien n'était ; **a ~ dé/diera lugar** (*CAm*, *Méx*) à tout prix
cómo *adv* comment ; **¿~ está Ud?** comment allez-vous ? ; **¿~ (ha dicho)?** comment ?, vous avez dit ? ; **¿~ son?** comment sont-ils ? ; **¿a ~ están?** combien coûtent-ils ? ▸ *excl* comment ! ; **¡~ corre!** comme il cavale ! ; **¡~ no!** bien sûr ! ; (*esp Am*: *¡claro!*) pardi ! ▸ *nm*: **el ~ y el porqué** le pourquoi et le comment
cómoda *nf* commode *f*
cómodamente *adv* commodément, à l'aise
comodidad *nf* confort *m* ; (*conveniencia*) avantage *m* ; **comodidades** *nfpl* aises *fpl*
comodín *nm* (*Naipes*) joker *m* ; (*Inform*) caractère *m* de remplacement
cómodo, -a *adj* confortable ; (*máquina, herramienta*) pratique ; **estar/ponerse/sentirse ~** être/se mettre/se sentir à l'aise
comodón, -ona *adj* pantouflard(e)
comoquiera *conj*: **~ que** étant donné que ; **~ que sea** quoi qu'il en soit
comp. *abr* (= *compárese*) cf. (= *confer*)
compa (*CAm fam*) *nmf* copain (copine)
compact disc *nm* disque *m* compact, CD *m*
compacto, -a *adj* compact(e)
compadecer *vt* plaindre ; **compadecerse** *vpr*: **compadecerse de algn** plaindre qn
compadezca *etc vb ver* **compadecer**
compadre *nm* parrain *m* ; (*en oración directa*) (mon) vieux ; (*esp Am fam*) copain *m*
compadrear (*esp Am*) *vi* crâner
compadreo (*esp Am*) *nm* camaraderie *f*
compaginar *vt*: **~ algo con algo** concilier une chose avec une autre ; **compaginarse** *vpr*: **compaginarse con** être compatible avec
compañerismo *nm* amitié *f*, esprit *m* d'équipe
compañero, -a *nm/f* collègue *mf* ; (*en juego*) partenaire *mf* ; (*en estudios*) camarade *mf* ; (*novio*) compagnon (compagne) ; **~ de clase** camarade de classe ; **~ de equipo** coéquipier(-ière) ; **~ de trabajo** collègue de travail
compañía *nf* compagnie *f* ; **en ~ de** en compagnie de ; **malas compañías** mauvaises fréquentations *fpl* ; **hacer ~ a algn** tenir compagnie à qn ; **~ afiliada** filiale *f* ; **~ concesionaria/inversionista** compagnie concessionnaire/actionnaire ; **~ (no) cotizable** compagnie (non) cotée en Bourse ; **~ de seguros** compagnie d'assurances
comparable *adj* comparable
comparación *nf* comparaison *f* ; **en ~ con** par comparaison à *o* avec
comparar *vt*: **~ a/con** comparer à/avec
comparativo, -a *adj* comparatif(-ive)
comparecencia *nf* (*Jur*) comparution *f*
comparecer *vi* (*tb Jur*) comparaître
comparezca *etc vb ver* **comparecer**
comparsa *nmf* (*Teatro, Cine*) figurant(e) ▸ *nf* (*de carnaval etc*) mascarade *f*
compartimento, compartimiento *nm* compartiment *m* ; **~ estanco** compartiment étanche
compartir *vt* partager
compás *nm* (*Mús*) rythme *m* ; (*para dibujo*) compas *msg* ; **al ~** en rythme ; **llevar el ~** battre la mesure ; **~ de espera** (*fig*) attente *f*
compasión *nf* compassion *f* ; **sin ~** sans pitié
compasivamente *adv* avec compassion
compasivo, -a *adj* compatissant(e)
compatibilidad *nf* compatibilité *f*

C

compatibilizar *vt* concilier, rendre compatible
compatible *adj*: ~ **(con)** compatible (avec)
compatriota *nmf* compatriote *mf*
compeler *vt* forcer
compendiar *vt* résumer
compendio *nm* abrégé *m*
compenetración *nf* entente *f*
compenetrarse *vpr* (*personas*) s'entendre sur tout ; **estamos muy compenetrados** nous nous entendons à merveille
compensación *nf* compensation *f* ; (*indemnización*) dédommagement *m* ; **en ~** en compensation, à titre de dédommagement
compensar *vt* (*persona*) compenser ; (*contrarrestar: pérdidas*) compenser, contrebalancer ; (*: peso, balanza*) compenser, équilibrer ; (*indemnizar*) dédommager ▸ *vi* (*esfuerzos, trabajo*) valoir la peine
competencia *nf* compétition *f*, concurrence *f* ; (*Jur, habilidad*) compétence *f* ; **la ~** (*Com*) la concurrence ; **hacer la ~ a** faire concurrence à ; **ser de la ~ de algn** être de la compétence de qn ; **competencias** *nfpl* (*Pol*) compétences *fpl*
competente *adj* compétent(e)
competer *vi*: **~ a (algn)** être de la compétence de (qn)
competición *nf* compétition *f*
competidor, a *nm/f* concurrent(e), rival(e)
competir *vi* concourir ; **~ en** (*fig*) rivaliser en ; **~ por** rivaliser pour ; (*Deporte*) être en compétition pour, concourir pour
competitividad *nf* compétitivité *f*
competitivo, -a *adj* compétitif(-ive)
compilación *nf* compilation *f*
compilador *nm* compilateur(-trice)
compilar *vt* compiler
compinche (*fam*) *nm* acolyte *m*
compita *etc vb ver* **competir**
complacencia *nf* complaisance *f*
complacer *vt* faire plaisir à ; **complacerse** *vpr*: **complacerse en (hacer)** se complaire à (faire)
complaciente *adj* complaisant(e) ; **ser ~ con** *o* **para** montrer de la complaisance envers
complazca *etc vb ver* **complacer**
complejidad *nf* complexité *f*
complejo, -a *adj* complexe ▸ *nm* (*Psico*) complexe *m* ; **~ deportivo** cité *f* des sports ; **~ industrial** complexe industriel
complementar *vt* compléter ; **complementarse** *vpr* se compléter
complementario, -a *adj* complémentaire
complemento *nm* complément *m*
completamente *adv* complètement
completar *vt* compléter
completo, -a *adj* complet(-ète) ; (*persona*) accompli(e), parfait(e) ; (*éxito, fracaso*) total(e) ; **al ~** au complet ; **por ~** complètement ▸ *nm* salle *f* comble ; (*Chi Culin*) hot-dog *m*
complexión *nf* constitution *f*
complicación *nf* complication *f*
complicado, -a *adj* compliqué(e) ; **estar ~ en** être impliqué(e) dans
complicar *vt* compliquer ; **~ a algn en** impliquer qn dans ; **complicarse** *vpr* se compliquer ; **complicarse la vida (con)** se compliquer la vie *o* l'existence (avec)
cómplice *nmf* complice *mf*
complicidad *nf* complicité *f*
complique *etc vb ver* **complicar**
complot (*pl* **complots**) *nm* complot *m*
compondré *etc vb ver* **componer**
componenda *nf* solution *f* de compromis ; (*pey*) combine *f* (*fam*)
componente *adj* composant(e) ▸ *nm* composant *m*
componer *vt* (*tb Mús, Lit*) composer ; (*algo roto*) réparer ; **componerse** *vpr* (*Méx*) se remettre ; **componerse de** se composer de ; **componérselas para hacer algo** s'arranger pour faire qch
componga *etc vb ver* **componer**
comportamiento *nm* comportement *m*
comportar *vt* comporter ; **comportarse** *vpr* se comporter
composición *nf* composition *f*
compositor, a *nm/f* (*Mús*) compositeur(-trice)
compostelano, -a *adj* de Saint-Jacques de Compostelle
compostura *nf* tenue *f*, maintien *m* ; **perder la ~** perdre contenance
compota *nf* (*Culin*) compote *f*
compra *nf* achat *m* ; **hacer/ir a la ~** faire/aller faire les courses ; **ir de compras** faire les magasins ; **~ a granel** (*Com*) achat en vrac ; **~ a plazos** achat à crédit ; **~ proteccionista** (*Com*) achat de soutien
comprador, a *nm/f* acheteur(-euse)
comprar *vt* acheter ; **comprarse** *vpr* s'acheter
compraventa *nf* (*negocio*) commerce *m* ; **(contrato de) ~** contrat *m* d'achat et de vente
comprender *vt* comprendre ; **hacerse ~** se faire comprendre
comprensible *adj* compréhensible
comprensión *nf* compréhension *f*
comprensivo, -a *adj* compréhensif(-ive)
compresa *nf* (*Med*) compresse *f* ; (*tb*: **compresa higiénica**) serviette *f* hygiénique
compresión *nf* compression *f*
compresor *nm* compresseur *m*
comprimido, -a *adj* comprimé(e) ▸ *nm* (*Med*) comprimé *m*, cachet *m*
comprimir *vt* comprimer ; (*Inform*) zipper
comprobación *nf* vérification *f*
comprobante *nm* (*Com*) reçu *m*, récépissé *m* ; (*Jur*) pièce *f* justificative *o* à l'appui

comprobar *vt* vérifier ; (*Inform*) vérifier, contrôler
comprometedor, a *adj* compromettant(e)
comprometer *vt* compromettre ; **~ a algn a hacer** mettre qn dans l'obligation de faire ; **comprometerse** *vpr* se compromettre ; **comprometerse a hacer** s'engager à faire
comprometido, -a *adj* compromettant(e) ; (*escritor etc*) engagé(e)
compromiso *nm* (*acuerdo*) compromis *msg* ; (*obligación*) engagement *m* ; (*situación difícil*) embarras *msg* ; **libre de ~** (*Com*) sans engagement ; **poner a algn en un ~** mettre qn dans l'embarras
comprueba *etc vb ver* **comprobar**
compuerta *nf* (*en canal*) vanne *f* ; (*Inform*) porte *f*
compuesto, -a *pp de* **componer** ▸ *adj* composé(e) ; **~ de** composé(e) de ▸ *nm* composé *m*
compulsar *vt* faire certifier conforme ; **una fotocopia compulsada** une copie certifiée conforme
compulsivo, -a *adj* compulsif(-ive)
compungido, -a *adj* contrit(e)
compuse *etc vb ver* **componer**
computación *nf* informatique *f* ; **~ en la nube** informatique en nuage
computacional *adj* informatique
computador *nm*, **computadora** *nf* ordinateur *m* ; **~ central** ordinateur central ; **~ especializado** ordinateur spécialisé
computar *vt* calculer
cómputo *nm* calcul *m*
comulgar *vi* (*Rel*) communier ; **~ con** (*con ideas, valores*) partager
comulgue *etc vb ver* **comulgar**
común *adj* commun(e) ; **en ~** en commun ; **hacer/poner algo en ~** faire/mettre qch en commun ; **por lo ~** généralement ▸ *nm*: **el ~ de las gentes** le commun des mortels
comuna *nf* commune *f*
comunal *adj* communal(e)
comunicación *nf* communication *f* ; **vía de ~** voie *f* de communication ; **comunicaciones** *nfpl* (*transportes, Telec*) communications *fpl*
comunicado *nm* communiqué *m* ; **~ de prensa** communiqué de presse
comunicar *vt* communiquer ▸ *vi* (*teléfono*) être occupé(e) ; **está comunicando** (*Telec*) c'est occupé ; **~ con** communiquer avec ; **comunicarse** *vpr* communiquer
comunicativo, -a *adj* communicatif(-ive)
comunidad *nf* communauté *f* ; **en ~** en communauté ; **~ autónoma** (*Pol*) communauté autonome ; *voir article* ; **~ de vecinos** copropriétaires *mpl*, association *f* de copropriétaires ; **C~ (Económica) Europea** Communauté (économique) européenne

COMUNIDAD AUTÓNOMA

Suivant la Constitution espagnole de 1978, il y a en Espagne 17 régions et deux villes dotées d'une certaine liberté de gestion. Il s'agit des **comunidades autónomas** ou *autonomías*. Certaines d'entre elles, telles que la Catalogne ou le Pays basque, ont une langue, une histoire et une culture propres. Les 17 régions sont les suivantes : Andalousie, Aragon, Asturies, Baléares, Canaries, Cantabrie, Castille-et-León, Castille-La Manche, Catalogne, Estrémadure, Galice, Madrid, Murcie, Navarre, Pays basque, La Rioja, Communauté valencienne, auxquelles s'ajoutent les villes de Ceuta et Melilla.

comunión *nf* communion *f* ; **primera ~** première communion
comunique *etc vb ver* **comunicar**
comunismo *nm* communisme *m*
comunista *adj, nmf* communiste *mf*
comunitario, -a *adj* communautaire

PALABRA CLAVE

con *prep* **1** (*medio, compañía, modo*) avec ; **comer con cuchara** manger avec une cuillère ; **café con leche** café *m* au lait ; **con habilidad** avec habileté ; **pasear con algn** se promener avec qn
2 (*actitud, situación*): **piensa con los ojos cerrados** il pense les yeux fermés ; **estoy con un catarro** j'ai un rhume
3 (*contenido*): **una libreta con direcciones** un carnet d'adresses ; **una maleta con ropa** une valise contenant des vêtements
4 (*a pesar de*): **con todo, merece nuestros respetos** malgré tout, il mérite notre respect
5 (*relación, trato*): **es muy bueno con los niños** il sait s'y prendre avec les enfants
6 (*+ infin*): **con llegar tan tarde se quedó sin comer** comme il est arrivé si tard, il n'a pas pu manger ; **con estudiar un poco apruebas** en étudiant un peu tu y arriveras
7 (*queja*): **¡con las ganas que tenía de hacerlo!** moi qui avais tellement envie de le faire !
▸ *conj* **1**: **con que**: **será suficiente con que le escribas** il suffit que tu lui écrives
2: **con tal (de) que** du moment que

conato *nm* tentative *f* ; (*de incendio*) début *m*
concatenación *nf* enchaînement *m*
concavidad *nf* concavité *f*
cóncavo, -a *adj* concave
concebir *vt, vi* concevoir ; **¡no lo concibo!** je n'arrive pas à le comprendre !
conceder *vt* accorder ; (*premio*) décerner
concejal, -a *nm/f* conseiller(-ère) municipal(e)

concejalía *nf* (*cargo*) poste *m* de conseiller municipal ; (*departamento*) bureau *m* de conseiller municipal
concejo *nm* (*ayuntamiento*) conseil *m* municipal
concentración *nf* concentration *f*
concentrado, -a *adj* concentré(e) ; (*gente*) rassemblé(e) ▸ *nm* concentré *m*
concentrar *vt* concentrer ; (*personas*) rassembler ; **concentrarse** *vpr* se concentrer ; **concentrarse (en)** se concentrer (sur)
concéntrico, -a *adj* concentrique
concepción *nf* conception *f*
concepto *nm* (*idea*) concept *m* ; **en ~ de** (*Com*) à *o* au titre de ; **tener buen/mal ~ de algn** avoir bonne/mauvaise opinion de qn ; **bajo ningún ~** en aucun cas
conceptual *adj* conceptuel(le)
conceptuar *vt* estimer, juger
concerniente *adj*: **~ a** concernant, relatif(-ive) ; **en lo ~ a** en ce qui concerne
concernir *vi* concerner ; **en lo que concierne a** en ce qui concerne
concertado, -a *adj* (*centro, colegio, hospital*) privé(e) sous contrat
concertar *vt* (*precio*) se mettre d'accord sur ; (*entrevista*) fixer ; (*tratado, paz*) conclure ; (*esfuerzos*) associer ; (*Mús*) accorder ▸ *vi* (*Mús*) être en harmonie ; (*concordar*): **~ con** concorder avec
concertina *nf* concertina *m*
concertista *nmf* concertiste *mf*
concesión *nf* (*Com: adjudicación*) concession *f* ; **hacer concesiones** faire des concessions ; **sin concesiones** sans concession
concesionario, -a *nm/f* (*Com*) concessionnaire *mf*
concha *nf* (*de molusco*) coquille *f* ; (*de tortuga*) carapace *f* ; (*Am fam!: coño*) moule *f* (*fam !*)
conchabarse *vpr* conspirer, comploter
conchudo, -a (*CSur fam!*) *nm/f* connard (connasse) (*fam !*)
conciencia *nf* conscience *f* ; **libertad de ~** liberté *f* de conscience ; **hacer algo a ~** faire qch consciencieusement ; **tener/tomar ~ de** avoir/prendre conscience de ; **tener la ~ limpia** *o* **tranquila** avoir la conscience tranquille ; **tener plena ~ de** avoir pleine conscience de
concienciación *nf* sensibilisation *f*, prise *f* de conscience ; **una campaña de ~ ciudadana** une campagne de sensibilisation des citoyens
concienciar *vt* faire prendre conscience à ; **concienciarse** *vpr* prendre conscience
concienzudo, -a *adj* consciencieux(-euse)
concierne *etc vb ver* **concernir**
concierto *nm* (*Mús: acto*) concert *m* ; (*: obra*) concerto *m* ; (*convenio*) accord *m*
conciliación *nf* conciliation *f*
conciliador, a *adj, nm/f* conciliateur(-trice)
conciliar *vt* concilier ; **~ el sueño** trouver le sommeil ; **~ trabajo y familia** concilier travail et vie de famille ▸ *adj* (*Rel*) conciliaire
concilio *nm* concile *m*
concisión *nf* concision *f*
conciso, -a *adj* concis(e)
conciudadano, -a *nm/f* concitoyen(ne)
conclave, cónclave *nm* conclave *m*
concluir *vt* conclure ▸ *vi* (se) terminer ; **todo ha concluido** c'est terminé ; **concluirse** *vpr* prendre fin, se terminer
conclusión *nf* conclusion *f* ; **llegar a la ~ de que ...** en arriver à la conclusion que ...
concluya *etc vb ver* **concluir**
concluyente *adj* concluant(e)
concordancia *nf* concordance *f* ; (*Ling, Mús*) accord *m*
concordar *vi*: **~ (con)** concorder (avec)
concordato *nm* concordat *m*
concordia *nf* concorde *f*
concretamente *adv* concrètement ; (*específicamente*) en particulier
concretar *vt* concrétiser ; (*fecha, día*) fixer ; **concretarse** *vpr*: **concretarse a (hacer)** s'en tenir à (faire)
concreto, -a *adj* concret(-ète) ; (*determinado*) précis(e) ; **un día ~** un jour précis ; **en ~** en somme ; (*específicamente*) en particulier ; **no hay nada en ~** il n'y a rien de concret ▸ *nm* (*Am: hormigón*) béton *m*
concubina *nf* concubine *f*
concuerde *etc vb ver* **concordar**
concupiscencia *nf* concupiscence *f*
concurrencia *nf* assistance *f* ; (*de sucesos, factores*) concours *m*
concurrido, -a *adj* fréquenté(e)
concurrir *vi* (*sucesos*) coïncider ; (*factores*) concourir ; (*ríos*) confluer ; (*avenidas*) converger ; (*público*) assister
concursante *nmf* concurrent(e) ; (*para proyecto, trabajo*) candidat(e)
concursar *vi* concourir ; (*TV, Radio*) participer ; (*para proyecto*) être candidat(e)
concurso *nm* concours *m*
condado *nm* comté *m*
condal *adj ver* **ciudad**
conde *nm* comte *m*
condecoración *nf* décoration *f*
condecorar *vt* décorer
condena *nf* condamnation *f* ; **cumplir una ~** purger une peine
condenado, -a *adj* (*Jur*) condamné(e) ; (*fam*) maudit(e) (*fam*), satané(e) (*fam*) ▸ *nm/f* (*Jur*) condamné(e)
condenar *vt* condamner ; **~ (a)** condamner (à) ; **~ a algn a hacer** condamner qn à faire ; **condenarse** *vpr* (*Jur*) se reconnaître coupable ; (*Rel*) se damner
condensación *nf* condensation *f*

condensador *nm* condensateur *m*
condensar *vt* condenser ; **condensarse** *vpr* se condenser
condesa *nf* comtesse *f*
condescendencia *nf* condescendance *f*
condescender *vi*: **~ (a hacer)** condescendre (à faire)
condescendiente *adj* condescendant(e) ; **ser ~ con algn** se montrer condescendant envers qn
condescienda *etc vb ver* **condescender**
condición *nf* condition *f* ; (*estado*) état *m* ; (*modo de ser*) caractère *m* ; **a ~ de que ...** à condition que ... ; **condiciones** *nfpl* (*requisitos, circunstancias*) conditions *fpl* ; (*cualidades*) capacités *fpl*, aptitudes *fpl* ; **no estar en condiciones de hacer** ne pas être en état de faire ; **las condiciones del contrato** les conditions du contrat ; **condiciones de trabajo/vida** conditions de travail/vie ; **condiciones de venta** conditions de vente
condicional *adj* conditionnel(le) ; *ver tb* **libertad**
condicionamiento *nm* conditionnement *m*
condicionar *vt* conditionner ; **estar condicionado a** dépendre de
condimentar *vt* assaisonner
condimento *nm* condiment *m*
condiscípulo, -a *nm/f* condisciple *mf*
condolencia *nf* condoléances *fpl*
condolerse *vpr* compatir
condominio *nm* (*Am: apartamento*) appartement *m* ; (*Com*) condominium *f*
condón *nm* capote *f*
condonación *nf* remise *f*
condonar *vt* remettre
cóndor *nm* condor *m*
conducción *nf* conduite *f*
conducente *adj*: **~ a** conduisant à
conducir *vt* conduire ; (*suj: camino, escalera, negocio*) conduire, mener ▸ *vi* conduire ; **esto no conduce a nada/ninguna parte** cela ne mène à rien/nulle part ; **conducirse** *vpr* se conduire
conducta *nf* conduite *f*
conducto *nm* conduit *m* ; **por ~ oficial** par voie officielle
conductor, a *adj* (*Fís, Elec*) conducteur(-trice) ▸ *nm* conducteur *m* ▸ *nm/f* conducteur(-trice)
conduela *etc vb ver* **condolerse**
conduje *etc vb ver* **conducir**
conduzca *etc vb ver* **conducir**
conectado, -a *adj* connecté(e)
conectar *vt* relier ; (*tubos*) raccorder ; (*Telec*) brancher ; (*enchufar*) connecter, brancher ; (*Inform*) connecter ▸ *vi*: **~ (con)** (*TV, Radio*) donner l'antenne (à) ; (*fam: personas*) être sur la même longueur d'onde que (*fam*) ; **conectarse** *vpr* (*Inform*) se connecter
conectividad *nf* connectivité *f*
conector *nm* connecteur *m*
conejillo *nm*: **~ de Indias** cochon *m* d'Inde ; (*fig*) cobaye *m*
conejo, -a *nm/f* lapin(e)
conexión *nf* connexion *f* ; **conexiones** *nfpl* (*amistades*) contacts *mpl*
confabulación *nf* complot *m*
confabular *vi* comploter ; **confabularse** *vpr*: **confabularse (para hacer algo)** conspirer (pour faire qch)
confección *nf* confection *f* ; **ropa de ~** prêt-à-porter *m* ; **~ de caballero/señora** prêt-à-porter pour hommes/femmes
confeccionar *vt* confectionner
confederación *nf* confédération *f*
conferencia *nf* conférence *f* ; (*Telec*) communication *f* interurbaine ; **~ a cobro revertido** (*Telec*) appel *m* en PCV ; **~ de prensa** conférence de presse
conferenciante *nmf* conférencier(-ière)
conferir *vt* (*tb fig*) conférer
confesar *vt* confesser, avouer ; **he de ~ que** je dois avouer que ▸ *vi* (*Rel*) confesser ; (*Jur*) avouer ; **confesarse** *vpr* se confesser
confesión *nf* confession *f*, aveu *m* ; (*Rel*) confession
confesional *adj* confessionnel(le)
confesionario *nm* (*Rel*) confessionnal *m*
confeso, -a *adj* (*Jur*): **un reo ~** un prisonnier qui est passé aux aveux
confesor *nm* confesseur *m*
confeti *nm* confetti *m*
confiadamente *adv* avec confiance
confiado, -a *adj* confiant(e) ; **está ~ en que aprobará** il est confiant de son succès
confianza *nf* confiance *f* ; (*familiaridad*) familiarité *f* ; **de ~** (*persona*) de confiance ; (*alimento*) de qualité ; **en ~** en (toute) confiance ; **margen de ~** marge *f* de confiance ; **tener ~ con algn** être intime avec qn ; **tomarse confianzas con algn** (*pey*) se permettre des familiarités avec qn ; **hablar con ~** parler en toute confiance
confiar *vt* confier ▸ *vi* avoir confiance ; **~ en** avoir confiance en ; **~ en hacer/en que** compter faire/que ; **confiarse** *vpr* être confiant(e)
confidencia *nf* confidence *f*
confidencial *adj* confidentiel(le) ; **« ~ »** (*en sobre*) « confidentiel »
confidencialidad *nf* confidentialité *f* ; **en la más estricta ~** dans la plus stricte confidentialité
confidencialmente *adv* confidentiellement
confidente *nmf* (*amigo*) confident(e) ; (*policial*) informateur(-trice), indicateur(-trice)
confiera *etc vb ver* **conferir**
confiese *etc vb ver* **confesar**
configuración *nf* configuration *f* ; **la ~ del terreno** la configuration du terrain
configurar *vt* façonner ; (*Inform*) configurer

C

confín *nm*: **el ~ del mundo** le bout du monde ; **confines** *nmpl* (*límites*): **en los confines de** aux confins de
confinación *nf*, **confinamiento** *nm* (*de exiliado*) exil *m* ; (*de detenido*) assignation *f* à résidence ; (*de enfermo*) confinement *m*
confinar *vt* (*exiliado*) exiler ; (*detenido*) assigner à résidence ; (*enfermo*) confiner
confiriendo *etc vb ver* **conferir**
confirmación *nf* confirmation *f*
confirmar *vt* confirmer ; **la excepción confirma la regla** l'exception confirme la règle ; **confirmarse** *vpr* se confirmer ; (*Rel*) faire sa confirmation
confiscar *vt* confisquer
confisque *etc vb ver* **confiscar**
confitado, -a *adj* confit(e)
confite *nm* confiserie *f*
confitería *nf* (*tienda*) confiserie *f* ; (CSUR: *café*) café *m*
confitura *nf* confiture *f*
conflagración *nf* conflagration *f*
conflictividad *nf* (*tensiones*) conflits *nmpl* ; (*cualidad*) caractère *m* conflictuel ; **~ laboral** conflits du travail ; **~ social** conflits sociaux, tension *f* sociale
conflictivo, -a *adj* conflictuel(le) ; (*época*) de conflits
conflicto *nm* conflit *m* ; (*fig: problema*) problème *m* ; **estar en un ~** être dans l'embarras ; **~ laboral** conflit social *o* du travail
confluencia *nf* confluence *f*
confluir *vi* (*ríos*) confluer ; (*carreteras, personas*) se rejoindre
confluya *etc vb ver* **confluir**
conformar *vt* (*carácter, paisaje*) façonner ; (*persona*) contenter, satisfaire ; **~ algo a** *o* **con** adapter qch à ▸*vi*: **~ con** être conforme à ; **conformarse** *vpr*: **conformarse con** se contenter de ; (*resignarse*) se résigner à ; **conformarse con hacer** se contenter de faire
conforme *adj* conforme ; (*de acuerdo*) d'accord ; (*satisfecho*) content(e), satisfait(e) ; **~ a** conformément à ; **~ con** content(e) *o* satisfait(e) de ▸*conj* (*tal como*) tel que, comme ; (*a medida que*) à mesure que ▸*excl* d'accord !
conformidad *nf* conformité *f* ; (*aprobación*) accord *m*, approbation *f* ; (*resignación*) résignation *f* ; **en ~ con** conformément à ; **dar su ~** donner son accord
conformismo *nm* conformisme *m*
conformista *adj, nmf* conformiste *mf*
confort [kon'for] (*pl* **conforts**) *nm* confort *m*
confortable *adj* confortable
confortablemente *adv* confortablement
confortar *vt* réconforter
confraternidad *nf* confraternité *f* ; **espíritu de ~** esprit *m* confraternel
confraternizar *vi* fraterniser
confrontación *nf* (*enfrentamiento*) confrontation *f*
confrontar *vt* confronter ; (*situación, peligro*) affronter ; **confrontarse** *vpr* s'affronter ; **confrontarse con** affronter
confundido, -a *adj* (*desconcertado*) désorienté(e), déconcerté(e) ; (*equivocado*): **puede que esté ~, pero creo que te he visto antes** je peux me tromper, mais je crois t'avoir vu avant
confundir *vt* confondre ; (*persona: embrollar*) embrouiller ; (*: desconcertar*) confondre ; **~ algo/a algn con** confondre qch/qn avec ; **confundirse** *vpr* (*equivocarse*) se tromper ; (*hacerse borroso*) se confondre ; (*turbarse*) être confondu(e) ; (*mezclarse*) se confondre ; **confundirse de** se tromper de
confusión *nf* confusion *f*
confuso, -a *adj* confus(e)
congelación *nf* congélation *f* ; **~ de créditos** gel *m* des crédits
congelado, -a *adj* (*carne, pescado*) congelé(e) ; **congelados** *nmpl* (*Culin*) surgelés *mpl*
congelador *nm* congélateur *m*
congelar *vt* congeler ; (*Com, Fin*) geler ; **congelarse** *vpr* se congeler ; (*fam: persona*) se geler ; (*sangre, grasa*) se figer
congénere *nmf* (*persona*) congénère *mf*
congeniar *vi*: **~ (con)** s'entendre (avec)
congénito, -a *adj* congénital(e)
congestión *nf* (*de tráfico*) encombrement *m* ; (*Med*) congestion *f*
congestionado, -a *adj* congestionné(e) ; (*tráfico, carretera*) encombré(e)
congestionar *vt* congestionner ; **congestionarse** *vpr* se congestionner
conglomerado *nm* (*Constr, Tec*) aggloméré *m* ; (*de factores, intereses*) conglomérat *m*
Congo *nm* Congo *m*
congoja *nf* chagrin *m*
congoleño, -a *adj* congolais(e) ▸*nm/f* Congolais(e)
congraciarse *vpr*: **~ con** s'attirer les bonnes grâces de
congratular *vt* féliciter ; **congratularse** *vpr*: **congratularse de** *o* **por** se féliciter de
congregación *nf* congrégation *f*
congregar *vt* réunir, rassembler ; **congregarse** *vpr* se réunir, se rassembler
congregue *etc vb ver* **congregar**
congresista *nmf* congressiste *mf*
congreso *nm* congrès *m* ; **C~ de los Diputados** (ESP) (*Pol*) ≈ Assemblée *f* nationale
congrio *nm* congre *m*
congruente *adj*: **~ (con)** en accord (avec)
cónico, -a *adj* conique
conífera *nf* conifère *m*
conjetura *nf* conjecture *f* ; **solo podemos hacer conjeturas** nous en sommes réduits aux conjectures

conjeturar *vt* conjecturer
conjugación *nf* conjugaison *f*
conjugar *vt* conjuguer
conjugue *etc vb ver* **conjugar**
conjunción *nf* (*Ling*) conjonction *f* ; (*de esfuerzos, cualidades*) conjugaison *f*
conjuntamente *adv* ensemble, conjointement
conjuntivitis *nf* conjonctivite *f*
conjunto, -a *adj* commun(e) ▸ *nm* ensemble *m* ; (*de circunstancias*) concours *msg* ; (*de música pop*) groupe *m* ; **de ~** (*visión, estudio*) d'ensemble ; **en ~** dans l'ensemble
conjura, conjuración *nf* conjuration *f*
conjurar *vt, vi* conjurer ; **conjurarse** *vpr* se conjurer
conjuro *nm* conjuration *f*
conllevar *vt* supporter ; (*riesgo, problema*) comporter
conmemoración *nf* commémoration *f*
conmemorar *vt* commémorer
conmemorativo, -a *adj* commémoratif(-ive)
conmigo *pron* avec moi
conminar *vt* sommer ; **~ a algn a hacer** sommer qn de faire
conmiseración *nf* commisération *f*
conmoción *nf* commotion *f* ; (*en sociedad, costumbres*) bouleversement *m* ; **~ cerebral** (*Med*) commotion cérébrale
conmovedor, a *adj* émouvant(e)
conmover *vt* émouvoir ; (*suj: terremoto, estrépito*) ébranler ; **conmoverse** *vpr* s'émouvoir
conmueva *etc vb ver* **conmover**
conmutación *nf* (*Inform*) commutation *f* ; **~ de mensajes/por paquetes** commutation de messages/par paquets
conmutador *nm* (*AM Telec*) standard *m*
conmutar *vt* commuer
connivencia *nf*: **estar en ~ con** être de connivence avec
connotación *nf* connotation *f*
cono *nm* (*Mat*) cône *m* ; **C~ Sur** (*Geo*) *Chili, Argentine, Uruguay*
conocedor, a *adj, nm/f* connaisseur(-euse)
conocer *vt* connaître ; (*reconocer*) reconnaître ; **dar a ~** faire connaître *o* savoir ; **darse a ~** se faire connaître ; **conocerse** *vpr* se connaître ; **se conoce que ...** il semble *o* paraît que ...
conocido, -a *adj* connu(e) ▸ *nm/f* (*persona*) connaissance *f*
conocimiento *nm* connaissance *f* ; (*de la madurez*) raison *f* ; (*Náut: tb:* **conocimiento de embarque**) connaissement *m* ; **hablar con ~ de causa** parler en connaissance de cause ; **poner en ~ de algn** faire savoir à qn ; **tener ~ de** avoir connaissance de ; **perder/recobrar el ~** perdre/reprendre connaissance ; **~ (de embarque) aéreo** (*Com*) lettre *f* de transport aérien ; **conocimientos** *nmpl* (*saber*) connaissances *fpl*
conozca *etc vb ver* **conocer**
conque *conj* ainsi donc, alors
conquense *adj* de Cuenca ▸ *nmf* natif(-ive) *o* habitant(e) de Cuenca
conquista *nf* conquête *f*
conquistador, a *adj, nm/f* conquérant(e) ▸ *nm* (*de América*) conquistador *m* ; (*seductor*) séducteur *m*
conquistar *vt* conquérir ; (*puesto*) obtenir ; (*simpatía, fama*) conquérir ; (*enamorar*) conquérir, faire la conquête de
consabido, -a *adj* bien connu(e) ; **las consabidas excusas** (*pey*) les excuses habituelles
consagración *nf* (*tb Rel*) consécration *f* ; (*a trabajo, actividad*) dévouement *m*
consagrado, -a *adj* (*Rel, escritor*) consacré(e)
consagrar *vt* (*tb Rel*) consacrer ; **~ como** (*acreditar*) sacrer ; **consagrarse** *vpr*: **consagrarse a** se consacrer à ; **consagrarse como** se confirmer comme
consanguíneo, -a *adj* consanguin(e)
consciencia *nf* = **conciencia**
consciente *adj* conscient(e) ; **estar ~** être conscient(e) ; **ser ~ de** être conscient(e) de
conscientemente *adv* consciemment
conscripto *nm* (*ARG*) recrue *f*
consecución *nf* obtention *f*
consecuencia *nf* conséquence *f* ; **a ~ de** par suite de ; **en ~** en conséquence
consecuente *adj*: **~ (con)** conséquent(e) (avec)
consecutivo, -a *adj* consécutif(-ive)
conseguido, -a *adj* réussi(e)
conseguir *vt* obtenir ; (*sus fines*) parvenir à ; **~ hacer** arriver à faire
consejería *nf* (*Pol*) *ministère dans une communauté autonome*
consejero, -a *nm/f* (*persona*) conseiller(-ère) ; (*Pol*) *ministre dans une communauté autonome*
consejo *nm* conseil *m* ; **dar un ~** donner un conseil ; **~ de administración** (*Com*) conseil d'administration ; **C~ de Europa** Conseil de l'Europe ; **~ de guerra/de ministros** conseil de guerre/des ministres
consenso *nm* consensus *m inv*
consensuar *vt* parvenir à un consensus, arriver à un accord, s'entendre
consentido, -a *adj* gâté(e)
consentimiento *nm* consentement *m* ; **dar su ~** donner son consentement
consentir *vt* consentir ; (*mimar*) gâter ; **~ a algn hacer algo/que algn haga algo** permettre à qn de faire qch/que qn fasse qch ▸ *vi*: **~ en hacer** consentir à faire
conserje *nmf* concierge *mf*
conserjería *nf* conciergerie *f*
conserva *nf* conserve *f* ; **en ~** en conserve ; **conservas** *nfpl* conserves *fpl*
conservación *nf* (*de paisaje, naturaleza*) conservation *f* ; (*de especie*) protection *f*

C

conservacionismo *nm* écologisme *m*
conservacionista *adj, nmf* écologiste *mf*
conservador, a *adj, nm/f* conservateur(-trice)
conservadurismo *nm (Pol etc)* conservatisme *m*
conservante *nm* conservateur *m*
conservar *vt (gen)* conserver ; *(costumbre, figura)* garder ; **conservarse** *vpr*: **conservarse bien** *(comida etc)* bien se conserver ; **conservarse joven** être bien conservé(e)
conservatorio *nm (Mús)* conservatoire *m* ; *(Am)* serre *f*
conservero, -a *adj (industria)* de la conserve
considerable *adj (importante)* important(e) ; *(grande)* considérable
consideración *nf* considération *f* ; **de ~** *(herida, daño)* grave ; **tomar en ~** prendre en considération ; **¡qué falta de ~!** quel manque de considération ! ; **de mi/nuestra (mayor) ~** *(Am Admin)* Madame, Monsieur
considerado, -a *adj (atento)* attentionné(e) ; *(respetado)* respecté(e) ; **estar bien/mal ~** être bien/mal vu(e)
considerar *vt* considérer
consienta *etc vb ver* **consentir**
consigna *nf* consigne *f*
consignación *nf (Com)* consignation *f* ; **~ de créditos** allocation *f* de crédits
consignar *vt (Com)* consigner ; *(créditos)* allouer
consignatario, -a *nm/f (Com)* consignataire *mf*
consigo *vb ver* **conseguir** ▸ *pron (m)* avec lui ; *(f)* avec elle ; *(usted(es))* avec vous ; **~ mismo** avec soi-même
consiguiendo *etc vb ver* **conseguir**
consiguiente *adj*: **el ~ susto/nerviosismo** la peur/nervosité qui en résulte ; **por ~** par conséquent
consintiendo *etc vb ver* **consentir**
consistencia *nf* consistance *f* ; *(de teoría)* solidité *f*
consistente *adj* consistant(e) ; *(material, pared, teoría)* solide ; **~ en** qui consiste en
consistir *vi*: **~ en algo/hacer algo** consister en qch/à faire qch
consistorio *nm (Pol)* conseil *m* municipal ; *(: edificio)* hôtel *m* de ville
consola *nf* console *f* ; **~ de juegos** console de jeux ; **~ de mando** *(Inform)* console ; **~ de visualización** console de visualisation
consolación *nf ver* **premio**
consolador, a *adj* consolateur(-trice) ▸ *nm (sexual)* godemiché *m*, vibromasseur *m*
consolar *vt* consoler ; **consolarse** *vpr*: **consolarse (con)** se consoler (avec) ; **consolarse haciendo** se consoler en faisant
consolidación *nf* consolidation *f*
consolidar *vt* consolider
consomé *nm (Culin)* consommé *m*
consonancia *nf* harmonie *f* ; **en ~ con** en accord avec
consonante *nf* consonne *f* ▸ *adj* consonantique
consorcio *nm (Com)* consortium *m*
consorte *nmf* conjoint(e)
conspiración *nf* conspiration *f*
conspirador, a *nm/f* conspirateur(-trice)
conspirar *vi* conspirer
constancia *nf* constance *f* ; *(testimonio)* témoignage *m* ; **dejar ~ de algo** faire état de qch
constante *adj* constant(e) ▸ *nf (Mat, fig)* constante *f*
constantemente *adv* constamment
constar *vi*: **~ (en)** figurer (dans) ; **~ de** se composer de ; **hacer ~** manifester ; **me consta que ...** je suis conscient(e) que ... ; **(que) conste que lo hice por ti** n'oublie pas que c'est pour toi que je l'ai fait
constatación *nf* constatation *f*
constatar *vt* constater
constelación *nf* constellation *f*
consternación *nf* consternation *f*
consternar *vt* consterner
constipado, -a *adj*: **estar ~** être enrhumé(e) ▸ *nm* rhume *m*
constiparse *vpr* s'enrhumer
constitución *nf* constitution *f* ; *(de tribunal, equipo etc)* composition *f*
constitucional *adj* constitutionnel(le)
constitucionalidad *nf* constitutionnalité *f*
constituir *vt* constituer ; **constituirse** *vpr* se constituer
constitutivo, -a *adj* constitutif(-ive)
constituya *etc vb ver* **constituir**
constituyente *adj* constituant(e) ; **cortes constituyentes** assemblée *fsg* constituante
constreñir *vt (limitar)* restreindre ; *(obligar)* contraindre
constriñendo *etc vb ver* **constreñir**
constriño *etc vb ver* **constreñir**
construcción *nf* construction *f*
constructivo, -a *adj* constructif(-ive)
constructor, a *nm/f* constructeur(-trice) ▸ *nf* entreprise *f* de construction
construir *vt* construire
construyendo *etc vb ver* **construir**
consuelo *vb ver* **consolar** ▸ *nm* consolation *f* ; **sin ~** inconsolable
consuetudinario, -a *adj*: **derecho ~** droit *m* coutumier
cónsul *nmf* consul(e)
consulado *nm* consulat *m*
consular *adj* consulaire ; **Sección C~** section *f* consulaire
consulta *nf* consultation *f* ; *(Med: consultorio)* cabinet *m* ; **horas de ~** heures *fpl* de consultation ; **obra de ~** ouvrage *m* de référence

consultar *vt* consulter ; **~ algo con algn** consulter qn au sujet de qch ; **~ un archivo** (*Inform*) consulter un fichier
consultor, a *nm/f*: **~ en dirección de empresas** consultant(e), expert(e)-conseil
consultora *nf* cabinet *m* de conseil
consultoría *nf* cabinet-conseil *m* ; **~ de dirección**, **~ gerencial** conseil *m* en management
consultorio *nm* (*Med*) cabinet *m* ; (*en periódico etc*) courrier *m* du cœur
consumado, -a *adj* (*bribón*) fieffé(e) ; (*actor*) accompli(e) ; **hecho ~** fait *m* accompli
consumar *vt* consommer ; (*sentencia*) exécuter
consumición *nf* consommation *f* ; **~ mínima** prix *m* minimum de la consommation
consumido, -a *adj* décharné(e)
consumidor, a *nm/f* consommateur(-trice)
consumir *vt* consommer ; **consumirse** *vpr* se consumer ; (*caldo*) réduire ; (*persona*) dépérir ; **consumirse (de celos/de envidia/de rabia)** se consumer (de jalousie/d'envie/de rage)
consumismo *nm* (*Com*) surconsommation *f*
consumista *adj* consumériste
consumo *nm* consommation *f* ; **bienes/ sociedad de ~** biens *mpl*/société *f* de consommation
contabilice *etc vb ver* **contabilizar**
contabilidad *nf* comptabilité *f* ; **~ de costes** *o* **analítica** comptabilité analytique ; **~ de doble partida/por partida simple** comptabilité en partie double/en partie simple ; **~ de gestión** comptabilité de gestion
contabilizar *vt* comptabiliser
contable *nmf* comptable *mf* ; **~ de costos** analyste *mf* des coûts
contactar *vi*: **~ con algn** contacter qn
contacto *nm* contact *m* ; **estar/ponerse en ~ con algn** être/se mettre en contact avec qn ; **perder ~** (*amigos*) se perdre de vue
contado, -a *adj*: **en casos contados** dans de rares cas ▸ *nm*: **al ~** au comptant ; **pagar al ~** payer comptant
contador, a *nm/f* (*AM*: *contable*) comptable *mf* ▸ *nm* (*aparato*) compteur *m*
contaduría *nf* comptabilité *f*
contagiar *vt* (*enfermedad*) passer ; (*persona*) contaminer ; (*fig*: *entusiasmo*) transmettre ; **contagiarse** *vpr* (*sentimiento*) se transmettre ; **contagiarse de la gripe** attraper la grippe
contagio *nm* contagion *f*
contagioso, -a *adj* (*tb fig*) contagieux(-euse)
contaminación *nf* (*de alimentos*) contamination *f* ; (*del agua, ambiente*) pollution *f*
contaminante *adj* polluant(e) ▸ *nm* polluant *m*
contaminar *vt* (*aire, agua*) polluer ; (*fig*) contaminer
contante *adj*: **dinero ~** argent *m* comptant ; **dinero ~ y sonante** espèces *fpl* sonnantes et trébuchantes
contar *vt* (*dinero etc*) compter ; (*historia etc*) conter, raconter ; **lo cuento entre mis amigos** il est de mes amis ; **¿qué (te) cuentas?** comment tu vas ? ▸ *vi* compter ; **~ con** (*persona*) compter sur ; (*disponer de*: *plazo etc*) disposer de ; (: *habitantes*) compter ; **sin ~** sans compter ; **contarse** *vpr* (*calcularse*) se compter ; (*incluirse*) compter
contemplación *nf* contemplation *f* ; **contemplaciones** *nfpl* (*miramientos*) égards *mpl* ; **no andarse con contemplaciones** ne pas y aller par quatre chemins
contemplar *vt* contempler ; (*considerar*) envisager ; (*mimar*) être aux petits soins pour
contemplativo, -a *adj*: **vida contemplativa** vie *f* contemplative
contemporáneo, -a *adj, nm/f* contemporain(e)
contemporizar *vi*: **~ con** transiger avec
contención *nf* (*moderación*) retenue *f* ; (*Jur*) action *f* ; **muro de ~** mur *m* de retenue
contencioso, -a *adj* (*Jur etc*) contentieux(-euse) ▸ *nm* (*Jur*) contentieux *msg*
contender *vi* (*luchar*) être en conflit ; (*competir*) rivaliser
contendiente *adj* (*persona, país*) rival(e) ; (*Deporte*) adverse ▸ *nmf* (*persona, país*) rival(e) ; (*Deporte*) adversaire *mf*
contendrá *etc vb ver* **contener**
contenedor *nm* conteneur *m*
contener *vt* contenir ; (*risa, caballo etc*) retenir ; **contenerse** *vpr* se retenir
contenga *etc vb ver* **contener**
contenido, -a *adj* contenu(e) ▸ *nm* contenu *m*
contentar *vt* faire plaisir à ; **contentarse** *vpr*: **contentarse (con)** se contenter (de) ; **contentarse con hacer** se contenter de faire
contento, -a *adj*: **~ (con/de)** content(e) (de)
conteo *nm* estimation *f*, calcul *m*
contertuliano, -a, contertulio, -a *nm/f* membre *ou* habitué(e) d'un cercle *ou* d'une réunion, intervenant(e)
contestación *nf* réponse *f* ; **~ a la demanda** (*Jur*) plaidoyer *m*
contestador *nm* (*tb*: **contestador automático**) répondeur *m*
contestar *vt* répondre ; (*Jur*) plaider ▸ *vi* répondre ; **~ a una pregunta/a un saludo** répondre à une question/à un salut
contestatario, -a *adj* contestataire
contexto *nm* contexte *m*
contextura *nf* (*de material*) texture *f* ; (*de persona*) teint *m*
contienda *nf* dispute *f*
contiene *etc vb ver* **contener**
contigo *pron* avec toi

contigüidad *nf* contiguïté *f*
contiguo, -a *adj*: **~ (a)** contigu(ë) (à)
continencia *nf* continence *f*
continental *adj* continental(e)
continente *nm* continent *m*
contingencia *nf* (*posibilidad*) éventualité *f* ; (*riesgo*) risque *m*
contingente *adj* contingent(e) ; (*posible*) possible ▸ *nm* (*Mil, Com*) contingent *m*
continuación *nf* (*de trabajo, estancia, obras*) poursuite *f* ; (*de novela, película, calle*) suite *f* ; **a ~** juste après
continuamente *adv* sans interruption ; (*incesantemente*) continuellement
continuar *vt* continuer, poursuivre ; (*reanudar*) reprendre ▸ *vi* (*permanecer*) rester ; (*mantenerse, prolongarse*) continuer ; (*telenovela etc*) reprendre ; **~ haciendo** continuer de *o* à faire ; **~ siendo** être toujours
continuidad *nf* continuité *f*
continuismo *nm* (*Pol*) immobilisme *m*
continuo, -a *adj* continu(e) ; (*llamadas, quejas*) continuel(le)
contonearse *vpr* (*hombre*) rouler des épaules ; (*mujer*) se dandiner
contorno *nm* (*silueta*) contours *mpl* ; (*en dibujo*) contour *m* ; **contornos** *nmpl* (*alrededores*) environs *mpl*
contorsión *nf* contorsion *f*
contra *prep* contre ; **en ~ (de)** contre ▸ *adj* (*NIC*) contra ▸ *nmf* contra *mf* ▸ *nf*: **la C~ (nicaragüense)** les Contras *mpl* ▸ *nm ver* **pro**
contraalmirante *nm* contre-amiral *m*
contraanálisis *nm* contre-analyse *f*, contre-test *m*
contraataque *nm* contre-attaque *f*
contrabajo *nm* contrebasse *f*
contrabandista *nmf* contrebandier(-ière)
contrabando *nm* contrebande *f* ; **de ~** de contrebande ; **llevar/pasar algo de ~** passer qch en contrebande ; **~ de armas** contrebande d'armes
contracción *nf* contraction *f*
contrachapado *nm* contre-plaqué *m*
contracorriente: **a ~** *adv* à contre-courant
contractual *adj* contractuel(le)
contractura *nf* contracture *f*
contracultura *nf* contre-culture *f*
contradecir *vt* contredire ; **contradecirse** *vpr* se contredire ; **esto se contradice con ...** ceci est en contradiction avec ...
contradicción *nf* contradiction *f* ; **el espíritu de la ~** l'esprit *m* de contradiction ; **en ~ con** en contradiction avec
contradicho *pp de* **contradecir**
contradiciendo *etc vb ver* **contradecir**
contradictorio, -a *adj* contradictoire
contradiga *etc vb ver* **contradecir**
contradije *etc vb ver* **contradecir**
contradirá *etc vb ver* **contradecir**
contraer *vt* contracter ; **~ matrimonio con** épouser ; **contraerse** *vpr* se contracter
contraespionaje *nm* contre-espionnage *m*
contrafuerte *nm* contrefort *m*
contragolpe *nm* contrecoup *m*
contrahecho, -a *adj* contrefait(e)
contraiga *etc vb ver* **contraer**
contraindicaciones *nfpl* (*Med*) contre-indications *fpl*
contraje *etc vb ver* **contraer**
contralor *nm* (*AM Admin*) contrôleur *m* des Finances
contralto *nm* contralto *m*
contraluz *nm* (*Foto*) contre-jour *m* ; **a ~** à contre-jour
contramaestre *nm* (*Náut*) sous-officier *m* ; (*Tec*) contremaître *m*
contraofensiva *nf* = **contraataque**
contraoferta *nf* contre-proposition *f*
contraorden *nf* contrordre *m*
contrapartida *nf* (*Com*) contrepartie *f* ; **como ~ (de)** en contrepartie (de)
contrapelo: **a ~** *adv* (*tb fig*) à rebrousse-poil
contrapesar *vt* contrebalancer
contrapeso *nm* (*tb fig*) contrepoids *msg* ; (*Com*) contrepartie *f*
contrapié: **a ~** *adv* (*en posición forzada*) à contre-pied ; (*inoportunamente*) au dépourvu
contrapondré *etc vb ver* **contraponer**
contraponer *vt* opposer ; **~ algo a** opposer qch à
contraponga *etc vb ver* **contraponer**
contraportada *nf* quatrième *m* de couverture
contraposición *nf* (*cotejo*) comparaison *f* ; (*oposición*) opposition *f* ; **en ~ a** en opposition avec
contraprestación *nf* contre-prestation *f*
contraproducente *adj* contre-productif(-ive)
contrapuesto *pp de* **contraponer**
contrapunto *nm* (*Mús*) canon *m*
contrapuse *etc vb ver* **contraponer**
contrariado, -a *adj* contrarié(e)
contrariar *vt* contrarier
contrariedad *nf* contretemps *msg* ; (*disgusto*) contrariété *f*
contrario, -a *adj* (*equipo etc*) adverse ; **~ (a)** opposé(e) (à) ; **ser ~ a** être opposé(e) à ; (*a intereses, opinión*) être contraire à ; **salvo indicación contraria** sauf indication contraire ; **al ~** au contraire ; **por el ~** tout au contraire ; **de lo ~** sinon ; **todo lo ~** tout au contraire ▸ *nm/f* adversaire *mf* ▸ *nf*: **llevar la contraria** contredire
Contrarreforma *nf* contre-réforme *f*
contrarreloj *adv* contre la montre ▸ *adj*: **prueba ~** épreuve *f* contre la montre ▸ *nf* contre-la-montre *m inv*
contrarrestar *vt* (*neutralizar*) pallier ; (*hacer frente a*) contrecarrer
contrarrevolución *nf* contre-révolution *f*

contrasentido *nm*: **es un ~ que él ...** cela n'a pas de sens qu'il ...
contraseña *nf* mot *m* de passe
contrastar *vi*: **~ con** trancher avec ▸ *vt* (*comprobar*) vérifier
contraste *nm* contraste *m*
contrata *nf* (*Jur*) contrat *m*
contratación *nf* (*de empleado*) embauche *f*, recrutement *m* ; (*de servicio*) adjudication *f* de contrat, engagement *m*
contratar *vt* (*empleado*) engager, recruter ; (*servicio*) faire appel à
contratiempo *nm* contretemps *msg* ; **a ~** (*fig*) à contretemps
contratista *nmf* entrepreneur(-euse)
contrato *nm* contrat *m* ; **~ a precio fijo** forfait *m* ; **~ a término/de compraventa/de trabajo** contrat à terme/de vente/de travail
contravalor *nm* (*Com*) valeur *f* d'échange
contravención *nf* contravention *f*
contravendré *etc vb ver* **contravenir**
contravenga *etc vb ver* **contravenir**
contravenir *vt* contrevenir
contraventana *nf* volet *m*
contraviene *etc vb ver* **contravenir**
contraviniendo *etc vb ver* **contravenir**
contrayendo *vb ver* **contraer**
contrayente *nmf* époux(-ouse)
contribución *nf* contribution *f* ; **exento de contribuciones** exonéré d'impôts ; **~ territorial** impôt *m* foncier ; **~ urbana** impôts *mpl* locaux
contribuir *vi*: **~ (a)** contribuer (à) ; **~ con** participer à raison de
contribuyendo *etc vb ver* **contribuir**
contribuyente *nmf* contribuable *mf*
contrincante *nm/f* concurrent(e)
contrito, -a *adj* contrit(e)
control *nm* contrôle *m* ; (*dominio: de nervios, impulsos*) maîtrise *f* ; (*tb*: **control de policía**) contrôle ; **llevar el ~** (*de situación*) maîtriser ; (*en asunto*) diriger ; **perder el ~** perdre le contrôle ; **~ de calidad/de cambios/de costos/de existencias/de precios** (*Com*) contrôle de qualité/des changes/des coûts/des stocks/des prix ; **~ de créditos** encadrement *m* du crédit ; **~ de (la) natalidad** contrôle des naissances ; **~ de pasaportes** contrôle des passeports
controlador, a *nm/f*: **~ aéreo(-a)** contrôleur(-euse) aérien(ne)
controlar *vt* contrôler ; (*nervios, impulsos*) maîtriser ; **controlarse** *vpr* se maîtriser
controversia *nf* controverse *f*
controvertido, -a *adj* controversé(e)
contubernio *nm* conspiration *f*
contumaz *adj* entêté(e)
contundencia *nf* (*de golpe, ataque*) force *f*, violence *f* ; (*de argumento etc*) poids *m*, force *f* ; (*de prueba*) irréfragabilité *f*
contundente *adj* (*arma, objeto*) contondant(e) ; (*argumento etc*) convaincant(e) ; (*prueba*) accablant(e)
contusión *nf* contusion *f*
contuve *etc vb ver* **contener**
conuco *nm* (*Carib Agr*) parcelle *f*
convalecencia *nf* convalescence *f*
convalecer *vi* être en convalescence ; **~ de** se remettre de
convaleciente *adj, nmf* convalescent(e)
convalezca *etc vb ver* **convalecer**
convalidación *nf* validation *f*
convalidar *vt* valider
convencer *vt* convaincre ; **~ a algn de (que haga) algo** convaincre qn de (faire) qch ; **~ a algn para que haga** convaincre qn de faire ; **esto no me convence (nada)** cela ne me convainc pas (du tout) ; **convencerse** *vpr*: **convencerse (de)** se persuader (de)
convencido, -a *adj* convaincu(e) ; **estar ~ de algo** être convaincu(e) de qch
convencimiento *nm* certitude *f* ; **llegar al/tener el ~ de que ...** acquérir la conviction/être certain(e) que ...
convención *nf* convention *f*
convencional *adj* conventionnel(le) ; (*ceremonia*) formel(le)
convencionalismo *nm* conventionnalisme *m*
convendré *etc vb ver* **convenir**
convenga *etc vb ver* **convenir**
conveniencia *nf* (*oportunidad*) opportunité *f* ; (*provecho*) intérêt *m* ; (*utilidad*) avantage *m* ; **ser de la ~ de algn** être à la convenance de qn ; **conveniencias** *nfpl* (*tb*: **conveniencias sociales**) convenances *fpl*
conveniente *adj* opportun(e) ; (*útil*) pratique ; **(no) es ~ (hacer)** il (n')est (pas) bon (de faire)
convenio *nm* accord *m* ; **~ colectivo/salarial** convention *f* collective/accord salarial
convenir *vt* convenir de ; **« sueldo a ~ »** « salaire négociable » ▸ *vi* convenir ; **~ (en) hacer** convenir de faire ; **conviene recordar que ...** il convient de rappeler que ... ; **no te conviene salir** tu ne devrais pas sortir
convento *nm* couvent *m*
convenza *etc vb ver* **convencer**
convergencia *nf* convergence *f*
convergente *adj* (*Mat, Fís*) convergent(e) ; (*Esp Pol*) *de la coalition catalane Convergència i Unió*
converger, convergir *vi* converger
converja *etc vb ver* **converger**
conversación *nf* conversation *f* ; **conversaciones** *nfpl* (*Pol*) pourparlers *mpl*
conversador, a *adj*: **es muy buen ~** il est d'une conversation agréable
conversar *vi* discuter
conversión *nf* transformation *f* ; (*Rel*) conversion *f*

C

converso, -a *nm/f* converti(e)
convertible *adj* convertible
convertir *vt* transformer ; ~ **a** (*Rel*) convertir à ; ~ **(en)** (*Com*) changer (en) ; **convertirse** *vpr* (*Rel*): **convertirse (a)** se convertir (à)
convexo, -a *adj* convexe
convicción *nf* conviction *f* ; **convicciones** *nfpl* (*ideas*) convictions *fpl*
convicto, -a *adj* condamné(e)
convidado, -a *nm/f* convive *mf*
convidar *vt*: ~ **(a)** convier (à) ; ~ **a algn a hacer** inviter qn à faire
conviene *etc vb ver* **convenir**
convierta *etc vb ver* **convertir**
convincente *adj* convaincant(e)
conviniendo *etc vb ver* **convenir**
convirtiendo *etc vb ver* **convertir**
convite *nm* (*banquete*) banquet *m* ; (*invitación*) invitation *f*
convivencia *nf* cohabitation *f*
conviviente *nmf* (CHI) concubin(e)
convivir *vi* cohabiter, vivre ensemble
convocar *vt* convoquer ; ~ **(a)** (*personas*) convoquer (à) ; (*huelga*) appeler à
convocatoria *nf* convocation *f* ; (*huelga*) appel *m*
convoque *etc vb ver* **convocar**
convoy *nm* convoi *m*
convulsión *nf* (*Med*) convulsion *f* ; (*fig: política, social*) bouleversement *m*
convulso, -a *adj* convulsé(e) ; (*fig*) agité(e)
conyugal *adj* conjugal(e) ; **vida** ~ vie *f* conjugale
cónyuge *nmf* conjoint(e)
coña (*fam!*) *nf*: **tomar algo a** ~ prendre qch à la rigolade (*fam*) ; **estar de** ~ rigoler (*fam*)
coñac [ko'ɲak] (*pl* **coñacs**) *nm* cognac *m*
coñazo (*fam!*) *nm*: **ser un** ~ être chiant (*fam !*) ; **dar el** ~ faire chier (*fam !*)
coño (*fam!*) *nm* con *m* (*fam !*) ▸ *excl* merde ! (*fam !*) ; **¡qué ~!** merde ! (*fam !*)
cookie *nm* (*Inform*) cookie *m*, témoin de connexion
cooperación *nf* coopération *f*
cooperante *nmf* coopérant(e)
cooperar *vi* coopérer
cooperativa *nf* coopérative *f* ; ~ **agrícola** coopérative agricole
cooperativista *nmf* coopérateur(-trice)
cooperativo, -a *adj* de coopération
coordenada *nf* (*Mat*) coordonnée *f* ; **coordenadas** *nfpl* (*fig*) ligne *f* directrice
coordinación *nf* coordination *f*
coordinador, a *nm/f* coordinateur(-trice) ▸ *nf* bureau *m* de coordination
coordinar *vt* coordonner
copa *nf* (*recipiente, bebida*) verre *m* (à pied) ; (*de champán, Deporte*) coupe *f* ; (*de árbol*) cime *f* ; (*de sombrero*) calotte *f* ; **tomar una** ~ prendre un verre *o* un pot (*fam*) ; **ir de copas** aller prendre un pot (*fam*) ; **sombrero de** ~ haut-de-forme *m* ; **huevo a la** ~ (CHI) œuf *m* à la coque ; **copas** *nfpl* (*Naipes*) *l'une des quatre couleurs du jeu de cartes espagnol*
copar *vt* (*puestos*) remporter
coparticipación *nf* (*Com*) coparticipation *f*
COPE *sigla f* (= *Cadena de Ondas Populares Españolas*) *station de radio*
Copenhague *n* Copenhague
copeo *nm*: **ir de** ~ aller prendre un pot (*fam*)
copete *nm*: **de alto** ~ d'une grande famille
copetín *nm* (CSUR) apéritif *m*
copia *nf* copie *f* ; (*llave*) double *m* ; **hacer una** ~ **de seguridad** (*Inform*) faire une sauvegarde ; ~ **de respaldo** *o* **de seguridad** (*Inform*) sauvegarde *f* ; ~ **de trabajo** (*Inform*) fichier *m* de travail ; ~ **impresa** (*Inform*) tirage *m* papier ; ~ **vaciada** (*Inform*) vidage *m*
copiadora *nf* photocopieuse *f* ; ~ **al alcohol** duplicateur *m* à alcool
copiar *vt* copier ; (*Inform*) faire une copie de ; ~ **al pie de la letra** copier mot pour mot ; ~ **y pegar** faire un copier-coller
copiloto *nmf* copilote *mf*
copioso, -a *adj* abondant(e) ; (*comida*) copieux(-euse)
copita *nf* petit verre *m* ; (*Golf*) tee *m*
copla *nf* (*canción*) couplet *m* ; (*Lit*) strophe *f*
copo *nm*: ~ **de nieve** flocon *m* de neige ; **copos de avena** flocons *mpl* d'avoine
coprocesador *nm* (*Inform*) traitement *m* auxiliaire
coproducción *nf* coproduction *f*
copropietario, -a *nm/f* copropriétaire *mf*
copropietarios *nmpl* (*Com*) copropriétaires *mpl*
copto, -a *adj* copte ▸ *nm/f* Copte *mf* ▸ *nm* (*Ling*) copte *m*
cópula *nf* (*Bio*) copulation *f* ; (*Ling*) copule *f*
copular *vi* copuler
COPYME *sigla f* (= *Confederación de la Pequeña y Mediana Empresa*) ≈ CGPME *f* (= *Confédération générale des petites et moyennes entreprises*)
copyright *nm* copyright *m*
coqueta *nf* (*mujer*) coquette *f* ; (*mueble*) coiffeuse *f* ; *ver tb* **coqueto**
coquetear *vi* flirter
coqueteo *nm* (*acto*) flirt *m* ; (*cualidad*) coquetterie *f*
coquetería *nf* coquetterie *f*
coqueto, -a *adj* coquet(te)
coraje *nm* courage *m* ; (*esp* AM) colère *f* ; **le da** ~ **hacer ...** ça l'énerve de faire ...
coral *adj* (*Mús*) choral(e) ▸ *nf* (*Mús*) chorale *f* ▸ *nm* (*Zool*) corail *m* ; **de** ~ en corail
Corán *nm*: **el** ~ le Coran
coraza *nf* cuirasse *f* ; (*Zool*) carapace *f*
corazón *nm* cœur *m* ; (*Bot*) noyau *m* ; **ser de buen** ~ avoir bon cœur ; **de (todo)** ~ de tout cœur ; **estar mal del** ~ être malade du cœur ; **corazones** *nmpl* (*Naipes*) cœur *msg*

corazonada *nf* pressentiment *m*
corbata *nf* cravate *f*
corbatín *nm* nœud *m* papillon
corbeta *nf* corvette *f*
Córcega *nf* Corse *f*
corcel *nm* coursier *m*
corchea *nf* (*Mús*) croche *f*
corchete *nm* agrafe *f* ; **corchetes** *nmpl* (*Tip*) crochets *mpl*
corchetera *nf* (*Chi*) agrafeuse *f*
corcho *nm* liège *m* ; (*Pesca, tapón*) bouchon *m* ; **de ~** en liège
corcholata *nf* (*Méx: tapón*) bouchon *m*
corcovado, -a *adj, nm/f* bossu(e)
cordel *nm* corde *f*
cordero *nm* agneau *m* ; **~ lechal** agneau de lait
cordial *adj* cordial(e) ▸*nm* cordial *m*
cordialidad *nf* cordialité *f*
cordialmente *adv* cordialement
cordillera *nf* cordillère *f*
Córdoba *n* Cordoue
córdoba *nm* cordoba *m* d'or (*monnaie du Nicaragua*)
cordobés, -esa *adj* de Cordoue ▸*nm/f* natif(-ive) *o* habitant(e) de Cordoue
cordón *nm* (*cuerda*) ficelle *f* ; (*de zapatos*) lacet *m* ; (*Elec, policial*) cordon *m* ; (*CSur*) bord *m* du trottoir ; **~ umbilical** cordon ombilical
cordura *nf* sagesse *f* ; (*Med*) santé *f* mentale ; **con ~** avec sagesse
Corea *nf* Corée *f* ; **~ del Norte/Sur** Corée du Nord/Sud
coreano, -a *adj* coréen(ne) ▸*nm/f* Coréen(ne) ▸*nm* (*Ling*) coréen *m*
corear *vt* entonner
coreografía *nf* chorégraphie *f*
coreógrafo, -a *nm/f* chorégraphe *mf*
corista *nf* choriste *mf*
cormorán *nm* cormoran *m*
cornada *nf* coup *m* de corne
cornamenta *nf* cornes *fpl*
córnea *nf* cornée *f*
corneja *nf* corneille *f*
córner ['korner] (*pl* **córners**) *nm* (*Deporte*) corner *m*
corneta *nf* (*Mús*) cornet *m* ; (*Mil*) clairon *m*
cornisa *nf* corniche *f*
Cornualles *nm* Cornouailles *fsg*
cornudo, -a *adj* à cornes ; (*marido*) cocu(e)
coro *nm* chœur *m* ; **a ~** (*responder etc*) en chœur
corolario *nm* corollaire *m*
corona *nf* couronne *f* ; (*de santo*) auréole *f* ; **la ~** (*Pol*) la Couronne ; **~ de laurel** couronne de laurier
coronación *nf* (*tb fig*) couronnement *m*
coronar *vt* (*tb fig*) couronner
coronel *nm* colonel *m*
coronilla *nf* sommet *m* du crâne ; **estar hasta la ~ (de)** en avoir jusque-là (de)
corotos (*fam*) *nmpl* (*Col, Ven*) machins *mpl* (*fam*)
corpachón *nm*: **tiene un ~ ...** qu'est-ce qu'il est baraqué ...
corpiño *nm* corsage *m* ; (*Am*) soutien-gorge *m*
corporación *nf* corporation *f*
corporal *adj* (*ejercicio*) physique ; (*castigo, higiene*) corporel(le)
corporativismo *nm* corporatisme *m*
corporativista *adj* corporatiste
corporativo, -a *adj* corporatif(-ive)
corpulencia *nf* corpulence *f* ; **cayó con toda su ~** il est tombé de tout son poids
corpulento, -a *adj* (*persona*) corpulent(e) ; (*árbol, tronco*) énorme
corpus *nm inv* corpus ; **~ lingüístico** corpus *m* linguistique
corral *nm* (*patio*) cour *f* ; (*de animales*) basse-cour *f* ; (*de niño*) parc *m*
correa *nf* courroie *f* ; (*cinturón*) ceinture *f* ; (*de perro*) laisse *f* ; **~ del ventilador** (*Auto*) courroie du ventilateur
correaje *nm* harnais *msg*
corrección *nf* correction *f* ; **~ (de pruebas)** (*Tip*) correction (d'épreuves) ; **~ en pantalla** correction sur écran
correccional *nm* pénitencier *m* ; **~ de menores** maison *f* de correction
correctamente *adv* (*comportarse, contestar*) correctement
correctivo, -a *adj* correctif(-ive) ▸*nm* (*castigo*) correction *f*
correcto, -a *adj* correct(e)
corrector, a *nm/f*: **~ de pruebas** (*Tip*) correcteur(-trice) d'épreuves ▸*nm*: **~ ortográfico** correcteur *m* orthographique
corredera *nf* (*tb*: **puerta de corredera**) porte *f* coulissante
corredizo, -a *adj ver* **nudo**
corredor, a *nm/f* coureur(-euse) ; **~ de apuestas** bookmaker *m* ; **~ de bolsa/de fincas** agent *m* de change/immobilier ▸*nm* (*pasillo*) corridor *m* ; (*balcón corrido*) galerie *f* ; (*Com*) courtier *m*
corregir *vt* corriger ; **corregirse** *vpr* se corriger ; **se le ha corregido la miopía** on lui a corrigé sa myopie
correlación *nf* corrélation *f* ; **guardar ~ con** être proportionnel(le) à
correlativo, -a *adj* corrélatif(-ive)
correligionario, -a *nm/f* (*Rel, Pol*) coreligionnaire *mf*
correo *nm* courrier *m* ; (*servicio*) poste *f* ; **a vuelta de ~** par retour de courrier ; **echar al ~** mettre à la poste ; **~ aéreo** courrier par avion ; **~ basura** (*Inform*) spam *m* ; **~ certificado** courrier recommandé ; **~ electrónico** courrier électronique ; **Correos** *nmpl* (*servicio, edificio*) la Poste
correoso, -a *adj* rassis (rassie)

C

correr *vt* (*mueble etc*) déplacer ; (*riesgo*) courir ; (*suerte*) risquer ; (*aventura*) vivre ; (*cortinas: cerrar*) fermer ; (*: abrir*) ouvrir ; (*cerrojo*) tourner ; **~ mundo** parcourir le monde ▸ *vi* (*persona, rumor*) courir ; (*coche*) aller vite ; (*agua*) couler ; (*viento*) souffler ; (*tiempo*) passer ; (*apresurarse*) se presser ; **a todo ~** à toute vitesse ; **echar a ~** se mettre à courir ; **~ con los gastos** payer ; **eso corre de mi cuenta** je m'en occupe ; **correrse** *vpr* (*persona, terreno*) se déplacer ; (*colores*) couler ; (*fam: tener orgasmo*) jouir ; **nos corrimos una juerga** (*fam*) on s'est bien éclaté (*fam*)
correrías *nfpl* escapades *fpl*
correspondencia *nf* correspondance *f* ; **~ directa** (*Com*) correspondance directe
corresponder *vi* (*dinero, tarea*) revenir ; (*en amor*) aimer en retour ; **~ a** (*invitación*) répondre à ; (*a favor, cariño*) rendre ; (*convenir, ajustarse, pertenecer*) correspondre à ; **al gobierno le corresponde ...** le gouvernement a pour tâche de ... ; **« a quien corresponda »** « à qui de droit » ; **corresponderse** *vpr* (*amarse*) bien s'entendre ; **corresponderse con** correspondre à
correspondiente *adj* (*respectivo*) correspondant(e) ; **~ (a)** (*adecuado*) qui correspond (à)
corresponsal *nmf* correspondant(e) ; (*Com*) agent *m*
corretaje *nm* courtage *m*
corretear *vi* courir de droite à gauche
correvedile, correveidile *nmf* (*acusica*) rapporteur(-euse) ; (*chismoso*) cancanier(-ière)
corrida *nf* corrida *f* ; (*carrera corta*) sprint *m* ; (*Chi*) file *f*
corrido, -a *adj* (*avergonzado*) contrit(e) ; **un kilo ~** un bon kilo ; **balcón ~** grand balcon *m* ; **de ~** couramment ▸ *nm* (*Méx*) ballade *f*
corriente *adj* courant(e) ; (*suceso, costumbre*) habituel(le) ; (*común*) commun(e) ▸ *nf* courant *m* ; (*tb:* **corriente de aire**) courant d'air ; **las corrientes artísticas** les courants artistiques ; **seguir la ~ a algn** ne pas contrarier qn ; **~ alterna/continua** courant alternatif/continu ; **~ sanguínea** flux *msg* sanguin ▸ *nm:* **el 16 del ~** le 16 courant ; **estar al ~ de** être au courant de ; **poner/tener al ~** mettre/tenir au courant
corrientemente *adv* en général
corrigiendo *etc vb ver* **corregir**
corrija *etc vb ver* **corregir**
corrillo *nm* petit groupe *m*
corrimiento *nm:* **~ de tierras** glissement *m* de terrain
corro *nm* cercle *m* ; **hacer ~ aparte** faire bande à part ; **jugar al ~** faire la ronde
corroborar *vt* corroborer
corroer *vt* corroder ; (*suj: envidia*) ronger ; **corroerse** *vpr* se désagréger
corromper *vt* pourrir ; (*aguas*) polluer ; (*fig: costumbres, moral*) corrompre ; (*: juez etc*) corrompre, soudoyer ; **corromperse** *vpr* pourrir ; (*costumbres*) se corrompre ; (*persona, justicia*) se laisser soudoyer
corrosión *nf* (*Quím*) corrosion *f*
corrosivo, -a *adj* corrosif(-ive)
corroyendo *etc vb ver* **corroer**
corrupción *nf* putréfaction *f* ; (*delito*) corruption *f*
corruptela *nf* (*corrupción*) corruption *f* ; (*abuso*) abus *m*
corrupto, -a *adj* corrompu(e)
corruptor, a *adj, nm/f* corrupteur(-trice)
corsario *nm* corsaire *m*
corsé *nm* corset *m*
corso, -a *adj* corse ▸ *nm/f* Corse *mf*
cortacésped *nm* tondeuse *f* (à gazon)
cortada *nf* (*Am: corte*) coupure *f* ; (*: atajo*) raccourci *m*
cortado, -a *adj* (*leche*) tourné(e) ; (*con cuchillo*) coupé(e) ; (*piel, labios*) craquelé(e) ; (*tímido*) coincé(e) ; **quedarse ~** rester sans voix ▸ *nm* café *m* avec un nuage de lait
cortadora *nf* coupure *f*
cortadura *nf* coupure *f* ; **cortaduras** *nfpl* (*restos*) chutes *fpl*
cortafuego, cortafuegos *nm* (*en el bosque*) pare-feu *m*, coupe-feu *m* ; (*Inform*) pare-feu *m*
cortante *adj* (*viento*) glacial(e) ; (*frío*) mordant(e) ; (*fig*) acerbe
cortapisa *nf* obstacle *m*, difficulté *f* ; **sin cortapisas** sans ambages
cortar *vt* couper ; (*discusión*) interrompre ; (*piel, labios*) fendre ; **~ el paso (a algn)** barrer le passage (à qn) ; **~ por lo sano** trancher dans le vif ; **~ de raíz** tuer dans l'œuf ▸ *vi* couper ; (*viento*) être glacial(e) ; (*Am Telec*) raccrocher ; **cortarse** *vpr* se couper ; (*turbarse*) se troubler ; (*Telec*) s'interrompre ; (*leche*) tourner ; **cortarse el pelo** se (faire) couper les cheveux ; **cortarse el dedo** se couper le doigt ; **se le cortan los labios** ses lèvres se gercent
cortasetos *nm inv* taille-haie *m*
cortaúñas *nm inv* coupe-ongles *m inv*
corte *nm* coupure *f* ; (*de pelo, vestido*) coupe *f* ; (*de tela*) pièce *f* ; (*de helado*) tranche *f* napolitaine ; **me da ~ pedírselo** cela m'embête de le lui demander ; **¡qué ~ le di!** je lui ai rabattu son caquet ! ; **~ de corriente/de luz** coupure de courant/d'électricité ; **~ de mangas** bras *m* d'honneur ; **~ y confección** confection *f* ▸ *nf* (*real*) cour *f* ; **las Cortes (Españolas)** *le Parlement espagnol* ; *voir article* ; **hacer la ~ a algn** faire la cour à qn ; **C~ Internacional de Justicia** Cour internationale de justice

Las Cortes (Españolas)

Le Parlement espagnol, ou **Cortes (Españolas)**, se compose d'une chambre basse (*Congreso de los Diputados*) et d'une chambre haute (*Senado*). Les membres du *Congreso*, ou *diputados*, sont élus au suffrage universel et à la proportionnelle. Quant aux membres du *Senado*, ou *senadores*, certains d'entre eux sont élus au suffrage universel et d'autres sont nommés par les Parlements régionaux.

cortedad *nf* (*de tiempo*) manque *m* ; (*fig*) timidité *f* ; **no me gusta la ~ de esta falda** cette jupe est bien trop courte
cortejar *vt* courtiser
cortejo *nm* cortège *m* ; **~ fúnebre** cortège funèbre
cortés *adj* courtois(e), poli(e)
cortesano, -a *adj* de la cour ; **ceremonias cortesanas** cérémonies *fpl* de la cour ▸ *nm* (*Hist*) courtisan *m* ▸ *nf* courtisane *f*
cortesía *nf* courtoisie *f*, politesse *f* ; **de ~** (*visita, carta*) de courtoisie
córtex *nm* cortex *m*
corteza *nf* (*de árbol, limón*) écorce *f* ; (*de pan, queso*) croûte *f* ; (*de fruta*) peau *f* ; **~ terrestre** écorce *o* croûte terrestre
corticoide *nm* corticoïdes *mpl*
cortijo *nm* ferme *f*
cortina *nf* rideau *m* ; **~ de humo** rideau de fumée
cortisona *nf* cortisone *f*
corto, -a *adj* court(e) ; (*tímido*) timide, timoré(e) ; (*tonto*) bouché(e) ; **quedarse ~** (*al calcular*) voir trop juste ; (*al relatar*) être en deçà de la vérité ; (*ser insuficiente*) être insuffisant(e) ; **~ de luces** bête ; **~ de oído** dur(e) d'oreille ; **~ de vista** myope ▸ *nm* (*Cine*) court-métrage *m*
cortocircuito *nm* court-circuit *m*
cortometraje *nm* court-métrage *m*
Coruña *nf*: **La ~** la Corogne
coruñés, -esa *adj* de La Corogne ▸ *nm/f* natif(-ive) *o* habitant(e) de La Corogne
corva *nf* jarret *m*
corzo, -a *nm/f* chevreuil (chevrette)
cosa *nf* chose *f* ; (*asunto*) affaire *f* ; **es ~ de una hora** c'est l'affaire d'une heure ; **como si tal ~** comme si de rien n'était ; **eso es ~ mía** c'est mon affaire ; **llévate tus cosas** prends tes affaires ; **es poca ~** ce n'est pas grand-chose ; **¡qué ~ más rara!** comme c'est drôle ! ; **eso son cosas de la edad** c'est de son *o* leur âge ; **tal como están las cosas** vu l'état actuel des choses ; **lo que son las cosas** c'est drôle, la vie ; **las cosas como son** les choses étant ce qu'elles sont
cosaco, -a *adj* cosaque ▸ *nm/f* Cosaque *mf*
coscorrón *nm* coup *m* sur la tête ; **darse un ~** se cogner la tête
cosecha *nf* récolte *f* ; (*de vino*) cru *m*
cosechadora *nf* moissonneuse-batteuse *f*
cosechar *vt* récolter ▸ *vi* faire la récolte
coser *vt* coudre ; **~ algo a algo** coudre qch à qch
cosido *nm* couture *f*
cosmética *nf* cosmétique *f*
cosmético, -a *adj*, *nm* cosmétique *m*
cósmico, -a *adj* cosmique
cosmología *nf* cosmologie *f*
cosmonauta *nmf* cosmonaute *m*
cosmopolita *adj* cosmopolite
cosmos *nm* cosmos *m*
cosmovisión *nf* conception *f* du monde
coso *nm* arènes *fpl* ; (VEN, CSUR *fam: chisme*) machin *m* (*fam*)
cosquillas *nfpl*: **hacer ~** chatouiller ; **tener ~** être chatouilleux(-euse)
cosquilleo *nm* chatouillement *m*
costa *nf* (*Geo*) côte *f* ; **a ~** (*Com*) au coût ; **a ~ de** aux dépens de ; (*trabajo*) à force de ; (*grandes esfuerzos*) au prix de ; (*su vida*) au péril de ; **a toda ~** coûte que coûte, à tout prix ; **C~ Brava/del Sol** Costa Brava/del Sol ; **C~ Azul/Cantábrica/de Marfil** Côte d'Azur/cantabrique/d'Ivoire ; **costas** *nfpl* (*Jur*) dépens *mpl*
costado *nm* côté *m* ; **de ~** (*dormir etc*) sur le côté ; **español por los cuatro costados** espagnol jusqu'au bout des ongles ; **rodeado por los cuatro costados** encerclé (de tous côtés)
costal *nm* sac *m*
costalada *nf*: **darse** *o* **pegarse una ~** faire une mauvaise chute
costanera (AM) *nf* chemin *m* côtier
costar *vt*, *vi* coûter ; **me cuesta hablarle** j'ai du mal à lui parler ; **¿cuánto cuesta?** combien ça coûte ? ; **te costará caro** (*fig*) cela va te coûter cher
Costa Rica *nf* Costa Rica *m*
costarricense, costarriqueño, -a *adj* costaricien(ne), du Costa Rica ▸ *nm/f* Costaricien(ne)
coste *nm* (*Com*): **~ promedio** prix *msg* moyen ; **a precio de ~** à prix coûtant ; **el ~ de la vida** le coût de la vie ; *ver tb* **costo**; **costes fijos** prix *mpl* fixes
costear *vt* payer ; (*Com*) financer ; (*Náut*) longer la côte de ; **costearse** *vpr* rentrer dans ses frais, couvrir ses frais
costeño, -a (AM) *adj* (*persona*) de la côte ▸ *nm/f* natif(-ive) *o* habitant(e) de la côte
costero, -a *adj* côtier(-ière)
costilla *nf* (*Anat*) côte *f* ; (*Culin*) côtelette *f*
costillar *nm* (*Anat*) cage *f* thoracique ; (*Culin*) carré *m*
costo *nm* coût *m*, prix *msg* ; (*esp* AM) *ver* **coste**; **~ directo/de expedición/de sustitución** coût direct/d'expédition/de remplacement ; **~ unitario** prix unitaire
costosamente *adv* avec effort, difficilement

costoso, -a *adj* coûteux(-euse) ; *(difícil)* difficile
costra *nf (de suciedad)* couche *f* ; *(Med, de pan etc)* croûte *f*
costumbre *nf* coutume *f*, habitude *f* ; *(tradición)* coutume ; **como de ~** comme d'habitude
costumbrismo *nm (Lit) genre littéraire décrivant les us et coutumes d'un lieu en particulier sans les analyser ni les interpréter*

COSTUMBRISMO

Le **costumbrismo** est un genre littéraire né au XIXe siècle en Espagne qui cherche à décrire fidèlement les traditions et les us et coutumes régionaux et sociaux, parfois en les contrastant avec les changements engendrés par le développement industriel. Parmi les principaux écrivains appartenant à ce courant artistique on peut citer : Fernán Caballero, Pedro Antonio de Alarcón, Juan Valera et José María de Pereda.

costumbrista *adj (Lit)* de mœurs, relatif(-ive) au roman de mœurs ▸*nmf écrivain spécialiste du « costumbrismo »*
costura *nf* couture *f*
costurera *nf* couturière *f*
costurero *nm* boîte *f* à couture
cota *nf (Geo)* cote *f* ; *(fig)* niveau *m*, degré *m*
cotarro *nm*: **dirigir el ~** mener la danse
cotejar *vt*: **~ (con)** comparer (à *o* avec)
cotejo *nm* comparaison *f*
cotelé *nm (Chi)* velours *msg*
cotice *etc vb ver* **cotizar**
cotidianeidad *nf* quotidienneté *f*
cotidiano, -a *adj* quotidien(ne)
cotilla *nmf* commère *f*
cotillear *vi* faire des commérages
cotilleo *nm* commérages *mpl*
cotillón *nm* cotillon *m*, réveillon *m*
cotización *nf (Com)* cours *m* ; *(de club, del trabajador)* cotisation *f*
cotizado, -a *adj* bien coté(e)
cotizar *vt (Com)* coter ; *(pagar)* cotiser ▸*vi (trabajador)* cotiser ; **cotizarse** *vpr (fig)* être bien coté(e) ; **cotizarse a** *(Com)* être coté(e) à
coto *nm (tb:* **coto de caza***)* réserve *f* ; *(Chi)* goitre *m* ; **poner ~ a** mettre fin à
cotorra *nf (loro)* perruche *f* ; *(fam: persona)* pie *f*
covacha *nf* caveau *m*
coxis *nm inv* coccyx *m*
coyote *nm* coyote *m* ; *(Méx fam)* guide *m*
coyuntura *nf* articulation *f*, jointure *f* ; *(fig)* conjoncture *f* ; **esperar una ~ favorable** attendre une conjoncture favorable, attendre l'occasion favorable
coyuntural *adj* conjoncturel(le) ; **medidas coyunturales** mesures *fpl* conjoncturelles
coz *nf* ruade *f*
CP *(Am) sigla m (= computador personal)* PC *m (= personal computer)*
C.P. *abr (Esp: = Código Postal)* code postal ; *(Am: = Casilla Postal)* code postal
C.P.A. *sigla f* = **Caja Postal de Ahorros**
CPN *(Esp) sigla m (= Cuerpo de la Policía Nacional) gendarmerie nationale*
cps *abr (= caracteres por segundo)* cps *(= caractères par seconde)*
crac *nm* krach *m*
crack *(fam) nmf (persona)* crack *mf*, champion(ne), as *m* ▸*nm (droga)* crack *m*
cráneo *nm* crâne *m* ; **ir de ~** aller droit au désastre
craso, -a *adj (error etc)* crasse
cráter *nm* cratère *m*
creación *nf* création *f*
creador, a *adj, nm/f* créateur(-trice)
crear *vt* créer ; **crearse** *vpr* se créer
creatividad *nf* créativité *f*
creativo, -a *adj* créatif(-ive)
crecepelo *nm* accélérateur *m* de pousse des cheveux
crecer *vi* grandir ; *(planta, pelo)* pousser ; *(ciudad)* s'agrandir ; *(río)* grossir ; *(riqueza, odio)* augmenter ; *(cólera)* monter ; **crecerse** *vpr* s'enorgueillir
creces: **con ~** *adv (pagar)* au centuple
crecida *nf* crue *f*
crecido, -a *adj*: **estar ~** avoir grandi ; *(planta)* avoir poussé
creciente *adj* croissant(e) ; **cuarto ~** premier quartier *m*
crecimiento *nm* croissance *f* ; *(de planta)* pousse *f* ; *(de ciudad)* agrandissement *m*
credenciales *nfpl* lettres *fpl* de créance
credibilidad *nf* crédibilité *f*
crédito *nm* crédit *m* ; **a ~** à crédit ; **dar ~ a** accorder crédit à, croire ; **ser digno de ~** être digne de confiance ; **~ al consumo** crédit à la consommation ; **~ rotativo** *o* **renovable** crédit à renouvellement automatique
credo *nm* credo *m*
crédulo, -a *adj* crédule
creencia *nf* croyance *f*
creer *vt* croire ; **creo que no/sí** je crois que non/oui ; **¡ya lo creo!** je crois *o* pense bien ! ▸*vi* croire ; **~ en** croire en ; **creerse** *vpr (considerarse)* se croire ; *(aceptar)* croire ; **se cree alguien** il a une bonne opinion de lui ; **no se lo cree** il n'y croit pas
creíble *adj* crédible
creído, -a *adj* prétentieux(-euse)
crema *adj inv (color)* crème *inv* ▸*nf* crème *f* ; *(para zapatos)* cirage *m* ; **la ~ de la sociedad** la crème de la société ; **~ de afeitar** crème à raser ; **~ de champiñones/de espárragos** velouté *m* de champignons/d'asperges ; **~ hidratante** crème hydratante ; **~ pastelera** crème pâtissière

cremación *nf* crémation *f*
cremallera *nf* fermeture *f* éclair®
crematístico, -a *adj* financier(-ière), monétaire
crematorio *nm* (*tb*: **horno crematorio**) four *m* crématoire
cremoso, -a *adj* crémeux(-euse)
crep, crêpe *nf* crêpe *f*
crepé *nm* crêpe *m*
crepería *nf* crêperie *f*
crepitar *vi* crépiter
crepuscular *adj* crépusculaire ; **luz ~** lumière *f* crépusculaire
crepúsculo *nm* crépuscule *m*
crescendo *nm* crescendo *m* ; **ir in ~** aller crescendo
crespo, -a *adj* crépu(e)
crespón *nm* crépon *m*, crêpe *m*
cresta *nf* crête *f*
Creta *nf* Crète *f*
cretino, -a *adj* crétin(e)
creyendo *etc vb ver* **creer**
creyente *nmf* croyant(e)
creyó *etc vb ver* **creer**
crezca *etc vb ver* **crecer**
cría *vb ver* **criar** ▸ *nf* (*de animales*) élevage *m* ; (*cachorro*) petit *m* ; *ver tb* **crío**
criada *nf* bonne *f* ; *ver tb* **criado**
criadero *nm* élevage *m*
criadillas *nfpl* (*de res*) testicules *mpl* ; (*setas*) truffes *fpl*
criado, -a *nm/f* domestique *mf*
criador, a *nm/f* éleveur(-euse)
crianza *nf* allaitement *m* ; (*formación*) éducation *f* ; (*de animales*) élevage *m* ; **vino de ~** grand cru *m*
criar *vt* allaiter, nourrir ; (*educar*) éduquer, élever ; (*parásitos*) produire ; (*animales*) élever ▸ *vi* avoir des petits ; **criarse** *vpr* être élevé(e) ; (*formarse*) se former ; (*crecer*) grandir
criatura *nf* créature *f* ; (*niño*) gosse *mf* (*fam*)
criba *nf* (*tb fig*) crible *m*
cribar *vt* cribler *m*
crimen *nm* crime *m* ; **~ pasional** crime passionnel
criminal *adj* criminel(le) ; (*tiempo, viaje etc*) horrible ▸ *nmf* criminel(le)
criminalidad *nf* criminalité *f*
criminología *nf* criminologie *f*
crin *nf* (*tb*: **crines**) crinière *f*
crío, -a (*fam*) *nm/f* gamin(e) ; (*más pequeño*) bébé *m*
criollo, -a *adj* créole ; (*Am*) indigène ▸ *nm/f* Créole *mf* ; (*Am*) indigène *mf*
cripta *nf* crypte *f*
críptico, -a *adj* énigmatique
criptografía *nf* cryptographie *f*
críquet *nm* cricket *m*
crisálida *nf* chrysalide *f*
crisantemo *nm* chrysanthème *m*
crisis *nf inv* crise *f* ; **~ nerviosa** dépression *f* nerveuse
crisma *nf*: **romperle la ~ a algn** (*fam*) casser la figure à qn (*fam*)
crisol *nm* (*Tec*) creuset *m* ; (*fig*) fonte *f*
crispación *nf* crispation *f*
crispar *vt* crisper ; **ese ruido me crispa los nervios** ce bruit me porte sur les nerfs ; **crisparse** *vpr* se crisper
cristal *nm* verre *m* ; (*Quím*) cristal *m* ; (*de ventana*) vitre *f* ; **de ~** en verre ; **~ ahumado** verre fumé ; **~ de roca** cristal de roche ; **cristales** *nmpl* (*trozos rotos*) bouts *mpl* de verre
cristalera *nf* verrière *f*
cristalería *nf* verrerie *f* ; (*tienda*) atelier *m* de vitrier
cristalice *etc vb ver* **cristalizar**
cristalino, -a *adj* cristallin(e) ▸ *nm* cristallin *m*
cristalizar *vi* cristalliser ; (*fig*) se cristalliser ; **cristalizarse** *vpr* se cristalliser
cristiandad *nf* chrétienté *f*
cristianismo *nm* christianisme *m*
cristiano, -a *adj, nm/f* chrétien(ne) ; **hablar en ~** parler espagnol ; (*fig*) parler clairement
Cristo *nm* le Christ ; (*crucifijo*) crucifix *m* ; **armar un ~** faire du chahut
Cristóbal *n*: **~ Colón** Christophe Colomb
criterio *nm* critère *m* ; (*opinión*) avis *m* ; (*discernimiento*) discernement *m*, jugement *m* ; **lo dejo a su ~** la décision vous appartient
crítica *nf* critique *f* ; **la ~** (*Teatro etc*) la critique ; *ver tb* **crítico**
criticable *adj* critiquable
criticar *vt* (*censurar*) critiquer ; (*novela, película*) faire la critique de ▸ *vi* critiquer
crítico, -a *adj, nm/f* critique *mf*
critique *etc vb ver* **criticar**
Croacia *nf* Croatie *f*
croar *vi* coasser
croata *adj* croate ▸ *nmf* Croate *mf*
croché *nm* crochet *m* ; **hacer ~** faire du crochet
croissan, croissant [krwa'san] *nm* (*Culin*) croissant *m*
crol *nm* crawl *m*
cromado *nm* chromage *m*
cromo *nm* chrome *m* ; (*para niños*) vignette *f*
cromosoma *nm* chromosome *m*
crónica *nf* chronique *f* ; **~ deportiva/de sociedad** rubrique sportive/mondaine
crónico, -a *adj* (*tb fig*) chronique
cronista *nmf* chroniqueur(-euse) ; **~ de radio** chroniqueur(-euse) de radio ; **~ deportivo** chroniqueur(-euse) sportif(-ive) ; **~ de sucesos** chroniqueur(-euse) spécialiste en faits-divers
crono *nm* (*cronómetro*) chronomètre *m* ; (*tiempo*) temps *m* ; **ganó con un ~ de 6,59** elle a gagné avec un temps de 6,59 ; **hacer** *o* **marcar un ~**

de faire un temps de ▸ *nf* (*cronoescalada*) contre-la-montre *m inv* en ascension

cronoescalada *nf* contre-la-montre *m inv* en ascension

cronología *nf* chronologie *f*

cronológico, -a *adj*: **orden ~** ordre *m* chronologique

cronometrar *vt* chronométrer

cronómetro *nm* chronomètre *m*

croqueta *nf* croquette *f*

croquis *nm inv* croquis *msg*

cross [kros] *nm inv* (*Atletismo*) cross *m*

cruasán *nm* (*Culin*) croissant *m*

cruce *vb ver* **cruzar** ▸ *nm* croisement *m* ; (*de miradas*) rencontre *f* ; (*de carreteras*) carrefour *m* ; (*Telec etc*) interférence *f* ; **luces de ~** feux *mpl* de croisement ; **~ de peatones** passage *m* clouté

crucero *nm* (*barco*) croiseur *m* ; (*viaje*) croisière *f*

crucial *adj* crucial(e)

crucificar *vt* (*tb fig*) crucifier

crucifijo *nm* crucifix *msg*

crucifique *etc vb ver* **crucificar**

crucifixión *nf* crucifixion *f*

crucigrama *nm* mots *mpl* croisés

crudeza *nf* (*de clima*) rigueur *f* ; (*de palabras etc*) dureté *f*

crudo, -a *adj* cru(e) ; (*invierno etc*) rigoureux(-euse) ▸ *nm* pétrole *m* brut ; (Perú) serpillière *f*

cruel *adj* cruel(le)

crueldad *nf* cruauté *f*

cruelmente *adv* cruellement

cruento, -a *adj* sanglant(e)

crujido *nm* craquement *m*

crujiente *adj* (*galleta*) croquant(e) ; (*pan*) croustillant(e)

crujir *vi* craquer ; (*dientes*) grincer ; (*nieve, arena*) crisser

crupier *nm* croupier *m*

crustáceo *nm* crustacé *m*

cruz *nf* croix *fsg* ; (*de moneda*) pile *f* ; **con los brazos en ~** les bras en croix ; **~ gamada** croix gammée ; **C~ Roja** Croix-Rouge *f*

cruza (Am) *nf* (*Bio*) croisement *m*

cruzada *nf* croisade *f* ; *ver tb* **cruzado**

cruzado, -a *adj* croisé(e) ; (*en calle, carretera*) en travers ▸ *nm* croisé *m*

cruzar *vt* croiser ; (*calle, desierto*) traverser ; (*palabras*) échanger ; **cruzarle la cara a algn** (*fam*) flanquer une gifle à qn (*fam*) ; **cruzarse** *vpr* se croiser ; **cruzarse con algn** croiser qn ; **cruzarse de brazos** (*tb fig*) se croiser les bras

CSIC [θe'sik] (Esp) *sigla m* (= *Consejo Superior de Investigaciones Científicas*) ≈ CNRS *m* (= *Centre national de la recherche scientifique*)

cta., c.ta *abr* = **cuenta**

cta. cte. *abr* (= *cuenta corriente*) compte *m* courant

cta. cto. *abr* (= *carta de crédito*) *ver* **carta**

cte. *abr* (= *corriente, de los corrientes*) courant

CTNE *sigla f* = **Compañía Telefónica Nacional de España**

ctra *abr* (= *carretera*) Rte (= *route*)

c/u *abr* (= *cada uno*) *ver* **cada**

cuaco *nm* (Am *pey*) canasson *m*

cuaderno *nm* cahier *m* ; **~ de bitácora** (*Náut*) livre *m* de bord

cuadra *nf* écurie *f* ; (Am *Arq*) pâté *m* de maisons

cuadrado, -a *adj* (*tb fam*) carré(e) ; **metro/kilómetro ~** mètre *m*/kilomètre *m* carré ▸ *nm* (*Mat*) carré *m*

cuadragésimo, -a *adj, nm/f* quarantième *mf*

cuadrángulo *nm* quadrangle *m*

cuadrante *nm* quadrant *m*

cuadrar *vt* (*Mat*) élever au carré ; (Perú) garer ▸ *vi* (*Tip*) justifier ; **~ (con)** (*informaciones*) correspondre (à) ; (*cuentas*) s'accorder (avec) ; **~ por la derecha/izquierda** (*Tip*) justifier à droite/gauche ; **cuadrarse** *vpr* (*soldado*) se mettre au garde-à-vous

cuadrícula *nf* quadrillage *m*

cuadriculado, -a *adj*: **papel ~** papier *m* quadrillé

cuadrilátero *nm* (*Deporte*) ring *m* ; (*Mat*) quadrilatère *m*

cuadrilla *nf* (*de obreros etc*) équipe *f* ; (*de ladrones, amigos*) bande *f*

cuadro *nm* tableau *m* ; (*cuadrado*) carré *m* ; (*Deporte, Med*) équipe *f* ; (*Pol, Mil, tb de bicicleta*) cadre *m* ; **a/de cuadros** à carreaux ; **~ de mandos** tableau de bord

cuadrúpedo *adj* quadrupède

cuádruple *adj* quadruple

cuadruplicar *vt*, **cuadruplicarse** *vpr* quadrupler

cuádruplo, -a *adj* = **cuádruple**

cuajada *nf* lait *m* caillé ; *ver tb* **cuajado**

cuajado, -a *adj*: **~ de** (*fig*) plein(e) de

cuajar *vt* (*leche*) cailler ; (*sangre*) coaguler ; (*huevo*) faire durcir ; **~ algo de** remplir qch de ▸ *vi* (*Culin, nieve*) prendre ; (*fig: planes*) aboutir ; (*: acuerdo*) marcher ; (*: idea*) se réaliser ; **cuajarse** *vpr* (*leche*) se cailler

cuajo *nm*: **de ~** (*arrancar etc*) à la racine

cual *adv* comme ; **tal ~** tel quel ▸ *pron*: **el/la ~** lequel (laquelle), qui ; **los/las cuales** lesquels (lesquelles), qui ; **lo ~** ce qui, ce que ; **con** *o* **por lo ~** c'est pourquoi ; **cada ~** chacun ; **allá cada ~** chacun ses goûts ; **son a ~ más gandul** ils sont tous plus fainéants les uns que les autres ; **del ~** duquel, dont

cuál *pron* (*interrogativo*) lequel, laquelle ; (*pl*) lesquels, lesquelles ▸ *adj* (*esp* Am *fam*): **¿cuáles primos?** quels cousins ?

cualesquier, a *pl de* **cualquier**

cualidad *nf* qualité *f*

cualificado, -a *adj* qualifié(e)

cualitativo, -a *adj* qualitatif(-ive)

cualquier, a (*pl* **cualesquiera**) *adj* (*indefinido*) n'importe quel(le) ; (*tras sustantivo*) quelconque ; ~ **día de estos** un de ces jours ; **en ~ momento** à n'importe quel moment ; **en ~ parte** n'importe où ; **no es un hombre cualquiera** ce n'est pas n'importe qui ▸ *pron*: **cualquiera** quiconque, n'importe qui ; (*a la hora de escoger*) n'importe lequel (laquelle) ; **eso cualquiera lo sabe hacer** ça, n'importe qui peut le faire ; **cualquiera que sea** (*objeto*) quel(le) que ce soit ; (*persona*) qui que ce soit ▸ *nm*: **es un cualquiera** c'est un pas-grand-chose

cuán *adv* combien, comme

cuando *adv* quand ; ~ **más/menos** tout au plus/au moins ; **de ~ en ~** de temps en temps, de temps à autre ; **aun ~** même si, même quand ; **aun ~ no sea así** même si ce n'est pas le cas ▸ *conj* quand, lorsque ; (*puesto que*) puisque, du moment que ; (*si*) si ; **ven ~ quieras** viens quand tu voudras ▸ *prep*: **yo, ~ niño ...** moi, quand j'étais petit ...

cuándo *adv* quand ; **¿desde ~?, ¿de ~ acá?** depuis quand ?

cuantía *nf* montant *m* ; (*valía*) qualité *f*, importance *f* ; **de mayor/menor ~** important/sans importance

cuantificar *vt* (*tb Fís*) quantifier

cuantioso, -a *adj* considérable

cuantitativo, -a *adj* quantitatif(-ive)

PALABRA CLAVE

cuanto, -a *adj* **1** (*todo*): **tiene todo cuanto desea** il a tout ce qu'il veut ; **le daremos cuantos ejemplares necesite** nous vous donnerons autant d'exemplaires qu'il vous en faudra ; **cuantos hombres la ven la admiran** tous les hommes qui la voient l'admirent

2: **unos cuantos**: **había unos cuantos periodistas** il y avait un certain nombre de journalistes

3 (*+ más*): **cuanto más vino bebas peor te sentirás** plus tu boiras de vin plus tu te sentiras mal ; **cuanto más tiempo estemos mejor** plus on reste mieux c'est

▸ *pron* **1**: **tome cuanto/cuantos quiera** prenez-en autant que vous voulez

2: **unos cuantos** quelques-uns

▸ *adv*: **en cuanto**: **en cuanto profesor es excelente** comme professeur, il est excellent ; **en cuanto a mí** quant à moi ; **cuanto antes** au plus tôt

▸ *conj* **1**: **cuanto más lo pienso menos me gusta** plus j'y pense moins ça me plaît ; *ver tb* **antes**

2: **en cuanto**: **en cuanto llegue/llegó** dès qu'il arrive *o* arrivera/arriva

cuánto, -a *adj* (*exclamativo*) que de, quel(le) ; (*interrogativo*) combien de ; **¡cuánta gente!** que de gens ! ; **¿~ tiempo?** combien de temps ? ▸ *pron, adv* combien ; **¿~ cuesta?** combien ça coûte ? ; **¿a cuántos estamos?** le combien sommes-nous ? ; **¿~ hay de aquí a Bilbao?** combien y a-t-il d'ici à Bilbao ? ; **¡~ me alegro!** comme je suis content ! ; **Señor no sé cuántos** Monsieur Untel

En francés *combien* es siempre invariable. Así, por ejemplo:
Pregúntale cuánta gente habrá.
Demande-lui combien de monde il y aura.
¿Cuántos alumnos han ido hoy a clase?
Combien d'élèves sont allés aujourd'hui en cours ?

cuáquero, -a *adj, nm/f* quaker(esse)

cuarenta *adj inv, nm inv* quarante *m inv* ; *ver tb* **sesenta**

cuarentena *nf* quarantaine *f*

cuarentón, -ona *adj, nm/f* quadragénaire *mf*

cuaresma *nf* carême *m*

cuarta *nf* empan *m* ; (*Mús*) quarte *f* ; *ver tb* **cuarto**

cuartear *vt* dépecer ; **cuartearse** *vpr* se lézarder ; (*piel*) se crevasser ; (*pintura*) s'écailler

cuartel *nm* caserne *f* ; **no dar ~** ne pas faire de quartier ; ~ **general** quartier *m* général

cuartelazo *nm* putsch *m*, coup *m* d'État

cuartelillo *nm* (*de Guardia Civil*) poste *m* ; **dar ~ a algn** (*fam*) accueillir qn

cuarteto *nm* quatuor *m*

cuartilla *nf* feuillet *m*

cuartillo *nm* chopine *f*

cuarto, -a *adj* quatrième ▸ *nm* (*Mat*) quart *m* ; (*habitación*) pièce *f* ; (*dormitorio*) chambre *f* ; (*Zool*) quartier *m* ; **no tener un ~** ne pas avoir un sou ; ~ **creciente/menguante** premier/dernier quartier ; ~ **de baño/de estar** salle *f* de bains/de séjour ; **cuartos de final** (*Deporte*) quarts *mpl* de finale ; ~ **de hora** quart d'heure ; ~ **de huéspedes** chambre d'amis ; ~ **de kilo** demi-livre *f* ; ~ **delantero/trasero** avant-/arrière-train *m* ; *ver tb* **sexto**

cuarzo *nm* quartz *m*

cuate, -a *nm/f* (*CAm, Méx*) jumeau(-elle) ; (*fam*) copain (copine)

cuaternario, -a *adj* (*Geol*) quaternaire ▸ *nm*: **el ~** le quaternaire

cuatrero *nm* (*Am*) voleur *m* de bétail

cuatrienio *nm* période *f* de quatre ans

cuatrillizos, -as *nmpl/nfpl* quadruplés(-ées)

cuatrimestral *adj* tous les quatre mois

cuatrimestre *nm* période *f* de quatre mois

cuatro *adj inv, nm inv* quatre *m inv* ; *ver tb* **seis**

cuatrocientos, -as *adj* quatre cents ; *ver tb* **seiscientos**

Cuba *nf* Cuba *f*

cuba *nf* cuve *f*, tonneau *m* ; (*tina*) cuve ; **estar como una ~** (*fam*) être rond(e)

cubalibre *nm* rhum *m* coca

C

cubano, -a *adj* cubain(e) ▸ *nm/f* Cubain(e)
cubata (*fam*) *nm* rhum *m* coca
cubero *nm*: **a ojo de buen ~** à vue de nez
cubertería *nf* ménagère *f*
cubeta *nf* cuvette *f*, bac *m*
cúbico, -a *adj* cubique
cubículo *nm* alcôve *f*
cubierta *nf* couverture *f* ; (*neumático*) pneu *m* ; (*Náut*) pont *m*
cubierto, -a *pp de* **cubrir** ▸ *adj* couvert(e) ; (*vacante*) pourvu(e) ; **~ de** couvert(e) de, recouvert(e) de ▸ *nm* couvert *m* ; **a** *o* **bajo ~** à l'abri ; **precio del ~** prix *msg* par personne
cubil *nm* tanière *f*, gîte *m*
cubilete *nm* gobelet *m*, cornet *m*
cubismo *nm* cubisme *m*
cubista *adj, nmf* cubiste *mf*
cubitera *nf* seau *m* à glace
cubito *nm*: **~ de hielo** glaçon *m*
cubo *nm* (*Mat, Mat*) cube *m* ; (*recipiente*) seau *m* ; (*Tec*) tambour *m* ; **~ de la basura** poubelle *f*
cubrecama *nm* couvre-lit *m*, dessus *msg* de lit
cubrir *vt* couvrir ; (*esconder*) cacher ; (*polvo, nieve*) recouvrir, couvrir ; (*vacante*) pourvoir ; **~ de** couvrir de ; **lo cubrieron las aguas** les eaux l'ont englouti ; **el agua casi me cubría** je n'avais presque pas pied ; **cubrirse** *vpr* se couvrir ; **cubrirse de** se couvrir de, se recouvrir de ; **cubrirse de gloria** se couvrir de gloire
cucaña *nf* (*palo, juego*) mât *m* de cocagne
cucaracha *nf* cafard *m*
cuchara *nf* cuiller *f*, cuillère *f* ; (*Tec*) benne *f* preneuse
cucharada *nf* cuillerée *f* ; **~ colmada/rasa** cuiller *f* *o* cuillère *f* pleine à ras bord/rase
cucharadita *nf* cuillerée *f* à café
cucharilla *nf* petite cuiller *f* *o* cuillère *f*
cucharón *nm* louche *f*
cuchichear *vi* chuchoter
cuchicheo *nm* chuchotement *m*
cuchilla *nf* lame *f*
cuchillada *nf* coup *m* de couteau ; (*herida*) estafilade *f*
cuchillo *nm* couteau *m*
cuchitril (*pey*) *nm* taudis *msg*, bouge *m*
cuclillas *nfpl*: **en ~** accroupi(e)
cuco, -a *adj* (*mono*) joli(e) ; (*astuto*) malin(-igne) ▸ *nm* coucou *m*
cucurucho *nm* cornet *m* ; **helado de ~** cornet de glace
cuece *etc vb ver* **cocer**
cuele *etc vb ver* **colar**
cuelgue *etc vb ver* **colgar**
cuello *nm* cou *m* ; (*de ropa*) col *m* ; (*de botella*) goulot *m* ; **~ a la caja/alto/de pico** col rond/roulé/en V ; **~ uterino** col de l'utérus
cuenca *nf* (*tb*: **cuenca del ojo**) orbite *f* ; (*Geo: valle*) vallée *f* ; (*: fluvial*) bassin *m*
cuenco *nm* bol *m*
cuenta *vb ver* **contar** ▸ *nf* compte *m* ; (*en restaurante*) addition *f* ; (*de collar*) grain *m* ; **a fin de cuentas** au bout du compte ; **en resumidas cuentas** en bref ; **ajustar las cuentas a algn** régler son compte à qn ; **caer en la ~** y être ; **llevar la ~ de algo** faire le compte de qch ; **eso corre de mi ~** c'est moi qui m'en charge *o* occupe ; (*yo pago*) c'est moi qui paie ; **dar ~ de** rendre compte de ; **darse ~ de algo** se rendre compte de qch ; **echar cuentas** faire les comptes ; **perder la ~ de** ne pas se rappeler ; **tener en ~** tenir compte de ; **por la ~ que me** *etc* **trae** j'ai *etc* intérêt ; **trabajar por su ~** travailler à son compte ; **abonar una cantidad en ~ a algn** créditer le compte de qn d'une somme ; **liquidar una ~** régler un compte ; **más de la ~** (*fam*) plus que de raison ; **~ a plazo (fijo)** compte de dépôt ; **~ atrás** compte à rebours ; **~ común** compte joint ; **~ corriente** compte courant ; **~ de ahorros** compte d'épargne ; **~ de asignación** compte d'affectation ; **~ de caja/de capital/de crédito** compte caisse/capital/client ; **~ de correo** (*Internet*) compte de messagerie ; **~ de gastos e ingresos** compte de dépenses et de recettes ; **~ por cobrar/por pagar** somme *f* à percevoir/à payer
cuentacuentos *nmf inv* conteur(-euse)
cuentagotas *nm inv* compte-gouttes *m inv* ; **a** *o* **con ~** (*fam : fig*) au compte-gouttes
cuentakilómetros *nm inv* compteur *m* kilométrique ; (*velocímetro*) compteur de vitesse
cuentarrevoluciones *nm inv* compte-tours *m*
cuentista *nmf* (*mentiroso*) baratineur(-euse) ; (*fantasioso*) fantaisiste *mf* ; (*Lit*) conteur(-euse)
cuento *vb ver* **contar** ▸ *nm* conte *m* ; (*patraña*) histoire *f* ; **es el ~ de nunca acabar** c'est une histoire à n'en plus finir ; **eso no viene a ~** ceci n'a rien à voir ; **tener mucho ~** être très comédien(ne) ; **vivir del ~** vivre de l'air du temps ; **~ chino** histoire à dormir debout ; (*fam*) bobard *m* (*fam*) ; **~ de hadas** conte de fées
cuerda *nf* corde *f* ; (*de reloj*) ressort *m* ; **dar ~ a un reloj** remonter une montre ; **~ floja** corde raide ; **cuerdas vocales** cordes vocales ; *ver tb* **cuerdo**
cuerdo, -a *adj* sensé(e) ; (*prudente*) sage, prudent(e)
cuerear (Am) *vt* écorcher, dépouiller
cuerno *nm* corne *f* ; (*Mús*) cor *m* ; **mandar a algn al ~** envoyer qn paître ; **¡y un ~!** mon œil ! ; **poner los cuernos a** (*fam*) faire porter des cornes à ; **~ de caza** corne de chasse
cuero *nm* cuir *m* ; (Carib *fam!*) pute *f* (*fam !*) ; **en cueros** tout(e) nu(e) ; **~ cabelludo** cuir chevelu
cuerpo *nm* corps *msg* ; (*Mat*) solide *m* ; (*fig*) partie *f* principale ; **a ~** sans manteau ; **luchar ~ a ~** lutter corps à corps ; **tomar ~** (*plan etc*) prendre corps ; **~ de bomberos**

régiment *m* de sapeurs-pompiers ; **~ diplomático** corps diplomatique
cuervo *nm* corbeau *m* ; (CSur) vautour *m*
cuesta *vb ver* **costar** ▶ *nf* côte *f* ; **ir ~ arriba/abajo** monter/descendre ; **este trabajo se me hace muy ~ arriba** (*fig*) j'ai du mal à faire ce travail ; **a cuestas** sur le dos
cuestación *nf* collecte *f*
cuestión *nf* question *f* ; (*riña*) dispute *f*, querelle *f* ; **en ~ de** en matière de ; **eso es otra ~** ça c'est une autre histoire ; **es ~ de** il s'agit de
cuestionar *vt* contester, mettre en question

⚠ **Cuestionar** ne signifie pas *questionner*, qui se traduit par **interrogar** en espagnol.

cuestionario *nm* questionnaire *m*
cueva *nf* grotte *f*, caverne *f* ; **~ de ladrones** caverne de voleurs
cueza *etc vb ver* **cocer**
cuidado, -a *adj* soigné(e) ▶ *nm* précaution *f* ; (*preocupación*) souci *m* ; (*de los niños etc*) soin *m* ; **eso me trae sin ~** ça je m'en fiche ; **estar al ~ de** s'occuper de ; **tener ~** faire attention ; **cuidados intensivos** soins *mpl* intensifs ▶ *excl* attention ! ; **~ con el perro** attention au chien
cuidador, a *nm/f* (*de niños*) baby-sitter *mf*, nourrice *f* ; (*de enfermos*) assistant(e) de vie, soignant(e) ; (*de zoo, terreno*) gardien(ne) ; (*Boxeo*) soigneur(-euse)
cuidadosamente *adv* soigneusement ; (*con precaución*) prudemment
cuidadoso, -a *adj* soigneux(-euse) ; (*prudente*) prudent(e)
cuidar *vt* soigner ; (*niños, enfermos, lugar*) s'occuper de ▶ *vi* : **~ de** prendre soin de ; **cuidarse** *vpr* prendre soin de soi ; **cuidarse de hacer** prendre soin de faire ; **¡cuídate!** prends soin de toi !, fais attention à toi !
cuita *nf* souci *m* ; (*pena*) peine *f*
culantro *nm* coriandre *f*
culata *nf* crosse *f* ; **le salió el tiro por la ~** ça a été l'arroseur arrosé
culatazo *nm* recul *m*
culebra *nf* couleuvre *f*
culebrear *vi* serpenter
culebrón (*fam*) *nm* feuilleton *m*
culera *nf* fond *m* ; (*parche*) pièce *f*
culinario, -a *adj* culinaire
culmen *nm* (*punto culminante*) apogée *f* ; (*colmo*): **el ~ de la ignorancia** le comble de l'ignorance ; (*persona*) l'ignorance incarnée ; **llegar a su ~** atteindre son apogée ▶ *adj*: **el momento ~ de su carrera** le zénith de sa carrière ; **el momento ~ de la campaña electoral** le moment culminant de la campagne électorale
culminación *nf* point *m* culminant
culminante *adj* culminant(e)
culminar *vi* culminer
culo *nm* (*fam*) fesses *fpl*, cul *m* (*fam !*) ; (*en botella: final*) fond *m* ; **¡vamos de ~!** (*fam*) nous voilà bien ! ; **¡vete a tomar por ~!** (*fam!*) va te faire enculer ! (*fam !*)
culote *nm*, **culottes** *nmpl* (*Deporte*) cuissard *m* ; (*prenda íntima*) culotte *f*
culpa *nf* faute *f* ; (*Jur*) culpabilité *f* ; **echar la ~ a algn** accuser qn ; **por ~ de** à cause de ; **tengo la ~** c'est de ma faute ; **culpas** *nfpl* (*Rel*) fautes *fpl*
culpabilidad *nf* culpabilité *f*
culpabilizar *vt* = **culpar**
culpable *adj*, *nmf* coupable *mf* ; **ser ~ (de)** être coupable (de) ; **confesarse ~** plaider coupable ; **declarar ~ a algn** déclarer qn coupable
culpar *vt* accuser
cultivable *adj* cultivable
cultivadora *nf* cultivateur *m*
cultivar *vt* cultiver ; (*amistad*) entretenir
cultivo *nm* culture *f* ; (*cosecha*) récolte *f*
culto, -a *adj* cultivé(e) ; (*lenguaje*) choisi(e) ; (*palabra*) savant(e) ▶ *nm* culte *m* ; **rendir ~ a** (*Rel, fig*) vouer un culte à
cultura *nf* culture *f*
cultural *adj* culturel(le)
culturismo *nm* culturisme *m*
culturista *nmf* culturiste *mf*
culturizar *vt* transmettre sa culture à ; **culturizarse** *vpr* se cultiver
cumbia *nf* (*música, baile*) cumbia *f*
cumbre *nf* (*tb fig*) sommet *m*
cumpleaños *nm inv* anniversaire *m* ; **¡feliz ~!** joyeux anniversaire !
cumplidamente *adv* largement
cumplido, -a *adj* (*cortés*) poli(e) ; (*plazo*) échu(e) ; (*información*) complet(-ète) ; (*tamaño*) grand(e) ▶ *nm* compliment *m* ; **visita de ~** visite *f* de politesse ; **cumplidos** *nmpl* (*amabilidades*) politesses *fpl*
cumplidor, a *adj* sérieux(-euse)
cumplimentar *vt* complimenter, adresser ses compliments à ; (*orden*) exécuter
cumplimiento *nm* accomplissement *m* ; (*de norma*) respect *m*
cumplir *vt* accomplir ; (*ley*) respecter ; (*promesa*) tenir ; (*años*) avoir ; **hoy cumple dieciocho años** aujourd'hui il a dix-huit ans ▶ *vi* (*pago*) arriver à échéance ; (*plazo*) expirer ; **~ con** (*deber*) faire ; (*promesa*) tenir ; **hacer algo por ~** faire qch pour la forme *o* par politesse ; **cumplirse** *vpr* (*plazo*) expirer ; (*plan, pronósticos*) se réaliser, s'accomplir ; **hoy se cumplen dos años/tres meses de** ça fait aujourd'hui deux ans/trois mois que
cúmulo *nm* tas *msg* ; (*nube*) cumulus *msg*
cuna *nf* berceau *m* ; **canción de ~** berceuse *f*
cundir *vi* (*rumor, pánico*) se répandre, se propager ; (*trabajo*) avancer, progresser ; (*aceite, hilo*) durer

cuneta *nf* fossé *m*
cuña *nf* (*Tec*) coin *m* ; (*Med*) bassin *m* ; **tener cuñas** (*AM*) avoir du piston ; **~ publicitaria** message *m* publicitaire
cuñado, -a *nm/f* beau-frère (belle-sœur)
cuño *nm* (*para acuñar*) coin *m* ; (*sello*) empreinte *f*
cuota *nf* quota *m* ; (*parte proporcional*) quote-part *f* ; (*de club etc*) cotisation *f* ; **de ~** (*AM: carretera*) à péage
cupa *etc vb ver* **caber**
cupé *nm* coupé *m*
cupiera *etc vb ver* **caber**
cuplé *nm chanson légère et généralement grivoise très en vogue au début du XX*[e] *siècle*
cupo *vb ver* **caber** ▸ *nm* quote-part *f* ; (*Mil*) contingent *m* ; **~ de importación** (*Com*) contingent d'importation ; **~ de ventas** quota *m* de ventes
cupón *nm* billet *m* ; (*de resguardo*) bon *m* ; (*Com*) coupon *m*
cuponazo (*fam*) *nm prix extraordinaire de loterie organisée par la ONCE (Organización Nacional de Ciegos)*
cúpula *nf* coupole *f* ; (*Pol, Econ*) dirigeants *mpl*
cura *nf* guérison *f* ; (*tratamiento*) soin *m* ; **~ de desintoxicación** cure *f* de désintoxication ; **~ de urgencia** soins *mpl* d'urgence ▸ *nm* curé *m*
curación *nf* guérison *f* ; (*tratamiento*) traitement *m*
curado, -a *adj* (*Culin*) séché(e) ; (*pieles*) tanné(e) ; **estar ~ de espantos** en avoir vu d'autres
curandero, -a *nm/f* guérisseur(-euse)
curar *vt* (*enfermo, enfermedad, herida*) guérir ; (*: con apósitos*) panser ; (*Culin*) faire sécher ; (*cuero*) tanner ; **curarse** *vpr* guérir
curativo, -a *adj* curatif(-ive)
curda (*fam*) *nf*: **agarrar una ~** prendre une cuite (*fam*) ; **estar ~** être bourré(e) (*fam*)
curia *nf* (*tb:* **curia romana**) curie *f*
curiosamente *adv* curieusement ; (*sorprendentemente*) étrangement
curiosear *vt* fouiner dans ▸ *vi* fouiner
curiosidad *nf* curiosité *f* ; **sentir** *o* **tener ~ por** *o* **de (hacer)** être curieux(-euse) de (faire)
curioso, -a *adj* curieux(-euse) ; (*aseado*) propre, soigné(e) ; **¡qué ~!** comme c'est étrange ! ▸ *nm/f* (*pey*) curieux(-euse)
curita *nf* (*AM*) sparadrap *m*
currante (*fam*) *nmf* bosseur(-euse) (*fam*)
currar, currelar (*fam*) *vi* bosser, trimer
curricular *adj* (*Escol*) du *ou* des programme(s)
currículo *nm* (*currículum*) curriculum *m* (vitae) ; (*Escol*) programme *m*
currículum *nm* (*tb:* **currículum vítae**) curriculum *m* (vitae)
curro (*fam*) *nm* boulot *m* (*fam*)
curry *nm* (*especia, plato*) curry *m* ; **pollo al ~** poulet *m* au curry
cursar *vt* (*Escol*) suivre ; (*orden etc*) transmettre
cursi *adj* de mauvais goût ; (*afectado*) maniéré(e)
cursilada *nf* (*cosa*) objet *m* de mauvais goût
cursilería *nf* (*cosa*) objet *m* de mauvais goût ; (*del cursi*) manières *fpl*
cursillo *nm* cours *msg* ; (*de reciclaje etc*) stage *m* ; (*de conferencias*) cycle *m*
cursiva *nf* italique *m*
curso *nm* cours *msg* ; (*Escol, Univ*) année *f* ; **en ~** (*año, proceso*) en cours ; **dar ~ a** donner suite à ; **moneda de ~ legal** monnaie *f* à cours légal ; **en el ~ de** au cours de ; **~ acelerado/por correspondencia** cours accéléré/par correspondance
cursor *nm* (*Inform*) curseur *m* ; (*Tec*) curseur, coulisseau *m*
curtido, -a *adj* (*cara, cuero*) tanné(e) ; (*fig: persona*) expérimenté(e), chevronné(e)
curtir *vt* (*pieles*) tanner, corroyer ; (*suj: sol, viento*) tanner ; (*fig*) endurcir, aguerrir ; **curtirse** *vpr* (*fig*) s'endurcir, s'aguerrir
curva *nf* virage *m*, tournant *m* ; (*Mat*) courbe *f* ; **~ de rentabilidad** (*Com*) courbe de rentabilité
curvatura *nf* courbure *f*
curvilíneo, -a *adj* curviligne
curvo, -a *adj* courbe
cuscús *nm* couscous *msg*
cúspide *nf* sommet *m* ; (*fig*) faîte *m*, comble *m*
custodia *nf* surveillance *f* ; (*de hijos*) garde *f* ; (*Jur*) détention *f* ; **estar bajo ~ policial** être en garde à vue
custodiar *vt* surveiller
custodio *nm* gardien *m*
cutáneo, -a *adj* cutané(e)
cúter *nm* cutter *m*
cutícula *nf* cuticule *f*
cutis *nm inv* peau *f*
cutre (*fam*) *adj* ringard(e) (*fam*)
cuyo, -a *pron* (*complemento de sujeto*) dont le (dont la) ; (*: plural*) dont les ; (*complemento de objeto*) dont ; (*tras preposición*) de qui, duquel (de laquelle) ; (*: plural*) desquels (desquelles) ; **la señora en cuya casa me hospedé** la dame chez qui j'étais logé ; **el asunto cuyos detalles conoces** l'affaire dont tu connais les détails ; **por ~ motivo** c'est pourquoi ; **en ~ caso** auquel cas
C.V. *abr* (*= curriculum vitae*) CV *m* (*= curriculum vitae*) ; (*= caballos de vapor*) CV (*= cheval-vapeur*)
C y F *abr* (*= costo y flete*) port dû

Dd

D, d *nf (letra)* D, d *m inv* ; **D de Dolores** ~ D comme Désiré
D. *abr* = **Don**; *(con apellido)* M (= *Monsieur*) ; *(solo con nombre)* Don *m*
D.ª. *abr* = **Doña**; *(con apellido)* Mme (= *Madame*) ; *(solo con nombre)* Doña *f*
dación *nf*: **~ en pago** *(Jur)* dation *f* en paiement
dactilar *adj*: **huellas dactilares** empreintes *fpl* digitales
dadá *adj, nm* dada *m*
dadaísmo *nm* dadaïsme *m*
dadaísta *adj, nmf* dadaïste *mf*
dádiva *nf (donación)* don *m* ; *(regalo)* présent *m*
dadivoso, -a *adj* généreux(-euse)
dado, -a *pp de* **dar** ▸ *adj*: **en un momento ~** à un moment donné ; **ser ~ a hacer algo** être enclin(e) à faire qch ; **~ que** étant donné que ▸ *nm (para juego)* dé *m* ; **dados** *nmpl (juego)* dés *mpl*
daga *nf* dague *f*
daiquiri, daiquirí *nm* daïquiri *m*
dalia *nf* dahlia *m*
dálmata *adj*: **perro ~** dalmatien *m*
daltónico, -a *adj, nm/f* daltonien(ne)
daltonismo *nm* daltonisme *m*
dama *nf* dame *f* ; **~ de honor** *(de novia)* demoiselle *f* d'honneur ; *(de reina)* dame d'honneur ; *(en concurso)* dauphine *f* ; **primera ~** *(Teatro)* premier rôle *m* féminin ; *(Pol)* première dame ; **damas** *nfpl (juego)* dames *fpl*
damasco *nm (tela)* damas *msg* ; *(Am)* abricot *m*
damnificado, -a *nm/f*: **los damnificados** les victimes *fpl*
dance *etc vb ver* **danzar**
dandi, dandy *nm* dandy *m*
danés, -esa *adj* danois(e) ▸ *nm/f* Danois(e) ▸ *nm (Ling)* danois *m*
danta *(Am) nf* tapir *m*
dantesco, -a *adj* dantesque
Danubio *nm* Danube *m*
danza *nf* danse *f*
danzar *vt* danser ▸ *vi* danser ; *(fig: moverse)* s'agiter
danzarín, -ina *nm/f* danseur(-euse)
dañar *vt (mueble, cuadro, motor)* abîmer ; *(cosecha)* endommager ; *(salud, reputación)* nuire à ;
dañarse *vpr (cosecha)* se gâter
dañino, -a *adj (sustancia)* nocif(-ive) ; *(animal)* nuisible
daño *nm (a mueble, máquina)* dommage *m* ; *(a cosecha, región)* dégât *m* ; *(a persona, animal)* mal *m* ; **daños y perjuicios** *(Jur)* dommages *mpl* et intérêts *mpl* ; **hacer ~ a algn** *(producir dolor)* faire mal à qn ; *(fig: ofender)* blesser qn ; **eso me hace ~** ça ne me réussit pas ; **hacerse ~** se faire mal
DAO *sigla m (= Diseño Asistido por Ordenador)* DAO *f (= dessin assisté par ordinateur)*

PALABRA CLAVE

dar *vt* **1** donner ; **dar algo a algn** donner qch à qn ; **dar un golpe/una patada** donner un coup/un coup de pied ; **dar clase** faire la classe ; **dar la luz** allumer (la lumière) ; **dar las gracias** remercier ; **dar olor** répandre une odeur ; **dar de beber a algn** donner à boire à qn
2 *(causar: alegría)* faire ; *(: problemas)* causer ; *(: susto)* faire
3 *(+ n: perífrasis de verbo)*: **me da pena/asco** cela me désole/dégoûte ; **da gusto escucharle** c'est bien agréable de l'écouter ; **me da no sé qué** *(reparo)* cela m'embête un peu
4 *(considerar)*: **dar algo por descontado** considérer qch comme chose faite ; **lo doy por hecho/terminado** je considère que c'est fait/terminé
5 *(hora)*: **el reloj dio las seis** la pendule sonna six heures ; *ver tb* **más**
6: **dar a** *(+ infinitivo)*: **dar a conocer** faire connaître
▸ *vi* **1**: **dar a** *(ventana, habitación)* donner sur ; *(botón etc)* appuyer sur
2: **dar con**: **dimos con él dos horas más tarde** nous l'avons rencontré deux heures plus tard ; **al final di con la solución** finalement j'ai trouvé la solution
3: **dar en** *(blanco)* atteindre ; **dar en el suelo** tomber par terre ; **el sol me da en la cara** j'ai le soleil dans la figure
4: **dar de sí** *(ropa)* se détendre ; *(zapatos)* se faire

5: **dar para**: **el sueldo no da para más** ce salaire est très juste
6: **le dio por comprarse ...** il s'est mis en tête de s'acheter ...
7: **dar que** (*+ infinitivo*): **dar que pensar** donner à penser ; **el niño da mucho que hacer** cet enfant donne beaucoup de travail
8: **me da igual** *o* **lo mismo** ça m'est égal ; **¿qué más te da?** qu'est-ce que ça peut te faire ?
darse *vpr* **1** se donner ; **darse un baño** prendre un bain ; **darse un golpe** se cogner
2 (*ocurrir*): **se han dado muchos casos** il y a eu de nombreux cas
3: **darse a**: **darse a la bebida** s'adonner à la boisson
4: **darse por**: **darse por vencido** se déclarer vaincu ; **darse por satisfecho** s'estimer satisfait
5: **se me dan bien/mal las ciencias** je suis bon/mauvais en sciences
6: **dárselas de**: **se las da de experto** il joue les experts

dardo *nm* dard *m*
dársena *nf* darse *f*
datar *vi*: **~ de** dater de
dátil *nm* datte *f*
dativo *nm* datif *m*
dato *nm* (*detalle*) fait *m* ; (*Mat*) donnée *f* ; **datos** *nmpl* (*información, Inform*) données *fpl* ; **datos de entrada/de salida** données en entrée/en sortie ; **datos personales** coordonnées *fpl*
dcha. *abr* (= *derecha*) dr. (= *droite*)
d. de J. C. *abr* (= *después de Jesucristo*) ap. J.-C. (= *après Jésus-Christ*)

PALABRA CLAVE

de (*de + el =* **del**) *prep* **1** (*gen complemento de n*) de, d' ; **la casa de Isabel/de mis padres/de los Hernandez** la maison d'Isabel/de mes parents/des Hernandez ; **una copa de vino** un verre de vin ; **clases de inglés** cours *mpl* d'anglais
2 (*posesión: con ser*): **es de ellos** c'est à eux
3 (*origen, distancia*) de ; **soy de Gijón** je suis de Gijón ; **salir del cine/de la casa** sortir du cinéma/de la maison ; **de lado** de côté ; **de atrás/delante** de derrière/devant
4 (*materia*) en ; **un abrigo de lana** un manteau en laine ; **de madera** en bois
5 (*uso*) à ; **una máquina de coser** une machine à coudre
6 (*traje, aspecto*): **ir vestido de gris** être habillé en gris, être vêtu de gris ; **la niña del vestido azul** la fille en robe bleue ; **la del pelo negro** celle qui a les cheveux noirs
7 (*profesión*): **trabaja de profesora** elle travaille comme professeur
8 (*hora, tiempo*): **a las ocho de la mañana** à huit heures du matin ; **de día/de noche** le jour/la nuit ; **de hoy en ocho días** aujourd'hui en huit ; **de niño era gordo** quand il était petit, il était gros
9 (*medida, distribución*): **cinco metros de largo/ancho** cinq mètres de long/large ; **de dos en dos** de deux en deux ; **uno de cada tres** un sur trois
10 (*comparaciones*): **más/menos de cien personas** plus/moins de cent personnes ; **el más caro de la tienda** le plus cher du magasin ; **menos/más de lo pensado** moins/plus qu'on ne pensait
11 (*adj + de + inf*): **es difícil de creer** c'est difficile à croire ; **eso es difícil de hacer** il est difficile de faire cela
12 (*causa, modo*): **no puedo dormir del calor que hace** je ne peux pas dormir à cause de la chaleur ; **de puro tonto se le olvidó coger dinero** il est si bête qu'il a oublié de prendre de l'argent ; **temblar de miedo/de frío** trembler de peur/de froid ; **de un trago** d'un coup ; **de un solo golpe** d'un seul coup
13 (*condicional + infin*): **de no ser así** sinon ; **de ser posible** si c'est possible ; **de no terminarlo hoy** si ce n'est pas fini aujourd'hui
14: **el pobre de Juan** le pauvre Juan ; **el tonto de Carlos** cet idiot de Carlos
15: **de no** (*AM*: *si no*) sinon ; **¡hazlo, de no ...!** fais-le sinon ... !

dé *vb ver* **dar**
deambular *vi* (*persona*) déambuler ; (*animal*) errer
debajo *adv* dessous ; **~ de** sous ; **por ~ de** en dessous de
debate *nm* débat *m*
debatir *vt* débattre (de) ▸ *vi* débattre ; **debatirse** *vpr* (*forcejear*) se débattre
debe *nm* (*en cuenta*) débit *m* ; **el ~ y el haber** l'actif *m* et le passif
deber *nm* (*obligación*) devoir *m* ; **deberes** *nmpl* (*Escol*) devoirs *mpl* ▸ *vt* devoir ; **¿qué/cuánto le debo?** qu'est ce que/combien est-ce que je vous dois ? ; **queda a ~ 250 euros** il reste à payer 250 euros ▸ *vi* (*obligación*): **debo hacerlo** je dois le faire ; **debería dejar de fumar** il devrait arrêter de fumer ; **como debe ser** comme il se doit ; (*suposición*): **debe (de) ser canadiense** il doit être canadien ; **deberse** *vpr*: **deberse a** être dû (due) à
debidamente *adv* (*comportarse etc*) comme il faut ; (*rellenar: documento etc*) dûment
debido, -a *adj* (*cuidado, respeto*) dû (due) ; **~ a** en raison de ; **a su ~ tiempo** en temps voulu ; **como es ~** comme il se doit
débil *adj* faible
debilidad *nf* faiblesse *f* ; **tener ~ por algn/algo** avoir un faible pour qn/qch

debilitar *vt* (*persona, resistencia*) affaiblir ; (*cimientos*) ébranler ; **debilitarse** *vpr* s'affaiblir
débito *nm* (*deuda*) débit *m*
debut [de'βu] *nm* (*artístico, profesional*) débuts *mpl*
debutante *nmf* débutant(e)
debutar *vi* (*en actuación*) débuter
década *nf* décennie *f*
decadencia *nf* (*de edificio*) délabrement *m* ; (*de persona*) déchéance *f* ; (*de sociedad*) décadence *f*
decadente *adj* décadent(e)
decaer *vi* (*espectáculo*) perdre de son attrait ; (*negocio*) dépérir ; (*civilización, imperio*) décliner ; (*costumbres*) tomber en désuétude ; (*éxito, afición, interés*) retomber ; (*salud*) décliner
decaído, -a *adj*: **estar ~** (*desanimado*) être abattu(e)
decaiga *etc vb ver* **decaer**
decaimiento *nm* abattement *m*
decálogo *nm* décalogue *m*
decanato *nm* (*cargo*) doyenneté *f* ; (*lugar*) doyenné *m*
decano, -a *nm/f* (*tb Univ*) doyen(ne)
decantar *vt* décanter ; **decantarse** *vpr*: **decantarse por** se tourner vers
decapante *nm* (*de pintura*) décapant *m*
decapitar *vt* décapiter
decatlón *nm* décathlon *m*
decayendo *etc vb ver* **decaer**
decena *nf* dizaine *f*
decencia *nf* décence *f*
decenio *nm* décennie *f*
decente *adj* décent(e) ; (*honesto*) convenable
decepción *nf* déception *f*
decepcionado, -a *adj* déçu(e) ; **estar ~ con algo** être déçu(e) de *ou* par qch
decepcionante *adj* décevant(e)
decepcionar *vt* décevoir
dechado *nm*: **es un ~ de virtudes** il *o* elle est la vertu même
decibelio *nm* décibel *m*
decididamente *adv* (*con decisión*) avec décision, résolument ; **entró ~ en la sala** il est entré dans la salle d'un pas décidé ; (*obviamente*) franchement, de toute évidence ; **un poema ~ romántico** un poème de toute évidence romantique ; (*sin duda*) certainement ; **~, vuelven a estar de moda los tacones** il ne fait aucun doute que les talons reviennent à la mode
decidido, -a *adj* décidé(e) ; **estoy ~ a hacerlo** je suis décidé(e) à le faire
decidir *vt* décider (de) ▸ *vi* décider ; **decidirse** *vpr*: **decidirse (a hacer algo)** se décider (à faire qch) ; **¡decídete!** décide-toi ! ; **decidirse por** se décider pour
decilitro *nm* décilitre *m*
décima *nf* (*Mat*) dixième *m* ; **tener décimas** avoir un peu de fièvre
decimal *adj* décimal(e)
decímetro *nm* décimètre *m*
décimo, -a *adj, nm* dixième *m* ; *ver tb* **sexto**
decimoctavo, -a *adj, nm/f* dix-huitième *mf* ; *ver tb* **sexto**
decimocuarto, -a *adj, nm/f* quatorzième *mf* ; *ver tb* **sexto**
decimonónico, -a *adj* (*fig*) du dix-neuvième siècle
decimonoveno, -a *adj, nm/f* dix-neuvième *mf* ; *ver tb* **sexto**
decimoquinto, -a *adj, nm/f* quinzième *mf* ; *ver tb* **sexto**
decimoséptimo, -a *adj, nm/f* dix-septième *mf* ; *ver tb* **sexto**
decimosexto, -a *adj, nm/f* seizième *mf* ; *ver tb* **sexto**
decimotercero, -a *adj, nm/f* treizième *mf* ; *ver tb* **sexto**
decir *vt* dire ; (*fam: llamar*) appeler ; **¡no me digas!** (*sorpresa*) non ! ; **~ para sí** se dire ; **~ por ~** dire comme ça ; **querer ~** vouloir dire ; **es ~** c'est-à-dire ; **ni que ~ tiene que ...** il va sans dire que ... ; **como quien dice** *o* **como si dijéramos** comme qui dirait ; **que digamos** *o* **que se diga** vraiment ; **¡quién lo diría!** qui l'eût cru ! ; **por así decirlo** pour ainsi dire ; **el qué dirán** le qu'en dira-t-on ; **le dije que fuera más tarde** je lui ai dit d'y aller plus tard ; **dicho sea de paso** soit dit en passant ; **que ya es ~** ce n'est pas peu dire ; **por no ~** pour ne pas dire ▸ *vi*: **¡diga!, ¡dígame!** (*Telec*) allô ! ; **~ (de)** (*revelar*) en dire long (sur) ▸ *nm*: **es un ~** c'est une façon de parler ; **decirse** *vpr*: **se dice que ...** on dit que ... ; **¿cómo se dice « cursi » en francés?** comment dit-on « cursi » en français ?
decisión *nf* décision *f* ; **tomar una ~** prendre une décision
decisivamente *adv* de manière décisive
decisivo, -a *adj* décisif(-ive)
decisorio, -a *adj* exécutif(-ive)
declamar *vt* déclamer ▸ *vi* (*recitar*) réciter ; (*pey*) déclamer
declaración *nf* déclaration *f* ; (*Jur*) déposition *f* ; **falsa ~** (*Jur*) faux témoignage *m* ; **prestar ~** (*Jur*) faire une déposition ; **tomar ~ a algn** (*Jur*) prendre la déposition de qn ; **~ de derechos** (*Pol*) déclaration des droits ; **~ de la renta** déclaration de revenus ; **~ fiscal** déclaration d'impôts ; **~ jurada** déposition
declarar *vt* déclarer ; **~ culpable/inocente a algn** déclarer qn coupable/innocent ▸ *vi* (*para la prensa, en público*) faire une déclaration ; (*Jur*) faire une déposition ; **declararse** *vpr* (*amante, guerra, incendio*) se déclarer ; **declararse culpable/inocente** se déclarer coupable/innocent(e)
declinación *nf* déclinaison *f*
declinar *vt* décliner ▸ *vi* (*poder*) décliner ; (*fiebre*) baisser

d

declive *nm* pente *f* ; *(fig)* déclin *m* ; **en ~** en pente ; *(fig: imperio, economía)* en déclin
decodificador *nm* décodeur *m*
decolaje (AND, CHI) *nm* décollage *m*
decolar (AND, CHI) *vi* décoller
decolorante *nm* décolorant *m*
decolorar *vt* décolorer
decomisar *vt* confisquer
decomiso *nm* confiscation *f*
decoración *nf* décoration *f* ; *(Teatro)* décor *m* ; **~ de escaparates/de interiores** décoration de vitrines/d'intérieur
decorado *nm* décor *m*
decorador, a *nm/f* décorateur(-trice)
decorar *vt* décorer
decorativo, -a *adj* décoratif(-ive)
decoro *nm* *(en comportamiento etc)* respect *m*
decoroso, -a *adj* correct(e) ; *(digno)* respectable
decrecer *vi* diminuer ; *(nivel de agua)* baisser ; *(días)* raccourcir
decreciente *adj* décroissant(e)
decrecimiento *nm* décroissance *f*
decrépito, -a *adj* décrépit(e) ; *(sociedad)* en décrépitude
decretar *vt* décréter
decreto *nm* décret *m*
decreto-ley *(pl* **decretos-leyes***)* *nm* décret-loi *m*
decrezca *etc* *vb ver* **decrecer**
decúbito *nm* *(Med)*: **en ~ prono/supino** sur le ventre/dos
dedal *nm* *(para costura)* dé *m* ; *(fig: medida)* doigt *m*
dedicación *nf* *(a trabajo etc)* investissement *m* ; *(de persona)* dévouement *m* ; **con ~ exclusiva** *o* **plena** à plein temps
dedicar *vt* dédicacer ; *(tiempo, dinero, esfuerzo)* consacrer ; **dedicarse** *vpr*: **dedicarse a** se consacrer à ; **¿a qué se dedica usted?** qu'est-ce que vous faites dans la vie ?
dedicatoria *nf* dédicace *f*
dedillo *nm*: **saber algo al ~** savoir qch sur le bout des doigts
dedique *etc* *vb ver* **dedicar**
dedo *nm* doigt *m* ; *(del pie)* orteil *m* ; **contar con los dedos** compter sur les doigts ; **chuparse los dedos** se régaler ; **a ~** *(entrar, nombrar)* avec du piston ; **hacer ~** *(fam)* faire du stop ; **poner el ~ en la llaga** toucher le point sensible ; **no tiene dos dedos de frente** il n'est pas très futé ; **estar a dos dedos de** être à deux doigts de ; **~ anular** annulaire *m* ; **~ corazón** majeur *m* ; **~ gordo** pouce *m* ; *(en pie)* gros orteil ; **~ índice** index *msg* ; **~ meñique** auriculaire *m* ; **~ del pie** orteil
deducción *nf* déduction *f*
deducir *vt* déduire
deduje *etc*, **dedujera** *etc*, **deduzca** *etc* *vb ver* **deducir**
defecar *vi* déféquer
defección *nf* défection *f*
defectivo, -a *adj* défectif(-ive)
defecto *nm* défaut *m* ; **por ~** *(Inform)* par défaut
defectuoso, -a *adj* défectueux(-euse)
defender *vt* défendre ; **defenderse** *vpr*: **defenderse de algo** se défendre de qch ; **defenderse contra algo/algn** se défendre contre qch/qn ; **defenderse bien** *(en profesión etc)* bien se défendre ; **me defiendo en inglés** je ne me défends pas mal en anglais
defendible *adj* défendable
defensa *nf* *(tb Jur, Deporte)* défense *f* ; **en ~ propia** en légitime défense ▸ *nmf* *(Deporte)* défenseur *mf*, arrière *mf* ; **defensas** *nfpl* *(Med)* défenses *fpl*
defensiva *nf*: **a la ~** sur la défensive
defensivo, -a *adj* *(movimiento, actitud)* de défense
defensor, a *adj* *(persona)* qui défend ▸ *nm/f* *(abogado)* avocat(e) de la défense ; *(protector)* défenseur(e) ; **~ del pueblo** (ESP) ≈ médiateur(-trice) de la République
deferencia *nf* déférence *f*
deferente *adj* déférent(e)
deferir *vt* déférer
deficiencia *nf* défaut *m* ; **~ mental** déficience *f* mentale
deficiente *adj* *(trabajo)* insuffisant(e) ; *(salud)* déficient(e) ; **~ en** insuffisant(e) en ▸ *nmf*: **ser un ~ mental/físico** être handicapé mental/physique ▸ *nm* *(Escol)* mauvaise note *f*
déficit *(pl* **déficits***)* *nm* déficit *m* ; **~ presupuestario** déficit budgétaire
deficitario, -a *adj* déficitaire
defienda *etc* *vb ver* **defender**
defiera *etc* *vb ver* **deferir**
definición *nf* définition *f*
definido, -a *adj* net(te) ; *(Ling)* défini(e) ; **bien ~** *(posición, respuesta)* bien défini(e) ; **~ por el usuario** *(Inform)* définissable par l'utilisateur
definir *vt* définir
definitivamente *adv* définitivement
definitivo, -a *adj* définitif(-ive) ; **en definitiva** en définitive
defiriendo *etc* *vb ver* **deferir**
deflación *(Econ)* *nf* déflation *f*
deflacionario, -a, deflacionista *(Econ)* *adj* de déflation, déflationniste
deflector *nm* déflecteur *m*
deforestación *nf* déforestation *f*
deformación *nf* déformation *f* ; **~ profesional** déformation professionnelle
deformar *vt* déformer ; **deformarse** *vpr* se déformer
deforme *adj* difforme
deformidad *nf* difformité *f*

defraudar *vt* (*a personas*) tromper ; (*a Hacienda*) frauder
defunción *nf* décès *m* ; **« cerrado por ~ »** « fermé pour cause de décès »
degeneración *nf* dégradation *f*
degenerado, -a *adj, nm/f* dégénéré(e)
degenerar *vi* dégénérer ; **~ en** dégénérer en
degenerativo, -a *adj* dégénératif(-ive)
deglutir *vt, vi* déglutir
degolladero *nm* abattoir *m*
degollar *vt* égorger
degradación *nf* dégradation *f* ; **~ ambiental** dégradation de l'environnement ; (*moral*) déchéance *f*
degradante *adj* dégradant(e)
degradar *vt* (*tb Mil*) dégrader ; (*Inform: datos*) altérer ; **degradarse** *vpr* se dégrader
degüelle *etc vb ver* **degollar**
degustación *nf* dégustation *f*
degustar *vt* déguster
dehesa *nf* pâturage *m*
deidad *nf* (*dios*) déité *f* ; **~ pagana** divinité *f* païenne
dejadez *nf* laisser-aller *m inv*
dejado, -a *adj* négligent(e)
dejar *vt* laisser ; (*persona, empleo, pueblo*) quitter ; **~ a algn (hacer algo)** laisser qn (faire qch) ; **lo dejó su novia** sa fiancée l'a quitté ; **¡déjame en paz!** laisse-moi tranquille ! ; **~ a un lado** laisser de côté ; **~ caer** (*objeto*) laisser tomber ; (*fig: insinuar*) glisser ; **~ atrás a algn** dépasser qn ; **~ entrar/salir** laisser entrer/sortir ; **~ pasar** laisser passer ; **¡déjalo!** laisse tomber ! ; **te dejo en tu casa** je te laisse chez toi ; (*a un pasajero*) je te dépose chez toi ▸ *vi*: **~ de** arrêter de ; **~ de fumar** arrêter de fumer ; **no dejes de visitarles** continue à leur rendre visite ; **no dejes de comprar un billete** n'oublie pas d'acheter un billet ; **deja mucho que desear** cela laisse beaucoup à désirer ; **~ a algn sin algo** laisser qn sans qch, priver qn de qch ; **dejarse** *vpr* se laisser aller ; **dejarse persuadir** se laisser convaincre ; **dejarse llevar por algn/algo** se laisser entraîner par qn/qch ; **¡déjate de tonterías!** arrête de dire des bêtises !
deje, dejo *nm* accent *m* ; (*sabor*) arrière-goût *m*
del (*= de + el*) *ver* **de**
del. *abr* (*Admin*) = **delegación**
delación *nf* délation *f*
delantal *nm* tablier *m*
delante *adv* devant ; **la parte de ~** la partie avant ; **estando otros ~** devant d'autres personnes ; **~ de** devant ; **por ~** devant ; **~ mío/nuestro** (*esp CSur fam*) devant moi/nous
delantera *nf* (*de vestido*) devant *m* ; (*de coche*) avant *m* ; (*Teatro*) fauteuil *m* d'orchestre ; (*Deporte*) ligne *f* d'attaque ; **llevar la ~ (a algn)** mener (devant qn) ; **coger** *o* **tomar la ~ (a algn)** devancer (qn)
delantero, -a *adj* (*patas, asiento, balcón*) de devant ; (*vagón*) de tête ▸ *nm/f* (*Deporte*) avant *m* ; **~ centro** avant-centre *m*
delatar *vt* dénoncer ; (*sonrisa, gesto, ropa*) trahir ; **los delató a la policía** il les a dénoncés à la police
delator, a *adj* (*gesto, sonrisa*) révélateur(-trice) ▸ *nm/f* dénonciateur(-trice)
delco® *nm* delco® *m*
delectación *nf* délectation *f*
delegación *nf* délégation *f* ; (*Méx: comisaría*) commissariat *m* ; (*: ayuntamiento*) mairie *f* ; **~ de poderes** (*Pol*) délégation de pouvoirs ; **D~ de Educación/de Hacienda/de Trabajo** ≈ ministère *m* de l'Éducation/des Finances/du Travail
delegado, -a *nm/f* délégué(e)
delegar *vt*: **~ algo en algn** déléguer qch à qn
delegue *etc vb ver* **delegar**
deleitar *vt* enchanter ; **deleitarse** *vpr*: **deleitarse con** *o* **en** prendre grand plaisir à
deleite *nm* ravissement *m*
deletrear *vt* épeler
deleznable *adj* (*calidad*) mauvais(e) ; (*argumento*) inconsistant(e)
delfín *nm* dauphin *m*
delgadez *nf* maigreur *f* ; (*fineza*) minceur *f*
delgado, -a *adj* maigre ; (*fino*) mince
deliberación *nf* délibération *f*
deliberado, -a *adj* délibéré(e)
deliberar *vi*: **~ (sobre)** délibérer (sur)
delicadamente *adv* délicatement
delicadeza *nf* délicatesse *f* ; **tener la ~ de hacer** avoir la délicatesse de faire
delicado, -a *adj* délicat(e)
delicia *nf* délice *m*
delicioso, -a *adj* délicieux(-euse)
delictivo, -a *adj* délictueux(-euse)
delimitar *vt* délimiter
delincuencia *nf* délinquance *f* ; **~ juvenil** délinquance juvénile
delincuente *nmf* délinquant(e) ; **~ habitual** délinquant(e) récidiviste ; **~ juvenil** jeune délinquant(e)
delineante *nmf* dessinateur(-trice) industriel(le)
delinear *vt* (*proyecto*) délimiter ; (*plano*) tracer
delinquir *vi* commettre un délit
delirante *adj* délirant(e)
delirar *vi* délirer
delirio *nm* délire *m* ; **con ~** (*fam*) à la folie ; **sentir/tener ~ por algo/algn** aimer qch/qn à la folie ; **delirios de grandeza** folie *f* des grandeurs
delito *nm* délit *m* ; **en flagrante ~** en flagrant délit
delta *nm* delta *m*
demacrado, -a *adj* émacié(e)
demagogia *nf* démagogie *f*
demagógico, -a *adj* démagogique

demagogo, -a *nm/f* démagogue *mf*
demanda *nf* (*tb Com, Jur*) demande *f* ; (*reivindicación*) requête *f* ; **hay poca/mucha ~ de este producto** la demande pour ce produit est faible/forte ; **en ~ de** pour demander ; **entablar ~** (*Jur*) intenter une action en justice ; **presentar ~ de divorcio** demander le divorce ; **~ de mercado** (*Com*) demande du marché ; **~ de pago** avertissement *m* ; **~ final** (*Com*) dernier rappel *m* ; **~ indirecta** (*Com*) demande induite
demandado, -a *nm/f* (*Jur*) défendeur(-deresse)
demandante *nmf* (*Jur*) plaignant(-e)
demandar *vt* demander ; (*Jur*) poursuivre ; **~ a algn por calumnia/por daños y perjuicios** poursuivre qn en diffamation/ pour dommages et intérêts
demarcación *nf* démarcation *f* ; (*zona*) zone *f* ; (*jurisdicción*) circonscription *f*
demás *adj* : **los ~ niños** les autres enfants *mpl* ▸ *pron* : **los/las ~** les autres ; **lo ~** le reste ; **por lo ~** à part cela ; **por ~** en vain ; **y ~** et cetera
demasía *nf* : **en ~** en trop ; **comer/beber en ~** manger/boire trop
demasiado, -a *adj* : **~ vino** trop de vin ; **demasiados libros** trop de livres ; **hace ~ calor** il fait trop chaud ; **¡es ~!** c'est trop ! ▸ *adv* trop ; **es ~ pesado para levantarlo** c'est trop lourd pour être soulevé ; **~ lo sé** je ne le sais que trop bien

> En francés *trop* es siempre invariable. Así, por ejemplo:
> **Hay demasiada gente.** Il y a trop de monde.
> **Habla demasiado.** Il parle trop.
> **Son demasiados alumnos.** Il y a trop d'élèves.

demencia *nf* démence *f* ; **~ senil** démence sénile
demencial *adj* démentiel(le)
demente *adj, nmf* dément(e)
demo (*fam*) *nf* (*Inform, Mús*) démo *f*
democracia *nf* démocratie *f*
demócrata *adj, nmf* démocrate *mf*
democratacristiano, -a *adj, nm/f* démocrate-chrétien(ne)
democráticamente *adv* démocratiquement
democrático, -a *adj* démocratique
democratizar *vt* démocratiser
democristiano, -a *adj, nm/f* = **democratacristiano**
demográfico, -a *adj* démographique ; (*instituto*) de démographie ; **la explosión demográfica** l'explosion *f* démographique
demoledor, a *adj* (*argumento, crítica*) destructeur(-trice) ; (*ataque, fuerza*) dévastateur(-trice)
demoler *vt* démolir
demolición *nf* démolition *f*
demoniaco, -a, demoníaco, -a *adj* démoniaque
demonio *nm* (*tb fig*) démon *m* ; **¡demonios!** mince ! ; **¿cómo demonios?** comment diable ? ; **¿qué demonios será?** (*fam*) qu'est-ce que ça peut bien être ? ; **¿dónde ~ lo habré dejado?** où diable l'ai-je laissé ?
demora *nf* retard *m*
demorar *vt* retarder ▸ *vi* : **~ en** (*AM*) mettre du temps à ; **demorarse** *vpr* s'attarder ; **demorarse al** *o* **en hacer algo** prendre du retard pour faire qch
demos *vb ver* **dar**
demoscópico, -a *adj* : **sondeo ~** sondage *m* d'opinion
demostración *nf* démonstration *f* ; (*de sinceridad*) manifestation *f*
demostrar *vt* (*sinceridad*) prouver ; (*afecto, fuerza*) montrer ; (*funcionamiento, aplicación*) démontrer
demostrativo, -a *adj* démonstratif(-ive)
demudado, -a *adj* : **tener el rostro ~** avoir le visage décomposé
demudar *vt* altérer ; **demudarse** *vpr* (*expresión*) changer
demuela *etc vb ver* **demoler**
demuestre *etc vb ver* **demostrar**
den *vb ver* **dar**
denegación *nf* refus *msg*, dénégation *f*
denegar *vt* refuser ; (*demanda, recurso*) rejeter
denegué *etc vb ver* **denegar**
dengue *nm* dengue *f*
deniego *etc*, **deniegue** *etc vb ver* **denegar**
denigrante *adj* humiliant(e)
denigrar *vt* dénigrer ; (*humillar*) humilier
denodadamente *adv* (*con esfuerzo*) avec acharnement ; (*con valentía*) courageusement, vaillamment ; **luchar ~** se battre avec courage
denodado, -a *adj* (*esforzado*) acharné(e) ; (*valiente*) courageux(-euse)
denominación *nf* dénomination *f* ; **~ de origen** appellation *f* d'origine ; *voir article*

> **DENOMINACIÓN DE ORIGEN**
> La **denominación de origen** ou D.O. est l'équivalent espagnol de l'appellation d'origine contrôlée (AOC). Ce label est attribué à des produits agricoles (vins, fromages, charcuterie) dont il garantit la qualité et la conformité aux caractéristiques d'une région donnée.

denominador *nm* : **~ común** (*tb fig*) dénominateur *m* commun
denominar *vt* dénommer
denostar *vt* insulter
denotar *vt* dénoter

densidad *nf* densité *f* ; **~ de caracteres** (*Inform*) espacement *m* des caractères ; **~ de población** densité de population
denso, -a *adj* dense ; (*humo, niebla*) épais(se) ; (*novela, discurso*) complexe
dentado, -a *adj* denté(e)
dentadura *nf* denture *f* ; **~ postiza** dentier *m*
dental *adj* dentaire ; **hilo** *o* **seda ~** fil *m* dentaire
dentellada *nf* morsure *f* ; (*al partir, al pelear*) coup *m* de dent
dentera *nf* frisson *m* ; **me da ~** ça me fait frémir
dentición *nf* dentition *f*
dentífrico, -a *adj* : **crema** *o* **pasta dentífrica** pâte *f* dentifrice ▸ *nm* dentifrice *m*
dentista *nmf* dentiste *mf*
dentistería (Col, Ven) *nf* cabinet *m* de dentiste
dentística (Chi) *nf* odontologie *f*
dentro *adv* dedans ; **allí ~** à l'intérieur ; **mirar por ~** regarder à l'intérieur ▸ *prep* : **~ de** dans ; **~ de lo posible** dans la mesure du possible ; **~ de lo que cabe** relativement ; **~ de tres meses** dans trois mois ; **~ de poco** sous peu
denuedo *nm* (*liter* : *esfuerzo*) acharnement *m* ; (*valentía*) courage *m*
denuesto *nm* outrage *m*
denuncia *nf* plainte *f* ; **hacer** *o* **poner una ~** déposer une plainte
denunciante *nmf* plaignant(e)
denunciar *vt* (*en comisaría*) déposer une plainte contre ; (*en prensa etc*) dénoncer
deontología *nf* déontologie *f*
Dep. *abr* (= *Departamento*) dépt (= *département*) ; = **depósito**
deparar *vt* (*oportunidad*) fournir ; (*suj* : *futuro, destino*) réserver ; **los placeres que nos deparó el viaje** les plaisirs *mpl* que ce voyage nous a procurés
departamental *adj* départemental(e)
departamento *nm* département *m* ; (Am) appartement *m* ; (*en mueble*) compartiment *m* ; **~ de envíos** (*Com*) service *m* des expéditions
departir *vi* s'entretenir
dependencia *nf* dépendance *f* ; (*Pol*) bureau *m* ; (*Com*) succursale *f* ; **dependencias** *nfpl* dépendances *fpl*
depender *vi* : **~ de** dépendre de ; **todo depende** ça dépend ; **no depende de mí** cela ne dépend pas de moi ; **depende de lo que haga él** cela dépend de ce qu'il fait
dependienta *nf* vendeuse *f*
dependiente *adj* : **~ (de)** dépendant(e) (de) ▸ *nm* vendeur *m*
depilación *nf* épilation *f*
depilar *vt* épiler ; **depilarse** *vpr* s'épiler
depilatorio, -a *adj, nm* dépilatoire *m*
deplorable *adj* déplorable
deplorar *vt* déplorer
depondré *etc vb ver* **deponer**
deponer *vt* (*rey, gobernante*) déposer ; (*actitud*) laisser libre cours à ; **~ las armas** déposer les armes
deponga *etc vb ver* **deponer**
deportación *nf* déportation *f*
deportar *vt* déporter
deporte *nm* sport *m* ; **hacer ~** faire du sport
deportista *adj, nmf* sportif(-ive) ; **ser muy ~** être très sportif(-ive) ; **ser poco ~** ne pas être très sportif(-ive)
deportivamente *adv* sportivement ; **~ hablando** sportivement parlant ; **se tomó la derrota ~** il a accepté sportivement la défaite
deportividad *nf* sportivité *f*
deportivo, -a *adj* sportif(-ive) ; (*club, ropa*) de sport ▸ *nm* voiture *f* de sport
deposición *nf* destitution *f* ; **deposiciones caninas** déjections *fpl* canines
depositante *nmf* déposant(e)
depositar *vt* déposer ; **~ la confianza en algn** accorder sa confiance à qn ; **depositarse** *vpr* se déposer
depositario, -a *nm/f* : **~ de** dépositaire *mf* de ; **~ judicial** administrateur(-trice) judiciaire
depósito *nm* dépôt *m* ; (*de agua, gasolina etc*) réservoir *m* ; **dejar dinero en ~** laisser de l'argent en dépôt ; **~ de cadáveres** morgue *f*
depravado, -a *adj, nm/f* dépravé(e)
depravar *vt* dépraver ; **depravarse** *vpr* (*persona*) se dépraver
depre (*fam*) *nf* (*depresión*) déprime *f*, cafard *m* ; **tener la ~** avoir la déprime *ou* le cafard ▸ *adj* : **estar ~** avoir le cafard *ou* le blues
depreciación *nf* dépréciation *f*
depreciar *vt* déprécier ; **depreciarse** *vpr* se déprécier
depredador, a *adj* prédateur(-trice) ▸ *nm* prédateur *m*
depredar *vt* dévaliser
depresión *nf* dépression *f* ; **~ nerviosa** dépression nerveuse
depresivo, -a *adj* (*clima, ambiente*) déprimant(e) ; (*persona, carácter*) dépressif(-ive)
deprimente *adj* déprimant(e)
deprimido, -a *adj* déprimé(e)
deprimir *vt* déprimer ; **deprimirse** *vpr* déprimer
deprisa *adv* vite ; **¡~!** vite ! ; **~ y corriendo** vite fait bien fait
depuesto *pp de* **deponer**
depuración *nf* (*tb Pol*) épuration *f* ; (*Inform*) décontamination *f*
depuradora *nf* station *f* d'épuration
depurar *vt* épurer ; (*Inform*) décontaminer
depuse *etc vb ver* **deponer**

d

der. *abr* (= *derecho*) dr. (= *droit*)
derecha *nf* (*tb Pol*) droite *f* ; **a la ~** à droite ; **a derechas** (*hacer*) bien ; **de derechas** (*Pol*) de droite
derechazo *nm* (*Boxeo*) droit *m* ; (*Tenis*) coup *m* droit
derechista (*Pol*) *adj* de droite ▸ *nmf* ≈ conservateur(-trice)
derecho, -a *adj* droit(e) ; **a mano derecha** à droite ▸ *adv* droit ▸ *nm* droit *m* ; (*lado*) côté *m* droit ; **Facultad de D~** Faculté *f* de Droit ; **estudiante de D~** étudiant(e) en Droit ; **tener ~ a algo** avoir droit à qch ; **tener ~ a hacer algo** avoir le droit de faire qch ; **estar en su ~** être dans son droit ; **¡no hay ~!** ce n'est pas juste ! ; **~ a voto** droit de vote ; **~ de propiedad literaria** copyright *m* ; **~ de timbre** (*Com*) droit de timbre ; **~ mercantil/penal/de retención** droit commercial/pénal/de rétention ; **derechos civiles** droits civiques ; **derechos humanos** droits de l'homme ; **derechos** *nmpl* (*tasas*) droits *mpl* ; **« reservados todos los derechos »** « tous droits réservés » ; **derechos de autor** droits d'auteur ; **derechos de patente** propriété *f* industrielle ; **derechos portuarios/de muelle** (*Com*) droit de mouillage/de bassin
deriva *nf*: **ir/estar a la ~** (*tb fig*) aller/être à la dérive
derivación *nf* embranchement *m* ; (*Ling*) dérivation *f*
derivado, -a *adj* dérivé(e) ▸ *nm* dérivé *m*
derivar *vt* (*conclusión*) arriver à ; (*conversación*) dévier ▸ *vi* dévier ; **derivarse** *vpr*: **derivarse de** dériver de
dermatólogo, -a *nm/f* dermatologue *mf*
dérmico, -a *adj* dermique
derogación *nf* abrogation *f*
derogar *vt* abroger ; (*contrato*) annuler
derogue *etc vb ver* **derogar**
derramamiento *nm*: **~ de sangre** effusion *f* de sang
derramar *vt* (*verter*) verser ; (*esparcir*) renverser ; **~ lágrimas** verser *o* répandre des larmes ; **derramarse** *vpr* se répandre
derrame *nm* écoulement *m* ; (*Med*) épanchement *m* ; **~ cerebral** hémorragie *f* cérébrale
derrapar *vi* déraper
derredor *adv*: **en ~** autour
derrengado, -a *adj*: **estar ~** être éreinté(e) ; **dejar ~ a algn** éreinter qn
derretido, -a *adj* fondu(e) ; **estar ~ por algn** mourir d'amour pour qn
derretir *vt* fondre ; **derretirse** *vpr* fondre ; (*fig*) mourir d'amour ; **derretirse de calor** être en nage
derribar *vt* faire tomber ; (*construcción*) abattre ; (*gobierno, político*) renverser
derribo *nm* démolition *f* ; **materiales de ~** gravats *mpl* ; **derribos** *nmpl* (*escombros*) décombres *mpl*
derrita *etc vb ver* **derretir**
derrocamiento *nm* renversement *m*
derrocar *vt* (*gobierno*) renverser ; (*ministro*) destituer
derrochador, a *adj*, *nm/f* dépensier(-ière)
derrochar *vt* dilapider ; (*energía, salud*) déborder de
derroche *nm* gaspillage *m* ; (*de salud, alegría*) débordement *m*
derroque *etc vb ver* **derrocar**
derrota *nf* déroute *f* ; (*Deporte, Pol*) défaite *f* ; **sufrir una grave ~** subir une défaite cuisante
derrotar *vt* vaincre ; (*enemigo*) mettre en déroute ; (*Deporte, Pol*) battre
derrotero *nm* cap *m* ; **tomar otros derroteros** prendre une autre voie
derrotista *adj*, *nmf* défaitiste *mf*
derruir *vt* démolir
derrumbamiento *nm* démolition *f* ; (*desplome*) écroulement *m* ; **~ de tierra** éboulement *m*
derrumbar *vt* démolir ; **derrumbarse** *vpr* s'écrouler ; (*esperanzas, persona*) s'effondrer
derrumbe *nm* = **derrumbamiento**
derruyendo *etc vb ver* **derruir**
des *vb ver* **dar**
desabastecido, -a *adj*: **estar ~ de algo** être dépourvu(e) de qch
desaborido, -a *adj* insignifiant(e)
desabotonar *vt* déboutonner ; **desabotonarse** *vpr* se déboutonner
desabrido, -a *adj* (*comida*) insipide ; (*persona*) brusque ; (*tiempo*) incertain(e)
desabrigado, -a *adj* peu couvert(e) ; (*lugar*) ouvert(e) aux quatre vents
desabrigar *vt* découvrir ; **desabrigarse** *vpr* se découvrir ; **me desabrigué en la cama** je me suis retrouvé sans couvertures
desabrigue *etc vb ver* **desabrigar**
desabrochar *vt* (*con botones*) déboutonner ; (*con broches*) dégrafer ; (*cinturón*) détacher ; **desabrocharse** *vpr* (*botones*) se déboutonner ; (*broches*) se dégrafer ; **desabrocharse el cinturón** détacher sa ceinture
desacatar *vt* passer outre
desacato *nm* manque *m* de respect ; (*Jur*) outrage *m* ; **~ a la autoridad** outrage à agent de la force publique
desacertado, -a *adj* erroné(e) ; (*inoportuno*) malvenu(e)
desacierto *nm* erreur *f*
desaconsejado, -a *adj*: **estar ~** être déconseillé(e)
desaconsejar *vt*: **~ algo a algn** déconseiller qch à qn
desacoplar *vt* (*Elec, Tec*) découpler

desacorde *adj* désaccordé(e) ; (*opiniones*) divergent(e) ; **estar ~ con algo** être en désaccord avec qch
desacostumbrado, -a *adj* (*insólito*) inhabituel(le), peu commun(e) ; (*deshabituado*): **estamos desacostumbrados al frío** nous ne sommes plus habitués au froid
desacostumbrarse *vpr* perdre l'habitude
desacreditar *vt* discréditer
desactivar *vt* désamorcer
desacuerdo *nm* désaccord *m* ; (*disconformidad*) contradiction *f* ; **en ~** en désaccord
desafiante *adj* (*actitud*) de défi ; (*persona*) avec un air de défi
desafiar *vt* défier ; **~ a algn a hacer** mettre qn au défi de faire
desafilado, -a *adj* émoussé(e)
desafinado, -a *adj*: **estar ~** être désaccordé(e)
desafinar *vi* (*cantar*) détonner, chanter faux ; (*tocar*) jouer faux ; **desafinarse** *vpr* se désaccorder
desafío *nm* défi *m*
desaforadamente *adv*: **gritar ~** s'égosiller
desaforado, -a *adj* (*grito*) terrible ; (*ambición*) démesuré(e)
desafortunadamente *adv* malheureusement
desafortunado, -a *adj* malheureux(-euse) ; (*inoportuno*) inopportun(e)
desafuero *nm* violation *f*
desagradable *adj* désagréable ; **ser ~ con algn** être désagréable avec qn ; **es ~ tener que hacerlo** il est désagréable d'avoir à le faire
desagradar *vi* indisposer ; **me desagrada hacerlo** je n'aime pas le faire
desagradecido, -a *adj* ingrat(e)
desagrado *nm* mécontentement *m* ; **con ~** de mauvaise grâce
desagraviar *vt* (*ofensa*) pardonner ; (*prejuicio*) dédommager
desagravio *nm* réparation *f* ; **en (señal de) ~** en (guise de) réparation
desaguadero *nm* tuyau *m* d'écoulement
desaguar *vt* (*pantano, líquido*) drainer ▸ *vi* s'écouler
desagüe *nm* écoulement *m* ; (*de lavadora*) vidange *f* ; **tubo de ~** tuyau *m* d'écoulement
desaguisado *nm* offense *f*
desahogadamente *adv* dans l'aisance
desahogado, -a *adj* aisé(e) ; (*espacioso*) spacieux(-euse)
desahogar *vt* laisser libre cours à ; **desahogarse** *vpr* se soulager ; **se desahogó conmigo** il s'est défoulé sur moi
desahogo *nm* soulagement *m* ; (*comodidad*) commodité *f* ; **vivir con ~** vivre dans l'aisance
desahogue *etc vb ver* **desahogar**
desahuciado, -a *adj* (*enfermo*) condamné(e) ; (*inquilino*) expulsé(e)
desahuciar *vt* (*enfermo*) condamner ; (*inquilino*) expulser
desahucio *nm* expulsion *f*
desairado, -a *adj* (*pretendiente*) éconduit(e) ; (*sin éxito*) infructueux(-euse) ; **quedar ~** être humilié(e)
desairar *vt* dédaigner
desaire *nm* mépris *m* ; **hacer un ~ a algn** faire un affront à qn ; **¿me va usted a hacer ese ~?** vous n'allez pas me faire cet affront ?
desajustar *vt* désajuster ; (*planes*) déranger ; **desajustarse** *vpr* se désajuster
desajuste *nm* (*de situación*) dérèglement *m* ; (*de piezas*) desserrage *m* ; (*desacuerdo*) divergence *f* ; **~ económico/de horarios** décalage *m* économique/horaire
desalar *vt* dessaler
desalentador, a *adj* décourageant(e)
desalentar *vt* décourager ; **desalentarse** *vpr* se décourager
desaliento *vb ver* **desalentar** ▸ *nm* découragement *m*
desaliñado, -a *adj* (*descuidado*) négligé(e) ; (*persona*) négligent(e)
desaliño *nm* négligence *f*
desalmado, -a *adj* sans-cœur
desalojar *vt* (*salir de*) quitter ; (*expulsar*) déloger ; (*líquido, aire*) déplacer ; **la policía desalojó el local** la police a évacué les locaux
desalojo *nm* évacuation *f*
desalquilar *vt* quitter ; **desalquilarse** *vpr* se vider (de ses occupants)
desamarrar *vt*: **~ un buque** larguer les amarres
desamor *nm* froideur *f*
desamparado, -a *adj* (*persona*) désemparé(e) ; (*lugar: expuesto*) exposé(e) ; (*: desierto*) abandonné(e)
desamparar *vt* abandonner
desamparo *nm* délaissement *m*
desamueblado, -a *adj* démeublé(e)
desandar *vt*: **~ lo andado** *o* **el camino** revenir sur ses pas
desanduve *etc*, **desanduviera** *etc vb ver* **desandar**
desangelado, -a *adj* tristounet(te)
desangrar *vt* saigner ; **desangrarse** *vpr* se vider de son sang
desanimado, -a *adj* démoralisé(e) ; (*espectáculo, fiesta*) sans aucune ambiance
desanimar *vt* décourager ; **desanimarse** *vpr* se décourager
desánimo *nm* manque *m* d'entrain ; (*desaliento*) découragement *m*
desanudar *vt* défaire ; (*fig*) débrouiller
desapacible *adj* (*clima, tiempo*) maussade ; (*carácter*) désagréable

d

desaparecer *vi* disparaître ; **~ de escena** (*fig*) disparaître de la circulation ▸*vt* (*Am Pol*) faire disparaître
desaparecido, -a *adj* disparu(e) ▸*nm/f* (*Pol*) disparu(e) ; **desaparecidos** *nmpl* disparus *mpl*
desaparezca *etc vb ver* **desaparecer**
desaparición *nf* disparition *f*
desapasionado, -a *adj* impartial(e)
desapego *nm* indifférence *f* ; (*a dinero*) désintéressement *m*
desapercibido, -a *adj* : **pasar ~** passer inaperçu(e) ; **me cogió ~** il m'a pris au dépourvu
desaplicado, -a *adj* inattentif(-ive)
desaprensión *nf* manque *m* de scrupules
desaprensivo, -a *adj* sans scrupules ▸*nm/f* personne *f* sans scrupules
desaprobación *nf* désapprobation *f*
desaprobar *vt* désapprouver
desaprovechado, -a *adj* gâché(e)
desaprovechar *vt* (*tiempo*) perdre, gaspiller ; (*oportunidad*) rater ; (*comida, tela*) gaspiller ; (*talento*) gâcher
desapruebe *etc vb ver* **desaprobar**
desarmador (*Méx*) *nm* tournevis *msg*
desarmar *vt* désarmer ; (*mueble, máquina*) démonter ; **desarmarse** *vpr* (*romperse*) se casser ; (*ser desarmable*) se démonter
desarme *nm* désarmement *m* ; **~ nuclear** désarmement nucléaire
desarraigado, -a *adj* déraciné(e)
desarraigar *vt* (*tb fig*) déraciner ; **desarraigarse** *vpr* se déraciner
desarraigo *nm* déracinement *m*
desarraigue *etc vb ver* **desarraigar**
desarrapado, -a *adj ver* **desharrapado**
desarreglado, -a *adj* (*habitación, atuendo*) en désordre ; (*hábitos, vida*) désordonné(e)
desarreglar *vt* (*peinado, habitación*) mettre en désordre ; (*planes, horario*) déranger
desarreglo *nm* désordre *m* ; (*en horarios*) irrégularité *f* ; **desarreglos** *nmpl* (*Med*) troubles *mpl*
desarrollado, -a *adj* développé(e)
desarrollar *vt* développer ; (*planta, semilla*) faire pousser ; (*plan etc*) mettre au point ; **desarrollarse** *vpr* se développer ; (*hechos, reunión*) se dérouler ; **la acción se desarrolla en Roma** l'action se déroule à Rome
desarrollo *nm* développement *m* ; (*de acontecimientos*) déroulement *m* ; **país en vías de ~** pays *msg* en voie de développement ; **la industria está en pleno ~** l'industrie est en plein essor ; **~ sostenible** développement durable
desarropar *vt* découvrir ; **desarroparse** *vpr* se découvrir
desarrugar *vt* défroisser ; (*frente, entrecejo*) déplisser
desarrugue *etc vb ver* **desarrugar**
desarticulado, -a *adj* (*bomba*) désamorcé(e) ; (*máquina*) désarticulé(e) ; (*comando, organización*) démantelé(e)
desarticular *vt* (*huesos*) désarticuler ; (*mecanismo*) démonter ; (*grupo terrorista*) démanteler
desaseado, -a *adj* malpropre ; (*desaliñado*) négligent(e)
desaseo *nm* (*personal*) malpropreté *f* ; (*en vivienda*) laisser-aller *m*
desasga *etc vb ver* **desasir**
desasir *vt* (*soltar*) lâcher ; **desasirse** *vpr* : **desasirse (de)** se défaire (de)
desasistir *vt* négliger
desasosegar *vt* inquiéter ; **desasosegarse** *vpr* s'inquiéter
desasosegué *etc*, **desasoseguemos** *etc vb ver* **desasosegar**
desasosiego *vb ver* **desasosegar** ▸*nm* inquiétude *f* ; (*Pol*) agitation *f*
desasosiegue *etc vb ver* **desasosegar**
desastrado, -a *adj* (*desaliñado*) négligé(e) ; (*descuidado*) négligent(e)
desastre *nm* désastre *m* ; (*fam: persona*) catastrophe *f* ; **¡qué ~!** quel désastre ! ; **la función fue un ~** le spectacle a été un désastre ; **ir hecho un ~** être négligé
desastrosamente *adv* de manière désastreuse
desastroso, -a *adj* désastreux(-euse) ; **ser ~ para (hacer)** être nul(le) quand il s'agit de (faire)
desatado, -a *adj* déchaîné(e)
desatar *vt* (*nudo*) défaire ; (*cordones, cuerda*) dénouer ; (*perro, prisionero*) détacher ; (*protesta, odio*) déchaîner ; **desatarse** *vpr* se défaire ; (*perro, prisionero*) se détacher ; (*tormenta*) se déchaîner ; **desatarse en injurias** se répandre en injures ; **se le desató la lengua** ça lui a délié la langue
desatascador *nm* débouchoir *m*
desatascar *vt* (*cañería*) déboucher ; (*carro, ruedas*) libérer ; **desatascarse** *vpr* (*cañería*) se déboucher ; (*tráfico*) se fluidifier
desatasque *etc vb ver* **desatascar**
desatención *nf* inattention *f* ; **tener la ~ de hacer** avoir l'indélicatesse de faire
desatender *vt* (*consejos, súplicas*) ignorer ; (*trabajo, hijo*) négliger
desatento, -a *adj* impoli(e) ; **estar ~** être distrait(e)
desatienda *etc vb ver* **desatender**
desatinado, -a *adj* insensé(e)
desatinar *vi* déraisonner
desatino *nm* folie *f* ; (*falta de juicio*) manque *m* de jugement ; **decir desatinos** raconter des bêtises
desatornillar *vt* (*tornillo*) dévisser ; (*estructura*) démonter ; **desatornillarse** *vpr* (*ver vt*) se dévisser ; se démonter

desatrancar *vt* (*puerta*) débloquer ; (*cañería*) déboucher
desatranque *etc vb ver* **desatrancar**
desautorice *etc vb ver* **desautorizar**
desautorización *nf* (*de manifestación, medida*) interdiction *f*
desautorizado, -a *adj* (*persona*) non autorisé(e) ; (*huelga, medida*) interdit(e)
desautorizar *vt* (*oficial*) désavouer ; (*informe, declaraciones*) désapprouver ; (*huelga, manifestación*) interdire
desavendré *etc vb ver* **desavenir**
desavenencia *nf* désaccord *m* ; (*discordia*) conflit *m*
desavenga *etc vb ver* **desavenir**
desavenido, -a *adj* désuni(e) ; **ellos están desavenidos** ils ne s'entendent pas
desavenir *vt* brouiller ; **desavenirse** *vpr* se brouiller ; **desavenirse con algn** se brouiller avec qn
desaventajado, -a *adj* défavorisé(e)
desaviene *etc*, **desaviniendo** *etc vb ver* **desavenir**
desayunar *vt*: ~ **algo** prendre qch au petit déjeuner ▸ *vi* prendre le petit déjeuner ; ~ **con café** prendre du café au petit déjeuner ; **desayunarse** *vpr* prendre le petit déjeuner
desayuno *nm* petit déjeuner *m*
desazón *nf* malaise *m* ; (*fig*) contrariété *f*
desazonar *vt* inquiéter ; **desazonarse** se faire du souci
desbancar *vt* (*campeón, director*) détrôner ; (*en cariño, estima*) supplanter
desbandada *nf* débandade *f* ; **a la** *o* **en** ~ (*salir etc*) à la débandade ; ~ **general** panique *f* générale
desbandarse *vpr* se débander
desbanque *etc vb ver* **desbancar**
desbarajuste *nm* pagaille *f* ; **¡qué ~!** quelle pagaille !
desbaratar *vt* déranger ; (*plan*) bouleverser ; **desbaratarse** *vpr* (*máquina*) se dérégler ; (*peinado*) se défaire
desbarrar *vi* divaguer
desbastar *vt* (*Tec*) dégrossir ; (*persona*) éduquer
desbloquear *vt* (*camino, carretera*) dégager ; (*tráfico*) rétablir ; (*mecanismo, negociación, cuenta*) débloquer
desbloqueo *nm* (*de camino, carretera*) dégagement *m* ; (*de mecanismo, negociación, cuenta*) déblocage *m*
desbocado, -a *adj* (*caballo*) emballé(e) ; (*cuello*) détendu(e) ; (*herramienta*) émoussé(e) ; (*fig*) galopant(e)
desbocarse *vpr* s'emballer
desbordamiento *nm* (*Inform, de río*) débordement *m*
desbordante *adj* (*fig*) débordant(e) ; **estar ~ de** être débordant(e) de ; (*local*) être plein(e) à craquer de
desbordar *vt* déborder de ; (*fig: paciencia, tolerancia*) pousser à bout ; (*: previsiones, expectativas*) dépasser ; **estar desbordado de trabajo** être débordé de travail ▸ *vi* déborder ; **desbordarse** *vpr*: **desbordarse (de)** déborder (de) ; **desbordarse de alegría** déborder de joie
desbravar *vt* dresser
descabalado, -a *adj* dépareillé(e)
descabalgar *vi*: ~ **(de)** descendre (de)
descabalgue *etc vb ver* **descabalgar**
descabellado, -a *adj* insensé(e)
descabellar *vt* (*Taur*) estoquer
descabezado, -a *adj* décapité(e) ; (*insensato*) écervelé(e)
descabezar *vt*: ~ **un sueño** faire un petit somme ; **descabezarse** *vpr* (*fam*) s'arracher les cheveux
descafeinado, -a *adj* décaféiné(e) ; (*fam: obra, proyecto*) qui manque de corps ▸ *nm* décaféiné *m*
descalabrar *vt* blesser à la tête ; (*perjudicar*) porter atteinte à ; **descalabrarse** *vpr* se faire une blessure à la tête
descalabro *nm* revers *msg* ; (*daño*) coup *m*
descalce *etc vb ver* **descalzar**
descalificación *nf* (*Deporte*) disqualification *f* ; (*descrédito*) discrédit *m*
descalificar *vt* (*Deporte*) disqualifier ; (*desacreditar*) discréditer
descalifique *etc vb ver* **descalificar**
descalzar *vt* déchausser ; (*zapato*) ôter ; **descalzarse** *vpr* se déchausser
descalzo, -a *adj* (*persona*) pieds nus *inv* ; (*fig*) sans un sou ; **estar/ir (con los pies) ~(s)** être/aller pieds nus
descambiar *vt* (*Com*) échanger
descaminado, -a *adj*: **estar** *o* **ir ~** se leurrer ; **en eso no anda usted muy ~** sur ce point vous n'avez pas tout à fait tort
descamisado, -a *adj* torse nu
descamisarse (Chi) *vpr* enlever sa chemise
descampado *nm* terrain *m* vague ; **comer al ~** pique-niquer
descansado, -a *adj* reposant(e) ; (*oficio, actividad*) facile ; **estar/sentirse ~** être/se sentir reposé(e)
descansar *vt* reposer ▸ *vi* (*reposar*) se reposer ; (*cadáver, restos*) reposer ; ~ **sobre** *o* **en** (*mueble, muro*) reposer contre *o* sur ; **¡que descanse!** reposez-vous bien ! ; **¡descansen!** (*Mil*) repos ! ; **descanse en paz** qu'il repose en paix
descansillo *nm* palier *m*
descanso *nm* repos *msg* ; (*en el trabajo*) pause *f* ; (*alivio*) soulagement *m* ; (*Teatro, Cine*) entracte *m* ; (*Deporte*) mi-temps *fsg* ; **día de ~** jour *m* de congé ; **tomarse unos días de ~** prendre quelques jours de congé ; **~ por enfermedad/maternidad** congé *m* (de) maladie/de maternité

descapitalización *nf* (*Fin*) décapitalisation *f* ; (*fig*) appauvrissement *m*
descapitalizado, -a *adj* au capital réduit
descapitalizar *vt* (*Fin*) décapitaliser ; (*fig*) appauvrir
descapotable *nm* (*tb*: **coche descapotable**) décapotable *f*
descaradamente *adv* effrontément
descarado, -a *adj* éhonté(e) ; (*insolente*) effronté(e)
descarga *nf* déchargement *m* ; (*Mil, Elec*) décharge *f* ; (*Inform*) téléchargement *m*
descargable *adj* téléchargeable
descargador *nm* docker *m*
descargar *vt* décharger ; (*Inform*) télécharger ; (*golpe*) envoyer ; (*nube, tormenta*) déverser ; (*cólera*) faire passer ; (*de una obligación*) libérer ; (*de culpa*) déclarer innocent ; **~ algo de Internet** télécharger qch sur Internet ▸ *vi* décharger ; (*tormenta*) éclater ; (*nube*) crever ; **~ en** (*río*) se jeter dans ; **descargarse** *vpr* se décharger ; **descargarse de** (*penas*) se soulager de ; (*responsabilidades*) se décharger de
descargo *nm* (*de obligación*) décharge *f* ; (*Com*) crédit *m* ; (*de conciencia*) soulagement *m* ; (*Jur*) décharge *f* ; **~ de una acusación** réfutation *f* d'une accusation
descargue *etc vb ver* **descargar**
descarnado, -a *adj* (*mejillas*) creux(-euse) ; (*brazos*) décharné(e) ; (*reportaje, estilo*) cru(e)
descaro *nm* effronterie *f* ; (*insolencia*) insolence *f* ; **¡qué ~!** quel toupet !
descarriar *vt* (*fig*) dévergonder ; **descarriarse** *vpr* se dévergonder
descarrilamiento *nm* déraillement *m*
descarrilar *vi* dérailler
descartar *vt* rejeter ; **descartarse** *vpr* (*Naipes*) se défausser
descarte *nm* (*rechazo*) rejet *m*, élimination *f* ; (*Naipes*) écart *m*, défausse *f*
descascarillado, -a *adj* écaillé(e)
descastado, -a *adj* ingrat(e)
descatalogado, -a *adj* (*libro*) qui n'est plus édité(e), hors catalogue ; (*disco, producto*) qui n'est plus au catalogue
descendencia *nf* (*estirpe*) lignée *f* ; (*hijos*) descendance *f* ; **morir sin dejar ~** mourir sans laisser d'enfants
descendente *adj* descendant(e)
descender *vt* descendre ▸ *vi* descendre ; (*temperatura, nivel*) baisser ; (*agua, lava*) couler ; **~ de** descendre de ; **~ de categoría** se déclasser
descendiente *nmf* descendant(e)
descenso *nm* descente *f* ; (*de temperatura, fiebre*) baisse *f* ; (*Deporte*) déclassement *m* ; (*en un trabajo*) rétrogradation *f*
descentrado, -a *adj* décentré(e) ; (*rueda*) désaxé(e) ; (*persona*) mal intégré(e) ; **todavía está algo ~** il est encore un peu désorienté
descentralice *etc vb ver* **descentralizar**
descentralizar *vt* décentraliser
descerebrado, -a *adj* décérébré(e)
descerrajar *vt* enfoncer
descienda *etc vb ver* **descender**
descifrable *adj* lisible ; (*mensaje*) intelligible
descifrar *vt* déchiffrer ; (*motivo, actitud*) comprendre ; (*problema*) éclaircir ; (*misterio*) élucider
desclasificar *vt* (*Deporte*) déclasser
desclavar *vt* déclouer
descocado, -a *adj* (*atrevido*) osé(e) ; (*desvergonzado*) culotté(e)
descoco *nm* (*en el vestir*) audace *f* ; (*en actos, costumbres*) culot *m*, effronterie *f*
descodificador *nm* décodeur *m*
descojonarse (*fam!*) *vpr* (*reír*) se fendre la gueule (*fam !*) ; (*estropearse*) se déglinguer
descolgar *vt* décrocher ; (*con cuerdas*) descendre à l'aide de cordes ; **dejó el teléfono descolgado** il n'a pas raccroché ; **descolgarse** *vpr* se laisser glisser ; (*lámpara, cortina*) se décrocher ; **descolgarse por** descendre de ; **descolgarse de** (*esp Deporte*) se détacher de
descolgué *etc*, **descolguemos** *etc vb ver* **descolgar**
descollar *vi* (*sobresalir*) dominer ; (*fig: persona*) se démarquer ; **ese alumno descuella entre los demás** cet élève surpasse tous les autres
descolocar *vt* enlever
descolonizar *vt* décoloniser
descolorido, -a *adj* (*tela, cuadro*) décoloré(e) ; (*persona*) pâle
descompasado, -a *adj* hors du commun
descompensar *vt* déséquilibrer
descompondré *etc vb ver* **descomponer**
descomponer *vt* décomposer ; (*desordenar*) déranger ; (*estropear*) casser ; (*facciones*) altérer ; (*estómago*) détraquer ; (*persona: molestar*) troubler ; (*: irritar*) rendre malade ; **descomponerse** *vpr* se décomposer ; (*estómago*) se détraquer ; (*encolerizarse*) se mettre en colère ; (*MÉX*) tomber en panne
descomponga *etc vb ver* **descomponer**
descomposición *nf* décomposition *f* ; **~ de vientre** diarrhée *f*
descompostura *nf* laisser-aller *m* ; (*MÉX*) panne *f*
descompresión *nf* (*tb Inform*) décompression *f*
descomprimir *vt* décomprimer, décompresser ; (*Inform*) décompresser, dézipper
descompuesto, -a *pp de* **descomponer** ▸ *adj* (*alimento*) pourri(e) ; (*vino*) frelaté(e) ; (*MÉX: máquina*) en panne ; (*persona, rostro*) décomposé(e) ; (*con diarrea*) dérangé(e)
descompuse *etc vb ver* **descomponer**
descomulgar *vt* excommunier
descomunal *adj* énorme

desconcentrar *vt* déconcentrer ; **desconcentrarse** *vpr* se déconcentrer
desconcertado, -a *adj* déconcerté(e)
desconcertante *adj* déconcertant(e)
desconcertar *vt* déconcerter ; **desconcertarse** *vpr* être déconcerté(e)
desconchado, -a *adj* (*pintura*) écaillé(e) ; (*loza*) ébréché(e)
desconchar *vt* (*pintura*) écailler ; (*loza*) ébrécher ; **desconcharse** *vpr* s'écailler
desconchón *nm*: **hay un ~ en la pared** la peinture du mur s'est écaillée
desconcierto *vb ver* **desconcertar** ▸ *nm* désarroi *m* ; (*confusión*) confusion *f* ; **sembrar el ~** semer le désordre
desconectado, -a *adj* (*desenchufado*) déconnecté(e), débranché(e) ; (*apagado*) éteint(e) ; (*Inform*) non connecté(e) ; **estar ~ de** (*fig*) être déconnecté(e) de
desconectar *vt* (*desenchufar*) déconnecter, débrancher ; (*apagar*) éteindre ▸ *vi* (*perder atención*) déconnecter
desconexión *nf* déconnexion *f* ; (*fig*) décalage *m* ; **hay una ~ total entre las dos cosas** il y a un décalage total entre les deux choses
desconfiado, -a *adj* méfiant(e)
desconfianza *nf* méfiance *f*
desconfiar *vi*: **~ de algn/algo** se méfier de qn/qch ; **~ de que algn/algo haga algo** (*dudar*) craindre que qn/qch (ne) fasse qch ; **« desconfíe de las imitaciones »** (*Com*) « méfiez-vous des imitations »
descongelar *vt* décongeler ; (*Pol, Com*) dégeler ; **descongelarse** *vpr* se décongeler ; se dégeler
descongestión *nf* décongestion *f*
descongestionar *vt* décongestionner
desconocer *vt* (*dato*) ignorer ; (*persona*) ne pas connaître
desconocido, -a *adj* inconnu(e) ; **está ~** (*persona*) il est méconnaissable ; (*lugar*) c'est transformé ; **el soldado ~** le soldat inconnu ▸ *nm/f* inconnu(e)
desconocimiento *nm* ignorance *f*
desconozca *etc vb ver* **desconocer**
desconsideración *nf* manque *m* de considération
desconsiderado, -a *adj* irrespectueux(-euse)
desconsolado, -a *adj* inconsolable
desconsolar *vt* affliger ; **desconsolarse** *vpr* s'affliger
desconsuelo *vb ver* **desconsolar** ▸ *nm* affliction *f*, chagrin *m*
descontado, -a *adj*: **por ~** bien sûr ; **dar por ~ (que)** être sûr(e) (que)
descontaminar *vt* dépolluer
descontar *vt* (*deducir*) déduire ; (*rebajar*) faire une remise de
descontento, -a *adj* mécontent(e) ▸ *nm* mécontentement *m*
descontrol (*fam*) *nm* pagaille *f*
descontrolado, -a *adj* incontrôlé(e)
descontrolarse *vpr* perdre le contrôle de soi
desconvocar *vt* annuler
descoordinación *nf* manque *m* de coordination
descorazonador, a *adj* décourageant(e)
descorazonar *vt* décourager ; **descorazonarse** *vpr* perdre courage
descorchador *nm* tire-bouchon *m*
descorchar *vt* déboucher
descorrer *vt* (*cortina, cerrojo*) tirer
descortés *adj* discourtois(e) ; (*grosero*) grossier(-ière)
descortesía *nf* manque *m* de courtoisie ; **una ~** un manque de courtoisie
descoser *vt* découdre ; **descoserse** *vpr* se découdre
descosido, -a *adj* décousu(e) ▸ *nm* (*en prenda*) couture *f* défaite ; **como un ~** (*beber*) comme un trou ; (*comer*) comme quatre ; (*trabajar*) comme un forcené
descoyuntar *vt* disloquer ; **estar descoyuntado** (*fig*) être sur les genoux ; **descoyuntarse** *vpr* se disloquer ; **descoyuntarse de risa** (*fam*) se tordre de rire
descrédito *nm* discrédit *m* ; **caer en ~** se discréditer ; **ir en ~ de** discréditer
descreído, -a *adj* incrédule
descremado, -a *adj* écrémé(e)
descremar *vt* écrémer
describir *vt* décrire
descripción *nf* description *f*
descriptivo, -a *adj* descriptif(-ive)
descrito, -a *pp de* **describir**
descuajar *vt* (*disolver*) liquéfier ; (*planta*) déraciner
descuajaringar *vt* (*aparato*) déglinguer ; (*tarta*) abîmer ; (*paquete*) arracher ; **descuajaringarse** *vpr* (*tb*: **descuajaringarse de risa**) se tordre de rire
descuajeringar *vt* = **descuajaringar**
descuartizar *vt* (*Culin*: *cerdo*) équarrir ; (: *pollo*) dépecer ; (*cuerpo, persona*) écorcher
descubierto, -a *pp de* **descubrir** ▸ *adj* découvert(e) ; (*coche*) décapoté(e) ; (*campo*) nu(e) ▸ *nm* (*Com*: *en el presupuesto*) déficit *m* ; (: *bancario*) découvert *m* ; **al ~** en plein air ; **poner al ~** révéler ; **quedar al ~** être découvert(e) ; **estar en ~** (*Com*) être à découvert
descubridor, a *nm/f* découvreur(-euse)
descubrimiento *nm* découverte *f* ; (*de secreto*) divulgation *f* ; (*de estatua*) inauguration *f*
descubrir *vt* découvrir ; (*placa, estatua*) inaugurer ; (*poner al descubierto*) révéler ; (*delatar*) dénoncer ; **descubrirse** *vpr* se découvrir ; **descubrirse ante** tirer son chapeau à
descuelga *etc*, **descuelgue** *etc vb ver* **descolgar**

d

descuelle *etc vb ver* **descollar**
descuento *vb ver* **descontar** ▸*nm* remise *f* ; **hacer un ~ del 3%** faire une remise de 3% ; **con ~** avec remise ; **~ por pago al contado/ par volumen de compras** (*Com*) remise pour paiement comptant/sur la quantité
descuerar (Chi *fam*) *vt* (*reñir*) tuer
descuidado, -a *adj* négligé(e) ; (*desordenado*) négligent(e) ; (*desprevenido*) pris(e) au dépourvu ; (*jardín, casa*) pas entretenu(e) ; **pillar a algn ~** prendre qn au dépourvu
descuidar *vt* négliger ▸*vi* ne plus y penser ; **¡descuida!** n'y pense plus ! ; **descuidarse** *vpr* (*despistarse*) ne pas faire attention ; (*abandonarse*) se négliger
descuido *nm* négligence *f* ; **al menor ~** à la moindre négligence ; **con ~** sans faire attention ; **en un ~** dans un moment d'inattention ; **por ~** par inadvertance

PALABRA CLAVE

desde *prep* **1** (*lugar, posición*) depuis ; **desde Burgos hasta mi casa hay 30 km** de Burgos à chez moi il y a 30 km ; **hablaba desde el balcón** il parlait depuis le balcon
2 (*tiempo*) depuis ; **desde ahora** à partir de maintenant ; **desde entonces** depuis ce temps-là ; **desde niño** depuis qu'il est tout petit ; **desde 3 años atrás** depuis 3 ans ; **nos conocemos desde 1995/desde hace 20 años** nous nous connaissons depuis 1995/depuis 20 ans *o* cela fait 20 ans que nous nous connaissons ; **no le veo desde 1992/desde hace cinco años** je ne le vois plus depuis 1992/depuis cinq ans *o* cela fait cinq ans que je ne le vois plus ; **¿desde cuándo vives aquí?** depuis quand est-ce que tu habites ici ?
3 (*gama*): **desde los más lujosos hasta los más económicos** des plus luxueux aux plus avantageux
4: **desde luego (que no/sí)** bien sûr (que non/oui) ; **desde luego, no hay quien te entienda!** qu'est-ce que tu peux être compliqué !
▸*conj*: **desde que**: **desde que recuerdo** aussi loin que je m'en souvienne ; **desde que llegó no ha salido** depuis qu'il est rentré il n'est pas sorti

desdecir *vi*: **~ de** ne pas être à la hauteur de ; (*no corresponder*) ne pas aller avec ; **desdecirse** *vpr*: **desdecirse de** se dédire de
desdén *nm* dédain *m*
desdentado, -a *adj* édenté(e)
desdeñable *adj* négligeable
desdeñar *vt* dédaigner
desdeñoso, -a *adj* dédaigneux(-euse)
desdibujar *vt* effacer ; **desdibujarse** *vpr* s'effacer
desdicha *nf* malheur *m*
desdichado, -a *adj* (*sin suerte*) infortuné(e) ; (*infeliz*) malheureux(-euse) ▸*nm/f* malheureux(-euse)
desdicho, -a *pp de* **desdecir**
desdiciendo *etc vb ver* **desdecir**
desdiga *etc*, **desdije** *etc vb ver* **desdecir**
desdoblamiento *nm*: **~ de personalidad** dédoublement *m* de la personnalité
desdoblar *vt* (*extender*) déplier ; (*convertir en dos*) dédoubler
desdramatizar *vt* dédramatiser
deseable *adj* (*situación*) enviable ; (*cuerpo*) désirable
desear *vt* désirer ; **¿qué desea?** (*en tienda*) que désirez-vous ? ; **te deseo mucha suerte** je te souhaite bonne chance ; **dejar mucho que ~** laisser beaucoup à désirer ; **estoy deseando que esto termine** je souhaite que ça se termine
desecar *vt* assécher ; **desecarse** *vpr* se dessécher
desechable *adj* jetable
desechar *vt* jeter ; (*oferta*) rejeter
desecho *nm* déchet *m* ; **de ~** (*materiales*) de rebut ; (*ropa*) à jeter ; **desechos** *nmpl* ordures *fpl*
desembalar *vt* déballer
desembarace *etc vb ver* **desembarazar**
desembarazado, -a *adj* (*libre*) dégagé(e) ; (*desenvuelto*) désinvolte
desembarazar *vt* débarrasser ; **desembarazarse** *vpr*: **desembarazarse de** se débarrasser de
desembarazo *nm* (*soltura*) désinvolture *f* ; (Am: *parto*) accouchement *m*
desembarcadero *nm* débarcadère *m*
desembarcar *vt, vi* débarquer
desembarco *nm* débarquement *m*
desembargar *vt* (*Jur*) lever l'embargo sur
desembargue *vb ver* **desembargar**
desembarque *vb ver* **desembarcar** ▸*nm ver* **desembarco**
desembocadura *nf* (*de río*) embouchure *f* ; (*de calle*) bout *m*
desembocar *vi*: **~ en** (*río*) se jeter dans ; (*fig*) déboucher sur
desemboce *etc vb ver* **desembozar**
desembolsar *vt* débourser
desembolso *nm* (*gasto*) dépense *f*, frais *mpl* ; (*pago*) déboursement *m*
desemboque *etc vb ver* **desembocar**
desembozar *vt* (*rostro*) découvrir
desembragar *vt, vi* débrayer
desembrague *etc vb ver* **desembragar**
desembrollar *vt* éclaircir
desembuchar *vt* (*fam: secretos*) confesser ; (*suj: aves*) dégorger ▸*vi* (*fam: confesar*) avouer, se mettre à table ; **¡desembucha!** avoue !
desemejante *adj* dissemblable ; **~ de** différent(e) de

desemejanza *nf* dissemblance *f*
desempacar *vt* (*mercancías*) déballer ; (*AM*) défaire
desempañar *vt* (*cristal*) nettoyer
desempaque *etc vb ver* **desempacar**
desempaquetar *vt* déballer
desempatar *vi*: **volvieron a jugar para ~** ils ont joué à nouveau pour se départager
desempate *nm* (*Fútbol*) avantage *m* ; (*Tenis*) tie-break *m* ; **partido de ~** belle *f* ; **gol de ~** but *m* de la victoire
desempeñar *vt* (*cargo, función*) occuper ; (*papel*) jouer ; (*deber*) accomplir ; (*lo empeñado*) dégager ; **~ un papel** (*fig*) jouer un rôle ; **desempeñarse** *vpr* (*de deudas*) s'acquitter
desempeño *nm* (*de cargo*) accomplissement *m* ; (*de lo empeñado*) dégagement *m*
desempleado, -a *adj* au chômage ▸ *nm/f* chômeur(-euse)
desempleo *nm* chômage *m*
desempolvar *vt* dépoussiérer ; (*recuerdos*) rassembler ; (*volver a usar*) ressortir
desencadenante *adj*: **los factores desencadenantes del accidente** les éléments déclencheurs de l'accident ▸ *nm* élément *m* déclencheur, point *m* de départ
desencadenar *vt* (*preso, perro*) désenchaîner ; (*ira, conflicto*) déchaîner ; (*guerra*) déclencher ; **desencadenarse** *vpr* (*tormenta*) se déchaîner ; (*guerra*) se déclencher
desencajado, -a *adj* décomposé(e)
desencajar *vt* (*mandíbula*) décrocher ; (*hueso, pieza*) déboîter ; **desencajarse** *vpr* se déboîter
desencantar *vt* désenchanter
desencanto *nm* désenchantement *m*
desencarcelar *vt* libérer
desenchufar *vt* débrancher
desencolarse *vpr* se décoller
desencuadernarse *vpr* se décoller
desencuentro *nm* (*falta de encuentro*) rendez-vous *m* manqué ; (*falta de acuerdo*) désaccord *m*, divergence *f*
desenfadado, -a *adj* décontracté(e)
desenfado *nm* décontraction *f*
desenfocado, -a *adj* (*Foto*) flou(e)
desenfocar *vt* (*Foto*) rendre flou(e)
desenfrenado, -a *adj* (*pasión*) sans bornes ; (*lenguaje, conducta*) débridé(e) ; (*multitud*) déchaîné(e)
desenfrenarse *vpr* (*persona*) perdre toute retenue ; (*pasiones, tempestad*) se déchaîner
desenfreno *nm* (*libertinaje*) libertinage *m* ; (*falta de control*) excès *m*
desenfundar *vt* (*pistola*) dégainer
desenganchar *vt* décrocher ; (*caballerías*) dételer ; (*Tec*) déclencher ; **desengancharse** *vpr* (*fam: de drogas*) décrocher
desengañar *vt* désillusionner ; (*abrir los ojos a*) détromper ; **desengañarse** *vpr*: **desengañarse (de)** ne plus se faire d'illusions (sur) ; **¡desengáñate!** détrompe-toi !
desengaño *nm* désillusion *f* ; **llevarse un ~ (con algn)** être déçu(e) (par qn) ; **sufrir un ~ amoroso** avoir une déception amoureuse
desengrasar *vt* dégraisser
desenlace *vb ver* **desenlazar** ▸ *nm* dénouement *m*
desenlazar *vt* dénouer ; **desenlazarse** *vpr* se dénouer
desenmarañar *vt* (*fig*) débrouiller
desenmascarar *vt* (*fig*) démasquer
desenredar *vt* démêler
desenrollar *vt* dérouler ; **desenrollarse** *vpr* se dérouler
desenroscar *vt* dévisser ; **desenroscarse** *vpr* se dévisser
desenrosque *etc vb ver* **desenroscar**
desensillar *vt* desseller
desentenderse *vpr*: **~ de** se désintéresser de ; **me desentiendo del asunto** je me désintéresse de l'affaire
desentendido, -a *adj*: **hacerse el ~** faire la sourde oreille
desenterrar *vt* déterrer
desentierre *etc vb ver* **desenterrar**
desentonar *vi* détonner
desentorpecer *vt* dégourdir
desentorpezca *etc vb ver* **desentorpecer**
desentramparse *vpr* s'acquitter
desentrañar *vt* (*misterio*) percer ; (*sentido*) éclaircir
desentrenado, -a *adj* rouillé(e)
desentumecer *vt* (*pierna*) dégourdir ; (*Deporte*) échauffer ; **desentumecerse** *vpr* se dégourdir
desentumezca *etc vb ver* **desentumecer**
desenvainar *vt* (*espada*) dégainer
desenvoltura *nf* désinvolture *f*
desenvolver *vt* défaire ; **desenvolverse** *vpr* se dérouler ; **desenvolverse bien/mal** bien/mal se débrouiller ; **desenvolverse en la vida** se débrouiller dans la vie
desenvolvimiento *nm* déroulement *m*
desenvuelto, -a *pp de* **desenvolver** ▸ *adj* désinvolte
desenvuelva *etc vb ver* **desenvolver**
deseo *nm* désir *m* ; **~ de algo/de hacer** vœu *m* de qch/désir de faire ; **arder en deseos de hacer algo** désirer ardemment faire qch
deseoso, -a *adj*: **estar ~ de algo/de hacer** avoir soif de qch/être désireux(-euse) de faire
deseque *etc vb ver* **desecar**
desequilibrado, -a *adj, nm/f* déséquilibré(e)
desequilibrar *vt* déséquilibrer ; **desequilibrarse** *vpr* (*mentalmente*) se déséquilibrer
desequilibrio *nm* déséquilibre *m* ; **~ mental** déséquilibre mental
deserción *nf* (*de soldado, político*) désertion *f* ; (*abandono*) abandon *m*

d

desertar *vi* (*soldado, político*) déserter ; (*abandonar*) abandonner ; **~ de** (*sus deberes*) manquer à ; (*una organización*) déserter
desértico, -a *adj* désertique
desertor, a *nm/f* déserteur *m*
desesperación *nf* désespoir *m* ; (*irritación*) exaspération *f* ; **es una ~ tener que ...** c'est malheureux de devoir ...
desesperada *nf*: **hacer algo a la ~** faire qch en désespoir de cause
desesperadamente *adv* désespérément
desesperado, -a *adj* (*sin esperanza*) désespéré(e) ▸ *nm*: **como un ~** comme un fou
desesperance *etc vb ver* **desesperanzar**
desesperante *adj* désespérant(e)
desesperanzar *vt* désespérer ; **desesperanzarse** *vpr* se désespérer
desesperar *vt* désespérer ; (*exasperar*) exaspérer ▸ *vi*: **~ (de)** désespérer (de) ; **~ de hacer** désespérer de faire ; **desesperarse** *vpr* perdre espoir ; (*impacientarse*) s'impatienter
desespero (*Am*) *nm* désespoir *m*
desestabilice *etc vb ver* **desestabilizar**
desestabilizar *vt* déstabiliser
desestimar *vt* (*menospreciar*) mépriser ; (*rechazar*) rejeter
desestructurado, -a *adj* (*familia*) déstructuré(e)
desfachatez *nf* aplomb *m* ; **¡qué ~!** quel culot ! ; **tener la ~ de hacer** avoir l'aplomb de faire
desfalco *nm* détournement *m* de fonds
desfallecer *vi* défaillir ; **~ de agotamiento** défaillir de fatigue ; **~ de hambre/sed** mourir de faim/soif
desfallecido, -a *adj* défaillant(e)
desfallecimiento *nm* (*desmayo*) évanouissement *m* ; (*debilidad*) défaillance *f*
desfallezca *etc vb ver* **desfallecer**
desfasado, -a *adj* déphasé(e) ; (*costumbres*) vieux jeu *inv*
desfasar *vt* déphaser
desfase *nm* (*en mecanismo*) déphasage *m* ; (*entre ideas, circunstancias*) décalage *m* ; **~ horario** décalage horaire
desfavorable *adj* défavorable
desfavorecer *vt* (*perjudicar*) défavoriser ; (*sentar mal*) aller mal à
desfavorecido, -a *adj* (*perjudicado*) défavorisé(e) ; (*afeado*): **siempre salgo ~ en las fotos** je ne suis jamais à mon avantage sur les photos
desfavorezca *etc vb ver* **desfavorecer**
desfigurar *vt* défigurer
desfiladero *nm* (*Geo*) défilé *m*
desfilar *vi* défiler ; **desfilaron ante el general** ils ont défilé devant le général
desfile *nm* défilé *m* ; **~ de modelos** défilé de mode
desflorar *vt* (*mujer*) déflorer ; (*estropear*) défigurer
desfogar *vt* (*fig*) décharger ; **desfogarse** *vpr* se défouler
desfogue *etc vb ver* **desfogar**
desfondado, -a *adj* sans fond
desgajar *vt* arracher ; (*naranja*) cueillir ; **desgajarse** *vpr* (*rama*) s'arracher
desgana *nf* (*falta de apetito*) manque *m* d'appétit ; (*falta de entusiasmo*) manque d'entrain ; **hacer algo a** *o* **con ~** faire qch à contrecœur
desganado, -a *adj*: **estar ~** (*sin apetito*) ne pas avoir d'appétit ; (*sin entusiasmo*) manquer d'entrain
desgañitarse *vpr* s'époumoner
desgarbado, -a *adj* dégingandé(e)
desgarrador, a *adj* déchirant(e)
desgarrar *vt* (*tb fig*) déchirer ; **desgarrarse** *vpr* se déchirer
desgarro *nm* (*en tela, papel*) accroc *m* ; (*Med*: *tb*: **desgarro muscular**) déchirure *f* musculaire
desgarrón *nm* déchirure *f*
desgastar *vt* user ; **desgastarse** *vpr* s'user
desgaste *nm* usure *f* ; **~ físico** usure *f* physique
desglosar *vt* (*gastos*) ventiler ; (*tema, escrito*) décomposer
desglose *nm* (*de gastos*) détail *m*, ventilation *f*
desgobierno *nm* désordre *m* politique
desgracia *nf* malheur *m* ; **por ~** malheureusement ; **no hubo que lamentar desgracias personales** il n'y a pas eu de victimes à déplorer ; **caer en ~** tomber en disgrâce ; **tener la ~ de** avoir le malheur de
desgraciadamente *adv* malheureusement
desgraciado, -a *adj* malheureux(-euse) ; (*miserable*) infortuné(e) ; (*Am fam*) infâme ▸ *nm/f* (*miserable*) infortuné(e) ; (*infeliz*) malheureux(-euse) ; **¡~!** (*insulto*) minable ! ; **es un pobre ~** c'est un pauvre malheureux
desgraciar *vt* (*estropear*) abîmer
desgranar *vt* égrener ; (*frases, insultos*) cracher
desgravación *nf* (*Com*): **~ fiscal** dégrèvement *m* fiscal
desgravar *vt* dégrever ▸ *vi* (*Fin*) détaxer ; **acciones/operaciones que desgravan** actions *fpl*/opérations *fpl* qui donnent droit à un dégrèvement
desgreñado, -a *adj* dépeigné(e)
desguace *nm* destruction *f* ; (*lugar*) casse *f*
desguazar *vt* (*coche, barco*) mettre à la casse
deshabitado, -a *adj* (*edificio*) inhabité(e) ; (*zona*) désert(e)
deshabitar *vt* (*casa*) quitter ; (*región*) déserter
deshabituarse *vpr* se déshabituer
deshacer *vt* défaire ; (*proyectos*) ruiner ; (*Tec*) démonter ; (*familia, grupo*) désunir ; (*enemigo*) détruire ; (*disolver*) dissoudre ; (*derretir*) fondre ; (*contrato*) annuler ; (*intriga*) dénouer ; **deshacerse** *vpr* se défaire ; (*planes*) s'écrouler ; (*familia, grupo*) se désunir ; (*disolverse*) se

dissoudre ; *(derretirse)* fondre ; **deshacerse de** se défaire de ; *(Com: existencias)* liquider ; **deshacerse en cumplidos/atenciones/lágrimas** se répandre en compliments/être plein d'attentions/fondre en larmes ; **deshacerse por algo** se démener pour qch
deshaga *etc vb ver* **deshacer**
desharé *etc vb ver* **deshacer**
desharrapado, -a *adj* en haillons
deshecho, -a *pp de* **deshacer** ▸ *adj* défait(e) ; *(roto)* cassé(e) ; *(helado, pastel)* fondu(e) ; **estoy ~** *(cansado)* je suis mort(e) de fatigue ; *(deprimido)* je suis abattu(e)
deshelar *vt* dégeler ; **deshelarse** *vpr* se dégeler
desheredado, -a *adj, nm/f* déshérité(e)
desheredar *vt* déshériter
deshice *etc vb ver* **deshacer**
deshidratación *nf* déshydratation *f*
deshidratar *vt* déshydrater ; **deshidratarse** *vpr* se déshydrater
deshielo *vb ver* **deshelar** ▸ *nm* dégel *m*
deshilachado, -a *adj* effiloché(e)
deshilachar *vt* effilocher ; **deshilacharse** *vpr* s'effilocher
deshilar *vt* effiler
deshilvanado, -a *adj (discurso)* décousu(e)
deshinchar *vt (neumático)* dégonfler ; *(herida)* désenfler ; **deshincharse** *vpr* se dégonfler ; se désenfler
deshipotecar *vt* déshypothéquer
deshojar *vt* effeuiller ; **deshojarse** *vpr (flor)* s'effeuiller ; *(árbol)* perdre ses feuilles
deshollinar *vt* ramoner
deshonesto, -a *adj* malhonnête
deshonor *nm*, **deshonra** *nf* déshonneur *m*
deshonrar *vt* déshonorer
deshonroso, -a *adj* déshonorant(e)
deshora: **a ~(s)** *adv (llegar)* au mauvais moment ; *(hablar)* quand il ne faut pas ; *(acostarse, comer)* à des heures impossibles
deshuesar *vt (carne)* désosser ; *(fruta)* dénoyauter
deshumanizar *vt* déshumaniser
desidia *nf* laisser-aller *m*
desierto, -a *adj* désert(e) ; **declarar ~ un premio** ne pas décerner un prix *(à cause du niveau insuffisant des candidats)* ▸ *nm* désert *m*
designación *nf* désignation *f*
designar *vt* désigner ; **~ (para)** *(nombrar)* désigner (à)
designio *nm* dessein *m* ; **designios divinos** volonté *f* divine
desigual *adj* inégal(e) ; *(tamaño, escritura)* irrégulier(-ière)
desigualdad *nf* inégalité *f* ; *(de escritura)* irrégularité *f*
desilusión *nf* désillusion *f* ; *(decepción)* déception *f*
desilusionado, -a *adj* désabusé(e) ; *(decepcionado)* déçu(e)
desilusionar *vt* désillusionner ; *(decepcionar)* décevoir ; **desilusionarse** *vpr* perdre ses illusions ; *(decepcionarse)* être déçu(e)
desinencia *nf (Ling)* désinence *f*
desinfección *nf* désinfection *f*
desinfectante *adj* désinfectant(e) ▸ *nm* désinfectant *m*
desinfectar *vt* désinfecter
desinflacionista *adj* désinflationniste
desinflar *vt* dégonfler ; **desinflarse** *vpr* se dégonfler
desinformación *nf (información engañosa)* désinformation *f* ; *(ignorancia)* ignorance *f*, manque *m* d'information
desinhibido, -a *adj* désinhibé(e)
desintegración *nf* désintégration *f*
desintegrar *vt (grupo, familia)* diviser ; *(átomo, roca)* désintégrer ; **desintegrarse** *vpr* se désintégrer
desinterés *nm (altruismo)* désintéressement *m* ; **~ por** *(familia, actividad)* manque *m* d'intérêt pour
desinteresado, -a *adj* désintéressé(e)
desinteresarse *vpr*: **~ (de)** se désintéresser (de)
desintoxicación *nf* désintoxication *f* ; **cura de ~** cure *f* de désintoxication
desintoxicar *vt* désintoxiquer ; **desintoxicarse** *vpr* se désintoxiquer
desintoxique *etc vb ver* **desintoxicar**
desistir *vi* renoncer ; **~ de (hacer)** renoncer à (faire)
deslavazado, -a *adj (lacio)* raide ; *(incoherente)* décousu(e)
desleal *adj* déloyal(e)
deslealtad *nf* déloyauté *f*
desleído, -a *adj (ideas)* délayé(e)
desleír *vt* diluer
deslenguado, -a *adj (grosero)* fort(e) en gueule
deslía *etc vb ver* **desleír**
desliar *vt* délier ; *(paquete)* dénouer ; **desliarse** *vpr* se dénouer
deslice *etc vb ver* **deslizar**
desliendo *etc vb ver* **desleír**
desligar *vt (separar)* séparer ; *(desatar)* délier ; **desligarse** *vpr* se détacher
desligue *etc vb ver* **desligar**
deslindar *vt (tb fig)* délimiter
desliz *nm (fig)* impair *m* ; **cometer un ~** commettre un impair
deslizante *adj* glissant(e)
deslizar *vt* glisser ; **deslizarse** *vpr* glisser ; *(aguas mansas, lágrimas)* couler ; *(horas)* passer ; *(con disimulo: entrar, salir)* se glisser
deslomar *vt* casser les reins à ; **deslomarse** *vpr (fam)* être sur les genoux
deslucido, -a *adj* terne
deslucir *vt (color, metal)* ternir ; **deslucirse** *vpr* se ternir
deslumbrador, a, deslumbrante *adj* éblouissant(e)

d

deslumbrar *vt* éblouir
deslustrar *vt* ternir
desluzca *etc vb ver* **deslucir**
desmadrarse (*fam*) *vpr* déraper, dérailler
desmadre (*fam*) *nm* bazar *m*
desmán *nm* abus *msg*
desmandarse *vpr* (*descontrolarse*) se rebeller
desmano: **a ~** *adv*, **me coge** *o* **pilla a ~** ça me fait faire un détour
desmantelar *vt* démanteler ; (*casa, fábrica*) vider ; (*Náut*) démâter
desmaquillador *nm* démaquillant *m*
desmaquillar *vt* démaquiller ; **desmaquillarse** *vpr* se démaquiller
desmarcarse *vpr* se démarquer
desmayado, -a *adj* (*sin sentido*) sans connaissance ; (*fig: sin energía*) découragé(e) ; (*color*) passé(e)
desmayar *vi* (*perder ánimo*) faiblir ; **desmayarse** *vpr* perdre connaissance
desmayo *nm* (*Med*) évanouissement *m* ; (*desaliento*) découragement *m* ; **sufrir un ~** perdre connaissance ; **sin ~** sans relâche
desmedido, -a *adj* démesuré(e)
desmedirse *vpr* perdre toute retenue
desmejorado, -a *adj*: **está muy desmejorada** (*Med*) elle est très affaiblie
desmejorar *vi* (*Med*) s'affaiblir
desmelenarse *vpr* s'emballer
desmembración *nf* démembrement *m*
desmembrar *vt* démembrer ; **desmembrarse** *vpr* (*imperio*) se morceler
desmemoriado, -a *adj* distrait(e)
desmentido *nm* démenti *m*
desmentir *vt* démentir ; **desmentirse** *vpr* se dédire
desmenuce *etc vb ver* **desmenuzar**
desmenuzar *vt* (*pan*) émietter ; (*roca*) effriter ; (*carne*) couper en petits morceaux ; (*asunto, teoría*) examiner en détail ; **desmenuzarse** *vpr* (*pan*) s'émietter ; (*roca*) s'effriter
desmerecer *vi* (*marca*) baisser ; (*belleza*) se flétrir ; **~ de** (*cosa*) ne pas être à la hauteur de ; (*persona*) ne pas être digne de
desmerezca *etc vb ver* **desmerecer**
desmesuradamente *adv* démesurément
desmesurado, -a *adj* (*ambición, egoísmo*) démesuré(e) ; (*habitación, gafas*) énorme
desmiembre *etc vb ver* **desmembrar**
desmienta *etc vb ver* **desmentir**
desmigajar *vt* émietter ; **desmigajarse** *vpr* s'émietter
desmilitarice *etc vb ver* **desmilitarizar**
desmilitarizar *vt* démilitariser
desmintiendo *etc vb ver* **desmentir**
desmitificar *vt* démythifier
desmochar *vt* (*árbol*) étêter ; (*cuernos*) écorner
desmontable *adj* (*que se quita*) démontable ; (*que se puede plegar*) pliable
desmontar *vt* démonter ; (*escopeta*) désarmer ; (*tierra*) aplatir ; (*quitar los árboles a*) déboiser ▸ *vi* (*de caballería*) mettre pied à terre
desmonte *nm* (*de tierra*) tas *msg* ; (*terreno*) terrain *m* nivelé
desmoralice *etc vb ver* **desmoralizar**
desmoralizador, a *adj* démoralisant(e)
desmoralizar *vt* démoraliser ; **estar desmoralizado** être démoralisé ; **desmoralizarse** *vpr* se démoraliser
desmoronamiento *nm* écroulement *m*
desmoronar *vt* démolir ; **desmoronarse** *vpr* s'écrouler ; (*convicción, ilusión*) s'effondrer
desmotivado, -a *adj* démotivé(e)
desmovilice *etc vb ver* **desmovilizar**
desmovilizar *vt* (*Mil*) démobiliser
desnacionalización *nf* dénationalisation *f*
desnacionalizar *vt* dénationaliser
desnatado, -a *adj* écrémé(e)
desnatar *vt* écrémer ; **leche sin ~** lait entier
desnaturalice *etc vb ver* **desnaturalizar**
desnaturalizado, -a *adj* (*persona*) indigne ; (*alcohol*) dénaturé(e)
desnaturalizar *vt* dénaturer ; (*Med: nervio*) dévitaliser
desnivel *nm* (*de terreno*) dénivellation *f* ; (*económico, cultural*) différence *f* ; (*de fuerzas*) déséquilibre *m*
desnivelar *vt* (*terreno*) déniveler ; (*balanza, fig*) déséquilibrer ; **desnivelarse** *vpr* (*superficie*) devenir inégal(e) ; (*mesa*) branler
desnucar *vt* briser la nuque, rompre le cou ; **desnucarse** *vpr* se briser la nuque, se rompre le cou
desnuclearizado, -a *adj*: **región desnuclearizada** zone *f* dénucléarisée
desnudar *vt* dénuder ; **desnudarse** *vpr* se dénuder ; **desnudarse (de)** (*despojarse*) se dépouiller (de)
desnudez *nf* nudité *f*
desnudo, -a *adj* nu(e) ; (*árbol*) dépouillé(e) ; (*paisaje*) dénudé(e) ; **~ de** dénué(e) de ; **ir medio ~** se balader à moitié nu(e) ▸ *nm* (*Arte*) nu *m* ; **poner al ~** mettre à nu
desnutrición *nf* malnutrition *f*
desnutrido, -a *adj* sous-alimenté(e)
desobedecer *vt, vi* désobéir
desobedezca *etc vb ver* **desobedecer**
desobediencia *nf* désobéissance *f* ; **~ civil** désobéissance civile
desobediente *adj* désobéissant(e)
desocupación (*esp* AM) *nf* chômage *m*
desocupado, -a *adj* (*persona: ocioso*) désœuvré(e) ; (*: desempleado*) sans emploi ; (*casa*) inoccupé(e) ; (*asiento, servicios*) libre
desocupar *vt* (*vivienda*) libérer ; (*local*) vider ; **desocuparse** *vpr* se libérer
desodorante *nm* déodorant *m*
desoiga *etc vb ver* **desoír**
desoír *vt* passer outre

desolación *nf* désolation *f*
desolado, -a *adj* (*lugar*) désolé(e) ; (*persona*) affligé(e)
desolador, a *adj* (*imagen, noticia*) désolant(e)
desolar *vt* (*región*) dévaster ; (*afligir*) affliger
desollar *vt* (*quitar la piel a*) écorcher ; **~ vivo a** (*criticar*) écorcher vif
desorbitado, -a *adj* (*deseos*) démesuré(e) ; (*precio*) exorbitant(e) ; **con los ojos desorbitados** les yeux exorbités
desorbitar *vt* (*exagerar*) exagérer ; **desorbitarse** *vpr* (*asunto*) prendre des proportions démesurées ; (*ojos*) s'exorbiter
desorden *nm* désordre *m* ; (*en escrito*) confusion *f* ; (*en horarios*) irrégularité *f* ; **ir en ~** (*gente*) marcher dans le plus grand désordre ; **estar en ~** (*cabellos, habitación*) être en désordre ; **desórdenes** *nmpl* (*Pol*) troubles *mpl* ; (*excesos*) excès *mpl*
desordenado, -a *adj* (*habitación, objetos*) en désordre ; (*persona*) désordonné(e)
desordenar *vt* (*papeles, objetos*) mettre en désordre ; (*cuarto, cajón*) mettre sens dessus dessous
desorganice *etc vb ver* **desorganizar**
desorganización *nf* désorganisation *f*
desorganizado, -a *adj* (*persona*) mal organisé(e) ; (*oficina*) désordonné(e)
desorganizar *vt* désorganiser
desorientado, -a *adj* (*extraviado*) égaré(e) ; (*confundido*) confus(e)
desorientar *vt* désorienter ; (*al electorado*) confondre ; **desorientarse** *vpr* s'égarer
desovar *vi* pondre
desoyendo *etc vb ver* **desoír**
despabilado, -a *adj* (*despierto*) réveillé(e) ; (*fig*) éveillé(e)
despabilar *vt* réveiller ; (*fig*) secouer ▸ *vi* se réveiller ; (*fig*) s'éveiller ; **despabilarse** *vpr* se réveiller ; **¡despabílate!** (*date prisa*) réveille-toi !
despachar *vt* (*negocio*) expédier ; (*trabajo*) terminer ; (*correspondencia*) s'occuper de ; (*fam: comida*) se taper ; (*: bebida*) descendre ; (*mensaje, carta*) envoyer ; (*en tienda: cliente*) servir ; (*entradas*) distribuer ; (*empleado*) se débarrasser de ; (*visitas*) décliner ; (*matar*) descendre ; (*Arg: maletas*) enregistrer ▸ *vi* (*en tienda*) servir ; **está despachando con el jefe** il discute avec le chef ; **despacharse** *vpr* se dépêcher ; **despacharse de algo** se débarrasser de qch ; **despacharse a su gusto con algn** soulager sa conscience auprès de qn
despacho *nm* bureau *m* ; (*envío*) envoi *m* ; (*Com: venta*) envoi *m* ; (*comunicación oficial*) dépêche *f* ; (*: a distancia*) ordre *m* ; **mesa de ~** bureau ; **muebles de ~** mobilier *m* de bureau ; **~ de billetes** *o* **boletos** (*Am*) bureau de tabac ; **~ de localidades** guichet *m*
despachurrar *vt* (*aplastar*) éplucher
despacio *adv* lentement ; (*cuidadosamente: Am: en voz baja*) doucement ; **¡~!** doucement ! ; **ya hablaremos más ~** on se parlera plus longuement
despacito (*fam*) *adv* (*lentamente*) tout doucement ; (*suavemente*) doucement
despampanante (*fam*) *adj* (*chica*) superbe, extraordinaire
desparejado, -a, desparejo, -a *adj* dépareillé(e)
desparpajo *nm* (*desenvoltura*) aisance *f* ; (*pey*) insolence *f*
desparramar *vt* répandre
despatarrarse *vpr* écarter les jambes ; (*al caerse*) se retrouver les quatre fers en l'air
despavorido, -a *adj* terrorisé(e)
despechado, -a *adj* dépité(e)
despecho *nm* dépit *m* ; **a ~ de** en dépit de ; **por ~** par dépit
despectivo, -a *adj* (*tono, modo*) méprisant(e) ; (*Ling*) péjoratif(-ive)
despedace *etc vb ver* **despedazar**
despedazar *vt* mettre en pièces ; **despedazarse** *vpr* tomber en morceaux
despedida *nf* (*adiós*) congé *m* ; (*antes de viaje*) adieux *mpl* ; (*en carta*) formule *f* de politesse ; **regalo/cena de ~** cadeau *m*/dîner *m* d'adieu ; **hacer una ~ a algn** fêter le départ de qn ; **hacer su ~ de soltero/soltera** enterrer sa vie de garçon/jeune fille
despedir *vt* (*decir adiós a*) dire au revoir à ; (*empleado*) renvoyer ; (*arrojar*) lancer, jeter ; (*olor, calor*) dégager ; **ir a ~ a algn** aller prendre congé de qn ; **salir despedido** être lancé ; **despedirse** *vpr* quitter son emploi ; **despedirse de algn** dire au revoir à qn ; **se despidieron** ils se sont dit au revoir
despegado, -a *adj* (*separado*) décollé(e) ; (*poco afectuoso*) distant(e)
despegar *vt, vi* décoller ; **sin ~ los labios** sans piper mot ; **despegarse** *vpr* se décoller
despego *nm* = **desapego**
despegue *vb ver* **despegar** ▸ *nm* décollage *m*
despeinado, -a *adj* dépeigné(e)
despeinar *vt* dépeigner ; **despeinarse** *vpr* se dépeigner
despejado, -a *adj* dégagé(e) ; (*persona*) bien réveillé(e)
despejar *vt* dégager ; (*desalojar*) vider ; (*misterio*) éclaircir ; (*Mat: incógnita*) isoler ; (*mente*) rafraîchir ; (*Deporte*) dégager ▸ *vi* s'éclaircir ; **¡despejen!** évacuez les lieux ! ; **despejarse** *vpr* s'éclaircir ; (*persona*) émerger ; **salir a despejarse** sortir pour se changer les idées
despeje *nm* (*Deporte*) dégagement *m*
despellejar *vt* (*animal*) écorcher ; (*fig*) ne pas ménager
despelotarse *vpr* (*fam*) se mettre à poil ; (*de risa*) se poiler

despelote (*fam*) *nm* (*lío*) bazar *m*
despenalización *nf* dépénalisation *f*
despenalizar *vt* dépénaliser
despensa *nf* garde-manger *m*
despeñadero *nm* précipice *m*
despeñar *vt* précipiter ; **despeñarse** *vpr* basculer
desperdiciar *vt* gaspiller ; (*oportunidad*) manquer
desperdicio *nm* gaspillage *m* ; (*residuo*) déchet *m* ; **el libro no tiene ~** le livre est excellent du début à la fin ; **desperdicios** *nmpl* (*basura*) ordures *fpl* ; (*residuos*) déchets *mpl* ; (*de comida*) restes *mpl*
desperdigar *vt* disperser ; **andar desperdigados** être dispersés ; **desperdigarse** *vpr* se disperser ; (*semillas etc*) s'éparpiller
desperdigue *etc vb ver* **desperdigar**
desperece *etc vb ver* **desperezarse**
desperezarse *vpr* s'étirer
desperfecto *nm* (*deterioro*) dommage *m* ; (*defecto*) imperfection *f*
despersonalizado, -a *adj* impersonnel(le)
despertador *nm* réveil *m*
despertar *vt* réveiller ; (*sospechas, admiración*) éveiller ; (*apetito*) aiguiser ▸ *vi* se réveiller ▸ *nm* (*de persona*) réveil *m* ; (*día, era*) aube *f* ; **despertarse** *vpr* se réveiller
despiadado, -a *adj* impitoyable
despido *vb ver* **despedir** ▸ *nm* (*de trabajador*) licenciement *m* ; **~ improcedente** licenciement abusif ; **~ injustificado** renvoi *m* injustifié ; **~ libre** faculté *f* de licencier arbitrairement ; **~ voluntario** départ *m* volontaire
despierto, -a *vb ver* **despertar** ▸ *adj* réveillé(e) ; (*fig*) éveillé(e)
despiezar *vt* (*res*) dépecer ; (*máquina, motor*) démonter, désassembler
despilfarrador, a *nm/f* gaspilleur(-euse)
despilfarrar *vt* gaspiller
despilfarro *nm* gaspillage *m*
despintar *vt* enlever la peinture de ▸ *vi*: **A no despinta de B** A n'est pas mieux que B ; **despintarse** *vpr* déteindre
despiojar *vt* épouiller
despiole (ARG *fam*) *nm* (*jaleo*) bordel *m*
despistado, -a *adj* (*distraído*) distrait(e) ; (*desorientado*) dérouté(e) ▸ *nm/f* distrait(e)
despistar *vt* (*perseguidor*) semer ; (*desorientar*) dérouter ; **despistarse** *vpr* (*distraerse*) être distrait(e)
despiste *nm* distraction *f* ; (*confusión*) confusion *f* ; **tiene un terrible ~** il est terriblement distrait
desplace *etc vb ver* **desplazar**
desplante *nm*: **hacer un ~ a algn** être grossier(-ière) avec qn
desplazado, -a *adj* déplacé(e) ; **sentirse un poco ~** ne pas se sentir à sa place ; **quedar ~** être déplacé(e)
desplazamiento *nm* déplacement *m* ; (*Inform*) défilement *m* ; **~ hacia arriba/abajo** (*Inform*) déplacement vers le haut/bas ; **gastos de ~** frais *mpl* de déplacement
desplazar *vt* déplacer ; (*tropas*) transférer ; (*fig*) supplanter ; (*Inform*) faire défiler ; **desplazarse** *vpr* se déplacer
desplegable *adj* (*Inform*): **menú ~** menu *m* déroulant ▸ *nm* (*folleto*) dépliant *m*
desplegar *vt* déployer ; (*tela, papel*) déplier ; **desplegarse** *vpr* (*Mil*) se déployer
desplegué *etc*, **despleguemos** *etc vb ver* **desplegar**
despliegue *vb ver* **desplegar** ▸ *nm* déploiement *m*
desplomarse *vpr* s'écrouler, s'effondrer ; (*fig*) s'effondrer ; **se ha desplomado el techo** le toit s'est effondré
desplome *nm* (*de edificio, sistema*) effondrement *m*, écroulement *m* ; (*fig*) chute *f*, effondrement *m*
desplumar *vt* (*ave*) déplumer ; (*fam*) plumer
despoblación *nf* dépeuplement *m* ; **~ del campo**, **~ rural** exode *m* rural
despoblado, -a *adj* (*sin habitantes*) vide ; (*con pocos habitantes*) dépeuplé(e) ▸ *nm* lieu *m* dépeuplé
despoblarse *vpr* se dépeupler
despojar *vt* dépouiller ; **~ de** (*persona*: *de sus bienes*) dépouiller de ; (: *de título, derechos*) retirer ; (: *de su cargo*) relever ; **despojarse** *vpr*: **despojarse de** (*ropa*) enlever ; (*posesiones*) se dépouiller de
despojo *nm* (*usurpación*) spoliation *f* ; (*botín*) butin *m* ; **despojos** *nmpl* (*Culin*) abats *mpl* ; (*cadáver*) dépouille *fsg* ; (*de banquete*) reliefs *mpl*
despolitizar *vt* dépolitiser
desportillarse *vpr* s'ébrécher
desposado, -a *adj* tout juste marié(e) ▸ *nm/f* jeune marié(e)
desposar *vt* (*suj*: *sacerdote*) marier ; **desposarse** *vpr* se marier
desposeer *vt*: **~ (de)** déposséder (de) ; **~ a algn de su autoridad** priver qn de son autorité
desposeído, -a *nm/f* dépossédé(e) ; **desposeídos** *nmpl* (*necesitados*) nécessiteux *mpl*
desposeyendo *etc vb ver* **desposeer**
desposorios *nmpl* (*esponsales*) épousailles *fpl* ; (*boda*) noce *fsg*
déspota *nmf* despote *m*
despótico, -a *adj* despote
despotismo *nm* despotisme *m*
despotricar *vi*: **~ (contra)** pester (contre)
despotrique *etc vb ver* **despotricar**
despreciable *adj* (*persona, acto*) méprisable ; (*objeto, cantidad*) négligeable
despreciar *vt* mépriser ; (*oferta, regalo*) dédaigner

despreciativo, -a *adj* dépréciatif(-ive) ; (*mirada*) dédaigneux(-euse)
desprecio *nm* dédain *m* ; **un ~** un affront ; **le hicieron el ~ de no acudir** ils lui ont fait l'affront de ne pas venir
desprender *vt* détacher ; (*olor, calor*) dégager ; (*chispas*) jeter ; **~ (de)** (*separar*) détacher (de) ; **desprenderse** *vpr* se détacher ; (*olor, perfume*) se dégager ; **desprenderse de algo** se défaire de qch ; **de ahí se desprende que** il en découle que
desprendido, -a *adj* (*persona*) généreux(-euse)
desprendimiento *nm* générosité *f* ; **~ de retina** décollement *m* de la rétine ; **~ de tierras** éboulement *m* de terrain
despreocupación *nf* (*falta de preocupación*) insouciance *f*, détachement *m* ; (*falta de cuidado*) laisser-aller *m inv*, négligence *f*
despreocupado, -a *adj*: **estar ~** (*sin preocupación*) ne pas s'inquiéter ; **ser ~** être insouciant(e)
despreocuparse *vpr*: **~ (de)** (*dejar de inquietarse*) ne plus s'occuper (de) ; (*desentenderse*) se désintéresser (de)
desprestigiar *vt* discréditer ; **desprestigiarse** *vpr* se discréditer
desprestigio *nm* discrédit *m*
desprevenido, -a *adj* dépourvu(e) ; **coger** (Esp) *o* **agarrar** (Am) **a algn ~** prendre qn au dépourvu
desprolijo, -a (Arg *fam*) *adj* nul(le)
desproporción *nf* disproportion *f*
desproporcionado, -a *adj* disproportionné(e)
despropósito *nm* (*salida de tono*) propos *msg* outrancier ; (*disparate*) remarque *f* inopportune
desprotección *nf* vulnérabilité *f*
desprovisto, -a *adj*: **~ de** dépourvu(e) de ; **estar ~ de** être dépourvu(e) de
después *adv* après ; (*desde entonces*) dès lors ; (*entonces*) alors ; **poco ~** peu après ; **un año ~** un an après ; **~ se debatió el tema** puis on a discuté de l'affaire ; **~ de** après ; **~ de comer** après manger ; **~ de verlo** après l'avoir vu ; **~ de corregir el texto** après avoir corrigé le texte ; **~ de esa fecha** (*pasado*) après cette date ; (*futuro*) passée cette date ; **~ de todo** après tout ; **mi nombre está ~ del tuyo** mon nom vient après le tien ; **~ (de) que** après que ; **~ (de) que lo escribí** après que je l'eus écrit ▸ *adj*: **murió el año ~** il es mort l'année d'après
despuntar *vt* (*lápiz*) tailler ▸ *vi* (*plantas*) pointer ; (*flores, alba, día*) poindre ; (*persona: sobresalir*) briller
desquiciar *vt* (*puerta*) sortir de ses gonds ; (*planes*) bouleverser ; (*persona*) rendre fou (folle) ; **el pobre está desquiciado** le pauvre est ébranlé
desquitarse *vpr*: **~ (de)** (*resarcirse*) être récompensé(e) (de) ; (*vengarse*) se venger (de) ; **~ de una pérdida** compenser une perte
desquite *nm*: **tomarse el ~ (de)** prendre sa revanche (sur)
Dest. *abr* = **destinatario**
destacado, -a *adj* (*persona*) célèbre ; (*hechos, noticias*) marquant(e) ; **ocupar un lugar ~** (*fig*) occuper le devant de la scène
destacamento *nm* (*Mil*) détachement *m*
destacar *vt* (*Arte*) mettre en relief ; (*fig*) souligner ; (*Mil*) détacher ; **quiero ~ que ...** je voudrais souligner que ... ▸ *vi* (*sobresalir: montaña, figura*) ressortir ; (*: obra, persona*) se démarquer ; **~ en/por algo** briller en/par qch ; **destacarse** *vpr* se démarquer ; **destacarse de** *o* **entre los demás** se démarquer des autres
destajo *nm*: **trabajar a ~** (*por pieza*) travailler à la pièce ; (*mucho*) travailler d'arrache-pied
destapamiento (Méx) *nm* (*Pol*) *annonce des candidats aux élections du PRI (parti politique mexicain)*
destapar *vt* découvrir ; (*botella*) déboucher ; (*cacerola*) ôter le couvercle de ; **destaparse** *vpr* (*botella*) se déboucher ; (*en la cama*) se découvrir
destape *nm* (*Teatro, Cine*) nu *m*
destaque *etc vb ver* **destacar**
destartalado, -a *adj* (*casa*) délabré(e) ; (*coche*) démantibulé(e)
destellar *vi* (*diamante, estrella*) scintiller ; (*metal*) étinceler
destello *nm* (*de diamante, metal*) scintillement *m* ; (*de estrella*) scintillation *f* ; (*de faro*) lueur *f* ; **un ~ de lucidez/genio** un éclair de lucidité/génie
destemplado, -a *adj* (*Mús*) désaccordé(e) ; (*voz*) discordant(e) ; (*Meteorología*) mauvais(e) ; **estar/sentirse ~** (*Med*) ne pas se sentir bien
destemplar *vt* (*Mús*) désaccorder ; **destemplarse** *vpr* (*Mús*) se désaccorder ; (*persona: alterarse*) perdre toute mesure ; (*Med*) être indisposé(e)
desteñir *vt, vi* déteindre ; **esta tela no destiñe** ce tissu ne déteint pas ; **desteñirse** *vpr* déteindre
desternillarse *vpr*: **~ de risa** se tordre de rire
desterrado, -a *adj* (*exiliado: persona*) interdit(e) de séjour ; (*abandonado: costumbre*) banni(e) ▸ *nm/f* exilé(e)
desterrar *vt* exiler ; (*pensamiento, tristeza*) chasser ; (*sospechas*) bannir
destetar *vt* sevrer
destiempo: **a ~** *adv* mal à propos
destierro *vb ver* **desterrar** ▸ *nm* (*expulsión*) interdiction *f* de séjour ; (*exilio*) exil *m* ; **vivir en el ~** vivre en exil
destilación *nf* distillation *f*
destilar *vt, vi* distiller
destilería *nf* distillerie *f*

d

destinar *vt* (*funcionario, militar*) affecter ; (*habitación, tarea*) assigner ; ~ **a** *o* **para** (*fondos*) destiner à ; **es un libro destinado a los niños** c'est un livre pour enfants ; **una carta que viene destinada a usted** une lettre qui vous est adressée
destinatario, -a *nm/f* destinataire *mf*
destino *nm* (*suerte*) destin *m* ; (*de viajero*) destination *f* ; (*función*) fonction *f* ; (*de funcionario, militar*) poste *m* ; **con ~ a** à destination de ; **salir con ~ a** partir pour
destiña *etc vb ver* **desteñir**
destiñendo *etc vb ver* **desteñir**
destitución *nf* destitution *f*
destituir *vt*: ~ **(de)** destituer (de)
destituyendo *etc vb ver* **destituir**
destornillador *nm* tournevis *msg*
destornillar *vt* = **desatornillar**
destreza *nf* dextérité *f* ; (*maña*) adresse *f*
destripar *vt* (*animal*) étriper ; (*radio, coche*) démantibuler ; (*reventar*) crever
destroce *etc vb ver* **destrozar**
destronar *vt* détrôner
destroncar *vt* (*árbol*) abattre ; (*proyectos*) ruiner
destronque *etc vb ver* **destroncar**
destrozar *vt* (*romper*) casser ; (*planes, campaña, persona*) anéantir ; (*nervios*) mettre à vif ; **está destrozado por la noticia** il est anéanti par la nouvelle
destrozo *nm* destruction *f* ; **destrozos** *nmpl* (*daños*) dégâts *mpl*
destrucción *nf* destruction *f*
destructivo, -a *adj* destructeur(-trice)
destructor, a *adj* = **destructivo** ▸ *nm* (*Náut*) torpilleur *m*
destruir *vt* détruire ; (*persona: moralmente*) briser ; (*negocio, comarca*) ruiner ; (*político, competidor, ilusiones*) anéantir ; (*argumento*) démolir
destruyendo *etc vb ver* **destruir**
desubicar (CSUR) *vt* désorienter
desuelle *etc vb ver* **desollar**
desueve *etc vb ver* **desovar**
desunión *nf* (*separación*) séparation *f* ; (*entre personas*) désaccord *m*
desunir *vt* (*familia, países*) désunir ; (*piezas*) séparer ; **desunirse** *vpr* se désunir
desusado, -a *adj* inusité(e)
desuso *nm* non-utilisation *f* ; **caer en ~** tomber en désuétude ; **estar en ~** être inusité(e) ; **una expresión (caída) en ~** une expression tombée en désuétude
desvaído, -a *adj* (*color*) fané(e) ; (*contorno*) effacé(e) ; (*carácter*) terne
desvalido, -a *adj* déshérité(e) ; **niños desvalidos** enfants *mpl* déshérités
desvalijar *vt* dévaliser ; (*coche*) cambrioler
desvalorice *etc vb ver* **desvalorizar**
desvalorizar *vt* (*Econ*) dévaluer
desván *nm* grenier *m*
desvanecer *vt* (*disipar*) dissiper ; (*borrar*) effacer ; **desvanecerse** *vpr* (*Med*) s'évanouir ; (*fig*) se dissiper ; (*borrarse*) s'effacer
desvanecido, -a *adj* (*Med*) évanoui(e) ; **caer ~** tomber évanoui(e)
desvanecimiento *nm* (*de contornos, colores*) effacement *m* ; (*de dudas*) dissipation *f* ; (*Med*) évanouissement *m*
desvanezca *etc vb ver* **desvanecer**
desvariar *vi* délirer
desvarío *nm* délire *m* ; **desvaríos** *nmpl* (*disparates*) absurdités *fpl*
desvelar *vt* (*suj: café, preocupación*) tenir éveillé(e) ; **desvelarse** *vpr* rester éveillé(e) ; **desvelarse por algo** se démener pour qch ; **desvelarse por los demás** se donner du mal pour autrui
desvelo *nm* éveil *m* ; **desvelos** *nmpl* (*preocupación*) soucis *mpl*
desvencijado, -a *adj* (*silla*) branlant(e) ; (*máquina*) détraqué(e)
desvencijar *vt* casser ; (*máquina*) détraquer ; **desvencijarse** *vpr* se casser ; (*máquina*) se détraquer
desventaja *nf* inconvénient *m* ; **estar en** *o* **llevar ~** être désavantagé(e)
desventajoso, -a *adj* désavantageux(-euse)
desventura *nf* malheur *m*
desventurado, -a *adj* malheureux(-euse)
desvergonzado, -a *adj, nm/f* dévergondé(e) ; (*descarado*) effronté(e)
desvergüenza *nf* dévergondage *m* ; (*descaro*) toupet *m* ; **¡qué ~!** quel toupet ! ; **tener la ~ de hacer** avoir le toupet de faire
desvestir *vt* déshabiller ; **desvestirse** *vpr* se déshabiller
desviación *nf* (*de río*) détournement *m* ; (*Auto*) déviation *f* ; (*de la conducta*) écart *m* ; **~ de la columna** (*Med*) scoliose *f*
desviar *vt* dévier ; (*de objetivo*) écarter ; (*río, mirada*) détourner ; **desviarse** *vpr* (*apartarse del camino*) s'égarer ; (*rumbo*) faire un détour ; (*Auto*) faire une embardée ; **desviarse de un tema** s'éloigner du sujet
desvincular *vt* (*de una obligación*) délier ; (*de una organización*) détacher ; **desvincularse** *vpr* (*de partido, familia*) se détacher
desvío *vb ver* **desviar** ▸ *nm* (*Auto*) déviation *f*
desvirgar *vt* dépuceler
desvirtuar *vt* (*actuación, labor*) nuire à ; (*argumento*) démolir ; (*sentido*) affaiblir ; **desvirtuarse** *vpr* perdre sa signification première
desvistiendo *etc vb ver* **desvestir**
desvitalizar *vt* (*Med*) dévitaliser
desvivirse *vpr*: ~ **por algo/algn** se mettre en quatre pour qch/qn ; ~ **por hacer** se tuer à faire
detall *nm*: **al ~** (*Com*) au détail ; *ver tb* **detalle**
detalladamente *adv* de façon détaillée

detallado, -a *adj* détaillé(e)
detallar *vt* détailler
detalle *nm* détail *m* ; (*delicadeza*) attention *f* ; **narrar con (todo) ~** raconter en détail ; **no pierde ~** il n'en perd pas une miette ; **tener un ~ con algn** avoir une attention pour qn ; **¡qué ~!** comme c'est gentil ! ; **al ~** (*Com*) au détail ; **comercio al ~** commerce *m* de détail ; **vender al ~** vendre au détail ; **~ de cuenta** détail d'un compte
detallista *adj* méticuleux(-euse) ▸ *nmf* (*Com*) détaillant(e)
detectar *vt* (*investigador*) détecter
detective *nmf* détective *mf* ; **~ privado(-a)** détective privé(e)
detector *nm* (*Náut*) détecteur *m* ; (*Tec*) détecteur radio ; **~ de mentiras/de metales/de minas** détecteur de mensonges/à métaux/de mines
detención *nf* arrêt *m* ; (*retraso*) lenteur *f* ; (*Jur*) arrestation *f* ; (*detenimiento*) soin *m*
detendré *etc vb ver* **detener**
detener *vt* arrêter ; (*retrasar*) retarder ; **detenerse** *vpr* s'arrêter ; (*demorarse*) s'attarder ; **¡deténgase!** arrêtez-vous ! ; **detenerse a hacer algo** s'attarder à faire qch
detenga *etc vb ver* **detener**
detenidamente *adv* minutieusement
detenido, -a *adj* arrêté(e) ; (*minucioso*) minutieux(-euse) ; (*preso*) détenu(e) ▸ *nm/f* détenu(e)
detenimiento *nm*: **con ~** avec soin
detentar *vt* détenir ; (*sin derecho*) s'approprier
detergente *nm* détergent *m* ; (*para la ropa*) lessive *f*
deteriorado, -a *adj* détérioré(e)
deteriorar *vt* détériorer ; **deteriorarse** *vpr* se détériorer
deterioro *nm* détérioration *f*
determinación *nf* détermination *f* ; (*decisión*) décision *f*
determinado, -a *adj* déterminé(e) ; **a una hora determinada** à une heure précise ; **no hay ningún tema ~** aucun sujet n'a été déterminé
determinante *adj* déterminant(e) ▸ *nm* déterminant *m*
determinar *vt* déterminer ; **aquello determinó la caída del gobierno** cela a déterminé la chute du gouvernement ; **el reglamento determina que ...** le règlement prévoit que ... ; **determinarse** *vpr*: **determinarse a hacer** se déterminer à faire
detestable *adj* (*persona, sabor*) détestable ; (*acto*) odieux(-euse) ; (*obra*) très mauvais(e)
detestar *vt* détester
detonación *nf* détonation *f*
detonador *nm* détonateur *m*
detonante *nm* (*fig*) détonateur *m*
detonar *vi* détoner
detractor, a *nm/f* détracteur(-trice)
detrás *adv* derrière ; (*en sucesión*) après ; **por ~** par derrière ; **~ mío/nuestro** (*esp CSUR*) derrière moi/nous ; **~ de** derrière ; **ir ~ de algn/algo** être derrière qn/qch ; **hacer algo por ~ de algn** faire qch dans le dos de qn
detrasito (*AM fam*) *adv* derrière
detrimento *nm*: **en ~ de** au détriment de
detritus *nm* détritus *msg*
detuve *etc vb ver* **detener**
deuda *nf* dette *f* ; **estar en ~ con algn** (*fig*) avoir une dette envers qn ; **contraer deudas** contracter des dettes ; **~ a largo plazo** dette à long terme ; **~ exterior/pública** dette extérieure/publique
deudor, a *nm/f* débiteur(-trice) ; **~ hipotecario** débiteur hypothécaire ; **~ moroso** mauvais payeur *m*
devaluación *nf* dévaluation *f*
devaluar *vt* dévaluer
devanar *vt* rembobiner ; **devanarse** *vpr*: **devanarse los sesos** se ronger les sangs
devaneo *nm* flirt *m*
devastar *vt* dévaster
devendré *etc*, **devenga** *etc vb ver* **devenir**
devengar *vt* (*retribuciones*) toucher ; (*intereses*) rapporter
devengue *etc vb ver* **devengar**
devenir *vi*: **~ en** se transformer en ▸ *nm* évolution *f*
deviene *etc*, **deviniendo** *etc vb ver* **devenir**
devoción *nf* dévotion *f* ; **sentir ~ por algn/algo** avoir de la dévotion pour qn/une passion pour qch
devocionario *nm* missel *m*
devolución *nf* restitution *f* ; (*de carta*) retour *m* ; (*de dinero*) remboursement *m* ; **no se admiten devoluciones** (*Com*) ni repris ni échangé
devolver *vt* rendre ; (*a su sitio*) remettre ; (*producto, carta*) retourner ; (*factura*) protester ; (*fam: vomitar*) rendre ; **~ la pelota a algn** (*fig*) renvoyer la balle à qn ▸ *vi* (*fam*) rendre ; **devolverse** *vpr* (*AM*) revenir
devorar *vt* dévorer ; (*fig: fortuna*) manger ; **~ a algn con los ojos** dévorer qn des yeux ; **el fuego lo devoró todo** tout a été dévoré par les flammes ; **le devoran los celos** il est habité par la jalousie
devoto, -a *adj* (*Rel*) dévot(e) ; (*amigo*) dévoué(e) ; **~ de** (*Rel*) dévot(e) à ; (*muy aficionado a*) adepte de ; **su ~ servidor** votre dévoué serviteur ▸ *nm/f* dévot(e) ; (*adepto*) adepte *mf*
devuelto *pp de* **devolver**
devuelva *etc vb ver* **devolver**
D.F. (*MÉX*) *sigla m* (= *Distrito Federal*) Mexico (*ville*)
dg *abr* (= *decigramo(s)*) dg (= *décigramme(s)*)

d

D.G. *abr* = **Dirección General**
DGT *sigla f (= Dirección General de Tráfico) branche ministérielle chargée du contrôle de la circulation routière* ; *(= Dirección General de Turismo) branche ministérielle chargée du tourisme*
di *vb ver* **dar**; **decir**
día *nm (lo que no es noche)* jour *m* ; *(24 horas)* journée *f* ; **¿qué ~ es?** quel jour sommes-nous ? ; **estar/poner al ~** *(cuentas)* être/mettre à jour ; *(persona)* être/mettre au courant ; **el ~ de mañana** demain ; **el ~ menos pensado te haremos una visita** quand tu t'y attendras le moins, nous te rendrons visite ; **hoy (en) ~** aujourd'hui ; **al ~ siguiente** le jour suivant ; **tener un mal ~** passer une mauvaise journée ; **~ a ~** jour après jour ; **¡cualquier ~ se mata!** il va finir par se tuer ! ; **todos los días** tous les jours ; **un ~ de estos** un de ces jours ; **un ~ sí y otro no** tous les deux jours ; **vivir al ~** vivre au jour le jour ; **es de ~** il fait jour ; **del ~** *(estilos)* au goût du jour ; *(pan)* frais (fraîche) ; *(menú)* du jour ; **de un ~ para otro** d'un jour à l'autre ; **en pleno ~** en plein jour ; **en su ~** en son temps ; **¡hasta otro ~!** à un autre jour ! ; **¡buenos días!** bonjour ! ; **~ domingo/lunes** *etc (Am)* dimanche/lundi *etc* ; **~ de los (santos) inocentes** *(28 diciembre)* jour des Saints Innocents, ≈ le premier avril ; **~ de precepto** jour du Seigneur ; **D~ de Reyes** Épiphanie *f* ; **~ festivo** *o (Am)* **feriado** *o* **de fiesta** jour férié ; **~ hábil/inhábil** jour ouvrable/chômé ; **~ laborable** jour de travail *o* ouvrable ; **~ lectivo/libre** jour de classe/de congé

> La palabra **día** suele traducirse en francés por *jour*:
> **¿A qué día estamos?** Quel jour sommes-nous ?
> **Nos vamos unos días de vacaciones.** On part quelques jours en vacances.
> No obstante, cuando tiene un valor de duración se traduce por *journée*:
> **Me he pasado todo el día estudiando.** J'ai passé toute la journée à étudier.

diabetes *nf inv* diabète *m*
diabético, -a *nm/f* diabétique *mf*
diablo *nm* diable *m* ; **¿cómo/qué diablos ...?** comment/que diable ... ? ; **pobre ~** pauvre diable ; **hace un frío de mil diablos** *o* **de todos los diablos** il fait un froid de tous les diables ; **mandar algo/a algn al ~** envoyer qch/qn au diable ; **¡al ~ con ...!** au diable ... !
diablura *nf* diablerie *f*
diabólico, -a *adj* diabolique
diácono *nm* diacre *m*
Diada *nf fête nationale de la Catalogne (11 septembre)*

> **Diada Nacional de Catalunya**
> La **Diada**, fête nationale de la Catalogne, se célèbre le 11 septembre pour commémorer la chute de Barcelone aux mains Philippe V de Bourbon à la fin de la guerre de Succession d'Espagne, en 1714. Avant cet évènement, la Catalogne jouissait d'une grande autonomie ainsi que d'un gouvernement, la *Generalitat*, qu'elle perdit alors, mais qui existe encore de façon ininterrompue depuis 1977. Pour la **Diada**, les rues et balcons arborent le drapeau catalan avec ses quatre rayures rouges sur un fond jaune.

diadema *nf* serre-tête *m* ; *(joya)* diadème *m*
diáfano, -a *adj* limpide ; *(intención)* clair(e)
diafragma *nm* diaphragme *m*
diagnosis *nf inv* diagnose *f*
diagnosticar *vt* diagnostiquer
diagnóstico *nm* diagnostic *m*
diagonal *adj* diagonal(e) ▸ *nf* diagonale *f* ; **en ~** en diagonale
diagrama *nm* diagramme *m* ; **~ de barras** diagramme en bâtons ; **~ de flujo** *(Inform)* organigramme *m*
dial *nm (de radio)* bande *f* de fréquence
dialectal *adj* dialectal(e)
dialéctica *nf* dialectique *f*
dialéctico, -a *adj* dialectique
dialecto *nm* dialecte *m*
diálisis *nf inv* dialyse *f*
dialogante *adj* ouvert(e) au dialogue, de dialogue
dialogar *vi* dialoguer ; **~ con** *(Pol)* s'entretenir avec
diálogo *nm* dialogue *m*
dialogue *etc vb ver* **dialogar**
diamante *nm* diamant *m* ; **~ (en) bruto** diamant brut ; *(fig)* perle *f* rare ; **diamantes** *nmpl (Naipes)* carreau *msg*
diametralmente *adv*: **~ opuesto a** diamétralement opposé à
diámetro *nm* diamètre *m* ; **3 m de ~** 3 m de diamètre
diana *nf (Mil)* réveil *m* ; *(de blanco)* mouche *f* ; **hacer ~** faire mouche
diantre *nm*: **¡~!** *(fam)* diantre !
diapasón *nm* diapason *m* ; *(de violín, guitarra)* touche *f*
diapositiva *nf (Foto)* diapositive *f*
diariamente *adv* quotidiennement, tous les jours
diario, -a *adj* quotidien(ne) ▸ *nm* quotidien *m*, journal *m* ; *(para memorias)* journal ; *(Com)* livre *m* journal ; **a ~** tous les jours ; **de** *o* **para ~** de tous les jours ; **~ de navegación** *(Náut)* journal de bord ; **~ de sesiones** *compte rendu d'une session du Parlement* ; **~ hablado** *(Radio)* journal parlé

diarrea *nf* diarrhée *f*
diatriba *nf* diatribe *f*
dibujante *nmf* dessinateur(-trice) ; (*Tec*) dessinateur(-trice) industriel(le) ; **~ de publicidad** dessinateur(-trice) publicitaire
dibujar *vt, vi* dessiner ; **dibujarse** *vpr* (*emoción*) se peindre ; **dibujarse en el horizonte/a lo lejos** se dessiner à l'horizon/au loin
dibujo *nm* dessin *m* ; **dibujos animados** dessins *mpl* animés ; **~ artístico** dessin d'art ; **~ lineal/técnico** dessin industriel
dic. *abr* = **diciembre**
dicción *nf* (*pronunciación*) diction *f*
diccionario *nm* dictionnaire *m* ; **~ enciclopédico** dictionnaire encyclopédique
dicha *nf* (*felicidad*) bonheur *m* ; (*suerte*) chance *f* ; **tener la ~ de** avoir la joie de
dicharachero, -a *adj* jovial(e)
dicho, -a *pp de* **decir**; **mejor ~** plutôt ; **propiamente ~** proprement dit ; **~ y hecho** aussitôt dit, aussitôt fait ; **~ sea de paso** soit dit en passant ▸ *adj*: **en dichos países** dans ces pays ▸ *nm* proverbe *m*
dichoso, -a *adj* heureux(-euse) ; **¡aquel ~ coche!** (*fam*) cette sacrée voiture !
diciembre *nm* décembre *m* ; *ver tb* **julio**
diciendo *etc vb ver* **decir**
dicotomía *nf* dichotomie *f*
dictado *nm* dictée *f* ; **escribir al ~** écrire sous la dictée ; **los dictados de la conciencia** ce que dicte la conscience
dictador *nm* dictateur *m*
dictadura *nf* dictature *f*
dictáfono® *nm* Dictaphone® *m*
dictamen *nm* expertise *f* ; **~ contable** rapport *m* comptable ; **~ facultativo** (*Med*) diagnostic *m*
dictaminar *vt* analyser ▸ *vi*: **~ (sobre)** donner son avis (sur)
dictar *vt* dicter ; (*decreto*) publier ; (*ley*) promulguer ; (*Am: clase*) faire ; (*: conferencia*) donner
dictatorial *adj* dictatorial(e)
didáctico, -a *adj* didactique ▸ *nf* didactique *f*
diecinueve *adj inv, nm inv* dix-neuf *m inv* ; **el siglo ~** le dix-neuvième siècle ; *ver tb* **seis**
dieciochesco, -a *adj* du XVIIIe siècle
dieciocho *adj inv, nm inv* dix-huit *m inv* ; *ver tb* **seis**
dieciséis *adj inv, nm inv* seize *m inv* ; *ver tb* **seis**
diecisiete *adj inv, nm inv* dix-sept *m inv* ; *ver tb* **seis**
diente *nm* dent *f* ; **enseñar los dientes** (*fig*) montrer les dents ; **hablar entre dientes** parler entre ses dents ; **hincarle el ~ a** (*comida*) mordre à belles dents dans ; (*fig: asunto*) s'attaquer à ; **~ de ajo** gousse *f* d'ail ; **~ de leche** dent de lait ; **~ de león** pissenlit *m* ; **dientes postizos** fausses dents
diera *etc vb ver* **dar**
diéresis *nf* diérèse *f*
dieron *vb ver* **dar**
diesel *adj*: **motor ~** (moteur *m*) diesel *m*
diestra *nf* main *f* droite ; **a mi** *etc* **~** à ma *etc* droite
diestro, -a *adj* droit(e) ; (*persona*) droitier(-ière) ; (*hábil*) adroit(e) ; **a ~ y siniestro** au hasard ▸ *nm* (*Taur*) matador *m*
dieta *nf* régime *m* ; **la ~ mediterránea** la cuisine méditerranéenne ; **estar a ~** être au régime ; **dietas** *nfpl* (*de viaje, hotel*) frais *mpl*
dietario *nm* livre *m* de comptes
dietética *nf* diététique *f*
dietético, -a *adj* diététique ▸ *nm/f* diététicien(ne)
dietista (*Am*) *nmf* diététicien(ne)
diez *adj inv, nm inv* dix *m inv* ; *ver tb* **seis**
diezmar *vt* décimer
diezmo *nm* dîme *f*
difamación *nf* diffamation *f*
difamar *vt* diffamer
difamatorio, -a *adj* diffamatoire
diferencia *nf* différence *f* ; **a ~ de** à la différence de ; **hacer ~ entre** faire la différence entre ; **~ salarial** écarts *mpl* de salaire ; **diferencias** *nfpl* (*desacuerdos*) différend *msg*
diferencial *nm* (*Auto*) différentiel *m*
diferenciar *vt*: **~ (de)** distinguer (de) ; (*hacer diferente*) différencier (de) ▸ *vi*: **~ entre A y B** distinguer A de B ; **diferenciarse** *vpr*: **diferenciarse (de)** se distinguer (de) ; **¿en qué se diferencian?** en quoi sont-ils différents ?
diferente *adj* différent(e) ▸ *adv* différemment
diferido *nm*: **en ~** (*TV*) en différé
diferir *vt, vi* différer
difícil *adj* difficile ; **es un hombre ~ (de tratar)** c'est quelqu'un de difficile ; **ser ~ de hacer/entender/explicar** être difficile à faire/comprendre/expliquer
difícilmente *adv* difficilement
dificultad *nf* difficulté *f* ; **dificultades** *nfpl* (*problemas*) difficultés *fpl* ; **poner dificultades (a algn)** faire des difficultés (à qn)
dificultar *vt* (*explicación, labor*) rendre difficile ; (*visibilidad*) brouiller
dificultosamente *adv* avec difficulté
dificultoso, -a *adj* ardu(e) ; (*avance*) laborieux(-euse) ; (*relaciones*) tumultueux(-euse)
difiera *etc*, **difiriendo** *etc vb ver* **diferir**
difteria *nf* diphtérie *f*
difuminar *vt* (*Arte*) ombrer
difundir *vt* (*calor, noticia*) diffuser ; (*doctrina, rumores*) répandre ; **difundirse** *vpr* se diffuser ; (*doctrina*) se répandre
difunto, -a *adj, nm/f* défunt(e)

d

difusión *nf* diffusion *f* ; *(de teoría)* généralisation *f* ; **un programa de gran ~** une émission à grande diffusion
difuso, -a *adj* diffus(e) ; *(explicación)* vague
diga *etc vb ver* **decir**
digerir *vt* digérer
digestión *nf* digestion *f* ; **corte de ~** crampe *f* d'estomac
digestivo, -a *adj* digestif(-ive) ▸ *nm* digestif *m*
digiera *etc*, **digiriendo** *etc vb ver* **digerir**
digital *adj* digital(e) ; *(Tec)* numérique
digitalizador *nm (Inform)* numériseur *m*
digitalizar *vt (Inform)* numériser
dígito *nm (Mat, Inform)* chiffre *m*
dignarse *vpr*: **~ (a) hacer** daigner faire
dignatario, -a *nm/f* dignitaire *m*
dignidad *nf* dignité *f* ; **hacer algo con ~** faire qch avec dignité
dignificar *vt* rendre plus digne
dignifique *etc vb ver* **dignificar**
digno, -a *adj (sueldo, nivel de vida)* décent(e) ; *(comportamiento, actitud)* digne ; **~ de** digne de ; **es ~ de mención** ça mérite d'être mentionné ; **es ~ de verse** ça mérite d'être vu ; **poco ~** peu digne
digresión *nf* digression *f*
dije *vb ver* **decir** ▸ *adj (Chi fam)* sympa
dijera *etc vb ver* **decir**
dilación *nf* retard *m* ; **sin ~** sans tarder
dilapidar *vt* dilapider
dilatación *nf* dilatation *f*
dilatado, -a *adj* dilaté(e) ; *(período)* prolongé(e)
dilatar *vt* dilater ; *(prolongar, aplazar)* différer ; **dilatarse** *vpr* se dilater
dilema *nm* dilemme *m*
diligencia *nf* diligence *f* ; *(trámite)* acte *m* de procédure ; **diligencias** *nfpl (Jur)* formalités *fpl* ; **diligencias judiciales/previas** enquête *fsg* judiciaire/préliminaire
diligente *adj* diligent(e) ; **poco ~** pas très sérieux(-euse)
dilucidar *vt* élucider
diluir *vt* diluer
diluviar *vi*: **está diluviando** il tombe une pluie diluvienne
diluvio *nm* déluge *m* ; **un ~ de cartas** *(fig)* un déluge de lettres
diluyendo *etc vb ver* **diluir**
dimanar *vi*: **~ de** émaner de
dimensión *nf* dimension *f* ; *(de catástrofe)* proportions *fpl* ; **dimensiones** *nfpl (tamaño)* dimensions *fpl* ; **tomar las dimensiones de** prendre les dimensions de
dimes *nmpl*: **andar en ~ y diretes con algn** se chamailler avec qn
diminutivo *nm (Ling)* diminutif *m*
diminuto, -a *adj* tout(e) petit(e)
dimisión *nf* démission *f*
dimitir *vi*: **~ (de)** démissionner (de)
dimos *vb ver* **dar**
Dinamarca *nf* Danemark *m*
dinamarqués, -esa *adj* = **danés**
dinámica *nf* dynamique *f* ; **la ~ del negocio** *(fig)* la dynamique du commerce
dinámico, -a *adj* dynamique
dinamismo *nm* dynamisme *m*
dinamita *nf* dynamite *f*
dinamitar *vt* dynamiter
dinamizar *vt* dynamiser
dinamo, dínamo *nf*, *(Am) nm* dynamo *f*
dinastía *nf* dynastie *f*
dineral *nm* fortune *f*
dinero *nm* argent *m* ; **es hombre de ~** c'est un homme riche ; **andar mal de ~** être sans le sou ; **~ caro** *(Com)* argent cher ; **~ contante (y sonante)** espèces *fpl* ; **~ efectivo** *o* **en metálico** liquide *m* ; **~ suelto** (petite) monnaie *f*
dinosaurio *nm* dinosaure *m*
dintel *nm* linteau *m*
diñar *(fam) vt*: **diñarla** clamser
dio *vb ver* **dar**
diócesis *nf inv* diocèse *m*
Dios *nm* Dieu *m* ; **~ mediante** si Dieu le veut ; **¡gracias a ~!** grâce à Dieu ! ; **a la buena de ~** au petit bonheur la chance ; **armar** *o* **armarse la de ~ (es Cristo)** *(fam)* foutre la pagaille ; **como ~ manda** comme il faut ; **¡~ mío!** mon Dieu ! ; **¡por ~!** grand Dieu ! ; **estar dejado de la mano de ~** être abandonné de Dieu ; **¡sabe ~!** Dieu seul le sait ! ; **¡que sea lo que ~ quiera!** advienne que pourra ! ; **si ~ quiere** si Dieu le veut ; **~ te lo pague** Dieu te le rendra ; **ni ~** *(fam)* pas un chat ; **¡válgame ~!** que Dieu me protège ! ; **¡vaya por ~!** grand Dieu !
dios *nm* dieu *m*
diosa *nf* déesse *f*
Diosito *(Am fam) nm* Dieu *m*
dióxido *nm* dioxyde *m* ; **~ de carbono** dioxyde de carbone
Dip. *abr* = **diputación**
diploma *nm* diplôme *m*
diplomacia *nf* diplomatie *f*
diplomado, -a *adj, nm/f* diplômé(e)
diplomático, -a *adj* diplomatique ▸ *nm/f* diplomate *mf*
diplomatura *nf* licence *f*
diptongo *nm* diphtongue *f*
diputación *nf* ≈ conseil *m* général
diputado, -a *nm/f* député(e)
dique *nm* digue *f* ; **~ de contención** barrage *m*
Dir. *abr (= dirección)* adr. *(= adresse)*
diré *etc vb ver* **decir**
dirección *nf* direction *f* ; *(fig: tendencia)* tendance *f* ; *(señas)* adresse *f* ; *(Cine, Teatro)* mise *f* en scène ; **ir/salir con ~ a** aller/sortir en direction de ; **cambio de ~** déviation *f* ;

~ **absoluta/relativa** (*Inform*) adresse absolue/relative ; ~ **administrativa** administration *f* ; ~ **asistida** (*Auto*) direction assistée ; ~ **de correo electrónico** adresse électronique ; ~ **de Internet** (*Inform*) adresse web ; **D~ General de Turismo** ≈ ministère *m* du Tourisme ; ~ **prohibida/única** sens *m* interdit/unique
direccionales (*Méx*) *nmpl* (*Auto*) clignotant *msg*
direccionamiento *nm* (*Inform*) adressage *m*
directa *nf* (*Auto*) quatrième *f*, cinquième *f*
directamente *adv* directement ; **pregúntaselo ~ a él** demande-le lui directement
directiva *nf* comité *m* directeur
directivo *nm* (*Com*) cadre *m* dirigeant
directo, -a *adj* direct(e) ; (*traducción*) exact(e) ; **transmitir en ~** (*TV*) diffuser en direct
director, a *adj* directeur(-trice) ▸ *nm/f* directeur(-trice) ; (*Cine, TV*) metteur(-euse) en scène ; (*de orquesta*) chef *m* ; ~ **adjunto(-a)** directeur(-trice) adjoint(e) ; ~ **comercial** directeur(-trice) commercial(e) ; ~ **de sucursal** directeur(-trice) de succursale ; ~ **ejecutivo(-a)** administrateur(-trice) ; ~ **general** *o* **gerente** directeur(-trice) général(e)
directorio *nm* (*Inform*) répertoire *m* ; (*Com*) programme *m*
directrices *nfpl* lignes *fpl* directrices
dirigente *adj, nmf* dirigeant(e)
dirigible *adj, nm* dirigeable *m*
dirigir *vt* diriger ; (*carta, pregunta*) adresser ; (*obra de teatro, film*) mettre en scène ; (*sublevación*) prendre la tête de ; (*esfuerzos*) concentrer ; ~ **a** *o* **hacia** diriger vers ; **no ~ la palabra a algn** ne pas adresser la parole à qn ; **dirigirse** *vpr*: **dirigirse a** s'adresser à ; **dirigirse a algn solicitando algo** s'adresser à qn pour solliciter qch ; « **diríjase a ...** » « s'adresser à ... »
dirigismo *nm* dirigisme *m*
dirija *etc vb ver* **dirigir**
dirimir *vt* (*contrato, matrimonio*) annuler ; (*disputa*) trancher
discapacidad *nf* handicap *m*
discapacitado, -a *adj, nm/f* handicapé(e) ; ~ **psíquico(-a)** handicapé(e) mental(e)
discar (*And, CSur*) *vt* (*Telec*) composer
discernimiento *nm* discernement *m*
discernir *vt* discerner ▸ *vi*: ~ **entre ... y ...** discerner ... de ...
discierna *etc vb ver* **discernir**
disciplina *nf* discipline *f*
disciplinado, -a *adj* discipliné(e)
disciplinar *vt* discipliner ; **disciplinarse** *vpr* se discipliner
discípulo, -a *nm/f* disciple *mf*
Discman® ['diskman] *nm* Discman® *m*
disco *nm* disque *m* ; (*Auto*) feu *m* ; ~ **compacto** disque compact ; ~ **de arranque** disquette *f* d'initialisation ; ~ **de densidad doble/sencilla** disquette double densité/densité simple ; ~ **de una cara/dos caras** disquette simple face/double face ; ~ **de freno** disque (de frein) ; ~ **de larga duración** 33 tours *m inv* ; ~ **de reserva** disquette de sauvegarde ; ~ **de sistema** disque système ; ~ **duro** disque dur ; ~ **flexible** disquette *m* ; ~ **maestro** disque d'exploitation ; ~ **sencillo** 45 tours *m inv* ; ~ **virtual** zone *f* disque en mémoire
discografía *nf* enregistrement *m*
discográfico, -a *adj* (*casa*) de disques ; (*industria, éxito*) du disque ; **sello ~** étiquette *f* ▸ *nf* maison *f* de disques
díscolo, -a *adj* rebelle
disconforme *adj* pas d'accord ; **estar ~ (con)** être en désaccord (avec)
discontinuo, -a *adj* discontinu(e)
discordancia *nf* (*de sonidos, colores*) discordance *f* ; (*de opiniones*) divergence *f*
discordante *adj* (*sonido*) discordant(e) ; (*opiniones*) divergent(e)
discordia *nf* discorde *f*
discoteca *nf* discothèque *f*
discreción *nf* discrétion *f* ; **añadir azúcar a ~** (*Culin*) rajouter du sucre à volonté ; **comer/beber a ~** manger/boire à volonté
discrecional *adj* (*uso, poder*) discrétionnaire ; (*servicio*) spécial(e)
discrepancia *nf* différence *f* ; (*desacuerdo*) divergence *f*
discrepante *adj* contradictoire ; **hubo varias voces discrepantes** quelques protestations se sont élevées
discrepar *vi* diverger
discretamente *adv* discrètement
discreto, -a *adj* discret(-ète) ; (*mediano*) décent(e)
discriminación *nf* discrimination *f*
discriminar *vt* discriminer ; (*personas*) faire de la discrimination contre
discriminatorio, -a *adj* discriminatoire
disculpa *nf* excuse *f* ; **pedir disculpas a/por** demander pardon à/pour
disculpar *vt* pardonner ; **disculparse** *vpr*: **disculparse (de/por)** s'excuser (de/pour)
discurrir *vt* échafauder ▸ *vi* réfléchir ; (*el tiempo*) s'écouler ; ~ **(por)** (*gente, río*) passer (par)
discurso *nm* discours *msg* ; **pronunciar un ~** prononcer un discours ; ~ **de clausura** discours de clôture
discusión *nf* discussion *f* ; **tener una ~** avoir une discussion
discutible *adj* discutable ; **eso es bastante/muy ~** c'est assez/très discutable
discutido, -a *adj* rebattu(e)

d

discutir *vt* discuter de ▸*vi* discuter ; (*disputar*): ~ **(con)** se disputer (avec) ; ~ **de política** discuter politique ; **¡no discutas!** ne discute pas !
disecar *vt* (*animal*) empailler ; (*planta*) sécher
disección *nf* (*Med*) dissection *f*
diseminar *vt* disséminer ; (*fig*) répandre
disensión *nf* dissension *f*
disentir *vi*: ~ **(de)** être en désaccord (sur)
diseñador, a *nm/f* designer *mf*
diseñar *vt* créer
diseño *nm* (*Tec*) conception *f* ; (*boceto*) ébauche *f* ; (*Costura*) dessin *m* ; **de ~ italiano** de création italienne ; **traje/objetos de ~** costume *m*/objets *mpl* de créateur ; **~ asistido por ordenador** conception assistée par ordinateur ; **~ de modas** dessin de mode ; **~ gráfico** graphisme *m o* conception graphique ; **~ industrial** design *m* industriel
diseque *etc vb ver* **disecar**
disertar *vi*: ~ **(sobre)** discourir *o* disserter (sur)
disfrace *etc vb ver* **disfrazar**
disfraz *nm* déguisement *m* ; (*fig*) prétexte *m* ; **bajo el ~ de** sous prétexte de
disfrazado, -a *adj* déguisé(e) ; **ir ~ de** être déguisé(e) en
disfrazar *vt* déguiser ; **disfrazarse** *vpr* se déguiser ; **disfrazarse de** se déguiser en
disfrutar *vt* jouir de ▸*vi* prendre beaucoup de plaisir ; **~ de buena salud** jouir d'une bonne santé ; **~ de la vida** profiter de la vie ; **¡que disfrutes!** profites-en !
disfrute *nm* jouissance *f*
disfunción *nf* dysfonctionnement *m*
disgregar *vt* (*manifestantes*) disperser ; (*familia, imperio*) diviser ; **disgregarse** *vpr* (*muchedumbre*) se disperser ; (*imperio, país*) se diviser
disgregue *etc vb ver* **disgregar**
disgustado, -a *adj* (*enojado*) fâché(e) ; (*apesadumbrado*) contrarié(e) ; (*decepcionado*) déçu(e)
disgustar *vt* déplaire à ; (*enojar*) fâcher ; (*apesadumbrar*) contrarier ; **disgustarse** *vpr* (*enojarse*) se fâcher ; (*apesadumbrarse*) être contrarié(e)
disgusto *nm* (*enojo*) mécontentement *m* ; (*pesadumbre*) contrariété *f* ; (*decepción*) déception *f* ; (*desgracia*) malheur *m* ; **hacer algo a ~** faire qch à contre-cœur ; **sentirse/estar a ~** se sentir/être mal à l'aise ; **matar a algn a disgustos** mener la vie dure à qn

> ⚠ **Disgusto** ne signifie pas *dégoût*, qui se traduit par **asco** en espagnol.

disidencia *nf* dissidence *f*
disidente *adj, nmf* dissident(e)
disienta *etc vb ver* **disentir**
disimulado, -a *adj* dissimulé(e) ; **hacerse el ~** faire l'innocent
disimular *vt* dissimuler ▸*vi* faire comme si de rien n'était
disimulo *nm* dissimulation *f* ; **con ~** avec dissimulation
disipado, -a *adj* dissipé(e)
disipar *vt* dissiper ; (*fortuna*) dilapider ; **disiparse** *vpr* se dissiper
diskette *nm* (*Inform*) disquette *f*
dislate *nm* absurdité *f*
dislexia *nf* dyslexie *f*
disléxico, -a *adj, nm/f* dyslexique *mf*
dislocar *vt* (*articulación*) déboîter ; (*hechos*) déformer ; **dislocarse** *vpr* se déboîter
disloque *vb ver* **dislocar** ▸*nm*: **es el ~** (*fam*) c'est le comble
disminución *nf* diminution *f* ; **ir en ~** aller en diminuant
disminuido, -a *nm/f*: **~ mental/físico(-a)** handicapé(e) mental(e)/physique
disminuir *vt* diminuer ; (*velocidad*) réduire ▸*vi* (*días, población, número*) diminuer ; (*precios, temperatura, memoria*) baisser
disminuyendo *etc vb ver* **disminuir**
disociar *vt* dissocier ; **disociarse** *vpr*: **disociarse (de)** se dissocier (de)
disoluble *adj* soluble
disolución *nf* dissolution *f* ; (*de costumbres*) renonciation *f*
disoluto, -a *adj* dissolu(e)
disolvente *nm* dissolvant *m*
disolver *vt* dissoudre ; (*manifestación*) disperser ; (*contrato*) dénoncer ; **disolverse** *vpr* se dissoudre ; (*manifestantes*) se disperser
disonancia *nf* dissonance *f*
dispar *adj* (*distinto*) distinct(e) ; (*irregular*) inégal(e)
disparadero *nm*: **poner a algn en el ~** pousser qn à bout
disparado, -a *adj*: **entrar/salir/ir ~** entrer/sortir/aller en coup de vent
disparador *nm* (*de arma*) gâchette *f* ; (*Foto, Tec*) déclencheur *m*
disparar *vt, vi* tirer ; **dispararse** *vpr* (*precios*) monter en flèche ; (*persona: al hablar o actuar*) s'emporter ; **se disparó el arma** le coup de feu est parti tout seul
disparatado, -a *adj* (*precios*) astronomique ; (*idea*) absurde
disparate *nm* bêtise *f* ; (*error*) absurdité *f* ; **decir disparates** dire des bêtises ; **¡qué ~!** n'importe quoi !
disparidad *nf* disparité *f*
disparo *nm* tir *m* ; **disparos** *nmpl* (*tiroteo*) coups *mpl* de feu
dispendio *nm* dépense *f* inutile
dispensa *nf* (*esp Rel*) dispense *f*
dispensar *vt* dispenser ; (*bienvenida*) souhaiter ; **¡usted dispense!** je vous prie de m'excuser ! ; **~ a algn de hacer algo** dispenser qn de faire qch

dispensario *nm* dispensaire *m*
dispersar *vt* éparpiller ; (*manifestación, fig*) disperser ; (*Mil: enemigo*) mettre en déroute ; **dispersarse** *vpr* se disperser ; (*luz*) se répandre
disperso, -a *adj* dispersé(e)
displicencia *nf* indifférence *f* ; **con ~** avec indifférence
displicente *adj* indifférent(e)
dispondré *etc vb ver* **disponer**
disponer *vt* disposer ; (*mandar*) ordonner ; **la ley dispone que ...** la loi stipule que ... ▸ *vi*: **~ de** disposer de ; **no puede ~ de esos bienes** il ne peut disposer librement de ces biens ; **puede ~ de mí** je suis à votre disposition ; **disponerse** *vpr*: **disponerse a** *o* **para hacer** se disposer à faire
disponga *etc vb ver* **disponer**
disponibilidad *nf* disponibilité *f* ; **disponibilidades** *nfpl* (*Com*) disponibilités *fpl*
disponible *adj* disponible ; **(no) estar ~** (ne pas) être disponible
disposición *nf* disposition *f* ; **última ~** dernières volontés *fpl* ; **~ para** (*aptitud*) dispositions *fpl* pour ; **a (la) ~ de** à (la) disposition de ; **a su ~** à votre disposition ; **no estar en ~ de hacer** ne pas être en état de faire ; **~ de ánimo** disposition
dispositivo *nm* dispositif *m* ; **~ de alimentación** silo *m* ; **~ de almacenaje** (*Inform*) unité *f* de stockage ; **~ de seguridad** dispositif de sécurité ; **~ intrauterino** stérilet *m* ; **~ periférico** (*Inform*) périphérique *m* ; **~ policial** dispositif policier
dispuesto, -a *pp de* **disponer** ▸ *adj* (*preparado*) prêt(e) ; (*capaz*) capable ; **estar ~/poco ~ a hacer** être disposé(e)/peu disposé(e) à faire
dispuse *etc vb ver* **disponer**
disputa *nf* dispute *f* ; **sin ~** sans aucun doute
disputado, -a *adj* (*partido, elecciones*) disputé(e)
disputar *vt* (*Deporte, premio, derecho*) disputer ▸ *vi* se disputer ; **~ por** se disputer ; **disputarse** *vpr* se disputer
disquete *nm* (*Inform*) = **diskette**
disquetera *nf* (*Inform*) lecteur *m* de disquette
disquisiciones *nfpl* discussions *fpl*
Dist. *abr* = **distrito**
distancia *nf* distance *f* ; (*en el tiempo*) écart *m* ; (*entre opiniones*) différence *f* ; **a ~** à distance ; **a gran** *o* **a larga ~** à grande distance ; **¿a qué ~ está?** c'est à quelle distance ? ; **a 20 m de ~** à 20 m de distance ; **guardar las distancias** garder ses distances ; **~ de seguridad** (*Auto*) distance de sécurité ; **~ focal** distance focale
distanciado, -a *adj* éloigné(e)
distanciamiento *nm* (*entre personas*) éloignement *m* ; (*entre opiniones*) divergence *f*
distanciar *vt* distancer ; (*amigos, hermanos*) éloigner ; **distanciarse** *vpr* (*enemistarse*) se distancier ; **distanciarse (de)** (*alejarse*) s'éloigner (de)
distante *adj* distant(e)
distar *vi*: **dista 5 kms de aquí** c'est à 5 km d'ici ; **no dista mucho de aquí** ce n'est pas très loin d'ici ; **dista mucho de la verdad** c'est loin d'être vrai
diste, disteis *vb ver* **dar**
distender *vt* détendre
distendido, -a *adj* détendu(e)
distensión *nf* détente *f*
distinción *nf* distinction *f* ; **a ~ de** à la différence de ; **sin ~ de** sans distinction de ; **no hacer distinciones** ne pas faire de distinction
distinga *etc vb ver* **distinguir**
distingo *nm* (*distinción*) distinguo *m*, distinction *f* ; (*reparo*) réserve *f*
distinguido, -a *adj* distingué(e)
distinguir *vt* distinguer ; **~ X de Y** distinguer X de Y ▸ *vi*: **~ (entre)** distinguer (entre) ; **distinguirse** *vpr* se distinguer ; **a lo lejos no se distingue** de loin cela ne se voit pas
distintivo, -a *adj* distinctif(-ive) ▸ *nm* (*insignia*) insigne *m* ; (*fig*) point *m* fort
distinto, -a *adj*: **~ (a** *o* **de)** distinct(e) (de), différent(e) (de) ; **distintos** (*varios*) plusieurs
distorsión *nf* (*Anat, de la verdad*) entorse *f* ; (*Radio etc*) distorsion *f*
distorsionar *vt* déformer ▸ *vi* se distordre
distracción *nf* distraction *f*
distraer *vt* distraire ; (*fondos*) détourner ; **~ a algn de su pensamiento** tirer qn de ses pensées ▸ *vi* distraire ; **distraerse** *vpr* (*entretenerse*) se distraire ; (*perder la concentración*) être distrait(e)
distraído, -a *adj* distrait(e) ; (*entretenido*) amusant(e) ; **con aire ~** d'un air distrait ; **me miró distraída** elle m'a regardé distraitement ▸ *nm*: **hacerse el ~** faire la sourde oreille
distraiga *etc*, **distraje** *etc*, **distrajera** *etc*, **distrayendo** *etc vb ver* **distraer**
distribución *nf* (*de beneficios*) répartition *f* ; (*a domicilio*) distribution *f* ; (*Com*) livraison *f* ; (*Arq*) conception *f* ; **~ de premios** distribution des prix
distribuidor, a *nm/f* (*persona*) distributeur(-trice) ; **su ~ habitual** votre concessionnaire habituel ▸ *nf* (*Com*) concessionnaire *m* ; (*Cine*) distributeur *m*
distribuir *vt* (*riqueza, beneficio*) répartir ; (*cartas, trabajo*) distribuer ; (*Arq*) concevoir
distribuyendo *etc vb ver* **distribuir**
distrito *nm* district *m* ; **~ electoral** circonscription *f* électorale ; **~ judicial** district ; **~ postal** secteur *m* postal ; **~ universitario** ≈ académie *f*
disturbio *nm* troubles *mpl* ; **disturbios callejeros** émeutes *fpl* de rue ; **~ de orden público** trouble *m* de l'ordre public

d

disuadir *vt*: **~ (de)** dissuader (de) ; **~ a algn de hacer** dissuader qn de faire
disuasión *nf* dissuasion *f* ; **poder/capacidad de ~** pouvoir *m*/capacité *f* de dissuasion
disuasivo, -a *adj* dissuasif(-ive) ; **arma disuasiva** arme *f* dissuasive
disuasorio, -a *adj* = **disuasivo**
disuelto *pp de* **disolver**
disuelva *etc vb ver* **disolver**
disyuntiva *nf* alternative *f*
DIU *sigla m* (= *dispositivo intrauterino*) stérilet *m*
diurético, -a *adj, nm* diurétique *m*
diurno, -a *adj* de jour ; (*Zool*) diurne
diva *nf* diva *f*
divagar *vi* divaguer
divague *etc vb ver* **divagar**
diván *nm* divan *m*
divergencia *nf* divergence *f*
divergir *vi* diverger ; (*personas*): **~ en** ne pas être d'accord sur
diverja *etc vb ver* **divergir**
diversidad *nf* diversité *f*
diversificación *nf* diversification *f*
diversificar *vt* diversifier ; **diversificarse** *vpr* se diversifier
diversifique *etc vb ver* **diversificar**
diversión *nf* distraction *f*
diverso, -a *adj* (*variado*) varié(e) ; (*diferente*) distinct(e) ; **diversos libros** plusieurs livres *mpl* ; **diversos colores** couleurs *fpl* variées ▸ *nmpl*: **diversos** (*Com*) articles *mpl* divers
divertido, -a *adj* amusant(e) ; (*fiesta*) réussi(e) ; (*película, libro*) divertissant(e)
divertir *vt* amuser ; **divertirse** *vpr* s'amuser
dividendo *nm* (*Com*) dividende *m* ; **dividendos** dividendes *mpl* ; **~ definitivo** superdividende *m* ; **dividendos por acción** taux *mpl* de rendement d'une action
dividir *vt* partager ; (*separar*) séparer ; (*partido, opinión pública*) diviser ; (*Mat*): **~ por** *o* **entre** diviser par ▸ *vi* (*Mat*) diviser ; **dividirse** *vpr* se diviser
divierta *etc vb ver* **divertir**
divinamente *adv* (*Rel, fig*) divinement ; **lo pasamos ~** (*fig*) nous avons passé un merveilleux moment
divinidad *nf* divinité *f* ; **la D~** la Divinité
divino, -a *adj* (*Rel, fig*) divin(e)
divirtiendo *etc vb ver* **divertir**
divisa *nf* devise *f* ; **divisas** *nfpl* (*Com*) devises *fpl* ; **control/mercado de divisas** contrôle *m*/marché *m* des changes
divisar *vt* apercevoir

> ⚠ **Divisar** ne signifie pas *diviser*, qui se traduit par **dividir** en espagnol.

división *nf* division *f* ; (*de herencia*) partage *m*
divisorio, -a *adj* (*línea*) de démarcation ; **línea divisoria de las aguas** ligne *f* de partage des eaux
divo *nm* chanteur *m* d'opéra
divorciado, -a *adj, nm/f* divorcé(e)
divorciar *vt* prononcer le divorce de ; **divorciarse** *vpr*: **divorciarse (de)** divorcer (de)
divorcio *nm* divorce *m*
divulgación *nf* divulgation *f* ; (*popularización*) vulgarisation *f* ; **programa/revista de ~ científica** émission *f*/revue *f* scientifique
divulgar *vt* divulguer ; (*popularizar*) vulgariser
divulgativo, -a, divulgatorio, -a *adj* de vulgarisation, vulgarisateur(-trice)
divulgue *etc vb ver* **divulgar**
dizque (*AM fam*) *adv* que l'on dit
dm *abr* (= *decímetro(s)*) dm (= *décimètre(s)*)
DNI *sigla m* (*ESP*: = *Documento Nacional de Identidad*) *ver* **documento**; *voir article*

> **DNI**
> Le *Documento Nacional de Identidad*, appelé également **DNI** ou *carnet de identidad*, est la carte d'identité nationale espagnole, comportant la photographie et la signature du titulaire. Comme en France, il faut toujours en être muni et le présenter à la police en cas de contrôle.

Dña. *abr* (= *Doña*) Mme (= *Madame*)
do *nm* (*Mús*) do *m*
D.O. *sigla f* (= *denominación de origen*) ≈ AOC *f* (= *appellation d'origine contrôlée*) ; *ver* **denominación**
dóberman *nm* doberman *m*
dobladillo *nm* ourlet *m*
doblaje *nm* (*Cine*) doublage *m*
doblar *vt* plier ; (*cantidad, Cine*) doubler ; **~ la esquina** tourner au coin de la rue ; **doblarle en edad a algn** avoir deux fois l'âge de qn ▸ *vi* (*campana*) sonner le glas ; **~ a la derecha/izquierda** tourner à droite/gauche ; **doblarse** *vpr* se plier

> ⚠ De nombreux sens de **doblar** ne correspondent pas au verbe *doubler*.

doble *adj* double ; **a ~ página** à double page ; **con ~ sentido** à double sens ; **~ cara/densidad** (*Inform*) double face *f*/densité *f* ; **~ espacio** double interligne *m* ▸ *nm*: **el ~** le double ; **su sueldo es el ~ del mío** il gagne deux fois plus que moi ; **trabaja el ~ que tú** il travaille deux fois plus que toi ; **~ o nada** quitte ou double ▸ *nmf* (*Teatro, Cine*) double *m* ; **es tu ~** c'est ton sosie ; **dobles** *nmpl* (*Deporte*): **partido de dobles** double *msg*
doblegar *vt* faire plier ; **doblegarse** *vpr* (*ceder*) se plier
doblegue *etc vb ver* **doblegar**
doblemente *adv* doublement ; (*bonito*) deux fois plus

doblete *nm*: **hacer ~** (*TV, Teatro*) jouer deux rôles ; **hacer (el) ~** (*Deporte*) faire un doublé
doblez *nm* (*pliegue*) pli *m* ▸ *nf* (*falsedad*) fausseté *f*
doc. *abr* = **docena**; (= *documento*) doc. (= *document*)
doce *adj inv, nm inv* douze *m inv* ; **las ~** (*del mediodía*) midi ; (*de la noche*) minuit ; *ver tb* **seis**
docena *nf* douzaine *f* ; **por docenas** (*fig*) par douzaines
docencia *nf* enseignement *m*
docente *adj*: **centro ~** centre *m* d'enseignement ; **cuerpo/personal ~** corps *msg*/personnel *m* enseignant
dócil *adj* docile
dócilmente *adv* docilement
docto, -a *adj*: **~ en** versé(e) en
doctor, a *nm/f* (*médico*) médecin *m* ; (*Univ*) docteur(e) ; **~ en filosofía** docteur(e) en philosophie
doctorado *nm* doctorat *m*

DOCTORADO

En Espagne, les études de doctorat sont divisées en deux cycles : un premier cycle d'études qui peut commencer au niveau master et doit comprendre un minimum de 60 crédits ; et un second cycle centré sur la recherche, qui s'achève avec la soutenance de thèse. Théoriquement, le doctorat doit se réaliser dans un délai maximum de trois ans à temps plein, bien qu'il existe la possibilité de le faire en cinq ans à temps partiel.

doctoral *adj* (*tesis, conferencia*) doctoral(e) ; (*tono*) docte, sentencieux(-euse)
doctorarse *vpr* passer son doctorat
doctrina *nf* doctrine *f*
documentación *nf* documentation *f* ; (*de persona, vehículo*) papiers *mpl*
documentado, -a *adj* documenté(e)
documental *adj, nm* documentaire *m*
documentar *vt* documenter ; **documentarse** *vpr* se documenter
documento *nm* document *m* ; (*certificado*) justificatif *m* ; (*fig: testimonio*) témoignage *m* ; **~ justificativo** justificatif ; **D~ Nacional de Identidad** carte *f* d'identité ; *ver tb* **« DNI »**; **documentos** *nmpl* (*de identidad*) papiers *mpl*
dogma *nm* dogme *m* ; **el ~ católico/marxista** le dogme catholique/la doctrine marxiste
dogmático, -a *adj* dogmatique
dogo *nm* dogue *m*
dólar *nm* dollar *m*
dolencia *nf* maladie *f*
doler *vi* faire mal ; (*fig*) peiner ; **me duele el brazo** mon bras me fait mal ; **esta inyección no duele** cette piqûre ne fait pas mal ; **no me duele el dinero** ce n'est pas l'argent qui compte ; **¡ahí le duele!** (*fig*) c'est donc ça ! ; **dolerse** *vpr* se plaindre ; (*de las desgracias ajenas*) compatir
dolido, -a *adj* contrarié(e)
doliente *adj* affligé(e)
dolor *nm* douleur *f* ; **~ agudo/sordo** douleur aiguë/sourde ; **~ de cabeza** mal *m* de tête ; **~ de estómago** maux *mpl* d'estomac ; **~ de muelas** mal *o* rage *f* de dents ; **~ de oídos** mal d'oreilles
dolorido, -a *adj* endolori(e) ; (*fig*) affligé(e) ; **la parte dolorida** la partie endolorie
doloroso, -a *adj* douloureux(-euse)
domador, a *nm/f* dompteur(-euse)
domar *vt* dompter
domesticado, -a *adj* domestique
domesticar *vt* domestiquer
doméstico, -a *adj, nm/f* domestique *mf* ; **economía doméstica** économie *f* domestique
domestique *etc vb ver* **domesticar**
domiciliación *nf*: **~ de pagos** virement *m* automatique
domiciliar *vt* domicilier ; **domiciliarse** *vpr* élire domicile
domiciliario, -a *adj*: **arresto ~** arrestation *f* à domicile
domicilio *nm* domicile *m* ; **servicio a ~** service *m* à domicile ; **sin ~ fijo** sans domicile fixe ; **~ particular** domicile particulier ; **~ social** (*Com*) siège *m* social
dominante *adj* dominant(e) ; (*persona*) dominateur(-trice)
dominar *vt* dominer ; (*adversario, caballo, idioma*) maîtriser ; (*epidemia*) enrayer ; **tener dominado a algn** tenir qn à sa merci ▸ *vi* dominer ; **dominarse** *vpr* se dominer
domingo *nm* dimanche *m* ; **D~ de Ramos/de Resurrección** dimanche des Rameaux/de Pâques ; *ver tb* **sábado**
dominguero, -a (*pey*) *nm/f* conducteur(-trice) du dimanche
dominical *adj* (*descanso*) dominical(e) ; (*programación*) du dimanche ▸ *nm* journal *m* du dimanche
dominicano, -a *adj* dominicain(e) ▸ *nm/f* Dominicain(e)
dominio *nm* domination *f* ; (*territorio*) domaine *m* ; (*de las pasiones, de idioma*) maîtrise *f* ; **ser del ~ público** relever du domaine public ; **dominios** *nmpl* (*tierras*) domaine *msg*
dominó *nm* domino *m* ; (*juego*) dominos *mpl*
dom.º *abr* = **domingo**
domótica *nf* domotique *f*
don *nm* (*talento*) don *m* ; (*tratamiento: con apellido*) Monsieur *m* ; (*: solo con nombre*) ≈ Monsieur ; **D~ Juan Gómez** Monsieur Juan Gómez ; *voir article* ; **tener ~ de gentes** savoir s'y prendre avec les gens ; **un ~ de la naturaleza** un don de la nature ; **tener ~ de mando** être un(e)

d

meneur(-euse) d'hommes ; **tener un ~ para el dibujo/la música** être doué(e) pour le dessin/la musique

DON

Le titre **don/doña**, souvent abrégé en *D./Dña.* s'utilise en signe de respect lorsqu'on s'adresse à une personne plus âgée que soi ou à un supérieur hiérarchique. Il se place devant le prénom, par exemple *Don Diego, Doña Inés*. Cet usage, de plus en plus rare en Espagne, est maintenant surtout réservé à la correspondance et aux documents officiels. Dans ce cas, le titre précède les prénoms et noms de famille : *Sr. D. Pedro Rodríguez Hernández, Sra. Dña. Inés Rodríguez Hernández.*

donación *nf* don *m*
donaire *nm* charme *m*
donante *nmf*: **~ de sangre** donneur(-euse) de sang
donar *vt* faire un don de ; (*sangre*) donner
donativo *nm* don *m*
doncella *nf* (*criada*) bonne *f*
donde *adv* où ; **por ~** par où ; **a/en ~** où ; **~ sea** où que ce soit ▶ *prep*: **el coche está allí ~ el farol** la voiture est là-bas, près du réverbère ; **se fue ~ sus tíos** il est allé chez ses oncles ; **está ~ el médico** il est chez le médecin
dónde *adv* où ; **¿a ~ vas?** où vas-tu ? ; **¿de ~ vienes?** d'où viens-tu ? ; **¿en ~?** où ? ; **¿por ~?** par où ? ; **¿hasta ~?** jusqu'où ?
dondequiera *adv* n'importe où ▶ *conj*: **~ que** où que
donjuán *nm* don Juan *m*
donostiarra *adj* de Saint Sébastien ▶ *nmf* natif(-ive) *o* habitant(e) de Saint Sébastien
donus, donut® *nm* beignet *m*
doña *nf* (*tratamiento: con apellido*) Madame *f* ; (*: solo con nombre*) ≈ Madame ; *ver tb* **don**
dopaje (*Deporte*) *nm* dopage *m*
dopar (*Deporte*) *vt* doper ; **doparse** *vpr* se doper
doping ['dopin] *nm* dopage *m*
doquier *adv*: **por ~** partout
dorada *nf* daurade *f*
dorado, -a *adj* doré(e) ▶ *nm* dorure *f*
dorar *vt* dorer ; **~ la píldora** dorer la pilule
dormilón *nm* marmotte *f*
dormilona (Ven) *nf* chemise *f* de nuit
dormir *vt* endormir ; **~ la siesta** faire la sieste ; **dormirla** *o* **~ la mona** (*fam*) cuver son vin ▶ *vi* dormir ; **~ como un lirón** *o* **un tronco** dormir comme un loir *o* une souche ; **~ a pierna suelta** avoir un sommeil de plomb ; **~ con algn** (*eufemismo*) coucher avec qn ; **quedarse dormido** (*dormirse*) s'endormir ; (*no despertarse*) ne pas se réveiller ; **estar medio dormido** être à moitié endormi ; **dormirse** *vpr* s'endormir ; **se me ha dormido el brazo/la pierna** j'ai des fourmis dans le bras/la jambe ; **dormirse en los laureles** s'endormir sur ses lauriers
dormitar *vi* somnoler
dormitorio *nm* chambre *f* ; (*en una residencia*) dortoir *m*
dorsal *adj* dorsal(e) ▶ *nm* (*Deporte*) dossard *m*
dorso *nm* dos *m* ; **escribir algo al ~** écrire qch au dos ; **« véase al ~ »** « voir au dos »
DOS *sigla m* (= *sistema operativo de disco*) DOS *msg* (= *Disc-Operating System*)
dos *adj inv, nm inv* deux *inv* ; **los ~** les deux *mpl* ; **cada ~ por tres** tout le temps ; **de ~ en ~** deux par deux ; **~ piezas** deux-pièces *m inv* ; **estar a ~** (*Tenis*) faire un double ; *ver tb* **seis**
doscientos, -as *adj* deux cents ; *ver tb* **seiscientos**
dosel *nm* dais *m*
dosificar *vt* doser
dosifique *etc vb ver* **dosificar**
dosis *nf inv* dose *f*
dossier [do'sjer] *nm* dossier *m*
dotación *nf* apport *m* ; (*personal*) personnel *m* ; (*Náut*) équipage *m*
dotado, -a *adj* doué(e) ; **~ de** doté(e) de
dotar *vt* équiper ; **~ de** *o* **con** (*proveer: de inteligencia, simpatía*) douer de ; (*: de dinero*) allouer ; (*: de personal, maquinaria*) doter de
dote *nf* dot *f* ; **dotes** *nfpl* (*aptitudes*) dons *mpl*
doy *vb ver* **dar**
Dpto. *abr* (= *Departamento*) dépt (= *département*)
Dr., Dra. *abr* (= *Doctor(a)*) Dr (= *Docteur*)
draga *nf*, **dragado** *nm* drague *f*
dragaminas *nm inv* dragueur *m* de mines
dragar *vt* draguer
dragón *nm* dragon *m*
drague *etc vb ver* **dragar**
drama *nm* drame *m*
dramático, -a *adj* dramatique ; **obra dramática** œuvre *f* dramatique
dramatismo *nm* caractère *m* dramatique
dramatizar *vt, vi* dramatiser
dramaturgo, -a *nm/f* dramaturge *mf*
dramón *nm* mélodrame *m* ; **¡qué ~!** quel drame !
drástico, -a *adj* drastique
drenaje *nm* drainage *m*
drenar *vt* drainer
driblar *vt, vi* dribler
droga *nf* drogue *f* ; **~ dura/blanda** drogue dure/douce ; **el problema de la ~** le problème de la drogue
drogadicción *nf* toxicomanie *f*
drogadicto, -a *nm/f* toxicomane *mf*
drogar *vt* droguer ; (*Deporte*) doper ; **drogarse** *vpr* se droguer
drogodependencia *nf* toxicomanie *f*
drogue *etc vb ver* **drogar**
droguería *nf* droguerie *f*

dromedario *nm* dromadaire *m*
DSE *sigla f* (= *Dirección de la Seguridad del Estado*) *branche ministérielle chargée de la sécurité publique*
Dto. *abr* = **descuento**
Dtor., Dtora. *abr* (= *Director(a)*) *ver* **director**
dual *adj* duel(e)
dualidad *nf* dualité *f*
dubitativo, -a *adj* sceptique
Dublín *n* Dublin
dublinés, -esa *adj* dublinois(e) ▸ *nm/f* Dublinois(e)
ducado *nm* (*territorio*) duché *m* ; (*moneda*) ducat *m*
ducha *nf* douche *f* ; **darse una ~** prendre une douche
ducharse *vpr* se doucher
ducho, -a *adj*: **~ en** fort(e) en
dúctil *adj* ductile
duda *nf* doute *m* ; **sin ~** sans aucun doute ; **¡sin ~!** bien sûr ! ; **no cabe ~** cela ne fait aucun doute ; **no le quepa ~** cela va de soi ; **poner algo en ~** mettre qch en doute ; **para salir de dudas** pour en avoir le cœur net ; **¿alguna ~?** des questions ? ; **tengo mis dudas** je n'en suis pas si sûr(e)
dudar *vt, vi* douter ; **~ (de)** douter (de) ; **dudó entre ...** il a hésité entre ... ; **dudó si comprarlo o no** il a hésité à l'acheter ; **dudo que sea cierto** je crains que ce ne soit pas vrai
dudoso, -a *adj* douteux(-euse)
D.U.E. *sigla mf* (*Esp*: = *Diplomado Universitario de Enfermería*) infirmier(-ière)
duelo *vb ver* **doler** ▸ *nm* duel *m* ; (*ceremonia*) deuil *m* ; **batirse en ~** se battre en duel
duende *nm* lutin *m* ; **tiene ~** (*en flamenco*) elle a de la classe
dueño, -a *nm/f* (*propietario*) propriétaire *mf* ; (*empresario*) patron(ne) ; **ser ~ de si mismo** être maître de soi ; **eres (muy) ~ de hacer como te parezca** tu es libre de faire comme bon te semblera ; **hacerse ~ de una situación** se rendre maître de la situation
duerma *etc vb ver* **dormir**
duermevela (*fam*) *nf* nuit *f* agitée
Duero *nm* Douro *m*, Duero *m*
dulce *adj* doux (douce) ; (*azucarado*) sucré(e) ▸ *nm* sucrerie *f* ; (*pastel*) douceur *f* ; **~ de almíbar** fruits *mpl* au sirop
dulcemente *adv* doucement
dulcificar *vt* (*fig*) apaiser
dulcifique *etc vb ver* **dulcificar**
dulzaina *nf dulzaina f, dolçaina f (haut-bois du Moyen-Âge)*
dulzón, -ona *adj* écœurant(e) ; (*fig*) à l'eau de rose *inv*
dulzor *nm*, **dulzura** *nf* douceur *f*
duna *nf* dune *f*
dúo *nm* duo *m* ; **a ~** en duo ; **hacer algo a ~** faire qch en duo
duodécimo, -a *adj, nm/f* douzième *mf* ; *ver tb* **sexto**
duodeno *nm* duodénum *m*
dúplex *pl inv* *nm* (*piso, Telec*) duplex *m* ; (*Inform*) bidirectionnel *m*
duplicado *nm* (*de llave etc*) double *m* ; (*documento*) duplicata *m* ; **por ~** en double
duplicar *vt* (*llave, documento*) faire un double de ; (*cantidad*) doubler ; **duplicarse** *vpr* se multiplier par deux
duplicidad *nf* (*falsedad*) duplicité *f* ; (*duplicación*) dualité *f*
duplique *etc vb ver* **duplicar**
duque *nm* duc *m*
duquesa *nf* duchesse *f*
duración *nf* durée *f* ; (*de máquina*) durée de vie ; **de larga ~** (*enfermedad*) de longue durée ; (*pila, disco*) longue durée ; **de corta ~** de courte durée
duradero, -a *adj* (*material*) résistant(e) ; (*fe, paz*) durable
duramente *adv* durement
durante *adv* pendant ; **~ toda la noche** pendant toute la nuit ; **habló ~ una hora** il a parlé pendant une heure
durar *vi* durer ; (*persona: en cargo*) rester
durazno (*Am*) *nm* pêche *f* ; (*árbol*) pêcher *m*
durex® (*Am*) *nm* scotch® *m*
dureza *nf* dureté *f* ; (*de clima*) rigueur *f* ; (*callosidad*) callosité *f*
durmiendo *etc vb ver* **dormir**
duro, -a *adj* dur(e) ; **un tipo ~** un dur ; **el sector ~ del partido** la faction dure du parti ; **ser ~ con algn** être dur(e) avec qn ; **~ de mollera** (*torpe*) dur(e) à la détente ; **~ de oído** dur(e) d'oreille ; **es ~ de pelar** c'est un dur à cuire ; **a duras penas** à grand-peine ; **estar ~** être dur(e) ▸ *adv* dur ; **trabajar ~** travailler dur ▸ *nm* (*Hist*) *pièce de cinq pesetas* ; **estar sin un ~** être sans le sou
DVD *nm abr* (= *disco de vídeo digital*) DVD *m* (= *digital versatile disc*)

d

Ee

E¹, e¹ [e] *nf* (*letra*) E, e *m inv* ; **E de Enrique** ≈ E comme Eugène
E² *abr* (= *este*) E (= *est*)
e² [e] *conj* (*delante de* **i-** *e* **hi-**, *pero no* **hie-**) et
e/ *abr* (*Com*) = **envío**
EA *abr* = **Ejército del Aire**
EAU *sigla mpl* (= *Emiratos Árabes Unidos*) EAU *mpl* (= *Émirats arabes unis*)
ebanista *nmf* ébéniste *mf*
ebanistería *nf* ébénisterie *f* ; (*taller*) atelier *m* d'ébénisterie
ébano *nm* ébène *m*
ebrio, -a *adj* ivre
Ebro *nm* Èbre *m*
ebullición *nf* ébullition *f* ; **punto de ~** point *m* d'ébullition
eccema *nm* eczéma *m*
echar *vt* (*lanzar*) jeter ; (*verter*) verser ; (*gasolina, carta, freno*) mettre ; (*sal, especias*) ajouter ; (*comida*) servir ; (*dientes*) faire ; (*expulsar*) mettre dehors ; (*empleado*) renvoyer ; (*despedir: humo*) rejeter ; (*: agua*) cracher ; (*reprimenda*) faire ; (*cerrojo*) fermer ; (*película*) passer ; **~ una carrera/una siesta** faire la course/une sieste ; **~ un trago** avaler une gorgée ; **~ la culpa a** accuser ; **~ cuentas** faire ses comptes ; **~ chispas** (*fig*) être furieux(-euse) ; **~ mano a** mettre la main sur ; **~ abajo** (*gobierno*) renverser ; (*edificio*) abattre ; **~ por tierra** ruiner ; **~ la buenaventura a algn** dire la bonne aventure à qn ; (*echar las cartas a algn*) tirer les cartes à qn ; **~ algo a cara o cruz** jouer qch à pile ou face ; **~ algo a suertes** tirer qch au sort ; **~ de menos** regretter ; **la echo de menos** elle me manque ▸ *vi*: **~ a andar/volar/correr** se mettre à marcher/voler/courir ; **echarse** *vpr* s'allonger ; **echarse atrás** se pencher en arrière ; (*fig*) se raviser ; **echarse a llorar/reír/temblar** se mettre à pleurer/rire/trembler ; **echarse a perder** (*alimento*) se gâter ; (*persona*) dégénérer ; **echarse novia/novio** avoir un(e) petit(e) ami(e)
echarpe *nm* écharpe *f*
eclecticismo *nm* éclectisme *m*
ecléctico, -a *adj* éclectique
eclesiástico, -a *adj* ecclésiastique ▸ *nm* ecclésiastique *m*
eclipsar *vt* éclipser
eclipse *nm* éclipse *f*
eclosión *nf* éclosion *f* ; **hacer ~** faire éclore
eco *nm* écho *m* ; **encontrar un ~ en** trouver un écho dans ; **hacerse ~ de una opinión** se faire l'écho d'une opinion ; **tener ~** faire écho
ecoetiqueta *nf* écolabel *m*
ecografía *nf* échographie *f*
ecología *nf* écologie *f*
ecológico, -a *adj* écologique
ecologista *adj, nmf* écologiste *mf*
economato *nm* économat *m*
economía *nf* économie *f* ; (*de empresa*) situation *f* économique ; **hacer economías** faire des économies ; **economías de escala** économies d'échelle ; **~ de mercado** économie de marché ; **~ dirigida/doméstica/mixta/sumergida** économie dirigée/nationale/mixte/souterraine
economice *etc vb ver* **economizar**
económico, -a *adj* économique ; (*persona*) économe
economista *nmf* économiste *mf*
economizar *vt, vi* économiser
ecosistema *nm* écosystème *m*
ecotasa *nf* écotaxe *f*
ecoturismo *nm* écotourisme *m*
ecu *nm* écu *m*
ecuación *nf* équation *f*
ecuador *nm* équateur *m* ; **(el) E~** (l')Équateur
ecualizador *nm* égaliseur *m*
ecuánime *adj* (*carácter*) juste ; (*juicio*) impartial(e)
ecuanimidad *nf* impartialité *f*
ecuatoguineano, -a *adj* équato-guinéen(-enne) ▸ *nm/f* Équato-Guinéen(-enne)
ecuatorial *adj* équatorial(e)
ecuatoriano, -a *adj* équatorien(ne) ▸ *nm/f* Équatorien(ne)
ecuestre *adj* équestre
ecuménico, -a *adj* œcuménique
eczema *nm* = **eccema**
ed. *abr* (= *edición*) éd. (= *édition*)

edad *nf* âge *m* ; **¿qué ~ tienes?** quel âge as-tu ? ; **tiene ocho años de ~** il a huit ans ; **de corta ~** en culottes courtes ; **ser de mediana ~** être d'âge mûr ; **ser de ~ avanzada** être âgé(e) ; **ser mayor/menor de ~** être majeur(e)/mineur(e) ; **(no) estar en ~ de hacer algo** (ne pas) être en âge de faire qch ; **la E~ Media** le Moyen Âge ; **tercera ~** troisième âge ; **la ~ del pavo** l'âge ingrat ; **E~ de Hierro/Piedra** âge du fer/de la pierre
edema *nm* œdème *m*
Edén *nm* Eden *m*
edición *nf* édition *f* ; **« al cerrar la ~ »** (*Tip*) « nouvelles de dernière heure » ; **última ~** dernière édition
edicto *nm* décret *m*
edificable *adj*: **terreno ~** terrain *m* constructible
edificante *adj* édifiant(e)
edificar *vt* édifier
edificio *nm* bâtiment *m* ; (*de viviendas*) immeuble *m* ; **~ público** bâtiment public
edifique *etc vb ver* **edificar**
edil *nmf* (*Esp*: *concejal*) conseiller(-ère) municipal(e)
Edimburgo *n* Edimbourg
editar *vt* éditer ; (*preparar textos*) mettre en page
editor, a *nm/f* éditeur(-trice) ; (*redactor*) rédacteur(-trice) ▸ *adj*: **casa editora** maison *f* d'édition
editorial *adj* éditorial(e) ▸ *nm* éditorial *m* ▸ *nf* (*tb*: **casa editorial**) maison *f* d'édition
editorialista *nmf* éditorialiste *mf*
edredón *nm* édredon *m*
educación *nf* éducation *f* ; **ser de buena/mala ~** être bien/mal élevé(e) ; **sin ~** sans aucune éducation ; **¡qué falta de ~!** quel manque d'éducation !
educado, -a *adj* poli(e) ; **mal ~** mal élevé(e)
educador, a *nm/f* éducateur(-trice)
educar *vt* éduquer
educativo, -a *adj* éducatif(-ive)
edulcorante *nm* édulcorant *m*
eduque *etc vb ver* **educar**
EE.UU. *sigla mpl* (= *Estados Unidos*) EU *mpl* (= *États-Unis*), US(A) *mpl* (= *United States (of America)*)
efectista *adj* spectaculaire
efectivamente *adv* effectivement
efectivo, -a *adj* effectif(-ive) ; **hacer ~ un cheque** encaisser un chèque ▸ *nm*: **en ~** (*Com*) en espèces ; **efectivos** *nmpl* (*de policía, ejército*) effectifs *mpl*
efecto *nm* (*tb Deporte*) effet *m* ; **hacer** *o* **surtir ~** (*medida*) avoir de l'effet ; (*medicamento*) faire de l'effet ; **a tal** *o* **al ~** à cet effet ; **en ~** en effet ; **tener ~** avoir lieu ; **efectos** *nmpl* (*tb*: **efectos personales**) effets *mpl* ; (*Com*) actif *m* ; (*Econ*) valeurs *fpl* ; **a efectos de** à des fins de ; **efectos a cobrar** effets à recevoir ; **efectos especiales** effets spéciaux ; **efectos secundarios** (*Med*) effets secondaires ; (*Com*) retombées *fpl* ; **efectos sonoros** effets de son
efectuar *vt* effectuer ; **efectuarse** *vpr* avoir lieu
efeméride *nf* date *f* anniversaire ; **efemérides** (*en periódico*) éphéméride *fsg*
efervescente *adj* gazeux(-euse)
eficacia *nf* efficacité *f*
eficaz *adj* efficace
eficiencia *nf* efficacité *f*
eficiente *adj* efficace
efigie *nf* effigie *f*
efímero, -a *adj* éphémère
EFTA *sigla f* (= *Asociación Europea de Libre Comercio*) AELE *f* (= *Association européenne de libre échange*)
efusión *nf* effusion *f* ; **con ~** avec effusion
efusivo, -a *adj* expansif(-ive) ; **mis más efusivas gracias** mes plus vifs remerciements
Egeo *nm*: **el (mar) ~** la mer Égée
egipcio, -a *adj* égyptien(ne) ▸ *nm/f* Égyptien(ne)
Egipto *nm* Égypte *f*
ego *nm* ego *m inv*
egocéntrico, -a *adj* égocentrique
egoísmo *nm* égoïsme *m*
egoísta *adj, nmf* égoïste *mf*
ególatra *adj* égocentrique
egregio, -a *adj* illustre
egresado, -a (*Am*) *nm/f* diplômé(e)
egresar (*Am*) *vi* obtenir son diplôme
egreso *nm* (*Am Univ*) diplôme *m*
eh *excl* eh !
Eire *nm* Eire *f*
ej. *abr* (= *ejemplo*) ex. (= *exemple*)
eje *nm* axe *m*
ejecución *nf* exécution *f* ; (*Jur*) saisie *f* ; **poner en ~** (*plan*) mettre à exécution
ejecutar *vt* exécuter ; (*Jur*) saisir
ejecutiva *nf* comité *m* exécutif ; *ver tb* **ejecutivo**
ejecutivo, -a *adj* exécutif(-ive) ; **el poder ~** le pouvoir exécutif ▸ *nm/f* cadre *m* dirigeant ; **el ~** l'exécutif
ejecutor *nm* exécuteur *m* testamentaire
ejecutoria *nf* (*Jur*) sentence *f* exécutoire
ejemplar *adj* exemplaire ▸ *nm* (*Zool etc*) spécimen *m* ; (*de libro, periódico*) exemplaire *m* ; **~ de regalo** exemplaire gratuit
ejemplificar *vt* illustrer
ejemplifique *etc vb ver* **ejemplificar**
ejemplo *nm* exemple *m* ; **por ~** par exemple ; **dar ~** donner l'exemple
ejercer *vt* exercer ▸ *vi*: **~ de** exercer le métier de
ejercicio *nm* exercice *m* ; **hacer ~** faire de l'exercice ; **~ acrobático** (*Aviat*) exercice acrobatique ; **~ comercial** exercice ; **ejercicios espirituales** retraite *fsg*

e

ejercitar *vt* exercer ; **ejercitarse** *vpr*: **ejercitarse en** s'exercer en
ejército *nm* armée *f* ; **entrar en el ~** entrer dans l'armée ; **~ de ocupación** troupes *fpl* d'occupation ; **E~ de Tierra/del Aire** armée de terre/de l'air
ejerza *etc vb ver* **ejercer**
ejidatario, -a (*esp* Méx) *nm/f propriétaire de terres exploitées en commun*
ejido (*esp* Méx) *nm terres exploitées en commun*
ejote (Am) *nm* haricot *m* vert

PALABRA CLAVE

el, la (*pl* **los, las**) *art def* **1** le, la, les ; **el libro/la mesa/los estudiantes/las flores** le livre/la table/les étudiants/les fleurs ; **el amor/la juventud** l'amour/la jeunesse ; **me gusta el fútbol** j'aime le football ; **está en la cama** il est au lit
2: **romperse el brazo** se casser le bras ; **levantó la mano** il leva la main ; **se puso el sombrero** il mit son chapeau
3 (*en descripción*): **tener la boca grande/los ojos azules** avoir une grande bouche/les yeux bleus
4 (*con días*): **me iré el viernes** je partirai vendredi ; **los domingos suelo ir a nadar** le dimanche je vais nager
5 (*en exclamación*): **¡el susto que me diste!** tu m'as fait une de ces peurs !
6: **el de** (*pertenencia*): **mi libro y el de usted** mon livre et le vôtre ; **las de Pepe son mejores** celles de Pepe sont mieux
7: **no la(s) blanca(s) sino la(s) gris(es)** pas la(les) blanche(s), la(les) grise(s)
8: **el/la/los/las que** (*sujeto*) celui/celle/ceux/celles qui ; (*objeto*) celui/celle/ceux/celles que ; **el/la que quiera que se vaya** celui/celle qui le veut s'en aille ; **el que sea** n'importe qui ; **llévese el que más le guste** emportez celui que vous préférez ; **el que compré ayer** celui que j'ai acheté hier ; **la que está debajo** celle qui est dessous
9: **el/la/los/las que** (*con preposición*) lequel/laquelle/lesquels/lesquelles ; **la persona con la que hablé** la personne avec laquelle j'ai parlé
10: **el que sea tan vago me molesta** ça me gêne qu'il soit si paresseux

él *pron pers* (*sujeto*) il ; (*tras preposición*) lui ; **es él** c'est lui ; **es de/para él** c'est à/pour lui ; **dáselo a él** donne-le-lui
elaboración *nf* élaboration *f* ; **~ de presupuestos** élaboration du budget
elaborar *vt* élaborer ; (*madera etc*) travailler
elasticidad *nf* élasticité *f*
elástico, -a *adj, nm* élastique *m*
ELE *sigla m* (*= español como lengua extranjera*) ELE *m* (*= espagnol langue étrangère*)
elección *nf* élection *f* ; (*selección*) choix *m* ; (*alternativa*) alternative *f* ; **elecciones** *nfpl* élections *fpl* ; **elecciones generales** élections
eleccionario, -a *adj* (Am) électoral(e)
electo, -a *adj*: **el presidente ~** le président élu
elector, a *nm/f* électeur(-trice)
electorado *nm* électorat *m*
electoral *adj* électoral(e)
electoralista *adj* électoraliste
electrice *etc vb ver* **electrizar**
electricidad *nf* électricité *f*
electricista *nmf* électricien(ne)
eléctrico, -a *adj* électrique
electrificar *vt* électrifier
electrizante *adj* (*fig*) électrisant(e)
electrizar *vt* électrifier ; (*fig*) électriser
electro... *pref* électro...
electrocardiograma *nm* électrocardiogramme *m*
electrochoque *nm* électrochoc *m*
electrocutar *vt* électrocuter ; **electrocutarse** *vpr* s'électrocuter
electrodo *nm* électrode *f*
electrodoméstico *nm* électroménager *m*
electroencefalograma *nm* électro-encéphalogramme *m*
electroimán *nm* électro-aimant *m*
electrólisis *nf* électrolyse *f*
electromagnético, -a *adj* électromagnétique
electrón *nm* électron *m*
electrónica *nf* électronique *f*
electrónico, -a *adj* électronique ; **proceso ~ de datos** (*Inform*) traitement *m* électronique des données
electroshock *nm* = **electrochoque**
electrotecnia *nf* électrotechnique *f*
electrotécnico, -a *nm/f* électrotechnicien(ne)
elefante *nm* éléphant *m*
elegancia *nf* élégance *f*
elegante *adj* (*de buen gusto*) élégant(e) ; (*fino*) raffiné(e) ; **estar** *o* **ir ~** être élégant(e)
elegía *nf* élégie *f*
elegir *vt* choisir ; (*por votación*) élire
elemental *adj* élémentaire
elemento *nm* élément *m* ; (Am *fam*) type *m* ; **estar en su ~** être dans son élément ; **elementos de juicio** éléments de jugement ; **¡menudo ~!** c'est un bon à rien ! ; **elementos** *nmpl* (*de una ciencia*) rudiments *mpl* ; (*de la naturaleza*) éléments *mpl*
elenco *nm* (*Teatro*) distribution *f* ; (Am *Deporte*) équipe *f*
elepé *nm* 33 tours *m inv*
elevación *nf* élévation *f*
elevado, -a *adj* (*precio, fig*) élevé(e) ; (*montículo, torre*) haut(e)
elevador (Am) *nm* ascenseur *m*

elevadorista (*AM*) *nmf* liftier(-ière)
elevalunas *nm inv* lève-vitre *m* ; **~ eléctrico** lève-vitre électrique
elevar *vt* élever ; (*producción*) augmenter ; **elevarse** *vpr* s'élever ; **elevarse a** s'élever à
eligiendo *etc vb ver* **elegir**
elija *etc vb ver* **elegir**
eliminación *nf* élimination *f* ; **por ~** par élimination
eliminar *vt* éliminer
eliminatoria *nf* épreuve *f* éliminatoire ; (*Deporte*) éliminatoires *fpl*
elipse *nf* ellipse *f*
elipsis *nf inv* ellipse *f*
élite ['elite] *nf* élite *f*
elitismo *nm* élitisme *m*
elitista *adj* élitiste
elixir *nm* élixir *m*
ella *pron pers* elle ; **es ~** c'est elle ; **es de/para ~** c'est à/pour elle ; **dáselo a ~** donne-le-lui
ellas *pron pers ver* **ellos**
ello *pron* cela ; **es por ~ que ...** c'est pour cela que ...
ellos, -as *pron pers* (*sujeto*) ils (elles) ; (*tras verbo, preposición*) eux (elles) ; **es de/para ~** c'est à/pour eux (elles)
elocuencia *nf* éloquence *f*
elocuente *adj* éloquent(e)
elogiar *vt* louer
elogio *nm* éloge *m* ; **hacer elogios a** *o* **de** faire l'éloge de ; **deshacerse en elogios** ne pas tarir d'éloges
elogioso, -a *adj* élogieux(-euse) ; **en términos elogiosos** en termes élogieux
elote (*AM*) *nm* épi *m* de maïs
El Salvador *nm* Le Salvador *m*
elucubración *nf* élucubration *f*
eludir *vt* (*deber*) se dérober à ; (*responsabilidad*) rejeter ; (*justicia*) se soustraire à ; (*respuesta*) éluder
E.M. *abr* (*Mil:* = *Estado Mayor*) EM *m* (= *État-Major*)
Em.ª *abr* (= *Eminencia*) Mgr (= *Monseigneur*)
email ['imeil] *nm* e-mail *m* ; **enviar algo por ~** envoyer qch par e-mail ; **mandar un ~ a algn** envoyer un e-mail à qn
emanación *nf* émanation *f*
emanar *vi:* **~ de** émaner de ; (*situación*) découler de
emancipar *vt* affranchir ; **emanciparse** *vpr* s'émanciper ; (*siervo*) s'affranchir
embadurnar *vt:* **~ (de)** badigeonner (de) ; **embadurnarse** *vpr:* **embadurnarse (de)** se badigeonner (de)
embajada *nf* ambassade *f* ; (*mensaje*) dépêche *f*
embajador, a *nm/f* ambassadeur(-drice)
embaladura (*AM*) *nf*, **embalaje** *nm* emballage *m*
embalar *vt* emballer ; **embalarse** *vpr* s'emballer
embaldosar *vt* carreler
embalsamar *vt* embaumer
embalsar *vt* déborder
embalse *nm* retenue *f* (d'eau) ; (*construcción*) barrage *m*
embarace *etc vb ver* **embarazar**
embarazada *adj f* enceinte ▸ *nf* femme *f* enceinte

> ⚠ **Embarazada** ne signifie pas *embarrassée*, qui se traduit par **incómoda** en espagnol.

embarazar *vt* embarrasser ; (*mujer*) mettre enceinte
embarazo *nm* (*de mujer*) grossesse *f* ; (*estorbo, vergüenza*) embarras *m*
embarazoso, -a *adj* embarrassant(e)
embarcación *nf* embarcation *f* ; **~ de arrastre** chalutier *m*
embarcadero *nm* embarcadère *m*
embarcar *vt* embarquer ; **~ a algn en una empresa** (*fig*) embarquer qn dans une affaire ; **~ en** (*tren, avión*) monter dans ; **embarcarse** *vpr* s'embarquer ; **embarcarse en** (*tren, avión*) monter dans
embarco *nm ver* **embarque**
embargar *vt* (*Jur*) saisir ; **me embargaba la emoción** l'émotion m'envahissait
embargo *nm* (*Jur*) saisie *f* ; (*Com, Pol*) embargo *m* ; **sin ~** cependant
embargue *etc vb ver* **embargar**
embarque *vb ver* **embarcar** ▸ *nm* embarquement *m* ; **tarjeta/sala de ~** carte *f*/salle *f* d'embarquement
embarrancar *vi* (*Náut*) échouer ; (*fig*) caler
embarranque *etc vb ver* **embarrancar**
embarrar *vt* couvrir de boue ; **embarrarse** *vpr* se couvrir de boue
embarullar *vt* embrouiller
embate *nm* rugissement *m*
embaucador, a *nm/f* enjôleur(-euse)
embaucar *vt* duper
embauque *etc vb ver* **embaucar**
embeber *vt* boire ▸ *vi* (*tela*) rétrécir ; **embeberse** *vpr:* **embeberse en** (*en libro, etc*) se plonger dans
embebido, -a *adj:* **~ en** plongé(e) dans
embelesado, -a *adj* captivé(e)
embelesar *vt* captiver ; **embelesarse** *vpr:* **embelesarse (con)** être captivé(e) (par)
embellecedor *nm* (*Auto*) enjoliveur *m*
embellecer *vt* embellir ; **embellecerse** *vpr* embellir
embellezca *etc vb ver* **embellecer**
embestida *nf* charge *f*
embestir *vt* charger ▸ *vi* charger ; (*olas*) rugir
embistiendo *etc vb ver* **embestir**
emblema *nm* emblème *m*
emblemático, -a *adj* emblématique
embobado, -a *adj* ébahi(e)

e

embobar *vt* fasciner ; **embobarse** *vpr*: **embobarse con** *o* **de** *o* **en** être fasciné(e) par
embocadura *nf* embouchure *f*
embolado (*fam*) *nm* (*mentira*) bobard *m* ; (*lío*) pétrin *m*
embolador (Col) *nm* cireur *m* (de chaussures)
embolar (Col) *vt* (*zapatos*) cirer
embolia *nf* embolie *f* ; ~ **cerebral** embolie cérébrale
émbolo *nm* piston *m*
embolsar *vt* empocher ; **embolsarse** *vpr* empocher
emboquillado, -a *adj* filtre
emborrachar *vt* soûler ; **emborracharse** *vpr* se soûler
emboscada *nf* embuscade *f*
embotado, -a *adj* émoussé(e)
embotar *vt* (*sentidos*) émousser ; (*facultades*) diminuer
embotellado, -a *adj* en bouteille ; (*tráfico*) embouteillé(e)
embotellamiento *nm* embouteillage *m*
embotellar *vt* mettre en bouteille ; (*tráfico*) embouteiller ; **embotellarse** *vpr* être embouteillé(e)
embozo *nm* rabat *m*
embragar *vi* embrayer
embrague *vb ver* **embragar** ▸ *nm* embrayage *m*
embravecer *vt* (*toro*) exciter ; **embravecerse** *vpr* devenir furieux(-euse) ; (*mar*) se déchaîner
embravecido, -a *adj* furieux(-euse) ; (*mar*) déchaîné(e)
embriagador, a *adj* capiteux(-euse)
embriagar *vt* soûler ; (*fig*) griser ; **embriagarse** *vpr* se soûler
embriague *etc vb ver* **embriagar**
embriaguez *nf* ivresse *f*
embriología *nf* embryologie *f*
embrión *nm* embryon *m* ; **en** ~ (*proyecto*) à l'état embryonnaire
embrionario, -a *adj* embryonnaire
embrollar *vt* embrouiller ; **embrollarse** *vpr* s'embrouiller
embrollo *nm* enchevêtrement *m* ; **meterse en un** ~ se mettre dans de beaux draps
embromado, -a (Am *fam*) *adj* difficile
embromar (Am *fam*) *vt* embêter
embrujado, -a *adj* ensorcelé(e)
embrujar *vt* ensorceler
embrujo *nm* ensorcellement *m*
embrutecer *vt* abrutir ; **embrutecerse** *vpr* s'abrutir
embrutezca *etc vb ver* **embrutecer**
embudo *nm* entonnoir *m*
embuste *nm* mensonge *m*
embustero, -a *adj, nm/f* menteur(-euse)
embute (Méx) *nm* pot-de-vin *m*
embutido *nm* (*Culin*) charcuterie *f* ; (*Tec*) emboutissage *m*
embutir *vt* (*chorizo etc*) préparer ; ~ **(en)** (*encajar*) fourrer (dans) ; (*introducir*) enfoncer (dans)
emergencia *nf* urgence *f* ; (*surgimiento*) émergence *f*
emergente *adj* émergent(e)
emerger *vi* émerger
emérito, -a *adj* émérite
emerja *etc vb ver* **emerger**
emigración *nf* (*de personas*) émigration *f* ; (*de pájaros*) migration *f* ; **la** ~ (*emigrantes*) l'émigration
emigrado, -a *nm/f* émigré(e)
emigrante *adj* qui émigre ▸ *nmf* émigrant(e)
emigrar *vi* (*personas*) émigrer ; (*pájaros*) migrer
eminencia *nf*: **ser una ~ (en algo)** être une sommité (de qch) ; (*en títulos*): **Su/Vuestra E~** (*Rel*) Son/Votre Éminence *f*
eminente *adj* éminent(e)
emir *nm* émir *m*
emirato *nm* émirat *m*
emisario *nm* émissaire *m*
emisión *nf* émission *f* ; ~ **de acciones/de valores** (*Com*) émission d'actions/de titres ; ~ **gratuita de acciones** (*Com*) émission prioritaire
emisor, a *adj* émetteur(-trice) ▸ *nm* émetteur *m* ▸ *nf* station *f* de radio
emitir *vt* émettre ; (*voto*) exprimer ; ~ **una señal sonora** émettre un signal sonore
emoción *nf* émotion *f*
emocionado, -a *adj* ému(e)
emocional *adj* émotif(-ive), émotionnel(le)
emocionante *adj* émouvant(e), excitant(e)
emocionar *vt* émouvoir ; **emocionarse** *vpr* s'émouvoir
emoticón, emoticono *nm* émoticône *f*, smiley *m*
emotivo, -a *adj* (*escena*) émouvant(e) ; (*persona*) émotif(-ive)
empacadora *nf* (*Agr*) ramasseuse-presse *f*, presse *f* ; (Méx) usine *f* de conditionnement
empacar *vt* empaqueter ; (*en caja*) mettre dans des caisses
empachar *vt* donner une indigestion à ; **empacharse** *vpr* avoir une indigestion
empacho *nm* indigestion *f* ; (*fig*) scrupule *m*
empadronamiento *nm* recensement *m*
empadronarse *vpr* se faire recenser
empalagar *vt, vi* (*suj: dulce*) écœurer ; (*fig: suj: persona*) être écœurant(e) ; (*: música*) rendre malade
empalagoso, -a *adj* (*alimento*) écœurant(e) ; (*fig: persona*) mielleux(-euse) ; (*: estilo*) à l'eau de rose
empalague *etc vb ver* **empalagar**
empalizada *nf* palissade *f*
empalmar *vt* (*cable*) raccorder ; (*carretera*) rejoindre ; (*sesión*) enchaîner ▸ *vi* (*dos caminos*) se rejoindre ; ~ **con** (*tren*) assurer la correspondance avec

empalme *nm* (*Tec*) raccordement *m* ; (*de carreteras*) croisement *m* ; (*de trenes*) correspondance *f*
empanada *nf sorte de chausson salé fourré à la tomate, à la viande ou au poisson etc*
empanadilla *nf* (*salada*) friand *m* ; (*dulce*) chausson *m*
empanar *vt* (*con pan rallado*) paner ; (*en masa*) *faire la pâte (d'un chausson)*
empantanarse *vpr* être inondé(e) ; (*fig*) être dans une impasse
empañar *vt* embuer ; **empañarse** *vpr* s'embuer
empapar *vt* tremper ; (*suj: toalla, esponja etc*) absorber ; **empaparse** *vpr*: **empaparse (de)** (*persona*) être trempé(e) (par) ; (*esponja, comida*) absorber
empapelar *vt* tapisser
empaque *etc vb ver* **empacar**
empaquetar *vt* empaqueter
emparedado (*esp* AM) *nm* sandwich *m*
emparejar *vt* mettre ensemble
emparentado, -a *adj*: **estar ~ con** avoir un lien de parenté avec
empastar *vt* plomber
empaste *nm* plombage *m*
empatar *vi* faire match nul ; **empataron a 1** il y a eu 1 partout ; **estar empatados** (*dos equipos*) être à égalité ▸ *vt* (VEN) assembler
empate *nm* match *m* nul ; **un ~ a cero** zéro partout
empatía *nf* empathie *f*
empecé *etc*, **empecemos** *etc vb ver* **empezar**
empecinado, -a *adj* obstiné(e)
empecinarse *vpr*: **~ en** s'obstiner à
empedernido, -a *adj* invétéré(e)
empedrado, -a *adj* pavé(e) ▸ *nm* (*pavimento*) pavement *m*
empedrar *vt* paver
empeine *nm* (*de pie*) cou-de-pied *m* ; (*de zapato*) empeigne *f*
empellón *nm* coup *m* ; **dar empellones a algn** rouer qn de coups ; **abrirse paso a empellones** se frayer un chemin à coups de coude
empeñado, -a *adj* (*persona*) endetté(e) ; (*objeto*) mis(e) en gage ; **~ en** (*obstinado*) déterminé(e) à
empeñar *vt* mettre en gage ; **empeñarse** *vpr* s'endetter ; **empeñarse en hacer** s'obstiner à faire
empeño *nm* acharnement *m* ; (*cosa prendada*) gage *m* ; **casa de empeños** établissement *m* de prêts sur gages, mont-de-piété *m* ; **con ~** avec acharnement ; **poner ~ en hacer algo** mettre de l'acharnement à faire qch ; **tener ~ en hacer algo** être déterminé(e) à faire qch
empeoramiento *nm* dégradation *f*
empeorar *vt, vi* empirer
empequeñecer *vt* rapetisser ; (*fig*) banaliser
empequeñezca *etc vb ver* **empequeñecer**
emperador *nm* empereur *m*
emperatriz *nf* impératrice *f*
emperifollarse *vpr* se pomponner
emperrarse *vpr* s'obstiner ; **~ en algo** s'obstiner dans qch
empezar *vt* commencer ▸ *vi* commencer ; **empezó a llover** il a commencé à pleuvoir ; **bueno, para ~** voyons, pour commencer ; **~ a hacer** commencer à faire ; **~ por (hacer)** commencer par (faire)
empiece *etc vb ver* **empezar**
empiedre *etc vb ver* **empedrar**
empiezo *etc vb ver* **empezar**
empinado, -a *adj* en pente
empinar *vt* dresser ; **~ el codo** (*fam*) lever le coude ; **empinarse** *vpr* (*persona*) se mettre sur la pointe des pieds ; (*animal*) se mettre sur ses pattes de derrière ; (*camino*) grimper
empingorotado, -a (*fam*) *adj* tiré(e) à quatre épingles
empírico, -a *adj* empirique
emplace *etc vb ver* **emplazar**
emplazamiento *nm* emplacement *m* ; (*Jur*) citation *f*
emplazar *vt* installer ; (*Jur*) citer à comparaître ; (*citar*) citer
empleado, -a *adj* employé(e) ; **le está bien ~** c'est bien fait pour lui ▸ *nm/f* employé(e) ; **empleada del hogar** employée de maison ; **~ público** fonctionnaire *mf*
empleador, a *nm/f* employeur(-euse)
emplear *vt* employer ; **~ mal el tiempo** mal gérer son temps ; **emplearse** *vpr*: **emplearse de** *o* **como** trouver un emploi de, se faire embaucher comme
empleo *nm* emploi *m* ; **modo de ~** mode *m* d'emploi
emplomar (CSUR) *vt* (*diente*) plomber
empobrecer *vt* appauvrir ; **empobrecerse** *vpr* s'appauvrir
empobrecimiento *nm* appauvrissement *m*
empobrezca *etc vb ver* **empobrecer**
empollar *vt, vi* (*Zool*) couver ; (*Escol: fam*) bûcher
empollón, -ona (*fam*) *nm/f* (*Escol*) bûcheur(-euse)
empolvar *vt* poudrer ; **empolvarse** *vpr* (*cara*) se poudrer ; (*superficie*) s'empoussiérer
emponzoñar *vt* (*esp fig*) détériorer
emporio *nm* centre *m* commercial ; (AM) grand magasin *m*
empotrado, -a *adj ver* **armario**
empotrar *vt* encastrer
emprendedor, a *adj* entreprenant(e)
emprender *vt* entreprendre ; **emprenderla con algn** (*fam*) s'en prendre à qn ; **emprenderla a bofetadas/golpes (con algn)** commencer à gifler/taper (qn)

e

empresa *nf* entreprise *f* ; **la libre ~** la libre entreprise ; **~ filial/matriz** filiale *f*/société *f* mère
empresarial *adj* de l'entreprise ; **sector ~** secteur *m* des entreprises ; **empresariales** *nfpl* études *fpl* de gestion des entreprises, études de commerce
empresario, -a *nm/f* (*Com*) chef *m* d'entreprise ; (*Teatro, Mús*) imprésario *m* ; **~ de pompas fúnebres** entrepreneur(-euse) de pompes funèbres
empréstito *nm* emprunt *m* ; (*Com*) capital *m* d'emprunt
empujar *vt* pousser ; **~ a algn a hacer** pousser qn à faire
empuje *nm* poussée *f* ; (*fig*) énergie *f*
empujón *nm* coup *m* ; **abrirse paso a empujones** se frayer un chemin à coups de coude
empuñadura *nf* (*de espada*) poignée *f* ; (*de herramienta*) manche *m*
empuñar *vt* empoigner ; **~ las armas** (*fig*) prendre les armes
emulación *nf* émulation *f*
emular *vt* imiter
emulsión *nf* (*Foto*) émulsion *f*

PALABRA CLAVE

en *prep* **1** (*posición: dentro de*) dans ; (*: sobre*) sur ; **en la mesa** sur la table ; **está en el cajón** c'est dans le tiroir ; **en el periódico** dans le journal ; **en el suelo** par terre ; **en Argentina/Francia/España** en Argentine/France/Espagne ; **en La Paz/París/Londres** à La Paz/Paris/Londres ; **en casa** à la maison ; **en la oficina/el colegio** au bureau/à l'école ; **en el quinto piso** au cinquième étage
2 (*dirección*) dans ; **entró en el aula** il est entré dans la salle de classe ; **la pelota cayó en el tejado** le ballon est tombé sur le toit
3 (*tiempo*) en ; **en 1605/invierno** en 1605/hiver ; **en el mes de enero** au mois de janvier ; **caer en martes** tomber un mardi ; **en aquella ocasión/época** à cette occasion-là/époque-là ; **en ese momento** à ce moment ; **en tres semanas** dans trois semaines ; **en la mañana** (*Am*) le matin
4 (*manera*): **en avión/autobús** en avion/autobus ; **viajar en tren/en bici/en moto** voyager en train/à vélo/à moto ; **escrito en inglés** écrit en anglais ; **en broma** pour rire ; **en un susurro** dans un murmure
5 (*forma*): **en espiral** en spirale ; **en punta** pointu(e)
6 (*tema, ocupación*): **experto en la materia** expert en la matière ; **trabaja en la construcción** il travaille dans le bâtiment
7 (*precio*) pour ; **lo vendió en 20 dólares** il l'a vendu pour 20 dollars
8 (*diferencia*) de ; **reducir/aumentar en una tercera parte/en un 20 por ciento** diminuer/augmenter d'un tiers/de 20 pour cent
9 (*después de vb que indica gastar etc*) en ; **se le va la mitad del sueldo en comida** il dépense la moitié de son salaire en nourriture
10 (*adj + en + infin*): **lento en reaccionar** lent à réagir
11: **¡en marcha!** en route !

> Por norma general, los medios de transporte en francés van precedidos de la preposición *en* . Ahora bien, se usa la preposición *à* cuando la persona va a horcajadas (*à cheval, à moto*) y en la expresión *à pied*.

enaguas (*Am*) *nfpl* jupon *m*
enajenación *nf* aliénation *f* ; (*tb:* **enajenación mental**) aliénation (mentale)
enajenamiento *nm* = **enajenación**
enajenar *vt* aliéner ; (*fig*) rendre fou (folle)
enaltecer *vt* (*engrandecer*) exalter ; (*alabar*) louer
enamoradizo, -a *adj* qui tombe facilement amoureux(-euse)
enamorado, -a *adj, nm/f* amoureux(-euse) ; **estar ~ (de)** être amoureux(-euse) (de) ; **ser un(a) ~(-a) de** (*fig*) être un(e) passionné(e) de
enamoramiento *nm fait de tomber amoureux*
enamorar *vt* rendre amoureux(-euse) ; **enamorarse** *vpr*: **enamorarse (de)** tomber amoureux(-euse) (de)
enano, -a *adj* nain(e) ; (*fam: muy pequeño*) minuscule ▸ *nm/f* nain(e)
enarbolar *vt* brandir
enardecer *vt* (*incitar*) inciter ; (*entusiasmar*) enflammer ; **enardecerse** *vpr* (*excitarse*) s'enhardir ; (*exaltarse*) s'enflammer
enardezca *etc vb ver* **enardecer**
encabece *etc vb ver* **encabezar**
encabezado *nm* (*Méx Prensa, Tip: encabezamiento*) manchette *f* ; (*: titular*) titre *m*
encabezamiento *nm* en-tête *m* ; (*de periódico*) titre *m* ; **~ normal** (*Tip etc*) titre courant
encabezar *vt* (*movimiento*) être à la tête de ; (*lista*) être en tête de ; (*carta, libro*) commencer
encabritarse *vpr* se cabrer
encadenar *vt* enchaîner ; (*bicicleta*) attacher ; **encadenarse** *vpr* s'enchaîner ; (*fig*) s'assujettir
encajar *vt* encastrer, emboîter ; (*fam: golpe*) envoyer ; (*: broma, mala noticia*) encaisser ▸ *vi* s'encastrer, s'emboîter ; **~ con** (*fig*) cadrer avec ; **encajarse** *vpr* (*mecanismo*) se coincer ; (*un sombrero*) mettre
encaje *nm* encastrement *m* ; (*tejido*) dentelle *f*
encajonar *vt* caser ; **encajonarse** *vpr* (*río*) se rétrécir
encalar *vt* blanchir à la chaux

encallar *vi* (*Náut*) échouer
encallecerse *vpr* (*manos*) devenir calleux(-euse)
encaminado, -a *adj*: **medidas encaminadas a ...** mesures tendant à ... ; **estar** *o* **ir bien ~** prendre la bonne voie
encaminar *vt*: **~ (a)** orienter (vers) ; **encaminarse** *vpr*: **encaminarse a** *o* **hacia** se diriger vers
encamotarse (*Am*) *vpr* (*enamorarse*): **~ (de** *o* **con algn)** tomber amoureux(-euse) (de qn)
encandilar *vt* (*fig*) aveugler
encanecer *vi* avoir des cheveux blancs ; **encanecerse** *vpr* (*pelo*) devenir grisonnant
encanezca *etc vb ver* **encanecer**
encantado, -a *adj* enchanté(e) ; **¡~!** enchanté(e) ! ; **estar ~ con algn** être très content(e) de qn ; **estar ~ con algo** être ravi(e) de qch
encantador, a *adj* charmant(e) ▸ *nm/f* charmeur(-euse) ; **~ de serpientes** charmeur(-euse) de serpents
encantamiento *nm* enchantement *m*
encantar *vt* enchanter ; **me encantan los animales** j'adore les animaux ; **le encanta esquiar** il adore skier
encanto *nm* (*atractivo*) charme *m* ; (*magia*) enchantement *m* ; (*expresión de ternura*) ravissement *m* ; **como por ~** comme par enchantement
encañonar *vt* diriger le canon sur
encapotado, -a *adj* (*cielo*) couvert(e)
encapricharse *vpr*: **~ con algo** s'emballer pour qch ; **~ con algn** s'amouracher de qn
encapuchado, -a *adj* masqué(e) ▸ *nm/f* homme masqué (femme masquée)
encaramar *vt* hisser ; **encaramarse** *vpr*: **encaramarse (a)** se hisser (sur)
encarar *vt* affronter ; **encararse** *vpr*: **encararse con** (*persona*) avoir une prise de bec avec
encarcelación *nf*, **encarcelamiento** *nm* emprisonnement *m*, incarcération *f*
encarcelar *vt* emprisonner
encarecer *vt* augmenter le prix de ; (*importancia*) souligner ; **le encareció que hiciera** il a insisté pour qu'il fasse ▸ *vi* augmenter ; **encarecerse** *vpr* augmenter
encarecidamente *adv* instamment
encarecimiento *nm* augmentation *f*
encarezca *etc vb ver* **encarecer**
encargado, -a *adj* chargé(e) ▸ *nm/f* (*responsable*) responsable *mf* ; **~ de negocios** responsable commercial(e)
encargar *vt* charger ; (*Com*) commander ; **~ a algn que haga algo** charger qn de faire qch ; **encargarse** *vpr*: **encargarse de** se charger de
encargo *nm* commission *f* ; (*Com*) commande *f* ; **hecho de ~** fait sur mesure
encargue *etc vb ver* **encargar**
encariñarse *vpr*: **~ con** se prendre d'affection pour
encarnación *nf* incarnation *f*
encarnado, -a *adj* écarlate ; **ponerse ~** devenir écarlate
encarnar *vt* incarner ; **encarnarse** *vpr* s'incarner
encarnizado, -a *adj* (*lucha*) sanglant(e)
encarrilar *vt* mettre sur rails ; (*fig*) remettre sur les rails
encasillar *vt* (*Teatro*) attribuer une place à ; (*pey*) caser
encasquetar *vt* (*sombrero*) mettre ; (*fig*) imposer ; **encasquetarse** *vpr* se mettre
encasquillar *vt* (*Am*: *caballo*) ferrer ; **encasquillarse** *vpr* (*bala, revólver*) s'enrayer
encauce *etc vb ver* **encauzar**
encausar *vt* mettre en accusation
encauzar *vt* diriger ; (*fig*) orienter
encefalitis *nf* encéphalite *f*
encefalograma *nm* encéphalogramme *m*
encendedor (*esp Am*) *nm* briquet *m*
encender *vt* allumer ; (*entusiasmo, cólera*) déclencher ; **encenderse** *vpr* s'allumer ; (*de cólera*) s'enflammer
encendido, -a *adj* allumé(e) ; (*mejillas*) en feu ; (*mirada*) enflammé(e) ▸ *nm* allumage *m*
encerado, -a *adj* (*suelo*) ciré(e) ▸ *nm* (*Escol*) tableau *m*
encerar *vt* (*suelo*) cirer
encerrar *vt* (*persona, animal*) enfermer ; (*fig*) renfermer ; **encerrarse** *vpr* s'enfermer ; (*fig*) se réfugier
encerrona *nf* piège *m*
encestar *vi* faire un panier
encharcar *vt* détremper ; **encharcarse** *vpr* être inondé(e)
encharque *etc vb ver* **encharcar**
enchastrar (*CSur*) *vt* salir
enchilada (*Méx*) *nf* enchilada *f*, *crêpe de maïs fourrée à la viande et au piment*
enchilarse (*Méx fam*) *vpr* fulminer
enchinar (*Méx*) *vt* friser
enchufado, -a (*fam*) *nm/f* pistonné(e)
enchufar *vt* (*Elec*) brancher ; (*Tec*) assembler ; (*fam*: *persona*) pistonner
enchufe *nm* (*Elec*) prise *f* ; (*: clavija*) prise *f* mâle ; (*: toma*) prise femelle ; (*Tec*) jointure *f* ; (*fam*: *recomendación*) piston *m* ; (*: puesto*) *poste obtenu par piston* ; **tiene un ~ en el ministerio** il est pistonné par quelqu'un au ministère
encía *nf* gencive *f*
encíclica *nf* encyclique *f*
enciclopedia *nf* encyclopédie *f*
enciclopédico, -a *adj* encyclopédique
encienda *etc vb ver* **encender**
encierro *vb ver* **encerrar** ▸ *nm* retraite *f* ; (*Taur*) *lâchage des taureaux dans les rues avant une corrida* ; **el ~ en la fábrica** (*Pol*) l'occupation *f* de l'usine

encima *adv* (*en la parte de arriba*) en haut ; (*además*) en plus ; **~ de** (*sobre*) sur ; (*además de*) en plus de ; **por ~ de** plus haut que ; (*fig*) plus haut placé(e) que ; **por ~ de todo** par-dessus tout ; **leer/mirar algo por ~** lire/regarder qch rapidement ; **¿llevas dinero ~?** as-tu de l'argent sur toi ? ; **se me vino ~** il est venu me voir à l'improviste ; **~ mío/nuestro** *etc* (*esp* CSur *fam*) au-dessus de moi/nous *etc*
encimera *nf* plan *m* de travail
encina *nf* chêne *m* vert
encinar *nm* chênaie *f*
encinta *adj f* enceinte
enclaustrar *vt* cloîtrer ; **enclaustrarse** *vpr* se cloîtrer
enclavado, -a *adj*: **~ en** situé(e) dans
enclave *nm* enclave *f*
enclenque *adj* malingre
encofrado *nm* (*Tec*) coffrage *m*
encoger *vt* (*ropa*) rétrécir ; (*piernas*) plier ; (*músculos*) contracter ; (*fig*) intimider ▸ *vi* rétrécir ; **encogerse** *vpr* rétrécir ; (*fig*) être intimidé(e) ; **encogerse de hombros** hausser les épaules
encoja *etc vb ver* **encoger**
encolar *vt* coller
encolerice *etc vb ver* **encolerizar**
encolerizar *vt* mettre en colère ; **encolerizarse** *vpr* se mettre en colère
encomendar *vt* confier ; **encomendarse** *vpr*: **encomendarse a** s'en remettre à
encomiable *adj* louable, digne d'éloges
encomiar *vt* faire l'éloge de
encomienda *vb ver* **encomendar** ▸ *nf* (Am) colis *m* ; **~ postal** colis postal
encomio *nm* éloge *m*
enconado, -a *adj* (*discusión*) enflammé(e), houleux(-euse) ; (*enfrentamiento*) acharné(e)
encono *nm* animosité *f*
encontradizo, -a *adj*: **hacerse el ~** feindre de rencontrer qn par hasard
encontrado, -a *adj* opposé(e)
encontrar *vt* trouver ; **~ a algn bien/cambiado** trouver qn bien/changé ; **encontrarse** *vpr* (*reunirse*) se retrouver ; (*estar*) se trouver ; (*sentirse*) se sentir ; (*entrar en conflicto*) s'opposer ; **encontrarse con algn/algo** tomber sur qn/qch ; **encontrarse bien (de salud)** aller bien
encontronazo *nm* rencontre *f* explosive ; (*fig*) altercation *f*
encorbatado, -a *adj* cravaté(e)
encorvado, -a *adj* courbé(e)
encorvar *vt* courber ; **encorvarse** *vpr* se plier
encrespado, -a *adj* (*pelo*) moutonné(e) ; (*mar*) moutonneux(-euse)
encrespar *vt* faire moutonner ; (*cabello*) friser ; **encresparse** *vpr* moutonner ; (*cabello*) friser
encrucijada *nf* croisement *m* ; **encontrarse o estar en una ~** (*fig*) ne plus savoir sur quel pied danser
encuadernación *nf* reliure *f* ; (*taller*) atelier *m* de relieur
encuadernar *vt* relier
encuadrar *vt* encadrer ; (*Foto*) cadrer
encuadre *nm* (*Foto*) cadrage *m*
encubierto *pp de* **encubrir**
encubrimiento *nm* (*Jur*) complicité *f*
encubrir *vt* cacher ; (*Jur*) couvrir
encuentro *vb ver* **encontrar** ▸ *nm* rencontre *f* ; (*Mil*) choc *m* ; (*discusión*) discussion *f* ; **ir/salir al ~ de algn** aller/sortir à la rencontre de qn
encuerado, -a (Am *fam*) *adj* à poil
encuesta *nf* sondage *m* ; (*investigación*) enquête *f* ; **~ de opinión** sondage d'opinion ; **~ judicial** enquête judiciaire
encuestado, -a *adj* interrogé(e), sondé(e) ▸ *nm/f*: **el 69 por 100 de los encuestados** 69 % des personnes interrogées
encuestar *vt* interroger
encumbrar *vt* élever ; **encumbrarse** *vpr* s'élever
encurtidos *nmpl petits légumes macérés dans du vinaigre*
ende *adv*: **por ~** (*formal*) en conséquence (*formal*), par conséquent
endeble *adj* faible
endémico, -a *adj* endémique
endemoniado, -a *adj* démoniaque ; (*fig: travieso*) infernal(e) ; (*: tiempo*) abominable ; (*sabor*) infect(e)
endenantes (Am *fam*) *adv* avant
enderece *etc vb ver* **enderezar**
enderezar *vt* (*tb fig*) redresser ; (*enmendar*) corriger ; **enderezarse** *vpr* se redresser
endeudamiento *nm* endettement *m*
endeudarse *vpr* s'endetter
endiablado, -a *adj* (*hum: genio, carácter*) espiègle ; (*: problema*) diabolique ; (*: tiempo*) abominable
endibia *nf* endive *f*
endilgar (*fam*) *vt*: **~ algo a algn** fourguer qch à qn ; **~ un sermón a algn** balancer un sermon à qn
endilgue *etc vb ver* **endilgar**
endiñar (*fam*) *vt* refiler
endiosado, -a *adj* prétentieux(-euse)
endocrino, -a *adj* endocrinien(-enne)
endogamia *nf* endogamie *f*
endomingarse *vpr* s'endimancher
endomingue *etc vb ver* **endomingarse**
endorfina *nf* endorphine *f*
endosar *vt* endosser ; **~ algo a algn** (*fam*) refiler qch à qn
endrina *nf* prunelle *f*
endulce *etc vb ver* **endulzar**
endulzar *vt* (*café*) sucrer ; (*salsa, fig*) adoucir ; **endulzarse** *vpr* (*ver vt*) sucrer ; adoucir, s'adoucir

endurecer *vt* (*material, ley*) durcir ; (*persona*) endurcir ; **endurecerse** *vpr* (*material, ley*) se durcir ; (*persona*) s'endurcir
endurecimiento *nm* (*de material. ley*) durcissement *m* ; (*de persona*) endurcissement *m*
endurezca *etc vb ver* **endurecer**
ene. *abr* = **enero**
enebro *nm* genévrier *m*
eneldo *nm* aneth *m*
enema *nm* lavement *m*
enemigo, -a *adj, nm/f* ennemi(e) ; **ser ~ de** être l'ennemi(e) de
enemistad *nf* inimitié *f*
enemistar *vt* brouiller ; **enemistarse** *vpr*: **enemistarse (con)** se fâcher (avec)
energético, -a *adj* énergétique
energía *nf* énergie *f* ; **~ atómica/nuclear/solar** énergie atomique/nucléaire/solaire
enérgico, -a *adj* énergique
energúmeno, -a *nm/f* énergumène *mf* ; **ponerse como un ~ con algo** se mettre dans une colère noire pour qch
enero *nm* janvier *m* ; *ver tb* **julio**
enervar *vt* énerver
enésimo, -a *adj* énième ; **por enésima vez** (*fig*) pour la énième fois
enfadado, -a *adj* en colère, fâché(e)
enfadar *vt* fâcher ; **enfadarse** *vpr* se fâcher
enfado *nm* colère *f*
énfasis *nm inv* emphase *f* ; **con ~** avec emphase ; **poner ~ en** mettre l'accent sur
enfático, -a *adj* emphatique
enfatizar *vt* souligner
enfermar *vt* rendre malade ; **su actitud me enferma** (*fam*) son attitude me rend malade ▸ *vi* tomber malade ; **~ del corazón** souffrir d'une maladie de cœur ; **enfermarse** *vpr* (*esp* AM) tomber malade
enfermedad *nf* maladie *f*
enfermería *nf* infirmerie *f*
enfermero, -a *nm/f* infirmier(-ière) ; **~ jefe** infirmier(-ière) en chef
enfermizo, -a *adj* maladif(-ive)
enfermo, -a *adj* malade ; **caer** *o* **ponerse ~** tomber malade ; **¡me pone ~!** (*fam*) il/ça me rend malade ! ▸ *nm/f* malade *mf* ; (*en hospital*) patient(e) ; **~ del corazón/hígado** malade du cœur/foie
enfervorizar *vt* enthousiasmer
enfilar *vi*: **~ hacia** *o* **por** se diriger vers
enfisema *nm* emphysème *m*
enflaquecer *vt* amaigrir ▸ *vi* maigrir ; (*fuerzas, ánimo*) faiblir
enflaquezca *etc vb ver* **enflaquecer**
enfocar *vt* (*luz, foco*) diriger ; (*persona, objeto*) diriger le projecteur sur ; (*Foto*) faire la mise au point sur ; (*fig: problema*) envisager
enfoque *vb ver* **enfocar** ▸ *nm* (*Foto*) mise *f* au point ; (*fig*) point *m* de vue
enfrascado, -a *adj*: **estar ~ en algo** être absorbé(e) dans qch
enfrascarse *vpr*: **~ en la lectura** s'absorber dans sa lecture
enfrasque *etc vb ver* **enfrascarse**
enfrentamiento *nm* affrontement *m*
enfrentar *vt* (*peligro*) affronter ; (*contendientes*) confronter ; **enfrentarse** *vpr* s'affronter ; (*dos equipos*) se rencontrer ; **enfrentarse a** *o* **con** (*problema*) se trouver face à ; (*enemigo*) faire face à
enfrente *adv* en face ; **~ de** devant ; **la casa de ~** la maison d'en face ; **~ mío/nuestro** *etc* (*esp* CSUR *fam*) devant moi/nous *etc*
enfriamiento *nm* refroidissement *m*
enfriar *vt* (*algo caliente, amistad*) refroidir ; (*habitación*) rafraîchir ; **enfriarse** *vpr* se refroidir ; (*habitación*) se rafraîchir ; (*Med*) prendre froid
enfundar *vt* rengainer
enfurecer *vt* rendre furieux(-euse) ; **enfurecerse** *vpr* devenir furieux(-euse) ; (*mar*) se déchaîner
enfurezca *etc vb ver* **enfurecer**
engalanar *vt* (*persona*) pomponner ; (*ciudad, calle*) décorer ; **engalanarse** *vpr* se pomponner
enganchar *vt* (*vagones*) accrocher ; (*caballos*) atteler ; (*teléfono, electricidad*) mettre ; (*fam: persona*) mettre le grappin sur ; (*pez*) ferrer ; (*Taur*) encorner ; **engancharse** *vpr* (*Mil*) s'engager ; **engancharse (en)** (*ropa*) s'accrocher (à) ; **engancharse (a)** (*fam: drogas*) devenir accro (à) ; **se le enganchó la falda en el clavo** elle a accroché sa jupe au clou
enganche *nm* (*Tec*) crochet *m* ; (*Ferro*) accrochage *m* ; (*Mil*) recrutement *m* ; (MÉX *Com*) dépôt *m*
enganchón *nm* accroc *m*
engañar *vt* tromper ; (*estafar*) escroquer ; **~ el hambre** tromper la faim ▸ *vi* tromper ; **las apariencias engañan** les apparences sont trompeuses ; **engañarse** *vpr* se tromper
engañifa (*fam*) *nf* arnaque *f*, marché *m* de dupe
engaño *nm* (*mentira*) mensonge *m* ; (*estafa*) escroquerie *f* ; **estar en** *o* **padecer un ~** être trompé(e) ; **inducir** *o* **llevar a ~** prêter à confusion
engañoso, -a *adj* trompeur(-euse)
engarce *vb ver* **engarzar** ▸ *nm* sertissure *f*
engarzar *vt* (*joya*) sertir ; (*cuentas*) enfiler ; (*fig*) associer
engaste *nm* = **engarce**
engatusar (*fam*) *vt* enjôler
engendrar *vt* (*tb fig*) engendrer
engendro (*pey*) *nm* monstre *m* ; (*novela, cuadro etc*) monstruosité *f*
englobar *vt* englober
engolado, -a *adj* affecté(e)
engomar *vt* engommer

e

engordar *vt* grossir ; *(animales)* engraisser ▸ *vi* grossir ; **los dulces engordan** les sucreries, ça fait grossir ; **~ un kilo** prendre un kilo
engorde *nm (de animales)* engraissement *m*
engorro *(fam) nm* ennui *m*
engorroso, -a *adj* empoisonnant(e)
engranaje *nm* engrenage *m*
engrandecer *vt (hacer más grande)* agrandir ; *(ennoblecer)* ennoblir
engrandezca *etc vb ver* **engrandecer**
engrasar *vt* graisser
engrase *nm* graissage *m*
engreído, -a *adj* suffisant(e)
engreimiento *nm* orgueil *m*, suffisance *f*
engreírse *vpr* s'enorgueillir
engrosar *vt (manuscrito)* grossir ; *(muro)* épaissir ; *(capital, filas)* augmenter ▸ *vi* grossir
engrudo *nm* colle *f*
engruese *etc vb ver* **engrosar**
engullir *vt* engloutir
enharinar *vt* recouvrir de farine
enhebrar *vt* enfiler
enhiesto, -a *adj* droit(e)
enhorabuena *nf*: **dar la ~ a algn** féliciter qn ; **¡~!** félicitations !
enigma *nm* énigme *f*
enigmático, -a *adj* énigmatique
enjabonar *vt* savonner ; **enjabonarse** *vpr* se savonner ; **enjabonarse la barba/las manos** se savonner la barbe/les mains
enjambre *nm* essaim *m* ; *(fig)* meute *f*
enjaular *vt* mettre en cage ; *(fam: persona)* mettre en taule
enjoyado, -a *adj* couvert(e) de bijoux
enjuagar *vt* rincer ; **enjuagarse** *vpr* se rincer
enjuague *vb ver* **enjuagar** ▸ *nm* rinçage *m* ; *(fig)* magouille *f*
enjugar *vt* essuyer, sécher ; *(lágrimas)* sécher ; **enjugarse** *vpr*: **enjugarse el sudor** s'éponger ; **enjugarse las lágrimas** sécher ses larmes
enjugue *etc vb ver* **enjugar**
enjuiciamiento *(Jur) nm* procédure *f* ; **~ civil/criminal** procédure civile/pénale
enjuiciar *vt (Jur: persona)* juger ; *(causa)* instruire ; *(opinar)* juger
enjundia *nf (de novela, asunto)* cœur *m*
enjuto, -a *adj* décharné(e)
enlace *vb ver* **enlazar** ▸ *nm (relación)* lien *m* ; *(tb:* **enlace matrimonial***)* union *f* ; *(de trenes)* liaison *f* ; **~ de datos** enchaînement *m* des faits ; **~ policial** contact *m* ; **~ sindical** délégué(e) syndical(e) ; **~ telefónico** liaison téléphonique
enlatado, -a *adj (comida)* en conserve ; *(fam, pey: música)* (enregistré(e)) en conserve
enlazar *vt* attacher ; *(conceptos, organizaciones)* faire le lien entre ; *(Am)* prendre au lasso ▸ *vi*: **~ con** faire le lien avec
enlodar *vt* tacher de boue ; *(fama)* entacher
enloquecer *vt* rendre fou (folle) ; **me enloquece el chocolate** *(fig)* je raffole du chocolat ▸ *vi* devenir fou (folle) ; **~ de** *(fig)* devenir fou (folle) de
enloquezca *etc vb ver* **enloquecer**
enlosado *nm* pavé *m*
enlosar *vt* paver
enlucir *vt* plâtrer
enlutado, -a *adj* en deuil
enmarañar *vt* emmêler ; *(fig)* embrouiller ; **enmarañarse** *vpr* s'embrouiller
enmarcar *vt* encadrer ; *(fig)* constituer le cadre de
enmarque *etc vb ver* **enmarcar**
enmascarado, -a *adj* masqué(e) ▸ *nm/f* homme masqué (femme masquée)
enmascarar *vt* masquer ; **enmascararse** *vpr* se mettre un masque
enmendar *vt (escrito)* modifier ; *(constitución, ley)* amender ; *(comportamiento)* améliorer ; **enmendarse** *vpr (persona)* s'amender
enmicar *(Méx) vt (Tec)* plastifier
enmienda *vb ver* **enmendar** ▸ *nf* amendement *m* ; *(de carácter)* amélioration *f* ; **no tener ~** être incorrigible
enmohecerse *vpr (metal)* s'oxyder ; *(muro, plantas, alimentos)* moisir
enmohezca *etc vb ver* **enmohecerse**
enmudecer *vi* rester muet(te) ; *(perder el habla)* devenir muet(te)
enmudezca *etc vb ver* **enmudecer**
ennegrecer *vt* noircir ; **ennegrecerse** *vpr* noircir
ennegrezca *etc vb ver* **ennegrecer**
ennoblecer *vt* anoblir
ennoblezca *etc vb ver* **ennoblecer**
en.º *abr* = **enero**
enojadizo, -a *adj* soupe-au-lait *inv*
enojado, -a *(esp Am fam) adj* furax *adj inv*
enojar *vt* mettre en colère ; *(disgustar)* contrarier ; **enojarse** *vpr (ver vt)* se mettre en colère ; être contrarié(e)
enojo *nm* colère *f* ; *(disgusto)* contrariété *f*
enojoso, -a *adj* ennuyeux(-euse)
enólogo, -a *nm/f* œnologue *mf*
enorgullecer *vt* enorgueillir ; **enorgullecerse** *vpr* s'enorgueillir
enorgullezca *etc vb ver* **enorgullecer**
enorme *adj* énorme
enormemente *adv* énormément
enormidad *nf* énormité *f*
enquistarse *vpr (Med)* s'enkyster
enrabiar *vt* faire enrager ; **enrabiarse** *vpr* enrager
enraice *etc vb ver* **enraizar**
enraizar *vi (Bot)* prendre racine ; *(fig)* s'enraciner ; **enraizarse** *vpr* s'enraciner
enrarecido, -a *adj* raréfié(e)
enredadera *nf* plante *f* grimpante

enredar *vt* emmêler ; (*fig: asunto*) embrouiller ; **~ a algn en** (*fig: implicar*) mêler qn à ▸ *vi* (*molestar*) faire des bêtises ; (*trastear*) tripoter ; **enredarse** *vpr* s'emmêler ; (*fig*) s'embrouiller ; **enredarse en** se prendre dans ; (*fig*) se mêler à ; **enredarse con algn** (*fam*) s'amouracher de qn
enredo *nm* nœud *m* ; (*fig: lío*) pétrin *m* ; (*: amorío*) amourette *f*
enrejado *nm* grille *f* ; (*en jardín*) treillis *m*
enrevesado, -a *adj* embrouillé(e), confus(e)
enriquecer *vt* enrichir ▸ *vi* s'enrichir ; **enriquecerse** *vpr* s'enrichir
enriquezca *etc vb ver* **enriquecer**
enrojecer *vt, vi* rougir ; **enrojecerse** *vpr* rougir
enrojezca *etc vb ver* **enrojecer**
enrolar *vt* enrôler ; **enrolarse** *vpr* s'enrôler
enrollable *adj* enroulable ; **cinturón ~** ceinture *f* à enrouleur
enrollado, -a *adj* enroulé(e) ; (Esp *fam: simpático: persona, música*) sympa (*fam*), cool (*fam*) ; **estar ~ con algn** (Esp *fam*) sortir avec quelque'un ; **estar ~ con** *o* **en algo** (Esp *fam: estar enfrascado*) être en plein dans quelque chose ; **llevaba el periódico ~ bajo el brazo** il portait le journal enroulé sous le bras
enrollar *vt* enrouler ; **enrollarse** *vpr* (*fam: al hablar*) s'éterniser ; **enrollarse con algn** (Esp *fam*) sortir avec qn ; **enrollarse bien/mal** (Esp *fam*) être sympa/peu causant(e)
enroque *nm* (*Ajedrez*) roque *m*
enroscar *vt* (*tornillo, tuerca*) visser ; (*cable, cuerda*) lover ; **enroscarse** *vpr* (*serpiente*) se lover ; (*planta*) vriller
enrosque *etc vb ver* **enroscar**
ensaimada *nf pâtisserie en spirale, spécialité des îles Baléares*
ensalada *nf* salade *f* ; **~ mixta/rusa** salade mixte/russe
ensaladera *nf* saladier *m*
ensaladilla *nf* (*tb:* **ensaladilla rusa**) salade *f* russe
ensalce *etc vb ver* **ensalzar**
ensalmo *nm*: **como por ~** comme par enchantement
ensalzar *vt* encenser
ensamblador *nm* (*Inform*) assembleur *m*
ensambladura *nf* (*Tec: acoplamiento*) assemblage *m* ; (*: pieza*) joint *m*
ensamblaje *nm* assemblage *m* ; (*Tec*) joint *m*
ensamblar *vt* assembler
ensanchamiento *nm* élargissement *m*
ensanchar *vt* élargir ; **ensancharse** *vpr* s'élargir ; (*fig: persona*) se rengorger
ensanche *nm* élargissement *m* ; (*zona*) terrain *m* à lotir
ensangrentado, -a *adj* ensanglanté(e)
ensangrentar *vt* ensanglanter
ensangriente *etc vb ver* **ensangrentar**
ensañamiento *nm* acharnement *m*
ensañarse *vpr*: **~ con** s'acharner sur *o* contre
ensartar *vt* enfiler ; **~ (con)** (*atravesar*) transpercer (de)
ensayar *vt* essayer ; (*Teatro, Mús*) répéter ▸ *vi* répéter
ensayista *nmf* essayiste *mf*
ensayo *nm* essai *m* ; (*Teatro, Mús*) répétition *f* ; (*Escol*) dissertation *f* ; **pedido de ~** (*Com*) commande *f* d'essai ; **~ general** répétition générale
enseguida *adv* tout de suite
ensenada *nf* crique *f*
enseña *nf* enseigne *f*
enseñanza *nf* enseignement *m* ; **~ primaria/ secundaria/superior** enseignement primaire/secondaire/supérieur
enseñar *vt* enseigner ; (*mostrar*) montrer ; (*señalar*) signaler ; **~ a algn a hacer** apprendre à qn à faire
enseres *nmpl* effets *mpl* ; (*útiles*) outils *mpl*
ENSIDESA (Esp) *sigla f* (*Com*) = **Empresa Nacional Siderúrgica, S.A.**
ensillar *vt* seller
ensimismarse *vpr* s'absorber ; (Am) se vanter ; **~ en** s'absorber dans
ensombrecer *vt* assombrir ; **ensombrecerse** *vpr* (*fig: rostro*) s'assombrir
ensoñación *nf* illusion *f*
ensopar (Am) *vt* absorber
ensordecedor, a *adj* assourdissant(e)
ensordecer *vt* assourdir ▸ *vi* devenir sourd(e)
ensordezca *etc vb ver* **ensordecer**
ensortijado, -a *adj* (*pelo*) bouclé(e)
ensuciar *vt* salir ; **ensuciarse** *vpr* se salir
ensueño *nm* rêve *m* ; (*fantasía*) illusion *f* ; **de ~** de rêve
entablado *nm* (*suelo*) plancher *m* ; (*armazón*) échafaudage *m*
entablar *vt* (*suelo, hueco*) planchéier ; (*Ajedrez, Damas*) disposer ; (*conversación, lucha*) engager ; (*pleito, negociaciones*) entamer
entablillar *vt* mettre une attelle à
entallado, -a *adj* déchiré(e)
entallar *vt* (*traje*) ajuster
entarimado *nm* plancher *m*
ente *nm* organisme *m* ; (*ser*) être *m* ; (*fam*) phénomène *m* ; **~ público** (Esp) télévision *f* espagnole
entelequia *nf* (*Filos*) entéléchie *f* ; (*plan irrealizable*) chimère *f*
entender *vt* comprendre ; **~ algo de** avoir quelques notions de ; **¿qué entiendes por ...?** qu'entends-tu par ... ? ; **dar a ~ que ...** donner à entendre que ... ▸ *vi* comprendre ; **~ de** s'y entendre en ; **¿entiendes?** tu comprends ? ▸ *nm*: **a mi ~** d'après moi ; **entenderse** *vpr* (*a sí mismo*) se comprendre ; (*dos personas*) s'entendre ; **entenderse bien/mal (con algn)** s'entendre bien/mal (avec qn) ; **yo ya me entiendo** (*fam*) je me comprends

e

entendido, -a *adj (experto)* compétent(e) ; *(informado)* informé(e) ▸ *nm/f* expert(e) ▸ *excl* (c'est) entendu !
entendimiento *nm* entente *f* ; *(inteligencia)* entendement *m*
entente *nf* entente *f*
enterado, -a *adj* informé(e) ; **estar ~ de** être au courant de ; **no darse por ~** jouer les ignorants
enteramente *adv* entièrement
enterarse *vpr*: **~ (de)** apprendre ; **no se entera de nada** *(fam: no se da cuenta)* il ne se rend compte de rien ; *(: no entiende)* il ne comprend rien ; **para que te enteres ...** *(fam)* je te ferais remarquer ...
entereza *nf* droiture *f* ; *(fortaleza)* courage *m* ; *(integridad)* intégrité *f* ; *(firmeza)* fermeté *f*
enterito (ARG) *nm* bleu *m* de travail
enternecedor, a *adj* attendrissant(e)
enternecer *vt* attendrir ; **enternecerse** *vpr* s'attendrir
enternezca *etc vb ver* **enternecer**
entero, -a *adj (íntegro: fig)* entier(-ière) ; *(no roto)* intact(e) ; **por ~** entièrement ▸ *nm (Mat)* entier *m* ; *(Com)* point *m* ; *(AM)* versement *m* ; *(ARG)* bleu *m* de travail ; **las acciones han subido dos enteros** les actions ont augmenté de deux points
enterrador *nm* fossoyeur *m*
enterramiento *nm* enterrement *m*
enterrar *vt* enterrer
entibiar *vt* tiédir ; **entibiarse** *vpr* tiédir
entidad *nf (empresa)* entreprise *f* ; *(organismo, Filos)* entité *f* ; *(sociedad)* société *f* ; **de menor/poca ~** de moindre importance/de peu d'importance
entienda *etc vb ver* **entender**
entierro *vb ver* **enterrar** ▸ *nm* enterrement *m*
entlo. *abr* = **entresuelo**; *(dans un bâtiment)* mezzanine *f*
entoldado *nm* pavillon *m*
entomología *nf* entomologie *f*
entomólogo, -a *nm/f* entomologiste *mf*
entonación *nf* intonation *f*
entonar *vt* entonner ; *(colores)* harmoniser ; *(Med)* fortifier ▸ *vi (al cantar)* donner le ton ; **~ con** *(colores)* se marier bien avec ; **entonarse** *vpr (Med)* se fortifier
entonces *adv* alors ; **desde ~** depuis ; **en aquel ~** en ce temps-là ; **(pues) ~** (et) alors ; **¡(pues) ~!** et alors !
entontecer *vt* abrutir ; **entontecerse** *vpr* s'abrutir
entornar *vt (puerta, ventana)* entrebâiller ; *(los ojos)* garder mi-clos
entorno *nm* environnement *m* ; **~ de redes** *(Inform)* environnement de réseaux
entorpecer *vt (tb fig)* gêner ; *(mente, persona)* abrutir
entorpezca *etc vb ver* **entorpecer**
entrada *nf* entrée *f* ; *(para espectáculo)* billet *m* ; *(de año, libro)* début *m* ; *(ingreso, Com)* recette *f* ; **de ~** d'entrée de jeu ; **« ~ gratis »** « entrée gratuite » ; **dar ~ a algn** admettre qn ; **~ de aire** *(Tec)* entrée d'air ; **entradas** *nfpl (Com)* recettes *fpl* ; **entradas brutas** recettes brutes ; **entradas y salidas** *(Com)* recettes et dépenses ; **tener entradas** avoir le front dégarni

> ⚠ **Entrada** ne se traduit pas toujours par *entrée*.

entrado, -a *adj*: **~ en años** d'un âge avancé ; **(una vez) ~ el verano** l'été venu
entramado *nm (Arq: estructura)* lattis *m*, lattage *m* ; *(: de puente)* treillis *m* ; *(red)* réseau *m*
entramparse *vpr* s'endetter
entrante *adj* prochain(e) ▸ *nm* encaissement *m* ; *(Culin)* entrée *f*
entrañable *adj (amigo)* cher(-ère) ; *(trato)* cordial(e)
entrañar *vt* renfermer
entrañas *nfpl* entrailles *fpl* ; **sin ~** *(fig)* sans merci
entrar *vt* rentrer ; *(Inform)* entrer ▸ *vi* entrer ; *(caber: anillo, zapato)* aller ; *(: tornillo, personas)* rentrer ; *(año, temporada)* commencer ; *(en profesión etc)* entrer ; *(en categoría, planes)* rentrer ; **le entraron ganas de reír** il eut envie de rire ; **me entró sueño/frío** j'ai eu sommeil/froid ; **~ en acción** entrer en action ; *(entrar en funcionamiento)* commencer à fonctionner ; **no me entra** je ne saisis pas ; **~ a** *(AM)* entrer dans
entre *prep (dos cosas)* entre ; *(más de dos cosas)* parmi ; **se abrieron paso ~ la multitud** ils se frayèrent un passage à travers la foule ; **~ otras cosas** entre autres ; **lo haremos ~ todos** nous le ferons tous ensemble ; **~ más estudia, más aprende** *(esp AM fam)* plus il étudie, plus il apprend
entreabierto *pp de* **entreabrir**
entreabrir *vt* entrouvrir
entreacto *nm* entracte *m*
entrecano, -a *adj* poivre et sel ; **ser ~** avoir les cheveux grisonnants
entrecejo *nm*: **fruncir el ~** froncer les sourcils
entrecerrar *vt (esp AM)* entrebâiller ; **entrecerrarse** *vpr* s'entrebâiller
entrecomillado, -a *adj* entre guillemets
entrecomillar *vt* mettre entre guillemets
entrecortado, -a *adj* entrecoupé(e)
entrecot *nm* entrecôte *f*
entrecruce *etc vb ver* **entrecruzarse**
entrecruzarse *vpr (caminos)* se croiser ; *(hilos)* s'entrecroiser
entredicho *nm (Jur)* interdiction *f* ; **poner/estar en ~** mettre/être mis en doute

entrega *nf* (*de mercancías*) livraison *f* ; (*de premios*) remise *f* ; (*de novela, serial*) épisode *m* ; (*dedicación*) ardeur *f* ; **« ~ a domicilio »** « livraison à domicile » ; **novela por entregas** roman-feuilleton *m*
entregar *vt* livrer ; (*dar*) remettre ; **a ~** (*Com*) à livrer ; **entregarse** *vpr* se livrer ; **entregarse a** (*al trabajo*) se consacrer à ; (*al vicio*) se livrer à
entregue *etc vb ver* **entregar**
entreguerras: **el período de ~** l'entre-deux-guerres
entrelace *etc vb ver* **entrelazar**
entrelazar *vt* entrelacer
entremedias *adv* (*en medio*) au milieu ; (*mientras tanto*) entre-temps
entremeses *nmpl* hors d'œuvre *m inv*
entremeter *vt* insérer ; **entremeterse** *vpr* = **entrometerse**
entremetido, -a *adj* = **entrometido**
entremezclar *vt* mélanger ; **entremezclarse** *vpr* se mélanger
entrenador, a *nm/f* entraîneur(-euse)
entrenamiento *nm* entraînement *m*
entrenar *vt* entraîner ▸ *vi* (*Deporte*) s'entraîner ; **entrenarse** *vpr* s'entraîner
entrepierna *nf* entrejambe *msg*
entresacar *vt* (*árboles*) déboiser ; (*pelo*) désépaissir ; (*frases, páginas*) sélectionner
entresaque *etc vb ver* **entresacar**
entresijos *nmpl* méandres *mpl*
entresuelo *nm* entresol *m*
entretanto *adv* entre-temps
entretecho (Chi, Col) *nm* grenier *m*
entretejer *vt* entrelacer
entretela *nf* renfort *m*
entretención (Am) *nf* distraction *f*
entretendré *etc vb ver* **entretener**
entretener *vt* amuser ; (*retrasar*) retenir ; (*distraer*) distraire ; (*fig*) entretenir ; **no le entretengo más** je ne vous retiendrai pas plus longtemps ; **entretenerse** *vpr* s'amuser ; (*retrasarse*) s'attarder ; (*distraerse*) se distraire

> ⚠ **Entretener** ne se traduit généralement pas par *entretenir*.

entretenga *etc vb ver* **entretener**
entretenido, -a *adj* amusant(e) ; (*tarea*) prenant(e)
entretenimiento *nm* distraction *f*
entretiempo *nm*: **de ~** (*ropa*) demi-saison
entretiene *etc*, **entretuve** *etc vb ver* **entretener**
entreveía *etc vb ver* **entrever**
entrever *vt* entrevoir
entreverarse (CSur) *vpr*: **~ en algo** se mêler à qch
entrevero (CSur) *nm* enchevêtrement *m*
entrevista *nf* (*para periódico, TV*) interview *f* ; (*de trabajo*) entretien *m*
entrevistado, -a *nm/f* personne *f* interviewée ; (*para un sondeo*) personne *f* interrogée
entrevistador, a *nm/f* intervieweur(-euse), interviewer *m*
entrevistar *vt* (*para periódico, TV*) interviewer ; (*para un trabajo*) faire passer un entretien à ; **entrevistarse** *vpr*: **entrevistarse (con)** avoir un entretien (avec)
entrevisto *pp de* **entrever**
entristecer *vt* attrister ; **entristecerse** *vpr* s'attrister
entristezca *etc vb ver* **entristecer**
entrometerse *vpr*: **~ (en)** se mêler de
entrometido, -a *adj, nm/f* indiscret(-ète)
entroncar *vi*: **~ (con)** coïncider (avec)
entronque *etc vb ver* **entroncar**
entumecer *vt* engourdir ; **entumecerse** *vpr* s'engourdir
entumecido, -a *adj* engourdi(e)
entumezca *etc vb ver* **entumecer**
enturbiar *vt* (*agua*) troubler ; (*alegría*) gâter ; **enturbiarse** *vpr* se troubler
entusiasmado, -a *adj* enthousiasmé(e) ; **el público recibió ~ a los campeones** le public a reçu avec enthousiasme les champions
entusiasmar *vt* enthousiasmer ; **entusiasmarse** *vpr*: **entusiasmarse (con** *o* **por)** s'enthousiasmer (pour)
entusiasmo *nm*: **~ (por)** enthousiasme *m* (pour) ; **con ~** avec enthousiasme
entusiasta *adj, nmf* enthousiaste *mf* ; **~ de** passionné(e) de
enumeración *nf* énumération *f*
enumerar *vt* énumérer
enunciación *nf* énonciation *f*
enunciado *nm* énoncé *m*
enunciar *vt* énoncer
envainar *vt* rengainer
envalentonar (*pey*) *vt* stimuler ; **envalentonarse** *vpr* s'enhardir
envanecer *vt* enorgueillir ; **envanecerse** *vpr*: **envanecerse de hacer/de haber hecho** se vanter de faire/d'avoir fait
envanezca *etc vb ver* **envanecer**
envasado *nm* conditionnement *m*
envasar *vt* conditionner ; **envasado al vacío** conditionné sous vide
envase *nm* (*recipiente, envoltorio*) emballage *m* ; (*acción*) conditionnement *m*
envejecer *vt, vi* vieillir
envejecido, -a *adj* vieilli(e)
envejecimiento *nm* vieillissement *m*
envejezca *etc vb ver* **envejecer**
envenenamiento *nm* empoisonnement *m*
envenenar *vt* empoisonner ; (*fig: relaciones*) envenimer
envergadura *nf* envergure *f* ; **de gran ~** de grande envergure
envés *nm* envers *m*

enviado, -a *nm/f* (*Pol*) envoyé(e) ; **~ especial** envoyé(e) spécial(e)
enviar *vt* envoyer ; **~ a algn a hacer** envoyer qn faire ; **~ un SMS a algn** envoyer un SMS à qn
enviciar *vt* corrompre ; **enviciarse** *vpr*: **enviciarse (con)** devenir accro (à)
envidia *nf* envie *f* ; (*celos*) jalousie *f* ; **tiene ~ de nuestro coche** il est jaloux de notre voiture
envidiable *adj* enviable
envidiar *vt* envier ; (*tener celos de*) jalouser
envidioso, -a *adj* envieux(-euse)
envilecer *vt* avilir ; **envilecerse** *vpr* s'avilir
envío *nm* envoi *m* ; (*en barco*) expédition *f* ; **gastos de ~** frais *mpl* d'envoi ; **~ contra reembolso** envoi contre remboursement
envite *nm* (*Naipes*) mise *f*
enviudar *vi* devenir veuf (veuve)
envoltorio *nm* emballage *m*
envoltura *nf* enveloppe *f*
envolver *vt* envelopper ; (*enemigo*) encercler ; **~ a algn en** (*implicar*) impliquer qn dans ; **envolverse** *vpr*: **envolverse en** s'envelopper dans
envuelto *etc*, **envuelva** *etc vb ver* **envolver**
enyesar *vt* plâtrer
enzarzarse *vpr*: **~ en** se mêler à
enzima *nf* enzyme *m o f*
eólico, -a *adj* éolien(-enne) ; **energía eólica** énergie *f* éolienne
epa (*AM fam*) *excl* (*¡oiga!*) écoute !
épale (*AM fam*) *excl* (*¡oiga!*) écoute donc !
epatar *vt* épater
E.P.D. *abr* (= *en paz descanse*) qu'il (elle) repose en paix
épica *nf* poésie *f* épique
epicentro *nm* épicentre *m*
épico, -a *adj* épique
epicúreo, -a *adj, nm/f* épicurien(-enne)
epidemia *nf* épidémie *f*
epidémico, -a *adj* épidémique
epidérmico, -a *adj* épidermique
epidermis *nf inv* épiderme *m*
epidural (*Med*) *adj* péridural(e), épidural(e) ▸ *nf* péridurale *f*, épidurale *f*
Epifanía *nf* (*Rel*) Épiphanie *f*
epifanía *nf* (*manifestación*) épiphanie *f*
epígrafe *nm* épigraphe *f*
epilepsia *nf* épilepsie *f*
epiléptico, -a *nm/f* épileptique *mf*
epílogo *nm* épilogue *m*
episcopado *nm* épiscopat *m*
episcopal *adj* épiscopal(e) ; **sede ~** siège *m* épiscopal
episódico, -a *adj* épisodique
episodio *nm* épisode *m*
epistemología *nf* épistémologie *f*
epístola *nf* lettre *f*
epitafio *nm* épitaphe *f*
epíteto *nm* épithète *f*
epítome *nm* abrégé *m*
época *nf* époque *f* ; **de ~** d'époque ; **hacer ~** faire époque
epopeya *nf* épopée *f* ; **ser una ~** (*fam*) être épique
equidad *nf* équité *f*
equidistante *adj* équidistant(e)
equilibrado, -a *adj* équilibré(e)
equilibrar *vt* équilibrer
equilibrio *nm* équilibre *m* ; **mantener/perder el ~** garder/perdre l'équilibre
equilibrista *nmf* équilibriste *mf*
equino, -a *adj* (*ganadería*) de chevaux ; (*raza*) équin(e)
equinoccio *nm* équinoxe *m*
equipaje *nm* bagages *mpl* ; **hacer el ~** faire ses bagages ; **~ de mano** bagages à main
equipal (*MÉX*) *nm* (*silla: de mimbre*) chaise *f* ; (*: de cuero*) fauteuil *m*
equipamiento *nm* équipement *m*
equipar *vt*: **~ (con** *o* **de)** équiper (de)
equiparable *adj* comparable
equiparación *nf* égalité *f*, égalisation *f*
equiparar *vt*: **~ algo a** *o* **con** mettre qch sur un pied d'égalité avec, aligner qch sur ; **~ a algn a** *o* **con** mettre qn sur un pied d'égalité avec ; **equipararse** *vpr*: **equipararse con** s'apparenter à
equipo *nm* (*grupo, Deporte*) équipe *f* ; (*instrumentos*) matériel *m*, équipement *m* ; **trabajo en ~** travail *m* d'équipe ; **~ de alta fidelidad** chaîne *f* haute fidélité ; **~ de música** chaîne *f* stéréo ; **~ de rescate** équipe de sauvetage
equis *nf* (*letra*) X, x *m inv* ; (*fam: cantidad indeterminada*) x *m*
equitación *nf* équitation *f*
equitativo, -a *adj* équitable
equivaldré *etc vb ver* **equivaler**
equivalencia *nf* équivalence *f*
equivalente *adj* équivalent(e) ▸ *nm* équivalent *m*
equivaler *vi*: **~ a (hacer)** équivaloir à (faire)
equivalga *etc vb ver* **equivaler**
equivocación *nf* erreur *f*
equivocado, -a *adj* (*decisión, camino*) mauvais(e) ; **estás (muy) ~** tu te trompes (sur toute la ligne)
equivocarse *vpr* se tromper ; **~ de camino/número** se tromper de chemin/numéro
equívoco, -a *adj* équivoque ▸ *nm* (*ambigüedad*) ambiguïté *f* ; (*malentendido*) quiproquo *m*
equivoque *etc vb ver* **equivocarse**
era *vb ver* **ser** ▸ *nf* ère *f* ; (*Agr*) aire *f*
erais *vb ver* **ser**
éramos *vb ver* **ser**
eran *vb ver* **ser**
erario *nm* Trésor *m*
eras *vb ver* **ser**

ERE *nm abr* (= *Expediente de Regulación de Empleo*) *procédure selon laquelle une entreprise sollicite l'autorisation de licencier plusieurs de ses employés*, ≈ licenciement *m* collectif
erección *nf* érection *f*
erecto, -a *adj* dressé(e) ; (*pene*) en érection
eres *vb ver* **ser**
ergonomía *nf* ergonomie *f*
ergonómico, -a *adj* ergonomique
erguir *vt* (*alzar*) lever ; (*poner derecho*) redresser ; **erguirse** *vpr* se redresser
erial *adj* en friche ▸ *nm* terrain *m* en friche
erice *etc vb ver* **erizarse**
erigir *vt* ériger ; **erigirse** *vpr*: **erigirse en** s'ériger en
erija *etc vb ver* **erigir**
erizado, -a *adj* hérissé(e)
erizarse *vpr* se hérisser
erizo *nm* hérisson *m* ; (*tb*: **erizo de mar**) oursin *m*
ermita *nf* ermitage *m*
ermitaño, -a *nm/f* ermite *mf*
erosión *nf* érosion *f*
erosionar *vt* éroder
erótico, -a *adj* érotique
erotismo *nm* érotisme *m*
erradicación *nf* éradication *f*
erradicar *vt* éradiquer
erradique *etc vb ver* **erradicar**
errado, -a *adj* dans l'erreur
errante *adj* errant(e)
errar *vi* errer ; (*equivocarse*) se tromper ▸ *vt*: **~ el camino** s'égarer ; **~ el tiro** manquer son coup
errata *nf* errata *m inv*
errático, -a *adj* erratique
erre *nf* (*letra*) r *m inv* ; **~ que ~** coûte que coûte
erróneo, -a *adj* erroné(e)
error *nm* erreur *f* ; **estar en un ~** être dans l'erreur ; **~ de escritura/de lectura** (*Inform*) erreur d'écriture/de lecture ; **~ de imprenta** faute *f* d'impression ; **~ judicial** erreur judiciaire
ertzaina [er'tʃaina] *nmf* membre *m* de la police autonome basque
Ertzaintza [er'tʃaintʃa] *nf police autonome basque*
eructar *vi* roter
eructo *nm* rot *m*
erudición *nf* érudition *f*
erudito, -a *adj*, *nm/f* érudit(e) ; **los eruditos en esta materia** les experts en la matière
erupción *nf* éruption *f* ; (*de violencia*) explosion *f*
es *vb ver* **ser**
E/S *abr* (*Inform*: = *entrada/salida*) E/S (= *entrée/sortie*)
ESA *sigla f* (= *Agencia Espacial Europea*) ASE *f* (= *Agence spatiale européenne*)
esa *adj demos ver* **ese²**
ésa *pron ver* **ése**
esas *adj demos ver* **ese²**
ésas *pron ver* **ése**
esbelto, -a *adj* svelte
esbirro *nm* sbire *m*
esbozar *vt* ébaucher
esbozo *nm* ébauche *f*
escabeche *nm* escabèche *f* ; **en ~** à l'escabèche
escabechina *nf* (*en batalla*) massacre *m* ; **fue una ~** (*Escol*) ça a été l'hécatombe
escabroso, -a *adj* (*accidentado*) accidenté(e) ; (*fig*: *complicado*) épineux(-euse) ; (: *atrevido*) scabreux(-euse)
escabullirse *vpr* s'esquiver ; (*de entre los dedos*) filer
escacharrar (*fam*) *vt* détraquer ; **escacharrarse** *vpr* se détraquer
escafandra *nf* (*tb*: **escafandra autónoma**) scaphandre *m* (autonome) ; **~ espacial** scaphandre spatial
escala *nf* échelle *f* ; (*tb*: **escala de cuerda**) échelle de corde ; (*Aviat*, *Náut*) escale *f* ; **a gran/pequeña ~** à grande/petite échelle ; **una investigación a ~ nacional** une enquête à l'échelon national ; **reproducir a ~** reproduire à l'échelle ; **hacer ~ en** faire escale à ; **~ móvil** échelle mobile ; **~ salarial** échelle des salaires
escalada *nf* escalade *f*
escalador, a *nm/f* (*Deporte*: *en alpinismo*) alpiniste *mf* ; (: *en ciclismo*) grimpeur(-euse)
escalafón *nm* (*en empresa*) échelle *f* des salaires ; (*en organismo público*) échelons *mpl* de solde ; **subir en el ~** monter en grade
escalar *vt* escalader ; (*fig*) monter ▸ *vi* faire de l'escalade ; (*fig*) monter en grade
escaldar *vt* ébouillanter ; **salir escaldado** (*fig*) se faire échauder ; **escaldarse** *vpr* s'ébouillanter
escalera *nf* escalier *m* ; (*tb*: **escalera de mano**) échelle *f* ; (*Naipes*) suite *f* ; **~ de caracol/de incendios** escalier en colimaçon/de secours ; **~ de tijera** escabeau *m* ; **~ mecánica** escalier roulant
escalerilla *nf* passerelle *f*
escalfar *vt* pocher
escalinata *nf* perron *m*
escalofriante *adj* terrifiant(e)
escalofrío *nm* frisson *m* ; **escalofríos** *nmpl*: **dar** *o* **producir escalofríos a algn** (*fig*) donner des frissons à qn
escalón *nm* marche *f* ; (*de escalera de mano*, *fig*) échelon *m*
escalonar *vt* échelonner ; (*tierra*) terrasser
escalope *nm* escalope *f*
escalopín *nm petite escalope panée servie avec une sauce*
escalpelo *nm* scalpel *m*
escama *nf* écaille *f* ; (*de jabón*) paillette *f*

e

escamado, -a *adj* (*piel*) desquamé(e) ; (*receloso*) soupçonneux(-euse)
escamar *vt* (*pez*) écailler ; (*producir recelo*) rendre soupçonneux(-euse)
escamotear *vt* (*sueldo*) subtiliser ; (*verdad*) escamoter
escampar *vb impers* cesser de pleuvoir
escanciar *vt* verser à boire
escandalice *etc vb ver* **escandalizar**
escandalizar *vt* scandaliser ; **escandalizarse** *vpr* se scandaliser
escándalo *nm* scandale *m* ; **armar un ~** faire un scandale ; **¡es un ~!** c'est un scandale !
escandaloso, -a *adj* scandaleux(-euse) ; (*niño*) très bruyant(e)
Escandinavia *nf* Scandinavie *f*
escandinavo, -a *adj* scandinave ▸ *nm/f* Scandinave *mf*
escanear *vt* scanner
escaneo *nm* scannage *m*
escáner *nm* (*aparato*) scanner *m* ; (*imagen*) (examen *m* au) scanner
escaño *nm* siège *m*
escapada *nf* escapade *f* ; (*Deporte*) échappée *f* ; **en una ~** le temps d'une escapade
escapar *vi*: **~ (de)** (*de encierro*) s'échapper (de) ; (*de peligro*) échapper à ; (*Deporte*) faire une échappée ; **dejar ~ una oportunidad** laisser échapper une occasion ; **escaparse** *vpr*: **escaparse (de)** s'échapper (de) ; (*agua, gas*) fuir (de) ; **se le escapó el secreto** il a vendu la mèche ; **se le escapó la risa** un rire lui a échappé ; **no se le escapa un detalle** pas un détail ne lui échappe
escaparate *nm* vitrine *f*
escaparatista *nmf* étalagiste *mf*
escapatoria *nf*: **no tener ~** (*fig*) n'avoir aucune échappatoire
escape *nm* (*de agua, gas*) fuite *f* ; (*tb*: **tubo de escape**) pot *m* d'échappement ; **salir a ~** sortir à toute vitesse ; **tecla de ~** touche *f* d'échappement
escapismo *nm* évasion *f*
escaquearse (*fam*) *vpr* se tirer d'affaire, faire faux bond
escarabajo *nm* scarabée *m*
escaramuza *nf* escarmouche *f*
escarbar *vt* gratter ▸ *vi* fouiller ; **~ en** (*en asunto*) démêler ; **escarbarse** *vpr*: **escarbarse los dientes** se curer les dents
escarceo *nm*, **escarceos** *nmpl* (*tentativa*) incursion *f* ; **en mis escarceos con la política** lorsque j'ai fait mes premières armes en politique ; **escarceos amorosos** aventures *fpl* amoureuses
escarcha *nf* givre *m*
escarchado, -a *adj* couvert(e) de givre
escardar *vt* désherber
escarlata *adj* écarlate
escarlatina *nf* scarlatine *f*
escarmentar *vt* punir ▸ *vi* comprendre la leçon ; **¡para que escarmientes!** ça t'apprendra !
escarmiento *vb ver* **escarmentar** ▸ *nm* punition *f* ; (*aviso*) leçon *f*
escarnio *nm* raillerie *f* ; (*insulto*) quolibet *m*
escarola *nf* frisée *f*
escarpado, -a *adj* escarpé(e)
escarpia *nf* clou *m* à crochet
escasamente *adv* chichement ; (*apenas*) à peine
escasear *vi* manquer
escasez *nf* (*falta*) pénurie *f* ; (*pobreza*) misère *f* ; **vivir con ~** vivre pauvrement
escaso, -a *adj* faible ; (*posibilidades*) compté(e) ; (*recursos*) insuffisant(e) ; (*público*) peu nombreux(-euse) ; **estar ~ de algo** être à court de qch ; **duró una hora escasa** cela a duré une heure à peine
escatimar *vt* (*sueldo, tela*) lésiner sur ; (*elogios, esfuerzos*) ménager ; **no ~ esfuerzos (para)** ne pas ménager ses efforts (pour)
escatológico, -a *adj* scatologique
escayola *nf* plâtre *m*
escayolar *vt* plâtrer
escena *nf* scène *f* ; **poner en ~** mettre en scène ; **hacer una ~** (*fam*) faire une scène
escenario *nm* scène *f* ; **el ~ del crimen** les lieux *mpl* du crime
escénico, -a *adj* scénique
escenificar *vt* mettre en scène
escenografía *nf* scénographie *f*
escenógrafo, -a *nm/f* scénographe *mf*, metteur(-euse) en scène
escepticismo *nm* scepticisme *m*
escéptico, -a *adj, nm/f* sceptique *mf*
escindir *vt* scinder ; **escindirse** *vpr* se scinder ; **escindirse en** se scinder en
escisión *nf* (*Bio*) excision *f* ; (*de partido*) scission *f* ; **~ nuclear** fission *f* nucléaire
esclarecer *vt* éclaircir
esclarecimiento *nm* éclaircissement *m*
esclarezca *etc vb ver* **esclarecer**
esclavice *etc vb ver* **esclavizar**
esclavitud *nf* esclavage *m*
esclavizar *vt* asservir
esclavo, -a *adj, nm/f* esclave *mf*
esclerosis *nf* sclérose *f* ; **~ múltiple** sclérose multiple
esclusa *nf* écluse *f*
escoba *nf* balai *m* ; **pasar la ~** passer le balai
escobazo *nm* coup *m* de balai ; **echar a algn a escobazos** chasser qn à coups de balai
escobilla *nf* (*del wáter*) balayette *f* ; (*esp* AM) brosse *f*
escocer *vi* brûler ; **me escuece mucho la herida** la blessure me brûle ; **escocerse** *vpr* s'irriter
escocés, -esa *adj* écossais(e) ; **falda escocesa** kilt *m* ; **tela escocesa** tissu *m* écossais ▸ *nm/f* Écossais(e)

Escocia *nf* Écosse *f*
escoger *vt* choisir
escogido, -a *adj* choisi(e)
escoja *etc vb ver* **escoger**
escolar *adj* scolaire ▸ *nmf* écolier(-ière)
escolaridad *nf*: **libro de ~** livret *m* scolaire
escolarización *nf*: **~ obligatoria** scolarité *f* obligatoire
escolarizar *vt* scolariser ; **niños sin ~** enfants *mpl* non scolarisés
escollo *nm* (*tb fig*) écueil *m*
escolta *nf* escorte *f*
escoltar *vt* escorter
escombrera *nf* (*vertedero*) dépotoir *m* ; (*Minería*) terril *m*
escombros *nmpl* décombres *mpl*
esconder *vt* cacher ; **esconderse** *vpr* se cacher
escondidas *nfpl* (*AM*) cache-cache *m inv* ; **a ~** en cachette ; **hacer algo a ~ de algn** faire qch en cachette de qn
escondite *nm* cachette *f* ; (*juego*) cache-cache *m inv*
escondrijo *nm* cachette *f*
escopeta *nf* fusil *m* ; **~ de aire comprimido** fusil à air comprimé
escoplo *nm* ciseau *m* à bois
escorar *vi* donner de la bande
escorbuto *nm* scorbut *m*
escoria *nf* (*mineral*) scorie *f* ; (*fig*) lie *f*
Escorpio *nm* (*Astrol*) Scorpion *m* ; **ser ~** être Scorpion
escorpión *nm* scorpion *m*
escorzo *nm*: **en ~** (*Arte*) en perspective
escotado, -a *adj* décolleté(e) ; **ir muy ~** porter des vêtements très décolletés
escotar *vt* (*Costura*) décolleter ▸ *vi* payer son écot
escote *nm* décolleté *m* ; **pagar a ~** payer son écot
escotilla *nf* (*Náut*) écoutille *f*
escotillón *nm* trappe *f*
escozor *nm* brûlure *f*
escrache *nm manifestation citoyenne devant le domicile ou le lieu de travail d'un personnage public*
escribano, -a *nm/f* greffier(-ière)
escribible *adj* (CD/DVD) gravable
escribir *vt, vi* écrire ; **~ a máquina** taper à la machine ; **escribirse** *vpr* s'écrire ; **¿cómo se escribe?** comment ça s'écrit ?
escrito, -a *pp de* **escribir** ▸ *adj* écrit(e) ; **por ~** par écrit ▸ *nm* (*documento*) écrit *m* ; (*manifiesto*) manifeste *m*
escritor, a *nm/f* écrivain(e)
escritorio *nm* (*mueble, oficina*) bureau *m*
escritura *nf* écriture *f* ; (*Jur*) acte *m* ; **Sagrada(s) E~(s)** les (Saintes) Écritures, l'Écriture (Sainte), les Écritures *fpl* (Saintes) ; **~ de propiedad** titre *m* de propriété
escriturar *vt* (*Jur*) passer un acte *ou* un contrat par-devant notaire ; **hemos escriturado la propiedad a mi nombre** nous avons mis la propriété à mon nom
escroto *nm* scrotum *m*
escrúpulo *nm*: **me da ~ (hacer)** j'ai des scrupules (à faire) ; **escrúpulos** *nmpl* (*dudas*) scrupules *mpl*
escrupuloso, -a *adj* scrupuleux(-euse) ; (*aprensivo*) délicat(e)
escrutar *vt* scruter ; (*votos*) dépouiller
escrutinio *nm* examen *m* attentif ; (*de votos*) scrutin *m*
escuadra *nf* équerre *f* ; (*Mil*) escouade *f* ; (*Náut*) escadre *f*
escuadrilla *nf* escadrille *f*
escuadrón *nm* escadron *m*
escuálido, -a *adj* efflanqué(e)
escucha *nf*: **estar a la ~ (de)** être à l'écoute (de) ; **escuchas telefónicas** écoutes *fpl* téléphoniques ▸ *nmf* (*Telec, Radio*) *personne chargée des écoutes radio et téléphoniques*
escuchar *vt* écouter ; (*esp AM: oír*) entendre ▸ *vi* écouter ; **escucharse** *vpr* (*AM Telec*): **escucharse muy mal** entendre très mal
escudarse *vpr*: **~ en** se réfugier derrière
escudería *nf* écurie *f*
escudero *nm* écuyer *m*
escudilla *nf* écuelle *f*
escudo *nm* bouclier *m* ; (*insignia*) écusson *m* ; (*moneda*) écu *m* ; **~ de armas** armes *fpl*
escudriñar *vt* scruter
escuece *etc vb ver* **escocer**
escuela *nf* école *f* ; **~ de arquitectura/Bellas Artes/idiomas** école d'architecture/des Beaux Arts/de langues ; **~ normal** école normale
escueto, -a *adj* (*estilo*) dépouillé(e) ; (*explicación*) concis(e)
escueza *etc vb ver* **escocer**
escuincle (*MÉX fam*) *nm* gosse *m*
esculcar (*MÉX*) *vt* examiner
esculpir *vt* sculpter
escultor, a *nm/f* sculpteur(-trice)
escultórico, -a *adj* sculptural(e)
escultura *nf* sculpture *f*
escultural *adj* sculptural(e)
escupidera *nf* crachoir *m* ; (*orinal*) pot *m* de chambre
escupir *vt, vi* cracher ; **~ (a la cara) a algn** (*fig*) cracher sur qn
escupitajo *nm* crachat *m*
escurreplatos *nm inv* égouttoir *m*
escurridizo, -a *adj* glissant(e) ; (*fig: persona*) fuyant(e)
escurridor *nm* passoire *f*
escurrir *vt* (*ropa*) essorer ; (*verduras*) égoutter ; (*platos*) laisser s'égoutter ; (*líquidos*) verser la dernière goutte de ; **~ el bulto** (*fig*) se dérober ▸ *vi* (*ropa, botella*) goutter ; (*líquidos*) couler ; **escurrirse** *vpr* (*líquido*) s'écouler ; (*ropa, platos*) s'égoutter ; (*resbalarse*) glisser ; (*escaparse*) s'esquiver

ese[1] *nf* (*letra*) S, s *m inv* ; **hacer eses** (*en carretera*) faire des zigzags ; (*borracho*) avancer en zigzags
ese[2]**, esa, esos, esas** *adj* (*demostrativo*: *sg*) ce (cette) ; (: *pl*) ces ▸ *pron* (*sg*) celui-là (celle-là) ; (*pl*) ceux-là (celles-là) ; ~ **... este ...** celui-là ... celui-ci ... ; **¡no me vengas con esas!** tu ne vas pas revenir là-dessus
ése, ésa, ésos, ésas *pron* (*sg*) celui-là (celle-là) ; (*pl*) ceux-là (celles-là)
esencia *nf* essence *f* ; (*de doctrina*) essentiel *m* ; **en** ~ par essence
esencial *adj* essentiel(le) ; **lo** ~ l'essentiel *m*
esencialmente *adv* essentiellement
esfera *nf* sphère *f* ; (*de reloj*) cadran *m* ; ~ **impresora** boule *f* d'impression ; ~ **profesional/social** sphère professionnelle/sociale ; ~ **terrestre** globe *m* terrestre
esférico, -a *adj* sphérique
esfinge *nf* sphinx *m*
esfínter *nm* sphincter *m*
esforcé *vb ver* **esforzarse**
esforcemos *etc vb ver* **esforzarse**
esforzarse *vpr* s'efforcer ; ~ **por hacer** s'efforcer de faire
esfuerce *etc vb ver* **esforzarse**
esfuerzo *vb ver* **esforzarse** ▸ *nm* effort *m* ; **hacer un ~ (para hacer)** faire un effort (pour faire) ; **con/sin** ~ avec/sans effort
esfumarse *vpr* (*persona*) s'évanouir dans la nature ; (*esperanzas*) partir en fumée
esgrima *nf* escrime *f*
esgrimir *vt* (*arma*) manier ; (*argumento*) déployer
esguince *nm* entorse *f*
eslabón *nm* maillon *m* ; **el ~ perdido** (*Bio*, *fig*) le chaînon manquant
eslabonar *vt* enchaîner
eslálom *nm* slalom *m*
eslavo, -a *adj* slave ▸ *nm/f* Slave *mf* ▸ *nm* (*Ling*) langue *f* slave
eslip *nm* slip *m*
eslogan (*pl* **eslogans**) *nm* = **slogan**
eslora *nf* (*Náut*) longueur *f*
eslovaco, -a *adj* slovaque ▸ *nm/f* Slovaque *mf* ▸ *nm* (*Ling*) slovaque *m*
Eslovaquia *nf* Slovaquie *f*
Eslovenia *nf* Slovénie *f*
esloveno, -a *adj* slovène ▸ *nm/f* Slovène *mf* ▸ *nm* (*Ling*) slovène *m*
esmaltar *vt* émailler
esmalte *nm* émail *m* ; ~ **de uñas** vernis *m* à ongles
esmerado, -a *adj* soigné(e)
esmeralda *nf* émeraude *f* ▸ *adj* émeraude *inv*
esmerarse *vpr*: ~ **(en)** faire de son mieux (pour)
esmerilado, -a *adj*: **cristal** ~ verre *m* poli à l'émeri
esmero *nm* soin *m* ; **con** ~ avec soin
esmirriado, -a *adj* chétif(-ive)
esmoquin *nm* smoking *m*
esnifar (*fam*) *vt* (*cola, cocaína*) sniffer
esnob [es'nob] *adj inv*, *nmf* snob *mf*
esnobismo *nm* snobisme *m*
ESO *nf abr* (Esp) (= *Educación Secundaria obligatoria*) *enseignement secondaire obligatoire*

ESO

La **ESO**, ou *Educación Secundaria Obligatoria*, s'adresse aux jeunes de 12 à 16 ans. Elle est gratuite et obligatoire et prévoit des matières à la fois intellectuelles et professionnelles. S'ils réussissent, les élèves reçoivent le diplôme intitulé *Título de Graduado en Educación Secundaria* à l'âge de 16 ans, ce qui correspond à la fin de la scolarité obligatoire. S'ils souhaitent poursuivre leurs études, ils peuvent choisir la voie qui les conduira à l'Université avec le *Bachillerato* ou la voie professionnelle avec la *Formación Profesional Específica*.

eso *pron* ce, cela ; ~ **de su coche** cette histoire avec sa voiture ; ~ **de ir al cine** cette histoire d'aller au cinéma ; **a ~ de las cinco** vers cinq heures ; **en** ~ sur ce ; **por** ~ c'est pour ça ; ~ **es** c'est cela ; ~ **mismo** cela-même ; **nada de** ~ rien de tout ça ; **no es** ~ ce n'est pas cela ; **¡~ sí que es vida!** ça, c'est la vie ! ; **por ~ te lo dije** c'est pour cela que je te l'ai dit ; **¡y ~ que llovía!** pourtant il pleuvait !
esófago *nm* œsophage *m*
esos *adj*, *pron ver* **ese**[2]
ésos *pron ver* **ése**
esotérico, -a *adj* ésotérique
esoterismo *nm* ésotérisme *m*
esp. *abr* = **especialmente**
espabilado, -a *adj* éveillé(e)
espabilar *vt* = **despabilar**
espachurrar *vt* écraser ; **espachurrarse** *vpr* être écrasé(e)
espaciado *nm* (*Inform*) espacement *m*
espacial *adj* spatial(e)
espaciar *vt* espacer
espacio *nm* espace *m* ; (*Mús*) interligne *m* ; **el** ~ l'espace ; **ocupar mucho** ~ prendre beaucoup de place ; **a dos espacios, a doble** ~ (*Tip*) à double interligne ; **en el ~ de una hora/de 3 días** en l'espace d'une heure/ de 3 jours ; **por ~ de** durant ; ~ **aéreo/ exterior** espace aérien/extérieur
espacioso, -a *adj* spacieux(-euse)
espada *nf* épée *f* ; **estar entre la ~ y la pared** être entre le marteau et l'enclume ▸ *nm* (*Taur*) matador *m* ; **espadas** *nfpl* (*Naipes*) *l'une des quatre couleurs du jeu de cartes espagnol*
espadachín *nm* spadassin *m*
espaguetis *nmpl* spaghettis *mpl*

espalda *nf* dos *msg* ; (*Natación*) dos crawlé ; **a espaldas de algn** dans le dos de qn ; **a (las) espaldas de** (*de edificio*) derrière ; **dar la ~ a algn** tourner le dos à qn ; **estar de espaldas** être de dos ; **por la ~** (*atacar*) par derrière ; (*disparar*) dans le dos ; **ser cargado de espaldas** être voûté ; **tenderse de espaldas** s'allonger sur le dos ; **volver la ~ a algn** tourner le dos à qn
espaldarazo *nm* coup *m* d'épaule
espalderas *nfpl* espalier *m*
espaldilla *nf* (*Anat*) omoplate *f* ; (*Culin*) épaule *f*
espantada *nf* fuite *f*, dérobade *f* ; **dar la ~** se débiner (*fam*)
espantadizo, -a *adj* craintif(-ive)
espantajo *nm*, **espantapájaros** *nm inv* épouvantail *m*
espantar *vt* (*persona*) effrayer ; (*animal*) faire fuir ; (*fig*) chasser ; **espantarse** *vpr* s'effrayer ; (*ahuyentar*) déguerpir ; (*fig*) se dissiper
espanto *nm* frayeur *f* ; (*terror*) panique *f* ; **de ~** (*frío*) de canard ; (*ruido*) assourdissant(e) ; **¡qué ~!** quelle horreur !
espantoso, -a *adj* effrayant(e) ; (*fam: desmesurado*) terrible ; (*: feísimo*) horrible
España *nf* Espagne *f*
español, a *adj* espagnol(e) ▸ *nm/f* Espagnol(e) ▸ *nm* (*Ling*) espagnol *m*
españolice *etc vb ver* **españolizar**
españolista *adj*, *nmf* espagnoliste *mf*
españolizar *vt* hispaniser
esparadrapo *nm* sparadrap *m*
esparcimiento *nm* éparpillement *m* ; (*fig*) divertissement *m*
esparcir *vt* (*objetos*) éparpiller ; (*semillas*) semer ; (*líquido, noticia*) répandre ; **esparcirse** *vpr* s'éparpiller ; (*noticia*) se répandre ; (*divertirse*) se divertir
espárrago *nm* asperge *f* ; **¡vete a freír espárragos!** (*fam*) va te faire cuire un œuf ! ; **~ triguero** asperge sauvage
espartano, -a *adj* spartiate
esparto *nm* alfa *m*
esparza *etc vb ver* **esparcir**
espasmo *nm* spasme *m*
espasmódico, -a *adj* spasmodique
espátula *nf* spatule *f*
especia *nf* épice *f*
especiado, -a *adj* épicé(e)
especial *adj* spécial(e) ; **en ~** spécialement
especialidad *nf* spécialité *f* ; (*Escol*) spécialisation *f*
especialista *nmf* spécialiste *mf* ; (*Cine*) cascadeur(-euse)
especializado, -a *adj* spécialisé(e)
especializarse *vpr* se spécialiser ; **~ en Derecho Internacional** se spécialiser en droit international
especialmente *adv* spécialement
especie *nf* espèce *f* ; **una ~ de** une espèce de ; **pagar en ~** payer en espèces
específicamente *adv* spécifiquement
especificar *vt* spécifier
específico, -a *adj* spécifique
especifique *etc vb ver* **especificar**
espécimen (*pl* **especímenes**) *nm* spécimen *m* ; (*muestra*) échantillon *m*
espectacular *adj* spectaculaire
espectacularidad *nf* aspect *m* spectaculaire ; **de gran ~** tout à fait spectaculaire
espectáculo *nm* spectacle *m* ; **dar un ~** se donner en spectacle
espectador, a *nm/f* spectateur(-trice) ; (*de incidente*) badaud(e)
espectro *nm* spectre *m* ; (*fig: gama*) gamme *f*
especulación *nf* spéculation *f* ; **~ bursátil** spéculation boursière
especulador, a *nm/f* spéculateur(-trice)
especular *vi* (*meditar*): **~ sobre** spéculer sur ; **~ (en)** (*Com*) spéculer (en)
especulativo, -a *adj* théorique ; (*persona*) spéculatif(-ive)
espejismo *nm* mirage *m*
espejo *nm* miroir *m* ; **mirarse al ~** se regarder dans la glace ; **~ retrovisor** rétroviseur *m*
espeleología *nf* spéléologie *f*
espeleólogo, -a *nm/f* spéléologue *mf*
espeluznante *adj* à faire dresser les cheveux sur la tête
espera *nf* attente *f* ; (*Jur*) délai *m* de grâce ; **a la** *o* **en ~ de** dans l'attente de ; **en ~ de su contestación/carta** dans l'attente de votre réponse/lettre
esperance *etc vb ver* **esperanzar**
esperanto *nm* espéranto *m*
esperanza *nf* espoir *m* ; **hay pocas esperanzas de que venga** il y a peu de chances qu'il vienne ; **dar esperanzas a algn** donner de l'espoir à qn ; **~ de vida** espérance *f* de vie
esperanzado, -a *adj* plein(e) d'espoir
esperanzador, a *adj* qui redonne de l'espoir
esperanzar *vt* donner de l'espoir à
esperar *vt* attendre ; (*desear, confiar*) espérer ; **~ un bebé** attendre un enfant ; **espero que venga** j'espère qu'il va venir ; **es de ~ que** il faut espérer que ▸ *vi* attendre ; **hacer ~ a algn** faire attendre qn ; **ir a ~ a algn** aller attendre qn ; **esperarse** *vpr*: **como podía esperarse** comme on pouvait s'y attendre
esperma *nm* sperme *m* ▸ *nf* (CARIB, COL) bougie *f*
espermatozoide *nm* spermatozoïde *m*
espermicida *adj*, *nm* spermicide *m*
esperpéntico, -a *adj* grotesque
esperpento *nm* (*persona*) épouvantail *m* ; (*cosa*) horreur *f*
espesar *vt* épaissir ; **espesarse** *vpr* s'épaissir
espeso, -a *adj* épais(se)

e

espesor *nm* épaisseur *f*; *(densidad)* densité *f*
espesura *nf* fourrés *mpl*
espetar *vt* lancer à la figure
espía *nmf* espion(ne)
espiar *vt* espionner ▸ *vi*: ~ **para** être un(e) espion(ne) à la solde de
espiga *nf* épi *m*
espigado, -a *adj (Bot)* mûr(e); *(fig)* grandi(e) trop vite
espigón *nm (Bot)* piquant *m*; *(Náut)* digue *f*
espina *nf (Bot)* épine *f*; *(de pez)* arête *f*; **me da mala ~** ça ne me dit rien qui vaille; **~ dorsal** épine dorsale
espinaca *nf (Bot)* épinard *m*; **espinacas** *nfpl (Culin)* épinards *mpl*
espinar *nm* fourré *m*
espinazo *nm* épine *f* dorsale
espinilla *nf (Anat)* tibia *m*; *(Med)* point *m* noir
espino *nm* aubépine *f*
espinoso, -a *adj* épineux(euse)
espionaje *nm* espionnage *m*
espiral *adj* en spirale ▸ *nf* spirale *f*; *(anticonceptivo)* stérilet *m*; **la ~ inflacionista** la spirale inflationniste; **en ~** en spirale
espirar *vt, vi* expirer
espiritismo *nm* spiritisme *m*
espiritista *adj, nmf* spirite *mf*
espíritu *nm* esprit *m*; **~ de cuerpo/de equipo** esprit de corps/d'équipe; **~ de lucha** esprit combatif; **E~ Santo** Saint-Esprit *m*
espiritual *adj* spirituel(le)
espiritualidad *nf* spiritualité *f*
espita *nf* robinet *m*
esplendidez *nf (generosidad)* générosité *f*; *(magnificencia)* splendeur *f*
espléndido, -a *adj (magnífico)* splendide; *(generoso)* généreux(-euse)
esplendor *nm* splendeur *f*; *(apogeo)* apogée *m*
espliego *nm* lavande *f*
espolear *vt* éperonner; *(fig: persona)* tanner
espoleta *nf* goupille *f*
espolón *nm (de ave)* ergot *m*; *(malecón)* jetée *f*
espolvorear *vt* saupoudrer
esponja *nf* éponge *f*; **beber como** *o* **ser una ~** boire comme un trou; **~ de baño** éponge de toilette
esponjarse *vpr* s'imbiber; *(fig: envanecerse)* se rengorger
esponjoso, -a *adj* spongieux(-euse); *(bizcocho)* moelleux(-euse)
esponsales *nmpl* fiançailles *fpl*
espontáneamente *adv* spontanément
espontaneidad *nf* spontanéité *f*
espontáneo, -a *adj* spontané(e) ▸ *nm/f (esp Taur) spectateur qui s'élance dans l'arène pour participer à la corrida*
espora *nf* spore *f*
esporádico, -a *adj* sporadique
esposar *vt* passer les menottes à
esposo, -a *nm/f* époux(-ouse); **esposas** *nfpl (para detenidos)* menottes *fpl*
espray [es'prai] *nm* aérosol *m*, spray *m*
esprint [es'prin(t)] *(pl* **esprints***) nm* sprint *m*
espuela *nf* éperon *m*
espuerta *nf* panier *m*; **a espuertas** à la pelle
espuma *nf* mousse *f*; *(sobre olas)* écume *f*; **echar ~ por la boca** *(perro)* baver; *(fig: persona)* écumer de rage; **~ de afeitar** mousse à raser
espumadera *nf* écumoire *f*
espumar *vt (quitar espuma a)* écumer ▸ *vi (cerveza, jabón)* mousser
espumarajo *nm* bave *f*; **echar espumarajos (de rabia)** écumer (de rage)
espumillón *nm* guirlande *f*
espumoso, -a *adj* moussant(e)
espúreo, -a, espurio, -a *adj* fallacieux(-euse), faux (fausse)
esputo *nm* expectoration *f*
esqueje *nm (Bot)* greffe *f*
esquela *nf*: **~ mortuoria** avis *msg* de décès
esquelético, -a *(fam) adj* décharné(e)
esqueleto *nm* squelette *m*
esquema *nm* schéma *m*; *(guion)* plan *m*; **en ~** schématiquement
esquemáticamente *adv* schématiquement
esquemático, -a *adj* schématique
esquí *(pl* **esquís***) nm* ski *m*; **~ acuático** ski nautique
esquiador, a *nm/f* skieur(-euse)
esquiar *vi* skier
esquila *nf* cloche *f*
esquilar *vt* tondre
esquilmar *vt (tierra)* épuiser; *(fam: persona)* saigné(e) à blanc
esquimal *adj* esquimau(de) ▸ *nmf* Esquimau(de)
esquina *nf* coin *m*; **doblar la ~** tourner au coin de la rue; **hacer ~ con** faire le coin avec
esquinazo *nm*: **dar ~ a algn** planter là qn
esquirla *nf* fragment *m*
esquirol *nm* briseur *m* de grève
esquivar *vt* esquiver
esquivo, -a *adj (huraño)* farouche; *(desdeñoso)* dédaigneux(-euse)
esquizofrenia *nf* schizophrénie *f*
esquizofrénico, -a *adj, nm/f* schizophrène *mf*
esta *adj ver* **este²**
está *vb ver* **estar**
ésta *pron ver* **éste**
estabilice *etc vb ver* **estabilizar**
estabilidad *nf* stabilité *f*
estabilización *nf* stabilisation *f*
estabilizar *vt* stabiliser; **estabilizarse** *vpr* se stabiliser
estable *adj* stable
establecer *vt* établir; **establecerse** *vpr* s'établir; **establecerse de** *o* **como médico** s'établir comme médecin
establecimiento *nm* établissement *m*

establezca *etc vb ver* **establecer**
establishment [es'tablismen] (*pl* **establishments**) *nm* establishment *m*
establo *nm* étable *f* ; (*granero*) grange *f*
estaca *nf* (*palo*) piquet *m* ; (*con punta*) pieu *m*
estacada *nf* palissade *f* ; **dejar a algn en la ~** mettre qn dans de beaux draps
estación *nf* gare *f* ; (*de metro*) station *f* ; (*del año*) saison *f* ; (*Rel*) station ; **~ de autobuses/de ferrocarril** gare routière/de chemin de fer ; **~ de esquí** station de sports d'hiver ; **~ de metro** station de métro ; **~ de radio** station de radio ; **~ de servicio** station-service *f* ; **~ de trabajo** station de travail ; **~ de visualización** visuel *m* ; **~ meteorológica** station météorologique
estacional *adj* saisonnier(-ière)
estacionamiento *nm* stationnement *m*
estacionar *vt* (*Auto*) garer ; **estacionarse** *vpr* (*Auto*) se garer ; (*Med*) se stabiliser
estacionario, -a *adj* (*estado*) stationnaire ; (*mercado*) calme
estada (*Am*) *nf* séjour *m*
estadía (*Am*) *nf* = **estada**
estadio *nm* stade *m*
estadista *nmf* (*Pol*) homme (femme) d'État ; (*Estadística*) statisticien(ne)
estadística *nf* statistique *f*
estadístico, -a *adj* statistique
estado *nm* état *m* ; (*en redes sociales*) statut *m* ; **el E~** l'État ; **estar en ~ (de buena esperanza)** attendre un heureux événement ; **~ civil** état civil ; **~ de ánimo** humeur *f* ; **~ de cuenta(s)** relevé *m* de compte ; **~ de emergencia** *o* **excepción** état d'urgence ; **~ de pérdidas y ganancias** compte *m* de profits et pertes ; **~ de sitio** état de siège ; **~ financiero** bilan *m* financier ; **~ mayor** (*Mil*) état-major *m* ; **Estados Unidos** États-Unis *mpl*
estadounidense *adj* américain(e) ▸ *nmf* Américain(e)
estafa *nf* escroquerie *f*
estafador, a *nm/f* arnaqueur(-euse), escroc *m*
estafar *vt* escroquer ; **les estafaron ocho millones** ils les ont escroqués de huit millions
estafeta *nf* bureau *m* de poste
estáis *vb ver* **estar**
estalactita *nf* stalactite *f*
estalagmita *nf* stalagmite *f*
estallar *vi* (*bomba*) exploser ; (*volcán*) entrer en éruption ; (*vidrio*) voler en éclats ; (*bolsa, fig*) éclater ; **~ (de)** (*de ira*) exploser de ; (*de curiosidad*) être pris(e) de ; **~ en llanto** fondre en larmes
estallido *nm* explosion *f* ; (*fig: de guerra*) déclenchement *m*
estambre *nm* fibres *fpl* ; (*Bot*) étamine *f*
Estambul *n* Istanbul
estamento *nm* classe *f*
estampa *nf* estampe *f* ; (*porte*) allure *f* ; **ser la viva ~ de** être l'image même de
estampado, -a *adj* imprimé(e) ▸ *nm* (*dibujo*) imprimé *m*
estampar *vt* imprimer ; (*metal*) estamper ; (*fam: beso*) plaquer ; (*: bofetada*) envoyer ; **~ algo contra la pared** (*fam*) écraser qch contre le mur
estampida (*esp Am*) *nf* débandade *f*
estampido *nm* détonation *f*
estampilla *nf* estampille *f* ; (*Am Correos*) timbre *m*
están *vb ver* **estar**
estancado, -a *adj* stagnant(e)
estancamiento *nm* ralentissement *m*
estancar *vt* retenir ; (*asunto, negociación*) bloquer ; **estancarse** *vpr* stagner ; (*fig: progreso*) piétiner ; (*persona*): **estancarse en** s'enliser dans
estancia *nf* séjour *m* ; (*sala*) salle *f* ; (*Am*) ferme *f* d'élevage
estanciera (*Arg*) *nf* (*Auto*) fourgonnette *f*
estanciero (*Am*) *nm* (*Agr*) éleveur *m*
estanco, -a *adj*: **compartimento ~** compartiment *m* étanche ▸ *nm* bureau *m* de tabac ; *voir article*

ESTANCO

L'**estanco** est l'équivalent espagnol du bureau de tabac : on y achète des cigarettes, du tabac, des timbres et des timbres fiscaux.

estándar *adj* standard ▸ *nm* standard *m*
estandarice *etc vb ver* **estandarizar**
estandarizar *vt* standardiser ; **estandarizarse** *vpr* se standardiser
estandarte *nm* étendard *m*
estanflación *nf* (*Econ*) stagflation *f*
estanque *vb ver* **estancar** ▸ *nm* bassin *m* ; (*Chi*) réservoir *m*
estanquero, -a *nm/f* buraliste *mf*
estante *nm* (*de mueble*) rayonnage *m* ; (*adosado*) étagère *f* ; (*Am: soporte*) étai *m*
estantería *nf* étagère *f*
estaño *nm* étain *m*

PALABRA CLAVE

estar *vi* **1** (*posición*) être ; **está en la Plaza Mayor** il est sur la Plaza Mayor ; **¿está Juan?** (est-ce que) Juan est là ? ; **estamos a 30 km de Junín** nous sommes à 30 km de Junín
2 (*+ adj o adv: estado*) être ; **estar enfermo** être malade ; **estar lejos** être loin ; **está roto** c'est cassé ; **está muy elegante** il est très élégant ; **¿cómo estás?** comment vas-tu ? ; *ver tb* **bien**
3 (*+ gerundio*) être en train de ; **estoy leyendo** je suis en train de lire
4 (*uso pasivo*): **está condenado a muerte** il est

condamné à mort ; **está envasado en ...** c'est emballé dans ...
5 (*tiempo*): **estamos en octubre/2015** nous sommes en octobre/2015
6 (*estar listo*): **¿está la comida?** le repas est prêt ? ; **¿estará para mañana?** ce sera prêt pour demain ? ; **ya está** ça y est ; **en seguida está** tout de suite
7 (*sentar*) aller ; **el traje le está bien** le costume lui va bien
8: **estar a** (*con fechas*): **¿a cuántos estamos?** nous sommes le combien ? ; **estamos a cinco de mayo** nous sommes le cinq mai ; (*con precios*): **las manzanas están a 1,50 euros** les pommes sont à 1,50 euros ; (*con grados*): **estamos a 25°** il fait 25° ; **está a régimen** il est au régime
9: **estar con**: **está con gripe** il a la grippe ; **estoy con él** (*apoyar*) je suis (d'accord) avec lui
10: **estar de** (*ocupación*): **estar de vacaciones/viaje** être en vacances/voyage ; (*trabajo*): **está de camarero** il travaille comme garçon de café ; (*actitud*): **está de mal humor** il est de mauvaise humeur
11: **estar en** (*consistir*) résider dans
12: **estar para** (*a punto de*): **está para salir** il est prêt à sortir ; (*disponible*): **no estoy para nadie** je n'y suis pour personne ; (*con humor de*): **no estoy para bromas** je ne suis pas d'humeur à plaisanter
13: **estar por** (*a favor de*) être pour ; **estoy por dejarlo** je suis tenté de laisser tomber ; (*sin hacer*): **está por limpiar** ça reste à nettoyer
14: **estar que**: **¡está que trina!** il en est fumasse ! ; **estoy que me caigo de sueño** c'est que je tombe de sommeil
15: **estar sin**: **estar sin dinero** ne pas avoir d'argent ; **la casa está sin terminar** la maison n'est pas finie
16 (*locuciones*): **¡ya estuvo!** (*Am fam*) ça suffit ! ; **¿estamos?** (*¿de acuerdo?*) d'accord ? ; **¡ya está bien!** bon, ça va !
estarse *vpr*: **se estuvo en la cama toda la tarde** il est resté au lit tout l'après-midi ; **¡estate quieto!** reste tranquille !

estárter *nm* starter *m*
estas *adj demos ver* **este²**
estás *vb ver* **estar**
éstas *pron ver* **éste**
estatal *adj* (*política*) gouvernemental(e) ; (*enseñanza*) public(-ique)
estática *nf* (*tb*: **electricidad estática**) statique *f*
estático, -a *adj* statique
estatua *nf* statue *f*
estatuilla *nf* statuette *f*
estatura *nf* taille *f*, stature *f*
estatus *pl inv nm* statut *m* social
estatutario, -a *adj* (*medida*) relatif(-ive) au statut ; (*reforma*) de statut
estatuto *nm* statut *m* ; **estatutos sociales** (*Com*) statuts
este¹ *adj* est ; (*viento*) d'est ▸ *nm* est *m* ; **los países del E~** les pays *mpl* de l'Est

¡Atención! El punto cardinal en francés tiene la misma grafía que la tercera persona del singular del verbo *être* (*est*). Sin embargo, la pronunciación de una y otra palabra es diferente: en el primer caso se pronuncia [ɛst] y en el segundo [ɛ].

este², esta, estos, estas *adj* (*demostrativo*: *sg*) ce (cette) ; (: *pl*) ces ▸ *pron* (*sg*) celui-ci (celle-ci) ; (*pl*) ceux-ci (celles-ci) ; **ese ... ~ ...** celui-ci ... celui-là ...

En francés, el adjetivo demostrativo *ce* se transforma en *cet* cuando precede a un sustantivo masculino que comienza por vocal o *h* muda. Por ejemplo: *cet homme*.

esté *vb ver* **estar**
éste, ésta, éstos, éstas *pron* (*sg*) celui-ci (celle-ci) ; (*pl*) ceux-ci (celles-ci)
estela *nf* sillage *m*
estelar *adj* (*Astron*) stellaire ; (*actuación*) de star ; (*reparto*) prestigieux(-euse)
estén *vb ver* **estar**
estenografía *nf* sténographie *f*
estentóreo, -a *adj* (*sonido*) assourdissant(e) ; (*voz*) de stentor
estepa *nf* steppe *f*
estera *nf* natte *f*
estercolero *nm* tas *msg* de fumier ; (*fig*) porcherie *f*
estéreo *adj inv*, *nm* stéréo *f* ; **en ~** en stéréo
estereofónico, -a *adj* stéréophonique
estereotipado, -a *adj* stéréotypé(e)
estereotipo (*pey*) *nm* stéréotype *m*
estéril *adj* stérile
esterilice *etc vb ver* **esterilizar**
esterilidad *nf* stérilité *f*
esterilización *nf* stérilisation *f*
esterilizar *vt* stériliser
esterilla *nf* natte *f*
esterlina *adj*: **libra ~** livre *f* sterling
esternón *nm* sternum *m*
estero (*Am*) *nm* lac *m*
esteroide *nm* stéroïde *m* ; **~ anabólico** *o* **anabolizante** stéroïde anabolisant
estertor *nm* stertor *m*
estés *vb ver* **estar**
estética *nf* esthétique *f*
esteticien [esteti'θjen] *nf* esthéticienne *f*
esteticista *nmf* esthéticien(ne)
estético, -a *adj* esthétique
estetoscopio *nm* stéthoscope *m*
estibador *nm* docker *m*
estibar *vt* (*Náut*) débarder

estiércol *nm* fumier *m*
estigma *nm* (*esp Rel*) stigmates *mpl* ; (*fig*) stigmate *m*
estigmatice *etc vb ver* **estigmatizar**
estigmatizar *vt* stigmatiser
estilarse *vpr* être en vogue
estilete *nm* stylet *m*
estilice *etc vb ver* **estilizar**
estilista *nmf* (*escritor, peluquero*) styliste *mf*
estilístico, -a *adj* stylistique
estilizar *vt* styliser
estilo *nm* style *m* ; (*Natación*) nage *f* ; **al ~ de** à la mode de ; **por el ~** de ce genre ; **tener ~** avoir du style ; **~ de vida** style de vie
estilográfica *nf* stylo-plume *m*
estima *nf* estime *f* ; **le tiene en mucha ~** il a beaucoup d'estime pour lui
estimable *adj* (*persona*) estimable ; (*cantidad*) considérable
estimación *nf* (*valoración*) estimation *f* ; (*estima*) estime *f*
estimado, -a *adj* estimé(e) ; **« E~ Señor »** « cher monsieur »
estimar *vt* estimer ; **~ algo en** (*valorar*) estimer qch à
estimulante *adj* stimulant(e) ▸ *nm* stimulant *m*
estimular *vt* stimuler
estímulo *nm* stimulation *f*
estío *nm* été *m*
estipendio *nm* rémunération *f*
estipulación *nf* stipulation *f*
estipular *vt* stipuler
estirado, -a *adj* tendu(e) ; (*engreído*) hautain(e), prétentieux(-euse)
estiramiento *nm* (*de los músculos*) étirement *m* ; (*de la piel*) lifting *m*
estirar *vt* étirer ; (*brazo, pierna*) tendre ; (*fig: dinero*) faire durer ; **~ la pata** (*fam*) partir les pieds devant ; **~ las piernas** (*fig*) se dégourdir les jambes ▸ *vi* tirer ; **estirarse** *vpr* s'étirer
estirón *nm* étirement *m* ; **dar** *o* **pegar un ~** beaucoup grandir
estirpe *nf* souche *f*
estival *adj* estival(e)
esto *pron* cela, ça, c' ; **~ de la boda** cette affaire de la noce ; **~ es, …** c'est-à-dire, … ; **en ~** sur ce ; **por ~** c'est pour ça
estocada *nf* (*Taur*) estocade *f*
Estocolmo *n* Stockholm
estofa *nf*: **de baja ~** de condition modeste
estofado, -a *adj* cuit(e) à l'étouffée ▸ *nm* ragoût *m*
estofar *vt* cuire à l'étouffée
estoico, -a *adj* stoïque
estola *nf* étole *f*
estomacal *adj* d'estomac ; **trastorno ~** troubles *mpl* gastriques
estómago *nm* estomac *m* ; **tener ~** (*fig*) avoir de l'estomac ; **revolverle el ~ a algn** (*fam*) soulever le cœur de qn
Estonia *nf* Estonie *f*
estonio, -a *adj* estonien(-ienne) ▸ *nm/f* Estonien(-ienne) ▸ *nm* (*Ling*) estonien *m*
estopa *nf* (*del cáñamo*) étoupe *f*, filasse *f* ; (*tejido*) toile *f* de jute
estoque *nm* (*Taur*) estoc *m*
estor *nm* store *m*
estorbar *vt, vi* gêner
estorbo *nm* gêne *f*
estornino *nm* étourneau *m*
estornudar *vi* éternuer
estornudo *nm* éternuement *m*
estos *adj ver* **este²**
éstos *pron ver* **éste**
estoy *vb ver* **estar**
estrábico, -a *adj* strabique
estrabismo *nm* strabisme *m*
estrado *nm* estrade *f* ; **estrados** *nmpl* (*Jur*) salles *fpl* d'audience
estrafalario, -a *adj* extravagant(e)
estrago *nm*: **hacer** *o* **causar estragos en** faire des ravages parmi
estragón *nm* estragon *m*
estrambótico, -a *adj* extravagant(e)
estrangulación *nf*, **estrangulamiento** *nm* strangulation *f*
estrangulador, a *nm/f* (*persona*) étrangleur(-euse) ▸ *nm* (*Mec*) étrangleur *m* ; (*Auto*) starter *m*
estrangular *vt* étrangler ; (*Med*) obstruer
estraperlo *nm* contrebande *f*
Estrasburgo *n* Strasbourg
estratagema *nf* stratagème *m*
estratega *nmf* stratège *mf*
estrategia *nf* stratégie *f*
estratégico, -a *adj* stratégique
estratificar *vt* stratifier
estratifique *etc vb ver* **estratificar**
estrato *nm* strate *f* ; **~ social** couche *f* sociale
estratosfera *nf* stratosphère *f*
estratosférico, -a *adj* stratosphérique
estrechamente *adv* (*íntimamente*) étroitement ; (*pobremente*) à l'étroit
estrechamiento *nm* (*Auto*) rétrécissement *m*
estrechar *vt* rétrécir ; (*persona*) serrer ; (*lazos de amistad*) resserrer ; **~ la mano** serrer la main ; **estrecharse** *vpr* se rétrécir ; (*dos personas*) se rapprocher ; (*fam: en asiento*) se serrer
estrechez *nf* étroitesse *f* ; **estrecheces** *nfpl* (*apuros*) difficultés *fpl* financières
estrecho, -a *adj* étroit(e) ; (*amistad*) intime ; **~ de miras** borné(e) ; **estar/ir muy estrechos** être très serrés ▸ *nm* détroit *m* ; **E~ de Gibraltar** détroit de Gibraltar
estrella *nf* étoile *f* ; (*Cine etc*) star *f* ; **tener (buena)/mala ~** être né(e) sous une bonne/ mauvaise étoile ; **ver las estrellas** (*fam*) voir trente-six chandelles ; **~ de mar** étoile de mer ; **~ fugaz** étoile filante ; **E~ Polar** étoile polaire

e

estrellado, -a *adj* en forme d'étoile ; (*cielo*) étoilé(e) ; (*huevos*) sur le plat
estrellar *vt* briser en mille morceaux ; (*huevos*) faire cuire sur le plat ; **estrellarse** *vpr* se briser en mille morceaux ; (*coche*) s'écraser ; (*fracasar*) échouer ; **se estrellaron en la carretera** ils sont morts dans un accident de voiture
estrellato *nm* sommet *m*
estrellón (*MÉX*) *nm* (*Auto*) choc *m*
estremecedor, a *adj* bouleversant(e), troublant(e)
estremecer *vt* bouleverser ; (*suj: miedo, frío*) faire frissonner ; **estremecerse** *vpr* frissonner ; (*edificio*) trembler ; **estremecerse de** frissonner de
estremecimiento *nm* frisson *m*
estremezca *etc vb ver* **estremecer**
estrenar *vt* (*vestido*) étrenner ; (*película, obra de teatro*) donner la première de ; **~ casa** pendre la crémaillère ; **estrenarse** *vpr*: **estrenarse como** (*persona*) faire ses débuts de
estreno *nm* inauguration *f* ; (*Cine, Teatro*) première *f*
estreñido, -a *adj* constipé(e)
estreñimiento *nm* constipation *f*
estreñir *vt* constiper
estrépito *nm* fracas *msg*
estrepitosamente *adv* (*con ruido*) bruyamment, avec fracas ; (*fracasar*) lamentablement
estrepitoso, -a *adj* (*ruidoso*) retentissant(e), fracassant(e) ; (*fracaso, derrota*) fracassant(e), cuisant(e) ; **aplausos estrepitosos** un tonnerre d'applaudissements
estrés *nm* stress *m*
estresado, -a *adj* (*persona*) stressé(e) ; (*vida, trabajo*) stressant(e)
estresante *adj* stressant(e)
estresar *vt* stresser
estría *nf* (*en tronco*) strie *f* ; (*columna*) striure *f* ; **estrías** *nfpl* (*en la piel*) vergetures *fpl*
estribación *nf* (*Geo*) contrefort *m*
estribar *vi*: **~ en** résider en ; **la dificultad estriba en el texto** la difficulté se situe dans le texte
estribillo *nm* refrain *m*
estribo *nm* (*de jinete*) étrier *m* ; (*de tren*) marchepied *m* ; (*de oído*) osselet *m* ; (*de puente, cordillera*) contrefort *m* ; **perder los estribos** (*fig*) monter sur ses grands chevaux
estribor *nm* (*Náut*) tribord *m*
estricnina *nf* strychnine *f*
estrictamente *adv* strictement
estricto, -a *adj* strict(e)
estridente *adj* (*color*) criard(e) ; (*voz*) strident(e)
estrofa *nf* strophe *f*
estrógeno *nm* œstrogène *m*
estroncio *nm* strontium *m* ; **~ 90** strontium *m* 90
estropajo *nm* tampon *m* à récurer
estropajoso, -a *adj* (*carne*) dur(e) comme de la semelle ; (*lengua*) râpeux(-euse)
estropeado, -a *adj* en panne
estropear *vt* (*material*) abîmer ; (*máquina, coche*) casser ; (*planes*) gâcher ; (*cosecha*) gâter ; (*persona*) abîmer ; **estropearse** *vpr* tomber en panne ; (*envejecer*) vieillir
estropicio (*fam*) *nm*: **hacer un ~** faire un beau désordre
estructura *nf* structure *f*
estructural *adj* structurel(le)
estructurar *vt* structurer
estruendo *nm* vacarme *m*
estruendoso, -a *adj* assourdissant(e)
estrujar *vt* (*limón*) presser ; (*bayeta*) tordre ; (*papel*) froisser ; (*persona*) serrer ; **estrujarse** *vpr* (*personas*) se serrer ; **estrujarse la cabeza** *o* **los sesos** se creuser la cervelle
estrujón *nm* serrement *m*
estuario *nm* estuaire *m*
estuche *nm* trousse *f*
estuco *nm* stuc *m*
estudiado, -a *adj* (*respuesta, sonrisa*) étudié(e) ; **una persona de gestos muy estudiados** une personne aux gestes maniérés
estudiante *nmf* étudiant(e)
estudiantil *adj* estudiantin(e)
estudiar *vt* étudier ; (*carrera*) faire des études de ▸ *vi* étudier ; **~ para abogado** faire des études pour devenir avocat
estudio *nm* étude *f* ; (*proyecto*) projet *m* ; (*piso*) studio *m* ; (*de artista*) studio *m* ; (*Radio, TV etc: local*) studio *m* ; **~ de desplazamientos y tiempos/de motivación** étude des cadences/enquête *f* sur la motivation ; **~ del trabajo/de viabilidad** étude du travail/de faisabilité ; **estudios** *nmpl* études *fpl* ; **cursar** *o* **hacer estudios de** faire des études de
estudioso, -a *adj* studieux(-euse) ▸ *nm/f*: **~ de** spécialiste *mf* de
estufa *nf* chaufferette *f*
estupefaciente *adj* stupéfiant(e) ▸ *nm* stupéfiant *m*
estupefacto, -a *adj*: **quedarse ~** être stupéfait(e) ; **me dejó ~** il m'a laissé stupéfait ; **me miró ~** il m'a regardé avec stupéfaction
estupendamente (*fam*) *adv*: **estoy** *o* **me encuentro ~** je suis en pleine forme ; **llevarse ~** s'entendre à merveille ; **le salió ~** il l'a fait haut la main
estupendo, -a *adj* formidable ; **¡~!** super !
estupidez *nf* stupidité *f*
estúpido, -a *adj* stupide
estupor *nm* stupeur *f*
estupro *nm* détournement *m* de mineure
esturión *nm* esturgeon *m*
estuve *etc vb ver* **estar**
estuviera *etc vb ver* **estar**

esvástica *nf* croix *f* gammée
ET *abr* = **Ejército de Tierra**
ETA *sigla f* (*Pol*: = *Euskadi Ta Askatasuna*) ETA *f*
etapa *nf* étape *f*; **por etapas** par étapes ; **quemar etapas** brûler les étapes
etarra *adj* de l'ETA ▸ *nmf* membre *m* de l'ETA
etc. *abr* (= *etcétera*) etc. (= *et cetera*)
etcétera *adv* et cetera
etéreo, -a *adj* éthéré(e)
eternamente *adv* éternellement
eternice *etc vb ver* **eternizarse**
eternidad *nf* éternité *f*; **una ~** (*fam*) une éternité
eternizarse *vpr*: **~ en hacer algo** mettre une éternité à faire qch
eterno, -a *adj* éternel(le) ; (*fam*: *larguísimo*) à n'en plus finir
ética *nf* éthique *f*; **~ profesional** éthique professionnelle
ético, -a *adj* éthique
etílico, -a *adj* éthylique
etimología *nf* étymologie *f*
etíope *adj* éthiopien(-ienne) ▸ *nmf* Éthiopien(-ienne) ▸ *nm* (*Ling*) éthiopien *m*
Etiopía *nf* Éthiopie *f*
etiqueta *nf* (*tb Inform*) étiquette *f*; **traje de ~** tenue *f* de soirée
etiquetación *nf*, **etiquetado** *nm*, **etiquetaje** *nm* étiquetage *m*
etiquetar *vt* étiqueter ; **~ a algn de algo** étiqueter quelqu'un comme quelque chose
etnia *nf* ethnie *f*
étnico, -a *adj* ethnique
etrusco, -a *adj* étrusque ▸ *nm/f* Étrusque *mf* ▸ *nm* (*Ling*) étrusque *m*
ETS *sigla f* (= *Enfermedad de Transmisión Sexual*) MST *f* (= *maladie sexuellement transmissible*) ; (= *Escuela Técnica Superior*) lycée *m* technique
ETT *sigla f* (= *Empresa de Trabajo Temporal*) agence *f* d'intérim
EUA (Am) *sigla mpl* (= *Estados Unidos de América*) USA *mpl* (= *United States of America*)
eucalipto *nm* eucalyptus *m*
eucaristía *nf* Eucharistie *f*
eufemismo *nm* euphémisme *m*
euforia *nf* euphorie *f*
eufórico, -a *adj* euphorique
eunuco *nm* eunuque *m*
EURATOM *sigla f* (= *Comunidad Europea de la Energía Atómica*) Euratom *f*
Euribor *nm abr* Euribor *m*
euro *nm* euro *m*
Eurocámara *nf* parlement *m* européen
Eurocheque *nm* Eurochèque *m*
eurodiputado, -a *nm/f* député(e) européen(ne)
Europa *nf* Europe *f*
europarlamentario, -a *nm/f* parlementaire *mf* européen(-enne)
europeice *etc vb ver* **europeizar**
europeísta *adj* pro-européen(ne)
europeizar *vt* européaniser ; **europeizarse** *vpr* s'européaniser
europeo, -a *adj* européen(ne) ▸ *nm/f* Européen(ne)
Eurotúnel® *nm* tunnel *m* sous la Manche
Eurovisión *nf* Eurovision *f*
eurozona *nf* zone *f* euro
Euskadi *nm* Pays *m* basque
euskera, eusquera *nm* basque *m*
eutanasia *nf* euthanasie *f*
evacuación *nf* évacuation *f*
evacuar *vt* évacuer
evadir *vt* éviter ; (*dinero*) faire sortir illégalement du pays ; **~ impuestos** frauder le fisc ; **evadirse** *vpr* s'évader
evaluación *nf* appréciation *f*
evaluar *vt* (*valorar*) évaluer ; (*calificar*) noter
evangélico, -a *adj* évangélique
evangelio *nm* Évangile *m*
evangelista *nmf* évangéliste *m*
evangelizar *vt* évangéliser
evaporación *nf* évaporation *f*
evaporar *vt* faire évaporer ; **evaporarse** *vpr* s'évaporer ; (*fam*: *persona*) se volatiliser
evasión *nf* évasion *f*; **de ~** (*novela, película*) d'évasion ; **~ de capitales** évasion de capitaux ; **~ fiscal** *o* **de impuestos** évasion fiscale
evasiva *nf* réponse *f* évasive ; **contestar con evasivas** faire des réponses évasives
evasivamente *adv* évasivement
evasivo, -a *adj* évasif(-ive)
evento *nm* événement *m*
eventual *adj* (*circunstancias*) éventuel(le) ; (*trabajo*) temporaire
eventualidad *nf* éventualité *f*
Everest *nm*: **el (Monte) ~** le Mont Everest, l'Everest *m*
evidencia *nf* évidence *f*; **poner en ~** (*a algn*) tourner en ridicule ; (*algo*) mettre en évidence ; **ponerse en ~** se faire remarquer
evidenciar *vt* rendre évident(e) ; **evidenciarse** *vpr* être manifeste
evidente *adj* évident(e)
evidentemente *adv* évidemment
evitable *adj* évitable
evitar *vt* éviter ; (*molestia*) épargner ; (*tentación*) résister à ; **~ hacer** éviter de faire ; **si puedo evitarlo** si je peux faire autrement
evocación *nf* évocation *f*
evocador, a *adj* évocateur(-trice)
evocar *vt* évoquer
evolución *nf* évolution *f*; **evoluciones** *nfpl* (*giros*) évolutions *fpl*
evolucionar *vi* évoluer
evolutivo, -a *adj* évolutif(-ive)
evoque *etc vb ver* **evocar**
ex *prep* ex ; **el ex ministro** l'ex-ministre
exabrupto *nm* réplique *f* cinglante

e

exacción *nf (de impuestos)* perception *f*
exacerbar *vt* exacerber ; *(persona)* exaspérer
exactamente *adv* exactement
exactitud *nf* exactitude *f* ; *(fidelidad)* fidélité *f*
exacto, -a *adj* exact(e) ; **¡~!** exactement ! ; **eso no es del todo ~** ce n'est pas tout à fait exact ; **para ser ~** pour être exact
exageración *nf* exagération *f*
exageradamente *adv* exagérément
exagerado, -a *adj* exagéré(e) ; *(persona, gesto)* outrancier(-ière)
exagerar *vt, vi* exagérer
exaltación *nf* exaltation *f*
exaltado, -a *adj, nm/f* exalté(e)
exaltar *vt* exalter ; **exaltarse** *vpr* s'exalter
examen *nm* examen *m* ; **~ de conciencia** examen de conscience ; **~ de conducir** examen du permis de conduire ; **~ de ingreso** examen d'entrée ; **~ eliminatorio** épreuve *f* éliminatoire ; **~ final** examen final
examinador, a *nm/f* examinateur(-trice)
examinar *vt* examiner ; *(Escol)* faire passer un examen à ; **examinarse** *vpr*: **examinarse (de)** passer un examen (de)
exánime *adj* inanimé(e)
exasperación *nf* exaspération *f*
exasperar *vt* exaspérer ; **exasperarse** *vpr* s'irriter
Exc.ª *abr* = **Excelencia**
excarcelación *nf* élargissement *m (d'un détenu)*
excarcelar *vt* élargir *(un détenu)*
ex cátedra *adv*: **hablar ~** parler ex cathedra
excavación *nf* excavation *f*
excavadora *nf (Tec)* pelleteuse *f*
excavar *vt, vi* excaver
excedencia *nf*: **estar en ~** *(trabajador)* être en congé sans solde ; *(funcionario)* être en disponibilité ; **pedir** *o* **solicitar la ~** demander d'être mis(e) en disponibilité
excedente *adj (producto, dinero)* excédentaire ; *(funcionario)* en disponibilité ▸ *nm* excédent *m* ; **~ de cupo** *(Hist)* exempté *m* du service militaire
exceder *vt* dépasser ; **excederse** *vpr* dépasser ; **excederse en gastos** faire trop de dépenses ; **excederse en sus funciones** outrepasser ses pouvoirs
excelencia *nf* excellence *f* ; **E~** *(tratamiento)* Excellence ; **por ~** par excellence
excelente *adj* excellent(e)
excelso, -a *adj* insigne
excentricidad *nf* excentricité *f*
excéntrico, -a *adj, nm/f* excentrique *mf*
excepción *nf* exception *f* ; **ser/hacer una ~** être/faire une exception ; **a** *o* **con ~ de** à l'exception de ; **sin ~** sans exception ; **de ~** d'exception
excepcional *adj* exceptionnel(le)
excepcionalmente *adv* exceptionnellement
excepto *adv* excepté
exceptuar *vt* excepter
excesivo, -a *adj* excessif(-ive)
exceso *nm* excès *msg* ; *(Com)* excédent *m* ; **con** *o* **en ~** à l'excès ; **~ de equipaje/peso** excédent de bagages/poids ; **~ de velocidad** excès de vitesse ; **excesos** *nmpl (desórdenes)* excès *mpl*
excitación *nf* excitation *f*
excitante *adj* excitant(e)
excitar *vt* exciter ; **me excita los nervios** il me porte sur les nerfs ; **excitarse** *vpr* s'exciter
exclamación *nf* exclamation *f*
exclamar *vt, vi* s'exclamer
excluir *vt (descartar)* exclure ; *(no incluir)*: **~ (de)** exclure (de)
exclusión *nf* exclusion *f* ; **con ~ de** à l'exclusion de
exclusiva *nf* exclusivité *f* ; **modelo en ~** modèle *m* exclusif
exclusivamente *adv* exclusivement
exclusive *adv* non compris
exclusividad *nf* exclusivité *f*
exclusivo, -a *adj* exclusif(-ive) ; **trabajar con dedicación exclusiva por** travailler exclusivement pour ; **derecho ~** droit *m* exclusif
excluyendo *etc vb ver* **excluir**
Excma. *abr (= Excelentísima) titre de courtoisie*
Excmo. *abr (= Excelentísimo) titre de courtoisie*
excombatiente *nm* ancien combattant *m*
excomulgar *vt* excommunier
excomulgue *etc vb ver* **excomulgar**
excomunión *nf* excommunion *f*
excoriar *vt* mettre à vif
excrementos *nmpl* excréments *mpl*
exculpar *vt*: **~ a algn de algo** disculper qn de qch ; *(Jur)* acquitter qn de qch
excursión *nf (por el campo)* randonnée *f* ; *(viaje)* excursion *f* ; **ir de ~** faire une excursion
excursionista *nmf (por campo)* randonneur(-euse) ; *(en excursión de un día)* excursionniste *mf*
excusa *nf* excuse *f* ; **presentar sus excusas** présenter ses excuses
excusado, -a *adj* excusé(e) ; **~ es decir** inutile de dire
excusar *vt* excuser ; **~ (de hacer)** *(eximir)* exempter (de faire) ; **excusarse** *vpr* s'excuser
execrable *adj* exécrable
exención *nf* exemption *f*
exento, -a *pp de* **eximir** ▸ *adj*: **~ de** exempté(e) de ; *(libre)* libre de
exequias *nfpl* obsèques *fpl*
exfoliante *adj* exfoliant(e) ▸ *nm* exfoliant *m*
exhalación *nf* exhalation *f* ; **pasar como una ~** passer aussi vite que l'éclair
exhalar *vt* exhaler
exhaustivo, -a *adj* exhaustif(-ive)
exhausto, -a *adj* épuisé(e)

exhibición *nf* exhibition *f* ; (*de película*) projection *f*
exhibicionismo *nm* exhibitionnisme *m*
exhibicionista *adj, nmf* exhibitionniste *mf*
exhibir *vt* exhiber ; (*película*) projeter ; **exhibirse** *vpr* s'exhiber
exhortación *nf* exhortation *f*
exhortar *vt*: ~ **a** exhorter à
exhumación *nf* exhumation *f*
exhumar *vt* exhumer
exigencia *nf* exigence *f* ; **exigencias del trabajo/de la situación** exigences du travail/de la situation
exigente *adj* exigeant(e) ; **ser ~ con algn** être exigeant(e) avec qn
exigir *vt* (*reclamar, necesitar*) exiger ▸ *vi* être exigeant(e)
exiguo, -a *adj* exigu(-uë)
exija *etc vb ver* **exigir**
exiliado, -a *adj, nm/f* exilé(e)
exiliar *vt* exiler ; **exiliarse** *vpr* s'exiler
exilio *nm* exil *m*
eximir *vt*: ~ **a algn (de)** exempter qn (de)
existencia *nf* existence *f* ; **amargar la ~ a algn** (*fam*) empoisonner la vie de qn ; **en ~** (*Com*) en stock ; **~ de mercancías** (*Com*) stock de marchandises ; **existencias** *nfpl* (*artículos*) stock *m*
existencial *adj* existentiel(le)
existencialista *adj, nmf* existentialiste *mf*
existente *adj* existant(e) ; **el único documento ~ de la época** l'unique document qui reste de cette période
existir *vi* exister ; (*vivir*) vivre
éxito *nm* succès *m* ; **tener ~** avoir du succès ; **~ editorial** best-seller *m*
exitoso, -a (*esp* Am) *adj* qui a du succès
éxodo *nm* exode *m* ; **el ~ rural/veraniego** l'exode rural/estival
exonerar *vt*: ~ **de** (*de cargo*) destituer de ; (*de obligación*) dispenser de
exorbitante *adj* exorbitant(e)
exorcice *etc vb ver* **exorcizar**
exorcismo *nm* exorcisme *m*
exorcista *adj*: **prácticas exorcistas** pratiques *fpl* exorcistes ▸ *nmf* exorciste *mf*
exorcizar *vt* exorciser
exótico, -a *adj* exotique
expandir (*Fís*) *vt* dilater ; (*noticia*) répandre ; (*Com*) se développer ; **expandirse** *vpr* (*cuerpo, gas*) se dilater ; (*ciudad*) s'étendre ; (*rumor, costumbre*) se répandre
expansión *nf* expansion *f* ; (*diversión*) distraction *f* ; **economía en ~** économie *f* en expansion ; **~ económica** expansion économique
expansionarse *vpr* (*gas*) se dilater ; (*recrearse*) s'amuser ; (*desahogarse*) s'épancher
expansionista *adj* expansionniste
expansivo, -a *adj* (*onda*) de propagation ; (*carácter*) expansif(-ive)
expatriado, -a *nm/f* expatrié(e)
expatriarse *vpr* s'expatrier
expectación *nf* attente *f* ; (*curiosidad*) curiosité *f*
expectante *adj* expectant(e) (*formal*), qui reste *ou* est dans l'expectative
expectativa *nf* expectative *f* ; (*perspectiva*) perspective *f* ; **estar a la ~** être dans l'expectative
expedición *nf* expédition *f* ; **gastos de ~** frais *mpl* d'expédition
expedientar *vt* établir le dossier de
expediente *nm* (*Jur: procedimiento*) procédure *f* ; (*: papeles*) dossier *m* ; (*Escol: tb:* **expediente académico**) dossier *m* scolaire ; **abrir/formar ~ a algn** engager une procédure contre qn ; **cubrir el ~** (*fam*) pratiquer la politique du moindre effort
expedir *vt* (*carta, mercancías*) expédier ; (*documento*) délivrer ; (*cheque*) établir
expeditivo, -a *adj* expéditif(-ive)
expedito, -a *adj* (*camino*) libre
expeler *vt* rejeter
expendedor, a *nm/f* vendeur(-euse) ; (*Teatro*) ouvreur(-euse) ▸ *nm* (*tb:* **expendedor automático**) guichet *m* automatique ; **~ de cigarrillos** distributeur *m* de cigarettes
expendeduría *nf* bureau *m* de tabac
expendio (Am) *nm* boutique *f*
expensas *nfpl* (*Jur*) frais *mpl* ; **a ~ de** aux frais de
experiencia *nf* expérience *f*
experimentación *nf* expérimentation *f*
experimentado, -a *adj* expérimenté(e)
experimental *adj* expérimental(e)
experimentalmente *adv* de manière expérimentale
experimentar *vt* (*en laboratorio*) expérimenter ; (*probar*) tester ; (*deterioro, aumento*) connaître ; (*sensación*) ressentir
experimento *nm* expérience *f*
experto, -a *adj, nm/f* expert(e)
expiar *vt* expier
expiatorio, -a *adj* expiatoire
expida *etc vb ver* **expedir**
expirar *vi* expirer
explanada *nf* esplanade *f*
explayarse *vpr* s'étendre ; (*fam: divertirse*) se changer les idées ; (*desahogarse*) se soulager ; **~ con algn** se confier à qn
explicación *nf* explication *f*
explicar *vt* expliquer ; **explicarse** *vpr* s'expliquer ; **explicarse algo** s'expliquer qch ; **no me lo explico** je ne me l'explique pas
explicativo, -a, explicatorio, -a *adj* explicatif(-ive)
explícito, -a *adj* explicite
explique *etc vb ver* **explicar**
exploración *nf* exploration *f*

explorador, a *nm/f* explorateur(-trice) ; (*Mil*) éclaireur(-euse) ▸ *nm* (*Med*) explorateur *m* ; (*radar*) détecteur *m* de radar
explorar *vt* explorer ; **~ el terreno** (*fig*) tâter le terrain
exploratorio, -a *adj* explorateur(-trice)
explosión *nf* explosion *f* ; **~ atómica/nuclear** explosion atomique/nucléaire
explosionar *vt* faire éclater ▸ *vi* exploser
explosivo, -a *adj* explosif(-ive) ▸ *nm* explosif *m*
explotación *nf* exploitation *f* ; **~ agrícola/minera/petrolífera** exploitation agricole/minière/pétrolifère
explotador, a *adj* qui exploite ▸ *nm/f* exploiteur(-euse)
explotar *vt* exploiter ▸ *vi* exploser
expolio *nm* spoliation *f* ; **armar un ~** (*fig*) faire du boucan *ou* foin (*fam*)
expondré *etc vb ver* **exponer**
exponente *nm*: **~ de** indicateur *m* de
exponer *vt* exposer ; **exponerse** *vpr*: **exponerse a (hacer) algo** s'exposer à (faire) qch
exponga *etc vb ver* **exponer**
exportación *nf* exportation *f*
exportador, a *adj, nm/f* exportateur(-trice)
exportar *vt* exporter
exposición *nf* exposition *f* ; **E~ Universal** Exposition universelle
exprés *adj inv* (*café*) express ▸ *nm* express *msg*
expresamente *adv* (*decir*) expressément ; (*ir*) exprès
expresar *vt* exprimer ; **expresarse** *vpr* s'exprimer
expresión *nf* expression *f* ; **~ corporal** expression corporelle
expresionismo *nm* expressionnisme *m*
expresionista *adj, nmf* expressionniste *mf*
expresividad *nf* expressivité *f*
expresivo, -a *adj* expressif(-ive)
expreso, -a *adj* (*explícito*) exprès(-esse) ; (*claro*) explicite ; (*tren*) express ▸ *nm* (*Ferro*) express *msg*
exprimidor *nm* presse-agrumes *m inv*
exprimir *vt* presser ; (*fig: explotar*) sucer jusqu'à la moelle ; **exprimirse** *vpr*: **exprimirse el cerebro** *o* **los sesos** se creuser la cervelle
ex profeso *adv* ex professo
expropiación *nf* expropriation *f* ; **orden de ~** ordonnance *f* d'expropriation
expropiar *vt* exproprier
expuesto, -a *pp de* **exponer** ▸ *adj* exposé(e) ; **estar ~ a** être exposé(e) à ; **según lo ~ arriba** d'après ce qui a été dit plus haut
expulsar *vt* expulser ; (*humo*) cracher
expulsión *nf* expulsion *f* ; (*de humo*) émission *f*
expurgar *vt* censurer
expuse *etc vb ver* **exponer**
exquisitez *nf* (*cualidad*) exquisité *f* ; (*comida*) délice *m* ; (*pey*) affectation *f*
exquisito, -a *adj* exquis(e) ; (*pey*) affecté(e)
Ext. *abr* = **extensión**
extasiarse *vpr* s'extasier
éxtasis *nm* extase *f*
extender *vt* étendre ; (*mantequilla, pintura*) étaler ; (*certificado, documento*) délivrer ; (*cheque, recibo*) établir ; **extenderse** *vpr* s'étendre ; (*en el tiempo*) se prolonger ; (*costumbre, rumor*) se répandre
extendido, -a *adj* étendu(e) ; (*costumbre, creencia*) répandu(e)
extensión *nf* étendue *f* ; (*Telec*) poste *m* ; (*Com: de plazo*) prolongation *f* ; **en toda la ~ de la palabra** dans tous les sens du terme ; **por ~** par extension
extensivo, -a *adj* extensive ; **hacer ~ a** s'appliquer à, s'étendre à ; **la crítica se hizo extensiva a toda la ciudad** la critique s'est appliquée à toute la ville
extenso, -a *adj* étendu(e)
extenuado, -a *adj* exténué(e)
extenuar *vt* exténuer
exterior *adj* extérieur(e) ; **Asuntos Exteriores** Affaires *fpl* étrangères ▸ *nm* extérieur *m* ; (*aspecto*) aspect *m* ; (*países extranjeros*) étranger *m* ; **al ~** à l'extérieur ; **en el ~** en extérieur ; **exteriores** *nmpl* (*Cine*) extérieurs *mpl*
exteriorice *etc vb ver* **exteriorizar**
exteriorizar *vt* extérioriser
exteriormente *adv* extérieurement
exterminar *vt* exterminer
exterminio *nm* extermination *f*
externalizar *vt* externaliser, sous-traiter
externamente *adv* extérieurement
externo, -a *adj* externe ; **de uso ~** (*Med*) à usage externe ▸ *nm/f* externe *mf*
extienda *etc vb ver* **extender**
extinción *nf* extinction *f*
extinga *etc vb ver* **extinguir**
extinguido, -a *adj* (*animal*) disparu(e) ; (*volcán*) éteint(e)
extinguir *vt* (*fuego*) éteindre ; (*especie, raza*) provoquer l'extinction de ; **extinguirse** *vpr* s'éteindre
extinto, -a *adj* disparu(e)
extintor *nm* (*tb*: **extintor de incendios**) extincteur *m*
extirpación *nf* extirpation *f*
extirpar *vt* (*mal*) éradiquer ; (*Med*) extirper
extorsión *nf* extorsion *f*
extorsionar *vt* extorquer
extra *adj inv* (*tiempo, paga*) supplémentaire ; (*chocolate, calidad*) extra *inv* ▸ *nmf* (*Cine*) figurant(e) ▸ *nm* (*bono*) bonus *m inv* ; (*de menú, cuenta*) supplément *m* ; (*periódico*) édition *f* spéciale
extra... *pref* extra...

extracción *nf* extraction *f* ; *(en lotería)* tirage *m*
extracto *nm* résumé *m* ; *(de café, hierbas)* extrait *m*
extractor *nm*: ~ **de humos** bouche *f* d'aération
extradición *nf* extradition *f*
extraditar *vt* extrader
extraer *vt* extraire
extraescolar *adj*: **actividad** ~ activité *f* extrascolaire
extrafino, -a *adj* extrafin(e) ; **azúcar** ~ sucre *m* semoule
extraiga *etc vb ver* **extraer**
extraje *etc vb ver* **extraer**
extrajera *etc vb ver* **extraer**
extrajudicial *adj* extrajudiciaire
extralimitarse *vpr*: ~ **(en)** dépasser les limites (de)
extranjería *nf*: **ley de** ~ statut *m* d'étranger
extranjerismo *nm* barbarisme *m*
extranjero, -a *adj, nm/f* étranger(-ère) ▸ *nm* étranger *m* ; **en el** ~ à l'étranger
extranjis *(fam)*: **de** ~ *adv* sans tambour ni trompette
extrañamiento *nm* bannissement *m*
extrañar *vt* étonner ; *(AM: echar de menos)* regretter ; *(algo nuevo)* ne pas reconnaître ; **me extraña** ça m'étonne ; **te extraño mucho** tu me manques beaucoup ; **extrañarse** *vpr*: **extrañarse (de)** s'étonner (de)
extrañeza *nf (rareza)* singularité *f* ; *(asombro)* étonnement *m*
extraño, -a *adj* étranger(-ère) ; *(raro)* bizarre ; **... lo que por ~ que parezca** ... ce qui, aussi bizarre que cela puisse paraître ▸ *nm/f* étranger(-ère)
extraoficial *adj* officieux(-euse)
extraordinariamente *adv* extraordinairement
extraordinario, -a *adj* extraordinaire ; *(edición)* spécial(e) ; **horas extraordinarias** heures *fpl* supplémentaires ▸ *nm (de periódico)* numéro *m* spécial
extrapolar *vt* extrapoler
extrarradio *nm* banlieue *f*
extrasensorial *adj*: **percepción** ~ perception *f* extrasensorielle
extraterrestre *nmf* extraterrestre *mf*
extrauterino, -a *adj* extra-utérin(e)
extravagancia *nf* extravagance *f*
extravagante *adj* extravagant(e)
extraviado, -a *adj* égaré(e)
extraviar *vt (objeto)* égarer ; **extraviarse** *vpr* s'égarer
extravío *nm* objet *m* perdu ; *(fig)* égarement *m*
extrayendo *vb ver* **extraer**
extremadamente *adv* extrêmement
extremado, -a *adj* extrême
Extremadura *nf* Estrémadure *f*
extremar *vt* pousser à l'extrême ; **extremarse** *vpr*: **extremarse en** se surpasser dans
extremaunción *nf* extrême-onction *f*
extremeño, -a *adj* d'Estrémadure ▸ *nm/f* natif(-ive) *o* habitant(e) d'Estrémadure
extremidad *nf* extrémité *f* ; **extremidades** *nfpl (Anat)* extrémités *fpl*
extremismo *nm* extrémisme *m*
extremista *adj, nmf* extrémiste *mf*
extremo, -a *adj* extrême ; **la extrema derecha/izquierda** *(Pol)* l'extrême droite *f*/gauche *f* ▸ *nm (punta)* extrémité *f* ; *(fig)* extrême *m* ; **en último** ~ en dernière extrémité ; **pasar de un ~ a otro** *(fig)* passer d'un extrême à l'autre ; **con** *o* **por** ~ extrêmement ; ~ **derecho/izquierdo** *(Deporte)* aile *f* droite/gauche ; **E~ Oriente** Extrême-Orient *m*
extrínseco, -a *adj* extrinsèque
extrovertido, -a *adj, nm/f* extraverti(e)
exuberancia *nf* exubérance *f*
exuberante *adj* exubérant(e)
exudar *vt, vi* exsuder
exultante *adj* débordant(e) de joie ; ~ **de felicidad** rayonnant(e) de bonheur
exultar *vi*: ~ **de alegría** exulter
exvoto *nm (Rel)* ex-voto *m*
eyaculación *nf* éjaculation *f*
eyacular *vi* éjaculer

e

Ff

F, f ['efe] *nf* (*letra*) F, f *m inv* ; **F de Francia** ≈ F comme François
fa *nm* fa *m*
fabada *nf potage mijoté avec des haricots et du chorizo*
fábrica *nf* usine *f* ; (*fabricación*) fabrique *f* ; **de ~** (*Arq*) en brique ; **marca/precio de ~** marque *f*/prix *m* de fabrique ; **~ de cerveza** brasserie *f* ; **~ de textil** manufacture *f* textile ; **F~ de Moneda y Timbre** ≈ Hôtel *m* de la Monnaie
fabricación *nf* fabrication *f* ; **de ~ casera** fait(e) maison ; **de ~ nacional** de fabrication nationale ; **~ en serie** fabrication en série
fabricante *nmf* fabricant(e)
fabricar *vt* fabriquer ; (*fig: cuento*) monter ; **~ en serie** fabriquer en série
fabril *adj*: **industria ~** industrie *f* de transformation
fabrique *etc vb ver* **fabricar**
fábula *nf* fable *f* ; (*chisme, mentira*) histoire *f*
fabulosamente *adv* fabuleusement
fabuloso, -a *adj* fabuleux(-euse)
facción *nf* (*Pol*) faction *f* ; **facciones** *nfpl* (*del rostro*) traits *mpl*
faceta *nf* facette *f*
facha (*fam*) *adj, nmf* (*pey*) facho *mf* ▸ *nf* (*aspecto*) aspect *m* ; **estar hecho una ~** ressembler à un épouvantail ; **¡qué ~ tienes!** tu es grotesque !
fachada *nf* façade *f*
facial *adj* (*rasgos, expresión*) du visage ; (*crema*) pour le visage
fácil *adj* facile ; **es ~ que venga** il est probable qu'il vienne ; **~ de hacer** facile à faire ; **~ de usar** (*Inform*) convivial(e)
facilidad *nf* facilité *f* ; **tener ~ para las matemáticas** avoir des facilités en mathématiques ; **~ de palabra** facilité pour s'exprimer ; **facilidades** *nfpl* (*condiciones favorables*) facilités *fpl* ; **« facilidades de pago »** (*Com*) « facilités de paiement »
facilitar *vt* faciliter ; (*proporcionar*) fournir ; **le agradecería me facilitara ...** je vous serais reconnaissant de bien vouloir me fournir ...
fácilmente *adv* facilement
facón (*CSur*) *nm* couteau *m*
facsímil *nm* fac-similé *m*
factible *adj* faisable
fáctico, -a *adj*: **los poderes fácticos** le pouvoir de fait
factor *nm* (*tb Mat*) facteur *m* ; (*Com*) agent *m* ; (*Ferro*) préposé *m* au fret ; **~ sorpresa** facteur surprise
factoría *nf* (*fábrica*) fabrique *f* ; (*agencia*) succursale *f*
factura *nf* facture *f* ; **presentar ~ a** présenter sa facture à
facturación *nf* (*Com*) facturation *f* ; (*: ventas*) chiffre *m* d'affaires ; **~ de equipajes** enregistrement *m* des bagages
facturar *vt* (*Com*) facturer ; (*equipaje*) enregistrer
facultad *nf* faculté *f* ; **tener/no tener ~ para hacer algo** avoir/ne pas avoir la faculté de faire qch ; **facultades mentales** facultés mentales
facultativo, -a *adj* facultatif(-ive) ; (*funcionario, cuerpo*) de faculté ; **prescripción facultativa** ordonnance *f* ▸ *nm/f* médecin *m*
FAD (*Esp*) *sigla m* = **Fondo de Ayuda y Desarrollo**
faena *nf* tâche *f* ; (*Chi*) équipe *f* d'ouvriers ; **faenas domésticas** tâches domestiques ; **hacerle una ~ a algn** (*fam*) jouer un mauvais tour à qn
faenar *vi* pêcher
fagot *nm* trompe *f*
faisán *nm* faisan *m*
faja *nf* (*para la cintura*) ceinture *f* ; (*de mujer*) gaine *f* ; (*de tierra, libro etc*) bande *f*
fajo *nm* liasse *f*
falacia *nf* fausseté *f*
falange *nf* phalange *f* ; **la F~** (*Pol*) la phalange espagnole
falangista *adj, nmf* (*Pol*) phalangiste *mf*
falaz *adj* fallacieux(-euse)
falda *nf* jupe *f* ; (*Geo*) versant *m* ; (*de mesa, camilla*) couverture *f* ; (*regazo*) genoux *mpl* ; **~ escocesa** kilt *m* ; **~ pantalón** jupe-culotte *f* ; **faldas** *nfpl* (*fam: mujeres*) bonnes femmes *fpl*
fálico, -a *adj* phallique
falla *nf* (*Geo*) faille *f* ; (*defecto*) défaillance *f*

LAS FALLAS

Les **Fallas** ou fêtes de la Saint-Joseph, en l'honneur du saint patron de la ville, ont lieu chaque année à Valence, la semaine du 19 mars. Le terme **fallas** désigne les grandes figures en papier mâché et en bois, à l'effigie d'hommes politiques et de personnalités connues, qui sont réalisées pendant l'année par les différentes équipes en compétition. Ces figures sont ensuite examinées par un jury et brûlées dans des feux de joie. Seule la meilleure échappe aux flammes.

fallar *vt* (*Jur*) prononcer ; (*blanco*) manquer ▸ *vi* échouer ; (*cuerda, rama*) céder ; (*motor*) tomber en panne ; (*frenos*) lâcher ; **~ a algn** décevoir qn ; **le falló la memoria** il a eu un trou de mémoire ; **le fallaron las piernas** les jambes lui ont manqué ; **sin ~** sans faute ; **~ en favor/en contra** (*Jur*) se prononcer en faveur/contre
fallas *nfpl voir article*
fallecer *vi* décéder
fallecido, -a *adj* décédé(e) ▸ *nm/f* défunt(e)
fallecimiento *nm* décès *m*
fallezca *etc vb ver* **fallecer**
fallido, -a *adj* avorté(e)
fallo *nm* (*Jur*) jugement *m* ; (*defecto, Inform*) défaut *m* ; (*error*) erreur *f* ; (*de motor*) défaillance *f* ; (*Deporte*) faute *f* ; **~ cardíaco** crise *f* cardiaque
fallutería (CSur) *nf* hypocrisie *f*
falluto, -a (CSur) *adj* hypocrite
falo *nm* phallus *m*
falsear *vt* (*hechos*) altérer ; (*cifras*) maquiller ▸ *vi* (*Mús*) se désaccorder
falsedad *nf* fausseté *f* ; (*mentira*) mensonge *m*
falsete *nm* (*Mús*) fausset *m*
falsificación *nf* falsification *f* ; (*objeto*) contrefaçon *f*
falsificador, a *nm/f* falsificateur(-trice)
falsificar *vt* falsifier
falsifique *etc vb ver* **falsificar**
falso, -a *adj* faux (fausse) ; (*puerta*) dérobé(e) ; **declarar en ~** faire une fausse déclaration ; **dar un paso en ~** (*tb fig*) faire un faux pas
falta *nf* (*carencia*) manque *m* ; (*defecto, en comportamiento*) défaut *m* ; (*ausencia*) absence *f* ; (*en examen, ejercicio, Deporte*) faute *f* ; (*Jur*) erreur *f* ; **echar en ~**: **echa en ~ a su familia** sa famille lui manque ; **echo en ~ mis gafas** j'aurais bien besoin de mes lunettes ; **hace ~ hacerlo** il faut le faire ; **no hace ~ que vengas** il n'est pas nécessaire que tu viennes ; **me hace ~ un lápiz** j'ai besoin d'un crayon ; **sin ~** sans faute ; **a/por ~ de** faute de ; **~ de asistencia** non-assistance *f* ; **~ de educación** manque d'éducation ; **~ de ortografía** faute d'orthographe ; **~ de respeto** manque de respect
faltar *vi* manquer ; (*escasear*) se faire rare ; **le falta algo** il lui manque quelque chose ; **¿falta algo?** il manque quelque chose ? ; **¿falta mucho?** c'est encore loin ? ; **faltan dos horas para llegar** il reste encore deux heures avant que l'on arrive ; **falta poco para que termine** c'est presque fini ; **~ al respeto a algn** manquer de respect à qn ; **~ a una cita/a clase** manquer un rendez-vous/la classe ; **~ al trabajo** ne pas aller au travail ; **faltó a su palabra/promesa** il a manqué à sa parole/promesse ; **~ por hacer** rester à faire ; **~ a la verdad** faire une entorse à la vérité ; **¡no faltaba** *o* **faltaría más!** (*naturalmente*) mais bien sûr ! ; (*¡ni hablar!*) il ne manquerait plus que ça ! ; **¡lo que faltaba!** c'est le bouquet !
falto, -a *adj*: **está ~ de** il (elle) manque de
fama *nf* (*celebridad*) célébrité *f* ; (*reputación*) réputation *f* ; **tener ~ de** avoir la réputation de ; **tener mala ~** avoir mauvaise réputation
famélico, -a *adj* famélique
familia *nf* famille *f* ; **de buena ~** de bonne famille ; **estamos (como) en ~** on est en famille ; **~ numerosa** famille nombreuse ; **~ política** belle famille
familiar *adj* familial(e) ; (*conocido, informal*) familier(-ière) ▸ *nm* parent(e)
familiarice *etc vb ver* **familiarizarse**
familiaridad *nf* familiarité *f* ; **familiaridades** *nfpl* (*pey*) familiarités *fpl*
familiarizarse *vpr*: **~ con** se familiariser avec
famoso, -a *adj* célèbre ▸ *nm/f* célébrité *f*
fan (*pl* **fans**) *nmf* fan *mf*
fanático, -a *adj, nm/f* fanatique *mf* ; **ser un ~ de** être un fanatique de
fanatismo *nm* fanatisme *m*
fandango *nm* (*Mús*) fandango *m* ; (*fam: jaleo*) chahut *m*, fatras *m* ; **se armó un ~** il y a eu un sacré boucan (*fam*)
fané (Arg) *adj* crevé(e)
fanfarria *nf* fanfare *f*
fanfarrón, -ona *adj, nm/f* fanfaron(ne)
fanfarronear *vi* fanfaronner
fango *nm* boue *f* ; (*fig*) fange *f*
fangoso, -a *adj* boueux(-euse) ; (*consistencia*) visqueux(-euse)
fantasear *vi* rêver
fantasía *nf* fantaisie *f* ; **joyas de ~** bijoux *mpl* fantaisie ; **fantasías** *nfpl* (*ilusiones*) illusions *fpl*
fantasma *nm* fantôme *m* ; (*pey: presuntuoso*) frimeur(-euse) ; **compañía ~** société *f* fantôme
fantasmal *adj* fantomatique
fantástico, -a *adj* fantastique
fantoche (*fam*) *nm* épouvantail *m* ; **ser un ~** (*fig: político etc*) être un fantoche
fanzine *nm* fanzine *m*

f

FAO *sigla f* (*= Organización de las Naciones Unidas para la Agricultura y la Alimentación*) FAO *f* (*= Organisation des Nations unies pour l'alimentation et l'agriculture*)
faquir *nm* fakir *m*
farándula *nf* théâtre *m*
faraón *nm* pharaon *m*
faraónico, -a *adj* (*tb fig*) pharaonique
FARC *nfpl abr* (Col) = **Fuerzas Armadas Revolucionarias de Colombia**
fardar (*fam*) *vi* se pavaner ; **~ de** se vanter de
fardo *nm* balluchon *m*
fardón, -ona (*fam*) *adj* (*persona*) m'as-tu-vu *inv* ; (*objeto*) classe *inv*
farfullar *vt* balbutier
faringe *nf* pharynx *m*
faringitis *nf* pharyngite *f*
farmacéutico, -a *adj* pharmaceutique ▶ *nm/f* pharmacien(ne)
farmacia *nf* pharmacie *f* ; **~ de guardia** pharmacie de garde
fármaco *nm* médicament *m*
faro *nm* (*Náut, Auto*) phare *m* ; (*señal*) feu *m* ; **faros antiniebla** phares *mpl* antibrouillard ; **faros delanteros/traseros** feux *mpl* avant/arrière
farol *nm* lanterne *f* ; (*Ferro*) feu *m* ; (*poste*) réverbère *m* ; **echarse** *o* **tirarse un ~** (*fam*) frimer
farola *nf* réverbère *m*
farolero, -a (*pey*) *adj* crâneur(-euse)
farolillo *nm* lampion *m*
farra (*esp* Arg) *nf* foire *f*
farragoso, -a *adj* confus(e), décousu(e)
farruco, -a (*fam*) *adj*: **estar** *o* **ponerse ~** jouer les fiers-à-bras
farsa *nf* farce *f* ; **¡es una ~!** (*fig*) quelle farce !
farsante *nmf* comédien(ne)
FASA (Esp) *sigla f* (*Auto*) = **Fábrica de Automóviles S.A.**
fascículo *nm* fascicule *m*
fascinación *nf* fascination *f*
fascinante *adj* fascinant(e)
fascinar *vt* fasciner
fascismo *nm* fascisme *m*
fascista *adj, nmf* fasciste *mf*
fase *nf* phase *f*
fashion ['fæʃən] (*fam*) *adj* à la mode
fastidiar *vt* (*molestar*) ennuyer ; (*estropear*) gâcher ; **¡no te fastidia!** tu imagines ! ▶ *vi*: **¡no fastidies!** tu n'y penses pas ! ; **ando fastidiado del estómago** j'ai l'estomac détraqué ; **fastidiarse** *vpr* prendre sur soi
fastidio *nm* ennui *m* ; **¡qué ~!** c'est trop bête !
fastidioso, -a *adj* ennuyeux(-euse)
fastuosamente *adv* somptueusement
fastuoso, -a *adj* fastueux(-euse)
fatal *adj* fatal(e) ; (*fam: malo*) nul(le) ▶ *adv* très mal ; **lo pasó ~** ça a été très dur pour lui
fatalidad *nf* fatalité *f*
fatalismo *nm* fatalisme *m*
fatídico, -a *adj* fatidique
fatiga *nf* fatigue *f* ; **fatigas** *nfpl* (*penalidades*) tracas *mpl*
fatigar *vt* fatiguer ; (*molestar*) ennuyer ; **fatigarse** *vpr* se fatiguer
fatigosamente *adv* péniblement
fatigoso, -a *adj* (*tarea*) pénible ; (*respiración*) difficile
fatigue *etc vb ver* **fatigar**
fatuo, -a *adj* fat
fauces *nfpl* mandibules *fpl*
fauna *nf* faune *f*
Fausto *nm* Faust
fausto *nm* faste *m*
favor *nm* (*servicio*) service *m* ; (*apoyo*) faveur *f* ; **haga el ~ de ...** faites-moi le plaisir de ... ; **por ~** s'il te/vous plaît ; **a ~** pour ; **a ~ de** en faveur de ; (*Com*) à l'ordre de ; **en ~ de** en faveur de ; **gozar del ~ de algn** jouir de l'estime de qn
favorable *adj* favorable ; **ser ~ a algo** être favorable à qch
favorablemente *adv* favorablement
favorecedor, a *adj* seyant(e)
favorecer *vt* favoriser ; (*suj: vestido, peinado*) avantager
favorezca *etc vb ver* **favorecer**
favoritismo *nm* favoritisme *m*
favorito, -a *adj, nm/f* favori(te)
fax *nm* fax *m*
fayuca (Méx *fam*) *nf* contrebande *f*
fayuquero, -a (Méx *fam*) *adj, nm/f* contrebandier(-ière)
faz *nf* visage *m* ; **la ~ de la tierra** la face de la terre
FBI *sigla m* FBI *m*
F.C. *abr* = **ferrocarril**; (*= Fútbol Club*) FC *m* (*= Football Club*)
f.c. *abr* = **ferrocarril**
fe *nf* foi *f* ; **de buena/mala fe** de bonne/mauvaise foi ; **dar fe de** faire foi de ; **tener fe en algo/algn** avoir foi en qch/qn ; **fe de bautismo/de vida** certificat *m* de baptême/de vie ; **fe de erratas** errata *m*
fealdad *nf* laideur *f*
feb. *abr* = **febrero**
feb.º *abr* = **febrero**
febrero *nm* février *m* ; *ver tb* **julio**
febril *adj* fiévreux(-euse) ; (*fig*) fébrile
fecal *adj* fécal(e)
fecha *nf* date *f* ; **en ~ próxima** prochainement ; **hasta la ~** jusqu'à aujourd'hui ; **por estas fechas** aux alentours de cette date ; **~ de caducidad** (*de alimentos*) date limite de consommation ; (*de contrato*) terme *m* ; **~ de vencimiento** (*Com*) date d'échéance ; **~ de nacimiento** date de naissance ; **~ límite** *o* **tope** date limite
fechar *vt* dater

fechoría *nf* méfait *m*
fécula *nf* fécule *f*
fecundación *nf* fécondation *f* ; **~ artificial/in vitro** fécondation artificielle/in vitro
fecundar *vt* féconder
fecundidad *nf* fécondité *f*
fecundo, -a *adj* (*mujer, fig*) fécond(e) ; (*tierra*) fertile
FED *sigla m* (= *Fondo Europeo de Desarollo*) FER *m* (= *Fonds européen de développement*)
FEDER *sigla m* (= *Fondo Europeo de Desarollo Regional*) FEDER *m* (= *Fonds européen de développement régional*)
federación *nf* fédération *f*
federal *adj* fédéral(e)
federalismo *nm* fédéralisme *m*
federarse *vpr* se fédérer
FEF *sigla f* = **Federación Española de Fútbol**
fehaciente *adj* probant(e)
felación *nf* fellation *f*
felicidad *nf* bonheur *m* ; (*dicha*) félicité *f* ; **felicidades** (*en general*) tous mes *etc* vœux ; (*enhorabuena*) félicitations ; (*en cumpleaños*) joyeux anniversaire
felicitación *nf* (*enhorabuena*) vœux *mpl* ; (*tarjeta*) carte *f* de vœux ; **~ navideña** *o* **de Navidad** carte de Noël
felicitar *vt*: **~ (por)** féliciter (pour) ; **me felicitó por mi cumpleaños** il me souhaita un bon anniversaire ; **~ las Pascuas** souhaiter un joyeux Noël ; **¡te felicito!** je te félicite !
feligrés, -esa *nm/f* fidèle *mf*
felino, -a *adj* félin(e)
feliz *adj* heureux(-euse) ; **¡~ cumpleaños!** bon anniversaire ! ; **¡felices Pascuas!** *o* **Navidades!** joyeux Noël !
felizmente *adv* favorablement
felonía *nf* félonie *f*
felpa *nf* velours *msg*
felpudo *nm* paillasson *m*
femenino, -a *adj* féminin(e) ; (*Zool, Bio*) femelle ▸ *nm* (*Ling*) féminin *m*
feminicidio *nm* féminicide *m*
feminismo *nm* féminisme *m*
feminista *adj, nmf* féministe *mf*
femoral *adj* fémoral(e) ▸ *nf* fémorale
fémur *nm* fémur *m*
fenicio, -a *adj* phénicien(-enne) ▸ *nm/f* Phénicien(-enne) ▸ *nm* (*Ling*) phénicien *m*
fenomenal (*fam*) *adj* (*enorme*) phénoménal(e) ; (*estupendo*) sensationnel(le) ▸ *adv* vachement bien ▸ *excl* super !
fenómeno *nm* phénomène *m* ▸ *adv* (*fam*): **lo pasamos ~** on s'est vachement bien amusés ▸ *excl* (*fam*) super !
feo, -a *adj* laid(e) ; **esto se está poniendo ~** ça va mal tourner ; **más ~ que Picio** laid(e) comme un pou ▸ *nm*: **hacer un ~ a algn** faire un sale coup à qn
féretro *nm* cercueil *m*
feria *nf* foire *f* ; (*AM: mercado de pueblo*) marché *m* ; (*MÉX: cambio*) monnaie *f* ; **~ comercial/de muestras** marché *m*/salon *m* ; **ferias** *nfpl* (*fiestas*) fêtes *fpl*
feriado, -a (*AM*) *adj* férié(e) ▸ *nm* jour *m* férié
ferial *adj*: **recinto ~** champ *m* de foire
fermentación *nf* fermentation *f*
fermentar *vi* fermenter
fermento *nm* ferment *m*
ferocidad *nf* férocité *f*
feroz *adj* féroce ; (*fam: hambre*) de loup ; (*ganas*) dingue
férreo, -a *adj* ferreux(-euse) ; (*fig*) de fer ; **vía férrea** voie *f* ferrée
ferretería *nf* quincaillerie *f*
ferrocarril *nm* chemin *m* de fer ; **~ de vía estrecha/única** chemin de fer à voie étroite/unique
ferroviario, -a *adj* ferroviaire ▸ *nm/f* employé(e) des chemins de fer
ferry ['feri] (*pl* **ferries**) *nm* ferry *m*
fértil *adj* (*tierra, fig*) fertile ; (*persona*) fécond(e)
fertilice *etc vb ver* **fertilizar**
fertilidad *nf* (*de tierra*) fertilité *f* ; (*de persona*) fécondité *f*
fertilizante *nm* engrais *msg*
fertilizar *vt* fertiliser
ferviente *adj* fervent(e)
fervor *nm* ferveur *f*
fervoroso, -a *adj* = **ferviente**
festejar *vt* fêter
festejo *nm* fête *f* ; **festejos** *nmpl* (*fiestas*) festivités *fpl*
festín *nm* festin *m*
festival *nm* festival *m*
festividad *nf* festivités *fpl*
festivo, -a *adj* festif(-ive) ; (*alegre*) joyeux(-euse) ; **día ~** jour *m* férié
fetal *adj*: **posición ~** position *f* fœtale
fetiche *nm* talisman *m*
fetichismo *nm* fétichisme *m*
fetichista *adj, nmf* fétichiste *mf*
fétido, -a *adj* fétide
feto *nm* fœtus *msg*
feudal *adj* féodal(e)
feudalismo *nm* féodalisme *m*
feudo *nm* (*Hist*) fief *m* ; (*Deporte*) fief *m*, terrain *m* ; **resultaron ganadores en su ~** ils ont gagné dans leur fief
F.E.V.E. *sigla f* = **Ferrocarriles Españoles de Vía Estrecha**
FF.AA. *abr* (*Mil:* = *Fuerzas Armadas*) *ver* **fuerza**
FF.CC. *abr* (= *Ferrocarriles*) *chemins de fer*
fiabilidad *nf* fiabilité *f*
fiable *adj* fiable
fiaca (*ARG fam*) *nf* flemme *f*
fiado *nm*: **comprar (al) ~** acheter à crédit
fiador, a *nm/f* garant(e) ; **salir ~ por algn** se porter garant(e) de qn

f

fiambre *adj* (*Culin*) froid(e) ▸ *nm* (*Culin*) charcuterie *f* ; (*fam*) macchabée *m*
fiambrera *nf* panier-repas *msg*
fianza *nf* caution *f* ; **libertad bajo ~** (*Jur*) liberté *f* sous caution
fiar *vt* vendre à crédit ; (*salir garante de*) se porter garant(e) de ▸ *vi* vendre à crédit ; **es de ~** on peut se fier à lui ; **fiarse** *vpr*: **fiarse de algn/algo** avoir confiance en qn/qch
fiasco *nm* fiasco *m*
fibra *nf* fibre *f* ; (*fig*) punch *m* ; **~ de vidrio** fibre de verre ; **~ óptica** (*Inform*) fibre optique
fibrosis *nf inv* fibrose *f*
ficción *nf* fiction *f* ; **literatura/obra de ~** littérature *f*/œuvre *f* de fiction
ficha *nf* fiche *f* ; (*en juegos, casino*) jeton *m* ; **~ policial** fiche de police ; **~ técnica** (*Cine*) fiche technique
fichaje *nm* (*Deporte*) recrue *f* ; (*: suma de dinero*) investissement *m* ; **ser un buen ~** être une bonne recrue
fichar *vt* ficher ; (*Deporte*) recruter ; (*fig*) classer ; **estar fichado** être fiché ▸ *vi* (*deportista*) se faire recruter ; (*trabajador*) pointer
fichero *nm* fichier *m* ; **nombre de ~** (*Inform*) nom *m* de fichier ; **~ activo/archivado/indexado** (*Inform*) fichier actif/archivé/indexé ; **~ de reserva** (*Inform*) fichier de sauvegarde
ficticio, -a *adj* (*imaginario*) fictif(-ive) ; (*falso*) simulé(e)
ficus *pl inv nm* ficus *msg*
fidedigno, -a *adj* authentique
fideicomisario *nm* (*Jur*) fidéicommissaire *m*
fideicomiso *nm* (*Jur*) fidéicommis *m*
fidelidad *nf* fidélité *f* ; **alta ~** haute fidélité
fidelísimo, -a *adj superl de* **fiel**
fidelizar *vt* (*Com*) fidéliser
fideos *nmpl* vermicelles *mpl*
fiduciario, -a *nm/f* fiduciaire *m*
fiebre *nf* fièvre *f* ; **tener ~** avoir de la fièvre ; **~ amarilla** fièvre jaune ; **~ del heno** rhume *m* des foins ; **~ palúdica** paludisme *m*
fiel *adj* fidèle ▸ *nmf*: **los fieles** (*Rel*) les fidèles *mpl* ▸ *nm* aiguille *f*
fielmente *adv* fidèlement
fieltro *nm* feutre *m*
fiera *nf* bête *f* féroce ; **ponerse hecho una ~** monter sur ses grands chevaux ; **ser un(a) ~ en** *o* **para algo** être un crack en qch
fiereza *nf* férocité *f*
fiero, -a *adj* féroce
fierro (*Am*) *nm* fer *m*
fiesta *nf* fête *f* ; (*vacaciones: tb*: **fiestas**) fêtes *fpl* ; *voir article* ; **hoy/mañana es ~** aujourd'hui/demain c'est férié ; **estar de ~** faire la fête ; **~ de guardar** (*Rel*) fête d'obligation ; **~ nacional** fête nationale

FIESTA

Les **fiestas** espagnoles correspondent à des fêtes légales ou à des jours fériés institués par chaque région autonome. Elles coïncident souvent avec des fêtes religieuses. De nombreuses **fiestas** sont également organisées dans toute l'Espagne en l'honneur de la Sainte Vierge ou du saint patron de la ville ou du village. Les festivités, qui durent plusieurs jours, peuvent comporter des processions, des défilés de carnaval, une fête foraine, des courses de taureaux et des bals.

FIFA *sigla f* (*= Federación Internacional de Fútbol Asociación*) FIFA *f* (*= Fédération internationale de football association*)
fifí (*Méx*) *nm* petit monsieur *m*
figura *nf* figure *f* ; (*forma, imagen*) silhouette *f* ; (*de porcelana, cristal*) figurine *f* ; **~ retórica** figure de rhétorique
figuración *nf* (*Cine*) figuration *f* ; **figuraciones** *nfpl* (*imaginación*): **eso son figuraciones tuyas** tu te fais des idées
figurado, -a *adj* figuré(e)
figurante *nmf* (*Teatro*) figurant(e)
figurar *vt, vi* figurer ; **figurarse** *vpr* se figurer ; **¡figúrate!** figure-toi ! ; **ya me lo figuraba** je l'avais bien dit
figurativo, -a *adj* figuratif(-ive)
fijación *nf* fixation *f*
fijador *nm* fixateur *m*
fijamente *adv* (*sujetarse*) solidement ; (*mirar*) fixement
fijar *vt* fixer ; (*sellos*) coller ; (*cartel*) afficher ; (*residencia*) établir ; **~ algo a** attacher qch à ; **fijarse** *vpr*: **fijarse (en)** observer ; **¡fíjate!** tu te rends compte !
fijeza *nf*: **con ~** (*mirar*) fixement ; (*saber*) avec assurance
fijo, -a *adj* fixe ; (*sujeto*): **~ (a)** fixé(e) (à) ; **de ~** assurément ▸ *adv*: **mirar ~** regarder fixement ▸ *nm* (*teléfono*) fixe *m*
fila *nf* file *f* ; (*Deporte, Teatro*) rang *m* ; (*fig: facción*) faction *f* ; **ponerse en ~** se mettre en file ; **en primera ~** au premier rang ; **~ india** file indienne ; **filas** *nfpl* (*Mil*) service *m* militaire ; **alistarse** *o* **incorporarse a filas** être incorporé dans l'armée
filamento *nm* filament *m*
filantropía *nf* philanthropie *f*
filantrópico, -a *adj* philanthropique
filántropo, -a *nm/f* philanthrope *mf*
filarmónica *nf* philharmonique *f*
filatelia *nf* philatélie *f*
filatélico, -a *adj* philatélique ▸ *nm/f* philatéliste *mf*
filete *nm* filet *m*
filiación *nf* filiation *f* ; (*Pol*) affiliation *f* ; (*datos personales*) fiche *f* d'état civil

filial *adj* filial(e) ▸ *nf* filiale *f*
filigrana *nf* filigrane *f*
Filipinas *nfpl*: **las (Islas) ~** les (îles) Philippines *fpl*
filipino, -a *adj* philippin(e) ▸ *nm/f* Philippin(e)
film (*pl* **films**) *nm* film *m*
filmación *nf* tournage *m*
filmar *vt* filmer
filme *nm* = **film**
fílmico, -a *adj* filmique ; **su carrera fílmica** sa carrière filmique
filmografía *nf* filmographie *f*
filmoteca *nf* (*cine*) cinémathèque *f* ; (*archivo*) filmothèque *f*
filo *nm* fil *m* ; **sacar ~ a** aiguiser ; **al ~ de la medianoche** à minuit sonnant ; **arma de doble ~** (*fig*) arme *f* à double tranchant
filología *nf* philologie *f* ; **~ francesa/inglesa/alemana** (*Univ*) philologie française/anglaise/germanique
filólogo, -a *nm/f* philologue *mf*
filón *nm* filon *m*
filoso, -a (*Am*) *adj* aiguisé(e)
filosofía *nf* philosophie *f* ; **tomarse algo con mucha ~** prendre qch avec philosophie
filosófico, -a *adj* philosophique ; (*actitud*) philosophe
filósofo, -a *nm/f* philosophe *mf*
filtración *nf* (*de luz*) filtration *f* ; (*de agua*) infiltration *f* ; (*fig: de fondos*) détournement *m* ; (*: de datos*) filtrage *m*
filtrar *vt* filtrer ▸ *vi* s'infiltrer ; **filtrarse** *vpr* (*líquido*) s'infiltrer ; (*luz, noticia*) filtrer ; (*fig: dinero*) s'envoler
filtro *nm* filtre *m* ; (*papel*) buvard *m* ; **~ de aceite** (*Auto*) filtre à huile
filudo, -a (*Am*) *adj* effilé(e)
fin *nm* fin *f* ; **a ~ de cuentas** en fin de compte ; **al ~** à la fin ; **al ~ y al cabo** finalement ; **a ~ de** afin de ; **a ~ de que** afin que ; **a fines de** à la fin de ; **por/en ~** enfin ; **dar** *o* **poner ~ a algo** mettre fin à qch ; **con el ~ de** dans le but de ; **sin ~** sans fin ; **llegar a ~ de mes** (*fig*) boucler ses fins de mois ; **~ de año** Saint-Sylvestre *f* ; **~ de archivo** (*Inform*) fin de fichier ; **~ de registro** (*Inform*) fin de sauvegarde ; **~ de semana** week-end *m*
final *adj* final(e) ▸ *nm* (*de partido, tarde, novela*) fin *f* ; (*de calle*) bout *m* ; **al ~** à la fin ; **a finales de mayo** fin mai ▸ *nf* (*Deporte*) finale *f*
finalice *etc vb ver* **finalizar**
finalidad *nf* finalité *f*
finalista *nmf* finaliste *mf*
finalización *nf* fin *f*, terme *m*
finalizar *vt* terminer ; **~ la sesión** (*Inform*) clore la session ▸ *vi* toucher à sa fin
finalmente *adv* finalement
financiación *nf* financement *m* ; **~ colectiva** *o* **en masa** financement participatif
financiar *vt* financer
financiera *nf* groupe *m* financier ; *ver tb* **financiero**
financiero, -a *adj, nm/f* financier(-ière)
financista (*Am*) *nmf* financier *m*
finanzas *nfpl* affaires *fpl*
finca *nf* propriété *f* ; (*edificio*) immeuble *m*
finde (*fam*) *nm* week-end *m*
fingir *vt* feindre ▸ *vi* mentir ; **fingirse** *vpr*: **fingirse dormido** faire semblant de dormir ; **fingirse un sabio** se donner des airs de savant
finiquitar *vt* (*Econ: cuenta*) solder
finiquito *nm* solde *m*
finito, -a *adj* fini(e)
finja *etc vb ver* **fingir**
finlandés, -esa *adj* finlandais(e) ▸ *nm/f* Finlandais(e) ▸ *nm* (*Ling*) finnois *m*
Finlandia *nf* Finlande *f*
fino, -a *adj* fin(e) ; (*tipo*) mince ; (*de buenas maneras*) délicat(e) ▸ *nm* (*jerez*) xérès *m*
finolis (*fam*) *adj inv* délicat(e), snob
finura *nf* finesse *f* ; (*en modales*) délicatesse *f*
fiordo *nm* fjord *m*
FIP (*Esp*) *sigla f* = **Formación Intensiva Profesional**
firma *nf* signature *f* ; (*Com*) firme *f*
firmamento *nm* firmament *m*
firmante *adj, nmf* signataire *mf* ; **los abajo firmantes** les soussignés
firmar *vt, vi* signer ; **~ un contrato** signer un contrat ; **firmado y sellado** signé et scellé
firme *adj* solide ; (*fig*) ferme ; **oferta en ~** (*Com*) offre *f* ferme ; **de ~** avec acharnement ; **mantenerse ~** (*fig*) tenir ferme ; **¡firmes!** (*Mil*) garde-à-vous ! ▸ *nm* chaussée *f*
firmemente *adv* fermement
firmeza *nf* fermeté *f* ; (*solidez*) solidité *f* ; (*perseverancia*) persévérance *f*
fiscal *adj* fiscal(e) ▸ *nm* (*Jur*) avocat *m* général
fiscalía *nf* (*cargo*) ministère *m* public ; (*oficina*) cabinet *m* du Procureur
fiscalice *etc vb ver* **fiscalizar**
fiscalidad *nf* fiscalité *f*
fiscalizar *vt* fiscaliser ; (*pey*) juger
fisco *nm* fisc *m* ; **declarar algo al ~** déclarer qch au fisc
fisgar *vt* fouiner dans ▸ *vi* fouiner
fisgón, -ona *adj* fouineur(-euse)
fisgonear *vt* fureter dans ▸ *vi* fureter
fisgue *etc vb ver* **fisgar**
física *nf* physique *f* ; *ver tb* **físico**
físicamente *adv* physiquement
físico, -a *adj* physique ▸ *nm* physique *m* ▸ *nm/f* physicien(ne)
fisiología *nf* physiologie *f*
fisiológico, -a *adj* physiologique
fisión *nf* fission *f* ; **~ nuclear** fission *f* nucléaire
fisioterapeuta *nmf* physiothérapeute *mf*

f

fisioterapia *nf* physiothérapie *f*
fisioterapista (Arg) *nmf* = **fisioterapeuta**
fisonomía *nf* physionomie *f*
fisonomista *nmf*: **ser buen ~** être physionomiste
fístula *nf* fistule *f*
fisura *nf* fissure *f* ; (*de hueso*) fracture *f*
flác(c)ido, -a *adj* flasque
flacidez, flaccidez *nf*: **tengo flac(c)idez en los músculos** mes muscles sont flasques
flácido, -a, fláccido, -a *adj* flasque
flaco, -a *adj* (*delgado*) maigre ; (*débil*) faible ; **punto ~** point *m* faible
flagrante *adj* flagrant(e) ; **en ~ delito** en flagrant délit
flamante (*fam*) *adj* (*vistoso*) voyant(e) ; (*nuevo*) flambant neuf (neuve)
flamear *vt* (*Culin*) flamber
flamenco, -a *adj* (*de Flandes*) flamand(e) ; (*baile, música*) flamenco ; **ponerse ~** frimer ▸ *nm/f* Flamand(e) ; **los flamencos** les Flamands ▸ *nm* flamenco *m* ; (*Ling*) flamand *m* ; (*Zool*) flamant *m*
flan *nm* flan *m* ; **~ de arroz/verduras** boule *f* de riz/légumes
flanco *nm* flanc *m*
Flandes *nm* Flandre *f*
flanquear *vt* flanquer ; (*Mil: atacar*) déborder
flaquear *vi* flancher
flaqueza *nf* faiblesse *f*
flaquísimo, -a *adj superl de* **flaco**
flash [flas] (*pl* **flashes**) *nm* (*Foto*) flash *m*
flato *nm* ballonnement *m*
flatulencia *nf* flatulence *f*
flauta *nf* flûte *f* ; **¡la gran ~!** (Am: *fam*) flûte ! ; **de la gran ~** (*bárbaro*) du tonnerre ; **hijo de la gran ~** (*fam!*) fils *m* de pute (*fam !*) ; **~ dulce** flûte à bec ; **~ travesera** flûte traversière ▸ *nmf* flûtiste *mf*
flautista *nmf* flûtiste *mf*
flebitis *nf* phlébite *f*
flecha *nf* flèche *f*
flechazo *nm* (*enamoramiento*) coup *m* de foudre ; (*disparo*) tir *m* de flèche
fleco *nm* frange *f*
flema *nm* flegme *m*
flemático, -a *adj* flegmatique
flemón *nm* (*Med*) abcès *m*
flequillo *nm* frange *f*
fletar *vt* (*barco, avión*) affréter ; (*autocar, camión*) fréter ; (*mercancías*) transporter
flete *nm* fret *m* ; **~ debido/sobre compras** (*Com*) port *m* dû/payé
flexibilidad *nf* souplesse *f* ; (*adaptabilidad*) flexibilité *f*
flexibilizar *vt* assouplir ; (*horario, programa, empleo*) flexibiliser, rendre plus flexible
flexible *adj* souple ; (*horario*) flexible
flexión *nf* flexion *f*
flexionar *vt* fléchir
flexo *nm* lampe *f* de bureau
flipar (*fam*) *vt* (*gustar*): **esto me flipa** ça me botte (*fam*), ça me branche (*fam*) ; (*asombrar*): **me flipó lo que pasó** je n'en reviens pas (de ce qui s'est passé), ce qui s'est passé m'a scié(e) (à la base) (*fam*) ▸ *vi* (*asombrarse*) halluciner (*fam*) ; (*pasarlo bien*) s'éclater (*fam*) ; (*drogarse*) triper (*fam*) ; **yo flipaba al ver tanta cosa** j'hallucinais de voir tant de choses ; **yo flipo con esa canción** cette chanson me fait triper ; **fliparse** *vpr*: **fliparse por algo** adorer quelque chose ; (*drogarse*) se défoncer (*fam*)
flipper ['fliper] (Am) *nm* flipper *m*
flirtear *vi* flirter
FLN *sigla m* (Ven, Perú *Pol*: = *Frente de Liberación Nacional*) *parti politique* ; (*en Argelia*) FLN *m* (= *Front de libération nationale*)
flojear *vi* flancher
flojera *nf* défaillance *f* ; (*esp AM: pereza*) paresse *f* ; **me da ~ (hacer)** j'ai la flemme de (faire)
flojo, -a *adj* (*cuerda, nudo*) lâche ; (*persona, Com: sin fuerzas*) faible ; (*perezoso: esp AM*) paresseux(-euse) ; (*viento, vino, trabajo*) léger(-ère) ; (*estudiante*) faible ; (*conferencia*) ennuyeux(-euse) ; **está ~ en matemáticas** il est faible en mathématiques
floppy ['flopi] *nm* (*Inform*) disquette *f*
flor *nf* fleur *f* ; **en ~** en fleur ; **la ~ y nata de la sociedad** (*fig*) la crème de la société ; **en la ~ de la vida** dans la fleur de l'âge ; **a ~ de piel** (*fig*) à fleur de peau ; **es ~ de amigo** (And, CSur) c'est un super ami
flora *nf* flore *f*
floral *adj* floral(e)
florcita (Am *fam*) *nf* fleurette *f*
florecer *vi* fleurir ; (*prosperar*) être florissant(e)
floreciente *adj* fleurissant(e)
florecimiento *nm* floraison *f*, fleuraison *f* ; (*prosperidad*) épanouissement *m*, croissance *f*
Florencia *n* Florence
florentino, -a *adj* florentin(e) ▸ *nm/f* Florentin(e)
florero *nm* vase *m*
florezca *etc vb ver* **florecer**
florido, -a *adj* fleuri(e)
florín *nm* florin *m*
florista *nmf* fleuriste *mf*
floristería *nf* magasin *m* de fleurs, fleuriste *mf*
flota *nf* flotte *f*
flotación *nf*: **línea de ~** ligne *f* de flottaison
flotador *nm* flotteur *m* ; (*para nadar*) bouée *f*
flotante *adj* flottant(e) ; **coma ~** (*Inform*) virgule *f* flottante
flotar *vi* flotter
flote *nm*: **a ~** à flot ; **salir a ~** (*fig*) s'en tirer
flotilla *nf* flottille *f*
FLS (Nic) *sigla m* (*Pol*) = **Frente de Liberación Sandinista**
fluctuación *nf* fluctuation *f*

fluctuante *adj* fluctuant(e)
fluctuar *vi* fluctuer
fluidez *nf* fluidité *f* ; **con ~** avec fluidité
fluido, -a *adj, nm* fluide *m*
fluir *vi* couler ; (*fig: ideas*) venir
flujo *nm* flux *m* ; (*Med*) écoulement *m* ; **~ y reflujo** flux et reflux ; **~ de efectivo** (*Com*) marge *f* brute d'autofinancement
flúor *nm* fluor *m*
fluorescente *adj* fluorescent(e) ▸ *nm* (*tb:* **tubo fluorescente**) néon *m*
fluoruro *nm* fluorure *f*
fluvial *adj* fluvial(e) ; **vía ~** voie *f* fluviale
fluyendo *etc vb ver* **fluir**
FM *sigla f* (= *Frecuencia Modulada*) FM *f* (= *fréquence modulée*), MF *f* (= *modulation de fréquence*)
FMI *sigla m* (= *Fondo Monetario Internacional*) FMI *m* (= *Fonds monétaire international*)
F.N. (Esp) *sigla f* (*Pol*) (= *Frente Nacional*) *parti d'extrême-droite* ; (= *Fuerza Nueva*) *ancien parti d'extrême-droite*
f.º *abr* (= *folio*) f. (= *feuillet*)
fobia *nf* phobie *f*
foca *nf* phoque *m* ; (*fam: persona gorda*) baleine *f*
foco *nm* foyer *m* ; (*Am: bombilla*) ampoule *f* ; (*: farola*) réverbère *m* ; **~ de infección** (*Med*) foyer d'infection
fofo, -a *adj* (*esponjoso*) mou (molle) ; (*carnes*) flasque
fogata *nf* feu *m* de bois
fogón *nm* (*de cocina*) feu *m*
fogonazo *nm* (*de flash*) éclair *m* ; (*de arma*) étincelle *f*
fogoso, -a *adj* fougueux(-euse)
fogueo *nm*: **de ~** à blanc ; **bala** *o* **cartucho de ~** balle *f ou* cartouche *f* à blanc ; **disparo** *o* **tiro de ~** tir *m* à blanc ; **pistola de ~** pistolet *m* chargé à blanc
foja (*Am*) *nf* feuille *f* ; **~ de servicios** (*Admin*) fiche *f*
fol. *abr* (= *folio*) f. (= *feuillet*)
folder, fólder (*Am*) *nm* (*carpeta*) chemise *f*
folio *nm* feuille *f* de papier ; (*Imprenta*) folio *m* ; **de tamaño ~** en feuillet
folklore *nm* folklore *m*
folklórico, -a *adj* folklorique
follaje *nm* feuillage *m*
follar (*fam!*) *vt, vi* baiser (*fam !*)
folletín *nm* feuilleton *m* ; (*fig*) mélodrame *m*
folletinesco, -a *adj*: **una película folletinesca** un film qui tourne au mélodrame
folleto *nm* (*de propaganda*) prospectus *msg* ; (*informativo*) dépliant *m* ; (*con instrucciones*) livret *m*
follón (*fam*) *nm* bordel *m* ; **armar un ~** faire du bordel ; **se armó un ~** ça a été la panique
fomentar *vt* promouvoir ; (*odio, envidia*) fomenter
fomento *nm* promotion *f* ; (*Admin*): **(Ministerio de) F~** ministère *m* du Développement
fonda *nf* auberge *f*
fondear *vt* (*Náut: sondear*) sonder ; (Chi: *ahogar*) jeter à la mer ▸ *vi* jeter l'ancre
fondillo (*Am fam*) *nm* fond *m* de pantalon
fondista *nmf* (*Deporte*) coureur(-euse) de fond
fondo *nm* fond *m* ; (*profundidad*) profondeur *f* ; (*Am: prenda*) combinaison *f* ; **a/de ~** à/de fond ; **a ~ perdido** à fonds perdu ; **al ~ de la calle/del pasillo** au bout de la rue/au fond du couloir ; **en el ~** au fond ; **tener buen ~** avoir un bon fond ; **los bajos fondos** les bas-fonds *mpl* ; **~ común** fonds *msg* commun ; **~ de amortización** (*Com*) fonds *mpl* d'amortissement ; **~ del mar** fond de la mer ; **F~ Monetario Internacional** Fonds *msg* monétaire international ; **fondos** *nmpl* (*Com, de museo, biblioteca*) fonds *msg*
fonética *nf* phonétique *f*
fono (*Am*) *nm* téléphone *m*
fonógrafo *nm* phonographe *m*
fonología *nf* phonologie *f*
fonoteca *nf* phonothèque *f*
fontanería *nf* plomberie *f*
fontanero, -a *nm/f* plombier(-ière)
footing ['futin] *nm* footing *m* ; **hacer ~** faire du footing
F.O.P. (Esp) *sigla fpl* (= *Fuerzas del Orden Público*) *forces de police*
forajido *nm* fugitif *m*
foral *adj* local(e)
foráneo, -a *adj* étranger(-ère)
forastero, -a *nm/f* étranger(-ère)
forcé *vb ver* **forzar**
forcejear *vi* lutter
forcejeo *nm* lutte *f*
forcemos *etc vb ver* **forzar**
fórceps *pl inv nm* forceps *msg*
forense *nmf* (*tb:* **médico forense**) médecin *m* légiste
forestal *adj* forestier(-ière)
forjar *vt* forger ; (*imperio, fortuna*) bâtir ; **hierro forjado** fer *m* forgé ; **forjarse** *vpr* (*porvenir*) s'assurer ; (*ilusiones*) se faire
forma *nf* forme *f* ; (*manera*) façon *f*, manière *f* ; **en (plena) ~** en (pleine) forme ; **en baja ~** pas en bonne forme ; **en ~ de** en forme de ; **de ~ que ...** de sorte que ... ; **de todas formas** de toute façon ; **~ de pago** (*Com*) mode de paiement ; **formas** *nfpl* (*del cuerpo*) formes *fpl* ; **guardar las formas** se tenir convenablement
formación *nf* formation *f* ; **~ a cargo de la empresa** formation continue ; **~ profesional** formation professionnelle

f

FORMACIÓN PROFESIONAL

En Espagne, il existe deux niveaux de **formación profesional** : le *ciclo formativo de grado medio*, auquel peuvent accéder les titulaires d'un diplôme de la ESO ou toute personne de plus de 17 ans ayant réussi l'examen d'entrée ; et le *ciclo formativo de grado superior*, auquel peuvent accéder les titulaires d'un *bachillerato* ou toute personne de plus de 19 ans (ou de plus de 18 ans si elle est titulaire d'un *grado medio* dans la même spécialité). Le premier débouche sur un diplôme de *técnico*, et le second sur un diplôme de *técnico superior* qui permet d'entrer à l'université.

formal *adj* (*defecto*) de forme ; (*requisito, promesa*) formel(le) ; (*persona: de fiar*) sérieux(-euse)
formalice *etc vb ver* **formalizar**
formalidad *nf* sérieux *m* ; (*trámite*) formalité *f*
formalizar *vt* officialiser ; **formalizarse** *vpr* se ranger
formalmente *adv* formellement
formar *vt* former ; (*hacer*) faire ; **~ parte de** faire partie de ▸ *vi* (*Mil*) se mettre en formation ; (*Deporte*) se placer ; **formarse** *vpr* se former ; (*jaleo, lío*) se produire
formatear *vt* (*Inform*) formater
formateo *nm* (*Inform*) formatage *m*
formativo, -a *adj* formateur(-trice)
formato *nm* format *m* ; **sin ~** (*disco, texto*) non formaté(e) ; **~ de registro** format d'enregistrement
formica® *nf* Formica® *m*
formidable *adj* formidable
formol *nm* formol *m*
fórmula *nf* formule *f* ; (*fig: método*) solution *f* ; **hacer algo por (pura) ~** faire qch pour la forme ; **~ de cortesía** formule de politesse ; **~ uno** (*Auto*) formule 1
formulación *nf* formulation *f*
formular *vt* formuler ; (*idea*) émettre
formulario *nm* formulaire *m* ; **rellenar un ~** remplir un formulaire ; **~ de pedido** (*Com*) bon *m* de commande ; **~ de solicitud** (*Com*) formulaire de demande
formulismo *nm* formalisme *m*
fornicar *vi* forniquer
fornido, -a *adj* corpulent(e)
fornique *etc vb ver* **fornicar**
foro *nm* forum *m* ; (*Jur*) barreau *m*
forofo, -a *nm/f* fan *mf*
FORPPA (*Esp*) *sigla m* = **Fondo de Ordenación y Regulación de Productos y Precios Agrarios**
forrado, -a *adj* (*ropa*) doublé(e) ; (*fam: de dinero*) plein(e) aux as
forraje *nm* fourrage *m*
forrar *vt* (*abrigo*) doubler ; (*libro, sofá*) recouvrir ; (*puerta*) blinder ; **forrarse** *vpr* (*fam*) amasser une petite fortune
forro *nm* (*de abrigo*) doublure *f* ; (*de libro*) couverture *f* ; (*de sofá*) housse *f* ; **~ polar** laine *f* polaire
fortalecer *vt* fortifier ; **fortalecerse** *vpr* se fortifier
fortalecimiento *nm* consolidation *f*, renforcement *m*
fortaleza *nf* (*Mil*) forteresse *f* ; (*fuerza*) force *f*
fortalezca *etc vb ver* **fortalecer**
fortificación *nf* fortification *f*
fortificar *vt* fortifier
fortifique *etc vb ver* **fortificar**
fortín *nm* fortin *m*
fortísimo, -a *adj superl de* **fuerte**
fortuito, -a *adj* fortuit(e)
fortuna *nf* fortune *f* ; **por ~** par hasard ; **probar ~** tenter sa chance
forúnculo *nm* furoncle *m*
forzado, -a *adj* forcé(e) ; **trabajos forzados** travaux *mpl* forcés
forzar *vt* forcer ; (*proceso*) accélérer ; (*violar*) violer ; **~ a algn a hacer algo** forcer qn à faire qch
forzosamente *adv* forcément
forzoso, -a *adj* forcé(e)
forzudo, -a *adj* (*persona*) d'une force peu commune
fosa *nf* fosse *f* ; **fosas nasales** fosses *fpl* nasales
fosfato *nm* phosphate *m*
fosforescente *adj* phosphorescent(e) ; (*ojos*) brillant(e)
fósforo *nm* phosphore *m* ; (*Am: cerilla*) allumette *f*
fósil *adj, nm* fossile *m*
foso *nm* (*hoyo, Auto*) fosse *f* ; (*Teatro*) fosse d'orchestre ; (*de castillo*) douves *fpl*
foto *nf* photo *f* ; **sacar** *o* **hacer una ~** faire *o* prendre une photo ; **~ de carné** photo d'identité
fotocopia *nf* photocopie *f*
fotocopiadora *nf* photocopieuse *f*
fotocopiar *vt* photocopier
fotogénico, -a *adj* photogénique
fotografía *nf* photographie *f*
fotografiar *vt* photographier
fotográfico, -a *adj* photographique
fotógrafo, -a *nm/f* photographe *mf*
fotograma *nm* (*Cine*) photogramme *m*
fotomatón *nm* photomaton *m*
fotómetro *nm* photomètre *m*
fotonovela *nf* roman-photo *m*
fotosíntesis *nf inv* photosynthèse *f*
fotuto (*Cu*) *nm* klaxon *m*
foulard [fu'lar] *nm* foulard *m*
FP *sigla f* (*Esp: = Formación Profesional*) *ver* **formación**
FPLP *sigla m* (*Pol: = Frente Popular para la Liberación de Palestina*) FPLP *m* (*= Front populaire de libération de la Palestine*)

fra. *abr* = **factura**
frac (*pl* **fracs** *o* **fraques**) *nm* frac *m*
fracasado, -a *adj* (*persona*) infortuné(e) ; (*tentativa*) manqué(e) ▸ *nm/f* raté(e)
fracasar *vi* échouer
fracaso *nm* échec *m* ; (*desastre*) catastrophe *f* ; (*revés*) revers *msg*
fracción *nf* fraction *f* ; (*Pol*) scission *f*
fraccionadora (*Méx*) *nf* (*Com*) promoteur *m* immobilier
fraccionamiento (*Am*) *nm* lotissement *m*
fraccionar *vt* fractionner ; **~ los pagos** fractionner *ou* échelonner les paiements
fractura *nf* fracture *f* ; (*grieta*) cassure *f*
fracturación *nf*: **~ hidráulica** fracturation *f* hydraulique
fracturarse *vpr* (*Med*) se fracturer
fragancia *nf* parfum *m*
fragante *adj* parfumé(e)
fraganti: **in ~** *adv*, **pillar a algn in ~** prendre qn en flagrant délit
fragata *nf* frégate *f*
frágil *adj* fragile ; **« ~ »** (*Com*) « fragile »
fragilidad *nf* fragilité *f*
fragmentación *nf* fragmentation *f*
fragmentar *vt* fragmenter ; **fragmentarse** *vpr* se fragmenter, se morceler ; **se fragmenta en miles de partículas** il se fragmente *ou* se morcele en milliers de particules
fragmento *nm* fragment *m* ; (*Mús*) morceau *m* choisi
fragor *nm* clameur *f*
fragua *nf* forge *f*
fraguar *vt* forger ▸ *vi* prendre
fragüe *etc vb ver* **fraguar**
fraile *nm* moine *m*
frambuesa *nf* framboise *f*
francamente *adv* franchement
francés, -esa *adj* français(e) ▸ *nm/f* Français(e) ▸ *nm* (*Ling*) français *m*
Francia *nf* France *f*
franciscano, -a *adj, nm* franciscain(e)
francmasón, -ona *nm/f* franc-maçon(ne)
franco, -a *adj* franc (franche) ; (*Com: exento: entrada, puerto*) franco ; **~ de derechos** (*Com*) hors taxe ; **~ a bordo** (*Com*) franco à bord ; **~ al costado del buque** (*Com*) franco long du bord ; **~ en fábrica** (*Com*) départ usine ; **~ puesto sobre vagón** (*Com*) franco wagon ; **de ~** (*CSur*) en permission ▸ *nm* (*Hist: moneda*) franc *m*
francófono, -a *adj, nm/f* francophone *mf*
francotirador, a *nm/f* franc-tireur(-euse)
franela *nf* flanelle *f*
franja *nf* (*en vestido, bandera*) frange *f* ; (*de tierra*) bande *f* ; (*de luz*) rai *m*
franquear *vt* (*paso, entrada*) débarrasser ; (*carta etc*) affranchir ; (*obstáculo*) franchir ; **franquearse** *vpr*: **franquearse con algn** parler à cœur ouvert avec qn
franqueo *nm* affranchissement *m*
franqueza *nf* franchise *f* ; **con ~** avec franchise
franquicia *nf* franchise *f* ; **~ aduanera** franchise douanière
franquismo *nm* franquisme *m* ; *voir article*

FRANQUISMO

Le régime politique qui fut celui de Francisco Franco de la fin de la guerre civile espagnole, en 1939, jusqu'à sa mort en 1975, est connu sous le nom de **franquismo**. Franco était un dictateur autoritaire aux idées de droite pour qui l'Espagne devait être un pays traditionnel, catholique et autosuffisant. Dans les années 60, l'Espagne commença à s'ouvrir au reste du monde et connut un essor économique et une opposition politique intérieure. À la mort de Franco, elle devint une monarchie démocratique et constitutionnelle.

franquista *adj, nmf* franquiste *mf*
frasco *nm* flacon *m*
frase *nf* phrase *f* ; (*locución*) expression *f* ; **~ hecha** expression *f* figée ; (*despectivo*) cliché *m*
fraternal *adj* fraternel(le)
fraternidad *nf* fraternité *f*
fraternizar *vi*: **~ (con)** fraterniser (avec)
fraterno, -a *adj* fraternel(le)
fratricida *adj, nmf* fratricide *mf*
fraude *nm* fraude *f*
fraudulentamente *adv* frauduleusement
fraudulento, -a *adj* frauduleux(-euse)
fray *nm* frère *m* ; **F~ Juan** frère *m* Jean
frazada (*Am*) *nf* couvre-lit *m*
frecuencia *nf* fréquence *f* ; **con ~** fréquemment ; **~ de red/del reloj** (*Inform*) fréquence d'alimentation/d'horloge
frecuentar *vt* fréquenter
frecuente *adj* fréquent(e) ; (*habitual*) habituel(le)
frecuentemente *adv* fréquemment
fregadero *nm* évier *m*
fregado, -a (*fam*) *adj* (*Am: molesto*) embêtant(e) ▸ *nm* dispute *f*
fregar *vt* laver ; (*Am fam*) emmerder
fregón, -ona (*Am fam*) *adj* énervant(e)
fregona *nf* balai *m* à franges ; (*pey: sirvienta*) boniche *f*
fregué *etc*, **freguemos** *etc vb ver* **fregar**
freidora *nf* friteuse *f*
freír *vt* frire ; **~ a algn a preguntas** assommer qn de questions ; **freírse** *vpr* frire
fréjol *nm* = **frijol**
frenada (*Chi*) *nf* coup *m* de frein
frenar *vt, vi* freiner ; **~ en seco** freiner brusquement

f

frenazo *nm* coup *m* de frein
frenesí *nm* frénésie *f*
frenético, -a *adj* frénétique ; (*persona*) hors de soi ; **ponerse ~** devenir fou (folle) de rage
freno *nm* frein *m* ; (*de cabalgadura*) mors *m* ; **poner ~ a algo** (*fig*) réfréner qch ; **~ de mano** frein à main
frente *nf* (*Anat*) front *m* ; **~ a ~** face à face ▸ *nm* (*Mil, Meteorología*) front *m* ; (*Arq, de objeto*) devant *m* ; **hacer ~ común con algn** faire cause commune avec qn ; **hacer ~ a** faire face à ; **ir/ponerse al ~ de** être/se mettre à la tête de ; **~ a** en face de ; (*en comparación con*) par rapport à ; **chocar de ~** se heurter de front ; **~ de batalla** front de bataille ; **~ único** front commun ▸ *adv*: **~ mío/nuestro** *etc* (*esp* CSur *fam*) en face de moi/nous *etc*
fresa *nf* (Esp, CAm, Carib, Méx) fraise *f* ; (*de dentista*) roulette *f*
fresco, -a *adj* frais (fraîche) ; (*ropa*) léger(-ère) ; (*descarado*) insolent(e) ; (*descansado*) frais (fraîche) et dispos(e) ; **estar/quedarse tan ~** demeurer imperturbable ; **¡qué ~!** quel culot ! ▸ *nm* (*aire*) fraîcheur *f* ; (*Arte*) fresque *f* ; (Am) boisson *f* fraîche ▸ *nm/f* (*fam: descarado*) insolent(e) ; (*: desvergonzado*) effronté(e) ; **al ~** au frais ; **hace ~** il fait frais ; **tomar el ~** prendre le frais
frescor *nm* fraîcheur *f*
frescura *nf* fraîcheur *f* ; (*descaro*) culot *m*
fresno *nm* frêne *m*
fresón *nm* fraise *f*
freudiano, -a *adj, nm/f* freudien(-enne)
frialdad *nf* froideur *f*
fríamente *adv* froidement ; **la propuesta fue acogida ~** la proposition a été reçue froidement ; **mirado ~, tiene razón** si on le considère froidement, il a raison
fricción *nf* friction *f*
friega *vb ver* **fregar** ▸ *nf* (*Med*) friction *f*
friegue *etc vb ver* **fregar**
friendo *etc vb ver* **freír**
frigider (CSur) *nm* frigidaire® *m*
frigidez *nf* frigidité *f*
frígido, -a *adj* frigide
frigorífico, -a *adj* frigorifique ; **camión ~** camion *m* frigorifique ▸ *nm* réfrigérateur *m*
frijol (Am) *nm* haricot *m* sec ; (*verde*) haricot vert
frio *vb ver* **freír**
frío, -a *adj* froid(e) ; (*fig: poco entusiasta*) pas très chaud(e) ; (*relaciones*) tendu(e) ; **quedarse ~** commencer à avoir froid ▸ *nm* froid *m* ; **coger ~** prendre froid ; **tener ~** avoir froid ; **hace ~** il fait froid ; **¡qué ~!** il fait un de ces froids !
friolento (Am) *adj* = **friolero**
friolera *nf* bagatelle *f* ; **gastó la ~ de 1.000 euros** il a dépensé la bagatelle de 1 000 euros
friolero, -a *adj* frileux(-euse)
friso *nm* frise *f*
fritanga *nf* (Am) *aliments frits* ; (*pey*) graillon *m*
fritanguería (Am) *nf échoppe où l'on vend des aliments frits*
frito, -a *pp de* **freír** ▸ *adj* (*Culin*) frit(e) ; **me tiene** *o* **trae ~ ese hombre** (*fam*) ce type est barbant ; **quedarse ~** (*fam*) s'endormir ; **fritos** *nmpl* (*Culin*) friture *fsg*
fritura *nf* friture *f*
frivolidad *nf* frivolité *f*
frívolo, -a *adj* frivole
frondoso, -a *adj* touffu(e)
frontal *adj* frontal(e)
frontera *nf* frontière *f* ; **sin fronteras** sans limite
fronterizo, -a *adj* (*pueblo, paso*) frontalier(-ière) ; (*países*) limitrophe
frontón *nm* (*cancha*) fronton *m* ; (*juego*) pelote *f* basque
frotar *vt, vi* frotter ; **frotarse** *vpr*: **frotarse las manos** se frotter les mains
frotis *nm*: **~ cervical** frottis *m* vaginal
fructífero, -a *adj* fructueux(-euse)
fructosa *nf* fructose *f*
frugal *adj* frugal(e)
frugalidad *nf* frugalité *f*
frunce, fruncido *nm* fronce *f*
fruncir *vt* froncer ; (*labios*) plisser
frunza *etc vb ver* **fruncir**
frustración *nf* frustration *f*
frustrado, -a *adj* frustré(e) ; (*intento*) avorté(e)
frustrante *adj* frustrant(e)
frustrar *vt* frustrer ; **frustrarse** *vpr* (*plan etc*) échouer
fruta *nf* fruit *m* ; **~ del tiempo** fruit de saison ; **~ escarchada** fruit confit
frutal *adj* fruitier(-ière) ▸ *nm* arbre *m* fruitier
frutería *nf* boutique *f* de fruits et légumes
frutero, -a *adj* fruitier(-ière) ▸ *nm/f* marchand(e) de fruits et légumes ▸ *nm* compotier *m*
frutilla (And, CSur) *nf* fraise *f*
fruto *nm* fruit *m* ; **dar** *o* **producir ~** porter ses fruits ; **frutos secos** fruits *mpl* secs
FSLN (Nic) *sigla m* (*Pol*) = **Frente Sandinista de Liberación Nacional**
fucha, fuchi (Méx *fam*) *excl* ouf !
fucsia *nf* (*planta*) fuchsia *m* ▸ *adj inv, nm inv* (*color*) fuchsia *m*
fue *vb ver* **ser; ir**
fuego *nm* feu *m* ; **prender ~ a** mettre le feu à ; **a ~ lento** à petit feu ; **¡alto el ~!** cessez le feu ! ; **estar entre dos fuegos** être pris(e) entre deux feux ; **¿tienes ~?** tu as du feu ? ; **~ amigo** tirs *mpl* de son propre camp ; **fuegos artificiales** *o* **de artificio** feux *mpl* d'artifice
fueguito (Am *fam*) *nm* feu *m*
fuelle *nm* soufflet *m*
fuel-oil [fuel'oil] *nm* fioul *m*

fuente *nf* fontaine *f* ; (*plato*) plat *m* ; (*fig*) source *f* ; **de buena ~** de source sûre ; **de fuentes fidedignas** de sources bien informées ; **~ de alimentación** (*Inform*) source d'alimentation ; **~ de soda** (*Am*) buvette *f*
fuera *vb ver* **ser; ir** ▸ *adv* dehors ; (*de viaje*) en voyage ; **por ~** au dehors ; **¡~!** dehors ! ; **los de ~** les étrangers *mpl* ; **~ de** hors de ; (*fig*) sauf ; **~ de alcance** hors de portée ; **~ de combate** hors de combat ; (*Boxeo*) K.O. ; (*Fútbol*) hors jeu ; **~ de la ley** hors-la-loi ; **estar ~ de lugar** ne pas être à sa place ; **~ de serie/servicio/temporada** hors série/service/saison ; **~ de sí** hors de soi ; **~ de (toda) duda/sospecha** au-dessus de tout soupçon
fuera-borda *nm inv* hors-bord *m*
fuerce *etc vb ver* **forzar**
fuereño, -a (*Am*) *adj, nm/f* étranger(-ère)
fuero *nm* droit *m* local ; (*jurisdicción*) droit ; (*fig*): **en mi** *etc* **~ interno** en mon *etc* for intérieur
fuerte *adj* fort(e) ; (*resistente*) solide ; (*chocante*) choquant(e) ▸ *adv* (*sujetar*) solidement ; (*golpear*) violemment ; (*llover*) à verse ; (*gritar*) fort ▸ *nm* (*Mil*) fort *m* ; (*fig*): **el canto no es mi ~** le chant, ce n'est pas mon fort
fuertemente *adv* (*sujetar*) solidement ; (*golpear*) violemment ; (*llover*) à verse
fuerza *vb ver* **forzar** ▸ *nf* force *f* ; (*Mil*: *tb*: **fuerzas**) forces *fpl* ; **a ~ de** à force de ; **cobrar fuerzas** prendre des forces ; **empujar/tirar con ~/con todas sus fuerzas** pousser/tirer avec force/de toutes ses forces ; **tener ~** avoir de la force ; **tener fuerzas para hacer** avoir la force de faire ; **a** *o* **por la ~** de force ; **con ~ legal** (*Com*) à force de loi ; **por ~** forcément ; **fuerzas aéreas/armadas** forces aériennes/armées ; **~ bruta** force brute ; **~ de arrastre** (*Tec*) effort *m* de traction ; **fuerzas de Orden Público** forces de l'ordre ; **~ de voluntad** volonté *f* ; **~ mayor** force majeure ; **~ vital** énergie *f* vitale
fuete (*Am*) *nm* fouet *m*
fuga *nf* fugue *f* ; (*de gas, agua*) fuite *f* ; **~ de capitales** (*Econ*) fuite des capitaux ; **~ de cerebros** (*fig*) fuite des cerveaux
fugacidad *nf* fugacité *f*
fugarse *vpr* s'enfuir
fugaz *adj* fugace
fugitivo, -a *adj* en fuite ▸ *nm/f* fugitif(-ive)
fugue *etc vb ver* **fugarse**
fui *etc vb ver* **ser; ir**
fulana (*fam*) *nf* (*pey*) prostituée ; *ver tb* **fulano**
fulano, -a *nm/f* un(e) tel(le)
fular *nm* = **foulard**
fulgor *nm* scintillement *m*
fulgurante *adj* fulgurant(e)
full [ful] (*fam*) *nm* (*CSur*): **a ~: trabajan a ~ para que no quede impune** ils travaillent d'arrache-pied pour qu'il ne reste pas impuni
fulminante *adj* fulminant(e) ; (*Med, fig*) foudroyant(e) ; (*fam*: *éxito*) fulgurant(e)
fulminar *vt*: **caer fulminado por un rayo** être foudroyé ; **~ a algn con la mirada** foudroyer qn du regard
fumada (*Am*) *nf* succion *f*
fumador, a *nm/f* fumeur(-euse) ; **no ~** non-fumeur(-euse)
fumar *vt, vi* fumer ; **~ en pipa** fumer la pipe ; **fumarse** *vpr* fumer ; (*fam*: *herencia*) flamber ; (*: clases*) sécher
fumigación *nf* fumigation *f*
fumigar *vt* soumettre à des fumigations, fumiger
funambulista *nmf*, **funámbulo, -a** *nm/f* funambule *mf*
función *nf* fonction *f* ; (*Teatro etc*) représentation *f* ; **entrar en funciones** entrer en fonction ; **~ de tarde/de noche** matinée *f*/soirée *f* ; **en ~ de** en fonction de ; **presidente/director en funciones** président/directeur par intérim
funcional *adj* fonctionnel(le)
funcionamiento *nm* fonctionnement *m* ; **en ~** (*Com*) en fonctionnement ; **entrar/poner en ~** commencer à/faire fonctionner
funcionar *vi* fonctionner ; **« no funciona »** « en panne »
funcionariado *nm* fonctionnaires *mpl*
funcionario, -a *nm/f* fonctionnaire *mf*
funda *nf* étui *m* ; (*de nórdico, sofá*) housse *f* ; (*de almohada*) taie *f* ; (*de disco*) pochette *f*
fundación *nf* fondation *f*
fundado, -a *adj* (*justificado*) fondé(e)
fundador, a *nm/f* fondateur(-trice)
fundamental *adj* fondamental(e)
fundamentalismo *nm* fondamentalisme *m*
fundamentalista *adj, nmf* fondamentaliste *mf*
fundamentalmente *adv* fondamentalement
fundamentar *vt* (*fig*): **~ (en)** fonder (sur)
fundamento *nm* fondement *m* ; **eso carece de ~** ça ne tient pas debout ; **fundamentos** *nmpl* (*de ciencia, arte*) fondements *mpl*
fundar *vt* fonder ; (*fig*: *basar*): **~ en** fonder sur ; **fundarse** *vpr*: **fundarse en** se fonder sur
fundición *nf* (*fábrica*) fonderie *f* ; (*de metal, Tip*) fonte *f*
fundillo (*Am*) *nm* (*fam*: *de pantalón*) fond *m* ; (*fam!*) cul *m* (*fam !*)
fundir *vt* fondre ; (*Com, fig*) fusionner ; **fundirse** *vpr* (*Elec, nieve, mantequilla*) fondre ; (*colores etc*) se fondre ; (*fig*) fusionner
fundo (*And, Chi*) *nm* ferme *f*
fúnebre *adj* funèbre ; (*fig*) sombre
funeral *nm* funérailles *fpl*
funeraria *nf* pompes *fpl* funèbres
funerario, -a *adj* funéraire

funesto, -a *adj* funeste
fungir (AM) *vi*: ~ **de** faire office de ; **va a ~ de padrino** il sera le parrain
funicular *nm* funiculaire *m*
furgón *nm* (*camión*) fourgon *m* ; (*Ferro*) wagon *m*
furgoneta *nf* fourgonnette *f*
furia *nf* furie *f* ; **hecho una ~** comme une furie
furibundo, -a *adj* furibond(e)
furiosamente *adv* furieusement
furioso, -a *adj* furieux(-euse) ; (*violento*) violent(e)
furor *nm* fureur *f* ; **hacer ~** faire fureur
furtivamente *adv* furtivement
furtivo, -a *adj* furtif(-ive) ▸ *nm/f* (*cazador*) braconnier(-ière)
furúnculo *nm* = **forúnculo**
fuselaje *nm* fuselage *m*
fusible *nm* fusible *m*
fusil *nm* fusil *m*
fusilamiento *nm* exécution *f*
fusilar *vt* fusiller
fusión *nf* fusion *f*
fusionamiento *nm* (*Com*) fusionnement *m*
fusionar *vt* fusionner ; **fusionarse** *vpr* (*Com*) fusionner
fusta *nf* cravache *f*
fustán (AM) *nm* combinaison *f*
fustigar *vt* cravacher ; (*persona*) fustiger
fútbol *nm* football *m* ; **~ sala** football en salle
futbolero, -a *adj* footeux(-euse), fana de foot
futbolín *nm* baby-foot *m*
futbolista *nmf* footballeur(-euse)
futbolístico, -a *adj* de football
fútil *adj* futile
futileza (CHI), **futilidad** *nf* futilité *f*
futón *nm* futon *m*
futurista *adj, nmf* futuriste *mf*
futuro, -a *adj* futur(e) ; **futura madre** future maman *f* ▸ *nm* avenir *m*, futur *m* ; (*Ling*) futur ; **futuros** *nmpl* (*Com*) opérations *fpl* à terme

G g

G, g [xe] *nf* (*letra*) G, g *m inv* ; **G de Gerona** ≈ G comme Gaston
gabacho, -a (*pey*) *adj* français(e) ▸ *nm/f* Français(e)
gabán *nm* caban *m*
gabardina *nf* imperméable *m* ; (*tela*) gabardine *f*
gabinete *nm* cabinet *m* ; (*de abogados*) étude *f* ; **~ de consulta/de lectura** salle *f* de consultation/de lecture
gacela *nf* gazelle *f*
gaceta *nf* gazette *f*
gacetilla *nf* (*en periódico*) petites annonces *fpl*
gachas *nfpl* bouillie *f*
gacho, -a *adj* bas (basse)
gachupín, -ina (*CAm, Méx pey*) *nm/f* Espagnol(e)
gaditano, -a *adj* de Cadix ▸ *nm/f* natif(-ive) *o* habitant(e) de Cadix
gaélico, -a *adj* gaélique ▸ *nm/f* Celte *mf* ▸ *nm* (*Ling*) gaélique *m*
gafapasta (*fam*) *nmf* hipster *m* affectionnant les lunettes à grosses montures
gafar (*fam*) *vt* porter la poisse à
gafas *nfpl* lunettes *fpl* ; **~ de sol** lunettes de soleil
gafe *adj*: **ser ~** porter la poisse
gag (*pl* **gags**) *nm* gag *m*
gaita *nf* cornemuse *f* ; (*fam*) galère *f*
gaitero, -a *nm/f* joueur(-euse) de cornemuse
gajes *nmpl*: **~ del oficio** aléas *mpl* du métier
gajo *nm* (*de naranja*) quartier *m* ; (*racimo*) grappe *f*
GAL *nmpl abr* (= *Grupos Antiterroristas de Liberación*) GAL *m*
gala *nf* gala *m* ; **de ~** de gala ; **vestir de ~** mettre sa tenue de gala ; (*Mil*) être en grand uniforme ; **hacer ~ de** se targuer de ; **tener algo a ~** mettre un point d'honneur à faire qch ; **galas** *nfpl* (*atuendo*) atours *mpl* ; **con sus mejores galas** de ses plus beaux atours
galaico, -a *adj* galicien(ne)
galán *nm* don Juan *m* ; (*Teatro*) jeune premier *m*
galante *adj* galant(e)
galantear *vt* courtiser
galanteo *nm* cour *f*
galantería *nf* galanterie *f*
galápago *nm* tortue *f* (d'eau douce)
galardón *nm* récompense *f*
galardonar *vt* récompenser
galaxia *nf* galaxie *f*
galbana *nf* flemme *f*
galeón *nm* galion *m*
galeote *nm* galérien *m*
galera *nf* (*nave*) galère *f* ; (*Tip*) galée *f* ; **galeras** *nfpl* (*castigo*) galères *fpl*
galería *nf* galerie *f* ; (*para cortina*) tringle *f* ; **hacer algo para la ~** faire qch pour la galerie ; **~ comercial** galerie commerciale ; **~ secreta** passage *m* secret
galerista *nmf* galeriste *mf*
Gales *nm*: **(el País de) ~** le pays de Galles
galés, -esa *adj* gallois(e) ▸ *nm/f* Gallois(e) ▸ *nm* (*Ling*) gallois *msg*
galgo, -a *nm/f* lévrier (levrette)
Galia *nf* Gaule *f*
Galicia *nf* Galice *f*
galicismo *nm* (*Ling*) gallicisme *m*
Galilea *nf* Galilée *f*
galimatías *nm inv* galimatias *msg*
gallardía *nf* (*en aspecto*) grâce *f* ; (*al actuar*) vaillance *f*
gallardo, -a *adj* (*en aspecto*) gracieux(-euse) ; (*al actuar*) vaillant(e)
gallego, -a *adj* galicien(ne) ; (*Am pey*) espagnol(e) ▸ *nm/f* Galicien(ne) ; (*Am pey*) Espagnol(e) ▸ *nm* (*Ling*) galicien *m*
gallera *nf enceinte dans laquelle se déroulent des combats de coqs*
galleta *nf* biscuit *m* ; (*fam: bofetada*) baffe *f*

> ⚠ **Galleta** ne signifie pas *galette*, qui a différentes traductions en espagnol.

gallina *nf* poule *f* ; **carne de ~** chair *f* de poule ; **~ ciega** colin-maillard *m* ; **~ clueca** poule pondeuse ▸ *nmf* (*fam*) poule mouillée
gallinazo (*Am*) *nm* vautour *m*
gallinero *nm* poulailler *m* ; (*donde se vocea*) volière *f*
gallito (*pey*) *nm* jeune coq *m*
gallo *nm* coq *m* ; (*pescado*) limande *f* ; (*Mús*) couac *m* ; **en menos que canta un ~** en un clin d'œil ; **otro ~ nos cantara** ça serait tout autre chose

galo, -a *adj* gaulois(e) ; *(francés)* français(e) ▸ *nm/f* Gaulois(e)
galón *nm* galon *m*
galopante *adj* galopant(e)
galopar *vi* galoper
galope *nm* galop *m* ; **a ~** *(carrera)* de galop ; *(fig)* au galop ; **a ~ tendido** au triple galop
galpón (CSur) *nm* entrepôt *m*
galvanice *etc vb ver* **galvanizar**
galvanizar *vt* galvaniser ; *(ambiente, conferencia)* animer
gama *nf* gamme *f* ; *(Zool)* femelle *f* du daim
gamba *nf* crevette *f*
gamberrada *nf* acte *m* de vandalisme
gamberrismo *nm* vandalisme *m*
gamberro, -a *nm/f* voyou *m*
gambeta *nf (de caballo)* courbette *f* ; *(en danza)* entrechat *m*
gamo *nm* daim *m*
gamonal (And, CAm, CSur) *nm* chef *m* du village
gamuza *nf* chamois *msg* ; *(bayeta)* peau *f* de chamois
gana *nf (deseo)* envie *f* ; *(apetito)* appétit *m* ; **de buena/mala ~** volontiers/à contrecœur ; **me dan ganas de hacer** ça me donne envie de faire ; **tener ganas de (hacer)** avoir envie de (faire) ; **me quedé con las ganas de ir** j'y serais bien allé ; **no me da la (real) ~** je n'en ai pas envie ; **son ganas de molestar** c'est vraiment pour le plaisir d'embêter le monde ; **hacer algo con/sin ganas** faire qch volontiers/à contrecœur
ganadería *nf* bétail *m* ; *(cría)* élevage *m* ; *(comercio)* commerce *m* du bétail
ganadero, -a *adj (industria)* de l'élevage ; *(zona)* d'élevage ▸ *nm* éleveur *m*
ganado *nm* bétail *m* ; **~ bovino** *o* **vacuno** bovins *mpl* ; **~ caballar/cabrío** chevaux *mpl*/chèvres *fpl* ; **~ lanar/porcino** moutons *mpl*/porcs *mpl*
ganador, a *adj, nm/f* gagnant(e)
ganancia *nf* gain *m* ; **sacar ~ de** tirer profit de ; **~ bruta/líquida** bénéfice *m* brut/net ; **ganancias** *nfpl (ingresos)* revenus *mpl* ; *(beneficios)* gains *mpl* ; **pérdidas y ganancias** profits *mpl* et pertes ; **ganancias de capital** plus-values *fpl* (de capital)
ganancial *adj*: **bienes gananciales** biens *mpl* communs
ganapán *nm (obrero casual)* gagne-petit *m* ; *(individuo tosco)* rustre *m*
ganar *vt* gagner ; *(fama, experiencia)* acquérir ; *(premio)* remporter ; *(peso)* prendre ; *(apoyo)* s'assurer ; **~ tiempo** gagner du temps ; **le gana en simpatía** il est plus sympathique ; **se lo ha ganado** il l'a bien mérité ; **~ a algn para una causa** rallier qn à une cause ▸ *vi (Deporte)* gagner ; *(mejorar)* améliorer ; **salir ganando** sortir gagnant(e) ; **ganarse** *vpr*: **ganarse la vida** gagner sa vie
ganchillo *nm* crochet *m* ; **hacer ~** faire du crochet ; **aguja de ~** crochet
gancho *nm* crochet *m* ; *(fam: atractivo)* charme *m* ; **usar algo/a algn como ~** utiliser qch/qn comme appât
gandul, a *adj, nm/f* feignant(e)
ganga *nf* affaire *f*
Ganges *nm*: **el (Río) ~** le Gange
ganglio *nm* ganglion *m*
gangrena *nf* gangrène *f*
gángster ['ganster] (*pl* **gángsters**) *nm* gangster *m*
gansada *(fam) nf* ânerie *f*
ganso, -a *nm/f* jars (oie) ; *(fam)* pitre *m* ; **hacer el ~** faire l'imbécile ▸ *adj (fam)* bouffon(ne) ; **no seas ~** fais pas ton bouffon
Gante *n* Gand
ganzúa *nf* crochet *m*
gañán *nm* journalier *m*
garabatear *vt* griffonner ▸ *vi* avoir une écriture de chat
garabato *nm* gribouillage *m* ; **garabatos** *nmpl (escritura)* pattes *fpl* de mouche
garaje *nm* garage *m* ; **plaza de ~** place *f* de parking
garante *adj, nmf* garant(e)
garantía *nf* garantie *f* ; **de máxima ~** garanti(e) à cent pour cent
garantice *etc vb ver* **garantizar**
garantizar *vt* garantir ; **te garantizo que no vendrá** je te garantis qu'il ne viendra pas
garbanzo *nm* pois *msg* chiche ; **~ negro** *(fig)* brebis *fsg* galeuse
garbeo *nm*: **darse un ~** faire un tour
garbo *nm* allure *f* ; *(gracia)* grâce *f* ; **andar con ~** avoir une démarche élégante
garboso, -a *adj*: **es ~** il a de l'allure
gardenia *nf* gardénia *f*
garete *nm*: **irse al ~** *(fig)* aller à la dérive
garfio *nm (Tec)* crochet *m* ; *(Alpinismo)* piton *m*
gargajo *nm* crachat *m*
garganta *nf* gorge *f* ; **se me hizo un nudo en la ~** j'ai eu la gorge nouée
gargantilla *nf* ras-de-cou *m*
gárgara *nf* gargarisme *m* ; **hacer gárgaras** faire des gargarismes ; **¡vete a hacer gárgaras!** *(fam)* va te faire voir !
gárgola *nf* gargouille *f*
garita *nf* guérite *f*
garito *nm* tripot *m* ; *(fam: bar)* bistrot *m*
garnacha *nf (uva)* grenache *m*
garra *nf* griffe *f* ; *(de ave)* serre *f* ; **caer en las garras de algn** tomber entre les griffes de qn
garrafa *nf* carafe *f*
garrafal *adj (error)* monumental(e)
garrafón *nm* dame-jeanne *f*
garrapata *nf* tique *f*
garrapiñado, -a *adj*: **almendras garrapiñadas** pralines *fpl*

garrotazo *nm* (*de palo*) coup *m* de gourdin ; (*de porra*) coup de massue
garrote *nm* (*palo*) gourdin *m* ; (*porra*) massue *f* ; (*ejecución*) garrot *m*
garúa (Am) *nf* bruine *f*
garza *nf* héron *m*
garzón, -ona (CSur) *nm/f* garçon (serveuse)
gas *nm* gaz *m* ; **a todo ~** plein gaz ; **gases lacrimógenos** gaz *mpl* lacrymogènes ; **~ natural** gaz *m* naturel ; **gases** *nmpl* (*Med*) gaz *mpl*
gasa *nf* gaze *f* ; (*de pañal*) couche *f*
gaseosa *nf* limonade *f*
gaseoso, -a *adj* gazeux(-euse)
gásfiter (Chi) *nm* = **gasfitero**
gasfitería (And, CSur) *nf* plomberie *f*
gasfitero (Chi) *nm* plombier *m*
gasoducto *nm* gazoduc *m*
gasoil, gasóleo *nm* gasoil *m*
gasolina *nf* essence *f*
gasolinera *nf* station-service *f*
gastado, -a *adj* (*ropa*) usé(e) ; (*mechero*) fini(e) ; (*bolígrafo*) qui n'a plus d'encre ; (*fig: político*) dépassé(e)
gastar *vt* dépenser ; (*malgastar*) gaspiller ; (*desgastar*) user ; (*usar*) porter ; (*fig: persona*) user ; **~ bromas** faire des blagues ; **¿qué número gastas?** quelle est ta pointure ? ; **gastarse** *vpr* s'user
gasto *nm* dépense *f* ; **~ corriente/fijo** (*Com*) dépenses courantes/frais *mpl* fixes ; **gastos** *nmpl* (*desembolsos*) dépenses *fpl* ; (*costes*) frais *mpl* ; **cubrir gastos** couvrir les frais ; **meterse en gastos** se mettre en frais ; **gastos de desplazamiento** frais de déplacement ; **gastos de distribución/representación** (*Com*) frais de distribution/représentation ; **gastos de mantenimiento** frais de maintenance ; **gastos de tramitación** (*Com*) frais de dossier ; **gastos generales** frais généraux ; **gastos vencidos** (*Com*) frais à payer
gástrico, -a *adj* gastrique
gastritis *nf* gastrite *f*
gastroenteritis *nf inv* gastro-entérite *f*
gastronomía *nf* gastronomie *f*
gastronómico, -a *adj* gastronomique
gata *nf ver* **gato**
gatear *vi* marcher à quatre pattes
gatillero (Méx) *nm* pistolet *m*
gatillo *nm* gâchette *f*
gato, -a *nm/f* chat(te) ; **dar a algn ~ por liebre** (*fig*) rouler qn ; **andar a gatas** marcher à quatre pattes ; **aquí hay ~ encerrado** il y a anguille sous roche ; **~ de Angora** chat(te) angora ; **~ montés/siamés** chat sauvage/siamois ▶ *nm* (*Tec*) cric *m*
GATT *sigla m* (= *Acuerdo General sobre Aranceles Aduaneros y Comercio*) GATT *m* (= *General Agreement on Tariffs and Trade*)
gatuno, -a *adj* de félin
gauchada (CSur *fam*) *nf* service *m*
gaucho, -a *adj* gaucho ▶ *nm/f* gaucho *m*
gaveta *nf* tiroir *m*
gavilán *nm* épervier *m*
gavilla *nf* fagot *m*
gaviota *nf* mouette *f*
gay *adj, nm* homo *m*
gazapo *nm* jeune lapin *m* ; (*error*) lapsus *m*
gazmoñería *nf* pruderie *f*
gazmoño, -a *adj* prude
gaznate *nm* gorge *f*, kiki *m* (*fam*)
gazpacho *nm* gaspacho *m* (*soupe froide espagnole*)
géiser *nm* geyser *m*
gel *nm* (*de ducha*) gel *m*
gelatina *nf* gélatine *f*
gelatinoso, -a *adj* gélatineux(-euse)
gélido, -a *adj* glacé(e), gelé(e)
gema *nf* gemme *f*
gemelo, -a *adj, nm/f* jumeau(-elle) ; **gemelos** *nmpl* (*de camisa*) boutons *mpl* de manchette ; (*anteojos*) jumelles *fpl* ; **gemelos de campo/de teatro** jumelles de campagne/de spectacle
gemido *nm* gémissement *m*
Géminis *nm* (*Astrol*) Gémeaux *mpl* ; **ser ~** être Gémeaux
gemir *vi* gémir
gen *nm* gène *m*
gen. *abr* (*Ling*) = **género**
gendarme (*esp* Am) *nm* gendarme *m*
gendarmería *nf* (*esp* Am) gendarmerie *f*
genealogía *nf* généalogie *f*
genealógico, -a *adj*: **árbol ~** arbre *m* généalogique
generación *nf* génération *f* ; **tercera/cuarta** *etc* **~** (*Inform*) troisième/quatrième *etc* génération
generacional *adj* générationnel(le)
generador *nm* générateur *m* ; **~ de programas** (*Inform*) générateur de programmes
general *adj* général(e) ; **en** *o* **por lo ~** en général ▶ *nm* général *m* ; **~ de brigada/de división** général de brigade/de division
generalice *etc vb ver* **generalizar**
generalidad *nf* (*casi totalidad*) quasi totalité *f* ; **generalidades** *nfpl* généralités *fpl*
generalista *adj* généraliste ; **médico ~** médecin *m* généraliste ▶ *nmf* médecin *mf* généraliste
Generalitat *nf gouvernement catalan*
generalización *nf* généralisation *f* ; (*al hablar*) généralité *f*
generalizado, -a *adj* généralisé(e) ; **existe la creencia generalizada de que ...** il existe la croyance répandue selon laquelle ...
generalizar *vt, vi* généraliser ; **generalizarse** *vpr* se généraliser
generalmente *adv* généralement

generar *vt* (*energía*) générer ; (*interés*) susciter
genérico, -a *adj* générique
género *nm* genre *m* ; (*Com*) article *m* ; **~ chico** (*zarzuela*) *comédie musicale espagnole* ; **~ humano** genre humain ; **~ literario** genre littéraire ; **géneros** *nmpl* (*productos*) articles *mpl* ; **géneros de punto** tricots *mpl*
generosamente *adv* généreusement
generosidad *nf* générosité *f*
generoso, -a *adj* généreux(-euse)
génesis *nf* genèse *f*
genética *nf* génétique *f*
genético, -a *adj* génétique
genial *adj* (*artista, obra*) de génie ; (*fam: idea*) génial(e) ; (*: persona*) spirituel(le)
genialidad *nf* (*singularidad*) génie *m* ; (*acto, idea*) coup *m* de génie
genio *nm* tempérament *m* ; (*mal carácter*) mauvais caractère *m* ; (*persona, en cuentos*) génie *m* ; **tener mal ~** avoir mauvais caractère ; **tener un ~ vivo** être un peu vif (vive), être soupe *inv* au lait
genital *adj* génital(e) ▸ *nm*: **genitales** organes *mpl* génitaux
genocidio *nm* génocide *m*
genoma *nm* génome *m*
Génova *n* Gênes
genovés, -esa *adj* génois(e) ▸ *nm/f* Génois(e)
gente *nf* gens *mpl* ; (*fam: familia*) petite famille *f* ; (*AM fam*): **una ~ como usted** quelqu'un comme vous ; **es buena ~** (*fam*) c'est quelqu'un de bien ; **~ baja/bien** petites gens *fpl*/gens aisés ; **~ de la calle** gens comme vous et moi ; **~ gorda** (*fig*) les grosses légumes *fpl* ; **~ menuda** les petits *mpl*

Atención, en español la palabra **gente**, aunque haga referencia a muchas personas, va siempre seguido de un verbo en singular y es femenina, mientras que en francés, *les gens* es masculino plural: **Fue muy poca gente.** Très peu de gens y sont allés.

gentil *adj* gentil(le) ; (*porte*) gracieux(-euse) ; (*Rel*) païen(ne)
gentileza *nf*: **tener la ~ de hacer** avoir la gentillesse de faire ; **por ~ de** offert(e) par
gentilicio *nm nom des habitants d'une ville, d'une province ou d'un pays*
gentío *nm* foule *f* ; **¡qué ~!** que de monde !
gentuza (*pey*) *nf* (*mala gente*) racaille *f* ; (*chusma*) masse *f*
genuflexión *nf* génuflexion *f*
genuino, -a *adj* authentique
GEO (*ESP*) *sigla mpl* (= *Grupos Especiales de Operaciones*) ≈ GIGN *m* (= *Groupe d'intervention de la gendarmerie nationale*)
geografía *nf* géographie *f*
geográfico, -a *adj* géographique ; (*accidente*) de terrain
geógrafo, -a *nm/f* géographe *mf*
geolocalización *nf* géolocalisation *f*
geolocalizar *vt* géolocaliser
geología *nf* géologie *f*
geológico, -a *adj* géologique
geólogo, -a *nm/f* géologue *mf*
geometría *nf* géométrie *f*
geométrico, -a *adj* géométrique
geopolítico, -a *adj* géopolitique
geranio *nm* géranium *m*
gerencia *nf* direction *f* ; (*cargo*) gérance *f*
gerente *nmf* (*supervisor*) gérant(e) ; (*jefe*) directeur(-trice)
geriatra *nmf* gériatre *mf*
geriatría *nf* gériatrie *f*
geriátrico, -a *adj* de gérontologie
germánico, -a *adj* germanique
germano, -a *adj* germain(e) ▸ *nm/f* Germain(e)
germen *nm* germe *m*
germicida *nm* germicide *m*
germinar *vi* germer
gerundense *adj* de Gérone ▸ *nmf* natif(-ive) *o* habitant(e) de Gérone
gerundio *nm* (*Ling*) gérondif *m*
gesta *nf* exploit *m*
gestación *nf* gestation *f*
gestante *adj* enceinte ▸ *nf* femme *f* enceinte
gestarse *vpr* germer
gesticulación *nf* gesticulation *f* ; (*mueca*) grimace *f*
gesticular *vi* gesticuler ; (*hacer muecas*) faire des grimaces
gestión *nf* gestion *f* ; (*trámite*) démarche *f* ; **hacer las gestiones preliminares** faire les démarches préliminaires ; **~ de cartera/de riesgos** (*Com*) gestion de portefeuille/des risques ; **~ de personal** gestion du personnel ; **~ financiera** (*Com*) gestion financière ; **~ interna** (*Inform*) gestion des disques
gestionar *vt* s'occuper de
gesto *nm* geste *m* ; (*mueca*) grimace *f* ; **hacer gestos** faire des gestes ; **hacer gestos a algn** faire de grands gestes à qn
gestor, a *adj* de (la) gestion ▸ *nm/f* gérant(e)
gestoría *nf* cabinet *m* d'affaires
gestual *adj* gestuel(le) ; **lenguaje ~** langage *m* gestuel
giba *nf* bosse *f*
Gibraltar *nm* Gibraltar *m*
gibraltareño, -a *adj* de Gibraltar ▸ *nm/f* natif(-ive) *o* habitant(e) de Gibraltar
gigante *adj, nmf* géant(e)
gigantesco, -a *adj* gigantesque
gijonés, -esa *adj* de Gijón ▸ *nm/f* natif(-ive) *o* habitant(e) de Gijón
gil, a (*CSUR fam*) *nm/f* con(ne)
gilipollas (*fam!*) *adj inv, nmf inv* con(ne) (*fam !*)
gilipollez (*fam!*) *nf* connerie *f* (*fam !*)
gima *etc vb ver* **gemir**

gimnasia *nf* gymnastique *f* ; **hacer ~** faire de la gymnastique
gimnasio *nm* gymnase *m*
gimnasta *nmf* gymnaste *mf*
gimnástico, -a *adj* de gymnastique
gimotear *vi* pleurnicher
gincana *nf* gymkhana *m*
Ginebra *n* Genève
ginebra *nf* gin *m*
ginecología *nf* gynécologie *f*
ginecológico, -a *adj* gynécologique
ginecólogo, -a *nm/f* gynécologue *mf*
ginseng [jin'sen] *nm* ginseng *m*
gintonic *nm* gin-tonic *m*
gira *nf* excursion *f* ; (*de grupo*) tournée *f*
girar *vt* (*hacer girar*) faire tourner ; (*dar la vuelta*) tourner ; (*giro postal, letra de cambio*) virer ▸ *vi* tourner ; **~ (a/hacia)** (*torcer*) virer (à) ; **~ en torno a** (*conversación*) tourner autour de ; **~ alrededor de algo** tourner autour de qch ; **~ en descubierto** être à découvert
girasol *nm* tournesol *m*
giratorio, -a *adj* tournant(e), pivotant(e)
giro *nm* tour *m* ; (*Com*) virement *m* ; (*tb*: **giro postal**) mandat *m* (postal) ; **dar un ~** tourner ; **dar un ~ de 180 grados** (*fig*) faire un virage à 180 degrés ; **~ a la vista** (*Com*) virement à vue ; **~ bancario** virement bancaire
gis (*Méx*) *nm* craie *f*
gitano, -a *adj* gitan(e) ▸ *nm/f* Gitan(e)
glaciación *nf* glaciation *f*
glacial *adj* (*zona*) glaciaire ; (*frío, fig*) glacial(e)
glaciar *nm* glacier *m*
gladiador *nm* gladiateur *m*
gladiolo *nm* glaïeul *m*
glamour [gla'mur] *nm* glamour *m*
glándula *nf* glande *f*
glicerina *nf* glycérine *f*
global *adj* global(e)
globalización *nf* mondialisation *f*
globalmente *adv* globalement
globo *nm* globe *m* ; (*para volar, juguete*) ballon *m* ; **~ ocular** globe oculaire ; **~ terráqueo** *o* **terrestre** globe terrestre
glóbulo *nm*: **~ blanco/rojo** globule *m* blanc/rouge
gloria *nf* gloire *f* ; (*Rel*) paradis *m* ; **estar en la ~** être aux anges ; **es una ~** (*fam*) quel délice ; **saber a ~** être délicieux(-euse)
glorieta *nf* (*de jardín*) tonnelle *f* ; (*Auto, plaza*) rond-point *m*
glorificar *vt* glorifier
glorifique *etc vb ver* **glorificar**
glorioso, -a *adj* glorieux(-euse)
glosa *nf* glose *f*
glosar *vt* gloser
glosario *nm* glossaire *m*
glotón, -ona *adj, nm/f* glouton(ne)
glotonería *nf* gloutonnerie *f*
glucosa *nf* glucose *m*
glutamato *nm* glutamate *m*
gluten *nm* gluten *m*
glúteos *nmpl* fesses *fpl*
G.N. (*Nic, Pan*) *abr* (= *Guardia Nacional*) *police*
gnomo ['nomo] *nm* gnome *m*
gob. *abr* (= *gobierno*) gvt. (= *gouvernement*)
gobernabilidad *nf* gouvernabilité *f*, gouvernance *f* ; **llegar a un pacto de ~** parvenir à un pacte de gouvernabilité *o* à un accord de gouvernance
gobernación *nf* gouvernement *m*
gobernador, a *nm/f* gouverneur(-euse) ; **G~ civil** *représentant du gouvernement au niveau local* ; **G~ militar** gouverneur militaire
gobernanta *nf* gouvernante *f* ; *ver tb* **gobernante**
gobernante *adj* gouvernant(e) ▸ *nm* gouvernant *m*
gobernanza *nf* gouvernance *f*
gobernar *vt* gouverner ; (*nave*) piloter ; (*fam*) dominer ▸ *vi* gouverner ; (*Náut*) piloter
gobierno *vb ver* **gobernar** ▸ *nm* gouvernement *m* ; (*Náut*) pilotage *m* ; **G~ Vasco/de Aragón** gouvernement basque/d'Aragon ; **G~ Civil** *institution représentant le gouvernement au niveau local*
goce *vb ver* **gozar** ▸ *nm* jouissance *f*
godo, -a *nm/f* Goth *m* ; (*Am pey*) Espagnol(e)
gofre *nm* gaufre *f*
gol *nm* but *m* ; **meter un ~** marquer un but ; **~ fantasma** but fantôme
goleada *nf* carton *m*, raclée *f* (*fam*) ; **les ganaron por ~** ils les ont battus à plates coutures, ils leur ont donné une bonne raclée (*fam*)
goleador, a *adj*: **el equipo más ~** l'équipe qui a marqué le plus de buts ▸ *nm/f* buteur(-euse) ; **el máximo ~ de la liga** le meilleur buteur de la saison
golear *vt* marquer
goleta *nf* goélette *f*
golf *nm* golf *m*
golfa (*fam*) *nf* pute *f* (*fam !*) ; *ver tb* **golfo¹**
golfista *nmf* golfeur(-euse)
golfo¹, -a *nm/f* voyou *m* ; (*hum: pillo*) fripon(ne)
golfo² *nm* golfe *m*
gollete *nm* goulot *m*
golondrina *nf* hirondelle *f*
golosina *nf* friandise *f* ; (*caramelo*) bonbon *m*
goloso, -a *adj* gourmand(e) ; (*empleo*) alléchant(e)
golpe *nm* coup *m* ; **no dar ~** ne pas en ficher une rame ; **dar el ~** faire sensation ; **darse un ~** se cogner ; **de un ~** en un clin d'œil ; **de ~ y porrazo** tout d'un coup ; **cerrar una puerta de ~** claquer la porte ; **~ bajo** coup bas ; **~ de fortuna/de maestro** coup du destin/de maître ; **~ de gracia** coup de grâce ; **~ de tos** quinte *f* de toux

g

golpear *vt* frapper, heurter ▸ *vi* cogner ; (*lluvia*) tomber dru ; (*puerta*) battre ; **golpearse** *vpr* se cogner
golpetear *vt* donner de petits coups sur ; (*dedos, lluvia*) tambouriner sur ▸ *vi* tambouriner
golpeteo *nm* (*gen*) petit coup *m* ; (*con dedos, de lluvia*) tambourinement *m*
golpista *adj* (*tentativa*) de coup d'État ▸ *nmf* auteur(e) d'un coup d'État
golpiza (*Am*) *nf* volée *f* de coups
goma *nf* gomme *f* ; (*gomita, Costura*) élastique *m* ; **~ de mascar** chewing-gum *m* ; **~ de pegar** colle *f* ; **~ dos** (*explosivo*) plastic *m*
goma-espuma *nf* caoutchouc *m* mousse
gomero (*And*) *nm ouvrier qui récolte le caoutchouc*
gomina *nf* gomina *f*
gominola *nf* bonbon *m* gélifié *o* acidulé, confiserie *f* gélifiée
gomita *nf* élastique *m*
gónada *nf* gonade *f*
góndola *nf* gondole *f* ; (*And, Chi*) bus *msg*
gong (*pl* **gongs**) *nm* gong *m*
gonorrea *nf* blennorragie *f*
googlear [guɣle'ar] *vt* googler
gordinflón, -ona *adj* empâté(e) ▸ *nm/f* gros homme (grosse femme)
gordito, -a (*Chi fam*) *nm/f*: **¡~!** chéri(e) !
gordo, -a *adj* gros(se) ; (*libro, tela*) épais(se) ; (*fam: problema*) gros(se) ; (*accidente*) grave ; **ese tipo me cae ~** ce type ne me revient pas ; **¡~!** (*Chi fam*) chéri(e) ! ▸ *nm/f* gros(se) ▸ *nm* (*tb: premio gordo*) gros lot *m* ; *voir article* ; (*de la carne*) gras *msg*

El Gordo

El Gordo désigne le gros lot attribué au tirage de la loterie nationale espagnole (*Lotería Nacional*), en particulier à Noël. Le tirage au sort exceptionnel (*Sorteo Extraordinario de Navidad*) du 22 décembre atteint une valeur de plusieurs millions d'euros.

gordura *nf* excès *m* de poids ; (*grasa*) graisse *f*
gorgojo *nm* larve *f*
gorgorito *nm* couac *m*
gorila *nm* gorille *m* ; (*CSur fam: jefe militar*) chef *m*
gorjear *vi* triller
gorjeo *nm* trille *f*
gorra *nf* casquette *f* ; (*de niño*) bonnet *m* ; **de ~** (*sin pagar*) à l'œil ; **~ de montar** bombe *f* ; **~ de paño** béret *m* de laine ; **~ de visera** casquette à visière
gorrión *nm* moineau *m*
gorro *nm* bonnet *m* ; **estoy hasta el ~** j'en ai par-dessus la tête ; **~ de baño** bonnet de bain ; **~ de punto** bonnet tricoté
gorrón, -ona *nm/f* parasite *mf*
gorronear (*fam*) *vi* être un parasite
gospel *nm* gospel *m*
gota *nf* goutte *f* ; **una ~, unas gotas** (*un poco*) une goutte ; **caer unas** *o* **cuatro gotas** tomber deux ou trois gouttes ; **~ a ~** (*adv: caer*) goutte à goutte ; (*nm inv: Med*) goutte-à-goutte *m inv* ; **ni ~** rien ; **la ~ que colma el vaso** la goutte d'eau qui fait déborder le vase ; **como dos gotas de agua** comme deux gouttes d'eau ; **gotas** *nfpl* (*de medicamento*) gouttes *fpl*
gotear *vi* goutter ; (*lloviznar*) pleuvioter
goteo *nm* (*de líquido, grifo*) égouttement *m*, écoulement *m* ; (*Med*) goutte-à-goutte *m* ; **un constante ~ de dimisiones** un flot constant de démissions ; **riego por ~** arrosage *m* au goutte-à-goutte
gotera *nf* gouttière *f* ; (*mancha*) tache *f* d'humidité
gótico, -a *adj* gothique
gourmet [gur'me(t)] (*pl* **gourmets** [gur'me(t)s]) *nmf* gourmet *m*
gozada (*fam*) *nf*: **¡es una ~!** c'est le pied ! (*fam*) ; **es una ~ escuchar música con este aparato** c'est un véritable plaisir d'écouter de la musique avec cet appareil
gozar *vi* jouir ; **~ de** jouir de ; **~ con algo** jouir de qch ; **~ haciendo algo** éprouver un immense plaisir à faire qch
gozne *nm* gond *m*
gozo *nm* (*alegría*) plaisir *m* ; (*placer*) jouissance *f* ; **¡mi ~ en un pozo!** adieu veau, vache, cochon, couvée !
gozoso, -a *adj* joyeux(-euse)
g.p. *nm abr* (= *giro postal*) *ver* **giro**
GPS *nm abr* (= *Global Positioning System*) GPS *m*
gr *abr* (= *gramo(s)*) g (= *gramme(s)*)
grabación *nf* enregistrement *m*
grabado, -a *adj* (*Mús*) enregistré(e) ▸ *nm* gravure *f* ; **~ al agua fuerte** gravure à l'eau-forte ; **~ en cobre/madera** gravure sur cuivre/bois
grabador, a *nm/f* graveur(-euse)
grabadora *nf* magnétophone *m* ; **~ de CD/DVD** graveur *m* de CD/DVD ; *ver tb* **grabador**
grabar *vt* (*en piedra, Arte*) graver ; (*discos, en video, Inform*) enregistrer ; **lo tengo grabado en la memoria** ça reste gravé dans ma mémoire
gracejo *nm* humour *m*
gracia *nf* grâce *f* ; (*chiste*) plaisanterie *f* ; (*: irón*) plaisanterie lourde ; (*humor*) humour *m* ; **¡(muchas) gracias!** merci (beaucoup) ! ; **gracias a** grâce à ; **¡gracias a Dios!** grâce à Dieu ! ; **caerle en ~ a algn** être dans les bonnes grâces de qn ; **tener ~** (*chiste etc*) être drôle ; (*irón*) être très drôle ; **¡qué ~!** (*gracioso*) comme c'est drôle ! ; (*irónico*) très drôle ! ; **no me hace ~ (hacer)** ça ne m'amuse pas (de faire) ; **dar las gracias a algn por algo** remercier qn de *o* pour qch

grácil *adj* (*movimientos*) délicat(e) ; (*figura*) gracile
gracioso, -a *adj* drôle ; **su graciosa Majestad** sa gracieuse Majesté ; **¡qué ~!** (*irón*) très drôle ! ; **es ~ que ...** c'est curieux que ... ▸ *nm/f* (*Teatro*) bouffon(ne)
grada *nf* marche *f* ; **gradas** *nfpl* (*de estadio*) gradins *mpl*
gradación *nf* dégradé *m*
gradería *nf*, **graderío** *nm* gradins *mpl* ; **~ cubierta** stade *m* couvert
grado *nm* degré *m* ; (*Escol*) classe *f* ; (*Mil*) grade *m* ; (*Univ*) titre *m* ; *voir article* ; **de buen ~** de bon gré ; **quemaduras de primer/segundo ~** brûlures *fpl* au premier/second degré ; **en sumo ~** au plus haut degré ; **~ centígrado/Fahrenheit** degré centigrade/Fahrenheit

GRADO

Le **grado** correspond au diplôme de premier cycle universitaire qui a remplacé les anciens diplômes de *Diplomado* et *Licenciado*. D'une durée de quatre ans, il comprend des cours de formation basique, des matières obligatoires, des matières à option, des stages, un mémoire de fin d'études et des activités culturelles.

graduación *nf* (*medición en grados*) gradation *f* ; (*escala*) échelle *f* ; (*del alcohol*) degré *m* ; (*Univ*) remise *f* du diplôme ; (*Mil*) grade *m* ; **de alta ~** de haut rang
graduado, -a *adj* gradué(e) ▸ *nm/f* (*Univ*) diplômé(e) ▸ *nm*: **~ escolar** ≈ certificat *m* d'études ; **~ social** ≈ B.T.S. *m* d'assistance sociale
gradual *adj* progressif(-ive)
gradualmente *adv* graduellement
graduar *vt* graduer ; (*volumen*) mesurer ; (*Mil*): **~ a algn de** conférer à qn le grade de ; **graduarse** *vpr* (*Univ*) être diplômé(e) ; (*Mil*): **graduarse (de)** obtenir son grade (de) ; **graduarse la vista** se faire vérifier la vue
grafía *nf* graphie *f*
gráfica *nf* courbe *f* ; **~ de temperatura** (*Med*) courbe de température
gráficamente *adv* graphiquement
gráfico, -a *adj* graphique ; (*revista*) d'art ; (*expresivo*) vivant(e) ▸ *nm* graphique *m* ; **~ de barras** graphique à barres ; **~ de sectores** *o* **de tarta** camembert *m* ; **gráficos** *nmpl* (*tb Inform*) graphiques *mpl* ; **gráficos empresariales** graphiques de l'entreprise
grafitero, -a *nm/f* graffeur(-euse)
grafiti *nm* graffiti *m*
grafito *nm* graphite *m*
grafología *nf* graphologie *f*
gragea *nf* (*Med*) pilule *f* ; (*caramelo*) dragée *f*
grajo *nm* freux *m*
Gral. *abr* (*Mil*: = *General*) g[al] (= *Général*)

grama (CSur) *nf* herbe *f*
gramática *nf* grammaire *f* ; *ver tb* **gramático**
gramatical *adj* grammatical(e)
gramático, -a *nm/f* grammairien(ne)
gramilla (CSur) *nf* = **grama**
gramínea *nf* graminée *f*
gramo *nm* gramme *m*
grampa (CSur) *nf* agrafe *f*
gran *adj ver* **grande**
grana *adj, nf* écarlate *f* ; **ponerse como la ~** devenir rouge comme une pivoine
granada *nf* grenade *f* ; **~ de mano** grenade à main
granadilla (Am) *nf* fruit *m* de la passion
granadina *nf* grenadine *f* ; *ver tb* **granadino**
granadino, -a *adj* de Grenade ▸ *nm/f* natif(-ive) *o* habitant(e) de Grenade
granar *vi* germer
granate *adj* grenat *adj inv* ▸ *nm* grenat *m*
Gran Bretaña *nf* Grande-Bretagne *f*
Gran Canaria *nf* la Grande Canarie
grancanario, -a *adj* de la Grande Canarie ▸ *nm/f* natif(-ive) *o* habitant(e) de la Grande Canarie
grande *adj* grand(e) ; (Arg *fam*: *gracioso*) rigolo(te) ; **una gran mujer** une grande femme ; **los zapatos le están** *o* **quedan grandes** ces chaussures sont trop grandes pour lui ; **¿cómo es de ~?** c'est grand comment ? ; **a lo ~** en grande pompe ; **pasarlo en ~** prendre son pied ▸ *nm* grand *m*

En español el adjetivo **grande** hace referencia al tamaño, mientras que en francés el adjetivo *grand* también puede hacer alusión a la altura:
Es alto y delgado. Il est grand et mince.

grandeza *nf* grandeur *f*
grandilocuencia *nf* grandiloquence *f*
grandilocuente *adj* grandiloquent(e)
grandioso, -a *adj* grandiose
grandullón, -ona *adj, nm/f* grande perche *f*
granel *nm*: **a ~** (*Com*) en vrac
granero *nm* grenier *m*
granice *etc vb ver* **granizar**
granítico, -a *adj* granitique, graniteux(-euse)
granito *nm* granit *m* ; **poner/aportar su ~ de arena** apporter sa modeste contribution ; *ver tb* **grano**
granizada *nf* averse *f* de grêle
granizado *nm* granité *m* ; **~ de café** granité de café *o* au café
granizar *vi* grêler
granizo *nm* grêle *f*
granja *nf* ferme *f* ; **~ avícola** ferme avicole
granjear *vt* (*amistad, simpatía*) gagner ; **granjearse** *vpr* gagner
granjero, -a *nm/f* fermier(-ière)
grano *nm* grain *m* ; (*Med*) bouton *m* ; **ir al ~** aller droit au but

granuja *nm (bribón)* fripouille *f* ; *(golfillo)* filou *m*
granulado, -a *adj* granulé(e) ▸ *nm (en farmacia)* granulé *m*
grapa *nf* agrafe *f* ; *(CSur: aguardiente barato)* tord-boyau(x) *m*
grapadora *nf* agrafeuse *f*
grapar *vt* agrafer
GRAPO *(Esp) sigla m (Pol: = Grupos de Resistencia Antifascista Primero de Octubre) groupe terroriste de gauche*
grasa *nf* graisse *f* ; *(sebo)* gras *m* ; **~ de ballena/de pescado** graisse de baleine/de poisson ; **grasas** *nfpl (de persona)* graisse
grasiento, -a *adj* gras(se) ; *(sucio)* graisseux(-euse)
graso, -a *adj* gras(se)
grasoso, -a *(Am) adj* graisseux(-euse)
gratamente *adv* agréablement ; **~ impresionado** agréablement impressionné
gratificación *nf* gratification *f*
gratificante *adj* gratifiant(e)
gratificar *vt (recompensar)* gratifier ; **« se gratificará »** « récompense »
gratifique *etc vb ver* **gratificar**
gratinar *vt* gratiner
gratis *adj inv, adv* gratis *inv*
gratitud *nf* gratitude *f*
grato, -a *adj* agréable ; **ser ~ de hacer** être heureux(-euse) de faire ; **nos es ~ informarle que ...** nous sommes heureux de vous informer que ... ; **persona non-grata** persona *f* non grata
gratuidad *nf* gratuité *f* ; **la ~ de la enseñanza** la gratuité de l'éducation ; **no comparto la ~ de sus afirmaciones** je ne suis pas d'accord avec les affirmations gratuites qu'il assène
gratuito, -a *adj* gratuit(e)
grava *nf* gravier *m*
gravamen *nm (carga)* poids *msg* ; *(impuesto)* servitude *f*, hypothèque *f* ; **libre de ~** *(Econ)* non grevé(e) d'hypothèque
gravar *vt (Jur: propiedad)* grever ; **~ (con impuesto)** *(producto)* imposer
grave *adj* grave ; **estar ~** être dans un état grave ; **herida ~** blessure *f* grave
gravedad *nf* gravité *f*
gravemente *adv* gravement ; **estar ~ enfermo** être gravement malade
gravidez *nf* grossesse *f*
gravilla *nf* gravillon *m*
gravitación *nf* gravitation *f*
gravitar *vi* graviter ; **~ sobre algn** peser sur qn
gravoso, -a *adj (pesado)* pesant(e) ; *(costoso)* coûteux(-euse)
graznar *vi (cuervo)* croasser ; *(pato)* cancaner
graznido *nm (de cuervo)* croassement *m* ; *(de ganso)* cancanement *m* ; *(pey)* voix *fsg* discordante
Grecia *nf* Grèce *f*
gregario, -a *adj* grégaire ; **instinto ~** instinct *m* grégaire
gregoriano, -a *adj* grégorien(-enne) ; **canto ~** chant *m* grégorien
gremial *adj* corporatif(-ive), de la corporation
gremio *nm* corporation *f*
greña *nf (tb:* **greñas***)* tignasse *f* ; **andar a la ~** se disputer
greñudo, -a *adj* chevelu(e)
gres *nm* grès *m*
gresca *nf* altercation *f*
Grial *nm*: **Santo ~** Saint Graal *m*
griego, -a *adj* grec(que) ▸ *nm/f* Grec(que) ▸ *nm (Ling)* grec *m*
grieta *nf (en pared, madera)* fissure *f* ; *(en terreno, Med)* crevasse *f*
grifa *(fam) nf* came *f*
grifero, -a *(Perú) nm/f* employé(e)
grifo *nm* robinet *m* ; *(And)* station-service *f*
grill *nm (aparato, local)* grill *m* ; **asar al ~** griller
grillado, -a *(fam) adj* givré(e)
grilletes *nmpl* fers *mpl*
grillo *nm* grillon *m* ; **grillos** *nmpl (de preso)* fers *mpl*
grima *nf* dégoût *m* ; **me da ~** ça me dégoûte
gringada *(Am fam) nf* vacherie *f* ; *(grupo de gringos)* groupe *m* d'étrangers
gringo, -a *(Am pey) adj (extranjero)* étranger(-ère) ; *(norteamericano, idioma)* ricain(e) ▸ *nm/f (extranjero)* étranger(-ère) ; *(norteamericano)* Ricain(e)
gripa *(Am) nf* = **gripe**
gripal *adj* grippal(e)
gripe *nf* grippe *f* ; **~ aviar** grippe aviaire ; **~ porcina** grippe porcine
griposo, -a *adj* grippé(e) ; **estar ~** être grippé(e)
gris *adj* gris(e) ; *(vida)* triste ; *(personaje)* terne ; *(estudiante)* médiocre ▸ *nm* gris *msg* ; **~ marengo/perla** gris anthracite/perle
grisáceo, -a *adj* grisâtre
grisalla *(Méx) nf* ferraille *f*
grisoso, -a *(Am) adj* = **grisáceo**
gritar *vt, vi* crier ; **¡no (me) grites!** ne crie pas (après moi) !
griterío *nm* brouhaha *m*
grito *nm* cri *m* ; **a ~ pelado** en hurlant ; **a gritos** en criant ; **dar gritos** pousser des cris ; **poner el ~ en el cielo** pousser des hauts cris ; **es el último ~** *(de moda)* c'est le dernier cri
groenlandés, -esa *adj* groenlandais(e) ▸ *nm/f* Groenlandais(e)
Groenlandia *nf* Groenland *m*
grogui *(fam) adj* groggy *inv* ; **quedarse ~** *(dormido)* s'endormir
grosella *nf* groseille *f* ; **~ negra** cassis *msg*
grosería *nf* grossièreté *f*
grosero, -a *adj* grossier(-ière)
grosor *nm* grosseur *f*

grosso modo *adv* grosso modo
grotesco, -a *adj* grotesque
grúa *nf* grue *f* ; *(para vehículos averiados)* dépanneuse *f* ; *(para vehículos mal aparcados)* fourrière *f* ; **~ corrediza** *o* **móvil** pont *m* roulant ; **~ de pescante** grue à flèche ; **~ de torre** grue de chantier ; **~ puente** grue à chevalet
grueso, -a *adj* épais(se) ; *(persona)* corpulent(e) ; *(mar)* fort(e) ▸ *nm* grosseur *f* ; **el ~ de** le gros de
grulla *nf* grue *f*
grumete *nm (Náut)* mousse *m*
grumo *nm* grumeau *m*
gruñido *nm* grognement *m*
gruñir *vi* grogner
gruñón, -ona *adj, nm/f* grognon *mf*
grupa *nf (Zool)* croupe *f*
grupo *nm* groupe *m* ; **~ de apoyo** groupe de parole ; **~ de presión** groupe de pression ; **~ sanguíneo** groupe sanguin
grupúsculo *nm (Pol)* groupuscule *m*
gruta *nf* grotte *f*
Gta. *abr (Auto)* = **glorieta**
gua- *ver* **hua-**
guaca *(Am) nf* tombe *f* indienne
guacal *nm (CAm, Méx)* calebasse *f* ; *(Am)* caisse *f*
guacamayo *(Am) nm* perroquet *m*
guacamole *(Am) nm* guacamole *m*
guachada *(Arg fam) nf* vacherie *f*
guachafita *(Carib, Col) nf* vacarme *m*
guachimán *(Am) nm* gardien *m*
guachinango *(Carib, Méx) nm* daurade *f*
guacho, -a *(And, CSur) nm/f* orphelin(e) ; *(hijo natural)* fils (fille) naturel(le)
guadalajareño, -a *adj* de Guadalajara ▸ *nm/f* natif(-ive) *o* habitant(e) de Guadalajara
guadaña *nf* faux *f*
guadañar *vt* tailler à la serpe
guagua *nf (Carib, Canarias)* autobus *msg* ; *(And, CSur)* bébé *m*
guajiro, -a *(Carib, Col) adj, nm/f* paysan(ne)
guajolote *(Méx) nm* dindon *m*
guambra *(Ecu) nmf (niño indio)* enfant *mf* indien(ne) ; *(niño mestizo)* enfant métis(se)
guampa *(And, CSur) nf* corne *f*
guampudo, -a *(And, CSur) adj* à cornes
guanábana *(Am) nf* fruit *m* du corossol
guanábano *(Am) nm* corossol *m*
guanaco *(Am) nm* guanaco *m*
guanche *adj* guanche ▸ *nmf* Guanche *mf* *(premiers habitants des îles Canaries)* ▸ *nm (Ling)* guanche *m*
guano *nm* engrais *msg*
guantada *nf* claque *f*
guantazo *nm* = **guantada**
guante *nm* gant *m* ; **se ajusta como un ~** il te/lui *etc* va comme un gant ; **más suave que un ~** doux (douce) comme un agneau ; **arrojar el ~ a algn** jeter le gant à qn ; **echar el ~ a algn** prendre qn au collet ; **con ~ blanco** *(fig)* en prenant des gants ; **guantes de goma** gants de caoutchouc
guantera *nf (Auto)* boîte *f* à gants
guaperas *(fam) adj inv* beau et prétentieux ▸ *nm inv* beau gosse *m (fam)*
guapo, -a *adj* beau (belle) ; **estar ~** être beau (belle) ; **¡ven, ~!** *(a niños)* viens, mon mignon ! ▸ *nm (And fam)* beau gosse *m* ; **¿quién será el ~ que se atreva?** alors, qui est chiche d'y aller ?
guaraca *(And, CSur) nf* fronde *f*
guarache *(Méx) nm* sandale *f*
guarangada *(CSur) nf* grossièreté *f*
guaraní *adj* guarani ▸ *nmf* Guarani *mf* ▸ *nm (Ling, moneda)* guarani *m*
guarapo *(Am) nm sucre de canne fermenté*
guarda *nmf* gardien(ne) ; **~ forestal** garde *mf* forestier(-ière) ; **~ jurado** vigile *m* ▸ *nf* garde *f*
guardabarrera *nmf (Ferro)* garde *mf* barrière
guardabarros *nm inv* garde-boue *m inv*
guardabosques *nmf inv* garde *mf* forestier(-ière)
guardacoches *nmf inv* gardien(ne) de parking
guardacostas *nm inv* garde-côte *mf*
guardador, a *adj*: **ser (muy) ~** être (très) protecteur(-trice)
guardaespaldas *nmf inv* garde *mf* du corps
guardagujas, guardaagujas *nmf inv (Ferro)* aiguilleur(-euse)
guardameta *nmf* gardien(ne) de but
guardamuebles *nm inv* garde-meuble *m*
guardapolvo *nm* housse *f* ; *(prenda de vestir)* blouse *f*
guardar *vt* garder ; *(poner: en su sitio)* mettre ; *(: en sitio seguro)* ranger ; *(ley)* observer ; **~ cama/silencio** garder le lit/le silence ; **~ el sitio** *(en cola)* garder la place ; **~ las apariencias** sauver les apparences ; **guardarse** *vpr* garder ; *(ocultar)* garder (pour soi) ; **guardarse de** se garder de ; **guardarse de hacer** *(abstenerse)* se garder de faire ; **se la tengo guardada** il me le paiera
guardarropa *nm (armario)* armoire *f* ; *(en establecimiento público)* vestiaire *m* ; *(ropas)* garde-robe *f*
guardavía *nmf (Ferro)* garde-voie *f*
guardería *nf* crèche *f*
guardia *nf* garde *f* ; **estar de ~** être de garde ; **montar ~** monter la garde ; **estar/ponerse en ~** être/se mettre en garde ; **la G~ Civil** *la Garde Civile espagnole ; voir article* ; **G~ Nacional** *(Nic, Pan)* ≈ gendarmerie *f* nationale ▸ *nmf (de tráfico, municipal etc)* agent *m* ; *(policía)* policier(-ière) ; **un ~ civil** ≈ un gendarme ; **~ de tráfico** agent de la circulation ; **~ municipal** *o* **urbana** agent de police

g

Guardia Civil

La **Guardia Civil** reste présente dans toute l'Espagne mais dans les comunidades où la police régionale assure la sécurité des citoyens, l'ordre public et la circulation routière, la **Guardia Civil** a réduit ses effectifs et se consacre à la surveillance intérieure des ports et des aéroports, des côtes et des frontières, au contrôle d'armes et d'explosifs et à la lutte contre la contrebande et la fraude fiscale.

guardián, -ana *nm/f* gardien(ne)
guarecer *vt* héberger ; **guarecerse** *vpr*: **guarecerse (de)** s'abriter (de)
guarezca *etc vb ver* **guarecer**
guarida *nf* abri *m* ; (*fig: de delincuentes*) repaire *m*
guarismo *nm* chiffre *m*
guarnecer *vt* garnir ; (*Tec*) revêtir ; (*Mil*) doter d'une garnison
guarnezca *etc vb ver* **guarnecer**
guarnición *nf* (*de vestimenta*) ornement *m* ; (*de piedra preciosa*) chaton *m* ; (*Culin*) garniture *f* ; (*arneses*) harnachement *m* ; (*Mil*) garnison *f*
guarrada (*fam*) *nf* saleté *f* ; (*mala jugada*) saloperie *f*
guarrería (*fam*) *nf* = **guarrada**
guarro, -a *adj* (*fam*) dégueulasse ▸ *nm/f* cochon (truie) ; (*fam: persona*) cochon(ne)
guarura (*Méx fam*) *nm* gorille *m*
guasa *nf* blague *f* ; **con** *o* **de ~** pour rire ; *ver tb* **guaso**
guasca (*And, CSur*) *nf* fouet *m*
guaso, -a *adj, nm/f* = **huaso**
guasón, -ona *adj, nm/f* blagueur(-euse)
guata (*Chi fam*) *nf* bidon *m*
guateado, -a *adj* ouaté(e)
Guatemala *nf* Guatemala *m*
guatemalteco, -a *adj* guatémaltèque ▸ *nm/f* Guatémaltèque *mf*
guateque *nm* fête *f*
guatero (*Chi*) *nm* bouillotte *f*
guatitas (*Chi*) *nfpl* (*Culin*) tripes *fpl*
guatón, -ona (*Chi fam*) *adj* bedonnant(e)
guau *excl*: **¡~, ~!** ouah, ouah !
guay *excl* génial !
guayaba *nf* goyave *f*
guayabera (*Am*) *nf* (*camisa bordada*) blouse *f* brodée ; (*chaquetilla bordada*) boléro *m* brodé
guayabo (*Am*) *nm* goyavier *m*
Guayana *nf* Guyane *f*
guayanés, -esa *adj* guyanais(e) ▸ *nm/f* Guyanais(e)
guayín (*Méx*) *nm* fourgonnette *f*
guayuco (*Col, Ven*) *nm* pagne *m*
gubernamental *adj* gouvernemental(e)
gubernativo, -a *adj* du gouvernement
guedeja *nf* chevelure *f*
guepardo *nm* guépard *m*
güero, -a (*esp Méx*) *adj, nm/f* roux (rousse)
guerra *nf* guerre *f* ; **Primera/Segunda G~ Mundial** Première/Deuxième Guerre mondiale ; **estar en ~** être en guerre ; **dar ~** donner du fil à retordre ; **~ atómica/ bacteriológica/nuclear/psicológica** guerre atomique/bactériologique/nucléaire/ psychologique ; **~ civil/fría** guerre civile/ froide ; **~ de guerrillas** guérilla *f*, guerre de partisans ; **~ de precios** (*Com*) guerre des prix ; **~ a muerte** guerre à mort
guerrear *vi* guerroyer
guerrera *nf* (*chaqueta*) veste *f* ; (*de militar*) veste d'uniforme ; *ver tb* **guerrero**
guerrero, -a *adj* de guerre ; (*carácter*) guerrier(-ière) ▸ *nm/f* guerrier(-ière)
guerrilla *nf* guérilla *f*
guerrillero, -a *nm/f* guérilléro *m*
gueto *nm* ghetto *m*
guía *vb ver* **guiar** ▸ *nmf* (*persona*) guide *mf* ; **~ turístico(-a)** (*persona*) guide *mf* ▸ *nf* (*libro*) guide *m* ; (*Bot*) branche *f* mère ; (*Inform*) message *m* ; **~ de ferrocarriles** horaire *m* des trains ; **~ telefónica** annuaire *m* ; **~ turística** (*libro*) guide *m* touristique
guiar *vt* guider ; (*Auto*) diriger ; **guiarse** *vpr*: **guiarse por** suivre
guijarro *nm* caillou *m*
guillotina *nf* guillotine *f* ; (*para papel*) coupe-papier *m inv*
guillotinar *vt* guillotiner ; (*papel*) couper
guinda *nf* griotte *f*
guindar (*fam*) *vt* faucher
guindilla *nf* piment *m*
guindo¹ *nm* guignier *m*, griottier *m* ; **caer del ~** (*fam: fig*) piger (*fam*), saisir
guindo² *nm* (*CAm*) ravin *m*
Guinea *nf* Guinée *f*
guineano, -a *adj* guinéen(ne) ▸ *nm/f* Guinéen(ne)
guineo (*And, CAm, Perú*) *nm* banane *f*
guiñapo *nm* (*harapo*) haillon *m* ; (*persona*) chiffe *f* molle ; **estar hecho un ~** être lessivé(e)
guiñar *vt* cligner de
guiño *nm* clin *m* d'œil ; **hacer un ~ a algn** faire un clin d'œil à qn
guiñol *nm* (*Teatro*) guignol *m*
guion *nm* (*Ling*) tiret *m* ; (*esquema*) plan *m* ; (*Cine*) scénario *m*
guionista *nmf* scénariste *mf*
güipil *nm* = **huipil**
guipuzcoano, -a *adj* de Guipuzcoa ▸ *nm/f* natif(-ive) *o* habitant(e) de Guipuzcoa
guiri (*fam*) *nmf* étranger(-ère)
guirigay *nm* (*griterío*) vacarme *m* ; (*alboroto*) bagarre *f*
guirlache *nm* nougat *m* dur
guirnalda *nf* guirlande *f*
guisa *nf*: **a ~ de** en guise de ; **de esta ~** de cette façon
guisado *nm* ragoût *m*

guisante *nm* petit pois *msg*
guisar *vt* faire cuire ; (*fig*) tramer ▸ *vi* cuisiner
guiso *nm* ragoût *m*
guita (*fam*) *nf* blé *m*
guitarra *nf* guitare *f*
guitarrista *nmf* guitariste *mf*
gula *nf* gloutonnerie *f*
gurí (CSur) (*pl* **gurises**) (*fam*) *nmf* (*chiquillo*) gosse *mf*
gurisa (CSur *fam*) *nf* gosse *f*
gurmet (*pl* **gurmets**) *nmf* gourmet *m*
gurú (*pl* **gurús**) *nm* (*fig*) gourou *m*
gusanillo (*fam*) *nm* (*hambre*): **cómete una manzana para matar el ~** mange une pomme pour ne plus avoir de petit creux ; (*interés*): **le entró el ~ de la gimnasia** il a attrapé le virus de la gymnastique ; **el ~ de la conciencia** la voix de la conscience, le ver rongeur
gusano *nm* ver *m* ; (*de mariposa, pey*) larve *f* ; (*ser despreciable*) larve ; (Cu *pey*) *réfugié cubain* ; **~ de seda** ver à soie
gustar *vt* goûter ▸ *vi* plaire ; **~ de hacer** prendre plaisir à faire ; **me gustan las uvas** j'aime le raisin ; **le gusta nadar** il aime nager ; **me gusta ese chico/esa chica** j'aime bien ce garçon/cette fille ; **¿usted gusta?** vous en prendrez bien ? ; **como usted guste** comme il vous plaira

Aunque la traducción literal de **gustar** en francés es *plaire*, en francés se emplea mucho más el verbo *aimer*:
Me gusta mucho el cine. J'aime beaucoup le cinéma.
Cuando este verbo se utiliza en el sentido de « sentir atracción por alguien » sí se emplea el verbo *plaire* pero también la construcción *aimer bien*:
Me gusta esa chica. Cette fille me plaît./J'aime bien cette fille.

gustazo *nm*: **darse el ~ de hacer algo** avoir le plaisir de faire qch
gusto *nm* goût *m* ; (*agrado, placer*) plaisir *m* ; (*afición*) intérêt *m* ; **a su** *etc* **~** à votre *etc* aise ; **hacer algo con ~** faire qch avec plaisir ; **dar ~ a algn** faire plaisir à qn ; **que da ~** bien agréable ; **tiene un ~ amargo** ça a un goût amer ; **tener buen/mal ~** avoir bon/mauvais goût ; **sobre gustos no hay nada escrito** chacun ses goûts ; **de buen/mal ~** de bon/mauvais goût ; **darse el ~ de hacer algo** se faire le plaisir de faire qch ; **estar/sentirse a ~** être/se sentir à l'aise ; **¡mucho** *o* **tanto ~ (en conocerle)!** enchanté(e) *o* ravi(e) de faire votre connaissance ! ; **el ~ es mío** tout le plaisir est pour moi ; **coger** *o* **tomar ~ a algo** prendre goût à qch
gustosamente *adv* avec plaisir ; **accedí ~ a su petición** j'ai répondu à leur demande avec plaisir
gustoso, -a *adj* savoureux(-euse) ; **aceptar ~** accepter avec joie
gutural *adj* guttural(e)
Guyana *nf* Guyane *f*

Hh

H¹, h ['atʃe] *nf* (*letra*) H, h *m inv* ; **H de Historia** ≈ H comme Henri
H² *abr* (= *hombre*) m (= *masculin*)
H. *abr* (*Quím*: = *Hidrógeno*) H (= *hydrogène*) ; (*Com*) = **haber**
h. *abr* (= *hora(s)*) h (= *heure(s)*) ; (= *habitante(s)*) hab. (= *habitant(s)*)
ha¹ *abr* (= *hectárea(s)*) ha (= *hectare(s)*)
ha² *vb ver* **haber**
hab. *abr* (= *habitantes*) hab. (= *habitants*)
haba *nf* fève *f* ; **en todas partes cuecen habas** ça peut arriver à tout le monde
Habana *n*: **La ~** la Havane
habanera *nf* (*Mús*) *danse de la Havane* ; *ver tb* **habanero**
habanero, -a *adj* havanais(e) ▸ *nm/f* Havanais(e)
habano *nm* havane *m*
habeas corpus *nm* (*Jur*) habeas corpus *m inv*
habéis *vb ver* **haber**

PALABRA CLAVE

haber *vb aux* **1** (*tiempos compuestos*) avoir ; (*con verbos pronominales y de movimiento*) être ; **he/había comido** j'ai/j'avais mangé ; **antes/después de haberlo visto** avant/après l'avoir vu ; **si lo hubiera sabido, habría ido** si j'avais su, j'y serais allé ; **se ha sentado** il s'est assis ; **ella había salido** elle était sortie ; **¡haberlo dicho antes!** il fallait le dire plus tôt !
2: **haber de** (+ *infinitivo*): **he de hacerlo** je dois le faire ; **ha de llegar mañana** il doit arriver demain ; **no ha de tardar** (*Am*) il arrivera bientôt ; **has de estar loco** (*Am*) tu dois être tombé sur la tête
▸ *vb impers* **1** (*existencia*) avoir ; **hay un hermano/dos hermanos** il y a un frère/deux frères ; **¿cuánto hay de aquí a Sucre?** il y a combien d'ici à Sucre ? ; **habrá unos 4° (de temperatura)** il doit faire 4° ; **no hay cintas blancas, pero sí las hay rojas** il n'y a pas de rubans blancs, mais il y en a des rouges ; **¡no hay quien le entienda!** il est incompréhensible ! ; **no hay nada como un buen filete** il n'y a rien de tel qu'un bon filet
2 (*tener lugar*): **hubo mucha sequía/una guerra** il y a eu une grande sécheresse/une guerre ; **¿hay partido mañana?** il y a un match demain ?
3: **¡no hay de** *o* (*Am*) **por qué!** il n'y a pas de quoi !
4: **¿qué hay?** (*¿qué pasa?*) qu'est-ce qu'il y a ? ; (*¿qué tal?*) ça va ? ; **¡qué hubo!, ¡qué húbole!** (*esp Méx, Chi fam*) salut !
5: **haber que** (+ *infinitivo*): **hay que apuntarlo para acordarse** il faut le noter pour s'en souvenir ; **habrá que decírselo** il faudra le lui dire
6: **¡hay que ver!** il faut voir !
7: **he aquí las pruebas** voici les preuves
8: **¡habráse visto!** (*fam*) eh bien dis *o* dites donc ! ; **¡hubiera visto ...!** (*Méx*: *si hubiera visto*) si vous aviez vu ... !
haberse *vpr*: **voy a habérmelas con él** je vais m'expliquer avec lui
▸ *nm* (*Com*) crédit *m* ; **¿cuánto tengo en el haber?** j'ai combien sur mon compte ? ; **tiene varias novelas en su haber** il a plusieurs romans à son actif
haberes *nmpl* avoirs *mpl*

habichuela *nf* haricot *m*
hábil *adj* habile ; **día ~** jour *m* ouvrable
habilidad *nf* habileté *f* ; **tener ~ manual** être habile de ses mains ; **habilidades** *nfpl* (*aptitudes*) aptitudes *fpl*
habilidoso, -a *adj* habile
habilitación *nf* habilitation *f*
habilitado *nm* trésorier-payeur *m*
habilitar *vt* (*autorizar, Jur*) habiliter ; (*financiar*) financer ; **~ (para)** (*casa, local*) aménager (pour) ; **~ a algn para hacer** habiliter qn à faire
hábilmente *adv* habilement
habitable *adj* habitable
habitación *nf* pièce *f* ; (*dormitorio*) chambre *f* ; **~ doble** *o* **de matrimonio** chambre double ; **~ sencilla** *o* **individual** chambre simple

> ⚠ **Habitación** ne correspond généralement pas à *habitation*, qui se traduit par **vivienda** en espagnol.

habitáculo *nm* (*para vivir*) habitation *f* ; (*en vehículo*) habitacle *m*

habitante *nmf* habitant(e)
habitar *vt, vi* habiter
hábitat ['aβitat] (*pl* **hábitats**) *nm* habitat *m*
hábito *nm* (*costumbre*) habitude *f* ; (*traje*) habit *m* ; **tener el ~ de hacer algo** avoir l'habitude de faire qch
habitual *adj* habituel(le)
habituar *vt*: **~ a algn a (hacer)** habituer qn à (faire) ; **habituarse** *vpr*: **habituarse a (hacer)** s'habituer à (faire)
habla *nf* (*capacidad de hablar*) parole *f* ; (*forma de hablar*) langage *m* ; (*dialecto*) parler *m* ; **perder el ~** perdre l'usage de la parole ; **de ~ francesa/española** de langue française/espagnole ; **estar/ponerse al ~** être en train de parler/se mettre à parler ; **estar al ~** (*Telec*) être à l'appareil ; **¡González al ~!** (*Telec*) González à l'appareil !
hablado, -a *adj*: **mal ~** vulgaire
hablador, a *adj, nm/f* bavard(e)
habladuría *nf* commérage *m* ; **habladurías** *nfpl* (*chismes*) commérages *mpl*
hablante *nmf* (*Ling*) locuteur(-trice) ; **los hablantes de catalán** les personnes parlant catalan
hablar *vt* parler ; **hablarlo (con algn)** en parler (avec qn) ▶ *vi* parler ; **~ con** parler avec ; **~ de** parler de ; **~ mal/bien de algn** dire du mal/du bien de qn ; **~ de tú/de usted** tutoyer/vouvoyer ; **~ alto/claro** parler fort/clairement ; **~ por los codos** bavarder comme une pie ; **~ entre dientes** marmonner ; **¡ni ~!** pas question ! ; **¡ya puede ~!** (*Telec*) à vous ! ; **dar que ~** faire jaser ; **hablarse** *vpr* se parler ; **no se hablan** ils ne se parlent plus ; **no me hablo con mi hermana** je ne parle plus à ma sœur ; **« se habla francés »** « on parle français »
habré *etc vb ver* **haber**
hacedor, a *nm/f* créateur(-trice)
hacendado, -a *adj* propriétaire ▶ *nm* propriétaire *m* terrien
hacendoso, -a *adj* travailleur(-euse)

PALABRA CLAVE

hacer *vt* **1** (*producir, ejecutar*) faire ; **hacer una película/un ruido** faire un film/un bruit ; **hacer la compra** faire les courses ; **hacer la comida** faire à manger ; **hacer la cama** faire le lit
2 (*obrar*) faire ; **¿qué haces?** qu'est-ce que tu fais ? ; **eso no se hace** ça ne se fait pas ; **¡así se hace!** c'est comme ça que l'on fait ! ; **¡bien hecho!** bravo ! ; **¿cómo has hecho para llegar tan rápido?** comment as-tu fait pour arriver si vite ? ; **no hace más que criticar** il ne fait que critiquer ; **¡eso está hecho!** tout de suite ! ; **hacer el papel del malo** (*Teatro*) avoir le rôle du méchant ; **hacer el tonto** faire l'idiot *o* le pitre ; **hacer el ridículo** se ridiculiser
3 (*dedicarse a*) faire ; **hacer teatro** faire du théâtre ; **hacer español/económicas** faire de l'espagnol/de l'économie ; **hacer yoga/gimnasia/deporte** faire du yoga/de la gym/du sport
4 (*causar*): **hacer ilusión** faire plaisir ; **hacer gracia** faire rire
5 (*conseguir*): **hacer amigos** se faire des amis ; **hacer una fortuna** faire fortune
6 (*dar aspecto de*): **ese peinado te hace más joven** cette coiffure te rajeunit
7 (*cálculo*): **esto hace 100** et voilà 100
8 (*como sustituto de vb*) faire ; **él bebió y yo hice lo mismo** il a bu et j'ai fait la même chose
9 (*+ infinitivo, + que*): **les hice venir** je les ai fait venir ; **hacer trabajar a los demás** faire travailler les autres ; **aquello me hizo comprender** cela m'a fait comprendre ; **hacer reparar algo** faire réparer qch ; **esto nos hará ganar tiempo** ça nous fera gagner du temps ; **harás que no quiera venir** tu vas lui ôter l'envie de venir
10 (*+ adj*) rendre ; **hacer feliz a algn** rendre qn heureux
▶ *vi* **1**: **hiciste bien en decírmelo** tu as bien fait de me le dire
2 (*convenir*): **si os hace** si ça vous dit ; **¿hace?** ça vous dit ?
3: **no le hace** (*AM*: *no importa*) ça ne fait rien
4: **haz como que no lo sabes** fais comme si tu ne savais rien
5: **hacer de** (*objeto*) servir de ; **la tabla hace de mesa** la planche sert de table ; (*persona*): **hacer de madre** jouer le rôle de mère ; (*pey*) jouer les mères poules ; (*Teatro*): **hacer de Otelo** jouer Othello
▶ *vb impers* **1**: **hace calor/frío** il fait chaud/froid ; *ver tb* **bueno; sol; tiempo**
2 (*tiempo*): **hace tres años** il y a trois ans ; **hace un mes que voy/no voy** cela fait un mois que j'y vais/je n'y vais plus ; **desde hace mucho** depuis longtemps ; **no lo veo desde hace mucho** cela fait longtemps que je ne l'ai pas vu
hacerse *vpr* **1** (*volverse*) se faire ; **hacerse viejo** se faire vieux ; **se hicieron amigos** ils sont devenus amis
2 (*resultar*): **se me hizo muy duro el viaje** j'ai trouvé le voyage très pénible
3 (*acostumbrarse*): **hacerse a** se faire à ; **hacerse a una idea** se faire à une idée
4 (*obtener*): **hacerse de** *o* **con algo** obtenir qch
5 (*fingir*): **hacerse el sordo** *o* **el sueco** faire la sourde oreille
6: **hacerse idea de algo** se faire une idée de qch ; **hacerse ilusiones** se faire des illusions
7: **se me hace que** (*AM*: *me parece que*) il me semble que

h

hacha *nf* hache *f* ; (*antorcha*) mèche *f* ; **ser un ~** (*fig*) être un as
hachazo *nm* coup *m* de hache
hache *nf* (*letra*) h *m inv* ; **llámale ~** (*fig*) appelez-le comme vous voudrez
hachís *nm* haschich *m*
hacia *prep* vers ; (*actitud*) envers ; **~ adelante/atrás/dentro/fuera** en avant/en arrière/dedans/dehors ; **~ abajo/arriba** en bas/haut ; **mira ~ acá** regarde par ici ; **~ mediodía/finales de mayo** vers midi/la fin mai
hacienda *nf* (*propiedad*) propriété *f* ; (*finca*) ferme *f* ; (*AM*) hacienda *f* ; **(Ministerio de) H~** ministère *m* des Finances ; **~ pública** Trésor *m* public
hacinamiento *nm* attroupement *m*
hacinar *vt* (*cosas*) empiler ; (*personas*) entasser ; **hacinarse** *vpr* (*en una vivienda*) s'entasser
hada *nf* fée *f* ; **~ madrina** bonne fée
hado *nm* destin *m*
haga *etc vb ver* **hacer**
Haití *nm* Haïti *m*
haitiano, -a *adj* haïtien(ne) ▸ *nm/f* Haïtien(ne)
hala *excl* (*para dar prisa*) allez ! ; (*para dar ánimo*) allons ! ; (*tras exageración*) eh oh !
halagador, a *adj* (*adulador, agradable*) flatteur(-euse) ▸ *nm/f* (*persona*) flatteur(-euse), flagorneur(-euse)
halagar *vt* flatter
halago *nm* flatterie *f*
halague *etc vb ver* **halagar**
halagüeño, -a *adj* prometteur(-euse) ; (*lisonjero*) flatteur(-euse)
halcón *nm* faucon *m*
hale *excl* allez !
hálito *nm* haleine *f*
halitosis *nf* mauvaise haleine *f*
hall [xol] (*pl* **halls**) *nm* (*de hotel*) hall *m* ; (*de cine, teatro*) entrée *f*
hallar *vt* trouver ; **hallarse** *vpr* se trouver ; **se halla fuera** il est dehors
hallazgo *nm* trouvaille *f*
halo *nm* halo *m*
halógeno *adj*: **faro ~** phare *m* halogène
halterofilia *nf* haltérophilie *f*
hamaca *nf* hamac *m* ; (*asiento*) chaise *f* longue
hambre *nf* faim *f* ; **~ de** (*fig*) faim de ; **tener ~** avoir faim ; **pasar ~** souffrir de la faim
hambriento, -a *adj, nm/f* affamé(e) ; **~ de** (*fig*) affamé(e) de
hambruna *nf* faim *f*
Hamburgo *n* Hambourg
hamburguesa *nf* hamburger *m*
hamburguesería *nf* sandwicherie *f*
hampa *nf* pègre *f*
hampón *nm* voyou *m*
hámster ['xamster] (*pl* **hámsters**) *nm* hamster *m*
han *vb ver* **haber**
handicap ['xandikap] (*pl* **handicaps**) *nm* handicap *m*
hangar *nm* (*Aviat*) hangar *m*
haragán, -ana *adj, nm/f* fainéant(e)
haraganear *vi* fainéanter
harakiri *nm* hara-kiri *m* ; **hacerse el ~** (se) faire hara-kiri
harapiento, -a *adj* en haillons
harapos *nmpl* haillons *mpl*
hardware ['xardwer] *nm* (*Inform*) matériel *m*, hardware *m*
haré *etc vb ver* **hacer**
harén *nm* harem *m*
harina *nf* farine *f* ; **eso es ~ de otro costal** c'est une autre paire de manches ; **~ de maíz/de trigo** farine de maïs/de blé
harinoso, -a *adj* farineux(-euse)
hartar *vt* (*de comida*) gaver ; (*saturar*) saturer ; (*fastidiar*) fatiguer ; **¡me estás hartando!** tu m'ennuies ! ; **hartarse** *vpr* (*cansarse*) se lasser ; (*de comida*): **hartarse (de)** se gaver (de) ; **hartarse de leer/reír** se lasser de lire/rire
hartazgo *nm*: **darse un ~ (de)** avoir son content (de)
harto, -a *adj*: **~ (de)** rassasié(e) (de) ; (*cansado*) fatigué(e) (de) ; **estar ~ de hacer/algn** en avoir marre de faire/qn ; **¡estoy ~ de decírtelo!** je te l'ai assez dit ! ; **¡me tienes ~!** tu me fatigues ! ▸ *adv* (*bastante*) assez ; (*muy*) bien assez
hartura *nf* excès *msg*
has *vb ver* **haber**
hashtag ['xastag] *nm* (*Inform*) mot-dièse *m*
hasta *adv* même, voire ▸ *prep* jusqu'à ; **¡~ ahora!** à tout de suite ! ; **¡~ luego!** au revoir !, salut ! ; (*ARG*) **¡~ siempre!** salut ! ; **~ la fecha/ahora** jusqu'à aujourd'hui/maintenant ; **~ mañana/el sábado** à demain/samedi ; **~ nueva orden** jusqu'à nouvel ordre ; **¿~ cuándo/dónde ...?** jusqu'à quand/jusqu'où ... ? ; **¿~ qué punto?** à quel point ? ; **~ tal punto que ...** à tel point que ... ; **viene ~ las cuatro** (*no ... hasta*: *CAM, COL, MÉX*) il ne vient pas avant quatre heures ; **~ ayer empezó** (*AM*) cela n'a commencé qu'hier ▸ *conj*: **~ que** jusqu'à ce que
hastiar *vt* fatiguer ; **hastiarse** *vpr*: **hastiarse de (hacer)** se lasser de (faire)
hastío *nm* ennui *m*
hatajo *nm*: **un ~ de gamberros/de idiotas** un tas de voyous/d'idiots
hatillo *nm* affaires *fpl*
hato *nm* paquet *m* ; (*rebaño*) troupeau *m* ; (*CARIB, CARIB, COL*) ranch *m*
Hawai *nm* (*tb*: **las Islas Hawai**) Hawaï *f*
hawaiano, -a *adj* hawaïen(ne) ▸ *nm/f* Hawaïen(ne) ; **hawaianas** (*esp AM*) tongs *fpl*
hay *vb ver* **haber**
Haya *n*: **La ~** La Haye

haya *vb ver* **haber** ▶ *nf* hêtre *m*
hayal, hayedo *nm* hêtraie *f*
haz *vb ver* **hacer** ▶ *nm* botte *f* ; (*de luz*) faisceau *m* ▶ *nf* (*de tela*) endroit *m*
hazaña *nf* exploit *m*
hazmerreír *nm inv*: **ser/convertirse en el ~ de** être/devenir la risée de
HB *abr* (= *Herri Batasuna*) *parti politique basque*
he *vb ver* **haber** ▶ *adv*: **he aquí** voici ; **he aquí por qué ...** voici pourquoi ...
heavy ['xeβi] (*pl* **heavies** *o* **heavys**) *adj* (*música, grupo*) de hard ; (*fam: duro*) hard (*fam*) ; (*: fuerte*) fort(e) (*fam*) ; **ha sido una experiencia muy ~** ça a été hard ; **es muy ~ que encima se queje** je trouve ça dingue qu'en plus il se plaigne ▶ *nmf* hard-rockeur(-euse) ▶ *nm* (*música*) hard-rock *m*
hebilla *nf* boucle *f*
hebra *nf* fil *m* ; (*de carne*) nerf *m* ; (*de tabaco*) brin *m* ; **pegar la ~** tailler une bavette
hebreo, -a *adj* hébreu (*solo m*), hébraïque ▶ *nm/f* Hébreu *m* ▶ *nm* (*Ling*) hébreu *m*
hecatombe *nf* hécatombe *f*
hechice *etc vb ver* **hechizar**
hechicería *nf* sorcellerie *f*
hechicero, -a *nm/f* ensorceleur(-euse)
hechizar *vt* ensorceler
hechizo *nm* sortilège *m* ; (*encantamiento*) enchantement *m* ; (*fig*) fascination *f*
hecho, -a *pp de* **hacer** ▶ *adj* fait(e) ; (*hombre, mujer*) mûr(e) ; (*vino*) arrivé(e) à maturation ; (*ropa*) de prêt-à-porter ; **muy/poco ~** (*Culin*) très/peu cuit(e) ; **~ a la medida** fait(e) sur mesure ; **estar ~ a algo** s'être fait(e) à qch ; **estaba ~ una fiera/un mar de lágrimas** il était dans une colère noire/en larmes ; **bien/mal ~** bien/mal fait(e) ▶ *nm* fait *m* ; (*factor*) facteur *m* ; **el ~ es que ...** le fait est que ... ; **el ~ de que ...** le fait que ... ; **de ~** de fait ▶ *excl* c'est fait ! ; **¡bien ~!** bravo !, bien joué !
hechura *nf* (*confección*) confection *f* ; (*corte, forma*) coupe *f* ; (*Tec*) fabrication *f*
hectárea *nf* hectare *m*
hectolitro *nm* hectolitre *m*
heder *vi* puer
hediondez *nf* puanteur *f*
hediondo, -a *adj* puant(e) ; (*fig*) dégoûtant(e)
hedonismo *nm* hédonisme *m*
hedor *nm* puanteur *f*
hegemonía *nf* hégémonie *f*
helada *nf* gelée *f* ; **caer una ~** geler
heladería *nf* marchand *m* de glaces
heladero, -a *nm/f* glacier *m*, marchand(e) de glaces ▶ *nf* (*CSur*) réfrigérateur *m*
helado, -a *adj* gelé(e) ; (*muy frío*) glacé(e) ; (*fig*) de glace ; **¡estoy ~ (de frío)!** je suis congelé ! ; **dejar ~ a algn** épater qn ; **quedarse ~** être abasourdi(e) ▶ *nm* glace *f*
helador, a *adj* (*viento etc*) glacial(e)
helar *vt* geler ; (*dejar atónito*) abasourdir ▶ *vi* geler ; **ha helado esta noche** il a gelé cette nuit ; **helarse** *vpr* geler ; **helarse de frío** mourir de froid
helecho *nm* fougère *f*
helénico, -a *adj* hellénique
hélice *nf* hélice *f*
helicóptero *nm* hélicoptère *m*
helio *nm* hélium *m*
helipuerto *nm* héliport *m*
helmántico, -a *adj* de Salamanque
Helsinki *n* Helsinki
helvético, -a *adj* helvétique ▶ *nm/f* Helvète *mf*
hematoma *nm* hématome *m*
hembra *nf* femelle *f* ; (*mujer*) femme *f* ; **un elefante ~** un éléphant femelle
hemeroteca *nf* bibliothèque *f* de périodiques
hemiciclo *nm* (*Pol*) hémicycle *m*
hemiplejía *nf* hémiplégie *f*
hemipléjico, -a *adj* hémiplégique
hemisferio *nm* hémisphère *m*
hemofilia *nf* hémophilie *f*
hemofílico, -a *adj, nm/f* hémophile *mf*
hemoglobina *nf* hémoglobine *f*
hemorragia *nf* hémorragie *f* ; **~ nasal** saignement *m* de nez
hemorroides *nfpl* hémorroïdes *fpl*
hemos *vb ver* **haber**
henar *nm* champ *m*
henchir *vt* (*pulmones*) gonfler ; **henchido de orgullo** bouffi d'orgueil
Hendaya *n* Hendaye
hender *vt* fendre
hendidura *nf* fente *f* ; (*Geo*) faille *f*
henequén *nm* agave *m*
heno *nm* foin *m*
hepático, -a *adj* hépatique
hepatitis *nf* hépatite *f*
heráldica *nf* héraldique *f*
herbario, -a *nm/f* botaniste *mf* ▶ *nm* herbier *m*
herbicida *nm* herbicide *m*
herbívoro, -a *adj* herbivore
herbolario, -a *nm/f* herboriste *mf* ▶ *nm* (*tienda*) herboristerie *f*
herboristería *nf* herboristerie *f*
hercio *nm* hertz *m*
heredad *nf* domaine *m*
heredar *vt* hériter
heredero, -a *nm/f* héritier(-ière) ; **príncipe ~** prince *m* héritier ; **~ del trono** héritier(-ière) du trône
hereditario, -a *adj* héréditaire
hereje *nmf* hérétique *mf*
herejía *nf* hérésie *f*
herencia *nf* héritage *m* ; (*Bio*) hérédité *f*
herético, -a *adj* hérétique
herida *nf* blessure *f* ; *ver tb* **herido**
herido, -a *adj, nm/f* blessé(e) ; **resultar ~** être blessé(e) ; **sentirse ~** (*fig*) se sentir blessé(e)

h

herir *vt* blesser ; (*vista, oídos*) irriter ; **herirse** *vpr* se blesser
hermana *nf* sœur *f* ; **~ gemela** sœur jumelle ; **~ política** belle-sœur *f*
hermanar *vt* (*conceptos*) associer ; (*personas*) unir ; (*ciudades*) jumeler
hermanastro, -a *nm/f* demi-frère (demi-sœur)
hermandad *nf* congrégation *f* ; (*fraternidad*) fraternité *f*
hermano, -a *adj* (*ciudad*) jumeau (jumelle) ▸ *nm* frère *m* ; **él y ella son hermanos** ils sont frère et sœur ; **~ gemelo** frère jumeau ; **~ político** beau-frère *m*
herméticamente *adv*: **~ cerrado** hermétiquement fermé
hermético, -a *adj* hermétique
hermetismo *nm* hermétisme *m*
hermoso, -a *adj* beau (belle) ; (*espacioso*) spacieux(-euse)
hermosura *nf* beauté *f* ; **ese niño es una ~** c'est un bébé magnifique
hernia *nf* hernie *f* ; **~ discal** hernie discale
herniarse *vpr* se faire une hernie ; (*fam*) se fatiguer
héroe *nm* héros *msg*
heroicidad *nf* héroïsme *m* ; (*acto*) acte *m* d'héroïsme
heroico, -a *adj* héroïque
heroína *nf* (*mujer, droga*) héroïne *f*
heroinómano, -a *nm/f* héroïnomane *mf*
heroísmo *nm* héroïsme *m*
herpes *nmfpl* herpès *msg* ; **~ labial** herpès labial
herradura *nf* fer *m* à cheval
herraje *nm* ferronnerie *f*
herramienta *nf* outil *m*
herrar *vt* (*caballería*) ferrer ; (*ganado*) marquer
herrería *nf* forge *f*
herrero *nm* forgeron *m*
herrete *nm* ferret *m*
herrumbre *nf* rouille *f*
herrumbroso, -a *adj* rouillé(e)
hervidero *nm* (*fig: de personas*) foule *f* ; (*: de animales*) troupeau *m* ; (*: de pasiones*) déchaînement *m*
hervir *vt* (faire) bouillir ▸ *vi* bouillir ; (*fig*): **~ de** bouillir de ; **~ en deseos de** brûler d'envie de
hervor *nm*: **dar un ~ a** blanchir
hetero, -a (*fam*) *adj, nmf* = **heterosexual**
heterodoxia *nf* hétérodoxie *f*
heterodoxo, -a *adj, nm/f* hétérodoxe *mf*
heterogéneo, -a *adj* hétérogène
heterosexual *adj, nmf* hétérosexuel(le)
hexagonal *adj* hexagonal(e)
hexágono *nm* hexagone *m*
hez *nf* (*tb:* **heces**) fèces *fpl* ; **la ~ de la sociedad** le rebut de la société
hiato *nm* (*Ling*) hiatus *msg*
hibernación *nf* hibernation *f*
híbrido, -a *adj* hybride
hice *etc vb ver* **hacer**
hidalgo *nm* hidalgo *m*
hidratación *nf* hydratation *f*
hidratante *adj* hydratant(e)
hidratar *vt* hydrater
hidrato *nm*: **hidratos de carbono** hydrates *mpl* de carbone
hidráulica *nf* hydraulique *f*
hidráulico, -a *adj* hydraulique
hidro... *pref* hydro...
hidroavión *nm* hydravion *m*
hidrocarburo *nm* hydrocarbure *m*
hidroeléctrica *nf* centrale *f* hydroélectrique
hidroeléctrico, -a *adj* hydroélectrique
hidrófilo, -a *adj*: **algodón ~** coton *m* hydrophile
hidrofobia *nf* hydrophobie *f*
hidrógeno *nm* hydrogène *m*
hidromasaje *nm* hydromassage *m*
hidroterapia *nf* hydrothérapie *f*
hidróxido *nm*: **~ de carbono** hydroxyde *m* de carbone
hieda *etc vb ver* **heder**
hiedra *nf* lierre *m*
hiel *nf* fiel *m*
hielera (Chi, Méx) *nf* réfrigérateur *m*
hielo *vb ver* **helar** ▸ *nm* glace *f* ; (*fig*) froideur *f* ; **romper el ~** (*fig*) rompre la glace ; **hielos** *nmpl* (*escarcha*) gelées *fpl*
hiena *nf* hyène *f*
hiera *etc vb ver* **herir**
hierático, -a *adj* (*formal*) hiératique
hierba *nf* herbe *f* ; **mala ~** mauvaise herbe ; (*fig*) mauvaise graine *f*
hierbabuena *nf* menthe *f*
hierro *nm* fer *m* ; (*trozo, pieza*) bout *m* de fer ; **de ~** en fer ; (*fig: persona*) fort(e) comme un bœuf ; (*: voluntad, salud*) de fer ; **~ colado/forjado/fundido** fer coulé/forgé/fondu
hierva *etc vb ver* **hervir**
hígado *nm* foie *m* ; **echar los hígados** en baver
highball ['xaibol] (Am) *nm* whisky *m* soda
higiene *nf* hygiène *f*
higiénico, -a *adj* hygiénique
higo *nm* figue *f* ; **de higos a brevas** tous les 36 du mois ; **estar hecho un ~** (*fam*) être tout chiffonné(e) ; **~ chumbo** figue de Barbarie ; **~ seco** figue sèche
higuera *nf* figuier *m*
hija *nf* fille *f* ; (*uso vocativo*) ma fille ; **~ política** belle-fille *f*
hijastro, -a *nm/f* beau-fils (belle-fille) ; **hijastros** beaux-enfants *mpl*
hijo *nm* (*varón*) fils *msg* ; (*uso vocativo*) fiston *m*, mon garçon ; **cada ~ de vecino** tout un chacun ; **~ adoptivo** fils adoptif ; **~ de mamá/papá** fils à maman/papa ; **~ de puta**

(*fam!*) fils de pute (*fam !*) ; **~ ilegítimo** fils illégitime ; **~ político** gendre *m* ; **~ pródigo** fils prodigue ; **hijos** *nmpl* (*hijos e hijas*) enfants *mpl* ; **sin hijos** sans enfants
híjole (*Méx fam*) *excl* putain !
hilacha *nf* fil *m*
hilandero, -a *nm/f* fileur(-euse)
hilar *vt* filer ; **~ delgado** *o* **fino** (*fig*) jouer finement
hilarante *adj* hilarant(e) ; **gas ~** gaz *m* hilarant
hilaridad *nf* hilarité *f*
hilera *nf* rangée *f*
hilo *nm* fil *m* ; (*de metal*) filon *m* ; (*de agua, luz, voz*) filet *m* ; **colgar de un ~** (*fig*) ne tenir qu'à un fil ; **perder/seguir el ~** (*de relato, pensamientos*) perdre/suivre le fil ; **traje de ~** costume *m* de toile
hilván *nm* (*Costura*) ourlet *m*
hilvanar *vt* (*Costura*) ourler ; (*bosquejar*) esquisser ; (*precipitadamente*) ébaucher
Himalaya *nm*: **el ~, los Montes ~** l'Himalaya *m*
himen *nm* hymen *m*
himno *nm* hymne *m* ; **~ nacional** hymne national
hincapié *nm*: **hacer ~ en** mettre l'accent sur
hincar *vt* planter ; **hincarle el diente a** (*comida*) mordre à belles dents dans ; (*fig: asunto*) s'attaquer à ; **hincarse** *vpr* s'enfoncer ; **hincarse de rodillas** s'agenouiller
hincha *nmf* (*fam: Deporte*) fan *mf* ▸ *nf*: **tenerle ~ a algn** avoir une dent contre qn
hinchable *adj* gonflable ▸ *nm* (*castillo*) château *m* gonflable
hinchada (*fam*) *nf* (*Deporte*) fans *mpl*
hinchado, -a *adj* gonflé(e) ; (*Med*) enflammé(e) ; (*inflado*) enflé(e) ; (*estilo*) ronflant(e)
hinchar *vt* gonfler ; (*fig*) exagérer ; **hincharse** *vpr* (*Med*) s'enflammer ; (*fig: engreírse*) se rengorger ; **hincharse de (hacer)** en avoir marre de (faire)
hinchazón *nf* inflammation *f*
hindú *adj* hindou(e) ▸ *nmf* Hindou(e)
hinduismo *nm* hindouisme *m*
hinojo *nm* fenouil *m* ; **de hinojos** sur les genoux
hinque *etc vb ver* **hincar**
hipar *vi* avoir le hoquet
híper *nm inv* (*tb:* **hipermercado**) hypermarché *m*
hiper... *pref* hyper...
hiperactivo, -a *adj* hyperactif(-ive)
hipérbole *nf* hyperbole *f*
hiperenlace *nm* (*Inform*) hyperlien *m*
hipermercado *nm* hypermarché *m*
hipersensible *adj* hypersensible
hipertensión *nf* hypertension *f*
hipertenso, -a *adj* hypertendu(e)
hipertexto *nm* hypertexte *m*
hipertrofia *nf* hypertrophie *f*
hipervínculo *nm* hyperlien *m*
hípica *nf* équitation *f* ; (*local*) hippodrome *m*
hípico, -a *adj* (*concurso*) hippique ; (*carrera*) de chevaux ; **club ~** club *m* d'équitation
hipido *nm* plainte *f*
hipnosis *nf* hypnose *f*
hipnotice *etc vb ver* **hipnotizar**
hipnótico, -a *adj, nm* hypnotique *m*
hipnotismo *nm* hypnotisme *m*
hipnotizar *vt* hypnotiser
hipo *nm* hoquet *m* ; **me ha entrado ~** j'ai le hoquet ; **tener ~** avoir le hoquet ; **quitar el ~ a algn** (*fig*) couper le sifflet à qn
hipo... *pref* hypo...
hipoalergénico, -a *adj* hypoallergénique
hipocondría *nf* hypocondrie *f*
hipocondríaco, -a *adj, nm/f* hypocondriaque *mf*
hipocresía *nf* hypocrisie *f*
hipócrita *adj, nmf* hypocrite *mf*
hipodérmico, -a *adj*: **aguja hipodérmica** seringue *f* hypodermique
hipódromo *nm* hippodrome *m*
hipopótamo *nm* hippopotame *m*
hipoteca *nf* hypothèque *f* ; **pagar la ~** rembourser l'hypothèque
hipotecar *vt* hypothéquer
hipotecario, -a *adj* hypothécaire
hipotensión *nf* hypotension *f*
hipotenso, -a *adj* hypotendu(e)
hipotenusa *nf* hypoténuse *f*
hipotermia *nf* hypothermie *f*
hipótesis *nf inv* hypothèse *f*
hipotético, -a *adj* hypothétique
hippie ['xipi], **hippy** ['xipi] (*pl* **hippies**) *adj, nmf* hippie *mf*
hiriendo *etc vb ver* **herir**
hiriente *adj* blessant(e)
hirsuto, -a *adj* hirsute
hirviendo *etc vb ver* **hervir**
hisopo *nm* buis *msg*
hispalense (*liter*) *adj* sévillan(e) ▸ *nmf* Sévillan(e)
hispánico, -a *adj* hispanique
hispanidad *nf* peuples *mpl* hispaniques
hispanista *nmf* (*Univ etc*) hispanisant(e)
hispano, -a *adj* espagnol(e) ; (*en EEUU*) hispano-américain(e) ▸ *nm/f* Espagnol(e) ; (*en EEUU*) Hispano-Américain(e)
Hispanoamérica *nf* Amérique *f* hispanique
hispanoamericano, -a *adj* hispano-américain(e) ▸ *nm/f* Hispano-Américain(e)
hispanoárabe *adj* hispano-arabe
hispanohablante, hispanoparlante *adj* hispanophone
histerectomía *nf* hystérectomie *f*
histeria *nf* hystérie *f* ; **~ colectiva** hystérie collective

histérico, -a *adj* hystérique
histerismo *nm* hystérie *f*
historia *nf* histoire *f* ; **¡la ~ de siempre!, ¡la misma ~!** c'est toujours la même histoire ! ; **déjate de historias** ne me raconte pas d'histoires ; **pasar a la ~** passer à la postérité ; **~ antigua/contemporánea** histoire ancienne/contemporaine ; **~ natural** histoire naturelle
historiado, -a *adj* tarabiscoté(e)
historiador, a *nm/f* historien(ne)
historial *nm* (*profesional*) curriculum vitae *m inv* ; (*Med*) antécédents *mpl*
históricamente *adv* historiquement
histórico, -a *adj* historique ; (*estudios*) d'histoire
historieta *nf* bande *f* dessinée
histriónico, -a *adj* histrionique, cabotin(e)
histrionismo *nm* histrion *m*
hito *nm* (*fig*) fait *m* historique ; **mirar a algn de ~ en ~** regarder fixement qn
hizo *vb ver* **hacer**
Hna., Hnas. *abr* = **hermana(s)**
Hno., Hnos. *abr* (= *Hermano(s)*) Fre(s) (= *frère(s)*)
hobby ['xoβi] (*pl* **hobbys**) *nm* hobby *m*
hocico *nm* museau *m* ; **estar de hocicos** faire la tête ; **torcer el ~** faire la moue ; **meter el ~ en algo** mettre son nez dans qch
hockey ['xokei] *nm* hockey *m* ; **~ sobre hielo/patines** hockey sur glace/patins
hogar *nm* foyer *m* ; **labores del ~** tâches *fpl* domestiques ; **crear/formar un ~** créer/fonder une famille
hogareño, -a *adj* (*ambiente*) familial(e) ; (*escena*) de famille ; (*persona*) casanier(-ière)
hogaza *nf* miche *f*
hoguera *nf* feu *m* de bois ; (*para herejes*) bûcher *m*
hoja *nf* feuille *f* ; (*de flor*) pétale *m* ; (*de cuchillo*) lame *f* ; (*de puerta, ventana*) battant *m* ; **de ~ caduca/perenne** à feuilles caduques/persistantes ; **~ de afeitar** lame de rasoir ; **~ electrónica** *o* **de cálculo** feuille de calcul (électronique) ; **~ de pedido** bon *m* de commande ; **~ de ruta** (*de viaje, proceso*) feuille *f* de route ; **~ de servicios** états *mpl* de service ; **~ de trabajo** (*Inform*) feuille de programmation ; **~ informativa** circulaire *f*
hojalata *nf* fer *m* blanc
hojaldre *nm* pâte *f* feuilletée
hojarasca *nf* feuilles *fpl* mortes ; (*en discurso, escrito*) verbiage *m*
hojear *vt* feuilleter
hola *excl* salut !

> *Salut*, como forma de saludo, puede significar tanto « Hola » (*Salut ! Ça va ?*) como « Adiós » (*Je m'en vais, salut !*).

Holanda *nf* Hollande *f*
holandés, -esa *adj* hollandais(e) ▸ *nm/f* Hollandais(e) ▸ *nm* (*Ling*) hollandais *msg*
holding ['xoldin] (*pl* **holdings** ['xoldin]) *nm o nf* holding *m o f*
holgado, -a *adj* (*prenda*) ample ; (*situación*) aisé(e) ; **iban muy holgados en el coche** ils étaient au large dans la voiture
holgar *vi*: **huelga decir que** inutile de dire que
holgazán, -ana *adj, nm/f* paresseux(-euse)
holgazanear *vi* paresser
holgura *nf* ampleur *f* ; (*Tec*) jeu *m* ; **vivir con ~** vivre dans l'aisance ; **cabemos con ~** on a largement la place
hollar *vt* fouler
hollejo *nm* (*Bot*) peau *f*
hollín *nm* suie *f*
holocausto *nm* holocauste *m*
holografía *nf* holographie *f*
holograma *nm* hologramme *m*
hombre *nm* homme *m* ; (*raza humana*): **el ~** l'homme ; **hacerse ~** devenir un homme ; **buen ~** brave homme ; **pobre ~** pauvre homme ; **de ~ a ~** d'homme à homme ; **ser muy ~** être un homme, un vrai ; **~ anuncio** homme-sandwich *m* ; **~ de bien** homme de bien ; **~ de confianza** homme de confiance ; **~ de estado** homme d'État ; **~ de la calle** homme de la rue ; **~ de letras** homme de lettres ; **~ de mundo** homme du monde ; **~ de negocios** homme d'affaires ; **~ de palabra** homme de parole ; **~-rana** homme-grenouille *m* ▸ *excl* dis donc ! ; **¡sí, ~!** mais si !
hombrera *nf* épaulette *f*
hombría *nf* virilité *f*
hombro *nm* épaule *f* ; **al ~** sur l'épaule ; **arrimar el ~** se mettre au travail ; **encogerse de hombros** hausser les épaules ; **llevar/traer a hombros** porter sur les épaules ; **mirar a algn por encima del ~** regarder qn de haut
hombruno, -a *adj* hommasse
homenaje *nm* hommage *m* ; **un partido (de) ~** un match d'adieu
homenajear *vt* rendre hommage
homeopatía *nf* homéopathie *f*
homicida *adj* (*arma*) du crime ; (*carácter*) meurtrier(-ière) ▸ *nmf* meurtrier(-ière)
homicidio *nm* homicide *m*
homilía *nf* sermon *m*
homo... *pref* homo...
homofobia *nf* homophobie *f*
homogéneo, -a *adj* homogène
homologación *nf* homologation *f*
homologar *vt* homologuer
homólogo, -a *nm/f*: **su** *etc* **~** son *etc* homologue
homónimo, -a *adj, nm* homonyme *m*
homoparental *adj* homoparental(e)
homosexual *adj, nmf* homosexuel(le)
homosexualidad *nf*, **homosexualismo** *nm* homosexualité *f*

honda *nf* fronde *f*
hondamente *adv* profondément
hondo, -a *adj* profond(e) ; **en lo ~ de** au fin fond de
hondonada *nf* creux *msg*
hondura *nf* profondeur *f*
Honduras *nf* Honduras *m*
hondureño, -a *adj* du Honduras, hondurien(ne) ▶ *nm/f* natif(-ive) *o* habitant(e) du Honduras, Hondurien(ne)
honestamente *adv* honnêtement
honestidad *nf* honnêteté *f*
honesto, -a *adj* honnête ; (*decente*) vertueux(-euse)
hongo *nm* champignon *m* ; (*sombrero*) chapeau *m* melon ; **hongos** *nmpl* (*Med*) champignons *mpl*, mycose *f* ; **hongos del pie** mycose au pied
honor *nm* honneur *m* ; **en ~ a la verdad ...** la vérité est que ... ; **hacer ~ a algo/algn** faire honneur à qch/qn ; **en ~ de algn** en l'honneur de qn ; **es un ~ para mí ...** c'est un honneur pour moi ... ; **rendir los honores a algn** rendre les honneurs à qn ; **hacer los honores** (*suj: anfitrión*) faire les honneurs de la maison ; **~ profesional** honneur professionnel
honorable *adj* honorable
honorario, -a *adj* honoraire ; **honorarios** *nmpl* honoraires *mpl*
honorífico, -a *adj* honorifique
honra *nf* honneur *m* ; (*renombre*) prestige *m* ; **tener algo a mucha ~** s'enorgueillir de qch ; **honras fúnebres** honneurs funèbres
honradamente *adv* honnêtement
honradez *nf* honnêteté *f* ; (*de mujer*) vertu *f*
honrado, -a *adj* honnête ; (*mujer*) vertueux(-euse)
honrar *vt* honorer ; **nos honró con su presencia/amistad** il nous a honorés de sa présence/son amitié ; **honrarse** *vpr*: **honrarse con algo/de hacer algo** s'enorgueillir de qch/de faire qch
honroso, -a *adj* honorable
hora *nf* heure *f* ; **¿qué ~ es?** quelle heure est-il ? ; **¿tienes ~?** tu as l'heure ? ; **¿a qué ~?** à quelle heure ? ; **media ~** une demi-heure ; **a la ~ de comer/del recreo** à l'heure du repas/de la récréation ; **a primera/última ~** à la première heure/au dernier moment ; **a primera/última ~ de** en début/fin de ; **~ tras ~** heure après heure ; **« última ~ »** « dernière heure » ; **¡es la ~!** c'est l'heure ! ; **noticias de última ~** nouvelles *fpl* de dernière heure ; **a altas horas (de la noche)** à des heures tardives ; **a estas horas** à l'heure qu'il est ; **a la ~ en punto** à l'heure pile ; **entre horas** (*comer*) entre les repas ; **por horas** à l'heure ; **¡a buena(s) ~(s) me lo dices!** c'est maintenant que tu me le dis ! ; **a todas horas** à toute heure ; **en mala ~** par malchance ; **me han dado ~ para mañana** j'ai rendez-vous demain ; **dar la ~** donner l'heure ; **pasarse las horas muertas haciendo algo** passer son temps à faire qch ; **pedir ~** prendre rendez-vous ; **poner el reloj en ~** mettre sa montre à l'heure ; **no ver la ~ de** avoir hâte de ; **¡ya era ~!** il était temps ! ; **horas de oficina/de trabajo/de visita** heures de bureau/de travail/de visite ; **horas extra** heures sup ; **horas extraordinarias** heures supplémentaires ; **~ punta** *o* (*Méx*) **pico** heure de pointe
horadar *vt* forer
horario, -a *adj, nm* horaire *m* ; **~ comercial** heures *fpl* d'ouverture
horca *nf* potence *f* ; (*Agr*) fourche *f*
horcajadas: **a ~** *adv* à califourchon
horchata *nf* *sirop à base d'un tubercule, de sucre et d'eau*
horda *nf* horde *f*
horizontal *adj* horizontal(e)
horizontalmente *adv* horizontalement
horizonte *nm* horizon *m*
horma *nf* forme *f* ; **de ~ estrecha/ancha** (*zapatos*) large/étroit(e)
hormiga *nf* fourmi *f*
hormigón *nm* béton *m* ; **~ armado** béton armé
hormigonera *nf* bétonnière *f*, bétonneuse *f*
hormigueo *nm* fourmis *fpl* ; (*fig*) agitation *f*
hormiguero *nm* fourmilière *f*
hormiguita *nf*: **ser una ~** (*fig*) être une vraie fourmi
hormona *nf* hormone *f*
hormonal *adj* hormonal(e)
hornada *nf* fournée *f*
hornear *vt* enfourner, mettre au four
hornillo *nm* réchaud *m* ; **~ de gas** réchaud à gaz
horno *nm* four *m* ; **alto(s) ~(s)** haut(s)-fourneau(x) *m(pl)* ; **al ~** (*Culin*) au four ; **no estar el ~ para bollos** ne pas être d'humeur à plaisanter ; **¡este lugar es un ~!** c'est pire que dans un four ! ; **~ crematorio** four crématoire ; **~ microondas** four à micro-ondes
horóscopo *nm* horoscope *m*
horquilla *nf* épingle *f* à cheveux ; (*Agr*) fourche *f*
horrendo, -a *adj* affreux(-euse)
horrible *adj* horrible
horriblemente *adv* horriblement
horripilante *adj* horripilant(e)
horripilar *vt* horripiler
horror *nm* horreur *f* ; **¡qué ~!** quelle horreur ! ; **me da ~** cela me fait horreur ; **tener ~ a (hacer)** avoir horreur de (faire) ; **horrores** *nmpl* (*atrocidades*) horreurs *fpl* ▶ *adv* (*fam*): **me gusta horrores** j'en raffole

h

horrorice *etc vb ver* **horrorizar**
horrorizar *vt* horrifier ; **estar horrorizado** être horrifié ; **horrorizarse** *vpr*: **se horrorizó de pensarlo** il a été horrifié à cette idée
horroroso, -a *adj* affreux(-euse) ; (*hambre, sueño*) terrible
hortaliza *nf* légume *m*
hortelano, -a *nm/f* maraîcher(-ère)
hortensia *nf* hortensia *m*
hortera (*fam*) *adj, nmf* ringard(e)
horterada (*fam*) *nf* horreur *f*
horticultor, a *nm/f* horticulteur(-trice)
horticultura *nf* horticulture *f*
hortofrutícola *adj* (*productos*) maraîcher(-ère)
hosco, -a *adj* (*persona*) antipathique ; (*lugar*) exécrable
hospedaje *nm* logement *m* ; (*dinero*) loyer *m*
hospedar *vt* loger ; **hospedarse** *vpr* se loger
hospedería *nf* auberge *f*
hospicio *nm* (*para niños*) orphelinat *m*
hospital *nm* hôpital *m* ; ~ **clínico** clinique *f*
hospitalario, -a *adj* hospitalier(-ière)
hospitalice *etc vb ver* **hospitalizar**
hospitalidad *nf* hospitalité *f*
hospitalización *nf* hospitalisation *f*
hospitalizar *vt* hospitaliser ; **estar hospitalizado** être hospitalisé
hosquedad *nf* antipathie *f*
hostal *nm* pension *f*
hostelería *nf* hôtellerie *f*
hostería (CSur) *nf* hôtel *m*
hostia *nf* (*Rel*) hostie *f* ; (*fam!*) beigne *f* (*fam !*) ; **a toda ~** (*fam!*) à toute berzingue (*fam !*) ; **está (de) la ~** (*fam!*) il est vachement mignon ; **está de mala ~** (*fam!: mal humor*) il est de mauvais poil (*fam !*) ; **tiene mala ~** (*fam!: mala intención*) c'est un salaud (*fam !*) ▸ *excl*: **¡~(s)!** (*fam!*) putain ! (*fam !*) ; **¡es la ~!** (*fam!: como crítica*) c'est nul ! ; (*: apreciativo*) c'est d'enfer !
hostigar *vt* (*Mil, fig*) harceler ; (*caballería*) cravacher
hostigue *etc vb ver* **hostigar**
hostil *adj* hostile
hostilidad *nf* hostilité *f* ; **hostilidades** *nfpl*: **iniciar/romper las hostilidades** engager/cesser les hostilités
hostilmente *adv* hostilement
hotel *nm* hôtel *m* ; *voir article*

HOTEL

Il existe en Espagne différents types d'hébergement dont le prix varie en fonction des services offerts aux voyageurs. Ce sont, par ordre décroissant de prix : l'**hotel** (du 5 étoiles au 1 étoile), l'*hostal* et la *pensión*. L'État gère également un réseau d'hôtels de luxe, appelés *paradores*, généralement situés dans des lieux à caractère historique ou installés dans des monuments historiques.

hotelero, -a *adj, nm/f* hôtelier(-ière)
hoy *adv* aujourd'hui ; ~ **mismo** aujourd'hui même ; ~ **(en) día,** (Am) **el día de ~** aujourd'hui ; ~ **por** ~ aujourd'hui ; **por ~** pour aujourd'hui ; **de ~ en ocho días** aujourd'hui en huit ; **de ~ en adelante** dorénavant
hoya *nf* fosse *f* ; (*Geo*) vallée *f*
hoyo *nm* fosse *f* ; (*Golf*) trou *m*
hoyuelo *nm* fossette *f*
hoz *nf* faux *fsg* ; (*Geo*) gorge *f*
hua- *ver* **gua-**
huaca *nf* = **guaca**
huacal *nm* = **guacal**
huachafería (Perú *fam*) *nf* snobisme *m*
huachafo, -a (Perú *fam*) *adj* snob
huasipungo (And) *nm* (*Agr*) bout *m* de terrain
huaso, -a (And, CSur) *adj, nm/f* paysan(ne)
huayco (Perú) *nm* glissement *m* de terrain
huayno (Perú) *nm chant et danse traditionnels du Pérou*
hube *etc vb ver* **haber**
hucha *nf* tirelire *f*
hueco, -a *adj* creux(euse) ; (*persona, estilo*) vain(e) ▸ *nm* creux *msg* ; (*espacio*) place *f* ; **hacerle (un) ~ a algn** faire une place à qn ; **tener un ~** avoir un moment de libre ; **~ de la escalera/del ascensor** cage *f* d'escalier/d'ascenseur ; **~ de la mano** creux de la main
huela *etc vb ver* **oler**
huelga *vb ver* **holgar** ▸ *nf* grève *f* ; **declararse/estar en ~** se mettre/être en grève ; **~ de brazos caídos** grève sur le tas ; **~ de celo** grève du zèle ; **~ de hambre** grève de la faim ; **~ general** grève générale
huelgue *etc vb ver* **holgar**
huelguista *nmf* gréviste *mf*
huella *nf* trace *f* ; **sin dejar ~** sans laisser de traces ; **perder las huellas** perdre la trace ; **seguir las huellas de algn** (*fig*) marcher sur les traces de qn ; **~ dactilar** empreinte *f* digitale ; **~ de carbono** empreinte carbone ; **~ digital** empreinte digitale
huemul (CSur) *nm* cerf *m*
huérfano, -a *adj*: **~ (de)** orphelin(e) (de) ; **quedar(se) ~** devenir orphelin(e) ▸ *nm/f* orphelin(e)
huerta *nf* verger *m* ; (*en Murcia, Valencia*) huerta *f*
huerto *nm* (*de verduras*) jardin *m* potager ; (*de árboles frutales*) verger *m*
huesillos (Chi) *nmpl* pêches *fpl*
hueso *nm* os *msg* ; (*de fruta*) noyau *m* ; (Méx *fam*) sinécure *f* ; **estar en los huesos** être sur les genoux ; **estar calado** *o* **mojado hasta los huesos** être trempé jusqu'aux os ; **ser un ~** (*profesor*) être un tyran ; **un ~ duro de roer** (*persona*) un(e) dur(e) à cuire ; **de color ~** blanc cassé
huesoso, -a (*esp* Am) *adj* osseux(-euse)

huésped, a *nm/f* hôte *mf* ; (*en hotel*) client(e)
huesudo, -a *adj* osseux(-euse)
huevada (*And, CSur fam!*) *nf* (*estupidez*) connerie *f* (*fam !*)
huevas *nfpl* œufs *mpl* de poisson ; (*Chi fam!*) couilles *fpl* (*fam !*)
huevera *nf* (*para servir*) coquetier *m* ; (*para transportar*) boîte *f* à œufs
huevo *nm* œuf *m* ; (*fam!*) couille *f* (*fam !*) ; **me costó un ~** (*fam!: caro*) ça m'a coûté la peau des fesses (*fam !*) ; (*: difícil*) ça a été coton ; **tener huevos** (*fam!*) avoir des couilles (*fam !*) ; **~ duro/escalfado/frito** œuf dur/poché/au plat ; **~ estrellado** œuf au plat ; **huevos revueltos** œufs brouillés ; **~ pasado por agua** *o* (*Am*) **tibio** *o* (*And, CSur*) **a la copa** œuf à la coque
huida *nf* fuite *f* ; **~ de capitales** (*Com*) fuite des capitaux
huidizo, -a *adj* (*tímido*) farouche ; (*mirada, frente*) fuyant(e) ; (*tiempo*) passager(-ère)
huincha (*And, CSur*) *nf* serre-tête *m*
huipil (*CAm, Méx*) *nm blouse indienne*
huir *vt, vi* fuir ; **~ de** fuir
huiro (*And, CSur*) *nm* algue *f*
huitlacoche (*CAm, Méx*) *nf champignon noir très apprécié*
huizache (*CAm, Méx*) *nm* acacia *m*
hule *nm* toile *f* cirée
hulla *nf* houille *f*
humanamente *adv* humainement
humanice *etc vb ver* **humanizar**
humanidad *nf* humanité *f* ; **humanidades** *nfpl* (*Univ, Escol*) lettres *fpl*
humanismo *nm* humanisme *m*
humanista *adj, nmf* humaniste *mf*
humanitario, -a *adj* humanitaire
humanizar *vt* humaniser ; **humanizarse** *vpr* s'humaniser
humano, -a *adj* humain(e) ; **ser ~** être humain ▸ *nm* humain *m*
humareda *nf* nuage *m* de fumée
humeante *adj* fumant(e)
humear *vi* fumer
humedad *nf* humidité *f* ; **a prueba de ~** résiste à l'humidité
humedecer *vt* humidifier ; **humedecerse** *vpr* s'humidifier
humedezca *etc vb ver* **humedecer**
húmedo, -a *adj* humide
húmero *nm* humérus *msg*
humidificador *nm* humidificateur *m*
humildad *nf* humilité *f*
humilde *adj* humble
humildemente *adv* humblement
humillación *nf* humiliation *f*
humillante *adj* humiliant(e)
humillar *vt* humilier ; **sentirse humillado** se sentir humilié ; **humillarse** *vpr*: **humillarse (ante)** s'humilier (devant)
humita (*And, CSur*) *nf* (*Culin*) *plat à base de maïs et de piment, enveloppé dans une feuille de maïs*
humo *nm* fumée *f* ; **echar ~** fumer ; **hacerse ~** (*And, CSur fam*) s'évanouir dans la nature ; **humos** *nmpl* (*fig: altivez*) air *m* hautain ; **bajar los humos a algn** rabattre son caquet à qn
humor *nm* humeur *f* ; **de buen/mal ~** de bonne/mauvaise humeur ; **(no) estar de ~ para (hacer) algo** (ne pas) être d'humeur à (faire) qch
humorismo *nm* humour *m*
humorista *nmf* humoriste *mf*
humorístico, -a *adj* humoristique
humus *nm inv* humus *m*
hundido, -a *adj* (*ojos*) creux (creuse) ; (*persona*) abattu(e)
hundimiento *nm* (*de barco*) naufrage *m* ; (*de edificio*) écroulement *m* ; (*de tierra*) éboulement *m* ; (*del terreno*) creux *msg*
hundir *vt* (*barco, negocio*) couler ; (*edificio*) raser ; (*pavimento*) enfoncer ; (*fig: persona*) abattre ; **hundirse** *vpr* (*barco, negocio*) couler ; (*edificio*) s'écrouler ; (*terreno, cama*) s'affaisser ; (*economía, precios*) s'effondrer ; **hundirse en la miseria** sombrer dans la misère
húngaro, -a *adj* hongrois(e) ▸ *nm/f* Hongrois(e) ▸ *nm* (*Ling*) hongrois *m*
Hungría *nf* Hongrie *f*
huracán *nm* ouragan *m* ; **pasar/entrar como un ~** passer/entrer en trombe
huracanado, -a *adj* (*viento*) violent(e)
huraño, -a *adj* désagréable ; (*poco sociable*) peu sociable
hurgar *vt* remuer ▸ *vi*: **~ (en)** fouiner (dans) ; **~ en la herida** (*fig*) remuer le couteau dans la plaie ; **hurgarse** *vpr*: **hurgarse (las narices)** se curer (le nez)
hurgue *etc vb ver* **hurgar**
hurón *nm* furet *m*
hurra *excl* hourra !
hurtadillas: **a ~** *adv* à la dérobée
hurtar *vt* dérober ; **hurtarse** *vpr*: **hurtarse a** se dérober
hurto *nm* vol *m*
husmear *vt* humer ▸ *vi* fouiner ; **~ en** (*fam*) se mêler de
huso *nm* fuseau *m* ; **~ horario** fuseau horaire
hutu *adj* hutu ▸ *nmf* Hutu *mf*
huy *excl* (*dolor, sorpresa*) aïe ! ; (*asombro*) eh bien ! ; (*reparo*) oh mon Dieu !
huyendo *etc vb ver* **huir**
Hz *abr* (= *hertzio*) Hz (= Hertz)

h

Ii

I, i [i] *nf* (*letra*) I, i *m inv* ; **I de Inés** ≈ I comme Irma
IA *abr* (= *inteligencia artificial*) IA (= *intelligence artificielle*)
iba *etc vb ver* **ir**
Iberia *nf* Ibérie *f*
ibérico, -a *adj* ibérique ; **la Península ibérica** la péninsule Ibérique
Iberoamérica *nf* Amérique *f* latine
iberoamericano, -a *adj* latino-américain(e) ▸ *nm/f* Latino-américain(e)
íbice *nm* bouquetin *m*
ibicenco, -a *adj* d'Ibiza ▸ *nm/f* natif(-ive) *o* habitant(e) d'Ibiza
Ibiza *nf* Ibiza *f*
ice *etc vb ver* **izar**
iceberg (*pl* **icebergs**) *nm* iceberg *m*
ICONA (Esp) *sigla m* = **Instituto Nacional para la Conservación de la Naturaleza**
icono *nm* (*tb Inform*) icône *f*
iconoclasta *adj, nmf* (*tb fig*) iconoclaste *mf*
ictericia *nf* jaunisse *f*
I+D *sigla f* (= *Investigación y Desarrollo*) R-D *f* (= *Recherche-Développement*)
íd. *abr* (= *ídem*) id. (= *idem*)
ida *nf* aller *m* ; **~ y vuelta** aller (et) retour ; **idas y venidas** allées *fpl* et venues
IDE *sigla f* (= *Iniciativa de Defensa Estratégica*) IDS *f* (= *Initiative de défense stratégique*)
idea *nf* idée *f* ; (*propósito*) intention *f* ; **a mala ~** dans l'intention de nuire ; **no tengo la menor ~** je n'en ai pas la moindre idée ; **hacerse a la ~ (de que)** se faire à l'idée (que) ; **cambiar de ~** changer d'idée ; **¡ni ~!** aucune idée ! ; **tener ~ de hacer algo** avoir l'intention de faire qch ; **tener mala ~** être malintentionné(e) ; **~ genial** idée géniale ; **ideas** *nfpl* (*manera de pensar*) idées *fpl*
ideal *adj* idéal(e) ▸ *nm* idéal *m*
idealice *etc vb ver* **idealizar**
idealismo *nm* idéalisme *m*
idealista *adj, nmf* idéaliste *mf*
idealizar *vt* idéaliser
idear *vt* concevoir
ideario *nm* idéologie *f*, ensemble *m* des idées principales ; **el ~ de la organización** l'idéologie de l'organisation
ídem *pron* idem
idéntico, -a *adj*: **~ (a)** identique (à)
identidad *nf* identité *f* ; **~ corporativa** image *f* de l'entreprise
identificación *nf* identification *f*
identificar *vt* identifier ; **identificarse** *vpr*: **identificarse (con)** s'identifier (à)
identifique *etc vb ver* **identificar**
ideología *nf* idéologie *f*
ideológico, -a *adj* idéologique
idílico, -a *adj* idyllique
idilio *nm* idylle *f*
idioma *nm* langue *f*
idiomático, -a *adj* idiomatique
idiosincrasia *nf* idiosyncrasie *f*
idiota *adj, nmf* idiot(e)
idiotez *nf* idiotie *f*
ido, -a (*fam*) *adj* (*despistado*) distrait(e) ; **estar ~** être dans la lune ; (*chiflado*) toqué(e), fou (folle) ; **estar ~ (de la cabeza)** être fou (folle), avoir perdu la raison ; (CAm, Méx): **estar ~** être ivre
idolatrar *vt* idolâtrer
ídolo *nm* (*tb fig*) idole *f*
idoneidad *nf* aptitude *f*
idóneo, -a *adj* idéal(e) ; **~ para (hacer)** idéal(e) pour (faire)
IES *nm abr* (Esp) (= *Instituto de Enseñanza Secundaria*) ≈ lycée *m*
iglesia *nf* église *f* ; **la I~ católica** l'Église catholique ; **~ parroquial** église paroissiale
iglú *nm* igloo *m*
IGME *sigla m* (= *Instituto Geográfico y Minero*) ≈ BRGM *m* (= *Bureau de recherches géologiques et minières*)
IGN (Esp) *sigla m* (= *Instituto Geográfico Nacional*) ≈ IGN *m* (= *Institut géographique national*)
ignición *nf* ignition *f*
ignominia *nf* ignominie *f*
ignominioso, -a *adj* ignominieux(-euse)
ignorado, -a *adj* ignoré(e)
ignorancia *nf* ignorance *f*
ignorante *adj, nmf* ignorant(e)
ignorar *vt* ignorer ; **ignoramos su paradero** nous ignorons où il se trouve
ignoto, -a *adj* inconnu(e)

PALABRA CLAVE

igual *adj* **1** (*idéntico*) pareil(le) ; **Pedro es igual que tú** Pedro est comme toi ; **X es igual a Y** (*Mat*) X est égal à Y ; **son iguales** ils sont pareils ; **van iguales** (*en carrera, competición*) ils sont à égalité ; **él, igual que tú, está convencido de que ...** comme toi, il est convaincu que ... ; **¡es igual!** (*no importa*) ça ne fait rien ! ; **me da igual** ça m'est égal
2 (*liso: terreno, superficie*) égal(e)
3 (*constante: velocidad, ritmo*) égal(e)
4: **al igual que** comme
▸ *nmf* (*persona*) égal(e) ; **no tener igual** ne pas avoir d'égal ; **sin igual** sans égal ; **de igual a igual** d'égal à égal
▸ *adv* **1** (*de la misma manera*) de la même façon, pareil (*fam*) ; **visten igual** ils s'habillent de la même façon
2 (*fam: a lo mejor*) peut-être que ; **igual no lo saben todavía** peut-être qu'ils ne le savent pas encore
3 (*esp* CSur *fam: a pesar de todo*) quand même ; **era inocente pero me expulsaron igual** j'étais innocent mais ils m'ont renvoyé quand même

igualada *nf* égalisation *f*
igualar *vt* égaliser ; **igualarse** *vpr* (*diferencias*) s'aplanir ; **igualarse (con)** (*compararse*) se comparer (avec)
igualdad *nf* (*tb Mat*) égalité *f* ; **en ~ de condiciones** dans les mêmes conditions
igualitario, -a *adj* égalitaire
igualmente *adv* également ; (*en comparación*) aussi ; **¡felices vacaciones!** — **~** bonnes vacances ! — à toi aussi
iguana *nf* iguane *m*
ikastola *nf école primaire du Pays basque où l'enseignement est donné en langue basque*
ikurriña *nf drapeau basque*
ilegal *adj* illégal(e)
ilegalidad *nf* illégalité *f* ; **trabajar en la ~** travailler illégalement
ilegalmente *adv* illégalement
ilegible *adj* illisible
ilegitimidad *nf* illégitimité *f*
ilegítimo, -a *adj* illégitime
ileso, -a *adj*: **resultar** *o* **salir ~ (de)** sortir indemne (de), sortir sain(e) et sauf (sauve) (de)
ilícito, -a *adj* illicite
ilimitado, -a *adj* illimité(e)
Ilma. *abr* (= *Ilustrísima*) illustrissime
Ilmo. *abr* (= *Ilustrísimo*) illustrissime
ilocalizable *adj* introuvable
ilógico, -a *adj* illogique
iluminación *nf* illumination *f*, éclairage *m* ; (*de local, habitación*) éclairage
iluminar *vt* illuminer, éclairer ; (*adornar con luces*) illuminer ; (*colorear: ilustración*) enluminer ; (*fig: inspirar*) éclairer ; **iluminarse** *vpr*: **se le iluminó la cara** son visage s'est illuminé
ilusión *nf* illusion *f* ; (*alegría*) joie *f* ; (*esperanza*) espoir *m* ; (*emoción*) émotion *f* ; **hacerle ~ a algn** faire plaisir à qn ; **hacerse ilusiones** se faire des illusions ; **no te hagas ilusiones** ne te fais pas d'illusions ; **tener ~ por (hacer)** se réjouir de (faire)
ilusionado, -a *adj*: **estar ~ (con)** se réjouir (de)
ilusionar *vt* réjouir ; **ilusionarse** *vpr*: **ilusionarse (con)** se réjouir (de)
ilusionista *nmf* illusionniste *mf*
iluso, -a *adj* naïf(-ïve) ▸ *nm/f* rêveur(-euse)
ilusorio, -a *adj* illusoire
ilustración *nf* illustration *f* ; (*cultura*) instruction *f*, culture *f* ; **servir como** *o* **de ~** servir d'exemple ; **la I~** le Siècle des lumières
ilustrado, -a *adj* illustré(e) ; (*persona*) cultivé(e), instruit(e)
ilustrar *vt* illustrer ; (*instruir*) instruire, cultiver ; **ilustrarse** *vpr* s'instruire, se cultiver
ilustrativo, -a *adj*: **~ (de)** révélateur(-trice) (de)
ilustre *adj* illustre, célèbre
imagen *nf* image *f* ; **ser la viva ~ de** être le portrait tout craché de ; **a su ~** à son image
imaginable *adj* imaginable ; **más allá de lo ~** au-delà de tout ce qu'on puisse imaginer ; **no es ~ que ...** il est inimaginable que..., il est impensable que...
imaginación *nf* imagination *f* ; **no se me pasó por la ~ que ...** je n'aurais jamais imaginé que ... ; **imaginaciones** *nfpl* (*suposiciones*) idées *fpl*
imaginar *vt* imaginer ; (*idear*) imaginer, concevoir ; **~ que ...** (*suponer*) imaginer que ... ; **imaginarse** *vpr* s'imaginer ; **¡imagínate!** tu te rends compte ! ; **imagínese que ...** figurez-vous que ... ; **me imagino que sí** j'imagine que oui
imaginario, -a *adj* imaginaire
imaginativa *nf* imagination *f*
imaginativo, -a *adj* imaginatif(-ive)
imam *nm* imam *m*
imán *nm* aimant *m*
imanar, imantar *vt* aimanter
imbatible *adj* imbattable
imbécil *adj, nmf* imbécile *mf*
imbecilidad *nf* imbécillité *f*
imberbe *adj* imberbe
imborrable *adj* ineffaçable, indélébile ; (*recuerdo*) indélébile
imbuir *vt*: **~ (de)** imbiber (de)
imbuyendo *etc vb ver* **imbuir**
imitación *nf* imitation *f* ; (*parodia*) imitation, pastiche *m* ; (*Com*) contrefaçon *f* ; **a ~ de** sur le modèle de ; **de ~** en imitation ; **desconfíe de las imitaciones** (*Com*) méfiez-vous des contrefaçons

i

imitador, a *nm/f* (*Teatro*) imitateur(-trice)
imitar *vt* imiter
impaciencia *nf* impatience *f*
impacientar *vt* (*inquietar*) tracasser ; (*enfadar*) impatienter ; **impacientarse** *vpr* s'impatienter ; (*inquietarse*) se tracasser
impaciente *adj* impatient(e) ; **estar ~** se tracasser ; (*deseoso*) être impatient(e) ; **estar ~ (por hacer)** être impatient(e) (de faire), avoir hâte (de faire)
impacientemente *adv* avec impatience
impactar *vt* (*impresionar*) choquer, déconcerter ▸ *vi* (*bala*) venir se loger ; (*chocar*): **~ en** *o* **contra** aller *ou* venir percuter ; (*afectar*): **~ en** influencer, avoir de l'impact sur
impacto *nm* impact *m* ; (*esp* AM *fig*) impression *f* ; **~ ecológico** empreinte *f* écologique
impagable *adj qui ne peut être payé*, non recouvrable ; (*fig*) inestimable
impagado, -a *adj* impayé(e)
impago *nm* non-paiement *m* ; **impagos** *nmpl* impayés *mpl*
impalpable *adj* impalpable
impar *adj* impair(e) ▸ *nm* impair *m*
imparable *adj* imparable
imparcial *adj* impartial(e)
imparcialidad *nf* impartialité *f*
imparcialmente *adv* impartialement
impartir *vt* (*clases*) donner ; (*orden*) intimer
impasible *adj* impassible
impasiblemente *adv* impassiblement
impasse *nm o nf* (*estancamiento*) impasse *f*
impávido, -a *adj* impavide
IMPE (ESP) *sigla m* (*Com*: = *Instituto de la Pequeña y Mediana Empresa*) *confédération des P.M.E.*
impecable *adj* impeccable
impecablemente *adv* impeccablement
impedido, -a *adj*: **estar ~** être handicapé(e) ▸ *nm/f*: **ser un ~ físico** être handicapé moteur
impedimento *nm* empêchement *m*
impedir *vt* (*imposibilitar*) empêcher ; **~ a algn hacer** *o* **que haga algo** empêcher qn de faire qch ; **~ el tráfico** bloquer la circulation
impeler *vt* (*tb fig*) pousser
impenetrabilidad *nf* impénétrabilité *f*
impenetrable *adj* impénétrable
impenitente *adj* impénitent(e)
impensable *adj* impensable
impepinable (*fam*) *adj*: **es ~** c'est clair *o* sûr
imperante *adj* répandu(e)
imperar *vi* régner ; (*fig*) dominer, prévaloir
imperativo, -a *adj* impératif(-ive) ▸ *nm* (*Ling*) impératif *m* ; **imperativos** *nmpl* (*exigencias*) impératifs *mpl*
imperceptible *adj* imperceptible
imperceptiblemente *adv* imperceptiblement
imperdible *nm* épingle *f* à nourrice
imperdonable *adj* impardonnable
imperecedero, -a *adj* impérissable
imperfección *nf* (*en prenda, joya, vasija*) défaut *m* ; (*de persona*) imperfection *f*
imperfectamente *adv* imparfaitement
imperfecto, -a *adj* défectueux(-euse) ; (*tarea, Ling*) imparfait(e) ▸ *nm* (*Ling*) imparfait *m*
imperial *adj* impérial(e)
imperialismo *nm* impérialisme *m*
imperialista *adj, nmf* impérialiste *mf*
impericia *nf* (*torpeza*) incapacité *f* ; (*inexperiencia*) inexpérience *f*
imperio *nm* empire *m* ; **el ~ de la ley/justicia** le règne de la loi/justice ; **vale un ~** (*fig*) cela vaut son pesant d'or
imperiosamente *adv* impérieusement
imperioso, -a *adj* impérieux(-euse)
impermeabilizar *vt* imperméabiliser ; (*fig: frontera*) sceller
impermeable *adj, nm* imperméable *m*
impersonal *adj* impersonnel(le)
impertérrito, -a *adj*: **quedarse/seguir ~** rester/demeurer imperturbable
impertinencia *nf* impertinence *f*
impertinente *adj* impertinent(e)
imperturbable *adj* imperturbable
imperturbablemente *adv* imperturbablement
impétigo *nm* impétigo *m*
ímpetu *nm* (*violencia*) violence *f* ; (*energía*) énergie *f* ; (*impetuosidad*) fougue *f*
impetuosamente *adv* impétueusement, avec fougue
impetuosidad *nf* impétuosité *f*, fougue *f* ; (*violencia*) violence *f*
impetuoso, -a *adj* impétueux(-euse) ; (*paso, ritmo*) soutenu(e)
impida *etc vb ver* **impedir**
impío, -a *adj* impie
implacable *adj* implacable
implacablemente *adv* implacablement
implantación *nf* implantation *f* ; (*introducción*) introduction *f*
implantar *vt* implanter ; **implantarse** *vpr* s'implanter
implante *nm* implant *m*
implementar *vt* mettre en œuvre, mettre en place
implicación *nf* implication *f*
implicar *vt* impliquer ; **~ a algn en algo** impliquer qn dans qch ; **eso no implica que ...** cela n'implique pas que ...
implícito, -a *adj* (*tácito*) tacite ; (*sobreentendido*) implicite ; **llevar ~** comporter implicitement
implique *etc vb ver* **implicar**
implorante *adj* implorant(e)
implorar *vt* implorer
imponderable *adj, nm* impondérable *m*
impondré *etc vb ver* **imponer**
imponente *adj* imposant(e) ; (*fam*) sensationnel(le) ▸ *nmf* (*Com*) déposant(e)

imponer *vt* imposer ; (*respeto*) inspirer ; (*Com*) placer, déposer ▶ *vi* en imposer ; **imponerse** *vpr* (*moda, costumbre*) s'imposer ; (*razón, equipo*) l'emporter ; **imponerse a** s'imposer face à ; **imponerse (hacer)** s'imposer (de faire) ; **imponerse un deber** s'imposer un devoir
imponga *etc vb ver* **imponer**
imponible *adj* (*Com*) imposable ; **no ~** non imposable
impopular *adj* impopulaire
importación *nf* importation *f*
importador, a *nm/f* importateur(-trice)
importancia *nf* importance *f* ; **no dar ~ a** ne pas attacher d'importance à ; **darse ~** se donner de l'importance ; **sin ~** sans importance ; **no tiene ~** ce n'est pas important
importante *adj* important(e) ; **lo ~ es hacer .../que haga ...** l'important c'est de faire .../qu'il fasse ...
importar *vt* importer ; (*ascender a: cantidad*) se monter à, coûter ▶ *vi* importer ; **me importa un bledo** *o* **rábano** (*fam*) je m'en fiche pas mal ; **¿le importa que fume?** ça vous ennuie si je fume ? ; **¿te importa prestármelo?** ça ne te dérange pas de me le prêter ? ; **¿y a ti qué te importa?** qu'est-ce que ça peut (bien) te faire ? ; **¿qué importa?** qu'est-ce que ça peut faire ? ; **no importa** ce n'est pas grave, ça ne fait rien ; **no le importa** ça ne le regarde pas ; **« no importa precio »** « prix indifférent »
importe *nm* (*coste*) coût *m* ; (*total*) montant *m*
importunar *vt* importuner
importuno, -a *adj* importun(e)
imposibilidad *nf* impossibilité *f*
imposibilitado, -a *adj*: **verse ~ para hacer algo** se voir dans l'impossibilité de faire qch ; **estar/quedar ~** être/rester paralysé(e)
imposibilitar *vt* rendre impossible ; (*impedir*) empêcher
imposible *adj, nm* impossible *m* ; **es ~** c'est impossible ; **es ~ de predecir** c'est impossible à prévoir ; **hacer lo ~ por** faire l'impossible pour
imposición *nf* (*de moda*) introduction *f* ; (*sanción, condena*) application *f* ; (*mandato*) ordre *m* ; (*Com: impuesto*) imposition *f* ; (*: depósito*) dépôt *m* ; **efectuar una ~** faire un dépôt
impositivo, -a *adj* (*Econ*) fiscal(e), des impôts ; **sistema ~** système *m* d'imposition *ou* fiscal
impostor, a *nm/f* imposteur *m*
impostura *nf* imposture *f*
impotencia *nf* impuissance *f*
impotente *adj* impuissant(e) ▶ *nm* impuissant *m*
impracticable *adj* (*camino*) impraticable
imprecación *nf* imprécation *f*
imprecar *vi* proférer des imprécations
imprecisión *nf* imprécision *f*
impreciso, -a *adj* imprécis(e)
impredecible *adj* imprévisible
impredictible *adj* imprévisible
impregnar *vt* imprégner ; **impregnarse** *vpr* s'imprégner
impremeditadamente *adv* sans réfléchir
impremeditado, -a *adj* irréfléchi(e)
imprenta *nf* imprimerie *f* ; (*aparato*) presse *f* ; **letra de ~** caractère *m* d'imprimerie
impreque *etc vb ver* **imprecar**
imprescindible *adj* indispensable ; **es ~ hacer/que haga ...** il est indispensable de faire/qu'il fasse ...
impresentable *adj* (*persona: poco serio*) qui n'est pas présentable ; (*: mal educado*) insortable, mal élevé(e) ; (*mal hecho*) qui n'est pas présentable
impresión *nf* impression *f* ; (*marca*) empreinte *f* ; **tengo** *o* **me da la ~ de que no va a venir** j'ai (bien) l'impression qu'il ne viendra pas ; **cambio de impresiones** échange *m* de vues ; **~ digital** empreinte digitale
impresionable *adj* impressionnable
impresionado, -a *adj* impressionné(e)
impresionante *adj* impressionnant(e) ; (*conmovedor*) bouleversant(e)
impresionar *vt* impressionner ; (*conmover*) bouleverser, toucher ; **impresionarse** *vpr* être impressionné(e) ; **se impresiona con facilidad** il ne faut pas grand-chose pour l'impressionner
impresionismo *nm* impressionnisme *m*
impresionista *adj, nmf* (*Arte*) impressionniste *mf*
impreso, -a *pp de* **imprimir** ▶ *adj* imprimé(e) ▶ *nm* (*solicitud*) imprimé *m*, formulaire *m* ; **~ de solicitud** formulaire de demande ; **impresos** *nmpl* (*material impreso*) imprimés *mpl*
impresora *nf* (*Inform*) imprimante *f* ; **~ de chorro de tinta** imprimante à jet d'encre ; **~ de línea** imprimante ligne par ligne ; **~ de margarita** imprimante à marguerite ; **~ de matriz (de agujas)** imprimante matricielle ; **~ de rueda** imprimante à marguerite ; **~ (por) láser** imprimante laser
imprevisible *adj* imprévisible
imprevisión *nf* imprévoyance *f*
imprevisto, -a *adj* imprévu(e) ▶ *nm* imprévu *m*
imprimir *vt* imprimer
improbabilidad *nf* improbabilité *f*
improbable *adj* improbable
improcedente *adj* inopportun(e) ; (*Jur*) irrégulier(-ière) ; **despido ~** licenciement *m* abusif
improductivo, -a *adj* improductif(-ive)
impronunciable *adj* imprononçable
improperio *nm* insulte *f*, injure *f*
impropiedad *nf* impropriété *f*

i

impropio, -a *adj* impropre ; ~ **de** *o* **para** peu approprié(e) à
improvisación *nf* improvisation *f*
improvisadamente *adv* à l'improviste
improvisado, -a *adj* improvisé(e)
improvisar *vt, vi* improviser
improviso *adv*: **de** ~ à l'improviste
imprudencia *nf* imprudence *f* ; (*indiscreción*) indiscrétion *f* ; ~ **temeraria** (*Jur*) imprudence
imprudente *adj* imprudent(e) ; (*indiscreto*) indiscret(-ète)
imprudentemente *adv* imprudemment
Impte. *abr* = **importe**
impúdico, -a *adj* impudique
impudor *nm* impudeur *f*
impuesto, -a *pp de* **imponer** ▸ *adj*: **estar** ~ **en** s'y connaître en ▸ *nm* impôt *m* ; (*derecho*) droit *m*, taxe *f* ; **anterior al** ~ avant impôt ; **libre de impuestos** exonéré(e) d'impôt ; **sujeto a** ~ soumis à l'impôt ; ~ **de lujo** taxe de luxe ; ~ **de plusvalía** impôt sur les plus-values ; ~ **de transferencia de capital** droit de mutation ; ~ **de venta** taxe à l'achat ; ~ **directo/indirecto** impôt direct/indirect ; ~ **sobre el valor añadido** *o* (*Am*) **agregado** taxe sur la valeur ajoutée ; ~ **sobre la propiedad** impôt foncier ; ~ **sobre la renta (de las personas físicas)** impôt sur le revenu (des personnes physiques) ; ~ **sobre la riqueza** impôt sur la fortune
impugnar *vt* contester ; (*refutar*) réfuter
impulsar *vt* pousser ; (*economía*) stimuler ; **él me impulsó a hacerlo** *o* **a que lo hiciera** il m'a poussé à le faire
impulsivo, -a *adj* impulsif(-ive)
impulso *nm* impulsion *f* ; (*fuerza*) élan *m* ; **a impulsos del miedo** poussé(e) par la peur ; **dar** ~ **a** donner une impulsion à
impune *adj* impuni(e)
impunemente *adv* impunément
impunidad *nf* impunité *f*
impuntual *adj* qui n'est pas ponctuel(elle)
impureza *nf* impureté *f* ; **impurezas** *nfpl* (*de agua, aire*) impuretés *fpl*
impuro, -a *adj* impur(e)
impuse *etc vb ver* **imponer**
imputación *nf* imputation *f*
imputar *vt* imputer
inabarcable *adj* trop vaste, démesuré(e)
inabordable *adj* inabordable
inacabable *adj* interminable
inacabado, -a *adj* inachevé(e)
inaccesible *adj* inaccessible ; (*fig: precio*) inabordable
inacción *nf* inaction *f*
inaceptable *adj* inacceptable
inactividad *nf* inactivité *f* ; (*Com*) inutilisation *f*
inactivo, -a *adj* inactif(-ive) ; (*período*) d'inaction ; (*Com*) inutilisé(e) ; **la población inactiva** les inactifs
inadaptación *nf* inadaptation *f*
inadaptado, -a *adj, nm/f* inadapté(e)
inadecuado, -a *adj* inadéquat(e)
inadmisible *adj* inadmissible
inadvertido, -a *adj*: **pasar** ~ passer inaperçu(e)
inagotable *adj* inépuisable, intarissable
inaguantable *adj* insupportable
inalámbrico, -a *adj* sans fil
in albis *adv*: **quedarse** ~ (*no saber*) être dans le noir *ou* dans le brouillard, ne rien comprendre ; (*fracasar*) en être pour ses frais
inalcanzable *adj* inaccessible
inalienable *adj* inaliénable
inalterable *adj* inaltérable ; (*persona*) imperturbable
inamovible *adj* inamovible
inanición *nf* inanition *f*
inanimado, -a *adj* inanimé(e)
inapelable *adj* (*Jur*) sans appel
inapetente *adj*: **estar** ~ manquer d'appétit
inaplazable *adj* qui ne peut être reporté(e)
inaplicable *adj* inapplicable
inapreciable *adj* (*poco importante*) insignifiant(e) ; (*de gran valor*) inestimable ; (*invisible: objeto*) invisible
inarrugable *adj* infroissable
inasequible *adj* inabordable
inaudible *adj* inaudible
inaudito, -a *adj* inouï(e)
inauguración *nf* inauguration *f*
inaugural *adj* (*ceremonia, competición, discurso*) inaugural(e), d'inauguration ; (*concierto, sesión*) d'ouverture, introductif(-ive)
inaugurar *vt* inaugurer
I.N.B. *abr* (= *Instituto Nacional de Bachillerato*) *lycée*
I.N.B.A. (*Méx*) *abr* = **Instituto Nacional de Bellas Artes**
INC (*Esp*) *sigla m* (= *Instituto Nacional de Consumo*) INC *m* (= *Institut national de la consommation*)
inca *adj* inca *inv* ▸ *nmf* Inca *mf*
INCAE *sigla m* = **Instituto Centroamericano de Administración de Empresas**
incaico, -a *adj* inca *inv*
incalculable *adj* incalculable
incalificable *adj* inqualifiable
incanato (*And, Chi*) *nm* (*Hist*) période *f* inca
incandescente *adj* incandescent(e)
incansable *adj* infatigable
incansablemente *adv* inlassablement
incapacidad *nf* incapacité *f* ; ~ **para hacer** incapacité à faire ; ~ **física** incapacité physique ; ~ **laboral** incapacité de travail ; ~ **mental** incapacité mentale
incapacitar *vt*: ~ **(para)** (*inhabilitar*) rendre inapte (à) ; (*descalificar*) déclarer inapte (à)
incapaz *adj* incapable ; ~ **de hacer algo** incapable de faire qch
incautación *nf* saisie *f*

incautarse *vpr*: **~ de** s'emparer de
incauto, -a *adj* (*imprudente*) imprudent(e) ; (*crédulo*) crédule
incendiar *vt* incendier ; **incendiarse** *vpr* prendre feu, brûler
incendiario, -a *adj, nm/f* incendiaire *mf*
incendio *nm* incendie *m*
incentivar *vt* encourager ; **baja incentivada** départ *m* volontaire
incentivo *nm* incitation *f*
incertidumbre *nf* incertitude *f*
incesante *adj* incessant(e)
incesantemente *adv* sans cesse
incesto *nm* inceste *m*
incidencia *nf* (*repercusión*) incidence *f* ; (*suceso*) incident *m*
incidente *nm* incident *m*
incidir *vi*: **~ en** affecter ; **~ en un error** tomber dans l'erreur
incienso *nm* encens *msg*
incierto, -a *adj* incertain(e)
incineración *nf* incinération *f*
incinerador *nm*, **incineradora** *nf* incinérateur *m*
incinerar *vt* incinérer
incipiente *adj* naissant(e)
incisión *nf* incision *f*
incisivo, -a *adj* (*instrumento*) tranchant(e) ; (*fig*) incisif(-ive) ▶ *nm* incisive *f*
inciso *nm* (*en texto*) incise *f* ; (*al hablar*) parenthèse *f*
incitar *vt* inciter ; **~ a algn a hacer** inciter qn à faire, pousser qn à faire
incívico, -a *adj* incivique
inclemencia *nf* sévérité *f* ; **inclemencias** *nfpl* (*del tiempo*) rigueurs *fpl*
inclemente *adj* sévère ; (*invierno*) rigoureux(-euse)
inclinación *nf* inclinaison *f* ; (*fig*) inclination *f*, penchant *m* ; **tener ~ por algn/algo** avoir un penchant pour qn/qch
inclinado, -a *adj* incliné(e)
inclinar *vt* incliner ; (*cabeza, cuerpo*) incliner, pencher ; **inclinarse** *vpr* pencher ; (*persona*) se pencher ; **inclinarse ante** s'incliner devant ; **me inclino a pensar que ...** je suis enclin à penser que ...
incluir *vt* (*abarcar*) comprendre ; (*meter*) inclure ; **todo incluido** (*Com*) tout compris
inclusión *nf* inclusion *f* ; **con ~ de ...** inclus ..., y compris ...
inclusive *adv* (*incluido*) inclus ; (*incluso*) même
incluso, -a *adv, prep* même
incluyendo *etc vb ver* **incluir**
incoar *vt* (*Jur*) engager, intenter
incobrable *adj* (*cheque*) non encaissable
incógnita *nf* (*Mat*) inconnue *f* ; (*fig*) énigme *f*
incógnito: **de ~** *adv* incognito
incoherencia *nf* incohérence *f*
incoherente *adj* incohérent(e)
incoloro, -a *adj* incolore
incólume *adj* indemne
incombustible *adj* incombustible
incomible *adj* immangeable
incomodar *vt* incommoder ; **incomodarse** *vpr* se fâcher
incomodidad *nf* ennui *m* ; (*de vivienda, asiento*) manque *m* de confort
incómodo, -a *adj* (*vivienda*) inconfortable ; (*asiento*) peu confortable ; (*molesto*) incommodant(e) ; **sentirse ~** se sentir mal à l'aise
incomparable *adj* incomparable
incomparablemente *adv* incomparablement
incomparecencia *nf* non-comparution *f*
incompatibilidad *nf* incompatibilité *f*
incompatible *adj*: **~ (con)** incompatible (avec)
incompetencia *nf* incompétence *f*
incompetente *adj* incompétent(e)
incompleto, -a *adj* incomplet(-ète)
incomprendido, -a *adj* incompris(e)
incomprensible *adj* incompréhensible
incomprensiblemente *adv* de façon incompréhensible
incomprensión *nf* incompréhension *f*
incomunicación *nf* (*Jur*) isolement *m* cellulaire
incomunicado, -a *adj* (*aislado: persona*) isolé(e) ; (*: pueblo*) coupé(e) de tout ; (*preso*) mis(e) au régime cellulaire
incomunicar *vt* (*persona, preso*) isoler ; (*pueblo*) couper de tout
incomunique *etc vb ver* **incomunicar**
inconcebible *adj* inconcevable
inconcluso, -a *adj* inachevé(e)
incondicional *adj* inconditionnel(le)
incondicionalmente *adv* inconditionnellement
inconexo, -a *adj* décousu(e)
inconfeso, -a *adj* inavoué(e)
inconformista *adj* non-conformiste
inconfundible *adj* caractéristique
incongruencia *nf* (*falta de coherencia*) incohérence *f* ; (*dicho incoherente*): **el paciente decía incongruencias** le patient se contredisait ; **¡deja de decir incongruencias!** arrête de dire n'importe quoi !
incongruente *adj* incongru(e) ; **~ (con)** (*actitud*) en désaccord (avec)
inconmensurable *adj* incommensurable
inconmovible *adj* inébranlable
inconsciencia *nf* inconscience *f*
inconsciente *adj* inconscient(e) ; **~ de** inconscient(e) de
inconscientemente *adv* inconsciemment
inconsecuencia *nf* (*incoherencia*) incohérence *f* ; (*contradicción*) inconséquence *f*

inconsecuente *adj*: ~ **(con)** inconséquent(e) (avec)
inconsiderado, -a *adj* inconsidéré(e)
inconsistencia *nf* inconsistance *f*
inconsistente *adj* inconsistant(e)
inconstancia *nf* inconstance *f*
inconstante *adj* inconstant(e)
inconstitucional *adj* inconstitutionnel(le)
incontable *adj* innombrable, incalculable
incontenible *adj* irrépressible
incontestable *adj* incontestable
incontinencia *nf* incontinence *f*
incontrolable *adj* incontrôlable
incontrolado, -a *adj* incontrôlé(e)
incontrovertible *adj* indiscutable
inconveniencia *nf* inconvenance *f*
inconveniente *adj* déplacé(e) ▸*nm* inconvénient *m* ; **el ~ es que ...** l'inconvénient, c'est que ... ; **no hay ~ en** *o* **para hacer eso** il n'y a pas d'inconvénient à faire cela ; **no tengo ~** je n'y vois pas d'inconvénient
incordiar (*fam*) *vt* casser les pieds (*fam !*)
incordio (*fam*) *nm* emmerdement *m* (*fam !*)
incorporación *nf* incorporation *f*
incorporado, -a *adj* (*Tec*) incorporé(e)
incorporar *vt* incorporer ; (*enderezar*) redresser ; **incorporarse** *vpr* se redresser ; **incorporarse a** (*puesto*) intégrer ; (*grupo, manifestación*) se joindre à
incorrección *nf* incorrection *f*
incorrectamente *adv* incorrectement
incorrecto, -a *adj* incorrect(e)
incorregible *adj* incorrigible
incorruptible *adj* incorruptible
incorrupto, -a *adj* (*cuerpo*) intact(e) ; (*político*) intègre
incredulidad *nf* incrédulité *f*
incrédulo, -a *adj* incrédule
increíble *adj* incroyable
incrementar *vt* augmenter ; **incrementarse** *vpr* augmenter
incremento *nm* augmentation *f*
increpar *vt* admonester
in crescendo *adv*: **ir ~** aller crescendo
incriminar *vt* (*Jur*) incriminer
incruento, -a *adj* sans effusion de sang
incrustación *nf* (*Arte*) incrustation *f*
incrustado, -a *adj* incrusté(e)
incrustar *vt* incruster ; **incrustarse** *vpr*: **incrustarse (en)** s'incruster (dans)
incubadora *nf* incubateur *m*
incubar *vt* couver
incuestionable *adj* indiscutable
inculcar *vt* inculquer
inculpar *vt* inculper
inculque *etc vb ver* **inculcar**
inculto, -a *adj* inculte ▸*nm/f* ignorant(e)
incultura *nf* (*ignorancia*) inculture *f*, ignorance *f*
incumbencia *nf*: **no es de mi ~** ce n'est pas de mon ressort
incumbir *vi*: **~ a** incomber à ; **no me incumbe a mí** ce n'est pas de mon ressort
incumplimiento *nm* (*de ley, regla, contrato*) non-respect *m* ; (*de promesa*) manquement *m* ; **por ~** par défaut
incumplir *vt* (*ley, regla*) ne pas respecter, manquer à ; (*promesa*) faillir à, manquer à ; (*contrato*) ne pas respecter
incurable *adj* incurable
incurrir *vi*: **~ en** (*error*) commettre ; (*crimen*) en arriver à ; (*enfado*) s'attirer
incursión *nf* incursion *f*
indagación *nf* recherche *f*
indagar *vt* rechercher ; (*policía*) enquêter sur
indague *etc vb ver* **indagar**
indebido, -a *adj* (*adelantamiento*) indu(e) ; (*dicho*) déplacé(e)
indecencia *nf* indécence *f*
indecente *adj* indécent(e) ; (*indigno*) peu convenable ; (*ruin: comportamiento*) incorrect(e)
indecible *adj* indicible ; **sufrir lo ~** souffrir atrocement
indecisión *nf* indécision *f*
indeciso, -a *adj* indécis(e)
indecoroso, -a *adj* indécent(e)
indefectible *adj* inévitable
indefectiblemente *adv* inévitablement
indefenso, -a *adj* sans défense
indefinible *adj* indéfinissable
indefinidamente *adv* indéfiniment
indefinido, -a *adj* (*indeterminado*) indéfini(e) ; (*ilimitado*) indéterminé(e)
indeleble *adj* indélébile
indelicadeza *nf* indélicatesse *f*
indemne *adj*: **salir ~ de** sortir indemne de
indemnice *etc vb ver* **indemnizar**
indemnización *nf* (*compensación*) indemnisation *f* ; (*suma*) indemnité *f* ; **doble ~** double indemnité ; **~ de cese** *o* **de despido** prime *f* de licenciement
indemnizar *vt* indemniser
independencia *nf* indépendance *f* ; **con ~ de** indépendamment de
independentista *adj, nmf* indépendantiste *mf*
independice *etc vb ver* **independizar**
independiente *adj* indépendant(e) ; (*Inform*) autonome
independientemente *adv* (*funcionar*) de façon autonome ; (*actuar*) de manière indépendante ; **~ de lo que ...** indépendamment de ce qui ...
independizar *vt* accorder l'indépendance à ; **independizarse** *vpr* devenir indépendant(e)
indescifrable *adj* (*Mil: código*) indéchiffrable ; (*fig: misterio*) énigmatique
indescriptible *adj* indescriptible
indeseable *adj, nmf* indésirable *mf*
indesmallable *adj* indémaillable

indestructible *adj* indestructible
indeterminado, -a *adj* indéterminé(e)
India *nf*: **la ~** l'Inde *f*
indiada (*AM*) *nf* Indiens *mpl*
indiano, -a *adj d'un émigrant espagnol qui revient riche d'Amérique* ▸ *nm/f émigrant espagnol qui revient riche d'Amérique*
indicación *nf* indication *f* ; (*señal: de persona*) signe *m* ; **indicaciones** *nfpl* (*instrucciones*) indications *fpl*
indicado, -a *adj* indiqué(e)
indicador *nm* indicateur *m* ; (*Auto*) panneau *m* de signalisation ; **~ de encendido** (*Inform*) voyant *m* « sous tension »
indicar *vt* indiquer
indicativo, -a *adj*: **~ (de)** révélateur(-trice) (de) ▸ *nm* (*Radio, Ling*) indicatif *m*
índice *nm* index *m* ; **~ de materias** table *f* des matières ; **~ de natalidad** taux *msg* de natalité ; **~ de precios al por menor** (*Com*) indice *m* des prix de détail ; **~ del coste de (la) vida** indice du coût de la vie
indicio *nm* indice *m* ; (*Inform*) repère *m*
indiferencia *nf* indifférence *f*
indiferente *adj*: **~ (a)** indifférent(e) (à) ; **es ~ que viva en Madrid o Valencia** peu importe qu'il habite à Madrid ou à Valence ; **me es ~ hacerlo hoy o mañana** cela m'est égal de le faire aujourd'hui ou demain ; **a Alfonso le era ~ Carmen** Carmen laissait Alfonso indifférent
indiferentemente *adv* indifféremment
indígena *adj, nmf* indigène *mf*
indigencia *nf* indigence *f*
indigenista (*AM*) *adj* (*Pol*) *partisan(e) de la cause indienne* ; (*estudios*) des civilisations indiennes ▸ *nmf* (*estudiante*) *personne qui étudie les civilisations indiennes* ; (*Pol etc*) *défenseur de la cause indienne*
indigente *adj, nmf* indigent(e)
indigestar *vt* (*suj: comida*) donner une indigestion à ; **indigestarse** *vpr* (*persona*) avoir une indigestion ; (*comida*) donner une indigestion ; **se me ha indigestado ese tipo/la física** (*fam*) je ne supporte plus ce type/la physique
indigestión *nf* indigestion *f*
indigesto, -a *adj* indigeste ; (*persona*) insupportable
indignación *nf* indignation *f*
indignado, -a *adj* indigné(e) ▸ *nmf*: **los indignados** les indignés
indignante *adj* scandaleux(-euse)
indignar *vt* indigner ; **indignarse** *vpr*: **indignarse (por)** s'indigner (de)
indignidad *nf* indignité *f*
indigno, -a *adj*: **~ (de)** indigne (de)
indio, -a *adj* indien(ne) ▸ *nm/f* Indien(ne) ; **hacer el ~** faire l'imbécile ; **subírsele** *o* **asomarle el ~** (*CSUR fam*) s'exciter
indique *etc vb ver* **indicar**
indirecta *nf* allusion *f* ; **soltar una ~** faire une allusion
indirectamente *adv* indirectement
indirecto, -a *adj* indirect(e)
indisciplina *nf* indiscipline *f*
indisciplinado, -a *adj* indiscipliné(e)
indiscreción *nf* indiscrétion *f* ; **..., si no es ~** ..., si ce n'est pas indiscret
indiscreto, -a *adj* indiscret(-ète)
indiscriminadamente *adv* sans discrimination
indiscriminado, -a *adj* (*golpes*) distribué(e) au hasard ; **de un modo ~** sans discrimination
indiscutible *adj* indiscutable
indiscutiblemente *adv* indiscutablement
indisoluble *adj* indissoluble
indisolublemente *adv* indissolublement
indispensable *adj* indispensable
indispondré *etc vb ver* **indisponer**
indisponer *vt* indisposer ; **indisponerse** *vpr* (*Med*) se sentir indisposé(e) ; **indisponerse con** *o* **contra algn** se brouiller avec qn
indisponga *etc vb ver* **indisponer**
indisposición *nf* indisposition *f*
indispuesto, -a *pp de* **indisponer** ▸ *adj* indisposé(e) ; **estar/sentirse ~** être/se sentir indisposé(e)
indispuse *etc vb ver* **indisponer**
indistintamente *adv* indistinctement
indistinto, -a *adj* indistinct(e) ; **es ~ que hables tú o ella** peu importe que ce soit toi ou elle qui parle
individual *adj* individuel(le) ; (*cama*) à une place ▸ *nm* (*Deporte*) simple *m*
individualidad *nf* individualité *f*
individualismo *nm* individualisme *m*
individualista *adj* individualiste
individualmente *adv* individuellement
individuo *nm* individu *m*
Indochina *nf* Indochine *f*
indocumentado, -a *adj* sans papiers ; (*ignorante*) ignorant(e)
indoeuropeo, -a *adj* indo-européen(ne) ▸ *nm/f* Indo-européen(ne)
índole *nf* (*naturaleza*) nature *f* ; (*clase*) caractère *m*
indolencia *nf* indolence *f*
indoloro, -a *adj* indolore
indomable *adj* indomptable
indómito, -a *adj* = **indomable**
Indonesia *nf* Indonésie *f*
indonesio, -a *adj* indonésien(ne) ▸ *nm/f* Indonésien(ne)
inducción *nf* induction *f* ; **por ~** par induction
inducir *vt* induire ; **~ a algn a hacer** inciter qn à faire ; **~ a algn a error** induire qn en erreur
indudable *adj* indubitable ; **es ~ que ...** il n'y a aucun doute que ...

i

indudablemente *adv* indubitablement
indulgencia *nf* indulgence *f* ; **proceder sin ~ contra** se montrer implacable envers
indulgente *adj* indulgent(e)
indultar *vt* gracier ; **~ (de)** *(Jur)* dispenser (de)
indulto *nm* grâce *f*
indumentaria *nf* tenue *f*
industria *nf* industrie *f* ; *(habilidad)* adresse *f* ; **~ agropecuaria** industrie agropastorale ; **~ pesada** industrie lourde ; **~ petrolífera** industrie du pétrole
industrial *adj* industriel(le) ▸ *nm* industriel *m*
industrialización *nf* industrialisation *f*
industrializar *vt* industrialiser ; **industrializarse** *vpr* s'industrialiser
INE (Esp) *sigla m (= Instituto Nacional de Estadística)* ≈ INSEE *m (= Institut national de la statistique et des études économiques)*
inédito, -a *adj* inédit(e)
INEF *nm abr (= Instituto Nacional de Educación Física)* ≈ Collège *m* d'éducation physique et sportive
inefable *adj* ineffable
ineficacia *nf* inefficacité *f*
ineficaz *adj (medida, medicamento)* inefficace ; *(persona)* peu efficace
ineficazmente *adv* inefficacement
ineficiencia *nf* inefficacité *f*
ineficiente *adj* inefficace
ineludible *adj* incontournable
INEM (Esp) *sigla m (= Instituto Nacional de Empleo)* ≈ ANPE *f (= Agence nationale pour l'emploi)*
INEN (Méx) *sigla m* = **Instituto Nacional de Energía Nuclear**
inenarrable *adj* indescriptible
ineptitud *nf* ineptie *f*
inepto, -a *adj* inepte ▸ *nm/f* incapable *mf*
inequívoco, -a *adj* clair(e)
inercia *nf* inertie *f* ; **por ~** *(fig)* par habitude
inerme *adj (sin armas)* désarmé(e) ; *(indefenso)* sans défense
inerte *adj* inerte
inescrutable *adj* insondable
inesperadamente *adv* de manière inattendue
inesperado, -a *adj* inattendu(e)
inestabilidad *nf* instabilité *f*
inestable *adj* instable
inestimable *adj* inestimable ; **de valor ~** d'une valeur inestimable
inevitable *adj* inévitable
inevitablemente *adv* inévitablement
inexactitud *nf* inexactitude *f*
inexacto, -a *adj* inexact(e)
inexcusable *adj (imperdonable)* inexcusable ; *(ineludible)* inévitable, incontournable
inexistente *adj* inexistant(e)
inexorable *adj* inexorable
inexorablemente *adv* inexorablement
inexperiencia *nf* inexpérience *f*
inexperto, -a *adj* inexpérimenté(e)
inexplicable *adj* inexplicable
inexpresable *adj* inexprimable
inexpresivo, -a *adj* inexpressif(-ive)
inexpugnable *adj (Mil)* inexpugnable ; *(fig)* inébranlable
in extremis *adv (en el último momento, como último recurso)* in extremis ; *(moribundo)*: **estar ~** être à l'article de la mort
infalible *adj* infaillible
infaliblemente *adv* infailliblement
infame *adj* infâme
infamia *nf* infamie *f*
infancia *nf* enfance *f* ; **jardín de ~** jardin *m* d'enfants
infanta *nf* infante *f*
infante *nm* infant *m*
infantería *nf* infanterie *f* ; **~ de marina** infanterie de marine
infanticidio *nm* infanticide *m*
infantil *adj (programa, juego)* pour les enfants ; *(enfermedad, población)* infantile ; *(pey)* puéril(e)
infarto *nm (tb:* **infarto de miocardio***)* infarctus *msg* ; **~ cerebral** accident *m* vasculaire cérébral, attaque *f*
infatigable *adj* infatigable
infausto, -a *adj* funeste, malheureux(-euse)
infección *nf* infection *f*
infeccioso, -a *adj (Med)* infectieux(-euse) ; *(fig)* contagieux(-euse)
infectar *vt* infecter ; **infectarse** *vpr* s'infecter
infecundidad *nf* infécondité *f*
infecundo, -a *adj* infécond(e)
infelicidad *nf* malheur *m*, tristesse *f* ; **sentir ~** se sentir malheureux(-euse)
infeliz *adj, nmf* malheureux(-euse)
inferior *adj, nmf* inférieur(e) ; **~ (a)** inférieur(e) (à) ; **un número ~ a nueve** un chiffre inférieur à neuf ; **una cantidad ~** une quantité moindre
inferioridad *nf* infériorité *f* ; **complejo de ~** complexe *m* d'infériorité ; **estar en ~ de condiciones** être désavantagé(e)
inferir *vt* inférer ; *(herida)* infliger
infernal *adj* infernal(e)
infértil *adj* infertile
infestar *vt* infester
infidelidad *nf* infidélité *f* ; **~ conyugal** infidélité conjugale ; **infidelidades** *nfpl (adulterios)* infidélités *fpl*
infiel *adj, nmf* infidèle *mf*
infiera *etc vb ver* **inferir**
infiernillo *nm* réchaud *m*
infierno *nm (Rel)* enfer *m* ; **ser un ~** *(fig)* être un enfer ; **¡vete al ~!** va-t'en au diable ! ; **está en el quinto ~** c'est au diable (vauvert)
infiltrar *vt* infiltrer ; **infiltrarse** *vpr* s'infiltrer
ínfimo, -a *adj* infime
infinidad *nf*: **una ~ de** une infinité de ; **una ~ de veces** un nombre incalculable de fois

infinitamente *adv* infiniment
infinitivo *nm* infinitif *m*
infinito, -a *adj* infini(e) ▸ *adv* infiniment ▸ *nm* (*tb Mat*) infini *m* ; **hasta lo ~** jusqu'à l'infini
infiriendo *etc vb ver* **inferir**
inflable *adj* gonflable
inflación *nf* (*Econ*) inflation *f*
inflacionario, -a *adj* inflationniste
inflacionismo *nm* tendance *f* inflationniste
inflacionista *adj* inflationniste
inflamable *adj* inflammable
inflamación *nf* inflammation *f*
inflamar *vt* enflammer ; **inflamarse** *vpr* s'enflammer ; (*hincharse*) s'enfler
inflar *vt* gonfler ; (*fig*) exagérer ; **inflarse** *vpr* gonfler ; **inflarse de** (*chocolate etc*) se goinfrer de
inflexibilidad *nf* inflexibilité *f*
inflexible *adj* (*material*) rigide ; (*persona*) inflexible
inflexiblemente *adv* inflexiblement
inflexión *nf* inflexion *f*
infligir *vt* infliger
inflija *etc vb ver* **infligir**
influencia *nf* influence *f*
influenciador, a *nm/f* influenceur *m*
influenciar *vt* influencer
influir *vt* influencer ▸ *vi* agir ; **~ en** *o* **sobre** influer sur, influencer
influjo *nm* influence *f* ; **~ de capitales** afflux *msg* de capitaux
influyendo *etc vb ver* **influir**
influyente *adj* influent(e)
información *nf* (*sobre un asunto, Inform*) information *f* ; (*noticias, informe*) informations *fpl* ; (*Jur*) enquête *f* ; **I~** (*oficina, Telec*) Renseignements *mpl* ; (*mostrador*) Information ; **abrir una ~** (*Jur*) ouvrir une enquête ; **~ deportiva** nouvelles *fpl* sportives
informador, a *nm/f* informateur(-trice)
informal *adj* (*persona*) peu sérieux(-euse) ; (*desenfadado: estilo*) décontracté(e) ; (*: reunión*) informel(le)
informalidad *nf* (*de persona*) manque *m* de sérieux ; (*desenfado*) légèreté *f*, décontraction *f*
informalmente *adv* de manière informelle
informante *nmf* informateur(-trice)
informar *vt* informer ; (*dar forma a*) donner forme à ; **(les) informó que ...** il (les) a informé(s) que ... ▸ *vi* (*dar cuenta de*): **~ de/sobre** informer de/sur ; **~ (contra)** (*Jur*) plaider (contre) ; **informarse** *vpr*: **informarse (de)** s'informer (de)
informática *nf* informatique *f* ; **~ de gestión** informatique de gestion
informatice *etc vb ver* **informatizar**
informático, -a *adj* informatique
informativo, -a *adj* (*programa, artículo*) d'information ▸ *nm* (*Radio, TV*) journal *m*
informatización *nf* informatisation *f*
informatizar *vt* informatiser
informe *adj* informe ▸ *nm* rapport *m* ; (*Jur*) plaidoyer *m* ; **~ anual** rapport annuel ; **informes** *nmpl* (*referencias*) références *fpl*
infortunio *nm* infortune *f*
infracción *nf* infraction *f*
infractor, a *nm/f* contrevenant *mf*
infraestructura *nf* infrastructure *f*
in fraganti *adv*: **pillar a algn ~** prendre qn sur le fait
infrahumano, -a *adj* misérable
infranqueable *adj* infranchissable
infrarrojo, -a *adj* infrarouge
infrautilizado, -a *adj* (*servicios, músculos*) sous-utilisé(e) ; (*recursos*) sous-exploité(e)
infravalorar *vt* sous-estimer
infravivienda *nf* logement *m* insalubre
infrecuente *adj* peu fréquent(e)
infringir *vt* transgresser
infrinja *etc vb ver* **infringir**
infructuosamente *adv* infructueusement
infructuoso, -a *adj* infructueux(-euse)
ínfulas *nfpl* présomption *f*, vanité *f* ; **darse ~** avoir de grands airs, s'y croire ; **tener (muchas) ~ de algo** se prendre pour quelque chose ; **un joven con ~ de escritor** un jeune qui se prend pour un écrivain
infundado, -a *adj* infondé(e)
infundio *nm* diffamation *f*
infundir *vt*: **~ ánimo** *o* **valor** insuffler du courage ; **~ respeto** inspirer le respect ; **~ miedo** inspirer de la crainte
infusión *nf* infusion *f* ; **~ de manzanilla** infusion de camomille
Ing., ing. (*MÉX*) *abr* (= *Ingeniero*) *titre de courtoisie*
ingeniar *vt* inventer ; **ingeniarse** *vpr*: **ingeniarse** *o* **ingeniárselas para hacer** se débrouiller pour faire
ingeniería *nf* ingénierie *f* ; **~ de sistemas** (*Inform*) développement *m* de systèmes
ingeniero, -a *nm/f* ingénieur *mf* ; (*esp MÉX: título de cortesía: tb:* **Ingeniero**) Monsieur (Madame) ; **~ agrónomo(-a)** ingénieur agronome ; **~ de caminos** ingénieur des Ponts et Chaussées ; **~ de montes** ingénieur des Eaux et Forêts ; **~ de sonido** ingénieur du son ; **~ naval** ingénieur en construction navale
ingenio *nm* ingéniosité *f* ; (*Tec*) engin *m* ; **aguzar el ~** faire travailler sa matière grise ; **~ azucarero** raffinerie *f* de sucre
ingeniosamente *adv* ingénieusement
ingenioso, -a *adj* (*hábil*) ingénieux(-euse) ; (*divertido*) spirituel(le)
ingente *adj* (*cantidad*) considérable
ingenuamente *adv* candidement
ingenuidad *nf* ingénuité *f*
ingenuo, -a *adj* ingénu(e)
ingerir *vt* ingérer

ingesta *nf* (*acción*) ingestion *f* ; (*dieta*) alimentation *f* ; **la ~ de alcohol** l'ingestion d'alcool ; **la ~ diaria de hierro** la prise quotidienne de fer
ingestión *nf* (*d'aliments, boissons*) ingestion *f* ; **la ~ de fruta** la consommation de fruits ; **la ~ de vitamina C parece ser beneficiosa** la prise de vitamine C semble bénéfique
ingiera *etc*, **ingiriendo** *etc vb ver* **ingerir**
Inglaterra *nf* Angleterre *f*
ingle *nf* aine *f*
inglés, -esa *adj* anglais(e) ▸ *nm/f* Anglais(e) ▸ *nm* (*Ling*) anglais *msg*
ingratitud *nf* ingratitude *f*
ingrato, -a *adj* ingrat(e)
ingravidez *nf* apesanteur *f*
ingrediente *nm* ingrédient *m* ; **ingredientes** *nmpl* (*AM*) tapas *fpl*
ingresar *vt* (*dinero*) déposer ; (*enfermo*) faire entrer ▸ *vi*: **~ (en)** (*en facultad, escuela*) être admis(e) (à) ; (*en club etc*) s'inscrire (à) ; (*en ejército*) entrer (dans) ; (*en hospital*) entrer (à) ; **~ a** (*esp AM*) rentrer dans
ingreso *nm* admission *f* ; (*en ejército*) entrée *f* ; **ingresos** *nmpl* (*dinero*) revenus *mpl* ; (*: Com*) recettes *fpl* ; **ingresos accesorios** avantages *mpl* en nature ; **ingresos brutos** revenus bruts ; **ingresos devengados** revenus salariaux ; **ingresos exentos de impuestos** revenus non imposables ; **ingresos personales disponibles** revenus disponibles
íngrimo, -a (*esp AM*) *adj* seul(e) ; **~ y solo** tout seul
inhábil *adj* (*día*) non ouvrable
inhabilitación *nf* déclaration *f* d'incapacité
inhabilitar *vt*: **~ a algn para** déclarer qn inapte à
inhabitable *adj* inhabitable
inhalación *nf* inhalation *f* ; **inhalaciones** (*Med*) inhalations *mpl*
inhalador *nm* inhalateur *m*
inhalar *vt* inhaler
inherente *adj*: **~ a** inhérent(e) à
inhibición *nf* inhibition *f*
inhibidor, a *adj* inhibiteur(-trice) ▸ *nm* inhibiteur *m* ; **~ del apetito** inhibiteur *m* de l'appétit, coupe-faim *m* ; **~ del crecimiento** inhibiteur *m* de la croissance
inhibir *vt* inhiber ; **inhibirse** *vpr*: **inhibirse (de hacer)** s'abstenir (de faire)
inhospitalario, -a *adj* (*persona*) peu accueillant(e) ; (*lugar*) inhospitalier(-ière)
inhóspito, -a *adj* inhospitalier(-ière)
inhumación *nf* inhumation *f*
inhumano, -a *adj* inhumain(e)
INI *sigla m* (= *Instituto Nacional de Industria*) *institut gouvernemental d'aide à l'industrie*
iniciación *nf* (*comienzo*) commencement *m* ; (*en doctrina, rito*) initiation *f*
inicial *adj* initial(e) ▸ *nf* initiale *f*
inicialice *etc vb ver* **inicializar**
inicializar *vt* (*Inform*) initialiser
inicialmente *adv* initialement
iniciar *vt* commencer ; **~ (en)** (*persona*) initier (à) ; **~ a algn en un secreto** mettre qn dans le secret ; **~ la sesión** (*Inform*) ouvrir la session
iniciativa *nf* initiative *f* ; **la ~ privada** l'initiative privée ; **por ~ propia** de sa *etc* propre initiative ; **tomar la ~** prendre l'initiative
inicio *nm* début *m*
inicuo, -a *adj* vil(e)
inigualable *adj* inégalable
inimitable *adj* inimitable
ininteligible *adj* inintelligible
ininterrumpidamente *adv* sans interruption
ininterrumpido, -a *adj* ininterrompu(e)
injerencia *nf* ingérence *f*
injertar *vt* greffer
injerto *nm* greffe *f* ; (*producto*) greffon *m* ; **~ de piel** greffe de la peau
injuria *nf* injure *f*
injuriar *vt* injurier
injurioso, -a *adj* injurieux(-euse)
injustamente *adv* injustement
injusticia *nf* injustice *f* ; **con ~** injustement
injustificado, -a *adj* injustifié(e)
injusto, -a *adj* injuste
inmaculado, -a *adj* immaculé(e)
inmadurez *nf* immaturité *f*
inmaduro, -a *adj* immature ; (*fruta*) vert(e)
inmaterial *adj* immatériel(le)
inmediaciones *nfpl* abords *mpl*
inmediatamente *adv* immédiatement
inmediatez *nf* imminence *f*
inmediato, -a *adj* immédiat(e) ; (*contiguo*) contigu(ë) ; **~ a** contigu(ë) à ; **de ~** (*esp AM*) tout de suite
inmejorable *adj* excellent(e)
inmemorable *adj* = **inmemorial**
inmemorial *adj* immémorial(e)
inmensamente *adv* (*muy*) immensément ; (*mucho*) infiniment
inmensidad *nf* immensité *f*
inmenso, -a *adj* immense
inmerecido, -a *adj* (*críticas*) injustifié(e) ; (*premio*) immérité(e)
inmersión *nf* immersion *f*
inmerso, -a *adj*: **~ en** immergé(e) dans
inmigración *nf* immigration *f*
inmigrante *adj, nmf* immigrant(e)
inminencia *nf* imminence *f*
inminente *adj* imminent(e)
inmiscuirse *vpr*: **~ (en)** s'immiscer (dans)
inmiscuyendo *etc vb ver* **inmiscuirse**
inmobiliaria *nf* (*tb*: **agencia inmobiliaria**) agence *f* immobilière
inmobiliario, -a *adj* immobilier(-ière)

inmolar *vt* immoler
inmoral *adj* immoral(e)
inmoralidad *nf* immoralité *f*
inmortal *adj* immortel(le)
inmortalice *etc vb ver* **inmortalizar**
inmortalidad *nf* immortalité *f*
inmortalizar *vt* immortaliser
inmotivado, -a *adj* non fondé(e)
inmóvil *adj* immobile
inmovilidad *nf* immobilité *f*
inmovilismo *nm* immobilisme *m*
inmovilizar *vt* immobiliser ; (*brazo, pierna*) paralyser ; **inmovilizarse** *vpr*: **se le ha inmovilizado la pierna** il a eu la jambe paralysée
inmueble *adj*: **bienes inmuebles** biens *mpl* immeubles ▸ *nm* immeuble *m*
inmundicia *nf* immondice *f*
inmundo, -a *adj* (*lugar*) immonde ; (*lenguaje*) vulgaire
inmune *adj*: **~ (a)** immunisé(e) (contre)
inmunidad *nf* immunité *f* ; **~ diplomática/ parlamentaria** immunité diplomatique/ parlementaire
inmunitario, -a *adj* immunitaire ; **respuesta inmunitaria** réponse *f* immunitaire ; **sistema ~** système *m* immunitaire
inmunización *nf* immunisation *f*
inmunizar *vt* immuniser
inmunodeficiencia *nf* immunodéficience *f*
inmunológico, -a *adj* (*Med*) immunologique
inmutable *adj* immuable ; **permanecer ~** (*persona*) demeurer inébranlable
inmutarse *vpr* se troubler ; **siguió sin ~** il poursuivit sans se troubler le moins du monde
innato, -a *adj* inné(e)
innecesariamente *adv* pas nécessairement
innecesario, -a *adj* pas nécessaire
innegable *adj* indéniable ; **es ~ que ...** il est indéniable que ...
innoble *adj* ignoble
innovación *nf* innovation *f*
innovador, a *adj, nm/f* innovateur(-trice)
innovar *vi* innover
innumerable *adj* incalculable
inocencia *nf* innocence *f*
inocentada *nf* (*broma*) ≈ poisson *m* d'avril ; **gastar una ~ a algn** ≈ faire un poisson d'avril à qn
inocente *adj, nmf* innocent(e) ; **día de los (Santos) Inocentes** jour *m* des (saints) Innocents ; *voir article*

Día de los Santos Inocentes

Le 28 décembre, **Día de los Santos Inocentes**, l'Église commémore le massacre des enfants de Judée ordonné par Hérode. Cette journée est l'occasion pour les Espagnols de se faire des plaisanteries et de se jouer des tours appelés *inocentadas*, un peu comme lors du premier avril en France.

inocentemente *adv* innocemment
inocuidad *nf* innocuité *f*
inoculación *nf* inoculation *f*
inocular *vt* inoculer
inocuo, -a *adj* inoffensif(-ive)
inodoro, -a *adj* inodore ▸ *nm* WC *mpl*
inofensivo, -a *adj* inoffensif(-ive)
inolvidable *adj* inoubliable
inoperancia *nf* inefficacité *f*
inoperante *adj* inopérant(e), inefficace
inopia *nf*: **estar en la ~** (*fig*) être dans la lune
inopinadamente *adv* inopinément
inopinado, -a *adj* inopiné(e)
inoportuno, -a *adj* inopportun(e)
inoxidable *adj* inoxydable ; **acero ~** acier *m* inoxydable
inquebrantable *adj* (*fe*) inébranlable ; (*promesa*) solennel(le)
inquiera *etc vb ver* **inquirir**
inquietante *adj* inquiétant(e)
inquietar *vt* inquiéter ; **inquietarse** *vpr* s'inquiéter
inquieto, -a *adj* inquiet(-ète) ; (*niño*) turbulent(e) ; **estar ~ por** être inquiet(-ète) de
inquietud *nf* inquiétude *f* ; (*agitación*) agitation *f*
inquilinato *nm* loyer *m*
inquilino, -a *nm/f* locataire *mf*
inquina *nf* aversion *f* ; (*rencor*) rancœur *f* ; **tener ~ a algn** éprouver de l'aversion pour qn
inquiriendo *etc vb ver* **inquirir**
inquirir *vt* s'enquérir de
Inquisición *nf* (*Hist*): **la (Santa) ~** la Sainte Inquisition
inquisidor, a *adj* inquisiteur(-trice)
inquisitorial *adj* inquisitorial(e), de l'Inquisition
inri *nm*: **para más ~** (*fam*) pour couronner le tout
insaciable *adj* insatiable
insaciablemente *adv* insatiablement
insalubre *adj* insalubre
INSALUD (Esp) *sigla m* (*= Instituto Nacional de la Salud*) *branche de la Sécurité sociale ne s'occupant que de l'assistance médicale*
insano, -a *adj* malsain(e)
insatisfacción *nf* insatisfaction *f*
insatisfactorio, -a *adj* insatisfaisant(e)
insatisfecho, -a *adj* insatisfait(e) ; (*no saciado*) inassouvi(e)
inscribir *vt* inscrire ; **inscribirse** *vpr* (*Escol etc*) s'inscrire
inscripción *nf* inscription *f*

i

inscrito *pp de* **inscribir**
insecticida *nm* insecticide *m*
insecto *nm* insecte *m*
inseguridad *nf* insécurité *f* ; (*inestabilidad*) instabilité *f* ; (*de carácter*) manque *m* de confiance ; (*indecisión*) indécision *f* ; **~ ciudadana** insécurité urbaine
inseguro, -a *adj* incertain(e) ; (*persona*) pas sûr(e) de soi *etc* ; (*lugar*) peu sûr(e) ; (*terreno*) instable ; (*escalera*) branlant(e) ; **sentirse ~** ne pas se sentir en sécurité
inseminación *nf*: **~ artificial** insémination *f* artificielle
insensatez *nf* (*de persona, decisión*) manque *m* de bon sens ; (*tontería*) absurdité *f*
insensato, -a *adj* insensé(e)
insensibilice *etc vb ver* **insensibilizar**
insensibilidad *nf* insensibilité *f*
insensibilizar *vt* insensibiliser ; **insensibilizarse** *vpr*: **insensibilizarse a** (*a sufrimiento*) demeurer insensible à
insensible *adj* insensible
insensiblemente *adv* insensiblement
inseparable *adj* inséparable
inserción *nf* insertion *f*
INSERSO *sigla m* (*= Instituto Nacional de Servicios Sociales*) *branche du ministère des Affaires sociales qui s'occupe de l'assistance au troisième âge*
insertar *vt* insérer ; **insertarse** *vpr*: **insertarse en** s'insérer dans
inservible *adj* inutilisable
insidia *nf* fourberie *f*
insidioso, -a *adj* insidieux(-euse) ; (*persona*) fourbe
insigne *adj* insigne
insignia *nf* (*emblema*) insigne *m* ; (*estandarte*) enseigne *f* ; **buque ~** vaisseau *m* amiral
insignificante *adj* insignifiant(e)
insinuación *nf* insinuation *f*
insinuar *vt* insinuer ; **insinuarse** *vpr*: **él se me insinuó** il me fit des avances
insípido, -a *adj* insipide
insistencia *nf* insistance *f* ; **con ~** avec insistance
insistente *adj* insistant(e)
insistentemente *adv* avec insistance
insistir *vi*: **~ (en)** insister (sur)
in situ *adv* sur place, in situ
insobornable *adj* incorruptible
insociable *adj* insociable
insolación *nf* insolation *f*
insolencia *nf* insolence *f*
insolentarse *vpr*: **~ con algn** se montrer insolent(e) envers qn
insolente *adj* insolent(e)
insolentemente *adv* avec insolence
insolidario, -a *adj* non solidaire
insólito, -a *adj* insolite
insoluble *adj* (*problema*) insoluble ; **~ (en)** (*sustancia*) insoluble (dans)
insolvencia *nf* (*Com*) insolvabilité *f*
insolvente *adj* insolvable
insomne *adj* insomniaque
insomnio *nm* insomnie *f*
insondable *adj* insondable
insonorización *nf* insonorisation *f*
insonorizar *vt* insonoriser
insoportable *adj* insupportable
insoslayable *adj* incontournable
insospechado, -a *adj* insoupçonné(e)
insostenible *adj* insoutenable
inspección *nf* inspection *f*
inspeccionar *vt* inspecter ; (*Inform*) contrôler
inspector, a *nm/f* inspecteur(-trice)
inspectorado *nm* inspectorat *m*
inspiración *nf* inspiration *f* ; **de ~ clásica/romántica** d'inspiration classique/romantique
inspirador, a *adj* inspirateur(-trice)
inspirar *vt, vi* inspirer ; **inspirarse** *vpr*: **inspirarse en** s'inspirer de
instalación *nf* installation *f* ; **~ eléctrica** installation électrique ; **instalaciones** *nfpl* (*de centro deportivo, hotel*) installations *fpl*
instalador *nm* (*Inform*) installeur *m*
instalar *vt* installer ; **instalarse** *vpr* s'installer
instancia *nf* instance *f* ; **a instancias de** à la requête de ; **en última ~** en dernier ressort
instantánea *nf* instantané *m*
instantáneamente *adv* instantanément
instantáneo, -a *adj* instantané(e) ; **café ~** café *m* instantané
instante *nm* instant *m* ; **a cada ~** à tout instant ; **al ~** à l'instant ; **en un ~** en un instant
instar *vt*: **~ a algn a hacer** *o* **para que haga** prier instamment qn de faire
instauración *nf* instauration *f*
instaurar *vt* instaurer
insti (*fam*) *nm* (*instituto*) bahut *m*
instigador, a *nm/f* instigateur(-trice) ; **~ de un delito** (*Jur*) instigateur d'un délit
instigar *vt*: **~ a algn a (hacer)** inciter qn à (faire)
instigue *etc vb ver* **instigar**
instintivamente *adv* instinctivement
instintivo, -a *adj* instinctif(-ive)
instinto *nm* instinct *m* ; **por ~** d'instinct ; **~ de conservación** instinct de conservation ; **~ maternal/sexual** instinct maternel/sexuel
institución *nf* institution *f* ; **~ benéfica** société *f* de bienfaisance ; **instituciones** *nfpl* (*de un país*) institutions *fpl*
institucional *adj* institutionnel(le)
instituir *vt* instituer
instituto *nm* (*Escol*) lycée *m* ; (*de investigación, cultural etc*) institut *m* ; **I~ de Bachillerato** (*Esp*) lycée
institutriz *nf* préceptrice *f*
instituyendo *etc vb ver* **instituir**

instrucción *nf* (*tb Inform*) instruction *f* ; (*Deporte*) entraînement *m* ; **~ del sumario** (*Jur*) instruction ; **instrucciones** *nfpl* (*explicaciones, órdenes*) instructions *fpl* ; **instrucciones de funcionamiento** (*Inform*) guide *msg* de l'utilisateur ; **instrucciones de uso** mode *msg* d'emploi
instructivo, -a *adj* instructif(-ive)
instructor, a *adj* (*Mil*) instructeur(-trice) ; (*Jur*) instructeur(-trice), d'instruction ▸ *nm/f* (*Deporte*) moniteur(-trice) ; (*Mil*) instructeur(-trice) ; (*Jur*) instructeur(-trice)
instruido, -a *adj* instruit(e)
instruir *vt* (*tb Jur*) instruire
instrumental *adj* (*Mús*) instrumental(e) ; (*Jur*): **prueba ~** preuve *f* documentaire ▸ *nm* instruments *mpl* ; **el ~ quirúrgico/de laboratorio** les instruments chirurgicaux/de laboratoire
instrumentista *nmf* (*Mús: músico*) instrumentiste *mf* ; (*: fabricante*) confectionneur(-euse) d'instruments, constructeur(-trice) d'instruments ; (*Med*) instrumentiste *mf* ; (*Mec*) instrumentiste *mf*, technicien(-ienne) instrumentiste ; **~ de cuerda** instrumentiste à cordes
instrumento *nm* instrument *m* ; (*Com*) effet *m* ; **~ de cuerda/de percusión/de viento** instrument à cordes/à percussion/à vent
instruyendo *etc vb ver* **instruir**
insubordinación *nf* insubordination *f*
insubordinarse *vpr*: **~ (contra)** se rebeller (contre)
insuficiencia *nf* insuffisance *f* ; **~ cardíaca/renal** insuffisance cardiaque/rénale
insuficiente *adj* insuffisant(e) ▸ *nm* (*Escol*) *note inférieure à la moyenne*
insuflar *vt* (*tb Med*) insuffler ; **~ aire a algo** insuffler de l'air dans quelque chose
insufrible *adj* = **insoportable**
insular *adj* insulaire
insulina *nf* insuline *f*
insulso, -a *adj* (*comida, persona*) fade, insipide ; (*novela, película*) insipide, ennuyeux(-euse)
insultante *adj* insultant(e)
insultar *vt* insulter
insulto *nm* insulte *f*
insumisión *nf* (*Esp Pol*) *refus de faire le service militaire et d'être objecteur de conscience*
insumiso, -a *adj* insoumis(e) ▸ *nm* (*Esp Mil*) *personne qui refuse de faire le service militaire et d'être objecteur de conscience*
insumos *nmpl* (*esp Méx Econ*) recettes *fpl*
insuperable *adj* (*excelente*) incomparable ; (*invencible*) insurmontable
insurgente *adj, nmf* insurgé(e)
insurrección *nf* insurrection *f*
insustancial *adj* creux(-euse), sans intérêt
insustituible *adj* irremplaçable
intachable *adj* irréprochable
intacto, -a *adj* intact(e)
intangible *adj* intangible
integración *nf* intégration *f* ; **la ~ de España en la UE** l'intégration de l'Espagne dans l'UE ; **~ racial** intégration raciale
integrado, -a *adj* (*Inform*): **circuito ~** circuit *m* intégré
integral *adj* intégral(e) ; (*idiota*) parfait(e) ; **pan ~** pain *m* complet
íntegramente *adv* intégralement
integrante *adj* intégrant(e) ▸ *nmf* (*de equipo*) membre *mf* ; (*de conjunto*) composant(e)
integrar *vt* composer ; (*Mat*) intégrer ; **integrarse** *vpr* s'intégrer
integridad *nf* intégrité *f* ; **en su ~** dans son intégralité
integrismo *nm* intégrisme *m*
integrista *adj, nmf* intégriste *mf*
íntegro, -a *adj* intègre ; (*texto*) intégral(e)
intelecto *nm* intellect *m*
intelectual *adj, nmf* intellectuel(le)
intelectualidad *nf* intelligentsia *f*
inteligencia *nf* intelligence *f* ; **~ artificial** intelligence artificielle
inteligente *adj* intelligent(e)
inteligible *adj* intelligible
intemperancia *nf* intempérance *f*
intemperie *nf* intempérie *f* ; **a la ~** sans abri
intempestivamente *adv* intempestivement
intempestivo, -a *adj* intempestif(-ive)
intención *nf* intention *f* ; **con segundas intenciones** avec des arrière-pensées ; **con ~** à dessein, intentionnellement ; **buena/mala ~** bonne/mauvaise intention ; **de buena/mala ~** bien/mal intentionné(e)
intencionadamente *adv* intentionnellement
intencionado, -a *adj* intentionnel(le) ; **bien/mal ~** bien/mal intentionné(e)
intendencia *nf* (*Mil*) intendance *f* ; (*tb*: **cuerpo de intendencia**) Intendance
intendente *nm* (*CSur: alcalde*) gouverneur *m*, maire *m* ; (*Chi*) gouverneur (*d'une province*) ; (*Méx*) inspecteur *m* de police
intensamente *adv* intensément
intensidad *nf* intensité *f* ; **llover con ~** pleuvoir dru
intensificación *nf* intensification *f*
intensificar *vt* intensifier ; **intensificarse** *vpr* s'intensifier
intensifique *etc vb ver* **intensificar**
intensivamente *adv* intensivement
intensivo, -a *adj* intensif(-ive) ; **curso ~** cours *m* intensif
intenso, -a *adj* intense
intentar *vt*: **~ (hacer)** essayer *o* tenter de (faire)
intento *nm* essai *m*, tentative *f* ; (*propósito*) intention *f* ; **al primer/segundo ~** à la première/seconde tentative

intentona *nf* tentative *f* ; ~ **golpista** (*Pol*) tentative de coup d'État
interacción *nf* interaction *f*
interaccionar *vi* interagir
interactividad *nf* interactivité *f*
interactivo, -a *adj* (*Inform*) interactif(-ive)
interanual *adj* interannuel(le) ; **promedio** ~ moyenne *f* interannuelle ; **variación** ~ variation *f* interannuelle
intercalación *nf* intercalation *f*
intercalar *vt* intercaler
intercambiable *adj* interchangeable
intercambiar *vt* échanger
intercambio *nm* échange *m*
interceder *vi*: ~ **(por)** intercéder (en faveur de)
interceptar *vt* intercepter ; (*tráfico*) entraver
interceptor *nm* (*Tec*) intercepteur *m*
intercesión *nf* intercession *f*
intercontinental *adj* intercontinental(e)
interdicto *nm* (*Jur*) interdit *m*
interdisciplinario, -a *adj* interdisciplinaire
interés *nm* intérêt *m* ; **con un ~ de nueve por ciento** à neuf pour cent d'intérêt ; **tipo de** ~ (*Com*) taux *msg* d'intérêt ; **dar a** ~ prêter à *o* avec intérêt ; **devengar** ~ rapporter un intérêt ; **tener ~ en** *o* **por** avoir intérêt à ; ~ **propio** intérêt personnel ; **intereses** *nmpl* (*dividendos, aspiraciones*) intérêts *mpl* ; (*patrimonio*) biens *mpl* ; **intereses acumulados** intérêts cumulés ; **intereses creados** coalition *f* d'intérêts ; **intereses por cobrar/por pagar** intérêts à percevoir/à verser
interesadamente *adv* (*por propio interés*) de façon intéressée
interesado, -a *adj, nm/f* intéressé(e) ; ~ **en/por** intéressé(e) par
interesante *adj* intéressant(e) ; **hacerse el/la** ~ faire l'intéressant(e)
interesar *vt* intéresser ; (*Med*) affecter ▸ *vi* être intéressant(e) ; **no me interesan los toros** les courses de taureaux ne m'intéressent pas ; **interesarse** *vpr*: **interesarse en** *o* **por** s'intéresser à
interestatal *adj* interétatique
interface, interfaz *nm* (*Inform*) interface *f* ; ~ **hombre/máquina/por menús** interface homme/machine/par menus
interfase *nm* = **interface**
interfaz *nm* = **interface**
interferencia *nf* (*Radio, TV, Telec*) interférence *f* ; ~ **(en)** (*injerencia*) ingérence *f* (dans)
interferir *vt* (*Telec*) brouiller ▸ *vi* (*persona*): ~ **(en)** s'immiscer (dans)
interfiera *etc*, **interfiriendo** *etc vb ver* **interferir**
interfono *nm* interphone *m*
ínterin *adv*: **en el** ~ dans l'intervalle
interinidad *nf* (*estado, empleo*) intérim *m* ; **situación de** ~ situation *f* intérimaire *ou* temporaire
interino, -a *adj* intérimaire ▸ *nm/f* intérimaire *mf* ; (*Med*) remplaçant(e)
interior *adj* intérieur(e) ; **habitación** ~ chambre *f* sur cour ; **ropa** ~ sous-vêtements *mpl* ; **vida** ~ vie *f* intérieure ▸ *nm* intérieur *m* ; (*Deporte*) inter *m* ; (Col, Ven: *tb*: **interiores**) caleçon *m* ; **Ministerio del I~** ministère *m* de l'Intérieur ; **dije para mi** ~ je me suis dit en mon for intérieur
interiorismo *nm* architecture *f* d'intérieur
interiorista *nmf* architecte *mf* d'intérieur
interiorizar *vt* (*Psico*) intérioriser
interjección *nf* interjection *f*
interlínea *nf* (*Inform*) interligne *m*
interlocutor, a *nm/f* interlocuteur(-trice) ; **mi** ~ mon interlocuteur
interludio *nm* (*Mús*) interlude *m*
intermediario, -a *adj, nm/f* intermédiaire *mf*
intermedio, -a *adj* intermédiaire ▸ *nm* (*Teatro, Cine*) entracte *m*
interminable *adj* interminable
intermitente *adj* intermittent(e) ▸ *nm* (*Auto*) clignotant *m*
intermitentemente *adv* par intermittence
internacional *adj* international(e)
internacionalizar *vt* devenir international(e) ; **internacionalizarse** *vpr* se mondialiser, s'internationaliser
internado *nm* internat *m*
internamiento *nm* internement *m*
internar *vt* interner ; **internarse** *vpr* (*penetrar*): **internarse en** pénétrer dans
internauta *nmf* internaute *mf*
Internet *nm* Internet *m* ; **navegar por** ~ naviguer sur (l')Internet
internista *nmf* médecin *m* généraliste
interno, -a *adj* interne ; (*Pol etc*) intérieur(e) ; **medicina interna** médecine *f* générale ▸ *nm/f* (*alumno*) interne *mf* ; (*médico*) généraliste *mf*
interpelación *nf* interpellation *f*
interpelar *vt* (*tb Pol*) interpeller
INTERPOL *sigla f* INTERPOL *m*
interpondré *etc vb ver* **interponer**
interponer *vt* interposer ; (*Jur: apelación*) interjeter ; ~ **recurso (contra)** interjeter appel (contre) ; ~ **(entre)** interposer (entre) ; **interponerse** *vpr* s'interposer
interponga *etc vb ver* **interponer**
interposición *nf* interposition *f*
interpretación *nf* interprétation *f*
interpretar *vt* interpréter ; ~ **mal** mal interpréter
intérprete *nmf* interprète *mf*
interpuesto *etc*, **interpuse** *etc vb ver* **interponer**
interrelación *nf* relation *f*
interrogación *nf* interrogation *f* ; (*tb*: **signo de interrogación**) point *m* d'interrogation

interrogante *adj* interrogateur(-trice) ▶ *nm* question *f*
interrogar *vt* interroger
interrogativo, -a *adj* (*Ling*) interrogatif(-ive)
interrogatorio *nm* interrogatoire *m*
interrogue *etc vb ver* **interrogar**
interrumpir *vt* interrompre
interrupción *nf* interruption *f*
interruptor *nm* (*Elec*) interrupteur *m*
intersección *nf* intersection *f*
intersticio *nm* interstice *m*
interurbano, -a *adj* interurbain(e) ; **llamada/conferencia interurbana** appel *m* interurbain/communication *f* interurbaine
intervalo *nm* intervalle *m* ; **a intervalos** à intervalles
intervención *nf* intervention *f* ; (*Telec*) écoute *f* téléphonique ; **la política de no ~** la politique de non-intervention ; **~ quirúrgica** intervention chirurgicale
intervencionista *adj* : **no ~** (*Com*) non-interventionniste
intervendré *etc*, **intervenga** *etc vb ver* **intervenir**
intervenir *vt* (*Med*) pratiquer une intervention sur ; (*suj* : *policía*) saisir ; (*teléfono*) placer sous écoute téléphonique ; (*cuenta bancaria*) bloquer ▶ *vi* intervenir
interventor, a *nm/f* (*en elecciones*) scrutateur(-trice) ; (*Com*) audit *m*
interviniendo *etc vb ver* **intervenir**
interviú *nf* interview *f*
intestinal *adj* intestinal(e)
intestino *nm* intestin *m* ; **~ delgado/grueso** intestin grêle/gros intestin
íntimamente *adv* intimement
intimar *vt* : **~ a algn a que …** intimer à qn de … ▶ *vi* se lier d'amitié
intimidación *nf* intimidation *f*
intimidad *nf* intimité *f* ; (*amistad*) amitié *f* ; **en la ~** dans l'intimité
intimidar *vt* intimider
íntimo, -a *adj* intime
intolerable *adj* intolérable
intolerancia *nf* intolérance *f*
intolerante *adj* : **~ (con** *o* **para)** intolérant(e) (envers)
intoxicación *nf* (*Med, Pol*) intoxication *f* ; **~ alimenticia** intoxication alimentaire
intoxicar *vt* (*Med*) intoxiquer ; (*Pol*) intoxiquer, faire de l'intox ; **intoxicarse** *vpr* (*Med*) s'intoxiquer
intraducible *adj* intraduisible
Intranet *nf* Intranet *m*
intranquilice *etc vb ver* **intranquilizar**
intranquilidad *nf* inquiétude *f*
intranquilizar *vt* inquiéter ; **intranquilizarse** *vpr* s'inquiéter
intranquilo, -a *adj* inquiet(-ète)
intransferible *adj* intransmissible
intransigencia *nf* intransigeance *f*
intransigente *adj* intransigeant(e)
intransitable *adj* impraticable
intransitivo, -a *adj* intransitif(-ive)
intrascendente *adj* sans importance
intratable *adj* (*problema*) difficile ; (*dificultad*) inabordable ; (*individuo*) intraitable
intravenoso, -a *adj* intraveineux(-euse)
intrepidez *nf* intrépidité *f*
intrépido, -a *adj* intrépide
intriga *nf* intrigue *f*
intrigante *adj, nmf* intrigant(e)
intrigar *vt, vi* intriguer
intrigue *etc vb ver* **intrigar**
intrincado, -a *adj* (*camino*) embrouillé(e) ; (*bosque*) impénétrable ; (*problema, asunto*) inextricable
intríngulis (*fam*) *nm inv* (*dificultad*) difficulté *f* ; (*complicación*) imbroglio *m* ; (*secreto*) dessous *m* ; **ahí está el ~** c'est là que réside toute la difficulté ; **tiene su ~** ce n'est pas si facile
intrínseco, -a *adj* intrinsèque
introducción *nf* introduction *f*
introducir *vt* introduire ; **introducirse** *vpr* s'introduire
introduje *etc*, **introduzca** *etc vb ver* **introducir**
intromisión *nf* intromission *f*
introspectivo, -a *adj* introspectif(-ive)
introvertido, -a *adj, nm/f* introverti(e)
intruso, -a *nm/f* intrus(e)
intuición *nf* intuition *f* ; **por ~** par intuition ; **tener una gran ~** avoir beaucoup d'intuition
intuir *vt* pressentir
intuitivamente *adv* intuitivement
intuitivo, -a *adj* intuitif(-ive)
intuyendo *etc vb ver* **intuir**
inundación *nf* inondation *f*
inundar *vt* inonder ; **inundarse** *vpr* s'inonder
inusitadamente *adv* de façon inusitée
inusitado, -a *adj* (*espectáculo*) insolite ; (*hora, calor*) inhabituel(le)
inusual *adj* inhabituel(le)
inútil *adj* (*herramienta*) inutilisable ; (*esfuerzo*) inutile ; (*persona* : *minusválido*) handicapé(e) ; (: *pey*) bon(ne) à rien, inepte ; **declarar ~ a algn** (*Mil*) réformer qn
inutilice *etc vb ver* **inutilizar**
inutilidad *nf* inutilité *f* ; (*ineptitud*) ineptie *f*
inutilizar *vt* rendre inutilisable
inútilmente *adv* inutilement
invadir *vt* envahir
invalidar *vt* invalider
invalidez *nf* invalidité *f*
inválido, -a *adj, nm/f* invalide *mf*
invariable *adj* invariable
invariablemente *adv* invariablement
invasión *nf* invasion *f*
invasor, a *adj* envahissant(e) ▶ *nm/f* envahisseur(-euse)
invencible *adj* invincible

i

invención *nf* invention *f*
inventar *vt* inventer
inventariar *vt* inventorier, faire l'inventaire de
inventario *nm* inventaire *m* ; **hacer ~ de** faire l'inventaire de
inventiva *nf* inventivité *f*
invento *nm* invention *f*
inventor, a *nm/f* inventeur(-trice)
invernadero *nm* serre *f*
invernal *adj* hivernal(e)
invernar *vi* hiverner
inverosímil *adj* invraisemblable
inversión *nf* (*Com*) investissement *m* ; **~ de capitales** investissement de capitaux ; **inversiones extranjeras** investissements étrangers
inversionista *nmf* = **inversor**
inverso, -a *adj* inverse ; **en orden ~** dans l'ordre inverse ; **a la inversa** à l'inverse ; **traducción inversa** thème *m*
inversor, a *nm/f* (*Com*) investisseur(-euse)
invertebrado, -a *adj* invertébré(e) ▶ *nm* invertébré *m*
invertido, -a *adj* inversé(e) ; (*al revés*) à l'inverse ; (*homosexual*) inverti(e) ▶ *nm/f* inverti(e)
invertir *vt* (*Com*) investir ; (*orden*) inverser ; (*intercambiar*) intervertir ; (*tiempo*) consacrer
investidura *nf* investiture *f*
investigación *nf* recherche *f* ; **~ de los medios de publicidad** recherche sur les supports publicitaires ; **~ de mercado** étude *f* de marché ; **~ y desarrollo** recherche et développement
investigador, a *nm/f* (*tb*: **investigador privado**) détective *mf* privé(e) ; (*Univ*) chercheur(-euse)
investigar *vt* (*indagar*) chercher ; (*estudiar*) faire des recherches sur
investigue *etc vb ver* **investigar**
investir *vt*: **~ (con/de)** investir (de)
inveterado, -a *adj* invétéré(e)
inviable *adj* (*imposible*) non viable, irréalisable, infaisable ; (*reclamación*) non valide
invidente *adj* aveugle ▶ *nmf* aveugle *mf*, non-voyant(e)
invierno *nm* hiver *m*
invierta *etc vb ver* **invertir**
inviolabilidad *nf* inviolabilité *f* ; **~ del domicilio** inviolabilité du domicile ; **~ parlamentaria** inviolabilité *o* immunité *f* parlementaire
inviolable *adj* inviolable
invirtiendo *etc vb ver* **invertir**
invisible *adj* invisible ; **exportaciones/importaciones invisibles** exportations *fpl*/importations *fpl* invisibles
invitación *nf* invitation *f*
invitado, -a *nm/f* invité(e)
invitar *vt* inviter ; **~ a algn a hacer algo** inviter qn à faire qch ; **~ a algo** inviter à qch ; **te invito a un café** je te paie un café ; **invito yo** c'est moi qui invite *o* paie
in vitro *adj, adv* in vitro ; **fecundación** *o* **fertilización ~** fécondation *f* in vitro
invocar *vt* (*tb Inform*) invoquer
involución *nf* (*Pol*) involution *f*
involucrar *vt*: **~ a algn en** impliquer qn dans ; **involucrarse** *vpr*: **involucrarse en** s'impliquer dans
involuntariamente *adv* involontairement
involuntario, -a *adj* involontaire
invoque *etc vb ver* **invocar**
invulnerable *adj* invulnérable
inyección *nf* piqûre *f*, injection *f* ; **poner una ~ a algn** faire une piqûre à qn ; **ponerse una ~** se faire une piqûre ; **~ intramuscular** injection intramusculaire ; **~ intravenosa** injection intraveineuse, intraveineuse *f*
inyectado *adj*: **ojos inyectados en sangre** yeux *mpl* injectés de sang
inyectar *vt* (*Med*) injecter ; **~ (en)** (*introducir*) injecter (dans)
ión *nm* (*Fís*) ion *m*
IPC (*Esp*) *sigla m* (= *Índice de Precios al Consumo*) IPC *m* (= *indice des prix à la consommation*)
IPM *sigla m* (= *índice de precios al por menor*) *ver* **índice**
iPod® (*pl* **iPods**) *nm* iPod® *m*

PALABRA CLAVE

ir *vi* **1** aller ; **ir andando** marcher ; **fui en tren** j'y suis allé en train ; **voy a la calle** je sors ; **¡(ahora) voy!** j'y vais ! ; **ir desde X a Y** (*extenderse*) aller de X à Y ; **ir de pesca/de vacaciones** aller à la pêche/en vacances
2: **ir (a) por**: **ir (a) por el médico** aller chercher le docteur
3 (*progresar*) aller ; **el trabajo va muy bien** le travail marche très bien ; **¿cómo te va?** tu t'y fais ? ; **¿cómo te va en el trabajo?** comment ça va au travail ? ; **me va muy bien** ça va très bien ; **le fue fatal** ça ne s'est pas bien passé du tout
4 (*funcionar*): **el coche no va muy bien** la voiture ne marche pas très bien
5 (*sentar*): **me va estupendamente** (*ropa, color*) cela me va à merveille ; (*medicamento*) c'est exactement ce qu'il me fallait
6 (*aspecto*): **ir con zapatos negros** porter des chaussures noires ; **iba muy bien vestido** il était très bien habillé
7 (*combinar*): **ir con algo** aller avec qch
8 (*excl*): **¡qué va!** (*no*) mais non ! ; **¿qué tal? — ¡vaya!** ça va ? — à peu près ! ; **vamos, no llores** allons, ne pleure pas ; **vamos a ver** voyons voir ; **¡vaya coche!** (*admiración*) en voilà une super voiture ! ; (*desprecio*) quelle voiture minable ! ; **¡que le vaya bien!**

(*esp* Am: *despedida*) salut ! ; **¡vete a saber!** allez savoir !
9: **ir a mejor/peor** aller mieux/mal ; **ir de mal en peor** aller de mal en pis ; **va para largo** ça va prendre du temps ; **en esta casa cada uno va a lo suyo** dans cette maison c'est chacun pour soi ; **¡a eso voy!** j'y viens ! ; **eso no va por ti** ça ne s'applique pas à toi ; **ni me va ni me viene** ça ne me regarde pas
10: **no vaya a ser: tienes que correr, no vaya a ser que pierdas el tren** il faut que tu te dépêches, sinon tu vas rater ton train
▸ *vb aux* 1: **ir a: voy/iba a hacerlo hoy** je vais/j'allais le faire aujourd'hui
2 (+ *gerundio*): **iba anocheciendo** il commençait à faire nuit ; **todo se me iba aclarando** tout devenait clair pour moi
3 (+ *pp = pasivo*): **van vendidos 300 ejemplares** 300 exemplaires ont déjà été vendus
irse *vpr* 1: **¿por dónde se va al parque?** comment va-t-on au parc ?
2: **irse (de)** (*marcharse*) s'en aller (de) ; **ya se habrán ido** ils doivent être déjà partis ; **¡vete!** vas-y ! ; (*con enfado*) va-t'en ! ; **¡vámonos!** allons-y !, on y va ! ; **¡nos fuimos!** (Am: *vámonos*) on y va !

IRA *sigla m* (= *Irish Republican Army*) IRA *f* (= *Armée républicaine irlandaise*)
ira *nf* colère *f*
iracundo, -a *adj* coléreux(-euse)
Irak *nm* = **Iraq**
Irán *nm* Iran *m*
iraní *adj* iranien(ne) ▸ *nmf* Iranien(ne)
Iraq *nm* Irak *m*
iraquí *adj* irakien(ne), iraquien(ne) ▸ *nmf* Irakien(ne), Iraquien(ne)
irascible *adj* irascible
irguiendo *etc vb ver* **erguir**
iris *nm inv* (*Anat*) iris *msg* ; (*arco iris*) arc-en-ciel *m*
Irlanda *nf* Irlande *f* ; **~ del Norte** Irlande du Nord
irlandés, -esa *adj* irlandais(e) ▸ *nm/f* Irlandais(e) ▸ *nm* (*Ling*) irlandais *msg*
ironía *nf* ironie *f*
irónicamente *adv* ironiquement
irónico, -a *adj* ironique
ironizar *vt* tourner en dérision ▸ *vi* ironiser ; **~ sobre algo** ironiser sur quelque chose
IRPF (Esp) *sigla m* (= *Impuesto sobre la Renta de las Personas Físicas*) ≈ IRPP *m* (= *impôt sur le revenu des personnes physiques*)
irracional *adj* irrationnel(le)
irradiar *vt* (*emanar*) irradier, rayonner ; (*Med*) irradier
irrazonable *adj* déraisonnable
irreal *adj* irréel(le)
irrealizable *adj* irréalisable
irrebatible *adj* irréfutable
irreconciliable *adj* irréconciliable
irreconocible *adj* méconnaissable
irrecuperable *adj* irrécupérable
irreembolsable *adj* (*Com*) irrécupérable ; (*qui se tira*) non consigné(e)
irreemplazable *adj* irremplaçable
irreflexión *nf* irréflexion *f*
irreflexivo, -a *adj* irréfléchi(e)
irrefutable *adj* irréfutable
irregular *adj* irrégulier(-ière)
irregularidad *nf* irrégularité *f*
irrelevante *adj* banal(e), sans importance
irremediable *adj* irrémédiable
irremediablemente *adv* irrémédiablement
irrenunciable *adj* (*derecho*) inaliénable ; (*deber*) incontournable, inéluctable ; **una condición ~** une condition à laquelle on ne peut renoncer
irreparable *adj* irréparable
irrepetible *adj* unique
irreprochable *adj* irréprochable
irresistible *adj* irrésistible
irresoluble *adj* insoluble
irresoluto, -a *adj* irrésolu(e)
irrespetuoso, -a *adj* irrespectueux(-euse)
irrespirable *adj* irrespirable
irresponsable *adj* irresponsable
irresponsablemente *adv* d'une manière irresponsable
irreverencia *nf* irrévérence *f*
irreverente *adj* irrévérencieux(-euse)
irreversible *adj* irréversible
irrevocable *adj* irrévocable
irrigar *vt* irriguer
irrigue *etc vb ver* **irrigar**
irrisorio, -a *adj* dérisoire
irritable *adj* irritable
irritación *nf* irritation *f*
irritar *vt* irriter ; **irritarse** *vpr* s'irriter
irrompible *adj* incassable
irrumpir *vi*: **~ en** faire irruption dans
irrupción *nf* irruption *f*
IRTP (Esp) *sigla m* (= *impuesto sobre los rendimientos del trabajo personal*) *charges sociales*
ISBN *sigla m* (= *Número Internacional Uniforme para los libros*) ISBN *m* (= *International Standard Book Number*)
isla *nf* île *f* ; **las Islas Filipinas/Malvinas/Canarias** les îles Philippines/Malouines/Canaries
Islam *nm* Islam *m*
islámico, -a *adj* islamique
islamismo *nm* islamisme *m*
islamista *adj, nmf* islamiste *mf*
islandés, -esa *adj* islandais(e) ▸ *nm/f* Islandais(e) ▸ *nm* (*Ling*) islandais *msg*
Islandia *nf* Islande *f*
isleño, -a *adj, nm/f* insulaire *mf*
isleta *nf* (*Auto*) refuge *m*
islote *nm* îlot *m*
isótopo *nm* isotope *m*

i

Israel *nm* Israël *m*
israelí *adj* israélien(ne) ▸ *nmf* Israélien(ne)
israelita *adj, nmf* israélite *mf*
istmo *nm* isthme *m* ; **el I~ de Panamá** l'isthme de Panama
Italia *nf* Italie *f*
italiano, -a *adj* italien(ne) ▸ *nm/f* Italien(ne) ▸ *nm* (*Ling*) italien *m*
itálica *nf*: **en ~** en italique
itinerante *adj* itinérant(e)
itinerario *nm* itinéraire *m*
ITV *nf abr* (= *Inspección Técnica de Vehículos*) ≈ contrôle *m* technique
IVA (Esp) *sigla m* (*Com*: = *Impuesto sobre el Valor Añadido*) TVA *f* (= *taxe à la valeur ajoutée*)
IVP *sigla m* = **Instituto Venezolano de Petroquímica**
izada (Am) *nf* levée *f*
izar *vt* hisser
izda. *abr* (= *izquierda*) g (= *gauche*)
izdo. *abr* (= *izquierdo*) g (= *gauche*)
izq. *abr* (= *izquierdo*) g (= *gauche*)
izq.ª *abr* (= *izquierda*) g (= *gauche*)
izq.º *abr* (= *izquierdo*) g (= *gauche*)
izquierda *nf* gauche *f* ; (*lado izquierdo*) côté *m* gauche ; **a la ~** à gauche ; **a la ~ del edificio** à gauche de l'immeuble ; **el camino de la ~** le chemin de gauche ; **es un cero a la ~** (*fam*) c'est un bon à rien ; **conducción por la ~** conduite *f* à gauche ; **ser de izquierdas** être de gauche
izquierdista *adj* (*Pol*) de gauche ▸ *nmf* gauchiste *mf*
izquierdo, -a *adj* gauche
izquierdoso, -a (*fam*) *adj, nm/f* gauchiste *mf*, gaucho *mf* (*fam*)

Jj

J¹, j ['xota] *nf* (*letra*) J, j *m inv* ; **J de José** ≈ J comme Joseph
J² *abr* (= *julio(s)*) J (= *Joule(s)*)
jabalí *nm* sanglier *m*
jabalina *nf* javelot *m*
jabato *nm* marcassin *m* ; (*fig*) lion *m*
jabón *nm* savon *m* ; **dar ~ a algn** passer de la pommade à qn ; **~ de afeitar** savon à barbe ; **~ de baño** savon liquide ; **~ de tocador** savon de toilette ; **~ en polvo** savon en poudre
jabonar *vt* savonner ; **jabonarse** *vpr* se savonner
jabonera *nf* boîte *f* à savon
jabonoso, -a *adj* savonneux(-euse)
jaca *nf* bidet *m* ; (*yegua*) petite jument *f*
jacal (*Méx*) *nf* cabane *f*
jacarandá *nm* jacaranda *m*
jacinto *nm* jacinthe *f*
jactancia *nf* vantardise *f*, jactance *f*
jactancioso, -a *adj* vantard(e)
jactarse *vpr*: **~ (de)** se vanter (de)
jacuzzi® [ja'kuzi] *nm* jacuzzi® *m*
jade *nm* jade *m*
jadeante *adj* haletant(e)
jadear *vi* haleter
jadeo *nm* halètement *m*
jaguar *nm* jaguar *m*
jaiba (*Am*) *nf* écrevisse *f*
jaibol (*esp Méx*) *nm* whisky *m* soda
jalapeño *nm* (*Méx*) *variété de piment*
jalar *vt* (*Am*) tirer ; (*fam*) bouffer
jalea *nf* gelée *f*
jalear *vt* (*bailaor, cantaor*) encourager (*de la voix ou en frappant des mains*) ; (*perros*) exciter (*par des cris*)
jaleo (*fam*) *nm* (*ruido*) tapage *m* ; (*lío*) pagaille *f* ; **armar ~** (*liar*) mettre la pagaille ; (*hacer ruido*) faire du chahut *o* tapage ; **me armé un ~ con las fechas** je me suis embrouillé dans les dates ; **¡qué ~!** quelle pagaille !
jalón *nm* (*Am: estirón*) coup *m* ; (*estaca, fig*) jalon *m*
jalonar *vt* jalonner
jam [jam], **jam session** [jam 'sesion] *nf* (*de música*) jam-session *f*, jam *f* (*fam*)
Jamaica *nf* Jamaïque *f*
jamaicano, -a *adj* jamaïquain(e) ▸ *nm/f* Jamaïquain(e)
jamás *adv* jamais ; **¿se vio ~ tal cosa?** a-t-on jamais vu cela ?
jamón *nm* jambon *m* ; **¡y un ~!** (*fam*) mon œil ! ; **~ de York/serrano** jambon cuit/cru
Japón *nm* Japon *m*
japonés, -esa *adj* japonais(e) ▸ *nm/f* Japonais(e) ▸ *nm* (*Ling*) japonais *msg*
jaque *nm* (*Ajedrez*) échec *m* ; **dar ~** mettre en échec ; **tener en ~ a algn** tracasser qn ; **~ mate** échec et mat
jaqueca *nf* migraine *f*
jara *nf* ciste *m*
jarabe *nm* sirop *m* ; **~ para la tos** sirop contre la toux
jarana *nf* fête *f* ; **andar/ir de ~** faire la fête ; **armar ~** faire du tapage
jarcia *nf* (*Náut*) cordage *m*
jardín *nm* jardin *m* ; **~ de (la) infancia** *o* (*Am*) **de infantes** jardin d'enfants ; **~ botánico** jardin botanique
jardinera *nf* jardinière *f* ; (*CSur*) voiture *f* de marchand ambulant ; *ver tb* **jardinero**
jardinería *nf* jardinage *m*
jardinero, -a *nm/f* jardinier(-ière)
jarra *nf* jarre *f* ; (*de agua*) carafe *f* ; (*de leche*) cruchon *m* ; (*de cerveza*) chope *f* ; **de** *o* **en jarras** les poings sur les hanches
jarro *nm* broc *m* ; **ser un ~ de agua fría** faire l'effet d'une douche froide
jarrón *nm* vase *m*
jaspeado, -a *adj* jaspé(e)
Jauja, jauja *nf* pays *m* de cocagne
jaula *nf* cage *f* ; (*embalaje*) cageot *m*
jauría *nf* meute *f*
jazmín *nm* jasmin *m*
jazz [jas] *nm* jazz *m*
jazzístico, -a *adj* de jazz
J.C. *abr* (= *Jesucristo*) J.C. *m* (= *Jésus-Christ*)
jeans [jins] *nmpl* jean *msg*
jeep® [jip] (*pl* **jeeps**) *nm* jeep® *f*
jefa *nf ver* **jefe**
jefatura *nf* (*liderato*) commandement *m* ; (*sede*) direction *f* ; **J~ de la aviación civil** Direction de l'aviation civile ; **~ de policía** préfecture *f* de police
jefazo (*fam*) *nm* grand chef *m*

jefe, -a *nm/f* chef *m* ; **ser el ~** *(fig)* être le chef ; **comandante en ~** commandant(e) en chef ; **~ ejecutivo(-a)** *(Com)* directeur(-trice) des ventes ; **~ de estación** chef de gare ; **~ de estado** chef d'État ; **~ de estado mayor** chef d'état major ; **~ de estudios** surveillant(e) général(e) ; **~ de gobierno** chef de gouvernement ; **~ de negociado** chef de service ; **~ de oficina/de producción** *(Com)* chef de bureau/de production ; **~ de redacción** rédacteur(-trice) en chef
Jehová *n* Jéhovah
jején *(AM)* *nm* petit moustique *m*
jemer *adj* khmer(-ère) ▸ *nmf* Khmer(-ère)
JEN [xen] *(ESP)* *sigla f* = **Junta de la Energía Nuclear**
jengibre *nm* gingembre *m*
jeque *nm* cheik *m*
jerarquía *nf* hiérarchie *f* ; *(persona)* supérieur(e)
jerárquicamente *adv* hiérarchiquement
jerárquico, -a *adj* hiérarchique
jerez *nm* xérès *msg*, jerez *msg* ; **J~ de la Frontera** Jerez
jerezano, -a *adj* de Jerez ▸ *nm/f* natif(-ive) *o* habitant(e) de Jerez
jerga *nf* jargon *m* ; **~ informática** jargon informatique
jergón *nm* paillasse *f*
jeringa *nf* seringue *f* ; *(esp AM fam)* ennui *m* ; **~ de engrase** graisseur *m*
jeringuilla *nf* seringue *f*
jeroglífico *nm* hiéroglyphe *m* ; *(pasatiempo)* rébus *m*
jersey *(pl* **jerseys** *o* **jerséis***)* *nm* pull-over *m*, pull *m*
Jerusalén *n* Jérusalem
Jesucristo *n* Jésus-Christ
jesuita *adj, nm* jésuite *m*
Jesús *n* Jésus ; **¡~!** mon Dieu ! ; *(al estornudar)* à tes *o* vos souhaits !
jet [jet] *(pl* **jets***)* *nm (Aviat)* jet *m* ▸ *nf* jet-set *m o f*, jet set *m o f*
jeta *nf* museau *m* ; *(fam: cara)* culot *m*, toupet *m* ; **¡que ~ tienes!** *(fam)* que tu es culotté(e) !
jíbaro, -a *(AM)* *adj* relatif(-ive) à la tribu des Jivaros ▸ *nm/f* Jivaro *m*
jibia *nf* seiche *f*
jícama *(AM)* *nf (Bot)* tubercule *m*
jícara *(AM)* *nf* calebasse *f*
jienense *adj* de Jaén ▸ *nmf* natif(-ive) *o* habitant(e) de Jaén
jilguero *nm* chardonneret *m*
jinete *nm* cavalier *m* ; **ser buen/mal ~** être un bon/mauvais cavalier
jiote *(MÉX)* *nm* éruption *f* cutanée
jipijapa *(AM)* *nm* panama *m*
jirafa *nf* girafe *f*
jirón *nm* lambeau *m* ; *(PERÚ: calle)* rue *f*
jitomate *(CAM, MÉX)* *nm* tomate *f*
JJ.OO. *abr (= Juegos Olímpicos)* J.O. *mpl (= Jeux olympiques)*
jo *(fam)* *excl (para expresar sorpresa)* la vache ! ; *(para expresar disgusto)* mince ! ; **¡jo, jo!** *(al reír)* ha ha !
jocosidad *nf* drôlerie *f* ; *(chiste)* blague *f*
jocoso, -a *adj* cocasse
joder *(fam!)* *vt* baiser *(fam !)* ; *(fig)* emmerder *(fam !)* ; **las moscas te joden todo el tiempo** les mouches t'enquiquinent sans arrêt ▸ *excl*: **¡~!** merde ! *(fam !)*, putain ! *(fam !)* ; **joderse** *vpr (plan, fiesta)* s'en aller en eau de boudin ; *(persona)* se faire chier *(fam !)* ; **se jodió todo** tout est foutu
jodido, -a *(fam!)* *adj (difícil)* coton *inv*, duraille *(fam !)* ; *(AM: pesado)* chiant(e) *(fam !)* ; **estoy ~** je suis foutu(e)
jofaina *nf* cuvette *f*
jojoba *nf* jujube *m*
jojoto *(VEN)* *nm* maïs *m* tendre
jolgorio *nm* fête *f*
jolín, jolines *(fam)* *excl (para expresar sorpresa)* la vache ! ; *(para expresar disgusto)* mince !
jonrón *(esp AM: en béisbol)* *nm* home-run *m*, tour *m* complet
Jordania *nf* Jordanie *f*
jordano, -a *adj* jordanien(ne) ▸ *nm/f* Jordanien(ne)
jornada *nf* journée *f* ; **~ de ocho horas** journée de huit heures ; **(trabajar a) ~ intensiva/partida** (faire la) journée continue/discontinue
jornal *nm* journée *f*
jornalero, -a *nm/f* journalier(-ière)
joroba *nf* bosse *f*
jorobado, -a *adj, nm/f* bossu(e)
jorobar *(fam)* *vt* enquiquiner ; **esto me joroba** ça m'emmerde *(fam !)* ; **jorobarse** *vpr* se débrouiller ; **¡que se jorobe!** tant pis pour lui ! ; **¡hay que jorobarse!** quelle poisse !
jorongo *(MÉX)* *nm* poncho *m*
jota *nf (letra)* j *m inv* ; *(danza)* jota *f* ; **no entiendo ni ~** je n'y pige rien ; **no sabe ni ~** il n'en sait rien ; **no veo ni ~** je n'y vois rien
joven *adj* jeune ▸ *nm* jeune homme *m* ; *(MÉX: señor)* monsieur *m* ; **¡oiga, ~!** eh, jeune homme ! ▸ *nf* jeune fille *f*
jovencito, -a *nm/f* jeune homme (jeune fille)
jovial *adj* jovial(e)
jovialidad *nf* jovialité *f*
jovialmente *adv* jovialement
joya *nf* bijou *m* ; *(persona)* perle *f* ; **joyas de fantasía** bijoux *mpl* fantaisie
joyería *nf* bijouterie *f*
joyero, -a *nm/f* bijoutier(-ière) ▸ *nm (caja)* coffret *m* à bijoux
juanete *nm (del pie)* oignon *m*
jubilación *nf* retraite *f*
jubilado, -a *adj, nm/f* retraité(e)

jubilar *vt* mettre à la retraite ; (*fam: algo viejo*) mettre au rancart ; **jubilarse** *vpr* prendre sa retraite
júbilo *nm* joie *f*
jubilosamente *adv* joyeusement
jubiloso, -a *adj* (*comentario*) joyeux(-euse) ; (*día*) radieux(-euse)
judaísmo *nm* judaïsme *m*
judería *nf* (*barrio*) quartier *m* juif, juiverie *f*
judía *nf* haricot *m* ; **~ verde** haricot vert ; **~ blanca** flageolet *m* ; *ver tb* **judío**
judicatura *nf* (*cargo*) judicature *f* ; (*cuerpo*) magistrature *f*
judicial *adj* judiciaire
judicialmente *adv* judiciairement
judío, -a *adj, nm/f* juif(-ive)
judo *nm* judo *m*
juego *vb ver* **jugar** ▶ *nm* jeu *m* ; (*vajilla*) service *m* ; (*herramientas*) assortiment *m* ; **estar en ~** être en jeu ; **fuera de ~** hors jeu ; **hacer ~ con** aller avec, faire pendant à ; **hacerle el ~ a algn** faire le jeu de qn ; **por ~** par jeu, pour jouer ; **~ de azar** jeu de hasard ; **~ de café** service à café ; **~ de caracteres** (*Inform*) jeu de caractères ; **~ de cartas** *o* **de naipes** jeu de cartes ; **~ de palabras** jeu de mots ; **~ de programas** (*Inform*) jeu de programmes ; **~ limpio** jeu franc, fair-play *m* ; **~ sucio** jeu déloyal ; **juegos malabares** jongleries *fpl* ; **Juegos Olímpicos** Jeux olympiques
juegue *etc vb ver* **jugar**
juerga *nf* fête *f* ; **ir de ~** faire la fête ; **tomar a ~ algo** ne pas prendre qch au sérieux
juerguista *nmf* noceur(-euse)
jueves *nm inv* jeudi *m* ; **la fiesta no fue nada del otro ~** la fête n'était pas géniale ; *ver tb* **sábado**
juez *nmf* (*nf tb* **jueza**) juge *mf* ; **~ de instrucción** juge d'instruction ; **~ de línea** juge de touche ; **~ de paz** juge de paix ; **~ de salida** starter *m*
jugada *nf* (*en juego*) coup *m* ; (*fig*) mauvais tour *m*
jugador, a *nm/f* joueur(-euse)
jugar *vt* jouer ; **¡me la han jugado!** (*fam*) on m'a eu !, on m'a refait ! ▶ *vi* jouer ; **~ a** jouer à ; **~ sucio** ne pas jouer franc jeu ; **¿quién juega?** à qui le tour ? ; **jugarse** *vpr* (*partido*) se jouer ; (*lotería*) être tiré(e) ; (*vida, puesto, futuro*) jouer ; **jugarse algo a cara o cruz** jouer qch à pile ou face ; **jugarse el todo por el todo** jouer le tout pour le tout
jugarreta *nf* mauvais tour *m* ; **hacer una ~ a algn** jouer un mauvais tour à qn
juglar *nm* jongleur *m*
jugo *nm* jus *msg* ; (*fig: de artículo etc*) suc *m* ; **sacarle ~ a algo** (*fig*) profiter au maximum de qch ; **~ de naranja/de piña** (*AM*) jus d'orange/d'ananas
jugoso, -a *adj* juteux(-euse) ; (*fig*) savoureux(-euse)
jugué *etc*, **juguemos** *etc vb ver* **jugar**
juguete *nm* jouet *m*
juguetear *vi* jouer
juguetería *nf* magasin *m* de jouets
juguetón, -ona *adj* joueur(-euse)
juicio *nm* jugement *m* ; (*sensatez*) esprit *m* ; (*opinión*) avis *msg* ; (*Jur*) procès *msg* ; **a mi** *etc* **~** à mon *etc* avis ; **estar fuera de ~** avoir perdu l'esprit ; **estar en su (sano) ~** avoir tous ses esprits ; **perder el ~** perdre la tête ; **poner algo en tela de ~** remettre qch en question ; **J~ Final** Jugement dernier
juicioso, -a *adj* sage
JUJEM [xu'xem] (*ESP*) *sigla f* (*Mil*) = **Junta de Jefes del Estado Mayor**
jul. *abr* = **julio**
juliana *nf* (*Culin*) julienne *f* ; **cortar en ~** couper en julienne
julio *nm* juillet *m* ; **el uno de ~** le premier juillet ; **el dos/once de ~** le deux/onze juillet ; **a primeros/finales de ~** début/fin juillet
jumbo *nm* jumbo *m*
jun. *abr* = **junio**
junco *nm* jonc *m* ; (*Náut*) jonque *f*
jungla *nf* jungle *f*
junio *nm* juin *m* ; *ver tb* **julio**
júnior ['dʒunjor], **junior** ['dʒunjor] *adj inv* junior ▶ *nmf* (*pl* **juniors** *o* **júniors**) junior *mf*
junta *nf* comité *m* ; (*organismo*) assemblée *f*, conseil *m* ; (*Tec: punto de unión*) joint *m* ; (*: arandela*) joint, rondelle *f* ; **~ constitutiva** (*Com*) comité constitutif ; **~ de culata** (*Auto*) joint de culasse ; **~ directiva** équipe *f* de direction ; **~ general extraordinaria** assemblée générale extraordinaire ; **~ militar** junte *f* militaire
juntar *vt* (*grupo, dinero*) rassembler ; (*rodillas, pies*) joindre ; **juntarse** *vpr* (*ríos, carreteras*) se rejoindre ; (*personas*) se rassembler ; (*: citarse*) se voir ; (*: acercarse*) se rapprocher ; (*: vivir juntos*) vivre ensemble ; **juntarse a** *o* **con algn** rejoindre qn
junto, -a *adj* ensemble ; **todo ~** tout ensemble ; **juntos** ensemble ; (*próximos*) rapprochés ; (*en contacto*) joints ▶ *adv*: **~ a** (*cerca de*) à côté de ; (*además de*) avec ; **~ con** ci-joint
juntura *nf* jointure *f*
Júpiter *nm* Jupiter *m*
jura *nf* serment *m* ; **~ de bandera** *serment de fidélité à la patrie*
jurado *nm* jury *m* ; (*individuo: Jur*) juré *m* ; (*: de concurso*) membre *m* du jury
juramentar *vt* faire prêter serment à ; **juramentarse** *vpr* prêter serment
juramento *nm* serment *m* ; (*maldición*) juron *m* ; **bajo ~** sous serment ; **prestar ~** prêter serment ; **tomar ~ a** faire prêter serment à

jurar *vt, vi* jurer ; **~ en falso** faire un faux serment ; **jurársela(s) a algn** garder à qn un chien de sa chienne
jurel *nm* chinchard *m*
jurídico, -a *adj* juridique
jurisdicción *nf* juridiction *f*
jurisdiccional *adj* juridictionnel(le) ; **aguas jurisdiccionales** eaux *fpl* territoriales
jurisprudencia *nf* jurisprudence *f*
jurista *nmf* juriste *mf*
justa *nf* (*Hist*) joute *f*
justamente *adv* justement
justicia *nf* justice *f* ; **en ~** en toute justice ; **hacer ~** rendre justice ; **ser de ~** être juste ; **su físico hacía ~ a su imagen** son physique correspondait à l'image qu'on se faisait de lui
justicialismo (Arg) *nm* (*Hist, Pol*) justicialisme *m*
justiciero, -a *adj* justicier(-ière)
justificable *adj* justifiable
justificación *nf* justification *f* ; **~ automática** (*Inform*) justification automatique
justificado, -a *adj* justifié(e) ; **(no) ~** (*Tip*) (non) justifié(e)
justificante *nm* justificatif *m*
justificar *vt* justifier ; **justificarse** *vpr* se justifier
justifique *etc vb ver* **justificar**
justo, -a *adj* juste ; (*exacto*) exact(e) ; (*preciso*) précis(e) ; **llegaste muy ~** tu es arrivé juste à temps ; **venir muy ~** (*dinero, comida*) être (tout) juste suffisant(e) ; **me viene** *o* **está muy justa esta falda** cette jupe est un peu juste pour moi ▸ *adv* juste ; **~ a tiempo** juste à temps ; **es ~ lo que iba a decir** c'est justement ce que j'allais dire ; **¡~!** juste ! ; **vivir muy ~** parvenir tout juste à joindre les deux bouts
juvenil *adj* juvénile ; (*equipo*) junior ; (*moda, club*) de jeunes ; (*paro*) des jeunes ; (*aspecto*) jeune
juventud *nf* jeunesse *f* ; (*jóvenes*) jeunes *mpl*
juzgado *nm* tribunal *m* ; **~ de instrucción/de primera instancia** tribunal de police/de première instance
juzgar *vt* juger ; (*opinar*) penser ; **a ~ por …** à en juger par … ; **~ mal** se méprendre (sur) ; **júzguelo usted mismo** jugez-en vous-même ; **la juzgo muy capaz de hacerlo** j'estime qu'elle est parfaitement capable de le faire ; **lo juzgo mi deber** j'estime que c'est mon devoir
juzgue *etc vb ver* **juzgar**

Kk

K¹, k [ka] *nf (letra)* K, k *m inv* ; **K de Kilo** ≈ K comme Kléber

K² *abr (= 1.000)* K *(= 1 000)* ; *(Inform: = 1 024)* K *(= kilo-octet)* ; = **quilate**

kafkiano, -a *adj* kafkaïen(ne)

kaki *nm* = **caqui**

kale borroka [ˌkalebo'rroka] *nf actes de violence urbaine organisés par des indépendantistes basques radicaux*

kamikaze *nmf* kamikaze *mf*

Kampuchea *nf* Kampuchéa *m*

karaoke *nm* karaoké *m*

karate, kárate *nm* karaté *m*

karateka, karateca *nmf* karatéka *mf*

karma *nm* karma *m*

karting ['kartin], **kárting** ['kartin] *nm* karting *m*

kayac, kayak *nm* kayak *m*

kazajo, -a *adj* kazakh(e) ▸ *nm/f* Kazakh(e) ▸ *nm (Ling)* kazakh *m*

k/c. *abr (= kilociclos)* kHz *(= kilohertz)*

Kenia *nf* Kenya *m*

keniano, -a *adj* kényan(e) ▸ *nm/f* Kényan(e)

keniata *adj* kenyan(ne) ▸ *nmf* Kenyan(ne)

kepi, kepí *(pl* **kepis**) *(esp* AM) *nm* képi *m*

kerosene *nm* kérosène *m*

Kg, kg *abr (= kilogramo(s))* kg, K *(= kilogramme(s))*

KGB *sigla m* KGB *m*

kiko *nm grain de maïs grillé et salé*

kilate *nm* = **quilate**

kilo *nm* kilo *m* ; *(fam: Hist)* million *m* de pesetas

kilobyte ['kiloβait] *nm (Inform)* kilo-octet *m*

kilocaloría *nf* kilocalorie *f*

kilogramo *nm* kilogramme *m*

kilohercio, kilohertzio *nm* kilohertz *m*

kilolitro *nm* kilolitre *m*

kilometraje *nm* kilométrage *m*

kilométrico, -a *adj* kilométrique ; *(fam)* interminable ▸ *nm (Ferro)* carte *f* de train

kilómetro *nm* kilomètre *m* ; **~ cuadrado** kilomètre carré

kiloocteto *nm (Inform)* kilo-octet *m*

kilovatio *nm* kilowatt *m* ; **~ hora** kilowattheure *m*

kiosco *nm* = **quiosco**

kit *nm (pl* **kits**) kit *m*

kitsch [kitʃ] *adj inv, nm* kitsch *m inv*, kitch *m inv*

kiwi *nm (ave, fruta)* kiwi *m*

klínex *nm inv* Kleenex *m*®, mouchoir *m* en papier

km *abr (= kilómetro(s))* km *(= kilomètre(s))*

km/h *abr (= kilómetros por hora)* km/h *(= kilomètres/heure)*

K.O. *abr*: **dejar a algn ~** mettre qn K.O.

kosovar *adj* kosovar(e) ▸ *nmf* Kosovar(e)

Kosovo *nm* Kosovo *m*

k.p.h. *abr (= kilómetros por hora)* km/h *(= kilomètres/heure)*

k.p.l. *abr* = **kilómetros por litro**, **10 k.p.l.** ≈ 10 litres aux 100

kuchen (CHI) *nm* tarte *f*

Kurdistán *nm* Kurdistan *m*

kurdo, -a *adj* kurde ▸ *nm/f* Kurde *mf*

Kuwait *nm* Koweït *m*

kuwaití *adj* koweïtien(ne) ▸ *nmf* Koweïtien(ne)

kv *abr (= kilovatio(s))* kW *(= kilowatt)*

kv/h *abr (= kilovatios-hora)* kWh *(= kilowattheure)*

Ll

L, l¹ ['ele] *nf* (*letra*) L, l *m inv* ; **L de Lorenzo** ≈ L comme Louis
l² *abr* (= *litro(s)*) l (= *litre(s)*) ; (*Jur*) = **ley**
L/ *abr* (*Com*) = **letra**
la *art def* la, l' ; **está en la cárcel** il est en prison ▸ *pron* (*a ella*) la, l' ; (*usted*) vous ; (*cosa*) la, l' ; **la del sombrero rojo** celle qui porte un chapeau rouge ▸ *nm* (*Mús*) la *m inv*

> No debe confundirse *la* con *là*. En el primer caso hace referencia tanto al artículo femenino (*la maison*) como al pronombre personal (*Je la connais bien*), mientras que en el segundo caso se trata del adverbio « allí » (*C'est là que j'étudie*).

laberinto *nm* labyrinthe *m*
labia *nf* (*locuacidad*) volubilité *f* ; (*pey*) bagout *m* ; **tener mucha ~** avoir du bagout
labial *adj* (*Ling*) labial(e) ; **crema ~** baume *m* pour les lèvres
labio *nm* lèvre *f* ; (*de vasija etc*) bord *m* ; **~ inferior/superior** lèvre inférieure/ supérieure
labor *nf* travail *m*, labeur *m* ; (*Agr*) labour *m* ; (*obra*) travail ; (*Costura, de punto*) ouvrage *m* ; **~ de equipo** travail d'équipe ; **~ de ganchillo** ouvrage au crochet ; **labores domésticas** *o* **del hogar** tâches *fpl* domestiques
laborable *adj* (*Agr*) labourable ; **día ~** jour *m* ouvrable
laboral *adj* du travail
laboralista *adj*: **abogado ~** avocat *m* du travail
laborar *vi* œuvrer
laboratorio *nm* laboratoire *m*
laboriosidad *nf* (*dedicación*) travail *m*, ardeur *f* au travail ; (*dificultad*) difficulté *f*
laborioso, -a *adj* (*persona*) travailleur(-euse) ; (*negociaciones, trabajo*) laborieux(-euse)
laborismo (*Pol*) *nm* travaillisme *m*
laborista (*Pol*) *adj*: **Partido L~** parti *m* travailliste ▸ *nmf* travailliste *mf*
labrado, -a *adj* (*campo*) labouré(e) ; (*madera*) travaillé(e) ; (*metal, cristal*) ciselé(e) ▸ *nm* (*de madera etc*) travail *m*
Labrador *nm* Labrador *m*
labrador, a *nm/f* cultivateur(-trice)
labranza *nf* labour *m*
labrar *vt* (*tierra*) labourer ; (*madera, cuero*) travailler ; (*metal, cristal*) ciseler ; (*porvenir, ruina*) courir à
labriego, -a *nm/f* paysan(ne)
laburar (*CSur fam*) *vi* trimer
laburo (*fam*) *nm* (*CSur*) boulot *m* (*fam*)
laca *nf* laque *f* ; **~ de uñas** vernis *msg* à ongles
lacayo *nm* laquais *msg*
lacerante *adj* (*dolor*) aigu(ë) ; (*palabras, comentarios*) blessant(e), cinglant(e), mordant(e)
lacerar *vt* lacérer
lacio, -a *adj* raide
lacón *nm* (*Culin*) épaule *f* de porc
lacónico, -a *adj* laconique
lacra *nf* cicatrice *f* ; (*fig*) fléau *m* ; **~ social** fléau de la société
lacrar *vt* cacheter
lacre *nm* cire *f* (à cacheter)
lacrimógeno, -a *adj* (*fig*) gnangnan *adj* ; **gas ~** gaz *m* lacrymogène
lacrimoso, -a *adj* (*ojos*) larmoyant(e) ; (*escena*) déchirant(e)
lactancia *nf* allaitement *m*
lactante *adj*: **mujer ~** femme allaitante ▸ *nmf* nourrisson *m*
lácteo, -a *adj*: **productos lácteos** produits *mpl* laitiers
lactosa *nf* lactose *m*
ladear *vt* pencher ; **ladearse** *vpr* se pencher ; (*Aviat*) virer sur l'aile
ladera *nf* versant *m*
ladilla *nf* morpion *m*
ladino, -a *adj* (*astuto*) malin(igne) ; (*indio*) qui parle espagnol ; (*mestizo*) métis(se) ▸ *nm/f* (*indio*) *Indien parlant espagnol* ; (*mestizo*) métis(se)
lado *nm* côté *m* ; (*de cuerpo, Mil*) flanc *m* ; **~ izquierdo/derecho** côté gauche/droit ; **al ~ (de)** à côté (de) ; **dejar de ~** *o* **a un ~** laisser de côté ; **estar/ponerse del ~ de algn** être/se mettre du côté de qn ; **hacerse a un ~** se mettre sur le côté ; **poner de ~** mettre sur le côté ; **me da de ~** je m'en fiche ; **por un ~ ..., por otro ~ ...** d'un côté ..., d'un autre côté ... ; **por todos lados** de tous les côtés

ladrar *vi* aboyer
ladrido *nm* aboiement *m*
ladrillo *nm* brique *f* ; **el ~** (*fam: negocio*) l'immobilier *m* ; **este libro es un ~** (*fig*) ce livre est un pavé
ladrón, -ona *nm/f* voleur(-euse) ▸ *nm* (*Elec*) prise *f* multiple
lagar *nm* pressoir *m*
lagarta (*fam!*) *nf* (*mujer taimada*) salope *f* (*fam !*) ; (*mujer licenciosa*) putain *f* (*fam !*)
lagartija *nf* lézard *m*
lagarto *nm* lézard *m* ; (*AM: caimán*) caïman *m*
lago *nm* lac *m*
Lagos *n* Lagos
lágrima *nf* larme *f* ; **lágrimas de cocodrilo** larmes de crocodile
lagrimal *nm* coin *m* interne de l'œil
lagrimear *vi* pleurer
laguna *nf* lagune *f* ; (*en escrito, conocimientos*) lacune *f*
laico, -a *adj, nm/f* laïque *mf*
laja *nf* galet *m*
lama[1] *nf* (*cieno*) vase *f* ; (*AM: moho*) moisissure *f* ; (*MÉX: musgo*) mousse *f*
lama[2] *nm* (*Rel*) lama *m*
lamber (*AM fam*) *vt* lécher
lambiscón, -ona (*AM fam*) *adj, nm/f* lèche-botte *mf*
lameculos (*fam, pey*) *nmf inv* lèche-cul *mf*
lamentable *adj* (*desastroso*) déplorable ; (*lastimoso*) lamentable
lamentablemente *adv* lamentablement
lamentación *nf* lamentation *f* ; **ahora no sirven lamentaciones** rien ne sert de pleurer
lamentar *vt* (*desgracia, pérdida*) déplorer ; **lamento tener que decirle ...** je regrette d'avoir à vous dire ... ; **lamento que no haya venido** je regrette qu'il ne soit pas venu ; **lo lamento mucho** je regrette beaucoup ; **lamentarse** *vpr*: **lamentarse (de)** se lamenter (sur)
lamento *nm* plainte *f*
lamer *vt* lécher
lámina *nf* (*de metal, papel*) feuille *f* ; (*ilustración, de madera*) planche *f*
laminar *vt* laminer
lámpara *nf* lampe *f* ; (*mancha*) tache *f* de graisse ; **~ de alcohol/de gas** lampe à alcool/à gaz ; **~ de pie** lampe de chevet
lamparilla *nf* chandelle *f*
lamparón *nm* tache *f*
lampiño, -a *adj* imberbe
lana *nf* laine *f* ; (*AM fam: dinero*) fric *m* ; **de ~** en laine
lanar *adj* lainier(-ière) ; **ganado ~** bêtes *fpl* à laine
lance *vb ver* **lanzar** ▸ *nm* (*Deporte, Taur*) passe *f* ; (*suceso*) épisode *m*
lanceta (*AM*) *nf* dard *m*
lancha *nf* canot *m* ; **~ de socorro** canot de sauvetage ; **~ motora** canot à moteur ; **~ neumática** canot pneumatique ; **~ torpedera** vedette lance-torpilles
lanero, -a *adj* lainier(-ière)
langosta *nf* (*insecto*) sauterelle *f* ; (*crustáceo*) langouste *f*
langostino *nm* langoustine *f*
lánguidamente *adv* languissamment
languidecer *vi* languir
languidez *nf* langueur *f*
languidezca *etc vb ver* **languidecer**
lánguido, -a *adj* languissant(e)
lanilla *nf* (*pelillo*) peluche *f* ; (*tela*) chiffon *m* de flanelle
lanolina *nf* lanoline *f*
lanudo, -a *adj* laineux(-euse)
lanza *nf* lance *f*
lanzacohetes *nm inv* lance-fusées *m inv*
lanzadera *nf* navette *f*
lanzado, -a *adj*: **ser ~** être impétueux(-euse) ; **ir ~** voler
lanzador, a *nm/f* (*Deporte*) lanceur(-euse) ; **~(a) de bala** (*AM*) lanceur(-euse) de poids ; **~(a) de cuchillos** lanceur(-euse) de couteaux ; **~(a) de jabalina** lanceur(-euse) de javelot ; **~(a) de martillo** lanceur(-euse) de marteau ; **~(a) de peso** lanceur(-euse) de poids ; **es un experto ~ de faltas** (*Fútbol*) c'est un excellent tireur de coups francs ▸ *nm* (*de cohetes, misiles*) lanceur *m*
lanzagranadas *nm inv* lance-grenades *m inv*
lanzallamas *nm inv* lance-flammes *m inv*
lanzamiento *nm* lancer *m* ; (*de cohete, Com*) lancement *m* ; **~ de pesos** lancer du poids
lanzar *vt* lancer ; **lanzarse** *vpr*: **lanzarse a** (*al agua*) se jeter à ; (*al vacío, al mar*) se jeter dans ; (*fig*) se lancer à ; **lanzarse contra algn/algo** se lancer contre qn/qch
Lanzarote *nm* Lanzarote *f*
lanzatorpedos *nm inv* lance-torpilles *m inv*
lapa *nf* bernicle *f*, bernique *f* ; **pegarse como o ser una ~** (*fam*) être pot de colle
laparoscopia *nf* laparoscopie *f*
La Paz *n* La Paz
lapicera (*CSUR*) *nf* stylo *m*
lapicero *nm* crayon *m* ; (*AM: bolígrafo*) stylo *m*
lápida *nf* pierre *f* tombale ; **~ conmemorativa** plaque *f* commémorative
lapidar *vt* lapider
lapidario, -a *adj, nm* lapidaire *m*
lápiz *nm* crayon *m* (à papier) ; **a ~** au crayon ; **~ de color** crayon de couleur ; **~ de labios/de ojos** rouge *m* à lèvres/crayon pour les yeux ; **~ óptico** *o* **luminoso** crayon optique
lapón, -ona *adj* lapon(e) ▸ *nm/f* Lapon(e) ▸ *nm* (*Ling*) lapon *m*
Laponia *nf* Laponie *f*
lapso *nm* (*tb*: **lapso de tiempo**) laps *msg* de temps ; (*error*) lapsus *msg*

l

lapsus *nm inv* lapsus *msg*
LAR (ESP) *sigla f* (*Jur:* = *Ley de Arrendamientos Rústicos*) *réglementation des loyers agricoles*
largamente *adv* longuement
largar *vt* (*Náut: cable*) larguer ; (*fam: dinero, bofetada*) allonger ; (*: discurso*) infliger ; (AM) lancer ▶ *vi* (*fam: hablar*) causer ; **largarse** *vpr* (*fam*) se casser ; **largarse a** (AM) se mettre à
largavistas (CSUR) *nm inv* (*Tec*) jumelles *fpl*
largo, -a *adj* long (longue) ; (*persona: alta*) grand(e) ; (*: generosa*) large ; **dos horas largas** deux bonnes heures ; **a ~ plazo** à long terme ; **hacerse muy ~** traîner en longueur ; **a lo ~** (*posición*) en long ; **a lo ~ de** (*espacio*) le long de ; (*tiempo*) pendant ; **~ y tendido** (*hablar*) en long et en large ▶ *nm* longueur *f* ; (*Mús*) largo *m* ; **tiene nueve metros de ~** il fait neuf mètres de long ▶ *nf*: **a la larga** à la fin ; **me dio largas con la promesa de que ...** il s'est débarrassé de moi en promettant que ... ▶ *excl*: **¡~ (de aquí)!** (*fam*) fiche(z) le camp (d'ici) !

> ⚠ **Largo** ne signifie pas *large*, qui se traduit par **ancho** en espagnol.

largometraje *nm* long métrage *m*
largue *etc vb ver* **largar**
larguero *nm* (*Arq*) poutre *f* maîtresse ; (*de puerta*) chambranle *m* ; (*en cama, Deporte*) barre *f* transversale
largueza *nf* largesse *f*
larguirucho, -a *adj* dégingandé(e)
larguísimo, -a *adj superl* très long (longue)
largura *nf* longueur *f*
laringe *nf* larynx *msg*
laringitis *nf* laryngite *f*
larva *nf* larve *f*
las *art def, pron* les ; **~ que cantan** celles qui chantent
lasaña *nf* (*Culin*) lasagnes *fpl*
lasca *nf* (*de piedra*) éclat *m* ; (*de jamón*) tranche *f*
lascivia *nf* lascivité *f*
lascivo, -a *adj* lascif(-ive)
láser *nm* laser *m* ; **rayo ~** rayon *m* laser
lástima *nf* pitié *f* ; **dar ~** faire pitié ; **es una ~ que** c'est dommage que ; **¡qué ~!** quel dommage ! ; **estar hecho una ~** faire pitié à voir
lastimar *vt* (*herir*) blesser ; (*ofender*) peiner ; **lastimarse** *vpr* se blesser
lastimero, -a *adj* navrant(e)
lastimoso, -a *adj* déplorable
lastre *nm* (*Tec, Náut*) leste *m* ; (*fig*) poids *msg* mort
lata *nf* (*metal*) fer *m* blanc ; (*envase*) boîte *f* de conserve ; (*fam*) plaie *f* ; **en ~** en conserve ; **dar la ~** enquiquiner ; **¡qué ~!** quelle plaie !
latente *adj* latent(e)
lateral *adj* latéral(e) ▶ *nm* (*de iglesia, camino*) côté *m* ; (*Deporte*) aile *f*
látex *nm* latex *m*
latido *nm* (*del corazón*) battement *m*
latifundio *nm* latifundio *m*, latifundium *m*
latifundista *nmf* propriétaire *mf* d'un latifundio
latigazo *nm* coup *m* de fouet ; (*fig: dolor*) douleur *f* vive
látigo *nm* fouet *m*
latiguillo *nm* phrase *f* stéréotypée
latín *nm* (*Ling*) latin *m* ; **saber (mucho) ~** (*fam*) ne pas être né(e) de la dernière pluie
latinajo (*pey*) *nm* mot *m* en latine ; **echar latinajos** parler en latin de cuisine
latino, -a *adj* latin(e)
Latinoamérica *nf* Amérique *f* latine
latinoamericano, -a *adj* latino-américain(e) ▶ *nm/f* Latino-américain(e)
latir *vi* battre
latitud *nf* latitude *f* ; **latitudes** *nfpl* (*región*) latitudes *fpl*
lato, -a *adj*: **en sentido ~** au sens large
latón *nm* laiton *m*
latoso, -a *adj* enquiquinant(e)
latrocinio *nm* vol *m*
LAU (ESP) *sigla f* (*Jur:* = *Ley de Arrendamientos Urbanos*) *réglementation des loyers urbains*
laucha (CSUR) *nf* souris *f*
laúd *nm* (*Mús*) luth *m*
laudable *adj* louable
laudo *nm* (*Jur*) arbitrage *m*
laureado, -a *adj* lauréat(e)
laurel *nm* laurier *m* ; **dormirse en los laureles** s'endormir sur ses lauriers
Lausana *n* Lausanne
lava *nf* lave *f*
lavable *adj* lavable
lavabo *nm* lavabo *m* ; (*servicio*) toilettes *fpl*
lavacoches *nm inv* laveur(-euse) de voitures
lavadero *nm* lavoir *m*
lavado *nm* nettoyage *m* ; (*de cuerpo*) toilette *f* ; **~ de cerebro** lavage *m* de cerveau ; **~ de estómago** lavage d'estomac
lavadora *nf* machine *f* à laver
lavafrutas *nm inv* rince-doigts *m inv*
lavanda *nf* lavande *f*
lavandería *nf* blanchisserie *f* ; **~ automática** laverie *f* automatique
lavaplatos *nm inv* lave-vaisselle *m inv*
lavar *vt* laver ; **~ y marcar** (*pelo*) faire un shampooing et une mise en plis ; **~ en seco** nettoyer à sec ; **lavarse** *vpr* se laver ; **lavarse las manos** se laver les mains ; (*fig*) s'en laver les mains
lavaseco (CHI) *nm* teinturier *m*
lavativa *nf* (*Med*) lavement *m*
lavatorio (CSUR) *nm* lavabo *m*
lavavajillas *nm inv* = **lavaplatos**
laxante *nm* laxatif *m*
laxitud *nf* laxisme *m*

lazada *nf* nœud *m*
lazarillo *nm* guide *mf* d'aveugle ; **perro ~** chien *m* d'aveugle
lazo *nm* nœud *m* ; (*para animales*) lasso *m* ; (*trampa*) piège *m* ; (*vínculo*) lien *m* ; **~ corredizo** nœud coulant ; **lazos de amistad/de parentesco** liens *mpl* d'amitié/de parenté
lb, lbs *abr* (= *libra(s)*) lb (= *livre(s)*)
LBE (ESP) *sigla f* (*Jur*) = **Ley Básica de Empleo**
L/C *abr* (= *Letra de Crédito*) L/C (= *lettre de crédit*)
Lda. *abr* (= *Licenciada*) *ver* **licenciado**
Ldo. *abr* = **licenciado**
le *pron* (*directo*) le ; (*: usted*) vous ; (*indirecto*) lui ; (*: usted*) vous
leal *adj* loyal(e)
lealtad *nf* loyauté *f*
leasing ['lizin] *nm* leasing *m*, crédit-bail *m*
lebrel *nm* lévrier *m*
lección *nf* leçon *f* ; **dar lecciones de** donner des leçons de ; **dar una ~ a algn** (*fig*) donner une bonne leçon à qn ; **~ práctica** leçon de choses
lechal *adj* (*cordero*) de lait
leche *nf* lait *m* ; **dar una ~ a algn** (*fam*) filer un gnon à qn ; **darse una ~** (*fam*) se filer un gnon ; **¡~!** (*fam*) putain ! (*fam !*) ; **estar de mala ~** (*fam*) être de mauvais poil ; **~ condensada/descremada** *o* **desnatada** lait condensé/écrémé ; **~ en polvo** lait en poudre
lechera *nf* (*recipiente*) pot *m* à lait ; *ver tb* **lechero**
lechería *nf* laiterie *f*
lechero, -a *adj, nm/f* laitier(-ière)
lecho *nm* lit *m*, couche *f* ; **~ de muerte** lit de mort ; **~ de río** lit de la rivière
lechón *nm* cochon *m* de lait
lechosa (VEN) *nf* papaye *f*
lechoso, -a *adj* laiteux(-euse)
lechuga *nf* laitue *f*
lechuza *nf* chouette *f*
lectivo, -a *adj* (*día, horas*) de cours
lector, a *nm/f* lecteur(-trice) ▸ *nm* (*Inform*) lecteur *m* ; **~ de discos compactos** lecteur *m* de CD ; **~ electrónico** liseuse *f* ; **~ óptico de caracteres** (*Inform*) lecteur optique de caractères ▸ *nf*: **lectora de fichas** (*Inform*) lecteur de cartes
lectorado *nm* (*Univ*) lectorat *m*
lectura *nf* lecture *f*
leer *vt* lire ; **~ algo en los ojos/la cara de algn** lire qch dans les yeux/sur le visage de qn ; **~ entre líneas** lire entre les lignes
legación *nf* légation *f*
legado *nm* (*Jur, fig*) legs *msg* ; (*enviado*) légat *m*
legajo *nm* dossier *m*
legal *adj* légal(e) ; (*fam: persona*) réglo *adj inv*
legalice *etc vb ver* **legalizar**
legalidad *nf* légalité *f* ; (*normas*) législation *f*
legalización *nf* légalisation *f*
legalizar *vt* légaliser
legalmente *adv* légalement
legaña *nf* chassie *f*
legar *vt* (*Jur, fig*) léguer
legatario, -a *nm/f* (*Jur*) légataire *mf*
legendario, -a *adj* légendaire
legible *adj* lisible ; **~ por máquina** (*Inform*) exploitable par une machine
legión *nf* (*Mil, fig*) légion *f* ; **L~ Extranjera** Légion étrangère
legionario *nm* légionnaire *m*
legionella *nf* (*bacteria*) légionelle *f* ; (*enfermedad*) légionellose *f*
legislación *nf* législation *f* ; **~ antimonopolio** lois *fpl* anti-trust
legislador, a *nm/f* législateur(-trice)
legislar *vi* légiférer
legislativo, -a *adj* législatif(-ive) ; **(elecciones) legislativas** (élections *fpl*) législatives *fpl*
legislatura *nf* législature *f*
legitimar *vt* légitimer
legítimo, -a *adj* (*genuino*) véritable ; (*legal*) légitime ; **en legítima defensa** en légitime défense
lego, -a *adj* (*Rel*) séculaire ; (*ignorante*) profane ▸ *nm/f* profane *mf*
legua *nf* lieue *f* ; **se ve** *o* **se nota a la ~** ça se voit comme le nez au milieu de la figure
legue *etc vb ver* **legar**
legumbre *nf* légume *m* sec

> ⚠ **Legumbre** ne désigne pas un *légume* en général, qui se traduit par **verdura** en espagnol.

lehendakari *nmf* = **lendakari**
leído, -a *adj* instruit(e)
lejanía *nf* éloignement *m*
lejano, -a *adj* éloigné(e) ; **L~ Oriente** Extrême-Orient *m*
lejía *nf* eau *f* de Javel
lejísimos *adv* très loin
lejos *adv* loin ; **a lo ~** au loin ; **de** *o* **desde ~** de loin ; **está muy ~** c'est très loin ; **¿está ~?** c'est loin ? ; **ir demasiado ~** (*fig*) aller trop loin ; **sin ir más ~** sans aller plus loin ; **llegar ~** (*fig*) aller loin ; **~ de** loin de
lelo, -a *adj* bébête ▸ *nm/f* sot(te)
lema *nm* devise *f* ; (*Pol*) slogan *m*
lempira (HONDURAS) *nm monnaie du Honduras*
lencería *nf* linge *m* ; (*ropa interior*) lingerie *f*
lendakari *nmf président(e) du gouvernement basque*
lengua *nf* langue *f* ; *voir article* ; **dar a la ~** causer ; **irse de la ~** avoir la langue bien pendue ; **morderse la ~** (*fig*) se mordre la langue ; **lenguas clásicas** langues mortes ; **~ de tierra** (*Geo*) langue de terre ; **~ materna** langue maternelle

LENGUAS COOFICIALES

En vertu de la Constitution espagnole, les **lenguas cooficiales** ou **oficiales** jouissent du même statut que le castillan dans les régions où subsiste une langue propre. C'est le cas du galicien en Galice, du basque (*euskera* en basque) au Pays basque et du catalan en Catalogne, dans la Communauté valencienne et aux Baléares. Les gouvernements régionaux encouragent l'utilisation de ces langues par le biais des médias et du système scolaire. Des trois régions qui possèdent leur propre langue, c'est en Catalogne où la **lengua cooficial** est la plus parlée.

lenguado *nm* sole *f*
lenguaje *nm* langage *m* ; **en ~ llano** simplement ; **~ comercial** langage commercial ; **~ de programación** (*Inform*) langage de programmation ; **~ ensamblador** *o* **de bajo nivel** (*Inform*) assembleur *m* ; **~ máquina** (*Inform*) langage machine ; **~ periodístico** langage journalistique
lengüeta *nf* (*de zapatos, Mús*) languette *f*
Leningrado *n* (*Hist*) Léningrad
leninista *adj, nmf* léniniste *mf*
lentamente *adv* lentement
lente *nf* lentille *f* ; (*lupa*) loupe *f* ; **lentes** *nmpl* (*gafas*) lunettes *fpl* ; **lentes de contacto** lentilles de contact
lenteja *nf* lentille *f*
lentejuela *nf* paillette *f*
lentilla *nf* lentille *f*
lentitud *nf* lenteur *f* ; **con ~** avec lenteur
lento, -a *adj* lent(e)
leña *nf* (*para el fuego*) bois *msg* ; **dar** *o* **repartir ~ a** distribuer des coups à ; **echar ~ al fuego** (*fig*) mettre de l'huile sur le feu
leñador, a *nm/f* bûcheron(ne)
leño *nm* tronc *m* ; (*fig*) crétin *m*
Leo *nm* (*Astrol*) Lion *m* ; **ser ~** être Lion
león *nm* lion *m* ; **~ marino** otarie *f*
leonera *nf* (*jaula*) cage *f* aux lions ; **esta habitación está hecha una ~** cette chambre est dans une pagaille épouvantable
leonés, -esa *adj* léonais(e) ▸ *nm/f* Léonais(e)
leonino, -a *adj* léonin(e)
leopardo *nm* léopard *m*
leotardos *nmpl* collants *mpl*
lépero, -a (*CAm, Méx*) *adj* grossier(-ière) ▸ *nm/f* malotru(e)
leporino, -a *adj*: **labio ~** bec-de-lièvre *m*
lepra *nf* lèpre *f*
leprosario (*Méx*) *nf* = **leprosería**
leprosería *nf* léproserie *f*
leproso, -a *nm/f* lépreux(-euse)
lerdo, -a *adj* lent(e)
leridano, -a *adj* de Lérida ▸ *nm/f* natif(-ive) *o* habitant(e) de Lérida
les *pron* (*directo*) les ; (*: ustedes*) vous ; (*indirecto*) leur ; (*: ustedes*) vous
lesbiana *nf* lesbienne *f*
lésbico, -a *adj* lesbien(ne)
leseras (*CSur*) *nfpl* idioties *fpl*
lesión *nf* lésion *f*
lesionado, -a *adj* blessé(e)
lesionar *vt* blesser ; **lesionarse** *vpr* se blesser
lesivo, -a *adj* préjudiciable
letal *adj* létal(e)
letanía *nf* (*Rel*) litanie *f* ; (*retahíla*) chapelet *m*
letárgico, -a *adj* léthargique
letargo *nm* léthargie *f*
Letonia *nf* Lettonie *f*
letra *nf* lettre *f* ; (*escritura*) écriture *f* ; (*Com*) traite *f* ; (*Mús: de canción*) paroles *fpl* ; **escribir cuatro letras a algn** écrire un petit mot à qn ; **~ bancaria** traite bancaire ; **~ bastardilla/negrita** (*Tip*) italique *m*/caractères *mpl* gras ; **~ de cambio** (*Com*) lettre de change ; **~ de imprenta** *o* **de molde** caractère *m* d'imprimerie ; **~ de patente** (*Com*) brevet *m* d'invention ; **~ inicial** initiale *f* ; **~ mayúscula/minúscula** lettre majuscule/minuscule ; **Letras** *nfpl* (*Univ, Escol*) Lettres *fpl*
letrado, -a *adj* instruit(e) ▸ *nm/f* avocat(e)
letrero *nm* panneau *m* ; (*anuncio*) écriteau *m*
letrina *nf* latrines *fpl*
leucemia *nf* leucémie *f*
leucocito *nm* leucocyte *m*
leva *nf* (*Náut*) appareillage *m* ; (*Mil*) levée *f* ; (*Tec*) levier *m*
levadizo, -a *adj*: **puente ~** pont *m* basculant ; (*Hist*) pont-levis *m*
levadura *nf* levure *f* ; **~ de cerveza** levure de bière ; **~ en polvo** (*Culin*) levure en poudre
levantada (*Perú*) *nf* levée *f*
levantamiento *nm* soulèvement *m* ; (*de castigo, orden*) levée *f* ; **~ de pesos** haltérophilie *f*
levantar *vt* lever ; (*velo, telón*) relever ; (*paquete, niño*) soulever ; (*voz*) élever ; (*mesa*) débarrasser ; (*polvo*) soulever ; (*construir*) élever ; **~ el ánimo** remonter le moral ; **no levanto cabeza** tout va de travers ; **levantarse** *vpr* se lever ; (*desprenderse*) s'enlever ; (*sesión*) être levé(e)
Levante *nm région de Valence et de Murcie*
levante *nm* (*este*) levant *m* ; (*viento*) vent *m* d'Est
levantino, -a *adj* du Levant
levantisco, -a *adj* levantin(e)
levar *vt*: **~ anclas** lever l'ancre
leve *adj* léger(-ère)
levedad *nf* légèreté *f* ; (*de herida*) caractère *m* bénin
levemente *adv* légèrement

levita *nf* redingote *f*
levitación *nf* lévitation *f*
levitar *vi* léviter
léxico, -a *adj* lexical(e) ▸ *nm* lexique *m*
ley *nf* loi *f* ; (*de sociedad*) règlement *m* ; **de ~** (*oro, plata*) véritable ; **vivir fuera de la ~** vivre en marge des lois ; **según la ~** d'après la loi ; **aplicar la ~ del embudo** faire deux poids, deux mesures ; **~ de la gravedad** loi de la pesanteur
leyenda *nf* légende *f*
leyendo *etc vb ver* **leer**
LGBT *sigla m* (= *lesbianas, gays, transexuales y bisexuales*) LGBT (= *lesbiennes, gays, bi et Trans*)
liana *nf* liane *f*
liar *vt* (*atar*) lier ; (*enredar*) embrouiller ; (*cigarrillo*) rouler ; (*envolver*) enrouler ; **~ a algn en algo** (*fam*) embarquer qn dans qch ; **¡la que has liado!** tu te rends compte de ce que tu as fait ? ; **liarse** *vpr* (*fam*) s'embrouiller ; **liarse a palos** se taper dessus ; **liarse a hacer algo** se mettre à faire qch ; **liarse haciendo algo** se plonger dans qch ; **liarse con algn** (*fam*) avoir une liaison avec qn
lib. *abr* = **libro**
libanés, -esa *adj* libanais(e) ▸ *nm/f* Libanais(e)
Líbano *nm*: **el ~** le Liban
libar *vt* butiner
libelo *nm* libelle *m*
libélula *nf* libellule *f*
liberación *nf* libération *f*
liberado, -a *adj* libéré(e) ; (*Com*) à jour
liberal *adj, nmf* (*Pol, Econ*) libéral(e) ; **profesiones liberales** professions *fpl* libérales
liberalidad *nf* libéralité *f*
liberalismo *nm* (*Pol, Econ*) libéralisme *m*
liberalizar *vt* libéraliser
liberar *vt* libérer ; **liberarse** *vpr* se libérer
líbero *nm* (*Deporte*) libéro *m*
libertad *nf* liberté *f* ; **estar en ~** être en liberté ; **poner a algn en ~** remettre qn en liberté ; **~ bajo fianza/bajo palabra** liberté sous caution/sur parole ; **~ condicional** liberté conditionnelle ; **~ de comercio** libre-échange *m* ; **~ de culto/de expresión/de prensa** liberté du culte/d'expression/de presse ; **~ provisional** liberté provisoire ; **libertades** *nfpl* (*pey*) libertés *fpl*
Libertador (*AM*) *nm* (*Hist*): **El ~** le Libérateur (*Simón Bolívar*)
libertador, a *nm/f* libérateur(-trice)
libertar *vt* (*preso*) délivrer
libertario, -a *adj, nm/f* libertaire *mf*
libertinaje *nm* libertinage *m*
libertino, -a *adj, nm/f* libertin(e)
Libia *nf* Libya *f*
libidinoso, -a *adj* libidineux(-euse)
libido *nf* libido *f*
libio, -a *adj* libyen(ne) ▸ *nm/f* Libyen(ne)
libra *nf* livre *f* ; **L~** (*Astrol*) Balance *f* ; **ser L~** être Balance ; **~ esterlina** livre sterling
librador, a *nm/f* (*Com*) tireur *m*
libramiento *nm* (*Com*) ordre *m* de paiement
libranza *nf* (*Com*) ordre *m* de paiement ; (*letra de cambio*) tirage *m*
librar *vt* (*de castigo, obligación*) dispenser ; (*de peligro*) sauver ; (*batalla*) livrer ; (*cheque*) virer ; (*Jur*) exempter ▸ *vi* avoir un jour de congé ; **libro los domingos** je ne travaille pas le dimanche ; **librarse** *vpr*: **librarse de algn/algo** échapper à qn/qch ; **de buena nos hemos librado** nous l'avons échappé belle
libre *adj* libre ; **~ a bordo** (*Com*) franco à bord ; **~ de impuestos** exonéré(e) d'impôts ; **~ de preocupaciones** libre de toute préoccupation ; **tiro ~** coup *m* franc ; **los 100 metros libres** le 100 mètres nage libre ; **al aire ~** à l'air libre ; **entrada ~** entrée *f* libre ; **día ~** jour *m* de congé ; **¿estás ~?** tu es libre ?
librea *nf* livrée *f*
librecambio *nm* (*Econ*) libre-échange *m*
librecambista *adj, nm* (*Econ*) libre-échangiste *m*
libremente *adv* librement
librería *nf* librairie *f* ; (*estante*) bibliothèque *f* ; **~ de ocasión** librairie de livres d'occasion
librero, -a *nm/f* libraire *mf* ▸ *nm* (*MÉX*) librairie *f*
libreta *nf* cahier *m* ; **~ de ahorros** livret *m* de caisse d'épargne
libreto *nm* (*Mús*) livret *m*
libro *nm* livre *m* ; **~ azul/blanco** (*Pol*) livre bleu/blanc ; **~ de actas** minutes *fpl* ; **~ de bolsillo** livre de poche ; **~ de caja/de caja auxiliar** (*Com*) livre de caisse/de petite caisse ; **~ de cocina** livre de cuisine ; **~ de consulta** ouvrage *m* de référence ; **~ de cuentas** livre de comptes ; **~ de cuentos** livre de contes ; **~ de entradas y salidas** (*Com*) main *f* courante ; **~ de familia** (*Jur*) livret *m* de famille ; **~ de honor** livre d'or ; **~ de reclamaciones** registre *m* des réclamations ; **~ de texto** manuel *m* ; **~ electrónico** livre électronique ; **~ mayor** (*Com*) grand livre
Lic. *abr* = **licenciado, -a**
licencia *nf* (*Admin, Jur*) licence *f*, autorisation *f* ; **~ de apertura** licence ; **~ de armas/de caza** permis *msg* de port d'arme/de chasse ; **~ de exportación** (*Com*) licence d'exportation ; **~ de obras** permis de construire ; **~ fiscal** patente *f* ; **~ poética** licence poétique
licenciado, -a *adj* (*soldado*) libéré(e) ; (*Univ*) titulaire d'une maîtrise ▸ *nm/f* titulaire *mf* d'une maîtrise ; *voir article* ; **L~** (*abogado*) Maître ; **L~ en Filosofía y Letras** titulaire d'une maîtrise de lettres

LICENCIADO

Avant l'année 2010, au terme de cinq années d'études universitaires en moyenne, les étudiants espagnols se voyaient décerner le titre de **licenciado**. Si les études ne duraient que trois ans, on recevait le titre de *diplomado*.

licenciar *vt* (*soldado*) libérer ; **licenciarse** *vpr* terminer son service militaire ; (*Univ*) passer sa maîtrise ; **licenciarse en letras** obtenir une maîtrise de lettres
licenciatura *nf* maîtrise *f*
licencioso, -a *adj* licencieux(-euse)
liceo (*esp* AM) *nm* lycée *m*
licitación *nf* vente *f* aux enchères ; (*oferta*) enchère *f*
licitador *nm*, **licitante** *nm* enchérisseur *m*
licitar *vt* faire une enchère sur ▸ *vi* faire monter les enchères
lícito, -a *adj* (*legal*) licite ; (*justo*) juste ; (*permisible*) permis(e)
licor *nm* liqueur *f*
licorera *nf* (*botella*) bouteille *f* à liqueurs ; (*empresa*) distillerie *f*
licra® *nf* lycra® *m*
licuadora *nf* mixeur *m*
licuar *vt* passer au mixeur
lid *nf* lutte *f* ; **lides** *nfpl* matière *f*
líder *nmf* leader *mf*
liderar *vt* (*organización*) être à la tête de ; (*clasificación*) dominer
liderato *nm* = **liderazgo**
liderazgo *nm* leadership *m*
lidia *nf* (*Taur*) combat *m* ; (: *una lidia*) corrida *f* ; **toros de ~** taureaux *mpl* de combat
lidiar *vt* combattre ▸ *vi*: **~ con** (*dificultades, enemigos*) batailler avec
liebre *nf* lièvre *m* ; (CHI: *microbús*) minibus *msg* ; **dar gato por ~** rouler
Liechtenstein *nm* Liechtenstein *m*
Lieja *n* Liège
lienzo *nm* toile *f* ; (*Arq*) mur *m*
lifting *nm* lifting *m*
liga *nf* (*de medias*) porte-jarretelles *m inv* ; (*Deporte*) compétition *f* ; (*Pol*) ligue *f*
ligadura *nf* ligature *f* ; **~ de trompas** (*Med*) ligature des trompes
ligamento *nm* ligament *m*
ligar *vt* lier ; (*Med*) ligaturer ▸ *vi* (*fam: persona*) draguer ; (: *dos personas*) se faire du gringue ; **~ con** (*fam*) draguer ; **estar muy ligado a algn/algo** être très attaché à qn/qch ; **ligarse** *vpr* (*fig*) se lier ; **ligarse a algn** (*fam*) draguer qn
ligeramente *adv* légèrement
ligereza *nf* légèreté *f*
ligero, -a *adj* léger(-ère) ; **a la ligera** à la légère ▸ *adv* (*andar*) d'un pas léger ; (*moverse*) avec légèreté
light ['lait] *adj inv* (*cigarrillo, bebida*) light *inv* ; (*comida*) allégé(e)
ligón, -ona (*fam*) *nm/f* dragueur(-euse)
ligue *vb ver* **ligar** ▸ *nm* (*fam*): **ir de ~** draguer
liguero *nm* porte-jarretelles *m inv*
liguilla *nf* (*Deporte: torneo*) mini-championnat *m* ; (: *para ascender*) match *m* de groupe
lija *nf* (*pez*) roussette *f* ; (*tb*: **papel de lija**) papier *m* de verre
lijar *vt* poncer
lila *adj inv* lilas *adj inv* ▸ *nf* (*Bot*) lilas *msg* ▸ *nm* (*color*) lilas *msg* ; (*fam: tonto*) crétin *m*
Lima *n* Lima
lima *nf* (*herramienta, Bot*) lime *f* ; **comer como una ~** manger comme quatre ; **~ de uñas** lime à ongles
limar *vt* limer ; **~ asperezas** (*fig*) arrondir les angles
limbo *nm*: **estar en el ~** (*fig*) être dans la lune
limeño, -a *adj* de Lima ▸ *nm/f* natif(-ive) *o* habitant(e) de Lima
limitación *nf* limitation *f* ; **~ de velocidad** limitation de vitesse ; **limitaciones** *nfpl* (*carencias*) limites *fpl*
limitado, -a *adj* limité(e) ; **sociedad limitada** société *f* à responsabilité limitée
limitar *vt* limiter ; (*terreno, tiempo*) délimiter ▸ *vi*: **~ con** (*Geo*) faire frontière avec ; **limitarse** *vpr*: **limitarse a (hacer)** se limiter à (faire)
límite *nm* limite *f* ; **no tener límites** être sans limite ; **~ de crédito** découvert *m* autorisé ; **~ de página** fin *f* de page ; **~ de velocidad** limitation *f* de vitesse ▸ *adj inv* limite ; **fecha ~** date *f* limite ; **situación ~** situation *f* limite ; **límites** *nmpl* (*de finca, país*) limites *fpl*
limítrofe *adj* limitrophe
limón *nm* citron *m* ▸ *adj*: **amarillo ~** jaune citron *inv*
limonada *nf* citronnade *f*
limonero *nm* citronnier *m*
limosna *nf* aumône *f* ; **pedir ~** demander l'aumône, mendier ; **vivir de la ~** vivre de la mendicité
limpia (CAM, MÉX) *nf* propreté *f*
limpiabotas *nmf inv* cireur(-euse) (de chaussures)
limpiacristales *nm inv* produit *m* pour les vitres
limpiador, a *adj* nettoyant(e) ▸ *nm/f* nettoyeur(-euse) ▸ *nm* (*producto*) nettoyant *m*
limpiamente *adv* (*hábilmente*) habilement, avec habilité ; (*honestamente*) honnêtement ; **nos ganaron ~** on a été battus à la régulière
limpiaparabrisas *nm inv* essuie-glace *m*
limpiar *vt* nettoyer ; (*fam: robar*) ratiboiser ; **~ en seco** nettoyer à sec ; **limpiarse** *vpr*: **limpiarse la cara/los pies** se laver la figure/les pieds

limpieza *nf* propreté *f* ; (*acto, Policía*) nettoyage *m* ; (*habilidad*) adresse *f* ; **operación de ~** (*Mil*) opération *f* de nettoyage ; **~ en seco** nettoyage à sec ; **~ étnica** purification *f* ethnique
limpio, -a *adj* propre ; (*conducta, negocio*) net(te) ; (*cielo, pared*) dégagé(e) ; (*aire*) pur(e) ; (*agua*) clair(e) ; (*conciencia*) tranquille ; **~ de** libre de ; **gana 2 000 € limpios** il gagne 2 000 € net ; **a grito/puñetazo ~** avec force cris/coups de poing ▸ *adv*: **jugar ~** (*fig*) jouer franc jeu ; **pasar a ~** mettre au propre ; **sacar algo en ~** tirer qch au clair
limusina *nf* limousine *f*
linaje *nm* lignée *f*
linaza *nf* lin *m* ; **aceite de ~** huile *f* de lin
lince *nm* lynx *msg* ; **ser un ~** (*observador*) ne pas avoir les yeux dans sa poche ; (*astuto*) être un as
linchamiento *nm* lynchage *m*
linchar *vt* lyncher
lindante *adj*: **~ con algo** adjacent(e) à qch ; (*fig*) qui frise qch
lindar *vi*: **~ con** border ; (*fig*) friser
linde *nm o nf* (*de bosque, terreno*) limite *f*
lindero *nm* = **linde**
lindo, -a *adj* joli(e) ; **de lo ~** (*fam: muy*) vachement ; **disfrutar/divertirse de lo ~** vachement bien s'amuser ▸ *adv* (*Am*) bien ; **canta muy ~** (*Am*) il chante très bien
lindura (*esp Am*) *nf* beauté *f*
línea *nf* ligne *f* ; **en ~** (*Inform*) en ligne ; **de primera ~** de premier rang ; **en líneas generales** globalement ; **guardar la ~** garder la ligne ; **fuera de ~** (*Inform*) déconnecté(e) ; **~ aérea** ligne aérienne ; **~ de fuego** (*Mil*) ligne de tir ; **~ de meta** (*Deporte*) ligne de touche ; (*: de carrera*) ligne d'arrivée ; **~ discontinua** (*Auto*) ligne discontinue ; **~ dura** (*Pol*) ligne dure ; **líneas enemigas** (*Mil*) lignes ennemies ; **~ recta** ligne droite
lineal *adj* linéaire
linfático, -a *adj* lymphatique
lingotazo (*fam*) *nm* coup *m* (*fam: à boire*)
lingote *nm* lingot *m*
lingüista *nmf* linguiste *mf*
lingüística *nf* linguistique *f*
lingüístico, -a *adj* linguistique
linier (*pl* **liniers**) *nmf* (*Deporte*) juge *mf* de touche
linimento *nm* liniment *m*
lino *nm* lin *m*
linóleo *nm* linoléum *m*
linterna *nf* lampe *f* de poche
linyera (*CSur*) *nm* vagabond *m*
lío *nm* paquet *m* ; (*desorden*) fatras *msg* ; (*fam: follón*) bordel *m* ; (*: relación amorosa*) aventure *f* ; **armar un ~** foutre le bordel ; **hacerse un ~** s'emmêler les pédales ; **meterse en un ~** se fourrer dans un drôle de pétrin ; **tener un ~ con algn** avoir une aventure avec qn
liofilizado, -a *adj* lyophilisé(e)
liposucción *nf* liposuccion *f*
lipotimia *nf* lipothymie *f*
liquen *nm* lichen *m*
liquidación *nf* (*de empresa*) dépôt *m* de bilan ; (*de salario*) prime *f* ; (*de existencias, cuenta, deuda*) liquidation *f*
liquidar *vt* liquider
liquidez *nf* (*Econ*) liquidités *fpl*
líquido, -a *adj* liquide ; (*ganancia*) net(te) ▸ *nm* liquide *m* ; (*Com: ganancia*) bénéfice *m* net ; **~ de frenos** liquide de frein
lira *nf* (*Mús*) lyre *f* ; (*Hist: moneda*) lire *f*
lírica *nf* poésie *f* lyrique
lírico, -a *adj* lyrique
lirio *nm* iris *msg*
lirismo *nm* lyrisme *m*
lirón *nm* loir *m* ; **dormir como un ~** dormir comme un loir
Lisboa *n* Lisbonne
lisboeta *adj* de Lisbonne ▸ *nmf* natif(-ive) *o* habitant(e) de Lisbonne
lisiado, -a *adj, nm/f* estropié(e)
lisiar *vt* estropier ; **lisiarse** *vpr* se blesser
liso, -a *adj* (*superficie*) lisse ; (*cabello*) raide ; (*tela, color*) uni(e) ; (*And, CSur: grosero*) grossier(-ière) ; **lisa y llanamente** purement et simplement
lisonja *nf* flatterie *f*
lisonjear *vt* flatter
lisonjero, -a *adj, nm/f* (*persona*) flatteur(-euse)
lista *nf* liste *f* ; (*franja*) rayure *f* ; **pasar ~** faire l'appel ; **tela a listas** tissu *m* rayé ; **~ de correos** poste *f* restante ; **~ de direcciones** fichier *m* d'adresses ; **~ de espera** liste d'attente ; **~ de platos** carte *f* ; **~ de precios** tarifs *mpl* ; **~ electoral** liste électorale
listado, -a *adj* à rayures ▸ *nm* (*Com, Inform*) listing *m*, listage *m* ; **~ paginado** (*Inform*) listing *o* listage paginé
listar *vt* (*Inform*) lister
listillo, -a *nm/f* petit malin (petite maligne)
listín *nm*: **~ telefónico** listing *m* téléphonique
listo, -a *adj* intelligent(e) ; (*preparado*) prêt(e) ; **~ para empezar** prêt(e) à commencer ; **¿estás ~?** tu es prêt(e) ? ; **pasarse de ~** se tromper lourdement
listón *nm* baguette *f* (en bois)
lisura (*And, CSur*) *nf* grossièreté *f*
litera *nf* (*en barco, tren*) couchette *f* ; (*en dormitorio*) lit *m* superposé
literal *adj* littéral(e)
literalmente *adv* littéralement
literario, -a *adj* littéraire
literato, -a *nm/f* écrivain(e)
literatura *nf* littérature *f*
litigante *adj, nmf* (*Jur*) plaignant(e)
litigar *vi* (*Jur*) plaider ; (*fig*) être en conflit
litigio *nm* (*Jur, fig*) litige *m* ; **en ~ con** en litige avec

l

litigue *etc vb ver* **litigar**
litio *nm* lithium *m*
litografía *nf* lithographie *f*
litoral *adj* littoral(e) ▸ *nm* littoral *m*
litro *nm* litre *m*
litrona *(fam) nf* bouteille *f* de bière d'un litre
Lituania *nf* Lituanie *f*
lituano, -a *adj* lituanien(ne) ▸ *nm/f* Lituanien(ne) ▸ *nm (Ling)* lituanien *m*
liturgia *nf* liturgie *f*
litúrgico, -a *adj* liturgique
liviano, -a *adj (sin importancia)* trivial(e) ; *(Am: de poco peso)* léger(-ère)
lívido, -a *adj* livide
living ['liβin] *(esp Am) (pl* **livings***) nm* living *m*
liza *nf (Hist)* lice *f* ; *(fig)* combat *m* ; **en ~** en lice
Ll, ll ['eʎe] *nf ancienne lettre de l'alphabet espagnol*
llaga *nf* plaie *f*
llagar *vt* entailler, blesser ; **llagarse** *vpr* s'entailler, se blesser
llague *etc vb ver* **llagar**
llama *nf* flamme *f* ; *(Zool)* lama *m* ; **en llamas** en flammes
llamada *nf (telefónica)* appel *m* ; *(a la puerta)* coup *m* ; *(: timbre)* coup de sonnette ; *(en un escrito)* renvoi *m* ; **~ a cobro revertido** appel en PCV ; **~ al orden** *o* **de atención** rappel *m* à l'ordre ; **~ interurbana** appel interurbain
llamado *(Am)*, **llamamiento** *nm* appel *m*
llamar *vt* appeler ; *(convocar)* convoquer ; **~ a algn por teléfono** appeler qn, téléphoner qn ; **~ la atención** attirer l'attention ; **~ al orden** rappeler à l'ordre ; **me han llamado payaso/cobarde** ils m'ont traité de clown/lâche ▸ *vi (a la puerta)* frapper ; *(al timbre)* sonner ; **¿quién llama?** *(Telec)* qui est à l'appareil ? ; **llamarse** *vpr* s'appeler ; **¿cómo te llamas?** comment t'appelles-tu ?
llamarada *nf* flambée *f* ; *(rubor)* rougeur *f* passagère
llamativo, -a *adj* voyant(e) ; *(color)* criard(e)
llamear *vi* flamber
llanamente *adv* simplement ; *ver tb* **liso**
llaneza *nf* simplicité *f*
llano, -a *adj (superficie)* plat(e) ; *(persona, estilo)* simple ▸ *nm* plaine *f* ; **Los Llanos** *(Ven)* les Plaines
llanta *nf* jante *f* ; *(Am: cámara)* chambre *f* à air
llanto *nm* pleurs *mpl*, larmes *fpl*
llanura *nf* plaine *f*
llave *nf* clé *f*, clef *f* ; *(de gas, agua)* robinet *m* ; *(Tec)* clé ; *(de la luz)* interrupteur *m* ; *(Tip)* crochet *m* ; **cerrar con ~** *o* **echar la ~** fermer à clé ; **~ de contacto** *(Auto)* clé de contact ; **~ de judo** prise *f* de judo ; **~ de memoria** clé USB ; **~ de paso** robinet d'arrêt ; **~ inglesa** clé anglaise ; **~ maestra** passe-partout *m inv*
llavero *nm* porte-clés *msg*
llegada *nf* arrivée *f*
llegar *vi* arriver ; *(ruido)* parvenir ; *(bastar)* suffire ; **no llegues tarde** ne rentre pas trop tard ; **esta cuerda no llega** cette corde n'est pas assez longue ; **~ a las manos** en venir aux mains ; **~ a las manos de algn** tomber entre les mains de qn ; **~ a saber** finir par savoir ; **~ a (ser) famoso/jefe** devenir célèbre/le patron ; **llegó a pegarme** il est allé jusqu'à me frapper ; **llegarse** *vpr*: **llegarse a** aller à
llegue *etc vb ver* **llegar**
llenar *vt* remplir ; *(superficie)* couvrir ; *(tiempo)* faire passer ; *(satisfacer)* combler ▸ *vi* rassasier ; **llenarse** *vpr*: **llenarse (de)** se remplir (de) ; *(al comer)* se rassasier (de)
lleno, -a *adj* plein(e), rempli(e) ; *(persona: de comida)* rassasié(e) ; **~ de polvo/de gente/de errores** plein(e) de poussière/de gens/d'erreurs ; **dar de ~ contra algo** heurter qch de plein fouet ▸ *nm (Teatro)* salle *f* comble
llevadero, -a *adj* supportable
llevar *vt* porter ; *(en coche)* emmener ; *(transportar)* transporter ; *(ruta)* suivre ; *(dinero)* avoir sur soi ; *(coche, moto)* conduire ; *(soportar)* supporter ; *(negocio)* diriger ; *(ritmo, compás)* mener ; *(Mat)* retenir ; **nos llevó a cenar fuera** il nous a emmenés dîner ; **me llevó una hora hacerlo** j'ai mis une heure à le faire ; **llevamos dos días aquí** nous sommes ici depuis deux jours ; **llevo un año estudiando** cela fait un an que j'étudie ; **él me lleva dos años** il a deux ans de plus que moi ; **~ hecho/vendido/estudiado** avoir fait/vendu/étudié ; **~ algo adelante** *(fig)* faire avancer qch ; **~ la contraria/la corriente a algn** contredire/suivre qn ; **~ los libros** *(Com)* tenir les registres ; **~ ventaja** avoir l'avantage ; **~ una vida tranquila** mener une vie paisible ; **~ de paseo** emmener faire un tour ; **dejarse ~ por algo/algn** se laisser emporter par qch/se laisser faire par qn ▸ *vi*: **~ a** *(suj: camino)* mener à ; **llevarse** *vpr (estar de moda)* se porter beaucoup ; **llevarse el dinero/coche** prendre l'argent/la voiture ; **llevarse algo/a algn por delante** *(atropellar)* percuter qch/qn ; **llevarse un susto/disgusto/sorpresa** être effrayé(e)/mécontent(e)/surpris(e) ; **llevarse bien/mal (con algn)** bien/ne pas s'entendre (avec qn)
llorar *vt, vi* pleurer ; **~ a moco tendido** *(fam)* pleurer toutes les larmes de son corps ; **~ de risa** pleurer de rire
lloriquear *vi* pleurnicher
lloro *nm* pleurs *mpl*
llorón, -ona *adj, nm/f* pleurnichard(e)
lloroso, -a *adj (ojos)* gonflé(e) par les larmes ; *(persona)* qui a pleuré
llover *vi* pleuvoir ; **~ a cántaros** *o* **a cubos** *o* **a mares** pleuvoir à seaux *o* des cordes ; **como llovido del cielo** tombé(e) du ciel ; **llueve sobre mojado** les catastrophes se succèdent

llovizna *nf* bruine *f*
lloviznar *vi* pleuvioter
llueve *etc vb ver* **llover**
lluvia *nf* pluie *f* ; **día de ~** jour *m* pluvieux *o* de pluie ; **~ radioactiva** pluie radioactive
lluvioso, -a *adj* pluvieux(-euse)

PALABRA CLAVE

lo *art def* **1**: **lo bueno/caro** ce qui est bon/cher ; **lo mejor/peor** le mieux/pire ; **lo gracioso fue que ...** ce qui est drôle, c'est que ... ; **lo mío** ce qui est à moi ; **olvidaste lo esencial** tu as oublié l'essentiel ; **¡no sabes lo aburrido que es!** tu ne peux pas savoir comme c'est ennuyeux ! ; **con lo poco que gana** avec le peu d'argent qu'il gagne
2: **lo + de** (*pron dem*): **¿sabes lo del presidente?** tu es au courant pour le président ? ; **olvida lo de ayer** oublie ce qui s'est passé hier ; **(a) lo de** (*CSur: a casa de*) chez ; (: *+ infin*): **¿a quién se le ocurrió lo de esperar aquí?** qui a eu l'idée d'attendre ici ?
3: **lo que** (*pron rel*): **lo que yo pienso** ce que je pense ; **lo que más me gusta** ce que j'aime le plus ; **lo que pasa es que ...** ce qu'il y a, c'est que ... ; **más de lo que crees** plus que tu ne crois ; **en lo que se refiere a** pour ce qui est de ; **lo que quieras** ce que tu veux *o* voudras ; **lo que sea** quoi que ce soit ; **(a) lo que** (*Am: en cuanto*) dès que
4: **lo cual**: **lo cual es lógico** ce qui est logique
▸ *pron pers* **1** (*a él*) le, l' ; **lo han despedido** ils l'ont renvoyé ; **no lo conozco** je ne le connais pas
2 (*a usted*) vous ; **lo escucho, señor** je vous écoute, monsieur
3 (*cosa, animal*) le, l' ; **te lo doy** je te le donne ; **no lo veo** je ne le vois pas
4 (*concepto*) le, l' ; **no lo sabía** je ne le savais pas ; **voy a pensarlo** je vais y réfléchir ; **es fácil, pero no lo parece** c'est facile, mais ça n'en a pas l'air

loa *nf* louange *f*
loable *adj* louable
LOAPA (*Esp*) *sigla f* (*Jur: = Ley Orgánica de Armonización del Proceso Autónomo*) *loi pour l'autonomie des régions*
loar *vt* louer
lobato *nm* louveteau *m*
lobezno *nm* = **lobato**
lobo *nm* loup *m* ; **~ de mar** (*fig*) loup de mer ; **~ marino** otarie *f*
lóbrego, -a *adj* lugubre
lóbulo *nm* lobe *m*
local *adj* local(e) ▸ *nm* local *m* ; (*bar*) bar *m*
localice *etc vb ver* **localizar**
localidad *nf* localité *f* ; (*Teatro*) place *f*
localizable *adj* localisable ; (*por teléfono*) joignable
localización *nf* (*tb Inform*) localisation *f* ; (*de llamada*) identification *f*
localizador *nm* bipeur *m*, pageur *m* ; (*de vuelo*) code *m* de réservation
localizar *vt* localiser ; (*por teléfono*) joindre ;
localizarse *vpr* (*dolor*) être localisé(e)
locamente *adv*: **~ enamorado** follement amoureux
loción *nf* lotion *f* ; **~ capilar** lotion capillaire
loco, -a *adj, nm/f* fou (folle) ; **~ de atar** *o* **remate, ~ rematado** fou (folle) à lier ; **a lo ~** à la va-vite ; **ando ~ con el examen** l'examen me rend malade ; **estar ~ de alegría** être fou (folle) de joie ; **estar ~ con algo/por algn** être fou (folle) de qch/de qn ; **como un ~** comme un fou ; **me vuelve ~** (*me gusta mucho*) j'en suis fou (folle) ; (*me marea*) il me rend fou (folle)

En francés, el adjetivo *fou* se transforma en *fol* cuando precede a un sustantivo masculino que comienza por vocal o *h* muda. Por ejemplo: *un fol espoir*.

locomoción *nf* locomotion *f*
locomotor, a, -triz *adj* (*vehículo, aparato*) locomotif(-ive) ; (*Anat: sistema, aparato*) locomoteur(-trice)
locomotora *nf* locomotive *f*
locuacidad *nf* loquacité *f*, volubilité *f*
locuaz *adj* loquace
locución *nf* (*Ling*) locution *f*
locumba, locumbeta (*Perú fam*) *adj, nmf* taré(e)
locura *nf* folie *f* ; **con ~** à la folie
locutor, a *nm/f* (*Radio, TV*) speaker(ine)
locutorio *nm local équipé de cabines téléphoniques et d'accès à Internet*
lodazal *nm* bourbier *m*
lodo *nm* boue *f*
logaritmo *nm* logarithme *m*
logia *nf* loge *f*
lógica *nf* logique *f*
lógicamente *adv* logiquement
lógico, -a *adj* logique ; **es ~ que ...** il est logique que ...
logística *nf* logistique *f*
logístico, -a *adj* de logistique
logo *nm* logo *m*
logopeda *nmf* orthophoniste *mf*
logopedia *nf* orthophonie *f*
logotipo *nm* logo *m*
logrado, -a *adj* réussi(e)
lograr *vt* réussir ; (*victoria*) remporter ; **~ hacer algo** réussir à faire qch ; **~ que algn venga** réussir à faire venir qn
logro *nm* réussite *f*
logroñés, -esa *adj* de Logroño ▸ *nm/f* natif(-ive) *o* habitant(e) de Logroño
Loira *nm* Loire *f*
lola (*Chi fam*) *nf* nana *f*
lolo (*Chi fam*) *nm* mec *m*

l

loma *nf* colline *f*
lombarda *nf* chou *m* rouge
Lombardía *nf* Lombardie *f*
lombriz *nf* (*Zool*) ver *m* de terre ; (*Med*) ver
lomo *nm* (*de animal*) dos *msg*, échine *f* ; (*Culin: de cerdo*) épaule *f* ; (*: de vaca*) entrecôte *f* ; (*de libro*) dos ; **a lomos de** (*caballo*) à dos de ; **~ de burro** (Arg) (*fam*) ralentisseur *m*
lona *nf* toile *f* ; (*para cubrir*) bâche *f* ; (*en boxeo*) tapis *m*
loncha *nf* tranche *f*
lonche (Am) *nm* petit-déjeuner *m*
lonchería (Am) *nf* cafétéria *f*
londinense *adj* londonien(ne) ▸ *nmf* Londonien(ne)
Londres *n* Londres
loneta *nf* toile *f*
longaniza *nf saucisse sèche*
longevidad *nf* longévité *f*
longevo, -a *adj* qui vit longtemps ; **las mujeres son más longevas que los hombres** les femmes vivent plus longtemps que les hommes
longitud *nf* longueur *f* ; (*Geo*) longitude *f* ; **tener tres metros de ~** faire trois mètres de long ; **salto de ~** (*Deporte*) saut *m* en longueur ; **~ de onda** (*Fís*) longueur d'onde
longitudinal *adj* longitudinal(e)
longo, -a (Ecu) *nm/f* jeune indien(ne)
lonja *nf* (*edificio*) halle *f* ; (*de jamón, embutido*) tranche *f* ; **~ de pescado** halle *f* aux poissons
lontananza *nf*: **en ~** au loin
loor *nm*: **en ~ de** en hommage à
loquería (Chi *fam*) *nf* asile *m* de fous
loquero *nm* (*persona*) gardien *m* d'un asile de fous ; (Arg: *bullicio*) pagaille *f*
lord [lor] (*pl* **lores**) *nm* lord *m*
Lorena *nf* Lorraine *f*
loro *nm* perroquet *m*
los *art def* les ▸ *pron* les ; (*ustedes*) vous ; **mis libros y ~ de usted** mes livres et les vôtres ; **~ de Ana son verdes** ceux d'Ana sont verts
losa *nf* dalle *f* ; **~ sepulcral** pierre *f* tombale
loseta *nf* (*de cerámica, barro*) carreau *m*, tomette *f* ; (*de moqueta*) dalle *f* de moquette
lote *nm* (*de libros, Com, Inform*) lot *m* ; (*de comida*) portion *f*
lotería *nf* loterie *f* ; **le tocó la ~** il a gagné au Loto ; **~ nacional** loterie nationale ; *voir article* ; **~ primitiva** (Esp) ≈ Loto *m*

LOTERÍA

D'importantes sommes d'argent sont dépensées chaque année en Espagne à ce jeu de hasard. L'État a institué deux loteries, dont il perçoit directement les gains : la **lotería primitiva** et la **lotería nacional**. Une des loteries les plus célèbres est organisée par l'influente et prospère association d'aide aux aveugles, la ONCE.

lotero, -a *nm/f* vendeur(-euse) de billets de loterie
loto *nm* (*Bot*) lotus *msg* ▸ *nf* (*lotería*) ≈ Loto *m*
Lovaina *n* Louvain
loza *nf* (*material*) faïence *f* ; (*vajilla*) vaisselle *f*
lozanía *nf* vigueur *f*
lozano, -a *adj* vigoureux(-euse)
LPA *sigla f* (= *Ley del Proceso Autonómico*) *loi pour l'autonomie des régions*
LRA *sigla f* = **Ley de Reforma Agraria**
LRU *sigla f* = **Ley de Reforma Universitaria**
LSD *sigla m* (= *Dietilamida del Acido Lisérgico*) LSD *m* (= *acide lysergique diéthilamide*)
lubina *nf* bar *m*
lubricante *adj* lubrifiant(e) ▸ *nm* lubrifiant *m*
lubricar *vt* lubrifier
lubrificar *vt* = **lubricar**
lubrifique *etc vb ver* **lubrificar**
lubrique *etc vb ver* **lubricar**
lucense *adj* de Lugo ▸ *nmf* natif(-ive) *o* habitant(e) de Lugo
Lucerna *n* Lucerne
lucero *nm* (*Astron*) étoile *f* ; (*de ojos*) éclat *m* ; **~ del alba/de la tarde** étoile du matin/du soir
luces *nfpl de* **luz**
lucha *nf* lutte *f* ; **~ contra/por** lutte contre/ pour ; **~ de clases** lutte des classes ; **~ libre** lutte libre
luchador, a *adj* combatif(-ive) ▸ *nm/f* (*tb Deporte*) lutteur(-euse)
luchar *vi* lutter ; **~ contra/por** lutter contre/ pour
lucidez *nf* lucidité *f*
lucido, -a *adj* (*representación, cortejo*) réussi(e) ; (*intervención, actuación, fiesta*) brillant(e)
lúcido, -a *adj* lucide ; **estar ~** être lucide
luciérnaga *nf* ver *m* luisant
lucimiento *nm* éclat *m*
lucio *nm* brochet *m*
lucir *vt* (*vestido*) porter ; (*coche*) exhiber ; (*conocimientos*) étaler ; (*habilidades*) exhiber ▸ *vi* briller ; (Am: *parecer*) sembler ; **no me luce lo que trabajo** mon travail n'est pas productif ; **la casa luce limpia** (Am) la maison a l'air très propre ; **lucirse** *vpr* (*presumir*) se montrer ; **¡te has lucido!** (*irón*) bien joué !
lucrarse *vpr* faire des bénéfices ; (*pey*) s'enrichir ; **~ con** tirer profit de
lucrativo, -a *adj* lucratif(-ive) ; **no lucrativa** à but non lucratif
lucro (*pey*) *nm* lucre *m* ; **el afán** *o* **ánimo de ~** l'appât *m* du gain ; **organización sin ánimo de ~** organisation *f* à but non lucratif
luctuoso, -a *adj* tragique
lucubración *nf* élucubration *f*
lúdico, -a *adj* ludique
ludópata *adj, nmf* joueur(-euse) pathologique
ludopatía *nf* addiction *f* au jeu, jeu *m* compulsif

ludoteca *nf* ludothèque *f*
luego *adv* (*después*) après ; (*más tarde*) puis ; (*Am fam: en seguida*) tout de suite ; **desde ~** évidemment ; **¡hasta ~!** à plus tard !, salut ! ; **¿y ~?** et maintenant ? ; **~ ~** (*esp Méx*) dare-dare ▸ *conj* (*consecuencia*) donc ; **~ lo sabía** donc, il le savait
lugar *nm* lieu *m*, endroit *m* ; (*en lista*) place *f* ; **en ~ de** au lieu de ; **en primer ~** en premier lieu ; **dar ~ a** donner lieu à ; **hacer ~** faire de la place ; **fuera de ~** (*comentario, comportamiento*) déplacé(e) ; **tener ~** avoir lieu ; **yo en su ~** moi, à sa place ; **sin ~ a dudas** sans aucun doute ; **~ común** lieu commun
lugareño, -a *nm/f* villageois(e)
lugarteniente *nm* remplaçant *m*
lúgubre *adj* lugubre
lujo *nm* luxe *m* ; **de ~** de luxe ; **permitirse el ~ de hacer** se donner le luxe de faire ; **con todo ~ de detalles** avec force détails
lujoso, -a *adj* luxueux(-euse)
lujuria *nf* luxure *f*
lumbago *nm* lumbago *m*
lumbar *adj* lombaire
lumbre *nf* feu *m* (de bois) ; **a la ~** près du feu
lumbrera *nf* (*genio*) lumière *f*
luminosidad *nf* luminosité *f*
luminoso, -a *adj* lumineux(-euse)
lumpen *adj inv* des laissés-pour-compte ; **el Madrid ~** le Madrid des laissés-pour-compte ▸ *nm inv* (*Pol*) sous-prolétariat *m*
luna *nf* lune *f* ; (*vidrio*) glace *f* ; **media ~** (*astro, emblema*) croissant *m* ; (*figura*) demi-lune *f* ; **estar en la ~** être dans la lune ; **pedir la ~** demander la lune ; **~ creciente/menguante** lune croissante/décroissante ; **~ de miel** lune de miel ; **~ llena/nueva** pleine/nouvelle lune
lunar *adj* lunaire ▸ *nm* grain *m* de beauté ; (*diseño*) pois *msg* ; **tela de lunares** tissu *m* à pois
lunático, -a *nm/f* fou (folle)
lunes *nm inv* lundi *m* ; *ver tb* **sábado**
luneta *nf* (*de gafas*) verre *m* ; (*Auto: tb:* **luneta trasera**) lunette *f* arrière
lunfardo (Arg) *nm argot de la pègre de Buenos Aires*
lupa *nf* loupe *f*
lusitano, -a *adj* lusitanien(ne) ▸ *nm/f* Lusitanien(ne)
luso, -a *adj* portugais(e) ▸ *nm/f* Portugais(e)
lustrabotas (And, CSur) *nm inv* cireur *m* (de chaussures)
lustrador (Am) *nm* cireur *m* (de chaussures)
lustrar *vt* lustrer ; (*Am: zapatos*) cirer
lustre *nm* lustre *m* ; (*fig*) éclat *m* ; **dar ~ a algo** faire briller qch
lustro *nm* lustre *m*
lustroso, -a *adj* brillant(e)
luterano, -a *adj* luthérien(ne)
Lutero *n* Luther
luto *nm* deuil *m* ; **ir** *o* **vestirse de ~** porter le deuil ; **~ oficial** deuil national
luxación *nf* (*Med*) luxation *f* ; **~ de tobillo** luxation de la cheville
Luxemburgo *nm* Luxembourg *m*
luxemburgués, -esa *adj* luxembourgeois(e) ▸ *nm/f* Luxembourgeois(e)
luz (*pl* **luces**) *nf* lumière *f* ; **dar a ~ un niño** mettre un enfant au monde ; **apagar la ~** éteindre la lumière ; **dar la ~** donner de la lumière ; **encender la ~**, (*esp Am*) **prender la ~** allumer la lumière ; **les cortaron la ~** ils leur ont coupé l'électricité ; **a la ~ de** (*tb fig*) à la lumière de ; **a todas luces** de toute évidence ; **a media ~** dans la pénombre ; **se hizo la ~ sobre ...** la lumière se fit sur ... ; **sacar a la ~** tirer au clair ; **el Siglo de las Luces** le Siècle des Lumières ; **tener pocas luces** ne pas être une lumière ; **~ de cruce** feu *m* de croisement ; **~ de la luna** clair *m* de lune ; **~ eléctrica** lumière électrique ; **~ intermitente** lumière intermittente ; (*Auto*) clignotant *m* ; **~ roja/verde** (*Auto*) feu *m* rouge/vert ; **~ solar** *o* **del sol** lumière du jour ; **~ trasera/de freno** feu *m* arrière/de stop
luzca *etc vb ver* **lucir**
lycra ['likra]® *nf* lycra® *m*

l

Mm

M, m¹ ['eme] *nf (letra)* M, m *m inv* ; **M de Madrid** ≈ M comme Marcel ; **el 15-M** *le mouvement des indignés*
m² *abr (= metro(s))* m *(= mètre(s))* ; *(= minuto(s))* min. *(= minute(s))* ; *(= masculino)* m *(= masculin)*
M. *abr (= mujer)* F *(= féminin)* ; *(= Metro)* M *(= métro)*
M.ª *abr* = **María**
macabro, -a *adj* macabre
macaco *nm* macaque *m*
macana *(Am) nf (porra)* massue *f* ; *(esp And, CSur: mentira)* mensonge *m* ; *(: tontería)* bêtise *f*
macanear *(And, CSur fam) vi* faire des bêtises ; *(decir tonterías)* dire des bêtises ; *(mentir)* mentir
macanudo, -a *(esp Am fam) adj* génial(e)
macarra *(fam) nm* maquereau *m* ▸ *nmf* zonard(e)
macarrones *nmpl (Culin)* macaronis *mpl*
Macedonia *nf* Macédoine *f*
macedonia *nf* : **~ de frutas** macédoine *f* de fruits
macerar *vt* macérer
maceta *nf* pot *m* de fleurs
macetero *nm* support *m* de pot de fleurs
machacar *vt (ajos)* piler ; *(asignatura)* rabâcher ; *(enemigo)* écraser ▸ *vi* insister
machacón, -ona *adj (persona)* insistant(e) ; *(música)* répétitif(-ive)
machamartillo : **a ~** *adv* de toutes ses forces
machaque *etc vb ver* **machacar**
machete *nm* machette *f*
machismo *nm* machisme *m*
machista *adj, nmf* machiste *mf*
macho *adj (Bot, Zool)* mâle ; *(fam)* macho ▸ *nm* mâle *m* ; *(fig)* macho *m* ; *(fam: apelativo)* mec *m* ; *(Tec)* cheville *f* ; *(Elec)* prise *f* mâle ; *(Costura)* crochet *m*
machote *(Méx) nm (borrador)* brouillon *m* ; *(patrón)* modèle *m*
macilento, -a *adj (rostro)* émacié(e) ; *(luz)* pâle
macizo, -a *adj* massif(-ive) ; **¡qué chica más maciza!** *(fam)* quelle belle plante ! ▸ *nm (Geo, de flores)* massif *m*
macramé *nm* macramé *m*
macro *nm (Inform)* macro-ordinateur *m*
macró *(CSur) nm (alcahuete)* maquereau *m*
macrobiótico, -a *adj* macrobiotique
macro-comando *nm (Inform)* macro-commande *f*
macroeconomía *nf* macro-économie *f*
macroeconómico, -a *adj* macroéconomique
mácula *nf* tache *f*
macuto *nm (Mil)* musette *f*
Madagascar *nm* Madagascar *m*
madama *(Am)*, **madame** *nf (fam)* maquerelle *f*, mère *f* maquerelle
madeja *nf (de lana)* écheveau *m*
madera *nf* bois *msg* ; **una ~** un morceau de bois ; **~ contrachapada** *o* **laminada** contre-plaqué *m* ; **de ~** en bois ; **tiene buena ~** il a de bonnes dispositions ; **tiene ~ de profesor** il a l'étoffe d'un professeur
maderaje, maderamen *nm* bois *msg* de construction
maderero *nm* marchand *m* de bois de construction
madero *nm* madrier *m*
madrastra *nf* belle-mère *f*
madraza¹ *(fam) nf (madre)* maman *f* gâteau
madraza² *nf (colegio)* école *f* coranique, médersa *f*
madre *adj (lengua)* mère ▸ *nf* mère *f* ; *(de vino etc)* lie *f* ; **¡~ mía!** mon Dieu ! ; **¡tu ~!** *(fam!)* va te faire foutre ! *(fam !)* ; **salirse de ~** *(río)* sortir de son lit ; *(persona)* dépasser les bornes ; **~ adoptiva/de alquiler/soltera** mère adoptive/porteuse/célibataire ; **~ patria** mère patrie ; **~ política** belle-mère *f*
madreperla *nf* nacre *f*
madreselva *nf* chèvrefeuille *m*
Madrid *n* Madrid
madridista *adj du Real Madrid* ▸ *nmf (hincha)* supporter *m* du Real Madrid
madriguera *nf* terrier *m*
madrileño, -a *adj* madrilène ▸ *nm/f* Madrilène *mf*
madrina *nf* marraine *f* ; **~ de boda** témoin *m*
madroño *nm (Bot)* arbouse *f*
madrugada *nf* aube *f* ; **de ~** de bon matin ; **a las cuatro de la ~** à quatre heures du matin
madrugador, a *adj* matinal(e) ▸ *nm o nf* lève-tôt *mf*
madrugar *vi* se lever tôt ; *(anticiparse)* s'avancer

madrugón *nm*: **darse** *o* **pegarse un ~** se lever très tôt
madrugue *etc vb ver* **madrugar**
maduración *nf* (*de fruta*) mûrissement *m*, maturation *f* ; (*de idea*) maturation *f*
madurar *vt, vi* mûrir
madurez *nf* maturité *f*
maduro, -a *adj* mûr(e) ; (*hombre, mujer*) d'âge mûr ; **poco ~** immature
MAE (*Esp*) *sigla m* (*Pol*) = **Ministerio de Asuntos Exteriores**
maestra *nf ver* **maestro**
maestría *nf* maestria *f* ; (*Escol: grado*) maîtrise *f*
maestro, -a *adj* maître(sse) ▶ *nm/f* (*de escuela*) maître(sse) (d'école), instituteur(-trice), professeur(e) des écoles ; (*en la vida*) maître *m* ▶ *nm* maître *m* ; (*Mús*) maestro *m* ; **~ albañil** maître maçon *m* ; **~ de obras** maître d'ouvrage
mafia *nf* mafia *f* ; **la M~** (*italiana*) la Mafia
mafioso, -a *adj* maffieux(-euse) ▶ *nm* mafioso *m*
magacín *nm* (*TV, Prensa*) magazine *m*
Magallanes *nm*: **Estrecho de ~** détroit *m* de Magellan
magazine *nm* (*TV, Prensa*) magazine *m*
magdalena *nf* madeleine *f*
magenta *adj inv, nm* magenta *m*
magia *nf* magie *f* ; **~ negra** magie noire
mágico, -a *adj* magique
magisterio *nm* (*enseñanza*) études *fpl* d'instituteur(-trice) ; (*profesión*) métier *m* d'instituteur(-trice) ; (*maestros*) corps *msg* des instituteurs
magistrado *nm* (*Jur*) magistrat *m* ; **primer M~** (*Am*) président *m*
magistral *adj* magistral(e)
magistratura *nf* magistrature *f* ; **M~ del Trabajo** (*Esp*) ≈ Conseil *m* des prud'hommes
magma *nm* magma *m*
magnánimo, -a *adj* magnanime
magnate *nm* magnat *m* ; **~ de la prensa** magnat de la presse
magnavoz (*Méx*) *nm* porte-voix *m inv*
magnesio *nm* magnésium *m*
magnetice *etc vb ver* **magnetizar**
magnético, -a *adj* magnétique
magnetismo *nm* magnétisme *m*
magnetizar *vt* (*tb fig*) magnétiser
magnetofón *nm* magnétophone *m*
magnetofónico, -a *adj*: **cinta magnetofónica** bande *f* magnétique
magnetófono *nm* = **magnetofón**
magnicidio *nm* assassinat *m* (d'une personne haut placée)
magnífico, -a *adj* magnifique ; (*carácter*) exceptionnel(le) ; (*tratamiento: rector*) titre *honorifique du recteur* ; **¡~!** magnifique !
magnitud *nf* (*física*) grandeur *f* ; (*de problema etc*) ampleur *f*
magno, -a *adj* (*liter*) majeur(e) ; **Alejandro M~** Alexandre le Grand
magnolia *nf* magnolia *m*
mago, -a *nm/f* magicien(ne) ; **los Reyes Magos** les Rois *mpl* mages
magrear (*fam*) *vt* peloter
magrebí *adj* maghrébin(e) ▶ *nmf* Maghrébin(e)
magro, -a *adj, nm* maigre *m*
maguey *nm* (*Bot*) agave *m*
magulladura *nf* contusion *f*
magullar *vt* contusionner ; (*lastimar*) abîmer ;
magullarse *vpr* se faire une *o* des contusion(s)
Mahoma *n* Mahomet
mahometano, -a *adj* mahométan(e) ▶ *nm/f* Mahométan(e)
mahonesa *nf* = **mayonesa**
maicena® *nf* maïzena *f*
mail [meil] (*pl* **mails** [meils]) (*fam*) *nm* mail *m*
mailing ['mailin] (*pl* **mailings** ['mailin]) *nm* mailing *m*, publipostage *m* ; **hacer un ~** faire un mailing *o* publipostage
maillot [ma'jot] *nm* (*de ciclista*) maillot *m* ; (*de gimnasta*) justaucorps *m*
maître ['metre] *nm* maître *m* d'hôtel
maíz *nm* maïs *msg*
maizal *nm* (*Agr*) champ *m* de maïs
majadería *nf* bêtise *f* ; **hacer/decir majaderías** faire/dire des bêtises
majadero, -a *adj* imbécile
majar *vt* (*machacar*) piler
majareta, majara (*fam*) *adj* givré(e)
majestad *nf* majesté *f* ; **Su M~** Sa Majesté ; **(Vuestra) M~** (Votre) Majesté
majestuoso, -a *adj* majestueux(-euse)
majo, -a *adj* (*Esp*) sympa ; (*bonito*) beau (belle) ; (*apelativo, cariñoso*) mignon(ne) ; (*: elegante*) classe *inv*
mal *adv* mal ; (*oler, saber*) mauvais ; **me entendió ~** il m'a mal compris ; **haces ~ en callarte** tu as tort de te taire ; **si ~ no recuerdo** si mes souvenirs sont exacts ; **hablar ~ de algn** dire du mal de qn ; **ir de ~ en peor** aller de mal en pis ; **¡menos ~!** heureusement ! ; **menos ~ que** heureusement que ; **~ que bien** tant bien que mal ▶ *adj* = **malo** ▶ *nm*: **el ~** le mal ; (*desgracia*) le malheur ; **~ de ojo** mauvais œil *m* ▶ *conj*: **~ que le pese** qu'il le veuille ou non
malabar *adj*: **juegos malabares** tours *mpl* de jonglerie
malabarismo *nm* jonglerie *f* ; **hacer malabarismos** (*fig*) jongler
malabarista *nmf* jongleur(-euse)
malacate *nm* cabestan *m* ; (*CAm, Méx: huso*) fuseau *m*
malaconsejado, -a *adj* mal conseillé(e)

m

malacostumbrado, -a *adj*: **estar ~** avoir pris des mauvaises habitudes
malacostumbrar *vt*: **~ a algn** (*gen*) donner de mauvaises habitudes à qn ; (*consentir*) gâter qn
malagueño, -a *adj* de Malaga ▸ *nm/f* natif(-ive) *o* habitant(e) de Malaga
malamente (*fam*) *adv* (*mal*) mal ; **el asunto acabó ~** ça s'est mal terminé ; (*difícilmente*) difficilement ; **~ podrán vencer** ils ont peu de chances de gagner
malaria *nf* malaria *f*
Malasia *nf* Malaisie *f*
malasio, -a *adj* malaisien(ne) ▸ *nm/f* Malaisien(ne)
malavenido, -a *adj* mécontent(e)
Malawi *nm* Malawi *m*
malayo, -a *adj* malais(e) ▸ *nm/f* Malais(e) ▸ *nm* (*Ling*) malais *msg*
malcarado, -a *adj* mal luné(e)
malcomer *vi* manger mal
malcriado, -a *adj* mal élevé(e)
malcriar *vt* mal élever
maldad *nf* méchanceté *f*
maldecir *vt, vi* maudire ; **~ de** maudire
maldiciendo *etc vb ver* **maldecir**
maldición *nf* malédiction *f* ; **¡~!** malédiction !
maldiga *etc*, **maldije** *etc vb ver* **maldecir**
maldito, -a *adj* maudit(e) ; **¡~ sea ...!** (*fam*) maudit(e) soit ... ! ; **¡malditas las ganas que tengo de verle!** (*fam*) comme si j'avais envie de le voir !
maleable *adj* (*metal, carácter*) malléable ; (*plástico, cuero*) souple
maleante *nmf* malfaiteur *m*, criminel(le)
malecón *nm* digue *f* ; (*para atracar*) môle *m*
maledicencia *nf* médisance *f*
maleducado, -a *adj* mal élevé(e)
maleficio *nm* maléfice *m*
maléfico, -a *adj* maléfique
malentendido *nm* malentendu *m*
malestar *nm* malaise *m*
maleta *nf* valise *f* ; **hacer la ~** faire sa valise *o* ses valises
maletera (AM) *nf*, **maletero** *nm* (*Auto*) coffre *m*
maletín *nm* (*de uso profesional*) serviette *f* ; (*de viaje*) mallette *f*
malevolencia *nf* malveillance *f*
malévolo, -a *adj* malveillant(e)
maleza *nf* (*hierbas malas*) mauvaises herbes *fpl* ; (*arbustos*) fourré *m*
malformación *nf* malformation *f*
malgastar *vt* gaspiller ; (*oportunidades*) laisser passer ; (*salud*) abîmer
malhablado, -a *adj* grossier(-ière)
malhaya (*esp* AM *fam*) *excl* bon sang ! ; **¡~ sea(n) ...!** maudit(s)(maudite(s)) ... !
malhechor, a *nm/f* malfaiteur *m*
malherido, -a *adj* gravement blessé(e)
malhumorado, -a *adj* de mauvaise humeur
malicia *nf* méchanceté *f* ; (*de niño*) malice *f*
malicioso, -a *adj* malicieux(-euse) ; (*con mala intención*) méchant(e) ; (*de malpensado*) mauvais(e)
malignidad *nf* (*Med*) malignité *f* ; (*de persona*) méchanceté *f*
maligno, -a *adj* (*Med*) malin (maligne) ; (*ser*) méchant(e)
malintencionado, -a *adj* mal intentionné(e)
malinterpretar *vt* mal interpréter ; **no me malinterpretes** ne l'interprète pas mal
malla *nf* maille *f* ; (*esp* AM) maillot *m* de bain ; (*tb*: **mallas**) collants *mpl*
Mallorca *nf* Majorque *f*
mallorquín, -ina *adj* majorquin(e) ▸ *nm* (*Ling*) langue *f* de Majorque ▸ *nm/f* Majorquin(e)
malnacido, -a (*fam*) *nm/f* ordure *f* (*fam*)
malnutrición *nf* malnutrition *f*
malnutrido, -a *adj* mal nourri(e)
malo, -a (*antes de nmsg* **mal**) *adj* mauvais(e) ; (*niño*) méchant(e) ; **estar ~** (*persona*) être malade ; (*comida*) être mauvais(e) ; **ser ~ de** (*entender, hacer*) être difficile à ; **ser ~ haciendo/en algo** ne pas savoir faire qch/être mauvais(e) en qch ; **lo ~ es que ...** le problème, c'est que ... ; **estar de malas** être fâché(e) ; **por las malas** de force ▸ *nm/f* (*en cuentos, cine*) méchant(e)
malograr *vt* (*juventud, carrera*) gâcher ; (*plan*) faire tomber à l'eau ; **el malogrado actor** l'acteur mort prématurément ; **malograrse** *vpr* (*plan*) tomber à l'eau ; (*cosecha*) être gâché(e) ; (*carrera profesional*) se briser ; (PERÚ *fam*) s'abîmer
maloliente *adj* malodorant(e)
malparado, -a *adj*: **salir ~** s'en tirer mal
malpensado, -a *adj* malveillant(e)
malquerencia *nf* antipathie *f*
malquistar *vt*: **~ a dos personas** brouiller deux personnes ; **malquistarse** *vpr* se brouiller
malsano, -a *adj* malsain(e)
malsonante *adj* malsonnant(e)
Malta *nf* Malte *f*
malta *nf* malt *m*
maltés, -esa *adj* maltais(e) ▸ *nm/f* Maltais(e)
maltraer *vt*: **llevar a ~** mener la vie dure
maltratado, -a *adj* (*persona*) victime de mauvais traitements
maltratador, a *nm/f* auteur(e) de mauvais traitements
maltratar *vt* maltraiter ; **niños maltratados** enfants *mpl* maltraités
maltrato *nm* mauvais traitements *mpl*, maltraitance *f* ; **~ infantil** maltraitance des enfants ; **~ psicológico** violence *f* psychologique
maltrecho, -a *adj* en piteux état
malucho, -a *adj* (*pey*) affreux(-euse) ; (*algo enfermo*) chose *inv*

malva *adj* mauve ▸ *nf* (*Bot*) mauve *f* ; **como una ~** doux (douce) comme un agneau ; **~ loca** rose *f* trémière ▸ *nm* (*color*) mauve *m*
malvado, -a *adj* méchant(e)
malvavisco *nm* marshmallow *m*
malvender *vt* vendre à bas prix
malversación *nf*: **~ de fondos** détournement *m* de fonds
malversar *vt* détourner
Malvinas *nfpl*: **las (Islas) ~** les (îles) Malouines *fpl*
malvivir *vi* vivoter
mama *nf* (*Zool*) mamelle *f* ; (*de mujer*) sein *m*
mamá *nf* (*fam*) maman *f* ; (*CAm, Carib, Méx: cortesía*) mère *f* ; **~ grande** (*Col*) grand-maman *f*
mamacita (*Am fam*) *nf* maman *f*
mamada *nf* (*chupada*) tétée *f* ; (*fam!: felación*) pipe *f* (*fam !*) ; (*Am fam: borrachera*) cuite *f* (*fam*) ; (*Méx fam: tontería*) bêtise *f*, ânerie *f*
mamadera (*Am*) *nf* biberon *m*
mamado, -a (*fam*) *adj* (*borracho*) bourré(e) (*fam*) ; (*fácil*) super facile (*fam*)
mamar *vt* (*pecho*) téter ; (*ideas*) se nourrir de ▸ *vi* téter ; **dar de ~** allaiter
mamarracho *nm* (*persona despreciable*) bouffon *m* ; (*por su apariencia física*) qui est drôlement fagoté(e)
mambo *nm* (*Mús*) mambo *m*
mameluco (*CSur*) *nm* (*prenda*) salopette *f* ; (*de niños*) grenouillère *f*
mamey (*Am*) *nm* (*fruta*) fruit *m* du mammea ; (*árbol*) mammea *m*
mamífero, -a *adj*, *nm* mammifère *m*
mamografía *nf* mammographie *f*
mamotreto *nm* (*libro*) pavé *m* ; (*objeto*) horreur *f*
mampara *nf* (*entre habitaciones*) cloison *f* ; (*biombo*) écran *m* ; (*de ducha*) pare-douche *m*
mamporro (*fam*) *nm*: **dar un ~ a** envoyer un coup à ; **darse/pegarse un ~** (*al caer*) se cogner
mampostería *nf* maçonnerie *f*
mamut *nm* mammouth *m*
maná *nm* manne *f*
manada *nf* (*de leones, lobos*) horde *f* ; (*de búfalos, elefantes*) troupeau *m* ; **llegaron en ~** (*fam*) ils sont arrivés en bande
manager, mánager ['manaʒer] (*pl* **managers** *o* **mánagers**) *nmf* manager *mf*
Managua *n* Managua
managua, managüense *adj* de Managua ▸ *nmf* natif(e) *o* habitant(e) de Managua
manantial *nm* source *f*
manar *vt* laisser couler ▸ *vi* jaillir
manatí *nm* lamantin *m*
manaza (*fam*) *nf* paluche *f* ▸ *adj inv*, *nmf inv*: **manazas** brise-fer *m inv*
mancebo *nm* jeune homme *m*
mancha *nf* tache *f* ; **la M~** la Manche
manchado, -a *adj* taché(e) ; (*piel de animal*) tacheté(e)
manchar *vt*, *vi* tacher ; **mancharse** *vpr* se tacher
manchego, -a *adj* de la Manche ▸ *nm/f* natif(-ive) *o* habitant(e) de la Manche
mancilla *nf* tache *f*
mancillar *vt* souiller
manco, -a *adj* manchot(e) ; (*incompleto*) incomplet(-ète) ; **no ser ~** (*fig*) être dégourdi(e)
mancomunado, -a *adj* (*Jur: obligación, responsabilidad*) solidaire
mancomunar *vt* mettre en commun ; (*Jur*) rendre solidaires
mancomunidad *nf* (*de bienes*) copropriété *f* ; (*de personas, Jur*) association *f* ; (*de municipios*) syndicat *m*
mancuernas (*CAm, Méx*) *nfpl* boutons *mpl* de manchette
mandado *nm* commission *f* ; **ser un ~** être (un) commis
mandamás (*pey*) *nmf inv* gros bonnet *m* ; **ser un ~** être autoritaire
mandamiento *nm* (*Rel*) commandement *m* ; **~ judicial** mandat *m* d'arrêt
mandar *vt* ordonner ; (*Mil*) commander ; (*enviar*) envoyer ; **¿manda usted algo más?** désirez-vous autre chose ? ; **se lo mandaremos por correo** nous vous l'enverrons par courrier ; **~ a algn a hacer algo** ordonner à qn de faire qch ; **~ hacer un traje** se faire faire un costume ; **~ a algn a paseo** *o* **a la porra** envoyer qn au diable ▸ *vi* commander ; (*en un país*) diriger ; **¿mande?** je vous demande pardon ? ; **mandarse** *vpr*: **mandarse mudar** (*Am fam*) se casser
mandarín *nm* (*Hist, Ling: tb pey*) mandarin *m*
mandarina *nf* mandarine *f*
mandatario, -a *nm/f* (*Jur*) mandataire *mf* ; **(primer) ~** (*esp Am Pol*) président *m*
mandato *nm* (*orden*) ordre *m* ; (*Pol*) mandat *m* ; (*Inform*) commande *f* ; **~ judicial** mandat d'arrêt
mandíbula *nf* mandibule *f*
mandil *nm* tablier *m*
mandinga (*Am*) *nm* diable *m*
mandioca *nf* manioc *m*
mando *nm* (*Mil*) commandement *m* ; (*de organización, país*) direction *f* ; (*Tec*) commande *f* ; **los (altos) mandos** les chefs *mpl* ; **el alto ~** le haut commandement ; **al ~ de** sous la responsabilité de ; **tomar el ~** prendre le commandement ; **~ a distancia** télécommande *f*
mandolina *nf* mandoline *f*
mandón, -ona (*pey*) *adj* autoritaire
mandril *nm* (*Zool*) mandrill *m* ; (*Tec*) mandrin *m*
manecilla *nf* (*de reloj*) aiguille *f*

m

manejable *adj* maniable ; (*persona*) facile
manejar *vt* manier ; (*máquina*) manipuler ; (*caballo*) mener ; (*pey: a personas*) manœuvrer ; (*casa, negocio*) mener ; (*dinero, números*) brasser ; (*idioma*) maîtriser ; (*Am Auto*) conduire ▸ *vi* (*Am Auto*) conduire ; « **~ con cuidado** » « manipuler avec précaution » ; **manejarse** *vpr* se débrouiller
manejo *nm* maniement *m* ; (*de máquinas*) fonctionnement *m* ; (*Am: de negocio*) conduite *f* ; (*soltura*) maîtrise *f* ; **manejos** *nmpl* (*pey*) manœuvres *fpl*
manera *nf* manière *f*, façon *f* ; **a mi ~** à ma façon ; **a mi ~ de ver** d'après moi ; **de ~ que** de sorte que ; **de cualquier ~** de toute manière ; (*pey*) n'importe comment ; **de mala ~** (*fam*) brutalement ; **¡de ninguna ~!** en aucun cas ! ; **de otra ~** autrement ; **de todas maneras** de toute manière ; **en gran ~** largement ; **sobre ~** énormément ; **no hay ~ de persuadirle** il n'y a pas moyen de le persuader ; **~ de pensar/de ser** façon de penser/d'être ; **maneras** *nfpl* (*modales*) manières *fpl*
manga *nf* manche *f* ; (*Geo*) tuyau *m* ; **de ~ corta/larga** à manches courtes/longues ; **en mangas de camisa** en bras de chemise ; **andar ~ por hombro** être débraillé(e) ; **tener ~ ancha** être très ouvert(e) ; **~ de pastelero** douille *f* (de pâtissier) ; **~ de riego** tuyau d'irrigation ; **~ de viento** manche à air
manganeso *nm* manganèse *m*
mangante (*fam*) *adj*, *nmf* voyou *m*
mangar (*fam*) *vt* piquer
manglar *nm* mangrove *f*
mangle *nm* palétuvier *m*
mango *nm* manche *m* ; (*Bot*) mangue *f* ; **~ de escoba** manche à balai
mangonear (*fam*) *vt* (*controlar*) commander ▸ *vi* (*entrometerse*) se mêler de tout
mangoneo (*fam*) *nm* (*entrometimiento*) ingérence *f* ; (*control*) emprise *f*, autorité *f*
mangue *etc vb ver* **mangar**
manguera *nf* tuyau *m* d'arrosage ; **~ de incendios** lance *f* d'incendie
maní (*pl* **maníes** *o* **manises**) (*Am*) *nm* cacahuète *f* ; (*planta*) arachide *f*
manía *nf* manie *f* ; **tiene sus manías** il a ses petites manies ; **tener ~ a algn/algo** avoir une dent contre qn/ne pas aimer qch
maníaco, -a *adj*, *nm/f* maniaque *mf*
maniaco-depresivo, -a *adj*, *nm/f* maniacodépressif(-ive)
maniatar *vt* ligoter
maniático, -a *adj*, *nm/f* maniaque *mf*
manicomio *nm* asile *m* (de fous)
manicura *nf* manucure *f*
manido, -a *adj* rebattu(e)
manierismo *nm* maniérisme *m*
manifestación *nf* manifestation *f* ; (*declaración*) déclaration *f*
manifestante *nmf* manifestant(e)
manifestar *vt* manifester ; (*declarar*) déclarer ; **manifestarse** *vpr* (*Pol*) manifester ; (*interés, dolor*) se manifester
manifiesto, -a *pp de* **manifestar** ▸ *adj* manifeste ; **poner (algo) de ~** mettre (qch) en évidence ▸ *nm* (*Arte, Pol*) manifeste *m*
manigua (*CAm, Carib, Méx*) *nf* broussailles *fpl*
manija *nf* manche *m*
Manila *n* Manila
manilla *nf* (*de reloj*) aiguille *f* (de montre) ; (*Am*) levier *m* ; **manillas** *nfpl*: **manillas (de hierro)** fers *mpl*
manillar *nm* guidon *m*
maniobra *nf* manœuvre *f* ; **maniobras** *nfpl* (*Mil, pey*) manœuvres *fpl*
maniobrar *vi* manœuvrer ; (*Mil*) faire des manœuvres
manipulación *nf* manipulation *f*
manipulador, a *adj* manipulateur(-trice) ▸ *nm/f* (*de mercancías*) manutentionnaire *mf* ; (*pey*) manipulateur(-trice) ▸ *nm* (*Elec, Telec*) manipulateur *m*
manipular *vt* manipuler ; (*mercancías*) manutentionner
maniqueísmo *nm* manichéisme *m*
maniqueo, -a *adj*, *nm/f* manichéen(ne)
maniquí *nmf* mannequin *mf* ▸ *nm* (*de escaparate*) mannequin *m*
manirroto, -a *adj*, *nm/f* dépensier(-ière)
manita *nf* menotte *f* ; **manitas de plata** doigts *mpl* de fée ; **hacer manitas** se caresser les mains
manitas *adj inv* adroit(e) ▸ *nmf inv*: **ser un(a) ~** être très adroit(e)
manito (*Am*) *nm* (*en conversación*) copain *m*
manivela *nf* manivelle *f*
manjar *nm* mets *msg*
mano[1] *nf* main *f* ; (*Zool*) patte *f* ; (*Culin*) pied *m* ; (*de pintura*) couche *f* ; **a ~** à la main ; **estar/tener algo a ~** être/avoir qch à portée de la main ; **a ~ derecha/izquierda** à droite/gauche ; **hecho a ~** fait à la main ; **a manos llenas** à pleines mains ; **de primera ~** de première main ; **de segunda ~** d'occasion ; **robo a ~ armada** vol *m* à main armée ; **Pedro es mi ~ derecha** Pedro est mon bras droit ; **darse la(s) ~(s)** se donner la main ; **echar una ~** donner un coup de main ; **hacer algo ~ a ~** faire qch en tête à tête ; **echar ~ de algo** (*para usarlo*) recourir à qch ; **estrechar la ~ a algn** serrer la main à qn ; **dar algo en ~** donner qch en mains propres ; **ir de la ~** échapper ; **tener buena/mala ~ para algo** être doué(e)/peu doué(e) pour qch ; **meter ~** (*fam*) peloter ; **traer** *o* **llevar algo entre manos** avoir qch entre les mains ; **estar en manos de algn** être entre les mains de qn ;

estar en buenas manos être en de bonnes mains ; **se le fue la ~** il n'y est pas allé de main morte ; (*con ingredientes*) il a eu la main un peu lourde ; **haré lo que esté en mi ~** je ferai mon possible ; **¡manos a la obra!** au travail ! ; **pillar/coger/sorprender a algn con las manos en la masa** prendre qn la main dans le sac ; **~ de obra** main-d'œuvre *f* ; **~ dura** sévérité *f* ; **manos libres** *adj* (*teléfono, dispositivo*) mains-libres *inv* ; *nm* kit *m* mains-libres

mano² (*fam*) *nm* (*Méx*) copain *m*

manojo *nm* (*de hierbas*) botte *f* ; (*de llaves*) trousseau *m* ; **ser un ~ de nervios** être un paquet de nerfs

manómetro *nm* manomètre *m*

manopla *nf* moufle *f* ; **~ de cocina** manique *f*

manoseado, -a *adj* (*tema*) rebattu(e) ; (*papel*) tripoté(e)

manosear *vt* tripoter ; (*tema, asunto*) rebattre

manotazo *nm* gifle *f*

manotear *vi* gesticuler

mansalva: **a ~** *adv* sans risque

mansedumbre *nf* (*de persona*) douceur *f* ; (*de animal*) docilité *f*

mansión *nf* demeure *f*

manso, -a *adj* (*persona*) doux (douce) ; (*animal*) docile ; (*aguas*) tranquille ; (*Chi fam*) énorme

manta *nf* couverture *f* ; (*Am*) poncho *m* ; **una ~ de azotes/palos** une volée de coups de fouet/de bâton ; **a ~** (*llover*) des cordes ; (*reírse*) aux larmes

manteca *nf* (*de cerdo*) saindoux *m* ; (*de cacao*, *Am*: *mantequilla*) beurre *m* ; (*de leche*) crème *f*

mantecado *nm* (*pasta*) *sorte de gâteau au saindoux* ; (*helado*) glace *f*

mantecoso, -a *adj* crémeux(-euse)

mantel *nm* nappe *f*

mantelería *nf* linge *m* de table

mantendré *etc vb ver* **mantener**

mantener *vt* maintenir ; (*familia*) subvenir aux besoins de ; (*Tec*) assurer la maintenance (de) ; (*actividad*) conserver ; (*edificio*) soutenir ; **~ la línea** garder la ligne ; **~ el equilibrio** garder l'équilibre ; **~ algo encendido/caliente** laisser qch allumé(e)/garder qch au chaud ; **~ a algn informado** tenir qn au courant ; **~ a algn con vida** maintenir qn en vie ; **mantenerse** *vpr* (*edificio*) être soutenu(e) ; (*no ceder*) se maintenir ; **mantenerse a distancia** garder ses distances ; **mantenerse de/con** vivre de ; **mantenerse en forma** garder la forme ; **mantenerse en pie** rester debout ; **mantenerse firme** rester ferme

mantenga *etc vb ver* **mantener**

mantenimiento *nm* (*Tec*) maintenance *f* ; (*de orden, relaciones*) maintien *m* ; (*sustento*) subsistance *f* ; **ejercicios de ~** exercices *mpl* de gymnastique

mantequería *nf* crémerie *f*

mantequilla *nf* beurre *m*

mantilla *nf* mantille *f* ; (*de bebé*) lange *m* ; **estar en mantillas** (*persona*) être naïf(-ïve) ; (*proyecto*) être à l'état d'embryon

mantillo *nm* humus *m*

mantis *nf inv* (*tb*: **mantis religiosa**) mante *f* (religieuse)

manto *nm* cape *f*

mantón *nm* châle *m* ; **~ de manila** châle en soie brodée

mantra *nm* mantra *m*

mantuve *etc vb ver* **mantener**

manual *adj* manuel(le) ▸ *nm* manuel *m*

manualidades *nfpl* travaux *mpl* manuels

manubrio (*Am*) *nm* (*Auto*) volant *m*

manufactura *nf* manufacture *f*

manufacturado, -a *adj* manufacturé(e)

manufacturar *vt* manufacturer, fabriquer

manuscrito, -a *adj* manuscrit(e) ▸ *nm* manuscrit *m*

manutención *nf* (*de persona*) entretien *m* ; (*de alimentos, dinero*) conservation *f*

manzana *nf* pomme *f* ; (*de edificios*) pâté *m* de maisons ; **~ de la discordia** (*fig*) pomme de discorde

manzanilla *nf* camomille *f* ; (*vino*) manzanilla *m*

manzano *nm* pommier *m*

maña *nf* adresse *f* ; **con ~** avec adresse ; **darse (buena) ~ para hacer algo** être doué(e) pour faire qch ; **mañas** *nfpl* (*artimañas*) ruses *fpl*

mañana *adv* demain ; **~ por la ~** demain matin ; **pasado ~** après-demain ; **¡hasta ~!** à demain ! ▸ *nm*: **(el) ~** (le) lendemain ▸ *nf* matin *m* ; **de** *o* **por la ~** le matin ; **a las tres de la ~** à trois heures du matin ; **a media ~** tard dans la matinée

> El sustantivo **mañana** suele traducirse en francés por *matin*:
> **Esta mañana ha llovido.** Ce matin il a plu.
> No obstante, cuando tiene un valor de duración suele traducirse por *matinée*:
> **He trabajado toda la mañana.** J'ai travaillé toute la matinée.

mañanero, -a *adj* matinal(e)

mañanitas (*Méx*) *nfpl* chanson *f* d'anniversaire

maño, -a *adj* d'Aragon ▸ *nm/f* natif(-ive) *o* habitant(e) d'Aragon

mañoso, -a *adj* adroit(e)

mapa *nm* carte *f*

mapache *nm* raton *m* laveur

mapamundi *nm* mappemonde *f*

mapucha, mapuche *adj* mapuche ▸ *nmf* Mapuche *mf*

maqueta *nf* maquette *f*

maquetación *nf* mise *f* en pages, maquettage *m*

m

maquetar *vt* maquetter, mettre en pages
maquiavélico, -a *(pey)* *adj* machiavélique
maquiladora *(Méx)* *nf* usine *f*
maquillador, a *nm/f* *(Teatro etc)* maquilleur(-euse)
maquillaje *nm* maquillage *m*
maquillar *vt* maquiller ; **maquillarse** *vpr* se maquiller
máquina *nf* machine *f* ; *(de tren)* locomotive *f* ; *(CAm, Cu)* voiture *f* ; **a toda ~** à toute allure ; **escrito a ~** tapé à la machine ; **~ de coser/de escribir/de vapor** machine à coudre/à écrire/à vapeur ; **~ fotográfica** appareil *m* photographique ; **~ herramienta** machine-outil *f* ; **~ tragaperras** machine à sous
maquinación *nf* machination *f*
maquinal *adj* machinal(e)
maquinar *vt, vi* comploter
maquinaria *nf* machinerie *f*
maquinilla *nf* *(tb:* **maquinilla de afeitar***)* rasoir *m* ; **~ eléctrica** rasoir électrique
maquinista *nmf* mécanicien(ne)
maquinización *nf* mécanisation *f*
maquis *nm inv* *(movimiento)* maquis *m* ; *(persona)* maquisard *m*
mar *nm o nf* mer *f* ; **~ de fondo** lame *f* de fond ; *(fig)* malaise *m* ; **~ gruesa** mer forte ; **~ adentro** au large ; **en alta ~** en haute mer ; **por ~** par mer ; **hacerse a la ~** partir en mer ; **a mares** *(llover)* à verse ; *(llorar)* comme une madeleine ; **estar hecho un ~ de lágrimas** pleurer comme une fontaine ; **es la ~ de guapa** elle est très belle ; **la ~ de bien** très bien ; **el M~ Negro/Báltico** la mer Noire/ Baltique ; **el M~ Muerto/Rojo** la mer Morte/ Rouge ; **el M~ del Norte** la Mer du Nord
mar. *abr* = **marzo**
mara *nf* *(pandilla)* mara *f* *(gang d'Amérique Centrale)*
maraca *nf* *(Mús)* maraca *f*
maracuyá *nm* fruit *m* de la passion
marajá *nm* maharadja *m*
maraña *nf* enchevêtrement *m*
marasmo *nm* marasme *m*
maratón *nm* marathon *m*
maratoniano, -a *adj* *(Deporte)* marathonien(ne) ; *(fig)*: **una jornada maratoniana** une journée-marathon ▸ *nm/f* marathonien(ne)
maravilla *nf* merveille *f* ; *(Bot)* souci *m* ; **¡qué ~!** quelle merveille ! ; **hacer maravillas** faire des merveilles ; **a las mil maravillas** à merveille
maravillar *vt* émerveiller ; **maravillarse** *vpr*: **maravillarse (de)** s'émerveiller (de)
maravilloso, -a *adj* merveilleux(-euse) ; **¡es ~!** c'est merveilleux !
marbellí *adj* de Marbella ▸ *nmf* natif(-ive) *o* habitant(e) de Marbella
marca *nf* marque *f* ; *(acto)* marquage *m* ; *(Deporte)* record *m* ; **de ~** *(Com)* de marque ; **~ de fábrica** marque de fabrique ; **~ propia/ registrada** marque propre/déposée
marcado, -a *adj* marqué(e)
marcador *nm* *(Deporte: tablero)* tableau *m* d'affichage ; *(: resultado)* score *m*
marcaje *nm* *(Deporte)* marquage *m*
marcapasos *nm inv* stimulateur *m* cardiaque
marcar *vt* *(tb Deporte)* marquer ; *(número de teléfono)* composer ; *(Com)* étiqueter ; **mi reloj marca las dos** à ma montre il est deux heures ; **~ el compás** *(Mús)* battre la mesure ; **~ el paso** marquer le pas ▸ *vi* *(Deporte)* marquer ; *(Telec)* composer le numéro ; *(en peluquería)* faire une mise en plis ; **lavar y ~** faire un shampooing et une mise en plis
marcha *nf* marche *f* ; *(Auto)* vitesse *f* ; *(dirección)* tournure *f* ; *(fam: animación)* animation *f* ; **dar ~ atrás** *(Auto, fig)* faire marche arrière ; **estar en ~** être en marche ; *(negocio)* marcher ; **hacer algo sobre la ~** faire qch au fur et à mesure ; **poner en ~** faire démarrer ; **ponerse en ~** se mettre en marche ; **a marchas forzadas** *(fig)* en quatrième vitesse ; **¡en ~!** *(Mil)* en avant, marche ! ; *(fig)* allons-y ! ; **una persona/una ciudad/un bar con (mucha) ~** une personne (très) dynamique/une ville/un bar (très) animé(e)
marchamo *nm* *(en producto)* label *m* ; *(de aduana)* estampille *f* ; *(fig)* marque *f*
marchante, -a *nm/f* marchand(e) de tableaux
marchar *vi* marcher ; *(ir)* partir ; **todo marcha bien** tout va bien ; **marcharse** *vpr* s'en aller
marchitar *vt* faner ; **marchitarse** *vpr* se faner
marchito, -a *adj* fané(e)
marchoso, -a *(fam)* *adj* animé(e)
marcial *adj* martial(e)
marciano, -a *nm/f* martien(ne)
marco *nm* cadre *m* ; *(Hist: moneda)* mark *m*
marea *nf* marée *f* ; *(movimiento de protesta)*: **la ~ blanca** la marée blanche, *mouvement de protestation des travailleurs espagnols de la santé contre la réforme du système* ; **una ~ de gente** une marée humaine ; **~ negra** marée noire ; **~ alta/baja** marée haute/basse
mareado, -a *adj*: **estar ~** *(con náuseas)* avoir mal au cœur ; *(aturdido)* être abruti(e) ; *ver tb* **mareo**
marear *vt* *(Med)* donner mal au cœur à ; *(fam)* assommer ; **marearse** *vpr* avoir mal au cœur ; *(en barco)* avoir le mal de mer ; *(desmayarse)* s'évanouir ; *(estar aturdido)* être abruti(e) ; *(emborracharse)* se soûler ; *ver tb* **mareo**
marejada *nf* mer *f* agitée
marejadilla *nf* mer *f* belle à peu agitée
maremágnum *nm* *(fig)* foisonnement *m*

maremoto *nm* raz-de-marée *m inv*
mareo *nm* mal *m* au cœur ; (*en barco*) mal de mer ; (*en avión*) mal de l'air ; (*en coche*) mal des transports ; (*desmayo*) évanouissement *m* ; (*aturdimiento*) étourdissement *m* ; (*fam: lata*) ennui *m*
marfil *nm* ivoire *m*
margarina *nf* margarine *f*
margarita *nf* marguerite *f*
margen *nm o nf* (*de río, camino*) bord *m* ; (*de página*) marge *f* ▸ *nm* marge *f* ; **al ~ de lo que digas** quoi que tu dises ; **dar ~ para** donner l'occasion de ; **dejar a algn al ~** tenir qn à l'écart ; **mantenerse al ~** rester en marge ; **~ de beneficio** *o* **de ganancia** marge bénéficiaire ; **~ de confianza** marge de confiance
marginación *nf* marginalisation *f* ; **la ~ social** l'exclusion *f* sociale
marginado, -a *adj, nm/f* marginal(e)
marginal *adj* marginal(e)
marginar *vt* marginaliser
maría (*fam*) *nf* (Esp: *marihuana*) herbe *f* (*fam*) ; (*hum, pey: ama de casa*) femme *f* au foyer ; (*Escol*) *matière jugée peu importante ou facile* ; (Méx) *femme indienne des campagnes venue travailler à Mexico* ; **las tres marías** (*Hist*) *instruction religieuse, instruction civique, éducation physique*
mariachi (Méx) *nm* (*Mús*) mariachi *m*
marica (*fam!*) *nm* (*homosexual*) pédé *m* (*fam !*) ; (*cobarde*) poule *f* mouillée
Maricastaña *nf*: **en los días** *o* **en tiempos de ~** du temps où la reine Berthe filait
maricón (*fam!*) *nm* (*homosexual*) pédé *m* (*fam !*) ; (*insulto*) connard *m* (*fam !*)
marido *nm* mari *m*
marihuana *nf* marijuana *f*
marimacho (*fam*) *nf* garçon *m* manqué
marimba *nf* marimba *m*
marimorena *nf* bagarre *f* ; **armar una ~** provoquer une bagarre
marina *nf* (*Mil*) marine *f* ; **~ mercante** marine marchande
marinero, -a *adj* marin(e) ▸ *nm/f* marin *m*
marino, -a *adj* marin(e) ▸ *nm* marin *m*
marioneta *nf* marionnette *f*
mariposa *nf* papillon *m* ; (*Tec*) veilleuse *f* ; (*en natación*) brasse *f* papillon
mariposear *vi* papillonner
mariquita *nm* (*fam!*) pédé *m* (*fam !*) ▸ *nf* coccinelle *f*
mariscada *nf* plateau *m* de fruits de mer
mariscal *nm* (*Mil*) maréchal *m* ; **~ de campo** (*anticuado*) maréchal *m* de camp
marisco *nm* fruits *mpl* de mer
marisma *nf* marais *msg*
marisquería *nf bar où l'on consomme des fruits de mer*
marítimo, -a *adj* maritime
marketing *nm* marketing *m*
marmita *nf* marmite *f*
mármol *nm* marbre *m*
marmóreo, -a *adj* de marbre
marmota *nf* marmotte *f*
maroma *nf* cordage *m*
marque *etc vb ver* **marcar**
marqués, -esa *nm/f* marquis(e)
marquesina *nf* (*de parada*) abri *m* ; (*de estación*) toit *m* ; (*de puerta*) marquise *f*
marquetería *nf* marqueterie *f*
márquetin *nm* = **marketing**
marranada *nf* (*fam*) saleté *f* ; (*acción*) bassesse *f*
marrano, -a *adj* (*fam*) sale ▸ *nm/f* cochon (truie) ; (*persona sucia: fam*) cochon(ne)
marras: **de ~** *adv*, **el tipo de ~** le type en question ; **el asunto de ~** la même ritournelle
marrón *adj* marron
marroquí *adj* marocain(e) ▸ *nmf* Marocain(e) ▸ *nm* (*cuero*) maroquin *m*
marroquinería *nf* maroquinerie *f*
Marruecos *nm* Maroc *m*
marsupial *adj* marsupial(e) ▸ *nm* marsupial *m*
marta *nf* martre *f*
Marte *nm* Mars *fsg*
martes *nm inv* mardi *m* ; **~ de carnaval** Mardi gras ; **~ y trece** *voir article*; *ver tb* **sábado**

MARTES Y TRECE

En Espagne la superstition veut que le **martes 13** soit un jour qui porte malheur, un peu comme notre vendredi 13.

martillar *vt* marteler
martillazo *nm* coup *m* de marteau
martillear *vt* marteler
martilleo *nm* martèlement *m*
martillo *nm* marteau *m* ; **~ neumático** marteau-piqueur *m*
Martinica *nf* Martinique *f*
mártir *nmf* martyr(e)
martirice *etc vb ver* **martirizar**
martirio *nm* martyre *m*
martirizar *vt* martyriser
marxismo *nm* marxisme *m*
marxista *adj, nmf* marxiste *mf*
marzo *nm* mars *msg* ; *ver tb* **julio**
mas *conj* mais

PALABRA CLAVE

más *adv* **1** (*compar*) plus ; **más grande/ inteligente** plus grand/intelligent ; **trabaja más (que yo)** il travaille plus (que moi) ; **más de mil** plus de mille ; **más de lo que yo creía** plus que je ne pensais
2 (*+ sustantivo*) plus de ; **más libros** plus de livres ; **más tiempo** plus longtemps
3 (*tras sustantivo*) en plus, de plus ; **tres**

m

personas más (que ayer) trois personnes de plus (qu'hier)
4 (*superl*): **el más ...** le plus ... ; **el más inteligente (de)** le plus intelligent (de) ; **el coche más grande** la voiture la plus grande ; **el que más corre** le plus rapide ; **puedo hacerlo como el que más** je peux le faire comme personne
5 (*adicional*): **deme una más** donnez m'en encore une ; **un poco más** encore un peu ; **¿qué más?** quoi d'autre ?, quoi encore ? ; **¿quién más?** qui d'autre ? ; **¿quieres más?** en veux-tu plus *o* davantage ?
6 (*negativo*): **no tengo más dinero** je n'ai plus d'argent ; **no viene más por aquí** il ne vient plus par ici ; **no sé más** je n'en sais pas plus *o* davantage ; **nunca más** plus jamais ; **no hace más que hablar** il ne fait que parler ; **no lo sabe nadie más que él** il n'y a que lui qui le sache
7 (*+ adj: valor intensivo*): **¡qué perro más sucio!** comme ce chien est sale ! ; **¡es más tonto!** qu'est-ce qu'il est bête !
8 (*locuciones*): **más o menos** plus ou moins ; **ni más ni menos** ni plus ni moins ; **los más** la plupart ; **es más, acabamos pegándonos** on a même fini par se battre ; **más aún** d'autant plus ; **más bien** plutôt ; **¡más te vale!** ça vaut mieux pour toi ! ; **más vale tarde que nunca** mieux vaut tard que jamais ; **a más tardar** au plus tard ; **a más y mejor** à qui mieux mieux ; **¡qué más da!** qu'est-ce que cela peut faire ! ; *ver tb* **cada**
9: **de más**: **veo que aquí estoy de más** je vois que je suis de trop ici ; **tenemos uno de más** nous en avons un de trop
10 (*Am*): **no más** seulement ; **así no más** comme ça ; **ayer no más** pas plus tard qu'hier
11: **por más**: **por más que lo intento** j'ai beau essayer ; **por más que quisiera** j'ai beau vouloir
12 (*Mat*): **dos más dos son cuatro** deux plus deux font quatre
▸ *nm* (*Mat: signo*) signe *m* plus ; **este trabajo tiene sus más y sus menos** ce travail a de bons et de mauvais côtés

> La palabra *plus* se pronuncia [ply] delante de consonante (*Lui, il est plus gentil qu'elle*), [plyz] delante de vocal (*Il y a de plus en plus de chômeurs*) y [plys] en posición final (*J'en veux plus*).

masa *nf* masse *f* ; (*Culin*) pâte *f* ; (*CSur*) gâteau *m* ; **en ~** en masse ; **las masas** *nmpl* (*Pol*) les masses *fpl*
masacrar *vt* massacrer
masacre *nf* massacre *m*
masaje *nm* massage *m*
masajear *vt* masser
masajista *nmf* masseur(-euse)
mascar *vt, vi* mâcher ; **hay que dárselo todo mascado** (*fig*) il faut toujours lui mâcher le travail
máscara *nf* (*tb Inform*) masque *m* ; **~ antigás/de oxígeno** masque à gaz/à oxygène ▸ *nmf* personne *f* masquée
mascarada *nf* bal *m* masqué ; (*pey*) mascarade *f*
mascarilla *nf* (*Med, en cosmética*) masque *m*
mascarón *nm* mascaron *m* ; **~ de proa** figure *f* de proue
mascota *nf* mascotte *f*
masculinidad *nf* masculinité *f*
masculino, -a *adj* masculin(e) ▸ *nm* (*Ling*) masculin *m*
mascullar *vt* bredouiller
masía *nf* (*Aragón, Cataluña*) mas *m*, ferme *f*
masificación *nf* massification *f*
masilla *nf* mastic *m*
masivamente *adv* massivement ; **la huelga fue apoyada ~** la grève a reçu un soutien massif
masivo, -a *adj* massif(-ive)
masón, -ona *nm/f* franc-maçon(ne)
masonería *nf* franc-maçonnerie *f*
masónico, -a *adj* maçonnique
masoquismo *nm* masochisme *m*
masoquista *adj, nmf* masochiste *mf*
masque *etc vb ver* **mascar**
mastectomía *nf* mastectomie *f*
máster *nm* (*Univ*) master *m*

> **MÁSTER**
> Le **máster** correspond au diplôme de second cycle universitaire. En Espagne, les études de **máster** durent une ou deux années et associent formation universitaire, professionnelle et formation à la recherche.

masticar *vt, vi* mastiquer
mástil *nm* mât *m* ; (*de guitarra*) manche *m*
mastín *nm* mâtin *m*
mastique *etc vb ver* **masticar**
mastodonte *nm* mastodonte *m*
mastodóntico, -a *adj* gigantesque
masturbación *nf* masturbation *f*
masturbarse *vpr* se masturber
mata *nf* (*esp Am*) arbuste *m* ; (*de perejil*) bouquet *m* ; **~ de pelo** touffe *f* de cheveux ; **matas** *nfpl* (*matorral*) fourrés *mpl*
matadero *nm* abattoir *m*
matador, a *adj* laid(e) à faire peur ▸ *nm* (*Taur*) matador *m*
matamoscas *nm inv* chasse-mouche *m*
matanza *nf* (*de gente*) massacre *m* ; (*de cerdo: acción*) abattage *m* du cochon ; (*: época*) *saison de l'abattage du cochon* ; (*: carne*) *viande du cochon abattu*

matar *vt* tuer ; (*hambre, sed*) apaiser ; **~ a algn a disgustos** (*fig*) faire mourir qn de chagrin ; **matarlas callando** agir en douce ▸ *vi* tuer ; **matarse** *vpr* se tuer ; **matarse trabajando** *o* **a trabajar** se tuer au travail ; **matarse por hacer algo** se tuer à faire qch
matarife (*pey*) *nm* tueur *m*
matarratas *nm inv* (*veneno*) mort-aux-rats *f inv* ; (*fam: alcohol*) tord-boyaux *m*
matasanos (*pey*) *nm inv* ennui *m* de santé
matasellos *nm inv* cachet *m* de la poste
mate *adj* mat(e) ▸ *nm* (*en ajedrez*) mat *m* ; (*And, CSur: hierba, infusión*) maté *m* ; (*: vasija*) récipient *m* pour le maté ; **~ de coca/de menta** thé à la coca/à la menthe
matemáticas *nfpl* mathématiques *fpl*, maths *fpl*
matemático, -a *adj* mathématique ; **¡es ~!** c'est mathématique ! ▸ *nm/f* mathématicien(ne)
materia *nf* matière *f* ; **en ~ de** en matière de ; **entrar en ~** entrer en matière ; **~ prima** matière première
material *adj* matériel(le) ; **no tener tiempo ~ para algo** ne pas avoir le temps matériel de faire qch ▸ *nm* matière *f*, matériau *m* ; (*dotación*) matériel *m* ; (*cuero*) cuir *m* (tanné) ; **~ de construcción** matériau de construction ; **materiales de derribo** décombres *mpl*
materialismo *nm* matérialisme *m*
materialista *adj* matérialiste
materializar *vt* matérialiser ; **materializarse** *vpr* se matérialiser
materialmente *adv*: **es ~ imposible** c'est matériellement impossible
maternal *adj* maternel(le)
maternidad *nf* maternité *f*
materno, -a *adj* maternel(le)
matice *etc vb ver* **matizar**
matinal *adj* matinal(e)
matiz *nm* nuance *f* ; **un (cierto) ~ irónico** une (légère) nuance d'ironie
matizar *vt, vi* nuancer ; (*aclarar*) préciser
matón *nm* dur *m*
matorral *nm* buisson *m*
matraca *nf* matraque *f* ; (*fam: lata*) plaie *f*
matraz *nm* (*Quím*) ballon *m*
matriarcado *nm* matriarcat *m*
matriarcal *adj* matriarcal(e)
matrícula *nf* (*en centro educativo*) inscription *f* ; (*placa de vehículo*) plaque *f* d'immatriculation ; **~ de honor** ≈ mention *f* très bien
matriculación *nf* (*de vehículo*) immatriculation *f* ; (*de alumno*) inscription *f*
matricular *vt* (*coche*) immatriculer ; (*alumno*) inscrire ; **matricularse** *vpr* s'inscrire
matrimonial *adj* (*contrato*) de mariage ; (*vida*) conjugal(e)
matrimonio *nm* (*pareja*) couple *m* ; (*boda*) mariage *m* ; **contraer ~ (con)** se marier (avec) ; **~ civil/clandestino** mariage civil/clandestin
matriz *nf* (*Anat*) utérus *msg* ; (*Tec, Mat*) matrice *f* ; **casa ~** (*Com*) maison *f* mère
matrona *nf* matrone *f*
matutino, -a *adj* (*periódico*) du matin ; (*actividades*) matinal(e)
maullar *vi* miauler
maullido *nm* miaulement *m*
Mauricio *nm* (île *f*) Maurice *f*
Mauritania *nf* Mauritanie *f*
mausoleo *nm* mausolée *m*
max. *abr* (= *máximo*) max. (= *maximum*)
maxilar *adj, nm* maxillaire *m*
máxima *nf* maxime *f*
máxime *adv* particulièrement
maximizar *vt* maximiser
máximo, -a *adj* maximal(e), maximum ; (*longitud, altitud*) maximal(e) ; (*galardón*) supérieur(e) ; **~ líder** *o* **jefe, líder ~** (*esp Am*) président *m* ; **lo ~** le maximum ▸ *nm* maximum *m* ; **como ~** au plus ; **al ~** au maximum
maxisingle *nm* maxi 45 tours *msg*
maya *adj* maya ▸ *nmf* Maya *mf*
mayo *nm* mai *m* ; *ver tb* **julio**
mayonesa *nf* mayonnaise *f*
mayor *adj* (*adulto*) grand(e) ; (*de edad avanzada*) âgé(e) ; (*comparativo y superlativo: de tamaño*) plus grand(e) ; (*: de edad*) plus âgé(e) ; (*calle, plaza*) grand(e) ; (*Mús*) majeur(e) ; (*principal*) principal(e) ; **las personas mayores** (*adultos*) les adultes *mpl* ; (*ancianos*) les personnes âgées *fpl* ; **cuando seas ~** quand tu seras grand(e) ; **~ de edad** majeur(e) ; **las mayores dificultades** les plus grandes difficultés ; **al por ~** en gros ▸ *nm* (*Am Mil*) major *m* ; **los mayores** *nmpl* les grandes personnes *fpl*
mayoral *nm* (*Agr*) contremaître *m* ; (*pastor*) berger *m*
mayordomo *nm* majordome *m*
mayoreo (*Am*) *nm* vente *f* en gros
mayoría *nf* majorité *f* ; **en la ~ de los casos** dans la majorité des cas ; **en su ~** en majorité ; **~ absoluta/relativa** majorité absolue/relative ; **~ de edad** majorité
mayorista *nmf* grossiste *mf*
mayoritario, -a *adj* majoritaire
mayormente *adv* (*principalmente*) principalement ; (*particularmente*) particulièrement ; **no me interesa ~** ça ne m'intéresse pas particulièrement
mayúscula *nf* (*tb*: **letra mayúscula**) majuscule *f*
mayúsculo, -a *adj* (*susto*) terrible ; (*error*) énorme
maza *nf* (*Tec*) masse *f* ; (*arma*) massue *f*
mazacote *nm* matière *f* dure ; (*Culin*) pâte *f* dure ; (*libro gordo*) pavé *m*

m

mazamorra (*Am*) *nf sucrerie à base de miel*
mazapán *nm* pâte *f* d'amandes ; (*dulce*) massepain *m*
mazazo *nm* coup *m* de massue ; **fue un ~ para él** cela a été un véritable coup de massue pour lui ; **la noticia cayó como un ~** la nouvelle a fait l'effet d'une bombe
mazmorra *nf* cachot *m*
mazo *nm* maillet *m* ; (*de mortero*) pilon *m* ; (*de naipes*) paquet *m* ; (*de billetes*) liasse *f*
mazorca *nf* épi *m* de maïs
Mb *abr* (= *megabyte*) Mo (= *méga-octet*)
MCAC *sigla m* = **Mercado Común de la América Central**
m.c.d. *abr* (= *mínimo común denominador*) p.p.d.c. *m* (= *plus petit dénominateur commun*)
MCI *sigla m* = **Mercado Común Iberoamericano**
m.c.m. *abr* (= *mínimo común múltiplo*) p.p.c.m. *m* (= *plus petit commun multiple*)
me *pron* me ; (*en imperativo*) moi ; **me lo compró** il me l'a acheté ; **¡dámelo!** donne-le-moi !
meada (*fam*) *nf* (*orina*) pisse *f* (*fam*) ; (*mancha*) tache *f* de pisse ; **echar una ~** pisser un coup (*fam*)
meandro *nm* méandre *m*
mear (*fam*) *vt, vi* pisser (*fam*) ; **mearse** *vpr* pisser (*fam*) ; **mearse de risa** pisser de rire
Meca *nf*: **La ~** La Mecque
meca *nf*: **la ~ del cine** la Mecque du cinéma
mecánica *nf* mécanique *f* ; *ver tb* **mecánico**
mecanice *etc vb ver* **mecanizar**
mecánico, -a *adj* mécanique ▸ *nm/f* mécanicien(ne)
mecanismo *nm* mécanisme *m*
mecanizar *vt* mécaniser
mecanografía *nf* dactylographie *f*
mecanografiado, -a *adj* dactylographié(e)
mecanografiar *vt* dactylographier
mecanógrafo, -a *nm/f* dactylo(graphe) *mf*
mecapalero (*CAm, Méx*) *nm* porteur *m*
mecate (*Am*) *nm* corde *f*
mecedor (*Am*) *nm*, **mecedora** *nf* fauteuil *m* à bascule
mecenas *nm inv* mécène *m*
mecenazgo *nm* mécénat *m*
mecer *vt* bercer ; **mecerse** *vpr* se balancer
mecha *nf* mèche *f* ; **a toda ~** à toute allure ; **mechas** *nfpl* (*en el pelo*) mèches *fpl*
mechero *nm* briquet *m*
mechón *nm* (*de pelo*) mèche *f* ; (*de lana*) brins *mpl*
medalla *nf* médaille *f*
medallero *nm* palmarès *m*
medallista *nmf* (*Deporte*) médaillé(e) ; **~ olímpico** médaillé olympique
medallón *nm* (*joya, bajorrelieve*) médaillon *m* ; (*Culin: de carne*) médaillon *m* ; (*: de pescado*) darne *f*
media *nf* moyenne *f* ; (*prenda de vestir*) bas *msg* ; (*Am*) chaussette *f* ; **a medias** à moitié ; **pagar a medias** partager les frais ; **entre medias** au milieu ; **medias** *nfpl* (*un par*) collant *msg*
mediación *nf* médiation *f* ; **por ~ de** par l'intermédiaire de
mediado, -a *adj* (*botella*) à moitié plein(e) ; (*trabajo*) à moitié fait(e) ; **a mediados de** au milieu de
mediador, a *nm/f* médiateur(-trice)
mediagua (*Chi*) *nf* cabane *f*
medialuna (*esp CSur*) *nf* (*Culin*) croissant *m*
mediana *nf* (*en autopista*) séparation *f*
medianamente *adv* moyennement ; **está ~ bien** c'est moyennement bien
mediano, -a *adj* moyen(ne) ; **de tamaño ~** de taille moyenne ; **el ~** celui du milieu
medianoche *nf* minuit *m*
mediante *adv* grâce à
mediar *vi* servir d'intermédiaire ; (*tiempo*) s'écouler ; (*distancia*) séparer ; (*problema: interponerse*) s'interposer ; **media el hecho de que ...** il y a le fait que ... ; **~ por algn** intercéder en faveur de qn ; **entre ambos media un abismo** un abîme les sépare
medias *nfpl ver* **media**
mediático, -a *adj* médiatique
mediatizar *vt* médiatiser
medicación *nf* (*acción*) prise *f* de médicaments ; (*medicamentos*) médicaments *mpl*
medicamento *nm* médicament *m*
medicar *vt* (*administrar*) administrer des médicaments à ; (*prescribir*) prescrire des médicaments à ; **estar medicado** être sous traitement ; **estaba muy medicado** il prenait beaucoup de médicaments ; **jabón medicado** savon *m* traitant ; **medicarse** *vpr* prendre des médicaments
medicina *nf* (*ciencia*) médecine *f* ; (*medicamento*) médicament *m* ; **estudiante de ~** étudiant(e) en médecine ; **~ general** médecine générale
medicinal *adj* médicinal(e)
medición *nf* mesure *f*
médico, -a *adj* médical(e) ▸ *nm/f* médecin *mf* ; **~ de cabecera** médecin de famille ; **~ forense** médecin légiste ; **~ residente** médecin hospitalier
medida *nf* mesure *f* ; (*de camisa etc*) taille *f* ; **a ~ que ...** à mesure que ... ; **a ~ de mi** *etc* **capacidad/necesidad** dans la mesure de mes *etc* possibilités/besoins ; **con ~** avec mesure ; **en cierta ~** dans une certaine mesure ; **en gran ~** en grande partie ; **en la ~ de lo posible** dans la mesure du possible ; **sin ~** sans aucune mesure ; **un traje a la ~** un costume sur mesure ; **~ de cuello** encolure *f* ; **medidas** *nfpl* (*de persona*) mesures *fpl* ; **tomar medidas** prendre des mesures

medidor, a *adj* qui mesure ▸ *nm/f* (*persona*) mesureur *m* ▸ *nm* (*esp* Am: *aparato*) compteur *m*
medieval *adj* médiéval(e)
medievo *nm* Moyen Âge *m*, Moyen-Âge *m*
medio, -a *adj* moyen(ne) ; **~ litro** un demi-litre ; **media hora/docena/manzana** une demi-heure/douzaine/pomme ; **a ~ camino** à mi-chemin ; **a media luz** dans la pénombre ; **las tres y media** trois heures et demie ▸ *adv* à moitié ; **~ dormido/enojado** à moitié endormi/fâché ; **a ~ terminar** à moitié fait ▸ *nm* milieu *m* ; (*método*) moyen *m* ; **en ~** au milieu ; **(de) por ~** au milieu ; **por ~ de** au moyen de ; **en los medios financieros** dans les milieux financiers ; **~ ambiente** environnement *m* ; **M~ Oriente** Moyen-Orient *m* ; **medios** *nmpl* (*métodos, recursos*) moyens *mpl* ; (*tb*: **medios de comunicación**) médias *mpl* ; **medios de transporte** moyens de transport
medioambiental *adj* (*política*) environnemental(e) ; (*efectos*) sur l'environnement
mediocampista *nmf* milieu *m* de terrain
mediocre *adj* médiocre
mediocridad (*pey*) *nf* médiocrité *f*
mediodía *nm* midi *m* ; **a ~** à midi
mediopensionista *nmf* demi-pensionnaire *mf*
medir *vt* mesurer ; **~ las palabras/acciones** (*fig*) mesurer ses paroles/actes ; **~ mal sus fuerzas** trop présumer de ses forces ▸ *vi* mesurer ; **¿cuánto mides? — mido 1.50 m** tu mesures combien ? — je mesure 1 m 50 ; **medirse** *vpr* se mesurer ; **medirse con algn** se mesurer à qn
meditabundo, -a *adj* méditatif(-ive)
meditación *nf* méditation *f*
meditar *vt* méditer ▸ *vi*: **~ (sobre)** méditer (sur)
mediterráneo, -a *adj* méditerranéen(ne) ▸ *nm*: **el (mar) M~** la (mer) Méditerranée
médium (*pl* **médiums**) *nmf* médium *mf*
medrar *vi* réussir
médula *nf* moelle *f* ; **hasta la ~** (*fig*) jusqu'au bout des ongles ; **~ espinal** moelle épinière
medular *adj* (*Anat*) médullaire ; **trasplante ~** greffe *f* de moelle (osseuse) ; (*fig: fundamental*) central(e)
medusa *nf* méduse *f*
mega *m* (*Inform*) méga *m*
megabyte ['meɣaβait] *nm* (*Inform*) méga-octet *m*
megafonía *nf* sono *f* ; (*técnica*) sonorisation *f*
megáfono *nm* haut-parleur *m*
megalomanía *nf* mégalomanie *f*
megalómano, -a *nm/f* mégalomane *mf*
megaocteto *nm* (*Inform*) méga-octet *m*
megapíxel (*pl* **megapixels** *o* **megapíxeles**) *nm* mégapixel *m*
mejicano, -a (Esp) *adj* mexicain(e) ▸ *nm/f* Mexicain(e)
Méjico (Esp) *nm* Mexique *m*
mejilla *nf* joue *f*
mejillón *nm* moule *f*
mejor *adj* meilleur(e) ; **será ~ que vayas** il vaut mieux que tu t'en ailles ; **es el ~ de todos** c'est le meilleur de tous ; **lo ~** le mieux ; **en lo ~ de la vida** dans la fleur de l'âge ▸ *adv* mieux ; **a lo ~** peut-être ; **~ dicho** plutôt ; **¡(tanto) ~!** tant mieux ! ; **~ vámonos** (*esp* Am *fam*) allons-y ; **tú, ~ te callas** (*esp* Am *fam*) toi, tu ferais mieux de te taire

> En francés, **mejor** tiene dos traducciones: *mieux* (comparativo de *bien*), que funciona como adverbio (*Il chante mieux que moi*) y *meilleur* (comparativo de *bon*), que funciona como adjetivo (*Cette voiture est meilleure que celle-là*).

mejora *nf* amélioration *f*
mejorana *nf* marjolaine *f*
mejorar *vt* améliorer ; **mejorando lo presente** *formule de politesse pour complimenter quelqu'un en présence d'autres personnes* ▸ *vi* s'améliorer ; (*enfermo*) aller mieux ; **mejorarse** *vpr* s'améliorer ; (*paciente*) aller mieux ; **¡que se mejore!** je vous souhaite un prompt rétablissement !
mejoría *nf* amélioration *f*
mejunje (*pey*) *nm* (*bebida*) breuvage *m* infâme ; (*cosmética*) crèmes *fpl*
melancolía *nf* mélancolie *f*
melancólico, -a *adj* mélancolique
melanina *nf* mélanine *f*
melanoma *nm* mélanome *m*
melaza *nf* mélasse *f*
melena *nf* (*de persona*) longue chevelure *f* ; (*de león*) crinière *f* ; **melenas** *nfpl* (*pey*) tignasse *fsg*
melenudo, -a (*fam*) *adj* chevelu(e) ▸ *nm* (*pey*) hippie *m*
melillense *adj* de Melilla ▸ *nmf* natif(-ive) *o* habitant(e) de Melilla
melindre *nm* (*rosquilla*) beignet *m* glacé ; (*soletilla*) boudoir *m* ; **melindres** (*afectación*) manières *f*, chichis *m* (*fam*) ; **déjate de melindres y cómetelo** arrête de faire des chichis et mange-le
mella *nf* ébréchure *f* ; **hacer ~** (*fig*) ébranler
mellado, -a *adj* (*cuchillo, plato*) ébréché(e) ; (*persona, dentadura*) édenté(e)
mellizo, -a *adj, nm/f* jumeau(-elle) ; **mellizos** *nmpl* (Am) jumelles *fpl* ; (*de ropa*) boutons *mpl* de manchette
melocotón (Esp) *nm* pêche *f*
melodía *nf* mélodie *f*
melódico, -a *adj* mélodique
melodrama *nm* mélodrame *m*
melodramático, -a *adj* mélodramatique
melómano, -a *nm/f* mélomane *mf*

melón *nm* melon *m*
melopea (*fam*) *nf* cuite *f*
meloso, -a (*pey*) *adj* mielleux(-euse)
membrana *nf* membrane *f*
membresía (*MÉX*) *nf* adhérents *mpl*
membrete *nm* en-tête *m*
membrillo *nm* (*fruto*) coing *m* ; (*árbol*) cognassier *m* ; (*tb*: **carne de membrillo**) pâte *f* de coings
memez *nf* bêtise *f*
memo, -a *adj* bête ▸ *nm/f* imbécile *mf*
memorable *adj* mémorable
memorándum *nm* (*libro*) mémo *m* ; (*comunicación*) mémorandum *m*
memoria *nf* mémoire *f* ; (*informe*) rapport *m* ; **a la ~ de** à la mémoire de ; **en ~ de** en mémoire de ; **tener buena/mala ~** avoir une bonne/mauvaise mémoire ; **aprender/saber/recitar algo de ~** apprendre/savoir/réciter qch par cœur ; **ahora que me viene a la ~** ça me revient ; **~ auxiliar/fija/fija programable** (*Inform*) mémoire auxiliaire/morte/morte programmable ; **~ de acceso aleatorio** (*Inform*) mémoire vive ; **~ del teclado** (*Inform*) mémoire du clavier ; **~ anual** rapport annuel ; **memorias** *nfpl* (*de autor*) mémoires *fpl*
memorice *etc vb ver* **memorizar**
memorizar *vt* mémoriser
mena *nf* minerai *m*
menaje *nm* (*de cocina*) ustensiles *mpl* de cuisine ; (*del hogar*) articles *mpl* pour la maison
mención *nf* mention *f* ; **digno de ~** digne de mention ; **hacer ~ de** faire mention de ; **~ especial del jurado** mention spéciale du jury
mencionar *vt* mentionner ; **sin ~ ...** sans parler de ...
mendaz *adj* mensonger(-ère)
mendicidad *nf* mendicité *f*
mendigar *vt, vi* mendier
mendigo, -a *nm/f* mendiant(e)
mendigue *etc vb ver* **mendigar**
mendrugo *nm* quignon *m*
menear *vt* remuer ; (*cadera*) balancer ; **menearse** *vpr* remuer ; (*al andar*) se déhancher ; (*fam*) se manier
menester *nm*: **es ~ hacer algo** il faut faire qch ; **menesteres** *nmpl* activités *fpl*
menestra *nf*: **~ de verduras** macédoine *f* de légumes (*parfois avec des morceaux de viande*)
mengano, -a *nm/f* un tel (une telle)
mengua *nf* diminution *f* ; **en ~ de** aux dépens de
menguante *adj* décroissant(e)
menguar *vt* diminuer ▸ *vi* décroître ; (*días, número*) diminuer ; (*marea*) descendre
mengüe *etc vb ver* **menguar**
menhir *nm* menhir *m*
meningitis *nf inv* méningite *f*
menisco *nm* ménisque *m*
menopausia *nf* ménopause *f*
menor *adj* (*comparativo y superlativo: más pequeño*) plus petit(e) ; (*: más joven*) plus jeune ; (*número: superl*) moindre ; (*Mús*) mineur(e) ; **Juanito es ~ que Pepe** Juanito est plus jeune que Pepe ; **ella es la ~ de todas** c'est la plus jeune de toutes ; **la hija ~** la fille cadette ; **~ de edad** mineur(e) ; **no tengo la ~ idea** je n'en ai pas la moindre idée ; **al por ~** au détail ▸ *nmf* mineur(e)
Menorca *nf* Minorque *f*
menorquín, -ina *adj* minorquin(e) ▸ *nm/f* Minorquin(e)

PALABRA CLAVE

menos *adv* **1** (*compar*) moins ; **me gusta menos (que el otro)** je l'aime moins (que l'autre) ; **menos de 50** moins de 50 ; **menos de lo que pensaba** moins que ce que je pensais ; **hay siete de menos** il y en a sept de moins
2 (*+ sustantivo*) moins de ; **menos gente** moins de gens ; **menos coches** moins de voitures
3 (*tras sustantivo*) de moins ; **tres libros menos (que ayer)** trois livres de moins (qu'hier)
4 (*superl*): **es la menos lista (de su clase)** c'est la moins intelligente (de sa classe) ; **el libro menos vendido** le livre le moins vendu ; **de todas ellas es la que menos me agrada** c'est celle qui me plaît le moins parmi elles ; **es el que menos culpa tiene** c'est celui qui est le moins coupable ; **lo menos que ...** le minimum que ...
5 (*locuciones*): **no quiero verle y menos visitarle** je ne veux pas le voir, encore moins lui rendre visite ; **menos aún cuando ...** d'autant moins que ... ; **¡menos mal (que ...)!** heureusement (que ...) ! ; **al** *o* **por lo menos** (tout) au moins ; **si al menos ...** si seulement ... ; **qué menos que entres y tomes un café** tu peux bien entrer prendre un café ; **¡eso es lo de menos!** ça, c'est le moins important !
6 (*Mat*): **cinco menos dos** cinq moins deux
▸ *prep* (*excepto*) sauf ; **todos menos él** tous sauf lui
▸ *conj*: **a menos que**: **a menos que venga mañana** à moins qu'il ne vienne demain
▸ *nm* (*Mat: signo*) signe *m* moins

menoscabo *nm*: **ir en ~ de** porter atteinte à ; **sin ~ de** sans porter atteinte à
menospreciar *vt* sous-estimer ; (*despreciar*) mépriser
menosprecio *nm* mépris *msg*
mensaje *nm* message *m* ; (*Telec*) minimessage *m*, SMS *m* ; **enviar un ~ a algn** (*por móvil*)

envoyer un minimessage *o* SMS à qn ; **~ de error** (*Inform*) message d'erreur ; **~ de texto** SMS, texto® *m*
mensajería *nf* (*servicio, empresa*) messagerie *f* ; **~ electrónica** messagerie électronique
mensajero, -a *nm/f* messager(-ère) ; (*de cartas, paquetes*) coursier(-ière)
menstruación *nf* menstruation *f*
menstrual *adj* menstruel(elle) ; **dolores menstruales** douleurs *fpl* menstruelles
menstruar *vi* avoir ses règles
mensual *adj* mensuel(le) ; **50 euros mensuales** 50 euros par mois
mensualidad *nf* mensualité *f*
mensualmente *adv* mensuellement
menta *nf* menthe *f*
mentada *nf*: **hacerle a algn una ~** (*Am fam*) cracher sur qn
mentado, -a *adj* (*mencionado*) en question ; (*famoso*) célèbre
mental *adj* mental(e)
mentalidad *nf* mentalité *f*
mentalización *nf* préparation *f* mentale
mentalizar *vt* faire prendre conscience à ; **mentalizarse** *vpr*: **mentalizarse (de/de que)** se faire à l'idée (de/que)
mentalmente *adv* mentalement
mentar *vt* mentionner ; **mentarle la madre a algn** (*fam*) mettre qn plus bas que terre
mente *nf* esprit *m* ; **tener en ~ algo/~ hacer algo** avoir qch en tête/dans l'idée de faire qch ; **tener la ~ en blanco** avoir la tête vide
mentecato, -a *adj, nm/f* idiot(e)
mentir *vi* mentir ; **¡miento!** que dis-je !
mentira *nf* mensonge *m* ; **eso es ~** ce n'est pas vrai ; **una ~ como una casa** (*fam*) un mensonge gros comme une maison ; **parece ~ que ...** on ne dirait vraiment pas que ... ; (*como reproche*) c'est incroyable que ... ; **de ~** (*pistola*) pour rire ; (*historia*) pour rigoler ; **~ piadosa** pieux mensonge
mentirijillas (*fam*) *nfpl*: **de ~** pour rire ; **lloraba de ~** il faisait sembler de pleurer ; **jugar de ~** jouer pour de faux
mentiroso, -a *adj, nm/f* menteur(-euse)
mentís *nm inv*: **dar un ~ a** apporter un démenti à
mentolado, -a *adj* mentholé(e)
mentón *nm* menton *m*
mentor, a *nm/f* mentor *m*
menú *nm* (*tb Inform*) menu *m* ; **guiado por ~** (*Inform*) contrôlé(e) par menu
menudear *vt* multiplier ▸ *vi* se multiplier
menudencia *nf* bricole *f*
menudeo (*Am*) *nm* vente *f* au détail
menudillos *nmpl* (*Culin*) abats *mpl*
menudo, -a *adj* (*muy pequeño*) menu(e) ; (*sin importancia*) insignifiant(e) ; **¡~ negocio!** drôle d'affaire ! ; **¡~ chaparrón/lío!** quelle engueulade/histoire ! ; **¡~ sitio/actor!** (*pey*) drôle d'endroit/d'acteur ! ; **a ~** souvent
meñique *nm* (*tb*: **dedo meñique**) auriculaire *m*
meollo *nm*: **el ~ del asunto** le fond du problème
mequetrefe (*pey*) *nm* fantoche *m*, fâcheux *m*
mercadeo *nm* commercialisation *f*
mercader *nm* marchand *m*
mercadería *nf* marchandise *f*
mercadillo *nm* petit marché *m*, marché *m* aux puces
mercado *nm* marché *m* ; **~ de valores** marché des valeurs ; **~ exterior/interior** marché extérieur/intérieur ; **~ laboral** marché du travail ; **~ negro** marché noir
mercadotecnia *nf* marketing ; **estudios de ~** études *fpl* de marketing
mercancía *nf* marchandise *f* ; **mercancías en depósito** marchandises en stock
mercancías *nm inv* (*tb*: **tren de mercancías**) train *m* de marchandises
mercantil *adj* commercial(e)
merced *nf*: **(estar) a ~ de** (être) à la merci de
mercenario, -a *adj, nm* mercenaire *mf*
mercería *nf* mercerie *f* ; **artículos/sección de ~** mercerie
Mercosur *sigla m* (= *Mercado Común del Sur*) *Argentina, Brasil, Paraguay, Uruguay*
Mercurio *nm* Mercure *m*
mercurio *nm* mercure *m*
merecedor, a *adj*: **~ (de)** digne (de)
merecer *vt* mériter ; **merece la pena** ça vaut la peine
merecidamente *adv* à juste titre ; **ganó ~** il a remporté une victoire bien méritée
merecido, -a *adj* mérité(e) ; **recibir su ~** avoir ce qu'on *etc* mérite
merecimiento *nm* (*mérito*) mérite *m* ; **perdimos con todo ~** nous méritions de perdre ; **otra persona de mayor ~** une personne plus méritoire
merendar *vt* prendre pour son goûter ▸ *vi* prendre son goûter
merendero *nm* aire *f* de pique-nique
merengue *nm* meringue *f*
merezca *etc vb ver* **merecer**
meridianamente *adv* clairement ; **eso queda ~ claro** c'est parfaitement *ou* absolument clair
meridiano, -a *adj*: **la explicación es de una claridad meridiana** l'explication est on ne peut plus claire ▸ *nm* méridien *m*
meridional *adj* méridional(e)
merienda *vb ver* **merendar** ▸ *nf* goûter *m* ; **~ de negros** foire *f* d'empoigne
mérito *nm* mérite *m* ; **hacer méritos** faire ses preuves ; (*pey*) faire du zèle ; **restar ~ a** diminuer les mérites de
meritorio, -a *adj* méritoire
merluza *nf* colin *m* ; **coger una ~** (*fam*) prendre une cuite

m

merma *nf* diminution *f*
mermar *vt, vi* diminuer
mermelada *nf* confiture *f*
mero, -a *adj* simple ; (*CAm, Méx fam: verdadero*) vrai(e) ; (*: principal*) principal(e) ; (*: exacto*) précis(e) ▸ *nm* (*Zool*) mérou *m* ; **el ~ ~** (*Méx fam*) le grand manitou ▸ *adv* (*CAm, Méx fam*) précisément ; **allí ~** là-bas précisément
merodear *vi*: **~ por (un lugar)** rôder dans (un endroit)
mersa (*Arg*) *adj* grossier(-ière) ▸ *nmf* grossier personnage *m*
mes *nm* mois *msg* ; **el ~ corriente** ce mois-ci ; **llegar a fin de ~** joindre les deux bouts
mesa *nf* table *f* ; **poner/quitar la ~** mettre/débarrasser la table ; **~ de billar** table de billard ; **~ electoral** bureau *m* de vote ; **~ redonda** table ronde
mesarse *vpr*: **~ los cabellos** s'arracher les cheveux
mescalina *nf* mescaline *f*
mesero, -a (*esp Méx*) *nm/f* garçon (serveuse)
meseta *nf* plateau *m*
Mesías *nm inv* Messie *m*
mesilla *nf* (*tb*: **mesilla de noche**) table *f* de nuit
mesón *nm* restaurant *m*
mesonero, -a *nm/f* (*arcaico*) aubergiste *mf* ; (*Chi, Ven*) garçon *m*
mestizaje *nm* métissage *m*
mestizo, -a *adj, nm/f* métis(se)
mesura *nf* (*moderación*) mesure *f* ; (*en trato con gente*) réserve *f*
mesurado, -a *adj* (*moderado*) modéré(e), mesuré(e) ; **estilo ~** un style contenu
meta *nf* (*tb Fútbol*) but *m*
metabólico, -a *adj* métabolique
metabolismo *nm* métabolisme *m*
metacrilato *nm* méthacrylate *m*
metadona *nf* méthadone *f*
metafísica *nf* métaphysique *f*
metafísico, -a *adj* métaphysicien(-ienne)
metáfora *nf* métaphore *f*
metafórico, -a *adj* métaphorique
metal *nm* métal *m* ; (*Mús*) cuivres *mpl*
metálico, -a *adj* métallique ▸ *nm*: **en ~** en espèces
metalizado, -a *adj* métallisé(e)
metalurgia *nf* métallurgie *f*
metalúrgico, -a *adj* métallurgique
metamorfosear *vt*: **~ (en)** métamorphoser (en)
metamorfosis *nf inv* métamorphose *f*
metano *nm* méthane *m*
metástasis *nf inv* métastase *f*
metate (*Méx*) *nm* pierre *f* meulière
metedura *nf*: **~ de pata** (*fam*) gaffe *f*
meteórico, -a *adj* météorique
meteorito *nm* météorite *m* o *f*
meteoro *nm* météore *m* ; **como un ~** comme un éclair
meteorología *nf* météorologie *f*
meteorológico, -a *adj* météorologique
meteorólogo, -a *nm/f* météorologue *mf* ; (*Radio, TV*) monsieur (madame) météo
meter *vt* mettre ; (*involucrar*) mêler ; (*Costura*) raccourcir ; (*miedo*) faire ; (*paliza*) flanquer ; (*marchas: Auto*) mettre, passer ; **~ algo en** o **a** mettre qch dans ; **~ ruido** faire du bruit ; **~ una mentira** glisser un mensonge ; **~ prisa a algn** bousculer qn ; **meterse** *vpr*: **meterse en** (*un lugar*) entrer dans ; (*negocios, política*) se lancer dans ; (*entrometerse*) se mêler de ; **meterse a hacer algo** se mettre à faire qch ; **meterse a escritor** se lancer dans la littérature ; **meterse con algn** s'en prendre à qn ; (*en broma*) taquiner qn ; **meterse en todo/donde no le llaman** se mêler de tout/de ce qui ne le regarde pas
meticuloso, -a *adj* méticuleux(-euse)
metido, -a *adj*: **estar muy ~ en un asunto** être engagé(e) à fond dans une affaire ; **~ en años** d'un certain âge, âgé(e) ; **~ en carnes** bien en chair
metódico, -a *adj* méthodique
metodista *adj* méthodiste
método *nm* méthode *f* ; **con ~** avec méthode
metodología *nf* méthodologie *f*
metomentodo *nmf inv* fouineur(-euse)
metraje *nm* (*Cine*) métrage *m*
metralla *nf* mitraille *f*
metralleta *nf* mitraillette *f*
métrica *nf* (*Lit*) métrique *f*
métrico, -a *adj* métrique ; **cinta métrica** mètre-ruban *m*
metro *nm* mètre *m* ; (*tren*: *tb*: **metropolitano**) métro *m* ; **~ cuadrado/cúbico** mètre carré/cube
metrópoli *nf* métropole *f*
metropolitano, -a *adj* métropolitain(e) ; **el área metropolitana de Madrid** l'agglomération *f* de Madrid
metrosexual *adj, nm* métrosexuel *m*
mexicano, -a *adj* mexicain(e) ▸ *nm/f* Mexicain(e)
México *nm* Mexique *m* ; **Ciudad de ~** Mexico
meza *etc vb ver* **mecer**
mezanine *nm* = **mezzanine**
mezcal (*Méx*) *nm* mescal *m*
mezcla *nf* mélange *m*
mezclar *vt* mélanger ; (*cosas, ideas dispares*) mêler ; **~ a algn en** (*pey*) mêler qn à ; **mezclarse** *vpr* se mélanger ; **mezclarse en algo** (*pey*) se mêler de qch ; **mezclarse con algn** (*pey*) fréquenter qn
mezcolanza *nf* mélange *m*
mezquindad *nf* mesquinerie *f*
mezquino, -a *adj* mesquin(e)
mezquita *nf* mosquée *f*
mezzanine [metsa'nin] (*esp Am*) *nm* mezzanine *f*

mezzosoprano ['metso-so'prano] *nf* mezzo-soprano *f*
mg *abr (= miligramo(s))* mg *(= milligramme(s))*
M.G. *abr (= materia grasa)* mat.gr.
mi *adj* mon (ma) ; **mi hijo** mon fils ; **mis hijos** mes enfants ▸ *nm (Mús)* mi *m*

¡Atención! En francés el adjetivo posesivo concuerda en género y número con la cosa poseída (*mon père, ma mère, mes parents*), mientras que en español solo concuerda en número (**mi padre, mi madre, mis padres**).

mí *pron* moi ; **¿y a mí qué?** qu'est-ce que ça peut bien me faire, à moi ? ; **para mí que ...** à mon avis ... ; **por mí no hay problema** pour ma part il n'y a pas de problème ; **por mí mismo** par moi-même
miaja *nf* miette *f* ; **ni una ~** que dalle
miau *nm* miaou *m*
mica *nf (Minería)* mica *m*
michelín *nm* bourrelet *m* ; *(fam)* poignée *f* d'amour
mico *nm (Zool)* singe *m* ; *(fam: a niño)* petit cochon *m* ; **volverse ~ haciendo algo** se démener pour faire qch
micrero, -a *nm/f (Chi)* chauffeur(e) de minibus ; *(Arg)* chauffeur(e) d'autocar
micro *nm* micro *m* ; *(Am: microordenador)* micro-ordinateur *m* ; *(: microbús)* minibus *msg* ; *(Arg)* autocar *m* ▸ *nf (a veces nm: Chi)* minibus *msg*
microbio *nm* microbe *m*
microbiología *nf* microbiologie *f*
microbús *nm* minibus *msg*
microchip *nm* puce *f*
microclima *nm* microclimat *m*
microcomputador *nm*, **microcomputadora** *nf* micro-ordinateur *m*
microcosmos *nm inv* microcosme *m*
microficha *nf* microfiche *f*
microfilm *nm* microfilm *m*
micrófono *nm* microphone *m*
microinformática *nf* micro-informatique *f*
micromecenazgo *nm* micro-mécénat *m*, microménécat *m*
micrómetro *nm* micromètre *m*
microondas *nm inv (tb:* **horno microondas***)* (four *m* à) micro-ondes *msg*
microordenador *nm* micro-ordinateur *m*
microorganismo *nm* micro-organisme *m*
micropastilla *nf (Inform)* puce *f*, pastille *f*
microplaquita *nf:* **~ de silicio** puce *f* électronique
microprocesador *nm* microprocesseur *m*
microprograma *nm (Inform)* microprogramme *m*
microscópico, -a *adj* microscopique
microscopio *nm* microscope *m*
midiendo *etc vb ver* **medir**
miedo *nm* peur *f* ; **meter ~ a** faire peur à ; **tener ~** avoir peur ; **tener ~ de que** avoir peur que ; **de ~** *(fam)* terrible ; **ese chica está de ~** cette fille est sublime ; **pasarlo de ~** s'en donner à cœur joie ; **me da ~** cela me fait peur ; **me da ~ pensarlo/perderlo** je tremble à cette idée/à l'idée de le perdre ; **hace un frío de ~** *(fam)* il fait un froid de loup
miedoso, -a *adj* peureux(-euse)
miel *nf* miel *m*
miembro *nm* membre *m* ; **~ viril** membre viril
mientes *vb ver* **mentar**; **mentir** ▸ *nfpl:* **no parar ~ en** ne pas s'arrêter sur
mientras *conj* pendant que ; **~ viva/pueda** tant que je vivrai/pourrai ; **~ que** tandis que ; **~ más tiene, más quiere** *(esp Am)* plus on en a, plus on en veut ▸ *adv* en attendant ; **~ tanto** entre-temps
miérc. *abr* = **miércoles**
miércoles *nm inv* mercredi *m* ; **~ de ceniza** mercredi des Cendres ; *ver tb* **sábado**
mierda *(fam!) nf* merde *f (fam !)* ; **ser una ~** *(pey)* être de la merde ; **¡vete a la ~!** va te faire voir ! ; **¡~!** merde ! ; **de ~** de merde, merdique
mies *nf* moisson *f* ; **mieses** *nfpl (campos)* moissons *fpl*
miga *nf* mie *f* ; *(una miga)* miette *f* ; **hacer buenas migas** *(fam)* faire bon ménage ; **estar hecho migas** *(fam)* être lessivé ; **esto tiene ~** c'est compliqué
migaja *nf* miette *f* ; **migajas** *nfpl (pey: sobras)* restes *mpl*
migra *(fam) nf (Am)* police *f* de l'immigration
migración *nf* migration *f*
migraña *nf* migraine *f*
migratorio, -a *adj (ave)* migrateur(-trice) ; *(movimientos)* migratoire
mijo *nm* millet *m*
mil *adj, nm* mille *m* ; **dos ~ libras** deux mille livres ; **miles de veces** des milliers de fois
milagro *nm* miracle *m* ; **de ~** par miracle ; **hacer milagros** faire des miracles
milagroso, -a *adj* miraculeux(-euse)
Milán *n* Milan
milanesa *nf (esp Am Culin)* escalope *f* viennoise
milano *nm* milan *m*
milenario, -a *adj, nm* millénaire *m*
milenio *nm* millénaire *m*
milésimo, -a *adj, nm/f* millième *mf*
mileurista *adj* d'environ mille euros ; **un sueldo ~** un salaire d'environ mille euros ▸ *nmf personne qui gagne (autour de) mille euros*
milhojas *nm inv (pastel)* millefeuille *m*
mili *(fam) nf:* **la ~** le service (militaire) ; **hacer la ~** faire son service
milicia *nf* milice *f*
miliciano, -a *nm/f* milicien(-enne)
milico *(And, CSur pey) nm (policía)* flic *m* ; *(soldado)* troufion *m*

miligramo *nm* milligramme *m*
mililitro *nm* millilitre *m*
milímetro *nm* millimètre *m*
militancia *nf* (*en partido*) militantisme *m* ; (*conjunto de militantes*) militants *mpl* ; (*afiliación*): **¿cuál es su ~ política?** quelle est votre appartenance politique ? ; **~ de base** militants *mpl* de base, base *f*
militante *adj, nmf* militant(e)
militar *adj, nmf* militaire *mf* ; **los militares** les militaires *mpl*, l'armée *f* ▶ *vi*: **~ en** (*Pol*) militer dans
militarismo *nm* militarisme *m*
militarista *adj, nmf* militariste
militarizar *vt* militariser ; (*policía*) réquisitionner
mill. *abr* (= *millón(millones)*) M (= *million(s)*)
milla *nf* mille *m* ; **~ marina** mille marin
millar *nm* millier *m* ; **a millares** par milliers
millón *nm* million *m*
millonada *nf*: **una ~** un tas
millonario, -a *adj, nm/f* millionnaire *mf*
millonésimo, -a *adj, nm/f* millionième *mf*
milonga (Arg) *nf danse populaire*
milpa (CAm, Méx) *nf* champ *m* de maïs ; (*planta*) maïs *msg*
milpero, -a (CAm, Méx) *adj* agricole ▶ *nm/f* cultivateur(-trice) de maïs
mimado, -a *adj* gâté(e)
mimar *vt* (*ser cariñoso con: persona*) faire des câlins ; (*cuidar: cosa*) prendre soin de ; (*malcriar: niño*) gâter
mimbre *nm o nf* osier *m* ; **de ~** en osier
mimeógrafo *nm* machine *f* à polycopier
mimetismo *nm* mimétisme *m*
mimetizar *vt* (*imitar*) imiter ; **mimetizarse** *vpr* (*Zool*) agir par mimétisme
mímica *nf* mimique *f*
mimo *nm* (*gesto cariñoso*) câlin *m* ; (*cuidado*) soin *m* ; (*en trato con niños: pey*) gâterie *f* ; (*Teatro*) mime *m* ; **un trabajo hecho con ~** un travail fait avec amour
mimoso, -a *adj* (*cariñoso*) affectueux(-euse) ; **¡no te pongas tan ~!** ne sois pas aussi collant !
mina *nf* mine *f* ; **ese negocio es una ~** c'est une affaire en or ; **ese actor es una ~** cet acteur vaut de l'or
minar *vt* miner
minarete *nm* minaret *m*
mineral *adj* minéral(e) ▶ *nm* minéral *m*
mineralogía *nf* minéralogie *f*
minería *nf* (*técnica*) travail *m* de la mine ; (*sector minero*) mine *f*, mineurs *mpl*
minero, -a *adj* minier(-ière) ▶ *nm/f* mineur *m*
miniatura *nf* miniature *f* ; **en ~** en miniature
minibar *nm* minibar *m*
minicadena *nf* minichaîne *f*
minicomputador *nm* mini-ordinateur *m*
minidisco *nm* (*Inform*) disquette *f*
minifalda *nf* mini-jupe *f*
minifundio *nm* petite propriété *f*
minigolf *nm* minigolf *m*
mínima *nf* (*tb*: **temperatura mínima**) température *f* minimale
minimalista *adj, nmf* minimaliste *mf*
minimizar *vt* minimiser
mínimo, -a *adj* (*temperatura, salario*) minimal(e) ; (*detalle, esfuerzo*) minime ; **lo ~ que puede hacer** le moins qu'il puisse faire ; **en lo más ~** le moins du monde ▶ *nm* minimum *m* ; **como ~** au minimum
minino, -a (*fam*) *nm/f* minet(te)
miniserie *nf* minisérie *f*
ministerial *adj* ministériel(le)
ministerio *nm* ministère *m* ; **M~ de Asuntos Exteriores/de Comercio e Industria** ministère des Affaires étrangères/du Commerce et de l'Industrie ; **M~ del Interior/de Hacienda** ministère de l'Intérieur/des Finances
ministro, -a *nm/f* ministre *mf* ; **M~ de Hacienda/del Interior** ministre des Finances/de l'Intérieur
minoría *nf* minorité *f*
minorista *nm* détaillant *m*
minoritario, -a *adj* minoritaire
mintiendo *etc vb ver* **mentir**
minucia *nf* bricole *f*
minuciosidad *nf* minutie *f*
minucioso, -a *adj* minutieux(-euse)
minúscula *nf* minuscule *f* ; **con ~(s)** (*Tip*) en minuscule(s)
minúsculo, -a *adj* minuscule
minusvalía *nf* (*Med, Com*) handicap *m*
minusválido, -a *adj, nm/f* handicapé(e)
minusvalorar *vt* sous-estimer ; **minusvalorarse** *vpr* ne pas avoir une haute opinion de soi-même
minuta *nf* (*de comida*) menu *m* ; (*de abogado etc*) note *f* d'honoraires
minutero *nm* aiguille *f* des minutes
minuto *nm* minute *f*
Miño *nm*: **el (río) ~** le Minho
mío, -a *adj* à moi ; **un amigo ~** un de mes amis, un ami à moi ▶ *pron*: **el ~/ la mía** le mien/ la mienne ; **lo ~** ce qui m'appartient ; **los míos** les miens
miope *adj* myope
miopía *nf* myopie *f*
MIR (Esp *Med*) = **Médico Interno y Residente** ▶ *sigla m* (*oposición*) concours *msg* de l'internat ▶ *sigla mf* (*médico*) interne *mf*
mira *nf* (*de arma*) viseur *m* ; **con la ~ de (hacer)** dans le but de (faire) ; **con miras a (hacer)** en vue de (faire) ; **de amplias/estrechas miras** large/étroit(e) d'esprit
mirada *nf* regard *m* ; (*momentánea*) coup *m* d'œil ; **echar una ~ a** jeter un coup d'œil à ; **levantar/bajar la ~** lever/baisser les yeux ;

resistir la ~ de algn soutenir le regard de qn ; **~ de soslayo** regard de travers ; **~ fija** regard fixe ; **~ perdida** regard dans le vague

mirado, -a *adj* réservé(e) ; **estar bien/mal ~** être bien/mal vu(e)

mirador *nm* mirador *m*

miramiento *nm* égards *mpl* ; **tratar sin ~(s) a algn** traiter qn sans égards

mirar *vt* regarder ; (*considerar*) penser à ; **~ algo/a algn de reojo** regarder qch/qn du coin de l'œil ; **~ algo por encima** survoler qch ; **~ algo/a algn por encima del hombro** regarder qch/qn de haut ; **~ algo/a algn fijamente** regarder fixement qch/qn ; **~ bien/mal a algn** apprécier/ne pas apprécier qn ; **mirándolo bien, ...** réflexion faite, ... ; **mira a ver si está ahí** regarde s'il y est ▸ *vi* regarder ; (*suj: ventana etc*) donner sur ; **~ (hacia/por)** regarder (vers/par) ; **~ (en/por)** veiller (à) ; **~ por algn/algo** veiller sur qn/qch ; **~ por la ventana** regarder par la fenêtre ; **mirarse** *vpr* se regarder ; **mirarse al espejo** se regarder dans le miroir ; **mirarse a los ojos** se regarder dans les yeux

mirilla *nf* judas *msg*

mirlo *nm* merle *m*

mirón, -ona (*fam*) *adj* curieux(-euse) ▸ *nm/f* (*espectador*) spectateur(-trice) ; (*curioso*) badaud(e) ; (*voyer*) voyeur(-euse) ; **estar de ~** regarder sans rien faire ; **ir de ~** aller en spectateur(-trice)

misa *nf* messe *f* ; **lo que él dice va a ~** ce qu'il dit est parole d'évangile ; **~ de difuntos/del gallo** messe des morts/de minuit

misal *nm* missel *m*

misántropo *nm* misanthrope *m*

miscelánea *nf* mélanges *mpl*

miserable *adj, nmf* misérable *mf* ; (*tacaño*) avare *mf*

miseria *nf* misère *f* ; (*tacañería*) mesquinerie *f* ; **una ~** (*muy poco*) une misère ; **hundir(se) en la ~** être au trente-sixième dessous

misericordia *nf* miséricorde *f*

misericordioso, -a *adj* miséricordieux(-euse) ; **obras misericordiosas** bonnes œuvres *fpl*

mísero, -a *adj* misérable ; (*tacaño*) avare, pingre

misia, misiá (*esp* CSur *fam*) *nf* (*tratamiento*) madame *f*

misil *nm* missile *m*

misión *nf* mission *f* ; **misiones** *nfpl* (*Rel*) missions *fpl*

misionero, -a *nm/f* missionnaire *mf*

misiva *nf* missive *f*

mismamente (*fam*) *adv* précisément

mismísimo, -a *adj superl* en personne

mismo, -a *adj* même ; (*con pron personal*): **mí ~** *etc* moi-même *etc* ; **el ~ libro/apellido** le même livre/nom de famille ; **el ~ color** la même couleur ; **yo ~ lo vi** je l'ai vu de mes propres yeux ; **lo hizo por sí ~** il l'a fait de lui-même ; **en ese ~ momento** à ce moment-là ; **vino el ~ Ministro** le ministre en personne est venu ; **lo ~ que** de même que ; **por lo ~** du coup ; **quiero lo ~** je veux la même chose ; **es/da lo ~** peu importe ; **lo ~ viene** rien ne dit qu'il ne viendra pas, il peut très bien venir ; **quedamos en las mismas** nous en sommes au même point ; **volver a las mismas** en revenir où on en était ▸ *adv*: **aquí/hoy ~** (*dando énfasis*) ici/aujourd'hui même ; (*por ejemplo*) par exemple ici/aujourd'hui ; **ayer ~** pas plus tard qu'hier ; **ahora ~** à l'instant ▸ *conj*: **~ que** (Méx: *esp en prensa*) qui ; **detuvieron al ladrón, ~ que fue trasladado a la cárcel** ils ont arrêté le voleur qui a été conduit en prison

misoginia *nf* misogynie *f*

misógino *nm* misogyne *m*

miss [mis] *nf* miss *f*

misterio *nm* mystère *m* ; **hacer algo con (mucho) ~** faire qch en (grand) secret

misterioso, -a *adj* mystérieux(-euse)

mística *nf* (*Rel*) mystique *f* ; (*Lit*) littérature *f* mystique ; *ver tb* **místico**

misticismo *nm* mysticisme *m*

místico, -a *adj, nm/f* mystique *m*

mitad *nf* moitié *f* ; (*centro*) milieu *m* ; **~ y ~** moitié moitié ; **a ~ de precio** à moitié prix ; **en** *o* **a ~ del camino** à mi-chemin ; **cortar por la ~** partager en deux

mítico, -a *adj* mythique

mitificar *vt* mythifier

mitigar *vt* atténuer

mitigue *etc vb ver* **mitigar**

mitin *nm* (*esp Pol*) meeting *m*

mito *nm* mythe *m*

mitología *nf* mythologie *f*

mitológico, -a *adj* mythologique

mitote (Méx *fam*) *nm* grabuge *m*

mitra *nf* (*tb Rel: gorro*) mitre *f* ; (*Rel: obispado*) épiscopat *m* ; (*: arzobispado*) archevêché *m*

mixto, -a *adj* mixte ; (*ensalada*) composé(e)

ml *abr* (= *mililitro(s)*) ml (= *millilitre(s)*)

mm *abr* (= *milímetro(s)*) mm (= *millimètre(s)*)

MMS *nm abr* (= *Multimedia Message Service*) MMS *m*

M.N. (Am) *sigla f* = **moneda nacional**

m/n *abr* (*Econ*) = **moneda nacional**

M.º *abr* = **Ministerio**

m/o *abr* (*Com*: = *mi orden*) notre réf.

moai (*pl* **moais**) (Chi) *nm* (*estatua primitiva*) moai *m inv* (*statue de l'île de Pâques*)

mobbing *nm* harcèlement *m* (moral), mobbing *m*

mobiliario *nm* mobilier *m*

mocasín *nm* mocassin *m*

mocedad *nf* jeunesse *f*

mochila *nf* sac *m* à dos

m

mochilero, -a *nm/f* routard(e)
mochuelo *nm*: **sacudirse el ~** (*fam*) décliner toute responsabilité
moción *nf* motion *f*; **~ de censura** motion de censure
moco *nm* crotte *f* de nez ; **no es ~ de pavo** ce n'est pas rien ; **mocos** *nmpl* morve *fsg* ; **limpiarse los mocos** se moucher
mocoso, -a (*fam, pey*) *nm/f* morveux(-euse)
moda *nf* mode *f*; **estar de ~** être à la mode ; **pasado de ~** démodé(e) ; **ir a la ~** suivre la mode ; **a la última ~** à la dernière mode
modales *nmpl* manières *fpl* ; **buenos ~** bonnes manières
modalidad *nf* modalité *f*
modelar *vt* modeler
modélico, -a *adj* modèle, exemplaire
modelo *adj inv* modèle ▸ *nmf* modèle *m* ; (*en moda, publicitario*) mannequin *mf* ▸ *nm* (*a imitar*) modèle *m*
módem *nm* modem *m*
moderación *nf* modération *f*
moderado, -a *adj* modéré(e)
moderador, a *nm/f* modérateur(-trice)
moderar *vt* modérer ; **moderarse** *vpr*: **moderarse (en)** se modérer (dans)
modernice *etc vb ver* **modernizar**
modernidad *nf* modernité *f*
modernismo *nm* modernisme *m*
modernista *adj, nmf* moderniste
modernización *nf* modernisation *f*
modernizar *vt* moderniser ; **modernizarse** *vpr* se moderniser
moderno, -a *adj* moderne
modestia *nf* modestie *f*
modesto, -a *adj* modeste
módico, -a *adj* modique
modificación *nf* modification *f*
modificar *vt* modifier
modifique *etc vb ver* **modificar**
modismo *nm* (*Ling*) idiotisme *m*
modisto, -a *nm/f* couturier(-ière)
modo *nm* (*manera*) manière *f* ; (*Inform, Mús, Ling*) mode *f* ; **a ~ de** en guise de ; **de cualquier ~** de n'importe quelle manière ; **de este ~** de cette façon ; **de ~ que** de sorte que ; **de ningún ~** en aucune façon ; **de todos modos** de toute manière ; **de un ~ u otro** d'une façon ou de l'autre ; **en cierto ~** d'une certaine manière ; **« ~ de empleo »** « mode d'emploi » ; **modos** *nmpl* (*modales*): **buenos/malos modos** bonnes/mauvaises manières
modorra *nf* léthargie *f*
modoso, -a *adj* sage
modular *vt* moduler
módulo *nm* module *m*
mofa *nf*: **hacer ~ de algn** se moquer de qn
mofarse *vpr*: **~ de** se moquer de
mofeta *nf* (*Zool*) moufette *f*
moflete *nm* bajoue *f*
mogollón (*fam*) *nm*: **(un) ~ de cosas/gente** (une) flopée de choses/gens ▸ *adv* vachement
mohín *nm* grimace *f*
mohíno, -a *adj* fâché(e)
moho *nm* (*en pan etc*) moisi *m* ; (*en metal*) rouille *f*
mohoso, -a *adj* (*pan*) moisi(e) ; (*metal*) rouillé(e)
mojado, -a *adj* mouillé(e)
mojama *nf* salaison *f* de thon ; **está más seco que una ~** (*fig*) il est ridé comme une vieille pomme
mojar *vt* mouiller ; **~ el pan en el café/en salsa** tremper son pain dans le café/dans la sauce ; **mojarse** *vpr* se mouiller
mojigato, -a *adj* (*que se escandaliza fácilmente*) bigot(e) ; (*muy recatado*) prude, bégueule
mojo *nm* (*esp* MÉX) sauce *f* à l'ail ; **~ picón** *sauce très relevée typique des îles Canaries, à base de piment.*
mojón *nm* borne *f* ; **~ kilométrico** borne kilométrique
moka *nf* moka *m*
mol. *abr* = **molécula**
molar *nm* molaire *f* ▸ *vt* (*fam*): **lo que más me mola es ...** ce qui me botte le plus, c'est ... ▸ *vi* (*fam*): **esa cazadora/ir en moto mola (mucho)** ce blouson/me balader à moto me botte (beaucoup)
molcajete (*esp* MÉX) *nm* mortier *m*
molde *nm* moule *m* ; (*Tip*) forme *f* ; **romper moldes** rompre les schémas traditionnels
moldeado *nm* mise *f* en plis
moldear *vt* mouler ; (*carácter*) modeler
mole *nf* masse *f* ▸ *nm* (MÉX) (sorte *f* de viande en) sauce *f*
molécula *nf* molécule *f*
molecular *adj* moléculaire
moler *vt* moudre ; (*cansar*) crever ; **~ a algn a palos** rouer qn de coups
molestar *vt* (*suj: olor, ruido*) gêner ; (*: visitas, niño*) déranger ; (*: comentario, actitud*) vexer ; **siento molestarle** je regrette de vous déranger ▸ *vi* (*visitas, niño*) déranger ; **¿le molesta el humo?** la fumée vous dérange ? ; **me molesta tener que hacerlo** cela m'ennuie de devoir faire cela ; **molestarse** *vpr* se déranger ; (*ofenderse*) se vexer ; **molestarse (en)** prendre la peine (de)
molestia *nf* gêne *f* ; **tener molestias en** avoir mal à ; **tomarse la ~ de** prendre la peine de ; **no es ninguna ~** cela ne me dérange pas du tout, je vous en prie ; **« perdonen las molestias »** « veuillez nous excuser pour le désagrément »
molesto, -a *adj* gênant(e), désagréable ; **estar ~** (*Med*) se sentir mal ; (*enfadado*) être fâché(e) ; **estar ~ con algn** ne pas être à l'aise avec qn

molido, -a *adj*: **estar ~** être crevé(e) (*fam*)
molinero, -a *nm/f* meunier(-ière)
molinillo *nm*: **~ de café** moulin *m* à café
molino *nm* moulin *m*
molleja *nf* (*de ave*) gésier *m* ; **mollejas** (*de res, cordero*) ris *mpl*
mollera (*fam*) *nf* (*seso*) cervelle *f* ; **ser duro de ~** (*torpe*) être complètement bouché ; (*testarudo*) avoir la tête dure
molusco *nm* mollusque *m*
momentáneamente *adv* momentanément
momentáneo, -a *adj* momentané(e)
momento *nm* moment *m* ; **es el/no es el ~ de (hacer)** c'est/ce n'est pas le moment de (faire) ; **en estos momentos** en ce moment ; **un buen/mal ~** un bon/mauvais moment ; **al ~** sur-le-champ ; **a cada ~** à tout moment ; **en un ~** en un instant ; **de ~** pour le moment ; **del ~ (actual)** du moment ; **por el ~** pour le moment ; **de un ~ a otro** d'un moment à l'autre ; **por momentos** par moments
momia *nf* momie *f* ; *ver tb* **momio**
momio, -a (Chi *fam*) *adj, nm/f* réac *mf*
mona *nf* (*fam*) cuite *f* ; (Ven) mijaurée *f* ; **dormir la ~** cuver (son vin) ; *ver tb* **mono**
monacal *adj* monacal(e) ; **un silencio ~** un silence absolu
Mónaco *nm* Monaco *m*
monada *nf* bijou *m* ; **¡qué ~!** quel bijou !
monaguillo *nm* enfant *m* de chœur
monarca *nm* monarque *m* ; **los monarcas** le roi et la reine
monarquía *nf* monarchie *f*
monárquico, -a *adj* monarchique ▸ *nm/f* monarchiste *mf*
monasterio *nm* monastère *m*
Moncloa *nf voir article*

La Moncloa

Le palais de **la Moncloa** à Madrid est la résidence officielle du chef du gouvernement espagnol. Par extension, l'expression **la Moncloa** désigne souvent le chef du gouvernement et ses collaborateurs.

monda *nf* (*de fruta*) peau *f* ; **¡es la ~!** (*fam*: *inaudito*) faut le voir pour le croire ! ; (*: dicho con enfado*) c'est le comble ! ; (*: muy gracioso*) c'est à se tordre de rire
mondadientes *nm inv* cure-dent *m*
mondar *vt* éplucher ; **mondarse** *vpr*: **mondarse de risa** (*fam*) se tordre de rire
moneda *nf* (*unidad monetaria*) monnaie *f* ; (*pieza*) pièce *f* (de monnaie) ; **una ~ de 2 euros** une pièce de 2 euros ; **es ~ corriente** c'est monnaie courante ; **~ de curso legal** monnaie au cours légal ; **~ extranjera** monnaie étrangère
monedero *nm* portemonnaie *m*
monegasco, -a *adj* monégasque ▸ *nm/f* Monégasque *mf*
monería *nf* = **monada**
monetario, -a *adj* monétaire
monetarista *adj, nmf* monétariste *mf*
mongol, a *adj* mongol(e) ▸ *nm/f* Mongol(e) ▸ *nm* (*Ling*) mongol *m*
Mongolia *nf* Mongolie *f*
mongólico, -a *nm/f* mongolien(ne)
monigote *nm* (*dibujo*) dessin *m* ; (*de papel*) bonhomme *m* ; (*persona: pey*) pantin *m*
monitor, a *nm/f* moniteur(-trice) ▸ *nm* (*TV, Inform*) moniteur *m* ; **~ en color** écran *m* couleur
monja *nf* religieuse *f*
monje *nm* moine *m*
mono, -a *adj* mignon(ne) ; (Col) blond(e) ▸ *nm/f* singe (guenon) ▸ *nm* (*prenda: entera*) bleu *m* de travail ; (*: con peto*) salopette *f*
monocorde *adj* (*Mús, fig*) monocorde
monóculo *nm* monocle *m*
monogamia *nf* monogamie *f*
monografía *nf* monographie *f*
monográfico, -a *adj* monographique ; **estudio ~** monographie *f* ; **número ~** (*de revista*) numéro *m* spécial ; **programa ~** programme *m* monographique, émission *f* spéciale ▸ *nm* monographie *f*, édition *f* spéciale
monograma *nm* monogramme *m*
monolingüe *adj* monolingue
monolito *nm* monolithe *m*
monólogo *nm* monologue *m*
monoparental *adj* monoparental(e)
monopatín *nm* planche *f* à roulettes
monoplaza *nm* monoplace *m o f*
monopolice *etc vb ver* **monopolizar**
monopolio *nm* monopole *m* ; **~ estatal** monopole d'État
monopolizar *vt* monopoliser
monosílabo, -a *adj* monosyllabique ▸ *nm* monosyllabe *m* ; **constestar con monosílabos** répondre par monosyllabes
monoteísmo *nm* monothéisme *m*
monotonía *nf* monotonie *f*
monótono, -a *adj* monotone
mono-usuario, -a *adj* (*Inform*) mono-utilisateur(-trice)
monovolumen *nm* monospace *m*
monóxido *nm* monoxyde *m* ; **~ de carbono** monoxyde de carbone
Mons. *abr* (*Rel*: = *Monseñor*) Mgr (= *Monseigneur*)
monseñor *nm* monseigneur *m*
monserga *nf*: **¡no me vengas con** *o* **déjate de monsergas!** ne me raconte pas d'histoires !
monstruo *nm* monstre *m* ; **~ de la música** monstre sacré de la musique
monstruoso, -a *adj* monstrueux(-euse)

m

monta *nf*: **de poca ~** sans importance
montacargas *nm inv* monte-charge *m*
montado, -a *adj* (*guardia, policía*) monté(e) ; (*caballo*) sellé(e) ; (*Esp Culin: nata*) fouetté(e) ; (*: clara*) battu(e) en neige ; (*persona*): **iba ~ a caballo** il était à cheval ; (*Esp fam*): **estar ~ (en el dólar)** (*fig*) être plein aux as (*fam*) ▸ *nm* (*Esp Culin*) canapé *m*
montador *nm* monteur *m*
montaje *nm* montage *m* ; (*pey: historia falsa*) coup *m* monté
montante *nm* montant *m*
montaña *nf* montagne *f* ; (*Am*) forêt *f* ; (*de ropa, problemas*) tas *msg* ; **~ rusa** montagne russe
montañero, -a *nm/f* alpiniste *mf*
montañés, -esa *adj* de la région de Santander ▸ *nm/f* natif(-ive) *o* habitant(e) de la région de Santander
montañismo *nm* alpinisme *m*
montañoso, -a *adj* montagneux(-euse)
montar *vt* monter ; **~ un número** *o* **numerito** faire son numéro ▸ *vi* monter ; **~ a caballo** monter à cheval ; **botas de ~** bottes *fpl* d'équitation ; **ir montado en autobús/bicicleta** être en autobus/bicyclette ; **~ en cólera** se mettre en colère ; **montarse** *vpr* (*en vehículo*) monter
montaraz *adj* sauvage
monte *nm* mont *m* ; (*área sin cultivar*) bois *msg* ; **~ alto** futaie *f* ; **~ bajo** maquis *msg* ; **~ de piedad** mont-de-piété *m*
Montenegro *nm* Monténégro *m*
montera *nf* (*de torero*) toque *f*
montería *nf* chasse *f* à courre
Montevideo *n* Montevideo
montículo *nm* monticule *m*
monto *nm* montant *m*
montón *nm* tas *msg* ; (*de gente, dinero*) flopée *f* ; **a montones** en masse ; **del ~** quelconque
montonero, -a (*CSur*) *adj* (de) guérilléro ▸ *nm/f* guérilléro *m*
montura *nf* monture *f* ; (*silla de montar*) selle *f* ; (*arreos*) harnais *msg*
monumental *adj* monumental(e)
monumento *nm* monument *m*
monzón *nm* mousson *f*
moña (*fam*) *nf* cuite *f*
moño *nm* chignon *m* ; **estar hasta el ~** (*fam*) en avoir ras-le-bol *o* par-dessus la tête
moquear *vi* couler
moqueta *nf* moquette *f*
moquillo *nm* rhume *m* des foins
mor: **por ~ de** *prep* à cause de, eu égard à ; **por ~ de la amistad que nos une** eu égard à l'amitié qui nous unit
mora *nf* (*Bot*) mûre *f* ; **en ~** (*Com*) en retard
morada *nf* demeure *f*
morado, -a *adj* violet(te) ; **ponerse ~ (a algo)** se gaver (de qch) ; **pasarlas moradas** en voir de toutes les couleurs ▸ *nm* violet *m*
moral *adj* moral(e) ▸ *nf* morale *f* ; (*ánimo*) moral *m* ; **tener baja la ~** ne pas avoir le moral ▸ *nm* (*Bot*) mûrier *m*
moraleja *nf* morale *f*
moralice *etc vb ver* **moralizar**
moralidad *nf* moralité *f*
moralista *adj, nmf* moraliste *mf*
moralizar *vi* moraliser
morar *vi* demeurer
moratón (*fam*) *nm* bleu *m*
moratoria *nf* moratoire *m* ; **~ nuclear** moratoire nucléaire
morbo (*fam*) *nm*, **morbosidad** *nf* curiosité *f* morbide
morboso, -a *adj* morbide
morcilla *nf* (*Culin*) ≈ boudin *m* noir ; **¡que le den ~!** (*fam*) qu'il aille se faire voir !
mordaz *adj* (*crítica*) acerbe
mordaza *nf* bâillon *m*
mordedura *nf* morsure *f*
morder *vt, vi* mordre ; **está que muerde** il n'est pas à prendre avec des pincettes ; **morderse** *vpr* se mordre ; **morderse las uñas** se ronger les ongles ; **morderse la lengua** se mordre la langue
mordida (*Am fam*) *nf* dessous *msg* de table
mordisco *nm* (petite) morsure *f*
mordisquear *vt* mordiller
moreno, -a *adj* brun(e) ; (*de piel*) mat(e) ; (*negro*) noir(e) ; **estar ~** être bronzé(e) ; **ponerse ~** bronzer ▸ *nm/f* brun(e) ; (*negro*) noir(e)
morfina *nf* morphine *f*
morfinómano, -a *adj, nm/f* morphinomane *mf*
morfología *nf* morphologie *f*
morgue (*Am*) *nf* morgue *f*
moribundo, -a *adj, nm/f* moribond(e)
morir *vi* mourir ; (*olas, día*) se mourir ; (*camino, río*) finir ; **~ de frío/hambre** mourir de froid/faim ; **fue muerto a tiros/en un accidente** il a été tué par balles/dans un accident ; **morirse** *vpr* mourir ; **¡me muero de hambre!** je meurs de faim ! ; **morirse de envidia/de ganas/de vergüenza** crever de jalousie/mourir d'envie/de honte ; **se muere por ella** il est fou d'elle ; **se muere por comprar una moto** il meurt d'envie de s'acheter une moto
morisco, -a *adj, nmf* morisque *mf* (*musulman d'Espagne converti de force au catholicisme aux XVe et XVIe siècles*)
mormón, -ona *nm/f* mormon(e)
moro, -a *adj* maure (mauresque) ▸ *nm/f* Maure (Mauresque) ; **¡hay moros en la costa!** attention, danger !
morocho, -a *adj* (*And, CSur*) brun(e) ; **morochos** *nmpl* (*Ven*) jumeaux *mpl*
morosidad *nf* (*Com*) retard *m* (de paiement) ; (*lentitud*) lenteur *f*
moroso, -a *adj* retardataire ▸ *nm/f* (*Com*) mauvais(e) payeur(-euse)

morral *nm* musette *f*
morralla *nf* (*pey*) fretin *m* ; (*Méx*) ferraille *f*
morriña *nf* mal *m* du pays, nostalgie *f*
morro *nm* museau *m* ; (*Auto, Aviat*) devant *m* ; **beber a ~** boire au goulot ; **estar de morros (con algn)** faire la gueule (à qn) ; **tener mucho ~** (*fam*) avoir du toupet
morrocotudo, -a *adj* carabiné(e)
morsa *nf* (*Zool*) morse *m*
morse *nm* morse *m*
mortadela *nf* mortadelle *f*
mortaja *nf* linceul *m* ; (*Tec*) mortaise *f* ; (*Am*) papier *m* à cigarettes
mortal *adj, nmf* mortel(le)
mortalidad *nf* mortalité *f*
mortandad *nf* carnage *m*
mortecino, -a *adj* (*luz*) mourant(e) ; (*color*) terne
mortero *nm* mortier *m*
mortífero, -a *adj* meurtrier(-ière)
mortificar *vt* mortifier ; **mortificarse** *vpr* se mortifier
mortifique *etc vb ver* **mortificar**
mortuorio, -a *adj* mortuaire
mosaico *nm* mosaïque *f*
mosca *nf* mouche *f* ; **por si las moscas** au cas où ; **estar ~** être sur le qui-vive ; **tener la ~ en** *o* **detrás de la oreja** avoir la puce à l'oreille
moscardón, moscón *nm* (*Zool*) frelon *m* ; (*pey*) crampon *m*
moscatel *adj, nm* muscat *m*
moscovita *adj* moscovite ▸ *nmf* Moscovite *mf*
Moscú *n* Moscou
mosqueado, -a (*fam*) *adj* (*enfadado*) en rogne (*fam*), fâché(e) ; (*receloso*): **ya andaba yo ~** j'avais déjà des doutes
mosquear (*fam*) *vt* (*hacer enfadar*) mettre en rogne ; (*hacer sospechar*) trouver bizarre ; **mosquearse** *vpr* (*enfadarse*) se mettre en rogne
mosqueo (*fam*) *nm*: **coger** *o* **pillar un ~** (*enfadarse*) se mettre en rogne (*fam*) ; **pilló un ~ impresionante porque no lo invitaron** il a très mal pris de ne pas être invité
mosquetero *nm* (*Hist, Mil*) mousquetaire *m*
mosquita *nf*: **~ muerta** sainte nitouche *f*
mosquitero *nm* moustiquaire *f*
mosquito *nm* moustique *m*
mostaza *nf* moutarde *f*
mosto *nm* moût *m*
mostrador *nm* comptoir *m*
mostrar *vt* montrer ; (*el camino*) montrer, indiquer ; (*explicar*) expliquer ; **~ en pantalla** (*Inform*) visualiser ; **mostrarse** *vpr*: **mostrarse amable** se montrer aimable
mota *nf* poussière *f* ; (*en tela: dibujo*) nœud *m*
mote *nm* surnom *m* ; (*And, Chi*) maïs *msg* cuit
motel *nm* motel *m*
motero, -a *adj* de motard(s) ▸ *nm/f* motard(e)
motín *nm* mutinerie *f* ; (*del pueblo*) émeute *f*
motivación *nf* motivation *f*
motivar *vt* motiver ; **(no) estar/sentirse motivado (para hacer)** (ne pas) être motivé(e) (pour faire)
motivo *nm* motif *m* ; **con ~ de** en raison de ; **sin ~** sans raison ; **no tener motivos (para hacer/estar)** ne pas avoir de raison (de faire/d'être)
moto, motocicleta *nf* moto *f*
motociclismo *nm* motocyclisme *m*
motociclista *nmf* motocycliste *mf*
motocrós *nm* motocross *m*
motoneta (*Am*) *nf* scooter *m*
motor, a *adj* moteur(-trice) ▸ *nm* moteur *m* ; **~ a** *o* **de reacción/de explosión** moteur à réaction/à explosion
motora *nf* canot *m* (à moteur)
motorismo *nm* motocyclisme *m*
motorista *nmf* motard(e) ; (*esp Am*) chauffeur(e)
motorizado, -a *adj* motorisé(e)
motosierra *nf* tronçonneuse *f*
motoso, -a (*Am*) *adj* (*pelo*) crépu(e)
motriz *adj* motrice
mousse [mu:s] *nf*, (*a veces*) *nm* (*Culin*) mousse *f* ; (*de pelo*) mousse (coiffante) ; **~ de chocolate** mousse au chocolat
movedizo, -a *adj*: **arenas movedizas** sables *mpl* mouvants
mover *vt* bouger ; (*asunto*) activer ; **~ la cabeza** (*para negar*) hocher la tête de droite à gauche ; (*para asentir*) hocher la tête de haut en bas ; **~ a algn a hacer** (*inducir*) pousser qn à faire ; **~ a compasión/risa** faire pitié/rire ; **moverse** *vpr* se déplacer ; (*tierra*) glisser ; (*con impaciencia*) gigoter ; (*para conseguir algo*) se remuer ; **¡muévete!** magne-toi !, grouille-toi !
movible *adj* mobile
movida *nf* (*fam: acontecimiento*) ramdam *m*, bamboula *f* ; (*: asunto*) affaire *f* ; **¡qué ~!** (*fam*) quel tapage ! ; **la ~ madrileña** la « movida » *o* « nuit » madrilène
movido, -a *adj* (*Foto*) flou(e) ; (*persona*) actif(-ive) ; (*día*) agité(e)
móvil *adj* mobile ; (*pieza de máquina*) roulant(e) ▸ *nm* (*de crimen*) mobile *m* ; (*teléfono*) (téléphone *m*) portable *m* ; **~ con cámara** téléphone *m* avec appareil photo, photophone *m*
movilice *etc vb ver* **movilizar**
movilidad *nf* mobilité *f*
movilización *nf* (*tb Mil*) mobilisation *f* ; (*Pol: manifestación*): **hubo una gran ~ ciudadana tras el atentado** à la suite de l'attentat, les citoyens se sont mobilisés en masse
movilizar *vt* (*tb Mil*) mobiliser
movimiento *nm* mouvement *m* ; **el M~** (*Pol*) le Mouvement, *soulèvement du Général Franco en 1936 en Espagne* ; **poner/estar en ~** mettre/être en mouvement ; **~ de bloques** (*Inform*) transfert *m* de blocs ; **~ de capital**

m

mouvement de capitaux ; **~ de divisas** mouvement de devises ; **~ de mercancías** (*Com*) mouvement des marchandises ; **~ obrero/político/sindical** mouvement ouvrier/politique/syndical ; **~ sísmico** mouvement sismique

moviola *nf* moviola *f*

moza *nf* jeune fille *f* ; **una buena ~** une belle femme, un beau brin de fille

Mozambique *nm* Mozambique *m*

mozambiqueño, -a *adj* mozambicain(e) ▸ *nm/f* Mozambicain(e)

mozárabe *adj, nmf* mozarabe *mf* ▸ *nm* (*Ling*) mozarabe *m*

mozo *nm* jeune homme *m* ; (*en hotel*) groom *m* ; (*camarero*) garçon *m* ; (*Mil*) conscrit *m* ; **un buen ~** un beau garçon ; **~ de estación** porteur *m*

MP3 *nm abr* MP3 *m* ; **reproductor (de) ~** lecteur *m* MP3

MP4 *nm abr* MP4 *m* ; **reproductor (de) ~** lecteur *m* MP4

mucamo, -a (*Am*) *nm/f* domestique *mf*

muchacha *nf* fille *f* ; (*criada*) domestique *f*

muchachada (*Am*) *nf* marmaille *f*

muchacho *nm* garçon *m*

muchedumbre *nf* foule *f*

muchísimo, -a *adj* (*superl de mucho*) énormément de ▸ *adv* énormément

PALABRA CLAVE

mucho, -a *adj* **1** (*cantidad, número*) beaucoup de ; **mucha gente** beaucoup de monde ; **mucho dinero** beaucoup d'argent ; **hace mucho calor** il fait très chaud ; **muchas amigas** beaucoup d'amies
2 (*sg: fam: grande*): **esta es mucha casa para él** cette maison est bien trop grande pour lui
3 (*sg: demasiados*): **hay mucho gamberro aquí** il y a beaucoup de voyous par ici
▸ *pron*: **tengo mucho que hacer** j'ai beaucoup (de choses) à faire ; **muchos dicen que ...** beaucoup de gens disent que ... ; *ver tb* **tener**
▸ *adv* **1**: **te quiero mucho** je t'aime beaucoup ; **lo siento mucho** je suis vraiment désolé(e) ; **mucho más/menos** beaucoup plus/moins ; **mucho antes/mejor** bien avant/meilleur(e) ; **come mucho** il mange beaucoup ; **viene mucho** il vient souvent ; **¿te vas a quedar mucho?** tu vas rester longtemps ?
2 (*respuesta*) très ; **¿estás cansado? — ¡mucho!** tu es fatigué ? — très !
3 (*locuciones*): **leo como mucho un libro al mes** je lis au maximum un livre par mois ; **el mejor con mucho** de loin le meilleur ; **ese ni con mucho llega a sargento** il ne réussira même pas à être sergent ; **¡ni mucho menos!** loin de là ! ; **él no es ni mucho menos trabajador** il est loin d'être travailleur ; **¡mucho la quieres tú!** (*irón*) tu parles que tu l'aimes bien !
4: **por mucho que**: **por mucho que le quieras** tu as beau l'aimer

En francés *beaucoup* es siempre invariable. Así, por ejemplo:
Tiene mucha paciencia. Il a beaucoup de patience.
¿Cuántos discos tienes? – Tengo muchos. Combien de disques as-tu ? – J'en ai beaucoup.
Las expresiones **tener mucha hambre/sed/sueño** y **tener mucho frío/calor** no se traducen en francés con el adverbio *beaucoup de*, sino con *très* (*avoir très faim/soif/sommeil, avoir très froid/chaud*).

mucosa *nf* mucosité *f*

muda *nf* (*de ropa*) vêtements *mpl* de rechange ; (*Zool, de voz*) mue *f*

mudanza *nf* déménagement *m* ; **estar de ~** déménager ; **camión/casa de mudanzas** camion *m*/entreprise *f* de déménagement

mudar *vt* changer ; (*Zool*) muer ; **la voz le está mudando** il est en train de muer ▸ *vi*: **~ de** (*opinión, color*) changer de ; **mudarse** *vpr*: **mudarse (de ropa)** se changer ; **mudarse (de casa)** déménager

mudéjar *adj, nmf* mudéjar *mf*

mudo, -a *adj* muet(te) ; (*callado*) silencieux(-euse) ; **quedarse ~ de asombro** rester bouche bée

mueble *nm* meuble *m*

mueble-bar *nm* bar *m*

mueca *nf* grimace *f* ; **hacer muecas a** faire des grimaces à

muela *vb ver* **moler** ▸ *nf* (*diente de atrás*) molaire *f* ; (*de molino*) meule *f* ; (*de afilar*) meule, affiloir *m* ; **~ del juicio** dent *f* de sagesse

muelle *adj* (*vida*) facile ▸ *nm* ressort *m* ; (*Náut*) quai *m*

muera *etc vb ver* **morir**

muerda *etc vb ver* **morder**

muérdago *nm* gui *m*

muermo (*fam*) *nm* (*aburrimiento*) poisse *f* ; (*desgana*) mélancolie *f* ; **¡qué ~!** quelle poisse !

muerte *nf* mort *f* ; **dar ~ a** donner la mort à ; **de mala ~** (*fam*) minable ; **es la ~** (*fam*) c'est la galère !

muerto, -a *pp de* **morir** ▸ *adj* mort(e) ; (*color*) terne ; (*manos*) détendu(e) ; **estar ~ de cansancio/frío/hambre/sed** être mort(e) de fatigue/froid/faim/soif ▸ *nm/f* mort(e) ; **cargar con el ~** (*fam*) assumer le fardeau ; **echar el ~ a algn** mettre tout sur le dos de qn ; **hacer el ~** (*nadando*) faire la planche

muesca *nf* encoche *f*

muestra *vb ver* **mostrar** ▸ *nf* (*Com, Costura*) échantillon *m* ; (*de sangre*) prélèvement *m* ; (*en estadística*) échantillonnage *m* ; (*señal*) preuve *f* ; (*exposición*) foire *f* ; (*demostración explicativa*) démonstration *f* ; **dar muestras de** donner des signes de ; **~ al azar** (*Com*) échantillon prélevé au hasard
muestrario *nm* (*Com*) échantillonnage *m*
muestreo *nm* (*estadístico*) échantillonnage *m*
mueva *etc vb ver* **mover**
mugido *nm* mugissement *m*, beuglement *m*
mugir *vi* mugir
mugre *nf* (*suciedad*) crasse *f* ; (*: grasienta*) cambouis *msg*
mugriento, -a *adj* crasseux(-euse)
muja *etc vb ver* **mugir**
mujer *nf* femme *f*
mujeriego *adj, nm* coureur *m* (de jupons)
mula *nf* mule *f*
mulato, -a *adj, nm/f* mulâtre(sse)
muleta *nf* (*para andar*) béquille *f* ; (*Taur*) muleta *f*
muletilla *nf* tic *m*
mullido, -a *adj* moelleux(-euse)
mulo *nm* mulet *m* ; **trabaja como un ~** (*fig*) travailler comme une bête
multa *nf* amende *f* ; (*Auto*) amende, contravention *f* ; **me han puesto una ~** ils m'ont mis une amende
multar *vt* condamner à une amende
multiacceso *adj* (*Inform*) à accès multiple
multicine *nm* cinéma *m* multisalle
multicolor *adj* multicolore
multicopista *nm* duplicateur *m*
multicultural *adj* multiculturel(le)
multidisciplinar *adj* multidisciplinaire, pluridisciplinaire
multilateral *adj* multilatéral(e)
multimedia *adj inv, nm o nf* multimédia *m*
multimillonario, -a *adj, nm/f* multimillionnaire *mf*
multinacional *adj* multinational(e) ▸ *nf* multinationale *f*
múltiple *adj* multiple ; **de tarea ~** (*Inform*) multitâche ; **de usuario ~** (*Inform*) à utilisateurs multiples
multiplicación *nf* multiplication *f*
multiplicar *vt* multiplier ; **multiplicarse** *vpr* se multiplier ; (*afanarse*) se démener, se mettre en quatre
multiplique *etc vb ver* **multiplicar**
múltiplo *adj, nm* multiple *m*
multipropiedad *nf* multipropriété *f*
multirracial *adj* multiracial(e)
multitarea *adj inv* multitâche *inv*, multiprogrammé(e) ▸ *nf* fonctionnement *m* multitâche, multiprogrammation *f*
multitud *nf* foule *f* ; **~ de** multitude de
multitudinario, -a *adj* populeux(-euse)
multiuso, multiusos *adj inv* polyvalent(e)
mundanal *adj*: **lejos del ~ ruido** loin des rumeurs de ce monde
mundano, -a *adj* mondain(e)
mundial *adj* mondial(e) ▸ *nm* (*Fútbol*) coupe *f* du monde
mundialización *nf* globalisation *f*
mundialmente *adv*: **conocido/aceptado ~** connu/accepté dans le monde entier ; **~ famoso** mondialement célèbre
mundillo *nm* monde *m*
mundo *nm* monde *m* ; **el otro ~** l'autre monde ; **el ~ del espectáculo** le monde du spectacle ; **todo el ~** tout le monde ; **tiene ~** il sait comment se comporter en société ; **un hombre de ~** un homme du monde ; **hacer de algo un ~** faire tout un monde de qch ; **el ~ es un pañuelo** le monde est petit ; **por nada del ~** pour rien au monde ; **no es nada del otro ~** ce n'est pas la mer à boire ; **se le cayó el ~ (encima)** il est accablé par ce coup du sort ; **el Tercer M~** le Tiers-Monde *m*
Munich *n* Munich
munición *nf* munition *f*
municipal *adj* municipal(e) ▸ *nmf* (*tb*: **policía municipal**) agent *m* de police
municipio *nm* municipalité *f*
muñeca *nf* (*Anat*) poignet *m* ; (*juguete, mujer*) poupée *f* ; (*And, CSur fam*) prise *f* de courant
muñeco *nm* (*juguete*) baigneur *m* ; (*dibujo*) dessin *m* ; (*marioneta, fig*) marionette *f* ; **~ de nieve** bonhomme *m* de neige
muñequera *nf* poignet *m* de force
muñón *nm* moignon *m*
mural *adj* mural(e) ▸ *nm* peinture *f* murale
muralla *nf* muraille *f*
murciano, -a *adj* natif(-ive) *o* habitant(e) de Murcie
murciélago *nm* chauve-souris *fsg*
murga *nf* galère *f* ; **dar la ~** casser les pieds
murmullo *nm* murmure *m*
murmuración *nf* médisance *f*
murmurar *vt, vi* murmurer ; **~ (de)** (*criticar*) dire du mal (de)
muro *nm* mur *m* ; **~ de contención** mur de soutènement
mus *nm jeu de cartes*
musa *nf* muse *f*
musaraña *nf*: **pensar en** *o* **mirar las musarañas** bayer aux corneilles
muscular *adj* musculaire
musculatura *nf* musculature *f*, muscles *mpl*
músculo *nm* muscle *m*
musculoso, -a *adj* musclé(e)
museo *nm* musée *m* ; **~ de arte** *o* **de pintura** musée d'art ; **~ de cera** musée de cire
musgo *nm* mousse *f*
música *nf* musique *f* ; **irse con la ~ a otra parte** plier bagage ; *ver tb* **músico**
musical *adj* musical(e) ▸ *nm* comédie *f* musicale
músico, -a *nm/f* musicien(ne)

m

musitar *vt, vi* marmotter
muslo *nm* cuisse *f*
mustio, -a *adj* (*planta*) flétri(e) ; (*persona*) triste
musulmán, -ana *adj, nm/f* musulman(e)
mutación *nf* mutation *f*
mutante *adj, nmf* mutant(e)
mutilación *nf* mutilation *f*
mutilado, -a *nm/f* mutilé(e)
mutilar *vt* mutiler
mutis *nm inv* (*Teatro*) sortie *f* de scène ; **hacer ~** sortir de scène ; (*fig*) se taire
mutismo *nm* mutisme *m*
mutua *nf* = **mutualidad**
mutual (AND, CSUR) *nf* mutualité *f*
mutualidad *nf* mutualité *f* ; **~ de seguros** mutuelle *f* d'assurances
mutuamente *adv* mutuellement
mutuo, -a *adj* mutuel(le)
muy *adv* très ; (*demasiado*) trop ; **M~ Señor mío/Señora mía** cher Monsieur/chère Madame ; **~ bien** très bien ; **~ de noche** tard dans la nuit ; **eso es ~ de él** c'est bien de lui ; **eso es ~ español** c'est très espagnol ; **por ~ tarde que sea** aussi tard soit-il

Nn

N¹, n ['ene] *nf* (*letra*) N, n *m inv* ; **N de Navarra** ≈ N comme Nicolas
N² *abr* (= *norte*) N (= *nord*)
N. *sigla f* (= *carretera nacional*) RN *f* (= *route nationale*)
n/ *abr* = **nuestro**
nabo *nm* navet *m*
nácar *nm* nacre *f*
nacer *vi* naître ; (*vegetal, barba, vello*) pousser ; (*río*) prendre sa source ; (*columna, calle*) commencer ; **~ de** naître de ; **ha nacido para poeta** c'est un poète né ; **no ha nacido para trabajar** le travail et lui, ça fait deux
nacido, -a *adj*: **~ en** né(e) en
naciente *adj* naissant(e) ; **el sol ~** le soleil levant
nacimiento *nm* naissance *f* ; (*de Navidad*) crèche *f* ; (*de río*) source *f* ; **ciego de ~** aveugle de naissance
nación *nf* nation *f* ; **Naciones Unidas** Nations unies
nacional *adj* national(e)
nacionalice *etc vb ver* **nacionalizar**
nacionalidad *nf* nationalité *f* ; (ESP *Pol: nación*) communauté *f* autonome
nacionalismo *nm* nationalisme *m*
nacionalista *adj, nmf* nationaliste *mf*
nacionalización *nf* (*de persona*) naturalisation *f* ; (*de servicio, industria*) nationalisation *f*
nacionalizar *vt* (*persona*) naturaliser ; (*servicio, industria*) nationaliser ; **nacionalizarse** *vpr* (*persona*) se faire naturaliser
nada *pron* rien ; **no decir ~** ne rien dire ; **de ~** de rien ; **¡~ de eso!** pas question ! ; **antes de ~** avant tout ; **como si ~** comme si de rien n'était ; **no ha sido ~** ce n'est pas bien grave ; **~ menos que** ni plus ni moins que ; **~ de ~** rien de rien ; **para ~** (*inútilmente*) pour rien ; (*claro que no*) pas du tout ; **por ~** pour rien ; **por ~ del mundo** pour rien au monde ▸ *adv* rien ▸ *nf*: **la ~** le néant
nadador, a *nm/f* nageur(-euse)
nadar *vi* nager ; **~ en la abundancia** nager dans l'opulence ; **~ contra corriente** nager à contre-courant
nadie *pron* personne ; **~ habló** personne n'a parlé ; **no había ~** il n'y avait personne ; **no soy ~ para ...** ce n'est pas moi qui peut ... ; **es un don ~** c'est un moins que rien
nadita *pron, adv* (*esp* AM *fam*) = **nada**
nado *adv*: **a ~** à la nage
nafta (CSUR) *nf* (*gasolina*) essence *f*
naftalina *nf*: **bolas de ~** boules *fpl* de naphtaline
nahuatl *adj, nm* nahuatl *m*
naif (*pl* **naifs** *o* **~**) *adj* (*arte*) naïf(-ve) ▸ *nm* art *m* naïf
naipe *nm* carte *f*
nal. *abr* = **nacional**
nalgas *nfpl* fesses *fpl*
Namibia *nf* Namibie *f*
nana *nf* berceuse *f* ; (CAM, MÉX *fam*) nourrice *f*
napias (*fam*) *nfpl* pif *msg*
napoleón (CHI) *nm* pince *f*
Nápoles *n* Naples
napolitano, -a *adj* napolitain(e) ▸ *nm/f* Napolitain(e)
naranja *adj inv* orange ▸ *nm* (*color*) orange *m* ▸ *nf* (*fruta*) orange *f* ; **media ~** (*fam*) moitié *f*
naranjada *nf* orangeade *f*
naranjo *nm* oranger *m*
narcisista *adj* narcissique
narciso *nm* narcisse *m*
narco (*fam*) *nmf* (*narcotraficante*) narco *m* (*fam*) ▸ *nm* = **narcotráfico**
narcotice *etc vb ver* **narcotizar**
narcótico, -a *adj, nm* narcotique *m*
narcotizar *vt* administrer des narcotiques à
narcotraficante *nmf* narcotrafiquant(e)
narcotráfico *nm* trafic *m* de stupéfiants
nardo *nm* nard *m*
narices *nfpl ver* **nariz**
narigón, -ona, narigudo, -a *adj*: **un tipo ~** un type au grand nez
nariz *nf* nez *m* ; **~ chata/respingona** nez épaté/en trompette ; **narices** *nfpl* narines *fpl* ; **¡narices!** (*fam*) flûte alors ! ; **me dio con la puerta en las narices** il m'a fermé la porte au nez ; **darse de narices contra algo/con algn** se trouver nez à nez avec qch/qn ; **¡se me están hinchando las narices!** la moutarde me monte au nez ! ; **delante de las narices de algn** sous le nez de qn ; **estar hasta las narices (de algo/algn)** (*fam*) en

avoir ras le bol (de qch/qn) ; **meter las narices en algo** (*fam*) mettre son nez dans qch ; **hacer algo por narices** (*fam*) faire qch coûte que coûte
narizotas *nm inv*: **¡es un ~!** il a un grand pif !
narración *nf* narration *f*
narrador, a *nm/f* narrateur(-trice)
narrar *vt* raconter, narrer
narrativa *nf* roman *m*
narrativo, -a *adj* narratif(-ive)
NASA *sigla f* (= *National Aeronautics and Space Administration*) NASA *f*
nasal *adj* nasal(e)
N.ª S.ra *abr* (= *Nuestra Señora*) ND (= *Notre-Dame*)
nata *nf* crème *f* ; (*en leche cocida*) peau *f* ; **~ montada** crème fouettée
natación *nf* natation *f*
natal *adj* natal(e)
natalidad *nf* natalité *f* ; **control de ~** contrôle *m* des naissances ; **índice** *o* **tasa de ~** taux *msg* de natalité
natillas *nfpl* crème *fsg* renversée
natividad *nf* nativité *f*
nativo, -a *adj* (*costumbres*) local(e), du pays ; (*lengua*) maternel(le) ; (*país*) natal(e) ▸ *nm/f* natif(-ive) ; **~ digital** (*Inform*) natif(-ive) numérique
nato, -a *adj* né(e) ; **un actor/pintor/músico ~** un acteur/peintre/musicien né
natural *adj* naturel(le) ; (*luz*) du jour ; (*flor, fruta*) vrai(e) ; (*café*) non traité(e) ; **~ de** natif(-ive) de ; **ser ~ en algn** être naturel(le) chez qn ; **es ~ que** il est naturel que ▸ *nm* naturel *m* ; **al ~** au naturel
naturaleza *nf* nature *f* ; **por ~** par nature ; **~ humana** nature humaine ; **~ muerta** nature morte
naturalice *etc vb ver* **naturalizarse**
naturalidad *nf* naturel *m* ; **con ~** avec naturel
naturalista *nmf* naturaliste *mf*
naturalizarse *vpr* se faire naturaliser
naturalmente *adv* naturellement ; **¡~!** naturellement !
naturista *adj, nmf* naturiste *mf*
naufragar *vi* faire naufrage ; (*negocio*) faire faillite ; (*proyecto*) tomber à l'eau
naufragio *nm* naufrage *m*
náufrago, -a *nm/f* naufragé(e)
naufrague *etc vb ver* **naufragar**
nauseabundo, -a *adj* nauséabond(e)
náuseas *nfpl* nausées *fpl* ; **sentir ~** avoir des nausées ; **me da ~** ça me donne la nausée
náutica *nf* navigation *f*
náutico, -a *adj* nautique
navaja *nf* couteau *m* (de poche) ; **~ (de afeitar)** rasoir *m* à main
navajazo *nm* (*herida*) blessure *f* au couteau ; (*golpe*) coup *m* de couteau
naval *adj* naval(e)
Navarra *nf* Navarre *f*
navarro, -a *adj* navarrais(e) ▸ *nm/f* Navarrais(e)
nave *nf* (*barco*) navire *m* ; (*Arq*) nef *f* ; (*almacén*) entrepôt *m* ; **quemar las naves** brûler ses vaisseaux ; **~ espacial** vaisseau *m* spatial ; **~ industrial** hangar *m*
navegable *adj* navigable
navegación *nf* navigation *f* ; (*viaje*) voyage *m* en mer ; **~ aérea/costera/fluvial** navigation aérienne/côtière/fluviale
navegador *nm* (*Inform*) navigateur *m*, logiciel *m* de navigation
navegante *nmf* navigateur(-trice)
navegar *vi* naviguer ; **~ por Internet** surfer sur Internet, surfer le Net
navegue *etc vb ver* **navegar**
navidad *nf* (*tb*: **navidades**) fêtes *fpl* de Noël ; (*tb*: **día de navidad**) Noël *m* ; **por navidades** à Noël ; **¡felices navidades!** joyeux Noël !
navideño, -a *adj* de Noël
naviero, -a *adj* naval(e) ▸ *nm* armateur *m*
navío *nm* navire *m*
nazareno, -a *adj* (*Hist*) nazaréen(e) ▸ *nm/f* (*Hist*) Nazaréen(e) ; (*Rel*) *pénitent dans les processions de Pâques*
nazca *etc vb ver* **nacer**
nazi *adj, nmf* nazi(e)
nazismo *nm* nazisme *m*
N.B. *abr* (= *nota bene*) NB (= *nota bene*)
n/cta *abr* (*Com*: = *nuestra cuenta*) *notre compte*
N. de la R. *abr* (= *nota de la redacción*) NDLR (= *note de la rédaction*)
N. de la T./del T. *abr* (= *nota de la traductora/del traductor*) NDT (= *note du traducteur*)
NE *abr* (= *nor(d)este*) N.-E. (= *nord-est*)
neblina *nf* brume *f*
nebulosa *nf* nébuleuse *f*
nebuloso, -a *adj* (*con nubes*) nuageux(-euse) ; (*con niebla*) brumeux(-euse) ; (*idea*) nébuleux(-euse) ; (*vista*) brouillé(e)
necedad *nf* idiotie *f*
necesariamente *adv* nécessairement
necesario, -a *adj*: **~ (para)** nécessaire (pour) ; **(no) es ~ que** il (n')est (pas) nécessaire que ; **si es ~ ...** si nécessaire ...
neceser *nm* trousse *f* de toilette
necesidad *nf* (*carencia, miseria*) besoin *m* ; (*cosa necesaria*) nécessité *f* ; **de primera ~** de première nécessité ; **en caso de ~** en cas de besoin ; **no hay ~ de/de que** il n'est pas nécessaire de/que ; **necesidades** *nfpl* (*penurias*) privations *fpl* ; **hacer sus necesidades** faire ses besoins
necesitado, -a *adj* nécessiteux(-euse) ; **estar ~ de** avoir grand besoin de
necesitar *vt*: **~ (hacer)** avoir besoin de (faire) ; **¿qué se necesita?** que faut-il ? ; **« se necesita camarero »** « on demande un serveur » ▸ *vi*: **~ de** avoir besoin de
necio, -a *adj, nm/f* idiot(e)

nécora *nf* étrille *f*
necrología *nf* nécrologie *f*
necrológico, -a *adj*: **nota necrológica** avis *msg* de décès
necrópolis *nf inv* nécropole *f*
néctar *nm* nectar *m*
nectarina *nf* nectarine *f*
neerlandés, -esa *adj* néerlandais(e) ▸ *nm/f* Néerlandais(e) ▸ *nm* (*Ling*) néerlandais *msg*
nefasto, -a *adj* néfaste
nefrítico, -a *adj*: **cólico ~** colique *f* néphrétique
negación *nf* négation *f*
negado, -a *adj*: **~ para** pas doué(e) pour
negar *vt* (*hechos*) nier ; (*permiso, acceso*) refuser ; **~ el saludo a algn** ignorer qn ; **~ que** nier que ▸ *vi*: **~ con la cabeza** faire non de la tête ; **negarse** *vpr*: **negarse a hacer algo** se refuser à faire qch ; **¡me niego!** c'est non !
negativa *nf* négative *f* ; (*rechazo*) refus *msg*
negativamente *adv* négativement
negativo, -a *adj* négatif(-ive) ▸ *nm* (*Foto*) négatif *m*
negligencia *nf* négligence *f*
negligente *adj* négligent(e)
negociable *adj* négociable
negociación *nf* négociation *f*
negociado *nm* bureau *m*
negociador, a *adj* de négociation ; **comisión negociadora** commission *f* de négociation ▸ *nm/f* négociateur(-trice)
negociante *nmf* (*Com*) négociant(e) ; (*pey*) trafiquant(e)
negociar *vt* négocier ▸ *vi*: **~ en** *o* **con** (*Com*) faire le commerce de *o* du commerce avec
negocio *nm* affaire *f* ; (*tienda*) commerce *m* ; **los negocios** les affaires *fpl* ; **hacer ~** faire des affaires ; **hacer (un) buen/mal ~** faire une bonne/mauvaise affaire ; **¡eso es un ~!** ça rapporte ! ; **~ sucio** affaire *f* louche ; **¡mal ~!** (*fam*) ça ne dit rien de bon !
negra *nf* (*Mús*) noire *f* ; **la ~** la poisse ; **tener la ~** avoir la poisse ; *ver tb* **negro**
negrita *nf* (*Tip*) caractère *m* gras ; **en ~** en gras
negro, -a *adj* noir(e) ; (*futuro*) sombre ; (*tabaco*) brun(e) ; **¡estoy ~!** je suis furax ! ; **¡me pone ~!** ça *o* il me porte sur les nerfs ! ; **verse ~ para hacer algo** avoir beaucoup de mal à faire qch ▸ *nm* (*color*) noir *m* ▸ *nm/f* (*persona*) Noir(e) ; (*Am fam*) chéri(e) ; **trabajar como un ~** travailler comme un forçat
negrura *nf* noirceur *f*
negué *etc vb ver* **negar**
nene, -a *nm/f* petit(e)
nenúfar *nm* nénuphar *m*
neoclásico, -a *adj* néo-classique
neolítico, -a *adj* néolithique
neologismo *nm* néologisme *m*
neón *nm*: **luz** *o* **lámpara de ~** néon *m*
neonazi *adj, nmf* néonazi(e)
neopreno® *nm* néoprène® *m*
neoyorquino, -a *adj* new-yorkais(e) ▸ *nm/f* New-Yorkais(e)
neozelandés, -esa *adj* néo-zélandais(e) ▸ *nm/f* Néo-Zélandais(e)
Nepal *nm* Népal *m*
nepalés, -esa, nepalí *adj* népalais(e) ▸ *nm/f* Népalais(e) ▸ *nm* (*Ling*) népalais *m*
nepotismo *nm* népotisme *m*
Neptuno *nm* Neptune
nervio *nm* nerf *m* ; (*Bot, Arq*) nervure *f* ; **ser puro ~** être un paquet de nerfs ; **alterarle** *o* **crisparle los nervios a algn** taper sur les nerfs de qn ; **estar de los nervios** (*fam*) être sur les nerfs ; (*: Med*) être malade des nerfs ; **tener los nervios destrozados** avoir les nerfs en pelote ; **me pone los nervios de punta** ça *o* il me porte sur les nerfs
nerviosismo *nm* état *m* d'agitation, nervosité *f*
nervioso, -a *adj* nerveux(-euse) ; **¡me pone ~!** ça m'énerve !
nervudo, -a *adj* (*mano*) nerveux(-euse)
netamente *adv* nettement, clairement ; **una construcción ~ española** une construction clairement espagnole
netiqueta *nf* netiquette *f*
neto, -a *adj* net (nette)
neumático, -a *adj* (*cámara*) à air ; (*martillo*) pneumatique ▸ *nm* pneu *m* ; **~ de recambio** roue *f* de secours
neumonía *nf* pneumonie *f* ; **~ asiática** SARS *m*, pneumonie atypique
neura (*fam*) *nmf* névrosé(e) ▸ *nf* obsession *f*
neuralgia *nf* névralgie *f*
neurálgico, -a *adj* névralgique
neurastenia *nf* neurasthénie *f*
neurasténico, -a *adj* neurasthénique
neurología *nf* neurologie *f*
neurológico, -a *adj* neurologique
neurólogo, -a *nm/f* neurologue *mf*
neurona *nf* neurone *m*
neurosis *nf inv* névrose *f*
neurótico, -a *adj* névrotique ▸ *nm/f* (*tb fam*) névrosé(e)
neutral *adj* neutre
neutralice *etc vb ver* **neutralizar**
neutralidad *nf* neutralité *f*
neutralizar *vt* neutraliser
neutro, -a *adj* (*tb Ling*) neutre
neutrón *nm* neutron *m*
nevada *nf* chute *f* de neige
nevado, -a *adj* enneigé(e)
nevar *vi* neiger
nevera (*Esp*) *nf* réfrigérateur *m*
nevisca *nf* petite chute *f* de neige
nexo *nm* lien *m*
n/f *abr* (*Com*: = *nuestro favor*) *notre crédit*
ni *conj* ni ; (*tb*: **ni siquiera**) même pas ; **ni aunque** même si ; **ni blanco ni negro** ni

n

blanc ni noir ; **ni (el) uno ni (el) otro** ni l'un ni l'autre ; **¡ni que fuese un dios!** comme si c'était un dieu ! ; **¡ni hablar!** pas question !

nica (*Am pey*) *adj* nicaraguayen(ne) ▶ *nmf* Nicaraguayen(ne)

Nicaragua *nf* Nicaragua *m*

nicaragüense *adj* nicaraguayen(ne) ▶ *nmf* Nicaraguayen(ne)

nicho *nm* niche *f*

nicotina *nf* nicotine *f*

nido *nm* nid *m* ; **~ de amor** nid d'amour ; **~ de ladrones** repaire *m* de voleurs ; **~ de víboras** nid de vipères

niebla *nf* brouillard *m* ; **hay ~** il y a du brouillard

niego *etc*, **niegue** *etc vb ver* **negar**

nieto, -a *nm/f* petit-fils (petite-fille) ; **los nietos** *nmpl* les petits-enfants *mpl*

nieve *vb ver* **nevar** ▶ *nf* neige *f* ; (*Am: helado*) glace *f* ; **copo de ~** flocon *m* de neige

NIF *sigla m* (= *Número de Identificación Fiscal*) *numéro d'identification personnel nécessaire pour effectuer des opérations bancaires et commerciales*

Nigeria *nf* Nigéria *m*

nigeriano, -a *adj* nigérien(ne) ▶ *nm/f* Nigérien(ne)

nigromancia *nf* nécromancie *f*

nigua (*Carib, CAm*) *nf* puce *f*

nihilista *adj, nmf* nihiliste *mf*

Nilo *nm*: **el (Río) ~** le Nil

nimbo *nm* (*aureola*) nimbe *m* ; (*nube*) nimbus *msg*

nimiedad *nf* bagatelle *f* ; (*de problema, detalle*) petitesse *f*

nimio, -a *adj* insignifiant(e), sans importance

ninfa *nf* nymphe *f*

ninfómana *nf* nymphomane *f*

ningún *adj ver* **ninguno**

ninguno, -a (*antes de nmsg* **ningún**) *adj* aucun(e) ; **no es ninguna belleza** c'est loin d'être une beauté ; **de ninguna manera** en aucune manière ; **en ningún sitio** nulle part ; **no voy a ninguna parte** je ne vais nulle part ▶ *pron* personne ; **~ de ellos** aucun d'entre eux

niña *nf* (petite) fille *f* ; (*del ojo*) pupille *f* ; **es la ~ de sus ojos** (*fig*) il tient à lui/elle comme à la prunelle de ses yeux ; *ver tb* **niño**

niñera *nf* nourrice *f*

niñería (*pey*) *nf* enfantillage *m*

niñez *nf* enfance *f*

niño, -a *adj* jeune ; (*pey*) puéril(e) ▶ *nm* enfant *m* ; (*chico*) (petit) garçon *m* ; (*bebé*) petit enfant *m* ; **ser el ~ mimado de algn** être le chouchou de qn ; **de ~** quand j'étais *etc* petit ; **~ bien** *o* **de papá** (*pey*) fils *msg* à papa ; **~ de pecho** nourrisson *m* ; **~ prodigio** enfant prodige ; **los niños** *nmpl* les enfants

nipón, -ona *adj* nippon(e), nippon(ne) ▶ *nm/f* Nippon(e), Nippon(ne)

níquel *nm* nickel *m*

niquelar *vt* nickeler

nirvana *nm* nirvana *m*

níscalo *nm* lactaire *m* délicieux

níspero *nm* (*árbol*) néflier *m* ; (*fruto*) nèfle *f*

nitidez *nf* (*de imagen*) netteté *f* ; (*de atmósfera*) pureté *f* ; **ver algo con ~** voir qch très nettement

nítido, -a *adj* (*imagen*) net(te) ; (*cielo*) dégagé(e) ; (*atmósfera*) pur(e) ; (*gestión, conducta*) clair(e)

nitrato *nm* nitrate *m* ; **~ de Chile** salpêtre *m* du Chili

nítrico, -a *adj* nitrique

nitrógeno *nm* azote *m*

nitroglicerina *nf* nitroglycérine *f*

nivel *nm* niveau *m* ; **al mismo ~** au même niveau ; **de alto ~** de haut niveau ; **a 900m sobre el ~ del mar** à 900 m au-dessus du niveau de la mer ; **~ de aire** (*Tec*) niveau à bulle (d'air) ; **~ del aceite** niveau d'huile ; **~ de vida** niveau de vie

nivelado, -a *adj* nivelé(e) ; (*balanza*) équilibré(e)

nivelar *vt* niveler ; (*ingresos, categorías*) égaliser ; (*balanza de pagos*) équilibrer

nixtamal (*CAm, Méx*) *nm* maïs *msg* bouilli

Niza *n* Nice

n/l. *abr* (*Com:* = *nuestra letra*) *notre lettre*

NNE *abr* (= *nornordeste*) N.-N.-E. (= *nord-nord-est*)

NNO *abr* (= *nornoroeste*) N.-N.-O. (= *nord-nord-ouest*)

NN. UU. *abr* (= *Naciones Unidas*) N.U. (= *Nations unies*)

NO *abr* (= *noroeste*) N.-O. (= *nord-ouest*)

PALABRA CLAVE

no *adv* **1**: **¡no!** (*en respuesta*) non ! ; **ahora no** pas maintenant ; **no mucho** pas tellement, pas beaucoup ; **¡cómo no!** bien sûr ! ; **¡que no!** non !

2 (*con verbo*) ne ... pas ; **no viene** il ne vient pas ; **no es el mío** ce n'est pas le mien ; **creo que no** je crois que non ; **decir que no** dire non ; **no quiero nada** je ne veux rien ; **no es que no quiera** ce n'est pas que je ne veuille pas ; **no dormir** ne pas dormir ; **« No Fumar »** « Défense de fumer »

3 (*no + sustantivo*): **pacto de no agresión** pacte *m* de non-agression ; **los países no alineados** les pays non-alignés ; **la no intervención** la non-intervention ; **el no va más** le nec plus ultra

4 (*en comparación*): **mejor ir ahora que no luego** mieux vaut partir maintenant

5: **no sea que haga frío** au cas où il ferait froid

6: **no bien hubo terminado se marchó** à peine eut-il terminé qu'il s'en alla
7: **¡a que no lo sabes!** je parie que tu ne le sais pas !
▸ *nm*: **un no rotundo** un non catégorique

N.º, nº *abr* (= *número*) nº (= *numéro*)
n/o *abr* (*Com*: = *nuestra orden*) *notre ordre*
nobel *nmf* (*persona*) nobel *mf* ▸ *nm*: **(Premio) N~** prix *m* Nobel, Nobel *m*
noble *adj*, *nmf* noble *mf*
nobleza *nf* noblesse *f* ; **la ~** la noblesse
noche *nf* nuit *f* ; (*la tarde*) soir *m* ; **de ~, por la ~** le soir ; (*de madrugada*) la nuit ; **se hace de ~** la nuit tombe ; **es de ~** il fait nuit ; **ayer por la ~** hier soir ; **esta ~** ce soir ; (*de madrugada*) cette nuit ; **de la ~ a la mañana** du jour au lendemain ; **hacer ~ en un sitio** passer la nuit quelque part ; **¡buenas noches!** (*saludo*) bonsoir ! ; (*despedida*) bonsoir !, bonne nuit ! ; **~ cerrada** nuit noire ; **~ de bodas** nuit de noces

La expresión **¡Buenas noches!** suele traducirse en francés por *Bonsoir ! Bonne nuit* se reserva únicamente para la hora de acostarse.

Nochebuena *nf* nuit *f* de Noël ; *voir article*

NOCHEBUENA

Dans les pays de langue espagnole, comme en France, on fête Noël la nuit du 24 décembre ; c'est **Nochebuena**. Les familles se réunissent autour d'un grand repas et les plus pieux assistent à la messe de minuit. Bien que la tradition veuille que les cadeaux soient apportés par les Rois mages le 6 janvier, il est de plus en plus fréquent de s'offrir des cadeaux le jour de Noël.

nochero *nm* (CSUR) veilleur *m* de nuit ; (COL) table *f* de nuit
Nochevieja *nf* nuit *f* de la Saint-Sylvestre ; *voir article*

NOCHEVIEJA

En Espagne, *las campanadas*, les douze coups de l'horloge de la *Puerta del Sol* à Madrid, qui sont retransmis en direct pour marquer le début de chaque nouvelle année, représentent le temps fort du réveillon de la Saint-Sylvestre, **Nochevieja**. Lorsque minuit sonne, la tradition connue sous le nom de *las uvas de la suerte* ou *las doce uvas*, veut que l'on mange douze grains de raisin, un pour chaque coup.

noción *nf* notion *f* ; **nociones** *nfpl* (*rudimentos*) notions *fpl*
nocivo, -a *adj* nocif(-ive)
noctámbulo, -a *adj*, *nm/f* noctambule *mf*
nocturno, -a *adj* nocturne ; (*club*) de nuit ; (*clases*) du soir ▸ *nm* (*Mús*) nocturne *m*
nodo *nm* nœud *m*
nodriza *nf* nourrice *f* ; **buque/nave ~** bateau *m*/navire *m* de ravitaillement
nódulo *nm* nodule *m*
Noé *n* Noé
nogal *nm* noyer *m*
nómada *adj*, *nmf* nomade *mf*
nomás (AM) *adv* seulement ; (*tan solo*) juste ; **así ~** (*fam*) comme ça ; **ayer ~** pas plus tard qu'hier ; **~ se fue se acordó** à peine était-il parti qu'il s'en est souvenu
nombramiento *nm* nomination *f*
nombrar *vt* nommer ; **~ a algn gobernador** nommer qn gouverneur ; **~ a algn heredero** faire de qn son héritier
nombre *nm* nom *m* ; (*tb*: **nombre completo**) nom (et prénoms) ; **abogado de ~** avocat *m* de renom ; **~ y apellidos** nom et prénoms ; **(estar/poner algo) a ~ de** (être/mettre qch) au nom de ; **en ~ de** au nom de ; **sin ~** sans nom ; **su conducta no tiene ~** sa conduite dépasse les bornes ; **~ común** nom commun ; **~ de fichero** (*Inform*) nom de fichier ; **~ de pila** prénom *m* ; **~ de soltera** nom de jeune fille ; **~ de usuario** (*Inform*) nom d'utilisateur ; **~ propio** nom propre
nomenclatura *nf* nomenclature *f* ; (*Pol*) nomenklatura *f*
nomeolvides *nm inv* myosotis *msq*
nómina *nf* (*de personal*) liste *f* du personnel ; (*hoja de sueldo*) feuille *f* de paie ; (*sueldo*) salaire *m* ; **estar en ~** faire partie du personnel
nominación *nf* (*para cargo, premio*) nomination *f*
nominal *adj* nominal(e)
nominar *vt* (*para cargo*) nommer ; (*para premio*) nominer
nominativo, -a *adj* (*Ling*) nominatif(-ive) ; **un cheque ~ a X** un chèque à l'ordre de X
non *adj* impair(e) ▸ *nm* nombre *m* impair ; **¿pares o nones?** (*juego*) pair ou impair ? ; **de ~** (*sin pareja*) dépareillé(e) ; (*persona*) tout(e) seul(e)
nonagésimo, -a *adj*, *nm/f* quatre-vingt-dixième *mf*
nono, -a *adj* neuvième
nopal *nm* nopal *m*
norcoreano, -a *adj* nord-coréen(ne) ▸ *nm/f* Nord-Coréen(ne)
nordeste *adj* nord-est ▸ *nm* nord-est *m* ; (*viento*) nordet *m*
nórdico, -a *adj* (*zona*) nord *inv* ; (*escandinavo*) nordique ▸ *nm/f* Nordique *mf*
noreste *adj*, *nm* = **nordeste**
noria *nf* (*Agr*) noria *f* ; (*de feria*) grande roue *f*

n

norirlandés, -esa *adj* nord-irlandais(e) ▸ *nm/f* Nord-Irlandais(e), natif(-ive) *o* habitant(e) de l'Irlande du Nord
norma *nf* norme *f* ; **por ~ general** en règle générale ; **las normas establecidas** les normes établies
normal *adj* normal(e) ; **¡es ~ que ...!** c'est normal que ... ! ; **Escuela N~** ≈ École *f* normale ; **gasolina ~** essence *f* ordinaire
normalice *etc vb ver* **normalizar**
normalidad *nf* normalité *f* ; **restablecer la ~** rétablir l'ordre
normalista *adj, nmf* normalien(ne)
normalización *nf* normalisation *f*
normalizar *vt* normaliser ; (*gastos*) régulariser ; **normalizarse** *vpr* se normaliser
normalmente *adv* normalement
Normandía *nf* Normandie *f*
normando, -a *adj* normand(e) ▸ *nm/f* Normand(e)
normativa *nf* réglementation *f*
normativo, -a *adj*: **es ~ en todos los coches nuevos** c'est obligatoire pour toutes les voitures neuves
noroeste *adj* nord-ouest ▸ *nm* nord-ouest *m* ; (*viento*) noroît *m*
norte *adj* nord *inv* ▸ *nm* nord *m* ; (*tb*: **viento (del) norte**) vent *m* du nord ; (*fig*) objectif *m* ; **país/gentes del ~** pays *msg*/peuples *mpl* du Nord ; **al ~ de** au nord de
norteafricano, -a *adj* nord-africain(e) ▸ *nm/f* Nord-africain(e)
Norteamérica *nf* Amérique *f* du Nord
norteamericano, -a *adj* américain(e), nord-américain(e) ▸ *nm/f* Américain(e), Nord-Américain(e)
norteño, -a *adj* du nord ▸ *nm/f* natif(-ive) *o* habitant(e) du nord
nortino, -a (And, CSur) *adj, nm/f* = **norteño**
Noruega *nf* Norvège *f*
noruego, -a *adj* norvégien(ne) ▸ *nm/f* Norvégien(ne) ▸ *nm* (*Ling*) norvégien *m*
nos *pron* nous ; **~ levantamos a las 7** nous nous levons à 7 heures
nosocomio (*esp* Am) *nm* hôpital *m*
nosotros, -as *pron pers* nous ; **~ (mismos)** nous(-mêmes)
nostalgia *nf* nostalgie *f*
nostálgico, -a *adj* nostalgique
nota *nf* note *f* ; **dar la ~** (*fam*) se faire remarquer ; **de mala ~** mal famé(e) ; **tomar (buena) ~ de algo** prendre (bonne) note de qch ; **tomar notas** prendre des notes ; **la ~ dominante** la note dominante ; **~ a pie de página** note de bas de page ; **notas** *nfpl* (*apuntes*) notes *fpl* ; (*calificación*) résultats *mpl* ; **notas de sociedad** chronique *fsg* mondaine
notable *adj* notable ; (*persona*) remarquable ▸ *nm* (*Escol*) *mention située entre bien et très bien* ; **notables** *nmpl* notables *mpl*
notablemente *adv* considérablement, notablement
notar *vt* (*darse cuenta de*) remarquer ; (*percibir*) noter ; (*frío, calor*) sentir ; **te noto cambiado** je te trouve changé ; **hacerse ~** se faire remarquer ; **notarse** *vpr* (*efectos, cambio*) se faire sentir ; (*mancha*) se voir ; **se nota que ...** on voit que ... ; **me noto cansado** je me sens fatigué
notaría *nf* (*profesión*) notariat *m* ; (*despacho*) étude *f*
notarial *adj* notarial(e) ; **acta ~** acte *m* notarié
notario, -a *nm/f* notaire *mf*
noticia *nf* nouvelle *f* ; (TV, *Radio*) information *f* ; **las noticias** (TV) les informations ; **según nuestras noticias** d'après nos informations ; **tener noticias de algn** avoir des nouvelles de qn ; **~(s) de última hora** nouvelle(s) de dernière minute
noticiario *nm* actualités *fpl*
noticiero *nm* journal *m*
noticioso, -a *adj* (*esp* Am: *reportaje, agencia*) de presse ; (*: fuente etc*) bien informé(e) ▸ *nm* (Am TV, *Radio*) bulletin *m* d'information
notificación *nf* notification *f*
notificar *vt* notifier
notifique *etc vb ver* **notificar**
notoriedad *nf* notoriété *f*
notorio, -a *adj* notoire
nov. *abr* = **noviembre**
novatada *nf* bizutage *m*, brimade *f* ; **pagar la ~** faire les frais de son inexpérience
novato, -a *adj, nm/f* nouveau(-velle)
novecientos, -as *adj* neuf cents ; *ver tb* **seiscientos**
novedad *nf* nouveauté *f* ; (*noticia*) nouvelle *f* ; **sin ~** rien de neuf ; **novedades** *nfpl* (*noticia*) nouvelles *fpl* ; (*Com*) nouveautés *fpl*
novedoso, -a *adj* novateur(-trice)
novel *adj* débutant(e)
novela *nf* roman *m* ; **~ policíaca** roman policier
novelero, -a (*pey*) *adj*: **ser muy ~** (*aficionado a novelas*) être un grand lecteur de romans ; (*aficionado a novedades*) aimer la nouveauté
novelesco, -a *adj* romanesque
novelista *nmf* romancier(-ière)
novelística *nf*: **la ~** le genre romanesque
noveno, -a *adj, nm/f* neuvième *mf* ; *ver tb* **sexto**
noventa *adj inv, nm inv* quatre-vingt-dix *m inv* ; *ver tb* **sesenta**
novia *nf ver* **novio**
noviar (CSur) *vi*: **~ con** (*cortejar*) fréquenter
noviazgo *nm* fiançailles *fpl*
novicio, -a *adj* (*Rel*) novice ; (*novato*) novice, nouveau(-velle) ▸ *nm/f* (*Rel*) novice *mf*
noviembre *nm* novembre *m* ; *ver tb* **julio**
novilla *nf* génisse *f*
novillada *nf* *course de jeunes taureaux*
novillero *nm* *torero combattant de jeunes taureaux*

novillo *nm* jeune taureau *m* ; **hacer novillos** (*fam*) faire l'école buissonnière
novio, -a *nm/f* petit(e) ami(e) ; (*prometido*) fiancé(e) ; (*en boda*) marié(e) ; **los novios** les fiancés *mpl* ; (*en boda*) les mariés *mpl*
novísimo, -a *adj superl de* **nuevo**
N. S. *abr* (= *Nuestro Señor*) N.S. (= *Notre Seigneur*)
ns/nc *abr* (= *no sabe(n)/no contesta(n)*) sans opinion, NSP (= *ne sais pas*)
ntra. *abr* (= *nuestra*) *ver* **nuestro, -a**
Ntra. Sra. *abr* (= *Nuestra Señora*) ND (= *Notre-Dame*)
ntro. *abr* = **nuestro**
Ntro. Sr. *abr* (= *Nuestro Señor*) NS (= *Notre Seigneur*)
nubarrón *nm* gros nuage *m*
nube *nf* nuage *m* ; (*de mosquitos*) nuée *f* ; (*Med: ocular*) taie *f* ; (*Inform*): **la ~** le nuage ; **una ~ de polvo** un nuage de poussière ; **los precios están por las nubes** c'est hors de prix ; **estar en las nubes** être dans les nuages ; **vivir en las nubes** ne pas avoir les pieds sur terre ; **poner algo/a algn por las nubes** porter qch/qn aux nues ; **guardar algo en la ~** (*Inform*) stocker qch sur *ou* dans le nuage
nublado, -a *adj* nuageux(-euse) ; (*día*) gris(e) ▸ *nm* nuages *mpl* lourds
nublar *vt* (*cielo*) assombrir ; (*vista*) voiler ; (*alegría*) gâcher ; (*entendimiento*) obscurcir ; **nublarse** *vpr* se couvrir ; (*vista*) se voiler
nubosidad *nf* nébulosité *f* ; **había mucha ~** il y avait beaucoup de nuages
nuboso, -a *adj* nuageux(-euse)
nuca *nf* nuque *f*
nuclear *adj* nucléaire
nuclearizado, -a *adj*: **países nuclearizados** puissances *fpl* nucléaires
núcleo *nm* noyau *m* ; **~ de población** agglomération *f* ; **núcleos de resistencia** noyaux *mpl* de résistance ; **~ urbano** centre *m* urbain
nudillo *nm* jointure *f*
nudista *adj, nmf* nudiste *mf*
nudo *nm* nœud *m* ; **se le hizo un ~ en la garganta** il avait la gorge nouée ; **~ corredizo** nœud coulant ; **~ de carreteras** nœud routier ; **~ de comunicaciones** nœud de communications
nudoso, -a *adj* noueux(-euse)
nueces *nfpl de* **nuez**
nuera *nf* belle-fille *f*
nuestro, -a *adj* notre ; **~ padre** notre père ; **un amigo ~** un de nos amis, un ami à nous ; **ese libro es ~** ce livre est à nous ▸ *pron*: **el ~/la nuestra** le nôtre/la nôtre ; **es el ~** c'est le nôtre ; **los nuestros** les nôtres ; (*Deporte*) notre équipe
nueva *nf* nouvelle *f* ; **hacerse de nuevas** feindre l'étonnement ; *ver tb* **nuevo**
Nueva Delhi *n* New Delhi
nuevamente *adv* à nouveau
Nueva Orleáns *n* La Nouvelle-Orléans
Nueva York *n* New York
Nueva Zelanda, Nueva Zelandia (*AM*) *nf* Nouvelle-Zélande *f*
nueve *adj inv, nm inv* neuf *m inv* ; *ver tb* **seis**
nuevo, -a *adj* nouveau(-velle) ; (*no usado*) neuf (neuve) ; **ese abrigo está ~** ce manteau est neuf ; **soy ~ aquí** je suis nouveau ici ; **de ~** de nouveau ; **¿qué hay de ~?** (*fam*) quoi de neuf ? ▸ *nm/f* nouveau(-velle)

> En francés, el adjetivo *nouveau* se transforma en *nouvel* cuando precede a un sustantivo masculino que comienza por vocal o *h* muda. Por ejemplo: *le nouvel an*.

Nuevo Méjico *nm* Nouveau-Mexique *m*
nuez *nf* noix *fsg* ; **~ (de Adán)** pomme *f* d'Adam ; **~ moscada** noix muscade
nulidad *nf* nullité *f* ; **es una ~** (*pey*) il (elle) est nul(le)
nulo, -a *adj* nul(le) ; **soy ~ para la música** je suis nul(le) en musique
núm. *abr* (= *número*) n° (= *numéro*)
numeración *nf* (*de calle, páginas*) numérotation *f* ; (*sistema*) chiffres *mpl* ; **~ arábiga/romana** chiffres arabes/romains ; **~ de línea** (*Inform*) numérotation des lignes
numerador *nm* numérateur *m*
numeral *adj* (*Ling*) numéral(e) ▸ *nm* numéral *m*
numerar *vt* numéroter ; **numerarse** *vpr* se numéroter
numerario, -a *adj* titulaire ; **profesor no ~** professeur *m* non titulaire
numérico, -a *adj* numérique
número *nm* nombre *m* ; (*cifra*) chiffre *m* ; (*de zapato*) pointure *f* ; (*Teatro, de publicación, de lotería*) numéro *m* ; **sin ~** sans nombre ; **en números redondos** en chiffres ronds ; **hacer** *o* **montar un ~** (*fam*) faire un numéro ; **hacer números** faire les comptes ; **ser el ~ uno** être le numéro un ; **estar en números rojos** être à découvert ; **~ atrasado** vieux numéro ; **~ binario** (*Inform*) nombre binaire ; **~ de matrícula/de teléfono** numéro d'immatriculation/de téléphone ; **~ de serie** numéro de série ; **~ decimal/impar/par** nombre décimal/impair/pair ; **~ personal de identificación** (*Inform etc*) numéro personnel d'identification ; **~ romano** chiffre romain
numeroso, -a *adj* nombreux(-euse) ; *ver tb* **familia**
numerus *nm*: **~ clausus** (*Univ*) numerus clausus *m*
numismática *nf* numismatique *f*
nunca *adv* jamais ; **~ me escribes** tu ne m'écris jamais ; **no estudia ~** il n'étudie

jamais ; **¿~ lo has pensado?** tu n'y as jamais pensé ? ; **~ más** jamais plus
nuncio *nm* nonce *m* ; **~ apostólico** nonce apostolique
nupcial *adj* (*banquete*) de noces ; (*marcha*) nuptial(e)
nupcias *nfpl*: **en segundas ~** en secondes noces
nutria *nf* loutre *f*
nutrición *nf* nutrition *f*
nutricionista *nmf* nutritionniste *mf*
nutrido, -a *adj* nourri(e) ; (*grupo, representación*) nombreux(-euse) ; **bien/mal ~** bien/mal nourri(e) ; **~ de** truffé(e) de
nutriente *nm* nutriment *m*
nutrir *vt* nourrir ; **nutrirse** *vpr*: **nutrirse de** se nourrir de
nutritivo, -a *adj* nutritif(-ive)
nylon [ni'lon] *nm* nylon *m*

Ñ ñ

Ñ, ñ ['eɲe] *nf* (*letra*) Ñ, ñ, *cette lettre n'existe pas en français ; elle a le son du n mouillé français*
ñame *nm* (*Bot*) igname *f*
ñandú (*pl* **ñandúes**) *nm* (*Zool*) nandou *m*
ñandutí (CSUR) *nm* (*encaje*) dentelle *f*
ñapa *nf* = **yapa**
ñato, -a (CSUR) *adj* (*de nariz chata*) camus(e)
ñoñería *nf* (*de persona sosa*) fadeur *f* ; (*de persona melindrosa*) pudibonderie *f* ; (*una ñoñería*) niaiserie *f*
ñoñez *nf* = **ñoñería**
ñoño, -a *adj* (*soso*) fadasse (*fam*) ; (*melindroso*) pudibond(e)
ñoquis *nmpl* (*Culin*) gnocchis *mpl*
ñudo (CSUR *fam*): **al ~** *adv* en vain

Oo

O¹, o¹ [o] *nf* (*letra*) O, o *m inv* ; **O de Oviedo** ≈ O comme Oscar
O² *abr* (= *oeste*) O (= *ouest*)
o² [o] *conj* ou ; **o … o …** soit … soit … ; **o sea** c'est-à-dire
o/ *abr* (= *orden*) commande *f*
OACI *sigla f* (= *Organización de la Aviación Civil Internacional*) OACI *f* (= *Organisation de l'aviation civile internationale*)
oasis *nm inv* oasis *msg o fsg*
obcecación *nf* (*mental*) aveuglement *m*
obcecado, -a *adj*: **estar ~** être aveugle
obcecarse *vpr* être aveuglé(e) ; **~ en hacer** s'obstiner à faire
obceque *etc vb ver* **obcecarse**
obedecer *vt* obéir à ▸ *vi* obéir ; **~ a** (*Med, fig*) obéir à ; **~ al hecho de** provenir du fait que
obedezca *etc vb ver* **obedecer**
obediencia *nf* obéissance *f*
obediente *adj* obéissant(e)
obelisco *nm* obélisque *m*
obertura *nf* (*Mús*) ouverture *f*
obesidad *nf* obésité *f*
obeso, -a *adj* obèse
óbice *nm*: **no es ~ para que …** cela n'empêche pas que …
obispado *nm* évêché *m*
obispo *nm* évêque *m*
óbito *nm* décès *msg*
objeción *nf* objection *f* ; **hacer una ~, poner objeciones** faire une objection, soulever des objections ; **~ de conciencia** objection de conscience
objetar *vt*: **~ que** objecter que ; **¿algo que ~?** des objections ? ▸ *vi* être objecteur de conscience
objetivamente *adv* objectivement
objetividad *nf* objectivité *f*
objetivo, -a *adj* objectif(-ive) ▸ *nm* objectif *m*
objeto *nm* objet *m* ; (*finalidad*) objet, but *m* ; **ser ~ de algo** être l'objet de qch ; **con ~ de** dans le but de
objetor *nm* (*tb*: **objetor de conciencia**) objecteur *m* de conscience
oblea *nf* (*de harina*) pain *m* azyme
oblicuo, -a *adj* oblique
obligación *nf* (*tb Com*) obligation *f* ; **cumplir con mi** *etc* **~** remplir mon *etc* devoir ; **obligaciones** *nfpl* obligations *fpl*
obligado, -a *adj* obligé(e) ; **estar/sentirse/verse ~ a hacer** être/se sentir/se voir obligé de faire
obligar *vt* obliger ; **obligarse** *vpr*: **obligarse a hacer** s'obliger à faire
obligatorio, -a *adj* obligatoire
obligue *etc vb ver* **obligar**
oboe *nm* hautbois *msg* ▸ *nmf* (*músico*) hautboïste *mf*
Ob.po *abr* (= *obispo*) év. (= *évêque*)
obra *nf* (*creación, acto*) œuvre *f* ; (*libro*) ouvrage *m* ; (*tb*: **obra dramática** *o* **de teatro**) pièce *f* ; **ser ~ de algn** être l'œuvre de qn ; **por ~ de** à cause de ; **obras benéficas/de caridad** œuvres *fpl* de bienfaisance/de charité ; **obras completas** œuvres complètes ; **~ de arte** œuvre d'art ; **~ de consulta** ouvrage de référence ; **~ maestra** chef-d'œuvre *m* ; **obras** *nfpl* (*reparaciones*) travaux *mpl* ; **estar de** *o* **en obras** être en travaux ; **obras públicas** travaux publics
obrar *vt*: **~ milagros** (*fig*) faire des miracles ▸ *vi* agir ; **la carta obra en su poder** la lettre est en votre possession
obr. cit. *abr* (= *obra citada*) op. cit. (= *ouvrage cité*)
obrero, -a *adj* ouvrier(-ière) ; **clase obrera** classe *f* ouvrière ▸ *nm/f* ouvrier(-ière) ; (*del campo*) ouvrier(-ière) (agricole)
obscenidad *nf* obscénité *f*
obsceno, -a *adj* obscène
obscu… = **oscu…**
obsequiar *vt*: **~ a algn con algo** faire cadeau de qch à qn ; (*con una atención*) offrir qch à qn
obsequio *nm* (*regalo*) présent *m* ; (*cortesía*) attention *f*
obsequioso, -a *adj* attentionné(e)
observación *nf* observation *f* ; **capacidad de ~** esprit *m* d'observation
observador, a *adj, nm/f* observateur(-trice)
observancia *nf* observance *f*
observar *vt* observer
observatorio *nm* observatoire *m* ; **~ meteorológico** observatoire
obsesión *nf* obsession *f*

obsesionar *vt* obséder ; **obsesionarse** *vpr* être obsédé(e)
obsesivo, -a *adj* obsessionnel(le)
obseso, -a *nm/f* obsédé(e)
obsolescencia *nf*: **~ incorporada** (*Com*) obsolescence *f* programmée
obsoleto, -a *adj* (*máquina*) obsolète ; (*ideas*) désuet(-ète)
obstaculice *etc vb ver* **obstaculizar**
obstaculizar *vt* (*entrada*) barrer ; (*obra*) entraver ; (*convenio, relaciones*) faire obstacle à
obstáculo *nm* obstacle *m*
obstante *adv*: **no ~** cependant
obstetra *nmf* obstétricien(ne)
obstetricia *nf* obstétrique *f*
obstinado, -a *adj* obstiné(e)
obstinarse *vpr* s'obstiner ; **~ en** s'obstiner à
obstrucción *nf* obstruction *f*
obstruir *vt* obstruer ; (*plan, labor, proceso*) faire obstacle à
obstruyendo *etc vb ver* **obstruir**
obtención *nf* obtention *f*
obtendré *etc vb ver* **obtener**
obtener *vt* obtenir
obtenga *etc vb ver* **obtener**
obturación *nf* obturation *f* ; (*Foto*): **velocidad de ~** vitesse *f* d'obturation
obturador *nm* obturateur *m*
obtuso, -a *adj* obtus(e)
obtuve *etc vb ver* **obtener**
obús *nm* obus *msg*
obviamente *adv* évidemment ; **~, no le dijimos nada** on ne lui a évidemment rien dit
obviar *vt* contourner
obvio, -a *adj* évident(e)
oca *nf* oie *f* ; (*tb*: **juego de la oca**) jeu *m* de l'oie
ocasión *nf* occasion *f* ; **¡~!** (*Com*) offre spéciale ; **de ~** (*artículo*) d'occasion ; **con ~ de** à l'occasion de ; **dar ~ de** donner l'occasion de ; **en (algunas) ocasiones** parfois ; **aprovechar la ~** profiter de l'occasion
ocasional *adj* fortuit(e)
ocasionar *vt* occasionner
ocaso *nm* (*puesta de sol*) coucher *m* du soleil ; (*decadencia*) déclin *m*
occidental *adj* occidental(e) ▶ *nmf* Occidental(e)
occidente *nm* occident *m* ; **el O~** l'Occident *m*
occiso, -a *nm/f*: **el ~** la victime
O.C.D.E. *sigla f* (= *Organización para la Cooperación y el Desarrollo Económico*) OCDE *f* (= *Organisation de coopération et de développement économique*)
Oceanía *nf* Océanie *f*
oceánico, -a *adj* (*de océano*) océanique ; (*de Oceanía*) océanien(ne)
océano *nm* océan *m* ; **el ~ Atlántico** l'océan *m* Atlantique
ocelote *nm* ocelot *m*
ochenta *adj inv, nm inv* quatre-vingts *m inv* ; *ver tb* **sesenta**
ocho *adj inv, nm inv* huit *m inv* ; **~ días** huit jours *mpl* ; *ver tb* **seis**
ochocientos, -as *adj* huit cents ; *ver tb* **seiscientos**
OCI (Ven, Perú) *sigla f* (= *Oficina Central de Información*) *services secrets*
ocio *nm* (*tiempo*) loisir *m* ; (*pey*) oisiveté *f* ; **guía del ~** guide *m* art et spectacles
ociosidad (*pey*) *nf* oisiveté *f*
ocioso, -a *adj*: **estar ~** être oisif(-ive) ; **ser ~** être oiseux(-euse)
ocote (CAm, Méx) *nm* pin *m*
ocre *adj, nm* (*color, pintura*) ocre *m*
oct. *abr* = **octubre**
octanaje *nm*: **de alto ~** à indice d'octane élevé
octano *nm* octane *m*
octava *nf* (*Mús*) octave *m*
octavilla *nm* (*esp Pol*) tract *m*
octavo, -a *adj, nm/f* huitième *mf* ; *ver tb* **sexto**
octeto *nm* (*Inform*) octet *m*
octogenario, -a *adj, nm/f* octogénaire *mf*
octogésimo, -a *adj, nm/f* quatre-vingtième *mf*
octubre *nm* octobre *m* ; *ver tb* **julio**
OCU *sigla f* (= *Organización de Consumidores y Usuarios*) *association pour la défense des consommateurs*
ocular *adj* (*inspección*) des yeux ; **testigo ~** témoin *m* oculaire
oculista *nmf* oculiste *mf*
ocultar *vt* cacher ; **ocultarse** *vpr*: **ocultarse (tras/de)** se cacher (derrière/de)
oculto, -a *adj* (*puerta, persona*) dissimulé(e) ; (*razón*) caché(e), secret(-ète)
ocupa (*fam*) *nmf* squatteur(-euse)
ocupación *nf* occupation *f*
ocupacional *adj* occupationnel(le) ; **formación ~** formation *f* professionnelle ; **salud ~** santé *f* au travail ; **terapia ~** thérapie *f* occupationnelle, ergothérapie *f*
ocupado, -a *adj* occupé(e) ; **¿está ocupada la silla?** la place est prise ?
ocupante *adj, nmf* occupant(e)
ocupar *vt* occuper ; **ocuparse** *vpr*: **ocuparse de** s'occuper de ; **ocuparse de lo suyo** s'occuper de ses affaires
ocurrencia *nf* (*idea*) idée *f* ; (: *graciosa*) trait *m* d'esprit ; **¡qué ~!** (*pey*) quelle drôle d'idée !
ocurrente *adj* amusant(e)
ocurrir *vi* (*suceso*) se produire, se passer ; **¿qué ocurre?** qu'est-ce qui se passe ? ; **¿qué te ocurre?** qu'est-ce que tu as ? ; **lo que ocurre es que …** ce qui se passe, c'est que … ; **ocurrirse** *vpr*: **se me ha ocurrido que …** il m'est venu à l'esprit que … ; **¡ni se te ocurra!** pas question ! ; **¡qué cosas se te ocurren!** tu as de ces idées ! ; **¿se te ocurre algo?** tu as une idée ?

O

oda *nf* ode *f*
ODECA *sigla f* (= *Organización de los Estados Centroamericanos*) ODECA *f* (= *Organisation des États d'Amérique centrale*)
odiar *vt* (*a algn*) haïr ; (*comida, trabajo*) détester
odio *nm* haine *f* ; **tener ~ a algn** détester qn, haïr qn
odioso, -a *adj* (*persona*) odieux(-euse) ; (*tiempo*) exécrable ; (*trabajo, tema*) insupportable
odisea *nf* (*fig*) épopée *f*
odontología *nf* odontologie *f*
odontólogo, -a *nm/f* odontologiste *mf*
odre *nm* outre *f*
OEA *sigla f* (= *Organización de Estados Americanos*) OEA *f* (= *Organisation des États américains*)
OECE *sigla f* (= *Organización Europea de Cooperación Económica*) OECE *f* (= *Organisation européenne de coopération économique*)
OELA *sigla f* = **Organización de Estados Latinoamericanos**
oeste *nm* ouest *m* ; **película del ~** western *m* ; *ver tb* **norte**
ofender *vt* offenser ; **~ la vista** blesser la vue ; **~ los oídos** écorcher les oreilles ; **sentirse ofendido** se froisser ; **ofenderse** *vpr* s'offenser
ofensa *nf* offense *f* ; (*Jur*) outrage *m*
ofensiva *nf* offensive *f*
ofensivo, -a *adj* (*palabra etc*) offensant(e) ; (*Mil*) offensif(-ive)
oferta *nf* offre *f* ; (*Com: de bajo precio*) promotion *f* ; **la ~ y la demanda** l'offre et la demande ; **artículos de** *o* **en ~** articles *mpl* en promotion ; **ofertas de trabajo** offres *fpl* d'emploi ; **~ monetaria** offre monétaire ; **~ pública de compra** (*Com*) offre publique d'achat
offset ['ofset] *nm*: **sistema/prensa ~** système *m*/presse *f* offset
oficial *adj* officiel(le) ▸ *nmf* (*Mil*) officier(-ière) ; (*en un trabajo*) ouvrier(-ière) qualifié(e)
oficialista (Am) *adj* officiel(le) ; **el candidato ~** le candidat officiel
oficialmente *adv* officiellement
oficiar *vt*: **~ la misa** officier ▸ *vi* (*Rel*) officier ; **~ de** faire office de
oficina *nf* bureau *m* ; **~ de empleo** agence *f* pour l'emploi ; **~ de información** bureau d'information ; **~ de objetos perdidos** bureau des objets trouvés ; **~ de turismo** office *m* du tourisme
oficinista *nmf* employé(e) de bureau
oficio *nm* travail *m* ; (*Rel*) office *m* ; (*función*) fonction *f* ; (*comunicado*) communiqué *m* ; **ser del ~** être du métier ; **sin ~ ni beneficio** sans profession ; **buenos oficios (de algn)** bons offices (de qn) ; **~ de difuntos** office des morts
oficioso, -a *adj* officieux(-euse)
ofimática *nf* bureautique *f*
ofrecer *vt* offrir ; (*fiesta*) donner ; **~ la posibilidad de** donner la possibilité de ; **ofrecerse** *vpr*: **ofrecerse a** *o* **para hacer algo** s'offrir pour faire qch ; **¿qué se le ofrece?, ¿se le ofrece algo?** puis-je vous aider ? ; **ofrecerse de** s'offrir comme
ofrecimiento *nm* offre *f*
ofrenda *nf* offrande *f*
ofrendar *vt* faire l'offrande de
ofrezca *etc vb ver* **ofrecer**
oftalmología *nf* ophtalmologie *f*
oftalmólogo, -a *nm/f* ophtalmologue *mf*
ofuscación *nf* aveuglement *m*
ofuscamiento *nm* aveuglement *m*
ofuscar *vt* aveugler ; **estar ofuscado por** *o* **con algo** être aveuglé par qch ; **ofuscarse** *vpr* se troubler
ofusque *etc vb ver* **ofuscar**
ogro *nm* ogre *m* ; (*pey*) monstre *m*
OIC *sigla f* (*Com:* = *Organización Internacional del Comercio*) ITO *f* (= *organisation du commerce international*) ; = **Organización Interamericana del Café**
oída *nf*: **de oídas** par ouï-dire
oído *nm* (*Anat*) oreille *f* ; (*sentido*) ouïe *f* ; **al ~** à l'oreille ; **de ~** d'oreille ; **tener ~** avoir de l'oreille ; **tener buen ~** avoir une bonne oreille ; **ser todo oídos** être tout ouïe ; **ser duro de ~** être dur d'oreille ; **no doy crédito a mis oídos** je n'en crois pas mes oreilles ; **hacer oídos sordos a** faire la sourde oreille à ; **~ interno** oreille interne
OIEA *sigla m* (= *Organismo Internacional de Energía Atómica*) AIEA *f* (= *Agence internationale de l'énergie atomique*)
oiga *etc vb ver* **oír**
OIR *sigla f* (= *Organización Internacional para los Refugiados*) OIR *f* (= *Organisation internationale des réfugiés*) ; (= *Organización Internacional de Radiodifusión*) OIR *f* (= *Organisation internationale de radiodiffusion*)
oír *vt* entendre ; (*atender a*) écouter ; **~ misa** entendre la messe ; **¡lo que hay que ~!** ce qu'il ne faut pas entendre ! ; **~ hablar de algn/algo** entendre parler de qn/qch ; **como quien oye llover** (*fig*) autant parler à un mur ▸ *vi* entendre ; **¡oye!, ¡oiga!** écoute !, écoutez ! ; **¿oiga?** (*Telec*) allô ?
OIT *sigla f* (= *Organización Internacional del Trabajo*) OIT *f* (= *Organisation internationale du travail*)
ojal *nm* boutonnière *f*
ojalá *excl* si seulement !, espérons ! ▸ *conj* (*tb*: **ojalá que**) si seulement, espérons que ; **~ (que) venga hoy** espérons qu'il viendra aujourd'hui ; **¡~ pudiera!** si seulement il pouvait !
ojeada *nf* coup *m* d'œil ; **echar una ~ a** jeter un coup d'œil à
ojera *nf* cerne *m* ; **tener ojeras** avoir les yeux cernés

ojeriza *nf*: **tener ~ a** avoir une dent contre
ojeroso, -a *adj* (*ojos*) cerné(e)
ojete *nm* œillet *m*
ojo *nm* œil *m* ; (*de puente*) arche *f* ; (*de cerradura*) trou *m* ; (*de aguja*) chas *msg* ; **a ~ (de buen cubero)** à vue de nez ; **a ojos vistas** à vue d'œil ; **¡dichosos los ojos (que te ven)!** quelle bonne surprise ! ; **en un abrir y cerrar de ojos** en un clin d'œil ; **ir/andar con ~** faire attention ; **mirar** *o* **ver con buenos/malos ojos** voir d'un bon/mauvais œil ; **no pegar ~** ne pas fermer l'œil ; **~ por ~** œil pour œil ; **ser el ~ derecho de algn** (*fig*) être le chouchou de qn ; **tener echado el ~ a algo/algn** avoir l'œil sur qch/qn ; **tener ~ clínico** avoir l'œil infaillible ; **tener ~ para** avoir l'œil pour ; **ten mucho ~ con ese** fais bien attention avec ce type-là ; **ojos saltones** yeux *mpl* globuleux ; **~ de buey** œil-de-bœuf *m* ; **~ de halcón** (*Tenis*) Hawk-Eye *m* ▸ *excl* attention !
ojota (*And*, *CSur*) *nf* sandale *f*
okupa (*fam*) *nmf* squatteur(-euse)
OL *abr* (= *onda larga*) GO (= *grandes ondes*)
ola *nf* vague *f* ; **~ de calor/frío** vague de chaleur/froid ; **la nueva ~** la nouvelle vague
OLADE *sigla f* = **Organización Latinoamericana de Energía**
olé *excl* olé !
oleada *nf* (*tb fig*) vague *f*
oleaje *nm* vagues *fpl*
óleo *nm*: **un ~** une peinture à l'huile ; **al ~** à l'huile
oleoducto *nm* oléoduc *m*
oler *vt* (*tb sospechar*) sentir ; (*curiosear*) mettre le nez (dans) ▸ *vi* (*despedir olor*) sentir ; **huele a tabaco** ça sent le tabac ; **huele a corrupción** ça sent la corruption ; **huele mal** ça sent mauvais ; (*fig*) ça sent le brûlé ; **huele que apesta** ça pue
olfatear *vt* renifler ; (*con el hocico*) flairer ; (*sospechar*) flairer ; (*curiosear*) mettre le nez dans
olfato *nm* odorat *m* ; **tener (buen) ~ para algo** avoir du flair pour qch
oligarquía *nf* oligarchie *f*
oligofrénico, -a *adj* oligophrène
olimpiada *nf* olympiade *f* ; **olimpiadas** *nfpl* Jeux *mpl* olympiques
olímpicamente *adv* souverainement
olímpico, -a *adj* (*deporte*) olympique ; (*gesto*) magnifique
olisquear *vt* (*suj: perro*) renifler ; (*curiosear*) farfouiller
oliva *nf* olive *f* ; **aceite de ~** huile *f* d'olive
olivar *nm* oliveraie *f*
olivo *nm* olivier *m*
olla *nf* marmite *f* ; (*comida*) ragoût *m* ; **~ a presión** cocotte-minute *f*
olmo *nm* orme *m*
olor *nm* odeur *f* ; **mal ~** mauvaise odeur ; **~ a** odeur de
oloroso, -a *adj* odorant(e)
olote (*CAm*, *Méx*) *nm* (*Agr*) épi *m*
OLP *sigla f* (= *Organización para la Liberación de Palestina*) OLP *f* (= *Organisation de libération de la Palestine*)
olvidadizo, -a *adj* tête-en-l'air *inv*
olvidar *vt* oublier ; **~ hacer algo** oublier de faire qch ; **olvidarse** *vpr*: **olvidarse (de)** oublier (de) ; **se me olvidó (hacerlo)** j'ai oublié (de le faire) ; **¡se me olvidaba!** j'allais oublier !
olvido *nm* oubli *m* ; **por ~** par inadvertance ; **echar algo en el ~** oublier qch ; **caer en el ~** tomber dans l'oubli
O.M. *abr* (= *Orden Ministerial*) *ordre ministériel*; (= *onda media*) OM *fpl* (= *ondes moyennes*) ; (= *Oriente Medio*) *ver* **oriente**
ombligo *nm* nombril *m*
ombú (*Arg*) *nm arbre de la pampa*
OMC *nf abr* (= *Organización Mundial del Comercio*) OMC *f* (= *Organisation mondiale du Commerce*)
OMG *sigla m* (= *organismo modificado genéticamente*) OGM *m* (= *organisme génétiquement modifié*)
OMI *sigla f* (= *Organización Marítima Internacional*) OMI *f* (= *Organisation maritime internationale*)
omisión *nf* omission *f*
omiso, -a *adj*: **hacer caso ~ de** ne faire aucun cas de
omitir *vt* omettre
ómnibus (*Am*) *nm inv* autobus *msg*
omnipotente *adj* omnipotent(e)
omnipresente *adj* omniprésent(e)
omnívoro, -a *adj* omnivore
omoplato *nm* omoplate *f*
OMS *sigla f* (= *Organización Mundial de la Salud*) OMS *f* (= *Organisation mondiale de la santé*)
ONCE *sigla f* (= *Organización Nacional de Ciegos Españoles*) *entreprise et organisme d'aide aux aveugles*
once *adj inv*, *nm inv* onze *m inv* ▸ *nf* (*Am: refrigerio, merienda*): **la ~, las onces** le goûter, le thé ; *ver tb* **seis**
onceavo, -a *adj*, *nm* onzième *m*
oncología *nf* oncologie *f*
oncólogo, -a *nm/f* cancérologue *mf*, oncologue *mf*
onda *nf* (*Fís*) onde *f* ; (*del pelo*) ondulation *f* ; **ondas acústicas/hertzianas** ondes acoustiques/hertziennes ; **~ corta/larga/media** onde courte/grande/moyenne ; **la ~ expansiva** l'onde de choc ; **~ sonora** onde sonore
ondear *vi* onduler
ondulación *nf* ondulation *f*
ondulado, -a *adj* ondulé(e)
ondulante *adj* ondulant(e)
ondular *vt*, *vi* onduler ; **ondularse** *vpr* onduler

O

oneroso, -a *adj* onéreux(-euse)
ONG *sigla f (= organización no gubernamental)* ONG *f (= organisation non gouvernementale)*
onírico, -a *adj* onirique
on-line [on'lain] *(Inform) adv, adj* en ligne
onomástica *nf* onomastique *f*
onomatopeya *nf* onomatopée *f*
ONU *sigla f (= Organización de las Naciones Unidas)* ONU *f (= Organisation des Nations unies)*
onubense *adj* de Huelva ▸ *nmf* natif(-ive) *o* habitant(e) de Huelva
ONUDI *sigla f (= Organización de las Naciones Unidas para el Desarrollo Industrial)* ONUDI *f (= Organisation des Nations unies pour le développement industriel)*
onza *nf* once *f*
OPA *sigla f (= Oferta Pública de Adquisición)* OPA *f (= offre publique d'achat)*
opa (CSur) *adj, nmf* idiot(e)
opacidad *nf*: ~ **informativa** opacité *f* de l'information
opaco, -a *adj* opaque
ópalo *nm* opale *f*
opción *nf (elección)* choix *m* ; *(una opción)* option *f* ; *(derecho)*: ~ **a** choix entre ; **no hay otra ~** il n'y a pas d'autre solution
opcional *adj* optionnel(le), facultatif(-ive)
OPEP *sigla f (= Organización de Países Exportadores de Petróleo)* OPEP *f (= Organisation des pays exportateurs de pétrole)*
ópera *nf* opéra *m* ; ~ **bufa/cómica** opéra bouffe/comique
operación *nf* opération *f* ; ~ **a plazo** (Com) transaction *f* à terme ; **operaciones accesorias** (Inform) gestion *f* des disques ; **operaciones a término** (Com) marché *m* à terme
operador, a *nm/f* (Med) chirurgien(ne) ; (Telec) opérateur(-trice) ; (Cine: *en proyección*) projectionniste *mf* ; (: *en rodaje*) opérateur(-trice) de prise de vues ▸ *nmpl*: **operadores** (Inform) opérateurs *mpl*
operante *adj* opérant(e)
operar *vt* opérer ; ~ **a algn de algo** opérer qn de qch ▸ *vi* opérer ; (Com) faire des transactions ; (Mat) faire une opération ; **operarse** *vpr (cambio)* s'opérer ; **se han operado grandes cambios** il s'est opéré de grands changements ; **operarse (de)** être opéré(e) (de)
operario, -a *nm/f (esp* Am*)* ouvrier(-ière)
operativo, -a *adj* opérationnel(le) ▸ *nm (esp* CSur: *militar, policial)* opération *f*
opereta *nf* opérette *f*
operístico, -a *adj* d'opéra, opératique
opinar *vt* penser ▸ *vi*: ~ **(de** *o* **sobre)** donner son avis (sur) ; ~ **bien/mal de** penser du bien/mal de
opinión *nf* opinion *f*, avis *msg* ; **cambiar de ~** changer d'avis ; **tener mala/buena ~ de algo/algn** avoir mauvaise/bonne opinion de qch/qn ; **la ~ pública** l'opinion publique
opio *nm* opium *m*
opíparo, -a *adj* copieux(-euse)
opondré *etc vb ver* **oponer**
oponente *nmf* opposant(e) ; (Deporte, Pol) adversaire *mf*
oponer *vt* opposer ; ~ **A a B** opposer A à B ; **oponerse** *vpr*: **oponerse (a)** s'opposer (à) ; **¡me opongo!** je m'y oppose !
oponga *etc vb ver* **oponer**
Oporto *n* Porto
oporto *nm (vino)* porto *m*
oportunidad *nf (ocasión)* occasion *f* ; *(posibilidad)* opportunité *f* ; **dar a algn otra ~** redonner une chance à qn ; **oportunidades** *nfpl* (Com) promotions *fpl* ; *(en trabajo, educación)* possibilités *fpl*
oportunismo *nm* opportunisme *m*
oportunista *nmf* opportuniste *mf*
oportuno, -a *adj* opportun(e) ; *(persona)* judicieux(-euse) ; **en el momento ~** au moment opportun ; **¡qué ~!** *(irón)* c'est bien le moment !
oposición *nf* opposition *f* ; **la ~** (Pol) l'opposition ; **oposiciones** *nfpl* (Esp) concours *msg* ; **hacer oposiciones (a), presentarse a unas oposiciones (a)** se présenter au concours (de) ; *voir article*

OPOSICIONES

Les **oposiciones** sont les examens qui, chaque année, permettent d'accéder, au niveau national ou régional, aux postes de la fonction publique, de l'enseignement, du système judiciaire, etc. Ces postes étant permanents, le nombre de candidats (*opositores*) et le niveau des épreuves sont très élevés. Il n'est pas rare de repasser les épreuves plusieurs années de suite.

opositar *vi*: ~ **(a)** se présenter au concours (de)
opositor, a *nm/f* candidat(e)
opresión *nf* oppression *f*
opresivo, -a *adj (régimen)* oppressif(-ive) ; *(medidas)* de répression
opresor, a *nm/f* oppresseur *m*
oprimido, -a *adj* opprimé(e) ▸ *nmpl*: **los oprimidos** les opprimés *mpl*
oprimir *vt (botón)* presser ; *(suj: cinturón, ropa)* serrer ; *(fig: corazón)* oppresser ; *(obrero, campesino)* opprimer
oprobio *nm* opprobre *m*
optar *vi*: ~ **por** opter pour ; ~ **a** aspirer à
optativo, -a *adj (asignatura)* facultatif(-ive)
óptica *nf (tienda)* opticien *m* ; (Fís, Tec) optique *f* ; *ver tb* **óptico**
óptico, -a *adj* optique ▸ *nm/f* opticien(ne)

optimismo *nm* optimisme *m*
optimista *adj, nmf* optimiste *mf*
óptimo, -a *adj* optimal(e)
opuesto, -a *pp de* **oponer** ▸ *adj* opposé(e)
opulencia *nf* opulence *f*
opulento, -a *adj* opulent(e)
opuse *etc vb ver* **oponer**
oquedad *nf* cavité *f*
ORA *nf abr (= Operación de Regulación de Aparcamientos) système de stationnement payant, dans certaines régions d'Espagne*
ora *conj*: **~ aquí, ~ allá** de-ci, de-là
oración *nf (Rel)* prière *f* ; *(Ling)* énoncé *m*
oráculo *nm* oracle *m*
orador, a *nm/f* orateur(-trice)
oral *adj* oral(e) ; **por vía ~** par voie orale
órale *(Méx fam) excl (¡venga!)* allez ! ; *(¡oiga!)* écoutez !
orangután *nm* orang-outang *m*
orar *vi* prier
oratoria *nf* éloquence *f*
orbe *nm*: **en todo el ~** dans le monde entier
órbita *nf* orbite *f* ; *(ámbito)* champ *m*
orca *nf* orque *f*
órdago *nm*: **de ~** *(fam)* sacré(e) *(fam)* ; **un yate/una borrachera de ~** un yacht impressionnant/une sacrée cuite
orden *nm* ordre *m* ; **por ~** par ordre ; **por ~ alfabético/de aparición** par ordre alphabétique/d'apparition ; **estar/poner en ~** être/mettre en ordre ; **del ~ de** de l'ordre de ; **de primer ~** de premier ordre ; **~ del día** ordre du jour ; **~ público** ordre public ▸ *nf (mandato, Rel)* ordre *m* ; **estar a la ~ del día** être à l'ordre du jour ; **¡a sus órdenes!** à vos ordres ! ; **dar la ~ de hacer algo** donner l'ordre de faire qch ; **~ bancaria** virement *m* bancaire ; **~ de comparencia** assignation *f* à comparaître ; **~ de compra** *(Com)* ordre d'achat
ordenación *nf (manera de ordenar)* rangement *m* ; *(Rel)* ordination *f* ; *(Inform: de líneas, por registros)* tri *m* ; **cambiar el tipo de ~** changer le mode de tri
ordenado, -a *adj* ordonné(e)
ordenador *nm (Inform)* ordinateur *m* ; **~ central** ordinateur central ; **~ de sobremesa** ordinateur de bureau ; **~ personal** ordinateur personnel ; **~ portátil** ordinateur portable
ordenamiento *nm (código)* mise *f* en ordre
ordenanza *nf (militar, municipal)* ordonnance *f* ▸ *nm (en oficinas)* employé *m* de bureau ; *(Mil)* ordonnance *f*
ordenar *vt (mandar)* ordonner ; *(papeles, juguetes)* ranger ; *(habitación, ideas)* mettre de l'ordre dans ; *(Rel)* ordonner ; **ordenarse** *vpr (Rel)* être ordonné(e)
ordeñadora *nf* trayeuse *f* électrique
ordeñar *vt* traire
ordinal *adj* ordinal(e) ▸ *nm* ordinal *m*
ordinariez *nf* grossièreté *f*
ordinario, -a *adj* ordinaire ; *(pey)* grossier(-ière) ; **de ~** d'ordinaire
orear *vt* aérer ; **orearse** *vpr* s'aérer
orégano *nm* origan *m*
oreja *nf* oreille *f* ; **sonrisa de ~ a ~** sourire *m* jusqu'aux oreilles ; **ver las orejas al lobo** percevoir le danger
orejera *nf* oreillette *f*
orejón *(And) nm (Hist) officier inca*
orensano, -a *adj* d'Orense ▸ *nm/f* natif(-ive) *o* habitant(e) d'Orense
orfanato *nm* orphelinat *m*
orfanatorio *(Méx) nm* orphelinat *m*
orfandad *nf fait d'être orphelin*
orfebre *nm* orfèvre *m*
orfebrería *nf* orfèvrerie *f*
orfelinato *nm* orphelinat *m*
orfeón *nm (Mús)* chorale *f*
organice *etc vb ver* **organizar**
orgánico, -a *adj (tb ley)* organique ; *(todo)* organisé(e) ; *(agricultura, verduras)* bio
organigrama *nm* organigramme *m*
organillo *nm* orgue *m* de Barbarie
organismo *nm* organisme *m* ; **~ internacional** organisation *f* internationale
organista *nmf* organiste *mf*
organización *nf* organisation *f* ; **buena/mala ~** bonne/mauvaise organisation ; **O~ de las Naciones Unidas** Organisation des Nations unies ; **O~ del Tratado del Atlántico Norte** Organisation du traité de l'Atlantique Nord
organizado, -a *adj* organisé(e)
organizador, a *adj, nm/f* organisateur(-trice)
organizar *vt* organiser ; **organizarse** *vpr* s'organiser ; *(escándalo)* se produire
órgano *nm* organe *m* ; *(Mús)* orgue *m*
orgasmo *nm* orgasme *m*
orgía *nf* orgie *f*
orgullo *nm* orgueil *m*
orgulloso, -a *adj* orgueilleux(-euse)
orientación *nf* orientation *f* ; **~ profesional/universitaria** orientation professionnelle/des études ; **tener sentido de la ~** avoir le sens de l'orientation
oriental *adj* oriental(e) ▸ *nmf* Oriental(e)
orientar *vt* orienter ; *(esfuerzos)* diriger ; **orientarse** *vpr* s'orienter ; **orientarse (en/sobre)** s'orienter (vers/d'après)
orientativo, -a *adj* indicatif(-ive)
oriente *nm* orient *m* ; **el O~** l'Orient *m* ; **O~ Medio/Próximo** Moyen-/Proche-Orient *m* ; **Lejano O~** Extrême-Orient *m*
orificio *nm* orifice *m*
origen *nm* origine *f* ; **de ~ español** d'origine espagnole ; **de ~ humilde** d'origine modeste ; **dar ~ a** donner lieu à ; **país/lugar**

O

de ~ pays *msg*/lieu *m* d'origine ; **idioma de ~** langue *f* maternelle
original *adj* original(e) ; (*relativo al origen*) originel(le) ; **el pecado ~** le péché originel ▸ *nm* original *m*
originalidad *nf* originalité *f*
originar *vt* causer, provoquer ; **originarse** *vpr*: **originarse (en)** trouver son origine (dans)
originario, -a *adj* originaire ; (*motivo, razón*) premier(-ière) ; **~ de** originaire de ; **país ~** pays *msg* d'origine
orilla *nf* bord *m* ; **a orillas del mar/río** au bord de la mer/rivière
orillar *vt* (*camino, río*) border ; (*Costura*) ourler ; (*dificultad*) contourner
orín *nm* rouille *f*
orina *nf* urine *f*
orinal *nm* pot *m* (de chambre)
orinar *vi* uriner ; **orinarse** *vpr* faire pipi
orines *nmpl* urines *fpl*
oriundo, -a *adj*: **~ de** originaire de
orla *nf* (*adorno*) bord *m* ; (*Escol*) photo *f* de classe
ornamental *adj* ornemental(e)
ornamento *nm* ornement *m*
ornitología *nf* ornithologie *f*
ornitólogo, -a *nm/f* ornithologue *mf*
oro *nm* or *m* ; **~ de ley** or au titre ; **de ~** en or ; **ofrecer/prometer el ~ y el moro** promettre monts et merveilles ; **no es ~ todo lo que reluce** tout ce qui brille n'est pas or ; **hacerse de ~** faire fortune ; *ver tb* **oros**
orografía *nf* orographie *f*
orondo, -a *adj* (*satisfecho*) fat(e) ; (*gordo*) rond(e)
oropel *nm* oripeau *m*
oros *nmpl* (*Naipes*) *l'une des quatre couleurs du jeu de cartes espagnol*
orquesta *nf* orchestre *m* ; **~ de cámara/de jazz** orchestre de chambre/de jazz
orquestación *nf* (*tb fig*) orchestration *f*
orquestal *adj* orchestral(e)
orquestar *vt* (*tb fig*) orchestrer
orquídea *nf* orchidée *f*
ortiga *nf* ortie *f*
ortodoncia *nf* orthodontie *f*
ortodoxia *nf* orthodoxie *f*
ortodoxo, -a *adj* orthodoxe
ortografía *nf* orthographe *f*
ortopedia *nf* orthopédie *f*
ortopédico, -a *adj* orthopédique
oruga *nf* chenille *f*
orujo *nm* marc *m* de raisin
orzuelo *nm* orgelet *m*
os *pron* vous ; **vosotros os laváis** vous vous lavez ; **¡callaros!** (*fam*) taisez-vous !
osa *nf* ourse *f* ; **O~ Mayor/Menor** Grande/Petite Ourse
osadía *nf* (*audacia*) audace *f* ; (*descaro*) témérité *f*
osado, -a *adj* (*audaz*) audacieux(-euse) ; (*descarado*) téméraire
osamenta *nf* ossements *mpl*
osar *vi* oser
oscense *adj* de Huesca ▸ *nmf* natif(-ive) *o* habitant(e) de Huesca
oscilación *nf* oscillation *f* ; (*de precios*) fluctuation *f*, variation *f*
oscilar *vi* osciller ; (*titubear*) vaciller
oscurantismo *nm* obscurantisme *m*
oscurecer *vt* obscurcir ▸ *vi* commencer à faire nuit ; **oscurecerse** *vpr* s'obscurcir
oscurezca *etc vb ver* **oscurecer**
oscuridad *nf* obscurité *f* ; **en la ~** dans le noir
oscuro, -a *adj* obscur(e) ; (*color etc*) foncé(e) ; (*día, cielo*) sombre ; (*futuro*) sombre ; **a oscuras** dans l'obscurité
óseo, -a *adj* osseux(-euse)
Oslo *n* Oslo
osmosis, ósmosis *nf inv* osmose *f*
oso *nm* ours *msg* ; **~ blanco/pardo** ours blanc/brun ; **hacer el ~** faire le clown ; **~ de peluche** ours en peluche ; **~ hormiguero** tamanoir *m*
ostensible *adj* ostensible ; **hacer algo ~** manifester qch ostensiblement
ostentación *nf* ostentation *f* ; **hacer ~ de algo** (*pey*) faire étalage de qch
ostentar *vt* arborer ; (*cargo, título, récord*) posséder
ostentoso, -a *adj* ostentatoire
osteópata *nmf* ostéopathe *mf*
osteoporosis *nf inv* ostéoporose *f*
ostionería (*MÉX*) *nf* marchand *m* d'huîtres
ostra *nf* huître *f* ▸ *excl*: **¡ostras!** (*fam*) mince !
ostracismo *nm* ostracisme *m*
OTAN *sigla f* (= *Organización del Tratado del Atlántico Norte*) OTAN *f* (= *Organisation du traité de l'Atlantique Nord*)
OTASE *sigla f* (= *Organización del Tratado del Sudeste Asiático*) OTASE *f* (= *Organisation du traité de l'Asie du Sud-Est*)
otate (*MÉX*) *nm* jonc *m*
otear *vt* scruter
otero *nm* butte *f*
otitis *nf inv* otite *f*
otomano, -a (*Hist*) *adj* ottoman(e) ▸ *nm/f* Ottoman(e)
otoñal *adj* automnal(e) ; (*amor*) mûr(e)
otoño *nm* automne *m*
otorgar *vt* octroyer, concéder ; (*perdón*) accorder ; (*poderes*) attribuer ; (*premio*) décerner
otorgue *etc vb ver* **otorgar**
otorrinolaringólogo, -a, otorrino, -a *nm/f* oto-rhino(-laryngologiste) *mf*

PALABRA CLAVE

otro, -a *adj* **1** (*distinto*: *sg*) un(e) autre ; (: *pl*) d'autres ; **otra persona** une autre personne ; **con otros amigos** avec d'autres amis
2 (*adicional*): **tráigame otro café (más),**

por favor apportez-moi un autre café, s'il vous plaît ; **otros 10 días más** encore 10 jours ; **otros tres** trois autres ; **otra vez** encore une fois
3 (*un nuevo*): **es otro Mozart** c'est un nouveau Mozart ; **¡otra!** (*en concierto*) une autre !, bis ! ; **¡a otra cosa!** passons à autre chose !
4: **otro tanto**: **comer otro tanto** manger autant ; **recibió una decena de telegramas y otras tantas llamadas** il a reçu une dizaine de télégrammes et autant de coups de téléphone
▸ *pron* 1: **el otro/la otra** l'autre ; **otros/otras** d'autres ; **los otros/las otras** les autres ; **no cojas esa gabardina, que es de otro** ne prends pas cet imperméable, il est à quelqu'un d'autre ; **que lo haga otro** que quelqu'un d'autre le fasse
2 (*recíproco*): **se odian (la) una a (la) otra** elles se détestent l'une l'autre ; **unos y otros** les uns et les autres

otrora (*liter*) *adv* autrefois, jadis ; **el ~ señor del país** l'ancien chef du pays
OUA *sigla f* (= *Organización para la Unidad Africana*) OUA *f* (= *Organisation de l'unité africaine*)
ovación *nf* ovation *f*
ovacionar *vt* ovationner, faire une ovation à
oval *adj* oval(e)
ovalado, -a *adj* ovale
óvalo *nm* ovale *m*
ovario *nm* ovaire *m*
oveja *nf* brebis *fsg* ; **~ negra** (*de familia*) brebis galeuse
overol (Am) *nm* salopette *f*
ovetense *adj* d'Oviedo ▸ *nmf* natif(-ive) *o* habitant(e) d'Oviedo
ovillo *nm* pelote *f* ; **hacerse un ~** se pelotonner
ovino, -a *adj* ovin(e) ; **ganado ~** ovins *mpl* ▸ *nm* (*animal*) ovin *m* ; **carne de ~** viande *f* ovine
OVNI *sigla m* (= *objeto volante (o volador) no identificado*) OVNI *m* (= *objet volant non identifié*)
ovulación *nf* ovulation *f*
óvulo *nm* ovule *m*
oxidación *nf* oxydation *f*, rouille *f*
oxidar *vt* oxyder, rouiller ; **oxidarse** *vpr* s'oxyder, se rouiller ; (*Tec*) s'oxyder
óxido *nm* oxyde *m* ; (*sobre metal*) rouille *f*
oxigenado, -a *adj* (*agua*) oxygéné(e) ; (*pelo*) blond(e) oxygéné(e)
oxigenar *vt* oxygéner ; **oxigenarse** *vpr* s'oxygéner
oxígeno *nm* oxygène *m*
oyendo *etc vb ver* **oír**
oyente *nmf* auditeur(-trice)
ozono *nm* ozone *m* ; **agujero/capa de ~** trou *m*/couche *f* d'ozone

Pp

P¹, p [pe] *nf (letra)* P, p *m inv* ; **P de París** ≈ P comme Pierre
P² *abr (Rel: = Padre)* P (= Père) ; (= *Papa*) pape ; (= *pregunta*) Q. (= *question*)
p. *abr (Tip: = página)* p. (= *page*) ; (*Costura*) = **punto**
p.a. *abr* = **por autorización**; = **por ausencia**
pabellón *nm* pavillon *m* ; ~ **de conveniencia** (*Com*) pavillon de complaisance ; ~ **de la oreja** pavillon de l'oreille
pábulo *nm*: **dar ~ a** donner prise à, alimenter
PAC *sigla f (= Política Agraria Común)* PAC *f* (= *Politique agricole commune*)
pacense *adj* de Badajoz ▸ *nmf* natif(-ive) *o* habitant(e) de Badajoz
paceño, -a *adj* de La Paz ▸ *nm/f* natif(-ive) *o* habitant(e) de La Paz
pacer *vi* paître
pachá *nm*: **vivir como un ~** vivre comme un pacha
Pachamama (*And, CSur*) *nf* Pachamama *f*
pachanga *nf* (*CAm, Méx*) pachanga *f* ; (*fam: en fútbol, baloncesto*) petit match *m* entre amis
pachanguero, -a (*pey*) *adj* tapageur(-euse)
pacharán *nm* liqueur *f* de prunelle
pachorra *nf* (*lentitud*) torpeur *f* ; (*tranquilidad*) nonchalance *f*
pachucho, -a *adj* (*fruta*) trop mûr(e) ; (*fam: persona*) patraque
pachuco, -a *nm/f* (*Méx pey*) chicano *m*
paciencia *nf* patience *f* ; **¡~!** patience ! ; **armarse de ~** s'armer de patience ; **perder la ~** perdre patience
paciente *adj, nmf* patient(e)
pacientemente *adv* patiemment
pacificación *nf* pacification *f*
pacíficamente *adv* pacifiquement, de manière pacifique
pacificar *vt* pacifier
pacífico, -a *adj* pacifique ▸ *nm*: **el (océano) P~** le (*o* l'océan) Pacifique
pacifique *etc vb ver* **pacificar**
pacifismo *nm* pacifisme *m*
pacifista *nmf* pacifiste *mf*
pack *nm* (*de yogures, latas*) pack *m* ; (*de vacaciones*) forfait *m*
paco (*And, Chi pey*) *nm* flic *m* (*fam*)
pacotilla *nf*: **de ~** de pacotille
pactar *vt* convenir de ▸ *vi* pactiser
pacto *nm* pacte *m*
padecer *vt* (*dolor, enfermedad*) souffrir de ; (*injusticia, consecuencias*) subir ; (*sequía*) connaître ▸ *vi*: ~ **de** souffrir de
padecimiento *nm* souffrance *f*
pádel *nm* padel *m*
padezca *etc vb ver* **padecer**
padrastro *nm* beau-père *m* ; (*en las uñas*) envie *f*
padrazo *nm* papa *m* gâteau
padre *nm* père *m* ; **García ~** García père ; **¡tu ~!** (*fam!*) mon œil ! ; ~ **adoptivo** père adoptif ; ~ **de familia** père de famille ; ~ **espiritual** père spirituel ; **P~ Nuestro** Notre Père ; ~ **político** beau-père *m* ▸ *adj* (*fam*): **una juerga ~** une bringue à tout casser ; **un susto ~** une peur bleue ; **padres** *nmpl* (*padre y madre*) parents *mpl*
padrino *nm* parrain *m* ; ~ **de boda** témoin *m* de mariage ; **padrinos** *nmpl le parrain et la marraine*
padrón *nm* recensement *m*
padrote (*CAm, Méx fam*) *nm* entremetteur *m*
paella *nf* paella *f*
paellera *nf* (*Culin*) poêle *f* à paella
pág. *abr* (= *página*) p. (= *page*)
paga *nf* paie *f*, paye *f* ; ~ **extra(ordinaria)** treizième mois *m*
pagadero, -a *adj* payable ; ~ **a la entrega/a plazos** payable à la livraison/à crédit
pagano, -a *adj, nm/f* païen(ne)
pagar *vt, vi* payer ; **¡me las pagarás!** tu me le paieras ! ; ~ **al contado** payer comptant ; ~ **algo caro** (*fig*) payer cher qch
pagaré *nm* billet *m* à ordre
página *nf* page *f* ; ~ **de inicio** page d'accueil ; ~ **web** page Web
paginación *nf* pagination *f*
paginar *vt* paginer
pago *nm* paiement *m* ; **~(s)** (*esp And, CSur*) région *fsg* ; **en ~ de** en paiement de ; ~ **a cuenta** acompte *m* ; ~ **a la entrega/anticipado/en especie** paiement à la livraison/anticipé/en espèces ; ~ **inicial** versement *m* initial
págs. *abr* (= *páginas*) pp. (= *pages*)

pague *etc vb ver* **pagar**
paila (*Am*) *nf* poêle *f*
país *nm* pays *msg* ; **los Países Bajos** les Pays Bas ; **el P~ Vasco** le Pays basque
paisaje *nm* paysage *m*
paisajista *nmf* paysagiste *mf*
paisano, -a *nm/f* compatriote *mf* ; (*esp CSur*) paysan(ne) ; **vestir de ~** être en civil ▸ *adj* (*esp CSur*) paysan(ne)
paja *nf* paille *f* ; (*fig*) remplissage *m*
pajar *nm* grenier *m* à foin
pajarita *nf* nœud *m* papillon
pájaro *nm* oiseau *m* ; (*fam*) oiseau, loustic *m* ; **tener la cabeza llena de pájaros** avoir la tête ailleurs *o* en l'air ; **~ carpintero** pic *m*
pajita *nf* paille *f*
pajizo, -a *adj* jaune paille
Pakistán *nm* Pakistan *m*
pakistaní *adj* pakistanais(e) ▸ *nmf* Pakistanais(e)
pala *nf* pelle *f* ; (*de ping-pong, frontón*) raquette *f* ; (*de hélice, remo*) pale *f* ; **~ mecánica** pelle mécanique
palabra *nf* mot *m* ; (*promesa, facultad, en asamblea*) parole *f* ; **faltar a su ~** manquer à sa parole ; **dejar a algn con la ~ en la boca** ne pas laisser qn terminer sa phrase ; **pedir/tener/tomar la ~** demander/avoir/prendre la parole ; **no encuentro palabras para expresar …** je ne trouve pas les mots pour exprimer … ; **~ de honor** parole d'honneur
palabrería *nf* palabres *fpl*
palabrota *nf* gros mot *m*
palacete *nm* ≈ hôtel *m* particulier
palacio *nm* palais *msg* ; **~ de justicia** palais de justice
palada *nf* pelletée *f* ; (*de remo*) coup *m* de rame
paladar *nm* (*tb fig*) palais *msg*
paladear *vt* savourer
paladín *nm* (Hist) paladin *m* ; (*de la libertad, justicia*) champion(e), défenseur *mf*
palanca *nf* levier *m* ; (*fig*) piston *m* ; **~ de cambio/de mando** levier de changement de vitesse/de commande
palangana *nf* bassine *f*
palco *nm* (*Teatro*) loge *f* ; **~ de autoridades/de honor** tribune *f* officielle/d'honneur
palé *nm* palette *f*
palenque (*CSur*) *nm* poteau *m*
palentino, -a *adj* de Palencia ▸ *nm/f* natif(-ive) *o* habitant(e) de Palencia
paleolítico, -a *adj* paléolithique
paleontología *nf* paléontologie *f*
Palestina *nf* Palestine *f*
palestino, -a *adj* palestinien(ne) ▸ *nm/f* Palestinien(ne)
palestra *nf*: **salir** *o* **saltar a la ~** descendre dans l'arène
paleta *nf* (*de albañil*) truelle *f* ; (*Arte*) palette *f* ; (*de hélice*) pale *f* ; (*Am*) esquimau *m* ; *ver tb* **paleto**
paletilla *nf* omoplate *f* ; (Culin) épaule *f*
paleto, -a (*fam*) *adj, nm/f* plouc *mf* (*fam*)
paliar *vt* pallier
paliativo *nm* palliatif *m*
palidecer *vi* pâlir
palidez *nf* pâleur *f*
palidezca *etc vb ver* **palidecer**
pálido, -a *adj* pâle
palillo *nm* cure-dents *msg* ; (*Mús*) baguette *f* ; **estar hecho un ~** être maigre comme un clou ; **palillos** *nmpl* (*para comer*: *tb*: **palillos chinos**) baguettes *fpl*
palio *nm* dais *msg*
palique (*fam*) *nm*: **estar de ~** papoter
paliza *nf* raclée *f* ; **dar la ~ a algn** (*fam*) assommer qn ; **dar una ~ a algn** flanquer une raclée à qn ; **darse una ~ haciendo algo** s'esquinter à faire qch
palma *nf* (*de mano*) paume *f* ; (*árbol*) palmier *m* ; **batir** *o* **dar palmas** battre des mains ; **llevarse la ~** remporter la palme, l'emporter
palmada *nf* tape *f* ; **palmadas** *nfpl* (*aplauso*) applaudissements *mpl* ; (*en música*) battements *mpl* de mains
Palma de Mallorca *n* Palma de Majorque
palmar (*fam*) *vi* (*tb*: **palmarla**) clamser
palmarés *nm* palmarès *msg*
Palmas *nfpl*: **Las ~** Las Palmas
palmatoria *nf* bougeoir *m*
palmear *vi* applaudir ; (*en flamenco*) battre des mains
palmera *nf* palmier *m*
palmero, -a *adj* de Santa Cruz de la Palma ▸ *nm/f* natif(-ive) *o* habitant(e) de Santa Cruz de la Palma
palmito *nm* (*cogollo*) cœur *m* de palmier ; (*fam*: *figura*) formes *fpl* sveltes
palmo *nm* empan *m* ; (*fig*) pied *m* ; **~ a ~** (*recorrer*) d'un bout à l'autre ; (*registrar*) de fond en comble ; **dejar a algn con un ~ de narices** laisser qn le bec dans l'eau
palmotear *vi* battre des mains
palo *nm* (*de madera*) bâton *m* ; (*poste*) piquet *m* ; (*mango*) manche *m* ; (*golpe*) coup *m* ; (*de golf*) club *m* ; (*Náut*) mât *m* ; (*Naipes*) couleur *f* ; **vermut a ~ seco** vermouth *m* sec ; **dar (de) palos a algn** rouer qn de coups ; **¡qué ~!** (*fam*) quelle tuile !
paloma *nf* pigeon *m* ; (*blanca*) colombe *f* ; **la ~ de la paz** la colombe de la paix ; **~ mensajera** pigeon voyageur
palomar *nm* pigeonnier *m*
palomilla *nf* (*tuerca*) papillon *m* ; (*soporte*) console *f*
palomino *nm* (*ave*) pigeonneau *m* ; (*fam*: *en ropa interior*) tache *f* de caca (*fam*)
palomitas *nfpl* (*tb*: **palomitas de maíz**) pop-corn *msg*
palomo *nm* pigeon *m*
palote *nm* bâton *m*

P

palpable *adj* palpable
palpar *vt* palper ; (*al andar a ciegas*) tâter ; **se palpaba la tensión** la tension était palpable
palpitación *nf* palpitation *f*
palpitante *adj* palpitant(e) ; (*fig*) brûlant(e)
palpitar *vi* palpiter
pálpito *nm* pressentiment *m* ; **tener un ~** avoir un pressentiment
palta (*AND, CSUR*) *nf* avocat *m*
palúdico, -a *adj*: **fiebres palúdicas** fièvres *fpl* paludéennes
paludismo *nm* paludisme *m*
palurdo, -a (*pey*) *adj, nm/f* péquenaud(e)
pamela *nf* capeline *f*
pampa *nf* pampa *f*
pampeano, -a (*AM*) *adj* de la pampa ▸ *nm/f* natif(-ive) *o* habitant(e) de la pampa
pampero (*CSUR*) *nm* pampéro *m*, vent *m* froid du sud
pamplinas *nfpl* bêtises *fpl* ; **déjate de ~** trêve de plaisanteries
pamplonés, -esa, pamplonica *adj* de Pampelune ▸ *nm/f* natif(-ive) *o* habitant(e) de Pampelune
pan *nm* pain *m* ; **un ~** un pain ; **barra de ~** baguette *f* ; **eso es ~ comido** c'est du gâteau, c'est du tout cuit ; **llamar al ~ ~ y al vino vino** appeler un chat un chat ; **ganarse el ~** gagner son pain ; **~ de molde** pain de mie ; **~ integral** pain complet ; **~ rallado** chapelure *f*
pana *nf* velours *msg* côtelé ; (*CHI: avería*) panne *f*
panacea *nf* panacée *f*
panadería *nf* boulangerie *f*
panadero, -a *nm/f* boulanger(-ère)
panal *nm* rayon *m*
Panamá *nm* Panama *m*
panameño, -a *adj* panaméen(ne) ▸ *nm/f* Panaméen(ne)
panamericano, -a *adj* panaméricain(e) ▸ *nf*: **la Panamericana** la route panaméricaine
pancarta *nf* pancarte *f*
panceta *nf* lard *m* (de poitrine), poitrine *f* de porc
pancho, -a *adj*: **estar** *o* **quedarse tan ~** ne pas broncher
pancito (*AM*) *nm* petit pain *m*
páncreas *nm* pancréas *msg*
panda *nm* (*Zool*) panda *m* ▸ *nf* (*pandilla*) bande *f*
pandemia *nf* pandémie *f*
pandereta *nf* tambourin *m*
pandilla *nf* bande *f*
pandillero, -a *nm/f* (*esp AM*) membre *m* d'une bande
pando, -a *adj* (*pared*) bombé(e) ; (*plato*) creux(-euse)
panecillo *nm* petit pain *m*
panel *nm* panneau *m* ; **~ acústico** isolant *m* acoustique ; **~ de control/de mandos** tableau *m* de contrôle/de commande ; **~ de invitados** (*Radio, TV*) plateau *m* d'invités ; **~ solar** panneau solaire
panera *nf* corbeille *f* à pain
panfletario, -a (*pey*) *adj* pamphlétaire
panfleto *nm* pamphlet *m*
pánico *nm* panique *f*
panificadora *nf* boulangerie *f*
panocha, panoja *nf* épi *m*
panorama *nm* panorama *m*
panorámico, -a *adj* panoramique ▸ *nf* vue *f* panoramique
panqué (*CAM, CARIB*), **panqueque** (*AM*) *nm* crêpe *f*
pantaletas (*AM*) *nfpl* culotte *fsg*
pantalla *nf* écran *m* ; (*de lámpara*) abat-jour *m* ; **servir de ~ a** servir de couverture à ; **~ de ayuda** aide *f* (en ligne) ; **~ de cristal líquido** écran à cristaux liquides ; **~ plana** écran plat ; **~ táctil** écran tactile
pantallazo *nm* (*Inform*) capture *f* d'écran
pantalón *nm*, **pantalones** *nmpl* pantalon *msg* ; **pantalones vaqueros** blue-jean *msg*
pantano *nm* (*ciénaga*) marécage *m* ; (*embalse*) barrage *m* ; (*fig: atolladero*) bourbier *m*
pantanoso, -a *adj* marécageux(-euse) ; (*fig: difícil*) épineux(-euse)
panteón *nm*: **~ familiar** caveau *m* de famille
pantera *nf* panthère *f*
pantis *nmpl* collant *msg*
pantomima *nf* pantomime *f*
pantorrilla *nf* mollet *m*
pantufla *nf* pantoufle *f*
pantys *nmpl* collant *msg*
panza *nf* ventre *m* ; (*de rumiante*) panse *f*
panzada *nf* (*atracón*) ventrée *f* ; (*golpe: en agua*) plat *m*
panzón, -ona, panzudo, -a *adj* ventru(e)
pañal *nm* couche *f* ; **estar todavía en pañales** (*proyecto*) en être à ses débuts ; (*persona*) être novice
paño *nm* (*tela*) étoffe *f* ; (*trapo*) chiffon *m* ; **en paños menores** en petite tenue ; **paños calientes** (*fig*) palliatifs *mpl*, baume *msg* ; **~ de cocina** torchon *m* ; **~ de lágrimas** (*fig*) réconfort *m*
pañoleta *nf* mantille *f*
pañuelo *nm* (*para la nariz*) mouchoir *m* ; (*para la cabeza*) foulard *m* ; **~ de papel** mouchoir en papier
Papa *nm* Pape *m*
papa (*AM*) *nf* pomme *f* de terre
papá (*fam*) *nm* papa *m* ; **hijo de ~** fils *msg* à papa ; **P~ Noel** père *m* Noël ; **papás** *nmpl* (*padre y madre*) parents *mpl*
papachar (*MÉX fam*) *vt* gâter
papada *nf* double menton *m*
papado *nm* papauté *f*, pontificat *m*
papagayo *nm* perroquet *m*
papal *adj* papal(e)

papalote (*CAm, Méx*) *nm* cerf-volant *m*
papamóvil *nm* papamobile *f*
papanatas (*fam*) *nm inv* gobe-mouche *m*
paparazzo [papa'ratso] (*pl* **paparazzi**) *nm* paparazzi *m*
paparrucha *nf* (*tontería*) bêtise *f* ; (*rumor falso*) bobard *m*
papaya *nf* papaye *f*
papel *nm* papier *m* ; (*Teatro, fig*) rôle *m* ; **~ carbón** papier carbone ; **~ continuo** papier en continu ; **~ de aluminio** papier aluminium ; **~ de calco/de lija** papier calque/de verre ; **~ de carta(s)/de fumar** papier à lettres/à cigarettes ; **~ de envolver** papier d'emballage ; **~ timbrado** *o* **del Estado** papier timbré ; **~ de estaño** *o* **plata** papier aluminium ; **~ higiénico** *o* (*Méx*) **sanitario** papier hygiénique ; **~ secante** papier buvard ; **~ madera** (*CSur*) carton *m* ; **~ moneda** papier-monnaie *m* ; **~ térmico** papier thermique ; **papeles** *nmpl* (*documentos*) papiers *mpl*
papeleo *nm* paperasserie *f*
papelera *nf* corbeille *f* à papiers ; (*en la calle*) poubelle *f* ; (*industria*) papeterie *f* ; **~ de reciclaje** (*Inform*) corbeille *f*
papelería *nf* papeterie *f*
papeleta *nf* (*de rifa*) billet *m* ; (*Pol*) bulletin *m* ; (*Escol: calificación*) relevé *m* de notes ; **¡vaya ~!** quelle histoire !, quelle affaire !
paperas *nfpl* oreillons *mpl*
papi (*fam*) *nm* papa *m* (*fam*)
papiamento *nm* langue *f* créole de Curaçao
papilla *nf* bouillie *f* ; **dejar hecho** *o* **hacer ~** réduire *o* mettre en bouillie
papiloma *nm* papillome *m*
papiro *nm* papyrus *m*
paquete *nm* paquet *m* ; (*esp Am fam*) ennui *m* ; (*Inform*) progiciel *m* ; **~ de aplicaciones** lot *m* de logiciels ; **~ de gestión integrado** progiciel de gestion ; **~ integrado** progiciel ; **paquetes postales** colis *mpl* postaux ; **~-bomba** colis *msg* piégé
paquistaní = **pakistaní**
par *adj* pair(e) ▸ *nm* (*de guantes, calcetines*) paire *f* ; (*de veces, días*) deux ; (*pocos*) deux ou trois ; (*título*) pair *m* ; (*Golf*) par *m* ; **a pares** par paires ; **abrir de ~ en ~** ouvrir tout grand ; **pares o nones** pairs ou impairs ; **sin ~** unique ▸ *nf* (*Econ*) pair *m* ; **a la ~** à la fois ; **sobre/bajo la ~** (*Econ*) au dessus/au dessous du pair
para *prep* pour ; **decir ~ sí** se dire ; **~ ti** pour toi ; **¿~ qué?** pourquoi faire ? ; **¿~ qué lo quieres?** que veux-tu en faire ? ; **~ que te sientes** pour que tu t'assoies ; **~ entonces** à ce moment-là ; **estará listo ~ mañana** ça sera prêt demain ; **ir ~ casa** rentrer chez soi ; **~ ser tan mayor, está ágil** il est agile pour son âge ; **¿quién es usted ~ gritar así?** vous vous prenez pour qui pour crier comme ça ? ; **tengo bastante ~ vivir** j'ai de quoi vivre ; **~ el caso que me haces** vu l'intérêt que tu me portes ; **~ eso no vengas** si c'est pour ça, ne viens pas ; **~ colmo** pour comble
parabellum *nf* parabellum *m*
parabién *nm* félicitations *fpl*
parábola *nf* parabole *f*
parabólica *nf* (*tb*: **antena parabólica**) antenne *f* parabolique
parabrisas *nm inv* pare-brise *m*
paracaídas *nm inv* parachute *m*
paracaidista *nmf* parachutiste *mf* ; (*Méx fam*) squatteur(-euse)
parachoques *nm inv* pare-choc(s) *m*
parada *nf* arrêt *m* ; **~ de autobús/de taxis** arrêt d'autobus/station *f* de taxis ; **~ discrecional** arrêt facultatif ; **~ en seco** arrêt net ; **~ militar** parade *f* ; *ver tb* **parado**
paradero *nm* endroit *m* ; (*And, CSur*) halte *f* ; **en ~ desconocido** parti(e) sans laisser d'adresse
paradigma *nm* paradigme *m*
paradigmático, -a *adj* paradigmatique
paradisiaco, -a, paradisíaco, -a *adj* paradisiaque
parado, -a *adj* arrêté(e) ; (*tímido*) timide ; (*sin empleo*) au chômage ; (*confuso*) confondu(e) ; (*Am*) debout ; **salir bien ~** bien s'en tirer ▸ *nm/f* chômeur(-euse)
paradoja *nf* paradoxe *m*
paradójicamente *adv* paradoxalement
paradójico, -a *adj* paradoxal(e)
parador *nm* (*tb*: **parador de turismo**) parador *m* (*hôtel de première catégorie géré par l'État*) ; *voir article*

Parador Nacional de Turismo

Le réseau des **paradores** a été mis en place par le gouvernement dans les années 1950, au début de l'essor du tourisme en Espagne. Il s'agit d'hôtels de première catégorie, dans des sites uniques ou des lieux à caractère historique, souvent établis dans d'anciens châteaux et monastères. Il en existe actuellement un peu moins d'une centaine, tous classés trois-étoiles ou plus, offrant des prestations de qualité ainsi qu'un large éventail de spécialités locales.

parafernalia *nf* tralala *m* (*fam*)
parafina *nf* paraffine *f*
parafrasear *vt* paraphraser
paráfrasis *nf inv* paraphrase *f*
paraguas *nm inv* parapluie *m*
Paraguay *nm* Paraguay *m*
paraguayo, -a *adj* paraguayen(ne) ▸ *nm/f* Paraguayen(ne)
paraíso *nm* paradis *msg* ; **~ fiscal** paradis fiscal

P

paraje *nm* endroit *m*
paralelamente *adv* parallèlement
paralelismo *nm* parallélisme *m*
paralelo, -a *adj, nm* parallèle *m* ; **en ~** en parallèle
paralice *etc vb ver* **paralizar**
paralímpico, -a *adj* paralympique ▸ *nm/f* athlète *mf* paralympique
parálisis *nf inv* paralysie *f* ; **~ cerebral/infantil/progresiva** paralysie cérébrale/infantile/progressive
paralítico, -a *adj, nm/f* paralytique *mf*
paralización *nf* paralysie *f* ; **la ~ fue total** tout a été entièrement paralysé
paralizar *vt* paralyser ; **estar/quedarse paralizado de miedo** être paralysé par la peur ; **paralizarse** *vpr* être paralysé(e)
parámetro *nm* paramètre *m* ; **parámetros** *nmpl* (*Inform*) paramètres *mpl*
paramilitar *adj* paramilitaire
páramo *nm* plateau *m* nu
parangón *nm*: **sin ~** sans égal(e)
paraninfo *nm* grand amphithéâtre *m*
paranoia *nf* paranoïa *f* ; (*fig*) obsession *f*
paranoico, -a *adj* paranoïaque ▸ *nm/f* paranoïaque *mf* ; (*fig*) maniaque *mf*, obsédé(e)
paranormal *adj* paranormal(e)
parapente *nm* (*deporte, aparato*) parapente *m*
parapetarse *vpr*: **~ tras** se retrancher derrière
parapeto *nm* (*Mil*) parapet *m* ; (*Arq: pared*) parapet *m* ; (*: baranda*) rambarde *f*
parapléjico, -a *adj, nm/f* paraplégique *mf*
parapsicología *nf* parapsychologie *f*
parar *vt* arrêter ▸ *vi* s'arrêter ; **sin ~** sans arrêt ; **no ~** ne pas arrêter ; **no ~ de hacer algo** ne pas arrêter de faire qch ; **ha parado de llover** il ne pleut plus ; **fue a ~ a la comisaría** il a atterri au commissariat ; **no sé en qué va a ~ todo esto** je ne sais pas comment tout cela va finir ; **¡dónde va a ~!** ce n'est pas comparable ! ; **pararse** *vpr* s'arrêter ; (*Am*) se lever ; **pararse a hacer algo** s'arrêter pour faire qch
pararrayos *nm inv* paratonnerre *m*
parasicología *nf* para-psychologie *f*
parásito, -a *adj, nm* parasite *m* ; **un ~ de la sociedad** un parasite de la société
parcela *nf* parcelle *f*
parche *nm* (*de rueda*) rustine *f* ; (*de ropa*) pièce *f* ; (*fig: de problema*) pis-aller *m inv* ; **solo estamos poniendo parches** (*fig*) nous ne faisons que du rafistolage
parchís *nm sorte de jeu de puce*
parcial *adj* (*pago, eclipse*) partiel(le) ; (*juicio*) partial(e)
parcialidad *nf* partialité *f*
parcialmente *adv* (*en parte*) partiellement ; (*con parcialidad*) partialement
parco, -a *adj* sobre ; **~ en palabras** modéré(e) dans ses propos
pardillo, -a *adj, nm/f* péquenaud(e) (*fam*) ; (*inocente*) naïf (naïve) ▸ *nm* (*Zool*) bouvreuil *m*
pardo, -a *adj* brun grisâtre *inv*
pareado *nm* vers *msg* à rime plate
parecer *nm* opinion *f* ; (*aspecto*) allure *f* ▸ *vi* sembler ; (*asemejarse a*) ressembler à ; **parecerse a** ressembler à ; **parece mentira** cela paraît incroyable ; **al ~** à ce qu'il paraît ; **parece que va a llover** on dirait qu'il va pleuvoir ; **¿que te pareció la película?** comment as-tu trouvé le film ? ; **me parece bien** ça me va ; **me parece que** il me semble que ; **me parece bien/importante que ...** je trouve que c'est bien/qu'il est important que ... ; **parecerse** *vpr* se ressembler
parecido, -a *adj* semblable ; **~ a algo** semblable à qch ; **un hombre bien ~** un bel homme ▸ *nm* ressemblance *f*
pared *nf* mur *m* ; (*de montaña*) paroi *f* ; **subirse por las paredes** (*fam*) monter sur ses grands chevaux ; **~ medianera/divisoria** mur mitoyen/de refend
paredón *nm*: **llevar a algn al ~** conduire qn au poteau (d'exécution)
pareja *nf* paire *f* ; (*hombre y mujer*) couple *m* ; (*persona*) partenaire *mf* ; **una ~ de guardias** deux gendarmes ; **la ~** (*de un par*) l'autre
parejo, -a *adj* pareil(le)
parentela *nf* parenté *f*
parentesco *nm* parenté *f*
paréntesis *nm inv* parenthèse *f* ; **entre ~** entre parenthèses
parezca *etc vb ver* **parecer**
paria *nmf* paria *m*
parida (*fam*) *nf* connerie *f*
paridad *nf* parité *f*
parienta *nf*: **la ~** (*fam*) ma/sa/*etc* femme
pariente, -a *nm/f* parent(e)
parietal *adj* pariétal(e) ▸ *nm* os *m* pariétal
paripé *nm*: **hacer el ~** jouer la comédie
parir *vt* (*hijo*) accoucher de ; (*animal*) mettre bas ▸ *vi* (*mujer*) accoucher ; (*animal*) mettre bas ; (*yegua*) mettre bas, pouliner ; (*vaca*) mettre bas, vêler
París *n* Paris
parisiense, parisino, -a *adj* parisien(ne) ▸ *nm/f* Parisien(ne)
paritario, -a *adj* paritaire
parking ['parkin] (*pl* **parkings**) *nm* parking *m*
párkinson, Parkinson *nm* parkinson *m*, maladie *f* de Parkinson
parlamentar *vi* parlementer
parlamentario, -a *adj, nm/f* parlementaire *mf*
parlamento *nm* parlement *m* ; (*discurso*) discours *msg* ; **P~ Europeo** Parlement européen
parlanchín, -ina *adj, nm/f* bavard(e)

parlante (AM) *nm* haut-parleur *m*
parlar *vi* bavarder
parloteo *nm* papotage *m*
parmesano, -a *adj*: **queso ~** parmesan *m* ▸ *nm* parmesan *m*
paro *nm* (*huelga*) arrêt *m* ; (*desempleo, subsidio*) chômage *m* ; **estar en ~** être au chômage ; **~ del sistema** (*Inform*) arrêt du système ; **~ cardíaco** arrêt cardiaque
parodia *nf* parodie *f*
parodiar *vt* parodier
parón *nm* interruption *f*, arrêt *m* ; **tras un ~ por la lluvia, continuó el partido** après une interruption en raison de la pluie, le match a repris ; **ayer hubo parones en una de las líneas del metro** hier le trafic sur l'une des lignes de métro a été interrompu plusieurs fois
parpadear *vi* cligner des yeux ; (*luz*) clignoter
parpadeo *nm* clignotement *m*
párpado *nm* paupière *f*
parque ['parke] *nm* parc *m* ; **~ de atracciones** parc d'attractions ; **~ de bomberos** caserne *f* de pompiers ; **~ móvil** parc automobile ; **~ nacional/zoológico** parc national/ zoologique ; **~ temático** parc à thème
parqué, parquet [par'ke] *nm* parquet *m*
parquímetro *nm* parcmètre *m*, parcomètre *m*
parra *nf* treille *f*
parrafada *nf*: **echar una ~** faire un brin de conversation
párrafo *nm* paragraphe *m*
parranda (*fam*) *nf*: **ir(se) de ~** aller faire la bringue
parricida *nmf* parricide *mf*
parricidio *nm* parricide *m*
parrilla *nf* grill *m* ; (AM) porte-bagages *m inv* ; **carne a la ~** viande *f* grillée
parrillada *nf* assortiment *m* de grillades
párroco *nm* curé *m*
parroquia *nf* paroisse *f* ; (*Com*) clientèle *f*
parroquial *adj* paroissial(e)
parroquiano, -a *nm/f* paroissien(ne) ; (*Com*) client(e)
parsimonia *nf* parcimonie *f* ; **con ~** avec parcimonie
parte *nm* rapport *m* ; **dar ~ a algn** communiquer à qn ; **~ de guerra** communiqué *m* de guerre ; **~ meteorológico** bulletin *m* météorologique ▸ *nf* partie *f* ; (*lado*) côté *m* ; (*lugar, de reparto*) part *f* ; **en alguna ~ de Europa** quelque part en Europe ; **por todas partes** partout ; **en cualquier ~** partout, n'importe où ; **en (gran) ~** en (grande) partie ; **la mayor ~ de los españoles** la plupart des Espagnols ; **de algún tiempo a esta ~** depuis quelque temps ; **de ~ de algn** de la part de qn ; **¿de ~ de quién?** (*Telec*) de la part de qui ? ; **por ~ de** de la part de ; **yo por mi ~** en ce qui me concerne, quant à moi ; **por una ~ ... por otra ~** d'une part ... d'autre part ; **formar ~ de** faire partie de ; **ponerse de ~ de algn** prendre fait et cause pour qn ; **tomar ~ (en)** prendre part (à)
partero (MÉX) *nm* médecin-accoucheur *m*
parterre *nm* parterre *m*
partición *nf* partage *m*
participación *nf* participation *f* ; (*de lotería*) billet *m* ; **~ en los beneficios** participation aux bénéfices ; **~ minoritaria** participation minoritaire
participante *nmf* participant(e)
participar *vt* communiquer ; **le participo que ...** je vous informe que ... ▸ *vi*: **~ (en)** participer (à) ; **~ de algo** partager qch ; **~ en una empresa** (*Com*) investir dans une entreprise
partícipe *nmf*: **hacer ~ a algn de algo** faire part à qn de qch
participio *nm* participe *m* ; **~ de pasado/ presente** participe passé/présent
partícula *nf* particule *f*
particular *adj* particulier(-ière) ; **clases particulares** cours *mpl* particuliers ; **en ~** en particulier ▸ *nm* (*punto, asunto*) sujet *m*, chapitre *m* ; (*individuo*) particulier *m* ; **no dijo mucho sobre el ~** il n'en a pas dit long sur ce sujet
particularice *etc vb ver* **particularizar**
particularidad *nf* particularité *f*
particularizar *vt* particulariser ; (*especificar*) spécifier
particularmente *adv* particulièrement
partida *nf* départ *m* ; (*Com: de mercancía*) lot *m* ; (*: de cuenta, factura*) entrée *f* ; (*: de presupuesto*) chapitre *m* ; (*juego*) partie *f* ; (*grupo, bando*) bande *f* ; **mala ~** mauvais tour *m* ; **echar una ~** faire une partie ; **~ de caza** partie de chasse ; **~ de defunción/de matrimonio** extrait *m* d'acte de décès/de mariage ; **~ de nacimiento** extrait de naissance
partidario, -a *adj*: **ser ~ de** être partisan(e) de ▸ *nm/f* (*seguidor*) partisan *m*
partidismo *nm* esprit *m* de parti
partidista *adj* partisan(e) ▸ *nmf* partisan *m*
partido *nm* parti *m* ; (*Deporte*) match *m* ; **sacar ~ de** tirer parti de ; **tomar ~** prendre parti ; **~ amistoso** match amical ; **~ de baloncesto** match de basket ; **~ de fútbol** match de football ; **~ de tenis** match de tennis ; **~ judicial** arrondissement *m*
partir *vt* (*dividir*) partager ; (*romper*) casser ; (*rebanada, trozo*) couper ▸ *vi* partir ; **a ~ de** à partir de, à compter de ; **~ de** partir de ; **partirse** *vpr* se casser ; **partirse de risa** se tordre de rire
partitura *nf* partition *f*

P

parto *nm* (*de una mujer*) accouchement *m* ; (*de un animal*) mise *f* bas ; (*fig*) enfantement *m* ; **estar de ~** être en couches
parturienta *nf* (*antes del parto*) femme *f* qui accouche ; (*después del parto*) accouchée *f*
parvulario *nm* école *f* maternelle
párvulo, -a *nm/f* petit enfant *m*
pasa *nf* raisin *m* sec ; **~ de corinto** raisin de Corinthe
pasable *adj* passable
pasada *nf* passage *m* ; (*con trapo, escoba*) coup *m* ; **de ~** (*leer, decir*) au passage ; **mala ~** mauvais tour *m*
pasadizo *nm* passage *m*
pasado, -a *adj* passé(e) ; (*muy hecho*) trop cuit(e) ; (*anticuado*) dépassé(e), démodé(e) ; **~ mañana** après-demain ; **el mes ~** le mois dernier ; **pasados dos días** deux jours plus tard ; **lo ~, ~** tout ça, c'est du passé ; **~ de moda** démodé(e) ; **~ por agua** (*huevo*) à la coque ▸ *nm* passé *m*
pasador *nm* verrou *m* ; (*de pelo*) barrette *f* ; (*de corbata*) épingle *f* ; (Am) lacet *m*
pasaje *nm* passage *m* ; (*de barco, avión*) billet *m* ; (*los pasajeros*) passagers *mpl* ; **~ electrónico** billet électronique
pasajero, -a *adj*, *nm/f* passager(-ère)
pasamanos *nm inv* rampe *f*
pasamontañas *nm inv* passe-montagne *m*
pasapalos (Méx, Ven) *nmpl* amuse-gueules *mpl*
pasaporte *nm* passeport *m*
pasar *vt* passer ; (*barrera, meta*) franchir ; (*frío, calor, hambre*) avoir ; (*: con énfasis*) souffrir de ; (*rebasar*) dépasser ; **~ por alto** faire fi de, passer sous silence ; **pasarlo bien** s'amuser ▸ *vi* passer ; (*ocurrir*) se passer ; (*entrar*) entrer ; **hacer ~ a algn** faire entrer qn ; **~ a (hacer)** en venir à (faire) ; **~ de** dépasser de ; **~ de largo** ne pas s'en faire ; **~ de (hacer) algo** (*fam*) se ficher de (faire) qch ; **~ de todo** (*fam*) se ficher de tout ; **¡pase!** entrez ! ; **~ por un sitio/una calle** passer par un endroit/une rue ; **~ por una crisis** traverser une crise ; **~ sin algo** se passer de qch ; **¿qué pasa?** que se passe-t-il ? ; **¿qué te pasa?** que t'arrive-t-il ? ; **¡cómo pasa el tiempo!** comme le temps passe vite ! ; **pase lo que pase** quoi qu'il en soit ; **se hace ~ por médico** il se fait passer pour un médecin ; **pasarse** *vpr* se passer ; (*flores*) se faner ; (*comida*) se gâter ; (*excederse*) exagérer ; **pasarse al enemigo** passer à l'ennemi ; **pasarse de moda** passer de mode ; **pasarse de la raya** dépasser les bornes ; **me lo pasé bien/mal** cela s'est bien/mal passé ; **¡no te pases!** n'exagère pas ! ; **pásate por casa/la oficina** passe chez moi/par mon bureau ; **se me pasó** j'ai complètement oublié ; **se me pasó el turno** j'ai laissé passer mon tour ; **no se le pasa nada** rien ne lui échappe ; **ya se te pasará** ça te passera
pasarela *nf* passerelle *f* ; (*de modas*) podium *m*
pasatiempo *nm* passe-temps *msg* ; **pasatiempos** *nmpl* (*en revista*) jeux *mpl*
Pascua, pascua *nf* (*tb*: **Pascua de Resurrección**) Pâques *fpl* ; **hacer la ~ a algn** (*fam*) mettre qn dans le pétrin ; **Pascuas** *nfpl* Noël *msg* ; **¡felices Pascuas!** joyeux Noël ! ; **de Pascuas a Ramos** tous les trente-six du mois
pase *nm* passe *m* ; (Com) passavant *m* ; (Cine) projection *f* ; **~ de modelos** défilé *m* de mannequins
paseante *nmf* promeneur(-euse)
pasear *vt*, *vi* promener ; **pasearse** *vpr* se promener
paseo *nm* promenade *f* ; (*distancia corta*) pas *msg* ; **dar un ~** faire une promenade ; **mandar a algn a ~** envoyer qn promener ; **¡vete a ~!** va te faire voir ! ; **~ marítimo** front *m* de mer
pasillo *nm* couloir *m* ; **~ aéreo** couloir aérien
pasión *nf* passion *f*
pasional *adj*: **crimen ~** crime *m* passionnel
pasividad *nf* passivité *f*
pasivo, -a *adj* passif(-ive) ▸ *nm* (Com) passif *m* ; **~ circulante** passif exigible
pasma (*fam*) *nm* flic *m* ▸ *nf*: **la ~** les flics
pasmado, -a *adj* ébahi(e)
pasmar *vt* ébahir ; **pasmarse** *vpr* être ébahi(e), ne pas en revenir
pasmo *nm* stupéfaction *f*
pasmoso, -a *adj* stupéfiant(e)
paso, -a *adj* (*ciruela*) sec (sèche) ▸ *nm* passage *m* ; (*pisada, de baile*) pas *msg* ; (*modo de andar*) pas, allure *f* ; (*de montaña*) col *m* ; (Telec) unité *f* ; **~ a ~** pas à pas ; **a cada ~** à tout bout de champ ; **a un ~** *o* **dos pasos** à deux pas ; **a ese ~** à cette allure ; **a ~ lento** à pas comptés ; **a ~ ligero** d'un pas léger ; **abrirse ~** se frayer un chemin ; **dar un ~ en falso** faire un faux pas, trébucher ; (*fig*) faire un faux pas, commettre une faute ; **de ~, …** au passage, … ; **estar de ~** être de passage ; **salir al ~** passer à la contre-offensive ; **salir al ~ de** répliquer à ; **salir del ~** se tirer d'affaire ; **un ~ atrás** un pas en arrière ; **un mal ~** (*fig*) une mauvaise passe ; **ceda el ~** cédez le passage, priorité ; **prohibido el ~** passage interdit ; **~ a nivel** passage à niveau ; **~ de peatones/de cebra** passage pour piétons/clouté ; **~ elevado** saut-de-mouton *m* ; **~ subterráneo** passage souterrain ; **pasos** *nmpl* (*gestiones*) démarches *fpl* ; (*huellas*) pas *mpl*
pasodoble *nm* paso *m inv* doble
pasota (*fam*) *adj*, *nmf* je-m'en-foutiste *mf*
pasotismo *nm* (Esp) je-m'en-foutisme *m* (*fam*)
pasta *nf* pâte *f* ; (*macarrones, fideos etc*) pâtes *fpl* ; (*tb*: **pasta de té**) biscuit *m* sec ; (*fam: dinero*)

fric *m* ; (*encuadernación*) reliure *f* ; ~ **dentífrica** *o* **de dientes** dentifrice *m* ; ~ **de papel** pâte à papier
pastar *vi* paître
pastel *nm* gâteau *m* ; (*de carne*) tourte *f* ; (*Arte*) pastel *m* ; **se descubrió el ~** on a découvert le pot aux roses
pastelería *nf* pâtisserie *f*
pastelero, -a *adj* (*Culin*): **crema pastelera** crème *m* pâtissière ; **rodillo ~** rouleau *m* à pâtisserie ; **no tengo ni pastelera idea** (*fam, euf*) (*fig*) je n'en ai pas la moindre idée ▸ *nm/f* pâtissier(-ière)
pasteurizado, -a *adj* pasteurisé(e)
pastiche *nm* pastiche *m*
pastilla *nf* (*de jabón*) savonnette *f* ; (*de chocolate*) carré *m* ; (*Med*) comprimé *m*, cachet *m*
pastillero, -a *nm/f* (*fam*) accro *mf* aux petites pilules ▸ *nm* boîte *f* à pilules
pastizal *nm* pâturage *m*
pasto *nm* pâture *f* ; (*lugar*) pâturage *m* ; **fue ~ de las llamas** il a été la proie des flammes
pastor, a *nm/f* berger(-ère) ; **perro ~** chien *m* (de) berger ▸ *nm* (*Rel*) pasteur *m* ; (*perro*): ~ **alemán** berger *m* allemand
pastoral *adj* pastoral(e) ▸ *nf* (*Lit, Rel*) pastorale *f*
pastoso, -a *adj* pâteux(-euse)
pat. *abr* = **patente**
pata *nf* patte *f* ; (*pie*) pied *m* ; **patas arriba** (*caer*) les quatre fers en l'air ; (*revuelto*) sens dessus dessous ; **a cuatro patas** à quatre pattes ; **a la ~ coja** à cloche-pied ; **meter la ~** mettre les pieds dans le plat ; **tener mala ~** ne pas avoir de bol ; ~ **de cabra** (*Tec*) pince *f* à levier ; ~ **de gallo** pied-de-poule *m*
patada *nf* coup *m* de pied ; **dar una ~ a algn/a algo** donner un coup de pied à qn/à qch ; **a patadas** (*fam: en abundancia*) à foison ; **echar a algn a patadas** éjecter qn à coup de pieds ; **tratar a algn a patadas** traiter qn comme un chien
patagón, -ona *adj* de la Patagonie ▸ *nm/f* habitant(e) *o* natif(-ive) de la Patagonie
Patagonia *nf* Patagonie *f*
patalear *vi* trépigner
pataleo *nm* trépignement *m*
patán (*pey*) *nm* plouc *m*
patata *nf* pomme *f* de terre ; **patatas fritas** frites *fpl* ; (*de bolsa*) chips *fpl* ; **no entender/no saber ni ~** (*fam*) comprendre/savoir que dalle
paté *nm* pâté *m*
patear *vt* piétiner ; (*fig: humillar*) houspiller ; (*fam: ciudad, museo*) parcourir de long en large *o* en tous sens ▸ *vi* trépigner
patentar *vt* breveter
patente *adj* manifeste ; **hacer ~** manifester ▸ *nf* brevet *m* ; (CSur) immatriculation *f*
patera (Esp) *nf bateau utilisé notamment par les immigrés clandestins venus d'Afrique*
paternal *adj* paternel(le)
paternalista *adj* paternaliste
paternidad *nf* paternité *f*
paterno, -a *adj* paternel(le)
patético, -a *adj* pathétique
patetismo *nm* pathétisme *m*
patíbulo *nm* échafaud *m*
patilla *nf* (*de gafas*) branche *f* ; **patillas** *nfpl* (*de la barba*) favoris *mpl*, pattes *fpl*
patín *nm* patin *m* ; (*de mar*) pédalo *m* ; ~ **de hielo/de ruedas** patin à glace/à roulettes
pátina *nf* patine *f*
patinador, a *nm/f* patineur(-euse)
patinaje *nm* patinage *m* ; ~ **artístico** patinage artistique ; ~ **sobre hielo/sobre ruedas** patinage (sur glace)/à roulettes
patinar *vi* patiner ; (*fam: equivocarse*) se gourer
patinazo *nm* (*Auto*) dérapage *m* ; **dar un ~** (*fam*) faire une gaffe
patinete *nm* patinette *f*, trottinette *f*
patio *nm* cour *f* ; ~ **de butacas** (*Cine, Teatro*) orchestre *m* ; ~ **de recreo** cour de récréation
pato *nm* canard *m* ; **pagar el ~** (*fam*) payer les pots cassés
patógeno, -a *adj* pathogène ▸ *nm* agent *m* pathogène
patología *nf* pathologie *f*
patológico, -a *adj* pathologique
patoso, -a *adj* empoté(e)
patraña *nf* mensonge *m*
patria *nf* patrie *f* ; ~ **chica** terroir *m*
patriarca *nm* patriarche *m*
patriarcal *adj* patriarcal(e)
patrimonial *adj* patrimonial(e)
patrimonio *nm* patrimoine *m*
patrio, -a *adj* natal(e) ; **el suelo ~** le sol natal ; **amor ~** attachement *m* à mon/son/*etc* pays, patriotisme *m*
patriota *nmf* patriote *mf*
patriotero, -a (*pey*) *adj* chauvin(e)
patriótico, -a *adj* patriotique
patriotismo *nm* patriotisme *m*
patrocinador, -a *nm/f* sponsor *m*
patrocinar *vt* (*sufragar*) sponsoriser, parrainer ; (*apoyar*) appuyer, parrainer
patrocinio *nm* parrainage *m*
patrón, -ona *nm/f* patron(ne) ; (*de pensión*) hôte (hôtesse) ; (*de barco*) patron *m* ▸ *nm* patron *m* ; ~ **oro** étalon-or *m*
patronal *adj* patronal(e) ; **cierre ~** lock-out *m* ▸ *nf* patronat *m*
patronato *nm* patronage *m*
patrono, -a *nm/f* (*Com, Econ, Rel*) patron(ne) ; (*mecenas*) parrain(e) ; (*protector*) protecteur(-trice), défenseur *mf*
patrulla *nf* patrouille *f*
patrullar *vi* patrouiller
patrullera *nf* patrouilleur *m* (*navire*)
paulatino, -a *adj* lent(e)
paupérrimo, -a *adj* très pauvre

P

pausa *nf* pause *f* ; **con ~** posément, tranquillement
pausadamente *adv* posément, tranquillement
pausado, -a *adj* posé(e)
pauta *nf* modèle *m*
pava (CSUR) *nf* bouilloire *f* à maté
pavada *nf*, **pavadas** *nfpl* (AND, CSUR *fam*) bêtise(s) *f(pl)*
pavimentar *vt* revêtir
pavimento *nm* revêtement *m*
pavo *nm* dindon *m* ; **¡no seas ~!** ne fais pas le mariolle ! ; **estar en la edad del ~** être à l'âge bête ; **~ real** paon *m*
pavonearse *vpr* se pavaner
pavor *nm* frayeur *f*
pavoroso, -a *adj* effrayant(e)
payasada (*pey*) *nf* pitrerie *f* ; **hacer payasadas** faire des pitreries
payaso, -a *nm/f* clown *m*
payés, -esa *nm/f* (CATALUÑA, BALEARES) paysan(ne)
payo, -a *nm/f* gadjo (gadji)
paz *nf* paix *f* ; (*tranquilidad*) calme *m* ; **dejar algo/a algn en ~** laisser qch/qn en paix ; **hacer las paces** faire la paix ; **que en ~ descanse** qu'il repose en paix
pazca *etc vb ver* **pacer**
pazo *nm* (GALICIA) ≈ manoir *m*
PC *sigla m* (= *personal computer*) PC *m*
PCE *sigla m* = **Partido Comunista de España**
PCL *sigla f* (= *pantalla de cristal líquido*) LCD *m* (= *affichage à cristaux liquides*)
P.D. *abr* (= *posdata*) P.S. (= *post-scriptum*)
PDA *sigla m* (= *personal digital assistant*) PDA *m*
PDF *nm abr* (*Inform*) PDF *m* ; **un archivo en ~** un fichier au format PDF
pdo. *abr* (= *pasado*) dernier(-ière)
pe *nf* (*letra*) p *m inv* ; **de pe a pa** (*fam*) (*fig*) du début jusqu'à la fin, de A à Z
peaje *nm* péage *m* ; **autopista de ~** autoroute *f* à péage
peana *nf* (*pedestal*) socle *m*, piédestal *m* ; (*Golf*) tee *m*
peatón *nm* piéton *m*
peatonal *adj* piéton(ne) ; **calle ~** rue *f* piétonne
peca *nf* tache *f* de rousseur
pecado *nm* péché *m* ; **~ mortal/venial** péché mortel/véniel
pecador, a *adj*: **alma pecadora** âme *f* de pécheur ▸ *nm/f* pécheur(-eresse)
pecaminoso, -a *adj* coupable, inavouable
pecar *vi* pécher ; **~ de generoso** pécher par excès de générosité
pecera *nf* aquarium *m*
pechera *nf* (*Costura: de camisa*) plastron *m* ; (*: de vestido*) devant *m* ; (*Anat: fam, hum*) poitrail *m*
pecho *nm* poitrine *f* ; (*fig*) cœur *m* ; **dar el ~ a** donner le sein à ; **tomar algo a ~** prendre qch à cœur ; **la alegría no le cabía en el ~** il ne se sentait plus de joie
pechuga *nf* (*de ave*) blanc *m*
pecoso, -a *adj* criblé(e) de taches de rousseur
pectoral *adj* pectoral(e) ; **pectorales** *nmpl* pectoraux *mpl*
peculiar *adj* caractéristique ; (*particular*) particulier(-ière)
peculiaridad *nf* particularité *f*
pedagogía *nf* pédagogie *f*
pedagógico, -a *adj* pédagogique
pedagogo, -a *nm/f* pédagogue *mf*
pedal *nm* pédale *f* ; **~ de embrague/de freno** pédale d'embrayage/de frein
pedalear *vi* pédaler
pedante *adj, nmf* pédant(e)
pedantería *nf* pédanterie *f*
pedazo *nm* morceau *m* ; **hacer algo pedazos** mettre qch en morceaux ; **hacer pedazos a algn** mettre qn en bouillie ; **caerse a pedazos** tomber en ruine ; **ser un ~ de pan** (*fig*) avoir un cœur d'or
pederasta *nmf* pédophile *mf*
pederastia *nf* pédophilie *f*
pedernal *nm* silex *m*
pedestal *nm* piédestal *m* ; **tener/poner a algn en un ~** mettre qn sur un piédestal
pedestre *adj*: **carrera ~** course *f* à pied
pediatra *nmf* pédiatre *mf*
pediatría *nf* pédiatrie *f*
pedicura *nf* pédicure *f*
pedicuro, -a *nm/f* pédicure *mf*
pedido *nm* commande *f* ; **pedidos en cartera** commandes *fpl* en souffrance
pedigrí [peðiˈɣri] *nm* pedigree *m*
pedir *vt* demander ; (*Com*) commander ; **~ disculpas** demander des excuses ; **~ limosna** demander l'aumône ; **~ la mano de** demander la main de ; **~ prestado** emprunter ; **me pidió que cerrara la puerta** il m'a demandé de fermer la porte ; **¿cuánto piden por el coche?** combien demande-t-on pour cette voiture ? ▸ *vi* mendier
pedo (*fam!*) *adj inv*: **estar ~** être rond(e) ▸ *nm* (*ventosidad*) pet *m* ; (*borrachera*) cuite *f*
pedofilia *nf* pédophilie *f*
pedrada *nf*: **me tiraron una ~ en la cabeza** j'ai reçu une pierre dans la tête
pedrea *nf* grêle *f* ; **la ~** (*de lotería*) *le plus petit lot*
pedregoso, -a *adj* rocailleux(-euse)
pedrisco *nm* grêle *f*
Pedro *n*: **como ~ por su casa** comme dans un moulin
pega *nf* (*obstáculo*) problème *m* ; (*fam: pregunta*) colle *f* ; **de ~** à la gomme, de pacotille ; **nadie me** *etc* **puso pegas** personne n'a trouvé à redire
pegadizo, -a *adj* (*canción*) entraînant(e)
pegajoso, -a *adj* collant(e)

pegamento *nm* colle *f*
pegar *vt* coller ; (*enfermedad, costumbre*) passer ; (*golpear*) frapper ; (*Costura*) coudre ; **~ un grito** pousser un cri ; **~ un salto** faire un saut ; **~ un susto a algn** faire peur à qn ; **~ fuego** mettre le feu ; **~ la mesa a la pared** mettre la table contre le mur ▸ *vi* (*adherirse*) coller ; (*armonizar*) aller bien ; (*el sol*) taper ; **~ en** toucher ; **ese sombrero no pega con el abrigo** ce chapeau ne va pas avec ce manteau ; **me pega que ...** j'ai comme l'impression que ... ; **pegarse** *vpr* se coller ; (*enfermedad*) s'attraper ; (*costumbre*) se prendre ; (*dos personas*) se frapper ; **pegarse un tiro** se tirer une balle dans la tête ; **pegarse un golpe** se donner un coup ; **pegarse a algn** se coller à qn ; **pegársela a algn** (*fam*) tromper qn ; **se me ha pegado la costumbre/el acento** j'ai pris l'habitude/l'accent
pegatina *nf* autocollant *m*
pego *nm*: **dar el ~** en imposer
pegote (*fam*) *nm* emplâtre *m* ; **tirarse un ~** (*fam*) s'envoyer des fleurs
pegue *etc vb ver* **pegar**
peinado *nm* coiffure *f*
peinar *vt* peigner, coiffer ; (*rastrear*) passer au peigne fin ; **peinarse** *vpr* se peigner, se coiffer
peine *nm* peigne *m*
peineta *nf* grand peigne *m*
p.ej. *abr* (= *por ejemplo*) p. ex. (= *par exemple*)
Pekín *n* Pékin
pela (*Esp fam*) *nf* peseta *f* ; *ver tb* **pelas**
pelado, -a *adj* pelé(e) ; (*cabeza*) tondu(e) ; (*sueldo*) simple, seul(e) ; (*fam*) fauché(e)
pelaje *nm* pelage *m* ; (*fig*) dégaine *f*
pelambre *nm* poil *m*
pelar *vt* (*fruta*) peler ; (*patatas, marisco*) éplucher ; (*habas*) écosser ; (*nueces*) écaler ; (*cortar el pelo*) couper ; (*ave*) plumer ▸ *vi*: **hace un frío que pela** il fait un froid de canard ; **pelarse** *vpr* (*la piel*) peler ; (*cortarse el pelo*) se faire couper les cheveux ; **corre que se las pela** (*fam*) il court à toutes jambes
pelas (*Esp fam*) *nfpl* fric *m*
peldaño *nm* marche *f* ; (*de escalera de mano*) échelon *m*
pelea *nf* (*lucha*) bagarre *f* ; (*discusión*) dispute *f*
peleado, -a *adj*: **estar ~ (con algn)** être brouillé(e) (avec qn)
pelear *vi* se battre ; (*discutir*) se disputer ; **pelearse** *vpr* se battre ; (*discutir*) se disputer ; (*enemistarse*) se brouiller
pelele *nm* (*pey*) pantin *m* ; (*insulto*) guignol *m* ; (*prenda de niño*) barboteuse *f*
peleón *adj* (*persona*) bagarreur(-euse) ; (*fam: de mala calidad*): **vino ~** gros rouge *m*
peletería *nf* pelleterie *f*
peli (*fam*) *nf* film *m*
peliagudo, -a *adj* épineux(-euse)
pelícano *nm* pélican *m*
película *nf* film *m* ; (*capa fina, Foto*) pellicule *f* ; **de ~** (*fam*) sensass ; **~ de dibujos (animados)** dessin *m* animé ; **~ del oeste** western *m* ; **~ muda** film muet
peligrar *vi* être en danger ; (*trabajo, acuerdo*) être menacé(e)
peligro *nm* danger *m* ; **« ~ de muerte »** « danger de mort » ; **correr ~ de** courir le risque de ; **fuera de ~** hors de danger ; **poner algo/a algn en ~** mettre qch/qn en danger
peligrosidad *nf* dangerosité *f*
peligroso, -a *adj* dangereux(-euse)
pelirrojo, -a *adj, nm/f* roux (rousse), rouquin(e)
pellejo *nm* peau *f* ; **salvar el ~** sauver sa peau
pellizcar *vt* pincer ; (*comida*) grignoter ; **pellizcarse** *vpr* se pincer
pellizco *nm* pincement *m* ; (*pizca*) pincée *f*
pellizque *etc vb ver* **pellizcar**
pelma, pelmazo, -a (*fam*) *nm/f* casse-pieds *mfsg*
pelo *nm* (*en conjunto*) cheveux *mpl* ; (*un pelo*) cheveu *m* ; (*: en el cuerpo*) poil *m* ; (*de sierra*) lame *f* ; **a ~** (*sin abrigo*) peu couvert(e) ; (*sin ayuda*) tout(e) seul(e) ; **venir al ~** tomber à pic ; **por los pelos** de justesse ; **faltó un ~ para que ...** il s'en est fallu d'un poil que ... ; **se me pusieron los pelos de punta** mes cheveux se sont dressés sur ma tête ; **con pelos y señales** en long et en large ; **no tener pelos en la lengua** ne pas mâcher ses mots ; **tomar el ~ a algn** se payer la tête de qn ; **¡y yo con estos pelos!** (*fam*) et moi qui ne suis même pas prêt(e) !
pelón, -ona *adj* chauve
pelota *nf* (*grande*) ballon *m* ; (*pequeña*) balle *f* ; (*tb*: **pelota vasca**) pelote *f* basque ; (*fam: cabeza*) bouille *f* ; **en pelotas** (*fam*) à poil ; **devolver la ~ a algn** (*fig*) renvoyer la balle à qn ; **hacer la ~ (a algn)** (*fam*) lécher les bottes (à qn) ▸ *nmf* (*fam*) lèche-botte *mf* (*fam*)
pelotazo *nm* (*con una pelota*) coup *m* de ballon ; (*Esp fam: trago*) coup *m* (*fam*) ; **pegarse un ~** boire un coup ; (*Esp fam: enrichissement*): **la cultura del ~** la culture de l'argent facile
pelotera (*fam*) *nf* prise *f* de bec
pelotero, -a *nm/f* (*Am: de béisbol*) joueur(-euse) de baseball ; (*fam: adulador*) lèche-botte *mf* (*fam*)
pelotón *nm* peloton *m* ; **~ de ejecución** peloton d'exécution
pelotudo, -a (*CSur fam*) *adj, nm/f* demeuré(e)
peluca *nf* perruque *f*
peluche *nm*: **muñeco de ~** peluche *f*
peludo, -a *adj* (*cabeza*) chevelu(e) ; (*persona, perro*) poilu(e)
peluquería *nf* salon *m* de coiffure
peluquero, -a *nm/f* coiffeur(-euse)
peluquín *nm* postiche *m*

pelusa *nf* (*Bot*) duvet *m* ; (*de tela*) peluche *f* ; (*de polvo*) mouton *m* ; (*celos*) jalousie *f*
pelvis *nf inv* bassin *m*
PEMEX *sigla m* = **Petróleos Mejicanos**
PEN *sigla m* (*Esp*) = **Plan Energético Nacional**; (*Arg*) = **Poder Ejecutivo Nacional**
pena *nf* peine *f* ; (*Am*) honte *f* ; **merecer/valer la ~** valoir la peine ; **sin ~ ni gloria** sans se faire remarquer, en passant inaperçu(e) ; **bajo** *o* **so ~ de** sous peine de ; **me da ~** cela me fait de la peine ; **es una ~** c'est vraiment dommage ; **¡qué ~!** quel dommage ! ; **~ capital** peine capitale ; **~ de muerte** peine de mort ; **penas** *nfpl* pénalités *fpl* ; **a duras penas** à grand-peine
penacho *nm* (*de ave*) huppe *f*, aigrette *f* ; (*de casco, sombrero*) panache *m*
penal *adj* pénal ; **antecedentes penales** casier *msg* judiciaire
penalidades *nfpl* souffrances *fpl*
penalización *nf* (*sanción*) pénalisation *f*, pénalité *f* ; (*Jur*) pénalisation *f*
penalizar *vt* pénaliser
penalti, penalty *nm* penalty *m*
penar *vt* peiner ; (*castigar*) condamner ▸ *vi* peiner
pendejada (*Am fam!*) *nf* (*tontería*) connerie *f*
pendejo, -a (*Am fam!*) *nm/f* abruti(e)
pendenciero, -a *adj, nm/f* querelleur(-euse)
pender *vi* pendre ; (*Jur*) être en suspense ; **~ de** pendre à
pendiente *adj* (*asunto*) en suspens ; (*asignatura*) à repasser ; (*terreno*) en pente ; **~ de confirmación** en instance de confirmation ; **estar ~ de algo/algn** (*vigilar*) attendre qch/qn ; **estar ~ de los labios/de las palabras de algn** être pendu(e) aux lèvres de qn/boire les paroles de qn ▸ *nm* boucle *f* d'oreille ▸ *nf* pente *f*
pendón *nm* bannière *f*
péndulo *nm* pendule *m*
pene *nm* pénis *msg*
penetración *nf* pénétration *f*
penetrante *adj* pénétrant(e)
penetrar *vt, vi* pénétrer
penicilina *nf* pénicilline *f*
península *nf* péninsule *f* ; **P~ Ibérica** péninsule Ibérique
peninsular *adj* péninsulaire
penique *nm* penny *m*
penitencia *nf* pénitence *f* ; **en ~** en pénitence
penitenciaría *nf* pénitencier *m*
penitenciario, -a *adj* pénitentiaire
penitente *nmf* (*Rel*) pénitent(e)
penoso, -a *adj* pénible
pensado, -a *adj*: **bien ~, ...** tout bien considéré, ... ; **ser mal ~** avoir l'esprit mal tourné ; **en el momento menos ~** au moment où l'on s'y attend le moins ; **tener algo ~** avoir son idée là-dessus
pensador, -a *nm/f* penseur(-euse)
pensamiento *nm* pensée *f* ; **no le pasó por el ~** cela ne lui a pas traversé l'esprit
pensar *vt, vi* penser ; **~ (hacer)** penser (faire) ; **~ en** penser à ; **he pensado que** j'ai pensé que ; **¡ni pensarlo!** (il n'en est) pas question ! ; **pensándolo bien** tout bien réfléchi ; **~ mal de algn** avoir une mauvaise opinion de qn ; **tras pensárselo mucho** après y avoir bien réfléchi
pensativo, -a *adj* pensif(-ive)
pensión *nf* pension *f* ; **media ~** (*en hotel*) demi-pension *f* ; **~ completa** pension complète ; **~ de jubilación** pension de retraite
pensionista *nmf* (*jubilado*) retraité(e) ; (*Escol*) pensionnaire *mf*
pentágono *nm* pentagone *m* ; **el P~** le Pentagone
pentagrama *nm* portée *f*
Pentecostés *nm* Pentecôte *f*
penúltimo, -a *adj, nm/f* avant-dernier(-ière)
penumbra *nf* pénombre *f*
penuria *nf* pénurie *f*
peña *nf* rocher *m* ; (*grupo*) amicale *f* ; (*Deporte*) club *m*
peñasco *nm* rocher *m*
peñón *nm* piton *m* ; **el P~** Gibraltar *m*
peón *nm* manœuvre *m*, ouvrier *m* ; (*esp Am*) ouvrier agricole ; (*Ajedrez*) pion *m* ; **~ de albañil** aide-maçon *m*
peonza *nf* toupie *f*
peor *adj* (*compar*) moins bon, pire ; (*superl*) pire ; **A es ~ que B** A est pire que B, A est moins bien que B ; **Z es el ~ de todos** Z est le pire de tous ; **y lo que es ~** et le pire c'est que ▸ *adv* (*compar*) moins bien, pire ; (*superl*) moins bien ; **de mal en ~** de mal en pis ; **¡~ para ti!** tant pis pour toi !
pepenar (*CAm, Méx*) *vi* fouiller
pepinillo *nm* cornichon *m*
pepino *nm* concombre *m* ; **(no) me importa un ~** je m'en fiche complètement
pepita *nf* pépin *m* ; (*de mineral*) pépite *f*
pepito *nm* (*Culin*) (*sorte de*) *friand à la viande*
peque *etc vb ver* **pecar**
pequeñez *nf* petitesse *f*
pequeño, -a *adj, nm/f* petit(e) ; **~ burgués** petit bourgeois *m*
pequinés, -esa *adj* pékinois(e) ▸ *nm/f* Pékinois(e) ▸ *nm* (*perro*) pékinois *m*
pera *nf* poire *f* ; **eso es pedir peras al olmo** c'est demander l'impossible ▸ *adj inv* (*fam*) snob, ≈ BCBG *inv* ; **niño ~** petit snob *m*
peral *nm* poirier *m*
perca *nf* perche *f* (*poisson*)
percal *nm* (*tejido*) percale *f* ; **conocer el ~** (*fam*) (*fig*) connaître la musique (*fam*)
percance *nm* contretemps *msg*
per cápita *adv* par tête

percatarse *vpr*: ~ **de** se rendre compte de
percebe *nm* anatife *m* ; (*fam: persona*) gourde *f*
percepción *nf* perception *f*
perceptible *adj* perceptible ; (*Com*) percevable
percha *nf* cintre *m* ; (*en la pared*) portemanteau *m* ; (*de ave*) perchoir *m*
perchero *nm* portemanteau *m*
percibir *vt* percevoir
percusión *nf* percussion *f*
percusionista *nmf* percussionniste *mf*
percusor, percutor *nm* percuteur *m*
perdedor, a *adj, nm/f* perdant(e)
perder *vt* perdre ; (*tren*) rater ; ~ **el conocimiento** perdre connaissance ; ~ **el juicio/la calma** perdre la tête/son calme ; **tener algo/no tener nada que** ~ avoir qch/ne rien avoir à perdre ; **he perdido la costumbre** j'ai perdu l'habitude ▸ *vi* perdre ; **echar a** ~ (*comida*) gâcher, gâter ; (*oportunidad*) laisser passer ; **perderse** *vpr* se perdre ; **perderse en detalles** se perdre dans des détails ; **¡no te lo pierdas!** ne rate pas ça !
perdición *nf* perdition *f*
pérdida *nf* perte *f* ; (*Com*) perte, manque *m* à gagner ; **una** ~ **de tiempo** une perte de temps ; **¡no tiene ~!** vous ne pouvez pas vous tromper ! ; ~ **contable** (*Com*) perte comptable ; **pérdidas** *nfpl* (*Com*) pertes *fpl*
perdidamente *adv*: ~ **enamorado** éperdument amoureux
perdido, -a *adj* perdu(e) ; **estar** ~ **por** être épris(e) de ; **es un caso** ~ c'est un cas désespéré ; **tonto** ~ (*fam*) bête comme ses pieds
perdigón *nm* chevrotine *f*
perdiguero, -a *adj*: **perro** ~ chien *m* de chasse ▸ *nm* chien *m* de chasse
perdiz *nf* perdrix *f*
perdón *nm* pardon *m* ; **¡~!** pardon ! ; **con** ~ avec votre *etc* permission
perdonar *vt* pardonner ; (*la vida*) épargner ; (*eximir*) dispenser, exempter ▸ *vi* pardonner ; **¡perdone (usted)!** pardon ! ; **perdone, pero me parece que ...** excusez-moi, mais il me semble que ...
perdurable *adj* durable ; (*eterno*) éternel(le)
perdurar *vi* perdurer ; (*continuar*) durer
perecedero, -a *adj* périssable
perecer *vi* périr
peregrinación *nf* pèlerinage *m*
peregrinar *vi* aller en pèlerinage
peregrino, -a *adj* (*idea*) curieux(-euse), bizarre ▸ *nm/f* pèlerin(e)
perejil *nm* persil *m*
perenne *adj* permanent(e) ; **hoja** ~ feuille *f* persistante
perentorio, -a *adj* péremptoire ; (*final*) ultime
pereza *nf* paresse *f* ; **me da** ~ **hacerlo** cela ne me dit rien de le faire
perezca *etc vb ver* **perecer**
perezoso, -a *adj* paresseux(-euse)
perfección *nf* perfection *f* ; **a la** ~ à la perfection
perfeccionamiento *nm* perfectionnement *m*
perfeccionar *vt* perfectionner
perfeccionista *nmf* perfectionniste *mf*
perfectamente *adv* parfaitement ; **¡~!** parfaitement !, certainement !
perfecto, -a *adj* parfait(e)
perfidia *nf* perfidie *f*
pérfido, -a *adj* perfide
perfil *nm* profil *m* ; **de** ~ de profil ; ~ **del cliente** profil du client ; **perfiles** *nmpl* (*de figura*) contours *mpl*
perfilado, -a *adj* bien détaché(e), bien découpé(e)
perfilar *vt* profiler ; **perfilarse** *vpr* se profiler ; **el proyecto se va perfilando** peu à peu ce projet prend corps
perforación *nf* perforation *f*
perforadora *nf* chignole *f* ; ~ **de fichas** perforatrice *f* de fiches *o* de bureau
perforar *vt* perforer
perfumar *vt* parfumer ; **perfumarse** *vpr* se parfumer
perfume *nm* parfum *m*
perfumería *nf* parfumerie *f*
pergamino *nm* parchemin *m*
pericia *nf* adresse *f*
pericial *adj* réalisé(e) par un expert ; **tasación** ~ évaluation *f* d'expert ; **testigo** ~ témoin *m* expert
perico (*COL*) *nm* café *m* au lait
periferia *nf* périphérie *f*
periférico, -a *adj* périphérique ▸ *nm* (*Inform*) périphérique *m* ; (*AM Auto*) (boulevard *m*) périphérique *m*
perífrasis *nf* périphrase *f*
perilla *nf* bouc *m* ; **de** ~ à point nommé
perímetro *nm* périmètre *m*
periódicamente *adv* périodiquement
periodicidad *nf* périodicité *f*
periódico, -a *adj* périodique ▸ *nm* journal *m* ; ~ **dominical** journal du dimanche
periodismo *nm* journalisme *m*
periodista *nmf* journaliste *mf*
periodístico, -a *adj* journalistique ; **artículos periodísticos** articles *mpl* de journaux
periodo, período *nm* période *f* ; (*menstruación*) règles *fpl* ; ~ **contable** (*Com*) période comptable
peripecia *nf* péripétie *f*
periplo *nm* (*tb hum*) périple *m*
peripuesto, -a *adj* attifé(e)
periquito *nm* perruche *f*
peritaje *nm* (*informe*) rapport *m* d'expertise ; (*trabajo*) expertise *f*

P

perito, -a *nm/f* expert(e) ; (*técnico*) technicien(ne) ; **~ agrónomo** agronome *mf* ; **~ industrial** ingénieur(e) industriel(le)
perjudicar *vt* nuire à, porter préjudice à
perjudicial *adj* préjudiciable
perjudique *etc vb ver* **perjudicar**
perjuicio *nm* préjudice *m* ; **en/sin ~ de** au/ sans préjudice de
perjurar *vi* parjurer
perjurio *nm* parjure *m*
perla *nf* perle *f* ; **me viene de perlas** ça tombe à pic
permanecer *vi* séjourner, rester ; (*seguir*) rester
permanencia *nf* durée *f* ; (*estancia*) séjour *m*
permanente *adj* permanent(e) ▸ *nf* permanente *f* ; **hacerse una ~** se faire faire une permanente
permanentemente *adv* en permanence
permanezca *etc vb ver* **permanecer**
permeable *adj* perméable
permisible *adj* acceptable
permisividad *nf* permissivité *f*
permisivo, -a *adj* permissif(-ive)
permiso *nm* permission *f* ; (*licencia*) licence *f*, permis *msg* ; **con ~** avec votre permission ; **estar de ~** être en permission ; **~ de conducir** permis de conduire ; **~ de exportación/de importación** licence d'exportation/d'importation ; **~ de residencia** permis de séjour
permitir *vt* permettre ; **¿me permite?** vous permettez ? ; **permitirse** *vpr*: **permitirse algo** se permettre qch ; **no me puedo ~ ese lujo** je ne peux pas m'offrir ce luxe
permuta *nf* permutation *f*
permutar *vt* permuter ; **~ destinos con algn** échanger sa destinée avec celle de qn
pernera *nf* jambe *f* de pantalon
pernicioso, -a *adj* pernicieux(-euse)
perno *nm* boulon *m*
pernoctar *vi* passer la nuit
pero *conj* mais ; **~ ¿qué haces?** mais qu'est-ce que tu fais ? ; **¡~ si yo no he sido!** ce n'est pas moi ! ; **¡~ bueno!** mais (enfin) bon ! ▸ *nm* objection *f*
perogrullada *nf* lapalissade *f*
perol *nm*, **perola** *nf* marmite *f*
peroné *nm* péroné *m*
peronismo *nm* péronisme *m*
peronista *adj*, *nmf* péroniste *mf*
perorata *nf* laïus *msg*
perpendicular *adj* perpendiculaire
perpetrar *vt* perpétrer
perpetuar *vt* perpétuer
perpetuidad *nf*: **a ~** à perpétuité
perpetuo, -a *adj* perpétuel(le) ; **cadena perpetua** réclusion *f* à perpétuité ; **nieves perpetuas** neiges *fpl* éternelles
Perpiñán *n* Perpignan
perplejidad *nf* perplexité *f*
perplejo, -a *adj* perplexe
perra *nf* chienne *f* ; (*fam: dinero*) thune *f* ; (*: manía*) manie *f* ; (*: rabieta*) colère *f* ; **estoy sin una ~** je n'ai plus un rond
perrera *nf* chenil *m*
perrería *nf* tour *m* de cochon
perrito *nm*: **~ caliente** hot-dog *m*
perro, -a *adj*: **¡qué vida más perra!** chienne de vie ! ▸ *nm* chien *m* ; **ser ~ viejo** être un vieux renard ; **de perros** (*tiempo*) de chien ; (*noche*) épouvantable ; **~ callejero/guardián/ guía** chien errant/de garde/d'aveugle
perroflauta (*fam*) *nmf* jeune punk *mf* sdf
persa *adj* persan(e) ▸ *nmf* Persan(e) ▸ *nm* (*Ling*) persan *m*
persecución *nf* poursuite *f* ; (*Rel, Pol*) persécution *f*
perseguir *vt* poursuivre ; (*atosigar, Rel, Pol*) persécuter
perseverancia *nf* persévérance *f*
perseverante *adj* persévérant(e)
perseverar *vi* persévérer ; **~ en** persévérer dans
persiana *nf* persienne *f*
pérsico, -a *adj*: **el Golfo P~** le Golfe Persique
persiga *etc vb ver* **perseguir**
persignarse *vpr* se signer
persiguiendo *etc vb ver* **perseguir**
persistencia *nf* persistance *f*
persistente *adj* persistant(e)
persistir *vi*: **~ (en)** persister (dans)
persona *nf* personne *f* ; **por ~** par personne ; **es buena ~** c'est quelqu'un de bien ; **~ jurídica** personne morale ; **~ mayor** adulte *mf*
personaje *nm* personnage *m*
personal *adj* personnel(le) ; (*aseo*) intime ▸ *nm* personnel *m* ; (*fam*) gens *mpl*
personalice *etc vb ver* **personalizar**
personalidad *nf* personnalité *f*
personalizar *vt* personnaliser ▸ *vi* donner des noms
personalmente *adv* personnellement ; **~, prefiero esta** personnellement, je préfère celle-ci
personarse *vpr*: **~ (en)** se présenter (à)
personero (*esp AM*) *nm* officiel *m*
personificar *vt* personnifier
personifique *etc vb ver* **personificar**
perspectiva *nf* perspective *f* ; **tener algo en ~** avoir qch en perspective ; **perspectivas** *nfpl* (*de futuro*) perspectives *fpl*
perspicacia *nf* perspicacité *f*
perspicaz *adj* perspicace
persuadir *vt* persuader ; **persuadirse** *vpr* se persuader
persuasión *nf* persuasion *f*
persuasivo, -a *adj* persuasif(-ive)
pertenecer *vi*: **~ a** appartenir à

perteneciente *adj*: **ser ~ a** appartenir à
pertenencia *nf* possession *f*; (*a organización, club*) appartenance *f*; **pertenencias** *nfpl* (*posesiones*) biens *mpl*
pertenezca *etc vb ver* **pertenecer**
pértiga *nf* perche *f*; **salto de ~** saut *m* à la perche
pertinaz *adj* tenace
pertinente *adj* pertinent(e); (*momento etc*) approprié(e); **~ a** relatif(-ive) à
pertrechar *vt* fournir; **pertrecharse** *vpr*: **pertrecharse de** *o* **con algo** se fournir en qch
perturbación *nf* perturbation *f*; **~ del orden público** trouble *m* de l'ordre public
perturbado, -a *adj* perturbé(e) ▸ *nm/f* malade *mf* mental(e)
perturbar *vt* perturber, troubler; (*Med*) troubler
Perú *nm* Pérou *m*
peruano, -a *adj* péruvien(ne) ▸ *nm/f* Péruvien(ne)
perversión *nf* perversion *f*
perverso, -a *adj* pervers(e)
pervertido, -a *adj, nm/f* pervers(e)
pervertir *vt* pervertir; **pervertirse** *vpr* se pervertir
pervierta *etc*, **pervirtiendo** *etc vb ver* **pervertir**
pervivencia *nf* survivance *f*
pervivir *vi* survivre
pesa *nf* poids *msg*; (*Deporte*) haltère *m*; **hacer pesas** faire des haltères
pesadamente *adv* pesamment
pesadez *nf* lourdeur *f*; (*lentitud*) lenteur *f*; (*fastidio*) ennui *m*; **es una ~ tener que ...** quel ennui que d'avoir à ...; **~ de estómago** lourdeurs *fpl* d'estomac; **tener ~ en los párpados** avoir les paupières lourdes
pesadilla *nf* cauchemar *m*
pesado, -a *adj* lourd(e); (*lento*) lent(e); (*difícil, duro*) pénible; (*aburrido*) ennuyeux(-euse); **tener el estómago ~** avoir l'estomac lourd; **¡no seas ~!** ne commence pas! ▸ *nm/f* enquiquineur(-euse)
pesadumbre *nf* chagrin *m*
pésame *nm* condoléances *fpl*; **dar el ~** présenter ses condoléances
pesar *vt* peser ▸ *vi* peser; (*fig: opinión*) compter; (*arrepentirse de*) regretter; **peso 50 kg** je pèse 50 kg; **pese a** malgré, en dépit de; **pese a que** en dépit du fait que; **(no) me pesa haberlo hecho** je (ne) regrette (pas) de l'avoir fait; **lo haré mal que me pese** je le ferai coûte que coûte ▸ *nm* (*remordimiento*) remords *msg*; (*pena*) chagrin *m*; **a ~ de** en dépit de; **a ~ de que** bien que
pesca *nf* pêche *f*; **ir de ~** aller à la pêche; **~ de altura/de bajura** pêche hauturière/côtière
pescadería *nf* poissonnerie *f*
pescadero, -a *nm/f* poissonnier(-ière)
pescadilla *nf* merlan *m*
pescado *nm* poisson *m*
pescador, a *nm/f* pêcheur(-euse)
pescar *vt* pêcher; (*fam*) choper; (*novio*) se dénicher; (*delincuente*) cueillir; **¡te pesqué!** (*fam*) je t'ai vu! ▸ *vi* pêcher
pescuezo *nm* cou *m*
pesebre *nm* mangeoire *f*
pesero (*Méx*) *nm* taxi *m* collectif
peseta *nf* (*Hist*) peseta *f*
pesetero, -a *adj* grippe-sou
pesimismo *nm* pessimisme *m*
pesimista *adj, nmf* pessimiste *mf*
pésimo, -a *adj* lamentable
peso *nm* poids *msg*; (*balanza*) balance *f*; (*Am: moneda*) peso *m*; **de poco ~** léger(-ère); **levantamiento de pesos** haltérophilie *f*; **vender a ~** vendre au poids; **argumento de ~** argument *m* de poids; **eso cae por su propio ~** cela tombe sous le sens; **~ bruto** poids brut; **~ específico** masse *f* spécifique; **~ neto** poids net; **~ pesado/pluma** (*Boxeo*) poids lourd/plume
pespunte *nm* point *m* arrière
pesque *etc vb ver* **pescar**
pesquero, -a *adj* (*industria*) de la pêche; (*barco*) de pêche
pesquisa *nf* recherche *f*
pestaña *nf* cil *m*; (*borde*) bord *m*; (*Inform*) onglet *m*
pestañear *vi* cligner des yeux; **sin ~** sans sourciller
peste *nf* peste *f*; (*fig*) plaie *f*; (*mal olor*) puanteur *f*; **echar pestes** pester; **~ negra** peste noire
pesticida *nm* pesticide *m*
pestilencia *nf* pestilence *f*
pestilente *adj* pestilentiel(le)
pestillo *nm* verrou *m*; (*picaporte*) pêne *m*
petaca *nf* (*para cigarros*) porte-cigarettes *m inv*; (*para tabaco*) tabatière *f*; (*para beber*) flasque *f*; (*Am*) valise *f*
petado, -a (*fam*) *adj*: **estar ~ de gente** être bourré(e) de monde; **ir ~ de trabajo** avoir un boulot monstre
pétalo *nm* pétale *m*
petanca *nf* pétanque *f*
petardo *nm* pétard *m*; **¡que ~ de película!** (*fam*) quelle barbe ce film!
petate *nm* (*Mil*) sac *m*
petición *nf* demande *f*; (*Jur*) requête *f*; **a ~ de** à la demande de; **firmar una ~** signer une pétition
petirrojo *nm* rouge-gorge *m*
petiso, -a, petizo, -a (*Am*) *adj* (*bajito*) petit(e) ▸ *nm/f* petit cheval *m*
peto *nm* plastron *m*; (*tb*: **pantalones de peto**) salopette *f*; (*Taur*) caparaçon *m*
pétreo, -a *adj* de la pierre; (*expresión*) de glace
petrificar *vt* pétrifier

P

petrifique *etc vb ver* **petrificar**
petrodólar *nm* pétrodollar *m*
petróleo *nm* pétrole *m*
petrolero, -a *adj* pétrolier(-ière) ▸ *nm* pétrolier *m*
petrolífero, -a *adj* pétrolifère ; **compañía petrolífera** compagnie *f* pétrolière
petroquímica *nf* pétrochimie *f* ; (*empresa*) compagnie *f* pétrochimique ; (*fábrica*) usine *f* pétrochimique
petroquímico, -a *adj* pétrochimique
PETROVEN *sigla m* = **Petróleos de Venezuela**
petulancia *nf* arrogance *f*
petulante *adj* arrogant(e)
petunia *nf* pétunia *m*
peyorativo, -a *adj* péjoratif(-ive)
peyote *nm* (*AM*) peyotl *m*
pez *nm* poisson *m* ; **estar como el ~ en el agua** être comme un poisson dans l'eau ; **~ de colores** poisson rouge ; **~ espada** poisson-épée *m* ; **~ gordo** (*fig*) grosse légume *f* ▸ *adj*: **estar ~ en algo** être nul(le) en qch ▸ *nf* poix *fsg*
pezón *nm* mamelon *m*
pezuña *nf* (*de animal*) sabot *m*
piadoso, -a *adj* pieux(-euse)
Piamonte *nm* Piémont *m*
pianista *nmf* pianiste *mf*
piano *nm* piano *m* ; **~ de cola** piano à queue
piar *vi* piailler
piara *nf* troupeau *m* de cochons
PIB *sigla m* (*= Producto Interior Bruto*) PIB *m* (*= produit intérieur brut*)
pibe, -a (*AM*) *nm/f* gosse *mf*
pica *nf* pique *f* ; **poner una ~ en Flandes** faire un exploit
picada (*CSUR*) *nf* amuse-gueule *m*
picadero *nm* manège *m*
picadillo *nm* hachis *msg*
picado, -a *adj* haché(e) ; (*hielo*) pilé(e) ; (*vino*) piqué(e) ; (*tela, ropa*) mangé(e) ; (*mar*) agité(e) ; (*diente*) gâté(e) ; (*tabaco*) découpé(e) ; (*enfadado*) piqué(e) ; **~ de viruelas** ravagé(e) par la petite vérole ▸ *nm*: **en ~** en piqué
picador *nm* (*Taur*) picador *m* ; (*minero*) piqueur *m*
picadora *nf* hachoir *m* électrique
picadura *nf* piqûre *f* ; (*de serpiente*) morsure *f* ; (*tabaco picado*) tabac *m* gris
picana (*AM*) *nf* (*Agr*) aiguillon *m* (électrique) ; (*para tortura*) aiguillon électrique
picante *adj* épicé(e) ; (*comentario, chiste*) grivois(e)
picantería (*AND, CSUR*) *nf* ≈ bistro(t) *m*
picaporte *nm* poignée *f*
picar *vt* piquer ; (*ave*) picoter ; (*anzuelo*) mordre (à) ; (*Culin*) hacher ; (*billete, papel*) poinçonner ; (*comer*) grignoter ; **me pica la curiosidad** ça pique ma curiosité ▸ *vi* piquer ; (*el sol*) brûler ; (*pez*) mordre ; **me pica el brazo** j'ai le bras qui me gratte ; **¡picaste!** je t'ai eu ! ; **picarse** *vpr* (*vino*) se piquer ; (*mar*) s'agiter ; (*muela*) se gâter ; (*ofenderse*) prendre la mouche ; (*fam: con droga*) se shooter ; **picarse con algn** se fâcher avec qn
picardía *nf* sournoiserie *f* ; (*astucia*) astuce *f* ; (*travesura*) espièglerie *f*
picardías *nm inv* nuisette *f*
picaresca *nf* (*Lit*) genre *m* picaresque ; (*astucia*) fourberie *f*, ruse *f*
picaresco, -a *adj* espiègle ; (*Lit*) picaresque
pícaro, -a *adj* malin (maligne) ; (*travieso*) espiègle ; (*malintencionado*) voyou ▸ *nm/f* malin (maligne) ; (*malintencionado*) filou *m* ; (*Lit*) picaro *m*
picazón *nf* piqûre *f* ; (*comezón*) picotement *m*
picha (*fam!*) *nf* bite *f* (*fam !*), queue *f* (*fam !*)
pichón, -ona *nm/f* pigeonneau *m* ; (*apelativo*) mon (ma) chéri(e)
picnic *nm* pique-nique *m*
pico *nm* bec *m* ; (*de mesa, ventana*) coin *m* ; (*Geo, herramienta*) pic *m* ; (*fam: labia*) tchatche *f* ; (*: de drogas*) shoot *m* ; **no abrir el ~** ne pas ouvrir le bec ; **son las 3 y ~** il est 3 heures et quelques ; **peso 50 kilos y ~** je pèse 50 kg et quelques ; **me costó un ~** ça m'a coûté une jolie somme
picor *nm* (*comezón*) picotement *m* ; (*ardor*) piqûre *f*
picoso, -a (*MÉX*) *adj* piquant(e)
picota *nf* pilori *m* ; (*cereza*) bigarreau *m* ; **poner a algn en la ~** (*fig*) mettre qn au supplice
picotada *nf*, **picotazo** *nm* (*de pájaro*) coup *m* de bec ; (*de insecto*) piqûre *f*
picotear *vt, vi* (*ave*) picorer ; (*fam*) grignoter
pictórico, -a *adj* pictural(e) ; (*paisaje, motivo*) pittoresque ; **tiene dotes pictóricas** il a des dons pour la peinture
picudo, -a *adj* au long bec ; (*zapato, tejado*) pointu(e)
pidiendo *etc vb ver* **pedir**
pie *nm* pied *m* ; (*de página*) bas *msg* ; **ir a ~** aller à pied ; **a pies juntillas** sur parole ; **al ~ de** au pied de ; **estar de ~** être debout ; **de a ~** moyen(ne) ; **ponerse de ~** se mettre debout ; **al ~ de la letra** au pied de la lettre ; **con pies de plomo** avec précaution ; **con buen/mal ~** bien/mal ; **de pies a cabeza** des pieds à la tête ; **en ~ de guerra** sur le pied de guerre ; **en ~ de igualdad** sur un pied d'égalité ; **sin pies ni cabeza** sans queue ni tête ; **dar ~ a** donner prise à ; **no dar ~ con bola** faire tout de travers ; **hacer ~** (*en el agua*) avoir pied ; **saber de qué ~ cojea algn** connaître les points faibles de qn ; **seguir en ~** (*oferta, propuesta*) tenir toujours
piedad *nf* pitié *f* ; **tener ~ de algn** avoir pitié de qn
piedra *nf* pierre *f* ; (*Med*) calcul *m* ; (*Meteorología*) grêle *f* ; **quedarse de ~** ne pas en

revenir ; **dejar de ~ a algn** scier qn ; **~ angular** pierre angulaire ; **~ de afilar** pierre à aiguiser ; **~ preciosa** pierre précieuse
piel *nf* peau *f* ; *(de animal, abrigo)* fourrure *f* ; **abrigo de ~** manteau *m* de fourrure ▶ *nmf*: **~ roja** Peau-Rouge *mf*
pienso *vb ver* **pensar** ▶ *nm (Agr)* farines *fpl*
piercing ['pirsiŋ] *(pl* **piercings***)* *nm* piercing *m*
pierda *etc vb ver* **perder**
pierna *nf* jambe *f* ; *(de cordero)* gigot *m*
pieza *nf* pièce *f* ; **quedarse de una ~** rester sans voix ; **un dos/tres piezas** *(traje)* un costume deux pièces/trois pièces ; **~ de recambio** *o* **de repuesto** pièce de rechange
pifia *nf (fam: error)* gaffe *f (fam)* ; *(Billar)* fausse queue *f* ; *(And, CSur: broma)* blague *f* ; *(And, CSur: rechifla)* huée *f*
pigmento *nm* pigment *m*
pigmeo, -a *adj* pygmée ▶ *nm/f* Pygmée *mf*
pijada *(fam) nf* bêtise *f*
pijama *nm* pyjama *m*
pijo, -a *(fam) adj* huppé(e)
pijoprogre *(fam, pey) adj, nmf* bobo *mf*
pijotada *nf* bêtise *f*
pila *nf* pile *f* ; *(fregadero)* évier *m* ; *(lavabo)* lavabo *m* ; *(fuente)* fontaine *f* ; **nombre de ~** prénom *m* ; **tengo una ~ de cosas que hacer** *(fam)* j'ai un tas de choses à faire ; **~ bautismal** fonts *mpl* baptismaux
pilar *nm* pilier *m*
Pilates *nm* Pilates *m*, méthode *f* Pilates
píldora *nf* pilule *f* ; **la ~ (anticonceptiva)** la pilule (contraceptive) ; **tragarse la ~** *(creerse)* avaler la pilule
pileta *(esp CSur) nf* évier *m* ; *(piscina)* piscine *f*
pillaje *nm* pillage *m*
pillar *vt* coincer ; *(fam: coger, sorprender)* pincer ; *(: conseguir)* se dégotter ; *(: atropellar)* faucher ; *(: alcanzar)* attraper ; *(: entender indirecta)* piger ; **le pillé en casa/comiendo** je l'ai trouvé chez lui/en train de manger ; **me pilla cerca/lejos** c'est près/loin de chez moi ; **~ una borrachera** *(fam)* prendre une cuite ; **~ un resfriado** *(fam)* choper un rhume
pillo, -a *adj, nm/f (astuto)* malin (maligne) ; *(travieso)* coquin(e)
pilón *nm* pilier *m* ; *(abrevadero)* abreuvoir *m* ; *(de fuente)* bassin *m*
pilotar *vt* piloter
piloto *nmf* pilote *m* ▶ *nm (Arg)* imperméable *m* ; **~ automático** pilote automatique ▶ *adj inv*: **programa/piso ~** programme *m*/appartement *m* pilote
piltrafa *nf* déchet *m*
pimentón *nm* piment *m* doux
pimienta *nf* poivre *m*
pimiento *nm* poivron *m*
pimpante *adj* charmant(e) ; **se quedó tan ~** il n'a pas bronché
PIN *sigla m (= Producto Interior Neto)* produit *m* intérieur net
pin *(pl* **pins***) nm (chapa)* pin's *m inv*
pinacoteca *nf* pinacothèque *f*
pináculo *nm* pinacle *m* ; *(de fama, éxito)* faîte *m*
pinar *nm* pinède *f*
pincel *nm* pinceau *m*
pincelada *nf* coup *m* de pinceau ; **última ~** touche *f* finale
pinchadiscos *nmf inv* disc-jockey *m*
pinchar *vt* piquer ; *(neumático)* crever ; *(teléfono)* mettre sur (table d')écoute ▶ *vi (Auto)* crever ; **tener un neumático pinchado** avoir un pneu crevé ; **ni pincha ni corta en esto** *(fam)* il n'a rien à voir là-dedans ; *(no tiene influencia)* il n'a pas son mot à dire ; **pincharse** *vpr* se piquer ; *(neumático)* crever
pinchazo *nm* piqûre *f* ; *(de dolor)* élancement *m* ; *(de llanta)* crevaison *f* ; **~ telefónico** écoute *f* téléphonique
pinche *nm* aide-cuisinier *m* ; *(Méx fam)* bandit *m*
pinchito *nm* amuse-gueule *m*
pincho *nm* pointe *f* ; *(de planta)* épine *f* ; *(Culin)* amuse-gueule *m* ; *(fam: para Internet)* dongle *m* ; *(de memoria)* clé *f* USB ; **~ de tortilla** *petite ration d'omelette* ; **~ moruno** *brochette de viande épicée*
ping-pong® ['pimpon] *nm* ping-pong *m*
pingüe *adj (beneficios)* rondelet(te)
pingüino *nm* pingouin *m*
pinitos *nmpl*: **hacer mis** *etc* **primeros ~** faire mes *etc* premiers pas
pino *nm* pin *m* ; **en el quinto ~** dans un coin perdu
pinta *nf (mota)* tache *f* ; *(aspecto)* allure *f* ; **tener buena ~** *(persona)* avoir bonne mine ; *(plato)* avoir l'air bon ; **tener ~ de** avoir l'air
pintada *nf* graffiti *m*
pintado, -a *adj* peint(e) ; *(ojos, boca)* maquillé(e) ; *(uñas)* fait(e) ; **me viene** *o* **me sienta que ni ~** cela me va comme un gant
pintalabios *nm inv* rouge *m* à lèvres
pintar *vt* peindre ; *(colorear)* colorier ; *(fig)* dépeindre ; **no ~ nada** *(fam: no tener que hacer)* n'avoir rien à faire ici/là ; *(: no tener influencia)* ne pas avoir son mot à dire ; **¿qué pinta aquí esto?** qu'est-ce que ça vient faire ici ? ▶ *vi* peindre ; *(colorear)* colorier ; *(fam)* compter ; **pintarse** *vpr* se maquiller ; *(uñas)* se faire ; **pintárselas solo para hacer algo** être passé maître dans l'art de faire qch
pintor, a *nm/f* peintre *mf* ; **~ de brocha gorda** peintre en bâtiment
pintoresco, -a *adj* pittoresque
pintura *nf* peinture *f* ; **~ a la acuarela** aquarelle *f* ; **~ al óleo** peinture à l'huile ; **~ rupestre** peinture rupestre
pinza *nf* pince *f* ; *(para colgar ropa)* pince à linge ; **pinzas** *nfpl* pinces *fpl* ; *(para depilar)* pince à épiler

P

piña *nf* (*fruto del pino*) pomme *f* de pin ; (*fruta*) ananas *msg* ; (*fig: conjunto*) bande *f*
piñón *nm* pignon *m*
PIO (ESP) *sigla m* (= *Patronato de Igualdad de Oportunidades*) *organisme d'aide à la lutte contre les inégalités*
pío, -a *adj* pieux(-euse) ▸ *nm*: **no decir ni ~** ne pas piper mot
piojo *nm* pou *m*
piojoso, -a *adj* pouilleux(-euse)
piola (ARG *fam*) *adj* débrouillard(e)
piolet [pjo'le] (*pl* **piolets**) *nm* piolet *m*
pionero, -a *adj, nm/f* pionnier(-ière)
pipa *nf* pipe *f* ; (*Bot*) pépin *m* ; **pasarlo ~** (*fam*) bien s'amuser ; **pipas** *nfpl* (*de girasol*) graines *fpl* (de tournesol)
pipeta *nf* pipette *f*
pipí (*fam*) *nm*: **hacer ~** faire pipi
pipiolo, -a *nm/f* gamin(e) ; (*novato*) bleu *m*, novice *mf*
pique *vb ver* **picar** ▸ *nm* brouille *f* ; (*rivalidad*) compétition *f* ; **irse a ~** couler à pic ; (*familia, negocio*) aller à la dérive ; **tener un ~ con algn** être brouillé(e) avec qn
piqueta *nf* (*Constr*) pic *m* ; (*de tienda de campaña*) piquet *m*
piquete *nm* piquet *m* de grève
pira *nf* bûcher *m*
pirado, -a (*fam*) *adj* givré(e)
piragua *nf* pirogue *f* ; (*Deporte*) canoë *m*
piragüismo *nm* canoë-kayak *m*
piragüista *nmf* canoéiste *mf*
piramidal *adj* pyramidal(e)
pirámide *nf* pyramide *f*
piraña *nf* piranha *m*
pirarse *vpr* (*tb*: **pirárselas**) se tirer ; **~ las clases** faire l'école buissonnière
pirata *adj*: **edición/disco ~** édition *f*/disque *m* pirate ▸ *nmf* pirate *m* ; **~ informático** pirate informatique
piratear *vt* (*Inform*) pirater
piratería *nf* (*Inform*) piratage *m*
pirenaico, -a *adj* pyrénéen(ne)
Pirineo *nm*, **Pirineos** *nmpl* Pyrénées *fpl*
pirita *nf* pyrite *f*
pirómano, -a *nm/f* pyromane *mf*
piropear *vt* faire des compliments à
piropo *nm* compliment *m* ; **echar piropos a algn** faire des compliments à qn
pirotecnia *nf* pyrotechnie *f*
pirotécnico, -a *adj* pyrotechnique
pirrado, -a *adj*: **~ por** fou (folle) de
pirrarse *vpr*: **~ (por)** raffoler (de)
pirueta *nf* pirouette *f*
pirulí *nm* sucette *f*
pis (*fam*) *nm* pipi *m*, pisse *f* ; **hacer ~** pisser
pisada *nf* trace *f* de pas
pisapapeles *nm inv* presse-papiers *m inv*
pisar *vt* fouler, marcher sur ; (*apretar con el pie, fig*) écraser ; (*idea, puesto*) piquer ; **me has pisado** tu m'as marché dessus ; **no ~ un sitio** (*fig*) ne pas mettre les pieds quelque part ▸ *vi* marcher ; **~ fuerte** (*fig*) s'imposer
piscicultura *nf* pisciculture *f*
piscifactoría *nf* établissement *m* piscicole
piscina *nf* piscine *f* ; **~ de bolas** piscine à balles
Piscis *nm* (*Astrol*) Poissons *mpl* ; **ser ~** être Poissons
pisco (AND, CHI) *nm* aguardiente *f*
piscolabis *nm inv* collation *f*
piso *nm* (*planta*) étage *m* ; (*apartamento*) appartement *m* ; (*suelo*) sol *m* ; **primer ~** premier étage ; (AM: *de edificio*) rez-de-chaussée *m inv*
pisotear *vt* piétiner ; (*fig*) humilier
pisotón *nm* piétinement *m*
pista *nf* piste *f* ; **estar sobre la ~ de algn** être sur la piste de qn ; **~ de aterrizaje** piste d'atterrissage ; **~ de auditoría** (*Com*) piste de vérification ; **~ de baile** piste de danse ; **~ de carreras** champ *m* de courses ; **~ de hielo** patinoire *f* ; **~ de tenis** court *m* de tennis
pistacho *nm* pistache *f*
pisto *nm* ≈ ratatouille *f* ; **darse ~** (*fam*) se faire mousser
pistola *nf* pistolet *m*
pistolera *nf* gaine *f* ; *ver tb* **pistolero**
pistolero, -a *nm/f* gangster *m*
pistoletazo *nm* (*disparo*) coup *m* de pistolet ; (: *Deporte*: *tb*: **pistoletazo de salida**) signal *m* de départ
pistón *nm* piston *m*
pita *nf* agave *m*
pitar *vt* siffler ; (*Auto*) klaxonner ▸ *vi* siffler ; (*Auto*) klaxonner ; (*fam*) gazer ; (AM) fumer ; **salir pitando** partir en quatrième vitesse
pitido *nm* coup *m* de sifflet ; (*sonido fino*) sifflement *m*
pitillera *nf* porte-cigarettes *m*
pitillo *nm* cigarette *f* ; (COL: *pajita*) paille *f*
pito *nm* sifflement *m* ; (*silbato*) sifflet *m* ; (*de coche*) klaxon *m* ; (*fam: cigarrillo*) clope *f* ; (*fam!: pene*) bite *f* (*fam !*) ; **me importa un ~** (*fam*) je m'en fous
pitón *nm* python *m*
pitonisa *nf* pythonisse *f*
pitorrearse *vpr*: **~ de** se moquer de
pitorreo *nm* moquerie *f* ; **estar de ~** blaguer
pituco, -a (AND, CSUR *fam*) *adj, nm/f* richard(e)
pívot *nmf* (*Deporte*) pivot *m*
pivote *nm* pivot *m*
píxel *nm* (*Inform*) pixel *m*
pixelar *vt* (*Inform*) pixéliser
piyama (AM) *nm o nf* pyjama *m*
pizarra *nf* ardoise *f* ; (*encerado*) tableau *m* (noir); **~ blanca** tableau blanc ; **~ (blanca) interactiva** tableau (blanc) interactif
pizca *nf* pincée *f* ; (*de pan*) miette *f* ; (*fig*) petit morceau *m* ; **ni ~** rien
pizza *nf* pizza *f*

pizzería [pitse'ria] *nf* pizzeria *f*
placa *nf* plaque *f*; (*Inform*) panneau *m*; **~ conmemorativa** plaque commémorative; **~ de matrícula** plaque d'immatriculation; **~ dental** plaque dentaire; **~ madre** (*Inform*) carte-mère *f*
placaje *nm* (*Deporte*) plaquage *m*
placard (CSur) *nm* placard *m*
placebo *nm* placebo *m*; **efecto ~** effet *m* placebo
placenta *nf* placenta *m*
placentero, -a *adj* agréable
placer *nm* plaisir *m*; **a ~** à loisir
placidez *nf* placidité *f*
plácido, -a *adj* (*personne*) placide; (*día, vida*) paisible
pladur® *nm* placoplatre® *m*
plafón *nm* (*lámpara*) plafonnier *m*; (Am) ciel *m* dégagé
plaga *nf* fléau *m*; (*fig*) horde *f*
plagar *vt* infester; **plagado de moscas/turistas** infesté de mouches/touristes
plagiar *vt* plagier; (Am) kidnapper
plagiario, -a (Am) *nm/f* kidnappeur(-euse)
plagio *nm* plagiat *m*; (Am) kidnapping *m*
plague *etc vb ver* **plagar**
plan *nm* plan *m*, projet *m*; (*idea*) idée *f*; **¡menudo ~!** tu parles d'une idée !; **tener ~** (*fam*) voir qn; **en ~ de cachondeo** (*fam*) pour rigoler; **en ~ económico** (*fam*) pour pas cher; **vamos en ~ de turismo** on y va en touristes; **si te pones en ese ~ ...** si tu le vois comme ça ...; **~ cotizable de jubilación** ≈ plan d'épargne-retraite; **~ de estudios** programme *m*; **~ de incentivos** (*Com*) système *m* de primes
plana *nf* page *f*; **a toda ~** pleine page; **la primera ~** la une; **~ mayor** (*Mil*) état-major *m*
plancha *nf* (*para planchar*) fer *m* (à repasser); (*ropa*) repassage *m*; (*de metal, madera, Tip*) planche *f*; (*Culin*) grill *m*; **pescado a la ~** poisson *m* grillé; **~ de pelo** lisseur *m*, fer *m* à lisser
planchado, -a *adj* repassé(e) ▸ *nm* repassage *m*
planchar *vt, vi* repasser
plancton *nm* plancton *m*
planeador *nm* planeur *m*
planear *vt* planifier ▸ *vi* planer
planeta *nm* planète *f*
planetario, -a *adj* planétaire ▸ *nm* planétarium *m*
planicie *nf* plaine *f*
planificación *nf* planification *f*; **diagrama de ~** (*Com*) planning *m*; **~ corporativa** (*Com*) planning de l'entreprise; **~ familiar** planning familial
planificar *vt* planifier
planilla (Am) *nf* formulaire *m*
plano, -a *adj* plat(e) ▸ *nm* plan *m*; **primer ~** (*Cine*) premier plan; **en primer/segundo ~** au premier/second plan; **caer de ~** tomber de tout son long; **rechazar algo de ~** rejeter entièrement qch; **me da el sol de ~** le soleil m'arrive en plein dessus (*fam*)
planta *nf* plante *f*; (*Tec*) usine *f*; (*piso*) étage *m*; **tener buena ~** avoir de l'allure; **~ baja** rez-de-chaussée *m inv*
plantación *nf* plantation *f*
plantado, -a *adj*: **dejar ~ a algn** (*no aparecer*) poser un lapin à qn; (*marcharse*) planter là qn; (*abandonar a*) laisser tomber qn; **quedarse ~** rester planté(e) là
plantar *vt* planter; (*novio, trabajo*) laisser tomber; **~ a algn en la calle** mettre qn à la rue; **plantarse** *vpr* se planter; **plantarse (en)** arriver (à)
plante *nm* (*protesta*) action *f* revendicative; (*plantón*) lapin *m*; **dar un ~ a alguien** poser un lapin à qn
planteamiento *nm* (*punto de vista*) approche *f*; (*de pregunta, problema*) énoncé *m*; (*Lit, Teatro*) exposition *f*; (*Arq*: *tb*: **planteamiento urbanístico**) projet *m* urbanistique; **un ~ nuevo de la cuestión** une nouvelle approche de la question, une nouvelle manière d'aborder la question; **yo me había hecho otro ~ de este fin de semana** j'envisageais autre chose pour ce week-end
plantear *vt* exposer; (*pregunta, problema*) poser; (*proponer*) proposer; **se lo plantearé** je le lui expliquerai; **plantearse** *vpr* envisager
plantel *nm* groupe *m*
plantilla *nf* (*de zapato*) semelle *f*; (*personal*) personnel *m*; **estar en ~** faire partie du personnel
plantío *nm* plantation *f*
plantón (*fam*) *nm*: **dar (un) ~ a algn** poser un lapin à qn; **estar de ~** poireauter
plañidero, -a *adj* geignard(e)
plaqueta *nf* plaquette *f*
plasma *nm* plasma *m*
plasmar *vt* (*dar forma*) modeler; (*representar*) reproduire; **plasmarse** *vpr*: **plasmarse en** se concrétiser
plasta *adj inv* (*fam*) enquiquinant(e) ▸ *nmf* (*fam*) enquiquineur(-euse) ▸ *nf* (*pasta*) purée *f*
plástica *nf* plastique *f*
plástico, -a *adj* plastique; **artes plásticas** arts *mpl* plastiques ▸ *nm* plastique *m*
plastificar *vt* plastifier
plastifique *etc vb ver* **plastificar**
plastilina® *nf* pâte *f* à modeler
plata *nf* (*metal*) argent *m*; (*fam: dinero*) fric *m*; (*cosas de plata*) argenterie *f*; **hablar en ~** aller droit au but
plataforma *nf* plate-forme *f*; (*tribuna*) estrade *f*; (*de zapatos*) semelle *f* (compensée); **~ de**

P

lanzamiento rampe *f* de lancement ; **~ digital** plate-forme numérique ; **~ petrolera/de perforación** plate-forme pétrolière/de forage ; **~ reivindicativa** plate-forme de revendications
plátano *nm* banane *f* ; (*árbol*) bananier *m*
platea *nf* orchestre *m*
plateado, -a *adj* argenté(e) ; (*Tec*) plaqué(e) argent
platense (*fam*) = **rioplatense**
plática *nf* (*CAm*, *Méx*) discussion *f* ; (*: informal*) conversation *f* ; (*Rel*) sermon *m*
platicar (*CAm*, *Méx*) *vi* discuter ; (*de manera informal*) bavarder
platillo *nm* soucoupe *f* ; (*de balanza*) plateau *m* ; (*de limosnas*) timbale *f* ; **~ volante** soucoupe volante ; **platillos** *nmpl* (*Mús*) cymbales *fpl*
platino *nm* platine *m* ; **platinos** *nmpl* (*Auto*) vis *fpl* platinées
platique *etc vb ver* **platicar**
plato *nm* assiette *f* ; (*guiso*) plat *m* ; (*de tocadiscos*) platine *f* ; **pagar los platos rotos** (*fam*) payer les pots cassés ; **primer/segundo ~** entrée *f*/plat principal ; **~ combinado** plat garni ; **~ hondo/llano** *o* (*Am*) **pando** assiette creuse/plate
plató *nm* plateau *m*
platónico, -a *adj*: **amor ~** amour *m* platonique
platudo, -a (*Am fam*) *adj* friqué(e)
plausible *adj* (*argumento, motivo*) admissible ; (*comportamiento, gesto, esfuerzo*) louable, digne d'éloge
playa *nf* plage *f* ; **~ de estacionamiento** (*Am*) place *f* de stationnement
playera *nf* (*Am*) tee-shirt *m* ; **playeras** *nfpl* chaussures *fpl* en toile
playero, -a *adj* de plage
playo, -a (*Am*) *adj* plat(e)
plaza *nf* place *f* ; (*mercado*) place du marché, marché *m* ; **~ de abastos** marché ; **~ de toros** arène *f* ; **~ mayor** place de la mairie
plazca *etc vb ver* **placer**
plazo *nm* délai *m* ; (*pago parcial*) terme *m* ; **a corto/largo ~** à court/long terme ; **comprar a plazos** acheter à crédit ; **nos dan un ~ de 8 días** ils nous donnent un délai de 8 jours
plazoleta, plazuela *nf* petite place *f*
pleamar *nf* pleine mer *f*
plebe (*pey*) *nf* plèbe *f*
plebeyo, -a *adj* plébéien(ne)
plebiscito *nm* plébiscite *m*
plegable *adj* pliable
plegar *vt* plier ; **plegarse** *vpr* se plier
plegaria *nf* prière *f*
plegué *etc vb ver* **plegar**
pleitear *vi* plaider
pleito *nm* procès *msg* ; (*fig*) conflit *m* ; **entablar ~** entamer un procès ; **poner (un) ~ a** poursuivre
plenamente *adv* totalement, entièrement ; **dedicarse ~ a algo** se consacrer entièrement à qch ; **vivir la vida ~** vivre la vie pleinement
plenario, -a *adj* plénier(-ière)
plenilunio *nm* pleine lune *f*
plenitud *nf* plénitude *f* ; **en la ~ de la vida** dans la fleur de l'âge
pleno, -a *adj* plein(e) ; **en ~ día/verano** en plein jour/été ; **en plena cara** en pleine figure ▸ *nm* (*del ayuntamiento*) assemblée *f* plénière ; (*del congreso*) séance *f* plénière ; **en ~** (*reunirse*) au complet ; (*elegir*) à l'unanimité
pletina *nf* (*Mús*) platine *f*
pletórico, -a *adj*: **estar ~** (*en forma*) être en pleine forme ; **~ de** (*fuerza, energía, entusiasmo*) débordant(e) de, plein(e) de ; **el equipo está ~ de moral** le moral de l'équipe est au plus haut
plexiglás® *nm* plexiglas® *msg*
pliego *vb ver* **plegar** ▸ *nm* (*hoja*) feuille *f* (de papier) ; (*carta*) pli *m* ; **~ de cargos** charges *fpl* produites contre l'accusé ; **~ de condiciones** cahier *m* des charges ; **~ de descargo** témoignages *mpl* à la décharge de l'accusé
pliegue *vb ver* **plegar** ▸ *nm* pli *m*
plisado, -a *adj* plissé(e)
plomero (*Am*) *nm* plombier *m*
plomizo, -a *adj* de plomb
plomo *nm* plomb *m* ; **caer a ~** tomber de tout son long ; **ser un ~** (*fam*) être un(e) casse-pied ; (*libro*) être rasoir ; **(gasolina) sin ~** (essence *f*) sans plomb ; **plomos** *nmpl* (*Elec*) plombs *mpl*
pluma *nf* plume *f* ; **de plumas** en plumes ; **~ (estilográfica)** (*Am*), **~ fuente** stylo *m* plume
plumaje *nm* plumage *m*
plumazo *nm*: **de un ~** d'un trait de plume
plúmbeo, -a *adj* (*de plomo*) de plomb ; (*pesado*) pesant(e), assommant(e)
plumero *nm* plumeau *m* ; **se te ve el ~** je te vois venir avec tes gros sabots
plumier *nm* plumier *m*
plumilla *nf* plume *f*
plumón *nm* (*Am*) stylo-feutre *m* ; (*para saco de dormir*) duvet *m* ; (*anorak*) doudoune *f*
plural *adj* pluriel(le) ▸ *nm* pluriel *m*
pluralidad *nf* pluralité *f*
pluralismo *nm* pluralisme *m*
pluralista *adj*, *nmf* pluraliste *mf*
pluriempleado, -a *adj* qui cumule plusieurs emplois ; **estar ~** cumuler plusieurs emplois ▸ *nm/f*: **ser un ~** cumuler plusieurs emplois
pluriempleo *nm* cumul *m* d'emplois
plus *nm* prime *f*
plusmarca *nf* record *m* ; **batir una ~** battre une record
plusmarquista *nmf* recordman(-woman)
plusvalía *nf* (*Com*) plus-value *f*
plutocracia *nf* ploutocratie *f*

Plutón *nm* Pluton *m*
plutonio *nm* plutonium *m*
pluvial *adj* pluvial(e)
PM *sigla f* (= *Policía Militar*) PM *f* (= *police militaire*)
p.m. *abr* (*esp* AM: = *post meridiem*) après-midi ; (= *por minuto*) /min (= *par minute*)
PMA *sigla m* (= *Programa Mundial de Alimentos*) WFP *m* (= *World Food Program*)
P.M.A. *sigla m* (= *peso máximo autorizado*) PTMA *m* (= *poids total maximum autorisé*)
pmo. *abr* (= *próximo*) *prochain*
PN *sigla f* (*Mil*) = **Policía Naval**
PNB *sigla m* (*Com*: = *Producto Nacional Bruto*) PNB *m* (= *produit national brut*)
P.N.D. *sigla m* (*Escol*: = *personal no docente*) *personnel msg non enseignant*
PNN *sigla m* (*Com*: = *Producto Nacional Neto*) PNN *m* (= *produit national net*)
PNUD *sigla m* (= *Programa de las Naciones Unidas para el Desarrollo*) PNUD (*m*) (= *Programme des Nations unies pour le développement*)
PNV *sigla m* (*Pol*: = *Partido Nacionalista Vasco*) *parti politique basque*
P.º *abr* = **paseo**
p.o. *abr* (= *por orden*) p.o. (= *par ordre*)
población *nf* population *f* ; (*pueblo, ciudad*) agglomération *f* ; (CHI) bidonville *m* ; ~ **activa/pasiva** population active/non active ; ~ **callampa** (CSUR) bidonville
poblado, -a *adj* peuplé(e) ; (*barba, cejas*) fourni(e) ; ~ **de** peuplé(e) de ; **densamente** ~ densément peuplé(e) ▸ *nm* village *m*
poblador, -a *nm/f* habitant(e), colonisateur(-trice)
poblar *vt* peupler ; **poblarse** *vpr* (*árbol*) reverdir ; **poblarse de** se peupler de
pobre *adj, nmf* pauvre *mf* ; ~ **en proteínas** pauvre en protéines ; **los pobres** les pauvres *mpl* ; **¡~ hombre!** pauvre homme ! ; **¡el ~!** le pauvre ! ; ~ **diablo** (*fig*) pauvre diable *m*
pobreza *nf* pauvreté *f* ; ~ **energética** pauvreté énergétique
pochar, pochear *vt* (*Culin*) faire revenir à petit feu *o* à feu doux
pochismo (*MÉX fam*) *nm* anglicisme *m*
pocho, -a *adj* (*fruta*) gâté(e) ; (*persona*) mal en point *inv* ; (*MÉX*) américanisé(e) ▸ *nm/f* (*MÉX*) immigrant(e) américanisé(e)
pocilga *nf* porcherie *f*
pocillo (AM) *nm* tasse *f*
pócima, poción *nf* potion *f*

PALABRA CLAVE

poco, -a *adj* **1** (*sg*) peu de ; **poco tiempo** peu de temps ; **de poco interés** peu intéressant ; **poca cosa** peu de chose
2 (*pl*) peu de ; **pocas personas lo saben** peu de gens le savent ; **unos pocos libros** quelques livres
▸ *adv* (*comer, trabajar*) peu ; **poco amable/inteligente** peu aimable/intelligent ; **es poco** c'est peu ; **cuesta poco** cela ne coûte pas cher ; **poco más o menos** à peu près ; **a poco que se interese ...** pour peu qu'il montre de l'intérêt ...
▸ *pron* **1**: **unos/as pocos/as** quelques-uns/unes
2 (*casi*): **por poco me caigo** j'ai failli tomber
3 (*locuciones de tiempo*): **a poco de haberse casado** peu après s'être marié ; **poco después** peu après ; **dentro de poco** sous peu, bientôt ; **hace poco** il n'y a pas longtemps
4: **poco a poco** peu à peu
▸ *nm*: **un poco** un peu ; **un poco triste** un peu triste ; **un poco de dinero** un peu d'argent

> En francés *peu* es siempre invariable. Así, por ejemplo:
> **Tiene poca importancia.** Cela a peu d'importance.
> **¿Cuántos discos tienes? – Tengo pocos.** Combien de disques as-tu ?– J'en ai peu.

poda *nf* élagage *m*
podadora (*MÉX*) *nf* tondeuse *f*
podar *vt* tailler
podcast (*pl* **podcasts**) *nm* podcast *m*
podcastear *vt* podcaster
podenco *nm* épagneul *m*

PALABRA CLAVE

poder *vb aux* (*capacidad, posibilidad, permiso*) pouvoir ; **no puedo hacerlo** je ne peux pas le faire ; **puede llegar mañana** il peut arriver demain ; **pudiste haberte hecho daño** tu aurais pu te faire mal ; **no se puede fumar en el hospital** on n'a pas le droit de fumer dans l'hôpital ; **podías habérmelo dicho** tu aurais pu me le dire
▸ *vi* **1** pouvoir ; **tanto como puedas** autant que tu peux ; **¿se puede?** on peut entrer ? ; **¡no puedo más!** je n'en peux plus ! ; **¡quién pudiera!** si seulement ! ; **no pude menos que dejarlo** je n'ai pas pu m'empêcher de le laisser ; **a** *o* **hasta más no poder** jusqu'à n'en plus pouvoir ; **¡es tonto a más no poder!** il est on ne peut plus idiot !
2: **¿puedes con eso?** tu peux y arriver ? ; **no puedo con este crío** je n'arrive pas à venir à bout de cet enfant
3: **A le puede a B** (*fam*) A est plus fort que B
▸ *vb impers*: **¡puede (ser)!** cela se peut ! ; **¡no puede ser!** ce n'est pas possible ! ; **puede que llueva** il se peut qu'il pleuve
▸ *nm* pouvoir *m* ; **ocupar el poder** détenir le pouvoir ; **detentar el poder** s'emparer du pouvoir ; **estar en el poder** être au pouvoir ; **en mi/tu** *etc* **poder** (*posesión*) en ma/ta *etc*

P

possession ; **en poder de** entre les mains de ; **por poderes** (*Jur*) par procuration ; **poder adquisitivo** pouvoir d'achat ; **poder ejecutivo/legislativo/judicial** (*Pol*) pouvoir exécutif/législatif/judiciaire

poderío *nm* pouvoir *m*
poderosamente *adv* puissamment ; (*atraer*) fortement
poderoso, -a *adj* puissant(e)
podio, pódium (*pl* **pódiums**) *nm* podium *m*
podólogo, -a *nm/f* podologue *mf*
podré *etc vb ver* **poder**
podredumbre *nf* (*física*) putréfaction *f* ; (*moral*) corruption *f*
podrido, -a *adj* pourri(e) ; (*fig*) corrompu(e)
podrir *vt* = **pudrir**
poema *nm* poème *m*
poesía *nf* poésie *f*
poeta *nmf* poète *m*
poético, -a *adj* poétique
poetisa *nf* poétesse *f*
póker *nm* poker *m*
polaco, -a *adj* polonais(e) ▸ *nm/f* Polonais(e) ▸ *nm* (*Ling*) polonais *msg*
polar *adj* polaire
polarice *etc vb ver* **polarizar**
polaridad *nf* polarité *f*
polarizar *vt* polariser ; **polarizarse** *vpr* se polariser
polea *nf* poulie *f*
polémica *nf* polémique *f*
polemice *etc vb ver* **polemizar**
polémico, -a *adj* polémique
polemizar *vi* polémiquer
polen *nm* pollen *m*
poleo *nm* pouliot *m*
polera (CHI) *nf* T-shirt *m*
poli (*fam*) *nm* flic *m* ▸ *nf*: **la ~** les flics *mpl*
policía *nmf* policier(-ière), agent *m* (de police) ▸ *nf* (*cuerpo*) police *f* ; *voir article* ; **~ secreta** services *mpl* secrets

POLICÍA

La **policía** se divise en deux branches en Espagne, toutes deux armées : la *policía nacional*, chargée de la sécurité nationale et du maintien de l'ordre en général, et la *policía municipal* (ou *policía local*, ou bien encore *guardia urbana*), qui s'occupe de la circulation et du maintien de l'ordre au niveau municipal. La Catalogne et le Pays basque ont leurs propres forces de police : les *Mossos d'Esquadra* dans la première et l'*Ertzaintza* dans le second.

policíaco, -a, policial *adj* policier(-ière)
polideportivo *nm* complexe *m* omnisports
poliéster *nm* polyester *m*
polietileno *nm* polyéthylène *m*
polifacético, -a *adj* aux multiples facettes
polifonía *nf* polyphonie *f*
poligamia *nf* polygamie *f*
polígamo, -a *adj*, *nm/f* polygame *mf*
políglota *adj*, *nmf* polyglotte *mf*
polígono *nm* polygone *m* ; **~ industrial** zone *f* industrielle ; **~ residencial** quartier *m* résidentiel
polilla *nf* mite *f*
Polinesia *nf* Polynésie *f*
polinesio, -a *adj* polynésien(ne) ▸ *nm/f* Polynésien(ne)
polio *nf* polio *f*
poliomielitis *nf inv* poliomyélite *f*
pólipo *nm* polype *m*
Polisario *nm abr* (*tb*: **El Frente Polisario**) (= *Frente Popular de Liberación del Sáhara y Río de Oro*) Front *m* Polisario
politécnico, -a *adj*: **universidad politécnica** ≈ Institut *m* universitaire de technologie, ≈ IUT *m*
politeísmo *nm* polythéisme *m*
política *nf* politique *f* ; **~ agraria** politique agricole ; **~ de ingresos y precios** politique des revenus et des prix ; **~ económica** politique économique ; **~ exterior** politique extérieure ; *ver tb* **político**
políticamente *adv* politiquement ; **~ correcto** politiquement correct
político, -a *adj* politique ; **padre/hermano ~** beau-père *m*/beau-frère *m* ; **madre política** belle-mère *f* ▸ *nm/f* homme *m* (femme *f*) politique
poliuretano *nm* polyuréthane *m*
polivalente *adj* (*tb Quím, Med*) polyvalent(e)
póliza *nf* police *f* ; (*sello*) timbre *m* fiscal ; **~ de seguro(s)** police d'assurance
polizón *nm* passager(-ère) clandestin(e)
polla *nf* (*fam!*: *pene*) bite *f* (*fam !*) ; (CSUR: *apuesta*) pari *m* ; **¡una ~!** (*fam!*) va te faire foutre ! (*fam !*) ; **¡qué duquesa ni que pollas (en vinagre)!** (*fam!*) duchesse mon cul ! (*fam !*) ; **~ de agua** (*ave*) poule *f* d'eau
pollera (AM) *nf* jupe *f*
pollería *nf* marchand *m* de volailles
pollo *nm* poulet *m* ; (*joven*) jeune homme *m* ; (MÉX *fam*) immigré *m* clandestin ; **~ asado** poulet rôti
polluelo *nm* petit oiseau *m*, oisillon *m*
polo *nm* pôle *m* ; (*helado*) glace *f* ; (*Deporte, suéter*) polo *m* ; **es el ~ opuesto de su hermano** c'est tout le contraire de son frère ; **P~ Norte/Sur** Pôle Nord/Sud
pololo, -a (AND, CSUR) *nm/f* copain (copine)
Polonia *nf* Pologne *f*
poltrona (*esp* AM) *nf* fauteuil *m*
polución *nf* pollution *f*
polvareda *nf* nuage *m* de poussière
polvera *nf* poudrier *m*
polvo *nm* poussière *f* ; (*fam!*) baise *f* (*fam !*) ; **en ~** en poudre ; **estar hecho ~** (*fam*) être

fichu ; (: *persona*) être crevé ; (: *deprimido*) avoir le moral à zéro ; **dejar hecho ~ a algn** (*fam*) crever qn ; (*suj*: *noticia*) ficher qn par terre ; **polvos** *nmpl* (*en cosmética etc*) poudre *fsg* ; **polvos de talco** talc *m*

pólvora *nf* poudre *f* ; (*fuegos artificiales*) feux *mpl* d'artifice ; **propagarse como la ~** se répandre comme une traînée de poudre

polvoriento, -a *adj* poussiéreux(-euse)

polvorín *nm* (*Mil*, *fig*) poudrière *f*

polvorón *nm petit gâteau très friable, typique de la période de Noël*

polvorosa (*fam*) *nf*: **poner pies en ~** mettre les voiles *o* les bouts

polvoso, -a (*Am*) *adj* poussiéreux(-euse)

pomada *nf* pommade *f*

pomelo *nm* pamplemousse *m*

pómez *nf*: **piedra ~** pierre *f* ponce

pomo *nm* poignée *f*

pompa *nf* bulle *f* ; (*ostentación*) pompe *f* ; **pompas fúnebres** pompes *fpl* funèbres

pomposo, -a (*pey*) *adj* prétentieux(-euse) ; (*lenguaje, estilo*) pompeux(-euse)

pómulo *nm* pommette *f*

pon *vb ver* **poner**

ponchada (*CSur*) *nf quantité d'objets pouvant tenir dans un poncho*

ponche *nm* punch *m*

poncho *nm* poncho *m*

ponderar *vt* soupeser ; (*elogiar*) faire l'éloge de

pondré *etc vb ver* **poner**

ponencia *nf* exposé *m*

ponente *nmf* conférencier(-ière)

PALABRA CLAVE

poner *vt* **1** (*colocar*) mettre, poser ; (*ropa, mesa*) mettre ; (*Telec*): **póngame con el Sr. López** passez-moi M. López ; **poner algo a hervir/a secar** mettre qch à bouillir/à sécher ; **poner a algn a la cabeza de una empresa** placer qn à la tête d'une entreprise

2 (*fig*: *emoción, énfasis*) mettre ; (*condiciones*) poser ; **poner interés** porter de l'intérêt ; **poner en claro/duda** mettre au clair/en doute ; **poner al corriente** mettre au courant

3 (*imponer*: *tarea*) donner ; (*multa*) condamner à, donner

4 (*obra de teatro, película*) passer ; **¿qué ponen en el Excelsior?** qu'est-ce qui passe à l'Excelsior ?

5 (*tienda*) monter ; (*casa*) arranger ; (*instalar*: *gas etc*) (faire) mettre

6 (*radio, TV*) mettre ; **ponlo más alto** mets-le plus fort

7 (*mandar*: *telegrama*) envoyer

8 (*suponer*): **pongamos que ...** mettons que ...

9 (*contribuir*): **el gobierno ha puesto un millón** le gouvernement a mis un million

10 (+ *adj*) rendre ; **me estás poniendo nerviosa** tu commences à m'énerver

11 (*dar nombre*): **al hijo le pusieron Diego** ils ont appelé leur fils Diego

12 (*decir por escrito*) dire ; **¿qué pone el periódico?** que dit le journal ?

13 (*huevos*) pondre

▶ *vi* (*gallina*) pondre

ponerse *vpr* **1** (*colocarse*) se mettre ; **se puso a mi lado** il s'est mis à côté de moi ; **ponte en esa silla** mets-toi sur cette chaise

2 (*vestido, cosméticos*) mettre ; **¿por qué no te pones el vestido nuevo?** pourquoi ne mets-tu pas ta nouvelle robe ?

3 (*sol*) se coucher

4 (+ *adj*) devenir ; **ponerse bueno** aller mieux ; **ponerse malo** tomber malade ; **ponerse rojo** devenir tout rouge ; **se puso muy serio** il a pris un air très sérieux ; **¡no te pongas así!** ne te mets pas dans cet état !

5: **ponerse a** se mettre à ; **se puso a llorar** il s'est mis à pleurer ; **tienes que ponerte a estudiar** il faut que tu te mettes à étudier

6: **ponerse a bien con algn** se réconcilier avec qn ; **ponerse a mal con algn** se mettre mal avec qn

7 (*Am*: *parecer*): **se me pone que ...** j'ai l'impression que ...

ponga *etc vb ver* **poner**

pongo, -a (*And*) *nm/f* domestique *mf* indien(ne)

poni *nm* poney *m*

ponible *adj* mettable

poniente *nm* couchant *m*

p.º n.º *abr* (= *peso neto*) *ver* **peso**

pontevedrés, -esa *adj* de Pontevedra ▶ *nm/f* natif(-ive) *o* habitant(e) de Pontevedra

pontificado *nm* pontificat *m*

pontificar (*pey*) *vi* pontifier

pontífice *nm* pontife *m* ; **el Sumo P~** le souverain pontife

pontificio, -a *adj* pontifical(e)

ponzoña *nf* poison *m*

ponzoñoso, -a *adj* empoisonné(e)

pop *adj inv*: **música ~** musique *f* pop ▶ *nm* pop *f*

popa *nf* poupe *f* ; **a ~** en poupe ; **de ~ a proa** d'un bout à l'autre

pope *nm* (*Rel*) pope *m* ; (*fam*: *líder*) gourou *m*

populachero, -a *adj* (*político*) démagogue ; (*política*) démagogique ; (*espectáculo*) populaire

popular *adj* populaire

popularice *etc vb ver* **popularizar**

popularidad *nf* popularité *f*

popularizar *vt* populariser ; **popularizarse** *vpr* se populariser

populista *adj, nmf* populiste *mf*

póquer *nm* poker *m*

poquísimo, -a *adj* (*superl de poco*) très peu (de)

poquito *nm*: **un ~ (de)** un petit peu (de) ; **a poquitos** petit à petit ▶ *adv* peu

P

PALABRA CLAVE

por *prep* **1** (*objetivo, en favor de*) pour ; **luchar por la patria** combattre pour la patrie ; **hazlo por mí** fais-le pour moi
2 (*+infin*) pour ; **por no llegar tarde** pour ne pas arriver tard ; **por citar unos ejemplos** pour citer quelques exemples
3 (*causa, agente*) par ; **por escasez de fondos** par manque de fonds ; **le castigaron por desobedecer** il a été puni pour avoir désobéi ; **por eso** c'est pourquoi ; **escrito por él** écrit par lui
4 (*tiempo*): **por la mañana/Navidad** le matin/vers Noël
5 (*duración*): **se queda por una semana** il reste une semaine ; **se fue por 3 días** il est parti pour 3 jours
6 (*lugar*): **pasar por Madrid** passer par Madrid ; **ir a Guayaquil por Quito** aller à Guayaquil via Quito ; **caminar por la calle/por las Ramblas** déambuler dans la rue/sur les Rambles ; **por fuera/dentro** à l'extérieur/à l'intérieur ; **anda por la izquierda** marche à gauche ; **vive por aquí** il habite par ici ; **pasear por el jardín** se promener dans le jardin
7 (*cambio, precio*): **te doy uno nuevo por el que tienes** je t'en donne un neuf contre le tien ; **lo vendo por 40 euros** je le vends (pour) 40 euros
8 (*valor distributivo*): **20 euros por hora/cabeza** 20 euros de l'heure/par tête ; **100 km por hora** 100 km à l'heure ; **veinte por ciento** vingt pour cent ; **tres horas por semana** trois heures par semaine ; **por centenares** par centaines
9 (*modo, medio*) par ; **por avión/correo** par avion/la poste ; **por orden** par ordre ; **caso por caso** cas par cas ; **por tamaños** par ordre de taille
10 (*multiplicación*): **25 por 4 son 100** 4 fois 25 font 100
11: **ir/venir por algo/algn** aller/venir chercher qch/qn ; **estar/quedar por hacer** être/rester à faire
12 (*evidencia*): **por lo que dicen** d'après ce qu'on dit
13: **por bonito que sea** cela a beau être très joli ; **por más que lo intento** j'ai beau essayer
14: **por si (acaso)** au cas où ; **lo hice por si acaso** je l'ai fait au cas où ; **por si acaso venía/viniera** au cas où il serait venu/viendrait ; **por si fuera poco** si ça n'était pas assez
15: **¿por qué?** pourquoi ? ; **¿por qué no?** pourquoi pas ?

Obsérvese que la preposición **por** seguida de una expresión de tiempo no se traduce en francés:

Saldremos por la tarde. Nous partirons le soir.
Nos vemos el sábado por la mañana. On se voit samedi matin.

porcelana *nf* porcelaine *f*
porcentaje *nm* pourcentage *m* ; **~ de actividad** (*Inform*) taux *msg* d'activité
porcentual *adj* de pourcentage
porche *nm* arcade *f* ; (*de casa*) porche *m*
porcino, -a *adj* porcin(e) ; **ganado ~** porcins *mpl* ▸ *nm* (*animal*) porc *m* ; **carne de ~** viande *f* de porc
porción *nf* portion *f*
pordiosero, -a *nm/f* mendiant(e)
porfiado, -a *adj* insistant(e) ; (*terco*) entêté(e)
porfiar *vi* insister (lourdement) ; (*disputar*) discuter
pormenor *nm* détail *m*
pormenorice *etc vb ver* **pormenorizar**
pormenorizar *vi* détailler
porno *adj inv* porno *inv*
pornografía *nf* pornographie *f*
pornográfico, -a *adj* pornographique
poro *nm* pore *m*
porongo (And, CSur) *nm* gourde *f* à maté
poroso, -a *adj* poreux(-euse)
poroto (And, CSur) *nm* haricot *m*
porque *conj* parce que ; **~ sí** parce que
porqué *nm* pourquoi *m*
porquería *nf* cochonnerie *f*, saleté *f* ; (*algo sin valor*) cochonnerie ; (*jugarreta*) tour *m* de cochon ; **de ~** (*Am fam*) à la noix ; **porquerías** *nfpl* (*comida*) cochonneries *fpl* ; **hacer porquerías** faire des cochonneries
porra *nf* matraque *f* ; (*juego de apuestas*) pari *m* collectif (*entre amis ou collègues*) ; **¡porras!** flûte ! ; **¡vete a la ~!** (*fam*) va te faire voir !
porrazo *nm* coup *m* ; **darse un ~ con** *o* **contra algo** se cogner contre qch
porro (*fam*) *nm* joint *m*
porrón *nm récipient à bec pour boire le vin à la régalade*
portaaviones *nm inv* porte-avions *m inv*
portabusto, portabustos (Méx) *nm inv* soutien-gorge *m*
portada *nf* couverture *f*
portador, -a *nm/f* porteur(-euse) ; (*Com*) porteur *m* ; **cheque al ~** chèque *m* au porteur
portaequipajes *nm inv* (*maletero*) coffre *m* ; (*baca*) porte-bagages *m inv*
portaesquíes, portaesquís *nm inv* porte-skis *m inv*
portafolio, portafolios *nm* (Am) attaché-case *m* ; **~(s) de inversiones** portefeuille *m* d'investissements
portal *nm* (*entrada*) vestibule *m* ; (*puerta*) porte *f* ; (*Inform*) portail *m* ; **~ de Belén** crèche *f*
portamaletas *nm inv* = **portaequipajes**
portaminas *nm inv* portemine *m*, stylomine *m*

portaobjeto *nm*, **portaobjetos** *nm inv* porte-objet *m*
portapapeles *nm inv* (*Inform*) presse-papiers *m*
portar *vt* (*llevar*) porter ; **portarse** *vpr* (*comportarse*) se conduire, se comporter ; (*fam: comportarse bien*) bien se conduire ; **portarse bien** bien se conduire ; (*niño*) être sage ; **portarse mal** ne pas bien se conduire ; (*niño*) ne pas être sage ; **se portó muy bien conmigo** il a été très correct *o* gentil avec moi ; **se ha portado como un cerdo** il s'est comporté comme un salaud (*fam*)
portátil *adj* portatif(-ive) ; (*ordenador*) portable
portaviones *nm inv* = **portaaviones**
portavoz *nmf* porte-parole *mf inv*
portazo *nm*: **dar un ~** claquer la porte
porte *nm* (*Com*) port *m* ; (*aspecto*) allure *f* ; **~ debido/pagado** (*Com*) port dû/payé
portento *nm* prodige *m*
portentoso, -a *adj* prodigieux(-euse)
porteño, -a *adj* de Buenos Aires ▸ *nm/f* natif(-ive) *o* habitant(e) de Buenos Aires
portería *nf* loge *f* (de concierge) ; (*Deporte*) but *m*
portero, -a *nm/f* concierge *mf* ; (*de club*) portier *m* ; (*Deporte*) gardien(ne) de but ▸ *nm*: **~ automático** interphone *m*
portezuela *nf* (*de vehículo*) portière *f*
pórtico *nm* portique *m*
portón *nm* grande porte *f*
portorriqueño, -a *adj* portoricain(e) ▸ *nm/f* Portoricain(e)
portuario, -a *adj* portuaire ; **trabajador ~** docker *m*
Portugal *nm* Portugal *m*
portugués, -esa *adj* portugais(e) ▸ *nm/f* Portugais(e) ▸ *nm* (*Ling*) portugais *msg*
porvenir *nm* avenir *m*
pos: **en ~ de** *prep* après ; (*fig*) en quête de
posada *nf* auberge *f* ; **dar ~ a** héberger
posaderas *nfpl* fesses *fpl*
posar *vt, vi* poser ; **posarse** *vpr* se poser ; (*polvo*) se déposer
posavasos *nm inv* sous-verre *m*
posdata *nf* post-scriptum *m inv*
pose *nf* pose *f*
poseedor, a *nm/f* possesseur(e) ; (*de récord, título*) détenteur(-trice)
poseer *vt* posséder ; (*conocimientos, belleza*) avoir ; (*récord, título*) détenir
poseído, -a *adj*: **estar ~ de ira/odio** suffoquer de rage/haine ▸ *nm/f* possédé(e) ; **como un ~** comme un possédé
posesión *nf* possession *f* ; **estar en ~ de** être en possession de, détenir ; **tomar ~ (de)** prendre possession (de)
posesionarse *vpr*: **~ de** prendre possession de
posesivo, -a *adj* possessif(-ive)
poseyendo *etc vb ver* **poseer**
posgrado *nm* = **postgrado**
posgraduado, -a *adj, nm/f* = **postgraduado**
posguerra *nf* = **postguerra**
posibilidad *nf* possibilité *f*
posibilitar *vt* permettre
posible *adj* possible ; **de ser ~** si possible ; **en** *o* **dentro de lo ~** dans la mesure du possible ; **es ~ que** il est possible que ; **hacer todo lo ~** faire tout son *etc* possible ; **lo antes ~** le plus tôt possible ; **lo menos/más ~** le moins/plus possible ; **estudiar lo más ~** étudier le plus possible ; **lo más pronto ~** le plus vite possible ; **ser/no ser ~ (hacer)** être/ne pas être possible (de faire)
posiblemente *adv* probablement ; **—¿crees que vendrá?** — **~** est-ce que tu penses qu'elle va venir ? — probablement *o* c'est possible ; **~ tengamos que mudarnos** on va peut-être devoir déménager, il est possible qu'on doive déménager
posición *nf* position *f*
posicionamiento *nm* prise *f* de position
positivamente *adv* positivement
positivo, -a *adj* positif(-ive) ; **el test dio ~** les résultats du test sont positifs ▸ *nm* (*Foto*) cliché *m*
posmoderno, -a *adj, nm/f* postmoderne *mf*
poso *nm* (*de café*) marc *m* ; (*de vino*) lie *f*
posología *nf* posologie *f*
posoperatorio, -a *adj* post-opératoire ▸ *nm* période *f* post-opératoire
posparto, -a *adj* postnatal(e) ▸ *nm* post-partum *m inv*
posponer *vt* faire passer après ; (*aplazar*) ajourner, reporter
posponga *etc*, **pospuesto** *etc*, **pospuse** *vb ver* **posponer**
post (*pl* **posts**) *nm* (*en sitio web*) billet *m*, post *m*
posta *nf*: **a ~** exprès
postal *adj* postal(e) ▸ *nf* carte *f* postale
poste *nm* poteau *m* ; (*Deporte*) pilier *m*
póster *nm* poster *m*
postergar *vt* reléguer ; (*esp* AM: *aplazar*) reporter
postergue *etc vb ver* **postergar**
posteridad *nf* postérité *f*
posterior *adj* de derrière ; (*parte*) postérieur(e) ; (*en el tiempo*) ultérieur(e) ; **ser ~ a** être ultérieur(e) à
posteriori: **a ~** *adv* a posteriori
posterioridad *nf*: **con ~** par la suite
posteriormente *adv* ultérieurement
postgrado *nm* troisième cycle *m*
postgraduado, -a *adj* de troisième cycle ▸ *nm/f* étudiant(e) de troisième cycle ▸ *nm* (*estudios*) troisième cycle *m*
postguerra *nf* après-guerre *m* ; **en la ~** après-guerre
postigo *nm* volet *m* ; (*de puerta*) battant *m*
postín (*fam*) *nm*: **de ~** huppé(e) ; **darse ~** se donner de grands airs

P

postizo, -a *adj* faux (fausse), postiche ▸ *nm* postiche *m*
postoperatorio, -a *adj, nm* = **posoperatorio**
postor, a *nm/f* offrant *m* ; **al mejor ~** au plus offrant
postración *nf* prosternation *f* ; *(abatimiento)* prostration *f*
postrarse *vpr* se prosterner
postre *nm* dessert *m* ; **para ~** *(fig)* pour couronner le tout ▸ *nf*: **a la ~** finalement
postrero, -a *adj* dernier(-ière) ; *(momentos, obra)* ultime
postrimerías *nfpl (de siglo)* fin *f*
postulado *nm* postulat *m*
postular *vt (defender: teoría)* prôner ; *(Am: proponer: candidato)* nommer ▸ *vi (en colecta)* quêter, faire la quête ; *(Am: para un trabajo)* postuler ; **postularse** *vpr (Am Pol)* se présenter
póstumo, -a *adj* posthume
postura *nf* position *f*, posture *f* ; *(ante hecho, idea)* position
post-venta *adj inv* après-vente *inv*
potable *adj* potable
potaje *nm* potage *m*
potasio *nm* potassium *m*
pote *nm* pot *m*
potencia *nf* puissance *f* ; **en ~** en puissance
potenciación *nf*, **potenciamiento** *nm* *(impulso)* promotion *f* ; *(desarrollo)* développement *m*
potencial *adj* potentiel(le) ▸ *nm* potentiel *m* ; **~ eléctrico** potentiel électrique
potencialmente *adv* potentiellement
potenciar *vt* renforcer ; *(ifavorecer)* favoriser ; *(impulsar)* promouvoir ; *(desarrollar)* développer
potente *adj* puissant(e)
potestad *nf* autorité *f* ; **patria ~** autorité parentale
potito *nm (Esp)* petit pot *m (de nourriture pour bébé)*
poto *(fam) nm (And, CSur: culo)* derrière *m*, cul *m (fam)* ; *(vasija) petit pot, utilisé en particulier pour le maté*
potra *nf* pouliche *f* ; **tener ~** *(fam)* avoir du bol
potrero *(Am) nm* herbage *m*
potro *nm* poulain *m* ; *(Deporte)* cheval *m* d'arçons
poyo *nm* banc *m* de pierre *(construit contre un mur)*
poza *nf endroit le plus profond*
pozo *nm* puits *msg* ; *(de río) endroit le plus profond* ; **ser un ~ de sabiduría** être un puits de science
PP *sigla m (= Partido Popular) parti de droite*
pp. *abr (= páginas)* pp. *(= pages)*
P.P. *abr* = **porte pagado**
p.p. *abr (= por poderes)* p.p. *(= par procuration)*
p.p.m. *abr (= palabras por minuto)* mots/min *(= mots par minute)*
práctica *nf* pratique *f* ; **en la ~** dans la pratique ; **llevar a la** *o* **poner en ~** mettre en pratique ; **prácticas** *nfpl (Escol)* travaux *mpl* pratiques ; *(en empresa)* stage *m* ; *(Mil)* entraînement *m*
practicable *adj* praticable
prácticamente *adv* pratiquement
practicante *adj (Rel)* pratiquant(e) ▸ *nmf* *(Med)* infirmier(-ière)
practicar *vt, vi* pratiquer
práctico, -a *adj* pratique
practique *etc vb ver* **practicar**
pradera *nf* prairie *f*
prado *nm* pré *m* ; *(Am)* gazon *m*
Praga *n* Prague
pragmático, -a *adj* pragmatique
pragmatismo *nm* pragmatisme *m*
preacuerdo *nm* accord *m* de principe
preámbulo *nm* préambule *m* ; **sin preámbulos** sans préambule
preaviso *nm* préavis *msg*
precalentamiento *nm (Deporte)* échauffement *m*
precalentar *vt (horno)* préchauffer
precaliente *etc vb ver* **precalentar**
precampaña *nf (tb:* **precampaña electoral***)* précampagne *f* électorale
precandidato *(esp Méx) nm* candidat *m* potentiel
precariedad *nf (de empleo, salud, situación)* précarité *f* ; *(de recursos, medios)* manque *m*
precario, -a *adj (empleo, salud, situación)* précaire ; *(recursos, medios)*: **con medios precarios** avec peu de moyens
precaución *nf* précaution *f*
precaverse *vpr*: **~ de** *o* **contra algo** se prémunir contre qch
precavido, -a *adj* prévoyant(e)
precedencia *nf* priorité *f*
precedente *adj* précédent(e) ▸ *nm* précédent *m* ; **sin ~(s)** sans précédent ; **establecer** *o* **sentar un ~** créer un précédent
preceder *vt* précéder
preceptivo, -a *adj* obligatoire
precepto *nm* précepte *m*
preceptor, a *nm/f* précepteur(-trice)
preciado, -a *adj* précieux(-euse)
preciarse *vpr* se vanter ; **~ de** se vanter de
precintar *vt* sceller
precinto *nm (Com: tb:* **precinto de garantía***)* cachet *m*
precio *nm* prix *msg* ; **a cualquier ~** *(fig)* à tout prix ; **no tener ~** *(fig)* ne pas avoir de prix ; **« no importa ~ »** « prix indifférent » ; **a ~ de saldo** en réclame ; **~ al contado** prix au comptant ; **~ al detalle** prix de détail ; **~ al detallista** prix de gros ; **~ al por menor** prix de détail ; **~ de compra/de coste/de entrega inmediata** prix d'achat/de revient/ de livraison immédiate ; **~ de ocasión** prix avantageux ; **~ de oferta** prix promotionnel ; **~ de salida** prix initial, mise *f* à prix ; **~ de**

venta al público prix de vente conseillé ; **~ por unidad** prix à l'unité, prix unitaire ; **~ tope** prix plafond ; **~ unitario** prix à l'unité
preciosidad *nf* (*valor*) beauté *f* ; (*cosa bonita*) merveille *f* ; **es una ~** c'est une merveille
precioso, -a *adj* (*hermoso*) très joli(e) ; (*de mucho valor*) précieux(-euse)
precipicio *nm* (*tb fig*) précipice *m*
precipitación *nf* précipitation *f*
precipitadamente *adv* précipitamment
precipitado, -a *adj* précipité(e) ▸ *nm* (*Quím*) précipité *m*
precipitar *vt* précipiter ; **precipitarse** *vpr* se précipiter
precisado, -a *adj*: **verse ~ a hacer algo** se voir obligé(e) de faire qch
precisamente *adv* précisément ; **~ por eso** pour cette raison précisément ; **~ fue él quien lo dijo** c'est précisément lui qui l'a dit ; **no es ~ bueno** il n'est pas vraiment bon
precisar *vt* (*necesitar*) avoir besoin de ; (*determinar, especificar*) préciser
precisión *nf* précision *f* ; **de ~** de précision
preciso, -a *adj* précis(e) ; (*necesario*) nécessaire ; **en ese ~ momento** à ce moment précis ; **es ~ que lo hagas** il faut que tu le fasses
precocidad *nf* précocité *f*
precocinado, -a *adj* pré-cuit(e) ; **platos precocinados** plats *mpl* cuisinés
precolombino, -a *adj* précolombien(ne)
preconcebido, -a *adj* préconçu(e)
preconice *etc vb ver* **preconizar**
preconizar *vt* préconiser
precoz *adj* précoce
precursor, a *nm/f* précurseur *mf*
predecesor, a *nm/f* prédécesseur(e)
predecir *vt* prédire
predestinado, -a *adj* prédestiné(e)
predeterminar *vt* prédéterminer
predicado *nm* (*Ling*) prédicat *m*
predicador, a *nm/f* prédicateur(-trice)
predicar *vt, vi* prêcher
predicción *nf* prédiction *f* ; **~ del tiempo** prévisions *fpl* météorologiques
predicho *vb ver* **predecir**
prediga *etc*, **predije** *etc vb ver* **predecir**
predilección *nf* prédilection *f* ; **tener ~ por algo** avoir une prédilection pour qch
predilecto, -a *adj* préféré(e)
predique *etc vb ver* **predicar**
predispondré *etc vb ver* **predisponer**
predisponer *vt* prédisposer
predisponga *etc vb ver* **predisponer**
predisposición *nf* prédisposition *f*
predispuesto *etc*, **predispuse** *vb ver* **predisponer**
predominante *adj* prédominant(e)
predominar *vi* prédominer
predominio *nm* prédominance *f*
preelectoral *adj* préélectoral(e) ; **sondeo ~** sondage *m* avant les élections
preeminencia *nf* primauté *f*
preescolar *adj* préscolaire
preestablecido, -a *adj* préétabli(e)
preestreno *nm* avant-première *f*
prefabricado, -a *adj* préfabriqué(e)
prefacio *nm* préface *f*
prefectura *nf* préfecture *f*
preferencia *nf* (*predilección*) préférence *f* ; (*Auto*) priorité *f* ; **de ~** de préférence ; **localidad de ~** place *f* de choix
preferente *adj* (*trato*) préférentiel(le) ; (*lugar*) de choix ; (*Fin: acción*) préférentiel(le) ; **clase ~** (*Aviat*) classe *f* affaires
preferible *adj* préférable
preferido, -a *adj, nm/f* préféré(e)
preferir *vt* préférer ; **~ hacer/que** préférer faire/que
prefiera *etc vb ver* **preferir**
prefijar *vt* (*fecha, condiciones*) fixer d'avance
prefijo *nm* (*Telec*) indicatif *m* ; (*Ling*) préfixe *m*
prefiriendo *etc vb ver* **preferir**
pregón *nm* (*en fiestas*) discours *msg* inaugural ; (*de mercancías*) cri *m* ; (*aviso público*) annonce *f*
pregonar *vt* crier sur tous les toits ; (*edicto*) annoncer
pregunta *nf* question *f* ; **hacer una ~** poser une question ; **~ capciosa** question piège ; **preguntas frecuentes** (*Inform*) foire *f* aux questions
preguntar *vt* demander ▸ *vi* demander ; **~ por algn** demander qn ; **~ por la salud de algn** s'enquérir de la santé de qn ; **preguntarse** *vpr* se demander
preguntón, -ona (*fam*) *adj* questionneur(-euse)
prehistoria *nf* préhistoire *f*
prehistórico, -a *adj* préhistorique
preinscripción *nf* préinscription *f*
preinstalado, -a *adj* (*software*) préinstallé(e)
prejubilación *nf* préretraite *f*
prejubilar *vt* mettre en préretraite
prejuicio *nm* préjugé *m* ; **tener prejuicios** avoir des préjugés
prejuzgar *vt* préjuger
prejuzgue *etc vb ver* **prejuzgar**
prelado *nm* prélat *m*
prelavado *nm* prélavage *m*
preliminar *adj, nm* préliminaire *m*
preludio *nm* prélude *m*
premamá *adj*: **vestido ~** robe *f* de grossesse
prematrimonial *adj*: **relaciones prematrimoniales** relations *fpl* avant le mariage
prematuro, -a *adj* prématuré(e)
premeditación *nf* préméditation *f*
premeditado, -a *adj* prémédité(e)
premeditar *vt* préméditer

P

premiar *vt* récompenser ; (*en un concurso*) décerner un prix à
premio *nm* récompense *f* ; (*de concurso etc*) prix *msg* ; (*Com*) prime *f* ; **~ de consolación** prix de consolation ; **~ gordo** gros lot *m*
premisa *nf* prémisse *f*
premonición *nf* prémonition *f*
premura *nf* (*prisa*) hâte *f*
prenatal *adj* prénatal(e)
prenda *nf* (*ropa*) vêtement *m* ; (*garantía*) gage *m* ; (*fam: apelativo*) mon chou ; **dejar algo en ~** laisser qch en gage ; **no soltar ~** (*fig*) ne pas dire un mot ; **prendas** *nfpl* (*juego*) gages *mpl*
prendado, -a *adj*: **~ de algo/algn** épris(e) de qch/qn
prendedor *nm* broche *f*
prender *vt* (*sujetar*) attacher ; (*delincuente*) arrêter ; (*esp AM: encender*) allumer ; **~ fuego a algo** mettre le feu à qch ▸ *vi* (*idea, miedo*) s'enraciner ; (*planta, fuego*) prendre ; **prenderse** *vpr* prendre feu ; (*esp AM: encenderse*) s'allumer
prendido, -a (*AM*) *adj* (*luz etc*) allumé(e)
prensa *nf* presse *f* ; **tener mala ~** avoir mauvaise presse ; **agencia/conferencia de ~** agence *f*/conférence *f* de presse
prensar *vt* (*papel, uva*) presser
preñado, -a *adj* (*mujer*) enceinte ; **~ de** chargé(e) de
preocupación *nf* souci *m*
preocupado, -a *adj* préoccupé(e)
preocupante *adj* préoccupant(e), inquiétant(e)
preocupar *vt* préoccuper ; **preocuparse** *vpr* (*inquietarse*) se soucier ; **preocuparse de algo** (*hacerse cargo*) s'occuper de qch ; **preocuparse por algo** se soucier de qch ; **¡no te preocupes!** ne t'en fais pas !
preolímpico, -a *adj* préolympique ▸ *nm* (*competición*) épreuve *f* préolympique
prepago *nm* prépaiement *m* ; **tarjeta de ~** carte *f* prépayée
preparación *nf* préparation *f*
preparado, -a *adj* (*dispuesto*) prêt(e) ; (*plato*) préparé(e) ; (*estudiante, candidato*) bien préparé(e) ; **¡preparados, listos, ya!** à vos marques ... prêts ? ... partez ! ▸ *nm* (*Med*) préparation *f*
preparador, a *nm/f* (*instructor: de deportista*) entraîneur(-euse) ; (*: de opositor*) formateur(-trice)
preparar *vt* préparer ; **prepararse** *vpr* se préparer ; **prepararse para hacer algo** se préparer à faire qch
preparativos *nmpl* préparatifs *mpl*
preparatoria (*AM*) *nf* terminale *f*
preponderancia *nf* prépondérance *f* ; **tener ~ sobre** avoir la prépondérance sur
preponderante *adj* prépondérant(e)
preposición *nf* (*Ling*) préposition *f*
prepotencia *nf* domination *f* ; (*arrogancia*) arrogance *f*
prepotente *adj* dominateur(-trice) ; (*arrogante*) arrogant(e)
prerrogativa *nf* prérogative *f*
presa *nf* (*de animal*) proie *f* ; (*de agua*) barrage *m* ; **hacer ~ en** avoir prise sur ; **ser ~ de** (*fig: remordimientos*) être en proie à ; (*llamas*) être la proie de
presagiar *vt* présager
presagio *nm* présage *m*
presbítero *nm* prêtre *m*
prescindible *adj* superflu(e) ; **todo lo que sea ~** tout ce dont on peut se passer
prescindir *vi*: **~ de** (*privarse de*) se passer de ; (*descartar*) faire abstraction de ; **no podemos ~ de él** nous ne pouvons pas nous passer de lui
prescribir *vt* prescrire
prescripción *nf* prescription *f* ; **~ facultativa** prescription médicale
prescrito *pp de* **prescribir**
preseleccionar *vt* présélectionner
presencia *nf* présence *f* ; **en ~ de** en présence de ; **tener buena ~** avoir une bonne présentation ; **~ de ánimo** présence d'esprit
presencial *adj*: **testigo ~** témoin *m* oculaire
presenciar *vt* (*accidente, discusión*) être témoin de ; (*ceremonia etc*) assister à
presentación *nf* présentation *f* ; (*Jur: de pruebas, documentos*) production *f*
presentador, a *nm/f* présentateur(-trice)
presentar *vt* présenter ; (*Jur: pruebas, documentos*) produire ; **~ al cobro** (*Com*) présenter au recouvrement ; **presentarse** *vpr* se présenter ; **presentarse a la policía** se présenter à la police
presente *adj* présent(e) ; **hacer ~** faire savoir ; **tener ~** se souvenir de ; **¡~!** présent ! ▸ *nm* présent *m* ▸ *nf*: **la ~** (*carta*) la présente ▸ *nmf*: **los/las presentes** les personnes *fpl* présentes
presentimiento *nm* pressentiment *m*
presentir *vt* pressentir ; **~ que** pressentir que
preservación *nf* préservation *f*
preservar *vt* préserver
preservativo *nm* préservatif *m*
presidencia *nf* présidence *f* ; **ocupar la ~** assumer la présidence
presidenciable *adj, nmf* présidentiable *mf*
presidencial *adj* présidentiel(le) ; **las (elecciones) presidenciales** l'élection *f* présidentielle *o* la présidentielle *f*, les élections *fpl* présidentielles *o* les présidentielles *fpl*
presidente *nmf* président(e)
presidiario, -a *nm/f* détenu(e)
presidio *nm* prison *f*
presidir *vt* (*reunión*) présider ; (*suj: sentimiento*) régner sur
presienta *etc*, **presintiendo** *etc vb ver* **presentir**

presión *nf* (*tb fig*) pression *f* ; **a ~** à la pression ; **cerrar a ~** fermer avec des pressions ; **grupo de ~** (*Pol*) groupe *m* de pression ; **~ arterial** tension *f* artérielle ; **~ atmosférica** pression atmosphérique ; **~ sanguínea** tension artérielle

presionar *vt* (*coaccionar*) faire pression sur ; (*botón*) appuyer sur ▸ *vi*: **~ para** *o* **por** faire pression pour

preso, -a *adj*: **~ de terror/pánico** pris(e) de terreur/panique ; **tomar** *o* **llevar ~ a algn** faire prisonnier qn ▸ *nm/f* (*en la cárcel*) prisonnier(-ière)

prestación *nf* (*Admin*) prestation *f* ; **~ social sustitutoria** (*Hist*) service *m* des objecteurs de conscience ; **prestaciones** *nfpl* (*Tec, Auto*) performances *fpl*

prestado, -a *adj* emprunté(e) ; **dar algo ~** prêter qch ; **pedir ~** emprunter

prestamista *nmf* prêteur(-euse)

préstamo *nm* prêt *m* ; **~ con garantía** prêt sur gages ; **~ hipotecario** prêt hypothécaire

prestancia *nf* prestance *f*

prestar *vt* prêter ; (*servicio*) rendre ; **prestarse** *vpr*: **prestarse a hacer** se proposer pour faire ; **prestarse a malentendidos** prêter à confusion

prestatario, -a *nm/f* emprunteur(-euse)

presteza *nf* promptitude *f*

prestidigitador, a *nm/f* prestidigitateur(-trice)

prestigio *nm* prestige *m*

prestigioso, -a *adj* prestigieux(-euse)

presto, -a *adj* (*rápido*) preste ; (*dispuesto*) prêt(e)

presumido, -a *adj, nm/f* prétentieux(-euse) ; (*preocupado de su aspecto*) coquet(te)

presumir *vt* présumer ; **según cabe ~** selon toute vraisemblance, à ce que l'on suppose ▸ *vi* se vanter ; (*tener aires*) prendre de grands airs ; **~ de listo** se croire intelligent

presunción *nf* présomption *f*

presuntamente *adv* soi-disant, en principe

presunto, -a *adj* présumé(e) ; (*heredero*) présomptif(-ive)

presuntuoso, -a *adj* présomptueux(-euse)

presupondré *etc vb ver* **presuponer**

presuponer *vt* présupposer

presuponga *etc vb ver* **presuponer**

presupuestar *vt* (*coste, obra*) établir un devis de

presupuestario, -a *adj* budgétaire

presupuesto *pp de* **presuponer** ▸ *nm* (*Fin*) budget *m* ; (*de costo, obra*) devis *msg* ; **asignación de ~** (*Com*) dotation *f* budgétaire

presupuse *etc vb ver* **presuponer**

presuroso, -a *adj* pressé(e)

pretemporada *nf* (*Deporte*) avant-saison *f*

pretencioso, -a *adj* prétentieux(-euse)

pretender *vt* (*intentar, aspirar a*) chercher à ; (*afirmar*) prétendre ; **solo pretendía ayudarla** je cherchais juste à l'aider ; **¿qué pretendes hacer?** qu'as-tu l'intention de faire ? ; **¿pretendes que te crea?** tu penses vraiment que je vais te croire ?

> ⚠ De nombreux sens de **pretender** ne correspondent pas au verbe *prétendre*.

pretendiente, -a *nm/f* prétendant(e)

pretensión *nf* prétention *f* ; **pretensiones** *nfpl* prétentions *fpl* ; **tener muchas/pocas pretensiones** avoir des prétentions élevées/de faibles prétentions

pretérito, -a *adj* (*Ling, fig*) passé(e)

pretextar *vt* prétexter

pretexto *nm* (*excusa*) prétexte *m* ; **so** *o* **con el ~ de** sous prétexte de

pretil *nm* (*valla*) garde-fou *m* ; (*baranda*) balustrade *f*

prevalecer *vi* prévaloir

prevaleciente *adj* prédominant(e)

prevalezca *etc vb ver* **prevalecer**

prevaricación *nf* (*Jur*) *délit d'un fonctionnaire qui prend sciemment une décision contraire à l'ordre juridique en vigueur*

prevención *nf* prévention *f*

prevendré *etc*, **prevenga** *etc vb ver* **prevenir**

prevenido, -a *adj*: **(estar) ~** (*preparado*) (être) prévenu(e) ; **(ser) ~** (*cuidadoso*) (être) prévoyant(e) ; **hombre ~ vale por dos** un homme averti en vaut deux

prevenir *vt* prévenir ; (*preparar*) préparer ; **~ a algn (en) contra (de)/a favor de** prévenir qn contre/en faveur de ; **prevenirse** *vpr* se préparer ; **prevenirse contra** se prémunir contre

preventivo, -a *adj* préventif(-ive)

prever *vt* prévoir

previamente *adv* préalablement

previniendo *etc vb ver* **prevenir**

previo, -a *adj* (*anterior*) préalable ; **~ pago de los derechos** moyennant l'acquittement préalable des droits

previsible *adj* prévisible

previsión *nf* prévision *f* ; **en ~ de** en prévision de ; **~ del tiempo** prévision météorologique ; **~ de ventas** prévision des ventes

previsor, a *adj* prévoyant(e)

previsto, -a *pp de* **prever**; **según lo ~** comme prévu

PRI (*MÉX*) *sigla m* (= *Partido Revolucionario Institucional*) *parti politique*

prieto, -a *adj* (*apretado*) serré(e) ; (*esp MÉX: moreno*) basané(e)

prima *nf* prime *f* ; **~ única** prime unique ; *ver tb* **primo**

primacía *nf* primauté *f*

primado *nm* (*Rel*) primat *m*

primar *vi* primer ; **~ sobre** primer sur

primario, -a *adj* primaire ▸ *nf* (*Escol*) primaire *m* ; **primarias** *nfpl* (*Pol*) primaires *fpl*

primate *nm* (*Zool*) primate *m*
primavera *nf* printemps *m*
primaveral *adj* printanier(-ière)
primer *adj ver* **primero**
primera *nf* première *f* ; **a la ~** du premier coup ; **de ~** (*fam*) de premier ordre
primerizo, -a *adj* (*novato*) débutant(e), novice ; **ser ~** être novice, ne pas avoir d'expérience ; (*precoz*) premier(-ière) ▸ *nm/f* (*novato*) débutant(e), novice ▸ *nf* (*Med*) primipare *f*, femme *f* qui accouche pour la première fois
primero, -a (*antes de nmsg* **primer**) *adj* premier(-ière) ; **primer ministro** Premier ministre *m* ▸ *adv* (*en primer lugar*) d'abord ; (*más bien*) plutôt ▸ *nmf*: **ser/llegar el ~** être/arriver le premier ▸ *nm*: **a primeros (de mes)** en début de mois
primicia *nf* primeur *f*
primigenio, -a *adj* primitif(-ive)
primitiva *nf* (*tb*: **lotería primitiva**) loto *m*
primitivo, -a *adj* primitif(-ive)
primo, -a *adj* (*Mat*) premier(-ière) ; **materias primas** matières *fpl* premières ▸ *nm/f* cousin(e) ; (*fam*) idiot(e) ; **hacer el ~** faire l'idiot ; **~ hermano** cousin *m* germain
primogénito, -a *adj* aîné(e)
primor *nm* (*cuidado*) délicatesse *f* ; (*cosa*) merveille *f*
primordial *adj* primordial(e)
primoroso, -a *adj* délicat(e)
princesa *nf* princesse *f*
principado *nm* principauté *f*
principal *adj* principal(e) ; (*piso*) premier(-ière) ▸ *nm* principal *m* ; (*piso*) premier étage *m*
príncipe *nm* prince *m* ; **~ de Gales** (*tela*) prince de Galles ; **~ heredero** prince héritier
principiante *adj*, *nmf* débutant(e)
principio *nm* (*comienzo*) début *m* ; (*origen*) commencement *m* ; (*fundamento, moral, tb Quím*) principe *m* ; **a principios de** au début de ; **al ~** au début ; **en ~** en principe
pringar *vt* (*Culin*: *pan*) tremper ; (*ensuciar*) salir ; **~ a algn en un asunto** (*fam*) mêler qn à une affaire ; **pringarse** *vpr* se salir
pringoso, -a *adj* (*grasiento*) graisseux(-euse) ; (*pegajoso*) poisseux(-euse)
pringue *vb ver* **pringar** ▸ *nm* (*grasa*) graisse *f* ; (*suciedad*) crasse *f*
prior, a *nm/f* prieur(e)
prioridad *nf* priorité *f*
prioritario, -a *adj* prioritaire
priorizar *vt* donner la priorité à ▸ *vi* déterminer ce qui est prioritaire
prisa *nf* hâte *f* ; (*rapidez*) rapidité *f* ; **correr ~** être urgent(e) ; **darse ~** se dépêcher ; **tener ~** être pressé(e)
prisión *nf* prison *f*
prisionero, -a *nm/f* prisonnier(-ière)
prisma *nm* (*Fís*: *Óptica*) prisme *m* ; (*punto de vista*) point *m* de vue, angle *m* ; **bajo** *o* **desde el ~ de** sous l'angle de
prismáticos *nmpl* jumelles *fpl*
privacidad *nf* vie *f* privée
privación *nf* privation *f* ; **privaciones** *nfpl* (*necesidades*) privations *fpl*
privado, -a *adj* privé(e) ; **en ~** en privé ; **« ~ y confidencial »** « personnel »
privar *vt* (*despojar*) priver ; **~ a algn de hacer** empêcher qn de faire ▸ *vi*: **me privan las motos** (*fam*) la moto c'est mon dada ; **privarse** *vpr*: **privarse de** (*abstenerse*) se priver de
privativo, -a *adj*: **~ de** propre à
privatización *nf* privatisation *f*
privatizar *vt* privatiser
privilegiado, -a *adj*, *nm/f* privilégié(e)
privilegiar *vt* privilégier
privilegio *nm* privilège *m*
pro *nm* profit *m* ; **en ~ de** en faveur de ; **los pros y los contras** le pour et le contre ; **ciudadano de ~** honorable citoyen *m* ; **hombre de ~** homme *m* de bien ▸ *prep*: **asociación ~ ciegos** association *f* au profit des aveugles ▸ *pref*: **prosoviético** pro-soviétique ; **proamericano** pro-américain
proa *nf* (*Náut*) proue *f*
probabilidad *nf* probabilité *f* ; **probabilidades** *nfpl* (*perspectivas*) chances *fpl*
probable *adj* probable ; **es ~ que** (+ *subjuntivo*) il est probable que + *subjonctif* ; **es ~ que no venga** il est probable qu'il ne viendra pas
probablemente *adv* probablement
probador *nm* cabine *f* d'essayage
probar *vt* essayer ; (*demostrar*) prouver ; (*comida*) goûter ▸ *vi* essayer ; **probarse** *vpr*: **probarse un traje** essayer un costume
probeta *nf* éprouvette *f* ; **bebé-~** bébé-éprouvette *m*
problema *nm* problème *m* ; **el ~ del paro** le problème du chômage
problemático, -a *adj* problématique ▸ *nf* problématique *f*, problèmes *mpl*, questions *fpl*
procaz *adj* insolent(e)
procedencia *nf* provenance *f*
procedente *adj*: **~ de** en provenance de ; (*Jur*) recevable
proceder *vi* (*actuar*) procéder ; (*ser correcto*) convenir ; **~ a** procéder à ; **~ de** provenir de ; **no procede obrar así** il n'y a pas lieu d'agir ainsi ▸ *nm* (*comportamiento*) procédé *m*
procedimiento *nm* (*Jur, Admin*) procédure *f* ; (*proceso*) processus *msg* ; (*método*) procédé *m*
prócer (*esp AM*) *nm* (*Pol*) personnage *m* illustre
procesado, -a *nm/f* (*Jur*) accusé(e)
procesador *nm*: **~ de textos** (*Inform*) machine *f* de traitement de texte
procesal *adj* (*Jur*) de procédure

procesamiento *nm* (*Inform*) traitement *m* ; **~ de datos/textos** traitement de données/ texte ; **~ por lotes** traitement par lots
procesar *vt* (*Jur*) accuser ; (*Inform*) traiter
procesión *nf* procession *f* ; **la ~ va por dentro** il *etc* souffre en silence
proceso *nm* (*desarrollo, procedimiento*) processus *msg* ; (*Jur*) procès *msg* ; (*lapso*) cours *msg* ; (*Inform*): **~ (automático) de datos** traitement *m* (automatique) de données ; **~ de textos** traitement de texte(s) ; **~ no prioritario** traitement non prioritaire ; **~ por pasadas** traitement séquentiel ; **~ en tiempo real** traitement en temps réel
proclama *nf* proclamation *f*
proclamación *nf* proclamation *f*
proclamar *vt* proclamer
proclive *adj*: **~ (a)** enclin(e) (à)
procreación *nf* procréation *f*
procrear *vt, vi* procréer
procurador, a *nm/f* (*Jur*) avoué *m* ; (*Pol*) député(e)
procurar *vt* (*intentar*) essayer de ; (*proporcionar*) procurer ; **procurarse** *vpr* se procurer
prodigar *vt* prodiguer ; **prodigarse** *vpr*: **prodigarse en** être prodigue de
prodigio *nm* prodige *m* ; **niño ~** enfant *m* prodige
prodigioso, -a *adj* prodigieux(-euse)
pródigo, -a *adj* prodigue ; **hijo ~** fils *m* prodigue
producción *nf* production *f* ; **~ en serie** production en série
producir *vt* produire ; (*impresión, heridas, tristeza*) causer ; **producirse** *vpr* se produire
productividad *nf* productivité *f*
productivo, -a *adj* productif(-ive)
producto *nm* produit *m* ; **~ alimenticio** produit alimentaire ; **~ interior bruto** produit intérieur brut ; **productos lácteos** produits laitiers ; **~ nacional bruto** produit national brut
productor, a *adj, nm/f* producteur(-trice) ▸ *nf* (*empresa: Com*) producteur *m* ; (*: Cine, TV*) société *f* de production ; (*: Mús*) maison *f* de production (de disques)
produje *etc*, **produzca** *etc* *vb ver* **producir**
proeza *nf* prouesse *f*
profanación *nf* profanation *f*
profanar *vt* profaner
profano, -a *adj, nm/f* profane *mf* ; **soy ~ en la materia** je suis profane en la matière
profe (*fam*) *nmf* prof *mf* (*fam*)
profecía *nf* prophétie *f*
proferir *vt* proférer
profesar *vt* professer
profesión *nf* profession *f* ; **abogado de ~, de ~ abogado** avocat *m* de profession
profesional *adj, nmf* professionnel(le)
profesionalidad *nf* professionnalisme *m* (*qualité*)
profesionalismo *nm* professionnalisme *m* (*caractère*)
profesionista (*Méx*) *nmf* professionnel(le)
profesor, a *nm/f* professeur *mf* ; **~ adjunto** professeur assistant
profesorado *nm* professorat *m*
profeta *nm* prophète *m*
profetice *etc* *vb ver* **profetizar**
profético, -a *adj* prophétique
profetizar *vt, vi* prophétiser
profiera *etc* *vb ver* **proferir**
profilaxis *nf inv* (*Med*) prophylaxie *f*
profiriendo *etc* *vb ver* **proferir**
prófugo, -a *nm/f* fugitif(-ive) ▸ *nm* (*Mil*) insoumis *msg*
profundamente *adv* profondément
profundice *etc* *vb ver* **profundizar**
profundidad *nf* profondeur *f* ; **tener una ~ de 30 cm** avoir une profondeur de 30 cm ; **profundidades** *nfpl* (*de océano etc*) profondeurs *fpl*
profundizar *vi*: **~ en** (*fig*) approfondir
profundo, -a *adj* profond(e) ; **poco ~** peu profond(e)
profusión *nf* profusion *f*
progenie *nf* descendance *f*
progenitor *nm* ancêtre *m* ; **progenitores** *nmpl* (*padres*) parents *mpl*
programa *nm* programme *m* ; **~ de estudios** programme ; **~ verificador de ortografía** (*Inform*) vérificateur *m* d'orthographe
programación *nf* programmation *f* ; **~ estructurada** programmation structurée
programa-concurso (*pl* **programas-concurso**) *nm* programme *m* de jeux
programador, a *nm/f* programmeur(-euse) ; **~ de aplicaciones** programmeur(-euse) d'applications ▸ *nm* programmateur *m*
programar *vt* programmer
progre (*fam*) *adj* progressiste
progresar *vi* progresser
progresión *nf*: **~ geométrica/aritmética** progression *f* géométrique/arithmétique
progresista *adj, nmf* progressiste *mf*
progresivo, -a *adj* progressif(-ive)
progreso *nm* (*avance*) progrès *msg* ; **el ~** le progrès ; **hacer progresos** faire des progrès
prohibición *nf* interdiction *f* ; (*Admin, Jur*) prohibition *f* ; **levantar la ~ de** lever l'interdiction de
prohibir *vt* interdire ; (*Admin, Jur*) prohiber ; **« prohibido fumar »** « défense de fumer » ; **« prohibida la entrada »** « entrée interdite » ; **dirección prohibida** (*Auto*) sens *m* interdit
prohibitivo, -a *adj* prohibitif(-ive)
prójimo *nm* prochain *m*
prole *nf* progéniture *f*
proletariado *nm* prolétariat *m*
proletario, -a *adj, nm/f* prolétaire *mf*

proliferación *nf* prolifération *f* ; **~ de armas nucleares** prolifération des armes nucléaires
proliferar *vi* proliférer
prolífico, -a *adj* prolifique
prolijo, -a *adj* prolixe ; (*esp* AM: *pulcro*) propre
prólogo *nm* prologue *m*
prolongación *nf* prolongation *f*
prolongado, -a *adj* (*largo*) prolongé(e) ; (*alargado*) allongé(e)
prolongar *vt* prolonger ; **prolongarse** *vpr* se prolonger
prolongue *etc vb ver* **prolongar**
prom. *abr* = **promedio**
promediar *vt* (*Mat*) faire la moyenne de ; (*tener un promedio de*) atteindre la moyenne de ; **la producción promedia 100 barriles diarios** la production est de 100 barils par jour en moyenne
promedio *nm* moyenne *f*
promesa *nf* promesse *f* ; **faltar a una ~** ne pas tenir une promesse ▸ *adj*: **jóvenes promesas** jeunes espoirs *mpl*
prometedor, a *adj* prometteur(-euse)
prometer *vt*: **~ hacer algo** promettre de faire qch ▸ *vi* promettre ; **prometerse** *vpr* (*dos personas*) se fiancer
prometido, -a *adj* promis(e) ▸ *nm/f* fiancé(e)
prominente *adj* proéminent(e) ; (*artista*) en vue ; (*político*) important(e)
promiscuidad *nf* promiscuité *f*
promiscuo, -a (*pey*) *adj* (*persona*) de mœurs légères
promoción *nf* promotion *f* ; **~ por correspondencia directa** (*Com*) publipostage *m* ; **~ de ventas** promotion des ventes
promocional *adj* promotionnel(le)
promocionar *vt* promouvoir ; **promocionarse** *vpr* se promouvoir ; (*profesionalmente*) monter en grade
promontorio *nm* promontoire *m*
promotor, a *nm/f* promoteur(-trice)
promover *vt* promouvoir ; (*escándalo, juicio*) provoquer
promueva *etc vb ver* **promover**
promulgar *vt* promulguer
promulgue *etc vb ver* **promulgar**
pronombre *nm* pronom *m*
pronosticar *vt* pronostiquer
pronóstico *nm* pronostic *m* ; **de ~ leve** au pronostic dénué de toute gravité ; **de ~ reservado** au pronostic réservé ; **~ del tiempo** prévisions *fpl* météorologiques
pronostique *etc vb ver* **pronosticar**
prontitud *nf* promptitude *f*
pronto, -a *adj* (*rápido*) rapide ; (*preparado*) prêt(e) ▸ *adv* rapidement ; (*dentro de poco*) bientôt ; (*temprano*) tôt ; **al ~** au début ; **de ~** tout à coup ; **¡hasta ~!** à bientôt ! ; **lo más ~ posible** le plus tôt possible ; **por lo ~** pour l'instant ; **tan ~ como** dès que ▸ *nm* (*impulso*) élan *m* ; (*: de ira*) accès *msg*
prontuario *nm* (*libro*) précis *m*, abrégé *m*, compendium *m* ; (ARG *Jur*) casier *m* judiciaire
pronunciación *nf* (*Ling*) prononciation *f* ; (*Jur*) prononcé *m*
pronunciado, -a *adj* prononcé(e)
pronunciamiento *nm* pronunciamiento *m*
pronunciar *vt* prononcer ; **pronunciarse** *vpr* (*Mil*) se soulever ; (*declararse*) se prononcer ; **pronunciarse sobre** se prononcer sur
propagación *nf* propagation *f*
propaganda *nf* (*Pol*) propagande *f* ; (*Com*) publicité *f* ; **hacer ~ de** (*Com*) faire de la propagande pour
propagandístico, -a *adj* (*Pol*) de propagande ; (*Com*) publicitaire
propagar *vt* propager ; **propagarse** *vpr* se propager
propague *etc vb ver* **propagar**
propalar *vt* (*noticia, secreto*) divulguer
propano *nm* propane *m*
propasarse *vpr* (*excederse*) dépasser les limites ; (*sexualmente*) prendre des libertés
propensión *nf* propension *f*
propenso, -a *adj*: **~ a** enclin(e) à ; (*enfermedad*) sujet(te) à ; **ser ~ a hacer algo** être enclin(e) à faire qch
propiamente *adv* proprement ; **~ dicho** proprement dit
propiciar *vt* favoriser
propicio, -a *adj* propice
propiedad *nf* propriété *f* ; **ceder algo a algn en ~** céder la propriété de qch à qn ; **ser ~ de** être propriété de ; **con ~** (*hablar*) correctement ; **~ intelectual** propriété intellectuelle ; **~ particular** propriété privée ; **~ pública** (*Com*) propriété publique
propietario, -a *nm/f* propriétaire *mf*
propina *nf* pourboire *m* ; **dar algo de ~** donner qch en pourboire
propinar *vt* administrer
propio, -a *adj* propre ; (*mismo*) en personne ; **el ~ ministro** le ministre en personne ; **¿tienes casa propia?** as-tu une maison à toi ? ; **eso es muy ~ de él** c'est bien de lui ; **nombre ~** nom *m* propre
propondré *etc vb ver* **proponer**
proponer *vt* proposer ; **proponerse** *vpr*: **proponerse hacer** se proposer de faire
proponga *etc vb ver* **proponer**
proporción *nf* proportion *f* ; **en ~ con** en proportion avec ; **proporciones** *nfpl* (*dimensiones, tb fig*) proportions *fpl*
proporcionado, -a *adj* proportionné(e) ; **bien ~** bien proportionné(e)
proporcional *adj* proportionnel(le) ; **~ a** proportionnel à

proporcionar *vt* offrir ; (*Com*) fournir ; **esto le proporciona una renta anual de …** cela lui rapporte un revenu annuel de …
proposición *nf* proposition *f* ; **proposiciones deshonestas** propositions malhonnêtes
propósito *nm* intention *f* ; **a ~** (*adrede*) exprès ; (*por cierto*) à propos ; **hacer algo a ~** faire qch exprès ; **a ~ de** à propos de
propuesta *nf* proposition *f*
propuesto, -a *pp de* **proponer**
propugnar *vt* défendre
propulsar *vt* (*vehículo*) propulser ; (*fig*) stimuler
propulsión *nf* propulsion *f* ; **~ a chorro** *o* **por reacción** propulsion par réaction
propulsor, a *adj* (*motor*) à réaction ; (*fig: medida*) de stimulation ; (*: persona*) initiateur(-trice) ▸ *nm* (*Tec: combustible*) combustible *m* de propulsion ; (*: motor*) propulseur *m* ▸ *nm/f* (*persona*) initiateur(-trice)
propuse *etc vb ver* **proponer**
prorrata *nf* prorata *m* ; **a ~** au prorata
prorratear *vt* répartir au prorata
prórroga *nf* (*de plazo*) prorogation *f* ; (*Deporte*) prolongations *fpl* ; (*Mil*) sursis *msg*
prorrogable *adj* susceptible d'être prorogé(e)
prorrogar *vt* (*plazo*) proroger ; (*decisión*) différer
prorrogue *etc vb ver* **prorrogar**
prorrumpir *vi*: **~ en lágrimas/carcajadas** éclater en sanglots/de rire ; **el público prorrumpió en aplausos** les applaudissements ont fusé dans le public
prosa *nf* (*Lit*) prose *f*
prosaico *adj* prosaïque
proscenio *nm* avant-scène *f* ; (*Hist*) proscenium *m*
proscribir *vt* proscrire
proscripción *nf* proscription *f*
proscrito, -a *pp de* **proscribir** ▸ *adj, nm/f* proscrit(e)
prosecución *nf* poursuite *f*
proseguir *vt* poursuivre ▸ *vi* continuer ; (*discusiones etc*) se poursuivre ; **~ con algo** poursuivre qch
prosélito *nm* prosélyte *m*
prosiga *etc*, **prosiguiendo** *etc vb ver* **proseguir**
prosista *nmf* prosateur(-trice)
prospección *nf* prospection *f*
prospecto *nm* (*Med*) notice *f* ; (*publicidad*) prospectus *msg*
prosperar *vi* prospérer
prosperidad *nf* prospérité *f*
próspero, -a *adj* prospère ; **¡~ año nuevo!** bonne année !
próstata *nf* prostate *f*
prostíbulo *nm* bordel *m*
prostitución *nf* prostitution *f*
prostituir *vt* prostituer ; **prostituirse** *vpr* se prostituer
prostituta *nf* prostituée *f*
prostituyendo *etc vb ver* **prostituir**
protagonice *etc vb ver* **protagonizar**
protagonismo *nm* (*papel*) rôle *m* central ; (*liderazgo*) rôle *m* prépondérant ; (*importancia*) importance *f* ; **conceder el ~ al pueblo** placer le peuple au premier plan ; **afán de ~** besoin *m* d'être au centre de l'attention ; **tuvo poco ~** il n'a pas eu un rôle très marquant ; **el tema adquiere gran ~ en este texto** le thème prend beaucoup d'importance dans ce texte ; **le gusta hacer las cosas sin protagonismos** elle n'aime pas être se mettre en avant
protagonista *nmf* protagoniste *mf*
protagonizar *vt* (*película, suceso*) être le (la) protagoniste de
protección *nf* protection *f*
proteccionismo *nm* (*Com*) protectionnisme *m*
protector, a *adj* (*barrera, gafas*) de protection ; (*crema, tono*) protecteur(-trice) ▸ *nm/f* protecteur(-trice)
protectorado *nm* protectorat *m*
proteger *vt* protéger ; **~ contra grabación** *o* **contra escritura** (*Inform*) protéger contre l'écriture ; **protegerse** *vpr*: **protegerse (de)** se protéger (de)
protege-slip (*pl* **protege-slips**) *nm* protège-slip *m*
protegido, -a *nm/f* protégé(e)
proteína *nf* protéine *f*
proteja *etc vb ver* **proteger**
protésico, -a *adj* prothétique, de prothèse ▸ *nm/f* prothésiste *mf*
prótesis *nf* (*Med*) prothèse *f*
protesta *nf* protestation *f*
protestante *adj, nmf* protestant(e)
protestantismo *nm* protestantisme *m*
protestar *vt* (*cheque*) protester ▸ *vi* protester ; **¡protesto!** objection !
protocolario, -a *adj* (*ceremonial: acto, honores*) protocolaire ; (*formal*) cérémonieux(-euse)
protocolo *nm* protocole *m* ; **sin protocolos** sans protocole
protón *nm* proton *m*
prototipo *nm* prototype *m*
protuberancia *nf* protubérance *f*
prov. *abr* = **provincia**
provecho *nm* profit *m* ; **¡buen ~!** bon appétit ! ; **en ~ de** au profit de ; **sacar ~ de** tirer profit de
provechoso, -a *adj* profitable
proveedor, a *nm/f* fournisseur(-euse)
proveer *vt* (*suministrar*) fournir ; (*preparar*) préparer ▸ *vi*: **~ a** pourvoir à ; **proveerse** *vpr*: **proveerse de** se pourvoir de
provendré *etc*, **provenga** *etc vb ver* **provenir**
proveniente *adj*: **~ de** en provenance de ; **gente ~ de diferentes países** des gens originaires de différents pays

P

provenir *vi* provenir
Provenza *nf* Provence *f*
provenzal *adj* provençal(e) ▸ *nmf* Provençal(e) ▸ *nm* (*Ling*) provençal *m*
proverbial *adj* proverbial(e)
proverbio *nm* proverbe *m*
proveyendo *etc vb ver* **proveer**
providencia *nf* providence *f* ; **providencias** *nfpl* (*disposiciones*) mesures *fpl*
providencial *adj* providentiel(le)
provincia *nf* province *f* ; (*Admin*) ≈ département *m* ; **un pueblo de provincias** un village de province ; *voir article*

PROVINCIA

L'Espagne se compose de 50 divisions administratives, ou **provincias**, qui couvrent la péninsule ainsi que les îles et les villes autonomes d'Afrique du Nord. Chacune possède une capitale (*capital de provincia*), qui porte en général le même nom que la province. Les **provincias** sont regroupées en *comunidades autónomas* selon des critères géographiques, historiques et culturels. Il faut préciser que le terme *comarca*, qui normalement n'a qu'une signification géographique en espagnol, désigne en Catalogne une division administrative bien précise.

provincial[1] *adj* provincial(e)
provincial[2]**, a** *nm/f* (*Rel*) provincial(e)
provinciano, -a (*pey*) *adj* provincial(e)
proviniendo *etc vb ver* **provenir**
provisión *nf* (*abastecimiento*) approvisionnement *m* ; (*precaución*) mesure *f* ; **provisiones** *nfpl* (*víveres*) provisions *fpl*
provisional *adj* provisoire
provisionalmente *adv* provisoirement
provisorio, -a (*AM*) *adj* provisoire
provisto, -a *adj* pourvu(e)
provocación *nf* provocation *f*
provocador, a *adj*, *nm/f* provocateur(-trice)
provocar *vt* provoquer ; (*AM*): **¿te provoca un café?** ça te dit, un café ?
provocativo, -a *adj* provocant(e)
provoque *etc vb ver* **provocar**
proxeneta *nmf* proxénète *mf*
próximamente *adv* prochainement
proximidad *nf* proximité *f* ; **proximidades** *nfpl* (*cercanías*) environs *mpl*
próximo, -a *adj* (*cercano*) proche ; (*parada, año*) prochain(e) ; **en fecha próxima** sous peu

El adjetivo **próximo** se traduce siempre en francés por *proche*:
Oriente Próximo Proche Orient
una casa próxima al centro une maison proche du centre
salvo cuando tiene el sentido de « siguiente », en cuyo caso se traduce por *prochain*:
la próxima semana la semaine prochaine
Próxima parada: Rennes. Prochain arrêt: Rennes.
Su próximo objetivo es recorrer Europa a pie. Son prochain objectif est de traverser l'Europe à pied.

proyección *nf* projection *f*
proyectar *vt* projeter ; **proyectarse** *vpr* se projeter
proyectil *nm* projectile *m* ; **~ teledirigido** projectile télécommandé
proyecto *nm* projet *m* ; **tener algo en ~** avoir qch en projet ; **~ de ley** projet de loi
proyector *nm* projecteur *m*
prudencia *nf* prudence *f*
prudencial *adj* (*prudente: cantidad, distancia*) raisonnable ; **tras un intervalo ~** après un laps de temps raisonnable
prudente *adj* prudent(e)
prueba *vb ver* **probar** ▸ *nf* (*gen*) épreuve *f* ; (*testimonio*) témoignage *m* ; (*Jur*) preuve *f* ; (*de ropa*) essayage *m* ; **a ~** à l'épreuve ; (*Com*) à l'essai ; **a ~ de** à l'épreuve de ; **a ~ de agua/fuego** étanche/à l'épreuve du feu ; **en ~ de** en témoignage de ; **período/fase de ~** période *f*/phase *f* d'essai ; **poner/someter a ~** mettre/soumettre à l'épreuve ; **¿tiene usted ~ de ello?** en avez-vous la preuve ? ; **~ de capacitación** (*Com*) preuve d'aptitudes ; **~ de fuego** (*fig*) épreuve du feu
prurito *nm* démangeaison *f* ; (*fig*) obsession *f*
psico... *pref* psycho...
psicoanálisis *nm* psychanalyse *f*
psicoanalista *nmf* psychanalyste *mf*
psicodélico, -a *adj* psychédélique
psicología *nf* psychologie *f*
psicológico, -a *adj* psychologique
psicólogo, -a *nm/f* psychologue *mf*
psicomotricidad *nf* psychomotricité *f*
psicópata *nmf* psychopathe *mf*
psicosis *nf inv* psychose *f*
psicosomático, -a *adj* psychosomatique
psicoterapeuta *nmf* psychothérapeute *mf*
psicoterapia *nf* psychothérapie *f*
psiquiatra *nmf* psychiatre *mf*
psiquiatría *nf* psychiatrie *f*
psiquiátrico, -a *adj* psychiatrique
psíquico, -a *adj* psychique
PSOE [pe'soe] *sigla m* = **Partido Socialista Obrero Español**
psoriasis *nf inv* psoriasis *m*
PSS *sigla f* (Hist) = **prestación social sustitutoria**
Pta. *abr* (*Geo: = Punta*) pte (*= pointe*)
pta., ptas. *abr* (Hist) = **peseta(s)**
Pte. *abr* (*= Presidente*) Pdt *m*
ptmo. *abr* (*Com*) = **préstamo**

pts. *abr (Hist)* = **pesetas**
púa *nf (de planta)* piquant *m* ; *(de peine)* dent *f* ; *(para guitarra)* médiator *m* ; **alambre de púas** fil *m* de fer barbelé
pub [puβ, paβ, paf] *nm* pub *m*
púber *adj* pubère
pubertad *nf* puberté *f*
pubis *nm inv* pubis *m*
publicación *nf* publication *f*
públicamente *adv* publiquement
publicar *vt* publier
publicidad *nf* publicité *f* ; **dar ~ a** rendre public(-ique) ; **~ en el punto de venta** publicité sur le point de vente
publicista *nmf* publicitaire *mf*
publicitario, -a *adj* publicitaire
público, -a *adj* public(-ique) ; **hacer ~** *(difundir)* rendre public(-ique) ▸ *nm* public *m* ; **en ~** en public ; **el gran ~** le grand public ; **~ objetivo** *(Com)* public ciblé
publique *etc vb ver* **publicar**
publirreportaje *nm* publireportage *m*
pucha *(And, CSur fam) excl* : **¡~(s)!** mince !
pucherazo *nm (fraude)* truquage *m* ; **dar ~** truquer une élection
puchero *nm (Culin: olla)* marmite *f* ; *(: guiso)* pot-au-feu *m* ; **hacer pucheros** bouder
pucho *(CSur) nm* mégot *m*
púdico, -a *adj* pudique
pudiendo *etc vb ver* **poder**
pudiente *adj (rico)* riche ; *(poderoso)* puissant(e)
pudín *nm* pudding *m*
pudor *nm* pudeur *f*
pudoroso, -a *adj* pudique
pudrir *vt* pourrir ; **pudrirse** *vpr* pourrir
pueblerino, -a *adj* villageois(e) ; *(pey)* de clocher ▸ *nm/f* villageois(e) ; *(pey)* péquenaud(e)
pueblito *(esp Am fam) nm* petit village *m*
pueblo *vb ver* **poblar** ▸ *nm* peuple *m* ; *(población pequeña)* village *m* ; **~ joven** *(Perú)* quartier *m* de bidonvilles
pueda *etc vb ver* **poder**
puente *nm (gen)* pont *m* ; *(de gafas)* arcade *f* ; *(de dientes)* bridge *m* ; *(Náut: tb:* **puente de mando***)* passerelle *f* ; **curso ~** *(Escol)* cours *msg* d'adaptation ; **hacer ~** *(fam)* faire le pont ; **~ aéreo/colgante** pont aérien/suspendu ; **~ levadizo** pont-levis *m*
puenting ['pwentin] *nm* saut *m* à l'élastique *(généralement depuis un pont)*
puerco, -a *adj* cochon(ne) ▸ *nm/f (Zool)* porc (truie) ; *(fam)* porc (cochonne) ; **~ espín** porc-épic *m*
puericultura *nf* puériculture *f*
pueril *adj* puéril(e)
puerro *nm* poireau *m*
puerta *nf* porte *f* ; *(de coche)* portière *f* ; *(de jardín)* portail *m*, porte *f* ; *(portería: Deporte)* but *m* ; *(Inform)* port *m* ; **a ~ cerrada** à huis clos ; **~ batiente/blindada/corredera** porte battante/blindée/coulissante ; **~ de servicio** porte de service ; **~ (de transmisión) en paralelo/en serie** *(Inform)* port parallèle/série ; **~ giratoria** tourniquet *m*, porte à tambour ; **~ principal/trasera** porte d'entrée/de derrière
puerto *nm (tb Inform)* port *m* ; *(de montaña)* col *m* ; **llegar a ~** *(fig)* arriver à bon port ; **~ franco** port franc ; **~ USB** port USB
Puerto Rico *nm* Porto Rico *m*
puertorriqueño, -a *adj* portoricain(e) ▸ *nm/f* Portoricain(e)
pues *conj (en tal caso)* donc ; *(puesto que)* car ; **~ ... no sé** eh bien ... je ne sais pas ; **¡~ claro!** bien sûr ! ; **¡~ sí!** eh bien, oui !
puesta *nf* : **~ a cero** *(Inform)* réinitialisation *f* ; **~ al día/a punto** mise *f* à jour/au point ; **~ del sol** coucher *m* du soleil ; **~ en escena** mise en scène ; **~ en marcha** mise en marche
puesto, -a *pp de* **poner** ▸ *adj* : **ir bien/muy ~** être bien habillé(e)/tiré(e) à quatre épingles ▸ *nm (tb Mil)* poste *m* ; *(: en clasificación)* place *f* ; *(tb:* **puesto de trabajo***)* poste ; *(Com: en mercado)* étal *m* ; *(: de flores, periódicos)* kiosque *m* ; **~ de mando/policía/socorro** poste de commandement/police/secours ▸ *conj* : **~ que** puisque
púgil *nmf (Boxeo)* boxeur(-euse)
pugna *nf* lutte *f*
pugnar *vi* : **~ por** lutter pour
puja *nf (esfuerzo)* effort *m* ; *(en una subasta)* enchère *f*
pujante *adj* puissant(e), vigoureux(-euse)
pujanza *nf* puissance *f*, vigueur *f*
pujar *vi (en subasta)* enchérir ; *(fig)* lutter
pulcritud *nf (limpieza, soin)* soin *m*
pulcro, -a *adj (limpio)* impeccable ; *(cuidadoso)* soigné(e)
pulga *nf* puce *f* ; **tener malas pulgas** avoir mauvais caractère
pulgada *nf (medida)* pouce *m*
pulgar *nm* pouce *m*
pulgón *nm* puceron *m*
pulir *vt* polir ; *(fig)* peaufiner
pulla *nf (broma)* pique *f*
pulmón *nm* poumon *m* ; **a pleno ~** à pleins poumons ; **~ artificial/de acero** poumon artificiel/d'acier
pulmonar *adj* pulmonaire
pulmonía *nf* pneumonie *f*
pulóver *nm* pull-over *m*
pulpa *nf* pulpe *f*
pulpería *(Am) nf* épicerie *f*
púlpito *nm (Rel)* chaire *f*
pulpo *nm* poulpe *m*
pulque *(CAm, Méx) nm* pulque *m*
pulquería *(CAm, Méx) nf* débit *m* de pulque
pulsación *nf* pulsation *f* ; **pulsaciones por minuto** *(del teclado)* caractères *mpl* par minute

P

pulsador *nm* poussoir *m*
pulsar *vt* (*tecla, botón*) appuyer sur ▸ *vi* (*latir*) battre
pulsera *nf* bracelet *m* ; **reloj de ~** bracelet-montre *m*
pulso *nm* (*Med*) pouls *msg* ; (Col: *pulsera*) bracelet *m* ; (: *reloj de pulsera*) bracelet-montre *m* ; **a ~** (*tb fig*) à la force du poignet ; **con ~ firme** de propos délibéré ; **echar un ~** faire un bras de fer
pulular *vi* pulluler
pulverice *etc vb ver* **pulverizar**
pulverizador *nm* pulvérisateur *m*
pulverizar *vt* pulvériser
puma *nm* puma *m*
puna (And, CSur) *nf* (*Med*) puna *f*
punce *etc vb ver* **punzar**
punción *nf* (*Med*) ponction *f*
pundonor *nm* point *m* d'honneur
punitivo, -a *adj* punitif(-ive)
punki ['punki] *adj, nmf* punk *mf*
punta *nf* pointe *f* ; (*de lengua, dedo*) bout *m* ; (*fig: toque*) brin *m* ; **horas ~** heures *fpl* de pointe ; **tecnología ~** technologie *f* de pointe ; **de ~** debout ; **de ~ a ~** d'un bout à l'autre ; **ir de ~ en blanco** être tiré(e) à quatre épingles ; **sacar ~ a** (*lápiz*) tailler ; **sacarle ~ a todo** chercher la petite bête ; **tener algo en la ~ de la lengua** avoir qch sur le bout de la langue ; **se me pusieron los pelos de ~** j'en ai eu les cheveux qui se sont dressés sur la tête ; **~ del iceberg** (*fig*) partie *f* visible de l'iceberg
puntada *nf* (*Costura*) point *m*
puntaje *nm* (Am) résultat *m*
puntal *nm* étai *m*
puntapié *nm* coup *m* de pied ; **echar a algn a puntapiés** chasser qn à coups de pied aux fesses
punteado *nm* (*Mús*) pincement *m*
puntear *vt* (*dibujar*) marquer avec des points ; (*Mús*) pincer
puntera *nf* (*de zapato*) bout *m*
puntería *nf* (*de arma*) visée *f* ; (*destreza*) précision *f*
puntero, -a *adj* (*industria*) de pointe ; (*país*) à la pointe ▸ *nm* (*vara*) baguette *f*
puntiagudo, -a *adj* pointu(e)
puntilla *nf* (*Costura*) picot *m* ; **(andar) de puntillas** (marcher) sur la pointe des pieds
puntillismo *nm* pointillisme *m*
puntilloso, -a *adj* (*en trabajo*) pointilleux(-euse) ; (*susceptible*) tatillon(ne)
punto *nm* point *m* ; **a ~** (*listo*) au point ; **estar a ~ de** être sur le point de ; **llegar a ~** arriver à point ; **al ~** immédiatement ; **dos puntos** (*Tip*) deux-points *mpl* ; **de ~** tricoté(e) ; **en ~** (*horas*) pile ; **estar en su ~** (*Culin*) être cuit(e) à point ; **hasta cierto ~** jusqu'à un certain point ; **hasta tal ~ que** à tel point que ; **hacer ~** tricoter ; **poner un motor a ~** mettre un moteur au point ; **puntos a tratar** points à traiter ; **~ acápite** (Am) point, à la ligne ; **~ culminante** point culminant ; **~ de apoyo** point d'appui ; **~ débil** point faible ; **~ de congelación** point de congélation ; **~ de equilibrio** (*Com*) seuil *m* de rentabilité ; **~ de fusión** point de fusion ; **~ de partida** point de départ ; **~ de pedido** (*Com*) seuil *m* de réapprovisionnement ; **~ de referencia** (*Com*) point de référence ; **~ de salida** (*Inform*) point de départ ; **~ de venta** (*Com*) point de vente ; **~ de vista** point de vue ; **~ final** point final ; **~ muerto** (*Auto*) point mort ; **~ negro** point noir ; **puntos suspensivos** points de suspension ; **~ y coma** point-virgule *m*
puntocom *nf inv, adj inv* point com *f*
puntuable *adj* qui compte ; **una prueba ~ para el campeonato del mundo** une épreuve qui compte pour le championnat du monde
puntuación *nf* (*signos*) ponctuation *f* ; (*puntos*) notes *fpl*
puntual *adj* ponctuel(le)
puntualice *etc vb ver* **puntualizar**
puntualidad *nf* ponctualité *f*
puntualizar *vt* préciser
puntualmente *adv* ponctuellement
puntuar *vt* (*Ling, Tip*) ponctuer ; (*examen*) noter ▸ *vi* (*Deporte*) marquer des points
punzada *nf* (*puntura*) piqûre *f* ; (*dolor*) élancement *m*
punzante *adj* (*dolor*) lancinant(e) ; (*herramienta*) pointu(e) ; (*comentario*) mordant(e)
punzar *vt* (*pinchar*) piquer ▸ *vi* (*doler*) élancer
punzón *nm* pointeau *m*
puñado *nm* poignée *f* ; **a puñados** à foison
puñal *nm* poignard *m*
puñalada *nf* coup *m* de poignard ; **una ~ trapera** (*fig*) un coup de Jarnac
puñeta (*fam!*) *nf*: **¡~!, ¡qué ~(s)!** merde ! (*fam !*) ; **mandar a algn a hacer puñetas** envoyer paître qn
puñetazo *nm* coup *m* de poing
puñetero, -a (*fam!*) *adj* fichu(e) (*fam*), foutu(e) (*fam !*)
puño *nm* (*Anat*) poing *m* ; (*de ropa*) poignet *m* ; (*de herramienta*) manche *m* ; **como un ~** (*verdad*) flagrant(e) ; **de su ~ y letra** de sa main ; **tener el corazón en un ~** avoir le cœur gros
pupa *nf* (*Med: fam: ampolla*) croûte *f* ; (: *en los labios*) bouton *m* de fièvre ; (*fam: en lenguaje infantil*) bobo *m* ; **hacer ~ a algn** faire bobo à qn ; **hacerse ~** se faire bobo ; **pupas** *nmf inv* (*fam*): **ser un pupas** avoir la poisse (*fam*)
pupila *nf* (*Anat*) pupille *f*
pupilo, -a *nm/f* (*en pensión*) pensionnaire *mf* ; (*en un orfelinato*) pupille *mf* ; (*discípulo*) disciple *mf*

pupitre *nm* pupitre *m*
puré *nm* (*Culin*) purée *f* ; **estar hecho ~** (*fig*) être mort ; **~ de patatas/de verduras** purée de pommes de terre/de légumes
pureza *nf* pureté *f*
purga *nf* purge *f*
purgante *adj* purgatif(-ive) ▸ *nm* purgatif *m*
purgar *vt* purger ; **purgarse** *vpr* se purger
purgatorio *nm* purgatoire *m*
purgue *etc vb ver* **purgar**
purificación *nf* purification *f*
purificar *vt* purifier
purifique *etc vb ver* **purificar**
purista *nmf* puriste *mf*
puritanismo *nm* puritanisme *m*
puritano, -a *adj, nm/f* puritain(e)
puro, -a *adj* pur(e) ; (*esp Méx*) même ; **por pura casualidad/curiosidad** par pur hasard/pure curiosité ▸ *nm* (*tabaco*) cigare *m* ▸ *adv* (*esp Méx*) uniquement ; **de ~ cansado** à force de fatigue
púrpura *nf* pourpre *f*
purpúreo, -a *adj* pourpré(e)
purpurina *nf* (*pintura: gen*) peinture *f* à la poudre de bronze ; (*: para decoración, maquillaje*) paillettes *fpl* ; (*oropel*) clinquant *m*
pus *nm* pus *msg*
puse *etc vb ver* **poner**
pusilánime *adj* timoré(e), pusillanime
pústula *nf* pustule *f*
puta (*fam!*) *nf* putain *f*, pute *f* (*fam !*) ; *ver tb* **puto**
putada (*fam!*) *nf* vacherie *f* ; **¡qué ~!** quelle vacherie !
puteada (*CSur fam!*) *nf* insulte *f*
putear (*fam!*) *vt* emmerder (*fam !*)
puto, -a (*fam!*) *adj* foutu(e) (*fam*) ; **no me hizo ni ~ caso** elle m'a royalement ignoré (*fam*) ; **no tengo ni un ~ duro** je n'ai pas un rond (*fam*) ; **¡ni puta idea!** pas la moindre idée ! ; **de puta madre** (*fig: bueno*) génial(e) (*fam*), super *inv* (*fam*) ; (*uso adverbial*) vachement bien, super bien ▸ *nm* (*prostituto*) prostitué *m* ; *ver tb* **puta**
putrefacción *nf* putréfaction *f*
putrefacto, -a *adj* putréfié(e), pourri(e)
pútrido, -a *adj* putride
puzzle ['puθle] *nm* puzzle *m*
PVC *sigla m* (*= polyvinyl-chloride*) PVC *m*
PVP (*Esp*) *sigla m* (*= precio de venta al público*) *ver* **precio**
PYME, pyme *sigla f* (*= Pequeña y Mediana Empresa*) PME *f* (*= petite et moyenne entreprise*)
Pza *abr* = **plaza**

P

Qq

Q, q [ku] *nf (letra)* Q, q *m inv* ; **Q de Querido** ≈ Q comme Quintal
QED *abr (= lo que se había de demostrar)* CQFD *(= ce qu'il fallait démontrer)*
q.e.g.e. *abr (= que en gloria esté)* qu'il (elle) repose en paix
q.e.p.d. *abr (= que en paz descanse)* qu'il (elle) repose en paix
q.e.s.m. *abr (= que estrecha su mano)* votre ami
QH *abr (= quiniela hípica)* ≈ tiercé *m*
qm *abr (= quintal(es) métrico(s))* q *(= quintal(aux))*
quad *nm* quad *m*
quark *(Fís) (pl* **quarks***) nm* quark *m*

PALABRA CLAVE

que *pron rel* **1** *(sujeto)* qui ; **el hombre que vino ayer** l'homme qui est venu hier
2 *(objeto)* que ; **el sombrero que te compraste** le chapeau que tu t'es acheté ; **la chica que invité** la fille que j'ai invitée
3 *(circunstancial, con prep)*: **el día que yo llegué** le jour où je suis arrivé ; **el piano con que toca** le piano sur lequel il joue ; **el libro del que te hablé** le livre dont je t'ai parlé ; **la cama en que dormí** le lit dans lequel j'ai dormi ; *ver tb* **el**
▸ *conj* **1** *(con oración subordinada)* que ; **dijo que vendría** il a dit qu'il viendrait ; **espero que lo encuentres** j'espère que tu le retrouveras ; *ver tb* **el**
2 *(con verbo de mandato)*: **dile que me llame** dis-lui de m'appeler
3 *(en oración independiente)*: **¡que entre!** qu'il (elle) entre ! ; **¡que se mejore tu padre!** j'espère que ton père va se rétablir ! ; **que lo haga él** qu'il le fasse, lui ; **que yo sepa** que je sache
4 *(enfático)*: **¿me quieres? — ¡que sí!** tu m'aimes ? — mais oui !
5 *(repetición)*: **¿cómo has dicho? — ¿que si ...?** qu'est-ce que tu disais ? — que si ... ?
6 *(consecutivo)* que ; **es tan grande que no lo puedo levantar** c'est si gros que je ne peux pas le soulever
7 *(en comparaciones)* que ; **es más alto que tú** il est plus grand que toi ; **ese libro es igual que el otro** ce livre est pareil que l'autre ; *ver tb* **más; menos; mismo**
8 *(valor disyuntivo)*: **que venga o que no venga** qu'il vienne ou non
9 *(porque)*: **no puedo, que tengo que quedarme en casa** je ne peux pas, je dois rester à la maison
10 *(valor condicional)*: **que no puedes, no lo haces** si tu ne peux pas, ne le fais pas
11 *(valor final)*: **sal a que te vea** sors pour que je te voie
12: **todo el día toca que toca** il joue toute la sainte journée ; **y él dale que dale** *(hablando)* et lui qui n'arrêtait pas
13: **yo que tú ...** si j'étais toi ...

qué *adj* quel(le) ; **¿~ edad tienes?** quel âge as-tu ? ; **¿a ~ velocidad?** à quelle vitesse ? ; **¡~ asco!** comme c'est dégoûtant ! ; **¡~ día más espléndido!** quelle journée splendide ! ▸ *pron* que, quoi ; **¿~?** quoi ? ; **¿~ quieres?** qu'est-ce que tu veux ? ; **¿de ~ me hablas?** de quoi me parles-tu ? ; **¿~ tal?** (comment) ça va ? ; **¿~ hay de nuevo?** quoi de neuf ? ; **¿~ más?** autre chose ? ; **no sé ~ quiere hacer** je ne sais pas ce qu'il veut faire ; **¡y ~!** et alors ! ▸ *adv* comme, que ; **¡~ divertido!** comme c'est drôle !
quebrada *nf* vallée *f* encaissée ; *ver tb* **quebrado**
quebradero *nm*: **~ de cabeza** casse-tête *m*
quebradizo, -a *adj* cassant(e) ; *(persona, salud)* fragile
quebrado, -a *adj (roto)* cassé(e) ; *(línea, masa)* brisé(e) ; *(terreno)* accidenté(e) ▸ *nm/f (Com)* failli(e) ; **~ rehabilitado** failli réhabilité ▸ *nm (Mat)* fraction *f*
quebrantahuesos *nm inv* gypaète *m*
quebrantamiento *nm (de ley, norma)* infraction *f* ; *(de salud)* affaiblissement *m*
quebrantar *vt (moral)* saper ; *(ley, secreto, promesa)* violer ; *(salud)* affaiblir ; **quebrantarse** *vpr (persona, fuerzas)* s'affaiblir
quebranto *nm (en salud)* affaiblissement *m* ; *(en fortuna)* perte *f* ; *(fig: pena)* affliction *f*
quebrar *vt* casser ▸ *vi* faire faillite ; **quebrarse** *vpr* se casser ; *(línea, cordillera)* se briser ; *(Med: herniarse)* se faire une hernie ; **se le quebró la voz** sa voix s'est brisée

quechua *adj* quechua ▸ *nmf* membre *m* d'une tribu quechua
queda *nf*: **toque de ~** couvre-feu *m*
quedar *vi* rester ; (*encontrarse*) se donner rendez-vous ; **~ en** convenir de ; **~ en nada** ne pas aboutir ; **~ por hacer** rester à faire ; **no te queda bien ese vestido** cette robe ne te va pas bien ; **quedamos allí** on se retrouve là ; **quedamos a las seis** (*en pasado*) on a dit six heures ; (*en presente*) on se voit à six heures ; **eso queda muy lejos** c'est très loin ; **nos quedan 12 kms para llegar al pueblo** il nous reste encore 12 km avant d'arriver au village ; **quedan dos horas** il reste deux heures ; **eso queda por/hacia allí** c'est par là ; **ahí quedó la cosa** la chose en est restée là ; **no queda otra** il n'y a pas le choix ; **quedarse** *vpr* rester ; **quedarse ciego/mudo** devenir aveugle/muet ; **quedarse (con) algo** garder qch ; **quedarse con algn** (*fam*) taquiner qn ; **quedarse sin** ne plus avoir de

> El verbo *rester* en francés no tiene un uso pronominal. Así:
> **Se ha quedado en casa.** Il est resté à la maison.

quedo, -a *adj* (*voz*) bas (basse) ; (*pasos*) feutré(e) ▸ *adv* (*hablar*) doucement ; (*andar*) à pas feutrés
quehacer *nm* tâche *f* ; **quehaceres (domésticos)** tâches *fpl* (domestiques)
queimada *nf boisson à base d'eau-de-vie qu'on fait flamber, typique de Galice*
queja *nf* plainte *f*
quejarse *vpr* se plaindre ; **~ de que ...** se plaindre que ...
quejica *adj, nmf* pleurnichard(e)
quejido *nm* gémissement *m*, plainte *f*
quejoso, -a *adj* mécontent(e)
quejumbroso, -a *adj* geignard(e)
quema *nf* incendie *m*
quemado, -a *adj* brûlé(e) ; **estar ~** (*fam: harto*) en avoir marre (*fam*) ; (*: político, actor*) être fini(e) ▸ *nm*: **oler a ~** sentir le brûlé
quemador *nm* brûleur *m* ; **~ de gas** brûleur *m* (au gaz), feu *m*
quemadura *nf* brûlure *f* ; (*de sol*) coup *m* de soleil
quemar *vt* brûler ; (*fig: malgastar*) flamber ; (*: deteriorar: imagen, persona*) user ; (*fastidiar*) agacer ▸ *vi* brûler ; **quemarse** *vpr* (*consumirse*) brûler ; (*del sol*) attraper un coup *o* des coups de soleil
quemarropa: **a ~** *adv* (*disparar*) à bout portant ; (*preguntar*) à brûle-pourpoint
quemazón *nf* brûlure *f* ; (*picor*) démangeaison *f*
quena (Am) *nf* flûte *f* indienne
quepí, quepis *nm ver* **kepi**
quepo *etc vb ver* **caber**
queque (And, CSur) *nm* gâteau *m*
querella *nf* (*Jur*) plainte *f* ; (*disputa*) querelle *f*
querellarse *vpr* porter plainte
querencia *nf* attachement *m*

PALABRA CLAVE

querer *vt* **1** (*desear*) vouloir ; **quiero más dinero** je veux plus d'argent ; **quisiera** *o* **querría un té** je voudrais un thé ; **sin querer** sans faire exprès ; **quiera o no quiera** qu'il le veuille ou non ; **¡no quiero!** je ne veux pas ! ; **como usted quiera** comme vous voudrez ; **como quien no quiere la cosa** mine de rien ; **¡qué más quisiera yo!** si seulement je pouvais !
2 (*+ vb dependiente*): **quiero ayudar/que vayas** je veux aider/que tu t'en ailles ; **¿qué quieres decir?** que veux-tu dire ?
3 (*para pedir algo*): **¿quiere abrir la ventana?** vous voulez bien ouvrir la fenêtre ?
4 (*amar*) aimer ; (*amigo, perro*) aimer bien ; **quiere mucho a sus hijos** elle aime beaucoup ses enfants ; **te quiero bien** je ne veux que ton bien ; **¡por lo que más quieras!** je t'en prie !
5 (*requerir*): **esta planta quiere más luz** cette plante a besoin de plus de lumière
6 (*impersonal*): **quiere llover** il va pleuvoir
7: **como quiera que ...** (*dado que*) puisque ..., comme ...

querido, -a *adj* (*mujer, hijo*) chéri(e) ; (*tierra, amigo, en carta*) cher (chère) ; **nuestra querida patria** notre chère patrie ▸ *nm/f* amant(e) ; **¡sí, ~!** oui, chéri !
querosén (Am), **querosene** (Am), **queroseno** *nm* kérosène *m*
querré *etc vb ver* **querer**
quesadilla (CAm, Méx) *nf crêpe de maïs fourrée*
quesera *nf* ≈ plateau *m* à fromage
quesería *nf* fromagerie *f*
quesero, -a *adj*: **la industria quesera** l'industrie *f* fromagère
quesito *nm* ≈ vache *f* qui rit®
queso *nm* fromage *m* ; **dárselas con ~ a algn** (*fam*) mener qn en bateau ; **~ cremoso** fromage crémeux ; **~ rallado** fromage râpé
quetzal *nm* quetzal *m*
quiche *nm* quiche *f*
quicio *nm* gond *m* ; **estar fuera de ~** être sens dessus dessous ; **sacar a algn de ~** mettre qn hors de soi
quid *nm* quid *m* ; **dar en el ~** mettre en plein dans le mille
quiebra *nf* effondrement *m* ; (*Com*) faillite *f*
quiebro *vb ver* **quebrar** ▸ *nm* (*del cuerpo*) déhanchement *m* ; (*del torero*) écart *m*
quien *pron* (*relativo: sujeto*) qui ; (*: complemento*) qui, que ; **la persona a ~ quiero** la personne que j'aime ; **~ dice eso es tonto** (*indefinido*)

q

celui qui dit cela est un idiot ; **hay ~ piensa que** il y a des gens qui pensent que ; **no hay ~ lo haga** personne n'en est capable ; **~ más, ~ menos tiene sus problemas** tout le monde a des problèmes
quién *pron (interrogativo)* qui ; **¿~ es?** qui est-ce ? ; *(Telec)* qui est à l'appareil ? ; **¡~ pudiera!** si seulement je pouvais !
quienquiera (*pl* **quienesquiera**) *pron* quiconque
quiera *etc vb ver* **querer**
quieto, -a *adj (manos, cuerpo)* immobile ; *(carácter)* tranquille ; **¡estate ~!** reste tranquille !
quietud *nf (inmovilidad)* immobilité *f* ; *(tranquilidad)* tranquillité *f*, quiétude *f*
quijada *nf* mâchoire *f*
quijote *nm*: **ser un ~** être un Don Quichotte ; **Don Q~** Don Quichotte
quijotesco, -a *adj* digne de Don Quichotte, chimérique
quil., qts. *abr (= quilates) ver* **quilate**
quilate *nm* carat *m*
quilla *nf* quille *f*
quilo... = **kilo...**
quilombo (CSur) *nm* bordel *m (fam)*
quimera *nf* chimère *f*
quimérico, -a *adj* chimérique
química *nf* chimie *f*
químico, -a *adj* chimique ▸ *nm/f* chimiste *mf*
quimioterapia *nf* chimiothérapie *f*
quina *nf* quinine *f*
quincallería *nf* quincaillerie *f*
quince *adj inv, nm inv* quinze *m inv* ; **~ días** quinze jours ; *ver tb* **seis**
quinceañero, -a *adj* adolescent(e) ▸ *nm/f* garçon (fille) de quinze ans, adolescent(e)
quincena *nf* quinzaine *f*
quincenal *adj (pago, reunión)* bimensuel(le)
quincenalmente *adv* tous les quinze jours
quincuagésimo, -a *adj, nm/f* cinquantième *mf*
quiniela *nf (juego)* ≈ Loto *msg* sportif ; *(impreso)* grille *f o* bulletin *m* de Loto sportif ; **~ hípica** ≈ tiercé *m*
quinientos, -as *adj* cinq cents ; *ver tb* **seiscientos**
quinina *nf* quinine *f*
quinqué *nm* lampe *f* à huile *o* à pétrole
quinquenal *adj* quinquennal(e)
quinquenio *nm* quinquennat *m*
quinqui *(pey, fam) nm* voyou *m*
quinta *nf* maison *f* de campagne ; *(Mil)* classe *f* ; **la ~ del 56** la classe de 1956
quintaesencia *nf* quintessence *f*
quintal *nm*: **~ métrico** *(100 kg)* quintal *m*
quinteto *nm* quintette *m*
quinto, -a *adj* cinquième ▸ *nm (Mil)* recrue *f* ; *(ordinal)* cinquième *m* ; *ver tb* **sexto**
quintral (CSur) *nm* gui *m*
quíntuplo, -a *adj* quintuple
quiosco *nm* kiosque *m*
quirófano *nm* salle *f* d'opération
quiromancia *nf* chiromancie *f*
quiromasaje *nm* massage *m (avec les mains)*
quirúrgico, -a *adj* chirurgical
quise *etc vb ver* **querer**
quisque *(fam) pron*: **cada** *o* **todo ~** tous
quisquilla *nf (Zool)* crevette *f* grise
quisquilloso, -a *adj (susceptible)* chatouilleux(-euse) ; *(meticuloso)* pointilleux(-euse)
quiste *nm* kyste *m*
quitaesmalte *nm* dissolvant *m*
quitamanchas *nm inv* détachant *m*
quitanieves *nm inv* chasse-neige *m inv*
quitar *vt* enlever ; *(ropa)* enlever, ôter ; *(dolor)* éliminer ; *(vida)* donner la mort à ; **quítalo de ahí** enlève ça de là ; **me quita mucho tiempo** cela me prend beaucoup de temps ; **~ la televisión/radio** éteindre la télévision/radio ; **~ la mesa** débarrasser la table ; **el café me quita el sueño** le café m'empêche de dormir ; **~ de en medio a algn** se débarrasser de qn ▸ *vi*: **¡quita de ahí!** hors d'ici ! ; **eso no quita para que venga** cela ne l'empêche pas de venir ; **de quita y pon** amovible ; **quitarse** *vpr (desaparecer)* partir ; *(ropa)* ôter ; **quitarse algo de encima** se débarrasser de qch ; **quitarse de** arrêter de ; **quitarse del tabaco** *o* **de fumar** arrêter de fumer ; **se quitó el sombrero** il ôta son chapeau ; **quitarse la vida** se donner la mort
quitasol *nm* parasol *m*
quite *nm (esgrima)* parade *f* ; *(Taur) action de détourner l'attention du taureau* ; **estar al ~** être prêt(e) à aider qn
quiteño, -a *adj* de Quito ▸ *nm/f* natif(-ive) *o* habitant(e) de Quito
Quito *n* Quito
quizá, quizás *adv* peut-être
quórum ['kworum] (*pl* **quórums**) *nm* quorum *m*

Rr

R, r ['erre] *nf* (*letra*) R, r *m inv* ; **R de Ramón** ≈ R comme Raoul
R. *abr* (*Rel*) = **reverendo; real**; (= *remite, remitente*) exp. (= *expéditeur*) ; (= *río*) fl. (= *fleuve*)
rabadilla *nf* (*de ave*) croupion *m* ; (*de conejo*) râble *m* ; (*del hombre*) coccyx *msg*
rábano *nm* radis *msg* ; **me importa un ~** je m'en moque comme de l'an quarante
rabia *nf* rage *f* ; **¡qué ~!** c'est trop bête ! ; **me da ~** ça m'énerve ; **tener ~ a algn** avoir une dent contre qn ; **me da ~ marcharme** je dois partir, c'est trop bête !
rabiar *vi* (*Med*) avoir la rage ; **~ por hacer algo** mourir d'envie de faire qch
rabieta *nf* crise *f* (de colère)
rabillo *nm* (*del ojo*) coin *m* ; (*Bot*) queue *f* ; **mirar con el ~ del ojo** regarder du coin de l'œil
rabino *nm* rabbin *m*
rabioso, a *adj* (*perro*) enragé(e) ; (*dolor, ganas*) fou (folle) ; **estar ~** (*fig*) être furieux(-euse), avoir la rage
rabo *nm* queue *f*
racanear (*fam*) *vi* (*ser vago*) flemmarder (*fam*) ; (*ser tacaño*) être radin(e) (*fam*)
rácano (*fam*) *adj, nmf* radin(e) (*fam*)
RACE *sigla m* (= *Real Automóvil Club de España*) ≈ ACF *m* (= *Automobile Club de France*)
racha *nf* (*de viento*) rafale *f* ; (*serie*) suite *f* ; **buena/mala ~** bonne/mauvaise passe *f* ; **~ de mala suerte** série *f* de malchances
racial *adj* racial(e)
racimo *nm* grappe *f*
raciocinio *nm* raisonnement *m*
ración *nf* ration *f* ; (*en bar*) portion *f*
racional *adj* rationnel(le) ; **animal ~** être *m* doué de raison
racionalice *etc vb ver* **racionalizar**
racionalismo *nm* rationalisme *m*
racionalista *adj, nmf* rationaliste *mf*
racionalizar *vt* rationaliser
racionalmente *adv* rationnellement
racionamiento *nm* rationnement *m*
racionar *vt* rationner
racismo *nm* racisme *m*
racista *adj, nmf* raciste *mf*
radar, rádar *nm* radar *m*
radiación *nf* (*solar, atómica*) rayonnement *m* ; (*Telec*) radiation *f*
radiactividad *nf* = **radioactividad**
radiactivo, -a *adj* = **radioactivo**
radiado, -a *adj* radiodiffusé(e)
radiador *nm* radiateur *m*
radial (*AM*) *adj* radiophonique
radiante *adj* radieux(-euse)
radiar *vt* (*programa*) radiodiffuser ; (*ondas, luz*) irradier ; (*Med*) traiter par radiothérapie
radical *adj* radical(e) ▸ *nm* (*Ling, Mat*) radical *m*
radicalismo *nm* radicalisme *m*
radicalización *nf* radicalisation *f*
radicalizar *vt* radicaliser ; **radicalizarse** *vpr* se radicaliser
radicar *vi* : **~ en** (*consistir*) résider en ; (*estar situado*) se trouver ; **radicarse** *vpr* s'établir
radio *nf* (*aparato*) radio *f* ; **por ~** à la radio ▸ *nm* (*Geom*) rayon *m* ; (*Quím*) radium *m*; **~ de acción** rayon d'action
radioactividad *nf* radioactivité *f*
radioactivo, -a *adj* radioactif(-ive)
radioaficionado, -a *nm/f* radioamateur *m*
radiocasete *nm* radiocassette *f*
radiodespertador *nm* radio-réveil *m*
radiodifusión *nf* radiodiffusion *f*
radioemisora *nf* station *f* (de radio)
radiofónico, -a *adj* radiophonique
radiografía *nf* radiographie *f*
radiólogo, -a *nm/f* radiologue *mf*
radionovela *nf* feuilleton *m* (radiodiffusé)
radiotaxi *nm* radio-taxi *m*
radioteléfono *nm* radiotéléphone *m*
radioterapia *nf* radiothérapie *f*
radiotransmisor *nm* poste *m* émetteur
radioyente *nmf* auditeur(-trice)
radique *etc vb ver* **radicar**
radón *nm* (*Quím*) radon *m*
RAE *sigla f* (= *Real Academia Española*) ≈ Académie *f* française
raer *vt* (*superficie*) racler ; (*ropa*) élimer, râper
ráfaga *nf* rafale *f* ; (*de luz*) jet *m*
rafia *nf* raphia *m*
rafting ['raftin] *nm* rafting *m*
raíces *nfpl de* **raíz**
raid [raid] *nm* (*Mil*) raid *m*
raído, -a *adj* (*ropa*) élimé(e), râpé(e)
raigambre *nf* racines *fpl*

rail, raíl *nm* rail *m*
raíz *nf* racine *f* ; **~ cuadrada** racine carrée ; **a ~ de** (*como consecuencia de*) à la suite de ; (*después de*) après ; **echar raíces** (*fig*) prendre racine
raja *nf* (*de melón, limón*) tranche *f* ; (*en tela, plástico*) coupure *f* ; (*en muro, madera*) fissure *f*
rajá *nm* rajah *m*, radja *m*
rajar *vt* (*tela*) déchirer ; (*madera*) fendre ; (*fam: herir*) mettre un coup de couteau ▸ *vi* (*fam*) jacasser ; **rajarse** *vpr* se fendre ; (*fam*) se dégonfler
rajatabla: **a ~** *adv* à la lettre
RAL *abr* (*Inform*: = *red de área local*) réseau *m* local
ralea (*pey*) *nf*: **de baja ~** de bas étage ; **tener mala ~** être mauvais coucheur
ralentí (*Auto, Cine*) *nm* ralenti *m* ; **al ~** (*tb fig*) au ralenti
ralentizar *vt, vi* ralentir ; **ralentizarse** *vpr* se ralentir
rallador *nm* râpe *f*
rallar *vt* râper
rally ['rrali] (*pl* **rallys**) *nm* (*Auto*) rallye *m*
ralo, -a *adj* clairsemé(e)
RAM *sigla f* (= *random access memory*) RAM *f* (= *mémoire vive*)
rama *nf* branche *f* ; **andarse** *o* **irse por las ramas** (*fig, fam*) tourner autour du pot
ramadán *nm* ramadan *m*
ramaje *nm* ramage *m*
ramal *nm* (*de cuerda*) brin *m* ; (*Ferro*) embranchement *m* ; (*Auto*) bretelle *f*
ramalazo (*fam*) *nm*: **tener un ~ de loco** avoir un grain
rambla *nf* promenade *f*, avenue *f*
ramera (*fam!*) *nf* catin *f* (*fam !*)
ramificación *nf* ramification *f*
ramificarse *vpr* se ramifier
ramifique *etc vb ver* **ramificarse**
ramillete *nm* bouquet *m*
ramo *nm* bouquet *m* ; (*de industria*) branche *f*
rampa *nf* rampe *f* ; **~ de acceso** rampe d'accès ; **~ de lanzamiento** rampe de lancement
ramplón, -ona *adj* vulgaire
rana *nf* grenouille *f* ; **salir ~** (*fam*) décevoir ; **cuando las ranas críen pelo** quand les poules auront des dents
ranchera *nf* (*Méx*) *chanson populaire du Mexique* ; (*Auto*) break *m*
ranchero *nm* (*Am*) fermier *m* ; (*Méx*) paysan *m*
ranchitos (*Ven*) *nmpl* bidonvilles *mpl*
rancho *nm* (*comida*) popote *f* ; (*Am*) ranch *m* ; (*: pequeño*) petite ferme *f* ; (*choza*) cabane *f* ; **ranchos** *nmpl* (*Ven: barrio de chabolas*) bidonvilles *mpl*
rancio, -a *adj* rance ; (*vino, fig*) vieux (vieille)
rango *nm* rang *m*
ránking ['raŋkin] (*pl* **ránkings** ['raŋkin]) *nm* (*clasificación*) classement *m*
ranura *nf* rainure *f* ; (*de teléfono*) fente *f* ; **~ de expansión** (*Inform*) emplacement *m*
rap *nm* (*Mús*) rap *m*
rapacidad *nf* rapacité *f*
rapado, -a *adj* (*pelo*) rasé(e) ▸ *nm/f* (*persona*) skinhead *mf*, skin *mf* ▸ *nm* (*corte de pelo*): **tiene un buen ~** il s'est rasé les cheveux vraiment très courts
rapapolvo *nm*: **echar un ~ a algn** sonner les cloches à qn
rapar *vt* raser
rapaz *adj* (*ave*) de proie ▸ *nf* (*tb fig*) rapace *m* ▸ *nm* gamin *m*
rapaza *nf* gamine *f*
rape *nm* (*pez*) lotte *f* ; **al ~** ras *inv*
rapé *nm* tabac *m* à priser
rapel *nm* (*Deporte*) rappel *m*
rapero, -a *adj* rap ▸ *nm/f* rappeur(-euse)
rápidamente *adv* rapidement
rapidez *nf* rapidité *f*
rápido, -a *adj* rapide ▸ *adv* rapidement ▸ *nm* (*Ferro*) rapide *m* ; **rápidos** *nmpl* (*de río*) rapides *mpl*
rapiña *nm* rapine *f* ; **ave de ~** oiseau *m* de proie
raptar *vt* enlever
rapto *nm* rapt *m*, enlèvement *m* ; (*impulso*) accès *msg* ; (*éxtasis*) transport *m*, ravissement *m*
raptor, a *nm/f* ravisseur(-euse), kidnappeur(-euse)
raqueta *nf* raquette *f*
raquítico, -a *adj* rachitique
raquitismo *nm* rachitisme *m*
raramente *adv* rarement
rareza *nf* rareté *f* ; (*fig*) excentricité *f*
raro, -a *adj* rare ; (*extraño*) curieux(-euse), bizarre ; **¡qué ~!** c'est curieux !, c'est bizarre ! ; **¡qué cosa más rara!** comme c'est bizarre !

> ⚠ **Raro** a plus souvent le sens de *bizarre* que de *rare*.

ras *nm*: **a ~ de tierra/del suelo** à ras de terre/ au ras du sol
rasante *adj* (*vuelo*) en rase-mottes ▸ *nm* pente *f*, inclinaison *f* ; **cambio de ~** (*Auto*) haut *m* d'une côte
rasar *vt* raser
rascacielos *nm inv* gratte-ciel *m inv*
rascar *vt* gratter ; (*raspar*) racler ; **rascarse** *vpr* se gratter
rasero *nm* radoire *f* ; **doble ~** deux poids, deux mesures ; **medir con el mismo ~** (*fig*) mettre sur le même pied, mettre sur un pied d'égalité
rasgado, -a *adj*: **ojos rasgados** yeux *mpl* bridés
rasgar *vt* déchirer
rasgo *nm* trait *m* ; **rasgos** *nmpl* (*de rostro*) traits *mpl* ; **a grandes rasgos** à grands traits
rasgue *etc vb ver* **rasgar**
rasguear *vt* (*Mús*) gratter

rasguñar *vt* égratigner ; **rasguñarse** *vpr* s'égratigner
rasguño *nm* égratignure *f*
raso, -a *adj* ras(e) ; **cielo ~** ciel *m* dégagé ▸ *nm* satin *m* ; **al ~** à la belle étoile
raspa *nf* (*de pez: espina*) arête *f* ; (*: espinazo*) arête *f* dorsale
raspado *nm* (*Med*) curetage *m*
raspador *nm* grattoir *m*
raspadura *nf* (*de pintura*) grattage *m* ; (*marca*) rayure *f* ; **raspaduras** *nfpl* (*restos*) restes *mpl*
raspar *vt* gratter ; (*arañar*) rayer ; (*limar*) râper ▸ *vi* être rugueux(-euse) ; (*vino*) être râpeux(-euse)
rasque *etc vb ver* **rascar**
rasta *adj, nmf* rasta *mf*
rastacuero, -a (*AM fam*) *adj, nm/f* rastaquouère *m*
rastra *nf*: **a rastras** en traînant ; (*fig*) à contrecœur
rastreador, a *adj*: **perro ~** (*de cazador*) chien *m* d'arrêt ; (*de policía*) limier *m* ▸ *nm* (*de huellas, pistas*) pisteur *m* ; **~ de minas** dragueur *m* de mines
rastrear *vt* (*pista*) suivre ; (*minas*) draguer
rastreo *nm* ratissage *m*
rastrero, -a *adj* (*tb fig*) rampant(e)
rastrillo *nm* râteau *m* ; (*MÉX*) rasoir *m*
rastro *nm* trace *f* ; (*Agr*) râteau *m* ; (*mercado*) marché *m* aux puces ; **el R~** *le marché aux puces de Madrid* ; **perder el ~** perdre la trace ; **desaparecer sin dejar ~** disparaître sans laisser de traces ; **¡ni ~!** pas la moindre trace !
rastrojo *nm* chaume *m*
rasuradora (*MÉX*) *nf* rasoir *m*
rasurarse (*AM*) *vpr* se raser
rata *nf* rat *m*
ratear *vt* voler
ratero, -a *nm/f* voleur(-euse) ; (*AM: de casas*) cambrioleur(-euse)
raticida *nm* raticide *m*
ratificación *nf* ratification *f*
ratificar *vt* ratifier ; **ratificarse** *vpr*: **ratificarse en algo** réaffirmer qch
ratifique *etc vb ver* **ratificar**
ratio *nm o nf* ratio *m*
rato *nm* moment *m* ; **a ratos** par moments ; **de a ratos** (*ARG*) de temps en temps ; **al poco ~** peu après ; **ratos libres** *o* **de ocio** moments de loisir ; **¡hasta otro ~!** à la prochaine ! ; **hay para ~** il y en a pour un bon moment ; **pasar el ~** passer le temps ; **pasar un buen/mal ~** passer un bon/mauvais moment
ratón *nm* (*tb Inform*) souris *fsg*
ratonera *nf* souricière *f*
RAU *sigla f* (*= República Árabe Unida*) RAU *f* (*= République arabe unie*)
raudal *nm* torrent *m* ; **a raudales** à flots ; **entrar a raudales** entrer à flots
raudo, -a *adj* rapide
raya *nf* raie *f* ; (*en tela*) rayure *f* ; (*Tip*) tiret *m* ; (*de droga*) ligne *f* ; **a rayas** à rayures ; **pasarse de la ~** dépasser les bornes ; **tener a ~** tenir en respect
rayado, -a *adj* rayé(e)
rayar *vt* rayer ▸ *vi*: **~ en** *o* **con** confiner à ; (*parecerse a*) friser ; **raya en la cincuentena** il frise la cinquantaine ; **al ~ el alba** au point du jour
rayo *nm* rayon *m* ; (*en una tormenta*) foudre *f* ; **ser un ~** (*fig*) être très vif (vive) ; **como un ~** comme un éclair ; **la noticia cayó como un ~** la nouvelle a fait l'effet d'une bombe ; **pasar como un ~** passer comme un éclair ; **~ de luna** rayon de lune ; **~ solar** *o* **de sol** rayon de soleil ; **rayos infrarrojos** rayons *mpl* infrarouges ; **rayos X** rayons X
rayón *nm* rayonne *f*
rayuela (*ARG*) *nf* marelle *f*
raza *nf* race *f* ; **de pura ~** (*animal*) de race ; **~ humana** race humaine
razón *nf* (*tb Mat*) raison *f* ; **a ~ de 10 cada día** à raison de 10 par jour ; **« ~: aquí »** « s'adresser ici » ; **en ~ de** en raison de ; **en ~ directa con** en relation directe avec ; **perder la ~** perdre la raison ; **entrar en ~** entendre raison ; **dar la ~ a algn** donner raison à qn ; **dar ~ de** renseigner sur ; **¡y con ~!** et pour cause ! ; **tener/no tener ~** avoir raison/tort ; **~ directa/inversa** raison directe/indirecte ; **~ de ser** raison d'être
razonable *adj* raisonnable
razonado, -a *adj* (*Com: cuenta etc*) détaillé(e)
razonamiento *nm* raisonnement *m*
razonar *vt* raisonner ; (*Com: cuenta*) détailler ▸ *vi* raisonner
RDA *sigla f* (*Hist: = República Democrática Alemana*) RDA *f* (*= République démocratique allemande*)
Rdo. *abr* = **reverendo**
re *nm* (*Mús*) ré *m inv*
re... (*esp AM*) *pref* très
reabierto *pp ver* **reabrir**
reabrir *vt* rouvrir ; **reabrirse** *vpr* se rouvrir
reacción *nf* réaction *f* ; **avión a ~** avion *m* à réaction ; **~ en cadena** réaction en chaîne
reaccionar *vi* réagir
reaccionario, -a *adj, nm/f* réactionnaire *mf*
reacio, -a *adj* réticent(e) ; **ser/estar ~ a hacer algo** être/se montrer réticent(e) à faire qch
reacondicionar *vt* (*local*) restructurer
reactivar *vt* (*economía, negociaciones*) relancer ; **reactivarse** *vpr* reprendre
reactor *nm* réacteur *m* ; (*avión*) avion *m* à réaction ; **~ nuclear** réacteur nucléaire
readaptación *nf*: **~ profesional** réadaptation *f* professionnelle
readmitir *vt* réadmettre
reafirmar *vt* réaffirmer ; **reafirmarse** *vpr*: **reafirmarse en** (*posición*) rester sur

r

reagrupar *vt* regrouper
reajustar *vt* (*tb Inform*) réajuster
reajuste *nm* réajustement *m* ; **~ de plantilla** compression *f* de personnel ; **~ ministerial** remaniement *m* ministériel ; **~ salarial** réajustement des salaires
real *adj* (*verdadero*) réel(le) ; (*del rey, fig*) royal(e) ; **R~ Academia Española** *voir article*

Real Academia Española

La **Real Academia Española**, ou **RAE**, a été créée en 1713 et approuvée par le roi Philippe V en 1714 sous la devise *Limpia, fija y da esplendor* (*Elle purifie, fixe et donne de la splendeur*) dans le but de préserver la pureté de la langue espagnole. Les 46 membres de cette institution, nommés à vie, comptent parmi les plus grands écrivains et linguistes d'Espagne. Le premier dictionnaire, le *Diccionario de Autoridades* en six volumes, a été publié entre 1726 et 1739. Depuis la version condensée en un volume parue en 1780, plus d'une vingtaine de nouvelles éditions ont été publiées.

realce *vb ver* **realzar** ▸ *nm* relief *m* ; **poner de ~** mettre en relief ; **dar ~ a algo** (*fig*) mettre qch en relief
real-decreto (*pl* **reales-decretos**) *nm* arrêté *m* royal
realeza *nf* royauté *f*
realice *etc vb ver* **realizar**
realidad *nf* réalité *f* ; **en ~** en réalité
realismo *nm* réalisme *m*
realista *adj, nmf* réaliste *mf* ; (*Pol*) royaliste *mf*
reality show [re'alitiʃow] (*pl* **reality shows**) *nm* reality show *m*
realizable *adj* réalisable
realización *nf* réalisation *f* ; **~ de plusvalías** réalisation de plus-values
realizador, -a *nm/f* (*TV, Cine*) réalisateur(-trice)
realizar *vt* réaliser ; **realizarse** *vpr* se réaliser
realmente *adv* réellement ; (*con adjetivo*) vraiment ; **es ~ apasionante** c'est vraiment passionnant
realojar *vt* reloger
realquilar *vt* (*subarrendar*) sous-louer ; (*alquilar de nuevo*) relouer
realzar *vt* (*Tec*) surélever ; (*belleza*) mettre en valeur ; (*importancia*) augmenter
reanimación *nf* réanimation *f*
reanimar *vt* ranimer ; **reanimarse** *vpr* se ranimer
reanudación *nf* (*de relación, historia, viaje*) reprise *f*
reanudar *vt* (*relación*) renouer ; (*historia, viaje*) reprendre
reaparecer *vi* réapparaître, reparaître ; (*artista*) faire un come-back
reaparición *nf* réapparition *f* ; come-back *m*
reapertura *nf* réouverture *f*
rearme *nm* réarmement *m*
reavivar *vt* ranimer
rebaja *nf* solde *m* ; **« rebajas »** « soldes »
rebajar *vt* rabaisser ; (*reducir: artículo*) solder ; **rebajarse** *vpr*: **rebajarse a hacer algo** s'abaisser à faire qch
rebanada *nf* tranche *f*
rebanar *vt* (*pan*) couper en tranches ; (*dedo*) sectionner
rebañar *vt* racler
rebaño *nm* troupeau *m*
rebasar *vt* dépasser ; (*Auto*) doubler
rebatir *vt* réfuter
rebato *nm*: **llamar** *o* **tocar a ~** sonner le glas *o* tocsin
rebeca *nf* cardigan *m*
rebeco *nm* chamois *m*, isard *m*
rebelarse *vpr* se rebeller
rebelde *adj* rebelle ▸ *nmf* (*Pol*) rebelle *mf* ; (*Jur*) accusé(e) défaillant(e)
rebeldía *nf* rébellion *f* ; (*Jur*) contumace *f* ; **en ~** par contumace
rebelión *nf* rébellion *f*
rebenque (*Am*) *nm* fouet *m*
reblandecer *vt* ramollir
reblandezca *etc vb ver* **reblandecer**
rebobinar *vt* rembobiner
reboce *etc vb ver* **rebozar**
rebosante *adj*: **~ de** (*fig*) débordant(e) de
rebosar *vt, vi* déborder ; **~ de salud** respirer la santé
rebotar *vi* rebondir
rebote *nm* rebondissement *m* ; **de ~** (*fig*) par ricochet
rebozado, -a *adj* pané(e)
rebozar *vt* paner
rebozo *nm* (*mantilla*) mantille *f* ; (*disfraz*) masque *m* ; (*Am*) châle *m*
rebrote *nm* (*de conflicto*) reprise *f*, résurgence *f* ; (*de enfermedad*) recrudescence *f*
rebuscado, -a *adj* recherché(e)
rebuscar *vt* rechercher ▸ *vi*: **~ (en** *o* **por)** chercher (dans), fouiller (dans)
rebuznar *vi* braire
recabar *vt* obtenir ; **~ fondos** obtenir des fonds
recadero *nm* garçon *m* de courses
recado *nm* course *f* ; (*mensaje*) message *m* ; (*Am: montura*) selle *f* ; **dejar/tomar un ~** (*Telec*) laisser/prendre un message ; **recados** *nmpl* (*compras*) courses *fpl*, commissions *fpl* ; **fui a hacer unos recados** je suis allé faire des courses
recaer *vi* rechuter ; **~ en** (*responsabilidad*) retomber sur ; (*premio*) échoir à ; (*criminal*) retomber dans
recaída *nf* (*Med*) rechute *f*
recaiga *etc vb ver* **recaer**

recalcar *vt* (*fig*) souligner
recalcitrante *adj* récalcitrant(e)
recalentamiento *nm*: **~ global** réchauffement *m* global
recalentar *vt* réchauffer ; (*demasiado*) surchauffer ; **recalentarse** *vpr* se réchauffer
recaliente *etc vb ver* **recalentar**
recalque *etc vb ver* **recalcar**
recámara *nf* (*habitación*) dressing-room *m* ; (*de arma*) magasin *m* ; (*AM*) chambre *f*
recamarera (*MÉX*) *nf* domestique *f*
recambio *nm* (*de pieza*) pièce *f* détachée *o* de rechange ; (*de pluma*) recharge *f* ; **piezas de ~** pièces *fpl* détachées
recapacitar *vi* réfléchir
recapitular *vt* récapituler
recargable *adj* rechargeable
recargado, -a *adj* surchargé(e)
recargar *vt* recharger ; (*pago*) alourdir
recargo *nm* majoration *f* de prix
recargue *etc vb ver* **recargar**
recatado, -a *adj* réservé(e)
recato *nm* réserve *f*
recauchutado, -a *adj* rechapé(e)
recaudación *nf* recette *f* ; (*acción*) perception *f*
recaudador, a *nm/f* (*tb*: **recaudador de impuestos**) percepteur(-trice)
recaudar *vt* percevoir
recaudo *nm*: **estar a buen ~** être en lieu sûr ; **poner algo a buen ~** mettre qch en lieu sûr
recayendo *etc vb ver* **recaer**
rece *etc vb ver* **rezar**
recelar *vt*: **~ que** (*sospechar*) soupçonner que ; (*temer*) craindre que ▸ *vi* se méfier ; **recelarse** *vpr* se méfier
recelo *nm* (*desconfianza*) méfiance *f* ; (*temor*) crainte *f*
receloso, -a *adj* (*suspicaz*) méfiant(e) ; (*temeroso*) craintif(-ive)
recepción *nf* réception *f*
recepcionista *nmf* réceptionniste *mf*
receptáculo *nm* réceptacle *m*
receptivo, -a *adj* réceptif(-ive)
receptor, a *nm/f* réceptionnaire *mf* ▸ *nm* (*Telec, radio*) récepteur *m* ; **descolgar el ~** décrocher le récepteur
recesión *nf* récession *f*
receso *nm* (*descanso*) pause *f* ; (*AM*: *parlamentario*) intersession *f*, vacances *fpl* parlementaires
receta *nf* (*Culin*) recette *f* ; (*Med*) ordonnance *f*
recetar *vt* prescrire
recetario *nm* livre *m* de recettes
rechace *etc vb ver* **rechazar**
rechazar *vt* (*ataque, oferta*) repousser ; (*idea, acusación*) rejeter
rechazo *nm* rejet *m* ; (*sentimiento*) refoulement *m* ; **de ~** par ricochet
rechifla *nf* huées *fpl* ; (*fig*) risée *f*
rechinar *vi* grincer
rechistar *vi*: **sin ~** sans broncher
rechoncho, -a (*fam*) *adj* boulot(te)
rechupete: **de ~** *adj* à s'en lécher les babines *o* doigts
recibí *nm* reçu *m*
recibidor *nm* entrée *f*
recibimiento *nm* accueil *m*
recibir *vt, vi* recevoir ; **recibirse** *vpr* (*AM Escol*): **recibirse de** obtenir le diplôme de
recibo *nm* reçu *m* ; **acusar ~ de** accuser réception de
reciclable *adj* recyclable
reciclado, -a *adj* recyclé(e) ▸ *nm* recyclage *m*
reciclaje *nm* recyclage *m*
reciclar *vt* recycler
recién *adv* récemment ; (*AM*: *solo*) seulement ; **~ casado** jeune marié ; **el ~ llegado/nacido** le nouveau venu/-né ; **~ a las seis me enteré** (*AM*) je ne l'ai appris qu'à six heures
reciente *adj* récent(e) ; (*pan, herida*) frais (fraîche)
recientemente *adv* récemment
recinto *nm* enceinte *f* ; **~ ferial** parc *m* des expositions
recio, -a *adj* résistant(e) ; (*voz*) fort(e) ▸ *adv* fort, dur
recipiente *nm* (*objeto*) récipient *m* ; (*persona*) récipiendaire *mf*
reciprocidad *nf* réciprocité *f*
recíproco, -a *adj* réciproque
recital *nm* récital *m*
recitar *vt* réciter
reclamación *nf* réclamation *f* ; **~ salarial** revendication *f* salariale
reclamar *vt, vi* réclamer ; **~ a algn en justicia** assigner qn en justice
reclamo *nm* (*en caza*) appeau *m* ; (*incentivo*) appât *m* ; (*AND, CSUR*: *queja*) plainte *f* ; **~ publicitario** réclame *f*
reclinable *adj* inclinable ; **asiento ~** siège *m* inclinable
reclinar *vt* incliner ; **reclinarse** *vpr* s'incliner
recluir *vt* enfermer ; **recluirse** *vpr* vivre en reclus ; **recluirse en su casa** s'enfermer *o* se cloître chez soi
reclusión *nf* réclusion *f* ; (*voluntario*) retraite *f* ; **~ perpetua** réclusion à perpétuité
recluso, -a *adj* reclus(e) ; **población reclusa** population *f* pénitentiaire ▸ *nm/f* reclus(e)
recluta *nmf* recrue *f* ▸ *nf* recrutement *m*
reclutamiento *nm* recrutement *m*
reclutar *vt* recruter
recluyendo *etc vb ver* **recluir**
recobrar *vt* (*fuerzas*) récupérer ; (*salud*) recouvrer ; (*ciudad, conocimiento*) reprendre ; **~ el sentido** reprendre connaissance ; **recobrarse** *vpr*: **recobrarse (de)** se remettre (de)
recocer *vt* trop cuire
recochineo *nm* mise *f* en boîte
recodo *nm* coude *m*

r

recogedor *nm* pelle *f*
recogepelotas *nmf inv* ramasseur(-euse) de balles
recoger *vt* (*firmas, dinero*) recueillir ; (*fruta*) cueillir ; (*del suelo*) ramasser ; (*ordenar*) ranger ; (*juntar*) rassembler ; (*pasar a buscar*) prendre ; (*dar asilo*) recueillir ; (*plegar*) plier ; (*faldas, mangas*) retrousser ; (*polvo*) prendre ; **me recogieron en la estación** ils sont venus me chercher à la gare ; **recogerse** *vpr* se retirer ; (*pelo*) s'attacher
recogida *nf* (*Agr*) cueillette *f* ; (*de basura*) ramassage *m* ; (*de cartas*) levée *f* ; **horas de ~** heures *fpl* de levée ; **~ de datos** (*Inform*) saisie *f* de données ; **~ de equipajes** livraison *f* des bagages
recogido, -a *adj* (*lugar*) retiré(e) ; (*pequeño*) petit(e)
recogimiento *nm* recueillement *m*
recoja *etc vb ver* **recoger**
recolección *nf* (*Agr*) récolte *f* ; (*de datos, dinero*) collecte *f*
recolectar *vt* (*Agr*) récolter ; (*datos, dinero*) collecter
recolector, a *adj* collecteur(-trice) ; **camión ~ (de basura)** camion *m* poubelle ▸ *nm/f* (*Agr*) cueilleur(-euse)
recomencé *etc*, **recomencemos** *etc vb ver* **recomenzar**
recomendable *adj* recommandable ; **poco ~** peu recommandable
recomendación *nf* recommandation *f* ; **carta de ~** lettre *f* de recommandation
recomendar *vt* recommander
recomenzar *vt, vi* recommencer
recomience *etc vb ver* **recomenzar**
recomiende *etc vb ver* **recomendar**
recomienzo *etc vb ver* **recomenzar**
recompensa *nf* récompense *f* ; **como** *o* **en ~ por** en récompense de
recompensar *vt* récompenser
recompondré *etc vb ver* **recomponer**
recomponer *vt* réparer
recomponga *etc*, **recompuesto** *etc*, **recompuse** *etc vb ver* **recomponer**
reconciliación *nf* réconciliation *f*
reconciliar *vt* réconcilier ; **reconciliarse** *vpr* se réconcilier
recóndito, -a *adj* (*lugar*) retiré(e) ; **en lo más ~ de ...** au plus profond de ...
reconfortante *adj* réconfortant(e)
reconfortar *vt* réconforter
reconocer *vt* reconnaître ; **~ los hechos** reconnaître les faits ; **reconocerse** *vpr*: **reconocerse culpable** reconnaître sa culpabilité
reconocible *adj* reconnaissable
reconocido, -a *adj* reconnu(e)
reconocimiento *nm* reconnaissance *f* ; **~ de (la) voz** (*Inform*) reconnaissance vocale ; **~ óptico de caracteres** (*Inform*) reconnaissance optique de caractères
reconozca *etc vb ver* **reconocer**
reconquista *nf* reconquête *f*
reconquistar *vt* (*Mil, fig*) reconquérir
reconsiderar *vt* reconsidérer
reconstituyente *nm* reconstituant *m*
reconstrucción *nf* reconstruction *f* ; (*de suceso*) reconstitution *f*
reconstruir *vt* reconstruire ; (*suceso*) reconstituer
reconstruyendo *etc vb ver* **reconstruir**
reconversión *nf* reconversion *f*
reconvertir *vt* reconvertir
recopilación *nf* (*resumen*) résumé *m* ; (*colección*) recueil *m*, compilation *f*
recopilar *vt* compiler
récord ['rekorð] (*pl* **récords**) *adj inv* record ; **cifras ~** chiffres *mpl* records ▸ *nm* record *m* ; **batir el ~** battre le record
recordar *vt* se rappeler ; (*traer a la memoria*) rappeler ; **~ algo a algn** rappeler qch à qn ; **recuérdale que me debe 5 dólares** rappelle-lui qu'il me doit 5 dollars ; **creo ~** je crois me rappeler ; **me recuerda a su madre** elle me rappelle sa mère ▸ *vi* (*acordarse de*) se rappeler ; **que yo recuerde** pour autant que je me souvienne ; **si mal no recuerdo** si je me souviens bien
recordatorio *nm carte souvenir distribuée à l'occasion des premières communions, des enterrements etc*
recorrer *vt* parcourir ; (*registrar*) fouiller
recorrido *nm* parcours *msg* ; **tren de largo ~** train *m* grandes lignes
recortado, -a *adj* découpé(e) ; (*barba*) taillé(e)
recortar *vt* découper ; (*pelo*) rafraîchir ; (*presupuesto, gasto*) réduire ; **recortarse** *vpr* (*marcarse*) se détacher
recorte *nm* (*de telas, chapas: acto*) coupe *f* ; (*: fragmento*) découpure *f* ; (*de prensa*) coupure *f* ; (*de presupuestos, gastos*) compression *f* ; **~ salarial** réduction *f* de salaire
recostado, -a *adj* penché(e) ; **estar ~** être allongé(e)
recostar *vt* appuyer ; **recostarse** *vpr* s'appuyer
recoveco *nm* (*de camino, río*) détour *m* ; (*en casa*) coin *m*
recreación *nf* récréation *f*
recrear *vt* recréer ; **recrearse** *vpr*: **recrearse con/en** prendre plaisir à
recreativo, -a *adj* récréatif(-ive) ; **sala recreativa** salle *f* de jeux
recreo *nm* récréation *f*
recriminar *vt* reprocher ▸ *vi* récriminer
recrudecer *vi* redoubler d'intensité ; **recrudecerse** *vpr* redoubler d'intensité
recrudecimiento *nm* recrudescence *f*
recrudezca *etc vb ver* **recrudecer**

recta *nf* ligne *f* droite ; **~ final** dernière ligne droite
rectangular *adj* rectangulaire
rectángulo, -a *adj, nm* rectangle *m*
rectificable *adj* rectifiable ; **fácilmente ~** facile à rectifier *o* corriger
rectificación *nf* rectification *f*
rectificar *vt* rectifier ▸ *vi* se corriger
rectifique *etc vb ver* **rectificar**
rectitud *nf* rectitude *f*
recto, -a *adj* droit(e) ; **en el sentido ~ de la palabra** au sens strict du terme ▸ *nm* (*Anat*) rectum *m*
rector, a *adj, nm/f* recteur(-trice)
rectorado *nm* rectorat *m*
recua *nf* troupeau *m*, troupe *f* ; **una ~ de chiquillos** une ribambelle de gamins
recuadro *nm* case *f* ; (*Tip*) encadré *m*
recubrir *vt*: **~ (con)** recouvrir (de)
recuento *nm* décompte *m* ; **hacer el ~ de** faire le décompte de
recuerdo *vb ver* **recordar** ▸ *nm* souvenir *m* ; **« R~ de Mallorca »** « Souvenir de Majorque » ; **recuerdos** *nmpl* (*saludos*) amitiés *fpl* ; **¡recuerdos a tu madre!** amitiés à ta mère !
recueste *etc vb ver* **recostar**
recular *vi* reculer
recuperable *adj* récupérable
recuperación *nf* récupération *f* ; (*de enfermo*) rétablissement *m* ; (*Escol*) rattrapage *m* ; **~ de datos** (*Inform*) extraction *f* de données
recuperar *vt* récupérer ; (*Inform: archivo*) extraire, aller chercher ; **~ fuerzas** reprendre des forces ; **recuperarse** *vpr* récupérer
recurrente *adj* récurrent(e) ▸ *nmf* (*Jur*) appelant(e)
recurrir *vi* (*Jur*) faire appel ; **~ a algo/a algn** recourir à qch/à qn
recurso *nm* recours *msg* ; **como último ~** en dernier recours ; **recursos económicos/naturales** ressources *fpl* économiques/naturelles
recusación *nf* (*Jur*) récusation *f*
recusar *vt* (*Jur*) récuser
red *nf* (*tejido, trampa*) filet *m* ; (*organización*) réseau *m* ; **la R~** (*Internet*) le Net ; **estar conectado con la ~** être connecté au réseau ; **~ local** (*Inform*) réseau local ; **~ social** réseau social
redacción *nf* rédaction *f*
redactar *vt* rédiger
redactor, a *nm/f* rédacteur(-trice) ; **~ jefe** rédacteur(-trice) en chef
redada *nf* (*tb*: **redada policial**) descente *f*
redecilla *nf* filet *m*
redefinir *vt* redéfinir
redención *nf* rédemption *f*
redentor, a *adj* rédempteur(-trice)
redescubierto *pp ver* **redescubrir**
redescubrir *vt* redécouvrir
redicho, -a *adj* maniéré(e)
redil *nm* enclos *m*
redimir *vt* racheter
redistribución *nf* (*Com*) redistribution *f*
rédito *nm* (*Econ*) intérêt *m*
redoblar *vt* redoubler ▸ *vi* battre le tambour
redoble *nm* (*Mús*) roulement *m*
redomado, -a *adj* (*astuto*) rusé(e) ; **sinvergüenza ~** fieffée canaille *f*
redonda *nf* (*Mús*) ronde *f* ; **a la ~** à la ronde ; **en varios kilómetros a la ~** à plusieurs kilomètres à la ronde
redondear *vt* (*negocio, velada*) conclure ; (*cifra, objeto*) arrondir
redondel *nm* cercle *m* ; (*Taur*) arène *f*
redondo, -a *adj* rond(e) ; (*completo*) parfait(e) ; **en números redondos** en chiffres ronds ▸ *nm*: **~ de carne** (*Culin*) romsteck *m* ; **rehusar en ~** refuser en bloc
reducción *nf* réduction *f*
reduccionista *adj* réductionniste
reducido, -a *adj* réduit(e) ; **quedar ~ a** en être réduit(e) à
reducir *vt* réduire ; **el terremoto redujo la ciudad a escombros** le tremblement de terre a réduit la ville à l'état de ruines ; **~ las millas a kilómetros** convertir les milles en kilomètres ; **reducirse** *vpr* se réduire ; **reducirse a** (*fig*) se réduire à
reducto *nm* réduit *m*
reduje *etc vb ver* **reducir**
redundancia *nf* redondance *f*
redundante *adj* redondant(e)
redundar *vi*: **~ en beneficio de algn** tourner à l'avantage de qn
reduzca *etc vb ver* **reducir**
reedición *nf* réédition *f*
reeditar *vt* rééditer
reeducación *nf* rééducation *f*
reelección *nf* réélection *f*
reembolsable *adj* remboursable
reembolsar *vt* rembourser
reembolso *nm* remboursement *m* ; **enviar algo contra ~** envoyer qch contre remboursement ; **contra ~ del flete** port dû
reemplace *etc vb ver* **reemplazar**
reemplazar *vt* (*tb Inform*) remplacer
reemplazo *nm* remplacement *m* ; **de ~** (*Mil*) du contingent
reencarnación *nf* réincarnation *f*
reencarnar *vt* réincarner ; **reencarnarse** *vpr* se réincarner ; **reencarnarse en algn/algo** se réincarner en qn/qch
reencontrarse *vpr* se retrouver
reencuentro *nm* retrouvailles *fpl*
reengancharse *vpr* (*Mil*) rempiler
reenviar *vt* (*a diferente dirección*) faire suivre ; (*al remitente*) renvoyer
reescribible *adj* réinscriptible

r

reescribir *vt* récrire
reestreno *nm*: **película de ~** reprise *f*
reestructuración *nf* restructuration *f*
reestructurar *vt* restructurer
reexpedir *vt* réexpédier
reexportación *nf* réexportation *f*
reexportar *vt* réexporter
REF (ESP) *sigla m* (*Econ*: = *Régimen económico fiscal*) *régime fiscal*
Ref.ª *abr* (= *referencia*) réf. (= *référence*)
refacción *nf* (AM *Tec*) réfection *f* ; **refacciones** *nfpl* (*reparaciones*) travaux *mpl* de réfection ; (MÉX: *piezas de repuesto*) pièces *fpl* détachées
referencia *nf* référence *f* ; **con ~ a** en ce qui concerne ; **hacer ~ a** faire référence à ; **~ comercial** (*Com*) référence commerciale ; **referencias** *nfpl* (*de trabajo*) références *fpl*
referéndum (*pl* **referéndums**) *nm* référendum *m*
referente *adj*: **~ a** relatif(-ive) à
referir *vt* rapporter ; **~ al lector a un apéndice** renvoyer le lecteur à un appendice ; **~ a** (*Com*) convertir en ; **referirse** *vpr*: **referirse a** se référer à ; **por lo que se refiere a eso** en ce qui concerne cela
refiera *etc vb ver* **referir**
refilón: **de ~** *adv* en passant ; **mirar a algn de ~** jeter un regard oblique à qn
refinado, -a *adj* raffiné(e)
refinamiento *nm* raffinement *m* ; **~ por pasos** (*Inform*) approximations *fpl* successives
refinar *vt* (*petróleo, azúcar*) raffiner ; (*modales*) affiner
refinería *nf* raffinerie *f*
refiriendo *etc vb ver* **referir**
reflectante *adj* réfléchissant(e)
reflector *nm* réflecteur *m* ; (*Aviat, Mil*) projecteur *m*
reflejar *vt* refléter ; **reflejarse** *vpr* se refléter
reflejo, -a *adj* réflexe ▸ *nm* reflet *m* ; (*Anat*) réflexe *m* ; **reflejos** *nmpl* (*en el pelo*) reflets *mpl* ; **pelo castaño con reflejos rubios** cheveux châtains à reflets blonds
réflex (*Foto*) *adj inv* reflex ▸ *nf inv* reflex *m*
reflexión *nf* réflexion *f*
reflexionar *vi* réfléchir ; **~ sobre** réfléchir sur ; **¡reflexione!** réfléchissez !
reflexivo, -a *adj* (*carácter*) réflexif(-ive) ; (*Ling*) réfléchi(e)
reflexología *nf* réflexologie *f*
reflotar *vt* (*barco*) remettre à flot ; (*empresa, negocio*) remettre à flot, redresser
refluir *vi* refluer
reflujo *nm* reflux *m*
refluyendo *etc vb ver* **refluir**
reforcé *etc*, **reforcemos** *etc vb ver* **reforzar**
reforestación *nf* reforestation *f*, reboisement *m*
reforma *nf* réforme *f* ; **~ agraria/económica/educativa** réforme agraire/économique/de l'enseignement ; **reformas** *nfpl* (*obras*) rénovation *f*, travaux *mpl*
reformar *vt* réformer ; (*texto*) refondre ; (*Arq*) rénover ; **reformarse** *vpr* se réformer
reformatorio *nm* (*tb*: **reformatorio de menores**) maison *f* de redressement *o* correction
reformista *adj* réformiste
reforzamiento *nm* renforcement *m*
reforzar *vt* renforcer
refracción *nf* réfraction *f*
refractario, -a *adj* réfractaire ; **ser ~ a** être réfractaire à
refrán *nm* proverbe *m*
refranero *nm* recueil *m* de proverbes
refregar *vt* frotter
refrenar *vt* (*deseos*) refréner ; (*caballo*) brider
refrendar *vt* ratifier
refrescante *adj* rafraîchissant(e)
refrescar *vt* rafraîchir ▸ *vi* se rafraîchir ; **refrescarse** *vpr* se rafraîchir
refresco *nm* rafraîchissement *m* ; **de ~** (*jugador, tropas*) de renfort
refresque *etc vb ver* **refrescar**
refriega *vb ver* **refregar** ▸ *nf* bagarre *f*
refriegue *etc vb ver* **refregar**
refrigeración *nf* réfrigération *f* ; **sistema de ~** système *m* de réfrigération
refrigerado, -a *adj* réfrigéré(e)
refrigerador (*esp* AM) *nm*, **refrigeradora** (AM) *nf* réfrigérateur *m*
refrigerar *vt* réfrigérer
refrigerio *nm* (*comida*) collation *f* ; (*bebida*) rafraîchissement *m*
refrito *nm* (*Culin*): **preparar un ~ de cebolla** faire revenir des oignons
refucilo (AND, CSUR) *nm* éclair *m*
refuerce *vb ver* **reforzar**
refuerzo *vb ver* **reforzar** ▸ *nm* renfort *m* ; **refuerzos** *nmpl* (*Mil*) renforts *mpl*
refugiado, -a *nm/f* réfugié(e)
refugiarse *vpr* se réfugier
refugio *nm* refuge *m* ; **~ de montaña** refuge ; **~ atómico/subterráneo** abri *m* antiatomique/souterrain
refulgencia *nf* éclat *m*
refulgir *vi* resplendir
refulja *etc vb ver* **refulgir**
refundir *vt* refondre
refunfuñar *vi* ronchonner
refunfuñón, -ona (*fam*) *adj* grognon(ne) ▸ *nm/f* ronchonneur(-euse)
refusilo (AND, CSUR) *nm* = **refucilo**
refutación *nf* réfutation *f*
refutar *vt* réfuter
regadera *nf* arrosoir *m* ; (MÉX: *ducha*) douche *f* ; **estar como una ~** (*fam*) travailler du chapeau (*fam*)
regadío *nm* irrigation *f* ; **tierras de ~** terres *fpl* irriguées

regalado, -a *adj* (*gratis*) offert(e) ; (*vida*) de château ; **lo tuvo ~** on le lui a apporté sur un plateau ; **a precios regalados** à un prix dérisoire
regalar *vt* offrir ; (*mimar*) cajoler ; **regalarse** *vpr*: **regalarse (con)** se régaler (de)

> ⚠ **Regalar** ne signifie pas *régaler*, qui se traduit par **obsequiar con** en espagnol.

regalía *nf* privilège *m* ; (*por derechos*) redevance *f*
regaliz *nm* réglisse *m o f*
regalo *nm* cadeau *m* ; (*gusto*) régal *m* ; (*comodidad*) aisance *f*
regañadientes: **a ~** *adv* en rechignant
regañar *vt* gronder ▸ *vi* se fâcher ; (*dos personas*) se disputer
regañina *nf*: **echar una ~ a algn** tirer les oreilles à qn
regañón, -ona *adj* ronchon(ne)
regar *vt* arroser ; (*fig*) semer
regata *nf* régate *f*
regate *nm* feinte *f*
regatear *vt* marchander ; **no ~ esfuerzos** ne pas ménager ses efforts ▸ *vi* (*Com*) marchander ; (*Deporte*) feinter
regateo *nm* (*Com*) marchandage *m*
regazo *nm* giron *m*
regencia *nf* régence *f*
regeneración *nf* régénération *f*
regenerar *vt* régénérer
regentar *vt* (*empresa, negocio*) diriger ; (*bar*) tenir ; (*puesto*) être à la tête de
regente, -a *adj* (*príncipe*) régent(e) ▸ *nm/f* (*Com*) gérant(e) ; (*Pol*) régent(e) ; (*Méx: alcalde*) maire *m*
reggaetón *nm* (*Mús*) = **reguetón**
regidor, a *adj* (*Pol*) dirigeant(e) ▸ *nm/f* (*de TV, teatro*) régisseur(-euse)
régimen (*pl* **regímenes**) *nm* régime *m* ; **estar/ponerse a ~** être/se mettre au régime
regimiento *nm* régiment *m*
regio, -a *adj* royal(e) ; (*Am fam*) formidable
regiomontano, -a (*Méx*) *adj* de Monterey ▸ *nm/f* natif(-ive) *o* habitant(e) de Monterey
región *nf* région *f*
regional *adj* régional(e)
regir *vt* (*Econ, Jur, Ling*) régir ▸ *vi* (*ley*) être en vigueur ; **mi abuela ya no rige** ma grand-mère perd la tête
registrado, -a (*Méx*) *adj* (*Correos*) recommandé(e)
registrador, a *nm/f* conservateur(-trice) des hypothèques
registrar *vt* fouiller ; (*anotar*) inscrire ; **registrarse** *vpr* (*inscribirse*) s'inscrire ; (*ocurrir*) avoir lieu
registro *nm* registre *m* ; (*inspección*) fouille *f* ; (*de datos*) enregistrement *m* ; (*oficina*) bureau *m* d'enregistrement ; **~ civil** état *m* civil ; **~ de la propiedad** bureau des hypothèques ; **~ electoral** registre électoral
regla *nf* règle *f* ; **en ~** en règle ; **por ~ general** en règle générale ; **las reglas del juego** les règles du jeu
reglamentación *nf* réglementation *f*
reglamentar *vt* réglementer
reglamentariamente *adv* réglementairement
reglamentario, -a *adj* réglementaire ; **en la forma reglamentaria** en bonne et due forme
reglamento *nm* règlement *m* ; **~ del tráfico** code *m* de la route
reglar *vt* régler
regocijarse *vpr*: **~ de** *o* **por** se réjouir de
regocijo *nm* réjouissance *f*
regodearse *vpr*: **~ con** *o* **en algo** se délecter de qch ; (*pey*) se réjouir de qch
regodeo *nm* délectation *f*
regordete (*fam*) *adj* rondelet(te)
regresar *vi* revenir ; (*a casa*) rentrer ▸ *vt* (*Méx: devolver*) rendre ; **regresarse** *vpr* (*Am*) retourner
regresión *nf* (*tb Psico*) régression *f* ; **~ demográfica** recul *m o* déclin *m* démographique
regresivo, -a *adj* régressif(-ive)
regreso *nm* retour *m* ; **estar de ~** être de retour
regué *etc*, **reguemos** *etc vb ver* **regar**
reguero *nm* traînée *f* ; **como un ~ de pólvora** comme une traînée de poudre
reguetón *nm* (*Mús*) reggaetón *m*, reggaeton *m*
regulable *adj* réglable
regulación *nf* (*control*) régulation *f* ; (*Tec*) réglage *m* ; **~ de empleo** régulation de l'emploi ; **~ del tráfico** régulation du trafic
regulador, a *adj* régulateur(-trice) ▸ *nm* régulateur *m* ; **~ cardíaco** stimulateur *m* cardiaque
regular *adj* régulier(-ière) ; (*mediano*) moyen(ne) ; (*fam: no bueno*) médiocre ; **línea ~** (*Aviat*) ligne *f* régulière ; **por lo ~** en général ▸ *adv* comme ci, comme ça ▸ *vt* régler ; (*normas, salarios*) contrôler
regularice *etc vb ver* **regularizar**
regularidad *nf* régularité *f* ; **con ~** régulièrement
regularizar *vt* régulariser
regularmente *adv* régulièrement
regusto *nm* arrière-goût *m*
rehabilitación *nf* (*de enfermo*) rééducation *f* ; (*Arq, de memoria*) réhabilitation *f*
rehabilitar *vt* (*enfermo*) rééduquer ; (*Arq, memoria*) réhabiliter
rehacer *vt* refaire ; **va a ~ su vida** il va refaire sa vie ; **rehacerse** *vpr* se rétablir
rehaga *etc*, **reharé** *etc vb ver* **rehacer**
rehaz *vb ver* **rehacer**

rehecho, -a *pp de* **rehacer**
rehén *nmf* otage *mf*
rehice *etc*, **rehizo** *etc vb ver* **rehacer**
rehogar *vt* (*Culin*) faire revenir
rehuir *vt* fuir
rehusar *vt, vi* refuser
rehuyendo *etc vb ver* **rehuir**
reimpresión *nf* réimpression *f*
reina *nf* reine *f* ; **~ de (la) belleza/de las fiestas** reine de beauté/de la fête ; **prueba ~** épreuve *f* phare
reinado *nm* règne *m*
reinante *adj* régnant(e)
reinar *vi* régner
reincidente *adj, nmf* récidiviste *mf*
reincidir *vi* (*Jur*) récidiver ; **~ (en)** (*recaer*) retomber (dans)
reincorporación *nf* réincorporation *f*
reincorporarse *vpr*: **~ a** (*equipo*) réintégrer ; (*trabajo*) reprendre ; (*Mil*) être réincorporé(e) dans
reineta *adj f*: **manzana ~** pomme *f* reinette ▸ *nf* reinette *f*
reingresar *vi*: **~ en** retourner à
reiniciar *vt* (*Inform*) redémarrer
reino *nm* royaume *m* ; **~ animal/vegetal** règne *m* animal/végétal ; **el R~ Unido** le Royaume-Uni
reinserción *nf*: **~ social** réinsertion *f* sociale
reintegración *nf* réintégration *f*
reintegrar *vt* réintégrer ; **reintegrarse** *vpr*: **reintegrarse a** réintégrer
reintegro *nm* remboursement *m* ; (*en banco*) retrait *m*
reinventar *vt* réinventer
reinversión *nm* réinvestissement *m*
reír *vi* rire ; **~ entre dientes** rire sous cape ; **reírse** *vpr* rire ; **reírse de** rire de
reiteración *nf* réitération *f*, répétition *f* ; **llamada de ~** (*Com*) appel *m* de suivi
reiteradamente *adv* à plusieurs reprises
reiterado, -a *adj* réitéré(e)
reiterar *vt* réitérer ; **reiterarse** *vpr*: **reiterarse en algo** réaffirmer qch
reiterativo, -a *adj* réitératif(-ive)
reivindicación *nf* revendication *f*
reivindicar *vt* revendiquer
reivindicativo, -a, reivindicatorio, -a *adj* revendicatif(-ive)
reivindique *etc vb ver* **reivindicar**
reja *nf* grille *f*
rejego, -a (*Méx fam*) *adj* rebelle
rejilla *nf* grillage *m* ; (*en muebles*) cannage *m* ; (*en hornillo, de ventilación*) grille *f* ; (*para equipaje*) filet *m*
rejoneador *nm* (*Taur*) *sorte de picador*
rejuvenecer *vt, vi* rajeunir
rejuvenezca *etc vb ver* **rejuvenecer**
relación *nf* relation *f* ; (*lista*) liste *f* ; (*narración*) récit *m* ; **con ~ a, en ~ con** par rapport à ; **estar en** *o* **tener buenas relaciones con** être en bons termes avec ; **~ calidad-precio** rapport *m* qualité-prix ; **~ costo-efectivo** *o* **costo rendimiento** (*Com*) rapport coût-efficacité ; **relaciones carnales/sexuales** relations charnelles/sexuelles ; **relaciones comerciales** relations commerciales ; **relaciones humanas/laborales** relations humaines/industrielles ; **relaciones públicas** relations publiques ; **relaciones** *nfpl* (*enchufes*) relations *fpl*
relacionar *vt* relier ; **relacionarse** *vpr*: **relacionarse con** fréquenter
relajación *nf* relaxation *f*
relajado, -a *adj* relâché(e) ; (*costumbres, moral*) dissolu(e) ; (*ambiente, persona*) détendu(e)
relajante *adj* reposant(e) ; (*Med*) laxatif(-ive)
relajar *vt* (*mente, cuerpo*) décontracter ; (*disciplina, moral*) relâcher ; **relajarse** *vpr* (*distraerse*) se détendre ; (*corromperse*) se relâcher
relajo *nm* (*esp CAm, Méx: alboroto*) tumulte *m* ; (*Carib, CAm, Méx: libertinaje*) débauche *f*
relamerse *vpr* se pourlécher
relamido, -a (*pey*) *adj* (*pulcro*) bichonné(e) ; (*afectado*) collet monté *inv*
relámpago *adj inv*: **visita/huelga ~** visite *f*/grève *f* éclair ▸ *nm* éclair *m* ; **como un ~** comme un éclair
relampaguear *vi* étinceler
relanzar *vt* relancer
relatar *vt* relater
relatividad *nf* relativité *f*
relativizar *vt* relativiser
relativo, -a *adj* relatif(-ive) ; **en lo ~ a** en ce qui concerne
relato *nm* récit *m*
relax [re'laks] *nm* relax *m*
releer *vt* relire
relegar *vt* reléguer ; **~ algo al olvido** jeter qch aux oubliettes
relegue *etc vb ver* **relegar**
relevante *adj* important(e)
relevar *vt* relever ; **~ a algn de su cargo** relever qn de ses fonctions ; **relevarse** *vpr* se relayer
relevo *nm* relève *f* ; **carrera de relevos** course *f* de relais ; **coger** *o* **tomar el ~** prendre le relais
relieve *nm* relief *m* ; **bajo ~** bas-relief *m* ; **un personaje de ~** un personnage important ; **dar ~ a** mettre en valeur ; **poner de ~** mettre en relief
religión *nf* religion *f*
religiosamente *adv* religieusement
religiosidad *nf* (*devoción*) religiosité *f* ; (*puntualidad, exactitud*) scrupule *m*, exactitude *f*
religioso, -a *adj, nm/f* religieux(-euse)
relinchar *vi* hennir
relincho *nm* hennissement *m*

reliquia *nf* relique *f* ; **reliquias del pasado** vestiges *mpl* du passé

rellano *nm* (*Arq*) palier *m*

rellenar *vt* remplir ; (*Culin*) farcir ; (*Costura*) rembourrer

relleno, -a *adj* plein(e) ; (*Culin*) farci(e) ▸ *nm* (*Culin*) farce *f* ; (*de cojín*) rembourrage *m* ; (*fig*) remplissage *m*

reloj [re'lo(x)] *nm* horloge *f* ; (*de pulsera*) montre *f* ; **como un ~** comme du papier à musique ; **contra ~** contre la montre ; **~ de pie** horloge de parquet ; **~ (de pulsera)** montre ; **~ de sol** cadran *m* solaire ; **~ despertador** réveille-matin *m inv* ; **~ digital** montre à affichage numérique

relojería *nf* horlogerie *f* ; **aparato de ~** mécanisme *m* d'horlogerie ; **bomba de ~** bombe *f* à retardement

relojero, -a *nm/f* horloger(-ère)

reluciente *adj* reluisant(e)

relucir *vi* reluire ; (*fig*) briller ; **sacar algo a ~** mettre qch sur le tapis

relumbrante *adj* reluisant(e)

relumbrar *vi* reluire

relumbrón *nm* faux brillant *m*, tape-à-l'œil *m* (*fam*) ; **vestirse de ~** porter des oripeaux ; **joyas de ~** des bijoux clinquants

reluzca *etc vb ver* **relucir**

remachar *vt* river ; (*fig*) insister sur

remache *nm* rivet *m*

remanente *nm* (*resto*) reste *m* ; (*Com*) surplus *msg* ; (*de producto*) excédent *m*

remangarse *vpr* retrousser ses manches

remanso *nm* (*de río*) bras *msg* mort

remar *vi* ramer

remarcar *vt* (*volver a marcar*) remarquer ; (*esp* AM: *subrayar*) souligner ; (COL, CSUR: *precio*) augmenter

rematadamente *adv* complètement, terriblement ; **~ mal** terriblement mal ; **es ~ tonto** il est complètement idiot

rematado, -a *adj*: **loco ~** fou à lier

rematador, a *nm/f* (*Deporte*) buteur(-euse) ; (AND, CSUR) commissaire-priseur(-euse)

rematar *vt* achever ; (*trabajo*) parfaire ; (*Com*) liquider ; (*Costura*) arrêter ▸ *vi* (*en fútbol*) tirer ; **~ de cabeza** faire une tête

remate *nm* fin *f* ; (*extremo*) couronnement *m* ; (*Deporte*) tir *m* ; (*Arq*) sommet *m* ; (*Com*) liquidation *f* ; **de ~** (*tonto*) complètement ; **para ~** pour couronner le tout

remecer *vt* secouer

remediable *adj* remédiable

remediar *vt* remédier à ; (*evitar*) éviter ; **sin poder remediarlo** sans pouvoir y remédier

remedio *nm* remède *m* ; (*Jur*) recours *msg* ; **poner ~ a** remédier à ; **no tener más ~** ne pas avoir le choix ; **¡qué ~!** c'est comme ça !, on n'y peut rien ! ; **como último ~** en dernier ressort ; **sin ~** (*inevitablemente*) irrémédiablement

remedo *nm* imitation *f* ; (*pey*) contrefaçon *f*

rememorar *vt* remémorer

remendar *vt* raccommoder ; (*con parche*) rapiécer

remera (ARG) *nf* tee-shirt *m*

remero, -a *nm/f* rameur(-euse) ▸ *nm* (*máquina*) rameur *m*

remesa *nf* (*tb Com*) envoi *m*

remezón (AND, CSUR) *nm* secousse *f*

remiendo *vb ver* **remendar** ▸ *nm* raccommodage *m* ; (*con parche*) rapiéçage *m* ; (*fig*) arrangement *m*

remilgado, -a *adj* (*melindroso*) minaudier(-ière) ; (*afectado*) maniéré(e)

remilgo *nm* (*melindre*) minauderie *f* ; (*afectación*) manière *f*

reminiscencia *nf* réminiscence *f*

remirar *vt* revoir

remisión *nf* (*envío*) remise *f* ; (MÉX *Com*) envoi *m* ; (*Rel*) rémission *f* ; **sin ~** sans rémission

remiso, -a *adj* réticent(e)

remite *nm* expéditeur *m*

remitente *nmf* expéditeur(-trice)

remitir *vt* envoyer ▸ *vi* (*tempestad*) se calmer ; (*fiebre*) baisser ; **remitirse** *vpr*: **remitirse a** s'en remettre à

remo *nm* rame *f* ; **cruzar un río a ~** traverser un fleuve à la rame

remoce *etc vb ver* **remozar**

remodelación *nf* (*Pol*) remaniement *m*

remojar *vt* laisser tremper ; (*fam: celebrar*) arroser

remojo *nm*: **dejar la ropa en ~** laisser tremper le linge

remojón *nm*: **darse un ~** (*por lluvia*) prendre une douche ; (*en mar, río*) prendre un bain

remolacha *nf* betterave *f*

remolcador *nm* remorqueur *m*

remolcar *vt* remorquer

remolino *nm* remous *msg* ; (*de pelo*) épi *m*

remolón, -ona *adj* feignant(e) ▸ *nm/f* tire-au-flanc *m inv*, feignant(e)

remolonear *vi* traînasser, lambiner

remolque *vb ver* **remolcar** ▸ *nm* remorque *f* ; (*cuerda*) câble *m* de remorquage ; **llevar a ~** prendre en remorque

remontar *vt* remonter ; (*obstáculo*) surmonter ; **~ el vuelo** monter en flèche ; **remontarse** *vpr* s'élever ; **remontarse a** (*Com*) s'élever à ; (*en tiempo*) remonter à

rémora *nf* (*pez*) rémora *m* ; (*obstáculo*) obstacle *m*

remorder *vt* causer du remords à ; **me remuerde la conciencia** j'ai des remords

remordimiento *nm* remords *msg*

remotamente *adv*: **ni ~** de loin

remoto, -a *adj* éloigné(e)

remover *vt* remuer

remozar *vt* (*Arq*) rafraîchir

remuerda *etc vb ver* **remorder**

r

remueva *etc vb ver* **remover**
remuneración *nf* rémunération *f*
remunerado, -a *adj*: **trabajo bien/mal ~** travail *m* bien/mal rémunéré
remunerar *vt* rémunérer
renacentista *adj* de la Renaissance, Renaissance
renacer *vi* renaître
renacimiento *nm* renaissance *f*; **el R~** la Renaissance
renacuajo *nm* têtard *m*
renal *adj* rénal(e)
Renania *nf* Rhénanie *f*
renazca *etc vb ver* **renacer**
rencilla *nf* querelle *f*
rencor *nm* (*resentimiento*) rancœur *f*; **guardar ~ a** garder rancune à
rencoroso, -a *adj* rancunier(-ière)
rendición *nf* reddition *f*
rendido, -a *adj* épuisé(e); **~ a sus encantos/a su belleza** fasciné(e) par son charme/sa beauté; **su ~ admirador** votre fervent admirateur
rendija *nf* fente *f*
rendimiento *nm* rendement *m*; **sacar ~ a algo** tirer parti de qch; **alto/bajo ~** haut/bas rendement; **~ de capital** (*Com*) rémunération *f* du capital; **~ de trabajo** revenu *m* du travail
rendir *vt* rapporter; (*agotar*) épuiser; (*entregar*) livrer; **~ homenaje/culto a** rendre hommage/un culte à; **~ cuentas a algn** rendre des comptes à qn ▸ *vi* (*Com*) rapporter; **el negocio no rinde** les affaires ne rapportent rien; **rendirse** *vpr* (*cansarse*) s'épuiser
renegado, -a *adj, nm/f* (*Rel*) renégat(e)
renegar *vi* renier; (*quejarse*) grommeler; (*con imprecaciones*) blasphémer
renegociación *nf* renégociation *f*
renegociar *vt* renégocier
renegué *etc*, **reneguemos** *etc vb ver* **renegar**
RENFE, Renfe *sigla f* (*Ferro: = Red Nacional de los Ferrocarriles Españoles*) *société nationale des chemins de fer espagnols*
renglón *nm* ligne *f*; (*Com*) chapitre *m*; **a ~ seguido** aussitôt après
rengo, -a (*esp* AM) *adj* boiteux(-euse)
renguera (AM) *nf* claudication *f*
reniego *etc*, **reniegue** *etc vb ver* **renegar**
reno *nm* renne *m*
renombrado, -a *adj* renommé(e)
renombrar *vt* (*Inform: archivo*) rebaptiser
renombre *nm* renom *m*; **de ~** de renom
renovable *adj* renouvelable
renovación *nf* (*de contrato, sistema*) renouvellement *m*; (*Arq*) rénovation *f*
renovador, a *adj, nm/f* (*tb Pol*) rénovateur(-trice) ▸ *nm*: **~ de muebles** restaurateur de meubles
renovar *vt* renouveler; (*Arq*) rénover
renquear *vi* boiter; (*fam*) tirer au flanc
renta *nf* revenu *m*; (*esp* AM: *alquiler*) loyer *m*; **política de rentas** politique *f* salariale; **vivir de las rentas** vivre de ses rentes; **~ disponible** revenu (individuel) disponible; **~ gravable** *o* **imponible** revenu imposable; **~ nacional (bruta)** revenu national (brut); **~ no salarial** rente *f*; **~ sobre el terreno** (*Com*) revenu foncier; **~ vitalicia** rente viagère
rentabilidad *nf* rentabilité *f*
rentabilizar *vt* rentabiliser
rentable *adj* rentable; **no ~** non rentable
rentar *vt* rapporter; (AM: *alquilar*) louer
rentista *nmf* rentier(-ière)
renuencia *nf* réticence *f*
renueve *etc vb ver* **renovar**
renuncia *nf* renonciation *f*; (*dimisión*) émission *f*
renunciar *vi* renoncer; **~ a hacer algo** renoncer à faire qch
reñido, -a *adj* (*batalla, debate, votación*) serré(e); **estar ~ con algn** être brouillé(e) avec qn; **estar ~ con algo** (*conceptos etc*) être incompatible avec qch; **está ~ con su familia** il est brouillé avec sa famille
reñir *vt* gronder ▸ *vi* (*pareja, amigos*) se disputer; (*físicamente*) se battre
reo *nmf* (*Jur*) accusé(e); **~ de muerto** condamné à mort
reojo: **de ~** *adv* (*mirar*) du coin de l'œil
reorganice *etc vb ver* **reorganizar**
reorganización *nf* réorganisation *f*
reorganizar *vt* réorganiser
reorientación *nf* réorientation *f*
reorientar *vt* réorienter, donner une nouvelle orientation à
Rep. *abr* = **República**
repanchigarse (*fam*), **repantigarse** (*fam*) *vpr* se vautrer (*fam*); **estar repanchigado en un sillón** être vautré dans un fauteuil
reparación *nf* réparation *f*; **« reparaciones en el acto »** (*calzado*) « talon minute »
reparador, a *adj* (*sueño*) réparateur(-trice); (*comida*) reconstituant(e) ▸ *nm/f* (*persona*) réparateur(-trice), dépanneur(-euse)
reparar *vt* réparer ▸ *vi*: **~ en** (*darse cuenta de*) s'apercevoir de; (*poner atención en*) remarquer; **sin ~ en los gastos** sans regarder à la dépense
reparo *nm* (*duda*) doute *m*; (*inconveniente*) problème *m*; (*escrúpulo*) scrupule *m*; **poner reparos** formuler des objections; **poner reparos a algo** contester qch; **no tuvo ~ en hacerlo** il n'a eu aucun scrupule à le faire
repartición *nf* répartition *f*; (CSUR *Admin*) département *m*
repartidor, a *nm/f* livreur(-euse)
repartir *vt* distribuer; (*Com*) livrer; (*riquezas*) répartir

reparto nm (de dinero, poder) répartition f ; (Com) livraison f ; (Cine, Correos) distribution f ; (AM: urbanización) lotissement m ; « **~ a domicilio** » « livraison à domicile »
repasador (CSUR) nm (trapo de secar) torchon m
repasar vt réviser
repaso nm révision f ; **curso de ~** cours m de rattrapage ; **~ general** révision générale
repatriación nf rapatriement m
repatriar vt rapatrier ; **repatriarse** vpr être rapatrié(e)
repecho nm côte f, raidillon m
repelente adj repoussant(e) ; (resabido) odieux(-euse)
repeler vt (Elec, enemigo) repousser ; (insecto) éloigner ; (suj: idea, contacto) répugner
repelús (fam) nm: **me da ~** (miedo) ça me donne la chair de poule (fam) ; (repugnancia) ça me répugne
repensar vt reconsidérer
repente nm accès msg ; **de ~** soudain ; **~ de ira** accès de colère
repentice etc vb ver **repentizar**
repentinamente adv subitement
repentino, -a adj (súbito) subit(e) ; (inesperado) inopiné(e)
repentizar vi, vt (Mús) déchiffrer
repercusión nf répercussion f ; **de amplia ~** d'une grande portée
repercutir vi se répercuter ; **~ en** (fig) se répercuter sur
repertorio nm répertoire m
repesca (fam) nf (Escol) repêchage m
repetición nf répétition f ; **escopeta/fusil de ~** fusil m de chasse/fusil à répétition
repetidamente adv à plusieurs reprises
repetido, -a adj (frase) répandu(e) ; **repetidas veces** à plusieurs reprises ; **lo tengo ~** je l'ai en double
repetidor, a nm/f (Escol) répétiteur(-trice) ▸ nm (de radio, TV) relais msg
repetir vt répéter ; (Escol) redoubler ; (plato, Teatro) reprendre ▸ vi (Escol) redoubler ; (sabor) revenir ; (en comida) en reprendre ; **repetirse** vpr se répéter
repetitivo, -a adj répétitif(-ive)
repicar vi (campanas) sonner, carillonner
repiense etc vb ver **repensar**
repintarse vpr se maquiller exagérément
repipi nmf bêcheur(-euse)
repique vb ver **repicar** ▸ nm (de campanas) carillonnement m
repiqueteo nm (de campanas) carillonnement m
repisa nf étagère f ; (Arq) console f ; (de chimenea) dessus msg ; (de ventana) rebord m
repitiendo etc vb ver **repetir**
replanteamiento nm reconsidération f, réexamen m
replantear vt reconsidérer
replegarse vpr se replier
replegué etc, **repleguemos** etc vb ver **replegarse**
repleto, -a adj plein(e) ; **~ de** plein(e) de ; **estoy ~** je suis repu(e)
réplica nf réplique f ; **derecho de ~** droit m de réponse
replicar vt, vi répliquer ; **¡no repliques!** et pas de discussion !
repliego etc vb ver **replegarse**
repliegue vb ver **replegarse** ▸ nm (Mil) repli m
replique etc vb ver **replicar**
repoblación nf repeuplement m ; **~ forestal** reboisement m
repoblar vt repeupler ; (bosque) reboiser
repollo nm chou m
repondré etc vb ver **reponer**
reponer vt (volver a poner) réinstaller ; (reemplazar) remplacer ; (Teatro) reprendre ; **~ que** répondre que ; **reponerse** vpr se remettre
reponga etc vb ver **reponer**
reportaje nm reportage m ; **~ gráfico** reportage photographique
reportar vt rapporter ; **el asunto no le reportó más que disgustos** cette histoire ne lui a rapporté que des ennuis ; **reportarse** vpr (refrenarse) se calmer
reporte (MÉX) nm reportage m
reportero, -a nm/f reporter m ; **~ gráfico** reporter photographe
reposabrazos nm inv accoudoir m
reposacabezas nm inv appui-tête m
reposado, -a adj reposé(e) ; (tranquilo) calme
reposar vi reposer
reposera (CSUR) nf chaise longue f, transat m
reposición nf (de dinero) réinvestissement m ; (maquinaria) remplacement m ; (Cine, Teatro) reprise f
reposo nm repos msg ; **en ~** en repos
repostar vt se ravitailler en ▸ vi se ravitailler ; (Auto) se ravitailler en carburant
repostería nf pâtisserie f
repostero, -a nm/f pâtissier(-ière) ▸ nm (AND, CHI) garde-manger m
reprender vt (persona) réprimander ; (comportamiento) blâmer
reprensión nf réprimande f
represa nf barrage m
represalia nf représailles fpl ; **tomar represalias** exercer des représailles
representación nf représentation f ; **en ~ de** en représentation de ; **por ~** par représentation ; **~ visual** (Inform) représentation visuelle
representante nmf (Pol, Com) représentant(e) ; (de artista) agent m ; **~ diplomático(-a)** (Pol) représentant(e) diplomatique

representar *vt* représenter ; (*significar*) signifier ; **tal acto representaría la guerra** une telle action entraînerait la guerre ; **representarse** *vpr* se représenter
representativo, -a *adj* représentatif(-ive) ; **cargo** ~ fonction *f* représentative
represión *nf* répression *f*
represivo, -a, represor, a *adj* répressif(-ive)
reprimenda *nf* réprimande *f*
reprimir *vt* réprimer ; **reprimirse** *vpr*: **reprimirse de hacer algo** se retenir de faire qch
reprise, reprís [re'pris] *nm*, (*a veces*) *nf* (*Auto*) reprise *f*
reprobable *adj* répréhensible, condamnable, blâmable
reprobación *nf* réprobation *f*
reprobar *vt* réprouver ; (*Am Escol*) ajourner
réprobo, -a *nm/f* réprouvé(e)
reprochar *vt* reprocher
reproche *nm* reproche *m*
reproducción *nf* reproduction *f*
reproducir *vt* reproduire ; **reproducirse** *vpr* se reproduire
reproductor, a *adj* reproducteur(-trice) ▸ *nm* lecteur *m* ; ~ **(de) MP3/MP4** lecteur MP3/MP4
reproduje *etc*, **reproduzca** *etc* *vb ver* **reproducir**
repruebe *etc* *vb ver* **reprobar**
reptar *vi* ramper
reptil *nm* reptile *m*
república *nf* république *f* ; **R~ Árabe Unida** République arabe unie ; **R~ Democrática/ Federal Alemana** République démocratique/fédérale d'Allemagne ; **R~ Dominicana** République dominicaine
republicano, -a *adj*, *nm/f* républicain(e)
repudiar *vt* répudier
repudio *nm* répudiation *f*
repueble *etc* *vb ver* **repoblar**
repuesto *pp de* **reponer** ▸ *nm* (*pieza de recambio*) pièce *f* de rechange ; (*abastecimiento*) ravitaillement *m* ; **rueda de** ~ roue *f* de secours ; **llevamos otro de** ~ nous en avons un de rechange
repugnancia *nf* répugnance *f*
repugnante *adj* répugnant(e)
repugnar *vt*, *vi* répugner ; **repugnarse** *vpr* s'opposer
repujado, -a *adj* gaufré(e)
repulsa *nf* réprobation *f*
repulsión *nf* répulsion *f*
repulsivo, -a *adj* répulsif(-ive)
repuntar *vi* (*manifestarse*) faire son apparition ; (*subir*) reprendre, se redresser ; (*marea*) commencer à monter *ou* à descendre
repunte *nm* (*subida*) hausse *f*, reprise *f* ; **ha habido un ~ económico** il y a eu une reprise économique ; (*de mar*) début de la marée montante *ou* descendante
repuse *etc* *vb ver* **reponer**
reputación *nf* réputation *f*
reputar *vt* réputer
requemado, -a *adj* brûlé(e) ; (*bronceado*) hâlé(e)
requemar *vt* brûler ; (*secar*) dessécher, calciner ; (*Culin*) laisser griller *o* attacher
requerimiento *nm* requête *f* ; (*Jur*) mise *f* en demeure
requerir *vt* requérir ; **~ a algn para que haga algo** (*ordenar*) exiger de qn qu'il fasse qch
requesón *nm* fromage *m* blanc
requete... *pref* très
requiebro *nm* propos *msg* galant
réquiem (*pl* **réquiems**) *nm* requiem *m*
requiera *etc*, **requiriendo** *etc* *vb ver* **requerir**
requisa *nf* (*Mil*, *confiscación*) réquisition *f* ; (*inspección*) inspection *f*
requisar *vt* réquisitionner
requisito *nm* condition *f* requise ; **~ previo** condition préalable ; **tener los requisitos para un cargo** remplir les conditions requises pour un poste
res *nf* bête *f*
resabido, -a *adj* pédant(e)
resabio *nm* (*maña*) manie *f* ; (*sabor*) arrière-goût *m*
resaca *nf* (*en el mar*) ressac *m* ; (*de alcohol*) gueule *f* de bois (*fam*)
resacoso, -a (*fam*) *adj*: **estar** ~ avoir la gueule de bois (*fam*)
resaltar *vt* souligner ▸ *vi* se détacher
resarcir *vt* (*reparar*) dédommager ; (*pagar*) indemniser ; **~ a algn de algo** dédommager qn de qch ; **resarcirse** *vpr* se rattraper
resarza *etc* *vb ver* **resarcir**
resbalada (*Am*) *nf* glissade *f*
resbaladizo, -a *adj* glissant(e)
resbalar *vi* glisser ; (*gotas*) couler ; **le resbalaban las lágrimas por las mejillas** les larmes coulaient sur ses joues ; **me resbala lo que piense de mí** je me moque bien de ce qu'il peut penser de moi ; **resbalarse** *vpr* glisser
resbalón *nm* glissade *f* ; (*fig*) faux-pas *msg*
rescatar *vt* sauver ; (*pagando rescate*) payer la rançon de ; (*objeto*) récupérer
rescate *nm* sauvetage *m* ; (*dinero*) rançon *f* ; (*de objeto*) récupération *f* ; **pagar un** ~ payer une rançon
rescindir *vt* résilier
rescisión *nf* résiliation *f*
rescoldo *nm* braises *fpl*
resecar *vt* dessécher ; (*Med*) disséquer ; **resecarse** *vpr* se dessécher
reseco, -a *adj* desséché(e)
resentido, -a *adj*: **estar ~ con algn** en vouloir à qn ▸ *nm/f*: **ser un** ~ être aigri(e)
resentimiento *nm* ressentiment *m*
resentirse *vpr*: **~ de** *o* **con** se ressentir de ; **su salud se resiente** sa santé s'en ressent

reseña *nf* (*descripción*) description *f* ; (*informe, Lit*) compte *m* rendu
reseñar *vt* décrire ; (*Lit*) faire le compte rendu de
reseque *etc vb ver* **resecar**
reserva *nf* réserve *f* ; (*de entradas*) réservation *f* ; **a ~ de que ...** (*Am*) sous réserve que ... ; **con ~** (*con cautela*) sous toutes réserves ; (*con condiciones*) sous réserve ; **de ~** en réserve ; **tener algo de ~** avoir qch en réserve ; **gran ~** (*vino*) grand cru *m* ; **~ de caja** fond *m* de caisse ; **~ de indios** réserve indienne ; **reservas del Estado** réserves de l'État ; **~ en efectivo** réserve en argent liquide ; **reservas en oro** réserves d'or
reservado, -a *adj* réservé(e) ▸ *nm* cabinet *m* particulier ; (*Ferro*) compartiment *m* réservé
reservar *vt* réserver ; (*Teatro*) réserver, louer ; **reservarse** *vpr* se réserver
reservista *nmf* réserviste *mf*
resfriado *nm* rhume *m*
resfriarse *vpr* s'enrhumer
resfrío (*esp Am*) *nm* rhume *m*
resguardar *vt* protéger ; **resguardarse** *vpr*: **resguardarse de** se protéger de
resguardo *nm* abri *m* ; (*justificante, recibo*) reçu *m*
residencia *nf* résidence *f* ; **~ de ancianos** maison *f* de retraite
residencial *adj* résidentiel(le) ▸ *nf* (*esp Am*: *urbanización*) lotissement *m* ; (*And, Chi*) hôtel *m* modeste
residente *adj, nmf* résident(e)
residir *vi* résider ; **~ en** (*habitar en*: *cuidad*) résider à ; (*: país*) résider en *o* à ; (*consistir en*) résider dans
residual *adj* résiduel(le) ; **aguas residuales** eaux *fpl* usées
residuo *nm* (*sobrante*) résidu *m* ; (*desperdicios*) résidus *mpl* ; **residuos radiactivos** déchets *mpl* radioactifs
resienta *etc vb ver* **resentirse**
resignación *nf* résignation *f*
resignarse *vpr*: **~ a** se résigner à
resina *nf* résine *f*
resintiendo *etc vb ver* **resentirse**
resistencia *nf* résistance *f* ; **no ofrece ~** il n'offre pas de résistance ; **la R~** (*Mil*) la Résistance ; **~ pasiva** résistance passive
resistente *adj* résistant(e) ; **~ al calor** résistant(e) à la chaleur
resistir *vt* résister à ; (*peso, calor, persona*) supporter ; **no puedo ~ este frío** je ne peux pas supporter ce froid ▸ *vi* résister ; **resistirse** *vpr* résister ; **resistirse a** (*decir, salir*) refuser de ; (*cambio, ataque*) résister à ; **me resisto a creerlo** je me refuse à le croire ; **se le resiste la química** la chimie lui donne du mal ; **el detenido se resistió** le détenu a refusé d'obtempérer
resol *nm* réverbération *f* du soleil
resollar *vi* souffler
resolución *nf* résolution *f* ; (*arrojo*) détermination *f* ; **con ~** avec vigueur, avec fermeté ; **tomar una ~** prendre une résolution ; **~ judicial** décision *f* de justice
resoluto, -a *adj* résolu(e)
resolver *vt* résoudre ; **resolverse** *vpr* se résoudre
resonancia *nf* résonance *f* ; (*fig*) retentissement *m*
resonar *vi* résonner
resoplar *vi* haleter
resoplido *nm* halètement *m*
resorte *nm* (*Tec, fig*) ressort *m*
respaldar *vt* appuyer ; (*Inform*) sauvegarder ; **respaldarse** *vpr* (*en asiento*) s'adosser ; **respaldarse en** (*fig*) s'appuyer sur
respaldo *nm* (*de sillón*) dossier *m* ; (*fig*) appui *m*
respectivamente *adv* respectivement
respectivo, -a *adj* respectif(-ive) ; **en lo ~ a** en ce qui concerne
respecto *nm*: **al ~** à ce sujet ; **con ~ a** en ce qui concerne ; **~ de** par rapport à
respetable *adj* respectable ▸ *nm* public *m*
respetar *vt* respecter
respeto *nm* respect *m* ; **por ~ a** par respect pour *o* envers ; **faltar al ~ a algn** manquer de respect à qn ; **respetos** *nmpl* respects *mpl* ; **presentar sus respetos a algn** présenter ses respects à qn
respetuoso, -a *adj* respectueux(-euse)
respingo *nm*: **dar** *o* **pegar un ~** sursauter
respiración *nf* respiration *f* ; **~ artificial** respiration artificielle ; **~ asistida** respiration assistée ; **~ boca a boca** bouche-à-bouche *m*
respiradero *nm* arrivée *f* d'air
respirador *nm* (*tb*: **respirador artificial**) respirateur *m*
respirar *vt, vi* respirer ; **no dejar ~ a algn** ne pas laisser qn tranquille ; **estuvo escuchándole sin ~** il l'a écouté sans broncher *o* dire un mot ; **por fin pude ~** (*de alivio*) j'ai enfin pu respirer
respiratorio, -a *adj* respiratoire
respiro *nm* répit *m* ; (*Com*) délai *m*
resplandecer *vi* resplendir ; (*belleza*) briller ; **~ de** rayonner de
resplandeciente *adj* resplendissant(e)
resplandezca *etc vb ver* **resplandecer**
resplandor *nm* éclat *m*
responder *vt* répondre ▸ *vi* répondre ; **~ a** (*situación*) répondre à ; (*guardar relación*) avoir trait à ; **~ a una pregunta** répondre à une question ; **~ a una descripción** répondre à un signalement ; **~ de** *o* **por** répondre de *o* pour
respondón, -ona *adj* insolent(e) ; **¡no seas ~!** ne réponds pas !

r

responsabilice *etc vb ver* **responsabilizar**
responsabilidad *nf* responsabilité *f* ; **bajo mi ~** sous ma responsabilité ; **~ ilimitada** (*Com*) responsabilité illimitée
responsabilizar *vt* responsabiliser, rendre responsable ; **responsabilizarse** *vpr*: **responsabilizarse de** (*atentado*) revendiquer ; (*crisis, accidente*) assumer la responsabilité de
responsable *adj, nmf* responsable *mf* ; **la persona ~** la personne responsable ; **hacerse ~ de algo** assumer la responsabilité de qch
responsablemente *adv* de manière responsable
responso *nm* prière *f* pour les défunts
respuesta *nf* réponse *f*
resquebrajar *vt* fendiller, fissurer ; **resquebrajarse** *vpr* se fendiller
resquemor *nm* remords *msg*
resquicio *nm* fente *f* ; (*fig*) possibilité *f*
resta *nf* soustraction *f*
restablecer *vt* rétablir ; **restablecerse** *vpr* se rétablir
restablecimiento *nm* rétablissement *m*
restablezca *etc vb ver* **restablecer**
restallar *vi* claquer
restante *adj* restant(e) ; **lo ~** le reste, ce qui reste ; **los restantes** les autres ; (*cosas*) le reste
restar *vt* (*Mat*) soustraire ; (*fig*) ôter ▸ *vi* rester

> ⚠ **Restar** ne signifie généralement pas *rester*, qui se traduit par **quedar** ou **faltar** en espagnol.

restauración *nf* restauration *f*
restaurador, a *nm/f* restaurateur(-trice)
restaurante [restau'rante] *nm* restaurant *m*
restaurar *vt* restaurer
restitución *nf* restitution *f*
restituir *vt* restituer
restituyendo *etc vb ver* **restituir**
resto *nm* reste *m* ; **echar el ~** jouer le tout pour le tout ; **restos** *nmpl* (*Culin, de civilización etc*) restes *mpl* ; **restos mortales** dépouille *fsg* (mortelle)
restregar *vt* frotter
restregué *etc*, **restreguemos** *etc vb ver* **restregar**
restricción *nf* restriction *f* ; **sin ~ de** sans restriction de
restrictivo, -a *adj* restrictif(-ive)
restriego *etc*, **restriegue** *etc vb ver* **restregar**
restringir *vt* restreindre
restrinja *etc vb ver* **restringir**
restructuración *nf* restructuration *f*
restructurar *vt* restructurer
resucitar *vt, vi* ressusciter
resuello *vb ver* **resollar** ▸ *nm* (*aliento*) souffle *m*
resuelto, -a *pp de* **resolver** ▸ *adj* résolu(e) ; **estar ~ a hacer algo** être résolu(e) à faire qch
resuelva *etc vb ver* **resolver**
resuene *etc vb ver* **resonar**
resulta *nf*: **de resultas** (*entonces*) du coup ; **de resultas de** (*a consecuencia de*) à la suite de
resultado *nm* résultat *m* ; **dar ~** réussir ; **resultados** *nmpl* (*Inform*) résultats *mpl*
resultante *adj* résultant(e)
resultar *vi* (*ser*) être ; (*llegar a ser*) finir par être ; (*salir bien*) réussir ; (*ser consecuencia*) résulter ; **~ a** (*Com*) revenir à ; **~ de** résulter de ; **resulta que ...** il se trouve que ... ; **el conductor resultó muerto** le chauffeur est mort ; **no resultó** cela n'a pas réussi ; **me resulta difícil hacerlo** il m'est difficile de le faire
resultón, -ona (*fam*) *adj* classe *inv*
resumen *nm* résumé *m* ; **en ~** en résumé ; **hacer un ~** faire un résumé
resumir *vt* résumer ; **en resumidas cuentas** en résumé, en bref ; **resumirse** *vpr* se résumer
resurgimiento *nm* résurgence *f*
resurgir *vi* ressurgir
resurrección *nf* résurrection *f*
retablo *nm* retable *m*
retador, a *adj* provocateur(-trice) ▸ *nm/f* (*AM Deporte*) challenger *m*, challengeur(-euse)
retaguardia *nf* arrière-garde *f*
retahíla *nf* chapelet *m*
retal *nm* coupon *m*
retama *nf* genêt *m*
retar *vt* défier
retardar *vt* (*demorar*) retarder ; (*hacer más lento*) ralentir
retardo *nm* retard *m*
retazo *nm* coupon *m* ; **a retazos** (*contar*) par fragments
RETD (*ESP*) *sigla f* (*Telec*) = **Red Especial de Transmisión de Datos**
rete... (*esp AM*) *pref* très
retén *nm* renfort *m*, réserve *f* ; (*esp AM: control*) contrôle *m* de police, barrage *m* de police
retención *nf* retenue *f* ; (*Med*) rétention *f* ; (*de prisionero*) détention *f*, garde *f* à vue ; **~ de llamadas** (*Telec*) mémoire *f* ; **~ de tráfico** embouteillage *m* ; **~ fiscal** prélèvement *m* fiscal
retendré *etc vb ver* **retener**
retener *vt* retenir ; (*suj: policía*) garder à vue
retenga *etc vb ver* **retener**
reticencia *nf* réticence *f*
reticente *adj* réticent(e)
retiene *etc vb ver* **retener**
retina *nf* rétine *f*
retintín *nm* tintement *m* ; **decir algo con ~** dire qch d'un ton moqueur
retirada *nf* (*Mil*) retraite *f* ; (*de dinero*) retrait *m* ; (*de embajador*) rappel *m* ; **batirse en ~** battre en retraite
retirado, -a *adj* (*lugar*) retiré(e) ; (*vida*) calme ; (*jubilado*) retraité(e) ▸ *nm/f* retraité(e)

retirar *vt* retirer ; (*jubilar*) mettre à la retraite ; **~ la acusación** retirer la plainte ; **retirarse** *vpr* se retirer ; (*jubilarse*) prendre sa retraite
retiro *nm* retraite *f*
reto *nm* défi *m*
retocar *vt* retoucher
retoce *etc vb ver* **retozar**
retomar *vt* reprendre
retoño *nm* rejeton *m*
retoque *vb ver* **retocar** ▶ *nm* retouche *f*
retorcer *vt* (*tela*) essorer ; (*brazo*) tordre ; (*argumento*) déformer ; **retorcerse** *vpr* se tortiller ; (*persona*) se tordre ; **retorcerse de dolor** se tordre de douleur
retorcido, -a *adj* (*tronco*) tordu(e) ; (*columna*) tors(e) ; (*personalidad, mente*) retors(e)
retorcimiento *nm* (*fig*) byzantinisme *m*
retórica *nf* rhétorique *f*
retórico, -a *adj* rhétorique
retornable *adj* consigné(e)
retornar *vt* (*cartas*) renvoyer ; (*dinero*) rendre ▶ *vi*: **~ (a)** retourner (à)
retorno *nm* retour *m* ; **~ del carro** (*Tip*) retour du chariot ; **~ del carro automático** (*Tip*) retour automatique du chariot
retortero *nm*: **andar al ~** ne pas savoir où donner de la tête ; **andar al ~ por algn** être éperdu(e) d'amour pour qn ; **llevar a algn al ~** faire tourner qn en bourrique ; (*enamorar*) mener qn par le bout du nez
retortijón *nm* (*tb*: **retortijón de tripas**) crampe *f* (d'estomac)
retorzamos *etc vb ver* **retorcer**
retozar *vi* folâtrer
retozón, -ona *adj* folâtre
retracción *nf* rétraction *f*
retractarse *vpr* se rétracter
retráctil *adj* rétractile
retraer *vt* (*antena*) rentrer ; (*órgano*) rétracter ; **retraerse** *vpr*: **retraerse (de)** se retirer (de)
retraído, -a *adj* renfermé(e)
retraiga *etc vb ver* **retraer**
retraimiento *nm* (*aislamiento*) retraite *f* ; (*timidez*) réserve *f*
retraje *etc*, **retrajera** *etc vb ver* **retraer**
retransmisión *nf* retransmission *f*
retransmitir *vt* retransmettre
retrasado, -a *adj* en retard ; (*Med*: *tb*: **retrasado mental**) attardé(e) ; **estar ~** (*reloj*) retarder ; (*persona, país*) être en retard
retrasar *vt, vi* retarder ; **retrasarse** *vpr* (*persona, tren*) être en retard ; (*reloj*) retarder ; (*quedarse atrás*) s'attarder ; (*producción*) prendre du retard
retraso *nm* retard *m* ; **llegar con ~** arriver en retard ; **llegar con 25 minutos de ~** arriver avec 25 minutes de retard ; **llevamos un ~ de 6 semanas** nous sommes en retard de 6 semaines ; **~ mental** déficience *f* mentale ; **retrasos** *nmpl* (*Com*) arriérés *mpl*
retratar *vt* (*Arte*) faire le portrait de ; (*Foto*) photographier ; (*fig*) décrire ; **retratarse** *vpr* se faire faire son portrait ; (*fig*) se révéler
retratista *nmf* portraitiste *mf*
retrato *nm* portrait *m* ; **ser el vivo ~ de** être tout le portrait de ; **~ robot** portrait-robot *m*
retrayendo *etc vb ver* **retraer**
retreta *nf* (*Mil*) retraite *f*
retrete *nm* toilettes *fpl*
retribución *nf* rétribution *f*
retribuir *vt* rétribuer
retribuyendo *etc vb ver* **retribuir**
retro (*fam*) *adj inv* (*moda*) rétro
retro... *pref* rétro...
retroactivo, -a *adj* rétroactif(-ive) ; **con efecto ~** avec effet rétroactif
retroalimentación *nf* (*Inform*) retour *m* de l'information
retroceder *vi* reculer ; **la policía hizo ~ a la multitud** la police a fait reculer la foule
retroceso *nm* recul *m*
retrógrado, -a *adj* rétrograde
retroiluminación *nf* rétroéclairage *m*
retropropulsión *nf* rétropropulsion *f*
retrospectiva *nf* rétrospective *f* ; **en ~** rétrospectivement, avec du recul
retrospectivo, -a *adj* rétrospectif(-ive) ; **mirada retrospectiva** regard *m* rétrospectif
retrovisor *nm* rétroviseur *m*
retuerce *etc*, **retuerza** *etc vb ver* **retorcer**
retuitear *vt* retwitter
retumbante *adj* retentissant(e)
retumbar *vi* retentir
retuve *etc vb ver* **retener**
reuma, reúma *nm* rhumatisme *m*
reumático, -a *adj* (*enfermo*) rhumatisant(e) ; (*enfermedad*) rhumatismal(e)
reumatismo *nm* rhumatisme *m*
reunificación *nf* réunification *f*
reunificar *vt* réunifier
reunifique *etc vb ver* **reunificar**
reunión *nf* réunion *f* ; **~ de ventas** (*Com*) meeting *m* commercial ; **~ en la cumbre** réunion au sommet ; **~ extraordinaria** réunion extraordinaire
reunir *vt* réunir ; (*recoger*) rassembler, réunir ; **reunió a sus amigos para discutirlo** il a réuni ses amis pour en débattre ; **reunirse** *vpr* se réunir
revalidar *vt* (*título*) confirmer
revaloración *nf* = **revalorización**
revalorización *nf* revalorisation *f*
revaluar *vt* réévaluer
revancha *nf* revanche *f*
revelación *nf* révélation *f*
revelado *nm* (*Foto*) développement *m*
revelador, a *adj* révélateur(-trice)
revelar *vt* révéler ; (*Foto*) développer
revendedor, a *nm/f* revendeur(-euse)
revendré *etc*, **revenga** *etc vb ver* **revenirse**

r

revenirse *vpr* s'abîmer
reventa *nf* revente *f*
reventar *vt* (*globo*) faire éclater ; (*presa*) forcer ; (*fam: molestar*) agacer ; **me revienta tener que ponérmelo** ça m'agace de devoir le mettre ▸ *vi* éclater ; ~ **de** (*alegría*) sauter de ; (*ganas*) mourir de ; ~ **por** brûler de ; **estar a ~** (*lleno*) être plein(e) à craquer ; **reventarse** *vpr* éclater ; **reventarse trabajando** (*fam*) se ruiner la santé au travail
reventón *nm* crevaison *f*
reverberación *nf* réverbération *f*
reverberar *vi* se réverbérer
reverbero *nm* = **reverberación**
reverdecer *vt, vi* reverdir
reverencia *nf* révérence *f*
reverenciar *vt* révérer
reverendo, -a *adj* révérend(e)
reverente *adj* révérencieux(-euse)
reversa *nf* (*AM*) marche *f* arrière
reversible *adj* réversible
reverso *nm* revers *msg*
revertido, -a *adj*: **llamar a cobro ~** téléphoner en PCV
revertir *vi* revenir ; ~ **en beneficio/en perjuicio de** tourner à l'avantage/au désavantage de
revés *nm* envers *msg* ; (*fig, Tenis*) revers *msg* ; **al ~** à l'envers ; **y al ~** et inversement ; **volver algo al** *o* **del ~** retourner qch ; **los reveses de la fortuna** les revers de fortune
revestimiento *nm* revêtement *m* ; **~ antiadherente** revêtement antiadhérent
revestir *vt* (*cubrir*) recouvrir ; (*tener*) revêtir ; **el acto revestía gran solemnidad** la cérémonie revêtait une grande solennité ; **revestirse** *vpr* (*Rel*) se revêtir ; **revestirse con** *o* **de** s'armer de
reviene *etc vb ver* **revenirse**
reviente *etc vb ver* **reventar**
revierta *etc vb ver* **revertir**
reviniendo *etc vb ver* **revenirse**
revirtiendo *etc vb ver* **revertir**
revisar *vt* réviser
revisión *nf* révision *f* ; **~ de cuentas** contrôle des comptes ; **~ salarial** révision des salaires
revisor, a *nm/f* contrôleur(-euse) ; **~ de cuentas** contrôleur(-euse) des comptes
revista *vb ver* **revestir** ▸ *nf* revue *f*, magazine *m* ; **pasar ~ a** passer en revue ; **~ de libros** chronique *f* littéraire ; **~ literaria** revue littéraire ; **revistas del corazón** presse *f* du cœur
revistero *nm* porte-revue(s) *m*
revitalizar *vt* revitaliser
revivir *vt, vi* revivre
revocación *nf* révocation *f*
revocar *vt* révoquer
revolcar *vt* renverser ; **revolcarse** *vpr* se vautrer
revolcón *nm* culbute *f*
revolotear *vi* voltiger
revoloteo *nm* voltigement *m*
revolqué *etc*, **revolquemos** *etc vb ver* **revolcar**
revoltijo *nm* fouillis *m*
revoltoso, -a *adj* turbulent(e)
revolución *nf* révolution *f* ; (*Tec*) tour *m*
revolucionar *vt* révolutionner
revolucionario, -a *adj, nm/f* révolutionnaire *mf*
revolver *vt* remuer ; (*casa*) mettre sens dessus dessous ; (*mezclar*) remuer, agiter ; (*Pol*) soulever ; **han revuelto toda la casa** ils ont mis la maison sens dessus dessous ; **la injusticia me revuelve las tripas** l'injustice me révolte ▸ *vi*: **~ en** fouiller dans ; **revolverse** *vpr* (*en cama*) s'agiter ; (*de dolor*) s'agiter, se tordre ; (*Meteorología*) se gâter ; **revolverse contra** se retourner contre
revólver *nm* revolver *m*
revoque *etc vb ver* **revocar**
revuelco *etc vb ver* **revolcar**
revuelo *nm* vol *m* ; (*fig*) trouble *m* ; **armar** *o* **levantar un gran ~** jeter le trouble
revuelque *etc vb ver* **revolcar**
revuelta *nf* révolte *f* ; (*pelea*) bagarre *f*
revuelto, -a *pp de* **revolver** ▸ *adj* (*desordenado*) sens dessus dessous ; (*mar*) agité(e) ; (*pueblo*) agité(e) ; (*tiempo*) orageux(-euse) ; (*estómago*) barbouillé(e) ; **todo estaba ~** tout était sens dessus dessous
revuelva *etc vb ver* **revolver**
revulsivo *nm*: **servir de ~** faire réagir
rey *nm* roi *m* ; **los Reyes** le Roi et la Reine, les Souverains ; **el deporte ~** le sport roi ; **Reyes Magos** Rois mages ; *voir article*

LOS REYES MAGOS

Selon la tradition espagnole, pendant la nuit qui précède l'Épiphanie, **los Reyes Magos** apportent aux enfants des cadeaux qu'ils ouvrent le 6 au matin. Le soir du 5 janvier, les Rois mages arrivent dans la ville par mer ou par terre et participent à une procession connue sous le nom de *cabalgata*, à la plus grande joie des enfants.

reyerta *nf* rixe *f*
rezagado, -a *adj*: **quedar ~** être en retard ; (*fig*) être à la traîne
rezagar *vt* retarder ; **rezagarse** *vpr* traîner
rezague *etc vb ver* **rezagar**
rezar *vi* prier ; **~ con** (*fam*) aller avec
rezo *nm* prière *f*
rezongar *vi* ronchonner
rezongue *etc vb ver* **rezongar**
rezumar *vt* laisser filtrer ▸ *vi* suinter ; **rezumarse** *vpr* filtrer
RFA *sigla f* (= *República Federal Alemana*) RFA *f* (= *République fédérale d'Allemagne*)

RI *abr* (= *regimiento de infantería*) RI *m* (= *régiment d'infanterie*)
ría *nf* ria *f*
riachuelo *nm* ruisseau *m*
riada *nf* crue *f*, inondation *f*
ribeiro *nm vin blanc ou rouge léger de la région galicienne de Ribeiro*
ribera *nf* rive *f*, berge *f* ; (*área*) rivage *m*, littoral *m*
ribereño, -a *adj*, *nm/f* riverain(e)
ribete *nm* (*de vestido*) liseré *m* ; **ribetes** *nmpl* (*atisbos*) côtés *mpl* ; **muestra ribetes de filósofo** il a un côté philosophe
ricamente *adv* (*lujosamente*) richement ; **~ adornado** richement décoré ; (*a gusto*) très bien ; **he dormido tan ~** j'ai tellement bien dormi
rice *etc vb ver* **rizar**
ricino *nm*: **aceite de ~** huile *f* de ricin
rico, -a *adj* riche ; (*comida*) délicieux(-euse) ; (*niño*) adorable ; **~ en** riche en ▸ *nm/f* riche *mf* ; **nuevo ~** nouveau riche
rictus *nm inv* rictus *msg* ; **~ de amargura** grimace *f* d'amertume
ricura *nf* amour *m* ; **¡qué ~ de vestido/de niño!** quel amour de robe/d'enfant !
ridiculez *nf* ridicule *m* ; (*nimiedad*) insignifiance *f*
ridiculice *etc vb ver* **ridiculizar**
ridiculizar *vt* ridiculiser
ridículo, -a *adj* ridicule ; **hacer el ~** se couvrir de ridicule ; **poner a algn en ~** tourner qn en ridicule ; **ponerse en ~** s'exposer au ridicule
riego *vb ver* **regar** ▸ *nm* arrosage *m* ; **~ sanguíneo** irrigation *f*
riegue *etc vb ver* **regar**
riel *nm* (*Ferro*) rail *m* ; (*de cortina*) tringle *f*
rienda *nf* rêne *f* ; **dar ~ suelta a** donner libre cours à ; **llevar las riendas** (*fig*) tenir les rênes
riendo *vb ver* **reír**
riesgo *nm* risque *m* ; **seguro a** *o* **contra todo ~** assurance *f* tous risques ; **~ para la salud** risque pour la santé ; **correr el ~ de** courir le risque de
riesgoso, -a *adj* (*Am*) dangereux, périlleux(-euse)
Rif *nm* Rif *m*
rifa *nf* tombola *f*
rifar *vt* tirer au sort ; **rifarse** *vpr* se disputer
rifeño, -a *adj* du Rif ▸ *nm/f* natif(-ive) *o* habitant(e) du Rif
rifirrafe (*fam*), **rififirafe** (*fam*) *nm* accrochage *m*, altercation *f*
rifle *nm* rifle *m*, carabine *f*
rigidez *nf* rigidité *f*
rígido, -a *adj* rigide ; (*cara*) sévère
rigiendo *etc vb ver* **regir**
rigor *nm* rigueur *f* ; **el ~ del invierno** la rigueur de l'hiver ; **con todo el ~ científico** avec la plus grande rigueur scientifique ; **de ~** de rigueur ; **después de los saludos de ~** après les salutations de rigueur
rigurosamente *adv* rigoureusement
riguroso, -a *adj* rigoureux(-euse) ; **de rigurosa actualidad** d'une actualité brûlante
rija *etc vb ver* **regir**
rima *nf* rime *f* ; **~ asonante/consonante** rime pauvre/riche ; **rimas** *nfpl* (*composición*) rimes *fpl*
rimar *vi*: **~ (con)** rimer (avec)
rimbombante *adj* (*fig*) ronflant(e)
rímel *nm* rimmel *m*
rimero *nm* tas *msg*
rímmel *nm* = **rímel**
Rin *nm* Rhin *m*
rincón *nm* coin *m* ; **buscar por los rincones** chercher dans tous les coins
rinconera *nf* (*armario*) encoignure *f* ; (*mesita*) table *f* d'angle
rindiendo *etc vb ver* **rendir**
ring [riŋ] *nm* (*Boxeo*) ring *m*
rinitis *nf inv* rhinite *f* ; **~ alérgica** rhinite allergique
rinoceronte *nm* rhinocéros *msg*
riña *nf* (*disputa*) dispute *f* ; (*pelea*) bagarre *f*
riñendo *etc vb ver* **reñir**
riñón *nm* (*Anat*) rein *m* ; (*Culin*) rognon *m* ; **me costó un ~** (*fam*) cela m'a coûté les yeux de la tête ; **tener dolor de riñones** avoir mal aux reins ; **tener riñones** (*fig*) avoir du cran
riñonera *nf* banane *f*
rio *vb ver* **reír**
río *vb ver* **reír** ▸ *nm* (*que desemboca en otro río*) rivière *f* ; (*que desemboca en el mar*) fleuve *m* ; (*fig*) flot *m* ; **~ abajo/arriba** en aval/amont ; **cuando el ~ suena, agua lleva** il n'y a pas de fumée sans feu ; **a ~ revuelto, ganancia de pescadores** à quelque chose malheur est bon

> Para traducir la palabra **río** en francés se emplea la palabra *rivière* cuando el río desemboca en otro río y *fleuve* cuando lo hace en el mar. Cabe destacar también que mientras que en español todos los ríos son masculinos, en francés pueden ser masculinos o femeninos, si bien el artículo empleado no tiene nada que ver con el género de la palabra *rivière* ni *fleuve* (*la Seine*, *le Rhône*).

Río de Janeiro *n* Rio de Janeiro
Río de la Plata *n* Rio de la Plata
Rioja *nf*: **La ~** La Rioja
rioja *nm* rioja *m* (*vin de La Rioja*)
riojano, -a *adj* de La Rioja ▸ *nm/f* natif(-ive) *o* habitant(e) de La Rioja
rioplatense *adj* du Rio de la Plata ▸ *nmf* natif(-ive) *o* habitant(e) du Rio de la Plata
ripio *nm* (*Lit*) cheville *f*

r

riqueza *nf* richesse *f*
risa *nf* rire *m* ; **¡qué ~!** que c'est drôle ! ; **caerse/morirse de ~** se tordre/mourir de rire ; **tomar algo a ~** (*a la ligera*) prendre qch à la rigolade ; (*con buen humor*) prendre qch avec bonne humeur ; **el libro es una ~** (*es divertido*) ce livre est à se tordre de rire ; (*no vale nada*) ce livre ne vaut rien ; **tener la ~ fácil** rire facilement ; **~ de conejo** rire jaune
risco *nm* rocher *m* escarpé
risible *adj* risible
risotada *nf* éclat *m* de rire
ristra *nf* chapelet *m* ; **~ de ajos** chapelet d'ails
ristre *nm*: **en ~** bien en main
risueño, -a *adj* (*alegre*) rieur(-euse) ; (*fig*) souriant(e)
rítmico, -a *adj* rythmique
ritmo *nm* rythme *m* ; **a ~ lento** au ralenti ; **trabajar a ~ lento** travailler au ralenti ; **~ de vida** rythme de vie
rito *nm* rite *m*
ritual *adj* rituel(le) ▸ *nm* rituel *m*
rival *adj, nmf* rival(e)
rivalice *etc vb ver* **rivalizar**
rivalidad *nf* rivalité *f*
rivalizar *vi* rivaliser
rizado, -a *adj* (*pelo*) frisé(e) ; (*mar*) moutonneux(-euse) ▸ *nm* frisure *f*
rizar *vt* friser ; **rizarse** *vpr* (*el pelo*) se friser ; (*agua, mar*) moutonner
rizo *nm* boucle *f*
Rma. *abr* = **Reverendísima**
Rmo. *abr* = **Reverendísimo**
RNE *abr* = **Radio Nacional de España**
R. O. *abr* (= *Real Orden*) ordre de Sa Majesté
robar *vt* voler ; (*Naipes*) piocher ; (*atención*) dérober
roble *nm* chêne *m*
robledal, robledo *nm* chênaie *f*
robo *nm* vol *m* ; **¡esto es un ~!** c'est du vol ! ; **~ a mano armada** vol à main armée
robot [ro'βot] (*pl* **robots**) *adj, nm* robot *m* ; **~ de cocina** robot de cuisine
robótica *nf* robotique *f*
robustecer *vt* fortifier
robustezca *etc vb ver* **robustecer**
robusto, -a *adj* robuste
ROC *sigla m* (*Inform:* = *reconocimiento óptico de caracteres*) ROC (= *reconnaissance optique de caractères*)
roca *nf* roche *f* ; **la R~** Gibraltar *m*
rocambolesco, -a *adj* rocambolesque
roce *vb ver* **rozar** ▸ *nm* frottement *m* ; (*caricia*) frôlement *m* ; (*Tec*) friction *f* ; (*señal*) éraflure *f* ; (*: en la piel*) égratignure *f* ; (*trato*) fréquentation *f* ; **tener un ~ con** s'accrocher avec, avoir une prise de bec avec (*fam*)
rociar *vt* asperger
rocín *nm* rosse *f*
rocío *nm* rosée *f*
rock *adj, nm* (*Mús*) rock *m*
rockero, -a *adj* rock ▸ *nm/f* rocker *mf*
rococó *adj inv, nm* rococo *m*
rocoso, -a *adj* rocailleux(-euse)
rocote, rocoto (*AM*) *nm* poivron *m* rouge
rodaballo *nm* turbot *m*
rodado, -a *adj*: **tráfico ~** circulation *f* routière ; **canto ~** galet *m* ; **venir ~** se présenter on ne peut mieux
rodaja *nf* tranche *f*
rodaje *nm* (*Cine*) tournage *m* ; **en ~** (*Auto*) en rodage
rodamiento *nm* chape *f*
Ródano *nm* Rhône *m*
rodante *adj* roulant(e) ; **material ~** matériel *m* roulant
rodapié *nm* plinthe *f*
rodar *vt* (*vehículo*) roder ; (*bola*) faire rouler ; (*película*) tourner ▸ *vi* rouler ; (*Cine*) tourner ; (*persona*) circuler
Rodas *nf* Rhodes *fsg*
rodear *vt* entourer ; (*dar un rodeo*) contourner ; **rodeado de misterio** entouré de mystère ; **rodearse** *vpr*: **rodearse de amigos** s'entourer d'amis
rodeo *nm* détour *m* ; (*AM Deporte*) rodéo *m* ; **dar un ~** faire un détour ; **dejarse de rodeos** arrêter de tourner autour du pot ; **hablar sin rodeos** parler sans détours
rodilla *nf* genou *m* ; **de rodillas** à genoux
rodillazo *nm* coup *m* de genou ; (*recibido*) coup au genou
rodillera *nf* (*protección*) genouillère *f* ; (*remiendo*) pièce *f* au genou ; (*abombamiento*) genou *m* feutré d'un pantalon
rodillo *nm* rouleau *m* ; (*en máquina de escribir, impresora*) chariot *m*
rodio *nm* rhodium *fsg*
roedor, a *adj* rongeur(-euse) ▸ *nm* rongeur *m*
roer *vt* ronger
rogar *vt, vi* prier ; **se ruega no fumar** prière de ne pas fumer ; **me rogó que me quedara** il m'a prié de rester ; **no se hace de ~** il ne se fait pas prier
rogué *etc*, **roguemos** *etc vb ver* **rogar**
roído, -a *adj* rongé(e)
rojizo, -a *adj* rougeâtre
rojo, -a *adj* rouge ; **ponerse ~** rougir ▸ *nm* rouge *m* ; **al ~ (vivo)** (*metal*) rouge ; (*fig*) chauffé(e) à blanc ▸ *nm/f* (*Pol*) rouge *mf*
rol *nm* rôle *m*
rollizo, -a *adj* rondelet(te)
rollo *nm* rouleau *m* ; (*fam: película*) navet *m* ; (*: libro*) livre *m* ronflant ; (*: discurso*) laïus *msg* ; **¡qué ~!** quelle barbe ! (*fam*) ; **la conferencia fue un ~** cette conférence était ronflante
ROM *sigla f* (= *memoria de solo lectura*) ROM *f* (= *mémoire morte*)
Roma *n* Rome

romance *nm* (*Ling*) roman *m* ; (*Lit*) romance *f* ; (*relación*) idylle *f*
romancero *nm* recueil *m* de « romances »
romaní *adj* rom ▸ *nmf* Rom *mf* ▸ *nm* (*Ling*) romani *m*
románico *adj* roman(e) ▸ *nm* roman *m*
romano, -a *adj* romain(e) ▸ *nm/f* Romain(e)
romanticismo *nm* romantisme *m*
romántico, -a *adj* romantique
rombo *nm* losange *m*
romería *nf* (*Rel*) fête *f* patronale ; (*excursión*) pèlerinage *m* ; *voir article*

ROMERÍA

À l'origine un pèlerinage vers un lieu saint ou une église, en l'honneur de la Sainte Vierge ou du saint local, la **romería** donne également lieu de nos jours à une fête populaire. Les participants, parfois venus de loin, apportent à boire et à manger, et les festivités durent toute une journée.

romero, -a *nm/f* pèlerin *m* ▸ *nm* (*Bot*) romarin *m*
romo, -a *adj* émoussé(e)
rompecabezas *nm inv* casse-tête *m*
rompehielos *nm inv* brise-glace *m inv*
rompeolas *nm inv* brise-lames *m inv*
romper *vt* casser ; (*papel, tela*) déchirer ; (*contrato*) rompre ; ~ **filas** (*Mil*) rompre les rangs ▸ *vi* (*olas*) se briser ; (*diente*) casser ; ~ **el día** commencer à faire jour ; ~ **a** se mettre à ; ~ **a llorar** éclater en sanglots ; ~ **con algn** rompre avec qn ; **romperse** *vpr* se casser
rompimiento *nm* rupture *f*
ron *nm* rhum *m*
roncar *vi* ronfler
roncha *nf* éruption *f* cutanée
ronco, -a *adj* rauque
ronda *nf* (*de bebidas*) tournée *f* ; (*de negociaciones*) série *f* ; (*patrulla*) ronde *f* ; (*de naipes*) main *f*, partie *f* ; (*Deporte*) tour *m* ; **ir de** ~ faire sa tournée ; **hacer la** ~ (*Mil*) faire sa ronde ; ~ **electoral** tournée électorale
rondar *vt* (*vigilar*) surveiller ; (*cortejar*) faire du plat à ; (*importunar*) tourner autour de ; **la cifra ronda el millón** le chiffre frise le million ▸ *vi* faire une ronde ; (*fig*) rôder
rondeño, -a *adj* de Ronda ▸ *nm/f* natif(-ive) *o* habitant(e) de Ronda
rondín (*And*) *nm* harmonica *m*
ronque *etc vb ver* **roncar**
ronquera *nf* enrouement *m*
ronquido *nm* ronflement *m*
ronronear *vi* ronronner
ronroneo *nm* ronronnement *m*
roña *nf* (*Veterinaria*) gale *f* ; (*mugre*) crasse *f* ; (*óxido*) rouille *f*
roñica *nmf* radin(e)
roñoso, -a *adj* (*mugriento*) crasseux(-euse) ; (*tacaño*) radin(e)
ropa *nf* vêtements *mpl* ; ~ **blanca/de casa** linge *m* blanc/de maison ; ~ **de cama** literie *f* ; ~ **interior** *o* **íntima** sous-vêtements *mpl* ; ~ **sucia** linge sale ; ~ **usada** vêtements usagés
ropaje *nm* vêtements *mpl*
ropero *nm* (*de ropa de cama*) armoire *f* (à linge) ; (*guardarropa*) garde-robe *f*
roque *nm* (*Ajedrez*) tour *f* ; **estar** ~ (*fam*) écraser (*fam*)
roquero, -a *adj, nm/f* = **rockero**
rosa *adj inv* rose ▸ *nf* (*Bot*) rose *f* ; **estar como una** ~ être frais (fraîche) comme une rose ; **verlo todo color de** ~ voir la vie en rose ; ~ **de los vientos** rose des vents ▸ *nm* (*color*) rose *m*
rosáceo, -a *adj* rose
rosado, -a *adj* rose ; (*vino*) rosé ▸ *nm* rosé *m*
rosal *nm* rosier *m*
rosaleda *nf* roseraie *f*
rosario *nm* chapelet *m* ; (*oraciones*) rosaire *m* ; **rezar el** ~ dire son chapelet
rosbif *nm* rosbif *m*
rosca *nf* rond *m* ; (*pan*) couronne *f* ; **hacer la** ~ **a algn** (*fam*) faire du plat à qn ; **pasarse de** ~ (*fig*) dépasser les bornes
roscón *nm* (*tb*: **roscón de Reyes**) *sorte de galette des Rois en couronne et recouverte de fruits confits*
Rosellón *nm* Roussillon *m*
rosetón *nm* (*Arq*) rosace *f*
rosquete (*And fam!*) *nm* pédale *f*, pédé *m* (*fam !*)
rosquilla *nf beignet à pâte dure en forme d'anneau* ; **venderse como rosquillas** se vendre comme des petits pains
rostro *nm* visage *m* ; **tener mucho** ~ (*fam*) avoir un sacré culot *o* toupet (*fam*)
rotación *nf* rotation *f* ; ~ **de cultivos** rotation des cultures
rotar *vi* (*girar*) tourner ; (*turnarse*) alterner ; **rotarse** *vpr* (*turnarse*) se relayer
rotativo *nm* journal *m*
rotatorio, -a *adj* rotatif(-ive)
roto, -a *pp de* **romper** ▸ *adj* cassé(e) ; (*tela, papel*) déchiré(e) ; (*vida*) brisé(e) ; (*Chi*: *de clase obrera*) ouvrier(-ière) ▸ *nm/f* (*Chi*) ouvrier(-ière) ▸ *nm* (*en vestido*) accroc *m*
rotonda *nf* rond-point *m*
rótula *nf* rotule *f*
rotulador *nm* feutre *m*
rotular *vt* (*carta, documento*) légender
rótulo *nm* (*título*) enseigne *f* ; (*letrero*) écriteau *m*
rotundamente *adv* catégoriquement
rotundo, -a *adj* catégorique
rotura *nf* rupture *f* ; (*Med*) fracture *f*
roturar *vt* défricher
roulote *nf* roulotte *f*, caravane *f*
rozadura *nf* (*huella*) éraflure *f* ; (*herida*) écorchure *f*

r

rozar *vt* frôler ; (*raspar*) érafler ; (*Med*) écorcher ; (*tocar ligeramente: tb fig*) effleurer ; **su actitud roza el fanatismo** son attitude frise le fanatisme ; **rozarse** *vpr* se frôler ; **rozarse (con)** (*tratar*) se frotter (à)
Rte. *abr* (= *remite, remitente*) exp. (= *expéditeur*)
RTVE *sigla f* = **Radiotelevisión Española**
Ruán *n* Rouen
ruana (*And, Carib*) *nf* poncho *m*
Ruanda *nf* le Rwanda
rubeola, rubéola *nf* rubéole *f*
rubí *nm* rubis *msg*
rubio, -a *adj, nm/f* blond(e) ; **tabaco ~** tabac *m* blond
rublo *nm* rouble *m*
rubor *nm* (*sonrojo*) rougeur *f* ; (*vergüenza*) honte *f*
ruborice *etc vb ver* **ruborizarse**
ruborizarse *vpr* rougir
ruboroso, -a *adj* rougissant(e)
rúbrica *nf* (*de firma*) paraphe *m*, parafe *m* ; (*final*) couronnement *m* ; (*título*) rubrique *f* ; **bajo la ~ de** dans la rubrique de
rubricar *vt* (*firmar*) parapher *o* parafer ; (*concluir*) couronner
rubrique *etc vb ver* **rubricar**
rubro (*Am*) *nm* (*título*) rubrique *f* ; (*sector*) secteur *m*
rudeza *nf* rudesse *f*
rudimentario, -a *adj* rudimentaire
rudimentos *nmpl* rudiments *mpl*
rudo, -a *adj* (*material*) rude ; (*modales, persona*) grossier(-ière)
rueda *nf* roue *f* ; (*corro*) ronde *f* ; **ir sobre ruedas** aller comme sur des roulettes ; **~ de prensa** conférence *f* de presse ; **~ de recambio** *o* **de repuesto** roue de secours ; **~ delantera/trasera** roue avant/arrière ; **~ dentada** roue dentée ; **~ impresora** (*Inform*) marguerite *f*
ruedo *vb ver* **rodar** ▶ *nm* (*contorno*) bord *m* ; (*de vestido*) ourlet *m* ; (*Taur*) arène *f* ; (*corro*) ronde *f*
ruego *vb ver* **rogar** ▶ *nm* prière *f* ; **a ruegos de** à la demande de ; **« ruegos y preguntas »** « questions et réponses »
ruegue *etc vb ver* **rogar**
rufián *nm* ruffian *m*
rugby ['ruɣβi] *nm* rugby *m*
rugido *nm* rugissement *m*
rugir *vi* rugir ; (*estómago*) gargouiller
rugosidad *nf* rugosité *f*
rugoso, -a *adj* rugueux(-euse)
ruido *nm* bruit *m* ; (*alboroto*) bruit, grabuge *m* ; **~ de fondo** bruit de fond ; **hacer** *o* **meter ~** faire du bruit
ruidoso, -a *adj* bruyant(e) ; (*fig*) tapageur(-euse)
ruin *adj* (*vil*) vil(e) ; (*tacaño*) pingre
ruina *nf* ruine *f* ; **estar hecho una ~** être en piteux état ; **aquello le llevó a la ~** cela a entraîné sa ruine ; **ruinas** *nfpl* ruines *fpl*
ruindad *nf* mesquinerie *f* ; (*acto*) bassesse *f*
ruinoso, -a *adj* (*tb Com*) ruineux(-euse)
ruiseñor *nm* rossignol *m*
ruja *etc vb ver* **rugir**
ruleta *nf* roulette *f*
ruletero (*CAm, Méx*) *nm* chauffeur *m* de taxi
rulo *nm* rouleau *m*
rulot, rulote *nf* roulotte *f*, caravane *f*
ruma (*And, CSur*) *nf* tas *msg*
Rumanía *nf* Roumanie *f*
rumano, -a *adj* roumain(e) ▶ *nm/f* Roumain(e) ▶ *nm* (*Ling*) roumain *m*
rumba *nf* rumba *f*
rumbero, -a *adj* amateur(-trice) de rumba ; (*Carib: juerguista*) viveur, fêtard(e)
rumbo *nm* (*ruta*) cap *m* ; (*ángulo de dirección*) rumb *m*, rhumb *m* ; (*fig*) direction *f* ; **con ~ a** en direction de ; **poner ~ a** mettre le cap sur ; **sin ~ fijo** au hasard
rumboso, -a (*fam*) *adj* généreux(-euse)
rumiante *nm* ruminant *m*
rumiar *vt, vi* ruminer
rumor *nm* (*ruido sordo*) rumeur *f* ; (*chisme*) bruit *m*
rumorearse *vpr*: **se rumorea que** le bruit court que
rumoroso, -a *adj* (*arroyo*) gazouillant(e)
runa (*And, CSur*) *nm* indien *m*
runrún *nm* rumeur *f* ; (*de una máquina*) ronronnement *m* ; (*fig*) rengaine *f*
rupestre *adj*: **pintura ~** peinture *f* rupestre
rupia *nf* roupie *f*
ruptura *nf* rupture *f* ; **~ con** rupture avec
rural *adj* rural(e)
Rusia *nf* Russie *f*
ruso, -a *adj* russe ▶ *nm/f* Russe *mf* ▶ *nm* (*Ling*) russe *m*
rústica *nf*: **libro en ~** livre *m* broché
rústico, -a *adj* (*del campo*) rustique ; (*ordinario*) rustre
ruta *nf* route *f*
rutilante *adj* rutilant(e)
rutina *nf* routine *f* ; **~ diaria** routine quotidienne ; **por ~** par routine
rutinario, -a *adj* routinier(-ière)

Ss

S¹, s¹ ['ese] *nf* (*letra*) S, s *m inv* ; **S de Sábado** ≈ S comme Suzanne
S² *abr* (= *sur*) S (= *sud*)
S. *abr* (= *san*) St (Ste) (= *Saint, Sainte*)
s. *abr* = **siglo; siguiente**
s/ *abr* (*Com*) = **su**
S.ª *abr* = **Sierra**
S.A. *abr* (*Com*: = *Sociedad Anónima*) SA *f* (= *société anonyme*) ; (= *Su Alteza*) SA (= *Son Altesse*)
sáb. *abr* = **sábado**
sábado *nm* samedi *m* ; **del ~ en ocho días** samedi en huit ; **un ~ sí y otro no, cada dos sábados** un samedi sur deux
sabana *nf* savane *f*
sábana *nf* drap *m* ; **se le han pegado las sábanas** (*fig*) il a eu une panne d'oreiller
sabandija *nf* (*Zool*) bestiole *f* ; (*fig*) fripouille *f*
sabañón *nm* engelure *f*
sabático, -a *adj* sabbatique
sabedor, a *adj*: **ser ~ de algo** être informé(e) *ou* au courant de qch
sabelotodo *nmf inv* monsieur (mademoiselle) je-sais-tout

PALABRA CLAVE

saber *vt* savoir ; **a saber** à savoir ; **no lo supe hasta ayer** je ne l'ai appris qu'hier ; **¿sabes conducir/nadar?** sais-tu conduire/nager ? ; **¿sabes francés?** sais-tu parler français ? ; **no sé nada de coches** je n'y connais rien en voitures ; **no sé nada de él** je ne sais rien de lui ; **un no sé qué** un je ne sais quoi ; **saber de memoria** savoir *o* connaître par cœur ; **lo sé** je (le) sais ; **hacer saber** faire savoir ; **¡cualquiera sabe!** allez savoir ! ; **que yo sepa** que je sache ; **¡si lo sabré yo!** je le sais mieux que personne ! ; **¡vete a saber!** va savoir ! ; **¡yo que sé!** je n'en sais rien, moi ! ; **¿sabes?** tu vois ?
▸ *vi*: **saber a** avoir le goût de ; **sabe a fresa** ça a un goût de fraise ; **saber bien/mal** (*comida, bebida*) avoir bon/mauvais goût ; **le sabe mal que otro saque a bailar a su mujer** ça ne lui plaît pas que d'autres invitent sa femme à danser
saberse *vpr*: **se sabe que ...** on sait que ... ; **no se sabe todavía** on ne sait toujours pas

sabido, -a *adj*: **como es (bien) ~** comme chacun sait
sabiduría *nf* savoir *m* ; (*buen juicio*) sagesse *f* ; **~ popular** sagesse populaire
sabiendas: **a ~** *adv* en connaissance de cause ; **a ~ de que ...** en sachant que ...
sabihondo, -a *adj, nm/f* pédant(e)
sabio, -a *adj* savant(e) ; (*prudente*) sage ▸ *nm/f* savant(e)
sablazo *nm*: **dar un ~ a algn** (*fam*) plumer qn comme un pigeon (*fam*)
sable *nm* sabre *m*
sabor *nm* goût *m*, saveur *f* ; (*fig*) saveur ; **con ~ a** au goût de ; **sin ~** sans aucun goût
saborear *vt* savourer
sabotaje *nm* sabotage *m*
saboteador, a *nm/f* saboteur(-euse)
sabotear *vt* saboter
Saboya *nf* Savoie *f*
sabré *etc vb ver* **saber**
sabroso, -a *adj* savoureux(-euse) ; (*salado*) salé(e)
sabueso *nm* (*tb fig*) limier *m*
saca *nf* grand sac *m* ; **~ de correo(s)** sac postal
sacacorchos *nm inv* tire-bouchon *m*
sacapuntas *nm inv* taille-crayon *m*
sacar *vt* sortir ; (*muela*) arracher ; (*dinero, entradas*) retirer ; (*beneficios*) tirer ; (*premio*) remporter ; (*datos*) extraire ; (*conclusión*) arriver à ; (*esp* *AM*: *ropa*) enlever ; (*Costura*) rallonger ; **~ adelante** (*hijos*) élever ; (*negocio*) faire marcher ; **~ a algn a bailar** inviter qn à danser ; **~ algo a relucir** placer qch (dans une conversation) ; **~ a algn de sí** mettre qn hors de soi ; **~ algo en limpio** *o* **en claro** tirer qch au clair ; **~ algo/a algn en televisión/en el periódico** parler de qch/faire passer qn à la télévision/dans le journal ; **~ brillo a algo** faire briller qch ; **~ una foto** prendre une *o* en photo ; **~ la lengua** tirer la langue ; **~ buenas/malas notas** avoir de bonnes/ mauvaises notes ▸ *vi* (*Tenis*) servir ; (*Fútbol*) lancer
sacarina *nf* saccharine *f*
sacerdocio *nm* sacerdoce *m*
sacerdotal *adj* sacerdotal(e)

sacerdote *nm* prêtre *m*
sacerdotisa *nf* prêtresse *f*
saciar *vt* assouvir ; **saciarse** *vpr* se rassasier
saciedad *nf*: **hasta la ~** (*comer*) à satiété ; (*repetir*) 36 fois la même chose
saco *nm* sac *m* ; (*AM*: *chaqueta*) veste *f* ; **~ de dormir** sac de couchage
sacramental *adj* sacramentel(elle)
sacramento *nm* sacrement *m*
sacrificar *vt* sacrifier ; (*reses*) abattre ; (*animal doméstico*) endormir ; **sacrificarse** *vpr*: **sacrificarse por** se sacrifier pour
sacrificio *nm* sacrifice *m*
sacrifique *etc vb ver* **sacrificar**
sacrilegio *nm* sacrilège *m*
sacrílego, -a *adj* sacrilège
sacristán *nm* sacristain *m*
sacristía *nf* sacristie *f*
sacro, -a *adj* sacré(e)
sacrosanto, -a *adj* sacro-saint(e)
sacudida *nf* secousse *f* ; **~ eléctrica** décharge *f* électrique
sacudir *vt* secouer ; (*ala*) battre de ; (*fam*: *persona*) taper (*fam*) ; **sacudirse** *vpr*: **sacudirse el polvo** s'épousseter ; **sacudirse los mosquitos** chasser les moustiques
S.A. de C.V. *abr* (*MÉX*: = *Sociedad Anónima de Capital Variable*) SA *f* (= *société anonyme*)
sádico, -a *adj, nm/f* sadique *mf*
sadismo *nm* sadisme *m*
sadomasoquista *adj, nmf* sadomasochiste *mf*
saeta *nf* flèche *f* ; (*Mús*) *chant religieux de la semaine sainte*
safari *nm* safari *m*
saga *nf* saga *f*
sagacidad *nf* sagacité *f*
sagaz *adj* sagace
Sagitario *nm* (*Astrol*) Sagittaire *m* ; **ser ~** être Sagittaire
sagrado, -a *adj* sacré(e)
Sáhara ['saxara] *nm*: **el ~** le Sahara
saharaui [saxa'rawi] *adj* saharien(ne) ▸ *nmf* Saharien(ne)
sainete *nm* (*Teatro*) saynète *f*
sajón, -ona *adj* saxon(e) ▸ *nm/f* Saxon(e)
Sajonia *nf* Saxe *f*
sal *vb ver* **salir** ▸ *nf* sel *m* ; (*encanto*) grâce *f* ; **sales de baño** sels de bain ; **~ de cocina** sel de cuisine ; **~ gorda** gros sel
sala *nf* salle *f* ; (*cuarto de estar*) (salle de) séjour *m* ; (*Jur*) tribunal *m* ; **~ de conciertos** salle de concert ; **~ de conferencias** salle de conférences ; **~ de embarque** salle d'embarquement ; **~ de espera** salle d'attente ; **~ de estar** salle de séjour ; **~ de fiestas** salle des fêtes ; **~ de juntas** (*Com*) salle de réunion ; **~ de operaciones** (*Med*) salle d'opération
salado, -a *adj* salé(e) ; (*fig*) drôle, amusant(e) ; (*AND*: *desgraciado*) malheureux(-euse) ; **agua salada** eau *f* salée
salamandra *nf* salamandre *f*
salame (*CSUR*) *nm* salami *m*
salar *vt* saler
salarial *adj* (*aumento*) de salaire ; (*revisión*) salarial(e)
salario *nm* salaire *m* ; **~ mínimo interprofesional** ≈ salaire *m* minimum interprofessionnel de croissance
salchicha *nf* saucisse *f*
salchichón *nm* saucisson *m*
saldar *vt* solder ; (*deuda, diferencias*) régler
saldo *nm* solde *m* ; (*de deuda*) règlement *m* ; (*de móvil*) crédit *m* ; **a precio de ~** en solde ; **~ acreedor/deudor** *o* **pasivo** solde créditeur/débiteur ; **~ anterior** solde reporté ; **~ final** balance *f* après clôture
saldré *etc vb ver* **salir**
salero *nm* (*Culin*) salière *f* ; (*ingenio*) esprit *m* ; (*encanto*) charme *m*
salga *etc vb ver* **salir**
salida *nf* sortie *f* ; (*de tren, Aviat, Deporte*) départ *m* ; (*del sol*) lever *m* ; (*fig*) issue *f* ; (: *de estudios*) débouché *m* ; (*fam*: *ocurrencia*) mot *m* d'esprit ; **calle sin ~** voie *f* sans issue ; **a la ~ del teatro** à la sortie du théâtre ; **dar la ~** (*Deporte*) donner le départ ; **línea de ~** (*Deporte*) ligne *f* de touche ; **no hay ~** il n'y a pas d'issue ; **no tenemos otra ~** nous n'avons pas d'autre issue ; **~ de emergencia/de incendios** sortie de secours ; **~ de tono** propos *msg* déplacé ; **~ impresa** (*Inform*) tirage *m* papier
salido, -a (*fam*) *adj* chaud(e) (*fam*)
saliente *adj* saillant(e) ; (*cesante*) sortant(e) ▸ *nm* saillie *f*
salina *nf* marais *msg* salant ; **salinas** *nfpl* (*fábrica*) salines *fpl*

PALABRA CLAVE

salir *vi* **1** (*ir afuera*) sortir ; (*tren, avión*) partir ; **salir de** sortir de ; **Juan ha salido** Juan est sorti ; **salió de la cocina** il est sorti de la cuisine ; **salir de viaje** partir en voyage ; **salir corriendo** partir en courant ; **salir bien de algo** (*fig*) bien se sortir de qch
2 (*aparecer*: *sol*) se lever ; (: *flor, pelo, dientes*) pousser ; (: *disco, libro*) sortir ; **anoche salió el reportaje en la tele** le reportage est passé hier soir à la télé ; **su foto salió en todos los periódicos** sa photo est parue dans tous les journaux
3 (*resultar*): **salir bien/mal** réussir/rater ; **el niño nos ha salido muy estudioso** notre fils se révèle très studieux ; **la comida te ha salido exquisita** ton repas est très réussi ; **salir elegido/premiado** être choisi/récompensé ; **ha salido a su madre** il tient

de sa mère ; **¡no me sale!** je n'y arrive pas ! ; **sale muy caro** ça revient très cher ; **salís a 15 € cada uno** vous en avez pour 15 € chacun ; **la cena nos salió por 50 euros** le dîner nous a coûté 50 euros ; **no salen las cuentas** ça ne tombe pas juste
4 (*mancha*) partir ; (*tapón*) s'enlever
5 (*en el juego*) avoir la main ; (*Deporte*) commencer ; (*Teatro*) entrer en scène
6: **salir a** (*desembocar*) déboucher sur
7: **salir de** (*proceder*) venir de
8: **salir con algn** (*amigos, novios*) sortir avec qn
9: **le salió un trabajo** il a trouvé du travail
10: **salir adelante** s'en sortir ; **no sé como haré para salir adelante** je ne sais pas comment je vais m'en sortir
salirse *vpr* **1** (*líquido, animal*) sortir
2: **salirse de** (*carretera, asociación*) quitter ; **salirse del tema** s'écarter du sujet
3: **salirse con la suya** n'en faire qu'à sa tête

salitre *nm* salpêtre *m*
saliva *nf* salive *f*
salivadera (Am) *nf* crachoir *m*
salmantino, -a *adj* de Salamanque ▸ *nm/f* natif(-ive) *o* habitant(e) de Salamanque
salmo *nm* psaume *m*
salmón *nm* saumon *m*
salmonela *nf* salmonelle *f*
salmonelosis *nf inv* salmonellose *f*
salmonete *nm* rouget *m*
salmuera *nf* saumure *f*
salón *nm* salon *m* ; (Chi *Ferro*) salle *f* d'attente ; **~ de actos** *o* **de sesiones** salle de réunion ; **~ de baile** salle de danse ; **~ de belleza** institut *m* de beauté ; **~ de té** salon de thé
salpicadera (Méx) *nf* garde-boue *m inv*
salpicadero *nm* (*Auto*) tableau *m* de bord
salpicadura *nf* éclaboussure *f*
salpicar *vt* éclabousser ; (*esparcir*) parsemer
salpicón *nm* (*Culin*) *viande ou poisson en vinaigrette*
salpique *etc vb ver* **salpicar**
salsa *nf* (*Culin*) sauce *f* ; (*fig*) piquant *m* ; (*Mús*) salsa *f* ; **está en su ~** (*fam*) il est dans son élément
salsera *nf* saucière *f*
saltador, a *nm/f* (*Atletismo*) sauteur(-euse) ; (*Natación*) plongeur(-euse)
saltamontes *nm inv* sauterelle *f*
saltar *vt* sauter ▸ *vi* sauter ; (*al agua*) plonger ; (*quebrarse: cristal*) se briser ; (*explotar: persona*) exploser ; **~ a la comba** sauter à la corde ; **~ a la vista** sauter aux yeux ; **~ con** (*fam: decir*) sortir ; **~ de una cosa a otra** sauter du coq à l'âne ; **saltarse** *vpr* sauter ; **saltarse un semáforo** brûler un feu ; **saltarse todas las reglas** enfreindre toutes les règles ; **se le saltaban las lágrimas** il en avait les larmes aux yeux
saltarín, -ina *adj* (*que salta*) sautillant(e) ; (*inquieto*) qui ne tient pas en place
salteado, -a *adj* (*Culin*) sauté(e) ; (*sin orden*) dans le désordre
salteador *nm* (*tb*: **salteador de caminos**) bandit *m* (de grand chemin)
saltear *vt* attaquer ; (*números, páginas*) sauter ; (*Culin*) faire sauter
saltimbanqui *nmf* saltimbanque *mf*
salto *nm* saut *m* ; (*al agua*) plongeon *m* ; **a saltos** en sautant ; **vivir a ~ de mata** vivre au jour le jour ; **~ de agua** chute *f* d'eau ; **~ de altura/de longitud** saut en hauteur/en longueur ; **~ de cama** saut-de-lit *m* ; **~ de línea (automático)** (*Inform*) retour *m* à la ligne (automatique) ; **~ de página** saut de page ; **~ mortal** saut périlleux
saltón, -ona *adj* (*ojos*) globuleux(-euse) ; (*dientes*) en avant
salubre *adj* salubre
salubridad *nf* salubrité *f*
salud *nf* santé *f* ; **estar bien/mal de ~** être en bonne/mauvaise santé ; **¡(a su) ~!** (à votre) santé ! ; **beber a la ~ de** boire à la santé de
saludable *adj* sain(e)
saludar *vt* (*tb Mil*) saluer ; **ir a ~ a algn** aller dire bonjour à qn ; **salude de mi parte a X** saluez X de ma part ; **le saluda atentamente** (*en carta*) salutations distinguées
saludo *nm* salut *m* ; **un ~ afectuoso/cordial** (*en carta*) affectueusement/cordialement ; **saludos** *nmpl* (*en carta*) salutations *fpl*
salva *nf* (*Mil*) salve *f* ; **una ~ de aplausos** une salve d'applaudissements
salvación *nf* (*tb Rel*) salut *m* ; **¡fue mi ~!** c'est ce qui m'a sauvé !
salvado *nm* (*Agr*) son *m*
salvador *nm* sauveur *m* ; **el S~** (*Rel*) le Sauveur ; **El S~** (*Geo*) El Salvador *m* ; **San S~** San Salvador
salvadoreño, -a *adj* salvadorien(ne) ▸ *nm/f* Salvadorien(ne)
salvaeslip (*pl* **salvaeslips**) *nm* protège-slip *m*
salvaguarda, salvaguardia *nf* sauvegarde *f*
salvaguardar *vt* sauvegarder
salvajada *nf* horreur *f*
salvaje *adj*, *nmf* sauvage *mf*
salvajismo *nm* sauvagerie *f*
salvamento *nm* sauvetage *m*
salvapantallas *nm inv* écran *m* de veille
salvar *vt* sauver ; (*un barco*) procéder au sauvetage de ; (*obstáculo, distancias*) franchir ; (*exceptuar*) excepter ; (*Inform: archivo*) sauvegarder ; **~ algo/a algn de** sauver qch/qn de ; **salvarse** *vpr*: **salvarse (de)** se sauver (de) ; **¡sálvese quien pueda!** sauve qui peut !
salva-slip (*pl* **salva-slips**) *nm* protège-slip *m*
salvavidas *adj inv*: **bote/chaleco/cinturón ~** canot *m*/gilet *m*/bouée *f* de sauvetage

salvedad *nf* exception *f* ; **con la ~ de que ...** mis à part le fait que ...
salvia *nf* sauge *f*
salvo, -a *adj*: **a ~** en lieu sûr ▶ *adv* sauf ; **~ que** sauf que ▶ *prep* sauf ; **~ error u omisión** sauf erreur ou omission
salvoconducto *nm* sauf-conduit *m*
samaritano, -a *nm/f* samaritain(e) ; **el buen ~** le bon Samaritain
samba *nf* samba *f*
sambenito *nm* (*Hist*) san-benito *m* ; (*deshonra*): **le colgaron el ~ de cobarde** il a la réputation d'être lâche, on l'a traité de lâche ; **echar el ~ a otro** discréditer quelqu'un d'autre ; **quedó con el ~ toda la vida** il a eu cette réputation toute sa vie
san *nm* saint *m* ; **~ Juan** Saint Jean
sanar *vt, vi* guérir
sanatorio *nm* sanatorium *m*
sanción *nf* sanction *f* ; (*aprobación*) approbation *f*
sancionar *vt* sanctionner ; (*aprobar*) approuver
sancocho (*Am*) *nm* pot-au-feu *m inv*
sandalia *nf* sandale *f*
sándalo *nm* santal *m*, bois *msg* de santal
sandez *nf* bêtise *f* ; **decir sandeces** dire des bêtises
sandía *nf* pastèque *f*
sandinista *adj, nmf* (*Pol*) sandiniste *mf*
sándwich ['sandwitʃ] (*pl* **sándwichs** *o* **sándwiches**) *nm* sandwich *m*
saneamiento *nm* assainissement *m*
sanear *vt* assainir
Sanfermines *nmpl festival de saint Fermín* ; *voir article*

SANFERMINES

Les **Sanfermines** de Pampelune sont un festival d'une semaine rendu célèbre par Hemingway. À partir du 7 juillet, fête patronale de *San Fermín*, les habitants de la ville et de plus en plus de touristes, principalement des jeunes, se rassemblent dans les rues pour chanter, boire et danser. Tôt le matin, on lâche des taureaux dans les rues étroites qui conduisent à l'arène. Selon une coutume répandue dans de nombreux villages espagnols, des jeunes gens font acte de courage en s'élançant devant les taureaux, au péril de leur vie.

sangrante *adj* sanglant(e) ; (*fig*) terrible
sangrar *vt* saigner ; (*Inform, Tip*) commencer en retrait ▶ *vi* saigner
sangre *nf* sang *m* ; **a ~ fría** de sang-froid ; **de ~ fría** (*Zool*) à sang froid ; **pura ~** pur-sang *m* ; **~ azul** sang bleu ; **~ fría** sang-froid *m*
sangría *nf* (*Med*) saignée *f* ; (*Culin*) sangria *f* ; (*Inform, Tip*) retrait *m* ; (*fig: gasto*) frais *msg*
sangriento, -a *adj* sanglant(e)
sanguijuela *nf* sangsue *f*
sanguinario, -a *adj* sanguinaire
sanguíneo, -a *adj* sanguin(e)
sanguinolento, -a *adj* sanguinolent(e) ; (*manchado*) taché(e) de sang ; (*ojos*) injecté(e) (de sang)
sanidad *nf* (*Admin*) santé *f* ; (*de ciudad, clima*) salubrité *f* ; **~ pública** santé publique
San Isidro *n* saint Isidore ; *voir article*

SAN ISIDRO

San Isidro, saint patron de Madrid, donne son nom à des festivités d'une semaine qui ont lieu aux alentours du 15 mai. Foire au XVIIIe siècle, la fête de **San Isidro** consiste de nos jours en diverses manifestations, telles que bals, musique, spectacles, courses de taureaux et une célèbre *romería*.

sanitario, -a *adj* sanitaire ▶ *nm*: **sanitarios** sanitaires *mpl* ▶ *nm/f* professionnel(le) de la santé
sanjacobo *n cordon bleu*
San José *n*: **~ (de Costa Rica)** San José
San Juan *n* Saint-Jean

SAN JUAN

Le **Día de San Juan**, le 24 juin, est un mélange de tradition chrétienne et de fêtes antiques célébrant l'arrivée du solstice d'été. Dans de nombreuses régions, notamment près de la mer, il est courant d'allumer de grands feux de joie le 23 juin et de brûler une effigie avec, en général, pour bûcher, de vieux meubles et autres objets en bois. Ces *hogueras de San Juan*, qui sont souvent accompagnées de feux d'artifice et de musique, attirent beaucoup de monde pour danser ou simplement jouir de cette nuit d'été jusqu'à ce que le feu s'éteigne au petit matin.

San Marino *nm*: **(La República de) ~** (la République de) Saint Marin *m*
sano, -a *adj* sain(e) ; (*sin daños*) intact(e) ; **~ y salvo** sain et sauf
San Salvador *n* San Salvador
sansalvadoreño, -a *adj* de San Salvador ▶ *nm/f* natif(-ive) *o* habitant(e) de San Salvador
sánscrito, -a *adj, nm* sanskrit *m*
santanderino, -a *adj* de Santander ▶ *nm/f* natif(-ive) *o* habitant(e) de Santander
Santiago *n*: **~ (de Chile)** Santiago (du Chili) ; **~ (de Compostela)** Saint-Jacques-de-Compostelle
santiaguino, -a *adj* de Santiago (du Chili) ▶ *nm/f* natif(-ive) *o* habitant(e) de Santiago (du Chili)

santiamén *nm*: **en un ~** en un clin d'œil
santidad *nf* sainteté *f*
santificar *vt* sanctifier
santifique *etc vb ver* **santificar**
santiguarse *vpr* se signer
santigüe *etc vb ver* **santiguarse**
santo, -a *adj* saint(e) ; **hacer su santa voluntad** faire ses quatre volontés ; **todo el ~ día** toute la sainte journée ▶ *nm/f* (*Rel*) Saint(e) ; (*fig*) saint(e) ▶ *nm* fête *f* ; **¿a ~ de qué ...?** en quel honneur ... ? ; **se le fue el ~ al cielo** il a oublié ce qu'il allait dire ; **~ y seña** mot *m* de passe
Santo Domingo *n* (*capital*) Saint-Domingue ; (*isla*) Hispaniola
santoral *nm* calendrier *m* mentionnant le nom des saints
santuario *nm* sanctuaire *m*
saña *nf* (*crueldad*) sauvagerie *f* ; (*furor*) fureur *f*
sapo *nm* crapaud *m*
saque *vb ver* **sacar** ▶ *nm* (*Tenis*) service *m* ; (*Fútbol*) remise *f* en jeu ; **~ de esquina** corner *m* ; **~ inicial** coup *m* d'envoi
saquear *vt* piller
saqueo *nm* pillage *m*
S.A.R. *abr* (= *Su Alteza Real*) SAR (= *Son Altesse Royale*)
sarampión *nm* rougeole *f*
sarao *nm* (*fiesta*) fête *f*, soirée *f* ; (*fam: lío*) esclandre *m*, histoire *f*
sarape (*Am*) *nm* poncho *m*
sarcasmo *nm* sarcasme *m*
sarcástico, -a *adj* sarcastique
sarcófago *nm* sarcophage *m*
sarcoma *nm* sarcome *m*
sardana *nf* sardane *f*
sardina *nf* sardine *f*
sardo, -a *adj* sarde ▶ *nm/f* Sarde *mf*
sardónico, -a *adj* sardonique
sargazo *nm* sargasse *f*
sargento *nm* (*Mil*) sergent ; (*fig*) personne *f* autoritaire
sari *nm* sari *m*
sarmiento *nm* sarment *m*
sarna *nf* (*Med, Zool*) gale *f*
sarpullido *nm* (*Med*) éruption *f*
sarro *nm* tartre *m*
sarta *nf*: **una ~ de mentiras** un chapelet de mensonges
sartén *nf*, (*Am*) *nm* (*Culin*) poêle *f* (à frire) ; **tener la ~ por el mango** tenir les rênes
sastre *nm* tailleur *m*
sastrería *nf* (*arte*) fabrication *f* de tailleurs ; (*tienda*) tailleur *m*
Satán, Satanás *nm* Satan *m*
satánico, -a *adj* satanique
satélite *nm* satellite *m* ; **vía ~** (*Telec*) par satellite
satén *nm* satin *m*
satinado, -a *adj* (*papel*) satiné(e) ▶ *nm* satiné *m*
sátira *nf* satire *f*
satírico, -a *adj* satirique
sátiro *nm* satyre *m*
satisfacción *nf* satisfaction *f* ; (*para desagravio*) satisfaction, réparation *f*
satisfacer *vt* satisfaire ; (*deuda*) acquitter ; **satisfacerse** *vpr* se satisfaire ; (*vengarse*) se venger
satisfactorio, -a *adj* satisfaisant(e)
satisfaga *etc*, **satisfaré** *etc vb ver* **satisfacer**
satisfecho, -a *pp de* **satisfacer** ▶ *adj* satisfait(e)
satisfice *etc vb ver* **satisfacer**
saturación *nf* saturation *f*
saturar *vt* saturer ; **saturarse** *vpr* être saturé(e)
Saturno *nm* Saturne *m*
sauce *nm* saule *m* ; **~ llorón** saule pleureur
saúco *nm* sureau *m*
saudí, saudita *adj* saoudien(ne) ▶ *nmf* Saoudien(ne)
sauna *nf*, (*CSur*) *nm* sauna *m*
savia *nf* sève *f*
saxo (*fam*) *nm* saxo *m* ; (*persona*) saxophoniste *mf*
saxofón *nm* saxophone *m*
saxofonista *nmf* saxophoniste *mf*
sazón *nf* (*de fruta*) maturité *f* ; (*Culin*) goût *m* ; **a la ~** alors, à cette époque ; **en ~** (*fruta*) mûr(e)
sazonado, -a *adj* (*fruta*) mûr(e) ; (*Culin*) relevé(e)
sazonar *vt* mûrir ; (*Culin*) assaisonner ▶ *vi* être mûr(e)
s/c *abr* (*Com*) (= *su casa*) *votre société* ; (= *su cuenta*) *votre compte*
schop ['tʃop] (*CSur*) *nm ver* **chop**
schopería [tʃope'ria] (*CSur*) *nf* brasserie *f*
Scotch *nm* scotch *m*
Sdo. *abr* (*Com*) = **saldo**
SE *abr* (= *sudeste*) S.-E. (= *sud-est*)

PALABRA CLAVE

se *pron* **1** (*reflexivo*) se, s' ; (*de usted/ustedes*) vous ; **se divierte** il s'amuse ; **lavarse** se laver ; **¡siéntese!** asseyez-vous !
2 (*con complemento directo: sg*) lui ; (*: pl*) leur ; (*: usted, ustedes*) vous ; **se lo dije** (*a él*) je le lui ai dit ; (*a ellos*) je le leur ai dit ; (*a usted(es)*) je vous l'ai dit ; **se compró un sombrero** il s'est acheté un chapeau ; **se rompió la pierna** il s'est cassé la jambe ; **cortarse el pelo** se faire couper les cheveux
3 (*uso recíproco*) se ; (*: ustedes*) vous ; **se miraron (el uno al otro)** ils se sont regardés (l'un l'autre) ; **cuando (ustedes) se conocieron** quand vous vous êtes connus
4 (*en oraciones pasivas*): **se han vendido muchos libros** beaucoup de livres ont été vendus ; **se compró hace tres años** ça a été acheté il y a trois ans

S

5 (*impersonal*): **se dice que ...** on dit que ... ; **allí se come muy bien** on y mange très bien ; **se habla inglés** on parle anglais ; **se ruega no fumar** prière de ne pas fumer

sé *vb ver* **saber**; **ser**
sea *etc vb ver* **ser**
SEAT *sigla f* = **Sociedad Española de Automóviles de Turismo**
sebo *nm* sébum *m*
Sec. *abr* = **secretario**
secado *nm* séchage *m* ; **~ a mano** brushing *m*
secador *nm* (*tb*: **secador de pelo**) sèche-cheveux *m inv*
secadora *nf* sèche-linge *m inv* ; **~ centrífuga** essoreuse *f*
secam *sigla m* SECAM *m* (= *procédé séquentiel à mémoire*)
secano *nm* (*Agr*: *tb*: **tierra de secano**) terrain *m* non irrigué ; **cultivo de ~** dry farming *m*
secante *nm* (*tb*: **papel secante**) buvard *m*
secar *vt* sécher ; (*río, tierra, plantas*) assécher ; **secarse** *vpr* sécher ; (*persona*) se sécher ; **secarse las manos** s'essuyer les mains
sección *nf* section *f* ; **~ deportiva** (*en periódico*) pages *fpl* sportives
seccionar *vt* (*dividir, cortar*) sectionner
secesión *nf* sécession *f*
seco, -a *adj* sec (sèche) ; **habrá pan a secas** il n'y aura que du pain ; **Juan, a secas** Juan tout court ; **parar/frenar en ~** s'arrêter/freiner brusquement
secreción *nf* sécrétion *f*
secretaría *nf* secrétariat *m*
secretariado *nm* secrétariat *m*
secretario, -a *nm/f* secrétaire *mf* ; **~ adjunto(-a)** (*Com*) secrétaire adjoint(e)
secretismo *nm* secret *m*, manque *m* de transparence
secreto, -a *adj* secret(-ète) ▸ *nm* secret *m* ; **en ~** en secret ; **~ profesional** secret professionnel
secta *nf* secte *f*
sectario, -a *adj* sectaire
sectarismo *nm* sectarisme *m*
sector *nm* secteur *m* ; **~ privado/público** secteur privé/public ; **~ terciario** secteur tertiaire
sectorial *adj* sectoriel(le)
secuaz (*pey*) *nmf* acolyte *mf*, partisan(e)
secuela *nf* séquelle *f*
secuencia *nf* séquence *f*
secuestrador, a *nm/f* (*de persona*) kidnappeur(-euse), ravisseur(-euse) ; (*tb*: **secuestrador(a) aéreo/a**) pirate *mf* de l'air
secuestrar *vt* séquestrer ; (*avión*) détourner ; (*publicación*) retirer de la circulation ; (*bienes*: *Jur*) séquestrer, mettre sous séquestre
secuestro *nm* (*de persona*) enlèvement *m* ; (*de avión*) détournement *m*
secular *adj* séculaire
secundar *vt* seconder
secundario, -a *adj* secondaire ; (*Inform*) d'arrière-plan ▸ *nf* (*Escol*) secondaire *m*
sed *nf* soif *f* ; **tener ~** avoir soif
seda *nf* soie *f* ; **como una ~** (*sin problema*) comme sur des roulettes ; (*dócil*) doux (douce) comme un agneau
sedal *nm* ligne *f*
sedante *nm* sédatif *m*
sedar *vt* donner un sédatif à, mettre sous calmants
sede *nf* siège *m* ; **Santa S~** Saint-Siège *m*
sedentario, -a *adj* sédentaire
SEDIC *sigla f* = **Sociedad Española de Documentación e Información Científica**
sedición *nf* sédition *f*
sediento, -a *adj* assoiffé(e) ; **~ de gloria/poder** assoiffé(e) de gloire/pouvoir
sedimentación *nf* sédimentation *f*
sedimentar *vt* faire se déposer ; **sedimentarse** *vpr* se déposer
sedimento *nm* sédiment *m*
sedoso, -a *adj* soyeux(-euse)
seducción *nf* séduction *f*
seducir *vt* séduire
seductor, a *adj* séducteur(-trice) ; (*personalidad, idea*) séduisant(e) ▸ *nm/f* séducteur(-trice)
seduje *etc*, **seduzca** *etc vb ver* **seducir**
sefardí, sefardita *adj*, *nmf* séfarade *mf*
segador, a *nm/f* faucheur(-euse) ▸ *nf* (*Tec*) moissonneuse *f*
segar *vt* (*mies*) moissonner ; (*hierba*) faucher ; (*vidas*) briser ; (*esperanzas*) réduire à néant
seglar *adj* séculier(-ière)
segmentar *vt* segmenter ; **segmentarse** *vpr* se segmenter
segmento *nm* segment *m*
segoviano, -a *adj* de Ségovie ▸ *nm/f* natif(-ive) *o* habitant(e) de Ségovie
segregación *nf* ségrégation *f* ; **~ racial** ségrégation raciale
segregar *vt* ségréguer ; (*líquido*) sécréter
segregue *etc vb ver* **segregar**
segué *etc*, **seguemos** *etc vb ver* **segar**
seguida *nf*: **en ~** tout de suite ; **en ~ termino** j'ai presque fini
seguidamente *adv* (*sin parar*) à la suite ; (*a continuación*) ensuite
seguidilla *nf* (*Mús*) séguédille *f* (*danse et musique modérément rapide à trois temps*) ; (*Lit*) séguédille *f* (*strophe de quatre à sept vers utilisée dans les chansons populaires*)
seguido, -a *adj* continu(e) ; (*consecutivo*) de suite, consécutif(-ive) ; (*ininterrumpido*) de suite, d'affilée ; (*línea*) droit(e) ; **cinco días seguidos** cinq jours de suite ▸ *adv* (*derecho*)

tout droit ; (*después*) à la suite ; (*Am: a menudo*) souvent
seguidor, a *nm/f* adepte *mf* ; (*Deporte*) supporter *mf*
seguimiento *nm* suivi *m*
seguir *vt* suivre ▶ *vi* (*venir después*) suivre ; (*continuar*) poursuivre ; **sigo sin comprender** je ne comprends toujours pas ; **sigue lloviendo** il continue de pleuvoir ; **sigue** (*en carta*) T.S.V.P. ; (*en libro, TV*) suite ; **¡siga!** (*Am*) allez-y ! ; **seguirse** *vpr*: **seguirse (de)** s'ensuivre (de), découler
según *prep* (*de acuerdo con*) d'après ; (*depende (de)*) selon ; (*a medida que*) à mesure que ; (*como*) comme ; **~ parece ...** il semblerait que ... ; **~ esté el tiempo** selon le temps qu'il fera ; **~ me consta** autant que je sache ; **está ~ lo dejaste** c'est resté tel que tu l'avais laissé ▶ *adv* ça dépend
segundero *nm* trotteuse *f*
segundo, -a *adj* deuxième, second(e) ; (*en discurso*) deuxièmement ; **segunda clase** (*Ferro*) seconde classe *f* ; **de segunda mano** d'occasion ▶ *nm* (*tiempo*) seconde *f* ; (*piso*) deuxième *m*, second *m* ▶ *nf* (*marcha, clase*) seconde *f* ; **con segundas (intenciones)** avec une arrière-pensée ▶ *nm/f* deuxième *mf*, second(e) ; **~ (de a bordo)** (*Náut*) second (à bord)
seguramente *adv* sûrement ; **¿lo va a comprar?** — ~ va-t-il l'acheter ? — sûrement
seguridad *nf* sécurité *f* ; (*certeza*) certitude *f* ; (*confianza*) confiance *f* ; **cerradura/cinturón de ~** serrure *f*/ceinture *f* de sécurité ; **~ ciudadana** sécurité en ville ; **~ en sí mismo** confiance en soi ; **~ social** sécurité sociale
seguro, -a *adj* sûr(e) ; **~ de sí mismo** sûr(e) de soi ; **lo más ~ es que ...** sans doute que ... ▶ *adv* sûrement ▶ *nm* sécurité *f* ; (*de cerradura*) sûreté *f* ; (*de arma*) cran *m* de sûreté ; (*Com*) assurance *f* ; (*CAm, Méx*) épingle *f* à nourrice ; **~ a todo riesgo/contra terceros** assurance tous risques/au tiers ; **~ contra accidentes/contra incendios** assurance contre les accidents/contre l'incendie ; **S~ de Enfermedad** assurance maladie ; **~ de vida** assurance vie ; **~ dotal con beneficios** assurance à capital différé avec bénéfice ; **~ marítimo** assurance maritime ; **~ mixto** assurance à capital différé ; **~ temporal** assurance à terme
seis *adj inv, nm inv* six *m inv* ; **~ mil** six mille ; **el ~ de abril** le six avril ; **hoy es ~** nous sommes le six aujourd'hui ; **son las ~** il est six heures ; **tiene ~ años** il a six ans ; **unos ~** environ six
seiscientos, -as *adj* six cents ; **~ veinticinco** six cent vingt-cinq
seísmo *nm* séisme *m*
SELA *sigla m* (= *Sistema Económico Latinoamericano*) SELA *m* (= *Système économique latino-américain*)
selección *nf* sélection *f* ; **~ nacional** (*Deporte*) équipe *f* nationale ; **~ natural** sélection naturelle
seleccionador, a *nm/f* (*Deporte*) sélectionneur(-euse)
seleccionar *vt* sélectionner
selectividad *nf* (*Univ*) *examen d'entrée à l'université* ; *voir article*

SELECTIVIDAD

En Espagne, à la fin de leurs études secondaires, les élèves souhaitant aller à l'université doivent passer les épreuves de la **selectividad**, dont la deuxième session se tient en septembre. À partir de la moyenne de la note obtenue à cet examen et de celle obtenue au cours des deux dernières années d'études secondaires, l'élève peut choisir une filière universitaire en fonction du nombre de places offertes et de la note minimale requise par chaque université. Certaines universités organisent en outre un examen d'entrée.

selectivo, -a *adj* sélectif(-ive)
selecto, -a *adj* sélect(e)
selector *nm* (*Tec*) sélecteur *m*
sellado, -a *adj* (*documento oficial*) scellé(e) ; (*pasaporte*) tamponné(e)
sellar *vt* sceller ; (*pasaporte*) tamponner
sello *nm* (*de correos*) timbre *m* ; (*para estampar*) tampon *m* ; (*precinto*) sceau *m* ; (*tb:* **sello distintivo**) cachet *m* ; **~ discográfico** maison *f* de disques ; **~ fiscal** timbre fiscal
selva *nf* (*bosque*) forêt *f* ; (*jungla*) jungle *f* ; **la S~ Negra** la Forêt Noire
selvático, -a *adj* forestier(-ière) ; (*vegetación*) sauvage
S.Em. *abr* (= *Su Eminencia*) SE (= *Son Éminence*)
semáforo *nm* (*Auto*) feu *m* rouge *o* de circulation ; (*Ferro*) sémaphore *m*
semana *nf* semaine *f* ; **entre ~** en semaine ; **~ inglesa** semaine de 35 heures ; **~ laboral** semaine de travail ; **S~ Santa** semaine sainte ; *voir article*

SEMANA SANTA

Les célébrations de la **Semana Santa** en Espagne sont souvent grandioses. *Viernes Santo* (le Vendredi saint), *Sábado Santo* (le Samedi saint) et *Domingo de Resurrección* (le dimanche de Pâques) sont des fêtes légales auxquelles s'ajoutent d'autres jours fériés dans chaque région. Dans tout le pays, les membres des *cofradías* (confréries), vêtus de cagoules, avancent en processions dans les rues, précédant leurs *pasos*, des chars

S

richement décorés sur lesquels se dressent des statues religieuses. Les processions de la semaine sainte à Séville sont particulièrement renommées.

semanal *adj* hebdomadaire
semanario *nm* = **semanal**
semántica *nf* sémantique *f*
semántico, -a *adj* sémantique
semblante *nm* (traits *mpl* du) visage *m* ; (*fig*) allure *f*
semblanza *nf* essai *m* autobiographique
sembrado *nm* terre *f* cultivée, champ *m* ensemencé
sembrar *vt* semer
semejante *adj*, *nm* semblable *m* ; **son muy semejantes** ils se ressemblent beaucoup ; **nunca hizo cosa ~** il n'a jamais fait semblable chose
semejanza *nf* ressemblance *f* ; **a ~ de** pareil(le) à
semejar *vt* ressembler à ; **semejarse** *vpr* se ressembler
semen *nm* sperme *m*
semental *nm* (*Zool*) géniteur *m*
sementera *nf* semailles *fpl* ; (*tierra*) semis *msg*
semestral *adj* semestriel(le)
semestre *nm* semestre *m*
semi... *pref* semi...
semicircular *adj* semi-circulaire
semicírculo *nm* demi-cercle *m*
semiconductor *nm* semi-conducteur *m*
semiconsciente *adj* à demi conscient(e)
semidesnatado, -a *adj* demi-écrémé(e)
semifinal *nf* demi-finale *f*
semifinalista *nmf* demi-finaliste *mf*
semiinconsciente *adj* à demi inconscient(e)
semilla *nf* graine *f*, semence *f*
semillero *nm* (*Agr*) semis *msg* ; (*fig*) source *f*
seminario *nm* (*Rel*, *Escol*) séminaire *m*
seminarista *nm* séminariste *m*
semiótica *nf* sémiotique *f*
semiseco, -a *adj* demi-sec(-sèche)
semita *adj* sémite ▸ *nmf* Sémite *m*
sémola *nf* semoule *f*
sempiterno, -a *adj* éternel(le)
Sena *nm* : **el ~** la Seine
senado *nm* sénat *m*
senador, a *nm/f* sénateur(-trice)
sencillamente *adv* simplement ; **es ~ imposible** c'est tout simplement impossible
sencillez *nf* simplicité *f*
sencillo, -a *adj* simple ▸ *nm* (*AM*) chaudière *f*
senda *nf* sentier *m*
senderismo *nm* randonnée *f*
senderista *nmf* (*Deporte*) randonneur(-euse) ; (*PERÚ Pol*) membre *mf ou* partisan(e) du Sentier Lumineux
sendero *nm* sentier *m* ; **S~ Luminoso** (*PERÚ Pol*) Sentier lumineux
sendos, -as *adj pl* : **recibieron ~ golpes** ils ont tous deux reçu des coups
Senegal *nm* (*tb*: **El Senegal**) le Sénégal
senegalés, -esa *adj* sénégalais(e) ▸ *nm/f* Sénégalais(e)
senil *adj* sénile
sénior *adj* (*Deporte*) senior ; (*con experiencia*) supérieur(e) ▸ *nmf* (*pl* **séniors** *o* **séniores**) (*Deporte*) senior *m*
seno *nm* sein *m* ; (*Mat*) sinus *m* ; **~ materno** sein maternel
sensación *nf* sensation *f* ; **causar** *o* **hacer ~** faire sensation
sensacional *adj* sensationnel(le)
sensacionalismo *nm* sensationnalisme *m*
sensacionalista *adj* sensationnaliste, à sensation ; **la prensa ~** la presse sensationnaliste
sensatez *nf* bon sens *msg*
sensato, -a *adj* sensé(e)
sensibilidad *nf* sensibilité *f*
sensibilizar *vt* sensibiliser
sensible *adj* sensible
sensiblemente *adv* sensiblement
sensiblero, -a (*pey*) *adj* sentimental(e), qui tombe dans la sensiblerie
sensitivo, -a *adj* sensible
sensor *nm* détecteur *m* ; **~ de fin de papel** fin *f* de papier
sensorial *adj* sensoriel(le)
sensual *adj* sensuel(le)
sensualidad *nf* sensualité *f*
sentada *nf* (*protesta*) sit-in *m inv* ; **de una ~** d'une traite
sentado, -a *adj* : **estar ~** être assis(e) ; **dar por ~** considérer comme acquis ; **dejar ~ que ...** établir que ...
sentar *vt* asseoir ; (*noticia, hecho, palabras*) établir ▸ *vi* (*vestido, color*) aller ; **~ bien** (*ropa*) aller bien ; (*comida*) faire du bien ; (*vacaciones*) réussir ; **me ha sentado mal** (*comida*) je ne l'ai pas digéré ; (*comentario*) cela m'a blessé ; **sentarse** *vpr* s'asseoir ; (*el tiempo*) se stabiliser ; (*sedimentos*) se déposer ; **¡siéntese!** asseyez-vous !
sentencia *nf* sentence *f* ; (*Inform*) instruction *f* ; **~ de muerte** sentence de mort
sentenciar *vt* (*Jur*) condamner
sentido, -a *adj* (*pérdida*) regretté(e) ; (*carácter*) sensible ; **mi más ~ pésame** mes plus sincères condoléances ▸ *nm* sens *msg* ; **en el buen ~ de la palabra** au bon sens du terme ; **con ~ doble** à double sens ; **sin ~** qui ne veut rien dire ; **tener ~** avoir du sens ; **¿qué ~ tiene que ...?** à quoi cela sert-il de ... ? ; **~ común** bon sens ; **~ del humor** sens de l'humour ; **~ único** (*Auto*) sens unique
sentimental *adj* sentimental(e) ; **vida ~** vie *f* sentimentale
sentimentalismo *nm* sentimentalisme *m*

sentimiento *nm* sentiment *m*
sentir *nm* opinion *f* ▸ *vt* sentir ; (*lamentar*) regretter ; (*esp AM*) entendre ; (*música, arte*) avoir un don pour ; **lo siento (mucho)** je suis désolé(e) ; **siento molestarle** je suis désolé de vous déranger ▸ *vi* sentir ; **sentirse** *vpr* se sentir ; **sentirse bien/mal** se sentir bien/mal ; **sentirse como en su casa** se sentir chez soi
seña *nf* signe *m* ; (*Mil*) mot *m* de passe ; **señas** *nfpl* (*dirección*) adresse *f* ; **(y) por más señas** (et) en plus de cela ; **dar señas de** donner des signes de ; **señas personales** (*rasgos distintivos*) signes *mpl* particuliers
señal *nf* signal *m* ; (*síntoma*) signe *m* ; (*marca, Inform*) marque *f* ; (*Com*) arrhes *fpl* ; **en ~ de** en signe de ; **dar señales de** donner des signes de ; **~ de auxilio/de peligro** signal de détresse/d'alarme ; **~ de llamada** sonnerie *f* ; **señales de tráfico** panneaux *mpl* de signalisation ; **~ para marcar** tonalité *f*
señalado, -a *adj* (*persona*) distingué(e) ; (*fecha*) important(e)
señalar *vt* signaler ; (*poner marcas*) marquer ; (*con el dedo*) montrer du doigt ; (*hora*) donner ; (*fijar*) fixer
señalice *etc vb ver* **señalizar**
señalización *nf* signalisation *f*
señalizar *vt* (*Auto*) indiquer ; (*Ferro*) signaliser
señor, a *adj* (*fam*) classe ▸ *nm* monsieur *m* ; (*hombre*) homme *m* ; (*trato*) monsieur ; **los señores González** M et Mme González ; **S~ Don Jacinto Benavente** (*en sobre*) Monsieur Jacinto Benavente ; **S~ Director ...** (*de periódico*) Monsieur le directeur ... ; **~ juez/Presidente** Monsieur le juge/le président ; **Muy ~ mío** cher Monsieur ; **Muy señores nuestros** Messieurs ; **Nuestro S~** (*Rel*) Notre Seigneur
señora *nf* madame *f* ; (*dama*) dame *f* ; (*mujer*) femme *f* ; **¿está la ~?** madame est-elle chez elle ? ; **la ~ de Pérez** Madame Pérez ; **Nuestra S~** (*Rel*) Notre-Dame *f*
señoría *nf*: **su S~** Votre Seigneurie *f* ; (*para un juez*) Votre Honneur *m* ; **sus Señorías** (*Pol*) (mes) chers collègues
señorial *adj* seigneurial(e) ; (*casa*) cossu(e) ; (*actitud, aire*) de grand seigneur
señorío *nm* seigneurie *f*
señorita *nf* (*tratamiento*) mademoiselle *f* ; (*mujer joven*) demoiselle *f*, jeune fille *f* ; (*maestra*) maîtresse *f*
señorito *nm* (*tratamiento*) jeune monsieur *m* ; (*pey*) fils *msg* à papa
señuelo *nm* leurre *m*
sep. *abr* = **septiembre**
sepa *etc vb ver* **saber**
separación *nf* séparation *f* ; (*división*) partage *m* ; (*distancia*) distance *f* ; **~ de bienes** séparation des biens
separado, -a *adj* séparé(e) ; (*Tec*) détaché(e) ; **por ~** séparément
separador *nm* (*Inform*) borne *f*
separadora *nf* (*Inform*): **~ de hojas** séparateur *m*
separar *vt* séparer ; (*Tec: pieza*) détacher ; (*persona: de un cargo*) relever ; (*dividir*) diviser ; **separarse** *vpr* se séparer ; (*partes*) se détacher ; **separarse de** (*persona: de un lugar*) s'éloigner de ; (*: de asociación*) quitter
separata *nf* (*Prensa*) tiré *m* à part
separatismo *nm* séparatisme *m*
separatista *adj, nmf* séparatiste *mf*
separo (*MÉX*) *nm* cellule *f*
sepelio *nm* enterrement *m*
sepia *nf* (*Culin*) seiche *f* ▸ *nm* (*tb*: **color sepia**) sépia *f*
sept. *abr* = **septiembre**
septentrional *adj* septentrional(e)
septicemia *nf* septicémie *f*
septiembre *nm* septembre *m* ; *ver tb* **julio**
séptimo, -a *adj, nm/f* septième *mf* ; *ver tb* **sexto**
septuagésimo, -a *adj, nm/f* soixante-dizième *mf*
sepulcral *adj* funéraire ; (*fig*) sépulcral(e)
sepulcro *nm* sépulcre *m*
sepultar *vt* inhumer ; (*suj: escombros*) ensevelir
sepultura *nf* (*entierro*) inhumation *f* ; (*tumba*) sépulture *f* ; **dar ~ a** donner une sépulture à ; **recibir ~** recevoir une sépulture
sepulturero, -a *nm/f* fossoyeur *m*
seque *etc vb ver* **secar**
sequedad *nf* sécheresse *f*
sequía *nf* sécheresse *f*
séquito *nm* (*de rey*) cour *f* ; (*Pol*) partisans *mpl*
SER *sigla f* (*Radio: = Sociedad Española de Radiodifusión*) *société privée de radiodiffusion*

PALABRA CLAVE

ser *vi* **1** (*descripción, identidad*) être ; **es médico/muy alto** il est docteur/très grand ; **soy Pepe** (*Telec*) c'est Pepe (à l'appareil)
2 (*suceder*): **¿qué ha sido eso?** qu'est-ce que c'était ? ; **la fiesta es en casa** la fête a lieu chez nous
3: **ser de** (*posesión*): **es de Joaquín** c'est à Joaquín ; (*origen*): **ella es de Cuzco** elle est de Cuzco ; (*sustancia*): **es de piedra** c'est en pierre ; **¿qué va a ser de nosotros?** qu'allons-nous devenir ? ; **es de risa/pena** c'est ridicule/lamentable
4 (*horas, fechas, números*): **es la una** il est une heure ; **son las seis y media** il est six heures et demie ; **es el 1 de junio** c'est le 1er juin ; **somos/son seis** nous sommes/ils sont six ; **2 y 2 son 4** 2 et 2 font 4
5 (*valer*): **¿cuánto es?** c'est combien ?
6: **ser para**: **es para pintar** c'est pour peindre ; **no es para tanto** ce n'est pas si grave

S

7 (*en oraciones pasivas*): **ya ha sido descubierto** ça a déjà été découvert ; **fue construido** ça a été construit
8: **ser de** (*+ vb*): **es de esperar que …** il faut s'attendre à ce que …
9: **es que**: **es que no puedo** c'est que je ne peux pas ; **¿cómo es que no lo sabes?** comment se fait-il que tu ne le saches pas ?
10 (*locuciones: con subjuntivo*): **o sea** c'est-à-dire ; **sea él, sea su hermana** soit lui, soit sa sœur ; **tengo que irme, no sea que mis hijos estén esperándome** il faut que j'y aille, au cas où mes enfants m'attendraient
11 (*con infinitivo*): **a no ser …** si ce n'est … ; **a no ser que salga mañana** à moins qu'il ne sorte demain ; **de no ser así** si ce n'était pas le cas
12: « **érase una vez …** » « il était une fois … »
▸ *nm* (*ente*) être *m* ; **ser humano/vivo** être humain/vivant ; **en lo más íntimo de su ser** au plus profond de son être

Serbia *nf* Serbie *f*
serbio, -a *adj* serbe ▸ *nm/f* Serbe *mf*
serbocroata *adj* serbo-croate ▸ *nmf* Serbo-Croate *mf* ▸ *nm* (*Ling*) serbo-croate *m*
serenarse *vpr* s'apaiser ; (*tiempo*) se calmer
serenata *nf* (*Mús*) sérénade *f* ; (*fam: molestia*) boucan *m* (*fam*) ; **deja de dar la ~** arrête de casser les pieds (*fam*), tu veux bien nous laisser tranquilles
serenidad *nf* sérénité *f*
sereno, -a *adj* serein(e) ; (*tiempo*) calme ▸ *nm* veilleur *m* de nuit
serial *nm* feuilleton *m*
serie *nf* série *f* ; (*TV: por capítulos*) feuilleton *m* ; **fuera de ~** (*Com*) hors série ; (*fig*) hors pair ; **fabricación en ~** fabrication *f* en série ; **interfaz/impresora en ~** (*Inform*) interface *f*/imprimante *f* série
seriedad *nf* sérieux *msg* ; (*de crisis*) gravité *f*
serigrafía *nf* sérigraphie *f*
serio, -a *adj* sérieux(-euse) ; **en ~** sérieusement
sermón *nm* sermon *m*
sermonear (*pey*) *vt* faire un sermon à ▸ *vi* prêcher
seropositivo, -a *adj* séropositif(-ive)
serotonina *nf* sérotonine *f*
serpentear *vi* serpenter
serpentina *nf* serpentin *m*
serpiente *nf* serpent *m* ; **~ de cascabel** serpent à sonnettes ; **~ pitón** python *m*
serranía *nf* zone *f* montagneuse
serrano, -a *adj* montagnard(e) ; (*jamón*) ≈ de Bayonne ▸ *nm/f* montagnard(e)
serrar *vt* scier
serrín *nm* sciure *f* (de bois)
serrucho *nm* scie *f* (égoïne)
Servia *nf* Serbie *f*
servicial *adj* serviable
servicio *nm* service *m* ; **estar de ~** être de service ; **~ a domicilio** service de livraison à domicile ; **~ aduanero** *o* **aduana** services de douane ; **~ incluido** service compris ; **~ militar** service militaire ; **~ público** (*Com*) service public ; **~ secreto** service secret ; **servicios** *nmpl* (*wáter*) toilettes *fpl* ; (*Econ: sector*) services *mpl*
servidor, a *nm/f* serviteur (servante) ; **su seguro ~** votre très humble serviteur ; **un ~** à votre service
servidumbre *nf* servitude *f* ; (*criados*) domestiques *mpl*
servil (*pey*) *adj* servile
servilismo *nm* servilité *f*
servilleta *nf* serviette *f*
servilletero *nm* rond *m* de serviette
servir *vt* servir ; **~ vino a algn** servir du vin à qn ; **¿en qué puedo servirle?** en quoi puis-je vous être utile ? ▸ *vi* servir ; **~ (para)** servir (à) ; **no sirve para nada** ça ne sert à rien ; **~ de guía** servir de guide ; **servirse** *vpr* se servir ; **servirse de algo** se servir de qch ; **sírvase pasar** veuillez entrer
sésamo *nm* (*planta*) sésame *m* ; **¡ábrete ~!** sésame ouvre-toi !
sesear *vt prononcer, devant un e ou un i, le c et le z comme un s (caractéristique propre aux Andalous et aux habitants d'Amérique latine)*
sesenta *adj inv*, *nm inv* soixante *m inv* ; **~ mil** soixante mille ; **tiene ~ años** il a soixante ans ; **unos ~** environ soixante
sesentón, -ona *adj*, *nm/f* sexagénaire *mf*
seseo *nm prononciation, devant un e ou un i, du c et du z comme un s (caractéristique propre aux Andalous et aux habitants d'Amérique latine)*
sesgado, -a *adj* (*Costura*) coupé(e) en biais
sesgo *nm* tournure *f* ; **al ~** (*Costura*) en biais
sesión *nf* séance *f* ; (*Teatro*) représentation *f* ; **abrir/levantar la ~** ouvrir/lever la séance ; **~ de tarde/de noche** (*Cine*) ≈ séance de 14h/de 20h
seso *nm* cerveau *m* ; (*fig*) jugeote *f* ; **devanarse los sesos** se creuser la cervelle ; **sesos** *nmpl* (*Culin*) cervelle *f*
sesudo, -a *adj* intelligent(e)
set *nm* (*Tenis*) set *m*
set. *abr* = **setiembre**
seta *nf* champignon *m* ; **~ venenosa** champignon vénéneux
setecientos, -as *adj* sept cents ; *ver tb* **seiscientos**
setenta *adj inv*, *nm inv* soixante-dix *m inv* ; *ver tb* **sesenta**
setiembre *nm* = **septiembre**
seto *nm* haie *f*
seudo… *pref* pseudo…
seudónimo *nm* pseudonyme *m*
Seúl *n* Seoul

s.e.u.o. *abr (= salvo error u omisión)* SEO *(= sauf erreur ou omission)*
severidad *nf* sévérité *f*
severo, -a *adj* sévère
Sevilla *n* Séville
sevillanas *nfpl (melodía) musique f populaire de Séville ; (baile) danse f populaire de Séville*
sevillano, -a *adj* sévillan(e) ▸ *nm/f* Sévillan(e)
sexagenario, -a *adj, nm/f* sexagénaire *mf*
sexagésimo, -a *adj, nm/f* soixantième *mf*
S.Exc. *abr (= Su Excelencia)* SE *(= Son Excellence)*
sexenio *(esp Méx) nm (Pol)* mandat *m* de 6 ans
sexismo *nm* sexisme *m*
sexista *adj, nmf* sexiste *mf*
sexo *nm* sexe *m* ; **el ~ femenino/masculino** le sexe féminin/masculin
sexólogo, -a *nm/f* sexologue *mf*
sex shop [sek'ʃop] *(pl* **sex shops***) nf* sex-shop *m*
sexteto *nm* sextuor *m*
sexto, -a *adj, nm/f* sixième *mf* ; **Juan S~** Jean Six ; **un ~ de la población** un sixième de la population
sexual *adj* sexuel(le) ; **vida ~** vie *f* sexuelle
sexualidad *nf* sexualité *f*
sexy *adj* sexy ▸ *nm (atractivo)* sex-appeal *m*
s.f. *abr (= sin fecha)* n.d. *(= non daté)*
s/f *abr (Com: = su favor) votre crédit*
SGAE *nf abr (= Sociedad General de Autores de España) société privée espagnole qui se consacre à la défense et à la gestion des droits d'auteur de ses membres,* ≈ SACEM *f*
sgte., sgtes. *abr* = **siguiente(s)**
share [ʃear] *nm (TV)* audimat *m*
shiatsu ['sjatsu] *nm* shiatsu *m*
si *conj* si ; **si … o si …** si … ou si … ; **me pregunto si …** je me demande si … ; **si no** sinon ; **¡si fuera verdad!** si seulement ça pouvait être vrai ! ; **¡(pero) si no lo sabía!** (mais) je ne le savais même pas ! ; **por si (acaso)** au cas où ; **¿y si llueve?** et s'il pleut ? ▸ *nm (Mús)* si *m inv*
sí *adv* oui ; *(tras frase negativa)* si ; **¡¿sí?!** *(asombro)* ah bon ? ; **« nos vas a llevar al cine, ¿a que sí? »** « tu nous emmènes bien au ciné, hein ? » ; **él no quiere pero yo sí** il ne veut pas mais moi oui ; **ella sí vendrá** elle, elle viendra ; **claro que sí** bien sûr que oui/si ; **creo que sí** je crois que oui/si ; **porque sí** *(porque lo digo yo)* parce que ; **¡sí que lo es!** bien sûr que si ! ; **¡eso sí que no!** alors là, non ! ▸ *nm (consentimiento)* oui *m* ▸ *pron (uso impersonal)* soi ; *(sg: m)* lui ; *(: f)* elle ; *(: de cosa)* lui (elle) ; *(: de usted, ustedes)* vous ; *(pl: m)* eux ; *(: f)* elles ; **por sí solo/solos** à lui seul/eux seuls ; **volver en sí** revenir à soi ; **sí mismo/misma** lui-/elle-même ; **se ríe de sí misma** elle rit d'elle-même ; **hablaban entre sí** ils parlaient entre eux ; **de por sí** en soi
siamés, -esa *adj, nm/f* siamois(e)
sibarita *adj* raffiné(e) ▸ *nmf* épicurien(ne)
Siberia *nf* Sibérie *f*
siberiano, -a *adj* sibérien(ne) ▸ *nm/f* Sibérien(ne)
sicario *nm* tueur *m* à gages
sicav *(pl* **sicavs***) sigla f (= sociedad de inversión de capital variable)* SICAV *f inv (= société d'investissement à capital variable)*
Sicilia *nf* Sicile *f*
siciliano, -a *adj* sicilien(ne) ▸ *nm/f* Sicilien(ne)
sico… *pref* = **psico…**
SIDA, sida *sigla m (= síndrome de inmuno-deficiencia adquirida)* SIDA *m*, sida *m (= syndrome immunodéficitaire acquis)*
sidecar *nm* side-car *m*
sideral *adj* sidéral(e) ; *(fam: cantidad)* astronomique
siderurgia *nf* sidérurgie *f*
siderúrgico, -a *adj* sidérurgique
sidra *nf* cidre *m*
siega *vb ver* **segar** ▸ *nf (Agr)* moisson *f*
siegue *etc vb ver* **segar**
siembra *vb ver* **sembrar** ▸ *nf (Agr)* semailles *fpl*
siempre *adv* toujours ; **es lo de ~** c'est tout le temps la même chose ; **como ~** comme toujours ; **para ~** pour toujours ; **~ me voy mañana** *(Am)* de toute façon, je pars demain ▸ *conj:* **~ que …** *(cada vez que)* chaque fois que … ; *(a condición de que)* seulement si …
sien *nf* tempe *f*
siento *vb ver* **sentar; sentir**
sierra *vb ver* **serrar** ▸ *nf (Tec)* scie *f* ; *(Geo)* chaîne *f* de montagnes ; **la ~** *(zona)* la montagne
Sierra Leona *nf* la Sierra Leone
siervo, -a *nm/f* serf (serve)
siesta *nf* sieste *f* ; **dormir la** *o* **echarse una ~** faire une sieste
siete *adj inv, nm inv* sept *m inv* ▸ *nm (en tela)* accroc *m* ▸ *nf (Am fam)*: **¡la gran ~!** punaise ! *(fam)* ; **se armó un follón de la gran ~** ça a fait un raffut de tous les diables *(fam)* ; **hijo de la gran ~** *(fam!)* fils *msg* de pute *(fam !)* ; *ver tb* **seis**
sietemesino, -a *adj (niño)* prématuré(e) de sept mois ▸ *nm/f* bébé *m* prématuré de sept mois
sífilis *nf inv* syphilis *fsg*
sifón *nm* siphon *m* ; **whisky con ~** whisky-soda *m*
siga *etc vb ver* **seguir**
sigilo *nm* silence *m* ; *(secreto)* secret *m*
sigiloso, -a *adj (silencioso)* discret(-ète) ; *(secreto)* secret(-ète), furtif(ive)
sigla *nf* sigle *m*
siglo *nm* siècle *m* ; **hace siglos que no la veo** ça fait des lustres que je ne l'ai pas vue ; **S~ de las Luces** Siècle des lumières ; **S~ de Oro** siècle d'or

S

significación *nf* signification *f*
significado *nm* sens *m*, signification *f*
significar *vt* signifier
significativo, -a *adj* significatif(-ive)
signifique *etc vb ver* **significar**
signo *nm* signe *m* ; **~ de admiración** point *m* d'exclamation ; **~ de interrogación** point d'interrogation ; **~ de más/de menos** signe plus/moins ; **signos de puntuación** signes de ponctuation ; **~ igual** signe égal
siguiendo *etc vb ver* **seguir**
siguiente *adj* suivant(e) ; **¡el ~!** au suivant !
sij (*pl* **sijs**) *adj, nmf* sikh(e)
sílaba *nf* syllabe *f*
silbar *vt, vi* siffler
silbato *nm* sifflet *m*
silbido, silbo *nm* sifflement *m* ; (*abucheo*) sifflet *m*
silenciador *nm* silencieux *msg*
silenciar *vt* (Am: *persona*) faire taire ; (*ruidos, escándalo*) étouffer
silencio *nm* silence *m* ; **en el más absoluto ~** dans un silence absolu ; **guardar ~** garder le silence
silencioso, -a *adj* silencieux(-euse)
sílice *nf* silice *f*
silicio *nm* silicium *m*
silicona *nf* silicone *f*
silla *nf* chaise *f* ; (*tb*: **silla de montar**) selle *f* ; **~ de ruedas** chaise roulante ; **~ eléctrica** chaise électrique
sillería *nf* sièges *mpl* ; (*Rel*) stalles *fpl*
sillín *nm* selle *f*
sillón *nm* fauteuil *m*
silo *nm* (*Agr, Mil*) silo *m*
silueta *nf* silhouette *f*
silvestre *adj* (*Bot*) sauvage ; (*fig*) rustique
sima *nf* abîme *m*
simbiosis *nf inv* symbiose *f*
simbolice *etc vb ver* **simbolizar**
simbólico, -a *adj* symbolique
simbolismo *nm* symbolisme *m*
simbolizar *vt* symboliser
símbolo *nm* symbole *m* ; **~ gráfico** (*Inform*) symbole graphique
simbología *nf* symbolique *f*
simetría *nf* symétrie *f*
simétrico, -a *adj* symétrique
simiente *nf* graine *f*
símil *nm* (*Lit*) similitude *f* ; (*comparación*) comparaison *f*
similar *adj* similaire
similitud *nf* similitude *f*
simio *nm* singe *m*
simpatía *nf* sympathie *f* ; **tener ~ a** avoir de la sympathie pour
simpatice *etc vb ver* **simpatizar**
simpático, -a *adj* (*persona*) sympathique ; (*animal*) gentil(le) ; **caer ~ a algn** être sympathique à qn
simpatiquísimo, -a *adj superl de* **simpático**
simpatizante *nmf* sympathisant(e)
simpatizar *vi*: **~ con** sympathiser avec
simple *adj* simple ▸ *nmf* (*pey*) simplet(te)
simplemente *adv* simplement ; **~ pretendía ayudarte** je voulais simplement t'aider
simpleza *nf* simplicité *f* d'esprit ; (*tontería*) bêtise *f*
simplicidad *nf* simplicité *f*
simplificación *nf* simplification *f*
simplificar *vt* simplifier
simplifique *etc vb ver* **simplificar**
simplista *adj* simpliste
simplón, -ona *adj* simplet(te) ▸ *nm/f* nigaud(e)
simposio *nm* symposium *m*
simulación *nf* simulation *f* ; **~ por ordenador** simulation par ordinateur
simulacro *nm* simulacre *m*
simulador *nm*: **~ de vuelo** simulateur *m* de vol
simular *vt* simuler
simultanear *vt*: **~ dos cosas** faire deux choses en même temps
simultáneo, -a *adj* simultané(e)
sin *prep* sans ; **~ hogar** sans domicile ; **~ decir nada** sans rien dire ; **~ verlo yo** sans que je le voie ; **platos ~ lavar** assiettes *fpl* pas lavées ; **la ropa está ~ lavar** le linge n'est pas lavé ; **quedarse ~ algo** ne plus avoir de qch ; **~ que lo sepa él** sans qu'il le sache ; **~ embargo** cependant ; **no ~ antes** non sans ▸ *conj*: **~ que** (+ *subjuntivo*) sans que + *subjonctif*
sinagoga *nf* synagogue *f*
Sinaí *nm*: **El ~** le Sinaï ; **el Monte ~** le Mont Sinaï
sinceridad *nf* sincérité *f*
sincero, -a *adj* sincère
síncope *nm* syncope *f*
sincronice *etc vb ver* **sincronizar**
sincrónico, -a *adj* synchrone ; (*Ling*) synchronique
sincronizar *vt* synchroniser
sindical *adj* syndical(e) ; **central ~** confédération *f*
sindicalista *adj, nmf* syndicaliste *mf*
sindicar *vt* syndiquer ; **sindicarse** *vpr* se syndiquer
sindicato *nm* syndicat *m*
sindique *etc vb ver* **sindicar**
síndrome *nm* syndrome *m* ; **~ de abstinencia** syndrome de sevrage ; **~ de la clase turista** syndrome de la classe économique
sine qua non *adj*: **condición ~** condition *f* sine qua non
sinergia *nf* synergie *f*
sinfín *nm*: **un ~ de** une infinité de
sinfonía *nf* symphonie *f*
sinfónico, -a *adj* symphonique
Singapur *nm* Singapour *f*

singladura *nf* (*camino*) voie *f* ; (*Náut: recorrido*) cinglage ; (*: día*) distance *f* parcourue par un bateau en 24 heures
single *nm* (*disco*) single *m*
singular *adj* singulier(-ière) ▸ *nm* (*Ling*) singulier *m* ; **en ~** au singulier
singularice *etc vb ver* **singularizar**
singularidad *nf* singularité *f*
singularizar *vt* singulariser ; **singularizarse** *vpr* se singulariser
siniestralidad *nf* taux *m* d'accidents
siniestro, -a *adj* sinistre ; (*izquierdo*) gauche ▸ *nm* sinistre *m* ; (*en carretera*) accident *m*
sinnúmero *nm* = **sinfín**
sino *nm* destin *m* ▸ *conj* sinon ; **no son 8 ~ 9** il n'y en a pas 8 mais 9 ; **no solo es lista ~ guapa** non seulement elle est intelligente mais en plus elle est belle
sinónimo, -a *adj, nm* synonyme *m*
sinopsis *nf* synopsis *m o f*
sinrazón *nf* injustice *f*
sinsabor *nm* désagrément *m*
sintagma *nm* syntagme *m*
sintaxis *nf* syntaxe *f*
síntesis *nf inv* synthèse *f*
sintetice *etc vb ver* **sintetizar**
sintético, -a *adj* (*material*) synthétique ; (*producto*) de synthèse
sintetizador *nm* synthétiseur *m*
sintetizar *vt* synthétiser
sintiendo *etc vb ver* **sentir**
síntoma *nm* symptôme *m*
sintomático, -a *adj* symptomatique
sintonía *nf* (*Radio*) réglage *m* ; (*melodía*) indicatif *m*, jingle *m* ; **estar en ~ con algn/algo** être sur la même longueur d'onde que qn/être en phase avec qch
sintonice *etc vb ver* **sintonizar**
sintonizador *nm* (*Radio*) tuner *m*, syntoniseur *m*
sintonizar *vt* (*Radio*) régler ▸ *vi*: **~ con** régler sur ; (*fig*) coïncider avec
sinuoso, -a *adj* sinueux(-euse)
sinusitis *nf inv* sinusite *f*
sinvergüenza *adj, nmf* canaille *f* ; (*descarado*) effronté(e)
sionismo *nm* sionisme *m*
siqui... *pref* = **psiqui...**
siquiera *conj* même si ▸ *adv* au moins ; **ni ~** pas même ; **~ bebe algo** bois au moins quelque chose
sirena *nf* sirène *f*
Siria *nf* Syrie *f*
sirimiri *nm* bruine *f*
sirio, -a *adj* syrien(ne) ▸ *nm/f* Syrien(ne)
sirviendo *etc vb ver* **servir**
sirviente, -a *nm/f* domestique *mf*
sisa *nf* (*Costura*) emmanchure *f* ; (*robo*) vol *m* à l'étalage
sisal *nm* sisal *m*
sisar *vt* voler
sisear *vi* dire « chut »
sísmico, -a *adj* sismique
sismo *nm* (*esp* AM) = **seísmo**
sismógrafo *nm* sismographe *m*
sistema *nm* système *m* ; **el ~** (*Pol*) le système ; **por ~** systématiquement ; **~ binario** (*Inform*) système binaire ; **~ de alerta inmediata** système d'alarme ; **~ de facturación** (*Com*) système de facturation ; **~ de fondo fijo** (*Com*) *système de gestion de la petite caisse par avance de fonds* ; **~ de lógica compartida** (*Inform*) système de logique commune ; **~ educativo** système éducatif ; *voir article* ; **~ experto** (*Inform*) système expert ; **~ impositivo** *o* **tributario** système d'imposition ; **~ métrico** système métrique ; **~ nervioso** système nerveux ; **~ operativo** (*Inform*) système d'exploitation ; **~ solar** système solaire

SISTEMA EDUCATIVO

La réforme du système scolaire espagnol (**sistema educativo**) date de la fin des années 1990. Les cycles EGB, BUP et COU ont été remplacés respectivement par la *Primaria*, cycle obligatoire de 6 ans, la *Secundaria*, cycle obligatoire de 4 ans, et le *Bachillerato*, cycle facultatif de 2 ans dans le secondaire.

sistemático, -a *adj* systématique
sistémico, -a *adj* systémique
sitiar *vt* assiéger
sitio *nm* endroit *m* ; (*espacio*) place *f* ; (*Mil*) siège *m* ; **en cualquier ~** n'importe où ; **¿hay ~?** il y a de la place ? ; **hay ~ de sobra** il y a largement la place ; **guardar el ~ a algn** garder la place à qn ; **~ web** site *m* Web
sito, -a (*formal*) *adj*: **~ en** situé(e) à *o* en, sis(e) à *o* en
situ: **in ~** *adv* in situ
situación *nf* situation *f*
situado, -a *adj* situé(e) ; **estar bien ~** (*socioeconómicamente*) avoir une bonne situation
situar *vt* situer ; (*socioeconómicamente*) placer ; **situarse** *vpr* se situer ; (*socioeconómicamente*) avoir une bonne situation
siútico, -a (CHI *fam*) *adj* snob
S.L. *abr* (*Com: = Sociedad Limitada*) SARL *f* (*= société à responsabilité limitée*)
slip [es'lip] (*pl* **slips**) *nm* slip *m*
slogan [es'loɣan] *nm* = **eslogan**
slot [es'lot] (*pl* **slots**) *nm*: **~ de expansión** (*Inform*) logement *m* d'extension
S.M. *abr* (*= Su Majestad*) SM (*= Sa Majesté*) ; (*Rel: = Sociedad Marianista*) SM (*= marianistes*)
smartphone [es'martfon] *nm* smartphone *m*

S

SME *sigla m* (= *Sistema Monetario Europeo*) SME *m* (= *Système monétaire européen*)
smiley *nm* émoticône *f*, smiley *m*
SMIV *nm abr* (= *Sistema Móvil de Identificación de Vehículos*) *système d'identification de véhicules utilisé par la police espagnole*
smoking [(e)'smokin] (*pl* **smokings**) *nm* smoking *m*
SMS *nm abr* (= *Short Message Service*) SMS *m*, texto® *m*
s/n *abr* = **sin número**
snob [es'nob] *nm* = **esnob**
SO *abr* (= *suroeste*) S.-O. (= *sud-ouest*)
so *excl* (*a animal*) ho ! ; **¡so burro!** espèce d'idiot ! ▸ *prep* sous
s/o *abr* (= *su orden*) votre commande
sobaco *nm* aisselle *f*
sobado, -a *adj* (*ropa*) élimé(e) ; (*libro*) vieux (vieille)
sobar *vt* tripoter ▸ *vi* (*fam*) pioncer (*fam*)
soberanía *nf* souveraineté *f*
soberano, -a *adj* souverain(e) ; (*paliza*) magistral(e) ▸ *nm/f* souverain(e) ; **los soberanos** *nmpl* (*rey y reina*) le couple royal
soberbia *nf* superbe *f*, orgueil *m*
soberbio, -a *adj* (*persona*) orgueilleux(-euse) ; (*palacio, ejemplar*) superbe
sobornar *vt* acheter, soudoyer
soborno *nm* (*un soborno*) pot-de-vin *m* ; (*el soborno*) corruption *f*
sobra *nf* excès *msg* ; **de ~** en trop ; **lo sé de ~** je ne le sais que trop bien ; **tengo de ~** j'en ai plus qu'assez ; **sobras** *nfpl* (*restos*) restes *mpl*
sobradamente *adv* (*caber*) amplement ; (*saber*) parfaitement bien
sobrado, -a *adj* largement suffisant(e) ; **sobradas veces** à plusieurs reprises ; **estar ~ de dinero/tiempo** disposer de beaucoup d'argent/de temps
sobrante *adj* restant(e) ▸ *nm* restant *m*
sobrar *vi* (*quedar*) rester ; (*estar de más*) être de trop ; **sobra una silla** il y a une chaise de trop ; **me sobran tres entradas** j'ai trois entrées en trop
sobrasada *nf sorte de chorizo*
sobre *prep* sur ; (*por encima de*) au-dessus de ; (*aproximadamente*) environ ; **3 ~ 100** 3 sur cent ; **se lanzó ~ él** il s'est jeté sur lui ; **~ todo** surtout ▸ *nm* enveloppe *f*
sobreabundancia *nf* surabondance *f*
sobrecama *nf* dessus *msg* de lit
sobrecapitalice *etc vb ver* **sobrecapitalizar**
sobrecapitalizar *vt* surcapitaliser
sobrecarga *nf* surcharge *f* ; (*Elec*) surtension *f*
sobrecargar *vt* (*camión*) surcharger ; (*Com*) surtaxer
sobrecargo *nmf* (*Aviat*) commissaire *mf* de bord ; (*Náut*) subrécargue *m*
sobrecargue *etc vb ver* **sobrecargar**
sobrecogedor, a *adj* saisissant(e)
sobrecoger *vt* (*sobresaltar*) faire sursauter ; (*asustar*) faire peur (à) ; **sobrecogerse** *vpr* sursauter ; (*quedar impresionado*): **sobrecogerse (de)** être saisi(e) (par)
sobrecoja *etc vb ver* **sobrecoger**
sobredosis *nf inv* overdose *f*
sobreentender *vt* sous-entendre ; **sobreentenderse** *vpr*: **se sobreentiende (que)** il est sous-entendu (que)
sobreescribir *vt* (*Inform*) écraser
sobreestimar *vt* = **sobrestimar**
sobregiro *nm* (*Com*) découvert *m*
sobrehumano, -a *adj* surhumain(e)
sobreimpresión *nf* (*Foto*) surimpression *f*
sobrellevar *vt* supporter
sobremanera *adv* tout spécialement
sobremesa *nf*: **de ~** (*ordenador*) de bureau ; (*programación*) de l'après-midi ; **en la ~** après manger
sobrenatural *adj* surnaturel(le)
sobrenombre *nm* surnom *m*
sobrentender *vt* = **sobreentender**
sobrepasar *vt* dépasser
sobrepeso *nm* (*de persona*) surpoids *m* ; (*de paquete, equipaje*) surcharge *f*, excédent *m*
sobrepondré *etc vb ver* **sobreponer**
sobreponer *vt* superposer ; (*anteponer*) faire passer avant ; **sobreponerse** *vpr*: **sobreponerse a algo** surmonter qch
sobreponga *etc vb ver* **sobreponer**
sobreprima *nf* (*Com*) majoration *f*
sobreproducción *nf* surproduction *f*
sobrepuesto *etc*, **sobrepuse** *etc vb ver* **sobreponer**
sobresaldré *etc*, **sobresalga** *etc vb ver* **sobresalir**
sobresaliente *adj* excellent(e) ▸ *nm* (*Escol*) ≈ mention *f* « très bien »
sobresalir *vi* (*punta*) saillir ; (*cabeza*) dépasser ; (*fig*) se distinguer
sobresaltar *vt* faire sursauter ; **sobresaltarse** *vpr* sursauter
sobresalto *nm* sursaut *m*
sobreseer *vt*: **~ una causa** (*Jur*) classer une affaire
sobreseimiento *nm* (*Jur*) non-lieu *m*
sobrestadía *nf* (*Com*) surestarie *f*
sobrestimar *vt* surestimer
sobresueldo *nm* prime *f*, surpaye *f*
sobretasa *nf* (*Com*) surtaxe *f*
sobretensión *nf* (*Elec*) surtension *f*
sobretiempo (*AM*) *nm* heures *fpl* supplémentaires
sobretiro (*MÉX*) *nm* (*Escol*) nota bene *m inv*
sobretodo *nm* pardessus *msg*
sobrevalorar *vt* (*dinero, moneda*) surévaluer ; (*persona*) surestimer
sobrevendré *etc*, **sobrevenga** *etc vb ver* **sobrevenir**
sobrevenir *vi* survenir

sobreviene *etc*, **sobrevine** *etc vb ver* **sobrevenir**
sobreviviente *adj, nmf* survivant(e)
sobrevivir *vi* survivre ; **~ a algn** survivre à qn
sobrevolar *vt* survoler
sobrevuele *etc vb ver* **sobrevolar**
sobriedad *nf* sobriété *f*
sobrino, -a *nm/f* neveu (nièce)
sobrio, -a *adj* sobre
socarrón, -ona *adj* narquois(e)
socavar *vt* saper
socavón *nm (en calle)* trou *m* ; *(excavado: en monte)* galerie *f*
sociable *adj* sociable
social *adj* social(e)
socialdemocracia *nf* social-démocratie *f*
socialdemócrata *adj, nmf* social-démocrate *mf*
socialice *etc vb ver* **socializar**
socialismo *nm* socialisme *m*
socialista *adj, nmf* socialiste *mf*
socializar *vt (Econ)* nationaliser
sociedad *nf* société *f* ; **en ~** en société ; **~ anónima** *(Com)* société anonyme ; **~ comanditaria** *(Com)* société en commandite ; **~ conjunta** *(Com)* société en participation ; **~ de cartera** *(Com)* société d'investissements ; **~ de consumo** société de consommation ; **~ inmobiliaria** société immobilière ; **~ (de responsabilidad) limitada** *(Com)* société à responsabilité limitée
socio, -a *nm/f* membre *m* ; *(Com)* associé(e) ; **~ activo** membre actif ; **~ capitalista** *o* **comanditario** commanditaire *m*
socioeconómico, -a *adj* socioéconomique
sociología *nf* sociologie *f*
sociológico, -a *adj* sociologique
sociólogo, -a *nm/f* sociologue *mf*
socorrer *vt* secourir
socorrido, -a *adj* pratique
socorrismo *nf* secourisme *m*
socorrista *nmf* secouriste *mf*
socorro *nm* secours *msg* ; *(Mil)* secours *mpl* ; **¡~!** au secours ! ; **puesto de ~** poste *m* de secours
soda *nf* soda *m*
sódico, -a *adj* de soude
sodio *nm* sodium *m*
soez *adj* grossier(-ière)
sofá *nm* canapé *m*
sofá-cama *(pl* **sofás-cama***) nm* canapé-lit *m*
Sofía *n (Geo)* Sofia
sofisticación *nf* sophistication *f*
sofisticado, -a *adj* sophistiqué(e)
sofocante *adj (calor)* suffocant(e)
sofocar *vt* suffoquer, étouffer ; *(incendio, rebelión)* étouffer ; **sofocarse** *vpr* étouffer ; *(fig)* s'énerver
sofoco *nm* suffocation *f* ; *(vergüenza)* embarras *msg* ; **sofocos** *(Med)* bouffées *fpl* de chaleur
sofocón *nm*: **llevarse** *o* **pasar un ~** avoir un choc
sofreír *vt* faire rissoler
sofría *etc*, **sofriendo** *etc vb ver* **sofreír**
sofrito *vb ver* **sofreír** ▸ *nm sorte de sauce tomate aux oignons*
software ['sofwer] *nm (Inform)* logiciel *m*
soga *nf* cordage *m*
sois *vb ver* **ser**
soja *nf* soja *m*
sojuzgar *vt* soumettre, faire ployer
sojuzgue *etc vb ver* **sojuzgar**
sol *nm* soleil *m* ; *(Mús)* sol *m inv* ; *(moneda)* sol *m* ; **hace ~** il fait soleil ; **tomar el ~** prendre le soleil ; **~ naciente/poniente** soleil levant/couchant
solace *etc vb ver* **solazarse**
solamente *adv* seulement
solapa *nf (de chaqueta)* revers *msg* ; *(de libro)* rabat *m*
solapado, -a *adj* dissimulé(e)
solar *adj* solaire ▸ *nm* terrain *m* vague
solario, solárium *nm* solarium *m*
solaz *nm* distraction *f*
solazarse *vpr* se distraire
soldada *nf* solde *f*
soldadera *(Méx) nf (Hist)* vivandière *f*
soldado *nm* soldat *m* ; **~ raso** simple soldat
soldador, a *nm/f* soudeur(-euse) ▸ *nm* fer *m* à souder
soldadura *nf (acción)* soudure *f*, soudage *m* ; *(juntura)* soudure *f* ; **~ autógena** soudure autogène ; **~ blanda/fuerte** soudure tendre/forte, brasure *f* tendre/forte
soldar *vt* souder ; **soldarse** *vpr (huesos)* se souder
soleado, -a *adj* ensoleillé(e)
soledad *nf* solitude *f*
solemne *adj* solennel(le) ; *(tontería)* magistral(e)
solemnidad *nf* solennité *f*
soler *vi*: **~ hacer algo** avoir l'habitude de faire qch ; **suele salir a las ocho** d'ordinaire, il sort à 8 heures ; **solíamos ir todos los años** nous y allions tous les ans
solera *nf* tradition *f* ; **vino de ~** grand cru *m*
solfeo *nm (Mús)* solfège *m*
solicitante *nmf* demandeur(-euse), solliciteur(-euse) ; *(de puesto)* candidat(e)
solicitar *vt* solliciter
solícito, -a *adj* plein(e) d'attentions
solicitud *nf* demande *f*
solidaridad *nf* solidarité *f* ; **por ~ con** par solidarité avec
solidario, -a *adj* solidaire ; **hacerse ~ de** être solidaire de
solidarizarse *vpr*: **~ con algn** se solidariser avec qn
solidez *nf* solidité *f*
solidificar *vt* solidifier ; **solidificarse** *vpr* se solidifier

S

sólido, -a *adj* solide ; (*color*) grand teint *inv* ▸ *nm* solide *m*
soliloquio *nm* soliloque *m*
solista *nmf* soliste *mf*
solitaria *nf* ver *m* solitaire ; *ver tb* **solitario**
solitario, -a *adj, nm/f* solitaire *mf* ▸ *nm* (*Naipes*) réussite *f* ; **hacer algo en ~** faire qch en solitaire
soliviantar *vt* soulever ; (*exasperar*) exaspérer
solloce *etc vb ver* **sollozar**
sollozar *vi* sangloter
sollozo *nm* sanglot *m*
solo, -a *adj* (*único*) seul(e) (et unique) ; (*sin compañía*) seul(e) ; (*café*) noir(e) ; (*whisky etc*) sec (sèche) ; **hay una sola dificultad** il y a une seule difficulté ; **a solas** tout(e) seul(e) ; (*dos personas*) seul(e) à seul(e) ▸ *adv* seulement ; **no ~ … sino** non seulement … mais encore ; **tan ~** simplement ; **~ que …** seulement, … ; **~ lo sabe él** il n'y a que lui qui le sache ▸ *nm* (*Mús*) solo *m*
sólo *adv* seulement ; *ver tb* **solo**
solomillo *nm* aloyau *m*
solsticio *nm* solstice *m*
soltar *vt* lâcher ; (*preso*) relâcher ; (*pelo*) détacher ; (*nudo*) défaire ; (*amarras*) larguer ; (*estornudo, carcajada*) laisser échapper ; (*taco*) lancer ; (*bofetada*) flanquer ; **¡suéltame!** lâche-moi ! ; **soltarse** *vpr* se détacher ; (*adquirir destreza*) se débrouiller ; (*relajarse*) se relâcher
soltero, -a *adj, nm/f* célibataire *mf*
solterón, -ona *nm/f* vieux garçon (vieille fille)
soltura *nf* (*al hablar, escribir*) aisance *f* ; (*agilidad*) adresse *f*
soluble *adj* soluble ; **~ en agua** soluble dans l'eau
solución *nf* solution *f* ; **sin ~ de continuidad** sans solution de continuité
solucionar *vt* résoudre
solvencia *nf* (*Com*) solvabilité *f* ; (*profesional*) responsabilité *f*
solventar *vt* (*deudas*) régler ; (*conflicto*) résoudre
solvente *adj* (*Com*) solvable ; (*fuentes*) sûr(e) ; (*profesional*) fiable
somalí *adj* somalien(-enne) ▸ *nmf* Somalien(-enne)
Somalia *nf* Somalie *f*
sombra *nf* ombre *f* ; **sin ~ de duda** sans l'ombre d'un doute ; **tener buena/mala ~** (*suerte*) avoir de la/pas de chance ; (*carácter*) être agréable/désagréable ; **sombras chinescas** ombres chinoises ; **~ de ojos** ombre à paupières ; **sombras** *nfpl* (*oscuridad*) ombre
sombrero *nm* chapeau *m* ; **~ de copa** *o* **de pelo** (*AM*) haut-de-forme *m* ; **~ hongo** chapeau melon
sombrilla *nf* ombrelle *f* ; (*de playa*) parasol *m*
sombrío, -a *adj* sombre
somero, -a *adj* sommaire
someter *vt* soumettre ; **~ algo/a algn a** soumettre qch/qn à ; **someterse** *vpr* se soumettre ; **someterse a** (*mayoría, opinión*) se soumettre à ; (*tratamiento*) subir
sometimiento *nm* soumission *f*
somier [so'mjer] (*pl* **somiers**) *nm* sommier *m*
somnífero *nm* somnifère *m*
somnolencia *nf* somnolence *f*
somnoliento, -a *adj* somnolent(e)
somos *vb ver* **ser**
son *vb ver* **ser** ▸ *nm* son *m* ; **al ~ de** au son de ; **en ~ de paz** en signe de paix
sonado, -a *adj* (*comentado*) rebattu(e)
sonajero *nm* hochet *m*
sonambulismo *nm* somnambulisme *m*
sonámbulo, -a *adj, nm/f* somnambule *mf*
sonar *vi* sonner ; (*música, voz*) retentir ; (*Ling*) être prononcé(e) ; (*resultar conocido*) dire quelque chose ; (*máquina*) faire du bruit ; **suena a hueco/falso** ça sonne creux/faux ; **es un nombre que suena** c'est un nom qui sonne bien ; **me suena ese nombre/esa cara** ce nom/ce visage me dit quelque chose ; **sonarse** *vpr*: **sonarse (la nariz)** se moucher
sónar *nm* sonar *m*
sonata *nf* sonate *f*
sonda *nf* sonde *f*
sondear *vt* sonder ; (*Med*) examiner à la sonde
sondeo *nm* sondage *m* ; (*Med*) examen *m* à la sonde ; **~ de la opinión pública** sondage de l'opinion publique
sónico, -a *adj* (*velocidad, límite*) sonique
sonido *nm* son *m*
sonorizar *vt* sonoriser
sonoro, -a *adj* sonore ; **banda sonora** bande *f* sonore, bande-son *f*
sonotone *nm* sonotone *m*
sonreír *vi* sourire ; **~ a algn** sourire à qn ; **sonreírse** *vpr* sourire
sonría *etc*, **sonriendo** *etc vb ver* **sonreír**
sonriente *adj* souriant(e)
sonrisa *nf* sourire *m*
sonrojar *vt* faire rougir ; **sonrojarse** *vpr* rougir
sonrojo *nm* honte *f*
sonrosado, -a *adj* rose
sonsacar *vt* soutirer
sonsaque *etc vb ver* **sonsacar**
sonso, -a *adj, nm/f* = **zonzo**
sonsonete *nm* (*ruido*) bruit *m* insistant ; (*voz monótona*) ton *m* monotone ; (*tono irónico*) ton narquois
soñador, a *nm/f* rêveur(-euse)
soñar *vt, vi* rêver ; **~ con algn/algo** rêver de qn/qch ; **~ despierto** rêver tout éveillé
soñoliento, -a *adj* somnolent(e)

sopa *nf* soupe *f* ; **hasta en la ~** (*fam*) partout
sopera *nf* soupière *f*
sopero, -a *adj* (*plato, cuchara*) à soupe ▸ *nm* assiette *f* à soupe
sopesar *vt* peser
sopetón: **de ~** *adv* tout à coup ; (*decir*) de but en blanc
soplar *vt* souffler ; (*fam: delatar*) vendre ▸ *vi* souffler ; (*fam: delatar*) moucharder (*fam*) ; (*: beber*) descendre
soplete *nm* (*Tec*) lampe *f* à souder ; **~ soldador** chalumeau *m*
soplido *nm* souffle *m*
soplo *nm* souffle *m* ; (*fam*) mouchardage *m* (*fam*) ; **la semana pasó en un ~** (*fam*) la semaine a passé à toute vitesse
soplón, -ona (*fam*) *nm/f* (*chismoso*) rapporteur(-euse) ; (*de policía*) mouchard(e) (*fam*)
soponcio (*fam*) *nm* évanouissement *m*
sopor *nm* somnolence *f*
soporífero, -a *adj* soporifique
soportable *adj* supportable
soportal *nm* porche *m* ; **soportales** *nmpl* (*alrededor de plaza*) arcades *fpl*
soportar *vt* supporter
soporte *nm* support *m* ; (*fig*) soutien *m* ; **~ de entrada/de salida** support d'entrée/de sortie
soprano *nmf* soprano *mf*
soquetes (*Am*) *nmpl* socquettes *fpl*
sor *nf*: **S~ María** Sœur *f* Marie
sorber *vt* (*sopa*) boire en aspirant ; (*refresco*) siroter ; (*absorber*) absorber
sorbete *nm* sorbet *m*
sorbo *nm* gorgée *f* ; **beber a sorbos** boire à petites gorgées
sordera *nf* surdité *f*
sórdido, -a *adj* sordide
sordina *nf* (*Mús*) sourdine *f* ; **con ~** (*fig*) en sourdine, secret(-ète)
sordo, -a *adj, nm/f* sourd(e) ; **quedarse ~** devenir sourd(e)
sordomudo, -a *adj, nm/f* sourd-muet (sourde-muette)
soriano, -a *adj* de Soria ▸ *nm/f* natif(-ive) *o* habitant(e) de Soria
sorna *nf* ton *m* sarcastique
soroche (*Am*) *nm* mal *m* des montagnes
sorprendente *adj* surprenant(e)
sorprender *vt* surprendre ; **lo sorprendieron robando** ils l'ont surpris en train de voler ; **sorprenderse** *vpr*: **sorprenderse (de)** être surpris(e) (de)
sorprendido, -a *adj* surpris(e)
sorpresa *nf* surprise *f* ; **por ~** par surprise
sorpresivo, -a (*Am*) *adj* surprenant(e)
sortear *vt* tirer (au sort) ; (*Mil*) affecter ; (*dificultad*) déjouer
sorteo *nm* tirage *m* (au sort)
sortija *nf* bague *f* ; (*rizo*) boucle *f*
sortilegio *nm* (*hechicería*) sorcellerie *f* ; (*hechizo*) sortilège *m*
SOS *sigla m* SOS *m*
sosa *nf* soude *f*
sosegado, -a *adj* paisible
sosegar *vt* apaiser ; **sosegarse** *vpr* s'apaiser
sosegué *vb ver* **sosegar**
soseguemos *vb ver* **sosegar**
sosiego *vb ver* **sosegar** ▸ *nm* calme *m*
sosiegue *etc vb ver* **sosegar**
soslayar *vt* contourner
soslayo: **de ~** *adv* (*mirar*) du coin de l'œil ; (*pasar*) sans s'arrêter
soso, -a *adj* insipide
sospecha *nf* soupçon *m*
sospechar *vt*: **~ (que)** soupçonner (que) ▸ *vi*: **~ de algn** soupçonner qn
sospechoso, -a *adj, nm/f* suspect(e)
sostén *nm* soutien *m* ; (*sujetador*) soutien-gorge *m*
sostendré *etc vb ver* **sostener**
sostener *vt* soutenir ; (*alimentar*) faire vivre ; **sostenerse** *vpr* (*en pie*) se tenir ; (*económicamente*) survivre ; (*seguir*) se maintenir
sostenga *etc vb ver* **sostener**
sostenibilidad *nf* (*Ecología*) durabilité *f*, pérennité *f*
sostenible *adj* (*situación, opinión*) soutenable ; (*Ecología*) durable ; **su postura resulta difícilmente ~** sa position est difficilement défendable
sostenido, -a *adj* soutenu(e) ; (*Mús*) dièse ▸ *nm* (*Mús*) dièse *m*
sostuve *etc vb ver* **sostener**
sota *nf* (*Naipes*) ≈ valet *m*
sotana *nf* soutane *f*
sótano *nm* sous-sol *m*
sotavento *nm* (*Náut*) côté *m* sous le vent
soterrado, -a *adj* (*miedo, rencor*) sourd(e) ; (*influencia*) caché(e)
soul *adj inv, nm* (*Mús*) soul *m*
soviético, -a *adj* soviétique ▸ *nm/f* Soviétique *mf*
soy *vb ver* **ser**
soya (*Am*) *nf* soja *m*
SPA *nm abr* (= *salut per aquam*) Spa *m*
speed [es'pið] (*fam*) *nm* speed *m* (*amphétamine*)
spooling *nm* (*Inform*) traitement *m* différé en entrée/sortie
sport [es'por(t)]: **de ~** *adj* de sport
spot [es'pot] (*pl* **spots**) *nm* spot *m*
sprint [es'prin] (*pl* **sprints** [es'prin]) *nm* sprint *m*
squash [es'kwas] *nm* squash *m*
Sr. *abr* (= *Señor*) M (= *Monsieur*)
Sra. *abr* (= *Señora*) Mme (= *Madame*)
S.R.C. *abr* (= *se ruega contestación*) RSVP (= *répondez s'il vous plaît*)

S

Sres. *abr* (= *Señores*) MM (= *Messieurs*)
Sri Lanka *nm* Sri Lanka *m*
Srta. *abr* (= *Señorita*) Mlle (= *Mademoiselle*)
ss. *abr* = **siguientes**
S.S. *abr* (*Rel*: = *Su Santidad*) SS (= *Sa Sainteté*) ; (= *Seguridad Social*) SS (= *sécurité sociale*)
SSE *abr* (= *sursudeste*) S.-S.-E. (= *sud-sud-est*)
SS.MM. *abr* (= *Sus Majestades*) LL.MM. (= *Leurs Majestés*)
SSO *abr* (= *sursudoeste*) S.-S.-O. (= *sud-sud-ouest*)
Sta. *abr* (= *Santa*) Ste (= *Sainte*)
stand [es'tan] *nm* (*Com*) stand *m*
stárter [es'tarter] *nm* (*Auto*) starter *m*
status ['status, es'tatus] *nm inv* statut *m*
Sto. *abr* (= *Santo*) St (= *Saint*)
stock [es'tok] (*pl* **stocks** [es'tok]) *nm* stock *m*
stop [es'top] *nm* (*Auto*) stop *m*
su *adj* (*de él, ella, una cosa*) son (sa) ; (*de ellos, ellas*) leur ; (*de usted, ustedes*) votre ; **sus** (*de él, ella, una cosa*) ses ; (*de ellos, ellas*) leurs ; (*de usted, ustedes*) vos

> ¡Atención! En francés el adjetivo posesivo concuerda en género y número con la cosa poseída (*son père, sa mère, ses parents*), mientras que en español solo concuerda en número (**su padre, su madre, sus padres**). Por otro lado, el adjetivo posesivo **su** en español puede hacer referencia a un poseedor (**su padre [de él]** *son père*) o a varios poseedores (**su padre [de ellos]** *leur père*).

suave *adj* doux (douce)
suavemente *adv* doucement
suavice *etc vb ver* **suavizar**
suavidad *nf* douceur *f*
suavizante *nm* (*de ropa*) adoucissant *m* ; (*de pelo*) baume *m*
suavizar *vt* adoucir ; (*pendiente*) rendre plus doux (douce) ; **suavizarse** *vpr* s'adoucir
subalimentado, -a *adj* sous-alimenté(e)
subalterno, -a *adj, nm/f* subalterne *mf*
subarrendar *vt* sous-louer
subarriendo *nm* sous-location *f*
subasta *nf* vente *f* aux enchères ; (*de obras, servicios*) appel *m* d'offres ; **poner en** *o* **sacar a pública ~** mettre aux enchères ; **~ a la baja** enchères *fpl* au rabais
subastador, a *nm/f* commissaire-priseur(-euse)
subastar *vt* vendre aux enchères
subcampeón, -ona *nm/f* second(e)
subconjunto *nm* (*Mat*) sous-ensemble *m*
subconsciente *adj* subconscient(e) ▸ *nm* subconscient *m*
subcontrata *nf* contrat *m* de sous-traitance
subcontratar *vt* sous-traiter
subcontrato *nm* sous-traitance *f*
subdesarrollado, -a *adj* sous-développé(e)
subdesarrollo *nm* sous-développement *m*
subdirector, a *nm/f* sous-directeur(-trice)
subdirectorio *nm* (*Inform*) sous-répertoire *m*
súbdito, -a *nm/f* sujet(te)
subdividir *vt* subdiviser
subempleo *nm* sous-emploi *m*
subestimar *vt* sous-estimer
subexponer *vt* (*Foto*) sous-exposer
subfusil *nm* pistolet-mitrailleur *m*
subida *nf* montée *f*
subido, -a *adj* (*color*) soutenu(e) ; (*precio*) élevé(e)
subíndice *nm* (*Inform, Tip*) indice *m*
subir *vt* (*mueble, niño*) soulever ; (*cabeza*) lever ; (*volumen*) augmenter ; (*calle*) remonter ; (*montaña, escalera*) monter, gravir ; (*precio*) augmenter ; (*producto*) augmenter le prix de ; (*empleado*) faire monter en grade ▸ *vi* monter ; (*precio, temperatura, calidad*) augmenter ; (*en el empleo*) monter en grade ; **subirse** *vpr*: **subirse a** monter dans ; **subirse los pantalones/la falda** remonter son pantalon/sa jupe
súbito, -a *adj* subit(e), soudain(e)
subjetividad *nf* subjectivité *f*
subjetivo, -a *adj* subjectif(-ive)
subjuntivo *nm* subjonctif *m*
sublevación *nf* soulèvement *m*
sublevar *vt* soulever ; (*indignar*) répugner à ; **sublevarse** *vpr* se soulever
sublimar *vt* encenser ; (*deseos*) sublimer
sublime *adj* sublime
subliminal *adj* subliminal(e)
submarinismo *nm* plongée *f* sous-marine
submarinista *nmf* plongeur(-euse) sous-marin(e)
submarino, -a *adj* sous-marin(e) ▸ *nm* sous-marin *m*
subnormal *adj* anormal(e) ▸ *nmf* handicapé(e) mental(e) ; (*fam: insulto*) débile *mf* mental(e)
suboficial *nm* sous-officier *m*
subordinado, -a *adj, nm/f* subordonné(e)
subordinar *vt*: **~ algo a algo** subordonner qch à qch ; **subordinarse** *vpr*: **subordinarse a** être subordonné(e) à
subproducto *nm* sous-produit *m*
subrayar *vt* souligner
subrepticio, -a *adj* furtif(-ive)
subrogar *vt* (*Jur*) subroger
subrutina *nf* (*Inform*) sous-programme *m*
subsahariano, -a *adj* subsaharien(ne) ▸ *nmf* Subsaharien(ne)
subsanar *vt* (*error, falta*) réparer ; (*problema*) résoudre
subscribir *vt* = **suscribir**
subscrito *pp de* **subscribir**
subsecretario, -a *nm/f* sous-secrétaire *mf*
subsidiario, -a *adj* subsidiaire
subsidio *nm* (*de enfermedad, paro etc*) allocation *f*

subsiguiente *adj* (*que viene después*) suivant(e), subséquent(e) ; (*que se deriva*): **las consecuencias subsiguientes** les conséquences qui en découlent

subsistencia *nf* subsistance *f*

subsistir *vi* subsister

subst... *pref* = **sust...**

subsuelo *nm* sous-sol *m*

subte (CSur) *nm abr* = **subterráneo**

subterfugio *nm* subterfuge *m*

subterráneo, -a *adj* souterrain(e) ▸ *nm* souterrain *m* ; (CSur: *metro*) métro *m*

subtítulo *nm* sous-titre *m*

suburbano, -a *adj* de banlieue ▸ *nm* train *m* de banlieue

suburbio *nm* banlieue *f*

subvención *nf* subvention *f* ; ~ **estatal** subvention de l'État ; ~ **para la inversión** prime *f* à l'investissement

subvencionar *vt* subventionner

subversión *nf* subversion *f*

subversivo, -a *adj* subversif(-ive)

subyacente *adj* sous-jacent(e)

subyugar *vt* opprimer ; (*fig*) subjuguer

subyugue *etc vb ver* **subyugar**

succión *nf* succion *f*

succionar *vt* (*sorber*) sucer ; (*Tec*) absorber

sucedáneo *nm* ersatz *m*, succédané *m*

suceder *vi* se passer ; ~ **a** succéder à ; **lo que sucede es que ...** ce que se passe, c'est que ... ; ~ **al rey** succéder au roi

sucesión *nf* succession *f*

sucesivamente *adv*: **y así** ~ et ainsi de suite

sucesivo, -a *adj* successif(-ive) ; **en lo** ~ à l'avenir

suceso *nm* événement *m* ; **sección de sucesos** (*Prensa*) faits *mpl* divers

sucesor, -a *nm/f* successeur(e)

sucesorio, -a *adj* successoral(e), de succession ; (*impuesto*) de succesion ; **tercero en la línea sucesoria** troisième dans l'ordre de succession

suciedad *nf* saleté *f*

sucinto, -a *adj* succinct(e)

sucio, -a *adj* sale ; (*que se ensucia*) salissant(e) ; (*lengua*) blanc (blanche) ; (*negocio*) malhonnête ; (*guerra*) déshonorant(e) ; **juego** ~ tricherie *f* ; **en** ~ au brouillon

sucre (Ecu) *nm unité monétaire de l'Équateur*

suculento, -a *adj* succulent(e)

sucumbir *vi* succomber ; ~ **a la tentación** succomber à la tentation

sucursal *nf* succursale *f*

sudaca (*fam, pey*) *adj, nmf* latino *mf*

sudadera *nf* sweat-shirt *m*

Sudáfrica *nf* Afrique *f* du Sud

sudafricano, -a *adj* sud-africain(e) ▸ *nm/f* Sud-Africain(e)

Sudamérica *nf* Amérique *f* du Sud

sudamericano, -a *adj* sud-américain(e) ▸ *nm/f* Sud-Américain(e)

Sudán *nm* Soudan ; ~ **del Sur** Soudan du Sud

sudanés, -esa *adj* soudanais(e) ▸ *nm/f* Soudanais(e)

sudar *vt* (*ropa*) tremper (de sueur) ; (*Bot*) exsuder ▸ *vi* suer, transpirer

sudeste *adj* sud-est *inv* ▸ *nm* sud-est *m* ; (*viento*) vent *m* de sud-est

sudoeste *adj* sud-ouest *inv* ▸ *nm* sud-ouest *m* ; (*viento*) vent *m* de sud-ouest

sudoku *nm* sudoku *m*

sudor *nm* sueur *f*, transpiration *f*

sudoroso, -a *adj* en sueur

Suecia *nf* Suède *f*

sueco, -a *adj* suédois(e) ▸ *nm/f* Suédois(e) ; **hacerse el** ~ faire la sourde oreille ▸ *nm* (*Ling*) suédois *msg*

suegro, -a *nm/f* beau-père (belle-mère) ; **los suegros** les beaux-parents *mpl*

suela *nf* semelle *f*

sueldo *vb ver* **soldar** ▸ *nm* salaire *m*

suelo *vb ver* **soler** ▸ *nm* sol *m* ; **caerse al** ~ tomber par terre ; **estar por los suelos** (*precios*) s'être effondré(e)

suelto, -a *vb ver* **soltar** ▸ *adj* (*hojas*) volant(e) ; (*pelo, pieza*) détaché(e) ; (*preso*) libéré(e) ; (*por separado: ejemplar*) séparé(e) ; (*arroz*) qui ne colle pas ; (*ropa*) ample ; (*con diarrea*) qui a la colique ; **dinero** ~ (petite) monnaie ; **está muy** ~ **en inglés** il parle anglais couramment ▸ *nm* monnaie *f*

suene *etc vb ver* **sonar**

sueño *vb ver* **soñar** ▸ *nm* sommeil *m* ; (*lo soñado, fig*) rêve *m* ; **descabezar** *o* **echarse un** ~ faire un somme ; **tener** ~ avoir sommeil ; ~ **pesado** sommeil lourd ; ~ **profundo** profond sommeil

suero *nm* (*Med*) sérum *m* ; (*de leche*) petit-lait *m*

suerte *nf* (*fortuna*) chance *f* ; (*azar*) hasard *m* ; (*destino*) destin *m* ; (*condición*) condition *f* ; (*género*) sorte *f* ; **lo echaron a suertes** ils ont tiré au sort ; **tener** ~ avoir de la chance ; **tener mala** ~ ne pas avoir de chance ; **de** ~ **que** de sorte que ; **por** ~ par chance

suertudo, -a *adj* veinard(e)

suéter (*pl* **suéters**) *nm* pull *m*

suficiencia *nf* aptitude *f* ; (*pey*) suffisance *f*

suficiente *adj* suffisant(e) ▸ *nm* (*Escol*) mention *f* « passable »

suficientemente *adv* suffisamment

sufijo *nm* suffixe *m*

sufragar *vt* (*gastos*) supporter ; (*proyecto*) financer

sufragio *nm* suffrage *m*

sufrague *etc vb ver* **sufragar**

sufrido, -a *adj* (*persona*) résigné(e) ; (*tela, color*) peu salissant(e)

sufrimiento *nm* souffrance *f*

S

sufrir *vt* souffrir de ; *(malos tratos, cambios)* subir ; *(soportar)* supporter ▸ *vi* souffrir ; **~ del corazón/estómago** être malade du cœur/ souffrir de l'estomac ; **hacer ~ a algn** faire souffrir qn
sugerencia *nf* suggestion *f*
sugerente *adj* suggestif(-ive)
sugerir *vt* suggérer
sugestión *nf* suggestion *f*
sugestionar *vt* influencer ; **sugestionarse** *vpr* se faire des idées
sugestivo, -a *adj* suggestif(-ive) ; *(idea)* séduisant(e)
sugiera *etc*, **sugiriendo** *etc vb ver* **sugerir**
suicida *adj* suicidaire ▸ *nmf (que se mata)* suicidé(e) ; *(que arriesga su vida)* suicidaire *mf*
suicidarse *vpr* se suicider
suicidio *nm* suicide *m*
sui géneris *adj inv* sui generis, particulier(-ière)
suite [swit] *nf (en hotel, Mús)* suite *f*
Suiza *nf* Suisse *f*
suizo, -a *adj* suisse ▸ *nm/f* Suisse *mf* ▸ *nm (Culin)* pain *m* au lait
sujeción *nf* assujettissement *m*
sujetador *nm* soutien-gorge *m*
sujetapapeles *nm inv* trombone *m*
sujetar *vt* attacher ; *(someter)* avoir de l'autorité sur ; **sujetarse** *vpr* s'attacher ; *(someterse)* se soumettre
sujeto, -a *adj* attaché(e) ; **~ a cambios** susceptible d'être modifié(e) ▸ *nm* sujet(te)
sulfato *nm* sulfate *m*
sulfurar *vt* énerver ; **sulfurarse** *vpr* s'énerver
sulfuro *nm* sulfure *m*
sultán, -ana *nm/f* sultan(e)
suma *nf* somme *f* ; *(operación)* addition *f* ; **en ~** en somme
sumador *nm* additionneur *m* (électronique)
sumamente *adv*: **~ agradecido/necesario** extrêmement reconnaissant/absolument nécessaire
sumar *vt* additionner ▸ *vi* faire une addition ; **suma y sigue** *(Com)* à reporter ; **sumarse** *vpr*: **sumarse (a)** *(agregarse)* s'ajouter (à) ; *(adherirse)* se joindre (à), s'additionner (à)
sumarial *adj* procédural(e), de l'instruction
sumario, -a *adj* sommaire ▸ *nm (Jur)* instruction *f*
sumarísimo, -a *adj (juicio)* abrégé(e)
sumergible *adj (reloj)* étanche ▸ *nm* submersible *m*
sumergido, -a *adj (economía)* souterrain(e)
sumergir *vt* submerger ; **sumergirse** *vpr* plonger
sumerja *etc vb ver* **sumergir**
sumidero *nm* égout *m* ; *(Tec)* puisard *m*
suministrador, a *nm/f* fournisseur(-euse)
suministrar *vt* fournir
suministro *nm* approvisionnement *m* ; **suministros** *nmpl (provisiones)* provisions *fpl*
sumir *vt* submerger ; *(fig)* plonger ; **sumirse** *vpr*: **sumirse en** se plonger dans
sumisión *nf* soumission *f*
sumiso, -a *adj* soumis(e)
súmmum *nm inv* summum *m*
sumo, -a *adj (cuidado)* extrême ; *(grado)* supérieur(e) ; **a lo ~** tout au plus
suní, sunita *adj, nmf* sunnite *mf*
suntuoso, -a *adj* somptueux(-euse)
supe *etc vb ver* **saber**
supeditar *vt*: **~ algo a algo** faire passer qch avant qch ; **supeditarse** *vpr*: **supeditarse a** se plier à
súper *(fam) adj inv* super ; **~ oferta** offre *f* exceptionnelle ▸ *adv* super ; **~ caro** hyper cher ▸ *nm* supermarché *m* ▸ *nf (gasolina)* super *m*
super... *pref* super... ; *(fam: + adjetivo)* hyper ; *(: + adverbio)* super-
superable *adj* surmontable ; *(récord)* qui peut être battu(e)
superación *nf* surpassement *m*
superar *vt* surpasser ; *(crisis, prueba)* surmonter ; *(récord)* battre ; **superarse** *vpr* se surpasser
superávit *(pl* **superávits***) nm (Econ)* excédent *m*
superchería *nf (falsa creencia)* mensonge *m* ; *(engaño)* supercherie *f*
superdotado, -a *adj* surdoué(e)
superficial *adj* superficiel(le)
superficie *nf* surface *f* ; *(área)* superficie *f*
superfluo, -a *adj* superflu(e)
superhéroe *nm* super-héros *m*
superíndice *nm (Inform, Tip)* exposant *m*
superintendente *nmf* directeur(-trice)
superior *adj, nmf* supérieur(e)
superioridad *nf* supériorité *f*
superlativo, -a *adj (Ling)* superlatif(-ive) ▸ *nm* superlatif *m*
supermercado *nm* supermarché *m*
superpoblación *nf* surpopulation *f*
superponer *vt* superposer ; *(anteponer)* faire passer avant
superposición *nf* superposition *f*
superpotencia *nf* superpuissance *f*
superproducción *nf* surproduction *f*
supersónico, -a *adj* supersonique
superstición *nf* superstition *f*
supersticioso, -a *adj* superstitieux(-euse)
superventas *nmpl* grosses ventes *fpl*
supervisar *vt* superviser
supervisión *nf* supervision *f*
supervisor, a *nm/f* surveillant(e)
supervivencia *nf* survie *f*
superviviente *adj, nmf* survivant(e)
suplantar *vt* supplanter
suplementario, -a *adj* supplémentaire
suplemento *nm* supplément *m*

suplencia *nf* remplacement *m* ; (*actor*) doublage *m*
suplente *adj* remplaçant(e) ▶ *nmf* remplaçant(e) ; (*actor*) doublure *f*
supletorio, -a *adj* supplémentaire ▶ *nm* (*tb*: **teléfono supletorio**) second poste *m*
súplica *nf* supplication *f* ; (*Rel*) supplique *f* ; (*Jur*) requête *f*
suplicar *vt* supplier ; (*Jur*) faire appel de
suplicio *nm* supplice *m*
suplique *etc vb ver* **suplicar**
suplir *vt* suppléer ; (*objeto*) remplacer
supo *etc vb ver* **saber**
supondré *etc vb ver* **suponer**
suponer *vt* supposer ; **era de ~ que ...** il fallait s'attendre à ce que ... ; **supone mucho para mí** cela représente beaucoup pour moi
suponga *etc vb ver* **suponer**
suposición *nf* supposition *f*
supositorio *nm* suppositoire *m*
supremacía *nf* suprématie *f*
supremo, -a *adj* suprême
supresión *nf* suppression *f*
suprimir *vt* supprimer
supuestamente *adv* à ce qu'on suppose
supuesto, -a *pp de* **suponer** ▶ *adj* supposé(e) ; **dar por ~ algo** penser que qch est évident ; **¡por ~!** évidemment ! ▶ *nm* supposition *f*
supurar *vi* suppurer
supuse *etc vb ver* **suponer**
sur *adj* sud ▶ *nm* Sud *m* ; (*viento*) vent *m* du Sud
Suráfrica *nf* = **Sudáfrica**
surafricano, -a *adj, nm/f* = **sudafricano**
Suramérica *nf* = **Sudamérica**
suramericano, -a *adj, nm/f* = **sudamericano**
surcar *vt* sillonner
surco *nm* sillon *m* ; (*en agua, piel*) ride *f*
surcoreano, -a *adj* sud-coréen(ne) ▶ *nm/f* Sud-Coréen(ne)
sureño, -a *adj* du Sud ▶ *nm/f* natif(-ive) *o* habitant(e) du Sud
sureste = **sudeste**
surf *nm* surf *m*
surfear *vt*: **~ el Internet** surfer sur Internet
surfista *nmf* surfeur(-euse)
surgir *vi* surgir
surja *etc vb ver* **surgir**
suroeste = **sudoeste**
surque *etc vb ver* **surcar**
surrealismo *nm* surréalisme *m*
surrealista *adj, nmf* surréaliste *mf*
surtido, -a *adj* (*galletas*) assorti(e) ; (*persona, tienda*) fourni(e) ▶ *nm* assortiment *m*
surtidor *nm* jet *m* d'eau ; **~ de gasolina** pompe *f* à essence
surtir *vt* fournir ; (*efecto*) produire ; **surtirse** *vpr*: **surtirse de** se fournir en
susceptibilidad *nf* susceptibilité *f* ; **no quiero herir susceptibilidades** je ne veux vexer personne
susceptible *adj* susceptible ; **~ de** susceptible de
suscitar *vt* susciter
suscribir *vt* (*firmar*) souscrire ; (*respaldar*) approuver ; (*Com*: *acciones, póliza*) souscrire à ; **~ a algn a una revista** abonner qn à une revue ; **suscribirse** *vpr*: **suscribirse (a)** souscrire (à) ; (*a periódico etc*) s'abonner (à)
suscripción *nf* (*a periódico etc*) abonnement *m* ; (*Com*: *de acciones, póliza*) souscription *f*
suscriptor, a *nm/f* (*a periódico etc*) abonné(e) ; (*Com*: *de acciones, póliza*) souscripteur *m*
suscrito, -a *pp de* **suscribir** ▶ *adj*: **estar ~ a** être abonné(e) à
susodicho, -a *adj* susdit(e), susmentionné(e)
suspender *vt* suspendre ; (*Escol*) recaler ; **~ a algn de empleo y sueldo** relever qn de ses fonctions ▶ *vi* (*Escol*) échouer, être recalé(e)
suspense *nm* suspense *m* ; **novela/película de ~** thriller *m*
suspensión *nf* suspension *f* ; (*de empleo, garantías*) suppression *f* ; **~ de pagos** suspension de paiements
suspensivo, -a *adj*: **puntos suspensivos** points *mpl* de suspension
suspenso, -a *adj* (*en el aire*) suspendu(e) ; (*desconcertado*) interloqué(e) ; (*alumno*) recalé(e) ▶ *nm* (*Escol*) échec *m* ; **tengo dos suspensos** je n'ai pas eu la moyenne dans deux matières ; **quedar** *o* **estar en ~** rester en suspens
suspensores (And, CSur) *nmpl* bretelles *fpl*
suspicacia *nf* suspicion *f*
suspicaz *adj* suspicieux(-euse)
suspirar *vi* soupirer ; **~ por algo/algn** avoir très envie de qch/se languir de qn
suspiro *nm* soupir *m*
sustancia *nf* substance *f* ; **sin ~** sans substance ; **~ gris** matière *f* grise
sustancial *adj* important(e)
sustancioso, -a *adj* substantiel(le)
sustantivo, -a *adj* (*Ling*) substantif(-ive) ▶ *nm* substantif *m*
sustentación *nf* (*manutención*) sustentation *f*, entretien *m* ; (*apoyo físico*) support *m*, soutien *m*
sustentar *vt* (*familia*) faire vivre, subvenir aux besoins de ; (*bóveda*) soutenir ; (*idea, moral*) soutenir ; (*esperanzas*) nourrir ; **sustentarse** *vpr* se nourrir
sustento *nm* (*alimento*) subsistance *f* ; (*apoyo*) soutien *m*
sustitución *nf* substitution *f* ; (*Escol*) remplacement *m*
sustituir *vt* substituer ; (*temporalmente*) remplacer ; **~ A por B** substituer B à A, remplacer A par B
sustitutivo, -a *adj* substitutif(-ive)
sustituto, -a *nm/f* remplaçant(e)
sustituyendo *etc vb ver* **sustituir**

S

susto *nm* peur *f* ; **dar un ~ a algn** faire peur à qn ; **darse** *o* **pegarse un ~** avoir peur
sustracción *nf* (*robo*) subtilisation *f*, vol *m* ; (*Mat*) soustraction *f*
sustraer *vt* (*robar*) subtiliser ; (*Mat*) soustraire ; **sustraerse** *vpr*: **sustraerse a** se soustraire à
sustraiga *etc*, **sustraje** *etc*, **sustrajera** *etc vb ver* **sustraer**
sustrato *nm* substrat *m*
sustrayendo *etc vb ver* **sustraer**
susurrar *vi* chuchoter
susurro *nm* chuchotement *m*
sutil *adj* subtil(e) ; (*gasa, hilo*) fin(e) ; (*brisa*) léger(-ère)
sutileza *nf* subtilité *f* ; **sutilezas** *nfpl* (*pey*) subtilités *fpl*
sutura *nf* suture *f*
suturar *vt* suturer
suyo, -a *adj* (*de él, ella*) son (sa) ; (*: de ellos, ellas*) leur ; (*: de usted, ustedes*) votre ; (*después de un nombre: de él, ella*) à lui (à elle) ; (*: de ellos, ellas*) à eux (à elles) ; (*: de usted, ustedes*) à vous ; **eso es muy ~** c'est bien de lui ▸ *pron*: **el ~/la suya** (*de él, ella*) le sien (la sienne) ; (*de ellos, ellas*) le (la) leur ; (*de usted, ustedes*) le (la) vôtre ; **los suyos** les siens *etc* ; **~ afectísimo** (*en carta*) bien affectueusement ; **de ~** en soi ; **hacer de las suyas** faire des siennes ; **lo ~ sería de ...** le mieux serait de ... ; **cada uno va a lo ~** chacun s'occupe de ses affaires ; **salirse con la suya** avoir ce qu'on veut

Tt

T, t [te] *nf* (*letra*) T, t *m inv* ; **T de Tarragona** ~ T comme Thérèse
T. *abr* (*Com*) = **tarifa; tasa**
t. *abr* (= *tomo(s)*) t (= *tome(s)*)
TA *abr* = **traducción automática**
Tabacalera *nf* ≈ SEITA *f*
tabaco *nm* tabac *m* ; ~ **de pipa** tabac pour la pipe ; ~ **negro/rubio** tabac brun/blond
tábano *nm* taon *m*
tabaquera *nf* (*caja*) tabatière *f* ; (*empresa*) cigarettier *m*
tabaquismo *nm* tabagisme *m* ; ~ **pasivo** tabagisme passif
tabarra (*fam*) *nf* casse-pied *m* (*fam*) ; (*trabajo*) plaie *f* (*fam*) ; **dar la** ~ enquiquiner (*fam*)
taberna *nf* taverne *f*
tabernero, -a *nm/f* tavernier(-ière)
tabique *nm* cloison *f* ; ~ **nasal** (*Med*) cloison nasale
tabla *nf* (*de madera*) planche *f* ; (*lista, catálogo*) table *f*, tableau *m* ; (*Mat*) table ; (*de falda*) pli *m* ; (*Arte*) panneau *m* ; ~ **de planchar** planche à repasser ; **tablas** *nfpl* (*Teatro*) planches *fpl* ; **tener tablas** (*actor*) être un(e) comédien(ne) accompli(e) ; **quedar en** *o* **hacer tablas** faire match nul
tablado *nm* plancher *m*, estrade *f* ; (*Teatro*) scène *f*
tablao *nm* (*tb*: **tablao flamenco**) *bar où l'on donne des représentations de flamenco*
tablero *nm* planche *f* ; (*pizarra*) tableau *m* ; (*de ajedrez, damas*) damier *m* ; ~ **de anuncios** panneau *m* d'affichage ; ~ **de mandos** (*Auto, Aviat*) tableau de bord
tablet *nf* (*Inform*) tablette *f*
tableta *nf* (*Med*) comprimé *m* ; (*de chocolate*) tablette *f* ; (*Inform*) tablette *f*
tablilla *nf* planchette *f* ; (*Med*) éclisse *f*
tablón *nm* (*de suelo*) planche *f* ; ~ **de anuncios** panneau *m* d'affichage
tabú *nm* tabou *m*
tabulación *nf* (*Inform*) tabulation *f*
tabulador *nm* (*Inform, Tip*) tabulateur *m*
tabuladora *nf*: ~ **eléctrica** machine *f* comptable
tabular *vt* (*Tip*) fixer les marges de ; (*valores, datos*) disposer en tableau
taburete *nm* tabouret *m*
TAC *nf/nm abr* (= *tomografía axial computerizada*) scanographie *f*, tomodensitométrie *f*
tacañería *nf* avarice *f*, radinerie *f*
tacaño, -a *adj* radin(e)
tacataca *nm* trotteur *m*
tacha *nf* défaut *m* ; (*Tec*) clou *m* (à grosse tête), broquette *f* ; **poner ~ a** trouver à redire à ; **sin** ~ sans défaut
tachar *vt* rayer ; (*corregir*) raturer ; **le tachan de irresponsable** ils l'accusent d'être irresponsable
tacho (*Am*) *nm* seau *m*
tachón *nm* rature *f* ; (*Tec*) clou *m* de tapissier
tachuela *nf* punaise *f*
tácitamente *adv* tacitement
tácito, -a *adj* tacite ; (*Ling*) implicite
taciturno, -a *adj* taciturne, morose
taco *nm* (*tarugo*) cheville *f* ; (*libro de entradas*) carnet *m* ; (*manojo de billetes*) liasse *f* ; (*de bota de fútbol*) crampon *m* ; (*Am*: *tacón*) talon *m* ; (*tb*: **taco de billar**) queue *f* ; (*de jamón, queso*) cube *m* ; (*fam*: *lío*) pagaille *f* ; (: *palabrota*) gros mot *m* ; (*CAm, Méx*) *crêpe de maïs fourrée* ; (*Chi fam*) bouchon *m* ; **armarse** *o* **hacerse un** ~ s'embrouiller
tacógrafo *nm* tachygraphe *m*
tacón *nm* talon *m* ; **de ~ alto** à talons hauts
taconear *vi*: **se la oía** ~ on entendait le martellement de ses talons
taconeo *nm* bruit *m* des talons sur le sol
táctica *nf* tactique *f*
táctico, -a *adj* tactique
táctil *adj* tactile
tacto *nm* toucher *m* ; (*fig*) tact *m*
TAE *nm abr* (= *tasa anual equivalente*) TPA *m*
taekwondo, tae-kwon-do *nm* taekwondo *m*
tafetán *nm* taffetas *msg*
tafilete *nm* maroquin *m*
tagalo, -a *adj* Tagal(e) ▸ *nm/f* tagal(e) ▸ *nm* (*Ling*) tagal *m*
tahona *nf* (*panadería*) boulangerie *f* ; (*molino*) moulin *m*
tahúr *nm* (*jugador*) joueur *m* ; (*pey*) tricheur *m*
tai-chi *nm* tai-chi *m*
tailandés, -esa *adj* thaïlandais(e) ▸ *nm/f* Thaïlandais(e) ▸ *nm* (*Ling*) thaïlandais *msg*

Tailandia *nf* Thaïlande *f*
taimado, -a *adj* rusé(e)
taita (*AND, CSUR fam*) *nm* papa *m*
Taiwán *nm* Taiwan *f*
tajada *nf* tranche *f* ; (*fam: borrachera*) cuite *f* (*fam*) ; **sacar ~** tirer profit
tajante *adj* catégorique ; (*persona*) abrupt(e)
tajantemente *adj* catégoriquement
tajar *vt* trancher
Tajo *nm* Tage *m*
tajo *nm* (*corte*) coupure *f* ; (*filo*) tranchant *m* ; (*Geo*) gorge *f* ; (*fam: trabajo*) boulot *m* (*fam*) ; (*bloque de madera*) billot *m*
tal *adj* tel (telle) ; (*semejante*) un(e) tel (telle), pareil(le) ; **~ día a ~ hora** tel jour à telle heure ; **jamás vi ~ desvergüenza** je n'ai jamais vu une telle effronterie *o* une effronterie pareille ; **tales cosas** de telles choses ; **el ~ cura** le curé en question ; **un ~ García** un certain García ; **tales como** tels (telles) que ▸ *pron* (*persona*) un(e) tel (telle) ; (*cosa*) une telle chose ; **son ~ para cual** les deux font la paire ; **hablábamos de que si ~ que si cual** nous parlions de choses et d'autres ; **fuimos al cine y ~** nous avons été au ciné et tout ça ▸ *adv*: **~ como** (*igual*) tel (telle) que ; **~ como lo dejé** tel que je l'ai laissé ; **~ cual** (*como es*) tel (telle) quel (quelle) ; **~ el padre, cual el hijo** tel père, tel fils ; **~ vez** peut-être ; **¿qué ~?** ça va ? ; **¿qué ~ has comido?** tu as bien mangé ? ; **con ~ de llamar la atención** du moment qu'il *etc* attire l'attention ▸ *conj*: **con ~ (de) que** pourvu que, du moment que
tala *nf* taille *f*
taladradora *nf* perceuse *f* ; (*de papel*) perforeuse *f* ; **~ neumática** marteau-piqueur *m*
taladrar *vt* percer
taladro *nm* perceuse *f* ; (*hoyo*) trou *m* (fait à la perceuse) ; **~ neumático** perceuse *f* pneumatique
talante *nm* humeur *f* ; (*voluntad*) attitude *f*
talar *vt* abattre
talco *nm* (*tb*: **polvos de talco**) talc *m*
talega *nf* sac *m*
talego *nm* sac *m* ; (*fam*) taule *f* (*fam*) ; (*Hist: fam*) mille pesetas ; **medio ~** (*fam*) cinq cents pesetas
talento *nm* talent *m* ; (*capacidad, don*) don *m*
talentoso, -a *adj* talentueux(-euse)
Talgo *sigla m* (*Ferro: = tren articulado ligero Goicoechea-Oriol*) *train rapide*
talibán, -ana (*a veces invariable*) *adj* taliban(e) ▸ *nm/f* (*persona*) taliban(e) ; **los talibanes** les taliban(s)
talidomida *nm* thalidomide *f*
talismán *nm* talisman *m*
talla *nf* taille *f* ; (*fig*) envergure *f* ; (*figura*) sculpture *f* ; **dar la ~** (*Mil*) avoir la taille requise ; (*fig*) être à la hauteur
tallado, -a *adj* taillé(e), sculpté(e) ▸ *nm* sculpture *f*
tallar *vt* tailler, sculpter ; (*grabar*) graver ; (*medir*) toiser
tallarines *nmpl* tagliatelles *fpl*
talle *nm* taille *f* ; (*figura*) silhouette *f* ; **de ~ esbelto** svelte
taller *nm* atelier *m*
tallo *nm* (*de planta*) tige *f* ; (*de hierba*) brin *m* ; (*brote*) pousse *f*
talmente *adv* exactement
Talmud *nm* Talmud *m*
talón *nm* talon *m* ; (*Com*) chèque *m* ; (*Tec*) bord *m* ; **pisar a algn los talones** être sur les talons de qn ; **~ de Aquiles** talon d'Achille
talonario *nm* carnet *m* ; (*de cheques*) carnet de chèques
talud *nm* talus *m*
tamal *nm* (*AM Culin*) tamale *m* (*pâte de maïs sucrée ou salée enveloppée dans une feuille de bananier*)
tamaño, -a *adj* pareil(le) ▸ *nm* taille *f* ; **de ~ natural** grandeur *f* nature ; **de ~ grande/pequeño** de grande/petite taille
tamarindo *nm* tamarinier *m*
tambaleante *adj* chancelant(e) ; (*mueble*) branlant(e) ; (*vehículo*) bringuebalant(e)
tambalearse *vpr* chanceler ; (*mueble*) branler ; (*vehículo*) bringuebaler
también *adv* aussi ; (*además*) de plus ; **estoy cansado — yo ~** je suis fatigué — moi aussi
tambor *nm* tambour *m* ; (*Anat*) tympan *m* ; **~ del freno/de lavadora** tambour de frein/de machine à laver
tamboril *nm* tambourin *m*
tamborilear *vi* tambouriner
tamborilero, -a *nm/f* tambour *m*
Támesis *nm* Tamise *f*
tamice *etc vb ver* **tamizar**
tamiz *nm* tamis *msg*
tamizar *vt* tamiser
tampoco *adv* non plus ; **yo ~ lo compré** je ne l'ai pas acheté non plus
tampón *nm* tampon *m*
tan *adv* si ; **~ ... como** aussi ... que ; **~ siquiera** seulement ; **es pesada, de ~ amable que es** elle est si aimable qu'elle finit par être ennuyeuse ; **¡qué cosa ~ rara!** comme c'est bizarre ! ; **no es una idea ~ buena** ce n'est pas une si bonne idée
tanatorio *nm* funérarium *m*
tanda *nf* série *f* ; (*de personas*) groupe *m* ; (*turno*) tour *m* ; **~ de penaltis/de inyecciones** série de penalties/de piqûres ; **~ de golpes** volée *f* de coups
tándem *nm* tandem *m*
tanga *nm* string *m*
tangente *nf* tangente *f* ; **salirse por la ~** prendre la tangente
Tánger *n* Tanger

tangerino, -a *adj* de Tanger ▸ *nm/f* natif(-ive) *o* habitant(e) de Tanger

tangible *adj* tangible

tango *nm* tango *m*

tanguero, -a *adj* de tango, relatif(-ive) au tango ▸ *nm/f* passionné(e) de tango

tanino *nm* tanin *m*

tankini *nm* tankini *m*

tano, -a (*CSur pey, fam*) *adj, nm/f* rital(e)

tanque *nm* (*Mil*) char *m* d'assaut ; (*depósito: Auto*) citerne *f* ; (*: Náut*) tanker *m* ; (*: de agua*) réservoir *m*

tanqueta *nf* blindé *m* léger

tantear *vt* jauger ; (*probar*) essayer ▸ *vi* (*Deporte*) compter les points

tanteo *nm* (*cálculo*) calcul *m* approximatif ; (*prueba*) essai *m* ; (*Deporte*) score *m* ; (*sondeo*) sondage *m* ; **al ~** à vue d'oeil

tantito (*Méx fam*) *adj, adv* un peu

tanto, -a *adj* (*cantidad*) tant de, tellement de ; (*en comparaciones*) autant de ; **tiene tantos amigos** il a tellement *o* tant d'amis ; **~ dinero como tú** autant d'argent que toi ; **~ gusto** (*al ser presentado*) enchanté(e) ▸ *adv* tant, autant ; (*tiempo*) si longtemps ; **~ que** tellement que ; **~ como él** autant que lui ; **~ como eso no** pas tant que ça ; **~ es así que ...** à tel point que ... ; **~ más cuanto que ...** d'autant plus que ... ; **~ mejor/peor** tant mieux/pis ; **~ quejarse para nada** tant de plaintes pour rien ; **~ tú como yo** toi autant que moi ; **me he vuelto ronco de** *o* **con ~ hablar** je me suis enroué à force de parler ; **viene ~** il vient si souvent ; **ni ~ así** (*fam*) pas une miette ; **en ~ que** pendant que ▸ *nm* (*suma*) quantité *f* ; (*proporción*) tant *m* ; (*punto*) point *m* ; (*gol*) but *m* ; **estar al ~** être au courant ; **estar al ~ de los acontecimientos** être au courant des événements ; **un ~ perezoso** un rien paresseux ; **~ alzado** forfait *m* ; **~ por ciento** tant pour cent ▸ *pron*: **cada uno paga ~** chacun paie tant ; **no quiero ~** je n'en veux pas autant ; **gasta ~ que ...** il dépense tellement que ... ; **ni ~ ni tan clavo** n'exagérons rien ; **¡no es para ~!** ce n'est pas si grave ! ; **¡y ~!** et comment ! ; **entre ~** entre-temps ; **por ~, por lo ~** donc, par conséquent ; **uno de tantos** un parmi d'autres ; **he visto ~** j'en ai tellement vu ; **a tantos de agosto** tel jour *o* telle date en août ; **cuarenta y tantos** quarante et quelques ; **se quedó en el bar hasta las tantas** il est resté dans le bar jusqu'à pas d'une heure ▸ *suf*: **veintitantos** vingt et quelques

Tanzania *nf* la Tanzanie

tañer *vt* (*Mús*) jouer ; (*campana*) sonner

T/año *abr* (*= toneladas por año*) *tonnes par an*

TAO *sigla f* (*= traducción asistida por ordenador*) TAO *f* (*= traduction assistée par ordinateur*)

taoísta *adj, nmf* taoïste *mf*

tapa *nf* couvercle *m* ; (*de libro*) couverture *f* ; (*comida*) amuse-gueule *m*, tapa *f* ; (*de zapato*) semelle *f* ; **~ de los sesos** boîte *f* crânienne

tapabarro (*And, CSur*) *nm* garde-boue *m inv*

tapacubos *nm inv* enjoliveur *m*

tapadera *nf* couvercle *m* ; (*fig*) couverture *f*

tapadillo *nm*: **de ~** en douce

tapado *nm* (*Am*) manteau *m* ; (*Méx Pol*) *candidat officiel du PRI, parti politique mexicain*

tapar *vt* couvrir ; (*hueco, ventana*) fermer, boucher ; (*ocultar*) dissimuler ; (*vista*) boucher ; (*Am: dientes*) plomber ; **taparse** *vpr* se couvrir

taparrabo *nm*, **taparrabos** *nm inv* pagne *m*, cache-sexe *m*

tapatío, -a (*Méx*) *adj* de Guadalajara ▸ *nm/f* natif(-ive) *o* habitant(e) de Guadalajara

tapeo *nm* (*esp Esp*): **ir de ~** aller manger des tapas ; **bar de ~** bar *m* à tapas

tapete *nm* tapis *msg* ; **poner sobre el ~** mettre sur le tapis

tapia *nf* mur *m* (de clôture) ; **estar (sordo) como una ~** être sourd comme un pot

tapiar *vt* murer

tapice *etc vb ver* **tapizar**

tapicería *nf* tapisserie *f* ; (*para muebles*) tissu *m* d'ameublement ; (*para coches*) garniture *f*

tapicero, -a *nm/f* tapissier(-ière)

tapioca *nf* tapioca *m*

tapir *nm* tapir *m*

tapiz *nm* tapisserie *f*

tapizar *vt* (*pared*) tapisser ; (*suelo*) recouvrir ; (*muebles*) recouvrir

tapón *nm* bouchon *m* ; (*Tec*) bonde *f* ; (*Med: de cera*) bouchon de cire ; **~ de rosca** *o* **de tuerca** bouchon à vis

taponar *vt* boucher

taponazo *nm* bruit *m* sec

tapujo *nm* (*disimulo*) dissimulation *f*, détour *m* ; (*engaño*) tromperie *f* ; **sin tapujos** sans détours

taquería (*Méx*) *nf échoppe où l'on vend des « tacos »*

taquicardia *nf* tachycardie *f*

taquigrafía *nf* sténographie *f*

taquígrafo, -a *nm/f* sténo *mf*

taquilla *nf* guichet *m* ; (*suma recogida*) recette *f* ; (*armario*) casier *m*

taquillero, -a *adj*: **función taquillera** spectacle *m* qui fait recette ▸ *nm/f* guichetier(-ière)

taquimecanografía *nf* sténodactylo(graphie) *f*

tara *nf* tare *f*

tarado, -a *adj* (*producto*) défectueux(-euse) ; (*idiota*) retardé(e) ; (*loco*) taré(e) ▸ *nm/f* taré(e)

tarambana *adj* irresponsable

tarántula *nf* tarentule *f*

tararear *vt* fredonner

t

tardanza *nf* (*demora*) retard *m* ; (*lentitud*) lenteur *f*
tardar *vi* (*tomar tiempo*) mettre longtemps, tarder ; (*llegar tarde*) être en retard ; **¿tarda mucho el tren?** le train arrive bientôt ? ; **a más ~** au plus tard ; **~ en hacer algo** mettre longtemps *o* tarder à faire qch ; **no tardes en venir** ne t'attarde pas
tarde *adv* tard ; **~ o temprano** tôt ou tard ; **de ~ en ~** de temps en temps ; **más ~** plus tard ▸ *nf* (*de día*) après-midi *m inv o f inv* ; (*de noche*) soir *m* ; **¡buenas tardes!** (*de día*) bonjour ! ; (*de noche*) bonsoir ! ; **a** *o* **por la ~** (*de día*) l'après-midi ; (*de noche*) le soir
tardío, -a *adj* tardif(-ive)
tardo, -a *adj* lent(e)
tardón, -ona (*fam*) *adj* lambin(e) (*fam*) ▸ *nm/f* traînard(e)
tarea *nf* travail *m*, tâche *f* ; **tareas** *nfpl* (*Escol*) devoirs *mpl* ; **tareas domésticas** tâches *fpl* ménagères
tarifa *nf* tarif *m* ; **~ básica** tarif de base ; **~ completa** plein tarif ; **~ doble** tarif double
tarima *nf* plate-forme *f* ; (*movible*) estrade *f*
tarjeta *nf* carte *f* ; (*Deporte*) carton *m* ; **~ bancaria** carte bancaire ; **~ comercial/de visita** carte de visite ; **~ de circuitos** circuit *m* imprimé ; **~ de crédito/de débito** carte de crédit/Carte Bleue® ; **~ de embarque/de transporte** carte d'embarquement/de transport ; **~ de identificación fiscal** *carte d'immatriculation fiscale* ; **~ de teléfono** carte téléphonique ; **~ gráfica/de multifunción** (*Inform*) carte graphique/multifonction ; **~ postal/de Navidad** carte postale/de Noël ; **~ prepago** carte prépayée ; **~ sanitaria** carte d'assuré social ; **~ SIM** carte SIM ; **~ verde** (*Méx*) permis *m* de travail
tarot *nm* tarot *m*
tarraconense *adj* de Tarragone ▸ *nmf* natif(-ive) *o* habitant(e) de Tarragone
tarrina *nf* barquette *f*
tarro *nm* pot *m*
tarta *nf* (*pastel*) gâteau *m* ; (*torta*) tarte *f*

> ⚠ **Tarta** désigne aussi bien une *tarte* qu'un *gâteau*.

tartajear *vi* bégayer
tartamudear *vi* bégayer
tartamudez *nf* bégaiement *m*
tartamudo, -a *adj, nm/f* bègue *mf*
tartán *nm* tartan *m*
tartárico, -a *adj*: **ácido ~** acide *m* tartrique
tártaro, -a *adj* tartare ▸ *nm/f* Tartare *mf* ▸ *nm* (*Quím*) tartre *m*
tartera *nf* gamelle *f*
tarugo *nm* morceau *m* (de bois) ; (*fam*) balourd *m*
tarumba *adj*: **volver a algn ~** rendre qn dingue
tasa *nf* (*valoración*) évaluation *f* ; (*impuesto*) taxe *f* ; (*índice*) taux *msg* ; (*medida*) mesure *f*, règle *f* ; **sin ~** sans mesure ; **tasas académicas** droits *mpl* d'inscription ; **~ básica** (*Com*) taux de base ; **~ de cambio/de interés** taux de change/d'intérêt ; **~ de crecimiento/de natalidad/de rendimiento** taux de croissance/de natalité/de rendement ; **tasas universitarias** droits *mpl* d'inscription à l'université
tasación *nf* taxation *f* ; (*valoración*) évaluation *f*
tasador, a *nm/f expert qui évalue le prix d'un bien*
tasar *vt* (*fijar el precio*) taxer ; (*valorar*) évaluer ; (*limitar*) limiter, rationner ; **~ en** évaluer à
tasca (*fam*) *nf* bistro(t) *m*
tata *nm* (*Am fam*) = **taita** ▸ *nf* nounou *f* (*fam*) ; (*fam: hermana*) grande sœur *f*
tatarabuelo, -a *nm/f* trisaïeul(e) ; **tatarabuelos** *nmpl* trisaïeuls *mpl*
tatuaje *nm* tatouage *m*
tatuar *vt* tatouer
taurino, -a *adj* taurin(e)
Tauro *nm* (*Astrol*) Taureau *m* ; **ser ~** être Taureau
tauromaquia *nf* tauromachie *f*
tautología *nf* tautologie *f*
taxativamente *adv* particulièrement
taxativo, -a *adj* strict(e)
taxi *nm* taxi *m*
taxidermia *nf* taxidermie *f*
taximetrero (*Arg*) *nm* chauffeur *m* de taxi
taxímetro *nm* taximètre *m*
taxista *nmf* chauffeur(e) de taxi
Tayikistán *nm* Tadjikistan *m*
taza *nf* tasse *f* ; (*fam: de retrete*) cuvette *f* ; **~ de/para café** tasse de/à café
tazón *nm* bol *m*
TC *sigla m* (= Tribunal Constitucional) *juridiction suprême*
TCI *sigla f* (= *tarjeta de circuito impreso*) plaquette *f* de circuit imprimé
TDT *nf abr* (= *televisión digital terrestre*) TNT *f* (= *télévision numérique terrestre*)
te *pron* te ; (*delante de vocal*) t' ; (*con imperativo*) toi ; **¿te duele mucho el brazo?** ton bras te fait très mal ?, tu as très mal au bras ? ; **te equivocas** tu te trompes ; **¡cálmate!** calme-toi !
té *nm* thé *m*
tea *nf* torche *f*
teatral *adj* théâtral(e)
teatrero, -a (*fam*) *adj* (*aficionado*): **ser muy ~** être amateur de théâtre ; (*fig: exagerado*) théâtral(e) ▸ *nm/f* (*aficionado*) amateur(-trice) de théâtre ; (*profesional*) professionnel(le) du théâtre
teatro *nm* théâtre *m* ; **hacer ~** (*fig*) jouer la comédie ; **~ de aficionados/variedades** théâtre d'amateurs/de variétés ; **~ de la ópera** opéra *m*

tebeo *nm* bande *f* dessinée, BD *f*
teca *nm* teck *m*
techado *nm* toit *m*
techo *nm* (*tb fig*) plafond *m* ; (*tejado*) toit *m* ; **bajo ~** à l'abri ; **tocar ~** plafonner, atteindre un plafond
techumbre *nf* toiture *f*
tecla *nf* (*Inform, Mús, Tip*) touche *f* ; **tocar muchas teclas** toucher à de nombreux sujets ; **~ de anulación/de borrar** touche d'annulation/d'effacement ; **~ de control/de edición** touche de contrôle/de correction ; **~ de control direccional del cursor** touche de déplacement du curseur ; **~ de retorno/de tabulación** touche de retour chariot/de tabulation ; **~ programable** touche programmable
teclado *nm* clavier *m* ; **~ inalámbrico** clavier sans fil ; **~ numérico** (*Inform*) clavier numérique
teclear *vt* (*teclado*) taper ▸ *vi* (*Mús: fam*) pianoter ; (*Inform, Tip*) taper
tecleo *nm* (*Mús*) pianotage *m* ; (*fam*) pianotage, tapotement *m*
teclista *nmf* (*Mús*) claviériste *mf* ; (*Inform*) claviste *mf*
técnica *nf* technique *f* ; *ver tb* **técnico**
técnicamente *adv* techniquement
tecnicismo *nm* technicité *f* ; (*Ling*) terme *m* technique
técnico, -a *adj* technique ▸ *nm/f* technicien(ne)
tecnicolor *nm* technicolor *m*
tecnócrata *nmf* technocrate *mf*
tecnología *nf* technologie *f* ; **~ de la información/punta** technologie de l'information/de pointe
tecnológico, -a *adj* technologique
tecolote (*CAm, Méx*) *nm* hibou *m*
tedio *nm* ennui *m*
tedioso, -a *adj* ennuyeux(-euse)
tee *nm* tee *m*
Teherán *n* Téhéran
teja *nf* tuile *f*
tejado *nm* toit *m*
tejano, -a *adj* texan(e) ▸ *nm/f* Texan(e) ; **tejanos** *nmpl* (*vaqueros*) jeans *mpl*
Tejas *nm* Texas *msg*
tejemaneje *nm* (*actividad*) agitation *f* ; (*intriga*) manigances *fpl*
tejer *vt* tisser ; (*Am*) tricoter ; (*fig*) ourdir ▸ *vi*: **~ y destejer** faire et défaire
tejido *nm* tissu *m*
tejo *nm* if *m* ; **tirar los tejos a algn** (*fam*) faire des avances à qn
tejón *nm* blaireau *m*
tel. *abr* (= *teléfono*) tél. (= *téléphone*)
tela *nf* tissu *m* ; (*cuadro, lienzo*) toile *f* ; (*en líquido*) peau *f* ; **¡hay ~ para rato!** (*fam*) on en a pour un moment ! ; **poner en ~ de juicio** mettre en doute ; **~ de araña** toile d'araignée ; **~ metálica** grillage *m*
telar *nm* (*máquina*) métier *m* à tisser ; (*de teatro*) cintre *m* ; **telares** *nmpl* (*fábrica*) usine *f* textile
telaraña *nf* toile *f* d'araignée
tele (*fam*) *nf* télé *f* (*fam*)
tele... *pref* télé...
teleadicto, -a (*fam*) *nm/f* accro *mf* de la télé
telebasura (*fam*) *nf* télé-poubelle *f* (*fam*)
telecabina *nf* télécabine *f*
telecomedia *nf* sitcom *m*
telecomunicación *nf* télécommunication *f*
telecontrol *nm* télécommande *f*
telecopia *nf* télécopie *f*
telecopiadora *nf*: **~ facsímil** télécopieur *m*
telediario *nm* journal *m* télévisé
teledifusión *nf* télédiffusion *f*
teledirigido, -a *adj* téléguidé(e)
teléf. *abr* (= *teléfono*) tél. (= *téléphone*)
telefacsímil *nm* télécopie *f*
telefax *nm* télécopie *f*
teleférico *nm* téléphérique *m*
telefilm, telefilme *nm* téléfilm *m*
telefonazo (*fam*) *nm* coup *m* de fil ; **te daré un ~** je te passerai un coup de fil
telefonear *vt* téléphoner à ▸ *vi* téléphoner
telefonía *nf* téléphonie *f* ; **~ móvil** *ou* **celular** téléphonie mobile *ou* cellulaire ; **~ fija** téléphonie fixe ; **red de ~ móvil** réseau *m* de téléphonie mobile ; **servicios de ~ móvil** services *mpl* de téléphonie mobile
Telefónica *nf* ≈ France Télécom
telefónicamente *adv* par téléphone
telefónico, -a *adj* téléphonique
telefonillo *nm* interphone *m*
telefonista *nmf* standardiste *mf*
teléfono *nm* téléphone *m* ; **está hablando por ~** il est au téléphone ; **~ inalámbrico/rojo** téléphone sans fil/rouge ; **~ móvil** (téléphone) portable *m*
telefoto *nf* téléphotographie *f*
telegrafía *nf* télégraphie *f*
telégrafo *nm* télégraphe *m*
telegrama *nm* télégramme *m*
teleimpresor *nm* téléimprimeur *m*
telemando *nm* télécommande *f*
telemarketing, telemárketing *nm* télémarketing *m*
telemática *nf* télématique *f*
telémetro *nm* télémètre *m*
telenovela *nf* feuilleton *m* télévisé
teleobjetivo *nm* téléobjectif *m*
teleoperador, a *nm/f* téléopérateur(-trice)
telepatía *nf* télépathie *f*
telepático, -a *adj* télépathique
telepredicador, a *nmf* télévangéliste *mf*
teleproceso *nm* télétraitement *m*
teleprograma *nm* programme *m* de télévision
telerrealidad *nf* téléréalité *f*

t

telescópico, -a *adj* télescopique
telescopio *nm* télescope *m*
teleserie *nf* série *f* télévisée
telesilla *nm* télésiège *m*
telespectador, a *nm/f* téléspectateur(-trice)
telesquí *nm* téléski *m*
teletex, teletexto *nm* télétexte *m*
teletienda *nf* télé-achat *m*
teletipo *nm* téléimprimeur *m*
teletrabajador, a *nm/f* télétravailleur(-euse)
teletrabajo *nm* télétravail *m*
televenta *nf* télévente *f*
televidente *nmf* téléspectateur(-trice)
televisar *vt* téléviser
televisión *nf* télévision *f* ; ~ **por cable/por** *o* **vía satélite** télévision par câble/par satellite ; ~ **digital** télévision numérique ; ~ **privada/pública** télévision privée/publique
televisivo, -a *adj* télévisuel(le)
televisor *nm* téléviseur *m* ; ~ **portátil** téléviseur portable
télex *nm* télex *m* ; **máquina** ~ télex ; **enviar por** ~ télexer
telón *nm* rideau *m* ; ~ **de acero** (*Pol*) rideau de fer ; ~ **de boca/de seguridad** rideau de scène/de fer ; ~ **de fondo** toile *f* de fond
telonero, -a *nm/f* (*Mús, Teatro*) *artiste qui passe en première partie*
tema *nm* thème *m*, sujet *m* ; (*Mús*) thème ; (*obsesión*) marotte *f* ; **temas de actualidad** sujets *mpl* d'actualité
temario *nm* programme *m*
temática *nf* thématique *f*
temático, -a *adj* thématique
tembladera (*Am*) *nf* bourbier *m*
temblar *vi* trembler
tembleque *nm* (*hum*) tremblement *m*
temblón, -ona *adj* tremblant(e)
temblor *nm* tremblement *m* ; ~ **de tierra** tremblement de terre
tembloroso, -a *adj* tremblant(e)
temer *vt* craindre, avoir peur de ; **temo que Juan llegue tarde** je crains que Juan n'arrive tard ▸ *vi* avoir peur ; ~ **por** avoir peur pour
temerario, -a *adj* téméraire
temeridad *nf* témérité *f* ; (*una temeridad*) acte *m* téméraire
temeroso, -a *adj* craintif(-ive), peureux(-euse) ; (*que inspira temor*) redoutable
temible *adj* redoutable
temor *nm* crainte *f*, peur *f*
témpano *nm* (*tb*: **témpano de hielo**) plaque *f* de glace
témpera (*Arte*) *nf* détrempe *f*
temperamental *adj* d'humeur changeante
temperamento *nm* tempérament *m* ; **tener** ~ avoir du tempérament
temperatura *nf* température *f*
tempestad *nf* tempête *f*
tempestuoso, -a *adj* orageux(-euse)
templado, -a *adj* tempéré(e) ; (*en el comer, beber*) modéré(e) ; (*líquido, comida*) tiède ; (*nervios*) solide, bien trempé(e)
templanza *nf* tempérance *f* ; (*en el beber*) modération *f* ; (*del clima*) douceur *f*
templar *vt* tempérer, modérer ; (*agua, brisa*) tiédir ; (*solución*) diluer ; (*Mús*) accorder ; (*acero*) tremper ; **templarse** *vpr* se modérer ; (*agua, aire*) se réchauffer
templario *nm* templier *m*
temple *nm* (*humor*) humeur *f* ; (*serenidad*) sang-froid *m* ; (*Tec*) trempe *f* ; (*Mús*) accord *m* ; (*pintura*) détrempe *f*
templo *nm* temple *m* ; (*iglesia*) église *f* ; ~ **metodista** église méthodiste
tempo *nm* tempo *m*
temporada *nf* période *f* ; (*estación, social, Deporte*) saison *f* ; **en plena** ~ en pleine saison ; **de** ~ (*trabajo*) saisonnier(-ière) ; (*fruta*) de saison
temporal *adj* temporaire ; (*Rel*) temporel(le) ▸ *nm* tempête *f*
temporalmente *adv* temporairement
temporizador, a *adj*: **mecanismo** ~ mécanisme *m* de minuterie ▸ *nm* minuteur *m*
tempranero, -a *adj* (*Bot*) précoce ; (*persona*) matinal(e)
temprano, -a *adj* précoce ▸ *adv* tôt ; (*demasiado pronto*) trop tôt ; **levantarse** ~ se lever de bonne heure
ten *vb ver* **tener**
tenacidad *nf* ténacité *f*
tenacillas *nfpl* pincettes *fpl* ; (*para rizar*) fer *m* à friser
tenaz *adj* tenace
tenaza *nf*, **tenazas** *nfpl* pince(s) *f(pl)*
tendedero *nm* étendoir *m*, séchoir *m* à linge ; (*cuerda*) corde *f* à linge
tendencia *nf* tendance *f* ; ~ **imperante** tendance dominante ; **tener** ~ **a** avoir tendance à ; ~ **del mercado** tendance du marché
tendencioso, -a *adj* tendancieux(-euse)
tender *vt* étendre ; (*vía férrea, cable*) poser ; (*cuerda, trampa*) tendre ; ~ **la mano** tendre la main ; ~ **la cama** (*Am*) faire le lit ; ~ **la mesa** (*Am*) mettre la table ▸ *vi*: ~ **a** tendre à ; **tenderse** *vpr* s'étendre, s'allonger
ténder *nm* tender *m*
tenderete *nm* (*puesto*) étalage *m*
tendero, -a *nm/f* commerçant(e)
tendido, -a *adj* étendu(e), allongé(e) ; (*colgado*) accroché(e), pendu(e) ; **a galope** ~ au triple galop ▸ *nm* (*Taur*) gradins *mpl* ; ~ **eléctrico** ligne *f* électrique
tendinitis *nf inv* tendinite *f*
tendón *nm* tendon *m*
tendré *etc vb ver* **tener**

tenebroso, -a *adj* sombre
tenedor, a *nm/f* détenteur(-trice) ; ~ **de acciones** actionnaire *mf* ; ~ **de libros** comptable *mf* ; ~ **de póliza** assuré(e), détenteur(-trice) d'une police d'assurance ▶ *nm* fourchette *f* ; **restaurante de cinco tenedores** restaurant *m* cinq étoiles
teneduría *nf* comptabilité *f*
tenencia *nf* (*de propiedad*) possession *f* ; ~ **ilícita de armas/drogas** détention *f* illégale d'armes/de drogue

PALABRA CLAVE

tener *vt* **1** avoir ; (*sostener*) tenir ; **¿tienes un boli?** tu as un stylo ? ; **¿dónde tienes el libro?** où as-tu mis le livre ? ; **va a tener un niño** elle va avoir un enfant ; **tiene los ojos azules** il a les yeux bleus ; **¡ten!, ¡aquí tienes!** tiens !, voilà ! ; **¡tenga!, ¡aquí tiene!** tenez !, voilà !
2 (*edad*) avoir ; (*medidas*) faire ; **tiene 7 años** il a 7 ans ; **tiene 15 cm de largo** cela fait 15 cm de long ; *ver tb* **calor**; **hambre** *etc*
3 (*sentimiento, dolor*) avoir ; **tener admiración/cariño** avoir de l'admiration/l'affection ; **tener miedo** avoir peur ; **¿qué tienes, estás enfermo?** qu'est-ce que tu as, tu es malade ?
4 (*considerar*): **lo tengo por brillante** je le considère comme quelqu'un de brillant ; **tener en mucho/poco a algn** avoir beaucoup/peu d'estime pour qn ; **ten por seguro** sois-en sûr
5: **tener que**: **tengo/tenemos que acabar este trabajo hoy** il faut que je finisse/nous finissions ce travail aujourd'hui
6 (*+ participio*): **tengo terminada ya la mitad del trabajo** j'ai déjà fait la moitié du travail
7 (*+ adj o + gerundio*): **nos tiene muy contentos/hartos** nous sommes très satisfaits de lui/nous en avons assez de lui ; **me ha tenido tres horas esperando** il m'a fait attendre pendant trois heures
8: **las tiene todas consigo** il a tout pour lui
tenerse *vpr* **1**: **tenerse en pie** se tenir debout **2**: **tenerse por** se croire ; **se tiene por muy listo** il se croit très intelligent

tenga *etc vb ver* **tener**
tenia *nf* ténia *m*
tenida (CSur) *nf* tenue *f*
teniente *nmf* lieutenant *m* ; ~ **alcalde** adjoint(e) au maire ; ~ **coronel** lieutenant colonel
tenis *nm* tennis *msg* ; ~ **de mesa** tennis de table, ping-pong *m*
tenista *nmf* joueur(-euse) de tennis
tenor *nm* (*sentido*) teneur *f* ; (*Mús*) ténor *m* ; **a ~ de** d'après
tenorio (*fam*) *nm* don Juan *m*
tensar *vt* tendre ; (*arco*) bander
tensión *nf* tension *f* ; **de alta** ~ (*Elec*) haute tension ; **en** ~ tendu(e) ; **tener la ~ alta** avoir de la tension ; ~ **arterial** tension artérielle ; ~ **nerviosa** tension nerveuse
tenso, -a *adj* tendu(e)
tentación *nf* tentation *f*
tentáculo *nm* tentacule *m*
tentado, -a *adj*: **estuve ~ de decírselo** j'étais tenté de le lui dire
tentador, a *adj* tentant(e) ; (*gesto*) tentateur(-trice) ▶ *nm/f* tentateur(-trice)
tentar *vt* tenter ; (*palpar, Med*) tâter
tentativa *nf* tentative *f* ; ~ **de asesinato** tentative d'assassinat
tentempié (*fam*) *nm* en-cas *m inv*
tenue *adj* (*hilo*) mince ; (*luz*) faible ; (*sonido, vínculo*) ténu(e) ; (*neblina*) léger(-ère)
tenuemente *adv* légèrement ; (*alumbrar*) faiblement
teñir *vt* teindre ; (*fig*) teinter ; **teñirse** *vpr* se teindre ; **teñirse el pelo** se (faire) teindre les cheveux
teocali, teocalli (Méx) *nm* téocalli *m*
teología *nf* théologie *f*
teológico, -a *adj* théologique
teólogo, -a *nm/f* théologien(ne)
teorema *nm* théorème *m*
teoría *nf* théorie *f* ; **en** ~ théoriquement, en principe
teóricamente *adv* théoriquement
teorice *etc vb ver* **teorizar**
teórico, -a *adj* théorique ▶ *nm/f* théoricien(ne)
teorizar *vi* théoriser
tequila *nf* tequila *f*
TER *sigla m* (= *Tren Español Rápido*) *train rapide*
terapeuta *nmf* thérapeute *mf*
terapéutica *nf* thérapeutique *f*
terapéutico, -a *adj* thérapeutique
terapia *nf* thérapie *f* ; ~ **laboral** ergothérapie *f*
tercer *adj ver* **tercero**
tercera *nf* (*Auto*) troisième *f* ; **a la ~ va la vencida** la troisième fois sera la bonne
tercermundista *adj* tiers-mondiste
tercero, -a (*antes de nmsg* **tercer**) *adj* troisième ▶ *nm* (*mediador*) tiers *msg*, tierce personne *f* ; (*Jur*) tiers
terceto *nm* (*Mús*) trio *m*
terciado, -a *adj* (*botella*) entamé(e) ; (*toro*) de taille moyenne ; (*arma*) en bandoulière
terciar *vt* (*bolsa etc*) mettre en bandoulière ▶ *vi* intervenir ; **terciarse** *vpr* se présenter ; **si se tercia** à l'occasion
terciario, -a *adj* tertiaire
tercio *nm* tiers *msg*
terciopelo *nm* velours *msg*
terco, -a *adj* têtu(e)
tergal® *nm* tergal® *m*
tergiversación *nf* déformation *f*

t

tergiversar *vt* déformer
termal *adj* thermal(e)
termas *nfpl* thermes *mpl*
térmico, -a *adj* thermique
terminación *nf* extrémité *f* ; (*finalización*) achèvement *m*
terminal *adj* terminal(e) ; (*enfermo*) en phase terminale ▸ *nm* (*Elec*) borne *f* ; (*Inform*) terminal *m* ; ~ **de pantalla** écran *m* de visualisation ▸ *nf* (*Aviat*) aérogare *f*, terminal *m* ; (*Ferro*) terminus *msg*
terminante *adj* catégorique ; (*decisión*) final(e)
terminantemente *adv* formellement
terminar *vt* finir, terminer ▸ *vi* finir ; ~ **por hacer algo** finir par faire qch ; ~ **en** finir en ; **terminarse** *vpr* finir ; **se ha terminado la leche** il n'y a plus de lait
término *nm* terme *m*, fin *f* ; (*parada*) terminus *msg* ; (*límite: de espacio*) bout *m* ; (*palabra*) terme *m* ; **en último** ~ en dernier recours ; ~ **medio** juste milieu *m* ; **términos** *nmpl* (*tb Com*) termes *mpl* ; **en otros términos** en d'autres termes ; **estar en buenos/malos términos (con algn)** être en bons/mauvais termes (avec qn) ; **en términos de** en termes de ; **en términos claros** en clair ; **según los términos del contrato** selon les termes du contrat
terminología *nf* terminologie *f*
termita *nf* termite *m*
termo® *nm* thermos® *m o f*
termodinámica *nf* thermodynamique
termodinámico, -a *adj* thermodynamique
termoimpresora *nf* imprimante *f* thermique
termómetro *nm* thermomètre *m*
termonuclear *adj* thermonucléaire
termostato *nm* thermostat *m*
terna *nf* (*trío*): **una ~ de …** trois … ; **una ~ de candidatos** trois candidatures
ternera *nf* (*cría, carne*) veau *m*
ternero, -a *nm/f* veau (génisse)
terneza *nf* tendresse *f*
ternilla *nf* cartilage *m*
terno *nm* (*esp* Am) costume *m* trois-pièces *inv* ; (*conjunto*) trio *m*
ternura *nf* tendresse *f*
terquedad *nf* entêtement *m*
terracota *nf* terre *f* cuite
terrado *nm* terrasse *f*
terral (Am) *nm* nuage *m* de poussière
Terranova *nf* Terre-Neuve *f*
terraplén *nm* terre-plein *m*
terráqueo, -a *adj*: **globo** ~ globe *m* terrestre
terrario *nm* terrarium *m*
terrateniente *nmf* propriétaire *mf* terrien(ne)
terraza *nf* terrasse *f*
terrazo *nm* granito *m*
terremoto *nm* tremblement *m* de terre
terrenal *adj* terrestre
terreno, -a *adj* terrestre ▸ *nm* terrain *m* ; **sobre el** ~ sur le terrain ; **ceder/perder** ~ céder du/perdre du terrain ; **preparar el** ~ préparer le terrain ; ~ **de juego** terrain de jeu
terrestre *adj* terrestre ; (*ruta*) par terre
terrible *adj* terrible
terrícola *nmf* terrien(ne)
territorial *adj* territorial(e)
territorio *nm* territoire *m* ; ~ **bajo mandato** territoire sous mandat
terrón *nm* (*de azúcar*) morceau *m* ; (*de tierra*) motte *f* ; **terrones** *nmpl* (*Agr*) terres *fpl*
terror *nm* terreur *f*
terrorífico, -a *adj* terrifiant(e)
terrorismo *nm* terrorisme *m*
terrorista *adj, nmf* terroriste *mf* ; ~ **suicida** kamikaze *mf*
terroso, -a *adj* terreux(-euse)
terruño *nm* terrain *m* ; (*fig*) pays *m* natal ; **apego al** ~ attachement *m* au pays natal
terso, -a *adj* lisse
tersura *nf* douceur *f*
tertulia *nf* cercle *m* ; (*sala*) arrière-salle *f* ; ~ **literaria** cercle littéraire
tertuliano, -a *nm/f* (*Radio, TV*) intervenant(e), participant(e)
tesina *nf* mémoire *m*
tesis *nf inv* thèse *f*
tesitura *nf* situation *f*
tesón *nm* ténacité *f*, persévérance *f*
tesorería *nf* trésorerie *f*
tesorero, -a *nm/f* trésorier(-ière)
tesoro *nm* trésor *m* ; **¡mi ~!** (*fam*) mon trésor ! ; **T~ público** Trésor public
test [tes] *nm* test *m*
testaferro *nm* prête-nom *m*
testamentaría *nf* succession *f*
testamentario, -a *adj* testamentaire ▸ *nm/f* (*Jur*) exécuteur(-trice) testamentaire
testamento *nm* testament *m* ; **Nuevo/Antiguo T~** Nouveau/Ancien Testament
testar *vi* tester, faire son testament
testarada (*fam*) *nf*: **darse una** ~ se cogner la tête
testarazo *nm* = **testarada**
testarudez *nf* entêtement *m*
testarudo, -a *adj* entêté(e)
testículo *nm* testicule *m*
testificar *vt, vi* témoigner
testifique *etc vb ver* **testificar**
testigo *nmf* témoin *m* ; **poner a algn por** ~ citer qn comme témoin ; ~ **de cargo/de descargo** témoin à charge/à décharge ; ~ **ocular** témoin oculaire
testimonial *adj* symbolique ; (*Jur*) testimonial(e)
testimoniar *vt* témoigner de
testimonio *nm* témoignage *m* ; **como** *o* **en ~ de** en témoignage de ; **falso** ~ faux témoignage

testosterona *nf* testostérone *f*
testuz *nf* (*de caballo*) chanfrein *m* ; (*de toro*) cou *m*
teta (*fam*) *nf* téton *m* (*fam*), nichon *m* (*fam*) ; **niño de ~** nourrisson *m*
tétanos *nmsg* tétanos *msg*
tetera *nf* théière *f*
tetilla *nf* tétine *f*
tetina *nf* tétine *f*
tetrabrik®, tetra brik® *nm inv* Tétrabrik®, brique *f*
tetrapléjico, -a *adj, nm/f* tétraplégique
tétrico, -a *adj* lugubre
textear (*esp AM*) *vt* envoyer un SMS à
textil *adj* textile ; **textiles** *nmpl* textiles *mpl*
texto *nm* texte *m*
textual *adj* textuel(le) ; **son sus palabras textuales** c'est ce qu'il a dit textuellement
textualmente *adv* textuellement
textura *nf* texture *f*
tez *nf* (*cutis*) peau *f* ; (*color*) teint *m*
tfno. *abr* (= *teléfono*) tél. (= *téléphone*)
TFT *nm abr* (= *thin film transistor*) TFT *m*
ti *pron* toi
tía *nf* tante *f* ; (*fam*) nana *f* (*fam*) ; (*: vieja*) mère *f* (*fam*)
tianguis (*MÉX*) *nm* marché *m*
tiara *nf* tiare *f*
Tibet *nm* Tibet *m*
tibetano, -a *adj* tibétain(e) ▸ *nm/f* Tibétain(e) ▸ *nm* (*Ling*) tibétain *m*
tibia *nf* tibia *m*
tibiamente *adv* tièdement
tibieza *nf* tiédeur *f*
tibio, -a *adj* tiède
tiburón *nm* requin *m*
TIC *sigla fpl* (= *tecnologías de la información y la comunicación*) TIC *fpl* (= *technologies de l'information et de la communication*)
tic *nm* tic *m*
tico, -a (*AM fam*) *adj* costaricien(ne) ▸ *nm/f* Costaricien(ne)
tictac *nm* tic-tac *m inv*
tiemble *etc vb ver* **temblar**
tiempo *nm* temps *msg* ; **a ~** à temps ; **a un** *o* **al mismo ~** en même temps ; **a su ~** en temps utile ; **al poco ~** peu après ; **andando el ~** avec le temps ; **cada cierto ~** de temps à autre ; **con ~** à l'avance ; **con el ~** à la longue ; **de ~ en ~** de temps en temps ; **de todos los tiempos** de tous les temps ; **de un ~ a esta parte** depuis quelque temps ; **en mis tiempos** de mon temps ; **en los buenos tiempos** au bon vieux temps ; **ganar ~** gagner du temps ; **hace buen/mal ~** il fait beau/mauvais temps ; **matar el ~** tuer le temps ; **hace ~** il y a quelque temps ; **hacer ~** passer le temps ; **perder el ~** perdre du temps ; **tener ~** avoir le temps ; **¿qué ~ tiene?** quel âge a-t-il ? ; **motor de dos tiempos** moteur *m* deux temps ; **a ~ parcial** à temps partiel ; **en ~ real** (*Inform*) en temps réel ; **~ compartido/de ejecución/máquina** (*Inform*) temps partagé/d'exécution/machine ; **~ de paro** (*Com*) temps mort ; **~ inactivo** (*Com*) durée *f* d'immobilisation ; **~ libre** temps libre ; **~ muerto** (*Deporte, fig*) temps mort ; **~ preferencial** (*Com*) heures *fpl* de grande écoute
tienda *vb ver* **tender** ▸ *nf* magasin *m*, boutique *f* ; (*Náut*) taud *m* ; **~ de campaña** tente *f*
tiene *etc vb ver* **tener**
tienta *nf* (*Med*) sonde *f* ; **andar a tientas** avancer à tâtons
tiento *vb ver* **tentar** ▸ *nm* tact *m* ; (*precaución*) prudence *f* ; **con ~** avec prudence
tierno, -a *adj* tendre ; (*reciente*) jeune
tierra *nf* terre *f* ; (*país*) pays *msg* ; **~ adentro** à l'intérieur des terres ; **echar/tirar por ~** réduire à néant ; **echar ~ a un asunto** tirer le rideau sur un sujet ; **no es de estas tierras** il n'est pas d'ici ; **~ firme** terre ferme ; **~ natal** pays natal ; **la T~ Santa** la Terre sainte
tierral (*AM*) *nm* = **terral**
tieso, -a *adj* (*rígido*) raide ; (*erguido*) droit(e) ; (*serio*) froid(e) ; (*fam: orgulloso*) fier (fière) ; **dejar ~ a algn** (*fam: matar*) refroidir qn (*fam*) ; (*: sorprender*) laisser qn pantois(e)
tiesto *nm* pot *m* de fleurs
tifoidea *nf* typhoïde *f*
tifón *nm* typhon *m*
tifus *nm* typhus *msg* ; **~ icteroides** fièvre *f* jaune
tigre *nm* tigre *m* ; (*AM*) jaguar *m*
tigresa *nf* (*animal*) tigresse *f* ; (*mujer fatal*) vamp *f*
TIJ *sigla m* (= *Tribunal Internacional de Justicia*) CIJ *f* (= *Cour internationale de justice*)
tijera *nf*, **tijeras** *nfpl* ciseaux *mpl* ; (*para plantas*) sécateur *m* ; **de ~** pliant(e) ; **unas tijeras** une paire de ciseaux
tijeretazo *nm* (*con tijera*) coup *m* de ciseaux ; (*recorte*) coupes *fpl*
tijeretear *vt* découper
tila *nf* tilleul *m*
tildar *vt*: **~ de** traiter de
tilde *nf* accent *m* ; (*de la ñ*) tilde *m*
tiliches (*CAM, MÉX*) *nmpl* bibelots *mpl*, bazar *msg*
tilín *nm* drelin *m* ; **hacer ~ a algn** (*fam*) plaire à qn
tilo *nm* tilleul *m*
timador, a *nm/f* escroc *m*
timar *vt* (*dinero*) escroquer ; (*persona, fig*) rouler, escroquer
timbal *nm* (*Mús*) timbale *f*
timbrar *vt* timbrer
timbrazo *nm* coup *m* de sonnette ; **dar un ~** donner un coup de sonnette
timbre *nm* (*Mús, sello*) timbre *m* ; (*de estampar*) cachet *m* ; (*de puerta*) sonnette *f* ; (*tono*) sonnerie *f*

t

timidez *nf* timidité *f*
tímido, -a *adj* timide
timo *nm* (*estafa*) escroquerie *f* ; (*engaño*) arnaque *f* ; **dar un ~ a algn** escroquer qn
timón *nm* (*Náut*) gouvernail *m* ; (*AM Auto*) volant *m* ; **coger el ~** prendre les rênes
timonel *nmf* (*Náut*) timonier(-ière)
timorato, -a *adj* timoré(e) ; (*mojigato*) pudibond(e)
tímpano *nm* (*Anat*) tympan *m* ; (*Mús*) tympanon *m*
tina *nf* cuve *f* ; (*esp AM*) baignoire *f*
tinaja *nf* jarre *f*
tinerfeño, -a *adj* de Tenerife ▸ *nm/f* natif(-ive) *o* habitant(e) de Tenerife
tinglado *nm* (*cobertizo*) hangar *m* ; (*fig*) combine *f* ; **armar un ~** faire des histoires
tinieblas *nfpl* ténèbres *fpl* ; **estar en ~** (*fig*) être dans le brouillard
tino *nm* adresse *f* ; (*juicio*) doigté *m* ; (*moderación*) retenue *f* ; **sin ~** maladroitement ; (*sin moderación*) sans retenue
tinta *nf* encre *f* ; (*Tec*) teinture *f* ; (*Arte*) couleur *f* ; **sudar ~** trimer, suer sang et eau ; **saber algo de buena ~** savoir qch de source sûre ; **~ china** encre de chine ; **tintas** *nfpl* (*matices*) tons *mpl* ; **medias tintas** demi-mesures *fpl* ; **(re)cargar las tintas** en rajouter
tinte *nm* teinture *f* ; (*tintorería*) teinturerie *f* ; (*matiz*) teinte *f* ; (*apariencia*) allure *f*
tintero *nm* encrier *m* ; **se le quedó en el ~** il a complètement oublié
tintinear *vi* (*cascabel*) tintinnabuler ; (*campana*) tinter
tinto, -a *adj* (*teñido*) teint(e) ; (*vino*) rouge ▸ *nm* rouge *m* ; (*COL*) café *m* noir
tintorera *nf* requin *m*
tintorería *nf* teinturerie *f*
tintorro (*fam*) *nm* picrate *m* (*fam*)
tintura *nf* teinture *f* ; **~ de iodo** teinture d'iode
tiña *vb ver* **teñir** ▸ *nf* teigne *f*
tío *nm* oncle *m* ; (*fam: viejo*) père *m* (*fam*) ; (*: individuo*) type *m* (*fam*), mec *m* (*fam*)
tiovivo *nm* manège *m*
típicamente *adv* typiquement
típico, -a *adj* typique ; (*traje*) traditionnel(le)
tiple *nmf* soprano *m*
tipo *nm* type *m* ; (*Anat*) physique *m* ; (*Tip*) caractère *m* ; **jugarse el ~** risquer sa peau ; **~ a término** (*Com*) cotation *f* à terme ; **~ bancario/de cambio/de descuento/de interés** taux *msg* bancaire/de change/d'escompte/d'intérêt ; **~ base** (*Com*) taux de base ; **~ de interés vigente** (*Com*) taux d'intérêt en vigueur ; **~ de letra** police *f* de caractères
tipografía *nf* typographie *f* ; (*lugar*) imprimerie *f*
tipográfico, -a *adj* typographique
tipógrafo, -a *nm/f* typographe *mf*
tipología *nf* typologie *f*
tique *nm* ticket *m* ; (*en tienda*) ticket *m* de caisse
tiquismiquis *nmf inv* chipoteur(-euse) ▸ *nmpl* (*enfados*) chamailleries *fpl* ; (*escrúpulos*) broutilles *fpl*
TIR *sigla mpl* (= *Transportes internacionales por carretera*) TIR *mpl* (= *Transports internationaux routiers*)
tira *nf* (*cinta*) bande *f* ; **tiene la ~ de cosas** (*fam*) il a vachement de trucs (*fam*) ; **hace la ~ de tiempo** il y a vachement longtemps (*fam*) ; **~ cómica** bande dessinée ; **~ de cuero** lanière *f* ▸ *nm*: **~ y afloja** bras *m* de fer
tirabuzón *nm* (*rizo*) boucle *f* ; (*sacacorchos*) tire-bouchon *m*
tirachinas *nm inv* lance-pierre *m*
tirada *nf* lancer *m*, jet *m* ; (*distancia*) trotte *f* ; (*serie*) tirade *f* ; (*Tip*) tirage *m* ; **de una ~** d'une traite
tiradero *nm*, **tiraderos** *nmpl* (*AM*) décharge *fsg*
tirado, -a (*fam*) *adj* (*fácil*) fastoche (*fam*) ; (*barato*) donné (*fam*) ; **está ~** c'est fastoche ; (*de precio*) c'est donné
tirador, a *nm/f* tireur(-euse) ; **~ certero** tireur d'élite ▸ *nm* (*mango*) poignée *f* ; (*Elec*) cordon *m* ; **tiradores** *nmpl* (*CSUR*) bretelles *fpl*
tiranía *nf* tyrannie *f*
tiránico, -a *adj* tyrannique
tiranizar *vt* tyranniser
tirano, -a *nm/f* tyran *m*
tirante *adj* tendu(e) ▸ *nm* (*de vestido*) bretelle *f* ; (*Arq*) traverse *f* ; (*Tec*) étai *m* ; **tirantes** *nmpl* (*de pantalones*) bretelles *fpl*
tirantez *nf* tension *f*
tirar *vt* jeter, lancer ; (*volcar*) renverser ; (*derribar*) abattre, démolir ; (*cohete, bomba*) lancer ; (*desechar*) jeter ; (*dinero*) gaspiller ; (*imprimir, disparar*) tirer ; (*golpe*) décocher ; **~ abajo** descendre ▸ *vi* tirer ; (*fig*) attirer ; (*interesar*) plaire ; (*fam: andar*) aller ; (*tender*) tendre ; **~ a la derecha** tourner à droite ; **tira a su padre** il tient de son père ; **~ de algo** tirer qch ; **~ a algn de la lengua** tirer la langue à qn ; **ir tirando** aller comme ci comme ça ; **a todo ~** tout au plus ; **tirarse** *vpr* se jeter ; (*abalanzarse*) se lancer ; (*tumbarse*) s'allonger ; **se tiró toda la mañana hablando** il a passé toute la matinée à parler ; **tirarse a algn** (*fam!: sexualmente*) se faire qn (*fam*), se taper qn (*fam*)
tirita *nf* pansement *m* (adhésif)
tiritar *vi* grelotter
tiritona *nf* grelottement *m*
tiro *nm* tir *m* ; (*herida*) balle *f* ; (*alcance*) portée *f* ; (*de escalera*) marche *f* ; (*de chimenea*) tirage *m* ; (*de pantalón*) entrejambes *msg* ; **caballo de ~** cheval *m* de trait ; **andar de tiros largos** être tiré(e) à quatre épingles ; **al ~** (*CHI*) tout de suite ; **me sentó como un ~** (*fam*) je ne l'ai

pas digéré ; **a ~ de piedra** à un jet de pierre ; **se pegó un ~** il s'est tiré une balle dans la tête ; **le salió el ~ por la culata** ça s'est retourné contre lui ; **de a ~** (*AM fam*) complètement ; **~ al arco/al blanco** tir à l'arc/à blanc ; **~ de gracia** coup *m* de grâce ; **~ libre** coup franc

tiroides *nm inv* glande *f* thyroïde

Tirol *nm*: **El ~** le Tyrol

tirolés, -esa *adj* tyrolien(ne) ▸ *nm/f* Tyrolien(ne)

tirolina *nf* tyrolienne *f*

tirón *nm* coup *m* ; (*muscular*) crampe *f* ; (*fam: de bolso*) vol *m* à la tire ; **de un ~** d'une traite ; **dar un ~ a** arracher

tirotear *vt* tirer sur ; **tirotearse** *vpr* se tirer dessus

tiroteo *nm* (*disparos*) fusillade *f* ; (*escaramuza*) échange *m* de coups de feu

tirria (*fam*) *nf*: **tener ~ a algn** ne pas pouvoir sentir qn

tisana *nf* tisane *f*

tísico, -a *adj, nm/f* phtisique *mf*

tisis *nf* phtisie *f*

tít. *abr* = **título**

titán *nm* titan *m* ; **una tarea de titanes** un travail de titans

titánico, -a *adj* titanesque

titanio *nm* titane *m*

títere *nm* marionnette *f* ; **no dejar ~ con cabeza** tout mettre sens dessus dessous ; **gobierno ~** gouvernement *m* fantoche

titilar *vi* (*luz, estrella*) scintiller ; (*párpado*) clignoter

titiritero, -a *nm/f* marionnettiste *mf* ; (*acróbata*) acrobate *mf*

titubeante *adj* (*indeciso*) hésitant(e) ; (*inestable*) vacillant(e)

titubear *vi* (*dudar*) hésiter ; (*moverse*) tituber

titubeo *nm* hésitation *f*

titulación *nf* (*Univ*) titre *m*, diplôme *m* ; **« se necesita ~ universitaria »** « le candidat devra disposer d'un diplôme universitaire »

titulado, -a *pp de* **titular** ▸ *nm/f* diplômé(e)

titular *adj* titulaire ▸ *nmf* titulaire *mf* ▸ *nm* (*Prensa*) gros titre *m* ▸ *vt* intituler ; **titularse** *vpr* s'intituler ; (*Univ*) obtenir son diplôme

titularidad *nf* (*propiedad*) propriété *f* ; **una empresa de ~ pública** une entreprise publique ; (*de un cargo*) titre *m*, mandat *m* ; (*Deporte*): **alcanzar la ~** devenir titulaire

título *nm* titre *m* ; (*Com*) valeur *f* ; (*Escol*) diplôme *m* ; **a ~ de** à titre de ; (*en calidad de*) en qualité de ; **a ~ de curiosidad** par curiosité ; **títulos convertibles de interés fijo** titres *mpl* de créances convertibles ; **~ de propiedad** titre de propriété

tiza *nf* craie *f* ; **una ~** une craie

tiznado, -a (*CAM, MÉX fam!*) *adj, nm/f* con (conne) (*fam !*)

tiznar *vt* salir, noircir

tizne *nm* suie *f*

tizo, tizón *nm* tison *m*

tlapalería (*MÉX*) *nf* quincaillier *m*

Tm. *abr* (= *tonelada(s) métrica(s)*) t (= *tonne(s)*)

TNT *sigla m* (= *trinitrotolueno*) TNT *m* (= *trinitrotoluène*)

toalla *nf* serviette *f* ; **arrojar** *o* **tirar la ~** jeter l'éponge

toallero *nm* porte-serviette(s) *m*

toallita *nf* (*tb*: **toallita húmeda**) lingette *f*

tobillera *nf* chevillère *f*

tobillo *nm* cheville *f*

tobogán *nm* (*rampa*) toboggan *m* ; (*trineo*) luge *f*

toca *nf* coiffure *f* ; (*de monja*) coiffe *f*

tocadiscos *nm inv* tourne-disque *m*

tocado, -a *adj* (*fruta*) abîmé(e) ; **estar ~ de la cabeza** (*fam*) être toqué(e) (*fam*) ▸ *nm* coiffure *f*

tocador *nm* (*mueble*) coiffeuse *f* ; (*cuarto*) cabinet *m* de toilette ; (*: público*) toilettes *fpl* pour dames

tocamientos *nmpl* attouchements *mpl* ; (*euf*) masturbation *f*

tocante: **~ a** *prep* touchant à ; **en lo ~ a** pour ce qui concerne

tocar *vt* toucher ; (*Mús*) jouer de ; (*campana*) (faire) sonner ; (*tambor*) battre ; (*topar con*) heurter ; (*referirse a*) aborder ; (*fam: modificar*) toucher à ; **~ el timbre** sonner ; **ahora nos toca postre** c'est le moment de manger le dessert ; **por lo que a mí me toca** en ce qui me concerne ▸ *vi* (*a la puerta*) frapper ; (*ser de turno*) être le tour de ; (*atañer*) concerner ; **le toca a él hacerlo** c'est à lui de le faire ; **le ha tocado la lotería** il a gagné à la loterie ; **~ de cerca** toucher de près ; **~ en** (*Náut*) faire escale à ; **esto toca en la locura** cela frise la folie ; **tocarse** *vpr* se toucher ; (*cubrirse la cabeza*) se coiffer

tocateja (*fam*): **a ~** *adv* rubis sur l'ongle

tocayo, -a *nm/f* homonyme *mf*

tocho (*fam*) *nm* pavé *m* (*fam*)

tocino *nm* lard *m* ; **~ de cielo** *pâtisserie à base de jaune d'œuf et de sirop*

tocólogo, -a *nm/f* obstétricien(ne)

tocón *nm* (*de árbol*) souche *f* ; (*pey: persona*) peloteur *m* (*fam*)

todavía *adv* encore ; (*en frases afirmativas o con énfasis*) toujours ; **~ más** encore plus ; **~ no** pas encore ; **~ en 1970** encore en 1970 ; **no ha llegado ~** il n'est pas encore arrivé ; **está lloviendo ~** il pleut toujours

todito, -a, todito, -a (*esp AM fam*) *adj* tout(e)

PALABRA CLAVE

todo, -a *adj* **1** (*sg*) tout(e) ; **toda la noche** toute la nuit ; **todo el libro** tout le livre ; **toda una botella** toute une bouteille ; **todo lo contrario** tout le contraire ; **está toda**

sucia elle est toute sale ; **a toda prisa** à toute vitesse ; **a todo esto** (*mientras tanto*) pendant ce temps-là ; (*a propósito*) à propos ; **soy todo oídos** je suis tout ouïe ; **es todo un hombre** c'est un vrai homme
2 (*pl*) tous (toutes) ; **todos vosotros** vous tous ; **todos los libros** tous les livres ; **todas las noches** toutes les nuits ; **todos los que quieran salir** tous ceux qui veulent sortir
3 (*negativo*): **en todo el día** de (toute) la journée ; **no he dormido en toda la noche** je n'ai pas dormi de la nuit
▸ *pron* **1** tout ; **todos/-as** tous (toutes) ; **lo sabemos todo** nous savons tout ; **todo o nada** tout ou rien ; **vino a buscarme con coche y todo** il est venu me chercher, et en voiture avec ça ; **todos querían ir** ils voulaient tous y aller ; **nos marchamos todos** nous partons tous ; **arriba del todo** tout en haut ; **no me agrada del todo** ça ne me satisfait pas entièrement
2: **con todo**: **con todo, él me sigue gustando** malgré tout, il me plaît toujours
▸ *adv* tout ; **vaya todo seguido** allez tout droit
▸ *nm*: **como un todo** comme un tout

todopoderoso, -a *adj* tout(e)-puissant(e)
todoterreno *nm inv* véhicule *m* tout-terrain
toga *nf* toge *f*, robe *f*
Tokio *n* Tokyo
toldo *nm* (*en ventana, escaparate*) store *m*
tole (*fam*) *nm* tollé *m*
toledano, -a *adj* de Tolède ▸ *nm/f* natif(-ive) *o* habitant(e) de Tolède
tolerable *adj* tolérable
tolerancia *nf* tolérance *f*
tolerante *adj* tolérant(e)
tolerar *vt* tolérer
toletole (CSur) *nm* tollé *m*
toma *nf* prise *f* ; **~ de conciencia** prise de conscience ; **~ de posesión** prise de possession ; **~ de tierra** (*Aviat*) atterrissage *m* ; (*Elec*) prise de terre
tomadura *nf*: **~ de pelo** plaisanterie *f*
tomar *vt* prendre ; **~ la temperatura** prendre la température ; **~ cariño a algn** se prendre d'affection pour qn ; **~ el sol** prendre le soleil ; **~ (buena) nota de algo** prendre (bonne) note de qch ; **no tomó bien la broma** il a mal pris la plaisanterie ; **~ asiento** prendre place ; **~ a bien/a mal** prendre bien/mal ; **~ en serio** prendre au sérieux ; **~ el pelo a algn** faire marcher qn ; **tomarla con algn** s'en prendre à qn ; **~ por escrito** prendre par écrit ; **tome la calle de la derecha** prenez la rue de droite ; **¿qué tomas?** qu'est-ce que tu prends ? ; **¿por quién me tomas?** pour qui tu me prends ? ; **toma y daca** un prêté pour un rendu ▸ *vi* prendre ; (Am) boire ; **¡toma!** tiens ! ; **¡vete a ~ por culo!** (*fam!*) va te faire enculer ! (*fam !*) ; **tomarse** *vpr* prendre ; **tomarse por** se prendre pour
tomate *nm* tomate *f*
tomatera *nf* plant *m* de tomate
tomavistas *nm inv* caméra *f*
tómbola *nf* tombola *f*
tomillo *nm* thym *m*
tomo *nm* tome *m* ; **de ~ y lomo** de taille
ton *abr* (*= tonelada*) t (*= tonne*)
tonada *nf* air *m*
tonadilla *nf chanson populaire légère et joyeuse*
tonalidad *nf* tonalité *f*
tonel *nm* tonneau *m*
tonelada *nf* tonne *f* ; **~ métrica** tonne
tonelaje *nm* tonnage *m*
tongo *nm* (*Deporte*): **hubo ~** c'était truqué
tónica *nf* (*bebida*) tonic *m* ; (*tendencia*) tendance *f*
tónico, -a *adj* tonique ▸ *nm* (*Med*) remontant *m*
tonificador, a, tonificante *adj* tonifiant(e)
tonificar *vt* tonifier
tonifique *etc vb ver* **tonificar**
tonillo (*pey*) *nm* ton *m* monocorde
tono *nm* ton *m* ; **fuera de ~** hors de propos ; **darse ~** se donner de grands airs ; **estar a ~** être en harmonie ; **~ de llamada** sonnerie *f* (de téléphone portable) ; **~ de marcar** (*Telec*) tonalité *f*
tonsura *nf* tonsure *f*
tontear *vi* (*fam*) faire l'imbécile ; (*coquetear*) flirter
tontería *nf* sottise *f*, bêtise *f*
tonto, -a *adj* bête, idiot(e) ; **estar ~ con algo** être entiché(e) de qch ; **a tontas y a locas** à tort et à travers ▸ *nm/f* idiot(e), sot (sotte) ; (*payaso*) idiot(e) ; **hacer el ~** faire l'idiot ; **hacerse el ~** faire l'ignorant
topacio *nm* topaze *m*
topadora (CSur, Méx) *nf* bulldozer *m*
topar *vi*: **~ con** tomber sur ; **~ contra** *o* **en** buter contre ; **toparse** *vpr*: **toparse con** tomber sur
tope *adj inv* limite ; **fecha ~** date *f* limite ; **precio/sueldo ~** prix *m*/salaire *m* maximum ▸ *nm* limite *f* ; (*obstáculo*) difficulté *f* ; (*de puerta*) butoir *m* ; (*Ferro*) tampon *m* ; (*de mecanismo*) butée *f* ; (Méx *Auto*) ralentisseur *m* ; **a ~** (*fam: aprovechar, acelerar*) à fond ; (*: música*) à plein volume ; **a** *o* **hasta los topes** plein(e) à ras bord ; **~ de tabulación** tabulateur *m*
tópico, -a *adj* rebattu(e) ; (*Med*) externe ; **de uso ~** à usage externe ▸ *nm* (*pey*) cliché *m*
top-less, topless *nm* (*desnudo femenino*) seins-nus *m inv* ; (*club*) topless club *m* ; **ir en** *o* **hacer ~** faire du seins nus
top-model (*pl* **top-models**) *nmf* top model *m*
topo *nm* taupe *f*

topografía *nf* topographie *f*
topógrafo, -a *nm/f* topographe *mf* ; (*agrimensor*) arpenteur *mf*
topónimo *nm* toponyme *m*
toque *vb ver* **tocar** ▸ *nm* (*de mano, pincel*) coup *m* ; (*Mús*) sonnerie *f* ; (*matiz*) touche *f* ; (*retoque*) retouche *f* ; **dar un ~ a** passer un coup de fil à ; (*advertir*) donner un avertissement à ; **dar el último ~ a** mettre la dernière touche à ; **~ de diana** sonnerie de clairon ; **~ de queda** couvre-feu *m*
toquetear *vt* tripoter ; (*fam!*) peloter (*fam*)
toquilla *nf* châle *m*
tora *nf* thora *f*
torácico, -a *adj* thoracique
tórax *nm* thorax *msg*
torbellino *nm* tourbillon *m* ; (*fig*) tornade *f*
torcedura *nf* torsion *f* ; (*Med*) entorse *f*
torcer *vt* tordre ; (*inclinar*) pencher ; (*persona*) corrompre ; (*sentido*) déformer ; **~ la esquina** tourner au coin de la rue ; **~ el gesto** se renfrogner ▸ *vi* (*cambiar de dirección*) tourner ; **el coche torció a la derecha** l'auto a viré à droite ; **torcerse** *vpr* se tordre ; (*inclinarse*) pencher ; (*desviarse*) dévier ; (*fracasar*) mal tourner ; **torcerse un pie** se tordre le pied ; **se han torcido las cosas** les choses se sont gâtées
torcido, -a *adj* tordu(e) ; (*cuadro*) penché(e) ; (*intención, persona*) louche
tordo, -a *adj* (*caballo*) pommelé(e) ▸ *nm* grive *f*
torear *vt* (*toro*) combattre ; (*evitar*) esquiver ▸ *vi* toréer
toreo *nm* tauromachie *f*
torero, -a *nm/f* torero (torera)
toril *nm* toril *m*
tormenta *nf* (*tb fig*) orage ; **una ~ en un vaso de agua** une tempête dans un verre d'eau
tormento *nm* torture *f* ; (*fig*) tourment *m*
tormentoso, -a *adj* orageux(-euse)
torna *nf*: **se han vuelto las tornas** le vent a tourné
tornadizo, -a *adj* lunatique
tornado *nm* tornade *f*
tornar *vt* (*devolver*) rendre ; (*transformar*) rendre ▸ *vi* retourner ; **~ a hacer** recommencer à faire ; **tornarse** *vpr* (*ponerse*) devenir ; (*volver*) revenir
tornasol *nm* tournesol *m* ; **papel de ~** papier *m* de tournesol
tornasolado, -a *adj* (*tela*) chatoyant(e) ; (*mar, superficie*) irisé(e)
torneado, -a *adj* tourné(e) ; (*con curvas: figura*) aux formes arrondies
tornear *vt* tourner
torneo *nm* tournoi *m*
tornillo *nm* vis *fsg* ; **apretar los tornillos a algn** serrer la vis à qn ; **le falta un ~** (*fam*) il lui manque une case (*fam*)
torniquete *nm* tourniquet *m*
torno *nm* (*Tec: grúa*) treuil *m* ; (*: de carpintero, alfarero*) tour *m* ; **en ~ a** autour de ; **~ de banco** étau *m*
toro *nm* taureau *m* ; (*fam*) malabar *m* (*fam*) ; **los toros** *nmpl* (*fiesta*) la corrida
toronja *nf* pamplemousse *m*
torpe *adj* maladroit(e) ; (*necio*) abruti(e) ; (*lento*) lent(e)
torpedear *vt* torpiller
torpedero *nm* torpilleur *m*
torpedo *nm* torpille *f*
torpemente *adv* maladroitement ; (*lentamente*) lentement
torpeza *nf* maladresse *f* ; (*lentitud*) lenteur *f*
torre *nf* tour *f* ; (*Mil, Náut*) tourelle *f* ; **~ de conducción eléctrica** pylône *m* électrique ; **~ de control** tour de contrôle ; **~ de marfil** tour d'ivoire ; **~ de perforación** foreuse *f*
torrefacto, -a *adj*: **café ~** café *m* torréfié
torrencial *adj* torrentiel(le)
torrente *nm* torrent *m*
torreta *nf* (*Aviat, Mil, Náut*) tourelle *f* ; **~ de observación** *o* **de vigilancia** tourelle d'observation *o* de contrôle ; (*Elec*) pylône *m*
tórrido, -a *adj* torride
torrija *nf* pain *m* perdu
torsión *nf* torsion *f*
torso *nm* torse *m*
torta *nf* tarte *f* ; (*Méx*) omelette *f* ; (*fam*) baffe *f* (*fam*) ; **ni ~** rien du tout, goutte
tortazo (*fam*) *nm* (*bofetada*) baffe *f* (*fam*) ; (*de coche*) choc *m*
tortícolis *nf o nm inv* torticolis *msg*
tortilla *nf* omelette *f* ; (*Am*) crêpe *f* de maïs ; **ha cambiado** *o* **vuelto la ~** le vent a tourné ; **~ española/francesa** tortilla *f*/omelette
tortillera (*fam!*) *nf* lesbienne *f*
tortita *nf* crêpe *f*
tórtola *nf* tourterelle *f*
tortuga *nf* tortue *f* ; **~ marina** tortue de mer
tortuoso, -a *adj* tortueux(-ueuse)
tortura *nf* torture *f*
torturar *vt* torturer ; **torturarse** *vpr* se torturer
torvo, -a *adj* (*mirada*) torve ; (*gesto*) menaçant(e)
torzamos *etc vb ver* **torcer**
tos *nf* toux *fsg* ; **~ ferina** coqueluche *f*
Toscana *nf*: **La ~** la Toscane
tosco, -a *adj* (*material*) brut(e) ; (*labor, utensilio*) grossier(-ière) ; (*persona*) rustre, grossier(-ière)
toser *vi* tousser ; **no hay quien le tosa** personne ne lui arrive à la cheville
tosquedad *nf* (*de material, labor, utensilio*) rusticité *f* ; (*de persona*) grossièreté *f*
tostada *nf* tranche *f* de pain grillé, toast *m*
tostado, -a *adj* grillé(e) ; (*por el sol*) bronzé(e)
tostador *nm*, **tostadora** *nf* grille-pain *m inv*

t

tostar *vt* (*pan*) faire griller ; (*café*) torréfier ; (*al sol*) dorer ; **tostarse** *vpr* (*al sol*) se dorer
tostón (*fam*) *nm*: **ser un ~** (*algn*) être un(e) enquiquineur(-euse) (*fam*) ; (*algo*) être rasoir (*fam*)
total *adj* total(e) ▸ *adv* bref ; **~ que ...** bref, ... ▸ *nm* total *m* ; **en ~** au total ; **~ debe/haber** (*Com*) débit *m*/actif *m* total
totalidad *nf* totalité *f*
totalitario, -a *adj* totalitaire
totalitarismo *nm* totalitarisme *m*
totalizar *vt* totaliser
totalmente *adv* entièrement ; (*antes de adjetivo*) complètement
tótem *nm* totem *m*
totopo, totoposte (*CAm, Méx*) *nm* crêpe *f* de maïs frite
totora (*And*) *nf* (*Bot*) jonc *m*
tournee *nf* = **turné**
touroperador *nm* tour-opérateur *m*
toxicidad *nf* toxicité *f*
tóxico, -a *adj* toxique ▸ *nm* produit *m* toxique
toxicomanía *nf* toxicomanie *f*
toxicómano, -a *nm/f* toxicomane *mf*
toxina *nf* toxine *f*
tozudez *nf* entêtement *m*
tozudo, -a *adj* têtu(e)
traba *nf* entrave *f* ; (*de rueda*) rayon *m* ; **poner trabas a** mettre des bâtons dans les roues à
trabajador, a *adj, nm/f* travailleur(-euse) ; **~ autónomo** *o* **por cuenta propia** travailleur indépendant, free-lance *mf*
trabajar *vt* travailler ; (*mercancía*) faire ; (*intentar conseguir*) s'occuper de ▸ *vi* travailler ; **¡a ~!** au travail ! ; **~ de** travailler comme
trabajo *nm* travail *m* ; **tomarse el ~ de** se donner la peine de ; **~ por turnos/a destajo** travail par roulement/à la pièce ; **costar ~** demander du travail ; **~ a tiempo parcial** travail à temps partiel ; **~ de campo** travaux *mpl* des champs ; **~ en proceso** (*Com*) travaux en cours ; **trabajos forzados** travaux forcés
trabajosamente *adv* avec difficulté
trabajoso, -a *adj* laborieux(-euse)
trabalenguas *nm inv* *mot ou phrase difficile à prononcer*
trabar *vt* joindre ; (*puerta*) coincer ; (*animal, proceso*) entraver ; (*agarrar*) saisir ; (*salsa*) lier ; (*amistad, conversación*) nouer ; **trabarse** *vpr* bafouiller ; **se le traba la lengua** il bafouille
trabazón *nf* (*Tec*) jointure *f* ; (*fig*) cohérence *f*
trabilla *nf* (*para sujetar el cinturón*) passant *m* de ceinture ; (*para sujetar el pantalón*) sous-pied *m*
trabucar *vt* (*desordenar*) déranger ; (*palabras*) interchanger, confondre
trabuco *nm* escopette *f*
trabuque *etc vb ver* **trabucar**
tracción *nf* traction *f* ; **~ delantera/trasera** traction avant/arrière
trace *etc vb ver* **trazar**
tractor *nm* tracteur *m*
tradición *nf* tradition *f*
tradicional *adj* traditionnel(le)
tradicionalismo *nm* traditionalisme *m*
tradicionalista *adj, nmf* traditionaliste *mf*
tradicionalmente *adv* traditionnellement
traducción *nf* traduction *f* ; **~ asistida por ordenador** traduction assistée par ordinateur, TAO *f* ; **~ directa** traduction directe ; (*Escol*) version *f*
traducible *adj* traduisible
traducir *vt* traduire ; (*interpretar*) interpréter ; **traducirse** *vpr*: **traducirse en** (*fig*) se traduire par
traductor, a *nm/f* traducteur(-trice)
traduzca *etc vb ver* **traducir**
traer *vt* apporter ; (*llevar: ropa*) porter ; (*incluir*) impliquer ; (*ocasionar*) apporter, causer ; **~ a algn frito** *o* **de cabeza** (*fam*) casser les pieds à qn (*fam*) ; **~ consigo** impliquer ; **traerse** *vpr*: **traerse algo** tramer qch ; **traerse algo entre manos** manigancer *o* fabriquer qch ; **es un problema que se las trae** c'est un problème épineux
traficante *nmf* trafiquant(e)
traficar *vi*: **~ con** faire du trafic de
tráfico *nm* (*Auto*) circulation *f* ; (*Com*) commerce *m* ; (*: pey*) trafic *m* ; **~ de drogas** trafic de drogue ; **~ de influencias** trafic d'influence
trafique *etc vb ver* **traficar**
tragaderas (*fam*) *nfpl*: **tener buenas ~** (*ser crédulo*) prendre tout pour argent comptant ; (*tener aguante*) avoir une patience d'ange
tragaluz *nm* vasistas *msg*
tragaperras *nf inv* machine *f* à sous
tragar *vt* avaler ; (*devorar*) dévorer ; (*suj: mar, tierra*) engloutir ; **no le puedo ~** je ne peux pas le sentir ; **tragarse** *vpr* avaler ; (*devorar*) dévorer ; (*desprecio, insulto*) ravaler (*fam*) ; (*discurso, rollo*) se farcir (*fam*)
tragedia *nf* tragédie *f*
trágico, -a *adj* tragique
tragicomedia *nf* tragi-comédie *f*
trago *nm* gorgée *f* ; (*fam: bebida*) verre *m* ; (*desgracia*) moment *m* difficile ; **de un ~** d'un trait ; **~ amargo** coup *m* dur
trague *etc vb ver* **tragar**
traición *nf* trahison *f* ; **alta ~** haute trahison ; **a ~** en traître
traicionar *vt* trahir
traicionero, -a *adj, nm/f* traître(sse)
traidor, a *adj, nm/f* traître(sse)
traiga *etc vb ver* **traer**
trailer (*pl* **trailers**) *nm* (*Cine*) bande-annonce *f* ; (*camión*) semi-remorque *m*
traje *vb ver* **traer** ▸ *nm* (*de hombre, de época*) costume *m* ; **~ hecho a la medida** costume sur mesure ; **~ de baño** maillot *m* de bain ;

~ de buzo combinaison *f* de plongée ; **~ de calle** tenue *f* de ville ; **~ de chaqueta** tailleur *m* ; **~ de etiqueta** tenue *f* de soirée ; **~ de luces** habit *m* de lumière ; **~ de noche** robe *f* du soir ; **~ de novia** robe de mariée ; **~ típico** costume traditionnel
trajeado, -a (*fam*) *adj* fringué(e) (*fam*)
traje-pantalón *nm* tailleur *m* pantalon
trajera *etc vb ver* **traer**
trajín *nm* agitation *f* ; (*fam*) va-et-vient *m inv*
trajinar *vt* transporter ▸ *vi* s'affairer
trama *nf* (*de tejido*) trame *f* ; (*de obra*) intrigue *f* ; (*intriga*) machination *f*
tramar *vt* tramer, ourdir ; **tramarse** *vpr*: **algo se está tramando** il se trame qch
tramitación *nf* démarches *fpl*, procédures *fpl* ; **~ de divorcio** procédures de divorce ; **~ de visado** procédures de délivrance de visa ; **~ de subvención** procédure *f* d'attribution de subvention
tramitar *vt* (*suj: departamento, comisaría*) s'occuper de ; (*: individuo*) faire des démarches pour obtenir
trámite *nm* démarche *f* ; **trámites** *nmpl* (*burocracia*) formalités *fpl* ; (*Jur*) mesures *fpl*
tramo *nm* (*de tierra*) bande *f* ; (*de escalera*) volée *f* ; (*de vía*) tronçon *m*
tramontana *nf* tramontane *f*
tramoya *nf* (*Teatro*) machinerie *f* ; (*fig*) machination *f*
tramoyista *nmf* machiniste *m* ; (*fig*) conspirateur(-trice)
trampa *nf* piège *m* ; (*en el suelo*) trappe *f* ; (*en juego*) tricherie *f* ; (*fam: deuda*) dette *f* ; **caer en la ~** tomber dans le piège ; **hacer trampas** tricher
trampear *vi* être criblé(e) de dettes
trampilla *nf* trappe *f*
trampolín *nm* tremplin *m*
tramposo, -a *adj, nm/f* tricheur(-euse)
tranca *nf* (*palo*) trique *f* ; (*de puerta, ventana*) barre *f* ; (*fam: borrachera*) cuite *f* (*fam*) ; **a trancas y barrancas** avec maintes difficultés
trancar *vt* barrer
trancazo *nm* coup *m* de trique ; (*fam*) crève *f* (*fam*)
trance *nm* (*crítico*) moment *m* critique ; (*difícil*) moment difficile ; (*estado hipnótico*) transe *f* ; **estar en ~ de muerte** être à l'article de la mort
tranco *nm* grande enjambée *f*
tranque *etc vb ver* **trancar**
tranquilamente *adv* tranquillement
tranquilice *etc vb ver* **tranquilizar**
tranquilidad *nf* tranquillité *f*
tranquilizador, a *adj* (*música, ambiente*) apaisant(e) ; (*hecho, palabras*) rassurant(e)
tranquilizante *nm* tranquillisant *m*
tranquilizar *vt* tranquilliser
tranquillo (*fam*) *nm* truc *m*, astuce *f* ; **coger** *o* **pillar el ~ a algo** trouver le truc à qch, se faire à qch
tranquilo, -a *adj* calme ; (*apacible*) tranquille
Trans. *abr* = **transferencia**
trans... *pref* trans... ; *ver tb* **tras...**
transacción *nf* transaction *f*
transar (*AM*) *vi* = **transigir**
transatlántico, -a *adj, nm* = **trasatlántico**
transbordador *nm* transbordeur *m*, bac *m*
transbordar *vt* transborder ▸ *vi* changer de train
transbordo *nm* changement *m* ; **hacer ~** changer
transcender *vi* = **trascender**
transcribir *vt* (*copiar*) transcrire ; (*de alfabeto distinto*) translittérer
transcripción *nf* (*copia*) transcription *f* ; (*de alfabeto distinto*) translittération *f*
transcurrir *vi* (*tiempo*) passer ; (*hecho, reunión*) se dérouler
transcurso *nm* (*de tiempo*) cours *msg* ; (*de hecho*) déroulement *m* ; **en el ~ de 8 días** en l'espace de 8 jours
transeúnte *adj* de passage ▸ *nmf* passant(e)
transexual *nmf* transsexuel(le)
transferencia *nf* transfert *m* ; (*Com*) virement *m* ; **~ bancaria** virement bancaire ; **~ de crédito** virement ; **~ electrónica de fondos** système *m* de virements informatisé
transferir *vt* transférer ; (*dinero*) virer
transfiera *etc vb ver* **transferir**
transfiguración *nf* transfiguration *f*
transfiriendo *etc vb ver* **transferir**
transformación *nf* transformation *f*
transformador *nm* transformateur *m*
transformar *vt* transformer ; **~ en** transformer en
transformista *nmf* (*Teatro*) transformiste *mf* ; (*sexual*) travesti(e)
tránsfuga *nmf* transfuge *m*
transfusión *nf* (*tb*: **transfusión de sangre**) transfusion *f* (sanguine)
transgénico, -a *adj* transgénique
transgredir *vt* transgresser
transgresión *nf* transgression *f*
transgresor, a *nm/f* transgresseur(euse)
transiberiano, -a *adj* transsibérien(ne) ▸ *nm* (*Ferro*) Transsibérien(ne)
transición *nf* transition *f* ; **gobierno de ~** gouvernement *m* de transition ; **período de ~** période *f* de transition ; **~ democrática** transition démocratique
transido, -a *adj*: **~ de angustia** fou (folle) d'inquiétude ; **~ de dolor** paralysé(e) par la douleur
transigente *adj* (*que cede*) conciliant(e), transigent(e) ; (*tolerante*) tolérant(e)
transigir *vi* transiger
transija *etc vb ver* **transigir**

t

Transilvania *nf* Transylvanie *f*
transistor *nm* transistor *m*
transitable *adj* praticable
transitar *vi*: ~ **(por)** circuler (sur)
transitivo, -a *adj* transitif(-ive)
tránsito *nm* passage *m* ; (*de viajeros, mercancías*) transit *m* ; **horas de máximo ~** heures *fpl* de pointe ; **« se prohíbe el ~ »** « circulation interdite »
transitorio, -a *adj* transitoire
transmisión *nf* transmission *f* ; (*Radio, TV*) diffusion *f* ; **correa/eje de ~** courroie *f*/axe *m* de transmission ; **~ de datos (en paralelo/ en serie)** (*Inform*) transmission de données (en parallèle/en série) ; **~ en circuito** duplex *m* ; **~ en directo** diffusion en direct ; **~ exterior** émission tournée en extérieur
transmitir *vt* transmettre ; (*aburrimiento, esperanza*) communiquer ; (*Radio, TV*) diffuser
transmutar *vt* transmuer
transoceánico, -a *adj* transocéanique
transparencia *nf* transparence *f* ; (*foto*) transparent *m*
transparentar *vt* laisser paraître ▸ *vi* être transparent(e) ; **transparentarse** *vpr* être transparent(e)
transparente *adj* transparent(e)
transpirar *vi* (*sudar*) transpirer ; (*exudar*) exsuder
transportador *nm*: **~ de correa** tapis *msg* roulant
transportar *vt* transporter
transporte *nm* transport *m* ; **~ en contenedores** transport par conteneurs ; **~ público** transport public
transportista *nmf* (*Com*) transporteur *m*
transversal *adj* transversal(e) ▸ *nf* (*tb*: **calle transversal**) rue *f* transversale
transversalmente *adv* transversalement
tranvía *nm* tramway *m*
trapecio *nm* trapèze *m*
trapecista *nmf* trapéziste *mf*
trapero, -a *nm/f* chiffonnier(-ière)
trapiche *nm* moulin *m*
trapicheo (*fam*) *nm* trafic *m*, magouille *f* (*fam*) ▸ *nmpl* manigances *fpl*
trapío (*fam*) *nm* (*garbo*) allure *f*, chien *m* ; **tener buen ~** avoir de l'allure *ou* du charme ; (*de toro*) prestance *f*
trapisonda *nf* (*jaleo*) bagarre *f*, échauffourée *f* ; (*engaño*) combine *f*
trapo *nm* chiffon *m* ; (*de cocina*) torchon *m* ; **a todo ~** à toute vitesse ; **poner a algn como un ~** (*fam*) descendre qn en flammes (*fam*) ; **sacar los trapos sucios a relucir** se dire ses quatre vérités ; **trapos** *nmpl* (*fam*: *de mujer*) chiffons *mpl* (*fam*)
tráquea *nf* trachée *f*
traqueotomía *nf* trachéotomie *f*
traqueteo *nm* cahot *m*
tras *prep* (*detrás*) derrière ; (*después*) après ; **~ de** en plus de ; **día ~ día** jour après jour ; **uno ~ otro** l'un après l'autre
tras... *pref* trans... ; *ver tb* **trans...**
trasatlántico, -a *adj, nm* transatlantique *m*
trascendencia *nf* importance *f* ; (*Filos*) transcendance *f*
trascendental, trascendente *adj* capital(e)
trascender *vi* (*noticias*) filtrer ; (*olor*) embaumer ; (*acontecimientos*) avoir des répercussions ; **~ de** dépasser ; **~ a** (*sugerir*) évoquer ; (*oler a*) sentir ; **en su novela todo trasciende a romanticismo** dans son roman tout évoque le romantisme
trascienda *etc vb ver* **trascender**
trasegar *vt* déplacer ; (*vino*) transvaser
trasegué *etc vb ver* **trasegar**
trasero, -a *adj* arrière ▸ *nm* (*Anat*) postérieur *m*
trasfondo *nm* fond *m*
trasgo *nm* lutin *m*, diable *m*
trashumancia, trashumación *nf* transhumance *f*
trashumante *adj* transhumant(e)
trasiego *vb ver* **trasegar** ▸ *nm* (*cambio de sitio*) changement *m* ; (*jaleo*) chambardement *m*
trasiegue *etc vb ver* **trasegar**
traslación *nf* déplacement *m* ; **el movimiento de ~** (*Astron*) la translation
trasladar *vt* déplacer ; (*prisionero*) transférer ; (*empleado*) muter ; (*fecha*) reporter ; **trasladarse** *vpr* (*mudarse*) déménager ; (*desplazarse*) se déplacer ; **trasladarse a otro puesto** changer d'emploi
traslado *nm* déplacement *m* ; (*mudanza*) déménagement *m* ; (*de empleado, prisionero*) transfert *m* ; (*copia, Jur*) notification *f* ; **~ de bloque** (*Inform*) déplacement de bloc
traslúcido, -a *adj* translucide
traslucir *vt* laisser entrevoir ; **traslucirse** *vpr* (*cristal*) être translucide ; (*figura, color*) se voir au travers ; (*fig*) apparaître, se révéler
trasluz *nm* lumière *f* tamisée ; **al ~** à la lumière
trasluzca *etc vb ver* **traslucir**
trasmano: **a ~** *adv* (*fuera de alcance*) hors de portée ; (*apartado*) éloigné(e), isolé(e)
trasnochado, -a *adj* dépassé(e)
trasnochador, a *adj, nm/f* noctambule *mf*, couche-tard *mf*
trasnochar *vi* se coucher tard ; (*no dormir*) passer une nuit blanche
traspapelar *vt* égarer
traspasar *vt* transpercer ; (*propiedad, derechos*) céder ; (*empleado, jugador*) transférer ; (*límites*) dépasser ; (*ley*) transgresser ; **« traspaso negocio »** « bail à céder »
traspaso *nm* (*de negocio, jugador*) cession *f*, vente *f* ; (*precio*) reprise *f*
traspié *nm* faux pas *msg* ; (*fig*) faux pas, gaffe *f*

trasplantar *vt* transplanter ; (*Med*) greffer
trasplante *nm* transplantation *f* ; (*Med*) greffe *f*
trasponer *vt* (*orden*) changer ; (*cambiar de sitio*) déplacer, transporter ; (*rebasar*) franchir ; **trasponerse** *vpr* changer de place ; (*sol*) disparaître
traspuesto, -a *pp de* **trasponer** ▸ *adj*: **quedarse ~** (*quedarse dormido*) s'assoupir
trasquilar *vt* (*oveja*) tondre ; (*fam: pelo*) mal couper
trasquilón (*fam*) *nm* échelle *f*
trastabillar (*esp AM*) *vi* trébucher
trastada (*fam*) *nf* mauvais tour *m*
trastazo (*fam*) *nm* coup *m*
traste *nm* (*Mús*) touchette *f* ; **dar al ~ con algo** ficher qch en l'air ; **irse al ~** capoter
trastero *nm* débarras *msg*
trastienda *nf* arrière-boutique *f* ; **obtener algo por la ~** obtenir qch en sous-main
trasto *nm* vieillerie *f* ; (*pey: cosa*) saleté *f* ; (*: persona*) bon(ne) à rien ; **trastos** *nmpl* (*fam*) attirail *msg* (*fam*) ; **tirarse los trastos a la cabeza** se battre comme des chiffonniers
trastocar *vt* déranger
trastornado, -a *adj* (*loco*) détraqué(e) ; (*agitado*) turbulent(e)
trastornar *vt* déranger ; (*persona*) troubler ; (*: enamorar*) envoûter ; (*: enloquecer*) rendre fou (folle) ; **trastornarse** *vpr* (*plan*) échouer ; (*persona*) devenir fou (folle)
trastorno *nm* dérangement *m* ; (*confusión*) désordre *m* ; (*Pol, Med*) trouble *m* ; **~ estomacal** trouble gastrique ; **~ mental** trouble mental
trastrocar *vt* inverser, intervertir
trasunto *nm* copie *f*
trasvase *nm* détournement *m*
trata *nf* (*tb*: **trata de esclavos**) traite *f* des noirs ; **~ de blancas** traite des blanches
tratable *adj* agréable
tratado *nm* traité *m*
tratamiento *nm* traitement *m* ; (*título*) titre *m* ; (*de problema*) manière *f* de traiter ; **~ de datos/de gráficos/de textos** (*Inform*) traitement des données/des graphiques/de texte ; **~ de márgenes** positionnement *m* des marges ; **~ por lotes** (*Inform*) traitement par lots
tratante *nmf* négociant(e)
tratar *vt* traiter ; (*tener contacto*) fréquenter ; **~ a algn de tú/usted** tutoyer/vouvoyer qn ; **~ a algn de tonto** traiter qn d'idiot ▸ *vi*: **~ de** (*hablar sobre*) traiter de ; (*intentar*) essayer de ; **~ con** traiter avec ; **~ en** (*Com*) être négociant en ; **tratarse** *vpr*: **tratarse de** s'agir de ; **se trata de la nueva piscina** c'est à propos de la nouvelle piscine ; **¿de qué se trata?** de quoi s'agit-il ?
tratativas (*CSUR*) *nfpl* formalités *fpl*
trato *nm* traitement *m* ; (*relaciones*) rapport *m* ; (*manera de ser*) manières *fpl* ; (*Com, Jur*) marché *m* ; (*pacto*) traité *m* ; (*título*) titre *m* ; **de ~ agradable** agréable, charmant(e) ; **de fácil ~** d'abord facile ; **~ equitativo** traitement égal ; **¡~ hecho!** marché conclu ! ; **hacer un ~** faire un marché ; **malos tratos** mauvais traitements
trauma *nm* trauma *m*
traumático, -a *adj* traumatique
traumatismo *nm* traumatisme *m*
traumatizar *vt* traumatiser
traumatología *nf* traumatologie *f*
traumatólogo, -a *nm/f* traumatologue *mf*, traumatologiste *mf*
travelling ['traβelin] (*pl* **~(s)** ['traβelin]), **travelín** *nm* (*aparato, movimiento*) travelling *m*
través *nm*: **al ~** en travers ; **a ~ de** à travers, au travers de ; (*radio, teléfono*) par ; (*organismo*) par l'intermédiaire de ; **de ~** (*transversalmente*) de travers ; (*de lado*) en *o* de biais
travesaño *nm* (*Arq*) traverse *f* ; (*Deporte*) barre *f* transversale
travesero, -a *adj* (*madero, viga*) en travers ; (*flauta*) traversière ▸ *nm* traverse *f*, entretoise *f*
travesía *nf* (*calle*) passage *m* ; (*Náut*) traversée *f*
travesti *nmf* travesti(e)
travesura *nf* espièglerie *f*
traviesa *nf* (*Ferro*) traverse *f*
travieso, -a *adj* (*niño*) espiègle, polisson(ne) ; (*adulto*) espiègle ; (*pícaro*) malin(-igne) ; (*ingenioso*) astucieux(-euse) ; **a campo traviesa** à travers champs
trayecto *nm* trajet *m* ; **final del ~** terminus *msg*
trayectoria *nf* trajectoire *f* ; **la ~ actual del partido** la ligne actuelle du parti
trayendo *etc vb ver* **traer**
traza *nf* (*Arq*) tracé *m*, plan *m* ; (*aspecto*) allure *f* ; (*habilidad*) facilité *f* ; (*Inform*) trace *f* ; **llevar trazas de algo** avoir l'air de qch ; **por las trazas** apparemment
trazado *nm* (*Arq*) tracé *m* ; (*fig*) grandes lignes *fpl*
trazador *nm* (*Inform*) traceur *m* ; **~ gráfico** table *f* traçante
trazar *vt* tracer ; (*plan*) tirer
trazo *nm* (*línea*) trait *m* ; (*bosquejo*) ébauche *f* ; **trazos** *nmpl* (*de cara*) traits *mpl*
TRB *sigla fpl* (= *toneladas de registro bruto*) tonnage *m* brut
trébol *nm* trèfle *m* ; **tréboles** *nmpl* (*Naipes*) trèfle
trece *adj inv*, *nm inv* treize *m inv* ; **seguir en sus ~** ne pas vouloir en démordre ; *ver tb* **seis**
trecho *nm* (*distancia*) distance *f* ; (*de tiempo*) moment *m* ; **de ~ en ~** de temps en temps ; **a trechos** çà et là
tregua *nf* trêve *f* ; **sin ~** sans répit

t

treinta *adj inv, nm inv* trente *m inv* ; *ver tb* **sesenta**
treintañero, -a *adj, nm/f* trentenaire *mf*
treintena *nf* trentaine *f*
tremebundo, -a *adj* terrible
tremendamente *adv* terriblement
tremendo, -a *adj (terrible)* impressionnant(e) ; *(imponente)* terrible, impressionnant(e) ; *(fam)* terrible ; **tomarse las cosas a la tremenda** prendre les choses au tragique
trementina *nf* térébenthine *f*
trémulo, -a *adj* tremblant(e) ; *(luz)* vacillant(e)
tren *nm* train *m* ; **a todo ~** à grands frais ; **estar como un ~** *(fam)* être canon *(fam)* ; **~ de aterrizaje** train d'atterrissage ; **~ directo/expreso/suplementario** train direct/(train) express *m*/train à supplément ; **~ (de) mercancías/de pasajeros** train de marchandises/de voyageurs ; **~ de vida** train de vie
trenca *nf* duffle-coat *m*
trence *etc vb ver* **trenzar**
trenza *nf* tresse *f*, natte *f*
trenzar *vt* tresser ▸ *vi (en baile)* faire des entrechats ; **trenzarse** *vpr (Am fam)*: **trenzarse en una pelea** se mêler à une querelle
trepa *(fam) nmf* arriviste *mf*
trepador, a *adj (planta)* grimpant(e) ▸ *nm/f* arriviste *mf* ▸ *nf (planta)* plante *f* grimpante
trepar *vi* grimper
trepidante *adj* trépidant(e) ; *(ruido)* accablant(e)
trepidar *vi* trépider
tres *adj inv, nm inv* trois *m inv* ; *ver tb* **seis**
trescientos, -as *adj* trois cents ; *ver tb* **seiscientos**
tresillo *nm* salon *m (comprenant un canapé et deux fauteuils)* ; *(Mús)* triolet *m*
treta *nf* machination *f*
tri... *pref* tri...
tríada *nf* triade *f*
trial *nm* trial *m*
triangular *adj* triangulaire
triángulo *nm* triangle *m*
triates *(Méx) nmpl* triplés *mpl*
triatleta *nmf* triathlète *mf*
triatlón *nm* triathlon *m*
tribal *adj* tribal(e)
tribu *nf* tribu *f*
tribulación *nf* tourment *m*
tribuna *nf* tribune *f* ; **~ de prensa** tribune de la presse
tribunal *nm (Jur)* tribunal *m* ; *(Escol, fig)* jury *m* ; **T~ Constitucional** *Cour constitutionnelle* ; **T~ de Cuentas** ≈ Cour *f* des comptes ; **T~ de Justicia de las Comunidades Europeas** Cour de justice européenne ; **T~ Supremo** Cour suprême ; **T~ Tutelar de Menores** Tribunal pour enfants
tributación *nf (impuestos)* impôts *mpl* ; **~ directa** imposition *f* directe ; *(sistema)* fiscalité *f*
tributar *vt* payer ; *(cariño, admiración)* témoigner ▸ *vi* payer des impôts
tributario, -a *adj (Econ)* fiscal(e) ; *(río)* tributaire ; **sistema ~** système *m* fiscal
tributo *nm* impôt *m* ; *(precio)* tribut *m*
tríceps *nm inv* triceps *m*
triciclo *nm* tricycle *m*
tricornio *nm* tricorne *m*
tricota *(Am) nf* tricot *m*
tricotar *vt, vi* tricoter
tricotosa *nf* machine *f* à tricoter, tricoteuse *f*
tridimensional *adj* tridimensionnel(le)
trienal *adj* triennal(e)
trienio *nm* triennat *m*
trifulca *(fam) nf* bagarre *f*
trigal *nm* champ *m* de blé
trigésimo, -a *adj, nm/f* trentième *mf*
trigo *nm* blé *m* ; **no es ~ limpio** *(persona)* il n'est pas net ; *(asunto)* c'est louche
trigonometría *nf* trigonométrie *f*
trigueño, -a *adj (pelo)* châtain clair *inv* ; *(piel)* basané(e)
trilateral *adj* trilatéral(e)
trillado, -a *adj (Agr)* battu(e) ; *(fig)* rebattu(e)
trilladora *nf* batteuse *f*
trillar *vt* battre
trillizos, -as *nmpl/nfpl* triplés(-ées)
trillón *nm* trillion *m*
trilogía *nf* trilogie *f*
trimestral *adj* trimestriel(le)
trimestre *nm* trimestre *m*
trimotor *nm* trimoteur *m*
trinar *vi (ave)* gazouiller ; **está que trina** *(fam)* il est furieux
trincar *vt* arrimer ; *(Náut)* amarrer ; *(fam: detener)* ramasser ; *(: beber)* écluser
trinchante *nm (cuchillo)* couteau *m* à découper ; *(tenedor)* fourchette *f* à découper
trinchar *vt* découper
trinchera *nf (Mil)* tranchée *f* ; *(para vía)* percée *f* ; *(impermeable)* trench-coat *m*
trineo *nm* traîneau *m* ; *(pequeño)* luge *f*
Trinidad *nf (Geografía)* Trinité *f* ; *(Rel)*: **la (Santísima) ~** la (sainte) Trinité ; **~ y Tobago** Trinité-et-Tobago
trino *nm* gazouillis *m*
trinque *etc vb ver* **trincar**
trinquete *nm (Tec)* cliquet *m* ; *(Náut)* trinquette *f*
trío *nm* trio *m*
tripa *nf (Anat)* tripa *f* ; *(fam)* bide *m (fam)* ; *(: embarazo)* ventre *m* ; **echar/tener ~** prendre/avoir du ventre ; **hacer de tripas corazón** prendre son courage à deux mains ; **me duele la ~** j'ai mal au ventre ; **tripas** *nfpl (Anat)* intestins *mpl* ; *(Culin, fig)* tripes *fpl*
tripartito, -a *adj* tripartite

tripi *(fam)* *nm* speed *m* (LSD)
triple *adj, nm* triple *m*
triplicado, -a *adj*: **por ~** en trois exemplaires
triplicar *vt* tripler
triplo *nm* = **triple**
trípode *nm* trépied *m*
Trípoli *n* Tripoli
tríptico *nm* triptyque *m*
tripulación *nf* équipage *m*
tripulante *nmf* membre *m* de l'équipage
tripular *vt* former l'équipage de ; **nave espacial tripulada** vaisseau *m* spatial habité
triquiñuela *nf* subterfuge *m*
triquitraque *nm* vacarme *m*
tris *nm*: **estar en un ~ de hacer algo** être sur le point de faire qch
triste *adj* triste ; *(paisaje)* morne ; *(color, flores)* flétri(e) ; **no queda ni un ~ pañuelo** il ne reste même pas un mouchoir
tristemente *adv* tristement
tristeza *nf* tristesse *f*
tristón, -ona *adj* triste, tristounet(te)
tritón *nm* triton *m*
triturador *nm*: **~ de basura** broyeur *m* à ordures
trituradora *nf* déchiqueteuse *f*
triturar *vt* triturer, broyer ; *(mascar)* mâcher ; *(documentos)* déchiqueter ; *(persona: golpear)* pulvériser ; (: *humillar*) anéantir
triunfador, a *adj* victorieux(-euse) ▸ *nm/f* vainqueur *m*
triunfal *adj* triomphal(e)
triunfalismo *nm* triomphalisme *m*
triunfalista *adj, nmf* triomphaliste *mf*
triunfalmente *adv* triomphalement
triunfante *adj* triomphant(e)
triunfar *vi* triompher, gagner ; **~ en la vida** réussir dans la vie
triunfo *nm* triomphe *m* ; *(Naipes)* atout *m*
trivial *adj* trivial(e), banal(e)
trivialice *etc vb ver* **trivializar**
trivialidad *nf* trivialité *f*, banalité *f* ; **decir trivialidades** dire des banalités
trivializar *vt* minimiser, banaliser
triza *nf* morceau *m*, lambeau *m* ; **hacer algo trizas** réduire qch en miettes ; **hacer trizas a algn** *(golpear)* démolir qn ; *(humillar)* écraser qn
trocar *vt (Com)* troquer ; *(papel, posición)* changer ; *(palabras)* échanger ; **~ (en)** changer (en) ; **trocarse** *vpr* se changer ; **trocarse (en)** se changer (en)
trocear *vt* couper en morceaux
trocha *(AM)* *nf* sentier *m*
troche: **a ~ y moche** *adv* à tort et à travers
trofeo *nm* trophée *m* ; *(botín)* butin *m* ; **~ de caza** trophée de chasse
troglodita *nmf (cavernícola)* troglodyte *f* ; *(bruto)* sauvage *mf*, ours *m* mal léché *(fam)*
trola *(fam)* *nf* mensonge *m*
tromba *nf* trombe *f* ; **~ de agua** trombe d'eau
trombo *nm* thrombus *m*
trombón *nm* trombone *m*
trombonista *nmf* tromboniste *mf*
trombosis *nf inv* thrombose *f* ; **~ cerebral** thrombose cérébrale
trompa *nf (Mús)* cor *m* ; *(de elefante, insecto, fam)* trompe *f* ; **estar ~** *(fam)* être pompette *(fam)* ; **cogerse una ~** *(fam)* prendre une cuite *(fam)* ; **~ de Falopio** trompe de Fallope ▸ *nm (Mús)* joueur(-euse) de cor
trompazo *nm*, **trompada** *nf* coup *m* ; *(puñetazo)* coup de poing ; **darse un ~** se donner un coup
trompeta *nf* trompette *f* ; *(clarín)* clairon *m* ▸ *nmf* trompettiste *mf*
trompetilla *nf* cornet *m* acoustique
trompetista *nmf* trompettiste *mf*
trompicón: **a trompicones** *adv* par à-coups
trompo *nm* toupie *f*
trona *nf* chaise *f* haute
tronado, -a *adj* toqué(e), dingue
tronar *vt (CAM, MÉX fam)* tuer ▸ *vi (Meteorología)* tonner
troncal *adj*: **línea ~** ligne *f* principale ; **asignatura ~** matière *f* du tronc commun
tronchar *vt (árbol)* casser ; *(vida, esperanza)* briser, détruire ; **troncharse** *vpr* se fendre, tomber ; **troncharse de risa** se tordre de rire
troncho *nm* tige *f*
tronco *nm* tronc *m* ; *(de familia)* lignée *f* ; **dormir** *o* **estar como un ~** dormir comme une souche
tronera *nf (Mil)* meurtrière *f* ; *(Arq)* hublot *m* ; *(de mesa de billar)* poche *f*
trono *nm* trône *m*
tropa *nf* troupe *f* ; *(gentío)* foule *f*
tropecé *etc vb ver* **tropezar**
tropecientos *(fam)* *adj pl*: **me ha llamado tropecientas veces** il m'a appelé je ne sais pas combien de fois *(fam)*
tropel *nm (desorden)* cohue *f* ; *(montón)* amoncellement *m* ; **en ~** en se bousculant
tropelía *nm* sauvagerie *f*
tropezar *vi* trébucher ; **~ con** *(fig)* tomber sur ; **tropezarse** *vpr* se rencontrer
tropezón *nm* faux pas *msg* ; **dar un ~** trébucher ; **tropezones** *nmpl (Culin)* morceaux *mpl* de viande
tropical *adj* tropical(e)
trópico *nm* tropique *m*
tropiece *etc vb ver* **tropezar**
tropiezo *vb ver* **tropezar** ▸ *nm (error)* erreur *f*, bévue *f* ; *(revés)* revers *msg* ; *(obstáculo)* difficulté *f* ; *(desliz)* erreur
troqué *etc*, **troquemos** *etc vb ver* **trocar**
trotamundos *(fam)* *nmf inv* globe-trotter *mf*
trotar *vi* trotter ; *(fam: viajar)* voyager

t

trote *nm* trot *m* ; (*fam*) activité *f* ; **hacer algo al ~** faire qch à toute vitesse ; **de mucho ~** solide, résistant(e) ; **ya no está para esos trotes** ce n'est plus pour lui
trovador *nm* troubadour *m*
Troya *nf* Troie ; **aquí fue ~** ça a été la catastrophe
troyano, -a *adj* troyen(-enne) ▸ *nm/f* Troyen(-enne) ▸ *nm* (*Inform*) cheval *m* de Troie
trozo *nm* morceau *m* ; **a trozos** par endroits
trucar *vt* truquer, trafiquer ; (*motor*) gonfler
trucha *nf* truite *f*
truco *nm* truc *m* ; (*Cine*) trucage *m* ; **ya le he cogido el ~** j'ai pigé le truc ; **~ publicitario** astuce *f* promotionnelle
truculento, -a *adj* truculent(e)
trueco *etc vb ver* **trocar**
trueno *vb ver* **tronar** ▸ *nm* tonnerre *m* ; (*estampido*) coup *m* de tonnerre
trueque *vb ver* **trocar** ▸ *nm* échange *m* ; (*Com*) troc *m*
trufa *nf* truffe *f*
truhán, -ana *nm/f* truand(e)
truncado, -a *adj* tronqué(e) ; (*esperanzas*) altéré(e) ; (*vida*) abrégé(e)
truncar *vt* tronquer ; (*vida*) abréger ; (*desarrollo*) retarder ; (*esperanzas*) briser
trunque *etc vb ver* **truncar**
trusa *nf*, **trusas** *nfpl* (And, Méx) caleçons *mpl*, culottes *fpl*
tsunami (*pl* **tsunamis** *o* **~**) *nm* tsunami *m*
Tte. *abr* (= *Teniente*) Lt (= *Lieutenant*)
tu *adj* ton (ta) ; **tus hijos** tes enfants

¡Atención! En francés el adjetivo posesivo concuerda en género y número con la cosa poseída (*ton père, ta mère, tes parents*), mientras que en español solo concuerda en número (**tu padre, tu madre, tus padres**).

tú *pron pers* (*sujeto*) tu ; (*tras preposición*) toi ; **eres tú** c'est toi ; **como tú** comme toi
tuareg (*pl* **~** *o* **tuaregs**) *adj* touareg ▸ *nmf* Touareg *mf*
tubérculo *nm* tubercule *m*
tuberculosis *nf* tuberculose *f*
tuberculoso, -a *adj, nm/f* tuberculeux(-euse)
tubería *nf* tuyau *m* ; (*sistema*) tuyauterie *f* ; (*oleoducto etc*) conduite *f*
tubo *nm* tube *m* ; (*de desagüe*) tuyau *m* ; **~ de ensayo** éprouvette *f*, tube à essai ; **~ de escape** pot *m* d'échappement ; **~ digestivo** tube digestif
tucán *nm* toucan *m*
tuerca *nf* écrou *m*
tuerce *etc vb ver* **torcer**
tuerto, -a *adj, nm/f* borgne *mf*
tuerza *etc vb ver* **torcer**
tueste *etc vb ver* **tostar**
tuétano *nm* moelle *f* ; **hasta los tuétanos** jusqu'à la moelle
tufo (*pey*) *nm* relent *m*
tugurio *nm* taudis *msg*
tuit *nm* (*en Twitter*) tweet *m*, Twitter® message *m*
tuitear *vi* tweeter ▸ *vt* envoyer un tweet à
tuitero, -a *nm/f* twittos *mf*
tul *nm* tulle *m*
tulipán *nm* tulipe *f*
tullido, -a *adj* estropié(e)
tumba *nf* tombe *f* ; **ser (como) una ~** être muet(te) comme une tombe
tumbar *vt* (*extender en el suelo*) allonger ; (*derribar*) renverser ; (*fam: suj: olor*) empester ; (*: en examen*) recaler, coller ; (*: en competición*) battre ▸ *vi* tomber par terre ; **tumbarse** *vpr* s'allonger ; (*extenderse*) s'étendre
tumbo *nm* chute *f* ; (*de vehículo*) cahot *m* ; **ir dando tumbos** avancer par à-coups
tumbona *nf* chaise *f* longue
tumefacto, -a *adj* (*Med*) tuméfié(e)
tumor *nm* tumeur *f*
túmulo *nm* (*sepultura*) tombeau *m* ; (*Arqueología*) tumulus *m*
tumulto *nm* tumulte *m* ; (*Pol*) émeute *f*, troubles *mpl*
tumultuoso, -a *adj* tumultueux(-euse)
tuna *nf* petit orchestre *m* d'étudiants ; *ver tb* **tuno**
tunante *adj, nmf* coquin(e) ; **¡~!** vilain(e) !
tunda *nf* raclée *f*
tundir *vt* tondre
tunecino, -a *adj* tunisien(ne) ▸ *nm/f* Tunisien(ne)
túnel *nm* tunnel *m*
Túnez *n* (*país*) Tunisie *f* ; (*ciudad*) Tunis
tungsteno *nm* tungstène *m*
túnica *nf* tunique *f*
Tunicia *nf* Tunisie *f*
tuno, -a *nm/f* membre *m* d'un orchestre d'étudiants
tuntún: **al (buen) ~** *adv* au petit bonheur, au hasard
tupamaro, -a (CSur) *adj* (*Pol*) *relatif aux Tupamaros* ▸ *nm/f* Tupamaro *m* (*guérilleros sévissant dans les centres urbains en Uruguay*)
tupé *nm* toupet *m*
tupí *adj* tupi *inv* ▸ *nmf* Tupi *mf inv*
tupido, -a *adj* épais(se)
tupí-guaraní *adj, nmf ver* **tupí**
turba *nf* (*muchedumbre*) foule *f* ; (*combustible*) tourbe *f*
turbación *nf* (*preocupación*) inquiétude *f* ; (*sonrojo*) gêne *f*
turbado, -a *adj* (*silencio, sueño*) troublé(e) ; (*preocupado*) inquiet(-ète) ; (*sonrojado*) gêné(e)
turbante *nm* turban *m*

turbar *vt* (*paz, sueño*) troubler ; (*preocupar*) inquiéter, troubler ; (*azorar*) gêner ; **turbarse** *vpr* être gêné(e)
turbina *nf* turbine *f*
turbio, -a *adj* trouble ; (*fig*) louche
turbión *nf* averse *f*
turbo *adj, nm* turbo *m*
turbodiesel *adj inv, nm* turbodiesel *m*
turbogenerador *nm* turbogénérateur *m*
turbohélice *nm* turbopropulseur *m*
turbulencia *nf* agitation *f* ; (*fig*) trouble *m*, agitation
turbulento, -a *adj* agité(e) ; (*fig*) agité(e), turbulent(e)
turco, -a *adj* turc (turque) ▸ *nm/f* Turc (Turque) ; (*And, CSur pey*) *terme péjoratif qui désigne tout immigré du Moyen-Orient* ▸ *nm* (*Ling*) turc *m*
turgente *adj* arrondi(e), galbé(e)
Turín *n* Turin
turismo *nm* tourisme *m* ; (*coche*) voiture *f* (particulière) ; **hacer ~** faire du tourisme ; **casas de ~ rural** gîtes *mpl* ruraux ; **~ rural** tourisme rural
turista *nmf* touriste *mf*
turístico, -a *adj* touristique
túrmix® *nm o nf inv* mixeur *m*
turnar *vi* alterner ; **turnarse** *vpr* se relayer
turné *nf* tournée *f*
turno *nm* tour *m* ; **es su ~** c'est à son tour ; **por turnos** par roulement ; **~ de día/de noche** équipe *f* de jour/de nuit
turolense *adj* de Teruel ▸ *nmf* natif(-ive) *o* habitant(e) de Teruel
turquesa *adj, nf* turquoise *f*
Turquía *nf* Turquie *f*
turrón *nm* touron *m* (*sorte de nougat*) ; *voir article*

TURRÓN

Le **turrón** est une sorte de nougat, d'origine orientale, fait avec du miel, des blancs d'œufs et des amandes. On le consomme pendant la période de Noël. Le **turrón** traditionnel peut être dur et contenir des amandes entières (Alicante), ou tendre, à base d'amandes pilées (Jijona). Il existe désormais toute une variété de **turrones**: à la noix de coco, aux fruits confits, au chocolat, etc.

turulato, -a *adj* étourdi(e)
tute *nm jeu de cartes* ; **darse un ~** (*fam*) mettre un coup
tutear *vt* tutoyer ; **tutearse** *vpr* se tutoyer
tutela *nf* tutelle *f* ; **estar bajo la ~ de** (*fig*) être sous la tutelle de
tutelar *adj* tutélaire ▸ *vt* avoir la tutelle de
tuteo *nm* tutoiement *m* ; **se ha extendido mucho el ~** on se tutoie de plus en plus
tutiplén: **a ~** *adv* en abondance, à profusion
tutor, a *nm/f* (*tb Jur*) tuteur(-trice) ; (*Escol*) professeur(e) principal(e) ; **~ de curso** directeur(-trice) d'études
tutoría *nf* (*Escol*) heure *f* de permanence (du professeur responsable) ; (*Jur*) tutelle *f*
tutú *nm* tutu *m*
tuve *etc vb ver* **tener**
tuyo, -a *adj* ton (ta) ; **es ~** c'est à toi ▸ *pron*: **el ~/la tuya** le tien/la tienne ; **los tuyos** (*fam*) les tiens
TV *sigla f* = **televisión**
TVE *sigla f* = **Televisión Española**
tweet *nm* (*en Twitter*) tweet *m*, Twitter® message *m*
txistu *nm* flûte *f* basque

t

Uu

U, u¹ [u] *nf* (*letra*) U, u *m inv* ; **U de Ulises** ≈ U comme Ursule
u² [u] *conj* ou
u. *abr* (= *unidad*) U, u (= *unité*)
UAR (Esp) *sigla fpl* = **Unidades Antiterroristas Rurales**
ubérrimo, -a *adj* très fertile
ubicación *nf* situation *f*
ubicado, -a (*esp* Am) *adj* situé(e)
ubicar (*esp* Am) *vt* situer ; (*encontrar*) trouver ; **ubicarse** *vpr* se trouver
ubicuidad *nf* ubiquité *f* ; **el don de la ~** le don de l'ubiquité
ubique *etc vb ver* **ubicar**
ubre *nf* mamelle *f*
UCI *sigla f* (= *Unidad de Cuidados Intensivos*) unité *f* de soins intensifs
Ucrania *nf* Ukraine *f*
ucraniano, -a *adj* ukrainien(ne) ▸ *nm/f* Ukrainien(ne)
Ud (*pl* **Uds**) *abr* (= *usted(es)*) vous
UDV *sigla f* (= *Unidad de Despliegue Visual*) console *f* (de visualisation)
UE *sigla f* (= *Unión Europea*) UE *f* (= *Union européenne*)
UEFA *sigla f* (= *Unión de Asociaciones de Fútbol Europeo*) UEFA *f* (= *Union of European Football Associations*)
UEM *nf abr* (= *Unión Económica y Monetaria*) UEM *f* (= *Union économique et monétaire*)
UEO *sigla f* (= *Unión Europea Occidental*) UEO *f* (= *Union de l'Europe occidentale*)
UEP *sigla f* (= *Unión Europea de Pagos*) UEP *f* (= *Union européenne des paiements*)
UER *sigla f* (= *Unión Europea de Radiodifusión*) UER *f* (= *Union européenne de radiodiffusion*)
uf *excl* ouf !
ufanarse *vpr*: **~ de** se targuer de
ufano, -a *adj* (*arrogante*) suffisant(e) ; (*satisfecho*) satisfait(e)
Uganda *nf* l'Ouganda *m*
ugandés, -esa *adj* ougandais(e) ▸ *nm/f* Ougandais(e)
UGT *sigla f* (= *Unión General de Trabajadores*) *syndicat ouvrier*
UIT *sigla f* (= *Unión Internacional de Telecomunicaciones*) UIT *f* (= *Union internationale des télécommunications*)
ujier *nm* (*Jur*) huissier *m* ; (*portero*) portier *m*
úlcera *nf* ulcère *m*
ulcerar *vt* ulcérer ; **ulcerarse** *vpr* s'irriter
ulterior *adj* ultérieur(e)
últimamente *adv* dernièrement
ultimar *vt* finaliser ; (*preparativos*) mettre la dernière main à ; (Am: *asesinar*) abattre
ultimátum (*pl* **ultimátums**) *nm* ultimatum *m*
último, -a *adj* dernier(-ière) ; **este ~** ce dernier ; **por ~** enfin ▸ *nmf*: **el ~** le dernier ; **a últimos de mes** en fin de mois ▸ *nf*: **a la última** (*en moda*) à la dernière mode ; (*en conocimientos*) au goût du jour ; **en las últimas** (*enfermo*) à l'article de la mort ; (*sin dinero, provisiones*) à sec ▸ *adv*: **ahora ~** (Chi) récemment
ultra *adj, nmf* (*Pol*) ultra *mf*
ultracongelar *vt* surgeler
ultraderecha *nf* extrême-droite *f*
ultraderechista *adj* d'extrême-droite ▸ *nmf* extrémiste *mf* de droite
ultrajar *vt* outrager
ultraje *nm* outrage *m*
ultraligero *nm* ULM *m* (= *ultra-léger motorisé*)
ultramar *nm*: **de ~** d'outre-mer ; **los países de ~** les pays d'outre-mer
ultramarinos *nmpl* (*tb*: **tienda de ultramarinos**) épicerie *f*
ultranza: **a ~** *adv* à outrance
ultrasónico, -a *adj* hypersonique
ultratumba *nf* outre-tombe *f*
ultravioleta *adj inv* ultraviolet(te)
ulular *vi* hurler ; (*búho*) ululer
umbilical *adj*: **cordón ~** cordon *m* ombilical
umbral *nm* seuil *m* ; **~ de rentabilidad** seuil de rentabilité
umbrío, -a *adj* ombragé(e)

PALABRA CLAVE

un, una *art indef* **1** (*sg*) un(e) ; **una naranja** une orange ; **un arma blanca** une arme blanche
2 (*pl*) des ; **hay unos regalos para ti** il y a des cadeaux pour toi ; **hay unas cervezas en la nevera** il y a des bières dans le frigo
3 (*enfático*): **¡hace un frío!** il fait un de ces froids ! ; **¡tiene una casa!** il a une de ces maisons ! ; *ver tb* **uno**

U.N.A.M. *sigla f (= Universidad Nacional Autónoma de México) université de la ville de Mexico*
unánime *adj* unanime
unanimidad *nf* unanimité *f* ; **por ~** à l'unanimité
unción *nf* onction *f*
uncir *vt* atteler
undécimo, -a *adj, nm/f* onzième *mf*
UNED (*Esp*) *sigla f (= Universidad Nacional de Educación a Distancia)* ≈ CNED *m (= Centre national d'enseignement à distance)*
UNEF *sigla f (= Fuerzas de Urgencia de las Naciones Unidas)* FUNU *f (= Force d'urgence des Nations unies)*
UNESCO, Unesco *sigla f (= Organización de las Naciones Unidas para la Educación, la Ciencia y la Cultura)* UNESCO *f*, Unesco *f (= Organisation des Nations unies pour l'éducation, la science et la culture)*
ungir *vt* oindre
ungüento *nm* onguent *m*
únicamente *adv* uniquement
UNICEF, Unicef *sigla m (= Fondo de las Naciones Unidas para la Infancia)* UNICEF *m o f*, Unicef *m o f (= Fonds des Nations unies pour l'enfance)*
único, -a *adj* unique
unicornio *nm* licorne *f*
unidad *nf* unité *f* ; **~ central (de proceso)/de control** unité centrale (de traitement)/de commande ; **~ de cuidados intensivos** unité de soins intensifs ; **~ de disco** lecteur *m* de disque ; **~ de entrada/de salida** unité périphérique d'entrée/de sortie ; **~ de información** donnée *f* ; **~ de presentación visual** *o* **de visualización** écran *m* de visualisation ; **~ monetaria** unité monétaire ; **~ móvil** (TV) unité mobile ; **~ periférica** unité périphérique
unido, -a *adj* uni(e)
unifamiliar *adj*: **vivienda ~** *logement où vit une seule famille*
unificar *vt* unifier
unifique *etc vb ver* **unificar**
uniformado, -a *adj* en uniforme
uniformar *vt* uniformiser ; (*personal*) faire porter l'uniforme à
uniforme *adj* uniforme ; (*color*) uni(e) ▶ *nm* uniforme *m*
uniformidad *nf* uniformité *f*
unilateral *adj* unilatéral(e)
unión *nf* union *f* ; (*Tec*) jointure *f* ; **en ~ de** ainsi que ; **la U~ Soviética** l'Union soviétique ; **punto de ~** (*Tec*) jointure ; **~ aduanera** union douanière ; **U~ Europea** Union *f* européenne ; **U~ General de Trabajadores** (*Esp*) *syndicat ouvrier* ; **~ monetaria** union monétaire
unir *vt* (*piezas*) assembler ; (*cuerdas*) nouer ; (*tierras, habitaciones*) relier ; (*esfuerzos, familia*) unir ; (*empresas*) fusionner ; **les une una fuerte amistad** ils éprouvent beaucoup d'amitié l'un pour l'autre ; **unirse** *vpr* (*personas*) s'unir ; (*empresas*) fusionner ; **unirse a** se joindre à ; **unirse en matrimonio** s'unir par les liens du mariage
unisex *adj inv* unisexe *inv*
unísono *nm*: **al ~** à l'unisson
unitario, -a *adj* unitaire
universal *adj* universel(le)
universalizar *vt* universaliser ; **universalizarse** *vpr* s'universaliser
universidad *nf* université *f* ; **~ a distancia** enseignement *m* à distance ; **~ laboral** ≈ Institut *m* universitaire de technologie
universitario, -a *adj* universitaire ▶ *nm/f* (*estudiante*) étudiant(e) ; (*titulado*) professeur *mf* d'université
universo *nm* univers *msg*
unja *etc vb ver* **ungir**

PALABRA CLAVE

uno, -a *adj* un(e) ; **es todo uno** ça ne fait qu'un ; **unos pocos** quelques-uns ; **unos cien** une centaine ; **el día uno** le premier
▶ *pron* **1** un(e) ; **quiero uno solo** je n'en veux qu'un ; **uno de ellos** l'un d'eux ; **uno mismo** soi-même ; **de uno en uno** un à un
2 (*alguien*) quelqu'un ; **conozco a uno que se te parece** je connais quelqu'un qui te ressemble ; **unos querían quedarse** quelques-uns voulaient rester
3: **(los) unos ... (los) otros ...** certains *o* les uns ... les autres *o* d'autres ; **se miraron el uno al otro** il se sont regardés l'un l'autre ; **se pegan unos a otros** ils se battent entre eux
4 (*impersonal*): **uno se lo imagina** on se l'imagine
5 (*enfático*): **¡se montó una ...!** il y a eu une de ces pagailles !
▶ *nf* (*hora*): **es la una** il est une heure
▶ *nm* (*número*) un *m* ; **el uno de abril** le premier avril

untar *vt* (*con aceite, pomada*) enduire ; (*en salsa, café*) tremper ; (*manchar*) tacher ; (*fig, fam*) graisser la patte à (*fam*) ; **~ el pan con mantequilla** étaler du beurre sur son pain ; **untarse** *vpr* (*mancharse*) se tacher ; (*fig, fam: forrarse*) s'en mettre plein les poches (*fam*)
unza *etc vb ver* **uncir**
uña *nf* (*Anat*) ongle *m* ; (*de felino*) griffe *f* ; (*de caballo*) sabot *m* ; (*arrancaclavos*) arrache-clou *m* ; **ser ~ y carne** être comme les deux doigts de la main ; **enseñar** *o* **mostrar** *o* **sacar las uñas** montrer *o* sortir ses griffes
UOE (*Esp*) *sigla f (Mil: = Unidad de Operaciones Especiales) commando spécial*
UPA *sigla f* = **Unión Panamericana**
UPC *sigla f (= unidad de proceso central)* CPU *f (= unité centrale)*
uperizado, -a *adj* U.H.T.

u

Urales *nmpl* (*tb*: **Montes Urales**) Oural *msg*
uralita® *nf* fibrociment® *m*
uranio *nm* uranium *m*
Urano *nm* Uranus *f*
urbanidad *nf* courtoisie *f*
urbanismo *nm* urbanisme *m*
urbanista *nmf* urbaniste *mf*
urbanístico, -a *adj* urbanistique
urbanita (*hum*) *adj, nmf* citadin(e)
urbanización *nf* lotissement *m*
urbanizar *vt* urbaniser
urbano, -a *adj* urbain(e)
urbe *nf* grande ville *f*
urdimbre *nf* (*de tejido*) chaîne *f*
urdir *vt* ourdir
urea *nf* urée *f*
uretra *nf* urètre *f*
urgencia *nf* urgence *f* ; **con ~** d'urgence ; **en caso de ~** en cas d'urgence ; **servicios de ~** services *mpl* d'urgence ; **urgencias** *nfpl* (*Med*) urgences *fpl*
urgente *adj* urgent(e)
urgentemente *adv* urgemment, d'urgence
urgir *vi* être urgent(e) ; **me urge** j'en ai besoin rapidement ; **me urge terminarlo** il faut que je termine le plus vite possible
urinario, -a *adj* urinaire ▶ *nm* urinoir *m*
urja *etc vb ver* **urgir**
urna *nf* (*tb Pol*) urne *f* ; (*de cristal*) vitrine *f* ; **acudir a las urnas** (*votantes*) aller aux urnes
urogallo *nm* coq *m* de bruyère
urología *nf* urologie *f*
urólogo, -a *nm/f* urologue *mf*
urraca *nf* pie *f*
URSS [urs] *sigla f* (*Hist*: = *Unión de Repúblicas Socialistas Soviéticas*) URSS *f* (= *Union des Républiques Socialistes Soviétiques*)
urticaria *nf* urticaire *f*
Uruguay *nm* Uruguay *m*
uruguayo, -a *adj* uruguayen(ne) ▶ *nm/f* Uruguayen(ne)
usado, -a *adj* usagé(e) ; (*ropa etc*) usé(e), usagé(e)
usanza *nf*: **a ~ (de)** à la manière (de)
usar *vt* utiliser ; (*ropa*) porter ; (*derecho etc*) user de ▶ *vi*: **~ de** user de ; **usarse** *vpr* s'utiliser
usina (*esp* CSur) *nf*: **~ eléctrica** centrale *f* électrique
USO (Esp) *sigla f* (= *Unión Sindical Obrera*) *syndicat*
uso *nm* usage *m* ; (*aplicación*: *de objeto, herramienta*) utilisation *f* ; **al ~ de la época** dans le style de l'époque ; **de ~ externo** (*Med*) à usage externe ; **(estar) en ~** (être) en usage ; **hacer ~ de la palabra** faire usage de la parole ; **~ y desgaste** usure *f*
usted *pron pers* (*singular*: *formal*) vous ; **ustedes** (*formal*) vous *pl* ; (Am: *formal y fam*) vous ; **tratar** *o* **llamar de ~ a algn** vouvoyer qn
usual *adj* habituel(le)
usuario, -a *nm/f* usager(-ère) ; (*Inform*) utilisateur(-trice) ; **~ final** (*Com*) utilisateur(-trice) final(e)
usufructo *nm* usufruit *m*
usura (*pey*) *nf* usure *f*
usurero, -a *nm/f* usurier(-ière)
usurpar *vt* usurper
utensilio *nm* instrument *m* ; (*de cocina*) ustensile *m*
uterino, -a *adj* utérin(e)
útero *nm* utérus *msg*
útil *adj* utile ; **día ~** jour *m* ouvrable ; **útiles** *nmpl* outils *mpl*
utilice *etc vb ver* **utilizar**
utilidad *nf* utilité *f* ; (*provecho*) avantage *m* ; (*Com*) bénéfice *m* ; **utilidades líquidas** bénéfice *msg* net
utilitario *nm* (*Inform*) utilitaire *m* ; (*Auto*) voiture *f* de tourisme
utilización *nf* utilisation *f*
utilizar *vt* utiliser
utopía *nf* utopie *f*
utópico, -a *adj* utopique
UV *sigla mpl* (= *rayos ultravioleta*) UV *mpl* (= *ultraviolets*)
UVA *nmpl abr* UVA *m*
uva *nf* raisin *m* ; **estar de mala ~** être de mauvais poil ; **tener mala ~** avoir un sale caractère ; **~ pasa** raisin sec ; **las uvas de la suerte** *voir article*

LAS UVAS DE LA SUERTE

En Espagne la tradition de **las uvas de la suerte** joue un rôle important à la Saint-Sylvestre (*Nochevieja*) : à minuit, chaque Espagnol, qu'il se trouve chez lui, dans un restaurant ou sur la *plaza mayor*, mange un grain de raisin à chaque coup de l'horloge de la Puerta del Sol, à Madrid. Cette tradition est censée porter bonheur pour toute l'année suivante.

UVB *nmpl abr* UVB *m*
uve *nf* (*letra*) v *m inv* ; **en forma de ~** en V ; **~ doble** double v *m*
UVI *sigla f* (= *Unidad de Vigilancia Intensiva*) unité *f* de soins intensifs

Vv

V, v ['uβe] *nf (letra)* V, v *m inv* ; **V de Valencia** ≈ V comme Victor
V. *abr (= usted)* vous ; *(= Visto)* vu
v. *abr (Elec: = voltio)* V (= volt) ; *(= ver, véase)* v. *(= voir)* ; (Lit: *= verso)* v° *(= verso)*
va *vb ver* **ir**
V.A. *abr =* **Vuestra Alteza**
vaca *nf* vache *f* ; *(carne)* bœuf *m* ; **vacas flacas/gordas** *(fig)* vaches *fpl* maigres/grasses
vacacional *adj* de(s) vacances ; **período ~** (période *f* de) vacances *fpl*, période *f* de congé
vacaciones *nfpl* vacances *fpl* ; **estar/irse** *o* **marcharse de ~** être/partir en vacances
vacante *adj* vacant(e) ▸ *nf* poste *m* vacant
vaciado *nm (Arte)* moulage *m*
vaciar *vt* vider ; *(dejar hueco)* évider ; *(Arte)* mouler ; **vaciarse** *vpr* se vider ; *(fig, fam)* se défouler
vacilación *nf* hésitation *f*
vacilante *adj* vacillant(e) ; *(dudoso)* hésitant(e)
vacilar *vt (fam)* faire marcher ▸ *vi* hésiter ; *(mueble, lámpara)* chanceler ; *(luz, persona)* vaciller ; *(fam: bromear)* plaisanter
vacilón *(CAM, MÉX fam) nm* noce *f*
vacío, -a *adj* vide ; *(puesto)* libre ; **(volver) de ~** *(sin carga)* (revenir) à vide ; *(sin resultados)* (revenir) les mains vides ▸ *nm* vide *m* ; **envasado al ~** emballé sous vide ; **hacer el ~ a algn** faire le vide autour de qn
vacuna *nf* vaccin *m*
vacunar *vt* vacciner ; **vacunarse** *vpr* se faire vacciner
vacuno, -a *adj* bovin(e)
vacuo, -a *adj* vide
vadear *vt* passer à gué ; *(problema)* surmonter
vado *nm* gué *m* ; « **~ permanente** » *(Auto)* ≈ « sortie *f* de véhicules »
vagabundear *vi* vagabonder
vagabundo, -a *adj* vagabond(e) ; *(perro)* errant(e) ▸ *nm/f* vagabond(e)
vagamente *adv* vaguement
vagancia *nf* fainéantise *f*
vagar *vi* errer, vagabonder
vagido *nm* vagissement *m*
vagina *nf* vagin *m*
vaginal *adj* vaginal(e)
vago, -a *adj* vague ; *(perezoso)* fainéant(e) ▸ *nm/f* fainéant(e)
vagón *nm* wagon *m* ; **~ cama/restaurante** wagon-lit *m*/wagon-restaurant *m*
vagoneta *nf* wagonnet *m*
vaguada *nf* fond *m* (de la vallée)
vague *etc vb ver* **vagar**
vaguear *vi* fainéanter
vaguedad *nf* vague *m*, manque *m* de précision ; **vaguedades** *nfpl*: **decir vaguedades** rester dans le vague
vaguería *nf*, **vaguitis** *(fam) nf inv (ESP)* flemme *f*
vahído *nm* vertige *m*
vaho *nm* vapeur *f* ; *(aliento)* buée *f* ; **vahos** *nmpl (Med)* inhalations *fpl*
vaina *nf (de espada)* fourreau *m* ; *(de guisantes, judías)* cosse *f* ; *(AM fam)* embêtement *m*
vainilla *nf* vanille *f*
vainita *(AM) nf* haricot *m* vert
vais *vb ver* **ir**
vaivén *nm* va-et-vient *m inv* ; **vaivenes** *nmpl (fig: de la vida)* vicissitudes *fpl*
vajilla *nf* vaisselle *f* ; **una ~** un service ; **~ de porcelana** service *m* en porcelaine
val *etc*, **valdré** *etc vb ver* **valer**
vale *nm* bon *m* ; *(recibo)* reçu *m* ; *(pagaré)* billet *m* à ordre ; *(VEN fam)* copain (copine) ; **~ de regalo** chèque-cadeau *m*
valedero, -a *adj* valable
valenciana *(MÉX) nf* revers *msg* ; *ver tb* **valenciano**
valenciano, -a *adj* valencien(ne) ▸ *nm/f* Valencien(ne) ▸ *nm (Ling)* valencien *m*
valentía *nf* courage *m*, bravoure *f* ; *(proeza)* acte *m* de bravoure
valentísimo, -a *adj (superl de valiente)* valeureux(-euse)
valentón, -ona *(pey) adj* fanfaron(ne)
valer *vt* valoir ; **~ la pena** valoir la peine ▸ *vi* servir ; *(ser válido)* être valable ; *(estar permitido)* être permis(e) ; *(tener mérito)* avoir du mérite ; **~ (para)** servir (à) ; **¿vale?** d'accord ?, ça va ? ; **¡vale!** d'accord ! ; *(¡basta!)* ça suffit ! ; **más vale (hacer/que)** mieux vaut (faire/que) ; **¡eso no vale!** ce n'est pas permis ! ; **no vale nada** ça ne vaut rien ; **no vale para nada**

ça ne sert à rien ; (*persona*) il (elle) n'est bon(ne) à rien ; **me vale madre** *o* **sombrilla** (*Méx fam*) je m'en fous pas mal (*fam*) ▸ *nm* valeur *f* ; **valerse** *vpr*: **valerse de** (*hacer valer*) faire valoir ; (*servirse de*) se servir de ; **(poder) valerse por sí mismo** (pouvoir) se débrouiller tout seul
valeriana *nf* valériane *f*
valeroso, -a *adj* valeureux(-euse)
valga *etc vb ver* **valer**
valía *nf* valeur *f* ; **de gran ~** de grande valeur
validar *vt* valider ; (*Pol: tratado*) ratifier
validez *nf* validité *f* ; **dar ~ a algo** valider qch
valido *nm* (*Hist*) favori *m*
válido, -a *adj* valable ; (*Deporte*) valide
valiente *adj* (*soldado*) brave, courageux(-euse) ; (*niño, decisión*) courageux(-euse) ; (*pey*) fanfaron(ne) ; (*con ironía*) vaillant(e) ▸ *nmf* brave *mf*
valija *nf* (*CSur*) valise *f* ; (*Correos*) sacoche *f* ; **~ diplomática** valise diplomatique
valioso, -a *adj* de valeur
valla *nf* clôture *f* ; (*Deporte*) haie *f* ; **~ publicitaria** panneau *m* publicitaire
vallar *vt* clôturer
valle *nm* vallée *f* ; **~ de lágrimas** vallée de larmes
vallenato *nm* (*Mús*) vallenato *m*, *musique typique de la côte caraïbe colombienne*
vallisoletano, -a *adj* de Valladolid ▸ *nm/f* natif(-ive) *o* habitant(e) de Valladolid
valor *nm* valeur *f* ; (*valentía*) courage *m* ; (*descaro*) aplomb *m* ; **objetos de ~** objets *mpl* de valeur ; **sin ~** sans valeur ; **dar/quitar ~ a** donner/ôter de la valeur à ; **~ a la par** valeur au pair ; **~ adquisitivo** pouvoir *m* d'achat ; **~ añadido** valeur ajoutée ; **~ comercial** valeur marchande ; **~ contable** valeur comptable ; **~ de compra** pouvoir d'achat ; **~ de escasez** valeur attachée à la rareté ; **~ de mercado** valeur marchande ; **~ de rescate** valeur de rachat ; **~ desglosado** valeur de liquidation ; **~ de sustitución** valeur de remplacement ; **~ intrínseco/neto/nominal** valeur intrinsèque/nette/nominale ; **~ según balance** valeur comptable ; **valores** *nmpl* (*Econ, Com*) valeurs *fpl*, titres *mpl* ; (*morales*) valeurs ; **escala de valores** échelle *f* de valeurs ; **valores habidos** *o* **en cartera** valeurs détenues en portefeuille
valoración *nf* évaluation *f*
valorar *vt* évaluer, estimer
valorización *nf* (*valoración*) évaluation *f*, estimation *f* ; (*aumento de valor*) valorisation *f*, mise *f* en valeur
valorizar *vt* (*valorar*) évaluer, estimer ; (*aumentar el valor de*) valoriser, mettre en valeur
vals *nm* valse *f*
valuar *vt* évaluer, estimer
válvula *nf* valve *f*
vamos *vb ver* **ir**
vampiresa *nf* vamp *f*
vampiro *nm* vampire *m*
van *vb ver* **ir**
vanagloriarse *vpr*: **~ (de)** se vanter (de)
vandálico, -a *adj* vandalique, de vandalisme
vandalismo *nm* vandalisme *m*
vándalo, -a *nm/f* (*pey*) vandale *mf* ; (*Hist*) Vandale *mf*
vanguardia *nf* avant-garde *f* ; **de ~** (*Arte*) d'avant-garde ; **estar en** *o* **ir a la ~ de** être à l'avant-garde de
vanguardista *adj* avant-gardiste
vanidad *nf* vanité *f*
vanidoso, -a *adj* vaniteux(-euse)
vano, -a *adj* vain(e) ; (*frívolo*) futile ; **en ~** en vain ▸ *nm* (*Arq*) embrasure *f*
vapor *nm* vapeur *f* ; (*tb*: **barco de vapor**) (bateau *m* à) vapeur *m* ; **al ~** (*Culin*) à la vapeur ; **máquina de ~** machine *f* à vapeur ; **~ de agua** vapeur d'eau
vaporice *etc vb ver* **vaporizar**
vaporizador *nm* vaporisateur *m*
vaporizar *vt* vaporiser
vaporoso, -a *adj* vaporeux(-euse)
vapulear *vt* fustiger ; (*reprender*) houspiller
vaquero *nm* (*Cine*) cow-boy *m* ; (*Agr*) vacher *m* ; **vaqueros** *nmpl* (*pantalones*) jeans *mpl*
vaquilla *nf* (*Am*) génisse *f* ; **vaquillas** *nfpl* (*Taur*) corrida *f* de jeunes taureaux
vara *nf* perche *f* ; (*de mando*) bâton *m*
varado, -a *adj* (*Náut*) échoué(e) ; **estar ~** (*fig*) être enlisé(e)
varapalo *nm* (*disgusto*) revers *m*, coup *m* dur ; (*crítica*) critique *f*
varar *vt, vi* échouer
variable *adj, nf* variable *f*
variación *nf* changement *m* ; (*Mús*) variation *f* ; **sin ~** inchangé(e)
variado, -a *adj* varié(e)
variante *nf* variante *f* ; (*Auto*) déviation *f*
variar *vt* (*cambiar*) changer ; (*poner variedad*) varier ▸ *vi* varier ; **~ de** changer de ; **~ de opinión** changer d'avis ; **para ~** pour changer
varicela *nf* varicelle *f*
varices *nfpl* varices *fpl*
variedad *nf* variété *f* ; **variedades** *nfpl* (*espectáculo*) variétés *fpl*
varilla *nf* baguette *f* ; (*de paraguas, abanico*) baleine *f*
vario, -a *adj* divers(e) ; **varios** plusieurs ; **« varios »** (*en partida, presupuesto*) « divers »
variopinto, -a *adj* bigarré(e)
varita *nf*: **~ mágica** baguette *f* magique
variz *nf* varice *f* ; **varices** *nfpl* (*enfermedad*) varices *fpl*
varón *nm* homme *m* ; **hijo ~** fils *m*, garçon *m*
varonil *adj* viril(e)
Varsovia *n* Varsovie

vas *vb ver* **ir**
vasallo, -a *nm, nf* vassal(e)
vasco, -a *adj* basque ; **País V~** Pays *m* basque ▸ *nm/f* Basque *mf* ▸ *nm* (*Ling*) basque *m*
vascofrancés, -esa *adj* du Pays basque français ; **País V~** Pays basque français ▸ *nm/f* Basque *mf* français(e)
vascohablante *adj, nmf* bascophone *mf*
Vascongadas *nfpl*: **las ~** les provinces *fpl* basques
vascuence *nm* (*Ling*) basque *m*
vasectomía *nf* vasectomie *f*
vaselina *nf* vaseline *f*
vasija *nf* pot *m*
vaso *nm* verre *m* ; (*jarrón*) vase *m* ; (*Anat*) vaisseau *m* ; **vasos comunicantes** vases *mpl* communicants ; **~ de vino** verre de vin ; (*para vino*) verre à vin
vástago *nm* (*Bot*) rejeton *m* ; (*Tec*) tige *f* ; (*de familia*) descendant *m*
vasto, -a *adj* vaste
váter *nm* W.-C. *mpl*
Vaticano *nm* Vatican *m* ; **la Ciudad del ~** la Cité du Vatican
vaticano, -a *adj* du Vatican, vaticane
vaticinar *vt* prédire
vaticinio *nm* prédiction *f*
vatio *nm* watt *m*
vaya *vb ver* **ir** ▸ *excl* (*fastidio*) mince !, zut ! ; (*sorpresa*) eh bien !, tiens ! ; **¿qué tal? — ¡~!** ça va ? — on fait aller ! ; **¡~ tontería!** en voilà une bêtise ! ; **¡~ mansión!** quelle maison !
Vd (*pl* **Vds**) *abr* (= *usted(es)*) vous
Vda. *abr* (= *viuda*) Vve (= *veuve*)
ve *vb ver* **ir**; **ver**
vea *etc vb ver* **ver**
vecinal *adj* vicinal(e) ; (*problemas*) de voisinage
vecindad *nf* voisinage *m*
vecindario *nm* voisinage *m*, quartier *m*
vecino, -a *adj* voisin(e) ▸ *nm/f* voisin(e) ; (*residente: de pueblo*) habitant(e) ; **asociación de vecinos** association *f* de quartier ; **somos vecinos** nous sommes voisins
vector *nm* vecteur *m*
veda *nf* (*de pesca, caza*) défense *f*, interdiction *f* ; (*temporada*) fermeture *f*
vedado *nm* réserve *f*
vedar *vt* interdire, défendre ; (*caza, pesca*) interdire
vedette [be'ðet] *nf* vedette *f*
vega *nf* plaine *f* fertile
vegano, -a *adj, nm/f* végan(e)
vegetación *nf* végétation *f* ; **vegetaciones** *nfpl* (*Med*) végétations *fpl*
vegetal *adj* végétal(e) ▸ *nm* végétal *m*
vegetar (*pey*) *vi* végéter
vegetariano, -a *adj* végétarien(ne)
vegetativo, -a *adj* végétatif(-ive) ; **sistema nervioso ~** système *m* nerveux végétatif ; **vida vegetativa** vie *f* végétative

vehemencia *nf* impétuosité *f* ; (*apasionamiento*) véhémence *f*
vehemente *adj* impétueux(-euse) ; (*apasionado*) véhément(e)
vehículo *nm* véhicule *m* ; **~ espacial** vaisseau *m* spatial
veinte *adj inv, nm inv* vingt *m inv* ; **el siglo ~** le vingtième siècle ; *ver tb* **seis**

> El número **veinte** en francés (*vingt*) va seguido de una *s* cuando va multiplicado por un número y no va seguido de otra cifra. Por ejemplo: *quatre-vingts*, pero *quatre-vingt-trois*.

veinteañero, -a, veintiañero, -a *adj* d'une vingtaine d'années ▸ *nm/f* personne d'une vingtaine d'années
veintena *nf* vingtaine *f*
vejación *nf* brimade *f*, vexation *f*
vejar *vt* brimer
vejatorio, -a *adj* humiliant(e)
vejestorio (*pey*) *nm* croulant *m*
vejez *nf* vieillesse *f*
vejiga *nf* vessie *f*
vela *nf* bougie *f* ; (*Náut*) voile *f* ; **a toda ~** (*Náut*) toutes voiles dehors ; **barco de ~** bateau *m* à voile ; **estar a dos velas** (*fam*) être fauché(e) (*fam*) ; **en ~** éveillé(e) ; (*velando*) à veiller ; **pasar la noche en ~** passer une nuit blanche
velada *nf* veillée *f* ; (*encuentro social*) soirée *f*
velado, -a *adj* voilé(e)
velador *nm* (*mesa*) guéridon *m* ; (*vigilante*) veilleur *m* ; (*candela*) chandelle *f* ; (*Am*) table *f* de nuit ; (*CSur*) lampe *f* de chevet
veladora (*Méx*) *nf* bougie *f*
velar *vt* veiller ; (*Foto, cubrir*) voiler ▸ *vi* veiller ; **~ por** veiller à ; **velarse** *vpr* (*Foto*) se voiler
velatorio *nm* veillée *f* (funèbre)
veleidad *nf* inconstance *f* ; (*capricho*) velléité *f*
velero *nm* (*Náut*) voilier *m*
veleta *nmf* (*pey*) girouette *f* ▸ *nf* (*para el viento*) girouette
veliz (*Méx*) *nm* valise *f*
vello *nm* duvet *m*
vellón *nm* toison *f*
velloso, -a *adj* duveteux(-euse)
velludo, -a *adj* poilu(e)
velo *nm* voile *m* ; **~ del paladar** (*Anat*) voile du palais
velocidad *nf* vitesse *f* ; (*rapidez*) rapidité *f* ; **de alta ~** à grande vitesse ; **cobrar ~** prendre de la vitesse ; **meter la segunda ~** passer en seconde ; **~ de obturación** (*Foto*) vitesse d'obturation ; **~ máxima de impresión** (*Inform*) vitesse maximum d'impression
velocímetro *nm* compteur *m* de vitesse
velocista *nmf* sprinter, sprinteur(-euse)
velódromo *nm* vélodrome *m*
velorio *nm* veillée *f* funèbre
veloz *adj* rapide

V

ven *vb ver* **venir**
vena *nf* veine *f* ; **la ~ poética** la fibre poétique ; **le ha dado la ~ por (hacer)** l'envie lui a pris de (faire) ; **tener ~ de actor/torero** être un acteur/torero né
venado *nm* grand gibier *m* ; (*Culin*) venaison *f*
vencedor, a *adj* victorieux(-euse) ▸ *nm/f* vainqueur *m*
vencejo *nm* martinet *m*
vencer *vt* vaincre ; (*obstáculos*) surmonter ; (*por mucho peso*) briser ; **le venció el sueño/el cansancio** il a succombé au sommeil/à la fatigue ▸ *vi* vaincre ; (*pago*) arriver à échéance ; (*plazo*) expirer
vencido, -a *adj* vaincu(e) ; (*Com: letra*) arrivé(e) à échéance ; **darse por ~** s'avouer vaincu(e) ; **pagar por** *o* **al mes ~** payer à la fin du mois ▸ *adv*: **pagar ~** payer après échéance
vencimiento *nm* échéance *f* ; **a su ~** à l'échéance
venda *nf* bandage *m*
vendaje *nm* bandage *m*
vendar *vt* bander
vendaval *nm* vent *m* violent
vendedor, a *nm/f* vendeur(-euse) ; **~ ambulante** marchand(e) ambulant(e)
vender *vt* vendre ; **~ al contado/al por mayor/al por menor/a plazos** vendre au comptant/en gros/au détail/à crédit ; **~ al descubierto** vendre à découvert ; **venderse** *vpr* se vendre ; **« se vende »** « à vendre » ; **« se vende coche »** « voiture à vendre »
vendimia *nf* vendange *f*
vendimiador, a *nm/f* vendangeur(-euse)
vendimiar *vi* faire la vendange
vendré *etc vb ver* **venir**
Venecia *n* Venise
veneciano, -a *adj* vénitien(ne) ▸ *nm/f* Vénitien(ne)
veneno *nm* poison *m*
venenoso, -a *adj* (*seta*) vénéneux(-euse) ; (*producto*) toxique
venerable *adj* vénérable
veneración *nf* vénération *f*
venerar *vt* vénérer
venéreo, -a *adj* vénérien(ne)
venezolano, -a *adj* vénézuélien(ne) ▸ *nm/f* Vénézuélien(ne)
Venezuela *nf* Venezuela *m*
venga *etc vb ver* **venir**
vengador, a *adj, nm/f* vengeur(-geresse)
venganza *nf* vengeance *f*
vengar *vt* venger ; **vengarse** *vpr* se venger
vengativo, -a *adj* vindicatif(-ive)
vengue *etc vb ver* **vengar**
venia *nf* permission *f* ; **con su ~** avec votre permission
venial *adj* véniel(le)
venida *nf* venue *f*
venidero, -a *adj* futur(e), à venir ; **en lo ~** à l'avenir
venir *vi* venir ; (*en periódico, texto*) être ; (*llegar, ocurrir*) arriver ; **~ a menos** (*persona*) déchoir ; (*empresa*) être en perte de vitesse ; **~ de** venir de ; **~ bien/mal** convenir/ne pas convenir ; **el año que viene** l'année prochaine ; **y él venga a beber** et lui, vas-y que je te bois ; **¡ven acá!** viens ici ! ; **¡venga!** (*fam*) allez ! ; **¿a qué viene eso?** (*fam*) qu'est-ce que ça veut dire ? ; **¡venga ya!** (*fam*) à d'autres ! ; **¡no me vengas con historias!** (*fam*) ne me raconte pas d'histoires ! ; **venirse** *vpr*: **venirse abajo** s'écrouler ; (*persona*) s'effondrer
venta *nf* vente *f* ; (*posada*) auberge *f* ; **estar a la/en ~** être en vente ; **~ a domicilio** vente à domicile ; **~ al contado** vente au comptant ; **~ al detalle** vente au détail ; **~ a plazos** vente à crédit ; **~ al por mayor** vente en gros ; **~ al por menor** vente au détail ; **ventas a término** ventes *fpl* à terme ; **ventas brutas** ventes brutes ; **~ de liquidación** vente de liquidation ; **~ por correo** vente par correspondance ; **~ y arrendamiento al vendedor** cession-bail *f*
ventaja *nf* avantage *m* ; **llevar ~ a** (*en carrera*) mener devant
ventajoso, -a *adj* avantageux(-euse)
ventana *nf* fenêtre *f* ; **~ de guillotina** fenêtre à guillotine ; **~ de la nariz** narine *f*
ventanal *nm* baie *f* vitrée, grande *f* fenêtre
ventanilla *nf* guichet *m* ; (*de coche*) vitre *f*
ventilación *nf* ventilation *f*, aération *f* ; **sin ~** sans aération
ventilador *nm* ventilateur *m*
ventilar *vt* ventiler, aérer ; (*ropa*) aérer ; (*fig*) divulguer ; (*: resolver*) éclaircir ; **ventilarse** *vpr* s'aérer
ventisca *nf*, **ventisquero** *nm* bourrasque *f* de neige
ventolada (Aᴍ) *nf* bourrasque *f*
ventolera *nf* bourrasque *f*, rafale *f* ; **le dio la ~ de comprarlo** (*fam*) il s'est mis en tête de l'acheter
ventosa *nf* ventouse *f*
ventosear *vi* avoir des gaz ; (*una vez*) lâcher un vent
ventosidad *nf* (*Anat*) gaz *m inv*
ventoso, -a *adj* venteux(-euse)
ventrículo *nm* ventricule *m*
ventrílocuo, -a *adj, nm/f* ventriloque *mf*
ventura *nf* félicité *f* ; (*suerte, destino*) fortune *f* ; **a la (buena) ~** à l'aventure
venturoso, -a *adj* heureux(-euse)
Venus *nm* Vénus *f*
venza *etc vb ver* **vencer**
veo-veo *nm* (*juego*) jeu *m* de devinette
ver *vt* voir ; (*televisión, partido*) regarder ; (*Jur*) entendre ; (*esp* Aᴍ*: mirar*) regarder ; **dejarse ~** se montrer ; **no poder ~ a algn** (*odiar*) ne pas

pouvoir voir qn ; **a ~** voyons voir ; **¿a ~?** fais voir ? ; **a ~ si …** je me demande si … ; **a ~, dime** allez, dis-moi ; **voy a ~ que hay** je vais voir ce qu'il y a ; **por lo que veo** à ce que je vois ; **te veo muy contento** tu as l'air très content ; **tiene que ~ con** ça a à voir avec ; **no tener que ~ con** n'avoir rien à voir avec ; **ya verás (cómo)** tu verras (que) ; **¡habráse visto!** tu te rends compte ! ; **¡vieran qué casa!** (*Méx fam*) vous verriez la maison ! ; **¡hubieran visto qué casa!** (*Méx fam*) si vous aviez vu la maison ! ▸ *vi* voir ; **(que) no veas** tu ne peux pas t'imaginer ; **¡hay que ~!** il faut voir ! ; **a mi modo de ~** à mon avis ▸ *nm* allure *f* ; **verse** *vpr* se voir ; (*hallarse*) se trouver ; (*Am fam*) avoir l'air ; **¡nos vemos!** à tout à l'heure ! ; **(ya) se ve que …** on voit bien que … ; **te ves divina** (*Am*) tu es divine

vera *nf*: **a la ~ de** (*del camino*) au bord de ; (*de algn*) auprès de

veracidad *nf* véracité *f*

veraneante *nmf* estivant(e)

veranear *vi* passer l'été

veraneo *nm*: **ir de ~** partir l'été en vacances ; **lugar de ~** lieu *m* de vacances

veraniego, -a *adj* estival(e)

verano *nm* été *m*

veras *nfpl*: **de ~** vraiment ; **esto va de ~** c'est sérieux

veraz *adj* véridique

verbal *adj* verbal(e)

verbena *nf* *fête nocturne en plein air* ; (*Bot*) verveine *f*

verbigracia *adv* par exemple

verbo *nm* verbe *m*

verborrea (*pey*) *nf* verbiage *m*

verdad *nf* vérité *f* ; **¿~?** n'est-ce pas ? ; **de ~** vraiment ; **de ~ que no fui yo** je jure que ce n'est pas moi ; **a decir ~, no quiero** à vrai dire, je ne veux pas ; **¡es ~!** c'est vrai ! ; **la pura ~** la pure vérité ; **la ~ es que …** en fait …

verdaderamente *adv* vraiment

verdadero, -a *adj* véridique ; (*antes del nombre*) vrai(e), véritable ; **¿~ o falso?** vrai ou faux ?

verde *adj* (*tb Pol*) vert(e) ; (*plan*) pas encore mûr(e) ; (*chiste*) cochon(ne) (*fam*) ; **viejo ~** vieux cochon *m* (*fam*) ; **poner ~ a algn** (*fam*) descendre qn en flammes (*fam*) ▸ *nm* vert *m* ; (*hierba*) verdure *f*

verdear, verdecer *vi* verdir

verdezca *etc vb ver* **verdear**

verdor *nm* (*color*) couleur *f* verte, vert *m* ; (*lozanía*) luxuriance *f*

verdoso, -a *adj* verdâtre

verdugo *nm* bourreau *m* ; (*gorro*) cagoule *f*

verdulera (*pey*) *nf* marchande *f* de poisson ; *ver tb* **verdulero**

verdulero, -a *nm/f* marchand(e) de légumes

verdura *nf*, **verduras** *nfpl* légumes *mpl*

⚠ **Verdura** ne signifie pas *verdure*, qui se traduit par **vegetación** en espagnol.

vereda *nf* sentier *m* ; (*Am*) trottoir *m* ; **meter a algn en ~** remettre qn dans le droit chemin

veredicto *nm* verdict *m*

verga *nf* (*pene: Zool*) verge *f* ; (*: fam!: de hombre*) bite (*fam !*) ; (*Náut*) vergue *f*

vergel *nm* verger *m*

vergonzante *adj* honteux(-euse)

vergonzoso, -a *adj* (*persona*) timide ; (*acto, comportamiento*) honteux(-euse)

vergüenza *nf* honte *f* ; **no tener ~** ne pas avoir honte ; **me da ~ decírselo** j'ai honte de le lui dire ; **¡qué ~!** quelle honte ! ; **¡es una ~!** c'est une honte !

vericueto *nm* sentier *m* escarpé ; (*de ley, burocracia*) méandre *m*

verídico, -a *adj* véridique

verificación *nf* vérification *f* ; (*de testamento*) homologation *f*

verificar *vt* vérifier ; (*testamento*) homologuer ; (*llevar a cabo*) effectuer ; **verificarse** *vpr* avoir lieu ; (*profecía*) se vérifier

verifique *etc vb ver* **verificar**

verja *nf* grille *f*

vermut [ber'mu] (*pl* **vermuts**) *nm* vermouth *m* ; (*esp And, CSur Cine*) matinée *f*

vernáculo, -a *adj* vernaculaire

verosímil *adj* vraisemblable

verosimilitud *nf* vraisemblance *f*

verruga *nf* (*Med*) verrue *f* ; (*Bot*) excroissance *f*

versado, -a *adj*: **~ en** versé(e) dans

Versalles *n* Versailles

versar *vi*: **~ sobre** traiter de

versátil *adj* (*polivalente*) polyvalent(e) ; (*inconstante*) versatile

versatilidad *nf* (*polivalencia*) polyvalence *f* ; (*inconstancia*) versatilité *f*

versículo *nm* (*Rel*) verset *m*

versificar *vt, vi* versifier

versión *nf* version *f* ; **nueva ~** nouvelle version ; **en ~ original** en version originale

verso *nm* vers *msg* ; **~ blanco/libre** vers blanc/libre

vértebra *nf* vertèbre *f*

vertebrado, -a *adj* vertébré(e) ▸ *nm* vertébré *m*

vertebral *adj* vertébral(e) ; **columna ~** colonne *f* vertébrale

vertedero *nm* (*de basura*) décharge *f*, dépotoir *m*

verter *vt* verser ; (*derramar*) répandre ; (*basura*) jeter ▸ *vi*: **~ a** (*río*) se jeter dans ; **verterse** *vpr* se répandre

vertical *adj* vertical(e) ; (*postura, piano*) droit(e) ▸ *nf* verticale *f*

vértice *nm* sommet *m*

vertido *nm* (*acción*) déversement *m*, rejet *m* ; **el ~ de residuos nucleares** le déversement

V

de déchets nucléaires ; **vertidos** (*residuos*) déchets *mpl* ; **vertidos tóxicos** déchets toxiques
vertiente *nf* versant *m* ; (*aspecto*) aspect *m*
vertiginoso, -a *adj* vertigineux(-euse)
vértigo *nm* vertige *m* ; (*fig*) précipitation *f* ; **me da ~** ça me donne le vertige ; **de ~** (*fam: velocidad*) grand V *inv* ; (*: suma*) fou (folle)
vesícula *nf* vésicule *f* ; **~ biliar** vésicule biliaire
vespa® *nf* Vespa® *f*
vespertino, -a *adj* (*prensa, luz*) du soir
vespino® *nmf* mobylette *f*
vestíbulo *nm* vestibule *m*
vestido, -a *adj* habillé(e) ; **(ir/estar) ~ de** (être) habillé(e) en ; (*disfrazado*) (être) déguisé(e) en ▸ *nm* habit *m*, vêtement *m* ; (*de mujer*) robe *f*
vestigio *nm* vestige *m*
vestimenta *nf* habits *mpl*
vestir *vt* habiller ; (*llevar puesto*) porter ▸ *vi* s'habiller ; (*ser elegante*) habiller ; **ropa de ~** vêtements *mpl* habillés ; **vestirse** *vpr* s'habiller ; **vestirse de** s'habiller en ; **vestirse de princesa/marinero** se déguiser en princesse/marin
vestuario *nm* garde-robe *f* ; (*Teatro, Cine*) costumes *mpl* ; (*local: Teatro*) loge *f* ; **vestuarios** *nmpl* (*Deporte*) vestiaires *mpl*
Vesubio *nm* Vésuve *m*
veta *nf* (*de mineral*) veine *f*, filon *m* ; (*en piedra, madera*) veine
vetar *vt* mettre son veto à
veteranía *nf* (longue) expérience *f*, ancienneté *f*
veterano, -a *adj* ancien(ne) ▸ *nm/f* vétéran *m*
veterinaria *nf* médecine *f* vétérinaire
veterinario, -a *nm/f* vétérinaire *mf*
veto *nm* veto *m*
vetusto, -a *adj* vétuste
vez *nf* fois *fsg* ; (*turno*) tour *m* ; **a la ~** en même temps ; **a la ~ que** en même temps que ; **a su ~** à son tour ; **cada ~ más/menos** de plus en plus/de moins en moins ; **hay cada ~ más/menos gente** il y a de plus en plus/de moins en moins de monde ; **una ~** une fois ; **de una ~** en une seule fois ; **de una ~ para siempre** une bonne fois pour toutes ; **en ~ de** au lieu de ; **a veces/algunas veces** parfois ; **otra ~** encore (une fois) ; **una y otra ~** à maintes reprises ; **pocas veces** peu, pas souvent ; **de ~ en cuando** de temps en temps ; **7 veces 9** 7 fois 9 ; **hacer las veces de** tenir lieu de, faire office de ; **tal ~** peut-être ; **¿lo has visto alguna ~?** l'as-tu déjà vu ? ; **¿cuántas veces?** combien de fois ? ; **érase una ~** il était une fois
v. g., v.gr. *abr* (= *verbigracia*) i.e. (= *id est*)
VHF *sigla f* (= *Very High Frequency*) VHF *f*
vía *nf* voie *f* ; **dar ~ libre a** ouvrir la voie à ; **por ~ aérea** par avion ; **por ~ oral** (*Med*) par voie orale ; **por ~ judicial** par voie judiciaire ; **por ~ oficial** par la voie officielle ; **por ~ de** par le canal de ; **en vías de** en voie de ; **un país en vías de desarrollo** un pays en voie de développement ; **transmisión ~ satélite** transmission *f* par satellite ; **Madrid-Berlín ~ París** Madrid-Berlin via Paris ; **vías aéreas** voies *fpl* aériennes ; **~ de comunicación** voie de communication ; **V~ Láctea** Voie lactée ; **~ pública** voie publique ; **~ única** (*Auto*) voie à sens unique
viabilidad *nf* viabilité *f*
viable *adj* viable
viaducto *nm* viaduc *m*
viajante *nm* (*Com*) représentant *m*, voyageur *m* de commerce
viajar *vi* voyager
viaje *nm* voyage *m* ; (*carga*) cargaison *f* ; **agencia de viajes** agence *f* de voyage ; **bolsa/manta de ~** sac *m*/couverture *f* de voyage ; **¡buen ~!** bon voyage ! ; **estar de ~** être en voyage ; **ir de ~** partir en voyage ; **~ de ida y vuelta** voyage aller-retour ; **~ de negocios** voyage d'affaires ; **~ de novios** voyage de noces
viajero, -a *adj, nm/f* voyageur(-euse)
vial *adj* (*Auto: seguridad*) routier(-ière) ; (*Auto: marca*) au sol
vianda *nf* victuaille *f*
viandante *nmf* piéton(-onne)
viaraza (*Am*) *nf* accès *msg* ; (*ocurrencia*) idée *f*
víbora *nf* vipère *f*
vibración *nf* vibration *f* ; **hay buenas vibraciones** (*fig*) le courant passe bien
vibrador *nm* vibrateur *m*
vibrante *adj* vibrant(e) ; (*fig: público*) transporté(e)
vibrar *vi* vibrer
vicaría *nf* (*Rel*) vicariat *m* ; **pasar por la ~** convoler en justes noces
vicario *nm* vicaire *m*
vicealmirante *nmf* vice-amiral(e)
vicecónsul *nm* vice-consul *m*
vicegerente *nmf* sous-directeur(-trice)
vicepresidente *nmf* vice-président(e)
viceversa *adv*: **y ~** et vice versa
viciado, -a *adj* (*corrompido*) malsain(e) ; (*postura*) gauchi(e) ; (*aire, atmósfera*) vicié(e)
viciar *vt* (*persona, costumbres*) pervertir ; (*Jur, aire*) vicier ; (*objeto, postura*) déformer ; (*mecanismo, dicción*) fausser ; **viciarse** *vpr* (*aire*) devenir vicié(e) ; (*deformarse*) se déformer ; **viciarse con** (*persona*) devenir mordu(e) de
vicio *nm* vice *m* ; (*mala costumbre*) mauvaise habitude *f*, défaut *m* ; (*mimo*) faiblesse *f* ; (*deformación*) déformation *f* ; **de *o* por ~** par habitude ; **~ de dicción** défaut de prononciation

vicioso, -a *adj, nm/f* vicieux(-euse) ; **círculo ~** cercle *m* vicieux
vicisitud *nf* vicissitude *f*
víctima *nf* victime *f* ; **ser ~ de** être victime de
victimario (AM) *nm* assassin *m*
victimismo *nm* victimisme *m*
victoria *nf* victoire *f*
victorioso, -a *adj* victorieux(-euse) ; **salir ~ de** sortir victorieux(-euse) de
vicuña *nf* vigogne *f*
vid *nf* vigne *f*
vida *nf* vie *f* ; (*de aparato, edificio*) durée *f* de vie ; **¡~!, ¡~ mía!** mon amour ! ; **calidad de ~** qualité *f* de la vie ; **de por ~** à vie ; **en la/mi** *etc* **~** (*nunca*) de la/ma *etc* vie ; **estar con ~** être en vie ; **hacer ~ social** sortir beaucoup ; **ganarse la ~** gagner sa vie ; **de ~ o muerte** de vie ou de mort ; **¡esto es ~!** ça, c'est la belle vie ! ; **le va la ~ en esto** sa vie en dépend ; **~ de perros** vie de chien ; **~ eterna/privada** vie éternelle/privée
vidente *nmf* voyant(e)
vídeo (AM), **video** *nm* vidéo *f* ; (*aparato*) magnétoscope *m* ; **cinta de ~** cassette *f* vidéo, bande *f* vidéo ; **grabar en ~** enregistrer en vidéo ; **~ compuesto/inverso** (*Inform*) vidéo composite/inverse ; **~ musical** vidéo musicale
videocámara *nf* caméra *f* vidéo
videocasete, videocassette *nm* vidéocassette *f*
videoclip *nm* vidéoclip *m*, clip *m* vidéo
videoclub *nm* club *m* vidéo
videoconferencia *nf* visioconférence *f*
videoconsola *nf* console *f* de jeux
videodatos *nmpl* (*Com*) données *fpl* vidéo
videojuego *nm* jeu *m* vidéo
videojugador, -a *nm/f* joueur(-euse) de jeux vidéos
videoproyector *nm* vidéoprojecteur *m*
videotex, videotexto *nm* vidéotex *m*
videovigilancia *nf* vidéosurveillance *f*
vidriera *nf* baie *f* vitrée ; (AM: *de tienda*) vitrine *f* ; (*puerta*) porte *f* vitrée ; *ver tb* **vidriero**
vidriero, -a *nm/f* vitrier *m*
vidrio *nm* (*material*) verre *m* ; (*trozo*) bout *m* de verre ; (*de ventana, puerta*) vitre *f* ; (AM) fenêtre *f* ; **pagar los vidrios rotos** payer les pots cassés ; **~ cilindrado** verre très épais ; **~ inastillable** verre Sécurit®
vidrioso, -a *adj* vitreux(-euse)
vieira *nf* coquille *f* Saint-Jacques
viejito, -a (AM) *nm/f* (*amigo*) (mon (ma)) vieux (vieille)
viejo, -a *adj* vieux (vieille) ; (*tiempos*) ancien(ne) ; **hacerse** *o* **ponerse ~** se faire vieux (vieille) ▸ *nm/f* vieux (vieille) ; **mi ~/vieja** (*esp* CSUR *fam: padre/madre*) mon vieux/ma vieille ; (*: marido/mujer*) le vieux/la vieille ; (*: mi vida*) mon amour ; **mis viejos** (*esp* CSUR *fam: padres*) mes vieux

> En francés, el adjetivo *vieux* se transforma en *vieil* cuando precede a un sustantivo masculino que comienza por vocal o *h* muda. Por ejemplo: *un vieil homme*.

Viena *n* Vienne
viene *etc vb ver* **venir**
vienés, -esa *adj* viennois(e) ▸ *nm/f* Viennois(e)
viento *nm* vent *m* ; (*cuerda*) corde *f* de tente ; **contra ~ y marea** contre vents et marées ; **ir ~ en popa** marcher comme sur des roulettes ; **~ de cola/de costado** vent arrière/de travers
vientre *nm* ventre *m* ; **hacer de ~** aller à la selle
vier. *abr* = **viernes**
viernes *nm inv* vendredi *m* ; **V~ Santo** vendredi saint ; *ver tb* **sábado**
vierta *etc vb ver* **verter**
Vietnam *nm* Vietnam *m*
vietnamita *adj* vietnamien(ne) ▸ *nmf* Vietnamien(ne)
viga *nf* poutre *f*
vigencia *nf* (*de ley, contrato*) validité *f* ; (*de costumbres*) actualité *f* ; **estar/entrar en ~** être/entrer en vigueur
vigente *adj* (*ley etc*) en vigueur ; (*costumbre*) actuel(le)
vigésimo, -a *adj, nm/f* vingtième *mf*
vigía *nmf* guetteur(-euse) ▸ *nf* mirador *m*
vigilancia *nf* surveillance *f*
vigilante *adj* vigilant(e) ▸ *nm* gardien *m* ; **~ jurado** vigile *m* ; **~ nocturno** gardien(-enne) de nuit
vigilar *vt* surveiller ▸ *vi* être de garde ; **~ por** (*salud*) veiller à ; (*algn*) veiller sur
vigilia *nf* veille *f* ; (*Rel*) vigile *f*, veille *f*
vigor *nm* vigueur *f* ; **en ~** en vigueur ; **entrar en ~** entrer en vigueur
vigoroso, -a *adj* vigoureux(-euse)
vigueta *nf* poutrelle *f*
VIH *sigla m* (= *virus de la inmunodeficiencia humana*) VIH *m* (= *virus de l'immunodéficience humaine*)
vikingo, -a *adj* viking ▸ *nm/f* Viking *mf*
vil *adj* vil(e)
vileza *nf* vilenie *f*
vilipendiar *vt* vilipender
villa *nf* villa *f* ; (*población*) ville *f* ; **la V~ (de Madrid)** la Ville (de Madrid) ; **~ miseria** (CSUR) bidonville *m*
villancico *nm* chant *m* de Noël
villano *nm* malfrat *m*
villorrio (*pey*) *nm* trou *m*
vilo: **en ~** *adv* (*sostener, levantar*) en l'air ; **estar en ~** (*fig*) être sur des charbons ardents
vinagre *nm* vinaigre *m*
vinagrera *nf* vinaigrier *m* ; **vinagreras** *nfpl* (*en la mesa*) huilier(-vinaigrier) *m*

V

vinagreta *nf* vinaigrette *f*
vinatero, -a *adj* viticole ▸ *nm/f* viticulteur(-trice)
vinculación *nf* (*a partido, idea*) lien *m* ; (*de grupos, hechos*) rapprochement *m*
vincular *vt* rapprocher ; (*por contrato, obligación*) lier ; **vincularse** *vpr*: **vincularse (a)** se rapprocher (de)
vínculo *nm* lien *m*
vindicar *vt* défendre ; (*vengar*) venger
vindique *etc vb ver* **vindicar**
vinícola *adj* vinicole
vinicultura *nf* viticulture *f*
vinilo *nm* vinyle *m*
vino *vb ver* **venir** ▸ *nm* vin *m* ; **~ añejo** vin vieux ; **~ blanco/rosado/tinto** vin blanc/rosé/rouge ; **~ de crianza** grand cru *m* ; **~ de mesa** vin de table ; **~ peleón** (*fam*) pinard *m* (*fam*)
viña *nf* vigne *f*
viñedo *nm* vignoble *m*
viñeta *nf* vignette *f*
viola *nf* viole *f*
violáceo, -a *adj* violacé(e)
violación *nf* (*de una persona*) viol *m* ; (*de derecho, ley*) violation *f* ; **~ de contrato** (*Com*) rupture *f* de contrat
violador, a *nm/f* violeur(-euse)
violar *vt* violer
violencia *nf* violence *f* ; **~ doméstica** violence domestique, violence conjugale
violentar *vt* forcer ; (*persona*) violenter ; **violentarse** *vpr* se faire violence
violento, -a *adj* violent(e) ; (*embarazoso*) embarrassant(e) ; (*incómodo*) mal à l'aise *inv* ; **me es muy ~** cela me gêne beaucoup
violeta *adj* violet(te) ▸ *nf* (*Bot*) violette *f* ▸ *nm* (*color*) violet *m*
violín *nm* violon *m*
violinista *nmf* violoniste *mf*
violón *nm* contrebasse *f*
violoncelista, violonchelista *nmf* violoncelliste *mf*
violoncelo, violonchelo *nm* violoncelle *m*
V.I.P. *sigla m* (= *Very Important Person*) VIP *m*
viperino, -a *adj*: **lengua viperina** langue *f* de vipère
virador *nm* (*para fotocopiadora*) toner *m*
viraje *nm* virage *m* ; (*de ideas, procedimientos*) revirement *m*
viral *adj* viral
virar *vt* (*Foto*) faire virer ▸ *vi* virer
virgen *adj* vierge ▸ *nm/f* puceau (pucelle) ▸ *nf* vierge *f* ; **la (Santísima) V~** la (Sainte) Vierge
virginidad *nf* virginité *f*
Virgo *nm* (*Astrol*) la Vierge ; **ser ~** être Vierge
vírico, -a *adj* viral(e) ; **enfermedad vírica** maladie *f* virale
viril *adj* viril(e) ; **miembro ~** membre *m* viril
virilidad *nf* virilité *f*
virrey *nm* vice-roi *m*
virtual *adj* virtuel(le) ; (*candidato, presidente*) potentiel(le)
virtud *nf* vertu *f* ; **en ~ de** en vertu de
virtuosismo *nm* virtuosité *f*
virtuoso, -a *adj* vertueux(-euse) ▸ *nm/f* (*Mús*) virtuose *mf*
viruela *nf* variole *f* ; **viruelas** *nfpl* (*pústulas*) boutons *mpl* de variole
virulencia *nf* virulence *f*
virulento, -a *adj* virulent(e)
virus *nm inv* virus *msg*
viruta *nf* copeau *m*
vis *nf*: **~ cómica** génie *m* comique ▸ *adv*: **~ a ~** vis-à-vis
visa (*Am*) *nf*, **visado** *nm* visa *m* ; **~ de permanencia** permis *m* de séjour
visar *vt* viser
víscera *nf* viscère *m* ; **vísceras** *nfpl* viscères *mpl*
visceral *adj* viscéral(e)
viscosa *nf* viscose *f*
viscosidad *nf* viscosité *f*
viscoso, -a *adj* visqueux(-euse)
visera *nf* visière *f* ; (*gorra*) casquette *f* à visière
visibilidad *nf* visibilité *f*
visible *adj* visible ; **estar ~** être visible ; **exportaciones/importaciones visibles** (*Com*) exportations *fpl*/importations *fpl* visibles
visigodo, -a *adj* wisigoth(e) ▸ *nm/f* Wisigoth(e)
visillo *nm* voilage *m*
visión *nf* vision *f* ; **ver visiones** avoir des visions ; **~ de conjunto** vue *f* d'ensemble ; **~ global** vue globale
visionario, -a *adj, nm/f* visionnaire *mf*
visita *nf* visite *f* ; **horas/tarjeta de ~** heures *fpl*/carte *f* de visite ; **hacer una ~** rendre *o* faire une visite ; **ir de ~** aller rendre visite ; **~ de cortesía** visite de courtoisie ; **~ de cumplido** visite de politesse
visitante *adj, nmf* visiteur(-euse)
visitar *vt* (*familia etc*) rendre visite à ; (*ciudad, museo*) visiter ; (*inspeccionar*) faire la visite de
vislumbrar *vt* apercevoir, distinguer ; (*solución*) entrevoir
vislumbre *nf* aperçu *m* ; (*de luz, fuego*) lueur *f*
viso *nm* (*de metal*) éclat *m* ; (*de tela*) lustre *m* ; (*aspecto*) luisant *m* ; **tiene visos de ser cierto** cela a l'air d'être vrai
visón *nm* vison *m* ; **abrigo de ~** manteau *m* de vison
visor *nm* (*Foto, de arma*) viseur *m*
víspera *nf* veille *f* ; **la ~ *o* en vísperas de** (à) la veille de
vista *nf* vue *f* ; (*Jur*) audience *f* ; **a primera *o* simple ~** à première vue, au premier abord ; **a ~ de pájaro** à vol d'oiseau ; **fijar *o* clavar la ~ en algo** fixer qch ; **hacer la ~ gorda** fermer les yeux ; **tener ~ (para algo)** avoir du flair

(pour qch) ; **volver la ~** détourner les yeux ; **hacer algo a la ~ de todos** faire qch au vu et au su de tous ; **está** *o* **salta a la ~ que** il saute aux yeux que ; **a la ~** *(Com)* à vue ; **conocer a algn de ~** connaître qn de vue ; **perder algo/a algn de ~** perdre qch/qn de vue ; **en ~ de ...** vu ... ; **en ~ de que** vu que ; **¡hasta la ~!** à bientôt ! ; **con vistas a** *(al mar)* avec vue sur ; *(al futuro, a mejorar)* dans le but de ; **~ cansada** presbytie *f* ; **~ de lince** yeux *mpl* de lynx

vistazo *nm* coup *m* d'œil ; **dar** *o* **echar un ~ a** jeter un coup d'œil à

visto, -a *vb ver* **vestir** ▸ *pp de* **ver** ▸ *adj* : **estar muy ~** ne pas être très original(e) ; **está ~ que** il est clair que ; **está bien/mal ~** c'est bien/mal vu ; **estaba ~** c'était à prévoir ; **~ que** vu que ; **por lo ~** apparemment ▸ *nm* : **~ bueno** accord *m* ; **dar el ~ bueno a** donner son accord pour

vistoso, -a *adj* voyant(e)

visual *adj* visuel(le)

visualice *etc vb ver* **visualizar**

visualización *nf* visualisation *f* ; *(Inform)* affichage *m* ; **pantalla de ~** écran *m* d'affichage

visualizador *nm* écran *m* de visualisation

visualizar *vt* visualiser ; *(Inform)* afficher

vital *adj* vital(e) ; *(persona)* plein(e) de vitalité

vitalicio, -a *adj* viager(-ère) ; *(cargo)* à vie

vitalidad *nf* vitalité *f*

vitalista *adj* vitaliste

vitamina *nf* vitamine *f*

vitaminado, -a *adj* vitaminé(e)

vitamínico, -a *adj* : **complejo ~** complexe *m* vitaminé

viticultor, a *nm/f* viticulteur(-trice)

viticultura *nf* viticulture *f*

vitola *nf (de cigarro)* bague *f*

vitorear *vt* acclamer

vítores *nmpl* clameurs *fpl*

vitoriano, -a *adj* de Vitória ▸ *nm/f* natif(-ive) *o* habitant(e) de Vitória

vitrina *nf* vitrine *f*

vitrocerámica *nf (tb:* **placa de vitrocerámica***)* table *f* vitrocéramique

vitrocerámico, -a *adj* : **placa vitrocerámica** plaque *f* vitrocéramique

vituperar *vt* vitupérer

vituperio *nm* vitupération *f*

viudedad *nf (estado)* veuvage *m* ; *(pensión)* allocation *f* de veuvage

viudez *nf* veuvage *m*

viudo, -a *adj, nm/f* veuf (veuve)

viva *excl* hourra ! ; **¡~ el rey!** vive le roi ! ▸ *nm* vivat *m*

vivac *(pl* **vivacs***)* *nm* bivouac *m*

vivacidad *nf* vivacité *f*

vivamente *adv* vivement ; *(describir)* de façon vivante

vivaracho, -a *adj* vif (vive)

vivaz *adj* vivace ; *(ingenio)* vif (vive)

vivencia *nf* vécu *m*

víveres *nmpl* vivres *mpl*

vivero *nm (de plantas)* pépinière *f* ; *(criadero)* vivier *m* ; *(fig: de discordia)* source *f* ; *(: delincuentes)* nid *m*

viveza *nf* vivacité *f*

vívido, -a *adj* vif (vive)

vividor, a *(pey) nm/f* parasite *mf* ; *(aprovechado)* noceur(-euse)

vivienda *nf* logement *m* ; **~ de protección oficial** HLM *m* ; **viviendas sociales** logements sociaux

viviente *adj* vivant(e)

vivificar *vt* vivifier

vivifique *etc vb ver* **vivificar**

vivir *vt, vi* vivre ; **~ de** vivre de ; **~ bien/mal** vivre bien/mal ; **saber ~** savoir vivre

vivo, -a *adj* vif (vive) ; *(ser, recuerdo, planta)* vivant(e) ; **al rojo ~** à blanc ; **en ~** (TV, *Mús*) en direct

vizcacha *nf (Zool) sorte de lièvre à longue queue d'Amérique Latine*

vizcaíno, -a *adj* de Biscaye ▸ *nm/f* natif(-ive) *o* habitant(e) de Biscaye

Vizcaya *nf* Biscaye *f* ; **el Golfo de ~** le golfe de Gascogne

vizconde *nm* vicomte *m*

V.M. *abr* = **Vuestra Majestad**

V.O. *abr (= versión original)* VO *f (= version originale)*

vocablo *nm* mot *m*

vocabulario *nm* vocabulaire *m*

vocación *nf* vocation *f*

vocacional *(Méx) nf (Escol)* collège *m* technique

vocal *adj* vocal(e) ▸ *nmf* membre *m* ▸ *nf (Ling)* voyelle *f*

vocalice *etc vb ver* **vocalizar**

vocalista *nmf* chanteur(-euse)

vocalizar *vt* prononcer ▸ *vi* articuler

voceador *(Am) nm* : **~ de periódicos** crieur *m* de journaux

vocear *vt (mercancía)* vendre à la criée ; *(escándalo, noticia)* crier sur les toits ▸ *vi* crier

vocerío *nm* clameur *f*

vocero, -a *(Am) nm/f* porte-parole *m inv*

voces *pl de* **voz**

vociferar *vi* vociférer

vocinglero, -a *adj* déchaîné(e)

vodevil *nm* vaudeville *m*

vodka *nm* vodka *f*

vodú *(Am) nm* vaudou *m*

vol. *abr (= volumen)* vol. *(= volume)*

volado, -a *(fam) adj* : **estar ~** être cinglé(e) *(fam)*

volador, a *adj* volant(e)

voladura *nf* explosion *f* ; *(Minería)* minage *m*

volandas : **en ~** *adv* en volant ; *(en un momento)* en un clin d'œil

volantazo *nm (Auto)* coup *m* de volant

volante *adj* volant(e) ▸ *nm* volant *m* ; *(Med: de*

aviso) convocation *f* ; **ir al ~** être au volant
volar *vt* faire exploser ▶ *vi* voler ; (*tiempo*) passer ; (*noticias*) aller bon train ; (*fam: desaparecer*) filer ; **voy volando** j'y cours ; **volarse** *vpr* s'envoler
volátil *adj* (*Econ*, *Quím*) volatil(e) ; (*carácter, situación*) versatile, instable
volatilidad *nf* (*Econ*, *Quím*) volatilité *f* ; (*de carácter, situación*) versatilité *f*, instabilité *f*
volcán *nm* volcan *m* ; **el país es un ~** (*fig*) le pays est une poudrière
volcánico, -a *adj* volcanique
volcar *vt* (*recipiente*) vider ; (*contenido*) verser ; (*vehículo*) renverser ; (*barco*) faire chavirer ▶ *vi* (*vehículo*) capoter ; (*barco*) chavirer ; **volcarse** *vpr* (*recipiente*) se renverser ; (*vehículo*) capoter ; (*barco*) chavirer ; (*esforzarse*): **volcarse para hacer algo/con algn** se donner beaucoup de mal pour faire qch/avec qn
volea *nf* volée *f*
voleibol *nm* volley-ball *m*
voleiplaya *nm* beach-volley *m*
voleo *nm* volée *f* ; **a(l) ~** au petit bonheur, au hasard ; **de un ~** en un tourne-main
Volga *nm* Volga *f*
volición *nf* volonté *f*
volqué *etc*, **volquemos** *etc* *vb ver* **volcar**
volquete *nm* camion *m* à benne
voltaje *nm* voltage *m*
voltear *vt* faire tourner ; (*persona: en el aire*) faire sauter en l'air ; (*AM*) tourner ; (*: volcar*) verser ▶ *vi*: **~ a hacer algo** (*AM*) recommencer (à faire) qch ; **voltearse** *vpr* (*AM*) se retourner
voltereta *nf* (*rodada*) galipette *f* ; (*en el aire*) saut *m* périlleux ; **~ lateral** roue *f*
voltio *nm* volt *m*
voluble *adj* volubile
volumen *nm* volume *m* ; (*Com*) volume, chiffre *m* ; **bajar el ~** baisser le son ; **poner la radio a todo ~** mettre la radio à fond ; **~ de capital** capital *m* ; **~ de negocios/de ventas** chiffre d'affaires/des ventes
voluminoso, -a *adj* volumineux(-euse)
voluntad *nf* volonté *f* ; **a ~** à volonté ; **buena ~** bonne volonté ; **dar la ~** laisser un pourboire ; **tener mucha/poca ~** être quelqu'un de très volontaire/manquer de volonté ; **por causas ajenas a nuestra ~** pour des raisons indépendantes de notre volonté
voluntariado *nm* (*trabajo*) bénévolat *m* ; (*trabajadores*) bénévoles *mpl*
voluntariamente *adv* volontairement, de mon/ton/*etc* plein gré
voluntario, -a *adj* volontaire ▶ *nm/f* volontaire *mf*, bénévole *mf* ; **ofrecerse (como) ~** se porter volontaire
voluntarioso, -a *adj* volontaire
voluptuoso, -a *adj* voluptueux(-euse)
volver *vt* tourner ; (*boca abajo, de dentro fuera*) retourner ; (*de atrás adelante*) ramener ; (*transformar en: persona*) rendre ; (*manga*) retrousser ; **~ la espalda** tourner le dos ; **~ la vista atrás** regarder en arrière ; **~ loco a algn** rendre qn fou ▶ *vi* (*regresar*) revenir ; (*ir de nuevo*) retourner ; **~ a hacer algo** recommencer (à faire) qch ; **~ de** revenir de ; **~ en sí** revenir à soi ; **volverse** *vpr* (*girar*) se retourner ; (*convertirse en*) devenir ; **volverse loco/insociable** devenir fou/asocial ; **volverse atrás** revenir en arrière ; **su mentira se volvió contra él** *o* **en contra de él** son mensonge s'est retourné contre lui
vomitar *vt* vomir ; (*sangre*) cracher ▶ *vi* vomir
vomitivo, -a *adj* (*Med*) vomitif(-ive), émétique ; (*fig*) écœurant(e) ▶ *nm* (*Med*) émétique *m*
vómito *nm* vomissement *m* ; (*lo vomitado*) vomi *m*
voracidad *nf* voracité *f*
vorágine *nf* tourbillon *m*
voraz *adj* vorace ; (*hambre*) dévorant(e)
vórtice *nm* tourbillon *m*
vos (*AM*) *pron pers* (*sujeto*) tu ; (*tras preposición*) toi ; **es de/para ~** c'est à/pour toi

> **vos**
> En Argentine, en Uruguay, au Paraguay et dans la plupart des pays d'Amérique centrale, le pronom personnel de la deuxième personne du singulier *tú* est remplacé par **vos**, qui à l'origine était la forme de vouvoiement employée jusqu'au XVIe siècle. **Vos** s'emploie avec un verbe conjugué à la deuxième personne du singulier (*¿Vos lo sabías?*) et avec le complément d'objet direct te (*Vos te lo mereces*). Dans le reste des pays hispanophones, c'est le tutoiement (*tuteo*) qui est utilisé, comme en Espagne.

voseo (*AM*) *nm* vouvoiement *m*
Vosgos *nmpl* Vosges *fpl*
vosotros, -as *pron pers* vous *pl* ; **entre ~** parmi vous
votación *nf* vote *m* ; **por ~** par vote ; **someter algo a ~** soumettre qch au vote ; **~ secreta/a mano alzada** vote à bulletin secret/à main levée
votante *nmf* votant(e), électeur(-trice)
votar *vt*, *vi* voter
voto *nm* vote *m* ; (*Rel*) vœu *m* ; **hacer votos por** former des vœux pour ; **dar su ~** voter ; **~ a favor** vote pour ; **~ de censura/de confianza** motion *f* de censure/vote de confiance ; **~ en contra** vote contre
voy *vb ver* **ir**
voz *nf* voix *fsg* ; (*grito*) cri *m* ; (*rumor*) bruit *m* ; (*Ling: palabra*) mot *m* ; **dar voces** pousser des

cris ; **llamar a algn/hablar a voces** appeler qn/parler en criant ; **la ~ de la conciencia** la voix de la conscience ; **a media ~** à mi-voix ; **a ~ en cuello** *o* **en grito** à grands cris ; **de viva ~** de vive voix ; **en ~ alta/baja** à voix haute/basse ; **llevar la ~ cantante** mener la danse ; **tener la ~ tomada** être enroué(e) ; **tener ~ y voto** avoir voix au chapitre ; **~ de mando** ton *m* de commandement ; **~ en off** voix off

vozarrón *nm* voix *fsg* de stentor

vra. *abr* (= *vuestra*) *ver* **vuestro**

vro. *abr* = **vuestro**

Vto. *abr* (*Com*) = **vencimiento**

vudú *nm* vaudou *m*

vuelco *vb ver* **volcar** ▸ *nm* culbute *f*, chute *f* ; (*de coche*) tonneau *m* ; **me dio un ~ el corazón** ça m'a fait un coup au cœur

vuelo *vb ver* **volar** ▸ *nm* vol *m* ; (*de falda, vestido*) ampleur *f* ; **de altos vuelos** de haut vol ; **alzar el ~** prendre son vol ; **cazar** *o* **coger al ~** attraper au vol ; **cazarlas** *o* **cogerlas al ~** (*fig*) ne pas en laisser passer une ; **falda de (mucho) ~** jupe *f* ample ; **~ chárter** vol charter ; **~ en picado** descente *f* en piqué ; **~ espacial** vol spatial ; **~ libre** vol libre ; **~ regular** vol régulier ; **~ sin motor** vol sans moteur

vuelque *etc vb ver* **volcar**

vuelta *nf* tour *m* ; (*regreso*) retour *m* ; (*en carreras, circuito*) virage *m* ; (*de camino*) détour *m* ; (*de río*) méandre *m* ; (*de papel*) verso *m* ; (*de pantalón, tela, fig*) revers *msg* ; (*en labor de punto*) rangée *f* ; (*situación*) renversement *m* ; (*dinero*) monnaie *f* ; **~ a empezar** retour à la case départ ; **a la ~** (*Esp*) au retour ; **a la ~ (de la esquina)** au coin (de la rue) ; **a ~ de correo** par retour du courrier ; **dar(se) la ~** (*coche*) faire demi-tour ; (*persona*) se retourner ; **dar la ~ a algo** retourner qch ; (*de atrás adelante*) ramener qch ; **dar la ~ al mundo** faire le tour du monde ; **dar vueltas** tourner ; **dar vueltas a algo** (*comida*) remuer qch ; (*manivela*) tourner qch ; **dar vueltas a una idea** tourner et retourner une idée dans sa tête ; **dar una ~** faire un tour ; **dar una ~ a algo** (*llave, tuerca*) donner un tour de qch ; **dar media ~** (*persona*) faire demi-tour ; **estar de ~** être de retour ; **poner a algn de ~ y media** (*fam*) traiter qn de tous les noms ; **no tiene ~ de hoja** il n'y a pas d'autre solution ; **~ ciclista** tour *f* (cycliste) ; **~ de campana** tonneau *m*

vueltecita *nf* petit tour *m*

vueltita (*Am fam*) *nf* petit tour *m*

vuelto *pp de* **volver** ▸ *nm* (*Am*) monnaie *f*

vuelva *etc vb ver* **volver**

vuestro, -a *adj* votre ; **un amigo ~** un de vos amis, un ami à vous ; **una idea vuestra** une de vos idées ▸ *pron*: **el ~/la vuestra** le/la vôtre ; **los vuestros/las vuestras** les vôtres ; **lo ~** ce qui est à vous ; **¿son vuestros?** c'est à vous ?

vulgar *adj* (*pey*) vulgaire ; (*no refinado*) grossier(-ière) ; (*gustos, uso*) commun(e)

vulgarice *etc vb ver* **vulgarizar**

vulgaridad *nf* vulgarité *f* ; (*de gustos, rasgos*) banalité *f* ; (*grosería*) grossièreté *f* ; **vulgaridades** *nfpl* (*trivialidades*) banalités *fpl*

vulgarismo *nm* expression *f* populaire

vulgarizar *vt* vulgariser

vulgarmente *adv* vulgairement, communément

vulgo *nm*: **el ~** (*pey*) le commun des mortels

vulnerable *adj* vulnérable ; (*punto, zona*) sensible ; **ser ~ a** être vulnérable à

vulneración *nf* (*de ley, acuerdo, intimidad*) violation *f* ; (*de derechos, reputación*) atteinte *f*

vulnerar *vt* (*ley, acuerdo, intimidad*) violer ; (*derechos, reputación*) porter atteinte à

vulva *nf* vulve *f*

Ww

W¹, w ['uβe 'doble] *nf* (*letra*) W, w *m inv* ; **W de Washington** ≈ W comme William
W² *abr* (= *vatio(s)*) w (= *watt*)
walkie-talkie *nm* talkie-walkie *m*
walkman® *nm* walkman® *m*, baladeur *m*
wasapear (*fam*) *vt, vi* whatsapper
wáter ['bater] *nm* waters *mpl*, W.-C. *mpl*
waterpolo *nm* water-polo *m*
waterpolista *nmf* joueur(-euse) de water-polo
web *nf* (*red*) Web *m* ; (*página*) page *f* Web
webcam *nf* webcam *f*
webmaster ['webmaster] [web'master] *nmf* webmaster *mf*, administrateur(-trice) de site
western *nm* western *m*
whiskería *nf* bar *m* à whisky
whisky *nm* whisky *m*
widget (*pl* **widgets**) *nm* (*Inform*) widget *m*
Wi-Fi, wifi *nm* wi-fi *m*
windsurf ['winsurf] *nm* windsurf *m*, planche *f* à voile
windsurfista [winsur'fista] *nmf* véliplanchiste *mf*, planchiste *mf*
wólfram ['bolfram], **wolframio** [bol'framjo] *nm* wolfram *m*, tungstène *m*

Xx

X, x ['ekis] *nf* *(letra)* X, x *m inv* ; **X de Xiquena** ≈ X comme Xavier
xenofobia *nf* xénophobie *f*
xenófobo, -a *adj* xénophobe
xenón *nm* xénon *m*
xerografía *nf* xérographie *f*
xilófono *nm* xylophone *m*
xunta *nf* *(Pol)* junte *f*

Yy

Y, y[1] [i] *nf* (*letra*) Y, y *m inv* ; **Y de Yegua** ≈ Y comme Yvonne
y[2] [i] *conj* et ; **y bueno/claro** (*esp* ARG: *muletilla enfática*) bon/évidemment ; **¿y tu hermana?** et ta sœur ? ; **¡¿y qué?!** et alors ! ; **¿y si ...?** et si ... ? ; **¡y yo!** moi aussi ! ; **estuvo llora y llora** (AM) il (elle) n'a pas arrêté de pleurer
ya *adv* déjà ; (*con presente: ahora*) maintenant ; (*: en seguida*) tout de suite ; (*con futuro: pronto*) bientôt ; **ya no vamos** nous ne partons plus ; **ya lo sé** je sais ; **¡ya era hora!** il était temps ! ; **ya ves** tu vois bien ; **ya veremos** on verra bien ; **ya, ya** (*irón*) mais oui ; **que ya, ya** mais oui, c'est ça ; **ya mismo** (*esp* CSUR) tout de suite ; **desde ya** (CSUR) tout de suite ; (*: claro*) évidemment ; **ya vale (de hacer), ya está bien** ça suffit ; **¡ya está!** ça y est ! ; **¡ya voy!** j'arrive !, j'y vais ! ▸ *excl* OK ! ; (*entiendo*) oui ! ; (*por supuesto*) évidemment ! ; (*por fin*) enfin ! ▸ *conj* déjà ; **ya que** puisque ; **ya que no está ...** puisqu'il n'est pas là ...
yacaré (CSUR) *nm* alligator *m*
yacer *vi* gésir ; **aquí yace** ci-gît
yacimiento *nm* gisement *m* ; ~ **petrolífero** gisement de pétrole
yak [jak] (*pl* **yaks**) *nm* yak *m*, yack *m*
Yakarta *n* Djakarta
yanqui *adj* yankee ▸ *nmf* Yankee *mf*
yapa (AND, CSUR *fam*) *nf* petit plus *msg*
yarda *nf* yard *m*
yate *nm* yacht *m*
yayo, -a (*fam*) *nm/f* papi(mamie) (*fam*)
yazca *etc vb ver* **yacer**
yedra *nf* lierre *m*
yegua *nf* jument *f*
yema *nf* (*del huevo*) jaune *m* ; (*Bot*) bourgeon *m* ; (*Culin*) *pâtisserie à base de jaune d'œuf mélangé avec du sucre* ; ~ **del dedo** bout *m* du doigt
Yemen *nm* Yémen *m*
yemení *adj* yéménite ▸ *nmf* Yéménite *mf*
yen *nm* yen *m*
yendo *vb ver* **ir**
yerba *nf* = **hierba**
yerbatero, -a (AM) *adj* de maté ▸ *nm/f* (*curandero*) guérisseur(-euse)
yerbera (CSUR) *nf* récipient *m* à maté
yerga *etc*, **yergue** *etc vb ver* **erguir**
yermo, -a *adj* (*no cultivado*) inculte ; (*despoblado*) désert(e) ▸ *nm* terre *f* inculte
yerno *nm* gendre *m*
yerre *etc vb ver* **errar**
yerto, -a *adj* figé(e)
yesca *nf* amadou *m*
yeso *nm* (*Geo*) gypse *m* ; (*Arq*) plâtre *m*
ye-yé (*anticuado, fam*) *adj* yé-yé ; **música** ~ musique *f* yé-yé
yídish, yíddish ['jidiʃ] *nm* yiddish *m*
yihad [ji'ad] *nf* djihad *m*
yihadismo *nm* djihadisme *m*
yihadista *adj, nmf* djihadiste *mf*
yincana *nm* = **gincana**
yo *pron pers* (*sujeto*) je ; (*tras preposición*) moi ; **soy yo** c'est moi ; **yo que tú/usted** moi, à ta/votre place
yodo *nm* iode *m*
yoga *nm* yoga *m*
yogur, yogurt *nm* yaourt *m*, yogourt *m* ; **~(t) descremado** *o* **desnatado** yaourt écrémé
yogurtera *nf* yaourtière *f*
yonqui (*fam*) *nmf* junkie *mf* (*fam*)
yoyó (*pl* **yoyós**), **yo-yo** (*pl* **yo-yos**) *nm* yoyo *m*
yuca *nf* yucca *m*
yudo *nm* judo *m*
yugo *nm* joug *m*
Yugoslavia *nf* (*Hist*) Yougoslavie *f*
yugoslavo, -a *adj* (*Hist*) yougoslave ▸ *nm/f* Yougoslave *mf*
yugular *adj, nf* jugulaire *f*
yungas (AND) *nfpl vallées tropicales des Andes*
yunque *nm* enclume *f*
yunta *nf* attelage *m* ; **yuntas** *nfpl* (VEN: *de camisa*) boutons *mpl* de manchette
yute *nm* jute *m*
yuxtaponer *vt* juxtaposer
yuxtaponga *etc vb ver* **yuxtaponer**
yuxtaposición *nf* juxtaposition *f*
yuxtapuesto *etc pp*, **yuxtapuse** *vb ver* **yuxtaponer**
yuyo (AND, CSUR) *nm* herbe *f*

Zz

Z, z ['θeta, (*esp* Am) 'seta] *nf* (*letra*) Z, z *m inv* ; **Z de Zaragoza** ≈ Z comme Zoë
zacate (CAm, Méx) *nm* paille *f*
zafacón (Carib) *nm* corbeille *f* à papiers
zafarse *vpr*: **~ de** se libérer de
zafio, -a *adj* rustre
zafiro *nm* saphir *m*
zaga *nf*: **a la ~** à la traîne ; **ella no le va a la ~** (*fig*) elle n'a rien à lui envier
zagal, a *nm/f* (*muchacho*) garçon (fille) ; (*pastor*) pâtre (bergère)
zaguán *nm* vestibule *m*
zaguero, -a *nm/f* (*Fútbol, Rugby*) arrière *mf*
zaherir *vt* mortifier
zahiera *etc*, **zahiriendo** *etc* *vb ver* **zaherir**
zahorí *nmf* devin (devineresse)
zaino, -a *adj* (*color de caballo*) bai(e) ; (*toro*) noir(e) ; (*pérfido*) perfide
zalamería *nf* flatterie *f*
zalamero, -a *adj* flatteur(-euse)
zamarra *nf* veste *f* en peau
zamba *nf* samba *f* ; *ver tb* **zambo**
Zambeze *nm* Zambèze *m*
Zambia *nf* la Zambie
zambo, -a *adj* torse ▸ *nm/f* (Am) métis(se) (*de race noire et indienne*)
zambullida *nf* plongeon *m*
zambullirse *vpr* plonger ; (*fig: en trabajo*) se plonger
zamorano, -a *adj* de Zamora ▸ *nm/f* natif(-ive) *o* habitant(e) de Zamora
zampar (*fam*) *vt* avaler ; **zamparse** *vpr*: **zamparse algo** s'enfiler qch (*fam*)
zamuro (Ven) *nm* vautour *m*
zanahoria *nf* carotte *f*
zancada *nf* enjambée *f* ; **dar zancadas** faire de grandes enjambées
zancadilla *nf* croche-pied *m* ; **echar** *o* **poner la ~ a algn** faire un croche-pied à qn ; (*fig*) mettre des bâtons dans les roues à qn
zanco *nm* échasse *f*
zancudo, -a *adj*: **ave ~** échassier *m* ▸ *nm* (Am) moustique *m*
zángano, -a *nm/f* feignant(e) ▸ *nm* (*Zool*) faux bourdon *m*
zanja *nf* fossé *m*
zanjar *vt* trancher
zapador *nm* (*Mil*) sapeur *m*
zapallo (And, CSur) *nm* calebasse *f*
zapapico *nm* pic *m* (à deux têtes)
zapata *nf* patin *m*
zapateado *nm* zapatéado *m*
zapatear *vi* taper des pieds ; (*bailar*) danser le zapatéado
zapatería *nf* (*tienda*) magasin *m* de chaussures ; (*oficio*) cordonnerie *f*
zapatero, -a *nm/f* cordonnier(-ière) ; (*vendedor*) marchand(e) de chaussures
zapatilla *nf* (*para casa, ballet*) chausson *m* ; (*para la calle*) chaussure *f* légère ; (*Tec*) joint *m* ; **~ de deporte** chaussure de sport, tennis *f*
zapatista *adj*, *nmf zapatiste mf*
zapato *nm* chaussure *f* ; **~ de tacón** chaussure à talon
zapear *vi* zapper
zapote (CAm, Méx) *nm* (*arbre*) sapotier *m* ; (*fruta*) sapote *f*
zapping ['θapin] *nm* zapping *m* ; **hacer ~** zapper
zar *nm* tsar *m*
zarabanda *nf* sarabande *f*
Zaragoza *n* Saragosse
zaragozano, -a *adj* de Saragosse ▸ *nm/f* natif(-ive) *o* habitant(e) de Saragosse
zarandajas (*fam*) *nfpl* balivernes *fpl*
zarandear *vt* secouer
zarigüeya *nf* opossum *m*
zarpa *nf* griffe *f* ; **echar la ~ a** (*fam*) se jeter sur
zarpar *vi* lever l'ancre
zarpazo *nm* coup *m* de griffe
zarza *nf* ronce *f*
zarzal *nm* fourré *m*
zarzamora *nf* (*fruto*) mûre *f* ; (*planta*) ronce *f*
zarzuela *nf* zarzuela *f*
zas *excl* vlan !
zen *adj inv*, *nm* zen *m*
zenzontle (CAm, Méx) *nm* moqueur *m*
zeta *nf* z *m* ▸ *nm* (*Auto*: *tb*: **coche zeta**) voiture *f* de police
zigzag *nm* zigzag *m* ; **en ~** en zigzag
zigzaguear *vi* zigzaguer
Zimbabue, Zimbabwe *nm* le Zimbabwe
zinc *nm* zinc *m*
zíper (Méx) *nm* fermeture *f* éclair

zócalo *nm* soubassement *m*, plinthe *f*
zoco *nm* souk *m*
zodíaco *nm* zodiaque *m* ; **signo del ~** signe *m* du zodiaque
zombi *nmf* zombie *m*
zona *nf* zone *f* ; **~ de desarrollo** *o* **de fomento** zone de développement ; **~ del dólar** (*Com*) zone dollar ; **~ fronteriza/peatonal** zone frontalière/piétonne ; **~ verde** espace *m* vert
zonzo, -a (*Am fam*) *adj* bête, idiot(e) ▸*nm/f* idiot(e)
zoo *nm* zoo *m*
zoología *nf* zoologie *f*
zoológico, -a *adj* zoologique ▸*nm* (*tb*: **parque zoológico**) zoo *m*
zoólogo, -a *nm/f* zoologue *m*
zoom [θum] *nm* zoom *m*
zopenco, -a (*fam*) *adj, nm/f* crétin(e)
zopilote (*Am*) *nm* vautour *m*
zoquete (*fam*) *adj, nmf* abruti(e)
zorra (*fam, pey*) *nf* pute *f* (*fam !*) ; *ver tb* **zorro**
zorro, -a *adj* rusé(e) ▸*nm/f* renard(e) ▸*nm* (*hombre astuto*) renard *m*
zote (*fam*) *adj, nmf* abruti(e)
zozobra *nf* angoisse *f*
zozobrar *vi* (*barco*) couler ; (*fig: plan*) échouer
zueco *nm* sabot *m*
zulo *nm* (*de armas*) cache *f*
zulú *adj* zoulou ▸*nmf* Zoulou *mf*
zumba *nf* (*Mús*) zumba *f*
zumbar *vi* (*abeja*) bourdonner ; (*motor*) vrombir ; **me zumban los oídos** j'ai les oreilles qui bourdonnent ; **salir zumbando** (*fam*) filer ▸*vt* (*fam: pegar*) flanquer une gifle à ; **zumbarse** *vpr*: **zumbarse de** se moquer de
zumbido *nm* (*de abejas*) bourdonnement *m* ; (*de motor*) vrombissement *m* ; **~ de oídos** bourdonnement d'oreilles
zumo *nm* jus *msg* ; **~ de naranja** jus d'orange
zurcir *vt* (*Costura*) raccommoder ; **¡que les zurzan!** (*fam*) qu'ils aillent au diable !
zurdo, -a *adj* (*persona*) gaucher(-ère) ; (*mano*) gauche
zurra (*fam*) *nf* raclée *f* (*fam*)
zurrar *vt* (*fam: pegar*) tabasser (*fam*) ; (*piel*) tanner
zurriagazo *nm* (*latigazo*) coup *m* de fouet ; (*desgracia*) coup de malchance
zurrón *nm* gibecière *f*
zurza *etc vb ver* **zurcir**
zutano, -a *nm/f* un(e) tel(le)

L'espagnol en situation

Francés activo

Collaborateurs/Colaboradores

Lola Busuttil Xavier Carulla
Laurence Larroche Rose Rociola Malihe Sanatian
Christian Salzedo

L'espagnol en situation

L'espagnol en situation a pour objectif de vous aider à vous exprimer en espagnol dans un style simple et naturel.

Dans le **Mémo des tournures essentielles**, vous trouverez des centaines d'expressions espagnoles de base, qui vous permettront de construire vos propres phrases dans toutes sortes de contextes.

La partie **Correspondance** contient des modèles de lettres en tout genre, dont vous pourrez vous inspirer pour rédiger à votre tour vos lettres, que ce soit dans un contexte privé ou professionnel. Si vous êtes à la recherche d'un travail, vous y trouverez également des exemples de curriculum vitæ et de lettres de candidature. Pour vous permettre d'adapter ces modèles à vos besoins, nous vous donnons en outre une liste des formules de politesse employées en début et en fin de lettre.

La dernière partie est consacrée à la communication par courrier électronique et par téléphone, et comprend une liste des expressions de base les plus couramment utilisées au téléphone.

L'espagnol en situation, complément indispensable de votre dictionnaire, vous permettra de vous exprimer avec aisance dans toutes les situations.

Table des matières

Goûts et préférences

Pour dire ce qu'on aime

A todos nos gusta que nos reconozcan un trabajo bien hecho.	Quiconque apprécie que …
Me ha gustado mucho su regalo.	J'ai beaucoup aimé …
A mí los turistas que vienen por aquí **me caen (muy) bien.**	… je les aime bien.
La verdad es que el chocolate **me vuelve loca.**	J'adore …
Me encanta el mar y navegar a vela.	J'adore …
Me fascina observar a la gente.	J'adore …
Lo que más me gustó fue el postre.	Ce qui m'a plu le plus, c'était …
La historia es **mi** asignatura **favorita.**	… ma … préférée.
No hay nada como una buena ducha por las mañanas.	Il n'y a rien de tel que …
Es la mejor película **que** he visto en mi vida.	C'est le meilleur … que …

Pour dire ce qu'on n'aime pas

No me gusta comer fuera de casa.	Je n'aime pas …
No me gusta nada que me mientan.	Je n'aime pas du tout que …
Me cuesta tener que criticarle en público.	Je trouve difficile de devoir …
Mis nuevos vecinos **me caen muy mal** *ou* **no me caen nada bien.**	… ne me plaisent pas du tout.
Le tengo manía a ese chico.	… m'est très antipathique.
No soporto que me hagan esperar.	Je ne supporte pas que …
No aguanto los programas de ese tipo.	Je ne supporte pas …
Odio cualquier tipo de violencia.	Je déteste …
Me horrorizan las corridas de toros.	… me font horreur.

Préférences

Prefiero la lectura **a** la televisión.	Je préfère … à …
Prefiero que llegues tarde **a que** no vengas.	Je préférerais que … plutôt que …
Es mejor *ou* **Es preferible** hablar en el idioma del cliente.	Il vaut mieux *ou* Il est préférable de …

Indifférence

Me da igual *ou* **Me da lo mismo** vivir aquí **que** allí.	Cela m'est égal de … ou …
Me es (completamente) indiferente uno u otro.	…, cela m'est (complètement) égal.
¿Cierro con llave? – **Como quieras.**	… Comme tu veux.

Si no le veo hoy **no importa.**	Si ..., cela n'a pas d'importance.
No tiene importancia que se demoren unos minutos.	Cela n'a pas d'importance que ...
No me importa esperar.	Cela ne me dérange pas de ...

Comment demander à quelqu'un ce qu'il aime

¿**Te gusta** el yogur de fresa?	Est-ce que tu aimes ... ?
¿**Os gusta** jugar a las cartas?	Est-ce que vous aimez ... ?
¿**Cuál** de las tres camisas **te gusta más?**	Laquelle ... préfères-tu ?
¿**Te gustaría** viajar a otra época?	Aimerais-tu ... ?
De las dos posibilidades, **¿cuál prefiere?**	..., laquelle préférez-vous ?
¿**Prefieres** salir ahora **o** después de comer?	Préfères-tu ... ou ... ?

Opinion

Comment demander l'avis de quelqu'un

¿**Qué piensas de** su actitud?	Que penses-tu de ... ?
¿**Qué te parece** mi trabajo?	Que penses-tu de ... ?
¿Qué crees tú *ou* **A ti qué te parece?** ¿Vale la pena?	Qu'en penses-tu ? *ou* Qu'est-ce que tu en penses ? ...
¿**Crees que** le gustará el regalo?	Tu crois que ... ?
¿**Piensas que** se puede estudiar en estas condiciones?	Penses-tu que ... ?
¿**Qué opina de** la exportación de animales vivos?	Qu'est-ce que vous pensez de ... ?
¿**Qué opinión tiene del** aborto?	Quelle est votre opinion sur ... ?
En tu opinión, ¿quién tiene la culpa?	D'après toi *ou* À ton avis, ...
Me gustaría saber tu opinión.	J'aimerais connaître ton opinion.

Comment donner son avis

Creo que le va a encantar tu regalo.	Je crois que ...
Pienso que esa decisión ha sido un error.	Je pense que ...
Me parece que les has caído muy bien.	Il me semble que ...
En mi opinión, fue un error no decírselo.	D'après moi, ...
A mi juicio, están actuando mal.	À mon avis, ...
Imagino *ou* **Supongo que** los padres también opinarán.	J'imagine *ou* Je suppose que ...

Considero que eso es injusto. — Je considère que ...

Lo que es yo, no lo veo necesario. — Quant à moi ...

Estoy completamente seguro de que nos lo devolverán. — Je suis absolument sûr que ...

Estoy convencida de que no cuentan con fondos suficientes. — Je suis convaincue que ...

Si quieres que te diga la verdad, no me gusta nada. — À dire vrai, ...

Tengo la impresión de que algo marcha mal. — J'ai l'impression que ...

Comment ne pas émettre d'avis

No sabría decir. — Je ne pourrais pas dire.

Depende. — Cela dépend.

Depende de lo que entiendas por patriotismo. — Cela dépend de ce que tu entends par ...

Es difícil dar una opinión sin conocer las circunstancias. — Il est difficile de donner une opinion ...

No sé muy bien. — Je ne sais pas trop.

No estoy seguro. — Je ne suis pas sûr.

Approbation et accord

¡Buena idea! Yo también me voy a bañar. — Bonne idée ! ...

Has hecho bien en decírmelo. — Tu as bien fait de ...

Me parece bien lo que has hecho. — Je trouve que tu as bien fait.

Me parece muy bien que se lo digas. — Je pense que c'est très bien que ...

Me parece una idea estupenda. — Cela me semble une très bonne idée.

Tienes (toda la) razón. — Tu as (tout à fait) raison.

Yo también pienso lo mismo. — Moi aussi, je suis de cet avis.

Estoy de acuerdo con ella **en** lo que dice del machismo. — Je suis d'accord avec ... sur ...

Por supuesto que es injusto. — Bien sûr que ...

En eso tienes *ou* **Te doy toda la razón.** — Là tu as tout à fait raison.

Es cierto que es un tema delicado. — Il est certain que ...

Los dos **somos del mismo parecer** *ou* **de la misma opinión.** — Nous sommes ... du même avis.

Estamos conformes con el precio que piden. — Nous sommes d'accord avec ...

Estamos dispuestos a aceptar sus condiciones.	Nous sommes prêts à ...
¡No faltaría más!, por supuesto que lo haré.	Comment donc ! ...
No tengo ningún inconveniente en que vengan tus amigos.	Je ne vois aucun inconvénient à ce que ...

Désapprobation et désaccord

Me parece fatal que fumen en clase.	Je trouve lamentable que ...
Lo que me parece mal es que le mientas.	Ce que je ne trouve pas bien c'est que ...
No deberías haber hablado así.	Tu n'aurais pas dû ...
Me ha decepcionado lo que ha dicho.	J'ai été déçu par ...
No estoy dispuesto a tolerar ese comportamiento.	Je ne suis pas disposé à ...
Es intolerable que no se haya llegado a un acuerdo.	Il est intolérable que ...
No estamos conformes con este aumento de sueldo.	Nous ne sommes pas d'accord avec ...
Yo no lo veo así.	Je ne suis pas de cet avis.
En eso te equivocas *ou* **estás equivocado.**	C'est là que tu te trompes.
No estoy de acuerdo contigo en ese punto.	Je ne suis pas d'accord avec toi sur ...
No estoy de acuerdo con lo que dices.	Je ne suis pas d'accord avec ...
Estamos en contra de toda clase de extremismos.	Nous sommes contre ...
¡De ninguna manera!	Jamais de la vie !
Me parece una idea descabellada el cambiar ahora de táctica.	Cela me semble une idée farfelue de ...
No me convence esa teoría.	Je ne suis pas convaincu par ...
Me temo que no me será posible aceptar tu oferta.	Je crains de ne pas pouvoir ...
¡Ni pensarlo! *ou* **¡Ni hablar!**	Pas question !

Réclamations

No estoy satisfecho con mi habitación.	Je ne suis pas satisfait de ...
Estoy muy decepcionado con el trato recibido.	Je suis très déçu de ...
Quería presentar una reclamación.	Je voudrais faire une réclamation.
Quiero hablar con el responsable, por favor.	Je voudrais parler au responsable, s'il vous plaît.

Hay un problema con el aire acondicionado.	Il y a un problème avec ...
Es absolutamente inaceptable.	C'est absolument inacceptable.
¿Pueden resolverlo inmediatamente?	Ce problème peut-il est résolu de suite ?

Excuses

Comment s'excuser

¡Perdón!	Pardon !
Perdona por lo que dije.	Pardon pour ...
Perdona, me había olvidado de ti.	Excuse-moi ...
Perdone que no haya avisado antes.	Excusez-moi de ne pas avoir ...
Lo siento. A veces me cuesta reprimirme.	Je regrette *ou* Je m'excuse.
Lamento mucho lo de anoche.	Je regrette beaucoup ...
Lamentamos profundamente que haya ocurrido este incidente.	Nous regrettons sincèrement que ...
Disculpen si les he causado alguna molestia.	Excusez-moi si ...

En assumant la responsabilité de quelque chose

Es culpa mía. Me lo he buscado.	C'est (de) ma faute.
Reconozco que estaba equivocado.	Je reconnais que j'avais tort.
Debo reconocer *ou* **admitir** que nos hemos equivocado.	Je dois reconnaître *ou* admettre que ...
Me responsabilizo plenamente de lo ocurrido.	J'assume l'entière responsabilité de ...
Admitimos que existen defectos en la organización.	Nous admettons que ...
No tendría que haber dicho eso.	Je n'aurais pas dû ...

En niant toute responsabilité

No es culpa mía.	Ce n'est pas (de) ma faute.
De verdad que **no lo hice a propósito.**	... je ne l'ai pas fait exprès.
Ha sido sin querer.	Je ne l'ai pas fait exprès.
Lo dijeron **sin mala intención.**	... sans mauvaises intentions.
No era mi intención ofenderte: hablaba en broma.	Je ne voulais pas te blesser ...

En exprimant ses regrets

Lo siento, pero no consigo acordarme.	Je suis désolé, mais ...
Siento mucho no haber podido conseguir la información.	Je suis désolé de ne pas avoir pu ...
Siento comunicarle que no podré recibirle.	Je suis au regret de vous informer que ...
Desgraciadamente, nos es imposible aceptar su propuesta.	Malheureusement, il nous est impossible de ...

Explications

Causes

Tuvimos que marcharnos **porque** se puso a llover.	... parce que ...
Las plantas se han marchitado **por** exceso de riego.	... à cause de ...
No salía de casa **por miedo a que** la vieran.	... de peur que ...
En vista de que *ou* **Como** no llegaban, decidimos entrar.	Comme ...
El problema es grave, **ya que** el consumo anual es mayor que la producción.	... puisque ...
Se recomienda ir pronto, **puesto que** se forman colas enormes.	... car ...
Tuve que volver, **pues** estaba muy preocupada.	... car ...
Se cansa mucho, **a causa de** *ou* **debido a** su enfermedad.	... à cause de ...
Dimitió **por motivos de** salud.	... pour des raisons de ...
Dado que no quieres salir, nos quedaremos aquí.	Puisque ...
Estos problemas **se deben a** una mala gestión.	... sont dûs à ...

Conséquences

Por eso le tengo tanto aprecio.	C'est pour ça que ...
Los hoteles estaban llenos. **Por tanto**, tuvimos que cancelar el viaje.	C'est pourquoi ...
La película me aburrió **tanto que** me dormí.	... tellement que ...
No había comido, **así que** me preparé un bocadillo.	... alors ...
Salieron temprano, **de modo que** cuando él llegó se encontró la casa vacía.	... de sorte que ...
Como consecuencia de la crisis económica, el paro ha aumentado.	À la suite de ...

Comparaisons

Las calles son muy ruidosas **comparadas con** las de nuestro país. — ... en comparaison avec ...
En comparación con ella, yo soy muy habladora. — Par rapport à ...
Estos dos cuadros **son iguales.** — ... sont exactement pareils.
Su programa político es **igual que** el de la oposición. — ... identique à ...
En nuestras carreteras se producen casi **tantos** accidentes **como** en las de Portugal. — ... autant de ... que ...
El paisaje es **tan** bello **como** lo describió el poeta. — ... aussi ... que ...
Es como una especie de salchicha. — C'est une sorte de ...
Ambos coches **valen exactamente lo mismo.** — ... ont exactement le même prix.
Ha vuelto a suceder **lo mismo que** hace unos años. — ... la même chose que ...
Los dos hermanos **se parecen mucho** físicamente. — ... se ressemblent beaucoup ...
Tu hijo **se parece a** Mel Gibson. — ... ressemble à ...
Las temperaturas aquí **son muy parecidas** *ou* **similares a** las de mi tierra. — ... sont très semblables à ...
Este paisaje **me recuerda a** Andorra. — ... me rappelle ...

Pour souligner une différence

A los jóvenes les gusta salir, **mientras que** los mayores prefieren quedarse en casa. — ... alors que ...
En su tierra se le aprecia **(muchísimo) menos que** en el extranjero. — ... (beaucoup) moins que ...
Es **más** inteligente **de lo que parece.** — ... plus ... qu'il n'y paraît.
Este vino **es muy superior al** otro — ... bien meilleur que ...
Un coche nuevo contamina **bastante menos que** uno viejo. — ... bien moins que ...
Esa canción ya **no** suena **tanto como** el año pasado. — ... ne ... autant que ...
Este premio **no es tan** importante **como** el que consiguió hace unos años. — ... n'est pas aussi ... que ...
No se parece en nada a su padre. — Il ne ressemble pas du tout à ...
Se diferencia *ou* **Se distingue del** mío **por** el color. — Il se distingue *ou* se différencie du ... par ...
La realidad **es muy diferente** *ou* **distinta de** lo que creíamos. — ... est bien différente de ...
No tiene nada que ver. — Ça n'a rien à voir.
Son dos cosas completamente diferentes. — Ce sont deux choses complètement différentes.
Me encuentro **muchísimo mejor que** antes. — ... beaucoup mieux que ...
Este hotel es **mucho peor que** el del año pasado. — ... bien pire que ...

Demandes et propositions

Demandes

¿**Me traes** un vaso de agua?	Tu m'apportes ... ?
¿**Me dejas** tu chaqueta?	Tu me laisses ... ?
¿**Quieres** echarme una mano?	Tu veux bien ... ?
¿**Te importa** echar esta carta al correo?	Tu veux bien ... ?
¿Te puedo pedir un favor?	Je peux te demander un service ?
¿**Puedes hacerme el favor de** decírselo tú?	Tu peux me rendre service et ... ?
¿**Te importaría** cerrar un poco la ventana?	Cela ne te ferait rien de ... ?
Por favor, ven pronto.	S'il te plaît ...
¿Podrías decirme qué pone aquí, **por favor?**	Pourrais-tu ... s'il te plaît ?
Alcánzame las gafas, **si me haces el favor.**	Passe-moi ... s'il te plaît.
Haz el favor de no poner los pies en el asiento.	Fais-moi le plaisir de ne pas ...
Si no es demasiada molestia, ¿podrías encargarte tú de las bebidas?	Si ce n'est pas trop te demander, pourrais-tu ... ?
Vuelva a llamar en cinco minutos, **si es tan amable.**	... si vous le voulez bien.
Le agradecería que me ayudara a resolver el problema.	Je vous serais reconnaissant de m'aider ...
Agradeceríamos su colaboración a este respecto.	Votre collaboration serait la bienvenue ...
Tenga la amabilidad de presentarse en nuestras oficinas en horario laboral.	Veuillez ...

Propositions

¿Te ayudo?	Je t'aide ?
¿**Cierro** la ventana?	Je ferme ... ?
¿**Quieres** llevarte mi coche?	Tu veux ... ?
¿**Quieres que** vaya a recoger al niño al colegio?	Tu veux que ... ?
Déjame que te ayude.	Laisse-moi t'aider.
¿Puedo ayudarte en algo?	Je peux t'aider ?
Si quieres, te acompaño.	Si tu veux ...
Sería un placer acompañarle.	Ce serait un plaisir de ...

Conseils et suggestions

Comment demander conseil

¿Tú qué me aconsejas?	Que me conseilles-tu ?
¿Tú qué harías (si estuvieras) en mi lugar?	Qu'est-ce que tu ferais, toi, (si tu étais) à ma place ?
¿Te puedo pedir un consejo?	Je peux te demander (un) conseil ?
Quería pedirte un consejo.	Je voulais te demander (un) conseil.
¿Qué me aconsejarías que hiciera?	Que me conseillerais-tu de faire ?
¿Qué restaurante **me recomiendas?**	Quel ... me recommandes-tu ?
¿Tú qué dices?	Et toi, qu'en penses-tu ?
¿Cómo lo ves?	Qu'est-ce que tu en penses?
¿Qué hacemos ahora?	Et maintenant qu'est-ce qu'on fait ?
¿**Cuál me aconsejas**: el Ford o el Seat?	Laquelle me conseilles-tu ... ?

Comment donner un conseil

Yo que tú no haría nada por ahora.	Si j'étais toi, ...
Yo en su lugar no lo dudaría.	Moi, à sa place ...
Hay que tomarse las cosas con más calma.	Il faut ...
Deberías mostrarte más abierto en tu relación.	Tu devrais ...
¿**Por qué no** lo llamas por teléfono?	Pourquoi ne ... ?
¿**Y si** fueras a verlo y le pidieras perdón?	Et si ... ?
Yo te aconsejaría un cambio de aires.	Moi, je te conseillerais ...
Harías bien en visitar a un especialista.	Tu ferais bien de ...
Más vale no *ou* **Lo mejor sería no** decir nada por el momento.	Il vaut mieux *ou* Il vaudrait mieux ne ...
Yo te diría que consultaras a un abogado.	Moi, je te conseillerais de ...
No sería mala idea enviarlo todo en una caja.	Ce ne serait pas une mauvaise idée de ...
Lo que habría que hacer es empezar cuanto antes.	Ce qu'il faudrait faire, c'est ...
Lo mejor que pueden hacer es dirigirse a la oficina central.	Le mieux qu'ils aient à faire c'est de ...
Sería mejor que lo hicieras tú.	Il vaudrait mieux que ...
Te recomiendo que vayas a ver esa película.	Je te conseille d'aller ...
¿**No crees que sería mejor** hacerlo ahora?	Tu ne crois pas qu'il vaudrait mieux ... ?

Lo que podríamos hacer es hablar con él antes de que se marche a Italia.	Ce que nous pourrions faire c'est ...
Sería cuestión de hacer una prueba para ver si funciona.	Il faudrait ...
Si te parece bien, podemos enviártelo por correo.	Si cela te convient, ...
Propongo que busquemos ayuda profesional.	Je propose que ...
Quizá(s) habría que ser más firmes con ellos.	Peut-être faudrait-il ...
Sería preferible notificárselo en persona.	Il serait préférable de ...
Estaría bien encontrar una alternativa más sencilla.	Il faudrait ...
Convendría que lo consultara con un contable.	Il faudrait que ...
Os sugeriría que llamárais antes por teléfono.	Je vous conseillerais de téléphoner ...
Sería muy poco aconsejable enviar más tropas a la zona.	Il serait tout à fait déconseillé de ...

Encouragements

¡Bravo!	Bravo !
¡Vamos *ou* **Venga**, que tú puedes!	Vas-y *ou* Allez, ...
Está muy bien, sigue así.	C'est très bien, ...
Le felicito, ha sabido arreglárselas muy bien.	Je vous félicite, ...
¡Buen trabajo!	C'est du bon travail !

Mises en garde

Os advierto que son muy exigentes.	Je vous avertis que ...
Te lo advierto: no te va a gustar nada.	Je te préviens ...
No te fíes de lo que te digan.	Ne te fie pas à ...
No os olvidéis de cerrar la puerta al salir.	N'oubliez pas de ...
Si no pides disculpas, **deberás atenerte a las consecuencias.**	Si tu ne ..., tu devras en assumer les conséquences.
Corremos el riesgo de perder toda credibilidad.	Nous courons le risque de ...
Sería una locura seguir en estas condiciones.	Ce serait une folie de ...

Intentions et souhaits

Pour demander à quelqu'un ce qu'il compte faire

¿Qué piensas hacer?	Qu'est-ce que tu comptes faire ?
¿Qué vas a hacer con las plantas estas vacaciones?	Que vas-tu faire ... ?
¿Qué planes tienes para el futuro?	Quels sont tes projets ... ?

¿Qué intentas hacer?	Qu'est-ce que tu essaies de faire ?
¿**Vas a** *ou* **Piensas** invitarlos a la fiesta?	Tu vas *ou* Tu penses ... ?

Pour dire ce qu'on a l'intention de faire

Voy a tomar el tren de las siete.	Je vais ...
Tenemos previsto *ou* **Pensamos** casarnos el año que viene.	Nous avons prévu de ...
Tengo la intención de empezar una serie de conciertos para niños.	J'ai l'intention de ...
Me propongo recorrer el país en bicicleta.	Je me propose de ...
Tenía pensado irme a las ocho.	J'avais pensé ...
Estoy decidida a conseguir trabajo como sea.	Je suis décidée à ...
Estoy resuelta a no dejarlo hasta que acabe.	Je suis bien décidée à ne pas ...

Souhaits

Me gustaría saber lo que piensan.	J'aimerais ...
Me gustaría que fuera más sincero conmigo.	J'aimerais que ...
Me encantaría poder trabajar con un director como él.	Je serais ravie de ...
Ojalá no llueva mañana.	Pourvu que ...
Esperemos que todo salga bien.	Espérons que ...
Espero que no se haya ofendido.	J'espère que ...
Es de esperar que la propuesta sea aceptada.	Il faut espérer que ...
Quisiera dedicar una canción a mi hija Gemma.	Je voudrais ...
Desearía que se les prestara más atención a los ancianos.	Je souhaiterais que ...
Sueña con llegar a ser modelo.	Elle rêve de ...
No, no he estado en París. **¡Qué más quisiera yo!**	... Je ne demanderais pas mieux !

Obligation

Mañana **tenemos que** levantarnos temprano.	... nous devons ...
No me queda más remedio que *ou* **No tengo más remedio que** decírselo.	Je ne peux pas faire autrement que de ...
Debes pedirles disculpas.	Tu dois ...
Las circunstancias políticas **me obligaron a** salir de mi país.	... m'ont obligé à ...

Estamos obligados a *ou* **Tenemos la obligación de** acatar las leyes.	Nous sommes obligés de *ou* Nous sommes dans l'obligation de ...
En verano **hay que** proteger la piel contra las radiaciones solares.	... il faut ...
Para viajar a Irán **es preciso** tener visado.	... il faut ...
Es obligatorio llevar el cinturón de seguridad.	... est obligatoire.
Es imprescindible *ou* **indispensable** leer el documento antes de firmarlo.	Il est indispensable de ...
Se exige que los ciudadanos lleven encima el DNI.	On exige des ... que ...

Permission

Comment demander la permission de faire quelque chose

¿**Puedo** pasar?	Je peux ... ?
¿**Me dejas que** lo use yo antes?	Tu me laisses ... ?
¿**Se puede** aparcar aquí?	On peut ... ?
¿**Te importa si** subo la tele un poco?	Cela ne te dérange pas si ... ?
¿**Podría** hacerte unas preguntas?	Est-ce que je peux ... ?
¿**Te molesta que** abra la ventana?	Cela te gêne si ... ?
¿**Tendrían inconveniente en que** tomáramos unas fotografías?	Verriez-vous un inconvénient à ce que ... ?

Autorisation

¡**Naturalmente** *ou* **Claro** que puedes ir!	Évidemment *ou* Bien sûr ...
Puedes llevarte mi coche, si quieres.	Tu peux ...
Haz lo que quieras.	Fais ce que tu veux.
No tengo ningún inconveniente en que lo uses.	Je ne vois aucun inconvénient à ...
Le dejan acostarse a la hora que quiera.	Ils le laissent ...
Me dijo que **podía** venir cuando quisiera.	... je pouvais ...
Nos dieron permiso para organizar una fiesta.	Ils nous ont donné la permission de ...
El alcohol es la única droga cuyo consumo público **está permitido.**	... soit autorisée.

Interdiction

¿Dejarte el coche? **¡Ni pensarlo!**	Il n'en est pas question !
No puedo dejarte salir con este tiempo.	Je ne peux pas te laisser ...
Aquí **no se puede** fumar.	... on ne peut pas ...
Prohibida la entrada.	Défense d'entrer.

Te prohíbo que hables así delante de mí. — Je t'interdis de ...
Está prohibido. — C'est interdit *ou* C'est défendu.

No los dejan salir a jugar. — Ils ne les laissent pas ...
Me han denegado la beca. — Je n'ai pas obtenu ...
No estoy autorizado para *ou* **a** hacer declaraciones. — Je ne suis pas autorisé à ...
El médico **me ha prohibido** fumar. — ... m'a interdit de ...
Tengo totalmente prohibido el alcohol. — ... m'est totalement interdit.

Certitude, probabilité et possibilité

Certitude

Seguro que no está en casa. — C'est sûr que ...
Está claro que no tienen intención de invitarnos. — Il est clair que ...
Estoy segura de que era él. — Je suis sûre que ...
Estaban convencidos de que ganarían el partido. — Ils étaient sûrs de gagner ...
Es obvio *ou* **Es evidente que** esta medida causará polémica. — Il est évident que ...
Por supuesto que no va a ser fácil. — Il va de soi que ...
La boda será, **casi con toda seguridad**, en septiembre. — ... selon toute probabilité ...
Sin lugar a dudas *ou* **Sin duda alguna**, es la mejor — ... sans aucun doute ....
No cabe la menor duda de que viven en condiciones infrahumanas. — Il ne fait aucun doute que ...

Probabilité

En este barrio **es fácil que** te atraquen. — ... il n'est pas rare de ...
Seguramente se ha retrasado por el camino. — ... sûrement ...
Debe (de) haberse olvidado. — Il a dû ...
Lo más seguro *ou* **probable es que** suban los precios. — Le plus probable c'est que ...
Es muy posible *ou* **probable que** no te haya entendido. — Il est fort possible que ...
Probablemente se trate de una falsa alarma. — ... probablement ...
No me sorprendería que abandonaran el proyecto. — Cela ne m'étonnerait pas que ...
Tenemos muchas posibilidades de ganar la Copa. — Nous avons de bonnes chances de ...

Possibilité

Igual tengo suerte y apruebo.	Si ça se trouve ...
A lo mejor hago escala en Tenerife de camino a Montevideo.	... peut-être ...
Quizá(s) tengamos que volver antes de lo previsto.	Peut-être que ...
Tal vez nuestras sospechas sean infundadas.	Peut-être que ...
Puede que nos suban el sueldo.	Il se peut que ...
Dicho comando **podría** ser el autor de los atentados.	... pourrait ...

Incertitude, improbabilité et impossibilité

Incertitude

No sé si es buena idea.	Je ne sais pas ...
No estoy seguro de que esa sea la mejor solución.	Je ne suis pas sûr que ...
No es seguro que el viaje de vuelta sea en tren.	Il n'est pas certain que ...
No está claro cuál es la causa del problema.	On ignore ...
No lo veo muy claro.	Je ne sais pas vraiment.
No tengo muy claro que sea la persona idónea.	Je ne suis pas persuadé que ...
Me pregunto si merece la pena trabajar tanto.	Je me demande ...
Dudo que nos hagan otra oferta similar.	Je doute que ...
Ya veremos si lo consigue o no.	On verra bien ...
No se sabe con certeza si es una enfermedad hereditaria.	On ne sait pas avec certitude si ...

Improbabilité

Es difícil que vuelvan a ganar.	Il y a peu de chances que ...
Dudo mucho que admita su culpa.	Je doute beaucoup que ...
Es bastante dudoso que se convoque un referéndum.	Il est peu probable que ...
No parece que vaya a hacer buen tiempo.	Il ne semble pas que ...
Me extrañaría *ou* **Me sorprendería (mucho) que** tuvieran mi talla.	Cela m'étonnerait (beaucoup) que ...
Es (muy) poco probable que queden todavía entradas.	Il est (très) peu probable que ...
Tiene muy pocas posibilidades de ganar la carrera.	Il a très peu de chances de ...

Impossibilité

A estas horas **no puede ser** el cartero.	... cela ne peut pas être ...
No es posible que se trate de la misma persona.	Ce n'est pas possible que ...

Es totalmente *ou* **completamente imposible** que lleguen antes que nosotros.	Il est totalement *ou* absolument impossible ...
No hay *ou* **No existe ninguna posibilidad de que** se mejore.	Il n'y a aucune chance que ...
Me es imposible recibirle hoy.	Il m'est impossible de ...

Salutations

¡Hola!	Salut ! *ou* Bonjour ! *ou* Bonsoir !
¿Cómo estás? *ou* **¿Qué tal (estás)?**	Ça va ? *ou* Comment vas-tu ?
¿Qué hay?	Alors, ça va ?
¿Cómo va eso? *ou* **¿Qué te cuentas?**	Qu'est-ce que tu racontes ?
¿Qué es de tu vida?	Qu'est-ce que tu deviens ?
¡Buenas!	Salut !
Buenos días. ¿Cómo está (usted)?	Bonjour. Comment allez-vous ?
Buenas tardes.	Bonjour *ou* Bonsoir.
Buenas noches.	Bonsoir *ou* Bonne nuit.

Réponses

Muy bien, ¿y tú *ou* **usted?**	Très bien, et toi *ou* vous ?
Estupendamente.	Très bien.
Regular.	Pas trop mal.
Vamos *ou* **voy tirando.**	On fait aller.
No me va mal del todo.	Ça ne va pas trop mal.
No me quejo.	Je ne me plains pas.
(Muy) bien, gracias.	(Très) bien, merci.

Présentations

Te presento a Carlos.	Je te présente ...
Voy a presentarte a mi novia.	Je vais te présenter ...
Quiero que conozcas a mi marido.	Je voudrais que tu fasses la connaissance de ...

Une fois qu'on a été présenté

¡Encantado! *ou* **¡Mucho gusto!**	Enchanté !
Encantada de conocerle.	Enchantée *ou* Ravie de faire votre connaissance.
¡Hola!, ¿qué tal?	Bonjour ! Comment vas-tu ?

Pour prendre congé

¡Adiós!	Au revoir !
¡Buenas noches!	Bonne soirée *ou* nuit !
¡Hasta luego!	À plus tard !
¡Hasta pronto!	À bientôt !
¡Hasta mañana!	À demain !
¡Hasta la semana que viene!	À la semaine prochaine !
¡Hasta el jueves!	À jeudi !
¡Hasta la vista!	À la prochaine !

Vœux et félicitations

¡Feliz cumpleaños!	Joyeux anniversaire !
¡(Muchas) felicidades!	Bon anniversaire ! *ou* Joyeuses fêtes !
¡Feliz Navidad!	Joyeux Noël !
¡Felices Navidades *ou* **Pascuas** *ou* **Fiestas!**	Joyeux Noël *ou* Joyeuses fêtes !
¡Feliz Año (Nuevo)!	Bonne année !
¡Feliz aniversario de boda!	Bon anniversaire de mariage !
¡Enhorabuena! *ou* **¡Felicidades!**	Félicitations !
¡Buen viaje!	Bon voyage !
¡Suerte! *ou* **¡Que te/os vaya bien!**	Bonne chance !
¡Que tengas suerte!	Bonne chance !
¡Que (te) lo pases bien!	Amuse-toi bien !
¡Salud! *ou* **¡A tu salud!**	Santé ! *ou* À ta santé !
¡Que descanses! *ou* **¡Que duermas bien!**	Repose-toi bien ! *ou* Dors bien !
¡Bienvenidos!	Soyez les bienvenus !
¡Que te mejores!	Soigne-toi bien !
¡Cuídate!	Prends soin de toi !

Remerciements

Gracias.	Merci.
Gracias por su colaboración.	Merci pour ...
Les agradezco que hayan sido tan pacientes.	Je vous remercie d'avoir été si patients.
Muchas gracias.	Merci beaucoup.
Mil gracias.	Merci mille fois.
No sé cómo agradecérselo.	Je ne sais pas comment vous remercier.
Le estamos muy agradecidos por haber alojado a nuestra hija.	Nous vous sommes très reconnaissants de ...

Pour commencer et terminer vos e-mails et vos lettres

À un ami ou parent

Formule de début	Formule de fin
Queridos Sres. Montoya	Un cordial saludo *(assez soutenu)*
Estimada Marta	Afectuosamente
Queridos tíos	Un abrazo
Queridísima Carmen	Con mucho cariño *(familier)*

Pour commencer un e-mail/une lettre à un ami ou parent

Me alegró mucho recibir noticias tuyas. — Cela m'a fait plaisir d'avoir de vos nouvelles.

Gracias por tu carta. — Merci pour ta lettre.

Perdona que no te haya escrito antes. — Je suis désolé de ne pas t'avoir écrit plus tôt.

Espero que estés bien. — J'espère que tu vas bien.

Pour terminer un e-mail/une lettre à un ami ou parent

Escríbeme pronto. — Écris-moi vite.

Recuerdos de mi parte a ... — Dis bonjour à ... de ma part.

Dele recuerdos de mi parte a ... — Transmettez mes amitiés à ...

Dale un beso de mi parte a ... — Embrasse ... pour moi.

... te manda recuerdos. — ... me charge de transmettre ses amitiés.

Besos de parte de ... — ... t'embrasse.

Dans la correspondance professionnelle

Formule de début	Formule de fin
Señores Muy señor mío	Reciba un respetuoso saludo de
Muy señores nuestros Estimada señora Sotocampo	Atentamente Le saluda atentamente
Estimado Enrique Estimada Mónica	Un cordial saludo *(moins soutenu)*

Pour commencer un e-mail/une lettre d'ordre professionnel

Le agradezco su carta/correo electrónico.	Je vous remercie de votre lettre/e-mail.
En respuesta a su carta de ...	En réponse à votre lettre du ...
Con referencia a ...	Suite à ...
Le escribo para ...	Je vous écris pour ...
Le ruego que ...	Je vous prie de ...
Adjunto le remito ...	Veuillez trouver ci-joint ...
Le agradecería que ...	Je vous serais reconnaissant de ...
Nos complace comunicarle que ...	Nous avons le plaisir de vous informer que ...
Lamentamos tener que comunicarles que ...	Nous sommes au regret de vous informer que ...

Pour terminer un e-mail/une lettre d'ordre professionnel

En espera de su respuesta ...	Dans l'attente de votre réponse ...
Agradezco de antemano su colaboración.	Je vous remercie à l'avance pour votre collaboration.
No dude en ponerse en contacto conmigo si necesita alguna información adicional.	N'hésitez pas à me contacter pour toute information complémentaire.
No dude en volver a ponerse en contacto conmigo si cree que le puedo ser de ayuda.	Si je peux vous aider en quoi que ce soit, n'hésitez pas à me recontacter.
Le pido disculpas otra vez por las molestias ocasionadas.	Veuillez m'excuser à nouveau pour le désagrément occasionné.

E-mail d'ordre professionnel

Nuevo mensaje

Archivo Edición Ver Herramientas **Correo** Ayuda Enviar

A:
CC:
Copia oculta:
Asunto:

Nuevo mensaje
Responder al autor
Responder a todos
Reenviar
Archivo adjunto

Estimado señor López:

Actualmente curso el cuarto año del grado en Administración y Dirección de Empresas de la Universidad de Barcelona y tengo un vivo interés en introducirme en la práctica profesional de estas materias. Es por eso que me permito escribirle para plantearle la posibilidad de realizar mis prácticas en su empresa.

Me consta que AMD es una de las empresas más prestigiosas en comercio internacional, un ámbito que me atrae especialmente dados mis conocimientos de idiomas (domino el inglés y el francés y estoy estudiando ruso) y mis preferencias personales. De ahí mi interés por ampliar mi formación en su empresa.

Creo que reúno los conocimientos y las habilidades necesarias para poder desarrollar una labor profesional que resulte provechosa para su empresa y estaría encantada de poder realizar una entrevista que le permitiese valorar mis aptitudes. Le adjunto mi currículum con toda la información sobre mi formación y mis colaboraciones profesionales.

Con la esperanza de recibir noticias suyas, se despide atentamente,

Carmen Robredo

E-mail à un ami ou parent

Nuevo mensaje

Archivo Edición Ver Herramientas **Correo** Ayuda Enviar

A:

CC:

Copia oculta:

Asunto:

Correo:
- **Nuevo mensaje**
- **Responder al autor**
- **Responder a todos**
- **Reenviar**
- **Archivo adjunto**

Hola Juan

Te escribimos para decirte que este sábado celebramos los 30 años de Alberto en nuestra casa a partir de las 8 de la tarde. Es una fiesta sorpresa, de modo que si te lo encuentras no digas ni palabra. Seremos unas veinte personas y estaremos sin vecinos (que justo se marchan este fin de semana :-). Vamos, que la cosa promete. Hay que llevar algo de beber (de la comida nos encargamos nosotros).

¿Te apuntas? Espero que sí, que hace tiempo que no nos vemos.

Un abrazo,

Laura y Jacinto

Archivo	Fichier
Edición	Édition
Ver	Affichage
Herramientas	Outils
Correo	Courrier
Ayuda	Aide
Enviar	Envoyer
Nuevo mensaje	Nouveau message
Responder	Répondre
Responder a todos	Répondre à tous
Reenviar	Faire suivre
Archivo adjunto	Fichier joint
A	À
CC	Cc
Copia oculta	Copie cachée
Asunto	Objet
De	De
Fecha	Date

Lettre d'ordre professionnel

Alice Aubeuf
Les Glycines
12 chemin des Écoliers
87430 CERGY-LES-VOIS
France

Centro Superior de Idiomas Modernos
Universidad Complutense de Madrid
C/ Profesor Aranguren 27, 2a planta
Ciudad Universitaria
28040 MADRID

11 de junio de 2014

Muy señores míos:

Les escribo para pedir información sobre los cursos intensivos de idiomas que ofrecen este verano, en especial sobre el curso denominado «El español de los negocios». He estudiado cuatro años de español en la universidad y me gustaría profundizar mis conocimientos, sobre todo por lo que respecta a la terminología del mundo de los negocios, además de poder practicar el idioma.

He consultado su página web pero no he sabido encontrar los precios de los cursos, por lo que les pediría si me pueden facilitar un listado de los mismos. Además, me gustaría saber si aún quedan plazas libres para el curso «El español de los negocios» que empieza el 4 de agosto.

Por último me gustaría saber si ofrecen ustedes alguna posibilidad de alojamiento mientras se imparten los cursos. Si es así, ¿cuál es el precio por semana?

Agradezco de antemano su atención y quedo a la espera de su respuesta.

Les saluda atentamente,

Alice Aubeuf

On utilise ces formules lorsqu'on ne connaît pas le nom du destinataire.

Curriculum vitæ

Aujourd'hui, dans les CV en espagnol, il n'est plus nécessaire d'indiquer sa situation de famille.

Asunción Hernández Gil
Avenida de Cervantes 98, 3° B, 46020 Valencia
Fecha de nacimiento: 2 de agosto de 1985
Teléfono: 96 394 82 45
Móvil: 619 19 77 16
Correo electrónico: asunher@gmail.com

ESTUDIOS

2002-2007:	Licenciatura en Filología Francesa, Universidad de Valencia.
2006 (marzo-junio):	Universidad de Estrasburgo, intercambio Erasmus.
2001-2002:	Bachillerato, Instituto Salzillo, Murcia.

EXPERIENCIA PROFESIONAL

Desde mayo 2012:	Secretaria trilingüe, ELECTRÓNICA COSTA BLANCA, Valencia.
Abril 2009-marzo 2012:	Secretaria de Dirección, L&L TECHNOLOGIES, Nantes, Francia.
Enero 2008-febrero 2009:	Secretaria comercial, NM EXPORT IMPORT, Valencia.
Veranos 2006 y 2007:	Profesora de francés, Academia PROGRESA, Alcoy.

PRINCIPALES COMPETENCIAS PROFESIONALES

- Excelente manejo del tiempo y capacidad de organización.
- Habilidades comunicativas y de relación con el cliente.
- Capacidad de trabajar en equipo.

IDIOMAS

- Francés: Dominio total, tanto hablado como escrito.
- Inglés: Dominio total, tanto hablado como escrito; en posesión del Certificate of Proficiency in English.
- Italiano y portugués: Buen conocimiento, tanto hablado como escrito.

INFORMACIÓN COMPLEMENTARIA

Destreza en el manejo de recursos informáticos (Windows, Excel, PowerPoint, QuarkXPress, Wordpress).

En posesión del carnet de conducir Clase B y vehículo propio.

Voluntaria de la Cruz Roja.

Aficiones: Leer, natación, vela, viajes.

Lettre de candidature

Asunción Hernández
Avenida de Cervantes 98, 3° B
46020 Valencia

18 de abril de 2014

Director de Recursos Humanos
INFOCOMP Sistemas
Princesa 8, 6°
28609 Madrid

Muy señor mío:

> Lorsqu'on ignore si le destinataire est un homme ou une femme, il convient d'utiliser la formule ci-contre. Toutefois, si l'on connaît le nom de la personne, on utilise la présentation suivante :
>
> **Sr. Antonio Blanco,**
> **Director de Recursos Humanos,**
> **INFOCOMP** *etc*
>
> Pour commencer votre lettre, la formule à employer est dans ce cas la suivante :
>
> **Apreciado Sr. Blanco**

En referencia a su anuncio aparecido en “El País” del 15 de abril, quisiera solicitar el puesto de Secretaria de Dirección. Como verá en la copia de mi currículum vítae adjunta, tengo una amplia y dilatada experiencia profesional especialmente centrada en dos ámbitos que son del interés de su empresa: las nuevas tecnologías y el comercio exterior. Domino el francés y el inglés a la perfección, gracias a mi formación, a los tres años que viví en Francia y a mi actividad laboral, y me defiendo con soltura en italiano y portugués. También estoy acostumbrada a trabajar en equipo y a colaborar en la resolución de problemas, organización del trabajo y toma de decisiones.

Conozco el prestigio de su empresa, de la que valoro su capacidad de innovación y su voluntad de liderazgo. Y ello es lo que me motiva a presentar mi candidatura para formar parte de su proyecto.

Quedo a su entera disposición para cualquier información adicional que requiera.

Atentamente,

Asunción Hernández

Comment indiquer l'adresse sur l'enveloppe

Au recto

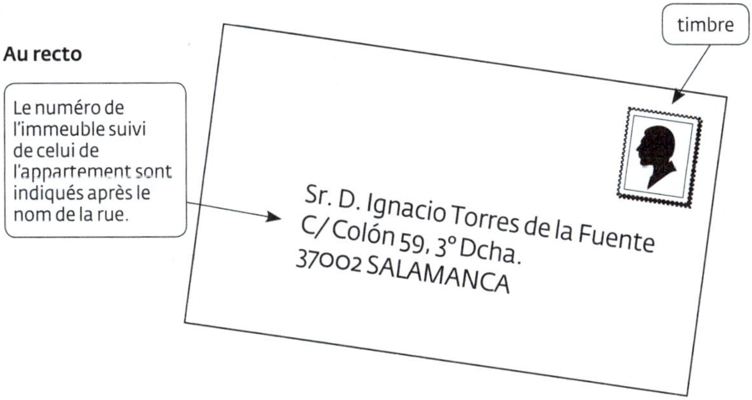

Au verso

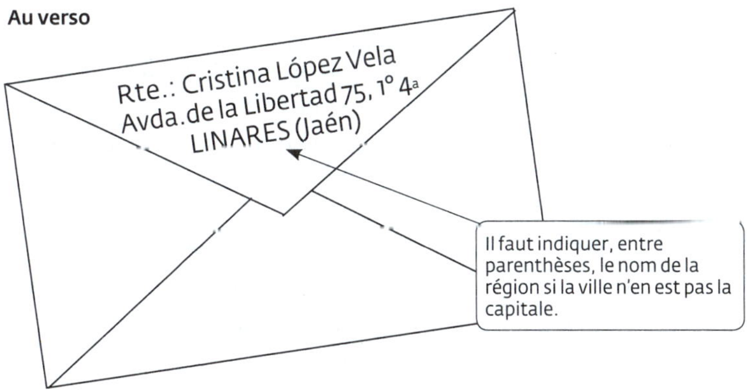

Abréviations couramment employées dans les adresses

Avda. = avenida	**Izq. = izquierda**	
C/ = calle	**P° = paseo**	**1°, 2°** *etc.* **= primero, segundo** *etc*
Ctra. = carretera	**Pza. = plaza**	**3ª, 4ª** *etc.* **= tercera, cuarta** *etc*
Dcha. = derecha	**Rte. = remite**	

Réseaux sociaux

una cuenta	un compte
verificar su cuenta	vérifier son compte
un blog	un blog
hacer un comentario sobre	faire un commentaire sur
crear/abrir una cuenta	créer/ouvrir un compte
un hilo de discusión	un fil de discussion
un mensaje privado, un mensaje directo	un message privé (MP), un message direct
enviar un mensaje privado a alguien	envoyer un message privé *ou* un MP à qn
un(a) seguidor(a)	un suiveur, une suiveuse
seguir a	suivre
un foro	un forum
un(a) amigo(-a)	un(e) ami(e)
añadir a la lista de amigos(-as)	ajouter à sa liste d'ami(e)s
un hashtag	un mot-dièse, un hashtag
un canal de noticias	un news feed, un fil d'actualités *ou* de nouvelles
un perfil	un profil
una foto del perfil	une photo du profil
un canal RSS	un fil d'actualités *ou* de nouvelles RSS
una actualización del estado	une mise à jour du statut
etiquetar a alguien en una foto	taguer qn sur une photo
un trending topic	un sujet tendance
un tuit, un tuiteo	un tweet
tuitear (sobre)	tweeter (sur)
retuitear	retweeter
dejar de seguir a	arrêter de suivre
un muro	un mur
publicar algo en el muro de alguien	poster qch sur le mur de qn
escribir en el muro de alguien	écrire sur le mur de qn

Abréviations courantes dans les e-mails et SMS

a2	*adiós*
ad+	*además*
aptc	*apetece*
bn	*bien*
bss	*besos*
dnd	*donde, dónde*
k tl?	*¿qué tal?*
kdda	*quedada*
kdms?	*¿quedamos?*
LDT	*lejos del teclado*
LMPP	*lo más pronto posible*
MD	*mensaje directo*
MSLGR	*me se saltan las lágrimas de risa*
mxo	*mucho*
npi	*ni idea*
pq	*porque*
q	*que, qué*
qndo	*cuando, cuándo*
salu2	*saludos*
stoi	*estoy*
tb/tmb	*también*
tqm/tkm	*te quiero mucho*
vns?	*¿vienes?*
wpa	*guapa*
xfa	*por fa(vor)*
xq	*porque*

Téléphone et Internet

Les différents types de communication

Quisiera hacer una llamada al extranjero.	Je voudrais appeler l'étranger.
Quisiera hacer una llamada a cobro revertido a París.	Je voudrais téléphoner en P.C.V. à ...
¿Qué hay que hacer para obtener línea al exterior?	Que faut-il faire pour avoir la ligne ?
¿Me podrían despertar a las siete y media mañana, por favor?	Pourriez-vous me réveiller à ... ?

Les renseignements

¿Me puede decir el número de teléfono de Europost? La dirección es Plaza Mayor, 34, Carmona, provincia de Sevilla.	Pourriez-vous me donner le numéro de téléphone de ... ?
¿Cuál es el prefijo de León?	Quel est l'indicatif de ... ?
¿Cuál es el número de información?	Quel est le numéro des renseignements ?
¿Cuál es el número de Información Horaria?	Quel est le numéro de l'horloge parlante ?
¿Me puede poner con el 0143 65 27 82 de Inglaterra, por favor?	Pourriez-vous me passer le ... ?

Réponses

El número que solicita es el 93 250 24 72. (noventa y tres, dos cincuenta, veinticuatro, setenta y dos)	Le numéro que vous avez demandé est le ...
Lo siento, pero ese nombre no figura en la guía.	Je suis désolé, ce nom ne figure pas dans l'annuaire.
El número que solicita no figura en la guía.	Le numéro que vous avez demandé est sur liste rouge.

Lorsque l'abonné répond

¿Me pone con la extensión 615 por favor?	Je voudrais le poste ...
¿El Sr. Lambert?	Monsieur ... ?
Quisiera hablar con Carlos Belmonte, por favor.	Je voudrais parler à ...
¿Me podría poner con el Dr. Fernández, por favor?	Pourriez-vous me passer le ... ?

¿Puede decirle que me llame cuando vuelva? — Pourriez-vous lui dire de me rappeler à son retour ?

Volveré a llamar dentro de media hora. — Je rappellerai dans ...

Au standard

¿De parte de quién? — De la part de qui ?

No se retire *ou* **No cuelgue.** — Ne quittez pas.

Le pongo *(Esp)* *ou* **Le estoy conectando** *(Am)*. — Je vous le passe.

Lo siento pero no contestan. — Je suis désolé, ce poste ne répond pas.

El Dr. Palmero **está al teléfono** *ou* **comunicando** *(Esp)*. **¿Quiere esperar?** — ... est en communication. Voulez-vous patienter ?

¿Quiere dejar algún recado? — Voulez-vous laisser un message ?

Tengo a la Sra. Rubio **por la línea** 3. — ... sur la ligne ...

Tengo una llamada de Milán **para el** Sr. Urquijo. — Un appel de ... pour ...

Messages enregistrés

El número del abonado con el que desea comunicar ha cambiado. Tras el prefijo 96 **de** Valencia, **marque el** 3, seguido del número de teléfono anterior. — Le numéro de votre correspondant a changé. Vous devez désormais composer le ... après l'indicatif de ...

Bienvenido a Viajes Marcus. **Para reserva de billetes, por favor marque el 1.** — Bienvenue chez ... Pour une réservation, tapez 1.

Buenas tardes. Este es el servicio postventa de Cipresa, S.A. **Dentro de unos instantes atenderemos su llamada.** — Bonjour, vous êtes en communication avec ... Dans quelques instants, nous allons donner suite à votre appel.

Hola. Habla Antonio Peralta. **Déjeme su nombre y número de teléfono tras la señal y le devolveré la llamada lo antes posible. Gracias.** — Bonjour, ici ... Merci de laisser votre nom et votre numéro de téléphone après le signal sonore, je vous rappellerai dès que possible.

Pour répondre au téléphone

¡Diga! *ou* **¡Dígame!** — Allô !

Soy yo *ou* **El mismo.** — C'est moi *ou* Lui-même.

¿Quién habla? — Qui est à l'appareil ?

Assistance technique

¿Dónde puedo cargar el móvil?	Où est-ce que je peux recharger mon portable ?
Necesito una batería nueva.	Il me faut une batterie neuve.
Quería comprar una tarjeta SIM con/ sin contrato.	Je voudrais acheter une carte SIM avec/sans abonnement.

En cas de difficulté

Todavía está ocupado *ou* **comunicando** *(Esp)*.	C'est toujours occupé.
Se ha cortado.	Nous avons été coupés.
Debo haber marcado el número mal.	J'ai dû faire un mauvais numéro.
Se han cruzado las líneas.	Il y a quelqu'un d'autre sur la ligne.
Se oye muy mal. Cuelga y te volveré a llamar.	Je t'entends très mal.
No tengo teléfono. **Llamo desde una cabina.**	J'appelle d'une cabine.
No tengo cobertura.	Je n'ai pas de réseau.
No te oigo.	Je ne te capte plus.
Se me ha acabado el crédito.	Je n'ai plus de crédit.

Internet

¿Tienen conexión wi-fi/a Internet?	Y a-t-il une connexion wi-fi / Internet ?
¿Cuál es la contraseña del wi-fi?	Quel est le mot de passe pour le wi-fi ?
He olvidado mi contraseña.	J'ai oublié mon mot de passe.
¿Sabe la dirección del sitio Web?	Connaissez-vous l'adresse du site Web ?
Quería descargarme el horario.	Je voudrais télécharger ...
¿Está usted en Twitter®/Facebook®?	Est-ce que vous êtes sur Twitter®/Facebook® ?

Francés activo

El propósito del suplemento **Francés activo** es ayudarle a expresarse de forma sencilla pero correcta en un francés fluido y natural.

La sección **Expresiones generativas** recoge cientos de frases con la traducción de sus elementos clave y constituye un punto de referencia indispensable para expresarse en francés.

En la sección de **Correspondencia** se encontrarán ejemplos prácticos de correspondencia personal y comercial, solicitudes de empleo y currículum vítae, además de las fórmulas clásicas de encabezamiento y despedida; también se explica cómo poner la dirección en los sobres. Por último, se dan notas orientativas sobre cómo adaptar los ejemplos a las propias necesidades.

Hay, asimismo, una sección adicional que recoge el vocabulario utilizado en SMS y redes sociales, así como las frases más frecuentes que se emplean en distintos tipos de llamadas telefónicas.

Esperamos que la información de este suplemento sea útil y adecuada a sus necesidades y que, junto con el diccionario, ayude a mejorar sus conocimientos y a disfrutar del francés.

Índice

Gustos y preferencias

Para expresar gustos

J'aime les gâteaux.	Me gustan ...
J'aime que les choses soient à leur place.	Me gusta que ...
J'ai bien aimé le film.	Me gustó ...
J'adore sortir en boîte.	Me encanta ...
Ce que je préfère chez Laurent, c'est son enthousiasme.	Lo que más me gusta ...
Ce que j'aime par-dessus tout, c'est son sourire.	Lo que me gusta por encima de todo, es ...
La visite des vignobles **m'a beaucoup plu**.	Me gustó mucho ...
J'ai un faible pour le chocolat.	Tengo debilidad por ...
Rien ne vaut un bon café.	No hay nada como ...
Rien de tel qu'un bon bain chaud !	No hay nada como ...
Le couscous est **mon** plat **favori**.	... mi ... preferido *o* favorito.
La lecture est **une de mes** activités **préférées**.	... una de mis ... preferidas *o* favoritas.
Cela ne me déplaît pas de sortir seule.	No me importa ...

Para decir lo que a uno no le gusta

Je n'aime pas le poisson.	No me gusta ...
Je n'aime pas beaucoup parler en public.	No me gusta mucho ...
Je ne l'aime pas du tout.	No me gusta nada.
Cette idée **ne m'emballe pas**.	... no me entusiasma.
Je déteste la chimie.	Odio ...
J'ai horreur du sport.	Odio ...
Je ne supporte pas qu'on me mente.	No soporto que ...
Sa façon d'agir **ne me plaît pas du tout**.	No me gusta nada ...
Ce que je déteste le plus, c'est le repassage.	Lo que más odio es ...

Para decir lo que uno prefiere

Je préfère le rock **à** la musique classique.	Prefiero ... a ...
Je préférerais vivre à Paris.	Preferiría ...
J'aimerais mieux mourir **que de** lui demander un service.	Antes ... que ...

Para expresar indiferencia

Ça m'est égal.	Me da igual.
Je n'ai pas de préférence.	No tengo preferencias.
C'est comme vous voudrez.	Como quiera.
Cela n'a aucune importance.	No tiene ninguna importancia.
Peu importe.	No importa.

Para preguntarle a alguien lo que le gusta

Est-ce que vous aimez les frites ?	¿Le gustan ...?
Est-ce que vous aimez faire la cuisine ?	¿Le gusta ...?
Est-ce que cela vous plaît de vivre en ville ?	¿Le gusta ...?
Qu'est-ce que vous préférez : la mer ou la montagne ?	¿Qué prefiere ...?
Vous préférez lequel, le rouge ou le noir ?	¿Cuál prefiere ...?
Est-ce que vous préférez vivre à la campagne ou en ville ?	¿Prefiere ...?
Qu'est-ce que vous aimez le plus à la télévision ?	¿Qué es lo que más le gusta ...?

Opiniones

Para pedir la opinión de alguien

Qu'en pensez-vous ?	¿Qué cree usted?
Que pensez-vous de sa façon d'agir ?	¿Qué piensa de ...?
Je voudrais savoir ce que vous pensez de son travail.	Quisiera saber qué piensa de ...
J'aimerais connaître votre avis sur ce problème.	Me gustaría saber su opinión sobre ...
Est-ce que vous pourriez me donner votre opinion sur cette émission ?	¿Podría darme su opinión sobre ...?
Quelle est votre opinion sur la peine de mort ?	¿Qué opina sobre ...?
À votre avis, hommes et femmes sont-ils égaux ?	En su opinión ...
Selon vous, faut-il donner plus de liberté aux jeunes ?	Según usted ...

Para expresar la opinión propia

Vous avez raison.	Tiene razón.
Il a tort.	Se equivoca.
Il a eu tort de démissionner.	Hizo mal en ...
Je pense que ce sera possible.	Creo que ...
Je crois que c'est un peu prématuré.	Creo que ...
Je trouve que c'est normal.	Me parece que ...
Personnellement, je pense que c'est trop cher.	Personalmente, creo que ...
Il me semble que vous vous trompez.	Me parece que ...
J'ai l'impression que ses parents ne la comprennent pas.	Tengo la impresión de que ...
Je suis certain qu'il est tout à fait sincère.	Tengo la certeza de que ...
Je suis sûr que Marc va gagner.	Estoy seguro de que ...
Je suis persuadé qu'il y a d'autres solutions.	Estoy convencido de que ...
À mon avis, il n'a pas changé.	En mi opinión ...
D'après moi, il a fait une erreur.	Para mí ...
Selon moi, c'est impossible.	En mi opinión ...

Para responder sin expresar una opinión

Ça dépend.	Depende.
Tout dépend de ce que vous entendez par là.	Depende de lo que entienda por ...
Je ne peux pas me prononcer.	No puedo opinar.
Je n'ai pas d'opinion bien précise à ce sujet.	No tengo una opinión muy clara al respecto.
Je ne me suis jamais posé la question.	Nunca me lo he planteado.
Je ne sais pas trop.	No sé muy bien.
Je ne suis pas sûr.	No estoy seguro.

Aprobación y acuerdo

Je trouve que c'est une excellente idée.	Me parece (que es) una idea estupenda.
Quelle bonne idée !	¡Qué buena idea!
J'ai beaucoup apprécié son article.	Me gustó mucho ...
C'est une très bonne chose.	Está muy bien.
Je trouve que vous avez raison de vous méfier.	Creo que hace bien en ...
Vous avez bien fait de laisser vos bagages à la consigne.	Hizo bien en ...
Vous n'avez pas tort de critiquer le gouvernement.	Razón no le falta para ...

Je partage cette opinion.	Comparto esa opinión.
Je partage votre inquiétude.	Comparto su ...
Nous sommes favorables à la création d'emplois.	Estamos a favor de ...
Nous sommes en faveur d'une Europe unie.	Estamos a favor de ...
Il est exact que c'est un risque à prendre.	Es cierto que ...
Il est vrai que cette erreur aurait pu être évitée.	Es verdad que ...
Je suis d'accord avec vous.	Estoy de acuerdo con usted.
Je suis entièrement d'accord avec toi.	Estoy totalmente de acuerdo contigo.

Desaprobación y desacuerdo

Je trouve qu'il a eu tort d'emprunter autant d'argent.	Creo que ha hecho mal en ...
C'est dommage qu'il ait réagi ainsi.	Es una pena que ...
Il est regrettable qu'ils ne nous aient pas prévenus.	Es una lástima que ...
Cette idée **me déplaît profondément.**	... me disgusta sobremanera.
Je ne supporte pas le mensonge.	No soporto ...
Nous sommes contre la chasse.	Estamos en contra de ...
Je suis absolument contre.	Estoy totalmente en contra.
Je refuse cette solution.	Rechazo ...
Je suis opposé à toute forme de censure.	Me opongo a ...
Je ne partage pas ce point de vue.	No comparto ese punto de vista.
Je suis déçu par son attitude.	Me ha decepcionado ...
Je suis profondément déçu.	Estoy muy decepcionado.
Tu n'aurais pas dû lui parler sur ce ton.	No deberías haber ...
C'est inacceptable.	Es inaceptable.
De quel droit agit-il de la sorte ?	¿Con qué derecho ...?
Je ne suis pas d'accord.	No estoy de acuerdo.
Nous ne sommes pas d'accord avec eux.	No estamos de acuerdo con ...
Je ne suis absolument pas d'accord avec ce qu'il a dit.	No estoy para nada de acuerdo con ...
C'est faux de dire que cette erreur était inévitable.	No es cierto que ...
Vous vous trompez !	¡Se equivoca!

Quejas

Je ne suis pas satisfait de ma chambre.	No estoy satisfecho con ...
Je suis très déçu du service fourni par votre hôtel.	Estoy muy decepcionado con ...
Je voudrais faire une réclamation.	Quería presentar una reclamación.
Je voudrais parler au responsable, s'il vous plaît.	Quiero hablar con el responsable, por favor.
Il y a un problème avec la réservation.	Hay un problema con ...
C'est absolument inacceptable.	Es absolutamente inaceptable.
Pourriez-vous vous en occuper tout de suite ?	¿Pueden ocuparse de ello inmediatamente?

Disculpas

Para pedir perdón

Excusez-moi.	Lo siento.
Excusez-moi de vous déranger.	Perdone que le moleste.
Oh, pardon ! J'ai dû faire un faux numéro.	¡Perdone!
Je suis désolé de vous avoir réveillé.	Siento mucho ...
Je suis désolé pour tout ce qui s'est passé.	Lamento mucho ...
Je vous prie de m'excuser.	Le ruego que me disculpe.
Nous prions nos lecteurs **de bien vouloir excuser** cette omission.	Rogamos a ... disculpen ...

Para aceptar la responsabilidad de algo

C'est (de) ma faute : j'aurais dû partir plus tôt.	Es culpa mía: debería haber ...
Je n'aurais pas dû me moquer d'elle.	No debería haber ...
Nous avons eu tort de ne pas vérifier cette information.	Hicimos mal en no ...
J'assume seul l'entière responsabilité de cette erreur.	Me hago plenamente responsable de ...
Je reconnais que j'aurais dû faire un effort.	Reconozco que ...

Para rechazar toda responsabilidad

Ce n'est pas (de) ma faute.	No es culpa mía.
Ce n'est pas (de) ma faute si nous sommes en retard.	No es culpa mía si ...
Je ne l'ai pas fait exprès.	No lo hice a propósito.

Je ne pouvais pas faire autrement.	No podía hacer otra cosa.
J'avais pourtant cru comprendre que je pouvais me garer là.	Pero yo creí que ...
J'avais cru bien faire en le prévenant.	Pensé que hacía bien en ...

Para disculparse por no poder hacer algo

Je regrette, mais ce n'est pas possible.	Lo siento, pero ...
Je suis désolé, mais je ne peux pas vous aider.	Lo siento mucho, pero ...
Il nous est malheureusement impossible d'accéder à votre demande.	Lamentablemente, nos es imposible ...

Explicaciones

Para dar las razones de algo

Je n'ai rien acheté **parce que** je n'ai pas d'argent.	... porque ...
Je suis arrivé en retard **à cause des** embouteillages.	... a causa de ...
Puisque tu insistes, je vais rester un jour de plus.	Ya que ...
Comme j'habitais près de la bibliothèque, j'y allais souvent.	Como ...
Je ne pourrai pas venir **car** je n'ai pas fini.	... porque ...
Vu la situation actuelle, nous ne pouvons pas nous prononcer.	Dada ...
Étant donné la crise, il est difficile de trouver du travail.	Debido a ...
C'est une rupture d'essieu **qui a provoqué** le déraillement.	Fue ... lo que provocó ...
Le théâtre va fermer **faute de** moyens.	... por falta de ...
Il a donné sa démission **pour des raisons de** santé.	... por motivos de ...
Le projet a été abandonné **en raison de** problèmes juridiques.	... a causa de ...
Le malaise des enseignants **est lié à** la difficulté de leur métier.	... está relacionado con ...
Le problème vient de ce que les gens sont déçus par la politique.	El problema está en que ...
Le ralentissement des exportations **provient de** la chute de la demande européenne.	... es consecuencia *o* resultado de ...
La haine **résulte de** l'incompréhension.	... nace de ...

Consecuencias

Je dois partir ce soir. **Je ne pourrai donc pas** venir avec vous.	... de modo que no podré ...

FRANCÉS ACTIVO

La distribution a été améliorée, **de telle sorte que** les lecteurs trouveront leur journal plus tôt.	... de manera que ...
Le cidre nouveau est très peu fermenté et **par conséquent** très peu alcoolisé.	... por consiguiente ...
Ce manque de concertation **a eu pour conséquence** une duplication inutile de nos efforts.	... ha tenido como resultado ...
Voilà pourquoi on s'en souvient.	Por eso ...

Comparaciones

On peut comparer la télévision **à** une drogue.	... se puede comparar ... a ...
Le Centre Pompidou **est souvent comparé à** un paquebot.	... se compara a menudo a ...
Le bruit **était comparable à** celui d'une moto dépourvue de silencieux.	... era comparable a ...
L'Afrique reste un continent sous-peuplé **comparé à** l'Asie.	... en comparación con ...
Les investissements publicitaires ont connu une légère progression **par rapport à** l'année dernière.	... en relación con ...
Par comparaison avec l'Islande, l'Irlande a un climat tropical.	En comparación con ...
Cette histoire **ressemble à** un conte de fées.	... es como *o* se parece a ...
Il adorait cette campagne qui **lui rappelait** l'Andalousie.	... le recordaba ...
Des taux de chômage effrayants, **rappelant ceux** des années 30.	... similares a ...
Il me fait penser à mon frère.	Me recuerda a ...
Le surf des neiges **est l'équivalent** sur neige **de** la planche à roulettes.	... es el equivalente de ...
Cette somme **correspond à** six mois de salaire.	... equivale a ...
C'est la même chose.	Es lo mismo.
Cela revient au même.	Viene a ser lo mismo.
Ce disque **n'est ni meilleur ni moins bon que** les autres.	... no es ni mejor ni peor que ...

Para destacar el contraste

Aucune catastrophe **ne peut être comparée à** celle de Tchernobyl.	No hay ... que se pueda comparar a ...
On ne peut pas comparer les usines modernes **à** celles où travaillaient nos grands-parents.	No se pueden comparar ... con ...
Les actions de ce groupe **n'ont rien de comparable avec** les agissements des terroristes.	... no tienen nada que ver con ...

Sa démarche le **différencie** de son frère.	... diferencia ...
L'histoire des États-Unis **ne ressemble en rien à** la nôtre.	... no se parece en nada a ...
Ça n'a rien à voir.	No tiene nada que ver.
Ce sont deux choses complètement différentes.	Son dos cosas completamente diferentes.
Il y a des événements bien plus tragiques que de perdre une finale de Coupe d'Europe.	Hay cosas mucho peores que ...
Le gruyère **est meilleur que** le comté.	... es mejor que ...
Son deuxième film **est moins** violent **que** le premier.	... es menos ... que ...
L'espérance de vie des femmes est de 81 ans, **tandis que** celle des hommes est de 72 ans.	... mientras que ...
Alors que la consommation de vin et de bière diminue, l'eau minérale est un marché en expansion.	Mientras que ...

Peticiones y propuestas

Peticiones

Je voudrais trois tartelettes.	Quería ...
Je voudrais connaître les horaires des trains pour Lille.	Quería ...
Pourriez-vous nous donner un coup de main ?	¿Podría ...?
Est-ce que vous pouvez annoncer la bonne nouvelle à Éliane ?	¿Puede ...?
Est-ce que vous pourriez venir me chercher ?	¿Podría ...?
Sois gentille, fais un saut chez le boulanger.	Hazme un favor ...
Auriez-vous l'amabilité de m'indiquer la sortie ?	¿Sería tan amable de ...?
Auriez-vous la gentillesse de nous donner la recette ?	¿Tendría la amabilidad de ...?
Auriez-vous l'obligeance de me garder ma place ?	¿Podría hacerme el favor de ...?
Puis-je vous demander de m'accorder un instant ?	¿Sería tan amable de ...?
Merci de bien vouloir patienter.	Tenga la amabilidad de ...
Est-ce que cela vous dérangerait d'ouvrir la fenêtre ?	¿Le importaría ...?
Je vous serais reconnaissant de me prévenir dès que possible.	Le agradecería que me avisara ...
Je vous serais reconnaissant de bien vouloir me communiquer votre décision d'ici vendredi.	Le agradecería que me comunicara ...

Propuestas

Je peux passer vous prendre, **si** vous voulez.	Puedo ... si ...
Je pourrais vous accompagner.	Podría ...
Ça te dit, une glace ?	¿Te apetece ...?
Ça vous dirait d'aller faire un tour ?	¿Le gustaría ...?
Que diriez-vous d'une balade en forêt ?	¿Le apetecería ...?
Est-ce que vous voulez que j'aille chercher votre voiture ?	¿Quiere que ...?
Est-ce que vous voulez dîner avec nous un soir ?	¿Quiere ...?

Consejos y sugerencias

Para pedir consejo o sugerencias

À ma place, que feriez-vous ?	¿Usted qué haría (si estuviera) en mi lugar?
Quel est votre avis sur la question ?	¿Qué opina al respecto?
Qu'est-ce que vous me conseillez, les Baléares ou les Canaries ?	¿Qué me aconseja ...?
Que me conseillez-vous de faire ?	¿Qué me aconseja que haga?
Parmi les excursions à faire, **laquelle nous conseilleriez-vous ?**	... ¿cuál nos aconsejaría?
Quelle stratégie **proposez-vous ?**	¿Qué ... propone *o* sugiere usted?
Que proposez-vous pour réduire la pollution ?	¿Qué propone usted para ...?
Qu'est-ce que vous proposez contre le chômage ?	¿Qué medidas propone usted contra ...?

Para aconsejar o sugerir algo

À votre place, je me méfierais.	Yo que usted ...
Si j'étais toi, je ne dirais rien.	Yo en tu lugar ...
Si je peux vous donner un conseil, achetez votre billet à l'avance.	Si me permite que le dé un consejo ...
Un conseil : lisez le mode d'emploi.	Un consejo ...
Un bon conseil : n'attendez pas le dernier moment pour faire votre réservation.	Un consejo ...
Vous devriez voir un spécialiste.	Debería ...
Vous feriez bien de consulter un avocat.	Haría bien en ...
Vous feriez mieux d'acheter une nouvelle voiture.	Más le valdría ...
Vous pourriez peut-être demander à quelqu'un de vous le traduire.	A lo mejor podría ...

Vous pourriez montrer un peu plus de compréhension.	Podría ...
Pourquoi ne pas lui téléphoner ?	¿Por qué no ...?
Il faudrait peut-être essayer autre chose.	Quizá(s) habría que ...
Et si on allait au cinéma ?	¿Y si ...?
Je vous propose le 3 mars à 10 h 30.	¿Qué le parece ...?
Il vaudrait mieux lui offrir de l'argent qu'un bijou.	Mejor sería ...
Il serait préférable d'attendre le résultat.	Sería mejor ...

Para animar a alguien

Bravo !	¡Bravo!
Vas-y, tu vas y arriver !	¡Vamos *ou* Venga ...!
C'est très bien, continuez comme ça.	Está muy bien ...
Je vous félicite, vous vous êtes très bien débrouillé.	Le felicito ...
C'est du très bon travail.	Es un trabajo bien hecho.

Para hacer una advertencia

Je vous préviens, je ne me laisserai pas faire.	Se lo advierto ...
Je te préviens que ça ne sera pas facile.	Te advierto que ...
N'oubliez pas de conserver le double de votre déclaration d'impôts.	No se olvide de ...
Méfiez-vous des apparences.	No se fíe de ...
Surtout, n'y allez **jamais** le samedi.	Sobre todo, no ... nunca ...
Si tu ne viens pas, **tu risques de** le regretter.	... puede que ...
Attention, ça pourrait vous attirer des ennuis.	Cuidado, eso podría ...

Intenciones y deseos

Para preguntar a alguien lo que piensa hacer

Qu'est-ce que vous allez faire ?	¿Qué va a hacer?
Qu'est-ce que tu vas faire si tu rates ton examen ?	¿Qué vas a hacer si ...?
Qu'allez-vous faire en rentrant? **Avez-vous des projets ?**	¿Qué va a hacer ...? ¿Tiene algún proyecto?
Quels sont vos projets ?	¿Qué planes tiene?
Est-ce que tu comptes passer tes vacances ici ?	¿Tienes pensado ...?
Vous comptez rester longtemps ?	¿Tiene pensado ...?
Que comptez-vous faire de votre collection ?	¿Qué piensa hacer con ...?
Comment comptez-vous faire ?	¿Cómo piensa hacerlo?
Tu as l'intention de passer des concours ?	¿Tienes la intención de ...?
Songez-vous à refaire un film en Europe ?	¿Tiene pensado ...?

Para expresar las propias intenciones

Je comptais m'envoler pour Ajaccio le 8 juillet.	Tenía pensado ...
Elle prévoit de voyager pendant un an.	Tiene previsto ...
Il est prévu de construire un nouveau stade.	Está previsto ...
Ils envisagent d'avoir plusieurs enfants.	Piensan ...
Cette banque **a l'intention de** fermer un grand nombre de succursales.	... tiene intención de ...
Je songe à abandonner la politique.	Estoy pensando en ...
J'ai décidé de changer de carrière.	He decidido ...
Je suis décidée à arrêter de fumer.	Estoy decidida a ...
Je me suis décidée à y aller.	Me he decidido a ...
C'est décidé, nous partons à la campagne.	Está decidido ...
Il n'a jamais été dans nos intentions de lui cacher la vérité.	No ha sido jamás nuestra intención ...
Il n'est pas question pour moi de renoncer à ce projet.	No me he planteado ...

Para expresar lo que se desea hacer

Je veux faire du cinéma.	Quiero ...
Je voudrais savoir jouer aussi bien que lui.	Me gustaría ...
J'aimerais faire du deltaplane.	Me gustaría ...
J'aimerais que mes photos soient publiées dans la presse.	Me gustaría que ...
J'aurais aimé avoir un frère.	Me hubiera gustado ...
Lionel **voulait à tout prix** partir le soir même.	... quería ... a toda costa.
Nous souhaitons préserver notre indépendance.	Deseamos ...
J'espère avoir des enfants.	Espero ...
Nous espérons que les enfants regarderont cette émission avec leurs parents.	Esperamos que ...
Vous rêvez de faire le tour du monde ?	¿Sueña con ...?
Mon rêve serait d'avoir une grande maison.	Mi sueño sería ...

Obligación

Il faut que je me trouve un logement.	Es preciso que ...
Il faut absolument qu'on se revoie avant le 23 !	Es imprescindible que ...
Si vous allez en Pologne, **vous devez** venir nous voir.	... tiene que ...
Les auteurs du détournement **ont exigé que** l'avion reparte vers New York.	... exigieron que ...
Ça **me force à** faire de l'exercice.	... me obliga a ...

Une violente crise d'asthme **m'a obligé à** consulter un médecin.	... me obligó a ...
Je suis obligé de partir.	Tengo que ...
Il est obligé de travailler, **il n'a pas le choix.**	Tiene que ..., no tiene otro remedio.
On ne peut pas faire autrement que d'accepter.	No se puede hacer otra cosa que ...
L'école **est obligatoire** jusqu'à seize ans.	... es obligatoria ...
Il est indispensable de voyager pour comprendre les autres.	Es indispensable ...

Permiso

Para pedir permiso

Je peux téléphoner ?	¿Puedo ...?
Je peux vous demander quelque chose ?	¿Puedo ...?
Est-ce que je peux passer vous dire un petit bonjour tout à l'heure ?	¿Puedo ...?
Ça ne vous dérange pas si j'arrive en avance ?	¿Le importa si ...?
Ça ne vous dérange pas que je fume ?	¿Le molesta que ...?
Est-ce que ça vous dérange si j'ouvre la fenêtre ?	¿Le importa que ...?
Vous permettez, Madame, **que** je regarde ce qu'il y a dans votre sac ?	¿Me permite ... que ...?

Para dar permiso

(Vous) faites comme vous voulez.	Como quiera.
Allez-y !	Adelante!
Je n'y vois pas d'inconvénient.	No tengo inconveniente.
Vous avez le droit de porter plainte.	Tiene derecho a ...
Je vous en prie.	Como no.

Para denegar permiso

Je te défends de sortir !	Te prohibo ...
C'est défendu.	Está prohibido.
Il est interdit de fumer dans les toilettes.	Está prohibido ...
Le travail des enfants **est formellement interdit par** une convention de l'ONU.	... está terminantemente prohibido por ...
Défense d'entrer.	Prohibida la entrada.
Stationnement interdit.	Prohibido estacionar.
Interdiction de stationner.	Prohibido estacionar.
C'est interdit.	Está prohibido.

Elle interdit à ses enfants **d'ouvrir** la porte.	Prohíbe a ... que abran ...
Tu n'as pas le droit.	No tienes derecho.
On n'avait pas le droit de manger ni de boire pendant le service.	No se podía ...
Il n'en est pas question.	Ni hablar.

Certeza, probabilidad y posibilidad

Certeza

Il est certain qu'il y aura des problèmes.	Seguro que ...
Il ne fait aucun doute que ce produit connaîtra un réel succès.	No cabe la menor duda de que ...
Il est évident qu'il traverse une période difficile.	Es evidente que ...
C'est **de toute évidence** la seule chose à faire.	Evidentemente ...
Il est indéniable qu'il a eu tort d'agir ainsi.	Es innegable que ...
Je suis sûre que mon frère te plaira.	Estoy segura de que ...
Je suis sûr de gagner.	Estoy seguro de ...
Je suis certain que nous sommes sur la bonne voie.	Estoy seguro de que ...
J'ai la certitude qu'en travaillant avec lui, je ne m'ennuierai pas.	Tengo la certeza de que ...
Je suis persuadé qu'il y a d'autres solutions.	Estoy convencido de que ...

Probabilidad

Il est probable que le prix du pétrole va continuer d'augmenter.	Es probable que ...
Le taux d'inflation dépassera **très probablement** les 10 %.	Es muy probable que ...
Ils avaient **sans doute** raison.	Seguramente ...
80 % des problèmes de peau sont **sans doute** d'origine psychique.	... sin duda ...
Les travaux **devraient** débuter au mois d'avril.	... deberían ...
Il se pourrait bien qu'ils cherchent à tester nos réactions.	Es posible que ...
Il y a de fortes chances que la France gagne.	Hay muchas posibilidades de que ...
Il a dû oublier d'ouvrir les fenêtres.	Se debe de haber olvidado de ...

Posibilidad

C'est possible.	Es posible.
Il est possible que cela coûte plus cher.	Es posible que ...
Il n'est pas impossible qu'il soit parti à Paris.	Cabe la posibilidad de que ...
Il se pourrait que l'Amérique ait été découverte par des Chinois.	Es posible que *o* Puede que ...
Il se peut que ce virus soit particulièrement virulent.	Puede que ...
En quelques mois tout **peut** changer.	... puede ...
Les négociations **pourraient** aboutir très prochainement.	... podrían ...
Il a **peut-être** mal compris.	A lo mejor ...
Peut-être que je me trompe.	Quizá(s) ...

Incertidumbre, improbabilidad e imposibilidad

Incertidumbre

Je ne suis pas sûr que ce soit utile.	No estoy seguro de que ...
Je ne suis pas sûre d'y arriver.	No estoy segura de ...
Je ne suis pas certain d'avoir raison.	No estoy seguro de ...
Elle n'est pas convaincue que cela soit une bonne idée.	No está convencida de que ...
Il n'est pas certain qu'un vaccin puisse être mis au point.	No es seguro que ...
Je me demande si nous avons fait beaucoup de progrès dans ce domaine.	Me pregunto si ...
Est-ce raisonnable ? **J'en doute.**	... Lo dudo.
Il se mit **à douter de** la compétence de son médecin.	... dudar de ...
Je doute fort qu'il accepte de rester inactif.	Dudo mucho que ...
On ne sait pas exactement ce qui s'est passé.	No se sabe exactamente ...

Improbabilidad

Il **ne** changera **probablement pas** d'avis.	Probablemente no ...
Il est peu probable qu'il reste encore des places.	Es poco probable que ...
Ça m'étonnerait qu'ils aient ta pointure.	Me sorprendería que ...
Il serait étonnant que tout se passe conformément aux prévisions.	Sería de extrañar que ...
Nous ne risquons pas de nous ennuyer.	No creo que nos aburramos.
Elles ne risquent pas d'avoir le prix Nobel d'économie.	No creo que les den ...
Il y a peu de chances que le taux de croissance dépasse 1,5 %.	Hay pocas probabilidades de que ...

FRANCÉS ACTIVO

Imposibilidad

C'est impossible.	Es imposible.
Il n'est pas possible qu'il n'y ait rien à faire.	No es posible que ...
Il est impossible que ces renseignements soient faux.	Es imposible que ...
Il n'y a aucune chance qu'ils viennent à notre secours.	No hay ninguna posibilidad de que ...

Saludos

Bonjour !	¡Hola! *o* ¡Buenos días!
Bonsoir !	¡Buenas noches!
Salut !	¡Buenas!
Comment allez-vous ?	¿Cómo está?
Comment ça va ?	¿Qué hay? *o* ¿Qué tal?

Para responder

Très bien, merci, et vous ?	Muy bien, gracias, ¿y usted?
Ça va, et toi ?	Bien, ¿y tú?
Super bien !	¡Estupendamente!
On fait aller.	Vamos *o* Voy tirando.
Couci-couça.	Regular.
Pas mal, merci.	Bien, gracias.

Presentaciones

Je vous présente Charles.	Le presento a ...
Je vous présente mon amie.	Le presento a ...
Marc ; Laurent	Marc, te presento a Laurent. Laurent, Marc.
Je ne crois pas que vous vous connaissiez.	Creo que no os conocéis.

Para responder

Enchanté.	Encantado.
Enchanté *o* **Ravi de faire votre connaissance.**	Encantado de conocerle.
Salut, moi c'est Dominique.	Hola, soy ...

Despedidas

Au revoir !	¡Adiós!
Bonne nuit !	¡Buenas noches!
Salut !	¡Adiós!
Ciao !	¡Hasta luego!
À bientôt !	¡Hasta pronto!

À demain !	¡Hasta mañana!
À la semaine prochaine !	¡Hasta la semana que viene!
À jeudi !	¡Hasta el jueves!

Deseos y felicitaciones

Bon anniversaire !	¡Feliz cumpleaños! *o* ¡Felicidades!
Joyeux Noël !	¡Feliz Navidad! *o* ¡Felices Pascuas!
Bonne année !	¡Feliz Año (Nuevo)!
Félicitations !	¡Enhorabuena!
Bon voyage !	¡Buen viaje!
Bonne chance !	¡Suerte!
Bienvenue !	¡Bienvenido!
Amusez-vous bien !	¡Que se lo pase bien!
Bon appétit !	¡Buen provecho! *o* ¡Qué aproveche!
(À votre) santé !	¡Salud!
À la tienne/À la vôtre !	¡A tu salud/A su salud!
Tchin-tchin !	¡Chinchín!

Agradecimientos

Merci.	Gracias.
Merci de votre coopération.	Gracias por ...
Merci beaucoup.	Muchas gracias.
Je vous remercie d'avoir été si patients.	Les agradezco que hayan sido tan pacientes.
Je ne sais pas comment vous remercier.	No sé cómo agradecérselo.
Nous vous sommes très reconnaissants d'avoir hébergé notre fille.	Le estamos muy agradecidos por ...

FRANCÉS ACTIVO

Cómo comenzar y terminar un correo electrónico o una carta

En la correspondencia personal

Encabezamiento	Despedida
Cher Monsieur	Je vous envoie mes salutations distinguées
Chers Jean et Sylvie	Bien amicalement
Chère tante Laure	Je t'embrasse bien
Mon cher Laurent	Grosses bises *(informal)*
Salut Myriam	À la prochaine *(informal)*

Para comenzar un correo electrónico o una carta

Je te remercie de ta lettre/ton e-mail.	Muchas gracias por tu carta/correo electrónico.
J'ai été très content d'avoir de tes nouvelles.	Me alegró mucho recibir noticias tuyas.
Je suis désolé de ne pas vous avoir répondu plus vite.	Siento mucho no haberle contestado antes.
J'espère que tu vas bien.	Espero que estés bien.

Para terminar un correo electrónico o una carta

Écris-moi vite.	Escríbeme pronto.
Dis bonjour à ... de ma part.	Recuerdos de mi parte a ...
Transmettez mes amitiés à ...	Dele recuerdos de mi parte a ...
Embrasse ... pour moi.	Dale un beso de mi parte a ...
... me charge de transmettre ses amitiés.	... te manda recuerdos.
... t'embrasse.	Besos de parte de ...

En la correspondencia formal

Encabezamiento	Despedida
Monsieur le Directeur	Je vous prie d'agréer, Monsieur le Directeur, l'assurance de ma considération distinguée
Messieurs Monsieur Madame	Je vous prie d'agréer, Messieurs (*o* Monsieur *o* Madame), mes salutations distinguées *o* Veuillez accepter, Messieurs (*o* Monsieur *o* Madame), mes salutations distinguées
Cher Monsieur/ Chère Madame	Croyez, cher Monsieur (*o* chère Madame), à l'expression de mes sentiments les meilleurs
Cher Thomas/ Chère Océane	Cordialement (*solo en correos electrónicos*)

Para comenzar un correo electrónico o una carta

Je vous remercie de votre lettre/e-mail.	Le agradezco su carta/correo electrónico.
En réponse à votre lettre du ...	En respuesta a su carta de ...
Suite à ...	Con referencia a ...
Je vous écris pour ...	Le escribo para ...
Je vous prie de ...	Le ruego que ...
Veuillez trouver ci-joint ...	Adjunto le remito ...
Je vous serais reconnaissant de ...	Le agradecería que ...
Nous avons le plaisir de vous informer que ...	Nos complace comunicarle que ...
Nous sommes au regret de vous informer que ...	Lamentamos tener que comunicarles que ...

Para terminar un correo electrónico o una carta

Dans l'attente de votre réponse ...	En espera de su respuesta ...
N'hésitez pas à me contacter pour toute information complémentaire.	No dude en ponerse en contacto conmigo si necesita alguna información adicional.
En vous remerciant à l'avance pour votre aide.	Agradezco de antemano su colaboración.
Si je peux vous aider en quoi que ce soit, n'hésitez pas à me recontacter.	No dude en volver a ponerse en contacto conmigo si cree que le puedo ser de ayuda.
Veuillez m'excuser à nouveau pour le désagrément occasionné.	Le pido disculpas otra vez por las molestias ocasionadas.

Solicitud de información por correo electrónico

Nouveau message

Fichier | Édition | Affichage | Outils | Composer | Aide | Envoyer

À: centre.fleura@univ-bpclermont.fr

Cc:

Copie cachée:

Objet: Cours et visites culturelles de la région Auvergne

Nouveau message
Répondre
Répondre à tous
Faire suivre
Fichier joint

Madame, Monsieur,

Je vous écris pour vous demander des renseignements sur la formule « Cours d'été et visites culturelles de la région Auvergne » destinée aux étudiants étrangers, car je ne trouve pas sur votre site web d'informations précises à ce sujet, en dehors des dates et des formalités d'inscription.

J'aurais surtout voulu savoir comment s'organise chaque journée et comment s'articulent l'aspect apprentissage du français et l'aspect culturel : y a-t-il par exemple des cours le matin et des visites l'après-midi, ou bien l'apprentissage se fait-il au cours des visites ?

Pourriez-vous d'autre part me communiquer les horaires ainsi que le programme détaillé des visites ?

Je vous remercie par avance de votre réponse.

Cordialement,

Alejandro García

Correo electrónico personal

Nouveau message

Fichier | Édition | Affichage | Outils | **Composer** | Aide | Envoyer

À: hugo@europost.fr
Cc:
Copie cachée:
Objet: Warmania

Nouveau message
Répondre
Répondre à tous
Faire suivre
Fichier joint

Salut Hugo !

Tu connais le jeu Warmania ? Je l'ai trouvé sur Internet et il est super. Tu peux le télécharger directement, c'est gratuit.

La boîte qui l'a produit a un site très intéressant. L'adresse est http://www.gamebox.com. Connecte-toi et on en reparle. Amuse-toi bien !

Bonjour à tes parents et à ta sœur.
À bientôt.
Patrick

Fichier	Archivo
Édition	Edición
Affichage	Ver
Outils	Herramientas
Courrier	Correo
Aide	Ayuda
Envoyer	Enviar
Nouveau message	Nuevo mensaje
Répondre	Responder
Répondre à tous	Responder a todos
Faire suivre	Reenviar
Fichier joint	Archivo adjunto
À	A
Cc	CC
Copie cachée	Copia oculta
Objet	Asunto
De	De
Date	Fecha

Solicitud de información por carta

Debe escribirse el lugar desde el que se envía la carta, así como la fecha. La fecha se introduce con el artículo **le**.

Laurent Messier
47, rue de la Préfecture
06300 NICE

Jeanne Horlier
Bibliothèque des Musées de Strasbourg
1, place Hans Jean Arp,
67076 Strasbourg Cedex

Nice, le 24 juin 2014

Madame,

Actuellement étudiant en deuxième année de DUT information-communication option métiers du livre et du patrimoine, je suis à la recherche d'un stage obligatoire de 2 mois dans le cadre de cette formation. Je serais particulièrement intéressé par un stage d'assistant bibliothécaire au sein d'une bibliothèque spécialisée dans les arts comme la vôtre.

Passionné de peinture, j'ai acquis, en plus de ma formation, une solide culture générale en histoire de l'art grâce aux cours du soir que j'ai suivis durant trois ans à l'École du Louvre.

J'ai également effectué l'année dernière, toujours dans le cadre du DUT, un stage d'un mois à la bibliothèque Arthur Rimbaud (75004 Paris), où j'ai beaucoup appris quant au fonctionnement des bibliothèques de prêt et aux tâches quotidiennes des agents qui y travaillent.

Dans l'espoir de pouvoir vous rencontrer prochainement pour vous convaincre de ma motivation, je vous prie d'agréer, Madame, mes salutations distinguées.

Laurent Messier

Laurent Messier

Para otras alternativas, ver pág. 51.

FRANCÉS ACTIVO

Curriculum vitae

CURRICULUM VITÆ

LEGUEN Marine 29, rue de Vannes 35000 RENNES	30 ans célibataire nationalité française
Tél : 02 99 02 71 28 / 07 93 92 36 54	permis de conduire
e-mail : mleguen@gmail.fr	

Assistante de direction

7 ans d'expérience dans l'export
Excellente capacité d'organisation, grande aisance relationnelle

EXPÉRIENCE PROFESSIONNELLE

mars 2009 à ce jour
Assistante du directeur à l'exportation, Agriventes, Rennes

- Participation à l'élaboration et suivi des budgets annuels clients
- Suivi des contrats, supervision des portefeuilles de commandes
- Interface commerciaux / administration des ventes / clients
- Marketing : organisation et participation aux événements professionnels, élaboration des outils marketing (notamment maquettes des insertions publicitaires)

2007–2009
Secrétaire de direction, France-Exportations, Cognac

- Suivi de la clientèle
- Coordination marketing, production, douanes, logistique
- Organisation de salons

Si se está en posesión de títulos españoles y se está solicitando un puesto de trabajo en un país de habla francesa, deben emplearse términos como "**équivalence baccalauréat**" (Bachillerato) o "**équivalence licence de lettres**" (Licenciatura en Filosofía y Letras).

DIPLÔMES

2007 Diplôme de secrétaire bilingue (anglais), délivré par l'École de commerce de Poitiers

2006 Licence de langues étrangères appliquées (anglais et russe), Université de Poitiers

2002 Baccalauréat (langues) – mention assez bien

LANGUES

anglais et russe (courant), allemand (bonnes connaissances)

INFORMATIQUE

Excellente maîtrise du Pack Office (tableaux croisés sous Excel, animations sous PowerPoint, publipostage sous Word, Outlook)

LOISIRS

Voyages (Russie, Europe du Sud, Royaume-Uni, États-Unis) ; voile

RÉFÉRENCES

Aunque no es imprescindible dar las referencias de los sitios en los que se ha trabajado, esta es una información que puede ser interesante añadir. Se pueden dar los datos de contacto o escribir: **Références fournies sur demande**.

Jean-Alain Reboul,
Directeur à l'exportation,
Agriventes,
192, route de Lorient,
PA Rennes Ouest,
35000 Rennes
02 99 54 12 13
jareboul@agriventes.fr

FRANCÉS ACTIVO

Solicitud de empleo

Esta es la forma adecuada de dirigirse a una empresa. Sin embargo, cuando se escribe al titular de un puesto determinado, debe emplearse el modelo siguiente:
Monsieur (o **Madame**) **le Directeur des ressources humaines, Société GERBAULT** *etc*.
Y la carta debe empezar así:
Monsieur le Directeur des ressources humaines,
Si se sabe el nombre de la persona, el encabezamiento debe ser:
Monsieur Alain Dupont
Directeur des ressources humaines Société GERBAULT *etc*.
Y la carta debe empezar así: **Monsieur,**

Marine LEGUEN
29, rue de Vannes
35000 RENNES

Service du Personnel
Société GERBAULT
85, bd de la Liberté
35000 RENNES

Rennes, le 12 juillet 2014

Madame, Monsieur,

Votre annonce parue dans *Le Monde* du 8 juillet concernant un poste d'assistante de direction dans votre service Import-Export m'a particulièrement intéressée.

Mon expérience de quatre ans en tant qu'assistante de direction dans le service d'exportation d'une petite entreprise m'a permis d'acquérir un sens des responsabilités ainsi qu'une grande capacité d'adaptation et d'organisation. Le poste que vous proposez m'intéresse tout particulièrement car j'aimerais beaucoup pouvoir utiliser dans le cadre de mon travail ma connaissance de la langue et de la culture russes, acquise lors de mes études et enrichie par de nombreux voyages.

Je me tiens à votre disposition pour vous apporter de plus amples renseignements sur ma formation et mon expérience.

Je vous prie, Madame, Monsieur, de bien vouloir agréer mes salutations distinguées.

Marine Leguen

Marine Leguen
PJ : CV

= "**pièce jointe**" (documento adjunto)

FRANCÉS ACTIVO

Cómo poner la dirección en un sobre

En la cara

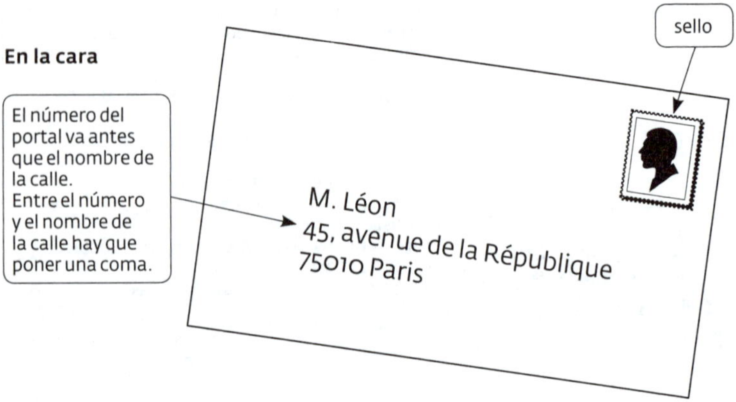

En el dorso

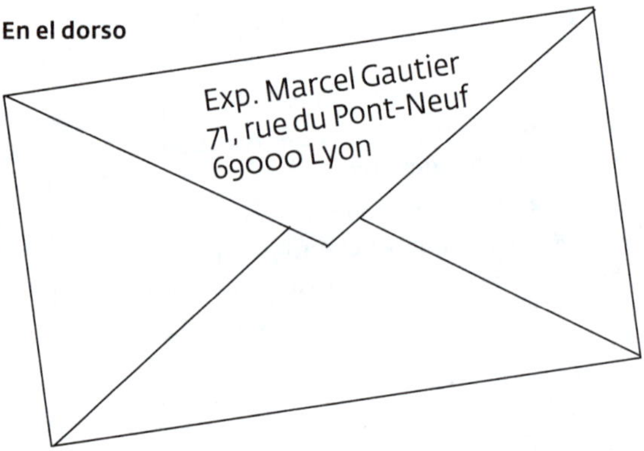

Abreviaturas empleadas frecuentemente en las direcciones

av. = avenue
bd = boulevard
Exp. = expéditeur
fg = faubourg
pas. = passage
pl. = place

Expresiones usadas en las redes sociales

un(e) ami(e)	un(a) amigo(-a)
ajouter à sa liste d'ami(e)s	añadir a la lista de amigos(-as)
un blog	un blog
un compte	una cuenta
créer/ouvrir un compte	crear/abrir una cuenta
vérifier son compte	verificar su cuenta
un fil d'actualités *o* de nouvelles RSS	un canal RSS
un fil de discussion	un hilo de discusión
un forum	un foro
un mot-dièse, un hashtag	un hashtag
faire un commentaire sur	hacer un comentario sobre
un message privé (MP), un message direct	un mensaje privado, un mensaje directo
une mise à jour du statut	una actualización del estado
un mur	un muro
écrire sur le mur de qn	escribir en el muro de algn
un news feed, un fil d'actualités *o* de nouvelles	un canal de noticias
une photo du profil	una foto del perfil
poster qch sur le mur de qn	publicar algo en el muro de algn
un profil	un perfil
retweeter	retuitear
un suiveur, une suiveuse	un(a) seguidor(a)
un sujet tendance	un trending topic
suivre	seguir a
taguer qn sur une photo	etiquetar a alguien en una foto
un tweet	un tuit, un tuiteo
tweeter (sur)	tuitear (sobre)

Abreviaturas usadas en el correo electrónico y los SMS

@+	*à plus tard*
2M1	*demain*
6né	*ciné(ma)*
AM	*après-midi*
ama	*à mon avis*
asap	*aussi vite que possible*
ASV	*âge, sexe, ville*
b1	*bien*
bal	*boîte aux lettres*
biz	*bisous, bises*
bjr	*bonjour*
bsr	*bonsoir*
c	*c'est, ces*
dsl	*désolé*
HT	*acheter*
IR	*hier*
ki	*qui*
koi	*quoi*
lol, mdr	*mort de rire*
NRV	*énervé*
pk	*pourquoi*
slt	*salut*

Teléfono e Internet

Diferentes tipos de llamadas

Je voudrais appeler l'étranger.	Quisiera hacer una llamada al extranjero.
Je voudrais appeler Paris **en PCV.**	Quisiera hacer una llamada a ... a cobro revertido.
Comment est-ce que je peux téléphoner à l'extérieur ?	¿Qué hay que hacer para obtener línea al exterior?

Para pedir información

Quel est le numéro des renseignements ?	¿Cuál es el número del servicio de información telefónica?
Je voudrais le numéro de la société Europost, 20, rue de la Marelle, à Pierrefitte.	¿Me podría dar el número de teléfono de ...?
Quel est l'indicatif de la Martinique ?	¿Cuál es el prefijo de ...?
Quel est le numéro de l'horloge parlante ?	¿Cuál es el número de Información Horaria?

Al recibir información

Le numéro que vous avez demandé est le 01 40 32 37 12. (zéro un quarante trente-deux trente-sept douze)	El número que solicita es el ...
Je regrette, mais il n'y a pas d'abonné à ce nom.	Lo siento, pero ese nombre no figura en la guía.
Le numéro que vous avez demandé est sur liste rouge.	El número que solicita no figura en la guía.

Cuando contestan

Je voudrais parler à *o* **Pourrais-je parler à** M. Wolff, s'il vous plaît ?	Quisiera hablar con ...
Pourriez-vous me passer le docteur Breton, s'il vous plaît ?	¿Me podría poner con ...?
Pourriez-vous me passer le poste 52 64, s'il vous plaît ?	¿Me pone con la extensión ...?
Je rappellerai dans une demi-heure.	Volveré a llamar dentro de ...
Pourriez-vous lui demander de me rappeler à son retour ?	¿Podría decirle que me llame cuando regrese?

Cuando responde la centralita

C'est de la part de qui ?	¿De parte de quién?
Je vous le passe.	Le pongo.
J'ai un appel de Tokyo **pour** Mme Lacan.	Tengo una llamada de ... para ...
J'ai Mlle Martin **en ligne.**	Tengo ... al teléfono.
Le docteur Robert **est en ligne, vous patientez ?**	... está al teléfono *o* está comunicando. ¿Quiere esperar?
Ne quittez pas.	No se retire.
Ça ne répond pas.	No contestan.
Voulez-vous laisser un message ?	¿Quiere dejar algún recado?

Mensajes grabados

Le numéro de votre correspondant n'est plus attribué. Veuillez consulter l'annuaire ou le service de renseignements.	El número marcado no ha sido reconocido. Rogamos consulte la guía o el servicio de información telefónica.
Le numéro de votre correspondant a changé. Veuillez composer désormais le 33 42 21 70.	El número del abonado con el que desea comunicar ha cambiado. Marque el ...
Par suite de l'encombrement des lignes, votre appel ne peut aboutir. Veuillez rappeler ultérieurement.	Todas las líneas están ocupadas en este momento. Rogamos intente llamar más tarde.
Bonjour, vous êtes en communication avec le service des ventes. **Veuillez patienter, nous allons donner suite à votre appel dans quelques instants.**	Buenos días. Bienvenido a ... Por favor, espere. Dentro de unos instantes atenderemos su llamada.
Bonjour, vous êtes bien chez M. et Mme Martin. **Laissez un message après le bip sonore et nous vous rappellerons dès notre retour.** Merci.	Hola. Esta es la casa de ... Déjenos su mensaje tras la señal y le devolveremos la llamada.

Para contestar

Allô !	¡Diga! *o* ¡Dígame!
C'est moi *o* **lui-même** (*o* **elle-même**).	Soy yo *o* El mismo (*o* La misma).
Qui est à l'appareil ?	¿Quién habla?

Recargas

Où est-ce que je peux recharger mon portable ?	¿Dónde puedo cargar el móvil?
Il me faut une batterie neuve.	Necesito una batería nueva.
Je voudrais acheter une carte SIM avec/sans abonnement.	Quería comprar una tarjeta SIM con/sin contrato.

En caso de dificultad

Je n'arrive pas à avoir le numéro.	Está ocupado *o* Está comunicando.
Leur téléphone est en dérangement.	No les funciona el teléfono.
Nous avons été coupés.	Se ha cortado la comunicación.
J'ai dû faire un faux numéro.	Debo haber marcado el número mal.
Il y a quelqu'un d'autre sur la ligne.	Se han cruzado las líneas.
La ligne est très mauvaise.	Se oye muy mal.
Je n'ai pas de réseau.	No tengo cobertura.
Je ne te capte plus.	No te oigo.
Je n'ai plus de crédit.	Se me ha acabado el crédito.

Internet

Y a-t-il une connexion wi-fi/Internet ?	¿Tienen conexión wi-fi/ a Internet?
Quel est le mot de passe pour le wi-fi ?	¿Cuál es la contraseña del wi-fi?
J'ai oublié mon mot de passe.	He olvidado mi contraseña.
Connaissez-vous l'adresse du site Web ?	¿Sabe la dirección del sitio Web?
Je voudrais télécharger les horaires.	Quería descargarme ...
Est-ce que vous êtes sur Twitter®/ Facebook® ?	¿Está usted en Twitter®/ Facebook®?

Grammaire espagnole

Table des matières

1 La prononciation et l'accentuation

1.1 La prononciation des voyelles

La prononciation des voyelles reste la même qu'elles soient accompagnées d'une autre voyelle (dans les diphtongues) ou non, et les voyelles nasales n'existent pas.

	exemples	**prononciation**
[a]	c**a**sa	« **a** » ouvert comme dans « ch**a**t »
[e]	l**e**v**e**	« **é** » à mi-chemin entre le « **é** » fermé de « **été** » et le « **è** » ouvert de « p**ei**ne »
[i]	f**i**lo	« **i** » comme dans « f**i**l »
[o]	l**o**co	« **o** » à mi-chemin entre le « **o** » fermé de « ch**o**se » et le « **o** » ouvert de « p**o**rte »
[u]	l**u**na	« **ou** » de « tr**ou**ver » ; le « **u** » de « ch**u**t » n'existe pas en espagnol

1.2 La prononciation des diphtongues

On appelle diphtongue deux voyelles que l'on prononce d'une seule émission de voix.

[ai]	b**ai**le, h**ay**	comparable au « **aille** » de « bat**aille** »
[au]	c**au**sa	comparable à « **aoû** » de « **aoû**tien »
[ei]	p**ei**ne, r**ey**	comparable au « **ey** » de « ass**ey**ez »
[eu]	d**eu**da	comparable au « **éou** » de « S**éou**l »
[oi]	b**oi**na, v**oy**	comparable au « **oï** » de « **oï**l »

1.3 La prononciation des semi-consonnes

[j]	hac**i**a, **y**a t**i**ene, **y**eso lab**i**o, **y**o	Le **i** après une consonne et devant une voyelle, et le **y** devant une voyelle se prononcent comme le « **y** » dans « **y**ak ».
[w]	ag**u**a, b**u**en ard**u**o, r**u**ido	Le **u** après une consonne et devant une voyelle se prononce comme « **ou** » dans « **ou**est ». Exceptions : **gue**, **gui**.

1.4 La prononciation des consonnes

De nombreuses consonnes se prononcent exactement comme en français, mais il faut noter les différences suivantes :

[β]	la**b**io	Les lettres **b** et **v** se prononcent de la même façon mais ils sont généralement beaucoup plus atténués qu'en français lorsqu'ils sont placés entre deux voyelles – les lèvres se ferment à peine lorsque ce son est prononcé.
[ɣ]	ha**g**a	Le **g** se prononce de façon comparable au « **gu** » de « **gu**ide » mais de manière beaucoup plus atténuée.
[ɲ]	a**ñ**o	Se prononce à la manière du « **gn** » de « oi**gn**on ».
[x]	**j**ota	Se prononce en raclant la gorge.
[r]	pe**r**a	Il s'agit d'un « **r** » roulé que l'on prononce en faisant vibrer la langue entre le palais et l'arrière des dents.
[rr]	pe**rr**o, **r**ojo	Il s'agit du même « **r** » roulé décrit ci-dessus mais doublé.

lettre	prononciation	exemples
b	[b]	Au début d'un mot ou après une consonne, il se prononce comme le « **b** » français.
c	[k]	Devant **a**, **o**, **u** ou une consonne, il se prononce comme le « **c** » de « **c**ar ».
	[θ]	Devant **e**, **i**, il se prononce en plaçant la langue entre les dents et en soufflant.
ch	[tʃ]	Se prononce comme le « **tch** » dans « **Tch**équie ».
d	[d]	Se prononce comme le « **d** » de « **d**ent ».
	[ð], [(ð)]	En Espagne, la prononciation de la lettre **d** est fréquemment atténuée lorsqu'elle est en fin de mot ou dans la terminaison **-ado**. Dans certaines régions, elle se prononce à la manière d'un **z** espagnol et dans d'autres cas elle n'est pas prononcée du tout.

g	[x]	Se prononce à la manière du **j** espagnol (**jota**) devant **e** ou **i**.
	[g]	Quand il n'est pas devant **e** ou **i**, il se prononce comme le « **g** » de « **g**are ».
	[ɣ]	Le **g** se prononce de façon comparable au « **Gwe** » de « **Gwe**naëlle ».
gue	[ge/ɣe]	Le **u** est muet.
gui	[gi/ɣi]	Le **u** est muet.
güe	[gwe/ɣwe]	Le **u** se prononce comme le « **ou** » de « **ou**est ».
güi	[gwi/ɣwi]	Le **u** se prononce comme le « **ou** » de « **ou**est ».
h	[-]	Le **h** est toujours muet sauf dans certains mots d'origine étrangère où il se prononce alors comme le **j** espagnol.
j	[x]	Se prononce comme un « **r** » dur.
ll	[ʎ/j]	Se prononce théoriquement comme « **lli** » dans « mi**lli**on » en français , bien que dans de nombreuses régions d'Espagne et d'Amérique latine, il soit généralement prononcé comme le « **y** » de « **y**ak ».
	[ʃ/ʒ]	Dans certaines régions d'Argentine et d'Uruguay, on le prononce comme le « **ch** » de « **ch**ien » ou le « **j** » de « **j**e ».
ñ	[ɲ]	Se prononce comme le « **gn** » de « oi**gn**on ».
q	[k]	Se prononce comme le « **c** » de « **c**ar ».
s	[s]	Se prononce comme le « **s** » de « **s**ac ».
v	[b/v]	En Espagne, se prononce pratiquement comme le « **b** » de « **b**ac ». En Amérique latine, il se prononce comme le « **v** » de « **v**ie ».
w	[w]	Se prononce comme « **w** » en français.
	[b]	Dans les mots d'origine étrangère se prononce comme « **b** » (**wáter**).
x	[ks]	Entre deux voyelles et à la fin d'un mot, se prononce comme le « **x** » de « ta**x**i ».
	[s]	Dans les autres cas, il se prononce comme un « **s** ».

y	[j]	Se prononce comme le « **y** » de « **y**ak ».
	[ʒ]	Dans certaines régions d'Amérique latine, il se prononce comme le « **j** » de « **j**e ».
z	[θ]	Se prononce en mettant la langue entre les dents et en soufflant.
	[s]	En Amérique latine et en Andalousie, il se prononce comme le « **s** » de « **s**ac ».

1.5 L' accentuation normale tonique

Il existe des règles simples pour savoir quelle syllabe accentuer dans un mot espagnol. Lorsqu'on est en présence d'une exception, un accent écrit du bas vers le haut est nécessaire comme nous le verrons plus loin. Ces règles sont les suivantes :

- les mots qui se terminent par une voyelle, une combinaison de voyelles ou les consonnes **-s** ou **-n** sont accentués sur l'avant-dernière syllabe. La grande majorité des mots espagnols entrent dans cette catégorie.

casa *(maison)*	**ca**sas *(maisons)*
corre (*il court*)	**co**rren (*ils courent*)
pa**la**bra *(mot)*	pa**la**bras *(mots)*
crisis *(crise)*	**cri**sis (*crises*)

- les mots qui se terminent par une consonne autre que **-s** ou **-n** portent l'accent tonique sur la dernière syllabe.

re**loj** *(montre)*
ver**dad** (*vérité*)
bati**dor** *(batteur)*

1.6 L'accent tonique dans les diphtongues

Pour les diphtongues, on utilise les règles suivantes pour déterminer quelle voyelle doit être accentuée :

- Dans les diphtongues combinant une voyelle dite « faible » (**i**, **u**) et une « forte » (**a**, **e** ou **o**) l'accent est placé sur la voyelle forte :

  baile *(danse)*
  boina (*béret*)
  peine (*peigne*)
  causa (*cause*)

- Dans les diphtongues formées à partir de deux voyelles « faibles », la seconde porte l'accent :

  fu**i** *(j'allai)*
  vi**u**do *(veuf)*

➢ Notez que deux voyelles « fortes » ne forment pas une diphtongue mais sont prononcées comme deux voyelles distinctes. Dans ce cas, l'accentuation suit les règles normales :

  me ma**re**o *(je ne me sens pas bien)*
  ca**er** (*tomber*)
  caos (*chaos*)
  co**rre**a (*laisse*)

1.7 L'accent écrit

Cet accent s'emploie pour indiquer que l'accentuation ne suit pas les règles normales.

autobús *(bus)* **revolución** (*révolution*)

Quand des pronoms compléments d'objet sont ajoutés à certaines formes verbales, un accent est nécessaire pour montrer que la syllabe accentuée de la forme verbale ne change pas. Ces formes verbales sont :

- le gérondif

comprando (*achetant*)	**comprándolo** (*l'achetant*)

- l'infinitif lorsqu'il est suivi par deux pronoms

vender (*vendre*)	**vendérselas** (*les lui/leur vendre*)

- les formes de l'impératif à l'exception de la deuxième personne du pluriel

compra (*achète*)	**cómpralo** (*achète-le*)
hagan (*faites*)	**háganlo** (*faites-le*)

Les formes du superlatif absolu sont toujours accentuées.

viejo (*vieux*)	**viejísimo** (*très vieux*)
caro (*cher*)	**carísimo** (*très cher*)

L'ajout du suffixe adverbial **-mente** n'affecte pas l'accentuation des adjectifs.

fácil (*facile*)	**fácilmente** (*facilement*)

L'accent est aussi employé pour distinguer à l'écrit les mots qui se prononcent de la même manière mais qui ont un sens ou une fonction différente, à savoir :

- les adjectifs possessifs et les pronoms personnels.

Ese es mi coche.
Voici ma voiture.
A mí no me vio.
Il ne m'a pas vu, moi.
¿Te gusta tu trabajo?
Ton travail te plaît ?
Tú, ¿qué opinas?
Et toi, qu'est-ce que tu en penses ?

- les adjectifs démonstratifs et les pronoms démonstratifs dans certains cas où il y a une ambiguïté possible, comme nous le verrons un peu plus loin.

- les formes interrogatives et exclamatives des adverbes, pronoms et adjectifs.

El niño con quien viajé.
L'enfant avec lequel j'ai voyagé.
¿Con quién viajaste?
Avec qui as-tu voyagé ?
Donde quieras.
Où tu veux.
¿Dónde encontraste eso?
Où as-tu trouvé ça ?

➢ Notez que l'accent est employé dans les formes directes et indirectes des questions et des exclamations :

¿Cómo se abre?
Comment ça s'ouvre ?
No sé cómo se abre.
Je ne sais pas comment ça s'ouvre.

- le pronom **él** et l'article **el**.

El puerto queda cerca.
Le port est à côté.
Él no quiso hacerlo.
Lui a refusé de le faire.

- une petite catégorie de mots que l'on pourrait confondre.

de (*de*)	**dé** (*subj. prés. de* **dar**)
mas (*mais*)	**más** (*plus*)
si (*si*)	**sí** (*oui ; lui-même, etc.*)
te (*toi*)	**té** (*thé*)

Si no viene.
S'il ne vient pas.
Sí que lo sabe.
Oui, il le sait.

- Seul un petit groupe de mots portent l'accent sur l'antépénultième et ont toujours besoin d'un accent.

murci**é**lago (*chauve-souris*)	**pá**jaro (*oiseau*)

1.8 Particularités de l'accentuation au pluriel et au féminin

- Certains noms changent d'accentuation en passant du singulier au pluriel.

ca**rá**cter (*caractère*)	carac**te**res (*caractères*)
régimen (*régime*)	re**gí**menes (*régimes*)

Pour les adjectifs et certains noms, on accentue à l'oral la même syllabe au singulier et au pluriel. Pour montrer cela, il faut :

- ajouter un accent écrit dans le cas des noms et des adjectifs qui se terminent par **-n**.

orden (*ordre*)	**órdenes** (*ordres*)
examen (*examen*)	**exámenes** (*examens*)
joven (*jeune*)	**jóvenes** (*jeunes*)

- supprimer l'accent des noms ou des adjectifs portant un accent sur la dernière syllabe et qui se terminent par **-n** ou **-s**.

revolución (*révolution*)	**revoluciones** (*révolutions*)
autobús (*bus*)	**autobuses** (*bus*)
parlanchín (*bavard*)	**parlanchines** (*bavards*)

La forme féminine des noms et des adjectifs masculins accentués ne porte pas d'accent.

marqués (*marquis*)	**marquesa** (*marquise*)
francés (*français*)	**francesa** (*française*)

2.1 Le genre des noms

En espagnol, il n'est pas toujours possible de prévoir le genre d'un nom et il faut donc l'apprendre. Les points suivants vous aideront à déterminer le genre d'un nom dans un certain nombre de cas.

- Les noms qui se rapportent à des êtres vivants, humains ou animaux, de sexe masculin sont généralement masculins :

un hombre ▲ un toro ▲ un enfermero

- Les noms qui se rapportent à des êtres vivants, humains ou animaux, de sexe féminin sont généralement féminins :

una niña ▲ una vaca ▲ una enfermera

2.2 Pour deviner le genre d'un nom, on peut parfois se baser sur sa terminaison.

- Pour les noms masculins :

-o	**un clavo ▲ un plátano** exceptions : *mano, foto, moto*
-l	**un tonel ▲ un hotel** exceptions : *cal, cárcel, catedral, col, miel, piel, sal*
-r	**un tractor ▲ el altar** exceptions : *coliflor, flor, labor, sor*
-y	**el rey ▲ un buey** exception : *ley*

- Pour les noms féminins :

-a	**una casa ▲ la cara** exceptions : *día, mapa, planeta, problema*

-ión	**una canción ▲ una procesión** exceptions : la plupart des noms ne se terminant pas en *-ción* ou *-sión*, par exemple : *avión, camión, gorrión*

-dad, -tad	**una ciudad ▲ la libertad**
-tud	**una multitud**
-ed	**una pared ▲ la sed**
-itis	**una faringitis ▲ la celulitis**
-iz	**una perdiz ▲ una matriz** exceptions : *lápiz, maíz, tapiz*
-umbre	**la podredumbre ▲ la muchedumbre**

2.3 Comme en français, l'espagnol peut parfois avoir recours à des mots complètement différents pour distinguer le masculin du féminin :

mi marido → mi mujer
un toro → una vaca

2.4 Dans d'autres cas, la distinction se fait au moyen de la terminaison.

- Pour les noms qui se terminent par **-o**, on remplace ce dernier par **-a** :

un amigo → una amiga
un gato → una gata

- Si la forme masculine se termine en **-a**, elle reste telle quelle :

un deportista → una deportista
un colega → una colega

- Si la dernière lettre de la forme au masculin singulier est une consonne, on ajoute **-a** pour former le féminin :

un león → una leona
un francés → una francesa

➢ Notez que dans ce cas, si la dernière syllabe a un accent, il disparaît au féminin.

2.5 Le **pluriel** peut se former de différentes manières.

- Pour les noms qui se terminent par une voyelle inaccentuée, on ajoute un **-s** à la forme du singulier :

la casa → las casas **el libro → los libros**

- Pour les noms qui se terminent par une consonne ou une voyelle accentuée, on ajoute **-es** à la forme du singulier :

una pared → unas paredes

➢ Les mots suivants sont des exceptions :

café → cafés	**pie → pies**
mamá → mamás	**sofá → sofás**
papá → papás	**té → tés**

- Les noms qui se terminent par **-n** ou **-s** et dont la dernière syllabe porte un accent perdent cet accent au pluriel :

la canción → las canciones **el autobús → los autobuses**

- Les noms qui se terminent en **-n** et qui ont l'accent tonique sur l'avant-dernière syllabe au singulier portent un accent sur cette syllabe au pluriel de manière à indiquer la place de l'accent tonique :

un examen → unos exámenes **un crimen → unos crímenes**

- Lorsqu'il est en position finale au singulier, **-z** est remplacé par **-c** au pluriel :

la luz → las luces

- Les noms dont la dernière syllabe est inaccentuée et qui se terminent par **-s** restent inchangés au pluriel :

un paraguas → unos paraguas
el lunes → los lunes

2.6 Les déterminants

Devant un nom ou un adjectif (au début du groupe nominal, donc) on emploie souvent un **déterminant**. Il y en a de différents types : certains servent à désigner quelque chose de concret ou qui a déjà été nommé, d'autres renvoient à quelque chose de général, qu'on évoque pour la première fois. Beaucoup peuvent aussi s'employer comme **pronoms**.

articles définis :	**el/los ▲ la/las ▲ lo**
adjectifs et pronoms démonstratifs :	**este/estos ▲ ese/esos ▲ aquel/ aquellos esta/estas ▲ esa/esas ▲ aquella/aquellas**
pronoms neutres :	**esto ▲ eso ▲ aquello**
articles indéfinis :	**un/una ▲ unos/unas**
pronoms indéfinis :	**alguien ▲ algo ▲ nadie ▲ nada**
quantifieurs :	**poco(s)/poca(s) ▲ bastante(s) ▲ mucho(s)/mucha(s) ▲ demasiado(s)/ demasiada(s) ▲ harto(s)/harta(s)**
adjectifs possessifs :	**mi(s) ▲ tu(s) ▲ su(s) ▲ nuestro(s)/ nuestra(s) ▲ vuestro(s)/vuestra(s) ▲ su(s)**
pronoms possessifs :	**mío(s)/mía(s) ▲ tuyo(s)/tuya(s) suyo(s)/suya(s) ▲ nuestro(s)/nuestra(s) vuestro(s)/vuestra(s) ▲ suyo(s)/suya(s)**
pronoms interrogatifs :	**qué ▲ cuál(es) ▲ quién(es)**
numéraux :	**uno ▲ dos ▲ tres ▲ cuatro…**

2.7 L'article défini

	avec un nom masculin	avec un nom féminin	*en français*
singulier	**el**	**la**	*le, la, l'*
pluriel	**los**	**las**	*les*

- La forme de l'article défini est déterminée par le genre et le nombre du nom.

el tren ▲ la estación ▲ los actores ▲ las actrices

➢ Notez que si l'article vient directement avant un nom féminin singulier commençant par un **a-** ou **ha-** accentué, c'est la forme masculine **el** que l'on emploie au lieu de la forme féminine **la** :

el agua *(l'eau)*	**el hacha** *(la hache)*
la misma agua *(la même eau)*	**la mejor hacha** *(la meilleure hache)*

- L'article défini **el** se combine avec la préposition **a** pour donner **al**, et **de** pour donner **del** :

al cine *(au cinéma)*	**del autor** *(de l'auteur)*

2.8 L'emploi de l'article défini espagnol est souvent comparable à celui de l'article défini français. Il est ainsi employé :

- avec les noms abstraits :

El tiempo es oro.
Le temps c'est de l'argent.

- dans les généralisations :

No me gusta el café.
Je n'aime pas le café.
Los niños necesitan ser queridos.
Les enfants ont besoin d'être aimés.

- avec les parties du corps :

Vuelva la cabeza hacia la izquierda.
Tournez la tête vers la gauche.

- pour les titres, les rangs et les noms de profession suivis d'un nom propre, sauf **Don/Doña, San/Santo(a)** :

el rey Jorge III
le roi Georges III
el doctor Ochoa
le docteur Ochoa
Don Arturo Ruiz
M. Arturo Ruiz

Toutefois, plusieurs constructions ont un article en espagnol alors qu'elles n'en ont pas en français, notamment avec :

- certains noms de pays.

Trabajó en el Reino Unido durante tres años.
Il a travaillé au Royaume-Uni pendant trois ans.
Nos fuimos de viaje a la India.
Nous sommes partis en voyage en Inde.

- l'heure.

Son las tres.
Il est trois heures.

- les jours de la semaine, les années.

El lunes iré al médico.
Lundi, j'irai chez le médecin.
Me instalé en España en el 2003.
Je me suis installée en Espagne en 2003.

2.9 L'article **lo** ne s'emploie pas avec un nom mais :

- devant un adjectif ou un adverbe dans la construction **lo** + adjectif/adverbe + **que**.

No sabíamos lo pequeña que era la casa.
Nous ne savions pas à quel point la maison était petite.
Sé lo mucho que te gusta la música.
Je sais combien tu aimes la musique.

➢ Notez que l'adjectif s'accorde avec le nom auquel il se rapporte :

Ya sabes lo buenas que son estas manzanas.
Tu sais combien ces pommes sont bonnes.

- avec un adjectif ou un participe pour former un nom abstrait.

Lo bueno de eso es que...
Ce qu'il y a de bien dans cela c'est que...

Sentimos mucho lo ocurrido.
Nous sommes vraiment désolés de ce qui est arrivé.

- dans la tournure **lo de** qui permet, à la façon de « ce que, ce qui » en français, de ne pas nommer ce dont on parle.

Lo de ayer es mejor que lo olvides.
Il vaut mieux que tu oublies ce qui s'est passé hier.
Lo de tu hermano me preocupa.
Ce qui arrive à ton frère m'inquiète.

- dans des tournures figées dont les plus courantes sont les suivantes.

a lo mejor ▲ a lo lejos ▲ a lo largo de
por lo menos ▲ por lo tanto ▲ por lo visto

A lo mejor ha salido.
Peut-être qu'il est sorti.
A lo lejos se veían unas casas.
Au loin on voyait des maisons.
Hubo por lo menos cincuenta heridos.
Il y a eu au moins cinquante blessés.
No hemos recibido ninguna instrucción,
y por lo tanto no podemos...
Nous n'avons reçu aucune instruction,
c'est pourquoi nous ne pouvons pas...
Por lo visto, no viene.
Apparemment, il ne vient pas.

2.10 Pour l'**article indéfini**, on retrouve des formes semblables à celles du français. Attention au pluriel où l'on a une forme au masculin et au féminin :

	masculin	féminin	*en français*
singulier	**un**	**una**	*un, une*
pluriel	**unos**	**unas**	*des*

- On n'emploie pas l'article indéfini avec :

otro ▲ cierto ▲ semejante ▲ tal

otro libro
un autre livre
cierta calle
une certaine rue
semejante ruido
un tel bruit
tal mentira
un tel mensonge

- L'article indéfini ne s'emploie pas non plus devant des indénombrables :

Bebe agua, nunca vino.
Il boit de l'eau, jamais de vin.
Hoy comeremos pollo.
Aujourd'hui nous mangerons du poulet.

2.11 Les pronoms personnels sujet ont un usage limité en espagnol ; en général on les emploie pour créer un effet d'insistance ou pour clarifier quelque chose :

singulier : **yo** ▲ **tú** ▲ **él/ella/usted (Ud.** ou **Vd.)**
pluriel : **nosotros/nosotras** ▲ **vosotros/vosotras** ▲ **ellos/ellas** ▲ **ustedes (Uds.** ou **Vds.)**

Él está de acuerdo.
Lui, il est d'accord.
Yo, no iré.
Moi, je n'irai pas.

- « ce, c' » ne sont en général pas traduits en espagnol :

¿Qué es? — Es una sorpresa.
Qu'est-ce que c'est ? – C'est une surprise.

2.12 usted/ustedes

Il existe en espagnol l'équivalent du vouvoiement français, qui s'en distingue par le fait qu'il a deux formes : une pour le singulier, **usted**, et une pour le pluriel, **ustedes**.

➢ Notez bien que bien qu'il soit employé pour dire « vous », **usted** et **ustedes** sont suivis d'un verbe conjugué à la troisième personne, au singulier et au pluriel respectivement.

2.13 Traduire « on »

Le pronom français « on » n'a pas d'équivalent direct en espagnol et il existe plusieurs façons de le traduire.

- Pour énoncer une généralité, on emploie **se** suivi d'un verbe à la troisième personne du singulier ou du pluriel selon le complément qui suit :

  Se dice que Cervantes es un genio de la literatura.
  On dit que Cervantès est un génie de la littérature.

- Si « on » renvoie à un groupe de personnes plus défini, la troisième personne du pluriel est utilisée :

  Dicen que es el hombre más rico del pueblo.
  On dit que c'est l'homme le plus riche du village.

- On peut aussi utiliser la troisième personne du pluriel quand l'identité du sujet est inconnue :

  Le llaman por teléfono.
  On vous appelle au téléphone.

- Si celui ou celle qui parle s'inclut dans le groupe désigné par « on » en français, **uno** (ou **una** au féminin) est employé :

  Uno disfruta de un día de descanso.
  On profite d'une journée de repos.
  Uno se siente a gusto en una casa tan cómoda.
  On se sent bien dans une maison aussi confortable.

- Là où « on » en français peut être remplacé par « nous », l'espagnol emploie la première personne du pluriel :

  Ahora volvemos al hotel.
  Maintenant on rentre à l'hôtel.

2.14 Les pronoms personnels compléments d'objet direct

Les pronoms personnels compléments d'objet direct sont les suivants :

singulier : **me ▲ te ▲ lo/la**
pluriel : **nos ▲ os ▲ los/las**

Souvenez-vous que **lo(s)** et **la(s)** sont aussi employés en espagnol pour le vouvoiement d'une ou de plusieurs personnes :

A usted lo veo cansado.
Je vous trouve fatigué.

- Cependant, l'emploi de **le(s)** est également accepté, en particulier dans les formules de salutation :

Le saluda atentamente.
Veuillez agréer mes salutations distinguées.

- Sauf à l'impératif affirmatif, à l'infinitif ou au gérondif, le pronom complément d'objet direct vient toujours avant le verbe :

Te quiero.
Je t'aime.
Tu hija no nos conoce.
Ta fille ne nous connaît pas.

- Avec un impératif affirmatif, l'infinitif ou le gérondif, le pronom suit le verbe et s'y accole. Dans certains cas, un accent est ajouté pour indiquer où se place l'accent tonique :

Ayúdame.
Aide-moi.
Acompáñenos.
Venez avec nous.

- Quand un infinitif ou un gérondif dépend d'un verbe placé avant lui, le pronom peut être placé soit avant le verbe principal, soit après l'infinitif ou le gérondif :

Lo está viendo. ou **Está viéndolo.**
Elle est en train de le voir.
Nos vienen a ver. ou **Vienen a vernos.**
Ils viennent nous voir.

➢ Notez la manière dont ceci s'applique pour les verbes réfléchis :

No quería levantarse.
No se quería levantar.
Il ne voulait pas se lever.

2.15 Les pronoms personnels compléments d'objet indirect

singulier : **me ▲ te ▲ le**
pluriel : **nos ▲ os ▲ les**

Les pronoms ci-dessus remplacent la préposition **a** + nom :

Estoy escribiendo a Teresa.	→	**Le estoy escribiendo.**
J'écris à Teresa.	→	*Je lui écris.*
Da de comer al gato.	→	**Dale de comer.**
Donne à manger au chat.	→	*Donne-lui à manger.*

- Le pronom vient avant le verbe, sauf à l'impératif affirmatif, à l'infinitif ou au gérondif :

Sofía os ha escrito.
Sophie vous a écrit.
¿Os ha escrito Sofía?
Est-ce que Sophie vous a écrit ?
No les haga caso.
Ne faites pas attention à eux.

- Avec un impératif affirmatif, un infinitif ou un gérondif, le pronom suit le verbe et s'y accole. On ajoute un accent dans certains cas pour montrer où se place l'accent tonique :

Respóndame.
Répondez-moi.
Díganos la respuesta.
Donnez-nous la réponse.

- Là où un infinitif ou un gérondif dépend d'un verbe placé avant lui, le pronom peut être soit accolé après l'infinitif ou le gérondif, soit placé avant le premier verbe :

Estoy escribiéndole. ou **Le estoy escribiendo.**
Je suis en train de lui écrire.

2.16 L'ordre des pronoms

Quand deux pronoms se succèdent, le pronom indirect vient se placer avant le pronom direct :

Paloma os lo mandará mañana.
Paloma vous l'enverra demain.
¿Te los ha enseñado mi hermana?
Ma sœur te les a-t-elle montrés ?
No me lo digas.
Ne me le dis pas.
Todos estaban pidiéndotelo.
Ils te le demandaient tous.
No quiere prestárnosla.
Il ne veut pas nous la prêter.

➢ Notez que lorsque deux pronoms compléments d'objet de la troisième personne se suivent, le premier (pronom d'objet indirect) devient **se** :

Se lo di ayer.
Je le lui ai donné hier.

2.17 Concernant les **pronoms compléments d'objet**, il faut retenir les points suivants :

- **le/les** peuvent se rapporter aux deux genres tout comme **se**, qui en outre peut être singulier ou pluriel ; c'est pourquoi il est parfois nécessaire d'apporter une clarification. À cet effet, on ajoute **a él** (« à lui »), **a ella** (« à elle »), **a Vd.** (« à vous ») dans la phrase, en général après le verbe :

Le escriben mucho a ella.
Ils lui écrivent souvent.
Se lo van a mandar pronto a ellos.
Ils le leur enverront rapidement.

- Quand un nom qui a la fonction de complément d'objet précède le verbe, le pronom complément d'objet qui lui correspond doit être également employé :

A tu hermano lo conozco bien.
Je connais bien ton frère.
A María la vemos algunas veces.
Nous voyons Maria de temps en temps.

- On emploie souvent les pronoms compléments d'objet à la place des adjectifs possessifs quand on mentionne des parties du corps, des vêtements, pour rendre l'idée de « possession », ainsi qu'avec certaines constructions avec des verbes réfléchis.

La chaqueta le estaba ancha.
Sa veste était trop grande.
Me duele el tobillo.
J'ai mal à la cheville.
Se me ha perdido el bolígrafo.
J'ai perdu mon stylo.

- En espagnol, **le** et **les** sont souvent employés à la place de **lo** et **los** pour désigner des personnes. **La** est également fréquemment employé à la place de **le** quand on fait référence à une personne ou un animal de sexe féminin, même si certains hispanophones considèrent cet usage comme incorrect.

Le/Lo encontraron en el cine.
Ils l'ont rencontré au cinéma.
Les/Los oímos llegar.
Nous les avons entendus arriver.

2.18 Quand ils sont placés après une préposition, les pronoms ne changent généralement pas, sauf dans le cas de **mí** « moi », **ti** « toi », et du réfléchi **sí** (« lui-même, elle-même, eux-mêmes, elles-mêmes, vous-mêmes »).

¿Hablaron con vosotros?
Ils vous ont parlé ?

- **con** se combine avec **mí**, **ti**, **sí** pour former **conmigo**, **contigo**, **consigo** (« avec moi, avec toi, avec lui/elle » etc.)

Venid conmigo.
Venez avec moi.
Lo trajeron consigo.
Ils l'ont amené avec eux.

- Les prépositions suivantes sont toujours accompagnées d'un pronom sujet :

entre ▲ hasta ▲ incluso ▲ salvo ▲ menos ▲ según

entre tú y ella
entre toi et elle
Hasta yo puedo hacerlo.
Même moi je suis capable de le faire.
todos menos yo
tout le monde sauf moi
según tú
selon toi

- **mí**, **ti**, **sí** s'emploient pour créer un effet d'insistance, de contraste :

¿A ti no te escriben?
Ils ne t'écrivent pas à toi ?
Me lo manda a mí, no a ti.
C'est à moi qu'elle l'envoie, pas à toi.

- **ello** s'emploie après une préposition pour faire référence à une idée qui a été évoquée auparavant, mais on ne l'emploie jamais dans un sens concret :

Nunca pensaba en ello.
Il n'y pensait jamais.
Por todo ello me parece que...
Pour toutes ces raisons, il me semble que...

- **a él, de él** ne s'accolent jamais :

A él no lo conozco.
Je ne le connais pas.
No sé nada de él.
Je ne sais rien de lui.

2.19 algo, alguien, alguno/a/os/as

On utilise **algo**, **alguien**, **alguno** pour dire « quelque chose, quelqu'un, certains ». Après une négation, on emploie **nada**, **nadie**, **ninguno** :

Tengo algo para ti.
J'ai quelque chose pour toi.
¿Viste algo?
Tu as vu quelque chose ?
Alguien me lo ha dicho.
Quelqu'un me l'a dit.
¿Has visto a alguien?
Est-ce que tu as vu quelqu'un ?
Algunos de los niños ya sabían leer.
Certains des enfants savaient déjà lire.
No veo a nadie.
Je ne vois personne.
No tengo nada que hacer.
Je n'ai rien à faire.

2.20 Pour dire « chacun(e) » on emploie **cada uno/una** :

Le dio una manzana a cada uno.
Elle a donné une pomme à chacun.
¡Cada uno a su casa!
Chacun chez soi !

2.21 **cualquiera** s'emploie pour dire « n'importe (le)quel/(la)quelle » :

Cualquiera puede hacerlo.
N'importe qui peut faire ça.
Cualquiera de las explicaciones vale.
N'importe laquelle de ces explications est valable.

2.22 **los/las demás** signifie « les autres, le reste » :

Yo me fui, los demás se quedaron.
Je suis parti, les autres sont restés.

2.23 On emploie **mucho/a/os/as** pour dire « beaucoup (de) » et **poco/a/os/as** pour dire « peu (de) » :

Muchas casas no tenían jardín.
Beaucoup de maisons n'avaient pas de jardin.
Había muchos cuadros, pero vi pocos que me puedan gustar.
Il y avait beaucoup de tableaux mais j'en ai vu peu qui me plairaient.

2.24 **nada** signifie « rien » et **nadie** « personne » :

¿Qué tienes en la mano? — Nada.
Qu'est-ce que tu as dans la main ? – Rien.
¿A quién ves? — A nadie.
Qui vois-tu ? – Personne.

2.25 **ninguno/a** s'emploie pour dire « aucun(e) » :

¿Cuántas tienes? — Ninguna.
Tu en as combien ? – Aucune.

2.26 **tanto/a/os/as** est la traduction de « tant, tellement » :

¿Se oía mucho ruido? — No tanto.
Il y avait beaucoup de bruit ? – Pas tellement.

2.27 **todo/a/os/as** signifie « tout » :

Lo ha estropeado todo.
Il a tout gâché.
Todo va bien.
Tout va bien.

2.28 **uno… (el) otro, una… (la) otra, unos… (los) otros, unas… (las) otras** sont les équivalents de « l'un… l'autre », « les uns… les autres », etc. :

Unos cuestan 30 euros, los otros 40 euros.
Les uns coûtent 30 euros, les autres 40 euros.

2.29 **varios/as** s'emploient pour dire « plusieurs » :

Varios de ellos me gustaron mucho.
Plusieurs d'entre eux m'ont beaucoup plu.

2.30 Traduire « y » et « en »

Les pronoms français **y** et **en** n'ont pas de traductions directes en espagnol. Dans les cas où ils sont indispensables à la compréhension, on utilise la préposition adéquate (**en**, **de**, **con**…) suivie d'un pronom personnel, d'un pronom démonstratif ou d'un adverbe de lieu :

Je préfère ce dictionnaire car j'y suis habitué.
Prefiero este diccionario; estoy acostumbrado a él.
Ne vas pas à la boulangerie, j'en viens.
No vayas a la panadería, vengo de allí.

3.1 Comme en français, l'adjectif s'accorde en genre et en nombre avec le nom qu'il qualifie. Pour former le **féminin** d'un adjectif, il faut tenir compte des points suivants :

- Pour les adjectifs se terminant en **-o**, on remplace ce dernier par **-a** :

mi hermano pequeño	→	**mi hermana pequeña**
mon petit frère	→	*ma petite sœur*

- Certains adjectifs de nationalité forment leur féminin en ajoutant un **-a** :

el equipo barcelonés	→	**la vida barcelonesa**
l'équipe barcelonaise	→	*la vie barcelonaise*

- Cette règle s'applique également aux adjectifs qui se terminent en **-or** (à l'exception des comparatifs irréguliers), **-án**, **-ón**, **-ín** :

un niño encantador	→	**una niña encantadora**
un petit garçon charmant	→	*une petite fille charmante*
un hombre holgazán	→	**una mujer holgazana**
un homme oisif	→	*une femme oisive*
un gesto burlón	→	**una sonrisa burlona**
un geste moqueur	→	*un sourire moqueur*
un chico cantarín	→	**una chica cantarina**
un garçon qui aime chanter	→	*une fille qui aime chanter*

➢ Notez que l'accent sur la dernière syllabe disparaît au féminin.

- Les autres adjectifs ne changent pas :

un final feliz	→	**una infancia feliz**
une fin heureuse	→	*une enfance heureuse*
el vestido verde	→	**la blusa verde**
la robe verte	→	*le chemisier vert*

3.2 Au **pluriel**, les adjectifs subissent les transformations suivantes :

- Si en position finale on a une voyelle inaccentuée, on ajoute **-s** :

una casa vieja	→	**unas casas viejas**
une vieille maison	→	*de vieilles maisons*

- Si l'on a une voyelle accentuée ou une consonne, on ajoute **-es** :

un médico iraní	→	**unos médicos iraníes**
un médecin iranien	→	*des médecins iraniens*
un examen fácil	→	**unos exámenes fáciles**
un examen facile	→	*des examens faciles*

➢ Notez que pour les mots dont la dernière syllabe se termine par une voyelle accentuée et un **-s**, l'accent disparaît au pluriel :

un río francés	→	**unos ríos franceses**
une rivière française	→	*des rivières françaises*

- Quand la dernière lettre est un **-z**, elle devient **-c** au pluriel :

un día feliz	→	**unos días felices**
un jour heureux	→	*des jours heureux*

3.3 Certains adjectifs et d'autres catégories de mots qui sont utilisés comme des adjectifs ne changent jamais de forme au féminin ou au pluriel ; ils sont **invariables**. Parmi ceux-ci, les plus courants sont :

- les noms de choses qui expriment la couleur, y compris les adjectifs composés.

los vestidos naranja
les robes orange
las chaquetas azul marino
les vestes bleu marine

- les noms employés comme des adjectifs.

  mujeres soldado
  des femmes soldats

3.4 Les adjectifs suivants perdent leur **-o** final devant un nom masculin singulier :

bueno ▲ malo ▲ alguno ▲ ninguno ▲ uno ▲ primero ▲ tercero ▲ postrero

Ce phénomène typique de l'espagnol s'appelle l'**apocope** ; il désigne la perte de la dernière voyelle ou syllabe d'un mot.

- **alguno** et **ninguno** doivent comporter un accent indiquant la place de l'accent tonique :

  algún libro
  n'importe quel livre
  ningún alumno
  aucun élève

- **grande** (« gros, grand ») devient **gran** devant un nom singulier masculin ou féminin :

  un gran actor
  un grand acteur

- **Santo** (« saint ») devient **San**, sauf devant les noms de saints débutant par **Do-** ou **To-** :

  San Antonio
  Saint-Antoine
  Santo Tomás
  Saint-Thomas

- **ciento** (« cent ») devient **cien** devant un nom masculin ou féminin au pluriel :

  cien años
  cent ans

➢ attention à **mil** et **millón** :

cien mil, **cien millones**

- **cualquiera** perd son **-a** final devant un nom masculin ou féminin :

cualquier día
n'importe quel jour
a cualquier hora
à n'importe quelle heure

3.5 Pour apporter une information supplémentaire sur le nom, on peut employer des **propositions subordonnées** introduites par des **pronoms relatifs** :

Este es el regalo que me ha mandado mi amiga.
Ceci est le cadeau que m'a envoyé mon amie.

Pour parler des personnes, on emploiera :

- **que** si le relatif a le rôle de sujet (équivalent de « qui » en français).

Mi hermano, que tiene veinte años, es el más joven.
Mon frère, qui a vingt ans, est le plus jeune.

- s'il est complément d'objet direct, on emploiera **que** (équivalent de « que » en français), **a quien** ou **a quienes**.

Los amigos que más quiero son...
Les amis que j'aime le plus sont...
María, a quien Daniel admira tanto, es...
Marie, que Daniel admire tant, est...

- pour traduire « à qui », on emploie **a quien** ou **a quienes** au pluriel.

Mis abogados, a quienes he escrito hace poco, están...
Mes avocats, à qui j'ai écrit il y a peu, sont...

- « de qui, dont » se traduit par **del** (ou **de la/de los/de las**) **que**, **de quien**, **de quienes** quand il est complément d'un verbe ou d'un adjectif.

La chica de la que te hablé llega mañana.
La fille dont je t'ai parlé arrive demain.
Los niños de quienes se ocupa Vd....
Les enfants dont vous vous occupez...

- « dont » se traduit par **cuyo/a**, **cuyos/as** quand il relie deux noms, pour établir un rapport de possession par exemple.

Vendrá la mujer cuyo hijo está enfermo.
La femme dont le fils est malade viendra.

➢ Notez que l'article est omis et que **cuyo** s'accorde avec le nom qui suit, et non avec le possesseur de ce qu'il désigne.

Pour parler d'objets ou de choses, au singulier et au pluriel, on emploie :

- **que** si le pronom a le rôle de sujet, dans le sens de « qui ».

Hay una escalera que lleva a la buhardilla.
Il y a un escalier qui conduit à la mansarde.

- **que** est aussi employé pour reprendre un nom qui est complément d'objet direct comme « que » en français.

La casa que hemos comprado tiene...
La maison que nous avons achetée a...
Este es el regalo que me ha mandado mi amiga.
Voici le cadeau que m'a envoyé mon amie.

- **al** (ou **a la/a los/a las**) + **que** est l'équivalent de « auquel, à laquelle », etc.

El programa al que me refiero fue grabado en...
L'émission à laquelle je fais référence a été enregistrée le...

- « dont, duquel, de laquelle, desquelles », etc. se traduit par **del** (ou **de la/de los/de las**) + **que**.

Las injusticias de las que se quejan...
Les injustices dont ils se plaignent...

- **el cual**, **el que** s'emploient si la relative est séparée du nom auquel elle se rapporte, ou quand il y a un risque d'ambiguïté quant à son antécédent.

  El padre de Elena, el cual tiene mucho dinero, es...
  Le père d'Elena, lequel a beaucoup d'argent, est...

El cual est employé ici car **que** ou **quien** pourraient aussi bien se rapporter à Elena – comme si « qui » était employé dans la traduction française.

  Su hermana, a la cual/la que hacía mucho que no veía, estaba también allí.
  Sa sœur, que je n'avais pas vue depuis longtemps, était aussi là.

- **el cual** peut aussi s'employer quand le verbe de la relative est séparé du pronom relatif.

  Vieron a su tío, el cual, después de levantarse, salió.
  Ils virent leur oncle qui, après s'être levé, sortit.

- Le pronom « neutre » **lo**, habituellement employé pour faire référence à une idée, une déclaration ou un nom abstrait, se retrouve dans **lo que** et **lo cual**. Il peut aussi être employé comme sujet de la proposition relative.

  No sabe lo que hace.
  Il ne sait pas ce qu'il fait.
  Lo que dijiste fue una tontería.
  Ce que tu as dit était une ânerie.
  Todo estaba en silencio, lo que (ou **lo cual**) **me pareció muy raro.**
  Tout était silencieux, ce qui m'a semblé très bizarre.

- **que** et **quienes** sont généralement employés après les prépositions suivantes :

  a ▲ con ▲ de ▲ en

  las tiendas a (las) que íbamos
  les boutiques où nous allions
  la chica con quien (ou **la que**) **sale**
  la fille avec qui (ou laquelle) il sort

el libro de(l) que te hablé
le livre dont je t'ai parlé
el lío en (el) que te has metido
les ennuis dans lesquels tu t'es mis

Notez que **en que** peut se traduire par « où » :

- quand « où » désigne un endroit ; dans ce cas il peut aussi être remplacé par **en donde** ou **donde**.

  el sitio en que (ou **en donde/donde**) **se escondía**
  l'endroit où il se cachait

- quand « où » désigne un moment.

  el año en que naciste
  l'année où tu es né

El que ou **el cual** s'emploient après des prépositions, et s'accordent toujours.

el puente debajo del que/cual pasa el río
le pont sous lequel passe la rivière
las obras por las cuales/que es famosa
les pièces pour lesquelles elle est connue

3.6 **el que**, **la que**, **los que**, **las que** signifient « celui/celle/ceux/celles qui » :

Esa película es la que quiero ver.
Ce film est celui que je veux voir.
¿Te acuerdas de ese amigo? El que te presenté ayer.
Tu te souviens de cet ami ? Celui que je t'ai présenté hier.
Los que quieran entrar tendrán que pagar.
Ceux qui voudront entrer devront payer.

Utilisé dans un sens général, **quien(es)** peut remplacer **el que**, etc.

- **todos los que**, **todas las que** signifient « tous ceux qui, toutes celles qui » :

Todos los que salían iban de negro.
Tous ceux qui sortaient étaient habillés en noir.
¿Qué autobuses puedo tomar? — Todos los que pasen por aquí.
Quels bus est-ce que je peux prendre ? — Tous ceux qui passent par ici.

- **todo lo que** s'emploie pour dire « tout ce qui » :

Quiero saber todo lo que ha pasado.
Je veux savoir tout ce qui s'est passé.

- **el de**, **la de**, **los de**, **las de** peuvent signifier « celui de, celle de, ceux de… », etc. :

Trae la foto de tu novio y la de tu hermano.
Apporte la photo de ton fiancé et celle de ton frère.
Viajamos en mi coche y en el de María.
Nous avons voyagé dans ma voiture et celle de María.
Te doy estos libros y también los de mi hermana.
Je te donne ces livres et aussi ceux de ma sœur.

- ou encore « celui avec/celle avec/ceux avec… » :

Tu amigo, el de las gafas, me lo contó.
Ton ami, celui avec les lunettes, me l'a raconté.

3.7 Traduire « c'est… qui/c'est… que »

Pour traduire les tournures du type « C'est… qui… » on emploie le verbe **ser** suivi de **quien(es)** puis du verbe conjugué à la personne du sujet et au temps du verbe principal. **Quien(es)** peut se remplacer par **el**/**la**/**los**/**las que** :

Fue Juan quien rompió el vaso. ou **Fue Juan el que rompió el vaso.**
C'est Juan qui a cassé le verre.
Seré yo quien daré la respuesta. ou **Seré yo el que/la que daré la respuesta.**
C'est moi qui donnerai la réponse.

Pour les tournures du type « c'est… que… », on emploie également en espagnol le verbe **ser**, mais le pronom relatif employé ensuite dépend du complément qui est introduit : ainsi, « que » peut se traduire par **donde** (lieu), **cuando** (temps), **como** (manière) ou **por lo que** (cause) :

Allí es donde vive mi hermana.
C'est là qu'habite ma sœur.
Por eso fue por lo que se enfadó conmigo.
C'est pour ça qu'il s'est fâché avec moi.

3.8 Faire une comparaison

- **más… que…** et **menos… que…** s'emploient respectivement pour dire « plus… que… » et « moins… que… » :

  una razón más seria
  une raison plus sérieuse
  Es más alto que mi hermano.
  Il est plus grand que mon frère.
  una película menos conocida
  un film moins connu
  Luis es menos tímido que tú.
  Luis est moins timide que toi.

- Pour dire « aussi… que » on emploie **tanto** + nom + **como…** ou **tan** + adjectif ou adverbe + **como…** :

  Pablo tenía tanto miedo como yo.
  Pablo avait aussi peur que moi.
  No es tan grande como creía.
  Ce n'est pas aussi grand que je croyais.

- « tellement que » se traduit par la tournure **tan… que…** :

  El examen era tan difícil que nadie aprobó.
  L'examen était si difficile que personne ne l'a eu.

- **demasiado… para…** s'emploie pour dire « trop… pour… » et **bastante/suficiente… para…** traduit « assez… pour… » :

  No tengo suficiente dinero para comprarlo.
  Je n'ai pas assez d'argent pour l'acheter.

- Le « que » employé dans les comparaisons en français pour introduire une proposition se traduit en espagnol par **de lo que...** :

  Está más cansada de lo que parece.
  Elle est plus fatiguée qu'elle en a l'air.

3.9 Les superlatifs

- Ceux-ci se forment souvent à partir des tournures **el/la/los/las... más...** pour « le/la/les... le plus... » ou **el/la/los/las... menos...** pour « le/la/les... le moins... » :

  el caballo más veloz
  le cheval le plus rapide
  la niña menos habladora
  la fillette la moins bavarde

- Le superlatif absolu (« très, extrêmement » suivi d'un adjectif) peut s'exprimer au moyen de **muy** + adjectif :

  Este libro es muy interesante.
  Ce livre est très intéressant.

- On peut aussi le former en ajoutant **-ísimo/a/os/as** à l'adjectif s'il se termine par une consonne, ou à sa racine (l'adjectif sans sa voyelle finale) s'il se termine par une voyelle :

  Tienen un coche rapidísimo.
  Ils ont une voiture extrêmement rapide.

➢ Notez que pour conserver certains sons, il est parfois nécessaire de modifier la forme finale de l'adjectif quand on ajoute **-ísimo** :

un león muy feroz
un lion très féroce
un tigre ferocísimo
un tigre extrêmement féroce

3.10 Un certain nombre d'adjectifs ont des **comparatifs** et des **superlatifs irréguliers** :

bueno	**mejor (que)**	**el mejor**
malo	**peor (que)**	**el peor**
grande	**mayor** ou **más grande (que)**	**el más grande** ou **el mayor**
pequeño	**menor** ou **más pequeño (que)**	**el más pequeño**

Les comparatifs irréguliers de **grande** et **pequeño** sont principalement employés pour exprimer :

- l'âge, auquel cas ils se placent après le nom.

  la hija menor
  la fille cadette

- des ordres de grandeur abstraits et des degrés d'importance, auquel cas ils se placent avant le nom.

  las mayores dificultades
  les plus grandes difficultés

Les formes régulières sont employées surtout pour décrire la taille physique, concrète :

Este plato es más grande que aquél.
Cette assiette-ci est plus grande que celle-là.

➢ Notez que bien qu'ils aient la même forme au masculin et au féminin, ils s'accordent toujours en nombre avec le nom :

mis hermanos mayores
mes frères aînés

3.11 Les **adjectifs démonstratifs** sont les suivants :

- au singulier :

masculin : **este ▲ ese ▲ aquel** *(ce, cet)*
féminin : **esta ▲ esa ▲ aquella** *(cette)*

- au pluriel :

> masculin : **estos ▲ esos ▲ aquellos** *(ces)*
> féminin : **estas ▲ esas ▲ aquellas** *(ces)*

Les adjectifs démonstratifs précèdent généralement le nom et s'accordent toujours en genre et en nombre.

Les formes **este/a/os/as** sont employées pour parler d'une distance relativement réduite :

Este papel en el que escribes...
Ce papier sur lequel tu écris...

Les formes **ese/a/os/as** sont employées pour désigner une distance intermédiaire :

No me gustan esos cuadros.
Je n'aime pas ces tableaux.

Les formes **aquel/la/los/las** sont employées pour exprimer une distance éloignée dans l'espace ou dans le temps :

Aquella calle parece muy ancha.
La rue là-bas paraît vraiment large.
Aquellos años sí que fueron felices.
Ces années-là furent vraiment des années heureuses.

3.12 Pour poser des questions du type « quoi..., (le)quel... » et « combien... », on emploie les **adjectifs interrogatifs** suivants :

> masculin : **¿qué? ▲ ¿cuánto(s)?**
> féminin : **¿qué? ▲ ¿cuánta(s)?**

¿Qué libro te gustó más?
Quel livre as-tu préféré ?
¿Qué clase de hombre es?
Quel genre d'homme est-ce ?
¿Qué instrumentos toca Vd.?
De quels instruments jouez-vous ?

¿Qué ofertas ha recibido Vd.?
Quelles offres avez-vous reçues ?
¿Cuánto dinero te queda?
Combien d'argent est-ce qu'il te reste ?
¿Cuánta lluvia ha caído?
Quelle quantité de pluie est tombée ?
¿Cuántos vestidos quieres comprar?
Combien de vêtements veux-tu acheter ?
¿Cuántas personas van a venir?
Combien de personnes vont venir ?

➢ Ce sont aussi les formes employées dans les **questions indirectes** :

No sé a qué hora llegó.
Je ne sais pas à quelle heure elle est arrivée.
Dígame cuántas postales quiere.
Dites-moi combien de cartes postales vous voulez.

3.13 La **phrase exclamative** comporte deux points d'exclamation dont le premier, placé en début de phrase, est inversé : « ¡ ». Les mots exclamatifs s'écrivent avec un accent :

qué ▲ cuánto/a/os/as ▲ cómo

¡Qué pena!
Quel dommage !
¡Cuánto tiempo!
Ça fait vraiment longtemps !
¡Cuánta pobreza!
Que de pauvreté !
¡Qué bien se está aquí!
Qu'on est bien ici !

• Lorsque la phrase comporte un verbe, les éléments s'organisent dans l'ordre suivant :

Qué
Cuánto/a/os/as } + adjectif ou adverbe + verbe + sujet
Cómo

¡Qué bonito es este coche!
Que cette voiture est jolie !

- Si la phrase ne comporte pas de verbe, l'ordre des éléments est le suivant :

Qué
Cuánto/a/os/as } + nom + **más/tan** + adjectif
Cómo

¡Qué música más/tan suave!
Cette musique est si douce !

3.14 Pour dire à qui appartient quelque chose, on emploie des **adjectifs possessifs**. Ceux-ci s'accordent en genre et en nombre avec le nom et peuvent prendre deux formes.

3.15 La **forme faible** ou **atone** de l'adjectif possessif se place toujours avant le nom. Il s'agit des formes suivantes :

- avec un objet au singulier.

masculin :	**mi ▲ tu ▲ su ▲ nuestro ▲ vuestro ▲ su**
féminin :	**mi ▲ tu ▲ su ▲ nuestra ▲ vuestra ▲ su**

- avec un objet au pluriel.

masculin :	**mis ▲ tus ▲ sus ▲ nuestros ▲ vuestros ▲ sus**
féminin :	**mis ▲ tus ▲ sus ▲ nuestras ▲ vuestras ▲ sus**

Pilar no ha traído nuestros libros.
Pilar n'a pas apporté nos livres.
Antonio irá a vuestra casa.
Antonio ira chez vous.
¿Han vendido su coche tus vecinos?
Tes voisins ont-ils vendu leur voiture ?
Mi hermano y tu primo no se llevan bien.
Mon frère et ton cousin ne s'entendent pas bien.

- **su(s)** peut signifier « son », « sa », « ses », « votre » (**Vd.**, **Vds.**) ou « leur(s) », c'est pourquoi il est souvent nécessaire d'apporter une clarification. Pour ce faire, on emploie **de él**, **de ella**, **de Vds.** en changeant le possessif en article défini :

su casa	→	**la casa de él**
su abrigo	→	**el abrigo de ella**
sus amigos	→	**los amigos de Vd.**

3.16 La **forme accentuée** de l'adjectif possessif s'accorde également :

- avec un nom au singulier.

masculin : **mío ▲ tuyo ▲ suyo ▲ nuestro ▲ vuestro ▲ suyo**
féminin : **mía ▲ tuya ▲ suya ▲ nuestra ▲ vuestra ▲ suya**

- avec un nom au pluriel.

masculin : **míos ▲ tuyos ▲ suyos ▲ nuestros ▲ vuestros ▲ suyos**
féminin : **mías ▲ tuyas ▲ suyas ▲ nuestras ▲ vuestras ▲ suyas**

- La forme accentuée s'emploie pour traduire la tournure « un de tes », « un de mes ». Elle peut aussi signifier « à moi, à toi, à lui/elle », etc. :

Es un capricho suyo.
C'est un de ses caprices.
un amigo nuestro
un ami à nous

- Elle peut être également employée pour s'adresser à quelqu'un :

Muy señor mío: (dans une lettre)
Monsieur,
hija mía
ma fille
¡Dios mío!
Mon Dieu !
amor mío
mon amour

3.17 Les **adjectifs indéfinis** sont les suivants :

alguno(a)/s ▲ ambos(as) ▲ cada ▲ cierto(a)/s
cualquiera/cualesquiera
los (las) demás ▲ mismo(a)/s ▲ mucho(a)/s
ninguno(a)/s ▲ otro(a)/s ▲ poco(a)/s ▲ tal/es
tanto(a)/s ▲ todo(a)/s ▲ varios(as)

- **alguno** perd le **-o** final devant un nom masculin singulier et prend un accent écrit qui indique où se trouve l'accent tonique :

  algún día
  un jour
  alguna razón
  quelque raison

- **ambos** est habituellement utilisé à l'écrit en espagnol, la tournure **los dos/las dos** étant préférée à l'oral :

  Me gustan ambos cuadros.
  J'aime les deux tableaux.
  ¿Conoces a las dos enfermeras?
  Tu connais les deux infirmières ?

- **ninguno** perd le **-o** final et prend un accent écrit devant un nom masculin. Il ne s'emploie que dans les contextes négatifs :

  No es ningún tonto.
  C'est loin d'être un idiot.
  ¿No hay animales de compañía en tu casa? — No, ninguno.
  Tu n'as pas d'animaux de compagnie chez toi ? – Non, aucun.

- **otro** n'est jamais précédé d'un article indéfini :

  ¿Me das otra manzana?
  Tu me donnes une autre pomme ?
  Prefiero estos otros zapatos.
  Je préfère ces autres chaussures.

- **tal** n'est jamais suivi d'un article indéfini :

  Nunca dije tal cosa.
  Je n'ai jamais dit une telle chose.

3.18 La place des adjectifs

En espagnol, les adjectifs suivent généralement le nom :

la página siguiente
la page suivante
la hora exacta
l'heure exacte

Pour les mettre en valeur ou renforcer leur sens, ils sont parfois placés avant le nom :

un dulce sueño
un doux rêve

Comme en français, les **adjectifs indéfinis** précèdent généralement le nom :

cada día
chaque jour
otra vez
une autre fois
poco dinero
peu d'argent

➢ Dans les contextes négatifs, **alguno** vient après le nom :

sin duda alguna
sans le moindre doute

3.19 Les **mots interrogatifs** espagnols sont :

¿qué? ▲ ¿cuál(es)? ▲ ¿quién(es)?

- **qué** se traduit généralement par « qu', que, quoi ». On le retrouve dans **por qué**, « pourquoi » :

  ¿Qué están haciendo?
  Qu'est-ce qu'ils sont en train de faire ?
  ¿Qué dices?
  Qu'est-ce que tu dis ?
  ¿Para qué lo quieres?
  Pourquoi le veux-tu ?
  ¿Por qué no llegaron Vds. antes?
  Pourquoi est-ce que vous n'êtes pas arrivés avant ?

- **cuál** implique le plus souvent un choix – il se traduit par « quel, lequel » :

  ¿Cuál de estos vestidos te gusta más?
  Laquelle de ces robes préfères-tu ?
  ¿Cuáles viste?
  Lesquels as-tu vus ?

➢ **cuál** peut aussi être employé en dehors de toute notion de choix :

  ¿Cuál es la capital de España?
  Quelle est la capitale de l'Espagne ?
  ¿Cuál es su fecha de nacimiento?
  Quelle est votre date de naissance ?

- Tandis que **qué** peut être pronom et adjectif, **cuál** ne peut être que pronom :

  ¿Qué libro es más interesante?
  Quel livre est le plus intéressant ?
  ¿Cuál (de estos libros) es más interesante?
  Lequel (de ces livres) est le plus intéressant ?

- **quién(es)** renvoie aux personnes. En tant que complément d'objet, il se combine avec les prépositions **a** et **de** dans **a quién(es)** et **de quién(es)** (« à qui, de qui ») :

  ¿Quién ganó la carrera?
  Qui a gagné la course ?

¿Con quiénes los viste?
Avec qui les as-tu vus ?
¿A quiénes ayudaste?
Qui as-tu aidé ?
¿A quién se lo diste?
À qui l'as-tu donné ?
¿De quién es este libro?
À qui est ce livre ?

- Ces formes se retrouvent aussi dans les interrogations indirectes :

Le pregunté para qué lo quería.
Je lui ai demandé pourquoi elle le voulait.
No me dijeron cuáles preferían.
Ils ne m'ont pas dit lesquels ils préféraient.
No sabía a quién acudir.
Je ne savais pas vers qui me tourner.

3.20 Pour dire à qui appartient quelque chose, on peut utiliser des **pronoms possessifs**. Ceux-ci correspondent aux **formes fortes de l'adjectif possessif** accompagnées de **l'article défini**.
Le pronom s'accorde en genre et en nombre avec le nom qu'il remplace.

- Formes du singulier :

masculin : **el mío ▲ el tuyo ▲ el suyo ▲ el nuestro**
el vuestro ▲ el suyo
féminin : **la mía ▲ la tuya ▲ la suya ▲ la nuestra**
la vuestra ▲ la suya

- Formes du pluriel :

masculin : **los míos ▲ los tuyos ▲ los suyos ▲ los nuestros**
los vuestros ▲ los suyos
féminin : **las mías ▲ las tuyas ▲ las suyas ▲ las nuestras**
las vuestras ▲ las suyas

Pregunta a Cristina si este bolígrafo es el suyo.
Demande à Christine si ce stylo est le sien.

¿Qué equipo ha ganado, el suyo o el nuestro?
Quelle équipe a gagné, la leur ou la nôtre ?
Mi perro es más joven que el tuyo.
Mon chien est plus jeune que le tien.
Daniel pensó que esos libros eran los suyos.
Daniel a pensé que ces livres étaient les siens.
Si no tienes discos, te prestaré los míos.
Si tu n'as pas de disques, je te prêterai les miens.
Las habitaciones son menos amplias que las vuestras.
Les chambres sont moins grandes que les vôtres.

➢ Après les prépositions **a** et **de**, on contracte l'article **el** :

a + el mío → al mío
de + el mío → del mío

¿Por qué prefieres este sombrero al mío?
Pourquoi est-ce que tu préfères ce chapeau au mien ?
Mi libro está encima del tuyo.
Mon livre est au-dessus du tien.

3.21 Les **pronoms démonstratifs** qui traduisent « celui-ci, celle-ci, celui-là, celle-là », etc. ont les mêmes formes que les adjectifs démonstratifs. À la suite d'une réforme de l'orthographe passée il y a quelques années, il est désormais recommandé d'omettre l'accent écrit qui distinguait les pronoms démonstratifs masculins et féminins des adjectifs démonstratifs, sauf lorsque la phrase est ambiguë, auquel cas (assez rare), les pronoms peuvent porter l'accent. Les **formes neutres esto, eso, aquello** ne portent pas d'accent et se traduisent respectivement par « ceci », « cela », et « cela ».

- Formes du singulier :

masculin : **este/éste ▲ ese/ése ▲ aquel/aquél**
féminin : **esta/ésta ▲ esa/ésa ▲ aquella/aquélla**

- Formes du pluriel :

masculin : **estos/éstos ▲ esos/ésos ▲ aquellos/aquéllos**
féminin : **estas/éstas ▲ esas/ésas ▲ aquellas/aquéllas**

- Formes du neutre :

neutre : **esto ▲ eso ▲ aquello**

¿Qué abrigo te gusta más? — Este de aquí.
Quel manteau est-ce que tu préfères ? – Celui-ci.
Aquella casa era más grande que esta.
Cette maison-là était plus grande que celle-ci.
Estos libros y aquellos.
Ces livres-ci et ceux-là.
Quiero estas sandalias y esas.
Je veux ces sandales(-ci) et celles-là.

Le neutre fait toujours référence à une idée, un propos ou un objet, mais jamais à des noms spécifiques :

No puedo creer que esto me esté pasando a mí.
C'est incroyable que quelque chose comme ça m'arrive à moi.
Eso de madrugar es algo que no le gusta.
Se lever tôt est quelque chose qu'elle déteste.
Aquello sí que me gustó.
Ça, ça m'a vraiment plu.
Esto es una bicicleta.
Ceci est une bicyclette.

- **Aquel** et **este** peuvent aussi signifier « le premier » et « le second » quand on souhaite préciser de qui on parle après une énumération :

Hablaban Jaime y Andrés, este a voces y aquel casi en un susurro.
Jaime et Andrés parlaient, le second en criant, et le premier presque en murmurant.

4.1 L'espagnol a deux verbes pour « être », **ser** et **estar**. Ces deux verbes ne sont pas interchangeables et chacun s'emploie de façon bien précise.

4.2 **Ser** s'emploie :

- avec un adjectif pour décrire une qualité intrinsèque.

  Mi hermano es alto.
  Mon frère est grand.
  María es inteligente.
  María est intelligente.

- avec les professions et les nationalités.

  Javier es aviador.
  Javier est aviateur.
  Sus padres son italianos.
  Ses parents sont italiens.

- pour exprimer la possession.

  La casa es de Miguel.
  La maison appartient à Miguel.

- dans l'expression de l'origine, ou pour dire de quoi quelque chose est fait.

  Mi hermana es de Granada.
  Ma sœur est de Grenade.
  Las paredes son de ladrillo.
  Les murs sont en brique.

- avec un pronom ou un infinitif.

  Soy yo, Enrique.
  C'est moi, Enrique.
  Todo es proponérselo.
  Le tout est de s'y mettre.

- avec les heures et les jours de la semaine.

Son las tres y media.
Il est trois heures et demie.
Mañana es sábado.
Demain c'est samedi.

- pour former le passif, avec le participe passé qui s'accorde en genre et en nombre avec le nom.

Las puertas eran cerradas sigilosamente.
Les portes étaient fermées en silence.

4.3 **Estar** s'emploie :

- pour indiquer où quelque chose se trouve.

La comida está en la mesa.
Le repas est sur la table.

- avec un adjectif ou une locution adjectivale pour exprimer une qualité ou un état temporaire ou exceptionnel.

Su amigo está enfermo.
Son ami est malade.
El lavabo está ocupado.
Les toilettes sont occupées.
Hoy estoy de mal humor.
Je suis de mauvaise humeur aujourd'hui.
Las tiendas están cerradas.
Les magasins sont fermés.

- pour indiquer comment quelqu'un se trouve à un moment donné

¿Cómo están Vds.?
Comment allez-vous ?
Estamos todos bien.
Nous allons tous bien.

- avec le gérondif, pour former les temps progressifs.

Estamos aprendiendo mucho.
Nous apprenons beaucoup de choses.

- avant **de** + nom pour parler d'une situation professionnelle temporaire.

Mi primo está de médico en un pueblo.
Mon cousin travaille comme médecin dans un village (en ce moment).

4.4 Bien qu'ils ne soient pas interchangeables, on peut trouver aussi bien **ser** que **estar** avec certains adjectifs. Dans ces cas-là :

- **ser** exprime une qualité permanente ou intrinsèque.

Su hermana es muy joven/vieja.
Sa sœur est très jeune/vieille.
Es un borracho.
C'est un ivrogne.

- **estar** exprime un état ou une qualité temporaire.

Está muy joven/vieja con ese vestido.
Elle a l'air très jeune/vieille dans cette robe.
Está borracho.
Il est ivre.

4.5 **Les terminaisons** des verbes espagnols indiquent le nombre et la personne du sujet du verbe.

4.6 Pour certains verbes, les formes du radical et de la terminaison sont parfaitement prévisibles car elles obéissent à des règles précises. C'est pourquoi on appelle ces verbes des **verbes réguliers**, par opposition aux **verbes irréguliers**.

4.7 Il existe trois types de verbes qui se définissent par la forme que prend la terminaison de l'infinitif :

- les verbes du **premier groupe** sont ceux qui se terminent en **-ar**, comme **hablar**, « parler ».
- les verbes du **deuxième groupe** sont ceux qui se terminent en **-er**, comme **comer**, « manger ».
- les verbes du **troisième groupe** sont ceux qui se terminent en **-ir**, comme **vivir**, « vivre ».

4.8 Les temps des verbes espagnols peuvent être, comme ceux des verbes français, **simples** ou **composés**.

Pour conjuguer les trois groupes des verbes réguliers, on applique les mêmes principes :

- pour former le présent, l'imparfait, le prétérit et les subjonctifs présent et imparfait, on remplace la terminaison de l'infinitif (**-ar** pour le premier groupe, **-er** pour le second et **-ir** pour le troisième) par les terminaisons de ces temps.

infinitif :	**hablar**	→	**habl-** + terminaisons
infinitif :	**comer**	→	**com-** + terminaisons
infinitif :	**vivir**	→	**viv-** + terminaisons

- pour former le futur et le conditionnel, on conserve l'infinitif tel quel pour lui ajouter les terminaisons appropriées.

infinitif :	**hablar**	→	**hablar-** + terminaisons
infinitif :	**comer**	→	**comer-** + terminaisons
infinitif :	**vivir**	→	**vivir-** + terminaisons

4.9 Les terminaisons des trois groupes sont les suivantes. Notez que les pronoms personnels ne sont mentionnés ici que par souci de clarté puisqu'ils ne sont que rarement exprimés devant un verbe.

1er groupe - modèle des verbes en **-ar** :

	présent	imparfait	prétérit
(yo)	**-o**	**-aba**	**-é**
(tú)	**-as**	**-abas**	**-aste**
(él/ella/Vd.)	**-a**	**-aba**	**-ó**
(nosotros/as)	**-amos**	**-ábamos**	**-amos**
(vosotros/as)	**-áis**	**-abais**	**-asteis**
(ellos/as/Vds.)	**-an**	**-aban**	**-aron**

	subjonctif présent	subjonctif imparfait
(yo)	**-e**	**-ara** ou **-ase**
(tú)	**-es**	**-aras** ou **-ases**
(él/ella/Vd.)	**-e**	**-ara** ou **-ase**
(nosotros/as)	**-emos**	**-áramos** ou **-ásemos**
(vosotros/as)	**-éis**	**-arais** ou **-aseis**
(ellos/as/Vds.)	**-en**	**-aran** ou **-asen**

	futur	conditionnel
(yo)	**-é**	**-ía**
(tú)	**-ás**	**-ías**
(él/ella/Vd.)	**-á**	**-ía**
(nosotros/as)	**-emos**	**-íamos**
(vosotros/as)	**-éis**	**-íais**
(ellos/as/Vds.)	**-án**	**-ían**

2e groupe - modèle des verbes en **-er** :

	présent	imparfait	prétérit
(yo)	**-o**	**-ía**	**-í**
(tú)	**-es**	**-ías**	**-iste**
(él/ella/Vd.)	**-e**	**-ía**	**-ió**
(nosotros/as)	**-emos**	**-íamos**	**-imos**
(vosotros/as)	**-éis**	**-íais**	**-isteis**
(ellos/as/Vds.)	**-en**	**-ían**	**-ieron**

	subjonctif présent	subjonctif imparfait
(yo)	**-a**	**-iera** ou **-iese**
(tú)	**-as**	**-ieras** ou **-ieses**
(él/ella/Vd.)	**-a**	**-iera** ou **-iese**
(nosotros/as)	**-amos**	**-iéramos** ou **-iésemos**
(vosotros/as)	**-áis**	**-ierais** ou **-ieseis**
(ellos/as/Vds.)	**-an**	**-ieran** ou **-iesen**

	futur	conditionnel
(yo)	**-é**	**-ía**
(tú)	**-ás**	**-ías**
(él/ella/Vd.)	**-á**	**-ía**
(nosotros/as)	**-emos**	**-íamos**
(vosotros/as)	**-éis**	**-íais**
(ellos/as/Vds.)	**-án**	**-ían**

3e groupe - modèle des verbes en **-ir** :

	présent	imparfait	prétérit
(yo)	**-o**	**-ía**	**-í**
(tú)	**-es**	**-ías**	**-iste**
(él/ella/Vd.)	**-e**	**-ía**	**-ió**
(nosotros/as)	**-imos**	**-íamos**	**-imos**
(vosotros/as)	**-ís**	**-íais**	**-isteis**
(ellos/as/Vds.)	**-en**	**-ían**	**-ieron**

	subjonctif présent	subjonctif imparfait
(yo)	**-a**	**-iera** ou **-iese**
(tú)	**-as**	**-ieras** ou **-ieses**
(él/ella/Vd.)	**-a**	**-iera** ou **-iese**
(nosotros/as)	**-amos**	**-iéramos** ou **-iésemos**
(vosotros/as)	**-áis**	**-ierais** ou **-ieseis**
(ellos/as/Vds.)	**-an**	**-ieran** ou **-iesen**

	futur	conditionnel
(yo)	**-é**	**-ía**
(tú)	**-ás**	**-ías**
(él/ella/Vd.)	**-á**	**-ía**
(nosotros/as)	**-emos**	**-íamos**
(vosotros/as)	**-éis**	**-íais**
(ellos/as/Vds.)	**-án**	**-ían**

4.10 Les verbes irréguliers

En espagnol, un certain nombre de verbes ne suivent pas les modèles de conjugaison des trois principaux groupes verbaux : ce sont les verbes irréguliers. Certains verbes irréguliers sont des cas isolés et leur conjugaison doit être apprise par cœur. Parmi eux, on trouve des verbes courants comme **andar**, **caer**, **dar**, **decir**, **hacer**, **ir**, **oír**, **poder**, **poner**, **querer**, **saber**, **salir**, **tener**, **traer**, **venir**, **ver**.

Les autres verbes irréguliers peuvent se classer en différentes catégories, en fonction des transformations qu'ils subissent :

- Dans une première catégorie, celle des verbes dits à diphtongaison, la voyelle du radical est remplacée à certaines personnes de certains temps par deux voyelles :

Dans un cas, le **e** du radical devient **ie** :

pensar (penser) → **pienso** (je pense)

Dans l'autre, le **o** du radical devient **ue** :

mover (bouger) → **muevo** (je bouge)

- Dans une seconde catégorie, on trouve les verbes avec un radical en **e** qui devient **i** :

pedir (demander) → **pido** (je demande)

- Une troisième catégorie regroupe les verbes qui combinent diphtongaison et changement de voyelle :

Le **e** du radical va devenir **ie** ou **i** selon le temps et la personne :

sentir (sentir) → **siento** (je sens) *mais* **sintiendo** (en sentant)

Le **o** du radical va devenir **ue** ou **u** selon le temps et la personne :

dormir (dormir) → **duermo** (je dors) *mais* **durmiendo** (en dormant)

- Une quatrième catégorie comprend les verbes qui se terminent en **-acer**, **-ecer**, **-ocer** ou **-ucir**. Ces verbes nécessitent l'insertion d'un **z** avant le **c** :

nacer (naître) → **nazco** (je nais)

Les verbes en **-ducir** relèvent de cette catégorie mais dans leur cas, le **c** devient **j** au passé :

conducir (conduire) → **conduzco** (je conduis) *mais* **conduje** (je condusis)

➢ Attention, la conjugaison de **hacer** ne suit pas ce schéma.

- Enfin, on peut distinguer une cinquième catégorie regroupant les verbes qui se terminent en **-uir** et qui nécessitent l'insertion d'un **y** avant la terminaison quand la voyelle de celle-ci est **a**, **o** ou **e** :

construir (construire) → **construyo** (je construis)

4.11 Le **présent** permet :

- de parler du présent en général, de ce qui est habituel, de ce qui arrive régulièrement.

Lee.
Il lit.

- de parler du futur.

Mañana voy a Madrid.
Demain, je vais à Madrid.

- de parler d'une action qui est en cours au moment où l'on parle, avec la forme progressive (**estar** + participe présent).

Está leyendo.
Il est en train de lire.

4.12 Le **futur** a souvent le même emploi qu'en français. Le futur proche est également souvent exprimé avec la tournure **ir** + **a** + infinitif :

Lo haré mañana.
Je le ferai demain.

Te vas a caer si no tienes cuidado.
Tu vas tomber si tu ne fais pas attention.
Va a perder el tren.
Il va rater le train.

➢ Notez également que le futur peut servir à exprimer une hypothèse :

Serán las dos.
Il doit être deux heures.

- Pour dire que quelque chose sera fait ou se sera passé à un moment dans le futur, on peut utiliser le **futur antérieur** qui permet aussi de faire des hypothèses sur des événements récents :

Ya habrán llegado a casa.
Ils doivent être arrivés chez eux maintenant.

- De la même manière que le futur s'emploie pour formuler des hypothèses par rapport au présent, on a recours au **conditionnel** pour les hypothèses dans le passé :

Serían las dos.
Il devait être deux heures.
Tendría unos veinte años.
Elle devait avoir une vingtaine d'années.

4.13 L'usage de l'**imparfait** espagnol est très comparable à celui du français ; on l'emploie :

- pour évoquer une action ou un état dans le passé, sans idée de début ou de fin.

Todos mirábamos en silencio.
Nous regardions tous en silence.

- pour parler d'une habitude dans le passé :

En su juventud se levantaba de madrugada.
Dans sa jeunesse, il se levait à l'aube.

Hablábamos sin parar durante horas.
Nous discutions pendant des heures.

4.14 L'emploi du **passé simple** ou **prétérit** est beaucoup plus courant en espagnol qu'en français puisqu'il est également utilisé à l'oral pour évoquer un événement ou une action passés sans lien avec le présent :

Me desperté y salté de la cama.
Je me suis réveillé et j'ai sauté du lit.

4.15 Le **passé antérieur** s'emploie principalement à l'écrit, dans les subordonnées de temps, quand le verbe de la principale est au prétérit :

Apenas hubo acabado, se oyeron unos golpes en la puerta.
Elle eut à peine fini qu'on entendit frapper à la porte.

4.16 Le **subjonctif** s'emploie fréquemment en espagnol :

- après les verbes exprimant un souhait.

querer que ▲ desear que

Queremos que estés contenta.
Nous voulons que tu sois heureuse.
¿Desea Vd. que lo haga yo?
Voulez-vous que je le fasse ?

- avec les verbes qui expriment une émotion (regret, surprise, honte, plaisir) :

sentir que ▲ sorprender que ▲ alegrarse de que

Sentí mucho que no vinieran.
J'ai vraiment regretté qu'ils ne viennent pas.
Nos sorprendió que no les vieran Vds.
Cela nous a étonnés que vous ne les ayez pas vus.
Me alegro de que te gusten.
Cela me fait plaisir qu'ils te plaisent.

- avec les verbes exprimant un ordre, une interdiction, une autorisation :

mandar que ▲ ordenar que
permitir que ▲ dejar que
prohibir que ▲ impedir que

Ha mandado que vuelvan.
Il leur a ordonné de revenir.
Ordenó que fueran castigados.
Il a ordonné qu'ils soient punis.
No permitas que entren.
Ne les laisse pas entrer.
No me dejó que la llevara a casa.
Elle ne m'a pas laissé la ramener chez elle.
Te prohíbo que digas eso.
Je t'interdis de dire ça.
No les impido que vengan.
Je ne les empêche pas de venir.

➢ Notez qu'avec tous ces verbes, on peut aussi avoir l'infinitif si le complément d'objet du verbe principal est le sujet de la subordonnée :

Les ordenó que salieran. ou **Les ordenó salir.**
Elle leur a ordonné de sortir.

- avec les verbes exprimant le doute, l'incertitude, et les verbes d'opinion employés à la forme négative :

dudar que ▲ no creer que ▲ no pensar que

Dudo que lo sepan hacer.
Je doute qu'ils sachent le faire.
No creo que sean tan malos.
Je ne crois pas qu'ils soient si méchants.

- dans les constructions impersonnelles exprimant la nécessité, la possibilité, etc. :

hace falta que ▲ es necesario que ▲ es posible que
más vale que ▲ es una lástima que

¿Hace falta que vaya Jaime?
Est-ce qu'il faut que Jaime y aille ?
Es posible que tengan razón.
Il est possible qu'ils aient raison.
Más vale que se quede Vd. en su casa.
Il vaut mieux que vous restiez à la maison.
Es una lástima que haya perdido su perro.
C'est dommage qu'elle ait perdu son chien.

- dans les constructions impersonnelles qui énoncent un fait ou expriment une certitude, l'indicatif est employé quand le verbe impersonnel est affirmatif :

Es verdad que va a venir.
C'est vrai qu'il va venir.
No es verdad que vayan a hacerlo.
Ce n'est pas vrai qu'ils vont le faire.

- avec certaines conjonctions :

para que ▲ a fin de que ▲ como si ▲ sin que
a condición de que ▲ con tal (de) que ▲ siempre que
a menos que ▲ a no ser que ▲ antes (de) que ▲ no sea que ▲ mientras (que) ▲ siempre que ▲ (el) que

Átalas bien para que no se caigan.
Attache-les bien pour qu'elles ne tombent pas.
Hablaba como si no creyera en sus propias palabras.
Il parlait comme s'il ne croyait pas à ce qu'il disait lui-même.
Lo haré con tal de que me cuentes todo lo que pasó.
Je le ferai à condition que tu me racontes tout ce qui s'est passé.
Saldremos de paseo a menos que esté lloviendo.
Nous sortirons faire un tour à moins qu'il ne pleuve.
Avísale antes de que sea demasiado tarde.
Préviens-le avant qu'il ne soit trop tard.
Habla en voz baja, no sea que alguien nos oiga.
Parlez bas, qu'on ne nous entende pas.
Eso no pasará mientras yo sea el jefe aquí.
Cela n'arrivera pas tant que je serai le chef ici.

➢ Pour les conjonctions suivantes, si le sujet est le même pour les deux verbes, l'infinitif est employé et le **que** final est omis :

a fin de que ▲ sin que ▲ a condición de que
con tal (de) que ▲ antes (de) que

Salimos sin que nos vieran.
Nous sommes sortis sans qu'ils nous voient.
Me fui sin esperarla.
Je suis parti sans l'attendre.

- après les conjonctions exprimant un but :

de modo que ▲ de forma que ▲ de manera que

Vuélvanse de manera que les vea bien.
Tournez-vous de façon à ce que je vous voie bien.

➢ Quand ces conjonctions indiquent un résultat et non un but, le subjonctif n'est pas employé :

No quieren hacerlo, de manera que tendré que hacerlo yo.
Ils ne veulent pas le faire, ce qui fait que je devrai le faire moi-même.

- dans les propositions relatives dont l'antécédent est négatif, indéfini ou indéterminé :

No he encontrado a nadie que la conociera.
Je n'ai rencontré personne qui la connaisse.
No dijo nada que no supiéramos ya.
Elle n'a rien dit que nous ne sachions déjà.
Necesito a alguien que sepa conducir.
J'ai besoin de quelqu'un qui sache conduire.
Busco algo que me distraiga.
Je cherche quelque chose qui me distraie.
Busca una casa que tenga calefacción central.
Il cherche une maison qui ait le chauffage central.

- dans les phrases conditionnelles, dans la proposition comportant **si**, où le français emploie l'imparfait :

Si fuéramos en coche llegaríamos a tiempo.
Si nous y allions en voiture, nous arriverions à temps.

- dans certaines tournures figées généralement traduites par « quoi qu'..., quoi que..., quelque soit... » en français :

Diga lo que diga...
Quoi qu'il en dise...
Sea lo que sea...
Quoi qu'il en soit...

- dans les tournures suivantes par lesquelles on exprime une concession :

por + adjectif + subjonctif

Por cansado que esté, seguirá trabajando.
Quelle que soit sa fatigue, il continuera à travailler.

por + adverbe + subjonctif

Por lejos que viva, iremos a buscarle.
Quelle que soit la distance, nous irons le chercher.

por + **mucho** + subjonctif

Por mucho que lo intente, nunca lo conseguirá.
Quels que soient ses efforts, il n'y arrivera jamais.

4.17 Dans certains cas, on peut trouver soit l'indicatif, soit le subjonctif ; ce dernier est employé dans certaines constructions où l'on évoque des événements futurs ou hypothétiques, par opposition à l'indicatif qui s'emploie pour parler de faits ou de ce qui se vérifie :

Le aconsejé que escuchara música cuando estuviera nervioso.
Je lui ai conseillé d'écouter de la musique quand il se sent nerveux.
Me gusta nadar cuando hace calor.
J'aime nager quand il fait chaud.

- Parmi les constructions les plus courantes, on trouve :

cuando ▲ en cuanto ▲ tan pronto como
hasta que ▲ mientras ▲ siempre que ▲ aunque
después (de) que

Te devolveré el libro tan pronto como lo haya leído.
Je te rendrai le livre aussitôt que je l'aurai lu.
Quédate aquí hasta que volvamos.
Reste ici jusqu'à ce que nous revenions.
No hablen en voz alta mientras ellos estén aquí.
Ne parlez pas à voix haute tant qu'ils sont ici.
Vuelvan por aquí siempre que quieran.
Revenez ici quand vous le voudrez.
No le creeré aunque diga la verdad.
Je ne le croirai pas, même s'il dit la vérité.
Te lo diré después de que te hayas sentado.
Je te le dirai une fois que tu seras assis.

- ainsi que toutes les conjonctions et pronoms qui se terminent par **-quiera** (expressions françaises de type « où que... », « quel que... » etc.) :

La encontraré dondequiera que esté.
Je la retrouverai où qu'elle soit.

➢ Notez que si le sujet des deux verbes est le même dans les phrases comportant **después (de) que**, cette construction peut être remplacée par **después de** + infinitif :

Después de cenar nos fuimos al cine.
Après le repas, nous sommes allés au cinéma.

4.18 La concordance des temps

- Si le verbe de la proposition principale est au présent, au futur ou à l'impératif, le verbe de la subordonnée sera au subjonctif présent ou passé :

Quiero que lo hagas. (prés. + subj. prés.)
Je veux que tu le fasses.

Temo que no haya venido. (prés. + subj. passé)
Je crains qu'il ne soit pas venu.
Iremos por aquí para que no nos vean. (futur + subj. prés.)
Nous passerons par ici pour qu'ils ne nous voient pas.

- Si le verbe de la proposition principale est au conditionnel ou à un temps du passé, le verbe de la subordonnée sera au subjonctif imparfait ou au plus-que-parfait du subjonctif :

Me gustaría que llegaras temprano. (cond. + subj. imparf.)
J'aimerais que tu arrives tôt.
Les pedí que me esperaran. (prétérit + subj. imparf.)
Je leur ai demandé de m'attendre.
Sentiría mucho que hubiese muerto. (cond. + subj. plus-que-parf.)
Je serais vraiment triste s'il était mort.

4.19 On emploie **l'impératif** pour donner des ordres ou des instructions.

- Pour les ordres positifs :

- les formes pour **Vd.**, **Vds.**, **nosotros/as** sont les mêmes qu'au subjonctif présent
- la forme pour **tú** est celle de la troisième personne du singulier au présent de l'indicatif
- pour **vosotros/as**, le **-r** final de l'infinitif se transforme en **-d** :

cantar (*« chanter »*) → **cantad** (*« chantez »*)

	hablar	comer	vivir
(tú)	**habla**	**come**	**vive**
(Vd.)	**hable**	**coma**	**viva**
(nosotros/as)	**hablemos**	**comamos**	**vivamos**
(vosotros/as)	**hablad**	**comed**	**vivid**
(Vds.)	**hablen**	**coman**	**vivan**

- Dans les ordres négatifs, toutes les formes sont strictement identiques à celles du subjonctif présent.

- Attention aux formes de verbes irréguliers comme **poner** et **hacer** :

	poner	hacer
(tú)	**pon**	**haz**
(Vd.)	**ponga**	**haga**
(nosotros/as)	**pongamos**	**hagamos**
(vosotros/as)	**poned**	**haced**
(Vds.)	**pongan**	**hagan**

Avec l'impératif, le pronom complément se place :

- accolé à la fin du verbe dans les impératifs affirmatifs. Un accent écrit est ajouté pour indiquer la place de l'accent tonique.

Perdóneme.
Pardonnez-moi.
Esperémosla.
Attendons-la.

Explíquemelo.
Expliquez-le-moi.
Devuélvaselo.
Rendez-le-lui.

- avant le verbe dans les impératifs négatifs.

No me molestes.
Ne me dérange pas.
No les castiguemos.
Ne les punissons pas.

No se la devolvamos.
Ne la lui rendons pas.
No las contestéis.
Ne leur répondez pas.

4.20 Pour les **verbes réfléchis**, les formes pour **nosotros** et **vosotros** perdent respectivement le **-s** et le **-d** final avant le pronom.

Levantémonos.
Levons-nous.

Sentaos por favor.
Asseyez-vous s'il vous plaît.

4.21 Les **temps composés** espagnols se forment à partir du verbe auxiliaire **haber** et du participe passé du verbe :

- le passé composé = **haber** au présent + participe passé

  (yo) he hablado
  j'ai parlé

- le plus-que-parfait = **haber** à l'imparfait + participe passé

  (yo) había hablado
  j'avais parlé

- le futur antérieur = **haber** au futur + participe passé

  (yo) habré hablado
  j'aurai parlé

- le conditionnel passé = **haber** au conditionnel + participe passé

  (yo) habría hablado
  j'aurais parlé

- le passé antérieur = **haber** au prétérit + participe passé

  (yo) hube hablado
  j'eus parlé

- le subjonctif passé = **haber** au subjonctif présent + participe passé

  (que) (yo) haya hablado
  que j'aie parlé

- le plus-que-parfait du subjonctif = **haber** au subjonctif imparfait + participe passé

  (que) (yo) hubiera/hubiese hablado
  que j'eusse parlé

4.22 Savoir construire le participe passé est indispensable pour pouvoir former les temps composés. Pour les verbes réguliers :

- pour les verbes du premier groupe (**cantar**), on remplace **-ar** par **-ado** :

cantar (*« chanter »*) → **cantado**

- pour les verbes du deuxième groupe (**comer**), on remplace **-er** par **-ido** :

comer (*« manger »*) → **comido**

- pour les verbes du troisième groupe (**vivir**), on remplace **-ir** par **-ido** :

vivir (*« vivre »*) → **vivido**

4.23 À l'infinitif, les **verbes réfléchis** se terminent par le pronom réfléchi **se** qui s'ajoute à la forme du verbe, comme par exemple dans **levantarse** « se lever » ou **lavarse** « se laver ». Les pronoms réfléchis sont :

singulier : **me ▲ te ▲ se**
pluriel : **nos ▲ os ▲ se**

Nos queremos.
Nous nous aimons.
Se parecen.
Ils se ressemblent.

L'idée de réciprocité peut être renforcée par les expressions **el uno al otro/la una a la otra** (**los unos a los otros/las unas a las otras**) :

Se miraban el uno al otro.
Ils se regardaient (l'un l'autre).

- Les temps simples et composés des verbes réfléchis se conjuguent comme les autres verbes. La seule irrégularité apparaît aux deux premières personnes du pluriel de l'impératif affirmatif.

- Sauf pour l'infinitif, le gérondif et les impératifs affirmatifs, le pronom se place avant le verbe :

Me acuesto temprano.
Je me couche tôt.
¿Cómo se llama Vd.?
Comment vous appelez-vous ?
No se ha despertado.
Il ne s'est pas réveillé.
No te levantes.
Ne te lève pas.

- À l'infinitif, au gérondif et dans les phrases impératives affirmatives, le pronom suit le verbe et s'y accole :

Quiero irme.
Je veux m'en aller.
Estoy levantándome.
Je suis en train de me lever.
Siéntense.
Asseyez-vous.
Vámonos.
Allons-y.

Les verbes réfléchis peuvent également avoir un sens passif ou impersonnel :

Se perdió la batalla.
La bataille fut perdue.
No se veían las casas.
On ne voyait pas les maisons.
Se dice que...
On dit que...
No se permite...
Il n'est pas permis de ...

4.24 Le **passif** s'utilise quand on veut attirer l'attention sur ce qui (objet ou personne) subit une action plutôt que sur l'origine de celle-ci :

Juan cierra la tienda cada tarde a las siete.
Juan ferme la boutique à sept heures tous les soirs.
La tienda es cerrada por Juan cada tarde.
La boutique est fermée tous les soirs par Juan.

4.25 En espagnol, le passif se construit avec le verbe **ser** suivi du participe passé. Ce dernier s'accorde en genre et en nombre avec le sujet :

Pablo ha sido despedido.
Paul a été licencié.
Su madre era muy admirada.
Sa mère était très admirée.
El palacio será vendido.
Le palais sera vendu.
Las puertas habían sido cerradas.
Les portes avaient été fermées.

4.26 Lorsqu'on utilise la voix passive, il est fréquent de ne pas préciser l'agent de l'action, soit parce qu'on ne le connaît pas, soit parce qu'on ne veut pas le faire, soit parce que cette information n'a pas d'importance :

La ciudad fue conquistada tras un largo asedio.
La ville fut conquise au terme d'un long siège.
Ha sido declarado el estado de excepción.
L'état d'urgence a été déclaré.

Si toutefois on souhaite préciser l'agent, on le place après le verbe, précédé de la préposition **por** :

Las puertas habían sido cerradas por la Guardia Civil.
Les portes avaient été fermées par la Guardia Civil.
Su madre era muy admirada por sus alumnos.
Sa mère était très admirée par ses élèves.

4.27 Les **verbes impersonnels** s'emploient seulement à l'infinitif, au gérondif et à la troisième personne. Souvenez-vous qu'en espagnol, on n'utilise pas de pronom sujet avec ces tournures :

Llueve.
Il pleut.
Es fácil decir que...
Il est facile de dire que...

- Les verbes impersonnels les plus courants sont les suivants :

amanecer ▲ anochecer ▲ granizar
llover ▲ nevar ▲ tronar

Amanece/Está amaneciendo.
Le jour se lève/est en train de se lever.
Anochece/Está anocheciendo.
La nuit tombe/est en train de tomber.
Graniza/Está granizando.
Il grêle.
Llueve/Está lloviendo.
Il pleut.
Nieva/Está nevando.
Il neige.
Truena/Está tronando.
On entend le tonnerre.

4.28 **L'infinitif** peut s'employer :

- après une préposition :

Después de desayunar, salió de casa.
Après avoir pris son petit déjeuner, elle est sortie.
Me hizo daño sin saberlo.
Elle m'a fait mal sans s'en rendre compte.

- lorsqu'on veut former un nom verbal à partir d'un verbe. Ce dernier peut alors être précédé d'un article :

Su deporte preferido es montar a caballo.
Son sport préféré est l'équitation.
El viajar tanto me resulta cansado.
Voyager autant me fatigue.

4.29 L' usage impératif de l'infinitif

Dans un registre familier, l'infinitif est parfois employé à la place de l'impératif :

Niños, ¡a callar!
Taisez-vous les enfants !
Devolvérselo.
Rendez-le-lui.

4.30 Infinitif et expression de la **simultanéité** : **al** + infinitif

Pour évoquer deux actions simultanées, on peut employer la forme **al** suivie de l'infinitif :

Toma la izquierda al llegar.
Prends la gauche en arrivant.

Attention à ne pas confondre cette tournure avec l'expression de la manière, pour laquelle on a recours au gérondif :

Rompí mi reloj arreglando el coche.
J'ai cassé ma montre en réparant la voiture.

4.31 mandar + infinitif

Pour exprimer l'idée de faire faire quelque chose à quelqu'un, on emploie le verbe **mandar** suivi de l'infinitif :

Mandé arreglar mi coche.
J'ai fait réparer ma voiture.
Les mandó recoger los desperdicios que habían dejado.
Il leur a fait ramasser les déchets qu'ils avaient laissés.

4.32 basta con + infinitif

Basta con suivi de l'infinitif traduit la tournure « il suffit de » :

Basta con leerlo una vez.
Il suffit de le lire une fois.

Comme son équivalent en français, **bastar** est une structure impersonnelle qui varie en temps mais reste à la troisième personne du singulier :

Bastaba con enviar un mensaje.
Il suffisait d'envoyer un message.

4.33 Expression de l'habitude : soler + infinitif

Pour évoquer quelque chose qui est habituel, on emploie le verbe **soler** conjugué, suivi d'un verbe à l'infinitif :

Suelo ir al cine los miércoles.
Je vais au cinéma le mercredi.
Mi abuelo solía emplear esta fórmula.
Mon grand-père employait souvent cette formule.

4.34 Expression de la réitération : volver a + infinitif

Pour exprimer la réitération, là où en français on utilise souvent le préfixe « re- » avec le verbe (« revoir, refaire... »), l'espagnol a recours au verbe **volver** suivi de la préposition **a** et de l'infinitif du verbe correspondant à l'action ou à l'événement qui se répète :

Vuelve a hacer las mismas tonterías.
Il refait les mêmes bêtises.
Voy a volver a ver esta película.
Je vais revoir ce film.

Il est également possible d'exprimer l'idée de répétition en ajoutant simplement la tournure **otra vez** au début ou à la fin de la phrase :

Otra vez hace las mismas tonterías.
Voy a ver esta película otra vez.

4.35 Le **gérondif** se forme en remplaçant la terminaison de l'infinitif par **-ando** pour les verbes réguliers du premier groupe (verbes en **-ar**) et par **-iendo** pour les verbes réguliers du deuxième groupe (verbes en **-er**) et du troisième groupe (verbes en **-ir**).

Le gérondif s'emploie :

- après le verbe **estar** pour former les temps progressifs.

  Estoy escribiendo una carta.
  Je suis en train d'écrire une lettre.
  Estaban esperándonos.
  Ils nous attendaient.

- après les verbes **seguir**, **continuar** (« continuer ») et **ir** quand celui-ci exprime l'idée d'une progression.

  Sigue viniendo todos los días.
  Il continue à venir tous les jours.
  Los precios continuarán subiendo.
  Les prix continueront à augmenter.
  El ejército iba avanzando poco a poco.
  L'armée avançait peu à peu.

- dans les constructions de temps comme **llevar** (« il y a... que..., cela fait... que... »).

  Lleva dos años estudiando inglés.
  Cela fait deux ans qu'elle étudie l'anglais.

- souvent pour préciser la manière de faire quelque chose.

  Llegó corriendo.
  Il est arrivé en courant.

4.36 Expression de la durée : « cela fait... heures/jours/années... »

Pour exprimer la durée, par exemple lorsqu'on veut préciser le temps passé à faire quelque chose, on emploie les verbes **llevar** et **hacer** suivis d'un complément de temps dans les tournures suivantes :

llevar + complément de temps + gérondif
hace + complément de temps + **que** + indicatif

Lleva dos días estudiando este tema. ou **Hace dos días que estudia este tema.**
Cela fait deux jours qu'il révise cette matière.

On peut également employer l'expression **desde hace** pour introduire le complément de temps :

Estudia este tema desde hace dos días.

4.37 Expression de l'obligation

Pour dire que quelque chose doit être fait, doit arriver, doit être d'une certaine façon, on emploie les tournures **tener que**, **deber** ou **hay que** (qui est une forme impersonnelle) suivis de l'infinitif :

Tenemos que salir temprano mañana.
Nous devons sortir tôt demain.
Debo visitarles.
Je dois leur rendre visite.
Hay que entrar por ese lado.
Il faut entrer par ce côté.

L'obligation peut également s'exprimer à l'aide des tournures suivantes :

hace falta que ▲ es menester que ▲ es preciso que

Celles-ci ont deux formes :

- l'une, personnelle, suivie du verbe au subjonctif.

Hace falta que les vaya a visitar.
Je dois leur rendre visite.
Es menester que los alumnos lleven uniforme.
Les élèves doivent porter un uniforme.
Es preciso que entreguemos el ejercicio el jueves por la mañana.
Nous devons rendre le devoir jeudi matin.

- l'autre, impersonnelle, suivie du verbe à l'infinitif.

Es preciso entrar por la puerta de atrás.
Il faut entrer par la porte de derrière.
Era menester llevar uniforme.
Il fallait porter un uniforme.
Hace falta levantarse a las cinco cada mañana.
Il faut se lever à cinq heures tous les matins.

4.38 Expression de la probabilité

Pour parler de ce qui est possible, probable, on emploie le verbe **poder** :

Todavía puede cambiar de opinión.
Il peut encore changer d'avis.
Creo que puede llover esta tarde.
Je pense qu'il peut pleuvoir cet après-midi.

- On emploie souvent **deber de** :

Ha debido de mentir.
Elle a dû mentir.
Debe de estar por aquí cerca.
Ça doit être par ici.

- On peut aussi avoir recours au futur ou à un certain nombre de tournures comme celles qui suivent :

quizás ▲ quizá ▲ tal vez ▲ acaso

Quizás se haya perdido.
Elle s'est peut-être perdue.
Acaso no llueva.
Il ne pleuvra peut-être pas.
Tal vez te equivoques.
Peut-être que tu te trompes.

➢ Notez que ces tournures sont suivies du subjonctif lorsqu'elles précèdent le verbe ; si elles viennent après, celui-ci est à l'indicatif :

Va a venir, quizás, mañana.
Il va peut-être venir demain.

- L'expression de l'hypothèse peut aussi se faire au moyen de structures impersonnelles :

es posible que ▲ puede (ser) que

Es posible que esté enfermo.
Il est possible qu'il soit malade.
Puede que hayan girado a la izquierda.
Il se peut qu'ils aient tourné à gauche.
Puede (ser) que no lo sepa.
Il se peut qu'elle ne le sache pas.

4.39 Les **questions** peuvent prendre plusieurs formes :

On pose les questions **directes** :

- en inversant l'ordre des mots.

sujet + verbe → verbe + sujet

¿Vendrá tu madre?
Est-ce que ta mère viendra ?
¿Lo trajo Vd.?
Est-ce que vous l'avez amené ?
¿Es posible eso?
Est-ce que c'est possible ?

- en gardant l'ordre normal des mots mais avec une intonation montante.

El gato, ¿se bebió toda la leche?
Le chat a bu tout son lait ?
Andrés, ¿va a venir?
Andrés va venir ?

➢ Notez qu'aux temps composés le participe passé n'est jamais séparé de l'auxiliaire :

¿Lo ha terminado Vd.?
Vous l'avez terminé ?

Pour poser des questions **indirectes**, on emploie l'un des deux modèles suivants :

- mot interrogatif + sujet + verbe

Dime qué autobuses pasan por aquí.
Dis-moi quels autobus passent par ici.
No sé cuántas personas vendrán.
Je ne sais pas combien de personnes viendront.

- mot interrogatif + verbe + sujet

Me preguntó dónde trabajaba mi hermano.
Il m'a demandé où travaillait mon frère.

4.40 **¿verdad?, ¿no?** s'emploient pour demander confirmation, dans le sens de « non ? », « n'est-ce pas ? », « pas vrai ? » :

Hace calor, ¿verdad?
Il fait chaud, non ?

4.41 **sí** s'emploie pour dire « oui » ou « si » en réponse à une question négative ou positive :

¿Lo has hecho? — Sí.
Est-ce que tu l'as fait ? — Oui.
¿No lo has hecho? — Sí.
Tu ne l'as pas fait ? — Si.

4.42 On forme les **phrases négatives** en insérant **no** entre le sujet et le verbe (et tout pronom complément d'objet le précédant) :

El coche es suyo.	→	**El coche no es suyo.**
La voiture est à lui.		*La voiture n'est pas à lui.*
Yo me lo pondré.	→	**Yo no me lo pondré.**
Je le mettrai.		*Je ne le mettrai pas.*

➢ On notera que dans les expressions du type « pas elle », « pas maintenant » etc., **no** vient en général après le nom auquel il se rapporte :

¿Quién lo ha hecho? — Ella no.
Qui a fait ça ? — Pas elle.
Dame ese libro, el que está a tu lado no, el otro.
Donne-moi le livre là, pas celui qui est à côté de toi, l'autre.

4.43 Les formes de **doubles négations** les plus courantes sont les suivantes :

no… nada ▲ no… nadie ▲ no… más ▲ no… nunca
no… jamás ▲ no… más que ▲ no… ningún/ninguno(a)
no… tampoco ▲ no… ni… ni ▲ no… ni siquiera

No dicen nada.
Ils ne disent rien.
No te olvidaré nunca/jamás.
Je ne t'oublierai jamais.
No se me ha ocurrido ninguna idea.
Je n'ai eu aucune idée.
No les estaban esperando ni mi hijo ni mi hija.
Ni mon fils ni ma fille ne les attendaient.
No ha venido ni siquiera Juan.
Même Juan n'est pas venu.

4.44 **No** précède le verbe (et tout pronom complément) à tous les temps, et le deuxième élément suit le verbe. Ces négations sont parfois placées avant le verbe (à l'exception de **más** et **más que**) et **no** est supprimé :

Nadie ha venido hoy.
Personne n'est venu aujourd'hui.
Nunca me han gustado.
Je ne les ai jamais aimés.

5.1 Dans de nombreuses constructions verbales, l'élément qui est sujet en français devient complément d'objet indirect en espagnol et le complément d'objet direct du verbe français devient sujet en espagnol :

J'aime cette maison. (sujet : « je » ; complément d'objet direct : « cette maison »)
Esa casa me gusta. (sujet : **esa casa** ; complément d'objet indirect : **me**)

5.2 Les verbes suivants adoptent la même construction :

gustar ▲ encantar ▲ faltar ▲ quedar ▲ doler

Me gustan más estas.
Je préfère celles-ci.
Nos encanta hacer deporte.
Nous adorons faire du sport.
Me duele la cabeza.
J'ai mal à la tête.

5.3 Acabar de + infinitif

Pour dire que quelque chose vient de se faire, on utilise **acabar de** suivi de l'infinitif :

Acaba de marcharse.
Il vient de partir.

Attention au sens de cette tournure dans une phrase négative :

No he acabado de entender su explicación.
Je n'ai pas tout à fait compris son explication.

6.1 On forme généralement les adverbes en ajoutant **-mente** au féminin de l'adjectif. Les accents de l'adjectif ne sont pas affectés, l'accent tonique de **-mente** étant indépendant :

adjectif féminin		adverbe
lenta	→	**lentamente**
franca	→	**francamente**
feliz	→	**felizmente**
fácil	→	**fácilmente**

➢ Notez que **-mente** est omis :

- dans les premiers adverbes quand plusieurs adverbes reliés par une conjonction se succèdent ; le premier est alors remplacé par l'adjectif féminin correspondant :

  Lo hicieron lenta pero eficazmente.
  Ils l'ont fait lentement mais efficacement.

- dans **recientemente** quand celui-ci précède immédiatement un participe passé ; la dernière syllable porte alors un accent :

  El pan estaba recién hecho.
  Le pain venait juste d'être fait.

6.2 Les adverbes suivants sont irréguliers :

bueno	→	**bien**
malo	→	**mal**

6.3 Les adjectifs employés comme adverbes.

- Certains adjectifs comme ceux présentés ci-dessous sont employés comme adverbes :

alto ▲ bajo ▲ barato ▲ caro ▲ claro ▲ derecho ▲ fuerte ▲ rápido

hablar alto/bajo
parler fort/bas
costar barato/caro
être bon marché/coûter cher
Habla muy fuerte.
Il parle très fort.

- D'autres adjectifs employés comme des adverbes s'accordent avec le sujet, et peuvent être remplacés par l'adverbe se terminant par **-mente** ou une locution adverbiale :

Esperaban impacientes (ou **impacientemente/con impaciencia**).
Ils attendaient impatiemment.

6.4 La place des adverbes

Lorsqu'il accompagne un verbe, l'adverbe peut se placer immédiatement après ou avant celui-ci pour créer un effet d'emphase :

No conocemos aún al nuevo médico.
Nous n'avons toujours pas rencontré le nouveau médecin.
Aún estoy esperando.
J'attends toujours.
Han hablado muy bien.
Ils ont très bien parlé.
Siempre le regalaban flores.
Ils lui offraient toujours des fleurs.

➢ Notez que l'adverbe ne peut jamais se placer entre l'auxiliaire **haber** et le participe passé des temps composés.

Ya lo he hecho.
Je l'ai déjà fait.
No ha estado nunca en Italia.
Elle n'est jamais allée en Italie.

6.5 Les adverbes comparatifs et superlatifs

- Les comparatifs se forment avec les constructions suivantes :

más... (que) ▲ menos... (que)
tanto como ▲ tan... como
tan... que ▲ demasiado... para
(lo) bastante... para ▲ (lo) suficientemente... para
cada vez más/menos

más deprisa
plus vite
Mi hermana canta más fuerte que yo.
Ma sœur chante plus fort que moi.
Nos vemos menos frecuentemente que antes.
Nous nous voyons moins fréquemment qu'avant.
Daniel no lee tanto como Andrés.
Daniel ne lit pas autant qu'Andrés.
Hágalo tan rápido como le sea posible.
Faites-le aussi vite que possible.
Ganan tan poco como nosotros.
Ils gagnent aussi peu que nous.
Llegaron tan pronto que tuvieron que esperarnos.
Ils sont arrivés si tôt qu'ils ont dû nous attendre.
Es demasiado tarde para ir al cine.
Il est trop tard pour aller au cinéma.
Eres (lo) bastante grande para hacerlo solo.
Tu es assez grand pour le faire tout seul.
Me gusta el campo cada vez más.
J'aime de plus en plus la campagne.

- Pour les superlatifs, on place **más/menos** (« le plus/moins ») devant l'adverbe :

María es la que corre más rápido.
María est celle qui court le plus vite.
El que llegó menos tarde fue Miguel.
Miguel est celui qui est arrivé le moins tard.

- **lo** s'ajoute devant un superlatif qui est qualifié :

Lo hice lo más de prisa que pude.
Je l'ai fait aussi vite que j'ai pu.

6.6 Le **superlatif absolu** (« très », « extrêmement » + adverbe) se forme en plaçant **muy** devant l'adverbe. Il existe aussi une forme qui se construit avec le suffixe **-ísimo**.

muy lentamente	**tempranísimo**
très lentement	*extrêmement tôt*

6.7 On dénombre également un certain nombre d'adverbes dont les comparatifs/superlatifs sont irréguliers :

- « bien, mieux, (le) meilleur » :

bien → **mejor** → **(lo) mejor**

➢ Notez que **más bien** existe aussi dans le sens de « assez » :
Era un hombre más bien bajito.
C'était un homme plutôt petit.

- « mal, pire, (le) pire » :

mal → **peor** → **(lo) peor**

- « beaucoup, plus, (le) plus » :

mucho → **más** → **(lo) más**

- « peu, moins, (le) moins » :

poco → **menos** → **(lo) menos**

6.8 Parmi les adverbes les plus courants, on compte les suivants :

- **ahora** (« maintenant »)

La película empieza ahora.
Le film commence maintenant.

- **ayer** (« hier »)

  Pasó ayer.
  Elle est passée hier.

- **bastante** (« assez, plutôt »)

  Es bastante tarde.
  Il est assez tard.

- **bien** (« bien »)

  ¡Bien hecho!
  Bien joué !

- **cómo** (« comme »)

  ¡Cómo me ha gustado!
  Comme j'ai aimé ça !

- **demasiado** (« trop »)

  He comido demasiado.
  J'ai trop mangé.

  Es demasiado caro.
  C'est trop cher.

- **hoy** (« aujourd'hui »)

  El curso empieza hoy.
  Le cours commence aujourd'hui.

- **mañana** (« demain »)

  Nos marchamos mañana.
  Nous partons demain.

- **más** (« plus ») et **menos** (« moins »)

  Mi hermano trabaja más ahora.
  Mon frère travaille plus maintenant.

  Se debe beber menos.
  Il faut boire moins.

- **mucho** (« beaucoup ») et **poco** (« peu »)

¿Lees mucho?
Est-ce que tu lis beaucoup ?

Comen poco.
Ils mangent peu.

- **siempre** (« toujours »)

Siempre dicen lo mismo.
Ils disent toujours la même chose.

- **también** (« aussi »)

A mí también me gusta.
Moi aussi j'aime bien ça.

- **tan** (« aussi »)

Ana es tan alta como yo.
Ana est aussi grande que moi.

- **tanto** (« autant »)

Nos aburrimos tanto como vosotros.
Nous nous sommes autant ennuyés que vous.

- **todavía/aún** (« encore, toujours »)

Todavía/Aún tengo dos bolígrafos.
J'ai encore deux stylos.
Todavía/Aún no han llegado.
Ils ne sont pas encore arrivés.

- **ya** (« déjà »)

Ya lo he hecho.
Je l'ai déjà fait.

7 Les prépositions

Au sujet des prépositions espagnoles, il faut retenir notamment les points suivants :

- Lorsque le complément d'objet direct d'un verbe est une personne ou un animal domestique, il doit toujours être précédé de **a** :

  Querían mucho a sus hijos.
  Ils aimaient beaucoup leurs enfants.

➢ Cette règle ne s'applique pas au verbe **tener** :

  Tienen dos hijos.
  Ils ont deux enfants.

- La préposition **de** peut être employée pour décrire quelqu'un ou quelque chose :

  la mujer del sombrero verde
  la femme au chapeau vert

- La préposition française « à » se traduit parfois par **en** :

en el campo	*à la campagne*
en la cama	*au lit*
en París	*à Paris*
en la escuela	*à l'école*
en la planta baja	*au rez-de-chaussée*
en este momento	*à ce moment*

- **en** peut également être employé là où on utilise « sur » en français :

  un cuadro en la pared
  un tableau sur le mur

- **por**, qui se traduit souvent par « par » dans les expressions de mouvement, peut aussi exprimer l'idée d'approximation dans l'espace ou dans le temps :

  Tiene que estar por aquí.
  Il doit être par là.

por la tarde
dans l'après-midi

- **por** traduit également la notion de ce à quoi quelque chose est destiné :

libros por leer
des livres à lire
cuentas por pagar
des factures à payer

- **por** se combine avec un certain nombre d'autres prépositions, notamment pour indiquer où se situe une personne, une chose :

por encima	*(par-) dessus*
por debajo	*(par-) dessous, en bas*
por detrás	*par derrière*

- La préposition **para** s'emploie pour exprimer l'idée de but, de finalité. Elle est souvent traduite par « pour ». Elle peut être suivie d'un verbe à l'infinitif ou de **que** + subjonctif :

Te he dado este vestido para que lo lleves.
Je t'ai donné cette robe pour que tu la portes.

Hay que practicar para progresar.
Il faut s'entraîner pour progresser.

- **para** permet de préciser l'usage d'un certain nombre d'objets :

un cepillo para el pelo
une brosse à cheveux

- **para** peut introduire une destination (avant un nom de lieu), ou un destinataire (personne) :

El tren para Burdeos sale a las tres de la tarde.
Le train pour Bordeaux part à 15 heures.

Hay una carta para ti.
Il y a une lettre pour toi.

- **para** s'utilise pour indiquer une limite dans le temps, par exemple un délai, une échéance :

  Necesitamos este documento para el miércoles.
  Il nous faut ce document pour mercredi.

- **para** est l'équivalent de « pour » dans les expressions du type « bon/ mauvais pour... » :

  Se dice que los productos lácteos son buenos para la salud.
  On dit que les produits laitiers sont bons pour la santé.

- « par » ne se traduit jamais par **para**. Son équivalent est **por** quand il s'agit d'exprimer un lien de causalité :

  Dejó la puerta abierta por negligencia.
  Il a laissé la porte ouverte par négligence.

  ou d'introduire le complément d'agent dans une tournure passive :

  Esta película ha sido vista por millones de espectadores.
  Ce film a été vu par des millions de spectateurs.

  ou encore d'exprimer l'idée de moyen :

  por avión
  par avion

- **por** et **para** s'emploient tous les deux pour donner des indications de lieu. À la différence de **por**, qui permet de situer quelque chose approximativement ou d'indiquer un lieu de passage, **para** s'emploie pour indiquer une destination :

  Pasamos por el casco antiguo.
  Nous sommes passés par la vieille ville.

  Nos marchamos para Marruecos.
  Nous partons pour le Maroc.

- Les deux prépositions servent aussi à donner des indications temporelles. **Para** exprime l'idée d'échéance, de limite, tandis que **por** exprime la durée :

Tiene que enviar su respuesta para el 15.
Vous devez envoyer votre réponse pour le 15.

Estoy de vacaciones por una semana.
Je suis en vacances pour une semaine.

- « par » ne peut pas se traduire par **para**, mais « pour » peut se traduire par **para** ou **por**. Dans le premier cas, on précise le but, dans le second, la cause :

Lo llamé para conseguir información.
Je l'ai appelé pour obtenir des renseignements.

Fue premiada por sus talentos de cantante.
Elle a été récompensée pour ses talents de chanteuse.

- « pour » peut aussi se traduire par **por** quand il implique l'idée d'action, d'engagement en faveur de quelque chose ou de quelqu'un :

Anne luchó toda su vida por los derechos de la mujer.
Anne s'est battue toute sa vie pour les droits des femmes.

No votaré por ti. ¡Ni hablar!
Je ne voterai sûrement pas pour toi !

ou quand il s'agit de préciser ce qui suscite un intérêt, une préoccupation :

el interés de los jóvenes por el arte moderno
l'intérêt des jeunes pour l'art moderne

- Quand « pour » est synonyme de « en échange de, à la place de », on le traduit par **por** :

Lo compré por dos duros.
Je l'ai eu pour trois fois rien.

- Pour exprimer la fréquence, la proportion (« par semaine, par personne » etc.) ainsi que « pour cent », c'est **por** qu'on emploie en espagnol :

diez por ciento por año
dix pour cent par an

- **hacia** indique la direction :

  Van hacia ese edificio.
  Ils vont vers ce bâtiment.

et également l'approximation :

  hacia las tres
  vers trois heures

- comme **por**, il peut s'utiliser par ailleurs avec d'autres prépositions pour exprimer la notion de mouvement dans une certaine direction :

hacia arriba	*vers le haut*
hacia abajo	*vers le bas*
hacia adelante	*vers l'avant*

- **hasta** signifie le plus souvent « jusqu'à » mais dans certains cas, il peut se traduire par « même » :

  hasta la noche
  jusqu'à la nuit

  Hasta un tonto lo entendería.
  Même un imbécile comprendrait ça.

- **tras** s'utilise dans les sens de « derrière » et de « après » :

  Está tras el asiento.
  C'est derrière le siège.
  uno tras otro
  l'un après l'autre

8 Les changements orthographiques

8.1

Les consonnes **c**, **g** et **z** changent sous l'effet de terminaisons plurielles et de certains suffixes. Les changements ci-dessous concernent les verbes. Ils permettent au radical du verbe d'être toujours prononcé comme l'infinitif :

infinitif	changement		temps concernés
-car	**c + e**	**→ -que**	**subj. prés., prét.**
-cer, -cir	**c + a, o**	**→ -za, -zo**	**prés., subj. prés.**
-gar	**g + e, i**	**→ -gue**	**subj. prés., prét.**
-guar	**gu + e**	**→ -güe**	**subj. prés., prét.**
-ger, -gir	**g + a, o**	**→ -ja, -jo**	**prés., subj. prés.**
-guir	**g + a, o**	**→ -ga, -go**	**prés., subj. prés.**
-zar	**z + e**	**→ -ce**	**subj. prés., prét.**

8.2 Les noms et adjectifs pluriels

singulier		pluriel
voyelle + **z**	→	**-ces**
voz	→	**voces**
veloz	→	**veloces**
luz	→	**luces**
capaz	→	**capaces**

8.3 Les noms et adjectifs + suffixes

terminaison	suffixe	nouvelle terminaison	exemple
voyelle + **z** +	**-cito/a**	**-cecito/a**	**vocecita**
-go, -ga +	**-ito/a, -illo/a**	**-guito/a, -guillo/a**	**amiguito/a**
-co, -ca +	**-ito/a, -illo/a**	**-quito/a, -quillo/a**	**foquita**

8.4 Adjectifs superlatifs

terminaison	exemple	superlatif	exemple
-co/-ca	**rico/-a**	**-quísimo/a**	**riquísimo/-a**
-go/-ga	**largo/-a**	**-guísimo/a**	**larguísimo/-a**
voyelle + **z**	**feroz**	**-císimo/a**	**ferocísimo/-a**

8.5 La modification des conjonctions y et e, o et u

En espagnol, on emploie **y** pour traduire la conjonction « et » et **o** pour traduire « ou ». Cependant, ces conjonctions peuvent changer de forme selon leur environnement :

- **y** devient **e** devant tout mot commençant par « **i-** » ou « **hi-** » sauf lorsque « **hi-** » est suivi d'une voyelle :

  padre e hijo
  père et fils
  flores y hierba
  des fleurs et de l'herbe

- **y** demeure devant « **y-** » suivi d'une voyelle :

  tú y yo
  toi et moi

- De la même manière, on emploie **u** au lieu de **o** devant un mot commençant par « **o-** » ou « **ho-** » :

  Andrés u Óscar
  Andrés ou Óscar
  mujeres u hombres famosos
  des femmes ou des hommes célèbres

9.1 Les nombres cardinaux

cero	0	**setenta**	70
uno (un, una)	1	**ochenta**	80
dos	2	**noventa**	90
tres	3	**cien (ciento)**	100
cuatro	4	**ciento uno (una)**	101
cinco	5	**ciento dos**	102
seis	6	**ciento diez**	110
siete	7	**ciento cuarenta y dos**	142
ocho	8	**doscientos(as)**	200
nueve	9	**doscientos(as) uno (una)**	201
diez	10	**doscientos(as) dos**	202
once	11	**trescientos(as)**	300
doce	12	**cuatrocientos(as)**	400
trece	13	**quinientos(as)**	500
catorce	14	**seiscientos(as)**	600
quince	15	**setecientos(as)**	700
dieciséis	16	**ochocientos(as)**	800
diecisiete	17	**novecientos(as)**	900
dieciocho	18	**mil**	1 000
diecinueve	19	**mil uno (una)**	1 001
veinte	20	**mil dos**	1 002
veintiuno	21	**mil doscientos(as) veinte**	1 220
veintidós	22	**dos mil**	2 000
treinta	30	**cien mil**	100 000
treinta y uno	31	**doscientos(as) mil**	200 000
cuarenta	40	**un millón**	1 000 000
cincuenta	50	**dos millones**	2 000 000
sesenta	60	**un billón**	1 000 000 000 000

Fractions		Autres	
un medio ; medio(a)	½	**cero coma cinco**	0,5
un tercio	⅓	**uno coma tres**	1,3
dos tercios	⅔	**(el, un) diez por ciento**	10%
un cuarto	¼	**dos más/y dos**	2 + 2
tres cuartos	¾	**dos menos dos**	2 − 2
cinco y tres cuartos	5¾	**dos por dos**	2 × 2
		dos dividido por dos	2 ÷ 2

9.2 Les points à retenir au sujet des nombres cardinaux

- **uno** perd son **o** devant les noms masculins :

  un libro *(un livre)*
  treinta y un niños *(trente et un enfants)*

- 200, 300, 400, etc. ont des formes féminines :

  quinientas opciones *(cinq cents options)*

- **ciento** s'emploie quand le nombre qui suit s'ajoute ; lorsqu'il est multiplié ou devant un nom, on emploie **cien** :

  ciento cuatro *(104)* mais **cien mil** *(100 000)*, **cien euros** *(100 euros)*

- **mil** n'est employé au pluriel que dans le sens de « des milliers de » :

  miles de solicitantes *(des milliers de candidats)*

9.3 Les nombres ordinaux

primer(o)(a)	1°,1ª	**undécimo(a)**	11°,11ª
segundo(a)	2°,2ª	**duodécimo(a)**	12°,12ª
tercer(o)(a)	3°,3ª	**decimotercer(o)(a)**	13°,13ª
cuarto(a)	4°,4ª	**decimocuarto(a)**	14°,14ª
quinto(a)	5°,5ª	**decimoquinto(a)**	15°,15ª
sexto(a)	6°,6ª	**decimosexto(a)**	16°,16ª
séptimo(a)	7°,7ª	**decimoséptimo(a)**	17°,17ª
octavo(a)	8°,8ª	**decimoctavo(a)**	18°,18ª
noveno(a)	9°,9ª	**decimonoveno(a)**	19°,19ª
décimo(a)	10°,10ª	**vigésimo(a)**	20°,20ª

9.4 Les points à retenir au sujet des nombres ordinaux

- les ordinaux s'accordent en genre et en nombre avec le nom qu'ils accompagnent :

  la primera vez *(la première fois)*
  Felipe segundo *(Philippe II)*

- **primero** et **tercero** perdent leur **o** devant un nom masculin singulier :

  el primer premio *(le premier prix)*
  el tercer día *(le troisième jour)*

- à partir de **décimo**, les ordinaux sont rarement employés et sont remplacés par le cardinal :

  el siglo diecisiete *(le dix-septième siècle)*
  Alfonso doce *(Alphonse XII)*
  en el piso trece *(au treizième étage)*

  mais :

  vigésimo(a) *(vingtième*, sauf avec les titres royaux et les siècles)
  centésimo(a) *(centième)*
  milésimo(a) *(millième)*
  millonésimo(a) *(millionième)*

9.5 Les autres usages des nombres

- Nombres collectifs :

un par	*une paire*
una decena (de personas)	*une dizaine (de personnes)*
una docena (de niños)	*une douzaine (d'enfants)*
una quincena (de hombres)	*une quinzaine (d'hommes)*
una veintena (de coches)	*une vingtaine (de voitures)*
un centenar, una centena (de casas)	*une centaine (de maisons)*
cientos/centenares de personas	*des centaines de personnes*
un millar (de soldados)	*un millier (de soldats)*

- Mesures :

veinte metros cuadrados
vingt mètres carrés
veinte metros cúbicos
vingt mètres cubes
un puente de cuarenta metros de largo/longitud
un pont de quarante mètres de long

- Distance :

De aquí a Madrid hay 400 kilómetros.
D'ici à Madrid, il y a 400 kilomètres.
a siete kilómetros de aquí
à sept kilomètres d'ici

9.6 Les heures

¿Qué hora es?
Quelle heure est-il ?
Es... (une heure, minuit, midi)
Il est...
Son las... (aux autres heures)
Il est...
Es la una y cuarto.
Il est une heure et quart.
Son las diez menos cinco.
Il est dix heures moins cinq.

00.00	**medianoche ; las doce (de la noche)** *(minuit)*
00.10	**las doce y diez (de la noche)** *(minuit dix)*
00.15	**las doce y cuarto** *(minuit et quart)*
00.30	**las doce y media**
00.45	**la una menos cuarto**
01.00	**la una (de la madrugada)** *(une heure du matin)*
01.10	**la una y diez (de la madrugada)**
02.45	**las tres menos cuarto**
07.00	**las siete (de la mañana)**
07.50	**las ocho menos diez**
12.00	**mediodía ; las doce (de la mañana)** *(midi)*
13.00	**la una (de la tarde)** *(une heure de l'après-midi)*
19.00	**las siete (de la tarde)** *(sept heures du soir, dix-neuf heures)*
21.00	**las nueve (de la noche)**

➢ Notez que lorsqu'il s'agit d'un emploi du temps ou d'horaires, c'est l'horloge de 24 heures qui est employée :

las dieciséis cuarenta y cinco (16.45)

9.7 Le calendrier

- Les dates :

¿Qué día es hoy?
¿A qué día estamos?
Quel jour est-on aujourd'hui ?
Es (el)...
Estamos a...
On est le...
uno/primero de mayo
premier mai
dos de mayo
deux mai
lunes tres de octubre
lundi trois octobre
Vienen el siete de marzo.
Ils viennent le sept mars.

- Les années :

  Nací en 1990.
  Je suis né en 1990.
  el veinte de enero de mil novecientos setenta
  le vingt janvier mille neuf cent soixante-dix

N° d'éditeur : 10209393 - Dépôt légal : Février 2015
Imprimé en Italie par L.E.G.O. S.p. A., Lavis (TN)